Deutschland
2008

Inhaltsverzeichnis

Sommaire
Contents
Sommario

EINLEITUNG

DEUTSCH
Hinweise zur Benutzung	4
Grundsätze	6
Lieber Leser	7
Kategorien & Auszeichnungen	8
Einrichtung & Service	10
Preise	11
Städte	12
Stadtpläne	13

→ INTRODUCTION

ENGLISH
How to use the guide	24
Commitments	26
Dear reader	27
Classification & awards	28
Facilities & services	30
Prices	31
Towns	32
Town plans	33

→ INTRODUCTION

FRANÇAIS
Mode d'emploi	14
Engagements	16
Édito	17
Classement & Distinctions	18
Équipements & Services	20
Prix	21
Villes	22
Plans	23

→ INTRODUZIONE

ITALIANO
Come leggere la guida	34
Principi	36
Editoriale	37
Categorie & simboli distintivi	38
Installazioni & servizi	40
I prezzi	41
Le città	42
Le piante	43

MICHELIN-KARTE
Angabe der Michelin-Karte, auf der der Ort zu finden ist.

22 **S4**

LAGE DER STADT
Markierung des Ortes auf der Regionalkarte am Ende des Buchs (Nr. der Karte und Koordinaten).

AU **z**

LAGE DES HAUSES
Markierung auf dem Stadtplan (Planquadrat und Koordinate).

RUHIGE HOTELS
 ruhiges Hotel.
 sehr ruhiges Hotel.

BESCHREIBUNG DES HAUSES
Atmosphäre, Stil, Charakter und Spezialitäten.

EINRICHTUNG UND SERVICE

PREISE

Grundsätze

„Dieses Werk hat zugleich mit dem Jahrhundert das Licht der Welt erblickt, und es wird ihm ein ebenso langes Leben beschieden sein."

Das Vorwort der ersten Ausgabe des MICHELIN-Führers von 1900 wurde im Laufe der Jahre berühmt und hat sich inzwischen durch den Erfolg dieses Ratgebers bestätigt. Der MICHELIN-Führer wird heute auf der ganzen Welt gelesen. Den Erfolg verdankt er seiner konstanten Qualität, die einzig den Lesern verpflichtet ist und auf festen Grundsätzen beruht.

Die Grundsätze des MICHELIN-Führers:

Anonymer Besuch: Die Inspektoren testen regelmäßig und anonym die Restaurants und Hotels, um deren Leistungsniveau zu beurteilen. Sie bezahlen alle in Anspruch genommenen Leistungen und geben sich nur zu erkennen, um ergänzende Auskünfte zu den Häusern zu erhalten. Für die Reiseplanung der Inspektoren sind die Briefe der Leser im Übrigen eine wertvolle Hilfe.

Unabhängigkeit: Die Auswahl der Häuser erfolgt völlig unabhängig und ist einzig am Nutzen für den Leser orientiert. Die Entscheidungen werden von den Inspektoren und dem Chefredakteur gemeinsam getroffen. Über die höchsten Auszeichnungen wird sogar auf europäischer Ebene entschieden. Die Empfehlung der Häuser im MICHELIN-Führer ist völlig kostenlos.

Objektivität der Auswahl: Der MICHELIN-Führer bietet eine Auswahl der besten Hotels und Restaurants in allen Komfort- und Preiskategorien. Diese Auswahl erfolgt unter strikter Anwendung eines an objektiven Maßstäben ausgerichteten Bewertungssystems durch alle Inspektoren.

… und sein einziges Ziel – dem Leser bestmöglich behilflich zu sein, damit jede Reise und jeder Restaurantbesuch zu einem Vergnügen werden, entsprechend der Aufgabe, die sich Michelin gesetzt hat: die Mobilität in den Vordergrund zu stellen.

Lieber Leser

Lieber Leser,

Wir freuen uns, Ihnen die 45. Ausgabe des MICHELIN-Führers Deutschland vorstellen zu dürfen. Diese Auswahl der besten Hotels und Restaurants in allen Preiskategorien wird von einem Team von Inspektoren mit Ausbildung in der Hotellerie erstellt. Sie bereisen das ganze Jahr hindurch das Land. Ihre Aufgabe ist es, die Qualität und Leistung der bereits empfohlenen und der neu hinzu kommenden Hotels und Restaurants kritisch zu prüfen.

In unserer Auswahl weisen wir jedes Jahr auf die besten Restaurants hin, die wir mit ❀ bis ❀❀❀ kennzeichnen. Die Sterne zeichnen die Häuser mit der besten Küche aus, wobei unterschiedliche Küchenstilrichtungen vertreten sind. Als Kriterien dienen die Qualität der Produkte, die fachgerechte Zubereitung, der Geschmack der Gerichte, die Kreativität und das Preis-Leistungs-Verhältnis, sowie die Beständigkeit der Küchenleistung. Darüber hinaus werden zahlreiche Restaurants für die Weiterentwicklung ihrer Küche hervorgehoben. Um die neu hinzugekommenen Häuser des Jahrgangs 2008 mit einem, zwei oder drei Sternen zu präsentieren, haben wir diese mit einem **„N"** gekennzeichnet.

Außerdem möchten wir die *"Hoffnungsträger"* für die nächsthöheren Kategorien hervorheben. Diese Häuser sind in der Sterne-Liste und auf unseren Seiten in Rot aufgeführt. Sie sind die besten ihrer Kategorie und könnten in Zukunft aufsteigen, wenn sich die Qualität ihrer Leistungen dauerhaft und auf die gesamte Karte bezogen bestätigt hat. Mit dieser besonderen Kennzeichnung möchten wir Ihnen die Restaurants aufzeigen, die in unseren Augen die Hoffnung für die Gastronomie von morgen sind.

Ihre Meinung interessiert uns! Bitte teilen Sie uns diese mit, insbesondere hinsichtlich dieser *"Hoffnungsträger"*. Ihre Mitarbeit ist für die Planung unserer Besuche und für die ständige Verbesserung des MICHELIN-Führers von großer Bedeutung.

Wir danken Ihnen für Ihre Treue und wünschen Ihnen angenehme Reisen mit dem MICHELIN-Führer 2008.

Den MICHELIN- Führer finden Sie auch im Internet unter
www.ViaMichelin.com
oder schreiben Sie uns eine E-mail:
dermichelinfuehrer-deutschland@de.michelin.com

Kategorien & Auszeichnungen

KOMFORTKATEGORIEN

Der MICHELIN-Führer bietet in seiner Auswahl die besten Adressen jeder Komfort- und Preiskategorie. Die ausgewählten Häuser sind nach dem gebotenen Komfort geordnet; die Reihenfolge innerhalb jeder Kategorie drückt eine weitere Rangordnung aus.

🏨🏨🏨🏨🏨	XXXXX	Großer Luxus und Tradition
🏨🏨🏨🏨	XXXX	Großer Komfort
🏨🏨🏨	XXX	Sehr komfortabel
🏨🏨	XX	Mit gutem Komfort
🏨	X	Mit Standard-Komfort
garni		Hotel ohne Restaurant
mit Zim		Restaurant vermietet auch Zimmer

AUSZEICHNUNGEN

Um Ihnen behilflich zu sein, die bestmögliche Wahl zu treffen, haben einige besonders bemerkenswerte Adressen dieses Jahr eine Auszeichnung erhalten. Die Sterne bzw. „Bib Gourmand" sind durch das entsprechende Symbol ✿ bzw. 🐵 und **Rest** gekennzeichnet. Unsere „Hoffnungsträger" für die nächst höhere Küchenauszeichnung finden Sie auf der Sterne-Liste. Außerdem ist der Name dieser Häuser im Buch in rot gedruckt.

DIE BESTEN RESTAURANTS

Die Häuser, die eine überdurchschnittlich gute Küche bieten, wobei alle Stilrichtungen vertreten sind, wurden mit einem Stern ausgezeichnet. Die Kriterien sind: die Qualität der Produkte, die Kreativität, die fachgerechte Zubereitung und der Geschmack, sowie das Preis-Leistungs-Verhältnis und die immer gleich bleibende Qualität.

✿✿✿   **Eine der besten Küchen: eine Reise wert**
Man isst hier immer sehr gut, öfters auch exzellent.

✿✿   **Eine hervorragende Küche: verdient einen Umweg**

✿   **Ein sehr gutes Restaurant in seiner Kategorie**

DIE BESTEN PREISWERTEN HÄUSER

🐵   **Bib Gourmand**
Häuser, die eine gute Küche bis 32 € bieten (Preis für eine dreigängige Mahlzeit ohne Getränke). In den meisten Fällen handelt es sich um eine regional geprägte Küche.

🏨   **Bib Hotel**
Häuser, die eine Mehrzahl ihrer komfortablen Zimmer bis 90 € anbieten (Preis für 2 Personen inkl. Frühstück).

DIE ANGENEHMSTEN ADRESSEN

Die rote Kennzeichnung weist auf besonders angenehme Häuser hin. Dies kann sich auf den besonderen Charakter des Gebäudes, die nicht alltägliche Einrichtung, die Lage, den Empfang oder den gebotenen Service beziehen.

   🏠 bis 🏠🏠🏠🏠 **Angenehme Hotels**

   ✕ bis ✕✕✕✕✕ **Angenehme Restaurants**

BESONDERE ANGABEN

Neben den Auszeichnungen, die den Häusern verliehen werden, legen die Michelin-Inspektoren auch Wert auf andere Kriterien, die bei der Wahl einer Adresse oft von Bedeutung sind.

LAGE

Wenn Sie eine ruhige Adresse oder ein Haus mit einer schönen Aussicht suchen, achten Sie auf diese Symbole:

     🕭   **Ruhiges Hotel**
     🕭   **Sehr ruhiges Hotel**
     ≼   **Interessante Sicht**
     ≼ Rhein **Besonders schöne Aussicht**

WEINKARTE

Wenn Sie ein Restaurant mit einer besonders interessanten Weinauswahl suchen, achten Sie auf dieses Symbol:

     🍇   **Weinkarte mit besonders attraktivem Angebot**
                  Aber vergleichen Sie bitte nicht die Weinkarte, die Ihnen vom Sommelier eines großen Hauses präsentiert wird, mit der Auswahl eines Gasthauses, dessen Besitzer die Weine der Region mit Sorgfalt zusammenstellt.

Einrichtung & Service

30 Zim	Anzahl der Zimmer
	Fahrstuhl
AC	Klimaanlage (im ganzen Haus bzw. in den Zimmern oder im Restaurant)
	Internetzugang mit W-LAN in den Zimmern möglich
	Für Körperbehinderte leicht zugängliches Haus
	Spezielle Angebote für Kinder
	Terrasse mit Speisenservice
Spa	Wellnessbereich
	Freibad oder Hallenbad
	Badeabteilung, Thermalkur
	Sauna – Fitnessraum
	Tennisplatz oder –halle
18	Golfplatz und Lochzahl
	Garten, Liegewiese – Park
	Strandbad
	Bootssteg
	Konferenzraum (übliche Tagungstechnik vorhanden)
	Veranstaltungsraum (bei Restaurants)
	Hotelgarage (wird gewöhnlich berechnet)
P	Parkplatz reserviert für Gäste
	Hunde sind unerwünscht (im ganzen Haus bzw. in den Zimmern oder im Restaurant)
U	Nächstgelegene U-Bahnstation (in Berlin)

NICHTRAUCHER

Aufgrund des neuen Nichtraucherschutzgesetzes ist das Rauchen in öffentlichen Gebäuden und Restaurants in einigen Bundesländern (Baden-Württemberg, Mecklenburg-Vorpommern, Niedersachsen) bereits verboten. In anderen Bundesländern werden entsprechende Bestimmungen ab 1. Januar 2008 in Kraft treten. Die genauen Inhalte variieren je nach Bundesland.
In den meisten Hotels werden Nichtraucherzimmer angeboten.

Preise

Die in diesem Führer genannten Preise wurden uns im Sommer 2007 angegeben. Bedienung und MwSt. sind enthalten. Es sind Inklusivpreise, die sich nur noch durch die evtl. zu zahlende Kurtaxe erhöhen können. Sie können sich mit den Preisen von Waren und Dienstleistungen ändern.
Der erste Preis ist der Mindestpreis in der Nebensaison, der zweite Preis der Höchstpreis in der Hauptsaison. Die Häuser haben sich verpflichtet, die von den Hoteliers selbst angegebenen Preise den Kunden zu berechnen.
Anlässlich größerer Veranstaltungen, Messen und Ausstellungen werden von den Hotels in manchen Städten und deren Umgebung erhöhte Preise verlangt.
Erkundigen Sie sich bei den Hoteliers nach eventuellen Sonderbedingungen.

RESERVIERUNG UND ANZAHLUNG

Einige Hoteliers verlangen zur Bestätigung der Reservierung eine Anzahlung oder die Nennung der Kreditkartennummer. Dies ist als Garantie sowohl für den Hotelier als auch für den Gast anzusehen. Bitten Sie den Hotelier, dass er Ihnen in seinem Bestätigungsschreiben alle seine Bedingungen mitteilt.

KREDITKARTEN

Akzeptierte Kreditkarten:
AE ⓓ ⓜ VISA   American Express – Diners Club – Mastercard (Eurocard) – Visa

ZIMMER

25 Zim	Anzahl der Zimmer
Zim - 👤 60/75€	Mindest- und Höchstpreis für ein Einzelzimmer
👥 70/120 €	Mindest- und Höchstpreis für ein Doppelzimmer
Zim ☕ -	Zimmerpreis inkl. Frühstück
☕ 10 €	Preis des Frühstücks
Suiten	Preise auf Anfrage

HALBPENSION

½ P 10 €	Aufschlag zum Zimmerpreis für Halbpension pro Person und Tag
(inkl. ½ P.)	Zimmerpreis inkl. Halbpension

RESTAURANT

Menü 20/42 €	**Menüpreise:** mindestens 20 €, höchstens 42 €
Karte 30/41 €	**Der erste Preis** entspricht einer einfachen Mahlzeit mit Suppe, Hauptgericht, Dessert. Der zweite Preis entspricht einer reichlicheren Mahlzeit (mit Spezialität) aus Vorspeise, Hauptgang und Dessert (Getränke nicht inbegriffen).

Städte

ALLGEMEINES

✉ 38100	Postleitzahl
Ⓛ	Landeshauptstadt
545	Nummer der Michelin-Karte
24 000 Ew	Einwohnerzahl
Höhe 175 m	Höhe
Heilbad	
Kneippkurort	
Heilklimatischer	
Kurort-Luftkurort	} Art des Ortes
Seebad	
Erholungsort	
Wintersport	
1 000 m	Maximal-Höhe des Wintersportgeländes, die mit Kabinenbahn oder Lift erreicht werden kann
🚠 2	Anzahl der Kabinenbahnen
🎿 4	Anzahl der Schlepp- oder Sessellifts
⛷	Langlaufloipen
AX A	Markierung auf dem Stadtplan
❋ ≼	Rundblick, Aussichtspunkt
⌈18⌉ ✈	Golfplatz mit Lochzahl – Flughafen
🚗	Ladestelle für Autoreisezüge – Nähere Auskünfte bei allen Fahrkartenausgaben
🚢 ⛴	Autofähre, Personenfähre
🛈	Informationsstelle
ADAC	Allgemeiner Deutscher Automobilclub

SEHENSWÜRDIGKEITEN

BEWERTUNG

★★★	Eine Reise wert
★★	Verdient einen Umweg
★	Sehenswert

LAGE

👁	In der Stadt
👁	In der Umgebung der Stadt
6 km	Entfernung in Kilometern

AUTOMOBIL CLUBS

ADAC : Adressen im jeweiligen Ortstext
... (01805) 10 11 12, Service
... (01802) 22 22 22, Notruf
AvD : Lyoner Str. 16, 60528 Frankfurt – Niederrad
... (069) 6 60 60, Service
... (0800) 9 90 99 09, Notruf (gebührenfrei)

Stadtpläne

□ ● Hotels
■ ● Restaurants

SEHENSWÜRDIGKEITEN

Sehenswertes Gebäude
Sehenswerte Kirche

STRASSEN

Autobahn, Schnellstraße
❶ ❶ Nummern der Anschlussstellen: Autobahnen– und/oder –ausfahrt
Hauptverkehrsstraße
Einbahnstraße – Gesperrte Straße, mit Verkehrsbeschränkungen
Fußgängerzone – Straßenbahn
Karlstr. P P Einkaufsstraße – Parkplatz – Parkhaus, Tiefgarage
P+R Park-and-Ride-Plätze
Tor – Passage – Tunnel
Bahnhof und Bahnlinie
Standseilbahn – Seilschwebebahn
△ F Bewegliche Brücke – Autofähre

SONSTIGE ZEICHEN

Informationsstelle
Moschee – Synagoge
Turm – Ruine – Windmühle – Wasserturm
Garten, Park, Wäldchen – Friedhof – Bildstock
Stadion – Golfplatz – Pferderennbahn – Eisbahn
Freibad – Hallenbad
Aussicht – Rundblick
Denkmal – Brunnen – Fabrik – Leuchtturm
Jachthafen – Autobusbahnhof
Flughafen – U-Bahnstation, S-Bahnhof
Schiffsverbindungen: Autofähre – Personenfähre
Hauptpostamt (postlagernde Sendungen) und Telefon
Krankenhaus – Markthalle
Öffentliches Gebäude, durch einen Buchstaben gekennzeichnet

L   R - Sitz der Landesregierung – Rathaus
J - Gerichtsgebäude
M T U - Museum – Theater – Universität, Hochschule
POL - Polizei (in größeren Städten Polizeipräsidium)
ADAC Automobilclub

Mode d'emploi

INFORMATIONS TOURISTIQUES

Distances depuis les villes principales, offices de tourisme, sites touristiques locaux, moyens de transports, golfs et loisirs...

ALBSTADT – Baden-Württemberg – **545** – 50 000 Ew – Höh
Wintersport: 930 m ⚡6 ⚐
▶ Berlin 721 – Stuttgart 98 – Konstanz 99 – Ulm (Do
🛈 Marktstr. 35 (Ebingen), ✉ 72458, ⌘ (07431) 1 60 1
albstadt.de
☪ Raichberg★ ≤★, Nord: 11 km

Bären
Flandernstr. 95 ✉ 57439 – ⌘ (07431) 2 66 00
– baren-hotel@t-online.de – Fax (07431) 266066
12 Zim ⌓ – ♦♦44/55 € ♦♦♦80/90 € – **Rest** (gesch
und Montag) – Menü 30 € – Karte 25/33 €
◆ Ein tadellos geführtes kleines Hotel in einem
und besonders im Anbau ganz modernen un

Burghotel
✉ 57439 – ⌘ (06542) 9 83 10 – Fax (06542) 9
10 Zim ⌓ – ♦38/45 € ♦♦76/82 € – ½ P 13
Rest – (geschl. Mittwoch) Menü 22/34 €
◆ Einsam auf einer Bergkuppe liegt die
wohnlichen, geschmackvollen Zimmer
zum Haus. Ritterrüstungen zieren das

Weinhaus
Georg-Glock-Str. 12 ✉ 57439 – ⌘ (07
– Fax (07431) 90071 – geschl. Sonn
Rest – (nur Abendessen, Tischbes
– Karte 45/52 € ❀
Spez. Allerlei von der Gänse
Champagnersauce. Dessertt
◆ In einem kleinen historisc
rustikal-elegante Restaurant
Mittag speisen Sie im neuze

Alte Post
Schleidener Str. 412 ✉ 57
Rest – (nur Abendessen, T
◆ Auch wenn man es
Italia. Rustikal-stilvoll
Spezialitäten.

Windmüller mi
Valdhäuser Str. 94 ✉
– Fax (07431) 9912
4 Zim ⌓ – ♦35/4
◆ Genießen Sie
ten Service und

LES HÔTELS

De 🏨 à 🏠 :
catégorie de confort.
Les plus agréables :
en rouge.

LES MEILLEURES ADRESSES À PETITS PRIX

🛏 Bib Hôtel.
🙂 Bib Gourmand.

LES TABLES ÉTOILÉES

❀❀❀ Vaut le voyage.
❀❀ Mérite un détour.
❀ Très bonne cuisine.

LES RESTAURANTS

De XXXXX à X : catégorie de confort.
Les plus agréables : en rouge.

14

CARTE MICHELIN
Références de la carte Michelin où vous retrouverez la localité.

LOCALISER LA VILLE
Repérage de la localité sur les cartes régionales en fin de guide (n° de la carte et coordonnées).

LOCALISER L'ÉTABLISSEMENT
Localisation sur le plan de ville (coordonnées et indice).

LES HÔTELS TRANQUILLES
🕭 hôtel tranquille.
🕭 hôtel très tranquille.

DESCRIPTION DE L'ÉTABLISSEMENT
Atmosphère, style, caractère et spécialités.

ÉQUIPEMENTS ET SERVICES

PRIX

Engagements

*« Ce guide est né avec le siècle
et il durera autant que lui. »*

Cet avant-propos de la première édition du Guide MICHELIN 1900 est devenu célèbre au fil des années et s'est révélé prémonitoire. Si le Guide est aujourd'hui autant lu à travers le monde, c'est notamment grâce à la constance de son engagement vis-à-vis de ses lecteurs.
Nous voulons ici le réaffirmer.

Les engagements du Guide MICHELIN :

La visite anonyme : les inspecteurs testent de façon anonyme et régulière les tables et les chambres afin d'apprécier le niveau des prestations offertes à tout client. Ils paient leurs additions et peuvent se présenter pour obtenir des renseignements supplémentaires sur les établissements. Le courrier des lecteurs nous fournit par ailleurs une information précieuse pour orienter nos visites.

L'indépendance : la sélection des établissements s'effectue en toute indépendance, dans le seul intérêt du lecteur. Les décisions sont discutées collégialement par les inspecteurs et le rédacteur en chef. Les plus hautes distinctions sont décidées à un niveau européen. L'inscription des établissements dans le guide est totalement gratuite.

La sélection : le Guide offre une sélection des meilleurs hôtels et restaurants dans toutes les catégories de confort et de prix. Celle-ci résulte de l'application rigoureuse d'une même méthode par tous les inspecteurs.

… **et un seul objectif : tout mettre en œuvre pour aider le lecteur à faire de chaque sortie un moment de plaisir, conformément à la mission que s'est donnée Michelin : contribuer à une meilleure mobilité.**

Édito

Cher lecteur,

Nous avons le plaisir de vous proposer notre 45e édition du Guide MICHELIN Deutschland. Cette sélection des meilleurs hôtels et restaurants dans chaque catégorie de prix est effectuée par une équipe d'inspecteurs professionnels, de formation hôtelière. Tous les ans, ils sillonnent le pays pour visiter de nouveaux établissements et vérifier le niveau des prestations de ceux déjà cités dans le Guide.

Au sein de la sélection, nous reconnaissons également chaque année les meilleures tables en leur décernant de ✤ à ✤✤✤. Les étoiles distinguent les établissements qui proposent la meilleure qualité de cuisine, dans tous les styles, en tenant compte des choix de produits, de la créativité, de la maîtrise des cuissons et des saveurs, du rapport qualité/prix ainsi que de la régularité.

Cette année encore, de nombreuses tables ont été remarquées pour l'évolution de leur cuisine. Un « **N** » accompagne les nouveaux promus de ce millésime 2008, annonçant leur arrivée parmi les établissements ayant une, deux ou trois étoiles.

De plus, nous souhaitons indiquer les établissements « *espoirs* » pour la catégorie supérieure. Ces établissements, mentionnés en rouge dans notre liste et dans nos pages, sont les meilleurs de leur catégorie. Ils pourront accéder à la distinction supérieure dès lors que la régularité de leurs prestations, dans le temps et sur l'ensemble de la carte, aura progressé. Par cette mention spéciale, nous entendons vous faire connaître les tables qui constituent à nos yeux, les espoirs de la gastronomie de demain.

Votre avis nous intéresse, en particulier sur ces « *espoirs* » ; n'hésitez pas à nous écrire. Votre participation est importante pour orienter nos visites et améliorer sans cesse votre Guide. Merci encore de votre fidélité. Nous vous souhaitons de bons voyages avec le Guide MICHELIN 2008.

Consultez le Guide MICHELIN sur
www.ViaMichelin.com
Et écrivez-nous à :
dermichelinfuehrer-deutschland@de.michelin.com

Classement & Distinctions

LES CATÉGORIES DE CONFORT

Le Guide MICHELIN retient dans sa sélection les meilleures adresses dans chaque catégorie de confort et de prix. Les établissements sélectionnés sont classés selon leur confort et cités par ordre de préférence dans chaque catégorie.

🏠🏠🏠🏠	XXXXX	Grand luxe et tradition
🏠🏠🏠	XXXX	Grand confort
🏠🏠	XXX	Très confortable
🏠	XX	De bon confort
🏠	X	Assez confortable
garni		L'hôtel n'a pas de restaurant
mit Zim		Le restaurant possède des chambres

LES DISTINCTIONS

Pour vous aider à faire le meilleur choix, certaines adresses particulièrement remarquables ont reçu une distinction : étoiles ou Bib Gourmand. Elles sont repérables dans la marge par ✿ ou 🙂 et dans le texte par **Rest**.

LES ÉTOILES : LES MEILLEURES TABLES

Les étoiles distinguent les établissements, tous les styles de cuisine confondus, qui proposent la meilleure qualité de cuisine. Les critères retenus sont : le choix des produits, la créativité, la maîtrise des cuissons et des saveurs, le rapport qualité/prix ainsi que la régularité.

✿✿✿ **Cuisine remarquable, cette table vaut le voyage**
On y mange toujours très bien, parfois merveilleusement.

✿✿ **Cuisine excellente, cette table mérite un détour**

✿ **Une très bonne cuisine dans sa catégorie**

LES BIBS : LES MEILLEURES ADRESSES À PETIT PRIX

🙂 **Bib Gourmand**
Établissement proposant une cuisine de qualité, souvent de type régional, jusqu'à 32 € (Prix d'un repas hors boisson).

🏨 **Bib Hôtel**
Établissement offrant une prestation de qualité avec une majorité de chambres jusqu'à 90 €. Prix pour 2 personnes, petit-déjeuner inclus.

LES ADRESSES LES PLUS AGRÉABLES

Le rouge signale les établissements particulièrement agréables. Cela peut tenir au caractère de l'édifice, à l'originalité du décor, au site, à l'accueil ou aux services proposés.

- 🏠 à 🏛️ **Hôtels agréables**
- 🍴 à 🍴🍴🍴🍴🍴 **Restaurants agréables**

LES MENTIONS PARTICULIÈRES

En dehors des distinctions décernées aux établissements, les inspecteurs Michelin apprécient d'autres critères souvent importants dans le choix d'un établissement.

SITUATION

Vous cherchez un établissement tranquille ou offrant une vue attractive ? Suivez les symboles suivants :

- 🐿️ **Hôtel tranquille**
- 🐿️ **Hôtel très tranquille**
- ≼ **Vue intéressante**
- ≼ Rhein **Vue exceptionnelle**

CARTE DES VINS

Vous cherchez un restaurant dont la carte des vins offre un choix particulièrement intéressant ? Suivez le symbole suivant :

- 🍇 **Carte des vins particulièrement attractive**

    Toutefois, ne comparez pas la carte présentée par le sommelier d'un grand restaurant avec celle d'une auberge dont le patron se passionne pour les vins de sa région.

Équipements & Services

30 Zim	Nombre de chambres
	Ascenseur
A/C	Air conditionné (dans tout ou partie de l'établissement)
	Connexion Internet « Wireless Lan » dans la chambre
	Établissement en partie accessible aux personnes à mobilité réduite
	Equipements d'accueil pour les enfants
	Repas servi au jardin ou en terrasse
SPA	SPA : bel espace de bien-être et de relaxation
	Piscine : de plein air ou couverte
	Cure thermale, hydrothérapie
	Sauna - salle de remise en forme
	Court de tennis, court de tennis couvert
18	Golf et nombre de trous
	Jardin de repos - Parc
	Plage aménagée
	Ponton d'amarrage
	Salle de conférence
	Salon privé
	Garage dans l'hôtel (généralement payant)
P	Parking réservé à la clientèle
	Accès interdit aux chiens (dans tout ou partie de l'établissement)
U	Station de métro la plus proche (à Berlin)

NON-FUMEURS

En raison de la législation en vigueur, il est interdit de fumer dans les locaux publics et les restaurants dans certains Länder (Baden-Württemberg, Mecklenburg-Vorpommern, Niedersachsen).
Une réglementation sera mise en place dans les autres Länder à partir du 1er janvier 2008. Cette réglementation peut varier d'un Land à l'autre.
Dans la majorité des hôtels sont proposées des chambres non-fumeurs.

Les Prix

Les prix indiqués dans ce guide ont été établis à l'été 2007. Ils sont susceptibles de modifications, notamment en cas de variation des prix des biens et des services. Ils s'entendent taxes et service compris.

Le premier prix est le prix minimum en basse saison, le deuxième prix le prix maximum en haute saison. Les hôteliers et restaurateurs se sont engagés, sous leur propre responsabilité, à appliquer ces prix aux clients.

À l'occasion de certaines manifestations : congrès, foires, salons, festivals, événements sportifs ..., les prix demandés par les hôteliers peuvent être sensiblement majorés.

ARRHES

Pour la confirmation de la réservation certains hôteliers demandent le numéro de carte de crédit ou un versement d'arrhes. Il s'agit d'un dépôt-garantie qui engage l'hôtelier comme le client. Bien demander à l'hôtelier de vous fournir dans sa lettre d'accord toutes les précisions utiles sur la réservation et les conditions de séjour.

CARTES DE PAIEMENT

Cartes de paiement acceptées :
AE ◑ ⓜ VISA — American Express – Diners Club – Mastercard (Eurocard) – Visa.

CHAMBRES

25 Zim	Nombre de chambres
Zim - ♂ 60/75 €	Prix des chambres mini/maxi
♂♀ 70/120 €	pour 1 et 2 personnes(s)
Zim ⌾ -	Petit-déjeuner compris
⌾ 10 €	Petit-déjeuner en sus
Suiten	Suites : se renseigner auprès de l'hôtelier

DEMI-PENSION

½ P 10 €	Prix du supplément pour la demi-pension par personne/jour.
(inkl. ½ P.)	Prix de la chambre, demi-pension inclus

RESTAURANT

Menü 20/42 €	**Menu à prix fixe :** minimum 20 €, maximum 42 €
Karte 30/41 €	**Repas à la carte** hors boisson. Le premier prix correspond à un repas simple comprenant une soupe, un plat du jour et un dessert. Le 2ᵉ prix concerne un repas plus complet comprenant une entrée, un plat (avec spécialité) et un dessert.

Villes

GÉNÉRALITÉS

✉ 38100	Code postal
Ⓛ	Capitale de Province
545	Numéro de la carte Michelin
24 000 Ew	Population résidente
Höhe 175 m	Altitude de la localité
Heilbad	Station thermale
Kneippkurort	Station de cures Kneipp
Heilklimatischer	Station climatique
Kurort-Luftkurort	Station climatique
Seebad	Station balnéaire
Erholungsort	Station de villégiature
Wintersport	Sports d'hiver
1 000 m	Altitude maximale atteinte par les remontées mécaniques
⛷ 2	Nombre de téléphériques ou télécabines
⛷ 4	Nombre de remonte-pentes et télésièges
⛷	Ski de fond
AX A	Lettres repérant un emplacement sur le plan
※ ≤	Panorama, point de vue
⛳18 ✈	Golf et nombre de trous – Aéroport
🚗	Localité desservie par train-auto
🚢	Transports maritimes : passagers et voitures
⛴	Passagers seulement
🛈	Information touristique :
ADAC	Automobile Club d'Allemagne

INFORMATIONS TOURISTIQUES

INTÉRÊT TOURISTIQUE

★★★	Vaut le voyage
★★	Mérite un détour
★	Intéressant

SITUATION DU SITE

👁	Dans la ville
ⓒ	Aux environs de la ville
6 km	Distance en kilomètres

AUTOMOBILE CLUBS

ADAC :
... (01805) 10 11 12
... (01802) 22 22 22, service dépannage
AvD : Lyoner Str. 16, 60528 Frankfurt – Niederrad
... (069) 6 60 60
... (0800) 9 90 99 09, service dépannage

Les Plans

- □ ● Hôtels
- ■ ● Restaurants

CURIOSITÉS

Bâtiment intéressant
Édifice religieux intéressant

VOIRIE

Autoroute, double chaussée de type autoroutier
Numéro d'échangeur
Grande voie de circulation
Sens unique – Rue réglementée ou impraticable
Zone à circulation réglementée
Rue piétonne – Tramway
Rue commerçante – Parking – Parking couvert
Parking Relais
Porte – Passage sous voûte – Tunnel
Gare et voie ferrée
Funiculaire – Téléphérique, télécabine
Pont mobile – Bac pour autos

SIGNES DIVERS

Information touristique
Mosquée – Synagogue
Tour – Ruines – Moulin à vent – Château d'eau
Jardin, parc, bois – Cimetière – Calvaire
Stade – Golf – Hippodrome Patinoire
Piscine de plein air, couverte
Vue – Panorama
Monument – Fontaine – Usine - Phare
Port de plaisance – Gare routière
Aéroport – Station de métro
Transport par bateau :
- passagers et voitures, passagers seulement
Bureau principal de poste
Hôpital – Marché couvert
Bâtiment public repéré par une lettre :
L R Conseil provincial – Hôtel de ville
J   Palais de justice
M T U Musée – Théâtre - Université
POL Police (Commissariat central)
ADAC Automobile Club

How to use this guide

TOURIST INFORMATION

Distances from the main towns, tourist offices, local tourist attractions, means of transport, golf courses and leisure activities...

HOTELS

From 🏨🏨🏨🏨🏨 to 🏠: categories of comfort.
The most pleasant: in red.

GOOD FOOD AND ACCOMMODATION AT MODERATE PRICES

- 🛏️ Bib Hotel.
- 😀 Bib Gourmand.

STARS

- ✿✿✿ Worth a special journey.
- ✿✿ Worth a detour.
- ✿ A very good restaurant.

RESTAURANTS

From 🍴🍴🍴🍴🍴 to 🍴: categories of comfort
The most pleasant: in red

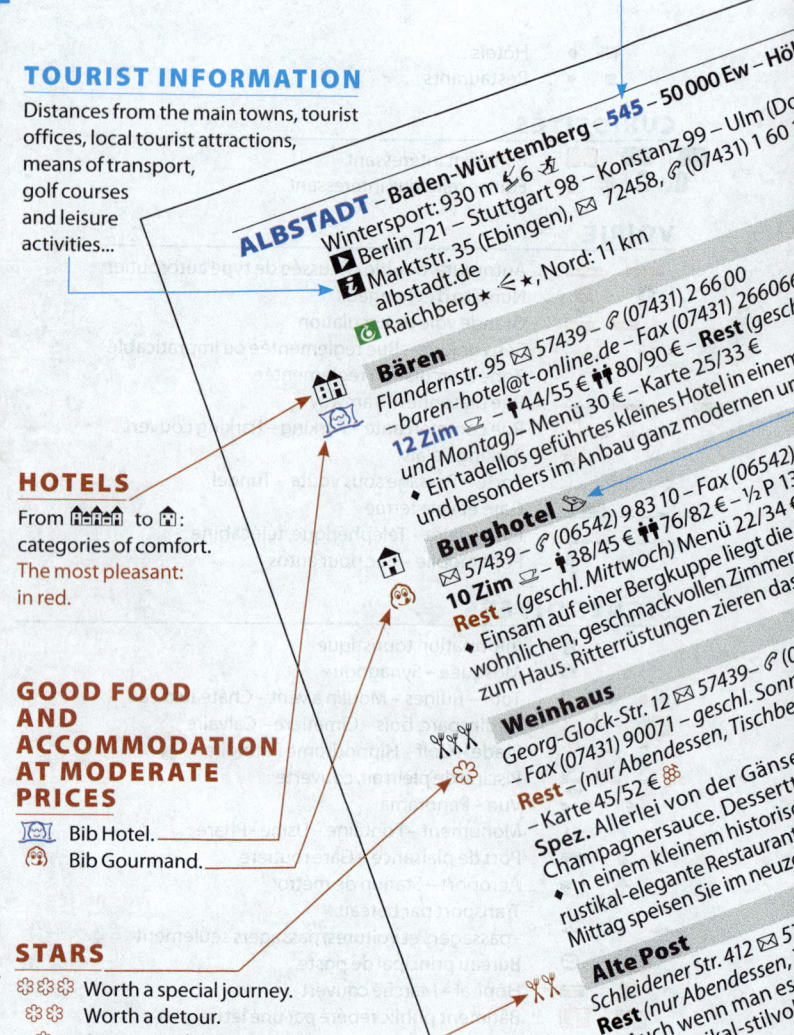

ALBSTADT – Baden-Württemberg – 545 – 50 000 Ew – Höh
Wintersport: 930 m ⛷ 6 ⛸
Berlin 721 – Stuttgart 98 – Konstanz 99 – Ulm (Do
Marktstr. 35 (Ebingen), ✉ 72458, ℰ (07431) 1 60 1
albstadt.de
Raichberg★ ≼★, Nord: 11 km

Bären
Flandernstr. 95 ✉ 57439 – ℰ (07431) 2 66 00
– baren-hotel@t-online.de – Fax (07431) 266066
12 Zim ⚏ – ♦44/55 € ♦♦80/90 € – **Rest** (gesch
und Montag) – Menü 30 € – Karte 25/33 €
♦ Ein tadellos geführtes kleines Hotel in einem
und besonders im Anbau ganz modernen un

Burghotel
✉ 57439 – ℰ (06542) 9 83 10 – Fax (06542)9
10 Zim ⚏ – ♦38/45 € ♦♦76/82 € – ½ P 13
Rest – (geschl. Mittwoch) Menü 22/34 €
♦ Einsam auf einer Bergkuppe liegt die E
wohnlichen, geschmackvollen Zimmer
zum Haus. Ritterrüstungen zieren das

Weinhaus
Georg-Glock-Str. 12 ✉ 57439 – ℰ (0
– Fax (07431) 90071 – geschl. Sonn
Rest – (nur Abendessen, Tischbes
– Karte 45/52 €
Spez. Allerlei von der Gänse
Champagnersauce. Desserte
♦ In einem kleinen historisc
rustikal-elegante Restaurant
Mittag speisen Sie im neuze

Alte Post
Schleidener Str. 412 ✉ 57
Rest – (nur Abendessen, T
♦ Auch wenn man es
Italia. Rustikal-stilvoll
Spezialitäten.

Windmüller mi
Valdhäuser Str. 94 ✉
– Fax (07431) 9912
4 Zim ⚏ – ♦35/4
♦ Genießen Sie
ten Service und

24

MICHELIN MAPPING
References for the Michelin map which covers the area.

22 **S4**

LOCATING THE TOWN
Locate the town on the map at the end of the guide (map number and coordinates).

/30 m
(u) 97
4, touristinformation@

AU **z**

LOCATING THE ESTABLISHMENT
Located on the town plan (coordinates and letters giving the location).

ug. 3 Wochen Samstagmittag
ohngebiet mit freundlichem Service
sehr wohnlich gestalteten Zimmern.

BF **n**

← Höllen-und Modeltal
3111 – geschl. Jan.-März
Karte 19/28 €
rg von 1938, die das kleine Hotel mit seinen
erherbergt. Auch ein kleines Museum gehört
ustikale Restaurant. Kreative Regionalküche.

CY **a**

QUIET HOTELS
quiet hotel.
very quiet hotel.

DESCRIPTION OF THE ESTABLISHMENT
Atmosphere, style, character and specialities.

431) 9 00 70 – weinhaus@t-online.de
g-Montag
ellung erforderlich) Menü 48/68 €
topfleber. Steinbutt unter der Pinienkruste mit
ler «Weinhaus».
en Stadthause führt Familie Kreus dieses gemütliche
mit angenehmer Atmosphäre und klassischer Küche. Am
lichen Bistro oder auf der Terrasse vor dem Haus.

BU **g**

FACILITIES AND SERVICES

39– ℰ (07431) 5 83 70 – geschl. Montag
schbestellung ratsam) – Menü 55/70 € – Karte 36/40 €
on außen nicht vermutet: Hier erwartet Sie ein Stück Bella
es Ambiente, herzliche Atmosphäre und natürlich typische

CS **e**

PRICES

Zim
57439– ℰ (07431) 9 91 20 – info@windmuller.de
1 – geschl. Sonntag-Montag
2 € 58/65 € – **Rest** – Menü 22 € – Karte 12/23 €
das traditionsreiche Ambiente des Gewölberestaurants, den geschul-
eine regional und saisonal beeinflusste Küche.

DS **e**

57439– ℰ (07431) 9 91 41 – info@adler.de
schl. Montag-Dienstagmittag
n Klosterguts befindet sich dieses neo-rustikal
angebot.

Commitments

"This volume was created at the turn of the century and will last at least as long".

This foreword to the very first edition of the MICHELIN Guide, written in 1900, has become famous over the years and the Guide has lived up to the prediction. It is read across the world and the key to its popularity is the consistency of its commitment to its readers, which is based on the following promises.

The MICHELIN Guide's commitments:

Anonymous inspections: our inspectors make regular and anonymous visits to hotels and restaurants to gauge the quality of products and services offered to an ordinary customer. They settle their own bill and may then introduce themselves and ask for more information about the establishment. Our readers' comments are also a valuable source of information, which we can then follow up with another visit of our own.

Independence: Our choice of establishments is a completely independent one, made for the benefit of our readers alone. The decisions to be taken are discussed around the table by the inspectors and the editor. The most important awards are decided at a European level. Inclusion in the Guide is completely free of charge.

Selection and choice: The Guide offers a selection of the best hotels and restaurants in every category of comfort and price. This is only possible because all the inspectors rigorously apply the same methods.

… and our aim: to do everything possible to make travel, holidays and eating out a pleasure, as part of Michelin's ongoing commitment to improving travel and mobility.

Dear reader

Dear reader,

We are delighted to introduce the 45th edition of The MICHELIN Guide Deutschland.

This selection of the best hotels and restaurants in every price category is chosen by a team of full-time inspectors with a professional background in the industry. They cover every corner of the country, visiting new establishments and testing the quality and consistency of the hotels and restaurants already listed in the Guide.

Every year we pick out the best restaurants by awarding them from ✣ to ✣✣✣. Stars are awarded for cuisine of the highest standards and reflect the quality of the ingredients, the skill in their preparation, the combination of flavours, the levels of creativity and value for money, and the ability to combine all these qualities not just once, but time and time again.

Additionnally, we highlight those restaurants which, over the last year, have raised the quality of their cooking to a new level. Whether they have gained a first star, risen from one to two stars, or moved from two to three, these newly promoted restaurants are marked with an '**N**' next to their entry to signal their new status in 2008.

We have also picked out a selection of *"Rising Stars"*. These establishments, listed in red, are the best in their present category. They have the potential to rise further, and already have an element of superior quality; as soon as they produce this quality consistently, and in all aspects of their cuisine, they will be hot tips for a higher award. We've highlighted these promising restaurants so you can try them for yourselves; we think they offer a foretaste of the gastronomy of the future.

We're very interested to hear what you think of our selection, particularly the *"Rising Stars"*, so please continue to send us your comments. Your opinions and suggestions help to shape your Guide, and help us to keep improving it, year after year. Thank you for your support. We hope you enjoy travelling with the MICHELIN Guide 2008.

Consult the MICHELIN Guide at
www.ViaMichelin.com
and write to us at:
dermichelinfuehrer-deutschland@de.michelin.com

Classification & awards

CATEGORIES OF COMFORT

The MICHELIN Guide selection lists the best hotels and restaurants in each category of comfort and price. The establishments we choose are classified according to their levels of comfort and, within each category, are listed in order of preference.

🏨🏨🏨	XXXXX	Luxury in the traditional style
🏨🏨	XXXX	Top class comfort
🏨	XXX	Very comfortable
🏨	XX	Comfortable
🏠	X	Quite comfortable
garni		This hotel has no restaurant
mit Zim		This restaurant also offers accommodation

THE AWARDS

To help you make the best choice, some exceptional establishments have been given an award in this year's Guide. They are marked ✿ or 😊 and **Rest**.

THE BEST CUISINE

MICHELIN stars are awarded to establishments serving cuisine, of whatever style, which is of the highest quality. The cuisine is judged on the quality of ingredients, the skill in their preparation, the combination of flavours, the levels of creativity, the value for money and the consistency of culinary standards.

✿✿✿	**Exceptional cuisine, worth a special journey**
	One always eats extremely well here, sometimes superbly.
✿✿	**Excellent cooking, worth a detour**
✿	**A very good restaurant in its category**

GOOD FOOD AND ACCOMMODATION AT MODERATE PRICES

😊   **Bib Gourmand**
Establishment offering good quality cuisine, often with a regional flavour, up to € 32 (Price of a three-course-meal, not including drinks).

🛏   **Bib Hotel**
Establishment offering good levels of comfort and service, with most rooms priced up to € 90. Price of a room for 2 people, in cluding breakfast.

PLEASANT HOTELS AND RESTAURANTS

Symbols shown in red indicate particularly pleasant or restful establishments: the character of the building, its décor, the setting, the welcome and services offered may all contribute to this special appeal.

 to   **Pleasant hotels**

X to XXXXX   **Pleasant restaurants**

OTHER SPECIAL FEATURES

As well as the categories and awards given to the establishment, Michelin inspectors also make special note of other criteria which can be important when choosing an establishment.

LOCATION

If you are looking for a particularly restful establishment, or one with a special view, look out for the following symbols:

    Quiet hotel

    Very quiet hotel

≤   **Interesting view**

≤ Rhein   **Exceptional view**

WINE LIST

If you are looking for an establishment with a particularly interesting wine list, look out for the following symbol:

    Particularly interesting wine list
This symbol might cover the list presented by a sommelier in a luxury restaurant or that of a simple inn where the owner has a passion for wine. The two lists will offer something exceptional but very different, so beware of comparing them by each other's standards.

Facilities & services

30 Zim	Number of rooms
	Lift (elevator)
A/C	Air conditioning (in all or part of the establishment)
	Wireless Lan in bedrooms
	Establishment at least partly accessible to those of restricted mobility
	Special facilities for children
	Meals served in garden or on terrace
Spa	Spa : an extensive facility for relaxation and well-being
	Swimming pool: outdoor or indoor
	Hydrotherapy
	Sauna – Exercise room
	Tennis court: outdoor or indoor
18	Golf course and number of holes
	Garden - Park
	Beach with bathing facilities
	Landing stage
	Equipped conference room
	Private dining room (in restaurants)
	Hotel garage (additional charge in most cases)
P	Car park for customers only
	Dogs are excluded from all or part of the establishment
U	Nearest metro station (in Berlin)

NON-SMOKERS

By law, smoking is neither allowed in public areas nor in restaurants in certain regions (Baden-Württemberg, Mecklenburg-Vorpommern, Niedersachsen).
From 1 January 2008, the law will change in the other "Länder", but may differ from one to another.
Most hotels have bedrooms for non-smokers.

Prices

Prices quoted in this Guide were supplied in summer 2007. They are subject to alteration if goods and service costs are revised. The rates include tax and service charge.

The first price is the minimum rate in low season, the second price the maximum rate in high season. By supplying the information, hotels and restaurants have undertaken to maintain these rates for our readers.

In some towns, when commercial, cultural or sporting events are taking place the hotel rates are likely to be considerably higher.

RESERVATION AND DEPOSITS

Some hotels will ask you to confirm your reservation by giving your credit card number or require a deposit which confirms the commitment of both the customer and the hotelier. Ask the hotelier to provide you with all the terms and conditions applicable to your reservation in their written confirmation.

CREDIT CARDS

	Credit cards accepted by the establishment:
AE ⓘ ⓜ VISA	American Express – Diners Club – MasterCard (Eurocard) – Visa

ROOMS

25 Zim	Number of rooms
Zim - 🛉 60/75 €	Lowest price/highest price
🛉🛉 70/120 €	for a single and a double or twin room
Zim ⌒ -	Breakfast included
⌒ 10 €	Breakfast supplement
Suiten	Suites: check with the hotelier for prices

HALF BOARD

½ P 10 €	This supplement per person per day should be added to the cost of the room in order to obtain the half board price.
(inkl. ½ P.)	Price of the room including half board

RESTAURANT

Menü 20/42 €	**Set meals:** Lowest € 20 and highest € 42
Karte 30/41 €	**A la carte meals:**
	The first figure is for a plain meal and includes soup, main dish of the day with vegetables and dessert. The second figure is for a fuller meal (with speciality) and includes hors d'œuvre, main course and dessert.
	When the establishment has neither table d'hôte nor "à la carte" menus, the dishes of the day are given verbally.

Towns

GENERAL INFORMATION

✉ 38100	Postal code
L	Capital of "Land"
545	Michelin map number
24 000 Ew	Population
Höhe 175 m	Altitude (in metres)
Heilbad	Spa
Kneippkurort	Health resort (Kneipp)
Heilklimatischer	Health resort
Kurort-Luftkurort	Health resort
Seebad	Seaside resort
Erholungsort	Holiday resort
Wintersport	Winter sports
1 000 m	Altitude (in metres) of highest point reached by lifts
🚠 2	Number of cable cars
🎿 4	Number of ski and chair lifts
	Cross-country skiing
AX A	Letters giving the location of a place on the town plan
❄ ≤	Panoramic view, view
📍18 ✈	Golf course and number of holes – Airport
🚗	Place with a romotorail connection, further information from ticket office
🚢	Shipping line (passengers & cars)
⛴	Passenger transport only
🛈	Tourist Information Centre
ADAC	German Automobile Club

SIGHTS

STAR RATING

★★★	Highly recommended
★★	Recommended
★	Interesting

LOCATION

👁	Sights in town
↻	On the outskirts
6 km	Distance in kilometres.

AUTOMOBILE CLUBS

ADAC :
... (01805) 10 11 12, Service
... (01802) 22 22 22, Breakdown assistance
AvD : Lyoner Str. 16, 60528 Frankfurt – Niederrad
... (069) 6 60 60, Service
... (0800) 9 90 99 09, Breakdown assistance

Town plans

☐ ● Hotels
■ ● Restaurants

SIGHTS

Place of interest
Interesting place of worship

ROADS

Motorway, Dual carriageway
Motorway, Dual carriageway with motorway characteristics
Number of junction
Major thoroughfare
One-way street – Unsuitable for traffic,
street subject to restrictions
Area subject to restrictions
Pedestrian street – Tramway
Karlstr. Shopping street – Low headroom – Car park
Park and Ride
Gateway – Street passing under arch – Tunnel
Low headroom (16'6" max.) on major through routes
Station and railway
Funicular – Cable-car
Lever bridge – Car ferry

VARIOUS SIGNS

Tourist Information Centre
Mosque – Synagogue
Tower – Ruins – Windmill – Water Tower
Garden, park, wood – Cemetery – Cross
Stadium – Golf course – Racecourse – Skating rink
Outdoor or indoor swimming pool
View – Panorama
Monument – Fountain – Factory - Lighthouse
Pleasure boat harbour - Coach station
Airport – Underground station
Ferry services:
passengers and cars, passengers only
Main post office
Hospital – Covered market
Public buildings located by letter:
L R - Provincial Government office – Town Hall
J - Law Courts
M T U - Museum – Theatre – University - College
POL. - Police (in large towns police headquarters)
ADAC Automobile Club

33

Come leggere la guida

INFORMAZIONI TURISTICHE

Distanza dalle città di riferimento, uffici turismo, siti turistici locali, mezzi di trasporto, golfs e tempo libero...

GLI ALBERGHI

Da 🏨🏨🏨🏨🏨 a 🏠 : categorie di confort.
I più ameni: in rosso.

I MIGLIORI ESERCIZI A PREZZI CONTENUTI

- 🏨 Bib Hotel.
- 😊 Bib Gourmand.

LE TAVOLE STELLATE

- ❀❀❀ Vale il viaggio.
- ❀❀ Merita una deviazione.
- ❀ Ottima cucina.

I RISTORANTI

Da 🍴🍴🍴🍴🍴 a 🍴 : categorie di confort
I più ameni: in rosso.

34

22 **S4** ← **CARTE MICHELIN**
Riferimento alla carta Michelin
in cui figura la località.

/30 m
u) 97
04, touristinformation@

AU z ← **LOCALIZZARE LA CITTÀ**
Posizione della località sulla carta regionale
alla fine della guida
(n° della carta e coordinate).

**LOCALIZZARE
L'ESERCIZIO**

Localizzazione sulla pianta di città
(coordinate ed indice).

Aug. 3 Wochen Samstagmittag
ohngebiet mit freundlichem Service
sehr wohnlich gestalteten Zimmern.
≤ Höllen- und Modeltal
BF n

3111 – geschl. Jan.-März
- Karte 19/28 €
rg von 1938, die das kleine Hotel mit seinen
erherbergt. Auch ein kleines Museum gehört
ustikale Restaurant. Kreative Regionalküche.
CY a

**GLI ALBERGHI
TRANQUILLI**

Albergo tranquillo.
Albergo molto tranquillo.

431) 9 00 70 – weinhaus@t-online.de
g-Montag
ellung erforderlich) Menü 48/68 €

**DESCRIZIONE
DELL'ESERCIZIO**

Atmosfera, stile,
carattere e spécialità.

topfleber. Steinbutt unter der Pinienkruste mit
ller «Weinhaus».
en Stadthause führt Familie Kreus dieses gemütliche
mit angenehmer Atmosphäre und klassischer Küche. Am
tlichen Bistro oder auf der Terrasse vor dem Haus.
BU g

**INSTALLAZIONI
E SERVIZI**

439– ℘ (07431) 5 83 70 – geschl. Montag
schbestellung ratsam) – Menü 55/70 € – Karte 36/40 €
von außen nicht vermutet: Hier erwartet Sie ein Stück Bella
es Ambiente, herzliche Atmosphäre und natürlich typische
CS e

PREZZI

Zim
3 57439– ℘ (07431) 9 91 20 – info@windmuller.de
1 – geschl. Sonntag-Montag
2 € †† 58/65 €– **Rest** – Menü 22 € – Karte 12/23 €
das traditionsreiche Ambiente des Gewölberestaurants, den geschul-
d eine regional und saisonal beeinflusste Küche.
DS e

57439– ℘ (07431) 9 91 41 – info@adler.de
chl. Montag-Dienstagmittag
n Klosterguts befindet sich dieses neo-rustikal
angebot.

Principi

« Quest'opera nasce col secolo e durerà quanto esso. »

La prefazione della prima Edizione della Guida MICHELIN 1900, divenuta famosa nel corso degli anni, si è rivelata profetica. Se la Guida viene oggi consultata in tutto il mondo è grazie al suo costante impegno nei confronti dei lettori.

Desideriamo qui ribadirlo.

I principi della Guida MICHELIN:

La visita anonima: per poter apprezzare il livello delle prestazioni offerte ad ogni cliente, gli ispettori verificano regolarmente ristoranti ed alberghi mantenendo l'anonimato. Questi pagano il conto e possono presentarsi per ottenere ulteriori informazioni sugli esercizi. La posta dei lettori fornisce peraltro preziosi suggerimenti che permettono di orientare le nostre visite.

L'indipendenza: la selezione degli esercizi viene effettuata in totale indipendenza, nel solo interesse del lettore. Gli ispettori e il caporedattore di-scutono collegialmente le scelte. Le massime decisioni vengono prese a livello europeo. La segnalazione degli esercizi all'interno della Guida è interamente gratuita.

La selezione: la Guida offre una selezione dei migliori alberghi e ristoranti per ogni categoria di confort e di prezzo. Tale selezione è il frutto di uno stesso metodo, applicato con rigorosità da tutti gli ispettori.

… **e un unico obiettivo:** prodigarsi per aiutare il lettore a fare di ogni spostamento e di ogni uscita un momento di piacere, conformemente alla missione che la Michelin si è prefissata: contribuire ad una miglior mobilità.

Editoriale

Caro lettore,

Abbiamo il piacere di presentarle la nostra 45a edizione della Guida MICHELIN Germania.

Questa selezione, che comprende i migliori alberghi e ristoranti per ogni categoria di prezzo, viene effettuata da un'équipe di ispettori professionisti del settore. Ogni anno, percorrono l'intero paese per visitare nuovi esercizi e verificare il livello delle prestazioni di quelli già inseriti nella Guida.

All'interno della selezione, vengono inoltre assegnate ogni anno da ✪ a ✪✪✪ alle migliori tavole. Le stelle contraddistinguono gli esercizi che propongono la miglior cucina, in tutti gli stili, tenendo conto della scelta dei prodotti, della creatività, dell'abilità nel raggiungimento della giusta cottura e nell'abbinamento dei sapori, del rapporto qualità/prezzo, ma anche della continuità.

Anche quest'anno, numerose tavole sono state notate per l'evoluzione della loro cucina. Una « **N** » accanto ad ogni esercizio prescelto dell'annata 2008, ne indica l'inserimento fra gli esercizi con una, due o tre stelle.

Desideriamo inoltre segnalare le « *promesse* » per la categoria superiore. Questi esercizi, evidenziati in rosso nella nostra lista e nelle nostre pagine, sono i migliori della loro categoria e potranno accedere alla categoria superiore non appena le loro prestazioni avranno raggiunto un livello costante nel tempo, e nelle proposte della carta. Con questa segnalazione speciale, è nostra intenzione farvi conoscere le tavole che costituiscono, dal nostro punto di vista, le principali promesse della gastronomia di domani.

Il vostro parere ci interessa, specialmente riguardo a queste « *promesse* ». Non esitate quindi a scriverci, la vostra partecipazione è importante per orientare le nostre visite e migliorare costantemente la vostra Guida. Grazie ancora per la vostra fedeltà e vi auguriamo buon viaggio con la Guida MICHELIN 2008.

Consultate la Guida MICHELIN su
www.ViaMichelin.com
e scriveteci a :
dermichelinfuehrer-deutschland@de.michelin.com

Categorie & simboli distintivi

LE CATEGORIE DI CONFORT

Nella selezione della Guida MICHELIN vengono segnalati i migliori indirizzi per ogni categoria di confort e di prezzo. Gli esercizi selezionati sono classificati in base al confort che offrono e vengono citati in ordine di preferenza per ogni categoria.

🏨🏨🏨	XXXXX	Gran lusso e tradizione
🏨🏨	XXXX	Gran confort
🏨🏨	XX	Molto confortevole
🏨	XX	Di buon confort
🏠	X	Abbastanza confortevole
garni		L'albergo non ha ristorante
mit Zim		Il ristorante dispone di camere

I SIMBOLI DISTINTIVI

Per aiutarvi ad effettuare la scelta migliore, segnaliamo gli esercizi che si distinguono in modo particolare. Questi ristoranti sono evidenziati nel testo con ❀ o 🙂 e **Rest**.

LE MIGLIORI TAVOLE

Le stelle distinguono gli esercizi che propongono la miglior qualità in campo gastronomico, indipendentemente dagli stili di cucina. I criteri presi in considerazione sono: la scelta dei prodotti, l'abilità nel raggiungimento della giusta cottura e nell'abbinamento dei sapori, il rapporto qualità/prezzo nonché la costanza.

❀❀❀ **Una delle migliori cucine, questa tavola vale il viaggio**
Vi si mangia sempre molto bene, a volte meravigliosamente.

❀❀ **Cucina eccellente, questa tavola merita una deviazione**

❀ **Un'ottima cucina nella sua categoria**

I MIGLIORI ESERCIZI A PREZZI CONTENUTI

🙂 **Bib Gourmand**
Esercizio che offre una cucina di qualità, spesso a carattere tipicamente regionale, fino a 32 €, prezzo di un pasto, bevanda esclusa.

🏨 **Bib Hotel**
Esercizio che offre un soggiorno di qualità fino a 90 € per la maggior parte delle camere. Prezzi per 2 persone, prima colazione compresa.

GLI ESERCIZI AMENI

Il rosso indica gli esercizi particolarmente ameni. Questo per le caratteristiche dell'edificio, le decorazioni non comuni, la sua posizione ed il servizio offerto.

🏠 a 🏠🏠🏠🏠🏠 **Alberghi ameni**

🕺 a 🕺🕺🕺🕺🕺 **Ristoranti ameni**

LE SEGNALAZIONI PARTICOLARI

Oltre alle distinzioni conferite agli esercizi, gli ispettori Michelin apprezzano altri criteri spesso importanti nella scelta di un esercizio.

POSIZIONE

Cercate un esercizio tranquillo o che offre una vista piacevole ? Seguite i simboli seguenti :

    🕊   **Albergo tranquillo**

    🕊   **Albergo molto tranquillo**

    ⇐   **Vista interessante**

  ⇐ Rhein   **Vista eccezionale**

CARTA DEI VINI

Cercate un ristorante la cui carta dei vini offra una scelta particolarmente interessante ? Seguite il simbolo seguente:

    🍇   **Carta dei vini particolarmente interessante**

              Attenzione a non confrontare la carta presentata da un sommelier in un grande ristorante con quella di una trattoria dove il proprietario ha una grande passione per i vini della regione.

39

Installazioni & servizi

30 Zim	Numero di camere
	Ascensore
AC	Aria condizionata (in tutto o in parte dell'esercizio)
	Connessione Internet "Wireless Lan" in camera
	Esercizio accessibile in parte alle persone con difficoltà motorie
	Attrezzatura per accoglienza e ricreazione dei bambini
	Pasti serviti in giardino o in terrazza
	Spa / Wellness center: centro attrezzato per il benessere ed il relax
	Piscina: all'aperto, coperta
	Cura termale, Idroterapia
	Sauna - Palestra
	Campo di tennis
	Golf e numero di buche
	Giardino - Parco
	Spiaggia attrezzata
	Pontile d'ormeggio
	Sale per conferenze
	Saloni particolari (nei ristorante)
	Garage nell'albergo (generalmente a pagamento)
P	Garage nell'albergo (generalmente a pagamento)
	Accesso vietato ai cani (in tutto o in parte dell'esercizio
U	Stazione della metropolitana più vicina (a Berlin)

VIETATO-FUMARE

In base alla legge in vigore, è vietato fumare nei locali pubblici e nei ristoranti di alcuni *Land* (Baden-Württemberg, Mecklenburg-Vorpommern, Niedersachsen).
La legge sarà applicata negli altri Land a partire dal 1° gennaio 2008. Tale legge può variare da un *Land* all'altro.
In gran parte degli hotel sono proposte camere non-fumatori.

I prezzi

I prezzi che indichiamo in questa guida sono stati stabiliti nell'estate 2007; potranno subire delle variazioni in relazione ai cambiamenti dei prezzi di beni e servizi. Essi s'intendono comprensivi di tasse e servizio.

Il primo prezzo è il prezzo minimo in bassa stagione, il secondo prezzo il prezzo massimo in alta stagione. Gli albergatori e i ristoratori si sono impegnati, sotto la propria responsabilità, a praticare questi prezzi ai clienti.

In occasione di alcune manifestazioni (congressi, fiere, saloni, festival, eventi sportivi…) i prezzi richiesti dagli albergatori potrebbero subire un sensibile aumento.

LA CAPARRA

Alcuni albergatori chiedono il versamento di una caparra. Si tratta di un deposito-garanzia che impegna sia l'albergatore che il cliente. Chiedete all'albergatore di fornirvi nella sua lettera di conferma ogni dettaglio sulla prenotazione e sulle condizioni di soggiorno.

CARTE DI CREDITO

	Carte di credito accettate :
AE D ⦿ VISA	American Express – Diners Club – Mastercard (Eurocard) – Visa.

CAMERE

25 Zim	Numero di camere
Zim - ♂ 60/75€	Prezzo minimo/massimo
♂♂ 70/120 €	per camera singola e doppia
Zim ☕ -	Prima colazione compresa
☕ 10 €	Supplemento per la prima colazione
Suiten	Suite: informarsi presso l'albergatore

MEZZA PENSIONE

½ P 10 €	Questo supplemento per persona al giorno va aggiunto al prezzo della camera per ottenere quello della mezza pensione.
(inkl. ½ P.)	Prezzo della camera mezza pensione inclusa.

RISTORANTE

Menü 20/42 €	**Menu a prezzo fisso:** minimo 20 €, massimo 42 €
Karte 30/41 €	**Pasto alla carta** bevanda esclusa. Il primo prezzo corrisponde ad un pasto semplice comprendente: zuppa, piatto del giorno e dessert. Il secondo prezzo corrisponde ad un pasto più completo (con specialità) comprendente: antipasto, secondo e dessert.

Le città

GENERALITÀ

✉ 38100	Codice di avviamento postale
Ⓛ	Capoluogo di Provincia
545	Numero della carta Michelin
24 000 EW	Popolazione residente
Höhe 175 m	Altitudine
Heilbad	Stazione termale
Kneippkurort	Stazione di cure Kneipp
Heilklimatischer	Stazione climatica
Kurort-Luftkurort	Stazione climatica
Seebad	Stazione balneare
Erholungsort	Stazione di villeggiatura
Wintersport	Sport invernali
1 000 m	Altitudine massima raggiungibile con gli impianti di risalita
🚠 2	Numero di funivie o cabinovie
🚡 4	Numero di sciovie e seggiovie
🎿	Sci di fondo
AX A	Lettere indicanti l'ubicazione sulla pianta
❄ ‹	Panorama, vista
18 ✈	Golf e numero di buche – Aeroporto
🚗	Località con servizio auto su treno
⛴ ⛵	Trasporti marittimi: passeggeri ed autovetture, solo passeggeri
🛈	Ufficio informazioni turistiche
ADAC	Automobile Club Tedesco

INFORMAZIONI TURISTICHE

INTERESSE TURISTICO

★★★	Vale il viaggio
★★	Merita una deviazione
★	Interessante

UBICAZIONE

👁	Nella città
👁	Nei dintorni della città
6 km	Distanza chilometrica

AUTOMOBILE CLUB

ADAC :
... (01805) 10 11 12
... (01802) 22 22 22, servizio d'emergenza
AvD : Lyoner Str. 16, 60528 Frankfurt – Niederrad
... (069) 6 60 60
... (0800) 9 90 99 09, servizio d'emergenza

Le piante

□ ● Alberghi
■ ● Ristoranti

CURIOSITÀ

Edificio interessante
Costruzione religiosa interessante

VIABILITÀ

Autostrada, doppia carreggiata tipo autostrada
Numero dello svincolo
Grande via di circolazione
Senso unico – Via regolamentata o impraticabile
Via pedonale – Tranvia
Karlstr. Via commerciale – Parcheggio – Parcheggio coperto
Parcheggio Ristoro
Porta – Sottopassaggio – Galleria
Stazione e ferrovia
Funicolare – Funivia, Cabinovia
Ponte mobile – Traghetto per auto

SIMBOLI VARI

Ufficio informazioni turistiche
Moschea – Sinagoga
Torre – Ruderi – Mulino a vento – Torre dell'acquedotto
Giardino, parco, bosco – Cimitero – Calvario
Stadio – Golf – Ippodromo - Pattinaggio
Piscina: all'aperto, coperta
Vista – Panorama
Monumento – Fontana – Fabbrica - Faro
Porto turistico – Stazione di Autobus
Aeroporto – Stazione della Metropolitana
Trasporto con traghetto:
passeggeri ed autovetture, solo passeggeri
Ufficio postale centrale
Ospedale – Mercato coperto
Edificio pubblico indicato con lettera:
L R   Sede del Governo della Provincia –Municipio
J   Palazzo di Giustizia
M T U Museo – Teatro - Università
POL. Polizia (Questura, nelle grandi città)
ADAC Automobile Club

Auszeichnungen 2008

Distinctions 2008
Awards 2008
Le distinzioni 2008

Die Sterne 2008

Dreis	✸✸✸	Ort mit mindestens einem 3-Sterne-Restaurant
München	✸✸	Ort mit mindestens einem 2-Sterne-Restaurant
Hamburg	✸	Ort mit mindestens einem 1-Stern-Restaurant

Bad Zwischenahn

Osnabrück
Lengerich

Xanten — Dorsten

Düsseldorf — **Essen**
Grevenbroich — Remscheid
Heinsberg — Pulheim — Odenthal
Aachen — Kerpen — **Köln** — **Bergisch Gladbach**
Erftstadt — Bonn

Bad Neuenahr-Ahrweiler
Daun — Balduinstein
Trittenheim — Wiesbaden
Zemmer — **Dreis** — Geisenheim
Trier — Stromberg
Naurath — Bad Sobernheim — Mainz
Neuhütten

Perl
Saarbrücken — Sankt Wendel
Zweibrücken

Baden-Württemberg

Wartenberg-Rohrbach — Amorbach
Mannheim
Freinsheim — Schriesheim
Deidesheim — Heidelberg
Knittelsheim — Friedrichsruhe
Herxheim — Eggenstein-Leopoldshafen
Karlsruhe — Pfinztal
Asperg — Ludwigsburg
Kuppenheim — Fellbach
Baden-Baden — Gernsbach
Bühl — Ehningen — Stuttgart
Sasbachwalden — Ohmden
Baiersbronn — Tübingen
Bad Peterstal-Griesbach — Pliezhausen

Lahr
Vogtsburg — Sankt Peter
Freiburg im Breisgau
Pfaffenweiler
Bad Krozingen
Sulzburg — Häusern

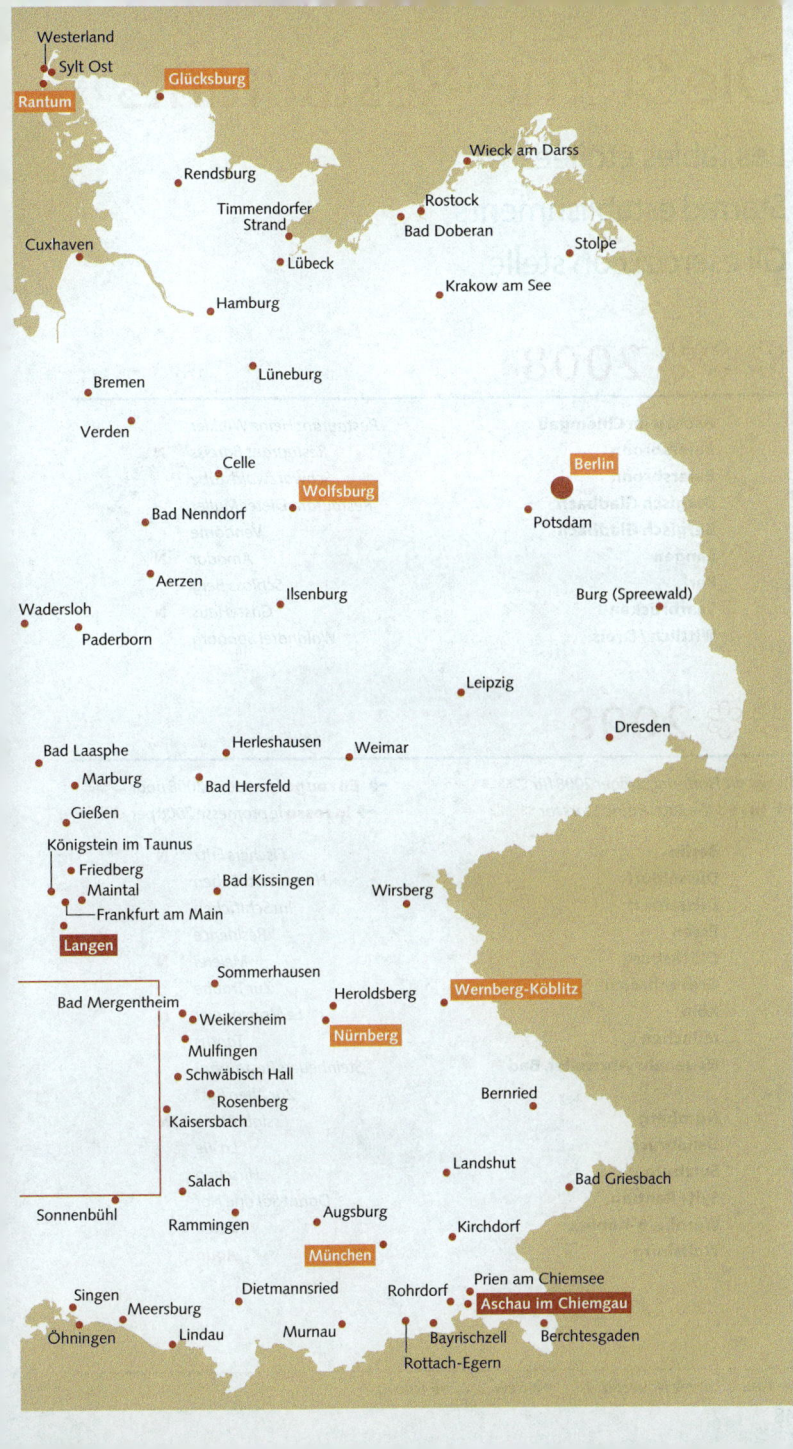

- Westerland
- Sylt Ost
- **Glücksburg**
- **Rantum**
- Rendsburg
- Wieck am Darss
- Timmendorfer Strand
- Rostock
- Bad Doberan
- Stolpe
- Cuxhaven
- Lübeck
- Krakow am See
- Hamburg
- Bremen
- Lüneburg
- Verden
- Celle
- **Wolfsburg**
- **Berlin**
- Bad Nenndorf
- Potsdam
- Aerzen
- Ilsenburg
- Burg (Spreewald)
- Wadersloh
- Paderborn
- Leipzig
- Bad Laasphe
- Herleshausen
- Weimar
- Dresden
- Marburg
- Bad Hersfeld
- Gießen
- Königstein im Taunus
- Friedberg
- Maintal
- Bad Kissingen
- Frankfurt am Main
- Wirsberg
- **Langen**
- Sommerhausen
- Bad Mergentheim
- Heroldsberg
- **Wernberg-Köblitz**
- Weikersheim
- **Nürnberg**
- Mulfingen
- Schwäbisch Hall
- Rosenberg
- Bernried
- Kaisersbach
- Landshut
- Bad Griesbach
- Salach
- Sonnenbühl
- Rammingen
- Augsburg
- Kirchdorf
- **München**
- Prien am Chiemsee
- Singen
- Dietmannsried
- Rohrdorf
- **Aschau im Chiemgau**
- Meersburg
- Öhningen
- Lindau
- Murnau
- Bayrischzell
- Berchtesgaden
- Rottach-Egern

Die Sterne-Restaurants

Les tables étoilées

Starred establishments

Gli esercizi con stelle

✤✤✤ 2008

Aschau im Chiemgau	*Restaurant Heinz Winkler*	
Baiersbronn	*Restaurant Bareiss*	**N**
Baiersbronn	*Schwarzwaldstube*	
Bergisch Gladbach	*Restaurant Dieter Müller*	
Bergisch Gladbach	*Vendôme*	
Langen	*Amador*	**N**
Perl	*Schloss Berg*	
Saarbrücken	*GästeHaus*	**N**
Wittlich / Dreis	*Waldhotel Sonnora*	

✤✤ 2008

In rot *die Hoffnungsträger 2008 für* ✤✤✤
→ **In red** *the 2008 Rising Stars for* ✤✤✤

→ **En rouge** *les espoirs 2008 pour* ✤✤✤
→ **In rosso** *le promesse 2008 per* ✤✤✤

Berlin	*Fischers Fritz*	**N**
Düsseldorf	*Hummerstübchen*	
Düsseldorf	*Im Schiffchen*	
Essen	*Résidence*	
Glücksburg	*Meierei*	**N**
Grevenbroich	*Zur Traube*	
Köln	*Le Moissonnier*	**N**
München	*Tantris*	
Neuenahr-Ahrweiler, Bad	*Steinheuers Restaurant Zur Alten Post*	
Nürnberg	*Essigbrätlein*	**N**
Osnabrück	*La Vie*	
Sulzburg	*Hirschen*	
Sylt / Rantum	*Dorint Söl'ring Hof*	
Wernberg-Köblitz	*Kastell*	
Wolfsburg	*Aqua*	

N *Neu* ✤   → *Nouveau* ✤   → *New* ✤   → *Nuovo* ✤

✲ 2008

In rot die Hoffnungsträger 2008 für ✲✲
→ **In red** the 2008 Rising Stars for ✲✲

→ **En rouge** les espoirs 2008 pour ✲✲
→ **In rosso** le promesse 2008 per ✲✲

Aachen	Charlemagne
Aachen	La Bécasse
Aerzen	Schlosshotel Münchhausen
Amorbach	Der Schafhof - Abt- und Schäferstube
Asperg	Adler - Schwabenstube
Augsburg	August
Baden-Baden	Le Jardin de France
Baden-Baden	Park-Restaurant
Baden-Baden	Schloss Neuweier
Baiersbronn	Schlossberg
Balduinstein	Landhotel Zum Bären
Bayrischzell	Der Alpenhof - Alpenstube
Bellheim / Knittelsheim	Steverding's Isenhof
Berchtesgaden	InterContinental - Le Ciel
Berlin	44
Berlin	Die Quadriga
Berlin	FACIL
Berlin	First Floor
Berlin	Hugos
Berlin	Lorenz Adlon
Berlin	Margaux
Berlin	Rutz N
Berlin	VAU
Berlin	Vitrum
Bernried	Schwingshackl's ESS-Kunst N
Bonn	Dorint Hotel Venusberg Bonn - l'orquivit
Bonn	Halbedel's Gasthaus
Bremen	L'Orchidée im Bremer Ratskeller
Bühl	Schlosshotel Bühlerhöhe - Imperial
Burg (Spreewald)	17 fuffzig N
Celle	Endtenfang
Cuxhaven	Sterneck
Daun	Kurfürstliches Amtshaus Dauner Burg
Deidesheim	Schwarzer Hahn
Dietmannsried	Landhaus Henze
Doberan, Bad	Friedrich Franz
Dorsten	Goldener Anker
Dorsten	Rosin
Dresden	Bean und Beluga N
Dresden	Bülow-Residenz - Carousell
Düsseldorf	Berens am Kai
Düsseldorf	Jean-Claude
Düsseldorf	Victorian
Eggenstein-Leopoldshafen	Zum Löwen
Ehningen	Landhaus Feckl
Erftstadt	Husarenquartier
Frankfurt am Main	Ernos Bistro
Frankfurt am Main	Osteria Enoteca
Frankfurt am Main	Silk
Frankfurt am Main	Tiger-Restaurant
Frankfurt am Main	Villa Merton
Freiburg im Breisgau	Colombi-Hotel - Zirbel- und Falkenstube
Freinsheim	Luther
Friedberg (Hessen)	Grossfeld
Geisenheim	Burg Schwarzenstein - Gourmet Restaurant N
Gernsbach	Schloss Eberstein
Gießen	Tandreas
Griesbach, Bad	Il Giardino
Häusern	Adler
Hamburg	Abtei
Hamburg	Das kleine Rote
Hamburg	Haerlin
Hamburg	Landhaus Scherrer
Hamburg	Le Canard nouveau
Hamburg	Louis C. Jacob
Hamburg	Piment
Hamburg	Poletto
Hamburg	Sgroi
Hamburg	Süllberg - Seven Seas
Hamburg	Tafelhaus
Heidelberg	schwarz Das Restaurant
Heinsberg	Burgstuben Residenz - St. Jacques
Herleshausen	Hohenhaus

N Neu ✲ → Nouveau ✲ → New ✲ → Nuovo ✲

Hermeskeil / Neuhütten	Le temple du gourmet	**Meersburg**	Casala
Heroldsberg	Gastronomique im Schwarzen Adler	**Mergentheim, Bad**	Zirbelstube
		München	Acquarello
Hersfeld, Bad	Zum Stern - L'étable N	**München**	Dallmayr N
Herxheim	Krone	**München**	Königshof
Ilsenburg	Landhaus Zu den Rothen Forellen - Forellenstube	**München**	Mandarin Oriental - Mark's
Kaisersbach	Schassberger Ebnisee - Ernst Karl	**München**	Schuhbeck's in den Südtiroler Stuben
Karlsruhe	Oberländer Weinstube	**München**	Terrine N
Kerpen	Schloss Loersfeld	**Mulfingen**	Altes Amtshaus
Kirchdorf (Krs. Mühldorf)	Christian's Restaurant - Gasthof Grainer	**Murnau**	Alpenhof Murnau - Reiterzimmer
Kirchheim u. Teck / Ohmden	Landgasthof am Königsweg	**Nenndorf, Bad**	La Forge
		Neuenahr-Ahrweiler, Bad	Brogsitter's Sanct Peter
Kissingen, Bad	Parkhotel Laudensack	**Odenthal**	Zur Post
Köln	Capricorn [i] Aries Restaurant	**Öhningen**	Falconera
Köln	L'escalier N	**Öhringen / Friedrichsruhe**	Wald- und Schlosshotel Friedrichsruhe
Köln	La Société		
Köln	La Vision	**Paderborn**	Balthasar
Köln	Zur Tant	**Peterstal-Griesbach, Bad**	Dollenberg - Le Pavillon
Königstein im Taunus	Villa Rothschild N	**Pfaffenweiler**	Zehner's Stube
Kordel / Zemmer	Landhaus Mühlenberg	**Pfinztal**	Villa Hammerschmiede
Krakow am See	Ich weiß ein Haus am See	**Pliezhausen**	Landgasthaus zur Linde
Krozingen, Bad	Zum Storchen	**Potsdam**	Friedrich-Wilhelm
Kuppenheim	Raub's Restaurant	**Prerow / Wiek a. Darß**	Jäger's Tafelfreuden
Laasphe, Bad	Ars Vivendi		
Lahr	Adler	**Prien am Chiemsee**	Mühlberger
Landshut	Fürstenhof	**Pulheim**	Gut Lärchenhof
Langenau / Rammingen	Landgasthof Adler N	**Remscheid**	Concordia - Heldmann's Restaurant
Leipzig	Falco	**Rendsburg**	Seehotel Töpferhaus
Leipzig	Stadtpfeiffer	**Rohrdorf**	Gut Apfelkam
Lengerich	Hinterding	**Rosenberg**	Landgasthof Adler
Lindau im Bodensee	Villino	**Rostock**	Chezann
Ludwigsburg	Alte Sonne	**Rottach-Egern**	Dichterstub'n
Lübeck	Buddenbrooks	**Salach**	Burgrestaurant Staufeneck
Lübeck	La Belle Epoque N	**Sankt Peter**	Zur Sonne
Lübeck	Wullenwever	**Sankt Wendel**	Kunz
Lüneburg	Zum Heidkrug	**Sasbachwalden**	Talmühle - Fallert
Maintal	Hessler	**Schriesheim**	Strahlenberger Hof
Mainz	Buchholz N	**Schwäbisch Hall**	Wolf - Eisenbahn
Mannheim	Da Gianni	**Singen**	Flohr's
Mannheim	Doblers	**Singen / Rielasingen**	Salzburger Stub'n
Mannheim	Grissini	**Sobernheim, Bad**	BollAnt's im Park - Passione Rossa
Marburg	Bel Etage		

N Neu ✱   → Nouveau ✱   → New ✱   → Nuovo ✱

Sommerhausen	*Philipp*	Wiesbaden	*Ente*	
Sonnenbühl	*Hirsch*	Wiesbaden	*Tasca*	**N**
Stolpe	*Gutshaus Stolpe*	Wirsberg	*Herrmann's Restaurant*	**N**
Stromberg	*Le Val d'Or*	Wolfsburg	*La Fontaine*	
Stuttgart	*Breitenbach*	Xanten	*Landhaus Köpp*	
Stuttgart	*Délice*	Zweibrücken	*Tschifflik*	
Stuttgart	*Olivo*	Zwischenahn, Bad	*Apicius*	
Stuttgart	*Wielandshöhe*			
Stuttgart	*Zirbelstube*			
Stuttgart	*top air*			
Stuttgart / Fellbach	*Zum Hirschen*			
Sylt / Tinnum	*Bodendorf's*			
Sylt / Munkmarsch	*Restaurant Fährhaus*			
Sylt / Westerland	*Jörg Müller*			
Timmendorfer Strand	*Orangerie*			
Trier	*Becker's*			
Trittenheim	*Wein- und Tafelhaus*			
Trittenheim / Naurath	*Rüssel's Landhaus St. Urban*			
Tübingen	*Waldhorn*			
Verden (Aller)	*Pades Restaurant*			
Vogtsburg	*Schwarzer Adler*			
Wadersloh	*Bomke*			
Wartenberg-Rohrbach	*Wartenberger Mühle*			
Weikersheim	*Laurentius* **N**			
Weimar	*Anna Amalia*			

DIE HOFFNUNGSTRÄGER 2008 FÜR ✱
Les espoirs 2008 pour ✱
The 2008 Rising Stars for ✱
Le promesse 2008 per ✱

Hornbach	*Kloster Hornbach - Refugium*
Krün	*Schloss Elmau - Wintergarten*
Mainz	*Maus im Mollers*
München	*Show Room*
Overath	*Sonne*
Rottach-Egern	*Maiwerts Fährhütte*
Rüsselsheim	*Navette*
Storkow	*Schloss Hubertushöhe - Windspiel*
Thannhausen	*Schreiegg's Post*

N Neu ✱ → Nouveau ✱ → New ✱ → Nuovo ✱

Bib Gourmand 2008

- Orte mit mindestens einem Bib Gourmand-Haus.

Hessen, Baden-Württemberg

A
- Jugenheim
- Ober-Ramstadt
- Marktheidenfeld
- Höchst
- Triefenstein
- Laudenbach
- Wertheim
- Grossheubach
- Bürgstadt
- Wald-Michelbach
- Lauda-Königshofen
- Weisenheim am B.
- Laumersheim
- Birkenau
- Buchen
- Mannheim
- Schriesheim
- Weikersheim
- Wachenheim
- Neckargemünd
- Deidesheim
- Mosbach
- Blaufelden
- Neustadt
- Bretzfeld
- Friedrichsruhe
- Dernbach
- Leimen
- Heilbronn
- Frankweiler
- Lauffen am N.
- Schwäbisch Hall
- Herxheim
- Brackenheim
- Abstatt
- Landau
- Bretten
- Oberstenfeld
- Neupotz
- Ötisheim
- Ilsfeld
- Remchingen
- Karlsruhe
- Vaihingen an der E.
- Ludwigsburg

Baden-Württemberg

B
- Bühl
- Bühlertal
- Sasbachwalden
- Wildberg
- Kehl
- Kappelrodeck
- Durbach
- Baiersbronn
- Ortenberg
- Berghaupten
- Bad Rippoldsau-Schapbach
- Friesenheim
- Bad Peterstal-Griesbach
- Lahr
- Hausach
- Schramberg
- Bisingen
- Kenzingen
- Freiamt
- Villingendorf
- Ratshausen
- Endingen
- Waldkirch
- Villingen-Schwenningen
- Vogtsburg
- Simonswald
- Freiburg i. B.
- Glottertal
- Vöhrenbach
- Ihringen
- Kirchzarten
- Hüfingen
- Denzlingen
- Oberried
- Horben
- Hinterzarten
- Tengen
- Heitersheim
- Staufen
- Feldberg
- Bonndorf

Baden-Württemberg

C
- Korb
- Remshalden
- Fellbach
- Weinstadt
- Heubach
- Stuttgart
- Plochingen
- Köngen
- Leinfelden-Echterdingen
- Oberboihingen
- Bempflingen
- Metzingen
- Ulm
- Münsingen
- Vöhringen
- Burgrieden
- Illertissen
- Schwendi
- Scheer
- Maselheim
- Mengen
- Bad Wurzach
- Ostrach

- Sylt Ost
- Bad Zwischenahn
- Lingen
- Rheine
- Schöppingen
- Emsdetten
- Billerbeck
- Wesel
- Waltrop
- Essen
- Sprockhövel
- Nettetal
- Velbert
- Arnsberg
- Düsseldorf
- Solingen
- Würselen
- Hardert
- Limbach
- Aachen
- Bad Neuenahr-Ahrweiler
- Balduinstein
- Monschau
- Bendorf
- Vallendar
- Andernach
- Mayen
- Mülheim-Kärlich
- Boppard
- Dörscheid
- Oberwesel
- Kaub
- Nastätten
- Guldental
- Bad Kreuznach
- Meddersheim
- Nonnweiler
- Hackenheim
- Sankt Wendel
- Sankt Ingbert
- Saarbrücken
- Blieskastel
- Zweibrücken

- Freiburg **B**
- Bad Bellingen
- Lörrach

Lohme
Harrislee
Oeversee
Wieck am Darss
Bredstedt
Panker
Sankt Peter-Ording
Molfsee
Scharbeutz
Lübeck
Gross Grönau
Cuxhaven
Wingst
Gross Nemerow
Wremen
Hamburg
Gross Meckelsen
Worpswede
Scheessel
Schneverdingen
Uelzen
Verden
Fassberg
Berlin
Celle
Burgwedel
Gifhorn
Eichwalde
Reichenwalde
Hannover
Braunschweig
Bad Nenndorf
Magdeburg
Herford
Zerbst
Pattensen
Dessau
Detmold
Polle
Hövelhof
Paderborn
Leipzig
Wilthen
Görlitz
Bad Sassendorf
Göttingen
Brilon
Dresden
Meschede
Chemnitz
Weimar
Gera
Schmallenberg
Hartenstein
Hilchenbach
Aue
Burbach
Fulda
Rennerod
Stockheim
Bad Nauheim
Karben
Weilrod
Bindlach
Tröstau
Rauhenebrach
Frammersbach
Wiesbaden
Gössweinstein
Adelsdorf
Johannesberg
Forchheim
Eltville am R.
Schwarzach am M.
Darmstadt
Erlangen
Wernberg-Köblitz
Iphofen
Castell
Rückersdorf
Herzogenaurach
Neunburg vorm Wald
Heidelberg
Windelsbach
Nürnberg
Amberg
Cham
Engelthal
Illschwang
Rothenburg
Niederwinkling
Kallmünz
Regensburg
Freyung
Spalt
Neumarkt in der Oberpfalz
Pleinfeld
Crailsheim
Waldkirchen
Feuchtwangen
Neutraubling
Karlsruhe
Nördlingen
Bad Abbach
A
Mengkofen
Muggensturm
Tiefenbronn
Neuburg an der Donau
Schalkham
Bad Füssing
Stuttgart
Dillingen a. d. Donau
Baden-Baden
Kranzberg
Stubenberg
Dorfen
Ulm
München
Maisach
Vaterstetten
Waging am See
Bad Wörishofen
Pullach
Aying
Villingen-Schwenningen
Tuntenhausen
Uhldingen
Piding
Salem
Münsing
Neubeuern
Übersee
Heiligenberg
C
Bad Tölz
Überlingen
Lenggries
Bad Wiessee
Reit im Winkl
Tettnang
Wangen im A.
Pfronten
Stühlingen
Garmisch-Partenkirchen
Klettgau
Lindau
Schopfheim
Friedrichshafen
Lindenberg im Allgäu
Immenstaad am Bodensee
Kleinwalsertal

Bib Gourmand

Sorgfältig zubereitete, preiswerte Mahlzeiten
Repas soigné à prix modérés
Good food at moderate prices
Pasti accurati a prezzi contenuti

Aachen	Battice	N	**Boppard**	Tannenheim
Aachen	Schloss Schönau - Schänke		**Brackenheim**	Adler
Abbach, Bad	Gasthof Schwögler	N	**Braunschweig**	Ritter St. Georg
Abstatt	Sperber - Wirtsstube		**Bredstedt**	Friesenhalle
Adelsdorf	Landgasthof Niebler		**Bretten**	Guy Graessel
Amberg	Drahthammer Schlößl		**Bretzfeld**	Landhaus Rössle
Andernach	Am Helmwartsturm	N	**Brilon**	Haus Waldsee	N
Arnsberg	Menge		**Buchen (Odenwald)**	Zum Engel
Aschaffenburg / Johannesberg			**Bühl**	Lamm
	Rückersbacher Schlucht		**Bühl**	Pospisil's Gasthof Krone
Aue	Blauer Engel		**Bühlertal**	Bergfriedel
Aying	Brauereigasthof Aying		**Bürgstadt**	Weinhaus Stern
Baden-Baden	Traube		**Burbach**	Fiester-Hannes
Baiersbronn	Bauernstube		**Burgrieden**	Ebbinghaus
Baiersbronn	Dorfstuben		**Burgwedel**	Gasthaus Lege
Baiersbronn	Waldknechtshof		**Castell**	Gasthaus zum Schwan
Balduinstein			**Celle**	Allerkrug
	Weinstube - Landhotel Zum Bären		**Celle**	Schaper	N
Bayreuth / Bindlach			**Cham**	Am Ödenturm	N
	Landhaus Gräfenthal	N	**Chemnitz**	Villa Esche
Bellingen, Bad	Berghofstüble		**Crailsheim**	Post-Faber
Bempflingen	Krone		**Cuxhaven**	Spanger Buernstuv'
Bendorf	Villa Sayn - Toscana	N	**Deidesheim**	Gasthaus zur Kanne
Berlin	Bieberbau		**Denzlingen**	Rebstock-Stube
Berlin	Frühsammers Restaurant	N	**Dernbach**	Schneider
Berlin	Ottenthal		**Dessau**	Pächterhaus
Billerbeck	Domschenke		**Detmold**	Landhaus Hirschsprung	N
Birkenau	Drei Birken		**Dillingen an der Donau**	Stark
Bisingen	Gasthof Adler		**Dillingen an der Donau**	Storchennest
Blaufelden	Zum Hirschen		**Dörscheid**	Landgasthaus Blücher	N
Blieskastel	Hämmerle's Restaurant		**Dorfen**	
Bogen / Niederwinkling				Mairot-Werkstätte der Lebensfreude
	Landgasthof Buchner		**Dresden**	Landhaus Lockwitzgrund
Bonndorf	Sommerau		**Dresden**	Lesage

N *Neu* → *Nouveau* → *New* → *Nuovo*

Dresden	Pattis - Vitalis		**Hamburg**	Rive Bistro
Dresden	Villandry		**Hamburg**	Speisewirtschaft Wattkorn
Düsseldorf	La Piazetta di Positano N		**Hannover**	Le Monde
Durbach	Rebstock		**Hartenstein**	Jagdhaus Waldidyll
Eichwalde	Carmens Restaurant		**Hausach**	Landhaus Hechtsberg
Eltville am Rhein	Zum Krug		**Heilbronn**	Rebstock
Emsdetten	Lindenhof N		**Heiligenberg**	Baader
Endingen	Dutters Stube		**Heiligenberg**	Hack
Endingen	Merkle's Rebstock		**Heitersheim**	Landhotel Krone
Erlangen	Altmann's Stube		**Herford**	Am Osterfeuer N
Erlangen	Gasthaus Polster - Polster Stube		**Herford**	Die Alte Schule
Essen	Banker's Inn		**Hersbruck / Engelthal**	Grüner Baum
Essen	Hannappel		**Herxheim**	Pfälzer Stube
Essen	Hugenpöttchen		**Herzogenaurach**	Wein und Fein am Turm
Faßberg	Niemeyer's Posthotel - Poststube		**Heubach**	Harr's Langhaus N
Feldberg im Schwarzwald	Haus Sommerberg		**Hilchenbach**	Steubers Siebelnhof
Feuchtwangen	Greifen-Post		**Hinterzarten**	Waldhotel Fehrenbach
Feuchtwangen	Landgasthof Zum Ross		**Höchst im Odenwald**	Zur Krone - Gaststube
Flensburg / Harrislee	Wassersleben		**Hövelhof**	Gasthof Brink
Flensburg / Oeversee	Historischer Krug - Krugwirtschaft		**Horben**	Gasthaus zum Raben
Forchheim	Zöllner's Weinstube		**Hüfingen**	Landgasthof Hirschen
Frammersbach	Schwarzkopf		**Ihringen**	Bräutigam
Frankweiler	Weinstube Brand		**Ihringen**	Holzöfele
Freiamt	Zur Krone		**Illertissen**	Dornweiler Hof
Freiburg im Breisgau	Hirschen		**Illertissen**	Gasthof Krone
Freyung	Landgasthaus Schuster		**Illschwang**	Weißes Roß
Friedrichshafen	Goldenes Rad		**Ilsfeld**	Häußermann's Ochsen
Friesenheim	Mühlenhof		**Immenstaad am Bodensee**	Heinzler
Füssing, Bad	Holzapfel		**Immenstaad am Bodensee**	Seehof
Fulda	Goldener Karpfen		**Iphofen**	Zehntkeller
Garmisch-Partenkirchen	Reindl's Partenkirchner Hof		**Jugenheim**	Weedenhof N
Gengenbach / Berghaupten	Hirsch		**Kallmünz**	Zum Goldenen Löwen
Gera	Li_be N		**Kappelrodeck**	Zum Rebstock
Gifhorn	Ratsweinkeller		**Karben**	Neidharts Küche
Glottertal	Zum Goldenen Engel N		**Karlsruhe**	Nagel's Kranz
Görlitz	Tuchmacher		**Kaub**	Zum Turm
Gößweinstein	Zur Post		**Kehl**	Grieshaber's Rebstock
Göttingen	Gauß am Theater		**Kehl**	Hirsch
Groß Grönau	Zum fabelhaften Hirschen		**Kehl**	Voxs N
Großheubach	Zur Krone		**Kenzingen**	Scheidels Restaurant zum Kranz
Guldental	Der Kaiserhof		**Kiel / Molfsee**	Bärenkrug
Hachenburg / Limbach	Peter Hilger		**Kirchzarten**	Schlegelhof
Hamburg	Lenz N		**Kirchzarten**	Zum Rössle
Hamburg	Le Plat du Jour		**Kleinwalsertal / Riezlern**	Almhof Rupp
			Kleinwalsertal / Riezlern	Alpenhof Jäger

N Neu ☺ → Nouveau ☺ → New ☺ → Nuovo ☺

Kleinwalsertal / Riezlern	Scharnagl's Alpenhof	**Muggensturm**	Lamm N
Klettgau	Landgasthof Mange	**Nastätten**	Oranien
Köngen	Neckartal - Tafelhaus N	**Nauheim, Bad**	Brunnenwärterhaus
Köngen	Schwanen	**Neckargemünd**	Zum Rössl
Kranzberg	Hörger Biohotel und Tafernwirtschaft	**Nenndorf, Bad**	Schmiedegasthaus Gehrke - Schmiederestaurant N
Kreuznach, Bad	Im Kittchen N	**Nettetal**	Sonneck
Kreuznach, Bad / Hackenheim	Metzlers Gasthof	**Neubeuern**	Auers Schlosswirtschaft N
Kronach / Stockheim	Landgasthof Detsch	**Neubrandenburg / Groß Nemerow**	Bornmühle - Lisette
Lahr	Grüner Baum	**Neuburg an der Donau**	Zum Klosterbräu - Gaststube
Landau in der Pfalz	Beat Lutz	**Neuenahr-Ahrweiler, Bad**	Freudenreich im Weinhaus Nelles
Lauda-Königshofen	Ratskeller	**Neuenahr-Ahrweiler, Bad**	Prümer Gang N
Laudenbach	Goldner Engel	**Neuenahr-Ahrweiler, Bad**	Restauration Idille N
Lauffen am Neckar	Elefanten	**Neumarkt in der Oberpfalz**	Mehl
Laumersheim	Zum Weißen Lamm	**Neunburg vorm Wald**	Landhotel Birkenhof - Turmfalke
Leimen	Weinstube Jägerlust	**Neupotz**	Zum Lamm
Leipzig	La Cachette	**Neustadt an der Weinstraße**	Brezel
Lenggries	Schweizer Wirt	**Nördlingen**	Meyer's Keller - Stüble
Lindau im Bodensee	Schachener Hof	**Nonnweiler**	Landgasthof Paulus
Lindenberg im Allgäu	Goldener Adler	**Nürnberg**	Zirbelstube
Lingen	Hutmachers Deele N	**Oberboihingen**	Zur Linde
Lörrach	Zum Kranz	**Ober-Ramstadt**	Hessischer Hof N
Ludwigsburg	Alte Sonne - 's Laurent Bistro	**Oberried**	Die Halde
Lübeck	A-ROSA - Weinwirtschaft	**Oberstenfeld**	Zum Ochsen
Lütjenburg / Panker	Forsthaus Hessenstein	**Oberwesel**	Zum Kronprinzen N
Magdeburg	Landhaus Hadrys	**Öhringen / Friedrichsruhe**	Jägerstube
Maisach	Gasthof Widmann	**Ötisheim**	Sternenschanz
Marktheidenfeld	Weinhaus Anker	**Offenburg / Ortenberg**	Edy's Restaurant im Glattfelder
Maselheim	Lamm N	**Ostrach**	Landhotel zum Hirsch
Mayen	Zum Alten Fritz	**Paderborn**	Kupferkessel
Mengen	Rebstock	**Pattensen**	Das kleine Restaurant N
Mengkofen (Krs. Dingolfing)	Schloss Schenke	**Peterstal-Griesbach, Bad**	Kamin- und Bauernstube
Meschede	Landhotel Donner	**Pfronten**	Berghotel Schloßanger-Alp
Metzingen	Schwanen	**Piding**	Lohmayr Stub'n
Monschau	Hubertusklause	**Pleinfeld**	Landgasthof Siebenkäs
Mosbach	Landgasthof zum Ochsen	**Plochingen**	Stumpenhof
Mülheim-Kärlich	Zur Linde - Weinstube N	**Polle**	Graf Everstein
München	Dukatz	**Prerow / Wiek a. Darß**	Haferland - Gute Stube
München	Freisinger Hof	**Pullach**	Hofer's Restaurant N
München	Les Cuisiniers	**Ratshausen**	Adler
Münsing	Gasthaus Limm		
Münsingen	Herrmann		

N Neu → Nouveau → New → Nuovo

56

Rauhenebrach	Gasthaus Hofmann	Sobernheim, Bad / Meddersheim	
Regensburg	Silberne Gans N		Landgasthof zur Traube
Regensburg / Neutraubling	Am See	Solingen	Alter Speicher
Reichenwalde	Alte Schule	Spalt	Gasthof Blumenthal
Reit im Winkl	Klauser's Restaurant	Sprockhövel	Eggers
Remchingen	Zum Hirsch N	Staufen	Ambiente
Remshalden	Weinstube zur Traube N	Staufen	Die Krone
Rengsdorf / Hardert	Zur Post	Stühlingen	Gasthaus Schwanen
Rennerod	Röttger	Stuttgart	Fässle
Rheine	Beesten	Stuttgart	Wörtz zur Weinsteige
Rippoldsau-Schapbach, Bad		Stuttgart	Zur Linde
	Klösterle Hof	Stuttgart / Fellbach	
Rothenburg o.d. Tauber			Aldinger's Germania
	Mittermeier - Die blaue Sau N	Stuttgart / Leinfelden	Am Park
Rothenburg o.d. Tauber / Windelsbach		Sylt / Keitum	Karsten Wulff
	Landhaus Lebert	Sylt / Morsum	Morsum Kliff
Rückersdorf	Roter Ochse	Tengen	Gasthof zur Sonne
Rügen / Lohme	Panorama Hotel Lohme	Tettnang	Lamm im Kau
Saarbrücken	Weismüller	Tiefenbronn	Häckermühle
Salem	Reck	Tiefenbronn	Ochsen-Post - Bauernstube
Sankt Ingbert	Die Alte Brauerei	Tölz, Bad	Forsthaus Bad Tölz N
Sankt Peter-Ording	Gambrinus	Tölz, Bad	Jägerwirt
Sankt Wendel	Kunz - Kaminzimmer N	Triefenstein	Weinhaus Zum Ritter
Sasbachwalden	Engel	Tröstau	Bauer
Sasbachwalden	Talmühle - Badische Stuben	Tuntenhausen	Landhaus Kalteis
		Tuntenhausen	
Sassendorf, Bad	Hof Hueck		Schlosswirtschaft Maxlrain
Schalkham	Sebastianihof	Überlingen	Landgasthof zum Adler
Scharbeutz	Maris - Muschel	Übersee	Alpenhof
Scheeßel	Rauchfang	Uelzen	Holdenstedter Hof N
Schmallenberg	Gasthof Schütte	Uhldingen-Mühlhofen	Seehalde
Schneverdingen	Ramster	Vaihingen an der Enz	Gasthof zum Lamm
Schöppingen	Haus Tegeler		
Schopfheim	Glöggler	Vaihingen an der Enz	Lamm
Schopfheim	Mühle zu Gersbach	Vallendar	Die Traube
Schramberg	Hirsch	Vaterstetten	Gutsgasthof Stangl
Schriesheim	Zum goldenen Hirsch	Velbert	Haus Stemberg
Schwäbisch Hall	Landgasthof Pflug	Verden (Aller)	Pades Restaurant - Bistro
Schwarzach am Main		Villingendorf	Linde
	Schwab's Landgasthof	Villingen-Schwenningen	Rindenmühle
Schwendi	Oberschwäbischer Hof	Vöhrenbach	Zum Engel
Sigmaringen / Scheer	Brunnenstube	Vöhringen	
Simbach am Inn / Stubenberg	Zur Post - Poststube		Speisemeisterei Burgthalschenke
		Vogtsburg	Steinbuck
Simonswald	Hugenhof	Wachenheim	Schloss Restaurant Cuvée N
Sittensen / Groß Meckelsen		Waging am See	Landhaus Tanner
	Zur Kloster-Mühle	Waiblingen / Korb	Zum Lamm
		Waldkirch	Zum Storchen

N Neu → Nouveau → New → Nuovo

57

Waldkirchen		**Wiesbaden**	Gollner's Burg Sonnenberg
	Landgasthaus Emerenz Meier	**Wiesbaden**	Maloiseau's Restaurant
Wald-Michelbach	Vettershof	**Wiessee, Bad**	Freihaus Brenner
Waltrop	Gasthaus Stromberg	**Wildberg**	Talblick
Wangen im Allgäu	Adler	**Wilthen**	Erbgericht Tautewalde
Weikersheim	Laurentius - Bistro	**Wingst**	Peter - Oehlschläger-Stube
Weilrod	Landsteiner Mühle	**Wörishofen, Bad**	Sonnenbüchl
Weimar	Osteria Bertagnolli N	**Worpswede**	Kaffee Worpswede
Weinstadt	Gasthaus Rössle	**Wremen**	Gasthaus Wolters - Zur Börse
Weinstadt	Weinstube Muz N	**Würselen**	Alte Feuerwache - Bistro N
Weisenheim am Berg	Admiral	**Wurzach, Bad**	Adler
Wernberg-Köblitz		**Zerbst**	Park-Restaurant Vogelherd
	Landgasthof Burkhard	**Zweibrücken**	
Wertheim	Bestenheider Stuben		Landschloss Fasanerie - Landhaus
Wesel	Art	**Zwischenahn, Bad**	Eshramo N

N Neu ✸   ➔ Nouveau ✸   ➔ New ✸   ➔ Nuovo ✸

Bib Hotel

Hier übernachten Sie gut und preiswert
Bonnes nuits à petits prix
Good accomodation at moderate prices
Buona sistemazione a prezzo contenuto

Achern	Schwarzwälder Hof	Bodenteich, Bad	Landhaus Bodenteich
Adelsdorf	Landgasthof Niebler N	Boll, Bad	Rosa Zeiten
Adelsdorf	Zum Löwenbräu	Brackenheim	Adler
Ahaus	Haus im Flör	Brannenburg	Schlosswirt
Ahrenshoop	Der Fischländer	Braunlage	Vitalhotel Sonneneck
Albstadt	In der Breite	Bretten	Eulenspiegel
Aldersbach	Mayerhofer	Brilon	Rech
Alf	Bömer's Mosellandhotel	Bruchhausen-Vilsen	
Alfeld (Leine)	Grüner Wald		Forsthaus Heiligenberg
Altenberg	Zum Bären	Buchholz in der Nordheide	
Altensteig	Hirsch		Gästehaus Ulmenhof
Ampfing	Fohlenhof	Bückeburg	Große Klus
Ansbach	Landgasthof Käßer	Bühlertal	Bergfriedel N
Arnsberg	Menge	Burgthann	Burghotel Müller
Aschau im Chiemgau	Edeltraud	Buxtehude	An der Linah
Auggen	Zur Krone	Castrop-Rauxel	Selle
Baiersbronn	Rosengarten	Celle	Schaper
Bartholomä	Landhotel Wental	Cornberg	Kloster Cornberg
Bautzen	Dom Eck	Crailsheim	Zum Hirsch
Beilngries	Der Millipp	Dahn / Bruchweiler-Bärenbach	
Beilngries	Die Gams		Landhaus Felsengarten
Beilngries	Fuchsbräu	Daun / Darscheid	Kucher's Landhotel
Bergzabern, Bad / Pleisweiler		Dernbach	Haus Dernbachtal
	Landhaus Wilker	Dettingen an der Erms	Rößle
Berne	Weserblick	Donauwörth	Viktoria
Berneck, Bad	Lindenmühle	Dresden	Privat
Bestwig	Waldhaus	Dresden	Quintessenz
Betzdorf / Kirchen	Zum weißen Stein	Ehekirchen	Strixner Hof
Biberach an der Riß		Ehingen	Ehinger Hof
	Landhotel zur Pfanne	Eichstätt	Sonne
Billerbeck	Domschenke	Eisenach	Villa Anna
Bispingen	Das kleine Hotel am Park	Emmendingen	Park-Hotel Krone
Bispingen	Rieckmanns Gasthof N	Ems, Bad	Bad Emser Hof N
Bodenmais	Neue Post	Eschwege	Dölle's Nr. 1
		Fahrenzhausen	AmperVilla

N Neu → Nouveau → New → Nuovo

Feldberg im Schwarzwald	Schlehdorn	Ingelheim / Schwabenheim	
Feldkirchen-Westerham			Pfaffenhofen
	Berghotel Aschbach	Iphofen	Bausewein N
Fichtelberg	Schönblick N	Iphofen	Huhn das kleine Hotel
Flörsheim-Dalsheim		Isernhagen	Engel
	Weingut und Gästehaus Peth	Jesteburg	Zum grünen Jäger
Flonheim	Landhotel Espenhof	Kallstadt	Kallstadter Hof
Frankfurt am Main	Borger N	Kamenz	Villa Weiße
Frauenau	St. Florian	Kandern	Zur Weserei
Freinsheim	Landhotel Altes Wasserwerk	Kappelrodeck	Zum Rebstock
Freital / Rabenau	Rabenauer Mühle	Karlstadt	Mainpromenade
Fürstenzell	Zur Platte	Kehl	Grieshaber's Rebstock
Gaienhofen	Kellhof	Kenzingen	Schieble
Gengenbach / Berghaupten	Hirsch	Kipfenberg	Zur Linde
Gotha	Landhaus Hotel Romantik	Kirchberg an der Jagst	
Gottleuba-Berggiesshübel, Bad	Berghotel Augustusberg N		Landhotel Kirchberg
Gräfelfing / Planegg	Planegg	Kirchdorf (Krs. Mühldorf)	
Gronau in Westfalen	Schepers		Wirth z'Moosham
Großschönau		Kirchzarten	Schlegelhof
	Familienhotel Hubertusbaude N	Kirchzarten	Sonne
Großschönau	Quirle-Häusl N	Kißlegg	Hofgut Eggen N
Hagnau	Alpina	Kleinwalsertal / Mittelberg	Ingeborg
Hamburg	Ökotel	Klingenthal	
Hameln	Bellevue		Berggasthaus Schöne Aussicht
Haslach im Kinzigtal	Zur Blume	Köln	Ihr Hotel
Hausach	Landhaus Hechtsberg	Kronach / Stockheim	
Heigenbrücken	Hochspessart		Landgasthof Detsch
Heilbrunn, Bad	Kilian	Lage	Haus Berkenkamp N
Heimbuchenthal	Heimathenhof	Landau an der Isar	
Heitersheim	Landhotel Krone		Gästehaus Numberger
Hersbruck / Kirchensittenbach		Landsberg am Lech	Landhotel Endhart
	Landpension Postwirt	Landshut	Stadthotel Herzog Ludwig N
Hersfeld, Bad	Haus am Park N	Langenargen	Im Winkel
Hersfeld, Bad	Vitalis	Laubach	Café Göbel
Hilpoltstein		Laufenburg (Baden)	Alte Post
	Brauereigasthof Zum schwarzen Roß	Lauffen am Neckar	Gästehaus Kraft
Hirschaid	Gasthaus Wurm N	Leimen	Gasthof zum Schwanen N
Höchst im Odenwald	Zur Krone	Leimen	Seipel
Hövelhof	Gasthaus Spieker	Leipzig	Hiemann
Hohentengen	Wasserstelz	Lemförde	Tiemann's Hotel
Hohnstein	LuK - Das Kleine Landhotel	Leun	Landhotel Adler
Hosenfeld	Sieberzmühle	Lichtenau	Zum Rössel
Hügelsheim	Hirsch	Limbach-Oberfrohna	Lay-Haus
Ibbenbüren	Hubertushof	Lindlar	artgenossen N
Ibbenbüren	Leugermann	Lingen	Zum Märchenwald
Idar-Oberstein	Berghotel Kristall	Linkenheim-Hochstetten	Waldfrieden
Idstein	Zur Ziegelhütte	Lippstadt	Hubertushof
		Lörrach	Villa Elben

N Neu → Nouveau → New → Nuovo

Lüchow	*Alte Post*	Pottenstein	*Bruckmayers Gästehaus*
Lüchow	*Katerberg*	Pottenstein	*Schwan*
Maintal	*Irmchen*	Preetz / Lehmkuhlen	*Neeth*
Meiningen	*Ernestiner Hof*	Ramsau	*Nutzkaser* **N**
Memmingen	*Weisses Ross*	Randersacker	*Bären*
Mengkofen (Krs. Dingolfing)		**Regensburg / Donaustauf**	
	Schloss Schenke **N**		*Forsters Gasthof Zur Post*
Mergentheim, Bad	*Bundschu*	Reichenhall, Bad	*Erika*
Mergentheim, Bad	*Gästehaus Birgit*	Rellingen	*Fuchsbau*
Meschede	*Landhotel Donner*	Rheda-Wiedenbrück	*Reuter*
Meyenburg		Rheinfelden	*Storchen*
	Germania Hotel am Schlosspark **N**	Riethnordhausen	*Landvogt*
Milower Land	*Bading* **N**	Rimsting	*Der Weingarten*
Mönchberg	*Schmitt*	Rinteln	*Altes Zollhaus*
Mörnsheim	*Lindenhof*	**Rippoldsau-Schapbach, Bad**	
Morbach (Hunsrück)			*Landhotel Rosengarten*
	Landhaus am Kirschbaum	Rosengarten	*Rosenhof*
Mülheim an der Ruhr		Roßbach	*Zur Post* **N**
	Gartenhotel Luisental **N**	**Rostock / Sievershagen**	
München	*Lutter*		*Atrium Hotel Krüger*
Nagold	*Pfrondorfer Mühle*	**Rotenburg (Wümme) / Hellwege**	
Nenndorf, Bad	*Villa Gerdes* **N**		*Prüser's Gasthof*
Neubrandenburg / Burg Stargard		Rothenburg o.d. Tauber	*Hornburg*
	Zur Burg	**Rothenburg o.d. Tauber / Steinsfeld**	
Neuburg am Rhein			*Landwehrbräu*
	Gasthaus zum Sternen **N**	Rottweil	*Johanniterbad*
Neuburg an der Donau	*Zum Klosterbräu*	Rügen / Baabe	*Villa Granitz*
Neuendettelsau	*Sonne*	Rügen / Göhren	*Stranddistel*
Neumarkt in der Oberpfalz	*Mehl*	Rügen / Putbus	*Wreecher Hof* **N**
Neustadt an der Aisch	*Allee-Hotel*	Saalfeld / Eyba	*Schlosshotel*
Neustrelitz	*Schlossgarten*	Salem	*Reck*
Nidderau	*Zum Adler*	Sankt Peter	*Jägerhaus*
Niedernhall	*Rössle*	Sasbachwalden	*Engel*
Nordhorn	*Am Stadtring*	Saulgau, Bad	*Oberamer Hof* **N**
Nordstrand	*Am Heverstrom*	Schiltach	*Zum weyßen Rössle*
Nürnberg	*Park-Hotel*	Schönau am Königssee	*Georgenhof*
Oberaudorf	*Alpenhof*	Schopfheim	*Mühle zu Gersbach*
Oberaula	*Zum Stern* **N**	Schwerin	*De Schün*
Oberstdorf	*Haus Wiese* **N**	**Segeberg, Bad / Pronstorf**	
Oelde	*Engbert*		*Strengliner Mühle*
Offenbach	*Graf*	Seiffen	*Seiffener Hof*
Offenburg	*Blume*	Siegen	*Pfeffermühle*
Pasewalk	*Villa Knobelsdorff*	Sigmaringen / Scheer	*Donaublick*
Penzberg	*Hoisl-Bräu* **N**	Sittensen / Stemmen	*Landgut Stemmen*
Petershagen-Eggersdorf		Soden-Salmünster, Bad	*Berghotel Berlin*
	Landgasthof zum Mühlenteich	Sonnenbühl	*Hirsch*
Piesport	*Winzerhof*	Spalt	*Zum Schnapsbrenner*
Pirmasens	*Kunz*	Stadtroda	*Hammermühle*

N *Neu* 🏨 → *Nouveau* 🏨 → *New* 🏨 → *Nuovo* 🏨

61

Staffelstein, Bad	Landferienhotel Augustin N	**Waren (Müritz)**	Stadt Waren
Staufen	Die Krone	**Warendorf**	Im Engel
Steben, Bad	Am Rosengarten N	**Wassenberg**	Haus Wilms
Steinhagen	Ententurm	**Wasserburg am Bodensee**	Walserhof N
Steinheim	Germanenhof	**Wehr**	Landgasthof Sonne
Steinkirchen	Windmüller	**Weißenfels**	Parkhotel Güldene Berge
Stollberg	Almenrausch	**Wenden**	Landhaus Berghof
Sundern	Klöckener	**Werdau**	In der Mühle N
Tangermünde	Schloss Tangermünde	**Wernigerode**	Am Anger
Tölz, Bad	Lindenhof	**Wernigerode**	Johannishof
Traunstein	Park-Hotel Traunsteiner Hof	**Wertheim / Kreuzwertheim**	Herrnwiesen
Trier	Aulmann	**Westerstede**	Altes Stadthaus
Trier / Mertesdorf	Weis	**Willingen (Upland)**	Upländer Hof
Überlingen	Landgasthof zum Adler	**Wilthen**	Erbgericht Tautewalde
Überlingen	Wiestor N	**Wingerode**	Keppler's Ecke
Übersee	Alpenhof	**Wipperfürth**	Landhaus Alte Mühle
Unterwössen	Astrid	**Witzhave**	Pünjer
Verl	Papenbreer	**Worpswede**	Buchenhof
Villingen-Schwenningen	Rindenmühle	**Wurzach, Bad**	Adler
Wäschenbeuren	Zum Wäscherschloss	**Zeven / Gyhum**	Niedersachsen-Hof
Waging am See	Landhaus Tanner	**Zorneding**	Glasl's Landhotel
Waldsee, Bad	Altes Tor	**Zorneding**	Neuwirt
Wangerland	Bendiks	**Zwiesel**	GlasHotel
Wardenburg	Wardenburger Hof		

N *Neu* 🏨   → *Nouveau* 🏨   → *New* 🏨   → *Nuovo* 🏨

Angenehme Hotels

Hôtels agréables
Particularly pleasant hotels
Alberghi ameni

🏠🏠🏠🏠

Baden-Baden	Brenner's Park-Hotel	**Hamburg**	Fairmont Hotel Vier Jahreszeiten
Bergisch Gladbach	Grandhotel Schloss Bensberg	**Kronberg im Taunus**	Schlosshotel
		München	Mandarin Oriental
Berlin	Adlon Kempinski	**Sonthofen**	Sonnenalp

🏠🏠🏠

Aerzen	Schlosshotel Münchhausen	**Freiburg im Breisgau**	Colombi-Hotel
Baden-Baden	Belle Epoque	**Hamburg**	Louis C. Jacob
Baiersbronn	Bareiss	**Krün**	Schloss Elmau
Baiersbronn	Traube Tonbach	**Lübeck**	A-ROSA
Berchtesgaden	InterContinental	**München**	Königshof
Bergisch Gladbach	Schlosshotel Lerbach	**Öhringen / Friedrichsruhe**	Wald- und Schlosshotel Friedrichsruhe
Berlin	Schlosshotel im Grunewald		
Bühl	Schlosshotel Bühlerhöhe	**Peterstal-Griesbach, Bad**	Dollenberg
Essen	Schloß Hugenpoet	**Wolfsburg**	The Ritz-Carlton
Frankfurt am Main	Hessischer Hof		

🏠🏠

Aschau im Chiemgau	Residenz Heinz Winkler	**Herxheim**	Krone
		Hornbach	Kloster Hornbach
Badenweiler	Schwarzmatt	**Husum**	Altes Gymnasium
Baiersbronn	Engel Obertal	**Ilsenburg**	Landhaus Zu den Rothen Forellen
Bayrischzell	Der Alpenhof	**Juist**	Achterdiek
Berlin	Brandenburger Hof	**Kalkhorst**	Schlossgut Gross Schwansee
Burg (Spreewald)	Zur Bleiche Resort und Spa	**Krün**	Das Kranzbach
Celle	Fürstenhof	**Laaspher, Bad**	Jagdhof Glashütte
Cuxhaven	Badhotel Sternhagen	**Mülheim**	Weinromantikhotel Richtershof
Dresden	Bülow Residenz	**München**	Palace
Dresden	Pattis	**Münster**	Schloss Wilkinghege
Eltville am Rhein	Kronenschlösschen	**Münstertal**	Spielweg
Freiamt	Ludinmühle	**Pegnitz**	Pflaums Posthotel
Glücksburg	Alter Meierhof Vitalhotel	**Pfinztal**	Villa Hammerschmiede
Grainau	Alpenhof	**Potsdam**	Bayrisches Haus
Häusern	Adler	**Rotenburg (Wümme)**	Landhaus Wachtelhof
Hammelburg	Neumühle	**Rügen / Sellin**	Hotel-Park Ambiance
Hartenstein	Schloß Wolfsbrunn	**Sachsa, Bad**	Romantischer Winkel
Heidelberg	Die Hirschgasse	**Sankt Englmar**	Angerhof
Herleshausen	Hohenhaus	**Stolpe**	Gutshaus Stolpe

63

Storkow	*Schloss Hubertushöhe*
Stromberg	*Johann Lafer's Stromburg*
Stuttgart	*Am Schlossgarten*
Sylt / Keitum	*Aarnhoog*
Sylt / Keitum	*Benen-Diken-Hof*
Sylt / Munkmarsch	*Fährhaus*
Sylt / Tinnum	*Landhaus Stricker*
Sylt / Rantum	*Dorint Söl'ring Hof*
Sylt / Westerland	*Jörg Müller*
Sylt / Westerland	*Stadt Hamburg*
Titisee-Neustadt	*Treschers Schwarzwaldhotel*
Usedom / Zinnowitz	*Zinnowitz Palace-Hotel*
Wernberg-Köblitz	*Burg Wernberg*
Wesel	*Haus Elmer*
Winterberg	*Berghotel Astenkrone*
Wörishofen, Bad	*Fontenay*

Amorbach	*Der Schafhof*
Aying	*Brauereigasthof Aying*
Bacharach	*Landhaus Delle*
Baden-Baden	*Der Kleine Prinz*
Baiersbronn	*Forsthaus Auerhahn*
Bamberg	*Villa Geyerswörth*
Bayreuth	*Goldener Anker*
Bergisch Gladbach	*Malerwinkel*
Bevensen, Bad	*Grüning*
Blankenburg	*Viktoria Luise*
Bruchhausen-Vilsen	*Forsthaus Heiligenberg*
Deidesheim	*Deidesheimer Hof*
Eisenach	*Auf der Wartburg*
Feuchtwangen	*Greifen-Post*
Frankfurt am Main	*Villa Orange*
Freising / Hallbergmoos	*Daniel's*
Garmisch-Partenkirchen	*Staudacherhof*
Gernsbach	*Schloss Eberstein*
Grünstadt / Neuleiningen	*Alte Pfarrey*
Hagnau	*Villa am See*
Hamburg	*Abtei*
Hartenstein	*Jagdhaus Waldidyll*
Heidelberg	*Hip Hotel*
Heitersheim	*Landhotel Krone*
Hinterzarten	*Reppert*
Kissingen, Bad	*Parkhotel Laudensack*
Kressbronn	*Pension am Bodensee*
Lindau im Bodensee	*Villino*
Magdeburg	*Residenz Joop*
Malente-Gremsmühlen, Bad	*See-Villa*
Meersburg	*Residenz am See*
Meersburg	*Villa Seeschau*
Mönchengladbach	*Palace St. George*
Morbach (Hunsrück) / Horbruch	*Historische Schloßmühle*
München / Unterhaching	*Schrenkhof*
Münster	*Hof zur Linde*
Nachrodt	*Schloss Hotel Holzrichter*
Neuenahr-Ahrweiler, Bad	*Prümer Gang*
Neuenahr-Ahrweiler, Bad	*Sanct Peter*
Nürnberg	*Rottner*
Oberwesel	*Burghotel Auf Schönburg*
Oy-Mittelberg	*Die Mittelburg*
Pfronten	*Berghotel Schloßanger-Alp*
Pfronten	*Burghotel auf dem Falkenstein*
Quedlinburg	*Hotel Am Brühl*
Radebeul	*Villa Sorgenfrei*
Radolfzell	*Art Villa am See*
Ratekau	*Landhaus Töpferhof*
Reichenhall, Bad	*Neu-Meran*
Rothenburg o.d. Tauber	*Mittermeier*
Rottach-Egern / Kreuth	*Sonnwend*
Rügen / Baabe	*Solthus am See*
Saarow, Bad	*Palais am See*
Sachsa, Bad	*Sonnenhof*
Sankt Englmar	*Gut Schmelmerhof*
Sankt Englmar	*Maibrunn*
Schluchsee	*Hegers Parkhotel Flora*
Schönwald	*Zum Ochsen*
Sobernheim, Bad	*BollAnt's im Park*
Sommerach	*Villa Sommerach*
Sylt / Kampen	*Golf- und Landhaus Kampen*
Sylt / Kampen	*Village*
Tegernsee	*Leeberghof*
Thannhausen	*Schreiegg's Post*
Trier	*Villa Hügel*
Überherrn	*Linslerhof*
Uhldingen-Mühlhofen	*Landhotel Fischerhaus*
Usedom / Heringsdorf	*Strandhotel Ostseeblick*
Wesenberg	*Borchard's Rookhus am See*
Worpswede	*Eichenhof*

Berlin	*Adele*
Boppard	*Park Hotel*
Ehningen	*Landhotel Alte Mühle*
Gotha	*Landhaus Hotel Romantik*
Hamburg	*Mittelweg*
Heidelberg	*Weißer Bock*
Kitzingen / Sulzfeld am Main	*Vinotel Augustin*
Kleinwalsertal / Hirschegg	*Sonnenberg*
Kronach	*Stadthotels Pfarrhof und Am Pförtchen*
Neuburg an der Donau	*Zum Klosterbräu*
Neukloster / Nakenstorf	*Seehotel am Neuklostersee*
Rastede	*Am Ellernteich*
Rheine	*Zum Alten Brunnen*
Saarow, Bad	*Villa Contessa*
Schönwald	*Dorer*
Sittensen / Groß Meckelsen	*Zur Kloster-Mühle*
Sylt / Rantum	*Alte Strandvogtei*
Wackersberg	*Benediktenhof*
Waldenburg	*Villa Blum*

Angenehme Restaurants

Restaurants agréables
Particularly pleasant restaurants
Ristoranti ameni

XXXX

Aschau im Chiemgau	*Restaurant Heinz Winkler*
Baiersbronn	*Restaurant Bareiss*
Baiersbronn	*Schwarzwaldstube*
Bergisch Gladbach	*Restaurant Dieter Müller*
Bergisch Gladbach	*Vendôme*
Hamburg	*Süllberg - Seven Seas*
München	*Tantris*
Perl	*Schloss Berg*
Wolfsburg	*Aqua*

XXX

Berlin	*FACIL*
Berlin	*Hugos*
Bonn	*Halbedel's Gasthaus*
Cuxhaven	*Sterneck*
Deidesheim	*Ketschauer Hof - Freundstück*
Dresden	*Bülow-Residenz - Caroussel*
Fischbachtal	*Landhaus Baur*
Geisenheim	*Burg Schwarzenstein - Gourmet Restaurant*
Glücksburg	*Meierei*
Köln	*La Vision*
Laasphe, Bad	*Ars Vivendi*
Leipzig	*Falco*
Lindau im Bodensee	*Hoyerberg Schlössle*
München	*Dallmayr*
Neuenahr-Ahrweiler, Bad	*Steinheuers Restaurant Zur Alten Post*
Osnabrück	*La Vie*
Saarbrücken	*GästeHaus*
Saarlouis / Wallerfangen	*Villa Fayence*
Stromberg	*Le Val d'Or*
Stuttgart / Fellbach	*Zum Hirschen*
Sylt / Tinnum	*Bodendorf's*
Sylt / Munkmarsch	*Restaurant Fährhaus*
Trittenheim / Naurath	*Rüssel's Landhaus St. Urban*
Zweibrücken	*Tschifflik*

✗✗

Aachen	St. Benedikt	**Kreuznach, Bad**	Im Gütchen
Amöneburg	Dombäcker	**Langen**	Amador
Balduinstein	Landhotel Zum Bären	**Langenau / Rammingen**	Landgasthof Adler
Bergisch Gladbach	Das Fachwerkhaus	**Mainz**	Buchholz
Bergneustadt	Rengser Mühle	**Markgröningen**	Striffler's Herrenküferei
Bretzfeld	Landhaus Rössle	**Much**	Sonne im Landhaus Sommerhausen
Bühl	Grüne Bettlad	**Nonnweiler**	Landgasthof Paulus
Burbach	Fiester-Hannes	**Nordenham**	Neues Landhaus Tettens
Celle	Köllner's Landhaus	**Nürnberg**	Gasthaus Rottner
Dießen am Ammersee	Seehaus	**Oberstdorf**	Maximilians Restaurant - Landhaus Freiberg
Efringen-Kirchen	Traube	**Plön**	Stolz
Eggenstein-Leopoldshafen	Zum Löwen	**Prerow / Wiek a. Darß**	Jäger's Tafelfreuden
Ehrenkirchen	Klostermühle	**Rehlingen**	Niedmühle
Frankfurt am Main	Aubergine	**Rohrdorf**	Gut Apfelkam
Frankfurt am Main	Silk	**Rosenberg**	Landgasthof Adler
Garmisch-Partenkirchen	Joseph Naus Stub'n	**Rottach-Egern**	Maiwerts Fährhütte
Geisingen	Zum Hecht	**Rügen / Göhren**	Restaurant MeeresBlick
Herrsching am Ammersee	Chalet am Kiental und Restaurant Fingerprint	**Schramberg**	Hirsch
Kappelrodeck	Zum Rebstock	**Siegen**	Schwarzbrenner
Kempfeld / Asbacherhütte	Harfenmühle	**Singen**	Flohr's
Kirchdorf (Krs. Mühldorf)	Christian's Restaurant - Gasthof Grainer	**Sommerhausen**	Philipp
Kirchheim u. Teck / Ohmden	Landgasthof am Königsweg	**Sonnenbühl**	Hirsch
		Stuttgart	Kern's Pastetchen
Köln	taku	**Urbar**	Chiaro
Kordel / Zemmer	Landhaus Mühlenberg	**Verden (Aller)**	Pades Restaurant
Krakow am See	Ich weiß ein Haus am See	**Wangen im Allgäu**	Adler
		Weikersheim	Laurentius
		Würzburg	Weinstein

✗

Baiersbronn	Dorfstuben	**München**	Acetaia
Berlin	Rutz	**Penzberg**	Troadstadl
Bielefeld	3 A	**Pliezhausen**	Landgasthaus zur Linde
Düsseldorf	Monkey's West	**Potsdam**	Juliette
Forchheim	Zöllner's Weinstube	**Pullach**	Hofer's Restaurant
Friedberg (Hessen)	Grossfeld	**Schalkham**	Sebastianihof
Hamburg	Weinwirtschaft Kleines Jacob	**Schriesheim**	Weinhaus Bartsch
Horben	Gasthaus zum Raben	**Tettnang**	Lamm im Kau
Karlsruhe	Gasthaus Krone Künstlerkneipe	**Thumby**	Schlie-Krog
Kobern-Gondorf	Alte Mühle Thomas Höreth	**Vöhrenbach**	Zum Engel
Köln	Haus Töller	**Weinstadt**	Weinstube Muz
Köln	Le Moissonnier	**Wiesbaden**	Tasca

67

Gut zu wissen

Pour en savoir plus
Further information
Per sapere di piú

Wellness-Hotels

Bel espace de bien-être et de relaxation
Extensive facility for relaxation and well-being
Centro attrezzato per il benessere ed il relax

Spa

Aalen	Adler	
Aerzen	Schlosshotel Münchhausen	
Amrum / Norddorf	Seeblick	
Aschaffenburg / Sailauf	Schlosshotel Weyberhöfe	
Augsburg	Alpenhof	
Baden-Baden	Brenner's Park-Hotel	
Baden-Baden	Maison Messmer	
Baden-Baden	Villa Quisisana	
Badenweiler	Schwarzmatt	
Baiersbronn	Bareiss	
Baiersbronn	Engel Obertal	
Baiersbronn	Forsthaus Auerhahn	
Baiersbronn	Holzschuh's Schwarzwaldhotel	
Baiersbronn	Sackmann	
Baiersbronn	Schliffkopf-Hotel	
Baiersbronn	Traube Tonbach	
Bayersoien, Bad	Parkhotel Bayersoien	
Bayrischzell	Der Alpenhof	
Bentheim, Bad	Grossfeld	
Berchtesgaden	Ferienhotel Neuhäusl	
Berchtesgaden	InterContinental	
Bergisch Gladbach	Grandhotel Schloss Bensberg	
Berlin	Adlon Kempinski	
Berlin	Centrovital	
Berlin	Grand Hotel Esplanade	
Berlin	Grand Hyatt	
Berlin	Hilton	
Berlin	InterContinental	
Berlin	Palace	
Berlin	Schlosshotel im Grunewald	
Berlin	Sofitel Schweizerhof	
Bertrich, Bad	Kurhotel Fürstenhof	

Bevensen, Bad	Zur Amtsheide	
Birnbach, Bad	Sonnengut	
Birnbach, Bad	Vitalhotel	
Bitburg	DorintResorts	
Bodenmais	Bayerwaldhotel Hofbräuhaus	
Bodenmais	Feriengut-Hotel Böhmhof	
Bodenmais	Hammerhof	
Bodenmais	Mooshof	
Bodenmais	Neue Post	
Bodenmais	Riederin	
Bremen	Park Hotel	
Brückenau, Bad	Dorint Resorts	
Brühl	Ling Bao	
Bühl	Schlosshotel Bühlerhöhe	
Burg (Spreewald)	Zur Bleiche Resort und Spa	
Cochem	Keßler-Meyer	
Cottbus	Parkhotel Branitz und Spa	
Cuxhaven	Badhotel Sternhagen	
Cuxhaven	Strandperle	
Dahn	Pfalzblick	
Datteln	Landhotel Jammertal	
Daun	Panorama	
Daun / Schalkenmehren	Landgasthof Michels	
Daun / Schalkenmehren	Schneider am Maar	
Delbrück	Waldkrug	
Dierhagen Dorf	Dünenmeer	
Dinklage	Vila Vita Burghotel	
Ditzenbach, Bad	Kurhotel St. Bernhard	
Doberan, Bad	Kempinski Grand Hotel Heiligendamm	
Donaueschingen	Öschberghof	
Drachselsried	Riedlberg	
Dresden	Hilton	
Dresden	Pattis	
Dresden	Taschenbergpalais Kempinski	
Driburg, Bad	Gräflicher Park	
Dürrheim, Bad	Parkhotel Waldeck	
Ems, Bad	Häcker's Kurhotel	
Enzklösterle	Enztalhotel	
Euskirchen	Parkhotel	
Fichtenau	Vitalhotel Meiser	
Fischen im Allgäu	Parkhotel Burgmühle	
Fischen im Allgäu	Sonnenbichl Hotel am Rotfischbach	
Fischen im Allgäu	Tanneck	
Frankfurt am Main	Lindner Hotel und Residence	
	Main Plaza	
Frankfurt am Main	The Westin Grand	

71

Frankfurt am Main	Villa Kennedy
Freiamt	Ludinmühle
Freiburg im Breisgau	Colombi-Hotel
Freudenstadt	Grüner Wald
Freudenstadt	Lauterbad
Freudenstadt	Waldblick
Friedewald	Göbels Schlosshotel Prinz von Hessen
Friedrichroda	Ramada
Friedrichshafen	Krone
Friedrichshafen	Traube am See
Füssen	Sommer
Füssing, Bad	Am Mühlbach
Füssing, Bad	Holzapfel
Füssing, Bad	Parkhotel
Gaienhofen	Höri am Bodensee
Garmisch-Partenkirchen	Renaissance Riessersee Hotel
Garmisch-Partenkirchen	Staudacherhof
Glücksburg	Alter Meierhof Vitalhotel
Göhren-Lebbin	Radisson SAS Resort Schloss Fleesensee
Grafenwiesen	Birkenhof
Griesbach, Bad	Columbia
Griesbach, Bad	Fürstenhof
Griesbach, Bad	König Ludwig
Griesbach, Bad	Maximilian
Griesbach, Bad	Parkhotel
Häusern	Adler
Haidmühle	Haidmühler Hof
Halberstadt	Villa Heine
Halle in Westfalen	Gerry Weber Sportpark Hotel
Hallenberg	Diedrich
Hamburg	Europäischer Hof
Hamburg	Grand Elysée
Hamburg	Park Hyatt
Hamburg	SIDE
Hamburg	Sofitel Alter Wall
Hamburg	Steigenberger
Hammelburg	Neumühle
Hannover	Crowne Plaza Schweizerhof
Harsewinkel	Klosterpforte
Heimbuchenthal	Lamm
Herrenberg	Aramis
Hindelang, Bad	Lanig
Hinterzarten	Park-Hotel Adler
Hinterzarten	Reppert
Hinterzarten	Thomahof

72

Hinterzarten	Vital-Hotel Bergfried	
Höhr-Grenzhausen	Heinz	
Höhr-Grenzhausen	Zugbrücke	
Hof	Central	
Hohen Demzin	Schlosshotel Burg Schlitz	
Hohenstein	Hofgut Georgenthal	
Husum	Altes Gymnasium	
Illschwang	Weißes Roß	
Ingolstadt	Parkhotel Heidehof	
Isny im Allgäu	Berghotel Jägerhof	
Juist	Achterdiek	
Kiel	Birke	
Kirschau	Bei Schumann	
Kissingen, Bad	Frankenland	
Kissingen, Bad	Parkhotel Laudensack	
Kleinwalsertal / Hirschegg	Birkenhöhe	
Kleinwalsertal / Hirschegg	Naturhotel Chesa Valisa	
Kleinwalsertal / Hirschegg	Walserhof	
Kleinwalsertal / Mittelberg	Leitner	
Kleinwalsertal / Mittelberg	IFA-Hotel Alpenhof Wildental	
Kleinwalsertal / Riezlern	Almhof Rupp	
Köln	Dorint An der Messe	
Köln	Savoy	
Königstein im Taunus	Kempinski Hotel Falkenstein	
Königswinter	Steigenberger	
	Grandhotel Petersberg	
Kötzting	Bayerwaldhof	
Kremmen	Am See	
Krün	Das Kranzbach	
Krün	Schloss Elmau	
Kühlungsborn	Ostseehotel	
Laasphe, Bad	Landhotel Doerr	
Lam	Steigenberger	
Langenfeld	Gravenberg	
Lauterberg, Bad	Revita	
Lauterberg, Bad	Vital Resort Mühl	
Leimen	Villa Toskana	
Lenzkirch	Ochsen	
Lenzkirch	Saigerhöh	
Lindau im Bodensee	Helvetia	
Lippspringe, Bad	Premier Park Hotel	
Lippspringe, Bad	Vital Hotel	
Lübeck	A-ROSA	
Lübeck	Columbia	
Lüneburg / Adendorf	Castanea Resort	
Malente-Gremsmühlen, Bad	Weißer Hof	

73

Marburg	Vila Vita Hotel Rosenpark	
Mettmann	Gut Höhne	
Mossautal	Zentlinde	
München	Bayerischer Hof	
München	Le Méridien	
München	Sofitel Munich Bayerpost	
München	The Charles	
München	The Westin Grand	
München	Vier Jahreszeiten Kempinski	
Murnau	Alpenhof Murnau	
Nenndorf, Bad	Harms	
Neuenahr-Ahrweiler, Bad	Giffels Goldener Anker	
Neukloster / Nakenstorf	Seehotel am Neuklostersee	
Neunburg vorm Wald	Landhotel Birkenhof	
Neunkirchen	Stumpf	
Neustadt an der Donau	Marc Aurel	
Norderney	Strandhotel an der Georgshöhe	
Nossentiner Hütte	Gutshof Sparow	
Oberaula	Zum Stern	
Oberried	Die Halde	
Oberstaufen	Allgäu Sonne	
Oberstaufen	Alpenkönig	
Oberstaufen	Bergkristall	
Oberstaufen	Concordia	
Oberstaufen	Engel	
Oberstaufen	Haubers Landhaus und Gutshof	
Oberstaufen	König Ludwig	
Oberstaufen	Königshof	
Oberstaufen	Lindner Parkhotel	
Oberstaufen	Rosenalp	
Oberstdorf	Alpenhof	
Oberstdorf	Alpenhotel Tiefenbach	
Oberstdorf	Filser	
Oberstdorf	Parkhotel Frank	
Öhringen / Friedrichsruhe	Wald- und Schlosshotel Friedrichsruhe	
Ottobeuren	Parkhotel Maximilian	
Pegnitz	Pflaums Posthotel	
Perl	Victor's Residenz - Hotel Schloss Berg	
Peterstal-Griesbach, Bad	Dollenberg	
Pfronten	Berghotel Schloßanger-Alp	
Pirmasens	Kunz	
Prerow / Wiek a. Darß	Haferland	
Pyrmont, Bad	Steigenberger	
Radebeul	Steigenberger Parkhotel	
Rattenberg	Posthotel	

Reit im Winkl	*Steinbacher Hof*	
Reit im Winkl	*Unterwirt*	
Rimbach	*Bayerischer Hof*	
Röhrnbach	*Jagdhof*	
Rötz	*Wutzschleife Radisson SAS Resort*	
Rostock	*Trihotel am Schweizer Wald*	
Rostock	*Yachthafenresidenz Hohe Düne*	
Rotenburg (Wümme)	*Landhaus Wachtelhof*	
Rottach-Egern	*Park-Hotel Egerner Hof*	
Rottach-Egern	*Parkresidenz*	
Rottach-Egern	*Seehotel Überfahrt*	
Rügen / Baabe	*Solthus am See*	
Rügen / Binz	*Am Meer*	
Rügen / Binz	*Grand Hotel Binz*	
Rügen / Binz	*Kurhaus Binz*	
Rügen / Binz	*Rugard Strandhotel*	
Rügen / Binz	*Seehotel Binz-Therme*	
Rügen / Göhren	*Hanseatic*	
Rügen / Göhren	*Nordperd*	
Rügen / Putbus	*Badehaus Goor*	
Rügen / Putbus	*Wreecher Hof*	
Rügen / Sellin	*Cliff Hotel*	
Rügen / Sellin	*Hotel-Park Ambiance*	
Ruhpolding	*Ortnerhof*	
Ruhstorf an der Rott	*Antoniushof*	
Saarow, Bad	*Esplanade Resort und Spa*	
Sachsa, Bad	*Romantischer Winkel*	
Sankt Englmar	*Angerhof*	
Sankt Englmar	*Maibrunn*	
Sankt Goar	*Schloss Rheinfels*	
Sankt Peter-Ording	*Vier Jahreszeiten*	
Schliersee	*ArabellaSheraton Alpenhotel am Spitzingsee*	
Schluchsee	*Auerhahn*	
Schluchsee	*Hegers Parkhotel Flora*	
Schluchsee	*Vier Jahreszeiten*	
Schmallenberg	*Deimann*	
Schmallenberg	*Waldhaus*	
Schönau am Königssee	*Zechmeisterlehen*	
Schönwald	*Zum Ochsen*	
Schwäbisch Hall	*Hohenlohe*	
Schwalbach, Bad	*Eden-Parc*	
Seewald	*Oberwiesenhof*	
Segeberg, Bad	*Vitalia Seehotel*	
Senftenberg	*Seeschlößchen*	
Sobernheim, Bad	*BollAnt's im Park*	

75

Sobernheim, Bad	Maasberg Therme	
Sonthofen	Allgäu Stern	
Sonthofen	Sonnenalp	
Speyer	Lindner Hotel und Spa Binshof	
Stadtroda	Hammermühle	
Steben, Bad	relexa Hotel	
Stromberg	Land und Golf Hotel Stromberg	
Stuttgart	Le Méridien	
Stuttgart	Mercure Fontana	
Sulzburg	Waldhotel Bad Sulzburg	
Sylt / Kampen	Rungholt	
Sylt / Keitum	Benen-Diken-Hof	
Sylt / Munkmarsch	Fährhaus	
Sylt / Tinnum	Landhaus Stricker	
Sylt / Wenningstedt	Strandhörn	
Sylt / Westerland	Stadt Hamburg	
Tecklenburg	Teutoburger Wald	
Teinach- Zavelstein, Bad	Berlin's KroneLamm	
Teterow	Schloss Teschow	
Thyrnau	Parkschlössl	
Timmendorfer Strand	Seeschlößchen	
Titisee-Neustadt	Seehotel Wiesler	
Titisee-Neustadt	Treschers Schwarzwaldhotel	
Todtnau	Mangler	
Triberg im Schwarzwald	Parkhotel Wehrle	
Trier	Eurener Hof	
Unterreichenbach	Mönchs Waldhotel	
Usedom / Ahlbeck	Seehotel Ahlbecker Hof	
Usedom / Bansin	Strandhotel	
Usedom / Bansin	Zur Post	
Usedom / Heringsdorf	Maritim Hotel Kaiserhof	
Usedom / Heringsdorf	Pommerscher Hof	
Usedom / Heringsdorf	Strandhotel	
Usedom / Heringsdorf	Strandhotel Ostseeblick	
Usedom / Heringsdorf	Strandidyll	
Usedom / Heringsdorf	Upstalsboom Hotel Ostseestrand	
Usedom / Neppermin	Balmer See	
Viechtach	Burghotel Sterr	
Waldachtal	Albblick	
Waren (Müritz) / Groß Plasten	Schloss Groß Plasten	
Waren (Müritz) / Klink	Schlosshotel Klink	
Weilburg	Lahnschleife	
Weiler-Simmerberg	Tannenhof	
Weilrod	Erbismühle	
Werder	Resort Schwielowsee - Hotel Seaside Garden	

Wernigerode	Gothisches Haus	🏨
Westerburg	Lindner Hotel und Sporting Club Wiesensee	🏨
Wiesbaden	Nassauer Hof	🏨
Wiesenttal	Goldner Stern	🏨
Wildungen, Bad	Maritim Badehotel	🏨
Wilgartswiesen	Landhaus Am Hirschhorn	🏨
Willingen (Upland)	Göbel's Landhotel	🏨
Willingen (Upland)	Stryckhaus	🏨
Winden	Elztal Hotel	🏨
Windhagen	DorintResorts	🏨
Winterberg	Berghotel Astenkrone	🏨
Wirsberg	Reiterhof Wirsberg	🏨
Wörishofen, Bad	Angerhof	🏨
Wörishofen, Bad	Edelweiß	🏨
Wörishofen, Bad	Fontenay	🏨
Wörishofen, Bad	Parkhotel Residence	🏨
Wörishofen, Bad	Steigenberger Hotel Der Sonnenhof	🏨
Wolfach	Adler	🏨
Zingst	Meerlust	🏨
Zingst	Steigenberger Strandhotel	🏨
Zingst	Vier Jahreszeiten	🏨

Wein in Deutschland

In Deutschland sind ca. 100 000 Hektar mit Weinreben bepflanzt. Das Land ist in 13 Weinanbaugebiete unterteilt. Bei Qualitätsweinen wird die Herkunft aus einer dieser Regionen immer angegeben.

1. Ahr
2. Baden
3. Franken
4. Hessische Bergstraße
5. Mittelrhein
6. Mosel-Saar-Ruwer
7. Nahe
8. Pfalz
9. Rheingau
10. Rheinhessen
11. Saale-Unstrut
12. Sachsen
13. Württemberg

DIE WICHTIGSTEN WEISSWEINSORTEN:

Chardonnay: wird in den letzten Jahren zunehmend auch in Deutschland angebaut, vor allem in Baden, der Pfalz und in Rheinhessen. Hochwertige Weine werden oft auch in Barrique ausgebaut.

Grauburgunder (Ruländer): wird inzwischen vor allem trocken ausgebaut. Meist buttrig-nussiges Bukett mit fruchtigen Aromen. Spätlesen passen durchaus auch zu kräftigen Fleischgerichten.

Gutedel: wächst fast ausschließlich im badischen Markgräflerland und ist eine der ältesten Rebsorten überhaupt. Meist wird die Traube zu leichten, süffigen Weinen ausgebaut, die jung getrunken werden sollten.

Kerner: diese Kreuzung aus Riesling und Trollinger ergibt aromatische, säurebetonte Weine.

Müller-Thurgau (Rivaner): leichter, unkomplizierter Wein. Nach dem Riesling die am zweithäufigsten angebaute Traube in Deutschland.

Riesling: die bedeutendste deutsche Rebe mit über 20 % der gesamten Rebfläche. Rieslingtrauben liefern ausgewogene, rassige Weine. Typisch für den Riesling ist sein Duft nach Aprikosen und die oft kräftige Säure.

Silvaner: die Rebsorte wird insbesondere in Rheinhessen, Franken und in der Pfalz angebaut. Die Weine sind füllig, stoffig, teils wuchtig.

Weißburgunder: hat derzeit die größten Zuwachsraten in Deutschland. Diese Weine besitzen meist eine angenehme, fruchtige Säure und ein dezentes Aroma.

DIE WICHTIGSTEN ROTWEINSORTEN:

Dornfelder: Aus der ertragsreichen Traube gehen fruchtige, körperreiche Weine hervor. Er wird hauptsächlich in der Pfalz, in Rheinhessen und in Württemberg angebaut.

Lemberger: Die Rebsorte ist in Österreich als Blaufränkisch bekannt. Der körperreiche Wein hat eine kräftige Farbe und eine dominante Tanninnote.

Portugieser: ist nach dem Spätburgunder die zweitwichtigste Rotweinsorte in Deutschland. Er wird gerne als leichter, fruchtiger Sommerwein getrunken.

Regent: ist die jüngste unter den deutschen Rotweinreben. Die oft sehr duftigen und samtigen Weine erfreuen sich immer größerer Beliebtheit.

Sankt Laurent: Aus dieser Traube, die vor allem in der Pfalz angebaut wird, werden fleischige, samtige Weine mit viel Substanz erzeugt.

Schwarzriesling: Die Ursorte der Burgunderfamilie ist nicht mit dem Riesling verwandt und wird vor allem in Württemberg zu fruchtigen, leichten Weinen verarbeitet.

Spätburgunder (Pinot noir): Ist die meistangebaute Rotweinsorte in Deutschland. Vollmundige Rotweine mit feiner Säure und meist wenig Gerbstoffen.

Trollinger: Die Württemberger Hausrebe. Trollinger sind süffige Trinkweine von überwiegend heller Farbe und mit feinen Fruchtaromen.

GÜTEKLASSEN UND QUALITÄTSSTUFEN:

Es gibt vier Güteklassen für deutschen Wein: Deutscher Tafelwein, Landwein, Qualitätswein und Qualitätswein mit Prädikat. Auf dem Etikett eines Prädikatsweins findet sich außerdem seine Qualitätsstufe:

1. Kabinett
2. Spätlese
3. Auslese
4. Beerenauslese
5. Trockenbeerenauslese (oder Eiswein)

Die Bezeichnungen „Großes Gewächs" oder „Erstes Gewächs" entsprechen Lagenbezeichnungen, die besondere Qualitätsanforderungen erfüllen müssen.

Le vignoble en Allemagne

Le vignoble allemand s'étend sur une surface de 100 000 hectares subdivisée en 13 régions vinicoles. Pour les vins de qualité, l'aire de production est toujours précisée.

1. Vallée de l'Ahr
2. Pays de Bade
3. Franconie
4. Montagne de Hesse
5. Rhin moyen
6. Moselle-Sarre-Ruwer
7. Nahe
8. Palatinat
9. Rheingau
10. Hesse Rhénane
11. Région de Saale-Unstrut
12. Saxe
13. Wurtemberg

LES PRINCIPAUX CÉPAGES BLANCS

Chardonnay : cultivé de plus en plus ces dernières années en Allemagne, surtout dans le Pays de Bade, le Palatinat et en Hesse Rhénane. Vin de grande qualité, souvent élevé en barrique.

Grauburgunder (Pinot gris) : vin sec, arômes fruités. Les vins de récoltes tardives accompagnent bien des plats de viande aux saveurs corsées

Gutedel : planté exclusivement dans le Pays de Bade « Markgräflerland ». Un des plus anciens cépages. Donne un vin léger, gouleyant, à consommer jeune.

Kerner : croisement entre Riesling et Trollinger. Vin aromatique avec une légère acidité.

Müller-Thurgau (Rivaner) : vin vigoureux, nerveux. Cépage le plus cultivé après le Riesling.

Riesling : cépage allemand le plus cultivé (sur plus de 20 % de la surface vinicole). Vin racé et équilibré. Se caractérise par son arôme d'abricots et son acidité souvent prononcée.

Silvaner : cultivé avant tout en Hesse Rhénane, en Franconie et dans le Palatinat. Vin fruité, bouqueté et puissant.

Weißburgunder (Pinot blanc) : cépage de plus en plus cultivé en Allemagne. Vin agréable avec acidité agréable fruitée, arôme discret.

LES PRINCIPAUX CÉPAGES ROUGES

Dornfelder : ce raisin très productif donne un vin fruité et capiteux. Cultivé principalement dans le Palatinat, en Hesse Rhénane et en Wurtemberg.

Lemberger : variété de cépage connue en Autriche sous le nom « Blaufränkisch ». Ce vin généreux et tanique a une belle robe prononcée

Portugieser : deuxième variété de cépage cultivée après le pinot noir. Il est apprécié comme vin d'été léger et frais.

Regent : le plus jeune des cépages rouges allemands. Souvent très parfumé et velouté, il est de plus en plus apprécié.

Sankt Laurent : ce cépage principalement cultivé dans le Palatinat, délivre un vin charnu, velouté, avec beaucoup de substance.

Schwarzriesling : ce cépage n'appartient pas à la famille des Rieslings, mais est le cépage le plus ancien de la famille des pinots. Cultivé avant tout en Wurtemberg, il donne un vin léger et fruité.

Spätburgunder (pinot noir) : cépage rouge le plus cultivé en Allemagne. Vin rouge légèrement acidulé et avec peu de tanin.

Trollinger : cépage de Wurtemberg. Vin de table avec de légers arômes fruités et une robe souvent très claire.

NIVEAUX DE QUALITÉ

Les vins allemands sont classés en quatre catégories : Deutscher Tafelwein, Landwein, Qualitätswein et Qualitätswein mit Prädikat. Les vins avec Prädikat portent sur l'étiquette une des dénominations suivantes :

1. Kabinett (réserve spéciale)
2. Spätlese (récolte tardive)
3. Auslese (raisins sélectionnés)
4. Beerenauslese (vins liquoreux)
5. Trockenbeerenauslese ou Eiswein (vins des glaces).

Les appellations « Großes Gewächs » ou « Erstes Gewächs » correspondent aux « Grand Cru » et doivent remplir des exigences de qualité particulières.

The vineyards of Germany

The vineyards of Germany cover an area of 100 000 ha/247 100 acres divided into 13 wine-producing regions. The production area is always specified for high quality wines.

1. Ahr
2. Baden
3. Franken
4. Hessische Bergstrasse
5. Mittelrhein
6. Mosel-Saar-Ruwer
7. Nahe
8. Pfalz
9. Rheingau
10. Rheinhessen
11. Saale-Unstrut
12. Sachsen
13. Württemberg

MAIN WHITE GRAPE VARIETIES

Chardonnay: has become increasingly popular in Germany in recent years, especially in Baden, Pfalz and Rheinhessen. Produces a high quality wine, often aged in oak barrels.

Grauburgunder (Ruländer): produces a dry wine with fruity aromas. Wines made from grapes harvested late are the ideal accompaniment to strongly flavoured meat dishes.

Gutedel: one of the oldest varieties, found only in the "Markgräflerland" region of Baden. Produces a light, lively wine that is best enjoyed while young.

Kerner: a mix between Riesling and Trollinger. A lightly acidic, aromatic wine.

Müller-Thurgau (Rivaner): a vigorous, spirited wine made from the most widely cultivated grape variety after Riesling.

Riesling: the most commonly grown grape variety in Germany (covering more than 20% of the wine-producing area). A racy, balanced wine, characterised by its aroma of apricots and an often pronounced acidity.

Silvaner: produced mostly in Rheinhessen, Franken and Pfalz. A strong, fruity wine with a pleasant bouquet.

Weißburgunder: a variety which is growing in popularity in Germany. Produces a pleasant wine with a discreet aroma and slightly fruity acidity.

MAIN RED GRAPE VARIETIES

Dornfelder: this highly productive grape gives a fruity, heady wine. Grown mainly in Pfalz, Rheinhessen and Württemberg.

Lemberger: a grape variety known in Austria by the name "Blaufränkisch". This full-bodied, tannic wine has an intense and pleasing colour.

Portugieser: the second most cultivated variety after Pinot Noir, enjoyed predominantly as a light and refreshing summer wine.

Regent: the youngest of the German red varieties. Often smooth and highly fragrant, this wine is becoming increasingly popular.

Sankt Laurent: this grape variety grown mainly in Pfalz produces a fleshy and velvety wine with plenty of substance.

Schwarzriesling: despite its name, this variety does not belong to the Riesling family, but is in fact the oldest member of the Pinot family. Grown mainly in Württemberg, it produces a light, fruity wine.

Spätburgunder (Pinot Noir): the most widely grown red grape variety in Germany, producing a smooth red wine which is slightly acidulous and low in tannins.

Trollinger: a Württemberg grape variety. This table wine has a slightly fruity aroma and is often very pale in colour.

QUALITY LABELS

German wines are grouped into four categories: Deutscher Tafelwein, Landwein, Qualitätswein and Qualitätswein mit Prädikat. Wines with Prädikat status are marked with one of the following labels:

1. Kabinett (special reserve)
2. Spätlese (late vintage)
3. Auslese (selected grapes)
4. Beerenauslese (sweet wines)
5. Trockenbeerenauslese or Eiswein (ice wine)

The "Großes Gewächs" and "Erstes Gewächs" appellations correspond to the "Grand Cru" label and must comply with specific quality standards.

I vigneti in Germania

I vigneti in Germania si estendono su una superficie di 100 000 ettari in 13 regioni vinicole.
Per i vini di qualità, l'area di produzione è sempre precisata.

1. Ahr
2. Baden
3. Franken (Franconia)
4. Hessische Bergstrasse (Assia)
5. Mittelrhein (Medio Reno)
6. Mosel-Saar-Ruwer (Mosella-Saar-Ruwer)
7. Nahe
8. Pfalz (Palatinato)
9. Rheingau
10. Rheinhessen (Assia Renana)
11. Saale-Unstrut
12. Sachsen (Sassonia)
13. Württemberg

I PRINCIPALI VITIGNI BIANCHI

Chardonnay: coltivato sempre di più negli ultimi anni in Germania, soprattutto nella regione di Baden, nel Palatinato e nell' Assia Renana. Vino di grande qualità, spesso maturato in barrique.

Grauburgunder (Pinot grigio): vino secco, con aromi fruttati. I vini di raccolta tardiva accompagnano bene i piatti di carne dai sapori forti.

Gutedel: coltivato esclusivamente nella regione di Baden "Markgräflerland". È uno dei vitigni più vecchi, dà un vino leggero, da consumarsi giovane.

Kerner: incrocio tra Riesling e Trollinger. Vino aromatico con una leggera acidità.

Müller-Thurgau (Rivaner): vino vigoroso, nervoso. Vigneto tra i più coltivati dopo il Riesling

Riesling: vitigno germanico tra i più coltivati (più del 20% della superficie vinicola) vino di razza, equilibrato. Si caratterizza per il suo aroma di albicocca e da un acidità spesso pronunciata.

Silvaner : coltivato soprattutto nell'Assia Renana in Franconia e nel Palatinato. Vino fruttato abboccato e vigoroso.

Weißburgunder (Pinot bianco): vitigno sempre più coltivato in Germania. Vino gradevole con un'acidità fruttata, aroma discreto.

I PRINCIPALI VITIGNI ROSSI

Dornfelder: queste uve molto produttive danno un vino fruttato e corposo, coltivato principalmente nel Palatinato, nell'Assia Renana, e nel Württemberg .

Lemberger: varietà di vitigno conosciuto in Austria sotto il nome "Blaufrankisch" Questo vino generoso e tannico ha una bel colore pronunciato.

Portugieser: seconda varietà di vitigno coltivato dopo il pinot nero. È apprezzato come vino estivo, leggero e fresco.

Regent: il più giovane dei vitigni rossi tedeschi. Spesso molto profumato e vellutato, è sempre di più apprezzato.

Sankt Laurent: questo vitigno è principalmente coltivato nel Palatinato, vino polposo, vellutato, sostanzioso.

Schwarzriesling: vitigno che non appartiene alla famiglia dei Riesling, ma è un vitigno più vecchio della famiglia dei pinot. Coltivato soprattutto nel Württemberg, offre un vino leggero e fruttato.

Spätburgunder (Pinot nero): il vitigno rosso più coltivato in Germania. Vino rosso vellutato, leggermente acidulo e un po' tannico.

Trollinger : vitigno del Württemberg. Vino da tavola con leggeri aromi fruttati ed un colore molto chiaro.

IL SISTEMA DI QUALITÀ

I vini tedeschi sono classificati in quattro categorie: Deutscher Tafelwein, Landwein, Qualitätswein e Qualitätswein mit Prädikat. I vini Prädikat hanno sull'etichetta una delle seguenti denominazioni:

1. Kabinett (riserva speciale)
2. Spätlese (raccolta tardiva)
3. Auslese (uve selezionate)
4. Beerenauslese (vini liquorosi)
5. Trockenbeerenauslese o Eiswein (vino ghiaccio)

Le denominazioni "Grosses Gewächs" e "Erstes Gewächs" corrispondono ai "Grand Cru" e rispondono a criteri di qualità superiori.

Ferientermine

Angegeben ist jeweils der erste und letzte Tag der Ferien

Vacances scolaires
Premier et dernier jour des vacances

School holidays
Date of holidays

Vacanze scolastiche
Primo ed ultimo giorno di vacanza

Land	Ostern 2008	Sommer 2008	Weihnachten 2008-20089
Baden-Württemberg	17.03. - 28.03.	24.07. - 06.09.	22.12. - 10.01.
Bayern	17.03. - 29.03.	04.08. - 15.09.	22.12. - 05.01.
Berlin	17.03. - 29.03.	16.07. - 29.08.	22.12. - 03.01.
Brandenburg	19.03. - 28.03.	17.07. - 30.08.	22.12. - 03.01.
Bremen	10.03. - 25.03.	10.07. - 20.08.	22.12. - 06.01.
Hamburg	10.03. - 20.03.	17.07. - 27.08.	22.12. - 02.01.
Hessen	25.03. - 05.04.	23.06. - 01.08.	22.12. - 10.01.
Mecklenburg-Vorpommern	17.03. - 26.03.	21.07. - 30.08.	22.12. - 03.01.
Niedersachsen	10.03. - 26.03.	10.07. - 20.08.	22.12. - 06.01.
Nordrhein-Westfalen	17.03. - 29.03.	26.06. - 08.08.	22.12. - 06.01.
Rheinland-Pfalz	12.03. - 28.03.	23.06. - 01.08.	22.12. - 07.01.
Saarland	17.03. - 29.03.	30.06. - 09.08.	19.12. - 03.01.
Sachsen	20.03. - 28.03.	14.07. - 22.08.	22.12. - 02.01.
Sachsen-Anhalt	17.03. - 20.03.	10.07. - 22.08.	22.12. - 05.01.
Schleswig-Holstein	20.03. - 05.04.	21.07. - 30.08.	22.12. - 07.01.
Thüringen	22.03. - 28.03.	10.07. - 20.08.	20.12. - 03.01.

Telefon-Vorwahlnummern international

Wichtig : bei Auslandsgesprächen darf die Null (0) der Ortsnetzkennzahl nicht gewählt werden (außer bei Gesprächen nach Italien).

Indicatifs téléphoniques internationaux

Important : pour les communications internationales, le zéro (0) initial de l'indicatif interurbain n'est pas à composer (excepté pour les appels vers l'Italie).

nach von	A	B	CH	CZ	D	DK	E	FIN	F	GB	GR
A Österreich		0032	0041	00420	0049	0045	0034	00358	0033	0044	0030
B Belgien	0043		0041	00420	0049	0045	0034	00358	0033	0044	0030
CH Schweiz	0043	0032		00420	0049	0045	0034	00358	0033	0044	0030
CZ Tschechische Rep.	0043	0032	0041		0049	0045	0034	00358	0033	0044	0030
D Deutschland	0043	0032	0041	00420		0045	0034	00358	0033	0044	0030
DK Dänemark	0043	0032	0041	00420	0049		0034	00358	0033	0044	0030
E Spanien	0043	0032	0041	00420	0049	0045		00358	0033	0044	0030
FIN Finnland	0043	0032	0041	00420	0049	0045	0034		0033	0044	0030
F Frankreich	0043	0032	0041	00420	0049	0045	0034	00358		0044	0030
GB Großbritannien	0043	0032	0041	00420	0049	0045	0034	00358	0033		0030
GR Griechenland	0043	0032	0041	00420	0049	0045	0034	00358	0033	0044	
H Ungarn	0043	0032	0041	00420	0049	0045	0034	00358	0033	0044	0030
I Italien	0043	0032	0041	00420	0049	0045	0034	00358	0033	0044	0030
IRL Irland	0043	0032	0041	00420	0049	0045	0034	00358	0033	0044	0030
J Japan	00143	00132	00141	001420	00149	00145	00134	001358	00133	00144	00130
L Luxemburg	0043	0032	0041	00420	0049	0045	0034	00358	0033	0044	0030
N Norwegen	0043	0032	0041	00420	0049	0045	0034	00358	0033	0044	0030
NL Niederlande	0043	0032	0041	00420	0049	0045	0034	00358	0033	0044	0030
PL Polen	0043	0032	0041	00420	0049	0045	0034	00358	0033	0044	0030
P Portugal	0043	0032	0041	00420	0049	0045	0034	00358	0033	0044	0030
RUS Russ. Föderation	81043	81032	81041	810420	81049	81045	*	810358	81033	81044	*
S Schweden	0043	0032	0041	00420	0049	0045	0034	00358	0033	0044	0030
USA	01143	01132	01141	011420	01149	01145	01134	01358	01133	01144	01130

* Automatische Vorwahl nicht möglich   * Pas de sélection automatique

International Dialling Codes

Note : when making an internationall call, do not dial the first «0» of the city codes (except for calls to Italy).

IndicativiTelefonici Internazionali

Importante : per comunicazioni internazionali, non bisogna comporre lo zero (0) iniziale dell'indicativo interurbano (escluse le chiamate per l'Italia).

H	I	IRL	J	L	N	NL	PL	P	RUS	S	USA	
0036	0039	00353	0081	00352	0047	0031	0048	00351	007	0046	001	A Österreich
0036	0039	00353	0081	00352	0047	0031	0048	00351	007	0046	001	B Belgien
0036	0039	00353	0081	00352	0047	0031	0048	00351	007	0046	001	CH Schweiz
0036	0039	00353	0081	00352	0047	0031	0048	00351	007	0046	001	CZ Tschechische Rep.
0036	0039	00353	0081	00352	0047	0031	0048	00351	007	0046	001	D Deutschland
0036	0039	00353	0081	00352	0047	0031	0048	00351	007	0046	001	DK Dänemark
0036	0039	00353	0081	00352	0047	0031	0048	00351	007	0046	001	E Spanien
0036	0039	00353	0081	00352	0047	0031	0048	00351	007	0046	001	FIN Finnland
0036	0039	00353	0081	00352	0047	0031	0048	00351	007	0046	001	F Frankreich
0036	0039	00353	0081	00352	0047	0031	0048	00351	007	0046	001	GB Großbritannien
0036	0039	00353	0081	00352	0047	0031	0048	00351	007	0046	001	GR Griechenland
	0039	00353	0081	00352	0047	0031	0048	00351	007	0046	001	H Ungarn
0036		00353	0081	00352	0047	0031	0048	00351	*	0046	001	I Italien
0036	0039		0081	00352	0047	0031	0048	00351	007	0046	001	IRL Irland
00136	00139	001353		001352	00147	00131	00148	001351	*	00146	0011	J Japan
0036	0039	00353	0081		0047	0031	0048	00351	007	0046	001	L Luxemburg
0036	0039	00353	0081	011352		0031	0048	00351	007	0046	001	N Norwegen
0036	0039	00353	0081	00352	0047		0048	00351	007	0046	001	NL Niederlande
0036	0039	00353	0081	00352	0047	0031		00351	007	0046	001	PL Polen
0036	0039	00353	0081	00352	0047	0031	0048		007	0046	001	P Portugal
81036	*	*	*	*	*	81031	81048	*		*	*	RUS Russ. Föderation
0036	0039	00353	0081	00352	0047	0031	0048	00351	007		001	S Schweden
01136	01139	011353	01181	011352	01147	01131	01148	011351	*	01146	–	USA

* Direct dialing not possible * Selezione automatica impossibile

Städte

in alphabetischer Reihenfolge
(ä = ae, ö = oe, ü = ue)

Villes

classées par ordre alphabétique
(mais ä = ae, ö = oe, ü = ue)

Towns

in alphabetical order
(but ä = ae, ö = oe, ü = ue)

Città

in ordine alfabetico
(se non che ä = ae, ö = oe, ü = ue)

AACHEN – Nordrhein-Westfalen – 543 – 256 610 Ew – Höhe 173 m – Heilbad

▶ Berlin 637 – Düsseldorf 81 – Antwerpen 140 – Köln 69 35 **A12**
ADAC Strangenhäuschen 16
🛈 Friedrich-Wilhelm-Platz, ✉ 52062, ℰ (0241) 1 80 29 60, info@aachen-tourist.de
✈ Aachen-Seffent, Schurzelter Str. 300 ℰ (0241) 1 25 01
◉ Dom★★★ (Domschatzkammer★★★, Ambo Heinrichs II★★★, Pala d'Oro★★★, Karlsschrein★★★, Marmorthron★, Karls des Großen) BZ – Couven-Museum★ BY M¹ – Suermondt-Ludwig-Museum★ CZ M²
⊙ Kornelimünster (Abteikirche★) über B 258 : 10 km

Stadtpläne siehe nächste Seiten

Sofitel Quellenhof
Monheimsallee 52 ✉ 52062 – ℰ (0241) 9 13 20 – h5327@accor.com – Fax (0241) 9132100 CY **a**
185 Zim – †145/265 € ††170/300 €, ⊂ 21 € – **Rest** – Karte 43/64 €
♦ Eine schöne traditionsreiche Adresse mit dem Rahmen eines klassischen Grandhotels. Großzügig und gediegen präsentiert sich die Lobby, zeitlos-luxuriös sind die Zimmer. Elegantes Ambiente im Restaurant La Brasserie. Die Terrasse bietet eine tolle Sicht.

Novotel City
Peterstr. 66 ✉ 52062 – ℰ (0241) 5 15 90 – h3557-re@accor.com – Fax (0241) 5159598 CY **b**
154 Zim – †100/140 € ††115/155 €, ⊂ 16 € – **Rest** – Karte 26/51 €
♦ Das im Zentrum gelegene Hotel mit neuzeitlicher, z. T. verglaster Fassade überzeugt mit funktionell ausgestatteten Zimmern in geradlinig-modernem Stil. Zur Halle hin offen angelegtes, helles und freundliches Restaurant.

Regence
Peterstr. 71 ✉ 52062 – ℰ (0241) 4 78 70 – info@regence.bestwestern.de – Fax (0241) 39055 CY **e**
60 Zim – †110/163 € ††120/173 €, ⊂ 16 €
Rest *Edo* – (nur Abendessen) Menü 36/77 € – Karte 20/36 €
♦ Nach der Feng-Shui-Lehre eingerichtetes Hotel in der Innenstadt. Die Zimmer sind komfortabel und mit Designermöbeln modern gestaltet. Japanische Kulinarik im Edo: Hier werden die Speisen vor Ihren Augen zubereitet.

Mercure City garni
Jülicher Str. 10 ✉ 52070 – ℰ (0241) 5 10 60 – h1703@accor.com – Fax (0241) 501180 CY **s**
103 Zim – †65/109 € ††77/121 €, ⊂ 14 €
♦ Ein im Zentrum gelegenes Hotel, das zeitgemäß und funktionell ausgestattete, in sachlichem Stil gehaltene Gästezimmer bietet.

Royal garni
Jülicher Str. 1 ✉ 52070 – ℰ (0241) 18 22 80 – info@royal.bestwestern.de – Fax (0241) 18228699 CY **z**
35 Zim – †106/126 € ††126/136 €, ⊂ 14 €
♦ Das Stadthotel verfügt über neuzeitlich-funktionelle Zimmer mit guter Technik - einige liegen ruhig im hinteren Anbau. Auch Allergikerzimmer sind vorhanden.

Brülls am Dom garni
Rommelsgasse 2, (Hühnermarkt) ✉ 52062 – ℰ (0241) 3 17 04 – Fax (0241) 404326 – geschl. 22. Dezember - 6. Januar BY **c**
10 Zim – †75/120 € ††90/120 €
♦ Aufwändig und liebevoll geführtes Haus in der Altstadt. Wohnliche Zimmer, z. T. mit Himmelbetten. Der Frühstücksraum ist ein Paradebeispiel gehobener Alt-Aachener Wohnkultur.

Benelux garni
Franzstr. 21 ✉ 52064 – ℰ (0241) 40 00 30 – info@hotel-benelux.de – Fax (0241) 40003500 – geschl. 23. Dezember - 2. Januar BZ **f**
33 Zim ⊂ – †88/103 € ††103/148 €
♦ Dieses in der Nähe der Aachener Sehenswürdigkeiten gelegene Stadthotel bietet gepflegte und behagliche Zimmer in freundlicher Atmosphäre.

AACHEN

XX La Bécasse (Christof Lang) [AK] [VISA] [MC] [DC]
Hanbrucher Str. 1 ⊠ 52064 – ℘ (0241) 7 44 44 – labecasse@t-online.de – geschl. über Karneval 1 Woche und Samstagmittag, Sonntag - Montagmittag **AZ s**
Rest – Karte 51/67 €
Spez. Hummer mit Lauchsalat und Trüffel. Ente aus dem Ofen. Lammrücken in Olivenöl pochiert mit Gartenkräutern.
♦ Eine feine und zugleich schlichte Küche auf klassischer Basis bereitet Christof Lang in diesem modernen Restaurant mit Bistro-Atmosphäre.

XX Kohlibri [icons] [AK] [P] [VISA] [MC] [AE] [DC]
Sonnenscheinstr. 80, (Ecke Neuenhofstraße) (über Adalbertsteinweg DZ) ⊠ 52078 – ℘ (0241) 5 68 85 00 – kohlibri.kohl@kohl.bmw-net.de – Fax (0241) 5688560 – geschl. Samstagmittag, Sonntagabend - Montag
Rest – Menü 39/52 € – Karte 38/54 €
♦ Modernes, rundum verglastes Restaurant im 6. Stock eines Autohauses. Auch von den zwei Terrassen schöne Sicht auf Aachen. Internationale Küche mit französischen Elementen.

XX Gallo Nero [VISA] [MC] [AE] [DC]
Kaiserplatz 6 ⊠ 52062 – ℘ (0241) 4 01 49 30 – Fax (0241) 4014930 – geschl. Montag **CZ a**
Rest – Karte 20/33 €
♦ Ein historisches Stadthaus am Kaiserplatz beherbergt das auf zwei Ebenen angelegte Restaurant. Stuckdecken und eine elegante Einrichtung bestimmen das Ambiente, die Küche ist italienisch.

X Battice [AK] [VISA] [MC]
Hartmannstr. 12 ⊠ 52062 – ℘ (0241) 4 01 41 17 – Fax (0241) 4014118 – geschl. Sonntag - Montag **BZ c**
Rest – Karte 21/42 €
♦ Das Stadthaus am Elisenbrunnen beherbergt im EG ein schlicht-modernes Restaurant mit schmackhafter zeitgemäßer Bistroküche. Ein eleganterer Raum befindet sich in der 1. Etage.

In Aachen-Burtscheid über Friedrich-Ebert-Allee CZ : 4 km :

🏨 Art Hotel Superior [icons] [VISA] [MC] [AE]
Am Brandnerhof 101 ⊠ 52066 – ℘ (0241) 6 09 70 – superior@art-hotel-aachen.de – Fax (0241) 60972550
46 Zim – †86/150 € ††150/200 €, ⊇ 14 € – **4 Suiten** – **Rest** – *(geschl. Sonntagabend)* Karte 21/36 €
♦ Ein modernes Businesshotel mit großzügigem Rahmen. Die überwiegend als Suiten angelegten und mit Küchenzeile ausgestatteten Zimmer sind auch für Langzeitgäste geeignet. Neuzeitliches Restaurant mit mediterraner Karte.

🏠 Art Hotel [icons] Rest, [icons] [P] [VISA] [MC] [AE]
Adenauerallee 209 ⊠ 52066 – ℘ (0241) 60 83 60 – info@art-hotel-aachen.de – Fax (0241) 60836555
39 Zim – †69/190 € ††78/230 €, ⊇ 14 € – **Rest** – *(geschl. Sonn- und Feiertage, nur Abendessen)* Karte 21/34 €
♦ In einen Wohnblock integriertes Hotel in einem Vorort. Die Zimmer sind mit neuzeitlichen Möbeln praktisch eingerichtet. Wechselnde Kunstausstellungen. Restaurant im wintergartenähnlichen Stil.

In Aachen-Eilendorf über B 258 und Madrider Ring DZ : 2 km :

XXX Charlemagne (Detlef Rams) [icons] [VISA] [MC]
von-Coels-Str. 199 ⊠ 52080 – ℘ (0241) 9 51 94 44 – Fax (0241) 9519446 – geschl. über Karneval 1 Woche, Juli 1 Woche, Ende Sept. 2 Wochen und Montag - Dienstag
Rest – *(nur Abendessen)* Menü 59/79 € – Karte 55/72 €
Spez. Tatar von geräucherten Kartoffeln und Bohnen mit Hummer. Jakobsmuscheln mit braisiertem Kopfsalat und Gänsestopfleberschaum. Schokoladen-Coulant.
♦ Gediegen-elegant ist das Ambiente in dem Natursteinhaus a. d. 17. Jh. Ein engagiert geführtes Restaurant mit klassischer Küche und freundlichem Service. Schöne Gartenterrasse.

AACHEN

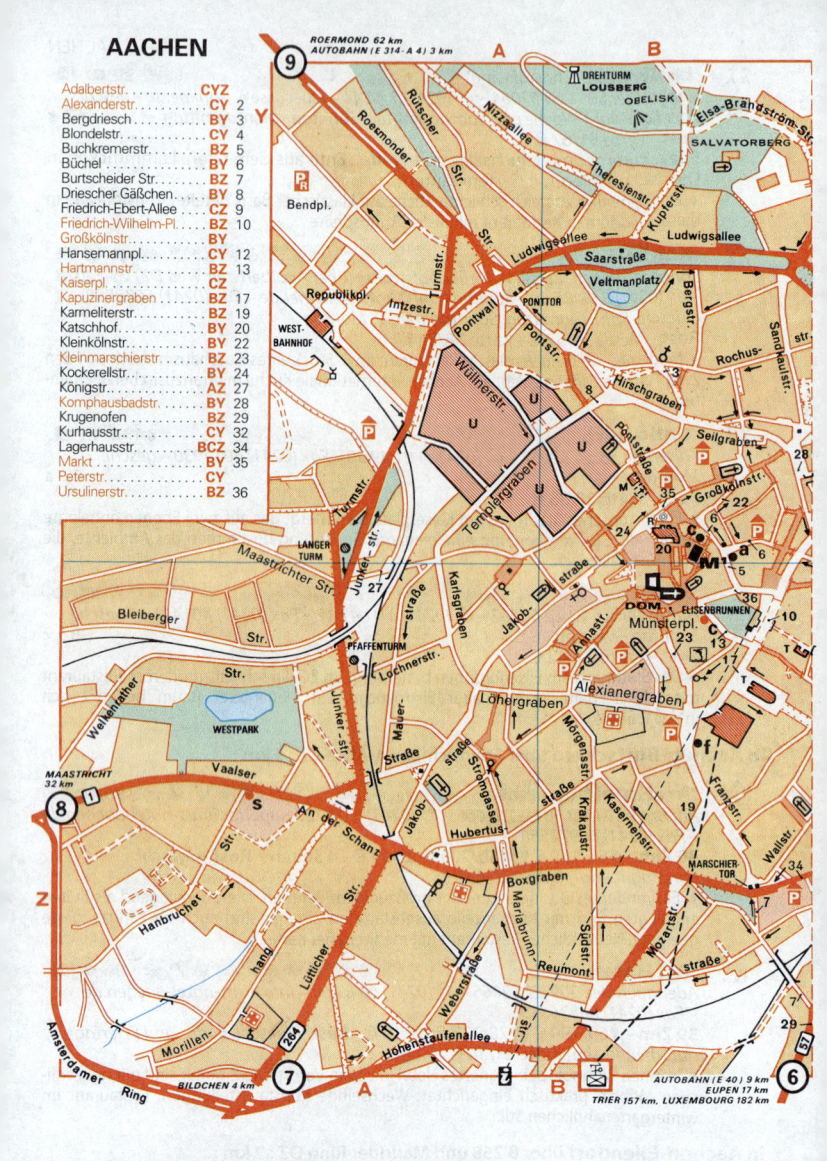

Adalbertstr.	**CYZ**
Alexanderstr.	**CY** 2
Bergdriesch	**BY** 3
Blondelstr.	**CY** 4
Buchkremerstr.	**BZ** 5
Büchel	**BY** 6
Burtscheider Str.	**BZ** 7
Driescher Gäßchen	**BZ** 8
Friedrich-Ebert-Allee	**CZ** 9
Friedrich-Wilhelm-Pl.	**BZ** 10
Großkölnstr.	**BY**
Hansemannpl.	**CY** 12
Hartmannstr.	**BZ** 13
Kaiserpl.	**CZ**
Kapuzinergraben	**BZ** 17
Karmeliterstr.	**BZ** 19
Katschhof	**BY** 20
Kleinkölnstr.	**BY** 22
Kleinmarschierstr.	**BZ** 23
Kockerellstr.	**BY** 24
Königstr.	**AZ** 27
Komphausbadstr.	**BY** 28
Krugenofen	**BZ** 29
Kurhausstr.	**CY** 32
Lagerhausstr.	**BCZ** 34
Markt	**BY** 35
Peterstr.	**CY**
Ursulinerstr.	**BZ** 36

In Aachen-Kornelimünster über B 258 **DZ** : 10 km :

St. Benedikt
Benediktusplatz 12 ⊠ 52076 – ℰ (02408) 28 88 – st-benedikt@t-online.de
– geschl. Sonntag - Montag
Rest – *(nur Abendessen)* (Tischbestellung erforderlich) Menü 49/69 €
– Karte 40/65 €
Rest *Bistro* – *(geschl. Samstag - Montag, nur Mittagessen)* Karte 17/23 €
◆ Herzlich leitet Familie Kreus ihr gemütliches Restaurant. Rustikal-elegant hat man das kleine historische Stadthaus eingerichtet. Das Speiseangebot ist klassisch. Am Mittag isst man im neuzeitlichen Bistro oder auf der Terrasse vor dem Haus.

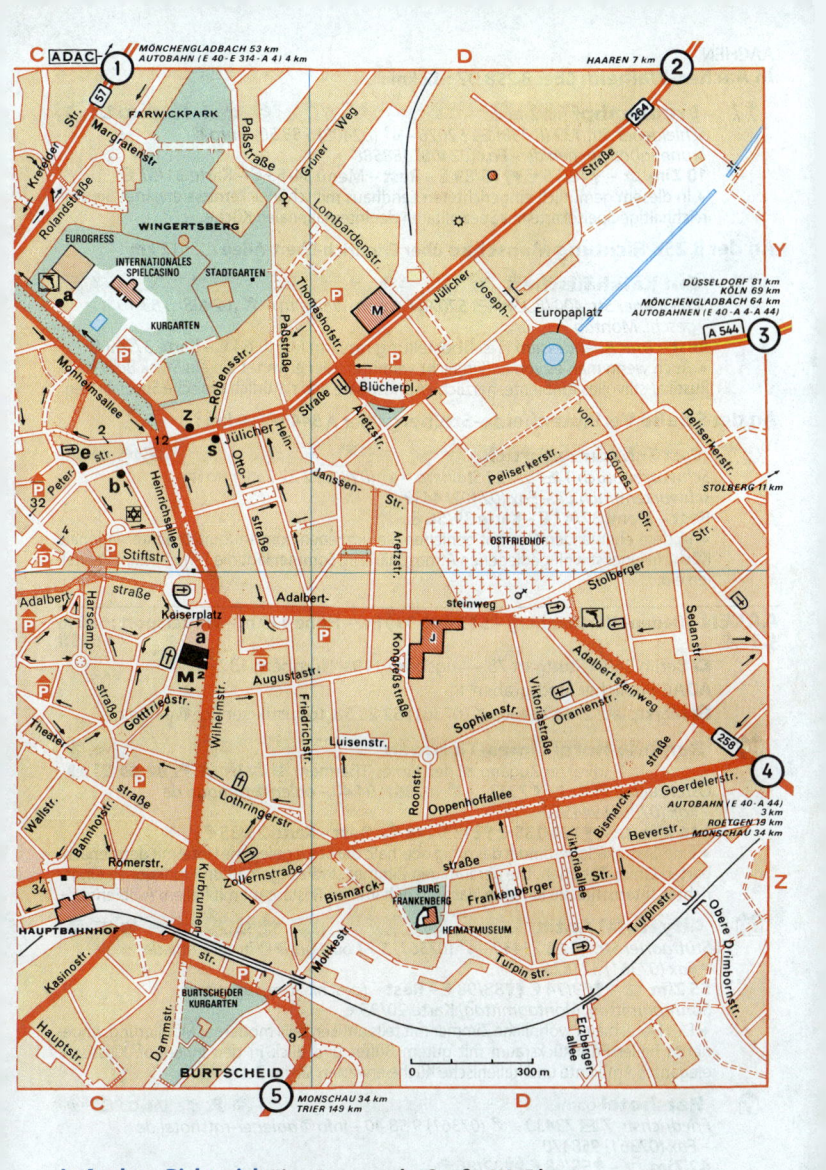

In Aachen-Richterich über Roermonder Straße **AY** : 5 km :

Schloss Schönau
Schönauer Allee 20 ✉ *52072* – ☏ *(0241) 17 35 77* – *schlossschoenau@t-online.de*
– *Fax (0241) 1689891* – *geschl. über Karneval 1 Woche, Juli 3 Wochen und Montag*
Rest – *(Dienstag - Samstag nur Abendessen)* Menü 55/64 € – Karte 42/58 €
Rest *Schänke* – *(Dienstag - Samstag nur Abendessen)* (Tischbestellung ratsam)
25 € – Karte 24/41 €
♦ Das historische Anwesen stellt einen schönen Rahmen für dieses stilvolle, elegante Restaurant mit seiner aufwändig verzierten Stuckdecke dar. Engagierte internationale Küche. Schmackhafte regionale und internationale Speisen in der rustikalen Schänke.

91

AACHEN

In Aachen-Walheim über B 258 DZ : 12 km :

XX Brunnenhof mit Zim
Schleidener Str. 132 (B 258) ⊠ 52076 – ℰ (02408) 5 88 50 – info@brunnenhof-aachen.de – Fax (02408) 588588
10 Zim ⊇ – †48/75 € ††75/89 € – **Rest** – Menü 34/53 € – Karte 31/52 €
• In diesem gemütlich eingerichteten Landhaus mit schöner Terrasse erwartet Sie eine reichhaltige Speisekarte mit Spezialitäten der internationalen Küche.

An der B 258 Richtung Monschau über Friedrich-Ebert-Allee CZ : 12 km :

XX Gut Kalkhäuschen
Schleidener Str. 400 (B 258) ⊠ 52076 Aachen-Walheim – ℰ (02408) 5 83 10 – geschl. Montag
Rest – *(nur Abendessen)* (Tischbestellung ratsam) Menü 64 € – Karte 37/49 €
• Auch wenn man es von außen nicht vermutet: Hier erwartet Sie ein Stück Bella Italia. Rustikal-stilvolles Ambiente, herzliche Atmosphäre und natürlich typische Spezialitäten.

An der Straße Verlautenheide-Stolberg über A 544 DY : 9 km :

XXX Gut Schwarzenbruch
Schwarzenbruch 1 ⊠ 52222 Stolberg – ℰ (02402) 2 22 75 – info@schwarzenbruch.de – Fax (02402) 4432
Rest – Menü 37/47 € – Karte 39/56 €
• In dem ehemaligen Gutshof genießen Sie umgeben von Antiquitäten internationale Küche in einer stilvoll-gediegenen Atmosphäre, im Sommer lädt die Terrasse zum Verweilen ein.

AALEN – Baden-Württemberg – 545 – 66 990 Ew – Höhe 429 m – Wintersport : 680 m
⛷1 ⛷
56 I18

▶ Berlin 560 – Stuttgart 78 – Augsburg 119 – Nürnberg 132
ADAC Südlicher Stadtgraben 11
🛈 Marktplatz 2, ⊠ 73430, ℰ (07361) 52 23 58, touristik-service@aalen.de

Ramada Hotel Limes-Thermen
♈ (direkter Zugang zu den Limes-Thermen)
Osterbucher Platz 1 ⊠ 73431 – ℰ (07361) 94 40 – aalen@ramada.de – Fax (07361) 944550
146 Zim ⊇ – †120/135 € ††133/148 € – **Rest** – Karte 23/35 €
• Eine Glasarkade verbindet das ruhig oberhalb der Stadt gelegene Hotel mit den benachbarten Limes-Thermen. Die geräumigen Zimmer sind zeitgemäß und funktionell eingerichtet. Internationale Karte im klassisch gehaltenen Restaurant mit hellem Ambiente.

City Hotel Antik
Stuttgarter Str. 45 ⊠ 73430 – ℰ (07361) 5 71 60 – antik@hotel-antik.de – Fax (07361) 571625 – .
55 Zim ⊇ – †69/74 € ††88/98 € – **Rest** – *(geschl. Samstagmittag, Sonntagmittag, Montagmittag)* Karte 20/35 €
• Das Hotel bietet wohnliche Zimmer mit teils antiker, teils moderner Möblierung. Angenehm heller Frühstücksraum mit gutem Buffet und Blick in den Innenhof. Klassisch-elegantes Ambiente und italienische Küche erwarten Sie im Restaurant.

Ratshotel garni
Friedrichstr. 7 ⊠ 73430 – ℰ (07361) 9 58 40 – info@aalener-ratshotel.de – Fax (07361) 958470
42 Zim ⊇ – †55/68 € ††82/86 €
• Gut geführtes und zentral gelegenes Stadthotel. Die gepflegten und geräumigen Zimmer sind praktisch und zeitgemäß eingerichtet.

Grauleshof
Biergarten
Ziegelstr. 155 ⊠ 73431 – ℰ (07361) 3 24 69 – gasthof@grauleshof.de – Fax (07361) 36218 – geschl. 1. - 9. Februar, 9. - 17. Mai
9 Zim ⊇ – †40/44 € ††68/72 € – **Rest** – *(geschl. Montag, Samstagmittag)* Karte 13/28 €
• In diesem von der Inhaber-Familie geführten Hotel-Gasthof erwarten Sie gut unterhaltene, mit dunklem Holz möblierte Zimmer, teils mit Balkon. Bürgerliches Restaurant mit schattigem Biergarten.

AALEN

Eichenhof mit Zim
Stadionweg 1 ⊠ 73430 – ℰ (07361) 4 10 20 – kontakt@eichenhof-aalen.de
– Fax (07361) 46688 – geschl. über Pfingsten und Montag
8 Zim ⊐ – †48/54 € ††82/88 € – **Rest** – Karte 20/41 €
♦ Das Richtige für Freunde gutbürgerlicher und internationaler Küche: guter Service und ein rustikales Ambiente. Gepflegte Zimmer laden zum Bleiben ein.

In Aalen-Ebnat Süd-Ost : 8 km über B 19, in Unterkochen Richtung Neresheim :

Landgasthof Lamm mit Zim
Unterkochener Str. 16 ⊠ 73432 – ℰ (07367) 24 12 – info@lamm-ebnat.de
– Fax (07367) 4912 – (Neubau von 18 Zim. bis Anfang 2008)
6 Zim ⊐ – †50/65 € ††65/95 € – **Rest** – Karte 21/41 €
♦ Ländlicher Gasthof mit freundlichem Service und gutbürgerlich ausgelegtem Speisenangebot. Zwei neue Gästezimmer sind besonders hübsch gestaltet.

In Aalen-Unterkochen Süd-Ost : 4 km über B 19, Richtung Heidenheim :

Das Goldene Lamm
Kocherstr. 8 ⊠ 73432 – ℰ (07361) 9 86 80 – rezeption@das-goldene-lamm.de
– Fax (07361) 986898
50 Zim ⊐ – †55/100 € ††120/140 € – **Rest** – Menü 27/45 € – Karte 28/45 €
♦ Ein geschmackvolles Ambiente, individuell gestaltete Zimmer und ein freundlicher Service sprechen für dieses Hotel. Gut ausgestattete Tagungsräume. Restaurant im Landhausstil mit nettem Kaminzimmer.

Scholz
Aalener Str. 80 ⊠ 73432 – ℰ (07361) 56 70 – hotel@hotel-scholz.de – Fax (07361) 567200 – geschl. 24. Dezember - 6. Januar
49 Zim ⊐ – †56/87 € ††92/115 € – **Rest** – (geschl. Freitag) Karte 18/48 €
♦ In diesem Haus erwarten Sie eine gediegene kleine Halle, angenehm hell gestaltete Zimmer in modernem Design und eine ständige Bilderausstellung. Einladend: der Garten am Haus.

Läuterhäusle mit Zim
Waldhäuser Str. 109 ⊠ 73432 – ℰ (07361) 9 88 90 – info@laeuterhaeusle.de
– Fax (07361) 988949 – geschl. Sonntagabend, Feiertage geöffnet
12 Zim ⊐ – †58/65 € ††78/85 € – **Rest** – (Montag - Samstag nur Abendessen) Karte 21/39 €
♦ In dem rustikal-gemütlichen Restaurant mit sehr netter Terrasse serviert man eine vorwiegend schwäbische Küche. Ländlich-wohnliche Gästezimmer.

In Aalen-Waldhausen Ost : 9,5 km über Ziegelstraße :

Adler
Deutschordenstr. 8 ⊠ 73432 – ℰ (07367) 95 00 – info@adler-aalen.de
– Fax (07367) 950400
32 Zim ⊐ – †72/88 € ††90/125 € – **Rest** – Menü 19/29 € – Karte 19/37 €
♦ Mit hellen Naturholzmöbeln neuzeitlich und wohnlich eingerichtete, überwiegend recht großzügige Zimmer und ein ansprechender Freizeitbereich machen dieses Hotel aus. Restaurant mit elegant-rustikalem Ambiente.

Alte Linde
Albstr. 121 ⊠ 73432 – ℰ (07367) 20 01 – info@hotel-altelinde.de – Fax (07367) 2003
23 Zim ⊐ – †45/55 € ††60/75 € – **Rest** – (geschl. Montagmittag, Mittwochmittag) Karte 16/24 €
♦ Ein gepflegter und gut geführter Landgasthof mit praktischen, sauberen Gästezimmern, die mit soliden Eichenmöbeln ausgestattet sind. Restaurant mit ländlichem Ambiente.

Wie entscheidet man sich zwischen zwei gleichwertigen Adressen?
In jeder Kategorie sind die Häuser nochmals geordnet,
die besten Adressen stehen an erster Stelle.

ABBACH, BAD – Bayern – 546 – 10 690 Ew – Höhe 371 m – Heilbad 58 M18
▶ Berlin 496 – München 109 – Regensburg 15 – Ingolstadt 62
🛈 Kaiser-Karl V.-Allee 5, ✉ 93077, ℰ (09405) 9 59 90, info@bad-abbach.de
🛈 Deutenhof, ℰ (09405) 9 53 20

Elisabeth garni
Ratsdienerweg 8 ✉ 93077 – ℰ (09405) 9 50 90 – post@hotel-elisabeth.net
– Fax (09405) 950977
35 Zim ⊇ – †49/75 € ††90/110 €
◆ Sehr gepflegte und engagiert geführte Pension in recht ruhiger Lage. Die Zimmer sind gediegen und gemütlich, z. T. mit kleiner Küche ausgestattet.

Gasthof Schwögler
Stinkelbrunnstr. 18 ✉ 93077 – ℰ (09405) 96 23 00 – schwoegler@gmx.de
– Fax (09405) 962301 – geschl. Sonntagabend
Rest – (Tischbestellung ratsam) Menü 28/45 € – Karte 25/36 €
◆ Dieser ländlich-solide, familiengeführte Gasthof beherbergt ein bürgerliches Lokal mit Kegelbahn und Wintergarten. Das Speiseangebot ist z. T. kreativ.

ABENSBERG – Bayern – 546 – 12 470 Ew – Höhe 370 m 58 M18
▶ Berlin 521 – München 89 – Regensburg 39 – Ingolstadt 39
🛈 Babostr. 21, ✉ 93326, ℰ (09443) 9 18 41 59, fremdenverkehr@abensberg.de

Altstadt Hotel Kneitinger garni
Stadtplatz 5 (Eingang Osterriedergasse) ✉ 93326 – ℰ (09443) 9 15 40 – info@hotel-kneitinger.de – Fax (09443) 915455 – geschl. 22. Dez. - 7. Jan.
23 Zim ⊇ – †45/54 € ††75/88 €
◆ Das Hotel befindet sich in einem modernisierten älteren Stadthaus und verfügt über neuzeitlich und funktionell gestaltete Zimmer. Angeschlossen ist ein eigenes Café.

Jungbräu Biergarten
Weinbergstr. 6 ✉ 93326 – ℰ (09443) 9 10 70 – info@hotel-jungbraeu.de
– Fax (09443) 910733 – geschl. 31. Dez. - 7. Jan.
17 Zim ⊇ – †35/50 € ††80/90 € – **Rest** – (geschl. Montag)
Karte 15/39 €
◆ Schon lange befindet sich dieser hübsche historische Gasthof aus dem 17. Jh. im Familienbesitz. Es erwarten Sie gepflegte Zimmer und ein freundlicher Service. Antoniusstube und Zirbelstube mit gutbürgerlicher Küche.

In Siegenburg Süd : 6 km über B 301, Richtung Freising :

Bräustüberl
Hopfenstr. 3 ✉ 93354 – ℰ (09444) 4 53 – mail@spaetzlewirt.de – Fax (09444) 8614 – geschl. Montag - Dienstagmittag
Rest – Karte 11/32 €
◆ In den ländlich-rustikalen Stuben dieses Brauereigasthofs serviert man Ihnen eine gutbürgerliche Küche mit vielen schwäbischen Gerichten.

ABSTATT – Baden-Württemberg – 545 – 4 450 Ew – Höhe 241 m 55 G17
▶ Berlin 602 – Stuttgart 40 – Heilbronn 11 – Schwäbisch Hall 40

Sperber
Heilbronner Str. 16 ✉ 74232 – ℰ (07062) 97 80 – info@hotel-sperber.de
– Fax (07062) 978178
35 Zim ⊇ – †83/115 € ††120/150 € – 3 Suiten
Rest *Sperbers Restaurant* – (geschl. Sonntag, Montag - Samstag nur Abendessen) (Tischbestellung ratsam) Menü 44/68 €
Rest *Wirtsstube* – Menü 26/53 € – Karte 25/45 €
◆ Mit klaren Linien gefällt dieses neuzeitlich und geschmackvoll eingerichtete, von der Inhaberfamilie geführte Hotel am Ortsrand. Elegant und modern ist Sperbers Restaurant. Die Wirtsstube bietet regionale Küche.

ACHERN – Baden-Württemberg – 545 – 24 330 Ew – Höhe 145 m   54 E19
▶ Berlin 725 – Stuttgart 127 – Karlsruhe 54 – Offenburg 26
🛈 Hauptstr. 13, ✉ 77855, ✆ (07841) 2 92 99, info@achern-tourist.de

Sonne-Eintracht
Hauptstr. 112 ✉ 77855 – ✆ (07841) 64 50 – info@hotel-sonne-eintracht.com – Fax (07841) 645645
65 Zim ⊃ – †74/95 € ††99/145 € – **Rest** – Menü 18 € (mittags)/36 € – Karte 21/37 €
• In dem Hotelanbau des familiengeführten Gasthauses stehen moderne, wohnliche Zimmer sowie einige Romantikzimmer mit Stilmobiliar bereit. Einfachere Zimmer im Stammhaus. Rustikales Restaurant mit elegantem Touch. Weinstube mit blanken Holztischen.

Schwarzwälder Hof
Kirchstr. 38 ✉ 77855 – ✆ (07841) 6 96 80 – info@hotel-sha.de – Fax (07841) 29526 – geschl. 27. Juli - 10. Aug.
20 Zim ⊃ – †49/68 € ††77/115 € – **Rest** – *(geschl. Sonntagabend - Montag)* Menü 28 € – Karte 20/40 €
• Wohnlich und geschmackvoll eingerichtete Gästezimmer und ein engagiert-freundlicher Service sprechen für dieses Hotel am Rand der Innenstadt. In klassischem Stil gehaltenes Restaurant Chez Georges mit südländisch gestalteter Terrasse.

In Achern-Oberachern Süd-Ost : 1,5 km über Illenauer Allee :

Kiningers Hirsch mit Zim
Oberacherner Str. 26 ✉ 77855 – ✆ (07841) 2 15 79 – info@kiningers-hirsch.de – Fax (07841) 29268 – geschl. 4. - 8. Feb., 20. Okt. - 6. Nov. und Montag - Dienstagmittag, Nov. - April Montag - Dienstag
5 Zim ⊃ – †45 € ††84 € – **Rest** – Menü 27/33 € – Karte 23/43 €
• Bürgerliches Ambiente, freundlicher und angenehm aufmerksamer Service sowie eine regionale und internationale Küche kennzeichnen dieses Haus. Gepflegte Gästezimmer.

In Achern-Önsbach Süd-West : 4 km über B 3, Richtung Offenburg :

Adler
Rathausstr. 5 ✉ 77855 – ✆ (07841) 41 04 – Fax (07841) 270857 – geschl. Donnerstag
Rest – Menü 20/42 € – Karte 24/44 €
• Das Fachwerkhaus in der Ortsmitte ist ein familiengeführtes Restaurant mit gepflegtem rustikalem Ambiente und internationaler Küche.

ACHIM – Niedersachsen – 541 – 29 920 Ew – Höhe 25 m   18 G7
▶ Berlin 371 – Hannover 102 – Bremen 24 – Verden an der Aller 21
🛈 Achim-Badenermoor, Roedenbeckstr. 55 ✆ (04202) 9 74 00

Gieschen's Hotel
Obernstr. 12 ✉ 28832 – ✆ (04202) 8 84 80 – info@gieschens-hotel.de – Fax (04202) 8848100
53 Zim ⊃ – †55/60 € ††70/80 € – **Rest** – Karte 20/37 €
• Aus einem im Jahre 1737 erbauten Gasthaus ist dieses funktionell ausgestattete Hotel in verkehrsgünstiger Lage entstanden. Variable, neuzeitliche Tagungsräume.

ACHTERWEHR – Schleswig-Holstein – siehe Kiel

ADELSDORF – Bayern – 546 – 7 180 Ew – Höhe 264 m   50 K16
▶ Berlin 426 – München 210 – Nürnberg 41 – Bamberg 34

Drei Kronen
Biergarten
Hauptstr. 8 ✉ 91325 – ✆ (09195) 92 00 – info@3kronen.de – Fax (09195) 920480 – geschl. 3. - 12. Jan., 22. - 28. Dez.
48 Zim ⊃ – †47/80 € ††70/110 € – **Rest** – Karte 17/35 €
• Das Haus befindet sich bereits seit 300 Jahren im Familienbesitz und bietet seinen Gästen unterschiedliche Zimmerkategorien, darunter geräumige Juniorsuiten in wohnlich-ländlichem Stil. Zum Restaurant gehört ein sonniger begrünter Biergarten.

ADELSDORF

In Adelsdorf-Neuhaus Süd-West : 4 km :

Zum Löwenbräu
Neuhauser Hauptstr. 3 ⊠ 91325 – ℰ (09195) 72 21 – info@zum-loewenbraeu.de – Fax (09195) 8746
14 Zim ⊇ – †56/68 € ††76/90 € – **Rest** – (geschl. 4. - 14. Feb., 4. - 14. Aug. und Montagmittag, Dienstagmittag) Karte 15/32 €
♦ Der gestandene fränkische Gasthof mit langer Familientradition beherbergt freundliche, in ländlichem Stil gehaltene Zimmer mit floralem Dekor. Nettes rustikales Restaurant - mit Bierbrauerei und Schnapsbrennerei.

Landgasthof Niebler mit Zim
Neuhauser Hauptstr. 30 ⊠ 91325 – ℰ (09195) 86 82 – info@landgasthof-niebler.de – Fax (09195) 4468
11 Zim ⊇ – †45/49 € ††69/78 € – **Rest** – (geschl. 13. - 22. Mai und Montagmittag, Mittwoch) Menü 16 € – Karte 15/32 €
♦ In dem schon in vierter Generation familiär geleiteten Gasthof umsorgt man Sie mit regionalen und internationalen Speisen zu einem sehr guten Preis-Leistungs-Verhältnis. Neuzeitliche Gästezimmer in warmen Tönen.

ADELSHOFEN – Bayern – 546 – 970 Ew – Höhe 429 m   49 I16
▶ Berlin 502 – München 264 – Ansbach 41 – Würzburg 58

In Adelshofen-Tauberzell Nord-West : 5 km Richtung Creglingen :

Zum Falken ⤳
Tauberzell 41 ⊠ 91587 – ℰ (09865) 94 19 40 – info@landhaus-zum-falken.de – Fax (09865) 9419426 – geschl. 3. - 28. Feb., 2. - 11. Nov.
8 Zim ⊇ – †49/59 € ††69/79 € – **Rest** – (geschl. Dienstag) Karte 14/27 €
♦ Ruhig liegt das nette kleine Landhaus im Ortsteil Tauberzell. Viel Holz erzeugt in den Gästezimmern eine warme, wohnliche Atmosphäre. Gemütlich-rustikale Gaststuben mit regionaler Küche. Marmeladen, Würste und Brände aus eigener Herstellung.

ADENAU – Rheinland-Pfalz – 543 – 3 000 Ew – Höhe 330 m   36 C14
▶ Berlin 644 – Mainz 163 – Aachen 125 – Bonn 48
🛈 Kirchstr. 15, ⊠ 53518, ℰ (02691) 3 05 16, tourismusverein@adenau.de

Historisches Haus - Blaue Ecke
Markt 5, (B 257) ⊠ 53518 – ℰ (02691) 20 05 – hotel@blaueecke.de – Fax (02691) 3805
28 Zim – †50/90 € ††80/155 € – **Rest** – Karte 20/32 €
♦ Hinter seiner original erhaltenen blauen Fachwerkfassade beherbergt das Haus a. d. J. 1578 solide und wohnliche Gästezimmer, darunter einige einfachere "Romantikzimmer". Das Restaurant verbindet ursprünglich-altdeutschen Charakter mit modernem Stil. Lounge.

ADENDORF – Niedersachsen – siehe Lüneburg

AERZEN – Niedersachsen – 541 – 11 910 Ew – Höhe 99 m   28 H9
▶ Berlin 349 – Hannover 58 – Detmold 41

In Aerzen-Schwöbber Nord-West : 5 km :

Schlosshotel Münchhausen ⤳
Schwöbber 9 ⊠ 31855 – ℰ (05154) 7 06 00 – info@schlosshotel-muenchhausen.com – Fax (05154) 7060130
66 Zim – †105/185 € ††135/265 €, ⊇ 18 € – 10 Suiten
Rest – (geschl. Sonntagabend - Dienstag, Mittwoch - Samstag nur Abendessen) Menü 94/121 €
Rest Schlosskeller – Karte 33/50 €
Spez. Thunfisch mit Tomatenkonfitüre und Parmesanespuma. Hummer mit Schafsmilchjoghurt und Chili-Auberginenmousseline. Lammrücken mit Ziegenkäsegalette und karamellisiertem Knoblauch.
♦ Mit viel Geschmack hat man hier ein exklusives Ambiente geschaffen, das dem prächtigen Rahmen des historischen Anwesens Rechnung trägt. Wunderschön: der Rittersaal (Lobby). Zeitgemäße klassische Menüs im Gourmetrestaurant. Internationales im Schlosskeller.

AHAUS – Nordrhein-Westfalen – 543 – 38 070 Ew – Höhe 50 m — 26 C9

- Berlin 522 – Düsseldorf 116 – Nordhorn 51 – Bocholt 49
- Oldenkottplatz 2, ⊠ 48683, ℰ (02561) 44 44 44, marketing@ahaus.de
- Ahaus-Alstätte, Schmäinghook 36 ℰ (02567) 4 05

Schlosshotel
Oldenkottplatz 3 ⊠ 48683 – ℰ (02561) 91 00 – schlosshotel-ahaus@t-online.de – Fax (02561) 91099
20 Zim ⊇ – †55/59 € ††75/80 € – **Rest** – Karte 20/37 €

♦ Das traditionsreiche Haus befindet sich in der Altstadt von Ahaus, nur einen Steinwurf vom Schloss entfernt. Es stehen zeitgemäße und funktionelle Zimmer zur Verfügung. Das Restaurant teilt sich in gemütlich-ländliche, mit Dielenboden ausgestattete Stuben.

In Ahaus-Alstätte Nord-West : 10 km :

Hampshire Golfhotel Ahaus
Schmäinghook 36 ⊠ 48683 – ℰ (02567) 3 80 – ahaus@hampshire-hotels.com – Fax (02567) 38200
49 Zim ⊇ – †99/139 € ††119/139 € – 4 Suiten – **Rest** – Karte 26/41 €

♦ Die angenehm ruhige Lage direkt am Golfplatz und großzügig geschnittene Gästezimmer sprechen für dieses neuzeitliche Hotel. Freundliches, lichtdurchflutetes Restaurant mit Blick auf den Golfplatz.

In Ahaus-Ottenstein West : 7 km :

Haus im Flör
Hörsteloe 49 (Nord : 2 km Richtung Alstätte) ⊠ 48683 – ℰ (02567) 93 99 90 – info@haus-im-floer.de – Fax (02567) 9399946
19 Zim ⊇ – †46/55 € ††72/82 € – **Rest** – *(geschl. Montag, Samstagmittag)* Karte 24/38 €

♦ In dem seit über 30 Jahren von Familie Bonato engagiert geführten Hotel erwarten Sie wohnliche Zimmer und ein gutes Frühstücksbuffet. Hübsch ist die Gartenanlage mit Teich. Gemütlich-elegantes Restaurant im Landhausstil.

AHLBECK – Mecklenburg-Vorpommern – siehe Usedom (Insel)

AHLEN – Nordrhein-Westfalen – 543 – 55 310 Ew – Höhe 75 m — 27 E10

- Berlin 447 – Düsseldorf 124 – Bielefeld 69 – Hamm in Westfalen 13

In Ahlen-Vorhelm Nord-Ost : 8 km, Richtung Warendorf, dann rechts ab :

Witte
Hauptstr. 32 ⊠ 59227 – ℰ (02528) 88 86 – Fax (02528) 3110
27 Zim ⊇ – †50 € ††89 € – **Rest** – Karte 24/35 €

♦ Das traditionsreiche, engagiert geführte Haus mit moderner Einrichtung verfügt über geschmackvoll ausgestattete, gepflegte Gästezimmer. Gediegen-ländliches Ambiente im Restaurant.

AHORN – Bayern – siehe Coburg

AHORNTAL – Bayern – 546 – 2 250 Ew — 50 L15

- Berlin 387 – München 226 – Bayreuth 30 – Erlangen 49

Burg Rabenstein
Rabenstein 33 ⊠ 95491 – ℰ (09202) 9 70 04 40 – info@burg-rabenstein.de – Fax (09202) 970044520
22 Zim ⊇ – †117/130 € ††158/170 € – 3 Suiten – **Rest** – *(geschl. Montag, Nov. - März Montag - Freitag)* Karte 13/30 €

♦ Eine 800 Jahre alte Burg auf einem Felsvorsprung am Waldrand beherbergt dieses schöne Hotel. Zu dem 64 ha großen Anwesen gehören eine Tropfsteinhöhle und eine Falknerei.

AHRENSBURG – Schleswig-Holstein – 541 – 30 090 Ew – Höhe 46 m 10 J5

▶ Berlin 276 – Kiel 79 – Hamburg 36 – Lübeck 47
🛈 Ahrensburg, Am Haidschlag 39 ☏ (04102) 5 13 09
🛈 Ammersbek, Schevenbarg ☏ (040) 6 05 13 37

Park Hotel
Lübecker Str. 10a ✉ *22926 – ☏ (04102) 23 00 – info@parkhotel-ahrensburg.de
– Fax (04102) 230100*
109 Zim – ♦82/135 € ♦♦92/145 €, ⌂ 14 € – 8 Suiten
Rest *le Marron* – Karte 25/39 €
♦ Ein großzügiger Hallenbereich empfängt Sie in dem gegenüber dem Renaissance-Schloss gelegenen Hotel. Komfortable Zimmer mit moderner Einrichtung und guter Technik. Mit Showküche und modernem Wintergarten präsentiert sich das le Marron.

Ringhotel Ahrensburg garni
Ahrensfelder Weg 48 ✉ *22926 – ☏ (04102) 5 15 60 – info@
ringhotel-ahrensburg.de – Fax (04102) 515656*
24 Zim ⌂ – ♦80/87 € ♦♦100/112 €
♦ Komfort mit persönlicher Note: gepflegte Zimmer mit individueller Einrichtung. Der Hallenbereich und der kleine Garten laden zum Verweilen ein.

AHRENSHOOP – Mecklenburg-Vorpommern – 542 – 810 Ew – Höhe 3 m – Seebad 5 N3

▶ Berlin 259 – Schwerin 130 – Rostock 46 – Stralsund 65
🛈 Kirchnersgang 2, ✉ 18347, ☏ (038220) 66 66 10, ahrenshoop@t-online.de

Namenlos & Fischerwiege (mit Gästehäusern)
Schifferberg 2 ✉ *18347 – ☏ (038220) 60 60
– info@hotel-namenlos.de – Fax (038220) 606301*
50 Zim ⌂ – ♦75/110 € ♦♦95/150 € – ½ P 26 € – 22 Suiten – **Rest** – Karte 28/46 €
♦ Die regionstypischen Häuser Fischerwiege, Bergfalke, Namenlos und Dünenhaus bilden dieses hübsche Anwesen in idyllischer Lage im Grünen. Sehr wohnliche Zimmer. Restaurant mit regionaler Küche.

Haus Antje garni
Althäger Str. 2 ✉ *18347 – ☏ (038220) 69 80 – hausantje@t-online.de
– Fax (038220) 69850 – geschl. 15. - 26. Dez.*
22 Zim ⌂ – ♦60/110 € ♦♦75/145 € – 4 Suiten
♦ Dieses charmante Haus gefällt mit seinen geschmackvollen, maritim gehaltenen Zimmern in freundlichen, frischen Farben. Hübscher Frühstücksraum mit gutem Buffet.

Der Fischländer
Dorfstr. 47e ✉ *18347 – ☏ (038220) 69 50 – kontakt@hotelderfischlaender.de
– Fax (038220) 69555*
34 Zim ⌂ – ♦70/115 € ♦♦80/145 € – ½ P 26 € – 3 Suiten – **Rest** – Karte 20/40 €
♦ Das regionstypische Haus mit Reetdach bietet seinen Gästen sehr wohnliche und gut ausgestattete Zimmer im Landhausstil, teilweise mit Balkon und Meerblick. Café-Restaurant mit Blick auf die Ostsee und maritim-ländlichem Ambiente.

Elisabeth von Eicken mit Zim
Dorfstr. 39 ✉ *18347 – ☏ (038220) 69 90 – mail@elisabethvoneicken.de
– Fax (038220) 69924 – geschl. 7. - 24. Jan.*
6 Zim ⌂ – ♦65/110 € ♦♦95/140 € – ½ P 32 € – **Rest** – *(geschl. Montag außer Saison, Nov. - Ostern Montag - Dienstag)* Menü 38/52 € – Karte 27/41 €
♦ Die schmucke Villa aus der Jahrhundertwende - einst Wohnhaus und Atelier - verbindet heute Kunst mit Kulinarik: modernes Restaurant, kleine Galerie und Skulpturengarten.

In Ahrenshoop-Niehagen Süd : 2,5 km :

Landhaus Morgensünn & Susewind
Bauernreihe 4d ✉ *18347 – ☏ (038220) 64 10 – landhaus.morgensuenn@
t-online.de – Fax (038220) 64126*
36 Zim ⌂ – ♦65/95 € ♦♦75/140 €
Rest *Am Kiel* – *(Nov. - Jan. Montag - Freitag nur Abendessen)* Karte 24/37 €
♦ Die hübschen Reetdachhäuser Morgensünn und Susewind sowie das 300 m entfernte Haus Am Kiel bieten Zimmer und Appartements im Landhausstil - hier und da Antiquitäten. Das Restaurant mit internationaler und regionaler Küche liegt ca. 3 Gehminuten entfernt.

AIBLING, BAD – Bayern – 546 – 17 440 Ew – Höhe 501 m – Moorheilbad 66 M21

▶ Berlin 636 – München 61 – Garmisch-Partenkirchen 98 – Rosenheim 12
ℹ W.-Leibl-Platz 3, ✉ 83043, ℘ (08061) 9 08 00, info@aib-kur.de
Schloss Maxlrain, Freiung 14 ℘ (08061) 14 03

Lindner
Marienplatz 5 ✉ 83043 – ℘ (08061) 9 06 30 – lindner@romantikhotels.com – Fax (08061) 30535
26 Zim ☐ – †80/125 € ††125/165 € – ½ P 27 € – **Rest** – Menü 35/40 € – Karte 26/41 €

♦ Der engagiert geführte Familienbetrieb, ein ehemaliges Schlösschen, verbindet in seinen stilvollen Zimmern Tradition und modernen Komfort. Ruhig gelegenes Gästehaus. Gemütliche, teils mit Antiquitäten eingerichtete Gaststuben.

St. Georg
Ghersburgstr. 18 ✉ 83043 – ℘ (08061) 49 70 – reservation@sanktgeorg.com – Fax (08061) 497105
220 Zim ☐ – †71/124 € ††110/154 € – ½ P 18 € – **Rest** – Karte 20/33 €

♦ Praktisches Tagungs- und Familienhotel. Die Zimmer sind mit einheitlichem Mobiliar ausgestattet, ein großer Freizeitbereich und Aktionen für Kinder ergänzen das Angebot. Restaurant und rustikale Bauernstube.

> Gute und preiswerte Häuser kennzeichnet das Michelin-Männchen, der „Bib":
> der rote „Bib Gourmand" für die Küche,
> der blaue „Bib Hotel" bei den Zimmern.

AICHACH – Bayern – 546 – 20 820 Ew – Höhe 446 m 57 K19

▶ Berlin 565 – München 68 – Augsburg 24 – Ingolstadt 53

Gasthof Specht
Biergarten
Stadtplatz 43 ✉ 86551 – ℘ (08251) 8 75 20 – rezeption@hotel-specht.de – Fax (08251) 875252 – geschl. 30. Dez. - 10. Jan., 19. - 26. Mai, 25. Aug. - 8. Sept.
37 Zim ☐ – †45/48 € ††65/69 € – **Rest** – (geschl. Samstag, Sonntagabend) Karte 11/21 €

♦ In der Altstadt befindet sich das seit 1898 von Familie Specht geführte Hotel. Die freundlichen, neuzeitlichen Zimmer verteilen sich auf das Haupthaus und einen Anbau. Ländlich-rustikales Restaurant mit integrierter gemütlicher Zirbelstube.

In Aichach-Sulzbach Süd-West : 5 km Richtung Augsburg, nach 3,5 km rechts :

Zum Tavernwirt
Biergarten
Tränkstr. 6 ✉ 86551 – ℘ (08251) 71 54 – martin.wastl@tavernwirt.de – Fax (08251) 53410 – geschl. Sept. - Mitte Mai Montag - Dienstag
Rest – (Mittwoch - Samstag nur Abendessen) Menü 32/39 € – Karte 25/43 €

♦ Schön hat man dieses historische Gasthaus mit Dielenboden, Ofen und rustikalem Mobiliar eingerichtet und mit modernen Bildern dekoriert. Man bietet internationale Küche.

AICHELBERG – Baden-Württemberg – 545 – 1 250 Ew – Höhe 482 m 55 H19

▶ Berlin 614 – Stuttgart 48 – Göppingen 12 – Kirchheim unter Teck 11
Holzmaden : Museum Hauff★, West : 3 km

Lausers Adler mit Zim
Zeller Str. 2 ✉ 73101 – ℘ (07164) 90 28 29 – info@lausers-adler.de – Fax (07164) 902830 – geschl. Dienstag
9 Zim ☐ – †47/67 € ††67/87 € – **Rest** – Karte 33/53 €

♦ Holz, Dekor und Kachelofen machen die rustikalen Stuben dieses Gasthofs gemütlich. Selbst gefertigte Zuckerfiguren und Schaustücke aus Butter zieren das Restaurant.

AITERN – Baden-Württemberg – siehe Schönau im Schwarzwald

ALBERSWEILER – Rheinland-Pfalz – **543** – 1 940 Ew – Höhe 165 m 54 **E17**
▶ Berlin 668 – Mainz 110 – Mannheim 51 – Karlsruhe 48

Annahof
Schlossstr. 36 (St. Johann) ⊠ 76857 – ℰ (06345) 94 94 50 – info@annahof-albersweiler.de – Fax (06345) 9494520 – geschl. 7. - 31. Jan.
17 Zim – †50 € ††72/80 € – **Rest** – (geschl. Montag - Dienstag, nur Abendessen) Karte 25/36 €
♦ Die ruhige Lage oberhalb des Ortes sowie solide möblierte Gästezimmer - teils mit schöner Sicht - zählen zu den Annehmlichkeiten dieses kleinen Hotels. Im Restaurant bietet man regionale Küche. Gartenterrasse mit Blick auf Weinberge und Trifels.

Traube garni
Trifelsring 11 ⊠ 76857 – ℰ (06345) 95 95 10 – hotel-traube@gmx.de – Fax (06345) 9595280
11 Zim – †43/49 € ††69/79 €
♦ Das von der Inhaberfamilie geführte kleine Hotel befindet sich am Ortsrand in Hanglage. Die zeitgemäßen und funktionellen Zimmer bieten meist Balkon und eine gute Aussicht.

ALBSTADT – Baden-Württemberg – **545** – 46 980 Ew – Höhe 731 m – Wintersport: 930 m ⚡6 🎿 63 **G20**
▶ Berlin 721 – Stuttgart 98 – Konstanz 99 – Ulm (Donau) 97
🅸 Marktstr. 35 (Ebingen), ⊠ 72458, ℰ (07431) 1 60 12 04, touristinformation@albstadt.de
◎ Raichberg ≤★, Nord : 11 km

In Albstadt-Ebingen Süd-Ost : 1 km :

Linde
Untere Vorstadt 1 ⊠ 72458 – ℰ (07431) 13 41 40 – info@hotel-linde-albstadt.de – Fax (07431) 13414300
39 Zim – †87/99 € ††109/121 € – **Rest** – Karte 23/46 €
♦ Das imposante Fachwerkhaus gefällt mit seinen durch dezente Eleganz und Wohnlichkeit geprägten Gästezimmern, die über aufwändig gestaltete Bäder verfügen. Mooreichenparkett und stilvolles Dekor bestimmen das Ambiente im Restaurant mit internationaler Küche.

In der Breite
Flandernstr. 97 ⊠ 72458 – ℰ (07431) 9 00 70 – hotel-breite@t-online.de – Fax (07431) 900777
14 Zim – †44/65 € ††80/95 €
Rest – (geschl. Aug. 2 Wochen und Montag, Freitagmittag, Samstagmittag) Karte 16/33 €
♦ Ein tadellos geführtes kleines Hotel in einem Wohngebiet mit freundlichem Service und besonders im Anbau ganz modernen und sehr wohnlich gestalteten Zimmern.

ALDERSBACH – Bayern – **546** – 4 260 Ew – Höhe 328 m 59 **P19**
▶ Berlin 594 – München 158 – Passau 32 – Regensburg 111

Mayerhofer Biergarten
Ritter-Tuschl-Str. 2 ⊠ 94501 – ℰ (08543) 9 63 90 – hotel@mayerhofer.org – Fax (08543) 963939 – geschl. 2. - 18. Feb., 11. - 18. Aug.
30 Zim – †45/59 € ††68/79 €
Rest – (geschl. Montag, Freitag) Karte 13/26 €
♦ Der Gasthof mit eigener Metzgerei befindet sich gleich neben dem Rathaus. Im rückwärtigen Anbau sind die wohnlichen Zimmer mit Naturholzmöbeln untergebracht. Gaststube im ländlichen Stil mit Gewölbe und einsehbarer Küche. Regional-bürgerliches Speiseangebot.

ALEXANDERSBAD, BAD – Bayern – 546 – 1 240 Ew – Höhe 578 m – Heilbad
51 M15

▶ Berlin 356 – München 262 – Weiden in der Oberpfalz 53 – Bayreuth 46

🛈 Markgrafenstr. 28 (Altes Kurhaus), ⊠ 95680 ℰ (09232) 9 92 50, info@badalexandersbad.de

Alexandersbad
Markgrafenstr. 24 ⊠ 95680 – ℰ (09232) 88 90 – info@hotel-alexandersbad.de – Fax (09232) 889461
140 Zim ⊇ – †57/66 € ††88/98 € – ½ P 17 € – **Rest** – Karte 14/38 €
♦ Geräumige Zimmer und Appartements mit Komfort bietet dieses Haus mitten im Fichtelgebirge. Besonders für Kurgäste interessant ist die hauseigene Badeabteilung. In hellem, freundlichem Ambiente serviert man Internationales.

ALF – Rheinland-Pfalz – 543 – 940 Ew – Höhe 95 m
46 C15

▶ Berlin 671 – Mainz 108 – Trier 61 – Koblenz 84

◐ Marienburg (≤★★) Süd : 2 km

Burg Arras
≤ Höllen- und Moseltal, Zim,
⊠ 56859 – ℰ (06542) 2 22 75 – Fax (06542) 2595 – geschl. Jan. - Feb.
10 Zim ⊇ – †98/170 € ††135/230 € – **Rest** – Karte 18/39 €
♦ Die allein auf einer Bergkuppe gelegene Burg von 938 beherbergt dieses nette Hotel mit geschmackvoll-wohnlichen Zimmern sowie ein kleines Museum. Rustikales Burgflair im Restaurant - Terrasse mit traumhaftem Blick.

Bömer's Mosellandhotel
Ferdinand-Remy-Str. 27 ⊠ 56859 – ℰ (06542) 23 10 – info@boemershotel.de – Fax (06542) 1275 – geschl. 7. - 30. Jan., 11. Nov. - 16. Dez.
36 Zim ⊇ – †46/54 € ††80/96 € – **Rest** – (geschl. 6. Feb. - 19. März, 10. Nov. - 14. Dez., nur Abendessen) Karte 15/26 €
♦ Gute Pflege, eine engagierte Führung und solide ausgestattete Zimmer im Landhausstil machen das Haus in dem kleinen Ort im Moseltal aus. Gediegenes Restaurant mit behaglicher Atmosphäre.

ALFDORF – Baden-Württemberg – 545 – 7 170 Ew – Höhe 487 m
56 H18

▶ Berlin 594 – Stuttgart 54 – Schwäbisch Gmünd 12 – Schwäbisch Hall 40

🗺 Alfdorf-Haghof, Haghof 6 ℰ (07182) 9 27 60

In Alfdorf-Haghof West : 5 km :

Golf- und Landhotel Haghof
Haghof 3 ⊠ 73553 – ℰ (07182) 9 28 00 – landhotelhaghof@t-online.de – Fax (07182) 928088
43 Zim ⊇ – †70/85 € ††100/115 € – **Rest** – Menü 36 € – Karte 20/45 €
♦ Aus einem ehemaligen Bauernhof entwickelte sich dieses inzwischen seit mehreren Generationen familiär geführte Hotel in ländlicher Lage. Reitplatz am Haus. Rustikales Restaurant mit netter Terrasse.

ALFELD (LEINE) – Niedersachsen – 541 – 21 440 Ew – Höhe 160 m
29 I9

▶ Berlin 312 – Hannover 46 – Göttingen 66 – Hildesheim 26

🛈 Marktplatz 12, ⊠ 31061, ℰ (05181) 70 31 11, buergeramt@stadt-alfeld.de

🗺 Rheden-Gronau, Schloßstr. 1a ℰ (05182) 5 23 36

In Alfeld-Warzen West : 2,5 km über Hannoversche Straße :

Grüner Wald
Am Knick 7 ⊠ 31061 – ℰ (05181) 2 42 48 – kontakt@hotel-gasthof-gruener-wald.de – Fax (05181) 280248 – geschl. 1. - 9. Jan.
17 Zim ⊇ – †53/60 € ††81/91 € – **Rest** – (geschl. Donnerstag, Freitagmittag, Samstagmittag) Menü 20 € – Karte 21/40 €
♦ Geräumige, solide eingerichtete Zimmer - meist mit Balkon - findet der Gast in diesem ruhig gelegenen Haus. Schreibtisch und Kofferablage erleichtern das Leben auf Reisen. Gaststube und Kachelofenzimmer bilden den gastronomischen Bereich.

ALKEN – Rheinland-Pfalz – 543 – 690 Ew – Höhe 80 m   36 **D14**
▶ Berlin 622 – Mainz 93 – Koblenz 21 – Trier 116

XX **Burg Thurant** mit Zim
Moselstr. 15 ✉ *56332 – ℰ (02605) 35 81 – peterkopowski@aol.de – Fax (02605) 2152 – geschl. Feb. und Montag - Dienstagmittag*
5 Zim ⊊ – †45 € ††60 € – **Rest** – Karte 25/38 €
♦ In dem alten Natursteinhaus in einer Burganlage erzeugen Kachelofen, Kerzen und unterschiedliche Holztische eine gemütlich-rustikale Atmosphäre. Terrasse mit Moselblick.

ALLENBACH – Rheinland-Pfalz – siehe Idar-Oberstein

ALLERSBERG – Bayern – 546 – 8 060 Ew – Höhe 385 m   57 **L17**
▶ Berlin 450 – München 139 – Nürnberg 33 – Ingolstadt 65
🛈 Kirchstr. 1, ✉ 90584, ℰ (09176) 5 09 60, verkehrsamt@allersberg.de

🏠 **Kattenbeck** garni
Marktplatz 12 ✉ *90584 – ℰ (09176) 9 83 00 – hotel.kattenbeck@t-online.de – Fax (09176) 1702 – geschl. Montag*
19 Zim ⊊ – †44/54 € ††66/75 €
♦ Das gut gepflegte kleine Hotel liegt in der Innenstadt, direkt hinter dem historischen Torbogen. Die Zimmer sind teils ländlich solide, teils moderner eingerichtet.

ALLERSHAUSEN – Bayern – 546 – 4 730 Ew – Höhe 442 m   58 **L19**
▶ Berlin 550 – München 36 – Regensburg 91 – Freising 13

🏠 **Zum Fuchswirt**
Ampertalstr. 4 ✉ *85391 – ℰ (08166) 99 19 90 – mail@fuchswirt.de – Fax (08166) 9919929*
15 Zim ⊊ – †65/75 € ††80/85 € – **Rest** – Karte 15/27 €
♦ Zeitgemäß und freundlich, mit mediterraner Note sind die Zimmer dieses sympathischen Gasthofs eingerichtet. Geschmackvoll sind auch die verwendeten Stoffe gewählt. Landhausstil prägt die teils auch rustikalen Gaststuben mit bayerisch-bürgerlicher Küche.

ALLMANNSHOFEN – Bayern – 546 – 840 Ew – Höhe 440 m   57 **K19**
▶ Berlin 538 – München 89 – Augsburg 31 – Donauwörth 15

In Allmannshofen-Holzen Süd : 2 km :

🏠 **Kloster-Gasthof Holzen**   Biergarten
Klosterstr. 3 ✉ *86695 – ℰ (08273) 9 95 90 – info@klostergasthof-holzen.de – Fax (08273) 995929 – geschl. 2. - 18. Jan.*
7 Zim ⊊ – †39 € ††70 € – **Rest** – *(geschl. Montag)* Karte 15/28 €
♦ Der tadellos unterhaltene alte Klostergasthof im Ortskern neben der barocken Kirche beherbergt freundlich und modern gestaltete Gästezimmer. Mit einem sehr schönen, von Säulen getragenen Kreuzgewölbe beeindruckt das Restaurant. Rustikales Jägerstüble.

ALPIRSBACH – Baden-Württemberg – 545 – 7 010 Ew – Höhe 441 m – Wintersport : 600 m ≰3 ≰ – Luftkurort   54 **E19**
▶ Berlin 726 – Stuttgart 99 – Freiburg im Breisgau 78 – Schramberg 19
🛈 Hauptstr. 20 (B 294), ✉ 72275, ℰ (07444) 9 51 62 81, tourist-info@alpirsbach.de
🏌 Alpirsbach-Peterzell, Fluorner Str. 3 ℰ (07444) 46 65
◉ Ehemaliges Kloster★

🏠 **Rössle**
Aischbachstr. 5 ✉ *72275 – ℰ (07444) 95 60 40 – info@roessle-alpirsbach.de – Fax (07444) 2368 – geschl. 17. Nov. - 10. Dez.*
26 Zim ⊊ – †42/44 € ††70/74 € – ½ P 12 € – **Rest** – *(geschl. Mittwoch)* Karte 19/33 €
♦ Der persönliche Service und behagliche, mit rustikaler Eiche eingerichtete Zimmer machen den Aufenthalt in diesem familiär geführten Schwarzwald-Gasthof angenehm. Nett: das Restaurant mit Gaststuben-Charakter.

ALSFELD – Hessen – 543 – 17 890 Ew – Höhe 268 m
38 **H13**
- Berlin 442 – Wiesbaden 128 – Fulda 43 – Frankfurt am Main 107
- Markt 12, ⌧ 36304, ℘ (06631) 9 11 02 43, tca@alsfeld.de

In Alsfeld-Eudorf Nord-Ost : 3 km über B 254, Richtung Schwalmstadt :

Zum Schäferhof
Ziegenhainer Str. 30 (B 254) ⌧ *36304 – ℘ (06631) 9 66 00 – info@hotel-zum-schaeferhof.de – Fax (06631) 966060*
23 Zim ⌑ – †50/52 € ††78/82 € – **Rest** – (geschl. 1. - 6. Jan.) Karte 14/28 €
♦ Familiengeführter Fachwerk-Gasthof mit neuzeitlichem Hotelanbau. Die Zimmer sind modern und funktionell, der Frühstücksraum ist wintergartenähnlich angelegt. Ländlich-rustikales Restaurant mit bürgerlicher Küche.

Zur Schmiede (mit Gästehaus)
Biergarten
Ziegenhainer Str. 26 (B 254) ⌧ *36304 – ℘ (06631) 79 38 30 – info@zur-schmiede.de – Fax (06631) 7938360*
54 Zim ⌑ – †48/60 € ††74/90 € – **Rest** – Karte 14/33 €
♦ Ein gepflegter ländlicher Gasthof. Sie wohnen im traditionellen Fachwerkhaus oder im Gästehaus, in teils im Landhausstil, teils mit Bauernmöbeln eingerichteten Zimmern.

ALTBACH – Baden-Württemberg – siehe Plochingen

ALTDORF – Bayern – 546 – 15 280 Ew – Höhe 444 m
50 **L17**
- Berlin 436 – München 176 – Nürnberg 29 – Regensburg 80

Alte Nagelschmiede
Oberer Markt 13 ⌧ *90518 – ℘ (09187) 9 52 70 – willkommen@alte-nagelschmiede.com – Fax (09187) 952727*
23 Zim ⌑ – †51/70 € ††75/90 € – **Rest** – (geschl. 28. Juli - 16. Aug. und Sonntag) Menü 27 € – Karte 20/33 €
♦ In diesem traditionsreichen Haus am Marktplatz erwartet Sie fränkische Gastlichkeit: Die Zimmer sind mit hellen Naturholzmöbeln eingerichtet, die Atmosphäre ist familiär. Gemütliches Restaurant mit freiliegenden Balken und stimmigem Dekor.

Rotes Ross
Oberer Markt 5 ⌧ *90518 – ℘ (09187) 52 72 – rotesross@yahoo.de – Fax (09187) 804854 – geschl. 19. - 26. Mai, 14. - 31. Aug. und Montag, Donnerstagabend*
Rest – (Tischbestellung ratsam) Menü 13/20 € – Karte 16/30 €
♦ Seit mehr als 100 Jahren befindet sich dieser gemütliche Gasthof in Familienbesitz. Geboten wird eine regionale Küche. Nett sitzt man auch auf der kleinen Terrasse.

ALTDORF – Rheinland-Pfalz – siehe Edenkoben

ALTENAHR – Rheinland-Pfalz – 543 – 1 710 Ew – Höhe 200 m
36 **C13**
- Berlin 624 – Mainz 163 – Bonn 31 – Aachen 105
- Altenburger Str. 1a, Haus des Gastes am Bahnhof, ⌧ 53505, ℘ (02643) 84 48, info@altenahr-ahr.de

Ruland
Biergarten
Brückenstr. 6, (B 257) ⌧ *53505 – ℘ (02643) 83 18 – info@hotel-ruland.de – Fax (02643) 3162 – geschl. 2. Jan. - 29. Feb.*
29 Zim ⌑ – †43/55 € ††65/90 € – **Rest** – Karte 21/29 €
♦ Direkt an der Uferpromenade liegt dieses familiengeführte Hotel mit seinen solide und neuzeitlich möblierten Zimmern, einige mit Balkon. Zum leicht mediterran gestalteten Restaurant gehört ein schöner Terrassenbereich mit Biergarten zur Ahr.

ALTENBERG – Sachsen – 544 – 6 320 Ew – Höhe 750 m – Wintersport : 827 m ⟨2⟩
– Kneippkurort
43 **Q13**
- Berlin 233 – Dresden 42 – Chemnitz 74 – Leipzig 154
- Am Bahnhof 1, ⌧ 01773, ℘ (035056) 2 39 93, infoaltenberg@t-online.de

ALTENBERG

In Altenberg-Oberbärenburg Nord-West : 6 km über B 170 Richtung Dresden, nach 4 km rechts :

Zum Bären
Talblick 6 – 01773 – ℰ (035052) 6 10 – hotel@zum-baeren.de – Fax (035052) 61222
36 Zim – †60/69 € ††84/89 € – ½ P 16 € – **Rest** – Karte 15/25 €
♦ In dem recht ruhig gelegenen Hotel stehen neuzeitliche, mit solidem hellem Naturholzmobiliar ausgestattete Zimmer zur Verfügung, teilweise mit Balkon. Eine Terrasse ergänzt das freundlich gestaltete Restaurant.

Berghotel Friedrichshöhe
Ahornallee 1 – 01773 – ℰ (035052) 2 80 – berghotel-friedrichshoehe@t-online.de – Fax (035052) 28150
38 Zim – †55/62 € ††77/82 € – ½ P 15 € – **Rest** – Karte 15/24 €
♦ Das im Jahre 1910 im traditionellen Landhausstil erbaute Haus wurde komplett rekonstruiert und bietet heute wohnliche Gästezimmer. Viel Holz gibt dem Restaurant einen ländlichen Charakter.

ALTENBERGE – Nordrhein-Westfalen – 543 – 9 750 Ew – Höhe 105 m   26 **D9**

▶ Berlin 486 – Düsseldorf 138 – Enschede 49 – Münster (Westfalen) 15

Lindenhotel
Eisenhahnstr. 2 – 48341 – ℰ (02505) 93 90 80 – info@lindenhotel-altenberge.de – Fax (02505) 93908700
27 Zim – †58/60 € ††85/90 € – **Rest** – (nur Abendessen) Karte 19/40 €
♦ Hier hat man den ehemaligen Bahnhof des Ortes saniert und architektonisch modern erweitert. Entstanden ist ein geradlinig designtes Hotel mit mediterranem Touch.

Stüer (mit Gästehäusern)
Laerstr. 6 – 48341 – ℰ (02505) 9 33 10 – info@hotel-stueer.de – Fax (02505) 933193
54 Zim – †56/59 € ††79/85 € – **Rest** – (geschl. Sonntagabend) Menü 20 € (mittags) – Karte 21/43 €
♦ Gasthof im Herzen des Münsterlandes mit gut gepflegten, neuzeitlich eingerichteten Zimmern. Die ländliche Umgebung bietet sich für Wanderungen und Radtouren an. Das Restaurant ist holzvertäfelt und hübsch dekoriert.

ALTENKUNSTADT – Bayern – siehe Burgkunstadt

ALTENMARKT AN DER ALZ – Bayern – 546 – 4 200 Ew – Höhe 499 m   67 **N20**

▶ Berlin 657 – München 82 – Bad Reichenhall 52 – Rosenheim 44

Im Trauntal
Grassacher Str. 2 (an der B304) – 83352 – ℰ (08621) 40 05 – office@trauntalhotel.de – Fax (08621) 4009
18 Zim – †53/63 € ††86 € – **Rest** – (geschl. Samstagmittag) Karte 16/35 €
♦ Ein familiengeführtes Hotel mit sauberen und praktisch ausgestatteten Gästezimmern - teils mit Balkon, Hosenbügler oder Fitnessgerät. Freundlicher Service. Klassisches Restaurant und gemütliche Bauernstube bilden den gastronomischen Bereich.

ALTENMEDINGEN – Niedersachsen – siehe Bevensen, Bad

ALTENSTEIG – Baden-Württemberg – 545 – 11 160 Ew – Höhe 504 m – Wintersport : 584 m ✦1 ✦ – Luftkurort   54 **F19**

▶ Berlin 689 – Stuttgart 68 – Karlsruhe 79 – Tübingen 48
◉ Lage★

Seeger's Hotel Traube
Rosenstr. 6 – 72213 – ℰ (07453) 9 47 30 – info@seegers-hotel-traube.de – Fax (07453) 947355 – geschl. 20. Okt. - 20. Nov.
20 Zim – †38/40 € ††66/70 € – ½ P 11 € – **Rest** – (geschl. Montag) Karte 15/36 €
♦ Gastlichkeit mit Tradition: Seit 5 Generationen ist der ländliche Gasthof in Familienbesitz. Die Zimmer hat man mit neuzeitlichem Naturholzmobiliar gut ausgestattet. Einfache, bürgerlich-rustikale Gaststube.

ALTENSTEIG

In Altensteig-Überberg Nord-West : 2 km :

Hirsch (mit Gästehaus)
*Simmersfelder Str. 24 ⊠ 72213 – 𝒞 (07453) 82 90 – kirn.ueberberg@t-online.de
– Fax (07453) 50989 – geschl. Feb 1 Woche*
18 Zim ⊆ – †32/45 € ††68/88 € – ½ P 20 € – **Rest** – Karte 25/42 €
♦ Ein durch die Inhaberfamilie geführtes, sehr gepflegtes Haus in einem kleinen Nebenort mit zeitgemäß eingerichteten, wohnlichen Gästezimmern. Teil des Restaurants ist eine gemütliche Gaststube mit bürgerlicher und regionaler Küche. Nette Gartenterrasse.

In Altensteig-Wart Nord-Ost : 7 km über B 28, Richtung Calw :

Sonnenbühl
*Wildbader Str. 44 ⊠ 72213 – 𝒞 (07458) 77 10
– info@hotel-sonnenbuehl.de – Fax (07458) 771111*
137 Zim ⊆ – †77/88 € ††124/146 € – ½ P 20 € – **Rest** – Karte 21/45 €
♦ Das komfortable Tagungshotel überzeugt durch funktionell und wohnlich gestaltete, technisch gut ausgestattete Gästezimmer sowie ein ca. 500 m entferntes Kongresszentrum. Ländlich-rustikal ist das Ambiente im Restaurant.

ALTENTREPTOW – Mecklenburg-Vorpommern – 542 – 6 570 Ew – Höhe 15 m 13 P5

▶ Berlin 158 – Schwerin 140 – Neubrandenburg 17 – Greifswald 51

Am Markt   Biergarten
*Marktplatz 1 ⊠ 17087 – 𝒞 (03961) 2 58 20 – hotelammarkt@t-online.de
– Fax (03961) 258299*
29 Zim ⊆ – †49/59 € ††69/85 € – **Rest** – Karte 13/25 €
♦ Die nette zentrale Lage direkt am Marktplatz sowie wohnliche, klassisch eingerichtete Zimmer und die familiäre Leitung sprechen für dieses Hotel. Viel Holz macht das im Bistrostil gehaltene Restaurant gemütlich.

ALTÖTTING – Bayern – 546 – 12 900 Ew – Höhe 403 m – Wallfahrtsort 67 O20

▶ Berlin 625 – München 93 – Bad Reichenhall 75 – Passau 83
ℹ Kapellplatz 2a, ⊠ 84503, 𝒞 (08671) 50 62 19, info@altoetting-touristinfo.de
◉ Schatzkammer der Pfarrkirche (Goldenes Rössl★)

Zur Post (mit Gästehaus)
*Kapellplatz 2 ⊠ 84503 – 𝒞 (08671) 50 40 – info@zurpostaltoetting.de
– Fax (08671) 6214*
93 Zim ⊆ – †52/93 € ††88/129 € – ½ P 25 €
Rest – Karte 16/37 €
Rest *Postkeller* – (geschl. über Pfingsten, Aug. und Montag, nur Abendessen)
Karte 21/32 €
♦ Stattlicher historischer Gasthof mit zuvorkommendem Service und geschmackvoll ausgestatteten Zimmern in rustikal-elegantem Stil. Ein Haus zum Tagen und für den Urlaub. Sechs unterschiedliche Räume bilden das Restaurant. Postkeller mit italienischer Küche.

Altstadthotel Schex   Biergarten
*Kapuziner Str. 11 ⊠ 84503 – 𝒞 (08671) 9 26 40 – info@altstadthotel-schex.de
– Fax (08671) 6974*
30 Zim ⊆ – †42/50 € ††84/95 € – ½ P 12 € – **Rest** – (geschl. Montag, Freitagmittag) Karte 15/29 €
♦ Solide und freundlich sind die Zimmer dieses zentral gelegenen Gasthofs gestaltet, die hellen Bäder sind mit angenehmem Terrakottaboden ausgestattet. Rustikal sind die Gaststuben, bürgerlich das Angebot und wunderbar schattig der Biergarten.

In Tüßling-Bräu im Moos Süd-West : 9,5 km über Tüßling, vor Mörmoosen links :

Bräu im Moos   Biergarten
*Bräu im Moos 1 ⊠ 84577 – 𝒞 (08633) 10 41 – braeuimmoos@t-online.de
– Fax (08633) 7941 – geschl. Jan. - Feb. und Montag*
Rest – Karte 15/30 €
♦ Mitten in einem Landschaftsschutzgebiet liegt die traditionsreiche Brauerei mit rustikalem Gasthof. Zum Haus gehört auch ein kleines Brauerei-Museum. Hirschgehege.

ALTRIP – Rheinland-Pfalz – siehe Ludwigshafen am Rhein

ALZENAU – Bayern – **546** – 18 980 Ew – Höhe 126 m   48 **G15**
- Berlin 527 – München 378 – Frankfurt am Main 41 – Aschaffenburg 19
- Hanauer Str. 1, ⌧ 63755, ℰ (06023) 50 21 12, verkehrsamt@alzenau.de
- Freigericht, Hofgut Trages ℰ (06055) 9 13 80

Anna
Burgstr. 11 ⌧ 63755 – ℰ (06023) 94 39 43 – cakal@t-online.de – Fax (06188) 991909 – geschl. 1.- 6. Jan, 11.- 24. Aug. und Samstagmittag, Sonntag - Montag
Rest – Menü 29/34 € – Karte 24/34 €
♦ In der Stadtmitte befindet sich das in klarem, modernem Stil gehaltene Restaurant mit Bar-/Bistrobereich. Geboten wird internationale Küche.

In Alzenau-Wasserlos Süd : 2 km :

Schlossberg
≤ Maintal,
Am Schlossberg 2 (Ost : 2 km) ⌧ 63755 – ℰ (06023) 9 48 80 – schlossberg@reising-hotels.de – Fax (06023) 948813
20 Zim – †86/101 € ††101/113 € – **Rest** – *(geschl. Anfang Jan. 1 Woche und Montag)* Menü 35/82 € – Karte 37/71 €
♦ Die ruhige, fast schon malerische Lage in den Weinbergen sowie wohnlich eingerichtete Gästezimmer mit tollem Blick sprechen für dieses Hotel. Restaurant mit klassischer Küche und schöner Aussichtsterrasse.

Parkhotel Krone garni
Hellersweg 1 ⌧ 63755 – ℰ (06023) 60 52 – parkhotel@reising-hotels.de – Fax (06023) 8724 – geschl. Mitte Juli 2 Wochen
29 Zim ⌕ – †71/86 € ††96/106 €
♦ Dieses ruhig gelegene Hotel, Schwesterbetrieb des Hotel Krone, bietet Ihnen mit hellen Naturholzmöbeln im fränkischen Landhausstil eingerichtete Zimmer.

Krone
Hahnenkammstr. 37 ⌧ 63755 – ℰ (06023) 9 47 21 00 – krone@reising-hotels.de – Fax (06023) 31660
23 Zim ⌕ – †52/76 € ††96 € – **Rest** – *(geschl. Anfang Aug. 1 Woche und Sonntagabend - Montagmittag)* Menü 25 € – Karte 22/39 €
♦ Hier wohnen Sie in einem in Familientradition geführten Hotel-Gasthof mit ansprechenden und praktischen Zimmern sowie einer gepflegten Atmosphäre. Ländlich-gediegenes Restaurant mit gutem Service.

ALZEY – Rheinland-Pfalz – **543** – 18 180 Ew – Höhe 192 m   47 **E16**
- Berlin 600 – Mainz 34 – Bad Kreuznach 34 – Mannheim 52
- Antoniterstr. 41, ⌧ 55232, ℰ (06731) 49 93 64, touristinfo@alzey.de

Am Schloss
Amtgasse 39 ⌧ 55232 – ℰ (06731) 9 42 24 – info@hotelamschloss-alzey.de – Fax (06731) 942255
25 Zim ⌕ – †68/70 € ††90/92 € – **Rest** – *(geschl. Sonntag)* Karte 19/36 €
♦ In einer ruhigen Seitenstraße in der Altstadt liegt das a. d. 18. Jh. stammende Haus mit seinen solide und zeitgemäß ausgestatteten Gästezimmern. Das Restaurant bietet internationale Küche. Nett ist die Terrasse an einem historischen Tor.

In Lonsheim Nord-West : 5 km, jenseits der A 63 :

Landhotel Ellernhof garni
Ellerngasse 5 ⌧ 55237 – ℰ (06734) 2 60 – info@landhotel-ellernhof.de – Fax (06734) 8442 – geschl. 21. Dez. - 3. Jan.
13 Zim ⌕ – †49/55 € ††70/75 €
♦ An ein Weingut ist das von der Familie gut geführte kleine Hotel angeschlossen. Sehr gepflegte Zimmer und die recht ruhige Lage sprechen für das Haus.

> Rot steht für unsere besonderen Empfehlungen!

AMBERG – Bayern – 546 – 44 600 Ew – Höhe 374 m
51 M16

▶ Berlin 434 – München 204 – Weiden in der Oberpfalz 53 – Nürnberg 61
ADAC Regensburger Str. 70
🛈 Zeughausstr. 1a, ✉ 92224, ✆ (09621) 1 02 39, tourismus@amberg.de
🏌 Lauterhofen, Ruppertslohe 18 ✆ (09186) 15 74 AY

Drahthammer Schlößl
Drahthammerstr. 30 ✉ 92224 – ✆ (09621) 70 30 – info@drahthammerschloessl.de – Fax (09621) 88424   BY **a**
43 Zim ☕ – †70/80 € ††85/110 € – **Rest** – *(geschl. Anfang Jan. 1 Woche)*
Menü 35 € – Karte 30/37 €
♦ Eine gelungene Verbindung von historischem Flair und modernem Komfort finden die Gäste in diesem Hammerschlossgebäude a. d. J. 1820 mit stilvollem Ambiente. Internationale Karte in den Stuben und im Wintergarten.

Mercure garni
Schießstätteweg 10 ✉ 92224 – ✆ (09621) 48 30 – h2843@accor.com – Fax (09621) 483444   BZ **c**
110 Zim – †65/105 € ††65/105 €, ☕ 14 €
♦ Ein modernes Hotel mit geräumigen, neuzeitlich eingerichteten und technisch gut ausgestatteten Zimmern im gewohnten Mercure-Standard. Direkt am Kongresszentrum gelegen.

Allee Parkhotel Maximilian garni
Pfalzgrafenring 1 ✉ 92224 – ✆ (09621) 33 00
– info@allee-parkhotel-maximilian.de – Fax (09621) 330330   AZ **s**
47 Zim ☕ – †66 € ††84 €
♦ Dieses Hotel mit seiner ungewöhnlichen, halbovalen Architektur überzeugt seine Gäste mit komfortablen, modern ausgestatteten Zimmern. Schöne Maisonetten im 3. Obergeschoss.

AMBERG

Äußere Raigeringer Str. **BY** 2	Fleurystr. **AY** 12	Nürnberger Str. **AY** 34
Barbarastr. **BY** 4	Hallstätterstr. **BY** 15	Pfistermeisterstr. **BY** 37
Berliner Str. **BY** 5	Kastler Str. **AY** 18	Raigeringer Str. **BY** 39
Bruno-Hofer-Str. **BY** 6	Katharinenfriedhofstr. **AY** 19	Schießstätteweg **AY** 47
Drahthammerstr. **BY** 9	Kleinraigering **BY** 21	Schlachthausstr. **BY** 48
Dr.-Filchner-Str. **BY** 7	Kochkellerstr. **BY** 23	Sebastianstr. **AY** 53
	Kümmersbrucker Str. **BY** 26	Sechserstr. **AY** 55
	Langangerweg **BY** 28	Werner-von-Siemens-Str. **AY** 63
	Merianstr. **BY** 31	Wingershofer Str. **AY** 64

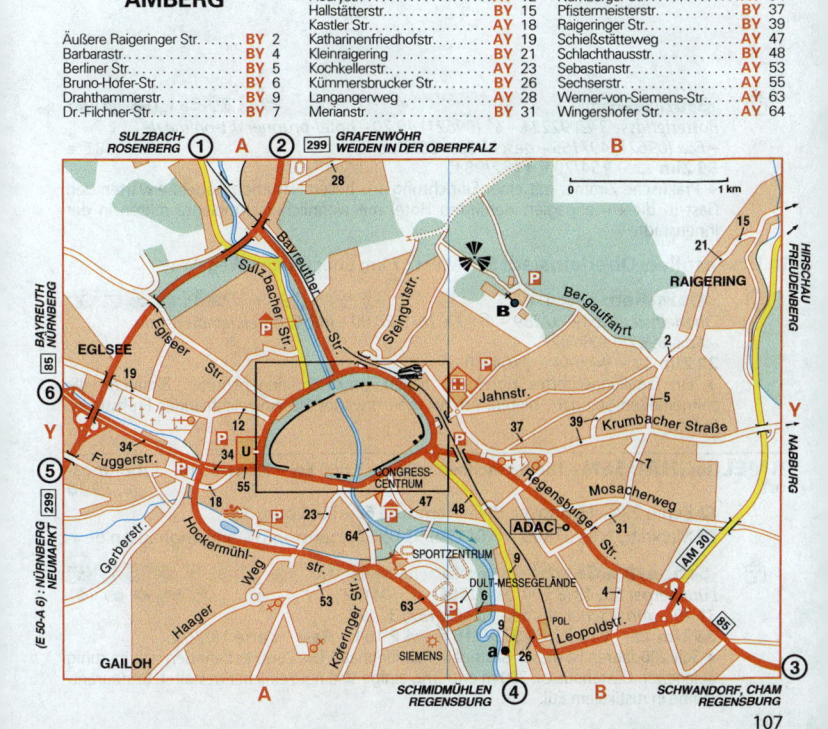

107

AMBERG

Bahnhofstr.		BZ
Fleurystr.	AZ	12
Franziskanergasse	AZ	14
Georgenstr.		AZ
Kasernstr.	BZ	17
Malteserpl.	AZ	29

Marktpl.		BZ
Nabburger Torpl.	BZ	32
Obere Nabburger Str.	BZ	36
Rathausstr.	BZ	40
Regierungsstr.	AZ	42
Roßmarkt	AZ	44
Salzstadelpl.	BZ	45
Schlachthausstr.	BZ	48

Schloßgraben	AZ	50
Schrannenpl.	AZ	52
Seminargasse	AZ	56
Steinhofgasse	AZ	58
Untere Nabburger Str.		BZ
Viehmarktgasse	AZ	60
Vilstorpl.	AZ	61
Ziegeltorpl.	BZ	69

🏠 **Brunner** garni
Batteriegasse 3 ✉ *92224 –* ☎ *(09621) 49 70 – hotel-brunner@t-online.de*
– Fax (09621) 497155 – geschl. 23. - 28. Dez. BZ **e**
39 Zim ⊡ – ♦54/70 € ♦♦82/98 €
◆ Praktische Zimmer mit einer Einrichtung aus hellen Naturholzmöbeln erwarten den Gast in diesem engagiert geführten Hotel mit wohnlichem Ambiente mitten in der Innenstadt.

In Ursensollen-Oberleinsiedl Süd-West : 7 km über Haager Weg **AY** :

🏠 **Kleindienst** garni
Oberleinsiedl 3b ✉ *92289 –* ☎ *(09628) 9 20 00 – info@hotelkleindienst.de*
– Fax (09628) 9299827
22 Zim ⊡ – ♦42/44 € ♦♦64/68 €
◆ Ein familiengeführtes Hotel mit hellen, praktisch eingerichteten Zimmern, die zeitgemäßen Standard bieten. Am Morgen erwartet Sie ein reichhaltiges Frühstücksbuffet.

AMELINGHAUSEN – Niedersachsen – 541 – 3 860 Ew – Höhe 66 m – Erholungsort
19 **J6**

▶ Berlin 294 – Hannover 104 – Hamburg 67 – Lüneburg 26
🛈 Marktstr. 1, ✉ 21385, ☎ (04132) 93 05 50, tourist-info@amelinghausen.de

🏠 **Schenck's Gasthaus** (mit Gästehaus)
Lüneberger Str. 48 (B 209) ✉ *21385 –* ☎ *(04132)*
31 40 – info@schencks.de – Fax (04132) 31498
36 Zim ⊡ – ♦46/70 € ♦♦75/115 € – ½ P 16 € – **Rest** – Karte 18/30 €
◆ Seit 200 Jahren ist dieser Gasthof in Familienhand. Die Zimmer befinden sich im ruhig gelegenen Gästehaus ca. 200 m entfernt; einige sind neuzeitlicher gestaltet. Restauranträume in rustikalem Stil.

AMERANG – Bayern – 546 – 3 580 Ew – Höhe 537 m 66 N20
▶ Berlin 642 – München 65 – Reichenhall, Bad 74 – Innsbruck 129

Glockenwirt zu Amerang
Bahnhofstr. 23 ⌂ 83123 – ℰ (08075) 82 63 – info@glockenwirt.de – Fax (08075) 9799 – geschl. 2. - 11. Feb. und Montag
Rest – Menü 27/33 € – Karte 16/42 €
◆ Ein Haus im Stil eines gestandenen bayerischen Landgasthofs. Im Inneren: rustikal mit blanken Holztischen und Gewölbe. Man kocht regional und international.

AMERDINGEN – Bayern – 546 – 870 Ew – Höhe 525 m 56 J18
▶ Berlin 535 – München 132 – Augsburg 63 – Nördlingen 17

Landhotel Kesseltaler Hof
Graf-Stauffenberg-Str. 21 ⌂ 86735 – ℰ (09089) 6 16 – Fax (09089) 1412
14 Zim ⌂ – †40/45 € ††58/65 € – **Rest** – *(geschl. 28. Jan. - 12. Feb., 4. - 19. Aug, und Montag - Dienstag)* Karte 16/38 €
◆ Ein sehr gepflegtes und gut geführtes ehemaliges Bauernhaus, ruhig am Ortsrand gelegen, das über praktische Gästezimmer mit zeitgemäßem Komfort verfügt. Eine nette kleine Terrasse zum Garten hin ergänzt das rustikale Restaurant.

> Rot = angenehm. Richten Sie sich nach den Symbolen ✗ und ⌂ in Rot.

AMMERBUCH – Baden-Württemberg – 545 – 11 490 Ew – Höhe 384 m 55 G19
▶ Berlin 668 – Stuttgart 40 – Freudenstadt 51 – Pforzheim 67

In Ammerbuch-Entringen

Im Gärtle
Bebenhauser Str. 44 ⌂ 72119 – ℰ (07073) 64 35 – restaurant@imgaertle.de – Fax (07073) 913100 – geschl. über Fasching, Ende Okt. 1 Woche und Montag - Dienstag
Rest – Menü 30 € – Karte 22/36 €
◆ Dieses familiär geleitete Haus ist ein im Landhausstil gehaltenes Restaurant mit schönem Wintergarten und hübscher Gartenterrasse. Serviert wird regionale Küche.

AMÖNEBURG – Hessen – 543 – 5 350 Ew – Höhe 364 m – Erholungsort 38 G13
▶ Berlin 464 – Wiesbaden 125 – Marburg 14 – Kassel 81

Dombäcker mit Zim
Markt 18 ⌂ 35287 – ℰ (06422) 9 40 90 – Fax (06422) 94097 – geschl. Anfang Jan. 2 Wochen
5 Zim ⌂ – †60 € ††105 € – **Rest** – *(geschl. Montag - Dienstagmittag)* Menü 33/59 € – Karte 30/43 €
◆ Das a. d. J. 1725 stammende Fachwerkhaus beherbergt ein gemütliches, elegantes Restaurant, in dem man gehobene regionale und internationale Speisen serviert. Es stehen sehr wohnliche, mit bemalten Bauernmöbeln eingerichtete Gästezimmer zur Verfügung.

AMORBACH – Bayern – 546 – 4 150 Ew – Höhe 165 m – Luftkurort 48 G16
▶ Berlin 569 – München 353 – Würzburg 73 – Aschaffenburg 47
🛈 Marktplatz 1, ⌂ 63916, ℰ (09373) 2 09 40, touristinfo@amorbach.de
⛳ Amorbach-Sansenhof, ℰ (09373) 21 80
◉ Abteikirche ★ (Chorgitter ★, Bibliothek ★, Grüner Saal ★)

Brauerei Burkarth
Am Marktplatz 4 ⌂ 63916 – ℰ (09373) 48 63 – Fax (09373) 204281 – geschl. 1. - 8. Jan., Aug. 2 Wochen und Montag - Dienstagmittag
Rest – Menü 35 € – Karte 20/37 €
◆ Dieses nette Lokal liegt direkt am Marktplatz. Dunkler Holzfußboden, die halbhohe Täfelung sowie blanke Holztische schaffen ein gemütlich-rustikales Ambiente.

109

AMORBACH
Im Otterbachtal West : 3 km über Amorsbrunner Straße :

Der Schafhof
Schafhof 1 ⊠ 63916 Amorbach – ℰ (09373) 9 73 30 – info@schafhof.de
– Fax (09373) 4120
24 Zim ⊇ – †110/155 € ††135/180 € – ½ P 42 € – 5 Suiten
Rest *Benediktinerstube* – separat erwähnt
Rest *Abt- und Schäferstube* – (geschl. Montag - Dienstag)
Menü 49/89 €
Spez. Roulade von Steinbutt und Kaisergranat mit gebackenem Pfifferlingraviolo. Lammrücken mit geschmortem Fenchel und Rosmarinjus. Parfait von schwarzen Johannisbeeren mit Topfenschaum und Pralineneis.
♦ Das einstige Klostergut a. d. 15 Jh. ist ein sehr hübsches Anwesen mit historisch-charmantem Rahmen. Besonders komfortabel sind die Gästezimmer im Kelterhaus. Klassisch ist das Speiseangebot im eleganten Restaurant Abt- und Schäferstube.

Benediktinerstube – Hotel Schafhof
Schafhof 1 ⊠ 63916 Amorbach – ℰ (09373) 9 73 30 – rezeption@schafhof.de
– Fax (09373) 4120 – geschl. 1. Jan. - 18. Feb. und Mittwoch - Donnerstag
Rest – Menü 45 € – Karte 29/39 €
♦ Im historischen Ambiente dieses im ehemaligen Kelterhaus untergebrachten Restaurants werden mediterrane Speisen angeboten.

AMPFING – Bayern – 546 – 6 150 Ew – Höhe 416 m   66 **N20**
▶ Berlin 644 – München 74 – Regensburg 110 – Landshut 60

Fohlenhof
Zangberger Str. 23 ⊠ 84539 – ℰ (08636) 98 50 – hotel-fohlenhof@t-online.de
– Fax (08636) 985100
30 Zim ⊇ – †60/75 € ††90/100 € – **Rest** – (geschl. 1. - 7. Jan., Aug. und Freitag - Samstag, Sonntagabend, Montag - Donnerstag nur Abendessen)
Karte 22/44 €
♦ Ein hübscher Eingangsbereich mit Kachelofen sowie wohnliche, praktisch eingerichtete Gästezimmer machen das familiär geführte Hotel aus. Das Restaurant mit wuchtiger Holztäfelung wirkt bodenständig-gemütlich.

AMRUM (INSEL) – Schleswig-Holstein – 541 – Seeheilbad   1 **F2**
▶ Berlin 469 – Kiel 131 – Sylt (Westerland) 22 – Flensburg 62
⛴ von Dagebüll (ca. 2 Std.). Für PKW Voranmeldung bei Wyker Dampfschiffs-Reederei GmbH in Wyk auf Föhr, ℰ (01805) 08 01 40
🅖 Die Halligen ★ (per Schiff)

NEBEL – 980 Ew
🛈 Hööwjaat 1a, ⊠ 25946, ℰ (04682) 9 43 00, info@amrum.de

Ekke Nekkepenn garni
Waasterstigh 19 ⊠ 25946 – ℰ (04682) 9 45 60 – anfrage@ekkenekkepenn.de
– Fax (04682) 945630
8 Zim ⊇ – †43/55 € ††76/94 € – 4 Suiten
♦ Sehr wohnliche, hübsch dekorierte Zimmer, der nette Frühstücksraum im friesischem Stil und ein Buffet mit frischem hausgebackenem Brot machen das kleine Hotel liebenswert.

NORDDORF – 640 Ew
🛈 Ual Saarepswai 7, ⊠ 25946, ℰ (04682) 9 47 00, norddorf@amrum.de

Hüttmann
Ual Saarepswai 2 ⊠ 25946 – ℰ (04682) 92 20 – info@hotel-huettmann.com
– Fax (04682) 922113
57 Zim ⊇ – †66/93 € ††105/170 € – ½ P 31 € – 9 Suiten
Rest – Karte 21/49 €
♦ Mehrere Gebäude bilden die 9000 qm große neuzeitliche Hotelanlage unter Leitung der Familie. Besonders schön und komfortabel sind die Zimmer in den Gästehäusern. Helles, modernes Restaurant mit Café/Bistro. Terrasse mit Strandkörben.

AMRUM (INSEL)

Seeblick (mit Gästehäusern)
Strunwai 13 ⊠ 25946 – ℰ (04682) 92 10 – mail@seeblicker.de – Fax (04682) 2574
47 Zim – †65/90 € ††105/165 € – ½ P 25 € – 4 Suiten – **Rest** – Menü 23/43 € – Karte 19/39 €
- In dem Ferienhotel kommen Fitness- und Badefans auf ihre Kosten: Die vielfältige Badeabteilung bietet ein breites Spektrum an Aktivitäten. Auch Ferienwohnungen sind vorhanden. Ein nettes ländliches Dekor ziert die Gaststube.

Ual Öömrang Wiartshüs
Bräätlun 4 ⊠ 25946 – ℰ (04682) 8 36 – ual-oeoemrang-wiartshues@t-online.de – Fax (04682) 1432 – geschl. Jan. - 21. Feb.
12 Zim ⊠ – †53 € ††106 € – ½ P 16 € – **Rest** – (geschl. Nov. - März Dienstag - Mittwochmittag) Karte 27/43 €
- Diese schöne alte Friesenkate erwartet Sie mit wohnlichen, mit hellen Kiefernmöbeln eingerichteten Zimmern und freundlichem Service. Gemütliche Seemannsstube im regionalen Stil.

WITTDÜN – 680 Ew

🛈 Am Fähranleger, ⊠ 25946, ℰ (04682) 9 40 30, info@amrum.de

Weiße Düne
Achtern Strand 6 ⊠ 25946 – ℰ (04682) 94 00 00 – seesemann@weisse-duene.de – Fax (04682) 940094 – geschl. 28. Nov. - 15. Dez.
12 Zim ⊠ – †77/104 € ††99/164 € – ½ P 20 € – **Rest** – Karte 21/41 €
- In dem familiengeführten kleinen Inselhotel warten zeitgemäß eingerichtete Zimmer auf Sie. In einem Gästehaus befinden sich Ferienwohnungen. Rustikales, im traditionellen Stil ausgestattetes Restaurant.

ANDERNACH – Rheinland-Pfalz – **543** – 29 470 Ew – Höhe 70 m   36 **D14**

▶ Berlin 608 – Mainz 120 – Koblenz 19 – Bonn 43
🛈 Läufstr. 4, ⊠ 56626, ℰ (02632) 29 84 20, info@andernach.net

Parkhotel Am Schänzchen
Konrad-Adenauer-Allee 1 ⊠ 56626 – ℰ (02632) 92 05 00 – info@parkhotel-andernach.de – Fax (02632) 920600
28 Zim ⊠ – †57/65 € ††95/110 € – **Rest** – Karte 21/34 €
- In dem direkt am Rhein gelegenen Haus stehen funktionelle, mit solidem Holzmobiliar eingerichtete Zimmer zur Verfügung, meist mit Flussblick. Klassisch gehaltenes Restaurant mit schöner Rheinterrasse.

Am Helmwartsturm
Am Helmwartsturm 4 ⊠ 56626 – ℰ (02632) 95 84 60 – info@hotel-am-helmwartsturm.de – Fax (02632) 958461
18 Zim – †55/60 € ††85/95 € – **Rest** – Menü 25/47 € – Karte 25/48 €
- Mit Geschmack hat man das komfortable Hotel in modernem Stil eingerichtet. Den Gast erwarten wohnliche Zimmer und sehr schöne Suiten. Stilvolles Restaurant und gemütlicher Gewölbekeller.

Alte Kanzlei
Steinweg 30 ⊠ 56626 – ℰ (02632) 9 66 60 – info@alte-kanzlei.de – Fax (02632) 966633
12 Zim ⊠ – †57/67 € ††89/99 € – **Rest** – (geschl. über Karneval und Sonntag, nur Abendessen) Menü 25/60 € – Karte 32/47 €
- Eine Verbindung von Tradition und modernem Komfort findet der Gast in diesem ehemaligen Schultheißenhaus aus dem Jahre 1677 mit liebevoll gestalteten Zimmern. Gemütliches Gewölberestaurant im alpenländischen Stil.

Am Martinsberg garni
Frankenstr. 6 ⊠ 56626 – ℰ (02632) 98 77 80 – hotel-am-martinsberg@t-online.de – Fax (02632) 9877899
26 Zim ⊠ – †45 € ††68 €
- Hier erwartet den Gast ein gut geführtes Haus mit Pensionscharakter. Die solide ausgestatteten Zimmer sind bequem und gut gepflegt.

111

ANDERNACH

🏠 **Meder** garni ≤ ⚡ 📞 VISA ⓪ AE
Konrad-Adenauer-Allee 36 ✉ 56626 – 𝒞 (02632) 4 26 32 – info@hotel-meder.de
– Fax (02632) 30111
10 Zim ⊇ – ♦69 € ♦♦89 €
♦ Das an der Rheinpromenade gelegene Haus aus der Jahrhundertwende empfängt seine Gäste mit gepflegten, individuell mit Bauernmöbeln eingerichteten, wohnlichen Zimmern.

ANGELBACHTAL – Baden-Württemberg – 545 – 4 910 Ew – Höhe 159 m
▶ Berlin 625 – Stuttgart 91 – Karlsruhe 55 – Heilbronn 40   55 **F17**

In Angelbachtal-Michelfeld

🏠🏠 **Schlosshotel Michelfeld** 🌿 🏠 📞 ♨ P VISA ⓪ AE ⓪
Friedrichstr. 2 ✉ 74918 – 𝒞 (07265) 91 99 00 – info@schlosshotelmichelfeld.de
– Fax (07265) 279
18 Zim ⊇ – ♦61/71 € ♦♦88/115 € – **Rest** – (geschl. über Fasching 1 Woche und Montag) Menü 43/69 € – Karte 29/57 €
♦ Das historische Schlossgebäude mit großem Hof und angrenzendem Park beherbergt wohnliche, stilvoll eingerichtete Gästezimmer. Kulturscheune für Veranstaltungen. Elegantes Restaurant mit Terrasse und Blick auf den Schlosspark.

ANGER – Bayern – 546 – 4 370 Ew – Höhe 558 m – Luftkurort   67 **O21**
▶ Berlin 716 – München 122 – Bad Reichenhall 13 – Rosenheim 75
ℹ Dorfplatz 4, ✉ 83454, 𝒞 (08656) 98 89 22, info@anger.de

In Anger-Aufham Süd : 3 km jenseits der A 8 :

🏠 **Landhotel Prinz** ≤ 🏊 ⚓ (geheizt) ♨ P ⓪
Dorfstr. 5 ✉ 83454 – 𝒞 (08656) 10 84 – prinz-aufham@t-online.de – Fax (08656) 983878
15 Zim ⊇ – ♦34/40 € ♦♦52/78 € – **Rest** – (geschl. Sonntagabend) (nur Abendessen für Hausgäste)
♦ Hinter seiner alpenländischen Fassade beherbergt das kleine Hotel wohnliche Zimmer mit modernen Bädern, meist mit Balkon. Sehr schön: die zwei großzügigen Erkerzimmer.

ANKLAM – Mecklenburg-Vorpommern – 542 – 14 940 Ew – Höhe 5 m   14 **P4**
▶ Berlin 179 – Schwerin 182 – Neubrandenburg 49 – Rügen (Bergen) 94
ℹ Markt 3, ✉ 17389, 𝒞 (03971) 83 51 54, info@anklam.de

🏠 **Vorpommern** 🌿 ⚡ 📞 P VISA ⓪ AE ⓪
Friedländer Landstr. 20c (B 197) ✉ 17389 – 𝒞 (03971) 2 91 80 – rezeption@hotel-vorpommern.de – Fax (03971) 291818 – geschl. 20. Dez. - 3. Jan.
29 Zim ⊇ – ♦56 € ♦♦74/81 € – **Rest** – (geschl. Freitag - Sonntag, nur Abendessen) Karte 19/22 €
♦ Am Ortsrand liegt das familiengeführte neuzeitliche Hotel mit funktionell eingerichteten Zimmern. Auch Mehrbettzimmer sind vorhanden. Im Restaurant bietet man bürgerliche Küche.

In Rubkow-Bömitz Nord : 12 km über B 109 Richtung Rubkow :

🏠 **Rittergut Bömitz** 🌿 🏊 🐎 🌿 ⚡ Rest, P VISA ⓪ AE
Dorfstr. 14 ✉ 17390 – 𝒞 (039724) 2 25 40 – info@rittergut-boemitz.de
– Fax (039724) 22541
20 Zim ⊇ – ♦52/59 € ♦♦65/93 € – **Rest** – Menü 19/55 €
– Karte 17/32 €
♦ Ein wunderschönes Anwesen ist das historische Gutshaus in einer herrlichen Parkanlage. Die Zimmer sind individuell und wohnlich eingerichtet, teils mit antiken Einzelstücken. In der gemütlichen Jägerstube werden regionale und internationale Speisen serviert.

ANNABERG-BUCHHOLZ – Sachsen – 544 – 23 390 Ew – Höhe 600 m 42 **O13**
- Berlin 295 – Dresden 94 – Chemnitz 31 – Leipzig 108
- Markt 1, ⌧ 09456, ✆ (03733) 1 94 33, tourist-info@annaberg-buchholz.de
- St. Annen-Kirche★★ (Schöne Pforte★★, Kanzel★, Bergaltar★)

Wilder Mann
Markt 13 ⌧ 09456 – ✆ (03733) 14 40 – info@hotel-wildermann.de – Fax (03733) 144100
65 Zim ⌆ – †89/114 € ††108/138 €
Rest *Silberbaum* – Karte 17/29 €
♦ Im Herzen der Stadt liegt das traditionsreiche Hotel, dessen Foyer ein Kreuzgewölbe ziert. Moderne Gästezimmer und Kosmetikangebot. Im Silberbaum speist man unter einer Kassettendecke aus dem 15. Jh.

Goldene Sonne
Adam-Ries-Str. 11 ⌧ 09456 – ✆ (03733) 2 21 83 – contact@goldene-sonne.de – Fax (03733) 24987
26 Zim ⌆ – †50/55 € ††69/72 € – **Rest** – Karte 12/23 €
♦ Das Stadthaus a. d. 19. Jh. beherbergt das Hotel, das nun schon von der dritten Generation der Inhaber geführt wird. Solide Zimmer und altes Kaffeporzellan im Frühstücksraum.

ANSBACH – Bayern – 546 – 40 710 Ew – Höhe 405 m 49 **J17**
- Berlin 481 – München 202 – Nürnberg 61 – Stuttgart 162
- ADAC Residenzstr. 2
- Johann-Sebastian-Bach-Platz 1, ⌧ 91522, ✆ (0981) 5 12 43, akut@ansbach.de
- Colmberg, Rothenburger Str. 48 ✆ (09803) 6 00
- Lichtenau, Weickershof 1 ✆ (09827) 9 20 40
- Residenz★ (Fayencenzimmer★★, Spiegelkabinett★)

Am DrechselsGarten
Am Drechselsgarten 1 ⌧ 91522 – ✆ (0981) 8 90 20 – info@drechselsgarten.bestwestern.de – Fax (0981) 8902605
51 Zim ⌆ – †94/110 € ††114/134 € – **Rest** – Karte 26/43 €
♦ Das gut geführte Hotel liegt ruhig oberhalb der Stadt und verfügt über zeitgemäße, freundliche Gästezimmer - die Zimmer zur Südseite mit schönem Blick auf Ansbach. Panoramarestaurant mit überdachter Terrasse.

Windmühle
Rummelsberger Str. 1 (B 14) ⌧ 91522 – ✆ (0981) 97 20 00 – info@hotel-windmuehle.de – Fax (0981) 97200199 – geschl. Anfang Jan. 1 Woche
35 Zim ⌆ – †49/68 € ††78/98 € – **Rest** – *(geschl. Samstagmittag, Sonntagabend)* Karte 19/28 €
♦ Der traditionsreiche fränkische Gasthof wird schon seit Generationen von der Inhaberfamilie engagiert geführt. Funktionell eingerichtete Zimmer. Im regionstypischen Restaurant bietet man bürgerliche Küche.

Gasthaus Kronacher
Kronacherstr. 1 ⌧ 91522 – ✆ (0981) 9 77 78 90 – info@gasthaus-kronacher.de – Fax (0981) 9777891 – geschl. Feb. 1 Woche, Aug. 3 Wochen und Dienstag
Rest – *(Tischbestellung ratsam)* Menü 21 € – Karte 18/28 €
♦ Stammgäste schätzen das schlichte, gepflegte und leicht nostalgisch eingerichtete Restaurant, das bereits viele Jahre familiär geleitet wird. Nett ist die sonnige Terrasse.

In Ansbach-Brodswinden Süd-Ost : 7 km über B 13 nach Höfstetten :

Landgasthof Käßer (mit Gästehaus)
Brodswinden 102 ⌧ 91522 – ✆ (0981) 97 01 80 – info@landgasthof-kaesser.de – Fax (0981) 9701850
19 Zim ⌆ – †46/60 € ††74/92 € – **Rest** – *(geschl. 1. - 6. Jan., 26. - 31. Aug. und Samstag)* Karte 11/24 €
♦ Der familiengeführte kleine Landgasthof mit Gästehaus befindet sich in ruhiger Lage und verfügt über geräumige Zimmer, teils mit Balkon oder Dachschräge. Im Restaurant und auf der Terrasse serviert man fränkische Speisen - eigene Hausschlachtung.

APFELSTÄDT – Thüringen – siehe Erfurt

APOLDA – Thüringen – **544** – 24 980 Ew – Höhe 170 m   41 **L12**
- Berlin 255 – Erfurt 46 – Jena 17 – Weimar 17
- Markt 1, ⌧ 99510, ℘ (03644) 65 01 00, touristinformation@apolda.de
- Naumburg : Dom St. Peter und Paul★★ (Stifterfiguren★★★, Lettner★) – St. Wenzel-Kirche★ Nord-Ost : 27 km

Am Schloss
Jenaer Str. 2 ⌧ 99510 – ℘ (03644) 58 00 – reservierung@hotel-apolda.de – Fax (03644) 580100
113 Zim – †75/90 € ††95/110 € – **Rest** – Karte 15/46 €

♦ Das Tagungshotel verfügt über funktionell ausgestattete Gästezimmer und einige Appartements mit Küchenzeile sowie eine nette Grünanlage. Die schön an einem kleinen Teich gelegene Terrasse ergänzt im Sommer das Restaurant.

APPEL – Niedersachsen – **541** – 1 900 Ew – Höhe 29 m   10 **I6**
- Berlin 319 – Hannover 134 – Hamburg 46

An der Straße von Appel-Grauen zur B 3 Nord-Ost : 3,5 km :

Ferien auf der Heid
Karlsteinweg 45 ⌧ 21279 Appel-Eversen – ℘ (04165) 9 72 30 – ferien-auf-der-heid@t-online.de – Fax (04165) 972349
19 Zim ⌧ – †55/65 € ††72/95 € – **Rest** – (geschl. Montag) Karte 16/35 €

♦ Familiengeführter Gasthof mit roter Klinkerfassade. Unterschiedlich eingerichtete, solide Zimmer und eine schöne Liegewiese zum Wald hin erwarten die Gäste. Rustikale Gaststuben und Wintergarten mit Rattanmöblierung.

APPENWEIER – Baden-Württemberg – **545** – 9 560 Ew – Höhe 152 m   54 **E19**
- Berlin 737 – Stuttgart 143 – Karlsruhe 67 – Freudenstadt 50
- Appenweier-Urloffen, Golfplatz 1 ℘ (07843) 99 32 40

Hanauer Hof
Ortenauer Str. 50 (B 3) ⌧ 77767 – ℘ (07805) 9 56 60 – info@hanauer-hof.de – Fax (07805) 956666
28 Zim ⌧ – †43/56 € ††69/76 € – **Rest** – (geschl. Freitagmittag) Karte 16/42 €

♦ Ein guter Ausgangspunkt für Ausflüge ins Elsass oder in den Schwarzwald ist dieser familiengeführte badische Landgasthof mit zeitgemäßen Zimmern, teils mit Balkon. Gemütliches Restaurant im Landhausstil.

ARENDSEE – Sachsen-Anhalt – **542** – 3 010 Ew – Höhe 33 m – Luftkurort   21 **L7**
- Berlin 162 – Magdeburg 116 – Schwerin 119
- Töbelmannstr. 1, Haus des Gastes, ⌧ 39619, ℘ (039384) 2 71 64, tour.verein.arendsee@t-online.de

Deutsches Haus
Friedensstr. 91 ⌧ 39619 – ℘ (039384) 97 30 – deutsches.haus.bannier@t-online.de – Fax (039384) 21771
15 Zim ⌧ – †55/69 € ††76/119 € – ½ P 13 €
Rest – Karte 17/33 €

♦ Das freundlich geführte Hotel in dem traditionellen Fachwerkhaus bietet Ihnen gepflegte, zeitlos eingerichtete Zimmer. Der Arendsee ist etwa 400 m entfernt.

ARNSBERG – Nordrhein-Westfalen – **543** – 76 990 Ew – Höhe 200 m   27 **E11**
- Berlin 482 – Düsseldorf 129 – Dortmund 62 – Meschede 22
- ADAC Graf-Gottfried-Str. 20 (Neheim-Hüsten)
- Neumarkt 6, ⌧ 59821, ℘ (02931) 40 55, vv-arnsberg@t-online.de
- Neheim-Hüsten, Zum Golfplatz 19 ℘ (02932) 3 15 46

ARNSBERG

Menge
Ruhrstr. 60 ⊠ 59821 – ℰ (02931) 5 25 20 – info@hotel-menge.de – Fax (02931) 525250 – geschl. 23. - 27. Dez.
18 Zim – †59/73 € ††82/115 € – **Rest** – (geschl. 1. - 7. Jan., Juli 2 Wochen und Sonntag - Montag, nur Abendessen) Menü 29/51 € – Karte 23/50 €
♦ Dieses familiär geleitete traditionsreiche Haus bietet modern wie auch klassisch-elegant eingerichtete Zimmer und eine hübsche Gartenanlage. Freundlich gestaltetes Restaurant mit kleinem Wintergarten.

Zum Landsberger Hof
Alter Markt 18 ⊠ 59821 – ℰ (02931) 8 90 20 – hotel@landsberger-hof.de – Fax (02931) 890230
12 Zim ⊇ – †54 € ††84 € – **Rest** – (geschl. Mittwoch) Karte 17/38 €
♦ Inmitten der historischen Altstadt liegt dieser gepflegte Familienbetrieb mit zeitgemäß ausgestatteten Zimmern. Zum Haus gehört auch eine kleine Liegeterrasse. Restaurant mit gutbürgerlicher Küche.

In Arnsberg-Neheim Nord-West: 9 km :

DorintResorts
Zu den Drei Bänken ⊠ 59757 – ℰ (02932) 20 01 – info.arnsberg@dorintresorts.com – Fax (02932) 200228
163 Zim ⊇ – †82/112 € ††108/168 € – 11 Suiten – **Rest** – Karte 29/34 €
♦ Funktionell ausgestattete Zimmer mit Balkon und ein ansprechender großer Freizeitbereich mit Kosmetikangebot sprechen für dieses Hotel mitten im Naturpark Arnsberger Wald. Helles, neuzeitliches Restaurant mit Wintergarten.

ARNSTADT – Thüringen – 544 – 26 130 Ew – Höhe 280 m   40 K13
▶ Berlin 311 – Erfurt 20 – Coburg 89 – Eisenach 63
🛈 Markt 3, ⊠ 99310, ℰ (03628) 60 20 49, information@arnstadt.de
◉ Neues Palais (Puppen-Sammlung★)

In Holzhausen Nord-West : 5 km :

Hotel Romantik Drei Burgen
Schulstr. 37 ⊠ 99310 – ℰ (03628) 72 31 61 – hotel-romantik@t-online.de – Fax (03628) 723163
9 Zim ⊇ – †38/43 € ††50/58 € – **Rest** – (geschl. Montag) Karte 14/22 €
♦ Das hübsche kleine Fachwerkhaus aus dem Jahre 1688 ist eine nette familiäre Adresse mit gepflegten, solide eingerichteten Gästezimmern. Restaurant mit rustikalem Charakter.

Veste Wachsenburg - Restaurant Patrick Wagner mit Zim
Veste Wachsenburg 91 ⊠ 99310   ← Thüringer Wald-Vorland,
– ℰ (03628) 7 42 40 – info@wachsenburg.com – Fax (03628) 742461
9 Zim ⊇ – †60/80 € ††90/120 €
Rest – (geschl. Jan. 1 Woche, Aug. 1 Woche und Sonntag - Montag, nur Abendessen) (Tischbestellung ratsam) Menü 42/75 € – Karte 48/59 €
Rest *Burgverließ* – Karte 17/33 €
♦ In einer Burganlage a. d. 10. Jh. befindet sich das Restaurant Patrick Wagner - ein elegantes kleines Abendrestaurant mit klassischer Küche. Hübsche Innenhofterrasse. Rustikal: das Burgverließ mit Kreuzgewölbe und bürgerlichem Angebot. Rittersaal.

AROLSEN, BAD – Hessen – 543 – 16 920 Ew – Höhe 290 m – Heilbad   28 G11
▶ Berlin 428 – Wiesbaden 205 – Kassel 45 – Marburg 85
🛈 Rauchstr. 2, ⊠ 34454, ℰ (05691) 8 94 40, ggz@bad-arolsen.de
🛈 Bad Arolsen, Zum Wiggenberg 33 ℰ (05691) 62 84 44

Brauhaus-Hotel
Kaulbachstr. 33 ⊠ 34454 – ℰ (05691) 8 98 60 – info@brauhaus-hotel.de – Fax (05691) 6942 – geschl. 5. - 18. Jan., Juli 2 Wochen
13 Zim ⊇ – †54/57 € ††80 € – **Rest** – (geschl. Montagmittag, Mittwoch) Karte 11/28 €
♦ Das kleine Hotel befindet sich in einem denkmalgeschützten historischen Sandsteingebäude und bietet seinen Gästen zeitgemäße Zimmer. Bürgerliche Küche im Restaurant.

AROLSEN, BAD

Schäfer's Restaurant VISA ⦿ AE ⓘ
Schloßstr. 15 ⊠ 34454 – ℰ (05691) 76 52 – schaefers-cheers@t-online.de
– Fax (05691) 7652 – geschl. Dienstag - Mittwochmittag
Rest – Menü 22/34 € – Karte 21/43 €
♦ In hellem, freundlichem Ambiente nehmen Sie an schön gedeckten Tischen Platz und wählen aus einem Angebot an internationalen Speisen.

Im Ortsteil Mengeringhausen Süd : 4,5 km – Erholungsort :

Luisen-Mühle
Luisenmühler Weg 1 ⊠ 34454 – ℰ (05691) 80 66 90 – info@luisen-muehle.de
– Fax (05691) 2578
25 Zim ⊐ – †38/65 € ††75/100 € – ½ P 15 € – **Rest** – *(geschl. Freitag)* Karte 17/27 €
♦ Die ländliche Atmosphäre der ehemaligen Getreidemühle, ein großer Garten und solide, teils neuzeitlich gestaltete Zimmer machen das ruhig am Ortsrand gelegene Hotel aus.

Im Ortsteil Schmillinghausen Nord : 6 km über B 252 Richtung Diemelstadt-Rhoden :

Landgasthof Teuteberg
Rhoder Str. 8 ⊠ 34454 – ℰ (05691) 59 61 – landgasthof.teuteberg@t-online.de
– Fax (05691) 50303 – geschl. 3. - 14. Jan.
20 Zim – †38/42 € ††62/72 € – ½ P 12 € – **Rest** – *(geschl. Nov. - März Dienstag, Sonntagabend)* Karte 14/25 €
♦ Mitten im Dorf liegt dieser familiengeführte Gasthof. Die recht individuell gestalteten Zimmer sind alle sehr sauber und gepflegt. Hinter dem Haus: ein schöner Garten. Gaststube in bürgerlich-rustikalem Stil.

ASBACHERHÜTTE – Rheinland-Pfalz – siehe Kempfeld

ASCHAFFENBURG – Bayern – 546 – 68 610 Ew – Höhe 138 m   48 **G15**
▶ Berlin 552 – München 354 – Frankfurt am Main 45 – Darmstadt 40
ADAC Wermbachstr. 10
🛈 Schlossplatz 1, ⊠ 63739, ℰ (06021) 39 58 00, tourist@info-aschaffenburg.de
🏌 Hösbach-Feldkahl, Am Heigenberg 30 ℰ (06024) 6 34 00
👁 Schloss Johannisburg★ Z

Stadtplan siehe gegenüberliegende Seite

Wilder Mann
Löherstr. 51 ⊠ 63739 – ℰ (06021) 30 20 – info@hotel-wilder-mann.de
– Fax (06021) 302234 – geschl. 22. Dez. - 6. Jan.   Z e
74 Zim ⊐ – †65/78 € ††92/106 € – **Rest** – *(geschl. Sonntagmittag)* Karte 23/40 €
♦ Der Gasthof kann auf eine 450-jährige Geschichte zurückblicken und beherbergt hinter seiner markanten rostroten Fassade sehr unterschiedlich gestaltete Zimmer. Restaurant mit rustikalem Ambiente.

City Hotel garni
Frohsinnstr. 23 ⊠ 63739 – ℰ (06021) 2 15 15 – info@city-hotel-ab.de
– Fax (06021) 21514 – geschl. 1. - 4. Jan.   Y e
40 Zim ⊐ – †73/83 € ††106/116 €
♦ Die zentrale Lage nahe dem Bahnhof sowie funktionelle Zimmer machen das Hotel vor allem für Geschäftsreisende interessant.

Post
Goldbacher Str. 19 (B 26) ⊠ 63739 – ℰ (06021) 33 40 – info@post-ab.de
– Fax (06021) 334144   Y p
61 Zim ⊐ – †84/113 € ††139 €
Rest *Bistro Oscar* – Karte 12/35 €
♦ Ein verkehrsgünstig gelegenes Hotel in Zentrumsnähe mit funktionell ausgestatteten Gästezimmern der Kategorien "Standard" und "Deluxe". Das Ambiente im Oscar erinnert an den berühmten Filmpreis.

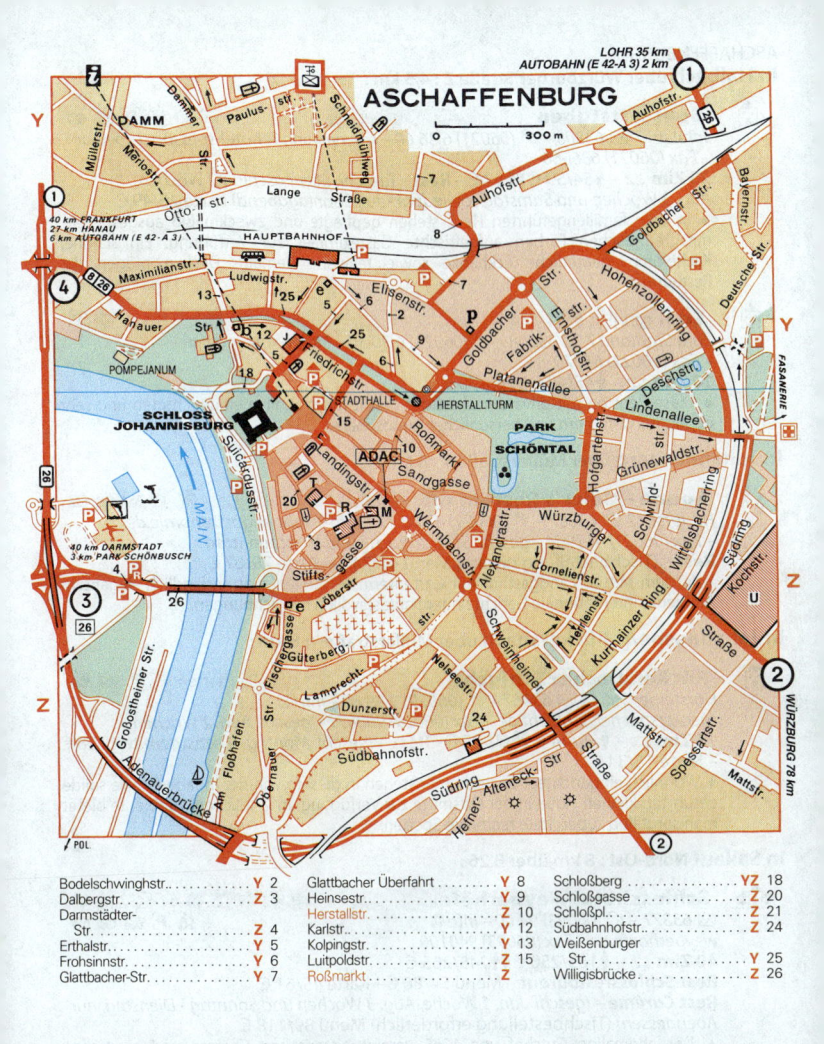

Bodelschwingstr.	Y 2	Glattbacher Überfahrt	Y 8	Schloßberg	YZ 18
Dalbergstr.	Z 3	Heinsestr.	Y 9	Schloßgasse	Z 20
Darmstädter-		Herstallstr.	Z 10	Schloßpl.	Z 21
Str.	Z 4	Karlstr.	Y 12	Südbahnhofstr.	Z 24
Erthalstr.	Y 5	Kolpingstr.	Y 13	Weißenburger	
Frohsinnstr.	Y 6	Luitpoldstr.	Z 15	Str.	Y 25
Glattbacher-Str.	Y 7	Roßmarkt	Z	Willigisbrücke	Z 26

Zum Goldenen Ochsen

Karlstr. 16 ✉ 63739 – ✆ (06021) 2 31 32 – info@zumgoldenenochsen.de
– Fax (06021) 25785 – geschl. Aug. 3 Wochen   Y b
38 Zim ☐ – †60/69 € ††86/89 €
Rest – *(geschl. Montagmittag)* Karte 18/28 €
♦ Ein von der Inhaberfamilie geführter schöner alter Gasthof, der um einen Hotelanbau mit gepflegten Zimmern erweitert wurde. Gemütlich-rustikale Restaurantstuben. Im UG: die hübsche, ganz mit Holz ausgekleidete Ganglstube für Veranstaltungen.

In Aschaffenburg-Nilkheim über Darmstädter Straße Z : 4 km :

Classico garni

Geschwister-Scholl-Platz 10 ✉ 63741 – ✆ (06021) 8 49 00 – info@
hotel-classico.de – Fax (06021) 849040 – geschl. 9. - 18. Aug.
24 Zim ☐ – †60/68 € ††88/98 €
♦ Ein an der Fußgängerzone gelegenes neuzeitliches Hotel, das hell möblierte Gästezimmer mit funktioneller Ausstattung bietet.

ASCHAFFENBURG
In Haibach über Würzburger Straße Z : 4,5 km :

Spessartstuben
*Jahnstr. 7 – 63808 – ℰ (06021) 6 36 60 – reservierung@hotel-spessartstuben.de
– Fax (06021) 636666*
28 Zim – †54/59 € ††82 € – **Rest** – *(geschl. über Fasching 2 Wochen,
Aug. 3 Wochen und Samstag sowie Juni - Juli Sonntagabend)* Karte 26/49 €
♦ In dem familiengeführten Haus stehen gepflegte und zweckmäßig ausgestattete, mit freundlichen Farben aufgefrischte Gästezimmer zur Verfügung. Ein schöner Kachelofen, gemütliche Eckbänke sowie teilweise bemalte Decken prägen das Restaurant.

Edel garni
*Zum Stadion 17 – 63808 – ℰ (06021) 6 30 30 – info@hotel-edel.de
– Fax (06021) 66070*
10 Zim – †45/48 € ††65/70 €
♦ Diese Pension mit privatem Charakter gefällt mit wohnlich eingerichteten und sehr gepflegten Zimmern und persönlicher Atmosphäre.

In Johannesberg über Müllerstraße Y : 8 km :

Sonne - Meier's Restaurant
*Hauptstr. 2 – 63867 – ℰ (06021) 47 00 77 – info@sonnengastronomie.de
– Fax (06021) 413964 – geschl. Sept. 1 Woche und Montagmittag*
Rest – (Tischbestellung ratsam) Menü 41/74 € – Karte 29/67 €
♦ In dem netten Landgasthof mit Gartenterrasse serviert man in ländlich-elegantem Ambiente internationale Gerichte mit phantasievollen Bezeichnungen.

In Johannesberg-Rückersbach über Müllerstraße Y : 8 km :

Rückersbacher Schlucht   Biergarten
*Hörsteiner Str. 33 – 63867 – ℰ (06029) 9 98 80 – info@
rueckersbacher-schlucht.de – Fax (06029) 998877 – geschl. Aug. 2 Wochen*
13 Zim – †35/44 € ††60/75 € – **Rest** – *(geschl. Montag - Dienstagmittag)* 28 €
– Karte 15/34 €
♦ Wohnlich eingerichtete Gästezimmer stehen in diesem von der Inhaberfamilie solide geführten kleinen Hotel in der Ortsmitte zur Verfügung. In ländlichem Ambiente bietet man sorgfältig zubereitete regionale Speisen.

In Sailauf Nord-Ost : 8 km über B 26 :

Schlosshotel Weyberhöfe
*– 63877 – ℰ (06093) 94 00 – info@
weyberhoefe.de – Fax (06093) 940100*
40 Zim – †165/250 € ††245/265 €
Rest *Schlossrestaurant* – Menü 54/86 € – Karte 45/61 €
Rest *Carême* – *(geschl. Jan. 1 Woche, Aug. 3 Wochen und Sonntag - Dienstag, nur Abendessen)* (Tischbestellung erforderlich) Menü 89/118 €
♦ Der ehemalige Gutshof von 1265 vereint historischen Charme und modernen Komfort auf stilvolle Weise. Schön: das hochwertig gestaltete Vital Resort. Schlossrestaurant mit Wintergarten und Bistro, Terrasse im Schlosshof. Klassische Menüs im Carême.

ASCHAU IM CHIEMGAU – Bayern – **546** – 5 410 Ew – Höhe 615 m – Wintersport :
1 550 m ⚡1 ⚡9 ⚡ – Luftkurort   66 **N21**
🅱 Berlin 671 – München 82 – Bad Reichenhall 60 – Salzburg 64
🅱 Kampenwandstr. 38, – 83229, ℰ (08052) 9 04 90, info@aschau.de

Residenz Heinz Winkler   ≤ Kampenwand,
*Kirchplatz 1 – 83229 – ℰ (08052) 1 79 90 – info@
residenz-heinz-winkler.de – Fax (08052) 179966*
32 Zim – †180/250 € ††200/280 €, 25 € – 13 Suiten
Rest *Restaurant Heinz Winkler* – separat erwähnt
♦ Gelungen hat man in dem schönen barocken Gasthof mitten in Aschau Tradition und zeitgemäßen Hotelkomfort verbunden. Die Zimmer sind fast schon luxuriös.

ASCHAU IM CHIEMGAU

Edeltraud garni
Narzissenweg 15 ⊠ 83229 – ℰ (08052) 9 06 70 – info@hotel-edeltraud.de
– Fax (08052) 5170
16 Zim ⊇ – †32/41 € ††56/82 €
♦ Ein persönlich geführtes kleines Hotel in einem Wohngebiet am Ortsrand mit sehr gepflegten, soliden Zimmern - meist mit Balkon. Schön ist der Blick auf die Kampenwand.

Alpengasthof Brucker
Biergarten – Zim, P
Schlossbergstr. 12 ⊠ 83229 – ℰ (08052) 49 87 – gasthofbrucker@aol.com
– Fax (08052) 1564 – geschl. 14. Jan. - 16. Feb., 20. Okt. - 7. Nov.
9 Zim ⊇ – †29/34 € ††56/72 € – **Rest** – (geschl. Mittwoch - Donnerstag) Karte 12/26 €
♦ Ein typischer bayerischer Landgasthof mit einfachen, aber sehr gepflegten und wohnlich gestalteten Zimmern. In einem Nebenhaus: zwei Ferienwohnungen. Gemütlich-rustikale Gaststuben.

Restaurant Heinz Winkler
Kirchplatz 1 ⊠ 83229 – ℰ (08052) 1 79 90 – info@residenz-heinz-winkler.de
– Fax (08052) 179966
Rest – Menü 89 € (mittags)/148 € – Karte 59/111 €
Spez. Hummermedaillons mit Safransauce und schwarzen Nudeln. Gebratene junge Ente mit Senfkörner-Schnittlauchsauce. Gebackene Schokoladentränen mit Maracujasorbet.
♦ Das Restaurant der Residenz Heinz Winkler steht für klassische Küche und kompetenten Service auf höchstem Niveau. Eleganter Wintergarten und Terrasse mit schönem Bergblick.

Bistro Pinot
Kampenwandstr. 20 ⊠ 83229 – ℰ (08052) 44 54 – geschl. 10. - 27. Mai und Sonntag
Rest – (nur Abendessen) Karte 18/36 €
♦ Das Lokal im Bistrostil ist eine beliebte Adresse - der Besitzer steht hier selbst am Herd und bereitet regionale Spezialitäten zu.

> Auch Hotels und Restaurants können sich ändern.
> Kaufen Sie deshalb jedes Jahr den neuen Michelin-Führer!

ASCHEBERG – Nordrhein-Westfalen – 543 – 15 120 Ew – Höhe 63 m — 26 D10
▶ Berlin 470 – Düsseldorf 115 – Dortmund 50 – Hamm in Westfalen 24
🛈 Katharinenplatz 1, ⊠ 59387, ℰ (02593) 63 24, touristik@verkehrsverein-ascheberg.de
Ascheberg-Herbern, Horn-Westerwinkel 5 ℰ (02599) 92 22
Nordkirchen-Piekenbrock, Am Golfplatz 6 ℰ (02596) 91 91

Goldener Stern
Appelhofstr. 5 ⊠ 59387 – ℰ (02593) 9 57 60 – goldenerstern@onlinehome.de
– Fax (02593) 957628 – geschl. 22. Dez. - 1. Jan.
19 Zim ⊇ – †42/46 € ††68/78 € – **Rest** – (geschl. Sonntagabend, nur Abendessen) Karte 18/24 €
♦ Seit Generationen befindet sich diese Adresse im Familienbesitz. Die gute Autobahnanbindung und gepflegte, solide ausgestattete Zimmer machen das kleine Hotel interessant. Nettes Restaurant mit ländlichem Charakter.

In Ascheberg-Herbern Süd-Ost : 7 km Richtung Hamm :

Am Kirchplatz
Benediktuskirchplatz 6 ⊠ 59387 – ℰ (02599) 9 39 40 – info@kirchplatzhotel.de
– Fax (02599) 939450
11 Zim ⊇ – †45 € ††65 € – **Rest** – Karte 17/29 €
♦ Das gepflegte Haus befindet sich in der Ortsmitte an der Kirche und verfügt über zeitgemäß und funktionell eingerichtete Zimmer. Im Restaurant bietet man schlesische Küche.

ASCHEBERG (HOLSTEIN) – Schleswig-Holstein – 541 – 3 150 Ew – Höhe 36 m
– Erholungsort 10 **J3**

▶ Berlin 331 – Kiel 28 – Lübeck 62 – Neumünster 32

Seehotel Dreiklang (mit Gästehäusern)
Plöner Chaussee 21 (B 430) ⊠ 24326
– ℰ (04526) 3 39 00 – info@
seehotel-dreiklang.de – Fax (04526) 3390299
56 Zim ⊡ – †90/109 € ††140/159 € – ½ P 21 € – **Rest** – Karte 21/42 €
♦ Direkt am See steht dieses aus drei Gebäuden bestehende Hotel. Die Zimmer sind als Appartements angelegt, wohnlich gestaltet und verfügen alle über eine kleine Küche. Das elegant gestaltete Restaurant befindet sich im ersten Stock des Haupthauses.

ASCHERSLEBEN – Sachsen-Anhalt – 542 – 26 210 Ew – Höhe 115 m 31 **L10**

▶ Berlin 201 – Magdeburg 50 – Halberstadt 36 – Halle 53

🛈 Taubenstr. 6, ⊠ 06449, ℰ (03473) 42 46, verkehrsverein-asl-stadtinfo@web.de

🛈 Meisdorf, Petersberger Trift 33 ℰ (034743) 9 84 50

Ascania
Jüdendorf 1 ⊠ 06449 – ℰ (03473) 95 20 – mail@ascaniahotel.de – Fax (03473) 952150
44 Zim ⊡ – †62/69 € ††80/93 € – **Rest** – (geschl. Sonntagabend) Karte 19/24 €
♦ Hier wohnen Sie in einem modernen Hotel in der Altstadt, integriert in ein Einkaufszentrum, mit freundlichem Ambiente. Die Zimmer sind hell und komfortabel. Auf der Speisekarte des Hotelrestaurants finden Sie sowohl internationale als auch regionale Gerichte.

ASCHHEIM – Bayern – siehe München

ASENDORF – Niedersachsen – siehe Jesteburg

ASPACH – Baden-Württemberg – siehe Backnang

ASPERG – Baden-Württemberg – 545 – 12 650 Ew – Höhe 270 m 55 **G18**

▶ Berlin 617 – Stuttgart 21 – Heilbronn 38 – Ludwigsburg 5

Adler
Stuttgarter Str. 2 ⊠ 71679 – ℰ (07141) 2 66 00 – info@adler-asperg.de
– Fax (07141) 266060
70 Zim ⊡ – †135/165 € ††165/185 €
Rest *Schwabenstube* – (geschl. Anfang Jan. 2 Wochen, über Pfingsten 1 Woche und Sonntagabend - Montagmittag) Menü 34/75 € – Karte 41/57 € ❀❀
Rest *Aguila* – (geschl. 1. - 31. Aug. und Samstag - Sonntagmittag) Karte 21/31 €
Spez. Weißer Pressack von Kalbszunge und Kalbsbries mit Sojacrème. Gefüllte Taubenbrust mit Salzstangenkruste und Kaiserschotengemüse. Dreierlei von der Passionsfrucht mit gebackener Schokopraline.
♦ Von der Inhaberfamilie wird das erweiterte historische Fachwerkhaus geführt. Besonders schön sind die 3 Themenzimmer "Bosch", "Porsche" und "Daimler". Ländlich-elegante Schwabenstube mit klassischer Küche. Aguila mit schwäbischem und internationalem Angebot.

In Tamm Nord-West : 2,5 km :

Historischer Gasthof Ochsen
Hauptstr. 40 ⊠ 71732 – ℰ (07141) 2 99 95 55 – info@ochsen-tamm.de
– Fax (07141) 2999556
17 Zim ⊡ – †71/96 € ††92/108 € – **Rest** – Menü 25/39 € – Karte 20/36 €
♦ Auf Grundmauern a. d. 15. Jh. wurde der schöne historische Fachwerkgasthof mit der weiß-grauen Fassade erbaut. Mit hellem Naturholz wohnlich möblierte Zimmer. Gemütlich: die holzgetäfelten Gaststuben. An einigen Tagen ist der Wein-Gewölbekeller geöffnet.

ATERITZ – Sachsen-Anhalt – siehe Kemberg

ATTENDORN – Nordrhein-Westfalen – 543 – 24 780 Ew – Höhe 255 m — 37 **E12**
- Berlin 539 – Düsseldorf 131 – Siegen 41 – Lüdenscheid 37
- Kölner Str. 12a, ✉ 57439, ℰ (02722) 48 97, attendorner-hanse@t-online.de
- Attendorn-Niederhelden, Repetalstr. 220 ℰ (02721) 71 80 32
- Attahöhle ★

Rauch garni
Wasserstr. 6 ✉ 57439 – ℰ (02722) 9 24 20 – info@hotel-rauch.de – Fax (02722) 924233 – geschl. Ende Juli - Anfang Aug. 2 Wochen
13 Zim ⊐ – †73/80 € ††96/110 €
♦ Am Anfang der Fußgängerzone liegt das Stadthaus von 1644 mit seinen individuell eingerichteten Zimmern. Viel altes Holz bewahrt den historisch-charmanten Rahmen des Hauses.

An der Straße nach Helden Ost : 3,5 km :

Burghotel Schnellenberg
✉ 57439 Attendorn – ℰ (02722) 69 40 – info@burg-schnellenberg.de – Fax (02722) 694169 – geschl. 23. - 25. Dez., 1. - 4. Jan.
42 Zim – †90/110 € ††122/175 € – **Rest** – Menü 28/49 € – Karte 35/48 €
♦ Die imposante Burg a. d. 13. Jh. beherbergt ein zeitgemäßes Hotel mit unterschiedlich gestalteten Zimmern und schönem Saunabereich in der Oberburg. Burgkapelle und Burgmuseum. Ein von Säulen getragenes Kreuzgewölbe ziert den Rittersaal.

In Attendorn-Niederhelden Ost : 8 km über Helden :

Haus Platte
Repetalstr. 219 ✉ 57439 – ℰ (02721) 13 10 – info@platte.de – Fax (02721) 131415
60 Zim ⊐ – †71/95 € ††115/185 € – **Rest** – Menü 58 € – Karte 24/49 €
♦ Ein aus mehreren Häusern bestehender gewachsener Familienbetrieb gegenüber dem Golfplatz mit unterschiedlichen Zimmerkategorien und hübschem Freizeitbereich mit Kosmetik. Restaurant im regionstypischen Stil.

Landhotel Struck (mit Gästehaus)
Repetalstr. 245 ✉ 57439 – ℰ (02721) 1 39 40 – info@landhotel-struck.de – Fax (02721) 20161 – geschl. 21. - 25. Dez
49 Zim ⊐ – †61/88 € ††94/148 € – **Rest** – Karte 25/37 €
♦ In dem familiengeführten Hotel erwarten Sie solide, teilweise recht komfortable Zimmer sowie einige einfachere Zimmer im Gästehaus. Nett für Paare: Privat-Vitaldusche. Gediegenes Restaurant und zwei rustikale Stuben.

AUE – Sachsen – 544 – 18 760 Ew – Höhe 350 m — 42 **O13**
- Berlin 295 – Dresden 122 – Chemnitz 35 – Zwickau 23
- Goethestr. 5, ✉ 08280, ℰ (03771) 28 11 25, stadtaue@aue.de

Blauer Engel
Altmarkt 1 ✉ 08280 – ℰ (03771) 59 20 – info@hotel-blauerengel.de – Fax (03771) 23173
49 Zim ⊐ – †58/95 € ††85/100 €
Rest – (geschl. Sonntagabend, Montag - Samstag nur Abendessen) Menü 28/48 € – Karte 25/41 €
Rest *Lotters Wirtschaft* – (geschl. Sonntagmittag) Karte 18/33 €
♦ Erweitertes traditionsreiches Stadthaus mit funktionellen Zimmern und grottenartig angelegter Saunalandschaft. Schönere Komfortzimmer. Internationales Angebot im Blauen Engel. Lotters Wirtschaft: Hausbrauerei mit Kupferkesseln und Backsteingewölbe.

AUENWALD – Baden-Württemberg – 545 – 6 910 Ew – Höhe 500 m — 55 **H18**
- Berlin 601 – Stuttgart 39 – Heilbronn 53 – Esslingen am Neckar 42

In Auenwald-Däfen

Landgasthof Waldhorn
Hohnweiler Str. 10 ✉ 71549 – ℰ (07191) 31 23 12 – info@waldhorn-daefern.de – Fax (07191) 312313 – geschl. 7. - 17. Jan., 28. April - 7. Mai, 6. - 17. Okt und Dienstagabend - Mittwoch
Rest – Karte 30/42 €
♦ In diesem elegant-rustikalen Restaurant wird eine gute, überwiegend internationale Küche geboten. Hinter dem Haus befindet sich ein hübscher Terrassenbereich.

AUERBACH IN DER OBERPFALZ – Bayern – 546 – 9 170 Ew – Höhe 434 m

▶ Berlin 395 – München 212 – Nürnberg 67 – Bayreuth 42   51 **L16**

Goldner Löwe |🅰| AK Rest, % Rest, 🕻 🔐 P 🚗 VISA ⊙⊙ AE
Unterer Markt 9 ✉ 91275 – ✆ (09643) 17 65 – hotel-goldner-loewe@t-online.de
– Fax (09643) 4670
27 Zim ⊃ – †50/105 € ††65/128 € – **Rest** – 53 € – Karte 19/53 €
♦ Das Hotel, das auf eine Geschichte bis ins Mittelalter zurückblicken kann, wurde nach einem Brand im 19. Jh. neu aufgebaut und bietet heute bequeme und wohnliche Zimmer. Rustikale Gaststuben mit hauseigener Metzgerei.

AUERBACH (VOGTLAND) – Sachsen – 544 – 21 650 Ew – Höhe 460 m   42 **N13**

▶ Berlin 305 – Dresden 147 – Gera 58 – Plauen 24
🄸 Schlossstr. 10, ✉ 08209, ✆ (03744) 8 14 50

In Auerbach-Schnarrtanne Ost : 6 km Richtung Schönheide :

Renoir   🏠 P VISA ⊙⊙
Schönheider Str. 235 ✉ 08209 – ✆ (03744) 21 51 19 – Fax (03744) 215119 – geschl. Juli 2 Wochen und Montag, Dienstagmittag, Mittwochmittag
Rest – Menü 29 € (mittags) – Karte 20/44 €
♦ In dem familiär geleiteten Restaurant speist man französisch und international. Gemälde nach Art des Namensgebers zieren das stilvolle Innere.

> Frühstück inklusive? Die Tasse ⊃ steht gleich hinter der Zimmeranzahl.

AUEROSE – Mecklenburg-Vorpommern – siehe Anklam

AUGGEN – Baden-Württemberg – 545 – 2 390 Ew – Höhe 264 m   61 **D21**

▶ Berlin 833 – Stuttgart 240 – Freiburg im Breisgau 35 – Basel 31

Zur Krone garni
Hauptstr. 6 ✉ 79424 – ✆ (07631) 17 84 50 – hotelkrone-auggen@t-online.de
– Fax (07631) 16913
32 Zim ⊃ – †56/76 € ††84/129 €
♦ Ein familiär geführtes Hotel im Landhausstil mit behaglich-rustikalem Kaminzimmer und hübsch angelegtem Garten. Besonders großzügig sind die Zimmer in den Gästehäusern.

Bären mit Zim   🏠 P 🚗
Bahnhofstr. 1 (B 3) ✉ 79424 – ✆ (07631) 23 06
7 Zim ⊃ – †38/55 € ††55/80 € – **Rest** – (geschl. Donnerstag, Montag - Freitag nur Abendessen) Karte 19/32 €
♦ In diesem typischen badisch-gemütlichen Gasthof mit schönem Kachelofen und Kamin serviert man regionale und internationale Speisen.

AUGSBURG – Bayern – 546 – 259 220 Ew – Höhe 494 m   57 **K19**

▶ Berlin 560 – München 68 – Ulm (Donau) 80
ADAC Fuggerstr. 11
🄸 Schießgrabenstraße 14, ✉ 86150, ✆ (0821) 50 20 70,
tourismus@regio-augsburg.de
🄸 Maximilianstr. 57, ✉ 86150, ✆ (0821) 5 02 07 24
🄵 Bobingen-Burgwalden, Engelshofer Str. 2 ✆ (08234) 56 21 Z
🄵 Leitershofen, ✆ (0821) 43 72 42 X
🄵 Gessertshausen, Weiherhof 4 ✆ (08238) 78 44 X
🄵 Lindauer Str. 56 ✆ (0821) 90 65 00 Z
🔳 Staatsgalerie in der Kunsthalle★ M⁴ X – Hoher Dom (Südportal des Chores★★, Prophetenfenster★, Gemälde★) - St. Anna-Kirche (Fuggerkapelle★) B – Fuggerei★ Y – Maximilianstraße★ – St. Ulrich- und Afra-Kirche★ – Städtische Kunstsammlungen (Festsaal★★) M¹ Z

AUGSBURG

Amagasaki-Allee	X 41
Annastr.	Y
Bahnhofstr.	YZ
Bgm.-Ackermann-Str.	X 4
Bgm.-Fischer-Str.	Y 5
Dieselstr.	X 6
Dominikanergasse	Z 8
Donauwörther Str.	X 10
Frauentorstr.	XY 12
Fuggerstr.	Y 13
Georg.-Haindl-Str.	X 14
Gesundbrunnenstr.	X 15
Grottenau	Y 16
Hans-Böckler-Str.	X 17
Haunstetter Str.	X 18
Hoher Weg	Y
Karlstr.	Y
Karolinenstr.	Y 22
Lechhauser Str.	XY 23
Leonhardsberg	Y 24
Margaretenstr.	Z 25
Maximilianstr.	Z
Mittlerer Graben	Y 27
Müllerstr.	Y 28
Perlachberg	Y 32
Predigerberg	Y 33
Rathauspl.	Y 34
Sebastianstr.	X 35
Stadtbachstr.	X 36
Stephingerberg	Y 37
Unterer Graben	XY 39
Viktoriastr.	X 40
Vorderer Lech	Z 43
Wintergasse	Y 44

123

AUGSBURG

Steigenberger Drei Mohren
Maximilianstr. 40 ⊠ *86150* – ℰ *(0821) 5 03 60*
– augsburg@steigenberger.de – Fax (0821) 157864
Z a
105 Zim – †105/190 € ††110/240 €, ⊊ 18 € – 5 Suiten
Rest *Maximilians* – (geschl. Sonntagabend) Karte 25/45 €
Rest *Bistro 3M* - Karte 17/39 €
♦ Ein großzügiger Hallenbereich mit moderner Bar-Lounge empfängt Sie in diesem zeitgemäßen Hotel im Zentrum. Die Suite verfügt über eine kleine Sauna. Maximilians mit klassisch-elegantem Rahmen. Hübsche Gartenterrasse. Bistro 3M in typisch französischem Stil.

Dorint
Imhofstr. 12 ⊠ *86159* – ℰ *(0821) 5 97 40 – info@augsburg@dorint.com*
– Fax (0821) 5974100
X c
184 Zim – †95/130 € ††115/150 €, ⊊ 16 € – **Rest** – Karte 22/37 €
♦ Neuzeitlich, funktionell und technisch gut ausgestattet ist das Hotel mit dem runden Turmbau. Man bietet einen direkten Zugang zur Kongresshalle. Bistro-Restaurant mit Buffet und großer Fensterfront.

Augsburger Hof
Auf dem Kreuz 2 ⊠ *86152* – ℰ *(0821) 34 30 50 – info@augsburger-hof.de*
– Fax (0821) 3430555
X v
36 Zim ⊊ – †85/115 € ††90/140 € – **Rest** – Menü 54 € – Karte 22/39 €
♦ Das Hotel mit seinen zeitgemäß und wohnlich eingerichteten Zimmern ist eines der ältesten Gasthäuser Augsburgs. Besonders komfortabel sind die Romantikzimmer. Restaurant mit regionaler Küche - mittags serviert man im Barbereich. Nett ist der kleine Innenhof.

Dom-Hotel garni
Frauentorstr. 8 ⊠ *86152* – ℰ *(0821) 34 39 30 – info@domhotel-augsburg.de*
– Fax (0821) 34393200 – geschl. 19. Dez. - 12. Jan.
Y c
54 Zim ⊊ – †70/105 € ††80/135 € – 8 Suiten
♦ Familiengeführtes Hotel in einem historischen Stadthaus gegenüber dem Dom. Einige der Zimmer sind als Appartements oder Maisonetten angelegt. Schön: die gusseiserne Treppe.

Augusta garni
Ludwigstr. 2 ⊠ *86152* – ℰ *(0821) 5 01 40 – reception@hotelaugusta.de*
– Fax (0821) 5014605 – geschl. 20. Dez. - 7. Jan.
Y v
110 Zim ⊊ – †107/130 € ††128/174 € – 4 Suiten
♦ Die ehemalige Druckerei der Augsburger Allgemeinen beherbergt heute ein Hotel mit freundlichen, komfortabel und technisch gut ausgestatteten Zimmern.

Ost am Kö garni
Fuggerstr. 4 ⊠ *86150* – ℰ *(0821) 50 20 40 – cityhotel@ostamkoe.de – Fax (0821) 5020444*
Y z
49 Zim ⊊ – †69/129 € ††88/148 €
♦ Ein freundlich geführtes, gepflegtes Stadthotel in der Innenstadt mit wohnlich gestalteten Gästezimmern. Auch Familienzimmer stehen zur Verfügung.

Die Ecke
Elias-Holl-Platz 2 ⊠ *86150* – ℰ *(0821) 51 06 00 – restaurant.dieecke@t-online.de*
– Fax (0821) 311992
Y n
Rest – Menü 16 € (mittags)/68 € – Karte 31/60 €
♦ Rustikale und moderne Elemente mischen sich in dem in einem historischen Stadthaus untergebrachten Restaurant, das schon Bert Brecht besuchte. Ausstellung moderner Bilder.

Haupt im Prinz Karl Palais
Schertlinstr. 23 (über Gögginger Straße Z) ⊠ *86159* – ℰ *(0821) 5 89 84 75*
– kontakt@restaurant-haupt.de – Fax (0821) 5898478 – geschl. Sonntagabend - Montag
Rest – Menü 37/72 € – Karte 33/53 €
♦ Im Erdgeschoss der sorgsam sanierten ehemaligen Kaserne befindet sich das moderne, in angenehm warmen Tönen gehaltene Restaurant mit original erhaltenem Kreuzgewölbe.

AUGSBURG

Magnolia
Beim Glaspalast 1 ⊠ *86153 – ℰ (0821) 3 19 99 99 – mail@restaurant-magnolia.com – Fax (0821) 3199998 – geschl. Sonntag*
Rest – Menü 46/64 € – Karte 34/49 €   X b
♦ Restaurant in einem früheren Fabrikgebäude. Hallenartige Architektur und eine Einrichtung in klaren Linien schaffen ein puristisches Ambiente.

August (Christian Grünwald)
Frauentorstr. 27 ⊠ *86152 – ℰ (0821) 3 52 79 – geschl. Sonntag - Dienstag*
Rest – (nur Abendessen) (Tischbestellung ratsam) Menü 70/90 €   X e
Spez. Geschnitzetes Risotto mit Zitrone, Kaffee, Kardamon und Steinpilz. Seezunge mit Ochsenmark und Vanille. Ochsenherztomate 37° mit geriebenem Trüffel, Wasabigelee und Paranuss.
♦ Aufmerksam wird dem Gast hier eine einfallsreiche Küche serviert. Bei schönem Wetter können Sie auch auf der Dachterrasse Platz nehmen.

Fuggerei-Stube
Jakoberstr. 26 ⊠ *86152 – ℰ (0821) 3 08 70 – fuggereistube@t-online.de – Fax (0821) 159023 – geschl. 28. Okt. - 5. Nov. sowie Sonn- und Feiertageabends, Montag*   Y s
Rest – (Tischbestellung ratsam) Menü 20 € – Karte 17/45 €
♦ Dieses rustikale Restaurant ist in einem Teil der ältesten Sozialsiedlung der Welt untergebracht. Schön sitzt man unter dem markanten Kreuzgewölbe oder im hübschen Innenhof.

In Augsburg-Göggingen über Gögginger Straße Z : 4 km:

Villa Arborea garni
Gögginger Str. 124 ⊠ *86199 – ℰ (0821) 90 73 90 – info@hotel-villa-arborea.de – Fax (0821) 90739199 – geschl. 23. Dez. - 7. Jan.*
20 Zim ⊇ – †65/85 € ††85/105 €
♦ Die in den 30er Jahren erbaute Villa ist heute ein neuzeitliches kleines Hotel mit mediterranem Touch. Im Sommer frühstücken Sie auf der zum Garten hin angelegten Terrasse.

In Augsburg-Lechhausen

Wirtshaus am Lech   Biergarten
Leipziger Str. 50 ⊠ *86169 – ℰ (0821) 70 70 74 – railagmbh@aol.com – Fax (0821) 707084 – geschl. Donnerstag*   X s
Rest – Karte 15/38 €
♦ Die Freunde einer regionalen und schwäbischen Küche kommen in diesem typisch bayerischen, mit viel Holz eingerichteten Gasthof auf ihre Kosten.

In Augsburg-Oberhausen über Dieselstraße X : 2,5 km :

Alpenhof (mit Gästehaus)   Biergarten
Donauwörther Str. 233 ⊠ *86154 – ℰ (0821) 4 20 40 – info@alpenhof-hotel.de – Fax (0821) 4204200*
130 Zim ⊇ – †72/116 € ††104/168 € – **Rest** – Karte 19/51 €
♦ Das aus drei Gebäuden bestehende Hotel bietet solide, in Größe und Einrichtung recht unterschiedliche Zimmer sowie einen schönen Freizeitbereich. Bürgerlich-rustikales Restaurant mit überwiegend internationaler Küche.

AUGUSTUSBURG – Sachsen – 544 – 5 220 Ew – Höhe 460 m   42 O13
▶ Berlin 260 – Dresden 96 – Chemnitz 21 – Zwickau 52
🛈 Marienberger Str. 24 (Rathaus), ⊠ 09573, ℰ (037291) 3 95 50, info@augustusburg.de
◉ Schloss Augustusburg (Jagdtier- und Vogelkundemuseum★, Motorradmuseum★★)

Cafe Friedrich
Hans-Planer-Str. 1 ⊠ *09573 – ℰ (037291) 66 66 – hotel@cafe-friedrich.de – Fax (037291) 60052*
11 Zim ⊇ – †39 € ††55/70 € – **Rest** – (geschl. 2. - 17. Feb.) Karte 9/24 €
♦ Stattliches Villengebäude in hübscher, ruhiger Lage, das seit 100 Jahren in Familienbesitz ist. Die Zimmer sind nach Orten der Region benannt - Tipp: Zimmer "Scharfenstein". Restaurant im Café-Stil mit regionaler und internationaler Küche. Eigene Konditorei.

AUMÜHLE – Schleswig-Holstein – 541 – 3 030 Ew – Höhe 30 m 10 J5
▶ Berlin 266 – Kiel 104 – Hamburg 33 – Lübeck 57

Waldesruh am See
Am Mühlenteich 2 ✉ 21521 – ℰ (04104) 6 95 30 – waldesruhamsee@aol.com – Fax (04104) 2073
12 Zim – †62/74 € ††90 € – **Rest** – *(geschl. Dienstag)* Menü 33/39 € – Karte 21/42 €

♦ Das ehemalige Jagdschloss aus dem 18. Jh. ist an einem kleinen See gelegen. Tadellos unterhaltene, hübsche Zimmer mit guter technischer Ausstattung stehen bereit. Verschiedene Räume von klassisch bis altdeutsch bilden das Restaurant.

Fürst Bismarck Mühle mit Zim
Mühlenweg 3 ✉ 21521 – ℰ (04104) 20 28 – info@bismarkmuehle.de – Fax (04104) 1200
7 Zim – †65/75 € ††99 € – **Rest** – *(geschl. Mittwoch, außer Feiertage)* Menü 37/47 € – Karte 19/41 €

♦ Ein geschmackvoll, leicht rustikal eingerichtetes Restaurant mit hübscher Gartenterrasse erwartet Sie in der ehemaligen Mühle an einem kleinen See. Individuell gestaltete Gästezimmer.

AURICH (OSTFRIESLAND) – Niedersachsen – 541 – 40 440 Ew – Höhe 6 m
▶ Berlin 506 – Hannover 241 – Emden 26 – Oldenburg 70 7 D5
ADAC Esenser Str. 122a
🛈 Norderstr. 32, ✉ 26603, ℰ (04941) 93 01 10, verkehrsverein@aurich.de

In Aurich-Wallinghausen Ost : 3 km :

Köhlers Forsthaus
Hoheberger Weg 192 ✉ 26605 – ℰ (04941) 1 79 20 – koehlers-forsthaus@ringhotels.de – Fax (04941) 179217
49 Zim ⊇ – †49/85 € ††87/150 € – **Rest** – Karte 23/43 €

♦ Individuell gestaltete, funktionelle Zimmer und ein sehr gepflegter Garten zeichnen dieses gewachsene, familiengeführte Hotel im für die Region typischen Baustil aus. Von den gediegenen Gasträumen aus blicken Sie ins Grüne.

AYING – Bayern – 546 – 4 010 Ew – Höhe 610 m – Wintersport : ⚞ 66 M20
▶ Berlin 613 – München 29 – Rosenheim 34
🏰 Schloss Egmating, Schlossstr. 15 ℰ (08095) 9 08 60

Brauereigasthof Aying
Zornedinger Str. 2 ✉ 85653 – ℰ (08095) 9 06 50 – brauereigasthof@ayinger.de – Fax (08095) 906566
34 Zim ⊇ – †98/173 € ††140/186 € – **Rest** – Karte 20/49 €

♦ In dem traditionellen Brauereigasthof mit geschmackvollem Landhausambiente kümmert man sich engagiert um seine Gäste. Besonders hübsch: die Luxuszimmer mit Kamin/Kachelofen. Das Speisenangebot im gemütlichen Restaurant ist regional ausgerichtet.

AYL – Rheinland-Pfalz – 543 – 1 430 Ew – Höhe 190 m 45 B16
▶ Berlin 740 – Mainz 170 – Trier 21 – Merzig 32

Weinhaus Ayler Kupp
Trierer Str. 49 ✉ 54441 – ℰ (06581) 30 31 – info@saarriesling.de – Fax (06581) 2344 – geschl. Januar
10 Zim ⊇ – †45/55 € ††65/75 € – **Rest** – *(geschl. Dienstag - Mittwoch, Montag - Samstag ab 15 Uhr geöffnet)* Karte 21/46 €

♦ In einer von Weinbergen geprägten Landschaft finden Sie dieses Weingut mit Hotelanbau. Die Zimmer sind gepflegt und mit weißen Schleiflackmöbeln funktionell ausgestattet. Weinregale schmücken das gediegene Restaurant. Schöne Gartenterrasse.

BAABE – Mecklenburg-Vorpommern – siehe Rügen (Insel)

BABENHAUSEN – Hessen – 543 – 16 490 Ew – Höhe 126 m   48 G15
▶ Berlin 559 – Wiesbaden 63 – Frankfurt am Main 48 – Darmstadt 26

In Babenhausen-Langstadt Süd : 4 km, Richtung Groß-Umstadt :

Zur Bretzel
Bürgermeisterstr. 2 ⌂ 64832 – ℰ (06073) 8 77 42 – kontakt@gasthaus-zur-bretzel.de – Fax (06073) 9749 – geschl. Anfang Jan. 1 Woche, Juli 3 Wochen
17 Zim ⌂ – †35/45 € ††58/70 € – **Rest** – (geschl. Freitagmittag, Samstag) Karte 13/23 €
◆ Der traditionsreiche Gasthof ist seit über 130 Jahren in Familienbesitz. Die geräumigen und praktischen Zimmer sind mit Buchenholzmöbeln eingerichtet. Restaurant im Stil einer mit Holz verkleideten Gaststube.

BACHARACH – Rheinland-Pfalz – 543 – 2 160 Ew – Höhe 70 m   46 D15
▶ Berlin 615 – Mainz 50 – Bad Kreuznach 35 – Koblenz 50
🛈 Oberstr. 45, ⌂ 55422, ℰ (06743) 91 93 03, info@rhein-nahe-touristik.de
◉ Markt★ – Posthof★ – Burg Stahleck (Aussichtsturm ≤★★)

Altkölnischer Hof
Blücherstr. 2 ⌂ 55422 – ℰ (06743) 13 39 – altkoelnischer-hof@t-online.de – Fax (06743) 2793 – geschl. Nov. - 20. März
18 Zim ⌂ – †50/80 € ††75/110 € – ½ P 16 € – **Rest** – Karte 18/35 €
◆ Ein restauriertes historisches Fachwerkhaus beherbergt diesen gut geführten Familienbetrieb. Sehr gepflegt sind die mit Naturholzmöbeln wohnlich eingerichteten Zimmer. Rustikales Restaurant mit bürgerlichem Angebot.

In Bacharach-Henschhausen Nord-West : 4 km :

Landhaus Delle ⚘
Gutenfelsstr. 16 ⌂ 55422 – ℰ (06743) 17 65 – info@landhaus-delle-hotel.com – Fax (06743) 1011 – geschl. Nov. - April
6 Zim ⌂ – †130 € ††160/180 € – **Rest** – (geschl. Sonntag - Montag) (Abendessen nur für Hausgäste) Menü 57/73 €
◆ Angenehm privat ist die Atmosphäre in dem Landhaus mit großzügigen, individuellen Zimmern und schönem Garten. Der kleine Familienbetrieb liegt ruhig etwas oberhalb des Ortes. Klassische Küche und eine bemerkenswerte Weinauswahl erwarten Sie im Restaurant.

BACKNANG – Baden-Württemberg – 546 – 35 630 Ew – Höhe 271 m   55 H18
▶ Berlin 589 – Stuttgart 36 – Heilbronn 36 – Schwäbisch Hall 37
🛈 Am Rathaus 1, ⌂ 71522, ℰ (07191) 89 42 56, stadtinfo@backnang.de

Gerberhof garni
Wilhelmstr. 16 ⌂ 71522 – ℰ (07191) 97 70 – info@gerberhof-backnang.com – Fax (07191) 977377
42 Zim ⌂ – †70/75 € ††91/96 €
◆ Ein Businesshotel in einem Wohngebiet, ca. 500 m von der Innenstadt entfernt, mit recht großen, zeitgemäßen und technisch solide ausgestatteten Zimmern.

Bitzer garni
Eugen-Adolff-Str. 29 ⌂ 71522 – ℰ (07191) 9 63 35 – hotel-bitzer@t-online.de – Fax (07191) 87636
32 Zim ⌂ – †58/66 € ††82/87 €
◆ In dem familiär geführten Hotel erwarten Sie freundlich gestaltete Zimmer mit funktioneller Ausstattung sowie ein heller Frühstücksraum mit kleiner Sommerterrasse.

Tafelhaus
Schillerstr. 6 ⌂ 71522 – ℰ (07191) 90 27 77 – info@restaurant-tafelhaus.de – Fax (07191) 902788 – geschl. 11.-17. Feb.
Rest – (geschl. Sonn- und Feiertage) Menü 28/66 € – Karte 20/55 €
◆ Teil dieses in einem hübschen Fachwerkhaus a. d. 18. Jh. untergebrachten Restaurants ist ein schöner Gewölbekeller aus Naturstein. Zigarrenlounge im Kolonialstil.

BACKNANG

In Aspach-Großaspach Nord-West : 4 km, jenseits der B 14 :

※※ Lamm P. VISA ⓪
Hauptstr. 23 ✉ *71546 –* ✆ *(07191) 2 02 71 – info@lamm-aspach.de – Fax (07191) 23131 – geschl. Sonntagabend - Montag*
Rest – Karte 28/49 €
◆ Mit regionalen Speisen bewirtet man Sie im 1. Stock des historischen Gasthofs in rustikal-gepflegtem Ambiente, zu dessen Charme niedrige Decken und Holztäfelungen beitragen.

BAD...
siehe unter dem Eigennamen des Ortes (z. B. Bad Orb siehe Orb, Bad).
voir au nom propre de la localité (ex. : Bad Orb voir Orb, Bad).
see under second part of town name (e.g. for Bad Orb see under Orb, Bad).vedere nome proprio della località (es. : Bad Orb verdere Orb, Bad).

BADEN-BADEN – Baden-Württemberg – **545** – 53 940 Ew – Höhe 181 m – Heilbad

▶ Berlin 709 – Stuttgart 112 – Karlsruhe 38 – Freiburg 112 **54 E18**

ADAC Küferstr. 2 (über Europastraße AX)

🛈 Kaiserallee 3, (Trinkhalle), ✉ 76530, ✆ (07221) 27 52 00, info@baden-baden.com

🛈 Schwarzwaldstr. 52 (Autobahnzubringer über B 500 AX), ✉ 76530, ✆ (07221) 27 52 00

🖂 Baden-Baden, Fremersbergstr. 127 ✆ (07221) 2 35 79 AX

Veranstaltungen 17.05. - 25.05. : Frühjahrsmeeting
 30.08. - 07.09. : Große Woche
 17.10. - 19.10. : Sales & Racing Festival

◉ Lichtentaler Allee★★ – Kurhaus (Spielsäle★) BZ – Sammlung Frieder Burda★ – Stiftskirche (Sandsteinkruzifix★) CY

◎ Ruine Yburg ❋★★ über Fremersbergstr. AX – Merkur ≤★ AX – Badische Weinstraße (Rebland★) – Schwarzwaldhochstraße (Höhenstraße★★★ von Baden-Baden bis Freudenstadt)

Stadtplan siehe gegenüberliegende Seite

🏨 Brenner's Park-Hotel ⌖   ≤ 🍴 🐾 📺 ✆ 🏊 ♨ ⓕ 🛗 👥 🚻 🅰🅲
Schillerstr. 4 ✉ *76530 –* ✆ *(07221)* ※ Rest, ☏ 🛋 🚭 VISA ⓪ AE ①
90 00 – information@brenners.com – Fax (07221) 38772 **BZ a**
100 Zim – †240/375 € ††285/530 €, ⊇ 25 € – 12 Suiten
Rest *Park-Restaurant* – separat erwähnt
Rest *Wintergarten* – Karte 44/65 €
◆ Das Luxushotel an der Oos besticht durch Service und hochwertige, elegante Ausstattung. Zum exklusiven Wellness- und Beautyangebot zählt auch ein japanisches Kanebo-Spa. Wintergarten mit internationalem Speisenangebot.

🏨 Maison Messmer   ≤ 📺 ✆ 🏊 ♨ ⓕ 🛗 👥 🅲 🚻 ☏ 🛋 🚭 VISA ⓪ AE ①
Werderstr. 1 ✉ *76530 –* ✆ *(07221) 3 01 20 – info.maison.messmer@ dorintresorts.com – Fax (07221) 3012100* **BZ h**
156 Zim ⊇ – †152/342 € ††198/388 € – ½ P 33 € – 10 Suiten
Rest *J.B. Messmer* – (geschl. 30. Juli. - 13. Aug. sowie Sonntag- und Montagabend) Menü 75/105 € – Karte 46/73 €
Rest *Theaterkeller* – (geschl. 14. - 27. Aug., nur Abendessen) Karte 27/50 €
◆ Das Hotel im Zentrum besteht aus den zwei historischen Seitenflügeln der einstigen Sommerresidenz Kaiser Wilhelms I. sowie einem Neubau. Schön: der Malersaal. In der 1. Etage: das elegante Restaurant J. B. Messmer mit Wintergarten.

🏨 Belle Epoque garni   🍴 🐾 🅰🅲 ※ ☏ 🛋 🅿 VISA ⓪ AE
Maria-Viktoria-Str. 2c ✉ *76530 –* ✆ *(07221) 30 06 60 – info@ hotel-belle-epoque.de – Fax (07221) 300666* **CZ s**
22 Zim ⊇ – †150/235 € ††199/299 € – ½ P 45 €
◆ Ein äußerst geschmackvolles Haus mit historischem Charme ist diese Villa von 1870. Aufwendig und mit Liebe zum Detail hat man die Räume gestaltet. Hübscher kleiner Park.

BADEN-BADEN

Bertholdstr.	AX 4
Beuerner Str.	AX 2
Burgstr.	BY 3
Eichstr.	CZ 6
Europastr.	AX 7
Gernsbacher Str.	BCY 8
Geroldsauer Str.	AX 9
Goethepl.	BZ 10
Gunzenbachstr.	AX 13
Hauptstr.	AX 15
Herchenbachstr.	BY 16
Hirschstr.	BY 18
Kaiser-Wilhelm-Str.	AX, BZ 19
Katzensteinstr.	AX 22
Konrad-Adenauer-Pl.	BZ 23
Kreuzstr.	BZ 24
Lange Str.	AX, BY 25
Leopoldstr.	AX 26
Lichtentaler Str.	AX, CZ 28
Ludwig-Wilhelm-Pl.	CZ 30
Luisenstr.	BY
Markgrafenstr.	CZ 32
Marktpl.	CY 33
Merkurstr.	CZ 35
Moltkestr.	AX 36
Prinz-Weimar-Str.	AX 38
Rheinstr.	AX 39
Sonnenpl.	CY 42
Sophienstr.	CY
Steinstr.	CY 43
Werderstr.	AX 45
Willy-Brandt-Pl.	CY 47

129

BADEN-BADEN

Villa Quisisana garni
Bismarckstr. 21 ⌂ 76530 – ℰ (07221) 36 90 – info@quisisana-baden-baden.de
– Fax (07221) 369269
35 Zim ⌑ – †120/180 € ††180/210 € – 25 Suiten
AX n
♦ Die erweiterte schöne Villa liegt leicht erhöht oberhalb der Stadt. Das Hotel bietet überwiegend Suiten mit hochwertiger Einrichtung sowie Wellness mit Kosmetik und Massage.

Steigenberger Europäischer Hof
Kaiserallee 2 ⌂ 76530 – ℰ (07221)
93 30 – europaeischer-hof@steigenberger.de – Fax (07221) 933701
125 Zim ⌑ – †138/169 € ††198/278 € – ½ P 35 € – **Rest** – Karte 35/60 €
BY b
♦ Der klassische Rahmen und komfortable, elegante Gästezimmer machen dieses Hotel nahe dem Kurpark aus. Ansprechend hat man den Saunabereich gestaltet. Restaurant mit euro-asiatischer Küche und Blick auf Trinkhalle und Kasino.

Holland Hotel Sophienpark
Sophienstr. 14 ⌂ 76530 – ℰ (07221) 35 60
– info@holland-hotel-sophienpark.de – Fax (07221) 356121
73 Zim ⌑ – †145/255 € ††205/310 € – **Rest** – (nur für Hausgäste)
CY z
♦ Ein hübscher Park und wohnliche, in angenehmen Tönen gehaltene Zimmer sprechen für dieses Hotel im Herzen der Stadt. Sehenswert ist das denkmalgeschützte Treppenhaus. Restaurant in der ersten Etage mit Terrasse und schönem Blick in den Garten.

Queens
Falkenstr. 2 ⌂ 76530 – ℰ (07221) 21 90 – info@
queens-hotel-baden-baden.bestwestern.de – Fax (07221) 219519
121 Zim ⌑ – †147/177 € ††202/232 € – ½ P 25 € – **Rest** – Karte 34/44 €
AX e
♦ Das Hotel ist besonders auf Tagungen und Businessgäste ausgelegt und überzeugt mit neuzeitlich eingerichteten Zimmern. Zum Haus gehört auch eine Beautyfarm. Restaurant mit Blick ins Grüne.

Atlantic Parkhotel
Goetheplatz 3 ⌂ 76530 – ℰ (07221) 36 10 – info@atlantic-parkhotel.de
– Fax (07221) 26260
53 Zim ⌑ – †79/129 € ††139/189 € – ½ P 24 € – **Rest** – Karte 23/34 €
BZ r
♦ Eine traditionsreiche Adresse ist das im Zentrum, an der Oos gelegene Hotel. Es erwarten Sie schöne, elegante Zimmer und eine historische Kaminhalle mit gediegenem Ambiente. Restaurant mit Aussicht auf die Lichtentaler Allee.

Der Kleine Prinz
Lichtentaler Str. 36 ⌂ 76530 – ℰ (07221) 34 66 00 – info@derkleineprinz.de
– Fax (07221) 3466059
40 Zim ⌑ – †129/199 € ††199/295 € – ½ P 45 € – 6 Suiten – **Rest** –
Menü 57/75 € – Karte 45/59 €
CZ u
♦ Mit Geschmack und Stil hat man die Zimmer dieses engagiert geleiteten Hotels individuell eingerichtet. Liebenswertes Dekor erinnert an die Erzählung von Saint-Exupéry. Elegantes Restaurant.

Tannenhof
Hans-Bredow-Str. 20 ⌂ 76530 – ℰ (07221) 30 09 90 – info@
hotel-tannenhof-baden-baden.de – Fax (07221) 3009951
27 Zim ⌑ – †80/102 € ††146/146 € – ½ P 20 €
AX s
Rest *Piemonte* – (geschl. 4. - 24. Aug. sowie Samstagmittag, Sonn- und Feiertagen) Karte 22/51 €
♦ Ruhig liegt das gut geführte Hotel auf dem Gelände des SWR. Man bietet funktionell ausgestattete Gästezimmer, einige mit Balkon und schöner Aussicht. Im Restaurant Piemonte wird italienische Küche serviert. Nette Terrasse.

Merkur
Merkurstr. 8 ⌂ 76530 – ℰ (07221) 30 30 – info@hotel-merkur.com – Fax (07221) 303333
38 Zim ⌑ – †75/113 € ††95/159 € – ½ P 20 €
CZ e
Rest *Sterntaler* – (geschl. Montag, nur Abendessen) Menü 22/42 € – Karte 23/42 €
♦ Ein zentral gelegenes Hotel, in dem zeitgemäß eingerichtete, in hellen Farben gehaltene Gästezimmer zur Verfügung stehen. Freundlich und modern präsentiert sich das Restaurant Sterntaler.

BADEN-BADEN

🏠 Express by Holiday Inn garni
Lange Str. 93 ✉ 76530 – ℰ (07221) 9 73 50 – info@express-baden-baden.de
– Fax (07221) 9735100 AX a
108 Zim ⊃ – †92/150 € ††92/150 €
♦ Das Hotel nahe der Innenstadt ist mit seinen modern gestalteten und technisch funktionell ausgestatteten Zimmern besonders auf Businessgäste ausgelegt.

🏠 Am Markt garni
Marktplatz 18 ✉ 76530 – ℰ (07221) 2 70 40 – info@hotel-am-markt-baden.de
– Fax (07221) 270444 – geschl. 16. - 26. Dez. CY u
23 Zim ⊃ – †42/70 € ††65/85 €
♦ Das a. d. J. 1716 stammende Altstadthaus in verkehrsberuhigter Lage ist ein gepflegtes, persönlich und familiär von zwei Schwestern geleitetes Hotel mit wohnlichen Zimmern.

XXXX Park-Restaurant – Brenner's Park-Hotel
Schillerstr. 4 ✉ 76530 – ℰ (07221) 90 00 – information@brenners.com
– Fax (07221) 38772 BZ a
Rest – *(geschl. Jan. - Feb. 2 Wochen, Juli - Aug. 2 Wochen und Dienstag, nur Abendessen)* Menü 65 € (veg.)/105 € – Karte 64/93 €
Spez. Salat von Kalbskopf, Kalbsbries und Flusskrebsen mit Pfifferlingen. Törtchen von Taschenkrebs und Hummer mit Kaviar und grünem Apfel. Gebratene Gänsestopfleber und mild geräuchertes Taubenbrüstchen mit Trüffeljus.
♦ Elegant ist die Atmosphäre im Park-Restaurant des klassischen Grandhotels, in dem man seinen Gästen eine zeitgemäß ausgelegte Karte bietet.

XXX Le Jardin de France (Stéphan Bernhard)
Lichtentaler Str. 13 ✉ 76530 – ℰ (07221) 3 00 78 60 – info@lejardindefrance.de
– Fax (07221) 3007870 – geschl. 30. Dez. - 9. Jan., über Fasnacht, 3. - 19. Aug. und Sonntag - Montag, außer Feiertage BZ c
Rest – *(Tischbestellung ratsam)* Menü 49/89 € – Karte 49/88 €
Spez. Tatar vom Rinderfilet auf Senf-Toast mit gehobelter Entenleber und Fleur de Sel. Gegrillter Steinbutt mit Artischocken und Oliven. Taube im Kartoffelmantel mit Morcheln und Spargelspitzen.
♦ Moderne französische Küche serviert man in dem eleganten Restaurant im Goldenen Kreuz. Sehr hübsch ist die Terrasse in dem von Backsteinfassaden eingerahmten Innenhof.

XX Medici
Augustaplatz 8 ✉ 76530 – ℰ (07221) 20 06 – info@medici.de – Fax (07221) 2007
Rest – *(nur Abendessen)* *(Tischbestellung ratsam)* Karte 36/80 € BZ e
♦ Diese trendige Adresse vereint Restaurant, Bar und Sushi-Zimmer sowie Cigarren-Cabinet, Internet-Lounge und Bibliothek unter einem Dach.

XX Klosterschänke
(an der Straße nach Steinbach) (über Fremersbergstraße AX) ✉ 76530 – ℰ (07221) 2 58 54 – Fax (07221) 25870 – geschl. 20. Dez. - 9. Jan., 28. Juli - 11. Aug. und Montag - Dienstagmittag
Rest – Karte 24/40 €
♦ Ein nettes familiengeführtes Restaurant mit toller Aussicht. Während die Chefin die regionalen Speisen bereitet, kümmert sich der Patron mit italienischem Charme um die Gäste.

Im Stadtteil Geroldsau Süd-Ost : 5 km über B 500 AX :

🏠 Auerhahn
Geroldsauer Str. 160 (B 500) ✉ 76534 – ℰ (07221) 74 35 – gasthaus-auerhahn@t-online.de – Fax (07221) 7432
18 Zim ⊃ – †56/64 € ††79/96 € – ½ P 18 € – **Rest** – Karte 24/40 €
♦ Ein gewachsenes, von der Inhaberfamilie geleitetes Gasthaus, in dem wohnlich gestaltete Zimmer mit rustikaler Note bereitstehen. Restaurant mit regionstypischem Charakter.

Im Stadtteil Neuweier Süd-West : 10 km über Fremersbergstraße AX :

🏠 Rebenhof
Weinstr. 58 ✉ 76534 – ℰ (07223) 9 63 10 – info@hotel-rebenhof.de – Fax (07223) 963131
25 Zim ⊃ – †63/90 € ††93/145 € – ½ P 22 € – **Rest** – *(geschl. Sonntag - Montagmittag)* Menü 18/29 € – Karte 24/39 €
♦ Die ruhige Lage inmitten der Weinberge sowie solide, behagliche Gästezimmer machen diesen gut geführten Familienbetrieb aus. Restaurant und Terrasse bieten eine schöne Sicht.

131

BADEN-BADEN

XXX **Schloss Neuweier** (Armin Röttele) 🍴 P VISA ⓒ AE
Mauerbergstr. 21 ✉ 76534 – ℰ (07223) 9 57 05 55 – info@armin-roettele.de
– Fax (07223) 9570556 – geschl. 27. Jan. - 29. Feb. und Dienstag
Rest – Menü 30 € (mittags)/78 € – Karte 43/64 €
Spez. Lauwarmer Hummersalat mit Linsen und Orangen-Currysauce. Ricotta-Parmaschinkenravioli mit zweierlei Spargel und glacierten Langoustinen (Frühjahr). Seeteufel am Stück gebraten (2 Pers.).
♦ Das Schlösschen a. d. 16. Jh. beherbergt ein gemütliches modernes Restaurant mit mediterraner Küche. An den Wintergarten schließt sich eine hübsche Gartenterrasse an.

XX **Zum Alde Gott** ≤ 🍴 P VISA ⓒ
Weinstr. 10 ✉ 76534 – ℰ (07223) 55 13 – restaurant-alde-gott-baden@t-online.de – Fax (07223) 60624 – geschl. Donnerstag - Freitagmittag
Rest – (Tischbestellung ratsam) Menü 30/90 € – Karte 50/70 €
♦ Sehr freundlich führt Familie Serr dieses gediegene Restaurant mit klassischer Küche. Zum Haus gehört eine nette Terrasse mit Blick auf die Weinberge.

XX **Traube** mit Zim 🍴 📞 ⇔ P VISA ⓒ
Mauerbergstr. 107 ✉ 76534 – ℰ (07223) 9 68 20 – traube-neuweier@t-online.de
– Fax (07223) 968282
18 Zim ⊇ – †59/110 € ††98/158 € – ½ P 25 € – **Rest** – (geschl. Mittwoch) Karte 26/57 €
♦ Der regionstypische Gasthof teilt sich in eine gemütliche Gaststube und die blaue Stube. Serviert werden badische und klassische Gerichte. Hübsche wohnliche Zimmer.

Im Stadtteil Oberbeuern Süd-Ost : 3 km über Beuerner Straße AX :

XX **Waldhorn** mit Zim 🍴 📞 P VISA ⓒ
Beuerner Str. 54 ✉ 76534 – ℰ (07221) 7 22 88 – hotelwaldhorn@arcor.de
– Fax (07221) 73488
11 Zim ⊇ – †45/60 € ††75/85 € – ½ P 25 € – **Rest** – (geschl. Sonntag - Montag) (Tischbestellung ratsam) Menü 26/52 € – Karte 32/50 €
♦ Solide regionale Küche serviert man in diesem mit viel Holz gemütlich gestalteten Restaurant. Idyllisch: die an einem kleinen Bach gelegene Gartenterrasse.

Im Stadtteil Umweg Süd-West : 8,5 km über Fremersbergstraße AX :

XX **Bocksbeutel** mit Zim ≤ Rheinebene, 🍴 ≋ ⇔ P VISA ⓒ AE
Umweger Str. 103 ✉ 76534 – ℰ (07223) 94 08 00 – hotel-bocksbeutel@t-online.de – Fax (07223) 9408029
10 Zim ⊇ – †50/57 € ††79/99 € – ½ P 24 € – **Rest** – (geschl. Sonntagabend - Montag) Menü 43/55 € – Karte 21/42 €
♦ Eine wunderschöne Aussicht bietet dieses erhöht gelegene Restaurant. In gediegen-elegantem Ambiente reicht man eine klassisch ausgerichtete Karte.

An der Schwarzwaldhochstraße – Hotel Bühlerhöhe siehe unter Bühl

BADENWEILER – Baden-Württemberg – **545** – 3 870 Ew – Höhe 425 m – Heilbad
▶ Berlin 834 – Stuttgart 242 – Freiburg im Breisgau 36 – Basel 45 **61 D21**
🛈 Ernst-Eisenlohr-Str. 4, ✉ 79410, ℰ (07632) 79 93 00, touristik@badenweiler.de
◉ Kurpark★★ – Burgruine ≤★

🏨 **Römerbad** 🍴 🕭 🍴 🌊 (Thermal) ≋ ✕ 🛏 ✗ Rest, 📞 🛁 P
Schlossplatz 1 ✉ 79410 – ℰ (07632) 7 00 – info@ 🚗 VISA ⓒ AE ①
hotel-roemerbad.de – Fax (07632) 70200
76 Zim ⊇ – †145/180 € ††220/260 € – ½ P 35 € – 10 Suiten – **Rest** – Karte 30/55 €
♦ Gediegenes Ambiente erwartet Sie in dem seit 1825 existierenden traditionsreichen Kur-Grandhotel. Schön sind der Park und der achteckige Hofsaal mit Kuppel. Im klassischen Restaurant wird internationale Küche geboten.

BADENWEILER

Schwarzmatt
Schwarzmattstr. 6a ⌂ 79410 – ℘ (07632) 8 20 10 – schwarzmatt@relaischateaux.com – Fax (07632) 820120
38 Zim ⊇ – †125/145 € ††170/340 € – ½ P 20 € – 3 Suiten
Rest – (Tischbestellung ratsam) Menü 30/57 € – Karte 42/55 €
♦ Die ruhige Lage und geschmackvolle Landhauszimmer machen das Hotel zu einer angenehmen Urlaubsadresse. Hübsch ist auch der Saunabereich. Mit hellem Holz und frischen Farben ansprechend gestaltetes Restaurant.

Zur Sonne
Moltkestr. 4 ⌂ 79410 – ℘ (07632) 7 50 80 – hotel@zur-sonne.de – Fax (07632) 750865
33 Zim ⊇ – †54/110 € ††114/140 € – ½ P 20 €
Rest – Menü 26 € (mittags)/62 € – Karte 26/49 €
Rest *La Cantinella* – (geschl. Dienstag, nur Abendessen) Karte 18/30 €
♦ Das schmucke Fachwerkhaus steht in ruhiger Lage mitten in der Stadt. Es bietet seinen Gästen wohnliche Zimmer, teils mit Balkon. Schön: der Frühstücksraum. Eine hübsche Terrasse mit Zitronenbäumen ergänzt das Restaurant. La Cantinella: gemütliche Weinstube.

Anna
Oberer Kirchweg 2 ⌂ 79410 – ℘ (07632) 79 70 – info@hotel-anna.de – Fax (07632) 797150 – geschl. Mitte Nov. - Mitte Feb.
36 Zim ⊇ – †56/77 € ††102/144 € – ½ P 15 € – **Rest** – (nur für Hausgäste)
♦ Freundlichkeit und persönliche Führung prägen den Charakter des Hauses. Die Zimmer sind hübsch und wohnlich eingerichtet und fast alle mit einem Balkon ausgestattet.

Eckerlin
Römerstr. 2 ⌂ 79410 – ℘ (07632) 83 20 – info@hotel-eckerlin.de – Fax (07632) 832299
52 Zim ⊇ – †63/79 € ††120/150 € – ½ P 12/18 € – **Rest** – Menü 12/42 € – Karte 23/41 €
♦ Direkt gegenüber der Therme befindet sich die stilvolle Villa, in der einst der russische Schriftsteller P. Tschechow zu Gast war. Unterschiedlich möblierte, wohnliche Zimmer. Zeitloses Restaurant mit Terrasse.

Am Park
Römerstr. 8 ⌂ 79410 – ℘ (07632) 75 80 – info@hotel-am-park.biz – Fax (07632) 758299 – geschl. 7. Jan. - 23. Feb., 20. Nov. - 20. Dez.
35 Zim ⊇ – †63/75 € ††128/140 € – ½ P 18 € – **Rest** – (nur für Hausgäste)
♦ Die ruhige Lage am Kurpark sowie wohnliche und zeitgemäße, gediegen eingerichtete Gästezimmer sprechen für diesen Familienbetrieb. Eine schöne Kunstsammlung ziert das Haus.

Blauenwald
Blauenstr. 11 ⌂ 79410 – ℘ (07632) 8 21 60 – hotel.blauenwald@t-online.de – Fax (07632) 821655 – geschl. Mitte Nov.- Mitte Dez., 6. Jan. - Mitte März
32 Zim ⊇ – †50/52 € ††96/126 € – ½ P 15 € – **Rest** – (geschl. Sonntag) (nur Abendessen für Hausgäste)
♦ Ein in Zentrumsnähe gelegenes gut geführtes Hotel, in dem wohnlich gestaltete Gästezimmer mit Balkon zur Verfügung stehen - einige mit begehbarem Kleiderschrank.

Schnepple
Hebelweg 15 ⌂ 79410 – ℘ (07632) 8 28 30 – info@hotel-schnepple.de – Fax (07632) 828320
18 Zim ⊇ – †45/50 € ††78/96 € – ½ P 16 € – **Rest** – (nur für Hausgäste)
♦ Dieses Haus ist eine freundliche Familienpension, die ruhig in einem Wohngebiet liegt. Man bietet Ihnen praktisch eingerichtete Zimmer und einen netten Garten.

Sie suchen ein besonderes Hotel für einen sehr angenehmen Aufenthalt? Reservieren Sie in einem roten Haus: 🏠 ... 🏠🏠🏠.

BAIERSBRONN – Baden-Württemberg – 545 – 16 310 Ew – Höhe 584 m – Wintersport : 1 050 m ⛷9 ⛸ – **Luftkurort**
54 **E19**

▶ Berlin 720 – Stuttgart 100 – Karlsruhe 70 – Freudenstadt 7

🛈 Rosenplatz 3, ✉ 72270, ℰ (07442) 8 41 40, info@baiersbronn.de

Stadtplan siehe gegenüberliegende Seite

Rose
Bildstöckleweg 2 ✉ 72270 – ℰ (07442) 8 49 40 – info@hotelrose.de – Fax (07442) 849494
AX h

35 Zim ⊇ – †51/56 € ††90/130 € – ½ P 16 € – **Rest** – (geschl. Dienstag) Karte 20/32 €

♦ Die Chronik der Rose geht zurück bis ins Jahr 1858. Der Familienbetrieb liegt mitten im Ort, die Gästezimmer sind mit hellen Holzmöbeln wohnlich eingerichtet. Ein ansprechender rustikaler Stil prägt die Einrichtung des Restaurants.

Rosengarten
Bildstöckleweg 35 ✉ 72270 – ℰ (07442) 8 43 40 – info@rosengarten-baiersbronn. de – Fax (07442) 843434 – geschl. Anfang Nov. - Mitte Dez.
AX a

27 Zim ⊇ – †49/53 € ††84/114 € – ½ P 10 € – **Rest** – (geschl. Mittwoch - Donnerstagmittag) Karte 18/37 €

♦ Ein freundlich geführtes Hotel mit gut unterhaltenen, zeitgemäß eingerichteten Zimmern und einem gepflegten Sauna- und Badebereich. Das Restaurant ist unterteilt in den Hausgäste-Bereich und die Gaststube.

Falken
Oberdorfstr. 95 ✉ 72270 – ℰ (07442) 8 40 70 – info@hotel-falken.de – Fax (07442) 50525 – geschl. 3. - 28. Nov.
AY s

21 Zim ⊇ – †36/44 € ††62/84 € – ½ P 15 € – **Rest** – (geschl. Dienstag) Menü 15/20 € – Karte 17/37 €

♦ Am Ortsrand liegt das Ferienhotel leicht erhöht am Hang. Hinter der schmucken Fassade verbergen sich geräumige Gastzimmer mit dunklen Eichenmöbeln. Holzstühle und ländliches Dekor geben dem Restaurant eine rustikale Note.

Haus Petra garni
Oberdorfstr. 142 ✉ 72270 – ℰ (07442) 27 53 – haus-petra-baiersbronn@t-online.de – Fax (07442) 3825
AY a

15 Zim ⊇ – †28/38 € ††51/60 €

♦ In einem Wohngebiet gelegenes kleines Hotel mit familiärer Atmosphäre, in dem gemütlich eingerichtete Gästezimmer zur Verfügung stehen - die meisten mit Balkon.

In Baiersbronn-Tonbach Nord : 2 km :

Traube Tonbach
Tonbachstr. 237 ✉ 72270 – ℰ (07442) 49 20 – info@traube-tonbach.de – Fax (07442) 492692
BZ n

170 Zim ⊇ – †111/198 € ††204/326 € – ½ P 20 € – 10 Suiten

Rest *Schwarzwaldstube*, *Köhlerstube* und *Bauernstube* – separat erwähnt

♦ Das traditionsreiche, gewachsene Hotel steht für sehr hohen Komfort, ein umfassendes Wellnessangebot und perfekten Service, der seinesgleichen sucht.

Tanne
Tonbachstr. 243 ✉ 72270 – ℰ (07442) 83 30 – urlaub@hotel-tanne.de – Fax (07442) 833100
BZ v

49 Zim ⊇ – †48/65 € ††102/130 € – ½ P 12 € – **Rest** – (geschl. Montagmittag) Menü 24/30 € – Karte 19/35 €

♦ Bereits seit 1868 leitet Familie Möhrle dieses Hotel. Es erwarten Sie wohnliche Zimmer und eine hübsche Saunalandschaft im Schwarzwälder Stil. Teil des Restaurants ist die Kohlwälder Grillstube, in der man sein Fleisch direkt am Tisch grillt.

Schwarzwaldstube – Hotel Traube Tonbach
Tonbachstr. 237 ✉ 72270 – ℰ (07442) 49 26 04 – info@dieschwarzwaldstube.de – Fax (07442) 492692 – geschl. 7. - 27. Jan., 28. Juli - 22. Aug. und Montag - Dienstag
BZ u

Rest – (Tischbestellung erforderlich) Menü 120/160 € – Karte 94/145 €

Spez. Hummer in leichtem Kokossud mit Kafirblättern und Macadamianüssen. Gefüllte Rotbarbe mit Escabeche-Sud und Herzmuscheln. Delice von Schokolade mit Physaliskompott und Cappuccino von Kakaobohneneis.

♦ Hier kocht Harald Wohlfahrt erstklassige französische Küche. Äußerst angenehm sind die rustikal-elegante Atmosphäre und das professionelle Serviceteam.

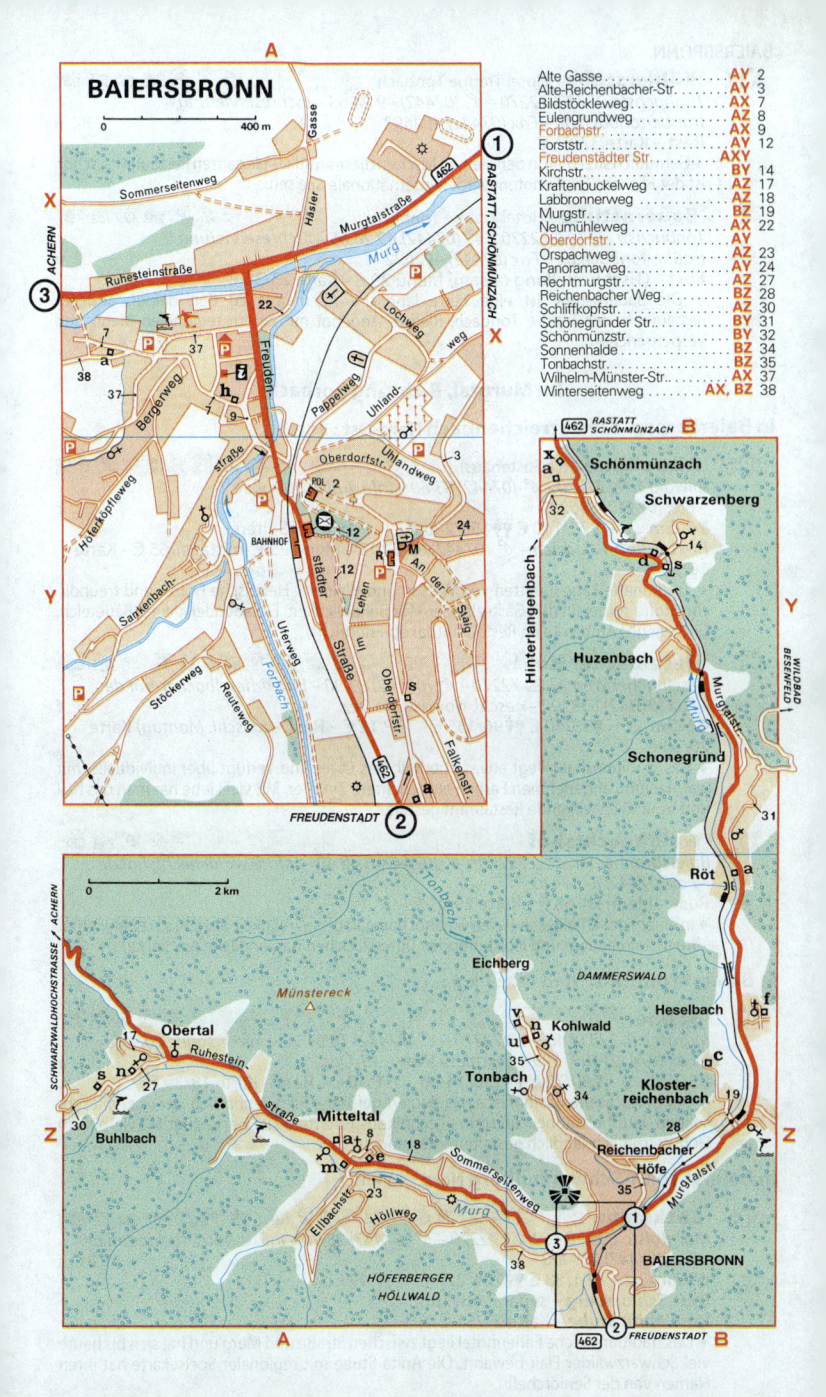

BAIERSBRONN

Alte Gasse	AY	2
Alte-Reichenbacher-Str.	AY	3
Bildstöckleweg	AX	7
Eulengrundweg	AZ	8
Forbachstr.	AX	9
Forststr.	AY	12
Freudenstädter Str.	AXY	
Kirchstr.	BY	14
Kraftenbuckelweg	AZ	17
Labbronnerweg	AZ	18
Murgstr.	BZ	19
Neumühleweg	AX	22
Oberdorfstr.	AZ	
Orspachweg	AY	23
Panoramaweg	AZ	27
Rechtmurgstr.	BZ	28
Reichenbacher Weg	AZ	30
Schliffkopfstr.	BY	31
Schönegründer Str.	BY	32
Schönmünzstr.	BZ	34
Sonnenhalde	BZ	35
Tonbachstr.	AX	37
Wilhelm-Münster-Str.	AX	37
Winterseitenweg	AX, BZ	38

BAIERSBRONN

XXX Köhlerstube – Hotel Traube Tonbach
Tonbachstr. 237 ⌂ 72270 – ℰ (07442) 49 26 65 – tischreservierung@
traube-tonbach.de – Fax (07442) 492692
BZ u
Rest – Karte 37/61 €
• Gemütlich sitzt man in den kleinen Nischen dieses rustikal-eleganten Restaurants, schön ist der Blick ins Tal. Geboten werden internationale Speisen.

X Bauernstube – Hotel Traube Tonbach
Tonbachstr. 237 ⌂ 72270 – ℰ (07442) 49 26 65 – tischreservierung@
traube-tonbach.de – Fax (07442) 492692
BZ u
Rest – (Tischbestellung ratsam) Menü 29 € – Karte 23/36 €
• Die Bauernstube ist eine nette ländliche Alternative zu den beiden anderen Restaurants der Traube Tonbach. Kleines Angebot mit einem regionalen Menü und Vespergerichten.

Im Murgtal, Richtung Forbach

In Baiersbronn-Klosterreichenbach Nord-Ost : 3 km :

Ailwaldhof (mit Gästehaus)
Ailwald 1 ⌂ 72270 – ℰ (07442) 83 60 – info@ailwaldhof.de
– Fax (07442) 836200
BZ c
24 Zim – †75/140 € ††150/280 € – ½ P 19 € – 5 Suiten
Rest *Jakob-Friedrich* – ℰ (07442) 83 62 15 – Menü 25 € (mittags)/65 € – Karte 16/54 €
• Traumhafte Lage inmitten von Wiesen und Wäldern. Heimische Hölzer und freundliche Stoffe sorgen in den Gästezimmern für Behaglichkeit. Einladender kleiner Badeteich. Gediegenes Ambiente im Restaurant Jakob-Friedrich.

Heselbacher Hof
Heselbacher Weg 72 ⌂ 72270 – ℰ (07442) 83 80 – info@heselbacher-hof.de
– Fax (07442) 838100 – geschl. Nov. - Mitte Dez.
BZ f
42 Zim – †55/70 € ††96/155 € – ½ P 12 € – **Rest** – (geschl. Montag) Karte 20/38 €
• Das Traditionshaus liegt etwas oberhalb des Ortes und verfügt über individuelle, mit warmen und angenehmen Farben eingerichtete Zimmer. Mit viel Liebe hat man das hell und freundlich wirkende Restaurant gestaltet.

XX Waldknechtshof
Baiersbronner Str. 4 ⌂ 72270 – ℰ (07442) 8 48 40 – info@waldknechtshof.de
– Fax (07442) 8484410
Rest – Menü 24/68 € – Karte 20/49 €
• In einem denkmalgeschützten Gutshof hat man dieses rustikale Restaurant eingerichtet - Bruchsteinmauern und Holzfußboden unterstreichen das ländliche Ambiente.

In Baiersbronn-Röt Nord-Ost : 7 km :

Sonne
Murgtalstr. 323 (B 462) ⌂ 72270 – ℰ (07442) 18 01 50 – info@sonne-roet.de
– Fax (07442) 1801599 – geschl. 12. Nov. - 15. Dez.
BZ a
35 Zim – †60/72 € ††120/144 € – ½ P 10 € – **Rest** – Karte 18/39 €
• Der gewachsene Gasthof ist ein engagiert geführter Familienbetrieb, der über sehr soliden Naturholzmöbeln und guter Technik ausgestattete Zimmer verfügt. Mit viel hellem Holz neuzeitlich-ländlich gestaltetes Restaurant.

In Baiersbronn-Schwarzenberg Nord : 13 km :

Sackmann
Murgtalstr. 602, (B 462) ⌂ 72270 – ℰ (07447) 28 90 – info@hotel-sackmann.de
– Fax (07447) 289400
BY s
65 Zim – †61/88 € ††104/228 € – ½ P 17 €
Rest *Schlossberg* – separat erwähnt
Rest *Anita Stube* – Karte 27/51 €
• Das traditionsreiche Ferienhotel liegt zwischen Straße und Murg und hat sich bis heute viel Schwarzwälder Flair bewahrt. Die Anita Stube mit regionaler Speisekarte hat ihren Namen von der Seniorchefin.

BAIERSBRONN

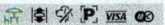

Müllers Löwen
Murgtalstr. 604 (B 462) ⊠ 72270 – ℰ (07447) 93 20 – info@
loewen-schwarzenberg.de – Fax (07447) 932111 – geschl. 7. - 30. Jan.   BY **d**
25 Zim – †40/54 € ††74/108 € – ½ P 14 € – **Rest** – Menü 18/20 € – Karte 22/39 €

♦ Familienhotel im Murgtal als idealer Ausgangspunkt für Ihre Schwarzwald-Wanderungen. Hier sind alle Gästezimmer in schönen Farben wohnlich gestaltet. Im Löwen-Restaurant serviert man regionale Küche.

Schlossberg (Jörg Sackmann) – Hotel Sackmann
Murgtalstr. 602, (B 462) ⊠ 72270 – ℰ (07447) 28 90
– info@hotel-sackmann.de – Fax (07447) 289400 – geschl. 9. - 20. Jan.,
23. Juli - 10. Aug. und Montag - Dienstag   BY **s**
Rest – (nur Abendessen) Menü 85/105 € – Karte 69/98 €
Spez. Geräucherte Makrele mit Gänseleber und Gurkengelee. Seeteufel in schwarzem Olivenöl gebraten mit Alici und Chorizo Emulsion. Mignon vom Kalbsfilet mit Bäckchen und Lorbeersauce.

♦ Aufwändig und kreativ zubereitete Speisen bietet Jörg Sackmann in diesem Restaurant. Das Ambiente ist elegant, der Service aufmerksam und versiert.

In Baiersbronn-Schönmünzach Nord : 14,5 km – Kneippkurort :

Holzschuh's Schwarzwaldhotel
Murgtalstr. 655 (B 462) ⊠ 72270 – ℰ (07447)
9 46 30 – holzschuh@schwarzwaldhotel.de – Fax (07447) 946349
– geschl. 9. Nov. - 10. Dez.   BY **x**
30 Zim – †63/79 € ††114/160 € – ½ P 14 € – **Rest** – (geschl. Dienstagmittag) Karte 21/30 €

♦ Ein Ferienhotel, das Ihnen unterschiedlich eingerichtete Gästezimmer und einige (Familien-) Appartements sowie vielseitige Wellnessanwendungen bietet.

Sonnenhof
Schifferstr. 36 ⊠ 72270 – ℰ (07447) 93 00 – info@hotel-sonnenhof.de
– Fax (07447) 930333   BY **a**
43 Zim – †45/110 € ††83/150 € – ½ P 19 € – **Rest** – (nur Abendessen) Karte 16/48 €

♦ Malerisch in einem schmalen Seitental an einem Schwarzwaldbach gelegen, erwartet Sie das freundliche Haus mit seinen geräumigen Zimmern. Restaurant in der 1. Etage mit ländlichem Ambiente.

In Baiersbronn-Hinterlangenbach West : 10,5 km ab Schönmünzach BY :

Forsthaus Auerhahn (mit Gästehaus)
Hinterlangenbach 108 ⊠ 72270 – ℰ (07447) 93 40 – info@forsthaus-auerhahn.de
– Fax (07447) 934199 – geschl. 16. Nov. - 18. Dez.
30 Zim – †70/105 € ††140/170 € – ½ P 18 € – 7 Suiten – **Rest** – (geschl. Nov. - April Dienstag, Mai - Okt. Dienstagabend) Menü 23 € – Karte 25/32 €

♦ Herrlich ruhig liegt das Hotel am Waldrand. Zu den Annehmlichkeiten zählen neben aufmerksamem Personal und gutem Frühstück auch Wellnessangebote wie Kosmetik und Massage. In den verschiedenen Stuben des Restaurants bietet man überwiegend regionale Küche.

Im Murgtal, Richtung Schwarzwaldhochstraße

In Baiersbronn-Mitteltal West : 4 km :

Bareiss
Gärtenbühlweg 14 ⊠ 72270 – ℰ (07442)
4 70 – info@bareiss.com – Fax (07442) 47320   AZ **e**
99 Zim – †137/228 € ††238/496 € – ½ P 20 € – 10 Suiten
Rest *Bareiss* und *Dorfstuben* – separat erwähnt
Rest *Kaminstube* – Menü 42/51 € – Karte 33/53 €

♦ Mit beispielhaftem Service, wohnlich-elegantem Ambiente und unzähligen Wellness-Freizeitangeboten steht man hier ganz im Dienste des Gastes. Top ist auch die Kinderbetreuung. Die Kaminstube mit offenem Kamin ist ein Teil des vielfältigen Restaurantbereichs.

BAIERSBRONN

Lamm
Ellbachstr. 4 ⌂ 72270 – ℰ (07442) 49 80 – info@lamm-mitteltal.de – Fax (07442) 49878
AZ **m**
46 Zim ⌂ – †38/78 € ††104/156 € – ½ P 19 € – **Rest** – Menü 19/45 € – Karte 13/41 €

♦ Mitten im Ort findet man das im imposanten Schwarzwald-Stil gebaute Hotel. Gediegener Landhaus-Komfort und familiäre Atmosphäre werden hier miteinander verbunden. Einladend wirkt die wohlige, gemütliche Stimmung des Restaurants.

Ödenhof
Ödenhofweg 9 ⌂ 72270 – ℰ (07442) 8 40 90 – hotelinfo@oedenhof.de – Fax (07442) 840919
AZ **a**
33 Zim ⌂ – †35/46 € ††66/116 € – ½ P 8 € – **Rest** – *(geschl. Dienstag)* Karte 18/27 €

♦ Das familiengeführte Urlaubshotel verfügt über mit unterschiedlichen, teils hellen Naturholzmöbeln in ländlichem Stil eingerichtete Gästezimmer. Rustikales Restaurant.

Restaurant Bareiss
Gärtenbühlweg 14 ⌂ 72270 – ℰ (07442) 4 70 – info@bareiss.com – Fax (07442) 47320 – geschl. 6. - 31. Jan., 30. März - 25. April, 27. Juli - 21. Aug. und Montag - Dienstag
AZ **e**
Rest – (Tischbestellung erforderlich) Menü 120/142 € – Karte 98/138 €
Spez. Dreierlei von Jakobsmuscheln mit Kaviar und Lauch. Lammrücken von der Älbler Wacholderheide. Soufflierte Schokolade mit Passionsfrucht und Jivaraeis.

♦ Die aufwändige klassische Küche von Claus-Peter Lumpp und der aufmerksame Service durch eine professionelle Brigade machen das Gourmetrestaurant zu einem der besten im Land.

Dorfstuben – Hotel Bareiss
Gärtenbühlweg 14 ⌂ 72270 – ℰ (07442) 4 70 – info@bareiss.com – Fax (07442) 47320
AZ **e**
Rest – Karte 27/43 €

♦ Eine warme, gemütliche Atmosphäre herrscht in den mit Bauernutensilien hübsch dekorierten Dorfstuben. Der Service ist freundlich, die Küche bietet Schwarzwälder Spezialitäten.

In Baiersbronn-Obertal Nord-West : 7 km – Heilklimatischer Kurort :

Engel Obertal
Rechtmurgstr. 28 ⌂ 72270 – ℰ (07449) 8 50 – info@engel-obertal.de – Fax (07449) 85200
AZ **n**
77 Zim ⌂ – †87/147 € ††166/404 € – ½ P 20 € – 4 Suiten
Rest – Menü 21/68 € – Karte 21/50 €

♦ Ruhe und wohnliches Ambiente erwarten Sie in dem Hotel im Kurgebiet. Beeindruckend ist die großzügige Beauty- und Wellnesslandschaft "Wolke 7". In verschiedene hübsch dekorierte Räume unterteiltes Restaurant mit freundlichem, geschultem Service.

An der Schwarzwaldhochstraße Nord-West : 18 km, Richtung Achern, ab B 500 Richtung Freudenstadt :

Schliffkopf-Hotel
← Schwarzwald,
Schwarzwaldhochstr. 1 ⌂ 72270 Baiersbronn – ℰ (07449) 92 00 – info@schliffkopf.de – Fax (07449) 920199
70 Zim ⌂ – †115/140 € ††160/240 € – ½ P 15 € – **Rest** – Menü 28 € – Karte 20/50 €

♦ Hoch oben an der Schwarzwaldhochstraße thront dieses Ferien-Wellness-Hotel. Die modernen, mit Kiefernmöbeln bestückten Zimmer wirken gemütlich. In Pastellfarben gehaltenes Restaurant im eleganten Landhausstil.

Dieser Führer lebt von Ihren Anregungen, die uns stets willkommen sind. Egal ob Sie uns eine besonders angenehme Überraschung oder eine Enttäuschung mitteilen wollen – schreiben Sie uns!

BALDUINSTEIN – Rheinland-Pfalz – 543 – 580 Ew – Höhe 160 m 37 E14
▶ Berlin 557 – Mainz 69 – Koblenz 54 – Limburg an der Lahn 10

Landhotel Zum Bären (Walter Buggle) mit Zim Rest,
Bahnhofstr. 24 ⌧ 65558 – ℰ (06432) 80 07 80
– info@landhotel-zum-baeren.de – Fax (06432) 8007820 – geschl. 4. - 29. Feb.
10 Zim ⌑ – †75 € ††124/185 €
Rest *Weinstube* – separat erwähnt
Rest *– (geschl. Dienstag, Sonntagmittag, Feiertage mittags)* (Tischbestellung ratsam) Menü 76/91 € – Karte 45/75 €
Spez. "Kutteln" von Kaninchen mit Kapern und Ingwer. Pot-au-feu von Loup de mer und Jakobsmuschel im Safransud mit Artischocke. Mit Entenleber gefüllte Wachtel auf Selleriepüree und Portweinsauce.
♦ In der eleganten holzgetäfelten Bibliothek des charmanten traditionsreichen Familienbetriebs genießen Sie klassische Küche. Schöne Terrasse mit Bäumen und Glaspavillon. Für Übernachtungsgäste stehen hübsche, individuelle Zimmer bereit.

Weinstube – Landhotel Zum Bären
Bahnhofstr. 24 ⌧ 65558 – ℰ (06432) 80 07 80 – info@landhotel-zum-baeren.de
– Fax (06432) 8007820 – geschl. 4. - 29. Feb.
Rest *– (geschl. Dienstag)* Karte 24/49 €
♦ Eine gemütliche Atmosphäre herrscht in der Weinstube des traditionsreichen Gasthauses. Es erwarten Sie ein regionales Angebot und netter Service.

BALINGEN – Baden-Württemberg – 545 – 34 300 Ew – Höhe 517 m 62 F20
▶ Berlin 711 – Stuttgart 82 – Konstanz 109 – Tübingen 36
ADAC Wilhelm-Kraut-Str. 18
◨ Lochenstein ≼★ vom Gipfelkreuz, Süd : 8 km

Hamann
Neue Str. 11 ⌧ 72336 – ℰ (07433) 95 00 – info@hotel-hamann.de – Fax (07433) 5123
50 Zim ⌑ – †62/75 € ††95/100 € – **Rest** *– (geschl. 24. Dez. - 6. Jan., Aug. 3 Wochen und Samstag - Sonntag)* Karte 17/24 €
♦ Ein gepflegtes Stadthotel am Rande der Fußgängerzone, in dem unterschiedlich eingerichtete, funktionelle Gästezimmer zur Verfügung stehen. Rustikales Restaurant mit bürgerlichem Angebot.

BALLENSTEDT – Sachsen-Anhalt – 542 – 8 180 Ew – Höhe 225 m 30 L10
▶ Berlin 220 – Magdeburg 66 – Halle 71 – Nordhausen 58
🛈 Anhaltiner Platz 11, ⌧ 06493, ℰ (039483) 2 63, kontakt@ballenstedt-information.de
◨ Meisdorf, Petersberger Trift 33 ℰ (034743) 9 84 50

Schlosshotel Großer Gasthof
Schlossplatz 1 ⌧ 06493 – ℰ (039483) 5 10
– ballenstedt@vandervalk.de – Fax (039483) 51222
50 Zim ⌑ – †69/99 € ††89/129 €
Rest *– Karte 17/34 €*
Rest *Château Neuf* – Karte 20/41 €
♦ Hinter seiner ansprechenden, gepflegten Fassade überzeugt das Hotel mit einem großzügigen Rahmen und klassisch-komfortablen Zimmern. Gediegenes Ambiente im Restaurant. Das elegante Pavillon-Restaurant Château Neuf ist zum Schlossplatz hin gelegen.

BALTRUM (INSEL) – Niedersachsen – 541 – 500 Ew – Nordseeheilbad 7 D4
▶ Berlin 536 – Hannover 269 – Emden 50 – Norden 17
Autos nicht zugelassen
⛴ von Neßmersiel (ca. 30 min.), ℰ (04939) 9 13 00
🛈 Haus Nr. 130 (Rathaus), ⌧ 26579, ℰ (04939) 8 00, zv-baltrum@service-center-tourismus.de

BALTRUM (INSEL)

Strandhof
Nr. 123 ⊠ 26579 – ℰ (04939) 8 90 – info@strandhofbaltrum.de – Fax (04939) 8913 – geschl. Nov. - März
30 Zim ⊇ – †48/56 € ††90/106 € – ½ P 13 € – **Rest** – (geschl. Mittwoch, nur Abendessen) Karte 15/31 €

♦ Inmitten von Dünen, nur einen Steinwurf vom Strand entfernt, erwartet Sie das gepflegte Ferienhotel. Sie wohnen in funktionell ausgestatteten Zimmern. Gediegenes Hotelrestaurant mit großer Fensterfront.

BALVE – Nordrhein-Westfalen – 543 – 12 260 Ew – Höhe 250 m 27 E11
▶ Berlin 510 – Düsseldorf 101 – Arnsberg 20 – Hagen 38

In Balve-Eisborn Nord : 9 km, Richtung Menden, hinter Binolen rechts ab :

Antoniushütte (mit Gästehaus)
Eisborner Dorfstr. 10 ⊠ 58802 – ℰ (02379) 91 50 – info@hotel-antoniushuette.de – Fax (02379) 644
54 Zim ⊇ – †45/149 € ††75/198 € – 4 Suiten – **Rest** – Karte 25/47 €

♦ Ein gewachsenes Hotel mit modern-eleganten Designerzimmern im Stammhaus - z. T. mit Whirlwanne oder Dampfdusche - und wohnlich-charmanten Zimmern im Pfarr- oder Schulhaus. Restaurant in geradlinigem Stil.

BAMBERG – Bayern – 546 – 69 900 Ew – Höhe 262 m 50 K15
▶ Berlin 406 – München 232 – Coburg 53 – Nürnberg 61
ADAC Schützenstr. 4a (Parkhaus)
🛈 Geyerswörthstr. 3, ⊠ 96047, ℰ (0951) 2 97 62 00, touristinfo@bamberg.info
⛳ Breitengüßbach, Gut Leimershof 5 ℰ (09547) 71 09 AX
⛳ Bamberg, Untertriebsweg 3 ℰ (0951) 9 68 43 31
◉ Dom★★ (Bamberger Reiter★★★, St.-Heinrichs-Grab★★★) – Diözesanmuseum★ **M** – Alte Hofhaltung (Innenhof★★) – Neue Residenz (Rosengarten ≤★) BZ - Altes Rathaus★ BCZ

Stadtplan siehe gegenüberliegende Seite

Welcome Hotel Residenzschloss
Untere Sandstr. 32 ⊠ 96049 – ℰ (0951) 6 09 10 – info@residenzschloss.com – Fax (0951) 6091701
BY r
184 Zim ⊇ – †137/157 € ††172/192 € – **Rest** – Karte 31/43 €

♦ Hier hat man ein schönes historisches Anwesen, einst Krankenhaus und kurfürstlicher Bischofssitz, um einen modernen Anbau erweitert. Entstanden ist diese komfortable Hotelanlage. Fürstbischof von Erthal heißt das gediegene A-la-carte-Restaurant.

Bamberger Hof - Bellevue garni
Schönleinsplatz 4 ⊠ 96047 – ℰ (0951) 9 85 50 – info@bambergerhof.de – Fax (0951) 985562
CZ e
50 Zim ⊇ – †95/115 € ††145/165 €

♦ Individuelle Zimmer, von stilvoll bis modern, sprechen für dieses 100 Jahre alte Sandsteinhaus. Dach-Suite mit Blick über die Stadt und auf den Kaiserdom.

Villa Geyerswörth
Geyerswörther Str. 15 ⊠ 96047 – ℰ (0951) 9 17 40 – info@villageyerswoerth.de – Fax (0951) 9174500
CZ m
40 Zim ⊇ – †120/145 € ††155/179 €
Rest *La Villa* – (geschl. 1. - 8. Jan. und Sonntag - Montag) Karte 28/38 €

♦ Schön liegt das äußerst geschmackvoll eingerichtete Hotel auf einer Insel in Altstadtnähe. Vier Gebäude verbinden hier gelungen Historisches mit Modernem. Hübscher Garten. Das La Villa ist ein Bistrorant in geradlinigem Stil.

Weinhaus Messerschmitt
Lange Str. 41 ⊠ 96047 – ℰ (0951) 29 78 00 – hotel-messerschmitt@t-online.de – Fax (0951) 2978029
CZ x
67 Zim ⊇ – †85/110 € ††130/150 € – **Rest** – Menü 29/50 € – Karte 27/46 €

♦ Das Haus mit der gelb-weißen Zuckerbäckerfassade - Elternhaus des Flugzeugpioniers Willy Messerschmitt - ist seit 1832 in Familienhand. Besonders schön: die neueren Zimmer. Gediegenes Restaurant und hübsche Brunnenhofterrasse.

BAMBERG

Street	Ref	No
Äußere Löwenstr.	CY	2
Am Kranen	BZ	3
Bischofsmühlbrücke	BCZ	5
Buger Str.	AX	7
Dominikanerstr.	BZ	8
Domstr.	BZ	9
Geyerswörthstr.	CZ	12
Grüner Markt	CZ	13
Hauptwachstr.	CY	15
Heiliggrabstr.	AX	17
Herrenstr.	BZ	18
Judenstr.	BZ	20
Karolinenstr.	BZ	23
Lange Str.	CZ	
Ludwigstr.	AX	24
Luitpoldbrücke	CY	26
Luitpoldstr.	CY	
Magazinstr.	AX	27
Marienstr.	AX	29
Maximiliansplatz	CY	
Mittlerer Kaulberg	BZ	30
Nonnenbrücke	CZ	32
Oberer Kaulberg	AX	35
Obere Karolinenstr.	BZ	33
Obere Königstr.	CY	34
Obere Sandstr.	BZ	36
Regensburger Ring	AX	38
Residenzstr.	BZ	40
Rhein-Main-Donau-Damm	AX	42
Richard-Wagner-Str.	CZ	44
Schillerpl.	CZ	47
Schönleinspl.	CZ	48
Sodenstr.	AX	50
St-Getreu-Str.	BZ	45
Unterer Kaulberg	BZ	55
Untere Brücke	BZ	52
Untere Königstr.	CY	54

BAMBERG

Welcome Hotel Bamberg
Biergarten, Zim
Mußstr. 7 ⌧ 96047 – ℰ (0951) 7 00 00 – info@welcome-kongresshotel-bamberg.de – Fax (0951) 7000516
BY v
171 Zim – †111/117 € ††132/138 € – 4 Suiten – **Rest** – *(nur Abendessen)* Karte 18/31 €

♦ Ein altes Ziegelgebäude und ein moderner Anbau bilden dieses Tagungs- und Konferenzhotel gegenüber der Kongresshalle. Die Zimmer: neuzeitlich, freundlich und funktionell. Restaurant in rustikalem Stil.

St. Nepomuk (mit Gasthaus)
Obere Mühlbrücke 9 ⌧ 96049 – ℰ (0951) 9 84 20 – reservierung@hotel-nepomuk.de – Fax (0951) 9842100
CZ a
24 Zim – †85/95 € ††130/140 € – **Rest** – Menü 49/68 € – Karte 26/45 €

♦ Verträumt ankert das schmale Fachwerkhaus zwischen den Flussläufen der Regnitz. Wenn Sie hier übernachten, wählen Sie das Gästehaus: freigelegtes Fachwerk und Antiquitäten. Vom Restaurant aus haben Sie einen einmaligen Blick auf Altstadt und Rathaus.

Wilde Rose
Keßlerstr. 7 ⌧ 96047 – ℰ (0951) 98 18 20 – info@hotel-wilde-rose.de – Fax (0951) 22071
CZ h
29 Zim – †65/75 € ††98 € – **Rest** – *(geschl. Sonntagabend)* Karte 16/34 €

♦ In einer Seitengasse der Fußgängerzone, am Gabelmann-Brunnen, steht dieser solide Gasthof mit seinen gepflegten Zimmern. In der urgemütlichen Sudhausstube serviert man regionale Küche.

In Hallstadt über Hallstadter Straße AX : 4 km :

Country Inn
Lichtenfelser Str. 35 ⌧ 96103 – ℰ (0951) 9 72 70 – info@hci-hallstadt.de – Fax (0951) 972790
56 Zim – †69/75 € ††85/95 €
Rest *Goldener Adler* – *(geschl. Samstag- und Montagmittag)* Karte 19/35 €

♦ Hier hat man einen historischen Gasthof zum neuzeitlichen Hotel erweitert. Man bietet solide und funktionell ausgestattete Zimmer, großzügig sind die zwei Maisonetten. Restaurant mit bürgerlicher Küche.

In Stegaurach Süd-West : 5 km über B22 AX :

Der Krug
Biergarten, Zim
Mühlendorfer Str. 4 ⌧ 96135 – ℰ (0951) 99 49 90 – hotel@der-krug.de – Fax (0951) 9949910 – geschl. Weihnachten
26 Zim – †64/76 € ††96 € – **Rest** – *(geschl. Dienstag)* Menü 17/23 € – Karte 23/28 €

♦ Eine sympathische Adresse ist dieser gewachsene Gasthof mit seinen wohnlichen, in zeitlos elegantem Stil eingerichteten Zimmern. In den gemütlichen Restaurantstuben wird eine gute Auswahl an regionalen Fischgerichten geboten.

BANSIN – Mecklenburg-Vorpommern – siehe Usedom (Insel)

BARGUM – Schleswig-Holstein – 541 – 620 Ew – Höhe 4 m
1 G2
▶ Berlin 451 – Kiel 111 – Sylt (Westerland) 41 – Flensburg 37

Andresen's Gasthof mit Zim
Dörpstraat 63, (B 5) ⌧ 25842 – ℰ (04672) 10 98 – kontakt@andresens-gasthof.de – Fax (04672) 1099 – geschl. Mitte Jan. - Anfang Feb., Sept. - Okt. 1 Woche
5 Zim – †50/60 € ††80/100 € – **Rest** – *(geschl. Montag - Dienstag, außer Feiertage, Mittwoch - Donnerstag nur Abendessen)* (Tischbestellung erforderlich) Karte 40/55 €

♦ Eine hübsche, charmante Einrichtung im friesischen Stil bestimmt hier das Ambiente. Serviert wird klassische Küche mit mediterranen Einflüssen. Schöner Garten.

BARLEBEN – Sachsen-Anhalt – siehe Magdeburg

BARNSTORF – Niedersachsen – 541 – 6 030 Ew – Höhe 31 m   17 **F7**
▶ Berlin 395 – Hannover 105 – Bremen 59 – Osnabrück 67

Roshop   Rest, P VISA AE
Am Markt 6 ⊠ 49406 – ℰ (05442) 98 00 – info@hotel-roshop.de – Fax (05442) 980444
63 Zim ⊇ – †68/95 € ††88/115 € – **Rest** – Karte 21/42 €
♦ Besonders Tagungsgäste schätzen dieses Hotel am Marktplatz. Man bietet wohnliche, funktionelle Zimmer und einige schöne Juniorsuiten sowie einen ansprechenden Freizeitbereich. Gediegene Restaurantstuben.

BARSINGHAUSEN – Niedersachsen – 541 – 34 380 Ew – Höhe 112 m   18 **H9**
▶ Berlin 315 – Hannover 25 – Bielefeld 87 – Hameln 42
🛈 Deisterplatz 2, ⊠ 30890, ℰ (05105) 77 42 63, info@barsinghausen-info.de

Marmite   P VISA AE
Egestorfer Str. 36a ⊠ 30890 – ℰ (05105) 6 18 18 – stiller-geniessen@restaurant-marmite.de – Fax (05105) 515709 – geschl. Mitte Juni - Mitte Sept. Sonntagabend - Montag
Rest – (wochentags nur Abendessen) Menü 31/36 € – Karte 28/40 €
♦ Für ein mediterranes Flair sorgen sonnengelbe Wände, luftige Korbbestuhlung, Parkettboden und viele bunte Bilder. Das Service-Team bemüht sich geschult um seine Gäste.

BARTH – Mecklenburg-Vorpommern – 542 – 9 430 Ew – Höhe 2 m   5 **N3**
▶ Berlin 272 – Schwerin 155 – Rostock 59 – Stralsund 33
🛈 Lange Str. 13, ⊠ 18356, ℰ (038231) 24 64, info@stadt-barth.de

Speicher Barth   ≤ Barther Bodden, P VISA AE
Am Osthafen 2 ⊠ 18356 – ℰ (038231) 6 33 00 – kontakt@speicher-barth.de – Fax (038231) 63400
44 Zim ⊇ – †54/110 € ††89/156 € – ½ P 25 € – 9 Suiten – **Rest** – Menü 29/57 € – Karte 24/44 €
♦ Der 100 Jahre alte Getreidespeicher wurde Ende der 90er Jahre zu einem außergewöhnlichen Hotel umgebaut. Klares Design hat man mit ursprünglichen Elementen verbunden. Eine offene Balkonkonstruktion prägt das Restaurant - Glasanbau mit toller Aussicht.

Pommernhotel   P VISA AE
Divitzer Weg 2 ⊠ 18356 – ℰ (038231) 4 55 80 – info@pommernhotel.de – Fax (038231) 4558222
31 Zim ⊇ – †47/58 € ††62/88 € – ½ P 15 € – **Rest** – Karte 15/27 €
♦ Am Ortsrand liegt das Hotel der Familie Splettstößer. Die gepflegten und praktischen Zimmer sind durchweg mit zeitlosen Kirschbaummöbeln ausstaffiert.

BARTHOLOMÄ – Baden-Württemberg – 545 – 2 180 Ew – Höhe 642 m – Wintersport :   56 **I18**
▶ Berlin 573 – Stuttgart 75 – Aalen 16 – Schwäbisch Gmünd 21

An der Straße nach Steinheim Süd-Ost : 3 km :

Landhotel Wental   P VISA AE
Wental 1 ⊠ 73566 Bartholomä – ℰ (07173) 97 81 90 – info@wental.de – Fax (07173) 9781940 – geschl. über Weihnachten
35 Zim ⊇ – †52/58 € ††80/90 € – ½ P 13 € – **Rest** – (geschl. Montag, Sonntagabend) Karte 15/25 €
♦ Ein gestandener Gasthof auf der Schwäbischen Alb, wie er typischer nicht sein kann. Auch ein Freizeitbereich gehört zum Angebot. Nebenan: eine Kletter-Anlage. Rustikales Restaurant mit Kamin und Kachelofen.

Luxuriös oder eher schlicht?
Die Symbole X und 🏠 kennzeichnen den Komfort.

BAUNATAL – Hessen – 543 – 28 150 Ew – Höhe 210 m
38 **H11**

▶ Berlin 398 – Wiesbaden 218 – Kassel 14 – Göttingen 57

Stadt Baunatal
Wilhelmshöher Str. 5 ✉ *34225* – ✆ *(0561) 9 48 80 – hotel-stadt-baunatal@t-online.de – Fax (0561) 9488100*
51 Zim ⌧ – †49/55 € ††82 €
Rest *Titania* – *(geschl. Sonntagabend)* Karte 15/36 €
Rest *Alte Schmiede* – *(nur Abendessen)* Karte 13/30 €
♦ Tadellose Pflege und Sauberkeit, freundliches Personal sowie großzügig geschnittene Zimmer mit funktioneller Ausstattung zählen zu den Vorzügen dieses Hotels. Das Titania ist in weißem Holz gehalten - mit schöner Theke. Gemütlich-rustikal: die Alte Schmiede.

BAUTZEN – Sachsen – 544 – 42 160 Ew – Höhe 220 m
44 **R12**

▶ Berlin 200 – Dresden 65 – Görlitz 47 – Cottbus 75
ADAC Steinstr. 26
🛈 Hauptmarkt 1, ✉ 02625 – ✆ (03591) 4 20 16, touristinfo@bautzen.de
◉ Dom St. Peter★ – Stadtbefestigung★ – Alte Wasserkunst★

Holiday Inn
Wendischer Graben 20 ✉ *02625* – ✆ *(03591) 49 20 – reservations-bautzen@ihg.com – Fax (03591) 492100*
157 Zim ⌧ – †94/109 € ††108/123 € – 5 Suiten – **Rest** – Karte 13/28 €
♦ Ein neuzeitliches Hotel im Stadtzentrum. Auch Geschäftsleute schätzen die Zimmer wegen ihrer technisch funktionellen Ausstattung.

Goldener Adler
Hauptmarkt 4 ✉ *02625* – ✆ *(03591) 4 86 60 – kontakt@goldeneradler.de – Fax (03591) 486620*
30 Zim ⌧ – †67/99 € ††99/125 € – **Rest** – Karte 23/31 €
♦ In der Altstadt liegt das a. d. 16. Jh. stammende Haus mit der sorgsam sanierten historischen Fassade. Zeitgemäße Zimmer stehen hier bereit. Restaurant mit schönem Kreuzgewölbe.

Dom Eck garni
Breitengasse ✉ *02625* – ✆ *(03591) 50 13 30 – info@wjelbik.de – Fax (03591) 501334*
12 Zim ⌧ – †57/61 € ††72/78 €
♦ Hinter dem Dom findet man diese nette Adresse. Man bietet gut unterhaltene, hell möblierte Zimmer und einen freundlichen Frühstücksraum.

Villa Antonia
Lessingstr. 1 ✉ *02625* – ✆ *(03591) 50 10 20 – info@hotel-villa-antonia.de – Fax (03591) 501044*
16 Zim ⌧ – †55/60 € ††79/115 €
Rest *Tiroler Stuben* – ✆ *(03591) 46 08 88* – Karte 15/26 €
♦ Die Ende des 19. Jh. erbaute Villa beherbergt heute ein kleines Hotel mit solide und zeitlos eingerichteten Zimmern und einem hübschen Frühstücksraum mit Stuckdecke. Nett sind die rustikalen Tiroler Stuben mit alpenländischer Holztäfelung.

Schloss-Schänke mit Zim
Burgplatz 5 ✉ *02625* – ✆ *(03591) 30 49 90 – info@schloss-schaenke.net – Fax (03591) 490198*
11 Zim ⌧ – †55 € ††69 € – **Rest** – *(Montag - Freitag nur Abendessen)* Karte 18/33 €
♦ Eine urgemütliche Atmosphäre herrscht in der 600 Jahre alten Schänke. Unverputztes Mauerwerk sowie Holzbalken- und Gewölbedecken verleihen den Stuben historisches Flair. Zum Übernachten stehen wohnliche Zimmer bereit - einige im alten Wehrturm.

Auch Hotels und Restaurants können sich ändern.
Kaufen Sie deshalb jedes Jahr den neuen Michelin-Führer!

LOUIS ROEDERER

CHAMPAGNE

Innovation mit Zukunft

www.michelin.de

MICHELIN
Wir bringen Sie weiter

BAYERISCH EISENSTEIN – Bayern – 546 – 1 350 Ew – Höhe 724 m – Wintersport: 1 456 m ⬈1 ⬊7 ⛷ – Luftkurort 59 **P17**

▶ Berlin 463 – München 193 – Passau 75 – Straubing 85

🛈 Schulbergstr. 1, ⌂ 94252, ℰ (09925) 94 03 16, info@bayerisch-eisenstein.de

Aparthotel Arberresidenz Vierjahreszeiten garni
Anton-Pech-Weg 12 ⌂ *94252* – ℰ *(09925) 94 07 40*
– *arberresidenz@t-online.de* – *Fax (09925) 940750* – *geschl. Mitte Nov. - Mitte Dez.*
27 Zim ⌂ – †40 € ††60/66 € – 8 Suiten

♦ Von außen ein moderner Bau, der in seinem Inneren gut geschnittene und wohnliche 1 - 2 Zimmer-Appartements birgt. Alle Appartements verfügen über eine Küchenzeile.

BAYERISCH GMAIN – Bayern – siehe Reichenhall, Bad

BAYERSOIEN, BAD – Bayern – 546 – 1 180 Ew – Höhe 812 m – Luftkurort und Moorheilbad 65 **K21**

▶ Berlin 642 – München 102 – Garmisch-Partenkirchen 35 – Weilheim 38

🛈 Dorfstr. 45, ⌂ 82435, ℰ (08845) 7 03 06 20, info@bad-bayersoien.de

🅖 Echelsbacher Brücke★ Nord : 3 km

Parkhotel Bayersoien
Am Kurpark 1 ⌂ *82435* – ℰ *(08845) 1 20* – *info@parkhotel-bayersoien.de*
– *Fax (08845) 9695*
66 Zim ⌂ – †111/187 € ††182/220 € – **Rest** – Menü 24/59 € – Karte 30/34 €
Rest *african lounge* – Menü 24/59 € – Karte 29/37 €

♦ Etwas abseits thront mit herrlichem Alpenblick das im charmanten Landhausstil gehaltene Kurhotel. Dazu passend sind die Zimmer mit bayerischen Naturholzmöbeln eingerichtet. Rustikal-elegantes Restaurant.

BAYREUTH – Bayern – 546 – 74 820 Ew – Höhe 340 m 51 **L15**

▶ Berlin 358 – München 231 – Coburg 67 – Nürnberg 80

✈ Bindlacher Berg, über B2 Y : 7 km, ℰ (09208) 6 57 00 – **ADAC** Hohenzollernring 64

🛈 Luitpoldplatz 9, ⌂ 95444, ℰ (0921) 8 85 88, info@bayreuth-tourismus.de

🏌 Bayreuth, Rodersberg 43 ℰ (0921) 97 07 04 Y

Veranstaltungen 25.07. - 28.08. : Wagner-Festspiele

◉ Markgräfliches Opernhaus★ Y – Richard-Wagner-Museum★ Z – Neues Schloss (Innenausstattung★) Z

🅖 Schloss Eremitage★ (Schlosspark★) über B22 Z : 4 km

Stadtplan siehe nächste Seite

Ramada Hotel Residenzschloss
Erlanger Str. 37 ⌂ *95444* – ℰ *(0921) 7 58 50*
– *bayreuth@ramada.de* – *Fax (0921) 7585601* Z a
104 Zim – †74/86 € ††74/86 €, ⌂ 13 € – **Rest** – Karte 20/50 €

♦ Das ehemalige Sudhaus einer Brauerei mit neuem Anbau steht inmitten der Wagnerstadt. Ambiente und Komfort des Hauses entsprechen neuzeitlichen Ansprüchen. Großzügiges Restaurant mit Galeriebereich und rötlich schimmerndem Granitboden.

Goldener Anker
Opernstr. 6 ⌂ *95444* – ℰ *(0921) 7 87 77 40* – *info@anker-bayreuth.de* – *Fax (0921) 65500* – *geschl. Weihnachten - Mitte Jan.* Y r
35 Zim ⌂ – †88/128 € ††118/218 €
Rest *Restaurant 1927* – (geschl. nach Ostern 2 Wochen, Sept. 2 Wochen und Sept. - Mitte Juli Montag - Dienstag, nur Abendessen) Menü 35/65 € – Karte 40/63 €

♦ Eine elegante Atmosphäre herrscht in dem Traditionshotel nahe dem Opernhaus. Baldachine, Seidentapeten und Antiquitäten zieren die Räume und schaffen ein schönes Ambiente. Die Ausstattung des Restaurants stammt a. d. J. 1927. Internationale Küche.

Bayerischer Hof
Bahnhofstr. 14 ⌂ *95444* – ℰ *(0921) 7 86 00* – *hotel@bayerischer-hof.de*
– *Fax (0921) 7860560* Y e
48 Zim – †79/92 € ††99/112 €, ⌂ 12 € – **Rest** – (geschl. Samstag- und Sonntagmittag) Karte 16/41 €

♦ Hier erwarten Sie ganz unterschiedliche, von klassisch bis modern eingerichtete Gästezimmer. Exquisit ist die Suite in der obersten Etage. Restaurant im französischen Bistrostil - im vorderen Bereich geht's legerer zu, hinten schön gedeckte Tische.

145

BAYREUTH

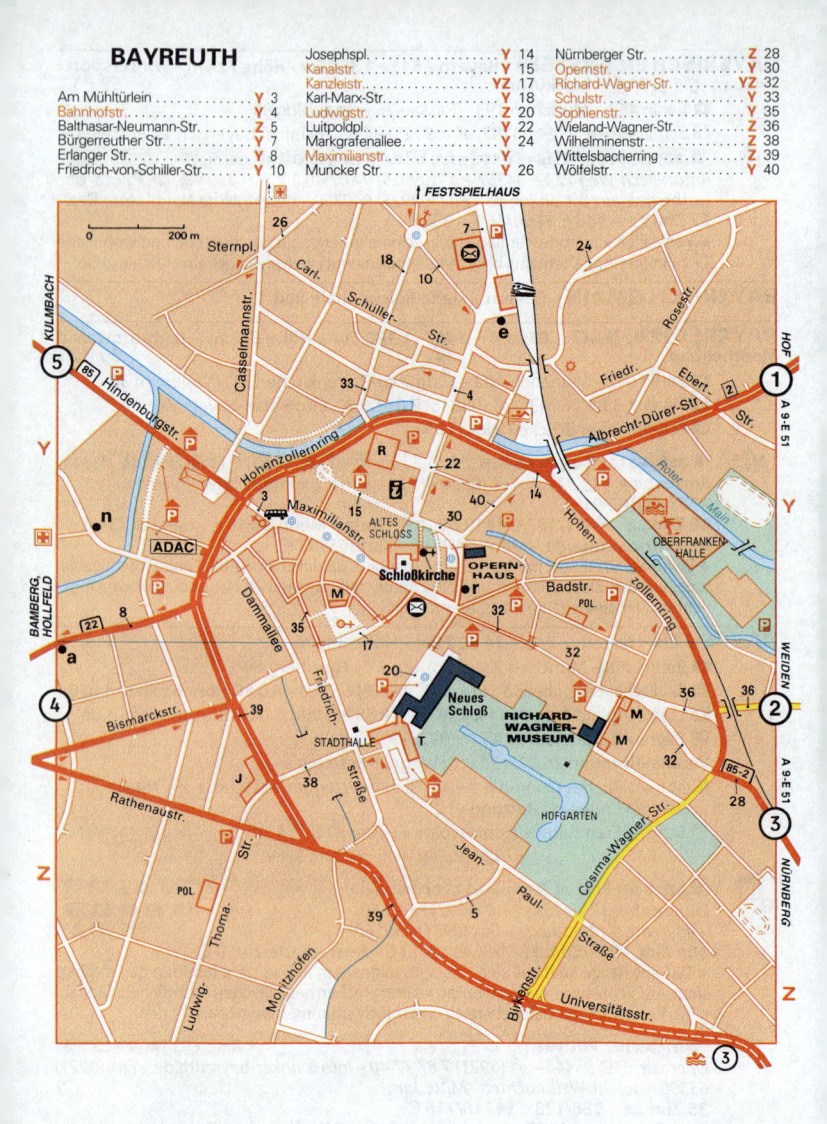

Am Mühltürlein	Josephspl. .... Y 14	Nürnberger Str. .... Z 28
Bahnhofstr. .... Y 3	Kanalstr. .... Y 15	Opernstr. .... Y 30
Bahnhofstr. .... Y 4	Kanzleistr. .... YZ 17	Richard-Wagner-Str. .... YZ 32
Balthasar-Neumann-Str. .... Z 5	Karl-Marx-Str. .... Y 18	Schulstr. .... Y 33
Bürgerreuther Str. .... Y 7	Ludwigstr. .... Z 20	Sophienstr. .... Y 35
Erlanger Str. .... Y 8	Luitpoldpl. .... Y 22	Wieland-Wagner-Str. .... Z 36
Friedrich-von-Schiller-Str. .... Y 10	Markgrafenallee .... Y 24	Wilhelminenstr. .... Z 38
	Maximilianstr.	Wittelsbacherring .... Z 39
	Muncker Str. .... Y 26	Wölfelstr. .... Y 40

Lohmühle

Badstr. 37 ✉ 95444 – ℘ (0921) 5 30 60 – lohmuehle@t-online.de – Fax (0921) 5306469
42 Zim ☷ – †68/74 € ††101/110 € – **Rest** – *(geschl. Sonntagabend)* Karte 21/31 €

Y s

♦ Eine nette Adresse, die auf den Grundfesten einer alten Gerberei und Sägemühle steht. Im Gasthof sind die Zimmer rustikal, im Gästehaus hell und funktionell eingerichtet. Im Restaurant: weiß verputzte Wände und dunkel gebeizte Deckenbalken.

BAYREUTH

Goldener Löwe
Kulmbacher Str. 30 – 95445 – ℰ (0921) 74 60 60 – info@goldener-loewe.de
– Fax (0921) 47777   Y n
13 Zim – †44/70 € ††74/101 € – **Rest** – (geschl. Sonntagabend -
Montagmittag) Karte 14/27 €
♦ Ein gut geführter typisch fränkischer Gasthof: solide und gemütlich. Sie schlafen in rustikalen Zimmern, die mit Naturholzmöbeln wohnlich gestaltet wurden. Viel Holz und nettes Dekor prägen die Gaststube.

Ristorante italiano auf der Bürgerreuth mit Zim
An der Bürgerreuth 20 (über Bürgerreuther Strasse Y)
– 95444 – ℰ (0921) 7 84 00 – info@minuzzi.com
– Fax (0921) 784024 – geschl. 30. Aug. - 13. Sept und Montag
8 Zim – †49/69 € ††79/95 € – **Rest** – Karte 21/46 €
♦ Oberhalb des Festspielhauses können Sie bei Familie Minuzzi eine klassisch-italienische Küche genießen. War das Mahl zu opulent, stehen einige Gastzimmer zur Verfügung.

In Bayreuth-Grunau über B22 Z : 3 km :

Grunau Hotel
Kemnather Str. 27, (B 22) – 95448 – ℰ (0921) 7 98 00 – info@grunau-hotel.de
– Fax (0921) 7980100
61 Zim – †58/71 € ††86/99 € – **Rest** – (nur für Hausgäste) Karte 15/22 €
♦ Das in ein Einkaufs- und Fitness-Zentrum integrierte Etagenhotel verfügt über zeitgemäß möblierte und technisch solide ausgestattete Zimmer.

In Bayreuth-Oberkonnersreuth über B85-2 Z : 3 km :

Zur Sudpfanne   Biergarten
Oberkonnersreuther Str. 6 – 95448 – ℰ (0921) 5 28 83 – sudpfanne@
sudpfanne.de – Fax (0921) 515011
Rest – Menü 19 € (mittags)/51 € – Karte 34/47 €
♦ In einem ehemaligen Brauereigebäude ist das rustikal-gediegene Restaurant beheimatet. Hübsch: Die "Alte Küche" mit altertümlichem Herd. Zigarrenlounge und schöner Biergarten.

In Bayreuth-Wolfsbach über Nürnberger Straße Z : 6 km :

Jagdschloss Thiergarten mit Zim
Oberthiergärtner Str. 36 – 95448 – ℰ (09209) 98 40 – schlosshotel-thiergarten@
t-online.de – Fax (09209) 98429
8 Zim – †95/130 € ††140/190 €
Rest – (geschl. Sonntagabend - Montag) Menü 35/80 € – Karte 37/47 €
Rest *Jagdstüberl* – Karte 23/31 €
♦ Eine internationale Karte in Menüform bietet man in diesem fränkischen Barockschlösschen. Ein gediegen eingerichtetes Restaurant mit stilvoller Atmosphäre. Die Gästezimmer sind wohnlich-elegant.

In Bindlach-Obergräfenthal über B85 Y : 10 km, in Heinersreuth Richtung Cottenbach, nach Theta links :

Landhaus Gräfenthal   Biergarten
Obergräfenthal 7 – 95463 – ℰ (09208) 2 89 – landhaus-graefenthal@t-online.de
– Fax (09208) 57174 – geschl. Dienstag
Rest – Karte 22/37 €
♦ Das Restaurant teilt sich in ländliche Stuben und einen lichten wintergartenähnlichen Anbau - moderne Bilder zieren alle Räume. Gute internationale, teils regionale Küche.

BAYRISCHZELL – Bayern – **546** – 1 590 Ew – Höhe 800 m – Wintersport : 1 650 m
⚐23 ⚐ – Heilklimatischer Kurort   66 **M21**
▸ Berlin 664 – München 77 – Rosenheim 37 – Miesbach 23
🛈 Kirchplatz 2, – 83735, ℰ (08023) 6 48, tourist-info@bayrischzell.de
◉ Wendelstein ✱✱ (ab Bayrischzell-Osterhofen) –
   Ursprungpass-Straße✱ (von Bayrischzell nach Kufstein)

147

BAYRISCHZELL

Gasthof zur Post
Schulstr. 3 ⊠ 83735 – ℰ (08023) 81 97 10 – gasthof.zur.post.bayrischzell@t-online.de – Fax (08023) 8197181 – geschl. Nov. - Mitte Dez.
46 Zim – †34/70 € ††67/134 € – ½ P 14 € – **Rest** – Karte 16/36 €
♦ Seit Jahren ist die Post ein bodenständig und familär geführter Gasthof. Typisch bayerisch und behaglich sind die Zimmer: Manche Möbel sind sogar mit Bauernmalerei verziert. Holzvertäfelte Gaststuben laden zum Verweilen ein.

Effland garni
Tannermühlstr. 14 ⊠ 83735 – ℰ (08023) 2 63 – hotel-effland@t-online.de – Fax (08023) 1413 – geschl. Nov. - 15. Dez.
13 Zim ☑ – †43/46 € ††71/104 €
♦ In ruhiger Lage am Hang erwartet Sie dieses Haus mit sehr privatem Charakter. Die gepflegten Zimmer verfügen alle über einen eigenen Balkon bzw. über eine Terrasse.

Wendelstein   Biergarten
Ursprungstr. 1 ⊠ 83735 – ℰ (08023) 8 08 90 – hotel.wendelstein@t-online.de – Fax (08023) 808969 – geschl. 10. Nov. - 22. Dez.
17 Zim ☑ – †37/60 € ††62/74 € – ½ P 13 € – **Rest** – *(geschl. Montag)*
Menü 10/27 € – Karte 10/20 €
♦ Ein typischer bayerischer Gasthof in der Ortsmitte, der über gepflegte, teilweise mit bemalten Bauernmöbeln eingerichtete Zimmer verfügt. Ländlich dekorierte Gaststuben und Biergarten unter Kastanienbäumen.

In Bayrischzell-Geitau Nord-West : 5 km über B 307, Richtung Miesbach :

Postgasthof Rote Wand   ≼Biergarten
Geitau 15 ⊠ 83735 – ℰ (08023) 90 50 – info@gasthofrotewand.de – Fax (08023) 656 – geschl. Mitte Nov. - Mitte Dez., 25. März - 11. April
30 Zim ☑ – †35/40 € ††70/80 € – ½ P 14 € – **Rest** – *(geschl. Dienstag)* Karte 12/32 €
♦ Der in regionalem Stil erbaute Gasthof ist ein sympathischer und gut geführter Familienbetrieb mit sauberen, unterschiedlich möblierten Zimmern von ländlich bis klassisch. Rustikales Restaurant mit schöner Gartenterrasse.

In Bayrischzell-Osterhofen Nord-West : 3 km über B 307, Richtung Miesbach :

Der Alpenhof
Osterhofen 1 ⊠ 83735 – ℰ (08023) 9 06 50 – info@der-alpenhof.com – Fax (08023) 906520
38 Zim – †135/165 € ††195/320 €, ☑ 21 € – ½ P 35 € – 8 Suiten
Rest *Alpenstube* – *(geschl. Sonntag - Montag, nur Abendessen)* Menü 108 € – Karte 56/80 €
Rest *Florianstube und Bauernstube* – Menü 45 € – Karte 39/56 €
Spez. Thunfisch auf 3 Arten mit Wasabicrème und Kaviar. Cassoulet vom Kalbsbries mit grünem Spargel und Trüffel. Rehrücken mit Gänseleber im Briochemantel und Portweinsauce.
♦ In dem hochwertig und wohnlich eingerichteten Haus mit schönem Garten wird das Bemühen um den Gast ganz groß geschrieben. Besonders elegant sind die noblen Themensuiten. Klassische Küche in der Alpenstube. Freundliche Florianstube und regionale Bauernstube.

BEBRA – Hessen – **543** – 14 970 Ew – Höhe 205 m   39 **I2**
▶ Berlin 395 – Wiesbaden 182 – Kassel 60 – Bad Hersfeld 15

Röse   Biergarten
Hersfelder Str. 1 ⊠ 36179 – ℰ (06622) 93 90 – info@hotel-roese.de – Fax (06622) 939393 – geschl. 20. - 27. Aug
45 Zim ☑ – †53/69 € ††78/106 € – **Rest** – *(geschl. Sonntagabend)* Karte 22/33 €
♦ Das in Waldnähe gelegene, gewachsene Familienhotel mit Tradition verfügt über einen Badegarten mit Saunalandschaft. Außerdem hat man ein Kino im Haus.

BECKUM – Nordrhein-Westfalen – 543 – 37 890 Ew – Höhe 105 m　　　27 **E10**
- Berlin 438 – Düsseldorf 130 – Bielefeld 58 – Hamm in Westfalen 20
- Lippetal-Lippborg, Ebbeckeweg 3 ℰ (02527) 81 91

Am Höxberg Süd : 2,5 km, Richtung Lippborger :

Höxberg
Soestwarte 1 ⊠ 59269 – ℰ (02521) 8 30 40 – hotel@hoexberg.de – Fax (02521) 830470
35 Zim ⊇ – †75 € ††110 € – **Rest** – Menü 39 € – Karte 28/45 €
♦ Schön und recht ruhig liegt das Hotel auf dem Höxberg, direkt am alten Wehrturm - umgeben von 20 000 qm Wiese und Wald. Die Zimmer sind wohnlich und funktionell gestaltet. Leicht elegantes Restaurant mit internationaler Küche. Nette Terrasse hinter dem Haus.

Zur Windmühle mit Zim
Unterberg II/33 ⊠ 59269 – ℰ (02521) 8 60 30 – info@nettebrock.de – Fax (02521) 860313
8 Zim ⊇ – †45 € ††80 € – **Rest** – (geschl. Mitte Juli - Anfang Aug. und Montag, Dienstag - Samstag nur Abendessen) Menü 26/59 € – Karte 29/52 €
♦ Die benachbarte denkmalgeschützte Windmühle von 1853 gab diesem seit 150 Jahren in Familienbesitz befindlichen Haus - einem stilvoll eingerichteten Restaurant - seinen Namen.

In Beckum-Vellern Nord-Ost : 4 km :

Alt Vellern (mit Gästehaus)
Dorfstr. 21 ⊠ 59269 – ℰ (02521) 8 71 70 – info@alt-vellern.de – Fax (02521) 871758 – geschl. 23. Dez.- 5. Jan., über Ostern
33 Zim ⊇ – †73/95 € ††92/130 € – ½ P 18 € – **Rest** – (geschl. Sonntagmittag, Freitagabend - Samstagmittag) Menü 43 € – Karte 25/41 €
♦ Der erweiterte westfälische Gasthof bietet mit unterschiedlichen Möbeln wohnlichgediegen eingerichtete Zimmer - im Gästehaus geräumiger. Gemütlich-ursprüngliche Gaststuben mit nostalgischem Zierrat. Internationale Karte.

BEDERKESA, BAD – Niedersachsen – 541 – 5 220 Ew – Höhe 9 m – Moorheilbad　　　9 **G5**
- Berlin 400 – Hannover 198 – Cuxhaven 42 – Bremerhaven 25
- Amtsstr. 8, ⊠ 27624, ℰ (04745) 9 43 35, touristinformation@bad-bederkesa.de
- Ringstedt, Gut Hainmühlen ℰ (04708) 92 00 36

Waldschlößchen Bösehof
Hauptmann-Böse-Str. 19 ⊠ 27624 – ℰ (04745) 94 80 – boesehof@t-online.de – Fax (04745) 948200
47 Zim ⊇ – †68/98 € ††115/138 € – 13 Suiten – **Rest** – Menü 25/53 € – Karte 26/47 €
♦ In einer hübschen Gartenanlage mit Teich liegt das traditionsreiche Haus im Fachwerkstil, das mit wohnlichen Zimmern und einem hellen, neuzeitlichen Freizeitbereich gefällt. Elegant-rustikales Ambiente im Restaurant.

C'est la vie
Bahnhofstr. 13 ⊠ 27624 – ℰ (04745) 78 24 02 – Fax (04745) 782745 – geschl. Mitte Jan. 2 Wochen, Mitte Juni 2 Wochen und Montag
Rest – (Dienstag - Freitag nur Abendessen) Menü 25/37 € – Karte 23/35 €
♦ Der in Bahnhofsnähe gelegene Familienbetrieb ist ein helles, neuzeitliches Restaurant mit mediterranem Touch. Internationale Küche aus frischen Produkten.

BEELEN – Nordrhein-Westfalen – 543 – 6 330 Ew – Höhe 62 m　　　27 **E10**
- Berlin 433 – Düsseldorf 148 – Bielefeld 39 – Münster (Westfalen) 37

Hemfelder Hof mit Zim
Clarholzer Str. 21 (Süd-Ost : 3 km, an der B 64, Richtung Paderborn) ⊠ 48361 – ℰ (02586) 2 15 – Fax (02586) 8624
12 Zim ⊇ – †38 € ††66 € – **Rest** – (geschl. Freitag - Samstagmittag) Menü 30 € – Karte 18/38 €
♦ Der familiäre Service wird Ihnen ebenso gefallen wie die gehobene Küche nach regionaler Art. Dekorationen in altdeutschem Stil tragen zum gemütlich-rustikalen Ambiente bei.

BEILNGRIES – Bayern – 546 – 8 730 Ew – Höhe 368 m – Erholungsort   58 **L18**
- Berlin 482 – München 108 – Nürnberg 76 – Ingolstadt 35
- Hauptstr. 14 (Haus des Gastes), ⊠ 92339, ℰ (08461) 85 34, tourismus@beilngries.de

Der Millipp   Biergarten   Rest,
Hauptstr. 9 ⊠ 92339 – ℰ (08461) 12 03 – info@der.millipp.de – Fax (08461) 7870
22 Zim – †59/79 € ††77/90 € – ½ P 17 € – **Rest** – Karte 18/32 €
♦ Der traditionsreiche Metzgereigasthof verbindet in den Zimmern gelungen historische Bausubstanz mit wohnlich-eleganter Einrichtung im Landhausstil. Rustikal-gediegen zeigen sich die Gaststuben mit traditioneller regionaler Küche.

Die Gams (mit Gästehaus)
Hauptstr. 16 ⊠ 92339 – ℰ (08461) 61 00 – info@hotel-gams.de – Fax (08461) 610100
62 Zim – †64/94 € ††84/134 € – ½ P 17 € – **Rest** – Menü 13 € – Karte 16/38 €
♦ Ein netter, sehr gut unterhaltener Familienbetrieb im Ortszentrum, der Übernachtungsgästen zweckmäßig und zeitlos gestaltete Zimmer anbietet. Restaurant mit hübscher Zirbelstube und vorwiegend regionaler Küche.

Fuchsbräu   Biergarten
Hauptstr. 23 ⊠ 92339 – ℰ (08461) 65 20 – info@fuchsbraeu.de – Fax (08461) 8357 – geschl. 2. - 5. Jan.
67 Zim – †69/80 € ††86/96 € – ½ P 17 € – **Rest** – Menü 12 € – Karte 16/35 €
♦ Diese Adresse hat sich von einer Brauerei zum behaglich-komfortablen Gasthaus entwickelt und gefällt mit liebevoll ausgestatteten Räumen. Fahrräder stehen zur Verfügung. Restaurant in modernem Landhausstil.

Goldener Hahn   Biergarten
Hauptstr. 44 ⊠ 92339 – ℰ (08461) 6 41 30 – hotel.goldener-hahn@t-online.de – Fax (08461) 641389
49 Zim – †47/56 € ††67/77 € – ½ P 16 € – **Rest** – Karte 15/26 €
♦ Die Zimmer dieses im Zentrum gelegenen Hauses sind auf die Wodansburg und das Alte Bräuhaus verteilt - funktionell und freundlich in der Einrichtung. Restaurantbereich im Brauerei-Stil.

In Beilngries-Hirschberg West : 3,5 km :

Zum Hirschen   Biergarten
Hirschberg 25 ⊠ 92339 – ℰ (08461) 5 20 – zum.hirschen@t-online.de – Fax (08461) 9676 – geschl. Anfang Jan. 2 Wochen
34 Zim – †40 € ††62 € – ½ P 11 € – **Rest** – (geschl. Montagmittag) Karte 11/28 €
♦ In der Mitte des kleinen Ortes steht der schon in fünfter Generation familiengeführte Gasthof mit zweckmäßig eingerichteten Zimmern und wohnlich-rustikalem Rahmen. Ländlich-gediegenes Restaurant mit günstiger regionaler Küche.

BEILSTEIN – Rheinland-Pfalz – 543 – 160 Ew – Höhe 90 m   46 **C14**
- Berlin 655 – Mainz 111 – Koblenz 48 – Trier 102
- Burg Metternich ≤★

Haus Lipmann
Marktplatz 3 ⊠ 56814 – ℰ (02673) 15 73 – hotel.haus.lipmann@t-online.de – Fax (02673) 1521 – geschl. Nov. - März
12 Zim – †90/110 € ††100/120 € – **Rest** – Karte 18/39 €
♦ Das am Marktplatz gelegene Gasthaus a. d. 18. Jh. ist ein familiär geleitetes kleines Hotel mit wohnlichen Zimmern, die sich auf zwei Häuser verteilen. Rustikales Restaurant mit weinbrankter Terrasse zur Mosel. Schön ist der Rittersaal mit großem Kamin.

Gute Küche zu günstigem Preis? Folgen Sie dem „Bib Gourmand".

BELLHEIM – Rheinland-Pfalz – 543 – 8 520 Ew – Höhe 117 m 54 **E17**
▶ Berlin 659 – Mainz 126 – Karlsruhe 33 – Landau in der Pfalz 13

Lindner's
*Postgrabenstr. 54 ⊠ 76756 – ℰ (07272) 97 20 60 – lindner-hotel@t-online.de
– Fax (07272) 9720630*
21 Zim ⊇ – †51/56 € ††72/80 € – **Rest** – *(geschl. Jan. 2 Wochen, Juni 2 Wochen und Montag)* Menü 24 € – Karte 20/35 €
♦ Eine familiäre Unterkunft mit modernem Ambiente. Es erwarten Sie behagliche Zimmer mit Wurzelholz-Mobiliar. Die dörfliche Umgebung bietet sich für Radtouren an. Klassisch wirkendes Restaurant mit nettem Dekor.

Bellheimer Braustübl mit Zim
*Hauptstr. 78 ⊠ 76756 – ℰ (07272) 7 55 00 – info@bellheimer-braustuebl.com
– Fax (07272) 9720920*
7 Zim ⊇ – †42/47 € ††64/69 € – **Rest** – *(geschl. Montag - Dienstagmittag)* Menü 23/42 € – Karte 16/41 €
♦ In diesem Gasthof werden in zwei gemütlichen rustikalen Stuben - eine davon ganz mit Holz vertäfelt - regionale sowie bürgerliche Gerichte angeboten. Gepflegte Gästezimmer.

In Knittelsheim West : 2 km Richtung Landau :

Steverding's Isenhof
*Hauptstr. 15a ⊠ 76879 – ℰ (06348) 57 00 – info@isenhof.de – Fax (06348) 5917
– geschl. Ende Juni - Mitte Juli und Sonntag - Montag*
Rest – *(nur Abendessen)* (Tischbestellung ratsam) Menü 79/89 €
Spez. Gebackener Glattbutt mit Avocadosalat und Vanille-Mayonnaise. Mit Tatar und wilder Garnele gefülltes Kalbsfilet. Gebrannter Lavendelflan mit Pistaziencrème und Gartenkräutereis.
♦ In dem Fachwerkhaus a. d. 14. Jh. bietet man kreative Küche - serviert wird im gemütlichen Restaurant oder auf der überdachten Terrasse im Hof. Im Sommer kocht man im Garten.

In Zeiskam Nord-West : 4,5 km :

Zeiskamer Mühle
*Hauptstr. 87 (Süd : 1,5 km) ⊠ 67389 – ℰ (06347) 9 74 00 – info@
zeiskamermuehle.de – Fax (06347) 974066*
36 Zim ⊇ – †51/99 € ††71/115 € – **Rest** – Menü 23 € – Karte 25/47 €
♦ Recht ruhig liegt das von der Inhaberfamilie geleitete Haus außerhalb des Dorfes. Eine ehemalige Mühle, die heute über wohnliche Gästezimmer verfügt. Restaurant mit saisonal beeinflusstem internationalem Speisenangebot.

BELLINGEN, BAD – Baden-Württemberg – 545 – 3 820 Ew – Höhe 257 m – Heilbad 61 **D21**
▶ Berlin 841 – Stuttgart 247 – Freiburg im Breisgau 44 – Müllheim 12
🛈 Badstr. 14, ⊠ 79415, ℰ (07635) 80 82 20, info@bad-bellingen.de
Bad Bellingen, Am Golfplatz 3 ℰ (07635) 82 44 90

Landgasthof Schwanen (mit Gästehaus Rheintalblick)
*Rheinstr. 50 ⊠ 79415 – ℰ (07635) 81 18 11
– hotel@schwanen-bad-bellingen.de – Fax (07635) 811888 – geschl. 7. - 31. Jan.*
23 Zim ⊇ – †49/60 € ††80/90 € – ½ P 15 € – **Rest** – *(geschl. Dienstag - Mittwochmittag)* Karte 22/46 €
♦ Den ältesten Gasthof des Ortes hat man liebevoll renoviert. Das Traditionshaus bietet dem Gast wohnliche Zimmer und eine familiäre Atmosphäre. Ländlich geprägte Gaststube und Restaurant im eleganten Stil.

Birkenhof
*Rheinstr. 76 ⊠ 79415 – ℰ (07635) 6 23 – info@birkenhof-bad-bellingen.de
– Fax (07635) 2546 – geschl. Mitte Nov. - Mitte Jan.*
16 Zim ⊇ – †43/74 € ††78/117 € – ½ P 13 € – **Rest** – *(geschl. Sonntag)* (nur für Hausgäste)
♦ Dieser sehr gepflegte Familienbetrieb am Ortsrand verfügt über einheitlich mit hellen Naturholzmöbeln eingerichtete Zimmer und zwei wohnliche Suiten, alle mit Balkon.

BELLINGEN, BAD

Berghofstüble
(über Markus-Ruf-Straße, Nord-Ost: 1,5 km) ⊠ 79415 – ℰ (07635) 12 93
– Fax (07635) 3772 – geschl. Ende Aug. - Anfang Sept. 2 Wochen und Montag -
Dienstag, Juni - Aug. Montag - Dienstagmittag
Rest – Menü 43/53 € – Karte 19/54 €
♦ Im rustikalen Bauernhof-Ambiente, im freundlichen Wintergarten oder auf der Terrasse mit schöner Aussicht serviert man frische Spezialitäten der Region und gute Weine.

In Bad Bellingen-Hertingen West: 3 km:

Golfhotel - Hebelhof
Bellinger Str. 5 ⊠ 79415 – ℰ (07635) 8 24 49 35 – hebelhof@
drei-thermen-golfresort.de – Fax (07635) 8244933
25 Zim ⊇ – †50/60 € ††100/140 € – ½ P 19 € – **Rest** – Karte 24/35 €
♦ Das Hotel liegt in der Nähe des Golfplatzes und bietet Ihnen wohnliche Gästezimmer sowie einen Garten mit kleinem Putting Green. Unterteiltes gediegenes Restaurant.

BELM – Niedersachsen – siehe Osnabrück

BELZIG – Brandenburg – 542 – 11 960 Ew – Höhe 88 m – Luftkurort   32 N9
▶ Berlin 87 – Potsdam 57 – Brandenburg 35 – Magdeburg 72
🛈 Marktplatz 1, ⊠ 14806, ℰ (033841) 3 87 99 10, info@belzig.com

Springbach-Mühle (mit Gästehäusern)   Biergarten
Mühlenweg 2 (Nord: 2 km nahe der B 102) ⊠ 14806
– ℰ (033841) 62 10 – info@springbachmuehle.de
– Fax (033841) 62111
20 Zim ⊇ – †50/60 € ††80 € – ½ P 12 € – **Rest** – Karte 16/28 €
♦ Die sorgsam restaurierte historische Mühle ist heute ein Hotel mit wohnlichen Zimmern auf einem parkähnlichen Anwesen mit Teichen und Wildgehege. Rustikales Restaurant mit ländlichem Dekor.

BEMPFLINGEN – Baden-Württemberg – 545 – 3 370 Ew – Höhe 336 m   55 G19
▶ Berlin 667 – Stuttgart 30 – Reutlingen 13 – Tübingen 21

Krone
Brunnenweg 40 ⊠ 72658 – ℰ (07123) 3 10 83 – Fax (07123) 35985 – geschl. 23.
Dez. - 7. Jan., 3. - 11. Feb., 21. - 25. März, 19. - 26. Mai, 27. Juli - 15. Aug. und Sonntag
- Dienstagmittag, Mittwochmittag
Rest – Menü 16 € (mittags)/43 € – Karte 28/57 €
♦ Ein Familienbetrieb mit gediegen-rustikalem Ambiente und freundlichem Service. Klassisch und regional ist das Speisenangebot ausgelegt.

BENDESTORF – Niedersachsen – 541 – 2 240 Ew – Höhe 36 m – Luftkurort   10 I6
▶ Berlin 306 – Hannover 130 – Hamburg 39 – Lüneburg 40

Landhaus Meinsbur
Gartenstr. 2 ⊠ 21227 – ℰ (04183) 7 79 90 – information@meinsbur.de
– Fax (04183) 6087
12 Zim ⊇ – †75/100 € ††125/170 € – ½ P 35 € – **Rest** – Karte 32/42 €
♦ Man ist stolz auf die geschmackvolle Einrichtung dieses Hotels - untergebracht in einem typischen niedersächsischen Bauernhaus mit Reetdach. Wohnliche Zimmer mit Stilmöbeln. Sehenswerte, rustikal gestaltete Gaststuben mit offenem Kamin. Schöne Gartenterrasse.

BENDORF – Rheinland-Pfalz – 543 – 17 360 Ew – Höhe 80 m   36 D14
▶ Berlin 593 – Mainz 101 – Koblenz 12 – Bonn 63

Berghotel Rheinblick   ≤ Rheintal,
Remystr. 79 ⊠ 56170 – ℰ (02622) 12 71 27
– berghotel@rheinblick.de – Fax (02622) 14323 – geschl. 22. Dez. - 5. Jan.
34 Zim ⊇ – †65/80 € ††88/108 € – **Rest** – (geschl. Freitag) Karte 21/32 €
♦ Das recht nett und ruhig auf einer Anhöhe gelegene familiär geführte Haus bietet neuzeitliche, wohnliche Zimmer und eine gute Verkehrsanbindung. Restaurant mit Blick auf das Rheintal.

BENDORF

Weinhaus Syré
Engersport 12 ⌧ 56170 – ℰ (02622) 25 81 – Fax (02622) 2502 – geschl. 5. - 20. Jan. und Montag - Dienstag
Rest – Karte 32/45 €
♦ Die sympathischen älteren Gastgeber leiten das klassisch gehaltene Restaurant bereits seit vielen Jahren. Geboten wird eine Mischung aus traditionellen und modernen Gerichten.

In Bendorf-Sayn Nord-West : 1,5 km :

Villa Sayn
Koblenz-Olper-Str. 111 ⌧ 56170 – ℰ (02622) 9 44 90 – info@villasayn.de – Fax (02622) 944944
17 Zim – †75 € ††110 €
Rest *Toscana* – *(geschl. 1. - 7. Feb., Mitte Juli - Mitte Aug. 2 Wochen, Anfang - Mitte Okt. 1 Woche und Montag, nur Abendessen)* Menü 49/63 € – Karte 29/51 €
♦ Der etwas von der Straße zurückversetzte Anbau dieser schmucken Villa a. d. 19. Jh. überzeugt mit hübschen, wohnlichen und teils recht großzügigen Zimmern mit schönen Bädern. Leicht elegant ist das Toscana im ersten Stock des historischen Gebäudes.

BENEDIKTBEUERN – Bayern – 546 – 3 430 Ew – Höhe 617 m – Erholungsort
65 **L21**

▶ Berlin 650 – München 61 – Garmisch-Partenkirchen 41 – Bad Tölz 15
🛈 Prälatenstr. 3, ⌧ 83671, ℰ (08857) 2 48, info@benediktbeuern.de

Klosterbräustüberl
Biergarten
Zeilerweg 2 ⌧ 83671 – ℰ (08857) 94 07 – info@klosterwirt.de – Fax (08857) 9408 – geschl. 7. - 25. Jan.
Rest – Karte 11/28 €
♦ In einem Nebengebäude des Klosters befindet sich das rustikale Lokal mit Holztäfelung und Kreuzgewölbe. Schöner Biergarten im Innenbereich des Klosters.

BENNINGEN – Baden-Württemberg – siehe Marbach am Neckar

BENSERSIEL – Niedersachsen – siehe Esens

BENSHEIM AN DER BERGSTRASSE – Hessen – 543 – 39 210 Ew – Höhe 115 m
47 **F16**

▶ Berlin 593 – Wiesbaden 66 – Mannheim 37 – Darmstadt 26
ADAC Bahnhofstr. 9
🛈 Hauptstr. 39, ⌧ 64625, ℰ (06251) 5 82 63 14, touristinfo@bensheim.de
🛈 Bensheim, Außerhalb 56 ℰ (06251) 6 77 32
◉ Staatspark Fürstenlager★★ Nord : 3 km

Alleehotel Europa - Residenz
Europa-Allee 45 ⌧ 64625 – ℰ (06251) 10 50 – alleehotel@alleehotel.de – Fax (06251) 105100
169 Zim – †77/97 € ††77/97 €, ⌧ 12 €
Rest *Sankt Georg* – Karte 20/38 €
Rest *Vinothek* – Karte 16/26 €
♦ Ein Tagungshotel mit modernem Ambiente außerhalb des Zentrums. Man bietet zwei Zimmertypen, die beide funktionell und solide gestaltet sind. Restaurant Sankt Georg mit Bergstraßenpanorama. Urig-rustikales Flair in der Vinothek.

Felix
Dammstr. 46 ⌧ 64625 – ℰ (06251) 8 00 60 – office@hotelfelix.de – Fax (06251) 800660
37 Zim ⌧ – †82/95 € ††98/120 € – **Rest** – Karte 26/39 €
♦ Das moderne Hotel überzeugt mit seiner zentralen Lage und der wohnlichen Ausstattung. Auch Allergikerzimmer sind vorhanden. Netter Saunabereich und kleiner Fitnessraum. Restaurant mit Wintergarten.

153

BENSHEIM AN DER BERGSTRASSE
In Bensheim-Auerbach Nord : 1 km – Luftkurort :

Parkhotel Herrenhaus
Im Staatspark Fürstenlager (Ost : 1 km) ⊠ 64625 – ℰ (06251) 7 09 00 – info@
parkhotel-herrenhaus.de – Fax (06251) 78473
9 Zim ⊑ – †89/100 € ††145 € – ½ P 23 € – **Rest** – Menü 39 €
– Karte 22/32 €
♦ Stilmobiliar und Antiquitäten geben den Gästezimmern dieses schmucken kleinen Hotels ihren historischen Charme. Schön: die Lage im Park. Klassisch-elegantes Restaurant.

Poststuben (mit Gästehaus)
Schloßstr. 28 ⊠ 64625 – ℰ (06251) 5 96 20 – info@poststuben.de – Fax (06251) 74743
20 Zim ⊑ – †55/75 € ††75/95 € – ½ P 13 € – **Rest** – *(geschl. Aug. 3 Wochen und Sonntagabend - Montag)* Karte 23/36 €
♦ Der Gasthof bietet Ihnen eine wohnliche Unterkunft mit familiärer Atmosphäre. Die Zimmer - überwiegend im Gästehaus untergebracht - sind zeitgemäß eingerichtet. Warmes Holz und hübsche Dekorationen schaffen Behaglichkeit im Restaurant.

BENTHEIM, BAD – Niedersachsen – 541 – 15 390 Ew – Höhe 62 m – Heilbad
▶ Berlin 491 – Hannover 207 – Nordhorn 19 – Enschede 29   16 **C8**
🛈 Schlossstr. 18, ⊠ 48455, ℰ (05922) 9 83 30, info@badbentheim.de
Bad Bentheim-Sieringhoek, Am Hauptdiek 8 ℰ (05922) 7 77 60

Grossfeld (mit 7 Gästehäusern)
Schlossstr. 6 ⊠ 48455 – ℰ (05922) 7 77 70 – info@
grossfeld.de – Fax (05922) 7777115
157 Zim ⊑ – †69/80 € ††110/120 € – ½ P 15 € – 14 Suiten – **Rest** – (nur für Hausgäste)
♦ Im Zentrum, nahe der Burg, befindet sich dieses Stadthotel. Die wohnlich-komfortablen Gästezimmer verteilen sich auf mehrere Gebäude. Spabereich in der "Wolke 7".

Bentheimer Hof
Am Bentheimer Wald 1 ⊠ 48455 – ℰ (05922) 9 83 80 – info@bentheimer-hof.de
– Fax (05922) 983814
20 Zim – †56/68 € ††87/101 €, ⊑ 7 € – ½ P 17 € – **Rest** – Karte 18/37 €
♦ Das ehemalige Bahnhofsgebäude mit Klinkerfassade beherbergt geschmackvoll mit Teakholzmöbeln im Kolonialstil eingerichtete Gästezimmer. Am Wochenende ergänzt das Restaurant Gare du Nord das Bistro.

In Bad Bentheim-Gildehaus West : 4 km – Erholungsort :

Waldseiter Hof
An der Waldseite 7 (Nord : 2,5 km) ⊠ 48455 – ℰ (05924) 7 85 50 – team@
hotel-waldseiter-hof.de – Fax (05924) 785510 – *geschl. 2. - 9. Jan.*
18 Zim ⊑ – †53/65 € ††100/112 € – ½ P 12 € – **Rest** – *(nur Abendessen)* Karte 24/38 €
♦ Sehr schön liegt der sorgsam modernisierte Gutshof in einer Parkanlage außerhalb des kleinen Ortes. Geschmackvolle Landhauszimmer mit Kiefernmöbeln. Gemütliches rustikales Restaurant.

Niedersächsischer Hof
Mühlenberg 5, (Zufahrt über Milkmannstraße) ⊠ 48455 – ℰ (05924) 7 86 60
– info@hotel-nhof.de – Fax (05924) 786633
28 Zim ⊑ – †58 € ††111 € – ½ P 14 € – **Rest** – Menü 37 € – Karte 27/45 €
♦ Die ruhige Lage am Ortsrand und gut unterhaltene, wohnliche Zimmer zählen zu den Annehmlichkeiten dieses im Fachwerkstil erbauten Hauses. Gediegen-rustikales Restaurant mit offenem Kamin.

BERCHING – Bayern – 546 – 8 680 Ew – Höhe 385 m – Erholungsort   57 **L17**
▶ Berlin 474 – München 114 – Nürnberg 60 – Ingolstadt 41
🛈 Pettenkoferplatz 12 (Rathaus), ⊠ 92334, ℰ (08462) 2 05 13, tourismus@
berching.de

BERCHING

Gewürzmühle (mit Gästehaus)
*Gredinger Str. 2 ⊠ 92334 – ℰ (08462) 20 00 50 – info@
gewuerzmuehle-berching.de – Fax (08462) 200051*
44 Zim ⊑ – †42/55 € ††60/76 € – ½ P 15 € – **Rest** – Karte 14/31 €
◆ Das Landhotel, eine ehemalige Mühle unweit des Ortskerns, überzeugt durch seine freundliche Führung und seine helle, zeitgemäße Einrichtung. Modernes Restaurant mit internationaler Küche.

Altstadthotel Winkler (mit Brauerei-Gasthof)
*Reichenauplatz 22 ⊠ 92334 – ℰ (08462) 13 27
– info@brauereigasthof-winkler.de – Fax (08462) 27128*
21 Zim ⊑ – †43/47 € ††62/65 € – ½ P 14 € – **Rest** – (geschl. 7. - 19. Jan. und Sonntagabend, Okt. - April Sonntagabend, Dienstagabend) Karte 14/29 €
◆ An einen soliden Gasthof mit eigener Brauerei hat man einen modernen Hotelanbau mit komfortablen Zimmern angeschlossen. Hübscher Innenhof. Gaststube mit rustikalem Ambiente und regionaler Küche.

Stampfermühle   Biergarten
*Schwimmbadweg 4 ⊠ 92334 – ℰ (08462) 20 00 10 – stampfermuehle@
t-online.de – Fax (08462) 2000120*
11 Zim ⊑ – †45 € ††72 € – ½ P 15 € – **Rest** – (geschl. Montag) Karte 13/26 €
◆ Aus einer alten Mühle entstand nach umfangreicher Renovierung ein nettes Hotel, dessen mit hellen Holzmöbeln ausgestattete Zimmer gleichermaßen zweckmäßig wie wohnlich sind. Gemütlich-rustikale Gasträume mit bürgerlich-regionaler Speisenauswahl.

Blaue Traube
*Pettenkoferplatz 3 ⊠ 92334 – ℰ (08462) 12 50 – info@hotel-blauetraube.de
– Fax (08462) 27329 – geschl. Nov. 1 Woche*
27 Zim ⊑ – †36 € ††58 € – ½ P 9 € – **Rest** – (geschl. Mittwoch) Karte 18/23 €
◆ Das seit 100 Jahren in Familienbesitz befindliche Haus kombiniert alte Bausubstanz mit zeitgemäßem Komfort. Sehenswert: die reich verzierten Holztüren im 1. Stock. Gaststube mit ländlichem Charakter und regionalem Angebot.

BERCHTESGADEN – Bayern – **546** – 7 670 Ew – Höhe 572 m – Wintersport : 1 800 m ⚡2 ⚡35 – Heilklimatischer Kurort   67 **P21**

▸ Berlin 744 – München 154 – Bad Reichenhall 20 – Kitzbühel 77

🛈 Königsseer Str. 2, ⊠ 83471, ℰ (08652) 96 70, info@
berchtesgadener-land.info

🅿 Berchtesgaden, Salzbergstr. 33 ℰ (08652) 21 00

◉ Schlossplatz★ – Schloss (Dormitorium★) – Salzbergwerk★

◉ Deutsche Alpenstraße★★★ (von Berchtesgaden bis Lindau) –
Kehlsteinstraße★★★ – Kehlstein ❋★★ (nur mit RVO-Bus ab Obersalzberg)

Alpenhotel Kronprinz
*Am Brandholz ⊠ 83471 – ℰ (08652) 60 70
– kronprinz.treff@t-online.de – Fax (08652) 607120*
66 Zim ⊑ – †67/99 € ††102/168 € – ½ P 15 € – 3 Suiten – **Rest** – Karte 22/49 €
◆ Die ruhige, leicht erhöhte Lage am Dorfrand sowie zeitgemäße, freundlich gestaltete Zimmer mit gutem Platzangebot machen dieses Ferienhotel aus. Das Panoramarestaurant wird ergänzt durch eine gemütliche Stube mit Kamin sowie die Kellerbar Faßl.

Alpenhotel Weiherbach garni
*Weiherbachweg 6 ⊠ 83471 – ℰ (08652) 97 88 80 – alpenhotel@weiherbach.de
– Fax (08652) 9788888 – geschl. 4. Nov. - 18. Dez.*
23 Zim ⊑ – †37/49 € ††60/95 €
◆ Ein von der Inhaberfamilie gut geführtes Urlaubshotel am Ortsrand, in dem wohnlich eingerichtete Gästezimmer zur Verfügung stehen.

Rosenbichl
*Rosenhofweg 24 ⊠ 83471 – ℰ (08652) 9 44 00 – hotel.rosenbichl@t-online.de
– Fax (08652) 944040 – geschl. 6. Nov. - 26. Dez.*
13 Zim ⊑ – †55 € ††78/118 € – ½ P 17 € – **Rest** – (nur Abendessen für Hausgäste)
◆ Ruhig liegt das zeitgemäße, mit soliden Zimmern ausgestattete Nichtraucherhotel außerhalb in einem kleinen Wohngebiet - schön ist der Blick auf die Berge.

155

BERCHTESGADEN

Krone
Am Rad 5 ⊠ 83471 – ℰ (08652) 9 46 00 – grafe@hotel-krone-berchtesgaden.de
– Fax (08652) 946010 – geschl. Nov. - 20. Dez.
19 Zim – †37/52 € ††68/104 € – ½ P 12 € – **Rest** – (geschl. Montag) (nur Abendessen für Hausgäste)
♦ In dem ruhig oberhalb des Ortes gelegenen kleinen Hotel mit alpenländischer Fassade stehen behagliche rustikale Zimmer zur Verfügung. Zum Restaurant gehört eine Terrasse mit Blick auf den Watzmann.

An der Rossfeld-Ringstraße

Ferienhotel Neuhäusl
Wildmoos 45 ⊠ 83471 Berchtesgaden
– ℰ (08652) 94 00 – info@neuhaeusl.de
– Fax (08652) 64637 – geschl. Anfang Nov. - 14. Dez.
32 Zim – †54/60 € ††100/122 € – ½ P 14 € – **Rest** – (geschl. Dienstag) Karte 15/22 €
♦ Der gewachsene Berggasthof direkt an der Grenze zu Österreich bietet solide Zimmer mit Balkon und einige hübsche, großzügige Studios. Schöner Wellnessbereich mit Kosmetik. Restaurantstuben mit gemütlich-alpenländischem Ambiente.

Auf dem Obersalzberg

InterContinental
Hintereck 1
⊠ 83471 Berchtesgaden – ℰ (08652) 9 75 50 – berchtesgaden@ihg.com
– Fax (08652) 97559999
138 Zim – †289/390 € ††289/420 € – ½ P 36 € – 11 Suiten
Rest *Le Ciel* – ℰ (08652) 97 55 55 80 (geschl. 5. - 20. Nov. und Sonntag - Montag, nur Abendessen) (Tischbestellung ratsam) Menü 89/120 € – Karte 52/103 €
Rest *3'60°* – Karte 34/55 €
Rest *Bayernstube* – (geschl. Mittwoch - Donnerstag, Sonntag) Karte 25/61 €
Spez. Lachsforelle mit Erbsen-Minz-Püree und Apfel-Balsamico-Essig. Filet und geschmorte Backe vom Kalb mit grünem Tomatenconfit und Pfifferlingen. Lamm mit gebratenen Auberginen und gestoßenen La Ratte Kartoffeln.
♦ Ein beeindruckendes Hotel in 1000 m Höhe, das durch und durch in geschmackvollem, geradlinig-modernem Design gehalten ist. Das Le Ciel bietet moderne Küche. Wunderschön ist die Terrasse. 3'60° mit Showküche und Bergblick. Gemütlich-rustikal: die Bayernstube.

BERG – Bayern – **546** – 8 100 Ew – Höhe 639 m   65 **L20**
▶ Berlin 616 – München 30 – Garmisch-Partenkirchen 69 – Starnberg 6

In Berg-Leoni Süd : 1 km :

Seehotel Leoni
Assenbucher Str. 44 ⊠ 82335 – ℰ (08151) 50 60
– info@seehotel-leoni.com – Fax (08151) 506140
67 Zim – †135/215 € ††165/255 € – **Rest** – Karte 34/45 €
♦ In dem Hotel direkt am Starnberger See erwarten Sie eine helle Lobby mit Wintergarten und modern-elegante Zimmer, meist mit Balkon. Hallenbad mit Seeblick. Restaurant und Seeterrasse bieten eine schöne Aussicht.

BERG BEI NEUMARKT (OBERPFALZ) – Bayern – **546** – 7 480 Ew – Höhe 406 m   50 **L17**
▶ Berlin 445 – München 145 – Nürnberg 38 – Amberg 50

Lindenhof
Rosenbergstr. 13 ⊠ 92348 – ℰ (09189) 41 00 – Fax (09189) 410410
– geschl. 22. Dez. - 5. Jan.
49 Zim – †40/45 € ††60/65 € – **Rest** – (geschl. Montagmittag) Karte 13/19 €
♦ Der familiengeführte Gasthof mit neuerem Hotelanbau verfügt über gepflegte Zimmer mit zeitgemäßer Möblierung und gutem Platzangebot. Das unterteilte Restaurant ist im Stil eines ländlichen Gasthofs gehalten.

BERGEN – Mecklenburg-Vorpommern – siehe Rügen (Insel)

BERGEN – Niedersachsen – siehe Celle

BERGHAUPTEN – Baden-Württemberg – siehe Gengenbach

BERGHAUSEN – Rheinland-Pfalz – siehe Katzenelnbogen

BERGHEIM – Nordrhein-Westfalen – 543 – 63 630 Ew – Höhe 70 m   35 B12
▶ Berlin 590 – Düsseldorf 56 – Aachen 58 – Bonn 53

Ambiente garni
Kirchstr. 54 ⊠ 50126 – ℰ (02271) 4 99 40 – service@ambiente-bm.de
– Fax (02271) 499445
17 Zim ⊒ – †66/77 € ††88/99 €
♦ Das von der Eigentümerin selbst geleitete kleine Hotel am Rande der Innenstadt verfügt über angenehm hell und zeitgemäß eingerichtete, recht geräumige Gästezimmer.

BERGHÜLEN – Baden-Württemberg – siehe Merklingen

BERGISCH GLADBACH – Nordrhein-Westfalen – 543 – 106 060 Ew – Höhe 100 m   36 C12
▶ Berlin 571 – Düsseldorf 46 – Bonn 40 – Köln 17
ADAC Kürtener Str. 5a
Bergisch Gladbach-Refrath, Golfplatz 2 ℰ (02204) 9 27 60
Overath-Steinenbrück, Am Golfplatz 1 ℰ (02204) 9 76 00

Stadtplan siehe nächste Seite

Schlosshotel Lerbach   Rest, Rest,
Lerbacher Weg ⊠ 51465
– ℰ (02202) 20 40 – lerbach@relaischateaux.com – Fax (02202) 204940
– geschl. 1. - 15. Jan.   B a
52 Zim ⊒ – †206/350 € ††238/385 € – 7 Suiten
Rest *Restaurant Dieter Müller* – separat erwähnt
Rest *Coq au vin* – (geschl. Jan. 3 Wochen und Dienstag - Mittwoch) Karte 36/56 €
♦ Ein wahres Kleinod ist das in einen 28 ha großen Privatpark eingebettete Schloss. Das stilvolle Anwesen besticht mit geschmackvollen, individuellen Gästezimmern. Im Coq au vin bietet man französische Küche. Einsehbarer Weinkeller.

Privathotel Bremer garni
Dombach-Sander-Str. 72 ⊠ 51465 – ℰ (02202) 9 35 00 – info@
privathotel-bremer.com – Fax (02202) 935050   B c
22 Zim ⊒ – †85 € ††120 €
♦ Zentrumsnah gelegenes Hotel mit zeitgemäßen, funktionellen Zimmern - einige mit behindertenfreundlichem Zugang. Praktisch: Hotelomat und Shuttle-Service.

Restaurant Dieter Müller – Schlosshotel Lerbach
Lerbacher Weg ⊠ 51465 – ℰ (02202) 20 40
– lerbach@relaischateaux.com – Fax (02202) 204940 – geschl. 1. - 15. Jan., 21. Juli
- 12. Aug. und Sonntag - Montag   B a
Rest – (Tischbestellung ratsam) Menü 80 € (mittags)/155 € – Karte 94/112 €
Spez. Sautierter Hummer mit Krustentier-Peperoni-Vinaigrette und Erbsenconfit. Mild geräucherte Taube mit Topinambur und Anis-Pfefferjus. Bûchette von Tainorischokolade und Himbeeren mit Pinienkerneis.
♦ Mit eleganter Atmosphäre, kompetentem Service und hervorragender klassischer Küche wird das Restaurant dem herrschaftlichen Rahmen des Schlosses gerecht.

In Bergisch Gladbach-Bensberg

Grandhotel Schloss Bensberg
Kadettenstraße ⊠ 51429   Rest,
– ℰ (02204) 4 20 – info@schlossbensberg.com
– Fax (02204) 42888   C e
120 Zim – †220/305 € ††256/335 €, ⊒ 25 € – 31 Suiten
Rest *Vendôme* und *Trattoria Enoteca* – separat erwähnt
♦ Schon von außen vermittelt das barocke Schloss a. d. 17. Jh. Exklusivität. Innen bietet es repräsentative Veranstaltungsräume, luxuriöse Zimmer und einen schönen Spabereich.

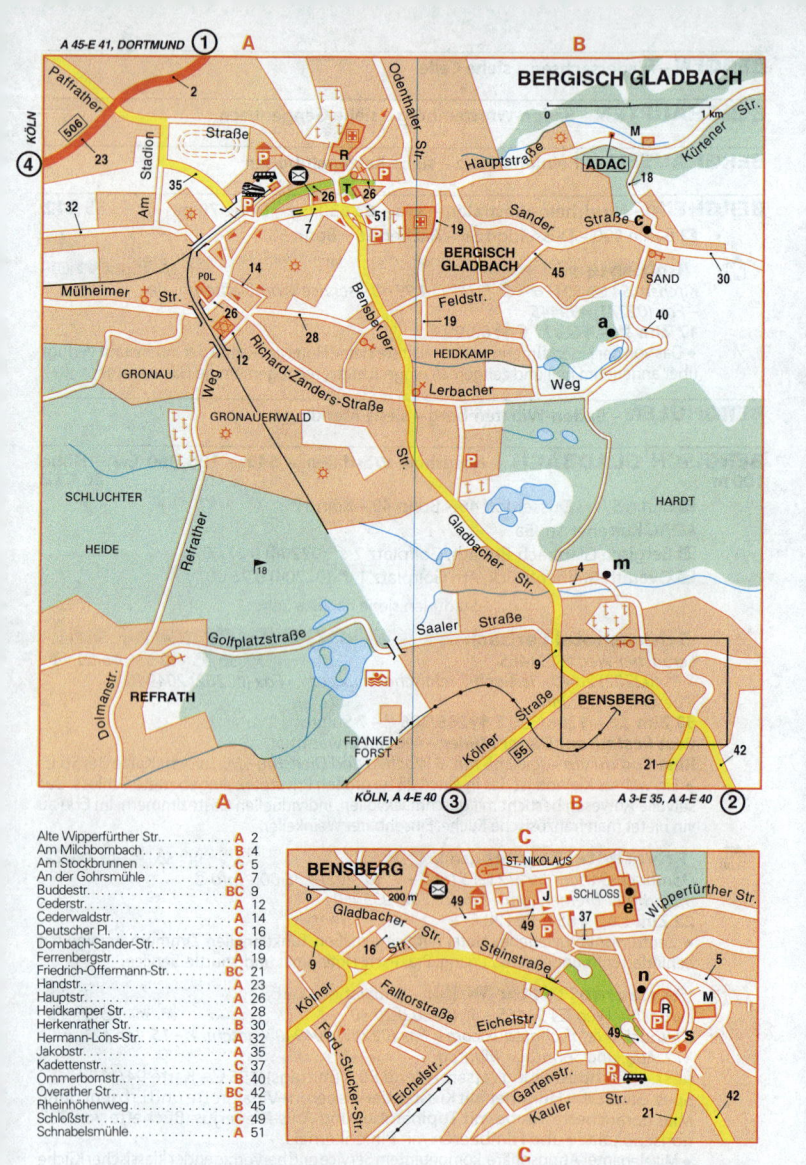

Alte Wipperfürther Str.	**A** 2
Am Milchbornbach	**B** 4
Am Stockbrunnen	**C** 5
An der Gohrsmühle	**A** 7
Buddestr.	**BC** 9
Cederstr.	**A** 12
Cederwaldstr.	**A** 14
Deutscher Pl.	**C** 16
Dombach-Sander-Str.	**B** 18
Ferrenbergstr.	**A** 19
Friedrich-Öffermann-Str.	**BC** 21
Handstr.	**A** 23
Hauptstr.	**A** 26
Heidkamper Str.	**A** 28
Herkenrather Str.	**B** 30
Hermann-Löns-Str.	**A** 32
Jakobstr.	**A** 35
Kadettenstr.	**C** 37
Ommerbornstr.	**B** 40
Overather Str.	**BC** 42
Rheinhöherweg	**A** 45
Schloßstr.	**C** 49
Schnabelsmühle	**A** 51

Waldhotel Mangold (mit Gästehaus)
Am Milchbornbach 39 ✉ *51429 – ✆ (02204) 9 55 50*
– info@waldhotel.de – Fax (02204) 955560
22 Zim ⊇ – ♦125/165 € ♦♦175/225 €
Rest *Waldstuben* – *(geschl. 27. Dez. - 10. Jan. und Sonntag - Montag, außer Feiertage und Messen, Dienstag - Freitag nur Abendessen)* Menü 47 € – Karte 45/62 €

♦ Ruhig liegt das gut geführte Landhotel mit klassisch-gediegenem Ambiente am Waldrand unterhalb des Schlosses. Zum Haus gehört ein sehr gepflegter Garten. Geschmackvoll dekoriertes, elegant-rustikales Restaurant.

B m

158

BERGISCH GLADBACH

Malerwinkel garni
Burggraben 6, (am Rathaus) ⊠ 51429 – ℰ (02204) 9 50 40 – info@malerwinkel-hotel.de – Fax (02204) 9504100
C n
40 Zim ⌑ – ♦105/139 € ♦♦149/189 €
- Ein charmantes Ensemble aus mehreren regionstypischen Häusern. Freundlicher Service und ein sehr nettes Ambiente erwarten Sie. Frühstück im lichten Wintergarten.

Vendôme – Grandhotel Schloss Bensberg
Kadettenstraße ⊠ 51429 – ℰ (02204) 42 19 41 – vendome@schlossbensberg.com – Fax (02204) 42981 – geschl. Ende Jan. - Mitte Feb., Mitte Juli - Anfang Aug. und Montag - Dienstag
C e
Rest – Menü 120/155 € – Karte 82/119 €
Spez. Saint Pierre mit Kalbsfußkompott und grünem Apfel. Perlhuhn auf Holzkohle gegrillt mit Zitronen-Gemüsecassoulet. Le Noir de Bigorre Milchferkel mit Liebstöckel und Topinamburconfit.
- An der Zufahrt zum Schloss liegt rechter Hand das Kavaliershäuschen. In elegantem Rahmen wird hier die kreative Küche von Joachim Wissler kompetent und freundlich serviert.

Das Fachwerkhaus
Burggraben 37 ⊠ 51429 – ℰ (02204) 5 49 11 – info@dasfachwerkhaus.de – Fax (02204) 57641 – geschl. Feb. 3 Wochen, Ende Juni - Anfang Aug. 2 Wochen und Montag - Dienstag
C s
Rest – (Tischbestellung ratsam) Karte 37/53 €
- Familiär und mit rheinischem Charme leiten die Inhaber dieses äußerst gemütliche Restaurant. Geboten wird ambitionierte Küche mit italienischen und regionalen Einflüssen.

Trattoria Enoteca – Grandhotel Schloss Bensberg
Kadettenstraße ⊠ 51429 – ℰ (02204) 4 20 – info@schlossbensberg.com – Fax (02204) 42888
C e
Rest – Menü 39/59 € – Karte 34/50 €
- Mediterran ist das Ambiente der Trattoria Enoteca, italienisch die Küche. Das Speisenangebot wird ergänzt durch eine interessante Weinauswahl.

In Bergisch Gladbach-Herrenstrunden
über Kürtener Straße B : 2,5 km :

Malteser Komturei - La Valletta mit Zim
Herrenstrunden 23 ⊠ 51465 – ℰ (02202) 95 97 80 – info@malteser-konturei.de – Fax (02202) 9597830 – geschl. Ende Juni - Anfang Aug. 2 Wochen
10 Zim ⌑ – ♦79 € ♦♦103 € – **Rest** – (geschl. Montag) Menü 30/39 € – Karte 27/46 €
- Schön hat man die einstige Malteser Komturei von 1650 restauriert und daraus ein modern-elegantes Restaurant gemacht. Die Küche: international und regional. Terrasse am Teich. Drei der Gästezimmer sind großzügige Maisonetten.

BERGKIRCHEN – Bayern – siehe Dachau

BERGLEN – Baden-Württemberg – siehe Winnenden

BERGNEUSTADT – Nordrhein-Westfalen – **543** – 20 690 Ew – Höhe 240 m
▶ Berlin 558 – Düsseldorf 89 – Köln 57 – Olpe 20
36 **D12**

Feste Neustadt
Hauptstr. 19, (Altstadt) ⊠ 51702 – ℰ (02261) 4 17 95 – info@feste-neustadt.de – Fax (02261) 48021 – geschl. Ende Juni - Anfang Aug. 3 Wochen
17 Zim ⌑ – ♦45/50 € ♦♦75/85 € – **Rest** – (geschl. Sonntagabend - Montag) Karte 22/36 €
- Das in der 3. Generation von der Inhaberfamilie geführte kleine Landhotel im Ortskern beherbergt hinter der typischen Schieferschindelfassade solide, wohnliche Gästezimmer. Eine nette rustikale Atmosphäre herrscht in den verschiedenen Restaurantstuben.

BERGNEUSTADT

In Bergneustadt-Niederrengse Nord-Ost : 7 km - über B 55, in Pernze links ab :

Rengser Mühle mit Zim
Niederrengse 4 – 51702 – ℰ (02763) 9 14 50 – info@rengser-muehle.de
– Fax (02763) 914520
4 Zim – †65 € ††85 € – **Rest** – (geschl. Montag - Dienstag) Karte 22/44 €
• Familienbetrieb in der 5. Generation. Sehr angenehm sind der herzliche Service, die gemütlichen Stuben und die ruhige Lage. Regionale und internationale Küche. Nette Terrasse.

BERGZABERN, BAD – Rheinland-Pfalz – **543** – 8 000 Ew – Höhe 170 m – Heilklimatischer Kurort und Kneippheilbad   54 **E17**

- Berlin 683 – Mainz 127 – Karlsruhe 39 – Landau/Pfalz 15
- Kurtalstr. 27 (im Thermalhallenbad), – 76887, ℰ (06343) 98 96 60, info@bad-bergzaberner-land.de
- Gasthaus zum Engel ★
- Gleiszellen (Winzergasse ★)

In Pleisweiler-Oberhofen Nord : 2 km Richtung Klingenmünster :

Landhaus Wilker
Hauptstr. 31 (Oberhofen) – 76889 – ℰ (06343) 70 07 00 – landhaus@wilker.de
– Fax (06343) 700707
20 Zim – †48/61 € ††72/85 € – ½ P 20 € – **Rest** – (geschl. Montag, Dienstag - Samstag nur Abendessen) Menü 21/27 € – Karte 16/36 €
• Gegenüber dem traditionsreichen Weingut der Familie Wilker ist dieses sympathische Hotel entstanden. Teils modern gestaltete Zimmer sowie Familienzimmer. Das Restaurant Alter Wilhelm ist im Stil einer Weinstube gehalten. Nur Eigenbauweine.

Reuters Holzappel mit Zim
Hauptstr. 11 (Oberhofen) – 76889 – ℰ (06343) 42 45 – info@reuters-holzappel.de
– Fax (06343) 931759 – geschl. 4. - 12. Feb., Ende Juni 2 Wochen
2 Zim – †30 € ††50 € – **Rest** – (geschl. Montag, Nov. - März Montag - Dienstag, wochentags nur Abendessen) (Tischbestellung ratsam) Karte 22/35 €
• Sehr gemütlich ist die Stuben-Atmosphäre in dem Winzerhof von 1742. Wechselnde Bilder eines Künstlers der Region zieren das Lokal. Hübscher Innenhof.

In Gleiszellen-Gleishorbach Nord : 4,5 km Richtung Klingenmünster :

Südpfalz-Terrassen (mit Gästehäusern)
Winzergasse 42 (Gleiszellen) – 76889 – ℰ (06343)
7 00 00 – info@suedpfalz-terrassen.de – Fax (06343) 5952 – geschl. 3. - 31. Jan.,
6. - 21. Juli
93 Zim – †45/70 € ††70/115 € – ½ P 15 € – **Rest** – (geschl. Montag)
Menü 25 € – Karte 18/44 €
• Recht ruhig liegt das Ferien- und Tagungshotel in dem Weindörfchen. Die Zimmer nach Süden verfügen über einen Balkon und bieten Sicht auf die Rheinebene. Kosmetik und Massage. Zum Restaurant gehört eine Terrasse mit schöner Aussicht.

Zum Lam   Biergarten
Winzergasse 37 (Gleiszellen) – 76889 – ℰ (06343) 93 92 12 – info@zum-lam.de
– Fax (06343) 939213 – geschl. Jan. und Feb. Montag - Mittwoch (Hotel)
11 Zim – †55 € ††80/88 € – **Rest** – (geschl. Mittwoch, Jan. - März Montag - Freitag nur Abendessen) Karte 21/42 €
• Aus einem alten Fachwerkhaus ist das familiengeführte kleine Hotel in ruhiger Lage entstanden. Frei liegende Holzbalken finden sich z. T. auch in den neuzeitlichen Zimmern. Rustikales Restaurant mit Fachwerk und Natursteinmauern.

Unsere „Hoffnungsträger" sind die Restaurants, deren Küche wir für die nächste Ausgabe besonders sorgfältig auf eine höhere Auszeichnung hin überprüfen. Der Name dieser Restaurants ist in „rot" gedruckt und zusätzlich auf der Sterne-Liste am Anfang des Buches zu finden.

BERKHEIM – Baden-Württemberg – *545* – 2 630 Ew – Höhe 569 m 64 **I20**
▶ Berlin 657 – Stuttgart 138 – Kempten 53 – Memmingen 11

Ochsen Zim, P VISA ◯◯
Alte Steige 1 ⊠ 88450 – ℰ (08395) 9 29 29 – ochsenberkheim@aol.com
– Fax (08395) 92955
25 Zim ⌑ – †34/38 € ††62/74 € – **Rest** – *(geschl. Sonntag)* Karte 13/36 €
♦ Ein solide geführtes Haus ist dieser Gasthof mit neuzeitlichem Anbau in ländlicher Lage abseits vom Verkehrslärm. Einige Zimmer sind modern eingerichtet und teils sehr groß. Wirtschaft mit hauseigener Metzgerei.

BERLEBURG, BAD – Nordrhein-Westfalen – *543* – 20 890 Ew – Höhe 420 m
– Wintersport : 565 m ≰1 ⚘ – Kneippheilbad   37 **F12**
▶ Berlin 494 – Düsseldorf 174 – Siegen 42 – Meschede 56
i Poststr. 44 (B 480), ⊠ 57319, ℰ (02751) 9 36 33, info@bad-berleburg-tourismus.de

In Bad Berleburg-Wingeshausen West : 14 km :

Weber mit Zim Zim, ⇔ P
Inselweg 5 ⊠ 57319 – ℰ (02759) 4 12 – Fax (02759) 540 – geschl. 14. - 22. Jan., 14. - 30. Juli
5 Zim ⌑ – †34 € ††68 € – ½ P 15 € – **Rest** – *(geschl. Montag - Dienstag)* Karte 19/35 €
♦ Freundlich und engagiert leitet Familie Weber das traditionsreiche schieferverkleidete Gasthaus mit gemütlichen Stuben und überwiegend regionaler Küche. Schöne Gartenterrasse.

Berlin : Brandenburger Tor

BERLIN

Ⓛ Bundesland : Berlin
Michelin-Karte : 542
Einwohnerzahl : 3 388 480 Ew
Höhe : 34 m

▶ Frankfurt/Oder 105 – Hamburg 291 – Hannover 287 – Leipzig 193
Atlas : 23 P8

SEHENSWÜRDIGKEITEN	S. 3
STADTPLAN BERLIN :	
BERLIN UND UMGEBUNG	S. 4 und 5
ZENTRUM	S. 6 und 7
INNENSTADT WEST (KURFÜRSTENDAMM UND ZOO)	S. 8 und 9
INNENSTADT OST (UNTER DEN LINDEN)	S. 10 und 11
STRASSENVERZEICHNIS	S. 12 und 13
ALPHABETISCHE LISTE DER HOTELS UND RESTAURANTS	S. 14 und 15
HOTELS UND RESTAURANTS	S. 16 bis 31

PRAKTISCHE HINWEISE

🛈 Tourist-Informationen

Pariser Platz (im Brandenburger Tor, Südflügel) **NZ**, ✉ 10117 Berlin, ℘ (030) 25 00 25, information@btm.de
Panoramastr. 1a (im Fernsehturm) **RY**, ✉ 10178 Berlin
Budapester Str. 45 (im Europa-Center) **MX**, ✉ 10787 Berlin-Charlottenburg

Automobilclub

ADAC Berlin-Wilmersdorf, Bundesallee 29 **LZ**

Autoreisezug

🚆 Berlin-Wannsee, Reichsbahnstraße, ℘ (01805) 24 12 24 (Gebühr)

Flughäfen

✈ Berlin-Tegel **EX**, ℘ (0180) 5 00 01 86
✈ Berlin-Tempelhof **GZ**, ℘ (0180) 5 00 01 86
✈ Berlin-Schönefeld (Süd : 25 km), ℘ (0180) 5 00 01 86
Deutsche Lufthansa City Center, Kurfürstendamm 21, ℘ (030) 88 75 38 00

Messegelände

Messegelände am Funkturm, Messedamm 22, **BU**, ✉ 14055, ℘ (030) 3 03 80, Fax (030) 30382325

BERLIN S. 2

Messen und Veranstaltungen

Zu Messezeiten verlangen viele Hotels erhöhte Messepreise

17.01. - 27.01. : Grüne Woche
07.02. - 17.02. : Berlinale
19.02. - 23.02. : bautec
21.02. - 24.02. : MotorWelt
05.03. - 09.03. : Internationale Tourismus-Börse (ITB)
27.05. - 01.06. : Internationale Luft- und Raumfahrtausstellung
29.08. - 03.09. : IFA
17.09. - 19.09. : Popkomm
27.09. : Berlin Marathon
03.10. - 07.10. : Art Forum Berlin

Golfplätze

- Berlin-Wannsee, Golfweg 22 ✆ (030) 8 06 70 60 **AV**
- Berlin-Gatow, Kladower Damm 182 ✆ (030) 3 65 00 06 **AU**
- Gross Kienitz ✆ (033708) 5 37 70
- Börnicke, Am Kallin 1 ✆ (033230) 89 40
- Mahlow, Kiefernweg ✆ (033379) 37 05 95
- Großbeeren, Am Golfplatz 1 ✆ (033701) 3 28 90
- Wildenbruch Großer Seddiner See, Zum Weiher 44 ✆ (033205) 73 20
- Stolpe, Am Golfplatz 1 ✆ (03303) 54 92 14

164

◉ SEHENSWÜRDIGKEITEN

HISTORISCHES ZENTRUM

Reichstag★★ **NY** - Brandenburger Tor★★ **NZ** - Unter den Linden★★ **NPZ** - Alte Bibliothek★ - Gendarmenmarkt★★ - St. Hedwigs-Kathedrale★ - Staatsoper Unter den Linden★ - Friedrichswerdersche Kirche★ **PZ** - Neue Wache★ - Berliner Dom★ - Deutsches Historisches Museum (im Zeughaus)★★ **PY** - Alexanderplatz★ - Hackesche Höfe★★ **RY** - Nikolaiviertel★ **RYZ**

MUSEUMSINSEL

Altes Museum★★ M^{18} - Alte Nationalgalerie★★★ M^{20} - Pergamonmuseum★★★ M^{40} **PY**

KULTURFORUM

Gemäldegalerie★★★ M^6 - Kunstgewerbemuseum★★ M^5 - Kupferstichkabinett★ - Neue Nationalgalerie★★ M^7 - Philharmonie★★★ **NZ**

POTSDAMER PLATZ

Quartier Daimler Chrysler★ - Sony Center★★ (Dachkostruktion★★★) **NZ**

TIERGARTEN

Siegessäule★ - Zoologischer Garten★★★ **MX**

KURFÜRSTENDAMMVIERTEL

Kurfürstendamm★★ - Kaiser-Wilhelm-Gedächtniskirche★★ **LXY** - KaDeWe★ **MY**

CHARLOTTENBURG

Schloss Charlottenburg★★★ (Schlossgarten★★) - Sammlung Berggruen★★ M^{16} - Bröhan Museum★ M^{13} - Funkturm★ **EY**

MUSEEN DAHLEM

Ethnologisches Museum★★★ - Museum für Indische Kunst★★ - Museum für Ostasiatische Kunst★ - Museum Europäischer Kulturen★ **BV**

WEITERE MUSEEN

Hamburger Bahnhof (Museum für Gegenwart)★★ - Museum für Naturkunde★★ **NX** - Jüdisches Museum★★ M^{38} - Deutsches Technikmuseum★★ M^3 **GZ** - Museum für Kommunikation★ M^1 **PZ** - Brücke-Museum★ M^{36} **BV**

BERLIN S. 4

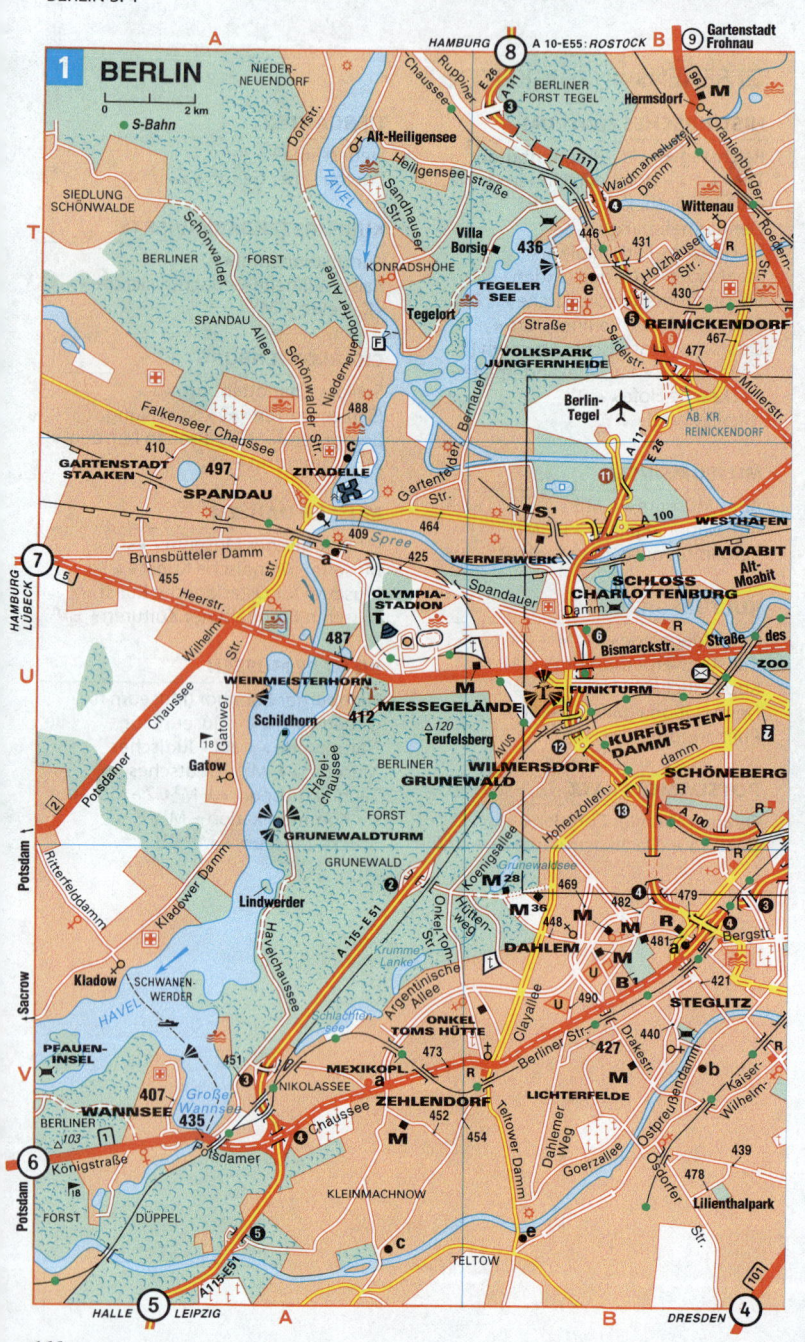

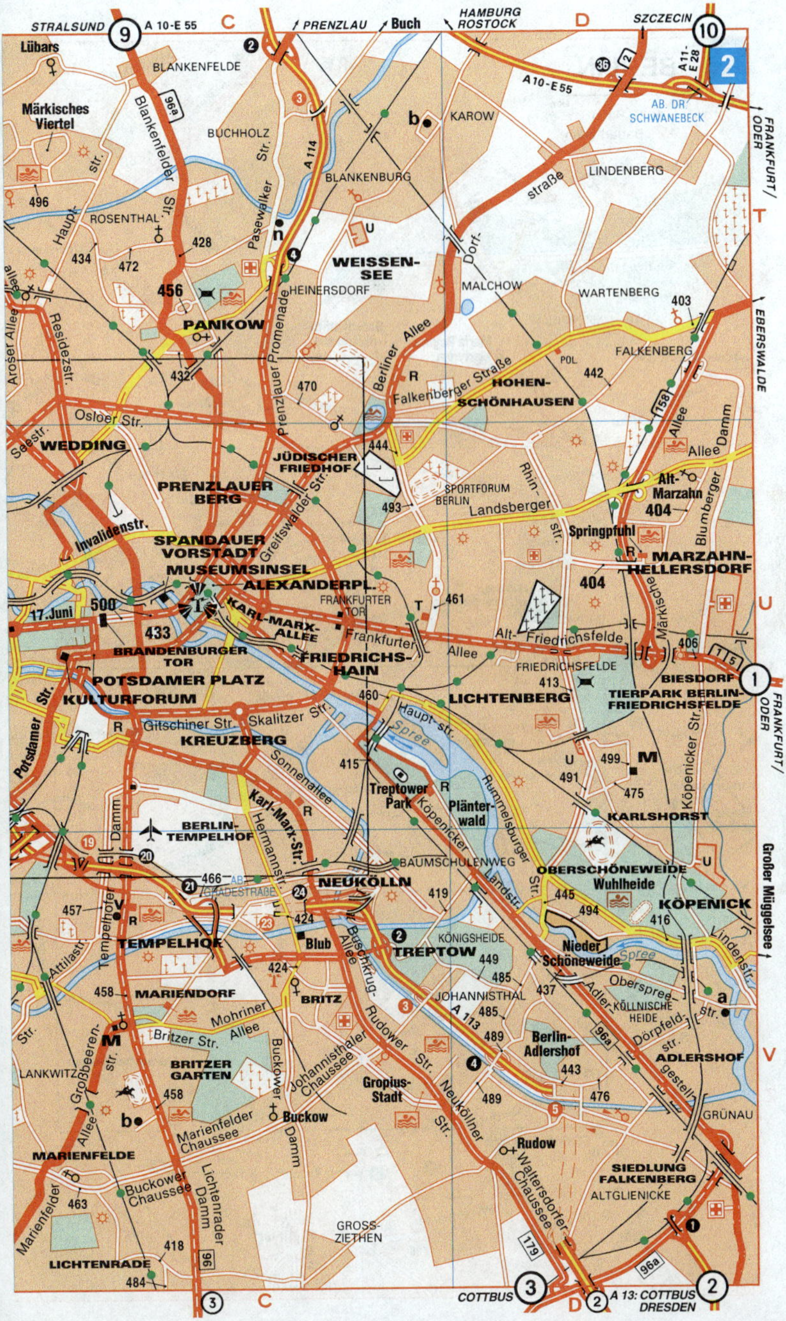
STRALSUND
A 10-E 55
PRENZLAU
Buch
HAMBURG ROSTOCK
SZCZECIN
A 11-E 28
A 10-E 55
AB. DR. SCHWANEBECK
FRANKFURT/ODER
Lübars
BLANKENFELDE
Märkisches Viertel
BUCHHOLZ
KAROW
Blankenfelder Str.
A 114
BLANKENBURG
LINDENBERG
straße
ROSENTHAL
Pasewalker Str.
Haupt-str.
WEISSENSEE
HEINERSDORF
MALCHOW
WARTENBERG
Dorf-
PANKOW
FALKENBERG
EBERSWALDE
Berliner Allee
Prenzlauer Promenade
POL
HOHENSCHÖNHAUSEN
Falkenberger Straße
Residenzstr.
Osloer Str.
WEDDING
JÜDISCHER FRIEDHOF
SPORTFORUM BERLIN
Rhin-str.
Alt-Marzahn
Blumberger Damm
Allee
PRENZLAUER BERG
Greifswalder Str.
Landsberger
Invalidenstr.
SPANDAUER VORSTADT
MUSEUMSINSEL
Springpfuhl
MARZAHN-HELLERSDORF
ALEXANDERPL.
FRANKFURTER TOR
Märkische
17.Juni
KARL-MARX-ALLEE
Frankfurter Allee
Alt-Friedrichsfelde
BRANDENBURGER TOR
FRIEDRICHSHAIN
FRIEDRICHSFELDE
BIESDORF
POTSDAMER PLATZ
KULTURFORUM
LICHTENBERG
TIERPARK BERLIN-FRIEDRICHSFELDE
Potsdamer Str.
Gitschiner Str.
Skalitzer Str.
Haupt-str.
Spree
KREUZBERG
Sonnenallee
Köpenicker Str.
Treptower Park
Plänterwald
Rummelsburger Str.
KARLSHORST
BERLIN-TEMPELHOF
Karl-Marx-Str.
Hermannstr.
Damm
BAUMSCHULENWEG
Köpenicker Landstr.
OBERSCHÖNEWEIDE
Wuhlheide
KÖPENICK
AB. GRADESTRASSE
NEUKÖLLN
Tempelhofer
TEMPELHOF
Blub
TREPTOW
KÖNIGSHEIDE
Niederschöneweide
Spree
Lindenstr.
Großer Müggelsee
Attilastr.
MARIENDORF
Buschkrug-Allee
JOHANNISTHAL
Oberspree-
Adler-
KÖLLNISCHE HEIDE
A 113
Mohriner Allee
BRITZ
Britzer Str.
Dörpfeld-str.
ADLERSHOF
LANKWITZ
Großbeeren-str.
BRITZER GARTEN
Johannisthaler Chaussee
Rudower Str.
Berlin-Adlershof
Gropius-Stadt
gestell
GRÜNAU
Buckower
Allee
Marienfelder Chaussee
Buckow
Damm
Neuköllner Str.
Rudow
MARIENFELDE
SIEDLUNG FALKENBERG
Waltersdorfer Chaussee
ALTGLIENICKE
Buckower Chaussee
Lichtenrader Damm
Marienfelder
GROSS-ZIETHEN
LICHTENRADE
COTTBUS
A 13: COTTBUS DRESDEN

BERLIN S. 6

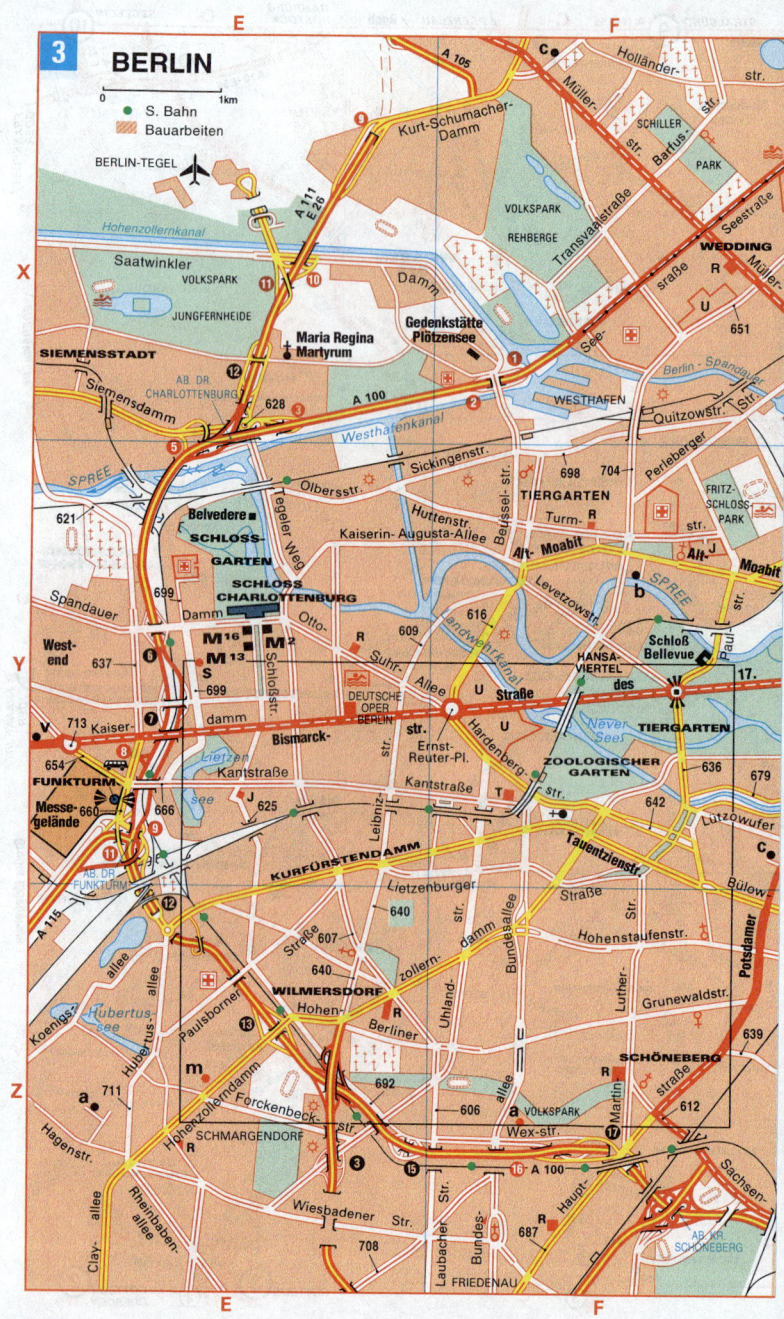

BERLIN S. 7

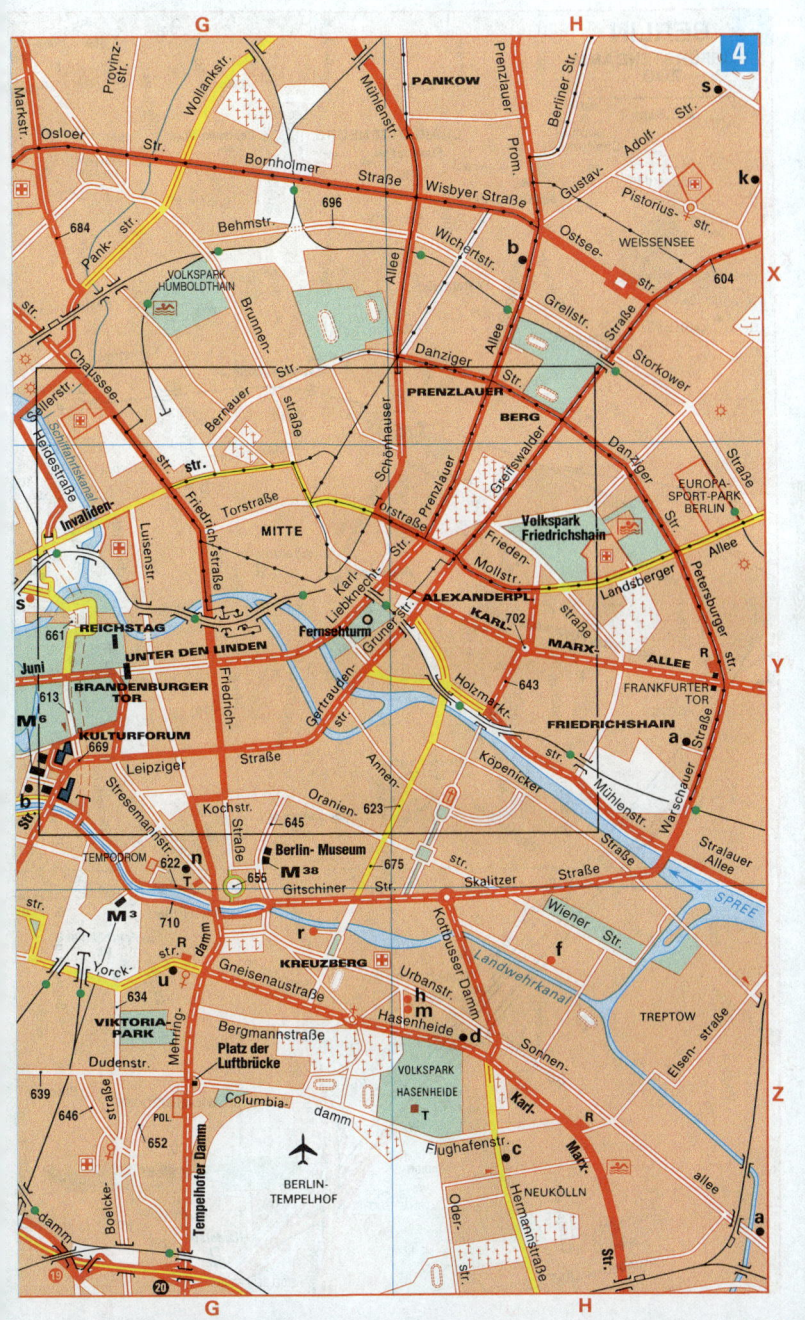

5
BERLIN
KURFÜRSTENDAMM
ZOO
0
400 m
S.Bahn
J
K
X
Y
Z
CHARLOTTENBURG
Bismarckstr.
Deutsche Oper
DEUTSCHE OPER BERLIN
Sophie-Ch.-Pl.
Sophie-Charlotte-Pl.
Kaiserdamm
Bismarckstraße
SCHILLER-THEATER
Schillerstr.
Zillestraße
Otto-Suhr-Allee
Fraunhoferstr.
609
LIETZENSEE PARK
Lietzensee
Neue Kantstraße
Kantstraße
Pestalozzistr.
Amtsgerichtsplatz
Leonhardtstr.
Wilmersdorfer Str
SAVIGNYPLATZ
CHARLOTTENBURG
Mommsenstr.
Holtzendorffplatz
Heilbronner Str.
Damaschkestr.
Adenauerpl.
Lietzenburger Straße
Xantener Str.
KURFÜRSTENDAMM
HALENSEE
Westfälische
Hochmeisterplatz
Paulsborner Straße
Konstanzer Str.
PREUSSEN PARK
Fehrbelliner Platz
Fehrbelliner Pl.
Hohenzollerndamm
HOHENZOLLERNDAMM
Emser Platz
Grieser Pl.
BAB Stadtring
Seesener Straße
Rudolstädter
A 100
EISSTADION
STADION
AB. KR. WILMERSDORF
BAB Abzweig
WILMERSDORF
Blissestr.
VOLKSPARK
Heidelbgr. Pl.
HEIDELBERGER PL.
Mecklenburgische Straße
Forckenbeckstraße
Auguste-Viktoria-Straße
Cunostraße
Steglitz
625
705
600
667
13

L
M
6
X
Y
Z
Marchstr.
TECHNISCHE UNIVERSITÄT
Einsteinufer
CHARLOTTENBURGER TOR
Bachstr.
TIERGARTEN
TIERGARTEN
Altonaer Straße
Siegessäule
Spreeweg
Ernst-Reuter-Platz
Straße des 17. Juni
17. Großer Stern
Juni
Ernst-Reuter-Pl.
TECHNISCHE UNIVERSITÄT
Fasanenstr.
Landwehrkanal
TIERGARTEN
Hofjägerallee
Hardenberg-straße
Steinpl.
ZOOLOGISCHER GARTEN
Tiergartenstr.
Stülerstr.
Klingelhöferstr.
BAUHAUS ARCHIV
Zoolog. Gtn.
Aquarium
Budapester Str.
Savignypl.
THEATER DES WESTENS
Kantstraße
Kaiser-Wilhelm-Gedächtniskirche
Europa Center
Lützowplatz
Knesebeckstr.
Grolmanstr.
Uhlandstr.
Kurfürstendamm
KURFÜRSTENDAMM
Kurfürstenstr.
Augsburger Str.
Augsburger Str.
Joachimstaler Str.
Nürnberger Str.
Passauer Str.
Wittenbergpl.
Kleiststraße
Einemstraße
Lietzenburger Str.
Lietzenburger Str.
Schaper-str.
Fugger-str.
Nollendorfpl.
Motzstraße
Maaßenstr.
BUNDESHAUS
Ludwigkirchplatz
Spichernstraße
Meierottostr.
Ansbacher Str.
Welserstr.
Geisbergstraße
Pariser Str.
Fasanenstr.
Spichernstr.
Nachodstr.
Viktoria-Luise-Pl.
Winterfeldtplatz
Uhlandstr.
Hohenzollernpl.
Bundesallee
Motzstr.
Landshuter Straße
Münchener Str.
Hohenstaufenstr.
Goltzstraße
Aschaffenburger Str.
Bamberger Str.
Barbarossastraße
Eisenacher Str.
Güntzelstr.
Güntzelstraße
ADAC
Prinzregentenstraße
Luther-str.
Eisenacher Str.
Uhlandstraße
Nassauische Str.
Bayerischer Platz
Grunewaldstraße
Bayerischer Pl.
Akazienstr.
SCHÖNEBERG
Salzburger Str.
Innsbrucker Straße
Berliner Straße
Berliner Str.
Badensche Straße
Belziger Straße
Hauptstraße
Kufsteiner Str.
Meraner Str.
Albertstr.
VOLKSPARK
Bundesallee
Am Volkspark
Freiherr-vom-Stein-Str.
Rathaus Schöneberg
Fritz-Elsas-Str.
Martin-Luther-Str.
Dominicusstr.
Eberstraße
Heylstr.
WILMERSDORF
POL
M10
630
657
648
673
676
693
603
633
707
717

BERLIN S. 10

BERLIN
UNTER DEN LINDEN

- S-bahn
- Bauarbeiten

0 — 500 m

WEDDING

Bernauer Str.

Schwartzkopffstr.

MUSEUM FÜR NATURKUNDE

HAMBURGER BAHNHOF-MUSEUM FÜR GEGENWART

Zinnowitzer str.

NORDBAHNHOF

Invalidenstr.

MITTE

Torstraße

CHARITÉ

KAMMERSPIELE

DEUTSCHES THEATER

Oranienburger Tor

ORANIENBURGER STR.

HAUPTBAHNHOF

BERLINER ENSEMBLE

MONBIJOU-PARK

Otto-von-Bismarck-Allee

683

BM UMWELT

PERGAMON MUSEUM

BUNDESKANZLERAMT

PAUL-LÖBE-HAUS

M.E. LÜDERS-HAUS

SPREE

Friedrichstr.

Haus der Kulturen der Welt

Platz der Republik

JAKOB-KAISER-HAUS

Neue Wache

DOM

REICHSTAG

Pariser Pl.

UNTER DEN LINDEN

ZEUGHAUS

STAATSOPER

649

BRANDENBURGER TOR

Straße des 17. Juni

UNTER DEN LINDEN

St. Hedwig

Friedr.-Werdersche

720

TIERGARTEN

Französ. Str.

GENDARMEN-MARKT

Wilhelmstr.

Stadtmitte

Hausvogteipl.

Tiergartentunnel

Mohrenstr.

Lennéstr.

KAMMERMUSIKSAAL

Potsdamer Platz

Leipziger Platz

SONY 672

Leipziger Straße

624

POTSDAMER PLATZ

ABGEORDNETENHAUS

Spielbank Berlin

Musical Theater

STAATSBIBLIOTHEK PREUSSICHER KULTURBESITZ

Stresemannstr.

MARTIN-GROPIUS-BAU

Wilhelmstr.

Kochstr.

672

Askanischer Platz

ANHALTER BAHNHOF

KREUZBERG

Lindenstr.

172

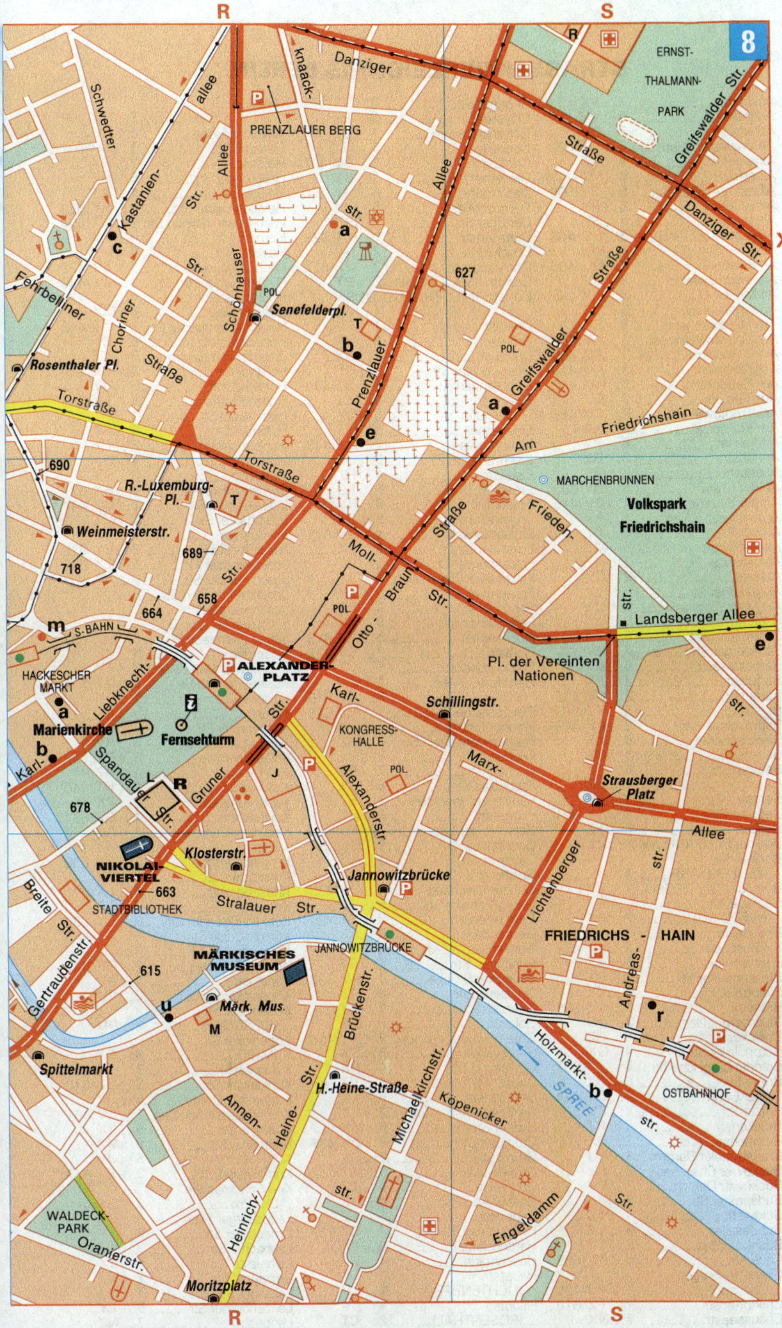
R
S
8
X
Y
Z
Danziger
Straße
Danziger Str.
Greifswalder Str.
ERNST-
THALMANN-
PARK
PRENZLAUER BERG
Kastanien-
allee
Schwedter
Fehrbelliner
Choriner
Straße
Allee
Str.
Schönhauser
Senefelderpl.
Prenzlauer
Allee
Straße
Greifswalder
Rosenthaler Pl.
Torstraße
Friedrichshain
Am
MARCHENBRUNNEN
Volkspark
Friedrichshain
Frieden-
Torstraße
R.-Luxemburg-
Pl.
Weinmeisterstr.
Moll-
Str.
Braun-
Otto-
Str.
Landsberger Allee
Pl. der Vereinten
Nationen
S-BAHN
HACKESCHER
MARKT
ALEXANDER-
PLATZ
Liebknecht-
Karl-
Schillingstr.
Marx-
KONGRESS-
HALLE
Marienkirche
Fernsehturm
Spandauer
Str.
Gruner
Alexanderstr.
Strausberger
Platz
Allee
Klosterstr.
NIKOLAI-
VIERTEL
STADTBIBLIOTHEK
Stralauer
Str.
Jannowitzbrücke
JANNOWITZBRÜCKE
Breite
Str.
Lichtenberger
FRIEDRICHS - HAIN
Andreas-
str.
MÄRKISCHES
MUSEUM
Märk. Mus.
Gertraudenstr.
Spittelmarkt
Brückenstr.
Holzmarkt-
SPREE
str.
OSTBAHNHOF
H.-Heine-Straße
Heine-
Str.
Michaelkirchstr.
Köpenicker
Annen-
str.
Engeldamm
Str.
WALDECK-
PARK
Oranienstr.
Heinrich-
Moritzplatz
627
690
689
718
658
664
678
663
615
POL.
P
T
a
b
c
e
m
r
u
L
M
J

STRASSENVERZEICHNIS BERLIN

Straße	Seite	Planquadrat	Nr.
Ackerstr.	7	PX	
Adenauerpl.	5	JY	
Adlergestell	2	DV	
Ahrensfelder Chaussee	2	DT	403
Akazienstr.	6	MZ	
Albertstr.	6	MZ	
Albrecht-Achilles-Str.	5	JY	600
Alexanderpl.	8	RY	
Alexanderstr.	8	SY	
Allee der Kosmonauten	2	DU	404
Altonaer Str.	6	MX	
Alt-Biesdorf	2	DU	406
Alt-Friedrichsfelde	2	DU	
Alt-Moabit	3	FY	
Amtsgerichtspl.	5	JX	
Am Friedrichshain	8	SX	
Am Großen Wannsee	1	AV	407
Am Juliusturm	1	AU	409
Am Kiesteich	1	AU	410
Am Rupenhorn	1	AU	412
Am Tierpark	2	DU	413
Am Treptower Park	2	CU	415
Am Volkspark	6	LZ	
Andreasstr.	8	SZ	
Annenstr.	8	RZ	
Ansbacher Str.	6	MY	
An der Urania	6	MY	603
An der Wuhlheide	2	DV	416
Argentinische Allee		AV	
Aroser Allee	2	CT	
Aschaffenburger Str.	6	MZ	
Askanischer Pl.	7	NZ	
Attilastr.	2	CV	
Augsburger Str.	6	LY	
Auguste-Viktoria-Str.	5	JZ	
Bachstr.	6	MX	
Badensche Str.	6	LZ	
Bamberger Str.	6	MY	
Barbarossastr.	6	MZ	
Barfussstr.	3	FX	
Barnetstr.	5	CV	418
Barstr.	5	KZ	
Baumschulenstr.	2	CV	419
Bayerischer Pl.	6	MZ	
Behmstr.	4	GX	
Belziger Str.	6	MZ	
Bergmannstr.	4	GZ	
Bergstr.	1	BV	
Berliner Allee	4	HX	604
Berliner Str.	6	LZ	
Berliner Str. (PANKOW)	4	HX	
Berliner Str. (ZEHLENDORF)	1	BV	
Bernauer Str. (TEGEL)	1	BT	
Bernauer Str. (WEDDING)	7	PX	
Beusselstr.	3	FY	
Birkbuschstr.	1	BV	421
Bismarckstr.	5	JX	
Blankenfelder Str.	2	CT	
Bleibtreustr.	5	KX	
Blissestr.	3	FZ	606
Blumberger Damm	2	DU	
Boelckestr.	4	GZ	
Bornholmer Str.	4	GX	
Brandenburgische Str.	3	EZ	607
Breite Str.	8	RZ	
Britzer Damm	2	CV	424
Britzer Str.	2	CV	
Brückenstr.	8	RZ	
Brunnenstr.	7	PX	
Brunsbütteler Damm	1	AU	
Buckower Chaussee	2	CV	
Buckower Damm	2	CV	
Budapester Str.	6	MX	
Bülowstr.	3	FZ	
Bundesallee	6	LY	
Bushkrugallee	2	CV	
Cauerstr.	5	KX	609
Charlottenburger Chaussee	1	AU	425
Charlottenstr.	7	PZ	610
Chausseestr.	7	NX	
Choriner Str.	8	RX	
Clayallee	3	EZ	
Columbiadamm	4	GZ	
Cunostr.	5	JZ	
Curtiusstr.	1	BV	427
Dahlemer Weg	1	BV	
Dahlmannstr.	5	JY	
Damaschkestr.	5	JY	
Danziger Str.	8	RSX	
Dietzgenstr.	2	CT	428
Dörpfeldstr.	2	DV	
Dominicusstr.	3	FZ	612
Dorfstr. (MALCHOW)	2	DT	
Dorfstr. (NIEDERNEUENDORF)	1	AT	
Drakestr.	1	BV	
Droysenstr.	5	JY	
Dudenstr.	4	GZ	
Düsseldorfer Str.	5	KY	
Eichborndamm	1	BT	430
Einemstr.	6	MY	
Einsteinufer	6	LX	
Eisenacher Str.	6	MZ	
Eisenhutweg	2	DV	443
Eisenzahnstr.	5	JY	
Elsenstr.	4	HZ	
Emser Pl.	5	KZ	
Emser Str.	5	KY	
Engeldamm	8	SZ	
Entlastungsstr.	4	GY	613
Ernst-Reuter-Pl.	5	LX	
Falkenberger Str.	2	CT	
Falkenseer Chaussee	1	AT	
Fasanenstr.	6	LX	
Fehrbelliner Pl.	5	KZ	
Fehrbelliner Str.	8	RX	
Fischerinsel	8	RZ	615
Florastr.	2	CT	432
Forckenbeckstr.	5	JZ	
Frankfurter Allee	1	CU	
Franklinstr.	3	FY	616
Französische Str.	7	PZ	618
Fraunhoferstr.	5	KX	
Freiherr-vom-Stein-Str.	6	MZ	
Friedenstr.	8	SY	
Friedrichstr.	7	PY	
Fritz-Elsas-Str.	6	MZ	
Fürstenbrunner Weg	3	EY	621
Fuggerstr.	6	MY	
Gartenfelder Str.	1	AU	
Gartenstr.	7	NX	
Gatower Str.	1	AU	
Geisbergstr.	6	MY	
Gendarmenmarkt	2	CU	433
Georg-Wilhelm-Str.	5	JY	
Germanenstr.	2	CT	434
Gertraudenstr.	8	RZ	
Gervinusstr.	5	JX	
Gitschiner Str.	4	GZ	
Glienicker Brücke	1	AV	435
Gneisenaustr.	4	GZ	
Goerzallee	1	BV	
Goltzstr.	6	MZ	
Greenwichpromenade	1	BT	436
Greifswalder Str.	8	SX	
Grellstr.	4	HX	
Grieser Pl.	5	JZ	
Grolmanstr.	6	LX	
Großbeerenstr.	2	CV	
Großer Stern	6	MX	
Grünauer Str.	2	DV	437
Grunerstr.	8	RY	
Grunewaldstr.	6	MZ	
Güntzelstr.	6	LZ	
Gustav-Adolf-Str.	4	HX	
Hagenstr.	3	EZ	
Hallesches Ufer	4	GY	622
Hardenbergstr.	6	LX	
Hasenheide	4	HZ	
Hauptstr. (LICHTENBERG)	2	CU	
Hauptstr. (ROSENTHAL)	2	CT	
Hauptstr. (SCHÖNEBERG)	6	MZ	
Havelchaussee	1	AU	
Heerstr.	1	AU	
Heidestr.	7	NX	
Heilbronner Str.	5	JY	
Heiligenseestr.	1	AT	
Heinrich-Heine-Str.	4	HY	623
Herbert-von-Karajan-Str.	7	NZ	624
Hermannstr.	4	HZ	
Heylstr.	6	MZ	
Hildburghauser Str.	1	BV	439
Hindenburgdamm	1	BV	440
Hochmeisterpl.	5	JY	
Hofjägerallee	6	MX	
Hohenschönhauser Str.	2	DT	442
Hohenstaufenstr.	6	MY	
Hohenzollerndamm	5	KZ	
Holländerstr.	3	FX	
Holtzendorffpl.	5	JY	
Holtzendorffstr.	5	EY	625
Holzhauser Str.	1	BT	
Holzmarktstr.	8	SZ	
Hubertusallee	3	EZ	
Hüttenweg	1	BV	
Huttenstr.	3	FY	
Immanuelkirchstr.	8	SX	627
Indira-Gandhi-Str.	2	CU	444
Innsbrucker Str.	6	MZ	
Invalidenstr.	7	NY	
Jacob-Kaiser-Pl.	3	EX	628
Joachimstaler Pl.	6	LX	630
Joachimstaler Str.	6	LY	
Joachim-Friedrich-Str.	5	JY	
Johannisthaler Chaussee	2	CV	
John-F.-Kennedy-Pl.	6	MZ	633
Kaiserdamm	3	JX	
Kaiserin-Augusta-Allee	3	EY	
Kaiser-Friedrich-Str.	5	JY	
Kaiser-Wilhelm-Str.	1	BV	
Kantstr.	5	KX	
Karlshorster Str.	2	DV	445
Karl-Liebknecht-Str.	8	RY	
Karl-Marx-Allee	8	RY	
Karl-Marx-Str.	4	HZ	
Karolinenstr.	1	BT	446
Kastanienallee	8	RX	
Katzbachstr.	4	GZ	634
Kladower Damm	1	AV	
Kleiststr.	6	MY	
Klingelhöferstr.	3	FX	636
Knaackstr.	8	RX	
Knesebeckstr.	6	LX	
Kochstr.	6	LY	
Königin-Elisabeth-Str.	3	EY	637
Königin-Luise-Str.	1	BV	448
Koenigsallee	3	EZ	
Königsheideweg	2	DV	449
Köningstr.	1	AV	
Köpenicker Landstr.	2	CU	
Köpenicker Str. (BIESDORF)	2	DU	
Köpenicker Str. (MITTE)	8	SZ	
Kolonnenstr.	3	FZ	639
Konstanzer Str.	3	FZ	640
Kottbusser Damm	5	HZ	
Kronprinzessinnenweg	1	AV	451
Krumme Str.	5	JX	
Kufsteiner Str.	6	MZ	
Kurfürstendamm	5	JY	
Kurfürstenstr.	3	FY	642
Kurt-Schumacher-Damm	3	FX	
Landsberger Allee	8	SY	
Landshuter Str.	6	MY	
Laubacher Str.	3	FZ	
Leibnizstr.	5	KX	
Leipziger Pl.	7	NZ	
Leipziger Str.	7	NZ	
Leitzenburger Str.	5	LY	
Lennestr.	7	NZ	

BERLIN S. 12

174

BERLIN S. 13

Leonhardtstr. ... 5 .. JX	Otto-Suhr-Allee ... 5 .. KX	Sellerstr. ... 4 .. GX
Levetzowstr. ... 3 .. FY	Pacelliallee ... 1 .. BV 469	Sickingenstr. ... 3 .. FY
Lewishamstr. ... 5 .. JY	Paderborner Str. ... 5 .. JY 667	Siemensdamm ... 3 .. EX
Lichtenberger Str. ... 4 .. HY 643	Pankstr. ... 4 .. GX	Siemensstr. ... 3 .. FY 698
Lichtenrader Damm ... 2 .. CV	Pariser Pl. ... 7 .. NZ	Sigmaringer Str. ... 5 .. KZ
Lindenstr. (KÖPENICK) ... 2 .. DV	Pariser Str. ... 5 .. KY	Skalitzer Str. ... 4 .. HY
Lindenstr. (KREUZBERG) ... 4 .. GY 645	Pasewalker Str. ... 2 .. CT	Sonnenallee ... 4 .. HZ
Loewenhardtdamm ... 4 .. GZ 646	Passauer Str. ... 6 .. MY	Sophie-Charlotten-Pl. ... 5 .. JX
Ludwigkirchpl. ... 6 .. LY	Paulsborner Str. ... 5 .. JZ	Sophie-Charlotten-Str. ... 3 .. EY 699
Ludwigkirchstr. ... 6 .. LY 648	Paulstr. ... 3 .. FY	Spandauer Damm ... 3 .. EY
Ludwigsfelder Str. ... 1 .. AU 651	Perleberger Str. ... 3 .. FY	Spandauer Str. ... 8 .. GY
Lützowpl. ... 6 .. MX	Pestalozzistr. ... 5 .. JX	Spichernstr. ... 6 .. LY
Lützowufer ... 3 .. FX	Petersburger Str. ... 4 .. HY	Spreeweg ... 6 .. MX
Luisenstr. ... 7 .. NY	Pistoriusstr. ... 2 .. CT 470	Steinpl. ... 6 .. LX
Lustgarten ... 7 .. PZ 649	Platanenstr. ... 2 .. CT 472	Steinstr. ... 2 .. CV 484
Luxemburger Str. ... 3 .. FX 651	Platz der Republik ... 7 .. NY	Sterndamm ... 2 .. DV 485
Maaßenstr. ... 6 .. MY	Platz der Vereinten Nationen ... 8 .. SY	Stößenseebrücke ... 1 .. AU 487
Machnower Str. ... 1 .. BV 454	Potsdamer Chaussee (SPANDAU) ... 1 .. AU	Storkower Str. ... 4 .. HX
Märkische Allee ... 2 .. DU	Potsdamer Chaussee (ZEHLENDORF) ... 1 .. AV	Stralauer Allee ... 4 .. HY
Magistratsweg ... 1 .. AU 455	Potsdamer Pl. ... 4 .. GY 669	Stralauer Str. ... 8 .. RZ
Majakowskiring ... 2 .. CT 457	Potsdamer Str. (SCHÖNEBERG) ... 7 .. NZ 672	Straße des 17. Juni ... 6 .. MX
Manfred-von-Richthofen-Str. ... 4 .. GZ 652	Potsdamer Str. (ZEHLENDORF) ... 1 .. AV 473	Strausberger Pl. ... 4 .. HY 702
Manteuffelstr. ... 2 .. CV	Prager Pl. ... 6 .. LY 673	Streitstr. ... 1 .. AT 488
Marchstr. ... 6 .. LX	Prenzlauer Allee ... 8 .. RX	Stresemannstr. ... 7 .. NZ
Mariendorfer Damm ... 2 .. CV 458	Prenzlauer Promenade ... 4 .. HX	Stromstr. ... 3 .. FY 704
Marienfelder Allee ... 2 .. CV	Prinzenstr. ... 4 .. GY 675	Stubenrauchstr. ... 2 .. DV 489
Marienfelder Chaussee ... 2 .. CV	Prinzregentenstr. ... 6 .. LZ	Stülerstr. ... 6 .. MX
Markgrafendamm ... 2 .. CU 460	Provinzstr. ... 4 .. GX	Stuttgarter Pl. ... 5 .. JX 705
Markstr. ... 4 .. GX	Quitzowstr. ... 3 .. FX	Suarezstr. ... 5 .. JX
Martin-Luther-Str. ... 6 .. MZ	Rankestr. ... 6 .. LY 676	Südwestkorso ... 3 .. EZ 708
Masurenallee ... 3 .. EY 654	Rathausstr. ... 8 .. RY 678	Tauentzienstr. ... 6 .. MX 707
Mecklenburgische Str. ... 5 .. KZ	Rauchstr. ... 6 .. MX	Tegeler Weg ... 3 .. EY
Mehringdamm ... 4 .. GZ	Reichpietschufer ... 7 .. FY 679	Teltower Damm ... 1 .. BV
Mehringpl. ... 4 .. GY 655	Reinhardtstr. ... 7 .. NY 683	Tempelhofer Damm ... 4 .. GZ
Meierottostr. ... 6 .. LY	Reinickendorfer Str. ... 4 .. GX 684	Tempelhofer Ufer ... 4 .. GZ 710
Meinekestr. ... 6 .. LY 657	Residenzstr. ... 2 .. CT	Teplitzer Str. ... 3 .. EZ 711
Memhardstr. ... 8 .. RY 681	Rheinbabenallee ... 3 .. EZ	Theodor-Heuss-Pl. ... 3 .. EY 713
Meraner Str. ... 6 .. MZ	Rheinsteinstr. ... 2 .. DU 475	Thielallee ... 1 .. BV 490
Messedamm ... 3 .. EY 660	Rheinstr. ... 3 .. FZ 687	Tiergartenstr. ... 6 .. MX
Michaelkirchstr. ... 8 .. RZ	Rhinstr. ... 2 .. DU	Torstr. ... 7 .. PX
Möllendorffstr. ... 2 .. DU 461	Richard-Wagner-Str. ... 5 .. JX	Transvallstr. ... 3 .. FX
Mohriner Allee ... 2 .. CV	Ritterfelddamm ... 1 .. AV	Treskowallee ... 2 .. DU 491
Mollstr. ... 8 .. RY	Roedernallee ... 1 .. BT	Turmstr. ... 3 .. FY
Moltkestr. ... 4 .. GY 661	Rönnestr. ... 5 .. JX	Uhlandstr. ... 6 .. LZ
Mommsenstr. ... 5 .. JX	Rosa-Luxemburg-Str. ... 8 .. RY 689	Unter den Linden ... 2 .. CU 500
Motzstr. ... 6 .. LY	Rosenthaler Str. ... 8 .. RY 690	Urbanstr. ... 4 .. GZ
Mühlendamm ... 8 .. RZ 663	Rudolstädter Str. ... 3 .. EZ 692	Veteranenstr. ... 7 .. PX 715
Mühlenstr. (FRIEDRICHSHAIN) ... 4 .. HY	Rudower Chaussee ... 2 .. DV	Viktoria-Luise-Pl. ... 6 .. MY 717
Mühlenstr. (PANKOW) ... 4 .. GX	Rudower Str. ... 2 .. CV	Waidmannsluster Damm ... 1 .. BT
Müllerstr. ... 3 .. FX	Rummelsburger Str. ... 2 .. DV	Waltersdorfer Chaussee ... 2 .. DV
Münchener Str. ... 6 .. MY	Ruppiner Chaussee ... 1 .. AT	Warschauer Str. ... 4 .. HY
Münzstr. ... 8 .. RY 664	Saatwinkler Damm ... 3 .. EX	Weinmeisterstr. ... 8 .. RY 718
Nachodstr. ... 6 .. LY	Sachsendamm ... 3 .. FZ	Weißenseer Weg ... 2 .. CU 493
Nahmitzer Damm ... 2 .. CV 463	Sächsische Str. ... 5 .. KY	Welserstr. ... 6 .. MY
Nassauische Str. ... 6 .. LZ	Salzburger Str. ... 6 .. MZ	Werderstr. ... 7 .. PZ 720
Nestorstr. ... 5 .. JY	Savignypl. ... 6 .. LX	Westfälische Str. ... 5 .. JY
Neue Kantstr. ... 3 .. EY 666	Schaperstr. ... 6 .. LY	Wexstr. ... 3 .. FZ
Neuköllner Str. ... 2 .. DV	Scharnhorststr. ... 7 .. NX	Wichertstr. ... 4 .. HX
Niederneuendorfer Allee ... 1 .. AT	Scharnweberstr. ... 1 .. BT 477	Wiener Str. ... 4 .. HZ
Nonnendammallee ... 1 .. AU 464	Scheelestr. ... 1 .. BV 478	Wiesbadener Str. ... 3 .. EZ
Nürnberger Str. ... 6 .. MY	Schildhornstr. ... 1 .. BV 479	Wilhelminenhofstr. ... 2 .. DV 494
Oberlandstr. ... 2 .. CV 466	Schillerstr. ... 5 .. JX	Wilhelmsruher Damm ... 2 .. CT 496
Oberspreestr. ... 2 .. DV	Schillstr. ... 6 .. MX 693	Wilhelmstr. (MITTE) ... 7 .. NZ
Oderstr. ... 4 .. HZ	Schivelbeiner Str. ... 4 .. GX 696	Wilhelmstr. (SPANDAU) ... 1 .. AU
Olberstr. ... 3 .. EY	Schloßstr. (CHARLOTTENBURG) ... 5 .. JX	Wilmersdorfer Str. ... 5 .. JX
Ollenhauerstr. ... 1 .. BT 467	Schloßstr. (STEGLITZ) ... 1 .. BV 481	Windscheidstr. ... 5 .. JX
Onkel-Tom-Str. ... 1 .. AV	Schlüterstr. ... 5 .. KX	Winterfeldtpl. ... 6 .. MY
Oranienburger Str. (MITTE) ... 7 .. PY	Schönhauser Allee ... 8 .. RX	Wisbyer Str. ... 4 .. HX
Oranienburger Str. (WITTENAU) ... 1 .. BT	Schönwalder Str. ... 1 .. AT	Wittenbergpl. ... 6 .. MY
Oranienstr. ... 8 .. RZ	Schorlemerallee ... 1 .. BV 482	Wollankstr. ... 4 .. GX
Osdorfer Str. ... 2 .. BV	Schwedter Str. ... 8 .. RX	Württembergische Str. ... 5 .. KY
Osloer Str. ... 4 .. GX	Seesener Str. ... 5 .. JY	Wundtstr. ... 5 .. JY
Ostpreußendamm ... 1 .. BV	Seestr. ... 3 .. FX	Xantener Str. ... 5 .. JY
Ostseestr. ... 4 .. HX	Seidelstr. ... 1 .. BT	Yorckstr. ... 4 .. GZ
Otto-Braun-Str. ... 8 .. RY		Zeppelinstr. ... 1 .. AU 497
		Zillestr. ... 5 .. JX
		Zwieseler Str. ... 2 .. DU 499

BERLIN S. 14

Alphabetische Liste der Hotels und Restaurants
Liste alphabétique des hôtels et restaurants

A

		Seite
Achat		S. 30
Adele		S. 22
Adlon Kempinski		S. 16
Alexander Plaza		S. 20
Altes Zollhaus		S. 29
Alt Luxemburg		S. 24
Alt-Tempelhof		S. 31
Am Borsigturm		S. 31
Ana e Bruno		S. 24
Art Nouveau		S. 22
Astoria		S. 22

B

Bacco		S. 25
Balthazar		S. 25
Bel Air		S. 27
Bieberbau		S. 25
Bleibtreu		S. 21
Bocca di Bacco		S. 25
Borchardt		S. 26
Brandenburger Hof		S. 18
Businesshotel		S. 27

C

California		S. 22
Centrovital		S. 30
Cochon Bourgeois (Le)		S. 29
Concorde		S. 16
Courtyard by Marriott (Köpenick)		S. 28
Courtyard by Marriott (Zentrum)		S. 19

D

Daimlers		S. 26
Delta		S. 22
Domicil		S. 21
Dorint Airport Tegel		S. 30

E

Ellington		S. 19
Entrecôte		S. 26
Epoque		S. 26
Eselin von A. (Die)		S. 26
Estrel		S. 29

Express by Holiday Inn City Centre		S. 28

F

FACIL		S. 24
First Floor		S. 23
Fischers Fritz		S. 23
Frühsammers Restaurant		S. 27

G

Gates		S. 22
Grand Hotel Esplanade		S. 16
Grand Hyatt		S. 16
Grill Royal		S. 24
Guy		S. 25

H

Hackescher Markt		S. 21
Hartmanns		S. 29
Hecker's Hotel		S. 21
H.H. Müller		S. 29
Hilton		S. 17
Holiday Inn City Center East		S. 30
Hollywood Media Hotel		S. 21
Horváth		S. 29
Hotel de Rome		S. 17
Hugos		S. 23

I-J-K

Ibis City West		S. 22
Ibis Mitte		S. 30
Ibis Ostbahnhof		S. 27
Ibis Potsdamer Platz		S. 28
Innside Premium		S. 27
InterContinental		S. 17
Jolly Hotel Vivaldi		S. 19
Kastanienhof		S. 22
Kempinski Hotel Bristol		S. 18
Königin Luise		S. 31
Kronprinz		S. 21
Ku' Damm 101		S. 21

L

Landhaus Alpinia		S. 29
Lochner		S. 25
Lorenz Adlon		S. 23

176

BERLIN S. 15

Louisa's Place	🏨	S. 18	Remake	✗	S. 25
Ludwig van Beethoven	🏨	S. 28	Riehmers Hofgarten	🏨	S. 28
Lutter und Wegner	✗	S. 26	Ritz-Carlton (The)	🏨	S. 16
			Rutz	✗ ❄	S. 25

M

Mandala (The)	🏨	S. 18
Maothai	✗✗	S. 25
Margaux	✗✗✗ ❄	S. 23
Maritim	🏨	S. 18
Maritim proArte	🏨	S. 19
Marriott	🏨	S. 17
Maxwell	✗	S. 26
Melia	🏨	S. 20
Mercure Tempelhof	🏨	S. 30
Mövenpick	🏨	S. 28
Mondial	🏨	S. 20
Müggelsee	🏨	S. 31
Myer's Hotel	🏨	S. 30

S

Savoy	🏨	S. 20
Scandotel Castor	🏨	S. 22
Schloss Glienicke Remise	✗✗	S. 31
Schlosshotel im Grunewald	🏨	S. 27
Seehof	🏨	S. 20
Sofitel Gendarmenmarkt	🏨	S. 19
Sofitel Schweizerhof	🏨	S. 17
Spreebogen	🏨	S. 19
Steglitz International	🏨	S. 31
Steigenberger	🏨	S. 18
Suitehotel	🏨	S. 28
Swissôtel	🏨	S. 17

N

NH Berlin-Alexanderplatz	🏨	S. 27
NH Berlin-Mitte	🏨	S. 20
Novotel am Tiergarten	🏨	S. 19

U

| Upstalsboom Hotel Friedrichshain | 🏨 | S. 27 |

O-P-Q

Ottenthal	✗ 🅐	S. 26
Palace	🏨	S. 16
Paris-Moskau	✗	S. 26
President	🏨	S. 20
Q!	🏨	S. 20
Quadriga (Die)	✗✗ ❄	S. 24

V

VAU	✗✗✗ ❄	S. 24
44 (vierundvierzig)	✗✗✗ ❄	S. 24
Villa Kastania	🏨	S. 21
Villa Toscana	🏨	S. 29
Vitrum	✗✗✗✗ ❄	S. 23

W

| Westin Grand (The) | 🏨 | S. 18 |

R

Radisson SAS	🏨	S. 17
Ramada Plaza	🏨	S. 19
Regent (The)	🏨	S. 16
relexa hotel Stuttgarter Hof	🏨	S. 28

Z

| Zander | ✗ | S. 30 |

Restaurants, die sonntags geöffnet sind
Restaurants ouverts dimanche

Bacco	✗✗	S. 25	Horváth	✗	S. 29
Balthazar	✗✗	S. 25	Lochner	✗✗	S. 25
Bocca di Bacco	✗✗	S. 25	Lutter und Wegner	✗	S. 26
Borchardt	✗	S. 26	Maothai	✗✗	S. 25
Daimlers	✗	S. 26	Maxwell	✗	S. 26
Entrecôte	✗	S. 26	Ottenthal	✗ 🅐	S. 26
Epoque	✗	S. 26	Paris-Moskau	✗	S. 26
Eselin von A. (Die)	✗	S. 26	Remake	✗	S. 25
Fischers Fritz	✗✗✗✗ ❄❄	S. 23	Schloss Glienicke Remise	✗✗	S. 31
Grill Royal	✗✗	S. 24	Zander	✗	S. 30

177

BERLIN S. 16

Adlon Kempinski

Unter den Linden 77 ⊠ 10117 – ℰ (030) 2 26 10
– adlon@kempinski.com – Fax (030) 22612222

NZ **s**

382 Zim – †450/560 € ††450/560 €, ⊊ 36 € – 29 Suiten
Rest *Lorenz Adlon* – separat erwähnt
Rest *Quarré* – ℰ (030) 22 61 15 55 – Karte 52/89 €

• Ein Grandhotel par excellence: Luxus, Eleganz und bester Service machen das traditionsreiche Haus am Brandenburger Tor zu einer bemerkenswerten Adresse. Angeschlossen an das klassische Quarré ist die Terrasse mit Ausblick.

The Ritz-Carlton

Potsdamer Platz 3 ⊠ 10785 U Potsdamer Platz
– ℰ (030) 33 77 77 – berlin@ritzcarlton.com – Fax (030) 337775555

NZ **d**

302 Zim – †285/365 € ††315/445 €, ⊊ 29 € – 32 Suiten
Rest *Vitrum* – separat erwähnt
Rest *Brasserie Desbrosses* – ℰ (030) 3 37 77 63 41 – Karte 31/62 €

• Durch eine repräsentative, aufwändig gestaltete Lobby mit freitragender Marmortreppe und Blattgold-Dekor gelangen Sie in überaus noble und elegante Zimmer. Leger: die original französische Brasserie von 1875 mit typischem Angebot.

The Regent

Charlottenstr. 49 ⊠ 10117 U Französische Str. – ℰ (030) 2 03 38 – info.berlin@rezidorregent.com – Fax (030) 20336119

PZ **c**

195 Zim – †230/335 € ††260/370 €, ⊊ 29 € – 39 Suiten
Rest *Fischers Fritz* – separat erwähnt

• Gediegen-luxuriös ist die Atmosphäre in diesem Hotel direkt am Gendarmenmarkt. Service und elegantes Ambiente werden hier groß geschrieben. Einige Zimmer mit schönem Blick.

Grand Hyatt

Marlene-Dietrich-Platz 2 ⊠ 10785 U Potsdamer Platz – ℰ (030) 25 53 12 34
– berlin@hyatt.de – Fax (030) 25531235

NZ **a**

342 Zim – †245/540 € ††275/540 €, ⊊ 27 € – 12 Suiten
Rest *Vox* – ℰ (030) 25 53 17 72 (geschl. Samstagmittag, Sonntagmittag) Menü 46/56 € – Karte 44/64 €

• Das in Trapezform erbaute Hotel am Potsdamer Platz besticht mit modern gestalteten, technisch sehr gut ausgestatteten Zimmern in puristischem Design. Eine asiatische Note prägt das Vox.

Concorde

Augsburger Str. 41 ⊠ 10789 U Kurfürstendamm – ℰ (030) 8 00 99 90
– info-berlin@concorde-hotels.com – Fax (030) 80099999

LY **c**

311 Zim – †190/435 € ††210/455 €, ⊊ 22 € – 44 Suiten
Rest *Le Faubourg* – ℰ (030) 80 09 99 77 00 – Karte 34/57 €

• Ein Luxushotel in bester Lage - durch und durch großzügig und modern. Die Zimmer verfügen über beste Technik, die meisten Suiten bieten eine schöne Sicht. VIP-Lounge. Modern-elegant ist die Brasserie Le Faubourg.

Palace

Budapester Str. 45 ⊠ 10787 U Zoologischer Garten – ℰ (030) 2 50 20 – hotel@palace.de – Fax (030) 25021119

MX **k**

282 Zim – †250/355 € ††250/355 €, ⊊ 24 € – 19 Suiten
Rest *First Floor* – separat erwähnt

• Modern-eleganter Stil zeichnet die mit aufwändiger Technik ausgestatteten Zimmer und luxuriösen Suiten sowie den auf 800 qm angelegten, mediterran geprägten Spabereich aus.

Grand Hotel Esplanade

Lützowufer 15 ⊠ 10785 U Nollendorfplatz
– ℰ (030) 25 47 80 – info@esplanade.de
– Fax (030) 254788222

MX **e**

390 Zim – †129/279 € ††129/279 €, ⊊ 22 € – 23 Suiten
Rest – Karte 32/48 €
Rest *Eckrestaurant* – (geschl. Sonntag, nur Abendessen) Karte 17/38 €

• Durch und durch modern designt ist dieses Grandhotel am Landwehrkanal. Vor dem Haus liegt die Yacht MS Esplanade, ein Highlight für Veranstaltungen aller Art. In der Ellipse-Lounge bietet man internationale Küche. Lokale Spezialitäten im Eckrestaurant.

BERLIN S. 17

Hotel de Rome
Behrenstr. 37 ⊠ 10117 U Französische Str. – ℰ (030) 4 60 60 90 – info.derome@
roccofortecollection.com – Fax (030) 4606092000
PZ **h**
146 Zim – †420 € ††520 €, ⊇ 26 € – 9 Suiten
Rest *Parioli* – Menü 34 € (mittags)/75 € – Karte 54/79 €
◆ Ein Luxushotel am Bebelplatz mit dem repräsentativen Rahmen eines a. d. J. 1889 stammenden Gebäudes, dem früheren Sitz der Dresdner Bank. Der Tresorraum dient heute als Pool. Das Restaurant Parioli bietet ambitionierte italienische Küche.

InterContinental
Budapester Str. 2 ⊠ 10787 U Wittenbergplatz
– ℰ (030) 2 60 20 – berlin@ichotelsgroup.com – Fax (030) 26022600
MX **a**
584 Zim – †130/320 € ††130/320 €, ⊇ 24 € – 50 Suiten
Rest *Hugos* – separat erwähnt
Rest *L.A. Cafe* – ℰ (030) 26 02 12 50 – Karte 35/54 €
◆ Eine komfortable Adresse mit großem hochwertigem Vitality Club und guten Konferenz- und Veranstaltungsmöglichkeiten. Die Zimmer: gediegen-elegant oder schlicht-modern. L.A. Café mit internationalem und chinesischem Speiseangebot.

Swissôtel
Augsburger Str. 44 ⊠ 10789 U Kurfürstendamm – ℰ (030) 22 01 00 – berlin@
swissotel.com – Fax (030) 220102222
LX **k**
316 Zim – †140/290 € ††155/310 €, ⊇ 21 €
Rest *44* – separat erwähnt
◆ Hinter der modernen Glasfassade empfängt Sie das komfortable Hotel mit einer großzügigen Atriumhalle. Die sehr gut ausgestatteten Zimmer sind teilweise Business- oder Executive-Zimmer.

Marriott
Inge-Beisheim-Platz 1 ⊠ 10785 U Potsdamer Platz – ℰ (030) 22 00 00 – berlin@
marriotthotels.com – Fax (030) 220001000
NZ **f**
379 Zim – †189/229 € ††189/229 €, ⊇ 24 € – **Rest** – Karte 24/52 €
◆ Ein Businesshotel in modernem Stil. Die meisten der in amerikanischer Kirsche gehaltenen Gästezimmer sind um die große Atriumlobby angelegt. Bistroambiente erwartet Sie im Restaurant mit Showküche und großer Fensterfront.

Hilton
Mohrenstr. 30 ⊠ 10117 U Stadtmitte – ℰ (030) 2 02 30 – info.berlin@hilton.com
– Fax (030) 20234269
PZ **r**
591 Zim – †155/360 € ††155/360 €, ⊇ 24 € – 14 Suiten
Rest *Fellini* – (geschl. Anfang Jan. 2 Wochen, Juli - Aug. 3 Wochen, nur Abendessen) Karte 30/40 €
Rest *Mark Brandenburg* – Karte 32/40 €
Rest *Trader Vic's* – (nur Abendessen) Karte 33/52 €
◆ Das Stadthotel überzeugt mit einer repräsentativen Halle, dem guten Wellness- und Fitnessangebot sowie teils zum Gendarmenmarkt hin gelegenen Zimmern. Fellini mit italienischer Karte. Regionales bietet das Mark Brandenburg. Polynesische Küche im Trader Vic's.

Radisson SAS
Karl-Liebknecht-Str. 3 ⊠ 10178 U Alexanderplatz – ℰ (030) 23 82 80
– info.berlin@radissonsas.com – Fax (030) 2382810
RY **b**
427 Zim – †140/380 € ††140/380 €, ⊇ 22 €
Rest *HEat* – Karte 27/50 €
Rest *Noodle Kitchen* – (nur Abendessen) Karte 28/41 €
◆ Blickfang in der puristisch gestalteten Atriumhalle dieses Hotels ist ein zylindrisches Aquarium von 25 m Höhe. Die Gästezimmer hat man in klarem Stil eingerichtet. HEat: internationale Küche in modernem Bistroambiente. Noodle Kitchen mit Südostasiatischem.

Sofitel Schweizerhof
Budapester Str. 25 ⊠ 10787 U Zoologischer Garten
– ℰ (030) 2 69 60 – h5347@accor.com – Fax (030) 26961000
MX **w**
384 Zim – †135/275 € ††135/275 €, ⊇ 21 € – 10 Suiten
Rest – Karte 31/38 €
◆ In dem besonders auf Businessgäste ausgelegten Hotel erwarten Sie ein großzügiger, heller Empfangsbereich sowie modern und funktionell ausgestattete Zimmer. Restaurant im Bistrostil.

BERLIN S. 18

Maritim

Stauffenbergstr. 26 ⊠ 10785 **U** Mendelssohn-Bartholdy-Park – ℰ (030) 2 06 50
– info.ber@maritim.de – Fax (030) 20651010
GY b
505 Zim – †151/289 € ††170/310 €, ⌑ 22 €
Rest *Grandrestaurant M* – Menü 51/72 € – Karte 31/62 €
♦ Hier überzeugen der elegante Rahmen, hochwertig und technisch top ausgestattete Zimmer sowie sehr gute Tagungs- und Veranstaltungsbedingungen. Präsidentensuite auf 350 qm! Das Grandrestaurant M ist dem Stil der 20er Jahre nachempfunden.

Steigenberger

Los-Angeles-Platz 1 ⊠ 10789 **U** Augsburger Str. – ℰ (030) 2 12 70 – berlin@
steigenberger.de – Fax (030) 2127117
MY d
397 Zim – †125/355 € ††125/355 €, ⌑ 22 € – 11 Suiten
Rest *Berliner Stube* – Karte 22/32 €
♦ Das Stadthotel bietet eine großzügige, modern designte Lobby und funktionelle Zimmer. Privater ist die Atmosphäre in der Executive-Etage mit Club Lounge im 6. Stock. Berliner Stube mit rustikalem Flair.

The Westin Grand

Friedrichstr. 158 ⊠ 10117 **U** Französische Str. – ℰ (030) 2 02 70 – info@
westin-grand.com – Fax (030) 20273362
PZ a
359 Zim – †390/640 € ††420/640 €, ⌑ 26 € – 18 Suiten
Rest *Friedrichs* – Karte 27/56 €
Rest *Stammhaus* – Karte 22/30 €
Rest *Lobster House* – (geschl. Montag - Dienstag) Karte 34/65 €
♦ Gediegen ist das Ambiente in diesem komfortablen Hotel in der Stadtmitte. Sie betreten das Haus durch eine schöne Halle mit 30 Meter hohem Glasdach. Friedrichs in klassischem Stil. Im Stammhaus: Berliner Spezialitäten. Fischküche bietet das Lobster House.

Kempinski Hotel Bristol

Kurfürstendamm 27 ⊠ 10719 **U** Uhlandstr. – ℰ (030) 88 43 40
– reservations.bristol@kempinski.com – Fax (030) 8836075
LX
301 Zim – †270/350 € ††330/420 €, ⌑ 25 € – 22 Suiten
Rest *Kempinski Grill* – (geschl. Juli - Aug. 4 Wochen) Karte 41/68 €
♦ Das markante Gebäude am berühmten Ku'damm ist ein in klassisch-elegantem Stil eingerichtetes Hotel, das auch schon den ein oder anderen prominenten Gast beherbergte. Seit 1952 ist der Kempinski Grill eine echte Institution in Berlin.

Brandenburger Hof

Eislebener Str. 14 ⊠ 10789 **U** Augsburger Str. – ℰ (030) 21 40 50 – info@
brandenburger-hof.com – Fax (030) 21405100
LY n
72 Zim ⌑ – †185/285 € ††270/325 € – 8 Suiten
Rest *Die Quadriga* – separat erwähnt
Rest *Quadriga-Lounge* – ℰ (030) 21 40 56 51 – Menü 26/95 € – Karte 36/48 €
♦ Auf äußerst ansprechende und stilvolle Weise hat man in dem wunderschönen wilhelminischen Stadtpalais historische Elemente mit edlem modernem Design kombiniert. Elegant ist die in den Barbereich übergehende Quadriga-Lounge.

The Mandala

Potsdamer Str. 3 ⊠ 10785 **U** Potsdamer Platz – ℰ (030) 5 90 05 00 00
– welcome@themandala.de – Fax (030) 590050500
NZ v
166 Zim – †170/310 € ††200/310 €, ⌑ 23 € – 17 Suiten
Rest *Facil* – separat erwähnt
♦ Hier überzeugen die Lage am Potsdamer Platz, gegenüber dem Sony-Center, sowie großzügige, geradlinig-modern ausgestattete Zimmer mit sehr guter Technik.

Louisa's Place

Kurfürstendamm 160 ⊠ 10709 **U** Adenauerplatz – ℰ (030) 63 10 30 – info@
louisas-place.de – Fax (030) 63103100
JY a
47 Suiten – †155/595 € ††155/595 €, ⌑ 20 €
Rest *Balthazar* – separat erwähnt
♦ Geschmackvolle, geräumige Suiten mit Küche und sehr freundlicher Service zeichnen dieses exklusiv ausgestattete Hotel aus. Stilvoll: der Frühstücksraum und die Bibliothek.

BERLIN S. 19

Ramada Plaza
Pragerstr. 12 ⊠ 10779 U Güntzelstr. – ℘ (030) 2 36 25 00 – berlin.plaza@ramada.de – Fax (030) 236250550
LY **g**
184 Zim – †139/199 € ††139/199 €, ⊇ 18 € – 60 Suiten – **Rest** – Karte 31/43 €
♦ Die Zimmer und Suiten dieses modernen Geschäftshotels sind elegant in amerikanischer Kirsche möbliert und technisch auf dem neuesten Stand. Executive Floor in der 6. Etage. Klassisch gehaltenes Restaurant.

Maritim proArte
Friedrichstr. 151 ⊠ 10117 U Friedrichstr. – ℘ (030) 2 03 35 – info.bpa@maritim.de – Fax (030) 20334209
PY **e**
403 Zim – †137/278 € ††154/297 €, ⊇ 20 €
Rest *Atelier* – (geschl. 23. Juli - 18. August und Sonntag, nur Abendessen) Menü 55 € – Karte 38/54 €
Rest *Bistro media* – Karte 20/24 €
♦ Das avantgardistisch wirkende Hotel nahe dem Prachtboulevard Unter den Linden bietet technisch sehr gut ausgestattete Zimmer. Im ganzen Haus: Bilder der "Jungen Wilden". Ganz modern im Designer-Stil: das Atelier.

Jolly Hotel Vivaldi
Friedrichstr. 96 ⊠ 10117 U Friedrichstr. – ℘ (030) 2 06 26 60 – vivaldi.jhb@jollyhotels.de – Fax (030) 206266999
PY **d**
262 Zim – †145/210 € ††160/230 €, ⊇ 19 € – **Rest** – Karte 36/47 €
♦ Eine moderne, großzügige Halle empfängt Sie in dem neuzeitlichen, tadellos geführten Hotel. Hochwertiges Holzmobiliar und angenehme Farben lassen die Zimmer wohnlich wirken. Helles, offen angelegtes Restaurant mit italienischer Küche.

Sofitel Gendarmenmarkt
Charlottenstr. 50 ⊠ 10117 U Französische Str. – ℘ (030) 20 37 50 – h5342@accor.com – Fax (030) 20375100
PZ **s**
92 Zim – †270/380 € ††285/395 €, ⊇ 25 €
Rest *Aigner* – ℘ (030) 2 03 75 18 50 – Karte 30/47 €
♦ Gegenüber dem französischen Dom am Gendarmenmarkt gelegenes Hotel mit modernen, im Designer-Stil eingerichteten Zimmern und kleinem Freizeitbereich in der obersten Etage. Mit der Originaleinrichtung eines Wiener Kaffeehauses wurde das Aigner ausgestattet.

Courtyard by Marriott
Axel-Springer-Str. 55 ⊠ 10117 U Spittelmarkt – ℘ (030) 8 00 92 80 – berlin.mitte@coutyard.com – Fax (030) 8009281000
PZ **m**
267 Zim – †139/189 € ††139/189 €, ⊇ 17 € – 4 Suiten – **Rest** – Karte 19/29 €
♦ Das Businesshotel in zentraler Lage überzeugt mit seiner technisch sehr guten Ausstattung und den gleichermaßen wohnlich wie funktionell gestalteten Zimmern. Das Oléo Pazzo ist ein mediterranes Bistro mit Barbereich.

Ellington
Nürnberger Str. 50 ⊠ 10789 U Wittenbergplatz – ℘ (030) 68 31 50 – contact@ellington-hotel.com – Fax (030) 683155555
MY **e**
285 Zim – †98/178 € ††108/188 €, ⊇ 15 € – **Rest** – Karte 29/45 €
♦ Das 1928-31 erbaute "Haus Nürnberg" beherbergt heute ein Hotel in klarem, modernem Design. Die Fassade sowie viele schöne Details im Inneren bewahren den historischen Charme. Restaurant in geradlinigem, schlicht-elegantem Stil. Hübsch ist auch der Innenhof.

Novotel am Tiergarten
Straße des 17. Juni 106 ⊠ 10623 U Ernst-Reuter-Platz – ℘ (030) 60 03 50 – h3649@accor.com – Fax (030) 60035666
LMX **r**
274 Zim – †99/209 € ††114/224 €, ⊇ 17 € – 11 Suiten – **Rest** – Karte 29/44 €
♦ Unmittelbar an der S-Bahn-Station Tiergarten liegt dieses Businesshotel. Die Ausstattung überzeugt mit Funktionalität und modernem Design in klaren Linien.

Spreebogen
Alt-Moabit 99 ⊠ 10559 U Turmstr. – ℘ (030) 39 92 00 – info@hotel-spreebogen.de – Fax (030) 39920999
FY **b**
243 Zim ⊇ – †136/211 € ††171/246 € – **Rest** – Karte 21/40 €
♦ In Nachbarschaft zum Innenministerium beherbergt man Sie in technisch sehr gut ausgestatteten Zimmern - z. T. mit Spreeblick -, in denen kräftige Farben Akzente setzen. Das Restaurant mit internationaler Karte ist in einer ehemaligen Molkerei untergebracht.

BERLIN S. 20

Savoy
Zim, Rest,

Fasanenstr. 9 ⊠ 10623 U Zoologischer Garten – ℰ (030) 31 10 30 – info@hotel-savoy.com – Fax (030) 31103333

LX s

125 Zim – †119/248 € ††146/277 €, ⊊ 19 € – 18 Suiten – **Rest** – *(geschl. Sonntagabend)* Karte 31/44 €

♦ Das charmante Hotel, das schon Thomas Mann schriftlich würdigte und wo sich bis heute Prominente die Klinke in die Hand geben, besteht seit 1928 und ist das älteste der Stadt. Modernes Interieur mit roten Polstersesseln im Restaurant.

Mondial

Kurfürstendamm 47 ⊠ 10707 U Uhlandstr. – ℰ (030) 88 41 10 – info@hotel-mondial.com – Fax (030) 88411150

KY e

75 Zim ⊊ – †110/215 € ††140/265 € – **Rest** – Karte 19/37 €

♦ Direkt am Ku'damm: Bestens, um in das rege Treiben der Geschäftsmeile einzutauchen. Die wohnlichen Zimmer sind teils klassisch, teils zeitgemäß gestaltet. Gediegenes Restaurant mit klassischem Dekor und internationaler Speisenauswahl.

Alexander Plaza

Rosenstr. 1 ⊠ 10178 U Alexanderplatz – ℰ (030) 24 00 10 – info@hotel-alexander-plaza.de – Fax (030) 24001777

RY a

92 Zim – †100/180 € ††100/180 €, ⊊ 17 € – **Rest** – *(geschl. Sonntag, nur Abendessen)* Karte 25/35 €

♦ Zwischen Marienkirche und Hackeschem Markt liegt der sanierte Altbau, der mit modernen Zimmern und z. T. auch Appartements mit kleiner Küchenzeile aufwartet. Internationale Speisen werden im Restaurant mit Wintergarten angeboten.

Melia

Friedrichstr. 103 ⊠ 10117 U Friedrichstr. – ℰ (030) 20 60 79 00 – melia.berlin@solmelia.com – Fax (030) 2060790444

PY m

364 Zim ⊊ – †140/200 € ††160/220 € – 3 Suiten – **Rest** – Karte 33/52 €

♦ Die zentrale Lage und eine modern-funktionelle Ausstattung machen das erste Berliner Hotel der spanischen Sol-Melia-Gruppe aus. Executive-Bereich in der 7. und 8. Etage. Restaurant mit internationalem Speiseangebot und Tapas-Bar.

NH Berlin-Mitte

Leipziger Str. 106 ⊠ 10117 U Stadtmitte – ℰ (030) 20 37 60 – nhberlinmitte@nh-hotels.com – Fax (030) 20376600

PZ k

392 Zim – †99/229 € ††99/229 €, ⊊ 19 € – **Rest** – Karte 23/42 €

♦ Mit einem großzügigen Empfangsbereich, modern, funktionell und wohnlich gestalteten Zimmern und der zentralen Lage überzeugt dieses Hotel. Freizeitbereich im 8. Stock. Teils offen zur Halle: das Restaurant im Bistrostil.

Q!

Knesebeckstr. 67 ⊠ 10623 U Uhlandstr. – ℰ (030) 8 10 06 60 – q-berlin@loock-hotels.com – Fax (030) 810066666

LX m

77 Zim ⊊ – †159/217 € ††179/235 € – **Rest** – *(Abendessen nur für Hausgäste)* Karte 33/44 €

♦ Design ist Trumpf: Die modern und technisch sehr gut ausgestatteten Zimmer sind minimalistisch, in dunklen Tönen gestaltet. Stylisches Restaurant mit euro-asiatischem Angebot.

Seehof

Lietzensee-Ufer 11 ⊠ 14057 U Sophie - Charlotte - Platz – ℰ (030) 32 00 20 – info@hotel-seehof-berlin.de – Fax (030) 32002251

JX r

75 Zim ⊊ – †99/175 € ††108/195 € – **Rest** – *(geschl. 2. - 13. Jan.)* Karte 28/51 €

♦ Am grünen Ufer des Lietzensees liegt dieses Hotel mit seinen gediegen-eleganten Zimmern, teils mit Stilmöbeln bestückt. Gute Verkehrsanbindung zur Messe. Restaurant mit klassischem Ambiente und schöner Seeterrasse.

President

An der Urania 16 ⊠ 10787 U Wittenbergplatz – ℰ (030) 21 90 30 – info@president.bestwestern.de – Fax (030) 2186120

MY t

177 Zim – †145/230 € ††175/250 €, ⊊ 15 € – 3 Suiten – **Rest** – Karte 31/38 €

♦ Neben funktionellen Economy- und Businesszimmern verfügt das Hotel über komfortablere Club-Zimmer mit extra großem Schreibtisch und bequemem Ledersessel. Mit Korbstühlen neuzeitlich gestaltetes Restaurant.

BERLIN S. 21

Hollywood Media Hotel garni
Kurfürstendamm 202 ⊠ 10719 U Uhlandstr. – ℰ (030) 88 91 00 – info@filmhotel.de – Fax (030) 88910280
182 Zim ⊇ – †99/190 € ††119/211 € – 12 Suiten
LY r

◆ Der siebten Kunst hat sich dieses Haus verschrieben. Die gediegen-neuzeitlichen Zimmer sind mit zahlreichen Filmplakaten und Fotos von Stars geschmückt. Eigenes kleines Kino.

Domicil
Kantstr. 111a ⊠ 10627 U Wilmersdorfer Str. – ℰ (030) 32 90 30 – info@hotel-domicil-berlin.de – Fax (030) 32903299
70 Zim ⊇ – †118/150 € ††154/190 € – 3 Suiten – **Rest** – Karte 20/31 €
JX v

◆ Hoch über der Stadt wohnen Sie in einladenden Zimmern im italienischen Stil, in denen zeitgenössische Kunst und toskanische Stoffe hübsche Akzente setzen. Roof-Top-Restaurant mit Dachgarten. International ausgerichtete Küche.

Hecker's Hotel
Grolmanstr. 35 ⊠ 10623 U Uhlandstr. – ℰ (030) 8 89 00 – info@heckers-hotel.de – Fax (030) 8890260
69 Zim – †120/250 € ††140/330 €, ⊇ 16 €
LX e
Rest *Cassambalis* – ℰ (030) 8 85 47 47 (geschl. Sonntagmittag) Karte 31/42 €

◆ Hier legt man Wert auf Individualität und Service. Die Zimmer: teils wohnlich-funktionell, teils im modernen Designerstil oder geschmackvoll als Themenzimmer gestaltet. Mediterran sind Flair und Angebot im Cassambalis.

Bleibtreu
Bleibtreustr. 31 ⊠ 10707 U Uhlandstr. – ℰ (030) 88 47 40 – info@bleibtreu.com – Fax (030) 88474444
60 Zim – †119/195 € ††124/227 €, ⊇ 15 € – **Rest** – Karte 22/29 €
KY s

◆ Sorgsam hat man das aus der Gründerzeit stammende Stadthaus restauriert. Entstanden ist ein sehr ansprechend in modernem Stil gehaltenes Hotel. Das Angebot im Restaurant: Sandwiches, Steaks und Burger.

Ku' Damm 101 garni
Kurfürstendamm 101 ⊠ 10711 U Adenauerplatz – ℰ (030) 5 20 05 50 – info@kudamm101.com – Fax (030) 520055555
170 Zim – †99/205 € ††101/222 €, ⊇ 15 €
JY k

◆ Betont schlichter Designer-Stil im ganzen Haus - Zimmer in modernen Farben, mit großen Fenstern und sehr guter Technik. Frühstücksraum im 7. Stock mit Blick über die Stadt.

Hackescher Markt garni
Große Präsidentenstr. 8 ⊠ 10178 U Alexanderplatz – ℰ (030) 28 00 30 – hackescher-markt@loock-hotels.com – Fax (030) 28003111
32 Zim ⊇ – †110/185 € ††135/215 €
PY c

◆ Mitten in der Oranienburger Vorstadt, die inzwischen zum Pflichtprogramm jedes Berlin-Touristen gehört, wohnen Sie in zeitgemäßen Zimmern - zum Innenhof besonders ruhig.

Kronprinz garni
Kronprinzendamm 1 ⊠ 10711 – ℰ (030) 89 60 30 – reception@kronprinz-hotel.de – Fax (030) 8931215
78 Zim ⊇ – †98/185 € ††150/215 €
JY d

◆ In dem Gründerzeitgebäude von 1894 stehen helle, wohnliche Zimmer bereit - besonders hübsch: die Romantikzimmer. ICC/Messe zu Fuß erreichbar. Terrasse unter alten Kastanien.

Villa Kastania
Kastanienallee 20 ⊠ 14052 U Theodor - Heuss - Platz – ℰ (030) 3 00 00 20 – info@villakastania.com – Fax (030) 30000210
48 Zim – †85/210 € ††100/240 €, ⊇ 15 € – 4 Suiten – **Rest** – (geschl. Sonntag - Montag) Menü 20 € – Karte 23/41 €
EY v

◆ Gepflegtes Hotel mit gediegener Atmosphäre. Zur Auswahl: Zimmer in Mahagoni, mit luxuriöser Naturholzeinrichtung oder italienischen Stilmöbeln. Hübscher Freizeitbereich. Helles, freundliches Restaurant mit internationaler Küche.

183

BERLIN S. 22

Art Nouveau garni 🛗 ⌀ 📞 VISA ⦿ AE
Leibnizstr. 59 ⊠ 10629 U Adenauerplatz – ℰ (030) 3 27 74 40 – info@hotelartnouveau.de – Fax (030) 32774440
KX b
22 Zim ⊇ – ♦106/156 € ♦♦126/186 € – 3 Suiten
◆ Mit einem Aufzug a. d. J. 1906 erreichen Sie das charmante kleine Hotel in der 4. Etage. Individuell und sehr geschmackvoll: die Zimmer mit Antiquitäten und Holzfußboden.

California garni 🛌 🛗 ⌀ 📞 🚗 VISA ⦿ AE ⓘ
Kurfürstendamm 35 ⊠ 10719 U Uhlandstr. – ℰ (030) 88 01 20 – info@hotel-california.de – Fax (030) 88012111
LY a
80 Zim ⊇ – ♦99/180 € ♦♦126/186 €
◆ In diesem historischen Gebäude an Berlins Flaniermeile stehen gediegene Zimmer in verschiedenen Einrichtungsvaraianten und Zuschnitten zur Verfügung.

Gates garni 🛗 🚗 VISA ⦿ AE ⓘ
Knesebeckstr. 8 ⊠ 10623 U Ernst - Reuter - Platz – ℰ (030) 31 10 60 – info@hotel-gates.com – Fax (030) 3122060
LX f
104 Zim – ♦95/115 € ♦♦105/125 €, ⊇ 15 €
◆ Hier ist man ganz auf moderne Geschäftsleute eingestellt: Jedes Zimmer bietet einen Arbeitsplatz mit Computer. Hübsch: das restaurierte Treppenhaus.

Adele 🌿 📞 🅿 VISA ⦿ AE
Greifswalder Str. 227 ⊠ 10405 U Alexanderplatz – ℰ (030) 44 32 43 10 – info@adele-berlin.de – Fax (030) 44324311
SX a
14 Zim ⊇ – ♦105/145 € ♦♦150/200 € – **Rest** – (geschl. Samstagmittag, Sonntagmittag) Karte 21/34 €
◆ Sehr persönlich kümmert man sich in dem kleinen Hotel nahe dem Volkspark Friedrichshain um den Gast. Die Zimmer bestechen durch ihre hochwertige Einrichtung im Art-déco-Stil. Modern angelegt: Restaurant mit Bistro und Lounge.

Scandotel Castor garni 🛗 📞 🅿 VISA ⦿ AE ⓘ
Fuggerstr. 8 ⊠ 10777 U Nollendorfplatz – ℰ (030) 21 30 30 – scandotel@t-online.de – Fax (030) 21303160
MY s
78 Zim – ♦90/107 € ♦♦100/135 €, ⊇ 10 €
◆ Ob Ku'damm oder KaDeWe, Kino oder Kneipe: Das neuzeitliche Hotel mit funktionell eingerichteten Zimmern und guter technischer Ausstattung liegt in unmittelbarer Nähe.

Delta garni 🛗 📞 🚗 VISA ⦿ AE ⓘ
Pohlstr. 58 ⊠ 10785 U Kurfürstenstr. – ℰ (030) 26 00 20 – delta@cca-hotels.de – Fax (030) 26002111
FY c
50 Zim – ♦69/119 € ♦♦79/139 €
◆ Sympathische, praktische Adresse unweit des bekannten Varietés Wintergarten. Das Hotel übernimmt gerne die Reservierung von Theaterkarten für einen unterhaltsamen Abend.

Astoria garni 🛗 📞 VISA ⦿ AE ⓘ
Fasanenstr. 2 ⊠ 10623 U Zoologischer Garten – ℰ (030) 3 12 40 67 – astoriahotel@t-online.de – Fax (030) 3125027
LX a
32 Zim ⊇ – ♦88/118 € ♦♦99/148 €
◆ Kleines, gepflegtes Stadthotel in zentraler Lage. Zum besonderen Service des Hauses gehört ein Segelboot, auf dem Sie die Gewässer der Havel erkunden können! Terrasse zum Hof.

Ibis City West garni 🛗 ♿ AC 📞 🚗 VISA ⦿ AE ⓘ
Brandenburgische Str. 11 ⊠ 10713 U Fehrbelliner Platz – ℰ (030) 86 20 20 – h3751@accor.com – Fax (030) 86202222
KZ e
136 Zim – ♦59/69 € ♦♦59/69 €, ⊇ 10 €
◆ Faire Preise und funktionelle Ausstattung kennzeichnen dieses Hotel nahe dem Wilmersdorfer Rathaus. In warmen Farben modern gestalteter Frühstücksraum.

Kastanienhof garni 🛗 ⌀ 📞 🛁 🅿 VISA ⦿ AE
Kastanienallee 65 ⊠ 10119 U Rosenthaler Platz – ℰ (030) 44 30 50 – info@kastanienhof.biz – Fax (030) 44305111
RX c
35 Zim ⊇ – ♦73/118 € ♦♦103/138 €
◆ In einem Wohnhaus am Rand von Berlin-Mitte. Hier beginnt der Prenzlauer Berg, das Trend- und Künstlerviertel. Gute Übernachtungsadresse. Straßenbahnlinie vor der Tür.

BERLIN S. 23

XXXXX **Lorenz Adlon** – Hotel Adlon Kempinski   AC ✗ VISA ⦿ AE ⦿
ε₃ *Unter den Linden 77 ✉ 10117 – ✆ (030) 22 61 19 60 – adlon@kempinski.com*
– *Fax (030) 22612222 – geschl. 22. Juli - 19. Aug. und Sonntag - Montag*   NZ **s**
Rest – *(nur Abendessen)* Menü 120/165 € – Karte 80/122 €
Spez. Tatar vom Taschenkrebs mit leichter Limonen-Ingwer-Crème-frâiche. Gebratener Spargel in der Morchelnage mit grillter Jakobsmuschel und Petersilienravioli. Caneton à la presse mit Pommes Maximes und Sauce Rouennaise.
♦ Hier spürt der Gast die einmalig-luxuriöse Atmosphäre des legendären Hotel Adlon. Die feine französische Küche bietet auch Klassiker, die auf zeitgemäße Art zubereitet werden.

XXXX **First Floor** – Hotel Palace   AC ✗ ⇔ VISA ⦿ AE ⦿
ε₃ *Budapester Str. 45 ✉ 10787 U Zoologischer Garten – ✆ (030) 25 02 10 20*
– *hotel@palace.de – Fax (030) 25021119 – geschl. 27. Juli - 25. Aug. und Sonntag - Montag*   MX **k**
Rest – Menü 42 € (mittags)/108 € – Karte 64/92 €
Spez. Carpaccio vom Pulpo mit weißem Tomatenmousse und Jakobsmuschel. Gebratener Kabeljau auf Kartoffel-Limonenpüree mit Kapern. Rücken und Schulter vom Müritz Lamm mit Couscous und Ziegenfrischkäse im Karamell.
♦ In dem klassisch gehaltenen Restaurant überzeugen die filigrane Küche von Matthias Buchholz sowie eine umfangreiche Weinkarte mit einigen Raritäten.

XXXX **Fischers Fritz** – Hotel The Regent   ♿ AC ✗ VISA ⦿ AE ⦿
ε₃ε₃ *Charlottenstr. 49 ✉ 10117 U Französische Str. – ✆ (030) 20 33 63 63*
– *fischersfritz.berlin@rezidorregent.com – Fax (030) 20336119*   PZ **c**
Rest – Menü 36 € (mittags)/135 € – Karte 79/124 €
Spez. Terrine von Gänsestopfleber und geräuchertem Aal mit Pfefferkaramell. Geangelter Wolfsbarsch im Salzteig gegart mit grilltem Marktgemüse (2 Pers.). Homard à la presse (auf Vorbestellung).
♦ Wie der Name schon andeutet, hat man sich hier auf Fischgerichte spezialisiert, die von Christian Lohse und seinem Küchenteam teils klassisch, teils modern zubereitet werden.

XXXX **Vitrum** – Hotel The Ritz Carlton   ♿ AC ✗ VISA ⦿ AE ⦿
ε₃ *Potsdamer Platz 3 ✉ 10785 U Potsdamer Platz – ✆ (030) 3 37 77 63 40*
– *ccr.berlin@ritzcarlton.com – Fax (030) 337775341 – geschl. Jan. 2 Wochen, Aug. 4 Wochen und Sonntag - Montag*   NZ **d**
Rest – *(nur Abendessen)* (Tischbestellung ratsam) Menü 68 € (veg.)/108 € – Karte 64/76 €
Spez. Kleiner Eintopf mit Rotbarbe und flüssigen Trüffel-Ravioli. Mit Gewürzen gebratener Rehrücken mit Blumenkohl-Graupengemüse und Rotweinsabayon. Dessert von Roter Bete mit Ananas und Griesflammerie.
♦ Mit seinem edlen klassischen Ambiente wird dieses Restaurant dem Rahmen des Grandhotels gerecht. Kreativität bestimmt den Küchenstil.

XXX **Hugos** – Hotel InterContinental   ≤ Berlin, AC ✗ VISA ⦿ AE ⦿
ε₃ *Budapester Str. 2, (14. Etage) ✉ 10787 U Wittenbergplatz – ✆ (030) 26 02 12 63*
– *mail@hugos-restaurant.de – Fax (030) 26021239 – geschl. Jan. 2 Wochen, Juli - Aug. 4 Wochen und Sonntag*   MX **a**
Rest – *(nur Abendessen)* Menü 85/130 € – Karte 77/89 €
Spez. Hecht mit Serrano Schinken und Wildkräutern. Spanferkel und Langustino mit arabischen Aromen. Melone, Kokoseis, Schokolade und Zitronengras.
♦ Einen grandiosen Blick auf die Stadt hat man hier oben im 14. Stock des InterContinental. Das Ambiente ist modern-elegant, die Küche modern und kreativ.

XXX **Margaux** (Michael Hoffmann)   AC ✗ VISA ⦿ AE ⦿
ε₃ *Unter den Linden 78 (Eingang Wilhelmstraße) ✉ 10117 U Französische Str.*
– *✆ (030) 22 65 26 11 – hoffmann@margaux-berlin.de – Fax (030) 22652612*
– *geschl. Sonntag, Mitte Juli - Ende Aug. auch Montag*   NZ **b**
Rest – *(nur Abendessen)* Menü 80/140 € – Karte 74/110 €
Spez. Entenstopfleber in 3 Varianten mariniert. Hummer und Melone mit Sellerie, Sauerampfer und Ingwer. Steinbutt mit gebratenen Austern und Austernparfait.
♦ "Cuisine Avantgarde Classique" nennt Michael Hoffmann seine Küche. Die kreativen Speisen serviert man in einem modernen Restaurant nahe dem Brandenburger Tor.

BERLIN S. 24

FACIL – Hotel The Mandala
Potsdamer Str. 3 (5. Etage) ⊠ 10785 U Potsdamer Platz – ℰ (030) 5 90 05 12 34
– welcome@facil.de – Fax (030) 590050500 – geschl. Jan. 3 Wochen, Juli - Aug.
3 Wochen und Samstag - Sonntag   NZ v
Rest – (Tischbestellung ratsam) Menü 39 € (mittags)/110 € – Karte 72/96 €
Spez. Terrine vom Felsenoktopus mit Tomaten-Chorizomarmelade und Gewürz-
fenchel. Geschmorte Lammschulter mit exotischem Lammsugo und Ackersenf.
Dessert von Passionsfrucht, Babybanane und Kaffee Arabica.
♦ Am Potsdamer Platz liegt das puristisch designte Restaurant mit kreativer Küche.
Angenehm: Glasdach und Fensterfront zum begrünten Innenhof lassen sich öffnen.

Die Quadriga – Hotel Brandenburger Hof
Eislebener Str. 14 ⊠ 10789 U Augsburger Str. – ℰ (030) 21 40 56 51 – info@
brandenburger-hof.com – Fax (030) 21405100 – geschl. 1. - 13. Jan.,
20. Juli - 17. Aug. und Samstagmittag, Sonntag - Montagmittag   LY n
Rest – Menü 70/135 € – Karte 73/103 €
Spez. Gänseleber und Berliner Eisbein mit Verjus und Gewürzlauch. Taube mit
Pinienkernen, Kapern und Rosinen. Glacierte Ananas mit Zartbitter-Schokolade,
Chili und Meersalz.
♦ Sehr schön sind die zwei geschmackvoll im Art-déco-Stil eingerichteten Salons, in
denen man klassisch-kreative Küche und freundlichen Service genießt. Blick in den
Innenhof.

44 – Hotel Swissôtel
Augsburger Str. 44 ⊠ 10789 U Kurfürstendamm – ℰ (030) 2 20 10 22 88 – berlin@
swissotel.com – Fax (030) 220102222 – geschl. Sonntag   LX k
Rest – Menü 33 € (mittags)/108 € – Karte 54/75 €
Spez. Kabeljautatar mit Heringskaviar und Limonensorbet. Kalbskamm mit
Jalapenojus und Koriander. Karpfenfilet mit Brunnenkressesauce und Trüffel-
gelee.
♦ Hier bereitet Tim Raue innovative Küche mit seinem ganz persönlichen Stil. In dem
modern-eleganten Restaurant mit Blick zum Ku'damm wird der Gast kompetent umsorgt.

VAU (Kolja Kleeberg)
Jägerstr. 54 ⊠ 10117 U Französische Str. – ℰ (030) 2 02 97 30 – restaurant@
vau-berlin.de – Fax (030) 20297311 – geschl. Sonntag   PZ u
Rest – Menü 42 € (mittags)/110 € – Karte 71/92 €
Spez. Soufflierter Kartoffelschmarrn mit Kaviar. Kross gebratener Loup de mer mit
Paprikakutteln, Zitrone und Spitzkohl. Roastbeef vom Bison mit Pak Choi, Hasel-
nüssen und Kakao.
♦ Das Restaurant am Gendarmenmarkt steht für modernes Design und kreative Küche mit
klassischen Wurzeln. Nett sitzt man auch auf der Terrasse im Innenhof. Bar im Keller.

Ana e Bruno
Sophie-Charlotten-Str. 101 ⊠ 14059 – ℰ (030) 3 25 71 10 – info@a-et-b.de
– Fax (030) 3226895 – geschl. Sonntag - Montag   EY s
Rest – (nur Abendessen) Menü 49/105 € – Karte 61/88 €
♦ Freundlich leitet der Chef in dem eleganten Restaurant den Service, ambitioniert ist
seine mediterrane Küche. Dazu bietet man eine sehr gute Auswahl an italienischen
Weinen.

Grill Royal
Friedrichstr. 105 b ⊠ 10117 U Oranienburger Tor – ℰ (030) 28 87 92 88 – office@
grillroyal.com – Fax (030) 28879284   PY a
Rest – (Tischbestellung ratsam) Karte 33/98 €
♦ Ein trendiges Restaurant mit moderner, hochwertiger Einrichtung in Erdtönen. Das
zu verarbeitende Fleisch befindet sich in einem gläsernen Kühlhaus - der Gast wählt
selbst!

Alt Luxemburg
Windscheidstr. 31 ⊠ 10627 U Wilmersdorfer Str. – ℰ (030) 3 23 87 30 – info@
altluxemburg.de – Fax (030) 3274003 – geschl. Sonntag   JX s
Rest – (nur Abendessen) (Tischbestellung ratsam) Menü 64/70 € – Karte 57/64 €
♦ Schöne, freundliche Farben prägen das Ambiente des bereits seit 1982 von Familie
Wannemacher traditionsbewusst geführten Restaurants mit klassischer Küche.

BERLIN S. 25

XX Bocca di Bacco
Friedrichstr. 167 ⊠ 10117 U Französische Str. – ℰ (030) 20 67 28 28 – info@boccadibacco.de – Fax (030) 20672929 – geschl. Sonn- und Feiertage mittags
Rest – Menü 20 € (mittags) – Karte 32/46 € PZ x
- Willkommen im "Mund des Bacchus": Freuen Sie sich auf freundlichen Service und gute italienische Küche im stilvoll-modernen Restaurant mit opulenten Bildern und schicker Bar.

XX Guy
Jägerstr. 59, (Innenhof) ⊠ 10117 U Französische Str. – ℰ (030) 20 94 26 00 – info@guy-restaurant.de – Fax (030) 20942610 – geschl. Samstagmittag, Sonntag PZ d
Rest – Menü 52/92 € – Karte 46/60 €
- In diesem hellen, freundlichen Restaurant mit legerer Atmosphäre serviert man auf drei Ebenen sowie im schönen Innenhof internationale Küche mit französischen Wurzeln.

XX Balthazar – Hotel Louisa's Place
Kurfürstendamm 160 ⊠ 10709 U Adenauerplatz – ℰ (030) 89 04 91 87 – info@balthazar-restaurant.de – Fax (030) 89049189 JY a
Rest – Menü 40/44 € – Karte 31/45 €
- Modern-puristisch ist dieses am Ku'damm gelegene Restaurant mit internationaler Küche - nett sitzt man auch auf der Terrasse vor dem Haus. Kleinere Karte am Mittag.

XX Lochner
Lützowplatz 5 ⊠ 10785 U Nollendorfplatz – ℰ (030) 23 00 52 20 – info@lochner-restaurant.de – Fax (030) 23004021 – geschl. August 2 Wochen und Montag MX v
Rest – (nur Abendessen) Menü 60/85 € – Karte 37/56 €
- Ein angenehm helles, dezent dekoriertes Restaurant, in dem man dem Gast internationale Küche bietet. Vor dem Haus befindet sich eine kleine Terrasse.

XX Maothai
Meierottostr. 1 ⊠ 10719 U Spichernstr. – ℰ (030) 8 83 28 23 – maothaiaf@aol.com – Fax (030) 88675658 LY m
Rest – (Montag - Freitag nur Abendessen) Karte 20/48 €
- Bei gedämpften Kerzenlicht genießen Sie in dem sympathischen Restaurant nahe dem Fasanenplatz thailändische Küche. Hübsche Terrasse.

XX Bacco
Marburger Str. 5 ⊠ 10789 U Augsburger Str. – ℰ (030) 2 11 86 87 – info@bacco.de – Fax (030) 2115230 – geschl. im Juli und August Sonntag MX u
Rest – (nur Abendessen) Karte 32/47 €
- Familiär geführtes Restaurant nahe dem Europa-Center. Der Patron selbst empfiehlt die italienischen Speisen. Den passenden Tropfen finden Sie auf einer Karte mit 250 Weinen.

X Rutz
Chausseestr. 8 ⊠ 10115 U Oranienburger Tor – ℰ (030) 24 62 87 60 – info@rutz-weinbar.de – Fax (030) 24628761 – geschl. Sonntag PY r
Rest – (nur Abendessen) Menü 55/65 € – Karte 47/62 €
Spez. Zweimal Thunfisch mit Crunchy Sardine. Geschmorte Stelze vom Müritz Lamm mit Parmesankeks. Gepfefferter weißer Pfirsich, Balsamico-Eis, Vanille, Olivenöl.
- Angenehm modern-puristisch ist das Ambiente in diesem Haus. Im EG befindet sich die Weinbar, im 1. OG das Restaurant mit Freisitz im Innenhof. Mediterran-kreative Küche.

X Bieberbau
Durlacher Str. 15 ⊠ 10715 U Bundesplatz – ℰ (030) 8 53 23 90 – webmaster@bieberbau-berlin.de – Fax (030) 81006865 – geschl. Juli - Aug. 3 Wochen und Sonntag - Montag FZ a
Rest – (nur Abendessen) (Tischbestellung ratsam) Menü 30/49 €
- Fachwerk, Täfelungen und Stuck bestimmen das Ambiente in diesem Restaurant mit freundlichem jungem Service und guter Küche in Menüform.

X Remake
Große Hamburger Str. 32 ⊠ 10115 U Weinmeisterstr. – ℰ (030) 20 05 41 02 – restaurantremake@aol.com – Fax (030) 97894860 RY m
Rest – Menü 42/65 € – Karte 44/57 €
- Freundlich-legere Atmosphäre und modernes Ambiente sowie die zeitgemäße internationale Speisekarte machen dieses Szenerestaurant aus.

BERLIN S. 26

Die Eselin von A.
Kulmbacher Str. 15 ⊠ 10777 U Spichernstr. – ℰ (030) 2 14 12 84 – info@ die-eselin-von-a.de – Fax (030) 21476948 – geschl. 1. - 16. Jan., Aug. 2 Wochen
Rest – *(nur Abendessen)* Menü 37/59 € – Karte 29/43 €
MY **a**
• Moderne internationale Küche bietet dieses sympathische Restaurant, in dem man nicht nur seine vielen Stammgäste freundlich bewirtet.

Paris-Moskau
Alt-Moabit 141 ⊠ 10557 U Hauptbahnhof – ℰ (030) 3 94 20 81 – restaurant@ paris-moskau.de – Fax (030) 3942602 – geschl. Samstagmittag, Sonntagmittag
Rest – (Tischbestellung ratsam) Menü 60/77 € – Karte 36/45 €
GY **s**
• In dem alten Fachwerkhaus auf ehemaligem Grenzgebiet unweit des Lehrter Stadtbahnhofes bietet man dem Gast internationale Küche - mittags reicht man eine kleinere Karte.

Ottenthal
Kantstr. 153 ⊠ 10623 U Uhlandstr. – ℰ (030) 3 13 31 62 – restaurant@ ottenthal.com – Fax (030) 3133732
Rest – *(nur Abendessen)* (Tischbestellung ratsam) Karte 27/43 €
LX **g**
• Nach einem kleinen Weinbau-Ort in Niederösterreich benanntes Restaurant mit österreichischer Küche. Von dort stammt auch das alte Kirchturm-Uhrwerk, das den Raum ziert.

Borchardt
Französische Str. 47 ⊠ 10117 U Französische Str. – ℰ (030) 81 88 62 62 – Fax (030) 81886249
Rest – Karte 26/44 €
PZ **c**
• Säulen mit vergoldeten Kapitellen und Stuckdecken beeindrucken hier den Gast. Kein Wunder bei dieser edlen In-Adresse. Hier gilt: "Sehen und gesehen werden"! Innenhofterrasse.

Maxwell
Bergstr. 22, (Eingang im Hof) ⊠ 10115 U Zinnowitzerstr. – ℰ (030) 2 80 71 21 – mxwl@mxwl.de – Fax (030) 28599848
Rest – *(nur Abendessen)* (Tischbestellung ratsam) Karte 30/40 €
PX **e**
• Das hübsche, auf 2 Etagen angelegte Restaurant befindet sich im Hof eines schmucken, ehemals als Brauerei genutzten Gebäudes a. d. 19. Jh. Sehr schön ist die Innenhofterrasse.

Lutter und Wegner
Charlottenstr. 56 ⊠ 10117 U Französische Str. – ℰ (030) 2 02 95 40 – info@ l-w-berlin.de – Fax (030) 20295425
Rest – Karte 29/45 €
PZ **e**
• E.T.A. Hoffmann wohnte einst in diesem Haus. Drei große, von zeitgenössischen Künstlern bemalte Säulen geben das Motto vor: Wein, Weib und Gesang. Gemütliche Weinstube.

Daimlers
Kurfürstendamm 203 ⊠ 10719 U Uhlandstr. – ℰ (030) 39 01 16 98 – info@ daimlers.de – Fax (030) 39014466
Rest – Menü 32/52 € – Karte 32/44 €
LY **d**
• Ein Autohaus verleiht diesem Restaurant seinen ungewöhnlichen Rahmen. Hinter der Glasfassade serviert man in nettem Bistroambiente internationale Küche, nachmittags Tapas.

Epoque
Knesebeckstr. 76 ⊠ 10623 U Uhlandstr. – ℰ (030) 88 67 73 88 – geschl. Montag - Dienstag
Rest – *(nur Abendessen)* Menü 44 € – Karte 38/46 €
LX **b**
• Ein nettes kleines Restaurant mit französischem Flair und freundlichem Service - Chansons unterstreichen die Atmosphäre. Terrasse mit Bistrostühlen auf dem Bürgersteig.

Entrecôte
Schützenstr. 5 ⊠ 10117 U Stadtmitte – ℰ (030) 20 16 54 96 – entrecote@ t-online.de – Fax (030) 20165497 – geschl. Samstagmittag, Sonntagmittag
Rest – Karte 21/38 €
PZ **b**
• Eine beliebte Adresse ist diese sehr nette, angenehm legere Brasserie. Das typische Speiseangebot betont das französische Flair.

BERLIN S. 27

In Berlin-Buchholz

Businesshotel garni
*Pasewalker Str. 97 ⊠ 13127 – ℰ (030) 47 69 80 – info@businesshotel.de
– Fax (030) 47698453*
CT **n**
97 Zim ⊑ – †50/75 € ††65/100 €
◆ Eine helle, neuzeitliche wie auch funktionelle Einrichtung kennzeichnet die Zimmer dieses im Norden Berlins gelegenen Hotels.

In Berlin-Friedrichshain

Innside Premium
Lange Str. 31 ⊠ 10243 U Strausberger Platz – ℰ (030) 29 30 30 – berlin@innside.de – Fax (030) 29303199
SZ **r**
133 Zim – †99/170 € ††109/190 €, ⊑ 16 € – **Rest** – Karte 22/30 €
◆ Ein ehemaliges Fabrikgebäude nicht weit vom Ostbahnhof beherbergt dieses Hotel mit seinen modern und funktionell gestalteten Zimmern. Das Restaurant mit rundem Glasanbau liegt schön zum begrünten Innenhof. Internationale Küche.

NH Berlin-Alexanderplatz
Landsberger Allee 26 ⊠ 10249 – ℰ (030) 4 22 61 30 – nhberlinalexanderplatz@nh-hotels.com – Fax (030) 422613300
SY **e**
225 Zim – †85/175 € ††85/175 €, ⊑ 16 € – **Rest** – Karte 29/45 €
◆ Dieses sehr gut für Tagungen geeignete Hotel verfügt über modern, mit hellem Naturholz eingerichtete Zimmer in geradlinigem Stil - mehr Platz bieten die Eckzimmer. Gepflegtes Restaurant im Bistrostil mit international ausgerichtetem Angebot.

Upstalsboom Hotel Friedrichshain
*Gubener Str. 42 ⊠ 10243 U Warschauer Str.
– ℰ (030) 29 37 50 – info.berlin@upstalsboom.de
– Fax (030) 29375777*
HY **a**
170 Zim ⊑ – †89/239 € ††89/254 € – **Rest** – Karte 22/33 €
◆ Das Haus mit wohnlich gestalteten Zimmern in drei Komfortkategorien befindet sich in einer Seitenstraße in relativ ruhiger Wohnlage. Im gediegenen, in warmen Farben gehaltenen Restaurant serviert man friesische und internationale Gerichte.

Ibis Ostbahnhof garni
*An der Schillingbrücke 2 ⊠ 10243 U Jannowitzbrücke – ℰ (030) 25 76 00
– h3108@accor.com – Fax (030) 25760333*
SZ **b**
242 Zim – †66/72 € ††76/82 €, ⊑ 10 €
◆ Die Zimmerausstattung dieses neuzeitlichen Hotels entspricht den Ansprüchen, die Reisende an eine funktionelle Unterkunft stellen.

In Berlin-Grunewald

Schlosshotel im Grunewald
*Brahmsstr. 10 ⊠ 14193 – ℰ (030)
89 58 40 – info@schlosshotelberlin.com – Fax (030) 89584800*
EZ **a**
54 Zim – †300/450 € ††300/450 €, ⊑ 26 € – 12 Suiten
Rest *Vivaldi* – Menü 79/110 €
◆ Stilsicher und geschmackvoll - unter Mitwirkung von Karl Lagerfeld - hat man in dem schönen Herrenhaus den prächtig-historischen Rahmen und modernen Hotelkomfort vereint. Äußerst elegant ist die Atmosphäre im Vivaldi.

Frühsammers Restaurant
*Flinsberger Platz 8 ⊠ 14193 – ℰ (030) 89 73 86 28
– info@fruehsammers-restaurant.de – Fax (030) 89738628
– geschl. 31. März - 13. April und Sonntag - Montag*
EZ **m**
Rest – (nur Abendessen) Menü 30/65 € – Karte 23/31 €
◆ In der zum Grunewalder Tennisclub gehörenden Villa mit Terrasse zu den Courts bereiten Peter und Sonja Frühsammer gute internationale Küche. Mittags kleine Clubkarte.

In Berlin-Karow

Bel Air
Hagenstr. 1a ⊠ 13125 – ℰ (030) 9 42 00 90 – hotel-belair@t-online.de – Fax (030) 94200913
CT **b**
17 Zim – †65/79 € ††84/105 € – **Rest** – (nur Abendessen für Hausgäste)
◆ Neuzeitliche Pension mit modernem Glasanbau und wohnlichen Zimmern mit solidem, hellem Einbaumobiliar. Für Hausgäste serviert man abends auf Wunsch kleine Mahlzeiten.

189

BERLIN S. 28
In Berlin-Köpenick

Courtyard by Marriott
Grünauer Str. 1 ⊠ 12557 – ℰ (030) 65 47 90 – cy.bercy.sales.das@courtyard.com
– Fax (030) 65479555
DV a
190 Zim ⊇ – †82/97 € ††82/97 € – **Rest** – Karte 21/32 €
♦ Direkt am Ufer der Dahme gelegen, verfügt das Hotel über eigene Bootsanlegeplätze. Buchen Sie ein Zimmer mit Blick auf Fluss und Köpenicker Schloss! Großer Fitnessbereich. Restaurant mit Showküche.

In Berlin-Kreuzberg

Mövenpick
Schöneberger str. 3 ⊠ 10963 U Potsdamer Platz – ℰ (030) 23 00 60 – hotel.berlin@moevenpick.com – Fax (030) 23006199
NZ k
243 Zim – †119/190 € ††129/210 €, ⊇ 19 € – **Rest** – Karte 24/36 €
♦ In dem denkmalgeschützten ehemaligen Siemens-Gebäude hat man mit einem gelungenen Mix aus modernem Design und historischen Elementen ein nicht alltägliches Interieur kreiert. Das Restaurant: ein Innenhof mit zu öffnendem Glasdach.

relexa hotel Stuttgarter Hof
Anhalter Str. 8 ⊠ 10963 U Kochstr. – ℰ (030) 26 48 30 – berlin@relexa-hotel.de
– Fax (030) 26483900
NZ e
206 Zim – †120/250 € ††140/265 € – 10 Suiten – **Rest** – Karte 31/46 €
♦ In einem dem Hotel angeschlossenen Neubau erwarten Sie ein großzügiger Empfangsbereich sowie mit hellem Buchenmobiliar und warmen Farben modern eingerichtete Zimmer. Modernes Restaurant.

Ludwig van Beethoven garni
Hasenheide 14 ⊠ 10967 U Hermannplatz – ℰ (030) 6 95 70 00 – info@hotel-ludwig-van-beethoven.de – Fax (030) 695700150
HZ d
67 Zim ⊇ – †80/95 € ††98/115 €
♦ In ein Geschäftshaus integriertes Hotel mit freundlich gestalteten Zimmern. Angenehm hell ist der große wintergartenähnliche Frühstücksraum.

Suitehotel garni
Anhalter Str. 2 ⊠ 10963 U Potsdamer Platz – ℰ (030) 20 05 60 – h3745@accor.com – Fax (030) 20056200
NZ h
229 Zim – †94/104 € ††94/104 €, ⊇ 12 €
♦ Dieses Hotel bietet moderne und farbenfrohe Zimmer, die in ihrer funktionellen Gestaltung den Bedürfnissen von Geschäftsreisenden wie auch Langzeitgästen gerecht werden.

Riehmers Hofgarten
Yorckstr. 83 ⊠ 10965 U Mehringdamm – ℰ (030) 78 09 88 00 – info@riehmers-hofgarten.de – Fax (030) 78098808
GZ u
23 Zim ⊇ – †98/108 € ††129/145 €
Rest *e.t.a. hoffmann* – ℰ (030) 78 09 88 09 (geschl. Dienstag, nur Abendessen) Menü 33/45 € – Karte 36/46 €
♦ Das ansprechende alte Stadthaus verfügt über großzügige Zimmer mit hohen Decken, die in einem modernen sachlichen Stil eingerichtet sind. In dem freundlich gestalteten Restaurant serviert man internationale Küche. Hübsch ist die Terrasse im Innenhof.

Express by Holiday Inn City Centre garni
Stresemannstr. 49 ⊠ 10963 U Möckernbrücke
– ℰ (030) 20 05 20 – express.berlin@whgeu.com
– Fax (030) 20052100
GY n
251 Zim ⊇ – †69/119 € ††69/119 €
♦ In der Nähe des Potsdamer Platzes liegt dieses Hotel mit seinen hell und modern möblierten, funktionell ausgestatteten Zimmern.

Ibis Potsdamer Platz
Anhalter Str. 4 ⊠ 10963 U Potsdamer Platz – ℰ (030) 26 10 50 – h3752@accor.com – Fax (030) 26105222
NZ m
146 Zim – †69/109 € ††69/129 €, ⊇ 10 € – **Rest** – (nur Abendessen) Karte 16/25 €
♦ Funktionelle, hell und freundlich gestaltete Gästezimmer bietet diese moderne Adresse beim Anhalter Bahnhof, nahe dem Potsdamer Platz.

BERLIN S. 29

Altes Zollhaus VISA ⓦ AE ①
Carl-Herz-Ufer 30 ⊠ 10961 U *Prinzenstr. – ℰ (030) 6 92 33 00 – info@ altes-zollhaus.com – Fax (030) 6923566 – geschl. Sonntag - Montag*
Rest – *(nur Abendessen)* Menü 38/55 € – Karte 34/49 €   GZ r

♦ Das ehemalige Zollhaus am Landwehrkanal hat sich sein rustikales Flair bewahrt, das durch eine gediegen-elegante Einrichtung ergänzt wird. Auf den Tisch kommt Internationales.

Horváth 🍴 ✂ VISA ⓦ AE
Paul-Lincke-Ufer 44a ⊠ 10999 U *Kottbusser Tor – ℰ (030) 61 28 99 92 – mail@ restaurant-horvath.de – Fax (030) 61289595 – geschl. 1. - 5. Jan. und Montag*
Rest – *(nur Abendessen)* Menü 41/47 € – Karte 44/55 €   HZ a

♦ Das puristisch gestaltete Restaurant wirkt mit seinen blanken Tischen und gelben Lederstühlen nicht ungemütlich. Ambitionierte internationale Küche.

Hartmanns 🍴 VISA ⓦ AE
Fichtestr. 31 ⊠ 10967 U *Südstern – ℰ (030) 61 20 10 03 – mail@ hartmanns-restaurant.de – Fax (030) 61201380 – geschl. Sonntag*
Rest – *(nur Abendessen)* (Tischbestellung ratsam) Menü 37/58 € – Karte 39/48 €   HZ h

♦ In diesem neuzeitlich-gediegenen Restaurant wird eine ambitionierte internationale Küche mit regionalen Einflüssen geboten. Werke zweier Künstler zieren den Raum.

Le Cochon Bourgeois 🍴
Fichtestr. 24 ⊠ 10967 U *Südstern – ℰ (030) 6 93 01 01 – Fax (030) 6943480 – geschl. Anfang Jan. 2 Wochen und Sonntag - Montag*
Rest – *(nur Abendessen)* Menü 40/59 € – Karte 38/56 €   HZ m

♦ Eine Lokalität mit ganz eigenem Charakter: Eine gemütlich-rustikale Einrichtung bildet den Rahmen für die französische Küche des Hauses.

H.H. Müller 🍴 ⇔ VISA ⓦ
Paul-Lincke-Ufer 20 ⊠ 10999 U *Schönleinstr. – ℰ (030) 61 07 67 60 – transformart@online.de – Fax (030) 69564293 – geschl. Sonntag*
Rest – *(nur Abendessen)* Karte 35/49 €   HZ f

♦ Das Restaurant über drei Ebenen befindet sich ist in einem ehemaligen Umspannwerk und fasziniert mit seinem besonderen Flair. Das Speisenangebot ist international ausgelegt.

In Berlin-Lichterfelde

Villa Toscana garni 🚗 📶 ✂ ☎ 🅿 VISA ⓦ AE ①
Bahnhofstr. 19 ⊠ 12207 – ℰ (030) 7 68 92 70 – hotel@villa-toscana.de – Fax (030) 7734488
16 Zim 🍴 – †65/85 € ††85/105 €   BV b

♦ Stilmobiliar und reichlich Stuckverzierungen erzeugen in dieser Villa italienisches Flair. Garten nach toskanischem Vorbild mit zahlreichen Statuen.

In Berlin-Mariendorf

Landhaus Alpinia 🌿 📶 🆘 🚗 VISA ⓦ AE
Säntisstr. 32 ⊠ 12107 – ℰ (030) 76 17 70 – info@alpinia-berlin.de – Fax (030) 7419835
58 Zim 🍴 – †90/102 € ††118/135 € – **Rest** – *(geschl. Sonntag, nur Abendessen)* Karte 22/42 €   CV b

♦ Ein gut geführtes Hotel mit netter Atmosphäre. Einige der neuzeitlich eingerichteten Gästezimmer liegen recht ruhig nach hinten.

In Berlin-Neukölln

Estrel 🌿 🛋 📶 🆘 AC 🆘 🚗 VISA ⓦ AE
Sonnenallee 225 ⊠ 12057 – ℰ (030) 6 83 10 – hotel@estrel.com – Fax (030) 68312345
1125 Zim – †145/295 € ††165/315 €, 🍴 17 € – 60 Suiten   HZ a
Rest *Sans Souci* – *(nur Abendessen)* Karte 26/43 €
Rest *Portofino* – Karte 18/41 €
Rest *Sun Thai* – *(nur Abendessen)* Karte 23/35 €
Rest *Estrel-Stube* – *(nur Abendessen)* Karte 16/35 €

♦ Eine kleine Stadt für sich: Deutschlands größtes Hotel mit glasüberdachter Piazza, Convention- und Festivalcenter, Bahnhof und Bootsanleger. Vielfältiges Gastronomie-Angebot.

BERLIN S. 30

Mercure Tempelhof 🛎 Lå 🕭 AC 🍽 Rest, 🖧 🚗 VISA ⦿ AE ①
Hermannstr. 214 ⊠ 12049, – ℰ (030) 62 78 00 – h1894@accor.com – Fax (030) 62780111
HZ c
216 Zim – †55/116 € ††65/126 €, ⊊ 16 € – **Rest** – Karte 22/33 €
♦ Das Hotel bietet funktionelle Zimmer auch für Langzeitgäste. Außerdem sind unter dem selben Dach noch Kino, Friseur- und Kosmetikstudio sowie eine Laden-Passage angesiedelt.

In Berlin-Prenzlauer Berg

Myer's Hotel garni 🛎 & 🕭 SÅ VISA ⦿ AE
Metzer Str. 26 ⊠ 10405 U Senefelder Platz – ℰ (030) 44 01 40 – info@myershotel.de – Fax (030) 44014104
RX b
50 Zim – †88/160 € ††113/205 €
♦ Mit seinem stilvollen Rahmen und wohnlichen Zimmern gefällt dieses komplett sanierte klassizistische Gebäude. Bei schönem Wetter frühstücken Sie auf der Terrasse im Innenhof.

Holiday Inn City Center East garni 🛎 & 🕭 SÅ 🚗 VISA ⦿ AE ①
Prenzlauer Allee 169 ⊠ 10409 – ℰ (030) 44 66 10 – info@hi-berlin.com – Fax (030) 44661661
HX b
123 Zim – †99/160 € ††99/165 €, ⊊ 15 €
♦ Schon bei der Ankunft fallen die bunten Motive und Malereien ins Auge: Die Kunstwerke des Spaniers Gustavo ziehen sich als roter Faden durch das gepflegte, moderne Hotel.

Ibis Mitte garni 🛎 & AC 🚗 VISA ⦿ AE ①
Prenzlauer Allee 4 ⊠ 10405 U Senefelder Platz – ℰ (030) 44 33 30 – h0357@accor.com – Fax (030) 44333111
RX e
198 Zim – †66/99 € ††81/119 €, ⊊ 10 €
♦ Das nahe Alexanderplatz und Fernsehturm gelegene Hotel bietet funktionelle, in neuzeitlich-sachlichem Stil eingerichtete Gästezimmer.

✗ **Zander** 🌿 VISA ⦿ AE
Kollwitzstr. 50 ⊠ 10405 U Senefelder Platz – ℰ (030) 44 05 76 79 – info@zander-restaurant.de – Fax (030) 44057632 – geschl. Montag
RX a
Rest – (nur Abendessen) Menü 33/46 € – Karte 33/50 €
♦ Auf zwei Ebenen angelegtes Restaurant im Bistrostil, in dessen offener Küche man frische internationale Speisen zubereitet. Wöchentlich wechselndes Angebot.

In Berlin-Reinickendorf

Dorint Airport Tegel 🛎 & 🕭 SÅ P 🚗 VISA ⦿ AE ①
Gotthardstr. 96 ⊠ 13403 – ℰ (030) 49 88 40 – info.berlin-tegel@dorint.com – Fax (030) 49884555
FX c
303 Zim – †57/166 € ††57/176 €, ⊊ 14 € – **Rest** – Karte 20/33 €
♦ Vor der Tür hält der Bus zum Flughafen Tegel und auch sonst ist man verkehrstechnisch gut angeschlossen. Funktionell und zeitgemäß sind die Zimmer eingerichtet. Restaurant mit internationalem Angebot.

In Berlin-Spandau

Centrovital 🏊 ⓢ 🛎 Lå & 🚗 VISA ⦿ AE ①
Brauereihof 6, (Zufahrt über Neuendorferstr. 25) ⊠ 13585 – ℰ (030) 81 87 52 00 – info@centrovital-berlin.de – Fax (030) 81875250
AU c
158 Zim ⊊ – †89/149 € ††109/169 € – 9 Suiten – **Rest** – Karte 27/31 €
♦ Der ansprechende moderne Backsteinbau überzeugt mit zeitgemäßen Gästezimmern, einem sehr großzügigen Wellness- und Fitnessbereich sowie guten Tagungsmöglichkeiten.

Achat garni 🛎 Lå & 🕭 SÅ P VISA ⦿ AE ①
Heidereuterstr. 37 ⊠ 13597 – ℰ (030) 33 07 20 – hotel.achat.berlin@t-online.de – Fax (030) 33072455
AU a
69 Zim ⊊ – †80 € ††98 €
♦ Das verkehrsgünstig gelegene Hotel verfügt über zeitgemäß und technisch gut ausgestattete Zimmer. Als Frühstücksraum dient der Wintergarten.

In Berlin-Steglitz

Steglitz International
Albrechtstr. 2 (Ecke Schlossstraße) ⊠ 12165 U Rathaus Steglitz
– ℰ (030) 79 00 50 – info@steglitz.bestwestern.de
– Fax (030) 79005550

BV a

200 Zim ⊇ – ♦110/130 € ♦♦130/154 € – 3 Suiten – **Rest** – Menü 26/35 €
– Karte 26/44 €

♦ Nicht nur für Tagungsgäste ist dieses Hotel mit ansprechenden Zimmern interessant: S- und U-Bahn-Stationen sowie die Einkaufsmeile Schlossstraße liegen gleich ums Eck. Restaurant mit internationaler Speiseauswahl.

In Berlin-Tegel

Am Borsigturm garni
Am Borsigturm 1 ⊠ 13507 U Borsigwerke – ℰ (030) 43 03 60 00 – info@borsigturm.bestwestern.de – Fax (030) 43036001

BT e

105 Zim ⊇ – ♦133/160 € ♦♦162/189 €

♦ Sichelförmiger Hotelbau auf dem ehemaligen Gelände der Borsigwerke. Gerundete Formen finden sich auch in den hell und neuzeitlich eingerichteten Gästezimmern.

In Berlin-Tempelhof

Alt-Tempelhof garni
Luise-Henriette-Str. 4 ⊠ 12103 U Alt Tempelhof – ℰ (030) 75 68 50 – info@alt-tempelhof.com – Fax (030) 75685100

CV v

73 Zim – ♦95/200 € ♦♦105/210 €, ⊇ 11 €

♦ Das Hotel ist in ein Geschäftshaus integriert und bietet unterschiedlich möblierte, funktionelle Gästezimmer, die z. T. über Wasserbetten verfügen.

In Berlin-Wannsee

Schloss Glienicke Remise
Königstr. 36 (über AV) ⊠ 14109 – ℰ (030) 8 05 40 00 – mail@schloss-glienicke.de – Fax (030) 8059901 – geschl. Feb. und Montag - Dienstag
Rest – (Tischbestellung ratsam) Menü 15 € (mittags)/46 € – Karte 34/52 €

♦ Das Restaurant versteckt sich hinter dem Schloss in einem herrlichen von Lenné und Schinkel gestalteten Park an der Havel. Schöne Terrasse. Ambitionierte internationale Küche.

In Berlin-Weißensee

Königin Luise
Biergarten
Parkstr. 87 ⊠ 13086 – ℰ (030) 96 24 70
– koeniginluise@deraghotels.de – Fax (030) 96247160

HX k

195 Zim ⊇ – ♦111/181 € ♦♦125/255 € – 4 Suiten – **Rest** – (geschl. Sonntag, nur Abendessen) Karte 17/32 €

♦ Eingebunden in eine schöne Grünanlage bietet man Geschäftsreisenden und Erholungsuchenden hier ein wohnlich- funktionelles Logis. Günstig für Langzeitgäste: die Küchenzeilen. Restaurant mit internationalem Angebot.

Am Großen Müggelsee Süd-Ost : 24 km über Adlergestell DV :

Müggelsee
Biergarten
Müggelheimer Damm 145 (südliches Ufer)
⊠ 12559 Berlin-Köpenick – ℰ (030) 65 88 20
– info@hotel-mueggelsee-berlin.de – Fax (030) 65882263
176 Zim ⊇ – ♦75/195 € ♦♦95/215 € – 4 Suiten – **Rest** – Karte 20/36 €

♦ In sehr schöner Lage am Seeufer, umgeben von Wald wohnt man in diesem auf Tagungen spezialisierten Hotel in wohnlich-gediegenen Zimmern. Restaurant mit Seeterrasse und internationalem Angebot.

Auch Hotels und Restaurants können sich ändern.
Kaufen Sie deshalb jedes Jahr den neuen Michelin-Führer!

BERNAU AM CHIEMSEE – Bayern – 546 – 6 680 Ew – Höhe 544 m – Luftkurort
▶ Berlin 673 – München 84 – Salzburg 59 – Rosenheim 25   66 **N21**
🛈 Aschauer Str. 10, ✉ 83233 ✆ (08051) 9 86 80, tourismus@bernau-am-chiemsee.de

Jägerhof
Rottauer Str. 15 ✉ 83233 – ✆ (08051) 73 77 – info@jaegerhof-bernau.de – Fax (08051) 7829 – geschl. 30. Okt. - 9. Nov., 7. - 13. Jan.
11 Zim ⌕ – †40/58 € ††72/90 € – ½ P 18 € – **Rest** – *(geschl. Montag - Dienstag)* Karte 20/41 €

♦ Der im alpenländischen Stil gehaltene Gasthof empfängt Sie mit dörflicher Atmosphäre und bietet Ihnen solide, wohnlich gestaltete Zimmer. Nette ländliche Gaststube mit regionaler und internationaler Küche.

Alter Wirt - Bonnschlößl
Kirchplatz 9 ✉ 83233 – ✆ (08051) 9 65 69 90 – info@alter-wirt-bernau.de – Fax (08051) 9656995
43 Zim ⌕ – †32/72 € ††59/93 € – ½ P 11 € – **Rest** – *(geschl. 5. Nov. - 17. Dez. und Montag, außer Aug.)* Menü 14 € – Karte 14/35 €

♦ Der Alte Wirt ist ein gestandener historischer Gasthof mit bemalter Fassade und gepflegten Zimmern mit Bauernmöbeln. Stilvoll-gediegen: das ehemalige Landschlösschen mit Park. Die eigene Metzgerei bestimmt das Angebot im typischen bayerisch-rustikalen Restaurant.

In Bernau-Reit Süd-West : 3,5 km, Richtung Aschau – Höhe 700 m

Seiserhof und Seiseralm
Reit 4 ✉ 83233 – ✆ (08051) 98 90 – seiserhof-bernau@t-online.de – Fax (08051) 89646
45 Zim ⌕ – †45/50 € ††68/78 € – ½ P 13 € – **Rest** – Karte 16/28 €

♦ Die zwei einsam auf einer Anhöhe gelegenen Gasthöfe bieten eine grandiose Aussicht auf den Chiemsee. Beide Häuser sind in rustikalem Stil eingerichtet. Ländlich-gemütlicher Restaurantbereich.

BERNAU IM SCHWARZWALD – Baden-Württemberg – 545 – 1 990 Ew – Höhe 915 m – Wintersport : 1 145 m – Luftkurort   61 **E21**
▶ Berlin 818 – Stuttgart 198 – Freiburg im Breisgau 56 – Basel 59
🛈 Rathausstr.18, ✉ 79872, ✆ (07675) 16 00 30, tourist-information@bernau-schwarzwald.de

In Bernau-Dorf

Bergblick
Hasenbuckweg 1 ✉ 79872 – ✆ (07675) 2 73 – info@bergblick-bernau.de – Fax (07675) 1466 – geschl. 18. Nov. - 16. Dez.
12 Zim ⌕ – †33/38 € ††58/88 € – ½ P 18 € – **Rest** – Menü 24 € – Karte 19/42 €

♦ Der kleine Familienbetrieb ist ein sehr gepflegter Gasthof mit wohnlich-soliden Zimmern im Landhausstil sowie einigen Appartements im Gästehaus. Gemütlich ist die holzgetäfelte Gaststube mit Kachelofen.

In Bernau-Innerlehen

Schwarzwaldhaus
Am Kurpark 26 ✉ 79872 – ✆ (07675) 3 65 – schwarzwaldhaus@freenet.de – Fax (07675) 1371 – geschl. 27. Okt. - 26. Nov.
14 Zim ⌕ – †32/40 € ††60/84 € – ½ P 13 € – **Rest** – *(geschl. Donnerstag)* Menü 11 € – Karte 13/36 €

♦ Engagiert wird das schwarzwaldtypisch mit Holzschindeln verkleidete Bauernhaus von der Familie geführt. Die Zimmer sind teils im Bauern-, teils im Landhausstil eingerichtet. Rustikales Restaurant mit regionaler Küche im ehemaligen Stall.

In Bernau-Oberlehen

Schwanen
Todtmooser Str. 17 ✉ 79872 – ✆ (07675) 3 48 – info@schwanen-bernau.de – Fax (07675) 1758 – geschl. 20. Nov. - 10. Dez.
23 Zim ⌕ – †40/45 € ††60/75 € – ½ P 15 € – **Rest** – Karte 21/34 €

♦ Der traditionsreiche Schwarzwälder Gasthof unter familiärer Führung verfügt über wohnlich gestaltete und sehr gepflegte Zimmer. Solides Restaurant mit regionaler Küche.

BERNBURG – Sachsen-Anhalt – 542 – 32 620 Ew – Höhe 80 m
31 **M10**
- Berlin 161 – Magdeburg 45 – Leipzig 80
- Lindenplatz 9, ⊠ 06406, ℰ (03471) 3 46 93 11, stadtinfo@bernburger-freizeit.de

Parkhotel Bernburg
Aderstedter Str. 1 ⊠ 06406 – ℰ (03471) 36 20 – empfang@parkhotel-bernburg.de – Fax (03471) 362111
95 Zim – †75/98 € ††98/140 € – **Rest** – Karte 19/39 €
◆ Das Parforce-Haus a. d. 18. Jh. - benannt nach der Parforce-/Hetzjagd - ist heute ein zeitgemäßes, stilvoll-gediegenes Hotel. Die Zimmer liegen teils zur Parkseite. Im Restaurant bietet man bürgerliche Küche. Terrasse im Innenhof.

BERNE – Niedersachsen – 541 – 7 260 Ew – Höhe 1 m
17 **F6**
- Berlin 425 – Hannover 140 – Bremen 39 – Bremerhaven 47

Weserblick
Juliusplate 6 (Nord-Ost : 2 km, an der Fähre nach Farge) ⊠ 27804 – ℰ (04406) 9 28 20 – kundenservice@hotel-weserblick.de – Fax (04406) 928250 – geschl. 2. - 11. Jan.
12 Zim ⊇ – †70/85 € ††90/110 € – **Rest** – *(geschl. Montag)* Karte 20/40 €
◆ Das moderne Hotel liegt direkt an einem natürlichen Weserstrand mit Fährverbindung. Man bietet Ihnen wohnlich und neuzeitlich eingerichtete Zimmer. Eine schöne, zum Fluss gelegene Terrasse ergänzt das Restaurant.

BERNECK IM FICHTELGEBIRGE, BAD – Bayern – 546 – 4 750 Ew – Höhe 393 m – Kneippheilbad und Luftkurort
51 **M15**
- Berlin 343 – München 244 – Weiden in der Oberpfalz 85 – Bayreuth 15
- Bahnhofstr. 77, ⊠ 95460, ℰ (09273) 57 43 74, info@badberneck.de

Lindenmühle
Kolonnadenweg 1 ⊠ 95460 – ℰ (09273) 50 06 50 – info@lindenmuehle.de – Fax (09273) 5006515
29 Zim ⊇ – †42/69 € ††69/99 € – ½ P 15 € – **Rest** – Karte 16/36 €
◆ Die ehemalige Mühle liegt ruhig am Ortsrand und empfängt Sie mit leicht mediterranem Flair. Helle, hübsch eingerichtete Zimmer mit wohnlicher Atmosphäre. Im Restaurant bietet man internationale Küche.

Merkel
Marktplatz 13 ⊠ 95460 – ℰ (09273) 99 30 – gemerkel@merkelhotel.de – Fax (09273) 8612 – geschl. Feb. - Mitte März
21 Zim ⊇ – †39/45 € ††59/75 € – ½ P 10 € – **Rest** – *(geschl. Montag - Dienstagmittag)* Karte 15/27 €
◆ Ein familiär geführtes Traditionshaus. Das gut unterhaltene Hotel ist zentral gelegen und verfügt über solide möblierte, gepflegte Gästezimmer. Gemütliche Gaststuben.

In Bad Berneck-Goldmühl Süd-Ost : 3 km über B 303 :

Schwarzes Roß (mit Gästehäusern) Biergarten
Goldmühler Str. 10 ⊠ 95460 – ℰ (09273) 3 64 – info@schwarzesross.de – Fax (09273) 5234
26 Zim ⊇ – †30/37 € ††50/72 € – ½ P 10 € – **Rest** – *(geschl. Sonntagabend - Montagmittag)* Karte 14/29 €
◆ In diesem Haus stehen neuzeitlich und funktionell mit Naturholzmöbeln ausgestattete Gästezimmer sowie einige Ferienwohnungen zur Verfügung. Ländliches Restaurant mit Produkten der hauseigenen Metzgerei.

BERNKASTEL-KUES – Rheinland-Pfalz – 543 – 6 930 Ew – Höhe 110 m – Erholungsort
46 **C15**
- Berlin 675 – Mainz 113 – Trier 50 – Koblenz 103
- Gestade 6, ⊠ 54470, ℰ (06531) 40 23, info@bernkastel.de
- Burg Landshut ≤★★, Süd : 3 km

BERNKASTEL-KUES
Im Ortsteil Bernkastel

Zur Post
Gestade 17 ⊠ 54470 – ℰ (06531) 9 67 00 – info@hotel-zur-post-bernkastel.de – Fax (06531) 967050 – geschl. Jan.
42 Zim ⊇ – †55/75 € ††75/95 € – ½ P 19 € – **Rest** – *(geschl. Dienstagmittag)* Karte 21/36 €

♦ Dieser ältere Gasthof unweit des mittelalterlichen Stadtkerns gelegen. Die Zimmer verbinden Funktionalität und zeitgemäßen Komfort. Nett dekorierte, gemütliche Gasträume.

Binz
Am Markt 1 ⊠ 54470 – ℰ (06531) 22 25 – info@hotel-binz.com – Fax (06531) 7103 – geschl. Mitte Dez. - Mitte März
8 Zim ⊇ – †50/55 € ††68/75 € – ½ P 15 € – **Rest** – *(nur Mittagessen)* Karte 13/26 €

♦ Ein älteres Stadthaus in einer Gasse im Ortskern beherbergt dieses kleine Hotel mit recht schlichten, aber gut unterhaltenen, sauberen Zimmern.

Rotisserie Royale mit Zim
Burgstr. 19 ⊠ 54470 – ℰ (06531) 65 72 – info@rotisserie-royale.de – Fax (06531) 971129 – geschl. 2. - 16. Jan. (Hotel)
7 Zim ⊇ – †35/50 € ††42/65 € – ½ P 15 € – **Rest** – *(geschl. 1. - 16. Jan. und Mittwoch, Jan. - Ostern Montag - Mittwoch)* (Tischbestellung ratsam) Karte 21/37 €

♦ Das kleine Restaurant in dem alten Fachwerkhaus bleibt mit viel Holz seinem rustikalen Charakter treu. Liebevolle Dekorationen geben dem Raum Gemütlichkeit.

Im Ortsteil Kues

Moselpark
Im Kurpark ⊠ 54470 – ℰ (06531) 50 80 – info@moselpark.de – Fax (06531) 508612
143 Zim (inkl. ½ P.) – †94/145 € ††134/240 € – **Rest** – Karte 17/41 €

♦ Die neuzeitliche, ruhig am Rande des Ortes gelegene Hotelanlage eignet sich für Tagungen und Ferien gleichermaßen. Funktionelle Zimmer und geräumige Appartements.

BERNRIED AM STARNBERGER SEE – Bayern – 546 – 2 110 Ew – Höhe 600 m
– Erholungsort   65 **L21**

▶ Berlin 632 – München 45 – Weilheim 18 – Starnberg 20
🛈 Bahnhofstr. 4, ⊠ 82347, ℰ (08158) 80 45, mayr.bernried@skydsl.de
◉ Buchheim Museum ★★

Marina (mit Gästehäusern)
Am Jachthafen 1 ⊠ 82347 – ℰ (08158) 93 20 – info@hotelmarina.de – Fax (08158) 7117 – geschl. 1. - 6. Jan.
87 Zim ⊇ – †115/155 € ††135/165 € – **Rest** – Karte 26/45 €

♦ Auf einem schönen großen Gartengrundstück direkt am Yachthafen befindet sich die aus mehreren Häusern bestehende Hotelanlage. Die Zimmer liegen meist seeseitig. Rustikale Restauranträume mit Seeterrasse.

Seeblick (mit Gästehaus)   Biergarten
Tutzinger Str. 9 ⊠ 82347 – ℰ (08158) 25 40 – info@hotel-seeblick-bernried.de – Fax (08158) 3056
102 Zim ⊇ – †65/78 € ††88/125 € – ½ P 16 € – **Rest** – Karte 16/32 €

♦ Aus einem Gasthaus von 1891 ist dieser gewachsene Familienbetrieb mit wohnlichen Zimmern entstanden. Besonders schön sind die eleganten Juniorsuiten. Hell gestaltetes, in verschiedene Räume unterteiltes Restaurant.

Das Symbol in Rot 🌿 weist auf besonders ruhige Häuser hin – hier ist nur der Gesang der Vögel am frühen Morgen zu hören…

BERNRIED KREIS DEGGENDORF – Bayern – 546 – 4 950 Ew – Höhe 401 m
– Wintersport : 1 100 m ✦3 ✦ 59 **O18**

▶ Berlin 554 – München 160 – Passau 57 – Regensburg 65
ℹ Engerlgasse 25a, ✉ 94505, ✆ (09905) 2 17, info@bernrieder-winkel.de

Bernrieder Hof
Bogener Str. 9 ✉ 94505 – ✆ (09905) 7 40 90 – info@bernrieder-hof.de
– Fax (09905) 8400
32 Zim ☕ – †38/42 € ††74/78 € – ½ P 13 € – **Rest** – Karte 14/35 €
♦ Der um einen neuzeitlichen Anbau erweiterte Landgasthof bietet zeitgemäß ausgestattete Zimmer mit gutem Platzangebot und teilweise mit Balkon. In ländlichem Stil gehaltene Gasträume.

In Bernried-Rebling Nord-Ost : 8 km, Richtung Egg :

Reblinger Hof
Rebling 3 ✉ 94505 – ✆ (09905) 5 55 – willkommen@reblingerhof.de – Fax (09905) 1839
32 Zim ☕ – †56/64 € ††96/106 € – ½ P 22 €
Rest *Schwingshackl's ESS-Kunst* – separat erwähnt
Rest *Kaminrestaurant* – Karte 26/39 €
♦ Ein verwinkelter Landgasthof in Hanglage mit wohnlich-rustikalen Zimmern, meist mit Bauernmöbeln, z. T. auch mit Himmelbetten ausgestattet. Kaminrestaurant und Terrasse bieten Aussicht aufs Donautal.

Schwingshackl's ESS-Kunst – Hotel Reblinger Hof
Rebling 3 ✉ 94505 – ✆ (09905) 5 55
– willkommen@reblingerhof.de – Fax (09905) 1839 – geschl. 21. Jan. - 5. Feb., 3. - 18. Nov. und Montag - Dienstag
Rest – (Mittwoch - Samstag nur Abendessen) Menü 55/75 €
Spez. Carpaccio vom Hummer mit Zitronengrassauce. Rehrücken mit Selleriemousse und Wirsing. Champagnerparfait mit Himbeeren.
♦ Im eleganten Ambiente des Gourmetrestaurants ESS-Kunst serviert man dem Gast klassische Speisen. Schön ist der Blick ins Tal.

BERTRICH, BAD – Rheinland-Pfalz – 543 – 980 Ew – Höhe 150 m
– Heilbad 46 **C15**

▶ Berlin 659 – Mainz 118 – Trier 60 – Koblenz 93
ℹ Kurfürstenstr. 32, ✉56864, ✆(02674) 93 22 22, info@bad-bertrich.de

Kurhotel Fürstenhof
(direkter Zugang zum Kurmittelhaus)
Kurfürstenstr. 36 ✉ 56864
– ✆ (02674) 93 40 – info@
kurhotel-fuerstenhof.de – Fax (02674) 737
65 Zim ☕ – †97/129 € ††171 € – ½ P 18 € – **Rest** – Karte 30/45 €
♦ In diesem klassisch-eleganten Hotel direkt am Kurpark erwarten Sie komfortable Zimmer und Suiten sowie ein großer Wellnessbereich. Eine stilvolle Atmosphäre herrscht in den Restauranträumen.

Waldhotel Marienhöhe
Kondelwald, Biergarten, Zim,
Marienhöhe 1 ✉ 56864 – ✆ (02674) 93 15 00
– info@waldhotel-marienhoehe.de – Fax (02674) 931551
28 Zim ☕ – †65 € ††130 € – ½ P 23 € – **Rest** – Karte 25/41 €
♦ Mit seiner einsamen Lage mitten im Wald und der herrlichen Aussicht überzeugt dieses Hotel. Wohnlich sind die Zimmer und die großzügen Juniorsuiten. Kosmetik. Eine schöne Terrasse ergänzt das bürgerlich gestaltete Restaurant.

Hotel Am Kurfürstlichen Schlößchen (mit Gästehaus)
Kurfürstenstr. 34 ✉ 56864
– ✆ (02674) 94 40
– schloesschen@die-fuhrmanns.de – Fax (02674) 944122
50 Zim ☕ – †45/68 € ††100/140 € – **Rest** – Karte 30/52 €
♦ Freundlich und zeitgemäß sind die Zimmer dieses am Kurgarten gelegenen Hotels. Auch im Gästehaus gegenüber stehen einige Zimmer zur Verfügung. In klassischem Stil gehaltenes Restaurant mit hübscher Gartenterrasse.

BERTRICH, BAD

Bertricher Hof
*Am Schwanenteich 7 ⊠ 56864 – ℰ (02674) 9 36 20 – bertricher-hof@t-online.de
– Fax (02674) 936262 – geschl. 25. Nov. - 25. Dez., 30. Juni - 12. Juli*
15 Zim ⊆ – †47/54 € ††80/96 € – ½ P 13 € – **Rest** – Menü 17/20 € – Karte 17/32 €

♦ Das familiengeführte Hotel an einem kleinen Teich bietet im Haupthaus wie auch im neueren Anbau sehr saubere, solide möblierte Zimmer. Helles Restaurant mit schönem Blick auf den Schwanenteich und den dahinter liegenden Wald.

BERTSDORF-HÖRNITZ – Sachsen – siehe Zittau

BESCHEID – Rheinland-Pfalz – siehe Trittenheim

BESIGHEIM – Baden-Württemberg – 545 – 11 690 Ew – Höhe 202 m   55 G18

▶ Berlin 610 – Stuttgart 29 – Heilbronn 20 – Ludwigsburg 14

Am Markt garni
*Kirchstr. 43 ⊠ 74354 – ℰ (07143) 80 30 60 – info@besigheim-hotel.de
– Fax (07143) 8030620*
19 Zim ⊆ – †60/75 € ††70/120 €

♦ Das Fachwerkhaus von 1615 - beschaulich in einer Altstadtgasse gelegen - besticht durch sein ländliches Flair. Freigelegtes Fachwerk in den Zimmern wirkt gemütlich.

BESTWIG – Nordrhein-Westfalen – 543 – 11 840 Ew – Höhe 300 m – Wintersport: 750 m ✦2 ✦ – Erholungsort   27 F11

▶ Berlin 481 – Düsseldorf 156 – Arnsberg 29 – Brilon 14
🛈 Rathausplatz 1, ⊠ 59909, ℰ (02904) 98 71 66, bestwig@hennesee-tourismus.de

In Bestwig-Föckinghausen Nord : 5 km über B 7 Richtung Meschede, in Velmede rechts ab :

Waldhaus
*Föckinghausen 23 ⊠ 59909 – ℰ (02904) 9 77 60 – info@hotel-waldhaus.com
– Fax (02904) 977676 – geschl. Mitte Nov. - Anfang Dez.*
16 Zim ⊆ – †51 € ††85/90 € – ½ P 16 € – **Rest** – *(geschl. Montag)* Menü 24 € – Karte 19/35 €

♦ Das regionstypische kleine Landhotel ist ein gut geführter Familienbetrieb mit wohnlichem Ambiente und hübschem Garten. Sehr angenehm ist auch die ruhige Lage am Waldrand. Behagliches Restaurant in ländlichem Stil mit netter Terrasse.

BETZDORF – Rheinland-Pfalz – 543 – 10 600 Ew – Höhe 220 m   37 E13

▶ Berlin 576 – Mainz 120 – Siegen 18 – Köln 99

Breidenbacher Hof   Biergarten
*Klosterhof 7 ⊠ 57518 – ℰ (02741) 9 77 90 – info@hotel-breidenbacher-hof.de
– Fax (02741) 9779777 – geschl. Anfang Jan. 1 Woche*
19 Zim ⊆ – †68/73 € ††92/113 € – **Rest** – *(geschl. Sonntag)* Karte 21/42 €

♦ Bereits in der vierten Generation wird der im Ortszentrum gelegene Gasthof a. d. 19. Jh. familiär geleitet. Die Zimmer sind wohnlich eingerichtet, teilweise mit Stilmöbeln. Sie speisen im leicht eleganten kleinen Restaurant oder in der rustikalen Bierstube.

In Kirchen-Katzenbach Nord-Ost : 5 km über B 62 Richtung Siegen :

Zum weißen Stein (mit Gästehaus)   Biergarten
Dorfstr. 50 ⊠ 57548 – ℰ (02741) 9 59 50 – hotel@zum-weissen-stein.de – Fax (02741) 959578
39 Zim ⊆ – †64/82 € ††90/117 € – **Rest** – Karte 25/40 €

♦ Am Waldrand liegt das a. d. J. 1663 stammende Haus - einst Bergmannskneipe - mit seinen wohnlichen Zimmern. Besonders hübsch sind die Zimmer im kleinen Gästehaus. Das Restaurant teilt sich in verschiedene ländlich gehaltene Stuben.

BEUREN – Baden-Württemberg – 545 – 3 440 Ew – Höhe 435 m – Erholungsort

▶ Berlin 632 – Stuttgart 50 – Reutlingen 21 – Ulm (Donau) 66   55 **H19**

Beurener Hof mit Zim
Hohenneuffenstr. 16 ⊠ *72660 – ℰ (07025) 91 01 10 – info@beurener-hof.de – Fax (07025) 9101133*
10 Zim ⊇ – †55/65 € ††85/95 € – ½ P 17 € – **Rest** – (geschl. 4. - 10. Feb. und Dienstag - Mittwochmittag) Menü 49/75 € – Karte 21/48 €
♦ Massive Holzbalken und Polsterbänke unterstreichen das gemütlich-rustikale, leicht elegante Ambiente in diesem kleinen Familienbetrieb. Regionale Karte.

BEVENSEN, BAD – Niedersachsen – 541 – 8 750 Ew – Höhe 33 m – Mineralheilbad
19 **J6**

▶ Berlin 264 – Hannover 113 – Hamburg 86 – Celle 70

🛈 Dahlenburger Str. 1, Kurhaus, ⊠ 29549, ℰ (05821) 5 70, kurverwaltung@bad-bevensen.de

Bad Bevensen-Secklendorf, Zur Amtsheide 5 ℰ (05821) 9 82 50

Grüning
Haberkamp 2 ⊠ *29549 – ℰ (05821) 9 84 00 – info@hotel-gruening.de – Fax (05821) 984041 – geschl. 30. Nov. - 18. Dez, 5. - 23. Jan.*
24 Zim ⊇ – †70/93 € ††102/134 € – ½ P 12 € – **Rest** – (geschl. Montag - Dienstag) (Tischbestellung ratsam) Menü 28/35 €
♦ Ruhig liegt der engagiert geführte Familienbetrieb am Ortsrand. Die Zimmer hat man wohnlich und elegant eingerichtet, alle verfügen über einen Balkon. Hübsches Restaurant im Landhausstil mit schöner Terrasse.

Zur Amtsheide (mit Gästehaus)
Zur Amtsheide 5 ⊠ *29549 – ℰ (05821) 8 51 – info@amtsheide.de – Fax (05821) 85338*
88 Zim ⊇ – †46/62 € ††86/118 € – ½ P 17 € – 3 Suiten – **Rest** – (nur Abendessen) Karte 19/30 €
♦ Wohnliche, gediegene Gästezimmer und eine großzügige Badelandschaft erwarten Sie in diesem Haus. Besonders komfortabel sind die sehr geräumigen Penthousesuiten.

Kieferneck
Lerchenweg 1 ⊠ *29549 – ℰ (05821) 5 60 – info@kieferneck.de – Fax (05821) 5688*
50 Zim ⊇ – †65/100 € ††120/130 € – ½ P 24 € – **Rest** – Karte 17/45 €
♦ Das im begrünten Kurbereich gelegene Hotel mit weißer Klinkerfassade bietet behagliche Zimmer mit Balkon und hübsche, gepflegte Kosmetikräume. Helles, freundliches Restaurant.

In Altenmedingen Nord : 6 km :

Hof Rose
Niendorfer Weg 12 ⊠ *29575 – ℰ (05807) 9 89 60 – info@hofrose.de – Fax (05807) 9896125 – geschl. Nov. - Feb.*
14 Zim ⊇ – †53 € ††80/92 € – ½ P 17 € – **Rest** – (nur Abendessen) (nur für Hausgäste)
♦ In einem kleinen Park liegt dieser typische ehemalige Gutshof - ein familiengeführtes Hotel mit individuellen Gästezimmern. Reitplatz und Unterstellmöglichkeit für Pferde.

BEVERUNGEN – Nordrhein-Westfalen – 543 – 15 340 Ew – Höhe 100 m   28 **H10**

▶ Berlin 376 – Düsseldorf 226 – Kassel 60 – Hannover 115

🛈 Weserstr. 10 (Cordt-Holstein-Haus), ⊠ 37688, ℰ (05273) 39 22 21, tourist.information@beverungen.de

In Beverungen-Würgassen Süd-Ost : 7 km über B 83 :

Forsthof
Biergarten
Alter Postweg 1 ⊠ *37688 – ℰ (05273) 3 89 70 – info@forsthof.com – Fax (05273) 389710*
21 Zim ⊇ – †45/55 € ††65/80 € – **Rest** – (geschl. Jan. - März Sonntag, Montag - Freitag nur Abendessen) Karte 23/32 €
♦ Das bereits 1535 urkundlich erwähnte ehemalige Forsthaus liegt unweit der Weser und beherbergt heute mit hellen Holzmöbeln solide eingerichtete Gästezimmer. Restaurant mit rustikalem Ambiente.

BEXBACH – Saarland – 543 – 19 180 Ew – Höhe 249 m   46 C17

▶ Berlin 683 – Saarbrücken 35 – Homburg/Saar 7 – Neunkirchen/Saar 7

Hochwiesmühle (mit Gästehäusern)   Biergarten
Hochwiesmühle 50 (Nord 1,5 km) ⊠ 66450
– ℰ (06826) 81 90 – hotel@hochwiesmuehle@t-online.de
– Fax (06826) 819147
100 Zim – †65/82 € ††94/110 € – **Rest** – Menü 23 €
– Karte 21/47 €
♦ Die aus mehreren Häusern bestehende Hotelanlage befindet sich in einem Wohngebiet am Waldrand und verfügt über zeitgemäße Zimmer sowie einen neuzeitlichen Freizeitbereich. Gediegenes Restaurant.

Klein garni
Rathausstr. 35 ⊠ 66450 – ℰ (06826) 9 21 60 – hotelklein@aol.com – Fax (06826) 2280
15 Zim – †43 € ††62 €
♦ Ein kleines Hotel im Zentrum des Ortes mit gepflegten, rustikal möblierten Gästezimmern, teilweise mit recht gutem Platzangebot.

BIBERACH AN DER RISS – Baden-Württemberg – 545 – 32 210 Ew – Höhe 533 m   63 H20

▶ Berlin 653 – Stuttgart 134 – Konstanz 119 – Ulm (Donau) 42
ADAC Rollinstr. 15
🛈 Theaterstr. 6, ⊠ 88400, ℰ (07351) 51 165, tourist-information@biberach-riss.de

Parkhotel Jordanbad
Im Jordanbad 7 ⊠ 88400 – ℰ (07351) 34 33 00 – parkhotel@jordanbad.de
– Fax (07351) 343310
82 Zim – †83/99 € ††125/140 € – ½ P 23 € – **Rest** – Menü 19/49 €
– Karte 28/42 €
♦ Mit solidem dunklem Mobiliar eingerichtete Zimmer, teils mit Balkon zum schönen Park, sowie der direkte Zugang zum Jordanbad sprechen für das Kurhotel von 1905. Helles neo-rustikales Restaurant mit großer Fensterfront.

Eberbacher Hof
Schulstr. 11 ⊠ 88400 – ℰ (07351) 1 59 70 – hotel@eberbacherhof.de
– Fax (07351) 159797 – geschl. 24. Dez. - 6. Jan., Aug. 2 Wochen
28 Zim – †55/85 € ††93/125 € – ½ P 18 € –
Rest – (geschl. über Fasching und Donnerstag - Freitagmittag) Menü 18/30 €
– Karte 18/34 €
♦ Das 1519 als Pfarrpflegehaus erbaute Gebäude gehört zu den ältesten Häusern der Stadt. Sie wohnen in unterschiedlichen, teils recht neuzeitlichen Zimmern. Restaurant mit behaglich-rustikalem Ambiente.

Kapuzinerhof
Kapuzinerstr. 17 ⊠ 88400 – ℰ (07351) 50 60 – info@hotel-kapuzinerhof.de
– Fax (07351) 506100 – geschl. 22. Dez. - 7. Jan.
75 Zim – †79/89 € ††93/117 € – **Rest** – (geschl. Aug., Samstag, Sonn- und Feiertage, nur Abendessen) Karte 17/31 €
♦ Das moderne Hotel befindet sich am Rande der Innenstadt, auf dem ehemaligen Gelände eines Kapuzinerklosters. Die Zimmer sind funktionell und technisch zeitgemäß ausgestattet.

In Biberach-Rindenmoos Süd : 3,5 km :

Landhotel zur Pfanne (mit Gaststätte zur Pfanne)
Auwiesenstr. 24 ⊠ 88400 – ℰ (07351) 3 40 30
– hotel@landhotel-pfanne.de – Fax (07351) 340380
20 Zim – †56/61 € ††79/84 € – **Rest** – Karte 14/39 €
♦ Ein gepflegter Landgasthof am Ortsrand mit gegenüberliegendem Gästehaus. Die Zimmer sind funktionell und zeitgemäß ausgestattet. Neuzeitlicher Frühstücksraum mit gutem Buffet. Helles neo-rustikales Restaurant mit netter Gartenterrasse.

BIBERACH IM KINZIGTAL – Baden-Württemberg – 545 – 3 260 Ew – Höhe 188 m – Erholungsort
54 **E19**

▶ Berlin 766 – Stuttgart 164 – Karlsruhe 96 – Freudenstadt 47
🛈 Hauptstr. 27, ✉ 77781, ✆ (07835) 63 65 11, tourist-info@biberach-baden.de

Landgasthof Kinzigstrand
Reiherwald 1 (Süd-West : 2 km) ✉ 77781 – ✆ (07835) 6 39 90 – kinzigstrand@t-online.de – Fax (07835) 639920
9 Zim ☐ – †32/42 € ††56/76 € – ½ P 11 € – **Rest** – *(geschl. 1. - 5. Feb., 24. Okt. - 10. Nov. und Dienstag) Menü 10 € (mittags)/35 € (abends) – Karte 13/33 €*
♦ Im schönen Kinzigtal beherbergt der traditionsreiche Schwarzwald-Gasthof mit Landwirtschaft freundliche Zimmer mit hellen Eichenmöbeln, die teilweise auch Balkone haben. Gaststube mit Wintergarten und schöner Gartenterrasse.

In Biberach-Prinzbach Süd-West : 4 km, Richtung Lahr :

Badischer Hof (mit Gästehäusern) (geheizt)
Dörfle 20 ✉ 77781 – ✆ (07835) 63 60 – badischer-hof@t-online.de – Fax (07835) 636299 – *geschl. 10. - 20. Feb.*
50 Zim ☐ – †46/52 € ††92/120 € – ½ P 16 € – 3 Suiten – **Rest** – Menü 14 € *(mittags) – Karte 20/39 €*
♦ Der gewachsene Gasthof mit seinen neuzeitlichen Gästehäusern liegt recht ruhig in einem kleinen Dorf. Die Zimmer sind wohnlich und teils sehr geräumig. Rustikal-gediegenes Restaurant.

Landgasthaus Zum Kreuz
Untertal 7 ✉ 77781 – ✆ (07835) 13 03 – landgasthaus-zum-kreuz@t-online.de – Fax (07835) 549371 – *geschl. 28. Jan. - 15. Feb. und Montag*
Rest – Karte 15/35 €
♦ Eine nette ländliche Atmosphäre herrscht in dem in hellem Holz gehaltenen Gasthaus. Schön: die ruhige Lage im Untertal. Hübscher Terrassenbereich mit Gartenhaus.

BIEBELRIED – Bayern – siehe Würzburg

BIEDENKOPF – Hessen – 543 – 13 830 Ew – Höhe 305 m – Wintersport : 674 m ⛷ 1 – Luftkurort
37 **F12**

▶ Berlin 482 – Wiesbaden 152 – Marburg 23 – Kassel 101
🛈 Hainstr. 63, ✉ 35216, ✆ (06461) 9 50 10, info@biedenkopf.de

Park-Hotel
Auf dem Radeköppel 2 ✉ 35216 – ✆ (06461) 78 80 – info@park-hotel.de – Fax (06461) 788333
40 Zim – †64/74 € ††96/106 € – ½ P 14 € – **Rest** – Karte 18/42 €
♦ Hoch über dem Städtchen können Sie hier ein Zimmer mit Balkon sowie Blick auf Biedenkopf und das Schloss reservieren. Frühstücksbuffet mit Bioecke. Hoteleigene Kegelbahn! Restaurant mit großer Fensterfront.

BIEDERBACH – Baden-Württemberg – 545 – 1 730 Ew – Höhe 470 m
61 **E20**

▶ Berlin 771 – Stuttgart 141 – Freiburg 34 – Freudenstadt 99

In Biederbach-Dorf

Hirschen-Dorfmühle
Dorfstr. 19 ✉ 79215 – ✆ (07682) 3 27 – dorfmuehle@t-online.de – Fax (07682) 6037
11 Zim ☐ – †29/34 € ††52/58 € – **Rest** – *(geschl. Dienstag)* Karte 14/31 €
♦ Eine recht einfache, aber solide Adresse ist das a. d. 18. Jh. stammende Dorfgasthaus der Familie Burger mit seinen ländlich eingerichteten Zimmern. Gemütlicher Gastraum mit Kachelofen.

BIELEFELD – Nordrhein-Westfalen – 543 – 328 460 Ew – Höhe 118 m
27 **F9**

▶ Berlin 394 – Düsseldorf 182 – Dortmund 114 – Hannover 108
ADAC Stapenhorststr. 131
🛈 Am Bahnhof 6, ✉ 33602, ✆ (0521) 51 69 99, touristinfo@bielefeld.de
🛈 Niederwall 23 (Neues Rathaus), ✉ 33602, ✆ (0521) 51 69 98
⛳ Bielefeld, Dornberger Str. 377 ✆ (0521) 10 51 03 AT
Veranstaltungen 30.04. - 04.05. : Touristik-Messe

201

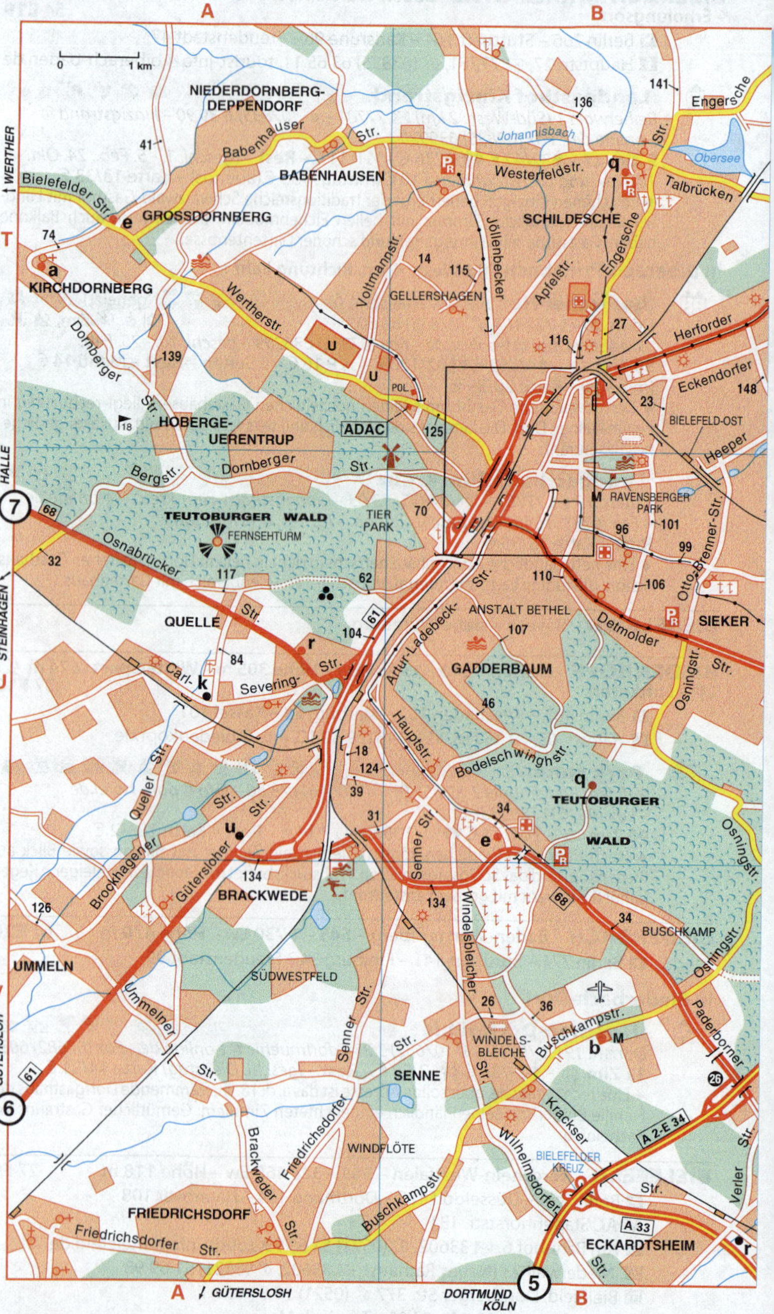
A
B
0
1 km
NIEDERDORNBERG-
DEPPENDORF
Babenhauser
Str.
BABENHAUSEN
41
Johannisbach
136
141
Engersche
Obersee
Westerfeldstr.
Talbrücken
SCHILDESCHE
Engersche
Apfelstr.
Jöllenbecker
Voltmannstr.
14
115
GELLERSHAGEN
WERTHER
Bielefelder Str.
GROSSDORNBERG
74
a
KIRCHDORNBERG
Wertherstr.
Dornberger
139
U
POL.
ADAC
125
116
27
Herforder
Eckendorfer
23
148
BIELEFELD-OST
Heeper
HOBERGE-
UERENTRUP
18
Bergstr.
Dornberger
Str.
OSNABRÜCK
HALLE
7
68
TEUTOBURGER WALD
FERNSEHTURM
TIER
PARK
70
M
RAVENSBERGER
PARK
96
101
99
Otto-Brenner-Str.
32
Osnabrücker
117
62
110
STEINHAGEN
QUELLE
Str.
61
104
ANSTALT BETHEL
107
Detmolder
Str.
SIEKER
r
84
Carl-
k
Severing-
Str.
Artur-Ladebeck-
GADDERBAUM
Osningstr.
U
46
Hauptstr.
Bodelschwinghstr.
18
124
39
Queller
Str.
Str.
31
q
TEUTOBURGER
WALD
34
e
Osningstr.
u
Brockhagener
Gütersloher
134
BRACKWEDE
Senner Str.
134
Windelsbleicher
68
34
BUSCHKAMP
Osningstr.
126
UMMELN
SÜDWESTFELD
V
Ummelner
Str.
Senner Str.
26
36
Buschkampstr.
WINDELS-
BLEICHE
b
M
Paderborner
Str.
Str.
SENNE
MÜNSTER
GÜTERSLOH
61
6
26
Brackweder
Friedrichsdorfer
WINDFLÖTE
Krackser
Wilhelmsdorfer
BIELEFELDER
KREUZ
A 2-E 34
Str.
Verler
Str.
FRIEDRICHSDORF
Buschkampstr.
Str.
A 33
Friedrichsdorfer
Str.
ECKARDTSHEIM
r
Str.
A
GÜTERSLOH
DORTMUND
KÖLN
5
B

BIELEFELD

Amtmann-Bullrich-Str.	CT	24
Am Brodhagen	BT	14
Am Preßwerk	AU	18
Am Stadtholz	BT	23
Am Waldbad	BV	26
Am Wellbach	CT	
Apfelstr.	BT	
Artur-Ladebeck-Str.	ABU	
Babenhauser Str.	AT	
Beckhausstr.	BT	27
Bergstr.	AU	
Berliner Str.	ABU	31
Bielefelder Str. (GROSSDORNBERG)	AT	
Bielefelder Str. (STEINHAGEN)	AU	32
Bodelschwinghstr.	BU	
Brackweder Str. (BRACKWEDE)	BUV	34
Brackweder Str. (FRIEDRICHSDORF)	AV	
Braker Str.	CT	
Brinkstr.	BV	36
Brockhagener Str.	ABV	
Buschkampstr.	AU	39
Cheruskerstr.	AT	41
Deppendorfer Str.	BCU	
Detmolder Str.	ATU	
Dornberger Str.	BCT	
Eckendorfer Str.	BU	46
Eggweg	CV	
Elbeallee	BCT	
Engersche Str.	ABV	
Friedrichsdorfer Str.	AUV	
Gütersloher Str.	AU	62
Hallerweg	BU	
Hauptstr.	BCTU	
Heeper Str.	BCT	
Herforder Str.	CU	
Hillegosserstr.	BT	
Jöllenbecker	BU	70
Johannistal	AT	74
Kirchdornbreger Str.	BV	
Krackser Str.	CT	
Kusenweg	CV	81
Lämershagener Str.	AU	84
Magdalenen Str.	BU	96
Oelmühlenstr.	CUV	97
Oerlinghauser Str.	BCU	99
Oldentruper Str.	AU	
Osnabrücker Str.	BUV	
Osningstr.	BU	101
Oststr.	ABU	104
Ostwestfalendamm	BU	
Otto-Brenner-Str.	BCV	
Paderborner Str.	CTU	
Potsdamer Str.	BU	106
Prießallee	BU	107
Quellenhofweg	AU	
Queller Str.	BU	110
Regerstr.	CTU	
Salzufler Str.	BT	115
Schelpsheide	BT	116
Schildescher Str.	AU	117
Schlingen Str.	CU	
Selhausenstr.	CV	
Senner Hellweg	AVBU	
Senner Str.	CV	121
Sennestadtring	AU	
Severing Str.	ABU	124
Stadtring	BT	125
Stapenhorststr.	AV	126
Steinhagener Str.	CU	131
Stieghorster Str.	ABUV	134
Südring	BCT	
Talbrücken Str.	BT	136
Theesener Str.	CT	137
Tiepl.	AT	139
Twellbachtal.	AV	
Ummelner Str.	BCV	
Verler Str.	BT	141
Vilsendorfer Str.	CT	143
Vogteistr.	ABT	
Voltmannstr.	AT	
Wertherstr.	BT	
Westerfeldstr.	BV	
Windelsbleicher Str.	BCT	148
Ziegelstr.		

BIELEFELD

Adenauerpl. **DZ** 2	Friedrich-Ebert-Str. **EY** 53	Obernstr. **DEZ**
Altstädter Kirchpl. **EZ** 9	Friedrich-Verleger-Str. **EZ** 56	Oelmühlenstr. **EZ** 96
Altstädter Kirchstr. **EZ** 12	Gehrenberg **EZ**	Rathausstr. **EZ** 109
Am Güterbahnhof **EY** 15	Heeper Str. **EY** 62	Renteistr. **EZ** 112
Am Sparrenberg **DZ** 21	Herbert-Hinnendahl-Str. **EY** 63	Richard-Wagner-
Bahnhofstr. **EY**	Jahnpl. **EZ** 69	Str. **EZ** 113
Breite Str. **EZ** 35	Klosterpl. **DZ** 77	Ritterstr. **DEZ** 114
Bunnemannpl. **DZ** 38	Mauerstr. **DZ** 86	Schildescher Str. **EY** 116
Elsa-Brändström-Str. **DYZ** 48	Mindener Str. **DY** 87	Spiegelstr. **EZ** 123
Feilenstr. **EY**	Moltkestr. **DZ** 88	Steinstr. **EZ** 128
Friedenstr. **EY** 51	Nebelswall **DZ** 89	Stresemannstr. **EZ** 132
	Neustädter Str. **EZ** 91	Waldhof **DZ** 145
	Niedernstr. **EZ**	Werner-Bock-Str. **EZ** 146
	Notpfortenstr. **DZ** 94	Willy-Brandt-Pl. **EY** 147

🏠 **Mövenpick**

Am Bahnhof 3 ✉ *33602* – 📞 *(0521) 5 28 20* – *hotel.bielefeld@moevenpick.com*
– Fax (0521) 5282100

EY n

162 Zim – 🛏 99/134 € – 🛏🛏 99/160 €, ⊇ 15 € – 5 Suiten – **Rest** – Karte 17/44 €
♦ Einen modernen Neubau und einen nostalgischen Trakt hat man hier zu einem ansprechenden Hotel verbunden. Wohnliche Zimmer und die ideale Lage im Stadtzentrum überzeugen. Das Restaurant ist im Stil eines Zugabteils gestaltet.

BIELEFELD

Ravensberger Hof garni
Güsenstr. 4 ⊠ 33602 – ℰ (0521) 9 62 11 – reservierung@
ravensbergerhof-bielefeld.de – Fax (0521) 9621300
51 Zim ⌑ – †96/124 € ††145/159 €
EZ c
♦ Ein ruhig liegt das hübsche Altstadthotel im Zentrum von Bielefeld. Es erwarten Sie eine elegante Halle in warmen Tönen und zeitgemäß ausgestattete Gästezimmer.

Mercure am Niederwall garni
Niederwall 31 ⊠ 33602 – ℰ (0521) 5 25 30 – h2822@accor.com – Fax (0521) 5253444
EZ d
150 Zim – †66/99 € ††66/99 €, ⌑ 14 €
♦ Nur einen Katzensprung vom Stadttheater beherbergt das besonders auf Geschäftsreisende ausgelegte Hotel funktionell gestaltete Zimmer.

Comfort Garni Stadt Bremen garni
Bahnhofstr. 32 ⊠ 33602 – ℰ (0521) 52 19 80 – hotel@comfort-garni.de
– Fax (0521) 52198113 – geschl. 23. Dez. - 31. Jan.
EY b
46 Zim ⌑ – †74/82 € ††82/92 €
♦ Ein praktisches Stadthotel mitten in der Fußgängerzone. Die Gästezimmer sind mit hellen, zeitgemäßen Möbeln funktionell ausgestattet.

Klötzer's Kleines Restaurant
Ritterstr. 33 ⊠ 33602 – ℰ (0521) 9 67 75 20 – kloetzer-delikatessen@t-online.de
– Fax (0521) 9677510 – geschl. Sonn- und Feiertage, Montag
EZ e
Rest – Menü 31/40 € – Karte 24/45 €
♦ In der Fußgängerzone liegt das kleine Restaurant mit Feinkostladen. Die Karte ist saisonal ausgerichtet. Fragen Sie nach den Kaviarspezialitäten!

Noodles
Hagenbruchstr. 3, (1. Etage) ⊠ 33602 – ℰ (0521) 17 68 88 – info@
noodles-bielefeld.de – Fax (0521) 173922 – geschl. Sonntagmittag
EZ m
Rest – Karte 29/49 €
♦ Restaurant mit neuzeitlichem Bistro-Ambiente. Im EG befindet sich eine Sushi-Bar, deren Angebot man auch im Restaurant serviert. Im Sommer beliebt: die Dachterrasse.

Sparrenburg
Am Sparrenberg 38a ⊠ 33602 – ℰ (0521) 6 59 39 – restaurant-sparrenburg@
t-online.de – Fax (0521) 65999 – geschl. 27. - 30. Dez.,
28. Juli - 6. Aug. und Dienstag
DZ f
Rest – Karte 17/40 €
♦ Rustikale Gemütlichkeit erwartet die Besucher des Restaurants in der Burganlage aus dem 13. Jh. Ausflügler schätzen die Terrasse mit Stadtblick!

3 A
Oberntorwall 3a ⊠ 33602 – ℰ (0521) 7 70 95 31 – info@weinbar3a.de
– Fax (0521) 7709532
DZ a
Rest – (geschl. Sonntag, nur Abendessen) Menü 35 € – Karte 30/49 €
♦ Angenehm warm und fast schon intim ist hier die Atmosphäre, sehr freundlich und ungezwungen der Service. Man bietet mediterrane Küche und gute Weinberatung.

In Bielefeld-Brackwede

Brackweder Hof
Gütersloher Str. 236 ⊠ 33649 – ℰ (0521) 94 26 60 – brackweder-hof@t-online.de
– Fax (0521) 9426610
AU u
40 Zim ⌑ – †75/85 € ††95 € – **Rest** – Menü 26/36 € – Karte 27/40 €
♦ Das Hotel an der südwestlichen Ausfallstraße bietet gepflegte, funktionelle Zimmer mit hellen Naturholzmöbeln und schallgedämmten Fenstern. Gediegenes Restaurant.

Méditerranée
Brackwerder Str. 66 ⊠ 33647 – ℰ (0521) 41 00 77 – Fax (0521) 410078
BU e
Rest – (geschl. Sonntag, nur Abendessen) Menü 30 €
– Karte 28/41 €
♦ Angenehme helle Töne und Hussenstühle unterstreichen die elegante Atmosphäre in diesem Restaurant. Bistro-Weinbar Jivino im Tavernenstil.

BIELEFELD
In Bielefeld-Großdornberg

XX **Kreuzkrug** Biergarten P VISA ⦿
*Wertherstr. 462 ⊠ 33619 – ℰ (0521) 10 22 64 – kreuzkrug@t-online.de
– Fax (0521) 161197 – geschl. Montag* AT **e**
Rest – Karte 19/42 €
♦ Der Gasthof war einst Posthalterei und befindet sich seit 1827 in Familienbesitz. Altdeutscher Stil und rustikaler Zierrat bestimmen das Ambiente. Netter Biergarten.

In Bielefeld-Kirchdornberg

XX **Tomatissimo** P VISA ⦿ AE
*Am Tie 15 ⊠ 33619 – ℰ (0521) 16 33 33 – info@tomatissimo.de – Fax (0521)
163326 – geschl. Montag - Dienstag* AT **a**
Rest – *(Mittwoch - Samstag nur Abendessen)* Menü 46/58 € – Karte 35/53 €
♦ In dem hell und freundlich gestalteten Restaurant mit südländischem Touch bereitet man eine gute, überwiegend mediterran ausgelegte Küche.

In Bielefeld-Quelle

🏠 **Büscher**
*Carl-Severing-Str. 136 ⊠ 33649 – ℰ (0521) 94 61 40 – hotel-buescher@t-online.de
– Fax (0521) 452796* AU **k**
32 Zim – †46/64 € ††74 € – **Rest** – *(geschl. Sonntagabend, Ende Juni -
Anfang Aug. Sonntag)* Karte 19/44 €
♦ Der von der Inhaberfamilie geführte erweiterte Gasthof verfügt über funktionell und zeitgemäß ausgestattete Zimmer unterschiedlicher Größe. Bürgerliche Gaststube und großer Saal für Extras.

XX **Schlichte Hof** mit Zim
*Osnabrücker Str. 100 ⊠ 33649 – ℰ (0521) 4 55 88 – info@schlichte-hof.de
– Fax (0521) 452888* AU **r**
11 Zim – †68 € ††88 € – **Rest** – Karte 30/40 €
♦ Rustikales Fachwerk und eine ländliche Einrichtung, nettes Dekor und eine Empore bestimmen das Ambiente in der a. d. J. 1492 stammenden Deele. Neuzeitliche Gästezimmer.

In Bielefeld-Senne

X **Gasthaus Buschkamp**
*Buschkampstr. 75 ⊠ 33659 – ℰ (0521) 49 28 00 – info@museumshof-senne.de
– Fax (0521) 493388 – geschl. Montag* BV **b**
Rest – Menü 33/52 € – Karte 18/40 €
♦ Gebäude aus vier Jahrhunderten bilden den idyllischen Museumshof Senne. Eines der historischen Fachwerkhäuser beherbergt dieses ländlich-gemütliche Restaurant.

X **Waterbör**
*Waterboerstr. 77 ⊠ 33659 – ℰ (0521) 2 41 41 – waterboer@aol.com – Fax (0521)
24346 – geschl. Montag* BU **q**
Rest – Menü 32 € – Karte 19/44 €
♦ Versteckt im Teutoburger Wald ist das Fachwerkhaus im Ravensberger Bauernstil zu finden. Ausflügler schätzen das Innenleben mit rustikalem Flair und die idyllische Terrasse.

In Bielefeld-Sennestadt

🏨 **Quality Hotel**
*Alte Verler Str. 2 ⊠ 33689 – ℰ (05205) 93 60 – info@quality-hotel-bielefeld.de
– Fax (05205) 936500 – geschl. 21. Dez. - 1. Jan.* CV **a**
85 Zim – †78 € ††95 €
Rest *Eickelmann's* – ℰ (05205) 2 20 06 *(geschl. Sonn- und Feiertage)* Karte 20/44 €
♦ Nahe der Autobahn gelegenes Hotel, das mit seinen zeitgemäßen unf funktionellen Zimmern vor allem auf Geschäftsleute und Tagungsgäste ausgelegt ist.

🏠 **Wintersmühle**
*Sender Str. 6 ⊠ 33659 – ℰ (05205) 9 82 50 – hotel@wintersmuehle.de
– Fax (05205) 982533* BV **r**
15 Zim – †53/63 € ††73/88 € – **Rest** – *(geschl. Freitag - Sonntag und 21. Dez.
- 6. Jan.)* (nur Abendessen für Hausgäste)
♦ Die ehemalige Wassermühle ist heute ein engagiert geführtes kleines Hotel mit individuell eingerichteten Gästezimmern. Hinter dem Haus befindet sich ein Teich.

BIETIGHEIM-BISSINGEN – Baden-Württemberg – 545 – 41 580 Ew – Höhe 200 m
55 **G18**

▶ Berlin 611 – Stuttgart 25 – Heilbronn 25 – Ludwigsburg 9

🛈 Marktplatz 9, ✉ 74321, ℰ (07142) 7 42 27, stadt@bietigheim-bissingen.de

Im Stadtteil Bietigheim

Friedrich von Schiller mit Zim
Marktplatz 5 ✉ 74321 – ℰ (07142) 9 02 00 – schiller.bietigheim.enz@t-online.de – Fax (07142) 902090 – geschl. 1. - 8. Jan., 11. - 27. Mai
15 Zim – †98/108 € ††125/145 € – **Rest** – *(geschl. Sonntag - Montagmittag)* Menü 34/79 € – Karte 34/62 €
◆ Ein engagiert geführter Familienbetrieb in einem a. d. 17. Jh. stammenden Haus - teils gemütlich-rustikal gehalten, teils leicht elegant. Einige Plätze mit schöner Aussicht. Schöne moderne Gästezimmer - in manche hat man alte Holzbalken integriert.

Im Stadtteil Bissingen

Otterbach (mit Gästehäusern)
Bahnhofstr. 153 ✉ 74321 – ℰ (07142) 58 40 – hotel.otterbach@t-online.de – Fax (07142) 64142
65 Zim – †60/120 € ††105/135 € – **Rest** – *(geschl. 27. Dez. - 6. Jan. und Samstagmittag)* Karte 27/40 €
◆ Moderner Familienbetrieb gegenüber dem Bahnhof. In einem imposanten Glasanbau hat man großzügige Zimmer, Konferenzräume und einen lichtdurchfluteten Wintergarten geschaffen. Restaurant mit schöner Holztäfelung und regionaler Küche.

BILLERBECK – Nordrhein-Westfalen – 543 – 11 560 Ew – Höhe 115 m – Erholungsort
26 **D9**

▶ Berlin 510 – Düsseldorf 110 – Enschede 56 – Münster (Westfalen) 32

🛈 Markt 1 (Rathaus), ✉ 48727, ℰ (02543) 73 73, stadt@billerbeck.de

Weissenburg
Gantweg 18 (Nord : 2 km, Richtung Steinfurt) ✉ 48727 – ℰ (02543) 7 50 – team@hotel-weissenburg.de – Fax (02543) 75275
75 Zim – †70/80 € ††110/130 € – **Rest** – Menü 19/43 € – Karte 18/51 €
◆ Mit Engagement leitet Familie Niehoff schon seit Generationen dieses gewachsene Hotel in recht ruhiger Lage auf einer Anhöhe. Wohnliche Zimmer und Park mit Wildgehege. Restaurant im regionstypischen rustikalen Stil mit schöner Aussicht.

Domschenke
Markt 6 ✉ 48727 – ℰ (02543) 9 32 00 – domschenke@t-online.de – Fax (02543) 932030
30 Zim – †51/70 € ††75/100 € – **Rest** – Menü 35/40 € – Karte 22/44 €
◆ Ein alteingesessenes freundlich-familiär geführtes Haus in der Fußgängerzone, direkt am Dom. Die Gästezimmer sind hübsch und recht individuell gestaltet. Ein Wintergarten mit angrenzender Terrasse ergänzt die netten Restauranträume.

BINDLACH – Bayern – siehe Bayreuth

BINGEN – Rheinland-Pfalz – 543 – 24 720 Ew – Höhe 100 m
47 **E15**

▶ Berlin 600 – Mainz 31 – Bad Kreuznach 20 – Koblenz 66

🛈 Rheinkai 21, ✉ 55411, ℰ (06721) 18 42 03, tourist-information@bingen.de

◉ Burg Klopp ≤★

◉ Burg Rheinstein ≤★★ – Rheintal★★★ (von Bingen bis Koblenz)

Stadtplan siehe nächste Seite

Martinskeller
Martinstr. 1 ✉ 55411 – ℰ (06721) 30 57 70 – martinskeller@rheinhotel.com – Fax (06721) 2508 – geschl. Jan. 2 Wochen   Y **f**
15 Zim – †67/74 € ††85/103 € – ½ P 20 € – 3 Suiten
Rest *Schellekapp* – ℰ (06721) 1 67 60 (geschl. Donnerstag, Samstagmittag) Karte 20/36 €
◆ Ein recht ruhig in einer Seitenstraße gelegenes Haus, das mit zwei gemütlichen Frühstücksräumen und individuellen, wohnlichen Gästezimmern, z. T. mit altem Fachwerk, gefällt. Behagliches rustikales Restaurant mit internationaler Küche.

BINGEN

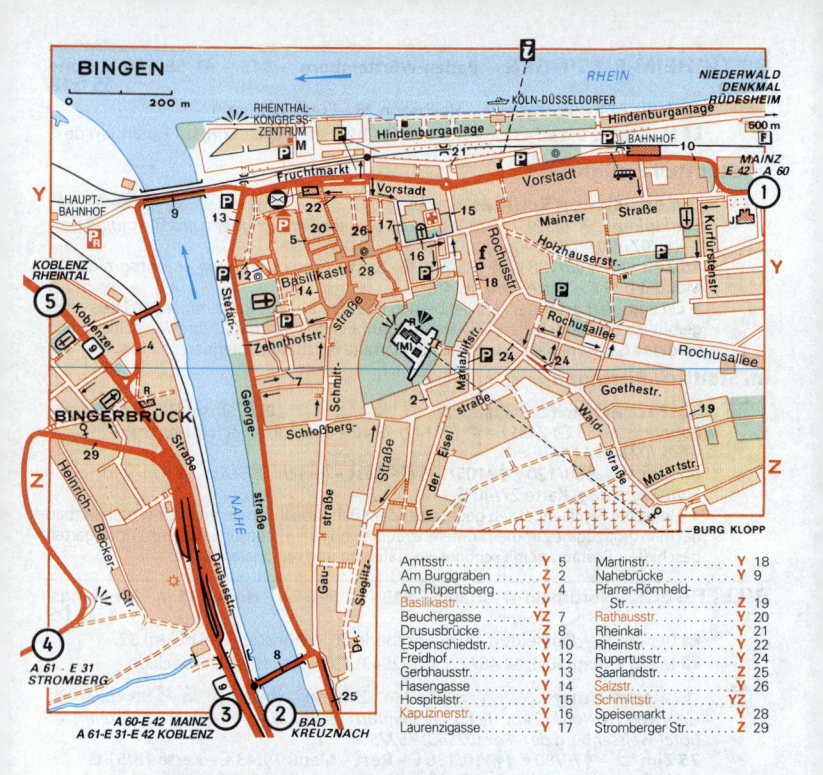

Amtsstr.	Y 5	Martinstr.	Y 18
Am Burggraben	Z 2	Nahebrücke	Y 9
Am Rupertsberg	Y 4	Pfarrer-Römheld-	
Basilikastr.	Y	Str.	Z 19
Beuchergasse	YZ 7	Rathausstr.	Y 20
Drususbrücke	Z 8	Rheinkai	Y 21
Espenschiedstr.	Y 10	Rheinstr.	Y 22
Freidhof	Y 12	Rupertusstr.	Y 24
Gerbhausstr.	Y 13	Saarlandstr.	Z 25
Hasengasse	Y 14	Salzstr.	Y 26
Hospitalstr.	Y 15	Schmittstr.	YZ
Kapuzinerstr.	Y 16	Speisemarkt	Y 28
Laurenzigasse	Y 17	Stromberger Str.	Z 29

Weinhotel Michel garni
Mainzer Str. 74 (über Espenschiedstraße Y) ⊠ 55411 – ℰ (06721) 9 15 10 – hotel@weinhotel-michel.de – Fax (06721) 915152
30 Zim ⌑ – †90/110 € ††120/135 € – 3 Suiten
♦ Das von Familie Michel gut geführte Haus bietet zeitgemäße, komfortable Zimmer, die alle nach Rebsorten bzw. Weinlagen benannt sind. Angenehm heller Frühstücksraum.

In Münster-Sarmsheim über Drususstraße Z : 4 km :

Weinstube Kruger-Rumpf
*Rheinstr. 47 ⊠ 55424 – ℰ (06721) 4 50 50 – kruger-rumpf@t-online.de
– Fax (06721) 41882 – geschl. 23. Dez. - 11. Jan und Montag*
Rest – *(nur Abendessen)* Karte 23/33 €
♦ Die zum bekannten Weingut gehörende Weinstube mit gemütlichem Wohnzimmercharakter ist mit freigelegtem Fachwerk gestaltet. Terrasse mit mediterranem Flair. Regionale Karte.

BINZ – Mecklenburg-Vorpommern – siehe Rügen (Insel)

BINZEN – Baden-Württemberg – **545** – 2 620 Ew – Höhe 284 m 61 **D21**
▶ Berlin 858 – Stuttgart 260 – Freiburg im Breisgau 65 – Basel 11

Mühle (mit Gästehaus)
*Mühlenstr. 26 ⊠ 79589 – ℰ (07621) 9 40 84 90 – muehle@gastro-hechler.de
– Fax (07621) 65808*
32 Zim ⌑ – †110/225 € ††135/250 € – **Rest** – Menü 40/68 € – Karte 36/49 €
♦ Ein familiär geleitetes Hotel in ruhiger Lage, das in Haupt- und Gästehaus geschmackvoll und wohnlich gestaltete Zimmer bietet. Als Frühstücksraum dient ein Gartenpavillon. Ländlich-elegantes Restaurant mit sehr nettem Terrassenbereich.

BINZEN

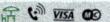

Ochsen 🛜 📞 VISA ⦾
*Hauptstr. 42 ⊠ 79599 – ℰ (07621) 4 22 08 88 – webmaster@ochsen-binzen.de
– Fax (07621) 4220889*
25 Zim ⊇ – †50/65 € ††95/120 € – **Rest** – *(wochentags nur Abendessen)*
Menü 38/55 € – Karte 22/55 €
♦ Direkt am Rathaus findet der Gast dieses regionstypische Hotel mit freundlich gestalteten, zeitgemäß eingerichteten Zimmern. In den rustikalen Stuben sowie im Beizle mit Theke und Stammtisch wird Internationales serviert. Nette Terrasse vor dem Haus.

In Schallbach Nord : 4 km - Richtung Kander, in Rümmingen links ab:

Alte Post (mit Gästehaus) 🛜 ♿ P VISA ⦾ AE
*Alte Poststr. 16 ⊠ 79597 – ℰ (07621) 9 40 94 90 – info@gasthof-altepost.de
– Fax (07621) 94094933 – geschl. 1. - 6. Jan.*
19 Zim ⊇ – †49/55 € ††78/95 € – **Rest** – *(geschl. 1. - 6. Jan., Aug. 2 Wochen und Donnerstag - Freitagmittag)* Karte 19/33 €
♦ Das familiär geführte Hotel bietet in seinem Gästehaus mit hellem Mobiliar zweckmäßig und solide eingerichtete Zimmer, die z. T. über einen Balkon verfügen. Bürgerlich-rustikales Restaurant mit regionalen Speisen und Weinen aus eigenem Anbau.

BIRKENAU – Hessen – **543** – 10 370 Ew – Höhe 147 m – Erholungsort   47 **F16**
▶ Berlin 611 – Wiesbaden 97 – Mannheim 30 – Darmstadt 44
🛈 Hauptstr. 119, ⊠ 69488, ℰ (06201) 3 97 47, r.westermann@gemeinde-birkenau.de

Drei Birken mit Zim 🛜 P VISA ⦾
*Hauptstr. 170 ⊠ 69488 – ℰ (06201) 3 23 68 – dreibirken@t-online.de
– Fax (06201) 3849*
18 Zim ⊇ – †48/52 € ††75 € – **Rest** – *(geschl. Feb. 3 Wochen, Ende Juni - Ende Juli 3 Wochen und Montag - Dienstag)* Menü 25/45 €
– Karte 26/49 €
♦ Freundlich ist das Ambiente in diesem familiengeführten Restaurant. Serviert werden mit Sorgfalt zubereitete saisonal geprägte Speisen.

BIRKENFELD (MAIN-SPESSART-KREIS) – Bayern – **546** – 2 170 Ew – Höhe 206 m   49 **H15**
▶ Berlin 517 – München 312 – Würzburg 29 – Frankfurt am Main 100

In Birkenfeld-Billingshausen Nord-Ost : 2 km, Richtung Zellingen :

Goldenes Lamm ⇔ P VISA
*Untertorstr. 13 ⊠ 97834 – ℰ (09398) 3 52 – goldenes_lamm@t-online.de
– Fax (09398) 514 – geschl. Montag - Dienstag*
Rest – Karte 23/35 €
♦ Hinter der hübschen Fassade des alten Steinhauses erwartet Sie ein gepflegtes, ländlich-rustikales Restaurant, das schon in der 13. Generation von der Familie geführt wird.

BIRNBACH, BAD – Bayern – **546** – 5 530 Ew – Höhe 376 m – Heilbad   59 **P19**
▶ Berlin 618 – München 147 – Passau 41 – Landshut 82
🛈 Neuer Marktplatz 1, ⊠ 84364, ℰ (08563) 96 30 40, kurverwaltung@badbirnbach.de

Sonnengut 🌿 🐾 🏊 (Thermal) 🧖 ♨ 🧘 ♿
Am Aunhamer Berg 2 ⊠ 84364 – ℰ (08563)   🛗 ✂ Rest, ♿ P 🚗
30 50 – info@sonnengut.de – Fax (08563) 305100
88 Zim ⊇ – †81/89 € ††159/173 € – ½ P 13 € – 4 Suiten – **Rest** – Menü 36 €
– Karte 23/36 €
♦ Oberhalb des Ortes liegt die tadellos gepflegte Hotelanlage mit im Landhausstil eingerichteten Zimmern und einer attraktiven, großzügigen Wellness-Oase. Innenhof. Gaststuben teils gemütlich-rustikal, teils stilvoll-gediegen.

BIRNBACH, BAD

Sammareier Gutshof (Thermal)
Pfarrkirchner Str. 22 ⊠ 84364 – ℰ (08563) 29 70 – info@sammareier.de
– Fax (08563) 29713
44 Zim – †56/67 € ††92/114 € – ½ P 18 € – **Rest** – Karte 21/41 €
♦ Wohnlich-rustikale Gästezimmer mit kleiner Küche und teilweise mit Balkon oder Terrasse erwarten Sie in dem ehemaligen Gutshof. In gemütliche Stuben unterteiltes Restaurant. Kuchen und Pralinen im hauseigenen Café.

Vitalhotel (Thermal) Rest,
Brunnaderstr. 27 ⊠ 84364 – ℰ (08563) 30 80 – vitalhotel.bad.birnbach@t-online.de – Fax (08563) 308111
108 Zim – †61/66 € ††96/132 € – ½ P 15 € – 5 Suiten – **Rest** – (nur Abendessen für Hausgäste) Karte 18/23 €
♦ Das am Rande des Kurgebiets gelegene neuzeitliche Hotel bietet neben wohnlichen Zimmern auch einen geschmackvoll gestalteten Wellnessbereich.

Gräfliches Hotel Alte Post (Thermal)
Hofmark 23 ⊠ 84364 – ℰ (08563) 29 20 – alte-post.badbirnbach@t-online.de – Fax (08563) 29299
36 Zim – †42/54 € ††68/108 € – ½ P 11 € – **Rest** – Karte 12/28 €
♦ Das Haus ist schon im 13. Jh. als Hofwirtstaverne erwähnt und war Umspanne zur Poststation des Fürsten Thurn und Taxis. Heute hält es ländlich bis gehobene Zimmer bereit. Ob in der Post- oder Hofwirtsstube: bei deftiger Hausmannskost geht's hier zünftig zu.

BISCHOFSGRÜN – Bayern – 546 – 2 090 Ew – Höhe 676 m – Wintersport : 1 024 m
⍥5 ⛷ (Skizirkus Ochsenkopf) – Heilklimatischer Kurort   51 **M15**

▶ Berlin 354 – München 259 – Weiden in der Oberpfalz 74 – Bayreuth 27
🛈 Jägerstr. 9, ⊠ 95493, ℰ (09276) 12 92, touristinfo@bischofsgruen.de

Siebenstern garni
Kirchbühl 15 ⊠ 95493 – ℰ (09276) 92 40 24 – info@hotel-siebenstern.de – Fax (09276) 8407 – geschl. 5. Nov. - 20. Dez.
26 Zim – †26/33 € ††46/54 €
♦ Hotel in schöner Südlage - innen ganz im bayerischen Stil dekoriert. Bemalte Bauernmöbel gehören zur Ausstattung der geräumigen Gästezimmer.

BISCHOFSWERDA – Sachsen – 544 – 13 250 Ew – Höhe 280 m   43 **R12**
▶ Berlin 213 – Dresden 32 – Cottbus 91 – Görlitz 62
🏛 Rammenau, Oberammenauer Str. 27 ℰ (03594) 70 58 10

In Bischofswerda-Belmsdorf Süd-Ost : 2 km Richtung Oppach :

✕ Gutshof mit Zim
Alte Belmsdorfer Str. 33 ⊠ 01877 – ℰ (03594) 70 52 00 – info@gutshofhotel.de – Fax (03594) 705201
10 Zim – †38/42 € ††64 € – **Rest** – (Montag - Samstag nur Abendessen) Karte 17/39 €
♦ Ein alter Gutshof beherbergt das hübsch dekorierte Gewölbe-Restaurant mit französischer Küche. Im elsässischem Stil: La Stub mit Holzbackofen; man bietet auch Flammkuchen.

BISCHOFSWIESEN – Bayern – 546 – 7 500 Ew – Höhe 610 m – Wintersport :
1 307 m ⍥4 ⛷ – Heilklimatischer Kurort   67 **O21**
▶ Berlin 736 – München 148 – Bad Reichenhall 13 – Berchtesgaden 5
🛈 Hauptstr. 40 (B 20), ⊠ 83483, ℰ (08652) 97 72 20, info@bischofswiesen.de

Reissenlehen (mit Gästehaus) ⟨ Kehlstein, Hoher Göll und Brett,
Reissenpoint 11 ⊠ 83483   Rest,
– ℰ (08652) 97 72 00 – info@
reissenlehen.de – Fax (08652) 97720220 – geschl. 9. Nov. - 25. Dez.
18 Zim – †41/75 € ††80/150 € – ½ P 13 € – **Rest** – (geschl. Sonntag) (nur Abendessen für Hausgäste) Karte 16/30 €
♦ Das von Familie Irlinger freundlich geführte kleine alpenländische Hotel bietet wohnliche, hell möblierte Zimmer und einen schönen Naturbadeteich mit tollem Bergblick.

BISCHOFSWIESEN

Alpenhotel Hundsreitlehen
Quellenweg 11 ≤ Kehlstein, Hoher Göll und Brett, Rest,
(1 km Richtung Loipl) ✉ 83483 – ℰ (08652) 98 60 – info@hundsreitlehen.de
– *Fax (08652) 986160 – geschl. 1. - 18. April, 27. Okt. - 18. Dez.*
24 Zim – †41/51 € ††82/118 € – ½ P 14 € – **Rest** – *(geschl. Montag) (nur Abendessen für Hausgäste) Karte 12/27 €*
♦ Ein idyllisch oberhalb des Ortes gelegenes regionstypisches Haus unter familiärer Leitung, das mit Naturholzmöbeln wohnlich ausgestattete Zimmer bietet. Mit Bauernhof.

Biohotel Kurz
Schulstr. 1 ✉ 83483 – ℰ (08652) 98 00 – info@biohotel-kurz.de – *Fax (08652) 980222*
15 Zim – †60 € ††120 € – ½ P 10 € – **Rest** – *(nur Abendessen) (Tischbestellung erforderlich)* Menü 18/26 €
♦ Der sympathische kleine Familienbetrieb mit seinen recht individuellen Zimmern wird ganz nach biologisch-ökologischen Gesichtspunkten geleitet. Man bietet auch Kochkurse an. Gemütliches Restaurant mit vegetarischen Gerichten aus frischen Bioprodukten.

BISINGEN – Baden-Württemberg – 545 – 9 270 Ew – Höhe 561 m 55 G19
▶ Berlin 710 – Stuttgart 71 – Konstanz 120 – Reutlingen 35

In Bisingen-Zimmern Nord-Ost : 2 km :

Gasthof Adler
Schloss-Str. 1 ✉ 72406 – ℰ (07471) 1 69 75 – hartwin.loeffler@t-online.de
– *Fax (07471) 621560 – geschl. Ende Juli - Mitte Aug. und Dienstag - Mittwoch*
Rest – Menü 27 € – Karte 20/40 €
♦ Bereits seit mehreren Generationen ist dieses Haus im Familienbesitz. In neuzeitlich-ländlichem Ambiente bietet man regionale Küche aus heimischen Produkten.

BISPINGEN – Niedersachsen – 541 – 6 260 Ew – Höhe 74 m 19 I6
▶ Berlin 335 – Hannover 94 – Hamburg 71 – Lüneburg 45
🛈 Borsteler Str. 6, ✉ 29646, ℰ (05194) 3 98 50, info@bispingen-touristik.de

Rieckmanns Gasthof
Kirchweg 1 ✉ 29646 – ℰ (05194) 95 10 – info@hotel-rieckmann.de – *Fax (05194) 95134 – geschl. 21. Dez. - 1. Jan.*
22 Zim – †47/55 € ††67/82 € – ½ P 17 € – **Rest** – *(geschl. 10. - 24. Nov. und Nov. - März Montag)* Karte 18/32 €
♦ Persönlich und individuell kümmert sich die Inhaberfamilie hier um ihre Gäste. Die Zimmer sind solide und zeitgemäß ausgestattet. Restaurant mit neuzeitlichem Ambiente. Schön ist die teils überdachte Terrasse mit Blick in den Garten bzw. auf die alte Kirche.

Das kleine Hotel am Park garni
Am Park 2c (Borstel, Nord-West 1,5 km) ✉ 29646 – ℰ (05194) 68 44 – info@daskleinehotel.de – *Fax (05194) 6845 – geschl. 15. - 28. Feb.*
9 Zim – †45/50 € ††75/80 €
♦ Das kleine Hotel ist ein familiär geführtes Haus in recht ruhiger Waldrandlage. Nette Zimmer, teils mit einigen individuellen Einrichtungsstücken. Hübscher Frühstücksraum zum Garten.

BISTENSEE – Schleswig-Holstein – siehe Rendsburg

BITBURG – Rheinland-Pfalz – 543 – 12 930 Ew – Höhe 320 m 45 B15
▶ Berlin 705 – Mainz 165 – Trier 23 – Wittlich 36
🛈 Im Graben 2, ✉ 54634, ℰ (06561) 9 43 40, info@eifel-direkt.de
🕿 Wissmannsdorf-Hermesdorf, Zur Weilersheck 1 ℰ (06527) 9 27 20
🕿 Baustert, Auf Kinnscheid 1 ℰ (06527) 93 49 77
🕿 Burbach, Lietzenhof ℰ (06553) 96 10 39

BITBURG

Leander
Am Markt 2 ⊠ 54634 – ℰ (06561) 34 22 – info@hotel-leander.de – Fax (06561) 940118
17 Zim – †45/50 € ††75/80 € – ½ P 15 € – **Rest** – (geschl. 1. - 8. Jan. und Sonntag) (nur Abendessen) Karte 22/39 €
◆ Bürgerliches Ambiente und Standardkomfort bieten Ihnen die mit gepflegten Holzmöbeln eingerichteten Zimmer dieses im Ortskern gelegenen Hotels. Im Restaurant: Bistroküche und Internationales.

In Rittersdorf Nord-West : 4 km, jenseits der B 51 – Höhe 285 m

Am Wisselbach
Bitburger Str. 2 ⊠ 54636 – ℰ (06561) 9 59 70 – info@hotel-wisselbach.de
– Fax (06561) 9597150 – geschl. 6. - 31. Jan.
24 Zim – †42/75 € ††76/120 € – **Rest** – (geschl. Mittwochmittag, Donnerstagmittag) Karte 16/36 €
◆ Möchten Sie gerne im Wasserbett übernachten oder im Bauernzimmer auf Stroh? Kein Problem, die "Erlebniszimmer" dieses Familienbetriebs machen es möglich. Freundliches Restaurant mit großem Buffetbereich.

Am Stausee Bitburg Nord-West : 12 km über Biersdorf :

DorintResorts
Am Stausee Bitburg ⊠ 54636 Biersdorf – ℰ (06569) 9 90 – info.bitburg@dorintresorts.com – Fax (06569) 7909
159 Zim – †77/142 € ††108/238 € – ½ P 25 € – **Rest** – Menü 25/54 €
– Karte 28/42 €
◆ In ruhiger Lage am Waldrand oberhalb des Stausees beziehen Sie zweckmäßig eingerichtete Zimmer. Aktive wissen das sehr umfangreiche Angebot an Sportmöglichkeiten zu schätzen. Klassisches Restaurant mit internationaler Auswahl.

BLANKENBACH – Bayern – 546 – 1 660 Ew – Höhe 190 m   48 **G15**
▶ Berlin 538 – München 356 – Aschaffenburg 15 – Frankfurt am Main 48

Brennhaus Behl
Krombacher Str. 2 ⊠ 63825 – ℰ (06024) 47 66 – info@behl.de
– Fax (06024) 5766
18 Zim – †55/65 € ††88/98 € – ½ P 18 € – **Rest** – (geschl. Montagmittag) Karte 22/41 €
◆ Das seit über 20 Jahren von der Inhaberfamilie geleitete Haus in ruhiger Lage bietet modern gestaltete, nach Früchten benannte Gästezimmer. Ländlich-elegantes Restaurant mit internationaler Küche. Für Feste: die Destille mit integrierter Brennerei.

BLANKENBURG – Sachsen-Anhalt – 542 – 16 150 Ew – Höhe 200 m   30 **K10**
▶ Berlin 222 – Magdeburg 71 – Göttingen 124 – Halle 88
🛈 Markt 3, ⊠ 38889, ℰ (03944) 28 98, touristinfo@blankenburg.de

Viktoria Luise
Hasselfelder Str. 8 ⊠ 38889 – ℰ (03944) 9 11 70 – info@viktoria-luise.de
– Fax (03944) 911717
15 Zim – †58/90 € ††115/135 € – **Rest** – (geschl. Jan. - Feb. Sonntag - Montag, nur Abendessen) Menü 21 € – Karte 20/32 €
◆ Mit privater Atmosphäre und stilvoller, überaus wohnlicher Einrichtung besticht die geschmackvoll restaurierte Jugendstilvilla von 1893. Das Restaurant bietet eine schöne Sicht auf den Ort und das Schloss. Gemütlicher Weinkeller.

Gut Voigtländer   Biergarten
Am Thie 2 ⊠ 38889 – ℰ (03944) 3 66 10 – mail@gut-voigtlaender.de
– Fax (03044) 3661100
31 Zim – †60/75 € ††89/115 € – **Rest** – Karte 17/31 €
◆ Auf dem einstigen Gutshof erwarten Sie wohnliche, z. T. mit schönem Fachwerk verzierte Zimmer sowie ein netter Innenhof mit Teich. Ferienwohnungen für Langzeitgäste vorhanden. Rustikales Restaurant mit gutbürgerlicher Küche.

BLANKENFELDE-MAHLOW – Brandenburg – **542** – 23 080 Ew – Höhe 47 m
- Berlin 19 – Potsdam 30 – Frankfurt/Oder 86 – Dresden 178   23 **P8**
- Mahlow, Kiefernweg ℰ (03379) 37 05 95

In Blankenfelde-Mahlow - Dahlewitz Süd-Ost : 5 km :
- Groß Kienitz, ℰ (033708) 53 70

Berliner Ring
Eschenweg 18 (Gewerbegebiet nahe der A 10) ⌂ 15827 – ℰ (033708) 5 80 – info@hotel-berliner-ring.de – Fax (033708) 58888
270 Zim ⌂ – †92/120 € ††102/150 € – **Rest** – Karte 19/49 €
♦ Neuzeitliches Hotel mit großzügiger Atriumhalle und eleganten Zimmern - jedes verfügt über einen Balkon. Schönes Hallenbad. Kongresszentrum nebenan.

BLANKENHEIM – Nordrhein-Westfalen – **543** – 8 790 Ew – Höhe 480 m – Erholungsort   35 **B13**
- Berlin 638 – Düsseldorf 110 – Aachen 70 – Köln 74
- Rathausplatz 16, ⌂ 53945, ℰ (02449) 8 72 22, verkehrsbuero@blankenheim-ahr.de

Kölner Hof
Ahrstr. 22 ⌂ 53945 – ℰ (02449) 9 19 60 – blankenheim@hotel-koelner-hof.de – Fax (02449) 1061 – geschl. Nov.
21 Zim ⌂ – †50/65 € ††67/74 € – ½ P 18 € – **Rest** – *(geschl. Mittwoch)* Karte 16/35 €
♦ In verkehrsberuhigter Zone am Georgstor liegt das hübsche Fachwerkhaus mit Anbau - ein familiengeführtes Hotel mit unterschiedlich eingerichteten Zimmern. Nett dekoriertes Restaurant mit ländlich-gediegenem Ambiente.

Culinari
Kölner Str. 5 (B 258) ⌂ 53945 – ℰ (02449) 91 15 90 – culinari@t-online.de – Fax (02449) 911592 – geschl. Juli 2 Wochen und Montag - Dienstag
Rest – *(nur Abendessen)* Menü 33/49 € – Karte 29/47 €
♦ Ein mit hellen Wänden und Holzfußboden, einem offenen Kamin und Antiquitäten ansprechend gestaltetes Restaurant unter Leitung der Inhaber.

BLAUBACH – Rheinland-Pfalz – siehe Kusel

BLAUBEUREN – Baden-Württemberg – **545** – 11 860 Ew – Höhe 516 m   56 **H19**
- Berlin 633 – Stuttgart 81 – Reutlingen 57 – Ulm (Donau) 18
- Ehemalige Klosterkirche (Hochaltar ★★, Chorgestühl ★)

Ochsen
Marktstr. 4 ⌂ 89143 – ℰ (07344) 96 98 90 – ochsen.blaubeuren@t-online.de – Fax (07344) 8430 – geschl. 24. Dez. - 6. Jan.
40 Zim ⌂ – †55/66 € ††80/90 € – **Rest** – *(geschl. Sonntagabend)* Karte 19/39 €
♦ Das schon seit dem 16. Jh. existierende Gasthaus beherbergt hinter seiner schönen Fachwerkfassade von 1740 solide ausgestattete Gästezimmer. Ländlich-gediegene Gaststuben mit bürgerlicher Küche.

In Blaubeuren-Weiler West : 2 km über B 492 :

Forellen-Fischer
Aachtalstr. 6 ⌂ 89143 – ℰ (07344) 65 45 – forellenfischer@t-online.de – Fax (07344) 922631 – geschl. Anfang Jan. 3 Wochen und Sonntagabend - Montag
Rest – Menü 34/42 € – Karte 23/45 €
♦ Seit über 30 Jahren führt der Inhaber dieses nette rustikale Restaurant in dem Fachwerkhaus in der Dorfmitte. Freundlich serviert man regionale Küche und Fischgerichte.

Bei schönem Wetter isst man gern im Freien!
Wählen Sie ein Restaurant mit Terrasse: 🍴.

BLAUFELDEN – Baden-Württemberg – 545 – 5 390 Ew – Höhe 460 m — 49 I17

▶ Berlin 539 – Stuttgart 123 – Würzburg 71 – Nürnberg 122

Zum Hirschen mit Zim
*Hauptstr. 15 ⌧ 74572 – ℰ (07953) 10 41 – info@hirschen-blaufelden.de
– Fax (07953) 1043 – geschl. Jan. 1 Woche, Aug. 3 Wochen und Sonntagabend
- Donnerstag*
12 Zim ⌑ – †50/70 € ††70/110 € – **Rest** – (Tischbestellung ratsam)
Menü 29/68 € – Karte 29/48 €
♦ Historischer Gasthof gegenüber der Kirche. In ländlich-rustikalem oder elegantem Ambiente serviert man eine klassische und regionale Küche. Zum Teil recht komfortable, neuzeitliche Zimmer.

BLIESKASTEL – Saarland – 543 – 23 160 Ew – Höhe 213 m – Kneippkurort — 46 C17

▶ Berlin 693 – Saarbrücken 30 – Neunkirchen/Saar 16 – Zweibrücken 12
ℹ Zweibrücker Str. 1, ⌧ 66440, ℰ (06842) 9 26 13 14, verkehrsamt@blieskastel.de

Hämmerle's Restaurant
*Bliestalstr. 110 a ⌧ 66440 – ℰ (06842) 5 21 42 – info@haemmerles-restaurant.de
– Fax (06842) 507492 – geschl. Ende Dez. 1 Woche, Juli - Aug. 2 Wochen und
Samstagmittag, Sonntag - Montagmittag*
Rest – (Tischbestellung ratsam) Karte 25/46 €
♦ Eine beliebte Adresse ist dieses helle, ländlich-mediterran gehaltene und mit modernen Bildern dekorierte Gasthaus. Freundlicher Service unter Leitung der Chefin.

In Blieskastel-Niederwürzbach Nord-West : 5 km :

Hubertushof mit Zim
*Kirschendell 32 ⌧ 66440 – ℰ (06842) 65 44 – hubertushof-born@t-online.de
– Fax (06842) 7866 – geschl. Dienstag*
6 Zim ⌑ – †39 € ††63 € – **Rest** – Menü 18/20 € – Karte 22/38 €
♦ Am Waldrand finden Sie das ländliche Gasthaus mit eigenem Damwildgehege und rustikalen Zimmern. Die bürgerliche Küche wird in nett dekorierten Stuben serviert.

BLOMBERG – Nordrhein-Westfalen – 543 – 17 310 Ew – Höhe 185 m — 28 G10

▶ Berlin 357 – Düsseldorf 208 – Hannover 75 – Detmold 21
ℹ Hindenburgplatz 1, ⌧ 32825, ℰ (05235) 50 44 44, info@blomberg-lippe.de
Blomberg-Cappel, Huxoll 14 ℰ (05236) 4 59

Burghotel Blomberg
Burg 1 ⌧ 32825 – ℰ (05235) 5 00 10 – info@burghotel-blomberg.de – Fax (05235) 500145
53 Zim – †90/115 € ††115/200 €, ⌑ 15 € – ½ P 26 € – 5 Suiten
Rest – Menü 40/65 € – Karte 33/58 €
♦ Eine mittelalterliche Burganlage verleiht diesem Hotel seinen ansprechenden Rahmen. Neben wohnlichen und funktionellen Zimmern bietet man auch sehenswerte Themensuiten. Stilvoll ist das Ambiente im Kaminrestaurant - Bruchsteinmauern erzeugen eine urige Note.

BLUNK – Schleswig-Holstein – siehe Segeberg, Bad

BOCHOLT – Nordrhein-Westfalen – 543 – 73 530 Ew – Höhe 25 m — 25 B10

▶ Berlin 575 – Düsseldorf 81 – Arnhem 57 – Enschede 58
ℹ Europaplatz 26-28, ⌧ 46399, ℰ (02871) 50 44, bohinfo@mail.bocholt.de

Residenz
*Kaiser-Wilhelm-Str. 32 ⌧ 46395 – ℰ (02871) 9 97 50 – info@hotelresidenz.de
– Fax (02871) 9975599*
48 Zim ⌑ – †85/110 € ††125/195 € – **Rest** – (geschl. Sonntag - Montagmittag)
Karte 26/51 €
♦ Das engagiert geführte Hotel überzeugt mit großzügigen, geschmackvollen Zimmern und eleganten Suiten sowie guten Tagungsmöglichkeiten. Schön angelegter Rosenpark. Restaurant mit klassischem Ambiente.

BOCHOLT

Am Erzengel
Münsterstr. 250 (B 67) ⌧ 46397 – ℰ (02871) 24 77 00 – info@am-erzengel.de
– Fax (02871) 24770247
61 Zim ⌑ – †83/95 € ††115/128 € – **Rest** – (geschl. Mitte Juli - Anfang Aug.
3 Wochen und Montagmittag) Karte 23/41 €
♦ In dem familiär geleiteten Hotel am Ortseingang erwarten Sie wohnlich-komfortable Gästezimmer und ein netter Frühstücksraum mit Terrasse. Gediegenes Restaurant und moderner Bistrobereich.

Maestral
Bahnhofstr. 24 ⌧ 46395 – ℰ (02871) 21 83 60 – info@hotel-maestral.de
– Fax (02871) 218365
21 Zim ⌑ – †60/70 € ††95/105 € – **Rest** – Menü 33/37 € – Karte 27/43 €
♦ Das nahe dem Bahnhof, aber dennoch relativ ruhig gelegene Haus ist ein gepflegter Familienbetrieb mit funktionell ausgestatteten Zimmern in neuzeitlichem Stil. Restaurant mit mediterranem Touch.

> Rot steht für unsere besonderen Empfehlungen!

BOCHUM – Nordrhein-Westfalen – 543 – 387 290 Ew – Höhe 100 m   26 **C11**
▶ Berlin 518 – Düsseldorf 47 – Dortmund 21 – Essen 17
ADAC Ferdinandstr. 12
🛈 Huestr. 9, ⌧ 44787, ℰ (01805) 26 02 34, info@bochum-tourismus.de
⛳ Bochum-Stiepel, Im Mailand 127 ℰ (0234) 79 98 32 X
👁 Bergbaumuseum★★ Y – Eisenbahnmuseum★ X

Stadtplan siehe nächste Seite

Renaissance
Stadionring 20 ⌧ 44791 – ℰ (0234) 6 10 10 – info@renaissance-bochum-hotel.de
– Fax (0234) 6101171   X **a**
177 Zim – †92/134 € ††92/134 €, ⌑ 17 € – **Rest** – Karte 26/45 €
♦ Eine großzügige Halle empfängt Sie in diesem modernen Tagungshotel. Die Zimmer: funktionell und recht aufwändig gestaltet. Sehr nett: der Saunabereich in der 7. Etage. Offen angelegtes Restaurant mit großem Buffetbereich.

Courtyard by Marriott
Klinikstr. 43 ⌧ 44791 – ℰ (0234) 6 10 00 – info@
courtyard-by-marriott-bochum-stadtpark.de – Fax (0234) 6100444   Y **m**
106 Zim ⌑ – †102/108 € ††116/122 € – **Rest** – Karte 24/38 €
♦ Beim Stadtpark liegt das u-förmig in modernem Stil gebaute Hotel, das mit einem neuzeitlichen Rahmen und komfortablen, funktionellen Zimmern überzeugt. Hell wirkendes Restaurant mit internationaler Karte.

Park Inn
Massenbergstr. 19 ⌧ 44787 – ℰ (0234) 96 90 – bochum@eventhotels.com
– Fax (0234) 9692222 – geschl. 23. Dez. - 1. Jan.   Z **c**
162 Zim – †110/164 € ††110/164 €, ⌑ 14 € – **Rest** – Karte 21/41 €
♦ Das Hochaus-Hotel gegenüber dem Bahnhof ist ganz in sachlichem Design gehalten und spricht mit seiner funktionellen Art besonders Businessgäste an. Modern eingerichtetes Restaurant mit internationaler Küche.

Excelsior
Max-Greve-Str. 32 ⌧ 44791 – ℰ (0234) 9 55 50 – hotel.excelsior@t-online.de
– Fax (0234) 9555555   Y **n**
32 Zim ⌑ – †62/76 € ††72/98 €
Rest *Raffaello* – ℰ (0234) 9 50 42 47 (nur Abendessen) Karte 27/45 €
♦ Zentrumsnah und trotzdem ruhig gelegen, ist dieses neuzeitliche Hotel ein idealer Standort, um das vielfältige kulturelle Angebot der Stadt zu erkunden. Das Raffaello bietet italienische Küche und ein elegantes mediterranes Ambiente.

BOCHUM

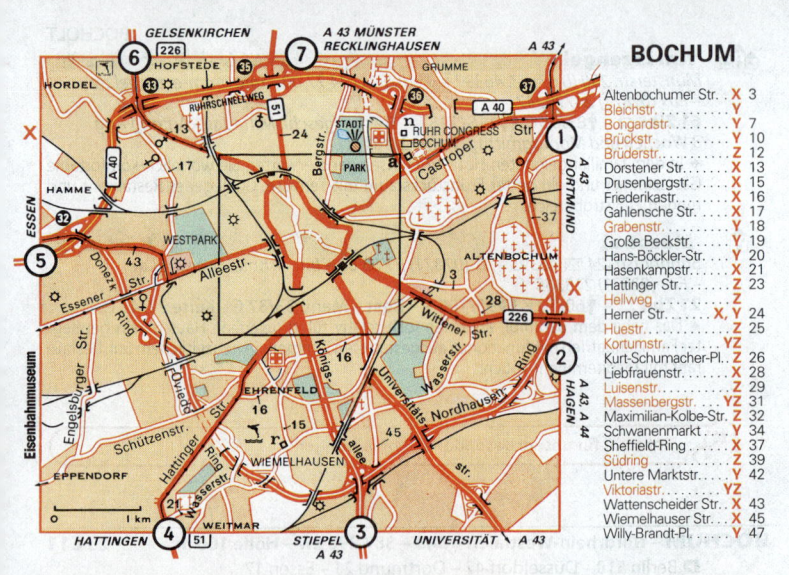

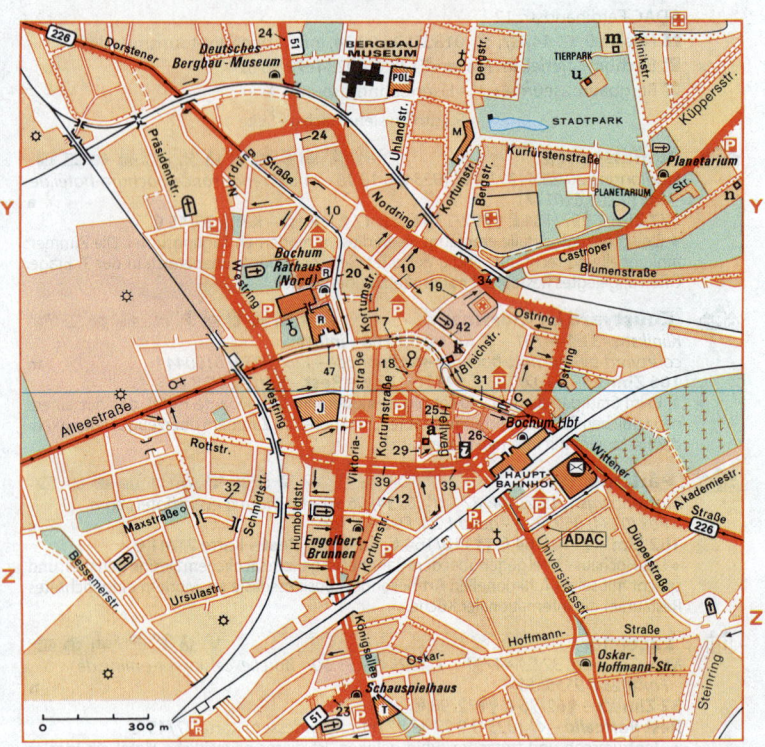

Altenbochumer Str.	X 3
Bleichstr.	Y
Bongardstr.	Y 7
Brückstr.	Y 10
Brüderstr.	Z 12
Dorstener Str.	X 13
Drusenbergstr.	X 15
Friederikastr.	X 16
Gahlensche Str.	X 17
Grabenstr.	Y 18
Große Beckstr.	Y 19
Hans-Böckler-Str.	Y 20
Hasenkampstr.	X 21
Hattinger Str.	Z 23
Hellweg	Z
Herner Str.	X, Y 24
Huestr.	Y 25
Kortumstr.	YZ
Kurt-Schumacher-Pl.	Z 26
Liebfrauenstr.	Z 28
Luisenstr.	Z 29
Massenbergstr.	YZ 31
Maximilian-Kolbe-Str.	Z 32
Schwanenmarkt	Y 34
Sheffield-Ring	X 37
Südring	Z 39
Untere Marktstr.	Y 42
Viktoriastr.	Z
Wattenscheider Str.	X 43
Wiemelhauser Str.	X 45
Willy-Brandt-Pl.	Y 47

216

BOCHUM

Schmidt-Mönnikes
Drusenbergstr. 164 ⊠ 44789 – ℰ (0234) 33 39 60 – info@schmidt-moennikes.de
– Fax (0234) 3339666 – geschl. 23. Dez. - 6. Jan. X r
32 Zim ⊇ – †58/89 € ††80/120 €
Rest *Vitrine* – ℰ (0234) 31 24 69 (geschl. Donnerstag, Samstagmittag, Sonntagabend) Karte 21/32 €

♦ Freundlich leitet die Inhaberfamilie dieses Haus bereits in der dritten Generation. Den Gast erwarten gepflegte, mit hellen Naturholzmöbeln eingerichtete Zimmer. Restaurant in bürgerlich-rustikalem Stil.

Gastronomie im Stadtpark
Klinikstr. 41 ⊠ 44791 – ℰ (0234) 50 70 90 – info@stadtpark-gastronomie.de
– Fax (0234) 5070999 – geschl. Montag Y u
Rest – Menü 25 € (veg.)/60 € – Karte 36/48 €

♦ Das schmucke denkmalgeschützte Haus im Stadtpark beherbergt ein modern-elegantes Restaurant mit schöner Terrasse zum Park. Tapas und spanische Weine in der Bodega La Escalera.

Livingroom
Luisenstr. 9 ⊠ 44787 – ℰ (0234) 9 53 56 85 – info@livingroom-bochum.de
– Fax (0234) 9535688 – geschl. Sonntag Z a
Rest – Karte 30/50 €

♦ Moderne Atmosphäre herrscht in diesem mit Bildern und Fotografien dekorierte Lifestyle-Restaurant. An gut eingedeckten Tischen serviert man Internationales. Kleine Bistro-Bar.

Mutter Wittig
Bongardstr. 35 ⊠ 44787 – ℰ (0234) 1 21 41 – mutterwittig@t-online.de
– Fax (0234) 683301 Y k
Rest – Karte 18/32 €

♦ Mutter Wittig ist eine Institution. Die Räumlichkeiten sind liebevoll mit rustikal-nostalgischem Inventar bestückt und die Küche ist bürgerlich ausgelegt.

In Bochum-Sundern über Hattinger Straße X : 5 km :

Borgböhmer's Waldesruh
Papenloh 8 (nahe der Sternwarte) ⊠ 44797 – ℰ (0234) 47 16 76 – Fax (0234) 461815 – geschl. Feb. und Montag
Rest – Karte 31/35 €

♦ Schön ruhig auf einer Anhöhe liegt dieser teils im altdeutschen Stil, teils neuzeitlich und freundlich eingerichtete Landgasthof. Die Küche bietet Internationales.

In Bochum-Wattenscheid über A 40 X : 9 km :

Tryp
Josef-Haumann-Str. 1 ⊠ 44866 – ℰ (02327) 99 00 – sales.bochum@tryp-deutschland.de – Fax (02327) 990444
100 Zim – †50/112 € ††50/112 €, ⊇ 13 € – **Rest** – Karte 16/32 €

♦ Ein modernes Hotel, das mit seinen funktionell und technisch gut ausgestatteten Zimmern auch für Businessgäste geeignet ist. Restaurant im gehobenen Bodega-Stil. Die Küche: spanisch.

Beckmannshof
Berliner Str. 39 ⊠ 44866 – ℰ (02327) 3 03 70 – info@hotel-beckmannshof.de
– Fax (02327) 303720 – geschl. 27. Dez. - 6. Jan.
21 Zim ⊇ – †54/67 € ††88/92 € – **Rest** – (geschl. Montag, Samstagabend)
Menü 36 € (abends)/47 € – Karte 25/52 €

♦ Verkehrsgünstig liegt das gepflegte Hotel 500 m von der Autobahnausfahrt entfernt. Man verfügt über teils rustikal, teils hell und freundlich eingerichtete Zimmer. Modernschlicht hat man das Restaurant gestaltet.

In Bochum-Weitmar über Hattinger Straße X : 4 km :

Zum Neuling
Neulingstr. 42 ⊠ 44795 – ℰ (0234) 94 69 80 – hotel@zumneuling.de – Fax (0234) 9469845
16 Zim ⊇ – †72/92 € ††92/115 € – **Rest** – Karte 22/49 €

♦ Herzlich kümmert sich die Betreiberfamilie um die Besucher dieses tadellos geführten Hauses. Die Zimmer sind funktionell ausgestattet - teils im Landhausstil. Ländliche Gaststuben warten auf Ihren Besuch.

BODELSHAUSEN – Baden-Württemberg – siehe Hechingen

BODENHEIM – Rheinland-Pfalz – 543 – 6 760 Ew – Höhe 100 m   47 **E15**
▶ Berlin 592 – Mainz 19 – Neustadt an der Weinstraße 87 – Darmstadt 42

Landhotel Battenheimer Hof
Rheinstr. 2 ⊠ 55294 – ℰ (06135) 70 90 – info@battenheimerhof.com
– Fax (06135) 70950 – geschl. 15. Dez. - 10. Jan.
26 Zim ⊇ – †52/62 € ††72/88 € – **Rest** – (geschl. Montag, nur Abendessen)
Karte 20/34 €
♦ In dem schmucken Gutshof erwarten Sie in ländlichem Stil eingerichtete Zimmer und ein freundlicher kleiner Frühstücksraum. Hübsch sind die vier großen Maisonetten. In den rustikalen Kellerräumen der Gutsschänke befindet sich das Restaurant.

BODENMAIS – Bayern – 546 – 3 390 Ew – Höhe 689 m – Wintersport : 1 450 m 1
1, am Arber : 1 6 – Heilklimatischer Kurort   59 **P17**
▶ Berlin 521 – München 178 – Passau 72 – Cham 51
Bahnhofstr. 56, ⊠ 94249, ℰ (09924) 77 81 35, Info@bodenmais.de
Großer Arber ★★ Nord-Ost : 11 km und Sessellift – Großer Arbersee★ Nord-Ost : 8 km

Riederin
Riederin 1 ⊠ 94249 – ℰ (09924) 77 60
– info@riederin.de – Fax (09924) 7337
82 Zim (inkl. ½ P.) – †73/84 € ††148/198 € – **Rest** – Karte 16/28 €
♦ Zum großzügigen Freizeitbereich dieses Sporthotels zählen u. a. eine Golfübungsanlage und ein Erlebnisbad. Solide möblierte Zimmer und Appartements mit Kachelofen. Leicht eleganter Speisesaal und gemütliche Stüberln.

Neue Post
Kötztinger Str. 25 ⊠ 94249 – ℰ (09924) 95 80 – info@hotel-neue-post.de
– Fax (09924) 958100 – geschl. 7. - 17. April, 10. Nov. - 13. Dez.
63 Zim ⊇ – †44/82 € ††86/144 € – ½ P 15 € – **Rest** – Karte 16/30 €
♦ Wohnliche Zimmer mit Balkon/Terrasse (im Haupthaus auch einfachere Zimmer) bietet dieses gut geführte Hotel. Nett ist das helle Hallenbad mit Fensterfront zum hübschen Garten. Freundliches Restaurant im regionstypischen Landhausstil.

Bayerwaldhotel Hofbräuhaus
Marktplatz 5 ⊠ 94245 – ℰ (09924)
77 70 – info@hotel-hofbraeuhaus.de – Fax (09924) 777200 – geschl. Anfang Nov. - Mitte Dez.
70 Zim – †54/76 € ††100/122 € – ½ P 13 € – **Rest** – Karte 19/34 €
♦ Dieses traditionsreiche Haus - früher Gasthof und Brauerei im Besitz des Bayerischen Königs - beherbergt heute einheitlich mit Eichenmobiliar eingerichtete Zimmer. Restauranträume mit rustikaler Ausstattung.

In Bodenmais-Böhmhof Süd-Ost : 1 km Richtung Zwiesel :

Feriengut-Hotel Böhmhof
Böhmhof 1 ⊠ 94249 – ℰ (09924) 9 43 00
– geiger@feriengut-boehmhof.de – Fax (09924) 943013 – geschl. Mitte Nov. - Mitte Dez.
36 Zim (inkl. ½ P.) – †64/80 € ††114/166 € – 4 Suiten – **Rest** – Menü 17/21 €
– Karte 18/33 €
♦ Idyllisch am Waldrand gelegen, bietet der traditionsreiche alte Gutshof im Landhausstil Erholung in bäuerlicher Umgebung. Sechs verschiedene Zimmertypen stehen zur Auswahl. Restaurant im Stil einer Bauernstube.

In Bodenmais-Kothinghammer Süd-West : 2,5 km Richtung Deggendorf :

Hammerhof
Kothinghammer 1 ⊠ 94249 – ℰ (09924) 95 70 – hotel@hammerhof.de
– Fax (09924) 95777 – geschl. 30 März. - 25. April
42 Zim – †56/75 € ††98/112 € – ½ P 13 € – 20 Suiten – **Rest** – Karte 15/33 €
♦ Der gemütliche Landgasthof in privilegierter Alleinlage bietet Ihnen solide Gästezimmer, die z. T. über einen separaten Wohnbereich verfügen. Helle, in ländlichem Stil gehaltene Galerieräume.

BODENMAIS

In Bodenmais-Mooshof Nord-West : 1 km Richtung Drachselsried :

Mooshof ≤ 🚗 🛋 🏊 (geheizt) 🏊 ⓘ ≫ ₤₆ 🍴 🍽 🎾 Rest, 🏌
Mooshof 7 ⊠ *94249* – 🕾 *(09924) 77 50* – *info@* 🅿 ≋ VISA ⓜ AE
hotel-mooshof.de – *Fax (09924) 7238* – *geschl. 27. Nov. - 14. Dez.*
61 Zim (inkl. ½ P.) – †91/120 € ††150/222 € – 10 Suiten – **Rest** – Karte 20/35 €
♦ Eine großzügige Wellnessanlage mit Erlebnisbad, Saunalandschaft und Relaxpavillon ist Teil dieses gewachsenen, komfortablen Hotels etwas außerhalb von Bodenmais. Helles Holz verleiht den Gaststuben einen gediegen-rustikalen Charakter.

BODENTEICH, BAD – Niedersachsen – 541 – 4 020 Ew – Höhe 63 m – Kneippheilbad
20 **J7**

▶ Berlin 226 – Hannover 107 – Lüneburg 50 – Wolfsburg 54
🄘 Burgstr. 8, ⊠ 29389, 🕾 (05824) 35 39, info@bad-bodenteich.de

Landhaus Bodenteich garni 🚗 ≫ 🎾 📞 🏌 🅿
Neustädter Str. 70 ⊠ *29389* – 🕾 *(05824) 9 64 60* – *landhaus-bodenteich@online.de* – *Fax (05824) 964630*
18 Zim ⊇ – †39/44 € ††66/72 €
♦ Ein persönlich geführter kleiner Familienbetrieb mit wohnlich-solider Einrichtung. Die Gästezimmer sind teils recht geräumig, einige liegen schön zum hübschen Garten hin.

BODENWÖHR – Bayern – 546 – 4 030 Ew – Höhe 374 m
51 **N17**

▶ Berlin 466 – München 168 – Regensburg 55 – Cham 34

Brauerei-Hotel Jacob ≤ 🚗 🐾 🛋 🏌 🅿 ≋
Ludwigsheide 2 ⊠ *92439* – 🕾 *(09434) 9 41 00* – *brauerei-jacob@t-online.de*
– *Fax (09434) 941077*
22 Zim ⊇ – †46/65 € ††67/78 € – ½ P 15 € – **Rest** – Karte 13/27 €
♦ Ein schöner bayerischer Landgasthof: Die Zimmer sind sehr solide mit rustikalem Holzmobiliar ausgestattet, viele mit Balkon oder Blick auf den See. Selbst gebrautes Bier und Wurst aus der Hausmetzgerei serviert man in der Gaststube.

BODMAN-LUDWIGSHAFEN – Baden-Württemberg – 545 – 4 170 Ew – Höhe 408 m – Erholungsort
63 **G21**

▶ Berlin 741 – Stuttgart 165 – Konstanz 31 – Bregenz 74
🄘 Hafenstr. 5 (Ludwigshafen), ⊠ 78351, 🕾 (07773) 93 00 40, tourist-info@bodman-ludwigshafen.de

Im Ortsteil Ludwigshafen

Krone 🛋 🅿 VISA ⓜ AE ⓘ
Hauptstr. 25 (B 31) ⊠ *78351* – 🕾 *(07773) 9 31 30* – *info@bodenseehotelkrone.de*
– *Fax (07773) 931340* – *geschl. 15. Feb. - 15. März*
20 Zim ⊇ – †45/56 € ††70/85 € – ½ P 15 € – **Rest** – (geschl. Donnerstagmittag, Nov. - April Mittwoch - Donnerstagmittag) Karte 15/30 €
♦ Seit 125 Jahren im Familienbesitz ist dieses gepflegte und liebenswert geführte Hotel. Die nette Atmosphäre verleiht dem Haus eine besonders persönliche Note. Ländliche Gaststube mit Kachelofen und rustikalem Thekenbereich.

BÖBLINGEN – Baden-Württemberg – 545 – 46 260 Ew – Höhe 464 m
55 **G18**

▶ Berlin 647 – Stuttgart 21 – Karlsruhe 80 – Reutlingen 36

Stadtplan siehe nächste Seite

Zum Reussenstein ≫ 🍴 🏌 🅿 ≋ VISA ⓜ AE ⓘ
Kalkofenstr. 20 ⊠ *71032* – 🕾 *(07031) 6 60 00* – *info@reussenstein.com*
– *Fax (07031) 660055* BT **h**
45 Zim ⊇ – †65/95 € ††90/120 € – **Rest** – (geschl. Aug. 2 Wochen und Sonntagabend - Montagmittag) Karte 19/30 €
♦ In dem gut unterhaltenen Stadthotel der Familie Böckle stehen recht unterschiedlich geschnittene, funktionell ausgestattete Gästezimmer zur Verfügung. Das Restaurant liegt gegenüber dem Hotel und ist in ländlichem Stil gehalten. Mit Kochschule.

219

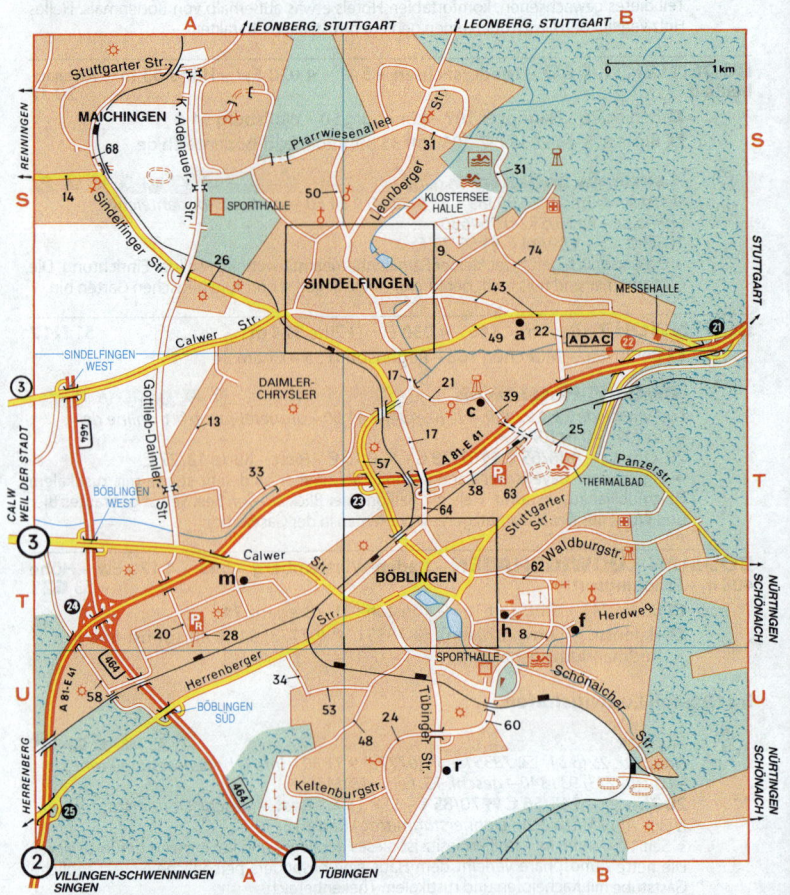

BÖBLINGEN

Achalmstr.	**BTU**	8
Dornierstr.	**AT**	20
Freiburger Allee	**BU**	24
Friedrich-Gerstlacher-Str.	**BT**	25
Hanns-Klemm-Str.	**ATU**	28
Kremser Str.	**AU**	34
Leibnizstr.	**BT**	38
Maurener Weg	**ABU**	48
Pontoiser Str.	**ABU**	53
Schickardstr.	**ATU**	58
Schönbuchstr.	**BU**	60
Schwabstr.	**BT**	62
Silberweg	**BT**	63
Sindelfinger Str.	**BT**	64

SINDELFINGEN

Arthur-Gruber-Str.	**BS**	9
Benzstr.	**AT**	13
Berliner Str.	**AS**	14
Böblinger Str.	**BT**	17
Dresdener Str.	**BT**	21
Eschenbrünnlestr.	**BST**	22
Fronäckerstr.	**AS**	26
Hohenzollernstr.	**BS**	31
Käsbrünnlestr.	**AT**	33
Leipziger Str.	**BT**	39
Mahdentalstr.	**BS**	43
Neckarstr.	**BS**	49
Obere Vorstadt.	**AS**	50
Rudolf-Diesel-Str.	**BT**	57
Talstr.	**AS**	68
Wilhelm-Haspel-Str.	**BS**	74

🏨 **List** garni   📶 🅿 VISA ⓜ AE ①
*Friedrich-List-Str. 57 ✉ 71032 – ℰ (07031) 2 18 40 – email@hotel-list-bb.de
– Fax (07031) 218484 – geschl. 20. - 31. Dez.*
DY **a**
32 Zim ⌧ – †77/84 € ††94/97 €
◆ Hier wird Service groß geschrieben. In dem engagiert geführten, zeitgemäßen Hotel nimmt man Ihnen gerne Geschäftskorrespondenz oder auch die Reinigung Ihrer Kleider ab.

🏨 **Mercure**   🍴 🏊 ♨ ≡ ♿ 🎦 Rest, 📞 🐕 🧖 🅿 VISA ⓜ AE ①
*Otto-Lilienthal-Str. 18 ✉ 71034 – ℰ (07031) 64 50 – h0485@accor.com
– Fax (07031) 645166*
AT **m**
111 Zim – †69/199 € ††79/209 €, ⌧ 16 € – **Rest** – Karte 17/38 €
◆ Moderne und funktionelle Zimmer mit sehr guter technischer Ausstattung sprechen für dieses in einem Industriegebiet gelegene Hotel.

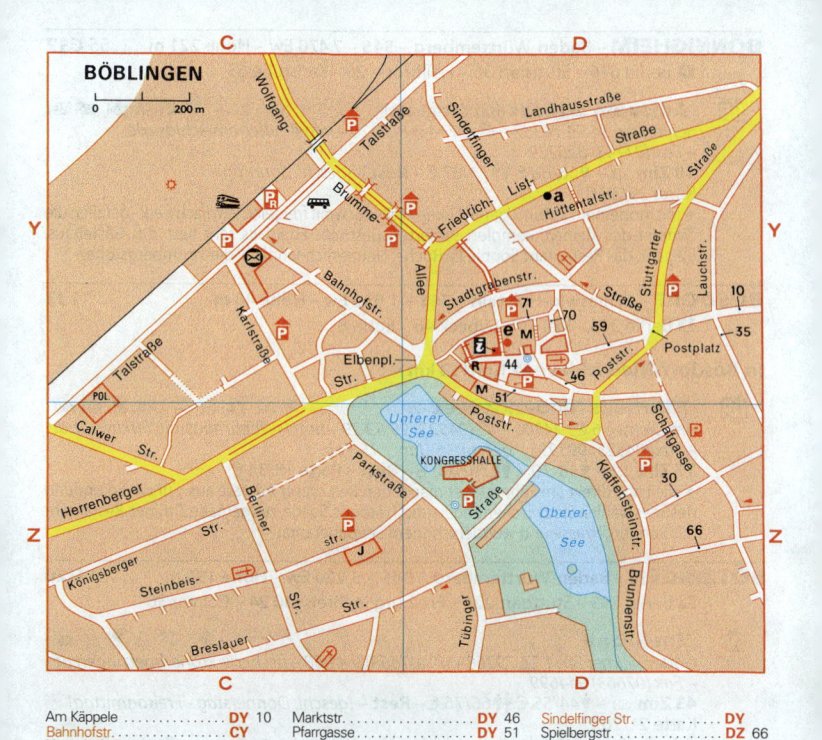

BÖBLINGEN

Am Käppele .... **DY** 10	Marktstr. .... **DY** 46	Sindelfinger Str. .... **DY**
Bahnhofstr. .... **CY**	Pfarrgasse .... **DY** 51	Spielbergstr. .... **DZ** 66
Herrschaftsgartenstr. .... **DZ** 30	Postpl. .... **DY**	Turmstr. .... **DY** 70
Lange Str. .... **DY** 35	Poststr. .... **DYZ**	Untere Gasse .... **DY** 71
Marktpl. .... **DY** 44	Schloßberg .... **DY** 59	Wolfgang-Brumme-Allee .... **CDY**

Rieth (mit Gästehaus)

Tübinger Str. 157, (B 464) ⊠ 71032 – ℰ (07031) 72 30 – info@hotel-rieth.de
– Fax (07031) 723160 – geschl. 21. Dez. - 6. Jan.   BU **r**
52 Zim ☑ – †75/82 € ††98/120 € – **Rest** – *(geschl. Freitag - Sonntag, nur Abendessen)* Karte 19/34 €

◆ Ganz auf die Belange des Geschäftsreisenden abgestimmt präsentiert sich das moderne Hotel am grünen Rand der Stadt. Sauna und Garten laden zum Relaxen ein. Helles Restaurant mit großer Fensterfront.

Böblinger Haus

Keilbergstr. 2 ⊠ 71032 – ℰ (07031) 21 10 – info@hotel-boeblinger-haus.de
– Fax (07031) 229811 – geschl. 21. Dez. - 3. Jan.   BT **f**
34 Zim ☑ – †69/85 € ††98/105 € – **Rest** – *(geschl. 21. Dez. - 5. Jan., 1. - 24. Aug. und Freitag - Samstag)* Karte 20/28 €

◆ Dieser Familienbetrieb ist eine nette, sehr gepflegte Adresse mit soliden und funktionellen Zimmern. Besonders gemütlich sind die Zimmer mit Gaube und Dachschräge. Restaurant mit Wintergarten und Terrasse.

In Schönaich Süd-Ost : 6 km über Schönaicher Straße **BU** :

Waldhotel Sulzbachtal

im Sulzbachtal 2 (Nord-Ost : 2 km, Richtung Steinenbronn) ⊠ 71101
– ℰ (07031) 7 57 80 – hotel@sulzbachtal.com – Fax (07031) 757810
– geschl. 19. Dez. - 12. Jan.
20 Zim ☑ – †65/80 € ††95/115 € – **Rest** – *(geschl. Montag - Dienstagmittag)* Karte 13/31 €

◆ Idyllisch und recht ruhig liegt das von Wald, Wiesen und Feldern umgebene Haus. Es erwarten Sie gepflegte Zimmer und ein recht moderner Frühstücksraum. Eine hübsche Terrasse ergänzt im Sommer das bürgerliche Restaurant.

BÖNNIGHEIM – Baden-Württemberg – 545 – 7 470 Ew – Höhe 221 m   55 G17
▶ Berlin 616 – Stuttgart 36 – Heilbronn 20 – Karlsruhe 65

Adler am Schloss (mit Gästehaus)
*Schlossstr. 34 ✉ 74357 – ℘ (07143) 8 20 20 – info@adler-am-schloss.de
– Fax (07143) 820229*
18 Zim ⊆ – †58/68 € ††77/87 € – **Rest** – (geschl. Sonntag)
Karte 29/38 €
♦ Mit modernem Stil und klaren Linien - teils auch mit freigelegtem Fachwerk - gefallen die Zimmer des kleinen, komplett sanierten Gasthofs. Ebenfalls sehr nett: das Gästehaus. Elegant: das Restaurant Sophie La Roche. Neuzeitlich-ländlich: die Strombergstube.

BÖSDORF – Schleswig-Holstein – 541 – 1 630 Ew – Höhe 46 m   11 J3
▶ Berlin 308 – Kiel 36 – Lübeck 46 – Eutin 8

In Bösdorf-Niederkleveez Nord : 3 km :

Fährhaus Niederkleveez
*Am Dieksee 6 ✉ 24306 – ℘ (04523) 99 59 29 – hotel@faehrhaus-niederkleveez.de
– Fax (04523) 995955 – geschl. 15. Jan. - 15. Feb.*
17 Zim ⊆ – †48/70 € ††70/100 € – **Rest** – Karte 18/34 €
♦ Die Lage direkt am Fähranleger macht den Reiz dieser Adresse aus. Für die Erkundung des Sees wählen Sie zwischen Segel- und Tretboot. Solide, zeitgemäße Zimmer. Restaurant mit Sonnenterrasse und wunderschönem Seepanorama.

BÖTZINGEN – Baden-Württemberg – 545 – 5 220 Ew – Höhe 192 m   61 D20
▶ Berlin 795 – Stuttgart 224 – Freiburg im Breisgau 24 – Colmar 36

Zur Krone
*Gottenheimer Str. 1 ✉ 79268 – ℘ (07663) 9 44 60 – fischer@krone-boetzingen.de
– Fax (07663) 944699*
43 Zim ⊆ – †44/55 € ††66/76 € – **Rest** – (geschl. Donnerstag - Freitagmittag)
Karte 21/26 €
♦ In der Ortsmitte liegt der familiär geführte Gasthof mit seinen gepflegten Zimmern. Komfortabler sind die neueren Zimmern im Anbau. Bürgerlich-rustikale Gaststuben.

BOGEN – Bayern – 546 – 10 300 Ew – Höhe 322 m   59 O18
▶ Berlin 541 – München 134 – Regensburg 51 – Straubing 12

In Niederwinkling-Welchenberg Süd-Ost : 8 km :

Landgasthof Buchner   Biergarten
*Freymannstr. 15 ✉ 94559 – ℘ (09962) 7 30 – Fax (09962) 2430 – geschl. Ende Aug.
- Mitte Sept. 2 Wochen und Montag - Dienstag, außer Feiertage*
Rest – Menü 49 € – Karte 24/45 €
♦ In einem kleinen Dorf liegt der gemütliche Gasthof a. d. J. 1658, seit 1882 im Besitz der Familie Achatz. Sehr freundlich leitet der Chef den Service.

BOKEL – Schleswig-Holstein – 541 – 670 Ew – Höhe 8 m   10 I4
▶ Berlin 343 – Kiel 73 – Hamburg 55 – Itzehoe 29

Bokel-Mühle
*Neel-Greve-Str.2 ✉ 25364 – ℘ (04127) 9 42 00 – bokelmuehle@ringhotels.de
– Fax (04127) 9420150*
24 Zim – †69/82 € ††82/92 € – **Rest** – Karte 20/37 €
♦ Die im 18. Jh. erbaute ehemalige Wassermühle hat eine lange Tradition als Gasthaus. Neben der Mühle existieren heute zusätzlich der Hoteltrakt und der Seepavillon. Das Restaurant gibt sich ländlich-klassisch mit gemütlichem Kamin. Schöne Terrasse am See.

BOLL, BAD – Baden-Württemberg – 545 – 5 270 Ew – Höhe 427 m   55 H19
▶ Berlin 613 – Stuttgart 52 – Göppingen 9 – Ulm (Donau) 49
🛈 Am Kurpark 1 (Bad Boll), ✉ 73087, ℘ (07164) 14 78 00, info@
verkehrsamt-bad-boll.de

BOLL, BAD

Seminaris
Michael-Hörauf-Weg 2, 73087 – ℰ (07164) 80 50 – badboll@seminaris.de
– Fax (07164) 12886
161 Zim – †103/139 € ††132/165 € – ½ P 19 € – **Rest** – Karte 23/39 €
♦ Das großzügig und einfallsreich gestaltete Fitness-Areal Jurabädle macht das modern eingerichtete Tagungshotel auch für Urlauber interessant. Rustikale Gaststube und Tagungsrestaurant mit kalt-warmem Buffet.

Badhotel Stauferland
Gruibinger Str. 32, 73087 – ℰ (07164) 80 16 80 – info@badhotel-stauferland.de
– Fax (07164) 4146
36 Zim – †75/85 € ††115/130 € – **Rest** – Menü 35/40 € – Karte 22/41 €
♦ Neuzeitlich präsentieren sich Lobby und Zimmer dieses vor allem auf Tagungsgäste ausgelegten Hotels. Gepflegter Freizeitbereich, Zimmer teils allergikerfreundlich. Eine Terrasse mit schöner Aussicht ergänzt das leicht elegante Restaurant.

Rosa Zeiten garni
Bahnhofsallee 7, 73087 – ℰ (07164) 20 22 – Fax (7164) 2221
9 Zim – †51/55 € ††81 €
♦ Wo früher ein ländlicher Bahnhof Reisende empfing, führt man heute ein idyllisches Gästehaus vor romantischer Kulisse - ein neuzeitliches und wohnliches Zuhause auf Zeit.

BOLSTERLANG – Bayern – siehe Fischen im Allgäu

BOLTENHAGEN – Mecklenburg-Vorpommern – 542 – 2 530 Ew – Höhe 5 m
– Seebad   11 **L4**
▸ Berlin 250 – Schwerin 47 – Lübeck 41 – Wismar 26
ℹ Ostseeallee 4, 23946, ℰ (038825) 36 00, ostseebad-boltenhagen@t-online.de

Seehotel Großherzog v. Mecklenburg
Ostseeallee 1, 23946 – ℰ (038825) 5 00
– info@seehotel-boltenhagen.de – Fax (038825) 50500
149 Zim – †89/126 € ††116/180 € – ½ P 21 € – **Rest**
– Karte 16/34 €
♦ Ein gut geführtes Hotel in neuzeitlichem Stil mit komfortablen, zeitgemäß ausgestatteten Zimmern. Zum Freizeitbereich in der obersten Etage gehört ein Ruheraum mit Meerblick. Zeitlos gehaltenes Restaurant in einem lichtdurchfluteten Pavillon.

In Boltenhagen-Redewisch West : 2 km :

Gutshaus Redewisch
Dorfstr. 46, 23946 – ℰ (038825) 37 60 – info@gutshaus-redewisch.de
– Fax (038825) 37637 – geschl. 14. - 31. Jan.
21 Zim – †50/70 € ††85/130 € – ½ P 17 € – **Rest** – Karte 17/26 €
♦ Das ehemalige Gutshaus liegt einsam außerhalb des Ortes, fernab vom Straßenlärm. Eine nette Adresse mit freundlichem Personal und soliden Zimmern mit gutem Platzangebot. Hübsches Restaurant mit Terrasse zum Garten.

BONN – Nordrhein-Westfalen – 543 – 311 060 Ew – Höhe 60 m
                                                                            36 **C13**
▸ Berlin 593 – Düsseldorf 73 – Aachen 91 – Köln 28
✈ Köln-Bonn in Wahn (über A 565 AV : 27 km), ℰ (02203) 4 00
ADAC Godesberger Allee 127 (Bad Godesberg)
ℹ Windeckstr. 1, 53111 ℰ (0228) 77 50 00, bonninformation@bonn.de
⛳ St. Augustin, Gut Großenbusch, Konrad-Adenauer Str. 100 ℰ (02241) 3 98 80
⛳ Bornheim, Römerhof ℰ (02222) 93 19 40
◉ **In Bonn :** Schwarz-Rheindorf-Kirche★ AV – Haus der Geschichte der Bundesrepublik Deutschland★ – Kunstmuseum Bonn★ M² AX – Münster★ (Kreuzgang★) BCZ - Rheinisches Landesmuseum★ M¹ - Alter Friedhof★ BZ – Beethovenhaus★ M CY - Alter Zoll ≤★ CZ – **In Bonn-Bad Godesberg :** Godesburg ✶★

BONN

Am Alten Friedhof	**BZ** 2
Am Hof	**CZ**
Am Neutor	**CZ** 3
Belderberg	**CY** 7
Bertha-von-Suttner-Pl.	**CY** 9
Bottlerpl.	**BZ** 10
Brüdergasse	**CY** 12
Budapester Str.	**BYZ** 14
Fritz-Schroeder-Ufer	**CY** 15
Gerhard-von-Are-Str.	**BZ** 16
Kasernenstr.	**BY** 20
Markt	**CZ** 23
Martinspl.	**CZ** 24
Mülheimer Pl.	**BZ** 27
Münsterpl.	**BZ** 28
Münsterstr.	**BZ** 29
Oxfordstr.	**BY** 31
Poppelsdorfer Allee	**BZ** 32
Poststr.	**BZ** 34
Rathausgasse	**CZ** 36
Remigiuspl.	**CZ** 38
Remigiusstr.	**CZ** 40
Sternstr.	**BCZ** 43
Sterntorbrücke	**BY** 45
Thomas-Mann-Str.	**BYZ** 46
Welschnonnenstr.	**CY** 48
Wenzelgasse	**CY** 49
Wilhelmstr.	**BY** 50

Königshof ⇐ Rhein,
Adenauerallee 9 ⊠ 53111 – ℰ (0228) 2 60 10 – info@hotel-koenigshof-bonn.de
– Fax (0228) 2601529
CZ a
130 Zim ⊇ – †140/160 € ††170/190 €
Rest *Oliveto* – separat erwähnt
♦ Am Rhein gelegenes Stadthotel mit großzügigem Rahmen. Sie wohnen in modernen, recht individuell möblierten Zimmern mit guter technischer Ausstattung.

Günnewig Hotel Bristol
Prinz-Albert-Str. 2 ⊠ 53113 – ℰ (0228) 2 69 80
– bristol.bonn@guennewig.de – Fax (0228) 2698222
CZ v
116 Zim ⊇ – †121/139 € ††148/186 €
Rest *Majestic* – (geschl. 30. Juni - 5. Aug. und Samstag - Sonntag)
Karte 32/47 €
Rest *Kupferklause* – (geschl. Sonn- und Feiertage, nur Abendessen)
Karte 20/36 €
♦ Schön ist die Lage dieses Hauses zwischen Poppelsdorfer Schloss und einstiger Kurfürstenresidenz. Es erwarten Sie ein eleganter Rahmen und Zimmer in klassischem Stil. Gediegenes Ambiente im Majestic. Im Untergeschoss: die rustikale Kupferklause.

BONN

An der Josefshöhe .... **AV** 5	Friedrich-Breuer-Str. .... **AV** 13	Kaiser-Karl-Ring .... **AV** 19
Augustusring .... **AV** 6	Friedrich-Ebert-Allee .... **AX** 14	Meckenheimer Allee .... **AX** 25
	Hausdorffstr. .... **AX** 17	Poppelsdorfer Allee .... **AX** 32
	Heinrich-Böll-Ring .... **AV** 21	Provinzialstr. .... **AV** 35
	Hermann-Wandersleb-Ring ... **AX** 18	St. Augustiner Str. .... **AV** 42

Hilton
Berliner Freiheit 2 ✉ 53111 – ✆ (0228) 7 26 90 – info.bonn@hilton.com
– Fax (0228) 7269700

CY **m**

252 Zim – ♦86/279 € ♦♦86/279 €, ⌧ 22 € – 5 Suiten
Rest – Karte 27/43 €

♦ Ein ganz auf Businessgäste ausgelegtes Hotel mit klassisch-gediegenen Zimmern (teils mit Rheinblick), einem gepflegten Freizeitbereich und modernen Tagungsräumen. Das Buffetrestaurant Seasons wird am Abend ergänzt durch das mediterrane L'Oliva.

Auerberg Galerie Hotel
Kölnstr. 360 ✉ 53117 – ✆ (0228) 1 84 80 – info@auerberg-hotel.de – Fax (0228) 18481825

AV **c**

54 Zim – ♦99/220 € ♦♦120/220 €, ⌧ 15 €
Rest – Karte 35/48 €

♦ Avantgardistisches Design begleitet Sie von der Lounge bis in die technisch sehr gut ausgestatteten Zimmer dieses Hotels - moderne Kunst ziert das ganze Haus. Offen angelegtes Restaurant, ganz modern in Form- und Farbgestaltung. Die Küche: international.

BONN

Günnewig Hotel Residence
Kaiserplatz 11 ⊠ *53113 –* ℰ *(0228) 2 69 70*
– hotel.residence@guennewig.de – Fax (0228) 2697777
CZ **f**
144 Zim ⊊ – †89/179 € ††109/209 € – 5 Suiten
Rest *Kaisergarten* – Menü 22/39 € – Karte 24/40 €

♦ Direkt am Kaiserplatz liegt dieses zeitgemäße Hotel mit seinen funktionell eingerichteten Gästezimmern und gepflegtem Freizeitbereich. Einen Teil des Restaurants hat man nett mit Zirbelholz gestaltet.

Domicil garni
Thomas-Mann-Str. 24 ⊠ *53111 –* ℰ *(0228) 72 90 90 – info@*
domicil-bonn.bestwestern.de – Fax (0228) 691207
BZ **f**
44 Zim ⊊ – †145/198 € ††182/240 €

♦ Aus sieben einzelnen Häusern unterschiedlicher Epochen besteht dieses Hotel in der Stadtmitte. Die Gästezimmer sind recht individuell eingerichtet.

Collegium Leoninum
Noeggerathstr. 34 ⊠ *53111 –* ℰ *(0228) 6 29 80 – leoninum@leoninum-bonn.de*
– Fax (0228) 62984064
BZ **c**
90 Zim ⊊ – †118/138 € ††138/158 € – **Rest** – (geschl. Sonntag) Menü 26/33 €
– Karte 28/38 €

♦ Das denkmalgeschützte Backsteingemäuer eines ehemaligen Priesterseminars beherbergt heute ein modernes Hotel. Als Tagungsbereich dient u. a. die Alte Kirche. Helles, neuzeitliches Bistro mit netter Terrasse zum kleinen Innenhof.

Consul garni
Oxfordstr. 12 ⊠ *53111 –* ℰ *(0228) 7 29 20 – hotel@consul-bonn.de – Fax (0228)*
7292250 – geschl. 21. Dez. - 2. Jan.
BY **t**
95 Zim ⊊ – †98/128 € ††122/156 €

♦ Das in der Stadtmitte gelegene Hotel bietet funktionelle, individuell geschnittene und eingerichtete Zimmer sowie einen modernen Tagungsraum. Kleiner Barbereich.

Villa Esplanade garni
Colmantstr. 47 ⊠ *53115 –* ℰ *(0228) 98 38 00 – mail@hotel-villa-esplanade.de*
– Fax (0228) 9838011
BZ **a**
17 Zim ⊊ – †72/118 € ††99/148 €

♦ Die Villa aus dem 19. Jh. hat ihren historischen Charakter behalten: Der große, hohe Frühstücksraum mit Stuckdecke hat nichts von seiner Pracht verloren.

Le Petit Poisson
Wilhelmstr. 23a ⊠ *53111 –* ℰ *(0228) 63 38 83 – Fax (0228) 9636629 – geschl.*
Sonntag - Montag
BY **x**
Rest – (nur Abendessen) Menü 45/60 € – Karte 51/56 €

♦ Eine fast schon intime Atmosphäre herrscht in dem kleinen Restaurant in der Innenstadt. Geboten wird eine klassisch ausgerichtete Küche.

Zur Lese
Adenauerallee 37 ⊠ *53113 –* ℰ *(0228) 22 33 22 – zur-lese@web.de – Fax (0228)*
222060 – geschl. Montag
CZ **t**
Rest – Karte 29/36 €

♦ In einem terrassenförmig angelegten Bau direkt am Rhein befindet sich dieses nette Restaurant; wunderschön ist die Aussicht von hier. Internationale Küche.

Grand'Italia
Bischofsplatz 1 ⊠ *53111 –* ℰ *(0228) 63 83 33*
CZ **c**
Rest – Karte 21/42 €

♦ Schon seit 1966 ist dieses Ristorante ein sympathischer Botschafter für Bella Italia am Rhein. Kellner in schwarzem Anzug kredenzen nicht nur typisch Italienisches.

Oliveto – Hotel Königshof
Adenauerallee 9 ⊠ *53111 –* ℰ *(0228) 2 60 10 – info@hotel-koenigshof-bonn.de*
– Fax (0228) 2601529
CZ **a**
Rest – Karte 34/56 €

♦ Mediterran ist das Ambiente in diesem Restaurant, ambitioniert die italienische Küche. Schön sitzt man auch auf der Terrasse am Rhein. Trattoria Bar.

BONN

Auf dem Venusberg Süd-West : 4 km über Trierer Straße **AX** und Im Wingert :

Dorint Hotel Venusberg Bonn
An der Casselsruhe 1 ⌧ 53127 Bonn
– ℘ (0228) 28 80 – info.bonn-venusberg@dorint.com
– Fax (0228) 288288
85 Zim – †105/240 € ††105/280 €, ⊆ 20 € – 4 Suiten
Rest *l'orquivit* – (geschl. Anfang Jan. 2 Wochen, über Karneval, Juli 3 Wochen und Sonntag - Montag, nur Abendessen) Menü 80/133 € – Karte 66/91 €
Spez. Gänsestopfleber mit Zitrone, Ingwer und Haselnüssen. Ochsenschwanz mit Sellerie-Senf und grünem Salat. Gefrorener Apfelsaft mit Cardamon und Joghurt.
♦ Sehr schön ist die Lage dieses Hauses oberhalb der Stadt, gediegen-elegant die Einrichtung. Besonders geschmackvoll und individuell hat man die Suiten gestaltet. Mit puristisch-kreativer Küche überzeugt das l'orquivit. Terrasse mit Blick auf das Siebengebirge.

In Bonn-Beuel

Schlosshotel Kommende Ramersdorf
Oberkasseler Str. 10, (Rammersdorf) (über
Friedrich-Ebert-Allee **AX** und die B 42) ⌧ 53227
– ℘ (0228) 44 07 34 – info@schlosshotel-kommende.de
– Fax (0228) 444400 – geschl. 22. Dez. - 7. Jan. (Hotel)
18 Zim ⊆ – †55/80 € ††85/105 € – **Rest** – (geschl. 27. Dez. - 10. Jan. und Dienstag, Samstagmittag) Menü 38/85 € – Karte 38/50 €
♦ Eine Einrichtung mit Stilmöbeln und Antiquitäten erwartet Sie in dem ehemaligen Ritterordensschloss. Eine außergewöhnliche, wohnliche Unterkunft. Bankett- und Tagungsräume. Im Restaurant La Tourelle serviert man französische Küche.

In Bonn-Endenich

Altes Treppchen mit Zim
Endenicher Str. 308 ⌧ 53121 – ℘ (0228) 62 50 04 – info@treppchen.de
– Fax (0228) 621264 – geschl. 23. Dez. - 4. Jan., 31. Jan - 6. Feb. und Samstagmittag, Sonntag   **AX p**
9 Zim ⊆ – †71 € ††100 € – **Rest** – Karte 32/46 €
♦ Ein gemütliches Ambiente herrscht in den rustikalen Gaststuben, in denen man Ihnen vorwiegend regionale, aber auch internationale Gerichte auftischt.

In Bonn-Bad Godesberg

Maritim
Godesberger Allee (über Bonner Straße **Z**) ⌧ 53175 – ℘ (0228) 8 10 80
– info.bon@maritim.de – Fax (0228) 8108811
410 Zim ⊆ – †170/190 € ††216/236 € – 41 Suiten
Rest – (geschl. Samstagmittag) Menü 28 € (Lunchbuffet)/32 € (Dinnerbuffet)
Rest *La Marée* – (geschl. Mitte Juli - Anfang Aug. 3 Wochen und Samstag - Sonntag, nur Abendessen) Karte 30/39 €
♦ Im ehemaligen Regierungsviertel gelegenes Hotel mit großzügigem Rahmen. Gläserne Aufzüge bringen Sie in die klassisch-gediegenen Zimmer. Für Golfer: die Rooftop-Driving-Range.

Insel Hotel
Theaterplatz 5 ⌧ 53177 – ℘ (0228) 3 50 00 – inselhotel@t-online.de – Fax (0228) 3500333   **Z v**
65 Zim ⊆ – †88/95 € ††105/115 € – **Rest** – Menü 16 € (abends)/46 €
– Karte 18/30 €
♦ Die Lage im Stadtzentrum sowie Gästezimmer in neuzeitlichem Stil - einige mit Blick auf die Godesburg - sprechen für dieses Hotel. Modernes Restaurant mit integrierter Cocktailbar.

Kaiserhof garni
Moltkestr. 64 ⌧ 53173 – ℘ (0228) 95 70 50 – info@kaiserhof.bestwestern.de
– Fax (0228) 95705100 – geschl. 19. Dez. - 7. Jan.   **Z t**
50 Zim ⊆ – †83/123 € ††104/130 €
♦ Gegenüber dem Bahnhof befindet sich das restaurierte denkmalgeschützte Gebäude aus der Jahrhundertwende. Reservieren Sie ein Zimmer mit Blick auf den Drachenfels!

BONN - BAD GODESBERG

Alte Bahnhofstr.	Z 2	Brunnenallee	Z 5	Moltkepl.	Z 13
Am Kurpark	Z 3	Friedrichallee	Z 6	Moltkestr.	Z 15
Am Michaelshof	Z 4	Koblenzer Str.	Z 7	Nikolaus-Becker-Str.	Z 16
		Kurfürstenallee	Z 9	Rheinstr.	Z 21
		Löbestr.	Z 9	Schwertberger Str.	Z 22
		Marienforster Str.	Z 10	Theaterpl.	Z 23
		Marktpl.	Z 12	Von-Groote-Pl.	Z 24

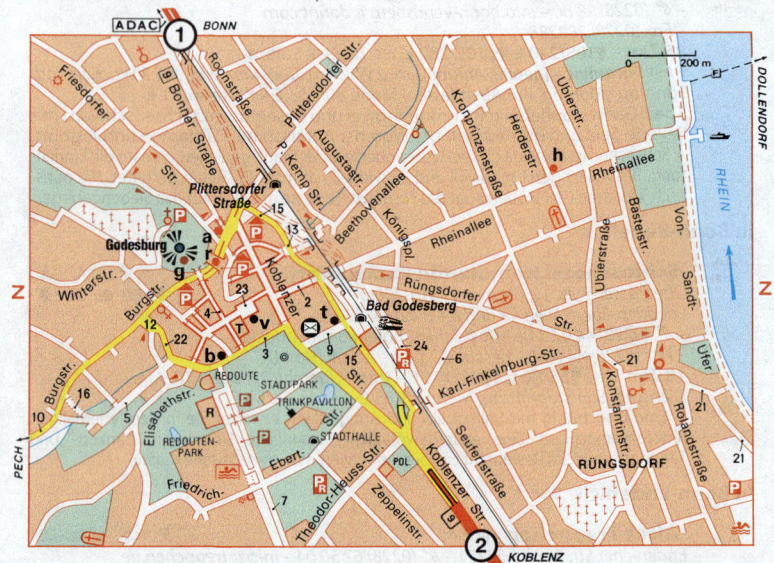

Eden garni
Am Kurpark 5a ⊠ 53177 – ℰ (0228) 95 72 70 – rezeption@eden-godesberg.de
– Fax (0228) 362494 Z b
40 Zim ⌁ – †73/85 € ††85/100 €
◆ Das Hotel gegenüber dem Stadtpark bietet unterschiedlich eingerichtete Zimmer, teils mit Balkon, und einen neuzeitlichen Frühstücksraum mit Wintergarten und kleiner Terrasse.

Halbedel's Gasthaus
Rheinallee 47 ⊠ 53173 – ℰ (0228) 35 42 53 – info@halbedels-gasthaus.de
– Fax (0228) 352534 – geschl. 31. Jan. - 5. Feb., 15. Juli - 13. Aug. und Montag
Rest – *(nur Abendessen) (Tischbestellung ratsam)* Menü 77/89 € – Karte 54/79 €
  Z h
Spez. Mariniertes Ochsenfilet mit Blumenkohl-Panna Cotta und Kaviar. St. Pierre in Limonenöl gebraten mit Ingwerlauch. Taube mit Vanillemöhren und Schokoladen-Chilisauce.
◆ In der schmucken, elegant eingerichteten Villa bietet Familie Halbedel - schon über 20 Jahre hier im Haus - modern interpretierte klassische Küche.

Godesburg
← Bad Godesberg, Petersberg und Siebengebirge,
Auf dem Godesburg 5 ⊠ 53177 – ℰ (0228) 31 60 71
– restaurant@godesburg-bonn.de – Fax (0228) 311218 Z g
Rest – Karte 32/54 €
◆ Mit moderner Architektur hat man die über der Stadt thronende Burg erweitert. Entstanden ist ein rundum verglastes Restaurant mit Panoramasicht auf Bonn. Internationale Karte.

Zur Lindenwirtin Aennchen
Aennchenplatz 2 ⊠ 53173 – ℰ (0228) 31 20 51 – mail@aennchen.de – Fax (0228) 312061 – geschl. Samstagmittag, Sonntag Z a
Rest – Menü 38/45 € – Karte 33/48 €
◆ Dieses nostagisch-rustikale Restaurant erinnert an die einstige Wirtin Aennchen Schumacher, die für manchen Studenten zur Ersatzmutter wurde. Heute: Service durch Studenten.

BONN

Kamijo
Michaelplatz 6 ⊠ 53177 – ℰ (0228) 35 79 42 – Fax (0228) 362553 – geschl. 24. Dez. - 4. Jan. und Sonntag - Montagmittag Z r
Rest – Menü 41/60 € – Karte 30/38 €
♦ Stammgäste schätzen das in ein Einkaufszentrum integrierte Restaurant unter familiärer Leitung. Serviert werden japanische Spezialitäten aus frischen Produkten.

In Bonn-Bad Godesberg-Lannesdorf über Koblenzer Straße Z und Drachenburg Straße :

Korkeiche
Lyngsbergstr. 104 ⊠ 53177 – ℰ (0228) 34 78 97 – rest.korkeiche-kaever@t-online.de – Fax (0228) 856844 – geschl. Ende Juni - Anfang. August 3 Wochen und Sonntag
Rest – (nur Abendessen) Menü 36/51 € – Karte 36/42 €
♦ In den gemütlichen Stuben des alten Fachwerkhauses bietet man leicht kreative Küche auf klassischer Basis. Der hübsche kleine Innenhof dient als Terrasse. 1 Appartement.

In Bonn-Kessenich – Höhe 500 m

Ristorante Sassella
Karthäuserplatz 21 (über Hausdorffstraße AX, Pützstraße rechts ab) ⊠ 53129 – ℰ (0228) 53 08 15 – info@ristorante-sassella.de – Fax (0228) 239971 – geschl. Samstagmittag, Sonntagabend - Montag
Rest – Menü 35 € – Karte 30/48 €
♦ Im Kerzenschein erstrahlt das reizvolle Restaurant im italienischen Landhausstil: Rustikale Natursteinmauern passen gut zu den Spezialitäten aus der lombardischen Region.

BONNDORF – Baden-Württemberg – 545 – 6 870 Ew – Höhe 845 m – Wintersport : 898 m – Luftkurort 62 E21
▶ Berlin 773 – Stuttgart 151 – Freiburg im Breisgau 55 – Donaueschingen 25
🛈 Schlossstr. 1, ⊠ 79848, ℰ (07703) 76 07, touristinfo@bonndorf.de
◉ Wutachschlucht ★, Nord : 4 km

Möhringer's Schwarzwaldhotel
Rothausstr. 7 ⊠ 79848 – ℰ (07703) 9 32 10 – info@schwarzwaldhotel.com – Fax (07703) 9321999
74 Zim ⊇ – †60/74 € ††110/140 € – ½ P 19 € – **Rest** – Karte 16/36 €
♦ Ruhig und doch zentral wohnen Sie in dem imposanten Bau mit den verspielten Türmchen und Erkern. Die Einrichtung ist hell und im zeitlos-praktischen Stil. Teils neuzeitlich, teils bürgerlich gestaltetes Restaurant mit Buffetbereich.

Sommerau
Im Steinatal (West : 9 km, Richtung Grafenhausen) ⊠ 79848 – ℰ (07703) 6 70 – gasthofsommerau@t-online.de – Fax (07703) 1541
13 Zim ⊇ – †50 € ††80 € – ½ P 25 € – **Rest** – (geschl. Montag - Dienstag) Karte 27/44 €
♦ Bei der Errichtung des typischen Schwarzwaldhauses hat man sehr auf ökologische Bauweise geachtet. In einem ruhigen Seitental gelegen, fügt es sich malerisch in die Natur ein. Ein grüner Kachelofen verbreitet Behaglichkeit in den bäuerlichen Gaststuben.

BOPFINGEN – Baden-Württemberg – 545 – 12 620 Ew – Höhe 468 m 56 J18
▶ Berlin 526 – Stuttgart 102 – Augsburg 84 – Nürnberg 104

Zum Sonnenwirt
Hauptstr. 20, (am Markt) ⊠ 73441 – ℰ (07362) 9 60 60 – info@zum-sonnenwirt.de – Fax (07362) 960640
17 Zim ⊇ – †52 € ††78 €
Rest – Karte 27/34 €
Rest *Wirtshaus* – Karte 14/33 €
♦ Der sympathisch-engagiert geführte Gasthof beim Marktplatz bietet funktionell gestaltete Zimmer. Schön: die hell-wohnlichen Juniorsuiten mit modernen Bädern. Das Restaurant zeigt sich klassisch mit offenem Kamin. Urig-rustikal ist das Wirtshaus.

229

BOPPARD – Rheinland-Pfalz – **543** – 16 350 Ew – Höhe 67 m   46 **D14**
- Berlin 612 – Mainz 89 – Koblenz 21 – Bingen 42
- Marktplatz (Altes Rathaus), ⌧ 56154, ✆ (06742) 38 88, tourist@boppard.de
- Bopppard, Im Tal der Loreley ✆ (06742) 80 84 91
- Gedeonseck ≤ ★

Bellevue Rheinhotel
Rheinallee 41 ⌧ 56154 – ✆ (06742) 10 20 – info@bellevue-boppard.de – Fax (06742) 102602
93 Zim – †60/110 € ††77/160 €, ⌧ 11 € – ½ P 24 €
Rest *Le Chopin* – separat erwähnt
Rest *Bristol* – Menü 20/25 € – Karte 27/34 €

♦ Von 1887 stammt das Jugendstilhotel an der Rheinuferpromenade. Ein familiengeführtes Haus mit klassischem Rahmen und gediegenen Zimmern. Hübscher Bade- und Saunabereich. Bristol mit regionaler und internationaler Küche. Terrasse am Rhein.

Günther garni
Rheinallee 40 ⌧ 56154 – ✆ (06742) 8 90 90 – info@hotelguenther.de – Fax (06742) 890950 – geschl. 4. - 27. Dez.
19 Zim ⌧ – †50/82 € ††62/98 €

♦ Schön liegt das freundlich geführte Hotel am Rhein - die meisten Zimmer bieten Flussblick. In einem Nebengebäude befindet sich ein neuzeitlicher Fitnessraum.

Le Chopin – Hotel Bellevue
Rheinallee 41 ⌧ 56154 – ✆ (06742) 10 20 – info@bellevue-boppard.de – Fax (06742) 102602
Rest – *(geschl. Mittwoch, Nov. - April wochentags nur Abendessen)* Menü 28/62 € – Karte 40/55 €

♦ In diesem Restaurant nehmen Sie in eleganter Atmosphäre an aufwändig eingedeckten Tischen Platz und wählen von einer klassisch ausgerichteten Speisekarte.

In Boppard-Buchholz West : 6,5 km, jenseits der A 61 – Höhe 406 m

Tannenheim
Bahnhof Buchholz 3 (B 327) ⌧ 56154 – ✆ (06742) 22 81 – hoteltannenheim@aol.com – Fax (06742) 2432 – geschl. 22. Dez. - 1. Jan.
12 Zim ⌧ – †45/52 € ††75/90 € – ½ P 14 € – **Rest** – *(geschl. 22. Dez. - 19. Jan. und Donnerstag, Samstagmittag, Sonntagabend)* Menü 19 € (mittags) – Karte 20/35 €

♦ Bereits in der 4. Generation wird das Haus von Familie Fuchs geführt. Neuzeitliche Zimmer stehen bereit. Günstig ist die Lage nahe der Autobahnausfahrt. Gemütlich ist das Jagdstübchen mit saisonalen Gerichten. Schöne Gartenterrasse.

In Boppard-Bad Salzig Süd : 3 km über B 9, Richtung St. Goar – Heilbad :

Park Hotel
Römerstr. 38, (am Kurpark) ⌧ 56154 – ✆ (06742) 9 39 30 – info@park-hotel-online.de – Fax (06742) 939393 – geschl. 15. Dez. - 1. Feb.
26 Zim ⌧ – †80/95 € ††120/160 € – ½ P 25/38 €
– **Rest** – *(geschl. 15. Dez. - 1. März)* Menü 38/50 € – Karte 27/35 €

♦ Sorgsam hat man das Haus von 1907/1908 saniert und zum Hotel umgebaut. Die Zimmer sind individuell gestaltet, teils Themenzimmer. Hübsch ist auch der Saunabereich. Helles Wintergartenrestaurant mit schöner Terrasse.

In Boppard-Weiler Süd : 6,5 km über Buchenau :

Landgasthof Eiserner Ritter
Zur Peterskirche 10 ⌧ 56154 – ✆ (06742) 9 30 00 – info@eiserner-ritter.de – Fax (06742) 930029 – geschl. 28. Jan. - 7. März
15 Zim ⌧ – †37/47 € ††66/78 € – **Rest** – *(geschl. Mittwoch)* Karte 16/40 €

♦ Ein solide und familiär geführtes Haus mit wohnlichen Gästezimmern, die teilweise über einen Balkon verfügen; einige bieten auch eine schöne Sicht ins Rheintal. Restaurant mit bürgerlich-regionalem Angebot.

BORCHEN – Nordrhein-Westfalen – siehe Paderborn

BORKEN – Nordrhein-Westfalen – 543 – 40 820 Ew – Höhe 50 m — 26 **C10**
- Berlin 537 – Düsseldorf 83 – Bocholt 18 – Enschede 57
- Bahnhofstr. 22 (im Bahnhof), ⊠ 46325, ℘ (02861) 93 92 52, tourist-info@borken.de

Lindenhof
Raesfelder Str. 2 ⊠ 46325 – ℘ (02861) 92 50 – hotel@lindenhof-borken.de
– Fax (02861) 63430 – geschl. 22. - 28. Dez.
57 Zim – †64/74 € ††95/109 €
Rest – Karte 26/40 €
Rest *Die kleine Linde* – Karte 17/30 €
• Besonders auf Businessgäste ist das im Zentrum gelegene Hotel mit seinen funktionellen Zimmern und neuzeitlicher Tagungstechnik ausgelegt. Freundliches Wintergartenrestaurant mit internationaler Karte. Nett ist Die kleine Linde - auch Treff vieler Borkener.

Schnieders
Faktoreistr. 2 ⊠ 46325 – ℘ (02861) 10 55 – schnieders@versatel-online.de
– Fax (02861) 63447 – geschl. 28. Jan. - 13. Feb., 25. Juli - 21. Aug. und Montag - Mittwoch
Rest – *(Donnerstag - Samstag nur Abendessen)* Menü 24/49 € – Karte 21/46 €
• Seit über zehn Jahren leitet die Inhaberfamilie das recht ruhig in einem Wohngebiet gelegene Restaurant. Freundlich serviert man Ihnen internationale Küche.

In Borken-Rhedebrügge West : 6 km über B 67 Richtung Bocholt :

Landhaus Grüneklee mit Zim
Rhedebrügger Str. 16 ⊠ 46325 – ℘ (02872) 18 18 – info@landhaus-grueneklee.de
– Fax (02872) 2716
5 Zim – †40/45 € ††70/75 € – **Rest** – *(geschl. Dienstag, Montag - Samstag nur Abendessen)* Karte 23/41 €
• Familie Grüneklee führt das Haus bereits in der 6. Generation. Im Restaurant, in der Bauernstube oder auf der hübschen Gartenterrasse bietet man u. a. Wild aus eigener Jagd.

BORKUM (INSEL) – Niedersachsen – 541 – 5 530 Ew – Höhe 2 m – Größte Insel der Ostfriesischen Inselgruppe – Nordseeheilbad — 7 **C5**
- Berlin 523 – Hannover 253 – Emden 50
- von Emden-Außenhafen (ca. 2h 30min) - Katamaran: (ca. 60 Min.) Voranmeldung erforderlich, ℘ (01805) 18 01 82
- Am Georg-Schütte-Platz 5, ⊠ 26757, ℘ (04922) 93 30, kurverwaltung@borkum.de

Strandhotel Hohenzollern
Jann-Berghaus-Str. 63 ⊠ 26757 – ℘ (04922) 9 23 30 – info@strandhotel-hohenzollern.com – Fax (04922) 923344
22 Zim – †60/98 € ††88/140 € – 12 Suiten
Rest *Palée* – Karte 18/39 €
• An der Promenade befindet sich das Haus von 1895 - die Fassade sowie Säulen im Inneren sind original. Einige der wohnlichen Zimmer liegen zur Seeseite. Das Palée ist offen zu Lobby und Bar hin. Das Ambiente: Wiener Kaffeehausstil mit mediterraner Note.

Strandhotel Ostfriesenhof
Jann-Berghaus Str. 23 ⊠ 26757 – ℘ (04922) 70 70 – info@ostfriesenhof.de
– Fax (04922) 3133
34 Zim – †80/130 € ††90/165 € – ½ P 23 € – 3 Suiten – **Rest** – *(nur Abendessen)* Karte 19/34 €
• Die Lage direkt an der Strandpromenade und hübsche Zimmer mit Mahagonimobiliar - teils zum Meer hin gelegen - sprechen für dieses historische Haus. Restaurant mit klassischem Ambiente und großer Fensterfront zur See.

Upstalsboom Seehotel
Viktoriastr. 2 ⊠ 26757 – ℘ (04922) 91 50 – seehotel@upstalsboom.de
– Fax (04922) 915420 – geschl. 6. - 31. Jan.
39 Zim – †63/98 € ††106/206 € – ½ P 22 € – **Rest** – (nur für Hausgäste)
• Ansprechend ist die klassische weiße Fassade dieses Hauses a. d. J. 1907, schön das alte Treppenhaus. Es erwarten Sie zeitgemäße Zimmer und ein gutes Frühstücksbuffet.

BORNA – Sachsen – 544 – 23 200 Ew – Höhe 138 m 42 **N12**
- Berlin 213 – Dresden 105 – Leipzig 29 – Chemnitz 52

In Borna-Zedtlitz Süd : 2 km, über B 95 Richtung Chemnitz :

Zur Schloßmühle garni
An der Schloßmühle 5 ⌧ 04552 – ℘ (03433) 2 78 00 – info@schlossmuehle-zedtlitz.de – Fax (03433) 278016
15 Zim ⌧ – †36/40 € ††57/60 €
♦ Gegenüber der namengebenden ehemaligen Mühle steht ein schönes altes Herrenhaus, das heute ein kleines Hotel beherbergt. Hier finden Sie wohnliche Zimmer - sauber und solide.

BORNHEIM – Nordrhein-Westfalen – 543 – 47 880 Ew – Höhe 60 m 36 **C13**
- Berlin 601 – Düsseldorf 71 – Bonn 11 – Aachen 86
- Bornheim, Römerhof ℘ (02222) 93 85 39

In Bornheim-Brenig Süd-West : 2 km

Bistro im Römerhof
Römerhof (am Golfplatz) ⌧ 53332 – ℘ (02222) 9 29 30 – zilligens-kueche@t-online.de – Fax (02222) 929312 – geschl. Feb. und Montag
Rest – Menü 21 € – Karte 18/37 €
♦ Das ansprechend gestaltete Restaurant mit Wintergarten im Clubhaus des Golfplatzes Römerhof bietet eine Auswahl regionaler und internationaler Gerichte.

BORNHEIM – Rheinland-Pfalz – siehe Landau in der Pfalz

BOSAU – Schleswig-Holstein – 541 – 3 610 Ew – Höhe 25 m – Luftkurort 10 **J4**
- Berlin 315 – Kiel 45 – Lübeck 37 – Eutin 16
- Bischof-Vicelin-Damm 11, ⌧ 23715, ℘ (04527) 9 70 44, info@luftkurort-bosau.de
- Thürk, Bergstr. 3 ℘ (04527) 18 42
- Bösdorf, Gut Waldshagen ℘ (04522) 76 67 66

Strauers Hotel am See
Gerold Damm 2 ⌧ 23715 – ℘ (04527) 99 40 – hotel@strauer.de – Fax (04527) 994111 – geschl. Jan. - Feb.
41 Zim – †79/109 € ††120/144 € – ½ P 17 € – 6 Suiten – **Rest** – (geschl. Montagabend) Menü 23/24 € – Karte 26/48 €
♦ Das schön am Ostufer des Plöner Sees gelegene Haus gefällt mit geschmackvoll eingerichteten Zimmern. Eigener Bade- und Bootssteg sowie Liegewiese mit Strandkörben. Restaurant mit internationaler Karte und hübscher Seeterrasse.

BOTHEL – Niedersachsen – siehe Rotenburg (Wümme)

BOTTROP – Nordrhein-Westfalen – 543 – 120 330 Ew – Höhe 55 m 26 **C11**
- Berlin 530 – Düsseldorf 44 – Essen 11 – Oberhausen 8
- ADAC Schützenstr. 3
- Osterfelder Str. 13, ⌧ 46236, ℘ (02041) 7 66 95 13, tourist-info@bottrop.de
- Bottrop-Kirchhellen, Gahlener Str. 44 ℘ (02045) 8 24 88
- Museum für Ur- und Ortsgeschichte (Eiszeithalle★)
- Movie Park Germany★ (Museum für deutsche Filmgeschichte★) Nord-West : 9 km

Rhein-Ruhr garni
Essener Str. 140 ⌧ 46242 – ℘ (02041) 77 98 60 – info@hotel-rhein-ruhr.de – Fax (02041) 7798610
50 Zim ⌧ – †69/99 € ††89/129 €
♦ Das Hotel im Südringcenter gegenüber dem Hauptbahnhof verfügt über freundlich und modern eingerichtete Zimmer. Für Gäste ist das Fitnesscenter nebenan kostenlos.

BOTTROP

Brauhaus garni
*Gladbecker Str. 78 ⌂ 46236 – ℰ (02041) 77 44 60 – info@brauhaus-bottrop.de
– Fax (02041) 7744639 – geschl. 22. Dez. - 1. Jan.*
23 Zim ⌂ – †55/70 € ††79/90 €
♦ Dieses kleine Hotel mit angegliederter Hausbrauerei beherbergt gut gepflegte, zweckmäßig und solide eingerichtete Gästezimmer.

Bahnhof Nord
*Am Vorthbach 10 ⌂ 46240 – ℰ (02041) 98 89 44 – info@bahnhofnord.de
– Fax (02041) 988945*
Rest – *(nur Abendessen)* (Tischbestellung ratsam) Menü 30 € – Karte 27/42 €
♦ Ein geschmackvoll gestaltetes Restaurant mit frischer Küche in einem ehemaligen Bahnhofsgebäude a. d. 19. Jh. Schön sitzt man auch im Wintergarten und auf der Terrasse.

In Bottrop-Kirchhellen Nord-West : 9 km über B 223 Richtung Dorsten :

Up de Schmudde
*Dorfheide 48 ⌂ 46244 – ℰ (02045) 9 55 20 – info@hotel-up-de-schmudde.de
– Fax (02045) 955230*
9 Zim ⌂ – †45/50 € ††70/75 € – **Rest** – *(geschl. 6. - 9. Sept und Montag)*
♦ Seit 1979 ist das gut geführte Haus im Familienbesitz. Es stehen gepflegte, mit weißen Möbeln solide eingerichtete Gästezimmer zur Verfügung. Im ländlichen Restaurant bietet man bürgerliche Speisen.

In Bottrop-Kirchhellen - Feldhausen Nord : 14 km über B 223 Richtung Dorsten :

Gasthof Berger mit Zim
*Schloßgasse 35 ⌂ 46244 – ℰ (02045) 26 68 – info@gasthof-berger.de
– Fax (02045) 4039901*
4 Zim ⌂ – †36 € ††68 € – **Rest** – *(geschl. 1. - 3. Jan., 30. Juni - 27. Juli und Montag)* Karte 14/44 €
♦ Das schon viele Jahre von der Inhaberfamilie geleitete Haus ist ein traditioneller Gasthof mit bürgerlicher Küche und eigener Konditorei. Schöne Terrasse mit Blick ins Grüne.

BRACKENHEIM – Baden-Württemberg – **545** – 14 910 Ew – Höhe 192 m   55 **G17**
▶ Berlin 604 – Stuttgart 41 – Heilbronn 15 – Karlsruhe 58
🛈 Heilbronner Str. 36, ⌂ 74336, ℰ (07135) 93 35 25, info@neckar-zaber-tourismus.de

In Brackenheim-Botenheim Süd : 1,5 km :

Adler
*Hindenburgstr. 4 ⌂ 74336 – ℰ (07135) 9 81 10 – info@adlerbotenheim.de
– Fax (07135) 981120 – geschl. 6. - 26. Aug.*
15 Zim ⌂ – †55/65 € ††80/90 € – **Rest** – *(geschl. Dienstag)* Menü 30/45 €
– Karte 28/49 €
♦ Ein engagiert geführter Familienbetrieb: Die Zimmer des im Ortskern gelegenen Hotels sind mit hellen, zeitgemäßen Möbeln solide eingerichtet und bieten guten Komfort. Holzgetäfelte Gaststube in ursprünglicher Art - mit regionaler und internationaler Küche.

BRÄUNLINGEN – Baden-Württemberg – **545** – 6 180 Ew – Höhe 693 m – **Erholungsort**
62 **F20**
▶ Berlin 754 – Stuttgart 132 – Freiburg im Breisgau 62 – Donaueschingen 6
🛈 Kirchstr. 10, ⌂ 78199, ℰ (0771) 6 19 00, touristinfo@braeunlingen.de

Lindenhof (mit Gästehaus)
Zähringer Str. 24 ⌂ 78199 – ℰ (0771) 92 90 50 – info@hotel-restaurant-lindenhof.de – Fax (0771) 6723
46 Zim ⌂ – †43 € ††70 € – ½ P 16 € – **Rest** – *(geschl. Freitag)* Menü 20 €
– Karte 13/30 €
♦ Im Haupt- und - etwas großzügiger angelegt - im Gästehaus dieses Landgasthofs hält man zweckmäßig ausgestattete Zimmer, z. T. mit bemalten Bauernmöbeln, für Sie bereit. Ländlich-sympathisch das Ambiente, bürgerlich die Karte im Restaurant.

233

BRAMBACH, BAD – Sachsen – 544 – 2 330 Ew – Höhe 550 m   51 N14
▶ Berlin 362 – Dresden 188 – Chemnitz 107 – Cheb 20
🛈 Badstr. 47, ✉ 08648, ✆ (037438) 8 81 11, info@bad-brambach.de

Ramada
*Badstr. 45 ✉ 08648 – ✆ (037438) 21 00
– info.badbrambach@ramada.de – Fax (037438) 210500*
114 Zim – †91/97 € ††91/97 €, ☕ 14 € – 3 Suiten – **Rest** – Karte 19/35 €
◆ Das Hotel ist aus einem ehemaligen Kurhotel von 1928 entstanden und befindet sich in ruhiger Lage. Man bietet zeitgemäße Zimmer und einen hauseigenen Park mit Liegewiese. Zum Restaurant gehört eine sonnenbeschienene Terrasse mit Blick in den Kurpark.

BRAMSCHE – Niedersachsen – 541 – 30 790 Ew – Höhe 48 m   17 E8
▶ Berlin 440 – Hannover 167 – Bielefeld 81 – Lingen 56

Idingshof
Bührener Esch 1 (Ecke Malgartener Straße) ✉ 49565 – ✆ (05461) 88 90 – info@idingshof.de – Fax (05461) 88964
73 Zim – †68/75 € ††99/110 € – **Rest** – Karte 19/32 €
◆ Der alte Gutshof mit seinen modernen Anbauten fügt sich harmonisch in die norddeutsche Landschaft ein. Sport und Erholung werden hier ganz groß geschrieben. Zum Haus gehört ein Restaurant im Landhausstil, in dem man internationale Küche offeriert.

In Bramsche-Hesepe Nord : 2,5 km :

Haus Surendorff
*Dinglingsweg 1 (an der Kreisstraße nach Hesepe) ✉ 49565 – ✆ (05461) 9 30 20
– hotel.haus.surendorff@t-online.de – Fax (05461) 930228*
30 Zim – †65/77 € ††88/100 € – **Rest** – Karte 19/46 €
◆ Hell und freundlich eingerichtete Zimmer versprechen einen erholsamen Aufenthalt. Übrigens: der Ort ist geschichtsträchtig! In der Nähe fand die antike Varusschlacht statt. Ein offener Kamin ziert das mit hellen Holzmöbeln gestaltete Restaurant.

BRANDENBURG AN DER HAVEL – Brandenburg – 542 – 75 490 Ew – Höhe 32 m   22 N8
▶ Berlin 84 – Cottbus 178 – Dessau 82 – Magdeburg 83
ADAC Ritterstr. 102
🛈 Steinstr. 66, ✉ 14776, ✆ (03381) 20 87 69, touristinfo@stadt-brandenburg.de
◉ Dom ★ – St. Katharinenkirche ★
◉ Klosterkirche Lehnin ★ (Süd-Ost: 20 km)

Axxon
*Magdeburger Landstr. 228 ✉ 14770 – ✆ (03381) 32 10 – info@axxon-hotel.de
– Fax (03381) 321111*
119 Zim ☕ – †64/74 € ††84/94 € – 6 Suiten – **Rest** – Karte 16/31 €
◆ Etwas außerhalb des Zentrums gelegenes Hotel, in dem neuzeitlich und funktionell ausgestattete Gästezimmer mit gutem Platzangebot zur Verfügung stehen. Im Trattoria-Stil gehaltenes Restaurant mit internationaler Küche.

Sorat
Altstädtischer Markt 1 ✉ 14770 – ✆ (03381) 59 70 – brandenburg@sorat-hotels.com – Fax (03381) 597444
88 Zim – †98/140 € ††114/156 € – **Rest** – Karte 20/26 €
◆ Ein gediegenes Ambiente erwartet Sie in diesem Hotel in der Altstadt. Die Zimmer sind technisch gut ausgestattet, einige mit Blick zum Garten/Stadtpark. Mit Parkettfußboden, vielen Bildern und Bücherregal im Stil einer Bibliothek gestaltetes Restaurant.

Am Humboldthain
*Plauer Str. 1 ✉ 14770 – ✆ (03381) 33 47 67 – restaurant@am-humboldthain.de
– Fax (03381) 201819 – geschl. Jan. und Montag - Dienstag*
Rest – (wochentags nur Abendessen) Menü 26/34 € – Karte 23/35 €
◆ Das modern-elegante Restaurant befindet sich in einem restaurierten historischen Gebäude im alten Ortskern. Ein wechselndes Menü ergänzt die internationale Karte.

BRANDENBURG AN DER HAVEL

Am Beetzsee Nord : 5 km, Richtung Brielow :

Park Hotel Seehof
Biergarten
Am Seehof ⊠ *14778 Beetzsee* – ℰ *(03381) 75 00*
– info@parkhotel-seehof.de – Fax (03381) 702910 – geschl. 1. - 6. Jan.
82 Zim ⊆ – †72/93 € ††93/113 € – **Rest** – Karte 23/29 €
♦ Schön ist die ruhige Lage direkt am Beetzsee, umgeben von altem Baumbestand. Die funktionellen Gästezimmer liegen zur See- oder zur Parkseite. Restaurant in neuzeitlichem Stil mit Terrasse.

BRAND-ERBISDORF – Sachsen – 544 – 11 530 Ew – Höhe 460 m   43 P12
▶ Berlin 234 – Dresden 55 – Chemnitz 40 – Freiberg 6

Brander Hof
Am Markt 4 (B 101) ⊠ *09618* – ℰ *(037322) 5 50 – info@hotel-brander-hof.de*
– Fax (037322) 55100
37 Zim ⊆ – †40/48 € ††65/75 € – **Rest** – Karte 16/33 €
♦ Der gewachsene, schieferdeckte Gasthof mit gepflegten Gästezimmern befindet sich an Sachsens traditioneller Silberstraße. Mittelalterlich kann man im urigen Ritterkeller speisen.

BRANNENBURG – Bayern – 546 – 5 620 Ew – Höhe 509 m – Wintersport : 1 720 m
♨2 ⚕ – **Luftkurort**   66 N21
▶ Berlin 660 – München 72 – Bad Reichenhall 83 – Rosenheim 17
🛈 Rosenheimer Str. 5, ⊠ 83098, ℰ (08034) 45 15, info@brannenburg.de
◐ Wendelsteingipfel ✱ ★★ (mit Zahnradbahn, 25 Min.)

Schlosswirt
Biergarten
Kirchplatz 1 ⊠ *83098* – ℰ *(08034) 7 07 10 – info@schlosswirt.de – Fax (08034)*
7071128 – geschl. 18. - 26. Nov., 5. - 13. März
17 Zim ⊆ – †45/55 € ††74/84 € – ½ P 14 € – **Rest** – *(geschl. Dienstag, Okt. - April Dienstag - Mittwochmittag)* Karte 16/28 €
♦ 1447 wurde die ehemalige Schlosstaverne erstmals urkundlich erwähnt. Heute finden Sie hier gegenüber der Kirche einen gestandenen, typisch bayerischen Gasthof. Nette ländlich-rustikale Restaurantstuben.

BRAUBACH – Rheinland-Pfalz – 543 – 3 240 Ew – Höhe 65 m   36 D14
▶ Berlin 600 – Mainz 87 – Koblenz 13
🛈 Rathausstr. 8, ⊠ 56338, ℰ (02627) 97 60 01, stadtbraubach@t-online.de
◐ Lage ★★ der Marksburg ★ Süd : 2 km

Zum weißen Schwanen (mit Gästehäusern)
Brunnenstr. 4 ⊠ *56338* – ℰ *(02627) 98 20 – info@zum-weissen-schwanen.de*
– Fax (02627) 8802
22 Zim ⊆ – †65/75 € ††85/111 € – **Rest** – *(geschl. Jan., Aug. 2 Wochen und Mittwoch, Montag - Samstag nur Abendessen)* (Tischbestellung ratsam)
Menü 34/46 € – Karte 33/50 €
♦ Viele sehenswerte Ecken hat das aus drei restaurierten Gebäuden bestehende Hotel: die Mühle von 1341, die Schwarzküche, den Bauerngarten. Hier wird Geschichte lebendig! Uriges Weinhaus, in dem man schon 1693 Grafen und Landsknechte bewirtete.

BRAUNEBERG – Rheinland-Pfalz – 543 – 1 170 Ew – Höhe 120 m   45 C15
▶ Berlin 683 – Mainz 123 – Trier 47 – Bernkastel-Kues 10

Brauneberger Hof
Moselweinstr. 136 ⊠ *54472* – ℰ *(06534) 14 00 – hotel@brauneberger-hof.de*
– Fax (06534) 1401 – geschl. Mitte Jan. - Mitte Feb.
16 Zim ⊆ – †56/69 € ††76/95 € – **Rest** – *(geschl. Donnerstag, nur Abendessen)*
Karte 25/47 €
♦ Bei der Zimmerwahl haben Sie hier zwei Möglichkeiten: den nostalgischen Fachwerkbau von 1750 oder den Neubau mit komfortablen Räumen, alle mit Balkon oder Terrasse. Kleines Restaurant mit gemütlicher Atmosphäre.

BRAUNFELS – Hessen – 543 – 11 470 Ew – Höhe 236 m – Luftkurort 37 F13

- Berlin 518 – Wiesbaden 84 – Frankfurt am Main 77 – Gießen 28
- Fürst-Ferdinand-Str. 4 (Haus des Gastes), ✉ 35619, ✆ (06442) 9 34 40, touristinfo@braunfels.de
- Braunfels, Homburger Hof ✆ (06442) 45 30

Altes Amtsgericht
Gerichtsstr. 2 ✉ 35619 – ✆ (06442) 9 34 80 – hotel@altesamtsgericht.de – Fax (06442) 934811
19 Zim – †70/73 € ††90/102 € – ½ P 23 €
Rest – (geschl. Juni - Juli 2 Wochen und Sonntag, nur Abendessen) Menü 30/39 € – Karte 24/42 €

♦ Stilvoll restauriert präsentiert sich das alte Gerichtsgebäude. Von der beeindruckenden Halle mit hoher Decke und schöner Treppe gelangen Sie in elegante Zimmer. In warmen Farben gehaltenes Restaurant mit hübscher Gewölbedecke.

Schloß Hotel
Hubertusstr. 2 ✉ 35619 – ✆ (06442) 30 50 – info@schloss-hotel-braunfels.de – Fax (06442) 305222 – geschl. 20. Dez. - 10. Jan.
32 Zim – †62/77 € ††88/98 € – **Rest** – (nur für Hausgäste)

♦ Mitten im historischen Kern des Städtchens befindet sich das schlossähnliche Gebäude mit schönem Garten. Fragen Sie nach den besonders attraktiven Turmzimmern.

Geranio
Am Kurpark 2 ✉ 35619 – ✆ (06442) 93 19 90 – rgeranio@onlinehome.de – Fax (06442) 931992 – geschl. Mitte Juli - Mitte Aug. und Dienstag
Rest – Karte 33/56 €

♦ Am Marktplatz unterhalb der Burg finden Sie das nett eingerichtete Fachwerkhaus von 1709, in dem man Sie freundlich mit einer z. T. gehobenen italienischen Küche bewirtet.

BRAUNLAGE – Niedersachsen – 541 – 5 260 Ew – Höhe 560 m – Wintersport : 970 m
1 ≤6 – Heilklimatischer Kurort 30 J10

- Berlin 252 – Hannover 119 – Braunschweig 69 – Göttingen 67
- Elbingeroder Str. 17, ✉ 38700, ✆ (05520) 9 30 70, tourist-info@braunlage.de
- Kirchstr. 15 a, ✉ 38700, ✆ (05583) 2 41, tourist-info@hohegeiss.de

Maritim Berghotel
Am Pfaffenstieg ✉ 38700 – ✆ (05520) 80 50 – reservierung.brl@maritim.de – Fax (05520) 805380
309 Zim – †65/135 € ††75/187 €, ⊊ 15 € – ½ P 25 € – 8 Suiten
Rest – Karte 20/50 €

♦ Umgeben von Wald liegt auf einer Anhöhe dieser weitläufige Hotelkomplex. Fragen Sie nach Zimmern der Komfort- oder Superior-Kategorie oder nach einem Eckzimmer! Vom Dachgarten-Café hat man einen umwerfenden Blick auf die Wälder.

relexa Hotel Harz-Wald
Karl-Röhrig-Str. 5a ✉ 38700 – ✆ (05520) 80 70 – braunlage@relexa-hotel.de – Fax (05520) 807444
120 Zim ⊊ – †69/85 € ††90/129 € – ½ P 18 € – **Rest** – Karte 15/45 €

♦ In einer ehemaligen Privatklinik ist ein großzügiges Ferien- und Tagungshotel entstanden. Die zweckmäßig gestalteten Zimmer verfügen allesamt über einen Balkon. Restaurant mit großem Buffetbereich und internationalem Angebot.

Zur Tanne
Herzog-Wilhelm-Str. 8 ✉ 38700 – ✆ (05520) 9 31 20 – info@tanne-braunlage.de – Fax (05520) 9312444
21 Zim ⊊ – †52/99 € ††80/149 € – ½ P 22 € – 3 Suiten
Rest – (nur Abendessen) (Tischbestellung ratsam) Menü 30/49 € – Karte 39/53 €
Rest Brunos Marktwirtschaft – Menü 14 € – Karte 19/26 €

♦ Mit viel Liebe zum Detail hat man hier ein geschmackvolles Hotel geschaffen. Die Zimmer im neuzeitlichen Bachhaus bieten viel Komfort und Behaglichkeit. Restaurant mit stilvollem Ambiente. Brunos Marktwirtschaft: modern-rustikal mit Galerie.

BRAUNLAGE

Landhaus Foresta
*Am Jermerstein 1 ⊠ 38700 – ℰ (05520) 9 32 20 – landhaus-foresta@t-online.de
– Fax (05520) 932213*
22 Zim ⊇ – †38/43 € ††65/86 € – ½ P 14 € – **Rest** – *(geschl. Mittwoch, nur Abendessen)* Karte 19/26 €
♦ Das Haus ist im Harzer Stil mit Holzfassade gebaut. In den Zimmern verbreiten Naturholz und liebevolle Dekorationen rustikale Gemütlichkeit. Kaminhalle im Landhausstil.

Harzhotel Regina
*Bahnhofstr. 12 ⊠ 38700 – ℰ (05520) 9 30 40 – info@harzhotel-regina.de
– Fax (05520) 1345 – geschl. 20. Nov. - 20. Dez.*
24 Zim ⊇ – †49/55 € ††80/104 € – **Rest** – *(nur für Hausgäste)*
♦ Dieses praktisch ausgestattete und gut unterhaltene Haus ist ein idealer Ausgangspunkt für Ausflüge in den Harz. Blocksauna im ruhigen Garten.

In Braunlage-Hohegeiss Süd-Ost : 12 km über B 4 Richtung Nordhausen – Höhe 642 m – Heilklimatischer Kurort

Vitalhotel Sonneneck
*Hindenburgstr. 24 ⊠ 38700 – ℰ (05583) 9 48 00
– hotel.sonneneck@t-online.de – Fax (05583) 939033*
20 Zim ⊇ – †49/75 € ††88/162 € – ½ P 11 € – 9 Suiten
Rest – *(nur Abendessen für Hausgäste)*
♦ In schöner Höhenlage am Ortsrand erwarten Sie geräumige, zeitgemäß möblierte Zimmer. Vom Panorama-Hallenbad hat man einen traumhaften Ausblick auf den Brocken.

Rust
Am Brande 5 ⊠ 38700 – ℰ (05583) 8 31 – hotel.rust@t-online.de – Fax (05583) 364 – geschl. Nov. - 15. Dez.
21 Zim ⊇ – †45/85 € ††80/120 € – ½ P 11 € – **Rest** – *(nur Abendessen für Hausgäste)*
♦ Das familiengeführte, im regionalen Stil erbaute Haus ist eine ruhig gelegene Urlaubsadresse. Gepflegte Zimmer und im Gästehaus auch einige Appartements stehen zur Auswahl.

Landhaus Bei Wolfgang
*Hindenburgstr. 6 ⊠ 38700 – ℰ (05583) 8 88 – wolfgang.stolze.landhaus@
t-online.de – Fax (05583) 1354 – geschl. 3. - 28. Nov., 1. - 18. April und Montag, Donnerstag*
Rest – Karte 18/44 €
♦ Ein Holzhaus im typisch lokalen Stil: Das Ambiente im Restaurant ist rustikal und von uriger Gemütlichkeit, die Speiseauswahl bürgerlich-regional.

BRAUNSCHWEIG – Niedersachsen – 541 – 245 080 Ew – Höhe 74 m   30 **J9**
▶ Berlin 228 – Hannover 66 – Magdeburg 92
✈ Lilienthalplatz 5 (über Sommer Straße BX : 9 km), ℰ (0531) 35 44 00
ADAC Lange Str. 63
🛈 Vor der Burg 1, ⊠ 38100, ℰ (0531) 4 70 20 40, touristinfo@
braunschweig.de
🖪 Braunschweig, Schwartzkopffstr. 10 ℰ (0531) 26 42 40 BZ
◉ Dom★ (Imerward-Kruzifix★★, Bronzeleuchter★) BY –
Herzog-Anton-Ulrich-Museum (Mittelalter-Abteilung★) M[1] BY

Stadtpläne siehe nächste Seiten

Mövenpick Hotel
*Jöddenstr. 3 (Welfenhof) ⊠ 38100 – ℰ (0531) 4 81 70 – hotel.braunschweig@
moevenpick.com – Fax (0531) 4817551*   BY **z**
148 Zim – †109/129 € ††109/129 €, ⊇ 15 € – **Rest** – Karte 16/33 €
♦ Eine großzügige Halle in klarem Design empfängt die Gäste in diesem Haus. Die Zimmer sind mit modernem Mobiliar und dezenten Farben ansprechend gestaltet worden. Neuzeitliches Restaurant mit dem bewährten Mövenpick-Repertoire.

237

BRAUNSCHWEIG

Ägidienmarkt	BY	2	Hintern Brüdern	AY	30
Alte Waage	BY	3	Hutfiltern	BY	31
Altstadtmarkt	AY	4	John-F.-Kennedy-Pl.	BY	32
Am Fallersleber Tore	BX	7	Kalenwall	AY	33
Am Wendentor	BX	10	Konrad-Adenauer-Str.	BY	34
Am Wendenwehr	BX	12	Küchenstr.	BY	35
Augusttorwall	BY	13	Lessingpl.	BY	37
Bäckerklint	AY	14	Mühlenpfordtstr.	BX	40
Bammelsburger Str.	BX	15	Münzstr.	BY	41
Bohlweg	BY		Museumstr.	AY	42
Bruchtorwall	BY	16	Poststr.	BY	44
Bruckerstr.	BX	17	Ritterbrunnen	BY	46
Bültenweg	BX	18	Sack	BY	47
Burgpl.	BY	19	Schild	BY	49
Damm	BY	20	Schubertstr.	BX	50
Dankwardstr.	BY	21	Schuhstr.	BY	51
Europapl.	AY	22	Steinweg	BY	
Fallersleber-Tor-Wall	BX	23	Stobenstr.	BY	52
Friedrich-Wilhelm-Pl.	BY	24	Vor der Burg	BY	55
Friedrich-Wilhelm-Str.	BY	25	Waisenhausdamm	BY	56
Gieselerwall	AY	26	Wendenstr.	BX	57
Hagenbrücke	BY	28	Wollmarkt	AX	59
Hagenmarkt	BY	29			

239

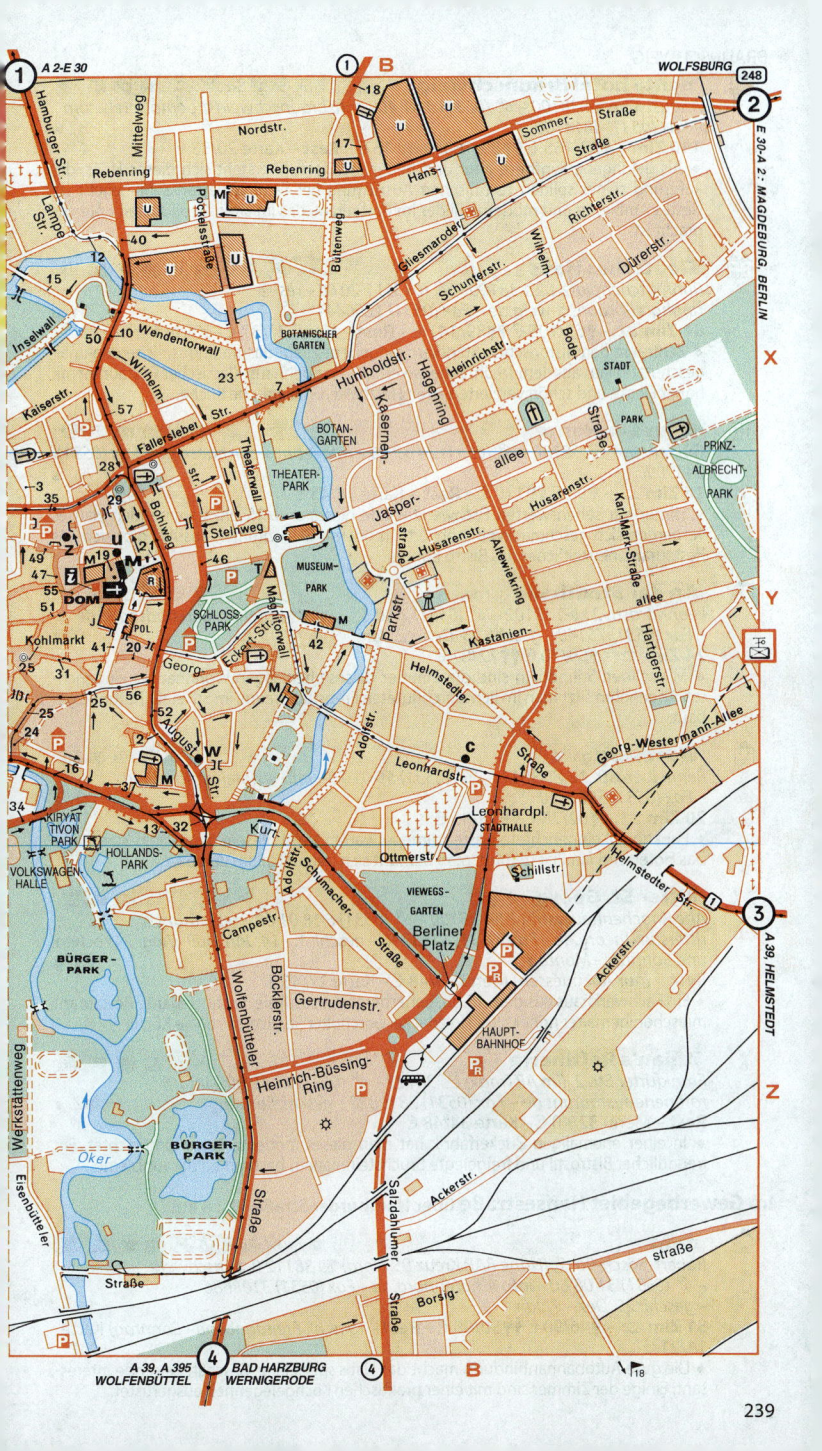

BRAUNSCHWEIG

penta hotel Braunschweig
*Auguststr. 6 ⊠ 38100 – ℰ (0531) 4 81 40 – info.braunschweig@pentahotels.com
– Fax (0531) 4814100*
BY **w**
140 Zim – †89/165 € ††89/165 €, ⊇ 15 € – **Rest** – Karte 20/33 €
♦ Als gelungene Synthese alter und neuer Architektur versteht sich dieses Haus, das aufgrund seiner soliden technischen Ausrüstung bei Tagungsgästen sehr beliebt ist. Nettes Ambiente und moderne Bilder im Restaurant, das im alten Gebäudeteil untergebracht ist.

Deutsches Haus
*Ruhfäutchenplatz 1 ⊠ 38100 – ℰ (0531) 1 20 00 – resi@
ringhotel-braunschweig.de – Fax (0531) 1200444*
BY **u**
84 Zim ⊇ – †63/105 € ††89/141 € – **Rest** – Menü 27/37 € – Karte 17/42 €
♦ Zentral in den historischen Stadtkern eingebettet liegt das traditionsreiche denkmalgeschützte Haus aus dem 19. Jh. Sehenswert: das Treppenhaus. Klassisches Restaurant mit hoher Decke und schön verzierten alten Holzbalken. Italienische Küche.

Haus zur Hanse
Güldenstr. 7 ⊠ 38100 – ℰ (0531) 24 39 00 – info@haus-zur-hanse.de – Fax (0531) 2439090
AY **s**
16 Zim ⊇ – †90 € ††110 € – **Rest** – Karte 18/43 €
♦ Hinter der sehenswerten Fachwerkfassade dieses a. d. 15. Jh. stammenden Hauses verbergen sich geschmackvoll möblierte, moderne Gästezimmer. Rustikal gibt sich das Restaurant, neuzeitlicher das Bistro Boom.

An der Stadthalle garni
*Leonhardstr. 21 ⊠ 38102 – ℰ (0531) 7 30 68 – info@hotel-an-der-stadthalle.de
– Fax (0531) 75148 – geschl. 23. Dez. - 2. Jan.*
BY **c**
24 Zim ⊇ – †59/70 € ††72/87 €
♦ Mit soliden Stilmöbeln sind die Zimmer dieses ehemaligen Wohnhauses eingerichtet. Angenehm sitzt man im lichtdurchfluteten Frühstücksraum, im Stil einer Rotunde gebaut.

Wartburg garni
*Rennelbergstr. 12 ⊠ 38114 – ℰ (0531) 59 01 70 – info@hotelwartburg.de
– Fax (0531) 5901710*
AX **z**
20 Zim ⊇ – †62/78 € ††78/95 €
♦ Funktionell eingerichtete Gästezimmer erwarten Sie in diesem gepflegten Stadthaus. Das Hotel wird familiär geführt, man bemüht sich freundlich um den Gast.

Ritter St. Georg
*Alte Knochenhauerstr. 12 ⊠ 38100 – ℰ (0531) 6 18 01 00 – restaurant@
rittersanktgeorg.de – Fax (0531) 6183740 – geschl. 1. - 14. Jan., Juli - Aug. 2 Wochen und Sonntag - Montag*
AY **g**
Rest – (nur Abendessen) Menü 29/48 € – Karte 27/45 €
♦ Ein Fachwerkhaus aus dem 15. Jh. beherbergt das rustikale, leicht elegante Restaurant mit schön bemalter hoher alter Holzdecke. Geschulter Service, saisonale Küche.

Kilian's Raffinerie
*Frankfurter Str. 2, (im ARTmax) ⊠ 38122 – ℰ (0531) 28 19 80 – info@
raffinerie-restaurant.de – Fax (0531) 2819828 – geschl. Sonntag*
AZ **r**
Rest – Menü 32/40 € – Karte 34/48 €
♦ In einer ehemaligen Zuckerfabrik hat man dieses moderne Lokal eingerichtet. Ein freundlicher Bistrostil und freigelegte Bruchsteinmauern bestimmen das Ambiente.

Im Gewerbegebiet Hansestraße über Hamburger Straße BX : 8 km :

nord
*Robert-Bosch-Str. 7, (Nähe BAB Kreuz BS-Nord) ⊠ 38112 Braunschweig
– ℰ (0531) 31 08 60 – info@hotel-nord.de – Fax (0531) 3108686
– geschl. 25. Dez. - 7. Jan*
31 Zim ⊇ – †46/90 € ††50/99 € – **Rest** – (geschl. Freitagabend - Sonntag) Karte 14/21 €
♦ Die gute Autobahnanbindung macht das Haus speziell für Geschäftsreisende interessant. Einige der Zimmer sind mit einer praktischen Kochgelegenheit ausgerüstet.

BRAUNSCHWEIG

In Braunschweig-Riddagshausen über Kastanienallee BY :

Landhaus Seela
Messeweg 41 ⊠ 38104 – ℰ (0531) 37 00 11 62 – info@hotel-landhaus-seela.de – Fax (0531) 37001193
55 Zim ⊇ – †73/77 € ††99 € – **Rest** – Karte 24/47 €
♦ In der Nähe eines kleinen Sees liegt dieses gut unterhaltene Hotel, das Ihnen solide, mit Kirschholzmöbeln ausgestattete Gästezimmer bietet. Gediegenes Restaurant mit schöner Holztäfelung.

BREDSTEDT – Schleswig-Holstein – 541 – 5 110 Ew – Höhe 7 m – Luftkurort   1 G2
▶ Berlin 440 – Kiel 101 – Flensburg 38 – Husum 17
🖪 Markt 31 (Rathaus), ⊠ 25821, ℰ (04671) 58 57, touristinfo@bredstedt.de

Friesenhalle
Hohle Gasse 2 ⊠ 25821 – ℰ (04671) 6 01 00 – friesenhalle@nordfriesland-hotel.com – Fax (04671) 601010
15 Zim ⊇ – †45/60 € ††86/120 € – **Rest** – (geschl. 3. - 16. Nov., 3. - 16. März und Sonntagabend - Montagmittag) Karte 21/36 €
♦ Gegenüber dem Rathaus liegt das regionstypische Gasthaus mit kleiner Dependance. Die Gästezimmer sind zeitgemäß und freundlich eingerichtet - einige besonders geräumig. Das Restaurant bietet eine gute regionale Küche.

BREEGE – Mecklenburg-Vorpommern – siehe Rügen (Insel)

BREHNA – Sachsen-Anhalt – 542 – 3 030 Ew – Höhe 95 m   31 N11
▶ Berlin 154 – Magdeburg 94 – Leipzig 38

Country Park-Hotel
Thiemendorfer Mark 2, (Gewerbepark) ⊠ 06796 – ℰ (034954) 6 50 – info@countryparkhotel.de – Fax (034954) 65556 – geschl. 24. Dez. - 2. Jan.
173 Zim ⊇ – †95 € ††115 € – **Rest** – Karte 26/38 €
♦ Ein Businesshotel in verkehrsgünstiger Lage nahe der Autobahn mit funktionellen, neuzeitlichen Zimmern. Imposant ist die große, 16 m hohe Lobby. Nette Kaminecke. Das Restaurant befindet sich in der Empfangshalle sowie im Wintergartenanbau.

Bavaria
Otto-Lilienthal-Str. 6, (Gewerbepark) ⊠ 06796 – ℰ (034954) 6 16 00 – info@bavaria-hotel.com – Fax (034954) 61500
146 Zim – †52/59 € ††55/67 €, ⊇ 10 € – **Rest** – Karte 16/32 €
♦ Gute Verkehrsanbindung sowie die zeitgemäße und funktionelle Ausstattung sprechen für das in einem Gewerbegebiet gelegene Businesshotel.

BREISACH – Baden-Württemberg – 545 – 14 020 Ew – Höhe 225 m   61 D20
▶ Berlin 808 – Stuttgart 209 – Freiburg im Breisgau 30 – Colmar 24
🖪 Marktplatz 16, ⊠ 79206, ℰ (07667) 94 01 55, breisach-touristik@breisach.de
👁 Münster★ (Hochaltar★★, Innendekoration★, Lage★), Münsterberg ≼★
🖸 Niederrotweil (Schnitzaltar★ der Kirche St. Michael) Nord: 11 km

Hotel am Münster ⟪   ≼ Rheinebene und Vogesen,
Münsterbergstr. 23 ⊠ 79206 – ℰ (07667) 83 80 – info@hotelammuenster.bestwestern.de – Fax (07667) 838100
70 Zim ⊇ – †90/115 € ††115/170 € – **Rest** – Karte 32/48 €
♦ Vor allem die schöne ruhige Lage in der oberen Stadt mit Blick auf den Rhein macht dieses Hotel aus. Das Haupthaus und die Dependance Bellevue bieten zeitgemäße Zimmer. Restaurant mit Panoramasicht.

Kapuzinergarten   ≼ Kaiserstuhl und Schwarzwald,
Kapuzinergasse 26 ⊠ 79206 – ℰ (07667) 9 30 00 – mail@kapuzinergarten.de – Fax (07667) 930093 – geschl. Anfang Jan. 2 Wochen
43 Zim ⊇ – †57/75 € ††69/105 € – **Rest** – (Nov. - Ende März nur Abendessen) Menü 32/94 € – Karte 21/58 €
♦ Über neun Etagen erstreckt sich dieses an den Hang gebaute Hotel. Zur Wahl stehen Komfortzimmer sowie einfachere Klosterzimmer. Ganz oben: das Dachzimmer mit toller Sicht. Rustikales Restaurant mit winterfester Panoramaterrasse. Internationale Karte.

BREISACH

Kaiserstühler Hof
Richard-Müller-Str. 2 ⌂ 79206 – ☎ (07667) 8 30 60 – kaiserstuehler-hof@t-online.de – Fax (07667) 830666
20 Zim ⌂ – †58/75 € ††86/125 €
Rest – (geschl. Nov. - März. Sonntagabend) Karte 21/59 €
Rest Weinstube zur alten Post – (geschl. über Fasching) Karte 13/30 €
♦ Ganz mit Wein bewachsen ist die Fassade dieses sympathischen Familienbetriebs. Die Zimmer sind einheitlich mit solidem Kirschholzmobiliar ausgestattet. Gemütlich-rustikal ist das Ambiente im Restaurant. Weinstube mit blanken Tischen und bodenständigem Angebot.

In Breisach-Hochstetten Süd-Ost : 2,5 km über B 31 :

Landgasthof Adler (mit Gästehaus)
Hochstetter Str. 11 ⌂ 79206 – ☎ (07667) 9 39 30 – adler-hochstetten@t-online.de – Fax (07667) 939393 – geschl. Feb.
23 Zim ⌂ – †42/45 € ††68/75 € – **Rest** – (geschl. Donnerstag, Nov. - März Donnerstag, Samstagmittag) Karte 15/34 €
♦ Das familiengeführte Hotel - ein netter Gasthof mit kleinem Gästehaus - verfügt über solide und zeitgemäß eingerichtete Zimmer. Gemütliche Gaststube mit bürgerlichem Angebot.

BREISIG, BAD – Rheinland-Pfalz – 543 – 8 980 Ew – Höhe 70 m – Heilbad 36 C13
▶ Berlin 618 – Mainz 133 – Koblenz 30 – Bonn 33
▣ Koblenzer Str. 59, ⌂ 53498, ☎ (02633) 4 56 30, tourist-info@bad-breisig.de
◉ Burg Rheineck ≤★ Süd : 2 km

Quellenhof
Albert-Mertes-Str. 23 ⌂ 53498 – ☎ (02633) 4 55 10 (Hotel) 47 0 – info@quellenhof-badbreisig.de – Fax (02633) 455150
17 Zim ⌂ – †42 € ††78 € – ½ P 9 € – **Rest** – (geschl. Dienstag) Karte 15/27 €
♦ Das Haus bei der Römer-Therme ist ein gepflegter kleiner Familienbetrieb, in dem solide und praktisch eingerichtete Gästezimmer zur Verfügung stehen.

Am Kamin
Zehner Str. 10 (B 9) ⌂ 53498 – ☎ (02633) 9 67 22 – restaurant.am.kamin@t-online.de – Fax (02633) 471822 – geschl. Montag
Rest – Menü 27/35 € – Karte 26/40 €
♦ Ein familiengeführter Gasthof, in dem die rustikale Einrichtung und der große Kamin den ländlichen Charakter bewahren. Eine alte Steinmauer ziert die Terrasse.

BREITENGÜSSBACH – Bayern – 546 – 4 610 Ew – Höhe 245 m 50 K15
▶ Berlin 406 – München 239 – Coburg 37 – Bayreuth 64
▣ Breitengüßbach, Gut Leimershof 5 ☎ (09547) 71 09

Vierjahreszeiten
Am Sportplatz 6 ⌂ 96149 – ☎ (09544) 92 90 – info@vierjahreszeiten.de – Fax (09544) 929292
35 Zim ⌂ – †49/65 € ††69/80 € – **Rest** – (geschl. Freitag, Sonntagabend) Karte 12/35 €
♦ Etwas abseits des Ortskerns liegt das von der Familie geführte Hotel mit seinen solide möblierten Gästezimmern. Inge Haderlein, die "singende Wirtin", veranstaltet im Restaurant musikalische Abende.

BREITNAU – Baden-Württemberg – 545 – 1 890 Ew – Höhe 1 018 m – Wintersport : 1 050 m ⛷2 ⛸ – Luftkurort 61 E20
▶ Berlin 788 – Stuttgart 167 – Freiburg im Breisgau 28 – Donaueschingen 42
▣ Freiburger Straße 1, ⌂ 79856, ☎ (07652) 1 20 60, tourismus@hinterzarten-breitnau.de

Kaisers Tanne
Am Wirbstein 27 (B 500, Süd-Ost : 2 km) ⌂ 79874 – ☎ (07652) 1 20 10 – info@kaisers-tanne.de – Fax (07652) 120159
34 Zim ⌂ – †70/90 € ††140/150 € – **Rest** – (ab 13 Uhr geöffnet) Karte 29/53 €
♦ Ein netter Familienbetrieb ist dieser schöne typische Schwarzwaldgasthof. Besonders komfortabel sind die Zimmer der Kategorie Schwarzwaldstuben mit tollem Fernblick. In den Gaststuben: rustikal-gemütliches Ambiente. Hübsche Gartenterrasse.

BREITNAU

Faller
Im Ödenbach 5 (B 500, Süd-Ost : 2 km) ✉ 79874 – ℰ (07652) 91 94 90 – info@hotel-faller.de – Fax (07652) 9194949
25 Zim ⚌ – †56/94 € ††112/168 € – **Rest** – *(geschl. Mittwoch- und Donnerstagabend)* Menü 15 € (abends)/30 € – Karte 15/38 €
◆ Landschaftlich schön liegt dieser Schwarzwälder Gasthof. Fragen Sie nach den geräumigen Zimmern unterm Dach, von dort wie auch von der Terrasse hat man eine gute Sicht. Gemütliche rustikale Restauranträume mit bürgerlichem Angebot.

BREITSCHEID – Hessen – siehe Herborn

> Unsere „Hoffnungsträger" sind die Restaurants, deren Küche wir für die nächste Ausgabe besonders sorgfältig auf eine höhere Auszeichnung hin überprüfen. Der Name dieser Restaurants ist in „rot" gedruckt und zusätzlich auf der Sterne-Liste am Anfang des Buches zu finden.

BREMEN L – Bremen – 541 – 544 860 Ew – Höhe 3 m   18 **G6**

▶ Berlin 390 – Hamburg 120 – Hannover 123
✈ Bremen-Neustadt (Süd : 6 km) X, ℰ (0421) 5 59 50
ADAC Bennigsenstr. 2
🛈 Findorffstr. 105, ✉ 28215, ℰ (01805) 10 10 30, info@bremen-tourism.de
🛈 Bahnhofplatz 15 (im Bahnhof), ✉ 28195, ℰ (01805) 10 10 30, info@bremen-tourism.de
⛳ Bremen-Vahr, Bgm.-Spitta-Allee 34 ℰ (0421) 23 00 41 V
⛳ Garlstedt, Am Golfplatz 10 ℰ (04795) 95 33 16 V
⛳ Bremen-Obernewland, Heinrich-Baden-Weg 25 ℰ (0421) 25 92 21 X
⛳ Bremen-Burg, Lesumbroker Landstr. 70 ℰ (0421) 9 49 34 44 V
◉ Focke-Museum★★ Y M³ – Wallanlagen★ YZ – Marktplatz★★ - Rathaus★ (Treppe★★) R – Dom St. Petri★ (Taufbecken★★ Madonna★) – Böttcherstraße★: Roseliushaus (Nr.6) und Paula-Modersohn-Becker-Haus★ (Nr.8) E – Schnoor-Viertel★ – Kunsthalle★ Z

Stadtpläne siehe nächste Seiten

Park Hotel
Im Bürgerpark ✉ 28209 – ℰ (0421) 3 40 80
– relax@park-hotel-bremen.de – Fax (0421) 3408602   V f
177 Zim ⚌ – †155/285 € ††205/335 € – 11 Suiten
Rest *Park Restaurant* – Menü 56/80 € – Karte 40/60 €
Rest *Bistro Fontana* – *(geschl. Sonntag, nur Abendessen)* Menü 25 € – Karte 29/43 €
◆ Ruhig liegt der herrschaftlich anmutende einstige Landsitz am Park. Die Zimmer sind individuell und elegant, hochwertig ist der Wellness- und Beautybereich auf 1200 qm. Klassisches Park Restaurant mit schönem Wintergarten. Leicht mediterran: Bistro Fontana.

Maritim
Hollerallee 99 ✉ 28215 – ℰ (0421) 3 78 90 – info.bre@maritim.de – Fax (0421) 3789600   V n
261 Zim – †136/187 € ††160/211 €, ⚌ 18 € – 29 Suiten
Rest *L'Echalote* – *(geschl. Juli - Aug. 5 Wochen, nur Abendessen)* Karte 28/48 €
Rest *Brasserie* – *(nur Mittagessen)* Menü 25 € (Buffet)
◆ Besonders interessant ist das Hotel für Buisnessgäste wegen seiner Nähe zum CCB und den gediegenen, neuzeitlichen Zimmern. Abends speist man im stilvollen L'Echalote mit Blick auf den Bürgerpark.

243

Am Stadtwald . . . . **V** 8	H.-H.-Meier-Allee . . . . **V** 35	Ritterhuder Heerstr. . . . . **V** 60
Beneckendorffallee . . . . **X** 15	Kirchbachstr. . . . . **X** 42	Schwachhauser
Bismarckstr. . . . . **X** 16	Konrad-Adenauer-Allee . . . . **V** 45	Heerstr. . . . . **V** 68
Bremerhavener Str. . . . . **V** 18	Malerstr. . . . . **V** 46	Sebaldsbrücker Heerstr. . . . . **V** 69
Buntentorsteinweg . . . . **X** 20	Marcusallee . . . . **V** 48	Stapelfeldstr. . . . . **V** 72
Duckwitzstr. . . . . **X** 26	Oslebshauser Heerstr. . . . . **V** 50	Stresemannstr. . . . . **X** 74
Franz-Schütte-Allee . . . . **X** 28	Osterfeuerberger Ring . . . . **V** 53	Utbremer Str. . . . . **V** 76
Hastedter Osterdeich . . . . **X** 33	Richard-Boljahn-Allee . . . . **VX** 54	Waller Heerstr. . . . . **V** 82

ÜberFluss

Langenstr. 72 ✉ 28195 – ℰ (0421) 32 28 60 – info@hotel-ueberfluss.de
– Fax (0421) 3228677

Y a

51 Zim – ♦139 € – ♦♦184 € – **Rest** – Karte 34/55 €

♦ Inmitten der Hafenstadt direkt an der Weser liegt das moderne Hotel mit eleganten Zimmern. Im Haus finden sich einige Designer-Wohnaccessoires. Restaurant mit internationalem Angebot und Terrasse mit Weserblick.

Hilton

Böttcherstr. 2, (Eingang Wachtstraße) ✉ 28195 – ℰ (0421) 3 69 60
– info.bremen@hilton.com – Fax (0421) 3696960

Z x

235 Zim – ♦110/200 € ♦♦120/225 €, ⊇ 21 € – **Rest** – Karte 27/40 €

♦ Eine schöne großzügige Atriumhalle mit Bar empfängt Sie in dem Hotel in zentraler Altstadtlage, direkt an der berühmten Böttcherstraße. Technisch gut ausgestattete Zimmer. Restaurant mit mediterraner Note.

Atlantic Hotel Universum

Wiener Str. 4 ✉ 28359 – ℰ (0421) 2 46 70 – universum@atlantic-hotels.de
– Fax (0421) 2467500

V t

150 Zim ⊇ – ♦117/129 € ♦♦144/159 €

Rest *Campus* – Karte 22/47 €

♦ Glasbetone, lichte Architektur beeindruckt bereits im Foyer dieses Hotels hinter dem Universum Science Center Bremen. In den Zimmern: geradliniges, modernes Design. Restaurant Campus mit internationalem Angebot.

BREMEN

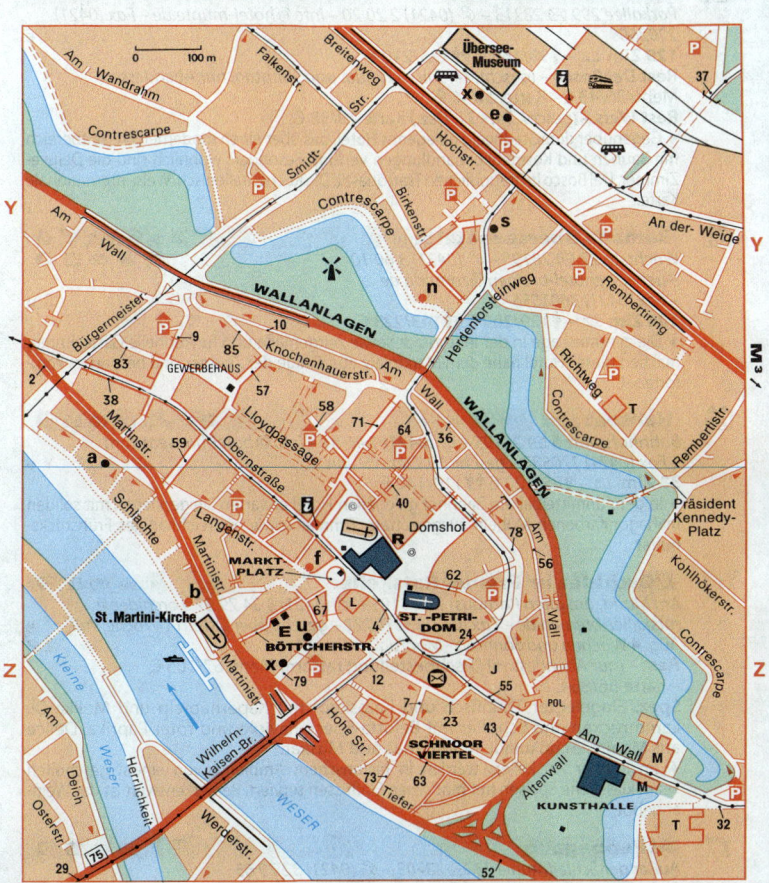

Am Brill	Y	2
Am Dom	Z	4
Am Landherrnamt.	Z	7
Ansgaritorstr.	Y	9
Ansgaritorwallstr.	Z	10
Balgebrückstr.	Z	12
Böttcherstr.	Z	
Dechanatstr.	Z	23
Domsheide	Z	24
Friedrich-Ebert-Str.	Z	29
Goethepl.	Z	32
Herdentorwallstr.	Y	36
Hermann-Böse-Str.	Y	37
Hutfilterstr.	Y	38
Katharinenstr.	YZ	40
Knochenhauerstr.	Y	
Komturstr.	Z	43
Marktpl.	Z	
Martinistr.	YZ	
Oberstr.	YZ	
Osterdeich	Z	52
Ostertorstr.	Z	55
Ostertorswallstr.	Z	56
Papenstr.	Y	57
Pelzerstr.	Z	58
Pieperstr.	Z	59
Sandstr.	Z	62
Schnoor	Z	63
Schüsselkorb	Z	64
Schüttingstr.	Z	67
Sögestr.	Y	71
Stavendamm	Z	73
Violenstr.	Z	78
Wachtstr.	Z	79
Wandschneiderstr.	Y	83
Wegesende	Y	85

Zur Post
Bahnhofsplatz 11 ✉ *28195* – ✆ *(0421) 3 05 90* – *info@zurpost.bestwestern.de*
– *Fax (0421) 3059591*   Y x
174 Zim – †101/118 € ††111/128 €, ⊇ 14 €
– 3 Suiten
Rest *la dolce vita* – Karte 21/44 €
  ♦ Die zentrale Lage, solide eingerichtete Zimmer und ein großer Freizeitbereich mit Fitnesscenter und Kosmetik sprechen für dieses Stadthotel. Italienische Küche bietet man im la dolce vita.

245

BREMEN

🏨 Schaper-Siedenburg garni
*Bahnhofstr. 8 ⌧ 28195 – ℰ (0421) 3 08 70 – info@siedenburg.bestwestern.de
– Fax (0421) 308788 – geschl. 20. Dez. - 4. Jan.* Y s
118 Zim ⌑ – †79/110 € ††100/110 €
◆ Das historische Gebäude gegenüber dem Bahnhofsplatz ist ein funktionell ausgestattetes, in neuzeitlichem Stil gehaltenes Hotel.

🏨 Munte am Stadtwald
Parkallee 299 ⌧ 28213 – ℰ (0421) 2 20 20 – info@hotel-munte.de – Fax (0421) 2202609 V e
129 Zim ⌑ – †99/160 € ††125/210 €
Rest *Del Bosco* – (geschl. 14. Juli - 17. Aug. und Sonntag, nur Abendessen) Menü 36/43 € – Karte 24/46 €
Rest *Wels* – (geschl. 24. - 31. Dez.) Karte 19/38 €
◆ Gegenüber dem Stadtwald gelegenes Hotel, das über einen modernen Freizeitbereich mit Saunen und Kosmetikbehandlungen verfügt. Besonders wohnlich sind die Deluxe-Zimmer. Del Bosco im freundlichen Trattoriastil. Die Küche: italienisch. Wels: internationale Karte.

🏨 Ramada Überseehotel garni
*Wachtstr. 27 ⌧ 28195 – ℰ (0421) 3 60 10
– ueberseehotel-bremen@ramada.de
– Fax (0421) 3601555* Z u
124 Zim ⌑ – †129/209 € ††143/223 €
◆ Die zentrale Lage in der Innenstadt sowie zeitgemäße und funktionelle Gästezimmer machen dieses Hotel nahe dem Marktplatz aus. Einige der Zimmer sind besonders komfortabel.

🏨 Hanseat garni
*Bahnhofplatz 8 ⌧ 28195 – ℰ (0421) 1 46 88 – info@hotel-hanseat.com
– Fax (0421) 170588 – geschl. 19. Dez. - 5. Jan.* Y e
33 Zim ⌑ – †85/120 € ††110/140 €
◆ In dem unmittelbar am Bahnhof gelegenen Hotel erwarten Sie gepflegte, mit soliden mahagonifarbenen Möbeln ausgestattete Zimmer sowie ein reichhaltiges Frühstücksbuffet.

🍴🍴🍴 L'Orchidée im Bremer Ratskeller
Am Markt, (im alten Rathaus) ⌧ 28195 – ℰ (0421) 3 34 79 27 – orchidee@ratskeller-bremen.de – Fax (0421) 3378121 – geschl. über Ostern 1 Woche, Juli - Aug. 4 Wochen und Sonntag - Montag Z R
Rest – (nur Abendessen) (Tischbestellung ratsam) Menü 67/105 €
– Karte 56/86 €
Spez. Eingelegter Thunfisch und Kalbskopf mit Kapernäpfeln und Mokka-Öl. Lammrücken und Schulter mit Belotta-Speck-Raviolo und roter Paprika. Delice aus Manjari-Schokolade mit Ananas und Muskat.
◆ Im Bremer Ratskellers werden in historischem Ambiente von einem geschulten Team klassische Speisen mit modernen Einflüssen serviert. Bemerkenswert ist das Weinangebot.

🍴🍴 Al Pappagallo
*Außer der Schleifmühle 73 ⌧ 28203 – ℰ (0421) 32 79 63
– al.pappagallo@gmx.de – Fax (0421) 3398767
– geschl. Samstagmittag, Sonntag* X p
Rest – Karte 33/51 €
◆ Ein helles, modernes Restaurant mit Wintergarten und einem hübsch begrünten Innenhof. In der offenen Küche bereitet man italienische Speisen.

🍴🍴 Meierei
*Im Bürgerpark ⌧ 28209 – ℰ (0421) 3 40 86 19 – reservierung@meierei-bremen.de
– Fax (0421) 219981 – geschl. Montag, Jan. - März Sonntagabend
- Montag* V c
Rest – Karte 30/57 €
◆ Das im Schweizer Chalet-Stil gebaute Haus von 1881 liegt idyllisch im Bürgerpark am See. Ein klassisch gestaltetes Restaurant mit internationaler Küche. Schöne Terrasse.

BREMEN

Jürgenshof
Pauliner Marsch 1, (Nähe Weserstadion) ✉ 28205 – ⌀ (0421) 44 10 37 – info@juergenshof.com – Fax (0421) 4985458 X z
Rest – (Tischbestellung ratsam) Menü 44 € – Karte 31/41 €
♦ In den Mauern des reetgedeckten alten Hirtenhofs und auf der Gartenterrasse kann man "gut bremisch essen und trinken". Das Haus ist teils mit bäuerlichem Hausrat geschmückt.

Topaz
Langenstr. 2, (Kontorhaus am Markt) ✉ 28195 – ⌀ (0421) 7 76 25 – info@topaz-bremen.de – Fax (0421) 77615 – geschl. Samstagabend - Sonntag Z f
Rest – (Tischbestellung ratsam) Karte 26/45 €
♦ Ein im Bistrostil gehaltenes Restaurant nahe Rathaus und Dom. Warme Farben, Weinregale und eine einsehbare Küche bestimmen das Ambiente. Das Angebot: ganz international.

Grashoff's Bistro
Contrescarpe 80, (neben der Hillmann-Passage) ✉ 28195 – ⌀ (0421) 1 47 40 – info@grashoff.de – Fax (0421) 302040 – geschl. Sonn- und Feiertage Y n
Rest – (nur Mittagessen) (Tischbestellung ratsam) Karte 40/67 €
♦ Stammgäste schätzen das ganz nach französischem Vorbild gestaltete Bistro mit gehobener klassischer Küche. Ein Feinkostgeschäft ist ins Haus integriert.

Bremer Ratskeller
Am Markt, (im alten Rathaus) ✉ 28195 – ⌀ (0421) 32 16 76 – info@ratskeller-bremen.de – Fax (0421) 3378121 Z R
Rest – Karte 22/34 €
♦ Ein Wahrzeichen Bremens: Ca. 550 Weine finden sich auf der Karte des traditionsreichen Ratskellers mit beeindruckender Gewölbedecke und rustikal geprägter Einrichtung.

Osteria
Schlachte 1 ✉ 28195 – ⌀ (0421) 3 39 82 07 – Fax (0421) 3398208 – geschl. Sonntagmittag Z b
Rest – Karte 22/43 €
♦ Ein helles, im mediterranen Stil gehaltenes Restaurant an der Weser gegenüber der St. Martini Kirche. In der einsehbaren Küche mit Grill bereitet man italienische Speisen.

Das Kleine Lokal
Besselstr. 40 ✉ 28203 – ⌀ (0421) 7 94 90 84 – service@das-kleine-lokal.de – Fax (0421) 7949083 – geschl. Juli - Aug. 3 Wochen und Montag X b
Rest – (nur Abendessen) Karte 36/54 €
♦ Nähmaschinentische und originelle, aus alten Holzbetten gefertigte Holzbänke machen das kleine Restaurant in einem Wohngebiet gemütlich. Kreative internationale Küche.

In Bremen-Gröpelingen

Innside Premium
Sternentor 6 ✉ 28237 – ⌀ (0421) 2 42 70 – bremen@innside.de – Fax (0421) 2427427 V s
162 Zim ⊆ – †89/186 € ††109/222 € – **Rest** – Karte 28/35 €
♦ Recht "spacig" wirkt der auffällig in Blau gehaltene Empfangsbereich mit Bar. Die Zimmer überzeugen durch ihre funktionelle Ausstattung - modern in Form und Farbe. Helles Restaurant mit großer Fensterfront zur Weser.

In Bremen-Hemelingen 8 km über E 22 X Richtung Hamburg :

Montana garni
Europaallee 1 (im Gewerbegebiet Hansalinie, nahe der BAB-Ausfahrt) ✉ 28309 – ⌀ (0421) 45 85 70 – bremen@hotel-montana.de – Fax (0421) 45857100
75 Zim ⊆ – †50/57 € ††64/78 €
♦ Die verkehrsgünstige Lage an einem Autohof im Gewerbegebiet sowie funktionell ausgestattete Gästezimmer machen dieses Hotel aus.

BREMEN
In Bremen-Horn-Lehe

Landgut Horn
*Leher Heerstr. 140 ⊠ 28357 – ℰ (0421) 2 58 90 – info@landgut-horn.de
– Fax (0421) 2589222*
106 Zim ⌂ – †99/140 € ††118/160 € – **Rest** – Karte 27/43 €   V u
♦ In diesem Hotel erwarten Sie ein netter kleiner, als Atrium angelegter Empfangsbereich sowie wohnliche Gästezimmer im Landhausstil. Stilvolles Restaurant mit Bistro-Bar.

Horner Eiche garni
*Im Hollergrund 1 ⊠ 28357 – ℰ (0421) 2 78 20 – info@hotel-horner-eiche.de
– Fax (0421) 2769666 – geschl. Weihnachten - Neujahr, über Ostern*   V a
67 Zim ⌂ – †60/79 € ††80/99 €
♦ Neuzeitlich und funktionell ist die Ausstattung des hauptsächlich von Geschäftsreisenden besuchten Hotels. Man offeriert rund um die Uhr einen Service für Getränke und Snacks.

Deutsche Eiche
*Lilienthaler Heerstr. 174 ⊠ 28357 – ℰ (0421) 25 10 11 – kontakt@
hotel-deutsche-eiche-hb.de – Fax (0421) 251014*   V a
38 Zim ⌂ – †60/79 € ††80/99 € – **Rest** – Karte 15/27 €
♦ Ein verkehrsgünstig gelegenes Hotel mit gepflegten und praktisch ausgestatteten Zimmern, die teils mit hellen, teils mit dunklen Eichenmöbeln eingerichtet sind.

In Bremen-Neue Vahr

Atlantic an der Galopprennbahn
*Ludwig-Roselius-Allee 2 ⊠ 28329 – ℰ (0421)
33 30 00 – rennbahn@atlantic-hotels.de – Fax (0421) 33300500*   X a
121 Zim ⌂ – †114 € ††140 € – **Rest** – Karte 25/39 €
♦ An der namengebenden Galopprennbahn gelegenes Hotel mit zeitgemäß eingerichteten Gästezimmern, die z. T. eine schöne Aussicht bieten. Restaurant mit Blick auf die Rennbahn.

In Bremen-Oberneuland Ost : 10 km über Franz-Schütte-Allee X :

Landhaus Höpkens Ruh mit Zim
*Oberneulander Landstr. 69 ⊠ 28355 – ℰ (0421) 20 58 53 – info@hoepkens-ruh.de
– Fax (0421) 2058545*
8 Zim – †85/92 € ††95/102 €, ⌂ 10 € – **Rest** – *(geschl. Montag)* Menü 97 €
– Karte 39/65 €
♦ Idyllisch liegt dieses Haus in einem Park. Im stilvoll dekorierten Restaurant oder auf der hübschen Terrasse serviert man dem Gast kreative Küche. Schöne Gästezimmer im Landhausstil.

In Bremen-Vegesack 22 km über A 27 V Richtung Bremerhaven :

Strandlust Vegesack   Biergarten
*Rohrstr. 11 ⊠ 28757 – ℰ (0421) 6 60 90 – info@
strandlust.com – Fax (0421) 6609111*
45 Zim – †80/98 € ††118/138 € – **Rest** – Karte 32/46 €
♦ An einer Anlegestelle der Weserfähre liegt dieses modern und funktionell eingerichtete Hotel. Einige der Gästezimmer bieten einen schönen Blick auf den Fluss. Internationale Küche im Restaurant. Biergarten und Terrasse zur Weser.

In Lilienthal Nord-Ost : 12 km Richtung Worpswede V :

Rohdenburg
*Trupermoorer Landstr. 28 ⊠ 28865 – ℰ (04298) 4 00 90 – info@
hotel-rohdenburg.de – Fax (04298) 3269*
23 Zim – †57/68 € ††86/99 € – **Rest** – *(geschl. Montagmittag,
Mittwochmittag, Freitagmittag)* Karte 17/28 €
♦ Ein von der Inhaberfamilie gut geführtes Hotel mit wohnlichen Gästezimmern und einem als Wintergarten angelegten Frühstücksraum. Im Restaurant bietet man eine bürgerliche Karte.

BREMEN

Schomacker
*Heidberger Str. 25 ⊠ 28865 – ℰ (04298) 9 37 40 – hotelschomacker@t-online.de
– Fax (04298) 4291*
28 Zim ⌒ – †49/59 € ††86/93 € – **Rest** – *(Dienstag - Freitag nur Abendessen)*
Karte 22/35 €
♦ Ein gepflegter ländlicher Gasthof unter Leitung der Inhaberfamilie, der über einheitlich mit Kirschbaummöbeln eingerichtete Zimmer verfügt. Gemütliches Restaurant in einem separaten Gebäude.

> Das Symbol in Rot ⊗ weist auf besonders ruhige Häuser hin –
> hier ist nur der Gesang der Vögel am frühen Morgen zu hören…

BREMERHAVEN – Bremen – 541 – 118 280 Ew – Höhe 2 m   9 F5
▶ Berlin 410 – Bremen 58 – Cuxhaven 43 – Hamburg 134
ADAC Deichstr. 91d
🛈 Obere Bürger 27 (im Columbus-Center), ⊠ 27568, ℰ (0471) 4 30 00,
tourist-info@bis-bremerhaven.de
👁 Deutsches Schiffahrtsmuseum ★★ AZ

Stadtpläne siehe nächste Seiten

Haverkamp
*Prager Str. 34 ⊠ 27568 – ℰ (0471) 4 83 30 – hotel.haverkamp@t-online.de
– Fax (0471) 4833281*   BZ d
85 Zim ⌒ – †79/135 € ††99/155 € – **Rest** – Karte 30/53 €
♦ Das gepflegte Hotel bietet unterschiedlich eingerichtete Zimmer von modern-funktionell bis wohnlich-rustikal, einen Großteil hat man mit italienischen Möbeln ausgestattet. Teils stilvoll gestaltet, teils leicht gediegen wirkendes Restaurant.

Comfort Hotel garni
*Am Schaufenster 7 (über B 212 CY) ⊠ 27572 – ℰ (0471) 9 32 00 – info@
comfort-hotel-bremerhaven.de – Fax (0471) 9320100*
120 Zim ⌒ – †77/81 € ††92/96 €
♦ Ein besonders auf Geschäftsleute ausgelegtes Hotel mit modernen und freundlichen, technisch gut ausgestatteten Gästezimmern. Vom Frühstücksraum blicken Sie auf den Hafen.

Natusch Fischereihafen-Restaurant
*Am Fischbahnhof 1 (über B 212 CY) ⊠ 27572 – ℰ (0471) 7 10 21
– restaurantnatusch@t-online.de – Fax (0471) 75008 – geschl. Montag, außer Feiertage*
Rest – 39 € – Karte 29/59 €
♦ Sehr gemütlich ist dieses Restaurant im Fischereihafen: Hübsche Dekorationen aus Original-Schiffsteilen bestimmen die Atmosphäre. Serviert werden vorwiegend Fischgerichte.

Seute Deern
*Hans Scharoun Platz, (Schiffahrtsmuseum) ⊠ 27568 – ℰ (0471) 41 62 64 – info@
seutedeern.de – Fax (0471) 45949 – geschl. Nov. - März Montag*   AZ r
Rest – Karte 14/32 €
♦ Restaurant im Rumpf der Dreimast-Bark von 1919 mit einmaligem Ambiente! Die Fischgerichte werden im Laderaum serviert. In der eleganten Kapitäns-Kajüte kann man auch heiraten.

In Bremerhaven-Lehe Nord : 4,5 km über Hafenstraße BY und Brookstraße :

Atlantic Hotel am Floetenkiel garni
*Nordstr. 80 ⊠ 27580 – ℰ (0471) 80 62 60 – info@atlantic-hotel-amfloetenkiel.de
– Fax (0471) 8062626 – geschl. 23. - 26. Dez*
84 Zim ⌒ – †47/49 € ††59/62 €
♦ Das in modernem Stil gebaute Hotel bietet neuzeitlich-schlicht eingerichtete Gästezimmer und einen lichtdurchfluteten Frühstücksraum. Nachts checken Sie per Hotelomat ein.

249

A
B
CUXHAVEN
1
Rickmersstr.
Rickmersstr.
Barkhausenstr.
Bürgmeister-
Pestalozzistr.
Frenssenstr.
Frenssenstr.
Goethestr.
Hafenstr.
Neuelandstr.
22
22
POL
Stresemannstr.
Rudloffstr.
Smidt-
Eupener
Str.
43
43
R
STADTHALLE
Dresdener
Str.
Kistner-
str.
str.
Goethestr.
Hafenstr.
Werft-
Str.
15
12
Wiener
Str.
45
Y
KAISERHAFEN I
Rudloffstr.
Grimsbystr.
45
Barkhausenstr.
Bürgmeister-
Bogenstr.
Hafenstr.
Kommodore-Ziegenbein-Promenade
Lohmannstr.
NEUER
HAFEN
Schiffer-
Lloydstr.
Rampenstr.
ADAC
Deichstr.
Geestheller
Geeste
Damm
Stresemannstr.
8
str.
Smidt-
32
40
32
Zoo
am Meer
18
2
POL
39
d
Deich-
SEEBÄDERKAJE
Str.
COLUMBUS
CENTER
Mittelstr.
40
38
ALTER
50
HELGOLAND
Am
Strom
HAFEN
2
48
str.
Elbestr.
Fährstr.
8
T
Ludwigstr.
Z
DEUTSCHES
SCHIFFAHRTSMUSEUM
r
29
U
Friedrich-
M
4
Borriesstr.
50
4
Rheinstr.
Elbestr.
Bülowstr.
str.
Berliner
Platz
8
WESER
BREMEN
BLEXEN
Elbinger
Platz
Bismarck-
Busse-
Schiller-
KANAL
HAUPT-
28
POL
Grashoffstr.
Deichpromenade
POL
HAFENKANAL
HANDELSHAFEN
Klußmannstr.
Georgstr.
str.
6
WILHELMSHAVEN
OLDENBURG
A
B
A 27-E 234
BREMEN
2
71
HAMBURG

BREMERHAVEN

Street	Grid	№
Am Alten Hafen	AZ	2
Am Klint	CZ	3
Am Strom	AZ	
Am Wischacker	CY	
An der Geeste	BZ	4
An der Mühle	CZ	5
Auf dem Reuterhamm	CY	6
Auf der Brigg	CYZ	
Barkhausenstr.	AY	
Berliner Pl.	BZ	
Bismarckstr.	BCZ	
Bogenstr.	AY	
Borriesstr.	BZ	
Bülowstr.	BZ	
Bürgmeister-Smidt-Str.	AYZ	
Buschkämpen	CY	
Bussestr.	ABZ	
Columbusstr.	ABZ	8
Deichstr.	BYZ	
Dresdener Str.	AY	
Elbestr.	BZ	
Elbinger Pl.	BZ	
Emslandstr.	AY	12
Eupener Str.	ABY	
Fährstr.	BZ	
Frenssenstr.	ABY	
Friedrich-Ebert-Str.	BCZ	
Frühlingstr.	CZ	
Geestheller Damm	BY	
Georgstr.	BZ	
Gildemeisterstr.	AY	15
Goethestr.	BY	
Grashoffstr.	BZ	
Grimsbystr.	CY	
Hafenstr.	BY	
Hartwigstr.	CZ	
Hermann-Heinrich-Meier-Str.	AZ	18
Hinrich-Schmalfeldt-Str.	BY	22
Johann-Wichels-Weg	CZ	26
Kaistr.	BZ	28
Kammerweg	CZ	
Karlsburg	BZ	29
Keilstr.	AYZ	32
Kistnerstr.	ABY	
Klußmannstr.	BZ	
Lloydstr.	AY	
Löningstr.	BZ	36
Lohmannstr.	AY	
Ludwigstr.	BZ	
Melchior-Schwoon-Str.	BY	43
Mittelstr.	BZ	
Mozartstr.	BCZ	38
Neuelandstr.	BY	
Obere Bürger	AZ	39
Pestalozzistr.	AY	
Prager Str.	BZ	40
Rampenstr.	ABY	
Rheinstr.	BCZ	
Rickmersstr.	ABY	
Rudloffstr.	AY	
Schiffdorfer Chaussee	CZ	42
Schifferstr.	AYZ	
Schillerstr.	BZ	
Schlachthofstr.	CY	
Schleusenstr.	AY	45
Stresemannstr.	BY	
Theodor-Heuss-Pl.	BZ	48
Van-Ronzelen-Str.	ABZ	50
Vierhöfen	CZ	52
Virchowstr.	CZ	
Walter-Delius-Str.	CZ	
Weißenburger Str.	CZ	56
Werftstr.	BY	
Wiener Str.	AY	
Wiesenstr.	CY	
Zur Hexenbrücke	CY	

251

BREMERVÖRDE – Niedersachsen – 541 – 19 260 Ew – Höhe 8 m – Erholungsort
9 **G5**

▶ Berlin 374 – Hannover 170 – Bremen 68 – Bremerhaven 48
🛈 Rathausmarkt 1, ⌧ 27432, ℰ (04761) 98 71 42, touristik@bremervoerde.de

Oste-Hotel
Neue Str. 125 ⌧ 27432 – ℰ (04761) 87 60 – info@oste-hotel.de – Fax (04761) 87666 – geschl. 1. - 13. Jan.
41 Zim ⌧ – †54/69 € ††84/94 € – **Rest** – Karte 19/27 €

♦ Auf einem historischen Mühlengrundstück auf der Oste-Insel liegt dieses Hotel, das auch als Anlaufstelle für Radfahrer und Wanderer geeignet ist. Im Restaurant Kommerzienrat wird internationale Küche geboten.

BRETTEN – Baden-Württemberg – 545 – 28 040 Ew – Höhe 176 m
54 **F17**

▶ Berlin 634 – Stuttgart 54 – Karlsruhe 28 – Heilbronn 47

Krone
Marktplatz 2 ⌧ 75015 – ℰ (07252) 9 78 90 – kontakt@krone-bretten.de – Fax (07252) 978966
55 Zim ⌧ – †70/84 € ††95 € – **Rest** – (geschl. Montagmittag) Karte 22/42 €

♦ Harmonisch fügt sich das Fachwerkhaus in den Marktplatz des mittelalterlichen Städtchens ein. Zeitgemäß ausgestattete Zimmer mit gutem Platzangebot. Ländliches Restaurant mit gemütlichem Kachelofen.

Eulenspiegel
Marktplatz 8 ⌧ 75015 – ℰ (07252) 9 49 80 – info@hotel-eulenspiegel.de – Fax (07252) 949830
8 Zim ⌧ – †60/85 € ††85/100 €
Rest – Karte 12/19 €

♦ Alle Zimmer dieses kleinen Hotels sind individuell mit Antiquitäten gestaltet und meist nach historischen Personen benannt - teils mit Terrasse und Blick auf die Altstadt. Der Restaurantbereich: ein Bistro mit hübscher Galerie sowie ein Straßencafé.

In Bretten-Diedelsheim West : 2 km über B 35, Richtung Bruchsal :

Grüner Hof
Karlsruher Str. 2 ⌧ 75015 – ℰ (07252) 9 35 10 – kontakt@gruener-hof.de – Fax (07252) 935116
36 Zim ⌧ – †45/74 € ††69/82 €
Rest *Guy Graessel* – separat erwähnt

♦ Dieses Hotel bietet Ihnen 24-h-Check-in sowie solide ausgestattete Gästezimmer mit zeitgemäßem Komfort. Auch drei Appartements sind vorhanden.

Guy Graessel – im Grünen Hof
Karlsruher Str. 2 ⌧ 75015 – ℰ (07252) 71 38 – Fax (07252) 958637 – geschl. Feb. 2 Wochen, Aug. 3 Wochen und Donnerstag, Sonntagabend
Rest – Menü 45/50 € – Karte 31/40 €

♦ In diesem Familienbetrieb bietet man schmackhafte badisch und französisch beeinflusste Küche. Warme Töne bestimmen das Ambiente.

BRETZENHEIM – Rheinland-Pfalz – 543 – 2 470 Ew – Höhe 105 m
47 **E15**

▶ Berlin 606 – Mainz 38 – Bad Kreuznach 6 – Koblenz 75

Grüner Baum
Kreuznacher Str. 33 ⌧ 55559 – ℰ (0671) 83 63 40 – gruenerbaum@gmx.net – Fax (0671) 8363450 – geschl. 11. Juli - 3. Aug.
33 Zim ⌧ – †39/54 € ††72/91 € – **Rest** – (geschl. Freitag, Sonntag, nur Abendessen) Karte 18/29 €

♦ Bereits seit 1779 existiert das hübsche Fachwerkhaus in dem historischen Weinörtchen an der Nahe. Eine familiär geführte Adresse mit soliden Gästezimmern. Restaurant in rustikalem Stil und netter Weingarten im Innenhof.

BRETZFELD – Baden-Württemberg – 545 – 12 110 Ew – Höhe 210 m 55 **H17**
▶ Berlin 575 – Stuttgart 61 – Heilbronn 20 – Nürnberg 145

In Bretzfeld-Bitzfeld Nord : 2 km :

Zur Rose (mit Gästehaus)
Weißlensburger Str. 12 ⊠ 74626 – ℰ (07946) 77 50 – info@rose-bitzfeld.de – Fax (07946) 775400
40 Zim ⊇ – †58/69 € ††74/89 € – **Rest** – Menü 24/26 € – Karte 17/33 €
♦ Naturholz und helle Polstermöbel geben den Übernachtungszimmern dieses ländlichen Gasthofs ihr wohnliches Gepräge. Einige Zimmer auch noch mit einfacherem Komfort. Fleisch- und Wurstwaren aus der hauseigenen Metzgerei.

In Bretzfeld-Brettach Süd-Ost : 9 km, Richtung Mainhardt :

Landhaus Rössle mit Zim
Mainhardter Str. 26 ⊠ 74626 – ℰ (07945) 9 11 10 – landhaus@ roessle-brettach.de – Fax (07945) 911130 – geschl. Jan. 3 Wochen, Okt. 1 Woche
5 Zim ⊇ – †55/65 € ††75/85 € – **Rest** – *(geschl. Montag - Dienstag) (Tischbestellung ratsam)* Menü 40/50 € – Karte 28/46 €
♦ In geschmackvoll gestalteten Restaurantstuben umsorgt Sie die Chefin freundlich mit sorgfältig zubereiteten regionalen und internationalen Speisen. Nette, recht unterschiedlich eingerichtete Gästezimmer und Appartements.

BREUNA – Hessen – 543 – 3 900 Ew – Höhe 290 m – Luftkurort 28 **G11**
▶ Berlin 421 – Wiesbaden 240 – Kassel 37 – Paderborn 59
Zierenberg, Gut Escheberg ℰ (05606) 26 08

Sonneneck
Stadtpfad 2 ⊠ 34479 – ℰ (05693) 2 93 – sonneneck@t-online.de – Fax (05693) 7144 – geschl. Jan.
15 Zim ⊇ – †38/55 € ††70/80 € – ½ P 12 € – **Rest** – *(geschl. Sonntagabend - Montag, nur Abendessen)* Karte 18/30 €
♦ Der Gasthof liegt mit seinem Anbau inmitten einer Gartenanlage. Wählen Sie ein Zimmer im vorderen Teil des Hauses, dort hat man meist einen Balkon und helle, gekalkte Möbel. Restaurant mit ländlich-rustikalem Ambiente.

BRIETLINGEN – Niedersachsen – siehe Lüneburg

BRILON – Nordrhein-Westfalen – 543 – 27 140 Ew – Höhe 450 m – Wintersport : 600 m ⚜ ⚞ – Kneippkurort 27 **F11**
▶ Berlin 469 – Düsseldorf 168 – Arnsberg 42 – Lippstadt 47
Derkere Str. 10a, ⊠ 59929, ℰ (02961) 9 69 90, bwt@brilon.de
Brilon, Hölsterloh 7 ℰ (02961) 5 35 50

Rech
Hoppecker Str. 1 ⊠ 59929 – ℰ (02961) 9 75 40 – info@hotel-rech.de – Fax (02961) 975454
26 Zim ⊇ – †51/60 € ††80/95 € – ½ P 15 € – **Rest** – *(geschl. Ende Juni - Anfang Aug. 2 Wochen und Montagabend)* Karte 20/42 €
♦ In dem familiengeführten Haus erwarten Sie wohnliche, recht geräumige Zimmer in angenehmen Farben sowie ein gutes Frühstücksbuffet. Massage- und Kosmetikangebot. Leicht elegantes Restaurant.

Wiegelmanns am Wallgraben (mit Gästehaus)
Strackestr. 23 ⊠ 59929 – ℰ (02961) 40 44 – kontakt@hotel-am-wallgraben.de – Fax (02961) 973519 – geschl. 22. - 26. Dez.
20 Zim ⊇ – †57 € ††90 €
Rest – *(geschl. Sonntag)* Karte 32/54 €
Rest Deele – *(geschl. Sonntag - Montag, nur Abendessen)* Karte 16/41 €
♦ Das am historischen Wallgraben gelegene Hotel bietet mit mediterranem Touch eingerichtete Zimmer, die sich auf das Haupthaus und die neuere Dependance verteilen. Rustikal: die Deele. Freundlich gestaltetes, in warmen Tönen gehaltenes Bistro-Restaurant.

BRILON

In Brilon-Gudenhagen Süd : 4 km über B 251, Richtung Willingen :

Haus Waldsee mit Zim
Am Waldfreibad ⊠ *59929 – ℰ (02961) 9 79 20 – haus.waldsee@t-online.de*
– Fax (02961) 908569
5 Zim ⊃ – †43 € ††74 € – **Rest** – *(geschl. Montag - Dienstag)* Menü 20/49 €
– Karte 21/50 €
♦ Ein gemütliches Gasthaus mit schönem dunklem Parkett, freundlichem Service und klassischer Küche aus guten Produkten. Idyllisch ist die Lage am See. Rustikale Gästezimmer.

BROTTERODE – Thüringen – **544** – 3 100 Ew – Höhe 560 m – Erholungsort
39 **J13**

▶ Berlin 353 – Erfurt 62 – Bad Hersfeld 97 – Coburg 96
🛈 Bad-Vilbeler-Platz 4, Haus des Gastes, ⊠ 98599, ℰ (036840) 33 33, gaesteinformation@brotterode.com

Zur guten Quelle
Schmalkalder Str. 27 ⊠ *98599 – ℰ (036840) 3 40 – hotel.quelle@t-online.de*
– Fax (036840) 34111
44 Zim ⊃ – †40/49 € ††56/88 € – ½ P 12 € – **Rest** – Karte 11/20 €
♦ Nur wenige Kilometer vom Rennsteig entfernt, fungiert diese Unterkunft als Standort für die Erkundung der Kulturstädte Thüringens. Zeitgemäße und funktionelle Zimmer.

Außerhalb West : 3 km :

Waldschlößchen ⌂
Gehegsweg 12 ⊠ *98599 Brotterode – ℰ (036840) 3 22 63 – info@gehege.com*
– Fax (036840) 32127
22 Zim ⊃ – †45 € ††64 € – ½ P 15 € – **Rest** – (nur für Hausgäste)
♦ Umrahmt von Boots- und Fischteichen, liegt das kleine Waldhotel in absoluter Abgeschiedenheit. Natur pur und familiäre Gastlichkeit garantieren Erholung und Entspannung. Ländliches Restaurant, Café und Sonnenterrasse.

BRUCHHAUSEN-VILSEN – Niedersachsen – **541** – 6 180 Ew – Höhe 13 m – Luftkurort
18 **G7**

▶ Berlin 369 – Hannover 87 – Bremen 49 – Minden 83

Forsthaus Heiligenberg (mit Gästehaus) ⌂
Heiligenberg 3 (in Homfeld, Süd-West : 4 km)
⊠ *27305 – ℰ (04252) 9 32 00 – hotel@*
forsthaus-heiligenberg.de – Fax (04252) 932020
19 Zim ⊃ – †54/69 € ††89/127 € – **Rest** – Karte 33/46 €
♦ Ruhig liegt der kleine Familienbetrieb etwas außerhalb im Wald. Eine angenehme Adresse mit wohnlichen Zimmern und einer hübschen Gartenanlage. Viel Holz und ein Kamin unterstreichen das gemütliche Ambiente im Restaurant. Schön sitzt man auch auf der Terrasse.

BRUCHSAL – Baden-Württemberg – **545** – 42 690 Ew – Höhe 114 m
54 **F17**

▶ Berlin 646 – Stuttgart 68 – Karlsruhe 29 – Heidelberg 37
ADAC Moltkestr. 38
🛈 Am Alten Schloss 2, ⊠ 76646, ℰ (07251) 5 05 94 60, touristcenter@btmv.de
🚉 Bruchsal, Langental 2 ℰ (07251) 30 22 70
◉ Schloss★★ (Treppe★★, Museum mechanischer Musikinstrumente★★)

Scheffelhöhe ⌂
Adolf-Bieringer-Str. 20 ⊠ *76646 – ℰ (07251) 80 20 – hotel@scheffelhoehe.de*
– Fax (07251) 802156
92 Zim ⊃ – †92/115 € ††109/150 €
Rest *Belvedere* – (geschl. 1. - 6. Jan. und Freitag) Karte 24/40 €
♦ Etwas oberhalb der Stadt gelegenes Hotel mit Blick auf die Rheinebene. Besonders modern und freundlich sind die Gästezimmer im Haupthaus. Im Belvedere serviert man u. a. Spezialitäten vom schwäbisch-hällischen Schwein. Schöne Terrasse mit Aussicht.

BRUCHSAL

In Bruchsal-Büchenau Süd-West : 7 km über B 3, in Untergrombach rechts ab :

Ritter (mit Gästehaus) Biergarten
Au in den Buchen 92 ⊠ 76646 – ℰ (07257) 8 80 – info@ritterbruchsal.de
– Fax (07257) 88111
98 Zim – †71/79 € ††83/98 € – 4 Suiten
Rest – Karte 17/34 €
Rest *Brasserie* – (geschl. Juli - Aug. und Sonntag - Montag, nur Abendessen)
Menü 42/59 € – Karte 37/51 €
 ♦ Das gut geführte, gewachsene Hotel besteht aus dem Stammhaus sowie den Häusern Domizil und Residenz. Zeitgemäße und funktionelle Zimmer stehen zur Verfügung. Im Haupthaus befindet sich das Restaurant. Biergarten und Spielplatz. Brasserie in zeitlosem Stil.

In Forst Nord-West : 5 km :

Zum Löwen
Kirchstr. 8 ⊠ 76694 – ℰ (07251) 30 08 96 – geschl. 18. Aug. - 8. Sept. und Samstagmittag, Sonntagabend - Montag
Rest – Karte 19/38 €
 ♦ Das schöne Gasthaus mit der roten Fassade ist ein nettes familiär geleitetes Restaurant, das bürgerliche Küche und einige Schweizer Spezialitäten bietet.

BRUCHWEILER-BÄRENBACH – Rheinland-Pfalz – siehe Dahn

BRUCKMÜHL – Bayern – 546 – 15 850 Ew – Höhe 511 m   66 M21
▶ Berlin 630 – München 46 – Garmisch-Partenkirchen 92 – Salzburg 100

Demmel garni
Rathausplatz 2 ⊠ 83052 – ℰ (08062) 31 11 – Fax (08062) 3311
32 Zim ⊇ – †44/55 € ††70/85 €
 ♦ Am Fuß der Bayerischen Alpen liegt diese sympathische Herberge inmitten einer gepflegten Gartenanlage. Fensterläden und Holzbalkone lassen eine heimelige Stimmung aufkommen.

BRÜCKENAU, BAD – Bayern – 546 – 7 380 Ew – Höhe 300 m – Heilbad   39 I14
▶ Berlin 478 – München 345 – Fulda 32 – Frankfurt am Main 97
ℹ Alter Rathausplatz 1 (Altes Rathaus), ⊠ 97769, ℰ (09741) 8 04 11, info@bad-brueckenau.de

In Bad Brückenau – Stadtmitte :

Zur Mühle
Ernst-Putz-Str. 17 ⊠ 97769 – ℰ (09741) 9 16 10 – zur-muehle@t-online.de
– Fax (09741) 916191
42 Zim ⊇ – †44/58 € ††80/85 € – ½ P 14 € – **Rest** – Menü 15/25 € – Karte 17/36 €
 ♦ Zentrumsnah und doch idyllisch in einem kleinen Park mit Teich liegt dieses aus einer Mühle entstandene Hotel. Zweckmäßig eingerichtete Gästezimmer mit Balkon oder Loggia. Bürgerliches Restaurant.

In Bad Brückenau-Staatsbad

Dorint Resorts (mit Gästehäusern)   (geheizt)
(Thermal)   Rest,
Heinrich-von-Bibra-Str. 13 ⊠ 97769 – ℰ (09741) 8 50 – info.badbrueckenau@dorintresorts.com – Fax (09741) 85425
186 Zim – †72/137 € ††88/198 € – ½ P 25 € – 8 Suiten
Rest – Menü 32/48 € – Karte 30/40 €
 ♦ Ein Jugendstilbau - von König Ludwig I. gegründet - bildet den Mittelpunkt dieser Hotelanlage: schöne Lage im Kurpark, großzügiger Vital-Spa-Bereich, gediegenelegante Zimmer. Restaurant mit internationalem Angebot - teils klassisch, teils modern gestaltet.

BRÜHL – Nordrhein-Westfalen – **543** – 44 120 Ew – Höhe 62 m   36 **C12**
- Berlin 589 – Düsseldorf 61 – Bonn 25 – Aachen 76
- Uhlstr. 1, ⌂ 50321, ℰ (02232) 7 93 45, tourismus@bruehl.de
- Schloss Augustusburg★★ – Schloss Falkenlust★ – Phantasialand★

Ling Bao
Berggeisstr. 31 ⌂ 50321 – ℰ (02232) 36 94 10 – hotel@phantasialand.de
– Fax (02232) 369601
165 Zim – †112 € ††150 € – 10 Suiten
Rest *Lu Chi* – *(nur Abendessen)* Karte 23/43 €

♦ Das Themenhotel am Freizeitpark ist im chinesischen Pagodenstil gebaut. Entsprechende hochwertige Einrichtungs- und Dekorelemente umgeben Sie im gesamten Haus. Chinesische Küche im Restaurant Lu Chi. Alternativ: Buffetrestaurant Bamboo.

Ramada
Römerstr. 1 ⌂ 50321 – ℰ (02232) 20 40 – bruehl-koeln@ramada.de – Fax (02232) 204523
157 Zim – †94 € ††94 €, ⌂ 14 € – **Rest** – Karte 19/36 €

♦ Das besonders auf Tagungen ausgelegte Hotel am Zentrumsrand bietet zeitgemäße, sachlich-funktionell eingerichtete Gästezimmer.

Glaewe's Restaurant
Balthasar-Neumann-Platz 34 ⌂ 50321 – ℰ (02232) 1 35 91
– Fax (02232) 44360 – geschl. Ende Juni - Anfang Aug. 3 Wochen und Montag - Dienstag
Rest – *(wochentags nur Abendessen)* Menü 42/55 €
– Karte 30/42 €

♦ Angenehm helle Farben, Rattanstühle und ein nettes Dekor bestimmen das Ambiente dieses in eine Geschäftspassage integrierten Restaurants.

Sicker's
Carl-Schurz-Str. 8 ⌂ 50321 – ℰ (02232) 94 29 33 – geschl. Ende Feb. - Anfang März. 2 Wochen, Ende Sept. - Anfang Okt. 2 Wochen und Mittwoch, Sonntagmittag
Rest – *(Tischbestellung ratsam)* Karte 24/48 €

♦ Mediterranes Flair umgibt Sie in diesem kleinen Restaurant. Man sitzt auf zwei Ebenen, die hellen Räume sind mit Rattanstühlen und blanken dunklen Holztischen eingerichtet.

BRUNSBÜTTEL – Schleswig-Holstein – **541** – 13 930 Ew – Höhe 4 m   9 **H4**
- Berlin 374 – Kiel 96 – Cuxhaven 84 – Hamburg 83

Zur Traube
Markt 9 ⌂ 25541 – ℰ (04852) 5 46 10 – info@zur-traube-brunsbuettel.de
– Fax (04852) 546150
19 Zim ⌂ – †57/62 € ††72/77 €
Rest – Karte 22/41 €

♦ Der an einem kleinen Platz in der Altstadt gelegene Familienbetrieb ist ein gewachsener Gasthof mit zweckmäßigen und zeitgemäßen Zimmern. Restaurant mit rustikaler Gaststube. Internationale und bürgerliche Karte.

In St. Michaelisdonn Nord : 13 km :

Landhaus Gardels
Westerstr. 15 ⌂ 25693 – ℰ (04853) 80 30 – landhaus.gardels@t-online.de
– Fax (04853) 803183
50 Zim ⌂ – †86/101 € ††106/140 € – **Rest** – *(nur Abendessen)* Menü 28/39 €
– Karte 28/40 €

♦ Die Gästezimmer dieses Familienbetriebs sind recht unterschiedlich in Einrichtung und Größe. Saunabereich und Fitnessraum hat man hell und modern gestaltet. Restaurant mit internationaler und bürgerlicher Küche.

BRUSCHIED – Rheinland-Pfalz – siehe Kirn

BUBENREUTH – Bayern – 546 – 4 550 Ew – Höhe 288 m
50 **K16**

▶ Berlin 444 – München 199 – Ansbach 66 – Nürnberg 31

Landgasthof Mörsbergei Biergarten
*Hauptstr. 14 ⌂ 91088 – ℰ (09131) 9 77 99 90 – info@moersbergei.de
– Fax (09131) 97799933*
14 Zim ⌂ – †54/64 € ††79/89 € – **Rest** – Karte 17/33 €
♦ In dem verkehrsgünstig nahe der Autobahn gelegenen Hotel erwarten Sie moderne, funktionelle Gästezimmer und ein freundlicher Frühstücksraum mit angrenzender Terrasse. Ein netter Biergarten ergänzt das ländlich gestaltete Restaurant.

BUCHEN (ODENWALD) – Baden-Württemberg – 545 – 18 910 Ew – Höhe 337 m – Erholungsort
48 **H16**

▶ Berlin 560 – Stuttgart 113 – Würzburg 65 – Heidelberg 87

🛈 Hochstadtstr. 2, ⌂ 74722, ℰ (06281) 27 80, verkehrsamt-buchen@t-online.de

⛳ Mudau, Donebacher Str. 41 ℰ (06284) 84 08

Prinz Carl (mit Gästehaus)
*Hochstadtstr. 1 ⌂ 74722 – ℰ (06281) 5 26 90 – infoprinzcarl@t-online.de
– Fax (06281) 526969 – geschl. Anfang Jan. 2 Wochen*
31 Zim ⌂ – †59/64 € ††80/95 € – ½ P 21 € – **Rest** – Karte 19/37 €
♦ Die geschmackvoll eingerichteten Zimmer der ehemaligen Posthalterstation sind teils mit Möbeln im Eiermann-Stil bestückt, im Gästehaus mediterran gestaltet. Restaurant mit gemütlicher Atmosphäre.

Reichsadler (mit Gästehaus)
*Walldürner Str. 1 ⌂ 74722 – ℰ (06281) 5 22 60 – info@hotel-reichsadler.de
– Fax (06281) 522640 – geschl. 17. - 31. Jan.*
20 Zim ⌂ – †45/60 € ††67/90 € – **Rest** – *(geschl. Montag)* Karte 20/33 €
♦ Der familiengeführte Gasthof bietet solide, teils recht neuzeitlich möblierte Zimmer - im ca. 30 m entfernten Gästehaus sind die Zimmer etwas großzügiger. Freundlich gestaltetes Restaurant.

In Buchen-Hollerbach Süd-West : 3 km :

Zum Engel
Holunderstr. 7 ⌂ 74722 – ℰ (06281) 89 46 – geschl. über Fasching 1 Woche, Ende Juni - Juli 2 Wochen und Dienstag - Mittwoch
Rest – *(wochentags nur Abendessen)* (Tischbestellung ratsam) Menü 34 € – Karte 29/44 €
♦ Hinter einer hübschen Sandsteinfassade erwarten Sie ein gemütlich-rustikales Ambiente, freundlicher Service und schmackhafte Regionalküche.

BUCHENBACH – Baden-Württemberg – 545 – 3 310 Ew – Höhe 447 m
61 **E20**

▶ Berlin 807 – Stuttgart 173 – Freiburg im Breisgau 14

In Buchenbach-Himmelreich

Hofgut Himmelreich
Himmelreich 37 ⌂ 79199 Kirchzarten – ℰ (07661) 9 86 20 – info@hofgut-himmelreich.de – Fax (07661) 986240
18 Zim ⌂ – †38/49 € ††78/98 € – ½ P 16 € – **Rest** – Karte 20/35 €
♦ Seit 1600 existiert das Hofgut im Höllental als Gasthof. Ein Integrationsbetrieb für behinderte Menschen mit soliden, teils neueren Zimmern. Eigene Kapelle. Gemütlich-rustikale Gaststube mit bürgerlichem Angebot.

BUCHHOLZ IN DER NORDHEIDE – Niedersachsen – 541 – 36 950 Ew – Höhe 72 m
10 **I6**

▶ Berlin 312 – Hannover 124 – Hamburg 40 – Bremen 96

🛈 Kirchenstr. 6, ⌂ 21244, ℰ (04181) 28 28 10, info@ferienregion-nordheide.de

⛳ Buchholz-Seppensen, An der Rehm 25 ℰ (04181) 3 62 00

257

BUCHHOLZ IN DER NORDHEIDE

XX **Ristorante Il Sole**
Lohbergenstr. 51 ⊠ 21244 – ⌀ (04181) 9 77 08 – libsalerno@aol.com
– Fax (04181) 97706 – geschl. Montag
Rest – (Dienstag - Samstag nur Abendessen) Karte 30/47 €
♦ Holztäfelung und dezente Farben schaffen in dem mit Wandmalereien geschmückten Restaurant ein gemütliches Ambiente. Die Küche: italienisch. Zum Teich hin gelegene Terrasse.

In Buchholz-Dibbersen Nord : 4 km :

Gästehaus Ulmenhof garni
Am Sööl'n 1 ⊠ 21244 – ⌀ (04181) 9 99 70 – familie.stoever@gaestehaus-ulmenhof.de – Fax (04181) 97103
16 Zim – †39/42 € ††55/60 €
♦ Das ruhig gelegene ehemalige Bauernhaus wird freundlich und familiär geführt. Holzmobiliar und Holzvertäfelungen prägen die nach Vögeln benannten Zimmer. Hübsche Gartenanlage.

Frommann
Harburger Str. 8, (B 75) ⊠ 21244 – ⌀ (04181) 28 70 – hotel-frommann@t-online.de – Fax (04181) 287287
48 Zim – †40/57 € ††59/82 € – **Rest** – Karte 16/40 €
♦ Dieser um einen Anbau erweiterte gut unterhaltene Gasthof stellt eine zeitgemäß und solide ausgestattete Übernachtungsadresse dar. Sie speisen in bürgerlich-rustikalem Umfeld.

BUCHLOE – Bayern – 546 – 11 800 Ew – Höhe 627 m   65 **K20**
▶ Berlin 606 – München 68 – Augsburg 48 – Kempten (Allgäu) 59

Stadthotel
Bahnhofstr. 1 ⊠ 86807 – ⌀ (08241) 50 60 – info@stadthotel-buchloe.de
– Fax (08241) 506135
44 Zim – †55/67 € ††85/97 € – **Rest** – Karte 15/31 €
♦ Genießen Sie Ihre wohlverdiente Nachtruhe in diesem neuzeitlichen Haus. Mit freundlichem Mobiliar hat man die Gästezimmer funktionell eingerichtet. Angenehm helles Restaurant im ersten Stock.

BÜCHLBERG – Bayern – 546 – 3 990 Ew – Höhe 490 m – Wintersport : ⛷ – Erholungsort   60 **Q18**
▶ Berlin 613 – München 192 – Passau 19 – Freyung 21
🛈 Hauptstr. 5 (Rathaus), ⊠ 94124, ⌀ (08505) 9 00 80, info@buechlberg.de

Beinbauer
Pangerlbergstr. 5 ⊠ 94124 – ⌀ (08505) 9 16 70 – info@hotel-beinbauer.de
– Fax (08505) 9167123 – geschl. Nov., Jan.
31 Zim – †39/44 € ††71/76 € – ½ P 8 € – **Rest** – (nur Abendessen für Hausgäste)
♦ Ruhig liegt das familiär geführte Hotel am Ortsrand. Neben soliden, teilweise recht großzügigen Gästezimmern bietet man auf Wunsch auch Kosmetik.

BÜCKEBURG – Niedersachsen – 541 – 20 790 Ew – Höhe 61 m   28 **G9**
▶ Berlin 340 – Hannover 64 – Bielefeld 63 – Bremen 106
🛈 Schlossplatz 5, ⊠ 31675, ⌀ (05722) 89 31 81, tourist-info@bueckeburg.de
🛈 Obernkirchen, Röserheide 2 ⌀ (05724) 46 70
🛈 Bad Eilsen, Am Bruch 12 ⌀ (05722) 9 05 49 00
◉ Schloss★ – Hubschraubermuseum★ – Stadtkirche★

Ambiente
Herminenstr.11 ⊠ 31675 – ⌀ (05722) 96 70 – info@ambiente-hotel.de
– Fax (05722) 967444
34 Zim – †82/116 € ††111/168 € – **Rest** – Karte 16/39 €
♦ Das Hotel liegt nicht weit vom Zentrum und verfügt über wohnlich und funktionell eingerichtete Gästezimmer, die sich alle im neuzeitlichen Anbau befinden. Angenehm helles Restaurant im Bistrostil.

BÜCKEBURG

Am Schlosstor garni
Lange Str. 31 ⌂ 31675 – ℰ (05722) 9 59 90 – schlosstor@kluesker.de – Fax (05722) 959950
28 Zim – †59/82 € ††85/107 €
♦ In dem gepflegten Hotel in der Fußgängerzone erwarten Sie neuzeitlich und funktionell ausgestattete Zimmer und ein freundlicher Frühstücksraum.

In Bückeburg-Röcke West : 5 km :

Große Klus
Am Klusbrink 19 ⌂ 31675 – ℰ (05722) 9 51 20 – info@kluesker.de – Fax (05722) 951250
32 Zim – †64/82 € ††88/126 € – **Rest** – *(wochentags nur Abendessen)* Karte 22/43 €
♦ Das freundlich und familiär geleitete Haus ist ein historischer Gasthof, der um einen modernen Hotelbau mit soliden und wohnlichen Zimmern erweitert wurde. Gemütliches Restaurant mit Kamin und Fachwerk.

BÜCKEN – Niedersachsen – 541 – 2 270 Ew – Höhe 19 m   18 G7
▶ Berlin 355 – Hannover 72 – Bremen 63 – Hamburg 122

Thöles Hotel (mit Gästehaus)
Hoyaer Str. 33 ⌂ 27333 – ℰ (04251) 9 30 00 – info@thoeles-hotel.de – Fax (04251) 930093
30 Zim – †30/45 € ††45/65 € – **Rest** – *(geschl. Sonntagabend)* Karte 10/24 €
♦ Ein solides familiengeführtes Haus, das auch gerne von Radwanderern genutzt wird. Zum guten Freizeitangebot gehört eine Reitanlage mit Gastboxen. Gästehaus im Nachbarort Hoya. Restaurant in ländlichem Stil.

In Warpe-Nordholz Süd-West : 6,5 km, über Altenbrücker Str. :

Landhaus Hünecke
Haus Nr. 2 ⌂ 27333 – ℰ (05022) 6 21 – info@landhaus-huenecke.de – Fax (05022) 1726
12 Zim – †35/40 € ††55/60 € – **Rest** – *(geschl. Sonntagabend)* Karte 15/26 €
♦ Der über 100 Jahre alte gewachsene Gasthof ist ein netter Familienbetrieb mit praktischen Zimmern, kleinem Wald und guten Freizeit-/Sportmöglichkeiten (z. B. Fußballplatz).

BÜDELSDORF – Schleswig-Holstein – siehe Rendsburg

BÜHL – Baden-Württemberg – 545 – 29 080 Ew – Höhe 138 m – Wintersport : 1 100 m
11   54 E18
▶ Berlin 716 – Stuttgart 117 – Karlsruhe 45 – Offenburg 41
🛈 Hauptstr. 92, ⌂ 77815, ℰ (07223) 93 53 32, tourist.info@buehl.de
🏌 Rheinmünster, Cabot Trail G208 ℰ (07229) 66 15 01

Grüne Bettlad mit Zim
Blumenstr. 4 ⌂ 77815 – ℰ (07223) 9 31 30 – gruene.bettlad@t-online.de – Fax (07223) 931310 – geschl. 24. Dez - 14. Jan., Juli 2 Wochen
6 Zim – †80/90 € ††110/130 € – **Rest** – *(geschl. Sonntag - Montag)* Menü 38/56 € – Karte 37/56 €
♦ Sehr gemütlich ist dieses liebenswert eingerichtete 400 Jahre alte Haus. Man bietet freundlich-familiären Service und vorwiegend regionale Küche mit klassischer Basis. Bemalte Bauernmöbel zieren die hübschen Gästezimmer.

Lamm
Kappelwindeckstr. 15 ⌂ 77815 – ℰ (07223) 90 01 80 – ludwig-bechters-lamm@t-online.de – Fax (07223) 9570273 – geschl. 28. Jan. - 13. Feb. und Dienstag
Rest – *(wochentags nur Abendessen)* Menü 28/51 € – Karte 28/47 €
♦ Eine nette Atmosphäre herrscht in diesem sympathisch-ländlichen Restaurant mit regional und international ausgerichtetem Angebot. Schön sitzt man auch auf der Terrasse.

259

BÜHL

In Bühl-Kappelwindeck Süd-Ost : 2 km über Rungsstraße und Kappelwindeckstraße :

Rebstock 🛉 🗼 ✗ Zim, P VISA ⦿

Kappelwindeckstr. 85 ✉ *77815 –* ✆ *(07223) 2 21 09 – info@ rebstock-kappelwindeck.de – Fax (07223) 40142*

8 Zim ☐ – †45/51 € ††72/92 € – ½ P 16 € – **Rest** – *(geschl. Mitte - Ende Feb. und Mittwoch)* Karte 24/35 €

♦ Oberhalb des Ortes liegt der tipptopp gepflegte, familiengeführte kleine Gasthof mit neuzeitlichen Zimmern und nettem Garten. Sie frühstücken im wintergartenähnlichen Anbau. Im Restaurant serviert man badische Küche.

In Bühl-Oberbruch Nord-West : 4 km, jenseits der A 5 :

Pospisil's Gasthof Krone mit Zim 🛉 ⦿ P VISA ⦿

Seestr. 6 ✉ *77815 –* ✆ *(07223) 9 36 00 – pavel@pospisils-krone.de – Fax (07223) 936018*

6 Zim ☐ – †45 € ††78 € – **Rest** – *(geschl. Montag - Dienstagmittag)*
Menü 38/45 € – Karte 25/46 €

♦ In dem familiengeführten Haus bereitet Pavel Pospisil schmackhafte regionale Speisen sowie einige böhmische Gerichte. Auf einer Tafel präsentiert man Tagesempfehlungen. Zum Übernachten stehen zeitgemäße, hell möblierte Gästezimmer zur Verfügung.

An der Burgruine Altwindeck Süd-Ost : 4 km über Kappelwindeck :

Burg Windeck 🥀 ≼ Bühl und Rheinebene, 🛉 🌿 ✗ Rest, 👤

Kappelwindeckstr. 104 ✉ *77815 Bühl –* ✆ *(07223)* 🚗 VISA ⦿ AE ⓘ

9 49 20 – kontakt@burg-windeck.de – Fax (07223) 949290 – geschl. Jan. 1 Woche

21 Zim ☐ – †79/89 € ††115/126 € – **Rest** – *(geschl. Sonntagabend)*
Menü 33/51 € – Karte 38/49 €

♦ Die schön gelegene historische Burg bietet diesem Hotel einen reizvollen Rahmen. Von einigen der wohnlichen Landhauszimmer (z. T. große Maisonetten) hat man eine tolle Sicht. Panorama-Restaurant und Terrasse mit herrlicher Aussicht auf die Weinberge.

An der Schwarzwaldhochstraße Ost : 13 km über Bühlertal, in Sand links ab :

Schlosshotel Bühlerhöhe 🥀 ≼ Schwarzwald und Rheinebene,

Schwarzwaldhochstr. 1 🚗 🛌 🛉 🗼 🏊 🌿 ♨ 🧖 🗼 🍸 Rest,

✉ *77815 Bühl –* ✆ *(07226) 5 50* ✗ Rest, 📞 👤 P 🚗 VISA ⦿ AE ⓘ

– info@buehlerhoehe.de – Fax (07226) 55777

90 Zim – †160/285 € ††260/385 €, ☐ 22 € – ½ P 69 € – 13 Suiten

Rest *Imperial* – *(geschl. 4. Feb. - 20. März und Montag - Dienstag, Mittwoch - Samstag nur Abendessen)* (Tischbestellung ratsam) Menü 75/115 € – Karte 71/106 € 🌿

Rest *Schlossrestaurant* – Karte 50/69 €

Spez. Variation von der Gänsestopfleber mit Mango und grünem Tee. Lauwarmer Bacalao auf Kaviar-Kartoffelsalat. Filet vom US-Beef mit Kartoffel-Orangenpüree und Wasabi-Nage.

♦ Der phantastische Talblick, ein großzügiger Park und stilvolles Ambiente machen das Grandhotel zu einer überaus angenehmen Adresse. Entspannen Sie im Panoramaschwimmbad. Internationale Küche mit klassischem Einfluss im Imperial. Schlossrestaurant mit Aussicht.

BÜHLERTAL – Baden-Württemberg – **545** – 8 140 Ew – Höhe 194 m – Wintersport : 1 005 m ⛷5 ⛷ – Luftkurort **54 E18**

▶ Berlin 721 – Stuttgart 120 – Karlsruhe 50 – Strasbourg 51

ℹ Hauptstr. 92, ✉ 77830, ✆ (07223) 9 96 70, info@buehlertal.de

Rebstock 🚗 🛉 🗼 📞 👤 P VISA ⦿

Hauptstr. 110, (Obertal) ✉ *77830 –* ✆ *(07223) 9 97 40 – rebstock-buehlertal@ t-online.de – Fax (07223) 997499*

21 Zim ☐ – †57/75 € ††90/115 € – ½ P 15 € – **Rest** – *(geschl. Feb. 2 Wochen, Nov. 2 Wochen und Donnerstag)* Menü 28 € – Karte 25/41 €

♦ Hinter der Balkonfassade dieses familiengeführten Hauses erwarten den Gast gepflegte, wohnliche Zimmer und ein freundlicher, individueller Service. Ländliches Restaurant mit schöner Gartenterrasse.

BÜHLERTAL

XX   **Bergfriedel** mit Zim   ≼ Bühlertal, 🐾 ⚒ Zim, 📞 **P** *VISA* ⓸
    Haabergstr. 23, (Obertal) ✉ *77830* – ⌂ *(07223) 7 22 70* – *bergfriedel@t-online.de*
    – *Fax (07223) 999596* – *geschl. 1. - 20. Nov.*
    9 Zim ⊡ – ♦45/70 € ♦♦88/130 € – ½ P 20 € – **Rest** – *(geschl. Montag - Dienstag)*
    Menü 32/53 € – Karte 25/54 € ❀
    ♦ Hier genießen Sie bei schmackhafter, überwiegend regionaler Küche einen herrlichen
    Panoramablick über den Schwarzwald. Nicht weniger schön ist die Sicht von der Terrasse.
    Sehr hübsch und wohnlich sind die Gästezimmer.

X   **Engel** mit Zim   🐾 **P** *VISA* ⓸
    Hauptstr. 13, (Untertal) ✉ *77830* – ⌂ *(07223) 7 21 63* – *info@engel-buehltertal.de*
    – *Fax (07223) 999164*
    8 Zim ⊡ – ♦45/52 € ♦♦75/79 € – ½ P 15 € – **Rest** – Menü 26 € – Karte 28/51 €
    ♦ Der durch Familie Recht geführte Gasthof beherbergt ein nett dekoriertes, ländlich-
    gemütliches Restaurant, in dem regionale und teils auch elsässische Küche serviert wird.
    Gepflegte rustikale Gästezimmer.

BÜLOW – Mecklenburg-Vorpommern – **542** – 600 Ew – Höhe 24 m   13 **N5**
    ▶ Berlin 174 – Schwerin 106 – Neubrandenburg 55 – Güstrow 44

In Bülow-Schorssow Süd-West : 2 km :

🏠   **Schloss Schorssow** (mit Gästehaus) 🌿   🍴 🐾 🌳 🔲 🛏 🚿 ⚒
    Am Haussee 3 ✉ *17166*   🍽 Rest, ⚒ Rest, 🏊 **P** *VISA* ⓸ *AE* ⓘ
    – ⌂ *(039933) 7 90* – *schloss.schorssow@t-online.de* – *Fax (039933) 79100*
    44 Zim ⊡ – ♦78/130 € ♦♦96/180 €
    Rest *Hofjägermeister von Moltke* – Menü 64/82 € – Karte 53/67 €
    Rest *Weinkeller* – *(nur Abendessen)* Menü 30 € – Karte 26/45 €
    ♦ Das a. d. 19. Jh. stammende Schloss in einem schönen Park mit See ist ein gut geführtes
    Hotel mit elegantem Rahmen. Hübsche Bibliothek und gepflegter Saunabereich. Stuck-
    decken unterstreichen das klassische Ambiente des Hofjägermeister von Moltke.

BÜRCHAU – Baden-Württemberg – siehe Neuenweg

BÜREN – Nordrhein-Westfalen – **543** – 22 300 Ew – Höhe 230 m   27 **F11**
    ▶ Berlin 450 – Düsseldorf 152 – Arnsberg 56 – Kassel 92
    🛈 Königstr.16, ✉33142, ⌂ (02951) 97 01 24

🏠   **Kretzer**   ⚒ Zim, 📞 **P** *VISA* ⓸ *AE*
    Wilhelmstr. 2 ✉ *33142* – ⌂ *(02951) 98 49 80* – *info@hotel-kretzer.de* – *Fax (02951)*
    70119 – *geschl. 17. - 21. März, 12. Juli - 2. Aug.*
    10 Zim ⊡ – ♦38 € ♦♦72 € – **Rest** – *(geschl. Mittwochabend)* Karte 12/31 €
    ♦ In einer Seitenstraße im Zentrum liegt das mit soliden und zeitgemäßen Zimmern
    ausgestattete Hotel unter Leitung der Inhaber-Familie. Restaurant mit ländlich-rustikalem
    Charakter.

🏠   **Ackfeld**   Biergarten 🍴 *VISA* ⓸ *AE*
    Bertholdstr.9 ✉ *33142* – ⌂ *(02951) 9 84 50* – *ackfeld@aol.com* – *Fax (02951) 984545*
    8 Zim ⊡ – ♦38/42 € ♦♦68/74 € – **Rest** – *(geschl. 23. Dez. - 6. Jan., 13. - 27. Juni*
    und Donnerstag) Menü 7 € (mittags) – Karte 15/27 €
    ♦ Gepflegte, mit Kirschholz möblierte Gästezimmer stehen in diesem in der Ortsmitte gele-
    genen, familiengeführten kleinen Hotel zur Verfügung. Bürgerlich-schlichtes Restaurant.

BÜRGSTADT – Bayern – **546** – 4 350 Ew – Höhe 150 m   48 **G16**
    ▶ Berlin 566 – München 352 – Würzburg 69 – Aschaffenburg 43
    🛈 Große Maingasse 1 (Rathaus), ✉ 63927, ⌂ (09371) 9 73 80, tourismus@
    buergstadt.info

🏠   **Adler** (mit Gästehäusern)   Biergarten 🍴 🛏 ⚒ 📞 **P** *VISA* ⓸ *AE*
    Hauptstr. 30 ✉ *63927* – ⌂ *(09371) 9 78 80* – *info@gasthof-adler.de* – *Fax (09371)*
    978860
    21 Zim ⊡ – ♦44/64 € ♦♦68/98 € – **Rest** – *(geschl. Montagmittag, Nov. - April*
    Montag - Dienstagmittag) Menü 32 € – Karte 22/39 €
    ♦ Freundlich kümmert sich die Familie hier um die Gäste. Man verfügt über recht unter-
    schiedlich eingerichtete, funktionelle Zimmer. Restaurant mit gemütlichem Ambiente.

BÜRGSTADT

Weinhaus Stern
*Hauptstr. 23 ⊠ 63927 – ℰ (09371) 4 03 50 – info@hotel-weinhaus-stern.de
– Fax (09371) 403540*
11 Zim ⌑ – ♦45/59 € ♦♦75/115 € – **Rest** – *(geschl. Mittwoch - Donnerstag, Montag - Freitag nur Abendessen)* (Tischbestellung ratsam) Menü 27 € – Karte 29/47 €

♦ Ein historisches Gebäude mit wohnlichen Zimmern. Die hübsche Fassade aus Sandstein und Fachwerk bewahrt dem Haus seinen ursprünglichen Charakter. Gemütlich-ländliche Gaststuben mit sorgfältig zubereiteten regionalen Gerichten. Im Sommer weinberankte Terrasse.

BÜSINGEN – Baden-Württemberg – 545 – 1 470 Ew – Höhe 421 m – Deutsche Exklave im Schweizer Hoheitsgebiet, Schweizer Währung
62 **F21**

▣ Berlin 802 – Stuttgart 169 – Freiburg im Breisgau 96 – Zürich 58

Alte Rheinmühle
*Junkerstr. 93 ⊠ 78266 – ℰ (07734) 93 19 90 – hotel@alte-rheinmuehle.ch
– Fax (07734) 9319940*
16 Zim ⌑ – ♦79 € ♦♦97 € – **Rest** – *(geschl. 20. Jan. - 18. Feb.)* Karte 31/62 €

♦ Reizvoll liegt die 1674 erbaute ehemalige Mühle am Rhein. In dem kleinen Hotel finden sich einge schöne Antiquitäten und freigelegtes altes Fachwerk. Gemütlich-rusikales Restaurant mit Blick aufs Wasser und angenehmer Terrasse.

BÜSUM – Schleswig-Holstein – 541 – 4 860 Ew – Höhe 2 m – Nordseeheilbad
9 **G3**

▣ Berlin 406 – Kiel 102 – Cuxhaven 131 – Flensburg 103
🄑 Südstrand 11, ⊠ 25761, ℰ (04834) 90 91 14, info@buesum.de
🄑 Warwerort, Zwischen den Deichen ℰ (04834) 96 04 60

Friesenhof
*Nordseestr. 66 ⊠ 25761 – ℰ (04834) 95 51 20 – hotel-friesenhof@t-online.de
– Fax (04834) 8108*
45 Zim ⌑ – ♦56/86 € ♦♦112/169 € – ½ P 20 € – **Rest** – Karte 17/54 €

♦ Die Lage direkt hinter dem Deich sowie zeitgemäß ausgestattete Gästezimmer sprechen für dieses Haus. Ein Teil der Zimmer liegt zur Seeseite, mit Balkon. Restaurant mit Wintergarten.

Strandhotel Hohenzollern
*Strandstr. 2 ⊠ 25761 – ℰ (04834) 99 50 – info@strandhotel-hohenzollern.de
– Fax (04834) 995150 – geschl. 19. Nov. - 19. Dez.*
43 Zim ⌑ – ♦40/54 € ♦♦80/108 € – ½ P 14 € – **Rest** – Karte 16/32 €

♦ In diesem gepflegten Haus stehen mit Mahagonimöbeln eingerichtete Zimmer zur Verfügung. Eine hauseigene Brücke führt Sie zum Strand. Schlichtes Restaurant mit rustikalem Touch.

Zur Alten Post (mit Gästehaus)
*Hafenstr. 2 ⊠ 25761 – ℰ (04834) 9 51 00 – altepostbuesum@aol.com
– Fax (04834) 4944*
42 Zim ⌑ – ♦42/52 € ♦♦82/100 € – ½ P 14 € – **Rest** – Karte 17/38 €

♦ Das im alten Ortskern an der Kirche gelegene Hotel bietet unterschiedlich gestaltete Zimmer, die sich auf den historischen Gasthof und den Gartenflügel verteilen. Teil des regionstypischen Restaurants ist die Dithmarscher Bauernstube. Viele Fischgerichte.

Windjammer
*Dithmarscher Str. 17 ⊠ 25761 – ℰ (04834) 66 61 – info@hotel-windjammer.de
– Fax (04834) 3040*
17 Zim ⌑ – ♦40/80 € ♦♦70/108 € – ½ P 13 € – **Rest** – *(nur Abendessen)* Karte 17/27 €

♦ Hier erleben Sie nordisches Flair und Gastlichkeit. Als wohnliches Zuhause präsentieren sich die neuzeitlichen Zimmer - teils mit Südbalkon.

Büsum garni (mit Gästehaus)
Blauort 18 ⊠ 25761 – ℰ (04834) 6 01 40 – info@hotel-buesum.de – Fax (04834) 60188 – geschl. Ende Okt. - Anfang April
35 Zim ⌑ – ♦29/54 € ♦♦70/96 €

♦ Mit Strand, Meer und dem Engagement des Hauses ist die Basis für Ihre Erholung geschaffen. Für die angenehme Nachtruhe stehen Zimmer sowie Appartements zur Verfügung.

BÜSUM

Kolles Alter Muschelsaal
Hafenstr. 27 ⌧ 25761 – ☏ (04834) 24 40 – kolle-buesum@t-online.de
– Fax (04834) 4555 – geschl. Montag
Rest – Menü 19/39 € – Karte 19/40 €
♦ Aus der früheren Gaststube einer alten Fischerkneipe ist dieses gemütliche Restaurant entstanden. Viele Muscheln aus allen Weltmeeren zieren das Interieur. Bürgerliche Küche.

BÜTTELBORN – Hessen – 543 – 13 310 Ew – Höhe 90 m 47 **F15**
▶ Berlin 567 – Wiesbaden 35 – Frankfurt am Main 38 – Darmstadt 12

Haus Monika
Im Mehlsee 1 (B 42, Ost : 1 km) ⌧ 64572 – ☏ (06152) 18 10 – info@haus-monika.de – Fax (06152) 18150 – geschl. 24. Dez. - 2. Jan. (Hotel)
38 Zim ⌑ – †55/65 € ††80/90 € – **Rest** – (geschl. Samstag, Sonntagabend) Karte 21/44 €
♦ Mit seinen neuzeitlichen, in hellem Holz eingerichteten Zimmern stellt das Hotel ein gut unterhaltenes und praktisch ausgestattetes Zuhause auf Zeit dar. Gepflegtes Restaurant mit integrierter Hotelbar.

BURBACH – Nordrhein-Westfalen – 543 – 14 990 Ew – Höhe 380 m 37 **E13**
▶ Berlin 556 – Düsseldorf 137 – Siegen 19 – Limburg an der Lahn 45

Snorrenburg
Römer 8 ⌧ 57299 – ☏ (02736) 29 84 19 – info@snorrenburg.de – Fax (02736) 298445
16 Zim ⌑ – †85 € ††100 € – **Rest** – (geschl. Samstagmittag) Karte 24/34 €
♦ Ein ehemaliges Schulhaus - auf dem Gelände einer einstigen Burg - beherbergt geschmackvolle, individuell nach Themen gestaltete Zimmer. Frühstück im Jugendstil-Wintergarten. Gemütlich-ländlich: das Restaurant in einem kleinen Fachwerkhaus gegenüber dem Hotel.

In Burbach-Holzhausen Süd-Ost : 8,5 km über Würgendorf, dann rechts ab :

Fiester-Hannes mit Zim
Flammersbacher Str. 7 ⌧ 57299 – ☏ (02736) 2 95 90 – info@fiester-hannes.de – Fax (02736) 295920
6 Zim ⌑ – †65/80 € ††100/130 € – **Rest** – (geschl. Mitte Feb. 2 Wochen und Montag - Dienstagmittag, Samstagmittag) Menü 52 € – Karte 25/51 €
♦ Sehr schön hat man das a. d. 17. Jh. stammende Fachwerkhaus restauriert. In charmantem, gemütlich-rustikalem Ambiente serviert man gute internationale Küche. Wohnlich und modern sind die mit Parkettfußboden ausgestatteten Gästezimmer.

BURG BEI MAGDEBURG – Sachsen-Anhalt – 542 – 25 380 Ew – Höhe 54 m 31 **M9**
▶ Berlin 130 – Magdeburg 26 – Brandenburg 55
ℹ Markt 1, ⌧ 39288, ☏ (03921) 48 44 916, burginfo@stadt-burg.de

Wittekind
An den Krähenbergen 2 (im Gewerbegebiet Ost, Süd-Ost : 3 km) ⌧ 39288 – ☏ (03921) 9 23 90 – hotel-wittekind-burg@t-online.de – Fax (03921) 923939
45 Zim ⌑ – †72 € ††103 € – **Rest** – Karte 18/26 €
♦ Freuen Sie sich auf ein sympathisches, gepflegtes Ambiente. Äußerlich wie auch im Inneren zeigt sich das Haus in neuzeitlichem Stil. Hell und modern: das Restaurant.

BURG (SPREEWALD) – Brandenburg – 542 – 4 570 Ew – Höhe 57 m – Erholungsort 33 **R10**
▶ Berlin 113 – Potsdam 144 – Cottbus 19 – Frankfurt (Oder) 98
ℹ Am Hafen 6, ⌧ 03096, ☏ (035603) 75 01 60, touristinfo-burg.spreewald@t-online.de

🟢 Spreewald★★ (Freilandmuseum Lehde★, per Kahn ab Lübbenau West : 19 km)

263

BURG (SPREEWALD)

Zur Bleiche Resort & Spa
Biergarten (geheizt)
Bleichestr. 16 (West : 2 km) ⊠ 03096
– ℰ (035603) 6 20 – reservierung@hotel-zur-bleiche.com – Fax (035603) 60292
90 Zim (inkl. ½ P.) – †165/301 € – ††190/400 € – 16 Suiten
Rest *17 fuffzig* – separat erwähnt
Rest – Karte 25/38 €

♦ Eine hübsche Gartenanlage umgibt das Hotel in ruhiger Ortsrandlage. Mit Geschmack hat man die teils sehr geräumigen Zimmer sowie die Landtherme gestaltet. Eigener Kahnhafen. Restauranträume von elegant bis rustikal. Nettes BioSphärenLocal am Mittag.

Am Spreebogen
Rest,
Ringchaussee 140 (West : 3 km) ⊠ 03096 – ℰ (035603) 68 00
– hotel-am-spreebogen@t-online.de – Fax (035603) 68020
24 Zim ⊑ – †59 € – ††89 € – ½ P 15 € – **Rest** – Karte 14/35 €

♦ Die Zimmer dieses Hotels sind mit hellen Naturholzmöbeln neuzeitlich und sehr solide eingerichtet - eine überaus gepflegte Adresse. Restaurant mit Wintergartenanbau.

Seehotel
Willischzaweg 69 (Nord : 3,5 km, Richtung Byhleguhre, dann links ab) ⊠ 03096
– ℰ (035603) 6 50 – seehotel-burg@t-online.de – Fax (035603) 65250
35 Zim ⊑ – †55/65 € – ††76/106 € – ½ P 15 € – **Rest** – (Mitte Okt. - Anfang April nur Abendessen) Karte 19/27 €

♦ Vor allem die Lage an einem kleinen See direkt im Biosphärenreservat macht dieses Hotel mit gepflegten Gästezimmern im Landhausstil aus.

XxX 17 fuffzig – Hotel Zur Bleiche Resort & Spa
Bleichestr. 16 (West : 2 km) ⊠ 03096 – ℰ (035603) 6 20 – reservierung@
hotel-zur-bleiche.com – Fax (035603) 60292 – geschl. Mitte Juli
- Ende Aug. 3 Wochen und Montag - Dienstag
Rest – (nur Abendessen) Menü 82/125 € – Karte 51/95 €
Spez. Auf Birkenkohle gegrillter Stör mit Paprika und Wildkräuteremulsion. Rehrücken in der Kruste gebacken mit Kopfsalatherz und Safranbirne. Geeistes Passionsfruchttörtchen mit Rohrzucker gratiniert und Rotbusch-Teesabayon.

♦ In diesem Gourmetrestaurant wird eine moderne Küche serviert, für die Küchenchef Oliver Heilmeyer die besten lokalen Produkte verwendet. Interessant: die Suiseki-Skulpturen.

In Burg-Kauper Nord-West : 9 km :

Waldhotel Eiche
Biergarten Rest,
Eicheweg ⊠ 03096 – ℰ (035603) 6 70 00 – waldhoteleiche@ringhotels.de
– Fax (035603) 67222 – geschl. Weihnachten, Jan.
62 Zim ⊑ – †58/106 € – ††82/139 € – 8 Suiten – **Rest** – Karte 17/31 €

♦ Angenehm ruhig und einsam liegt das Hotel am Spreekanal. Neben komfortablen Gästezimmern steht auch eine gemütliche kleine Kamin-Lounge zur Verfügung. Das Restaurant: teils gediegen-elegant, teils mit ländlicher Note.

Landhotel Burg im Spreewald
Ringchaussee 125 ⊠ 03096 – ℰ (035603) 6 46
– landhotel@landhotel-burg.de – Fax (035603) 64800
65 Zim ⊑ – †66/92 € – ††85/115 € – ½ P 16 € – **Rest** – Karte 23/30 €

♦ Inmitten des Spreewaldes finden Reisende ein wohnliches Quartier. Naturbelassenes Holz schenkt dem Inneren dieses modernen Hauses ein besonderes Flair. Mit hellen, freundlichen Farben hat man das Restaurant gestaltet.

In Werben Süd-Ost : 3 km Richtung Cottbus :

Zum Stern
Biergarten
Burger Str. 1 ⊠ 03096 – ℰ (035603) 6 60 – hotel-stern-werben@spreewald.de
– Fax (035603) 66199
32 Zim ⊑ – †46/51 € – ††61/75 € – ½ P 12 € – **Rest** – Karte 13/25 €

♦ Helles Naturholz-Mobiliar verleiht den modernen Räumlichkeiten des Hauses eine freundliche Atmosphäre. Lassen Sie sich von langjähriger Familientradition begeistern. Sie wählen aus einem preiswerten gutbürgerlichen Speiseangebot.

BURG STARGARD – Mecklenburg-Vorpommern – siehe Neubrandenburg

BURGDORF – Niedersachsen – 541 – 30 220 Ew – Höhe 53 m 19 I8

▶ Berlin 274 – Hannover 31 – Braunschweig 52 – Celle 24
🖼 Burgdorf-Ehlershausen, Waldstr. 27 ℰ (05085) 76 28

Am Försterberg
Immenser Str. 10 ⊠ *31303 – ℰ (05136) 8 80 80 – Fax (05136) 873342*
24 Zim ⊇ – †44 € ††77 € – **Rest** – *(geschl. Juli - Mitte Aug. 3 Wochen)* Karte 13/33 €
♦ Schon viele Jahre leitet die Inhaberfamilie dieses Haus. Es erwarten Sie eine solide Ausstattung und ländlicher Charakter. Restaurant mit gediegenem Ambiente.

BURGHAUSEN – Bayern – 546 – 18 250 Ew – Höhe 421 m 67 O20

▶ Berlin 639 – München 110 – Bad Reichenhall 67 – Passau 81
ℹ Stadtplatz 112 (Rathaus), ⊠ 84489, ℰ (08677) 88 71 40, touristinfo@burghausen.de
🖼 Markt, Falkenhof 1 ℰ (08678) 98 69 03
🖼 Haiming, Piesing 4 ℰ (08678) 98 69 03
◉ Burg ★★
◉ Wallfahrtskirche Marienberg★ Süd-West : 4 km – Klosterkirche Raitenhaslach★ Süd-West : 5 km

Lindacher Hof garni
Mehringer Str. 47 ⊠ *84489 – ℰ (08677) 98 60 – info@lindacher-hof.de – Fax (08677) 986400*
50 Zim ⊇ – †79/82 € ††95/109 €
♦ Das seit 1920 existierende Hotel ist ein familiär geleitetes Haus, in dem neuzeitlich und funktionell eingerichtete Gästezimmer zur Verfügung stehen.

Post (mit Gästehaus)
Stadtplatz 39 ⊠ *84489 – ℰ (08677) 96 50 – info@altstadthotels.net – Fax (08677) 965666*
24 Zim ⊇ – †78/82 € ††98/115 € – **Rest** – *(geschl. 23. - 25. Dez.)* Karte 15/40 €
♦ Die Zimmer des traditionellen Gasthofs in der Altstadt direkt an der Salzach verteilen sich auf Stamm- und Gästehaus und sind rustikal, teils auch leicht elegant gestaltet. Bürgerlich-regional ist das Angebot in den Gaststuben mit Kreuzgewölbe.

Bayerische Alm
Robert-Koch-Str. 211 ⊠ *84489 – ℰ (08677) 98 20 – info@bayerischealm.de – Fax (08677) 982200*
23 Zim ⊇ – †68/88 € ††93/105 € – **Rest** – Menü 22/36 € – Karte 20/33 €
♦ Recht ruhig liegt das familiengeführte Haus am Ortsrand oberhalb der Salzach. Eine rustikale Adresse mit unterschiedlich eingerichteten Zimmern, teilweise mit Balkon. Das Restaurant bietet bürgerliche und internationale Küche.

BURGKUNSTADT – Bayern – 546 – 7 010 Ew – Höhe 304 m 50 L15

▶ Berlin 366 – München 273 – Coburg 31 – Bayreuth 38

In Altenkunstadt Süd : 2 km :

Gondel
Marktplatz 7 ⊠ *96264 – ℰ (09572) 36 61 – info@hotelgondel.de – Fax (09572) 4596 – geschl. 2. - 15. Jan.*
35 Zim – †40/58 € ††55/95 € – **Rest** – *(geschl. Samstagmittag)* Karte 19/40 €
♦ In dem von Familie Jahn gut geführten Hotel mit ländlicher Fachwerkfassade erwarten Sie solide Zimmer mit unterschiedlichem Mobiliar und Zuschnitt. Im Restaurant: rustikaler Charme und bürgerliche Küche.

BURGRIEDEN – Baden-Württemberg – 545 – 3 560 Ew – Höhe 541 m 64 I20

▶ Berlin 637 – Stuttgart 115 – Konstanz 150 – Ulm (Donau) 24

Ebbinghaus
Bahnhofplatz 2 ⊠ *88483 – ℰ (07392) 60 41 – info@restaurant-ebbinghaus.de – Fax (07392) 16765 – geschl. Aug. 3 Wochen und Montag - Dienstag*
Rest – *(Mittwoch - Samstag nur Abendessen)* Menü 58/65 € – Karte 28/62 €
♦ Wo ehemals ein Schrankenhäuschen stand, bietet man heute in einem neuzeitlichen Landhaus ambitionierte und schmackhafte zeitgemäß zubereitete internationale Küche.

265

BURGTHANN – Bayern – 546 – 11 540 Ew – Höhe 400 m   50 L17
▶ Berlin 439 – München 159 – Nürnberg 29 – Regensburg 79

Burghotel Müller (mit Gästehäusern)
Burgstr. 2 ⊠ 90559 – ℰ (09183) 9 32 10
– burghotel-mueller@t-online.de – Fax (09183) 932161
22 Zim ⊡ – †55/60 € ††85/105 €
Rest *Zum Goldenen Hirschen* – *(geschl. Montag)* Karte 14/23 €
♦ Das Haus liegt im oberen Teil des Ortes, nahe der namengebenden Burg. Der Gasthof und zwei neu erbaute Gästehäuser beherbergen teils einfache, teils komfortablere Zimmer. Das rustikal gehaltene Restaurant befindet sich im Stammhaus.

Blaue Traube mit Zim
Schwarzachstr. 7 ⊠ 90559 – ℰ (09183) 75 55 – blauetraube@web.de
– Fax (09183) 3787
8 Zim ⊡ – †35/40 € ††64/70 € – **Rest** – *(geschl. Dienstag)* Menü 22 € – Karte 16/32 €
♦ Mit viel Holz eingerichtet, spiegelt dieses Haus den Charakter der Region wider - mit hübschem Kachelofen und nettem Dekor. Geboten wird eine bodenständige, fränkische Küche.

BURGWALD – Hessen – 543 – 5 200 Ew – Höhe 305 m   38 F12
▶ Berlin 462 – Wiesbaden 145 – Marburg 27 – Kassel 90

In Burgwald-Ernsthausen

Oertel Burgwald-Stuben
Marburger Str. 25 (B 252) ⊠ 35099 – ℰ (06457) 80 66 – Fax (06457) 1076 – *geschl. Mittwoch*
Rest – *(nur Abendessen)* Karte 28/56 €
♦ Das ehemalige Wohnhaus beherbergt heute ein Restaurant mit elegant-rustikalem Ambiente. Aufgetischt werden Gerichte nach internationaler Art.

BURGWEDEL – Niedersachsen – 541 – 20 360 Ew – Höhe 53 m   19 I8
▶ Berlin 283 – Hannover 30 – Bremen 107 – Celle 28
🄱 Burgwedel-Engensen, Wettmarer Str. 13 ℰ (05139) 89 44 94

In Burgwedel-Großburgwedel

Kokenhof
Isernhägener Str. 3 ⊠ 30938 – ℰ (05139) 80 30 – info@kokenhof.com
– Fax (05139) 803555
44 Zim ⊡ – †119 € ††149 € – **Rest** – Menü 30 € – Karte 33/46 €
♦ Rekonstruierte Fachwerkhäuser im regionstypischen Stil bilden diese Hotelanlage. Es erwarten Sie ein moderner Empfangsbereich und wohnliche Gästezimmer mit rustikaler Note. Neuzeitliches Restaurant mit internationaler Küche. Nette Innenhofterrasse.

In Burgwedel-Kleinburgwedel

Woltemaths Restaurant Lüttjen Borwe
Wallstr. 13 ⊠ 30938 – ℰ (05139) 17 45 – mail@woltemaths-restaurant.de
– Fax (05139) 27488 – *geschl. Montag - Dienstag*
Rest – *(Mittwoch - Samstag nur Abendessen)* Menü 30/49 € – Karte 26/46 €
♦ Das erweiterte kleine Fachwerkhaus a. d. J. 1920 beherbergt heute ein behagliches Restaurant im Landhausstil mit internationalem und regionalem Angebot.

In Burgwedel-Thönse

Gasthaus Lege
Engenser Str. 2 ⊠ 30938 – ℰ (05139) 82 33 – info@gasthaus-lege.de – Fax (05139) 958227 – *geschl. Juli - Aug. 3 Wochen und Montag - Dienstag*
Rest – *(Mittwoch - Freitag nur Abendessen)* Menü 29/49 € – Karte 32/44 €
♦ Das in ländlichem Stil gehaltene, nett dekorierte Restaurant ist ein engagiert geführter Familienbetrieb, der schmackhafte internationale, teils regionale Speisen bietet.

BUTJADINGEN – Niedersachsen – 541 – 6 580 Ew – Höhe 2 m 8 **F5**
- Berlin 487 – Hannover 214 – Cuxhaven 64 – Bremerhaven 15
- Strandallee 61 (Burhave), ⊠ 26969, ℰ (04733) 92 93 13, kontakt@butjadingen-info.de

In Butjadingen-Fedderwardersiel – Seebad :

Zur Fischerklause — Rest, P.
Sielstr. 16 ⊠ 26969 – ℰ (04733) 3 62 – hotel@fischerklause.de – Fax (04733) 1847 – geschl. Nov. - Feb.
22 Zim ⊇ – †48 € ††84 € – **Rest** – *(geschl. Dienstag)* Karte 15/34 €
◆ Friesisches Flair umgibt Sie beim Besuch dieses Hauses. Beschaulich am Kutterhafen gelegen, wird das gepflegte Quartier Ihren Ansprüchen gerecht. Bürgerliches Restaurant.

BUTTENHEIM – Bayern – siehe Hirschaid

BUXHEIM – Bayern – siehe Memmingen

BUXTEHUDE – Niedersachsen – 541 – 37 830 Ew – Höhe 2 m 10 **I5**
- Berlin 326 – Hannover 158 – Hamburg 37 – Cuxhaven 93
- Stavenort 2, ⊠ 21614, ℰ (04161) 50 12 97, stadtinfo@stadt.buxtehude.de
- Buxtehude, Zum Lehmfeld 1 ℰ (04161) 8 13 33
- Gut Immenbeck, Ardestorfer Weg 1 ℰ (04161) 8 76 99

Am Stadtpark garni
Bahnhofstr. 1, (Estepassage) ⊠ 21614 – ℰ (04161) 50 68 10 – hotel.stadtpark@t-online.de – Fax (04161) 506815
20 Zim ⊇ – †70 € ††91 €
◆ Im Herzen der Altstadt - nahe der Fußgängerzone - wartet ein neuzeitliches Haus auf Sie. Sie beziehen Quartier in gepflegten und wohnlichen Zimmern.

An der Linah garni
Harburger Str. 44 ⊠ 21614 – ℰ (04161) 6 00 90 – info@hotelanderlinah.de – Fax (04161) 600910
30 Zim ⊇ – †57/65 € ††77/85 €
◆ Lernen Sie in diesem liebenswerten Haus - freundlich und funktionell - ein Stück nordische Lebensart kennen. Der historische Charakter des Städtchens lädt zum Schlendern ein.

Hoddow's Gastwerk
Westfleth 35 ⊠ 21614 – ℰ (04161) 50 39 01 – info@hoddows_gastwerk.de – Fax (04161) 503902 – geschl. Feb. 1 Woche, Aug. 1 Woche und Montag - Dienstag
Rest – Menü 26 € – Karte 24/40 €
◆ Über vier Ebenen verteilt sich dieses moderne Restaurant, beginnend mit der offenen Küche und dem Thekenbereich. Frische Küche mit regionalen und internationalen Gerichten.

In Buxtehude-Hedendorf West : 5 km über B 53, Richtung Stade :

Zur Eiche — Rest, P.
Harsefelder Str. 64 ⊠ 21614 – ℰ (04163) 8 07 60 – info@hotel-zur-eiche.de – Fax (04163) 807630
25 Zim ⊇ – †50/64 € ††85/92 € – **Rest** – *(geschl. Donnerstag)* Karte 19/26 €
◆ Typisch norddeutsch im Stil präsentiert sich dieses kleine Hotel seinen Gästen. Hier steht ein solides Quartier für Sie bereit - fragen Sie nach den neueren Zimmern. Rustikales Restaurant mit netter, zum Garten hin gelegener Terrasse.

CALW – Baden-Württemberg – 545 – 23 760 Ew – Höhe 347 m 54 **F18**
- Berlin 659 – Stuttgart 47 – Karlsruhe 54 – Pforzheim 26
- Marktbrücke 1, ⊠ 75365, ℰ (07051) 96 88 10, stadtinfo@calw.de
- Kloster Hirsau★ (Eulenturm★)

CALW

Rössle
Hermann-Hesse-Platz 2 ⊠ 75365 – ℰ (07051) 7 90 00 – info@roessle-calw.de
– Fax (07051) 790079
29 Zim ⊊ – †48/58 € – ††78/88 € – **Rest** – (geschl. Freitag) Karte 17/31 €
♦ Seit 1876 befindet sich das im Zentrum gelegene Haus in Familienbesitz. In einem neuzeitlichen Anbau sind die Zimmer recht individuell eingerichtet. Bürgerliches Restaurant.

In Calw-Hirsau Nord : 2,5 km über B 463 – Luftkurort :

Kloster Hirsau
Wildbader Str. 2 ⊠ 75365 – ℰ (07051) 9 67 40 – info@hotel-kloster-hirsau.de
– Fax (07051) 967469
40 Zim ⊊ – †68/78 € – ††112/122 € – ½ P 18 €
Rest – Karte 26/41 €
♦ Die ehemalige Klosterherberge aus dem 15. Jh. bietet Ihnen eine Unterkunft hinter denkmalgeschützten Mauern - solide Räumlichkeiten mit zeitgemäßem Komfort. Im Restaurant wählen Sie aus einem saisonalen Angebot.

CASTELL – Bayern – 546 – 820 Ew – Höhe 317 m 49 J16
▶ Berlin 472 – München 238 – Würzburg 42 – Bamberg 69

Gasthaus zum Schwan mit Zim
Birklinger Str. 2 (B 286) ⊠ 97355 – ℰ (09325) 9 01 33 – info@schwan-castell.de
– Fax (09325) 90134 – geschl. 8. - 30. Jan., 29. Juli - 15. Aug.
9 Zim ⊊ – †45 € – ††65 € – **Rest** – (geschl. Dienstag)
Karte 18/34 €
♦ Die ehemalige Poststelle und Brauerei wird bereits in der 4. Generation von der Familie geführt. Ein bodenständiger Gasthof mit guten regionalen Speisen und Eigenbauweinen. Zum Übernachten stehen solide Zimmer bereit.

CASTROP-RAUXEL – Nordrhein-Westfalen – 543 – 78 210 Ew – Höhe 55 m 26 D11
▶ Berlin 498 – Düsseldorf 63 – Bochum 12 – Dortmund 12
🛈 Castrop-Rauxel, Dortmunder Str. 383 ℰ (02305) 6 20 27

Mercure Goldschmieding
Dortmunder Str. 55 ⊠ 44575 – ℰ (02305) 30 10 – h2826@accor.com
– Fax (02305) 30145
84 Zim – †66/136 € – ††76/146 €, ⊊ 15 €
Rest *Kaminzimmer* – Menü 36/49 € – Karte 46/59 €
Rest *Neue Westfalenstube* – Karte 30/43 €
♦ Ein sehr schönes historisches Gebäude und ein neuzeitlicher Hotelbau bilden diese auch für Tagungen bestens geeignete Adresse mit modernen Zimmern und hübschem Park. Blickfang im klassisch gehaltenen Kaminzimmer ist ein Sandsteinkamin von 1597.

Eurostar
Bahnhofstr. 60 ⊠ 44575 – ℰ (02305) 3 58 20 – info@eurostar-hotel.de
– Fax (02305) 358298 – geschl. 24. - 30. Dez. (Hotel)
51 Zim – †68/78 € – ††89 €, ⊊ 12 € – **Rest** – (geschl. 27. - 30. Dez. und Sonntag, nur Abendessen) Karte 23/41 €
♦ In dem familiär geleiteten Hotel in Bahnhofsnähe erwartet Sie ein neuzeitliches Ambiente von der recht großzügigen Lobby bis in die freundlichen, funktionellen Zimmer. Das Restaurant Olivo ist in mediterranem Stil gehalten.

In Castrop-Rauxel-Schwerin

Selle garni
Cottenburgschlucht 41 ⊠ 44577 – ℰ (02305) 94 10 – hotelselle@t-online.de
– Fax (02305) 941252
32 Zim ⊊ – †45/56 € – ††58/76 €
♦ Freundlich kümmert man sich in diesem netten, ruhig gelegenen Hotel um die Gäste. Sie übernachten in soliden Zimmern und frühstücken im lichten Wintergarten.

CELLE – Niedersachsen – 541 – 71 320 Ew – Höhe 40 m

▶ Berlin 276 – Hannover 51 – Bremen 112 – Hamburg 117
ADAC Hannoversche Str. 34
🛈 Markt 14 (Altes Rathaus), ✉ 29221, ✆ (05141) 12 12, info@region-celle.de
☷ Celle-Garßen, Beuckenbusch 1 ✆ (05086) 3 95 Y
☷ Hambühren, Ericaweg 22 ✆ (05084) 9 24 30 Y
◉ Altstadt★★ – Schloss★ – Bomann-Museum★ – Stadtkirche★ Y
◉ Kloster Wienhausen (Wandmalereien des Nonnenchors★) über B 214 Y :
   12 km

Fürstenhof   ⬜ ⚟ AC 🍴 Rest, ✆ 🅼 🅿 🚗 VISA ⓜ AE ①
*Hannoversche Str. 55 ✉ 29221 – ✆ (05141) 20 10 – info@fuerstenhof-celle.com
– Fax (05141) 201120*   Z e
73 Zim ⊡ – ♂142/195 € ♂♂195/245 € – 3 Suiten
Rest *Endtenfang* und *Palio* – separat erwähnt
♦ Das schmucke Palais a. d. 17. Jh. besticht mit seinem stilvollen Hallenbereich und
eleganten Zimmern - jede Etage ist einem anderen Thema gewidmet, z. B. Golf, Pferde,
Heide.

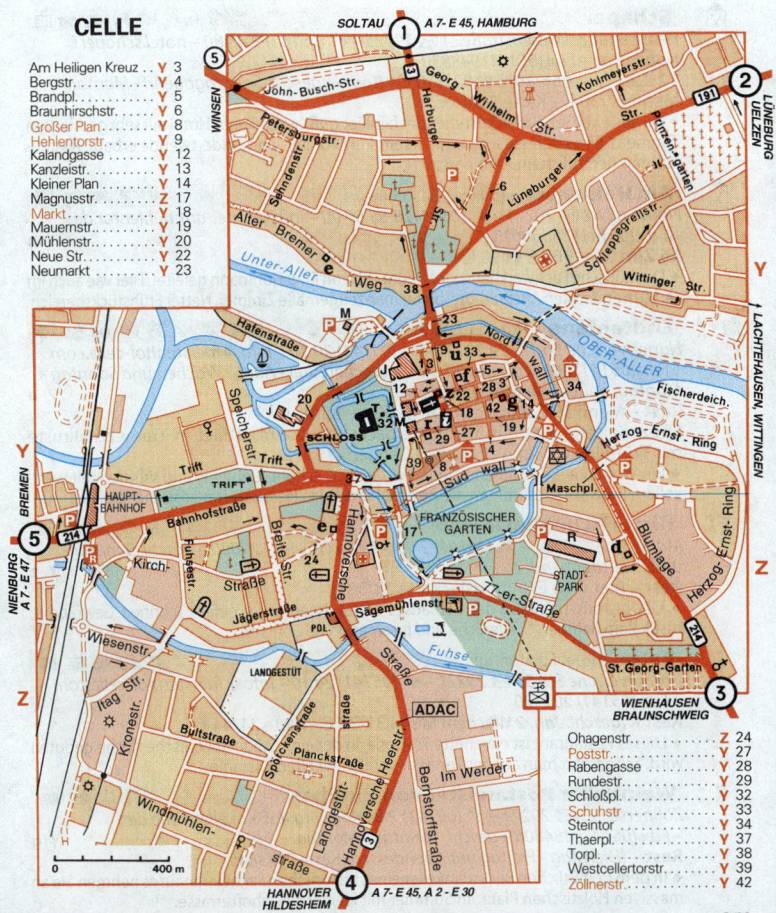

CELLE

Am Heiligen Kreuz	Y 3
Bergstr.	Y 4
Brandpl.	Y 5
Braunhirschstr.	Y 6
Großer Plan	Y 8
Hehlentorstr.	Y 11
Kalandgasse	Y 12
Kanzleistr.	Y 13
Kleiner Plan	Y 14
Magnusstr.	Z 17
Markt	Y 18
Mauernstr.	Y 19
Mühlenstr.	Y 20
Neue Str.	Y 22
Neumarkt	Y 23
Ohagenstr.	Z 24
Poststr.	Y 27
Rabengasse	Y 28
Rundestr.	Y 29
Schloßpl.	Z 32
Schuhstr.	Y 33
Steintor	Y 34
Thaerpl.	Y 37
Torpl.	Y 38
Westcellertorstr.	Y 39
Zöllnerstr.	Y 42

CELLE

Caroline Mathilde (mit Gästehaus)
*Alter Bremer Weg 37 ✉ 29223 – ℰ (05141) 98 07 80 – info@caroline-mathilde.de
– Fax (05141) 98078555*   Y e
53 Zim ⌂ – †70/140 € ††105/225 € – **Rest** – *(nur Abendessen)* Karte 22/30 €
♦ Das Hotel besteht aus zwei Häusern im neuzeitlichen Villenstil. Im Haupthaus befinden sich die funktionellen Businesszimmer, im Gästehaus die wohnlichen Wohlfühlzimmer. Das Bistro Kanapé bietet eine kleine internationale Speisenauswahl.

Borchers garni
*Schuhstr. 52, (Passage) ✉ 29221 – ℰ (05141) 91 19 20 – info@hotelborchers.com
– Fax (05141) 9119244*   Y f
19 Zim ⌂ – †74/130 € ††105/160 €
♦ Die zentrale Lage in der von Fachwerkhäusern gesäumten Fußgängerzone sowie neuzeitliche Zimmer machen dieses Hotel aus. Nett ist die Frühstücksterrasse mit Innenhofcharakter.

Blumlage garni
*Blumlage 87 ✉ 29221 – ℰ (05141) 97 44 70 – info@blumlage.de
– Fax (05141) 97447111*   Z d
32 Zim ⌂ – †65/130 € ††98/160 €
♦ Am Rande des historischen Altstadtkerns liegt das Klinkerhaus mit den 3 markanten Giebeln. Einige der neuzeitlich-funktionellen Zimmer liegen ruhiger nach hinten.

Schaper
*Heese 6 (über Wiesenstraße Z) ✉ 29225 – ℰ (05141) 9 48 80 – hotel.schaper@
t-online.de – Fax (05141) 948830*
12 Zim ⌂ – †56/70 € ††82/110 € – **Rest** – *(geschl. Sonntagabend - Montag)*
Menü 27/30 € – Karte 26/44 €
♦ Ein aus zwei Gebäuden bestehendes familiengeführtes kleines Hotel mit sehr gepflegten Zimmern. Eines der Häuser wurde bereits kurz vor der Jahrhundertwende erbaut. Restaurant mit gemütlichem Ambiente.

Am Hehlentor garni (mit Gästehaus)
*Nordwall 62 ✉ 29221 – ℰ (05141) 8 85 69 00 – info@hotel-am-hehlentor.de
– Fax (05141) 88569013*   Y u
16 Zim ⌂ – †65 € ††90 €
♦ Das hübsche Fachwerkhaus wird freundlich von Frau Hohmann geleitet. Hier wie auch im ca. 50 m entfernten Altstadthotel bietet man zeitgemäße Zimmer. Netter Frühstücksbereich.

Endtenfang – Hotel Fürstenhof
*Hannoversche Str. 55 ✉ 29221 – ℰ (05141) 20 10 – info@fuerstenhof-celle.com
– Fax (05141) 201120 – geschl. Jan. 2 Wochen, Juli - Aug. 2 Wochen und Sonntag - Montag, außer Feiertage und Messen*   Z e
Rest – Menü 39 € (mittags)/107 € – Karte 80/97 € ⊛
Spez. Kaisergranat mit Spanferkelbäckchen. Steinbuttfilet in Tramezzinikruste mit Trüffelgelee. Junge Ente in 3 Gängen (2 Pers.).
♦ Ein vornehmes Restaurant: elegantes Gedeck, schöne Gobelins und Vitrinen mit wertvollem Porzellan bestimmen die Atmosphäre. Dazu klassisch-französische Speisen.

Historischer Ratskeller
Markt 14 ✉ 29221 – ℰ (05141) 2 90 99 – Fax (05141) 29090 – geschl. Sonntag- und Feiertagabend   Y z
Rest – Menü 16 € (mittags) – Karte 23/38 €
♦ Der historische Keller des Rathauses bietet Ihnen unter einem schönen Gewölbe in rustikalem Rahmen bürgerliche und internationale Gerichte.

Palio – Hotel Fürstenhof
*Hannoversche Str. 55 ✉ 29221 – ℰ (05141) 20 10 – info@fuerstenhof-celle.com
– Fax (05141) 201120*   Z e
Rest – *(geschl. Jan. 2 Wochen)* Menü 31/37 € – Karte 31/44 €
♦ Dieses Restaurant ist eine nette Trattoria, in der eine solide italienische Küche geboten wird. Schön sitzt man auf der Terrasse unter einer alten Kastanie.

Weinkeller Postmeister von Hinüber
*Zöllnerstr. 25 ✉ 29221 – ℰ (05141) 2 84 44 – info@weinkeller-celle.de
– Fax (05141) 484806 – geschl. Sonntag - Montag*   Y g
Rest – *(Dienstag - Freitag nur Abendessen)* Karte 23/38 €
♦ In dem gemütlichen Backsteinkeller eines historischen Fachwerkhauses nehmen Sie an massiven Holztischen Platz. Im Sommer mit kleiner Innenhofterrasse.

CELLE

In Celle-Altencelle über B 214 Z : 3 km :

Schaperkrug
Braunschweiger Heerstr. 85 ⊠ *29227 –* ℰ *(05141) 9 85 10 – info@schaperkrug.de – Fax (05141) 9851199*
36 Zim ⊇ – †52/67 € ††74/94 € – **Rest** – *(geschl. Sonntagabend)* Menü 20 € – Karte 22/29 €
◆ Das traditionsreiche Haus bietet in seinem Anbau ruhig nach hinten gelegene Zimmer. Einfacher ist das Stammhaus, ein älterer Gasthof. Gediegenes Restaurant mit Kamin.

Allerkrug
Alte Dorfstr. 14 ⊠ *29227 –* ℰ *(05141) 8 48 94 – info@allerkrug.de – Fax (05141) 882610 – geschl. 3. - 12. Aug. und Montagabend - Dienstag*
Rest – Menü 29/60 € – Karte 28/49 €
◆ In dem über 400 Jahre alten Fachwerkhaus erwarten Sie freundliches Ambiente sowie Sven Hüttens klassische und regionale Küche. Aufmerksam leitet die Gastgeberin den Service.

In Celle-Boye über John-Busch-Straße Y : 4 km :

Köllner's Landhaus mit Zim
Im Dorfe 1 ⊠ *29223 –* ℰ *(05141) 95 19 50 – info@koellners-landhaus.de – Fax (05141) 9519555*
6 Zim ⊇ – †88/130 € ††113/155 € – **Rest** – Menü 20 € (mittags)/59 € (abends) – Karte 25/54 €
◆ Schön liegt das ehemalige reetgedeckte Bauernhaus an einem romantischen Park an der Aller. Ein helles, elegantes Restaurant mit internationaler Küche und freundlichem Service.

In Celle-Groß Hehlen über B 3 Y : 4 km :

Celler Tor
Scheuener Str. 2 (an der B 3) ⊠ *29229 –* ℰ *(05141) 59 00 – info@celler-tor.de – Fax (05141) 590490 – geschl. 23. - 26. Dez.*
73 Zim ⊇ – †103/160 € ††146/235 € – **Rest** – Menü 34/49 € – Karte 26/50 €
◆ Neuzeitliche und wohnliche Gästezimmer erwarten Sie in diesem gut geführten Hotel. Neben einem Hallenbad mit Salzwasserbecken bietet man auch Kosmetikanwendungen. Restaurant mit klassisch-gediegenem Ambiente.

CHAM – Bayern – **546** – 17 340 Ew – Höhe 370 m   59 **O17**
▶ Berlin 481 – München 178 – Regensburg 73 – Amberg 73
🛈 Propsteistr. 46 (im Cordonhaus), ⊠ 93413, ℰ (09971) 80 34 93, tourist@cham.de

Randsberger Hof
Randsberger-Hof-Str. 15 ⊠ *93413 –* ℰ *(09971) 8 57 70 – info@randsbergerhof.de – Fax (09971) 20299*
89 Zim ⊇ – †40/44 € ††79/87 € – **Rest** – Karte 16/32 €
◆ Recht einfache, aber gepflegte Zimmer - auf der Südseite mit Balkon - erwarten den Gast in diesem Hotel mit schönem Blick auf die Stadt. Eigenes Kino. Bürgerliche Restaurant-räume, z. T. mit Ritterromantik. Regionale Küche.

Bräu-Pfandl
Lucknerstr. 11 ⊠ *93413 –* ℰ *(09971) 2 07 87 – info@braeupfandl.de – Fax (09461) 5675 – geschl. 1. - 21. Aug. und Sonntag - Montag*
Rest – Karte 13/44 €
◆ Holzfußboden, getäfelte Wände und nettes Dekor geben den Restaurantstuben ihren rustikalen Charakter - teils mit Gewölbedecke. Gutes Gedeck und geschulter Service.

In Cham-Chammünster Süd-Ost : 3 km über B 85 in Richtung Viechtach:

Am Ödenturm mit Zim
Am Ödenturm 11 ⊠ *93413 –* ℰ *(09971) 8 92 70 – info@oedenturm.de – Fax (09971) 892720 – geschl. Okt. - Nov.*
9 Zim ⊇ – †26/28 € ††52/56 € – **Rest** – *(geschl. Sonntagabend - Montag)* Menü 23/30 € – Karte 17/35 €
◆ In diesem Gasthaus in Waldrandlage nehmen Sie in gepflegtem ländlichem Ambiente Platz. Im Sommer sitzt man schön auf der großen Terrasse.

271

CHEMNITZ – Sachsen – 544 – 249 930 Ew – Höhe 296 m   42 O13

- Berlin 257 – Dresden 70 – Leipzig 78 – Praha 163
- **ADAC** Hartmannstr. 5a
- Markt 1, ⊠ 09111, ℰ (0371) 69 06 80, info@chemnitz-tourismus.de
- Klaffenbach, Wasserschlossweg 6 ℰ (0371) 2 62 18 40 **BY**
- Gahlenz, Am Golfplatz 1 ℰ (037292) 6 06 66 **CX**
- Museum für Naturkunde (versteinerter Wald ★) **EU M¹** – Schlosskirche ★ **ET**
- Schloss Augustusburg ★ (Motorradmuseum ★★) Ost : 15 km

Renaissance
Salzstr. 56 ⊠ 09113 – ℰ (0371) 3 34 10 – chemnitz@renaissancehotels.com
– Fax (0371) 3341777   **ET s**
226 Zim – ♦99/119 € ♦♦99/119 €, ⊇ 16 € – 16 Suiten
Rest *Glashaus* – ℰ (0371) 3 34 11 22 – Karte 23/37 €
♦ In einer gediegenen Wohngegend liegt das Hotel, das über wohnlich-elegante Zimmer und Suiten mit Dachterrasse und Blick auf die Stadt verfügt. Neuzeitliches Restaurant mit offener Showküche und Terrasse zur Grünanlage.

CHEMNITZ

Adelsbergstr.	**CY**
Annaberger Str.	**BY**
Augustusburger Str.	**CY**
Bernsdorfer Str.	**CY** 4
Blankenauer Str.	**BX** 9
Bornaer Str.	**BX**
Carl-von-Ossietzky-Str.	**CY** 10
Chemnitzer Str. (RÖHRSDORF)	**AX**
Chemnitztalstr.	**BX**
Dresdner Str.	**CX**
Erfenschlager Str.	**BCY** 16
Eubaer Str.	**CY**
Frankenberger Str.	**CY**
Geibelstr.	**CY**
Glösaer Str.	**BCX**
Gornauer Str.	**CY**
Grenzweg	**CXY**
Grünaer Str.	**AY** 18
Haardt Str.	**AX**
Heinrich-Schütz-Str.	**CX** 19
Hohensteiner Str.	**AY** 21
Jägerschlößenstr.	**CY** 25
Jagdschänkenstr.	**AY** 24
Leipziger Str.	**BX**
Leipziger Str. (RÖHRSDORF)	**AX**
Limbacher Str.	**ABY**
Limbacher Str. (RÖHRSDORF)	**AX**
Max-Saupe-Str.	**CX**
Neefestr.	**ABY**
Neefestr. (GRÜNA)	**AY**
Oberfrohnaer Str.	**AXY**
Reichenhainer Str.	**BCY**
Stelzendorfer Str.	**AY** 31
Stollberger Str.	**BY**
Südring	**BY**
Trützschlerstr.	**AY** 34
Unritzstr.	**AY** 36
Waldenburger Str.	**BY** 39
Wartburgstr.	**CY** 40
Wasserschänkenstr.	**AX** 41
Werner-Seelenbinder-Str.	**BY** 42
Weststr.	**BY**
Wilhelm-Busch-Str.	**CY** 43
Wittgensdorfer Str.	**BX** 45
Wladimir-Sagorski-Str.	**BY** 46
Yorckstr.	**CY** 48
Zschopauer Str.	**CY**
Zwickauer Str.	**ABY**

CHEMNITZ

Günnewig Hotel Chemnitzer Hof
Theaterplatz 4 ✉ *09111* – ℰ *(0371) 68 40*
– *chemnitzer.hof@guennewig.de – Fax (0371) 6762587*
EU b
92 Zim ⊡ – †89/119 € ††111/139 €
Rest *Opera* – Menü 19 € – Karte 25/41 €
♦ Die Zimmer des 1930 im Bauhausstil errichteten Hotels bieten je nach Lage einen Blick auf den Schillerpark. Vom Parkhaus Theaterplatz hat man direkten Zugang zum Haus. Im klassischen Restaurant speist man international.

Seaside Residenz Hotel
Bernsdorfer Str. 2 ✉ *09126* – ℰ *(0371) 3 55 10* – *info@residenzhotelchemnitz.de*
– *Fax (0371) 3551122*
EV d
193 Zim ⊡ – †59/105 € ††74/121 €
Rest – *(geschl. Sonntag)* Karte 14/35 €
♦ Ein gut unterhaltenes Hotel mit im Stil einheitlich und funktionell eingerichteten Zimmern - ein großer Teil verfügt über eine kleine Küche.

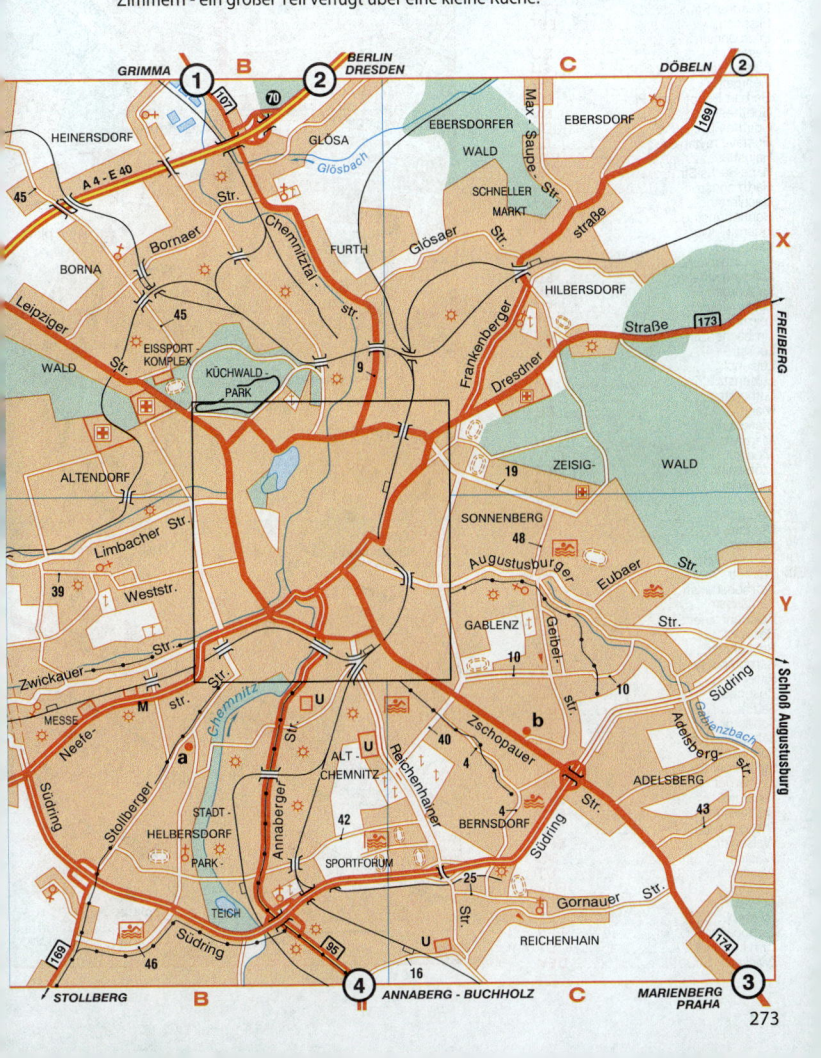

273

CHEMNITZ

Straße	Planquadrat	Nr.
Agricolastr.	DV	
Altchemnitzer Str.	EV	3
Andrépl.	DU	
Annaberger Str.	EV	
Annenstr.	EV	
Augsburger Str.	FU	
August-Bebel-Str.	FU	
Bahnhofstr.	EFU	
Barbarossastr.	DUV	
Bergstr.	DT	
Bernhardstr.	FV	
Bernsdorfer Str.	FV	
Beyerstr.	DT	6
Blankenauer Str.	FT	9
Brückenstr.	EU	
Brühl	ET	
Carolastr.	EFU	12
Charlottenstr.	FV	13
Deubners Weg	EV	15
Dresdner Str.	FTU	
Elisenstr.	EFT	
Enzmannstr.	DV	
Festpl.	DU	
Fürstenstr.	FU	
Georgstr.	EFT	
Gerhart-Hauptmann-Pl.	DV	
Goethestr.	DV	
Goethe-Pl.	DV	
Gustav-Freytag-Str.	EV	
Hainstr.	FTU	
Hans-Sachs-Str.	FV	
Hartmannstr.	DEU	
Hechlerstr.	DT	
Henriettenstr.	DU	
Innere Klosterstr.	EU	22
Kanzlerstr.	DU	
Karl-Liebknecht-Str.	EFT	
Kaßbergauffahrt	EU	27
Kaßbergstr.	DU	
Küchwaldring	DT	
Leipziger Str.	DT	
Limbacher Str.	DU	
Lohrstr.	EU	
Luisenpl.	DT	
Luisenstr.	DT	
Lutherstr.	FV	
Markt	EU	
Markusstr.	FU	
Martinstr.	FU	
Moritzstr.	EUV	
Mühlenstr.	ET	
Müllerstr.	EFT	
Neefestr.	DV	
Neumarkt	EU	28
Nordstr.	ET	
Palmstr.	FT	
Paul-Jäkel-Str.	DT	
Peterstr.	FT	
Promenadenstr.	ET	
Rathausstr.	EU	29
Reichenhainer Str.	EFV	30
Reichsstr.	DUV	
Reitbahnstr.	EV	
Rembrandtstr.	FV	
Ritterstr.	EFV	
Rosenhof	EU	
Salzstr.	DET	
Schillerpl.	ET	
Schloßteichstr.	DET	
Sonnenstr.	FU	
Stollberger Str.	DEV	
Straße der Nationen	EU	
Theaterpl.	EU	33
Theaterstr.	ETU	
Theodor-Körner-Pl.	FU	
Waisenstr.	EFU	37
Weststr.	DU	
Winklerstr.	DT	
Zieschestr.	FUV	
Zietenstr.	FU	
Zöllnerpl.	ET	
Zschopauer Str.	EFV	
Zum Luisenpl.	DT	49
Zwickauer Str.	DEV	

274

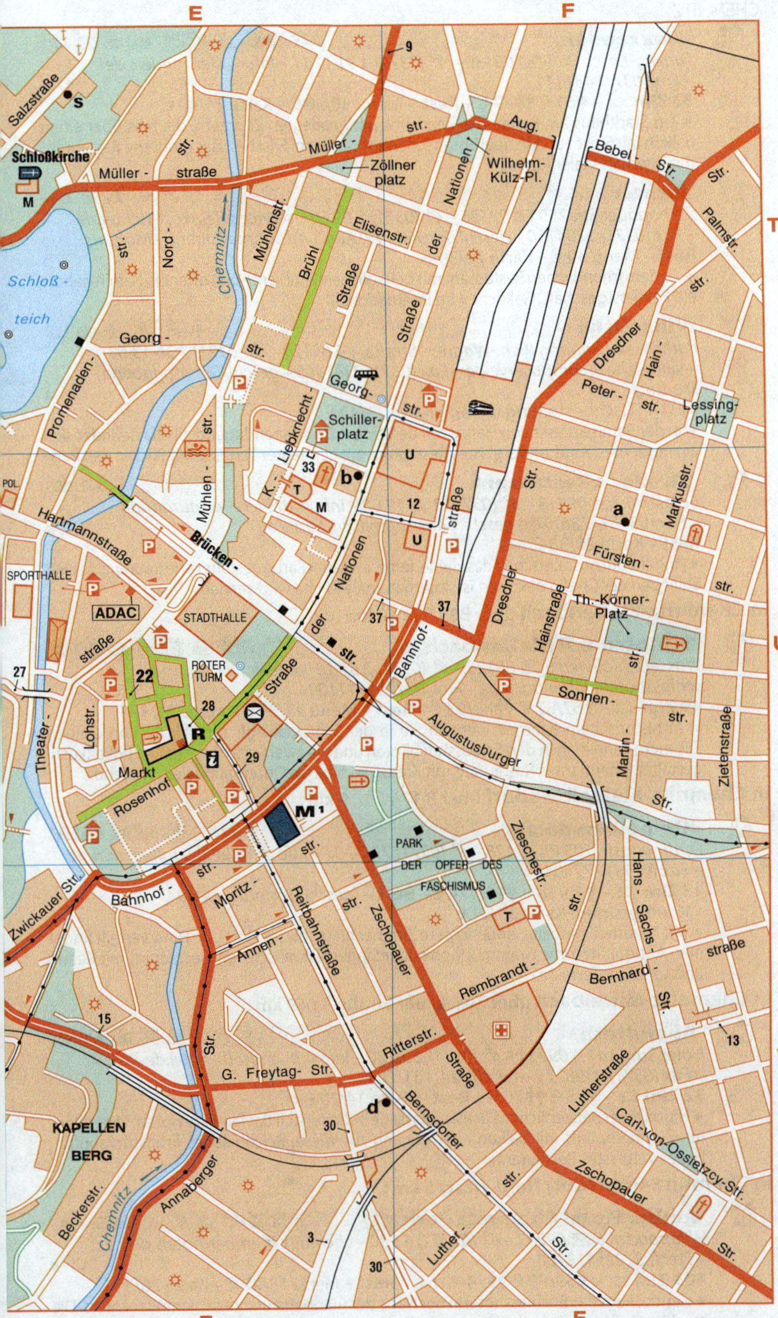
E
F
T
U
V
E
F
Salzstraße
S
Schloßkirche
M
Müller - straße
Müller - str.
Zöllner platz
Aug.
Wilhelm-Külz-Pl.
Nationen
Bebel - Str.
Str.
Palmstr.
Schloß - teich
Nord -
str.
Chemnitz
Mühlenstr.
Brühl
Elisenstr.
Straße
der
Straße
Georg -
str.
Promenaden -
Georg-
str.
Schiller- platz
Dresdner
Hain -
Peter -
str.
Lessing- platz
Mühlen -
str.
K. - Liebknecht -
33
b
T
M
U
12
U
straße
Str.
a
Markusstr.
POL
Hartmannstraße
Brücken -
SPORTHALLE
ADAC
STADTHALLE
Nationen
der
str.
37
37
Bahnhof-
Dresdner
Hainstraße
Fürsten -
str.
Th.-Körner-Platz
str.
27
straße
22
RÖTER TURM
28
R
Straße
Augustusburger
Str.
Sonnen -
str.
Martin -
Zietenstraße
Theater -
Lohstr.
Markt
Rosenhof
29
M 1
PARK
DER OPFER DES
FASCHISMUS
Zieschestr.
T
Hans - Sachs -
str.
Zwickauer Str.
Bahnhof -
str.
Moritz -
str.
Reitbahnstraße
str.
Zschopauer
Annen -
Rembrandt -
Bernhard -
Str.
straße
13
15
Str.
G. Freytag- Str.
Ritterstr.
Straße
Lutherstraße
d
30
Bernsdorfer
KAPELLEN BERG
Carl-von-Ossietzcy-Str.
Zschopauer
Beckerstr.
Chemnitz
Annaberger
str.
3
30
Luther -
Str.
Str.

CHEMNITZ

alexxanders
Ludwig-Kirchstr. 9 ⌂ 09130 – ℰ (0371) 4 31 11 11 – info@alexxanders.de
– Fax (0371) 4311113
33 Zim ⌂ – †61 € ††77 € – **Rest** – Menü 30/36 € – Karte 24/40 € FU a
◆ Ein Stadthaus am Rande des Zentrums mit gepflegten Zimmern, die teils über einen Balkon mit Sicht auf den begrünten Innenhof verfügen. Frisch ist das moderne Restaurant mit internationaler Küche.

Richter
Zschopauer Str. 259 ⌂ 09126 – ℰ (0371) 5 59 10 – service@feinkost-richter.de
– Fax (0371) 5204130 – geschl. 28. Juli - 17. Aug. und Sonntagabend - Montag
Rest – Menü 39 € – Karte 29/39 € CY b
◆ Zu dem freundlichen Restaurant mit behaglichem Ambiente und offenem Kamin gehört ein Feinkostgeschäft. Gekocht wird international.

Villa Esche
Parkstr. 58 (Eingang Rich.-Wagner- Straße) ⌂ 09120 – ℰ (0371) 2 36 13 63
– villaesche@compuserve.de – Fax (0371) 2361365 – geschl. Sonntagabend - Montag
Rest – (Tischbestellung ratsam) Karte 23/42 € BY a
◆ In der Remise dieser von Henry van de Velde entworfenen Jugendstilvilla befindet sich ein modernes, rundum verglastes Restaurant mit gepflegter Terrasse mit Blick in den Park.

Streller's Restaurant
Bergstr. 69 ⌂ 09113 – ℰ (0371) 3 55 19 00 – info@strellers-restaurant.de
– Fax (03737) 786770 – geschl. Samstagmittag, Sonntag
Rest – Karte 26/33 € DT b
◆ Angenehm nostalgisch ist das kleine, feine, in gelber Farbe gestaltete Restaurant, das mit Stillleben der Chefin dekoriert ist. Internationale Küche wird serviert.

In Chemnitz-Klaffenbach über B95 BY : 10 km :

Schlosshotel Klaffenbach
Wasserschloßweg 6 ⌂ 09123 – ℰ (0371) 2 61 10 – info@schlosshotel-klaffenbach.de – Fax (0371) 2611100
49 Zim ⌂ – †67/82 € ††83/93 € – **Rest** – Menü 22/33 € – Karte 21/38 €
◆ In historischem Rahmen wohnen Sie in der Schlossanlage a. d. 16 Jh. Von einigen Zimmern kann man in den Schlosshof blicken und die zwei Suiten wurden im Rokokkostil gestaltet. Charmantes Restaurant mit Kreuzgewölbe und internationalem Angebot.

In Chemnitz-Kleinolbersdorf über B 174 CY : 9 km :

Kleinolbersdorf
Ferdinandstr. 105 ⌂ 09128 – ℰ (0371) 77 24 02 – info@hotel-kleinolbersdorf.de
– Fax (0371) 772404
13 Zim ⌂ – †46/58 € ††62/74 € – **Rest** – (geschl. Sonntagabend - Montagmittag) Karte 13/21 €
◆ Mit Naturholzmobiliar eingerichtete Zimmer bietet dieses Hotel. Im Haus verteilt findet man Antiquitäten wie Grammophone oder Singer Nähmaschinen. Restaurant mit Kamin und sonniger Terrasse.

In Chemnitz-Mittelbach über Zwickauer Straße AY : 9 km :

Abendroth
Hofer Str. 11a ⌂ 09224 – ℰ (0371) 2 39 80 – info@abendroth-hotel.de
– Fax (0371) 2398225 – geschl. 24. - 31. Dez.
32 Zim ⌂ – †55 € ††70 € – **Rest** – Karte 14/29 €
◆ Hinter einer neuzeitlichen Fachwerkfassade befindet sich das familäre Hotel mit gepflegten Zimmern, teils mit Balkon oder Zugang zur Wiese. Reichhaltiges Frühstücksbuffet. Helles verglastes Restaurant.

In Chemnitz-Röhrsdorf Nord-West : 5 km :

Amber Hotel Chemnitz Park
Wildparkstr. 6 ⌂ 09247 – ℰ (03722) 51 30 – chemnitz@amber-hotels.de
– Fax (03722) 513100
AX s
103 Zim ⌂ – †59/89 € ††74/116 € – **Rest** – Menü 18/22 € – Karte 20/35 €
◆ Zentral liegt das Businesshotel in der Nähe der Autobahn und des Chemnitzcenters. Die modernen Zimmer in hellen Farben sind technisch gut ausgestattet. Tagungskapazitäten. Internationale Küche im Restaurant.

CHEMNITZ

In Chemnitz-Siegmar Süd-West : 5 km :

Alte Mühle
An der alten Mühle 10 ⌂ 09117 – ℰ (0371) 8 14 40 – info@hotel-alte-muehle.de
– Fax (0371) 8144333   AY r
36 Zim ⌂ – †65/79 € ††102 € – **Rest** – Karte 14/21 €
♦ Funktionalität und Wohnlichkeit sprechen für die modernen Gästezimmer dieser erweiterten ehemaligen Mühle in ruhiger Lage. Helles, neuzeitlich gestaltetes Restaurant

---

CHIEMING – Bayern – 546 – 4 480 Ew – Höhe 537 m – Erholungsort 67 N21
▶ Berlin 666 – München 104 – Bad Reichenhall 43 – Traunstein 12
🛈 Hauptstr. 20b (Haus des Gastes), ⌂ 83339, ℰ (08664) 98 86 47, info@chieming.de
🏌 Chieming-Hart, Kötzing 1 ℰ (08669) 8 73 30
🏌 Chieming-Ising, Kirchberg 3 ℰ (08667) 7 93 58
👁 Chiemsee★ – Schloss Herrenchiemsee★★

Unterwirt zu Chieming   Biergarten
Hauptstr. 32 ⌂ 83339 – ℰ (08664) 9 84 60 – info@unterwirt-chieming.de
– Fax (08664) 984629 – geschl. 7. Jan. - 6. Feb., 2. - 26. Nov.
11 Zim ⌂ – †48 € ††68 € – **Rest** – (geschl. Okt. - Mai Montag - Dienstag, Juni nur Dienstag) Karte 16/36 €
♦ Wenn Sie das gemütliche Flair eines typischen Gasthofs schätzen, wird es Ihnen hier gefallen. Einfache, aber solide Zimmer. Im rustikalen Stil mit einer stimmigen Dekoration zeigt sich das Restaurant, wo bürgerlich-regionale Kost aufgetischt wird.

In Chieming-Ising Nord-West : 7 km – Luftkurort :

Gut Ising (ehem. Gutshofanlage mit 7 Gästehäusern)   Biergarten
Kirchberg 3 ⌂ 83339
– ℰ (08667) 7 90
– hotel@gut-ising.com – Fax (08667) 79432 – geschl. 7. Jan. - 13. Feb.
105 Zim ⌂ – †103/177 € ††153/215 € – ½ P 26 € – **Rest** – Karte 21/44 €
♦ Die weitläufige Hotelanlage ist eine Urlaubs- und Tagungsadresse. Die Zimmer sind hübsch mit Stil- oder Bauernmöbeln ausgestattet. Vielfältig: Freizeitangebot und Reitbetrieb. In heimelige Stuben unterteiltes Restaurant.

CHIEMSEE – Bayern – 546 – Höhe 518 m   67 N21
▶ Berlin 660 – München 94 – Bad Reichenhall 57 – Traunstein 27
👁 See ★ mit Herren- und Fraueninsel – Schloss Herrenchiemsee★★

Auf der Fraueninsel – Autos nicht zugelassen
🚢 von Gstadt (ca. 10 min) und von Prien (ca. 20 min) ℰ (08051) 60 90

Zur Linde   Biergarten Zim,
⌂ 83256 Chiemsee – ℰ (08051) 9 03 66 – hotel.linde.fraueninsel@t-online.de
– Fax (08054) 7299 – geschl. 6. Jan. - 14. März
14 Zim ⌂ – †64/69 € ††115/125 € – **Rest** – Karte 14/40 €
♦ Der sympathische und gut geführte Gasthof mit seinen zweckmäßigen, gepflegten Zimmern ist über 600 Jahre alt und wurde früher gerne von Künstlern als Herberge genutzt. Regionstypisch gestaltetes Restaurant mit wunderschönem Biergarten.

CHORIN – Brandenburg – 542 – 2 600 Ew – Höhe 55 m   23 Q7
▶ Berlin 71 – Potsdam 95 – Frankfurt (Oder) 96 – Neubrandenburg 108

Haus Chorin (mit Gästehäusern)
Neue Klosterallee 10 ⌂ 16230 – ℰ (033366) 5 00 – hotel@chorin.de
– Fax (033366) 326
63 Zim ⌂ – †40/67 € ††57/89 € – **Rest** – (geschl. Nov. - März Mittwoch) Karte 16/26 €
♦ In ruhiger Lage am Waldrand finden Sie dieses behagliche Hotel - freundliche Zimmer mit neuzeitlichem Komfort inmitten des Biosphärenreservats. In der ländlich gestalteten Immenstube serviert man mit Honig zubereitete Speisen.

CLAUSTHAL-ZELLERFELD – Niedersachsen – 541 – 15 340 Ew – Höhe 560 m – Wintersport : 700 m ≰1 ⚹ – Heilklimatischer Kurort   29 J10

▶ Berlin 270 – Hannover 99 – Braunschweig 62 – Göttingen 59
🛈 Bergstr. 31 (im Dietzelhaus), in Zellerfeld, ⌧ 38678, ℰ (05323) 8 10 24, info@harz-tourismus.com

Harzhotel Zum Prinzen garni
Goslarsche Str. 20 (Zellerfeld) ⌧ 38678 – ℰ (05323) 9 66 10 – hotel@zum-prinzen.de – Fax (05323) 966110
20 Zim ⌑ – †49/65 € ††70/80 €
♦ Das um 1850 erbaute hübsche, holzverkleidete Harzhaus beherbergt ein familiengeführtes Hotel mit wohnlich und funktionell ausgestatteten Gästezimmern.

Parkhotel Calvör garni
Treuerstr. 6 (Zellerfeld) ⌧ 38678 – ℰ (05323) 95 00 – parkhotel.calvoer@t-online.de – Fax (05323) 950222
31 Zim ⌑ – †49/70 € ††65/90 €
♦ Hinter den historischen Mauern des Gebäudes aus dem 17. Jh. erwarten Sie helle, wohnliche Zimmer, in denen massives Holz eine rustikale Atmosphäre schafft.

CLOPPENBURG – Niedersachsen – 541 – 30 800 Ew – Höhe 38 m   17 E7

▶ Berlin 444 – Hannover 178 – Bremen 65 – Lingen 68
🛈 Eschstr. 29, ⌧ 49661, ℰ (04471) 1 52 56, tourist-info@lkclp.de
Resthausen - Thülsfelder Talsperre, Mühlenweg 9 ℰ (04474) 79 95
◉ Museumsdorf★

Schäfers Hotel
Lange Str. 66 ⌧ 49661 – ℰ (04471) 24 84 – Fax (04471) 947714
12 Zim ⌑ – †49 € ††89 € – **Rest** – (geschl. 1. - 8. Jan. und Dienstag, nur Abendessen) Karte 29/53 €
♦ Die Zimmer dieses Quartiers wurden mit hellen Buchenmöbeln im mediterranen Stil eingerichtet. Nutzen Sie die herrlichen Rad- und Wanderwege der Umgebung. Im Restaurant umgibt Sie ein Hauch Eleganz.

Jagdhaus Bühren   Biergarten
Alte Friesoyther Str. 22 (Nord-West: 1,5 km Richtung Friesoythe) ⌧ 49661 – ℰ (04471) 93 16 13 – mail@jagdhaus-buehren.de – Fax (04471) 931614 – geschl. Jan. - Feb. 1 Woche und Montag
Rest – (Dienstag - Freitag nur Abendessen) Karte 17/28 €
♦ Nett ist die Lage des Hauses etwas außerhalb am Wald. Das Restaurant ist leicht mediterran gestaltet - große Fenster geben den Blick ins Grüne frei. Terrasse unter Bäumen.

COBURG – Bayern – 546 – 42 260 Ew – Höhe 292 m   50 K14

▶ Berlin 383 – München 279 – Bamberg 47 – Bayreuth 74
ADAC Mauer 9
🛈 Herrngasse 4, ⌧ 96450, ℰ (09561) 7 41 80, info@coburg-tourist.de
Weitramsdorf, Schloss Tambach ℰ (09567) 92 10 10
◉ Gymnasium Casimirianum★ Z – Kunstsammlungen★ (Veste) X

Stadtpläne siehe nächste Seiten

Goldene Traube
Am Viktoriabrunnen 2 ⌧ 96450 – ℰ (09561) 87 60 – info@goldene-traube.com – Fax (09561) 876222   Z t
72 Zim ⌑ – †95/110 € ††118/159 €
Rest Meer & mehr – separat erwähnt
Rest Weinstübla – (geschl. Samstag - Sonntag, nur Abendessen) Karte 16/28 €
♦ Am Rande der Altstadt liegt dieses familiengeführte Haus. Ein Teil der Zimmer ist mit kräftigen Farben in mediterranem Stil besonders wohnlich gestaltet. Im rustikalen Weinstübla wird dem Gast deftige Küche serviert.

COBURG

Bamberger Str. . . . . X 6
Bergstr. . . . . X 8
Festungsstr. . . . . X 9
Fr.-Rückert-Str. . . . . X 11
Gustav-Freytag-Weg . . . . . X 12
Heckenweg X
Hutstr. X
Judenberg X
Kanonenweg X
Kasernenstr. . . . . X 19
Ketschendorfer Str. X
Kürengrund X
Lauterer Str. X
Marschberg X
Neustadter Str. X
Obere Klinge . . . . X 23
Pilgramsroth X
Rodacher Str. X
Rosenauer Str. X
Seidmannsdorfer Str. X
Weichengereuth X

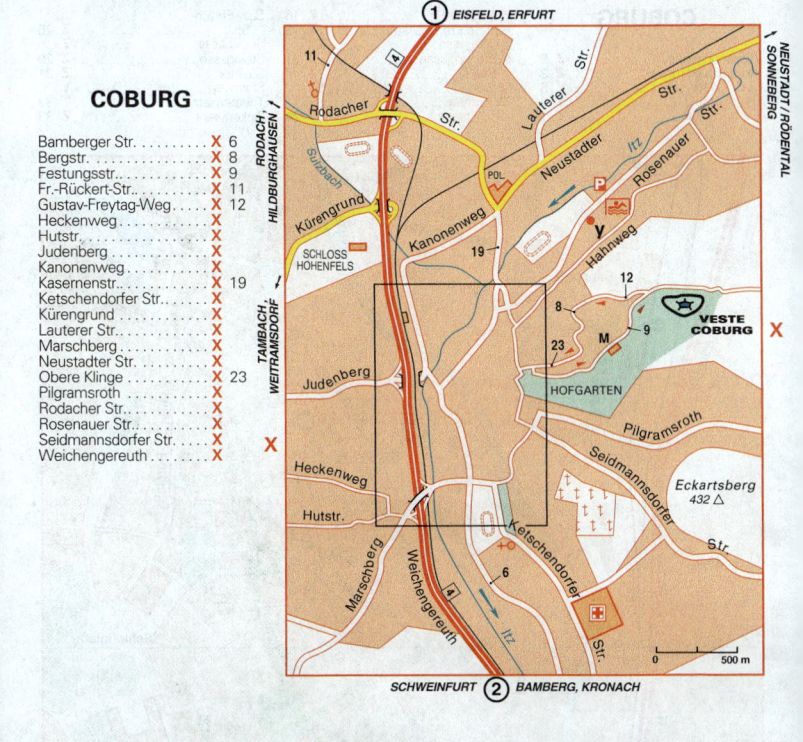

🏠 Stadt Coburg   🛎 📶 AC Rest, 🍴 Rest, 📞 🛁 P VISA ◉ AE ①
*Lossaustr. 12 ✉ 96450 – ☎ (09561) 87 40 – stadtcoburg@ringhotels.de
– Fax (09561) 874222*   Y e
36 Zim ⌂ – ♦77/94 € ♦♦94/105 € – **Rest** – *(geschl. 1. - 6. Jan. und Sonntag)* Karte 18/32 €

♦ Das Hotel liegt nahe dem Bahnhof und verfügt über gepflegte, solide eingerichtete Gästezimmer - einige sind etwas hochwertiger möbliert. Backstüble nennt sich das nette, in Holz gehaltene Restaurant. Blickfang ist der offene Ofen mit Grill.

✕✕ Meer & mehr – Goldene Traube   🏠 P VISA ◉ AE ①
*Am Viktoriabrunnen 2 ✉ 96450 – ☎ (09561) 87 60 – info@goldene-traube.com
– Fax (09561) 876222*   Z t
Rest – *(geschl. 9. - 13. Mai und Sonntag - Montag)* Menü 42/62 € – Karte 40/47 €
🎖

♦ Eine freundliche Atmosphäre erwartet die Gäste dieses in hellen, warmen Tönen gehaltenen Restaurants. Das Speisekarte ist zeitgemäß ausgelegt.

✕✕ Restaurant Schaller   🏠 🍴 P VISA ◉
*Ketschendorfer Str. 22 ✉ 96450 – ☎ (09561) 2 50 74 – Fax (09561) 28874
– geschl. 3. - 10. Aug. und Sonntag*   Z a
Rest – *(nur Abendessen)* (Tischbestellung ratsam) Menü 65 € – Karte 36/69 €

♦ Klassisches Ambiente und ein ebenfalls klassisches Speisenangebot bietet das alteingesessene Restaurant nahe dem Zentrum.

✕✕ Kräutergarten   🏠 ⌂ P VISA ◉ AE
*Rosenauer Str. 30 ✉ 96450 – ☎ (09561) 42 60 80 – info@
kraeutergarten-coburg.de – Fax (09561) 426081*   X y
Rest – (Tischbestellung ratsam) Menü 25/30 € – Karte 16/49 €

♦ Helles Holz und Terrakottafliesen, ein offener Kamin und nettes ländliches Dekor machen das Restaurant behaglich. Geboten wird internationale, teils auch regionale Küche.

COBURG

Alexandrinenstr.	Z	2
Am Viktoriabrunnen	Z	3
Badergasse	Y	5
Bahnhofstr.	Y	
Heiligkreuzstr.	Y	15
Herrngasse	Z	16
Hintere Kreuzgasse	Y	18
Judengasse	YZ	
Ketschengasse	Z	21
Marktpl.	YZ	
Mauer	YZ	
Mohrenstr.	Y	
Rosengasse	Z	24
Sally-Ehrlich-Str.	Z	26
Spitalgasse	YZ	
Steingasse	Z	29
Steintor	Z	31
Steinweg	Z	
Theaterplatz	Y	32
Zinkenwehr	Z	33

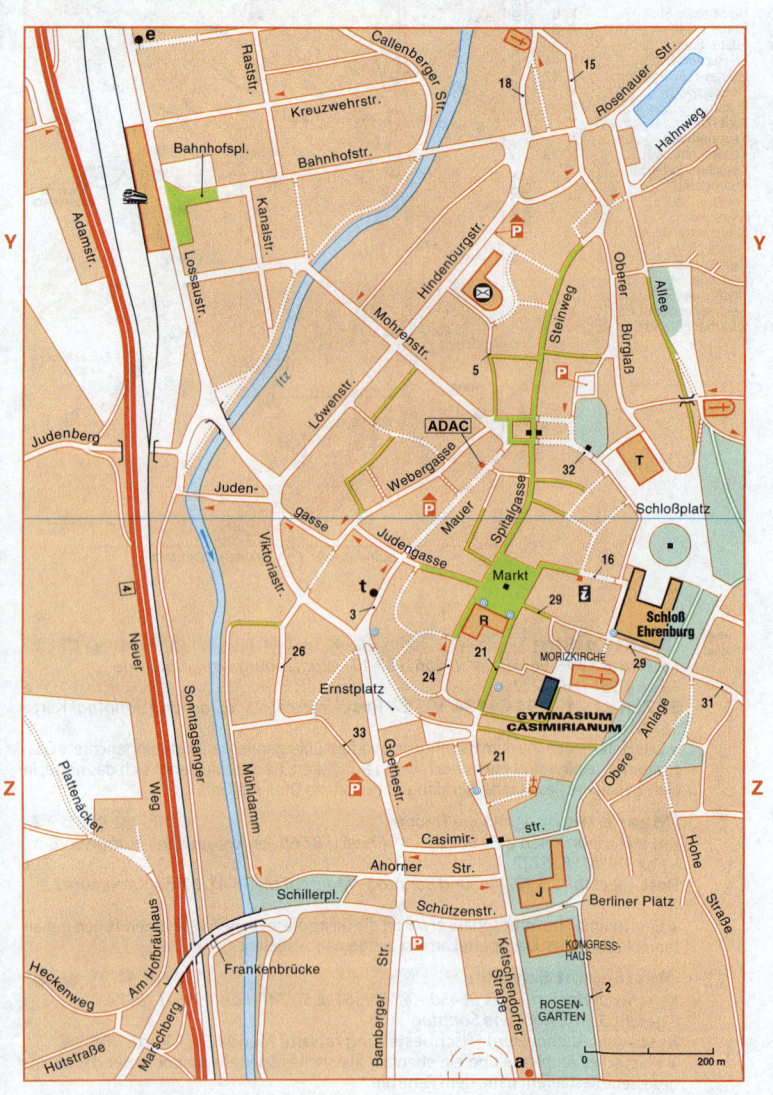

Sie suchen ein besonderes Hotel für einen sehr angenehmen Aufenthalt?
Reservieren Sie in einem roten Haus: 🏠 ... 🏠🏠🏠.

COBURG

In Coburg-Lützelbuch Ost : 5 km über Seidmannsdorfer Straße X :

Gasthof und Landhaus Fink
Lützelbucher Str. 22 ⊠ 96450 – ℰ (09561) 2 49 43 – email@gasthof-fink.de
– Fax (09561) 27240
34 Zim ⊇ – †32/47 € ††50/68 € – **Rest** – *(geschl. Montag)* Karte 16/32 €
◆ Im Gasthof stehen mit soliden älteren Eichenmöbeln ausgestattete Zimmer zur Verfügung, die Zimmer im neuzeitlichen Landhaus sind sehr gepflegt und wohnlich eingerichtet. Restaurant mit bürgerlich-rustikalem Ambiente.

In Rödental-Oeslau Nord-Ost : 7 km über Neustadter Straße X :

Grosch
Oeslauer Str. 115 ⊠ 96472 – ℰ (09563) 75 00 – info@braugast-grosch.de
– Fax (09563) 750147 – geschl. 22. - 25. Dez.
19 Zim ⊇ – †58/62 € ††78/82 € – **Rest** – Menü 13 € (mittags) – Karte 14/32 €
◆ Die Mischung macht's bei diesem Brauereigasthof aus dem Jahre 1425: das Flair eines traditionsreichen Hauses kombiniert mit modernem Komfort. Neben Fränkischem serviert man im gemütlich-rustikalen Restaurant auch eine "bierige Küche".

In Rödental-Oberwohlsbach Nord-Ost : 10 km über Neustadter Straße X :

Alte Mühle
Mühlgarten 5 ⊠ 96472 – ℰ (09563) 7 23 80 – info@alte-muehle-hotel.com
– Fax (09563) 723866
24 Zim ⊇ – †55/63 € ††94/97 € – **Rest** – *(geschl. Sonntagabend, Montag - Samstag nur Abendessen)* Karte 17/38 €
◆ Das recht ruhig am Ortsrand gelegene Haus ist 1902 auf den Fundamenten einer ehemaligen Getreidemühle entstanden. Heute bietet man hier äußerst gepflegte, zeitgemäße Zimmer. Restaurant mit internationalem Angebot.

In Ahorn-Hohenstein Süd-West : 9 km über Weichengereuth X und B 303 :

Schloss Hohenstein
Hohenstein 1 ⊠ 96482 – ℰ (09565) 9 49 40 – info@schloss-hohenstein.de
– Fax (09565) 949460 – geschl. Jan. - Feb. 3 Wochen
13 Zim ⊇ – †75/165 € ††110/130 € – 3 Suiten – **Rest** – Menü 47/55 € – Karte 28/48 €
◆ Die Burganlage a. d. 16. Jh. beherbergt individuelle, wohnliche Zimmer und geschmackvolle Suiten. Schön: die ruhige Lage in einem kleinen Park. Prunkstück ist der Spiegelsaal. Zum Innenhof hin liegt das lichtdurchflutete Wintergartenrestaurant mit klassischer Küche.

COCHEM – Rheinland-Pfalz – 543 – 5 220 Ew – Höhe 90 m   46 **C14**
▶ Berlin 645 – Mainz 139 – Koblenz 51 – Trier 93
ℹ Endertplatz 1, ⊠ 56812, ℰ (02671) 6 00 40, info@ferienland-cochem.de
◉ Lage★★

Karl Müller
Moselpromenade 9 ⊠ 56812 – ℰ (02671) 13 33 – info@hotel-karl-mueller.de
– Fax (02671) 7131
44 Zim ⊇ – †59/85 € ††80/132 € – ½ P 22 € – **Rest** – Karte 15/35 €
◆ Direkt gegenüber der Schiffsanlegestelle liegt dieses Haus an der Moselpromenade. Zimmer in neuzeitlichem Stil werden den Ansprüchen Reisender gerecht. Das Restaurant liegt im ersten Stock: ein heller Raum mit Fensterfront zur Mosel hin.

Lohspeicher mit Zim
Obergasse 1 ⊠ 56812 – ℰ (02671) 39 76 – service@lohspeicher.de
– Fax (02671) 1772 – geschl. 28. Jan. - 6. März
9 Zim ⊇ – †55/70 € ††80/110 € – **Rest** – *(geschl. Mittwoch)* Menü 34/71 €
– Karte 40/57 €
◆ Im rustikalen Ambiente eines ehemaligen Speichergebäudes wird internationale Küche geboten - nett sitzt man auf der Empore oder am offenen Kamin.

COCHEM
In Cochem-Cond

Thul
Cochem und Mosel,
Brauselaystr. 27 ⊠ 56812 – ℰ (02671) 91 41 50 – info@hotel-thul.de – Fax (02671) 91415144 – geschl. Dez. - Feb.
22 Zim ⊇ – †56/64 € ††90/126 € – ½ P 16 € – **Rest** – Karte 19/30 €
♦ Auf der Sonnenseite des Moseltales - oberhalb des Ortes - findet man dieses gut geführte Hotel mit gepflegten Zimmern, teils in rustikaler Eiche, teils in Kirschbaum möbliert. Elegant-rustikales Ambiente im Restaurant.

Brixiade
Zim, Rest,
Uferstr. 13 ⊠ 56812 – ℰ (02671) 98 10 – moselstern@t-online.de – Fax (02671) 981400
57 Zim ⊇ – †62/170 € ††100/200 € – **Rest** – Karte 18/34 €
♦ Neben zeitgemäßen, solide möblierten Gästezimmern zählt auch die schöne Aussicht auf Mosel und Cochem zu den Annehmlichkeiten dieses Hauses.

Am Hafen
Uferstr. 4 ⊠ 56812 – ℰ (02671) 9 77 20 – hotel-am-hafen.cochem@t-online.de – Fax (02671) 977227 – geschl. Jan.
18 Zim ⊇ – †50/85 € ††70/125 € – **Rest** – Karte 18/47 €
♦ Das Hotel liegt direkt am Flussufer, ganz in der Nähe der malerischen Altstadt. Viele der gepflegten, praktisch ausgestatteten Gästezimmer verfügen über einen Balkon.

In Cochem-Sehl

Keßler-Meyer (mit Gästehäusern)
Am Reilsbach 10 ⊠ 56812 – ℰ (02671) 46 00 – rezeption@hotel-kessler-meyer.de – Fax (02671) 3858
48 Zim ⊇ – †70/115 € ††92/190 € – ½ P 26 € – 4 Suiten – **Rest** – Karte 26/44 €
♦ Schön liegt das Hotel am Hang oberhalb der Mosel. Die Zimmer verfügen alle über einen Balkon, viele mit schöner Sicht. Der Wellnessbereich bietet u. a. Kosmetik und Massage. In verschiedenen Restauranträumen serviert man internationale Küche.

Weinhaus Klasen
Sehler Anlagen 8 ⊠ 56812 – ℰ (02671) 76 01 – weinhaus-klasen@t-online.de – Fax (02671) 91380 – geschl. Mitte Nov. - Ostern
12 Zim ⊇ – †42 € ††84 € – **Rest** – (geschl. Ende Okt. - Ostern und Mittwoch, nur Abendessen) Karte 13/20 €
♦ Direkt an der Mosel liegt dieses familiengeführte Hotel mit seinen gepflegten und praktischen Gästezimmern, die alle über einen Balkon verfügen. Restaurant mit bürgerlichem Angebot.

Haus Erholung garni (mit Gästehaus)
Moselpromenade 64 ⊠ 56812 – ℰ (02671) 75 99 – info@haus-erholung.de – Fax (02671) 4362 – geschl. Mitte Nov. - Mitte März
12 Zim ⊇ – †39/62 € ††74/86 €
♦ Zeitgemäß und solide ausgestattete Zimmer sprechen für dieses nette Hotel mit Pensionscharakter. Frühstücken Sie mit Blick auf die Mosel.

Im Endertal Nord-West : 3 km Richtung Mayen :

Weißmühle
Im Endertal 1 ⊠ 56812 Cochem – ℰ (02671) 89 55 – info@hotel-weissmuehle.de – Fax (02671) 8207
36 Zim ⊇ – †54/64 € ††86/116 € – **Rest** – Menü 29 € – Karte 28/46 €
♦ Suchen Sie ein nettes Quartier umgeben von unberührter Natur? Man bietet Ihnen wohnliche Zimmer im Landhausstil - oder alternativ auch einfacher gestaltete. Rustikalgemütliche Restauranträume.

In Ernst Ost : 5 km Richtung Trier :

Pollmanns
Moselstr. 53 ⊠ 56814 – ℰ (02671) 86 83 – info@hotel-pollmanns.de – Fax (02671) 5646 – geschl. 22. - 27. Dez.
90 Zim ⊇ – †56/64 € ††87/97 € – ½ P 15 € – **Rest** – Karte 13/30 €
♦ Eine schöne Aussicht und nett eingerichtete Gästezimmer im Haupthaus sowie in zwei Nebengebäuden - eines davon ein umgebautes Winzergehöft - sprechen für diese Adresse. Mit Gerichten der deutschen Küche bittet man Sie im Restaurant zu Tisch.

CÖLBE – Hessen – siehe Marburg

COESFELD – Nordrhein-Westfalen – **543** – 36 550 Ew – Höhe 80 m 26 **C9**
- Berlin 513 – Düsseldorf 105 – Nordhorn 73 – Münster (Westfalen) 38
- Markt 8 (Rathaus), ⊠ 48653, ℰ (02541) 9 39 10 09, info@coesfeld.de
- Coesfeld, Stevede 8a ℰ (02541) 59 57

Haselhoff
Ritterstr. 2 ⊠ 48653 – ℰ (02541) 9 42 00 – hotel-haselhoff@t-online.de – Fax (02541) 942030
30 Zim ⊇ – †55 € ††85 € – **Rest** – (geschl. Samstag) Karte 20/23 €
♦ Das Hotel befindet sich neben der Kirche im verkehrsberuhigten Innenstadtbereich und verfügt über neuzeitlich eingerichtete Gästezimmer. Gediegenes Restaurant mit internationaler Küche. Nett ist die Terrasse vor dem Haus.

COLMBERG – Bayern – **546** – 2 150 Ew – Höhe 450 m 49 **J17**
- Berlin 498 – München 225 – Nürnberg 64 – Rothenburg o.d. Tauber 18
- Colmberg, Rothenburger Str. 35 ℰ (09803) 6 00

Burg Colmberg
Burg 1 ⊠ 91598 – ℰ (09803) 9 19 20 – info@burg-colmberg.de – Fax (09803) 262 – geschl. Feb. 2 Wochen
25 Zim ⊇ – †45/85 € ††79/130 € – **Rest** – (geschl. Jan. - März Dienstag) Karte 18/37 €
♦ Der Charme vergangener Zeiten erwartet Sie in der hübschen Burganlage mit eigener Hauskapelle und Wildpark. Schön ist die Aussicht auf das Romantische Franken. Sie speisen in den Burgstuben, im Restaurant Zur Remise oder auf der sonnigen Terrasse.

CORNBERG – Hessen – **543** – 1 680 Ew – Höhe 275 m 39 **I12**
- Berlin 399 – Wiesbaden 190 – Kassel 62 – Fulda 71

Kloster Cornberg
Am Steinbruch 1 (an der B 27) ⊠ 36219 – ℰ (05650) 9 69 60 – info@kloster-cornberg.de – Fax (05650) 969622
9 Zim ⊇ – †51/63 € ††71/88 € – **Rest** – (geschl. Feb. 1 Woche, Nov. 1 Woche und Sonntagabend - Montag) Karte 17/35 €
♦ Neben der ehrwürdigen Fassade erinnern Wände aus Naturstein auch im Inneren an das Alter des Benediktinerinnen-Klosters von 1296 - modern das Ambiente der Räume. Der historischen Bausubstanz wird auch im Restaurant mit schickem Design neues Leben eingehaucht.

COTTBUS – Brandenburg – **542** – 107 550 Ew – Höhe 70 m 34 **R10**
- Berlin 129 – Potsdam 146 – Dresden 104 – Frankfurt (Oder) 80
- Berliner Platz 6, Stadthalle, ⊠ 03046, ℰ (0355) 7 54 20, cottbus-service@cmt-cottbus.de
- Drieschnitz-Kahsel, Am Golfplatz 3 ℰ (035605) 4 23 32 U
- Schloss und Park Branitz ★★T
- Spreewald ★★ Nord-West : 31 km – Bad Muskau: Muskauer Park ★★ Süd-Ost : 42 km

Stadtpläne siehe nächste Seiten

Radisson SAS Hotel
Vetschauer Str. 12 ⊠ 03048 – ℰ (0355) 4 76 10 – rezeption.cottbus@radissonsas.com – Fax (0355) 4761900 AZ **a**
241 Zim – †81/103 € ††96/118 € – 11 Suiten – **Rest** – (geschl. Sonntag) Karte 23/31 €
♦ In ein Geschäftszentrum gegenüber dem Bahnhof integriertes Hotel mit gediegener Atmosphäre. Einige Zimmer sowie der Freizeitbereich in der 9. Etage bieten eine schöne Sicht. Restaurant mit Showküche.

284

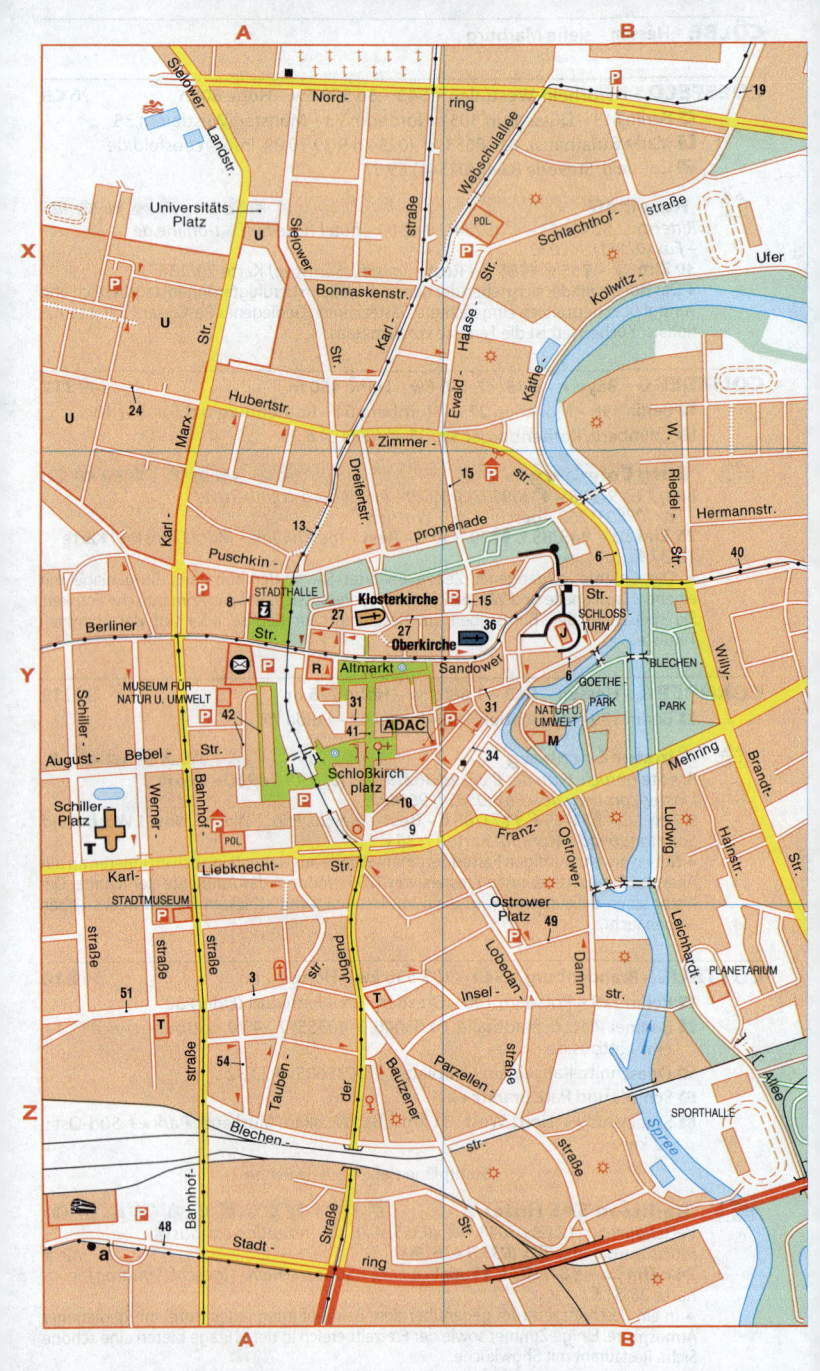

COTTBUS

Street	Grid	No.
Adolph-Kolping-Str.	AZ	3
Altmarkt	AY	
Am Spreeufer	BY	6
August-Bebel-Str.	AZ	
Bahnhofstr.	AYZ	
Bautzener Str.	ABZ	
Berliner Pl.	AY	8
Berliner Str.	AY	
Blechenstr.	ABZ	
Bodelschwinghstr.	CY	
Brandenburger Pl.	AY	9
Burgstr.	AY	10
Curt-Möbius-Str.	CY	
Dissenchener Str.	CY	
Dreiferstr.	CY	
Elisabeth-Wolf-Str.	BCX	
Ewald-Haase-Str.	BX	
Forster Str.	CZ	
Franz-Mehring-Str.	BCY	
Friedrich-Ebert-Str.	AY	13
Friedrich-Ludwig-Jahn-Str.	BY	15
Gerhart-Hauptmann-Str.	BX	19
Gustav-Hauptmann-Str.	CZ	
Hainstr.	BY	
Hubertstr.	AX	
Hüfner Str.	CY	
Inselstr.	BZ	
Juri-Gagarin-Str.	AX	24
Käthe-Kollwitz-Ufer	BX	
Kahrener Str.	CY	
Karlstr.	AX	
Karl-Liebknecht-Str.	AY	
Karl-Marx-Str.	AXY	
Kiekebuscher Str.	CZ	
Klosterpl.	AY	27
Lobedanstr.	BZ	
Ludwig-Leichhardt-Allee	BYZ	
Merzdorfer Weg	CX	
Mühlenstr.	ABY	31
Muskauer Str.	CY	
Neustädter Pl.	BY	34
Nordring	ACX	
Oberkirchpl.	BY	36
Ostrower Damm	BYZ	
Ostrower Pl.	BYZ	
Parzellenstr.	ABZ	
Peitzer Str.	CXY	
Puschkinpromenade	ABY	
Pyramidenstr.	CZ	
Sandower Hauptstr.	BCY	40
Sandower Str.	BY	
Schillerpl.	AY	
Schillerstr.	AYZ	
Schlachthofstr.	BX	
Schloßkirchpl.	AY	
Sielower Landstr.	AX	
Sielower Str.	AX	
Spremberger Str.	AY	41
Stadtpromenade	AY	42
Stadtring	ACZ	
Straße der Jugend	AZ	
Taubenstr.	AZ	
Universitäts Pl.	AX	
Vetschauer Str.	AZ	48
Vorparkstr.	CZ	
Warschauer Str.	CY	
Wasserstr.	BZ	49
Webschulallee	BX	
Wernerstr.	AYZ	
Wilhelmstr.	AZ	54
Wilhelm-Külz-Str.	AZ	51
Wilhelm-Riedel-Str.	BY	
Willy-Brandt-Str.	BYZ	
Zimmerstr.	ABX	

285

COTTBUS

Am Nordrand	S	4
Bautzener Str.	T	7
Drachhausener Str.	S	12
Gaglower Landstr	U	16
Gerhart-Hauptmann-Str.	S	18
Hermann-Löns-Str.	T	21
Juri-Gagarin-Str.	S	24
Kiekebuscher Str.	T	25
Kolkwitzer Str.	T	28
Marjana-Domäskojc-Str.	S	30
Neue Chausseestr. (GROSS GAGLOW)	U	33
Sachsendorfer Str.	T	37
Sachsendorfer Str. (GROSS GAGLOW)	U	39
Straße der Jugend	T	43
Ströbitzer Hauptstr.	ST	45
Tierparkstr.	T	46
Wilhelm-Külz-Str.	T	51
Zielona-Gora-Str.	U	55

*Der Stern ✻ zeichnet Restaurants mit exzellenter Küche aus.
Er wird an Häuser vergeben, für die man gerne einen Umweg in Kauf nimmt!*

COTTBUS

Parkhotel Branitz & Spa
Heinrich-Zille-Straße 120, 03042 – ℰ (0355)
7 51 00 – info@branitz.bestwestern.de – Fax (0355) 713172   T g
129 Zim – ♦68/82 € ♦♦82/102 €, ⊇ 13 € – 6 Suiten – **Rest** – Karte 21/34 €
♦ Relativ ruhig liegt das aus einer ehemaligen Polizeireitschule entstandene Hotel nahe dem Branitzer Park. Für Wellness- und Tagungsgäste ist das Haus gleichermaßen geeignet.

Dorotheenhof
Waisenstr. 19, 03046 – ℰ (0355) 7 83 80 – reservierung@
cottbus-dorotheenhof.de – Fax (0355) 7838444   T e
62 Zim ⊇ – ♦45/75 € ♦♦65/105 € – **Rest** – (geschl. Sonntag, nur Abendessen) Karte 17/29 €
♦ In dem am Rande der Innenstadt gelegenen Haus stehen solide und zeitgemäß möblierte Gästezimmer zur Verfügung. Fragen Sie nach den geräumigeren Doppel- oder French-Zimmern.

CRAILSHEIM – Baden-Württemberg – 545 – 32 260 Ew – Höhe 414 m   56 I17
▶ Berlin 528 – Stuttgart 114 – Nürnberg 102 – Würzburg 112
🛈 Marktplatz 1, 74564, ℰ (07951) 40 31 32, info@crailsheim.de

Post-Faber
Lange Str. 2, 74564 – ℰ (07951) 96 50 – postfaber@t-online.de
– Fax (07951) 965555
61 Zim ⊇ – ♦75/88 € ♦♦90/110 €
Rest – (geschl. Freitagabend - Samstagmittag) Menü 23 € – Karte 25/46 €
Rest Gourmet-Stüble – (geschl. Jan. 1 Woche, über Pfingsten 2 Wochen, Juli - Aug. 3 Wochen sowie Freitag, Sonn- und Feiertage, nur Abendessen) Menü 23/33 €
– Karte 32/50 €
♦ Ein familiengeführtes gewachsenes Stadthotel, das für seine Gäste komfortabel ausgestattete sowie auch einige einfachere Zimmer bereithält. Sorgfältig zubereitete regionale Küche im Hotelrestaurant. Das Gourmet-Stüble ist ein elegantes kleines Abendrestaurant.

In Crailsheim-Westgartshausen Süd-Ost: 5 km:

Zum Hirsch   Biergarten
Westgartshausener Hauptstr. 16, 74564 – ℰ (07951) 9 72 00 – info@
stirn-hotel.de – Fax (07951) 972097
24 Zim ⊇ – ♦40/50 € ♦♦60/80 € – **Rest** – Karte 14/26 €
♦ Recht ruhig liegt das familiengeführte Hotel in dörflicher Umgebung. Die gepflegten, solide ausgestatteten Zimmer entsprechen neuzeitlichem Standard. Im Gasthof serviert man bürgerliche Küche.

CREUSSEN – Bayern – 546 – 4 850 Ew – Höhe 442 m   51 L15
▶ Berlin 367 – München 222 – Coburg 83 – Bayreuth 13

Im Gärtlein
Im Gärtlein 1, 95473 – ℰ (09270) 6 50 – info@im-gaertlein.de – Fax (09270) 914915
11 Zim ⊇ – ♦32 € ♦♦53 € – **Rest** – (geschl. Montagmittag) Menü 11 € – Karte 12/23 €
♦ Das Gästehaus einer beim Sportplatz am Ortsrand gelegenen Gaststätte überzeugt mit modernen, hell möblierten und funktionell ausgestatteten Zimmern. Bürgerlich-schlicht gestaltetes Restaurant.

CRIMMITSCHAU – Sachsen – 544 – 22 660 Ew – Höhe 238 m   42 N13
▶ Berlin 262 – Dresden 114 – Gera 39 – Leipzig 72
🛈 Kirchplatz 5, 08451, ℰ (03762) 90 70 20, ksf@crimmitschau.de

Villa Vier Jahreszeiten
Gabelsbergerstr. 12, 08451 – ℰ (03762) 7 59 81 10 – kontakt@
villa-vierjahreszeiten.de – Fax (03762) 7598129 – geschl. Mitte - Ende Mai
10 Zim ⊇ – ♦85/115 € ♦♦105/140 € – **Rest** – (geschl. Dienstag, Montag - Freitag nur Abendessen) Karte 22/28 €
♦ Hübsche Buntglasfenster zieren die stilgetreu restaurierte Villa von 1906. Sie liegt ruhig in einer Villengegend. Die Zimmer tragen Namen der Familie um Kaiser Wilhelm. Elegantes Restaurant.

CRIVITZ – Mecklenburg-Vorpommern – **542** – 4 940 Ew – Höhe 40 m 12 **L5**
▶ Berlin 194 – Schwerin 20 – Parchim 24 – Wismar 61

Waldschlösschen
Schweriner Chaussee 8 (West : 5 km, über B 321 Richtung Schwerin)
✉ 19089 – ℰ (03863) 5 43 00 – kontakt@waldschloesschen-mv.de
– Fax (02863) 543099
20 Zim ⌑ – †65/70 € ††85/120 € – **Rest** – Karte 21/34 €
♦ Das familiär geleitete kleine Hotel steht am Waldrand in verkehrsgünstiger Lage nahe Schwerin und bietet neuzeitliche Zimmer und diverse Kosmetikanwendungen. Restaurant mit Wintergarten und Terrasse zum Garten mit Teich.

CUXHAVEN – Niedersachsen – **541** – 52 880 Ew – Höhe 2 m – Nordseeheilbad
9 **G4**
▶ Berlin 421 – Hannover 222 – Bremerhaven 43 – Hamburg 130
🄸 Lichtenbergplatz, ✉ 27472, ℰ (04721) 3 60 46, anfrage@verkehrsverein-cuxhaven.de
🄖 Cuxhaven-Oxstedt, Hohe Klint 32 ℰ (04723) 27 37 Z
◉ Landungsbrücke 'Alte Liebe' ★ Y – Kugelbake ≼★ Nord-West : 2 km

Stadtplan siehe gegenüberliegende Seite

In Cuxhaven-Duhnen Nord-West : 6 km über Strichweg Y :

Strandperle (mit Appartementhäusern)
Duhner Strandstr. 15 ✉ *27476 – ℰ (04721)*
4 00 60 – info@strandperle-hotels.de – Fax (04721) 4006196
65 Zim ⌑ – †86/118 € ††120/160 € – ½ P 23 € – 15 Suiten
Rest – Karte 30/55 €
♦ Ein durch und durch klassisch-elegant gehaltenes Hotel in bevorzugter Lage direkt an der Strandpromenade. Luxuriös ist der Admiralsflügel mit Wellness in der obersten Etage. Teil des Restaurants ist ein Wintergarten mit Blick zur Promenade.

Badhotel Sternhagen
Cuxhavener Str. 86 ✉ *27476 – ℰ (04721) 43 40*
– sternhagen@badhotel-sternhagen.de – Fax (04721) 434444
– geschl. 16. Nov. - 20. Dez.
48 Zim ⌑ – †175/190 € ††200/250 € – ½ P 29 € – 9 Suiten
Rest *Sterneck* – separat erwähnt
Rest *Panorama-Restaurant Schaarhörn* – Menü 29/59 € – Karte 34/46 €
Rest *Ekendöns* – (nur Abendessen) Karte 29/41 €
♦ Sehr engagiert und persönlich leitet Familie Sternhagen das schön am Meer gelegene Haus. In den Zimmern: edle Materialien und hochwertige handgearbeitete Einrichtungselemente. Panorama-Restaurant in elegantem Stil. Rustikal: Ekendöns mit bürgerlicher Karte.

Strandhotel Duhnen (mit Aparthotel Kamp)
Duhner Strandstr. 5 ✉ *27476 – ℰ (04721)*
40 30 – info@kamp-hotels.de – Fax (04721) 403333
95 Zim ⌑ – †59/154 € ††108/169 € – ½ P 20 € – **Rest** – Menü 29/39 € – Karte 28/53 €
♦ Eine elegante Atmosphäre empfängt Sie schon in der Halle und begleitet Sie durch das ganze Haus. Geschmackvolle Zimmer, teils mit Seeblick und Wohnecke. Klassisches Restaurant im 1. Stock mit großer Fensterfront. Außerdem: ein Bistro.

Wehrburg garni (mit Gästehaus)
Wehrbergsweg 53 ✉ *27476 – ℰ (04721) 4 00 80 – info@hotel-wehrburg.de*
– Fax (04721) 4008276
74 Zim ⌑ – †45/82 € ††84/104 €
♦ Am Duhner Kurpark und nur wenige Meter vom Strand entfernt liegen das Haupthaus und die Kleine Wehrburg. Funktionelle Zimmer sowie Ferienwohnungen für Langzeitgäste.

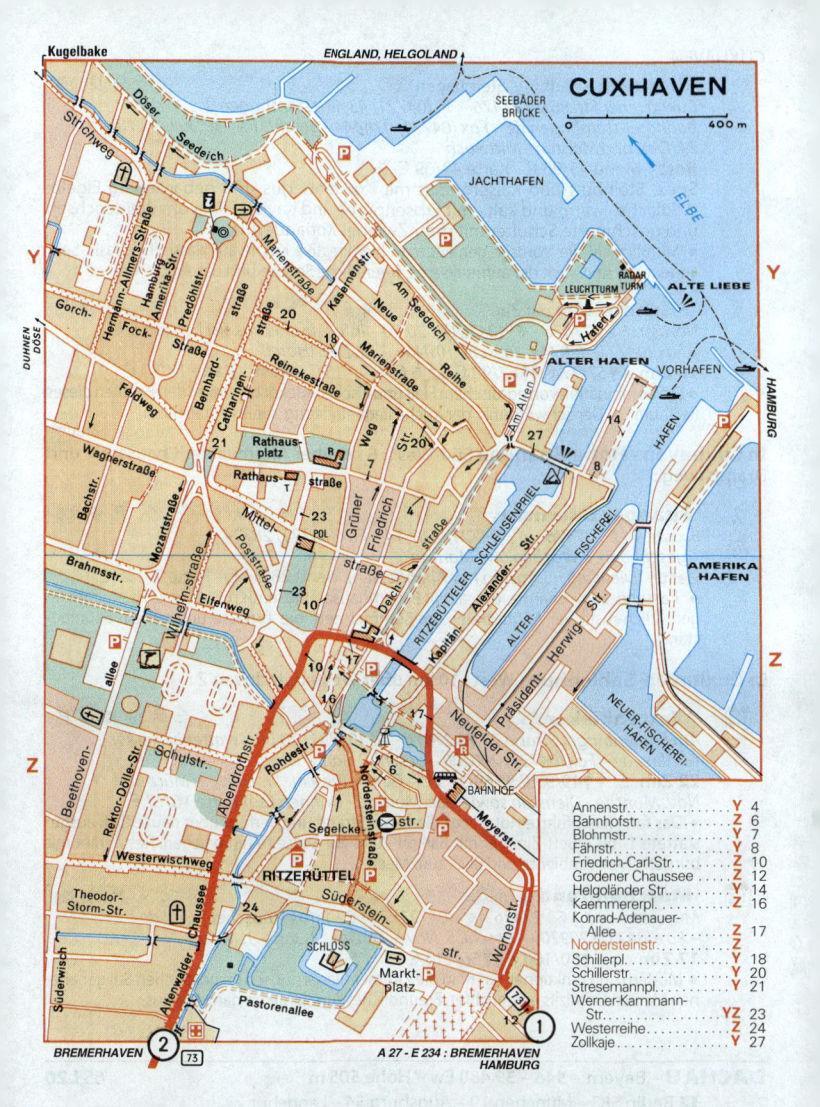

Annenstr.	Y	4
Bahnhofstr.	Z	6
Blohmstr.	Z	7
Fährstr.	Y	8
Friedrich-Carl-Str.	Z	10
Grodener Chaussee	Z	12
Helgoländer Str.	Y	14
Kaemmererpl.	Z	16
Konrad-Adenauer-Allee	Z	17
Nordersteinstr.	Z	
Schillerpl.	Z	18
Schillerstr.	Y	20
Stresemannpl.	Y	21
Werner-Kammann-Str.	YZ	23
Westerreihe	Y	24
Zollkaje	Y	27

Meeresfriede

Wehrbergsweg 11 ⊠ 27476 – ℘ (04721) 43 50 – info@hotel-meeresfriede.de
– Fax (04721) 435222
29 Zim – ✝43/68 € ✝✝100/135 € – ½ P 18 € – **Rest** – (nur Abendessen für Hausgäste)
♦ Neben solide möblierten Zimmern verschiedener Kategorien zählt auch die zentrale und doch strandnahe Lage zu den Annehmlichkeiten dieses familiengeführten Hauses.

Neptun garni

Nordstr. 11 ⊠ 27476 – ℘ (04721) 42 90 – m.behrmann@t-online.de
– Fax (04721) 579999
24 Zim – ✝44/85 € ✝✝76/133 €
♦ Eine nette Urlaubsadresse mit familiärer Note und wohnlich gestalteten Räumen. Das Haus liegt recht ruhig in einer Seitenstraße, ganz in Strandnähe.

CUXHAVEN

XXX Sterneck – Badhotel Sternhagen
Cuxhavener Str. 86 ⊠ 27476 – ℰ (04721) 43 40 – sternhagen@
badhotel-sternhagen.de – Fax (04721) 434444 – geschl. 13. - 30. Juli, 16. Nov. -
24. Dez. und Montag - Mittwoch
Rest – Menü 45/96 € – Karte 49/69 €
Spez. Steinbutt und Kaisergranat mit Krustentierjus und gebackenem Eigelb.
Wildlachs - warm und kalt - mit Erbsenpüree und Kaviar. Filet vom Weideochsen
und geschmorte Schulter mit roter Zwiebel-Korianderjus.
♦ Mit Blick auf die Nordsee genießt man hier kreative Küche auf klassischer Basis. Sehr
angenehm sind auch der aufmerksame, freundliche Service und das Ambiente.

X Fischerstube mit Zim
Nordstr. 6 ⊠ 27476 – ℰ (04721) 4 20 70 – info@fischerhus-fischerstube.de
– Fax (04721) 420742 – geschl. 10. Nov. - 12. Dez. (Hotel)
10 Zim ⊐ – †57/77 € ††67/98 €, ⊐ 6 € – ½ P 15 € – **Rest** – Karte 13/31 €
♦ Die Kombination von nordischem Flair und Fischereidekor bestimmt den Rahmen dieses
Restaurants. Der Schwerpunkt der Küche liegt eindeutig auf Fischgerichten.

In Cuxhaven - Holte-Spangen Süd-West : 6 km über Altenwalder Chaussee Z und Drangstweg :

X Spanger Buernstuv'
Sixtstr. 14 ⊠ 27476 – ℰ (04721) 2 87 14 – Fax (04721) 28714
– geschl. Jan. 2 Wochen und Montag
Rest – (Dienstag - Samstag nur Abendessen) Menü 28/34 € – Karte 27/36 €
♦ Passend zum Charme des alten Bauernhauses präsentiert sich das Restaurant in
gemütlich-rustikaler Aufmachung. Im Sommer nett: die Terrasse unter altem Baumbestand.

In Cuxhaven-Sahlenburg West : 10 km über Westerwischweg Z :

Wattenkieker
Am Sahlenburger Strand 27 ⊠ 27476 – ℰ (04721) 20 00 – wattenkieker@
t-online.de – Fax (04721) 200200 – geschl. 2. Jan. - 1. März
22 Zim ⊐ – †49/99 € ††69/135 € – **Rest** – (geschl. 17. Dez. - 1. März und
Nov. Montag - Dienstag sowie Dez. Montag - Donnerstag) Karte 16/27 €
♦ Das familiengeführte Hotel liegt direkt am Strand und verfügt über neuzeitlich ausgestattete 1- bis 4-Bett-Zimmer mit Balkon - teils zur Seeseite hin gelegen. Restaurant mit
bürgerlichem Ambiente und Blick zum Meer.

Muschelgrund garni
Muschelgrund 1 ⊠ 27476 – ℰ (04721) 20 90 – info@muschelgrund.de
– Fax (04721) 209209 – geschl. 5. Nov. - 27. Dez., 3. Jan. - 1. März
17 Zim ⊐ – †50/100 € ††66/115 €
♦ Modern und funktionell hat man die Zimmer dieses hübsch im nordischen Stil gehaltenen kleinen Domizils eingerichtet. Freundliches Ambiente im ganzen Haus.

DACHAU – Bayern – 546 – 39 480 Ew – Höhe 505 m   65 L20
▶ Berlin 583 – München 19 – Augsburg 54 – Landshut 72
ADAC Münchnerstr. 46 a
🛈 Konrad-Adenauer-Str. 1, ⊠ 85221, ℰ (08131) 7 52 86, infobuero@
dachau.de
🏌 Dachau, An der Floßlände 1 ℰ (08131) 1 08 79
🏌 Eschenried, Am Kurfürstenweg 10 ℰ (08131) 5 67 40
🏌 Markt Indersdorf, ℰ (08131) 5 67 40

Central garni
Münchner Str. 46a ⊠ 85221 – ℰ (08131) 56 40 – info@hotel-central-dachau.de
– Fax (08131) 564121
46 Zim ⊐ – †86 € ††116 €
♦ In diesem Hotel erwarten Sie ein netter Empfangsbereich mit kleinem Salon und
zeitgemäße, wohnliche Gästezimmer. Nachmittags: Caféangebot.

DACHAU

※※ **Schloss Dachau**
Schlossstr. 2 ⊠ 85221 – ℰ (08131) 4 54 36 60 – Fax (08131) 4543661
Rest – Karte 26/39 €
♦ Klassisch-schönes, lichtdurchflutetes Restaurant mit historischem Rahmen. Von der Terrasse blickt man zum Schlossgarten. Sehenswert: der prunkvolle Festsaal. Kuchenangebot.

In Dachau-Ost

Aurora
Roßwachtstr. 1 ⊠ 85221 – ℰ (08131) 5 15 30 – info@aurorahoteldachau.de
– Fax (08131) 515332
17 Zim ⊇ – †72/88 € ††129/149 € – **Rest** – Menü 47/67 € – Karte 29/53 €
♦ In einem Wohngebiet liegt dieses gut geführte Hotel mit hell möblierten, gediegenen Zimmern und einem ansprechenden Saunabereich mit Massage. Das leicht elegante Restaurant wird ergänzt durch einen kleinen Wintergarten und eine begrünte Terrasse.

Huber garni
Josef-Seliger-Str. 7 ⊠ 85221 – ℰ (08131) 5 15 20 – info@hotelhuber-garni.de
– Fax (08131) 515250 – geschl. 24. Dez. - 7. Jan.
15 Zim ⊇ – †72/78 € ††92/98 €
♦ Der persönlich und engagiert geleitete Familienbetrieb in einer recht ruhigen Wohngegend bietet zeitgemäße, praktisch ausgestattete Zimmer und ein gutes Frühstück.

In Bergkirchen-Günding West : 3 km, Richtung Fürstenfeldbruck :

Forelle garni
Brucker Str. 16 ⊠ 85232 – ℰ (08131) 5 67 30 – info@hotel-forelle-dachau.de
– Fax (08131) 567356 – geschl. 24. Dez. - 6. Jan.
25 Zim ⊇ – †79/92 € ††95/110 €
♦ Unterschiedliche Zimmerkategorien stehen in diesem Haus zur Verfügung: neuzeitlich-funktionell oder ganz individuell und sehr geschmackvoll. Spielzimmer für Kinder.

DAHN – Rheinland-Pfalz – **543** – 5 000 Ew – Höhe 210 m – Luftkurort   53 **D17**
▶ Berlin 698 – Mainz 143 – Karlsruhe 57 – Saarbrücken 82
🛈 Schulstr. 29, ⊠ 66994, ℰ (06391) 58 11
◉ Burgruinen★ – Hochstein (⩽★)
◎ Burg Berwartstein★, Süd-Ost : 11 km – Fladensteine★ (Geologischer Lehrpfad★), Süd : 10 km

Pfalzblick
Goethestr. 1 ⊠ 66994 – ℰ (06391) 40 40 – info@pfalzblick.de
– Fax (06391) 404540 – geschl. 9. - 19. Dez., 6. - 10. Jan.
75 Zim (inkl. ½ P.) – †89/138 € ††150/260 € – **Rest** – (nur Abendessen)
Menü 45 € – Karte 32/45 €
♦ Recht ruhig am Waldrand gelegenes, solide geführtes Urlaubshotel, in dem sechs verschiedene Zimmerkategorien sowie ein schöner Wellnessbereich zur Verfügung stehen. Mehrere, rustikal gehaltene Räume bilden das Restaurant - mit Wintergarten.

In Bruchweiler-Bärenbach Süd-Ost : 6 km über B427 Richtung Bad Bergzabern, dann rechts :

Landhaus Felsengarten garni
Gartenstr. 78 ⊠ 76891 – ℰ (06391) 16 61 – info@gaestehaus-felsengarten.de
– Fax (06391) 993073
10 Zim ⊇ – †40/42 € ††55/62 €
♦ Freundlich leitet die Familie das ruhig am Ortsrand gelegene kleine Hotel. Es erwarten Sie helle, wohnliche Zimmer und ein schöner Garten zum Wald hin.

In Erfweiler Nord-Ost : 5 km, über B 427 Richtung Bad Bergzabern, dann links :

※ **Speisemeisterei Lüders**
Winterbergstr. 69 ⊠ 66996 – ℰ (06391) 22 08 – speisemeisterei@t-online.de
– geschl. über Fasching, Juni - Juli 3 Wochen und Nov. - März Montag - Donnerstag, April - Okt. Donnerstag - Freitagmittag
Rest – Karte 18/41 €
♦ In dem bereits seit vielen Jahren von Familie Lüders betriebenen Restaurant schaffen Fachwerk, Kamin und Bilder der Region ein nettes ländliches Ambiente.

DAMMBACH – Bayern – 546 – 1 930 Ew – Höhe 220 m 48 **H15**
▶ Berlin 557 – München 342 – Würzburg 58 – Aschaffenburg 25

Wald-Hotel Heppe
Heppe 1 (Süd-Ost : 2,5 km) ✉ 63874 – ℰ (06092) 94 10 – info@waldhotelheppe.de
– Fax (06092) 941285 – geschl. 7. Jan. - 15. Feb., 8. - 26. Dez.
31 Zim ☷ – †36/39 € ††72/78 € – **Rest** – (geschl. Dienstag, Freitagabend) Karte 13/31 €
♦ Schön ist die einsame Lage dieses Hauses mitten im Wald. Die Zimmer sind rustikal möbliert und sehr gepflegt - alle mit Balkon. Großes Restaurant in ländlichem Stil mit bürgerlichem Angebot.

DAMME – Niedersachsen – 541 – 15 890 Ew – Höhe 63 m 17 **E8**
▶ Berlin 416 – Hannover 114 – Bielefeld 89 – Bremen 98
🛈 Mühlenstr. 12, ✉ 49401, ℰ (05491) 99 66 67, info@dammer-berge.de

Lindenhof Hotel Tepe
Osterdammer Str. 51 ✉ 49401 – ℰ (05491) 9 71 70 – info@lindenhof-hotel-tepe.de – Fax (05491) 971747
35 Zim ☷ – †79/99 € ††120/140 € – **Rest** – Karte 21/48 €
♦ Moderne, klare Linien kennzeichnen das Ambiente von der neuzeitlichen Lobby bis in die wohnlichen Zimmer dieses familiengeführten Hotels. Restaurant mit ländlich-gemütlicher Atmosphäre.

DAMSHAGEN – Mecklenburg-Vorpommern – 542 – 950 Ew – Höhe 20 m 11 **K4**
▶ Berlin 241 – Schwerin 38 – Lübeck 35 – Rostock 87

In Damshagen-Stellshagen Süd-West : 3 km :

Gutshaus Stellshagen (mit Gästehäusern)
Lindenstr. 1 ✉ 23948 – ℰ (038825) 4 40 – info@gutshaus-stellshagen.de – Fax (038825) 44333
50 Zim ☷ – †70/110 € ††100/160 € – **Rest** – Menü 14 € (mittags)/16 € (Buffet)
♦ Aus einem schönen Herrensitz mit Parkanlage ist dieses Biohotel mit Gesundheitszentrum entstanden. Mehrere Gebäude beherbergen die wohnlichen Gästezimmer. In dem klassisch eingerichteten Restaurant bietet man ein vegetarisches Buffet.

DANNENBERG – Niedersachsen – 541 – 8 480 Ew – Höhe 12 m 20 **K6**
▶ Berlin 223 – Hannover 137 – Schwerin 80 – Lüneburg 51
🛈 Am Markt 5, ✉ 29451, ℰ (05861) 80 85 45, i.dan@web.de
🏌 Zernien, Braasche 2 ℰ (05863) 5 56

Marschtor garni
Marschtorstr. 43 ✉ 29451 – ℰ (05861) 98 36 10 – daasch@t-online.de
– Fax (05861) 983619
7 Zim ☷ – †49/59 € ††69/79 €
♦ Freundlich leitet Familie Daasch ihr kleines Hotel in der Altstadt. Das schmale Klinkerhaus mit seinen gepflegten Zimmern ist in eine Häuserzeile integriert. Reisebüro im EG.

DANNENFELS – Rheinland-Pfalz – siehe Kirchheimbolanden

DARMSTADT – Hessen – 543 – 139 700 Ew – Höhe 144 m 47 **F15**
▶ Berlin 569 – Wiesbaden 44 – Frankfurt am Main 36 – Mannheim 50
ADAC Marktplatz 4
🛈 Im Carree 5a, ✉ 64283, ℰ (06151) 9 51 50 10, info@proregio-darmstadt.de
🏌 Mühltal-Traisa, Am Dippelshof 19 ℰ (06151) 14 65 43 Z
🏌 Worfelden, Im Bachgrund 1 ℰ (06152) 80 79 00 Y
🏌 Riedstadt-Leeheim, Landgut Hof Hayna ℰ (06158) 74 73 85 Z
◉ Hessisches Landesmuseum★ M¹ – Prinz-Georg-Palais (Großherzogliche Porzellansammlung★) M² – Mathildenhöhe★ X

292

DARMSTADT

Street	Ref	No
Arheilger Str.	Y	2
Elisabethenstr.	X	
Ernst-Ludwig-Str.	X	3
Feldbergstr.	V	4
Gräfenhauser Str.	Y	5
Gutenbergstr.	Y	6
Heidenreichstr.	Y	7
Hobrechtstr.	Z	8
Hölgesstr.	X	9
Hohler Weg	Y	10
Holzstr.	X	12
Kirchstr.	X	13
Klappacher Str.	Z	14
Landgraf-Georg-Str.	X	15
Lauteschlägerstr.	X	16
Liebfrauenstr.	X	17
Ludwigstr.	X	
Luisenpl.	X	
Marktpl.	X	
Mollerstr.	X	19
Olbrichweg	Y	21
Pädagogstr.	Y	22
Pützerstr.	Y	24
Rheinstr.	Y	
Riedeselstr.	Z	25
Schloßgartenstr.	X, Y	26
Schützenstr.	Y	30
Steubenpl.	V	31
Teichhausstr.	Y	32
Wilhelminenstr.	X, Z	34
Wilhelm-Leuschner-Str.	X	35
Zeughausstr.	X	36

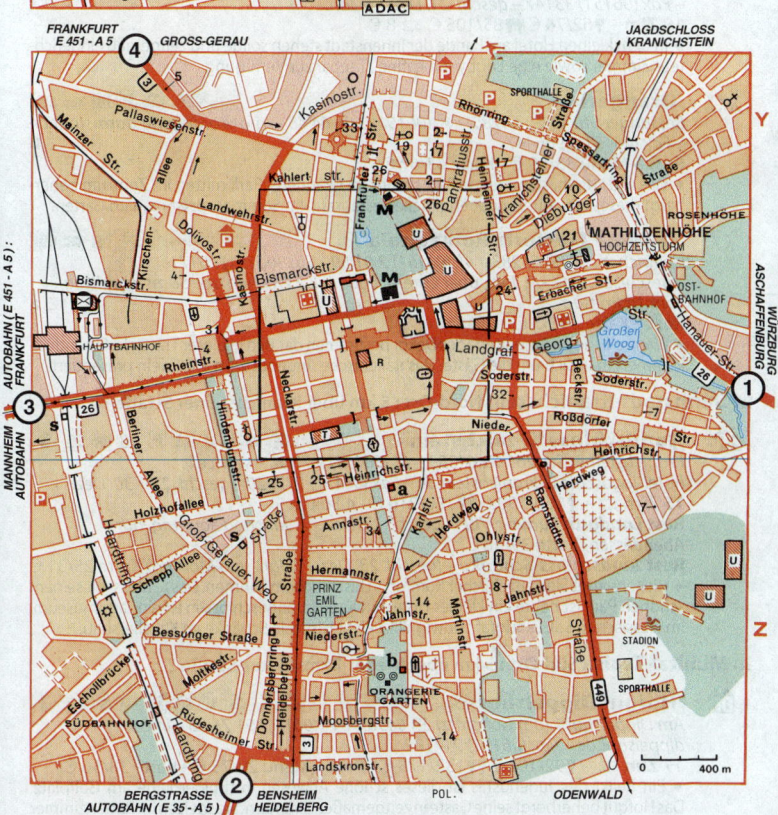

DARMSTADT

Maritim Rhein-Main Hotel
Am Kavalleriesand 6 ⊠ 64295 – ℰ (06151) 30 30 – info.dam@maritim.de – Fax (06151) 303111 Y s
248 Zim – †89/244 € ††114/287 €, ⊇ 16 € – 4 Suiten – **Rest** – Karte 33/41 €
♦ Eine großzügige Lobby empfängt Sie in dem komfortablen Businesshotel in verkehrsgünstiger Lage unweit der Autobahn. Schwimmbad in der obersten Etage mit Blick auf die Stadt.

Ramada
Eschollbrücker Str.16 ⊠ 64295 – ℰ (06151) 38 50 – darmstadt@ramada.de – Fax (06151) 385100 Z s
166 Zim – †106/126 € ††106/126 €, ⊇ 13 € – **Rest** – Karte 22/34 €
♦ Architektonisch interessant ist der Hotelbau mit seiner Rotunde. Im Inneren hat man viel Wert auf Funktionalität und praktische Einrichtung gelegt.

Parkhaus-Hotel garni
Grafenstr. 31 ⊠ 64283 – ℰ (06151) 2 81 00 – info@parkhaus-hotel.bestwestern.de – Fax (06151) 293908 – geschl. 23. Dez. - 4. Jan. X e
77 Zim ⊇ – †100/109 € ††120/129 €
♦ In ein Parkhaus ist dieses privat geführte Hotel integriert. Seine verkehrsgünstige Lage macht das Haus besonders für Geschäftsreisende interessant.

Donnersberg garni
Donnersbergring 38 ⊠ 64295 – ℰ (06151) 3 10 40 – info@hotel-donnersberg.de – Fax (06151) 33147 – geschl. 21. Dez. - 5. Jan. Z t
18 Zim – †62/74 € ††85/105 €, ⊇ 8 €
♦ In dem kleinen Hotel am Rande der Innenstadt stehen solide und zeitgemäß eingerichtete Zimmer sowie eine Lobby mit Kaffee-/Teebar zur Verfügung.

Orangerie
Bessunger Str. 44 ⊠ 64285 – ℰ (06151) 3 96 64 46 – info@orangerie-darmstadt.de – Fax (06151) 3966447 Z b
Rest – Menü 35/59 € – Karte 43/67 €
♦ Das a. d. 18. Jh. stammende Barockhaus im Orangerie-Park mitten im Zentrum beherbergt dieses elegante, angenehm helle Restaurant. Im Sommer speist man im Garten.

Daniela Trattoria Romagnola
Heinrichstr. 39 ⊠ 64283 – ℰ (06151) 2 01 59 – Fax (06151) 20171 – geschl. 24. Dez. - 9. Jan., über Ostern, Ende Juli 2 Wochen und Samstagmittag, Sonntagmittag Z a
Rest – Karte 39/53 €
♦ Warme Töne und mediterranes Dekor bestimmen das Bild in dieser Trattoria. Freundlich kümmert man sich um die Gäste. Das italienische Angebot wird auf Tafeln präsentiert.

In Darmstadt-Kranichstein Nord-Ost : 5 km über Kranichsteiner Straße Y :

Jagdschloss Kranichstein
Kranichsteiner Str. 261 ⊠ 64289 – ℰ (06151) 9 77 90 – service@hotel-jagdschloss-kranichstein.de – Fax (06151) 977920 – geschl. 23. - 30. Dez.
15 Zim ⊇ – †160/190 € ††180/210 € – 4 Suiten
Rest *Landgraf Ludwig VIII* – (geschl. 23. Dez. - 7. Jan. und Sonntag, nur Abendessen) Karte 39/58 €
Rest *Jagdschloss-Schänke* – (geschl. 23. Dez. - 7. Jan. und Montag) Karte 25/31 €
♦ Hier erwartet Sie neuzeitlicher Komfort in historischem Rahmen. Das Schloss mit seinem schönen Park ist heute ein kleines Hotel mit Kapelle, angeschlossen ist ein Jagdmuseum. Im klassischen Stil: Landgraf Ludwig VIII. Leicht rustikale Schänke im Kavaliersbau.

In Mühltal-Traisa Süd-Ost : 5 km über Nieder-Ramstädter-Straße Z :

Hofgut Dippelshof
Am Dippelshof 1 (am Golfplatz) ⊠ 64367 – ℰ (06151) 91 71 88 – info@dippelshof.de – Fax (06151) 917189
17 Zim – †92/102 € ††132/175 € – **Rest** – Menü 29/75 € – Karte 38/56 €
♦ Ein Relikt des Jugendstils ist dieses schöne Anwesen in ruhiger Lage am Golfplatz. Das Hofgut beherbergt seine Gäste in zeitgemäßen Zimmern. Sie speisen im Rattanzimmer mit Parkett und Stuck. Prächtig ist der restaurierte Blaue Saal.

DARSCHEID – Rheinland-Pfalz – siehe Daun

DATTELN – Nordrhein-Westfalen – 543 – 36 750 Ew – Höhe 52 m   26 **D10**
▶ Berlin 500 – Düsseldorf 73 – Dortmund 20 – Recklinghausen 12

In Datteln-Ahsen Nord-West : 7 km über Westring :

Landhotel Jammertal (geheizt)
Redderstr. 421 ⊠ 45711 – ⌀ (02363) 37 70
– info@jammertal.de – Fax (02363) 377100
104 Zim – †95/187 € ††147/199 € – **Rest** – Menü 33/55 € – Karte 28/42 €
♦ Ein schönes Hotel mit freundlichem Service und Wellness-Oase (u. a. mit Naturschwimmteich und Kosmetik). Besonders geschmackvoll und modern sind die Zimmer im Sonnenflügel. Elegant-rustikales Restaurant mit hübschem Glaspavillon.

DAUN – Rheinland-Pfalz – 545 – 8 540 Ew – Höhe 410 m – Heilklimatischer Kurort, Kneippkurort und Mineralheilbad   45 **B14**
▶ Berlin 666 – Mainz 161 – Trier 76 – Bonn 79
🛈 Leopoldstr. 5, ⊠ 54550, ⌀ (06592) 9 51 30, touristinfo@daun.de
◉ Die Maare★ (Weinfelder Maar, Totenmaar, Pulvermaar)

Kurfürstliches Amtshaus Dauner Burg
Burgfriedstr. 28 ⊠ 54550 – ⌀ (06592)
92 50 – info@daunerburg.de – Fax (06592) 925255
28 Zim – †70/80 € ††125/155 € – ½ P 30 € – **Rest** – (geschl. Montag - Dienstag, Mittwoch - Samstag nur Abendessen) Menü 64/75 € – Karte 58/65 €
Spez. Carpaccio von Langustine und Tatar vom Rinderfilet mit Kaviar. Safran-Muschelsud mit Jakobsmuschel und Hummer. Steinbuttfilet und Trüffel im Brickblatt mit Kalbskopfjus.
♦ Stilvoll und individuell hat man die Zimmer des schön oberhalb von Daun gelegenen einstigen Schlosses eingerichtet. Zum Freizeitangebot gehört eine Beautyfarm. Im gediegen-eleganten Restaurant reicht man eine klassische Karte.

Panorama
Rosenbergstr. 26 ⊠ 54550 – ⌀ (06592) 93 40 – info@hotelpanorama.de
– Fax (06592) 934230 – geschl. 6. - 27. Feb., Ende Nov. - Anfang Dez. 3 Wochen
26 Zim – †67/77 € ††120/135 € – ½ P 16 € – **Rest** – (geschl. Montag - Dienstagmittag) Karte 19/32 €
♦ Reizvoll ist die Hanglage des Hauses oberhalb des Ortes. Besonders schön sind die neueren Zimmer in der 2. Etage. Sehr hübsch gestalteter Wellnessbereich. Im Restaurant hat man von einigen Tischen einen netten Blick auf das Tal. Kleiner Wintergartenanbau.

In Daun-Gemünden Süd : 2 km :

Müller
Lieserstr. 17 ⊠ 54550 – ⌀ (06592) 25 06 – info@hotel-mueller-daun.de
– Fax (06592) 2524 – geschl. 5. Jan. - 29. Feb.
12 Zim – †33/38 € ††60/72 € – ½ P 12 € – **Rest** – (geschl. Donnerstag) Karte 15/32 €
♦ Ein kleines, einfaches Urlaubshotel, das tipptopp gepflegt und nett geführt wird. Die Zimmer im Anbau sind etwas größer und mit zeitlosen Naturholzmöbeln eingerichtet. In neuzeitlichem Stil präsentiert sich das Restaurant.

In Schalkenmehren Süd-Ost : 6 km – Erholungsort

Landgasthof Michels
St.-Martin-Str. 8 ⊠ 54552 – ⌀ (06592) 92 80
– info@landgasthof-michels.de – Fax (06592) 928160
49 Zim – †63/84 € ††110/149 € – ½ P 19 € – **Rest** – Menü 27/48 € – Karte 21/35 €
♦ Dieser persönlich geführte Familienbetrieb empfängt Sie mit Zimmern in einem geschmackvollen Landhausstil. Verschiedene Wellnesseinrichtungen kommen Ihrer Erholung zugute. Sympathisch-ländliches Ambiente im Restaurant.

DAUN

Schneider am Maar
Maarstr. 22 ⊠ 54552 – ℰ (06592) 9 55 10 – info@hotelschneider.de
– Fax (06592) 955140 – geschl. 20. - 25. Dez.
19 Zim ⊇ – †35/45 € ††70/90 € – ½ P 15 € – **Rest** – Karte 13/39 €
♦ In unterschiedlichen Stilrichtungen gestaltete, immer praktische Gästezimmer zeichnen diesen Betrieb aus, der auch über einen neuzeitlichen Wellnessbereich verfügt. Eine Saisonkarte mit kleinem Vitalangebot ergänzt die internationale Küche.

In Darscheid Nord-Ost : 6 km über B 257 – Erholungsort :

Kucher's Landhotel
Karl-Kaufmann-Str. 2 ⊠ 54552 – ℰ (06592) 6 29 – info@kucherslandhotel.de
– Fax (06592) 3677 – geschl. 7. - 28. Feb., 10. - 24. Dez.
14 Zim ⊇ – †45/75 € ††90/100 € – ½ P 19/22 €
Rest *Kucher's Gourmet* – (geschl. Montag - Dienstag, Mittwoch - Samstag nur Abendessen) Karte 36/58 € ⊛
Rest *Weinwirtschaft kleines Kucher* – (geschl. Montag - Dienstagmittag) Karte 20/38 €
♦ In dem kleinen Hotel am Ortseingang stehen individuelle, wohnlich im Landhausstil eingerichtete Gästezimmer zur Verfügung. Klassische Küche im eleganten Restaurant Kucher's Gourmet. Weinangebot mit 800 Positionen. Rustikale Weinwirtschaft mit regionaler Karte.

> Bestecke ✗ und Sterne ✿ sollten nicht verwechselt werden!
> Die Bestecke stehen für eine Komfortkategorie, die Sterne zeichnen
> Häuser mit besonders guter Küche aus - in jeder dieser Kategorien.

DEDELSTORF – Niedersachsen – siehe Hankensbüttel

DEGGENDORF – Bayern – 546 – 31 230 Ew – Höhe 314 m – Wintersport : 1 114 m ⚞ 3
59 **O18**

▶ Berlin 563 – München 144 – Passau 51 – Landshut 74
🛈 Oberer Stadtplatz, ℰ 94469, ℰ (0991) 2 96 05 35, tourismus@deggendorf.de
⛳ Schaufling, Rusel 123 ℰ (09920) 89 11
◉ Kloster Metten (Kirche und Bibliothek★) Nord-West : 5 km – Niederalteich : Klosterkirche★ Süd-Ost : 11 km

Donauhof
Hafenstr. 1 ⊠ 94469 – ℰ (0991) 3 89 90 – info@hotel-donauhof.de
– Fax (0991) 389966
60 Zim ⊇ – †56/62 € ††81/89 € – **Rest** – (geschl. Sonntag, nur Abendessen) Karte 18/25 €
♦ Hier hat man ein altes Lagerhaus a. d. 19. Jh. restauriert und zum Hotel umgestaltet. Man bietet freundlichen Service und wohnliche Zimmer, teils im toskanischen Stil. Wintergarten und urige Weinstube ergänzen das stilvolle Restaurant.

La padella
Rosengasse 7 ⊠ 94469 – ℰ (0991) 55 41 – lapadella@t-online.de
– Fax (0991) 3831845 – geschl. 4. - 10. Feb., 12. - 22. Mai und Montag
Rest – (Tischbestellung ratsam) Karte 27/40 €
♦ Hell und freundlich präsentiert sich das im Zentrum gelegene Restaurant mit Terrasse in der Fußgängerzone. Gekocht wird international, mit saisonalen Einflüssen.

Goldener Engel
Oberer Stadtplatz 6 ⊠ 94469 – ℰ (0991) 47 67 – goldener_engel@goldmail.de
– Fax (0991) 3790667
Rest – Karte 13/36 €
♦ Freunde altbayerischer Wirtshauskultur schätzen das in der Fußgängerzone gelegene traditionelle Gasthaus von 1694. Man kocht regionale Schmankerln.

DEGGENDORF

In Deggendorf-Natternberg Süd-West : 6 km, jenseits der A 3 :

Burgwirt (mit Gästehaus)
Deggendorfer Str. 7 ⊠ *94469 –* ℰ *(0991) 3 00 45 – info@hotel-burgwirt.de
– Fax (0991) 31287 – geschl. 4. - 17. Aug.*
30 Zim ⊆ – †45/60 € ††65/90 € – **Rest** – *(geschl. Sonntagabend - Montagmittag)* Karte 13/22 €
♦ Das Hotel liegt am Donau-Radweg und bietet solide ausgestattete Zimmer, die z. T. über Balkone verfügen. Auch ein "Rosen"- und ein "König Ludwig"-Zimmer sind vorhanden. In den Gaststuben unterstreicht ein Kachelofen den ländlichen Charme.

DEGGENHAUSERTAL – Baden-Württemberg – **545** – 4 100 Ew – Höhe 544 m
63 **H21**

▶ Berlin 728 – Stuttgart 144 – Konstanz 33 – Ravensburg 20
🛈 Deggenhausertal, Unterhomberg 1 ℰ (07555) 91 96 30

In Deggenhausertal-Limpach

Mohren
Kirchgasse 1 ⊠ *88693 –* ℰ *(07555) 93 00 – info@naturhotel-mohren.de
– Fax (07555) 930100 – geschl. 6. - 27. Jan.*
32 Zim – †45/60 € ††75/90 € – ½ P 17 € – **Rest** – *(geschl. Montag, Dienstag - Donnerstag nur Abendessen)* Karte 17/41 €
♦ Der erweiterte Gutsgasthof in einem recht ruhigen Ortsteil bietet in ländlichem Stil ausgestattete Zimmer und einen schönen Sauna-Wohlfühlbereich mit Kosmetik auf Naturbasis. In der Küche des rustikalen Restaurants werden ausschließlich Bioprodukte verwendet.

In Deggenhausertal-Roggenbeuren

Krone
Lindenplatz 2 ⊠ *88693 –* ℰ *(07555) 9 22 90 – hotel-krone-roggenbeuren@
t-online.de – Fax (07555) 922992 – geschl. über Weihnachten*
46 Zim ⊆ – †52/68 € ††86/108 € – **Rest** – Karte 22/40 €
♦ Das Hotel in dörflicher Umgebung bietet freundlich und funktionell eingerichtete Gästezimmer sowie ein Sauna-/Wohlfühlbereich mit Massage- und Kosmetikangebot.

In Deggenhausertal-Wittenhofen

Landhotel Adler Biergarten
Roggenbeurer Str. 2 ⊠ *88693 –* ℰ *(07555) 2 02 – info@landhotel-adler.de
– Fax (07555) 5273 – geschl. 11. - 29. Feb.*
23 Zim ⊆ – †48/60 € ††78 € – ½ P 13 € – **Rest** – *(geschl. Mittwoch - Donnerstagmittag)* Karte 19/35 €
♦ Der traditionsreiche Landgasthof im Zentrum ist ein sehr gepflegtes Haus, das je nach Etage unterschiedlich eingerichtete Zimmer bietet. Nette Gaststuben mit lauschiger Terrasse. Zum regionalen Angebot gehören selbst gezüchtete Enten und Wild aus eigener Jagd.

DEIDESHEIM – Rheinland-Pfalz – **543** – 3 770 Ew – Höhe 117 m – Luftkurort
47 **E16**

▶ Berlin 645 – Mainz 88 – Mannheim 31 – Kaiserslautern 39
🛈 Bahnhofstr. 5, ⊠ 67146, ℰ (06326) 9 67 70, touristinfo@deidesheim.de

Deidesheimer Hof
Am Marktplatz 1 ⊠ *67146 –* ℰ *(06326) 9 68 70 – info@deidesheimerhof.de
– Fax (06326) 7685 – geschl. 7. - 19. Jan.*
28 Zim – †80/150 € ††120/200 €, ⊆ 16 € – ½ P 35 € – 3 Suiten
Rest *Schwarzer Hahn* und *St. Urban* – separat erwähnt
♦ Ein gestandener Familienbetrieb, dessen Geschichte bis in die Renaissance-Zeit zurückreicht. Guter Service und individuelle, wohnliche Zimmer machen das Haus sehr angenehm.

DEIDESHEIM

🏨 Hatterer's Hotel
Weinstr. 12 ✉ 67146 – ℰ (06326) 60 11 – hotel-hatterer@t-online.de
– Fax (06326) 7539
57 Zim ⌑ – †85/90 € ††110/145 € – ½ P 25 € – **Rest** – *(geschl. 1. - 14. Jan., Jan. - März Sonntagabend - Montag)* Karte 36/52 €
♦ Im Herzen des historischen Weinstädtchens liegt das familiengeführte Hotel mit dem markanten Glasturm. Wohnlich-rustikale Zimmer und ein hübscher Garten. Das Restaurant Le jardin d'hiver lässt sich bei gutem Wetter zur Terrasse hin öffnen.

🏨 Steigenberger
Am Paradiesgarten 1 ✉ 67146 – ℰ (06326) 97 00 – deidesheim@steigenberger.de
– Fax (06326) 970333
123 Zim ⌑ – †83/150 € ††113/180 € – ½ P 27 € – **Rest** – Karte 22/41 €
♦ Am Ortsrand liegt dieses Hotel nach angloamerikanischem Vorbild, eingerichtet im Stil der 30er bis 50er Jahre. Fotos amerikanischer Schauspieler zieren die Wände. Restaurant mit legerem Bistro-Ambiente.

🏠 Kurpark-Residenz garni
An der Marlach 20 ✉ 67146 – ℰ (06326) 70 80 – kurpark-residenz@deidesheim.de
– Fax (06326) 989285
22 Zim ⌑ – †62/74 € ††79/99 €
♦ In einem Wohngebiet liegt das in neuzeitlichem Stil gebaute Appartement-Hotel. Wohnlich gestaltete Zimmer mit Balkon/Terrasse und eine gute Führung sprechen für diese Adresse.

XXX Schwarzer Hahn – Hotel Deidesheimer Hof
Am Marktplatz 1 ✉ 67146 – ℰ (06326) 9 68 70 – info@deidesheimerhof.de
– Fax (06326) 7685 – geschl. Jan., Juli und Sonntag - Montag
Rest – *(nur Abendessen, an Feiertagen auch mittags geöffnet)* (Tischbestellung ratsam) Menü 84/109 € – Karte 61/78 €
Spez. Marinierte Gänsestopfleber mit grünen Tomaten und Kakao. Lauwarmes Carpaccio von der Jakobsmuschel im Ahorn-Limettensud mit gebratenen Perlhuhnbäckchen. Kombination von Aal und Roter Bete mit Apfel-Meerrettichcocktail.
♦ In diesem Restaurant lassen Sie sich unter dem 300 Jahre alten Kreuzgewölbe von einem kompetenten Team mit kreativer Küche verwöhnen. Salon und Bar.

XXX Ketschauer Hof - Freundstück
Ketschauerhofstr. 1 ✉ 67146 – ℰ (06326) 7 00 00 – info@ketschauer-hof.com
– Fax (06326) 700099 – geschl. 1. - 24. Jan.
Rest – *(geschl. Samstagmittag, Sonntag - Montag, außer Feiertage)* Menü 65/85 € – Karte 59/75 €
Rest *Weinbar* – Menü 32/36 € – Karte 28/36 €
♦ Das Restaurant auf dem ehemaligen Anwesen der Winzerfamilie Bassermann-Jordan verbindet den historischen Rahmen mit modern-elegantem Stil. Terrasse und Garten im Innenhof. Trendig und leger ist die Weinbar. Altes Kelterhaus für Veranstaltungen.

XX St. Urban – Hotel Deidesheimer Hof
Am Marktplatz 1 ✉ 67146 – ℰ (06326) 9 68 70 – info@deidesheimerhof.de
– Fax (06326) 7685 – geschl. 7. - 19. Jan.
Rest – Menü 48 € – Karte 33/49 €
♦ Ländlich-charmant sind die Stuben dieses im Stil eines Landgasthofs gehaltenen Restaurants. Geboten wird regionale Küche und eine gute Auswahl an Pfälzer Weinen.

XX Gasthaus zur Kanne
Weinstr. 31 ✉ 67146 – ℰ (06326) 9 66 00 – zurkanne@buerklin-wolf.de
– Fax (06326) 966017 – geschl. Feb. 3 Wochen, Aug. 2 Wochen und Montag - Dienstag
Rest – Menü 27/55 € – Karte 22/43 €
♦ In diesem bereits seit 1160 bestehenden Gasthaus im Ortskern erwarten Sie gemütlich gestaltete Räume und regionale Küche. Im Sommer dient der Innenhof als Terrasse.

DEIDESHEIM

Weinschmecker
Steingasse 2 ⊠ 67146 – ℰ (06326) 98 04 60 – Fax (06326) 989475
– geschl. Sonntag - Montag
Rest *– (nur Abendessen)* Menü 23/42 € – Karte 25/39 €
♦ Ein ehemaliges Kelterhaus beherbergt dieses helle, in klaren Linien gehaltene Restaurant. Schön sitzt man auch auf der überdachten Innenhofterrasse.

Gutsausschank Dr. Kern
Schloss Deidesheim ⊠ 67146 – ℰ (06326) 9 66 90 – info@schloss-deidesheim.de
– Fax (06326) 966920 – geschl. Anfang Jan. - Mitte Feb., April - Okt. Mittwoch, Nov. - März Dienstag - Donnerstag
Rest – Karte 15/31 €
♦ Ein Teil des Deidesheimer Schlosses dient als Restaurant und Weinausschank. Sie speisen unter schönen Stuckdecken oder auf der Terrasse am Schlossgarten. Nur Eigenbauweine.

In Forst Nord : 2 km über Weinstraße :

Gutsausschank Spindler
Weinstr. 44 ⊠ 67147 – ℰ (06326) 58 50 – hch.spindler@t-online.de
– Fax (06326) 7877 – geschl. 23. Dez. - Anfang Feb. und Sonntag - Montag
Rest – Karte 14/36 €
♦ Deftige Spezialitäten aus der Pfalz und ausschließlich Weine aus eigenem Anbau werden dem Gast hier im netten Ambiente eines alten Weinguts kredenzt - mit Gartenterrasse.

> Gute Küche zu günstigem Preis? Folgen Sie dem „Bib Gourmand".

DELBRÜCK – Nordrhein-Westfalen – 543 – 29 860 Ew – Höhe 100 m   27 F10
▶ Berlin 432 – Düsseldorf 171 – Bielefeld 52 – Paderborn 16

Waldkrug
Graf-Sporck-Str. 34 ⊠ 33129 – ℰ (05250) 9 88 80 – rezeption@waldkrug.de
– Fax (05250) 988877
49 Zim ⊇ – †72/92 € ††100/145 € – **Rest** – Karte 22/33 €
♦ Am Stadtrand liegt das gewachsene Gasthaus man modernem Anbau. Die Zimmer sind wohnlich, teils elegant eingerichtet - einige hat man mit schönen Holzfußböden ausgestattet. Im Stammhaus befindet sich das bürgerlich-gediegene Restaurant.

DELITZSCH – Sachsen – 544 – 28 200 Ew – Höhe 96 m   31 N11
▶ Berlin 162 – Dresden 116 – Leipzig 23
🛈 Schlossstr. 31, ⊠04509, ℰ (034202) 6 72 37, touristinfo-delitzsch@ t-online.de

Akzent Hotel
Grünstr. 43 ⊠ 04509 – ℰ (034202) 81 10 – info@hotel-delitzsch.de
– Fax (034202) 81199 – geschl. 24. - 31. Dez.
28 Zim ⊇ – †52/66 € ††67/87 € – **Rest** – *(nur Abendessen für Hausgäste)*
♦ Ein ehrwürdiger Ziegelsteinbau aus dem 19. Jh. wurde durch einen Wintergarten auf interessante Weise mit dem Hotelneubau verbunden. Zeitgemäße Zimmer mit modernen Bädern.

In Delitzsch-Schenkenberg Nord-West : 2,5 km :

Schenkenberger Hof
Hofegasse 3 ⊠ 04509 – ℰ (034202) 73 00 – kontakt@schenkenberger-hof.de
– Fax (034202) 73073 – geschl. 22. - 27. Dez.
26 Zim ⊇ – †45/49 € ††60/66 € – **Rest** – *(geschl. Sonntag) (nur Abendessen für Hausgäste)*
♦ Die Zimmer in dem restaurierten Scheunenbau sind mit wohnlichen Rattanmöbeln eingerichtet. Durch die zahlreichen Grünpflanzen wird eine freundliche Atmosphäre im Haus erzeugt.

DELMENHORST – Niedersachsen – 541 – 75 990 Ew – Höhe 7 m 17 F6

▶ Berlin 403 – Hannover 136 – Bremen 17 – Oldenburg 37
ADAC Reinersweg 34
🛈 Rathausplatz 1 (Rathaus), ✉ 27749, ✆ (04221) 99 22 99, stadtmarketing@delmenhorst.de
🏌 Hude, Lehmweg 1 ✆ (04408) 92 90 90

Thomsen (mit Gästehaus)
*Bremer Str. 186 ✉ 27751 – ✆ (04221) 97 00 – hotel.thomsen@t-online.de
– Fax (04221) 70001*
89 Zim ⌑ – †49/89 € ††69/129 € – **Rest** – *(geschl. 26. - 28. Dez. und Samstagmittag)* Karte 15/37 €

♦ Das seit 1951 existierende Hotel verfügt über funktionell eingerichtete Zimmer - komfortabler sind die neuzeitlichen Zimmer im Gästehaus. Restaurant mit bürgerlichem Ambiente.

DENZLINGEN – Baden-Württemberg – 545 – 13 330 Ew – Höhe 234 m 61 D20

▶ Berlin 802 – Stuttgart 203 – Freiburg im Breisgau 19 – Offenburg 61

Rebstock-Stube mit Zim
*Hauptstr. 74 ✉ 79211 – ✆ (07666) 90 09 90 – rebstockstube@aol.com
– Fax (07666) 7942*
8 Zim ⌑ – †35/55 € ††55/90 € – **Rest** – *(geschl. Sonntag - Montag, außer Feiertage)* Menü 27/50 € – Karte 31/57 €

♦ Gemütlich ist der traditionsreiche Gasthof a. d. 16. Jh., in dem sich Familie Frey herzlich um die Gäste kümmert. Gekocht wird badisch und französisch. Hübsche Gartenterrasse.

In Vörstetten West : 3 km :

Sonne mit Zim
Freiburger Str. 4 ✉ 79279 – ✆ (07666) 23 26 – sonnestahl@aol.com – Fax (07666) 8595
10 Zim ⌑ – †30/45 € ††49/65 € – **Rest** – *(geschl. Montag, Samstagmittag)*
Menü 20/28 € – Karte 16/38 €

♦ Seit 250 Jahren ist dieser schöne badische Gasthof in Familienbesitz. In gemütlich-rustikalen Stuben bietet man regionale Gerichte.

DERENBURG – Sachsen-Anhalt – 542 – 2 710 Ew – Höhe 157 m 30 K10

▶ Berlin 220 – Magdeburg 66 – Göttingen 98 – Halle 102

Schloßvilla
*Schlossstr. 15 ✉ 38895 – ✆ (039453) 67 80 – info@schlossvilla-derenburg.de
– Fax (039453) 67850*
15 Zim ⌑ – †55/65 € ††85/95 € – **Rest** – Karte 17/29 €

♦ In einem hübschen kleinen Park liegt die mit neuzeitlichen Zimmern ausgestattete Villa. Schön: die Halle im Jugendstil mit gut erhaltenen Holzarbeiten. Netter Saunabereich. Eine alte dunkle Täfelung und Holzbalken zieren das Restaurant.

DERNAU – Rheinland-Pfalz – 543 – 1 950 Ew – Höhe 125 m 36 C13

▶ Berlin 628 – Mainz 153 – Koblenz 55 – Bonn 31

Hofgarten
*Bachstr. 26 ✉ 53507 – ✆ (02643) 15 40 – info@hofgarten-dernau.de
– Fax (02643) 2995*
Rest – Karte 19/30 €

♦ Mediterrane Farben, Terrakottaboden und Hussenstühle bestimmen das Ambiente in dem netten Fachwerkhaus gegenüber der Kirche. Urige Weinstube. Hübsch: der Innenhof.

---

*Wie entscheidet man sich zwischen zwei gleichwertigen Adressen?
In jeder Kategorie sind die Häuser nochmals geordnet,
die besten Adressen stehen an erster Stelle.*

DERNBACH (KREIS SÜDLICHE WEINSTRASSE) – Rheinland-Pfalz – 543
– 500 Ew – Höhe 219 m 47 **E17**
▶ Berlin 671 – Mainz 112 – Mannheim 53 – Landau in der Pfalz 14

Haus Dernbachtal garni
*Am Berg 3a ⊠ 76857 – ℰ (06345) 9 54 40 – haus-dernbachtal@web.de
– Fax (06345) 954444*
12 Zim ⊡ – †54/58 € ††80/88 €
◆ Ruhig am Hang gelegenes kleines Hotel mit Pensionscharakter und geräumigen, wohnlichen Zimmern mit Balkon bzw. Terrasse. In direkter Nachbarschaft: das Restaurant der Familie.

Schneider
Hauptstr. 88 ⊠ 76857 – ℰ (06345) 83 48 – Fax (06345) 954444
– geschl. Jan. 2 Wochen, Nov. 2 Wochen und Montag - Dienstag, Sept. - Okt. Montag
Rest – Menü 23/51 € – Karte 26/47 €
◆ Seit 1884 ist der Gasthof mit dem rustikalen Charakter in Familienbesitz. Serviert werden internationale und Pfälzer Gerichte sowie gute regionale Weine. Nette Gartenterrasse.

DERSAU – Schleswig-Holstein – **541** – 920 Ew – Höhe 32 m – Luftkurort 10 **J4**
▶ Berlin 332 – Kiel 32 – Lübeck 70 – Hamburg 92
ℹ Dorfstr. 67, ⊠ 24326, ℰ (04526) 6 80, fvv.dersau@t-online.de

Zur Mühle am See (mit Gästehäusern)
Dorfstr. 47 ⊠ 24326 – ℰ (04526) 30 50 – jahn@dersau.net – Fax (04526) 305205
33 Zim ⊡ – †50/70 € ††70/100 € – ½ P 18 € – **Rest** – (geschl. Nov. - Feb. Sonntagabend) Karte 18/37 €
◆ In der malerischen Landschaft der Holsteinischen Schweiz befindet sich dieses Hotel direkt am Plöner See. Das Rundfahrt-Schiff hat eine Anlegestelle vor dem Haus. In gepflegtem Ambiente reicht man eine gutbürgerliche Karte.

DESSAU – Sachsen-Anhalt – **542** – 78 380 Ew – Höhe 61 m 31 **N10**
▶ Berlin 122 – Magdeburg 64 – Leipzig 74 – Nordhausen 140
ADAC Kavalierstr. 20
ℹ Zerbster Str. 2c ⊠ 06844, ℰ (0340) 2 04 14 42, touristinfo@dessau.de
◉ Bauhausbauten★★ **AX** – Schloss Mosigkau★ über Altener Straße **AY**
◉ Luisium★ über B 185 **CY** : 4 km – Wörlitz : Wörlitzer Park★★, Schloss Wörlitz★, Gotisches Haus★ Ost : 13 km

Stadtpläne siehe nächste Seiten

Steigenberger Hotel Fürst Leopold Rest,
*Friedensplatz ⊠ 06844 – ℰ (0340) 2 51 50
– dessau@steigenberger.de – Fax (0340) 2515177* BX **a**
204 Zim – †73/83 € ††83/93 €, ⊡ 15 € – **Rest** – Karte 24/32 €
◆ Klare Formen prägen den Bauhausstil dieses Hotels. Die Zimmer gefallen mit modernem Design, angenehmen Farben und funktioneller Ausstattung. Neuzeitliches Restaurant mit großer Fensterfront.

NH Dessau
*Zerbster Str. 29 ⊠ 06844 – ℰ (0340) 2 51 40 – nhdessau@nh-hotels.com
– Fax (0340) 2514100* CX **e**
152 Zim – †58/74 € ††58/74 €, ⊡ 14 € – **Rest** – Karte 22/32 €
◆ Das neuzeitliche Businesshotel befindet sich mitten in der Stadt und bietet funktionell eingerichtete Zimmer, die teilweise recht ruhig zum Innenhof hin liegen. Restaurant im Bistrostil.

An den 7 Säulen garni
*Ebertallee 66 ⊠ 06846 – ℰ (0340) 6 40 09 00 – pension7saeulen@freenet.de
– Fax (0340) 619622* AX **f**
21 Zim ⊡ – †47/56 € ††68/74 €
◆ Direkt gegenüber den Meisterhäusern finden Sie dieses mit persönlicher Note geführte Hotel mit seinen einfachen, aber soliden Zimmern.

301

DESSAU

Akazienwäldchen	**BY**	2
Bertolt-Brecht-Str.	**CX**	3
Carl-Maria-von-Weber-Str.	**CX**	5
Eisenbahnstr.	**BY**	8
Erdmannsdorffstr.	**BY**	10
Ferdinand-von-Schill-Str.	**BCX**	12
Flössergasse	**CX**	14
Friedrich-Naumann-Str.	**CY**	15
Friedrich-Schneider-Str.	**CX**	16
Hausmannstr.	**BX**	18
Humboldtstr.	**CX**	20
Johannisstr.	**CX**	
Kleiststr.	**BX**	21
Kornhausstr.	**AX**	23
Liebknechtstr.	**ABX**	25
Marktstr.	**CY**	26
Mendelssohnstr.	**CX**	28
Mozartstr.	**CX**	29
Richard-Wagner-Str.	**CX**	30
Schwabestr.	**BX**	32
Steinstr.	**CX**	33
Wallstr.	**CY**	34
Wörlitzer Str.	**CX**	37
Zerbster Str.	**CXY**	

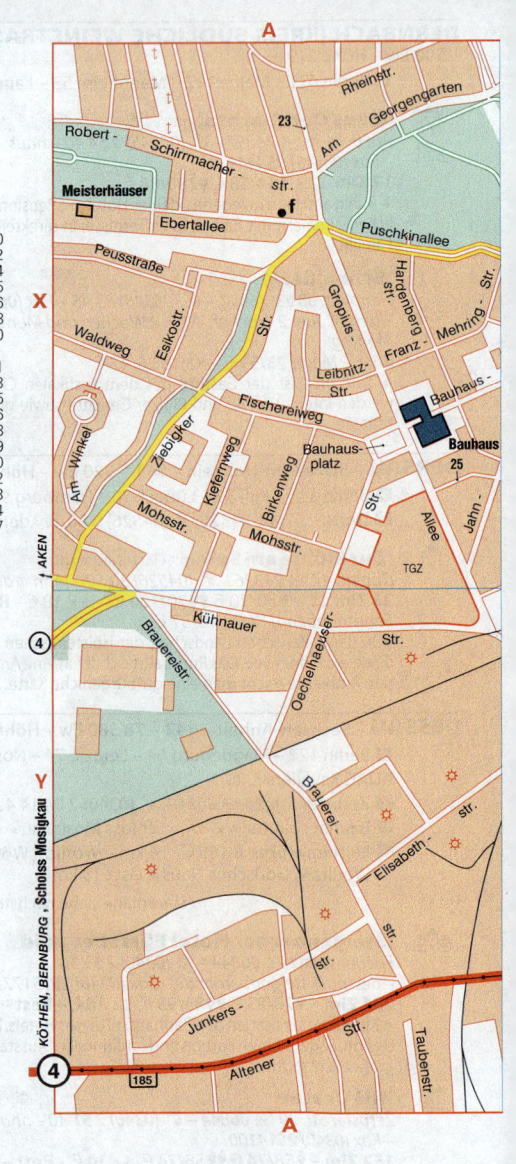

In Dessau-Ziebigk Nord-West : 1 km über Kornhausstraße **AX** :

Pächterhaus
Kirchstr. 1 ✉ 06846 – ℘ (0340) 6 50 14 47 – maedel@paechterhaus-dessau.de – Fax (0340) 6501448 – geschl. Montag
Rest – Menü 27/34 € – Karte 22/34 €
♦ Das Fachwerkhaus a. d. J. 1743 beherbergt nette Restaurantstuben, in denen man sorgfältig zubereitete saisonale Gerichte serviert. Schön: der Garten hinter dem Haus.

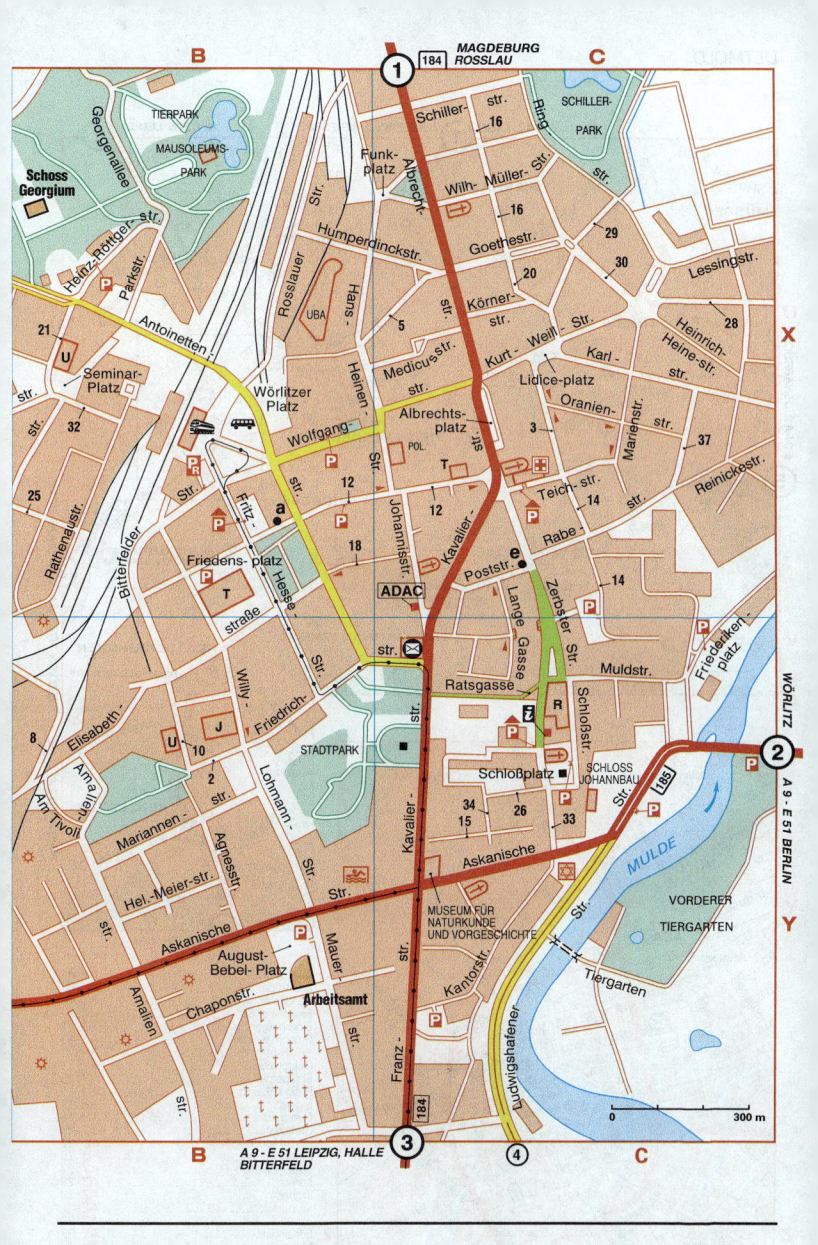

DETMOLD – Nordrhein-Westfalen – 543 – 73 880 Ew – Höhe 130 m 28 **G10**
- Berlin 384 – Düsseldorf 197 – Bielefeld 27 – Hannover 95
ADAC Paulinenstr. 64
Rathaus am Markt, 32756, (05231) 97 73 28, tourist.info@detmold.de
Westfälisches Freilichtmuseum ★ **BU** - Hermannsdenkmal ★ (❋) **AV**
Externsteine ★ (Flachrelief ★★ a.d. 12. Jh.) Süd : 11 km

303

DETMOLD

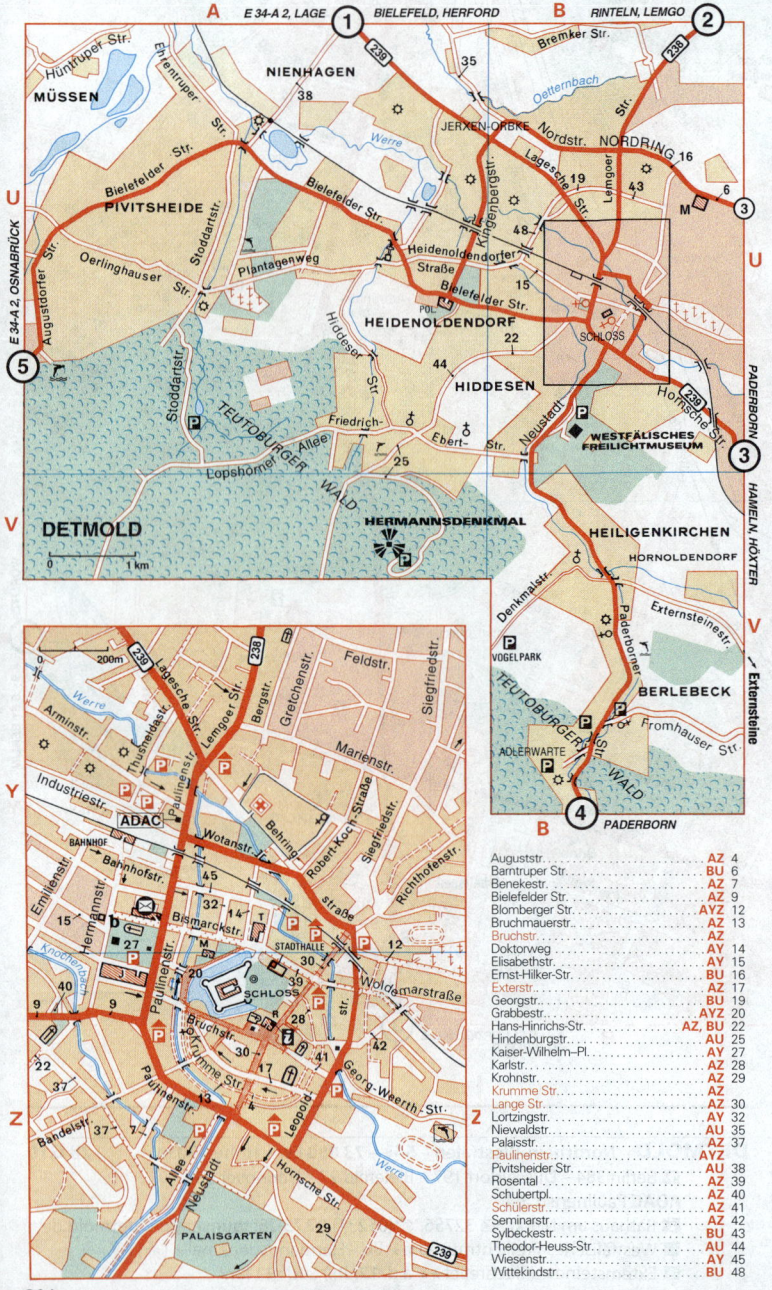

Street	Grid
Auguststr.	AZ 4
Barntruper Str.	BU 6
Benekestr.	AZ 7
Bielefelder Str.	AZ 9
Blomberger Str.	AYZ 12
Bruchmauerstr.	AZ 13
Bruchstr.	AZ
Doktorweg	AY 14
Elisabethstr.	AY 15
Ernst-Hilker-Str.	BU 16
Exterstr.	AZ 17
Georgstr.	BU 19
Grabbestr.	AYZ 20
Hans-Hinrichs-Str.	AZ, BU 22
Hindenburgstr.	AU 25
Kaiser-Wilhelm-Pl.	AY 27
Karlstr.	AZ 28
Krohnstr.	AZ 29
Krumme Str.	AZ
Lange Str.	AZ 30
Lortzingstr.	AY 32
Niewaldstr.	AU 35
Palaisstr.	AZ 37
Paulinenstr.	AYZ
Pivitsheider Str.	AU 38
Rosental	AZ 39
Schubertpl.	AZ 40
Schülerstr.	AZ 41
Seminarstr.	AZ 42
Sylbeckestr.	BU 43
Theodor-Heuss-Str.	AU 44
Wiesenstr.	AY 45
Wittekindstr.	BU 48

DETMOLD

Residenz Hotel garni
Paulinenstr. 19 ⊠ 32756 – ℰ (05231) 93 70 – info@
residenz-detmold.bestwestern.de – Fax (05231) 937333   AZ a
83 Zim – †101/145 € ††122/145 €, ⊇ 13 €
♦ Das nahe dem Residenzschloss in der Innenstadt gelegene Hotel ist mit seinen funktionellen Gästezimmern besonders auf Geschäftsleute und Tagungen zugeschnitten.

Elisabeth garni
Elisabethstr. 5 ⊠ 32756 – ℰ (05231) 94 88 20 – info@elisabethhotel-detmold.de
– Fax (05231) 9488222 – geschl. Ende Dez. - Anfang Jan.   AY b
16 Zim ⊇ – †65/85 € ††85/120 €
♦ Das kleine Hotel im Zentrum integriert erfolgreich behinderte Mitarbeiter. Die Zimmer der Kategorien Bronze, Silber, Gold und Platin sind freundlich und modern eingerichtet.

In Detmold-Berlebeck

Landhaus Hirschsprung
Paderborner Str. 212 (über BV) ⊠ 32760 – ℰ (05231) 8 78 50 00 – info@
landhaus-hirschsprung.de – Fax (05231) 8785005
13 Zim ⊇ – †69/89 € ††115/122 € – **Rest** – (geschl. Montag) Karte 18/37 €
♦ Das kleine Hotel in Waldnähe verfügt über zeitgemäß und wohnlich gestaltete Gästezimmer mit z. T. sehr gutem Platzangebot. Das Restaurant: freundliches Kaminzimmer mit Wintergartenanbau zur schönen Gartenterrasse sowie rustikale Försterstube.

DETTIGHOFEN – Baden-Württemberg – 545 – 1 060 Ew – Höhe 488 m   62 F21
▶ Berlin 819 – Stuttgart 185 – Freiburg im Breisgau 105 – Schaffhausen 17

Hofgut Albführen
⊠ 79802 – ℰ (07742) 9 29 60 – info@hofgut-albfuehren.de – Fax (07742) 929649
– geschl. 27. Dez. - 8. Jan.
15 Zim ⊇ – †80/110 € ††140 € – **Rest** – (geschl. Montag - Dienstagmittag) Karte 20/32 €
♦ Ein Hofgut mit Pferdezentrum in ruhiger und einsamer Lage. Integriert in diese Anlage ist ein Hotel mit wohnlichen, individuellen Gästezimmern. Im Restaurant Clubhaus mit hoher, offener Deckenbalkenkonstruktion bietet man überwiegend internationale Küche.

DETTINGEN AN DER ERMS – Baden-Württemberg – 545 – 9 250 Ew – Höhe 398 m   55 H19
▶ Berlin 678 – Stuttgart 39 – Reutlingen 13 – Ulm (Donau) 61

Rößle   Biergarten
Uracher Str. 30 ⊠ 72581 – ℰ (07123) 9 78 00 – info@hotel-metzgerei-roessle.de
– Fax (07123) 978010 – geschl. 24. - 28. Dez.
23 Zim ⊇ – †37/70 € ††72/105 € – **Rest** – (geschl. Montag) Menü 24 € – Karte 17/34 €
♦ Das freundlich geführte Haus in der Ortsmitte ist seit 1864 im Familienbesitz. Die zeitgemäßen Zimmer verteilen sich auf das nette Fachwerkhaus und den neuzeitlichen Anbau. Gemütlich-rustikales Restaurant mit regionaler Küche. Eigene Metzgerei.

DEUDESFELD – Rheinland-Pfalz – 543 – 420 Ew – Höhe 440 m – Erholungsort   45 B14
▶ Berlin 688 – Mainz 181 – Trier 57 – Bitburg 28

Zur Post
Hauptstr. 8 ⊠ 54570 – ℰ (06599) 8 66 – info@hotelzurpost-deudesfeld.de
– Fax (06599) 1304
25 Zim ⊇ – †31/34 € ††56/68 € – **Rest** – (geschl. Nov. - Feb. Donnerstag) Karte 13/23 €
♦ Eingebettet in die Landschaft der Vulkaneifel ist der Landgasthof mit der schönen Außenanlage. Die Zimmer sind neuzeitlich und wohnlich eingerichtet. Das Restaurant ist rustikal gestaltet und mit viel Holz dekoriert.

DIEBLICH – Rheinland-Pfalz – 543 – 2 460 Ew – Höhe 72 m 36 D14
▶ Berlin 616 – Mainz 96 – Koblenz 15 – Cochem 39

Pistono (mit Appartementhaus)
Hauptstr. 30 ⊠ 56332 – ℰ (02607) 2 18 – pistono@gmx.de
– Fax (02607) 1039 – geschl. 22. - 27. Dez.
90 Zim ⊑ – †50/55 € ††80/90 € – **Rest** – (geschl. Nov. - April Montag) Karte 19/32 €
◆ Auch auf größere Gruppen ist man in dem Hotel im Ortskern vorbereitet. Die Zimmer sind meist mit rustikalen Eichenmöbeln eingerichtet, einige auch mit hellem Naturholz. Ein Weinprobierkeller ergänzt das ländlich-rustikale Restaurant.

Halferschenke mit Zim
Hauptstr. 63 ⊠ 56332 – ℰ (02607) 10 08 – info@halferschenke.de
– Fax (02607) 960294 – geschl. über Karneval
4 Zim ⊑ – †50/70 € ††60/90 € – **Rest** – (geschl. Montag, Dienstag - Samstag nur Abendessen, außer Feiertage) Menü 30 € – Karte 30/47 €
◆ Das moseltypische Bruchsteinhaus aus dem 19. Jh. empfängt Sie mit internationalen Speisen in ansprechendem Ambiente: mal gemütlich-rustikal, mal modern-elegant.

DIEKHOLZEN – Niedersachsen – siehe Hildesheim

DIERDORF – Rheinland-Pfalz – 543 – 5 950 Ew – Höhe 240 m 36 D13
▶ Berlin 584 – Mainz 106 – Koblenz 48 – Bonn 60

In Isenburg Süd-West : 11 km über B 413 Richtung Koblenz :

Haus Maria
Caaner Str. 6 ⊠ 56271 – ℰ (02601) 29 80 – hotel-haus-maria@t-online.de
– Fax (02601) 2964
12 Zim ⊑ – †40/45 € ††68/75 € – **Rest** – (geschl. Montag) Karte 18/35 €
◆ Ruhige Lage und persönliche Atmosphäre machen das schlicht eingerichtete kleine Hotel im Bungalow-Stil aus. Im Haus finden sich zahlreiche Kunstgegenstände und Töpferartikel. Restaurant mit internationalem Angebot.

DIERHAGEN – Mecklenburg-Vorpommern – 542 – 1 670 Ew – Höhe 1 m – Seebad
▶ Berlin 248 – Schwerin 122 – Rostock 35 – Stralsund 57 5 N3
🛈 Ernst-Moritz-Arndt-Str. 2, (Strand), ⊠ 18347, ℰ (038226) 2 01, kv.dierhagen@t-online.de

In Dierhagen-Strand West : 2 km :

Strandhotel Fischland (mit Gästehäusern)
Ernst-Moritz-Arndt-Str. 6
⊠ 18347 – ℰ (038226) 5 20
– mail@strandhotel-fischland.de – Fax (038226) 52999
152 Zim ⊑ – †56/154 € ††94/243 € – ½ P 23 € – 8 Suiten – **Rest** – Karte 21/35 €
◆ Die weitläufige, aus mehreren Häusern bestehende Hotel- und Ferienanlage befindet sich im Küstenwald. Moderne und wohnliche Zimmer mit großen Fenstern - 3. Etage mit Seeblick. Restaurant mit internationalem Angebot.

Ostseehotel
Wiesenweg 1 ⊠ 18347 – ℰ (038226) 5 10 – info@ostseehotel-dierhagen.de
– Fax (038226) 51871
162 Zim ⊑ – †45/85 € ††69/115 € – ½ P 16 € – **Rest** – Karte 20/31 €
◆ Vor allem die ruhige Lage nur ca. 200 Meter vom Strand entfernt spricht für dieses in neuzeitlichem Stil eingerichtete, aus einer ehemaligen Klinik entstandene Hotel.

In Dierhagen-Ost Nord : 1,5 km :

Blinkfüer
An der Schwedenschanze 20 ⊠ 18347 – ℰ (038226) 8 03 84 – hotel-blinkfuer@t-online.de – Fax (038226) 80392 – geschl. 7. - 18. Jan.
30 Zim ⊑ – †70/100 € ††105/130 € – ½ P 20 € – **Rest** – Karte 26/50 €
◆ In einer schönen Gartenanlage zwischen Bodden und Meer liegt dieses gediegene familiengeführte Hotel mit seinen zeitgemäßen Zimmern und Maisonetten. Teil des Restaurants ist ein schöner Wintergarten. Überwiegend internationale Karte.

DIERHAGEN

In Dierhagen-Neuhaus West : 1,5 km :

Dünenmeer ← Strand und Ostsee,
Birkenallee 20 (über Ernst-Moritz-Arndt Straße) Rest,
✉ 18347 – ℰ (038226) 50 10 – info@duenenmeer.de – Fax (038226) 501555
65 Zim (inkl. ½ P) – †144/200 € ††210/320 € – 12 Suiten
Rest – Karte 33/48 €
Rest *Kamin Bistro* – Karte 25/37 €
♦ Ein schöne Hotelanlage direkt hinter den Dünen mit geräumigen modernen Zimmern, großzügigem Spabereich mit Meerblick sowie einigen reetgedeckten Ferien-/Appartementhäusern. Freundliches Restaurant in geradlinigem Stil mit hübscher Terrasse zum Strand.

DIESSEN AM AMMERSEE – Bayern – 546 – 9 980 Ew – Höhe 544 m – Luftkurort
65 **K21**

▶ Berlin 635 – München 55 – Garmisch-Partenkirchen 62 – Landsberg am Lech 22

🛈 Schützenstr. 9, ✉ 86911, ℰ (08807) 10 48, touristinfo@diessen.de

◉ Marienmünster ★ – Ammersee ★

Strand-Hotel ←
Jahnstr. 10 ✉ *86911* – ℰ *(08807) 9 22 20* – *strandhotel.diessen@t-online.de*
– Fax (08807) 8958 – geschl. 20. Jan. - 29. Feb.
18 Zim – †52/80 € ††80/136 € – **Rest** – (geschl. 12. Nov. - 1. März und Montag - Dienstag) Karte 18/39 €
♦ Idyllisch liegt das kleine Hotel am See. Die Zimmer im Erdgeschoss verfügen alle über eine eigene Terrasse und einen kleinen Garten mit Komfort-Liegen. Rustikales Restaurant mit großer Fensterfront und Seeterrasse.

In Dießen-Riederau Nord : 4 km :

Seehaus ← Ammersee,
Seeweg-Süd 22 ✉ *86911* – ℰ *(08807) 73 00* – *info@seehaus.de* – *Fax (08807) 6810*
Rest – Menü 50/80 € – Karte 39/45 €
♦ Engagiert leitet Familie Houillot dieses wunderschön am Seeufer gelegene Haus. Sie speisen im gemütlichen Restaurant oder auf der Terrasse mit Blick auf den See.

DIETENHOFEN – Bayern – 546 – 5 670 Ew – Höhe 353 m
50 **J17**

▶ Berlin 473 – München 201 – Nürnberg 37 – Ansbach 17

Moosmühle
Mühlstr. 12 ✉ *90599* – ℰ *(09824) 95 90* – *hotel.moosmuehle@t-online.de*
– Fax (09824) 95959
30 Zim – †51/65 € ††79/90 € – **Rest** – (geschl. Sonntagabend - Montagmittag) Menü 19/23 € – Karte 21/30 €
♦ Tipptopp gepflegte, wohnliche Gästezimmer stehen in diesem von der Inhaberfamilie sehr gut geführten Hotel bereit. Schön ist die ruhige Lage im Grünen. Im Restaurant und auf der sonnigen Terrasse bietet man saisonale und regionale Küche.

DIETERSHEIM – Bayern – siehe Neustadt an der Aisch

DIETFURT AN DER ALTMÜHL – Bayern – 546 – 6 150 Ew – Höhe 365 m
– Erholungsort
58 **L18**

▶ Berlin 496 – München 126 – Regensburg 67 – Nürnberg 82

🛈 Hauptstr. 26, ✉ 92345, ℰ (08464) 64 00 19, touristik@dietfurt.de

Zur Post Biergarten
Hauptstr. 25 ✉ *92345* – ℰ *(08464) 3 21* – *info@zur-post-dietfurt.de*
– Fax (08464) 9126 – geschl. 17. - 30. Nov.
28 Zim – †30/40 € ††50 € – **Rest** – (geschl. Nov. - April Dienstag) Karte 12/19 €
♦ Noch bis 1910 war die örtliche Postkutschenstation im Gasthof untergebracht. Heute wird man hier in zweckmäßigen, mit hellem Holz möblierten Zimmern beherbergt. Die ländlichen Gaststuben bieten bürgerliche Speisen.

DIETMANNSRIED – Bayern – 546 – 7 850 Ew – Höhe 682 m 64 **J21**
▶ Berlin 684 – München 112 – Kempten (Allgäu) 14 – Memmingen 25

In Probstried Nord-Ost : 4 km, jenseits der A 7 :

Landhaus Henze mit Zim
Wohlmutser Weg 2 ⌂ 87463 – ℰ (08374) 5 83 20 – pia@landhaus-henze.de
– Fax (08374) 583222
9 Zim ⌂ – †45/85 € ††85/100 € – ½ P 35 € – **Rest** – (Montag - Samstag nur Abendessen) (Tischbestellung ratsam) Menü 48/86 € – Karte 47/64 €
Spez. Thunfischtatar mit Minze und Wasabi-Gurkensüppchen. Sauté von Steinbutt und Spargel mit Kerbel und Trüffeljus. Das Beste von der Herzkirsche.
♦ In drei ländlich-eleganten Restaurantstuben bietet Christian Henze zeitgemäße Küche. Der Chef des Hauses ist auch in Kochshows zu sehen und leitet eine Kochschule in Kempten. Die Gästezimmer sind sehr gepflegt und wohnlich.

DIETRAMSZELL – Bayern – 546 – 5 200 Ew – Höhe 685 m 65 **L21**
▶ Berlin 636 – München 45 – Rosenheim 53 – Dachau 79

In Dietramszell-Hechenberg Süd-West : 6,5 km Richtung Bad Tölz :

Landhotel Moarwirt mit Zim
Sonnenlängstr. 26 ⌂ 83623 – ℰ (08027) 10 08 – kontakt@moarwirt.de
– Fax (08027) 904123
11 Zim ⌂ – †55/65 € ††75 € – **Rest** – (geschl. Montag, Jan. - Feb. und Nov. Montag - Mittwoch, März Montag - Dienstag) Karte 28/40 €
♦ Regionale Küche bietet man in den gemütlichen rustikalen Gaststuben. Nett sitzt man auch im großen Biergarten mit schönem Blick in die Berge. Solide, ländliche Gästezimmer.

DIETZENBACH – Hessen – 543 – 33 220 Ew – Höhe 150 m 47 **F15**
▶ Berlin 556 – Wiesbaden 47 – Frankfurt am Main 17 – Darmstadt 33

Sonnenhof
Otto-Hahn-Str. 7 (Ost: 2 km, im Gewerbegebiet) ⌂ 63128 – ℰ (06074) 48 90
– reservierung@sonnenhof-dtz.de – Fax (06074) 489333
110 Zim ⌂ – †83/95 € ††110/120 € – **Rest** – Karte 20/32 €
♦ Die hellen, mit Naturholz praktisch eingerichteten Zimmer, die auch für Messebesucher bestens geeignet sind, verfügen teilweise über Balkone. Ein freundliches Team bedient Sie im modernen Restaurant.

DILLINGEN (SAAR) – Saarland – 543 – 21 500 Ew – Höhe 182 m 45 **B16**
▶ Berlin 730 – Saarbrücken 33 – Saarlouis 5 – Trier 62

Meilchen garni
Hüttenwerkstr. 31 ⌂ 66763 – ℰ (06831) 9 09 82 00 – info@hotel-meilchen.de
– Fax (06831) 9098250 – geschl. 21. Dez. - 6. Jan.
24 Zim ⌂ – †48/51 € ††67/71 €
♦ Dieses familiär geführte Stadthaus ist eine funktionelle Übernachtungsadresse im Zentrum mit gepflegten, solide möblierten Gästezimmern.

DILLINGEN AN DER DONAU – Bayern – 546 – 18 690 Ew – Höhe 433 m
▶ Berlin 545 – München 108 – Augsburg 51 – Nürnberg 121 56 **J19**
🛈 Königstr. 37 (Rathaus), ⌂ 89407, ℰ(09071) 5 41 08, touristinfo@ dillingen-donau.de

Convikt
Konviktstr. 9 ⌂ 89407 – ℰ (09071) 7 91 30 – info@stadthotel-convikt.de
– Fax (09071) 7913555
37 Zim ⌂ – †52/69 € ††89 € – **Rest** – Menü 35/48 € – Karte 21/34 €
♦ In der Altstadt liegt der ehemalige Brauereigasthof mit Hotelanbau. Die Zimmer in Alt- und Neubau sind unterschiedlich in der Größe und zeitgemäß eingerichtet. Restaurant in neo-rustikalem Stil mit gutbürgerlichen und schwäbischen Gerichten.

DILLINGEN AN DER DONAU

Stark
Weberstr. 1 1/2, (im Hinterhof) ⊠ 89407 – ℰ (09071) 79 59 69 – geschl. Sonntag - Dienstag, Feiertage
Rest – *(nur Abendessen)* (Tischbestellung erforderlich) Menü 30 €
◆ Etwas versteckt in einem Hinterhof liegt das moderne kleine Restaurant mit blanken Holztischen und sympathischem Bistro-Charakter. Ausschließlich Überraschungsmenüs.

In Dillingen-Fristingen Süd-Ost : 6 km Richtung Wertingen :

Storchennest
Demleitnerstr. 6 ⊠ 89407 – ℰ (09071) 45 69 – restaurant-storchennest@t-online.de – Fax (09071) 6180 – geschl. Jan. 1 Woche und Montag - Dienstag
Rest – Karte 27/41 €
◆ Das einstige Dorfgasthaus ist heute ein gemütlich-rustikales Restaurant, in dem ein Kachelofen im Winter für wohlige Wärme sorgt. Schöner Saal. Nett: die Gartenterrasse.

DILLSTÄDT – Thüringen – 544 – 890 Ew – Höhe 350 m   40 **J13**
▶ Berlin 375 – Erfurt 82 – Coburg 64 – Suhl 11

Der Distelhof
Dorfstr. 3 ⊠ 98530 – ℰ (036846) 6 05 47 – info@der-distelhof.de
– Fax (036846) 61332
26 Zim ⌧ – †30/45 € ††50/60 € – **Rest** – Karte 11/23 €
◆ Der ehemalige Bauernhof ist ein netter Familienbetrieb, der über recht einfache, aber gepflegte und solide eingerichtete Gästezimmer verfügt - etwas großzügiger im Anbau. Rustikales Restaurant mit bürgerlicher Karte.

DINGELSDORF – Baden-Württemberg – siehe Konstanz

DINGOLFING – Bayern – 546 – 18 710 Ew – Höhe 365 m   59 **N19**
▶ Berlin 582 – München 101 – Regensburg 91 – Landshut 32

Maximilian garni
Wollerstr. 2 ⊠ 84130 – ℰ (08731) 5 06 20 – maximilian@garni-maximilian.de
– Fax (08731) 506250
43 Zim ⌧ – †58 € ††84 €
◆ Dezente Pastelltöne tragen zu einer freundlichen und angenehmen Atmosphäre im ganzen Haus bei. Helle, gut ausgestattete Zimmer mit liebevoller Dekoration.

Max Zwo garni
Gobenerweg 30 ⊠ 84130 – ℰ (08731) 3 94 70 – maxzwo@garni-maximilian.de
– Fax (08731) 394777 – geschl. 24. Dez. - 6. Jan.
41 Zim ⌧ – †58 € ††84 €
◆ In einem Gewerbegebiet hat man in einem modernen Flachdachbau dieses neuzeitliche Hotel eingerichtet, dessen Zimmer mit klaren Linien gefallen.

Ambient Hotel Tassilo garni
Mühlbachgasse 2 ⊠ 84130 – ℰ (08731) 31 98 90 – mail@hotel-tassilo.de
– Fax (08731) 3198913
16 Zim ⌧ – †52 € ††75 €
◆ Leicht italienisch ist das Ambiente in diesem kleinen Hotel in Zentrumsnähe. Die Gästezimmer sind funktionell und wohnlich eingerichtet.

Palko garni
Hans-Sachs-Str. 1, (Ecke Schiller Straße) ⊠ 84130 – ℰ (08731) 3 79 90 – mail@hotel-palko.de – Fax (08731) 379999
28 Zim ⌧ – †52 € ††75 €
◆ Praktische, modern möblierte Gästezimmer erwarten Sie in dem Hotel am Ortsrand. Bereits ab 6 Uhr steht das Frühstücksbuffet bereit.

DINKELSBÜHL – Bayern – 546 – 11 670 Ew – Höhe 442 m – Wintersport :   56 **J17**
▶ Berlin 520 – München 159 – Stuttgart 117 – Nürnberg 93
🛈 Marktplatz, ⊠ 91550, ℰ (09851) 9 02 40, touristik.service@dinkelsbuehl.de
🏌 Dinkelsbühl, Seidelsdorf 65 ℰ (09851) 5 30 09
◉ Münster St.-Georg-Kirche ★ – Deutsches Haus ★

309

DINKELSBÜHL

Deutsches Haus
Weinmarkt 3 ⊠ 91550 – ℰ (09851) 60 58 – info@deutsches-haus-dkb.de
– Fax (09851) 7911 – geschl. 10. Jan. - 15. Feb.
10 Zim ⊇ – †69/90 € ††99/124 € – **Rest** – Karte 17/36 €

◆ Das a. d. J. 1440 stammende Haus mit der aufwändig gearbeiteten Fachwerkfassade ist ein seit 30 Jahren familiengeführtes Hotel direkt im Zentrum mit individuellen Zimmern. Im altdeutschen Stil gehaltenes Restaurant.

Haus Appelberg
Nördlinger Str. 40 ⊠ 91550 – ℰ (09851) 58 28 38 – info@haus-appelberg.de
– Fax (09851) 553527
15 Zim ⊇ – †52/62 € ††64/75 € – **Rest** – (geschl. 29. Jan. - 9. Feb., 29. - 31. Juli, 4. - 14. Nov. und Sonntag - Montag, nur Abendessen) Karte 13/20 €

◆ Aus einem historischen Bauernhaus ist das kleine Hotel mit seinen wohnlichen Zimmern entstanden – einige davon sind "Königlich bayerischer Schlafstuben". Mit Graphik-Atelier. Gemütliche Weinstube mit Laube und Biergarten - gut ist die Auswahl an Weinen.

Kunst-Stuben garni
Segringer Str. 52 ⊠ 91550 – ℰ (09851) 67 50 – info@kunst-stuben.de
– Fax (09851) 553527
6 Zim – †50/55 € ††55/80 €

◆ Keine gewöhnliche Adresse! Das kleine Hotel mit privater Atmosphäre wird vom Künstlerehepaar Appelberg geführt. Das im Haus befindliches Atelier bietet interessante Einblicke.

In Dürrwangen Nord-Ost : 8 km :

Gasthof Zum Hirschen
Hauptstr. 13 ⊠ 91602 – ℰ (09856) 2 60 – gasthof-zum-hirschen@t-online.de
– Fax (09856) 1801 – geschl. 18. Aug. - 9. Sept.
30 Zim ⊇ – †34/36 € ††56/60 € – **Rest** – (geschl. Dienstag) Karte 13/31 €

◆ Ein familiär geführter Gasthof mit rustikalem Charme, in dem gepflegte und solide Zimmer mit Balkon zur Verfügung stehen. In der holzvertäfelten ländlichen Gaststube serviert man bürgerliche Speisen.

DINKLAGE – Niedersachsen – 541 – 12 500 Ew – Höhe 27 m 17 **E7**
▶ Berlin 417 – Hannover 131 – Bremen 78 – Oldenburg 59

Vila Vita Burghotel
Burgallee 1 ⊠ 49413 – ℰ (04443) 89 70 – info@vilavitaburghotel.de – Fax (04443) 897444
55 Zim ⊇ – †125/140 € ††170/185 € – **Rest** – Karte 27/47 €

◆ Malerisch liegt die weitläufige Fachwerkanlage in einem großen Park mit Wildgehege. Sehr wohnlich gestaltete Zimmer und eine Badelandschaft sorgen für Komfort. Holz, Klinkersteine und Kamin geben dem Restaurant sein rustikales Flair.

DINSLAKEN – Nordrhein-Westfalen – 543 – 70 860 Ew – Höhe 30 m 25 **B10**
▶ Berlin 545 – Düsseldorf 46 – Duisburg 16 – Oberhausen 20
🛈 Friedrich-Ebert-Str. 44, ⊠ 46535, ℰ (02064) 60 53 04, info@din-amit.de
🏌 Hünxe-Bruckhausen, An den Höfen 7 ℰ (02064) 3 30 43
🏌 Hünxe, Hardtbergweg 16 ℰ (02858) 64 80

Am Park garni
Althoffstr. 16 ⊠ 46535 – ℰ (02064) 60 10 70 – hotelinslaken@aol.com
– Fax (02064) 6010755
24 Zim ⊇ – †83 € ††111 €

◆ Guter Komfort und eine sehr private Atmosphäre sind hier selbstverständlich. Gästezimmer, Frühstücksraum und Rezeption sind ganz in Weiß gehalten und wirken einladend.

Tiepolo
Saarstr. 12 ⊠ 46535 – ℰ (02064) 5 13 99
Rest – Karte 28/40 €

◆ Mitten in der Stadt liegt dieses leicht elegant wirkende Restaurant mit mediterranem Flair. Die italienischen Speisen werden den Gästen zumeist mündlich empfohlen.

DINSLAKEN

In Dinslaken-Hiesfeld Süd-Ost : 3 km :

Landhotel Galland-Im kühlen Grunde
Dickerstr. 346 (jenseits der A 3) ⊠ *46539 –* ℰ *(02064) 4 95 90 – landhotelgalland@aol.com – Fax (02064) 495935*
23 Zim ⊇ – †49/60 € ††72/82 € – **Rest** – *(geschl. Sonntag, Montagmittag)* Karte 12/41 €
♦ Etwas außerhalb liegt das von der Inhaberfamilie geführte Hotel, in dem solide und zeitgemäß eingerichtete Gästezimmer zur Verfügung stehen. Freiliegendes Gebälk unterstreicht den rustikalen Charakter des Restaurants. Bürgerliche Küche.

DIPPOLDISWALDE – Sachsen – 544 – 10 960 Ew – Höhe 355 m 43 Q12
▶ Berlin 213 – Dresden 22 – Chemnitz 65 – Marienberg 64

Landhaus Heidehof
Hohe Str. 2 (Nord-Ost: 1,5 km Richtung Malter) ⊠ *01744 –* ℰ *(03504) 6 48 70 – hotel@landhaus-heidehof.de – Fax (03504) 648755*
34 Zim ⊇ – †55/65 € ††75/88 € – **Rest** – Karte 20/28 €
♦ Der außerhalb auf einer Anhöhe gelegene erweiterte Gasthof verfügt über wohnlich-gediegene, in hellen Farben gehaltene Zimmer im Landhausstil. Biergarten und Terrasse ergänzen das Restaurant.

Am Schloss
Rosengasse 12 ⊠ *01744 –* ℰ *(03504) 61 79 47 – hotelamschloss@web.de – Fax (03504) 617948 – geschl. Jan. 1 Woche*
12 Zim ⊇ – †45/51 € ††58/70 € – **Rest** – *(geschl. Donnerstag)* Karte 13/25 €
♦ In der Altstadt, nahe dem Renaissanceschloss liegt das kleine Hotel mit seinen gepflegten Gästezimmern - die rückwärtigen Zimmer haben kleine Balkone. Restaurant mit bürgerlichem Angebot.

DITZENBACH, BAD – Baden-Württemberg – 545 – 3 710 Ew – Höhe 509 m – Heilbad 56 H19
▶ Berlin 607 – Stuttgart 61 – Göppingen 19 – Reutlingen 51
🖪 Helfensteinstr. 20 (Haus des Gastes), ⊠ 73342, ℰ (07334) 69 11

Kurhotel St. Bernhard
Sonnenbühl 1 ⊠ *73342 –* ℰ *(07334) 9 64 10 – info@energie-kurhotel.de – Fax (07334) 964141*
30 Zim ⊇ – †70/75 € ††112/123 € – ½ P 23 € – 4 Suiten
Rest – *(nur Abendessen für Hausgäste)*
♦ Hier ist man auf Kurbetrieb eingestellt, doch auch als Durchreisender schätzen Sie das wohnliche Ambiente und die schöne Bade- und Freizeitanlage.

Zum Lamm mit Zim
Hauptstr. 30 ⊠ *73342 –* ℰ *(07334) 43 21 – zumbuehl@lamm-badditzenbach.de – Fax (07334) 5089 – geschl. über Fasching*
14 Zim ⊇ – †50/80 € ††70/100 € – ½ P 22 € – **Rest** – *(geschl. Sonntag)* Karte 25/53 €
♦ Eine ländlich-rustikale Einrichtung bestimmt den Charakter dieses Hauses. In der nett dekorierten Gaststube bietet man regionale Gerichte. Im ruhigen Gästehaus etwas oberhalb befinden sich wohnlich-komfortable Zimmer, einfacher sind die Zimmer im Gasthof.

DITZINGEN – Baden-Württemberg – 545 – 24 110 Ew – Höhe 303 m 55 G18
▶ Berlin 626 – Stuttgart 18 – Pforzheim 33

Blankenburg Hotel Ditzingen
Gerlinger Str. 27 ⊠ *71254 –* ℰ *(07156) 93 20 – info@blankenburghotel.de – Fax (07156) 932190*
72 Zim ⊇ – †80/100 € ††90/115 € – **Rest** – *(geschl. Sonntagabend)* Karte 23/33 €
♦ Die solide Businessadresse in zentraler Lage - auch in die Landeshauptstadt Stuttgart ist es nicht weit - wartet mit funktionell ausgestatteten Zimmern auf. Restaurant mit heller und freundlicher Ausstrahlung. Aufgetischt wird Internationales und Regionales.

DOBEL – Baden-Württemberg – 545 – 2 260 Ew – Höhe 689 m – Wintersport : 720 m
⚑2 ⚐ – Heilklimatischer Kurort
54 **F18**

- Berlin 686 – Stuttgart 74 – Karlsruhe 36 – Baden-Baden 28
- Neue Herrenalber Str. 11, im Kurhaus, ✉ 75335, ℘ (07083) 7 45 13, kontakt@dobel.info

XX **Wagnerstüble** mit Zim
Wildbaderstr. 45 ✉ 75335 – ℘ (07083) 87 58 – info@roykieferle.de – Fax (07083) 7345
6 Zim ⌑ – †50/70 € ††99 € – **Rest** – *(geschl. Montagabend - Dienstag)*
Menü 25/55 € – Karte 34/53 €
♦ Am Ortsrand liegt dieses rustikal gestaltete Restaurant, dessen Chef sich der Naturkost verschrieben hat. Aus sehr guten Produkten bereitet man schmackhafte Speisen.

> Frühstück inklusive? Die Tasse ⌑ steht gleich hinter der Zimmeranzahl.

DOBERAN, BAD – Mecklenburg-Vorpommern – 542 – 11 510 Ew – Höhe 15 m – Heilbad
12 **M4**

- Berlin 239 – Schwerin 79 – Rostock 17 – Wismar 44
- Severinstr. 6, ✉ 18209, ℘ (038203) 6 21 54, touristinfo@bad-doberan.de
- Münster★★ (Altar★, Triumphkreuz★, Sakramentshaus★)

🏠 **City-Hotel** garni
Alexandrinenplatz 4 ✉ 18209 – ℘ (038203) 7 47 40 – info@cityhotel-doberan.de – Fax (038203) 7474109 – geschl. Dez. - Feb.
19 Zim ⌑ – †55/75 € ††90/110 €
♦ Recht zentral liegt dieses kleine Hotel mit der gelben, teils fachwerkverzierten Fassade. Die Zimmer sind mit Kirschbaummobiliar solide eingerichtet, manche mit Balkon.

X **Zum weissen Schwan**
Am Markt 9 ✉ 18209 – ℘ (038203) 7 78 20 – zumweissenschwan@gmx.de – Fax (038203) 77821 – geschl. Mittwoch
Rest – Karte 21/31 €
♦ Modernes Design und ein freundlicher junger Service schaffen in dem Restaurant direkt am Marktplatz eine angenehm frische Atmosphäre.

In Bad Doberan-Heiligendamm Nord-West : 7 km – Seeheilbad :

🏨 **Kempinski Grand Hotel Heiligendamm**
Prof. Dr. Vogel Str. 16
✉ 18209 – ℘ (038203) 74 00 – reservations.heiligendamm@kempinski.com – Fax (038203) 7407474
225 Zim ⌑ – †260/425 € ††295/460 € – ½ P 49 € – 54 Suiten
Rest *Friedrich Franz* – separat erwähnt
Rest *Kurhaus* – Karte 40/70 €
Rest *Medini's* – Karte 39/56 €
♦ Dieses aus sechs prächtigen Bauten im klassizistischen Stil bestehende Anwesen verspricht Luxus von den geschmackvollen Zimmern bis zum 3000 qm großen Spabereich. Klassisch-elegant ist das Restaurant im Kurhaus. Medini's mit italienischem Speiseangebot.

XXXX **Friedrich Franz** – Kempinski Grand Hotel Heiligendamm
❀ *Prof. Dr. Vogel Str. 16 ✉ 18209 – ℘ (038203)*
7 40 62 10 – reservation.heiligendamm@kempinski.com – Fax (038203) 7407474 – geschl. Montag - Dienstag
Rest – *(nur Abendessen)* (Tischbestellung ratsam) Menü 65 € (veg.)/115 € – Karte 60/92 €
Spez. Gebratene Entenstopfleber mit Mango-Salsa und Frühlingszwiebel-Kartoffelpüree. Dodine vom Rehbock mit wilden Pilzen und glasierten Feigen. Melonenkaltschale mit weißem Port und Champagnercremesorbet.
♦ Im Gourmetrestaurant der eleganten Hotelanlage bietet Tillmann Hahn die vier Menüs Classique, Mediterranée, Exotique und Jardinière. Schöner Blick auf die Ostsee.

DÖBELN – Sachsen – 544 – 21 770 Ew – Höhe 168 m — 42 P12
- Berlin 234 – Dresden 55 – Leipzig 68
- Obermarkt 1, ⌧ 04720, ℘ (03431) 57 91 61, stadtinformation@doebeln.de

In Großweitzschen-Obergoseln Nord-West : 5 km, in Zschepplitz rechts ab :

Zum Nicolaner (mit Gästehaus)
Obergoseln 4 ⌧ 04720 – ℘ (03431) 6 62 10 – info@nicolaner.de
– Fax (03431) 662143
13 Zim – †49/59 € ††75/85 € – **Rest** – (Montag - Freitag nur Abendessen) Menü 17/27 € – Karte 22/29 €

♦ Nicht einmal zwanzig Einwohner zählt das Dörfchen, in dem das charmante Landhotel beheimatet ist. Wer Abgeschiedenheit und Ruhe sucht, ist hier richtig! In dem familiären Restaurant kümmert sich der geschulte Service um die Gäste.

DÖRPEN – Niedersachsen – 541 – 4 820 Ew – Höhe 9 m — 16 D7
- Berlin 504 – Hannover 242 – Emden 44 – Bremen 118

Borchers (mit Gästehaus)
Neudörpener Str. 48 ⌧ 26892 – ℘ (04963) 9 19 30 – info@hotel-borchers.de
– Fax (04963) 4434
45 Zim – †48/59 € ††68/79 € – **Rest** – (geschl. Samstagmittag, Nov. - März Samstag) Karte 14/30 €

♦ Ein gut unterhaltenes familiengeführtes Hotel. Einige der Zimmer tragen eigene Namen, ein Teil ist mediterran gestaltet und allergikerfreundlich mit Fliesenboden ausgestattet.

DÖRSCHEID – Rheinland-Pfalz – 543 – 460 Ew – Höhe 340 m — 46 D15
- Berlin 627 – Mainz 66 – Koblenz 50

Landgasthaus Blücher (mit Gästehaus)
Oberstr. 19 ⌧ 56348 – ℘ (06774) 2 67 – landgasthaus-bluecher@t-online.de
– Fax (06774) 8219 – geschl. Feb. 3 Wochen, Nov. 3 Wochen
17 Zim – †40/55 € ††65/90 € – **Rest** – (geschl. Dienstagmittag, Nov. - April Dienstag) Menü 25/33 € – Karte 21/35 €

♦ In dem kleinen Familienbetrieb am Ortsrand stehen recht individuell gestaltete Gästezimmer, wie z. B. das geschmackvoll eingerichtete Rosenzimmer, zur Verfügung. Das wintergartenähnliche Restaurant und die Terrasse bieten eine schöne Aussicht.

DOLLE – Sachsen-Anhalt – 542 – 580 Ew – Höhe 69 m — 21 L8
- Berlin 170 – Magdeburg 32 – Gardelegen 44 – Stendal 29

Deutsches Haus Biergarten
Magdeburger Str. 25 (B189) ⌧ 39517 – ℘ (039364) 93 60
– heiland-deutsches-haus-dolle@t-online.de – Fax (039364) 93649
20 Zim – †40 € ††54/64 € – **Rest** – Karte 15/24 €

♦ Der familiengeführte Gasthof mit Hotelanbau liegt am Ortseingang und bietet neben zeitgemäß ausgestatteten Zimmern einen Shuttle-Service zum Flughafen und zum Bahnhof. Bürgerliches Restaurant mit entsprechender Karte.

DONAUESCHINGEN – Baden-Württemberg – 545 – 21 510 Ew – Höhe 686 m
- Berlin 747 – Stuttgart 131 – Freiburg im Breisgau 64
  – Konstanz 67 — 62 F20
- Karlstr. 58, ⌧ 78166, ℘ (0771) 85 72 21, tourist.info@donaueschingen.de
- Donaueschingen, Öschberghof ℘ (0771) 8 45 25

Öschberghof (mit Gästehaus)
Golfplatz 1 (Nord-Ost : 4 km)
⌧ 78166 – ℘ (0771) 8 40
– info@oeschberghof.com – Fax (0771) 84600
73 Zim – †128/147 € ††177/197 € – 9 Suiten – **Rest** – Menü 23 € (veg.)/40 €
– Karte 30/50 €

♦ Die Zimmer des Tagungs- und Golfresorts mit komplettem Wellnessangebot sind modern im Stil, in klaren Linien und in dezenten Farben gehalten. Hübsche Suiten in den Gästehäusern. Zeitloses Restaurant mit Blick zum Golfplatz. Alternativ: das rustikale Hexenweiher.

DONAUESCHINGEN

Ochsen
Käferstr. 18 ⊠ 78166 – ℰ (0771) 8 09 90 – info@hotel-ochsen-ds.de
– Fax (0771) 809988 – geschl. Ende Dez. 1 Woche
40 Zim ⊇ – †38/55 € ††64/74 € – **Rest** – (geschl. Jan. 3 Wochen, Aug. 3 Wochen und Donnerstag, nur Abendessen) Karte 13/28 €

♦ Nahe beim Schloss beherbergt man Sie in ländlich gehaltenen Zimmern in zeitlosem Stil. Gemütlich-rustikales Ambiente im Frühstücksraum, der auch als "Bio-Café" genutzt wird. Bodenständig zeigt sich das Restaurant mit seiner bürgerlichen Speisenauswahl.

DONAUSTAUF – Bayern – siehe Regensburg

DONAUWÖRTH – Bayern – 546 – 18 300 Ew – Höhe 410 m   57 K18

▷ Berlin 518 – München 100 – Augsburg 44 – Ingolstadt 56
🛈 Rathausgasse 1, ⊠ 86609, ℰ (0906) 78 91 51, tourist-info@donauwoerth.de
⛳ Donauwörth, Lederstatt 1 ℰ (0906) 40 44
⛳ Eggelstetten-Oberndorf, Gut Maierhof, Hauptstr. 4 ℰ (09090) 9 02 50
◉ Kaisheim : ehemalige Klosterkirche (Chorumgang★) Nord : 6 km – Harburg : Schloss (Sammlungen★) Nord-West : 11 km

Viktoria garni
Artur-Proeller-Str. 4 (nahe dem Gewerbegebiet Riedlingen) ⊠ 86609
– ℰ (0906) 7 05 70 80 – Fax (0906) 70570819 – geschl. 23. Dez. - 6. Jan.
18 Zim ⊇ – †42/52 € ††78 €

♦ Ein von der Inhaberin freundlich geführtes kleines Hotel. Die Zimmer sind mit geöltem Naturholz und allergikerfreundlichem Parkettboden neuzeitlich und behaglich eingerichtet.

In Donauwörth-Parkstadt

Parkhotel   < Donauwörth,
Sternschanzenstr. 1 ⊠ 86609 – ℰ (0906) 70 65 10 – info@parkhotel-donauwoerth.de – Fax (0906) 7065180
51 Zim ⊇ – †79/89 € ††99/120 € – **Rest** – Karte 28/42 €

♦ Apricottöne und Korbmöbel verleihen den Gästezimmern ihr wohnliches Flair. Im Erdgeschoss haben die Zimmer eine Terrasse, die höher gelegenen Räume blicken über das Tal. Die Panorama-Sicht, die das Restaurant bietet, wird Ihnen gefallen.

DONZDORF – Baden-Württemberg – 545 – 11 070 Ew – Höhe 407 m   56 I18

▷ Berlin 594 – Stuttgart 54 – Göppingen 13 – Schwäbisch Gmünd 17
⛳ Donzdorf, Unter dem Ramsberg ℰ (07162) 2 71 71

Schloß Restaurant Castello
Im Schloß 1 ⊠ 73072 – ℰ (07162) 92 97 00 – info@schlossrestaurant-castello.de – Fax (07162) 929702 – geschl. Dienstag
Rest – Menü 44/58 € – Karte 39/59 €

♦ Ein hohes Gewölbe ziert das klassische, elegante Restaurant in einem Seitenflügel des im Jahre 1568 erbauten Schlosses. Schön: der Gewölbesaal für Veranstaltungen.

DORFEN – Bayern – 546 – 13 310 Ew – Höhe 465 m   66 N20

▷ Berlin 588 – München 60 – Regensburg 96 – Landshut 35

Marienhof garni
Marienplatz 9 ⊠ 84405 – ℰ (08081) 9 37 70 – info@marienhof-hotel.de
– Fax (08081) 937777 – geschl. 15. - 30. Aug.
31 Zim ⊇ – †49/69 € ††84/110 €

♦ Hier wohnen Sie in einem vom Inhaber geführten Hotel mit Zimmern verschiedener Kategorien. Allen gemeinsam: die neuzeitliche, praktische Ausstattung.

In Dorfen-Zeilhofen Nord-West : 4 km über Oberdorfen :

Mairot-Werkstätte der Lebensfreude
Zeilhofen 14 ⊠ 84405 – ℰ (08081) 20 34 – info@mairot.de – Fax (08081) 938356
– geschl. 24. Jan. - 13. Feb. und Mittwoch
Rest – (Montag - Samstag nur Abendessen) Menü 37/52 € – Karte 30/39 €

♦ Dielenboden, Kachelofen und warme Apricottöne verleihen diesem freundlichen Restaurant seine gemütlich-behagliche Note. Die frische internationale Küche gefällt ebenso.

DORMAGEN – Nordrhein-Westfalen – 543 – 63 560 Ew – Höhe 40 m 36 C12
▶ Berlin 571 – Düsseldorf 17 – Aachen 85 – Köln 24
ⓖ Zons : befestigtes Städtchen ★ Nord : 6 km

In Dormagen-Zons Nord : 6 km über B 9 Richtung Neuss :

Schloss Friedestrom (mit Gästehaus)
Parkstr. 2 ⊠ 41541 – ℰ (02133) 50 30 – info@friedestrom.de – Fax (02133) 503290 – geschl. 22. Dez. - 1. Jan.
44 Zim ⊇ – †108/185 € ††128/205 €
Rest *Zum Volksgarten* – (geschl. 27. Dez. - 1. Jan. und Samstagmittag) Karte 19/44 €

◆ Nahe dem Rhein und der historischen Stadtmauer liegt dieses Haus. Die Zimmer sind in hellen Tönen gehalten und mit Holz- und Rattanmobiliar neuzeitlich eingerichtet. Im Restaurant Zum Volksgarten schaffen Holz und blanke Tische mit Sets ein nettes Umfeld.

DORNUM – Niedersachsen – 541 – 4 770 Ew – Höhe 2 m – Seebad 7 D5
▶ Berlin 530 – Hannover 242 – Emden 44 – Oldenburg 94
ⓘ Hafenstr. 3 (Dornumersiel), ⊠ 26653, ℰ (04933) 9 11 00, info@dornum.de

In Dornum-Nessmersiel Nord-West : 8 km über Schatthauser Straße :

Fährhaus
Dorfstr. 42 ⊠ 26553 – ℰ (04933) 3 03 – faehrhaus-nessmersiel@t-online.de
– Fax (04933) 2390 – geschl. Anfang Nov. - 24. Dez., 7. - 31. Jan., 11. Feb. - 6. März
20 Zim ⊇ – †40/60 € ††62/98 € – **Rest** – Karte 19/37 €

◆ Die familiäre und gemütliche Atmosphäre des Hauses, behagliche Zimmer sowie der Reiz der ostfriesischen Küste bilden das Umfeld für erholsame Urlaubstage. Maritime Accessoires schmücken das Restaurant.

DORSTEN – Nordrhein-Westfalen – 543 – 80 400 Ew – Höhe 31 m 26 C10
▶ Berlin 529 – Düsseldorf 61 – Bottrop 17 – Essen 29
ⓖ Wasserschloss Lembeck ★ (Nord-Ost : 10 km)

Henschel
Borkener Str. 47 (B 224) ⊠ 46284 – ℰ (02362) 6 26 70 – Fax (02362) 794633
– geschl. 1. - 15. Jan. und Sonntag - Montag
Rest – (nur Abendessen) Menü 45/62 € – Karte 48/63 €

◆ Ein elegantes Restaurant mit hochwertigem Gedeck und floralem Dekor. Frau Henschel bereitet hier klassische Küche, ihr Sohn leitet kompetent den Service.

Goldener Anker (Björn Freitag)
Lippetor 4, (Zufahrt über Ursulastraße) ⊠ 46282 – ℰ (02362) 2 25 53
– bjoern.freitag@t-online.de – Fax (02362) 996315 – geschl. Montag - Dienstag
Rest – (nur Abendessen) (Tischbestellung ratsam) Menü 49/88 € – Karte 45/60 €
Spez. Krosse Gänseleber und Blutwurst mit Apfel-Senfsugo. Rotbarbe und Jakobsmuschel im weißen Tomatenfondue. Tranchen vom U.S. Bison mit Vanilleschalotten.

◆ Das Haus mit dem schönen Treppengiebel beherbergt ein angenehm dezent gestaltetes Restaurant, in dem Björn Freitag modernisierte klassische Küche bietet. Freundlicher Service.

In Dorsten-Hervest Ost : 2 km Richtung Haltern :

Grütering garni
Glück-Auf-Str. 313 ⊠ 46284 – ℰ (02326) 2 01 70 – info@hotel-gruetering.de
– Fax (02362) 201729
19 Zim ⊇ – †49/53 € ††70/75 €

◆ Die zentrale Lage in der Ortsmitte sowie solide, freundlich und funkionell eingerichtete Gästezimmer sprechen für dieses kleine Hotel.

DORSTEN

In Dorsten-Holsterhausen Nord-West : 4 km über B 224 Richtung Borken :

Albert
Borkener Str. 199 (B 224) ⌧ 46284 – ℰ (02362) 9 47 90 – info@hotel-albert.de
– Fax (02362) 947919
24 Zim ⌑ – †65/72 € ††85/98 € – **Rest** – (geschl. Freitag) Karte 18/35 €
♦ Neuzeitlich eingerichtete Gästezimmer, freundliche Mitarbeiter und ein reichhaltiges Frühstücksbuffet erwarten Sie in dem recht modern gebauten Klinkerhaus. Eine nette Gartenterrasse hinter dem Haus ergänzt das Restaurant.

In Dorsten-Wulfen Nord-Ost : 7 km :

Rosin
Hervester Str. 18 ⌧ 46286 – ℰ (02369) 43 22 – frank_rosin@hotmail.com
– Fax (02369) 6835 – geschl. Sonntag - Montag
Rest – (nur Abendessen) Menü 64/104 €
Spez. Leichte Dampfnudel von Steinbutt auf Calamari-Petersilien-Salat. Gefüllte Wachtel mit Gänseleber im Goulaschsud. Knäckebrot von Holunderblüten-Pudding mit Erdbeeren und gefrorenem Trüffel.
♦ In diesem modernen Restaurant überzeugen die kreativen Speisen, die Frank Rosin mit seinem ganz persönlichen Stil zubereitet, sowie der angenehme professionelle Service.

DORTMUND – Nordrhein-Westfalen – 543 – 589 670 Ew – Höhe 76 m 26 **D11**

▶ Berlin 492 – Düsseldorf 78 – Bremen 236 – Frankfurt am Main 224
✈ Dortmund-Wickede (über B 1, Richtung Kassel : 11 km), ℰ (0231) 92 13 01
ADAC Freie-Vogel-Str. 393

▪ Königswall 18a, ⌧ 44137, ℰ (0231) 18 99 90, info@dortmund-tourismus.de
▪ Dortmund-Reichsmark, Reichsmarkstr. 12 ℰ (0231) 77 41 33 S
▪ Dortmund-Brackel, Heßlingsweg ℰ (0231) 2 00 80 21
▪ Dortmund, Rennweg 70 ℰ (0231) 9 81 29 50 R

Veranstaltungen 05.02. - 10.02. : Jagd & Hund
27.02. - 02.03. : Motorräder-Messe
04.10. - 12.10. : Dortmunder Herbst
Messegelände: Ausstellungsgelände Westfalenhallen, Strobelallee 45 AZ,
⌧ 44139, ℰ (0231) 1 20 40

◉ Fernsehturm ✱★ CZ – Westfalenpark★ BCZ – Marienkirche (Marienaltar★) **B**
– Reinoldikirche★ **A** BY – Petrikirche (Antwerpener Schnitzaltar★) **D** –
Museum für Kunst und Kulturgeschichte (Dortmunder Goldschatz★) **M**[1] AY

Stadtpläne siehe nächste Seiten

Mercure Grand Hotel
Lindemannstr. 88 ⌧ 44137 – ℰ (0231) 9 11 30
– h2833@accor.com – Fax (0231) 9113999
AZ **a**
219 Zim ⌑ – †93/189 € ††123/219 € – **Rest** – Karte 29/46 €
♦ Durch eine imposante Hallenkonstruktion aus Glas betritt man dieses luxuriöse Domizil. In den geräumigen Zimmern setzt sich der elegante Stil des Eingangsbereichs fort. Im Restaurant Michelangelo empfängt Sie ein gediegenes Ambiente.

Hilton
An der Buschmühle 1 ⌧ 44139 – ℰ (0231) 1 08 60 – info.dortmund@hilton.com
– Fax (0231) 1086777
BZ **r**
190 Zim – †99/209 € ††119/229 €, ⌑ 19 € – 5 Suiten – **Rest** – Menü 28 €
– Karte 25/41 €
♦ Die Gästezimmer sind mit dunklem Holzmobiliar wohnlich eingerichtet und bieten jeden technischen Komfort. Auch Allergiker-Zimmer sind vorhanden. Kleines Hotelrestaurant in elegantem Stil.

Park Inn   Biergarten
Olpe 2 ⌧ 44135 – ℰ (0231) 54 32 00 – dortmund@eventhotels.com
– Fax (0231) 574354
BZ **a**
125 Zim – †80/140 € ††86/200 €, ⌑ 15 € – 3 Suiten – **Rest** – Karte 24/40 €
♦ Das Hotel im Zentrum bietet neuzeitliche, technisch sehr gut ausgestattete Gästezimmer. Besonders komfortabel: die Suiten mit Whirlpool. Wagenmeister-Service. Mit dunklem Mobiliar, Spiegeln und Messing versprüht die Brasserie französisches Flair.

DORTMUND

Am Rombergpark	S	2
Berghofer Stra_e	S	34
Brackeler Str.	R	3
Faßstr.	R	6
Grävingholzstr.	R	7
Hagener Str.	S	8
Heyden-Rynsch-Str.	R	9
Holthauser Str.	R	13
Im Karrenberg	R	14
Körner Hellweg	R	17
Krückenweg	S	33
Lindenhorster Str.	R	18
Rheinische Str.	R	23
Rüschebrinkstr.	R	24
Ruhralle	RS	28
Weingartenstr.	RS	29
Willem-van-Vloten-Str.	RS	30
Wittekindstr.	RS	31

Parkhotel Wittekindshof
Westfalendamm 270 (B 1) ✉ *44141 –* ✆ *(0231) 5 19 30 – info@wittekindshof.bestwestern.de – Fax (0231) 5193100*
65 Zim ⊇ – ♦99 € ♦♦126 € – **Rest** – Karte 28/46 €

R v

♦ In den Zimmern erzeugen helles Holz und Stoffe mit dezenten Farben und Mustern ein angenehm wohnliches Ambiente. Für Workaholics: Überall gibt es extra große Schreibtische. Das Restaurant hat einen eleganten Touch, die Stube ist rustikal gehalten.

Drees
Hohe Str. 107 ✉ *44139 –* ✆ *(0231) 1 29 90 – drees@riepe.com – Fax (0231) 1299555*
138 Zim ⊇ – ♦75/110 € ♦♦120/133 € – **Rest** – Karte 22/30 €

AZ b

♦ Nahe dem Zentrum finden Sie diese neuzeitliche, funktionelle Übernachtungsadresse. Die Zimmer hat man mit hellen Naturholzmöbeln und frischen, modernen Farben gestaltet.

Steigenberger
Berswordtstr. 2 ✉ *44139 –* ✆ *(0231) 9 02 10 – dortmund@steigenberger.de – Fax (0231) 9021999*
166 Zim ⊇ – ♦85/175 € ♦♦107/197 € – **Rest** – (geschl. Sonntagabend) Menü 44/49 € – Karte 28/47 €

AZ a

♦ Nostalgisches Ambiente im US-amerikanischen Clubstil mit Holz, Leder und Glas prägt die Einrichtung dieses Hauses. Deckenventilatoren dürfen da natürlich auch nicht fehlen. American style dominiert auch im Restaurant mit internationaler Küche.

Esplanade
Bornstr. 4 ✉ *44135 –* ✆ *(0231) 5 85 30 – hotel@esplanade-dortmund.de – Fax (0231) 5853270 – .*
83 Zim ⊇ – ♦76/152 € ♦♦84/166 € – **Rest** – Karte 20/33 €

BY e

♦ Ein verkehrsgünstig, nicht weit vom Bahnhof entfernt gelegenes Stadthotel mit zeitgemäßen und funktionellen Zimmern. Die gemütliche Bar ist ein netter Treffpunkt.

A
B
Y
Z
Mallinckrodt-
straße
Mallinckrodtstr.
Brunnenstr.
Schützenstr.
Uhlandstraße
Leopoldstr.
Leopoldstraße
Münsterstr.
Herold-
straße
Bornstr.
Brunnenstraße
Scharnhorststr.
Gneisenaustr.
Blücherstr.
Schützenstr.
Kurfürsten-
str.
Kielstraße
Gronau-
straße
Freiherr-
vom-Stein-
Platz
Steinstr.
Heiligegartenstr.
Kesselstraße
Grüne Str.
Königshof
Brügmannpl.
Gronaustr.
Treibstr.
Dortmund Hbf
HAUPTBAHNHOF
Burgwall
Königswall
KONZERTHAUS
Schwanenwall
Brüder-
weg
Kampstr.
Hansastr.
Reinoldikirche
Westenhell-
weg
Alter
Markt
Ostwall
Brinkhoffstr.
Königswall
Rheinische Straße
Lange Str.
Humboldtstr.
Hoher Wall
Olpe
Friedenspl.
Stadtgarten
Lange Straße
WESTPARK
Rittershausstr.
Wilhelmstr.
Möllerstr.
Poststr.
Hiltropwall
Hansa-
str.
Südwall
Löwenstr.
Do-Stadthaus
Beurhausstr.
Beurhausstr.
Do-Städt.
Kliniken
Chemnitzer
Straße
Ruhr-
allee
POL.
Märkische
Straße
Hollestraße
Gutenbergstraße
Sonnenstr.
Sonnenstr.
Sonnenstr.
Saarlandstr.
Große
Graben
Neuer
Graben
Neuer
Lindemannstr.
Alter
Hohe
Straße
Dresdener Str.
Saarlandstr.
Hainallee
Am
Schilling-
straße
Metzer Str.
Kreuzstraße
Saarlandstr.
Plauener
Mühlen-
weg
Str.
Ruhrallee
Landgrafen-
Landgrafenstraße
Markgrafenstr.
Kreuzstraße
Heimstraße
Wittekindstr.
Do-Polizei-
präsidium
Markgrafenstr.
Chemnitzer
Straße
Markgrafen-
straße
Eintracht-
straße
Knappenberg
SÜD
FRIEDHOF
Wittekindstr.
Lindemannstr.
POL.
RUHRSCHNELLWEG
Rheinlanddamm
Rheinlanddamm
Ruhrallee
STEINERNER
TURM
Florianstraße
WESTFALENHALLEN
Westfalenpark
Wittekindstr.
Maurice-
Vast-
Str.
WESTFALEN-
PARK
VOLKSPARK
54
1
54

DORTMUND

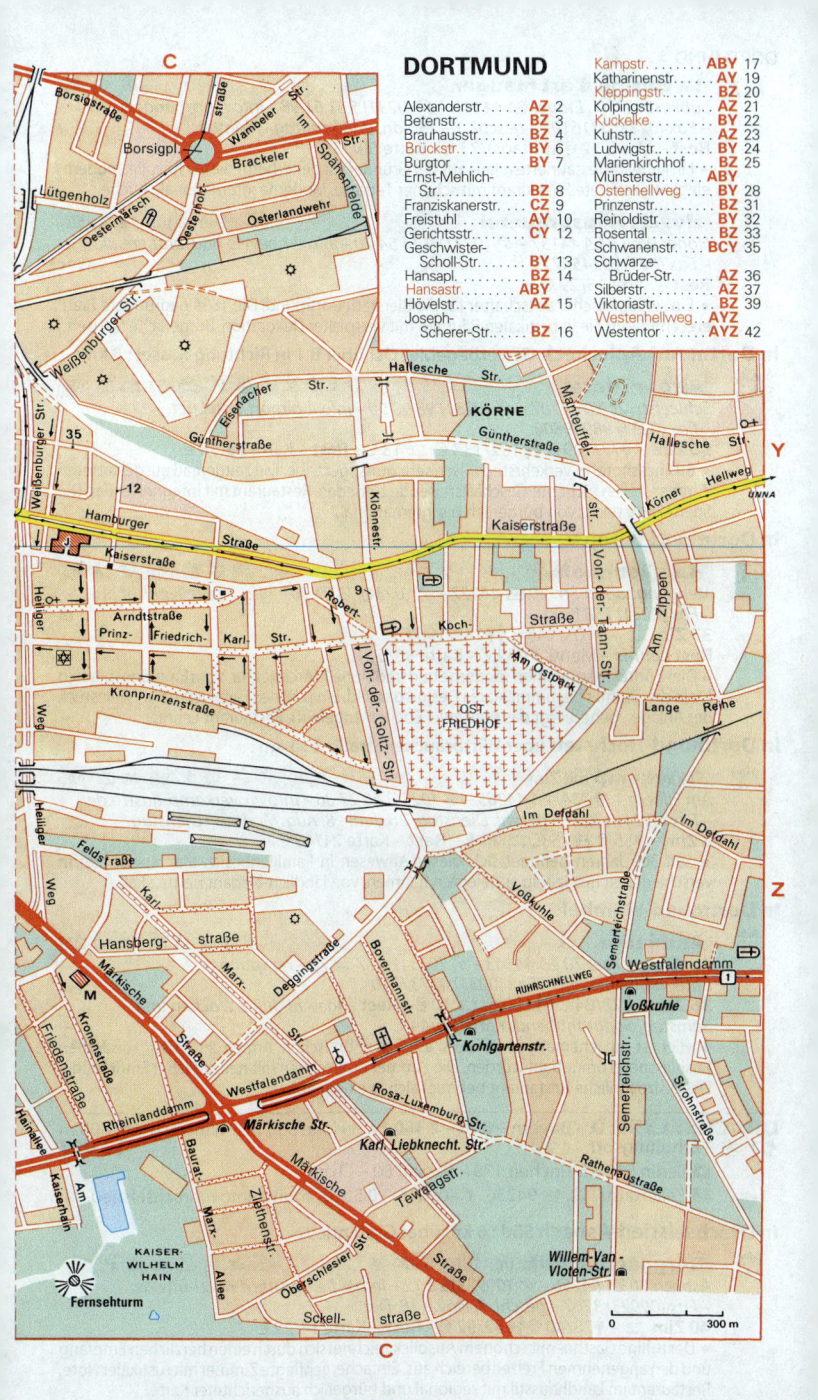

Street	Ref	No
Alexanderstr.	AZ	2
Betenstr.	BZ	3
Brauhausstr.	BZ	4
Brückstr.	BY	6
Burgtor	BY	7
Ernst-Mehlich-Str.	BZ	8
Franziskanerstr.	CZ	9
Freistuhl	AY	10
Gerichtsstr.	CY	12
Geschwister-Scholl-Str.	BY	13
Hansapl.	BZ	14
Hansastr.	ABY	
Hövelstr.	AZ	15
Joseph-Scherer-Str.	BZ	16
Kampstr.	ABY	17
Katharinenstr.	AY	19
Kleppingstr.	BZ	20
Kolpingstr.	AZ	21
Kuckelke	BY	22
Kuhstr.	AZ	23
Ludwigstr.	BY	24
Marienkirchhof	BZ	25
Münsterstr.	ABY	
Ostenhellweg	BY	28
Prinzenstr.	BZ	31
Reinoldistr.	BZ	32
Rosental	BZ	33
Schwanenstr.	BCY	35
Schwarze-Brüder-Str.	AZ	36
Silberstr.	AZ	37
Viktoriastr.	BZ	39
Westenhellweg	AYZ	
Westentor	AYZ	42

DORTMUND

XXX La cuisine d'art manger
Lübkestr. 21, (1. Etage) ⊠ 44141 – ℰ (0231) 5 31 61 98 – info@artmanger.com
– Fax (0231) 5316197 – geschl. 1. - 15. Jan. und Sonntag - Montag   R v
Rest – Menü 22 € (mittags)/73 € – Karte 50/73 €
• Ein liebevoll restauriertes Haus aus der Gründerzeit beherbergt dieses stilvolle, modern-elegant gestaltete Restaurant mit schöner Terrasse. Moderne internationale Küche.

X Hövels Hausbrauerei
Hoher Wall 5 ⊠ 44137 – ℰ (0231) 9 14 54 70 – info@hoevels-hausbrauerei.de
– Fax (0231) 91454725   AZ c
Rest – Karte 15/29 €
• Ein sympathischer Botschafter für die Bierstadt Dortmund! Die 1854 gegründete Brauerei empfängt Sie in rustikalen Räumen mit verspielter Dekoration. Bürgerliche Speisen.

In Dortmund-Aplerbeck Gewerbegebiet Ost über B 1 in Richtung Kassel : 8 km:

Airport Hotel
Schleefstr. 2c ⊠ 44287 – ℰ (0231) 98 98 90 – info@airport-hotel.net
– Fax (0231) 98989800
96 Zim – †77/109 € ††102/133 €, ⊇ 13 € – **Rest** – Karte 22/38 €
• Businesshotel in verkehrstechnisch sehr günstiger Lage. Die zeitgemäß ausgestatteten Zimmer stellen nicht nur Geschäftsreisende zufrieden. Restaurant mit integrierter Bar. Die Speisekarte reicht von bürgerlich bis international.

In Dortmund-Barop

Hotellennhof
Menglinghauser Str. 20 ⊠ 44227 – ℰ (0231) 75 81 90 – info@hotellennhof.de
– Fax (0231) 7581960   S m
37 Zim ⊇ – †105/145 € ††145/195 €
Rest *Lennis* – Menü 36/52 € – Karte 36/60 €
• Diese Adresse kombiniert moderne und traditionelle Architektur. Vom Empfangsbereich bis in die Zimmer bestimmt klares Design das Bild. Ein schönes Fachwerkhaus - Herzstück der Anlage - beherbergt das über zwei Ebenen angelegte Restaurant Lennis.

In Dortmund-Höchsten über Wittbräucker Straße S : 8 km :

XX Overkamp mit Zim
Am Ellberg 1 (B 234) ⊠ 44265 – ℰ (0231) 46 27 36 – info@overkamp-gastro.de
– Fax (0231) 47001 – geschl. Dienstag, 26. Juni - 8. Aug. Montag - Dienstag
6 Zim – †55 € ††75 €, ⊇ 11 € – **Rest** – Karte 21/46 €
• Seit 300 Jahren befindet sich dieses Anwesen in Familienbesitz. Man speist hier in verschiedenen großzügig angelegten Räumen, von ländlich-elegant bis rustikal.

In Dortmund-Wambel

Ambiente
Am Gottesacker 70 ⊠ 44143 – ℰ (0231) 4 77 37 70 – rezeption@
hotel-ambiente.info – Fax (0231) 47737710   R a
36 Zim – †78/84 € ††100 €, ⊇ 10 € – **Rest** – (geschl. Juli 2 Wochen und Samstag, Sonntagabend) Karte 20/44 €
• Hier ist ein ehemaliges Offizierskasino der britischen Armee zu einem modernen Businesshotel umgebaut worden. Die Zimmer überzeugen mit neuzeitlicher Einrichtung. Das bistroähnliche Restaurant befindet sich in einem Anbau.

DRACHSELSRIED – Bayern – 546 – 2 380 Ew – Höhe 535 m – Wintersport : 800 m
⚞1 ⚟ – Erholungsort   59 O17

▶ Berlin 512 – München 178 – Passau 80 – Cham 37

🛈 Zellertalstr. 12, ⊠ 94256, ℰ (09945) 90 50 33, tourist-info@drachselsried.de

In Drachselsried-Asbach Süd : 6 km über Grafenried :

Berggasthof Fritz (mit Gästehaus)
Asbach 10 ⊠ 94256 – ℰ (09923) 22 12 – info@berggasthof-hotel-fritz.de
– Fax (09923) 3767 – geschl. 7. Nov. - 18. Dez.
40 Zim ⊇ – †28/40 € ††52/92 € – **Rest** – Karte 14/22 €
• Der ruhige Gasthof mit schönem Ausblick zeichnet sich durch einen herzlichen Empfang und den angenehmen Freizeitbereich aus. Einfache, gepflegte Zimmer mit rustikaler Note. Restaurant im Landhausstil mit regional und bürgerlich ausgerichteter Karte.

DRACHSELSRIED

Außerhalb Ost : 6 km über Oberried – Höhe 730 m

Riedlberg ≤ 🚗 🏡 🏊 (geheizt) 🔲 📶 🌐 ℅ Rest, 🅿
Riedlberg 1 ⊠ 94256 Drachselsried – ℰ *(09924) 9 42 60 – riedlberg@t-online.de*
– Fax (09924) 7273 – geschl. 16. Nov. - 12. Dez.
41 Zim ⊃ – †60/86 € ††120/172 € – ½ P 5 € – **Rest** – Karte 17/30 €
♦ Am Waldrand, in schöner Hanglage, befindet sich die weitläufige Hotelanlage. Gemütliche Ausstattung und großzügiger Wellnessbereich gehören zu den Annehmlichkeiten des Hauses. Die Gaststube mit Kachelofen und Dielenboden verbreitet wohlige Geborgenheit.

DREIEICH – Hessen – **543** – 40 390 Ew – Höhe 135 m   47 **F15**

▶ Berlin 557 – Wiesbaden 45 – Frankfurt am Main 16 – Darmstadt 17
🛈 Dreieich, Hofgut Neuhof ℰ (06102) 32 70 10

In Dreieich-Dreieichenhain

✕✕ **Alte Bergmühle** mit Zim   🏡 🅿 VISA ⓪ AE ①
Geisberg 25 ⊠ 63303 – ℰ *(06103) 8 18 58 – service@altebergmuehle.de*
– Fax (06103) 88999
14 Zim ⊃ – †85/110 € ††135 € – **Rest** – Karte 35/46 €
♦ Die ehemalige Mühle a. d. J. 1432 gefällt mit ihrem eleganten Landhaus-Ambiente und einer liebevollen und aufwändigen Dekoration. Klassische Küche. Schöne Gartenterrasse. Die Gästezimmer hat man geschmackvoll mit hochwertigen Möbeln eingerichtet.

In Dreieich-Götzenhain

✕✕ **Gutsschänke Neuhof**   🏡 🅿 VISA ⓪ AE ①
Hofgut Neuhof (an der Straße nach Neu-Isenburg über Neuhofschneise, Nord : 2 km) ⊠ 63303 – ℰ *(06102) 3 00 00 – info@gutsschaenkeneuhof.de*
– Fax (06102) 300035
Rest – Karte 35/48 €
♦ Ein fast 500-jähriges Hofgut mit rustikalem Ambiente und hübscher Gartenterrasse. Die angebotenen Weine kommen vom hauseigenen Weingut und anderen erstklassigen Lagen.

In Dreieich-Sprendlingen

🏨 **Mercure**   🏡 🔲 🌐 📶 🛎 ✆ 🏊 🅿 VISA ⓪ AE ①
Eisenbahnstr. 200 ⊠ 63303 – ℰ *(06103) 60 60 – h5378@accor.com*
– Fax (06103) 63019
92 Zim – †87/92 € ††99/105 €, ⊃ 16 € – 4 Suiten – **Rest** – Karte 22/38 €
♦ Das Tagungshotel hält gepflegte und funktionelle Zimmer mit heller Naturholzmöblierung für seine Gäste parat. Entspannung findet man im Hallenbad bzw. an der Bar. Internationales Speiseangebot im Restaurant.

DREIS (KREIS BERNKASTEL-WITTLICH) – Rheinland-Pfalz – siehe Wittlich

Dresden: Frauenkirche

DRESDEN

Bundesland : Sachsen
Michelin-Karte : 544
Einwohnerzahl : 483 640 Ew
Höhe : 113 m

Berlin 193 – Chemnitz 75 – Görlitz 110 – Leipzig 113
Atlas : 43 **Q12**

PRAKTISCHE HINWEISE

Tourist-Informationen

Prager Str. 2a **BZ**, ⌧ 01069, ✆ (0351) 49 19 20, info@dresden-tourist.de
Theaterplatz (Schinkelwache) **BY**, ⌧ 01067, ✆ (0351) 49 19 20

Automobilclub

ADAC Striesener Str. 37 **DY**

Flughafen

Dresden-Klotzsche (über Königsbrücker Straße **U**), ✆ (0351) 8 81 33 60

Deutsche Lufthansa City Center, Zellescher Weg 3, ⌧ 01069,
✆ (0351) 4 99 88 77, Fax (0351) 4998899

Messegelände

Messe Dresden, Messering 6 (über Magdeburger Straße **AX**), ⌧ 01067,
✆ (0351) 4 45 81 05

Messen

25.01. - 27.01. : Dresdner Reisemarkt
07.03. - 09.03. : automobil
31.10. - 02.11. : Dresdner Herbst

Golfplätze

Possendorf, Ferdinand-von-Schill-Str. 4a ✆ (035206) 24 30
Ullersdorf, Am Golfplatz 1 ✆ (03528) 4 80 60

SEHENSWÜRDIGKEITEN

HISTORISCHES ZENTRUM

Zwinger★★★ - Semperoper★★ **AY** -
Hofkirche★★ - Schloss★ - Albertinum
(Gemäldegalerie Neue Meister★★★) -
Brühlsche Terrasse (≤ ★) -
Frauenkirche★★ - Stadtmuseum★ M^4 -
Kreuzkirche★ **BY**

NEUSTADT

Neustädter Markt (Reiterstatue★ E) -
Japanisches Palais★ - Museum für
Sächsische Volkskunst★ M^2 **BX**

UMGEBUNG

Schloss Moritzburg★ (Nord-West :
14 km) - Schloss Pillnitz★ (Süd-Ost :
15 km)

DRESDEN

Taschenbergpalais Kempinski
Taschenberg 3 ⊠ 01067 – ℰ (0351) 4 91 20
– reservations.taschenbergpalais@kempinski.com – Fax (0351) 4912812
214 Zim – †153/360 € ††161/390 €, ⊇ 25 € – 18 Suiten   BY **a**
Rest *Intermezzo* – ℰ (0351) 4 91 27 12 – Menü 29/61 € – Karte 45/62 €
Rest *Palais Bistro* – Karte 27/40 €

♦ Ein beeindruckender Bau ist das rekonstruierte Barock-Palais. Eleganter Stil, moderner Komfort und historisches Flair bestimmen das Ambiente. Vornehm: Intermezzo mit klassischer, teils kreativer Küche. Leger: das Palais Bistro.

The Westin Bellevue
Große Meißner Str. 15 ⊠ 01097 – ℰ (0351)
80 50 – hotelinfo@westin-bellevue.com – Fax (0351) 8051609   BX **a**
340 Zim – †114/265 € ††144/305 €, ⊇ 19 € – 9 Suiten
Rest – (nur Abendessen) Menü 55/85 € – Karte 52/70 €

♦ Teil dieses wunderschön am Ufer der Elbe liegenden Hauses ist ein Barockpalais mit luxuriösen Suiten. Weitere zeitlose Gästezimmer befinden sich in den modernen Anbauten.

Hilton
An der Frauenkirche 5 ⊠ 01067 – ℰ (0351) 8 64 20 – info.dresden@hilton.com
– Fax (0351) 8642725   BY **e**
333 Zim – †102/389 € ††102/409 €, ⊇ 22 € – 4 Suiten
Rest *Rossini* – (nur Abendessen) Menü 51/62 € – Karte 37/63 €
Rest *Wettiner Keller* – (geschl. Sonntag - Montag, nur Abendessen) Menü 25/52 € – Karte 25/53 €
Rest *Ogura* – (geschl. Montagmittag) Menü 35/70 € – Karte 25/44 €

♦ Bei der Frauenkirche liegt das komfortable Hotel mit überzeugendem, großzügigem Rahmen und wohnlichen Zimmern verschiedener Kategorien. Großer Fitness- und Wellnessbereich. Italienische Küche im Rossini in der 1. Etage. Japanische Speisen im Ogura.

Radisson SAS Gewandhaus Hotel
Ringstr. 1 ⊠ 01067 – ℰ (0351) 4 94 90
– info.dresden@radissonsas.com – Fax (0351) 4949490   BY **s**
97 Zim – †135 € ††135 €, ⊇ 21 € – **Rest** – Menü 30/46 € – Karte 28/43 €

♦ Mit seinen luxuriös mit Stilmöbeln ausgestatteten Zimmern, aufwändig gestalteten Bädern und dem schönen Freizeitbereich bietet das Hotel alles für einen angenehmen Aufenthalt. Um den Innenhof mit Glaskuppel ist das Restaurant angelegt. Internationale Küche.

Maritim
Devrientstr. 10 ⊠ 01067 – ℰ (0351) 21 60 – info.dre@maritim.de – Fax (0351) 2161000   AX **m**
328 Zim ⊇ – †150/210 € ††170/230 € – 7 Suiten – **Rest** – Karte 22/43 €

♦ Durch die eindrucksvolle Atriumhalle betreten Sie das Hotel, das aus einem ehemaligen Speichergebäude entstanden ist. Großzügige Zimmer teils mit Flussblick. Klassisch gehaltenes Restaurant mit kleiner Showküche.

Bülow Residenz
Rähnitzgasse 19 ⊠ 01097 – ℰ (0351) 8 00 30 – info@buelow-residenz.de
– Fax (0351) 8003100   BX **c**
30 Zim – †195 € ††250 €, ⊇ 19 €
Rest *Carousel* – separat erwähnt

♦ In der schönen Dresdner Neustadt steht das barocke Gebäude von 1730. Harmonisch fügt sich das klassische Ambiente in den historischen Rahmen des denkmalgeschützten Hauses.

Steigenberger Hotel de Saxe
Neumarkt 9 ⊠ 01067 – ℰ (0351) 4 38 60
– desaxe-dresden@steigenberger.de – Fax (0351) 4386888   BY **x**
185 Zim – †129/185 € ††129/185 €, ⊇ 19 € – 7 Suiten – **Rest** – Karte 30/40 €

♦ Das nach dem ursprünglichen Hotel de Saxe von 1786 benannte Haus gegenüber der Frauenkirche bietet geschmackvolle, puristisch-modern eingerichtete Zimmer mit guter Technik. Restaurant im 1. Stock mit Blick zum Neumarkt.

DRESDEN

Alttolkewitz	V 57
Borsbergstr.	V 58
Emerich-Ambros-Ufer	V 60
Flügelwegbrücke	UV 61
Fritz-Löffler-Str.	V 62
Gerhart-Hauptmann-Str.	V 63
Hamburger Str.	U 64
Innsbrucker Straße	V 84
Lommatzscher Str.	U 69
Moritzburger Landstr.	U 74
Moritzburger Weg	U 75
Naumannstr.	V 78
Nossener Brücke	V 71
Nürnberger Str.	V 72
Washingtonstr.	U 79
Wehlener Str.	V 81
Zellescher Weg	V 83

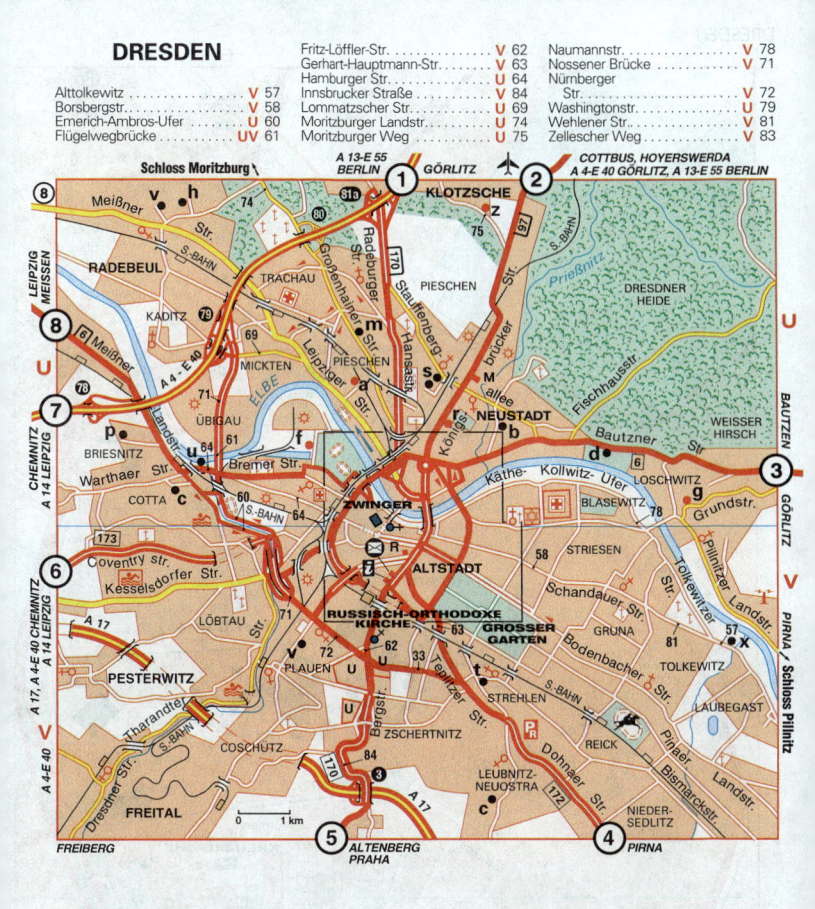

Bayerischer Hof
Rest, P, VISA, AE

Antonstr. 33 ⊠ 01097 – ℰ (0351) 82 93 70 – info@bayerischer-hof-dresden.de – Fax (0351) 8014860

BX **r**

50 Zim ⊇ – †89/99 € ††117/138 € – 5 Suiten – **Rest** – *(geschl. Sonntag, nur Abendessen)* Karte 25/41 €

♦ Ein stilvoll-gediegener Rahmen und zeitlos-elegant eingerichtete Gästezimmer erwarten Sie in dem Hotel nahe dem Bahnhof Neustadt. Ganz in klassischem Stil: das Restaurant Patrizierstube.

QF garni
VISA, AE

Neumarkt 1 ⊠ 01067 – ℰ (0351) 5 63 30 90 – info@qf-hotel.de – Fax (0351) 563309911

BY **c**

68 Zim ⊇ – †149/199 € ††169/219 €

♦ Das Boutique-Hotel im Quartier an der Frauenkirche verfügt über sehr schöne, modern designte Zimmer. Einfacher, zur Einkaufspassage gelegener Frühstücksraum.

Dorint
Rest, Rest, VISA, AE

Grunaer Str. 14 ⊠ 01069 – ℰ (0351) 4 91 50 – info.dresden@dorint.com – Fax (0351) 4915100

CYZ **n**

244 Zim – †84/156 € ††89/176 €, ⊇ 16 € – **Rest** – Karte 24/36 €

♦ Das Hotel am Altstadtrand bietet zeitgemäße, mit neuzeitlichen Möbeln eingerichtete Zimmer. Große Schreibtische mit moderner Technik ermöglichen bequemes Arbeiten. Halbrund angelegtes Restaurant mit großer Glasfront.

325

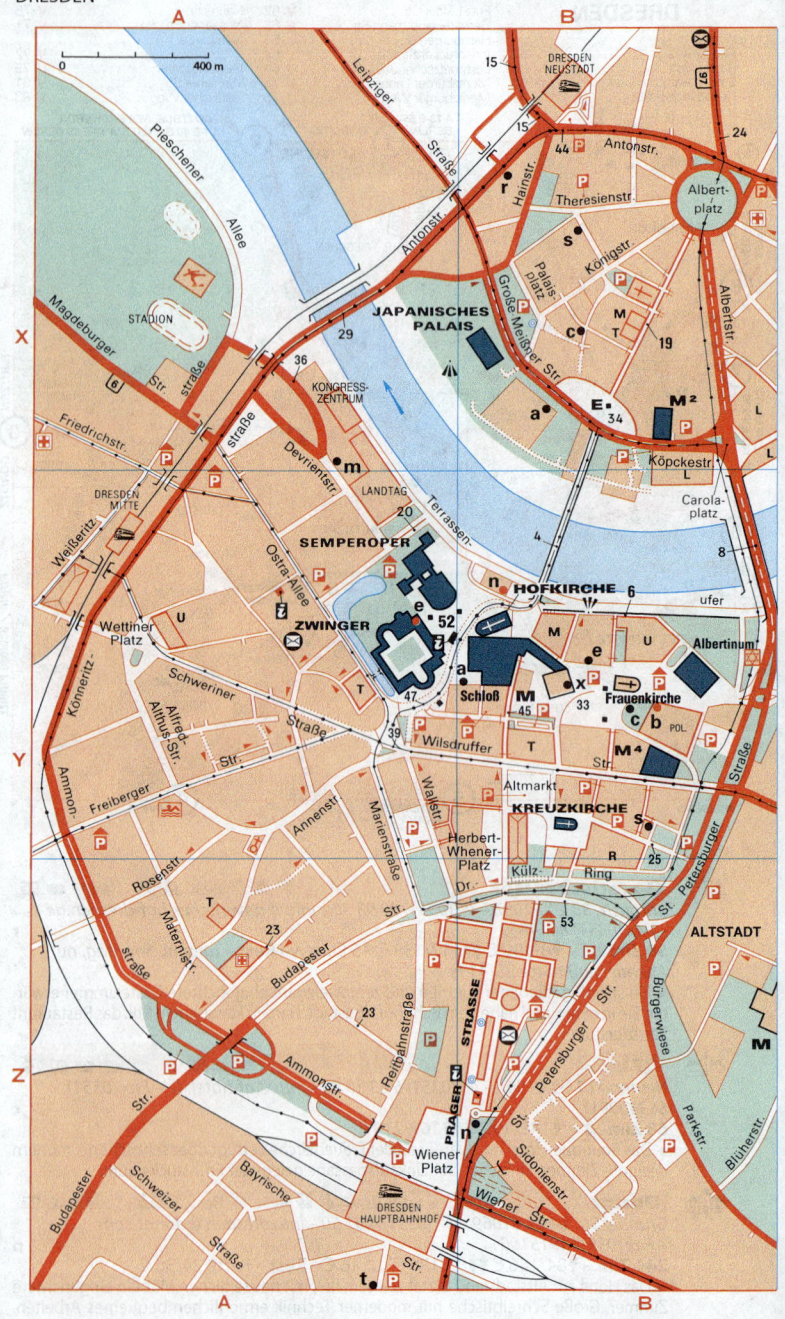

DRESDEN

DRESDEN

Albertbrücke	**CX**	2
Augustusbrücke	**BY**	4
Brühlsche Terrasse	**BY**	6
Carolabrücke	**BY**	8
Dr.-Külz-Ring	**BYZ**	
Hansastr.	**BX**	15
Hauptstr.	**BX**	19
Holländische Str.	**AY**	20
Josephinenstr.	**AZ**	23
Königsbrücker Str.	**BX**	24
Königstr.	**BX**	
Kreuzstr.	**BYZ**	25
Marienbrücke	**AX**	29
Neumarkt	**BY**	33
Neustädter Markt	**BX**	34
Ostra-Ufer	**AX**	36
Postpl.	**AY**	39
Prager Str.	**ABZ**	
Reichpietschufer	**CX**	40
Rothenburger Str.	**CX**	42
Sachsenallee	**CY**	43
Schlesischer Pl.	**BX**	44
Schloßstr.	**BY**	45
Sophienstr.	**AY**	47
Theaterpl.	**BY**	52
Waisenhausstr.	**BZ**	53
Wilsdruffer Str.	**ABY**	

DRESDEN

Mercure Newa
*St. Petersburger Str. 34 ⊠ 01069 – ℰ (0351) 4 81 41 09 – h1577@accor.com
– Fax (0351) 4955137* BZ **n**
319 Zim – ✝94/188 € ✝✝104/198 €, ⊇ 16 € – **Rest** – Karte 25/34 €
♦ Modern und funktionell ausgestattete und angenehm helle Zimmer mit raumhohen Fenstern machen dieses gegenüber dem Bahnhof gelegene Hotel aus.

Holiday Inn
*Stauffenbergallee 25a ⊠ 01099 – ℰ (0351) 8 15 10 – info@
holiday-inn-dresden.de – Fax (0351) 8151333* U **s**
120 Zim ⊇ – ✝95/159 € ✝✝120/180 € – **Rest** – Karte 23/36 €
♦ Die verkehrsgünstige Lage etwas außerhalb des Zentrums sowie neuzeitlich und funktionell gestaltete Zimmer sprechen für dieses Hotel. Besonders komfortabel: die Club-Etage.

Macrander garni
*Buchenstr. 10 ⊠ 01097 – ℰ (0351) 8 15 15 00 – info@
macrander-dresden.bestwestern.de – Fax (0351) 8151555* U **s**
84 Zim ⊇ – ✝82/130 € ✝✝102/150 €
♦ Helles Buchenholz, moderne Formen und eine funktionelle Ausstattung sorgen auch unterwegs für zeitgemäßen Komfort. Verkehrsgünstig mitten in der Neustadt gelegen.

Leonardo
*Bamberger Str. 14 ⊠ 01187 – ℰ (0351) 4 66 00 – leonardo@the-royal-inn.de
– Fax (0351) 4660100* V **v**
92 Zim – ✝77/199 € ✝✝99/249 €, ⊇ 13 € – **Rest** – Karte 20/48 €
♦ Ein neuzeitlicher Hotelbau, innen modern und in mediterranen Farbtönen gehalten, bietet Ihnen wohnliche und technisch komplett ausgestattete Zimmer. Auf zwei Ebenen angelegtes Restaurant mit freundlichem Ambiente.

Martha Hospiz
*Nieritzstr. 11 ⊠ 01097 – ℰ (0351) 8 17 60 – reception@
marthahospiz-dresden.com – Fax (0351) 8176222 – geschl. 22. - 27. Dez.*
50 Zim ⊇ – ✝77/90 € ✝✝113/121 € BX **s**
Rest *Kartoffelkeller* – ℰ (0351) 8 17 63 58 (nur Abendessen)
Karte 12/24 €
♦ Traditionsbetrieb des Verbandes Christlicher Hoteliers e.V. Geschmackvolle Zimmer mit klassischem Mobiliar, teils im Biedermeierstil. Sieben Zimmer sind behindertengerecht. Gemütliches Restaurant - früher als Kohle- und Kartoffelkeller genutzt.

Privat
*Forststr. 22 ⊠ 01099 – ℰ (0351) 81 17 70 – hotel-privat@t-online.de – Fax (0351)
8013953* U **b**
30 Zim ⊇ – ✝54/69 € ✝✝69/94 € – **Rest** – Karte 16/25 €
♦ Ein privat und persönlich geführtes Nichtraucherhotel in einem Wohngebiet, das seinen Gästen neuzeitlich und funktionell ausgestattete Zimmer bietet. Helles Restaurant mit Wintergartenanbau und netter kleiner Terrasse.

Kipping
*Winckelmannstr. 6 ⊠ 01069 – ℰ (0351) 47 85 00 – reception@hotel-kipping.de
– Fax (0351) 4785090* AZ **t**
20 Zim ⊇ – ✝70/100 € ✝✝85/120 € – **Rest** – (geschl. Sonntag, nur Abendessen)
Karte 17/26 €
♦ In einer Seitenstraße hinter dem Bahnhof finden Sie dieses gepflegte, renovierte Stadthaus, das über unterschiedlich eingerichtete, wohnliche Gästezimmer verfügt.

Amadeus
*Großenhainer Str. 118 ⊠ 01129 – ℰ (0351) 8 41 80 – empfang@
hotel-amadeus-dresden.de – Fax (0351) 8418333* U **m**
80 Zim ⊇ – ✝75/79 € ✝✝99/118 € – **Rest** – (nur Abendessen)
Karte 15/27 €
♦ Der typische Dresdener Gründerzeitbau beherbergt in sanften Farben und warmen Holztönen eingerichtete Zimmer. Auch Appartements für Langzeitgäste sind vorhanden. Natursteinwände und Ziegelbögen zieren das Restaurant.

DRESDEN

Carousell – Hotel Bülow Residenz
*Rähnitzgasse 19 ⊠ 01097 – ℰ (0351) 8 00 30 – info@buelow-residenz.de
– Fax (0351) 8003100* BX c
Rest – *(geschl. Sonntag - Montag)* (Tischbestellung ratsam) Menü 45 € (mittags)/109 € – Karte 60/88 €
Spez. Roh marinierte Gänseleber mit Kalbskopf und Pfifferlingen. Rehrücken mit Spitzkohl und gefülltem Grießknödel. Kross gebratene Dorade mit Perlgraupen-Meeresfrüchte-Risotto.
♦ In eleganter Atmosphäre serviert das freundliche und fachkundige Service-Team klassische Küche. Im Sommer wird auch der überdachte Innenhof stilvoll eingedeckt.

Lesage
*Lennéstr. 1 ⊠ 01069 – ℰ (0351) 4 20 42 50 – restaurant.lesage@kempinski.com
– Fax (0351) 4204994 – geschl. Montagabend, Sonntagabend, Okt. - März auch Dienstagabend* CZ a
Rest – Menü 32/45 € – Karte 32/41 €
♦ Außergewöhnlich ist die Lage dieses Restaurants in der Gläsernen Manufaktur von Volkswagen. Klares Design und ein eleganter Bistrostil beherrschen das Ambiente.

Italienisches Dörfchen   Biergarten
*Theaterplatz 3 ⊠ 01067 – ℰ (0351) 49 81 60 – gastro.theaterplatz@t-online.de
– Fax (0351) 4981688* BY n
Rest *Bellotto* – Karte 27/39 €
Rest *Wein- und Kurfürstenzimmer* – Karte 20/40 €
♦ Teil des nach einer Siedlung italienischer Bauarbeiter benannten Palais ist das moderne Bellotto mit italienischer Küche. Elbterrassen. Stuck und ein schönes Rot geben der Weinstube eine elegante Note. Blickfang im Kurfürstenzimmer: die verzierte Decke.

Coselpalais
*An der Frauenkirche 12 ⊠ 01067 – ℰ (0351) 4 96 24 44 – info@rank-buettig.de
– Fax (0351) 4989805* BY b
Rest – Karte 21/47 €
♦ Traumhaft schon das Äußere dieses rekonstruierten Palais aus dem Jahre 1763. Das klassische Interieur mit Kaffeehauscharakter steht dem Gesamtbild gut zu Gesicht.

Petit Frank
*Bürgerstr. 14 ⊠ 01127 – ℰ (0351) 8 21 19 00 – frank.ollhoff@t-online.de
– Fax (0351) 8211901 – geschl. Sonntag - Montag* U a
Rest – *(nur Abendessen)* Karte 26/36 €
♦ Drei kleine, in Naturstein gehaltene Räume bilden das nette Kellerrestaurant. Ein Gewölbe und angenehmes Licht schaffen ein gemütliches Ambiente. Geschulter Service.

Alte Meister
*Theaterplatz 1a ⊠ 01067 – ℰ (0351) 4 81 04 26 – info@altemeister.net
– Fax (0351) 4810479* AY e
Rest – Karte 16/38 €
♦ Helle, hohe Räume und eine Gewölbedecke - teils mit alten Fresken als Dekor - prägen das Ambiente. Schön sitzt man auch auf der Terrasse mit Blick auf Oper und Theaterplatz.

Fischhaus Alberthafen   mit Zim
Magdeburger Str. 58 (B 6) ⊠ 01067 – ℰ (0351) 4 98 21 10 – fischhaus@binnenhafen-sachsen.de – Fax (0351) 4982109 U f
10 Zim – ♦38/45 € ♦♦60/90 €, ⊑ 5 € – **Rest** – Karte 16/32 €
♦ Hafenatmosphäre mitten in Dresden: Maritimes Dekor mit Masten und angedeutetem Schiffsrumpf bestimmen das Ambiente dieses Restaurants. Überwiegend Fischgerichte.

Villandry
*Jordanstr. 8 ⊠ 01099 – ℰ (0351) 8 99 67 24 – mail@villandry-restaurant.de
– Fax (0351) 8996746 – geschl. Sonntag* U r
Rest – *(nur Abendessen)* (Tischbestellung ratsam) Karte 26/30 €
♦ Mediterraner Bistro-Look bestimmt das Ambiente dieses Restaurants. Neben einer schmackhaften internationalen Küche gefallen ungezwungene Stimmung und Live-Musik.

DRESDEN
In Dresden-Briesnitz

Pattis
Merbitzer Str. 53 ⌧ 01157 – ✆ (0351) 4 25 50 – info@pattis.de – Fax (0351) 4255255
U p
46 Zim ⌓ – †100/170 € ††130/200 € – 3 Suiten
Rest Gourmet-Restaurant – (geschl. Feb. 2 Wochen, Aug. 2 Wochen und Sonntag - Montag, nur Abendessen) Menü 69/88 € – Karte 81/102 €
Rest Vitalis – Menü 30 € – Karte 32/39 €
♦ Schön liegt das Hotel der Familie Pattis in einem Park. Neben geräumigen, wohnlich-gediegenen Zimmern sorgen auch diverse Wellness-/Beautyangebote für Erholung. Klassisches Gourmet-Restaurant, in dem man stilvoll speist. Vitalis im Pavillonstil.

In Dresden-Cotta

Mercure Elbpromenade
Hamburger Str. 64 (B6) ⌧ 01157 – ✆ (0351) 4 25 20 – h0479@accor.de
– Fax (0351) 4252420
U u
103 Zim – †99/104 € ††114/119 €, ⌓ 15 € – **Rest** – Karte 17/35 €
♦ Hotel direkt an der Elbe: Moderne, helle Naturholzmöblierung und blaue Schreibflächen mit guter Technik warten in geräumigen Zimmern.

Residenz Alt Dresden
Mobschatzer Str. 29 ⌧ 01157 – ✆ (0351) 4 28 10
– residenzaltdresden@ringhotels.de – Fax (0351) 4281988
U c
124 Zim ⌓ – †90/114 € ††108/140 € – **Rest** – Karte 22/39 €
♦ Wohnen Sie in funktionellen Zimmern mit gelb-orangefarbenen, modernen Holzmöbeln. Langzeitgäste residieren im angegliederten Boardinghaus, Frühstück gibt's im Wintergarten! Schlichtes Hotelrestaurant im Bistrostil.

In Dresden-Hellerau

Schmidt's
Moritzburger Weg 67, (in den Hellerauer Werkstätten) ⌧ 01109
– ✆ (0351) 8 04 48 83 – info@koenig-albert.de – Fax (0351) 8042958
– geschl. Samstagabend - Sonntag
U z
Rest – (Tischbestellung ratsam) Karte 23/34 €
♦ Die ehemalige Feuerwehr-Garage der alten Hellerauer Werkstätten gibt diesem Restaurant seinen schlichten Rahmen. Innen: Holzboden, blanke Tische und eine große Fensterfront.

In Dresden-Klotzsche Nord-Ost : 9 km über Königsbrücker Straße U :

Airport Hotel
Karl-Marx-Str. 25 ⌧ 01109 – ✆ (0351) 8 83 30 – bestwestern@airporthoteldresden.com – Fax (0351) 8833333
100 Zim ⌓ – †107/118 € ††124/139 € – 7 Suiten – **Rest** – Karte 20/32 €
♦ Hier können Sie landen: Entspannen Sie in modernen, um das Atrium gruppierten Zimmern, solide bestückt mit neuzeitlichen Holzmöbeln, Schreibtischen und tadelloser Technik. Freundliches, mit Raumteilern aufgelockertes Restaurant.

In Dresden-Leubnitz-Neuostra

Ramada
Wilhelm-Franke-Str. 90 ⌧ 01219 – ✆ (0351) 4 78 20 – dresden@ramada-dresden.de – Fax (0351) 4782550
V c
262 Zim – †59/159 € ††59/159 €, ⌓ 15 € – **Rest** – Karte 24/33 €
♦ Im Halbrund erbautes Hotel unweit des Zentrums und nahe der Autobahnausfahrt, das mit neuzeitlich-funktionellen Zimmern vor allem auf Tagungs-/Businessgäste ausgelegt ist.

In Dresden-Lockwitz Süd-Ost : 11 km über Dohnaer Straße V :

Landhaus Lockwitzgrund
Biergarten
Lockwitzgrund 100 ⌧ 01257 – ✆ (0351) 2 71 00 10 – tkaiser@landhaus-lockwitzgrund.de – Fax (0351) 27100130
12 Zim ⌓ – †55 € ††75/85 € – **Rest** – (geschl. 7. - 28. Jan. und Montag) Karte 18/39 €
♦ Im romantischen Lockwitzgrund lässt es sich in behaglicher Atmosphäre trefflich ausspannen: wohnliche Landhauszimmer mit vielen Accessoires und original erhaltenen Details. Die ehemaligen Stallungen mit Kreuzgewölbe dienen heute als Restaurant.

DRESDEN

In Dresden-Loschwitz

Schloss Eckberg (mit Kavaliershaus) ≤ Dresden und Elbe,
Bautzner Str. 134 — Zim, Rest,
✉ 01099 – ✆ (0351) 8 09 90 – info@schloss-eckberg.de
– Fax (0351) 8099199   **U d**
84 Zim ⊇ – ♦103/185 € ♦♦143/245 € – **Rest** – Menü 26 € (mittags)/63 € – Karte 41/49 €

♦ Ein großzügiger Park und Zimmer mit wertvollen Antiquitäten machen die Hotelanlage mit dem neugotischen Schloss und dem modernen Kavaliershaus zu einer attraktiven Adresse. Klassisch-stilvoll fügt sich das Restaurant in den historischen Rahmen.

In Dresden-Marsdorf über A 13 **U**, Ausfahrt Marsdorf : 13 km :

Landhaus Marsdorf
Marsdorfer Hauptstr. 15 ✉ 01108 – ✆ (0351) 8 80 81 01
– info@landhaus-marsdorf.de – Fax (0351) 8805760 – geschl. 23. - 26. Dez. (Hotel)
23 Zim ⊇ – ♦72/82 € ♦♦97/99 € – **Rest** – Karte 15/35 €

♦ Ein gut unterhaltenes Hotel mit neuzeitlichen Zimmern - im Erdgeschoss mit Zugang zum schönen Garten. Einige Zimmer befinden sich auch im Obergeschoss der Tenne. Im ursprünglichen, historischen Gasthof hat man das Restaurant eingerichtet.

In Dresden-Niedersedlitz Süd-Ost : 10 km über Bismarckstraße **V** :

Ambiente garni
Meusegaster Str. 23 ✉ 01259 – ✆ (0351) 20 78 80 – info@hotel-ambiente.de
– Fax (0351) 2078836 – geschl. 20. - 29. Dez.
20 Zim ⊇ – ♦74/98 € ♦♦88/128 €

♦ Das in einem Wohngebiet gelegene, persönlich geführte Hotel verfügt über zeitgemäße, solide und wohnlich ausgestattete Zimmer.

In Dresden-Pillnitz Süd-Ost : 13 km über Pillnitzer Landstraße **V** :

Schloss Hotel Pillnitz
August-Böckstiegel-Str. 10 ✉ 01326 – ✆ (0351) 2 61 40 – info@
schlosshotel-pillnitz.de – Fax (0351) 2614400
45 Zim ⊇ – ♦87/105 € ♦♦115/135 €
Rest – Karte 23/36 €
Rest *Kaminrestaurant* – (geschl. Feb. und Sonntag, nur Abendessen)
Menü 54/64 € – Karte 39/61 €

♦ Die ehemalige Schloss-Schänke von 1724 - direkt neben dem Schloss - bietet heute Gästen wohnliche Zimmer in zart mediterranem Stil. Zwei Romantiksuiten mit Wasserbett. Modern im Bistrostil zeigt sich das Restaurant. Im Kaminrestaurant: rustikale Eleganz.

In Dresden-Strehlen

Four Points Königshof
Kreischaer Str. 2, (Wasaplatz) ✉ 01219 – ✆ (0351)
8 73 10 – fourpoints.koenigshof@fourpoints.com
– Fax (0351) 8731499   **V t**
93 Zim – ♦55/165 € ♦♦60/185 €, ⊇ 17 € – 9 Suiten – **Rest** – Karte 21/39 €

♦ Das denkmalgeschützte Haus empfängt Sie mit freundlicher Einrichtung, hochwertigen Buchenmöbeln und moderner Kommunikationstechnik. Fragen Sie nach den Himmelbett-Zimmern. Gemütliches Restaurant mit Bistro-Ambiente.

In Dresden-Tolkewitz

Alttolkewitzer Hof (mit Gästehaus)   Biergarten
Alttolkewitz 7 ✉ 01279 – ✆ (0351) 2 51 04 31 – info@alttolkewitzer-hof.de
– Fax (0351) 2526504   **V x**
24 Zim ⊇ – ♦69/79 € ♦♦90/110 € – **Rest** – (Montag - Freitag nur Abendessen)
Karte 15/24 €

♦ Die wohnlichen und tadellos gepflegten Zimmer dieses gut geführten Hotels verteilen sich auf ein Haus aus der Jahrhundertwende und ein Gästehaus. Hell und freundlich gestaltetes Restaurant.

DRESDEN
In Dresden-Weißer Hirsch

Bean & Beluga (Stefan Hermann)
Bautzner Landstr. 32 (über Bautzner Str. U) ⊠ *01324 –* ℰ *(0351) 44 00 88 00*
– sh@bean-and-beluga.de – Fax (0351) 44008822
– geschl. 21. Jan. - 3. Feb.
Rest *– (geschl. Sonntag und Montag, nur Abendessen)* (Tischbestellung ratsam)
Menü 64/118 € – Karte 69/80 €
Rest *Bistro Tagesbar* – *(geschl. Sonntag)* Karte 33/40 €
Spez. Gebratener Heilbutt mit Steinpilzen. Burger mit gebratener Gänsestopfleber und Trüffeln. Soufflé von heller und dunkler Schokolade mit Banyuls-Kirschsüppchen.
♦ Ein schönes Haus a. d. J. 1912 beherbergt das in klarem, modern-puristischem Stil gehaltene Restaurant, in dem man kreative Küche serviert. Im Erdgeschoss: Bistro Tagesbar.

Luisenhof ≤ Dresden und Elbe,
Bergbahnstr. 8 ⊠ *01324 –* ℰ *(0351) 2 14 99 60 – gastronomie@luisenhof.org*
– Fax (0351) 2149977 U g
Rest – Karte 19/38 €
♦ In toller Aussichtslage befindet sich dieses moderne Restaurant mit großer Fenterfront - auch Balkon Dresdens genannt. Sehr hübsch ist die Terrasse unter Bäumen.

In Dresden-Weixdorf Nord-Ost : 10 km über Königsbrücker Straße U :

Quintessenz
Hohenbusch Markt 1 ⊠ *01108 –* ℰ *(0351) 88 24 40 – info@quintessenz-hotels.de*
– Fax (0351) 8824444
75 Zim – †75/85 € ††85/99 €, ⊇ 11 € – **Rest** – *(geschl. Sonntag, nur Abendessen)* Karte 15/28 €
♦ Nahe dem Flughafen liegt etwas versteckt in einem modernen Geschäftszentrum dieses neuzeitliche, mit komfortablen Zimmern ausgestattete Hotel. Südländisch gibt sich das Restaurant Toskana.

> Dieser Führer lebt von Ihren Anregungen, die uns stets willkommen sind.
> Egal ob Sie uns eine besonders angenehme Überraschung
> oder eine Enttäuschung mitteilen wollen – schreiben Sie uns!

DRIBURG, BAD – Nordrhein-Westfalen – 543 – 19 600 Ew – Höhe 220 m – Heilbad
28 G10

▶ Berlin 390 – Düsseldorf 190 – Hannover 108 – Kassel 86
🛈 Lange Str. 140, ⊠ 33014, ℰ (05253) 9 89 40, info@bad-driburg.com
Bad Driburg, Georg-Nave-Str. 24a ℰ (05253) 71 04

Gräflicher Park (mit Gästehäusern) (geheizt)
Brunnenallee 1
⊠ *33014 –* ℰ *(05253) 9 52 30 – info@graeflicher-park.de – Fax (05253) 9523205*
135 Zim ⊇ – †111/325 € ††188/416 € – ½ P 30 €
Rest *Caspar's* – Karte 30/46 €
Rest *Pferdestall* – Karte 19/31 €
♦ Seit 200 Jahren ist das schöne Anwesen im Besitz der gräflichen Familie. Die wohnlichen, individuellen Zimmer verteilen sich auf sechs Häuser in einem hübschen Park. Internationale Küche im klassisch gehaltenen Caspar's. Pferdestall mit bürgerlichem Angebot.

Schwallenhof
Brunnenstr. 34 ⊠ *33014 –* ℰ *(05253) 98 13 00 – hotel@schwallenhof.de*
– Fax (05253) 981388
45 Zim ⊇ – †50/79 € ††85/120 € – ½ P 16 € – **Rest** – Karte 20/32 €
♦ Aus dem ehemaligen Bauernhof ist ein familiengeführtes Hotel geworden, in dem wohnlich eingerichtete Zimmer zur Verfügung stehen. Ein Kamin und einige Nischen machen das Restaurant gemütlich.

DROLSHAGEN – Nordrhein-Westfalen – **543** – 12 330 Ew – Höhe 340 m 37 **D12**
- Berlin 555 – Düsseldorf 114 – Siegen 31 – Hagen 59
- Am Mühlenteich 1, ⊠ 57489, ℘ (02761) 97 01 80, buergerbuero@drolshagen.de

Zur Brücke
Hagener Str. 12 (B 54/55) ⊠ 57489 – ℘ (02761) 75 48
– tschroeder@hotelzurbruecke.de – Fax (02761) 7540 – geschl. Jan. 1 Woche, Ende Juni - Anfang Juli 2 Wochen
10 Zim ⊇ – †44 € ††78 € – **Rest** – Menü 20 €
– Karte 15/31 €

♦ Das seit 150 Jahren bestehende familiengeführte Gasthaus beherbergt hinter seiner Schieferfassade sehr gepflegte, in dunkler Eiche möblierte Zimmer. Ländlicher Restaurantbereich.

DUDENHOFEN – Rheinland-Pfalz – **543** – 5 740 Ew – Höhe 104 m 47 **F17**
- Berlin 654 – Mainz 95 – Neustadt an der Weinstraße 22 – Mannheim 25

Zum Goldenen Lamm
Landauer Str. 2 ⊠ 67373 – ℘ (06232) 9 50 01 – info-lamm@t-online.de
– Fax (06232) 98502
28 Zim – †50/70 € ††80/90 € – **Rest** – (geschl. Montagmittag) Menü 30/46 €
– Karte 28/80 €

♦ Aus einem hübsch sanierten Fachwerkgasthof in der Ortsmitte ist dieses mit wohnlichen Zimmern ausgestattete Hotel entstanden. Freundlich gestaltetes Restaurant in ländlich-elegantem Stil.

DUDERSTADT – Niedersachsen – **541** – 22 950 Ew – Höhe 170 m – Erholungsort 29 **J11**
- Berlin 350 – Hannover 131 – Erfurt 98 – Göttingen 32
- Marktstr. 66, (Rathaus), ⊠ 37115, ℘ (05527) 84 12 00, gaesteinfo@duderstadt.de
- Duderstadt, Rothenbergerhaus ℘ (05529) 89 92

Zum Löwen
Marktstr. 30 ⊠ 37115 – ℘ (05527) 84 90 00 – zumloewen@die2hotels.de
– Fax (05527) 84900849
42 Zim ⊇ – †75/95 € ††115/165 € – ½ P 25 € – **Rest** – Karte 22/40 €

♦ In den Gästezimmern dieses schmucken Altstadthotels herrscht elegante Wohnkultur. Edle Stoffe und helle Farben schaffen eine heitere und behagliche Atmosphäre. Auf rustikale Art ergänzt das Alt-Duderstadt das gediegen-elegante Restaurant.

In Duderstadt-Fuhrbach Nord-Ost : 6 km :

Zum Kronprinzen
Fuhrbacher Str. 31 ⊠ 37115 – ℘ (05527) 91 00 – info@hotelzumkronprinzen.de
– Fax (05527) 910250
50 Zim ⊇ – †55/65 € ††75/95 € – **Rest** – Karte 21/33 €

♦ In diesem stattlichen, aufwändig modernisierten Fachwerkbau erwarten Sie funktionelle Zimmer mit Balkon und ein sehr gepflegter Saunabereich mit Dampfbad und Solarium. Regionales und Internationales tischt man im Restaurant auf.

Unsere „Hoffnungsträger" sind die Restaurants, deren Küche wir für die nächste Ausgabe besonders sorgfältig auf eine höhere Auszeichnung hin überprüfen. Der Name dieser Restaurants ist in „rot" gedruckt und zusätzlich auf der Sterne-Liste am Anfang des Buches zu finden.

DÜBEN, BAD – Sachsen – 544 – 9 040 Ew – Höhe 91 m — 32 N10
▶ Berlin 140 – Dresden 137 – Leipzig 33 – Halle 56
🛈 Paradeplatz 19, ⊠ 04849, ℘ (034243) 5 28 86, touristinformation@t-online.de

✗ Kurhaus mit Zim 🛜 VISA ⦿ AE
Parkstr. 25 ⊠ 04849 – ℘ (034243) 5 25 70 – info@kurhaus-badddueben.de
– Fax (034243) 52572
5 Zim ⊡ – †45/49 € ††65/73 € – **Rest** – (geschl. Dienstag) Karte 23/35 €
◆ Schön liegt dieses nette Restaurant im Kurpark. Zum Haus gehören auch eine Terrasse sowie ein großer Biergarten hinter dem Haus. Zum Übernachten stehen sehr gepflegte, recht schlicht eingerichtete Gästezimmer bereit.

> Luxuriös oder eher schlicht?
> Die Symbole ✗ und 🏠 kennzeichnen den Komfort.

DÜLMEN – Nordrhein-Westfalen – 543 – 47 360 Ew – Höhe 65 m — 26 D10
▶ Berlin 508 – Düsseldorf 90 – Münster (Westfalen) 34 – Recklinghausen 27
🛈 Markt 30 (Rathaus), ⊠ 48249, ℘ (02594) 1 23 45, touristik@duelmen.de

Außerhalb Nord-West : 5 km über Borkener Straße :

✗ Haus Waldfrieden 🛜 ⚜ 🅿
Börnste 20 ⊠ 48249 Dülmen – ℘ (02594) 22 73 – info@haus-waldfrieden.de
– Fax (02594) 3739 – geschl. 7. Jan. - 1. Feb. und Freitag
Rest – Karte 17/36 €
◆ Dieses nette Ausflugslokal in ländlicher Idylle ist ein sehr gepflegter Familienbetrieb, entstanden aus einer ehemaligen Kötterei. Regionale Küche und hausgemachte Kuchen.

DÜREN – Nordrhein-Westfalen – 543 – 92 970 Ew – Höhe 130 m — 35 B12
▶ Berlin 611 – Düsseldorf 71 – Aachen 36 – Bonn 57
ADAC Kölnstr. 52
🅵 Düren-Gürzenich, Trierbachweg 32 ℘ (02421) 6 72 78 X

Stadtpläne siehe gegenüberliegende Seite

🏨 Düren's Post-Hotel 🛗 ⚜ Rest, 🄰 🅿 🚗 VISA ⦿ AE
Josef-Schregel-Str. 36 ⊠ 52349 – ℘ (02421) 2 89 60 – info@duerens-posthotel.de
– Fax (02421) 10138   Y r
57 Zim ⊡ – †56/97 € ††82/118 € – **Rest** – (geschl. Ende Juli - Anfang Aug. 2 Wochen und Montagmittag, Samstagmittag, Sonntag) Karte 17/32 €
◆ Hotel in zentraler Lage mit unterschiedlich möblierten, z. T. mediterran gestalteten Gästezimmern - einige liegen ruhig nach hinten. Restaurant im rustikalen Brauhausstil mit deftig-regionaler Küche.

✗✗✗ Hefter's 🛜
Kreuzstr. 82 ⊠ 52351 – ℘ (02421) 1 45 85 – restauranthefter@t-online.de
– Fax (02421) 202889 – geschl. über Karneval 2 Wochen, Juli 2 Wochen und Sonntagmittag, Montag - Dienstag   Y a
Rest – (Tischbestellung erforderlich) Menü 69 € – Karte 36/73 €
◆ In diesem schon viele Jahre bestehenden Restaurant bereitet man aus hochwertigen Produkten klassische Speisen. Sehr schön ist die zum Garten hin gelegene Terrasse.

In Düren-Rölsdorf

🏠 Jägerhof garni (mit Gästehaus) 🅿 VISA ⦿
Monschauer Str. 217 ⊠ 52355 – ℘ (02421) 9 67 10 – reservierung@jaegerhof-dueren.de – Fax (02421) 967171   X s
34 Zim ⊡ – †60/66 € ††74/85 €
◆ Das Haupthaus dieses Hotels ist ein ehrwürdiges Gebäude aus dem 18. Jh. Die geräumigeren Zimmer befinden sich im Gästehaus. Nett ist der gemütliche Frühstücksraum.

DÜREN

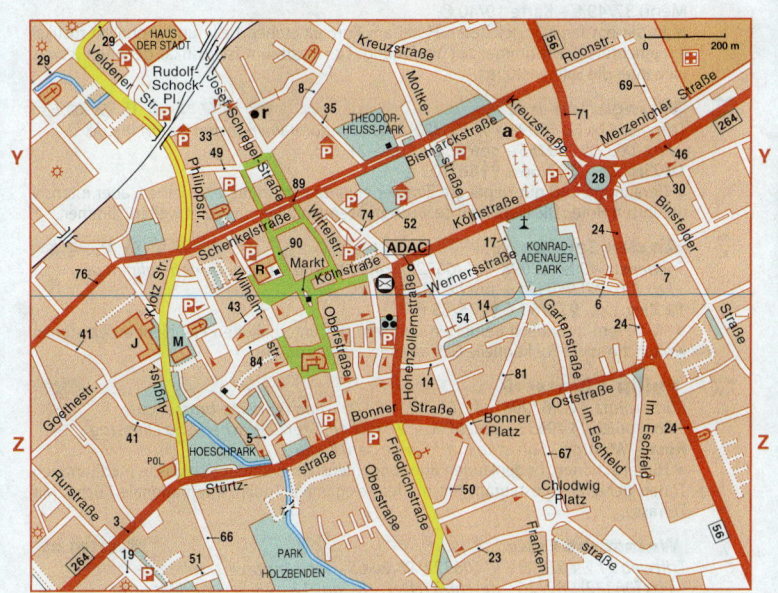

Aachener Str.	Z 3
Altenteich	Z 5
Alte-Jülicher-Str.	X 4
Am Adenauerpark	YZ 6
Am Krausberg	Y 7
Arnoldsweilerstr.	X, Y 8
Bahnstr.	X 9
Dechant-Bohnekamp-Str.	Z 10
Dechant-Vaßen-Str.	Y 14
Dr.-Kotthaus-Str.	Y 17
Eisenbahnstr.	X 18
Elberfelder Str.	Z 19
Eschstr.	Z 23
Euskirchener Str.	X, YZ 24
Friedrich-Ebert-Pl.	Y 28
Fritz-Erler-Str.	X, Y 29
Girbelsrather Str.	Y 30
Gutenbergstr.	Y 33
Hans-Brückmann-Str.	Y 35
Holzstr.	Y 41
Josef-Schregel-Str.	Y
Kaiserpl.	Y 43
Kapellenstr.	X 45
Kölner Landstr.	X, Y 46
Kölnstr.	Y
Kuhgasse	Y 49
Kurfürstenstr.	Y 50
Langenberger Str.	Z 51
Marienstr.	Y 52
Markt	YZ
Martin-Luther-Pl.	Z 54
Monschauer Str.	X 56
Neue Jülicher Str.	X 60
Nippesstr.	X 61
Oberstr.	Z
Rütger-von-Scheven-Str.	X, Z 66
Sachsenstr.	Z 67
Scharnhorststr.	Y 69
Schoellerstr.	X, Y 71
Schützenstr.	Y 74
Stockheimer Landstr.	X 75
Tivolistr.	X, Y 76
Valenciener Str.	X 80
Van-der-Giese-Str.	Y 81
Weierstr.	Z 84
Wirtelstr.	Y
Wirtelorpl.	Y 89
Zehnthofstr.	Y 90

335

DÜRKHEIM, BAD – Rheinland-Pfalz – 543 – 18 640 Ew – Höhe 132 m – Heilbad
47 **E16**

▶ Berlin 639 – Mainz 82 – Mannheim 25 – Kaiserslautern 33

🛈 Kurbrunnenstr. 14 (Kurzentrum), ✉ 67098, ☏ (06322) 9 56 62 50, verkehrsamt@bad-duerkheim.de

✈ Dackenheim, Kirchheimer Str. 40 ☏ (06353) 98 92 12

Veranstaltungen 12.09. - 22.09. : Dürkheimer Wurstmarkt

Kurparkhotel
Schloßplatz 1 ✉ 67098 – ☏ (06322) 79 70 – info@kurpark-hotel.de – Fax (06322) 797158
113 Zim ⌑ – ♦121/133 € ♦♦154/166 € – ½ P 21 € – **Rest** – Menü 40 € – Karte 22/41 €

♦ Der klassische Bau bietet Zimmer mit dem Wohnkomfort eines modernen Ferien- und Seminarhotels. Täglich (außer montags) Live-Musik mit Tanzmöglichkeit. Kosmetische Anwendungen. Das Restaurant mit hellem, freundlichem Ambiente. Schön zum Park gelegene Terrasse.

Gartenhotel Heusser
Seebacher Str. 50 ✉ 67098 – ☏ (06322) 93 00
– info@hotel-heusser.de – Fax (06322) 930499
92 Zim ⌑ – ♦87/92 € ♦♦128/138 € – ½ P 20 € – 6 Suiten – **Rest** – Karte 20/42 €

♦ Neben der schönen, in japanischem Stil gestalteten Gartenanlage mit Teehaus zählen auch die soliden Zimmer zu den Annehmlichkeiten dieses Hotels. Kosmetik-/Massageanwendungen. Restaurant und Wintergarten bieten ein gepflegtes Ambiente zum Speisen.

Fronmühle
Biergarten
Salinenstr. 15 ✉ 67098 – ☏ (06322) 9 40 90 – info@hotel-fronmuehle.de
– Fax (06322) 940940
21 Zim ⌑ – ♦67/79 € ♦♦88/99 € – ½ P 17 € – **Rest** – (geschl. Montag)
Menü 37/49 € – Karte 19/40 €

♦ In diesem familiär geleiteten Hotel am Kurpark stehen helle und wohnlich-rustikal eingerichtete Gästezimmer zur Verfügung. Der Gastraum ist rustikal gehalten, etwas eleganter die Salinenstube.

Weingarten garni
Triftweg 11a ✉ 67098 – ☏ (06322) 9 40 10 – hotel-weingarten@t-online.de
– Fax (06322) 940155 – geschl. 20. Dez. - 21. Jan.
18 Zim ⌑ – ♦59/66 € ♦♦86/102 €

♦ Geräumige und gut gepflegte Zimmer erwarten Sie in diesem kleinen, aber intensiv geführten Hotel. Die Dependance im angrenzenden Weingut bietet weitere Zimmer.

An den Salinen garni
Salinenstr. 40 ✉ 67098 – ☏ (06322) 9 40 40 – info@hotel-an-den-salinen.de
– Fax (06322) 940434 – geschl. 20. Dez. - 10. Jan.
12 Zim ⌑ – ♦52/60 € ♦♦75/85 €

♦ In diesem freundlich geführten und sehr gut unterhaltenen Familienbetrieb stehen wohnliche sowie funktionelle Gästezimmer zur Verfügung.

Philip's Brasserie
Römerplatz 3 ✉ 67098 – ☏ (06322) 6 88 08 – info@philips-brasserie.de
– Fax (06322) 949633 – geschl. Jan. 2 Wochen, Sept. 2 Wochen und Dienstag
Rest – (Montag - Samstag nur Abendessen) Karte 27/47 €

♦ Hinter schönen, bodenlangen Rundbogenfenstern befindet sich das in mediterranen Tönen gehaltene Restaurant mit modern-elegantem Touch. Internationale Küche. Mit Terrasse.

Weinstube Ester
Triftweg 21 ✉ 67098 – ☏ (06322) 98 90 65 – ester-gmbh@t-online.de
– Fax (06322) 989726 – geschl. 31. Dez. - 8. Jan., 12. - 23. Sep. und Montag - Dienstag
Rest – (Mittwoch - Samstag ab 16.00 Uhr geöffnet) (Tischbestellung ratsam)
Karte 14/26 €

♦ Typische Pfälzer Weinstube mit rustikalem Ambiente im altdeutschen Stil. Neben Weinen aus dem eigenen Weingut werden vor allem bürgerliche Speisen angeboten.

DÜRKHEIM, BAD

Nahe der Straße nach Leistadt Nord 3,5 km :

Annaberg
Annabergstr. 1 ⊠ 67098 Bad Dürkheim – ℰ (06322) 9 40 00 – info@ hotel-annaberg.com – Fax (06322) 940090 – geschl. 2. - 19. Jan.
35 Zim ⌑ – †80/90 € ††99 € – ½ P 20 € – **Rest** – Menü 38/56 € – Karte 21/50 €
♦ Das ehemalige Weingut beherbergt angenehm helle, überwiegend im Landhausstil eingerichtete Zimmer. Aufwändige Winzerzimmer und Juniorsuiten - z. T. mit Terrasse oder Balkon. Mittelmeerflair umgibt den Gast im Restaurant und auf der Terrasse. Kleine Weinstube.

DÜRRHEIM, BAD – Baden-Württemberg – 545 – 12 660 Ew – Höhe 703 m – Wintersport – Heilbad und Heilklimatischer Kurort 62 **F20**

▶ Berlin 737 – Stuttgart 113 – Freiburg im Breisgau 71 – Konstanz 76

🛈 Luisenstr. 4 (Haus des Gastes), ⊠ 78073, ℰ (07726) 66 62 87, info@ badduerrheim.de

Parkhotel Waldeck
Waldstr. 18 ⊠ 78073 – ℰ (07726) 66 31 00
– info@hotel-waldeck.com – Fax (07726) 8001
36 Zim ⌑ – †79/109 € ††128/168 € – ½ P 19 € – **Rest** – Karte 27/49 €
♦ Dem Hotelbetrieb ist eine Kurklinik angegliedert - dem Hausgast stehen somit auch verschiedene Wellness-Kurangebote zur Auswahl. Angenehme Dachterrasse. Klassischzeitloses Restaurant mit internationalem Angebot.

Haus Baden garni
Kapfstr. 6 ⊠ 78073 – ℰ (07726) 9 23 90 – info@hotelbaden.com – Fax (07726) 923950
15 Zim – †32/45 € ††60/82 €
♦ In ruhiger Lage am Rande des Kurgebietes nächtigen Sie in wohnlichen, mit solidem Einbaumobiliar ausgestatteten Zimmern. Schön: der Aufenthaltsraum mit Kachelofen.

DÜRRWANGEN – Bayern – siehe Dinkelsbühl

Düsseldorf: Rheinpromenade

DÜSSELDORF

Bundesland: Nordrhein-Westfalen
Michelin-Karte: 543
Einwohnerzahl: 572 520 Ew
Höhe: 36 m

Berlin 564 – Köln 39 – Essen 38 – Amsterdam 236
Atlas: 25 **B11**

STADTPLAN DÜSSELDORF :

DÜSSELDORF	S. 3
ZENTRUM	S. 4 bis 6
ALPHABETISCHE LISTE DER HOTELS UND RESTAURANTS	S. 7 und 8
HOTELS UND RESTAURANTS	S. 9 bis 17

PRAKTISCHE HINWEISE

Tourist-Informationen

Immermannstr. 65b, ✉ 40210, ✆ (0211) 17 20 28 44,
info@duesseldorf-tourismus.de
Burgplatz **DY**, ✉ 40212, ✆ (0211) 17 20 28 40

Automobilclub

ADAC Höherweg 101 **CV**

Autoreisezug

Hauptbahnhof **BV**, ✆ (01805) 24 12 24 (Gebühr)

Flughafen

Düsseldorf-Lohausen **S**, ✆ (0211) 42 10

Messegelände

Messe Düsseldorf, Stockumer Kirchstr. 61 **S**, ✉ 40474, ✆ (0211) 45 60 01,
Fax (0211) 4560668

Messen

Zu Messezeiten verlangen viele Hotels erhöhte Messepreise

19.01. - 17.01. : boot-Düsseldorf
10.02. - 12.02. : HMD Herrenmode Düsseldorf
10.02. - 12.02. : CPD (Internationale Modemesse)
07.03. - 09.03. : Beauty
14.03. - 16.03. : GDS (Internationale Schuhmesse)
16.03. - 18.03. : ProWein
29.05. - 11.06. : drupa
27.07. - 29.07. : HMD Herrenmode Düsseldorf
27.07. - 29.07. : GDS (Internationale Schuhmesse)
30.08. - 07.09. : Caravan Salon
28.09. - 01.10. : Mogatec

DÜSSELDORF S. 2

Golfplätze

- Düsseldorf-Grafenberg, Rennbahnstr. 26 ✆ (0211) 9 64 49 50 **S**
- Düsseldorf-Hafen, Auf der Lausward 51 ✆ (0211) 41 05 29 **T**
- Gut Rommeljans, Rommeljansweg 12 ✆ (02102) 8 10 92
- Düsseldorf-Hubbelrath, Bergische Landstr. 700 ✆ (02104) 7 21 78
- Düsseldorf-Hubbelrath - KOSAIDO, Am Schmidtberg 11 ✆ (02104) 7 70 60
- Meerbusch, Badendonker Str. 15 ✆ (02132) 9 32 50

◉ SEHENSWÜRDIGKEITEN

Königsallee★ **EZ** - Hofgarten und
Schloss Jägerhof★ (Goethemuseum★)
M¹ **DEY** - museum kunst palast★
(Glassammlung★★) M² -
Kunstsammlung
Nordrhein-Westfalen★ M³ **DY** -
Hetjens-Museum/Deutsches
Keramik-Museum★ M⁴ **DZ** -
Aquazoo/Löbbecke-Museum★ M⁶ **S**

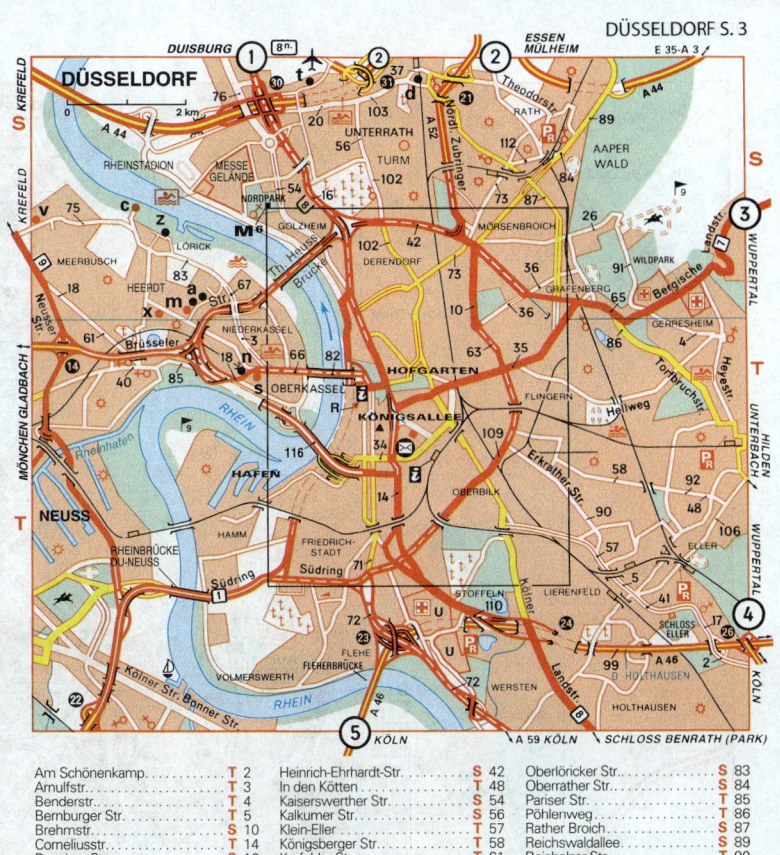

DÜSSELDORF S. 3

Street	Ref
Am Schönenkamp	T 2
Arnulfstr.	T 3
Benderstr.	T 4
Bernburger Str.	T 5
Brehmstr.	S 10
Corneliusstr.	T 14
Danziger Str.	S 16
Deutzer Str.	T 17
Düsseldorfer Str.	ST 18
Eckenerstr.	T 20
Fahneburgstr.	S 26
Grafenberger Allee	T 35
Graf-Adolf-Str.	T 34
Graf-Recke-Str.	S 36
Hamborner Str.	S 37
Heerdter Landstr.	T 40
Heidelberger Str.	T 41
Heinrich-Ehrhardt-Str.	S 42
In den Kötten	T 48
Kaiserswerther Str.	S 54
Kalkumer Str.	T 57
Klein-Eller	T 57
Königsberger Str.	S 58
Krefelder Str.	T 61
Lindemannstr.	S 63
Ludenberger Str.	S 65
Luegallee	T 66
Lüttcher Str.	S 67
Merowingerstr.	T 71
Münchener Str.	T 72
Münsterstr.	S 73
Niederlöricker Str.	S 75
Niederrheinstr.	T 76
Oberkasseler Brücke	T 82
Oberlöricker Str.	S 83
Oberrather Str.	S 84
Pariser Str.	T 85
Pöhlenweg	S 86
Rather Broich	S 87
Reichswaldallee	S 89
Reisholzer Str.	T 90
Rennbahnstr.	S 91
Rheinkniebrücke	T 116
Sandträgerweg	S 92
Südlicher Zubringer	T 99
Ulmenstr.	T 102
Unterrather Str.	T 103
Vennhauser Allee	T 106
Werdener Str.	T 109
Wersterner Str.	T 110
Westfalenstr.	S 112

Wir bemühen uns bei unseren Preisangaben um grösstmögliche Genauigkeit. Aber alles ändert sich! Lassen Sie sich daher bei Ihrer Reservierung den derzeit gültigen Preis mitteilen.

A
B
U
V
X
GOLZHEIM
Reeser Pl.
Kaiserswerther Str.
Th.-Heuss-Brücke
THEODOR-HEUSS-BRÜCKE
Uerdinger Str.
Johannstr.
Roßstr.
Kennedydamm
Heinrich-Ehrhardt Str.
Ulmen-
Rather Straße
Grashofstr.
Münsterstr.
DERENDORF
Brehmstr.
Cecilien
Kaiserswerther
Golzheimer Platz
KÖLN-DÜSSELDORFER
RHEIN-
PARK
Kennedydamm
Collenbachstr.
Gruner-
Klever Straße
Moltkestr.
S.-BAHN
Kaiser-
Friedrich-
Ring
Klever Str.
Nordstr.
Prinz-Georg-Str.
D.-ZOO
Rethelstr.
RHEIN
Joseph-Beuys-Ufer
Duisburger Str.
Kaiserstr.
Bagelstr.
Schinkelstr.
Schumannstr.
OBERKASSEL
Luegallee
Luegplatz
OBERKASSELER BRÜCKE
HOF-GARTEN
Jägerhofstr.
HOF-GARTEN
Adlerstr.
Grafenberger
D.-WEHRHAHN
Ackerstr.
Kaiser-Wilhelm-Ring
Schlossturm
ALTSTADT
Kölner
Königsallee
Allee
Worringer
Str.
Rheinufertunnel
RHEINKNIEBRÜCKE
Berliner
Karl-
Handels-zentrum
Hauptbahnhof
Stahlwerkstr.
LANDTAG
RHEINTURM
Graf-
Adolf-
Eisenstr.
HAFEN
Stromstr.
Reichsstr.
Hüttenstr.
Ellerstr.
Oberbilker Markt
Fürstenwall
Kronprinzenstr.
Elisabethstr.
Corneliusstr.
Lessingplatz
Kruppstraße
Fürstenwall
D.-FRIEDRICHSTADT
D.-VÖLKLINGER STR.
Bilker
Allee
Oberbilker
Allee
Bachstr.
S.-BAHN
D.-VOLKSGARTEN
S.-BAHN
D.-BILK
VOLKSGARTEN
Hennekamp
Mecum-
straße
Aachener
Straße
Merowingerstr.
Völklinger
Volmerswerther
Südring
Südring
ADAC
Auf'm
Stoffeler Kapellenweg

STRASSENVERZEICHNIS DÜSSELDORF

Straße	Planquadrat	Nr.
Aachener Str.	AX	
Achenbachstr.	BV	2
Ackerstr.	BV	
Adlerstr.	BV	
Am Wehrhahn	EY	3
Auf'm Hennekamp	BX	
Bachstr.	AX	
Bagelstr.	BV	
Bastionstr.	DZ	
Benrather Str.	DZ	
Benzenbergstr.	AX	5
Berger Allee	DZ	
Berliner Allee	EZ	
Bilker Allee	AX	
Bilker Str.	DZ	
Birkenstr.	CV	
Bismarckstr.	EZ	
Blumenstr.	EZ	7
Bolkerstr.	DY	8
Brehmpl.	BU	9
Brehmstr.	BU	
Breite Str.	EZ	
Brunnenstr.	BX	12
Burgpl.	DY	
Cecilienallee	AU	
Citadellstr.	DZ	13
Collenbachstr.	BU	
Corneliusstr.	EZ	15
Cranachstr.	CV	
Danziger Str.	AU	16
Dorotheenstr.	CV	
Duisburger Str.	EY	
Eisenstr.	BV	
Elberfelder Str.	EY	21
Elisabethstr.	DZ	
Ellerstr.	BX	
Erasmusstr.	BX	22
Erkrather Str.	CV	
Ernst-Reuter-Pl.	EZ	23
Eulerstr.	BU	24
Fischerstr.	EY	27
Flinger Str.	DY	28
Friedrichstr.	EZ	
Friedrich-Ebert-Str.	EZ	29
Fritz-Roeber-Str.	DY	
Fürstenpl.	BX	30
Fürstenwall	AX	
Gartenstr.	EY	
Gladbacher Str.	AX	31
Grabbepl.	DY	32
Grafenberger Allee	BV	
Graf-Adolf-Pl.	EZ	
Graf-Adolf-Str.	EZ	
Graf-Recke-Str.	CU	
Grashofstr.	BU	
Grunerstr.	BU	
Hans-Sachs-Str.	CV	39
Harkortstr.	BV	40
Haroldstr.	DZ	
Heinrichstr.	CU	
Heinr.-Ehrhardt-Str.	BU	
Heinr.-Heine-Allee	EY	42
Hellweg	CV	
Heresbachstr.	BX	43
Herzogstr.	BX	44
Höherweg	CV	
Hofgartenrampe	DY	45
Homberger Str.	AU	46
Hubertusstr.	DZ	
Hüttenstr.	BX	
Immermannstr.	EY	
Inselstr.	DY	
Jacobistr.	EY	
Jägerhofstr.	EY	
Jan-Wellem-Pl.	EY	51
Johannstr.	AU	
Joseph-Beuys-Ufer	DY	
Jülicher Str.	BU	52
Jürgenspl.	AX	54
Kaiserstr.	EY	
Kaiserwerther Str.	AU	
Kaiser-Friedrich-Ring	AU	
Kaiser-Wilhelm-Ring	AV	
Karlpl.	DZ	
Karlstr.	BV	
Karl-Geusen-Str.	CX	
Kasernenstr.	DZ	
Kavalleriestr.	DZ	
Kennedydamm	AU	
Kettwiger Str.	CV	
Klever Str.	AU	
Klosterstr.	BV	56
Kölner Str.	BV	
Königsallee	EZ	
Königsberger	CV	58
Kopernikusstr.	AX	60
Kronprinzenstr.	AX	
Kruppstr.	BX	
K.-Adenauer-Pl.	BV	59
Lenaustr.	CU	
Lessingpl.	BX	
Lichtstr.	CV	62
Lindemannstr.	CV	
Lorettostr.	AX	64
Luegallee	AV	
Luisenstr.	EZ	
Marktpl.	DY	68
Martin-Luther-Pl.	EZ	69
Max.-Weyhe-Allee	EY	70
Mecumstr.	BX	
Merowingerstr.	AX	
Mintropstr.	BV	71
Mörsenbroicher Weg	CU	
Moltkestr.	BU	
Mühlenstr.	DY	73
Münsterstr.	BU	
Nördl. Zubringer	BU	77
Nordstr.	EY	
Oberbilker Allee	BX	
Oberbilker Markt	BX	80
Oberkasseler Br.	DY	
Oststr.	EZ	
Pempelforter Str.	BV	84
Plockstr.	AX	86
Poststr.	DZ	
Prinz-Georg-Str.	EY	
Rather Str.	BU	
Ratinger Str.	DY	88
Reichsstr.	AX	
Rethelstr.	BV	
Ronsdorfer Str.	CX	
Roßstr.	BU	
Schadowpl.	EY	90
Schadowstr.	EY	91
Scheurenstr.	CV	92
Schillerpl.	BV	93
Schinkelstr.	BV	
Schirmestr.	CV	94
Schneider-Wibbel-Gasse	DY	95
Schulstr.	DZ	96
Schumannstr.	BV	
Schwanenmarkt	DZ	97
Siegburger Str.	CX	
Simrockstr.	CU	98
Sonnenstr.	BX	99
Steinstr.	EZ	
Sternstr.	EY	
Stoffeler Kapellenweg	BX	
Stoffeler Str.	CX	100
Stresemannstr.	EZ	
Stromstr.	AV	
Südring	AX	
Th.-Heuss-Br.	AU	
Tiergartenstr.	CU	
Tonhallenstr.	EY	101
Uerdinger Str.	AU	
Ulmenstr.	BU	
Vagedesstr.	EY	104
Vautierstr.	CU	
Venloer Str.	EY	105
Victoriapl.	DY	
Völklinger Str.	AX	
Volmerswerther Str.	AX	
Werdener Str.	CV	
Witzelstr.	BX	114
Worringer Pl.	BV	115
Worringer Str.	BV	

343

DÜSSELDORF

Am Wehrhahn		EY 3
Berliner Allee		EZ
Blumenstr.		EZ 7
Bolkerstr.		DY 8
Citadellstr.		DZ 13
Corneliusstr.		EZ 15
Elberfelder Str.		EY 21
Ernst-Reuter-Pl.		EZ 23
Fischerstr.		EY 27
Flinger Str.		DY 28
Friedrich-Ebert-Str.		EZ 29
Grabbepl.		DY 32
Graf-Adolf-Str.		EZ
Heinr.-Heine-Allee		EY 42
Hofgartenrampe		DY 45
Jan-Wellem-Pl.		EY 51
Marktpl.		DY 68
Martin-Luther-Pl.		EZ 69
Max.-Weyhe-Allee		EY 70
Mühlenstr.		DY 73
Ratinger Str.		DY 88
Schadowpl.		EY 90
Schadowstr.		EY 91
Schneider-Wibbel-Gasse		DY 95
Schulstr.		DZ 96
Schwanenmarkt		DZ 97
Tonhallenstr.		EY 101
Vagedesstr.		EY 104
Venloer Str.		EY 105

Alphabetische Liste der Hotels und Restaurants
Liste alphabétique des hôtels et restaurants

A
		Seite
Am Volksgarten	🏠	S. 11
Asahi	🏨	S. 11
Astoria	🏨	S. 11
Avidon	🏨	S. 17

B
Barbarossa	🏨	S. 14
Berens am Kai	XX ✿	S. 12
Burns Art Hotel	🏨	S. 10

C
Carat Hotel	🏨	S. 10
Cheval Blanc im Gut Mydlinghoven (Le)	XX	S. 14
Courtyard by Marriott	🏨	S. 16

D
Doria	🏠	S. 11

E
Express by Holiday Inn	🏠	S. 16

F
Fehrenbach	XX	S. 12
Fischerhaus	🏨	S. 15
Flora	🏠	S. 11

G
Günnewig Hotel Esplanade	🏨	S. 10
Günnewig Hotel Uebachs	🏨	S. 10

H
Hanseat	🏨	S. 16
Haus am Zoo	🏨	S. 11
Haus Litzbrück	🏨	S. 14
Hilton	🏨	S. 14

Holiday Inn
Holiday Inn	🏨	S. 9
Holiday Inn City Centre-Königsallee	🏨	S. 9
Hummerstübchen	XxX ✿✿	S. 15

I
Im Schiffchen	XxX ✿✿	S. 15
Innside Premium	🏨	S. 16
InterContinental	🏨	S. 9

J
Jean-Claude	XX ✿	S. 15

K
Kitzbüheler Stuben	X	S. 17

L
Lampada (La)	X	S. 13
Lido	X	S. 13
Lignano	XX	S. 14

M
Majestic	🏨	S. 10
Mercure City Nord	🏨	S. 16
Monkey's West	X	S. 13
Münstermanns Kontor	X	S. 13

N
NH Düsseldorf City-Nord	🏨	S. 10
Nikko	🏨	S. 9
Nippon Kan	X	S. 13

O
Orangerie	🏠	S. 11
Osteria Saitta am Nussbaum	X	S. 16

DÜSSELDORF S. 8

P

| Piazzetta di Positano (La) | X 🏵 | S. 13 |

R

Radisson SAS	🏨	S. 14
Radisson SAS Media Harbour	🏨	S. 9
Renaissance	🏨	S. 15
Residenz	🏠	S. 11
Rheinturm Top 180	XX	S. 13
Ristorante Saitta	XX	S. 16
Rosati	XX	S. 14
Rossini	XXX	S. 12

S

Savoy	🏨	S. 10
Schorn	XX	S. 12
Sheraton Düsseldorf Airport	🏨	S. 15
Stadt München	🏨	S. 10
Stage 47	🏨	S. 10
Steigenberger Parkhotel	🏨	S. 9

T

Tafelspitz 1876	XX	S. 12
Terrazza (La)	XX	S. 12
Trattoria Baccalà	X	S. 16

V

Victorian	XXX ✿	S. 12
Villa im Park	🏨	S. 15
Villa Viktoria	🏨	S. 9

W

| Weinhaus Tante Anna | XX | S. 12 |
| Windsor | 🏨 | S. 11 |

Z

| Zum Schiffchen | X | S. 13 |

DÜSSELDORF S. 9

InterContinental
Königsallee 59 ⊠ 40215 – ℰ (0211) 8 28 50 – duesseldorf@ihg.com – Fax (0211) 82851111
EZ **b**
286 Zim – †159/285 € ††189/315 €, ☐ 24 € – 32 Suiten
Rest – Karte 30/59 €
♦ Eine großzügige Halle im Atriumstil und technisch modern ausgestattete Gästezimmer erwarten Sie in dem Hotel an der Kö. Direkter Zugang zum Holmes Place Health Club. Restaurant Caliga mit Showküche und internationalem Angebot.

Steigenberger Parkhotel
Königsallee 1a ⊠ 40212 – ℰ (0211) 1 38 10
– duesseldorf@steigenberger.de – Fax (0211) 1381592
EY **p**
130 Zim – †170/405 € ††180/475 €, ☐ 25 € – 9 Suiten
Rest *Menuett* – Karte 43/62 €
♦ Das Haus mit der klassisch-schönen Fassade befindet sich in der Innenstadt, nahe einem kleinen Park. Durch eine elegante Halle gelangen Sie in teilweise luxuriöse Zimmer. Eine internationale Karte bietet das stilvolle Restaurant Menuett.

Nikko
Immermannstr. 41 ⊠ 40210 – ℰ (0211) 83 40 – info@nikko-hotel.de – Fax (0211) 161216
BV **g**
301 Zim – †179 € ††179 €, ☐ 23 €
Rest *Benkay* – ℰ (0211) 83 40 26 20 – Menü 23 € (mittags)/139 €
♦ Moderner Stil begleitet Sie von der geradlinig, fast puristisch gestalteten Halle bis in die Gästezimmer. Eine herrliche Sicht hat man vom Hallenbad im 11. Stock. Fernöstliches Ambiente und japanische Küche im Benkay. Mit Sushi-Bar.

Radisson SAS Media Harbour
Hammer Str.23 ⊠ 40219 Düsseldorf – ℰ (0211) 3 11 19 10 – info.mediaharbour.duesseldorf@radissonsas.com – Fax (0211) 31119110
AX **e**
135 Zim – †209/489 € ††209/489 €, ☐ 20 €
Rest – Karte 35/51 €
♦ Durch und durch modern designt ist dieses Hotel im Medienhafen. Die in klarem Stil gehaltenen Zimmer sind mit offenen Bädern ausgestattet. Saunabereich auf dem Dach. Das Restaurant Amano ist eine Mischung aus Bar und Trattoria.

Villa Viktoria garni
Blumenthalstr. 12 ⊠ 40476 – ℰ (0211) 46 90 00
– info@villaviktoria.com – Fax (0211) 46900601
– geschl. 22. Dez. - 6. Jan.
BU **c**
40 Zim – †145/315 € ††165/315 €, ☐ 21 €
♦ Geschmackvoll und individuell sind die großzügigen Juniorsuiten in der ruhig gelegenen schmucken Villa von 1914. Bei schönem Wetter frühstücken Sie im hübschen Säulengarten.

Holiday Inn City Centre-Königsallee
Graf-Adolf-Platz 8 ⊠ 40213 – ℰ (0211) 3 84 80
– info.hi-duesseldorf-citycentre@queensgruppe.de
– Fax (0211) 3848390
EZ **t**
253 Zim – †165/415 € ††165/435 €, ☐ 22 €
Rest – Karte 25/42 €
♦ Eine ansprechende Halle sowie funktionell und neuzeitlich gestaltete Zimmer erwarten Sie in diesem zentral gelegenen City-Hotel. Restaurant mit großem Buffetbereich.

Holiday Inn
Ludwig-Erhard-Allee 3 ⊠ 40227 – ℰ (0211) 7 77 10
– info.hi-duesseldorf@queensgruppe.de
– Fax (0211) 7771777
BV **s**
134 Zim – †128/398 € ††128/398 €, ☐ 20 € – 5 Suiten
Rest – Karte 30/51 €
♦ Die zentrale Lage ganz in der Nähe des Hauptbahnhofs sowie funktionell ausgestattete Gästezimmer machen dieses neuzeitliche Geschäftshotel aus. Restaurant Ludwig's mit klassischem Ambiente.

DÜSSELDORF S. 10

NH Düsseldorf City-Nord
Münsterstr. 230 ⊠ 40470 – ℰ (0211) 2 39 48 60
– Fax (0211) 239486100
330 Zim – ✝119/149 € ✝✝119/149 €, ⌒ 19 € – **Rest** – Karte 24/39 € BU **a**

♦ Von der geräumigen Halle in sachlichem Design bis in die funktionell eingerichteten Zimmer ist dieses Hotel durch und durch modern gehalten. Großer Tagungsbereich.

Stage 47 garni
Graf-Adolf-Str. 47 ⊠ 40210 – ℰ (0211) 38 80 30 – mail@stage47.de – Fax (0211) 3880388
27 Zim ⌒ – ✝120/160 € ✝✝140/190 € – 9 Suiten

♦ Unter einem Dach mit dem Savoy Theater und dem Atelier Kinotheater, hat sich das trendig designte Boutique Hotel ganz der Prominenz aus Film und Theater verschrieben.

Majestic garni
Cantadorstr. 4 ⊠ 40211 – ℰ (0211) 36 70 30 – info@majestic.bestwestern.de
– Fax (0211) 3670399 – geschl. 23. Dez. - 2. Jan.
52 Zim – ✝110/175 € ✝✝145/190 €, ⌒ 15 € BV **a**

♦ Funktionell ausgestattete Gästezimmer in neuzeitlichem Stil sowie die Lage nahe der Düsseldorfer Altstadt sprechen für dieses Hotel.

Stadt München garni
Pionierstr. 6 ⊠ 40215 – ℰ (0211) 38 65 50 – info@hotel-stadt-muenchen.de
– Fax (0211) 38655900
90 Zim ⌒ – ✝82/155 € ✝✝92/165 € EZ **m**

♦ Neuzeitliche, funktionelle Zimmer und die Lage nur wenige Gehminuten von der Altstadt entfernt machen dieses Haus interessant. Schöner Saunabereich.

Savoy garni
Oststr. 128 ⊠ 40210 – ℰ (0211) 38 83 80 – info@savoy.bestwestern.de
– Fax (0211) 38838555
114 Zim ⌒ – ✝96/119 € ✝✝141 € EZ **w**

♦ Das Stadthotel mit der historischen Fassade ist mit seinen neuzeitlichen und mit guter Technik funktionell ausgestatteten Zimmern besonders für Geschäftsleute geeignet.

Burns Art Hotel
Bahnstr. 76 ⊠ 40210 – ℰ (0211) 7 79 29 10 – info@hotel-burns.de – Fax (0211) 77929177 – geschl. Ende Dez. (Hotel) EZ **e**
35 Zim ⌒ – ✝115/135 € ✝✝155/175 € – 3 Suiten
Rest *Sila Thai* – ℰ (0211) 8 60 44 27 – Karte 23/37 €

♦ In dem sanierten Stadthaus a. d. J. 1898 bestimmt eine Mischung aus italienischem Charme und asiatischem Purismus das Design. Sehr schön: der Frühstücksraum im Gewölbekeller. Im Erdgeschoss befindet sich das Sila Thai mit thailändischem Angebot.

Günnewig Hotel Esplanade garni
Fürstenplatz 17 ⊠ 40215 – ℰ (0211) 38 68 50
– hotel.esplanade@guennewig.de – Fax (0211) 38685555 BX **s**
80 Zim – ✝89/135 € ✝✝116/168 €

♦ Das Stadthotel befindet sich in zentraler Lage am Fürstenplatz. Die Gästezimmer sind zeitlos möbliert und funktionell in der Ausstattung.

Günnewig Hotel Uebachs garni
Leopoldstr. 1 ⊠ 40211 – ℰ (0211) 17 37 10 – hotel.uebachs@guennewig.de
– Fax (0211) 17371555
82 Zim – ✝95/135 € ✝✝125/175 € BV **r**

♦ Über eine stilvolle, ganz in Holz gehaltene Halle betritt man dieses Stadthotel. Die Zimmer sind mit dunklem Holzmobiliar eingerichtet und wirken elegant.

Carat Hotel garni
Benrather Str. 7a ⊠ 40213 – ℰ (0211) 1 30 50 – info-d@carat-hotel.de
– Fax (0211) 322214
73 Zim ⌒ – ✝110/140 € ✝✝140/160 € DZ **r**

♦ Die Lage in der Altstadt sowie neuzeitlich und elegant eingerichtete Zimmer machen dieses Hotel aus. Praktisch ist auch die Straßenbahnanbindung.

DÜSSELDORF S. 11

Asahi garni
Kurfürstenstr. 30 ⊠ 40211 – ℰ (0211) 3 61 20 – info@hotel-asahi.com
– Fax (0211) 3612345 BV **t**
74 Zim ⊐ – †128/138 € ††149/185 €
♦ Modernes Design begleitet Sie von den mit Parkettboden ausgestatteten Zimmern bis in den japanisch-puristisch gestalteten Frühstücksraum. Netter Freizeit- und Fitnessbereich.

Astoria garni
Jahnstr. 72 ⊠ 40215 – ℰ (0211) 38 51 30 – info@hotel-astoria-dus.de – Fax (0211) 372089 BX **b**
26 Zim ⊐ – †83/128 € ††105/185 €
♦ Hinter der schönen Altbaufassade bietet das von der Inhaberfamilie gut geführte Haus zeitgemäß eingerichtete, teils recht großzügige Zimmer in relativ ruhiger Lage.

Haus am Zoo garni (mit Gästehaus)
Sybelstr. 21 ⊠ 40239 – ℰ (0211) 6 16 96 10
– info@hotel-haus-am-zoo.de – Fax (0211) 61696169 BU **h**
22 Zim ⊐ – †82/98 € ††102/120 €
♦ Ein nettes familiengeführtes Hotel im attraktiven Zooviertel. In einem sehr hübschen Garten mit Pool befindet sich das Gästehaus mit besonders ruhigen Zimmern.

Windsor garni
Grafenberger Allee 36 ⊠ 40237 – ℰ (0211) 91 46 80 – dkiermeier@t-online.de
– Fax (0211) 9146840 – geschl. 22. Dez. - 2. Jan. BV **c**
18 Zim ⊐ – †98/150 € ††128/248 €
♦ Ein privater Charakter und die geschmackvollen, z. T. mit Stilmöbeln eingerichteten Zimmer machen das persönlich geführte kleine Hotel aus. Direkte Straßenbahnanbindung.

Orangerie garni
Bäckergasse 1 ⊠ 40213 – ℰ (0211) 86 68 00 – hotelorangerie@t-online.de
– Fax (0211) 8668099 DZ **n**
27 Zim ⊐ – †110/165 € ††130/210 €
♦ Ein hübsches Hotel im Altstadtkern - eingerahmt vom Speeschen Palais, der alten Orangerie und der Maxkirche. Die modernen Zimmer sind nach Künstlern der Stadt benannt.

Am Volksgarten garni
Flügelstr. 46 ⊠ 40227 – ℰ (0211) 72 50 50 – info@hotel-am-volksgarten.de
– Fax (0211) 724680 BX **d**
16 Zim ⊐ – †99 € ††120 €
♦ Ein freundlich geführtes kleines Hotel, dessen Zimmer sehr wohnlich, geschmackvoll und ganz individuell nach verschiedenen Themen gestaltet wurden. Moderner Frühstücksraum.

Residenz garni
Worringer Str. 88 ⊠ 40211 – ℰ (0211) 5 50 48 80 – info@
residenzhotelduesseldorf.de – Fax (0211) 55048877 BV **z**
34 Zim ⊐ – †75 € ††95 €
♦ Das Hotel liegt nicht weit vom Hauptbahnhof, mit direkter U-Bahn- und Busverbindung zu Flughafen und Messe. Die Zimmer sind funktionell und zeitgemäß.

Flora garni
Auf'm Hennekamp 37 ⊠ 40225 – ℰ (0211) 93 49 80 – info@
hotel-flora-duesseldorf.de – Fax (0211) 9349810 BX **a**
30 Zim ⊐ – †79/89 € ††95/105 €
♦ Ein gut geführtes Hotel mit zeitgemäßen, funktionell ausgestatteten Zimmern - zum Hof hin meist mit Balkon - und nettem Frühstücksraum. Straßenbahnanbindung in der Nähe.

Doria garni (mit Gästehaus)
Duisburger Str. 1a ⊠ 40477 – ℰ (0211) 49 91 92 – info@doria.de – Fax (0211) 4910402 EY **s**
41 Zim ⊐ – †59/159 € ††79/199 €
♦ Deutsche Oper, Tonhalle, Düsseldorfer Schauspielhaus, Kammerspiele oder das "Kommödchen" - Theater und Kinos liegen ganz in der Nähe des freundlich eingerichteten Hotels.

349

DÜSSELDORF S. 12

XXX Victorian
Königstr. 3a, (1. Etage) ⌧ 40212 – ℘ (0211) 8 65 50 22 – info@restaurant-victorian.de – Fax (0211) 8655013 EZ c
Rest – *(geschl. Sonntag)* (Tischbestellung ratsam) Menü 40 € (mittags)/95 € – Karte 56/74 €
Rest *Bistro im Victorian* – ℘ (0211) 8 65 50 20 – Menü 37 € – Karte 30/50 €
Spez. Gebratene Jakobsmuscheln mit Schnittlauchvinaigrette und Blumenkohlmousse. Entrecôte vom Bison mit Sauce Bordelaise und glasierten Aprikosen. Dessertvariation.
♦ Gediegen-elegant ist das Ambiente in diesem Restaurant ganz in der Nähe der Kö. Geboten wird eine klassisch ausgerichtete Karte. Im Erdgeschoss befindet sich das Bistro mit Showküche und Fensterfront zur Straße.

XXX Rossini
Kaiserstr. 5 ⌧ 40479 – ℘ (0211) 49 49 94 – info@rossini-gruppe.de – Fax (0211) 4910819 – geschl. Sonn- und Feiertage, außer Messen EY r
Rest – Menü 50/70 € – Karte 41/59 €
♦ Ein elegantes Restaurant, dem warme, helle Töne, Steinfußboden und Bilder eine mediterrane Note verleihen. Serviert werden italienische Speisen.

XX Berens am Kai
Kaistr. 16 ⌧ 40221 – ℘ (0211) 3 00 67 50 – info@berensamkai.de – Fax (0211) 30067515 – geschl. 1. - 8. Jan. und Samstagmittag, Sonntag, Feiertage AX d
Rest – Karte 70/108 €
Spez. Gefüllte Knusperblätter mit roh marinierter Gänseleber und Artischockensalat. Rücken vom Iberico Schwein mit Zwiebelpüree und kandiertem Knoblauch. Variation von der Schokolade.
♦ Hinter einer raumhohen Glasfront finden Sie das modern gestylte Restaurant, das am Medienhafen liegt. Serviert wird hier internationale, zeitgemäße Küche.

XX Fehrenbach
Schwerinstr. 40 ⌧ 40477 – ℘ (0211) 9 89 45 87 – info@restaurant-fehrenbach.de – Fax (0211) 9894588 – geschl. Juli 3 Wochen und Sonntag - Montag AU f
Rest – *(nur Abendessen)* (Tischbestellung ratsam) Menü 38/62 € – Karte 42/53 €
♦ In diesem geschmackvoll-modern im Bistrostil gehaltenen Restaurant bietet man zwei Menüs, aus denen der Gast auch à la carte wählen kann.

XX Tafelspitz 1876
Grunerstr. 42a ⌧ 40239 – ℘ (0211) 1 71 73 61 – reservierung@tafelspitz1876.de – Fax (0211) 1717361 – geschl. Anfang Jan. 1 Woche und Sonntag - Montag
Rest – *(nur Abendessen)* Menü 39/78 € – Karte 47/74 € BU b
♦ Küchenchef und Inhaber Daniel Dal-Ben bereitet in diesem recht kleinen Restaurant mit eleganter Atmosphäre kreative Speisen.

XX Schorn mit Zim
Martinstr. 46a ⌧ 40223 – ℘ (0211) 3 98 19 72 – Fax (0211) 3981972 AX s
4 Zim – ✝80/100 € ✝✝100/120 € – **Rest** – *(geschl. Sonntag - Montag, nur Abendessen)* (Tischbestellung ratsam) Menü 43/66 € – Karte 38/60 €
♦ Ein gemütliches Restaurant mit dezenten Stuckverzierungen befindet sich heute in der ehemaligen Konditorei neben der St. Martin Kirche. Hübsche Gästezimmer im Landhausstil.

XX Weinhaus Tante Anna
Andreasstr. 2 ⌧ 40213 – ℘ (0211) 13 11 63 – info@tanteanna.de – Fax (0211) 132974 – geschl. 20. - 29. Dez., Sonn- und Feiertage, außer Messen DY c
Rest – *(nur Abendessen)* (Tischbestellung ratsam) Menü 40/58 € – Karte 37/58 €
♦ Im Jahr 1593 als Hauskapelle des Jesuitenklosters erbaut, versprüht das Restaurant in der Altstadt urig-gemütlichen Charme. Antike Bilder und Möbel schmücken das Interieur.

XX La Terrazza
Königsallee 30, (2. Etage) ⌧ 40212 – ℘ (0211) 32 75 40 – Fax (0211) 320975 – geschl. Feiertage, außer Messen EZ v
Rest – (Tischbestellung ratsam) Menü 62 € – Karte 48/68 €
♦ Hinter der lichten Rundumverglasung in bester Stadtbummellage präsentiert sich die italienisch angehauchte Küche in einem leicht mediterranen Ambiente.

DÜSSELDORF S. 13

XX **Rheinturm Top 180** ※ Düsseldorf und Rhein, AC ⅍ ⇔
Stromstr. 20 ⊠ 40221 – ℰ (0211) 8 63 20 00 P VISA ◉ AE ①
– rheinturm@guennewig.de – Fax (0211) 86320010
AV a
Rest – Karte 36/52 €
♦ Im Nu erreichen Sie mit dem Aufzug das Restaurant in 172 m Höhe. Die langsame Rotation um die eigene Achse ermöglicht phantastische Ausblicke.

X **Monkey's West** 🍽 VISA ◉ AE ①
Graf-Adolf-Platz 15 ⊠ 40213 – ℰ (0211) 64 96 37 26 – info@monkeysplaza.com
– Fax (0211) 64963713 EZ k
Rest *– (Samstag - Sonntag nur Abendessen)* (Tischbestellung ratsam)
Menü 39/47 € – Karte 40/64 €
Rest *Monkey's East* *– ℰ (0211) 64 96 37 29 (geschl. Sonntag, Samstagmittag)*
Karte 36/55 €
Rest *Monkey's South* *– ℰ (0211) 64 96 37 28 – Karte 25/53 €*
♦ Ein trendiger Mix aus Bar und Restaurant. Optische Highlights wie markante Kronleuchter und Affen-Skulpturen des Künstlers Jörg Immendorff sind Teil des innovativen Konzepts. Asiatische Küche im Monkey's East. Eine legere Atmosphäre herrscht im Monkey's South.

X **Lido** ≤ 🍽 VISA ◉ AE
Am Handelshafen 15 (im Mediahafen) ⊠ 40221 – ℰ (0211) 15 76 87 30
– genuss@lido1960.de – Fax (0211) 15768733 AX a
Rest – Menü 23 € (mittags) – Karte 35/53 €
♦ Der würfelförmige Glasbau liegt auf einer Brücke, direkt über dem Hafenbecken. Modern-puristisches Ambiente auf 2 Etagen und eine tolle Terrasse am Wasser. Die Küche: kreativ.

X **Münstermanns Kontor** VISA ◉ AE ①
Hohe Str. 11 ⊠ 40213 – ℰ (0211) 1 30 04 16 – info@
muenstermann-delikatessen.de – Fax (0211) 1300450 – geschl. Montagabend,
Sonn- und Feiertage DZ a
Rest – Karte 22/40 €
♦ An ein Delikatessengeschäft angegliedertes Restaurant im Brasserie-Stil. Serviert wird international-regionale Küche - mittags wechselndes Angebot auf einer Tafel.

X **La Lampada** 🍽 VISA ◉ AE ①
Hüttenstr. 9 ⊠ 40215 – ℰ (0211) 37 46 92 – info@lalampada.de – Fax (0211)
377799 – geschl. Samstagmittag, Sonn- und Feiertage, außer Messen EZ a
Rest – Karte 22/38 €
♦ Dieser Familienbetrieb bietet Ihnen eine frische italienische Küche. Der vordere Teil des Restaurants ist ein kleines Bistro mit Tagesgerichten, die man auf einer Tafel präsentiert.

X **La Piazzetta di Positano** 🍽 ⅍ VISA ◉ ①
🈷 *Kaiserstr. 5 ⊠ 40479 – ℰ (0211) 4 98 28 03 – Fax (0211) 4910819 – geschl. im*
Sommer Sonntag EY r
Rest – Menü 22/28 € – Karte 29/45 €
♦ Sympathisches, angenehm hell eingerichtetes Restaurant mit kleinem Antipasti-Buffet und einsehbarer Küche. Ländlich geprägtes italienisches Angebot.

X **Nippon Kan** ⅍ VISA ◉ AE ①
Immermannstr. 35 ⊠ 40210 – ℰ (0211) 17 34 70 – nippon-kan@dnk.jis.de
– Fax (0211) 1734727 – geschl. Sonntag BV g
Rest – Menü 36/92 € – Karte 28/70 €
♦ Hier bietet man japanische Spezialitäten in fernöstlich-schlichtem Ambiente. In der Sushi-Bar werden die Gerichte vor Ihren Augen zubereitet.

Brauerei-Gaststätten

X **Zum Schiffchen** 🍽 VISA ◉ AE ①
Hafenstr. 5 ⊠ 40213 – ℰ (0211) 13 24 21 – info.schiffchen@stockheim.de
– Fax (0211) 134596 – geschl. 24. Dez. - 1. Jan., Sonn- und Feiertage,
außer Messen DZ f
Rest – Karte 23/43 €
♦ Mehr als 350 Jahre alte, traditionsreiche Düsseldorfer Brauereigaststätte mit rheinischer Küche, urigen blank gescheuerten Tischen und einem berühmt-attraktiven Biergarten.

351

DÜSSELDORF S. 14

In Düsseldorf-Angermund Nord-West : 8 km über Danziger Straße S :

Haus Litzbrück
Bahnhofstr. 33 ⌧ 40489 – ℰ (0203) 99 79 60 – info@hotel-litzbrueck.de
– Fax (0203) 9979653
22 Zim ⌧ – †74 € ††98 € – **Rest** – *(geschl. Montag, außer Feiertage)* Karte 27/47 €

♦ Das in den 30er Jahren erbaute herrschaftliche Gebäude in Bahnhofsnähe gefällt mit wohnlichen Gästezimmern und einem hübsch angelegten Garten. Klassisches Restaurant mit schöner Gartenterrasse. Gemütlich: die in Holz gehaltene Stube.

In Düsseldorf-Benrath über Kölner Landstraße T :

Lignano
Hildener Str. 43 ⌧ 40597 – ℰ (0211) 7 11 89 36 – info@restaurant-lignano.de
– Fax (0211) 718959 – geschl. Juli 2 Wochen und Sonntag
Rest – *(nur Abendessen)* Menü 41/49 € – Karte 30/46 €

♦ Viele Stammgäste schätzen dieses freundlich gestaltete Restaurant in einem hübschen Stadthaus. Der Chef selbst bereitet die italienische Küche, die Chefin leitet den Service.

In Düsseldorf-Golzheim

Hilton
Georg-Glock-Str. 20 ⌧ 40474 – ℰ (0211) 4 37 70 – info.dusseldorf@hilton.com
– Fax (0211) 43772519
AU r
375 Zim – †99/216 € ††119/268 €, ⌧ 21 € – **Rest** – Karte 33/52 €

♦ Ein sehr komfortables Businesshotel, das mit modernen Gästezimmern und einem großzügen, gut ausgestatteten Tagungsbereich überzeugt.

Radisson SAS
Karl-Arnold-Platz 5 ⌧ 40474 – ℰ (0211) 4 55 30 – info.dusseldorf@
radissonsas.com – Fax (0211) 4553110
AU q
309 Zim – †119/189 € ††119/189 €, ⌧ 22 € – 7 Suiten – **Rest** – Karte 34/45 €

♦ Das nahe am Rhein gelegene Tagungshotel verfügt über neuzeitliche Zimmer, teilweise Designzimmer, sowie ein Konferenzzentrum im 10. Stock mit schöner Aussicht. Hell und freundlich gestaltetes Restaurant.

Rosati
Felix-Klein-Str. 1 ⌧ 40474 – ℰ (0211) 4 36 05 03
– remo@rosati.de – Fax (0211) 452963
– geschl. Samstagmittag, Sonntag, außer Messen und Feiertage
AU s
Rest – *(Tischbestellung ratsam)* Menü 55 € – Karte 36/54 €
Rest *Rosatidue* – ℰ (0211) 4 36 00 80 – Karte 25/40 €

♦ Seit Jahrzehnten existiert das Restaurant der Rosatis. In elegantem Ambiente serviert man Ihnen klassische italienische Speisen. Leger: das Rosatidue mit Bistro-Charakter und Showküche.

In Düsseldorf-Hubbelrath Ost : 12 km über Bergische Landstr. S

Le Cheval Blanc im Gut Mydlinghoven mit Zim
Mydlinghoven 4 ⌧ 40629 – ℰ (0211) 40 13 00
– kontakt@gutmydlinghoven.com – Fax (0211) 4058392 – geschl. Montag - Dienstag
11 Suiten ⌧ – †85/100 € ††145 € – **Rest** – *(Mittwoch - Samstag nur Abendessen)* Karte 37/54 €

♦ Das schöne Gut aus dem frühen 20. Jh., ein ehemaliges Gestüt, beherbergt dieses elegante Restaurant mit klassischer Küche. Sehr nett sitzt man auf der Innenhofterrasse. Hübsch hat man die Suiten im Landhausstil eingerichtet.

In Düsseldorf-Kaiserswerth über Niederrheinstraße S :

Barbarossa garni
Niederrheinstr. 365 ⌧ 40489 – ℰ (0211) 4 08 09 20 – info@hotel-barbarossa.com
– Fax (0211) 40809270
44 Zim – †95/129 € ††102/159 €, ⌧ 15 €

♦ Alle Zimmer dieses Hotels sind in Wischtechnik gestrichen und im italienischen Landhausstil eingerichtet. Einge sind mit hübschen Messingbetten ausgestattet.

DÜSSELDORF S. 15

Im Schiffchen (Jean-Claude Bourgueil)
Kaiserswerther Markt 9, (1. Etage) ⌧ 40489 – ☎ (0211) 40 10 50
– restaurant.imschiffchen@t-online.de – Fax (0211) 403667 – geschl. über Ostern 2 Wochen und Sonntag - Montag
Rest – (nur Abendessen) (Tischbestellung erforderlich) Menü 106/129 € – Karte 94/124 €
Spez. Kulinarische Reisenotizen nach Heinrich Heine. Mille Feuille von der Entenleber mit Matcha-Tee. Bitter Moon.
♦ Seit 30 Jahren steht das Restaurant im 1. Stock eines historischen Backsteinhauses für klassisch-französische Küche. Die Parkplatzsuche übernimmt ein Wagenmeister für Sie.

Jean-Claude (Jean-Claude Bourgueil)
Kaiserswerther Markt 9 ⌧ 40489 – ☎ (0211) 40 39 48 – restaurant.imschiffchen@t-online.de – Fax (0211) 403667 – geschl. über Ostern 2 Wochen und Sonntag - Montag
Rest – (nur Abendessen) (Tischbestellung erforderlich) Menü 60 €
– Karte 56/68 €
Spez. Zart geräucherter Hummer mit Rettich süss-sauer angemacht. Sauerbraten nach der Modena Reise. Pharisäer-Kaffee und Schokolade.
♦ Mit seiner persönlichen Interpretation rheinischer Klassiker und internationaler Speisen überzeugt der Patron des "Schiffchens" seine Gäste im Erdgeschoss des Hauses.

In Düsseldorf-Lörick

Fischerhaus
Bonifatiusstr. 35 ⌧ 40547 – ☎ (0211) 59 79 79 – fischerhaus@aol.com
– Fax (0211) 5979759 – geschl. 20. Dez. - 3. Jan.
40 Zim – ♦69/99 € ♦♦95/115 €, ⌧ 11 €   S z
Rest *Hummerstübchen* – separat erwähnt
♦ Ein gut geführtes Hotel in ruhiger Lage, das hinter seiner Klinkerfassade wohnliche Gästezimmer beherbergt. Frühstück bietet man im Hummerstübchen.

Hummerstübchen (Peter Nöthel) – Hotel Fischerhaus
Bonifatiusstr. 35 ⌧ 40547 – ☎ (0211) 59 44 02 – fischerhaus@aol.com
– Fax (0211) 5979759 – geschl. 13. - 31. Juli und Sonntag, Feiertage, außer Messen   S z
Rest – (nur Abendessen) (Tischbestellung ratsam) Menü 108/119 € – Karte 75/108 €
Spez. Hummersuppe mit Champagner. Hummer Thermidor mit Trüffel. Rehrücken mit Spitzkohl und Ahorn-Balsamicoglace.
♦ Freundlich und geschult umsorgt Sie das weibliche Serviceteam in diesem modern-eleganten Restaurant. Das Speisenangebot ist klassisch - mit vielen Hummergerichten.

In Düsseldorf-Lohausen

Sheraton Düsseldorf Airport
im Flughafen ⌧ 40474 – ☎ (0211) 4 17 30 – airporthotel.duesseldorf@arabellastarwood.com – Fax (0211) 4173707   S t
200 Zim – ♦115/290 € ♦♦115/290 €, ⌧ 21 € – **Rest** – Menü 38 € – Karte 36/52 €
♦ Nicht alltäglich ist die Lage dieses oval angelegten Hotels auf dem begrünten Dach des Flughafen-Parkhauses. Von hier aus sind Ankunfts- und Abflug-Terminal direkt erreichbar.

Villa im Park garni
Nagelsweg 6 (über Niederrheinstraße S und Dorfstraße) ⌧ 40474 – ☎ (0211) 43 62 60 – villa-im-park@t-online.de – Fax (0211) 4362629
10 Zim ⌧ – ♦92/125 € ♦♦125/145 €
♦ Früher privat genutzt, hat die elegant gestaltete Villa auch heute noch sehr persönlichen Charme. Besonders schön: Suite und Juniorsuite unterm Dach sowie der Garten ums Haus.

In Düsseldorf-Mörsenbroich

Renaissance
Nördlicher Zubringer 6 ⌧ 40470 – ☎ (0211) 6 21 60 – rhi.dusrn.info@renaissancehotels.com – Fax (0211) 6216666   BU e
244 Zim – ♦136/196 € ♦♦136/196 €, ⌧ 21 € – **Rest** – Karte 27/39 €
♦ In diesem Haus erwartet Sie gediegenes Ambiente vom Hallenbereich bis in die Gästezimmer. In der 7. Etage befindet sich ein Schwimmbad mit toller Aussicht. Freundliches Restaurant auf einer Empore.

353

DÜSSELDORF S. 16

Mercure City Nord
Nördlicher Zubringer 7 ⊠ 40470 – ℘ (0211) 98 90 40 – h5371@accor.com
– Fax (0211) 98904100
BU d
190 Zim – †79/250 € ††89/250 €, ⊡ 15 € – **Rest** – Karte 20/39 €
♦ Das Hotel ist dank seiner verkehrsgünstigen Lage und neuzeitlich ausgestatteter Zimmer mit Schreibplatz und guter Technik bestens für Geschäftsreisende geeignet.

Express by Holiday Inn garni
Mercedesstr. 14 ⊠ 40470 – ℘ (0211) 68 77 40 – express.duesseldorf@whgeu.com
– Fax (0211) 68774100
BU x
150 Zim ⊡ – †79/115 € ††79/115 €
♦ Besonders auf Geschäftsreisende ist dieses Hotel mit seinen modernen und funktionellen Gästezimmern ausgelegt. Heller offener Frühstücksbereich.

Trattoria Baccalà
Heinrichstr. 83 ⊠ 40239 – ℘ (0211) 6 18 26 42 – mail@baccala.de – Fax (0211) 6182642
CU b
Rest – Karte 24/35 €
♦ In der geradlinig-modern gestalteten Trattoria mit offener Küche wird der Gast auf typisch italienische, freundliche und legere Art umsorgt. Man bietet viele Fischgerichte.

In Düsseldorf-Niederkassel

Osteria Saitta am Nussbaum
Alt Niederkassel 32 ⊠ 40547 – ℘ (0211) 57 49 34 – osteria-saitta@t-online.de
– Fax (0211) 5591544 – geschl. 24. Dez. - 3. Jan. und Samstagmittag, Sonntag
AU e
Rest – (Tischbestellung ratsam) Karte 36/49 €
♦ Fachwerkhaus mit südländischem Ambiente. Blanke Tische, Holzfußboden und ein Weinregal unterstreichen die gemütliche Atmosphäre.

In Düsseldorf-Oberkassel

Innside Premium
Niederkasseler Lohweg 18a ⊠ 40547 – ℘ (0211) 52 29 90 – duesseldorf@innside.de – Fax (0211) 52299522
S a
126 Zim ⊡ – †166 € ††206 € – **Rest** – (geschl. Samstagmittag und Sonntag, außer Messen) Karte 33/51 €
♦ Von der großzügigen Halle bis in die mit offenen Bädern ausgestatteten Zimmer bestimmen modernes Design und klare Linien das Ambiente dieses verkehrsgünstig gelegenen Hotels. Trendig: das Restaurant DADO mit integrierter Bar.

Courtyard by Marriott
Am Seestern 16 ⊠ 40547 – ℘ (0211) 59 59 59 – courtyard.duesseldorf@courtyard.com – Fax (0211) 593569
S a
221 Zim – †169 € ††169 €, ⊡ 17 € – **Rest** – Karte 26/39 €
♦ Die Zimmer in diesem Haus bieten modernen Komfort und Funktionalität - vor allem Businessgäste schätzen die gute technische Ausstattung. 8 Nichtraucheretagen. Geradlinig gestaltetes Restaurant.

Hanseat garni
Belsenstr. 6 ⊠ 40545 – ℘ (0211) 5 50 27 20 – info@hotel-hanseat.de – Fax (0211) 55027277
T n
37 Zim ⊡ – †88/100 € ††120/135 €
♦ In diesem Jugendstilhaus erwarten Sie geschmackvolle, mit Stilmöbeln ausgestattete Zimmer und Salons. Einige der Zimmer liegen ruhig zum begrünten Innenhof. Hübsche Terrasse.

Ristorante Saitta
Barbarossaplatz 3 ⊠ 40545 – ℘ (0211) 1 71 51 91 – m.saitta@saitta.de
– Fax (0211) 1715192 – geschl. Sonntag, außer Messen
T s
Rest – Karte 39/54 €
♦ In dem Restaurant an einem kleinen Platz erwarten Sie modernes Ambiente mit elegantem Touch, freundlicher Service und frische italienische Speisen, dazu eine gute Weinauswahl.

DÜSSELDORF S. 17

Kitzbüheler Stuben
*Hansaallee 165 ⌧ 40549 – ℘ (0211) 59 11 44 – kitzbueheler-stuben@gmx.de
– Fax (0211) 5370817 – geschl. 1. - 13. Jan., Juli 2 Wochen, Samstagmittag, an
Feiertagen mittags und Sonntag,*   S x
Rest *– (an Messen Sonntagabends geöffnet)* Menü 18 € (mittags)/27 € – Karte 28/41 €

♦ Hier bietet man eine österreichisch beeinflusste Küche. Das Restaurant ist schlicht gehalten: Steinfußboden und mit Sets eingedeckte Tische.

In Düsseldorf-Unterrath

Avidon garni
Unterrather Str. 42 ⌧ 40468 – ℘ (0211) 95 19 50 – hotel@avidon.de – Fax (0211) 95195333   S d
34 Zim – ♦145 € ♦♦165 €, ⌧ 15 €

♦ Modern gestaltete Zimmer - davon 1 "Art"-Zimmer - erwarten Sie in diesem Hotel in Flughafennähe. Eine Sammlung von Kunstobjekten ziert den öffentlichen Bereich des Hauses.

DUISBURG – Nordrhein-Westfalen – 543 – 506 500 Ew – Höhe 33 m   25 B11

▶ Berlin 547 – Düsseldorf 33 – Essen 20 – Nijmegen 107
ADAC Claubergstr. 4
🛈 Königstr. 86, ⌧ 47051, ℘ (0203) 28 54 40, service@duisburg-marketing.de
🏌 Duisburg, Großbaumer Allee 240 ℘ (0203) 72 14 69 AX
🏌 Golf u. More Huckingen, Altenbrucher Damm 92a ℘ (0203) 7 38 62 86 AX
👁 Wilhelm-Lehmbruck-Museum★★ CZ M¹ – Museum der Deutschen Binnenschifffahrt★ AY M²

Stadtpläne siehe nächste Seiten

Steigenberger Duisburger Hof
*Neckarstr. 2 ⌧ 47051 – ℘ (0203) 3 00 70
– duisburg@steigenberger.de – Fax (0203) 3007400*   CY e
115 Zim ⌧ – ♦119/149 € ♦♦149/179 € – 3 Suiten
Rest *– (geschl. Samstagmittag, Sonntagabend)* Karte 31/40 €

♦ Seit Mitte des 20. Jh. existiert dieses klassische Grandhotel. Ideal ist die Lage im Zentrum gegenüber der Deutschen Oper am Rhein.

Plaza
*Düsseldorfer Str. 54 ⌧ 47051 – ℘ (0203) 2 82 20 – info@hotel-plaza.de
– Fax (0203) 2822300*   CZ e
75 Zim – ♦98/128 € ♦♦128/179 €, ⌧ 14 € – **Rest** – Karte 26/37 €

♦ Durch einen großzügigen, mit Granit ausgelegten Eingangsbereich betritt man das Haus. Die Zimmer sind praktisch und selbstverständlich mit allem nötigen Komfort ausgestattet. An Bistrotischen nehmen Sie in sachlich-modernem Umfeld zum Speisen Platz.

Ferrotel garni
Düsseldorfer Str. 122 ⌧ 47051 – ℘ (0203) 28 70 85 – info@ferrotel.de – Fax (0203) 287754   CZ n
30 Zim ⌧ – ♦100/189 € ♦♦121/210 €

♦ Klar und modern ist das Design in diesem Hotel im Zentrum - verschiedene Dekorationsobjekte zum Thema Industriekultur zieren das Haus.

Regent garni (mit Gästehaus)
Dellplatz 1 ⌧ 47051 – ℘ (0203) 29 59 00 – info@hotel-regent.de – Fax (0203) 22288   BZ c
60 Zim ⌧ – ♦72/129 € ♦♦92/169 €

♦ Zentrumsnah liegt dieses Haus in einer kleinen Seitenstraße. Die Dependance, das Haus Hammerstein, liegt 50 m entfernt und gefällt mit ihrer klassizistischen Fassade.

Conti garni (mit Gästehaus)
*Düsseldorfer Str. 131 ⌧ 47051 – ℘ (0203) 28 70 05 – info@contihotels.de
– Fax (0203) 288148*   CZ a
50 Zim ⌧ – ♦110/262 € ♦♦131/288 €

♦ In dem besonders auf Businessgäste ausgelegten Hotel im Zentrum der Stadt erwarten Sie funktionell und zeitgemäß eingerichtete Zimmer.

DUISBURG

Street	Ref	No
Aldenrader Str.	AV	2
Am Nordhafen	AV	5
Asterlager Str.	AX	6
Borgschenweg	AX	8
Burgermeister-Pütz-Str.	AV	9
Düsseldorfer Str.	AX	15
Eisenbahnstr.	AVX	16
Emmericher Str.	AVX	17
Essenberger Str.	AX	20
Friedrich-Ebert-Brücke	AV	21
Friedrich-Ebert-Str.	AX	22
Friemersheimer Str.	AX	24
Großenbaumer Allee	AX	25
Hohenbudberger Str.	AX	28
Honigstr.	AV	29
Kaiser-Wilhelm-Str.	AV	30
Krefelder Str.	AX	36
Kreuzacker	AX	37
Lauerstr.	AX	42
Neue Krefelder Str.	AX	55
Obermeidericher Str.	AV	57
Papiermühlenstr.	AV	60
Ruhrorter Str.	AX	65
Schwarzenberger Str.	AX	68
Schweizer Str.	AX	69
Sittardsberger Allee	AX	70
Stockholmer Str.	AX	78
Wanheimer Str.	AX	83
Wedauer Str.	AX	84

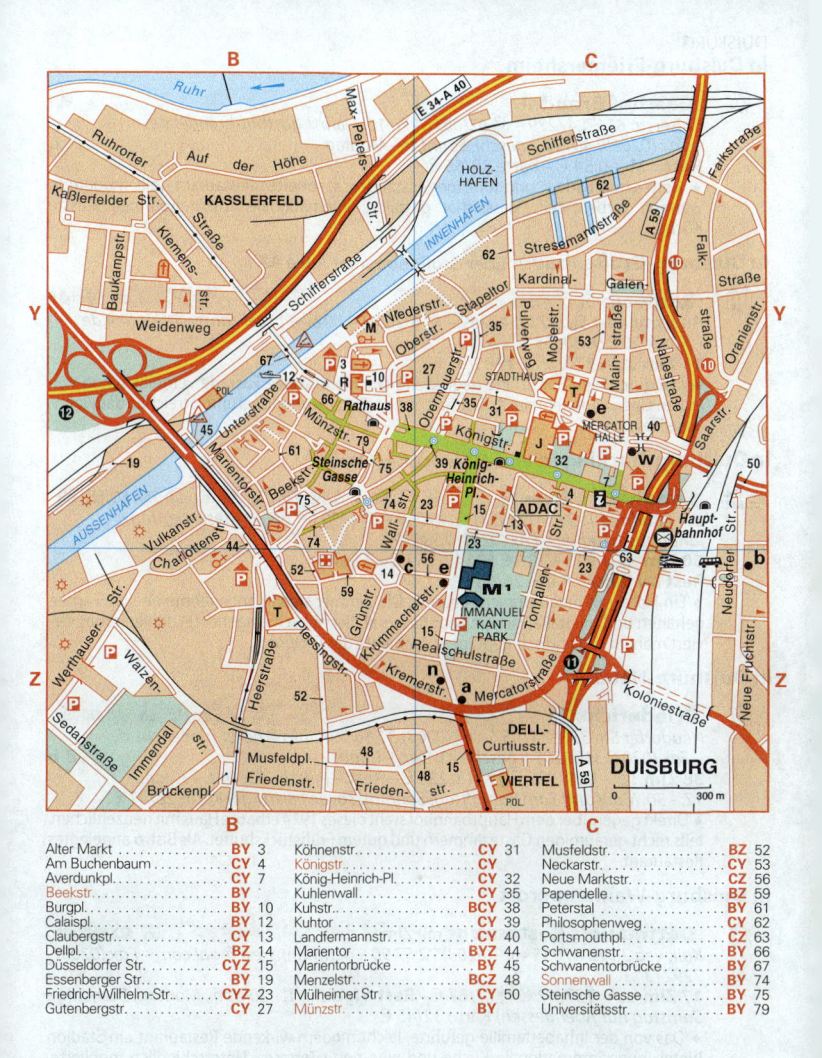

Alter Markt	**BY** 3	Köhnenstr.	**CY** 31	Musfeldstr.	**BZ** 52
Am Buchenbaum	**CY** 4	Königstr.	**CY**	Neckarstr.	**CY** 53
Averdunkpl.	**CY** 7	König-Heinrich-Pl.	**CY** 32	Neue Marktstr.	**CZ** 56
Beekstr.	**BY**	Kuhlenwall	**CY** 35	Papendelle	**BZ** 59
Burgpl.	**BY** 10	Kuhstr.	**BCY** 38	Peterstal	**BY** 61
Calaispl.	**BY** 12	Kuhtor	**CY** 39	Philosophenweg	**CY** 62
Claubergstr.	**CY** 13	Landfermannstr.	**CY** 40	Portsmouthpl.	**CZ** 63
Dellpl.	**BZ** 14	Marientor	**BYZ** 44	Schwanenstr.	**BY** 66
Düsseldorfer Str.	**CYZ** 15	Marientorbrücke	**BY** 45	Schwanentorbrücke	**BY** 67
Essenberger Str.	**BY** 19	Menzelstr.	**BCZ** 48	Sonnenwall	**BY** 74
Friedrich-Wilhelm-Str.	**CYZ** 23	Mülheimer Str.	**CY** 50	Steinsche Gasse	**BY** 75
Gutenbergstr.	**CY** 27	Münzstr.	**BY**	Universitätsstr.	**BY** 79

Mercure Duisburg City

Landfermannstr. 20 ⊠ 47051 – ℰ (0203) 30 00 30
– h0743@accor-hotels.com – Fax (0203) 30003555

CY w

162 Zim ⊇ – †99/134 € – ††130/165 € – **Rest** – Karte 22/38 €
♦ Das in ein Einkaufszentrum in der Innenstadt integrierte Tagungshotel verfügt über funktionell und geradlinig-modern ausgestattete Zimmer mit guter Technik.

In Duisburg-Ehingen über Ehinger Straße **AX**

Im Eichwäldchen

Im Eichwäldchen 15c ⊠ 47259 – ℰ (0203) 78 73 46 – kontakt@ imeichwaeldchen.de – geschl. Montag, Samstagmittag, Sonntagmittag
Rest – Menü 35/60 € – Karte 31/47 €
♦ Schön liegt der Familienbetrieb etwas versteckt im Wald. In unterschiedlich eingerichteten Restauranträumen serviert man Internationales. Terrassenbereich mit Karpfenteich.

357

DUISBURG

In Duisburg-Friemersheim

Gasthof Brendel
Kaiserstr. 81, ⌧ 47229 – ℰ (02065) 4 70 16 – info@gasthof-brendel.de
– Fax (02065) 40192 – geschl. Sonntag - Montag   AX **n**
Rest – Menü 54 € – Karte 38/55 €
♦ Nettes, mit Bildern und Kunstgegenständen dekoriertes Restaurant, teils modern in warmen Farben, teils klassischer gestaltet. Internationale, mediterran beeinflusste Küche.

In Duisburg-Großenbaum über Großenbaumer Allee AX :

Ramor garni
Angermunder Str. 37, ⌧ 47269 – ℰ (0203) 99 80 60 – hotel-ramor@t-online.de
– Fax (0203) 9980655
11 Zim ⊐ – †70/85 € ††85/95 €
♦ Die durch eine Balustrade gegliederte leuchtend weiße Fassade verheißt schon von außen einen angenehmen Aufenthalt. Solide Kirschbaummöbel unterstreichen das wohnliche Flair.

In Duisburg-Huckingen über Düsseldorfer Straße AX :

Landhaus Milser
Zur Sandmühle 2 (an der B 8), ⌧ 47259 – ℰ (0203) 7 58 00 – reservierung@landhausmilser.de – Fax (0203) 7580199
60 Zim ⊐ – †119/139 € ††149/169 € – 3 Suiten
Rest *Da Vinci* – Karte 26/53 €
♦ Ein Hotel mit mediterranem Charme. Die Zimmer sind in angenehmen hellen Farben gehalten und mit italienischem Landhausmobiliar hübsch eingerichtet. Italienisches serviert man im südländisch geprägten Ambiente des Da Vinci.

In Duisburg-Neudorf

Friederichs
Neudorfer Str. 33, ⌧ 47057 – ℰ (0203) 31 86 50 – info@hotel-friederichs.de
– Fax (0203) 3186565 – geschl. 23. Dez. - 1. Jan.   CZ **b**
38 Zim ⊐ – †89/158 € ††113/225 € – **Rest** – (geschl. 23. Dez. - 3. Jan., 17. - 30. März und Samstagmittag, Sonntag sowie Feiertage) Karte 28/47 €
♦ Direkt gegenüber dem Hauptbahnhof steht dieses 1914 erbaute Haus mit neuzeitlichen, teils recht geräumigen Gästezimmern und gutem Frühstücksbuffet. Als Bistro angelegtes Restaurant.

In Duisburg-Wanheimerort

Dettmann's Restaurant mit Zim
Kalkweg 26, ⌧ 47055 – ℰ (0203) 72 57 90 – dettmannsrest@aol.com – Fax (0203) 729213   AX **r**
17 Zim ⊐ – †57/62 € ††77/87 € – **Rest** – (geschl. 1. - 20. Jan., Montag, Dienstag - Samstag nur Abendessen) Karte 32/45 €
♦ Das von der Inhaberfamilie geführte, leicht modern wirkende Restaurant am Stadion bietet Ihnen internationale Küche und eine nette Terrasse. Unterschiedlich möblierte, praktisch ausgestattete Gästezimmer.

DURBACH – Baden-Württemberg – 545 – 3 910 Ew – Höhe 217 m – Erholungsort
54 **E19**
▶ Berlin 752 – Stuttgart 148 – Karlsruhe 80 – Freudenstadt 51
🛈 Tal 36, ⌧ 77770, ℰ (0781) 4 21 53, info@durbach.de

Rebstock
Halbgütle 30, ⌧ 77770 – ℰ (0781) 48 20 – info@rebstock-durbach.de – Fax (0781) 482160
42 Zim ⊐ – †69/84 € ††116/141 € – ½ P 25 € – **Rest** – (geschl. Montag außer Feiertage) Menü 30/52 € – Karte 29/49 €
♦ Angenehm ruhig mit Blick auf die Rebhänge liegt der engagiert geführte Familienbetrieb. Wohnliche Zimmer verschiedener Kategorien und eine schöne Gartenanlage auf 6 000 qm. Das Restaurant sorgt mit rustikal-elegantem Ambiente für Gemütlichkeit.

DURBACH

Ritter
Tal 1 ⊠ 77770 – ℰ (0781) 9 32 30 – ritter-durbach@t-online.de – Fax (0781) 9323100
40 Zim ⊃ – †60/80 € ††108/136 € – ½ P 25 € – 6 Suiten
Rest – (geschl. Sonntag - Montagmittag) Karte 29/56 €
Rest *Ritterkeller* – (geschl. Sonntag, nur Abendessen) Karte 23/33 €
♦ Am Ortseingang liegt das familiengeführte Haus mit Fachwerkfassade. Besonders geräumig sind die mit Stilmobiliar eingerichteten Zimmer im neueren Teil des Hotels. Viel Holz gibt der Ritter-Stube ihren ländlich-gemütlichen Charakter.

Linde
Lindenplatz 1 ⊠ 77770 – ℰ (0781) 9 36 30 – mail@hotel-linde-durbach.de – Fax (0781) 936339
20 Zim ⊃ – †60/70 € ††100/120 € – ½ P 18 € – **Rest** – (geschl. Dienstag) Menü 23/45 € – Karte 20/39 €
♦ Hinter der denkmalgeschützten Fassade verbergen sich großzügig geschnittene Gästezimmer und Appartements mit zeitgemäßer Ausstattung. In bürgerlichem Stil eingerichtetes Restaurant.

EBENSFELD – Bayern – **546** – 5 730 Ew – Höhe 255 m   50 **K15**

▶ Berlin 384 – München 251 – Coburg 29 – Bayreuth 67

Pension Veitsberg
Prächtinger Str. 14 ⊠ 96250 – ℰ (09573) 64 00 – info@pension-veitsberg.de – Fax (09573) 31430
25 Zim ⊃ – †28/36 € ††48/56 € – **Rest** – (geschl. Jan. 3 Wochen und Dienstag) (nur Abendessen für Hausgäste)
♦ Freundlich kümmert sich Familie Will in ihrem sehr gut geführten Haus um die Gäste. Sie wohnen in tadellos gepflegten Zimmern, teilweise mit Balkon.

EBERBACH AM NECKAR – Baden-Württemberg – **545** – 15 620 Ew – Höhe 134 m   48 **G16**

▶ Berlin 611 – Stuttgart 107 – Mannheim 56 – Heidelberg 33
ℹ Kellereistr. 36, ⊠ 69412, ℰ (06271) 48 99, tourismus@eberbach.de

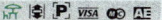

Karpfen
Alter Markt 1 ⊠ 69412 – ℰ (06271) 80 66 00 – kontakt@hotel-karpfen.com – Fax (06271) 80660500
49 Zim ⊃ – †53/85 € ††85/125 € – ½ P 16 € – **Rest** – (geschl. Dienstag) Karte 22/39 €
♦ Fresken der Stadtgeschichte zieren die Fassade dieses engagiert geführten Hauses. Man bietet schöne, wohnlich eingerichtete Gästezimmer. Gemütliches Hotelrestaurant im Landhausstil.

Krone-Post
Hauptstr. 1 ⊠ 69412 – ℰ (06271) 80 66 20 – info@hotel-krone-post.de – Fax (06271) 80662299 – geschl. 2. - 6. Jan.
30 Zim ⊃ – †61/95 € ††85/125 €
Rest – (geschl. Nov. - Feb. Freitagabend - Samstagmittag) Menü 38/55 € – Karte 28/43 €
Rest *Kutscherstube* – (geschl. Nov. - Feb. Freitagabend - Samstagmittag) Karte 19/31 €
♦ Am Rand der Altstadt, direkt am Neckar, liegt das familiengeführte Hotel mit seinen solide und zeitgemäß ausgestatteten Zimmern. Restaurant Kronenstübchen mit internationalem Angebot. Die Kutscherstube bietet bodenständige regionale Küche.

Gute und preiswerte Häuser kennzeichnet das Michelin-Männchen, der „Bib":
der rote „Bib Gourmand" ⊛ für die Küche,
der blaue „Bib Hotel" 🛏 bei den Zimmern.

EBERMANNSTADT – Bayern – 546 – 6 850 Ew – Höhe 292 m – Erholungsort
50 **L15**

Berlin 406 – München 219 – Nürnberg 50 – Bayreuth 61
Bahnhofstr. 5, ⊠ 91320, ℰ (09194) 5 06 40, touristinfo@ebermannstadt.de
Ebermannstadt, Kanndorf 8 ℰ (09194) 48 27

Resengörg (mit Gästehäusern) — Biergarten
Hauptstr. 36 ⊠ 91320 – ℰ (09194) 7 39 30 – info@resengoerg.de – Fax (09194) 739373
40 Zim ⊇ – †44/47 € ††61/68 € – **Rest** – Karte 16/28 €
♦ Ein schönes, älteres Fachwerkhaus sowie vier Gästehäuser mit unterschiedlich gestalteten Zimmern bilden dieses am Marktplatz gelegene Hotel. Das bürgerlich-rustikale Restaurant befindet sich im Stammhaus.

Schwanenbräu (mit Haus Feuerstein)
Marktplatz 2 ⊠ 91320 – ℰ (09194) 2 09 – dotterweich@schwanenbraeu.de – Fax (09194) 5836 – geschl. 7. - 18. Jan.
13 Zim ⊇ – †41/43 € ††60/64 € – **Rest** – *(geschl. Sonntagabend)* Karte 14/31 €
♦ Sie übernachten im kantigen Brauereigasthof direkt am Marktplatz oder im nahen Gästehaus in zeitgemäßen, mit hellem Naturholz ausgestatteten Zimmern. Das bürgerlich-rustikale Restaurant bietet auch Biere aus der Privatbrauerei und selbstgebrannte Obstschnäpse.

EBERSBERG – Bayern – 546 – 11 000 Ew – Höhe 558 m – Erholungsort
66 **M20**

Berlin 610 – München 35 – Landshut 69 – Rosenheim 31
Steinhöring, Zaißing 6 ℰ (08094) 81 06
Steinhöring, Gut Thailing 4 ℰ (08094) 92 10

Hölzerbräu (mit Gästehaus)
Sieghartstr. 1 ⊠ 85560 – ℰ (08092) 8 52 58 90 – hotel.gasthof@hoelzerbraeu.de – Fax (08092) 85258944
50 Zim ⊇ – †62/88 € ††86/120 € – **Rest** – *(geschl. Aug. 3 Wochen)* Karte 16/33 €
♦ Die zentrale Lage sowie solide, mit hellem Holzmobiliar in rustikalem Stil eingerichtete Zimmer, teilweise mit Balkon, sprechen für diesen familiär geleiteten Gasthof. Restaurant mit ländlichem Charakter.

EBERSBURG – Hessen – 543 – 6 390 Ew – Höhe 361 m
39 **I14**

Berlin 468 – Wiesbaden 141 – Fulda 18 – Frankfurt am Main 102

In Ebersburg-Weyhers

Rhönhotel Alte Mühle
Altenmühle 4 (Ost : 2 km) ⊠ 36157 – ℰ (06656) 81 00 – info@rhoenhotel-altemuehle.de – Fax (06656) 7748
36 Zim ⊇ – †46/60 € ††75/102 € – ½ P 14 € – **Rest** – *(geschl. Nov. - März Montag, Montag - Samstag nur Abendessen)* Karte 15/24 €
♦ Eine nette Urlaubsadresse ist dieses Hotel im Naturpark Rhön. Neben den soliden Zimmern vermietet man auch Appartements und Ferienwohnungen. Rustikales Restaurant mit schöner Terrasse.

EBERSWALDE – Brandenburg – 542 – 42 450 Ew – Höhe 25 m
23 **Q7**

Berlin 57 – Potsdam 85 – Neubrandenburg 118 – Frankfurt (Oder) 86
Steinstr. 3, ⊠ 16225, ℰ (03334) 6 45 20, tourist-info@eberswalde.de
Niederfinow : Schiffshebewerk★ Ost : 10 km.

In Niederfinow Ost : 10 km über B 167, in Hohenfinow links ab :

Am Schiffshebewerk
Hebewerkstr. 43 ⊠ 16248 – ℰ (033362) 7 00 99 – kontakt@hotel-schiffshebewerk.de – Fax (033362) 619066
18 Zim ⊇ – †40/47 € ††60/73 € – **Rest** – Karte 21/34 €
♦ Nahe dem namengebenden Schiffshebewerk liegt das 1992 erbaute Hotel: Bequeme, mit dunklen Holzmöbeln eingerichtete Zimmer und ein familiärer Service erwarten Sie. Gutbürgerliche Küche und Fischgerichte bietet das gediegene Restaurant.

Um das beste Essen zu vollenden,
wählen sie ein hervorragendes Wasser.

Erlesene Geschmackskompositionen feinster Küchen werden am besten vom geschulten Gaumen gewürdigt. Und ähnlich wie ein guter Wein die feinen Nuancen eines Essens entfalten kann, bereitet Wasser den Gaumen vor, um den Genuss und das Erlebnis beider zu steigern. Erfahren Sie, warum S.Pellegrino und Acqua Panna auf den besten Tischen zu Hause sind, unter WWW.FINEDININGWATERS.COM

ACQUA PANNA AND S.PELLEGRINO. FINE DINING WATERS.

Digitalkameras • Camcorder • TV/Video • Sound MP3 • Computer • Telekommunikation PDA GPS • Haushaltsgeräte

PIXmania.com
Digitale Unterhaltung zu unschlagbaren Preisen - Service inbegriffen

Günstige Preise • Stets vorrätig • Mehr Serviceangebote*

www.pixmania.com

40 FOTOS GRATIS (4$^{1/2}$"x6" format)

Mit folgendem ** : **Gratisabzuege**
Eingabe an der Kasse beim Bestellvorgang
auf www.myPIX.com.

myPIX.com
European leader in on-line digital photo processing

*Siehe Bedingungen auf www.pixmania.com. **Dieses Angebot ist gültig bis 31/10/08 für den Ausdruck von 40 Digitalfotos im Format 11x15. Ausschließlich Porto- und Versandkosten. Loggen Sie sich auf www.mypix.com ein, laden Sie Ihre Fotos hoch und geben Sie den Promo-Code beim Bestellvorgang an der Kasse ein. Fotovista RCS Paris B 352 236 244

EBNISEE – Baden-Württemberg – siehe Kaisersbach

EBSDORFERGRUND – Hessen – 543 – 9 040 Ew – Höhe 250 m   38 **G13**
▶ Berlin 482 – Wiesbaden 116 – Gießen 30

In Ebsdorfergrund-Frauenberg

Seebode
Burgweg 2 ✉ 35085 – ✆ (06424) 68 96 – info@hotel-seebode.de – Fax (06424) 4097
15 Zim ⊆ – †48/55 € ††89 € – **Rest** – (geschl. 4. - 18. Feb., 13. - 27. Okt. und Dienstag) Karte 18/41 €
♦ Das ruhig am Hang gelegene Fachwerkhaus aus der Jahrhundertwende gefällt mit stuckverzierten hohen Räumen im Jugendstil und einem schönen Treppenhaus.

ECHING – Bayern – 546 – 12 850 Ew – Höhe 469 m   58 **L20**
▶ Berlin 567 – München 21 – Regensburg 104 – Ingolstadt 59

Olymp
Wielandstr. 3 ✉ 85386 – ✆ (089) 32 71 00 – hotel-olymp@t-online.de – Fax (089) 32710112
96 Zim ⊆ – †100/135 € ††100/165 € – **Rest** – (geschl. Samstagmittag, Sonntagmittag) Karte 20/37 €
♦ Die gepflegte Hotelanlage überzeugt mit mediterran möblierten und technisch gut ausgestatteten Zimmern - die Einzelzimmer mit breiten Betten. Das Restaurant mit Stubencharakter zeigt sich im alpenländischen Stil. Internationales Angebot.

ECHING (KREIS LANDSHUT) – Bayern – siehe Landshut

ECKERNFÖRDE – Schleswig-Holstein – 541 – 23 320 Ew – Höhe 3 m – Seebad   2 **I3**
▶ Berlin 376 – Kiel 30 – Rendsburg 30 – Schleswig 24
🛈 Am Exer 1 (Stadthalle), ✉ 24340, ✆ (04351) 7 17 90, info@ostseebad-eckernfoerde.de
⛳ Altenhof, ✆ (04351) 4 12 27
◉ Nikolaikirche (Innenausstattung ★)

Stadthotel garni
Am Exer 3 ✉ 24340 – ✆ (04351) 7 27 80 – info@stadthotel-eckernfoerde.de – Fax (04351) 7278178
65 Zim ⊆ – †83/118 € ††105/145 €
♦ Angenehm ist der Empang in der Halle mit Springbrunnen. Man wohnt in mit Wurzelholzmobiliar und aufwändigen Bädern ausgestatteten Zimmern. Hotelbar mit Blick auf die Ostsee.

Seelust garni
Preußerstr. 3 ✉ 24340 – ✆ (04351) 7 27 90 – info@seelust-heide.de – Fax (04351) 7279179 – geschl. Dez. - März
32 Zim ⊆ – †69/119 € ††100/145 €
♦ Zu den Annehmlichkeiten dieses Hotels zählen der direkte Strandzugang, ein aus den 30er Jahren erhaltener Frühstückssaal und die schöne Terrasse. Einige Zimmer mit Aussicht.

Alte Fischereischule garni
Sehestedter Str. 77 ✉ 24340 – ✆ (04351) 7 16 60 – fischereischule@t-online.de – Fax (04351) 716620 – geschl. Mitte Dez. - Mitte Jan.
13 Zim ⊆ – †55/64 € ††80/92 €
♦ Die ehemalige Fischereischule ist heute ein funktionell und neuzeitlich ausgestattetes Hotel. Das Haus liegt oberhalb der Eckernförder Bucht und bietet eine schöne Sicht.

Eckotel H 1 garni
Holm 1 ✉ 24340 – ✆ (04351) 7 67 63 – info@eckotel-h1.de – Fax (04351) 767640
14 Zim – †38 € ††54/64 €, ⊆ 5 €
♦ Ein familiär geführtes Haus im Motelstil mit gutem Preis-Leistungs-Verhältnis. Man verfügt über funktionelle Gästezimmer, die teilweise von außen zugänglich sind.

ECKERNFÖRDE

✕ **Ratskeller**
Rathausmarkt 8 ⊠ 24340 – ℰ (04351) 24 12 – ratskellereck@aol.com
– Fax (04351) 712824
Rest – Karte 19/36 €
♦ Einen historischen Rahmen hat diese Gaststätte - wahrscheinlich der älteste Ratskeller Deutschlands. Die Einrichtung ist in bürgerlich-gediegenem Stil gehalten.

In Klein Wittensee Süd-West : 12,5 km über B 203 Richtung Rendsburg :

✕ **Landhaus Wolfskrug**
Dorfstr. 11 ⊠ 24361 – ℰ (04356) 3 54 – Fax (04356) 995418
– geschl. Dienstag
Rest – Karte 22/30 €
♦ Mit einem ausgestopften Wolf, Antiquitäten und Zierrat hat man die Stuben in dem ehemaligen Bauernhaus gemütlich dekoriert. Die Küche bietet Regionales und Internationales.

EDELSFELD – Bayern – siehe Königstein

EDENKOBEN – Rheinland-Pfalz – **543** – 6 700 Ew – Höhe 149 m – Luftkurort
47 E17

▪ Berlin 655 – Mainz 101 – Mannheim 40 – Landau in der Pfalz 11
▪ Poststr. 23, ⊠ 67480, ℰ (06323) 95 92 22, touristinfo@vg-edenkoben.de
▪ Schloss Villa Ludwigshöhe★ (Max-Slevogt-Galerie★) West : 2 km – Rietburg : ≤ ★ West : 2 km und Sessellift

🏠 **Gutshof Ziegelhütte** (mit Gästehäusern)
Luitpoldstr. 79 ⊠ 67480 – ℰ (06323) 9 49 80
– info@gutshof-ziegelhuette.de – Fax (06323) 9498199
28 Zim ⊠ – †55/75 € ††90/120 € – ½ P 15 € – **Rest** – Karte 18/42 €
♦ Die Hotelanlage auf einem einstigen Gutshof überzeugt mit komfortablen, teils eleganten Zimmern. Eine Maisonette ist als "Kuschelzimmer" mit drehbarem Wasserbett eingerichtet.

✕ **Weinstube Alte Kanzlei** mit Zim
Weinstr. 120 ⊠ 67480 – ℰ (06323) 39 83 – info@weingut-bentz.de – Fax (06323) 980680
7 Zim ⊠ – †35/40 € ††65 € – **Rest** – (geschl. Dez. - Aug. Montag - Dienstag, nur Abendessen) Karte 14/21 €
♦ Hier erwartet Sie eine typische Weinstuben-Atmosphäre: ein gemütlicher Gewölbekeller, der seinen Gästen eine kleine Auswahl an Pfälzer Gerichten bietet. Nur Eigenbauweine.

In Altdorf Ost : 6 km über B 38 Richtung Speyer, jenseits der A 65 :

🏠 **Gästehaus Vinetum** garni
Raiffeisenstr. 4 ⊠ 67482 – ℰ (06327) 29 07 – info@gaestehausvinetum.de
– Fax (06327) 960522 – geschl. Dez. - Jan.
7 Zim ⊠ – †45/50 € ††70/75 €
♦ Die wohnlichen Zimmer dieses gepflegten kleinen Hotels verfügen meist über Balkons mit Blick auf den Pfälzer Wald. Schöne Aussichtsterrasse mit Besenwirtschaft.

In Rhodt unter Rietburg Süd-West : 2 km :

🏠 **Wohlfühlhotel Alte Rebschule** ≤ Rheinebene und Weinberge,
Theresienstr. 200 ⊠ 76835
– ℰ (06323) 7 04 40 – info@
alte-rebschule.de – Fax (06323) 704470
30 Zim ⊠ – †106/118 € ††182/206 € – **Rest** – (nur Abendessen) Karte 26/36 €
♦ Malerisch liegt das moderne, im Landhausstil gehaltene Hotel oberhalb von Rhodt, nahe der Villa Ludwigshöhe. Zimmer meist mit Blick zur Rheinebene. Kleiner Beautybereich. Ebenso modern gestaltetes Restaurant mit einer schönen Terrasse zum Hang hin.

EDENKOBEN

In Weyher Süd-West : 4 km, über Rhodt :

Zum Kronprinzen
Josef-Meyer-Str. 11 ⊠ *76835 –* ℰ *(06323) 70 63 – kronprinz-weyher@t-online.de*
– geschl. 2. - 31. Jan.
11 Zim ⌑ – †43/45 € ††67 € – ½ P 14 € – **Rest** *– (geschl. Dienstag)* Karte 14/32 €
◆ Das kleine Dorf am östlichen Ausläufer des Pfälzerwaldes bietet mit diesem einfachen ländlichen Gasthof eine sympathische Übernachtungsadresse. Gemütlich-rustikales Restaurant mit regionaler, bürgerlicher Karte.

EDESHEIM – Rheinland-Pfalz – 543 – 2 360 Ew – Höhe 151 m   47 E17
▶ Berlin 657 – Mainz 101 – Mannheim 42 – Kaiserslautern 48

Schloss Edesheim (mit Residenz)
Luitpoldstr. 9 ⊠ *67483 –* ℰ *(06323) 9 42 40 – info@*
schloss-edesheim.de – Fax (06323) 942411 – geschl. 22. - 28. Dez., 1. - 8. Jan.
38 Zim ⌑ – †83/110 € ††137/158 € – ½ P 30 € – 9 Suiten – **Rest** *– (geschl. Sonntag - Montag, nur Abendessen)* Menü 46/62 € – Karte 40/54 €
◆ Der ehemalige Bischofssitz a. d. 16. Jh. bildet den exklusiven Rahmen für das schöne Hotel mit seinen individuellen, eleganten Zimmern. Freilichttheater im Sommer. Mediterran: Da Nico mit zarten Wandgemälden, großem Kamin und italienischer Küche.

Wein-Castell
Staatsstr. 21 (B 38) ⊠ *67483 –* ℰ *(06323) 93 89 40 – info@*
wein-castell-edesheim.de – Fax (06323) 9389428 – geschl. Jan. - Feb. 2 Wochen
10 Zim ⌑ – †45/55 € ††80 € – ½ P 16 € – **Rest** *– (geschl. Montag - Dienstag)*
Karte 19/40 €
◆ Der Sandsteinbau a. d. 19. Jh. mit den soliden, gepflegten Zimmern gehört zu einem typischen Pfälzer Weingut. Freundliche und familiäre Atmosphäre. Im gemütlichen Restaurant bietet man u. a. hauseigene Weine.

EDIGER-ELLER – Rheinland-Pfalz – 543 – 1 090 Ew – Höhe 99 m   46 C14
▶ Berlin 666 – Mainz 118 – Koblenz 61 – Trier 75
🛈 Pelzerstr. 1 (im Ortsteil Ediger), ⊠ 56814, ℰ (02675) 13 44, verkehrsamt-ediger-eller@t-online.de

Im Ortsteil Ediger

Zum Löwen
Moselweinstr. 23 ⊠ *56814 –* ℰ *(02675) 2 08 – info@mosel-hotel-loewen.de*
– Fax (02675) 214 – geschl. Jan. - Feb.
20 Zim ⌑ – †45/80 € ††70/120 € – ½ P 18 € – **Rest** – Menü 39/49 € – Karte 24/44 €
◆ Die familiengeführte Urlaubsadresse empfiehlt sich mit einfachen, individuell eingerichteten Zimmern - zur Mosel hin auch mit Balkon! Restaurant mit Moselblick und internationalen sowie regionalen Gerichten.

Im Ortsteil Eller

Mosel-Landhaus Oster
Moselweinstr. 61 ⊠ *56814 –* ℰ *(02675) 2 32 – hotel-oster@t-online.de*
– Fax (02675) 1570 – geschl. 7. - 26. Dez., 2. Jan. - 14. März
19 Zim ⌑ – †37/50 € ††64/84 € – ½ P 12 € – **Rest** *– (geschl. Dienstagmittag)*
Karte 15/27 €
◆ Das historische Fachwerkhaus mit Anbau ist ein familiär geleitetes kleines Hotel, in dem zeitgemäße Gästezimmer für Sie bereitstehen. Freundliches Restaurant mit Blick zur Mosel.

EDLING – Bayern – 546 – 4 080 Ew – Höhe 477 m   66 N20
▶ Berlin 634 – München 56 – Rosenheim 27 – Erding 43

Restaurant im Schloss Hart
Hart 6 (Süd : 3 km, Richtung Ramerberg) ⊠ *83533 –* ℰ *(08039) 17 74 – info@*
schlosshart.com – Fax (08039) 909270 – geschl. Dienstag - Mittwoch, Sonntagabend
Rest *– (nur Abendessen)* Menü 26/32 € – Karte 24/41 €
◆ Zwei hübsche Stuben in historischem Rahmen mit Gewölbedecke und einem schönen alten Kachelofen. Terrasse im Innenhof und unter Arkaden. Der Service ist freundlich und leger.

EFFELDER (KREIS EICHSFELD) – Thüringen – 544 – 1 390 Ew – Höhe 470 m
39 **J11**

▶ Berlin 327 – Erfurt 73 – Mühlhausen 17 – Eisenach 43

Waldhotel Klostermühle Biergarten 🍺 📶 🛀 **P** VISA ⓜ AE
Klostermühle 1 (Nord-West 2 km, Richtung Großbartloff) ✉ *37359 –* ℰ *(036075) 39 00 – waldhotel-klostermuehle@t-online.de – Fax (036075) 39075 – geschl. Jan.*
27 Zim ⌂ – †45/47 € ††74/78 € – **Rest** – *(geschl. Montagmittag)* Karte 16/30 €
♦ In ländlicher Umgebung, am Waldrand, finden Reisende eine solide geführte, saubere Übernachtungsadresse. Praktisch ausgestattete Zimmer sprechen für das Haus. Die Einrichtung in hellem Holz bestimmt den rustikalen Charakter des Restaurants.

EFRINGEN-KIRCHEN – Baden-Württemberg – 545 – 8 210 Ew – Höhe 258 m
61 **D21**

▶ Berlin 852 – Stuttgart 254 – Freiburg im Breisgau 59 – Basel 15

Im Ortsteil Blansingen Nord-West : 5 km über B 3 :

XX **Traube** mit Zim 🌿 🍴 ⇔ **P** VISA ⓜ
Alemannenstr. 19 ✉ *79588 –* ℰ *(07628) 82 90 – traube-blansingen@t-online.de – Fax (07628) 8736 – geschl. Jan. - Feb. 2 Wochen, Juli - Aug. 2 Wochen*
7 Zim ⌂ – †75 € ††98/113 € – **Rest** – *(geschl. Dienstag - Mittwoch)* Karte 41/65 €
♦ Eine sympathische Adresse ist das von Familie Albrecht freundlich geführte Restaurant. In dem ehemaligen Bauernhaus von 1811 serviert man klassische Küche. Gartenterrasse. Zum Übernachten bietet man hübsche, individuelle Gästezimmer.

Im Ortsteil Egringen Nord-Ost : 3 km, jenseits der B 3 :

X **Rebstock** mit Zim 🍴 ⚙ Zim, 🅰🅲 Zim, ⚑ Zim, **P** VISA ⓜ
Kanderner Str. 21 ✉ *79588 –* ℰ *(07628) 9 03 70 – gasthaus@rebstock-egringen.de – Fax (07628) 903737*
10 Zim ⌂ – †59/65 € ††86/100 € – **Rest** – *(geschl. Montag - Dienstag)* Menü 34/55 € – Karte 23/50 €
♦ In diesem typischen badischen Gasthof erwarten Sie ein bürgerliches Ambiente und eine regionale, teils internationale Speisekarte. Wohnliche Gästezimmer.

EGESTORF – Niedersachsen – 541 – 2 410 Ew – Höhe 101 m – Erholungsort
19 **I6**

▶ Berlin 322 – Hannover 107 – Hamburg 57 – Lüneburg 29
🛈 Im Sande 1, ✉ 21272, ℰ (04175) 15 16, info@egerstorf.de

Acht Linden (mit Gästehaus) 🍴 📶 🛀 **P** VISA ⓜ ⓞ
Alte Dorfstr. 1 ✉ *21272 –* ℰ *(04175) 8 43 33 – info@hotel-acht-linden.de – Fax (04175) 843359*
35 Zim ⌂ – †58/65 € ††90/105 € – 4 Suiten – **Rest** – Menü 30 € – Karte 17/43 €
♦ Der vom Inhaber geführte Gasthof im niedersächsischen Bauernhausstil verfügt über gepflegte, unterschiedlich eingerichtete Zimmer. Essen kann man in der rustikalen Gaststube oder in den eleganteren Nebenzimmern.

Egestorfer Hof (mit Gästehäusern) 🍴 🛀 **P** VISA ⓜ AE
Lübberstedter Str. 1 ✉ *21272 –* ℰ *(04175) 4 80 – kontakt@egestorferhof.de – Fax (04175) 1090*
30 Zim ⌂ – †50/65 € ††80/100 € – ½ P 13 € – 3 Suiten – **Rest** – Karte 19/39 €
♦ Diese familiengeführte Adresse bietet Unterkünfte in rustikalem Stil, z. T. mit Balkon bzw. Terrasse. Die Suiten verfügen über kleine Küchenzeilen. Mit Kachelofen und Sammlerstücken dekoriertes Restaurant.

In Egestorf-Sahrendorf Nord-West : 3 km :

Studtmann's Gasthof (mit Gästehaus) 🍺 🍴 📞 **P** VISA ⓜ AE
Im Sahrendorf 19 ✉ *21272 –* ℰ *(04175) 8 43 60 – info@studtmanns-gasthof.de – Fax (04175) 843631 – geschl. 15. Jan. - 15. Feb.*
22 Zim ⌂ – †43/70 € ††63/74 € – ½ P 13 € – **Rest** – *(geschl. Dienstag)* Karte 17/30 €
♦ Hier erwartet Sie ein typischer Heidegasthof: Der rötliche Klinkerbau birgt mit rustikalem Holzmobiliar ausgestattete Zimmer im ländlichen Stil. Gaststuben mit regionalem, bürgerlichem Angebot.

EGGENSTEIN-LEOPOLDSHAFEN – Baden-Württemberg – **545** – 15 190 Ew
– Höhe 112 m   54 **F17**
▶ Berlin 660 – Stuttgart 97 – Karlsruhe 12 – Mannheim 63

Im Ortsteil Eggenstein

Zum Goldenen Anker
Hauptstr. 20 ⊠ *76344* – ✆ *(0721) 70 60 29 – info@hotel-anker-eggenstein.de
– Fax (0721) 782333*
32 Zim – †47/58 € ††80/88 € – **Rest** – *(geschl. Samstag)* Karte 17/38 €

♦ Ein gut geführter erweiterter Gasthof mit ländlichem Charakter, der über gepflegte, praktisch und zeitgemäß eingerichtete Zimmer verfügt. Restaurant mit bürgerlicher und regionaler Küche.

Zum Löwen (Markus Nagy) mit Zim
Hauptstr. 51 ⊠ *76344* – ✆ *(0721) 78 00 70 – zum-loewen-eggenstein@t-online.de
– Fax (0721) 7800799 – geschl. 1. - 16. Jan., Aug. 2 Wochen*
11 Zim – †56/66 € ††88/90 € – **Rest** – *(geschl. Samstagmittag, Sonntag)* (Tischbestellung ratsam) Menü 27 € (mittags)/90 € – Karte 46/71 €
Spez. Karamellisierte Gänsestopfleber im Entensud. Warmgeräucherter Stör mit Kapern-Radieschenvinaigrette. Verschiedene Zubereitungen vom Hohenloher Jungbullen und Nebraska Bison.

♦ Die einstige Dorfwirtschaft bietet heute in rustikal-elegantem Ambiente badisch-mediterrane Küche - am Mittag ergänzt durch eine einfachere Karte. Hübsche Innenhofterrasse.

EGGESIN – Mecklenburg-Vorpommern – **542** – 5 850 Ew – Höhe 8 m   14 **Q5**
▶ Berlin 160 – Schwerin 208 – Neubrandenburg 69 – Greifswald 74

Waldidyll
Luckower Str. 14 ⊠ *17367* – ✆ *(039779) 2 05 31 – Fax (039779) 20531*
12 Zim – †40 € ††55 € – **Rest** – Karte 16/19 €

♦ Relativ ruhig liegt dieses gepflegte, neuzeitliche Hotel in einem Wohngebiet. Zum Haus gehört auch ein kleines Kosmetikstudio.

EGLING – Bayern – **546** – 5 070 Ew – Höhe 609 m   65 **L21**
▶ Berlin 627 – München 36 – Garmisch-Partenkirchen 65 – Bad Tölz 21

Gasthof zur Post (mit Gästehaus)
Hauptstr. 11 ⊠ *82544* – ✆ *(08176) 9 30 30
– info@oberhauser-egling.de – Fax (08176) 1786*
38 Zim – †40/75 € ††60/100 € – **Rest** – Karte 13/30 €

♦ Ein typisch bayerischer, gewachsener Metzgereigasthof. In den angrenzenden Gästehäusern befinden sich gepflegte und solide, z. T. auch neue Zimmer. Rustikale Gaststube mit blanken Tischen.

In Egling-Neufahrn Süd-West : 2 km :

Hanfstingl garni
Kirchstr. 7 ⊠ *82544* – ✆ *(08171) 3 46 70 – info@hotel-hanfstingl.de – Fax (08171) 346729*
20 Zim – †40 € ††65 €

♦ Der um einen Anbau erweiterte ehemalige Bauernhof ist ein familiengeführtes kleines Hotel mit zeitgemäßen, hell möblierten Zimmern und einem freundlichen Frühstücksraum/Café.

Landhaus Vogelbauer mit Zim
Schanzenstr. 4 ⊠ *82544* – ✆ *(08171) 2 90 63 – info@vogelbauer.com
– Fax (08171) 22671*
8 Zim – †65/75 € ††115 € – **Rest** – *(geschl. Mittwoch, nur Abendessen)* (Tischbestellung ratsam) Menü 38/65 € – Karte 30/75 €

♦ Die Lage in den ehemaligen Stallungen des einstigen Bauernhauses von 1630 gibt dem Restaurant eine gemütliche Atmosphäre und einen rustikalen Touch.

EHEKIRCHEN – Bayern – 546 – 3 770 Ew – Höhe 415 m 57 **K19**
▶ Berlin 553 – München 54 – Augsburg 43 – Ingolstadt 35

Strixner Hof
Am Leitenweg 5 (Schönesberg) ⌧ 86676 – ℰ (08435) 18 77 – strixnerhof@t-online.de – Fax (08435) 1260 – geschl. über Fasching 2 Woche, 25. Juli - 14. Aug.
7 Zim ⌑ – †45 € ††65 € – **Rest** – (geschl. Donnerstag) Karte 10/26 €
♦ Gasthof im Landhausstil, der sehr persönlich und familiär geführt wird. Die Zimmer sind solide, in rustikalem Stil eingerichtet. Das Frühstück wird serviert! Einladendes Restaurant mit grünem Wintergartenanbau und regionaler Saisonkarte.

EHINGEN – Baden-Württemberg – 545 – 25 840 Ew – Höhe 515 m 63 **H20**
▶ Berlin 644 – Stuttgart 101 – Konstanz 119 – Ulm (Donau) 26
◉ Obermarchtal : ehem. Kloster★ Süd-West : 14 km

Adler
Hauptstr. 116 ⌧ 89584 – ℰ (07391) 7 06 60 – info@adlerehingen.de – Fax (07391) 7066500 – geschl. Aug. 2 Wochen
38 Zim – †57/79 € ††85/110 € – **Rest** – (geschl. Sonntagabend - Montag) Karte 17/42 €
♦ Das Hotel im Zentrum ist ein solide geführter Familienbetrieb. Die zeitgemäß eingerichteten Zimmer sind meist recht geräumig und bieten eine gute technische Ausstattung. Restaurant mit regionaler und internationaler Küche.

Ehinger Hof
Lindenstr. 26 ⌧ 89584 – ℰ (07391) 7 70 70 – info@ehingerhof.de – Fax (07391) 7707200
15 Zim ⌑ – †55/60 € ††85/90 € – **Rest** – (geschl. Donnerstag) Menü 18/20 € – Karte 20/37 €
♦ Das kleine Hotel in der zweiten Etage eines im Zentrum gelegenen Geschäftshauses verfügt über geräumige, wohnlich gestaltete Gästezimmer. Im Erdgeschoss befindet sich das in neuzeitlichem Stil gehaltene Restaurant.

In Ehingen-Kirchen West : 7,5 km :

Zum Hirsch
Osterstr. 3 ⌧ 89584 – ℰ (07393) 9 50 10 – info@hotel-hirsch-ehingen.de – Fax (07393) 4101
17 Zim – †48/54 € ††75/85 € – **Rest** – (geschl. Montag) Menü 28 € – Karte 15/37 €
♦ Der familiär geführte Gasthof mit Fachwerkfassade ist eine ehemalige Kornkammer und hat seinen Ursprung im 13. Jh. Die Zimmer sind solide und funktionell möbliert. In den Gaststuben werden bürgerliche Gerichte serviert.

In Ehingen-Nasgenstadt Ost : 3 km, über B 311 :

Panorama garni
Karpfenweg 7 ⌧ 89584 – ℰ (07391) 7 74 60 – info@panorama-ehingen.de – Fax (07391) 774677
32 Zim – †50/65 € ††75/80 €
♦ Gepflegte, praktisch eingerichtete Gästezimmer und freundlicher Service erwarten Sie in diesem Hotel. Gutes Frühstücksbuffet.

EHNINGEN – Baden-Württemberg – 545 – 7 610 Ew – Höhe 444 m 55 **G19**
▶ Berlin 655 – Stuttgart 25 – Freudenstadt 65 – Karlsruhe 81

Landhaus Feckl
Keltenweg 1 ⌧ 71139 – ℰ (07034) 2 37 70 – info@landhausfeckl.de – Fax (07034) 2377277 – geschl. Jan. 1 Woche
21 Zim ⌑ – †96/103 € ††108/113 € – **Rest** – (geschl. Sonn- und Feiertage) Menü 40 € (mittags)/96 € – Karte 51/73 €
Spez. Cappuccino von Flusskrebsen mit Erbsenpüree. Thunfisch mit Limonen-Ingwerschaum. Feines vom Bigorre-Schwein mit Bärlauch-Kartoffelpüree.
♦ Ein neuzeitliches Hotel am Ortsrand. Die Zimmer bieten wohnliche Atmosphäre und solide Technik, teils mit Balkon oder kleiner bewachsener Dachterrasse. Gutes Frühstück. Im Restaurant serviert man eine kreative saisonale Küche aus guten Produkten.

EHNINGEN

In Ehningen-Mauren Süd : 2 km :

Landhotel Alte Mühle garni
*Mauren 2 ⊠ 71139 – ℰ (07034) 2 37 89 10 – info@landhotel-alte-muehle.de
– Fax (07034) 2378909*
3 Zim ⊇ – †107/117 € ††107/117 €
♦ Charmant ist dieses sehr kleine, aus einer ehemaligen Mühle von 1822 entstandene Hotel mit seinen hübschen Themenzimmern. Im Sommer frühstücken Sie im netten Garten.

EHRENBERG (RHÖN) – Hessen – 543 – 2 750 Ew – Höhe 575 m – Wintersport : 900 m ⰶ3   39 I13
▶ Berlin 432 – Wiesbaden 168 – Fulda 29 – Frankfurt am Main 124
ℹ Röhnstr. 26, ⊠ 36115, ℰ (06683) 96 01 16, tourist-info@ehrenberg-rhoen.de

In Ehrenberg-Seiferts Nord : 4,5 km :

Zur Krone
*Eisenacher Str. 24 (B 278) ⊠ 36115 – ℰ (06683) 9 63 40 – info@rhoenerlebnis.de
– Fax (06683) 1482*
20 Zim ⊇ – †39/46 € ††58/72 € – ½ P 13 € – **Rest** – Karte 16/31 €
♦ Eine überschwängliche, verspielte Dekoration prägt das Haus in allen Bereichen. Die auf Urlauber ausgerichteten Zimmer sind einfach, aber solide. Eigene Apfelweinkelterei. Im rustikalen Restaurant kommen regionale Gerichte auf den Tisch.

EHRENFRIEDERSDORF – Sachsen – 544 – 5 450 Ew – Höhe 530 m   42 O13
▶ Berlin 290 – Dresden 105 – Chemnitz 24 – Annaberg-Buchholz 9

Nussknacker-Hotel
*Annaberger Str. 30 ⊠ 09427 – ℰ (037341) 1 40 – info@nussknacker-hotel.de
– Fax (037341) 14141*
35 Zim ⊇ – †52/87 € ††78/123 € – ½ P 17 € – **Rest** – (nur Abendessen)
Menü 20 € – Karte 16/26 €
♦ In der Nähe des Gewerbegebietes findet man das moderne und freundliche Hotel, von dessen Gästezimmern aus man den See sehen kann. Bürgerliches Speiseangebot im hellen Restaurant.

EHRENKIRCHEN – Baden-Württemberg – 545 – 6 870 Ew – Höhe 261 m   61 D21
▶ Berlin 813 – Stuttgart 221 – Freiburg im Breisgau 10 – Basel 56

In Ehrenkirchen-Kirchhofen

Sonne-Winzerstuben
*Lazarus-Schwendi-Str. 20 ⊠ 79238 – ℰ (07633) 70 70 – Fax (07633) 6060 – geschl.
1. - 13. Aug.*
10 Zim ⊇ – †40 € ††80 € – **Rest** – (geschl. Donnerstag - Freitag) Karte 15/30 €
♦ Hier im Breisgau erwartet Sie ein typischer badischer Gasthof mit freundlicher Atmosphäre: Gepflegte und solide Zimmer laden zum Übernachten ein. Hübscher Garten. Drei rustikal gestaltete Gaststuben stehen zur Einkehr bereit.

Zur Krone mit Zim
*Herrenstr. 5 ⊠ 79238 – ℰ (07633) 52 13 – info@gasthaus-krone.de – Fax (07633)
83550 – geschl. 1. 11. - 29. Feb.*
10 Zim ⊇ – †37/42 € ††62 € – **Rest** – (geschl. Dienstag - Mittwochmittag, Nov. -
Ostern Dienstag - Mittwoch) Menü 26 € – Karte 20/36 €
♦ Seit dem 17. Jh. befindet sich dieser typisch badische Gasthof in Familienbesitz. Hier bewirtet man Sie in gemütlich-rustikalen Stuben mit gutbürgerlicher Küche.

In Ehrenkirchen-Offnadingen Nord-West : 2,5 km :

Klostermühle
*Am Mühlbach 6 ⊠ 79238 – ℰ (07633) 40 63 15 – klostermuehle-offnadingen@
web.de – Fax (07633) 406316 – geschl. über Fasching 2 Wochen, 5. - 14. Sept.
und Sonntag - Montag*
Rest – Menü 26 € (mittags)/65 € (abends) – Karte 35/59 €
♦ Ein charmantes Restaurant mit freundlichem Service ist die a.d. 13. Jh. stammende Mühle im Grünen. Das Getreide für das hauseigene Brot wird noch heute hier gemahlen.

367

EIBENSTOCK – Sachsen – 544 – 6 820 Ew – Höhe 635 m 42 **N14**

- Berlin 311 – Dresden 108 – Chemnitz 52 – Zwickau 34
- Postplatz 4, ⊠ 08309, ℰ (037752) 22 44, touristinformation@eibenstock.de

Am Bühl (direkter Zugang zu den Badegärten)
Am Bühl 1 ⊠ 08309 – ℰ (037752) 5 60 – kontakt@hotel-blaues-wunder.de – Fax (037752) 56888
129 Zim ⊇ – †52/67 € ††73/95 € – **Rest** – Karte 19/33 €

♦ Das familienfreundliche Hotel, das etwas außerhalb im Wald liegt, ist eine nette Adresse sowohl für Businessgäste wie auch für Urlauber. Hotelrestaurant mit internationalem Angebot.

EICHSTÄTT – Bayern – 546 – 13 100 Ew – Höhe 391 m 57 **L18**

- Berlin 501 – München 107 – Augsburg 73 – Ingolstadt 27
- Domplatz 8, ⊠ 85072, ℰ (08421) 9 88 00, tourismus@eichstaett.de
- Bischöflicher Residenzbezirk★ : Residenzplatz★ – Dom (Pappenheimer Altar ★★, Mortuarium ★, Kreuzgang ★) – Hofgarten (Muschelpavillon★) – Jura-Museum★

Adler garni
Marktplatz 22 ⊠ 85072 – ℰ (08421) 67 67 – adler.stigler@t-online.de – Fax (08421) 8283 – geschl. 18. Dez. - 10. Jan., 1. - 7. Feb., 30. Okt. - 5. Nov.
28 Zim ⊇ – †71/85 € ††95/115 €

♦ Das restaurierte Barockhaus a. d. 17. Jh. beherbergt gediegen-zeitlos mit Kirschbaummobiliar ausgestattete, z. T. recht geräumige Zimmer.

Gästehaus Abtei St. Walburg garni
Walburgiberg 6 ⊠ 85072 – ℰ (08421) 9 88 70 – kloster.st.walburg@bistum-eichstaett.de – Fax (08421) 988740 – geschl. 23. Dez. - 1. Jan.
19 Zim ⊇ – †36 € ††60 €

♦ Die von Benediktinerinnen geführte Klosteranlage aus dem 11. Jh. bietet Ihnen angenehme Übernachtungsmöglichkeiten. Sie wohnen in hellen Zimmern, z. T. mit Antiquitäten.

Sonne (mit Gästehaus)
Buchtal 17 ⊠ 85072 – ℰ (08421) 67 91 – info@sonne-eichstaett.de – Fax (08421) 89836 – geschl. Anfang Nov. 2 Wochen, über Fasching 2 Wochen
20 Zim ⊇ – †40/58 € ††58/70 € – **Rest** – (geschl. Dienstag, nur Abendessen) Karte 16/24 €

♦ Traditionelle Gastlichkeit im Altmühltal: Die gemütlichen, zum Teil mit Kirschholz, zum Teil mit Eiche eingerichteten Zimmer werden Ihnen ein wohnliches Domizil sein. Ländliche Gaststuben, in denen man regionale Speisen serviert bekommt.

Schießstätte garni
Schießstättberg 8 ⊠ 85072 – ℰ (08421) 9 82 00 – info@hsg-ei.de – Fax (08421) 982080
26 Zim ⊇ – †55/65 € ††70/85 €

♦ Farbenfrohe Gestaltung mit reichlich Zierrat dominiert die Einrichtung dieses Hotels mit Blick auf die Stadt, in dem die Gäste zweckmäßig ausgestattete Zimmer erwarten.

Café Fuchs garni
Ostenstr. 8 ⊠ 85072 – ℰ (08421) 67 89 – info@hotel-fuchs.de – Fax (08421) 80117 – geschl. 1. - 7. Jan.
21 Zim ⊇ – †40/65 € ††60/80 €

♦ Das zentrumsnahe Hotel überzeugt mit gut gepflegten Zimmern, die mit Kirschholzmöbeln eingerichtet sind. Probieren Sie auch die Spezialitäten der hauseigenen Konditorei.

Domherrnhof
Domplatz 5, (1. Etage) ⊠ 85072 – ℰ (08421) 61 26 – waldmueller@domherrnhof.de – Fax (08421) 80849 – geschl. Feb. 3 Wochen und Montag
Rest – Menü 23 € (mittags)/59 € – Karte 36/51 €

♦ Restaurant mit historisch-elegantem Rahmen: Stuck, Goldverzierungen und Parkett schmücken das restaurierte Stadthaus aus der Rokokozeit. Gehobene internationale Küche.

EICHSTÄTT

In Eichstätt-Wasserzell Süd-West : 4,5 km über Marienstein :

Zum Hirschen (mit Gästehaus) Biergarten
Brückenstr. 9 ⊠ 85072 – ✆ (08421) 96 80 – info@hirschenwirt.de – Fax (08421)
968888 – geschl. Jan. - Mitte Feb.
40 Zim ⊇ – †42/45 € ††60/70 € – **Rest** – Karte 14/22 €
♦ Der dörfliche Gasthof ist idealer Ausgangspunkt für Ausflüge in den Naturpark Altmühltal. Die Zimmer zeigen sich zeitlos und zweckmäßig in ländlichem Stil. Bodenständige Saisonkarte in den rustikalen Gaststuben.

An der B 13 Nord-West : 9 km :

Zum Geländer (mit Gästehaus) Biergarten
Geländer 1 ⊠ 85132 Schernfeld-Geländer – ✆ (08421) 67 61 – info@
waldgasthof-gelaender.de – Fax (08421) 2614 – geschl. Mitte Jan. - Mitte Feb.
30 Zim ⊇ – †42/56 € ††59/74 € – **Rest** – (geschl. Nov. - März. Donnerstag) Karte
13/29 €
♦ Ein idyllisch gelegener Waldgasthof mit Naturlehrpfad, Tiermuseum und Wildgehege.
Auf die Gäste warten solide möblierte Zimmer, Kinder freuen sich über das große Spielzimmer. Rustikales, getäfeltes Restaurant. Regionale Küche sowie Lamm- und Wildspezialitäten.

EICHWALDE – Brandenburg – **542** – 5 840 Ew – Höhe 35 m   23 **P8**
▶ Berlin 31 – Potsdam 65 – Cottbus 115 – Frankfurt (Oder) 79

Carmens Restaurant
Bahnhofstr. 15 ⊠ 15732 – ✆ (030) 6 75 84 23 – Fax (030) 6758423
– geschl. 2. - 16. Jan., 17. Aug. - 11. Sept. und Okt. - April Montag - Dienstag,
Sonntagabend, Mai - Sept. Montag - Dienstag, Sonntagmittag
Rest – (Mittwoch - Freitag nur Abendessen) (Tischbestellung ratsam)
Menü 38/48 € – Karte 28/40 €
♦ Ein persönlich geführtes kleines Restaurant mit moderner, legerer Bistro-Atmosphäre.
Aus frischen Produkten bereitet die Chefin regionale Gerichte.

EIGELTINGEN – Baden-Württemberg – **545** – 3 470 Ew – Höhe 483 m   62 **G21**
▶ Berlin 740 – Stuttgart 148 – Konstanz 40 – Freiburg im Breisgau 104

Zur Lochmühle (mit 2 Gästehäusern)
Hinterdorfstr. 44 ⊠ 78253 – ✆ (07774) 9 39 30 – lochmuehle-eigeltingen@
t-online.de – Fax (07774) 939393 – geschl. Feb.
40 Zim ⊇ – †50 € ††80 € – **Rest** – Karte 13/30 €
♦ Hier wird viel geboten: Erlebnisurlaub auf dem Bauernhof mit Aktivitäten wie Ponyreiten
und Traktorrennen. Die Zimmer sind wohnlich mit hellen Naturholzmöbeln eingerichtet.
Urige, mit bäuerlichen Geräten dekorierte Stube - ergänzt durch eine Gartenterrasse.

EILSEN, BAD – Niedersachsen – **541** – 2 350 Ew – Höhe 95 m – Heilbad   28 **G9**
▶ Berlin 342 – Hannover 60 – Hameln 27 – Minden 15
🛈 Bückeburger Str. 2, ⊠ 31707, ✆ (05722) 8 86 50, info@bad-eilsen.de
▶ Golfclub am Harrl, Am Bruch 12 ✆ (05722) 9 05 49 00

Landhaus Lahmann garni
Harrlallee 3 ⊠ 31707 – ✆ (05722) 99 24 90 – landhaus.lahmann@t-online.de
– Fax (05722) 81132 – geschl. 23. - 27. Dez.
18 Zim ⊇ – †45/59 € ††69/74 €
♦ Ruhig an einem Waldstück gelegenes Hotel mit schöner Gartenanlage, persönlicher
Atmosphäre und teils im Landhausstil gehaltenen Zimmern. Zum Haus gehört auch ein
Reiterhof.

Bei schönem Wetter isst man gern im Freien!
Wählen Sie ein Restaurant mit Terrasse: 🍽 .

EIMELDINGEN – Baden-Württemberg – **545** – 2 190 Ew – Höhe 266 m 61 **D21**
- Berlin 857 – Stuttgart 260 – Freiburg im Breisgau 64 – Basel 11

Zum Löwen mit Zim
Hauptstr. 23 (B 3) ✉ *79591 –* ✆ *(07621) 6 25 88 – info@loewen-eimeldingen.de – Fax (07621) 69726 – geschl. Ende Juli 2 Wochen*
6 Zim ⌂ – ♦50/55 € ♦♦80/90 € – **Rest** – *(geschl. Dienstag - Mittwoch)* Menü 33 € – Karte 20/43 €
♦ Dies ist ein traditioneller badischer Gasthof, der in seinen ländlich gestalteten Stuben eine internationale, teils regionale Küche bietet. Im modernen Gästehaus: solide, in Eiche gehaltene Zimmer.

> Unsere „Hoffnungsträger" sind die Restaurants, deren Küche wir für die nächste Ausgabe besonders sorgfältig auf eine höhere Auszeichnung hin überprüfen. Der Name dieser Restaurants ist in „rot" gedruckt und zusätzlich auf der Sterne-Liste am Anfang des Buches zu finden.

EINBECK – Niedersachsen – **541** – 28 190 Ew – Höhe 112 m 29 **I10**
- Berlin 326 – Hannover 72 – Braunschweig 94 – Göttingen 41
- Marktplatz 13, ✉ 37574, ✆ (05561) 3 13 19 10, touristinfo@einbeck.de
- Einbeck-Immensen, Am Holzgrund ✆ (05561) 98 23 05
- Marktplatz★★ (Fachwerkhäuser★★) – Haus Marktstraße 13★★ – Tiedexer Straße★★ – Ratswaage★

Panorama
Mozartstr. 2 ✉ *37574 –* ✆ *(05561) 9 37 70 – hotel.panorama@t-online.de – Fax (05561) 74011*
41 Zim ⌂ – ♦73/85 € ♦♦94/120 € – **Rest** – Karte 20/38 €
♦ Etwas oberhalb der historischen Fachwerkstadt liegt dieses Hotel. Die gepflegten Zimmer sind individuell und zeitgemäß eingerichtet. Leicht klassisch gestaltetes Restaurant und ländliche Bierstube.

Hasenjäger
Hubeweg 119 ✉ *37574 –* ✆ *(05561) 9 30 20 – hotelhasenjaeger@t-online.de – Fax 33667*
19 Zim ⌂ – ♦65 € ♦♦75/98 € – **Rest** – Karte 18/32 €
♦ Ein ruhig gelegenes, freundliches Hotel mit alpenländischem Flair: Die Zimmer sind mit bemalten Bauernmöbeln rustikal eingerichtet. Sie speisen im Salzburger Stüberl oder in der Zirbelstube mit Kachelofen.

Der Schwan mit Zim
Tiedexer Str. 1 ✉ *37574 –* ✆ *(05561) 46 09 – info@schwan-einbeck.de – Fax (05561) 72366*
12 Zim ⌂ – ♦58/77 € ♦♦80/102 € – **Rest** – *(geschl. Sonntag, nur Abendessen)* Menü 35/78 € – Karte 27/53 €
♦ Umgeben von schmucken Fachwerkfassaden liegt das historische Haus nahe dem Marktplatz und der Fußgängerzone. Rosatöne und allerlei Zierrat bestimmen das Ambiente.

EISENACH – Thüringen – **544** – 44 090 Ew – Höhe 220 m 39 **J12**
- Berlin 353 – Erfurt 62 – Kassel 92 – Nordhausen 130
- ADAC Bahnhofstr. 1
- Markt 9, ✉ 99817, ✆ (03691) 7 92 30, info@eisenach.info
- Wenigen-Lupnitz, Am Röderweg 3 ✆ (036920) 7 18 71 CY
- Predigerkirche (Mittelalterliche Schnitzplastik★) BY - Wartburg★★ AZ
- Thüringer Wald ★★

Stadtpläne siehe nächste Seiten

370

EISENACH

Steigenberger Hotel Thüringer Hof
Karlsplatz 11 ⊠ 99817 – ℰ (03691) 2 80
– eisenach@steigenberger.de – Fax (03691) 28190
127 Zim ⊃ – †99/119 € ††129/149 €
BY **e**
Rest – Karte 17/35 €

♦ Das historische Hotel aus dem 19. Jh. wurde liebevoll restauriert und empfängt seine Gäste mit komfortablen, zeitgemäß gestalteten Zimmern und einem stilvollen Ambiente. Bistroähnliches Restaurant mit offener Showküche.

Schlosshotel
Markt 10 ⊠ 99817 – ℰ (03691) 70 20 00 – schlosshotel@eisenachonline.de
– Fax (03691) 70200200
BY **b**
43 Zim ⊃ – †80/88 € ††109/120 €
Rest – *(geschl. 7. - 20. Jan.)* Karte 20/43 €

♦ Das Hotel im ehemaligen Franziskanerkloster empfängt seine Gäste mit einer Mischung aus historischem Flair und modernem Komfort. Mittags isst man im Restaurant im Hochparterre, abends ist der alte Gewölbekeller geöffnet.

Villa Anna garni
Fritz-Koch-Str. 12 ⊠ 99817 – ℰ (03691) 2 39 50 – info@hotel-villa-anna.de
– Fax (03691) 239530
BZ **r**
15 Zim ⊃ – †68/88 € ††78/98 €

♦ Wenn Sie Individualität zu schätzen wissen: Die Kombination von historischer Atmosphäre mit moderner Eleganz macht diese Gründerzeitvilla zu einem Hotel mit persönlicher Note.

Sophien Hotel
Sophienstr. 41 ⊠ 99817 – ℰ (03691) 25 10
– info@sophienhotel.de – Fax (03691) 25111
– geschl. 29. Dez. - 2. Jan.
BY **f**
58 Zim ⊃ – †72 € ††99 €
Rest – Menü 16/22 € – Karte 16/22 €

♦ Dieses Etagenhotel ist aufgrund seiner modernen technischen Ausstattung besonders für Geschäftsleute interessant. Geschmackvoll gestaltete Zimmer bieten viel Komfort. Zur Halle hin offenes Restaurant.

Kaiserhof
Wartburgallee 2 ⊠ 99817 – ℰ (03691) 8 88 90 – info@kaiserhof-eisenach.de
– Fax (03691) 203653
BCY **a**
49 Zim ⊃ – †76/102 € ††101/131 €
Rest Turmschänke – ℰ (03691) 21 35 33 *(geschl. Jan. 3 Wochen,*
Aug. 2 Wochen und Sonntag, nur Abendessen) Menü 28/34 € – Karte 28/36 €
Rest Der Zwinger – ℰ (03691) 20 33 43 – Karte 13/20 €

♦ Ein Haus mit über 100-jähriger Tradition: Die großzügige Lobby und die mit eleganten Möbeln eingerichteten Zimmer lassen die Vergangenheit wieder aufleben. Holzgetäfelte Wände und Gemälde in der Turmschänke. Im Zwinger begeistert eine prächtige Gewölbedecke.

Berghotel
≤ Wartburg,
An der Göpelskuppe 1 ⊠ 99817 – ℰ (03691) 2 26 60 – berghotel-eisenach@
t-online.de – Fax (03691) 226644
CZ **c**
16 Zim ⊃ – †59/77 € ††89/115 €
Rest – *(geschl. Nov. - März Sonntagabend)* Menü 20/35 € – Karte 20/33 €

♦ Am Waldrand unweit des Burschenschaftsdenkmals liegt dieses 1923 erbaute und sorgfältig restaurierte, tadellos unterhaltene Haus mit soliden, leicht eleganten Zimmern. Restaurant und Orangerie mit schönem Blick auf die Wartburg.

Haus Hainstein
Am Hainstein 16 ⊠ 99817 – ℰ (03691) 24 20 – haushainstein@t-online.de
– Fax (03691) 242109
BZ **w**
67 Zim ⊃ – †45/60 € ††70/80 €
Rest – Karte 16/27 €

♦ In ruhiger Lage oberhalb der Stadt gelegenes Hotel. Sie wohnen in gepflegten Gästezimmern mit klassisch-zeitloser Einrichtung. Zum Restaurant gehört eine Gartenterrasse mit Aussicht auf die Wartburg.

EISENACH

Street	Code
Alexanderstr.	BY
Altstadtstr.	CY 4
Am Hainstein	BZ 5
Am Klosterholz	AY 7
Am Roten Bach	AY 9
August-Bebel-Str.	ABY 12
Barfüßerstr.	BZ 13
Burgstr.	BZ 14
Christianstr.	AY 15
Clemdastr.	BY 18
Ernst-Böckel-Str.	BCZ 19
Frauenberg	BZ 21
Gabelsbergerstr.	CY 22
Georgenstr.	BY 25
Goldschmiedenstr.	BY 26
Grimmelgasse	BZ 28
Hainweg	BYZ 27
Heinrich-Ehrardt-Pl.	BY 29
Hinter der Mauer	BY 30
Johannisstr.	BY 31
Johann-Sebastian-Bach-Str.	CZ 33
Karlstr.	BY
Klostenweg	BZ 35
Kupferhammer	BY 34
Langensalzaer Str.	CY 37
Luisenstr.	CZ 36
Markt	BY 38
Naumannstr.	BY 39
Nicolaistr.	BY 41
Querstr.	BY 40
Reuterweg	BZ 42
Schmelzerstr.	BY 43
Sommerstr.	BY 44
Stedtfelder Str.	AY 45
Theaterpl.	BY 46
Waisenstr.	BCZ 47
Werneburgstr.	BY 48
Werrastr.	AY 50
Wilhelm-Rinkens-Str.	BY 51

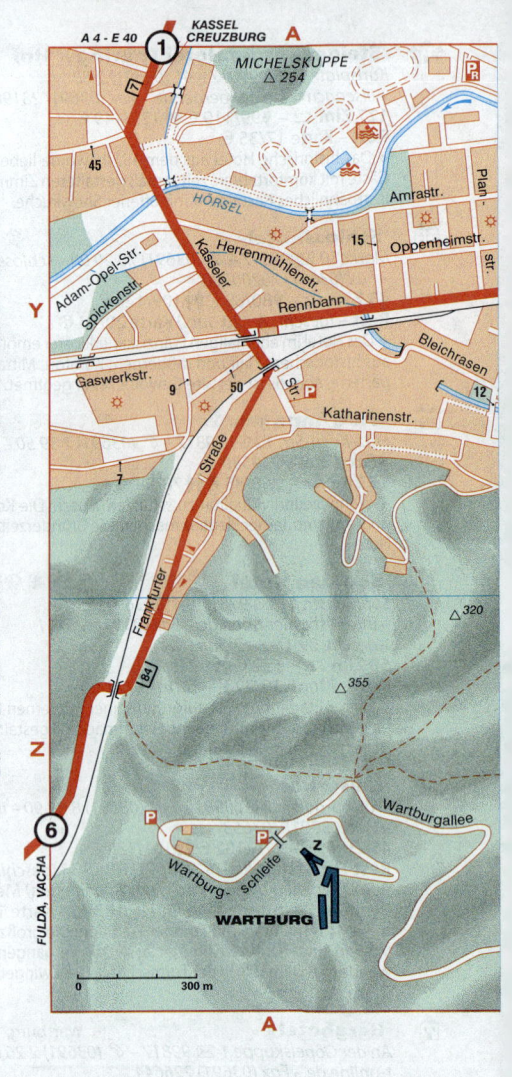

Auf der Wartburg Süd-Ost : 4 km – Höhe 416 m

Auf der Wartburg ≤ Eisenach und Thüringer Wald,
Auf der Wartburg (Shuttle-Bus zum Hotel)
✉ 99817 Eisenach
– ✆ (03691) 79 70 – info@wartburghotel.de
– Fax (03691) 797100
35 Zim – †140/160 € ††210/340 €
Rest *Landgrafen Stube* – ✆ (03691) 79 71 19 (Nov. - März Montag - Freitag nur Abendessen) Menü 35/45 € – Karte 33/46 €

♦ Direkt an der Burganlage, in ruhiger Abgeschiedenheit, liegt dieses Haus mit seinen individuellen Landhauszimmern. Freundlich und aufmerksam kümmert man sich um die Gäste. Rustikal ist das Ambiente in der Landgrafen Stube. Geschmackvoll: die Salons und Säle.

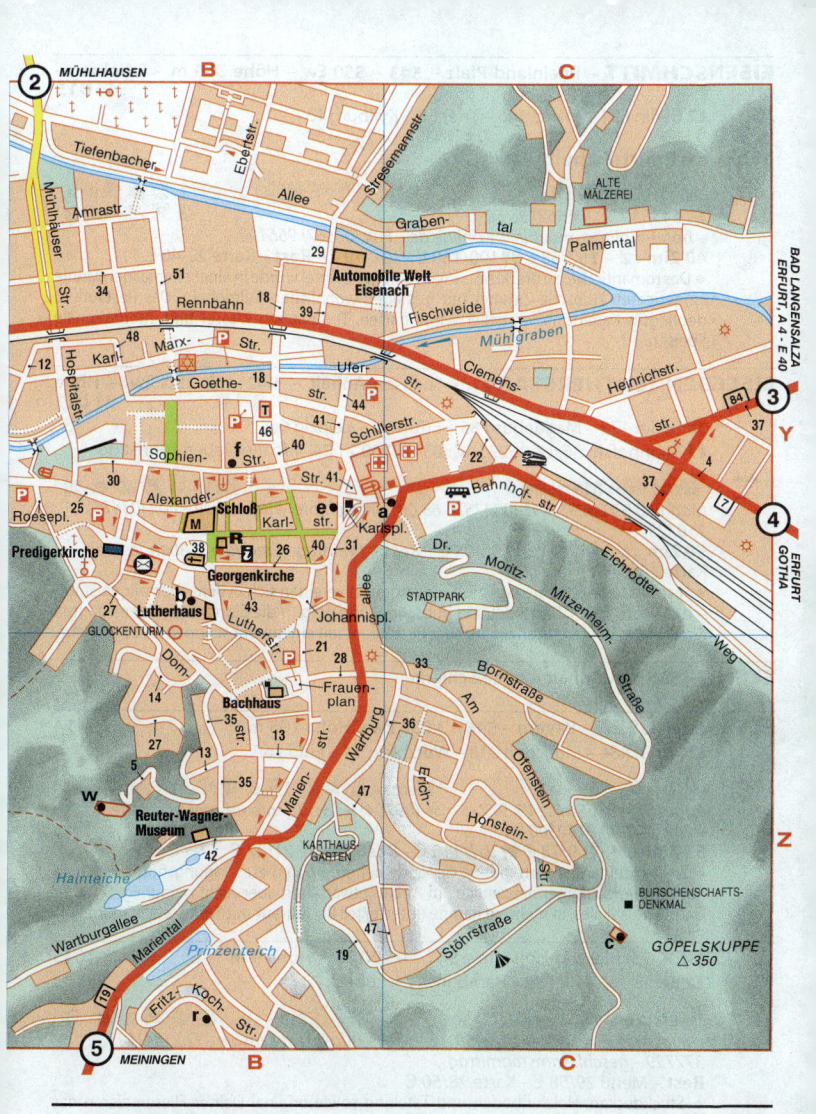

EISENHÜTTENSTADT – Brandenburg – 542 – 37 010 Ew – Höhe 42 m   34 R9

▶ Berlin 123 – Potsdam 141 – Frankfurt (Oder) 24 – Cottbus 64
🛈 Lindenallee 4, ✉ 15890, ✆ (03364) 41 36 90, tor-eisenhuettenstadt@t-online.de

In Eisenhüttenstadt-Fürstenberg

Fürstenberg
Gubener Str. 12 ✉ 15890 – ✆ (03364) 7 54 40 – info@hotel-fuerstenberg-oder.de
– Fax (03364) 750132
34 Zim ☐ – †63/69 € ††74 € – **Rest** – Karte 16/35 €
♦ Das am Rande der Altstadt gelegene, gut unterhaltene Hotel verfügt über praktisch ausgestattete Zimmer und geräumige Appartements mit Kochgelegenheit.

373

EISENSCHMITT – Rheinland-Pfalz – **543** – 350 Ew – Höhe 350 m – Erholungsort
45 **B15**

▶ Berlin 691 – Mainz 146 – Trier 50 – Kyllburg 13

In Eisenschmitt-Eichelhütte

Molitors Mühle
✉ 54533 – ☏ (06567) 96 60
– hotel-molitors-muehle@t-online.de – Fax (06567) 966100
40 Zim ⌑ – †57/68 € ††100/150 € – ½ P 19 € – **Rest** – Karte 22/40 €
♦ Das romantische, an drei kleinen Seen gelegene Hotel wurde in einer ehemaligen Mühle eingerichtet. Hübsche Zimmer mit gediegen-wohnlichen Stilmöbeln. Das Restaurant: gepflegtes Kaminzimmer, heller Wintergarten, Terrasse am Wasser und internationale Speisen.

EISLEBEN (LUTHERSTADT) – Sachsen-Anhalt – **542** – 2 290 Ew – Höhe 141 m
31 **L11**

▶ Berlin 179 – Magdeburg 85 – Erfurt 94 – Leipzig 66
🛈 Bahnhofstr. 36, ✉ 06295, ☏ (03475) 60 21 24, info@eisleben-tourist.de

Graf von Mansfeld
Markt 56 ✉ 06295 – ☏ (03475) 6 63 00 – info@hotel-eisleben.de – Fax (03475) 250723
50 Zim ⌑ – †59/80 € ††90/95 € – **Rest** – (Montag - Freitag nur Abendessen) Karte 16/27 €
♦ Historisches Ambiente und moderner Komfort vereinen sich in dem ehemaligen Stadtschloss a. d. 15. Jh. Stilmöbel und hübsche Stoffe prägen die Einrichtung der eleganten Zimmer. Ein Wintergarten ergänzt das Restaurant mit einem sehr schönen Kreuzgewölbe.

ELEND – Sachsen-Anhalt – siehe Schierke

ELFERSHAUSEN – Bayern – **546** – 3 030 Ew – Höhe 198 m
49 **I14**

▶ Berlin 484 – München 318 – Würzburg 54 – Fulda 69

Ullrich   Biergarten
August-Ullrich-Str. 42 ✉ 97725 – ☏ (09704) 9 13 00 – info@hotel-ullrich.de
– Fax (09704) 9130300
63 Zim ⌑ – †69/78 € ††107/115 € – **Rest** – Karte 21/27 €
♦ Zwei miteinander verbundene Gebäude beherbergen dieses Tagungshotel: Im Hochhaus sind die Zimmer neuzeitlich, im Anbau etwas älter, aber recht geräumig. Schöner Garten. Rustikales, in mehrere Räume unterteiltes Restaurant mit Terrasse. Vinarium.

ELLERBEK – Schleswig-Holstein – **541** – 4 290 Ew – Höhe 9 m
10 **I5**

▶ Berlin 305 – Kiel 86 – Hamburg 17 – Lübeck 73

Heinsen's
Hauptstr. 1 ✉ 25474 – ☏ (04101) 3 77 70 – info@heinsens.de – Fax (04101) 377729 – geschl. Samstagmittag
Rest – Menü 29/58 € – Karte 28/50 €
♦ Stuckdecken, Holzfußboden und Täfelung sowie original Delfter Fliesen zieren das hübsche Restaurant. Das Angebot ist international und regional ausgelegt.

ELLRICH – Thüringen – **544** – 6 430 Ew – Höhe 255 m
30 **J11**

▶ Berlin 267 – Erfurt 94 – Nordhausen 15 – Goslar 56

In Ellrich-Sülzhayn Nord-Ost : 3 km :

Parkhotel Südharz
Carl-von-Ossietzky-Str. 9 ✉ 99755 – ☏ (036332) 28 60 – webmaster@xn-parkhotel-sdharz-tzb.de – Fax (036332) 28622
38 Zim ⌑ – †45/70 € ††76/95 € – **Rest** – Karte 19/32 €
♦ Die alte Kurklinik aus dem 19. Jh. lockt mit ihrer ruhigen Lage außerhalb des Ortes. Helles Holz und warme Farben machen die Zimmer zu einem behaglichen Zuhause auf Zeit. In zeitlosem Ambiente bittet man Sie mit internationalen und regionalen Speisen zu Tisch.

ELLWANGEN – Baden-Württemberg – **545** – 25 180 Ew – Höhe 440 m – Erholungsort
56 I18

▶ Berlin 547 – Stuttgart 97 – Augsburg 127 – Aalen 19

🛈 Spitalstr. 4 (Rathaus), ✉ 73479, ✆ (07961) 8 43 03, info@ellwangen.de

🛣 Bühlerzell, Hinterwald 4 ✆ (07963) 84 14 71

Königin Olga garni
Karlstr. 2 ✉ 73479 – ✆ (07961) 9 80 80 – koeniginolgaellwangen@ahc-hotels.com – Fax (07961) 980850 – geschl. 24. Dez. - 6. Jan.
30 Zim ⌑ – †68 € ††94 €
♦ Das ursprünglich a. d. 19. Jh. stammende Hotel beherbergt nach seinem Wiederaufbau nun funktionelle, mit italienischen Möbeln eingerichtete Zimmer.

ELMAU – Bayern – siehe Krün

ELMSHORN – Schleswig-Holstein – **541** – 48 350 Ew – Höhe 3 m
10 H5

▶ Berlin 323 – Kiel 90 – Hamburg 41 – Cuxhaven 77

🛈 Probstendamm 7 (Torhaus), ✉ 25336, ✆ (04121) 26 88 32, info@vbv-elmshorn.de

🛣 Lutzhorn, Bramstedter Landstraße ✆ (04123) 74 08

Royal
Lönsweg 5 ✉ 25335 – ✆ (04121) 4 26 40 – info@hotel-royal-elmshorn.de – Fax (04121) 426494
63 Zim ⌑ – †54 € ††85 € – **Rest** – (geschl. Sonntag, nur Abendessen) Karte 14/34 €
♦ Das aus einer Möbelfabrik entstandene Hotel mit seinen unterschiedlich möblierten, zweckmäßig ausgestatteten Zimmern liegt im größten Baumschul- und Rosenzuchtgebiet der Welt. Das neuzeitlich gestaltete Esprit ergänzt das bürgerlich-gediegene Restaurant.

ELSTER, BAD – Sachsen – **544** – 4 110 Ew – Höhe 495 m – Heilbad
41 N14

▶ Berlin 331 – Dresden 176 – Hof 50 – Plauen 27

🛈 Bahnhofstr. 2, ✉ 08645, ✆ (037437) 53 93 93, touristinfo@bad-elster.de

Parkhotel Helene
Parkstr. 33 ✉ 08645 – ✆ (037437) 5 00 – info@parkhotel-helene.de – Fax (037437) 5099
25 Zim ⌑ – †46/64 € ††68/108 € – ½ P 10 € – **Rest** – Karte 14/21 €
♦ Unweit der Kureinrichtungen, in ruhiger Lage finden Sie diese Villa, deren gepflegte Gästezimmer funktionell ausgestattet sind. Sie speisen im behaglichen Vogtlandstübl oder im klassischen Restaurant.

Quellenpark
Ascher Str. 20 ✉ 08645 – ✆ (037437) 56 00 – info@quellenpark.de – Fax (037437) 56056 – geschl. 3. - 16. Nov.
20 Zim ⌑ – †49/98 € ††82/140 € – ½ P 19 € – **Rest** – Karte 17/25 €
♦ Ruhig in einem großen Park mit Naturschwimmteich liegt die liebevoll gestaltete Pension deren zeitgemäße, gepflegte Zimmer teils über einen Balkon verfügen. Nostalgisches Flair erlebt man im Restaurant mit internationaler Küche. Sonnige Terrasse.

ELSTERHEIDE – Sachsen – siehe Hoyerswerda

ELTMANN – Bayern – **546** – 5 570 Ew – Höhe 237 m
50 J15

▶ Berlin 421 – München 254 – Coburg 64 – Schweinfurt 35

🛣 Ebelsbach-Steinbach, Neue Laube 1 ✆ (09522) 7 08 55 00

In Oberaurach-Oberschleichach Süd-West : 7 km :

Landhaus Oberaurach
Steigerwaldstr. 23 ✉ 97514 – ✆ (09529) 9 22 00 – landhaus-oberaurach@t-online.de – Fax (09529) 922060
17 Zim ⌑ – †42/49 € ††74/80 € – **Rest** – (geschl. Nov. 1 Woche und Montag) Karte 18/32 €
♦ Am Rand des Naturparks Steigerwald liegt das Hotel mit dem behaglichen Ambiente. Unternehmen Sie Ausflüge in die Umgebung oder entspannen Sie auf der Liegewiese. Fränkisch-rustikales Restaurant.

ELTVILLE AM RHEIN – Hessen – 543 – 16 770 Ew – Höhe 90 m 47 E15

- Berlin 576 – Wiesbaden 14 – Bad Kreuznach 52 – Limburg an der Lahn 51
- Rheingauer Str. 28, ⊠ 65343, ℰ (06123) 9 09 80, tourist@eltville.de
- Kloster Eberbach★★ (Weinkeltern★★) Nord-West : 9 km

Parkhotel Sonnenberg garni
Friedrichstr. 65 ⊠ *65343 –* ℰ *(06123) 6 05 50 – info@parkhotel-sonnenberg.com*
– Fax (06123) 61829 – geschl. 22. - 28. Dez.
30 Zim ⊑ – †73/85 € ††99/115 €

♦ Das familiengeführte Hotel liegt in einem Wohngebiet. Der Gast kann hier zwischen Standard-Unterkünften in neuzeitlichem Stil und klassisch-gediegenen Komfort-Zimmern wählen.

Frankenbach - Mainzer Hof garni (mit Café und Weinstube Zum Wülfen)
Wilhelmstr. 13 ⊠ *65343 –* ℰ *(06123) 90 40*
– info@hotel-frankenbach.de – Fax (06123) 63602 – (Erweiterung um 18 Zim. bis zum Frühjahr 2008)
24 Zim ⊑ – †72/80 € ††98/115 €

♦ Dieser Familienbetrieb mit Tradition bietet wohnliche, in angenehmen Farben gestaltete Zimmer und einen aufmerksamen Service. Café mit Konditorei im Wiener Kaffeehausstil.

Burg Crass - Burgstuben mit Zim
Freygässchen 1 ⊠ *65343 –* ℰ *(06123) 97 51 10 – welcome@burgcrass-eltville.de*
– Fax (06123) 9751129 – geschl. 27. - 31. Dez.
7 Zim ⊑ – †100/125 € ††125 €
Rest – *(geschl. Montag - Mittwoch, Donnerstag - Freitag nur Abendessen)* (Tischbestellung ratsam) Menü 49/89 € – Karte 49/69 €
Rest *Crass* – Menü 27/42 € – Karte 33/46 €

♦ In einer Burg a. d. 11. Jh. untergebracht, besticht diese Adresse durch ihre schöne Lage und den historischen Rahmen. Klassisches unterteiltes Restaurant mit Gewölbekeller. Modernes Design prägt das Ambiente im Restaurant Crass. Traumhafte Terrasse zum Rhein.

In Eltville-Erbach West : 2 km über B 42 :

Schloss Reinhartshausen Kempinski
Hauptstr. 41 ⊠ *65346*
– ℰ *(06123) 67 60*
– info.reinhartshausen@kempinski.com
– Fax (06123) 676400
54 Zim – †275/315 € ††275/315 €, ⊑ 24 € – 13 Suiten – **Rest** – Menü 44/79 €
– Karte 44/73 €

♦ Einen Hauch von Luxus verspricht das ehemalige Schloss. Den Gast erwarten klassischgediegene Zimmer und eine schöne Parkterrasse. Im historischen Bereich liegt das mit Ölgemälden dekorierte, elegante Restaurant.

Tillmanns garni
Hauptstr. 2 ⊠ *65346 –* ℰ *(06123) 9 23 30 – info@hotel-tillmanns.de – Fax (06123) 923366 – geschl. 17. Dez. - 7. Jan.*
18 Zim ⊑ – †70/80 € ††98/120 €

♦ Das frühere Weingut - in der Art an ein französisches Landhaus erinnernd - begrüßt seine Gäste mit soliden und funktionellen Zimmern sowie einer schönen Parkanlage.

In Eltville-Hattenheim West : 4 km über B 42 :

Kronenschlösschen
Rheinallee ⊠ *65347 –* ℰ *(06723) 6 40 – info@kronenschloesschen.de*
– Fax (06723) 7663
18 Zim – †150/170 € ††150/180 €, ⊑ 16 € – 4 Suiten
Rest – *(Montag - Freitag nur Abendessen)* Menü 85/98 € – Karte 52/91 €
Rest *Bistro* – Karte 37/50 €

♦ Mit antiken Details hat man den historischen Charme des a. d. J. 1894 stammenden Hauses bewahrt. Besonders aufwändig sind die Suiten gestaltet. Säulen und Deckenmalereien schaffen im Restaurant ein stilvolles Umfeld. Sympathische Atmosphäre im Bistro.

ELTVILLE AM RHEIN

Zum Krug mit Zim
*Hauptstr. 34 ⊠ 65347 – ℰ (06723) 9 96 80 – info@hotel-zum-krug.de
– Fax (06723) 996825 – geschl. 20. Dez. - 20. Jan.*
8 Zim ⊇ – †75 € ††115 € – **Rest** – *(geschl. 20. Juli - 5. Aug. und Sonntagabend - Dienstagmittag)* Menü 21 € (mittags) – Karte 29/52 €
♦ Das Fachwerkhaus beherbergt hinter der schön bemalten Fassade gemütliche Räume. Regionale und internationale Küche mit mediterranem Einfluss. Unter den Weinen auch Raritäten. Wohnlich-rustikale Gästezimmer.

Adler Wirtschaft
*Hauptstr. 31 ⊠ 65347 – ℰ (06723) 79 82 – adlerwirtschaft@franzkeller.de
– Fax (06723) 87867 – geschl. 28. Jan - 21. Feb. und Dienstag - Donnerstag*
Rest – (Tischbestellung ratsam) Menü 39/56 €
♦ Holzstühle und blanke Tische sowie individuelles Dekor schaffen ein gemütlich-rustikales Ambiente in dem Haus a. d. 19. Jh. Regionale Küche. Schöne Terrasse.

In Eltville-Kloster Eberbach Nord-West : 6 km :

Gästehaus Kloster Eberbach
Biergarten
⊠ 65346 – ℰ (06723) 99 30 – info@klostereberbach.com – Fax (06723) 993100
30 Zim ⊇ – †75 € ††130 € – **Rest** – Menü 26/50 € – Karte 19/35 €
♦ In renovierten historischen Gebäuden am Rand der mittelalterlichen Klosteranlage übernachtet man in neuzeitlichen, funktionellen Zimmern. Unter dem Kreuzgewölbe des Restaurants oder auf der Terrasse nahe der Klostermauer wird eine bürgerliche Küche serviert.

ELZACH – Baden-Württemberg – 545 – 7 070 Ew – Höhe 361 m – Luftkurort
61 **E20**

▶ Berlin 764 – Stuttgart 189 – Freiburg im Breisgau 39 – Offenburg 43

ℹ Schulstr. 8 (in Oberprechtal), ⊠79215, ℰ(07682) 1 94 33, info@zweitaelerland.de

In Elzach-Oberprechtal Nord-Ost : 7,5 km über B 294, am Ortsausgang rechts Richtung Hornberg – Höhe 459 m

Hirschen (mit Gästehaus)
*Triberger Str. 8 ⊠ 79215 – ℰ (07682) 9 20 00 – info@happy-hirsch.de
– Fax (07682) 9200123*
30 Zim ⊇ – †35/41 € ††66/76 € – ½ P 14 € – **Rest** – *(geschl. Montag - Dienstagmittag)* Menü 20/33 € – Karte 13/33 €
♦ Mit speziellen Angeboten ist der a. d. 18. Jh. stammende Gasthof besonders familienfreundlich. Wohnliche und moderne Zimmer verteilen sich auf Haupt- und Gästehaus. Neuzeitlich-ländliches Restaurant mit wechselnder Kunstausstellung. Separates Kinderzimmer.

ELZE – Niedersachsen – 541 – 9 630 Ew – Höhe 83 m
29 **I9**

▶ Berlin 294 – Hannover 30 – Göttingen 82 – Hameln 31

In Elze-Mehle Süd-West : 3 km über B 1 :

Schökel's mit Zim
Rest,
*Alte Poststr. 35 (B 1) ⊠ 31008 – ℰ (05068) 30 66 – info@hotel-schoekel.de
– Fax (05068) 3069 – geschl. 1. - 10. Jan.*
10 Zim ⊇ – †45/90 € ††70/120 € – **Rest** – *(geschl. Montag - Dienstag, Mittwoch - Samstag nur Abendessen)* Karte 33/51 €
♦ In dem gediegenen Restaurant mit dunkler Täfelung und liebevoller Dekoration wählt man aus einer international ausgerichteten Karte. Gemütlich-geschmackvolle Zimmer.

EMDEN – Niedersachsen – 541 – 51 450 Ew – Höhe 1 m
7 **D5**

▶ Berlin 517 – Hannover 251 – Groningen 98 – Oldenburg 80

⛴ nach Borkum (Autofähre, ca. 2h 30min, Voranmeldung erforderlich)
ℰ (01805) 18 01 82

ℹ Bahnhofsplatz 11, ⊠ 26721, ℰ (04921) 9 74 00, ti@emden-touristik.info

◉ Ostfriesisches Landesmuseum★ (Rüstkammer★★) Z M[1] – Kunsthalle★ (Sammlung Henri Nannen und Schenkung Otto van de Loo) Y M[2]

377

EMDEN

Alter Markt	**Z** 2
Am Brauersgraben	**Z** 3
Am Burggraben	**Z** 4
Am Delft	**Z** 5
Am Markt	**Z** 6
Am Rosentief	**Z** 8
An der Bonnesse	**Z** 10
Douwesstr.	**Y** 13
Emsmauerstr.	**Z** 15
Falderstr.	**Z** 16
Friedrich-Ebert-Str.	**Z** 17
Friedrich-Naumann-Str.	**Z** 18
Große Str.	**Z**
Hof von Holland	**Z** 19
Jungfernbruckestr.	**Y** 20
Kirchstr.	**Z** 21
Larrelter Str.	**Z** 22
Mittelwallstr.	**Z** 23
Neutorstr.	**YZ**
Rathauspl.	**Z** 26
Stephansstr.	**Z** 28

Upstalsboom Parkhotel
Friedrich-Ebert-Str. 73 ⊠ 26725 – ℰ (04921) 82 80
– parkhotel@upstalsboom.de – Fax (04921) 828599
95 Zim ⊇ – †98/175 € ††138/196 € – **Rest** – (geschl. Samstagmittag)
Menü 31 € – Karte 21/35 €   Z u
♦ In einer Allee nahe dem Stadtzentrum gelegenes Hotel mit zeitgemäß eingerichteten Gästezimmern in den Kategorien Standard, Komfort und Superior. Freundliches Restaurant mit großer Fensterfront.

Am Boltentor garni (mit Gästehaus)
Hinter dem Rahmen 10 ⊠ 26721 – ℰ (04921) 9 72 70 – hotel-am-boltentor@
web.de – Fax (04921) 972733   Y n
23 Zim ⊇ – †74 € ††94/110 €
♦ Direkt an den Wallanlagen, die zum Spazierengehen und Joggen einladen, liegt das Hotel mit den funktionellen Zimmern. Gefrühstückt wird im Gästehaus.

EMDEN

Faldernpoort (mit Gästehaus) 🦢 |≋| 🎨 Rest, 🔊 **P** 𝗩𝗜𝗦𝗔 ⦿ 𝗔𝗘 ⓞ
*Courbièrestr. 6 ⊠ 26725 – 𝒞 (04921) 9 75 20 – info@faldernpoort.de
– Fax (04921) 28761*   **Z f**
48 Zim ⊑ – †78/97 € ††105/120 € – **Rest** – *(geschl. Sonntag, nur Abendessen)*
Karte 19/45 €
♦ Das Hotel mit gegenüberliegendem Gästehaus - beide im norddeutschen Klinkerstil gebaut - bietet solide, teils neuere Zimmer und einen modernen Freizeit-/Kosmetikbereich. Rustikales Restaurant mit Kamin.

EMMELSHAUSEN – Rheinland-Pfalz – 543 – 4 900 Ew – Höhe 460 m – Luftkurort
46 **D14**

▶ Berlin 621 – Mainz 76 – Koblenz 30 – Bad Kreuznach 57
🛈 Rhein-Mosel-Str. 45, ⊠ 56281, 𝒞 (06747) 9 32 20, info@das-zap.de

Münster ⚘   🚗 🦢 🎨 Rest, 📞 **P**
Waldstr. 3a ⊠ 56281 – 𝒞 (06747) 9 39 40 – info@hotel-muenster.de – Fax (06747) 939413
18 Zim ⊑ – †43/47 € ††63/69 € – **Rest** – *(geschl. Sonntag)* (nur Abendessen für Hausgäste)
♦ Ein von der Inhaberfamilie gut geführtes Haus in einer Seitenstraße. Den Gästen stehen geräumige und solide Zimmer sowie ein gepflegter Garten zur Verfügung.

EMMENDINGEN – Baden-Württemberg – 545 – 26 120 Ew – Höhe 201 m
61 **D20**

▶ Berlin 794 – Stuttgart 193 – Freiburg im Breisgau 23 – Offenburg 51
🛈 Bahnhofstr. 5, ⊠ 79312, 𝒞 (07641) 1 94 33, touristinfo@emmendingen.de
◉ Ruinen der Hochburg ★

Markgraf garni |≋| ♿ 📞 🔊 🚗 𝗩𝗜𝗦𝗔 ⦿ 𝗔𝗘
Markgrafenstr. 53 ⊠ 79312 – 𝒞 (07641) 93 06 80 – auskunft@hotel-galerie-markgraf.de – Fax (07641) 9306868
16 Zim ⊑ – †65/70 € ††85/90 €
♦ Funktionell und modern sind die Zimmer in diesem Hotel eingerichtet. Im Frühstücksraum genießen Sie den Blick auf den Park - nette Terrasse im Sommer. Bilderausstellungen.

In Emmendingen-Maleck Nord-Ost : 4 km, über Tennenbacher Straße :

Park-Hotel Krone ⚘   🚗 🐾 🎋 |≋| 📞 🔊 **P** 𝗩𝗜𝗦𝗔 ⦿
Brandelweg 1 ⊠ 79312 – 𝒞 (07641) 9 30 96 90 – info@krone-maleck.de – Fax (07641) 52576 – geschl. Feb. 2 Wochen
26 Zim ⊑ – †49/56 € ††75/85 € – **Rest** – *(geschl. Montag)* (Tischbestellung ratsam) Menü 24/65 € – Karte 26/51 €
♦ Die Flamingos in der hübschen Gartenanlage sind das Wahrzeichen des Gasthofs. Die Zimmer sind etwas unterschiedlich eingerichtet, wohnlich und teils recht großzügig. Klassisch-elegant gestaltet: das Restaurant.

In Emmendingen-Windenreute Ost : 3,5 km, über Hochburger Straße :

Windenreuter Hof ⚘   ≼ 🚗 🎋 🦢 ♿ 🔊 **P** 🚗 𝗩𝗜𝗦𝗔 ⦿ 𝗔𝗘 ⓞ
Rathausweg 19 ⊠ 79312 – 𝒞 (07641) 93 08 30 – info@windenreuter-hof.de – Fax (07641) 93083444
63 Zim ⊑ – †54/68 € ††98/128 € – ½ P 17 € – 3 Suiten
Rest – *(nur Abendessen)* Menü 20 € (veg.)/30 € – Karte 19/47 €
♦ Gewachsenes Hotel in schöner Lage. Die Zimmer sind unterschiedlich in Ausstattung und Komfort - von jedem Balkon hat man eine schöne Aussicht. Gediegenes Panorama-Restaurant mit Wintergarten.

EMPFINGEN – Baden-Württemberg – 545 – 4 110 Ew – Höhe 499 m
54 **F19**

▶ Berlin 698 – Stuttgart 65 – Karlsruhe 120 – Freiburg im Breisgau 123

Ammann   🎋 🦢 📞 🔊 **P** 𝗩𝗜𝗦𝗔 ⦿ 𝗔𝗘
Haigerlocher Str. 110 ⊠ 72186 – 𝒞 (07485) 9 98 30 – info@hotel-ammann.de – Fax (07485) 1472
40 Zim ⊑ – †71/85 € ††95/125 € – **Rest** – Karte 23/36 €
♦ Vor allem auf Tagungen ist dieses verkehrsgünstig nahe der Autobahn gelegene Hotel mit seinen sachlich-funktionell ausgestatteten Zimmern ausgelegt.

379

EMS, BAD – Rheinland-Pfalz – 543 – 9 670 Ew – Höhe 85 m – Mineralheilbad
36 **D14**

- Berlin 590 – Mainz 66 – Koblenz 19 – Limburg an der Lahn 40
- Bahnhofsplatz, ⊠ 56130, ℘ (02603) 9 41 50, info@bad-ems.info
- Bad Ems, Denzerheide ℘ (02603) 65 41

Häcker's Kurhotel (Thermal)
Römerstr. 1 ⊠ 56130 – ℘ (02603) 79 90 – bad-ems@haeckers-kurhotel.de – Fax (02603) 799252
110 Zim ⊇ – †86/104 € ††151/184 € – ½ P 18 € – **Rest** – Karte 32/47 €
♦ Das historische Badehaus liegt direkt im Zentrum und bietet wohnliche Zimmer sowie einen schönen Spabereich. Besonders komfortabel sind die Executive-Zimmer im Lahnflügel. Klassisch-stilvolles Restaurant mit internationalem Angebot.

Bad Emser Hof
Lahnstr. 6 ⊠ 56130 – ℘ (02603) 9 18 10 – hotel@bad-emser-hof.de – Fax (02603) 918110 – geschl. 18. - 30. Dez.
29 Zim ⊇ – †63/75 € ††89/110 € – ½ P 16 € – **Rest** – Karte 29/40 €
♦ Die Lage an der Lahn sowie neuzeitliche, technisch gut ausgestattete Zimmer mit Balkon sprechen für dieses Haus - einige der Zimmer liegen recht ruhig nach hinten.

Schweizerhaus mit Zim < Bad Ems,
Malbergstr. 21 ⊠ 56130 – ℘ (02603) 9 36 30 – hotel.schweizerhaus@t-online.de – Fax (02603) 936325 – geschl. 20. Okt. - 10. Nov.
10 Zim ⊇ – †45/55 € ††86 € – ½ P 19 € – **Rest** – (geschl. Donnerstag, nur Abendessen) Menü 32/34 € – Karte 33/52 €
♦ Eine tolle Aussicht hat man von diesem oberhalb der Stadt gelegenen Haus. Sie speisen im klassisch-gediegenen Restaurant oder auf der schönen Terrasse. Freundlicher Service.

EMSDETTEN – Nordrhein-Westfalen – 543 – 35 430 Ew – Höhe 38 m
26 **D9**

- Berlin 466 – Düsseldorf 152 – Nordhorn 54 – Enschede 50
- Friedrichstr. 1, ⊠ 48282, ℘ (02572) 9 30 70, vvemsdetten@deltacity.net

Lindenhof (mit Gästehaus)
Alte Emsstr. 7 ⊠ 48282 – ℘ (02572) 92 60 – info@lindenhof-emsdetten.de – Fax (02572) 926200 – geschl. 22. Dez. - 6. Jan.
32 Zim ⊇ – †55/65 € ††82/90 € – **Rest** – (geschl. Sonn- und Feiertage, nur Abendessen) (Tischbestellung ratsam) Menü 26/35 € – Karte 19/39 €
♦ Das Klinkergebäude mit neuzeitlichem Glasanbau erwartet Sie mit gemütlichen Zimmern, die individuell, teils modern, teils klassisch oder rustikal eingerichtet sind. Restaurant im altdeutschen Stil.

In Emsdetten-Hembergen Süd-Ost : 6 km über Hansestraße :

Altes Gasthaus Lanvers
Dorfstr. 11 ⊠ 48282 – ℘ (02572) 1 50 90 – info@hotel-lanvers.de – Fax (02572) 150990
33 Zim ⊇ – †55/65 € ††90/100 € – **Rest** – Karte 21/36 €
♦ Das 1978 in westfälischer Tradition wieder errichtete Fachwerkhaus überzeugt mit zeitgemäß ausgestatteten Zimmern und aufwändig gestalteten Bädern. Bürgerliche Karte im rustikalen Restaurant.

In Emsdetten-Veltrup Nord-Ost : 4 km über B 475 Richtung Riesenbeck :

Waldhotel Schipp-Hummert
Veltrup 17 ⊠ 48282 – ℘ (02572) 96 01 60 – schipp-hummert@marktplatz-muensterland.de – Fax (02572) 9601629
15 Zim ⊇ – †48 € ††78 € – **Rest** – Karte 17/32 €
♦ Das einsam gelegene Hotel ist ein netter kleiner Familienbetrieb, der seinen Gästen ordentlich ausgestattete Zimmer zur Verfügung stellt - sauber und zeitgemäß eingerichtet. Teil des Restaurantbereichs ist das rustikale Kaminzimmer.

EMSTAL, BAD – Hessen – 543 – 6 300 Ew – Höhe 320 m – Heilbad - Luftkurort
38 **H11**

- Berlin 416 – Wiesbaden 212 – Kassel 34 – Frankfurt am Main 203
- Karlsbader Str. 4 (Sand), ⊠ 34308, ℘ (05624) 99 97 26, kurverwaltung@bad-emstal.de

EMSTAL, BAD
In Bad Emstal-Sand

Grischäfer Biergarten
*Kasseler Str. 78 ⊠ 34308 – ℘ (05624) 9 98 50 – kontakt@grischaefer.de
– Fax (05624) 8778*
17 Zim ⊆ – †45/69 € ††65/89 €
Rest – *(geschl. Jan. 2 Wochen und Montag, Dienstag - Samstag nur Abendessen)* Karte 22/35 €
Rest *Alter Grischäfer* – *(Montag - Donnerstag nur Abendessen)* Karte 14/22 €
♦ Der Tradition verpflichtet fühlt sich dieser urige Gasthof im Fachwerkstil. Jedes der gemütlich-rustikal eingerichteten Zimmer hat seinen eigenen Namen. Das Restaurant: in der ehemaligen Scheune. Im Alten Grischäfer tafelt man in derb-rustikalem Ambiente.

EMSTEK – Niedersachsen – 541 – 11 040 Ew – Höhe 56 m   17 **E7**
▶ Berlin 443 – Hannover 114 – Bremen 62

In Emstek-Hoheging Nord : 8 km über Halener Straße :

Waldesruh
*Am Baumweg 2 ⊠ 49685 – ℘ (04471) 9 48 50 – klaus.wendeln@t-online.de
– Fax (04471) 948516*
23 Zim ⊆ – †42/46 € ††67/69 € – **Rest** – *(geschl. Donnerstag, nur Abendessen)* Karte 16/31 €
♦ Helle, solide eingerichtete Gästezimmer stehen hier zum Einzug bereit. Auch die Lage am Wald zählt zu den Annehmlichkeiten dieses familiengeführten Quartiers.

ENDINGEN – Baden-Württemberg – 545 – 8 970 Ew – Höhe 186 m   61 **D20**
▶ Berlin 789 – Stuttgart 189 – Freiburg im Breisgau 28 – Offenburg 47
ℹ Adelshof 20 (im Museum), ⊠ 79346, ℘ (07642) 68 99 90, info@endingen.de

Kaiserstuhl
*Alfred-Herr-Str. 1 ⊠ 79346 – ℘ (07642) 91 90 – info@hotelkaiserstuhl.de
– Fax (07642) 919109*
34 Zim ⊆ – †60 € ††92 € – **Rest** – *(geschl. Dienstag)* (nur Abendessen für Hausgäste)
♦ Funktionell und sachlich hat man die Zimmer in diesem Hotel am Ortsrand eingerichtet. Viel Wert wurde auf schalldämmende Innenarchitektur gelegt.

Pfauen garni (mit Gästehaus)
*Hauptstr. 78 ⊠ 79346 – ℘ (07642) 9 02 30 – hotel-pfauen@t-online.de
– Fax (07642) 902340 – geschl. 30. Jan. - 4. Feb.*
35 Zim ⊆ – †45/65 € ††65/82 €
♦ In der Altstadt finden Sie das mit zeitgemäßen, praktischen Zimmern ausgestattete Hotel - einige liegen recht ruhig zum Innenhof. Mit viel Holz ausgekleideter Frühstücksraum.

Schindler's Ratsstube
*Marktplatz 10 ⊠ 79346 – ℘ (07642) 34 58 – info@schindlers-ratsstube.de
– Fax (07642) 923273 – geschl. Ende Nov. 1. Woche und Sonntagabend - Montag*
Rest – (Tischbestellung ratsam) Menü 14 € (mittags)/32 € – Karte 20/42 €
♦ Kleines Restaurant neben dem Rathaus. Die Einrichtung ist recht gediegen, das Angebot ist eine Mischung aus Bürgerlichem, Regionalem und Klassischem.

Merkle's Rebstock
Hauptstr. 2 ⊠ 79346 – ℘ (07642) 79 00 – info@merkles-rebstock.de – Fax (07642) 924797 – geschl. über Fasching 3 Wochen und Mittwoch
Rest – Menü 30/59 € – Karte 24/55 €
♦ Im ländlich-rustikalen Ambiente dieses Winzerhauses - in der schlichten Gaststube oder im gepflegten Restaurant - wird freundlich internationale und badische Küche serviert.

Weinstube Zur Sonne
*Hauptstr. 67 ⊠ 79346 – ℘ (07642) 4 04 50 – weinstube-sonne@gmx.de
– Fax (07642) 922917 – geschl. Dienstag, Samstagmittag*
Rest – Karte 25/47 €
♦ In dem beim Stadttor gelegenen Haus erwartet Sie ein bürgerlich-rustikales kleines Lokal mit holzgetäfelten Wänden. Netter, angenehm schattiger Terrassenbereich.

ENDINGEN

In Endingen-Kiechlinsbergen Süd-West : 5,5 km über Königschaffhausen :

Dutters Stube mit Zim
Winterstr. 28 ⊠ 79346 – ℰ (07642) 17 86 – info@dutters-stube.de – Fax (07642) 4286 – geschl. 5. - 13. Feb.
4 Zim ⊡ – †45 € ††65 €
Rest – *(geschl. Nov. - Aug. Montag - Dienstag, Sept. - Okt. Montag - Dienstagmittag)* Menü 23 € (mittags)/48 € (abends) – Karte 30/48 €
Rest Weinstube – *(geschl. Montag - Dienstag, nur Abendessen)* Karte 13/26 €
♦ Schon viele Jahre leiten die Dutters das hübsche Fachwerkhaus a. d. 16. Jh. - überall setzen moderne Bilder farbige Akzente. Man bietet frische Küche mit regionalem Einfluss. Rustikale Weinstube mit einfacherem Angebot.

> **Rot steht für unsere besonderen Empfehlungen!**

ENGELSKIRCHEN – Nordrhein-Westfalen – 543 – 20 810 Ew – Höhe 130 m
36 **D12**

▶ Berlin 575 – Düsseldorf 68 – Köln 36 – Olpe 43

Alte Schlosserei Biergarten
Engels-Platz 7 ⊠ 51766 – ℰ (02263) 2 02 12 – Fax (02263) 2225 – geschl. Sonntagabend - Montag
Rest – Karte 29/47 €
♦ In der gemütlich-rustikalen Atmosphäre der ehemaligen Schlosserei serviert man seinen Gästen internationale Speisen - günstiger Mittagstisch. Sonntagmittags bietet man Buffet.

ENGELTHAL – Bayern – siehe Hersbruck

ENGE-SANDE – Schleswig-Holstein – siehe Leck

ENKENBACH-ALSENBORN – Rheinland-Pfalz – 543 – 7 210 Ew – Höhe 289 m
47 **E16**

▶ Berlin 632 – Mainz 80 – Mannheim 54 – Kaiserslautern 10

Im Ortsteil Enkenbach

Schläfer
Hauptstr. 3 ⊠ 67677 – ℰ (06303) 30 71 – hotel-schlaefer@t-online.de – Fax (06303) 4485 – geschl. nach Weihnachten 2 Wochen
13 Zim ⊡ – †55 € ††85 € – **Rest** – *(geschl. Montag - Dienstagmittag, Samstagmittag)* Menü 36 € – Karte 23/43 €
♦ Die Zimmer im Anbau des Gasthofs sind geräumig und mit hellen Holzmöbeln zeitgemäß eingerichtet. Die hübsche Hofterrasse lädt im Sommer zum Verweilen ein. In netten Gaststuben wird regionale und internationale Küche geboten.

ENKERING – Bayern – siehe Kinding

ENNIGERLOH – Nordrhein-Westfalen – 543 – 20 730 Ew – Höhe 107 m
27 **E10**

▶ Berlin 443 – Düsseldorf 134 – Bielefeld 66 – Beckum 10
▣ Ennigerloh-Ostenfelde, Schloss Vornholz ℰ (02524) 57 99
◉ Wasserburg Vornholz ★ Nord-Ost : 5 km

Hubertus
Enniger Str. 4 (Zufahrt über Drubbel) ⊠ 59320 – ℰ (02524) 9 30 80 – info@hotelhubertus.de – Fax (02524) 930880
19 Zim ⊡ – †48/52 € ††74 € – **Rest** – *(geschl. Samstagmittag, Sonntagabend - Montag)* Karte 17/33 €
♦ Die Zimmer dieses Münsterländer Hotel-Gasthofs befinden sich in einem Klinkergebäude. Sie sind mit schlichten Eichenmöbeln eingerichtet. Im benachbarten Fachwerkhaus: rustikales Restaurant im altdeutschen Stil mit internationaler Karte.

ENNIGERLOH

In Ennigerloh-Ostenfelde Nord-Ost : 5 km :

Kröger
Hessenknapp 17 ⌂ 59320 – ✆ (02524) 9 31 90 – info@kroeger-hotel.de
– Fax (02524) 931910 – geschl. 10. - 24. März
14 Zim ⌑ – †40 € ††65 € – **Rest** – (geschl. Freitag, nur Abendessen) Karte 19/26 €
♦ Das familiengeführte Landhotel mit Klinkerfassade beherbergt Sie in einheitlich mit dunklen Einbaumöbeln ausgestatteten Zimmern. Bürgerliche Küche im rustikalen Restaurant.

ENZKLÖSTERLE – Baden-Württemberg – **545** – 1 290 Ew – Höhe 538 m – Wintersport : 900 m ⚡2 ⛷ – Luftkurort   54 **F18**

▶ Berlin 693 – Stuttgart 89 – Karlsruhe 64 – Pforzheim 39
🛈 Friedenstr. 16, ⌂ 75337, ✆ (07085) 75 16, info@enzkloesterle.de

Enztalhotel (mit Gästehäusern)
Freudenstädter Str. 67 ⌂ 75337 – ✆ (07085) 1 80 – info@enztalhotel.de
– Fax (07085) 1642
47 Zim ⌑ – †89/97 € ††154/210 € – ½ P 12 € – **Rest** – Menü 29/51 € – Karte 28/49 €
♦ Das neuzeitliche Ferienhotel mit schwarzwaldtypischer Schindelfassade überzeugt mit komfortablen Zimmern, teils mit hellem Landhausmobiliar, und einer schönen Wellnessanlage. Elegant-rustikal und hübsch dekoriert zeigt sich das Restaurant.

Schwarzwaldschäfer
Am Dietersberg 2 ⌂ 75337 – ✆ (07085) 9 23 70 – hotel@schwarzwaldschaefer.de
– Fax (07085) 923737 – geschl. Mitte Nov. - Mitte Dez.
25 Zim ⌑ – †40/45 € ††80/86 € – ½ P 13 € – **Rest** – Karte 17/29 €
♦ Tanzen Sie gern? Die Hoteliers sind Tanzlehrer und bieten Kurse für Standard-, Latein- und Partytänze an. Das Hotel im rustikalen Stil ist gut geführt, die Zimmer sind solide.

Wiesengrund
Friedenstr. 1 ⌂ 75337 – ✆ (07085) 9 23 20 – info@hotelwiesengrund.de
– Fax (07085) 923243 – geschl. 1. Nov. - 18. Dez., 6. - 31. Jan
20 Zim ⌑ – †39/44 € ††60/76 € – ½ P 13 € – **Rest** – Karte 16/24 €
♦ Der familiär geführte Gasthof in der Ortsmitte bietet seinen Gästen angenehm helle, mit Naturholzmöbeln eingerichtete Zimmer, meist mit Balkon. Im ländlichen Ambiente des Restaurants wird eine bürgerliche Karte gereicht.

Hirsch - Café Klösterle (mit Gästehaus)
Freudenstädter Str. 2 ⌂ 75337 – ✆ (07085) 72 61 – info@hirsch-enzkloesterle.de
– Fax (07085) 1686 – geschl. 25. Okt. - 5. Dez., 10. Jan. - 1. März
45 Zim ⌑ – †36/53 € ††60/90 € – ½ P 12 € – **Rest** – Karte 15/30 €
♦ Mitten im Ort, direkt am Kurpark, liegt das solide eingerichtete Hotel. Beachten Sie auch die Pauschalangebote mit Abholung von Zuhause. Restaurant und Café mit Konditorei.

EPPELBORN – Saarland – **543** – 18 240 Ew – Höhe 240 m   45 **C16**
▶ Berlin 716 – Saarbrücken 29 – Neunkirchen 29 – Saarlouis 21

Eppelborner Hof (mit Gästehaus)
Rathausstr. 1 ⌂ 66571 – ✆ (06881) 89 50 – eppelborner-hof@t-online.de
– Fax (06881) 895200
54 Zim ⌑ – †65 € ††89 € – **Rest** – (geschl. Samstagmittag) Karte 20/39 €
♦ Ein sehr gepflegtes und gut geführtes neuzeitliches Hotel mit solide und funktionell ausgestatteten Gästezimmern und guten Tagungsmöglichkeiten. In zeitlosem Stil gehaltenes Restaurant mit Wintergarten und Terrasse.

König
Dirminger Str. 51 ⌂ 66571 – ✆ (06881) 71 60 – Fax (06881) 89174 – geschl. Dienstag
Rest – Karte 23/50 €
♦ In diesem klassisch-eleganten Restaurant in der Ortsmitte serviert man an gut eingedeckten Tischen internationale Küche. Auch Räume für Veranstaltungen sind vorhanden.

EPPENBRUNN – Rheinland-Pfalz – **543** – 1 550 Ew – Höhe 285 m – Luftkurort
53 **D17**

Berlin 698 – Mainz 135 – Saarbrücken 76 – Pirmasens 14

Kupper
Biergarten
Himbaumstr. 22 ⊠ 66957 – ℘ (06335) 91 30 – hotel-kupper@t-online.de
– Fax (06335) 913113 – geschl. 1. - 23. Jan.
22 Zim – †43 € ††72 € – **Rest** – (geschl. Sonntagabend, Mittwoch) Karte 16/28 €
♦ Erholen Sie sich im Pfälzer Wald: Direkt am Waldrand liegt das ländliche Hotel mit den gepflegten Zimmern. Schön hat man den Hallenbad- und Saunabereich gestaltet. Von deftiger Hausmannskost bis zu bürgerlicher Küche reicht das Speiseangebot.

EPPINGEN – Baden-Württemberg – **545** – 21 030 Ew – Höhe 199 m
55 **G17**

Berlin 615 – Stuttgart 71 – Heilbronn 26 – Karlsruhe 48
Schwaigern-Stetten, Pfullinger Hof 1 ℘ (07138) 6 74 42

Altstadthotel Wilde Rose
Kirchgasse 29 ⊠ 75031 – ℘ (07262) 9 14 00 – Fax (07262) 914090 – geschl. 22. Dez. - 7. Jan. (Hotel)
10 Zim – †75 € ††100 € – **Rest** – (geschl. Aug. 3 Wochen und Montag, Samstagmittag) Karte 29/37 €
♦ An das im 16. Jh. im Fachwerkstil errichtete Baumannsche Haus wurde ein Hotelanbau mit hübschen Zimmern im Landhausstil angefügt, z. T. mit Balkon oder Terrasse. Restaurant mit Tonnengewölbe im historischen Gebäudeteil. Italienische Küche.

Villa Waldeck
Waldstr. 80 ⊠ 75031 – ℘ (07262) 6 18 00 – villa-waldeck@t-online.de
– Fax (07262) 3366
49 Zim – †40/70 € ††86/98 € – **Rest** – Karte 23/32 €
♦ Die recht ruhige Lage am Ortsrand und wohnliche Zimmer mit neuzeitlicher technischer Ausstattung sprechen für dieses familiengeführte kleine Hotel. In verschiedene Bereiche unterteiltes Restaurant mit Wintergarten.

Alte Ratsschänke
Altstadtstr. 5 ⊠ 75031 – ℘ (07262) 2 07 58 44 – Fax (07262) 2075845 – geschl. Anfang - Mitte Nov. und Mittwoch - Donnerstagmittag
Rest – Karte 16/33 €
♦ Das denkmalgeschützte Fachwerkhaus von 1483 beherbergt in seinem Kellergewölbe ein gemütliches Restaurant. Schön ist auch die Terrasse auf dem mittelalterlichen Marktplatz.

ERBACH (ALB-DONAU-KREIS) – Baden-Württemberg – **545** – 13 180 Ew – Höhe 529 m
56 **I19**

Berlin 630 – Stuttgart 104 – Konstanz 133 – Ulm (Donau) 12

Kögel
Ehinger Str. 44 (B 311) ⊠ 89155 – ℘ (07305) 80 21 – hotel.koegel@t-online.de
– Fax (07305) 5084 – geschl. 24. Dez. - 10. Jan., 11. - 27. Aug.
19 Zim – †53/55 € ††72/75 €
Rest *Trüffel* – (geschl. Sonn- und Feiertage) Menü 27/53 € – Karte 23/43 €
♦ Ein familiär geführtes kleines Hotel mit recht einfachen, aber gut gepflegten und soliden Zimmern. Sehr wohnlich ist die moderne Suite. Internationale Küche bietet das Restaurant Trüffel.

Zur Linde
Bahnhofstr. 8 ⊠ 89155 – ℘ (07305) 93 11 00 – info@linde-erbach.de
– Fax (07305) 9311020
15 Zim – †55/62 € ††68/80 € – **Rest** – (geschl. Aug. 3 Wochen und Sonntag) Karte 13/27 €
♦ Das gegenüber dem Bahnhof gelegene Haus wird von der Inhaberfamilie gut geführt. Freundlich und wohnlich hat man die Zimmer in neuzeitlichem Stil eingerichtet. Bürgerlich-rustikales Restaurant.

ERDING – Bayern – 546 – 32 540 Ew – Höhe 463 m — 58 M20
▶ Berlin 597 – München 40 – Regensburg 107 – Landshut 39
ADAC Dorfenerstr. 17
🏌 Grünbach, Am Kellerberg ✆ (08122) 4 96 50

Henry
Dachauer Str. 1 ⌧ 85435 – ✆ (08122) 90 99 30 – info@hotel-henry.de
– Fax (08122) 90993500
50 Zim ⊇ – †96/136 € ††121/161 € – **Rest** – Menü 18/22 € – Karte 15/26 €
♦ Hier gleicht kein Raum dem anderen! Alle Zimmer sind nach europäischen, amerikanischen und asiatischen Städten benannt und individuell, mit Liebe zum Detail eingerichtet. Neuzeitliches Bistro.

Parkhotel
Am Bahnhof 3 ⌧ 85435 – ✆ (08122) 49 90 – info@parkhotel-erding.de
– Fax (08122) 499499
64 Zim – †75/91 € ††95/107 €, ⊇ 14 € – **Rest** – *(geschl. Aug. und Samstag - Sonntag)* Karte 17/33 €
♦ Das verkehrsgünstig gegenüber dem Bahnhof gelegene Hotel bietet vor allem auf Geschäfts- und Tagungsgäste zugeschnittene Zimmer, im Obergeschoss mit Zirbelholzmobiliar. Restaurant mit zeitloser klassischer Einrichtung und internationalem Angebot.

ERFTSTADT – Nordrhein-Westfalen – 543 – 51 190 Ew – Höhe 100 m — 35 B13
▶ Berlin 593 – Düsseldorf 64 – Bonn 41 – Köln 18
🏌 Erftstadt-Konradsheim, Am Golfplatz 1 ✆ (02235) 95 56 60

In Erftstadt-Lechenich

Husarenquartier (Herbert Brockel) mit Zim
Schloßstr. 10 ⌧ 50374 – ✆ (02235) 50 96 – gourmetapassion@gmx.de
– Fax (02235) 691143 – geschl. Montag - Dienstag, außer Feiertage
4 Zim ⊇ – †69 € ††78/95 €
Rest – Menü 39 € (mittags)/109 € – Karte 47/67 €
Rest *Bistro* – *(geschl. Montag - Dienstag, außer Feiertage)* Menü 26 € – Karte 26/46 €
Spez. Nudelsalat mit Tomaten, Oliven und gebratenem Kaninchenrückenfilet. Gefülltes Seezungenfilet mit Jakobsmuscheln, Pfifferlingen und Lauchrisotto. Lauwarmer Schokoladenkuchen mit Schmand und Vanilleeis.
♦ Das schöne kleine Palais a. d. 18 Jh. bietet einen ansprechenden Rahmen für dieses elegante Restaurant. Eigene Ideen kennzeichnen die klassische Küche - dazu deutsche Weine. Nett ist das moderne Bistro.

Schemme's Restaurant
Klosterstr. 32 ⌧ 50374 – ✆ (02235) 77 05 56 – info@schemmes-restaurant.de
– Fax (02235) 770557 – geschl. über Karneval 1 Woche, Ende Juni - Anfang Aug. 3 Wochen und Sonntag - Montag, Feiertage
Rest – Menü 20 € (mittags)/65 € (abends) – Karte 35/47 €
♦ Ein hell und modern gestaltetes Restaurant mit großer Fensterfront in einem neuzeitlichen Geschäftshaus. Hier befindet sich auch ein Feinkost- und Weingeschäft.

Haus Bosen
Herriger Str. 2 ⌧ 50374 – ✆ (02235) 69 16 18 – Fax (02235) 689796 – geschl. Anfang Jan. 1 Woche, Ende Juni -Anfang Aug. 2 Wochen und Montag
Rest – Karte 25/35 €
♦ Ein Eckhaus mit Fachwerkfassade mitten im Ortskern beherbergt dieses gemütliche, in bürgerlichem Stil eingerichtete Restaurant.

ERFURT L – Thüringen – 544 – 201 650 Ew – Höhe 195 m — 40 K12
▶ Berlin 304 – Chemnitz 154 – Leipzig 130 – Nordhausen 77
✈ Erfurt-Bindersleben (West : 4 km) Y, ✆ (0361) 65 60
ADAC Johannesstr. 176
🛈 Benediktsplatz 1, ⌧ 99084, ✆(0361) 6 64 00, service@erfurt-tourist-info.de
🏌 Erfurt-Schaderode, Im Schaderoder Grund ✆ (036208) 8 07 12
◉ Mariendom ★★ – Severin-Kirche★ – Rathaus (Fresken★) R A – Krämerbrücke ★ B

ERFURT

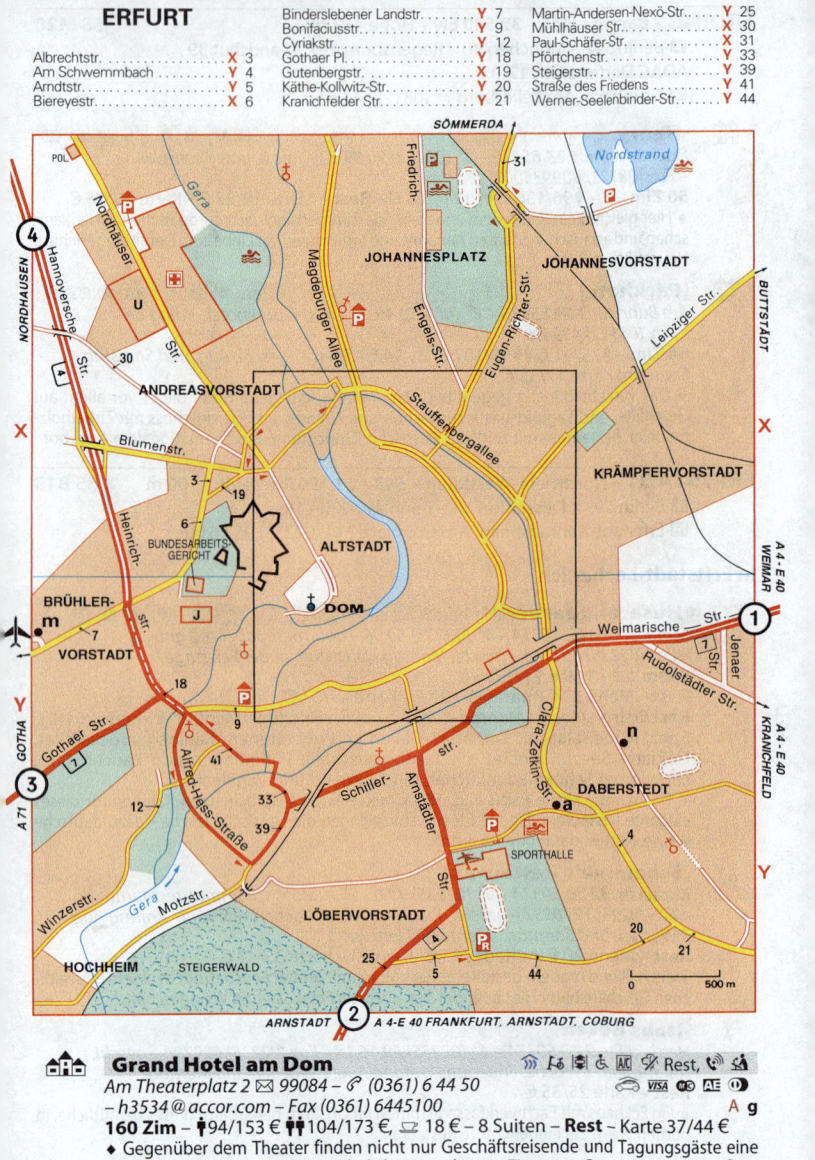

Albrechtstr.	**X** 3	Binderslebener Landstr.	**Y** 7	Martin-Andersen-Nexö-Str.	**Y** 25
Am Schwemmbach	**Y** 4	Bonifaciusstr.	**Y** 9	Mühlhäuser Str.	**X** 30
Arndtstr.	**Y** 5	Cyriakstr.	**Y** 12	Paul-Schäfer-Str.	**Y** 31
Biereyestr.	**X** 6	Gothaer Pl.	**Y** 18	Pförtchenstr.	**Y** 33
		Gutenbergstr.	**Y** 19	Steigerstr.	**Y** 39
		Käthe-Kollwitz-Str.	**Y** 20	Straße des Friedens	**Y** 41
		Kranichfelder Str.	**Y** 21	Werner-Seelenbinder-Str.	**Y** 44

🏨 Grand Hotel am Dom

Am Theaterplatz 2 ⊠ *99084 –* ✆ *(0361) 6 44 50*
– h3534@accor.com – Fax (0361) 6445100

A g

160 Zim – ♦94/153 € ♦♦104/173 €, ⊇ 18 € – 8 Suiten – **Rest** – Karte 37/44 €
♦ Gegenüber dem Theater finden nicht nur Geschäftsreisende und Tagungsgäste eine ansprechende Unterkunft in wohnlichen, modernen Zimmern. Restaurant mit großem Buffetbereich und internationalem Angebot.

🏨 Radisson SAS

Juri-Gagarin-Ring 127 ⊠ *99084 –* ✆ *(0361) 5 51 00 – info.erfurt@radissonsas.com*
– Fax (0361) 5510210

B e

282 Zim ⊇ – ♦110/160 € ♦♦127/197 € – 3 Suiten – **Rest** – Karte 26/43 €
♦ Eine repräsentative Lobby mit Sitzgruppen empfängt Sie in dem Hochhaus am Stadtring. Besonders komfortabel sind die modern im Bauhausstil eingerichteten Businesszimmer. Die freundlich gestaltete Bar Classico mit internationalem Angebot ergänzt das Restaurant.

ERFURT

Anger **B**	Fischmarkt **A**	Regierungsstr. **A** 34
Bahnhofstr. **B**	Löberstr. **B** 22	Schlösserstr. **AB** 36
Dalbergsweg **A** 13	Mainzerhofstr. **A** 24	Schlüterstr. **A** 37
Domstr. **A** 15	Marktstr. **A**	Walkmühlstr. **A** 40
	Meienbergstr. **B** 27	Wenigemarkt. **B** 42
	Moritzwallstr. **A** 28	Willy-Brandt-Pl. **B** 43

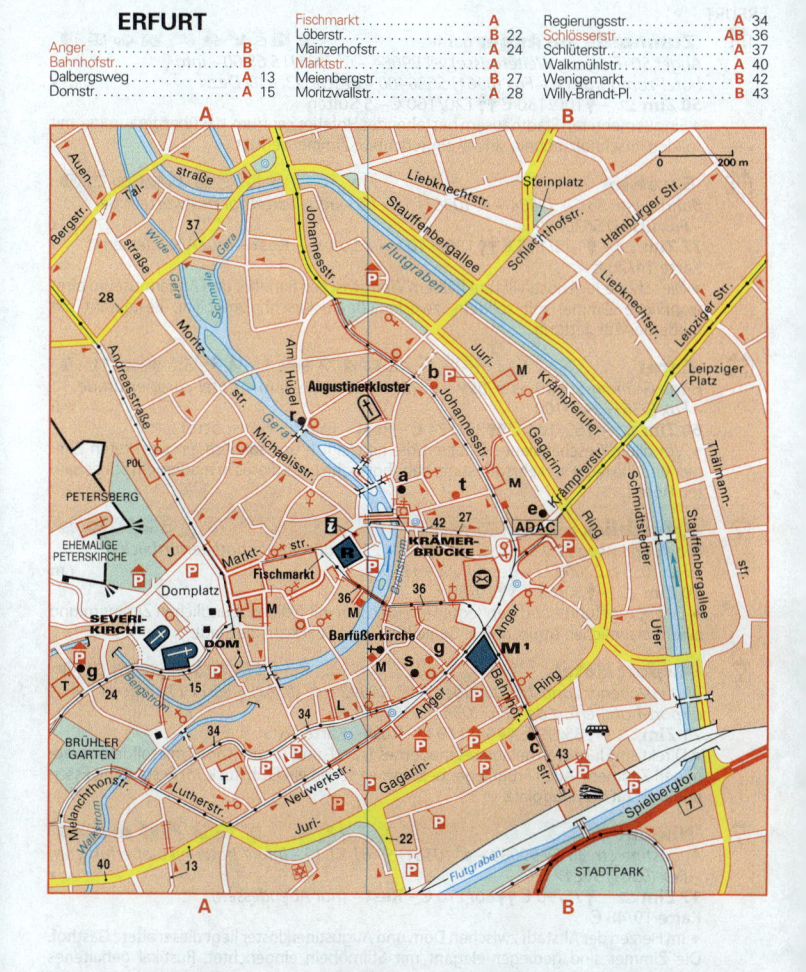

Victor's Residenz-Hotel

Häßlerstr. 17 ✉ *99096 –* ℰ *(0361) 6 53 30 – info.erfurt@victors.de – Fax (0361) 6533599*

Y **a**

68 Zim 🛏 – †116/166 € ††131/181 € – 3 Suiten

Rest – Karte 21/35 €

♦ Komfortabel und funktionell sind die Zimmer in diesem besonders auf Geschäftsleute ausgerichteten Hotel nahe des Landtags. Zimmer im 4. Stock mit Dachterrasse. Das Hotelrestaurant wird ergänzt durch die rustikale Bayerische Stube.

IBB Hotel

Gotthardtstr. 27 ✉ *99084 –* ℰ *(0361) 6 74 00 – erfurt@ibbhotels.com – Fax (0361) 6740444*

B **a**

91 Zim 🛏 – †98/146 € ††118/166 €

Rest *Zum Alten Schwan* – (geschl. Anfang Jan. 1 Woche und Sonntagabend) Karte 17/27 €

♦ Modernes Hotel, in dem Designermöbel sowie natürliche Farben und Materialien einen angenehmen Rahmen für Ihren Aufenthalt bilden. Im historischen Teil des Hauses: Restaurant mit Terrasse zum Fluss und internationalem Angebot.

387

ERFURT

Zumnorde am Anger garni
Anger 50 (Eingang Weitergasse) ✉ 99084 – ✆ (0361) 5 68 00 – info@hotel-zumnorde.de – Fax (0361) 5680400 – geschl. 23. - 30. Dez. B s
50 Zim ⌧ – †100/130 € ††120/160 € – 5 Suiten
- Ein aus mehreren Stadthäusern bestehendes Hotel im Zentrum, das über geräumige, mit soliden Kirschholzmöbeln stilvoll eingerichtete Zimmer verfügt.

Excelsior
Bahnhofstr. 35 ✉ 99084 – ✆ (0361) 5 67 00 – info@excelsior.bestwestern.de – Fax (0361) 5670100 B c
77 Zim ⌧ – †105/115 € ††130/140 € – 3 Suiten – **Rest** – (nur Abendessen) Karte 14/26 €
- Die schöne Jugendstilvilla auf halbem Weg zwischen Bahnhof und Angermuseum birgt wohnliche Zimmer mit solidem, zweckmäßigem Kirschholzmobiliar. Restaurant mit moderner Ausstattung.

Carat
Hans-Grundig-Str. 40 ✉ 99099 – ✆ (0361) 3 43 00 – info@hotel-carat-erfurt.de – Fax (0361) 3430100 Y n
60 Zim ⌧ – †69/104 € ††85/124 € – **Rest** – (nur für Hausgäste)
- Vor allem Geschäftsleute schätzen die neuzeitlich und sachlich eingerichteten Zimmer und die recht verkehrsgünstige, bahnhofsnahe Lage dieses in modernem Stil gebauten Hotels.

Erfurtblick garni (mit Gästehaus)
Nibelungenweg 20 ✉ 99092 – ✆ (0361) 22 06 60 – info@hotel-erfurtblick.de – Fax (0361) 2206622 – geschl. 22. - 31. Dez. Y m
10 Zim ⌧ – †50/65 € ††70/80 €
- Eine gut geführte und gepflegte Hotelpension mit hellen, freundlichen Zimmern und einer persönlichen Atmosphäre. Genießen Sie den Blick auf die Stadt.

Airport Hotel
Binderslebener Landstr. 100 (über Y) ✉ 99092 – ✆ (0361) 6 56 11 11 – info@airport-hotel-erfurt.de – Fax (0361) 6561060
71 Zim ⌧ – †85/99 € ††95/119 € – **Rest** – Karte 16/30 €
- Direkt am Flughafen gelegenes modernes Travel- und Tagungshotel mit soliden, geräumigen Zimmern. Auch Frühflieger bekommen schon ein Frühstück. Im Restaurant: Essen mit Blick auf den Flugplatz.

Nikolai
Augustinerstr. 30 ✉ 99084 – ✆ (0361) 59 81 71 19 – info@hotel-nikolai-erfurt.com – Fax (0361) 59817120 A r
17 Zim ⌧ – †75/90 € ††86/110 € – **Rest** – (nur Abendessen) Karte 19/48 €
- Im Herzen der Altstadt zwischen Dom und Augustinerkloster liegt dieser ältere Gasthof. Die Zimmer sind gediegen-elegant mit Stilmöbeln eingerichtet. Rustikal gehaltenes Restaurant.

Alboth's Restaurant im Kaisersaal
Futterstr. 15 ✉ 99084 – ✆ (0361) 5 68 82 07 – info@alboths.de – Fax (0361) 5688181 – geschl. 20. Jan. - 11. Feb., Juli - Aug. 3 Wochen und Sonntag - Montag B t
Rest – (nur Abendessen) Menü 30/80 € – Karte 43/53 €
- Das elegant-gediegene Restaurant in einem historischen Stadthaus verwöhnt seine Gäste mit einer gehobenen internationalen Küche und einer gut sortierten Weinkarte.

Zumnorde am Anger
Biergarten
Grafengasse 2 ✉ 99084 – ✆ (0361) 6 58 57 91 – info@restaurant-zumnorde.com – Fax (0361) 6585793 – geschl. Jan. - 1 Woche und Sonntag B g
Rest – Menü 36/54 € – Karte 32/49 €
Rest Stube – Karte 20/36 €
- Hier erwartet Sie eine zeitgemäße internationale Küche. Parkettboden und Säulen unterstreichen das elegante Ambiente im Restaurant. In der rustikalen Stube bietet man regionale Speisen.

ERFURT

Il Cortile
Johannesstr. 150, (Signal-Iduna-Passage) ✉ *99084 –* ℰ *(0361) 5 66 44 11 – info@il-cortile.de – Fax (0361) 5664413 – geschl. Samstagmittag, Sonntag*   B **b**
Rest – Karte 25/34 €
♦ Eine rustikale Holzbalkendecke und elegant eingedeckte Tische bestimmen die Atmosphäre dieses italienischen Restaurants in einem Passagen-Innenhof.

In Erfurt-Kerspleben Nord-Ost : 5 km über Leipziger Straße X :

Weisser Schwan
Zum Sulzenberg 1 ✉ *99198 –* ℰ *(036203) 5 80 – info@weisser-schwan.de – Fax (036203) 58100*
43 Zim ⊇ – †69 € ††87 € – **Rest** – Karte 17/30 €
♦ Eine nette Unterkunft mit soliden Gästezimmern, die mit zeitlosem Holzmobiliar ausgestattet sind. Auch Veranstaltungsräume und zwei Kegelbahnen sind vorhanden. Restaurant mit bürgerlicher Küche.

In Erfurt-Linderbach über Weimarische Straße Y : 5 km :

LinderHof   Biergarten
Azmannsdorfer Str. 27 ✉ *99198 –* ℰ *(0361) 4 41 80 – info@linderhof-erfurt.de – Fax (0361) 4418200*
52 Zim ⊇ – †77/97 € ††92/107 € – **Rest** – Karte 16/22 €
♦ Das Hotel im Landhausstil - schön ruhig am Rand des Ortsteils gelegen - erwartet Sie mit komfortablen, funktionell gestalteten Räumen.

In Erfurt-Molsdorf Süd-West : 10 km über Winzerstraße Y :

Landhotel Burgenblick   Biergarten   Rest,
Am Zwetschgenberg 20 ✉ *99192 –* ℰ *(036202) 8 11 11 – landhotelburgenblick@t-online.de – Fax (036202) 81112*
24 Zim ⊇ – †65/89 € ††89/129 € – **Rest** – *(geschl. Sonntag)* Karte 13/34 €
♦ Erholen Sie sich in ländlicher Umgebung: Ein solide geführtes Hotel mit altdeutscher Einrichtung und einer familiären Atmosphäre wartet hier auf die Gäste. Das Restaurant mit Kachelofen ist rustikal gestaltet.

In Apfelstädt Süd-West : 12 km über Winzerstraße Y :

Park Inn   Rest,
Riedweg 1 ✉ *99192 –* ℰ *(036202) 8 50 – info.erfurt@rezidorparkinn.com – Fax (036202) 85410*
96 Zim ⊇ – †70/81 € ††75/87 € – **Rest** – *(geschl. Samstagmittag, Sonntagabend)* Menü 17/40 € – Karte 17/28 €
♦ Ein komfortables Haus mit einer Einrichtung im Landhausstil. Zeitgemäße Zimmer in 2 Kategorien sowie Annehmlichkeiten wie kostenlosen Kaffee/Tee und eine Tageszeitung. Ländlich dekoriertes Restaurant.

ERFWEILER – Rheinland-Pfalz – siehe Dahn

ERKELENZ – Nordrhein-Westfalen – 543 – 44 190 Ew – Höhe 95 m   35 **A12**
▶ Berlin 597 – Düsseldorf 45 – Aachen 38 – Mönchengladbach 15

Rheinischer Hof garni
Kölner Str. 18 ✉ *41812 –* ℰ *(02431) 22 94 – rheinischerhof@t-online.de – Fax (02431) 74666*
11 Zim ⊇ – †69/79 € ††89/109 €
♦ Das kleine Stadthotel am Rand der Fußgängerzone bietet individuell ausgestattete und unterschiedlich geschnittene Zimmer. Schöner stilvoll-klassischer Frühstücksraum.

Wir bemühen uns bei unseren Preisangaben um grösstmögliche Genauigkeit. Aber alles ändert sich! Lassen Sie sich daher bei Ihrer Reservierung den derzeit gültigen Preis mitteilen.

ERKHEIM – Bayern – 546 – 3 000 Ew – Höhe 595 m 64 **J20**

▶ Berlin 646 – München 105 – Kempten 55 – Augsburg 78

Erkheimer Landhaus 🌿 🚗 🍽 🖼 🛏 ℅ Rest, 📞 **P** 💳 ◉ **AE**
Färberstr. 37 ⌂ 87746 – ℰ (08336) 81 39 70 – service@erkheimer-landhaus.de
– Fax (08336) 8139720
13 Zim ⌑ – †38/45 € ††54/60 € – **Rest** – (geschl. Donnerstag, Okt. - April
Mittwoch - Donnerstag) Karte 24/39 €
♦ In diesem ländlich gelegenen Haus erwarten Sie sonnige Zimmer mit bemalten Bauern-
möbeln und teils mit Balkon. Garten und Hallenbad stehen zur Verfügung. Moderne Bilder
zieren die champagnerfarbenen Wände im Restaurant.

ERKRATH – Nordrhein-Westfalen – 543 – 48 050 Ew – Höhe 60 m 26 **C11**

▶ Berlin 552 – Düsseldorf 6 – Wuppertal 26

Mercure Biergarten 🍽 🛏 🛗 ℅ Rest, ♿ **P** 🚗 💳 ◉ **AE** ◉
Neanderstr. 2 ⌂ 40699 – ℰ (0211) 9 27 50 – h2823@accor.com – Fax (0211)
9275666
81 Zim ⌑ – †104/114 € ††139/149 € – 17 Suiten – **Rest** – Karte 26/42 €
♦ Mit seiner verkehrsgünstigen Lage vor den Toren Düsseldorfs und der funktionellen
Einrichtung ist das Hotel besonders für Businessgäste geeignet.

In Erkrath-Hochdahl Ost : 3km jenseits der Autobahn :

✕✕ **Hopmanns Olive** 🍽 ♿ ✿ **P** 💳 ◉
Ziegeleiweg 1 ⌂ 40699 – ℰ (02104) 80 36 32 – info@hopmannsolive.de
– Fax (02104) 810463 – geschl. 1. - 8. Jan. und Dienstag, Samstagmittag
Rest – Menü 38/50 € – Karte 36/55 €
♦ In einem modernen Glasanbau an einem ehemaligen Lokschuppen befindet
sich dieses helle, freundliche Restaurant. Nett sitzt man auch auf der begrünten
Terrasse.

ERLABRUNN – Bayern – siehe Würzburg

ERLANGEN – Bayern – 546 – 102 450 Ew – Höhe 280 m 50 **K16**

▶ Berlin 444 – München 191 – Nürnberg 19 – Bamberg 40
ADAC Henkestr. 26
🛈 Rathausplatz 3, ⌂ 91052, ℰ (09131) 8 95 10, tourist@etm-er.de
🛈 Kleinsendelbach, Am Schleinhof ℰ (09126) 50 04 V

Stadtplan siehe nächste Seite

Bayerischer Hof 🍽 🛏 🛗 ♿ 📞 ♿ **P** 🚗 💳 ◉ **AE** ◉
Schuhstr. 31 ⌂ 91052 – ℰ (09131) 78 50 – info@bayerischer-hof-erlangen.de
– Fax (09131) 25800 Z **q**
157 Zim ⌑ – †125 € ††139 € – **Rest** – Karte 24/40 €
♦ Komfortable, mit Kirschbaummöbeln eingerichtete Zimmer erwarten die Gäste in die-
sem Stadthotel. Das Frühstück wird unter einem schönen Kreuzgewölbe serviert. Gedie-
genes Hotelrestaurant mit internationalem Angebot.

Novotel 🍽 🛗 ♿ 🆎 ♿ 🚗 💳 ◉ **AE** ◉
Hofmannstr. 34 ⌂ 91052 – ℰ (09131) 9 74 70 – h5376@accor.com – Fax (09131)
9747500 Z **f**
170 Zim – †104/134 € ††128/162 €, ⌑ 14 € – **Rest** – Karte 27/40 €
♦ Eine geradlinige, moderne Einrichtung und eine sehr gute technische Ausstattung sind
markante Kennzeichen dieses zentrumsnahen Hotels. Dank einer großen Fensterfront
herrscht lichtes Ambiente im Restaurant. Internationales Angebot.

Mercure garni 🛗 📞 ♿ 🚗 💳 ◉ **AE** ◉
Bayreuther Str. 53 ⌂ 91054 – ℰ (09131) 87 60 – rezeption@
mercure-erlangen.com – Fax (09131) 876550 V **e**
117 Zim ⌑ – †80/160 € ††90/180 €
♦ Ein neuzeitlicher Hotelbau mit modernen, funktionell eingerichteten Zimmern in drei
Kategorien. Alle sind einheitlich mit guten, hellen Naturholzmöbeln ausgestattet.

ERLANGEN

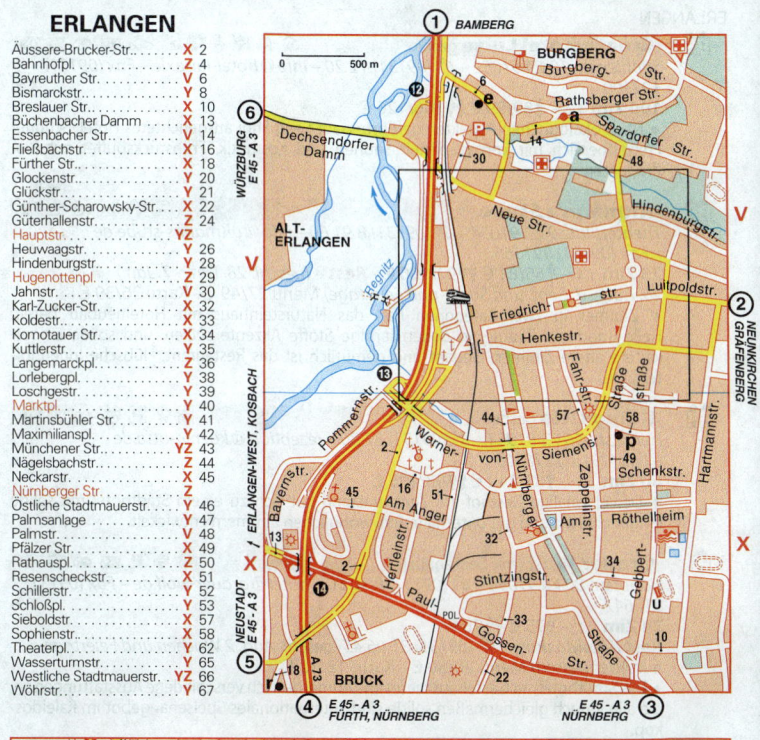

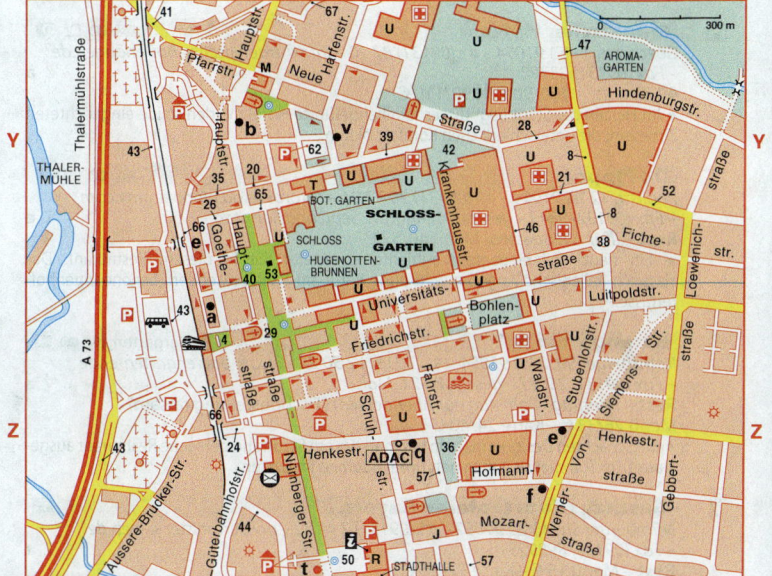

Street	Grid	No.
Äussere-Brucker-Str.	X	2
Bahnhofpl.	Z	4
Bayreuther Str.	Y	6
Bismarckstr.	Y	8
Breslauer Str.	X	10
Büchenbacher Damm	X	13
Essenbacher Str.	X	14
Fließbachstr.	X	16
Fürther Str.	Y	18
Glockenstr.	Y	20
Glückstr.	Y	21
Günther-Scharowsky-Str.	X	22
Güterhallenstr.	X	24
Hauptstr.	**YZ**	
Heuwaagstr.	Y	26
Hindenburgstr.	Y	28
Hugenottenpl.	**Y**	29
Jahnstr.	V	30
Karl-Zucker-Str.	X	32
Koldestr.	X	33
Komotauer Str.	X	34
Kuttlerstr.	Y	35
Langemarckpl.	Y	36
Lorlebergpl.	Y	38
Loschgestr.	Y	39
Marktpl.	**Y**	40
Martinsbühler Str.	Y	41
Maximianspl.	Y	42
Münchener Str.	YZ	43
Nägelsbachstr.	Y	44
Neckarstr.	X	45
Nürnberger Str.	**Z**	
Östliche Stadtmauerstr.	Y	46
Palmsanlage	Y	47
Palmstr.	Y	48
Pfälzer Str.	X	49
Rathauspl.	Z	50
Resenscheckstr.	X	51
Schillerstr.	Y	52
Schloßpl.	Y	53
Sieboldstr.	X	57
Sophienstr.	Y	58
Theaterpl.	Y	62
Wasserturmstr.	Y	
Westliche Stadtmauerstr.	**YZ**	66
Wöhrstr.	Y	67

ERLANGEN

Creativhotel Luise garni
Sophienstr. 10 ⊠ 91052 – ℰ (09131) 12 20 – info@hotel-luise.de – Fax (09131) 122100
X p
100 Zim ⊇ – †89/99 € ††106/126 €
♦ Nach ökologischen Aspekten geführtes, auf Feng Shui ausgerichtetes Hotel. Schöner Freizeitbereich mit verschiedenen Saunen und Kosmetik, Frühstücksbuffet mit Bio-Produkten.

Altmann's Stube
Theaterplatz 9 ⊠ 91054 – ℰ (09131) 8 91 60 – info@altmanns-stube.de – Fax (09131) 891666
Y v
23 Zim – †65/81 € ††92/106 € – **Rest** – (geschl. 28. Dez. - 7. Jan., 25. Aug. - 7. Sept. und Sonn- und Feiertage) Menü 27/49 € – Karte 26/39 €
♦ Zimmer in zwei Kategorien hält das Natursteinhaus mit Hotelneubau bereit: Helle, moderne Räume, in denen farbige Stoffe Akzente setzen, und solide eingerichtete ältere Zimmer. Elegant und gemütlich ist das Restaurant. Hübsche Innenhofterrasse.

König Otto garni
Henkestr. 56 ⊠ 91054 – ℰ (09131) 87 80 – rezeption@koenig-otto.de – Fax (09131) 878503
Z e
60 Zim ⊇ – †82/112 € ††98/125 €
♦ Der ehemalige Gasthof am Zentrumsrand hat sich zu einem Stadthotel mit solide eingerichteten und gut unterhaltenen, wohnlichen Zimmern entwickelt.

Grauer Wolf (mit Gästehaus)
Hauptstr. 80 ⊠ 91054 – ℰ (09131) 8 10 60 – hotel@grauer-wolf.de – Fax (09131) 810647
Y b
34 Zim ⊇ – †75 € ††98 €
Rest *Kaleidoskop* – ℰ (09131) 81 06 45 (geschl. Aug. 2 Wochen und Feiertage, nur Abendessen) Menü 20/30 € – Karte 18/32 €
♦ Das Stadthotel mit Gästehaus bietet im Zimmerbereich verschiedene Ausstattungen an, die alle jedoch gleichermaßen solide sind. Internationales Speiseangebot im Kaleidoskop.

Fränkischer Hof garni
Goethestr. 34 ⊠ 91054 – ℰ (09131) 87 20 – info@fraenkischer-hof-erlangen.de – Fax (09131) 23798
Z a
40 Zim ⊇ – †60/90 € ††90/110 €
♦ Im Herzen der Stadt liegt dieses familiengeführte Hotel mit den solide eingerichteten Zimmern, die unterschiedlichen Komfort bieten.

Da Pippo
Paulistr. 12 ⊠ 91054 – ℰ (09131) 20 73 94 – ristorante.da.pippo@gmx.com – Fax (09132) 9843 – geschl. 25. Aug. - 8. Sept. und Sonntag
Y e
Rest – (nur Abendessen) Menü 40/52 €
♦ Ein neuzeitlich-elegantes Ambiente erwartet Sie in diesem Restaurant. Das klassisch-italienische Angebot wird ohne Karte am Tisch präsentiert. Schöne Innenhofterrasse.

Bärengarten
Biergarten
Rathsberger Str. 2 ⊠ 91054 – ℰ (09131) 2 50 25 – info@baerengarten-er.de – Fax (09131) 25027 – geschl. 8. -21. Mai
V a
Rest – (Montag - Samstag nur Abendessen) (Tischbestellung ratsam) Menü 26/33 € – Karte 24/40 €
♦ Mit schlichten Designermöbeln hat man das am Stadtrand gelegene Restaurant ausgestattet. Im Sommer sitzt man nett unter Bäumen im Garten.

Gasthaus Zum tapferen Bayern
Nürnberger Str. 43 ⊠ 91052 – ℰ (09131) 2 44 72 – norbertpolster@web.de – Fax (09131) 898925
Z t
Rest – Menü 15 € – Karte 22/36 €
♦ Im altdeutschen Stil zeigt sich das einfache kleine Restaurant mit dunkler Holztäfelung - die richtige Adresse für die Freunde einer bürgerlich-regionalen Küche.

ERLANGEN

In Erlangen-Bruck

Roter Adler garni
Fürther Str. 5 ⊠ 91058 – ℰ (09131) 6 60 00 – hotel@roteradler.de – Fax (09131) 660066 – geschl. 24. Dez. - 6. Jan. X r
30 Zim ⊇ – †59/79 € ††75/89 €
♦ Ein engagiert geführtes Hotel mit leicht rustikal eingerichteten Zimmern. Wärme und Strom werden in einem eigenen kleinen Blockheizkraftwerk erzeugt.

In Erlangen-Büchenbach über Büchenbacher Damm X :

Zur Einkehr Biergarten
Dorfstr. 14 ⊠ 91056 – ℰ (09131) 79 20 – info@gasthof-zur-einkehr.de
– Fax (09131) 792188
43 Zim ⊇ – †59/72 € ††89/102 € – **Rest** – Karte 13/26 €
♦ Der ländliche Gasthof mit eigener Metzgerei bietet Zimmer in unterschiedlichen Kategorien, von einfachem Standard bis zu modernen, komfortablen Räumen. Rustikales Restaurant mit Täfelung und bürgerlich-regionaler Küche.

Nägels Landhaus mit Zim
Dorfstr. 17 ⊠ 91056 – ℰ (09131) 7 96 40 – info@naegelhof.de – Fax (09131) 994278 – geschl. Anfang Jan. 1 Woche, Mitte August 2 Wochen
5 Zim ⊇ – †58 € ††82 € – **Rest** – (geschl. Sonntagabend - Montag, Dienstag - Samstag nur Abendessen) Karte 33/49 €
♦ In diesem Restaurant erwarten Sie behagliches Landhausambiente, freundlicher Service und ein international ausgerichtetes Speisenangebot.

In Erlangen-Eltersdorf Süd : 5 km über Fürther Straße X :

Rotes Ross garni
Eltersdorfer Str. 15a ⊠ 91058 – ℰ (09131) 69 08 10 – reservierung@ hotelrotesross.de – Fax (09131) 6908152 – geschl. 23. Dez. - 7. Jan.
23 Zim ⊇ – †74 € ††91 €
♦ Gut gepflegte und saubere Zimmer mit funktioneller Ausstattung erwarten die Gäste in diesem familiengeführten Haus in der Ortsmitte.

In Erlangen-Frauenaurach Süd-West : 5 km :

Schwarzer Adler
Herdegenplatz 1 ⊠ 91056 – ℰ (09131) 99 20 51 – schwarzeradler-frauenaurach@ web.de – Fax (09131) 993195 – geschl. 22. Dez. - 8. Jan., 16. Aug. - 9. Sept.
14 Zim – †73/91 € ††100/110 € – **Rest** – (geschl. 10. - 27. Mai und Samstag - Sonntag, nur Abendessen) Menü 40/62 € – Karte 39/46 €
♦ Eine sympathische Atmosphäre finden Sie in dem schönen Fachwerkhaus a. d. 17. Jh. mit gemütlichen Zimmern und ein freundlichem, kompetentem Service. Behaglich ist das kleine Restaurant mit historischer Spunddecke.

In Erlangen-Kosbach West : 6 km über Büchenbacher Damm X :

Gasthaus Polster mit Zim
Am Deckersweiher 26 ⊠ 91056 – ℰ (09131) 7 55 40 – info@gasthaus-polster.de
– Fax (09131) 755445
12 Zim ⊇ – †80 € ††100/110 €
Rest – (Tischbestellung ratsam) Menü 32 € (mittags)/81 € – Karte 43/64 €
Rest *Polster Stube* – Karte 15/36 €
♦ Das Fachwerkhaus beherbergt ein elegantes Restaurant im Landhausstil, in dem man seinen Gästen eine klassische Karte reicht. Regional ist die Küche in der Polster Stube. Im liebevoll gestalteten alten Scheunenbereich stehen freundliche Gästezimmer bereit.

In Erlangen-Tennenlohe Süd-Ost : 4 km über B 4 :

Arvena Business Hotel
Wetterkreuz 7 ⊠ 91058 – ℰ (09131) 60 80 – info@arvenabusiness.de
– Fax (09131) 608100
126 Zim ⊇ – †87/192 € ††102/222 € – **Rest** – Karte 22/35 €
♦ Auf Geschäftsreisende zugeschnittene, einheitlich mit zeitgemäßem Zweckmobiliar ausgestattete Zimmer. Passend gewählte Dekostoffe setzen farbige Akzente. Gaststuben im rustikalen Stil mit international ausgerichteter Karte.

ERLANGEN

Lachnerhof garni
Märterleinsweg 2 ⊠ 91058 – ℰ (09131) 7 70 70 – hotel@lachnerhof.de
– Fax (09131) 770747
28 Zim ⊇ – †79/89 € ††98/108 €
♦ Ein familiär geführtes Hotel in einem Wohngebiet, das Ihnen einheitlich mit Buchenmöbeln eingerichtete Gästezimmer sowie ein reichhaltiges Frühstücksbuffet bietet.

ERLENBACH AM MAIN – Bayern – 546 – 10 110 Ew – Höhe 129 m   48 **G15**
▶ Berlin 593 – München 354 – Frankfurt am Main 76 – Miltenberg 16

Fränkische Weinstuben
Mechenharder Str. 5 ⊠ 63906 – ℰ (09372) 9 45 40 – post@bei-liebes.de
– Fax (09372) 945444
14 Zim ⊇ – †48/56 € ††70/79 € – **Rest** – (geschl. Montagmittag) Karte 20/40 €
♦ Zwischen Spessart und Odenwald liegt dieses sehr gut unterhaltene, familiengeführte Haus, das Sie mit fränkischer Gastlichkeit und gepflegter Atmosphäre empfängt. Das Restaurant - durch helles Holz rustikal-gemütlich - hat eine gute Auswahl an Fischgerichten.

ERLENSEE – Hessen – 543 – 12 530 Ew – Höhe 112 m   48 **G14**
▶ Berlin 525 – Wiesbaden 65 – Frankfurt am Main 26 – Fulda 81

In Neuberg-Ravolzhausen Nord : 2 km :

Bei den Tongruben garni
Unterfeld 19 ⊠ 63543 – ℰ (06183) 2 04 00 – info@hotel-tongruben.de
– Fax (06183) 204099 – geschl. 17. Dez. - 6. Jan.
28 Zim ⊇ – †77/135 € ††110/160 €
♦ Recht ruhig und verkehrsgünstig liegt diese nette, funktionelle Adresse - ein engagiert geführtes Hotel mit wohnlichen, tadellos gepflegten Zimmern.

ERNST – Rheinland-Pfalz – siehe Cochem

ERWITTE – Nordrhein-Westfalen – 543 – 15 970 Ew – Höhe 100 m   27 **F10**
▶ Berlin 443 – Düsseldorf 135 – Arnsberg 39 – Lippstadt 7
ℹ Weringhauser Str. 17, ⊠ 59597, ℰ (02943) 8 09 12 50, info@badwesternkotten.de

Schlosshotel
Schlossallee 14 ⊠ 59597 – ℰ (02943) 9 76 00 – info@schlosshotel-erwitte.de
– Fax (02943) 486445
21 Zim ⊇ – †69/79 € ††95/110 € – 5 Suiten – **Rest** – Karte 21/32 €
♦ In dem renovierten Wasserschloss im Stil der Weserrenaissance finden Sie nicht nur eine wohnliche Unterkunft, es ist auch Heimat kultureller Veranstaltungen. Im großen Gewölbekeller ist das schöne Restaurant untergebracht.

Büker   Biergarten
Am Markt 14 ⊠ 59597 – ℰ (02943) 23 36 – info@hotel-bueker.de – Fax (02943) 4168 – geschl. 1. - 6. Jan.
19 Zim ⊇ – †50/69 € ††79/89 € – **Rest** – (geschl. Sonntagabend - Montagmittag) Karte 14/30 €
♦ Der historische Fachwerkgasthof aus dem 17. Jh. ist ein familiengeführtes kleines Hotel mit sehr gepflegten und zeitgemäß ausgestatteten Zimmern. Gemütliche Restauranträume in ländlichem Stil.

In Erwitte-Bad Westernkotten Nord-Ost : 3 km – Heilbad :

Kurhaus
Weringhauser Str. 9 ⊠ 59597 – ℰ (02943) 9 70 00 – hotel-kurhaus@t-online.de
– Fax (02943) 970050
37 Zim ⊇ – †95 € ††115 € – **Rest** – Karte 17/28 €
♦ In einer verkehrsberuhigten Zone gelegenes Hotel, in dem mit soliden hellen Möbeln modern eingerichtete Zimmer zur Verfügung stehen. Wandmalereien und Kronleuchter unterstreichen das elegante Ambiente im Restaurant Palazzo.

ERWITTE

Kurpension Grüttner
Salzstr. 15 ⊠ 59597 – ℰ (02943) 80 70 – Fax (02943) 807290
50 Zim ⌑ – †52 € ††104 € – **Rest** – (nur für Hausgäste)
♦ In dem neuzeitlichen Hotel stehen wohnlich und funktionell ausgestattete Gästezimmer mit gutem Platzangebot zur Verfügung.

ESCHEDE – Niedersachsen – 541 – 3 940 Ew – Höhe 71 m   19 J7
▶ Berlin 293 – Hannover 62 – Celle 17 – Lüneburg 69

Deutsches Haus
Alber-König-Str. 8 ⊠ 29348 – ℰ (05142) 22 36 – hartmutfergel@aol.com
– Fax (05142) 2505 – geschl. 8. Feb. - 6. März
11 Zim ⌑ – †48 € ††76 € – **Rest** – (geschl. Montag) Karte 13/31 €
♦ Der familiengeführte Gasthof am Rande der Lüneburger Heide erwartet seine Gäste mit gepflegten und praktischen Zimmern, teilweise mit Balkon. Gemütliches Restaurant mit Wohnzimmerambiente.

> Rot = angenehm. Richten Sie sich nach den Symbolen ✕ und 🏠 in Rot.

ESCHENLOHE – Bayern – 546 – 1 650 Ew – Höhe 640 m – Erholungsort   65 L21
▶ Berlin 661 – München 74 – Garmisch-Partenkirchen 15 – Weilheim 30
ℹ Murnauer Str. 1 (Rathaus), ⊠ 82438, ℰ (08824) 2 21, verkehrsamt@eschenlohe.de

In Eschenlohe-Wengen Süd-Ost : 1 km :

Alpenhotel Wengererhof garni
Wengen 1 ⊠ 82438 – ℰ (08824) 9 20 30 – Fax (08824) 920345
23 Zim ⌑ – †40/45 € ††62/75 €
♦ Ruhig liegt das familiengeführte Haus am Rand des Dorfes. Es erwarten Sie sehr gepflegte Gästezimmer und ein freundlicher Aufenthaltsraum.

ESCHWEGE – Hessen – 543 – 21 390 Ew – Höhe 165 m   39 I12
▶ Berlin 389 – Wiesbaden 221 – Kassel 54 – Bad Hersfeld 58
ℹ Hospitalplatz 16, ⊠ 37269, ℰ (05651) 33 19 85, tourist-info@werratal-tourismus.de

Dölle's Nr. 1 garni
Friedrich-Wilhelm-Str. 2 ⊠ 37269 – ℰ (05651) 7 44 40 – info@doelles-nr1.de
– Fax (05651) 744477
38 Zim ⌑ – †48/80 € ††68/100 €
♦ Das familiengeführte Stadthotel empfängt seine Gäste in zeitgemäßen und zweckmäßigen Zimmern mit heller Naturholzmöblierung. Kegelbahn im Untergeschoss.

ESCHWEILER – Nordrhein-Westfalen – 543 – 55 630 Ew – Höhe 135 m   35 A12
▶ Berlin 630 – Düsseldorf 77 – Köln 58 – Mönchengladbach 56

Schemme's Schloss Restaurant im Haus Kambach
Kambachstr. 9 ⊠ 52249 – ℰ (02403) 2 30 80 – info@schemmes-schlossrestaurant.de – Fax (02403) 801097 – geschl. Jan. 3 Wochen und Sonntag - Dienstag, Feiertage
Rest – (nur Abendessen) (Tischbestellung ratsam) Menü 49/59 € – Karte 35/48 €
♦ Am Golfplatz liegt das kleine Schlösschen von 1463. In schönen hohen Räumen mit Stuckdecke wird eine klassische Karte gereicht. Nett: die schwimmende Terrasse im Wassergraben.

ESENS – Niedersachsen – 541 – 6 850 Ew – Höhe 3 m – Nordseeheilbad   7 D5
▶ Berlin 520 – Hannover 261 – Emden 72 – Oldenburg 91
ℹ Am Strand 8 (Benserseil Strandportal), ⊠ 26427, ℰ (04971) 91 70, info@benserseil.de

ESENS

Krögers Hotel (mit Gästehaus)
*Bahnhofstr. 18 ⌧ 26427 – ℰ (04971) 30 65 – info@kroegers-hotel.de
– Fax (04971) 4265*
40 Zim ⌑ – †55/85 € ††100/130 € – ½ P 18 € – **Rest** – Karte 16/34 €
♦ Das im ostfrieslandtypischen Stil erbaute Hotel und eine ehemalige Villa bieten solide eingerichtete Gästezimmer. Netter kleiner Garten. Das Restaurant teilt sich in eine bürgerliche Stube und einen freundlichen Wintergarten. Terrasse hinterm Haus.

In Esens-Bensersiel Nord-West : 4 km :

Benser Hof
Hauptstr. 9 ⌧ 26427 – ℰ (04971) 9 27 40 – kontakt@benserhof.de – Fax (04971) 92744
23 Zim ⌑ – †60/110 € ††95/110 € – ½ P 19 € – 4 Suiten – **Rest** – Karte 20/31 €
♦ Hinter seiner modernen Fassade mit viel Glas und Stahl beherbergt der halbrunde Hotelbau freundliche Zimmer mit Balkon und Blick auf Hafen und Bense. Helles, im Bistrostil gehaltenes Restaurant mit Wintergartenanbau.

Hörn van Diek garni
*Lammertshörn 1 ⌧ 26427 – ℰ (04971) 24 29 – info@hoern-van-diek.de
– Fax (04971) 3504 – geschl. 4. Nov. - 14. März*
21 Zim ⌑ – †55/75 € ††80/110 € – 6 Suiten
♦ In 5 Minuten Entfernung von Strand und Hafen finden Sie dieses Hotel im Landhausstil mit Appartements, die über einen kleinen Küchen- und Wohnbereich verfügen.

Störtebeker garni
*Am Wattenmeer 4 ⌧ 26427 – ℰ (04971) 9 19 00 – info@
bensersiel-stoertebeker.de – Fax (04971) 919055 – geschl. 4. Nov. - 1. März*
32 Zim ⌑ – †35/45 € ††54/70 €
♦ Das ruhig gelegene Haus mit privatem Charakter bietet überwiegend mit Korkfußboden und hellen Naturholzmöbeln ausgestattete Zimmer als Urlaubsdomizil an der Nordsee an.

ESLOHE – Nordrhein-Westfalen – **543** – 9 330 Ew – Höhe 310 m – Luftkurort   37 **E11**
▶ Berlin 502 – Düsseldorf 159 – Arnsberg 31 – Meschede 20

In Eslohe-Cobbenrode Süd : 7,5 km über B 55 :

Hennemann   Biergarten
*Olper Str. 28 (B 55) ⌧ 59889 – ℰ (02973) 9 75 10 – info@hotel-hennemann.de
– Fax (02973) 97549 – geschl. Mitte - Ende Juli*
24 Zim – †60 € ††92/138 € – ½ P 18 € – **Rest** – *(geschl. Montag)* Karte 19/34 €
♦ Ein familiär geleitetes Ferienhotel mit soliden Zimmern in wohnlich-ländlichem Stil sowie Kosmetikanwendungen. In unmittelbarer Nähe befindet sich der hauseigene Tennisplatz. Restaurant mit bürgerlichem Speiseangebot.

In Eslohe-Niedersalwey West : 4 km über Homertstraße :

Woiler Hof
Salweytal 10 ⌧ 59889 – ℰ (02973) 8 16 00 – info@woiler-hof.de – Fax (02973) 81602
20 Zim – †30/34 € ††60/68 € – ½ P 9 € – **Rest** – *(geschl. Dienstag)* Karte 18/28 €
♦ Dieser gewachsene Gasthof ist ein sehr gepflegter Familienbetrieb, in dem individuelle Zimmer - teilweise mit Balkon - zur Verfügung stehen. Restaurant in bürgerlich-ländlichem Stil.

ESPELKAMP – Nordrhein-Westfalen – **543** – 26 570 Ew – Höhe 50 m   17 **F8**
▶ Berlin 375 – Düsseldorf 223 – Bielefeld 52 – Bremen 99

Mittwald
*Ostlandstr. 23 ⌧ 32339 – ℰ (05772) 9 77 80 – info@mittwaldhotel.de
– Fax (05772) 977822*
45 Zim – †60/64 € ††80/85 € – **Rest** – *(geschl. Samstag)* Menü 9 € (mittags)
– Karte 18/37 €
♦ Ein gut geführtes neuzeitliches Hotel, in dem funktionelle und technisch gut ausgestattete Gästezimmer zur Verfügung stehen.

ESSEN – Nordrhein-Westfalen – 543 – 589 500 Ew – Höhe 76 m 26 **C11**

▶ Berlin 528 – Düsseldorf 37 – Amsterdam 204 – Arnhem 108

ADAC Bamlerstr. 61 R

🛈 Am Hauptbahnhof 2 Z, ✉ 45127, ☏ (0201) 8 87 20 48, touristikzentrale@essen.de

Essen-Heidhausen, Preutenborbeckstr. 36 ☏ (0201) 40 41 11 S

Essen-Kettwig, Laupendahler Landstr. ☏ (02054) 8 39 11 S

Essen-Hügel, Frh.-vom-Stein-Str. 92 ☏ (0201) 44 46 00 S

Veranstaltungen
07.02. - 10.02. : Reise/Camping
29.11. - 07.12. : Motor-Show

Messegelände und Grugahalle, Norbertstraße AZ, ✉ 45131, ☏ (0201) 7 24 40

👁 Münster (Westchor★, Goldene Madonna★★★) - Münsterschatzkammer★★ M¹ DZ – Museum Folkwang★★ ABY – Ruhrlandmuseum★ AV – Johanniskirche (Altar★) DZ **A** - St. Ludger★ S

Stadtpläne siehe nächste Seiten

Sheraton
Huyssenallee 55 ✉ 45128 – ☏ (0201) 1 00 70 – essen.sales@sheraton.com – Fax (0201) 1007777 BV **e**
206 Zim – †119/329 € ††139/345 €, ⌴ 23 € – 12 Suiten – **Rest** – Menü 55/75 € – Karte 38/62 €
♦ Die Zimmer des Stadthotels wurden elegant-komfortabel mit einem Blick für Farben gestaltet, alle Zimmer verfügen über eine gute technische Ausstattung. Neuzeitlich eingerichtetes Restaurant.

Welcome Hotel
Schützenbahn 58 ✉ 45127 – ☏ (0201) 1 77 90 – info@welcome-to-essen.de – Fax (0201) 1779199 BU **a**
176 Zim ⌴ – †145 € ††175 € – 5 Suiten – **Rest** – Menü 32/41 € – Karte 27/46 €
♦ Das Hotelgebäude im Zentrum überzeugt mit modern ausgestatteten Zimmern - teils allergikergerecht. Ein unaufdringlicher Rotton setzt im ganzen Haus farbige Akzente. Helles, freundliches Restaurant mit großer Glasfront zum Innenhof.

Mercure Plaza garni
Bismarckstr. 48 ✉ 45128 – ☏ (0201) 87 85 80 – h4990@accor.com – Fax (0201) 87858700 BV **a**
132 Zim ⌴ – †115 € ††140 €
♦ Eine großzügige, mit viel Glas licht gestaltete Halle empfängt Sie in diesem neuzeitlichen, nahe Messe und Folkwang-Museum gelegenen Hotel. Die Zimmer: modern und funktionell.

Mövenpick
Am Hauptbahnhof 2 ✉ 45127 – ☏ (0201) 1 70 80 – hotel.essen@moevenpick.com – Fax (0201) 1708173 DZ **n**
198 Zim – †115/176 € ††125/206 €, ⌴ 16 € – **Rest** – Karte 19/40 €
♦ Gegenüber dem Bahnhof steht der klassische Jugendstilbau mit seiner schicken Empfangshalle und modern-wohnlichen Zimmern, die z. T. recht ruhig zum kleinen Innenhof liegen. Restaurant im UG mit historischen, unter Denkmalschutz stehenden Bodenfliesen.

Essener Hof
Am Handelshof 5 ✉ 45127 – ☏ (0201) 2 42 50 – hotel@essener-hof.com – Fax (0201) 2425751 DZ **c**
127 Zim – †88/168 € ††138/227 € – **Rest** – (nur Abendessen) Karte 25/37 €
♦ Seit 1883 existiert dieser gut geführte Familienbetrieb mit individuell und modern ausgestatteten Zimmern. Reizende, einem alten Eisenbahnabteil nachempfundene Bar. Im Restaurant: friesisches Ambiente in Weiß-Blau und fischreiche Karte.

Europa garni
Hindenburgstr. 35 ✉ 45127 – ☏ (0201) 23 20 41 – info@hotel-europa-essen.de – Fax (0201) 232656 – geschl. über Weihnachten, über Ostern DZ **m**
49 Zim ⌴ – †69 € ††89 €
♦ Sehr gepflegte, teilweise in neuzeitlichem Stil möblierte Zimmer sowie die Innenstadtlage sprechen für dieses in der oberen Etage eines Parkhauses untergebrachten Hotels.

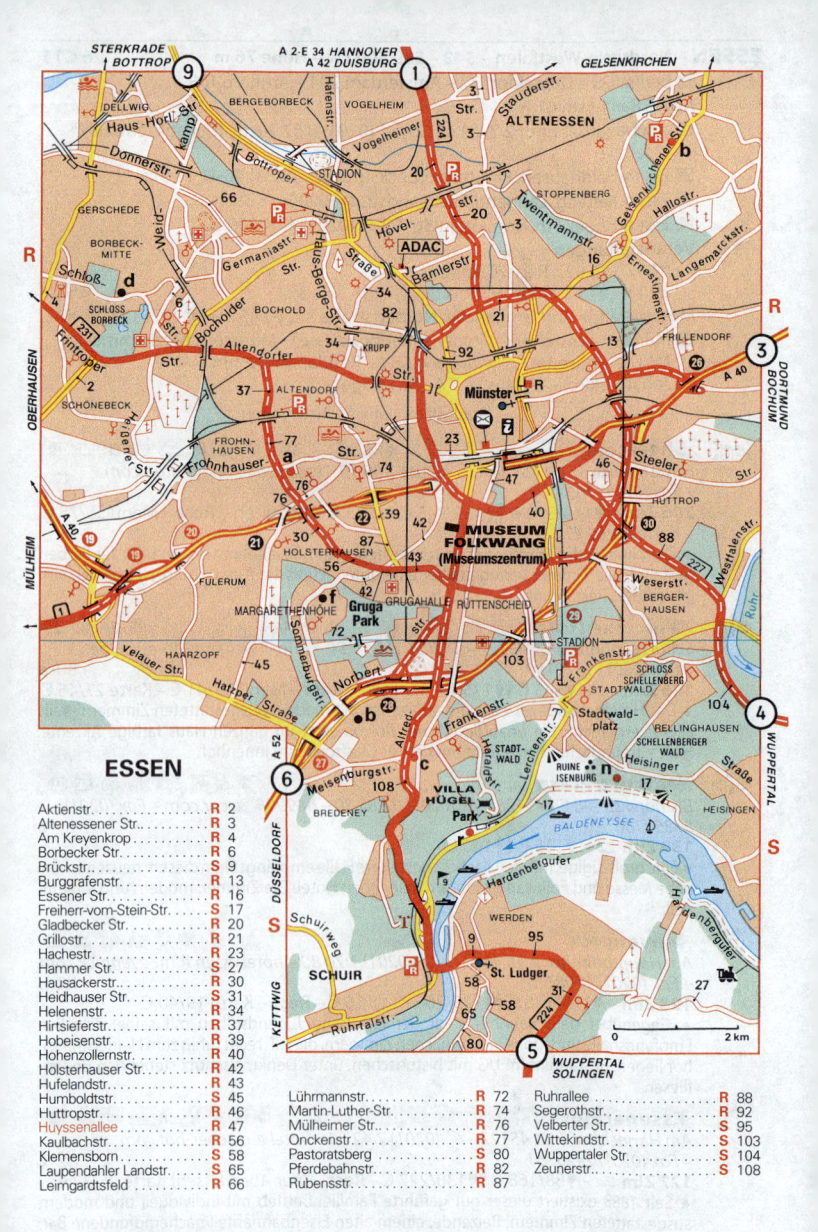

ESSEN

Street		
Aktienstr.	R	2
Altenessener Str.	R	3
Am Kreyenkrop	R	4
Borbecker Str.	R	6
Brückstr.	R	9
Burggrafenstr.	R	13
Essener Str.	R	16
Freiherr-vom-Stein-Str.	S	17
Gladbecker Str.	R	20
Grillostr.	R	21
Hachestr.	R	23
Hammer Str.	S	27
Hausackerstr.	R	30
Heidhauser Str.	S	31
Helenenstr.	R	34
Hirtsieferstr.	R	37
Hobeisenstr.	R	39
Hohenzollernstr.	R	40
Holsterhauser Str.	R	42
Hufelandstr.	R	43
Humboldtstr.	R	45
Huttropstr.	R	46
Huyssenallee	R	47
Kaulbachstr.	R	56
Klemensborn	S	58
Laupendahler Landstr.	R	65
Leimgardtsfeld	R	66
Lührmannstr.	R	72
Martin-Luther-Str.	R	74
Mülheimer Str.	R	76
Onckenstr.	R	77
Pastoratsberg	S	80
Pferdebahnstr.	R	82
Rubensstr.	R	87
Ruhrallee	R	88
Segerothstr.	R	92
Velberter Str.	R	95
Wittekindstr.	S	103
Wuppertaler Str.	S	104
Zeunerstr.	R	108

✂ **La Grappa**   VISA ⓜ AE ①
Rellinghauser Str. 4 ✉ 45128 – ℘ (0201) 23 17 66 – rino.frattesi@la-grappa.de
– Fax (0201) 229146 – geschl. Samstagmittag, Sonntag
                                                                                                                      BV v
Rest – (Tischbestellung ratsam) Karte 41/71 € 🍴
◆ Üppiges Dekor aus Bildern, Tellern, Flaschen und Spiegeln prägt das Ambiente des Restaurants. Bemerkenswert: das umfangreiche Grappa-Angebot, das dem Haus seinen Namen gab.

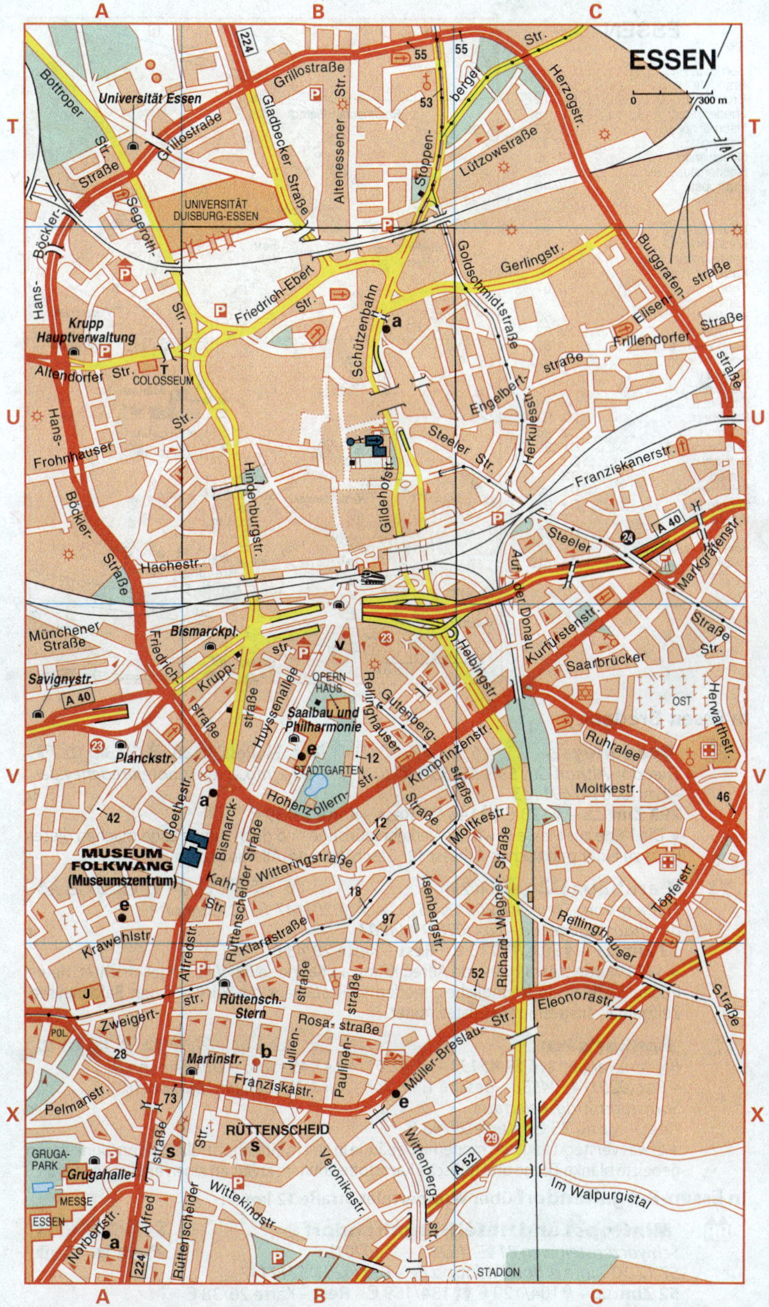

ESSEN
0
300 m
A
B
C
T
U
V
X
Universität Essen
UNIVERSITÄT DUISBURG-ESSEN
Bottroper Str.
Straße
Grillostraße
Gladbecker Straße
Altenessener Str.
Stoppen-berger Str.
Herzogstr.
Lützowstraße
Segeroth-Str.
Böckler-
Hans-Böckler-Straße
Friedrich-Ebert-Str.
Gerlingstr.
Goldschmidtstraße
Burggrafenstraße
Krupp Hauptverwaltung
Altendorfer Str.
COLOSSEUM
Schützenbahn
Elisen-
Frillendorfer Straße
Engelbert-straße
Herkulesstr.
Steeler Str.
Franziskanerstr.
Frohnhauser Str.
Hindenburgstr.
Gildehofstr.
Hachestr.
Steeler
A 40
Markgrafenstr.
Auf der Donau
Münchener Straße
Bismarckpl.
Friedrich-straße
Krupp-str.
OPERN HAUS
Rellinghauser
Helbingstr.
Kurfürstenstr.
Saarbrücker Str.
Savignystr.
A 40
Huyssenallee
Saalbau und Philharmonie
Gutenberg-
OST
Plancksr.
STADTGARTEN
Kronprinzenstr.
Ruhralee
Herwarthstr.
Hohenzollern-str.
Moltkestr.
Goethestr.
Bismarck-
Rüttenscheider Straße
Moltkestr.
MUSEUM FOLKWANG (Museumszentrum)
Kahr-Str.
Witteringstraße
Isenbergstr.
Richard-Wagner-Straße
Töpferstr.
Rellinghauser
Krawehlstr.
Alfredstr.
Klarastraße
straße
straße
Rüttensch. Stern
Eleonorastr.
Zweigert-str.
Rosa-straße
Julien-
Paulinen-
Müller-Breslau-Str.
Straße
POL
Martinstr.
Franziskastr.
Pelmanstr.
RÜTTENSCHEID
GRUGA-PARK
Grugahalle
MESSE ESSEN
Alfred straße
Str.
Veronikastr.
Wittenberg-str.
A 52
Im Walpurgistal
Wittekindstr.
Norbertstr.
Rüttenscheider
STADION
224
55
53
23
24
12
42
18
97
52
28
73
29
46
a
e
v
b
s

ESSEN

Bernestr.	**DZ**	5
Brandstr.	**DZ**	8
Brunnenstr.	**BV**	12
Friederikenstr.	**BV**	18
Haumannpl.	**AX**	28
Helbingstr.	**DZ**	33
Hirschlandpl.	**DZ**	36
Holsterhauser Str.	**AV**	42
Huttropstr.	**CV**	46
Huyssenallee	**BV**	
I. Hagen	**DZ**	48
I. Weberstr.	**DY**	98
Karolinenstr.	**CX**	52
Karolingerstr.	**BT**	53
Katzenbruchstr.	**BCT**	55
Kennedypl.	**DZ**	57
Kettwiger Str.	**DZ**	
Klosterstr.	**DY**	60
Kopstadtpl.	**DY**	62
Limbecker Pl.	**DY**	69
Limbecker Str.	**DY**	70
Martinstr.	**AX**	73
Ostfeldstr.	**DY**	78
Ottilienstr.	**DY**	79
Porschepl.	**DZ**	83
Rathenaustr.	**DZ**	84
Rheinischer Pl.	**DY**	86
Rottstr.	**DY**	
Rüttenscheider Str.	**ABX**	
Schützenbahn	**DY**	90
Segerothstr.	**DY**	92
Steeler Str.	**DY**	94
Viehofer Str.	**DY**	96
Vöcklinghauser Str.	**BV**	97
Zwölfling	**DZ**	110

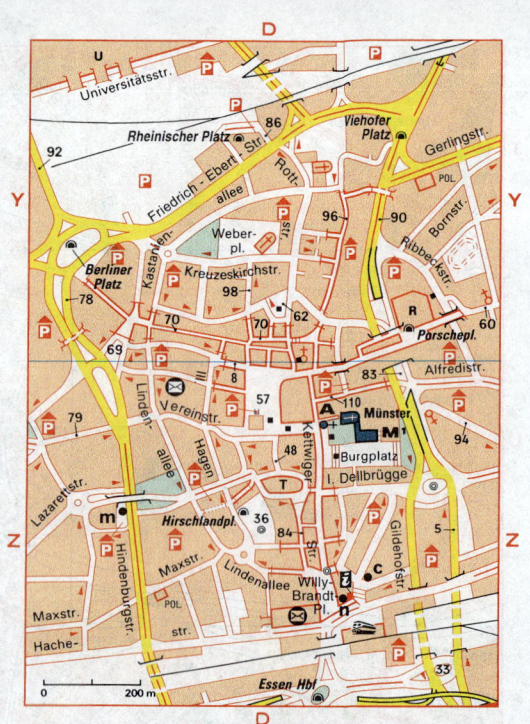

In Essen-Bredeney

Bredeney
Theodor-Althoff-Str. 5 ⊠ 45133 – ℘ (0201) 76 90 – info.essen@hotelbredeney.de – Fax (0201) 7691143
293 Zim – †128 € ††143 € – **Rest** – Karte 23/39 €   S b

♦ Die Nähe zur Messe sowie die verkehrsgünstige und doch ruhige Lage machen dieses Haus zu einer praktischen Adresse für Geschäftsleute. Allergikerzimmer.

Parkhaus Hügel mit Zim
Freiherr-vom-Stein-Str. 209 ⊠ 45133 – ℘ (0201) 47 10 91 – imhoff@parkhaus-huegel.de – Fax (0201) 444207
13 Zim – †80 € ††115 € – **Rest** – Karte 29/43 €   S r

♦ 1870 wurde dieses Haus von Alfred Krupp als Kasino seiner Villa Hügel errichtet. Heute finden Sie hier ein freundliches, modernes Restaurant mit Blick auf den Baldeneysee. Zeitgemäß ausgestattete Gästezimmer.

Banker's Inn
Bredeneyer Str. 116 ⊠ 45133 – ℘ (0201) 42 42 45 – info@bankers-inn.de – Fax (0201) 4504536 – geschl. 1. - 7. Jan., Juli 2 Wochen und Mittwoch, Samstagmittag, Feiertage
Rest – Menü 35 € – Karte 27/43 €   S c

♦ Etwas versteckt liegt das moderne Gebäude in einem Innenhof. Holztäfelung, dunkelgrün gebeizte blanke Tische und hübsche Karostoffe erinnern etwas an einen englischen Club.

In Essen-Burgaltendorf über Wuppertaler Straße 12 km S :

Mintrops Land Hotel Burgaltendorf
Schwarzensteinweg 81 ⊠ 45289 – ℘ (0201) 57 17 10 – info@hotel-mintrop.de – Fax (0201) 5717147
52 Zim – †104/129 € ††134/159 € – **Rest** – Karte 26/38 €

♦ 1968 nach einem Brand neu aufgebaut, hat sich das Gut inzwischen zu einem neuzeitlichen Hotel entwickelt. Die Zimmer: teils Landhaus-, teils Designer-Stil. Modern gestyltes Restaurant.

ESSEN

In Essen-Frohnhausen

XX Kölner Hof
*Duisburger Str. 20 ⊠ 45145 – ℰ (0201) 76 34 30 – koelner-hof@t-online.de
– Fax (0201) 8761495 – geschl. Ende Jan. - Mitte Feb. 2 Wochen und Montag -
Dienstag* R a
Rest – (Tischbestellung ratsam) Menü 30/62 € – Karte 35/59 €
♦ Ehemalige Eckkneipe aus den 20er Jahren, wo man einst Skat klopfte. Heute erfreut man sich in elegantem Ambiente an den mit Sorgfalt zubereiteten klassischen Speisen.

In Essen-Heisingen

X Jagdhaus Schellenberg   ≼Biergarten
*Heisinger Str. 170a ⊠ 45134 – ℰ (0201) 43 78 70 – info@
jagdhaus-schellenberg.de – Fax (0201) 4378729 – geschl. Ende Jan. - Mitte Feb. und
Montag* S n
Rest – Karte 27/44 €
♦ Fachwerkidylle am Waldrand: Ein blauer Kachelofen, Dielenboden und nettes Dekor schaffen ein gediegen-rustikales Ambiente. Terrasse mit schöner Aussicht.

In Essen-Horst über Steeler Straße 3 km R :

XX Hannappel
*Dahlhauser Str. 173 ⊠ 45279 – ℰ (0201) 53 45 06
– info@restaurant-hannappel.de – Fax (0201) 8607835
– geschl. Juni 1 Woche, Juli - Aug. 3 Wochen und Dienstag*
Rest – (Montag - Samstag nur Abendessen) Menü 35/40 € – Karte 32/45 €
♦ Internationale Küche mit saisonalem Einfluss erwartet Sie in dem bürgerlichen Restaurant. Schön gestalteter Nebenraum für Veranstaltungen.

In Essen-Katernberg

X Casino Zollverein
*Gelsenkirchener Str. 181 ⊠ 45309 – ℰ (0201) 83 02 40 – info@casino-zollverein.de
– Fax (0201) 8302411 – geschl. 26. Dez. - 10. Jan. und Montag* R b
Rest – Menü 37/43 € – Karte 30/45 €
♦ In der Kompressorenhalle der Zeche Zollverein - Weltkulturerbe der UNESCO - schaffen hohe, mächtige Betonsäulen und modernes Design ein einzigartiges Umfeld.

In Essen-Kettwig über Ruhrtalstraße 11 km S :

🏠 Schloß Hugenpoet
*August-Thyssen-Str. 51 (West : 2,5 km) ⊠ 45219 – ℰ (02054) 1 20 40 – info@
hugenpoet.de – Fax (02054) 120450*
25 Zim ⊃ – †205/225 € ††250/300 €
Rest *Hugenpöttchen* – separat erwähnt
Rest *Nesselrode* – (geschl. 22. Jan. - 13. Feb., 24. Juni - 16. Juli und Dienstag -
Mittwoch, Montag - Samstag nur Abendessen) Menü 75/98 € – Karte 54/67 €
♦ In einem Park liegt das wunderschöne Schloss von 1647. Mit ihrer eleganten, teils antiken Einrichtung werden die Zimmer dem historischen Rahmen des Anwesens gerecht. In Wintergarten und Kaminzimmer unterteiltes Restaurant. Stilvoll-gediegen: Hotelbar Baronie.

🏠 Schmachtenbergshof
*Schmachtenbergstr. 157 ⊠ 45219 – ℰ (02054) 1 21 30 – info@
hotel-schmachtenbergshof.de – Fax (02054) 121313*
21 Zim ⊃ – †65/80 € ††93/105 € – **Rest** – (geschl. Juli 3 Wochen und Montag,
Dienstag - Samstag nur Abendessen) Karte 16/33 €
♦ Der familiär geführte Gasthof bietet Ihnen gepflegte, unterschiedlich eingerichtete und technisch zeitgemäß ausgestattete Zimmer. Bürgerliche Karte im Restaurant.

🏠 Landhaus Knappmann   Biergarten
*Ringstr. 198 ⊠ 45219 – ℰ (02054) 78 09 – hotel-knappmann@web.de
– Fax (02054) 6789 – geschl. 22. Dez. - 4. Jan.*
16 Zim ⊃ – †71/79 € ††95/99 € – **Rest** – (Montag - Freitag nur Abendessen)
Karte 14/24 €
♦ Die Zimmer dieses Familienbetriebs sind wohnlich gestaltet, teilweise mit freiliegendem Fachwerk, einige auch mit Whirlwanne. Regionale und bürgerliche Speisen im Restaurant mit Brauhausambiente.

ESSEN

Sengelmannshof
*Sengelmannsweg 35 ⊠ 45219 – ℰ (02054) 9 59 70 – info@sengelmannshof.de
– Fax (02054) 83200 – geschl. 24. Dez. - 4. Jan. (Hotel)*
27 Zim ⊂ – †78/90 € ††114/129 € – **Rest** – *(geschl. 27. - 30. Dez., 1. - 4. Jan. und Samstagmittag)* Karte 23/44 €

♦ Das einstige Lehnsgut ist seit 1817 in Familienbesitz. Die Zimmer sind funktionell eingerichtet, die Bäder mit Marmor bzw. Granit gestaltet. Hochzeitszimmer mit Himmelbett. Restaurant mit bürgerlichem Speisenangebot.

Résidence (Berthold Bühler) mit Zim
*Auf der Forst 1 ⊠ 45219 – ℰ (02054) 9 55 90 – info@hotel-residence.de
– Fax (02054) 82501 – geschl. 1. - 8. Jan., Juli 3 Wochen*
18 Zim – †105 € ††132 €, ⊂ 16 € – **Rest** – *(geschl. Sonntag - Montag, nur Abendessen)* (Tischbestellung ratsam) Menü 120 € – Karte 65/84 € ✾

Spez. Hummer und dicke Bohnen mit Chiliöl und Krustentierbisque. Geschmortes Bäckchen, gefüllte Hachse und Rücken vom Iberico Schwein mit Balsamico-Linsen. Entrecôte vom Bison mit geschmorten Schalotten und Batatepüree.

♦ Internationale Küche und kompetenten Service bietet man in dem zeitlos-eleganten Ambiente dieser Villa. Zum Haus gehört auch ein Gourmet-Club. Wohnliche, individuell gestaltete Gästezimmer.

Jägerhof mit Zim
*Hauptstr. 23 ⊠ 45219 – ℰ (02054) 8 40 11 – anfrage@jaegerhof-essen.de
– Fax (02054) 80984*
12 Zim ⊂ – †66 € ††92 € – **Rest** – *(geschl. 1. - 7. Jan., Juli 3 Wochen und Samstagmittag, Sonntag)* Menü 35 € (mittags) – Karte 18/42 €

♦ Gediegene Einrichtung und stilvolles Dekor schaffen in diesem Restaurant eine elegante Atmosphäre. Serviert wird internationale Küche. Recht individuelle, teils mit Stilmöbeln ausgestattete Gästezimmer.

Ange d'or Junior
*Ruhrtalstr. 326 ⊠ 45219 – ℰ (02054) 23 07 – huppertz@ange-dor.de
– Fax (02054) 6343 – geschl. 22. Dez. - 11. Jan., Sonntag - Montag*
Rest – *(nur Abendessen)* Karte 35/57 €

♦ Ein Restaurant mit interessantem Ambiente: Zu antik-französischem Holzmobiliar stellen Künstler ihre poppigen Werke aus. Trendig ist auch die internationale Küche des Bistros.

Hugenpöttchen – Hotel Schloß Hugenpoet
*August-Thyssen-Str. 51 (West : 2,5 km) ⊠ 45219 – ℰ (02054) 12 04 36
– hugenpoettchen@hugenpoet.de – Fax (02054) 120450*
Rest – Menü 32 € – Karte 29/41 €

♦ In der ehemaligen Remise des Schlosses befindet sich diese ländliche und legere Alternative zum Restaurant Nesselrode. Internationale Küche mit italienischen Elementen.

In Essen-Margarethenhöhe

Mintrops Stadt Hotel Margarethenhöhe
*Steile Str. 46 ⊠ 45149 – ℰ (0201) 4 38 60 – info@
margarethenhoehe.com – Fax (0201) 4386100*
R f
30 Zim ⊂ – †139/146 € ††166/176 € – **Rest** – Karte 25/37 €

♦ Früher diente diese Adresse den Arbeitern der Krupp-Industrie, heute steht hier ein schmuckes, modernes Hotel mit tadellos gepflegten, funktionellen Zimmern. Ein helles Ambiente und klare Linien prägen das Restaurant.

In Essen-Rüttenscheid

An der Gruga garni
*Eduard-Lucas-Str. 17 ⊠ 45131 – ℰ (0201) 84 11 80 – info@grugahotel.de
– Fax (0201) 8411869*
AX a
40 Zim ⊂ – †115/135 € ††135/155 €

♦ Eine sympathische, engagiert geführte Adresse gegenüber der Messe und dem Grugapark. Die Zimmer überzeugen mit funktioneller Ausstattung.

ESSEN

Ypsilon
Müller-Breslau-Str. 18 ⊠ 45130 – ℰ (0201) 8 96 90 – welcome@ypsilon-hotel.de
– Fax (0201) 8969100 BX e
101 Zim ⊇ – †116/154 € ††146/166 € – **Rest** – Karte 17/44 €

♦ Die Ypsilonform des Gebäudes war hier wohl namengebend. Zu den Annehmlichkeiten zählen neuzeitlich gestaltete Zimmer und die Lage unweit der Messe. Kostenloser Fahrradverleih. Im Wintergartenanbau des Hotels serviert man internationale Küche.

Ruhr-Hotel garni
Krawehlstr. 42 ⊠ 45130 – ℰ (0201) 77 80 53 – info@ruhrhotel.de – Fax (0201)
780283 – geschl. 21. Dez. - 3. Jan. AV e
28 Zim ⊇ – †72/118 € ††89/148 €

♦ Das Hotel verfügt über unterschiedlich eingerichtete Gästezimmer: rustikal mit dunklem Mobiliar oder gediegen mit italienischen Stilmöbeln.

BLISS
Girardetstr. 2, (im Girardet- Haus) ⊠ 45131 – ℰ (0201) 87 89 57 87 – info@
bliss-essen.de – geschl. Sonntag BX s
Rest – Karte 31/49 €

♦ Eine trendige Adresse ist dieses moderne Restaurant im Girardet-Haus. In der offenen Küche bereitet man klassisch-internationale Speisen - kleine Karte im Bar-/Bistrobereich.

Rotisserie du Sommelier
Wegenerstr. 3 ⊠ 45131 – ℰ (0201) 9 59 69 30 – Fax (0201) 4369145
– geschl. 17. - 29. März, Ende Sept. - Anfang Okt. und Sonntag - Montag AX s
Rest – Karte 34/60 €

♦ Hier werden Sie von freundlichem und aufmerksamem Service in einem Restaurant mit Bistro-Ambiente bedient. International geprägte Küche.

Schote
Emmastr. 25 ⊠ 45130 – ℰ (0201) 78 01 07 – schote@web.de – Fax (0201) 780107
– geschl. Aug. 3 Wochen und Montag BX b
Rest – (nur Abendessen) Menü 34 € – Karte 24/45 €

♦ Hinter großen Fenstern erwarten den Gast ein modernes, bistroartiges Ambiente und ein sehr freundlicher Service - Grün, Gelb und Blau sind hier die dominierenden Farben.

ESSEN, BAD – Niedersachsen – **541** – 15 700 Ew – Höhe 62 m – Thermalsole-Heilbad 17 **F8**

▶ Berlin 396 – Hannover 133 – Bielefeld 71 – Osnabrück 24
🛈 Lindenstr. 39, ⊠ 49152, ℰ (05472) 9 49 20, touristik@badessen.de

Landhotel Buchenhof garni
Bergstr. 22 ⊠ 49152 – ℰ (05472) 93 90 – info@landhotel-buchenhof.de
– Fax (05472) 939200
26 Zim – †65/70 € ††95/100 €

♦ Das Hotel besteht aus drei renovierten, mit Komfort und moderner Technik ausgestatteten Fachwerkbauernhäusern (eins von 1703), die in einer idyllischen Gartenanlage liegen.

Höger's Hotel
Kirchplatz 25 ⊠ 49152 – ℰ (05472) 9 46 40 – info@hoegers.de – Fax (05472)
946434 – geschl. 2. - 18. Jan., 21. - 27. Juli
19 Zim ⊇ – †55/65 € ††90/100 € – **Rest** – (geschl. Montag) Karte 22/40 €

♦ Am Kirchplatz im Ortskern steht dieses gewachsene Haus. Das familiengeführte kleine Hotel verfügt über solide, mit Kirschholzmöbeln eingerichtete Zimmer. Das Restaurant: historische Gaststuben und Veranda mit großer Fensterfront. Terrasse unter Rotbuchen.

ESSING – Bayern – siehe Kelheim

Auch Hotels und Restaurants können sich ändern.
Kaufen Sie deshalb jedes Jahr den neuen Michelin-Führer!

ESSLINGEN AM NECKAR – Baden-Württemberg – 545 – 91 980 Ew – Höhe 401 m
55 **G18**

▶ Berlin 641 – Stuttgart 17 – Reutlingen 40 – Ulm (Donau) 80
ADAC Plochingerstr. 21
🛈 Marktplatz 2, ✉ 73728, ✆ (0711) 39 69 39 69, info@esslingen-tourist.de
◉ Altes Rathaus★ **B** – Marktplatz★ – Stadtkirche (Glasmalereien★) – Frauenkirche (Turm★) Y

Bahnhofpl. .... **Z** 2	Im Heppächer .... **Z** 16	Pliensaustr. .... **Z**
Bahnhofstr. .... **Z**	Küferstr. .... **Z**	Plochinger
Blarerpl. .... **Z** 5	Kurt-Schumacher-	Str. .... **Z** 29
Brückenstr. .... **Z** 6	Str. .... **Z** 17	Rathauspl. .... **Y** 30
Charlottenpl. .... **Z** 7	Landolinspl. .... **Z** 21	Roßmarkt .... **Z** 31
Entengräbenstr. ..... **Z** 10	Marktpl. .... **Y** 22	Strohstr. .... **Z** 33
Franziskanergasse ... **Z** 12	Milchstr. .... **Z** 23	Unterer Metzgerbach . **Z** 36
Hafenmarkt .... **Y** 13	Mühlstr. .... **Z** 24	Vogelsangbrücke ..... **Z** 39
Heugasse .... **Y** 14	Oberer Metzgerbach . **Z** 26	Wielandstr. .... **YZ** 40

Park Consul
Grabbrunnenstr. 19 ✉ *73728 –* ✆ *(0711) 41 11 10 – pcesslingen@consul-hotels.com – Fax (0711) 41111699*
Z a
150 Zim – ♂135 € ♂♂155 € – **Rest** – Karte 28/49 €
♦ Ein besonders auf Businessgäste ausgelegtes, modern designtes Hotel mit Atriumhalle und funktionellen Zimmern. Ganz oben: neuzeitlicher Freizeitbereich und Dachterrasse. Restaurant im Bistrostil.

Am Schillerpark garni
Neckarstr. 60 ✉ *73728 –* ✆ *(0711) 93 13 30 – info@hotel-am-schillerpark.de – Fax (0711) 93133100*
Z r
51 Zim – ♂75/101 € ♂♂101/105 €
♦ Ein neuzeitliches Hotel in Zentrumsnähe, das mit seiner funktionellen Ausstattung auch für Businessgäste interessant ist. Im Sommer: Frühstück auf der netten Gartenterrasse.

ESSLINGEN AM NECKAR

Rosenau
Plochinger Str. 65 (über Z) ⊠ 73730 – ℰ (0711) 3 15 45 60 – info@
hotel-rosenau.de – Fax (0711) 3161344
57 Zim ⊋ – †66/104 € ††114/123 € – **Rest** – (geschl. Aug., 22. Dez. - 6. Jan. und Samstag, nur Abendessen) Karte 17/33 €
♦ Ein gut geführtes Hotel mit neuzeitlichem Hallenbereich und gepflegten, zeitgemäß eingerichteten Zimmern, einige zur Sonnenseite hin gelegen.

Kuntzer's Öxle
Marktplatz 4 ⊠ 73728 – ℰ (0711) 3 51 04 51 – Fax (0711) 3510451
– geschl. Aug. 3 Wochen sowie Samstag, Sonn- und Feiertage   Y a
Rest – (Tischbestellung ratsam) Menü 59 € – Karte 48/80 €
♦ Zuerst Schmiede, dann Weinstube, jetzt Restaurant: Der urig-gemütliche Rahmen und die intime Atmosphäre verbinden sich mit einer gehobenen klassischen Küche.

Reichsstadt
Rathausplatz 5 ⊠ 73728 – ℰ (0711) 35 36 20 – marrazzo-reichsstadt@t-online.de
– Fax (0711) 353601 – geschl. Montag   Y d
Rest – Karte 30/55 €
♦ In einem historischen Stadthaus in der Innenstadt, direkt gegenüber dem Rathaus, bewirtet man Sie mit frischer italienischer Küche.

ETTLINGEN – Baden-Württemberg – **545** – 38 960 Ew – Höhe 133 m   54 **F18**
▶ Berlin 678 – Stuttgart 79 – Karlsruhe 10 – Baden-Baden 36
🛈 im Schloss, ⊠ 76275, ℰ (07243) 10 12 21, info@ettlingen.de

Erbprinz
Rheinstr. 1 ⊠ 76275 – ℰ (07243) 32 20 – info@erbprinz.de – Fax (07243) 322322
83 Zim ⊋ – †150/170 € ††200/215 € – 6 Suiten
Rest *Weinstube Sybilla* – separat erwähnt
Rest – (geschl. 1. - 14. Jan. und Sonntagabend - Montag) Menü 65/85 € – Karte 57/77 €
♦ Das traditionsreiche Haus von 1780 steht für gediegen-stilvolles Interieur und aufmerksamen Service. Luxuriös ist die 140 qm große Penthouse-Suite im 6. Stock. Im Restaurant erwarten Sie elegantes Ambiente und internationale Küche.

Watthalden
Pforzheimer Str. 67a ⊠ 76275 – ℰ (07243) 71 40 – hotel@watthalden.de
– Fax (07243) 7143333 – geschl. 1. - 3. Jan.
89 Zim ⊋ – †99 € ††105/119 €
Rest *Hartmaier's Villa* – separat erwähnt
♦ Das neben einem kleinen Park gelegene Hotel ist besonders auf Tagungen und Geschäftsreisende ausgelegt und verfügt über moderne Gästezimmer.

Stadthotel Engel garni (mit Gästehaus)
Kronenstr. 13 ⊠ 76275 – ℰ (07243) 33 00 – info@
stadthotel-engel.de – Fax (07243) 330199 – geschl. 22. Dez. - 7. Jan.
93 Zim ⊋ – †95/100 € ††110/125 €
♦ In dem Hotel in der Altstadt erwarten Sie solide und zeitgemäß eingerichtete Zimmer, die sich auf das Haupthaus und ein gegenüberliegendes Gästehaus verteilen.

Holder
Lindenweg 16 (Umgebungsplan Karlsruhe) ⊠ 76275 – ℰ (07243) 1 60 08 – info@
hotel-holder.de – Fax (07243) 79595   AV b
28 Zim ⊋ – †55/84 € ††84/94 € – **Rest** – (nur Abendessen für Hausgäste)
♦ Die verkehrsgünstige Lage am Rande von Ettlingen und funktionell ausgestattete Zimmer sprechen für dieses Hotel. Besonders gut ist das Platzangebot in den Doppelzimmern.

Drei Mohren
Rheinstr. 15 ⊠ 76275 – ℰ (07243) 5 05 60 – info@hotel-drei-mohren.de
– Fax (07243) 5056156
25 Zim ⊋ – †75/85 € ††95/105 € – **Rest** – (geschl. Samstag - Sonntag) Karte 18/40 €
♦ Ein familiengeführtes Hotel am Zentrumsrand mit gepflegten und zeitlos eingerichteten Gästezimmern, von denen einige recht großzügig geschnitten sind. Bürgerliches Restaurant mit entsprechender Karte.

ETTLINGEN

XX **Hartmaiers Villa** – Hotel Watthalden
*Pforzheimer Str. 67 ⊠ 76275 – ℰ (07243) 76 17 20 – info@hartmaiers.de
– Fax (07243) 4673*
Rest – Karte 30/60 €
♦ In der Villa Watthalden von 1818 befinden sich ein elegantes Restaurant und ein legeres Bistro - in beiden Bereichen serviert man zeitgemäße Küche. Eigene Weinhandlung.

XX **Weinstube Sibylla** – Hotel Erbprinz
Rheinstr. 1 ⊠ 76275 – ℰ (07243) 32 20 – info@erbprinz.de – Fax (07243) 322322
Rest – Menü 33 € (mittags) – Karte 33/51 €
♦ Das Stammhaus des Hotels, der ursprüngliche Erbprinz, beherbergt dieses Restaurant. Holztäfelung, Parkett und Dekor erzeugen eine gemütliche Atmosphäre. Regionale Küche.

An der Autobahn A 5 Nord-West : 2,5 km, Ausfahrt Karlsruhe-Süd :

Radisson SAS
*Am Hardtwald 10, (Industriegebiet) (Umgebungsplan Karlsruhe)
⊠ 76275 Ettlingen – ℰ (07243) 38 00 – info.karlsruhe@radisson.com
– Fax (07243) 380666*   AV e
199 Zim – ♦90/138 € ♦♦148/186 €, ⊇ 17 € – 4 Suiten – **Rest** – Menü 30 €
– Karte 28/47 €
♦ Eine ansprechende Halle empfängt Sie in dem Tagungs- und Businesshotel an der Autobahnausfahrt. Die komfortablen Zimmer sind mit guter Technik funktionell ausgestattet.

> Frühstück inklusive? Die Tasse ⊇ steht gleich hinter der Zimmeranzahl.

EUSKIRCHEN – Nordrhein-Westfalen – **543** – 54 600 Ew – Höhe 160 m   35 **B13**
▶ Berlin 611 – Düsseldorf 78 – Bonn 32 – Aachen 87
ADAC Eifelring 45

Parkhotel
*Alleestraße 1 ⊠ 53879 – ℰ (02251) 77 50 – info@parkhotel-euskirchen.de
– Fax (02251) 7751*
92 Zim ⊇ – ♦144 € ♦♦169 € – 3 Suiten – **Rest** – Menü 44/49 € – Karte 28/47 €
♦ Das neuzeitliche-gediegene Stadthotel bietet dem Businessgast alles Notwendige. Zum Haus gehört ein schön gestalteter Spabereich. Restaurant mit einsehbarer Küche und internationalem Angebot.

XX **Stadtwald Vinum**
*Münstereifeler Str. 148 ⊠ 53879 – ℰ (02251) 6 33 13 – stadtwaldvinum@
t-online.de – Fax (02251) 861819 – geschl. Montag*
Rest – (Tischbestellung ratsam) Menü 23/51 € – Karte 20/40 €
♦ Eine internationale Küche mit mediterranem Einschlag bietet das im südländischen Landhausstil gehaltene Restaurant. Bei gutem Wetter lockt die Terrasse mit kleinem Teich.

EUTIN – Schleswig-Holstein – **541** – 17 020 Ew – Höhe 33 m – Heilklimatischer Kurort   11 **J4**
▶ Berlin 299 – Kiel 44 – Lübeck 48 – Oldenburg in Holstein 29
ℹ Markt 19, ⊠ 23701, ℰ (04521) 7 09 70, touristinfo@eutin.de
☞ Waldshagen, Gut Waldshagen ℰ (04522) 76 67 66

In Eutin-Fissau Nord : 2,5 km über Plöner Straße :

Wiesenhof
*Leonhardt-Boldt-Str. 25 ⊠ 23701 – ℰ (04521) 7 07 60 – hotelwiesenhof@aol.com
– Fax (04521) 707666*
30 Zim ⊇ – ♦49/60 € ♦♦80/96 € – ½ P 16 € – **Rest** – (geschl. 15. Jan. - 1. März und Mittwoch) Karte 21/31 €
♦ Diese Urlaubsadresse in der Holsteinischen Schweiz lädt Sie mit unterschiedlich eingerichteten Zimmern und Appartements zum Aufenthalt ein. Leicht rustikales Restaurant mit bürgerlicher Karte.

406

EUTIN

In Eutin-Sielbeck Nord : 5,5 km über Plöner Straße und Fissau :

🏠 **Uklei-Fährhaus** (mit Gästehaus)
Eutiner Str. 7 (am Kellersee) ⊠ *23701 – ℰ (04521) 24 58 – info@uklei-faehrhaus.de*
– Fax (04521) 5576 – geschl. Ende Nov. - Anfang Feb.
21 Zim ⊇ – †41/55 € – ††68/76 € – ½ P 13 € – **Rest** *– (geschl. Feb. - April Donnerstag)* Karte 16/36 €
♦ Ferien am See: An der Anlegestelle am Kellersee liegt dieses gepflegte und gut geführte Haus mit soliden Zimmern und Ferienwohnungen - meist mit schöner Aussicht. Das Restaurant: ein rotes Blockhaus mit Ausblick aufs Wasser. Schöne Seeterrasse.

EVERSWINKEL – Nordrhein-Westfalen – 543 – 9 500 Ew – Höhe 66 m 27 E10
▶ Berlin 454 – Düsseldorf 141 – Bielefeld 60 – Münster (Westfalen) 18

In Everswinkel-Alverskirchen Süd-West : 2,5 km :

🏠 **Landhaus Bisping**
St.-Agatha-Platz 8 ⊠ *48351 – ℰ (02582) 70 01 – landhaus-bisping@t-online.de*
– Fax (02582) 5963 – geschl. 23. Dez. - 6. Jan., 10. - 27. Juli
14 Zim ⊇ – †50 € ††80/90 € – **Rest** *– (geschl. Mittwoch, nur Abendessen)* Karte 17/36 €
♦ Ein familiengeführtes kleines Hotel mit Klinkerfassade, das über solide und zeitgemäß ausgestattete Gästezimmer verfügt. Räume für Tagungen und Festlichkeiten. Rustikales Restaurant.

EYBA – Thüringen – siehe Saalfeld

FAHRENZHAUSEN – Bayern – 546 – 4 350 Ew – Höhe 465 m 58 L19
▶ Berlin 562 – München 25 – Freising 26 – Augsburg 72

In Fahrenzhausen-Großnöbach Süd-Ost : 2 km über B 13, Richtung München :

🏨 **AmperVilla**
Gewerbering 1 (B 13) ⊠ *85777 – ℰ (08133) 9 96 30 – info@ampervilla.de*
– Fax (08133) 9963100 – geschl. 23. - 27. Dez.
27 Zim ⊇ – †79/125 € ††90/145 € – **Rest** – Karte 20/31 €
♦ Mediterraner Landhausstil gibt dem Haus seinen besonderen Charme. In den Zimmern hat man eine geschmackvolle Einrichtung und Funktionalität gelungen kombiniert. Mit warmen Farben und Rattanstühlen hübsch gestaltetes Restaurant.

FALKENHAGEN – Brandenburg – siehe Pritzwalk

FALKENHAGEN KREIS MÄRKISCH-ODERLAND – Brandenburg – 542
– 750 Ew – Höhe 65 m 23 R8
▶ Berlin 73 – Potsdam 117 – Frankfurt (Oder) 22

🏨 **Seehotel Luisenhof**
Am Gabelsee (Süd : 1 km) ⊠ *15306 – ℰ (033603) 4 00 – seehotel-luisenhof@t-online.de – Fax (033603) 40400*
32 Zim ⊇ – †59/68 € ††84/92 € – **Rest** – Karte 18/33 €
♦ Etwas außerhalb an einem See steht der Luisenhof - eine Mitte der 90er Jahre entstandene Hotelanlage. Sie gefällt mit freundlichen, hellen Zimmern, alle mit Marmorbädern. Stimmungsvoll ist das Rotunden-Restaurant mit seinem herrlichen Ausblick.

FALKENSTEIN (KREIS CHAM) – Bayern – 546 – 3 350 Ew – Höhe 573 m
– Wintersport : 630 m ≰1 🛷 – Luftkurort 59 N17
▶ Berlin 499 – München 162 – Regensburg 41 – Cham 21
🛈 Marktplatz 1, ⊠ 93167, ℰ (09462) 94 22 20, tourist@markt-falkenstein.de

🏠 **Café Schwarz**
Arracher Höhe 1 ⊠ *93167 – ℰ (09462) 2 50 – pension.schwarz@t-online.de*
– Fax (09462) 674 – geschl. 10. Nov. - 12. Dez.
20 Zim – †30 € ††60 € – **Rest** *– (geschl. Montag)* (nur Abendessen für Hausgäste)
♦ Ein gepflegter Gasthof mit schöner Sicht auf Burg und Stadt. Es stehen solide ausgestattete Zimmer zur Verfügung, teils mit hellem Holzmobiliar, meist mit Balkon.

407

FALKENSTEIN (VOGTLAND) – Sachsen – 544 – 9 620 Ew – Höhe 520 m
42 **N14**

- Berlin 310 – Dresden 151 – Gera 63 – Plauen 20
- Schlossplatz 1, 08223, (03745) 60 76, buergermeisteramt@stadt-falkenstein.de

Falkenstein
Amtsstr. 1 08223 – *(03745) 74 20 – hotel.falkenstein@t-online.de – Fax (03745) 742444*
50 Zim – †60/65 € ††74 € – **Rest** – Karte 15/29 €
♦ Eine zeitgemäße und gepflegte Adresse ist dieses Haus im Stadtkern, das besonders bei Geschäftsreisenden beliebt ist. Die Zimmer sind hell eingerichtet worden.

Jägerhalle
Schloßstr. 50 (an der B 169) 08223 – *(03745) 7 12 83 – jaegerhalle@t-online.de – Fax (03745) 71324*
12 Zim – †39 € ††57 € – **Rest** – Karte 14/24 €
♦ Im Herzen der Stadt unterhält Familie Zoglauer ein einfaches, aber sehr ordentliches und freundliches Haus. Rustikale Naturholzmöbel geben den Gastzimmern Charme. Eine bodenständige vogtländische Küche gibt es im üppig dekorierten Restaurant.

FALLINGBOSTEL, BAD – Niedersachsen – 541 – 11 820 Ew – Höhe 40 m – Kneippheilbad
19 **I7**

- Berlin 329 – Hannover 69 – Bremen 70 – Hamburg 95
- Sebastian-Kneipp-Platz 1, 29683, (05162) 40 00, info@vogelpark-region.de
- Fallingbostel, Tietlingen 6c (05162) 38 89

Berlin
Düshorner Str. 7 29683 – *(05162) 90 00 60 – info@hotel-berlin-online.de – Fax (05162) 9000625*
20 Zim – †60/80 € ††80/100 € – ½ P 13 € – **Rest** – *(geschl. Sonntagabend - Montag)* Karte 18/30 €
♦ In einem vom Inhaber freundlich und familiär geführten Hotel mit zeitgemäßen und funktionellen, teilweise recht geräumigen Zimmern, einige mit Balkon. Eine Terrasse mit Blick in den Garten ergänzt das Restaurant.

Haus Petersen garni
Schlüterberg 1 29683 – *(05162) 59 66 – hotel@haus-petersen.com – Fax (05162) 1262*
16 Zim – †49/75 € ††69/99 €
♦ Auf einem großen Gartengrundstück liegt das nette kleine Hotel mit seinen geschmackvollen Zimmern im Landhausstil. Im Sommer sitzt man schön auf der Frühstücksterrasse.

Haus am Walde garni
Soltauer Str. 14 29683 – *(05162) 9 74 80 – hausamwalde.fall@t-online.de – Fax (05162) 974834*
31 Zim – †49/51 € ††77/79 €
♦ An das wohnlich eingerichtete Haus schließt sich ein Garten an, der sich bis zum Böhme-Ufer erstreckt und direkt an den Liethwald grenzt.

FARCHANT – Bayern – 546 – 3 730 Ew – Höhe 672 m – Wintersport : 700 m – Erholungsort
65 **K22**

- Berlin 671 – München 84 – Garmisch-Partenkirchen 4 – Landsberg am Lech 73
- Am Gern 1 (Rathaus), 82490, (08821) 96 16 96, verkehrsamt@farchant.de

Alter Wirt
Biergarten
Bahnhofstr. 1 82490 – *(08821) 9 67 00 70 – info@hotel-alterwirt.de – Fax (08821) 967007113*
26 Zim – †48/52 € ††86/89 € – **Rest** – Karte 16/29 €
♦ In diesem gepflegten alpenländischen Gasthof stehen sehr solide ausgestattete Zimmer im regionstypischen Stil zur Verfügung. Im Restaurant bietet man regionale Speisen.

FASSBERG – Niedersachsen – 541 – 7 210 Ew – Höhe 71 m – Erholungsort   19 I7
- Berlin 308 – Hannover 90 – Celle 44 – Munster 14
- Unterlüßer Str. 5, ⊠ 29328, ℘ (05053) 98 92 22, verkehrsverein@ mueden-oertze.de

In Faßberg-Müden Süd-West : 4 km :

Niemeyer's Posthotel   Zim, P VISA
Hauptstr. 7 ⊠ 29328 – ℘ (05053) 9 89 00 – info@niemeyers-posthotel.de – Fax (05053) 989064
30 Zim – †80/105 € ††126/150 € – ½ P 25 € – 3 Suiten
Rest *Schäferstube* – (nur Abendessen) Menü 44/64 € – Karte 47/62 €
Rest *Poststube* – Menü 19 € – Karte 23/55 €
♦ Der 1866 gegründete Familienbetrieb - ursprünglich ein einfaches Gasthaus - beherbergt heute komfortable Zimmer und einen schönen modernen Saunabereich. Die Schäferstube bietet klassische Küche. Sorgfältig zubereitete Speisen in der gemütlichen Poststube.

Landhotel Bauernwald   P VISA
Alte Dorfstr. 8 ⊠ 29328 – ℘ (05053) 9 89 90 – buchung@ landhotel-bauernwald.de – Fax (05053) 1556 – geschl. 3. - 14. Jan.
37 Zim ⊆ – †62/75 € ††88/108 € – ½ P 21 € – **Rest** – Karte 23/34 €
♦ Auf einem baumbestandenen Grundstück steht dieses Hotel mit seinen wohnlichen Gästezimmern. Besonders hübsch und individuell sind die Zimmer im alten Bauernhaus. Gemütlich-rustikales Restaurant mit Gartenterrasse.

FEHMARN (INSEL) – Schleswig-Holstein – 541 – Ostseeinsel, durch die Fehmarnsundbrücke ★ mit dem Festland verbunden   4 K3
- Berlin 350 – Kiel 86 – Lübeck 83 – Oldenburg in Holstein 31
- von Puttgarden nach Rodbyhavn/Dänemark, ℘ (01805) 11 66 88
- Landkirchener Weg 46 (in Burg), ⊠ 23769, ℘ (04371) 50 63 00, info@fehmarn-info.de
- in Burg-Südstrand, ⊠ 23769, ℘ (04371) 50 63 20
- Burg-Wulfen, Am Golfplatz 1 ℘ (04371) 69 69

Neue Tiefe

Strandhotel garni   P VISA AE
Am Binnensee 2 (Nähe Südstrand) ⊠ 23769 – ℘ (04371) 31 42 – zimmer@ strandhotel-fehmarn.de – Fax (04371) 6950
24 Zim ⊆ – †36/41 € ††62/85 €
♦ Das Hotel liegt am Binnensee, nur 600 Meter vom Südstrand entfernt. Die Gästezimmer sind gepflegt und mit dunklem Holz solide eingerichtet.

FEILNBACH, BAD – Bayern – 546 – 7 210 Ew – Höhe 512 m – Moorheilbad   66 M21
- Berlin 650 – München 62 – Garmisch-Partenkirchen 99 – Rosenheim 19
- Bahnhofstr. 5, ⊠ 83075, ℘ (08066) 14 44, info@feilnbach.de

Gundelsberg   ≤ Bad Feilnbach und Inntal, Biergarten
*Gundelsberger Str. 9 ⊠ 83075 – ℘ (08066) 9 04 50   P VISA AE
– info@hotel-gundelsberg.de – Fax (08066) 904519*
11 Zim ⊆ – †58/68 € ††92 € – ½ P 16 € – **Rest** – (geschl. Montag - Dienstagmittag) Karte 18/29 €
♦ Oberhalb des Ortes liegt der modernisierte Berggasthof in regionstypischer Bauweise. Die Zimmer sind großzügig und neuzeitlich eingerichtet, alle mit kleinen Küchen. An hellen Holztischen serviert man regionale und nationale Gerichte.

Gästehaus Kniep garni   P
Wendelsteinstr. 41 ⊠ 83075 – ℘ (08066) 3 37 – geschl. 15. Okt. - 20. Dez.
12 Zim ⊆ – †29/34 € ††53/55 €
♦ Neben einer behaglichen, familiären Atmosphäre bietet das ruhig gelegene kleine Haus sehr gepflegte Zimmer - einige verfügen über Balkone, im Sommer mit Blumen geschmückt.

FEILNBACH, BAD
Nahe der BAB-Ausfahrt Bad Aibling Nord : 4,5 km :

Maximilian
Torfwerk 2 ⊠ 83075 Bad Feilnbach – ℰ (08064) 9 05 70 – info@landgasthof-maximilian.de – Fax (08064) 9057110 – geschl. Mitte Dez. - Mitte Jan.
38 Zim ⊇ – †65/90 € ††90/130 € – **Rest** – (Montag - Freitag nur Abendessen) Karte 16/31 €
♦ Das im regionstypischen Stil erbaute Landhotel liegt verkehrsgünstig unweit der Autobahnausfahrt und bietet mit hellem Naturholz möblierte, freundlich gestaltete Zimmer. Restaurant im Wirtshausstil mit ansprechendem Terrassenbereich.

FELDAFING – Bayern – 546 – 4 370 Ew – Höhe 646 m – Erholungsort 65 L21
▶ Berlin 621 – München 35 – Garmisch-Partenkirchen 65 – Weilheim 19
▣ Feldafing, Tutzinger Str. 15 ℰ (08157) 9 33 40

In Feldafing-Wieling West : 2 km, Richtung Traubing, dann rechts über B 2 :

Alte Linde (mit Gästehaus)   Biergarten
Wieling 5 (an der B 2) ⊠ 82340 – ℰ (08157) 93 31 80 – hotel@linde-wieling.de – Fax (08157) 933189
40 Zim ⊇ – †55/88 € ††80/118 € – ½ P 19 € – **Rest** – Karte 16/33 €
♦ Ein familiär geführter Gasthof, der über zeitgemäße und wohnliche, teilweise recht geräumige Zimmer verfügt - die zur Straße hin sind gut schallisoliert. Restaurantstuben mit ländlich-gemütlichem Ambiente.

FELDBERG – Mecklenburg-Vorpommern – 542 – 5 060 Ew – Höhe 90 m – Erholungsort 13 P6
▶ Berlin 116 – Schwerin 171 – Neubrandenburg 34
▣ Strelitzer Str. 42, ⊠ 17258, ℰ (039831) 27 00, willkommen@feldberg.de

Landhaus Stöcker
Strelitzer Str. 8 ⊠ 17258 – ℰ (039831) 27 10 – mail@landhaus-stoecker.de – Fax (039831) 271113 – geschl. 7. - 31. Jan.
8 Zim ⊇ – †78/98 € ††115/125 € – **Rest** – (geschl. Montag) Karte 29/63 €
♦ Die Villa am See aus dem Jahre 1912 wurde völlig renoviert und erweitert. Nun empfängt sie ihre Gäste mit wohnlichen, modernen Zimmern. Stilvolles Restaurant mit tollem Seeblick.

FELDBERG IM SCHWARZWALD – Baden-Württemberg – 545 – 1 830 Ew – Höhe 1 277 m – Wintersport : 1 450 m ⤓20 ⤒ – Luftkurort 61 E21
▶ Berlin 791 – Stuttgart 170 – Freiburg im Breisgau 38 – Basel 60
▣ Kirchgasse 1, Feldberg-Altglashütten, ⊠ 79868, ℰ (07655) 80 19, tourist-info@feldberg-schwarzwald.de
◉ Gipfel ✻★★ – Bismarck-Denkmal ≤★

In Feldberg-Altglashütten – Höhe 991 m

Schlehdorn
⊠ 79868 – ℰ (07655) 9 10 50 – hotel@schlehdorn.de – Fax (07655) 910543
30 Zim ⊇ – †50/80 € ††85/120 € – ½ P 17 € – 10 Suiten – **Rest** – (nur für Hausgäste)
♦ Ein solides, familiär geleitetes Hotel mit wohnlichen Zimmern im Landhausstil und hübschen, großzügigen Appartements sowie einem schönen Sauna- und Anwendungsbereich.

Schwarzwälder Hof
Windgfällstr. 4 ⊠ 79868 – ℰ (07655) 9 10 60 – schwarzwaelder-hof-vieler@t-online.de – Fax (07655) 910666
20 Zim ⊇ – †61/69 € ††90/120 € – ½ P 25 € – **Rest** – (nur Abendessen) Karte 18/32 €
♦ Das mit Holzbalkonen im Schwarzwälder Stil erbaute Landhotel im Ortskern wird von der Inhaberfamilie geleitet und verfügt über gut gepflegte, zweckmäßige Gästezimmer.

FELDBERG IM SCHWARZWALD

Haus Sommerberg mit Zim
*Am Sommerberg 14 ⊠ 79868 – ℰ (07655) 14 11 – haussommerberg@t-online.de
– Fax (07655) 1640 – geschl. 7. - 17. April, 17. Nov. - 10. Dez. und Montag -
Dienstagmittag*
10 Zim ⊡ – †42/46 € ††78/108 € – ½ P 20 € – **Rest** – Menü 30/62 € – Karte
25/47 €

♦ Dieser etwas oberhalb des Dorfes gelegene Familienbetrieb zeichnet sich durch seine sorgfältig zubereitete, überwiegend regionale Küche und den freundlichen Service aus.

In Feldberg-Bärental – Höhe 980 m

Adler
*Feldbergstr. 4 (B 317) ⊠ 79868 – ℰ (07655) 93 39 33 – info@adler-feldberg.de
– Fax (07655) 930521*
16 Zim ⊡ – †65/85 € ††90/150 € – ½ P 25 € – **Rest** – Menü 17/33 € – Karte
21/42 €

♦ Aus dem Jahre 1840 stammt dieses Schwarzwaldhaus. Jedes der geschmackvollen, teils mit Himmelbetten ausgestatteten Zimmer hat seinen eigenen Charakter. Badische Spezialitäten und rustikales Ambiente im Restaurant.

In Feldberg-Falkau – Höhe 950 m

Peterle
*Schuppenhörnlestr. 18 ⊠ 79868 – ℰ (07655) 6 77 – hotel-peterle@t-online.de
– Fax (07655) 1771 – geschl. 7. - 24. April, Mitte Nov. - Mitte Dez.*
14 Zim ⊡ – †28/34 € ††64/66 € – ½ P 13 € – **Rest** – *(geschl. Donnerstag)* Karte
17/33 €

♦ Ein typisches Schwarzwaldhaus, das durch seine Südhanglage am Waldrand immer auf der Sonnenseite steht. In den tipptopp gepflegten Zimmern fühlen sich die Gäste gleich wohl. Unkompliziert-familiäre Stimmung umgibt den Besucher im rustikalen Restaurant.

FELDKIRCHEN – Bayern – siehe München

FELDKIRCHEN-WESTERHAM – Bayern – **546** – 10 240 Ew – Höhe 551 m   66 **M21**

▶ Berlin 623 – München 39 – Rosenheim 24
🚆 Feldkirchen-Westerham, Oed 1 ℰ (08063) 63 00

Im Ortsteil Aschbach Nord-West : 3 km ab Feldkirchen in Richtung München :

Berghotel Aschbach
*Aschbach 3 ⊠ 83620 – ℰ (08063) 8 06 60 – reception@berghotel-aschbach.de
– Fax (08063) 806620 – geschl. 11. - 28. Feb.*
20 Zim ⊡ – †67/82 € ††86/110 € – **Rest** – Menü 27 € – Karte 19/36 €

♦ Idyllisch ist die Lage dieses gut geführten Familienbetriebs. Die freundlich und wohnlich eingerichteten Zimmer bieten z.T. eine schöne Sicht auf die bayerischen Alpen. Gemütlich-rustikale Atmosphäre herrscht in den Restaurantstuben.

FELLBACH – Baden-Württemberg – siehe Stuttgart

FENSTERBACH – Bayern – siehe Schwarzenfeld

FEUCHT – Bayern – **546** – 13 560 Ew – Höhe 360 m   50 **L17**

▶ Berlin 441 – München 153 – Nürnberg 19 – Regensburg 95

Siehe Nürnberg (Umgebungsplan)

Bauer garni
*Schwabacher Str. 25b ⊠ 90537 – ℰ (09128) 29 33 – hotel-bauer-feucht@
t-online.de – Fax (09128) 16090 – geschl. 23. Dez. - 6. Jan.*   CT **x**
35 Zim ⊡ – †55/88 € ††75/120 €

♦ Verkehrsgünstig, nicht weit von der Autobahn entfernt, bietet dieses freundliche kleine Hotel praktische Zimmer, die mit gepflegtem Mobiliar eingerichtet sind.

411

FEUCHTWANGEN – Bayern – 546 – 12 210 Ew – Höhe 452 m – Erholungsort
56 **J17**

▶ Berlin 509 – München 171 – Stuttgart 131 – Schwäbisch Hall 52

🛈 Marktplatz 1, ✉ 91555, ℰ (09852) 9 04 55, touristinformation@feuchtwangen.de

Greifen-Post
Marktplatz 8 ✉ 91555 – ℰ (09852) 68 00 – info@hotel-greifen.de – Fax (09852) 68068 – geschl. 1. - 7. Jan.
35 Zim ⊇ – †77/110 € ††102/154 € – ½ P 26 € – **Rest** – *(geschl. Sonntagabend - Montag)* Menü 23/33 € – Karte 28/38 €
♦ Sehr persönlich kümmert sich Familie Becker in dem charmanten Gasthof von 1369 um ihre Gäste. Hübsch sind die wohnlich-eleganten Zimmer und der Saunabereich. In gemütlichen Stuben bietet man schmackhafte internationale und regionale Küche.

In Feuchtwangen-Dorfgütingen Nord : 6 km über B 25 :

Landgasthof Zum Ross
Biergarten
Dorfgütingen 37 (B 25) ✉ 91555 – ℰ (09852) 6 74 30 – info@zum-ross.de – Fax (09852) 6743116 – geschl. 23. Dez. - 15. Jan., 4. - 6. Feb., 27. Okt. - 4. Nov.
12 Zim ⊇ – †41 € ††61/72 € – **Rest** – *(geschl. Sonntagabend - Montag)* Menü 23/29 € – Karte 15/24 €
♦ Engagiert geleitet und sehr gepflegt ist dieser Gasthof von 1851. Die Einrichtung ist in ländlichem Stil gehalten - hübsch ist das alte Bauernzimmer mit Original-Mobiliar. Rustikal gestalteter Restaurantbereich.

FICHTELBERG – Bayern – 546 – 2 120 Ew – Höhe 684 m – Wintersport : 1 024 m ⛷ 1 ⛷ – Luftkurort
51 **M15**

▶ Berlin 366 – München 259 – Weiden in der Oberpfalz 67 – Bayreuth 30

🛈 Gablonzer Str. 11 (im Rathaus), ✉95686, ℰ (09272) 9 69 03 60, information-fichtelberg@fichtelgebirge.de

Schönblick (mit Ferienwohnanlage)
Gustav-Leutelt-Str. 18 ✉ 95686 – ℰ (09272) 9 78 00 – info@hotel-schoenblick.de – Fax (09272) 9780200
47 Zim ⊇ – †50/69 € ††72/91 € – ½ P 18 € – **Rest** – *(Nov - April Montag - Donnerstag nur Abendessen)* Menü 39 € – Karte 21/34 €
♦ Das gewachsene Anwesen am Ortsende ist ein gut geführter Familienbetrieb. Man bietet komfortable Zimmer, teilweise recht modern gestaltet. Auch Ferienwohnungen sind vorhanden. Das Restaurant Eulenstube ist mit viel Holz rustikal-elegant eingerichtet.

In Fichtelberg-Neubau Nord-West : 2 km :

Waldhotel am Fichtelsee
Am Fichtelsee 1 (Ost : 1 km, Zufahrt nur für Hotelgäste) ✉ 95686 – ℰ (09272) 96 40 00 – waldhotel-fichtelsee@t-online.de – Fax (09272) 9640064
18 Zim ⊇ – †33/43 € ††58/64 € – ½ P 14 € – **Rest** – Karte 13/38 €
♦ Dank seiner angenehmen Lage am See ist dieses gepflegte Haus eine nette Urlaubsadresse. Es erwarten Sie zeitgemäße, funktionell ausgestattete Zimmer - teils mit Balkon. Das großzügige Restaurant bietet einen schönen Blick auf den See.

FICHTENAU – Baden-Württemberg – 545 – 4 620 Ew – Höhe 517 m
56 **I17**

▶ Berlin 531 – Stuttgart 119 – Schwäbisch Hall 43 – Aalen 41

In Fichtenau-Lautenbach

Storchenmühle
Biergarten
Buckenweiler Str. 42 ✉ 74579 – ℰ (07962) 9 00 60 – info@hotel-storchenmuehle.de – Fax (07962) 1234
10 Zim ⊇ – †39/44 € ††55/62 € – **Rest** – *(geschl. Dienstag, nur Abendessen)* Karte 14/35 €
♦ In idyllischer Ruhe an einem kleinen See beziehen Sie wohnliche Zimmer, die mit solidem, hellem Holzmobiliar eingerichtet sind und durchweg über Balkone verfügen. Rustikales Restaurant, in dem Bürgerliches und Internationales aufgetischt wird.

FICHTENAU

In Fichtenau-Neustädtlein

Vitalhotel Meiser
Veitswender Str. 10 ⊠ 74579 – ℰ (07962) 71 19 40 – info@vitalhotel-meiser.de
– Fax (07962) 71194444
30 Zim ⌕ – †82/102 € ††124/144 € – ½ P 20 € – 3 Suiten
Rest – Menü 33/48 € – Karte 26/37 €
♦ Alle Gästezimmer dieses ansprechenden Hotels sind nach Süden hin angelegt, verfügen über einen Balkon und sind wohnlich im alpenländischen Stil möbliert. Mit viel hellem Holz behaglich gestaltetes Restaurant. Schöner Terrassenbereich.

FIEFBERGEN – Schleswig-Holstein – **541** – 600 Ew – Höhe 26 m   3 **J3**
▶ Berlin 348 – Kiel 20 – Lübeck 89 – Lütjenburg 27

Der Alte Auf
Am Dorfteich 15 ⊠ 24217 – ℰ (04344) 41 55 25 – info@der-alte-auf.de
– Fax (04344) 4498 – geschl. Montag - Dienstag
Rest – (nur Abendessen) (Tischbestellung ratsam) Karte 21/34 €
♦ In der früheren Diele eines alten Bauernhauses entstand ein orginelles rustikal-gemütliches Restaurant mit offenem Kamin. Die Küche orientiert sich an der Region.

FILDERSTADT – Baden-Württemberg – **545** – 43 270 Ew – Höhe 371 m   55 **G19**
▶ Berlin 656 – Stuttgart 19 – Reutlingen 25 – Ulm (Donau) 80

In Filderstadt-Bernhausen

Schwanen
Obere Bachstr. 1 ⊠ 70794 – ℰ (0711) 7 08 20 – qhschwanen@gmx.de
– Fax (0711) 7082411
100 Zim ⌕ – †92/106 € ††116/140 €
Rest Damato – ℰ (0711) 9 07 77 24 (geschl. Samstagmittag) Karte 19/35 €
Rest Schwanenbräu – ℰ (0711) 70 69 54 – Karte 16/34 €
♦ Das aus Alt- und Neubau bestehende Hotel ist eine praktische Businessadresse. Die Zimmer sind neuzeitlich und funktionell, etwas geräumiger im neueren Teil. Italienische Karte im mediterranen Damato. Im gemütlichen Schwanenbräu kocht man schwäbisch-bayrisch.

Am Hirschgarten
Rosenstr. 27 ⊠ 70794 – ℰ (0711) 9 07 74 43 00 – info@hotel-am-hirschgarten.de
– Fax (0711) 907744399
18 Zim ⌕ – †82/118 € ††96/128 € – **Rest** – (geschl. Samstagmittag) Karte 19/40 €
♦ Die Lage in einer verkehrsberuhigten Zone, nicht weit vom Flughafen sowie modern-funktionelle Zimmer sprechen für dieses kleine Hotel. Restaurant mit bürgerlich-rustikalem Ambiente und regionaler Küche.

In Filderstadt-Bonlanden

NH Airport Hotel
Bonländer Hauptstr. 145 (B 27) ⊠ 70794 – ℰ (0711) 7 78 10 – nhstuttgartairport@nh-hotels.com – Fax (0711) 7781555
208 Zim – †119/179 € ††119/179 €, ⌕ 18 € – **Rest** – Karte 20/37 €
♦ Das Hotel überzeugt durch seine Lage nur wenige Minuten vom Flughafen, moderne, wohnliche Zimmer sowie großzügige öffentliche Bereiche und gute Tagungsmöglichkeiten.

Da Tonino
Metzinger Str. 17 ⊠ 70794 – ℰ (0711) 7 77 51 72 – Fax (0711) 771644
– geschl. Aug. 2 Wochen und Montag, Samstagmittag
Rest – Menü 44 € – Karte 32/39 €
♦ Das von der Inhaberfamilie geführte, in eine kleine Einkaufspassage integrierte Restaurant ist bistroähnlich gestaltet - Weinflaschen dienen als Dekor. Die Küche: italienisch.

413

FINNENTROP – Nordrhein-Westfalen – 543 – 18 470 Ew – Höhe 250 m   37 E12
▶ Berlin 529 – Düsseldorf 130 – Arnsberg 39 – Lüdenscheid 43

In Finnentrop-Rönkhausen Nord : 7 km über B 236 :

Im Stillen Winkel
Kapellenstr. 11 ⊠ *57413* – ⌀ *(02395) 9 16 90* – *info@hotel-im-stillen-winkel.de*
– *Fax (02395) 916912*
12 Zim ⊇ – †46/55 € ††69/85 € – **Rest** – *(geschl. Donnerstag, nur Abendessen)*
Karte 17/39 €

♦ Ruhig liegt das blumengeschmückte Fachwerkhaus in einer Nebenstraße. Das sympathische kleine Hotel bietet zwei Zimmertypen: neuzeitlich-freundlich oder rustikaler.

FINSTERWALDE – Brandenburg – 542 – 19 160 Ew – Höhe 108 m   33 Q10
▶ Berlin 120 – Potsdam 144 – Cottbus 55 – Dresden 93
🛈 Markt 1 (Rathaus), ⊠ 03238, ⌀ (03531) 70 30 79, touristinformation@finsterwalde.de

Zum Vetter garni
Lange Str. 15, (Eingang Große Ringstraße) ⊠ *03238* – ⌀ *(03531) 22 69*
– *hotel-zum-vetter@t-online.de* – *Fax (03531) 3205*
17 Zim ⊇ – †39/49 € ††65/75 €

♦ Seit 1919 ist das kleine Hotel in Familienbesitz. Über einen Innenhof betreten Sie das engagiert geführte Haus, das Ihnen gepflegte, zeitgemäße Zimmer bietet.

Goldener Hahn mit Zim
Bahnhofstr. 3 ⊠ *03238* – ⌀ *(03531) 22 14* – *info@schreiber-cuisine.de*
– *Fax (03531) 8535*
12 Zim ⊇ – †45/47 € ††75/85 € – **Rest** – *(geschl. Sonntag - Montagmittag)*
Menü 20/60 € – Karte 26/48 €

♦ Diese 1882 als Gasthof gegründete Adresse ist heute ein familiengeführtes, gediegenelegantes Restaurant mit freundlichem Service und klassischer Küche.

FISCHBACHAU – Bayern – 546 – 5 510 Ew – Höhe 771 m – Wintersport : 900 m ⟟1
⟟ – Erholungsort   66 M21
▶ Berlin 661 – München 72 – Garmisch-Partenkirchen 90 – Miesbach 18
🛈 Kirchplatz 10 (Rathaus), ⊠ 83730, ⌀ (08028) 8 76, info@fischbachau.de

In Fischbachau-Winkl Nord : 1 km :

Café Winklstüberl mit Zim
Leitzachtalstr. 68 ⊠ *83730* – ⌀ *(08028) 7 42* – *Fax (08028) 1586*
8 Zim ⊇ – †23/25 € ††46/50 € – **Rest** – Karte 13/23 €

♦ Dieser Alpengasthof mit den gemütlichen Bauernstuben ist ein Schmuckstück aus Holz, Putten und 500 antiken Kaffeemühlen. Genießen Sie den schönen Blick von der Gartenterrasse.

FISCHBACHTAL – Hessen – 543 – 2 690 Ew – Höhe 180 m   48 G15
▶ Berlin 575 – Wiesbaden 72 – Mannheim 52 – Darmstadt 25

In Fischbachtal-Lichtenberg – Erholungsort :

Landhaus Baur mit Zim
Lippmannweg 15 ⊠ *64405* – ⌀ *(06166) 83 13* – *info@landhausbaur.de*
– *Fax (06166) 8841* – *geschl. 30. Dez. - 11. Jan., 13. - 30. Okt. und Montag - Dienstag*
7 Zim ⊇ – †85/130 € ††125/175 € – **Rest** – *(Mittwoch - Freitag nur Abendessen)*
(Tischbestellung erforderlich) Menü 98 € – Karte 54/78 €

♦ Das hübsche Haus in einem kleinen Park beherbergt ein gemütliches und elegantes Restaurant. Aufmerksam serviert man die kreative Küche von Albert Baur. Eigene Obstbrände. Zum Übernachten stehen sehr wohnliche Gästezimmer bereit.

FISCHEN IM ALLGÄU – Bayern – 546 – 2 900 Ew – Höhe 761 m – Wintersport :
1 665 m ⟟1 ⟟ – Heilklimatischer Kurort   64 J22
▶ Berlin 731 – München 157 – Kempten (Allgäu) 34 – Oberstdorf 6
🛈 Am Anger 15, ⊠ 87538, ⌀ (08326) 3 64 60, info@fischen.de

FISCHEN IM ALLGÄU

Parkhotel Burgmühle
Auf der Insel 2 ⊠ 87538 – ℰ (08326) 99 50 – info@parkhotel-burgmuehle.de
– Fax (08326) 7352 – geschl. 15. - 22. Dez.
48 Zim – †87/135 € ††90/135 € – ½ P 16 € – 6 Suiten – **Rest** – (nur für Hausgäste)
• Ein komfortables Ferienhotel im regionstypischen Stil, in dem sehr wohnliche Zimmer und ein hübsch gestalteter Wellnessbereich mit Massage- und Kosmetikangebot überzeugen.

Tanneck
Fischen und Allgäuer Berge,
Maderhalm 20 ⊠ 87538 – ℰ (08326) 99 90
– info@hotel-tanneck.de – Fax (08326) 999133 – geschl. 23. Nov. - 18. Dez.
62 Zim – †68/113 € ††112/183 € – ½ P 16 € – 3 Suiten – **Rest** – Karte 26/52 €
• In dem schön oberhalb des Ortes gelegenen Hotel erwarten Sie ein ansprechend gestalteter Lobby-/Barbereich mit herrlichem Blick sowie freundliche, zeitgemäße Zimmer. Vom Restaurant und der Terrasse aus genießt man die Sicht. Vinothek.

Rosenstock
Berger Weg 14 ⊠ 87538 – ℰ (08326) 36 45 60 – info@hotel-rosenstock.de
– Fax (08326) 3645699 – geschl. 30. März - 11. April, 2. Nov. - 16. Dez.
45 Zim – †58/83 € ††105/173 € – ½ P 12 € – **Rest** – (nur für Hausgäste)
• Das familiär geleitete Hotel verfügt über gediegen eingerichtete Zimmer unterschiedlicher Kategorien, meist mit Balkon. Zum Haus gehört auch ein schöner Garten mit Teich.

Alpenblick (mit Gästehaus)
Maderhalmer Weg 10 ⊠ 87538 – ℰ (08326) 97 91 – hotel-alpenblick@t-online.de
– Fax (08326) 9794 – geschl. 1. Nov. - 15. Dez.
30 Zim – †45/48 € ††72/110 € – ½ P 11 € – **Rest** – *(geschl. Mittwoch)* Karte 16/32 €
• Das familiengeführte Haus liegt oberhalb des Ortes und bietet eine schöne Aussicht. Hell und zeitgemäß sind die Zimmer im Haupthaus, einfacher und rustikaler im Gästehaus. Dem Restaurant vorgelagert ist eine nette Terrasse mit Blick auf Fischen.

Krone mit Zim
Auf der Insel 1 ⊠ 87538 – ℰ (08326) 2 87 – info@krone-fischen.de – Fax (08326) 9351 – geschl. 10. - 21. April, 17. Nov. - 19. Dez. und Montag
11 Zim – †35/45 € ††60/84 € – ½ P 15 € – **Rest** – Karte 15/35 €
• Gemütlich sitzt man in den drei nett dekorierten Stuben dieses freundlich geführten Gasthofs. Für die Speisen verwendet man überwiegend Produkte aus der Region. Zum Übernachten stehen gepflegte, rustikal möblierte Zimmer bereit.

In Fischen-Langenwang Süd : 3 km :

Sonnenbichl Hotel am Rotfischbach
Sägestr. 19 ⊠ 87538 – ℰ (08326)
99 40 – info@hotel-sonnenbichl.com – Fax (08326) 994180
49 Zim – †45/99 € ††90/152 € – ½ P 19 € – **Rest** – Karte 21/32 €
• Ein ruhig gelegenes Urlaubshotel mit freundlichen Mitarbeitern und wohnlichen Zimmern - besonders groß sind die Südbalkon-Zimmer. Wellness im kleinen finnischen Blockhaus. Rustikal gestaltetes Restaurant mit luftigem Wintergarten.

Frohsinn
Wiesenweg 4 ⊠ 87538 – ℰ (08326) 38 49 30 – gaestepost@frohsinn.de
– Fax (08326) 3849375
49 Zim (inkl. ½ P.) – †53/83 € ††90/150 € – **Rest** – *(geschl. Montag)* (nur Abendessen für Hausgäste)
• Die ruhige Lage umgeben von Wiesen und Wäldern sowie mit hellem Naturholz in ländlichem Stil möblierte Gästezimmer sprechen für dieses Haus.

In Bolsterlang West : 3,5 km über Beslerstraße :

Kulinarischer Kitzebichl
Flurstr. 5 ⊠ 87538 – ℰ (08326) 96 09 – kitzebichl@t-online.de – Fax (08326) 35352
– geschl. Anfang Juni 2 Wochen, Anfang Nov. 2 Wochen und Dienstag - Mittwochmittag
Rest – Menü 28/55 € – Karte 34/51 €
• In dem hell-rustikal gestalteten Restaurant mit modernem Wintergarten bietet man eine regional und international ausgelegte Küche. Terrasse mit Alpenpanorama.

FLADUNGEN – Bayern – 546 – 2 350 Ew – Höhe 414 m   39 I3

▶ Berlin 405 – Wiesbaden 183 – Fulda 52 – Bad Neustadt 32

Sonnentau
Wurmberg 1 (Nord-Ost : 1,5 km) ⊠ 97650 – ℰ (09778) 9 12 20 – info@sonnentau.com – Fax (09778) 912255
49 Zim – †34/61 € ††64/98 € – ½ P 14 € – **Rest** – *(geschl. Dienstagmittag)* Karte 12/24 €
◆ Ein Gasthof mit neuzeitlichem Anbau in toller Südhanglage. Die freundlichen, zeitgemäßen Zimmer bieten teils Balkon und eine schöne Sicht. Verschiedene Saunen und Anwendungen. Bürgerliche Gaststuben.

FLEIN – Baden-Württemberg – siehe Heilbronn

> Wir bemühen uns bei unseren Preisangaben um grösstmögliche Genauigkeit. Aber alles ändert sich! Lassen Sie sich daher bei Ihrer Reservierung den derzeit gültigen Preis mitteilen.

FLENSBURG – Schleswig-Holstein – 541 – 85 300 Ew – Höhe 12 m   2 H2

▶ Berlin 426 – Kiel 88 – Hamburg 158
ADAC Schlesviger Str. 130 (Förde Park)
🛈 Rathausstr. 1 (am ZOB), ⊠ 24937, ℰ (0461) 9 09 09 20, info@flensburg-tourismus.de

◉ Städtisches Museum (Bauern- und Bürgerstuben★) M¹ – Flensburger Förde★ Y – Nikolaikirche (Orgel★) Z

Stadtplan siehe gegenüberliegende Seite

Mercure garni
Norderhofenden 6 ⊠ 24937 – ℰ (0461) 8 41 10 – h2825@accor.com – Fax (0461) 8411299
95 Zim – †95 € ††110 €, ⊊ 14 € – 4 Suiten   Y a
◆ Am Rande der Fußgängerzone, am Innenstadtring, finden Sie hinter der modernen weißen Hotelfassade komfortable Zimmer mit zeitgemäßer Technik.

Central-Hotel garni
Neumarkt 1 ⊠ 24937 – ℰ (0461) 8 60 00 – central@foni.net – Fax (0461) 22599 – geschl. 24. - 31. Dez.
49 Zim ⊊ – †65/83 € ††110 €   Z a
◆ Mit dem Auto ist das Haus im Zentrum der Stadt bequem anzufahren. Es besticht durch gepflegte Zimmer, die mit hellem Mobiliar funktionell eingerichtet sind.

Flensburger Hof garni
Süderhofenden 38 ⊠ 24937 – ℰ (0461) 14 19 90 – hotel-flensburger-hof@t-online.de – Fax (0461) 1419999
27 Zim ⊊ – †79/89 € ††105 €   Z g
◆ Ein freundlich geführtes Haus mit praktisch ausgestatteten Zimmern. Zu den Annehmlichkeiten zählen außerdem ein gutes Frühstücksbuffet und ein Schuhputz-Service.

Marienhölzung   Biergarten
Marienhölzungsweg 150 (über Dorotheenstraße Y) ⊠ 24939 – ℰ (0461) 58 22 94 – Fax (0461) 5008099 – geschl. Mitte Jan. - Mitte Feb. und Montag
Rest – (Tischbestellung ratsam) Karte 16/38 €
◆ Einsam liegt das a. d. J. 1825 stammende klassizistische Jagdhaus im Stadtwald. Vor dem Haus: ein hübscher Biergarten mit alten Eichen. International-bürgerliches Angebot.

Borgerforeningen
Holm 17 ⊠ 24937 – ℰ (0461) 2 33 85 – meurermax@aol.com – Fax (0461) 23085 – geschl. Sonntag   Y v
Rest – Karte 16/35 €
◆ Durch einen Innenhof erreichen Sie von der Fußgängerzone aus das Traditionshaus a. d. J. 1835. Nett sitzt man auch auf der Terrasse im Hof. Schöner Saal mit Stuckdecke.

FLENSBURG

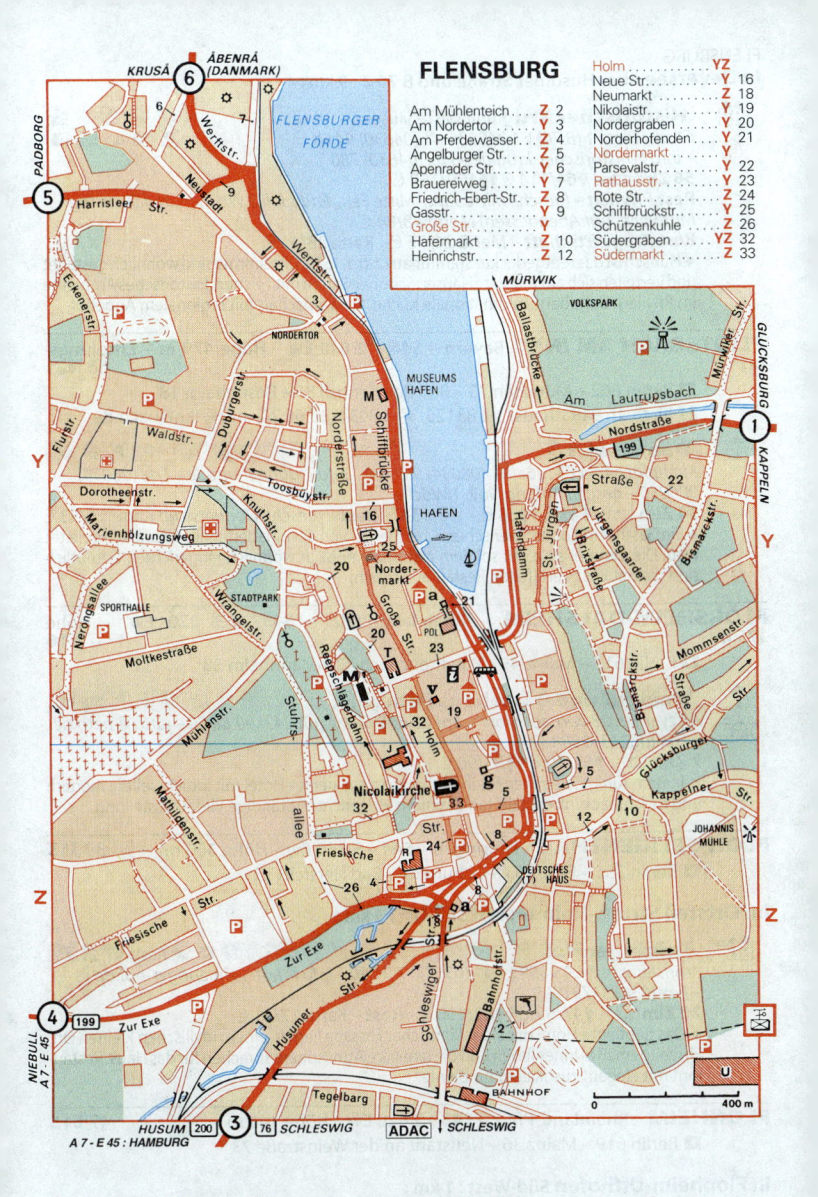

Am Mühlenteich	Z	2
Am Nordertor	Y	3
Am Pferdewasser	Z	4
Angelburger Str.	Z	5
Apenrader Str.	Y	6
Brauereiweg	Y	7
Friedrich-Ebert-Str.	Y	8
Gasstr.	Y	9
Große Str.	Y	
Hafermarkt	Z	10
Heinrichstr.	Z	12
Holm	YZ	
Neue Str.	Y	16
Neumarkt	Z	18
Nikolaistr.	Y	19
Nordergraben	Y	20
Norderhofenden	Y	21
Nordermarkt	Y	
Parsevalstr.	Y	22
Rathausstr.	Y	23
Rote Str.	Z	24
Schiffbrückstr.	Y	25
Schützenkuhle	Z	26
Südergraben	YZ	32
Südermarkt	Z	33

In Harrislee-Wassersleben über Werftstraße Y : 5 km :

Wassersleben ⇐ Flensburger Förde, 🍴 ☎ 🛁 P VISA ⦿ AE ①
Wassersleben 4 ✉ *24955 –* ✆ *(0461) 7 74 20 – hotel.wassersleben@t-online.de*
– Fax (0461) 7742133
25 Zim ⌑ – ♂90/120 € ♂♀115/164 € – **Rest** – Menü 19 € (mittags)/27 € – Karte
26/45 €

◆ Schön liegt das Landhaus an der Flensburger Förde, an der Grenze zu Dänemark. Nahezu alle Gästezimmer bieten eine unverbaute Sicht, teils mit Balkon. Modernes Restaurant mit zum Wasser hin gelegener Terrasse. Regionale und internationale Küche.

417

FLENSBURG

In Oeversee über Husumer Straße und B 76 **Z** : 9 km :

Historischer Krug (mit Gästehäusern)
Grazer Platz 1 (B 76) ⊠ 24988 – ⌀ (04630) 94 00
– info@historischer-krug.de – Fax (04630) 780
56 Zim ⌑ – †64/114 € ††109/159 €
Rest *Privileg* – (geschl. Mitte Jan. - Mitte Feb., Ende Juli 2 Wochen und Dienstag - Mittwoch, nur Abendessen) Menü 48/84 €
Rest *Krugwirtschaft* – Menü 26/36 € – Karte 28/46 €
♦ Hübsch ist das reetgedeckte Stammhaus a. d. J. 1519. Die Zimmer sind wohnlich gestaltet und verteilen sich auf mehrere Häuser. Schöner Garten mit Teichen. Historisches Ambiente im Privileg. Gehobene internationale Küche. Krugwirtschaft mit regionalem Angebot.

FLINTSBACH AM INN – Bayern – **546** – 2 840 Ew – Höhe 479 m – Erholungsort
66 **N21**

▶ Berlin 662 – München 73 – Bad Reichenhall 85 – Rosenheim 18

🛈 Kirchstr. 9 (Rathaus), ⊠ 83126, ⌀ (08034) 30 66 20, info@flintsbach.de

Dannerwirt
Kirchplatz 4 ⊠ 83126 – ⌀ (08034) 9 06 00 – info@dannerwirt.de – Fax (08034) 906050 – geschl. Anfang Nov. 1 Woche
24 Zim ⌑ – †43 € ††68 € – ½ P 13 € – **Rest** – (geschl. Donnerstag) Karte 16/33 €
♦ Ein Gasthof mit oberbayerischem Charme, der von der Inhaberfamilie freundlich geleitet wird. Die Zimmer sind mit solidem Naturholzmobiliar wohnlich eingerichtet. Gemütlich sind die mit Holz vertäfelten Restaurantstuben.

FLÖRSHEIM-DALSHEIM – Rheinland-Pfalz – **543** – 3 220 Ew – Höhe 175 m
47 **E16**

▶ Berlin 617 – Mainz 49 – Bad Kreuznach 47 – Mannheim 38

Weingut und Gästehaus Peth garni
Alzeyer Str. 28 (Ortsteil Flörsheim) ⊠ 67592 – ⌀ (06243) 90 88 00 – jutta@peth.de
– Fax (06243) 9088090
7 Zim ⌑ – †62/70 € ††85/90 €
♦ In dem ruhig gelegenen Weingut hat man ein kleines Hotel mit individuellen, modern und geschmackvoll gestalteten Zimmern eingerichtet. Ständige Bilderausstellung.

FLOH-SELIGENTHAL – Thüringen – **544** – 5 350 Ew – Höhe 360 m
39 **J13**

▶ Berlin 355 – Erfurt 63 – Coburg 87 – Bad Hersfeld 73

Im Ortsteil Struth-Helmershof Süd-Ost : 3 km :

Thüringer Hof
Kronsteinstr. 3 ⊠ 98593 – ⌀ (03683) 7 91 90 – info@hotel-thueringer-hof.de
– Fax (03683) 791999
20 Zim ⌑ – †47/55 € ††82/100 € – **Rest** – Karte 17/31 €
♦ Das gepflegte Hotel mit alpenländischer Fassade liegt in einem idyllischen kleinen Ort. Ein zeitgemäßes Innenleben und die familiäre Atmosphäre sprechen für das Haus. Restaurant mit elegant-rustikalem Ambiente.

FLONHEIM – Rheinland-Pfalz – **543** – 2 620 Ew – Höhe 145 m
47 **E15**

▶ Berlin 619 – Mainz 36 – Neustadt an der Weinstraße 73

In Flonheim-Uffhofen Süd-West : 1 km :

Landhotel Espenhof
Hauptstr. 76 ⊠ 55237 – ⌀ (06734) 96 27 30 – info@espenhof.de – Fax (06734) 940450
12 Zim ⌑ – †59/69 € ††89/94 € – **Rest** – (geschl. Montag, nur Abendessen) Karte 24/39 €
♦ Auf dem einstigen Bauernhof a. d. J. 1900 empfängt die Winzerfamilie freundlich ihre Gäste. Wohnliche und zeitgemäß eingerichtete Zimmer erwarten Sie hier. Im Restaurant werden zu internationalen sowie regionalen Gerichten Weine aus eigenem Anbau angeboten.

418

FÖCKELBERG – Rheinland-Pfalz – 543 – 410 Ew – Höhe 450 m 46 **D16**
▶ Berlin 680 – Mainz 109 – Saarbrücken 72 – Trier 96

Beim Wildpark Potzberg West: 1 km – Höhe 562 m

Turmhotel ⬅ Pfälzer Bergland, 🍽 ♨ **P** *VISA* ◎ **AE**
Auf dem Potzberg 3 ✉ *66887 Föckelberg* – ℰ *(06385) 7 20 – info@turmhotel.com*
– Fax (06385) 72156
45 Zim ⊇ – †52/62 € ††79/89 € – **Rest** – Karte 19/34 €
◆ Eine Burganlage der Neuzeit - in den 80er Jahren errichtet. Neben soliden Zimmern bietet das ruhig gelegene Hotel auch eine schöne Aussicht. Turmzimmer mit Kamin. In rustikalen Gasträumen serviert man bürgerliche Küche. Terrasse mit Blick auf die Umgebung.

FÖHR (INSEL) – Schleswig-Holstein – 541 – Insel der Nordfriesischen Inselgruppe
– Seebad 1 **F2**

▶ Berlin 466 – Kiel 126 – Sylt (Westerland) 14 – Flensburg 57
🚢 von Dagebüll (ca. 45 min). Für PKW Voranmeldung bei Wyker Dampfschiffs-Reederei GmbH in Wyk, ℰ (01805) 08 01 40
⛳ Nieblum-Greveling, Grevelinstieg 6 ℰ (04681) 58 04 55
🏛 Die Halligen ★ (per Schiff)

NIEBLUM – 650 Ew

✕✕ **Landhotel Witt** mit Zim 🍽 ♨ 🛏 🍴 Zim, 📞 **P**
Alkersumstieg 4 ✉ *25938* – ℰ *(04681) 5 87 70 – landhotel-witt@t-online.de*
– Fax (04681) 587758 – geschl. 10. Jan. - 15. Feb.
8 Zim ⊇ – †115/155 € ††157/172 € – ½ P 25 € – 3 Suiten – **Rest** – *(geschl. Mitte Sept. - Juni Montag)* Karte 30/45 €
◆ Ein gemütlich-elegantes Restaurant, das man mit meist antikem Mobiliar eingerichtet hat. Geboten werden internationale und regionale Speisen. Geschmackvolle Gästezimmer und hübscher Garten.

OEVENUM – 520 Ew

Landhaus Laura 🍽 🛏 🍴 Rest, 📞 **P**
Buurnstrat 49 ✉ *25938* – ℰ *(04681) 5 97 90 – info@landhaus-laura.de*
– Fax (04681) 597935 – geschl. 18. Nov. - 26. Dez., 9. - 31. Jan.
15 Zim ⊇ – †55/95 € ††115/150 € – ½ P 20 € – **Rest** – *(geschl. Dienstag)*
Menü 25 € – Karte 20/35 €
◆ Ruhig liegt der 300 Jahre alte regionstypische Reethof im Ortskern. Geschmackvoll und individuell hat man die Zimmer eingerichtet - teils im Laura-Ashley-Stil. Im rustikalen Restaurant herrscht uriges Ambiente. Mit hübscher Terrasse.

SÜDERENDE – 180 Ew

✕✕ **Die Scheune** 🍽 **P**
Haus Nr. 60 ✉ *25938* – ℰ *(04683) 96 25 67 – antje.brueske@t-online.de*
– Fax (04681) 580748 – geschl. 7. Jan. - 21. März, Ende Okt. - 24. Dez. und Montag, außer Saison Sonntag - Montag
Rest – *(nur Abendessen)* Karte 31/55 €
◆ Nachdem ein Feuer Die Scheune 1998 völlig zerstörte, erstrahlt sie jetzt in neuem Glanz: schwedischer Landhausstil schafft ein nettes Ambiente. Schöne Terrasse.

WYK – 4 420 Ew – Heilbad

🅘 Am Fähranleger 1 (Reedereigebäude), ✉ 25938, ℰ (04681) 3 00, urlaub@foehr.de

Duus-Hotel *VISA* ◎ **AE** ①
Hafenstr. 40 ✉ *25938* – ℰ *(04681) 5 98 10 – info@duus-hotel.de – Fax (04681) 598140 – geschl. 6. Jan. - 15. Feb., 16. Nov. - 24. Dez.*
22 Zim ⊇ – †47/67 € ††72/106 €
Rest *Austernfischer* – *(geschl. Donnerstag)* Karte 22/35 €
◆ Die Lage am Anfang der Fußgängerzone und gepflegte, zeitgemäß eingerichtete Gästezimmer - teilweise mit Hafenblick - sprechen für dieses familiengeführte Haus. Im Restaurant Austernfischer bietet man regionale und internationale Küche.

FÖHR (INSEL)

fering hüs
Große Straße 40 ⊠ 25938 – ℰ (04681) 5 97 00 – info@feringhues.de – Fax (04681) 597037
22 Zim ⊆ – †45/65 € ††80/95 € – **Rest** – (geschl. Donnerstag) Karte 17/31 €
♦ Der kleine Familienbetrieb ist eine nette Urlaubsadresse am Ende der Fußgängerzone. Alle Zimmer sind mit DVD-Player ausgestattet. Auch 3 Ferienwohnungen stehen zur Verfügung. Restaurant in zeitgemäß-ländlichem Stil mit bürgerlicher Speisenauswahl.

Alt Wyk
Große Str. 4 ⊠ 25938 – ℰ (04681) 32 12 – info@alt-wykt.de – Fax (04681) 59172
– geschl. 13. Jan. - 20. Feb., 9. Nov. - 5. Dez. und Dienstag
Rest – (nur Abendessen) Karte 29/48 €
♦ Sehr hübsch sitzt man in dem in drei Stuben unterteilten Restaurant. Alles ist liebevoll im friesisch-rustikalen Stil eingerichtet und dekoriert - schön: der helle Kachelofen.

Friesenstube
Süderstr. 8 ⊠ 25938 – ℰ (04681) 24 04 – Fax (04681) 915
– geschl. 14. Jan. - 14. Feb. und Montag
Rest – Karte 21/33 €
♦ Schon das Ambiente stimmt den Gast heiter: rustikal-friesisch, teils mit typischen Kacheln gefliest. Gekocht wird schnörkellos - hauptsächlich regionale Fischgerichte.

FORCHHEIM – Bayern – **546** – 30 590 Ew – Höhe 266 m   50 **K16**
▶ Berlin 429 – München 206 – Nürnberg 38 – Bamberg 25
🛈 Hauptstr. 24 (Rathaus), ⊠ 91301, ℰ (09191) 71 43 38, tourist@forchheim.de
◉ Pfarrkirche (Bilder der Martinslegende★)

Plaza
Nürnberger Str. 13 ⊠ 91301 – ℰ (09191) 97 77 90 – info@plaza-forchheim.de – Fax (09191) 9777999
36 Zim ⊆ – †78/138 € ††98/158 € – **Rest** – (nur Abendessen) Karte 21/34 €
♦ Vom Empfangsbereich bis in die Gästezimmer ist dieses Haus in angenehm schlicht-modernem Stil gehalten. Die Zimmer unterm Dach sind mediterran eingerichtet. Hell gestaltetes Restaurant im Bistrostil.

Kleines Hotel Garni
Dreikirchenstr. 13 ⊠ 91301 – ℰ (09191) 97 77 90 – info@hotel-garni.com – Fax (09191) 9777999
12 Zim ⊆ – †98 € ††118 €
♦ Hinter einer schlichten Fassade verbirgt sich ein richtiges Kleinod: Man hat die Zimmer mit modern-eleganten Landhausmöbeln eingerichtet - die Bäder mit Granit.

Franken (mit Gästehaus)
Ziegeleistr. 17 ⊠ 91301 – ℰ (09191) 62 40 – Fax (09191) 62480
40 Zim ⊆ – †59 € ††75 €
Rest *Bobby's* – ℰ (09191) 6 24 44 (geschl. Sonntag, nur Abendessen) Karte 22/32 €
♦ Recht ruhig liegt dieses Haus am Ortsausgang. Die Zimmer in Haupt- und Gästehaus sind solide und zeitgemäß eingerichtet. Einige hochwertige Antiquitäten zieren das Restaurant Bobby's in unmittelbarer Nähe des Hotels. Mit Wintergarten.

Am Kronengarten garni
Bamberger Str. 6a ⊠ 91301 – ℰ (09191) 7 25 00 – kontakt@hotel-am-kronengarten.de – Fax (09191) 66331
24 Zim ⊆ – †61/67 € ††75/95 €
♦ In der Altstadt, in einen Innenhof versetzt, steht dieses typische Stadthotel. Es hat praktisch eingerichtete Zimmer und wird vom Eigentümer persönlich geführt.

Kammerer's Mühle
Wiesenstr. 10 ⊠ 91301 – ℰ (09191) 70 45 55 – geschl. Sonntagmittag, Montag
Rest – (Tischbestellung ratsam) Menü 22 € – Karte 19/29 €
♦ Fast schon intim ist die Atmosphäre in diesem gemütlichen Restaurant mit internationaler Karte. Die a. d. J. 1698 stammende Mühle schafft einen netten rustikalen Rahmen.

FORCHHEIM

In Forchheim-Burk West : 1,5 km über B 470 :

Schweizergrom Biergarten
Röthenstr. 5 ⊠ 91301 – ℰ (09191) 39 55 – Fax (09191) 3955
30 Zim ☑ – †40/60 € ††65/75 € – **Rest** – *(geschl. 2. - 22. Juni und Freitag)* Karte 9/26 €

♦ Ein familiär geführtes Haus in der Ortsmitte mit gepflegten funktionellen Zimmern, die auch gerne von Geschäftsreisenden genutzt werden. Gemütlich-fränkische Gaststube mit Kachelofen.

In Forchheim-Sigritzau Süd-Ost : 3 km in Richtung Erlangen und Pretzfeld :

Zöllner's Weinstube
Sigritzau 1 ⊠ 91301 – ℰ (09191) 1 38 86 – Fax (09191) 727820 – geschl. Anfang Jan. 1 Woche, Mitte Aug. 3 Wochen und Montag - Dienstag
Rest – *(nur Abendessen)* Karte 27/43 €

♦ Das Bauernhaus a. d. 18. Jh. mit seinem schönen Kreuzgewölbe ist ein sympathisches Restaurant mit teils kreativer, teils bürgerlicher Küche und guter Weinkarte.

In Kunreuth-Regensberg Süd-Ost : 15 km über B 470, in Reuth rechts ab, dann über Gosberg, Kunreuth und Weingarts :

Berg-Gasthof Hötzelein ≺ Fränkische Schweiz,
Regensberg 10 ⊠ 91358 – ℰ (09199) 80 90
– info@berg-gasthof.de – Fax (09199) 80999 – geschl. 24. Nov. - 24. Dez.
28 Zim ☑ – †52/55 € ††68/84 € – **Rest** – *(geschl. Dienstag)* Karte 14/28 €

♦ Der familiär geleitete Gasthof in herrlicher Lage auf dem Regensberg beherbergt Sie in wohnlich und zeitgemäß eingerichteten Zimmern. Das Restaurant bietet überwiegend regionale Küche.

FORCHTENBERG – Baden-Württemberg – **545** – 5 100 Ew – Höhe 223 m 48 **H17**

▶ Berlin 573 – Stuttgart 83 – Würzburg 82 – Heilbronn 41

In Forchtenberg-Sindringen West : 6 km Richtung Neuenstadt:

Krone (mit Gästehaus)
Untere Str. 2 ⊠ 74670 – ℰ (07948) 9 10 00 – landgasthof_krone@t-online.de
– Fax (07948) 2492
27 Zim ☑ – †44/49 € ††73/80 € – **Rest** – *(geschl. Dienstag)* Menü 14/17 €
– Karte 16/29 €

♦ Ein ländlicher Gasthof inmitten des Kochertals. Er wird von der Wirtsfamilie ordentlich geführt und verfügt über gepflegte Zimmer - besonders hübsch sind die im Gästehaus. In den rustikalen Galträumen spürt man die familiäre Atmosphäre des Hauses.

FORST – Baden-Württemberg – siehe Bruchsal

FORST – Rheinland-Pfalz – siehe Deidesheim

FORSTINNING – Bayern – **546** – 3 430 Ew – Höhe 512 m 66 **M20**

▶ Berlin 600 – München 27 – Ebersberg 13 – Erding 19

In Forstinning-Schwaberwegen Süd-West : 1 km, Richtung Anzing :

Zum Vaas Biergarten
Münchner Str. 88 ⊠ 85661 – ℰ (08121) 55 62 – gasthof.vaas@t-online.de
– Fax (08121) 43094 – geschl. über Weihnachten 1 Woche, über Ostern 1 Woche, Aug. 3 Wochen
20 Zim ☑ – †50/55 € ††77/82 € – **Rest** – *(geschl. Montag - Dienstag)* Karte 14/38 €

♦ Freundlich leitet Familie Bauer diesen regionstypischen Landgasthof. Es stehen moderne oder wohnlich-rustikale Zimmer zur Verfügung. Gemütlich-ländliche Gaststube mit bürgerlich-regionalem Angebot.

421

FRAMMERSBACH – Bayern – 546 – 4 810 Ew – Höhe 246 m – Wintersport : 530 m
🏂 1 ⛷ – Erholungsort   48 **H15**
- Berlin 527 – München 332 – Würzburg 55 – Frankfurt am Main 71
- Marktplatz 3, ✉ 97833, ✆ (09355) 48 00, touristik@frammersbach.de

Landgasthof Kessler
Orber Str. 23 (B 276) ✉ *97833* – ✆ *(09355) 12 36 – landgasthof@t-online.de*
– Fax (09355) 99741
14 Zim ⊆ – †35 € ††58 € – ½ P 12 € – **Rest** – *(geschl. Mittwoch)* Karte 14/29 €
♦ Seit Generationen schon bemüht sich Familie Kessler um das Wohlbefinden ihrer Gäste. Es stehen wohnliche, zeitgemäße Zimmer mit hellen Naturholzmöbeln bereit. Restaurant im ländlichen Stil mit regionalen und bürgerlichen Speisen.

Schwarzkopf mit Zim   Biergarten
Lohrer Str. 80 (B 276) ✉ *97833* – ✆ *(09355) 3 07 – mail@gasthaus-schwarzkopf.de*
– Fax (09355) 4412 – geschl. 14. Jan. - 7. Feb. und Montag
5 Zim ⊆ – †39/42 € ††70/80 € – **Rest** – Karte 19/30 €
♦ Dunkle Holzverkleidung sowie bunte Tiffany-Lampen verleihen der Stube gediegenes Flair. Wechselnde Tageskarte mit regionalen und internationalen Speisen. Schöner Gastgarten.

In Frammersbach-Habichsthal West : 10 km über Wiesener Straße und Spessartstraße, im Frammersbacher Forst links ab :

Zur frischen Quelle
Dorfstr. 10 ✉ *97833* – ✆ *(06020) 13 93 – info@diefrischequelle.de – Fax (06020) 2815 – geschl. 6. - 29. Feb.*
20 Zim ⊆ – †29 € ††53 € – ½ P 12 € – **Rest** – *(geschl. Mittwoch)* Menü 12 €
– Karte 10/25 €
♦ Eingebettet in den Naturpark Spessart liegt dieser einfache, aber gut unterhaltene Gasthof mit gepflegten, zweckmäßig eingerichteten Gästezimmern. Ländlich-bürgerliche Gaststuben mit viel Holz.

FRANKENBERG – Sachsen – 544 – 17 080 Ew – Höhe 270 m   42 **O12**
- Berlin 245 – Dresden 63 – Chemnitz 13 – Chomutov 79
- Markt 15, ✉ 09669, ✆ (037206) 6 40, info@frankenberg-sachsen.de

Lützelhöhe garni
Dr.-Wilhelm-Külz-Str. 53 ✉ *09669* – ✆ *(037206) 53 20 – luetzelhoehe@t-online.de*
– Fax (037206) 5300
17 Zim – †36 € ††57 €
♦ Das seit Jahrzehnten im Familienbesitz befindliche Haus ist ein ruhig auf einer Anhöhe gelegenes kleines Hotel mit funktionell ausgestatteten Zimmern.

FRANKENBERG AN DER EDER – Hessen – 543 – 19 270 Ew – Höhe
296 m   38 **G12**
- Berlin 451 – Wiesbaden 156 – Marburg 39 – Kassel 78
- Untermarkt 12, ✉ 35066, ✆ (06451) 71 76 72, info@ederbergland-touristik.de
- Rathaus★
- Haina : Ehemaliges Kloster★, Ost : 18 km

Die Sonne Frankenberg
Marktplatz 2 ✉ *35066* – ✆ *(06451) 75 00 – info@sonne-frankenberg.de*
– Fax (06451) 750500
51 Zim ⊆ – †95 € ††135/165 €
Rest *Philipp Soldan* – *(geschl. Montag - Dienstag)* Menü 49 € – Karte 30/44 €
Rest *Jagdstube* – Karte 25/36 €
♦ Hinter der Klinkerfassade dieses Altstadthotels finden Sie wohnliche Zimmer und Suiten, teils mit Balkon oder Sicht auf das gegenüberliegende Fachwerkhaus. Mediterrane Küche mit internationalem Einfluss im Philipp Soldan. Jagdstube mit regionaler Küche.

FRANKENBERG AN DER EDER

Rats-Schänke
Marktplatz 7 ⌦ 35066 – ℰ (06451) 7 26 60 – info@rats-schaenke.de – Fax (06451) 726655 – geschl. Anfang Jan. 2 Wochen, Anfang Juli 2 Wochen
35 Zim ⌑ – †50/81 € ††88/115 € – **Rest** – *(geschl. Donnerstag)* Karte 16/34 €

• Im Herzen der Altstadt, direkt neben dem 10-türmigen Rathaus, steht das alteingesessene Hotel. Es bietet seinen Gästen bürgerliche Zimmer mit Bauern- oder Landhausmöbeln. Ländliches Ambiente im Restaurant.

FRANKENHAUSEN, BAD – Thüringen – 544 – 8 980 Ew – Höhe 135 m – Sole-Heilbad
30 **K11**

▶ Berlin 246 – Erfurt 57 – Göttingen 110 – Halle 81
🛈 Anger 14, 06567, ℰ (034671) 7 17 17, info@kyffhaeuser-tourismus.de
◉ Kaiser-Wilhelm-Nationaldenkmal★ – Panorama-Museum★

Residenz
◁ Bad Frankenhausen,
Am Schlachtberg 3 ⌦ 06567 – ℰ (034671) 7 50 – residenz-frankenhausen@t-online.de – Fax (034671) 75300
85 Zim ⌑ – †71/81 € ††102/125 € – ½ P 18 € – **Rest** – Karte 24/41 €

• Ein reizvolles Hotel, das durch seine Hanglage einen beeindruckenden Blick ins Tal der Diamantenen Aue ermöglicht - dazu bietet man elegant ausgestattete Zimmer. Eine nette Aussicht hat man durch die Fensterfront des zeitlos gestalteten Restaurants.

Alte Hämmelei (mit Gästehaus)
Biergarten
Bornstr. 33 ⌦ 06567 – ℰ (034671) 51 20 – kontakt@alte-haemmelei.de – Fax (034671) 51210
10 Zim ⌑ – †42/49 € ††64/74 € – ½ P 12 € – **Rest** – *(Montag - Donnerstag nur Abendessen)* Karte 17/22 €

• Das Fachwerkhaus liegt an der alten Stadtmauer im Herzen des Ortes. Eines der mit solidem Holzmobiliar eingerichteten Zimmer befindet sich in einem Stadtturm. Blanke Tische, Nischen und ein nettes Dekor bestimmen das rustikale Ambiente im Restaurant.

FRANKENTHAL IN DER PFALZ – Rheinland-Pfalz – 543 – 47 570 Ew – Höhe 96 m
47 **E16**

▶ Berlin 618 – Mainz 66 – Mannheim 18 – Kaiserslautern 47

Siehe auch Mannheim-Ludwigshafen (Umgebungsplan)

FRANKENTHAL IN DER PFALZ

Am Kanal	2
August-Bebel-Str.	3
Bahnhofstr.	4
Erzberger Str.	5
Europaring	6
Friedrich-Ebert-Str.	7
Heinrich-Haine-Str.	10
Heßheimer Str.	12
Karolinenstr.	13
Mahlastr.	14
Mühlstr.	16
Nürnberger Str.	17
Philipp-Karcher-Str.	18
Rathauspl.	19
Speyerer Str.	
Wallonenstr.	21
Westliche Ringstr.	23
Willy-Brandt-Anlage	25
Wormser Str.	28
Zuckerfabrikstr.	30

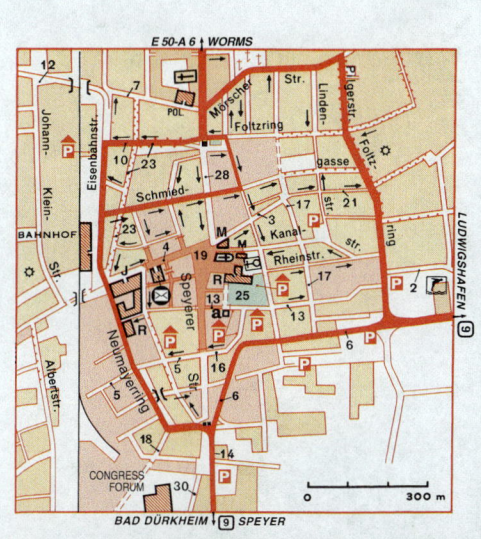

FRANKENTHAL IN DER PFALZ

Central — Biergarten
Karolinenstr. 6 ⊠ 67227 – ℘ (06233) 87 80 – info@hotel-central.de – Fax (06233) 22151 a
70 Zim – †70/94 € ††95/119 € – **Rest** – *(geschl. Samstag - Sonntag)* Karte 17/29 €
♦ Ein gepflegtes Hotel in der Stadtmitte, das über wohnliche, z. T. ganz hell und modern eingerichtete Zimmer verfügt, die auch auf Geschäftsreisende ausgelegt sind. Restaurant in rustikalem Stil mit bürgerlichem Angebot.

Weinhotel Wagner
Schlachthausweg 14 (Umgebungsplan Mannheim-Ludwigshafen) ⊠ 67227 – ℘ (06233) 3 68 80 – whw@weinhotel-wagner.de – Fax (06233) 368811
11 Zim – †51/60 € ††73/82 € – **Rest** – Karte 15/23 € AU e
♦ In einer Seitenstraße zum Stadtring liegt dieses familiengeführte kleine Hotel. Gästen bietet man recht geräumige, funktionell gestaltete Zimmer. Bürgerlich-rustikales Restaurant mit gemütlichem Ambiente und typischem Speiseangebot. Nachmittagskuchen.

Adamslust
An der Adamslust 10 (Umgebungsplan Mannheim-Ludwigshafen) ⊠ 67227 – ℘ (06233) 6 17 16 – Fax (06233) 68249 – geschl. Jan. - Feb. 2 Wochen, Sept. 2 Wochen und Samstagmittag, Sonntagabend - Montag AU n
Rest – (Tischbestellung ratsam) Menü 28 € (mittags)/48 € (abends) – Karte 30/49 €
♦ Stilvolles Landhaus mit rustikalem Charme. Der Chef des Hauses kocht eine an den Jahreszeiten orientierte Küche, die Appetit macht - dazu der nette Service der Gastgeberin.

Frankfurt am Main: Skyline

FRANKFURT AM MAIN

Bundesland : Hessen
Michelin-Karte : 543
Einwohnerzahl : 643 440 Ew
Höhe : 98 m

▶ Berlin 549 – Wiesbaden 41 – Bonn 174 – Nürnberg 226
Atlas : 47 **F14**

ALPHABETISCHE LISTE DER HOTELS UND RESTAURANTS	S. 2 und 3
STADTPLAN FRANKFURT :	
FRANKFURT UND UMGEBUNG	S. 4 und 5
FRANKFURT	S. 6 und 7
ZENTRUM	S. 8
HOTELS UND RESTAURANTS	S. 9 bis 19

PRAKTISCHE HINWEISE

🛈 Tourist-Informationen
Im Römer **HZ**, ✉ 60311, ✆ (069) 21 23 88 00, info@tcf.frankfurt.de
Im Hauptbahnhof **CX**, ✉ 60329, ✆ (069) 21 23 88 00

Automobilclub
ADAC Schillerstr. 12 **GY**

Autoreisezug
🚆 In Neu-Isenburg, Kurt-Schumacher-Straße, ✆ (01805) 24 12 24 (Gebühr)

Flughafen
✈ Frankfurt am Main **AU**, ✆ (069) 69 00

Messegelände
Messe Frankfurt Ludwig-Erhard-Anlage 1 **CX**, ✉ 60327, ✆ (069) 7 57 50, Fax (069) 75756433

Messen
Zu Messezeiten verlangen viele Hotels erhöhte Messepreise

09.01. - 12.01. : Heimtextil
08.02. - 12.02. : Ambiente Internationale Frankfurter Messe
04.07. - 08.07. : Tendence Internationale Frankfurter Messe
16.09. - 21.09. : Automechanika
15.10. - 19.10. : Frankfurter Buchmesse

FRANKFURT AM MAIN S. 2

Golfplätze

- Frankfurt-Niederrad, Golfstr. 1 ℘ (069) 6 66 23 18 **BT**
- Frankfurt-Niederrad, Schwarzwaldstr. 127 ℘ (069) 96 74 13 53 **BT**
- Hanau-Wilhelmsbad, Wilhelmsbader Allee 32 ℘ (06181) 8 20 71
- Dreieich, Hofgut Neuhof ℘ (06102) 32 70 10
- Bad Vilbel-Dorteweil, Lindenhof ℘ (06101) 5 24 52 00

👁 SEHENSWÜRDIGKEITEN

DIE ALTSTADT

Dom★ - Dommuseum★ **HZ** - Museum für Moderne Kunst★M[10] **HY** - Goethe-Haus★M[2] **GZ**

LINKES MAINUFER

Städelsches Kunstinstitut und Städtische Galerie★★ **GZ** - Museum für Angewandte Kunst★ **HZ** - Deutsches Filmmuseum★ M[7] **GZ**

WEITERE SEHENSWÜRDIGKEITEN

Zoo★★ **FV** - Naturmuseum Senckenberg★★M[9] **CV** - Palmengarten★ **CV**

Alphabetische Liste der Hotels und Restaurants
Liste alphabétique des hôtels et restaurants

A
		Seite
Adolf Wagner	✕	S. 15
Alexander am Zoo	🏨	S. 11
Amadeus	🏨	S. 15
An der Messe	🏨	S. 10
Astoria	🏠	S. 12
Astrium	🏨	S. 17
Aubergine	✕✕	S. 13
Avocado	✕	S. 14

B
Biancalani-Cucina	✕	S. 18
Bommersheim	🏨	S. 18
Borger	🏠 ⓘ	S. 15
Brighella	✕✕	S. 15
Bristol	🏨	S. 11

C
Corona	🏠	S. 12
Cyrano	✕	S. 14

E
Emma Metzler	✕	S. 18
Ernos Bistro	✕ ✿	S. 14
Estragon	✕	S. 14
Express by Holiday Inn	🏠	S. 12

F
Fleming's Hotel Messe	🏨	S. 11
Fleming's Hotel Neue Börse	🏨	S. 16
Français	✕✕✕✕	S. 12
Friedberger Warte	🏨	S. 17
friendly CityHotel	🏠	S. 18

G
Gargantua	✕	S. 14
Goldman 25hours	🏨	S. 11

428

H

Hessischer Hof		S. 9
Hilton		S. 9
Holbein's		S. 18
Holiday Inn		S. 18
Holiday Inn City-South		S. 17

I

Ibis City Messe		S. 12
Innside Premium		S. 16
InterCityHotel		S. 11
InterCityHotel Frankfurt Airport		S. 19
InterContinental		S. 10

K

Kempinski Hotel Gravenbruch		S. 19
King Kameha Suite		S. 13
Klaane Sachsehäuser		S. 15

L

Landhaus Alte Scheune		S. 16
Lindner Hotel und Residence Main Plaza		S. 17

M

Maingaustuben		S. 18
Main Tower Restaurant		S. 13
Manhattan		S. 12
Maritim		S. 10
Marriott		S. 9
Memphis		S. 12
Méridien Parkhotel (Le)		S. 10
Meyer's Restaurant		S. 14
Miramar		S. 12
Mövenpick Frankfurt City		S. 10

N

Neuer Haferkasten		S. 19
NH Frankfurt-City		S. 10
NH Frankfurt Niederrad		S. 16
Novotel Frankfurt Niederrad		S. 16

FRANKFURT AM MAIN S. 3

O

Opéra		S. 13
Osteria Enoteca		S. 17

P

Palmenhof		S. 11
Plaza		S. 11
Pure (The)		S. 10

R

Radisson SAS		S. 9
relexa		S. 16

S

Scala		S. 12
Sheraton Congress Hotel		S. 16
Sheraton Frankfurt Hotel and Towers		S. 19
Silk		S. 15
Steigenberger Airport		S. 19
Steigenberger Frankfurt-City		S. 11
Steigenberger Frankfurter Hof		S. 9
Steigenberger Metropolitan		S. 10
Stella - La Trattoria		S. 13

T

Tiger-Restaurant		S. 13
Toan		S. 14

V

Villa Kennedy		S. 17
Villa Merton		S. 13
Villa Orange		S. 11

W

Weidemann		S. 17
Wessinger		S. 18
Westin Grand (The)		S. 9

Z

Zum gemalten Haus		S. 15
Zum Grünen Baum		S. 19
Zum Rad		S. 14
Zur Buchscheer		S. 15

FRANKFURT AM MAIN S. 4

STRASSENVERZEICHNIS
FRANKFURT AM MAIN

Straße	Feld	Nr.
Adalbertstr.	CV	
Adickesallee	EV	
Alfred-Brehm-Pl.	FV	2
Allerheiligenstr.	HY	3
Altebergsweg	FX	
Alte Brücke	HZ	
Alte Gasse	HY	
Am Tiergarten	FV	
An der Hauptwache	GHY	
Arnsburger Str.	FV	4
Bärenstr.	FV	6
Baseler Str.	CX	
Battonstr.	HY	
Beethovenstr.	CV	
Berger Str.	FV	
Berliner Str.	GHZ	
Bethmannstr.	GZ	7
Biebergasse	GY	
Bleichstr.	HY	
Bleidenstr.	GZ	9
Bockenheimer Anlage	GY	
Bockenheimer Landstr.	GY	10
Börsenstr.	GY	
Braubachstr.	HZ	
Bremer Str.	DV	12
Brückenstr.	HZ	
Burgstr.	FV	
Danziger Pl.	FV	
Darmstädter Landstr.	EFX	
Deutschherrnufer	HZ	
Diesterwegstr.	HZ	
Dornstr.	HZ	13
Dreieichstr.	FX	
Dürerstr.	FX	
Düsseldorfer Str.	CX	14
Eckenheimer Landstr.	EV	15
Elisabethenstr.	HZ	16
Eschenheimer Anlage	HY	
Eschersheimer Landstr.	GY	
Eysseneckstr.	DV	
Fahrgasse	HYZ	
Flößerbrücke	FX	17
Frankenallee	CV	
Franz-Rücker-Allee	CV	
Frauenlobstr.	CV	
Friedberger Anlage	HY	20
Friedberger Landstr.	HY	22
Friedensbrücke	CV	
Friedensstr.	GZ	24
Friedrich-Ebert-Anlage	CVX	
Fürstenberger Str.	CDV	
Gallusanlage	GZ	
Gartenstr.	GHZ	
Gerbermühlstr.	FX	
Gießener Str.	BR	
Goethepl.	GY	
Goethestr.	GY	
Goldbergweg	FX	
Gräfstr.	CV	
Großer Hirschgraben	GZ	30
Große Eschenheimer Str.	GY	
Große Friedbergerstr.	HY	29
Große Gallusstr.	GYZ	
Grüneburgweg	CDV	
Gr. Bockenheimer Str.	GY	27
Günthersburgallee	FV	
Guiollettstr.	CV	
Gutleutstr.	GZ	
Gutzkowstr.	HZ	
Habsburgerallee	FV	
Hafenstr.	CX	
Hamburger Allee	CV	
Hanauer Landstr.	FX	
Hans-Thoma-Str.	GZ	
Hasengasse	HY	
Heerstr.	AR	
Hemmerichsweg	CX	
Henschelstr.	FV	
Hochstr.	GY	
Höhenstr.	FV	
Holbeinstr.	GZ	
Holzhausenstr.	EV	
Homburger Landstr.	BR	
Ignatz-Bubis-Brücke	FX	45
Im Prüfling	FV	
Isenburger Schneise	BT	
Junghofstr.	GY	
Kaiserstr.	GZ	
Kalbächer Gasse	GY	32
Karlstr.	CX	33
Kennedy-allee	GZ	
Kleiner Hirschgraben	GY	35
Konrad-Adenauer-Str.	HY	
Kurt-Schumacher-Str.	HYZ	
Lange Str.	FX	
Liebigstr.	CV	
Limpurgergasse	HZ	36
Mainkai	HZ	
Mainzer Landstr.	CVX	
Markt	HZ	
Miquelallee	CV	
Mörfelder Landstr.	EX	
Münchener Str.	GZ	
Münzgasse	GZ	40
Neebstr.	FV	42
Neue Mainzer Str.	GYZ	
Nibelungenallee	EFV	43
Nizza Anlage	GZ	
Nordendstr.	EV	
Obermainanlage	FX	44
Oeder Weg	GY	
Offenbacher Landstr.	FX	
Oppenheimer Landstr.	HZ	
Oskar-von-Miller-Str.	FX	
Ostendstr.	FX	
Paradiesgasse	HZ	
Petersstr.	HY	
Pfingstweidstr.	FV	47
Platz der Republik	CX	
Rechneigrabenstr.	HZ	50
Reuterweg	GY	
Rhönstr.	FV	
Röderbergweg	FV	
Römerberg	HZ	
Roßmarkt	GY	
Rothschildallee	FV	
Saalburgallee	FV	
Saalburgstr.	FV	
Sachsenhäuser Ufer	HZ	
Sandweg	FV	
Schäfergasse	HY	
Schaumainkai (Museumsufer)	GHZ	
Scheffelstr.	EV	
Schifferstr.	HZ	
Schillerstr.	GY	54
Schloßstr.	CV	
Schöne Aussicht	HZ	
Schwanheimer Ufer	AT	
Schweizer Pl.	HZ	
Schweizer Str.	GHZ	
Seehofstr.	FX	55
Seilerstr.	HY	
Senckenberganlage	CV	
Siemensstr.	FX	56
Siesmayerstr.	CV	
Sonnemannstr.	FX	
Sophienstr.	CV	
Sprendlinger Landstr.	BU	
Stegstr.	HZ	
Stiftstr.	HY	
Stoltzestr.	HY	58
Stresemannallee	DX	
Taunusanlage	GY	
Taunusstr.	GZ	62
Taunustor	GZ	
Textorstr.	HZ	
Theodor-Heuss-Allee	CV	
Töngesgasse	HY	
Untermainanlage	GZ	65
Untermainbrücke	GZ	
Untermainkai	GZ	
Vilbeler Str.	HY	
Walter-Kolb-Str.	HZ	
Wasserweg	GZ	67
Weißfrauenstr.	GZ	68
Wendelsweg	FX	
Weserstr.	GZ	69
Westendstr.	CV	
Wilhelm-Leuschner-Str.	GZ	
Windeckstr.	FX	74
Wittelsbacherallee	FV	
Zeil	HY	

431

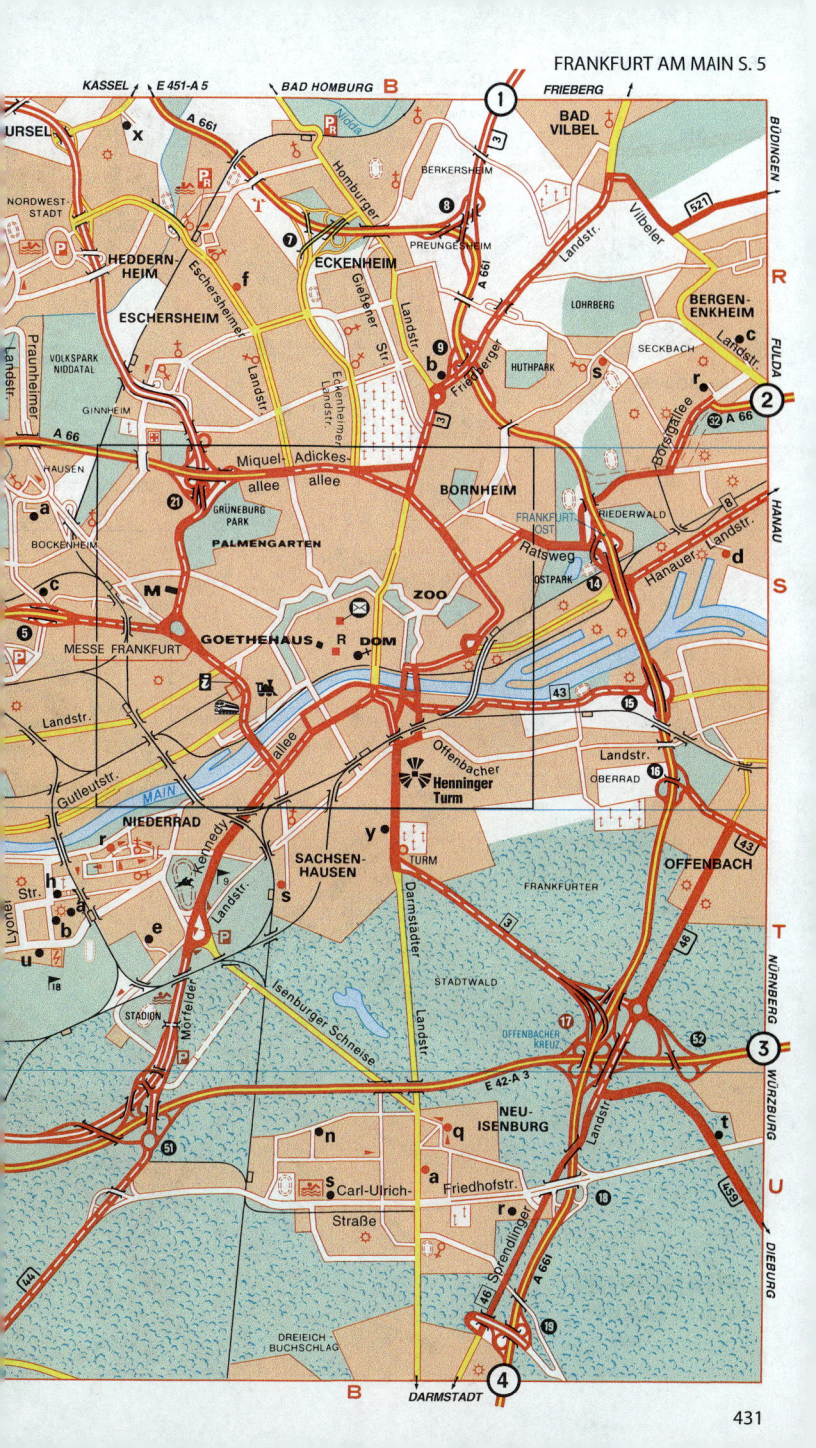

FRANKFURT AM MAIN S. 6

FRANKFURT AM MAIN

432

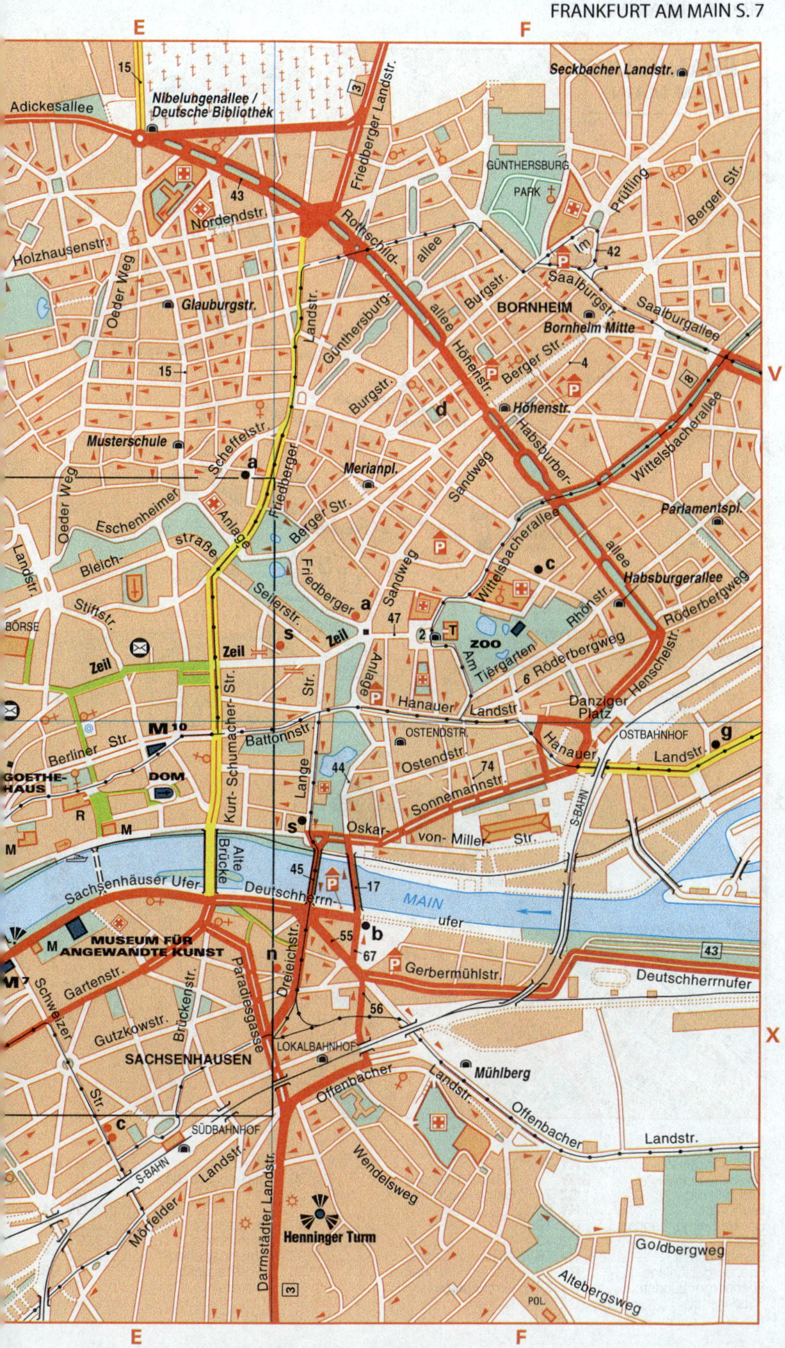
E
F
V
X
Seckbacher Landstr.
Adickesallee
Nibelungenallee / Deutsche Bibliothek
Friedberger Landstr.
GÜNTHERSBURG
PARK
Prüfling
Berger Str.
Nordendstr.
Holzhausenstr.
Rothschild-allee
Im
Saalburgstr.
Saalburgallee
BORNHEIM
Bornheim Mitte
Glauburgstr.
Oeder Weg
Landstr.
Günthersburg-allee
Burgstr.
Höhenstr.
Berger Str.
Höhenstr.
Musterschule
Scheffelstr.
Friedberger Anlage
Merianpl.
Sandweg
Habsburgerallee
Wittelsbacherallee
Parlamentspl.
Eschenheimer
Bleich-
straße
Oeder Weg
Landstr.
Berger Str.
Friedberger Anlage
Seilerstr.
Sandweg
Wittelsbacherallee
Habsburgerallee
Röderbergweg
BÖRSE
Stiftstr.
Zeil
Zeil
Zeil
ZOO
Am Tiergarten
Rhönstr.
Röderbergweg
Henschelstr.
Danziger Platz
Str.
Anlage
Hanauer Landstr.
OSTENDSTR.
OSTBAHNHOF
Landstr.
Kurt-Schumacher-Str.
Battonnstr.
Berliner Str.
GOETHE-HAUS
DOM
Lange Str.
Ostendstr.
Sonnemannstr.
Hanauer
S-BAHN
Oskar-von-Miller-Str.
Alte Brücke
Sachsenhäuser Ufer
Deutschherrn-ufer
MAIN
MUSEUM FÜR ANGEWANDTE KUNST
Gartenstr.
Schweizer Str.
Brückenstr.
Paradiesgasse
Dreieichstr.
Gerbermühlstr.
Deutschherrnufer
Gutzkowstr.
SACHSENHAUSEN
LOKALBAHNHOF
Offenbacher Landstr.
Mühlberg
Offenbacher Landstr.
SÜDBAHNHOF
S-BAHN
Landstr.
Darmstädter Landstr.
Wendelsweg
Mörfelder
Henninger Turm
Goldbergweg
Altebergsweg
POL.

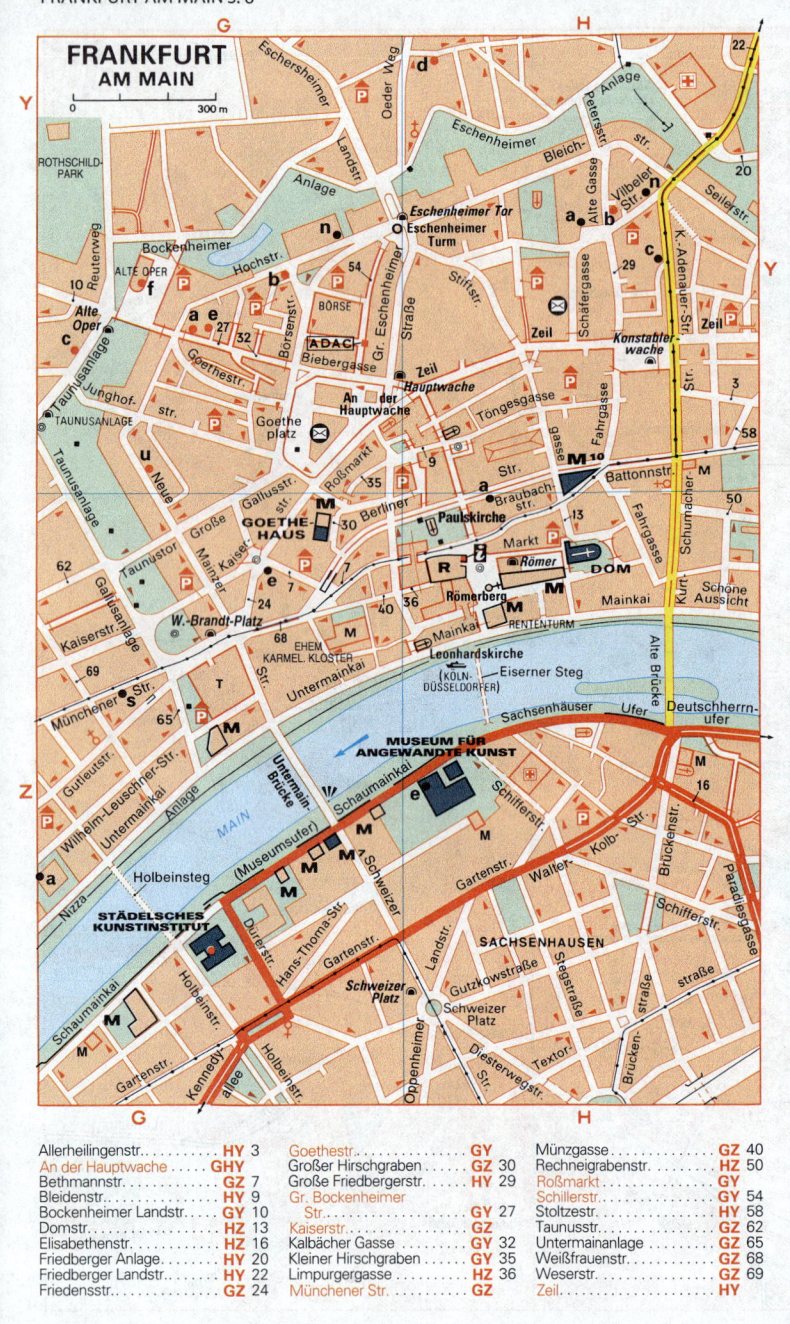

FRANKFURT AM MAIN S. 8

Allerheiligenstr. .... **HY** 3	Goethestr. .... **GY**	Münzgasse .... **GZ** 40
An der Hauptwache ..... **GHY**	Großer Hirschgraben ..... **GZ** 30	Rechneigrabenstr. .... **HZ** 50
Bethmannstr. .... **GZ** 7	Große Friedbergerstr. ..... **HY** 29	Roßmarkt .... **GY**
Bleidenstr. .... **HY** 9	Gr. Bockenheimer	Schillerstr. .... **GY** 54
Bockenheimer Landstr. ... **GY** 10	Str. .... **GY** 27	Stoltzestr. .... **HY** 58
Domstr. .... **HZ** 13	Kaiserstr. .... **GZ**	Taunusstr. .... **GZ** 62
Elisabethenstr. .... **HZ** 16	Kalbächer Gasse .... **GY** 32	Untermainanlage .... **GZ** 65
Friedberger Anlage .... **HY** 20	Kleiner Hirschgraben ..... **GY** 35	Weißfrauenstr. .... **GZ** 68
Friedberger Landstr. ...... **HY** 22	Limpurgergasse .... **HZ** 36	Weserstr. .... **GZ** 69
Friedensstr. .... **GZ** 24	Münchener Str. .... **GZ**	Zeil .... **HY**

FRANKFURT AM MAIN S. 9

Steigenberger Frankfurter Hof

Am Kaiserplatz ✉ *60311 –* ✆ *(069) 2 15 02*
– frankfurter-hof@steigenberger.de – Fax (069) 215900
GZ **e**
321 Zim – ♦230/669 € ♦♦230/669 €, ⊡ 28 € – 20 Suiten
Rest *Français* – separat erwähnt
Rest *Oscar's* – ✆ *(069) 21 51 50 (geschl. Sonntagmittag)* (Tischbestellung ratsam) Menü 30 € – Karte 39/61 €
Rest *Iroha* – ✆ *(069) 21 99 49 30 (geschl. Sonntag, Feiertage, außer Messen)* Menü 25/120 € (abends) – Karte 55/73 €
◆ Aus dem Jahre 1876 stammt der traditionelle Steigenberger Stammsitz. Das beeindruckende, aufwändig sanierte Gebäude vermittelt Exklusivität. Kosmetik und Massage im Haus. Oscar's mit legerer Bistro-Atmosphäre. Fernöstliche Küche im Iroha.

The Westin Grand

Konrad-Adenauer-Str. 7 ✉ *60313 –* ✆ *(069) 2 98 10 – grandhotel.frankfurt@arabellastarwood.com – Fax (069) 2981810*
HY **c**
371 Zim – ♦190/700 € ♦♦230/740 €, ⊡ 29 € – 17 Suiten
Rest *Aquaterra* – Karte 36/68 €
Rest *san san* – ✆ *(069) 91 39 90 50 (geschl. Sonntag)* Menü 16 € – Karte 25/36 €
Rest *Sushimoto* – ✆ *(069) 2 98 11 87 (geschl. Ende Juli - Anfang Aug. 2 Wochen, Ende Dez. 2 Wochen und Montag, außer Messen, Sonn- und Feiertage nur Abendessen)* Menü 40/82 € – Karte 27/56 €
◆ Nach aufwändiger Renovierung erstrahlt das Grandhotel im Zentrum nun in neuem Glanz: Mit Geschmack hat man die Zimmer modern und sehr wohnlich eingerichtet. Aquaterra mit mediterraner Küche. San san: thailändisch und indochinesisch. Japanisches im Sushimoto.

Hessischer Hof

Friedrich-Ebert-Anlage 40 ✉ *60325 –* ✆ *(069) 7 54 00 – info@hessischer-hof.de – Fax (069) 75402924*
CX **p**
117 Zim – ♦233/561 € ♦♦281/561 €, ⊡ 23 € – 3 Suiten – **Rest** – Menü 31 € (mittags)/60 € (abends) – Karte 50/69 €
◆ In diesem Haus verbindet sich klassische Hotellerie mit modernem Luxus. Beispielhaft ist das Engagement, mit dem man sich dem Gast widmet. Eine Ausstellung von Sèvres-Porzellan ziert das elegante Restaurant.

Hilton

Hochstr. 4 ✉ *60313 –* ✆ *(069) 1 33 80 00 – sales.frankfurt@hilton.com – Fax (069) 133820*
GY **n**
342 Zim – ♦179/499 € ♦♦179/499 €, ⊡ 29 € – 3 Suiten
Rest – Karte 36/50 €
◆ Durch eine großzügige, luftige Atriumhalle betreten Sie dieses von Grün umgebene moderne Hotel im Zentrum. Der "Wave - Health & Fitness Club" bietet u. a. ein 25-m-Hallenbad. Restaurant mit internationalem und amerikanischem Angebot.

Radisson SAS

Franklinstr. 65 ✉ *60486 –* ✆ *(069) 7 70 15 50 – sales.frankfurt@radissonsas.com – Fax (069) 77015510*
BS **c**
428 Zim – ♦190/265 € ♦♦190/265 €, ⊡ 26 € – 10 Suiten
Rest *Gaia* – Karte 27/43 €
Rest *Coast* – *(geschl. Sonntag - Montag, nur Abendessen)* Karte 26/45 €
◆ Ganz modern und trendig ist dieser nicht alltägliche Hotelbau mit den Designer-Zimmern "At home", "Chic", "Fashion" und "Fresh". Die oberen Etagen bieten eine schöne Sicht. Gaia mit mediterraner Küche. Meeresfrüchte im Coast: Brasserie & Oyster Bar.

Marriott

Hamburger Allee 2 ✉ *60486 –* ✆ *(069) 7 95 50 – info.frankfurt@marriotthotels.com – Fax (069) 79552432*
CV **a**
588 Zim – ♦159/259 € ♦♦159/259 €, ⊡ 23 € – 11 Suiten – **Rest** – Menü 39 €
– Karte 32/53 €
◆ Das gegenüber der Messe gelegene Hotel überzeugt mit technisch gut ausgestatteten Zimmern in klassisch-elegantem Stil - alle mit Blick auf die Stadt. Restaurant mit schönem Brasserie-Ambiente und französischer Küche.

FRANKFURT AM MAIN S. 10

Maritim
*Theodor-Heuss-Allee 3 ⊠ 60486 – ℰ (069) 7 57 80 – info.fra@maritim.de
– Fax (069) 75781000*
CVX **c**
543 Zim – †260/535 € ††305/580 €, ⊇ 27 € – 24 Suiten
Rest *Classico* – (nur Abendessen) Menü 38/57 € – Karte 44/55 €
Rest *SushiSho* – (geschl. Juli - Aug. 4 Wochen, 24. - 31. Dez. und Samstag - Sonntag, außer Messen) Menü 38 € (abends)/95 € – Karte 32/73 €
♦ Das Hotel am Messegelände, neben der Festhalle, bietet moderne Gästezimmer mit gutem Platzangebot und einen großzügigen Wellnessbereich in der 6. Etage. Internationale Küche im eleganten Restaurant Classico. SushiSho mit japanischem Angebot.

Le Méridien Parkhotel
Wiesenhüttenplatz 28 ⊠ 60329 – ℰ (069) 2 69 70 – info.frankfurt@lemeridien.com – Fax (069) 2697884
CX **k**
300 Zim – †360/440 € ††380/440 €, ⊇ 24 € – **Rest** – Menü 37 € – Karte 27/50 €
♦ Dieses komfortable Stadthotel besteht aus einem historischen Palais und dem sachlich-modernen neueren Anbau. Schön ist die elegante Casablanca-Bar im Altbau. Restaurant Le Parc im Bistrostil.

InterContinental
*Wilhelm-Leuschner-Str. 43 ⊠ 60329 – ℰ (069) 2 60 50 – frankfurt@ihg.com
– Fax (069) 252467*
GZ **a**
770 Zim – †199 € ††199 €, ⊇ 27 € – 28 Suiten
Rest *Signatures* – Karte 36/58 €
♦ Die Zimmer dieses Hotels am Main verteilen sich auf die beiden Flügel River Wing und City Wing. Club-Etage im 21. Stock mit tollem Blick über Frankfurt. In warmen Tönen gehaltenes Restaurant Signatures mit modernem Wintergarten.

Steigenberger Metropolitan
*Poststr. 6 ⊠ 60329 – ℰ (069) 5 06 07 00
– metropolitan@steigenberger.de – Fax (069) 506070555*
CX **m**
131 Zim – †169/229 € ††194/294 €, ⊇ 21 € – 3 Suiten – **Rest** – Karte 26/56 €
♦ Aus dem 19. Jh. stammt das schöne Stadtpalais neben dem Hauptbahnhof, dessen Einrichtung modern-funktionell und zugleich elegant ist. Das Restaurant Brasserie M ist in neuzeitlichem Stil gehalten.

NH Frankfurt-City
*Vilbelerstr. 2 ⊠ 60313 – ℰ (069) 9 28 85 90 – nhfrankfurtcity@nh-hotels.com
– Fax (069) 928859100*
HY **n**
256 Zim – †149/240 € ††149/240 €, ⊇ 22 € – 8 Suiten – **Rest** – Karte 35/53 €
♦ In der Innenstadt ist dieses gut unterhaltene Hotel gelegen – um die Ecke die Fußgängerzone. Zum modernen Komfort der Zimmer zählt eine gute technische Ausstattung. Restaurant mit großem Buffetbereich in der 1. Etage.

The Pure garni
Niddastr. 86 ⊠ 60329 – ℰ (069) 7 10 45 70 – info@the-pure.de – Fax (069) 710457177
CX **r**
50 Zim ⊇ – †160/230 € ††190/260 €
♦ Puristisch und modern-elegant ist das ganz in Weiß gehaltene Interieur dieses Hotels in Bahnhofsnähe. Dunkles Mobiliar bildet in den Zimmern einen interessanten Kontrast.

Mövenpick Frankfurt City
Den Haager Str. 5 ⊠ 60327 – ℰ (069) 7 88 07 50 – hotel.frankfurt.city@moevenpick.com – Fax (069) 788075888
CX **x**
288 Zim – †133/189 € ††133/189 €, ⊇ 19 € – **Rest** – Karte 22/48 €
♦ Direkt am Messegelände liegt das Businesshotel mit der auffallenden rot-grauen Fassade. Die Zimmer: geradlinig-modern und funktionell. Fitnessbereich mit Dachterrasse. Restaurant im Bistrostil mit internationalem Angebot.

An der Messe garni
*Westendstr. 104 ⊠ 60325 – ℰ (069) 74 79 79 – hotel.an.der.messe@web.de
– Fax (069) 748349*
CV **e**
45 Zim ⊇ – †130/295 € ††155/330 €
♦ Individuell gestaltete Zimmer von rustikal bis elegant sowie einige interessante Themenzimmer machen dieses Hotel nahe der Messe aus.

FRANKFURT AM MAIN S. 11

Villa Orange garni
Hebelstr. 1 ⌧ 60318 – ℰ (069) 40 58 40 – contact@villa-orange.de – Fax (069) 40584100
EV **a**
38 Zim ⌕ – †125/145 € ††140/155 €
♦ Engagiert leitet die Inhaberin das Haus mit der auffallenden orangefarbenen Fassade. Die Zimmer sind freundlich und wohnlich-modern. Bäder teils mit frei stehender Badewanne.

Steigenberger Frankfurt-City
Lange Str. 5 ⌧ 60311 – ℰ (069) 21 93 00 – frankfurt-city@steigenberger.de – Fax (069) 21930599
FX **s**
149 Zim – †105/159 € ††120/174 €, ⌕ 18 € – **Rest** – Karte 19/35 €
♦ Vor allem Geschäftsleute schätzen dieses moderne Hotel. Es bietet geschmackvoll gestaltete, wohnliche Zimmer in leicht italienischem Stil, teils mit Blick auf die Skyline. Restaurant mit Showküche und internationalem Angebot.

Alexander am Zoo garni
Waldschmidtstr. 59 ⌧ 60316 – ℰ (069) 94 96 00 – info@alexanderamzoo.de – Fax (069) 94960720
FV **c**
66 Zim ⌕ – †130 € ††155 € – 9 Suiten
♦ Moderner Winkelbau mit wohnlich-elegantem Zimmerambiente. Während der Tagungspausen entspannt man auf den Terrassen mit Blick über die Dächer der Mainmetropole.

Goldman 25hours
Hanauer Landstr. 127 ⌧ 60314 – ℰ (069) 40 58 68 90 – frankfurt@25hours-hotels.com – Fax (069) 4058689890
FX **g**
49 Zim – †115/135 € ††115/135 €, ⌕ 14 € – **Rest** – (geschl. Sonntag) Menü 48 € – Karte 33/51 €
♦ Ein nicht ganz alltägliches Hotel, in dem modernes Design und interessante Details unterschiedlichster Stilrichtungen ein sehr ansprechendes und wohnliches Ambiente schaffen. Restaurant mit maritimer Note.

Palmenhof garni
Bockenheimer Landstr. 89 ⌧ 60325 – ℰ (069) 7 53 00 60 – info@palmenhof.com – Fax (069) 75300666 – geschl. 23. Dez. - 2. Jan.
CV **m**
46 Zim – †99/139 € ††139/169 €, ⌕ 15 €
♦ In dem Hotel im Bankenviertel nächtigen Sie in individuellen, z. T. mit sehr schönen stilvollen Sekretären und meist mit Messingbetten eingerichteten Zimmern.

Fleming's Hotel Messe
Mainzer Landstr. 87 ⌧ 60329 – ℰ (069) 8 08 08 00 – frankfurt-messe@fleming-hotels.com – Fax (069) 808080499
CX **g**
96 Zim – †109/165 € ††139/195 €, ⌕ 15 € – **Rest** – Karte 19/35 €
♦ Ein Businesshotel im Innenstadtbereich, das über moderne und funktionelle, mit guter Technik ausgestattete Gästezimmer verfügt. Bistroartiges Restaurant mit internationaler Karte.

Bristol
Ludwigstr. 15 ⌧ 60327 – ℰ (069) 24 23 90 – info@bristol-hotel.de – Fax (069) 251539
CX **a**
145 Zim ⌕ – †90/120 € ††140/160 € – **Rest** – (nur Abendessen für Hausgäste)
♦ In direkter Nähe zu Hauptbahnhof und Innenstadt liegt dieser neuzeitliche Hotelbau mit moderner, funktioneller Ausstattung. Summerlounge. Bar und Rezeption mit 24-h-Service.

InterCityHotel
Poststr. 8 ⌧ 60329 – ℰ (069) 27 39 10 – frankfurt@intercityhotel.de – Fax (069) 27391999
CX **e**
384 Zim – †94/139 € ††94/154 €, ⌕ 13 € – **Rest** – Karte 19/34 €
♦ Vom Intercity direkt ins Zimmer. Dieses Hotel gegenüber dem Bahnhof macht's möglich. Mit hellen Holzmöbeln ausgestattete, funktionelle Unterkünfte. Internationales Angebot im Restaurant.

Plaza garni
Esslinger Str. 8 ⌧ 60329 – ℰ (069) 2 71 37 80 – info@plaza-frankfurt.bestwestern.de – Fax (069) 237650
CX **v**
45 Zim – †92/102 € ††133/143 €, ⌕ 13 €
♦ Etwas ruhiger in einer Seitenstraße gelegenes Hotel in Bahnhofsnähe mit funktionaler, moderner Innenausstattung aus heller Buche und freundlichen, warmen Stoffen und Farben.

FRANKFURT AM MAIN S. 12

Express by Holiday Inn garni
Gutleutstr. 296 ⊠ 60327 – ℰ (069) 50 69 60 – express.frankfurtmesse@whgeu.com – Fax (069) 50696100
CX f
175 Zim ⊇ – †99/119 € ††99/119 €

♦ Vor allem Geschäftsleute schätzen die neuzeitliche und funktionelle Ausstattung dieses verkehrsgünstig in Messenähe und unweit des Bahnhofs gelegenen Hotels.

Manhattan garni
Düsseldorfer Str. 10 ⊠ 60329 – ℰ (069) 2 69 59 70 – manhattan-hotel@t-online.de – Fax (069) 269597777
CX r
59 Zim – †87/189 € ††102/240 €

♦ Der moderne Stil des Hauses zieht sich vom Eingangsbereich bis in die chic designten Zimmer mit Manhattan-Ambiente. Messe, Banken, Kunst- und Kulturstätten liegen in Fußweite.

Memphis garni
Münchener Str. 15 ⊠ 60329 – ℰ (069) 2 42 60 90 – memphis-hotel@t-online.de – Fax (069) 24260999
GZ s
42 Zim ⊇ – †110/140 € ††130/170 €

♦ Im Zentrum, inmitten einer regen Kunstszene, steht das charmante Hotel mit neuzeitlichen, in angenehmen Farben gehaltenen Zimmern. Ruhig sind die Zimmer zum Innenhof.

Miramar garni
Berliner Str. 31 ⊠ 60311 – ℰ (069) 9 20 39 70 – info@miramar-frankfurt.de – Fax (069) 92039769 – geschl. 22. - 31. Dez.
HZ a
39 Zim ⊇ – †100/130 € ††140/150 €

♦ Hotel zwischen Zeil und Römer mit gepflegten, funktionell ausgestatteten Zimmern und einem freundlich gestalteten Frühstücksraum.

Scala garni
Schäfergasse 31 ⊠ 60313 – ℰ (069) 1 38 11 10 – info@scala.bestwestern.de – Fax (069) 13811138
HY a
40 Zim – †95/139 € ††118/165 €, ⊇ 13 €

♦ Die zentrale Lage mitten in der Stadt sowie moderne, funktionell ausgestattete Zimmer machen dieses Hotel aus. Die Rezeption mit Getränkeservice ist 24 h besetzt.

Astoria garni
Rheinstr. 25 ⊠ 60325 – ℰ (069) 97 56 00 – astoria@block.de – Fax (069) 97560140
CX n
60 Zim ⊇ – †65/110 € ††85/140 €

♦ Messe, Hauptbahnhof und City sind von hier aus gut zu Fuß erreichbar. Das Hotel bietet funktionelle, meist mit Laminatfußboden ausgestattete Zimmer.

Ibis City Messe
Leonardo da Vinci Allee 40 ⊠ 60486 – ℰ (069) 28 60 70 – h3682@accor.com – Fax (069) 28607777
AS m
264 Zim – †59/72 € ††59/72 €, ⊇ 10 € – **Rest** – *(nur Abendessen)* Karte 18/28 €

♦ Mit seiner ganz modernen, funktionellen und technisch guten Einrichtung ist dieses Hotel besonders auf Geschäftsreisende ausgelegt.

Corona garni
Hamburger Allee 48 ⊠ 60486 – ℰ (069) 77 90 77 – Fax (069) 708639 – geschl. 15. Dez. - 4. Jan.
CV h
25 Zim ⊇ – †60/75 € ††80/95 €

♦ Seit vielen Jahren von der Inhaberin geführt, stellt dieses einfache, aber gepflegte Haus in einer Seitenstraße nahe der Messe eine preisgünstige Übernachtungsadresse dar.

Français – Hotel Steigenberger Frankfurter Hof
Am Kaiserplatz ⊠ 60311 – ℰ (069) 21 51 38 – frankfurter-hof@steigenberger.de – Fax (069) 215119 – geschl. 21. März - 6. April, 12. Juli - 10. Aug. und Samstag - Sonntag, Feiertage, außer Messen
GZ e
Rest – Menü 45 € (mittags)/118 € (abends) – Karte 57/77 €

♦ In diesem eleganten Restaurant werden am Abend klassische Speisen serviert, mittags bietet man unter dem Namen "Français Light" eine kleinere und einfachere Karte.

438

FRANKFURT AM MAIN S. 13

Villa Merton
Am Leonhardsbrunn 12 ⊠ *60487 –* ✆ *(069) 70 30 33 – jp@kofler-company.de*
– Fax (069) 7073820 – geschl. 21. Dez. - 10. Jan. und Samstag - Sonntag
Rest *– (Tischbestellung ratsam)* Menü 64/115 € – Karte 60/75 €   **CV n**
Spez. Marinierte Scheiben von der Jakobsmuschel mit Seeigelcorail. Schwarzes Schwein mit Pinienkern-Spinat und Sauce Charcutière. Kacinkoa-Schokolade und Passionsfrucht.
♦ Im Diplomatenviertel steht die für den Unternehmer R. Merton erbaute Villa mit elegantem Ambiente und kreativer Küche auf klassischer Basis. Einfaches Mittagsmenü zu 30 Euro.

Tiger-Restaurant
Heiligkreuzgasse 20 ⊠ *60313 –* ✆ *(069) 92 00 22 25 – info@tigerpalast.de*
– Fax (069) 92002217 – geschl. 2. - 5. Feb., 13. Juli - 12. Aug. und Sonntag - Montag   **FV s**
Rest *– (nur Abendessen) (Tischbestellung erforderlich)* Menü 68 € (veg.)/110 € – Karte 66/81 €
Rest *Palast-Bistrot –* ✆ *(069) 92 00 22 92 (geschl. 2. - 5. Feb., 13. Juli - 12. Aug. und Montag, nur Abendessen)* Menü 66/83 € – Karte 58/78 €
Spez. Mit Guacamole gefüllter Gemüsecannelloni, Tomatenconfit und Chicoréesalat. Lammrückenfilet mit Gremolada im Foccaciamantel gebacken. Schokoladenschnitte mit eingelegten Aprikosen und Gelee von Holunderblütenessig.
♦ Im Gebäude des Varieté-Theaters, dem Tigerpalast, befindet sich dieses moderne Restaurant mit mediterran beeinflusster klassischer Küche. Gute Auswahl an französischen Weinen. Das historische Backsteingewölbe gibt dem Palast-Bistrot seinen netten Rahmen.

Opéra
Opernplatz 1, (Ebene 3) ⊠ *60313 –* ✆ *(069) 1 34 02 15 – info@opera-restauration.de – Fax (069) 1340239*   **GY f**
Rest – Menü 32 € – Karte 37/58 €
♦ Restaurant im einstigen Foyer der Alten Oper mit aufwändiger Deckenmalerei und Original-Jugendstilleuchtern. Terrasse mit schöner Aussicht. Samstagsjause/ Sonntagsbrunch.

Aubergine
Alte Gasse 14 ⊠ *60313 –* ✆ *(069) 9 20 07 80 – info@aubergine-frankfurt.de*
– Fax (069) 9200786 – geschl. Juli - Aug. 3 Wochen und Samstagmittag, Sonntag
Rest *– (Tischbestellung ratsam)* Menü 28 € (mittags)/55 € (abends)   **HY b**
– Karte 48/61 €
♦ Sehr freundlich und familiär umsorgt man hier seine Gäste mit einer ambitionierten, italienisch angehauchten Küche, angerichtet auf Versace-Geschirr. Viele toskanische Weine.

Stella - La Trattoria
Große Bockenheimer Str. 52, (Galerie Fressgass) ⊠ *60313 –* ✆ *(069) 90 50 12 71*
– info@stella-ffm.de – Fax (069) 90501669 – geschl. Sonntag, außer Messen
Rest – Menü 27 € (mittags)/65 € (abends) – Karte 45/55 €   **GY e**
♦ Familie Stella bietet in dem freundlichen Restaurant und im La Trattoria im 1. Stock italienische Küche und gute toskanische Weine. Außenplätze in der glasüberdachten Passage.

Main Tower Restaurant   ≤ Frankfurt,
Neue Mainzer Str. 52, (53. Etage, Gebühr) ⊠ *60311 –* ✆ *(069) 36 50 47 77*
– maintower.restaurant@compass-group.de – Fax (069) 36504871 – geschl. Sonntag - Montag   **GY u**
Rest *– (nur Abendessen) (Tischbestellung erforderlich)* Menü 57/98 €
♦ Das moderne Restaurant mit Bar befindet sich in 187 m Höhe und besticht durch eine phantastische Aussicht auf die Stadt. Mediterrane, zeitgemäße Küche in Menüform.

King Kamehameha Suite
Taunusanlage 20 ⊠ *60235 –* ✆ *(069) 71 03 52 77 – suite@king-kamehameha.de*
– Fax (069) 71035980   **GY c**
Rest *– (geschl. Sonntag, nur Abendessen) (Tischbestellung erforderlich)*
Menü 51/91 € – Karte 46/73 €
Rest *Atrium* – Karte 36/64 €
♦ Ein beliebter Szene-Treff mit dem klassisch-stilvollen Rahmen eines sehenswerten historischen Gebäudes. Das trendige Restaurant mit schöner Bar bietet kreative Küche. Im Atrium ist das Speiseangebot international.

439

FRANKFURT AM MAIN S. 14

Gargantua
Liebigstr. 47 ⊠ 60323 – ℘ (069) 72 07 18 – info@gargantua.de – Fax (069) 71034695 – geschl. 22. Dez. - 7. Jan. und Samstagabend - Sonntag, Feiertage
Rest – (Tischbestellung ratsam) Menü 60/85 € – Karte 42/70 € CV **s**
♦ In der 1902 erbauten kleinen Villa im Westend bestimmen warmen Töne und zeitgenössische Bilder das Ambiente. Am Stammtisch findet sich eine Kochbuchsammlung.

Ernos Bistro
Liebigstr. 15 ⊠ 60323 – ℘ (069) 72 19 97 – Fax (069) 173838 – geschl. 22. Dez. - 8. Jan., 21. März - 1. April, Juli 3 Wochen und Samstag - Sonntag, Feiertage
Rest – (Tischbestellung ratsam) Menü 36 € (mittags)/105 €
– Karte 67/95 € CV **k**
Spez. Hausgemachte Gänsestopfleber. Baeckeoffe vom Hummer mit Morcheln, grünem Spargel und Trüffeljus. Lammrücken und Kotelett mit Artischocken und Oliven.
♦ Eine gemütliche Atmosphäre herrscht in diesem Restaurant im Westend. Man bietet klassische Küche mit persönlicher Note und eine sehr gute Auswahl an französischen Weinen.

Cyrano
Leibnizstr. 13 ⊠ 60385 – ℘ (069) 43 05 59 64 – info@cyrano-restaurant.de – Fax (069) 43055965 – geschl. 24. Dez. - 10. Jan. FV **d**
Rest – (nur Abendessen) Menü 55/63 € – Karte 41/51 €
♦ Ein kleines Restaurant, in dem man Ihnen an gut eingedeckten Tischen freundlich und geschult leicht kreative Küche auf klassischer Basis serviert. Mit netter Terrasse.

Estragon
Jahnstr. 49 ⊠ 60318 – ℘ (069) 5 97 80 38 – astridkeim@gmx.de – Fax (069) 95928312 – geschl. 2. - 22. Juni und Sonntag HY **d**
Rest – (nur Abendessen) Menü 48/53 € – Karte 34/42 €
♦ Warme Farben bestimmen das Ambiente in diesem netten kleinen Restaurant. Internationale Küche mit klassischem und mediterranem Einfluss.

Avocado
Hochstr. 27 ⊠ 60313 – ℘ (069) 29 28 67 – info@restaurant-avocado.de – Fax (069) 13379455 – geschl. Sonntag - Montagmittag GY **b**
Rest – (Tischbestellung ratsam) Menü 31 € (mittags)/59 € – Karte 49/62 €
♦ Nahe der Fußgängerzone liegt dieses moderne Restaurant mit leicht verspieltem Ambiente und gepflegter Tischkultur. Serviert wird einfallsreiche Küche auf klassischer Basis.

Meyer's Restaurant
*Große Bockenheimerstr. 54 ⊠ 60313 – ℘ (069) 91 39 70 70
– info@meyer-frankfurt.de – Fax (069) 91397071
– geschl. Sonn- und Feiertage* GY **a**
Rest – (Tischbestellung ratsam) Karte 35/55 €
♦ Kleines Restaurant am Anfang der Fußgängerzone, um die Ecke die alte Oper. Das Lokal ist im Bistrostil eingerichtet - im hinteren Bereich ist die Küche einsehbar.

Toan
Friedberger Anlage 14 ⊠ 60316 – ℘ (069) 44 98 44 – Fax (069) 432596 – geschl. Ende Juni - Mitte Juli und Montag, Samstagmittag FV **a**
Rest – Karte 17/36 €
♦ Am Grüngürtel der Frankfurter Innenstadt wird im modernen, geradlinigen Ambiente dieses Restaurants oder auf der hübschen Innenhofterrasse vietnamesische Küche geboten.

Frankfurter Äppelwoilokale

Zum Rad
Leonhardsgasse 2 (Seckbach) ⊠ 60389 – ℘ (069) 47 91 28 – info@zum-rad.de – Fax (069) 47885056 – geschl. Dienstag BR **s**
Rest – (Montag - Samstag nur Abendessen) Karte 13/26 €
♦ Hier genießt man das "Stöffche" und deftige regionale Gerichte in urigem Ambiente oder bei schönem Wetter auf der wunderbaren Hofterrasse.

FRANKFURT AM MAIN S. 15

Klaane Sachsehäuser
Neuer Wall 11 (Sachsenhausen) ⌦ 60594 – ℰ (069) 61 59 83 – klaanesachse@web.de – Fax (069) 622141 – geschl. 22. Dez. - 3. Jan. und Sonntag FX **n**
Rest – (ab 16 Uhr geöffnet) Karte 12/22 €
♦ In der urwüchsigen Wirtschaft wartet seit 1876 nicht nur das "Stöffche" aus der eigenen Kelterei, sondern auch gutbürgerliche Frankfurter Küche. Hier sitzt keiner allein!

Zum gemalten Haus
Schweizer Str. 67 (Sachsenhausen) ⌦ 60594 – ℰ (069) 61 45 59 – Fax (069) 6031457 – geschl. Montag EX **c**
Rest – Karte 13/20 €
♦ Zwischen bemalten Wänden und Relikten vergangener Zeit wird zusammengerückt, "Schoppe gepetzt" und "schläächtgebabbelt" - Hauptsache der "Bembel" bleibt immer gut gefüllt!

Zur Buchscheer
Schwarzsteinkautweg 17 (Sachsenhausen) ⌦ 60598 – ℰ (069) 63 51 21 – zur@buchscheer.com – Fax (069) 63199516 – geschl. Dienstag BT **s**
Rest – (Montag - Freitag ab 15 Uhr geöffnet) Karte 14/24 €
♦ Bereits seit 1876 erlebt man hier ein Stück liebenswerter Frankfurter Lebensart. Es erwarten Sie rustikal-legeres Ambiente, ein netter Sommergarten und ein Kinderspielhaus.

Adolf Wagner
Schweizer Str. 71 (Sachsenhausen) ⌦ 60594 – ℰ (069) 61 25 65 – info@apfelwein-wagner.com – Fax (069) 611445 EX **c**
Rest – Karte 16/30 €
♦ Im Zentrum der Äppelwoi-Hochburg Sachsenhausen lässt man sich auf rustikal-derben Holzbänken nieder, um den goldgelben "Saft" zu "schlauchen" oder "Rippche" zu futtern.

In Frankfurt - Bergen-Enkheim

Amadeus
Röntgenstr. 5 ⌦ 60388 – ℰ (06109) 37 00 – info@hotel-amadeus-frankfurt.de – Fax (06109) 370720 BR **r**
160 Zim – †145/155 € ††194 € – **Rest** – (geschl. 27. Dez. - 7. Jan.) Karte 22/37 €
♦ Modernes Tagungshotel in Sternform im Osten Frankfurts mit neuzeitlichen Art-déco-Zimmern. Für den längeren Aufenthalt bieten sich die Boarding-Zimmer mit Kitchenette an.

Borger garni
Triebstr. 51 ⌦ 60388 – ℰ (06109) 3 09 00 – info@hotel-borger.de – Fax (06109) 309030 – geschl. 22. Dez. - 2. Jan. BR **c**
31 Zim – †65/77 € ††77/95 €
♦ Seit 1893 befindet sich dieses Hotel in Familienbesitz. Der Gast bezieht hier geräumige, funktionell eingerichtete Zimmer und wird freundlich betreut. Gute Parkmöglichkeiten.

In Frankfurt-Eschersheim

Brighella
Eschersheimer Landstr. 442 ⌦ 60433 – ℰ (069) 53 39 92 – info@ristorante-brighella.de – Fax (069) 95218531 BR **f**
Rest – Menü 41 € – Karte 33/46 €
♦ Steinboden, Deckenventilatoren und Bilder der namengebenden Theaterfigur aus der Commedia dell' Arte prägen das Ambiente im Restaurant. Serviert wird italienische Küche.

In Frankfurt-Fechenheim

Silk (Mario Lohninger)
Carl-Benz-Str. 21 ⌦ 60386 – ℰ (069) 90 02 00 – reservierung@cocoonclub.net – Fax (069) 90020290 – geschl. Jan. 2 Wochen, Juli und Sonntag - Montag
Rest – (nur Abendessen) Menü 88 € BS **d**
Rest *Micro* – (nur Abendessen) Menü 49 € – Karte 35/52 €
Spez. Cornetto mit Bisontatar und Senföl. 3-Stunden-Bio-Ei mit Gemüseconfetti und Trüffel. Hummer mit Avocado und geräucherter Paprika.
♦ Außergewöhnlich ist das Design dieses trendigen Restaurants im Cocoon-Club. Ausgezeichnet ist die innovative Küche, die man den Gästen auf ihren Polsterliegen reicht. Micro mit offener Küche und Fusion Food. Nebenan: die Disco.

441

FRANKFURT AM MAIN S. 16

In Frankfurt-Hausen

Fleming's Hotel Neue Börse
Elbinger Str. 1 ✉ *60487 –* ✆ *(069) 5 06 04 00*
– frankfurt.neueboerse@flemings-hotels.com – Fax (069) 506040499   BS a
152 Zim – †95/145 € ††95/145 €, ⌑ 15 € – **Rest** – Karte 17/38 €
◆ Hier erwarten Sie modern und geradlinig gestaltete Gästezimmer mit offenen Bädern sowie ein technisch gut ausgestatteter Tagungsbereich. Restaurant in klaren Linien mit internationalem Speiseangebot.

In Frankfurt-Heddernheim

relexa
Lurgiallee 2 (Mertonviertel) ✉ *60439 –* ✆ *(069) 95 77 80 – frankfurt-main@
relexa-hotel.de – Fax (069) 95778878*   BR x
163 Zim ⌑ – †132/172 € ††162/202 € – **Rest** – Karte 33/46 €
◆ Ein modernes Hotel in verkehrsgünstiger Lage. Teppiche und Stoffe im Zebra-Look verleihen den in warmen Farben gehaltenen Zimmern eine besondere Note. Internationales Angebot im Restaurant.

In Frankfurt - Nieder-Erlenbach Nord : 14 km über Homburger Landstraße BR :

Landhaus Alte Scheune
Alt Erlenbach 44 ✉ *60437 –* ✆ *(06101) 54 40 00 – alte-scheune@t-online.de
– Fax (06101) 544045 – geschl. 22. Dez. - 7. Jan.*
33 Zim ⌑ – †76/125 € ††98/185 € – **Rest** – *(geschl. Sonntag - Montag, nur Abendessen)* (Tischbestellung ratsam) Karte 26/38 €
◆ Lange diente das um 1900 erbaute Anwesen als landwirtschaftlicher Betrieb. Unter Erhaltung vorhandener Materialien und alter Bausubstanz ist ein zeitgemäßes Hotel entstanden. Mit schönen Details gestaltetes Restaurant mit Backsteingewölbe und Innenhofterrasse.

In Frankfurt-Niederrad

Sheraton Congress Hotel
Lyoner Str. 44 ✉ *60528 –* ✆ *(069) 6 63 30 – congress@sheraton.com – Fax (069) 6633667 – geschl. 21. Dez. - 2. Jan*   BT u
396 Zim – †114/355 € ††114/375 €, ⌑ 21 € – 4 Suiten – **Rest** – Karte 26/53 €
◆ Das Hotel liegt für Geschäftsleute ideal in der Bürostadt Niederrad. Man wohnt in gediegen gestalteten Zimmern in zeitlosem Stil. Gepflegter Freizeitbereich. Rustikales Ambiente im bayerischen Stil bildet den Rahmen für den Genuss einer internationalen Küche.

Innside Premium
Herriotstr. 2 ✉ *60528 –* ✆ *(069) 67 73 20 – frankfurt.niederrad@innside.de
– Fax (069) 67732222*   BT b
146 Zim – †136/146 € ††166/176 € – **Rest** – Karte 28/50 €
◆ Businesshotel in modernem Design: eine luftige Lobby im Atriumstil mit interessantem Lichtkonzept und in warmen Farben gehaltene Gästezimmer mit offenen Bädern erwarten Sie.

NH Frankfurt Niederrad
Lyoner Str. 5 ✉ *60528 –* ✆ *(069) 66 60 80 – nhfrankfurtniederrad@nh-hotels.com
– Fax (069) 66608100*   BT h
165 Zim – †130/180 € ††130/180 €, ⌑ 17 € – **Rest** – Karte 30/45 €
◆ In einem kleinen Gewerbegebiet nahe der Autobahn steht dieser moderne Hotelbau. Die Zimmer sind alle einheitlich gestaltet - funktionell und technisch auf dem neuesten Stand. Zur Halle hin offenes Restaurant mit Fensterfront.

Novotel Frankfurt Niederrad
Hahnstr. 9 ✉ *60528 –* ✆ *(069) 66 30 60 – h5382@
accor.com – Fax (069) 66306600*   BT a
191 Zim – †99/199 € ††124/224 €, ⌑ 18 € – **Rest** – Karte 32/44 €
◆ Ganz modern sind die Zimmer in diesem vor allem von Geschäftsreisenden geschätzten Hotel eingerichtet, sehr gut ist die technische Ausstattung. Restaurants mit mediterraner und internationaler Küche.

FRANKFURT AM MAIN S. 17

Astrium
Waldstr. 76 ⌧ 60528 – ⌀ (069) 5 60 05 00 – info@astrium-hotel.de – Fax (069) 5600506 BT **e**
70 Zim – ♦95 € ♦♦115 €, ⌒ 12 € – **Rest** – Karte 28/45 €
♦ Ein geradliniger moderner Stil bestimmt das Ambiente in diesem Hotel, die Zimmer sind funktionell und technsch gut ausgestattet. Nebenan befindet sich ein Sportplatz. Neuzeitliches, bistroähnlich gestaltetes Restaurant.

Weidemann
Kelsterbacher Str. 66 ⌧ 60528 – ⌀ (069) 67 59 96 – mail@weidemann-online.de – Fax (069) 673928 – geschl. 23. Dez. - 7. Jan., 17. - 25. März, Samstagmittag, Sonn- und Feiertage BT **r**
Rest – (Tischbestellung ratsam) Menü 29 € (mittags)/69 € – Karte 40/58 €
♦ Im eleganten Restaurant mit mediterranem Touch, auf der überdachten Terrasse oder im schönen Kastaniengarten serviert man dem Gast internationale Küche.

In Frankfurt-Preungesheim

Friedberger Warte
Homburger Landstr. 4 ⌧ 60389 – ⌀ (069) 7 68 06 40 – info@ibhotel-frankfurt-friedbergerwarte.de – Fax (069) 768064555 BR **b**
131 Zim ⌒ – ♦95/120 € ♦♦115/140 € – **Rest** – Karte 26/37 €
♦ In diesem Ausbildungsbetrieb des Internationalen Bundes (IB) bietet man modern und funktionell eingerichtete Zimmer mit guter Technik, einige davon sind besonders geräumig. Neuzeitliches Restaurant mit internationalem Angebot.

In Frankfurt-Rödelheim

Osteria Enoteca
Arnoldshainer Str. 2 (Ecke Lorscher Straße) ⌧ 60489 – ⌀ (069) 7 89 22 16 – Fax (069) 7892216 – geschl. 22. Dez. - 7. Jan. und Samstagmittag, Sonntag, Feiertage AS **v**
Rest – Menü 68/108 € – Karte 49/59 €
Spez. Lauwarmer Polposalat mit Kartoffeln und geräucherter Blutwurst. Gedämpfter Kabeljau mit Bohnencrème und Salsa Verde. Geschmorte Lammschulter mit Pilzpolenta.
♦ Geschmacksintensiv und kreativ ist die italienische Küche in diesem angenehm hell gestalteten Restaurant. Aufmerksam und freundlich kümmert man sich um die Gäste.

In Frankfurt-Sachsenhausen

Villa Kennedy
Kennedyallee 70 ⌧ 60596 – ⌀ (069) 71 71 20 – info.villakennedy@roccofortehotels.com – Fax (069) 71712200 DX **a**
163 Zim – ♦460/565 € ♦♦460/565 €, ⌒ 26 € – 29 Suiten – **Rest** – Karte 49/86 €
♦ Die einstige Villa Speyer von 1904 ist zu einer beeindruckenden Hotelanlage in historischem Baustil erweitert worden. Geschmackvolles Ambiente und hochwertiger Spabereich. Restaurant zum schönen Innenhof mit italienisch beeinflusster internationaler Küche.

Lindner Hotel & Residence Main Plaza   ≼ Skyline,
Walther-von-Cronberg Platz 1 ⌧ 60594 – ⌀ (069) 66 40 10
– info.mainplaza@lindner.de – Fax (069) 664014004 FX **b**
118 Zim – ♦149/179 € ♦♦179/209 €, ⌒ 20 € – 7 Suiten
Rest *New Brick* – Karte 38/51 €
♦ Das direkt am Main gelegene Hochhaus verbirgt hinter seiner roten Backsteinfassade ein luxuriöses Hotel mit modern-elegantem Ambiente. Beauty & Spa auf 450 qm. Im New Brick bietet man kalifornische Speisen, zubereitet in der Showküche.

Holiday Inn City-South
Mailänder Str. 1 ⌧ 60598 – ⌀ (069) 6 80 20
– info.hi-frankfurt-citysouth@queensgruppe.de – Fax (069) 6802333 BT **y**
439 Zim – ♦129/420 € ♦♦145/480 €, ⌒ 19 € – **Rest** – (nur Abendessen) Karte 27/45 €
♦ In dem Hotel gegenüber dem Henningturm erwarten Sie neuzeitlich ausgestattete Zimmer. Von den Räumen im 25. Stock eröffnet sich eine beeindruckende Sicht auf die Stadt. Elegantes Hotelrestaurant Le Chef mit internationalen Speisen.

FRANKFURT AM MAIN S. 18

XX Maingaustuben VISA ◎◎ AE ①
Schifferstr. 38 ⊠ *60594* – ⌀ *(069) 61 07 52* – *maingau@t-online.de* – *Fax (069) 61995372* – *geschl. Samstagmittag, Sonntagabend - Montag* HZ g
Rest – Menü 17 € (mittags)/75 € (abends) – Karte 31/47 €
♦ Gepflegtes Dekor und gediegenes Ambiente charakterisieren dieses Restaurant, in dem man internationale, teils klassische Küche offeriert. Mittags kleine Karte.

XX Holbein's VISA ◎◎ AE
Holbeinstr. 1, (im Städel) ⊠ *60596* – ⌀ *(069) 66 05 66 66* – *info@meyer-frankfurt.de* – *Fax (069) 66056655* – *geschl. Montag* GZ a
Rest – Karte 37/57 €
♦ Hier trifft sich Frankfurts Society, um zu sehen und gesehen zu werden - und sie kommt, um im schicken Ambiance des Städels einer Küche mit vielen Tendenzen zu frönen.

X Emma Metzler P VISA ◎◎ AE
Schaumainkai 17 ⊠ *60594* – ⌀ *(069) 61 99 59 06* – *office@emma-metzler.com* – *Fax (069) 61995909* – *geschl. über Fasching, 29. - 31. Aug., 23. Dez. - 4. Jan. und Sonntagabend - Montag (außer Messen)* HZ e
Rest – Menü 23 € (mittags)/69 € (abends) – Karte 51/64 €
♦ Das helle, schlicht-moderne Restaurant befindet sich im Museum für angewandte Kunst, mit Blick in den Park. Geboten wird zeitgemäße Küche mit kreativem Touch.

X Biancalani-Cucina VISA ◎◎ AE
Walther-von-Cronberg-Platz 7 ⊠ *60594* – ⌀ *(069) 68 97 76 15* – *office@biancalani.de* – *Fax (069) 68977611* – *geschl. Sonn- und Feiertage* FX a
Rest – Menü 36/46 € – Karte 33/48 €
♦ In einem modernen Geschäfts- und Wohnhaus befindet sich das in klaren Linien gehaltene Restaurant mit einsehbarer Küche und mediterraner Speisenauswahl.

In Eschborn-Niederhöchstadt Nord-West : 2 km ab Eschborn AR :

🏠 Bommersheim P VISA ◎◎ AE ①
Hauptstr. 418 ⊠ *65760* – ⌀ *(06173) 60 08 00* – *info@hotel-bommersheim.de* – *Fax (06173) 600840* – *geschl. 24. Dez. - 1. Jan.*
35 Zim ⊇ – †103 € ††125 € – **Rest** – (geschl. 24. Dez. - 1. Jan. und Samstag - Sonntag, Feiertage, nur Abendessen) Karte 22/39 €
♦ Familiäre Atmosphäre finden Sie in diesem Hotel mit Landhausflair. Entspannen Sie sich am offenen Kamin oder in den wohnlichen Zimmern im Tiroler Stil. Ein Zimmer mit Sauna! Sehr gemütlicher Restaurantbereich im alpenländischen Stil.

In Neu-Isenburg Süd : 7 km :

🏠 Holiday Inn AC P VISA ◎◎ AE ①
Wernher-von-Braun-Str. 12 (Gewerbegebiet Ost) ⊠ *63263* – ⌀ *(06102) 74 60* – *reservation@hi-ni.de* – *Fax (06102) 746746* BU r
164 Zim – †108/225 € ††108/225 €, ⊇ 15 € – 23 Suiten
Rest – Karte 25/43 €
♦ Hell und neuzeitlich eingerichtetes Hotel, das vor allem für Tagungsgäste und Geschäftsleute ausgelegt ist. Seminarbereich mit guter Technik.

🏠 Wessinger P VISA ◎◎ AE
Alicestr. 2 ⊠ *63263* – ⌀ *(06102) 80 80* – *info@wessinger.com* – *Fax (06102) 808280* BU n
60 Zim ⊇ – †94/112 € ††122/144 € – **Rest** – Menü 24/27 € – Karte 31/49 €
♦ Das familiengeführte Hotel überzeugt mit modernen, elegant-wohnlichen Zimmern in freundlichen Farben. Die Lage am Frankfurter Stadtwald bietet beste Möglichkeiten für Ausflüge. Nett gestaltetes Restaurant mit schöner Gartenterrasse.

🏠 friendly Cityhotel garni VISA ◎◎
Carl-Ulrich-Str. 161 ⊠ *63263* – ⌀ *(06102) 88 28 60* – *info@friendly-cityhotel.de* – *Fax (06102) 88286444* – *geschl. 19. Dez. - 5. Jan.* BU s
87 Zim ⊇ – †75/130 € ††95/150 €
♦ In diesem neuzeitlichen Hotel findet der Gast mit Naturholzmöbeln einheitlich eingerichtete sowie funktionell ausgestattete Unterkünfte. Gute Verkehrsanbindung zum Flughafen.

FRANKFURT AM MAIN S. 19

Neuer Haferkasten
Frankfurter Str. 118 ✉ *63263 –* ℰ *(06102) 3 53 29 – Fax (06102) 34542*
Rest – Karte 30/50 € BU a
♦ In dem gemütlichen modernen, mit vielen Fotos dekorierten Restaurant serviert man an gut eingedeckten Tischen italienische Speisen.

Zum Grünen Baum
Marktplatz 4 ✉ *63263 –* ℰ *(06102) 3 83 18 – info@zumgruenenbaum.info – Fax (06102) 770868 – geschl. Jan. 1 Woche* BU q
Rest – Karte 20/44 €
♦ Das ehemalige Äppelwoilokal ist nun ein engagiert geführtes, rustikal gestaltetes Restaurant mit bürgerlicher Karte und traditionellen Gerichten aus dem Elsass. Innenhof.

In Neu-Isenburg-Gravenbruch Süd-Ost : 11 km :

Kempinski Hotel Gravenbruch
Graf zu Ysenburg und Büdingen-Platz 1 ✉ *63263 –* ℰ *(069) 38 98 80 – reservations.gravenbruch@kempinski.com – Fax (069) 38988900* BU t
285 Zim – †131/234 € ††157/281 €, ⊇ 24 € – 15 Suiten
Rest – Karte 40/69 €
Rest *L'olivo* – *(geschl. Samstag - Sonntag, nur Abendessen)* Karte 32/54 €
♦ Den Charme einer Landhausvilla hat das im Grünen gelegene Hotel mit hauseigenem See. Die Zimmer sind klassisch und die Suiten großzügig. Freizeitbereich u. a. mit Beautyfarm. Gediegenes Restaurant mit Blick auf den Park. Das L'olivo mit italienischer Küche.

Beim Flughafen Frankfurt Main Süd-West : 12 km :

Sheraton Frankfurt Hotel & Towers
Hugo-Eckener-Ring 15, (Terminal 1)
✉ *60549 Frankfurt –* ℰ *(069) 6 97 70 – reservationsfrankfurt@sheraton.com – Fax (069) 69772209* AU a
1008 Zim – †211/482 € ††231/518 €, ⊇ 28 € – 21 Suiten
Rest *Flavors* – ℰ *(069) 69 77 12 46* – Karte 43/72 €
Rest *Taverne* – ℰ *(069) 69 77 12 59 (geschl. Samstag - Sonntag)* Karte 39/57 €
♦ Unmittelbar gegenüber Terminal 1 befindet sich das Hotel mit eindrucksvoller Halle. Helle und funktionelle Zimmer sowie ein Fitnesscenter mit Saunabereich und Massage. Modernes Ambiente und internationales Angebot im Flavors. Taverne in nettem ländlichem Stil.

Steigenberger Airport
Unterschweinstiege 16 ✉ *60549 Frankfurt – ℰ (069) 6 97 50 – info@airporthotel.steigenberger.de – Fax (069) 69752505* AU n
570 Zim – †159/335 € ††169/335 €, ⊇ 25 € – 10 Suiten
Rest *Unterschweinstiege* – Karte 32/61 €
Rest *Faces* – *(geschl. Juli - Anfang Aug. 4 Wochen und Sonntag - Montag, nur Abendessen)* Menü 49/71 € – Karte 52/71 €
♦ Im eleganten Empfangsbereich aus hellem Marmor werden Sie begrüßt. Komfortable Zimmer und ein Freizeitbereich im obersten Stock mit schöner Aussicht stehen zur Verfügung. Gemütlich ist die historische Unterschweinstiege. Faces: im Stil eines Edelbistros.

InterCityHotel Frankfurt Airport
Biergarten
Cargo City Süd ✉ *60549 Frankfurt – ℰ (069) 69 70 99 – frankfurt-airport@intercityhotel.de – Fax (069) 69709444* AU r
360 Zim ⊇ – †124/227 € ††134/237 € – **Rest** – Karte 24/33 €
♦ Die gute Autobahnanbindung, die Lage am Flughafen - mit Shuttle-Service zu den Terminals - sowie funktionelle, neuzeitliche Gästezimmer sprechen für dieses Hotel. Modernes Restaurant mit internationalem Angebot vom Buffet.

Eine preiswerte und komfortable Übernachtung?
Folgen Sie dem „Bib Hotel" .

FRANKFURT (ODER) – Brandenburg – 542 – 67 020 Ew – Höhe 40 m — 24 R8

- Berlin 101 – Potsdam 121 – Cottbus 80
- Karl-Marx-Str. 1, ✉ 15230, ☎ (0335) 32 40 23, info@frankfurt-oder-tourist.de

City Park Hotel garni

Lindenstr. 12 ✉ *15230 –* ☎ *(0335) 5 53 20 – info@citypark-hotel.de – Fax (0335) 5532605*   Y c

90 Zim – †66/97 € ††84/120 €

♦ Dieses nahe dem Zentrum an einem kleinen Park gelegene Hotel verfügt über funktionell und neuzeitlich eingerichtete Gästezimmer.

FRANKFURT/ODER

Am Kleistpark .... X 2	Ernst-Thälmann-Str. .... X 7	Leipziger Str. .... Y 17
Berliner Str. .... X 3	Fürstenberger Str. .... Y 8	Luckauer Str. .... Y 18
Carl-Philipp-Emanuel-Bach-Str. X 4	Große Scharrnstr. .... Y 9	Paul-Feldner-Str. .... XY 19
Einheit Pl. der .... X 5	Heinrich-Hildebrand-Str. ...... X 12	Rudolf-Breitscheid-Str. ...... X 21
	Karl-Liebknecht-Str. .... X 15	Schmalzgasse .... X 22
	Karl-Marx-Str. X	Tunnelstr. .... Y 24
	Kleine Oderstr. .... X 16	Wieckestr. .... X 27

446

FRANKFURT (ODER)

In Frankfurt-Boossen über Kieler Straße X : 7 km :

🏠 **Am Schloss** garni 📞 P VISA ⓪
Berliner Str. 48 (B 5) ✉ 15234 – ✆ (0335) 6 80 18 41 – hotelamschloss-ff@gmx.de
– Fax (0335) 65427
13 Zim ⌂ – ♦45/47 € ♦♦55/64 €
♦ An der Durchgangsstraße liegt dieses familiengeführte kleine Hotel, dessen Zimmer mit dunklen Kirschholzmöbeln sehr solide und wohnlich eingerichtet sind.

In Frankfurt-Lichtenberg Süd-West : 7 km über Leipziger Straße Y :

🏠🏠 **Ramada-Treff Hotel** 🍴 ⌘ 🗐 & 🔥 Rest, 🛏 P VISA ⓪ AE ①
Turmstr. 1 ✉ 15234 – ✆ (0335) 5 56 50 – frankfurt-oder@ramada.de – Fax (0335) 5565100
150 Zim – ♦65/85 € ♦♦65/85 €, ⌂ 14 € – **Rest** – Karte 24/42 €
♦ Besonders Geschäftsreisende schätzen den verkehrsgünstig an der A12 liegenden neuzeitlichen Hotelkomplex mit seinen modernen, funktionellen Zimmern. Restaurant mit großem Buffetbereich.

FRANKWEILER – Rheinland-Pfalz – 543 – 940 Ew – Höhe 243 m 54 E17
▶ Berlin 664 – Mainz 113 – Mannheim 49 – Landau / Pfalz 11

✕✕ **Robichon** 🍴 ⌘ P VISA ⓪
Orensfelsstr. 31 ✉ 76833 – ✆ (06345) 32 68 – brunorobichon@gmx.de
– Fax (06345) 8529 – geschl. 1. - 10. Jan., 30. Juli - 12. Aug. und Montagabend - Dienstag
Rest – Karte 31/43 €
♦ Klassisches Restaurant in einem Winzerdorf. In zwei nett dekorierten kleinen Räumen mit Wohnzimmer-Atmosphäre serviert man an gut eingedeckten Tischen französische Küche.

✕ **Weinstube Brand** 🍴
Weinstr. 19 ✉ 76833 – ✆ (06345) 95 94 90 – Fax (06345) 959490 – geschl. über Weihnachten 1 Woche, Juni 3 Wochen und Sonntag - Dienstagmittag
Rest – (Tischbestellung ratsam) Karte 21/43 €
♦ In der gemütlich-rustikalen Weinstube bietet man gute regionale Küche und freundlichen Service durch die Chefin. Nett sitzt man auf der Innenhofterrasse.

FRASDORF – Bayern – 546 – 3 000 Ew – Höhe 598 m – Erholungsort 66 N21
▶ Berlin 667 – München 78 – Bad Reichenhall 60 – Salzburg 64
ℹ Schulstr. 7, ✉ 83112, ✆ (08052) 17 96 25, info@frasdorf.com

🏠 **Karner** ⌘ 🍴 & 🛏 P VISA ⓪ AE ①
Nussbaumstr. 6 ✉ 83112 – ✆ (08052) 1 79 70 – info@karneronline.de
– Fax (08052) 4711
35 Zim ⌂ – ♦95/150 € ♦♦115/185 € – ½ P 32 € – **Rest** – Menü 29 € (mittags)/74 € – Karte 33/57 €
♦ Regionstypisches Ambiente prägt das von der Familie gut geführte Haus. Die komfortablen Zimmer sind liebevoll in ländlichem Stil gestaltet. Nett dekorierte, gemütliche Restaurantstuben mit freundlichem Service. Schön im Sommer: das Gartenrestaurant.

FRAUENAU – Bayern – 546 – 3 000 Ew – Höhe 616 m – Wintersport : 800 m ≼1 ⚞
– Erholungsort 60 P18
▶ Berlin 482 – München 187 – Passau 56 – Cham 66
ℹ Hauptstr. 12, ✉ 94258, ✆ (09926) 9 41 00, touristinfo@frauenau.de

🏠 **St. Florian** 🍴 ⌘ 🖼 ⌘ 🗐 P
🍽 Althüttenstr. 22 ✉ 94258 – ✆ (09926) 95 20 – info@st-florian.de – Fax (09926) 8266
31 Zim ⌂ – ♦41/49 € ♦♦82 € – ½ P 17 € – **Rest** – Karte 16/29 €
♦ Das St. Florian versteht sich als sympathisches Ferienhotel. Es erwartet seine Gäste mit einem stilvollen Einrichtungs-Mix aus Landhaus- und wohnlichen Kirschbaummöbeln. Holzgetäfeltes Restaurant mit geschmackvollem Ambiente.

447

FRAUENSTEIN – Sachsen – 544 – 3 400 Ew – Höhe 655 m – Erholungsort   43 **P13**
- Berlin 231 – Dresden 40 – Chemnitz 51
- Markt 28, ⌧ 09623, ⌕ (037326) 93 35, fva.frauenstein@freenet.de

In Frauenstein-Nassau Süd : 7 km – Luftkurort

Gasthof Conrad   Zim, **P**
Dorfstr. 116 ⌧ 09623 – ⌕ (037327) 71 25 – post@hotel-conrad.de – Fax (037327) 1311
15 Zim ⌑ – ♦46 € ♦♦67 € – ½ P 10 € – **Rest** – Karte 15/21 €
♦ Ein familiär geführter Gasthof in ruhiger Lage mit Liegewiese im Grünen sowie wohnlich eingerichteten und gepflegten Gästezimmern. Regionales Speiseangebot in der mit Kiefernholz verzierten Gaststube.

FRAUENWALD – Thüringen – 544 – 1 150 Ew – Höhe 750 m – Wintersport : – Erholungsort   40 **K13**
- Berlin 345 – Erfurt 62 – Coburg 56 – Suhl 17
- Nordstr. 96, ⌧ 98711, ⌕ (036782) 6 19 25, frauenwald.fva@t-online.de

Drei Kronen   Biergarten **P**
Südstr. 18 ⌧ 98711 – ⌕ (036782) 68 00 – info@gasthaus-dreikronen.de – Fax (036782) 68068 – geschl. 10. Nov. - 4. Dez.
21 Zim ⌑ – ♦38 € ♦♦55 € – ½ P 9 € – **Rest** – Karte 15/22 €
♦ Gelungener Architektur-Mix aus Alt und Neu: An den schiefergetäfelten Gasthof aus dem 18. Jh. wurde ein moderner Anbau mit neuzeitlich eingerichteten Zimmern gesetzt. Dunkles Holz an Wänden und Boden macht das Restaurant behaglich.

FRECHEN – Nordrhein-Westfalen – 543 – 48 200 Ew – Höhe 75 m   35 **B12**
- Berlin 579 – Düsseldorf 47 – Bonn 39 – Aachen 65

Halm   Rest, Zim, **P** VISA ➊ AE ➀
Johann-Schmitz-Platz 22 ⌧ 50226 – ⌕ (02234) 95 70 00 – info@hotel-halm.de – Fax (02234) 9570066
39 Zim ⌑ – ♦84 € ♦♦136 € – **Rest** – Karte 16/40 €
♦ Im Zentrum, an einem kleinen Platz liegt das ehemalige Schützenhaus. In einem Hotelanbau bietet man mit Kirschholzmöbeln zeitlos und wohnlich eingerichtete Gästezimmer. Rustikales Restaurant.

FREIAMT – Baden-Württemberg – 545 – 4 280 Ew – Höhe 305 m – Erholungsort   61 **D20**
- Berlin 790 – Stuttgart 195 – Freiburg im Breisgau 40 – Offenburg 53
- Badstraße 1 (im Kurhaus), ⌧ 79348, ⌕ (07645) 9 10 30, info@freiamt.de

In Freiamt-Brettental

Ludinmühle (mit Gästehaus)   (geheizt)   Rest, **P** VISA ➊
Brettental 31 ⌧ 79348 – ⌕ (07645) 9 11 90 – info@ludinmuehle.de – Fax (07645) 911999
62 Zim ⌑ – ♦82/123 € ♦♦144/228 € – ½ P 17 € – 4 Suiten
Rest – Menü 28/44 € – Karte 26/56 €
♦ Die freundliche und aufmerksame Gästebetreuung sowie wohnlich-komfortable Zimmer versprechen einen angenehmen Aufenthalt in diesem familiengeführten Haus. Teil des Restaurants ist die leicht elegante Mühlenstube. Internationale und regionale Küche.

In Freiamt-Mussbach

Zur Krone mit Zim   **P**
Mussbach 6 ⌧ 79348 – ⌕ (07645) 2 27 – info@krone-freiamt.de – Fax (07645) 916196 – geschl. 14. - 30. Jan. und Mittwoch
8 Zim ⌑ – ♦35/40 € ♦♦60/70 € – **Rest** – (Montag - Freitag nur Abendessen) (Tischbestellung ratsam) Menü 24/32 € – Karte 21/34 €
♦ Ein einfacher Gasthof, mitten im Dorf gelegen. In einer ländlichen Stube mit hellem Holz und Kachelofen bietet man schmackhafte regionale Speisen. Neuzeitliche Gästezimmer.

FREIBERG – Sachsen – *544* – 44 110 Ew – Höhe 410 m   43 **P12**
- Berlin 228 – Dresden 49 – Chemnitz 35 – Leipzig 98
- Burgstr. 1, ✉ 09599, ℰ (03731) 27 32 65, touristinfo-freiberg@abo.freiepresse.de
- Dom★★ – Lehr- und Besucherbergwerk★

Silberhof
Silberhofstr. 1 ✉ 09599 – ℰ (03731) 2 68 80 – mail@silberhof.de – Fax (03731) 268878
30 Zim – †50/65 € ††65/95 € – **Rest** – (geschl. 9. - 17. Feb., 28. Juli - 10. Aug. und Sonntag, nur Abendessen) Karte 17/28 €
♦ In freundlicher Atmosphäre wohnt man in dem seit 10 Jahren von der Familie Zwilling geführten Hotel. Das stattliche rosafarbene Jugendstilhaus verfügt über elegante Zimmer. In warmen Pastelltönen gehaltenes Restaurant mit bürgerlichem Angebot.

Alekto
Am Bahnhof 3 ✉ 09599 – ℰ (03731) 79 40 – info@alekto.de – Fax (03731) 794100
52 Zim – †51/81 € ††81/100 € – **Rest** – Karte 15/26 €
♦ Die ehemalige Maschinenfabrik nahe dem Bahnhof beherbergt heute ein Hotel. Zeitgemäße Zimmer erwarten den Gast hinter der Jugendstilfassade. Restaurant mit internationaler Küche.

Le Bambou mit Zim
Obergasse 1 ✉ 09599 – ℰ (03731) 35 39 70 – c.wiesner@atis2000.net – Fax (03731) 32094
10 Zim – †57/67 € ††77/87 € – **Rest** – (geschl. Sonntag, nur Abendessen) Menü 36/69 € – Karte 36/50 €
♦ Liebhaber exotischer Kultur kommen hier auf ihre Kosten. Umgeben von Kunst und Einrichtungselementen aus Afrika bietet man internationale Küche. Terrasse am Restaurant. Mediterran gehaltene Gästezimmer in der Auberge.

FREIBERG AM NECKAR – Baden-Württemberg – siehe Ludwigsburg

FREIBURG (ELBE) – Niedersachsen – *541* – 1 930 Ew – Höhe 2 m – Erholungsort   9 **H4**
- Berlin 381 – Hannover 197 – Cuxhaven 51 – Bremerhaven 76

Gut Schöneworth
Landesbrücker Str. 42 ✉ 21729 – ℰ (04779) 9 23 50 – info@gutschoeneworth.de – Fax (04779) 8203 – geschl. 22. Dez. - 4. Jan.
15 Zim – †65/90 € ††95/135 € – ½ P 25 € – **Rest** – (geschl. Montag - Dienstag) (nur Abendessen für Hausgäste) Karte 26/46 €
♦ Der ehemalige Zwei-Ständer Bauernhof von 1869 besteht aus drei hübschen reetgedeckten Gebäuden. Wohnlich und funktionell sind die Zimmer eingerichtet. Ländlichstilvoll gibt sich das kleine Restaurant.

FREIBURG IM BREISGAU – Baden-Württemberg – *545* – 212 500 Ew – Höhe 278 m   61 **D20**
- Berlin 805 – Stuttgart 208 – Basel 71 – Karlsruhe 134
- ADAC Am Karlsplatz 1
- Rottecking 14, ✉ 79098, ℰ (0761) 3 88 18 80, touristik@fwtm.freiburg.de
- Freiburg-Munzingen, Großer Brühl 1 ℰ (07664) 9 30 60 X
- Kirchzarten, Krüttweg 1 ℰ (07661) 9 84 70 X

Veranstaltungen
11.03. - 19.03. : Camping, Freizeit und Touristik
Messegelände an der Stadthalle, Hermann-Mitsch-Str. 3 (über B31 X),
✉ 79108, ℰ (0761) 7 03 70
- Münster★★ : Turm★★★ (≤★), Hochaltar von Baldung Grien★★ Y – Ehemaliges Kaufhaus★ YZ B – Rathausplatz★ und Neues Rathaus★ Y R[1] – Augustiner-Museum★★ (mittelalterliche Kunst★★) Z M[1] – Museum für Ur- und Frühgeschichte (Keltischer Stierkopf★, alemannische Fibel★) Y
- Schlossberg★ (mit ⛰) Z – Schauinsland (≤★), über Günterstalstr. X 21 km

FREIBURG IM BREISGAU

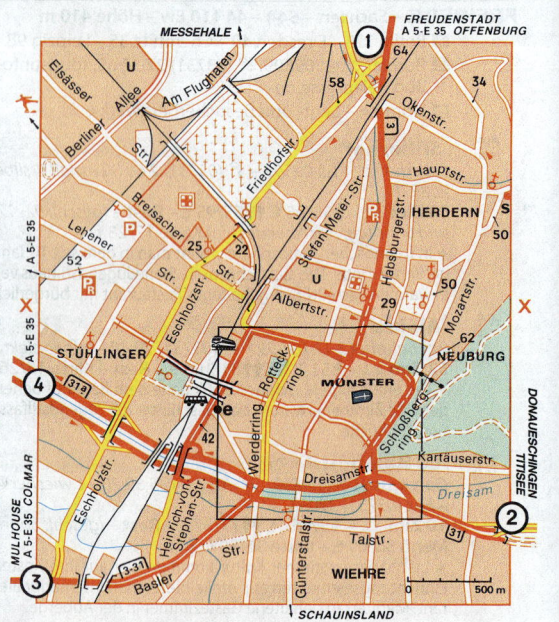

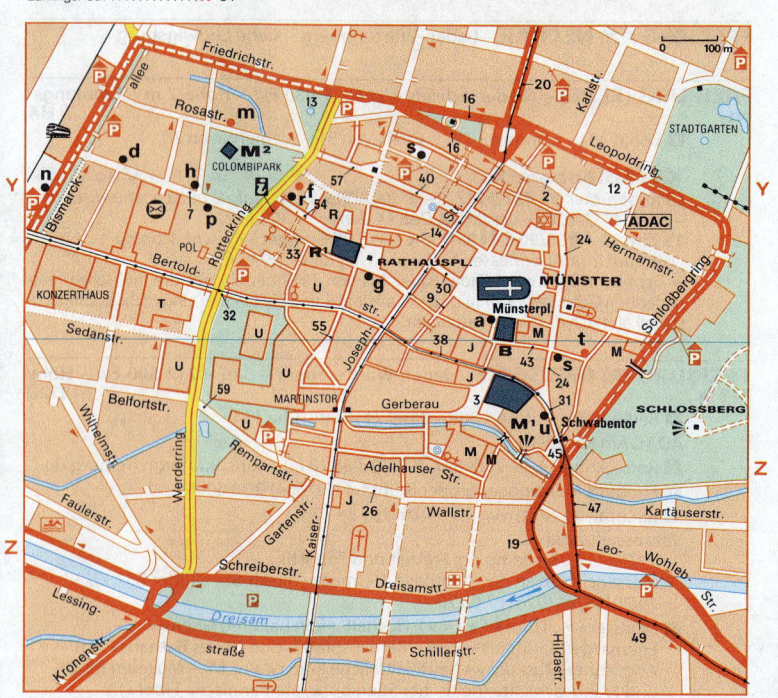

Auf der Zinnen	Y 2
Augustinerpl.	Z 3
Bertoldstr.	Y
Eisenbahnstr.	Y 7
Eisenstr.	Y 9
Europapl.	Y 12
Fahnenbergpl.	Y 13
Franziskanerstr.	Y 14
Friedrichring	Y 16
Gerberau	Z
Grieffeneggring.	Z 19
Habsburgerstr.	Y 20
Heiliggeiststr.	X 22
Herrenstr.	YZ 24
Hohenzollernstr.	Y 25
Holzmarkt	Z 26
Kaiser-Joseph-Str.	YZ
Ludwigstr.	X 29
Münsterstr.	Y 30
Oberlinden	Z 31
Platz der Alten Synagoge	Y 32
Rathausgasse	Y 33
Richard-Wagner-Str.	X 34
Salzstr.	YZ 38
Schiffstr.	Y 40
Schnewlinstr.	X 42
Schusterstr.	Y 43
Schwabentorpl.	Z 45
Schwabentorrig	Z 47
Schwarzwaldstr.	X 49
Stadtstr.	X 50
Sundgauallee	X 52
Turmstr.	Y 54
Universitätsstr.	Y 55
Unterlinden	Y 57
Waldkircher Str.	Y 58
Werthmannpl.	Z 59
Wintererstr.	X 62
Zähringer Str.	X 64

450

FREIBURG IM BREISGAU

Colombi-Hotel
Rotteckring 16 ⊠ 79098 – ℰ (0761) 2 10 60 – info@colombi.de
– Fax (0761) 31410
Y r
116 Zim – †190/210 € ††245/275 €, ⊇ 18 € – 14 Suiten
Rest *Zirbel- und Falkenstube* – (Tischbestellung ratsam) Menü 28 €
(mittags)/99 € – Karte 49/84 € ⊗⊗
Rest *Hans-Thoma-Stube* – Karte 33/51 €
Spez. Mille Feuille vom Taubenbrüstchen und zweierlei Gänseleber mit Feigenchutney. Geschmorter Kalbskopf im Wirsingblatt mit Steinpilzen und Selleriepüree (Juni-Sept.). Lammrücken mit Tomaten und Oliven im Auberginenblatt, weißer Zwiebelflan.
♦ In einem Hauch von Luxus kann man in dem Hotel nahe dem Zentrum schwelgen. Professioneller Service und eine elegante Umgebung tun ihr Übriges. Im schönen holzgetäfelten Restaurant genießt man klassische Küche. Gemütlich: die Hans-Thoma-Stube a. d. 18. Jh.

Novotel am Konzerthaus
Konrad-Adenauer-Platz 2 ⊠ 79098 – ℰ (0761)
3 88 90 – h5383@accor.com – Fax (0761) 3889100
X e
219 Zim – †94/194 € ††104/204 €, ⊇ 18 € – 7 Suiten – **Rest** – Karte 30/48 €
♦ Ein modernes Geschäftshotel mit elegantem Flair, direkt mit dem Konzerthaus verbunden. Zeitgemäße und funktionale Ausstattung kennzeichnet die Zimmer. Als Rondell angelegtes Restaurant mit internationaler Küche.

Zum Roten Bären
Oberlinden 12 ⊠ 79098 – ℰ (0761) 38 78 70 – info@roter-baeren.de – Fax (0761)
3878717
Z u
25 Zim ⊇ – †108/130 € ††149/169 € – **Rest** – (geschl. Sonntag) Menü 36/45 €
– Karte 27/47 €
♦ 1120 wurde das Haus am Schwabentor erbaut, seit 1311 wird es als Gasthof betrieben - der älteste in Deutschland! Fragen Sie nach den moderner gestalteten Zimmern. Teil des Restaurants ist die gemütliche alemannischen Stube.

Oberkirchs Weinstuben (mit Gästehaus)
Münsterplatz 22 ⊠ 79098 – ℰ (0761)
2 02 68 68 – info@hotel-oberkirch.de – Fax (0761) 2026869
– geschl. 30. Dez. - 6. Jan.
Y a
26 Zim ⊇ – †95/126 € ††146/161 € – 3 Suiten – **Rest** – (geschl. 30. Dez. - 22. Jan und Sonntag) Karte 20/43 €
♦ In dem a. d. J. 1738 stammenden Haus direkt am Münster wird viel Wert auf Service gelegt. Sehr wohnlich und individuell hat man die Zimmer eingerichtet. Gemütlich-rustikales Restaurant mit Täfelung und Kachelofen.

Park Hotel Post garni
Eisenbahnstr. 35 ⊠ 79098 – ℰ (0761) 38 54 80 – info@park-hotel-post.de
– Fax (0761) 31680
Y h
45 Zim ⊇ – †109/149 € ††129/189 €
♦ Das zentral neben dem Colombipark gelegene Hotel mit Jugendstilfassade wurde 1884 als Privathaus gebaut. Man bietet guten Service und wohnliche Gästezimmer.

Victoria garni
Eisenbahnstr. 54 ⊠ 79098 – ℰ (0761) 20 73 40 – info@victoria.bestwestern.de
– Fax (0761) 20734444
Y p
63 Zim – †90/130 € ††120/170 €, ⊇ 15 €
♦ Das mit Solarenergie betriebene Haus verfügt über großzügige, hell und neuzeitlich eingerichtete Zimmer, meist mit Parkettfußboden. Beliebt: die Hemingway-Bar.

Rheingold
Eisenbahnstr. 47 ⊠ 79098 – ℰ (0761) 2 82 10 – info@rheingold-freiburg.de
– Fax (0761) 2821111
Y d
49 Zim ⊇ – †89/129 € ††119/169 € – **Rest** – (geschl. Samstagmittag, Sonn- und Feiertage) Menü 23/34 € – Karte 23/41 €
♦ Das Hotel liegt günstig nahe dem Bahnhof und nur wenige Gehminuten von der Fußgängerzone und überzeugt mit modernen Gästezimmern. Im Restaurant bietet man regionale Küche.

451

FREIBURG IM BREISGAU

InterCityHotel
Rest,
*Bismarckallee 3 ⊠ 79098 – ℰ (0761) 3 80 00 – freiburg@intercityhotel.de
– Fax (0761) 3800999* Y n
152 Zim – †90/102 € ††107/112 €, ⊇ 12 € – **Rest** – *(geschl. Sonntag)* Karte 21/28 €

◆ Die Lage direkt am Bahnhof sowie funktionelle und technisch zeitgemäß ausgestattete Gästezimmer sprechen für dieses Hotel.

Am Rathaus garni
*Rathausgasse 4 ⊠ 79098 – ℰ (0761) 29 61 60 – hotel@am-rathaus.de
– Fax (0761) 2961666 – geschl. 22. Dez. - 6. Jan.* Y g
39 Zim ⊇ – †89/119 € ††119/159 €

◆ Ein Altstadthaus mit Geschäftspassage beherbergt dieses Hotel. Neuzeitliche Zimmer mit DVD-Player, ein freundlicher Frühstücksraum, kleine Bibliothek und Internetcorner.

Central-Hotel garni
Wasserstr. 6 ⊠ 79098 – ℰ (0761) 3 19 70 – info@central-freiburg.de – Fax (0761) 3197100 – geschl. 23. - 27. Dez. Y s
49 Zim ⊇ – †89/109 € ††129/169 €

◆ Guter Ausgangspunkt für Besichtigungen und Stadtbummel ist dieses Hotel am Rande der Fußgängerzone mit seinen funktionell eingerichteten Gästezimmern.

Schwarzwälder Hof (mit Gästehaus)
*Herrenstr. 43 ⊠ 79098 – ℰ (0761) 3 80 30 – info@shof.de
– Fax (0761) 3803135* Z s
44 Zim ⊇ – †65/75 € ††95/108 € – **Rest** – *(geschl. 29. Juli - 11. Aug. und Sonntagabend)* Karte 17/26 €

◆ Der Familienbetrieb befindet sich in der oberen Altstadt von Freiburg und verfügt über gepflegte Gästezimmer, die teilweise recht modern eingerichtet sind. Gemütlich ist die holzgetäfelte Gaststube.

Wolfshöhle
Konviktstr. 8 ⊠ 79098 – ℰ (0761) 3 03 03 – Fax (0761) 288884 – geschl. Sonn- und Feiertage Z t
Rest – Karte 26/51 €

◆ Gehobene italienische Küche bietet Familie Gallina in diesem Restaurant in der Fußgängerzone. Holztäfelung und Kachelofen schaffen ein gemütliches Ambiente. Nette Terrasse.

Basho-An
Am Predigertor 1 ⊠ 79098 – ℰ (0761) 2 85 34 05 – Fax (0761) 2853406 – geschl. Sonntag - Montag Y f
Rest – Menü 18 € (mittags)/53 € (abends) – Karte 18/50 €

◆ Restaurant mit puristischem Ambiente, geprägt von hellem Holz und großen Bildern. Man bereitet eine klassische japanische Küche zu. Am Mittag ist die Sushi-Bar sehr beliebt.

Drexlers
*Rosastr. 9 ⊠ 79098 – ℰ (0761) 5 95 72 03
– info@drexlers-restaurant.de – Fax (0761) 5957204 – geschl. Sonn- und Feiertage* Y m
Rest – Menü 24/30 € (abends) – Karte 26/39 €

◆ Zeitgemäße Saisonküche und eine sehr gute Weinauswahl bietet man in diesem geradlinig-modern gestalteten Restaurant nahe dem Colombi-Park. Einfaches, günstiges Mittagsangebot.

In Freiburg-Betzenhausen West : 2 km über B 31a X :

Bischofslinde garni
*Am Bischofskreuz 15 ⊠ 79114 – ℰ (0761) 8 26 88 – info@hotel-bischofslinde.de
– Fax (0761) 808345*
26 Zim ⊇ – †56/65 € ††72/78 €

◆ In einem Wohngebiet liegt dieses solide, familiengeführte Haus, das Ihnen recht einfache, aber sehr gepflegte und funktionelle Zimmer bietet.

FREIBURG IM BREISGAU

In Freiburg-Günterstal Süd : 2 km über Günterstalstraße X :

XX **Kühler Krug** mit Zim
Torplatz 1 ⌧ 79100 – ℘ (0761) 2 91 03 – info@kuehlerkrug.de – Fax (0761) 29782
7 Zim ⌧ – †55/60 € ††80/85 € – **Rest** – (geschl. Mittwoch) Menü 15/36 €
– Karte 23/48 €
♦ Eine Mischung aus zeitlos-gediegenen und zugleich etwas rustikalen Einrichtungselementen macht die Räume behaglich. Die regionale Küche wird von vielen Stammgästen geschätzt.

X **Gasthaus Kybfelsen** Biergarten
Schauinslandstr. 49 ⌧ 79100 – ℘ (0761) 2 94 40 – info@gasthaus-kybfelsen.de
– Fax (0761) 290117 – geschl. Montag
Rest – Menü 36 € – Karte 22/44 €
♦ Kaum zu verfehlen ist dieser an der Hauptstraße gelegene renovierte Brauereigasthof. In den beiden rustikalen Stuben mit modernem Touch serviert man Regionales.

In Freiburg-Herdern

Panorama Hotel Mercure ≤ Freiburg und Kaiserstuhl,
Wintererstr. 89 (über Stadtstraße X)
⌧ 79104 – ℘ (0761) 5 10 30
– h1128@accor.com – Fax (0761) 5103300
83 Zim – †134/160 € ††198/224 €, ⌧ 17 €
Rest *La Baccara* – (geschl. 1. -14. Jan. und Sonntagabend - Montag) Karte 40/66 €
Rest *La Roserie* – Karte 46/56 €
♦ Das Hotel überzeugt durch seine Lage am Waldrand und eine herrliche Aussicht sowie durch wohnliche Zimmer mit funktioneller Ausstattung. La Baccara ist ein kleines Restaurant mit mediterranem Touch. Warme Töne bestimmen die Atmosphäre im La Roserie.

XX **Eichhalde**
Stadtstr. 91 ⌧ 79104 – ℘ (0761) 5 48 17 – eichhalde@t-online.de – Fax (0761) 54386 – geschl. 1. - 10. Feb., 16. - 31. Aug. und Montag - Dienstag X s
Rest – Menü 35/52 € – Karte 32/51 €
♦ In modernem, freundlichem Ambiente reicht Ihnen der freundliche Service an blanken, hübsch dekorierten Tischen eine internationale Karte. Kleine Vinothek im mediterranen Stil.

In Freiburg-Kappel Süd-Ost : 7 km über B 31 X :

Zum Kreuz (mit Gästehaus)
Großtalstr. 28 ⌧ 79117 – ℘ (0761) 62 05 50 – gasthaus.kreuzkappel@t-online.de
– Fax (0761) 6205540 – geschl. 7. - 23. Jan.
15 Zim ⌧ – †52/65 € ††75/90 € – **Rest** – (geschl. Montag - Dienstag) Karte 21/43 €
♦ Seit mehreren Generationen befindet sich der Gasthof a. d. J. 1755 in Familienbesitz. Die Zimmer sind solide eingerichtet und verfügen teilweise über Balkone. Rustikales Restaurant mit bürgerlicher Küche.

In Freiburg-Lehen West : 3 km über B 31a X :

Hirschen
Breisgauer Str. 47 ⌧ 79110 – ℘ (0761) 8 97 76 90 – info@clarion-hotel-freiburg.de
– Fax (0761) 87994
70 Zim ⌧ – †106/168 € ††147/226 € – **Rest** – (Tischbestellung ratsam)
Menü 40/57 € – Karte 24/51 €
♦ Der schöne badische Gasthof von 1698 ist seit 1740 in Familienhand. In einem neuzeitlichen Hotelbau bietet man geschmackvoll-moderne Zimmer. Gemütliches Restaurant mit regionaler Küche. Hübsch: die Terrasse und der Biergarten.

Bierhäusle
Breisgauer Str. 41 ⌧ 79110 – ℘ (0761) 8 83 00 – info@bierhaeusle.de – Fax (0761) 8830133
46 Zim ⌧ – †65/70 € ††90/100 € – **Rest** – (geschl. Sonntagabend - Montag)
Karte 19/42 €
♦ Aus einem einfachen Gasthof ist dieses solide, gut geführte Hotel geworden, das seinen Gästen funktionelle Zimmer mit Kirschbaum- oder rustikalen Eichenmöbeln bietet. Regionstypisches Restaurant.

FREIBURG IM BREISGAU

Hirschengarten-Hotel garni
Breisgauer Str. 51 ⊠ 79110 – ℰ (0761) 8 03 03 – info@hirschengarten.de
– Fax (0761) 8833339 – geschl. 21. Dez. - 7. Jan.
20 Zim ⊇ – †52/58 € ††72/78 €
♦ Ein familiär geführtes kleines Hotel, das über tipptopp gepflegte, zeitgemäß und funktionell eingerichtete Gästezimmer verfügt.

In Freiburg-Munzingen Süd-West : 13 km über Basler Straße A :

Schloss Reinach
St. Erentrudis-Str. 12 (B 31) ⊠ 79112 – ℰ (07664) 40 70 – info@schlossreinach.de
– Fax (07664) 407155
76 Zim ⊇ – †72/89 € ††101/129 € – **Rest** – (geschl. Dienstag, nur Abendessen)
Karte 22/32 €
♦ Aus dem ehemaligen Gutshof von 1647 ist eine schöne Hotelanlage mit freundlich und neuzeitlich eingerichteten Zimmern entstanden. Das Restaurant Herrehus ist im klassischen Stil gehalten.

In Freiburg-Opfingen West : 10,5 km über Eschholzstraße X :

Blume garni
Freiburger Str. 1 ⊠ 79112 – ℰ (07664) 93 97 90 – s.g.raab@t-online.de
– Fax (07664) 939799
25 Zim ⊇ – †55/70 € ††75/90 €
♦ Eine gut unterhaltene Übernachtungsadresse, die ihren Gästen zweckmäßige und gepflegte, neuzeitlich möblierte Zimmer bietet.

Zur Tanne mit Zim
Altgasse 2 ⊠ 79112 – ℰ (07664) 18 10 – tanne-opfingen@t-online.de
– Fax (07664) 5303 – geschl. 7. Jan. - 8. Feb., Juli - Aug. 2 Wochen
10 Zim ⊇ – †32/57 € ††45/87 € – **Rest** – (geschl. Dienstag außer April - Juni)
Karte 23/46 €
♦ Die bemalte Holzdecke und ein schöner alter Kachelofen schaffen in den Stuben des historischen Gasthofs Schwarzwälder Gemütlichkeit. Badische Spezialitäten. Hübscher Innenhof. Zum Übernachten stehen geschmackvolle Zimmer bereit.

In Freiburg-St. Georgen Süd : 5 km über Basler Straße X :

Zum Schiff
Basler Landstr. 35 ⊠ 79111 – ℰ (0761) 40 07 50 – hotel-zumschiff@t-online.de
– Fax (0761) 40075555
80 Zim ⊇ – †67/110 € ††89/130 € – **Rest** – Karte 17/42 €
♦ Seit 1821 befindet sich der um einen Hotelanbau erweiterte Gasthof in Familienbesitz. Die Zimmer sind unterschiedlich eingerichtet und teilweise sehr geräumig. Im ursprünglichen Stammhaus befindet sich das gemütliche Restaurant.

Gasthaus Linde
Basler Landstr. 79 ⊠ 79111 – ℰ (0761) 4 70 28 31 – Fax (0761) 4562708
– geschl. Montag, Samstagmittag
Rest – Karte 21/50 €
♦ Ein auf zwei Ebenen angelegtes familiengeführtes Restaurant - teils gemütlich mit hellem Holzfußboden, Kamin und Holztäfelung, teils in neuzeitlicherem Stil. Regionale Küche.

Beim Thermalbad 9 km über Basler Straße X :

DorintResorts An den Thermen
(direkter Zugang zum Thermalbad)
An den Heilquellen 8 ⊠ 79111 – ℰ (0761) 4 90 80
– info.freiburg@dorintresorts.com
– Fax (0761) 4908100
70 Zim ⊇ – †92/137 € ††128/228 €
Rest – Menü 25/28 € – Karte 32/49 €
♦ Das ruhig am Waldrand und beim Thermalbad gelegene Hotel überzeugt mit modernen, hell möblierten und funktionell ausgestatteten Gästezimmern. Neuzeitlich und freundlich gestaltetes Restaurant.

FREIENWALDE, BAD – Brandenburg – 542 – 13 310 Ew – Höhe 10 m – Moorheilbad
23 **Q7**

- Berlin 58 – Potsdam 102 – Frankfurt (Oder) 70 – Angermünde 30
- Uchtenhagenstr. 2, ⌧ 16259, ℰ (03344) 15 08 90, info@bad-freienwalde.de

Eduardshof
Eduardshof 8 ⌧ 16259 – ℰ (03344) 41 30 – hotel-eduardshof@t-online.de – Fax (03344) 413180
57 Zim ⌑ – †67/82 € ††79/97 € – ½ P 16 € – **Rest** – Karte 19/29 €
◆ In einem kleinen Gewerbegebiet am Ortsrand ist dieser moderne Hotelbau gelegen. Die Zimmer sind mit hellem Einbaumobiliar funktionell ausgestattet. Neuzeitlich und freundlich wirkt das Restaurant.

FREILASSING – Bayern – 546 – 15 810 Ew – Höhe 422 m – Luftkurort
67 **O21**

- Berlin 729 – München 139 – Bad Reichenhall 20 – Salzburg 7
- Ainring, Weng 10 ℰ (08654) 6 90 20

Moosleitner (mit Gästehaus)
Wasserburger Str. 52 (West : 2,5 km) ⌧ 83395 – ℰ (08654) 6 30 60 – info@moosleitner.com – Fax (08654) 630699
52 Zim ⌑ – †59/80 € ††100/123 € – ½ P 16 € – **Rest** – (geschl. 2. - 6. Jan. und Samstagmittag, Sonntag) Menü 17 € – Karte 22/41 €
◆ Im 14. Jh. wurde dieser gut geführte gewachsene Gasthof erstmals urkundlich erwähnt. Ein tipptopp gepflegtes Haus mit wohnlich eingerichteten Zimmern. Gemütliches Restaurant in ländlichem Stil mit netter Terrasse hinter dem Haus.

Krone garni
Hauptstr. 26 ⌧ 83395 – ℰ (08654) 6 01 70 – hotelkrone@online.de – Fax (08654) 601717
32 Zim ⌑ – †55/58 € ††90 €
◆ In dem Hotel mitten in der Fußgängerzone erwarten Sie praktisch und zeitgemäß ausgestattete Gästezimmer und ein appetitliches Frühstücksbuffet.

FREINSHEIM – Rheinland-Pfalz – 543 – 4 980 Ew – Höhe 132 m
47 **E16**

- Berlin 630 – Mainz 79 – Mannheim 31 – Kaiserslautern 42
- Hauptstr. 2, ⌧ 67251, ℰ (06353) 98 92 94, touristik@freinsheim.de
- Dackenheim, Kirchheimer Str. 40 ℰ (06353) 98 92 12

Landhotel Altes Wasserwerk garni (mit Gästehaus)
Burgstr. 9 ⌧ 67251 – ℰ (06353) 93 25 20 – info@landhotel-altes-wasserwerk.de – Fax (06353) 9325252 – geschl. 23. - 28. Dez.
31 Zim – †59/74 € ††82/123 €
◆ Recht ruhig liegt das einstige Wasserwerk, das dem Gast wohnliche Zimmer bietet. Geräumig-komfortabel sind die Studios. Schöne große Liegewiese. Kosmetik-/Massageanwendungen.

Luther
Hauptstr. 29 ⌧ 67251 – ℰ (06353) 9 34 80 – luther@luther-freinsheim.de – Fax (06353) 934845 – geschl. 1. - 17. Jan., Juni - Juli 2 Wochen
20 Zim ⌑ – †60/72 € ††90/130 € – **Rest** – (geschl. Sonntag, nur Abendessen) (Tischbestellung ratsam) Menü 75 € – Karte 50/74 €
Spez. Gegrillte Jakobsmuscheln mit Zitronen-Fenchelconfit und Rote-Bete-Risotto. Rehbockrücken mit Kompott von Rehleber und Äpfeln. Warmes Schokoladensoufflé mit Verveinesirup und weißem Balsamicoeis.
◆ Ein stilvolles Barockgebäude beherbergt das von Familie Luther geführte Hotel mit wohnlichen, neuzeitlich oder elegant gestalteten Zimmern. In dem mediterran wirkenden Restaurant mit Gewölbedecke wählt man von einer klassischen Karte. Nette Innenhofterrasse.

Hornung
Hauptstr. 18 ⌧ 67251 – ℰ (06353) 9 59 60 – hotel@hornung-freinsheim.de – Fax (06353) 959660
12 Zim ⌑ – †40/58 € ††50/85 € – **Rest** – (geschl. Donnerstag) Karte 20/32 €
◆ Das familiengeführte kleine Hotel im Stadtkern gefällt mit seinen geräumigen, neuzeitlichen Zimmern, die mit hübschem Mobiliar im Landhausstil eingerichtet sind. Schlichtes, hell gestaltetes Restaurant.

FREINSHEIM

XX Freinsheimer Hof mit Zim
*Breitestr. 7 ⊠ 67251 – ℰ (06353) 5 08 04 10 – freinsheimer.hof@t-online.de
– Fax (06353) 5080415 – geschl. Mittwoch - Donnerstag*
4 Zim ⊇ – †80/100 € ††100/150 € – **Rest** – *(Montag - Samstag nur Abendessen)*
Menü 40/64 € – Karte 34/45 €
♦ Aus diesem spätbarocken Winzerhof a. d. 18. Jh. ist ein einladendes Restaurant mit schöner Innenhofterrasse entstanden.

XX Von-Busch-Hof
Von-Busch-Hof 5 ⊠ 67251 – ℰ (06353) 77 05 – vgilcher@gmx.de – Fax (06353) 3741 – geschl. Feb. und Montag - Dienstag
Rest – *(nur Abendessen)* Karte 27/39 €
♦ Hinter der ehrwürdigen Fassade eines Klosters aus dem 13. Jh. serviert man in klassischem Ambiente schmackhafte Gerichte mit regionalem und italienischem Einfluss.

X Ambiente
Hauptstr. 25 ⊠ 67251 – ℰ (06353) 9 59 79 79 – restaurant@ambiente-freinsheim.de – Fax (06353) 9597981 – geschl. Mittwoch
Rest – *(Montag - Samstag nur Abendessen)* Menü 35 € – Karte 27/44 €
♦ Helle Töne und warmer Holzfußboden bestimmen das Ambiente in dem a. d. J. 1713 stammenden Haus in der Altstadt. Schön ist die kleine Terrasse im Innenhof.

> Sie suchen ein besonderes Hotel für einen sehr angenehmen Aufenthalt?
> Reservieren Sie in einem roten Haus: 🏠 ... 🏠🏠🏠🏠.

FREISING – Bayern – 546 – 42 290 Ew – Höhe 448 m   58 M19
▶ Berlin 564 – München 37 – Regensburg 86 – Ingolstadt 56
🛈 Marienplatz 7, ⊠ 85354, ℰ (08161) 5 41 22, touristinfo@freising.de

🏨 München Airport Marriott
Alois-Steinecker-Str. 20 ⊠ 85354 – ℰ (08161) 96 60 – sales.munich-airport@marriotthotels.com – Fax (08161) 9666281
252 Zim – †154/174 € ††154/174 €, ⊇ 20 € – **Rest** – Karte 19/40 €
♦ Bei der Gestaltung der wohnlichen Zimmer dieses modernen Tagungshotels wurde natürlich großer Wert auf die Bedürfnisse von Geschäftsreisenden gelegt. Restaurant mit internationalem Angebot.

🏨 Novotel München Airport
Dr.-von-Daller-Str. 1 (B11) ⊠ 85356 – ℰ (08161) 53 20 – h5412@accor.com – Fax (08161) 532100
140 Zim – †119/189 € ††139/209 €, ⊇ 18 € – 6 Suiten – **Rest** – Karte 17/29 €
♦ Gelungen verbindet man hier einen restaurierten alten Gasthof mit einem zeitgemäßen Hotelbau. Bei der Zimmereinrichtung hat man einen modernen, geradlinigen Stil verfolgt. Im historischen Teil des Hauses: das Restaurant mit internationalem Angebot.

🏨 Corbin garni
*Wippenhauser Str. 7 ⊠ 85354 – ℰ (08161) 8 86 90 – info@corbin-hotel.de
– Fax (08161) 8869588*
46 Zim ⊇ – †119 € ††129 €
♦ Vom Empfangsbereich bis in die Zimmer ist dieses nach Feng-Shui-Kriterien gestaltete Hotel in angenehmen Farben und klaren Linien gehalten. Neuzeitlicher Frühstücksraum.

In Freising-Haindlfing Nord-West : 5 km über B 301, in Erlau links ab :

X Gasthaus Landbrecht
Freisinger Str. 1 ⊠ 85354 – ℰ (08167) 89 26 – geschl. 2. - 5. Jan., 12. - 27. Mai, 11. - 26. Aug. und Montag - Dienstag
Rest – *(nur Abendessen)* Menü 20 € – Karte 18/30 €
♦ Ein typisch bayerisches Landgasthaus mit schnörkellosem rustikalem Ambiente. Zur Auswahl steht ein kleines regionales und internationales Speiseangebot.

FREISING

Im Flughafen Franz-Josef-Strauß Süd-Ost : 8 km :

Kempinski Airport München ⛔ 🅿 Rest, 🛄
Terminalstraße Mitte 20 ✉ *85356 München*
– ⌕ *(089) 9 78 20 – info@kempinski-airport.de*
– *Fax (089) 97822610*
389 Zim – †165/465 € ††165/465 €, ⌑ 26 € – 46 Suiten
Rest – Menü 26 € – Karte 22/52 €
Rest *Safran* – *(geschl. Aug. und Sonntag - Montag, nur Abendessen)*
Menü 43/79 € – Karte 44/63 €
♦ Das von Stararchitekt Helmut Jahn designte Hotel ist ein gewaltiger Bau mit Glas-Atrium, mit wechselnder Beleuchtung am Abend. Alles ist sehr funktionell und großzügig. Thailändisches und mediterranes Angebot im Restaurant Safran.

In Hallbergmoos-Goldach Süd-Ost : 15 km über B 11 :

Daniel's garni
Hauptstr. 11 ✉ *85399 –* ⌕ *(0811) 5 51 20 – hoteldaniels@aol.com – Fax (0811) 551213 – geschl. 23. Dez. - 7. Jan.*
28 Zim ⌑ – †65/85 € ††88/102 €
♦ In diesem sympathischen Haus kümmert man sich sehr aufmerksam und persönlich um seine Gäste. Die Zimmer sind individuell mit italienischen Stilmöbeln eingerichtet.

✗ **Landgasthof Alter Wirt** mit Zim   Biergarten 🌳 🅿
Hauptstr. 68 ✉ *85399 –* ⌕ *(0811) 37 74 – Fax (0811) 551499*
14 Zim ⌑ – †46/64 € ††64/84 € – **Rest** – *(Montag - Samstag nur Abendessen)*
Karte 16/27 €
♦ Familiär und rustikal ist in diesem Gasthaus nahe dem Flughafen die Atmosphäre. Man serviert Ihnen regionale und bürgerliche Speisen. Neuzeitliche Zimmer im Gästehaus.

In Oberding-Notzing Süd-Ost : 18 km über B 11:

Kandler   Biergarten Zim, 🛄 🅿
Erdinger Moosstr. 11 ✉ *85445 –* ⌕ *(08122) 28 26 – info@hotelkandler.de*
– *Fax (08122) 13051 – geschl. 27. Dez. - 6. Jan., 4. - 24. Aug.*
47 Zim – †57/160 € ††66/195 € ⌑ 12 € – **Rest** – Karte 19/35 €
♦ Der sympathische Gasthof von 1860 beherbergt Sie in Zimmern im rustikalen Landhausstil. Im Anbau sind diese moderner und mit einer freundlich-eleganten Note gestaltet. Gaststuben z. T. mit Gewölbe und Täfelung. Bürgerlich-regionales Speiseangebot.

In Oberding-Schwaig Süd-Ost : 20 km über B 11, jenseits der A 92 :

Sheraton Airport   Rest, 🅿
Freisinger Str. 80 ✉ *85445 –* ⌕ *(089) 92 72 20*
– *airporthotel.muenchen@arabellastarwood.com – Fax (089) 92722749*
170 Zim – †127/195 € ††127/195 €, ⌑ 20 € – **Rest** – Karte 23/41 €
♦ Eine großzügige Halle empfängt Sie in dieser modernen Hotelanlage in Flughafennähe. Die Zimmer sind komfortabel und sehr wohnlich im eleganten Landhausstil gehalten. Ganz in Holz: das elegant-rustikale Hotelrestaurant.

Tulip Inn Airport
Freisinger Str. 77 ✉ *85445 –* ⌕ *(08122) 95 91 10 – info@tulipinnmunichairport.com – Fax (08122) 95911999*
105 Zim – †99/139 € ††109/149 €, ⌑ 14 € – **Rest** – *(geschl. 22. Dez. - 6. Jan.)*
Karte 17/26 €
♦ Hinter der roten Fassade des in L-Form erbauten Hotels stehen dem Gast funktionell ausgestattete Zimmer zur Verfügung. Hier bestimmt ein moderner, klarer Stil das Ambiente. Warme Farben und Granitfußboden verleihen dem Restaurant Fidelio eine mediterrane Note.

FREITAL – Sachsen – **544** – 39 310 Ew – Höhe 180 m   **43 Q12**
▶ Berlin 205 – Dresden 14 – Freiberg 22 – Chemnitz 70
🛈 Dresdner Str. 212, Rathaus Deuben, ✉ 01705, ⌕ (0351) 6 47 60, tourist@freital.de
Possendorf, Ferdinand-von-Schill-Str. 4a ⌕ (035206) 24 30

FREITAL

Zum Rabenauer Grund
Somsdorfer Str. 6 ⊠ 01705 – ℰ (0351) 6 44 49 99 – info@rabenauergrund.de
– Fax (0351) 6469629 – geschl. Montag
Rest *– (nur Abendessen)* (Tischbestellung ratsam) Karte 18/26 €
♦ Aus dem Jahre 1863 stammt dieser nette Gasthof. Viel Holz, freiliegende Deckenbalken, Kachelofen und Dekor schaffen eine gemütliche Atmosphäre.

In Rabenau Süd-Ost : 5 km:

Rabenauer Mühle
Biergarten
Rabenauer Grund ⊠ 01734 – ℰ (0351) 4 60 20 61
– info@hotel-rabenauer-muehle.de – Fax (0351) 4602062
– geschl. 28. Jan. - 15. Feb.
21 Zim ⊇ – †45/55 € ††75/85 € – **Rest** *– (Montag - Freitag nur Abendessen)*
Karte 15/28 €
♦ Die ehemalige Mühle an der Weißeritz ist ein sympathisches Hotel unter familiärer Leitung mit wohnlicher und äußerst gepflegter Einrichtung. Das gediegen-ländliche Restaurant bietet eine bürgerliche Karte.

FREMDINGEN – Bayern – **546** – 2 230 Ew – Höhe 457 m   56 **J18**
▶ Berlin 511 – München 143 – Augsburg 88 – Nürnberg 114

In Fremdingen-Raustetten Süd-West : 2 km :

Waldeck (mit Gästehaus)
Raustetten 12 ⊠ 86742 – ℰ (09086) 2 30 – Fax (09086) 1400
– geschl. 17. Dez. - 8. März
33 Zim ⊇ – †26/31 € ††43/51 € – **Rest** *– (Montag - Samstag nur Abendessen)*
Karte 12/21 €
♦ Ruhige Lage und ländliches Flair sowie saubere und solide Zimmer - teils im neuen Gästehaus untergebracht - sind die Annehmlichkeiten dieser Adresse. Schlichte Gemütlichkeit prägt die Gaststube.

FREUDENSTADT – Baden-Württemberg – **545** – 23 890 Ew – Höhe 728 m – Wintersport : 938 m ✯3 ✦ – Heilklimatischer Kurort und Kneippkurort   54 **F19**
▶ Berlin 713 – Stuttgart 88 – Karlsruhe 77 – Freiburg im Breisgau 96
i Marktplatz 64, ⊠ 72250, ℰ (07441) 86 40,
touristinfo@freudenstadt.de
Freudenstadt, Hohenrieder Straße ℰ (07441) 30 60
◉ Marktplatz ★ **A** – Stadtkirche (Lesepult★★, Taufstein★) **AB**
◉ Schwarzwaldhochstraße (Höhenstraße★★★ von Freudenstadt bis Baden-Baden) über B 28 **B**

Stadtplan siehe gegenüberliegende Seite

Bären
Langestr. 33 ⊠ 72250 – ℰ (07441) 27 29 – info@hotel-baeren-freudenstadt.de
– Fax (07441) 2887   **A a**
25 Zim ⊇ – †55/75 € ††95/160 € – ½ P 14 €
Rest *– (geschl. 7. - 23. Jan. und Freitag, Montag - Samstag nur Abendessen)*
Menü 20 € – Karte 20/29 €
♦ Seit 1878 ist dieser Gasthof im Ortskern in Familienbesitz. Geräumige solide Zimmer und eine familiäre Atmosphäre sorgen für einen erholsamen Aufenthalt. In behaglich-rustikalen Räumen bittet die Besitzerfamilie ihre Gäste zu Tisch.

Schwanen
Forststr. 6 ⊠ 72250 – ℰ (07441) 9 15 50 – info@schwanen-freudenstadt.de
– Fax (07441) 915544   **A v**
17 Zim ⊇ – †40/54 € ††80/110 € – ½ P 15 €
Rest – Karte 12/23 €
♦ In diesem Hotel in der Stadtmitte von Freudenstadt stehen zeitgemäße und gut gepflegte Zimmer mit soliden Naturholzmöbeln zur Verfügung. In den vertäfelten und hübsch dekorierten Gaststuben wird bürgerliche Kost aufgetischt.

FREUDENSTADT

Alfredstr.	**AB**
Bahnhofstr.	**A**
Bismarckstr.	**B**
Blaicherstr.	**A** 2
Christophstaler Steige	**AB** 3
Forststr.	**A** 4
Friedrichstr.	**A** 8
Friedrich-Ebert-Str.	**B** 5
Goethestr.	**A**
Hartranftstr.	**A**
Herrenfelder-Str.	**B** 9
Herzog-Friedrich Str.	**A**
Hirschkopfstr.	**A** 11
Karl-von-Hahn Str.	**A** 12
Kasernenstr.	**A** 15
Katharinenstr.	**A** 16
Kleinrheinstr.	**A** 17
Landhausstr.	**B**
Lange Str.	**A**
Lauterbadstr.	**B**
Loßburger Str.	**AB** 18
Ludwig-Jahn-Str.	**A** 19
Marktpl.	**A**
Martin-Luther-Str.	**A** 21
Moosstr.	**A** 22
Murgtalstr.	**A**
Musbacher Str.	**A**
Palmenwaldstr.	**B**
Rappenstr.	**AB**
Reichsstr.	**A** 23
Ringstr.	**A**
Straßburger Str.	**B**
Stumpengartenweg	**B** 25
Stuttgarter Str.	**A**
Tannenstr.	**AB**
Turnhallenstr.	**AB**
Wildbader Str.	**A** 26
Wölperwiesenweg	**B** 27

Adler
Forststr. 17 ⊠ 72250 – ℰ (07441) 9 15 20 – info@adler-fds.de – Fax (07441) 915252 – geschl. 29. Okt. - 23. Nov.
A t
16 Zim □ – †43/49 € ††75/84 € – ½ P 15 € – **Rest** – *(geschl. Mittwoch)* Menü 20 € – Karte 15/25 €

◆ Seit vielen Jahren befindet sich das kleine Haus in Familienbesitz. Die Zimmer sind überwiegend recht einfach, aber sehr gepflegt, einige neuzeitlich gestaltet. Restaurant mit ländlichem Charakter. Spezialität sind Flammkuchen.

Warteck mit Zim
Stuttgarter Str. 14 ⊠ 72250 – ℰ (07441) 9 19 20 – warteck@t-online.de – Fax (07441) 919293 – geschl. Dienstag
A c
13 Zim □ – †46/59 € ††80/90 € – **Rest** – Menü 34/36 € – Karte 28/54 €

◆ Das äußerlich eher unscheinbare Haus bietet im Inneren behagliche, fast elegante Restauranträume und ein klassisches Speiseangebot.

Jägerstüble mit Zim
Marktplatz 12 ⊠ 72250 – ℰ (07441) 23 87 – info@jaegerstueble-fds.de – Fax (07441) 51543
A z
15 Zim □ – †44/52 € ††80/100 € – **Rest** – Karte 21/32 €

◆ Am Marktplatz gelegen, ist das Jägerstüble ein beliebter Treffpunkt für Einheimische und Gäste der Stadt. Die ungezwungene, rustikale Atmosphäre lädt zum Verweilen ein.

An der B 28 über Straßburger Straße **B** : 2 km :

Langenwaldsee
Straßburger Str. 99 ⊠ 72250 Freudenstadt – ℰ (07441) 8 89 30 – info@ hotel-langenwaldsee.de – Fax (07441) 88936 – geschl. 1. - 22. Dez.
35 Zim □ – †70/95 € ††125/150 € – ½ P 26 € – **Rest** – Menü 28 € – Karte 21/44 €

◆ Eine persönliche Atmosphäre und wohnliche Zimmer von solide rustikal bis neuzeitlich zählen zu den Annehmlichkeiten dieses gut unterhaltenen Hauses. Unterteiltes Restaurant, teils ländlich-gediegen im Stil.

FREUDENSTADT

In Freudenstadt-Igelsberg über Wildbader Straße **A** : 11 km – Erholungsort :

Krone
Hauptstr. 8 ⌧ 72250 – ℰ (07442) 8 42 80 – info@krone-igelsberg.de – Fax (07442) 50372 – geschl. 6. - 23. Jan., 12. Nov. - 20. Dez.
29 Zim ⌧ – †64/79 € ††98/124 € – ½ P 18 € – **Rest** – *(geschl. Montag - Dienstag)* Karte 21/40 €

♦ Ein gewachsener, erweiterter Gasthof, der seinen Gästen solide Zimmer mit wohnlichem Ambiente bietet - teils in rustikaler Eiche, teils mit modernem Mobiliar. Gepflegte ländliche Restaurantstuben mit freundlichem, geschultem Service.

In Freudenstadt-Kniebis West : 10 km – Höhe 920 m – Luftkurort :
🛈 Baiersbronner Sträßle 23, ⌧ 72250, ℰ (07442) 75 70, info@kniebis.de

Waldblick ⌘
Eichelbachstr. 47 ⌧ 72250 – ℰ (07442) 83 40 – info@waldblick-kniebis.de – Fax (07442) 83415 – geschl. 3. - 9. März, 24. - 30. Nov.
30 Zim ⌧ – †75/94 € ††114/156 € – ½ P 21 € – **Rest** – *(geschl. Dienstag)* Karte 24/43 €

♦ Ein familiär geführter Schwarzwaldgasthof in ansprechendem Gewand. Er gefällt mit wohnlich eingerichteten Zimmern, die auch den Komfort für einen längeren Aufenthalt bieten. Gemütliche Gaststube mit bemalten Bauernmöbeln und Kachelofen.

Kniebishöhe ⌘
Alter Weg 42 ⌧ 72250 – ℰ (07442) 84 99 40 – kniebishoehe@t-online.de – Fax (07442) 8499450 – geschl. 1. - 20. April, 8. Nov. - 15. Dez.
14 Zim ⌧ – †35/39 € ††58/78 € – ½ P 13 € – **Rest** – *(geschl. Dienstag)* Karte 17/31 €

♦ Ruhig in einer Nebenstraße gelegene, praktische, gut geführte Urlaubsadresse. Eine besondere Attraktion ist der moderne Saunabereich mit Whirlpool. Restaurant mit Stubencharakter.

In Freudenstadt-Lauterbad über Lauterbadstraße **B** : 3 km – Luftkurort :

Lauterbad ⌘
Amselweg 5 ⌧ 72250 – ℰ (07441) 86 01 70 – info@lauterbad-wellnesshotel.de – Fax (07441) 8601710
41 Zim ⌧ – †77/107 € ††154/184 € – ½ P 22 € – **Rest** – Karte 25/46 €

♦ Das Ferienhotel bietet komfortable Zimmer mit guter Technik und einen vielseitigen Wellnessbereich mit Kosmetik und Massage. Schön ist die freie Sicht auf die Umgebung. Teil des Restaurants ist das heimelige Stüble.

Grüner Wald ⌘
Kinzigtalstr. 23 ⌧ 72250 – ℰ (07441) 86 05 40 – hotel@gruener-wald.de – Fax (07441) 8605425
40 Zim ⌧ – †71/84 € ††102/158 € – ½ P 20 € – **Rest** – Menü 24/35 € – Karte 24/37 €

♦ Ein familiengeführtes Hotel am Ortseingang mit Garten, großzügigem Wellnessbereich und wohnlichen, teils recht geräumigen Gästezimmern. Gediegenes Ambiente im Restaurant.

FREYBURG (UNSTRUT) – Sachsen-Anhalt – **542** – 4 450 Ew – Höhe 110 m – Erholungsort
41 **M12**

▶ Berlin 213 – Magdeburg 130 – Leipzig 52 – Halle 41

🛈 Markt 2, ⌧ 06632, ℰ (034464) 2 72 60, freyburger-fremdenverkehr@t-online.de

Berghotel zum Edelacker ⌘
Schloss 25 ⌧ 06632 – ℰ (034464) 3 50 – edelacker@weinberghotels.de – Fax (034464) 35333 – geschl. 2. - 13. Jan.
80 Zim ⌧ – †65/81 € ††91/110 € – ½ P 12 € – **Rest** – Karte 19/37 €

♦ Auf einem Berg mit Blick auf das Winzerstädtchen liegt das gepflegte, modern eingerichtete Hotel. Die Zimmer überzeugen mit guter Raumaufteilung und Komfort.

FREYSTADT – Bayern – 546 – 8 480 Ew – Höhe 410 m   57 L17
▶ Berlin 464 – München 139 – Regensburg 94 – Nürnberg 40

Pietsch   Biergarten
Marktplatz 55 ⊠ 92342 – ✆ (09179) 94 48 80 – hotel-pietsch@t-online.de – Fax (09179) 94488888
56 Zim ⊇ – †43 € ††62 € – **Rest** – (geschl. Sonntag) Karte 10/30 €
♦ Dieser gewachsene familiengeführte Gasthof befindet sich direkt am schönen Marktplatz und bietet sehr gepflegte, zeitgemäß eingerichtete Zimmer. Rustikale Restauranträume und Biergarten.

FREYUNG – Bayern – 546 – 7 260 Ew – Höhe 655 m – Wintersport : 800 m ≤3 ﷼
– Luftkurort   60 Q18
▶ Berlin 529 – München 205 – Passau 36 – Grafenau 15
🛈 Rathausplatz 2, ⊠ 94078, ✆ (08551) 58 81 50, touristinfo@freyung.de

Landhotel Brodinger
Zuppinger Str. 3 ⊠ 94078 – ✆ (08551) 43 42 – info@brodinger.de – Fax (08551) 7973 – geschl. 23. - 28. Nov.
23 Zim ⊇ – †47/55 € ††85/100 € – ½ P 13 € – **Rest** – (geschl. Mai - Aug. Montag, Sept. - April Sonntagabend - Montag) Karte 16/37 €
♦ Besonders Geschäftsreisende schätzen das verkehrsgünstig am Ortsrand beim Freibad gelegene Haus. Die Zimmer sind gepflegt und solide eingerichtet. Gemütlich-bayerische Gasthaus-Atmosphäre bietet Ihnen das Restaurant.

Zur Post
Stadtplatz 2 ⊠ 94078 – ✆ (08551) 5 79 60 – info@posthotel-freyung.de – Fax (08551) 579620 – geschl. April 1 Woche, Nov. 3 Wochen
30 Zim ⊇ – †38/46 € ††76/92 € – ½ P 13 € – **Rest** – (geschl. Montag) Karte 13/22 €
♦ Sehr gut geführter Familienbetrieb im Herzen der Stadt. Fragen Sie bei Ihrer Reservierung nach den geräumigen, mit Kirschbaummöbeln gut eingerichteten Zimmern. Ländlich gestaltetes Restaurant.

In Freyung-Ort Süd-West : 1 km :

Landgasthaus Schuster
Ort 19 ⊠ 94078 – ✆ (08551) 71 84 – info@landgasthaus-schuster.de – Fax (08551) 911920 – geschl. Sonntagabend - Montag
Rest – Menü 30 € – Karte 32/49 €
♦ Hell und freundlich wirkt das Ambiente in diesem von Familie Schuster gut geführten Restaurant. Geboten wird eine sorgfältig zubereitete regionale und internationale Küche.

FRICKENHAUSEN – Bayern – 546 – 1 290 Ew – Höhe 180 m   49 I16
▶ Berlin 495 – München 277 – Würzburg 23 – Ansbach 61

Meintzinger garni
Babenbergplatz 2 ⊠ 97252 – ✆ (09331) 8 72 10 – info@hotel-meintzinger.de – Fax (09331) 7578
22 Zim ⊇ – †55/80 € ††75/130 €
♦ Mit Weinhandel begann im Jahre 1790 die Geschichte dieses Hauses - heute Hotel und Weingut. Es stehen zeitgemäße, wohnliche Zimmer und eine schöne Terrasse zur Verfügung.

Ehrbar Fränkische Weinstube
Hauptstr. 17 ⊠ 97252 – ✆ (09331) 6 51 – info@ehrbar-weinstube.de – Fax (09331) 5207 – geschl. 1. - 22. Jan., 25. Juni - 8. Juli und Montag - Dienstag
Rest – Karte 21/34 €
♦ Passend zum rustikalen Rahmen des alten Fachwerkhauses hat man die gemütliche Weinstube reichlich dekoriert. Hübsch: die Gartenterrasse im Hof. Bürgerliches Angebot.

Gute Küche zu günstigem Preis? Folgen Sie dem „Bib Gourmand".

FRICKINGEN – Baden-Württemberg – 545 – 2 640 Ew – Höhe 473 m   63 G21
▶ Berlin 721 – Stuttgart 142 – Konstanz 34 – Sigmaringen 41

In Frickingen-Altheim Nord-West : 2 km über Leustetter Straße :

✕ **Löwen**
Hauptstr. 41 ⊠ 88699 – ℰ (07554) 86 31 – isolde.loewe@gmx.de – Fax (07554) 97335 – geschl. nach Fasching 3 Wochen und Montag
Rest – *(Dienstag - Samstag nur Abendessen)* (Tischbestellung ratsam) Karte 19/32 €

♦ Aus der Hobbyköchin Isolde Pfaff wurde die "Löwenwirtin". In rustikalem Ambiente serviert man eine regional ausgerichtete Küche.

FRIDINGEN AN DER DONAU – Baden-Württemberg – 545 – 3 300 Ew – Höhe 626 m – Erholungsort   62 G20
▶ Berlin 748 – Stuttgart 118 – Konstanz 70 – Freiburg im Breisgau 107
◉ Knopfmacherfelsen : Aussichtskanzel ≤★, Ost : 3 km

In Fridingen-Bergsteig Süd-West : 2 km Richtung Mühlheim – Höhe 670 m

✕✕ **Landhaus Donautal** mit Zim
Bergsteig 1 ⊠ 78567 – ℰ (07463) 4 69 – info@landhaus-donautal.de – Fax (07463) 5099 – geschl. 21. Jan. - 20. Feb., 4. - 11. Aug. und Montag, Freitag
8 Zim ⊆ – †59/61 € ††84/86 € – **Rest** – Karte 21/38 €

♦ Etwas außerhalb steht dieses nett anzusehende Landhaus. Hübsch auch das Interieur: eine rustikale, gemütliche Gaststube mit Holztäfelung sowie wohnliche, zeitgemäße Zimmer.

FRIEDBERG – Bayern – 546 – 29 420 Ew – Höhe 514 m   57 K19
▶ Berlin 583 – München 75 – Augsburg 8 – Ulm (Donau) 87

🏠 **Zum Brunnen** garni
Bauernbräustr. 4, (Passage Brunnenhof/Garage West) ⊠ 86316 – ℰ (0821) 60 09 20 – info@zumbrunnen.de – Fax (0821) 6009229
14 Zim ⊆ – †52/64 € ††78/88 €

♦ Das in eine Einkaufspassage integrierte kleine Hotel liegt relativ ruhig in der Altstadt und bietet neuzeitlich und praktisch eingerichtete Zimmer.

FRIEDBERG (HESSEN) – Hessen – 543 – 27 490 Ew – Höhe 159 m   38 F14
▶ Berlin 510 – Wiesbaden 61 – Frankfurt am Main 28 – Gießen 36
🛈 Am Seebach 2 (Stadthalle), ⊠ 61169, ℰ (06031) 7 24 60, stadthalle-friedberg@t-online.de
⛳ Friedberg, Am Golfplatz ℰ (06031) 1 61 99 80
◉ Judenbad★ – Burg (Adolfsturm★) – Stadtkirche (Sakramentshäuschen★)

In Friedberg-Dorheim Nord-Ost : 3 km über B 455 :

✕ **Grossfeld**
✿
Erbsengasse 16 ⊠ 61169 – ℰ (06031) 7 91 89 09 – info@andre-grossfeld.de – Fax (06031) 7918908 – geschl. 1. - 7. Jan., 7. - 31. Juli und Sonntag - Montag, Feiertage
Rest – *(nur Abendessen)* (Tischbestellung ratsam) Menü 49/79 €
Spez. Gebackenes Kalbsbries und glacierte Schnecken mit Mangold und Trüffelremoulade. Dorheimer Huhn mit Jakobsmuschel gefüllt und geräuchertem Blumenkohl. Das Beste vom Milchzicklein mit Rosinen und Kaffeejus.

♦ Hier kann man in ungezwungener Atmosphäre ein Menü aus traditionellen oder experimentellen Gerichten wählen. Schiefertafeln an markanten roten Wänden präsentieren die Speisen.

In Rosbach vor der Höhe Süd-West : 7 km über B 455, in Ober-Rosbach links :

🏠 **Garni**
Homburger Str. 84 (B 455) ⊠ 61191 – ℰ (06003) 9 12 20 – hotelgarni.seidel@onlinehome.de – Fax (06003) 912240
22 Zim ⊆ – †51/63 € ††85/92 €

♦ Verkehrsgünstig liegt dieses neuzeitliche Hotel in direkter Nähe zur A5. Neben einer tadellosen Pflege bieten die Gästezimmer eine funktionelle Ausstattung.

FRIEDEWALD – Hessen – 543 – 2 450 Ew – Höhe 387 m   39 **I12**
▶ Berlin 395 – Wiesbaden 179 – Kassel 87 – Fulda 58

Göbels Schlosshotel Prinz von Hessen
Schlossplatz 1 ⌕ 36289
– ℰ (06674) 9 22 40 – info@
goebels-schlosshotel.de – Fax (06674) 9224250
91 Zim ⌕ – †108/114 € ††206/218 € – 7 Suiten – **Rest** – Karte 27/37 €
♦ An die historische Wasserburg wurde harmonisch ein Neubau angegliedert. Man bietet dem Gast aufwändig und modern gestaltete Zimmer und einen schönen Freizeitbereich. Die Prinzenstube und der lichte Schlossgarten bilden das Restaurant.

Zum Löwen
Hauptstr. 17 ⌕ 36289 – ℰ (06674) 9 22 20 – info@zum-loewen-friedewald.de
– Fax (06674) 922259
32 Zim ⌕ – †69/92 € ††90/125 € – **Rest** – Menü 16 € (mittags)/34 € (abends)
– Karte 20/37 €
♦ Der Löwen wurde aufwändig erweitert: Die komfortablen Zimmer sind zeitgemäß und wohnlich, teils mit eleganten Landhausmöbeln eingerichtet. Wechselnde Bilderausstellungen. Eine bemerkenswerte Vinothek mit Probierstube ergänzt das Restaurant.

FRIEDLAND – Niedersachsen – siehe Göttingen

FRIEDRICHRODA – Thüringen – 544 – 5 450 Ew – Höhe 430 m – Luftkurort   40 **J13**
▶ Berlin 345 – Erfurt 54 – Bad Hersfeld 97 – Coburg 96
🛈 Marktstr. 13, ⌕ 99894, ℰ (03623) 3 32 00, friedrichroda.kur@t-online.de

Ramada
Burchardtsweg 1 ⌕ 99894 – ℰ (03623) 35 20 – friedrichroda@ramada.de
– Fax (03623) 352500
153 Zim ⌕ – †88/98 € ††114/138 € – **Rest** – Menü 21 € – Karte 22/34 €
♦ Das ehemalige Kurhaus mit seiner schönen Grünanlage wurde zu einem modernen Hotel mit freundlichen und hübsch möblierten Gästezimmern umgestaltet. Das helle Panorama-Restaurant macht seinem Namen alle Ehre.

FRIEDRICHSHAFEN – Baden-Württemberg – 545 – 58 050 Ew – Höhe 400 m   63 **H21**
▶ Berlin 721 – Stuttgart 167 – Konstanz 31 – Freiburg im Breisgau 161
✈ Friedrichshafen-Löwental, über Ravensburger Straße BY : 2 km, ℰ (07541) 2 84 01
🛈 Bahnhofplatz 2, ⌕ 88045, ℰ (07541) 3 00 10, tourist-info@friedrichshafen.de
Veranstaltungen
29.03. - 06.04. : Internationale Bodensee-Messe
20.09. - 28.09. : Interboot-Messe
Messegelände: in Friedrichshafen-Allmannsweiler (über Ailinger Straße BY)
Neue Messe 1, ⌕ 88046, ℰ (07541) 70 80

Stadtplan siehe nächste Seite

Buchhorner Hof
Friedrichstr. 33 ⌕ 88045 – ℰ (07541) 20 50 – info@buchhorn.de – Fax (07541) 32663   AZ **a**
98 Zim ⌕ – †75/220 € ††85/260 € – **Rest** – Menü 28/42 € – Karte 34/48 €
♦ Das Haus liegt ganz in der Nähe des Bodenseeufers. Die Zimmer sind wohnlich eingerichtet und bieten teilweise einen uneingeschränkten Blick auf den See und die Alpen. Im Restaurant unterstreicht eine schöne schwere Holzdecke das gemütlich-rustikale Ambiente.

City-Krone
Schanzstr. 7 ⌕ 88045 – ℰ (07541) 70 50 – citykrone@t-online.de – Fax (07541) 705100   AY **c**
100 Zim ⌕ – †69/139 € ††99/149 € – **Rest** – (nur Abendessen) Karte 23/43 €
♦ Ein aus mehreren Häusern bestehendes Stadthotel im Zentrum. Der Frühstücksraum im UG sowie einige der Gästezimmer sind besonders modern gestaltet. Im ersten Stock des Hauses befindet sich das klassisch gehaltene Restaurant.

463

FRIEDRICHSHAFEN

Adenauerpl.	**AY** 2	Maybachstr.	**AZ** 23
Albrechtstr.	**AZ** 3	Meistershofener	
Buchhornpl.	**AY** 4	Str.	**BY** 25
Charlottenstr.	**BZ** 5	Montfortstr.	**AY** 26
Dammstr.	**AY** 6	Olgastr.	**AY** 29
Eugen-Bolz-Str.	**AY** 8	Ostliche Uferstr.	**BZ** 28
Flugplatzstr.	**BY** 9	Paulinenstr.	**AY** 30
Franziska-Pl.	**AY** 10	Ravensburger Str.	**BZ** 32
Friedrichstr.	**AY**	Romanshorner Pl.	**AY** 33
Gebhardstr.	**BZ** 12	Schanzstr.	**AY** 34
Goldschmiedstr.	**AY** 13	Scheffelstr.	**AY** 35
Hofener Str.	**AZ** 18	Schloßstr.	**AY** 36
Karlstr.	**AY**	Wendelgardstr.	**BZ** 39
Katharinenstr.	**BZ** 21	Wilhelmstr.	**AY** 41
Klosterstr.	**AZ** 22	Zeppelinstr.	42

🏨 **Goldenes Rad** (mit Gästehaus) 🍴 🛏 📶 ♿ 🚗 VISA ⓜ AE ⓓ
☺ *Karlstr. 43 ✉ 88045 – ℰ (07541) 28 50 – info@goldenes-rad.de – Fax (07541) 285285*
70 Zim ⌑ – ✝89/129 € ✝✝119/189 € AY **n**
Rest – *(geschl. 1. - 14. Jan. und Montag)* Karte 27/43 € 🌿
♦ In der Ortsmitte finden Sie dieses familiär geleitete Hotel. In einem modernen verglasten Haus gegenüber bietet man einige neuere Zimmer mit Seepanorama. Gemütliches Restaurant in neuzeitlichem Stil. Gute Weinauswahl.

🍴🍴 **Das Restaurant im Zeppelinmuseum** ≤ 🍴 VISA ⓜ
Seestr. 22, (1. Etage) ✉ 88045 – ℰ (07541) 3 33 06 – info@ zeppelinmuseum-restaurant.de – Fax (07541) 33308 – geschl. Sonntagabend - Montag, Juli - Sept. nur Sontagabend AY **b**
Rest – Karte 34/55 €
♦ Das moderne Restaurant am Rand der Fußgängerzone, direkt am Fährhafen bietet am Abend kreative Küche, mittags eine einfachere, überwiegend internationale Karte.

In Friedrichshafen-Fischbach West : 5 km über Zeppelinstraße **AZ** :

🏨 **Traube am See** 🍴 🍴 📺 📶 🛏 ♿ 🅿 🚗 VISA ⓜ AE ⓓ
Meersburger Str. 11 ✉ 88048 – ℰ (07541) 95 80 – info@traubeamsee.de – Fax (07541) 958888
91 Zim ⌑ – ✝75/120 € ✝✝95/160 € – ½ P 16 €
Rest – Karte 17/47 €
♦ Der ganz in der Nähe des Sees gelegene gewachsene Gasthof verfügt über unterschiedliche Zimmertypen von wohnlich-gediegen bis modern sowie einen schönen Wellnessbereich. Zum Restaurant gehören ein Wintergarten und ein rustikale Stube.

FRIEDRICHSHAFEN

Maier
Poststr. 1 ⊠ 88048 – ℰ (07541) 40 40 – info@hotel-maier.de
– Fax (07541) 404100
50 Zim ⊇ – †55/95 € ††95/160 € – **Rest** – Karte 19/43 €
♦ In dem von der Inhaberfamilie geführten Hotel an der Durchgangsstraße erwarten Sie wohnliche, überwiegend modern eingerichtete Gästezimmer mit Schallisolierung. Im Restaurant speisen Sie in ländlichem oder neuzeitlichem Ambiente.

In Friedrichshafen-Schnetzenhausen Nord-West : 4 km über Hochstraße AZ :

Krone
Untere Mühlbachstr. 1 ⊠ 88045 – ℰ (07541) 40 80
– info@ringhotel-krone.de – Fax (07541) 43601 – geschl. 20. - 25. Dez.
135 Zim ⊇ – †83/133 € ††116/200 € – ½ P 19 € – **Rest** – Menü 14/20 € – Karte 21/38 €
♦ Mit viel Engagement betreibt Familie Rueß seit vielen Jahren ihr ansprechendes Hotel. Sehr guter Komfort und ein individueller Stil machen die Gästezimmer aus. Verschiedene behagliche Stuben locken mit rustikaler Eleganz.

FRIEDRICHSHALL, BAD – Baden-Württemberg – 545 – 18 400 Ew – Höhe 167 m 55 G17

▶ Berlin 594 – Stuttgart 62 – Heilbronn 10 – Mannheim 83

In Bad Friedrichshall-Jagstfeld

Sonne mit Zim
Deutschordenstr. 16 ⊠ 74177 – ℰ (07136) 9 56 10 – info@
sonne-badfriedrichshall.de – Fax (07136) 956111 – geschl. Montag
19 Zim ⊇ – †55/60 € ††86/90 € – **Rest** – Karte 18/31 €
♦ Hier erwartet Sie ein ländlich-rustikales, nett dekoriertes Restaurant. Von der kleinen Terrasse hat man einen schönen Blick auf den Neckar. Mit freundlichen Zimmern.

In Bad Friedrichshall-Kochendorf

Schloss Lehen
Hauptstr. 2 ⊠ 74177 – ℰ (07136) 9 89 70 – info@schlosslehen.de – Fax (07136) 989720 – geschl. Jan. 1 Woche
21 Zim ⊇ – †90/110 € ††145/170 €
Rest – (geschl. Jan., Aug. und Sonntag- Montag, nur Abendessen) Menü 49/79 € – Karte 41/53 €
Rest *Mein Bistro* – (geschl. Jan., Aug. und Sonntag, nur Abendessen) Karte 22/39 €
♦ Das hübsche Schlossgebäude gefällt mit seinen individuellen, geschmackvoll mit schönen Farben und Holzfußböden ausgestatteten Zimmern. Lobby mit gemütlicher Zigarren-Lounge. Stilvoll-gediegenes Restaurant mit Kachelofen. Hell und modern: Bistro im Gewölbe.

FRIEDRICHSRUHE – Baden-Württemberg – siehe Öhringen

FRIEDRICHSTADT – Schleswig-Holstein – 541 – 2 500 Ew – Höhe 2 m – Luftkurort 1 G3

▶ Berlin 408 – Kiel 82 – Sylt (Westerland) 62 – Heide 25
🛈 Am Markt 9, ⊠ 25840, ℰ (04881) 9 39 30, touristinformation@friedrichstadt.de
◉ Stadtbild ★

Aquarium
Am Mittelburgwall 4 ⊠ 25840 – ℰ (04881) 9 30 50 – info@hotel-aquarium.de
– Fax (04881) 7064
38 Zim ⊇ – †74/99 € ††102/130 € – ½ P 21 € – **Rest** – Karte 27/50 €
♦ Das weiß getünchte Stadthotel am Mittelburggraben überzeugt mit gutem Komfort, freundlichem Service sowie einer behaglichen und geschmackvollen Zimmereinrichtung. Restaurant mit stilvoller, gepflegter Atmosphäre.

FRIESENHEIM – Baden-Württemberg – 545 – 12 530 Ew – Höhe 161 m   53 D19
▶ Berlin 759 – Stuttgart 158 – Karlsruhe 88 – Offenburg 12

In Friesenheim-Oberweier

Mühlenhof
Oberweierer Hauptstr. 33 ⊠ 77948 – ℰ (07821) 63 20 – info@landhotel-muehlenhof.de – Fax (07821) 632153
32 Zim ⊇ – ♦33/44 € ♦♦56/78 € – **Rest** – *(geschl. 4. - 21. Feb. und Dienstag)* Menü 23 € – Karte 18/24 €
♦ Ein sympathisches, gepflegtes Haus mit soliden, teils hübsch im Landhausstil gestalteten Zimmern ist dieser familiär geführte Schwarzwälder Landgasthof. Restaurant mit rustikalem Charakter und sorgfältig zubereiteter Küche.

FRITZLAR – Hessen – 543 – 14 810 Ew – Höhe 220 m   38 H12
▶ Berlin 409 – Wiesbaden 201 – Kassel 25 – Bad Hersfeld 48
🛈 Zwischen den Krämen 5, ⊠ 34560, ℰ (05622) 98 86 43, touristinfo@fritzlar.de
◉ Dom★ – Marktplatz★ – Stadtmauer (Grauer Turm★)

In Fritzlar-Ungedanken Süd-West : 8 km über B 450 und B 253 Richtung Bad Wildungen :

Zum Büraberg
Bahnhofstr. 5 (B 253) ⊠ 34560 – ℰ (05622) 99 80 – hotel-bueraberg@t-online.de – Fax (05622) 998160 – geschl. 2. - 6. Jan.
34 Zim ⊇ – ♦49/60 € ♦♦70/90 € – **Rest** – *(geschl. Sonntagabend - Montagmittag)* Karte 17/28 €
♦ Das von der Inhaberfamilie geführte Hotel verfügt über unterschiedlich eingerichtete, solide Gästezimmer - neuzeitlicher sind die Zimmer im Anbau. Gemütlich-rustikales Gaststube.

FÜRSTENAU – Niedersachsen – 541 – 9 950 Ew – Höhe 47 m   16 D8
▶ Berlin 449 – Hannover 195 – Nordhorn 50 – Bielefeld 94
🛈 Große Str. 27 (im alten Rathaus), ⊠ 49584, ℰ (05901) 96 10 25, tib@fuerstenau.de

Stratmann
Große Str. 29 ⊠ 49584 – ℰ (05901) 9 39 90 – info@hotel-stratmann.de – Fax (05901) 939933
10 Zim ⊇ – ♦35/40 € ♦♦66/70 € – **Rest** – *(geschl. Mittwoch)* Karte 16/31 €
♦ Mitten im Ort, gleich bei der Kirche, steht dieser dunkle Klinker-Gasthof. Er wird tadellos geführt und besticht durch sein gutes Preis-Leistungs-Verhältnis. Ländlich gestaltete Gaststuben.

FÜRSTENFELDBRUCK – Bayern – 546 – 33 310 Ew – Höhe 517 m   65 L20
▶ Berlin 605 – München 35 – Augsburg 46 – Garmisch-Partenkirchen 97
🏌 Rottbach, Weiherhaus 5 ℰ (08135) 9 32 90

Zur Post
Hauptstr. 7 ⊠ 82256 – ℰ (08141) 3 14 20 – zur-post@romantikhotels.com – Fax (08141) 16755 – geschl. 21. Dez. - 6. Jan.
41 Zim ⊇ – ♦75/110 € ♦♦85/115 € – **Rest** – *(geschl. Samstag, Sonntagabend)* Menü 24 € – Karte 18/37 €
♦ Persönlich wird das traditionsreiche Haus von Familie Weiß geleitet. Die Zimmer hat man sehr wohnlich im Biedermeierstil oder im Laura-Ashley-Stil eingerichtet. Eine schöne, mit Weinreben bewachsene Innenhofterrasse ergänzt die gemütlichen Restaurantstuben.

FÜRSTENWALDE – Brandenburg – 542 – 33 640 Ew – Höhe 43 m   23 Q8
▶ Berlin 59 – Potsdam 88 – Frankfurt (Oder) 36
🛈 Mühlenstr. 26, ⊠ 15517, ℰ (03361) 76 06 00, info@fuerstenwalde-tourismus.de

FÜRSTENWALDE

Zille-Stuben (mit Gästehaus)
Schlossstr. 10 ⌂ 15517 – ℰ (03361) 5 77 25 – Fax (03361) 57726
13 Zim – †40/48 € ††68/74 € – **Rest** – Karte 12/22 €
♦ Nahe dem Zentrum liegt dieses ältere restaurierte Stadthaus - ein charmantes kleines Hotel, das Ihnen saubere und praktisch ausgestattete Zimmer bietet. Legeres und nett dekoriertes rustikales Restaurant.

In Steinhöfel Nord-Ost : 9 km :

Schloss Steinhöfel
Schlossweg 4 ⌂ 15518 – ℰ (033636) 27 70 – info@schloss-steinhoefel.de
– Fax (033636) 27777
29 Zim ⌑ – †75/95 € ††130/220 € – **Rest** – Karte 23/34 €
♦ Klassizistisches Schloss aus dem 18. Jh. mit englischer Parkanlage: Die wohnlichen und sehr geschmackvoll eingerichteten Zimmer wurden individuell gestaltet. Elegant wirkendes Restaurant.

FÜRSTENZELL – Bayern – 546 – 7 690 Ew – Höhe 358 m   60 P19
▶ Berlin 604 – München 169 – Passau 15 – Linz 92

In Fürstenzell-Altenmarkt Nord-Ost : 4,5 km über Passauer Straße, am Ortsende links :

Zur Platte
≤ Neuburger- und Bayerischer Wald,
Altenmarkt 10 ⌂ 94081 – ℰ (08502) 2 00 – gasthaus-zur-platte@web.de
– Fax (08502) 5200 – geschl. Mitte Jan. - Ende Feb.
17 Zim ⌑ – †40/45 € ††65 € – **Rest** – (geschl. Montag - Dienstag) Karte 14/26 €
♦ Schön ruhig liegt das familiär geführte kleine Hotel auf einer Anhöhe am Ortsrand. Die Gästezimmer sind sehr gepflegt und zeitlos eingerichtet.

FÜRTH – Bayern – 546 – 111 900 Ew – Höhe 295 m   50 K16
▶ Berlin 453 – München 172 – Nürnberg 7
ADAC Theresienstr. 5
🛈 Bahnhofplatz 2, ⌂ 90762, ℰ (0911) 7 40 66 15, tourist-info@fuerth.de
🏌 Fürth, Am Golfplatz 10 ℰ (0911) 75 75 22

Siehe auch Nürnberg (Umgebungsplan)

Stadtplan siehe nächste Seite

NH Nürnberg Fürth garni
Königstr. 140 ⌂ 90762 – ℰ (0911) 7 40 40 – nhforsthausfuerth@nh-hotels.com
– Fax (0911) 7404400   Z b
118 Zim – †69/95 € ††69/95 €, ⌑ 16 €
♦ Das Hotel im Herzen der Stadt ist mit modernen, technisch gut ausgestatteten Zimmern ganz auf Geschäftsleute eingestellt. Großzügiges und reichhaltiges Frühstücksbuffet.

Bavaria
Nürnberger Str. 54 ⌂ 90762 – ℰ (0911) 74 31 90 – bavariahotel@t-online.de
– Fax (0911) 74319186 – geschl. 24. - 27. Dez.   Z e
47 Zim ⌑ – †81/89 € ††101/129 € – **Rest** – (geschl. Aug. und Freitag - Sonntag, nur Abendessen) Karte 14/25 €
♦ Unweit der Stadtgrenze zu Nürnberg liegt das familiär geführte Hotel - ein altes fränkisches Sandsteinhaus mit regionstypisch-rustikaler Note. Zum Restaurant gehört eine Terrasse im Innenhof.

Werners Hotel
Friedrichstr. 20 ⌂ 90762 – ℰ (0911) 74 05 60 – werners_hotel@t-online.de
– Fax (0911) 7405630   Z c
34 Zim ⌑ – †69/89 € ††89/129 € – **Rest** – (geschl. Sonn- und Feiertage) Karte 20/42 €
♦ Das ruhig im Zentrum von Fürth gelegene Haus verfügt über wohnlich eingerichtete Gästezimmer, die teilweise in geradlinig-modernem Stil gehalten sind. Internationales Angebot und spanische Tapas im Restaurant. Hübsche Innenhofterrasse.

FÜRTH

Alexanderstr.	Z 2	Gustav-Schickedanz-Str.	Z 17	Mathildenstr.	Z 30
Bäumenstr.	Y 4	Heiligenstr.	Y 18	Obstmarkt	Y 32
Brandenburger Str.	Y 7	Helmpl.	Y 19	Ottostr.	Y 34
Denglerstr.	Z 12	Henri-Dunant-Str.	Y 20	Poppenreuther Str.	Y 35
Friedrichstr.	Z 14	Hornschuchpromenade	Z 22	Rudolf-Breitscheid-	
Fürther Freiheit	Z 15	Königspl.	Z 27	Str.	Z 39
		Königswarterstr.	Z 28	Schwabacher Str.	Z
		Kohlenmarkt	Y 29	Uferstr.	Y 41
		Marienstr.	Z 31	Würzburger Str.	Y 45

✂✂ **Kupferpfanne**   ♿ VISA ⓜ AE

Königstr. 85 ✉ *90762 –* ✆ *(0911) 77 12 77 – Fax (0911) 777637*
– geschl. Sonn- und Feiertage

Y n

Rest – (Tischbestellung ratsam) Menü 28 € (mittags)/60 € (abends) – Karte 36/59 €

♦ Gegenüber dem Rathaus befindet sich dieses Restaurant in einem Haus mit Natursteinfassade. In gemütlicher Atmosphäre serviert man internationale Küche.

✂✂ **La Palma**   🏠 P VISA ⓜ AE ⓓ

Karlstr. 22 (siehe Stadtplan Nürnberg) ✉ *90763*
– ✆ *(0911) 74 75 00 – minneci@arcor.de – Fax (0911) 7418830*
– geschl. Aug. und Montag

AS b

Rest – (Tischbestellung ratsam) Menü 35 € – Karte 20/36 €

♦ Das seit vielen Jahren von der Inhaberfamilie geführte Restaurant bietet seinen Gästen ein mediterran-elegantes Ambiente und italienische Küche.

FÜRTH

In Fürth-Dambach

NH Forsthaus Fürth — Biergarten — Rest,
Zum Vogelsang 20 (siehe Stadtplan Nürnberg)
⊠ 90768 – ℰ (0911) 77 98 80
– nhforsthausfuerth@nh-hotels.com – Fax (0911) 720885 AS **f**
113 Zim – †69/149 € ††69/149 €, ⊊ 16 € – 2 Suiten – **Rest** – Karte 28/49 €
♦ Dieses Hotel überzeugt mit seiner ruhigen Lage am Waldrand, den modern designten Gästezimmern sowie guten Tagungsmöglichkeiten. Eine große sonnige Terrasse ergänzt das klassisch gestaltete Restaurant.

In Fürth-Poppenreuth

Mercure — (geheizt)
Laubenweg 6 (siehe Stadtplan Nürnberg) ⊠ 90765 – ℰ (0911) 9 76 00 – h0493@accor.com – Fax (0911) 9760100 AS **n**
129 Zim – †74/114 € ††84/124 €, ⊊ 14 € – **Rest** – Karte 24/43 €
♦ Die sehr verkehrsgünstige Lage an der Autobahnausfahrt, moderne Zimmer in freundlichen Farben und gute Tagungsmöglichkeiten sprechen für diese Businessadresse. Das neuzeitliche Restaurant ist mit Fotografien bedeutender Fürther Persönlichkeiten dekoriert.

FÜSSEN – Bayern – **546** – 13 910 Ew – Höhe 808 m – Wintersport : 950 m
– Kneippkurort 64 **J22**

▶ Berlin 659 – München 120 – Kempten (Allgäu) 44 – Landsberg am Lech 63
ℹ Kaiser-Maximilian-Platz 1, ⊠ 87629, ℰ (08362) 9 38 50, tourismus@fuessen.de
◉ St.-Anna-Kapelle (Totentanz★) **B**
◉ Schloss Neuschwanstein★★★ – Schloss Hohenschwangau★ – Alpsee★ (über B 17 : 4 km) – Romantische Straße★★ (von Füssen bis Würzburg)

Luitpoldpark
Luitpoldstraße ⊠ 87629 – ℰ (08362) 90 40 – fuessen@treff-hotels.de
– Fax (08362) 904678 **r**
131 Zim ⊊ – †98/125 € ††158/198 € – ½ P 19 € – 7 Suiten
Rest – Karte 28/42 €
♦ Eine großzügige, als Atrium angelegte Halle empfängt Sie in dem modernen Hotel in der Innenstadt. Die Zimmer: angenehm hell und geräumig. Das Wiener Café, eine rustikale Stube und die Bar El Bandito ergänzen das klassische Restaurant.

Alatseestr.	2
Brotmarkt	5
Brunnengasse	7
Hutergasse	8
Jesuitergasse	9
Kaiser-Maximilian-Pl.	12
Klosterstr.	13
Lechhalde	15
Magnuspl.	16
Reichenstr.	18
Schrannengasse	19
Tiroler Str.	20
Weidachstr.	22

469

FÜSSEN

Sommer
(geheizt) Rest,

Weidachstr. 74 – 87629 – ℘ (08362) 9 14 70 – info@hotel-sommer.de
– Fax (08362) 914714
70 Zim – †98/127 € ††144/238 € – ½ P 24 € – 13 Suiten – **Rest** – Karte 17/28 €

♦ Etwas außerhalb, vor der schönen Bergkulisse liegt dieses gut geführte Hotel mit zeitgemäß und behaglich eingerichteten Zimmern und großzügigem Wellnessbereich. Nettes, mit hellem Holz ausgestattetes Restaurant.

Kurcafé
Prinzregentenplatz 4 – 87629 – ℘ (08362) 93 01 80 – info@kurcafe.com
– Fax (08362) 9301850
31 Zim – †65/99 € ††85/159 € – ½ P 15 € – **Rest** – Karte 16/35 €

a

♦ Ein nettes familiengeführtes Hotel in zentraler Lage. Die Gästezimmer sind zeitgemäß eingerichtet, besonders wohnlich sind die Zimmer im Landhausstil. Das Restaurant: gemütlich-rustikal oder mediterran als Wintergarten.

Hirsch
Biergarten

Kaiser-Maximilian-Platz 7 – 87629 – ℘ (08362) 9 39 80 – info@hotelhirsch.de
– Fax (08362) 939877 – geschl. 7. - 31. Jan.

u

52 Zim – †55/100 € ††80/175 € – ½ P 17 € – **Rest** – Karte 23/39 €

♦ Seit mehreren Generationen befindet sich das historische Haus an der Fußgängerzone in Familienbesitz. Sehr hübsch und komfortabel sind die Themenzimmer im Anbau. Gemütlich und rustikal sind die z. T. holzvertäfelten Restauranträume.

Christine garni
Weidachstr. 31 – 87629 – ℘ (08362) 72 29 – info@hotel-christine-fuessen.de
– Fax (08362) 940554

z

13 Zim – †85 € ††105/130 €

♦ Das in einer ruhigen Wohnstraße gelegene kleine Hotel bietet Ihnen wohnliche Gästezimmer und ein ansprechendes Frühstück.

Zum Schwanen
Brotmarkt 4 – 87629 – ℘ (08362) 61 74 – gasthausschwanen@t-online.de
– Fax (08362) 940781 – geschl. Mitte Jan. - Mitte März und Sonntagabend - Montag

c

Rest – Karte 14/27 €

♦ Das Altstadthaus an der Fußgängerzone beim Rathaus beherbergt ein gepflegtes, leicht rustikales Restaurant, in dem man Ihnen regionale Gerichte serviert.

In Füssen-Bad Faulenbach – Kneippkurort, Mineral- und Moorbad :

Kur- und Vitalhotel Wiedemann
Am Anger 3 – 87629 – ℘ (08362) 9 13 00 – info@hotel-wiedemann.de
– Fax (08362) 913077 – geschl. Mitte Nov. - Mitte Dez.

n

36 Zim – †49/69 € ††90/120 € – ½ P 16 € – **Rest** – (nur für Hausgäste)

♦ Aus der ursprünglichen "Villa am See" hat Familie Wiedemann das heutige Kur- und Vitalhotel geschaffen. Solide Zimmer und ruhige Lage zählen zu den Annehmlichkeiten.

In Füssen-Hopfen am See Nord : 5 km über Augsburger Straße – Luft- und Kneippkurort

Fischerhütte
Biergarten

Uferstr. 16 – 87629 – ℘ (08362) 9 19 70 – wltrvol@web.de – Fax (08362) 919718
Rest – Karte 16/42 €

♦ Gemütlich sitzt man in den verschiedenen rustikalen Stuben dieses ländlichen Gasthauses oder - im Sommer - auf der herrlichen Terrasse am See.

Wir bemühen uns bei unseren Preisangaben um grösstmögliche Genauigkeit. Aber alles ändert sich! Lassen Sie sich daher bei Ihrer Reservierung den derzeit gültigen Preis mitteilen.

FÜSSING, BAD – Bayern – 546 – 6 650 Ew – Höhe 320 m – Heilbad 60 **P19**

▶ Berlin 636 – München 147 – Passau 31 – Salzburg 110
ℹ Rathausstr. 8, ✉ 94072, ✆ (08531) 97 55 80, tourismus@badfuessing.de
Bad Füssing-Kirchham, Tierham 3 ✆ (08537) 9 19 90

Parkhotel
(geheizt) (Thermal) Zim,
Waldstr. 16 ✉ 94072 – ✆ (08531) 92 80
– parkhotel.badfuessing@t-online.de – Fax (08531) 2061 – geschl. 1. - 26. Dez.,
9. - 30. Jan.
97 Zim – †77/95 € ††150/210 € – ½ P 13 € – **Rest** – Menü 28 € – Karte 18/37 €
♦ Ruhig liegt diese gewachsene Hotelanlage im Grünen und doch zentrumsnah. Vom eleganten Hallenbereich gelangen Sie in wohnliche Zimmer. Eine Gartenterrasse ergänzt das freundlich gestaltete Restaurant.

Holzapfel
(direkter Zugang zu den Thermal-
Thermalbadstr. 5   schwimmbädern) Zim,
✉ 94072 – ✆ (08531)
95 70 – info@hotel-holzapfel.de – Fax (08531) 957280 – geschl. Dez. 3 Wochen
75 Zim – †72/81 € ††134/144 € – ½ P 14 € – 3 Suiten – **Rest** – Menü 23/56 €
– Karte 18/45 €
♦ Zeitgemäße, gediegene Gästezimmer und ein gepflegter Freizeitbereich erwarten Sie in dem gut geführten Hotel bei der Therme. Mit viel Holz behaglich gestaltete Schwarzwaldstube und luftiger Wintergarten.

Wittelsbach
(Thermal) (Thermal)
Beethovenstr. 8 ✉ 94072 – ✆ (08531) 95 20
– kurhotel.wittelsbach@t-online.de – Fax (08531) 22256
69 Zim – †78/83 € ††136/146 € – ½ P 16 € – **Rest** – (nur für Hausgäste)
♦ Gäste schätzen hier das gediegene Ambiente und den guten Service. Zu den Annehmlichkeiten des Hauses zählt auch die verkehrsberuhigte Lage im Kurgebiet.

Am Mühlbach
(Thermal) (Thermal)
Bachstr.15 (Saffersetten, Süd : 1 km) ✉ 94072
– ✆ (08531) 27 80 – info@muehlbach.de
– Fax (08531) 278427
61 Zim – †92/100 € ††138/204 € – ½ P 16 € – 5 Suiten
Rest – Karte 14/37 €
♦ Ein gewachsenes Kurhotel mit wohnlich-rustikalem Charakter. Besonders schön sind die Zimmer der Kategorie Romantik. Großzügiger Bade- und Saunabereich. Das Restaurant Kirchawirt ist mit viel altem Holz im Wirtshausstil gehalten.

Bayerischer Hof
(Thermal) Rest,
Kurallee 18 ✉ 94072 – ✆ (08531) 95 66
– bayerischer-hof@t-online.de – Fax (08531) 956800 – geschl. Dez. - Jan.
59 Zim – †64/69 € ††114/124 € – ½ P 14 € – **Rest** – Karte 15/27 €
♦ Im Zentrum, gegenüber dem Kurpark ist das regionstypische Hotel gelegen. Man bietet dem Gast wohnliche Zimmer und ein eigenes kleines Thermalbad. Vom bürgerlichen Restaurant aus hat man einen schönen Blick ins Grüne.

Kurhotel Diana garni
Kurallee 12 ✉ 94072 – ✆ (08531) 2 90 60 – info@diana-kurhotel.de – Fax (08531) 2906103 – geschl. 15. Dez. - 10. Jan.
40 Zim – †42/45 € ††79/82 €
♦ Sehr gepflegt und wohnlich sind die Gästezimmer in diesem sympathischen und gut geführten Familienbetrieb in der Ortsmitte.

FULDA – Hessen – 543 – 63 450 Ew – Höhe 257 m 39 **H13**

▶ Berlin 448 – Wiesbaden 141 – Frankfurt am Main 99 – Gießen 109
ADAC Karlstr. 19
ℹ Bonifatiusplatz 1, ✉ 36037, ✆ (0661) 1 02 18 14, tourismus@fulda.de
Hofbieber, Am Golfplatz ✆ (06657) 13 34
◉ Dom (Bonifatiusaltar★) Y – St.-Michael-Kirche★ Y B
Kirche auf dem Petersberg (romanische Steinreliefs★★, ≤★) Ost : 4 km

471

FULDA

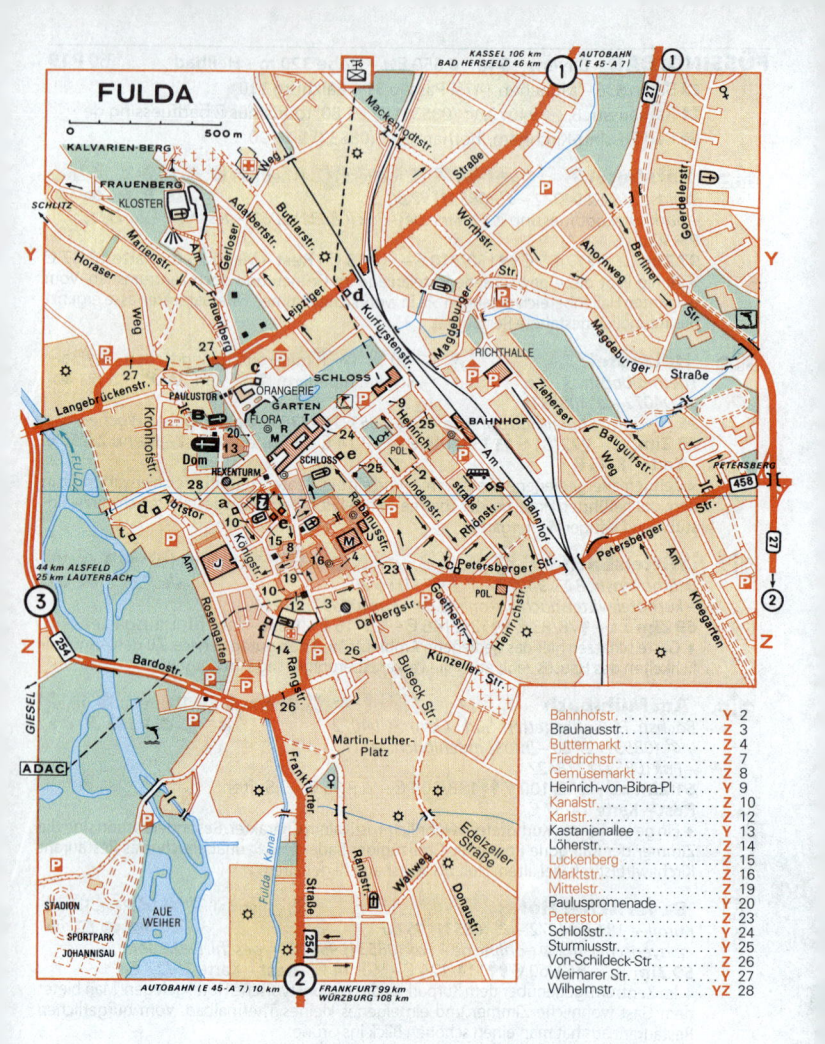

Street	Ref
Bahnhofstr.	Y 2
Brauhausstr.	Z 3
Buttermarkt	Z 4
Friedrichstr.	Z 7
Gemüsemarkt	Z 8
Heinrich-von-Bibra-Pl.	Y 9
Kanalstr.	Z 10
Karlstr.	Z 12
Kastanienallee	Y 13
Löherstr.	Z 14
Luckenberg	Z 15
Marktstr.	Z 16
Mittelstr.	Z 19
Pauluspromenade	Y 20
Peterstor	Z 23
Schloßstr.	Z 24
Sturmiusstr.	Y 25
Von-Schildeck-Str.	Z 26
Weimarer Str.	Y 27
Wilhelmstr.	YZ 28

Maritim-Hotel Am Schlossgarten
Pauluspromenade 2 ✉ 36037 – ✆ (0661) 28 20 – info.ful@maritim.de – Fax (0661) 282499   Y c
112 Zim 🍽 – †125/192 € ††158/207 € – **Rest** – Karte 28/35 €
♦ Eine großzügige, als Atrium angelegte Lobby empfängt Sie in dem Hotel direkt am Schlossgarten. Moderne Zimmer. Sehr schön: die festlichen Säle in der historischen Orangerie. Restaurant in einem Gewölbekeller aus dem 17. Jh.

Goldener Karpfen
Simpliziusbrunnen 1 ✉ 36037 – ✆ (0661) 8 68 00 – info@hotel-goldener-karpfen.de – Fax (0661) 8680100   Z f
50 Zim 🍽 – †95/180 € ††130/280 € – 4 Suiten
Rest – Menü 20 € (mittags)/68 € – Karte 26/53 €
♦ Ein gewachsenes Hotel in verkehrsberuhigter Lage. Es erwarten Sie eine Halle mit offenem Kamin, z. T. sehr modern gestaltete Zimmer sowie reichlich Zierrat im ganzen Haus. Zeitlos und leicht elegant wirkt das Restaurant.

FULDA

Zum Ritter
Rest, P VISA AE

Kanalstr. 18 ⊠ 36037 – ℰ (0661) 25 08 00 – rezeption@hotel-ritter.de – Fax (0661) 25080174

Z a

33 Zim ⊐ – †87/92 € ††102/112 € – **Rest** – Karte 20/47 €

♦ Seit über 140 Jahren beherbergt man in diesem sehr gepflegten Haus Gäste - es stehen nette neuzeitlich ausgestattete Zimmer bereit. Holzvertäfelung und historische Deckengemälde prägen das Ambiente im Restaurant.

Holiday Inn
VISA AE

Lindenstr. 45 ⊠ 36037 – ℰ (0661) 8 33 00 – info@holiday-inn-fulda.de – Fax (0661) 8330555

Z c

134 Zim ⊐ – †85/125 € ††105/145 € – **Rest** – Karte 19/24 €

♦ Vor allem auf Tagungen ist dieses Stadthotel ausgerichtet. Den Gästen bietet man freundlich gestaltete Zimmer mit funktioneller Einrichtung. Restaurant mit Bistrocharakter und internationalem Angebot.

Am Dom garni
P VISA AE

Wiesenmühlenstr. 6 ⊠ 36037 – ℰ (0661) 9 79 80 – mail@hotel-am-dom-fulda.de – Fax (0661) 9798500 – geschl. 23. Dez. - 2. Jan.

Z d

45 Zim ⊐ – †68 € ††94 €

♦ Das familiengeführte Hotel befindet sich am Rand der Altstadt und verfügt über zeitgemäß und funktionell ausgestattete Gästezimmer.

Peterchens Mondfahrt garni
P VISA AE

Rabanusstr. 7 ⊠ 36037 – ℰ (0661) 90 23 50 – rezeption@hotel-peterchens-mondfahrt.de – Fax (0661) 90235799

Y e

49 Zim ⊐ – †50/72 € ††67/97 €

♦ In diesem Etagenhotel unweit des Schlosses finden Sie gepflegte Zimmer von klassisch bis modern. Auch Allergikerzimmer in rustikalem Stil sind vorhanden.

Brauhaus Wiesenmühle
Biergarten P VISA

Wiesenmühlenstr. 13 ⊠ 36037 – ℰ (0661) 92 86 80 – info@wiesenmuehle.de – Fax (0661) 9286839

Z t

24 Zim ⊐ – †60 € ††89 € – **Rest** – Karte 15/25 €

♦ Idyllisch liegt die restaurierte Mühle a. d. 14. Jh. an einem Bach am Rande der Stadt. Hinter ihren dicken Mauern erwarten Sie gemütliche Zimmer in hellem Naturholz. In der urigen Mühlenstube wird eine bürgerliche Küche serviert. Kleine Hausbrauerei.

Ibis garni
P VISA AE

Kurfürstenstr. 3 ⊠ 36037 – ℰ (0661) 25 05 60 – h3286@accor.com – Fax (0661) 25056555

Y d

75 Zim – †52/55 € ††62/65 €, ⊐ 10 €

♦ Im Zentrum der Stadt ist dieser Hotelneubau gelegen. Die Einrichtung der Zimmer ist neuzeitlich, schlicht und funktionell. Heller, zur Halle hin offener Frühstücksraum.

Hessischer Hof garni
VISA AE

Nikolausstr. 22 ⊠ 36037 – ℰ (0661) 7 80 11 – info@hessischerhof.de – Fax (0661) 72289

Y s

27 Zim ⊐ – †60/70 € ††80/90 €

♦ Hinter der schlichten Fassade dieses Hotels überraschen Zimmer, die teils großzügig geschnitten und mit praktischen, geschmackvollen Möbeln eingerichtet sind.

XX Dachsbau
VISA AE

Pfandhausstr. 8 ⊠ 36037 – ℰ (0661) 7 41 12 – dachsbau-stubert-fulda@t-online.de – Fax (0661) 74110 – geschl. Juni - Juli 3 Wochen und Sonntagabend - Dienstagmittag

Z e

Rest – Menü 20/50 € – Karte 31/44 €

♦ Etwas versteckt in einer Seitenstraße der Altstadt liegt dieses nette Restaurant mit gemütlich-rustikalem Charakter. Etwa 300 Kupferstiche zieren die Wände.

X Alte Pfandhausstube
VISA

Pfandhausstr. 7 ⊠ 36037 – ℰ (0661) 2 29 01 – altepfandhausstube@arcor.de – Fax (0661) 22900 – geschl. Montag

Z e

Rest – Karte 20/32 €

♦ Das Altstadthaus beherbergt ein Restaurant im Stil einer Weinstube - nett-rustikal in der Aufmachung, mit Sitznischen. Man bewirtet Sie mit bürgerlicher Küche.

473

FURTH IM WALD – Bayern – 546 – 9 480 Ew – Höhe 407 m – Wintersport : 910 ☒3 ☒ – Erholungsort
52 **O17**

- Berlin 492 – München 198 – Regensburg 93 – Cham 19
- Schlossplatz 1, ✉ 93437, ✆ (09973) 5 09 80, tourist@furth.de
- Furth im Wald, Voithenberg 3 ✆ (09973) 20 89

Veranstaltungen 08.08. - 18.08. : Drachenstich

Habersaign
Haberseigen 1 (West : 2 km) ✉ 93437 – ✆ (09973) 38 23 – info@hotel-habersaign.de – Fax (09973) 3284 – geschl. Nov.
24 Zim ☒ – †38/39 € ††66/72 € – **Rest** – Karte 12/22 €

♦ Ein Gasthof mit neuzeitlichem, z. T. holzverkleidetem Anbau, der Ihnen mit solidem Naturholzmobiliar eingerichtete Gästezimmer bietet. Rustikales Restaurant.

> Der Stern ✿ zeichnet Restaurants mit exzellenter Küche aus.
> Er wird an Häuser vergeben, für die man gerne einen Umweg in Kauf nimmt!

FURTWANGEN – Baden-Württemberg – 545 – 9 730 Ew – Höhe 870 m – Wintersport : 1 090 m ☒2 ☒ – Erholungsort
62 **E20**

- Berlin 767 – Stuttgart 140 – Freiburg im Breisgau 40 – Donaueschingen 30
- Lindenstr. 1, ✉ 78120, ✆ (07723) 9 29 50, touristinfo@furtwangen.de
- Deutsches Uhrenmuseum★
- Brend★ (❊★) Nord-West: 5,5 km

Zum Ochsen
Marktplatz 9 ✉ 78120 – ✆ (07723) 9 31 16 – info@hotel-ochsen-furtwangen.de – Fax (07723) 931155 – geschl. 2. - 14. Jan.
34 Zim ☒ – †42/49 € ††62/82 € – **Rest** – (geschl. 2. - 19. Jan. und Freitag) Karte 16/37 €

♦ Ein gepflegter familiengeführter Schwarzwaldgasthof in zentraler Lage am Rathaus. Ein Teil der Zimmer ist etwas neuer und mit hellem Naturholz eingerichtet. Restaurant mit ländlichem Ambiente.

GÄRTRINGEN – Baden-Württemberg – 545 – 11 580 Ew – Höhe 476 m
55 **G19**

- Berlin 657 – Stuttgart 31 – Freudenstadt 59 – Karlsruhe 88

Bären garni
Daimlerstr. 11 ✉ 71116 – ✆ (07034) 27 60 – hotel-baeren@t-online.de – Fax (07034) 276222 – geschl. 24. Dez. - 6. Jan.
32 Zim ☒ – †58/75 € ††75/95 €

♦ Ein familiengeführtes Hotel in einem kleinen Industriegebiet mit recht individuellen, funktionellen Zimmern. Das Haus ist auch für Tagungen geeignet.

GÄUFELDEN – Baden-Württemberg – siehe Herrenberg

GAGGENAU – Baden-Württemberg – 545 – 29 590 Ew – Höhe 141 m
54 **E18**

- Berlin 702 – Stuttgart 103 – Karlsruhe 31 – Baden-Baden 16
- August-Schneider-Str. 20, ✉ 76571, ✆ (07225) 7 96 69, touristinfo@stadt.gaggenau.de

In Gaggenau-Michelbach Nord-Ost : 3,5 km :

Zur Traube
Lindenstr. 10 ✉ 76571 – ✆ (07225) 98 18 08 – info@traube-michelbach.de – Fax (07225) 981809 – geschl. 4. - 18. Feb. und Montag - Dienstagmittag, Nov. - März Montag - Dienstag
Rest – Menü 22/58 € – Karte 26/48 €

♦ Ein hübsches restauriertes Fachwerkhaus a. d. 18. Jh. beherbergt das ländlich und leicht elegant gestaltete Restaurant sowie eine nette Vesperstube.

GAIENHOFEN – Baden-Württemberg – 545 – 3 130 Ew – Höhe 425 m – Kurort
63 G21
- Berlin 757 – Stuttgart 175 – Konstanz 33 – Singen (Hohentwiel) 23
- Im Kohlgarten 1, ⌧ 78343, ⌀ (07735) 8 18 23, info@gaienhofen.de

In Gaienhofen-Hemmenhofen – Erholungsort:

Höri am Bodensee
Uferstr. 20 ⌧ 78343 – ⌀ (07735) 81 10 – info@hoeri-am-bodensee.de – Fax (07735) 811222
79 Zim ⌂ – †82/135 € ††113/180 € – ½ P 24 € – 3 Suiten – **Rest** – Karte 31/48 €
♦ Vor allem die schöne und recht ruhige Lage am Bodenseeufer macht dieses Hotel aus. Neben zeitgemäßen Standard- und Komfort-Zimmern bietet man verschiedene Beauty-Anwendungen. Als Wintergarten angelegtes Restaurant mit Blick zum See. Internationale Karte.

Kellhof
Hauptstr. 318 ⌧ 78343 – ⌀ (07735) 20 35 – kellhof@t-online.de – Fax (07735) 938738 – geschl. Jan. - 20. März
15 Zim ⌂ – †55/65 € ††80/110 € – ½ P 20 €
Rest – (geschl. Nov. - Dez. Montag - Dienstag) Karte 20/35 €
♦ Freundliche, mit Vollholzmöbeln neuzeitlich und wohnlich gestaltete Zimmer und eine sehr gepflegte Außenanlage sprechen für dieses nette Fachwerkhaus. Bürgerliches Restaurant.

In Gaienhofen-Horn

Hirschen-Gästehaus Verena
Kirchgasse 1 ⌧ 78343 – ⌀ (07735) 9 33 80 – hirschen-horn@t-online.de – Fax (07735) 933859 – geschl. 6. Jan. - Anfang Feb.
32 Zim ⌂ – †52/62 € ††72/112 € – ½ P 16 € – **Rest** – (geschl. Nov. - März Mittwoch - Donnerstag) Karte 18/30 €
♦ Neben geschmackvollen Gästezimmern in hellem oder dunklem Holz zählt auch die Lage nahe dem Bodensee zu den Vorzügen dieses Hauses. Viel Holz verleiht der Gaststube ein gemütliches Ambiente.

GAILDORF – Baden-Württemberg – 545 – 12 560 Ew – Höhe 329 m
56 H18
- Berlin 557 – Stuttgart 69 – Aalen 43 – Schwäbisch Gmünd 29

In Gaildorf-Unterrot Süd: 3 km über B 298:

Kocherbähnle
Schönberger Str. 8 ⌧ 74405 – ⌀ (07971) 26 09 50 – info@kocherbaehnle.de – Fax (07971) 21088 – geschl. 4. - 9. Feb., Aug. 2 Wochen
16 Zim ⌂ – †38/44 € ††69/79 € – **Rest** – (geschl. Sonntagabend - Montag) Karte 16/32 €
♦ Gegenüber den Bahngleisen liegt dieses nette Klinkerhaus. Das familiengeführte Hotel stellt für seine Gäste wohnliche Unterkünfte bereit. Rustikales Restaurant.

GALLMERSGARTEN – Bayern – 546 – 810 Ew – Höhe 356 m
49 J16
- Berlin 486 – München 208 – Würzburg 59 – Ansbach 34

In Gallmersgarten-Steinach

Landgasthof Sämann
Bahnhofstr. 18 ⌧ 91605 – ⌀ (09843) 93 70 – landgasthof-saemann@t-online.de – Fax (09843) 937222
26 Zim ⌂ – †42/46 € ††56/68 € – **Rest** – Karte 13/25 €
♦ Seit über 30 Jahren befindet sich das Hotel in Bahnhofsnähe im Familienbesitz. Es erwarten Sie wohnliche und funktionelle Zimmer sowie ein freundlicher Frühstücksraum. Im Restaurant bietet man bürgerliche Küche mit Produkten aus der eigenen Metzgerei.

GANDERKESEE – Niedersachsen – 541 – 30 980 Ew – Höhe 27 m – Erholungsort
17 **F6**

▶ Berlin 409 – Hannover 140 – Bremen 22 – Oldenburg 31

In Ganderkesee-Stenum Nord : 6 km, jenseits der A 28 :

Backenköhler (mit Gästehaus)   Biergarten
*Dorfring 40 ⌧ 27777 – ℰ (04223) 7 30
– backenkoehler@landidyll.de – Fax (04223) 8604 – geschl. Jan. - 3. März*
52 Zim – †59/77 € ††90/109 € – ½ P 19 € – **Rest** – Karte 22/32 €
♦ Das einstige Forsthaus steht für Tradition und Atmosphäre und unterstreicht mit seinem typischen Reetdach den Charme des Dorfes. Gepflegte Zimmer sorgen für erholsamen Schlaf. Biergarten und Terrasse ergänzen das Restaurant.

GARBSEN – Niedersachsen – 541 – 63 310 Ew – Höhe 54 m
18 **H8**

▶ Berlin 304 – Hannover 17

In Garbsen-Berenbostel

Landhaus am See (mit Gästehaus)
*Seeweg 27 ⌧ 30827 – ℰ (05131) 4 68 60 – info@
landhausamsee.de – Fax (05131) 468666*
37 Zim – †90 € ††105 € – **Rest** – *(geschl. Sonntag)* Karte 24/41 €
♦ Wie gemalt liegt die Villa am See. Die im Landhausstil gehaltenen Zimmer, teilweise mit Balkon, gefallen mit modernem und elegantem Ambiente. Angenehm helles Restaurant mit schöner Aussicht und Gartenterrasse.

In Garbsen-Frielingen

Bullerdieck (mit Gästehaus)   Biergarten
*Bgm.-Wehrmann-Str. 21 ⌧ 30826 – ℰ (05131) 45 80 – info@bullerdieck.de
– Fax (05131) 458222*
48 Zim – †70/80 € ††95/105 € – **Rest** – Karte 15/34 €
♦ Die zeitgemäßen Zimmer des gewachsenen Gasthofs sind wohnlich und gediegen, z. T. im Landhausstil oder mit mediterranem Flair gestaltet. Über mehrere angenehme kleine Räume verteilt sich das Restaurant mit regionaler Küche.

GARCHING – Bayern – 546 – 15 360 Ew – Höhe 482 m
66 **M20**

▶ Berlin 573 – München 15 – Regensburg 112 – Landshut 64

Hoyacker Hof garni
*Freisinger Landstr. 9a (B 11) ⌧ 85748 – ℰ (089) 3 26 99 00 – info@hoyackerhof.de
– Fax (089) 3207243 – geschl. 21. Dez. - 7. Jan.*
62 Zim – †72 € ††98 €
♦ Wohnlich-alpenländisches Ambiente erwartet Sie in diesem familiär geleiteten Hotel im Zentrum. Gemütlich ist der nett dekorierte Frühstücksraum.

Coro garni
*Heideweg 1 ⌧ 85748 – ℰ (089) 3 26 81 60 – room@hotelcoro.de – Fax (089)
32681640 – geschl. 23. Dez. - 7. Jan.*
22 Zim – †50/72 € ††96 €
♦ Die Lage am Ortsrand unweit der Autobahn macht den Familienbetrieb mit den neuzeitlichen, wohnlichen Gästezimmern auch für Geschäftsreisende interessant.

GARMISCH-PARTENKIRCHEN – Bayern – 546 – 26 270 Ew – Höhe 708 m – Wintersport : 2 750 m ⛷ 8 ⛷ 20 ⛷ – Heilklimatischer Kurort
65 **K22**

▶ Berlin 675 – München 89 – Augsburg 117 – Innsbruck 60

🛈 Richard-Strauss-Platz 2, ⌧ 82467, ℰ (08821) 18 07 00, tourist-info@gapa.de

🏌 Werdenfels, Schwaigwang ℰ (08821) 94 56 70 X

🏌 Oberau, Gut Buchwies ℰ (08824) 83 44 X

◉ St.-Anton-Anlagen ≤ ★ X

◉ Wank ※★★ Ost : 2 km und ⛷ – Partnachklamm★★ 25 min zu Fuß (ab Skistadion) – Zugspitzgipfel★★★ (※★★★) mit Zahnradbahn (Fahrzeit 75 min) oder mit ⛷ ab Eibsee (Fahrzeit 10 min) – Eibsee★ – Königshaus am Schachen★★ (mehrstündige Wanderung)

GARMISCH-PARTENKIRCHEN

Achenfeldstr.	**Z** 2
Alleestr.	**Y** 3
Am Eisstadion	**Z** 5
Am Holzhof	**Y** 6
Am Kurpark	**X** 7
Badgasse	**Z** 9
Bahnhofstr.	**X** 10
Chamonixstr.	**Y** 11
Enzianstr.	**Y** 13
Ferdinand-Barth-Str.	**X** 15
Fürstenstr.	**Y** 16
Gernackerstr.	**X** 17
Hauptstr.	**X**
Hindenburgstr.	**X** 18
Kramerstr.	**Y** 19
Krottenkopfstr.	**Y** 23
Ludwigstr.	**YZ**
Marienpl.	**Z** 26
Mittenwalder Str.	**X** 27
Münchner Str.	**X** 30
Parkstr.	**X** 32
Partnachstr.	**Y** 33
Promenadestr.	**X** 35
Rathauspl.	**X** 36
Richard-Strauß-Pl.	**Y** 37
Rießerseestr.	**X** 38
Schnitzschulstr.	**Y** 39
Sonnenbergstr.	**Y** 42
St-Anton-Str.	**Y**
St-Joseph-Pl.	**Z** 45
Von-Burg-Str.	**Y** 46
Wildenauer Str.	**X** 48
Zugspitzstr.	**X**

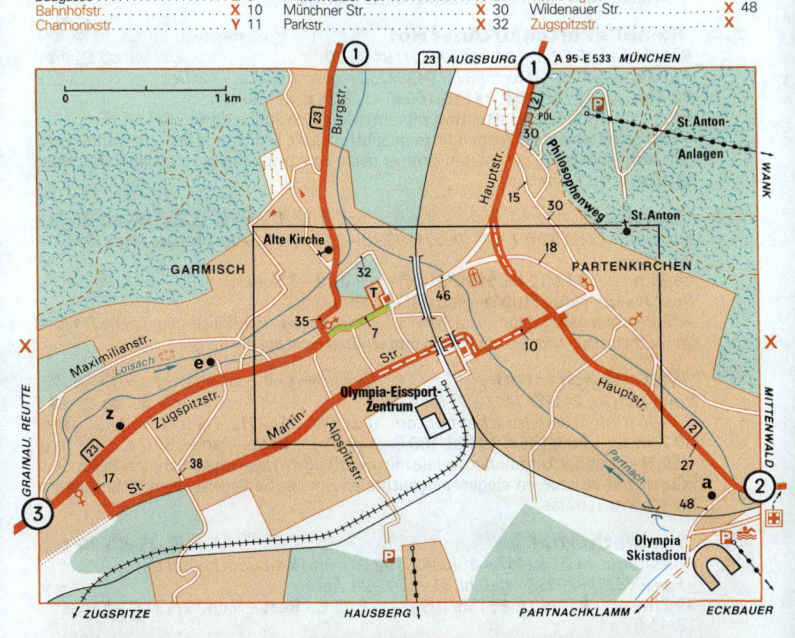

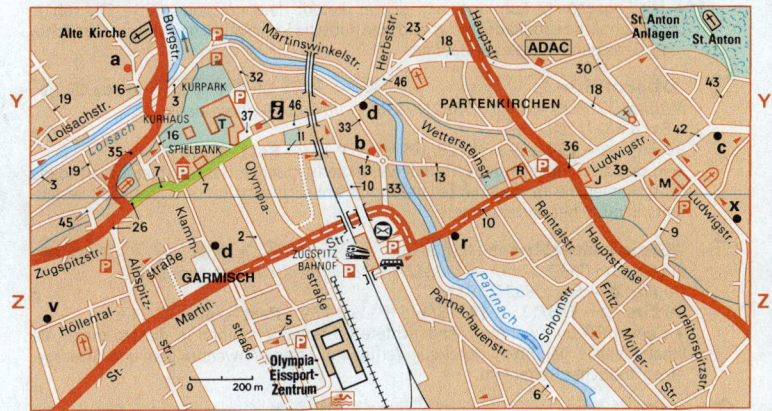

Luxuriös oder eher schlicht?
Die Symbole ✗ und 🏠 kennzeichnen den Komfort.

Grand Hotel Sonnenbichl ← Wetterstein und Zugspitze,
Burgstr. 97 (über B 2 X) ✉ 82467
– ✆ (08821) 70 21 00 – info@sonnenbichl.de
– Fax (08821) 702131
94 Zim – †99/129 € ††148/189 € – ½ P 26 € – 3 Suiten – **Rest** – Karte 21/40 €

♦ Ein 200 Jahre altes Haus mit Jugendstilfassade und klassischem Rahmen. Die erhöhte Lage mit schöner Aussicht und die individuellen Zimmer machen dieses Hotel aus. Das Restaurant Roter Salon bietet internationale Speisen.

Reindl's Partenkirchner Hof ← Wetterstein,
Bahnhofstr. 15 ✉ 82467 – ✆ (08821) 94 38 70
– info@reindls.de – Fax (08821) 94387250 – geschl. 2. Nov. - 12. Dez. Z r
62 Zim – †70/100 € ††110/160 € – ½ P 25 € – 11 Suiten
Rest – (abends Tischbestellung ratsam) Menü 23/26 € – Karte 26/45 €

♦ Ein komfortables familiengeführtes Urlaubshotel. Die Einrichtung der sehr wohnlichen, teils recht aufwändig gestalteten Zimmer reicht von rustikal bis hin zu Stilmobiliar. Klassisch wirkt das Restaurant.

Zugspitze
Klammstr. 19 ✉ 82467 – ✆ (08821) 90 10 – info@hotel-zugspitze.de – Fax (08821) 901333 Z d
48 Zim – †72/124 € ††96/210 € – ½ P 23 € – 3 Suiten
Rest *Joseph Naus Stub'n* – separat erwähnt

♦ Hinter einer ganz regionstypischen Fassade überzeugen wohnlich-gemütliche Zimmer im Landhausstil - fast alle mit Balkon und schöner Sicht auf die Berge.

Wittelsbacher Hof ← Waxenstein und Zugspitze,
Von-Brug-Str. 24 ✉ 82467 – ✆ (08821)
5 30 96 – info@wittelsbacher-hof.com – Fax (08821) 57312 – geschl. Nov. - 20. Dez.
60 Zim – †85/135 € ††120/180 € – ½ P 21 € – **Rest** – Karte 28/62 € Y d

♦ Ein Haus aus der Jahrhundertwende mit großzügigem klassischem Rahmen. Besonders hübsch sind die neueren, elegant eingerichteten Zimmer. Gediegen wirkendes Restaurant mit schöner Terrasse.

Staudacherhof
Höllentalstr. 48 ✉ 82467 – ✆ (08821) 92 90 – info@staudacherhof.de
– Fax (08821) 929333 – geschl. 31. März - 24. April Z v
39 Zim – †58/98 € ††136/199 € – ½ P 25 € – **Rest** – Menü 26/31 € – Karte 28/43 €

♦ Mit Engagement kümmert man sich in diesem Haus um seine Gäste. Die ruhige Lage, wohnliche Landhauszimmer und eine hübsche Saunalandschaft versprechen Erholung. Gediegen-rustikales Restaurant.

Obermühle
Mühlstr. 22 ✉ 82467 – ✆ (08821) 70 40 – info@hotel-obermuehle.de
– Fax (08821) 704112 X e
90 Zim – †99/129 € ††129/169 € – ½ P 19 € – **Rest** – Karte 29/45 €

♦ In den zwei miteinander verbundenen regionstypischen Häusern bietet man solide Gästezimmer, die im vorderen Teil besonders wohnlich gestaltet sind. Rustikales Restaurant mit hübscher Gartenterrasse.

Rheinischer Hof (mit Gästehaus)
Zugspitzstr. 76 ✉ 82467 – ✆ (08821) 91 20 – rheinischerhof-garmisch@t-online.de – Fax (08821) 59136 X z
39 Zim – †83/115 € ††113/145 € – ½ P 17 € – **Rest** – Karte 17/31 €

♦ Zeitgemäß und wohnlich eingerichtete Gästezimmer stehen in diesem durch die Inhaberfamilie geführten Hotel zur Verfügung. Beauty-Anwendungen und Massage. Alpenländisches Restaurant.

Leiner ← Biergarten
Wildenauer Str. 20 ✉ 82467 – ✆ (08821) 9 52 80 – info@hotel-leiner.de
– Fax (08821) 9528100 – geschl. 6. Nov. - 6. Dez. X a
40 Zim (inkl. ½ P.) – †64/75 € ††112/152 € – **Rest** – Karte 22/36 €

♦ Ein netter ländlicher Charakter bestimmt dieses familiengeführte Haus mit hübschem Garten, das sich auf Familien mit Kindern spezialisiert hat. Das Restaurant ist eine gemütliche Gaststube.

Gasthof Fraundorfer (mit Gästehaus) Biergarten 🎵 **P** *VISA* ◉◉
Ludwigstr. 24 ✉ 82467 – ℰ (08821) 92 70 – fraundorfer@gaponline.de
– Fax (08821) 92799 – geschl. 4. Nov. - 4. Dez.   Z x
31 Zim ⌁ – †42/60 € ††83/94 € – ½ P 15 € – 4 Suiten
– **Rest** – *(geschl. 1. - 11. April und Dienstag - Mittwochmittag)* Karte 15/32 €
♦ Der traditionelle bayerische Gasthof mit bemalter Fassade ist ein sympathischer Familienbetrieb mit regionstypisch eingerichteten Zimmern. Behagliche, ländliche Gaststube mit blanken Tischen und viel Holz. Bayerische Abende mit Musik und Schuhplattler.

Schatten   ≼Biergarten 🏠 ♿ ℅ Zim, 🛁 **P** 🚗
Sonnenbergstr. 10 ✉ 82467 – ℰ (08821) 9 43 08 90 – info@gasthof-schatten.de
– Fax (08821) 94308999 – geschl. Nov. - 5. Dez.   Y c
22 Zim ⌁ – †60/75 € ††94/130 € – ½ P 16 € – **Rest** – *(geschl. Mittwoch)* Karte 15/29 €
♦ An der Stelle des ursprünglichen alten Gasthofs steht heute dieses ebenso regionstypische Haus. Die meisten Zimmer liegen nach Süden hin und bieten eine schöne Aussicht. Restaurant mit rustikalem Charakter.

XX Joseph Naus Stub'n – Hotel Zugspitze   *VISA* ◉◉ **AE** ①
Klammstr. 19 ✉ 82467 – ℰ (08821) 90 10 – info@hotel-zugspitze.de – Fax (08821) 901333   Z d
Rest – *(nur Abendessen)* Karte 23/32 €
♦ Gemütlich sitzt man in dem geschmackvoll gestalteten Restaurant, benannt nach dem ersten Garmischer, der die Zugspitze bezwang. Das Speiseangebot ist überwiegend regional.

XX Husar   🌳 **P** *VISA* ◉◉
Fürstenstr. 25 ✉ 82467 – ℰ (08821) 9 67 79 22 – info@restauranthusar.de
– Fax (08821) 9677921 – geschl. Montag   Y a
Rest – *(Dienstag - Samstag nur Abendessen)* (Tischbestellung ratsam) Karte 23/52 €
♦ Eine denkmalgeschützte historische Fassade mit Lüftlmalerei ziert dieses regionstypische Gasthaus. Das Restaurant teilt sich in zwei behagliche rustikale Räume.

X Spago   🌳 *VISA* ◉◉ **AE** ①
Partnachstr. 50 ✉ 82467 – ℰ (08821) 96 65 55 – service@spago-gap.de
– Fax (08821) 966556   Y b
Rest – Karte 28/38 €
♦ Diese beliebte Adresse im Zentrum vereint Bistro, Café-Bar und ein leicht mediterran geprägtes Restaurant unter einem Dach.

Am Rießersee Süd : 2 km über Rießerseestraße X :

Renaissance Riessersee Hotel 🌲   ≼Biergarten 🌳 🏊 🎯 🎵 🧖
Am Riess 5   🏠 ℅ Rest, 🛁 **P** 🚗 *VISA* ◉◉ **AE** ①
✉ *82467 Garmisch-Partenkirchen*
– ℰ (08821) 75 80 – info@r-r-h.de – Fax (08821) 758123
155 Zim ⌁ – †99/139 € ††119/159 € – ½ P 25 € – **Rest** – Karte 19/42 €
♦ Die Lage am See, wohnliche, technisch neuzeitlich ausgestattete Gästezimmer und ein schöner Wellnessbereich machen dieses Hotel aus. Ein heller, freundlicher Wintergarten ergänzt das rustikale Restaurant.

GARREL – Niedersachsen – **541** – 12 180 Ew – Höhe 20 m   17 **E7**
🚗 Berlin 449 – Hannover 190 – Bremen 73 – Lingen 80
🏞 Thülsfelder Talsperre, Mühlenweg 9 ℰ (04474) 79 95

Auehof   🏠 📞 🛁 **P** *VISA* ◉◉ **AE**
Nikolausdorfer Str. 21 (Nord-Ost : 1,5 km) ✉ 49681 – ℰ (04474) 9 48 40 – info@der-auehof.de – Fax (04474) 948430
20 Zim ⌁ – †43/46 € ††70/75 € – **Rest** – *(geschl. Dienstagmittag, Samstagmittag)* Karte 15/31 €
♦ Moderne Tagungstechnik, hübsche Zimmer im Landhausstil sowie eine Vielfalt an Freizeitangeboten zählen zu den Vorzügen des privat wie geschäftlich geschätzten Hauses. Bürgerliches Restaurant.

479

GARREL

Zur Post (mit Gästehaus)
Hauptstr. 34 ⊠ 49681 – ℰ (04474) 80 00 – info@hotelpost-garrel.de – Fax (04474) 7847
30 Zim ⌂ – †49/67 € ††75/90 € – **Rest** – Karte 21/35 €
◆ Das regionstypische Klinkerhaus wurde um einen modernen Anbau erweitert. Hier sind die Zimmer besonders komfortabel und wohnlich. Das freundlich gestaltete Restaurant wird ergänzt durch einen Raum in pubähnlichem Stil.

GAU-BISCHOFSHEIM – Rheinland-Pfalz – 543 – 1 990 Ew – Höhe 133 m — 47 **E15**

▶ Berlin 594 – Mainz 13 – Neustadt an der Weinstraße 89 – Frankfurt am Main 49

Weingut Nack
Pfarrstr. 13 ⊠ 55296 – ℰ (06135) 30 43 – info@restaurant-nack.de – Fax (06135) 8382 – geschl. Montag - Dienstag, Mittwoch - Freitag nur Abendessen
Rest – Menü 48 € – Karte 39/53 €
Rest *Weinstube* – Karte 26/39 €
◆ Ein schönes Anwesen ist dieses historische Weingut, das in seinem Kellergewölbe ein elegantes Restaurant mit internationaler Küche beherbergt. Weinstube mit rustikaler Note.

GEESTHACHT – Schleswig-Holstein – 541 – 29 440 Ew – Höhe 27 m — 10 **J5**

▶ Berlin 265 – Kiel 118 – Hamburg 30 – Hannover 167
🗻 Escheburg, Am Soll 3 ℰ (04152) 8 32 04

Lindenhof
Johannes-Ritter-Str. 38 ⊠ 21502 – ℰ (04152) 84 67 00 – service@lindenhof-geesthacht.de – Fax (04152) 846734
25 Zim ⌂ – †38/58 € ††54/76 € – **Rest** – *(geschl. Sonntag, nur Abendessen)* Karte 15/25 €
◆ Mit einer individuellen und wohnlichen Zimmereinrichtung überzeugt das traditionsreiche Haus seine Gäste - Liebe zum Detail wird hier groß geschrieben. Eine gepflegte Atmosphäre sowie eine internationale und regionale Karte erwarten Sie im Restaurant.

Fährhaus Ziehl
Fährstieg 20 ⊠ 21502 – ℰ (04152) 30 41 – info@faehrhausziehl.de – Fax (04152) 70788
19 Zim ⌂ – †42/62 € ††57/82 € – **Rest** – *(geschl. Jan. 3 Wochen, Juli)* Karte 15/35 €
◆ Nahe dem Elbufer liegt das familiär geführte kleine Hotel mit seinen solide möblierten, zweckmäßig ausgestatteten Zimmern. Hamburg ist von hier aus gut erreichbar. Bürgerliches Restaurant.

GEHRDEN – Niedersachsen – 541 – 14 900 Ew – Höhe 76 m — 18 **H9**

▶ Berlin 300 – Hannover 14 – Bielefeld 96 – Osnabrück 125

Stadt Gehrden garni
Schulstr. 18 ⊠ 30989 – ℰ (05108) 92 20 – reception@hotel-gehrden.de – Fax (05108) 92210
44 Zim ⌂ – †60/70 € ††80 €
◆ Das neuzeitliche Klinkergebäude beherbergt gepflegte und funktionell eingerichtete Gästezimmer - in der 2. Etage mit Dachschräge. Frühstücksraum mit Wintergartenanbau.

Berggasthaus Niedersachsen
Köthnerberg 4 (über Gartenstraße, Süd-West : 1 km) ⊠ 30989 – ℰ (05108) 31 01 – Fax (05108) 2031 – geschl. Montag - Dienstag, außer Feiertage
Rest – *(Mittwoch - Freitag nur Abendessen)* (Tischbestellung ratsam)
Menü 42/44 € – Karte 33/44 €
◆ Schön liegt das hübsche historische Haus am Wald oberhalb des Ortes. Kerzen und Kamin unterstreichen die nette Atmosphäre. Freundlich serviert man saisonale Speisen.

GEILENKIRCHEN – Nordrhein-Westfalen – 543 – 28 290 Ew – Höhe 80 m
35 **A12**

▶ Berlin 622 – Düsseldorf 69 – Aachen 38 – Mönchengladbach 40

City Hotel garni
Theodor-Heuss-Ring 15 ✉ *52511 – ℰ (02451) 62 70 – office@cityhotel-geilenkirchen.de – Fax (02451) 627300*
49 Zim – †62/69 € ††79/83 €, ⊆ 8 €
♦ Die Zimmer Ihrer Unterkunft sind mit unterschiedlich gefärbten Rattanmöbeln bestückt - teils sehr geräumig, teils mit Kochgelegenheit oder als Appartement für Langzeitgäste.

GEISELWIND – Bayern – 546 – 2 410 Ew – Höhe 345 m
49 **J16**

▶ Berlin 458 – München 237 – Nürnberg 70 – Bamberg 55
🛈 Geiselwind, Friedrichstr. 10 ℰ (09556) 14 84

Landhotel Krone
Friedrichstr. 10 ✉ *96160 – ℰ (09556) 9 22 50 – info@landhotel-krone.net*
– Fax (09556) 922550 – geschl. 1. - 11. Jan.
30 Zim ⊆ – †53/68 € ††78/90 € – **Rest** – Karte 24/35 €
♦ Relativ ruhig liegt das besonders auf Tagungen und Geschäftsreisende ausgelegte Hotel neben einem Golfplatz. Ein gut geführtes Haus mit funktionellen Zimmern. Ein Bistro ergänzt das Restaurant.

Krone (mit Gästehaus)   Biergarten
Kirchplatz 2 ✉ *96160 – ℰ (09556) 9 22 40 – hotel@landhotel-krone.net*
– Fax (09556) 922411
55 Zim ⊆ – †40/50 € ††50/65 € – **Rest** – Menü 15 € – Karte 10/23 €
♦ In dem gewachsenen Gasthof und einem ca. 300 m entfernten Gästehaus erwarten Sie solide eingerichtete, teils recht großzügige Zimmer. Gaststube mit bürgerlichem Angebot.

GEISENHEIM – Hessen – 543 – 11 940 Ew – Höhe 88 m
47 **E15**

▶ Berlin 590 – Wiesbaden 28 – Bad Kreuznach 68 – Koblenz 68

Beim Kloster Marienthal Nord : 4 km :

Waldhotel Rheingau
Marienthaler Str. 20 ✉ *65366 Geisenheim – ℰ (06722) 9 96 00 – info@waldhotel-rheingau.de – Fax (06722) 9960106*
60 Zim ⊆ – †95/125 € ††118/158 € – **Rest** – Karte 21/31 €
♦ Dieses gut unterhaltene, familiengeführte Hotel liegt in einem schmalen Tal am Hang, an einer alten Wallfahrtskirche. Wohnliche Zimmer und ein moderner Tagungsbereich. Bürgerlich-regionale Karte im unterteilten rustikalen Restaurant. Nette überdachte Terrasse.

In Geisenheim-Johannisberg Nord : 4,5 km in Richtung Presberg:

Burg Schwarzenstein   ≤ Rheintal und Weinberge, Rest,
Rosengasse 32 ✉ *65366 – ℰ (06722) 9 95 00*
– info@burg-schwarzenstein.de – Fax (06722) 995099 – geschl. 2. - 30. Jan.
11 Zim – †120/220 € ††160/280 €, ⊆ 18 €
Rest *Gourmet Restaurant* – separat erwähnt
Rest *Burgrestaurant* – *(geschl. Jan. - März)* Menü 36 € – Karte 26/38 €
♦ Die phantastische Lage über dem Rheingau und der schöne historische Rahmen zeichnen die Burganlage aus. Hübsche, individuelle Zimmer in der Burg - Businesszimmer im Nebenhaus. Saisonale Küche und einen tollen Blick bietet das Burgrestaurant.

Gourmet Restaurant – Hotel Burg Schwarzenstein   ≤ Rheintal und
Rosengasse 32 ✉ *65366*   Weinberge,
– ℰ (06722) 9 95 00 – info@burg-schwarzenstein.de
– Fax (06722) 995099 – geschl. Montag - Dienstag) Menü 98 € – Karte 56/75 €
Rest – *(geschl. Montag - Dienstag)* Menü 98 € – Karte 56/75 €
Spez. Ochsenschwanz mit Chicorée und Trüffel. Reh mit Pfifferlingen und Aprikosen-Buchteln. Weißes Schokoladenmousse mit Ananas.
♦ In einem rundum verglasten Pavillon befindet sich das Gourmet Restaurant mit beeindruckender Aussicht. Geradlinig und modern ist das Ambiente, klassisch das Speisenangebot.

GEISENHEIM

Haus Neugebauer
Haus Neugebauer 1 (Nahe der Straße nach Presberg, Nord-West : 2,5 km) ⊠ 65366
– ℰ (06722) 9 60 50 – info@hotel-neugebauer.de – Fax (06722) 7443
– geschl. 2. - 15. Jan.
18 Zim 🖙 – †70/85 € ††98/110 € – **Rest** – *(geschl. Nov. - April Sonntagabend - Dienstag)* Karte 14/41 €

♦ Dieses familiengeführte Haus besticht durch seine Lage im Wald. Die Gästezimmer sind zeitgemäß und funktionell in ihrer Ausstattung. Nettes gepflegtes Restaurant mit Wintergartenanbau.

GEISING – Sachsen – 544 – 3 350 Ew – Höhe 595 m – Wintersport : 790 m ≤4
43 **Q13**

▶ Berlin 237 – Dresden 46 – Chemnitz 74 – Freital 36

Berghotel Schellhas
Altenberger Str. 14 ⊠ 01778 – ℰ (035056) 34 60 – info@berghotel-schellhas.de
– Fax (035056) 346111
22 Zim 🖙 – †47/51 € ††60/68 € – **Rest** – *(geschl. Montag - Dienstag, außer Feiertage und Ferien)* Karte 12/26 €

♦ Die kleine Erzgebirgsstadt bietet Ihnen neben diesem mit solide möblierten Zimmern ausgestatteten Hotel auch Wanderwege in der direkten Umgebung. Freundlicher Restaurantbereich.

GEISINGEN – Baden-Württemberg – 545 – 6 080 Ew – Höhe 667 m
62 **F21**

▶ Berlin 754 – Stuttgart 128 – Konstanz 56 – Singen (Hohentwiel) 30

Zum Hecht mit Zim
Hauptstr. 41 ⊠ 78187 – ℰ (07704) 2 81 – info@zumhecht.de – Fax (07704) 6464
– geschl. über Fastnacht 2 Wochen
6 Zim 🖙 – †36/46 € ††64/74 € – **Rest** – *(geschl. Montag - Dienstag, Samstagmittag)* Menü 34/55 € – Karte 31/46 €

♦ Klassisch-mediterrane Speisen bereitet man in dem engagiert geleiteten Gasthof a.d. 19. Jh. Originalbilder und Kunstgegenstände zieren das geschmackvolle Restaurant.

> Bei schönem Wetter isst man gern im Freien!
> Wählen Sie ein Restaurant mit Terrasse: 🍽.

GEISLINGEN AN DER STEIGE – Baden-Württemberg – 545 – 28 010 Ew – Höhe 464 m
56 **I19**

▶ Berlin 594 – Stuttgart 58 – Göppingen 18 – Heidenheim an der Brenz 30

🛈 Schlossgasse 3 (im Schubarthaus), ⊠ 73312, ℰ (07331) 2 42 79, touristinfo@geislingen.de

In Geislingen-Weiler ob Helfenstein Ost : 3 km – Höhe 640 m

Burghotel garni
Schalkstetterstr. 1 ⊠ 73312 – ℰ (07331) 9 32 60 – info@burghotel-schiehle.de
– Fax (07331) 932636 – geschl. 21. Dez. - 7. Jan.
23 Zim – †61/85 € ††105/119 €

♦ Ein relativ ruhig gelegenes familiengeführtes Hotel mit einem eleganten Hallenbereich, unterschiedlichen Zimmer und einem gediegenen Frühstücksraum mit netter Terrasse.

Burgstüble
Dorfstr. 12 ⊠ 73312 – ℰ (07331) 4 21 62 – info@restaurant-burgstueble.de
– Fax (07331) 941751 – geschl. Sonntag
Rest – *(nur Abendessen)* (Tischbestellung erforderlich) Menü 30 € – Karte 24/45 €

♦ Die gediegene Einrichtung und ein üppiges Dekor schaffen in diesem solide geführten Restaurant Wohnzimmer-Charakter und eine heimelige Atmosphäre.

GELDERN – Nordrhein-Westfalen – 543 – 33 800 Ew – Höhe 25 m — 25 B10

▶ Berlin 580 – Düsseldorf 64 – Duisburg 43 – Krefeld 30
🏌 Issum, Pauenweg 68 ℰ (02835) 9 23 10
🏌 Schloss Haag, Bartelter Weg 8 ℰ (02831) 92 44 20

See Park
Danziger Str. 5 ⊠ 47608 – ℰ (02831) 92 90 – info@seepark.de – Fax (02831) 929299
64 Zim ⊇ – †61/84 € ††85/163 € – **Rest** – Menü 28/36 € – Karte 19/45 €
♦ Ihre Unterkunft verfügt über funktionelle Zimmer in einheitlichem Stil, mit hellem Holz möbliert. Mit Zustellbetten oder Eltern/Kinderzimmern ist auch an kleine Gäste gedacht. Eine große Fensterfront im Restaurant bietet eine schöne Aussicht auf den See.

In Geldern-Walbeck Süd-West : 6 km :

XX Alte Bürgermeisterei
Walbecker Str. 2 ⊠ 47608 – ℰ (02831) 8 99 33 – Fax (02831) 980172 – geschl. Juli und Montag
Rest – Karte 35/49 €
♦ Hübsch gedeckte Tische und moderne Bilder, aber auch alte Elemente wie Holz und Vitrinen prägen das adrette Gasthaus. Internationale Karte mit französischem Einfluss.

GELNHAUSEN – Hessen – 543 – 21 780 Ew – Höhe 159 m — 48 G14

▶ Berlin 508 – Wiesbaden 84 – Fulda 59 – Frankfurt am Main 42
🛈 Am Obermarkt 7, ⊠ 63571, ℰ (06051) 83 03 00, tourist-information@gelnhausen.de
🏌 Gründau, Gut Hühnerhof ℰ (06058) 9 19 71 00
◉ Marienkirche★ (Chorraum★★)

Burg-Mühle
Burgstr. 2 ⊠ 63571 – ℰ (06051) 8 20 50 – info@burgmuehle.de – Fax (06051) 820554
40 Zim ⊇ – †60/82 € ††98/108 € – **Rest** – (geschl. 1. - 6. Jan. und Sonntagabend) Karte 24/36 €
♦ Der historische Charakter der in der Altstadt gelegenen ehemaligen Mühle bildet mit der zeitgemäßen Ausstattung eine gelungene Kombination. Restaurant mit einem sich noch drehenden Mühlrad im Gastraum. Internationales Angebot.

XX Bergschlösschen
Am Schlößchen 4 ⊠ 63571 – ℰ (06051) 47 26 47
– bergschloesschengelnhausen@t-online.de – Fax (06051) 472648
– geschl. Dienstag, Samstagmittag
Rest – Karte 32/43 €
♦ Im Stil eines kleinen Schlösschens ist dieses Haus erbaut. In klassischem Ambiente serviert man an gut eingedeckten Tischen italienische Küche. Schöne Terrasse mit Aussicht.

In Gelnhausen-Meerholz Süd-West : 3,5 km, jenseits der A 66 :

XX Schießhaus
Schießhausstr. 10 ⊠ 63571 – ℰ (06051) 6 69 29 – Fax (06051) 66097
– geschl. 1. - 18. Jan., Juni - Juli 2 Wochen und Montag - Dienstag
Rest – Menü 29/39 € – Karte 21/39 €
♦ Das ehemalige Schützenhaus beherbergt heute ein Restaurant mit klassisch-bürgerlicher Einrichtung und einem aufmerksamen Service. Gepflegter Garten.

In Linsengericht-Eidengesäß Süd-Ost : 3 km, jenseits der A 66 :

XX Der Löwe
Hauptstr. 20 ⊠ 63589 – ℰ (06051) 7 13 43 – sauter@ecos.net – Fax (06051) 75339
– geschl. Jan. 2 Wochen, Juli 2 Wochen und Montag - Dienstag
Rest – Menü 34/43 € – Karte 31/50 €
♦ Der von der Inhaberfamilie geführte Gasthof ist in rustikalem Stil gehalten und nett dekoriert. Serviert wird regionale und internationale Küche.

GELNHAUSEN

Nahe der Straße nach Schöllkrippen Süd : 5 km über Altenhaßlau :

Hufeisenhof
Hufeisenhof ✉ *63589 Linsengericht –* ℘ *(06051) 9 66 10 – info@hufeisenhof.de*
– Fax (06051) 966119
21 Zim – †58/68 € ††79/89 € – **Rest** – *(geschl. Montagmittag)* Karte 17/40 €
◆ Die einsame Lage am Wald macht den Reiz dieses Hauses aus. In soliden, zeitgemäßen Zimmern fühlen Sie sich als Tagungsgast wie auch privat wohl. Mit eigener Kapelle. Das Restaurant hat man mit dunklem Holz und einem gepflegten Dekor eingerichtet.

GELSENKIRCHEN – Nordrhein-Westfalen – 543 – 272 450 Ew – Höhe 52 m
26 **C11**

▶ Berlin 516 – Düsseldorf 44 – Dortmund 32 – Essen 11
ADAC Daimlerstr. 1 (Ecke Emscherstraße)
🛈 Gelsenkirchen-Buer, Middelicher Str. 72 ℘ (0209) 70 11 00 Y
🛈 Schloss Horst, An der Rennbahn 11 ℘ (0209) 50 30 20 Z
🛈 Herten-Westerholt, Schloss Westerholt ℘ (0209) 16 58 40

Maritim
Am Stadtgarten 1 ✉ *45879 –* ℘ *(0209) 17 60 – info.sge@maritim.de – Fax (0209) 1762091*
Z **a**
223 Zim – †111/151 € ††132/172 €, ⊇ 15 € – 3 Suiten
Rest – *(geschl. Sonntagabend)* Karte 26/47 €
◆ Das in Zentrumsnähe gelegene Hotel ist besonders auf Tagungen und Geschäftsreisende ausgelegt. Die soliden Zimmer bieten Aussicht auf den angrenzenden Stadtpark. Klassisch gehaltenes Restaurant mit Parkblick.

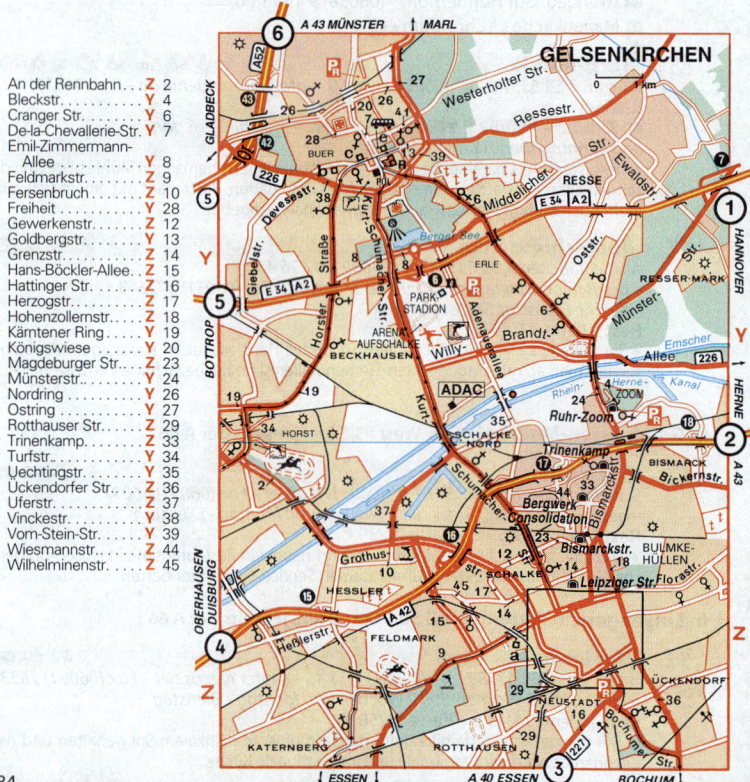

An der Rennbahn... Z 2
Bleckstr. .... Y 4
Cranger Str. ...... Y 6
De-la-Chevallerie-Str. Y 7
Emil-Zimmermann-
  Allee .... Y 8
Feldmarkstr. ...... Y 9
Fersenbruch ...... Y 10
Freiheit .... Y 28
Gewerkenstr. ..... Y 12
Goldbergstr. ..... Y 13
Grenzstr. .... Z 14
Hans-Böckler-Allee. Y 15
Hattinger Str. .... Y 16
Herzogstr. .... Y 17
Hohenzollernstr. .. Y 18
Kärntener Ring ... Y 19
Königswiese ..... Y 20
Magdeburger Str. . Y 23
Münsterstr. ...... Y 24
Nordring .... Y 26
Ostring .... Y 27
Rotthauser Str. ... Z 29
Trinenkamp. ..... Z 33
Turfstr. .... Y 34
Üechtingstr. ..... Y 35
Uckendorfer Str. .. Z 36
Uferstr. .... Z 37
Vinckestr. .... Y 38
Vom-Stein-Str. ... Y 39
Wiesmannstr. .... Y 44
Wilhelminenstr. .. Z 45

484

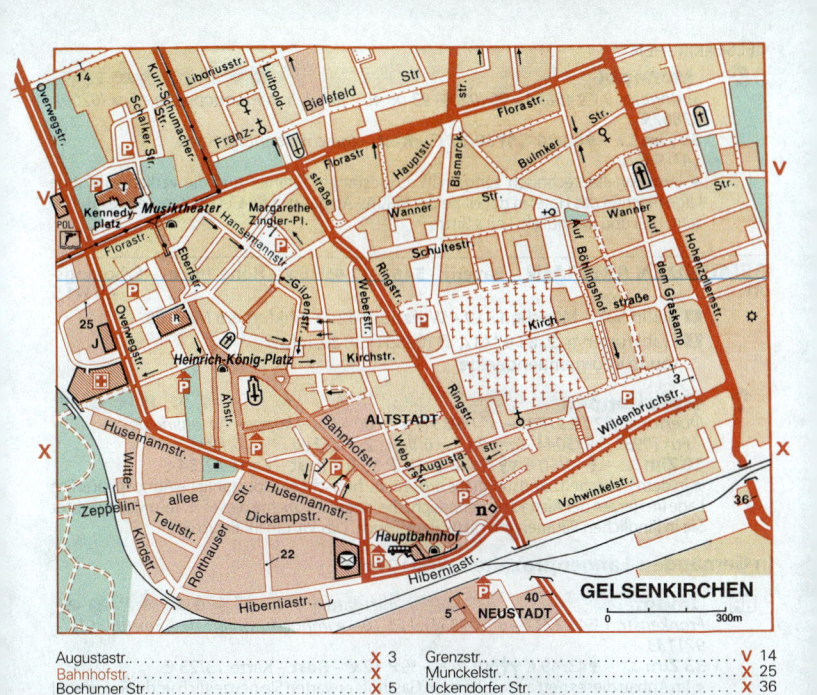

Augustastr.. **X** 3	Grenzstr.. **V** 14
Bahnhofstr.. **X**	Munckelstr.. **X** 25
Bochumer Str.. **X** 5	Uckendorfer Str.. **X** 36
Feldhofstr.. **X** 22	Wickingstr.. **X** 40

InterCityHotel
Ringstr. 1 ⊠ 45879 – ℰ (0209) 9 25 50 – gelsenkirchen@intercityhotel.de – Fax (0209) 9255999
X n
135 Zim – ♦51/88 € ♦♦61/98 €, ⌂ 12 € – **Rest** – *(nur Abendessen)* Karte 17/32 €
♦ Die zentrale Lage nahe dem Hauptbahnhof sowie funktionell ausgestattete Gästezimmer in modernem Stil machen dieses Hotel aus. Im Sommer ergänzt eine ruhig gelegene kleine Terrasse das Restaurant.

In Gelsenkirchen-Buer

Courtyard by Marriott
Parkallee 3 ⊠ 45891 – ℰ (0209) 86 00 – info@courtyard-by-marriott-gelsenkirchen.de – Fax (0209) 860111
y n
198 Zim ⌂ – ♦92/125 € ♦♦92/125 € – 4 Suiten – **Rest** – Karte 25/45 €
♦ In dem Hotel neben der Veltins-Arena überzeugen moderne Zimmer mit sehr guter Technik sowie schöne Suiten. Direkter Zugang zum "medicos.AufSchalke"-Gesundheitszentrum. Neuzeitliches Restaurant mit mediterraner Küche.

Buerer Hof garni
Hagenstr. 4 ⊠ 45894 – ℰ (0209) 93 34 30 – info@buerer-hof.de – Fax (0209) 9334350
Y c
24 Zim – ♦78/98 € ♦♦98/115 €
♦ Die zentrale Lage sowie neuzeitliche, freundlich gestaltete Gästezimmer und ein gutes Frühstücksbuffet machen das Hotel aus.

Ambient-Hotel Zum Schwan
Urbanusstr. 40 ⊠ 45894 – ℰ (0209) 31 83 30 – info@schwanhotel.de – Fax (0209) 3183310
Y b
15 Zim ⌂ – ♦74/99 € ♦♦94/129 € – **Rest** – (nur Abendessen für Hausgäste)
♦ Das seit vielen Jahren von der Inhaberfamilie geleitete kleine Hotel überzeugt mit wohnlich eingerichteten Zimmern. Zum Frühstücken nehmen Sie im Wintergarten Platz. Bistroähnliches, in warmen Tönen gehaltenes Restaurant.

GELSENKIRCHEN

Monopol
Springestr. 9, ⌂ 45894 – ℰ (0209) 93 06 40 – info@hotel-monopol.de – Fax (0209) 378675
30 Zim – †68/70 € ††80/87 € – **Rest** – (geschl. Sonntag) Karte 14/19 €

◆ Funktionelle, technisch zeitgemäß ausgestattete Zimmer und die verkehrsgünstige Lage machen das Hotel in der Nähe der Veltins-Arena auch für Geschäftsreisende interessant. Hell und freundlich: Leo's Bistro.

GEMÜNDEN AM MAIN – Bayern – 546 – 11 450 Ew – Höhe 160 m – Erholungsort
49 **H15**

▶ Berlin 507 – München 319 – Würzburg 42 – Frankfurt am Main 88
🛈 Frankfurterstr. 2, ⌂ 97737, ℰ (09351) 38 30, info@touristinfo-gemuenden.de

Zum Koppen
Obertorstr. 22, ⌂ 97737 – ℰ (09351) 9 75 00 – hotel.koppen@t-online.de – Fax (09351) 975044 – geschl. 1. - 6. Jan., 2. - 10. Feb., 1. - 16. Nov.
10 Zim – †40/50 € ††70/80 € – ½ P 15 € – **Rest** – Karte 22/34 €

◆ In dem hübschen Sandsteinhaus a. d. 16. Jh. herrscht eine persönliche Atmosphäre. Die Lage im Herzen der Altstadt unterstreicht die lange Geschichte dieses Hotels. Man bewirtet Sie in ländlichen Räumen mit rustikalem Touch. Das Vitrum im Bistro-Stil.

In Gemünden-Langenprozelten West : 2 km :

Imhof
Biergarten
Frankenstr. 1, ⌂ 97737 – ℰ (09351) 9 71 10 – e.imhof@t-online.de – Fax (09351) 971133
33 Zim – †43/49 € ††60/74 € – ½ P 12 € – **Rest** – Karte 13/23 €

◆ Im Anbau dieses nett anzusehenden Gasthofs erwarten Sie neuzeitlich und komfortabel eingerichtete Zimmer - etwas einfacher sind die Zimmer im Stammhaus. Bürgerliches Restaurant.

GENGENBACH – Baden-Württemberg – 545 – 11 100 Ew – Höhe 175 m – Erholungsort
54 **E19**

▶ Berlin 756 – Stuttgart 160 – Karlsruhe 90 – Villingen-Schwenningen 68
🛈 Höllengasse 2 (im Winzerhof), ⌂ 77723, ℰ (07803) 93 01 43, tourist-info@stadt-gengenbach.de

◉ Altstadt ★

Schwarzwaldhotel Gengenbach
In der Börsiglache 4a, ⌂ 77723 – ℰ (07803) 9 39 00 – info@schwarzwaldhotel-gengenbach.de – Fax (07803) 939099
59 Zim – †66/96 € ††128/148 € – **Rest** – Karte 25/40 €

◆ Direkt an der Kinzig liegt der moderne Hotelbau in U-Form. Die in neuzeitlichem Stil gehaltenen Zimmer kombinieren Funktionalität mit attraktiver Wohnlichkeit. Appartements. Hell gestaltetes Restaurant.

Stadthotel Pfeffermühle garni
Oberdorfstr. 24, ⌂ 77723 – ℰ (07803) 9 33 50 – info@pfeffermuehle-gengenbach.de – Fax (07803) 6628
25 Zim – †42/48 € ††62/72 €

◆ Nahe dem malerischen Altstadtkern finden Sie ein neuzeitliches Hotel, das über gepflegte Gästezimmer und einen freundlichen Frühstücksraum verfügt.

Reichsstadt mit Zim
Engelgasse 33, ⌂ 77723 – ℰ (07803) 9 66 30 – reichsstadt-gengenbach@t-online.de – Fax (07803) 966310
6 Zim – †70 € ††96/100 € – ½ P 22 € – **Rest** – (geschl. Montag - Dienstagmittag) Menü 36/80 € – Karte 25/53 €

◆ Hübsches Dekor und eine wechselnde Kunstausstellung bestimmen das Ambiente in diesem Haus. Schöne, meist als Appartement angelegte Zimmer mit Holzfußboden. Gartenterrasse.

GENGENBACH

Pfeffermühle
Victor-Kretz-Str. 17 ⊠ 77723 – ℰ (07803) 9 33 50 – info@
pfeffermuehle-gengenbach.de – Fax (07803) 6628 – geschl. Donnerstag
Rest – Menü 15 € (mittags)/38 € – Karte 19/38 €

♦ In einem hübschen Fachwerkhäuschen findet man dieses rustikale Restaurant mit eleganter Note. Das Speiseangebot ist vornehmlich international ausgerichtet.

Gasthof Hirsch mit Zim
Grabenstr. 34 ⊠ 77723 – ℰ (07803) 33 87 – info@gasthof-hirsch.com
– Fax (07803) 7881 – geschl. 1. - 10. Aug.
6 Zim ⊇ – †40/47 € ††64/70 € – ½ P 15 € – **Rest** – (geschl. Mittwoch)
Menü 24 € – Karte 16/38 €

♦ Das historische Gasthaus liegt am Rande der Innenstadt. Die Gaststuben sind gemütlich und gepflegt, regional orientiert gibt sich die Küche - am Herd steht der Patron selbst.

In Berghaupten West : 2,5 km – Erholungsort :

Hirsch
Dorfstr. 9 ⊠ 77791 – ℰ (07803) 9 39 70 – info@hirsch-berghaupten.de
– Fax (07803) 939749
23 Zim ⊇ – †53/65 € ††83/94 € – ½ P 20 € – **Rest** – (geschl. über Fasching 1 Woche, Aug. 1 Woche und Montag - Dienstagmittag) Menü 42/51 €
– Karte 24/43 €

♦ In der Ortsmitte und dennoch ruhig liegt dieser gewachsene Gasthof. Es erwarten Sie hier mit hellem, solidem Holzmobiliar wohnlich eingerichtete Zimmer. In gemütlichem Ambiente serviert man sorgfältig und schmackhaft zubereitete Küche.

GERA – Thüringen – 544 – 106 370 Ew – Höhe 203 m   41 M12
▶ Berlin 238 – Erfurt 88 – Bayreuth 127 – Chemnitz 69
ADAC Reichsstr. 8
🛈 Heinrichstr. 35, ⊠ 07545, ℰ (0365) 8 30 44 80, info@gera-tourismus.de

Stadtpläne siehe nächste Seiten

Courtyard by Marriott
Gutenbergstr. 2a ⊠ 07548 – ℰ (0365) 2 90 90 – ey.zgacy.sales.mgr@
courtyard.com – Fax (0365) 2909100
165 Zim – †74 € ††74 €, ⊇ 11 € – **Rest** – Karte 27/37 €   AY s

♦ Ein zeitgemäßes Hotel, das besonders auf den Businessgast ausgelegt ist und recht geräumige, wohnlich gestaltete Zimmer bietet. Freundlich gestaltetes Restaurant mit internationaler Küche.

Novotel
Berliner Str. 38 ⊠ 07545 – ℰ (0365) 4 34 40 – h5386@accor.com – Fax (0365) 4344100
BY a
260 Zim ⊇ – †72/96 € ††91/115 € – 4 Suiten – **Rest** – Karte 23/45 €

♦ Ein großzügiger Hallenbereich und funktionelle Gästezimmer erwarten Sie in diesem Businesshotel. Auch einige Appartements mit Kitchenette stehen zur Verfügung. Zeitlos gehaltenes Restaurant.

The Royal Inn Regent
Schülerstr. 22 ⊠ 07545 – ℰ (0365) 9 18 10 – regent@the-royal-inn.de – Fax (0365) 9181100
BZ e
102 Zim ⊇ – †59/69 € ††89/99 € – 3 Suiten – **Rest** – Karte 20/24 €

♦ Nicht weit von der Innenstadt finden Sie dieses neuzeitliche Hotel. Die Gästezimmer unterscheiden sich in der Größe und sind funktionell ausgestattet. Gemütlich ist das im englischen Landhausstil gehaltene Restaurant.

Gewürzmühle
Clara-Viebig-Str. 4 ⊠ 07545 – ℰ (0365) 82 43 30 – servicehotel-gewuerzmuehle@
t-online.de – Fax (0365) 8243344
BZ n
29 Zim ⊇ – †48/58 € ††68/73 € – **Rest** – (nur Abendessen) Karte 14/23 €

♦ Eine ehemalige Gewürzmühle beherbergt heute ein Hotel mit freundlichem Rahmen und neuzeitlich-funktionell eingerichteten Zimmern.

GERA

Am Fuhrpark	**BZ**	2
Bielitzstr.	**BY**	4
Biermannpl.	**AY**	5
Breitscheidstr.	**BYZ**	6
Burgstr.	**BZ**	8
Calvinstr.	**CY**	9
Christian-Schmidt-Str.	**BZ**	12
Dr. Eckener Straße	**BY**	62
Eisenbahnstr.	**BZ**	13
Elsterdamm	**BZ**	14
Enzianstr.	**BZ**	15
Erich-Weinert-Str.	**CX**	16
Ernst-Toller-Str.	**BY**	19
Ernst-Weber-Str.	**BZ**	17
Fichtestr.	**AX**	18
Friedrich-Engels-Str.	**BCY**	20
Greizer Str.	**CZ**	22
Große Kirchstr.	**BZ**	23
Gutenbergstr.	**AY**	24
Heinrichstr.	**BZ**	27
Heinrich-Schütz-Str.	**BZ**	26
Hinter der Mauer	**BYZ**	28
Johanes-R.-Becher-Str.	**BCX**	29
Johannisstr.	**BYZ**	30
Joliot-Curie-Str.	**ABY**	31
Kantstr.	**AY**	32
Karl-Marx-Allee	**ABZ**	33
Kleiststr.	**CZ**	35
Küchengartenallee	**ABY**	36
Leipziger Str.	**BY**	38
Loreystr.	**CY**	39
Louis-Schlutter-Str.	**BZ**	41
Ludwig-Jahn-Str.	**CYZ**	42
Maler-Reinhold-Str.	**AX**	44
Markt	**BZ**	
Mohrenpl.	**AY**	45
Museumsplatz	**BZ**	46
Neue Str.	**BY**	48
Nicolaistr.	**CZ**	49
Paul-Felix-Str.	**BY**	51
Richterstr.	**CZ**	52
Rudolf-Diener-Str.	**BY**	55
Schellingstr.	**AY**	58
Schillerstr.	**CZ**	59
Schloßstr.	**BZ**	60
Sorge	**BCY**	
Stadtgraben	**BCZ**	65
Tobias-Hoppe-Str.	**ABY**	68
Zschochernstr.	**CY**	70

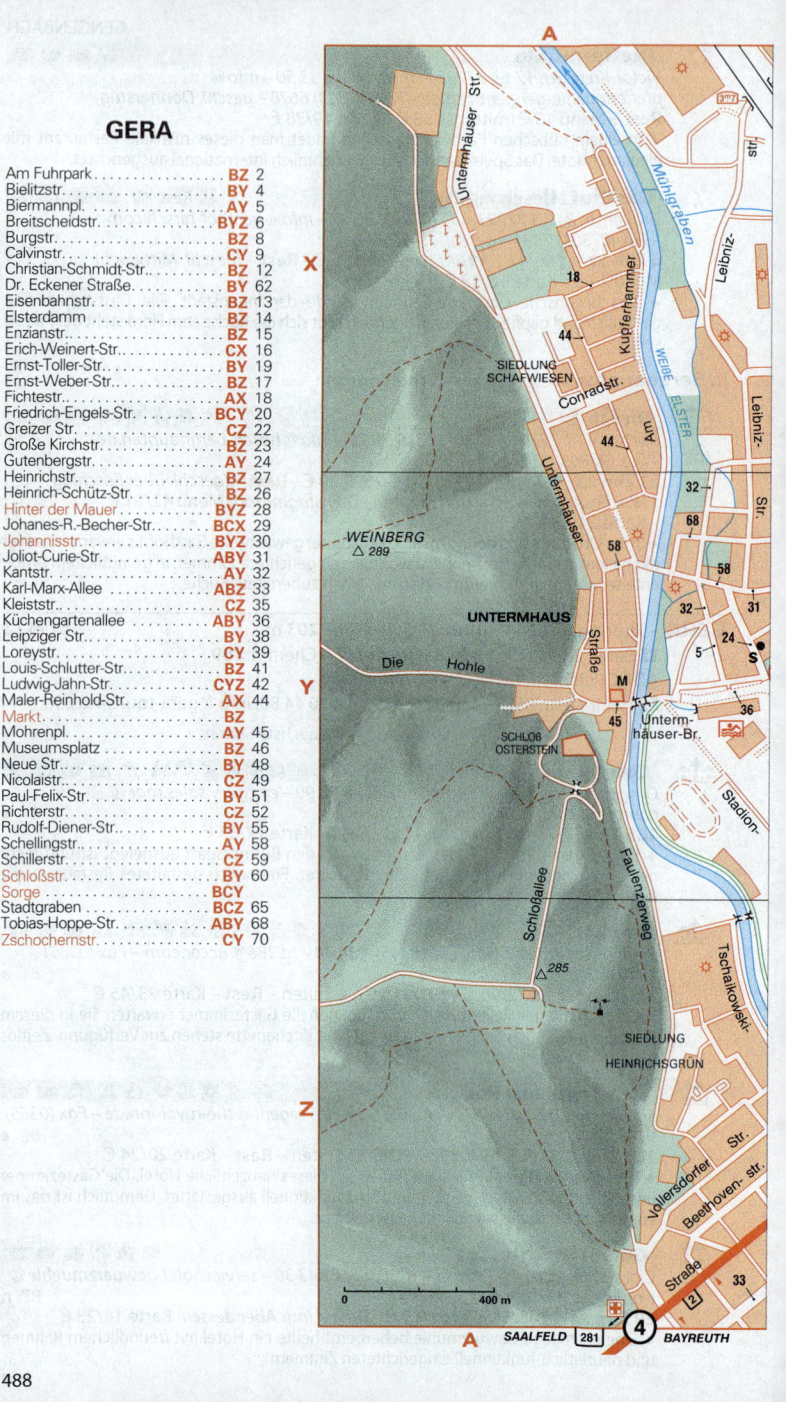

489

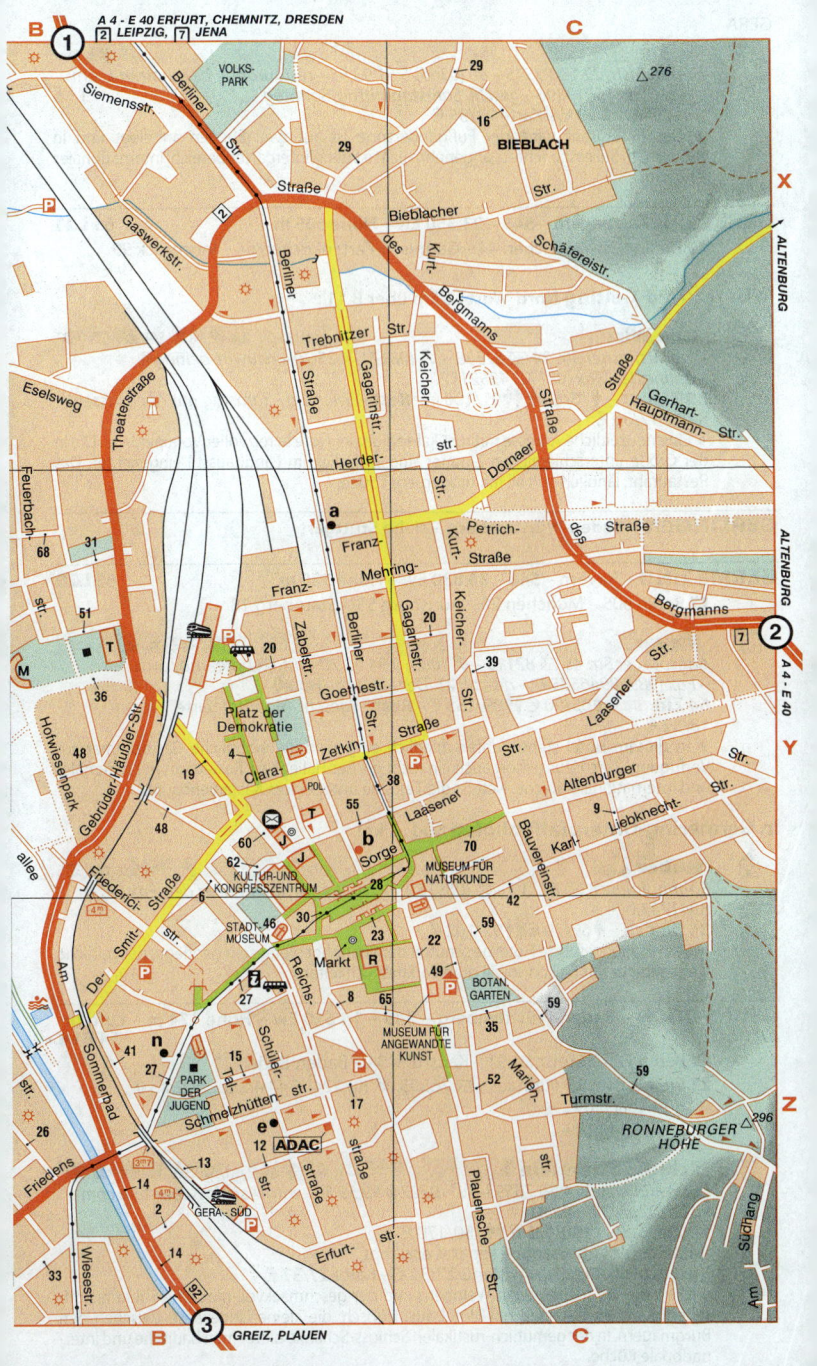

GERA

Li_be
Humboldstr. 22 ⌧ 07545 – ℰ (0365) 5 51 93 95 – restaurantli_be@hotmail.com
– Fax (0365) 5519396 – geschl. Samstagmittag, Sonntag BY b
Rest – Menü 23 € – Karte 23/35 €
- Das Restaurant nahe der Fußgängerzone ist auf zwei Ebenen angelegt und in modernem Stil eingerichtet - angenehm licht ist der Wintergartenbereich. Internationales Angebot.

GERETSRIED – Bayern – 546 – 23 350 Ew – Höhe 605 m 65 **L21**
Berlin 629 – München 44 – Garmisch-Partenkirchen 64 – Innsbruck 99

In Geretsried-Gelting Nord-West : 6 km über B 11 :

Neu Wirt Biergarten
Wolfratshauser Str. 24 ⌧ 82538 – ℰ (08171) 4 25 20 – neuwirt-gelting@t-online.de – Fax (08171) 4252152
29 Zim – †73/80 € ††91/100 € – **Rest** – (Montag - Samstag nur Abendessen) Karte 17/30 €
- Eine neuzeitliche Adresse mit rustikal-regionaler Note in reizvoller Voralpenlage. Die in der Größe unterschiedlichen Zimmer sind wohnlich im Landhausstil eingerichtet. Das Restaurant: ländlich-stilvoll mit modernem Touch.

GERLINGEN – Baden-Württemberg – siehe Stuttgart

GERMERING – Bayern – 546 – 36 830 Ew – Höhe 525 m 65 **L20**
Berlin 605 – München 20 – Augsburg 53 – Starnberg 18

Mayer
Augsburger Str. 45 ⌧ 82110 – ℰ (089) 8 94 65 70 – info@hotel-mayer.de – Fax (089) 894657597 – geschl. 21. Dez. - 6. Jan. (Hotel)
64 Zim – †65/90 € ††89/135 € – **Rest** – (geschl. Montag) Karte 18/32 €
- In diesem Hotel stehen unterschiedlich eingerichtete, wohnliche Gästezimmer zur Verfügung. Zum Haus gehört auch ein recht großes Hallenbad. Restaurant mit regionaler und internationaler Küche. Nett ist die Terrasse unter einem Kastanienbaum.

In Germering-Unterpfaffenhofen Süd : 1 km :

Huber garni
Bahnhofplatz 8 ⌧ 82110 – ℰ (089) 89 41 70 – info@hotel-huber.de – Fax (089) 89417333
35 Zim – †69/79 € ††92/102 €
- Das familiengeführte Hotel gegenüber dem Bahnhof bietet sehr gepflegte neuzeitliche Gästezimmer mit Balkon sowie gute Parkmöglichkeiten.

GERNSBACH – Baden-Württemberg – 545 – 14 610 Ew – Höhe 174 m – Luftkurort 54 **E18**
Berlin 705 – Stuttgart 91 – Karlsruhe 34 – Baden-Baden 11
Igelbachstr. 11 (Rathaus), ⌧ 76593, ℰ (07224) 6 44 44, touristinfo@gernsbach.de
Altes Rathaus ★

Schloss Eberstein
Schloss Eberstein 1 ⌧ 76593 – ℰ (07224) 99 59 50 – info@schlosseberstein.com – Fax (07224) 9959550
14 Zim – †100/125 € ††150/170 €
Rest Schloss Eberstein – separat erwähnt
Rest *Schloss-Schänke* – Menü 27/32 € – Karte 27/37 €
- Die Lage am hauseigenen Weinberg und der geschmackvoll-moderne Stil in historischem Rahmen zeichnen das Hotel aus. Hübsch: die kleine Liegewiese zwischen den Burgmauern. In der gemütlich-rustikalen Schloss-Schänke bietet man badische und internationale Küche.

490

GERNSBACH

XXX Schloss Eberstein ⋖ Murgtal, 🍽 **P** *VISA* ⦿ AE
Schloss Eberstein 1 ✉ *76593 – ℰ (07224) 99 59 50 – info@schlosseberstein.com – Fax (07224) 9959550 – geschl. Anfang - Mitte Feb. und Montag - Dienstag, Samstagmittag*
Rest – Menü 52/89 € – Karte 57/69 € 🍷
Spez. Terrine von der Gänsestopfleber mit Feigen-Chiliconfit und Pistazienbrioche. Hummerschaumsüppchen mit Orangenchicorée und lauwarmem Hummer. Rehrücken mit Wirsingkompott und Rotweinbutter.
♦ Eine ansprechende Adresse ist das Schloss oberhalb des Murgtals. Sie speisen in einem der beiden eleganten Restauranträume oder auf der angenehmen Terrasse.

In Gernsbach-Staufenberg West : 2,5 km :

🏠 Sternen 🍽 **P** *VISA* ⦿
Staufenberger Str. 111 ✉ *76593 – ℰ (07224) 33 08 – sternen.staufenberg@t-online.de – Fax (07224) 69486*
14 Zim ⌑ – †40/85 € ††60/95 € – ½ P 20 € – **Rest** – *(geschl. Donnerstag)* Menü 28 € – Karte 19/36 €
♦ Eine solide Adresse ist dieser gut geführte Landgasthof. Es stehen neuzeitlich und recht komfortabel eingerichtete Zimmer zur Verfügung sowie auch etwas ältere und einfachere. Verschiedene Stuben bilden das Restaurant - zum Teil mit schöner Holztäfelung.

GEROLSBACH – Bayern – 546 – 3 250 Ew – Höhe 459 m 57 L19
▶ Berlin 559 – München 65 – Augsburg 57 – Ingolstadt 44
🛈 Gerolsbach, Hof 1 ℰ (08445) 7 99

XX Zur Post 🍽 **P** *VISA* ⦿ AE ⓞ
St.-Andreas-Str. 3 ✉ *85302 – ℰ (08445) 5 02 – Fax (08445) 929432 – geschl. Montag - Dienstag*
Rest – *(Mittwoch - Samstag nur Abendessen)* (Tischbestellung ratsam) Menü 40 € – Karte 34/45 €
♦ Nehmen Sie Platz an einem der ansprechend eingedeckten Tische - umgeben von einem ländlichen Ambiente. Das Küchenteam bereitet eine internationale, saisonale Küche.

X Benedikt Breitner Biergarten 🍽 **P** *VISA* ⦿ AE
Propsteistr. 7 ✉ *85302 – ℰ (08445) 15 93 – Fax (08445) 1594 – geschl. Jan. 1 Woche, Ende Aug. 2 Wochen und Dienstag*
Rest – Karte 13/30 €
♦ Ein ländlich-schlichter, sympathischer Familienbetrieb. Sehr nett: der gemütliche Hauptraum mit Kachelofen und altem Gebälk. Schöner Biergarten. Regionale Saisonkarte.

GEROLSTEIN – Rheinland-Pfalz – 543 – 7 620 Ew – Höhe 358 m – Luftkurort 35 B14
▶ Berlin 678 – Mainz 182 – Trier 73 – Bonn 90
🛈 Brunnenstraße, ✉ 54568, ℰ (06591) 94 99 10, touristinfo@gerolsteiner-land.de

🏨 Calluna 🌿 ⋖ 🍴 🍽 🛋 📶 🍽 Rest, ☏ 🛁 **P** *VISA* ⦿ AE ⓞ
Zur Büschkapelle 5 ✉ *54568 – ℰ (06591) 9 43 90 – info@callunahotel.de – Fax (06591) 943999*
50 Zim ⌑ – †79/89 € ††109/124 € – ½ P 21 € – **Rest** – Karte 22/34 €
♦ Modern und geschmackvoll im Landhausstil eingerichtete Zimmer, ein ansprechender Freizeitbereich und die schöne Aussicht machen diese neuzeitliche Adresse aus. Helles, freundliches Restaurant und Bistro in typischem Stil - beides mit großer Fensterfront.

🏠 Seehotel 🌿 🍴 🛋 🍽 Rest, **P**
Am Stausee 4 ✉ *54568 – ℰ (06591) 2 22 – info@seehotel-am-stausee.de – Fax (06591) 81114 – geschl. 10. Nov. - 25. Dez.*
45 Zim ⌑ – †39/55 € ††50/80 € – ½ P 13 € – **Rest** – Karte 21/32 €
♦ Die Lage am Ortsrand, oberhalb des Stausees spricht für dieses Hotel. Die Zimmer bieten z. T. einen Balkon und Blick auf den See.

GEROLSTEIN

Am Brunnenplatz garni
Raderstr. 1 ⊠ 54568 – ℰ (06591) 98 08 98 – brunnenplatzhotel-molitor@t-online.de – Fax (06591) 980899
13 Zim ⊇ – †37/48 € ††66/74 €
◆ Die hellen, geräumigen Zimmer dieses kleinen Gästehauses am Rand des Zentrums sind funktionell eingerichtet und auch für Geschäftsleute gedacht.

Landhaus Tannenfels
Lindenstr. 68 ⊠ 54568 – ℰ (06591) 41 23 – Fax (06591) 4104
– geschl. 21. Dez. - 2. Jan.
12 Zim ⊇ – †35/44 € ††62/69 € – ½ P 12 € – **Rest** – (nur Abendessen für Hausgäste)
◆ Ein kleiner Familienbetrieb mit privatem Charakter. Die Gästezimmer sind ländlich-schlicht in der Einrichtung, sauber und gut in Schuss.

GEROLZHOFEN – Bayern – 546 – 6 840 Ew – Höhe 344 m 49 J15
▶ Berlin 456 – München 262 – Würzburg 45 – Schweinfurt 22
🛈 Marktplatz 20 (Altes Rathaus), ⊠ 97447, ℰ (09382) 90 35 12, info@gerolzhofen.de

Weinstube am Markt
Marktplatz 5 ⊠ 97447 – ℰ (09382) 90 09 10 – info@hotel-weinstube.de
– Fax (09382) 900919
8 Zim ⊇ – †47/55 € ††68/72 € – **Rest** – (geschl. 11. - 14. März und Montag, Samstagmittag) Karte 14/35 €
◆ Eine nette kleine Adresse im Herzen der Stadt: Hier finden Sie behaglich eingerichtete Zimmer mit Parkettfußboden und guter Technik. In der neuzeitlichen Weinstube bietet man internationale, leicht exotische Speisen.

GERSFELD – Hessen – 543 – 6 390 Ew – Höhe 486 m – Wintersport : 950 m ✦6 ✦ 39 I14
– Kneippheilbad
▶ Berlin 431 – Wiesbaden 160 – Fulda 28 – Würzburg 96
🛈 Brückenstr. 1, ⊠ 36129, ℰ (06654) 17 80, tourist-info@gersfeld.de
◉ Wasserkuppe : ≤★★ Nord : 9,5 km über die B 284

Gersfelder Hof (mit Appartementhaus)
Auf der Wacht 14 ⊠ 36129 – ℰ (06654) 18 90
– info@gersfelder-hof.de – Fax (06654) 7466
83 Zim ⊇ – †69/75 € ††106/118 € – ½ P 17 € – **Rest** – Karte 29/38 €
◆ Ein weitläufiges Hotel mit großzügiger Halle und zeitgemäßen, funktionellen Zimmern - auch für Seminare geeignet. Wohnlich und geräumig: die Appartements im Gästehaus. Dekor und Einrichtung geben dem Restaurant seinen rustikalen Charakter.

Sonne
Amelungstr. 1 ⊠ 36129 – ℰ (06654) 9 62 70 – hotel-sonne-gersfeld@t-online.de
– Fax (06654) 7649 – geschl. 14. - 31. Jan.
30 Zim ⊇ – †35 € ††59 € – ½ P 12 € – **Rest** – Karte 20/26 €
◆ Ein modernisierter Gasthof im Ortskern, der Besuchern gut unterhaltene, teils recht neuzeitliche Zimmer bietet. Appartements für Langzeitgäste. Freundlich gestaltetes Restaurant.

GERSTHOFEN – Bayern – 546 – 20 160 Ew – Höhe 469 m 57 K19
▶ Berlin 552 – München 65 – Augsburg 10 – Ulm (Donau) 76

Stadthotel Gersthofen
Bahnhofstr. 6 ⊠ 86368 – ℰ (0821) 4 40 19 20 – info@stadthotelgersthofen.de
– Fax (0821) 44019250 – geschl. 21. Dez. - 1. Jan.
46 Zim ⊇ – †74/84 € ††94/104 € – **Rest** – (geschl. Samstag - Sonntag, nur Abendessen) Karte 17/26 €
◆ Durch eine ansprechende Lobby betreten Sie diesen modernen Hotelbau. Vor allem Geschäftsleute schätzen die funktionellen, mit italienischen Möbeln eingerichteten Zimmer. Restaurant im Bistrostil.

GERSTHOFEN

XX **Steinerhof**
Schulstr. 16 ⊠ 86368 – ℰ (0821) 29 79 30 – info@steinerhof.de – Fax (0821) 2979393 – geschl. Mittwoch, Sonntagabend
Rest – Karte 21/34 €
♦ Dieser neuzeitliche Landgasthof ist ein gepflegter Familienbetrieb. Helles Holz, Steinfußboden und sauber eingedeckte Tische prägen das Ambiente. Nett im Sommer: die Terrasse.

GERSWALDE – Brandenburg – 542 – 1 890 Ew – Höhe 52 m 23 Q6
▶ Berlin 100 – Potsdam 137 – Neubrandenburg 76 – Prenzlau 24

In Gerswalde-Herrenstein West : 3 km :

Schloss Herrenstein
Herrenstein 6 ⊠ 17268 – ℰ (039887) 7 10 – info@hotel-schloss-herrenstein.de – Fax (039887) 71175
54 Zim ⊇ – †77/114 € ††85/122 € – **Rest** – Karte 17/36 €
♦ Ein Herrensitz und 3 Fachwerkhäuser bilden diese schöne, gepflegte Anlage mit ländlich-gediegenen Gästezimmern sowie Stallungen mit Reitplatz. Im Schloss befindet sich das zeitlos gestaltete Restaurant mit nach hinten gelegener Terrasse.

GESEKE – Nordrhein-Westfalen – 543 – 20 510 Ew – Höhe 105 m 27 F10
▶ Berlin 441 – Düsseldorf 138 – Arnsberg 51 – Lippstadt 15

Feldschlößchen
Salzkottener Str. 42 (B1) ⊠ 59590 – ℰ (02942) 98 90 – info@hotel-feldschloesschen.de – Fax (02942) 989399 – geschl. 23. Dez. - 1. Jan. (Hotel)
62 Zim ⊇ – †55/90 € ††90 € – **Rest** – (geschl. Juli - Aug. 3 Wochen) Karte 17/23 €
♦ Das kleine Schlösschen bietet sich mit seinem neuzeitlich und funktionell gestalteten Hotelbereich für privat wie auch geschäftlich Reisende an. Im Stammhaus, einer Jugendstilvilla, ist das Restaurant untergebracht.

GEVELSBERG – Nordrhein-Westfalen – 543 – 32 990 Ew – Höhe 170 m 26 D11
▶ Berlin 516 – Düsseldorf 55 – Hagen 9 – Köln 62
ⓘ Gevelsberg Gut Berge, Berkenberg 1 ℰ (02332) 91 37 55

Alte Redaktion Biergarten
Hochstr. 10 ⊠ 58285 – ℰ (02332) 7 09 70 – mail@alte-redaktion.com – Fax (02332) 709737
42 Zim ⊇ – †59/73 € ††69/85 € – **Rest** – (geschl. Sonntag, nur Abendessen) Karte 22/34 €
♦ Der ehemalige Zeitungsverlag im Zentrum bietet seinen Gästen zeitgemäße Zimmer - gepflegt und funktionell, teils recht geräumig, teils eher klein. Im Pavillonstil angelegtes Restaurant mit nettem kleinem Biergarten.

GIENGEN AN DER BRENZ – Baden-Württemberg – 545 – 20 280 Ew – Höhe 464 m 56 I19
▶ Berlin 588 – Stuttgart 95 – Augsburg 88 – Heidenheim an der Brenz 12
ⓖ Lonetal ★ Süd-West : 7 km

Lobinger Parkhotel
Steigstr. 110 ⊠ 89537 – ℰ (07322) 95 30 – mail@lobinger-hotels.com – Fax (07322) 953111 – geschl. 21. - 31. Dez., 12. - 23. April
74 Zim ⊇ – †79/89 € ††89/109 € – **Rest** – (nur für Hausgäste)
♦ Die mit unterschiedlichen italienischen Stilmöbeln solide eingerichteten Gästezimmer bieten Ihnen ein sehr gutes Platzangebot - im obersten Stock mit Dachschräge und Balkon.

Salzburger Hof
Richard-Wagner-Str. 5 ⊠ 89537 – ℰ (07322) 9 68 80 – info@salzburger-hof.de – Fax (07322) 968888
31 Zim ⊇ – †48/62 € ††83/95 € – **Rest** – (geschl. Aug. 2 Wochen) Karte 17/42 €
♦ Das familiengeführte Hotel verfügt über neuzeitlich gestaltete Zimmer in einheitlichem Stil. Die kleineren Zimmer stellen eine preiswertere Alternative dar. Besonderen Charme versprüht die altösterreichische Gaststube.

GIENGEN AN DER BRENZ

Lamm
Marktstr. 17, ⊠ 89537 – ℰ (07322) 9 67 80 – lamm-giengen@t-online.de
– Fax (07322) 9678150
24 Zim ⊇ – †49/63 € ††79/90 € – **Rest** – (geschl. Sonntagabend) Karte 20/25 €

♦ Der gut geführte Gasthof liegt im Zentrum der Kleinstadt. Es erwarten Sie solide Zimmer mit Wurzelholz oder hellen Eichenmöbeln. Fahrradverleih gegen eine geringe Gebühr! Für Ihre Bewirtung steht eine ländliche Gaststube bereit.

GIESSEN – Hessen – 543 – 74 010 Ew – Höhe 159 m   37 F13

▶ Berlin 495 – Wiesbaden 89 – Frankfurt am Main 63 – Kassel 139
ADAC Bahnhofstr. 15
ℹ Berliner Platz 2, ⊠ 35390, ℰ (0641) 1 94 33, tourist@giessen.de
Lich, Hofgut Kolnhausen ℰ (06404) 9 10 71 **Z**
Reiskirchen-Winnerod, Parkstr. 22 ℰ (06408) 9 51 30 **Y**
Burg Krofdorf-Gleiberg (Bergfried ❊★) Nord-West : 6 km

Stadtplan siehe gegenüberliegende Seite

Tandreas (Andreas Gerlach)
Licher Str. 55 (über **Z**) ⊠ 35394 – ℰ (0641) 9 40 70 – tandreas-giessen@t-online.de
– Fax (0641) 9407499
35 Zim ⊇ – †104/114 € ††120/130 €
Rest – (geschl. Jan. 1 Woche, Juli 3 Wochen und Sonntag - Montag, nur Abendessen) Menü 52/72 € – Karte 46/59 €
Rest *Bistro el Sol* – (geschl. Jan. 1 Woche, Juni - Juli 3 Wochen und Sonntag - Montagmittag) Menü 30 € – Karte 30/45 €
Spez. Steinbutt und Meeresfrüchte mit Safran-Chorizosud. Geschmortes Bäckchen vom Iberico Schwein mit Aubergine und Kartoffelmousseline. Lammrücken mit Olivenkruste und Kartoffelbaumkuchen.

♦ Hinter seiner ansprechenden Fassade verbirgt das familiengeführte Hotel neuzeitliche, wohnlich eingerichtete Zimmer mit guter Technik. Warm und mediterran wirkendes Restaurant mit kreativen Speisen.

Steinsgarten
Hein-Heckroth-Str. 20 ⊠ 35390 – ℰ (0641) 3 89 90
– info@hotel-steinsgarten.de
– Fax (0641) 3899200   **Z a**
122 Zim ⊇ – †115/125 € ††150/180 € – **Rest** – Karte 23/38 €

♦ Neben funktionell ausgestatteten "normalen" Zimmern stehen dem Gast auch großzügigere Deluxe-Zimmer zur Verfügung. Moderne Technik ermöglicht effektives Tagen. Helles, freundliches Restaurant.

Köhler
Westanlage 33 ⊠ 35390 – ℰ (0641) 97 99 90 – info@hotel-koehler.de – Fax (0641) 9799977
                                                                    Z t
42 Zim ⊇ – †78/90 € ††90/120 € – **Rest** – Karte 21/44 €

♦ Neuzeitlich und funktionell eingerichtete Gästezimmer erwarten Sie in diesem im Zentrum gelegenen erweiterten Stadthaus.

Parkhotel Sletz garni
Wolfstr. 26 ⊠ 35394 – ℰ (0641) 40 10 40 – info@parkhotel-sletz.de – Fax (0641) 40104140
                                                                    Z r
20 Zim ⊇ – †63 € ††85 €

♦ Ein sehr gepflegtes Haus, dessen Gästezimmer hell möbliert und zeitgemäß ausgestattet sind. Die Fußgängerzone der Stadt ist bequem zu Fuß erreichbar.

Am Ludwigsplatz garni
Ludwigsplatz 8 ⊠ 35390 – ℰ (0641) 93 11 30 – webmaster@hotel-am-ludwigsplatz.de – Fax (0641) 390499
                                                                    Z h
35 Zim ⊇ – †76/88 € ††113 €

♦ Neuzeitliche, funktionelle Gästezimmer - z. T. für Allergiker geeignet - sprechen für das gepflegte Haus in der Innenstadt. Ruhiger sind die nach hinten gelegenen Zimmer.

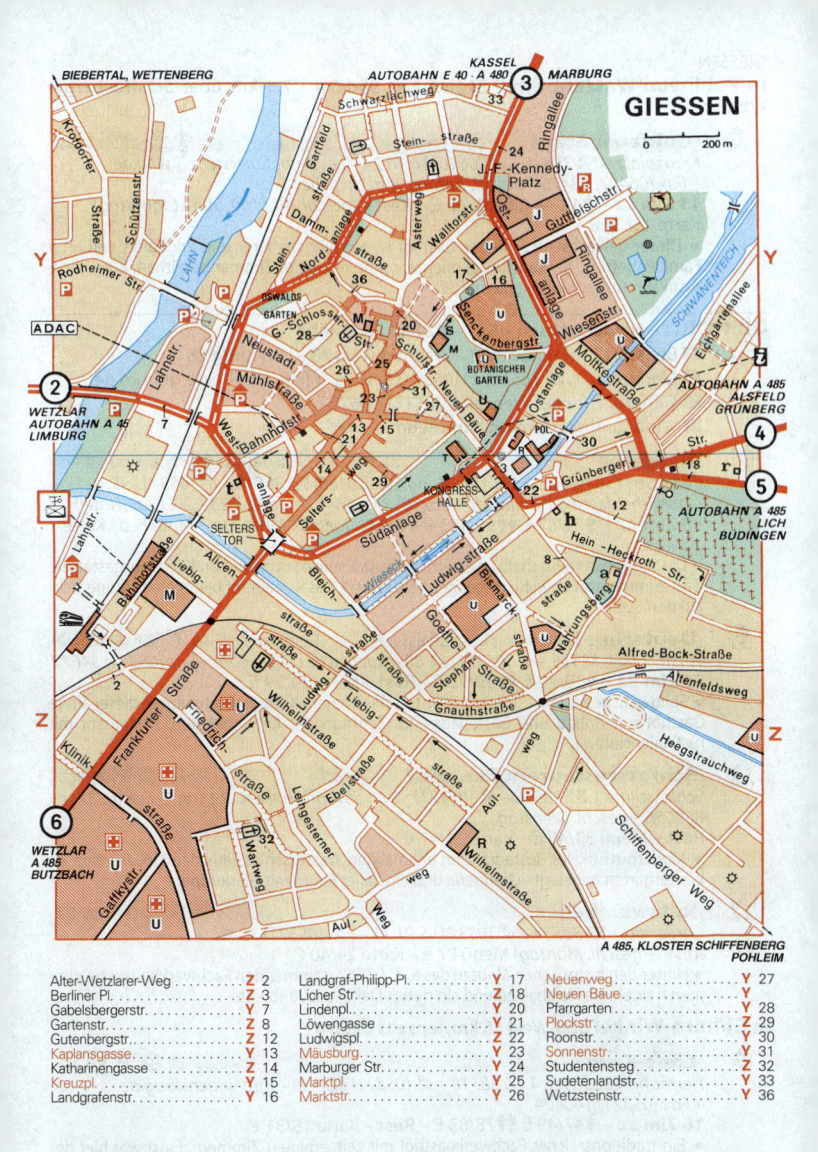

Alter-Wetzlarer-Weg ... **Z** 2	Landgraf-Philipp-Pl. ... **Y** 17	Neuenweg ... **Y** 27
Berliner Pl. ... **Z** 3	Licher Str. ... **Z** 18	Neuen Bäue ... **Y**
Gabelsbergerstr. ... **Y** 7	Lindenpl. ... **Y** 20	Pfarrgarten ... **Y** 28
Gartenstr. ... **Z** 8	Löwengasse ... **Y** 21	Plockstr. ... **Z** 29
Gutenbergstr. ... **Z** 12	Ludwigspl. ... **Y** 22	Roonstr. ... **Y** 30
Kaplansgasse ... **Y** 13	Mäusburg ... **Y** 23	Sonnenstr. ... **Y** 31
Katharinengasse ... **Y** 14	Marburger Str. ... **Y** 24	Studentensteg ... **Z** 32
Kreuzpl. ... **Y** 15	Marktpl. ... **Y** 25	Sudetenlandstr. ... **Y** 33
Landgrafenstr. ... **Y** 16	Marktstr. ... **Y** 26	Wetzsteinstr. ... **Y** 36

In Wettenberg-Launsbach Nord-West : 6 km über Krofdorfer Straße **Y** :

Schöne Aussicht
Gießener Str. 3 ✉ 35435 – ✆ (0641) 98 23 70
– info@schoene-aussicht-hotel.de – Fax (0641) 98237120
– geschl. Anfang Jan. 2 Wochen
39 Zim ⊇ – †64/67 € ††88 €
Rest – (geschl. Samstagmittag) Karte 16/36 €
♦ Die stadtnahe Lage und funktionelle Zimmer sprechen für dieses aus Stammhaus und zwei Anbauten bestehende Hotel. Gießen erreichen Sie mit dem Auto in ca. 10 Minuten. Das Restaurant ist teils im Bistrostil, teils rustikal eingerichtet.

495

GIESSEN

In Pohlheim-Watzenborn - Steinberg Süd-Ost : 7,5 km über Schiffenberger Weg Z :

Goldener Stern
Zim, P VISA ⓿

Kreuzplatz 6 ⊠ 35415 – ℰ (06403) 6 16 24 – hotel-goldenerstern@web.de
– Fax (06403) 68426 – geschl. Anfang Jan. 1 Woche
13 Zim ⊇ – †45/48 € ††65/68 € – **Rest** – (geschl. Montag, Samstagmittag) Karte 13/29 €

♦ Dieser gewachsene schlichte Gasthof ist ein sehr sauberer und engagiert geführter Familienbetrieb, der tadellos gepflegte, solide möblierte Zimmer bereithält. Bürgerlich-rustikales Restaurant mit Biergarten.

GIFHORN – Niedersachsen – 541 – 42 840 Ew – Höhe 53 m   19 J8

▶ Berlin 247 – Hannover 82 – Braunschweig 28 – Lüneburg 88

🛈 Marktplatz 1, ⊠ 38518, ℰ (05371) 8 81 75, info@suedheide-gifhorn.de

Gifhorn, Wilscher Weg 69 ℰ (05371) 1 67 37

◉ Wind- und Wassermühlenmuseum ★

Heidesee
Celler Str. 159 (West : 2,5 km Richtung Celle, B188) ⊠ 38518 – ℰ (05371) 95 10
– hotel-heidesee@t-online.de – Fax (05371) 56482 – geschl. 23. - 29. Dez. (Hotel)
45 Zim ⊇ – †71/87 € ††95/123 € – **Rest** – (geschl. Mitte Jan. - Mitte Feb.) Karte 20/40 €

♦ Die Lage etwas außerhalb an einem Waldstück sowie solide und praktisch ausgestattete Gästezimmer sprechen für dieses gepflegte Hotel. Das Restaurant bietet eine schöne Sicht auf den See.

Deutsches Haus (mit Gästehaus)   Biergarten ♿ 🛎 P VISA ⓿ AE ⓿
Torstr. 11 ⊠ 38518 – ℰ (05371) 81 80 – hdeutsches@aol.com – Fax (05371) 54672
46 Zim – †39/72 € ††59/92 € – **Rest** – Karte 20/29 €

♦ Solide ausgestattete Zimmer mit unterschiedlichem Komfort bietet Ihnen dieser ältere Gasthof mit Anbau und Gästehaus - im Zentrum des Ortes gelegen. Restaurant mit rustikaler Note.

Schlossrestaurant Zentgraf
Schlossplatz 1 ⊠ 38518 – ℰ (05371) 86 66 55 – grafhase@aol.com – Fax (05371) 866656 – geschl. Dienstag
Rest – Menü 33/45 € – Karte 24/47 €

♦ Modern-rustikales Restaurant im ehemaligen Wasserschloss aus dem 16. Jh.: eine als Wintergarten angelegte Orangerie und ein heller Raum mit Glaskuppel.

Ratsweinkeller
Cardenap 1 ⊠ 38518 – ℰ (05371) 5 91 11 – Fax (05371) 3828
Rest – (geschl. Montag) Menü 27 € – Karte 24/40 €

♦ Hinter den historischen Mauern des a. d. J. 1562 stammenden Fachwerkhauses bestimmen freigelegte Holzbalken und ein nettes Dekor das Ambiente.

In Gifhorn-Winkel Süd-West : 6 km, jenseits der B 4 :

Löns-Krug
Hermann-Löns-Weg 1 ⊠ 38518 – ℰ (05371) 5 30 38 – info@loenskrug.de
– Fax (05371) 140404
16 Zim ⊇ – †47/49 € ††78/83 € – **Rest** – Karte 15/31 €

♦ Ein traditionsreicher Fachwerkgasthof mit zeitgemäßen Zimmern. Einst war hier der Dichter Hermann Löns zu Gast, ihm zu Ehren wurde das Haus sogar umbenannt. Jagdtrophäen und ein Kamin zieren das ländliche Restaurant. Mit hübscher Terrasse.

GILCHING – Bayern – 546 – 16 820 Ew – Höhe 588 m   65 L20

▶ Berlin 610 – München 26 – Augsburg 49 – Garmisch-Partenkirchen 84

Thalmeier garni
Sonnenstr. 55 ⊠ 82205 – ℰ (08105) 50 41 – thalmeier@t-online.de – Fax (08105) 9899 – geschl. 1. - 7. Jan.
16 Zim ⊇ – †70 € ††95 €

♦ Tipptopp gepflegt sind die praktischen Zimmer in dem kleinen Hotel, das bereits seit vielen Jahren von der Inhaberfamilie geleitet wird. Gemütlicher Frühstücksraum.

496

GINSHEIM-GUSTAVSBURG – Hessen – 543 – 16 100 Ew – Höhe 87 m 47 F15
▶ Berlin 582 – Wiesbaden 20 – Darmstadt 32

Schäfer's Landhaus garni
*Bouguenais-Allee 1 (Ginsheim) ⊠ 65462 – ℰ (06144) 9 35 30
– schaefers-landhaus@t-online.de – Fax (06144) 935353 – geschl. 20. Dez. - 5. Jan.*
20 Zim ⊇ – †91/92 € ††114/116 €
♦ Das von der Familie freundlich geführte kleine Hotel gefällt mit seinen hübsch gestalteten, mit Holzfußboden und hochwertigen Bädern ausgestatteten Zimmern.

GIRBIGSDORF – Sachsen – siehe Görlitz

GLADBECK – Nordrhein-Westfalen – 543 – 77 170 Ew – Höhe 75 m 26 C10
▶ Berlin 523 – Düsseldorf 53 – Dorsten 11 – Essen 16

Schultenhof
*Schultenstr. 10 ⊠ 45966 – ℰ (02043) 9 83 20 – info@hotel-schultenhof.de
– Fax (02043) 983240*
27 Zim ⊇ – †49/57 € ††59/72 € – **Rest** – Karte 14/36 €
♦ Das familiengeführte Hotel befindet sich in verkehrsgünstiger zentrumsnaher Lage und bietet gepflegte, solide ausgestattete Zimmer mit gut isolierten Fenstern. Hell und freundlich gestaltetes Restaurant.

> Auch Hotels und Restaurants können sich ändern.
> Kaufen Sie deshalb jedes Jahr den neuen Michelin-Führer!

GLASHÜTTEN – Hessen – 543 – 5 400 Ew – Höhe 510 m 47 F14
▶ Berlin 549 – Wiesbaden 34 – Frankfurt am Main 31 – Limburg an der Lahn 33

Glashüttener Hof mit Zim
Limburger Str. 86 (B 8) ⊠ 61479 – ℰ (06174) 69 22 – Fax (06174) 6946
9 Zim ⊇ – †60/70 € ††110/120 € – **Rest** – *(geschl. Sonntagabend - Montag)*
Karte 29/34 €
♦ Der familiär geführte Gasthof ist hell und freundlich eingerichtet, die Tische werden hübsch eingedeckt. Regionale Karte. Gepflegte, mit Kirschbaummöbeln eingerichtete Zimmer.

In Glashütten-Schlossborn Süd-West : 3,5 km :

Schützenhof
*Langstr. 13 ⊠ 61479 – ℰ (06174) 6 10 74 – info@schuetzenhof-mohr.de
– Fax (06174) 964012 – geschl. Montag - Dienstagmittag, Mittwochmittag,
Sonntagmittag*
Rest – Karte 44/62 €
♦ Rustikale Eleganz prägt das kleine, auf zwei Ebenen angelegte Restaurant, das Familie Mohr seit vielen Jahren führt. Klassische Küche mit modernen Akzenten.

GLAUCHAU – Sachsen – 544 – 26 640 Ew – Höhe 255 m 42 N13
▶ Berlin 256 – Dresden 97 – Chemnitz 37 – Gera 47
🛈 Markt 1, ⊠ 08371, ℰ(03763) 25 55

In Waldenburg-Oberwinkel Nord-Ost : 6 km :

Glänzelmühle   Biergarten
*Am Park 9b ⊠ 08396 – ℰ (037608) 2 24 47 – glaenzelmuehle@t-online.de
– Fax (037608) 21017 – geschl. Jan. 2 Wochen*
16 Zim ⊇ – †42/52 € ††62/72 € – **Rest** – *(geschl. Montag)* Karte 13/28 €
♦ Abseits des Lärms, im Grünefelder Park, befindet sich der idyllische Gasthof mit gepflegten Zimmern, vier Hütten mit Unterkünften und einem Ziegengehege für Kinder. Gutbürgerliche Küche wird in den rustikalen Gaststuben serviert.

GLEISWEILER – Rheinland-Pfalz – 550 Ew – Höhe 285 m – Luftkurort 54 E17
▶ Berlin 666 – Mainz 107 – Mannheim 49 – Landau in der Pfalz 8

Zickler mit Zim
Badstr. 4 ⊠ 76835 – ℰ (06345) 9 31 39 – landgasthof-zickler@t-online.de
– Fax (06345) 93142 – geschl. Feb.
8 Zim ⊇ – †40/47 € ††58/68 € – ½ P 18 € – **Rest** – (geschl. Mittwoch, Nov. - Juli
Dienstag - Mittwoch) Menü 22 € – Karte 15/34 €
♦ Inmitten eines malerischen Dorfes bietet man dem Gast in behaglicher Atmosphäre eine bürgerlich geprägte Karte - der Chef selbst macht die Küche.

GLEISZELLEN-GLEISHORBACH – Rheinland-Pfalz – siehe Bergzabern, Bad

GLINDE – Schleswig-Holstein – 541 – 16 170 Ew – Höhe 24 m 10 J5
▶ Berlin 275 – Kiel 108 – Hamburg 16
⛳ Gut Glinde, In der Trift 1 ℰ (040) 7 10 05 06

San Lorenzo
Kupfermühlenweg 2 ⊠ 21509 – ℰ (040) 7 11 24 24 – sanlorenzoglinde@
aol.com – Fax (040) 88162004 – geschl. Feb. 2 Wochen, Okt. 3 Wochen und
Montag
Rest – (Dienstag - Samstag nur Abendessen) Menü 43/49 € – Karte
32/49 €
♦ Die 110 Jahre alte Villa beherbergt ein durch hohe stuckverzierte Decken, alten Holzfußboden und schöne Möbelstücke klassisch-elegant wirkendes Restaurant. Italienische Küche.

GLONN – Bayern – 546 – 4 280 Ew – Höhe 536 m – Erholungsort 66 M20
▶ Berlin 610 – München 32 – Landshut 99 – Rosenheim 33

Schwaiger garni (mit Gästehaus)
Feldkirchner Str. 3 ⊠ 85625 – ℰ (08093) 9 08 80 – info@hotel-cafe-schwaiger.de
– Fax (08093) 908820
79 Zim ⊇ – †68/99 € ††125/149 €
♦ Ein Familienbetrieb in der Ortsmitte mit neuzeitlichen sowie teilweise etwas einfacheren Zimmern und einem schönen Saunabereich. Auch Bäder und Massagen werden angeboten.

In Glonn-Herrmannsdorf Nord-Ost : 3 km über Rotter Straße, nach Mecking links :

Wirtshaus zum Schweinsbräu
Herrmannsdorf 7 ⊠ 85625 – ℰ (08093) 90 94 45 – wirtshaus-schweinsbraeu@
herrmannsdorfer.de – Fax (08093) 909442 – geschl. 1. - 10. Jan. und Montag -
Dienstag
Rest – Menü 50 € – Karte 35/45 €
♦ Eine gelungene Mischung aus Rustikalem und Modernem macht diese ländliche Adresse aus. Sehr gut ist die regionale und klassische Küche.

GLOTTERTAL – Baden-Württemberg – 545 – 3 060 Ew – Höhe 306 m – Erholungsort 61 E20
▶ Berlin 810 – Stuttgart 208 – Freiburg im Breisgau 27 – Waldkirch 11
🛈 Rathausweg 12 (in der Eichberghalle), ⊠ 79286, ℰ (07684) 9 10 40,
tourist-info@glottertal.de

Hirschen (mit Gästehaus Rebenhof)
Rathausweg 2 ⊠ 79286 – ℰ (07684) 8 10
– strecker@hirschen-glottertal.de – Fax (07684) 1713
49 Zim ⊇ – †60/98 € ††116/162 € – ½ P 26 € – **Rest** – (geschl. Montag)
Menü 30/65 € – Karte 32/59 €
♦ Zeitgemäß ausgestattete Gästezimmer verschiedener Kategorien stehen in diesem komfortablen, freundlich-familiär geführten Hotel zur Verfügung. Die Restaurantstuben: teils rustikal, teils neuzeitlich. Kleines Angebot in der Winzerstube.

GLOTTERTAL

Schwarzenberg's Traube
Kirchstr. 25 ⊠ 79286 – ℰ (07684) 13 13 – schwarzenbergs-traube@t-online.de
– Fax (07684) 738
12 Zim – †58/75 € ††84/100 € – ½ P 20 € – **Rest** – *(geschl. Montag, außer Feiertage)* Menü 18/48 € – Karte 19/42 €
♦ Die wohnlichen Zimmer des Hotels sind gediegen mit hellem Holz eingerichtet. Das Haus mit der blumengeschmückten Fassade liegt fußgängerfreundlich unweit des Dorfkerns. Holztäfelung und Kachelofen verbreiten Schwarzwälder Gemütlichkeit im Restaurant.

Zum Kreuz
Landstr. 14 ⊠ 79286 – ℰ (07684) 8 00 80 – mail@zum-kreuz.com – Fax (07684) 800839
35 Zim – †53/72 € ††81/113 € – ½ P 18 € – **Rest** – Menü 18/48 € – Karte 16/45 €
♦ Der gewachsene Gasthof mit Hotelanbau verfügt über solide ausgestattete Gästezimmer, rustikal in Eiche oder moderner in warmen Farben. Gutes Frühstücksbuffet. In den gemütlichen Stuben pflegt man die badische Küche.

Schlossmühle
Talstr. 22 ⊠ 79286 – ℰ (07684) 2 29 – schlossmuehle-glottertal@t-online.de
– Fax (07684) 1485
12 Zim – †39/52 € ††78/85 € – ½ P 16 € – **Rest** – *(geschl. 3. - 15. Nov. und Mittwoch)* Menü 24 € – Karte 17/43 €
♦ Aus einer ehemaligen Mühle ist der von der Familie geführte erweiterte Gasthof entstanden. Man bietet recht geräumige, mit Eiche oder Zirbelkiefer möblierte Zimmer. Heimelige Gaststuben mit bürgerlicher Küche.

Schwarzenberg
Talstr. 24 ⊠ 79286 – ℰ (07684) 13 24 – schwarzenberghot@aol.com
– Fax (07684) 1791
22 Zim – †52/64 € ††82/99 € – ½ P 19 € – **Rest** – (nur Abendessen für Hausgäste)
♦ Das familiengeführte Haus beherbergt hinter seiner ländlichen Fassade sehr gepflegte Gästezimmer, die alle über einen Balkon verfügen.

Pension Faller garni
Talstr. 9 ⊠ 79286 – ℰ (07684) 2 26 – heizmann@pension-faller.de – Fax (07684) 1453 – geschl. 20. - 28. Jan.
11 Zim – †41/50 € ††62/78 €
♦ Eine kleine Pension mit privater Atmosphäre. Die Zimmer sind alle mit Wohnbereich und Balkon ausgestattet. Gefrühstückt wird in einem gemütlichen getäfelten Stübchen.

Adler mit Zim
Talstr. 11 ⊠ 79286 – ℰ (07684) 9 08 70 – adler.glottertal@t-online.de
– Fax (07684) 908766
15 Zim – †45/65 € ††60/95 € – **Rest** – *(geschl. Dienstagmittag)* (Tischbestellung ratsam) Menü 26/48 € – Karte 22/52 €
♦ Dieser historische Gasthof bietet dem Besucher ein Stück Schwarzwälder Lebensart: urig-gemütlich die Stuben, regional die Küche. Wohnliche Gästezimmer.

Zum Goldenen Engel mit Zim
Friedhofweg. 2 ⊠ 79286 – ℰ (07684) 2 50 – goldener-engel@t-online.de
– Fax (07684) 267
12 Zim – †49/58 € ††78/100 € – ½ P 18 € – **Rest** – *(geschl. Mittwoch)*
Menü 22/38 € – Karte 25/44 €
♦ Dieses regionstypische Haus ist ein sympathischer Familienbetrieb mit gemütlichen Gaststuben, in denen man regionale und internationale Speisen serviert. Einige der Gästezimmer sind wohnlich-rustikal mit schönen Bauernmöbeln eingerichtet, andere moderner.

Wirtshaus zur Sonne
Talstr. 103 ⊠ 79286 – ℰ (07684) 2 42 – sonne-glottertal@t-online.de
– Fax (07684) 9335 – geschl. über Fastnacht 2 Wochen, Mittwoch - Donnerstagmittag
Rest – Menü 25 € – Karte 14/37 €
♦ Seit 1706 ist der Gasthof schon in Familienbesitz. In seiner holzgetäfelten Stube herrscht eine ländlich-gemütliche Atmosphäre. Familienfreundlich: eigener Kinderspielplatz.

GLOTTERTAL
In Heuweiler West : 2,5 km :

✗ **Zur Laube** mit Zim   Biergarten 🈯 | 🕻 **P** VISA ⓜ
Glottertalstr. 1 ✉ 79194 – 𝒞 (07666) 9 40 80 – info@hotel-laube.de – Fax (07666) 940857
11 Zim ⊇ – †50/75 € ††80/100 € – ½ P 20 € – **Rest** – (geschl. über Fasching 2 Wochen und Dienstag) Karte 14/47 €
♦ In einem schönen Fachwerkhaus ist das mit viel Holz gemütlich-rustikal eingerichtete Restaurant untergebracht. Mittags bietet man eine günstigere Karte. Großer Biergarten. Helle, moderne Gästezimmer.

GLÜCKSBURG – Schleswig-Holstein – **541** – 5 970 Ew – Höhe 17 m – Seeheilbad   2 **H2**
▸ Berlin 437 – Kiel 100 – Flensburg 10 – Kappeln 40
🛈 Glücksburg, Bockholm 23 𝒞 (04631) 25 47
◉ Wasserschloss (Lage★)

In Glücksburg-Meierwik Süd-West : 3 km :

🏠 **Alter Meierhof Vitalhotel**   ≼ Flensburger Förde, 🌳 🈯 🛟 🗔 ⓜ
Uferstr. 1 ✉ 24960   🕉 | 🕼 AK Rest, 🍴 Rest, 🛋 **P** 🚗 VISA ⓜ AE ①
– 𝒞 (04631) 6 19 90 – info@alter-meierhof.de – Fax (04631) 619999
54 Zim ⊇ – †157/284 € ††231/421 € – ½ P 38 €
Rest Meierei – separat erwähnt
Rest Brasserie – Karte 41/68 €
♦ Eine durch und durch angenehme Adresse direkt an der Förde mit beispielhafter Gästebetreuung und eleganten, meist zur Seeseite gelegenen Zimmern. Schön: die Hof-Therme.

✗✗ **Meierei** – Alter Meierhof Vitalhotel   ≼ Flensburger Förde, 🍴
❀❀ Uferstr. 1 ✉ 24960 – 𝒞 (04631) 6 19 90   **P** VISA ⓜ AE ①
– info@alter-meierhof.de – Fax (04631) 619999
– geschl. 1. - 15. Jan., 21. Juli - 18. Aug. und Sonntag - Montag
Rest – (nur Abendessen) (Tischbestellung ratsam) Menü 79/103 € – Karte 65/91 €
Spez. Filet vom Kabeljau im Rieslingsud mit Austernhachée und Brunnenkressesalat. Gebratene Taube mit Treviso-Radicchio und Wirsing. Joghurtmousse mit Kokossorbet und Passionsfruchtaufguss.
♦ In dem geschmackvollen Restaurant mit Sicht auf die Flensburger Förde genießen Sie in stimmiger Atmosphäre klare klassische Küche und engagierten Service.

In Glücksburg-Holnis Nord-Ost : 5 km :

🏠 **Café Drei** ⊛   ≼ 🈯 **P** VISA ⓜ AE
Drei 5 ✉ 24960 – 𝒞 (04631) 6 10 00 – info@cafe-drei.de
– Fax (04631) 610037
6 Zim ⊇ – †60/65 € ††85/95 € – **Rest** – (geschl. Mittwoch) Karte 17/26 €
♦ Unmittelbar am Strand liegt dieses familiäre kleine Haus. Die Gästezimmer sind solide und recht individuell mit rustikalen Möbeln ausgestattet. Freundlich gestaltetes Restaurant mit Blick auf die Förde. Bürgerliche, teils internationale Küche.

GLÜCKSTADT – Schleswig-Holstein – **541** – 12 120 Ew – Höhe 3 m   9 **H4**
▸ Berlin 342 – Kiel 91 – Hamburg 65 – Bremerhaven 75
🛈 Große Nübelstr. 31, ✉ 25348, 𝒞 (04124) 93 75 85

In Krempe Nord-Ost : 8 km über B 431 :

✗ **Ratskeller zu Krempe**   🈯 VISA ⓜ
Am Markt 1 ✉ 25361 – 𝒞 (04824) 3 81 54 – ratskeller-bittner@t-online.de
– Fax (04824) 38155 – geschl. Montag
Rest – (Dienstag - Donnerstag nur Abendessen) Karte 16/30 €
♦ Am Marktplatz steht das restaurierte Rathaus von 1570 zur Einkehr bereit. In rustikalem Ambiente kommt gutbürgerliche Küche auf den Tisch.

500

GMUND AM TEGERNSEE – Bayern – 546 – 5 910 Ew – Höhe 740 m – Wintersport: 900 m ✓3 ✗ – Erholungsort
66 **M21**

- Berlin 637 – München 48 – Garmisch-Partenkirchen 70 – Bad Tölz 14
- Kirchenweg 6 (Rathaus), ⊠ 83703, ℰ (08022) 75 05 27, info@gmund.de
- Marienstein, Gut Steinberg ℰ (08022) 7 50 60

In Waakirchen-Marienstein West : 8 km über Tölzer Straße, in Hauserdörfl links :

Der Margarethenhof ≤ Rest,
Gut Steinberg 1 ⊠ 83666 – ℰ (08022) 7 50 60
– info@margarethenhof.com – Fax (08022) 74818 – geschl. 20. Dez. - 12. Jan.
38 Zim – †90/175 € ††100/250 € – ½ P 25 € – 18 Suiten – **Rest** – Karte 21/47 €

♦ Die hellen, großzügigen Zimmer dieser herrlich gelegenen Residenz bieten dem Gast wohnlichen Komfort - fernab von großen Straßen. Ideales Tagungs- und Urlaubshotel. Sie speisen in ländlich-elegantem Umfeld - Terrasse mit schöner Aussicht.

GOCH – Nordrhein-Westfalen – 543 – 33 540 Ew – Höhe 18 m
25 **A10**

- Berlin 592 – Düsseldorf 82 – Krefeld 54 – Nijmegen 31
- Markt 2, ⊠ 47574, ℰ (02823) 32 01 34, kultourbuehne@goch.de

De Poort
Jahnstr. 6 ⊠ 47574 – ℰ (02823) 96 00 – info@depoort.de – Fax (02823) 960333
73 Zim – †69/79 € ††99/109 € – **Rest** – Karte 20/41 €

♦ "Das Tor" zu idealen Sport- und Tagungsmöglichkeiten. Ihr vorübergehendes Zuhause bietet Ihnen zeitgemäße Gästezimmer - teils in Eiche, teils in Kirsche gehalten.

Zur Friedenseiche garni
Weezer Str. 1 ⊠ 47574 – ℰ (02823) 9 74 40 – zur-friedenseiche@t-online.de
– Fax (02823) 974443
12 Zim – †45 € ††69 €

♦ Ein kleiner Familienbetrieb im Zentrum des Ortes, in dem unterschiedlich möblierte und sehr gepflegte Gästezimmer zur Verfügung stehen.

> Wie entscheidet man sich zwischen zwei gleichwertigen Adressen?
> In jeder Kategorie sind die Häuser nochmals geordnet,
> die besten Adressen stehen an erster Stelle.

GÖDENSTORF – Niedersachsen – siehe Salzhausen

GÖHREN – Mecklenburg-Vorpommern – siehe Rügen (Insel)

GÖHREN-LEBBIN – Mecklenburg-Vorpommern – 542 – 610 Ew – Höhe 89 m
13 **N5**

- Berlin 153 – Schwerin 85 – Neubrandenburg 65 – Rostock 86
- Göhren-Lebbin, Fleesensee, Tannenweg 1 ℰ (039932) 8 04 00

Radisson SAS Resort Schloss Fleesensee
Rest,
Schlossstr. 1 ⊠ 17213 – ℰ (039932) 8 01 00 – info.fleesensee@radissonsas.com
– Fax (039932) 80108010
184 Zim – †105/225 € ††125/245 € – ½ P 28 € – 15 Suiten
Rest *Frédéric* – (geschl. Sonntag - Montag, nur Abendessen) (Tischbestellung erforderlich) Menü 39/79 € – Karte 42/60 €
Rest *Orangerie* – Karte 19/44 €
Rest *Vinothek* – (nur Abendessen) Karte 20/37 €

♦ Das Schloss a. d. J. 1842 ist geschmackvoller Mittelpunkt eines luxuriösen, modernen Urlaubs- und Golfresorts. Zum Haus gehört ein Wellnessbereich mit Kosmetik und Massage. Klassisches Ambiente im Frédéric. Lichtdurchflutet ist die Orangerie.

501

GÖPPINGEN – Baden-Württemberg – 545 – 57 860 Ew – Höhe 323 m — 55 **H18**

▶ Berlin 601 – Stuttgart 43 – Reutlingen 49 – Schwäbisch Gmünd 26
ADAC Willi Bleicher Str. 3 (Schiller Bau 2)
🛈 Hauptstr. 1 (Rathaus), ✉ 73033, ✆ (07161) 65 02 92, ipunkt@goeppingen.de
🖪 Göppingen, Fraunhoferstr. 2 ✆ (07161) 96 41 40

GÖPPINGEN

Am Fischbergel.	Z 2	Marktpl.	Z 10
Geislinger Str.	Z 3	Oberhofenstr.	Z 14
Grabenstr.	Z	Pfarrstr.	Z 16
Hauptstr.	Z	Poststr.	Z
Heininger Str.	Z 4	Rosenpl.	Y 18
Hohenstaufenstr.	Z 6	Rosenstr.	Y 19
Kellereistr.	Z 7	Schloßstr.	Z 21
Kronengasse	Z 8	Spitalstr.	Z 22
Lange Str.	Z 9	Theodor-Heuss-Str.	Z 23
		Willi-Bleicher-Str.	Z 24
		Wühlestr.	Z 26

Hohenstaufen
Freihofstr. 64 ✉ *73033 –* ✆ *(07161) 67 00 – info@hotel-hohenstaufen.de*
– Fax (07161) 70070   Y b
50 Zim ⊇ – †82/110 € ††104/130 € – **Rest** – *(geschl. 24. - 30. Dez. und Samstagmittag)* Menü 24/45 € – Karte 22/42 €

◆ In einem Wohngebiet außerhalb des Stadtzentrums liegt dieses saubere, gepflegte Hotel. Die Zimmer sind mit unterschiedlichem Holzmobiliar funktionell eingerichtet. Rustikales Restaurant mit Wintergarten. Ganz in Holz gehaltene Bar mit sehr netter Atmosphäre.

Drei Kaiserberge garni (mit Gästehaus)
Schillerplatz 4 ✉ *73033 –* ✆ *(07161) 9 74 60 – hotel@drei-kaiserberge.de*
– Fax (07161) 974620   Z s
36 Zim ⊇ – †53/75 € ††95/122 €

◆ Neben wohnlich gestalteten Zimmern beherbergt Ihr vorübergehendes Heim ständig wechselnde Kunstausstellungen. Sie finden das Haus direkt im Stadtzentrum von Göppingen.

GÖRLITZ – Sachsen – 544 – 58 520 Ew – Höhe 208 m

- Berlin 215 – Dresden 98 – Cottbus 90
- **ADAC** Wilhelmsplatz 8
- Brüderstr. 1, ✉ 02826, ✆ (03581) 4 75 70, info@g-tm.de
- Dreifaltigkeitskirche (Chorgestühl★, Marienaltar★) BX – Untermarkt★ BCX – Barockhaus (Bauernschränke★) CX M¹ – St. Peter und Paul★ CX – Reichenbacher Turm ≤★ BY
- Ostritz: St. Marienthal★ (Süd : 15 km)

Stadtpläne siehe nächste Seiten

Tuchmacher
Peterstr. 8 ✉ 02826 – ✆ (03581) 4 73 10 – tuchmacher@aol.com – Fax (03581) 4731111 BCX **n**
46 Zim – †98/112 € ††124/147 € – **Rest** – *(geschl. Montagmittag)*
Menü 24/61 € – Karte 24/43 €
♦ In der Innenstadt liegt das hübsche Hotel aus mehreren Renaissance-Bürgerhäusern, in dem schönes Mobiliar und historische Bausubstanz eine wohnliche Atmosphäre schaffen. Freundlicher Service und sorgfältig zubereitete Gerichte im Restaurant Schneider Stube.

Börse garni (mit Gästehaus)
Untermarkt 16, (in der Alte Börse) ✉ 02826 – ✆ (03581) 7 64 20 – goerlitz-boerse@t-online.de – Fax (03581) 764279 BX **a**
27 Zim – †68/89 € ††105/125 €
♦ An einem kleinen Platz im Zentrum steht das schmucke Barockhaus a. d. J. 1714. Hier wie auch im Gästehaus Flüsterbogen stehen sehr geschmackvolle Zimmer bereit.

Mercure Parkhotel Görlitz
Uferstr. 17f ✉ 02826 – ✆ (03581) 66 20 – h1945@accor.com – Fax (03581) 662662 CY **d**
186 Zim – †80/138 € ††95/168 € – **Rest** – Karte 14/39 €
♦ Das sehr gepflegte, besonders auf Businessgäste ausgelegte Hotel liegt relativ ruhig und bietet funktionelle Zimmer; schön sind die wohnlicheren Zimmer in der 5. Etage. Neuzeitliches Restaurant mit internationalem Angebot.

Sorat garni
Struvestr. 1 ✉ 02826 – ✆ (03581) 40 65 77 – goerlitz@soratmail.de – Fax (03581) 406579 BY **s**
46 Zim – †81/91 € ††101/111 €
♦ Hübsch anzusehen ist die restaurierte Jugendstilfassade dieses zentral gelegenen Hauses. Ganz unterschiedlich zugeschnittene Zimmer vermitteln Wohnlichkeit.

Europa garni
Berliner Str. 2 ✉ 02826 – ✆ (03581) 4 23 50 – hotel.europa.goerlitz@t-online.de – Fax (03581) 423530 BY **e**
21 Zim – †45/65 € ††75/95 €
♦ Die Lage in der Fußgängerzone sowie unterschiedlich geschnittene, zeitgemäß ausgestattete Gästezimmer sprechen für dieses freundlich geführte Etagenhotel.

Lucie Schulte
Untermarkt 22 ✉ 02826 – ✆ (03581) 41 02 60 – weinkrueger@t-online.de – Fax (03581) 410261 BX **s**
Rest – Karte 24/37 €
♦ In einer kleinen Passage am Untermarkt liegt das nette Restaurant mit Gewölbedecke. Gekocht wird international. Nebenan: das zum Haus gehörende Weingeschäft. Innenhofterrasse.

In Girbigsdorf Nord-West : 5 km über Girbigsdorfer Straße AX :

Mühlenhotel
Kleine Seite 47 ✉ 02829 – ✆ (03581) 31 40 49 – muehlenhotel-lobedann@t-online.de – Fax (03581) 315037 – geschl. 22. - 27. Dez.
23 Zim – †43/48 € ††63/77 € – **Rest** – *(geschl. Sonntag)* (nur Abendessen für Hausgäste)
♦ Die einstige Mühle ist ein liebenswertes familiengeführtes Hotel in ruhiger Lage mit ländlichem Charme und zeitgemäßen Zimmern. Rustikales Restaurant mit kleinem Speiseangebot.

GÖRLITZ

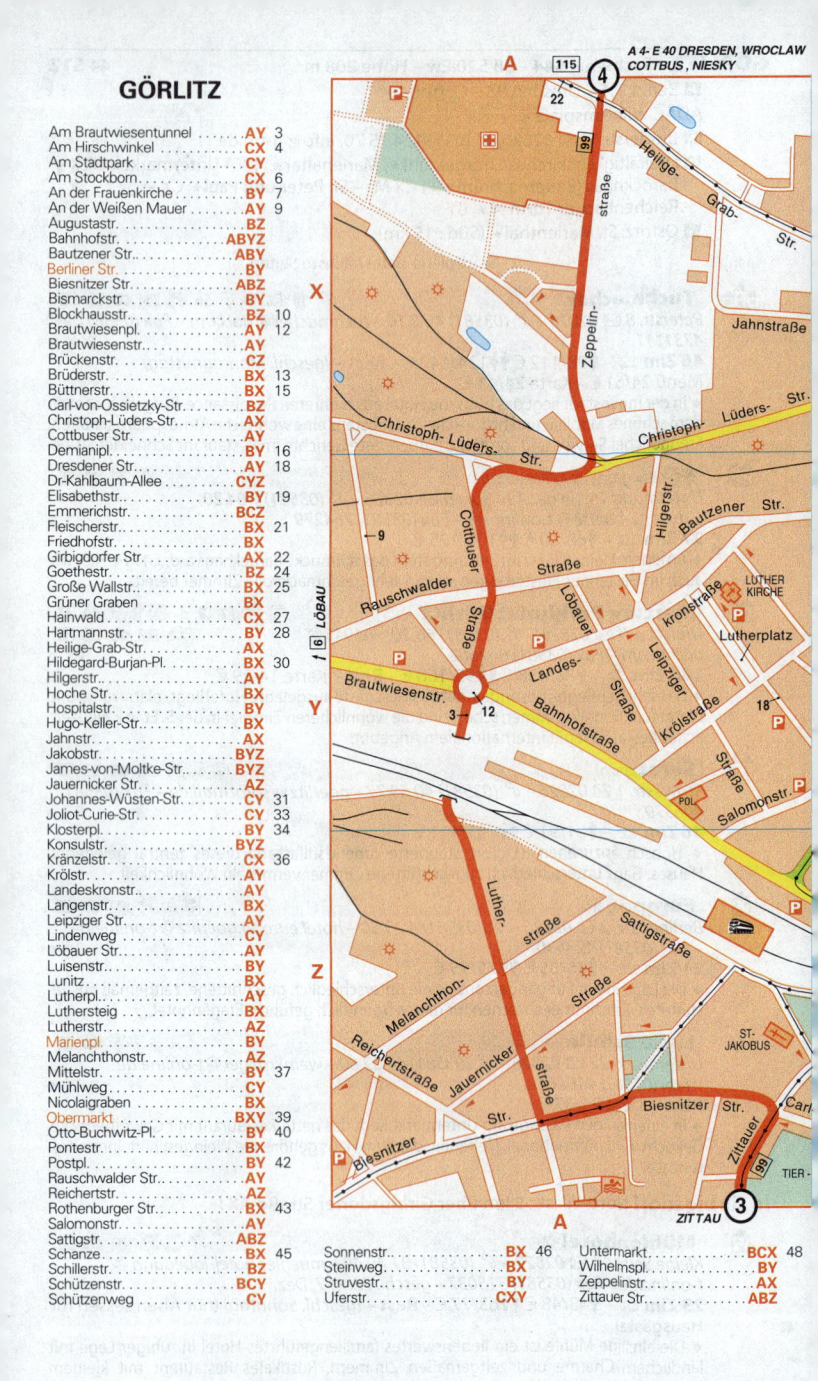

Street	Grid	No.
Am Brautwiesentunnel	AY	3
Am Hirschwinkel	CX	4
Am Stadtpark	CY	
Am Stockborn	CX	6
An der Frauenkirche	BY	7
An der Weißen Mauer	AY	9
Augustastr.	BZ	
Bahnhofstr.	ABYZ	
Bautzener Str.	ABY	
Berliner Str.	BY	
Biesnitzer Str.	ABZ	
Bismarckstr.	BY	
Blockhausstr.	BZ	10
Brautwiesenpl.	AY	12
Brautwiesenstr.	AY	
Brückenstr.	CZ	
Brüderstr.	BX	13
Büttnerstr.	BX	15
Carl-von-Ossietzky-Str.	BZ	
Christoph-Lüders-Str.	AX	
Cottbuser Str.	AY	
Demianipl.	BY	16
Dresdener Str.	AY	18
Dr-Kahlbaum-Allee	CYZ	
Elisabethstr.	BY	19
Emmerichstr.	BCZ	
Fleischerstr.	BX	21
Friedhofstr.	BX	
Girbigdorfer Str.	AX	22
Goethestr.	BZ	24
Große Wallstr.	BX	25
Grüner Graben	BX	
Hainwald	CX	27
Hartmannstr.	BY	28
Heilige-Grab-Str.	AX	
Hildegard-Burjan-Pl.	BX	30
Hilgerstr.	AY	
Hoche Str.	BX	
Hospitalstr.	BY	
Hugo-Keller-Str.	BX	
Jahnstr.	AX	
Jakobstr.	BYZ	
James-von-Moltke-Str.	BYZ	
Jauernicker Str.	AZ	
Johannes-Wüsten-Str.	CY	31
Joliot-Curie-Str.	CY	33
Klosterpl.	BY	34
Konsulstr.	BYZ	
Kränzelstr.	CX	36
Krölstr.	AY	
Landeskronstr.	AY	
Langenstr.	BX	
Leipziger Str.	BX	
Lindenweg	CY	
Löbauer Str.	AY	
Luisenstr.	BY	
Lunitz	BX	
Lutherpl.	AY	
Luthersteig	BX	
Lutherstr.	AZ	
Marienpl.	BY	
Melanchthonstr.	AZ	
Mittelstr.	BY	37
Mühlweg	CY	
Nicolaigraben	BX	
Obermarkt	BXY	39
Otto-Buchwitz-Pl.	BY	40
Pontestr.	BX	
Postpl.	BY	42
Rauschwalder Str.	AY	
Reichertstr.	AZ	
Rothenburger Str.	BY	43
Salomonstr.	AY	
Sattigstr.	ABZ	
Schanze	BX	45
Schillerstr.	BZ	
Schützenstr.	BCY	
Schützenweg	CY	
Sonnenstr.	BX	46
Steinweg	BX	
Struvestr.	BY	
Uferstr.	CXY	
Untermarkt	BCX	48
Wilhelmspl.	BY	
Zeppelinstr.	AX	
Zittauer Str.	ABZ	

504

Der Stern ✿ zeichnet Restaurants mit exzellenter Küche aus.
Er wird an Häuser vergeben, für die man gerne einen Umweg in Kauf nimmt!

GÖRLITZ
In Markersdorf-Holtendorf West : 7 km über Zeppelinstraße AX :

Zum Marschall Duroc
Girbigsdorfer Str. 3 (nahe der B 6) ⊠ *02829* – ℘ *(03581) 73 44 – info@hotelmarschallduroc.de – Fax (03581) 734222*
52 Zim – †61/69 € ††89/99 € – **Rest** – Karte 16/28 €
♦ Etwas abseits ist dieser neuzeitliche Hotelbau gelegen. Gepflegte Gästezimmer mit funktioneller Ausstattung sprechen für das Haus. Hell und freundlich gestaltetes Restaurant mit Blick in den schönen Garten.

GÖNNHEIM – Rheinland-Pfalz – siehe Wachenheim

GÖSSWEINSTEIN – Bayern – 546 – 4 180 Ew – Höhe 457 m – Luftkurort 50 L16
▶ Berlin 401 – München 219 – Nürnberg 50 – Bayreuth 46
🛈 Burgstr. 6, ⊠ 91327, ℘ (09242) 4 56, info@goessweinstein.de
◉ Barockbasilika (Wallfahrtskirche) – Marienfelsen ≤★★
☒ Fränkische Schweiz★★

Fränkischer Hahn garni
Badangerstr. 35 ⊠ *91327* – ℘ *(09242) 4 02 – fraenkischer-hahn@t-online.de – Fax (09242) 7329*
9 Zim ⊆ – †45/65 € ††60/80 €
♦ Die wohnliche Einrichtung im Landhausstil und gute Technik machen dieses kleine, gepflegte Haus zu einer behaglichen sowie funktionellen Unterkunft.

Zur Post
Balthasar-Neumann-Str. 10 ⊠ *91327* – ℘ *(09242) 2 78 – info@zur-post-goessweinstein.de – Fax (09242) 578 – geschl. 2. Nov. - 12. Dez.*
15 Zim ⊆ – †28/31 € ††50/56 € – ½ P 14 € – **Rest** – *(geschl. Montag außer Feiertage)* Menü 17 € – Karte 16/28 €
♦ Im Zentrum des Ortes liegt das von der Inhaberfamilie engagiert geführte kleine Hotel mit seinen solide möblierten Gästezimmern. Im Restaurant bietet man bürgerliche Küche.

Schönblick mit Zim
August-Sieghardt-Str. 8 ⊠ *91327* – ℘ *(09242) 3 77 – info@schoenblick-goessweinstein.de – Fax (09242) 847 – geschl. 1. - 10. Feb. (Hotel)*
8 Zim ⊆ – †42/45 € ††58/64 € – ½ P 13 € – **Rest** – *(geschl. 1. Feb. - 14. März, Dienstag, Mitte März - Okt. Montag - Freitag nur Abendessen)* Karte 15/33 €
♦ Das kleine Restaurant liegt am Ortsrand etwas "ab vom Schuss". Es ist mit warmen Farben hell und freundlich gestaltet. Gekocht wird vorwiegend regional.

GÖTTINGEN – Niedersachsen – 541 – 122 890 Ew – Höhe 150 m 29 I11
▶ Berlin 340 – Hannover 122 – Kassel 47 – Braunschweig 109
ADAC Am Kaufpark 4
🛈 Markt 9 Z, ⊠ 37073, ℘ (0551) 49 98 00, tourismus@goettingen.de
✈ Northeim, Levershausen ℘ (05551) 90 83 80 Y
◉ Fachwerkhäuser (Junkernschänke★) YZ B

Stadtplan siehe gegenüberliegende Seite

Gebhards
Goethe-Allee 22 ⊠ *37073* – ℘ *(0551) 4 96 80 – gebhards@romantikhotels.com – Fax (0551) 4968110* Y **e**
50 Zim ⊆ – †96/140 € ††140/190 € – 4 Suiten
Rest *Georgia-Augusta-Stuben* – Karte 30/45 €
♦ Gegenüber dem Hauptbahnhof liegt das Hotel mit der Sandsteinfassade aus dem 19. Jh., in dem Sie gediegene, zeitlos-elegante Zimmer erwarten. Historisches Ambiente mit viktorianischem Flair in den Georgia-Augusta-Stuben. Internationale Küche.

Eden
Reinhäuser Landstr. 22a ⊠ *37083* – ℘ *(0551) 50 72 00 – info@eden-hotel.de – Fax (0551) 5072111* Z **d**
100 Zim ⊆ – †72/142 € ††96/166 €
Rest *La Locanda* – ℘ *(0551) 5 07 21 30* – Karte 19/33 €
♦ Das von der Inhaberfamilie geleitete Hotel befindet sich nahe dem Zentrum und verfügt über komfortable Gästezimmer unterschiedlicher Kategorien. Im Restaurant La Locanda bietet man italienische Speisen.

GÖTTINGEN

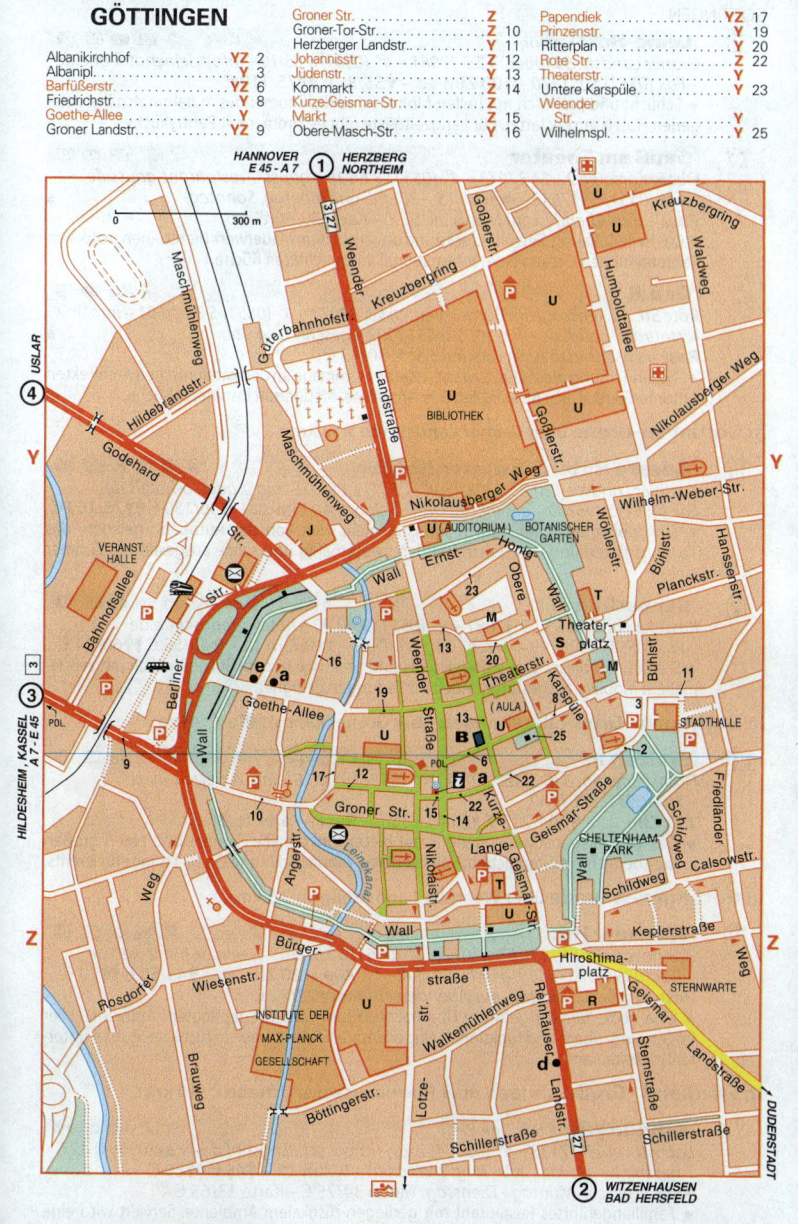

Albanikirchhof	YZ	2
Albanipl.	Y	3
Barfüßerstr.	YZ	6
Friedrichstr.	Y	8
Goethe-Allee	Y	
Groner Landstr.	YZ	9
Groner Str.	Z	
Groner-Tor-Str.	Z	10
Herzberger Landstr.	Y	11
Johannisstr.	Z	12
Jüdenstr.	Z	13
Kornmarkt	Z	14
Kurze-Geismar-Str.	Z	
Markt	Z	15
Obere-Masch-Str.	Y	16
Papendiek	YZ	17
Prinzenstr.	Y	19
Ritterplan	Y	20
Rote Str.	Z	22
Theaterstr.	Y	
Untere Karspüle	Y	23
Weender Str.	Y	
Wilhelmspl.	Y	25

Stadt Hannover garni
Goethe-Allee 21 ✉ *37073 –* ☎ *(0551) 54 79 60 – info@hotelstadthannover.de*
– Fax (0551) 45470
32 Zim ☐ – ♦75/92 € ♦♦105/120 €   Y a
♦ Am Rande der historischen Altstadt empfängt Sie dieses über 300 Jahre alte Stadthaus.
Gepflegte Räume bieten Ihnen eine Kombination von Wohnlichkeit und Funktionalität.

507

GÖTTINGEN

Leine-Hotel garni
Groner Landstr. 55 (über Y) ⊠ 37081 – ℰ (0551) 5 05 10 – info@leinehotel-goe.de
– Fax (0551) 5051170 – **100 Zim** ⊇ – †55/86 € ††75/110 €
♦ Schlicht und praktisch mit hellen Möbeln sind die Zimmer des in Bahnhofsnähe gelegenen Hotels ausgestattet. Für Langzeitgäste gibt es Zimmer mit Pantryküche.

Gauß am Theater
Obere Karspüle 22 ⊠ 37073 – ℰ (0551) 5 66 16 – gauss@restaurant-gauss.de
– Fax (0551) 5317632 – geschl. 15. - 30. Juli und Montag, Sonntag   Y s
Rest – (nur Abendessen) Menü 34/57 € – Karte 29/46 €
♦ Das Kellerlokal mit Gewölbedecke und unverputztem Mauerwerk bietet einen rustikalen Rahmen für den Genuss einer international ausgerichteten Küche.

Gaudi
Rote Str. 16, (Passage im Börner-Viertel) ⊠ 37073 – ℰ (0551) 5 31 30 01 – info@restaurant-gaudi.de – Fax (0551) 5313002 – geschl. 1. - 4. Jan.   Z a
Rest – (Tischbestellung ratsam) Karte 30/42 €
♦ Die Einrichtung dieses Restaurants ist eine Hommage an den katalonischen Architekten Antonio Gaudí. Farbenfrohes, legeres Ambiente. Mediterran inspirierte Küche.

In Göttingen-Grone über Groner Landstraße Y : 3 km :

Adesso Hotel Schweizer Hof garni
Kasseler Landstr. 120 ⊠ 37081 – ℰ (0551) 5 09 60 – info@adesso-hotels.de
Fax (0551) 5096100 – geschl. 23. Dez. - 5. Jan. – **40 Zim** ⊇ – †56/139 € ††76/169 €
♦ Ein gepflegtes Hotel, verkehrsgünstig nicht weit von der Autobahn gelegen, das Tagungsgästen und Geschäftsreisenden zweckmäßig und solide ausgestattete Zimmer bietet.

Rennschuh garni
Kasseler Landstr. 93 ⊠ 37081 – ℰ (0551) 9 00 90 – hotel@rennschuh.de
– Fax (0551) 9009199 – geschl. 24. - 31. Dez. – **110 Zim** ⊇ – †45/55 € ††60/74 €
♦ Die Zimmer dieses gepflegten Hotels sind praktisch und im Stil einheitlich mit zeitgemäßem Mobiliar ausgestattet. Auch für Tagungen geeignet.

In Göttingen - Groß-Ellershausen über Groner Landstraße Y : 4 km :

Freizeit In
Dransfelder Str. 3 (B 3) ⊠ 37079 – ℰ (0551) 9 00 10 – info@freizeit-in.de
– Fax (0551) 9001100
212 Zim ⊇ – †104/215 € ††144/235 € – **Rest** – Karte 16/36 €
♦ Das verkehrsgünstig gelegene Hotel bietet funktionelle Zimmer und einen großen Freizeitbereich mit öffentlichem Spa. Moderne Tagungsvilla und Orient Lounge für Events.

In Göttingen-Weende über Weender Landstraße Y : 2,5 km :

Weender Hof
Hannoversche Str. 150 ⊠ 37077 – ℰ (0551) 50 37 50 – weender-hof@web.de
– Fax (0551) 5037555 – geschl. 21. Juli - 10. Aug. – **20 Zim** ⊇ – †45/50 € ††70 €
Rest – (geschl. Sonntag, nur Abendessen) Karte 22/32 €
♦ Eine nette, familiär geführte Übernachtungsadresse mit gepflegtem Ambiente. Hier finden Sie saubere und funktionell eingerichtete Gästezimmer. In rustikale Stuben unterteiltes Restaurant.

In Friedland - Groß-Schneen über Rheinhäuser Landstraße Z : 10 km :

Schillingshof mit Zim
Lappstr. 14 ⊠ 37133 – ℰ (05504) 2 28 – info@schillingshof.de – Fax (05504) 427
– geschl. 1. - 14. Jan., Juli - Aug. 3 Wochen – **5 Zim** ⊇ – †45 € ††80 €
Rest – (geschl. Montag - Dienstag) Menü 34/75 € – Karte 33/65 €
♦ Familiengeführtes Restaurant mit gediegen-rustikalem Ambiente. Serviert wird eine internationale Küche mit kreativen Elementen.

GOMADINGEN – Baden-Württemberg – 545 – 2 190 Ew – Höhe 675 m – Wintersport : 800 m – Luftkurort
55 **H19**

▶ Berlin 665 – Stuttgart 64 – Reutlingen 23 – Ulm (Donau) 60
🛈 Marktplatz 2 (Rathaus), ⊠ 72532, ℰ (07385) 96 96 33, info@gomadingen.de

GOMADINGEN

Zum Lamm mit Zim
Hauptstr. 3 ⌂ 72532 – ℰ (07385) 9 61 50 – info@lamm-gomadingen.de
– Fax (07385) 96151 – geschl. Montag
6 Zim – †40/44 € ††60/68 € – **Rest** – Karte 13/32 €
◆ Dieser Familienbetrieb im Zentrum ist eine sehr gepflegte Adresse mit ländlichem Ambiente und bürgerlich-regionalem Speisenangebot. Zum Übernachten stehen zeitgemäße und wohnliche Zimmer bereit.

In Gomadingen-Offenhausen West : 2 km :

Landhotel Gulewitsch - Gestütsgasthof
Ziegelbergstr. 24 ⌂ 72532 – ℰ (07385) 9 67 90
– Fax (07385) 967996
25 Zim – †42/53 € ††65/86 € – ½ P 18 € – **Rest** – (geschl. Feb. 2 Wochen) Karte 20/37 €
◆ Ein Hotel etwas oberhalb des Ortes ergänzt den ca. 400 m entfernten Gasthof - früher Teil eines Gestüts. Die Zimmer sind gepflegt und technisch gut ausgestattet. Rustikal gestalteter Restaurantbereich.

GOSLAR – Niedersachsen – 541 – 43 730 Ew – Höhe 255 m   29 J10

▶ Berlin 252 – Hannover 84 – Braunschweig 43 – Göttingen 80
🛈 Markt 7, ⌂ 38640, ℰ (05321) 7 80 60, tourist-information@goslar.de
◉ Rammelsberg★ X – Breites Tor★ – Neuwerkkirche★ – Mönchehaus★ M[1] Y – Rathaus mit Huldigungssaal★★ R YZ – Altstadt (Fachwerkhäuser) ★★★ – Marktplatz★★ – Kaiserpfalz★ – Pfarrkirche St. Peter und Paul★ F Z

Stadtplan siehe nächste Seite

Der Achtermann
Rosentorstr. 20 ⌂ 38640 – ℰ (05321) 7 00 00 – info@der-achtermann.de
– Fax (05321) 7000999   Y r
154 Zim – †86/106 € ††122/143 € – **Rest** – Karte 20/36 €
◆ Am Rande der Fußgängerzone, nicht weit vom Bahnhof wird man in z. T. eleganten, aber immer zweckmäßigen Zimmern beherbergt. Im Pulverturm der ehemaligen Stadtbefestigung ist das sehenswerte Restaurant im altdeutschen Stil untergebracht. Internationale Karte.

Niedersächsischer Hof
Klubgartenstr. 1 ⌂ 38640 – ℰ (05321) 31 60 – info@
niedersaechsischer-hof-goslar.de – Fax (05321) 316444   Y a
63 Zim – †65/104 € ††95/144 € – 5 Suiten – **Rest** – Karte 24/32 €
◆ Neben gepflegten, neuzeitlichen Zimmern hält das Hotel ein besonderes Extra für Sie bereit: eine Ausstellung zeitgenössischer Gemälde. Schwere Polsterstühle verleihen dem Restaurant eine stilvolle Note.

Kaiserworth
Markt 3 ⌂ 38640 – ℰ (05321) 70 90 – hotel@kaiserworth.de
– Fax (05321) 709345   Z x
66 Zim – †76/96 € ††133/177 € – **Rest** – Karte 14/37 €
◆ Das schmucke Haus im Herzen der Altstadt - einst das Zunfthaus der Tuchmacher - beherbergt behagliche individuelle Zimmer, teils modern, teils mit Stilmobiliar eingerichtet. Blickfang im Restaurant ist das prächtige gotische Gewölbe. Internationale Küche.

In Goslar-Hahnenklee Süd-West : 16 km über Clausthaler Straße X – Höhe 560 m
– Wintersport : 726 m ⦃1 ⦄2 ⦆ – Heilklimatischer Kurort
🛈 Kurhausweg 7 (Kurverwaltung), ⌂ 38644, ℰ (05325) 5 10 40, info@hahnenklee.de

Am Kranichsee   Biergarten
Parkstr. 4 ⌂ 38644 – ℰ (05325) 70 30 – hotels@kranichsee.de – Fax (05325) 703100 – geschl. Nov.
50 Zim – †63/76 € ††110/122 € – 14 Suiten – **Rest** – Karte 15/33 €
◆ Die Zimmer Ihres Hotels sind auf drei Häuser verteilt: mal neuzeitlich in hellem Naturholz gehalten, mal im soliden Landhausstil - stets jedoch in wohnlicher Machart. Eine schöne Holzdecke ziert das rustikale Restaurant mit bürgerlicher Karte.

GOSLAR

Street	Grid	No.
Astfelder Str.	Y	2
Berliner Allee	X	5
Breite Str.	Y	
Brüggemannstr.	Y	8
Clausthaler Str.	X	10
Danziger Str.	X	14
Dörpkestieg	Y	17
Fischemäkerstr	Y	19
Fleischscharren	Y	23
Grauhöfer Landwehr	X	26
Heinrich-Pieper-Str.	X	32
Hildesheimer Str.	X	34
Hoher Weg	Z	37
Hokenstr.	Y	
Im Schleeke	Y	39
Kaiserbleek	Z	42
Königstr.	Z	45
Köppelsbleek	X	47
Marienburger Str.	X	50
Marktstr.	Z	
Münzstr.	Y	52
Nonnenweg	X	55
Obere Kirchstr.	Y	58
Petersilienstr.	Y	61
Rammelsberger Str.	Z	63
Rosentorstr.	Y	66
Schielenstr.	Y	71
Schreiberstr.	Y	74
Schuhhof	Z	76
St-Annenhöhe	Z	69
Vienenburger Str.	X	79
Worthstr.	Z	82

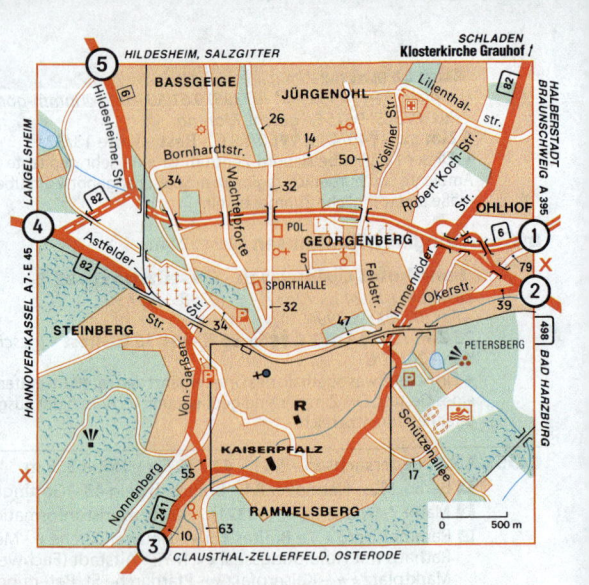

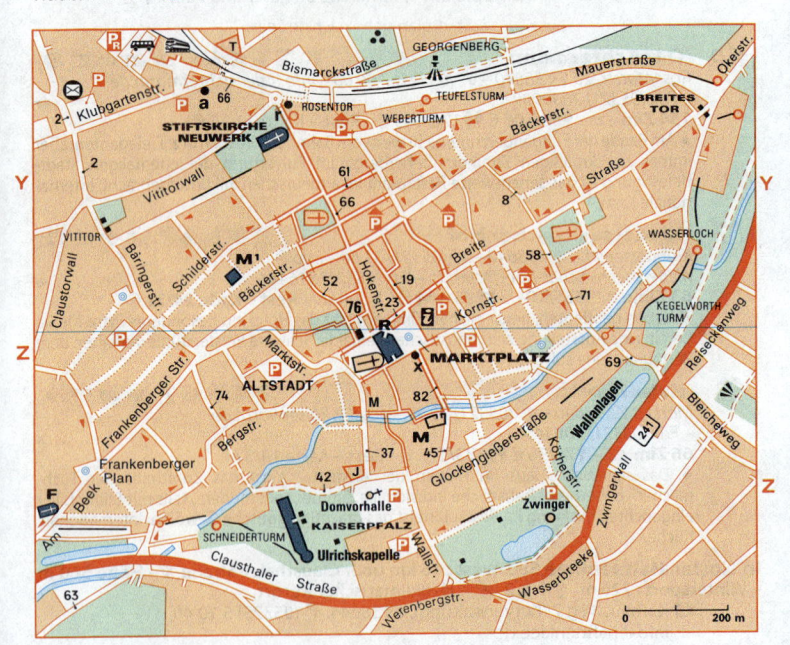

Eine preiswerte und komfortable Übernachtung?
Folgen Sie dem „Bib Hotel".

510

GOSLAR

Walpurgishof
Am Bocksberg 1, ✉ 38644, ✆ (05325) 5 88 80 – hotel@walpurgishof.com – Fax (05325) 5888100
57 Zim ☐ – †65/75 € – ††95/105 € – ½ P 15 € – **Rest** – Karte 17/31 €
♦ Das Hotel am Waldrand beherbergt Sie in mit solidem Naturholz, wohnlich im Landhausstil eingerichteten Zimmern, die z. T. auch über einen Balkon verfügen. Bürgerliches Angebot im farbenfroh gestalteten Restaurant.

Rot steht für unsere besonderen Empfehlungen!

GOTHA – Thüringen – 544 – 47 160 Ew – Höhe 300 m   40 K12
▶ Berlin 326 – Erfurt 22 – Gera 114 – Nordhausen 76
ℹ Hauptmarkt 33, ✉ 99867, ✆ (03621) 22 21 38, tourist-info@gotha.de
⛳ Mühlberg, Gut Ringhofen ✆ (036256) 8 69 83
◉ Schloss Friedenstein ★ CY
◉ Thüringer Wald ★★ (Großer Inselsberg ≤ ★★, Friedrichroda : Marienglashöhle ★)

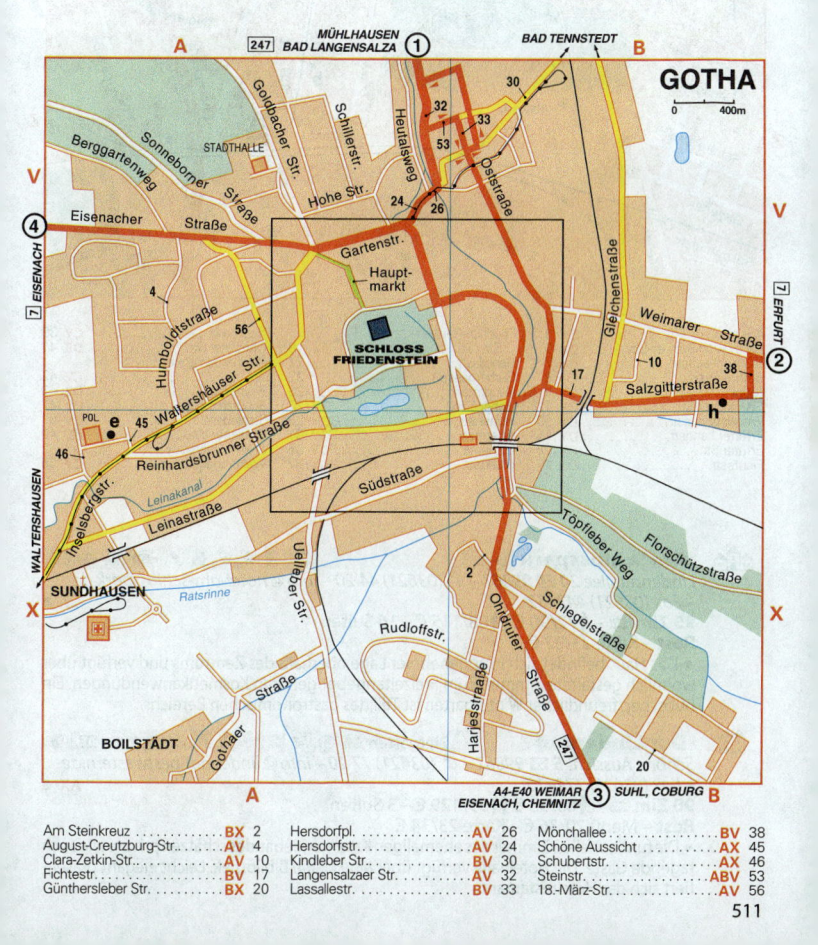

Am Steinkreuz............BX 2	Hersdorfpl..............AV 26	Mönchallee..............BV 38
August-Creutzburg-Str.....AV 4	Hersdorfstr.............AV 24	Schöne Aussicht.........AX 45
Clara-Zetkin-Str..........AV 10	Kindleber Str...........BV 30	Schubertstr..............AX 46
Fichtestr................BV 17	Langensalzaer Str........AV 32	Steinstr................ABV 53
Günthersleber Str........BX 20	Lassallestr.............BV 33	18.-März-Str.............AV 56

511

GOTHA

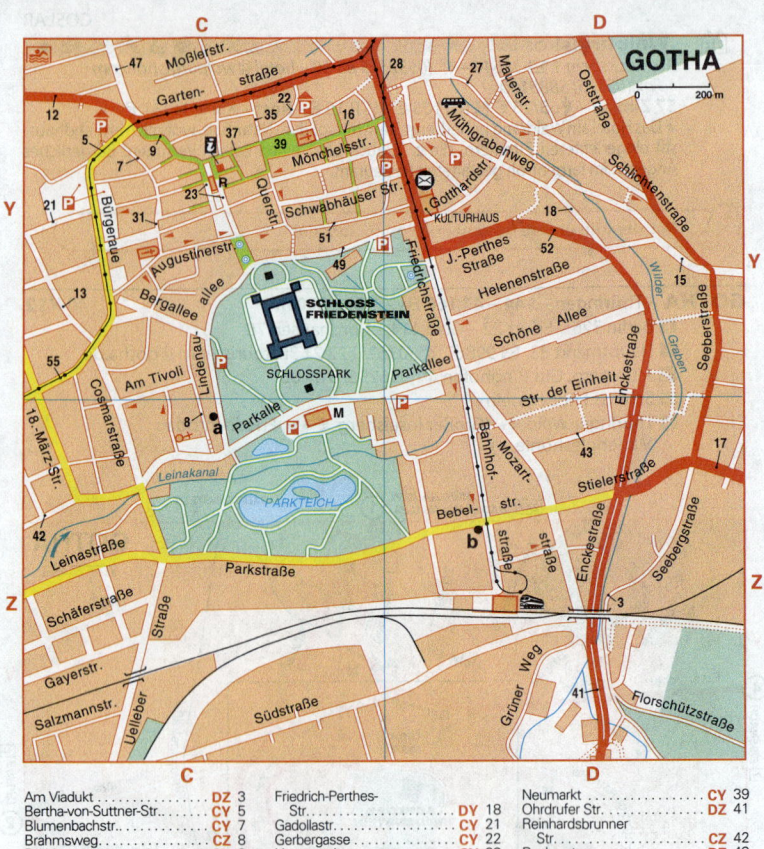

Am Viadukt . . . . DZ 3	Friedrich-Perthes-	Neumarkt . . . . CY 39
Bertha-von-Suttner-Str. . . . . CY 5	Str. . . . . DY 18	Ohrdrufer Str. . . . . DZ 41
Blumenbachstr. . . . . CZ 7	Gadollastr. . . . . CY 21	Reinhardsbrunner
Brahmsweg . . . . CZ 8	Gerbergasse . . . . CY 22	Str. . . . . CZ 42
Brühl . . . . CY 9	Hauptmarkt . . . . CY 23	Reyherstr. . . . . DZ 43
Eisenacher Str. . . . . CY 12	Hoher Sand . . . . DY 27	Schützenberg . . . . CY 47
Emminghausstr. . . . . CY 13	Huttenstr. . . . . CDY 28	Siebleber Str. . . . . CY 51
Erfurter Landstr. . . . . DY 15	Klosterstr. . . . . CY 31	Siebleber Wall . . . . CY 49
Erfurter Str. . . . . CY 16	Lutherstr. . . . . CY 35	Steinmühlenallee . . . . DY 52
Fichtestr. DZ 17	Marktstr. CY 37	Waltershäuser Str. . . . . CY 55

Am Schlosspark
Lindenauallee 20 ⊠ 99867 – ℰ (03621) 44 20 – info@hotel-am-schlosspark.de
– Fax (03621) 442452
CZ a
95 Zim ⊇ – †72/90 € ††88/115 € – 16 Suiten
Rest – Karte 23/32 €
♦ Das Haus befindet sich in angenehmer Lage oberhalb des Zentrums und verfügt über wohnlich gestaltete Zimmer. Zum Freizeitangebot gehören Kosmetikanwendungen. Ein hübscher, freundlicher Wintergarten ist Teil des gastronomischen Bereichs.

Der Lindenhof   Biergarten
Schöne Aussicht 5 ⊠ 99867 – ℰ (03621) 77 20 – info@lindenhof.bestwestern.de
– Fax (03621) 772410
AX e
90 Zim ⊇ – †83/93 € ††99/129 € – 3 Suiten
Rest – Menü 20/36 € – Karte 23/34 €
♦ Die funktionellen Zimmer des ehemaligen Kasernengebäudes schätzen private wie auch tagende Gäste. Die Hotelhalle verfügt über eine kleine Bibliothek. Leicht elegant präsentiert sich das Hotelrestaurant.

GOTHA

Waldbahn Hotel
Bahnhofstr. 16 ⊠ 99867 – ℰ (03621) 23 40 – informationen@waldbahn-hotel.de
– Fax (03621) 234130
DZ **b**
56 Zim ⊃ – †62 € ††91 € – **Rest** – Karte 15/29 €
♦ Funktionelle und wohnliche Einrichtung in Kirsche macht die Zimmer dieses gut unterhaltenen Stadthauses in Bahnhofsnähe aus. Für die Muße sorgt eine Pilsbar mit Bowlingbahn. Gepflegtes, durch Raumteiler aufgelockertes Restaurant.

In Gotha-Siebleben

Landhaus Hotel Romantik
Salzgitterstr. 76 (B 7) ⊠ 99867 – ℰ (03621) 3 64 90 – gewalter@
landhaus-hotel-romantik.de – Fax (03621) 364949
BV **h**
14 Zim ⊃ – †55/60 € ††80/85 € – **Rest** – (geschl. Sonntag) (nur Abendessen für Hausgäste)
♦ Eine liebenswerte Adresse ist das charmante Fachwerkhaus mit seinen hübsch dekorierten Landhauszimmern. Zu dem kleinen Hotel gehört auch ein Garten mit Teich und Holzbrücke.

GOTTLEUBA, BAD-BERGGIESSHÜBEL – Sachsen – **544** – 6 240 Ew – Höhe 290 m – Kneippkurort
43 **Q12**
▶ Berlin 224 – Dresden 31 – Chemnitz 106

In Bad Gottleuba-Augustusberg Süd-Ost : 2 km ab Bad Gottleuba :

Berghotel Augustusberg
≤ Bad Gottleuba,
⊠ 01816 – ℰ (035023) 6 25 04 – augustusberg@
t-online.de – Fax (035023) 62597
22 Zim ⊃ – †44/59 € ††68/89 € – ½ P 15 € – **Rest** – Karte 13/29 €
♦ Ein sympathisches, gut geführtes Haus in schöner exponierter Berglage. Es stehen wohnlich und zeitgemäß eingerichete Zimmer bereit. Vom Restaurant aus hat man einen tollen Panoramablick bis nach Dresden.

GOTTMADINGEN – Baden-Württemberg – **545** – 10 290 Ew – Höhe 426 m
62 **F21**
▶ Berlin 789 – Stuttgart 159 – Konstanz 47 – Singen (Hohentwiel) 7

Kranz (mit Gästehaus)
Hauptstr. 37 (B 34) ⊠ 78244 – ℰ (07731) 70 61 – info@hotelkranz.de
– Fax (07731) 73994
32 Zim ⊃ – †44 € ††72 € – **Rest** – (geschl. Sonn- u. Feiertage) Karte 14/25 €
♦ Eine Übernachtungsmöglichkeit zu fairen Preisen bietet Ihnen dieses Haus mit seinen solide und zeitgemäß eingerichteten Zimmern - im Gästehaus etwas moderner. Schlichte Gaststube mit bürgerlicher Küche.

GRAAL-MÜRITZ – Mecklenburg-Vorpommern – **542** – 4 180 Ew – Höhe 5 m – Seeheilbad
12 **N3**
▶ Berlin 241 – Schwerin 109 – Rostock 28 – Stralsund 59
🛈 Rostocker Str. 3 (Haus des Gastes), ⊠ 18181, ℰ (038206) 70 30,
touristinformation-tuk@graal-mueritz.de

Haus am Meer
Zur Seebrücke 36 ⊠ 18181 – ℰ (038206) 73 90 – pension-haus-am-meer@
t-online.de – Fax (038206) 73939 – geschl. 20. - 24. Dez.
34 Zim ⊃ – †42/59 € ††67/100 € – ½ P 13 € – **Rest** – Karte 15/22 €
♦ Vor allem die sehr schöne strandnahe Lage macht dieses persönlich geführte Hotel aus. Es stehen unterschiedlich möblierte, funktionelle Zimmer bereit. Freundliches, zeitlos eingerichtetes Restaurant.

Strandhotel Zum Deichgraf
Strandstr. 61 ⊠ 18181 – ℰ (038206) 13 84 13 – info@strandhoteldeichgraf.com
– Fax (038206) 138414
24 Zim ⊃ – †83/105 € ††137/186 € – ½ P 23 € – 10 Suiten – **Rest** – Karte 22/32 €
♦ Das hübsche Haus befindet sich direkt hinter den Dünen und verfügt über elegant im Landhausstil eingerichtete, in warmen Tönen gehaltene Gästezimmer. Das Restaurant ist in seinem Einrichtungsstil dem Interieur eines Segelschiffes nachempfunden.

GRÄFELFING – Bayern – 546 – 13 080 Ew – Höhe 540 m 65 L20

▶ Berlin 598 – München 14 – Augsburg 61 – Garmisch-Partenkirchen 81

Siehe München (Umgebungsplan)

In Planegg Süd-West: 1 km:

Planegg garni (mit Gästehaus)
Gumstr. 13 ⊠ 82152 – ℰ (089) 8 99 67 60 – info@hotel-planegg.de – Fax (089) 8596016 – geschl. 22. Dez. - 6. Jan. AT a
39 Zim ⊇ – †65/79 € ††75/85 €
♦ Ein ruhig gelegenes Hotel mit wohnlichen Zimmern und nettem Frühstücksraum mit Blick in den Garten. Sehr schön sind einige neuere Zimmer im Gästehaus, teilweise mit Terrasse.

GRÄFENBERG – Bayern – 546 – 4 130 Ew – Höhe 433 m 50 L16

▶ Berlin 409 – München 190 – Nürnberg 28 – Bamberg 42

In Gräfenberg-Haidhof Nord: 7,5 km über Hohenschwärz und Thuisbrunn:

Schlossberg (mit Gästehäusern)
Haidhof 5 ⊠ 91322 – ℰ (09197) 6 28 40 – info@hotel-schlossberg.com – Fax (09197) 628462 – geschl. Jan.
38 Zim ⊇ – †38/41 € ††62/70 € – **Rest** – (geschl. Montag) Karte 12/30 €
♦ In ländlicher Umgebung befindet sich dieses familiengeführte Hotel mit hübsch angelegtem Park. Die Zimmer sind teils mit Bauernmobiliar, teils im Landhausstil eingerichtet. Gemütliche Restauranträume.

GRAFENAU – Bayern – 546 – 9 000 Ew – Höhe 609 m – Wintersport: ✶2
– Luftkurort 60 P18

▶ Berlin 505 – München 190 – Passau 38 – Deggendorf 46

ℹ Rathausgasse 1, ⊠ 94481, ℰ (08552) 96 23 43, tourismus@grafenau.de

Säumerhof mit Zim
Steinberg 32 ⊠ 94481 – ℰ (08552) 40 89 90 – saeumerhof@t-online.de – Fax (08552) 4089950
8 Zim ⊇ – †39/52 € ††70/100 € – ½ P 21/28 € – **Rest** – (geschl. Montag, außer Feiertage, Dienstag - Samstag nur Abendessen) Menü 25/53 € – Karte 27/48 €
♦ In dem klassisch-gediegenen Restaurant etwas oberhalb des Ortes erwarten Sie ein freundlicher Service unter Leitung der Chefin sowie regionale und internationale Küche.

GRAFENBERG – Baden-Württemberg – siehe Metzingen

GRAFENHAUSEN – Baden-Württemberg – 545 – 2 350 Ew – Höhe 895 m – Wintersport: 970 m ✶1 – Luftkurort 62 E21

▶ Berlin 788 – Stuttgart 174 – Freiburg im Breisgau 59 – Donaueschingen 41

ℹ Schulstr. 1, ⊠ 79865, ℰ (07748) 5 20 41, info@grafenhausen.de

◉ Rothaus: Heimatmuseum "Hüsli" ★

Tannenmühle
Tannenmühlenweg 5 (Süd-Ost: 3 km) ⊠ 79865 – ℰ (07748) 2 15 – info@tannenmuehle.de – Fax (07748) 1226 – geschl. Mitte Nov. - Mitte Dez.
20 Zim ⊇ – †40/45 € ††68/93 € – ½ P 18 € – **Rest** – (geschl. Okt. - April Dienstag) Karte 21/34 €
♦ Neben solide, teils neu eingerichteten Zimmern gehören ein Mühlenmuseum, ein Tiergehege und eine Forellenzucht zu diesem schön gelegenen typischen Schwarzwaldgasthof. Gaststuben mit rustikalem Charakter sorgen für eine gemütliche Atmosphäre.

In Grafenhausen-Rothaus Nord: 3 km über Rothauser Straße – Höhe 975 m

Schwarzwaldhotel Rothaus (mit Gästehäusern) Biergarten
Rothaus 2 ⊠ 79865 – ℰ (07748) 9 20 90 – info@schwarzwaldhotel-rothaus.de – Fax (07748) 9209199
18 Zim ⊇ – †54/79 € ††82/102 € – ½ P 21 € – **Rest** – Karte 17/37 €
♦ Die unterschiedlich geschnittenen Zimmer des Hauses überzeugen die Gäste mit viel Platz und attraktivem ländlichem Design - wahlweise auch mit getrenntem Wohnbereich. Zum Speisen nehmen Sie in der rustikalen Braustube Platz - oder unter freiem Himmel.

GRAFENWIESEN – Bayern – 546 – 1 640 Ew – Höhe 439 m – Erholungsort 59 O17
- Berlin 501 – München 191 – Passau 98 – Cham 26
- Rathausplatz 6, ⊠ 93479, ☏ (09941) 94 03 17, tourist-grafenwiesen@t-online.de

Birkenhof
Auf der Rast 7 ⊠ *93479 –* ☏ *(09941) 4 00 40 – info@hotel-birkenhof.de – Fax (09941) 4004250*
80 Zim (inkl. ½ P.) – †61/102 € ††136/194 € – 9 Suiten – **Rest** – *(nur für Hausgäste)*

• Das am Dorfrand gelegene Hotel bietet in seinem neueren Anbau besonders freundliche, wohnlich-moderne Zimmer und einen schönen Wellnessbereich mit Beauty-Pagode und Dachpool.

GRAFING – Bayern – 546 – 12 400 Ew – Höhe 522 m 66 M20
- Berlin 614 – München 39 – Landshut 80 – Rosenheim 35
- Oberelkofen, Hochrieterweg 14 ☏ (08092) 74 94

Hasi's Hotel garni
Griesstr. 5 ⊠ *85567 –* ☏ *(08092) 7 00 70 – hotelhasi@aol.com – Fax (08092) 700780 – geschl. 23. Dez. - 2. Jan.*
23 Zim ⊇ – †42/60 € ††78/93 €

• Neuzeitlich und funktionell eingerichtete Gästezimmer mit guter Technik erwarten Sie in dem familiär geführten Hotel im Zentrum. Frühstück im hauseigenen Café.

GRAINAU – Bayern – 546 – 3 710 Ew – Höhe 758 m – Wintersport: 2 900 m ⚡2 ⚡9 – Luftkurort 65 K22
- Berlin 682 – München 94 – Garmisch-Partenkirchen 11 – Kempten 94
- Parkweg 8, ⊠ 82491, ☏ (08821) 98 18 50, info@grainau.de
- Eibsee ★ (Süd-West: 3 km)
- Zugspitzgipfel ★★★ mit Zahnradbahn (40 min) oder ab Eibsee (10 min)

Alpenhof
Alpspitzstr. 34 ⊠ *82491 –* ☏ *(08821) 98 70 – alpenhof@grainau.de – Fax (08821) 98777*
39 Zim ⊇ – †44/105 € ††98/215 € – ½ P 18 €
Rest – Karte 16/27 €

• Das in regionstypischem Stil gebaute Haus ist ein freundlich geführter Familienbetrieb, in dem persönlicher Service groß geschrieben wird. Garten mit Bäumen und Bergblick. Mit Holz verkleidetes rustikal-elegantes Restaurant.

Eibsee-Hotel ← Eibsee und Zugspitze,
Am Eibsee 1 (Süd-West: 3 km)
⊠ *82491 –* ☏ *(08821) 9 88 10*
– info@eibsee-hotel.de – Fax (08821) 82585
123 Zim ⊇ – †87/114 € ††96/195 € – ½ P 13 € – 4 Suiten
Rest – Menü 26 € – Karte 23/38 €
Rest Taverne – *(geschl. Nov. - Mitte Dez., April und Sonntag - Montag, nur Abendessen)* Menü 26/30 € – Karte 31/44 €

• Sehr schön ist die Lage dieses Hotels - der Eibsee liegt unmittelbar vor der Tür. Die zeitgemäßen Zimmer bieten teils Seeblick, teils Aussicht auf die Berge. Im Restaurant erwartet Sie klassisches Ambiente. Rustikal: die Taverne mit euro-asiatischer Küche.

Waxenstein ← Waxenstein und Zugspitze,
Höhenrainweg 3 ⊠ *82491 –* ☏ *(08821) 98 40 – info@waxenstein.de – Fax (08821) 8401*
43 Zim ⊇ – †65/120 € ††110/160 € – ½ P 20 € – **Rest** – Menü 30 € – Karte 30/52 €

• Wohnlich wie auch funktionell sind die mit zeitlosen Kirschholzmöbeln ausgestatteten Zimmer dieses gepflegten Urlaubshotels. Bemerkenswerte Aussicht. Klassisch-rustikal gestaltetes Restaurant.

GRAINAU

Längenfelder Hof
Längenfelderstr. 8 ⊠ 82491 – ⌀ (08821) 98 58 80 – mail@laengenfelder-hof.de
– Fax (08821) 9858830 – geschl. 3. Nov. - 15. Dez.
19 Zim 🖙 – †45/55 € ††78/110 € – ½ P 17 € – **Rest** – (geschl. Sonntag) (nur Abendessen für Hausgäste)
♦ Die Zimmer des Hauses sind im Stil einheitlich mit solidem Holzmobiliar bestückt. Die eindrucksvolle Gebirgskulisse und eine familiäre Atmosphäre gefallen ebenfalls.

Gasthof Höhenrain
Eibseestr. 1 ⊠ 82491 – ⌀ (08821) 9 88 80 – info@hotel-hoehenrain.de
– Fax (08821) 82720
15 Zim 🖙 – †26/35 € ††58/80 € – ½ P 14 € – **Rest** – (geschl. Montag) Karte 18/39 €
♦ Ein gut geführtes Haus mit typischem Gasthofcharakter. Hinter der bemalten Fassade verbergen sich solide möblierte Zimmer und eine heimelige Atmosphäre. Als Restaurant dient die 100 Jahre alte Bierstube - ländliche Einrichtung mit Kachelofen.

Gasthaus am Zierwald mit Zim
Zierwaldweg 2 ⊠ 82491 – ⌀ (08821) 9 82 80
– zierwald@t-online.de – Fax (08821) 982888
– geschl. 10. - 26. April, 29. Okt. - 7. Nov.
5 Zim 🖙 – †42/46 € ††72/76 € – ½ P 14 € – **Rest** – (geschl. Mittwoch) Karte 13/26 €
♦ Viel Holz in alpenländischem Stil verbreitet hier gemütlich-rustikale Atmosphäre. Die Karte bietet bayerisch-regionale und schwäbische Gerichte. Terrasse mit Bergpanorama.

GRAMKOW – Mecklenburg-Vorpommern – 542 – 1 600 Ew – Höhe 15 m   11 L4
▶ Berlin 240 – Schwerin 40 – Lübeck 49 – Wismar 11

In Gramkow-Hohen Wieschendorf Nord : 3 km :

Golfhotel Hohen Wieschendorf (mit Gästehäusern)
Am Golfplatz 1 ⊠ 23968 – ⌀ (038428) 6 60
– info@howido.de – Fax (038428) 6666
48 Zim 🖙 – †47/85 € ††77/120 € – ½ P 20 € – **Rest** – Karte 22/27 €
♦ Das ehemalige landwirtschaftliche Areal bietet nun Platz für ein modernes Hotel und sportliche Aktivitäten auf dem eigenen Golfplatz. Wohnliche Zimmer in klarem Stil. Restaurant mit Blick auf die Fairways.

GRASELLENBACH – Hessen – 543 – 3 880 Ew – Höhe 389 m – Kneippheilbad   48 G16
▶ Berlin 592 – Wiesbaden 95 – Mannheim 55 – Beerfelden 21
🛈 Am Kurpark 1, ⊠ 64689, ⌀ (06207) 25 54, info@grasellenbach.de

Siegfriedbrunnen
Hammelbacher Str. 7 ⊠ 64689 – ⌀ (06207) 60 80
– reservierung@siegfriedbrunnen.com – Fax (06207) 1577
59 Zim 🖙 – †86/104 € ††137/143 € – ½ P 11 € – **Rest** – Karte 25/44 €
♦ Ein ruhig gelegenes Hotel mit wohnlichen Zimmern und Tagungszentrum. Zum Freizeitangebot gehört ein neuzeitlich gestalteter Saunabereich. Gediegen oder leicht rustikal sind die auf zwei Ebenen angelegten Restauranträume.

Gassbachtal
Hammelbacher Str. 16 ⊠ 64689 – ⌀ (06207) 9 40 00 – info@hotel-gassbachtal.de
– Fax (06207) 940013 – geschl. 14. Jan. - 16. Feb.
22 Zim 🖙 – †39/48 € ††78/90 € – ½ P 12 € – **Rest** – (geschl. Montag, nur Abendessen) Karte 18/27 €
♦ In diesen gepflegten und gut geführten Familienbetrieb stehen solide, rustikal eingerichtete Gästezimmer zur Verfügung, meist mit Balkon. Das Nibelungen-Café mit eigener Konditorei dient auch als Restaurant.

GREDING – Bayern – 546 – 7 260 Ew – Höhe 400 m – Erholungsort 57 **L18**
▶ Berlin 476 – München 113 – Nürnberg 59 – Ingolstadt 39
ℹ Marktplatz 11+13 (Rathaus), ✉ 91171, ✆ (08463) 9 04 20, tourist-info@greding.de

Am Markt (mit Gästehäusern) Biergarten
Marktplatz 2 ✉ *91171 –* ✆ *(08463) 6 42 70 – info@hotelammarkt.com*
– Fax (08463) 6427200
43 Zim – †39/55 € ††55/75 € – **Rest** – Karte 13/42 €
♦ In der Ortsmitte liegt diese saubere und gut unterhaltene ländliche Adresse mit gutem Preis-Leistungs-Verhältnis. Die Zimmer sind teils hell, teils dunkel möbliert und solide. Eine ungezwungene Atmosphäre herrscht in den rustikalen Galasträumen.

> Dieser Führer lebt von Ihren Anregungen, die uns stets willkommen sind.
> Egal ob Sie uns eine besonders angenehme Überraschung
> oder eine Enttäuschung mitteilen wollen – schreiben Sie uns!

GREETSIEL – Niedersachsen – siehe Krummhörn

GREFRATH – Nordrhein-Westfalen – 543 – 16 050 Ew – Höhe 35 m 25 **B11**
▶ Berlin 582 – Düsseldorf 48 – Krefeld 20 – Mönchengladbach 25

Grefrather Hof (mit Gästehaus)
Am Waldrand 1 (Nähe Eissportzentrum) ✉ *47929*
– ✆ *(02158) 40 70 – grefratherhof@pp-hotels.net*
– Fax (02158) 407200
80 Zim – †71/91 € ††89/109 € – **Rest** – Karte 19/43 €
♦ Ein Tagungshotel mit funktionell ausgestatteten Zimmern, im Gästehaus etwas kleiner. Vielseitiges Freizeitangebot im Haus und im Eisstadion gegenüber. Restaurant Bööscher Stube mit internationalem Angebot.

GREIFSWALD – Mecklenburg-Vorpommern – 542 – 52 870 Ew – Höhe 5 m 13 **P4**
▶ Berlin 214 – Schwerin 178 – Rügen (Bergen) 60 – Rostock 103
ℹ Rathaus am Markt, ✉ 17489, ✆ (03834) 52 13 80, greifswald-information@t-online.de

◉ Marktplatz★ (Haus Nr. 11★) – Marienkirche★ (Kanzel★) D – Dom St. Nikolai★ C – Botanischer Garten★ B – Klosterruine Eldena★ – Fischerdorf Wieck★ (Klappbrücke★)

Stadtpläne siehe nächste Seiten

Greifswald
Hans-Beimler-Str. 1 ✉ *17491 –* ✆ *(03834) 80 10 – info@europa-greifswald.bestwestern.de – Fax (03834) 801100* B **n**
55 Zim – †68/85 € ††82/110 € – **Rest** – (Juli - Aug. nur Abendessen) Karte 18/25 €
♦ Hell und neuzeitlich präsentiert sich das Innenleben dieses funktionellen Hotels, das besonders Tagungsgäste und Gruppen schätzen. Günstig auch die zentrale Lage. Gepflegtes, mit freundlichen Farben gestaltetes Restaurant.

Mercure
Am Gorzberg ✉ *17489 –* ✆ *(03834) 54 40 – hotel@mercure-greifswald.de*
– Fax (03834) 544444 B **z**
113 Zim – †69/75 € ††84/95 € – **Rest** – (nur Abendessen)
Karte 18/24 €
♦ Ein Hotel mit neuzeitlichem Rahmen. Mit seinen funktionellen Gästezimmern ist das Haus vor allem auf den Geschäftsreisenden ausgelegt.

517

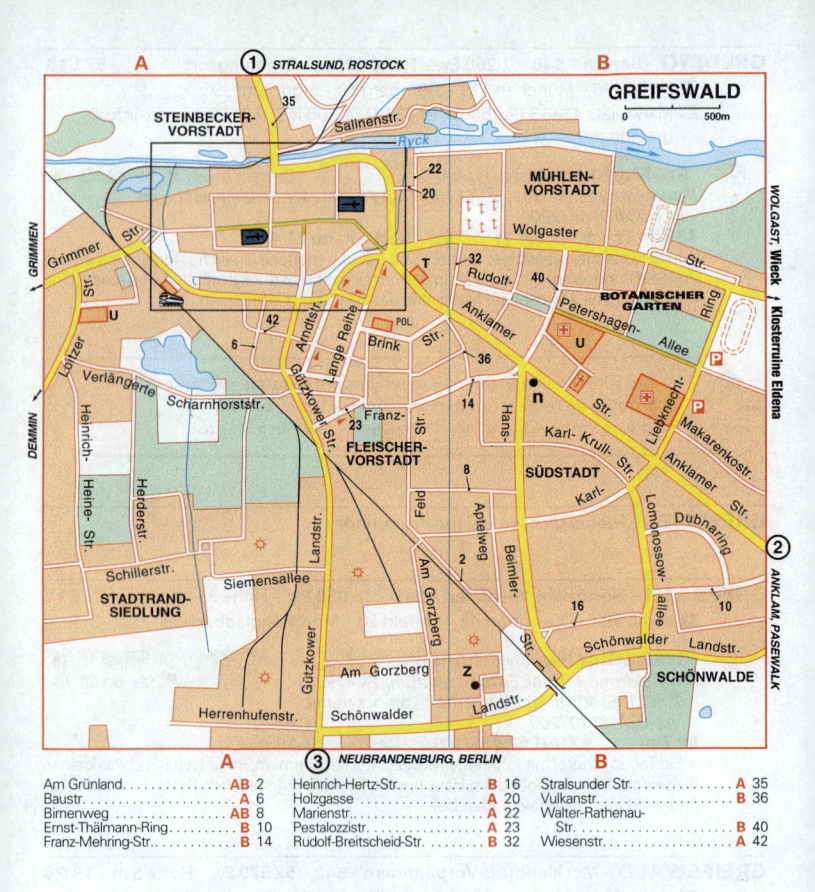

	A		B	
Am Grünland	AB	2	Heinrich-Hertz-Str.	B 16
Baustr.	A	6	Holzgasse	A 20
Birnenweg	AB	8	Marienstr.	A 22
Ernst-Thälmann-Ring	B	10	Pestalozzistr.	A 23
Franz-Mehring-Str.	B	14	Rudolf-Breitscheid-Str.	B 32

	A		B	
Stralsunder Str.			A	35
Vulkanstr.			B	36
Walter-Rathenau-Str.			B	40
Wiesenstr.			A	42

Kronprinz
Lange Straße 22 ✉ 17489 – ✆ (03834) 79 00 – hotel-kronprinz@t-online.de
– Fax (03834) 790111   C a
31 Zim ☑ – †78/85 € ††102/110 € – **Rest** – Karte 13/30 €
♦ Das aus Alt- und Neubau bestehende Hotel befindet sich im Zentrum der Stadt, bei der Fußgängerzone, und verfügt über zeitgemäß eingerichtete Gästezimmer. Restaurant im Brasseriestil mit bürgerlich-internationalem Angebot.

Galerie garni
Mühlenstr. 10 ✉ 17489 – ✆ (03834) 7 73 78 30 – info@hotelgalerie.de
– Fax (03834) 7737831 – geschl. 20. Dez. - 5. Jan.   D b
13 Zim ☑ – †68/78 € ††88/98 €
♦ Bilder verschiedener Künstler begleiten Sie vom Empfang bis in die Zimmer dieses modern gestalteten kleinen Hotels nahe dem Marktplatz. Nebenan: die Galerie des Chefs.

Le Croy
Rakower Str. 9 ✉ 17489 – ✆ (03834) 77 58 45 – le-croy@t-online.de – Fax (03834) 775843 – geschl. Feb. und Montag   D c
Rest – Menü 34/53 € – Karte 29/55 €
♦ In der Showküche des geradlinig-eleganten Restaurants im Landesmuseum bereitet man am Abend gehobene internationale Küche, mittags einfachere Gerichte. Freundlicher Service.

GREIFSWALD

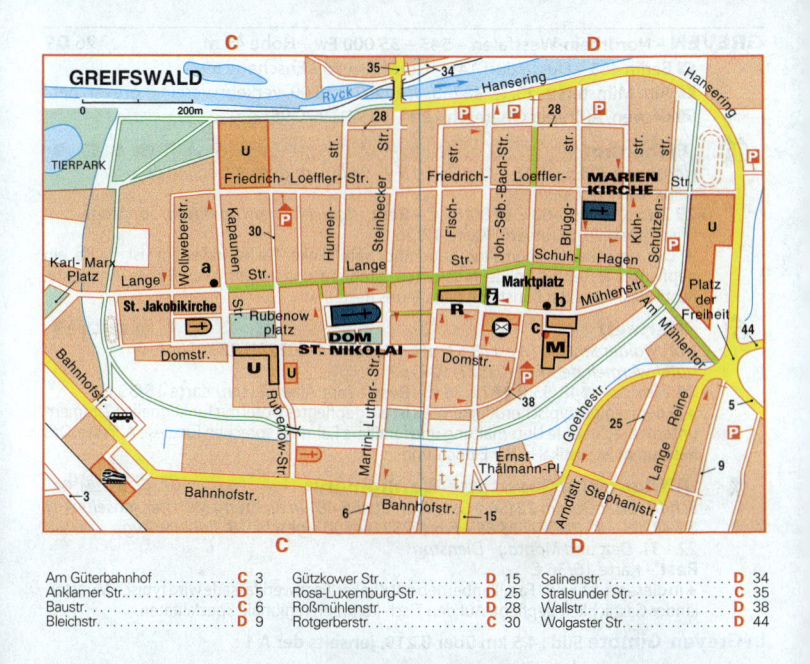

Am Güterbahnhof . . . . C 3	Gützkower Str. . . . . D 15	Salinenstr. . . . . D 34
Anklamer Str. . . . . D 5	Rosa-Luxemburg-Str. . . . . D 25	Stralsunder Str. . . . . D 35
Baustr. . . . . C 6	Roßmühlenstr. . . . . D 28	Wallstr. D 38
Bleichstr. . . . . D 9	Rotgerberstr. . . . . C 30	Wolgaster Str. . . . . D 44

In Neuenkirchen Nord : 3 km über Stralsunder Straße A :

Stettiner Hof   Rest, 🛇 P VISA ⊕ AE
Theodor-Körner-Str. 20 ✉ *17498* – ✆ *(03834) 89 96 24 – rezeption@
hotel-stettiner-hof.de – Fax (03834) 899627*
22 Zim ☐ – †62 € ††72/82 € – **Rest** – *(Montag - Freitag nur Abendessen)* Karte
12/32 €
♦ Die Zimmer des hübschen Klinkerhauses sind neuzeitlich in ihrer Aufmachung. Auf der Anlage können Sie restaurierte Maschinen vom Anfang des 20. Jh. bestaunen. Im Bistrostil eingerichtetes Restaurant.

GREMSDORF – Bayern – siehe Höchstadt an der Aisch

GRENZACH-WYHLEN – Baden-Württemberg – 545 – 13 840 Ew – Höhe 272 m   61 **D21**

▶ Berlin 868 – Stuttgart 271 – Freiburg im Breisgau 87 – Bad Säckingen 25

Im Ortsteil Grenzach

Eckert   P VISA ⊕
Basler Str. 20 ✉ *79639* – ✆ *(07624) 9 17 20 – hotel-eckert@t-online.de
– Fax (07624) 2414 – geschl. 27. Dez. - 2. Jan.*
29 Zim ☐ – †64/65 € ††89/94 € – **Rest** – *(geschl. 27. Dez. - 5. Jan.,
Donnerstagabend - Samstagmittag)* (Tischbestellung ratsam)
Karte 31/48 €
♦ Der Hotelbereich im rückwärtigen Teil dieses engagiert geführten Hauses bietet praktisch eingerichtete Zimmer, meist mit Balkon - einige auch mit recht modernem Mobiliar. Gediegene Restauranträume.

GREVEN – Nordrhein-Westfalen – 543 – 35 000 Ew – Höhe 45 m   26 **D9**
▶ Berlin 465 – Düsseldorf 141 – Nordhorn 76 – Enschede 59
🛈 Alte Münsterstr. 23, ✉ 48268, ☎ (02571) 13 00, verkehrsverein@greven.net
🏌 Greven, Aldruper Overesch 12 ☎ (02571) 9 70 95

Eichenhof
*Hansaring 70 ✉ 48268 – ☎ (02571) 9 97 96 00 – m-denk@t-online.de
– Fax (02571) 52000*
29 Zim ⌖ – †55/60 € ††80/85 € – **Rest** – *(geschl. Samstagmittag, Sonntag)*
(Tischbestellung ratsam) Karte 17/26 €
◆ Der umgebaute ehemalige Bauernhof mit Klinker-Fachwerkfassade ist heute ein gepflegtes Hotel mit solide möblierten Zimmern und einem freundlichen Ambiente. Rustikales, von einer Künstlerin dekoriertes Restaurant.

Wermelt
*Nordwalder Str. 160 (West : 3,5 km) ✉ 48268 – ☎ (02571) 92 70 – info@
hotel-wermelt.de – Fax (02571) 927152*
24 Zim ⌖ – †48/53 € ††72/78 € – **Rest** – *(nur Abendessen) Karte 15/33 €*
◆ In dem regionstypischen Klinkerhaus ist ein gepflegtes Hotel mit funktionellen Zimmern untergebracht. Gute Unterhaltung und familiäre Führung sprechen für diese Adresse. Das Restaurant ist rustikal in der Einrichtung.

Altdeutsche Gaststätte Wauligmann
*Schifffahrter Damm 22 (Süd-Ost : 4 km über B 481 in Richtung Münster, jenseits A 1)
✉ 48268 – ☎ (02571) 23 88 – Fax (02571) 4500 – geschl. 28. Juli - 19. Aug.,
22. - 31. Dez. und Montag - Dienstag*
Rest – Karte 16/36 €
◆ In diesem rustikalen Familienbetrieb mit Klinker-Fachwerkfassade wird typisch Münsterländer Gastlichkeit gepflegt. Auf den Tisch kommen regionale Spezialitäten.

In Greven-Gimbte Süd : 4,5 km über B 219, jenseits der A 1 :

Altdeutsche Schänke
*Dorfstr. 18 ✉ 48268 – ☎ (02571) 22 61 – info@altdeutsche-schaenke.de
– Fax (02571) 800028 – geschl. Dienstag*
Rest – Karte 17/49 €
◆ Liebe zum Detail kennzeichnet die Räume: Bleiverglasung, viele Unikate und Eichenholz zeugen von der langen Tradition des alten Bauernhofs a. d. 17. Jh. Bürgerliche Küche.

GREVENBROICH – Nordrhein-Westfalen – 543 – 64 850 Ew – Höhe 50 m   35 **B12**
▶ Berlin 581 – Düsseldorf 28 – Aachen 59 – Köln 31
🏌 Grevenbroich, Zur Mühlenerft 1 ☎ (02181) 28 06 37
◉ Schloss Dyck★ Nord : 7 km

Zur Traube (Dieter L. Kaufmann) mit Zim
*Bahnstr. 47 ✉ 41515 – ☎ (02181) 6 87 67
– zurtraube-grevenbroich@t-online.de – Fax (02181) 61122
– geschl. 23. Dez. - 7. Jan., 16. - 31. März, 27. Juli - 11. Aug.*
6 Zim ⌖ – †125/165 € ††155/195 € – **Rest** – *(geschl. Sonntag - Montag)*
(Tischbestellung ratsam) Menü 49 € (mittags)/125 € – Karte 68/112 €
Spez. Parfait vom Stör mit Kaviar. Das Beste vom Täubchen mit Gänseleber und schwarzem Trüffel. Soufflé von Passionsfrüchten mit Mandel-Orangeneis.
◆ 1895 wurde das weiße Stadthaus erbaut, in dem sich heute das Hotel und Restaurant der Kaufmanns befindet. In elegantem Ambiente wird die klassische Küche serviert. Geschmackvoll mit Stilmöbeln eingerichtete Gästezimmer.

In Grevenbroich-Kapellen Nord-Ost : 6 km, Richtung Neuss über A 46 :

Drei Könige mit Zim
*Neusser Str. 49 ✉ 41516 – ☎ (02182) 81 21 53 – info@drei-koenige.de
– Fax (02182) 2784*
6 Zim ⌖ – †78 € ††105/115 € – **Rest** – *(geschl. Montag, Samstagmittag) Karte 33/53 €*
◆ Die einstige Postrelaisstation a. d. 18. Jh. ist heute ein familiengeführtes Restaurant, das rustikale und klassische Elemente kombiniert. Saisonal beeinflusste Küche. Helle, freundliche Gästezimmer mit italienischen Möbeln.

GRIESBACH, BAD IM ROTTAL – Bayern – 546 – 8 510 Ew – Höhe 453 m
– Thermalbad und Luftkurort 59 **P19**

- Berlin 606 – München 153 – Passau 38 – Landshut 95
- Stadtplatz 1, ⌧ 94086, ℰ (08532) 7 92 40, info@badgriesbach.de
- Brunnwies, ℰ (08535) 9 60 10
- Lederbach Holzhäuser 8, ℰ (08532) 79 00
- Uttlau, ℰ (08535) 1 89 49
- Sagmühle, ℰ (08532) 20 38

Columbia (Thermal) Rest, Rest,
Passauer Str. 39a ⌧ 94086 – ℰ (08532) 30 90
– griesbach@columbia-hotels.de – Fax (08532) 309154
105 Zim – †72/102 € ††136/176 € – ½ P 25 €
Rest *Il Giardino* – separat erwähnt
Rest *Galleria* – *(nur Abendessen)* Menü 35 € – Karte 23/34 €
Rest *El Sotano* – *(geschl. Juli und Montag - Dienstag, nur Abendessen)* Karte 19/29 €
♦ Die schöne Hotelanlage in Hufeisenform überzeugt u. a. mit den besonders hübschen Zimmern Castello, Landhaus, Toscana und Kolonial sowie dem modernen Spa- und Kosmetikbereich. El Sotano mit mexikanischer Karte.

Il Giardino – Hotel Columbia
Passauer Str. 39a ⌧ 94086 – ℰ (08532) 30 90 – griesbach@columbia-hotels.de
– Fax (08532) 309154 – geschl. 13. Jan. - 11. Feb., 3. - 17. Aug. und Sonntag - Montag
Rest – *(nur Abendessen)* Menü 49/85 € – Karte 58/68 €
Spez. Erbsenperlen mit gebratenem Kaisergranat und Minzjoghurt, Chili-Aroma. Taube mit Thaimango im Olivenmantel und Rotweinessigsauce. Reh in der Brotkruste mit Artischocken.
♦ Durch den Garten des Hotel Columbia erreichen Sie die Villa mit dem Restaurant Il Giardino. Hier serviert man in elegantem Ambiente kreativ beeinflusste klassische Küche.

In Bad Griesbach-Therme Süd : 3 km Richtung Bad Füssing :

Maximilian (geheizt) (Thermal)
Kurallee 1 ⌧ 94086 – ℰ (08532) Rest,
79 50 – maximilian@hartl.de – Fax (08532) 795151
221 Zim – †117/172 € ††251/262 € – ½ P 26 € – 11 Suiten
Rest *Ferrara* – ℰ (08532) 79 55 26 – Menü 36/52 € – Karte 30/54 €
♦ Einen komfortablen Aufenthalt werden Sie in diesem Haus mit zeitgemäßen Zimmern, einer großzügigen Lobby und einem 2800 qm großen Wellnessbereich haben. Elegant ist das Ambiente im Restaurant Ferrara.

König Ludwig (Thermal) (Thermal)
Am Kurwald 2 ⌧ 94086 Rest,
– ℰ (08532) 79 90 – koenig-ludwig@hartl.de – Fax (08532) 799799
172 Zim – †101/139 € ††182/238 € – ½ P 15 € – 12 Suiten
Rest – *(nur Abendessen)* Menü 22 € – Karte 21/48 €
♦ Das weitläufig angelegte Hotel mit regionstypischer Balkonfassade überzeugt mit recht geräumigen, wohnlichen Zimmern und vielen Kosmetik- und Wellnessangeboten. Restaurant mit internationaler Küche - eine nette Alternative ist der gemütlich-rustikale Heurige.

Parkhotel (geheizt) (Thermal)
Am Kurwald 10 ⌧ 94086 – ℰ (08532) Rest,
2 80 – info@parkhotel-badgriesbach.de – Fax (08532) 28204
159 Zim – †98/129 € ††166/228 € – ½ P 18 € – 5 Suiten
Rest – Karte 22/37 €
Rest *Classico* – *(nur Abendessen)* Menü 26 € – Karte 27/52 €
♦ Ruhig liegt die aus mehreren Häusern bestehende Hotelanlage am Ortsrand. Einige der Zimmer sind besonders wohnliche zweistöckige Galeriezimmer. Restaurant in klassisch-elegantem Stil. Italienische Küche im Classico.

GRIESBACH, BAD IM ROTTAL

Prinzregent (direkter Zugang zur Therme)
Kurplatz 6 ⊠ 94086 – ℘ (08532) 9 25 00 – info@
hotelprinzregent.info – Fax (08532) 9250100 – geschl. 7. - 27. Jan.
42 Zim ⊏⊐ – †71/91 € ††142/162 € – ½ P 24 € – **Rest** – Karte 18/34 €
♦ Neuzeitlich-gediegene, technisch gut ausgestattete Zimmer - alle mit Balkon, teils mit Blick ins Grüne - sowie ein Tagungsbereich und Wellnessangebote machen dieses Hotel aus. Legeres Bistro und elegante Restauranträume mit großen Fenstern.

Fürstenhof (geheizt) (Thermal)
Thermalbadstr. 28 ⊠ 94086
– ℘ (08532) 98 10 – fuerstenhof@hartl.de – Fax (08532) 981135
145 Zim ⊏⊐ – †83/99 € ††154/182 € – ½ P 15 € – 7 Suiten
– **Rest** – Menü 31/41 € – Karte 27/43 €
♦ Zu den Annehmlichkeiten dieses Hotels zählen das wohnliche Ambiente der teils rustikalen, teils mit klassischen Stilmöbeln bestückten Zimmer sowie ein guter Freizeitbereich. Verschiedene Restaurant-Stuben von stilvoll bis bewusst ländlich.

Drei Quellen Therme
Thermalbadstr. 3 (direkter Zugang zur Therme)
⊠ 94086 – ℘ (08532) 79 80 – info@hotel-dreiquellen.de – Fax (08532) 7547
105 Zim ⊏⊐ – †72 € ††134 € – ½ P 15 € – 6 Suiten – **Rest** – Karte 17/26 €
♦ In diesem gut unterhaltenen, zentral gelegenen Hotel schafft die Kombination von bayerischem Landhausstil und neuzeitlichem Komfort ein wohnliches Umfeld. Räumlichkeiten mit leicht mediterranem Touch laden zu gemütlichem Verweilen ein.

Am Golfplatz Süd : 4 km Richtung Bad Füssing, nahe der B 388 :

Gutshof Sagmühle
Am Golfplatz 1 ⊠ 94086 Bad Griesbach – ℘ (08532) 9 61 40
– gutshof-sagmuehle@hartl.de – Fax (08532) 3435 – geschl. 3. Jan. - 3. Feb.,
10. Nov. - 10. Dez.
23 Zim ⊏⊐ – †72/83 € ††118/144 € – ½ P 25 € – **Rest** – Karte 21/38 €
♦ Das Haus gefällt mit seinem attraktiven Äußeren, der schönen Lage direkt am Golfplatz sowie den in freundlichen Farben eingerichteten Zimmern. Gemütlich-rustikal ist das Ambiente in den Galträumen.

GRIESHEIM – Hessen – 543 – 25 120 Ew – Höhe 96 m   47 F15
▶ Berlin 573 – Wiesbaden 43 – Frankfurt am Main 40 – Darmstadt 7
▸ Riedstadt-Leeheim, Hof Hayna ℘ (06158) 74 73 85

Café Nothnagel garni
Wilhelm-Leuschner-Str. 67 ⊠ 64347 – ℘ (06155) 8 37 00 – info@
hotel-nothnagel.de – Fax (06155) 837077
31 Zim ⊏⊐ – †70/75 € ††95/100 €
♦ Ein gepflegtes, familiär geführtes Hotel an der Durchgangsstraße mit unterschiedlich möblierten Gästezimmern und angeschlossenem Café.

GRÖBENZELL – Bayern – 546 – 19 080 Ew – Höhe 506 m   65 L20
▶ Berlin 589 – München 24 – Augsburg 54 – Dachau 14

Zur Alten Schule   Biergarten
Rathausstr. 3 ⊠ 82194 – ℘ (08142) 50 46 60 – Fax (08142) 504662 – geschl.
Montag
Rest – Karte 19/33 €
♦ Ein 1924 als Schule erbautes Haus beherbergt heute dieses freundlich von Familie Pflug geleitete Restaurant. Blanke Tische und allerlei alte Schulutensilien zieren die Räume.

Gute Küche zu günstigem Preis? Folgen Sie dem „Bib Gourmand".
– Das freundliche Michelin-Männchen heisst „Bib"
und steht für ein besonders gutes Preis-Leistungs-Verhältnis!

GRÖDITZ – Sachsen – 544 – 8 210 Ew – Höhe 97 m — 33 **P11**

▶ Berlin 175 – Dresden 52 – Cottbus 89 – Leipzig 92

Spanischer Hof — Rest, VISA AE ①
Hauptstr. 15a ⊠ 01609 – ℰ (035263) 4 40 – info@spanischer-hof.de
– Fax (035263) 44444
45 Zim ⊇ – †85/146 € ††116/177 € – **Rest** – Karte 20/48 €
♦ Diese großzügige Anlage im Stil eines spanischen Landsitzes schafft ein behagliches Umfeld für komfortables Wohnen - südländische Elemente finden sich überall. Spanische Küche bietet man in den ländlich gestalteten Restaurants El Dorado und Bodega.

GRÖMITZ – Schleswig-Holstein – 541 – 7 780 Ew – Höhe 14 m – Seeheilbad — 11 **K3**

▶ Berlin 309 – Kiel 72 – Lübeck 54 – Neustadt in Holstein 12
🛈 Kurpromenade 58, ⊠ 23743, ℰ (04562) 25 62 55, info@groemitz.de
Grömitz, Am Schoor 46 ℰ (04562) 22 26 50

Strandidyll ⊆ Ostsee, VISA
Uferstr. 26 ⊠ 23743 – ℰ (04562) 18 90 – info@strandidyll.de – Fax (04562) 18989
– geschl. 24. Nov. - 24. Dez.
26 Zim ⊇ – †58/118 € ††85/138 € – ½ P 17 € – 13 Suiten – **Rest** – (nur Abendessen) Karte 22/46 €
♦ Modern eingerichtete Zimmer und Suiten mit kleinem Wohnbereich - bietet Ihnen dieses ruhig gelegene Hotel mit direktem Zugang zu Strand und Meer. Restaurant mit schönem Blick auf die Ostsee und Terrasse zur Promenade.

Pinguin
Christian-Westphal-Str. 52 ⊠ 23743 – ℰ (04562) 2 20 70 – Fax (04562) 220733
– geschl. 16. Nov. - 10. Dez., 6. Jan. - 15. März
20 Zim ⊇ – †40/75 € ††75/110 € – ½ P 18 €
Rest La Marée – (geschl. Montag, Mitte März - Ende April Montag - Dienstag außer Ostern) Karte 29/52 €
♦ Eine gepflegte Übernachtungsadresse unter Leitung der Inhaberfamilie. Die Gästezimmer sind mit Eichenmobiliar solide ausgestattet. Hell und leicht elegant gestaltet: das La Marée.

GRÖNENBACH, BAD – Bayern – 546 – 5 160 Ew – Höhe 718 m — 64 **I21**

▶ Berlin 682 – München 135 – Augsburg 110 – Kempten 28

Badische Weinstube
Marktplatz 8 ⊠ 87730 – ℰ (08334) 25 97 25 – info@badische.com – Fax (08334) 259726 – geschl. Montag - Dienstagmittag
Rest – Menü 33/56 € – Karte 28/50 €
♦ Mitten im Ort liegt dieses helle, freundliche, im regionalen Stil gehaltene Restaurant mit internationaler Küche. Schön ist die Terrasse direkt auf dem Marktplatz.

GRONAU IN WESTFALEN – Nordrhein-Westfalen – 543 – 45 850 Ew – Höhe 38 m — 26 **C9**

▶ Berlin 509 – Düsseldorf 133 – Nordhorn 35 – Enschede 10
🛈 Bahnhofstr. 45, ⊠ 48599, ℰ (02562) 9 90 06, touristik@gronau.de

Hotel Bergesbuer
Ochtruper Str. 161 ⊠ 48599 – ℰ (02562) 9 82 33 – info@bergesbuer.de
– Fax (02562) 98234
29 Zim ⊇ – †55 € ††83 € – **Rest** – Karte 18/36 €
♦ Das familiär geleitete kleine Hotel in verkehrsgünstiger Lage ist ein sehr gepflegtes Haus mit hell eingerichteten Zimmern in neuzeitlichem Stil. Restaurant mit schlicht-modernem Ambiente.

Driland
Gildehauser Str. 350 (Nord-Ost : 4,5 km Richtung Nordhorn) ⊠ 48599 – ℰ (02562) 36 00 – team@driland.de – Fax (02562) 4147 – geschl. 24. Dez. - 1. Jan.
24 Zim ⊇ – †59/75 € ††89/99 € – **Rest** – (geschl. Dienstag) Karte 19/35 €
♦ Seit über 150 Jahren befindet sich das traditionsreiche Haus im Familienbesitz - ein zeitgemäßes Hotel mit gepflegten, hell eingerichteten Gästezimmern. In verschiedene Räume unterteiltes Restaurant mit netter, zu einem Teich hin gelegener Terrasse.

GRONAU IN WESTFALEN
In Gronau-Epe Süd : 3,5 km über B 474 :

Schepers
Ahauser Str. 1 ⊠ 48599 – ℰ (02565) 9 33 20 – team@hotel-schepers.de – Fax (02565) 93325
40 Zim ⊇ – †65/81 € ††88/98 € – **Rest** – (geschl. Samstagmittag, Sonntagmittag) Karte 19/42 €

♦ Ein klassistischer Altbau sowie ein neuerer Anbau bilden das familiär geleitete Hotel mit großzügigen, modern und freundlich eingerichteten Zimmern. Grünanlage mit Teich. In klassischem Stil gehaltenes Restaurant.

Ammertmann
Nienborger Str. 23 ⊠ 48599 – ℰ (02565) 9 33 70 – ammertmann@t-online.de – Fax (02565) 933755
24 Zim ⊇ – †45/60 € ††70/90 € – **Rest** – (geschl. Sonntagabend) Karte 18/32 €

♦ Ein familiengeführtes Hotel, das über recht individuell gestaltete, funktionelle Gästezimmer verfügt. Überall im Haus zieren selbst gemalte Bilder die Wände. Neuzeitliches Restaurant mit Wintergarten.

Heidehof
Amtsvenn 1 (West : 4 km, Richtung Alstätte) ⊠ 48599 – ℰ (02565) 13 30 – team@restaurant-heidehof.de – Fax (02565) 3073 – geschl. Montag, Samstagmittag
Rest – Karte 28/53 €

♦ Ein hübsches regionstypisches Klinkerhaus mit Reetdach und weißen Fensterläden beherbergt dieses Restaurant mit gemütlichem Kamin, schönem Wintergarten und netter Terrasse.

GROSS DÖLLN – Brandenburg – siehe Templin

GROSS GRÖNAU – Schleswig-Holstein – **541** – 3 540 Ew – Höhe 7 m   11 **K4**
▶ Berlin 270 – Kiel 85 – Lübeck 8 – Schwerin 74

Zum fabelhaften Hirschen
St. Hubertus 1 ⊠ 23627 – ℰ (04509) 87 78 66 – entree@zum-fabelhaften-hirschen.de – Fax (04509) 877864 – geschl. Dienstag
Rest – Karte 25/35 €

♦ Ein Gasthaus mit gelber Fassade beherbergt dieses Restaurant im Landhausstil. An gut eingedeckten Tischen lassen sich die Gäste saisonale und internationale Küche schmecken.

GROSS MECKELSEN – Niedersachsen – siehe Sittensen

GROSS NEMEROW – Mecklenburg-Vorpommern – siehe Neubrandenburg

---

GROSS PLASTEN – Mecklenburg-Vorpommern – siehe Waren (Müritz)

GROSS SCHAUEN – Brandenburg – siehe Storkow Mark

GROSSALMERODE – Hessen – **543** – 7 500 Ew – Höhe 354 m – Erholungsort
▶ Berlin 379 – Wiesbaden 255 – Kassel 24 – Göttingen 39   39 **I11**

Pempel
In den Steinen 2 ⊠ 37247 – ℰ (05604) 9 34 60 – info@pempel.de – Fax (05604) 934621 – geschl. 31. Dez. - 15. Jan.
9 Zim ⊇ – †45/65 € ††75/95 € – **Rest** – (geschl. Samstagmittag, Sonntagabend) Karte 14/41 €

♦ In dem familiengeführten kleinen Stadthaus im Zentrum stehen zeitgemäß und funktionell ausgestattete Gästezimmer zur Verfügung. Bürgerlich-rustikaler Restaurantbereich.

GROSSBEEREN – Brandenburg – 542 – 6 660 Ew – Höhe 42 m — 22 P8
▶ Berlin 20 – Potsdam 21

Großbeeren
Dorfaue 9 ⊠ 14979 – ℰ (033701) 7 70 – ringhotel_grossbeeren@t-online.de
– Fax (033701) 77100
46 Zim ⊇ – †65/75 € ††80/105 € – 3 Suiten – **Rest** – Karte 16/27 €
♦ Das vor den Toren Berlins gelegene Haus verfügt über geräumige, funktional ausgestattete Gästezimmer und wird auch von Geschäftsreisenden geschätzt.

GROSSBOTTWAR – Baden-Württemberg – 545 – 8 270 Ew – Höhe 215 m — 55 G18
▶ Berlin 605 – Stuttgart 38 – Heilbronn 23 – Ludwigsburg 19

Bruker garni (mit Gästehaus)
Kleinaspacher Str. 18 ⊠ 71723 – ℰ (07148) 92 10 50 – herbert.bruker@hotel-bruker.de – Fax (07148) 9210599
27 Zim ⊇ – †44 € ††72 €
♦ Ein Weingut mit angeschlossenem Hotel. Helles Naturholz gibt den Zimmern ihr sympathisches ländliches Ambiente. Wengertstüble mit Vesperkarte und Wein aus eigenem Anbau.

GROSSENKNETEN – Niedersachsen – 541 – 13 650 Ew – Höhe 35 m — 17 F7
▶ Berlin 430 – Hannover 133 – Bremen 50 – Oldenburg 30

In Großenkneten-Moorbek Ost : 5 km :

Zur Wassermühle-Gut Moorbeck
Amelhauser Str. 56 ⊠ 26197 – ℰ (04433) 2 55 – gutmoorbeck@landguthotels.de
– Fax (04433) 969629 – geschl. 27. Dez. - 11. Jan.
14 Zim ⊇ – †50/70 € ††70/90 € – **Rest** – Karte 20/32 €
♦ Das Hotel gefällt mit seiner attraktiven Lage in einem sehr schönen Park am See. Die Zimmer verfügen größtenteils über einen kleinen Balkon. Teil des Restaurants ist das historische Kaminzimmer mit Parkett - Gartenterrasse am See.

GROSSENLÜDER – Hessen – 543 – 8 750 Ew – Höhe 254 m — 38 H13
▶ Berlin 456 – Wiesbaden 164 – Fulda 12 – Alsfeld 30

Landhotel Kleine Mühle (mit Gästehaus)
St.-Georg-Str. 21 ⊠ 36137 – ℰ (06648) 9 51 00 – Fax (06648) 61123
16 Zim ⊇ – †65/80 € ††120/160 € – **Rest** – (nur für Hausgäste)
♦ Das schmucke Hotel mit Gästehaus bietet seinen Besuchern eine Unterkunft in geschmackvollem Landhausstil - mit gutem Platzangebot und einem Hauch Eleganz.

GROSSHANSDORF – Schleswig-Holstein – 541 – 9 000 Ew – Höhe 53 m — 10 J5
▶ Berlin 279 – Kiel 91 – Bad Oldesloe 28 – Hamburg 32

Hamburger Wald garni
Ahrensfelder Weg 8 ⊠ 22927 – ℰ (04102) 6 98 70 – hotel@hamburger-wald.de
– Fax (04102) 698733
9 Zim ⊇ – †66/74 € ††86/96 €
♦ Persönliche Atmosphäre und wohnlich-gemütliches Ambiente machen das privat geführte kleine Hotel aus. Hübsch: die individuellen Zimmer sowie Empfang, Frühstücksraum und Salon.

GROSSHARTHAU – Sachsen – 544 – 3 510 Ew – Höhe 275 m — 43 R12
▶ Berlin 194 – Dresden 30 – Bautzen 25 – Kamenz 22

Kyffhäuser
Dresdner Str. 3 (B 6) ⊠ 01909 – ℰ (035954) 58 00 – kyffhaeuser-grossharthau@t-online.de – Fax (035954) 58015
26 Zim ⊇ – †39/43 € ††68 € – **Rest** – Karte 14/26 €
♦ Neben einem kleinen Schloss liegt diese solide Adresse - ein von der Familie gut geführter Gasthof mit tipptopp gepflegten Zimmern. Helles, neuzeitlich eingerichtetes Restaurant.

GROSSHEUBACH – Bayern – 546 – 5 130 Ew – Höhe 132 m – Erholungsort 48 **G16**
▶ Berlin 570 – München 354 – Würzburg 73 – Aschaffenburg 38

Weinklause Rosenbusch
Engelbergweg 6 ✉ 63920 – ℰ (09371) 65 04 00 – info@hotel-rosenbusch.de
– Fax (09371) 6504029
20 Zim ⌑ – ✝44/50 € ✝✝67/91 € – ½ P 15 € – **Rest** – Karte 17/28 €

♦ Etwas abseits und relativ ruhig liegt dieser familiengeführte Gasthof. Die Zimmer sind meist recht schlicht gestaltet, aber gepflegt und funktionell. Im Restaurant unterstreicht ein Kachelofen das rustikale Ambiente.

Zur Krone mit Zim
Miltenberger Str. 1 ✉ 63920 – ℰ (09371) 26 63 – krone-restel@t-online.de
– Fax (09371) 65362
8 Zim ⌑ – ✝44/45 € ✝✝65/78 € – **Rest** – (geschl. Montag, Freitagmittag)
Menü 44 € – Karte 24/43 €

♦ In den gemütlich-rustikalen Gasträumen, die mit viel Holz gestaltet und hübsch dekoriert sind, wird Regionales und Internationales aufgetischt. Zeitgemäße Zimmer.

GROSSKARLBACH – Rheinland-Pfalz – 543 – 1 160 Ew – Höhe 118 m 47 **E16**
▶ Berlin 637 – Mainz 76 – Mannheim 24 – Kaiserslautern 39

Karlbacher
Hauptstr. 57 ✉ 67229 – ℰ (06238) 37 37 – Fax (06238) 4535 – geschl. Dienstag
Rest – Menü 49/65 € – Karte 34/54 €

♦ Ein charmantes Fachwerkhaus a. d. 17. Jh. mit drei hübschen Stuben im Obergeschoss und einer romantischen glasüberdachten Innenhofterrasse. Weinstube mit Pfälzer Gerichten.

Restaurant Gebr. Meurer mit Zim
Hauptstr. 67 ✉ 67229 – ℰ (06238) 6 78 – gebruedermeurer@aol.com
– Fax (06238) 1007
15 Zim ⌑ – ✝87 € ✝✝98/130 € – **Rest** – (nur Abendessen) (Tischbestellung ratsam) Karte 31/49 €

♦ In dem gemütlichen Restaurant bietet man internationale und regionale Küche. Schön sind die Terrasse und der toskanische Pavillon inmitten einer Gartenanlage. Zur Übernachtung stehen sehr gepflegte Zimmer zur Verfügung.

GROSSOSTHEIM – Bayern – 546 – 16 310 Ew – Höhe 137 m 48 **G15**
▶ Berlin 558 – München 363 – Frankfurt am Main 47 – Darmstadt 39

In Großostheim-Ringheim Nord-West : 4 km :

Landhaus Hotel
Ostring 8b ✉ 63762 – ℰ (06026) 9 79 70 – landhaus-hotel@t-online.de
– Fax (06026) 2212 – geschl. 24. Dez. - 6. Jan.
24 Zim ⌑ – ✝47/58 € ✝✝73/85 €
Rest *Weinstube Zimmermann* – (geschl. Sonntag, nur Abendessen) Karte 17/31 €

♦ Das solide Landhotel ist eine gut geführte, neuzeitliche Adresse. Die funktionellen Gästezimmer sind meist mit hellem Naturholzmobiliar eingerichtet. In der Weinstube Zimmermann finden Sie einen rustikalen Rahmen für gemütliche Stunden.

GROSSROSSELN – Saarland – 543 – 9 310 Ew – Höhe 200 m 45 **B17**
▶ Berlin 749 – Saarbrücken 19 – Neunkirchen 39 – Homburg 55

Seimetz
Ludweilerstr. 34 ✉ 66352 – ℰ (06898) 46 12 – info@seimetz-gourmet.de
– Fax (06898) 400127
Rest – (Montag - Samstag nur Abendessen) Menü 25 € – Karte 25/43 €

♦ Ein familiengeführtes Restaurant im euro-asiatischen Stil mit internationaler Küche und freundlichem Service durch die Chefin.

GROSSSCHÖNAU – Sachsen – 544 – 6 760 Ew – Höhe 310 m 44 S12
- Berlin 243 – Dresden 87 – Zittau 11
- Hauptstr. 28 (Waltersdorf), ⊠ 02799, ℰ (035841) 21 46, info@ erholungsort-waltersdorf.de

In Großschönau-Waltersdorf Süd : 2,5 km – Erholungsort

Familienhotel Hubertusbaude ⬇ Oberlausitzer Bergland,
An der Lausche 4 ⊠ 02799
– ℰ (035841) 63 20 – info@hubertusbaude.de
– Fax (035841) 632220
18 Zim ⚏ – †63/93 € ††84/144 € – ½ P 21 € – **Rest** – Karte 29/42 €
♦ Angenehm ruhig liegt das Hotel direkt am Skilift, herrlich ist die Aussicht von hier oben. Ein engagiert geführtes Haus, das besonders auf Familien eingestellt ist. Kamin und viel Holz geben dem Restaurant seinen rustikalen Charakter.

Quirle-Häusl (mit Gästehaus) Biergarten
Hauptstr. 51 ⊠ 02799 – ℰ (035841) 60 60 60 – hotel@quirle.de – Fax (035841) 606066 – geschl. Nov. 2 Wochen
24 Zim ⚏ – †45/55 € ††74/140 € – **Rest** – Karte 15/28 €
♦ Dieser sympathische, gut geführte Betrieb ist ein historisches Oberlausitzer Umgebindehaus. Als Gästehaus dient das hübsche Kaiserliche Postamt von 1900. Gemütliche Atmosphäre herrscht im rustikalen Restaurant Blockstube. Biergarten im Innenhof.

GROSS-UMSTADT – Hessen – 543 – 21 690 Ew – Höhe 160 m 48 G15
- Berlin 568 – Wiesbaden 67 – Frankfurt am Main 51 – Darmstadt 22

Jakob ⬇
Zimmerstr. 43 ⊠ 64823 – ℰ (06078) 7 80 00 – info@hotel-jakob.de – Fax (06078) 7800200 – geschl. 24. Dez. - 1. Jan.
40 Zim ⚏ – †55/72 € ††78/92 € – **Rest** – (geschl. Sonntag, nur Abendessen) Karte 13/27 €
♦ In Hanglage am Stadtrand befindet sich dieses sehr gepflegte Hotel, das Ihnen wohnlich eingerichtete Zimmer bietet. Einige neuere Zimmer sind besonders komfortabel.

Farmerhaus
Am Farmerhaus 1, (auf den Hainrich) ⊠ 64823 – ℰ (06078) 91 11 91 – afrika@ farmerhaus.de – Fax (06078) 911192 – geschl. 1. - 16. Jan., Juli 2 Wochen und Sonntag - Montag
Rest – (nur Abendessen) Menü 73/83 € – Karte 45/75 €
♦ Afrikanische Produkte bereichern das internationale Angebot dieses Restaurants, das mit allerlei Zierrat aus dem Herkunftsland der Gerichte hübsch dekoriert ist.

La Villetta
Zimmerstr. 44 ⊠ 64823 – ℰ (06078) 7 22 56 – carmelo@lavilletta.de – Fax (06078) 75465 – geschl. Montag
Rest – Menü 31/51 € – Karte 24/43 €
♦ In dem ehemaligen Wohnhaus ist heute ein nettes italienisches Restaurant mit einem Hauch Landhausambiente untergebracht - ein Kamin dient als Dekor.

GROSSWEITZSCHEN – Sachsen – siehe Döbeln

GROSS-ZIMMERN – Hessen – 543 – 13 850 Ew – Höhe 153 m 48 G15
- Berlin 563 – Wiesbaden 62 – Frankfurt 35 – Darmstadt 17
- Groß-Zimmern, Darmstädter Straße 111 ℰ (06071) 9 22 10

Richters Restaurant Georgi
Bahnhofstr. 7 ⊠ 64846 – ℰ (06071) 4 12 79 – info@richters-restaurant.de – Fax (06071) 44125 – geschl. Sonntagabend
Rest – (Montag - Samstag nur Abendessen) Karte 21/38 €
♦ Das von Familie Richter geleitete Restaurant in einem historischen Gebäude von 1901 bietet Klassisches sowie Landhausküche und Steaks vom Grill.

GRÜNBERG – Hessen – 543 – 14 280 Ew – Höhe 273 m – Luftkurort 38 G13

▶ Berlin 476 – Wiesbaden 102 – Frankfurt am Main 72 – Gießen 22
ℹ Rabegasse 1 (Marktplatz), ✉ 35305, ✆ (06401) 80 41 14, info@gruenberg.de

Sporthotel
Am Tannenkopf 1 (Ost : 1,5 km über B 49 in Richtung Alsfeld) ✉ 35305 – ✆ (06401) 80 20 – info@sporthotel-gruenberg.de – Fax (06401) 802166
43 Zim ⊇ – †60/65 € ††90/96 € – ½ P 18 € – **Rest** – (geschl. Sonntagabend) Karte 30/39 €
♦ Sehr ruhig liegt das an die Sportschule angeschlossene Hotel am Ortsrand. Es erwarten Sie ein großzügiger Empfangsbereich und neuzeitliche Zimmer. Schöne Sicht. Sie speisen im Restaurant, in der Bierstube oder auf der Terrasse.

Villa Emilia
Giessener Str. 42 (B49) ✉ 35305 – ✆ (06401) 64 47 – villaemilia@gmx.de – Fax (06401) 4132 – geschl. Juni - Juli 2 Wochen
12 Zim ⊇ – †58 € ††83 € – **Rest** – (geschl. Sonntag, nur Abendessen) Karte 28/36 €
♦ Ein familiär geführtes kleines Hotel, in dem zeitgemäße Zimmer in zwei verschiedenen Einrichtungsvarianten zur Verfügung stehen. Nettes Restaurant im Landhausstil.

GRÜNSTADT – Rheinland-Pfalz – 543 – 13 310 Ew – Höhe 169 m 47 E16

▶ Berlin 632 – Mainz 59 – Mannheim 31 – Kaiserslautern 36
🏌 Dackenheim, Kirchheimer Str. 40 ✆ (06353) 98 92 12

In Grünstadt-Asselheim Nord : 2 km :

Pfalzhotel Asselheim
Holzweg 6 ✉ 67269 – ✆ (06359) 8 00 30 – info@pfalzhotel.de – Fax (06359) 800399
68 Zim ⊇ – †78/88 € ††95/116 € – **Rest** – Karte 20/37 €
♦ Das gewachsene Landhotel mit Anbau bietet wohnliche, neuzeitliche Zimmer und ist auch auf Tagungen eingestellt. Schöner Sinnesgarten hinter dem Haus. Im gemütlichen Restaurant serviert man u. a. Schneckenspezialitäten aus der eigenen Zucht "Pfalzschnecke".

In Grünstadt-Sausenheim Süd : 2,5 km, jenseits der A 6 :

Am Bienenbrunnen
Hintergasse 2 ✉ 67269 – ✆ (06359) 81 09 25 – Fax (06359) 810926 – geschl. Feb. 3 Wochen und Montag
Rest – (Dienstag - Samstag nur Abendessen) Menü 31/37 € – Karte 24/44 €
♦ Ein hübsches kleines Gutsrestaurant mit Natursteinwänden und Gewölbedecke. Der Chef ist Franzose - entsprechend französisch geprägt ist die Küche. Gemütliche Terrasse.

In Neuleiningen Süd-West : 3 km über Sausenheim, jenseits der A 6 :

Alte Pfarrey
Untergasse 54 ✉ 67271 – ✆ (06359) 8 60 66 – info@altepfarrey.de – Fax (06359) 86060 – geschl. 28. Jan. - 10. Feb.
9 Zim ⊇ – †78/113 € ††121/181 € – **Rest** – (geschl. Montag - Dienstag) Menü 55/87 € – Karte 54/68 €
♦ Eine äußerst charmante Adresse ist dieses schön gelegene kleine Haus mit seinen liebevoll und individuell gestalteten Gästezimmern. Angenehm ist das elegante Restaurant mit Wintergarten, in dem man zeitgemäße Saisonküche bietet.

GRÜNWALD – Bayern – siehe München

GSTADT AM CHIEMSEE – Bayern – 546 – 1 340 Ew – Höhe 538 m – Erholungsort 66 N21

▶ Berlin 660 – München 94 – Bad Reichenhall 57 – Traunstein 27
ℹ Seeplatz 5, ✉ 83257, ✆ (08054) 4 42
◉ Chiemsee ★

GSTADT AM CHIEMSEE

Gästehaus Grünäugl am See garni
Seeplatz 7 ⊠ 83257 – ℰ (08054) 9 08 80 – info@gruenaeugl-chiemsee.de – Fax (08054) 7743 – geschl. 10. - 26. Dez., 3. - 20. Jan.
16 Zim – †38/79 € ††65/89 €
♦ Solides Naturholz und Wohnlichkeit prägen die Zimmer dieses Hauses. Die unmittelbare Lage am See ermöglicht dem Gast eine abwechslungsreiche Freizeitgestaltung.

GÜGLINGEN – Baden-Württemberg – 545 – 6 180 Ew – Höhe 206 m   55 G17
▶ Berlin 609 – Stuttgart 46 – Heilbronn 20 – Karlsruhe 54
🖼 Cleebronn, Schlossgut Neunagenheim ℰ (07135) 1 32 03

In Güglingen-Frauenzimmern Ost : 2 km :

Gästehaus Löwen garni
Brackenheimer Str. 29 ⊠ 74363 – ℰ (07135) 9 83 40 – gaestehaus-loewen@freenet.de – Fax (07135) 983440
14 Zim ⊇ – †45/88 € ††68/88 €
♦ In dem familiengeführten kleinen Gästehaus stehen zeitgemäß und praktisch ausgestattete Zimmer bereit. Gutes Angebot zum Frühstück.

GÜNZBURG – Bayern – 546 – 19 700 Ew – Höhe 446 m   56 J19
▶ Berlin 569 – München 112 – Augsburg 53 – Stuttgart 110
🛈 Schlossplatz 1, ⊠ 89312, ℰ (08221) 20 04 44, tourist-information@guenzburg.de
🖼 Jettingen-Scheppach, Schloss Klingenburg ℰ (08225) 30 30
◉ Legoland Deutschland ★

Zettler
Ichenhauser Str. 26a ⊠ 89312 – ℰ (08221) 3 64 80 – info@hotel-zettler.de – Fax (08221) 6714 – geschl. 1. - 8. Jan., 22. - 31. Dez.
49 Zim ⊇ – †89/135 € ††115/165 € – **Rest** – *(geschl. Sonn- und Feiertage)* Karte 34/61 €
♦ Die Zimmer dieses sehr gut geführten Hotels sind funktionell eingerichtet und stets tadellos gepflegt - teils mit Balkon. Mehr Komfort bieten die zwei schönen Juniorsuiten. Im Sommer ergänzt eine hübsche Terrasse das klasssich gestaltete Restaurant.

Bettina garni
Augsburger Str. 66 ⊠ 89312 – ℰ (08221) 3 62 20 – hotel-bettina@t-online.de – Fax (08221) 362236 – geschl. 1. - 6. Jan.
20 Zim ⊇ – †56/69 € ††78/99 €
♦ In dem familiengeführten kleinen Hotel erwarten Sie ein netter Empfangsbereich und funktionelle Zimmer, die im neueren Teil besonders freundlich und modern gestaltet sind.

Römer garni (mit Gästehaus)
Ulmer Str. 26 (B 10) ⊠ 89312 – ℰ (08221) 36 73 80 – info@hotel-roemer.de – Fax (08221) 3673877
24 Zim ⊇ – †59/75 € ††85/99 €
♦ Auf einem Fundament aus der Römerzeit ist dieses Hotel entstanden. Hier und da zieren Elemente im Hundertwasserstil das Haus. Funkionell ausgestattete Zimmer in warmen Tönen.

In Günzburg-Deffingen Süd-Ost : 4 km über B 16 Richtung Kaufbeuren, dann links :

Euro Hotel garni
Spielplatzstr. 6 ⊠ 89312 – ℰ (08221) 2 06 66 00 – eurohotelguenzburg@ahc-hotels.com – Fax (08221) 20666100
60 Zim ⊇ – †55/75 € ††80/100 €
♦ Die Nähe zur Autobahn und zum Legoland sowie ein geräumiger Hallenbereich mit Bilderausstellung und recht großzügige, modern-funktionelle Zimmer machen das Hotel aus.

GÜSTROW – Mecklenburg-Vorpommern – 542 – 31 420 Ew – Höhe 14 m   12 **M4**

▶ Berlin 192 – Schwerin 63 – Rostock 38 – Neubrandenburg 87
🛈 Domstr. 9, ✉ 18273, ✆ (0180) 5 68 10 68, info@guestrow-tourismus.de
◉ Renaissanceschloss★ – Dom★ – Gertrudenkapelle
(Ernst-Barlach-Gedenkstätte★) – Pfarrkirche St. Marien (Hochaltar★)

Kurhaus am Inselsee
Heidberg 1 (Süd-Ost : 4 km) ✉ *18273 –* ✆ *(03843) 85 00 – kurhaus-guestrow@
t-online.de – Fax (03843) 850100*
39 Zim ⌑ – †75/105 € ††110/145 € – **Rest** – Karte 18/36 €
♦ Die ruhige Lage am Inselsee sowie wohnlich-elegante Zimmer mit gutem Platzangebot machen dieses von der Inhaberfamilie geleitete Hotel aus. Ein zum See hin gelegener Wintergarten ergänzt das Restaurant. Bürgerlich-internationale Karte.

Stadt Güstrow
Markt 2 ✉ *18273 –* ✆ *(03843) 78 00 – nordikhotel@web.de – Fax (03843) 780100*
70 Zim ⌑ – †65/85 € ††85/125 € – **Rest** – Karte 20/28 €
♦ Das Hotel liegt zentral direkt am Marktplatz und verfügt über funktionell ausgestattete Gästezimmer in modernem Stil sowie gute Tagungsmöglichkeiten. Restaurant mit bürgerlicher Küche und saisonalem Buffetangebot.

Altstadt garni
Baustr. 8 ✉ *18273 –* ✆ *(03843) 4 65 50 – nordikhotel@web.de – Fax (03843) 4655222*
43 Zim ⌑ – †55/75 € ††75/95 €
♦ Im historischen Zentrum befindet sich dieses mit gepflegten und praktischen Gästezimmern ausgestattete Hotel. Sehenswürdigkeiten der Stadt erreichen Sie bequem zu Fuß.

Barlach-Stuben
Plauer Str. 7 ✉ *18273 –* ✆ *(03843) 68 48 81 – barlach-stuben@t-online.de
– Fax (03843) 344614*
Rest – Karte 18/27 €
♦ In dem Restaurant am Rande der Altstadt erwarten Sie ein freundliches, neuzeitliches Ambiente sowie bürgerlich-regionale Küche.

In Lalendorf Süd-Ost : 16 km Richtung Neubrandenburg, jenseits der A 19 :

Im Wiesengrund
Hauptstr. 3 (B 104) ✉ *18279 –* ✆ *(038452) 2 05 42 – imwiesengrund@gmx.de
– Fax (038452) 21720*
15 Zim ⌑ – †36/40 € ††62/70 € – **Rest** – Karte 16/21 €
♦ Das familiengeführte Haus mit roter Klinkerfassade bietet Gästen eine gepflegte Unterkunft mit zeitgemäßer, praktischer Einrichtung. Mehr Platz bieten die Zimmer im Nebenhaus. Das kleine Hotelrestaurant hat man bürgerlich ausgestattet.

GÜTERSLOH – Nordrhein-Westfalen – 543 – 95 930 Ew – Höhe 75 m   27 **F10**

▶ Berlin 412 – Düsseldorf 156 – Bielefeld 18 – Münster (Westfalen) 57
🛈 Berliner Str. 70 (Rathaus), ✉ 33330, ✆ (05241) 82 27 49,
verkehrsverein.stadtguetersloh@gt-net.de
⛳ Rietberg-Varensell, Gütersloher Str. 127 ✆ (05244) 23 40 BZ

Stadtplan siehe folgende Seite

Parkhotel Gütersloh
Kirchstr. 27 ✉ *33330 –* ✆ *(05241) 87 70 – business@parkhotel-gt.de – Fax (05241) 877400*   BZ **n**
103 Zim ⌑ – †95/189 € ††115/209 € – 3 Suiten
Rest – Menü 27 € (mittags) – Karte 29/48 €
Rest *Bellini* – (nur Abendessen) Karte 25/40 €
♦ Eine angenehme Atmosphäre strahlt das klassisch-elegante Parkhotel aus. Zimmer unterschiedlicher Kategorien, von funktionell bis nobel, werden geboten. Restaurant in warmen Tönen. Rustikal-mediterran geht es im Bellini zu.

GÜTERSLOH

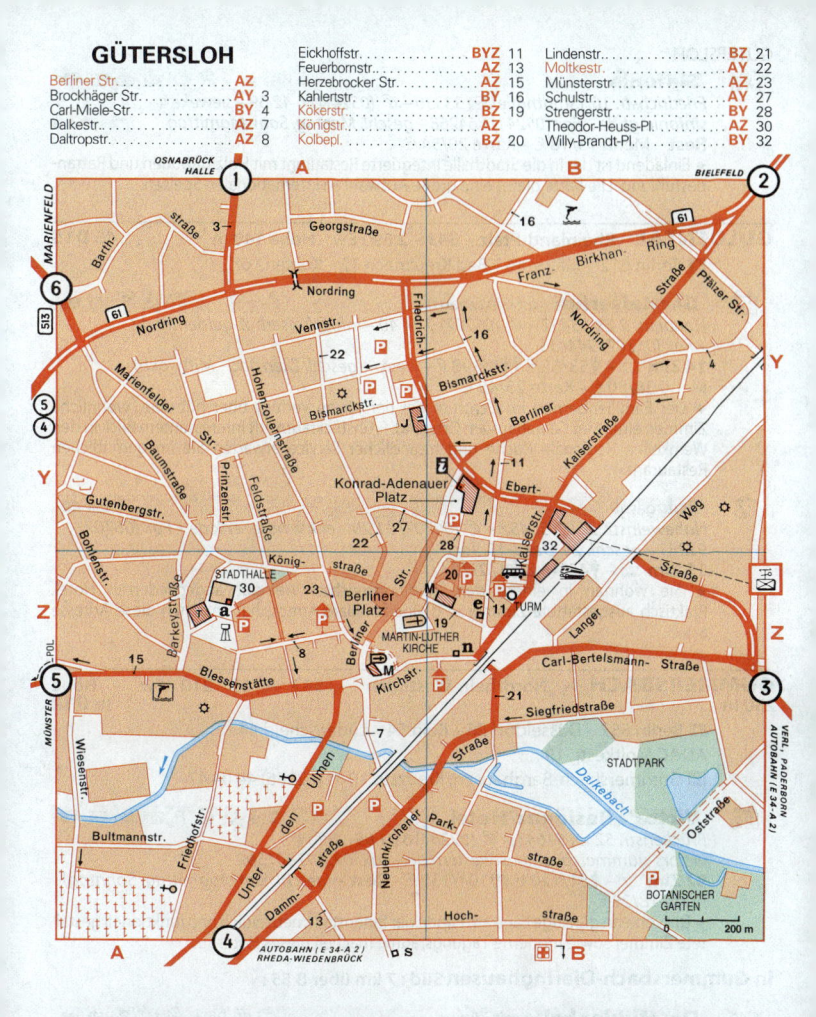

Berliner Str.	**AZ**	Eickhoffstr.	**BYZ** 11	Lindenstr.	**BZ** 21
Brockhäger Str.	**AY** 3	Feuerbornstr.	**AZ** 13	Moltkestr.	**AY** 22
Carl-Miele-Str.	**BY** 4	Herzebrocker Str.	**AZ** 15	Münsterstr.	**AZ** 23
Dalkestr.	**AZ** 7	Kahlertstr.	**BY** 16	Schulstr.	**AY** 27
Daltropstr.	**AZ** 8	Kökerstr.	**BZ** 19	Strengerstr.	**BY** 28
		Königstr.	**AZ**	Theodor-Heuss-Pl.	**AZ** 30
		Kolbepl.	**BZ** 20	Willy-Brandt-Pl.	**BY** 32

Stadt Gütersloh

Kökerstr. 23 ⌂ 33330 – ℰ (05241) 10 50 – hotel.stadt.guetersloh@t-online.de
– Fax (05241) 105100

BZ e

56 Zim – †112/118 € ††153/163 €
Rest *Schiffchen* – (geschl. Ende Juni - Anfang Juli 3 Wochen und Sonntag, nur Abendessen) Menü 39/65 € – Karte 35/57 €

♦ Das Hotel überzeugt mit gut ausgestatteten, elegant mit Pinienmöbeln eingerichteten Zimmern. Auch die zentrale Lage nahe der Fußgängerzone zählt zu den Annehmlichkeiten. Hübsches Dekor und ein Kachelofen geben dem Schiffchen eine wohlige Atmosphäre.

Appelbaum

Biergarten

Neuenkirchener Str. 59 ⌂ 33332 – ℰ (05241) 9 55 10 – appelbaum@ hotel-appelbaum.de – Fax (05241) 955123

AZ s

62 Zim – †68/110 € ††80/140 € – **Rest** – Menü 23/28 € – Karte 23/33 €

♦ In dem familiengeführten Hotel erwarten Sie freundlich und modern gestaltete Gästezimmer sowie ein netter kleiner Saunabereich in der 3. Etage. Restaurant mit ständig wechselnder Aktionskarte.

GÜTERSLOH

XX Sinfonie
Friedrichstr. 10, (Stadthalle) ⊠ *33330 –* ℰ *(05241) 86 42 69 – sieweke@sinfonie-gt.de – Fax (05241) 864268 – geschl. Montag, Samstagmittag*
AZ **a**
Rest – Menü 13/18 € – Karte 20/34 €
♦ Einladend ist das in die Stadthalle integrierte Restaurant mit Holzfußboden und Rattanbestuhlung. Die Karte bietet eine große Auswahl an internationalen Speisen.

GULDENTAL – Rheinland-Pfalz – **543** – 2 690 Ew – Höhe 140 m
46 **D15**
▶ Berlin 612 – Mainz 44 – Bad Kreuznach 12 – Koblenz 67

Der Kaiserhof (mit Gästehaus)
Hauptstr. 2 ⊠ *55452 –* ℰ *(06707) 9 44 40 – info@kaiserhof-guldental.de – Fax (06707) 944415*
14 Zim – †53/62 € ††88/98 € – **Rest** – *(geschl. Dienstag - Mittwoch)*
Menü 38/50 € – Karte 25/45 €
♦ Der Familienbetrieb im Zentrum bei der Kirche verfügt über hübsche, wohnliche Zimmer, einige im Gästehaus am Ortsrand. Frühstücksraum mit interessantem Blick in den Weinkeller. Regionale Küche und freundlicher Service erwarten Sie im gemütlichen Restaurant.

Enk garni
Naheweinstr. 36 ⊠ *55452 –* ℰ *(06707) 91 20 – enk@hotel-enk.de – Fax (06707) 91241 – geschl. 20. Dez. - 10. Jan.*
15 Zim ⊇ – †45/48 € ††72/75 €
♦ Sie wohnen in einem dem traditionsreichen Weingut angegliederten Hotel. Praktisch ausgestattete Zimmer und eine familiäre Atmosphäre machen diese Adresse aus.

GUMMERSBACH – Nordrhein-Westfalen – **543** – 53 210 Ew – Höhe 250 m
36 **D12**
▶ Berlin 557 – Düsseldorf 86 – Köln 54 – Lüdenscheid 44
ADAC Moltkestr. 19
🖼 Gummersbach-Berghausen, Kreuzstr. 10 ℰ (02266) 44 04 47

Victor's Residenz-Hotel
Brückenstr. 52 ⊠ *51643 –* ℰ *(02261) 8 01 09 – info@victors-gummersbach.bestwestern.de – Fax (02261) 801599*
82 Zim ⊇ – †81/120 € ††101/135 € – **Rest** – *(geschl. Samstagmittag, Sonntag)*
Karte 18/28 €
♦ Die verkehrsgünstige Lage am Rande der Innenstadt, neuzeitlich und funktionell gestaltete Zimmer sowie moderne Tagungsräume machen dieses Hotel aus.

In Gummersbach-Dieringhausen Süd : 7 km über B 55 :

XXX Die Mühlenhelle mit Zim
Hohler Str. 1 ⊠ *51645 –* ℰ *(02261) 29 00 00 – kontakt@muehlenhelle.de – Fax (02261) 2900020 – geschl. 1. - 22. Jan., Aug. 3 Wochen*
4 Zim ⊇ – †80 € ††120 €
Rest – *(geschl. Montag - Dienstag, Mittwoch - Samstag nur Abendessen)*
Menü 40/91 € – Karte 40/67 €
Rest *Bistro* – *(geschl. Montag - Dienstag)* Karte 22/36 €
♦ Eine denkmalgeschützte Villa beherbergt dieses sehr schöne, elegante Restaurant, in dem man Ihnen moderne internationale Küche bietet. Bistro mit legerer Atmosphäre. Geschmackvoll und hochwertig hat man die Gästezimmer ausgestattet.

In Gummersbach-Hülsenbusch West : 7 km über Steinenbrück und Strombach :

XX Schwarzenberger Hof
Schwarzenberger Str. 48 ⊠ *51647 –* ℰ *(02261) 2 21 75 – Fax (02261) 21907 – geschl. 2. - 14. Jan. und Montag*
Rest – Karte 27/45 €
♦ Gegenüber der Kirche liegt dieses in drei ländlich-rustikal gestaltete Räume unterteilte, familiär geführte Restaurant. Die Speisekarte bietet Internationales.

GUMMERSBACH

In Gummersbach-Windhagen Nord : 2 km über B 256 :

Privathotel-Rothstein
Hückeswagener Str. 4 ⊠ *51647* – ℰ *(02261)*
8 02 60 – info@privathotel-rothstein.de – Fax (02261) 8026998
97 Zim – †69/89 € ††89/119 € – **Rest** – Karte 22/50 €
♦ In einer hübschen Parkanlage steht das um einen modernen Anbau erweiterte Fachwerkhaus. Die Zimmer sind wohnlich und ganz individuell gestaltet. Sehenswert: der Spiegelsaal. Verschiedene gemütliche Restaurantstuben von rustikal bis elegant.

> Das Symbol in Rot ⅋ weist auf besonders ruhige Häuser hin –
> hier ist nur der Gesang der Vögel am frühen Morgen zu hören…

GUNDELSHEIM – Baden-Württemberg – 545 – 7 550 Ew – Höhe 154 m   48 **G17**

▶ Berlin 604 – Stuttgart 75 – Mannheim 80 – Heidelberg 50
◉ Burg Guttenberg★ : Greifvogelschutzstation Süd-West : 2 km

Zum Lamm (mit Gästehaus)
Schloßstr. 25 ⊠ *74831* – ℰ *(06269) 4 20 20 – info@lamm-gundelsheim.de*
– Fax (06269) 420299
32 Zim – †45/78 € ††65/120 € – **Rest** – Menü 17 € – Karte 20/43 €
♦ Das hübsche Fachwerkhaus a. d. 16. Jh. beherbergt Sie in der verkehrsberuhigten Altstadt. Die gepflegten Räume sind teils mit rustikalem Mobiliar eingerichtet. Ländlich geprägte Gaststuben.

GUNZENHAUSEN – Bayern – 546 – 16 510 Ew – Höhe 416 m – Erholungsort   57 **K17**

▶ Berlin 478 – München 152 – Nürnberg 54 – Ingolstadt 73
🛈 Marktplatz 25, ⊠ 91710, ℰ (09831) 50 83 00, touristik@gunzenhausen.de

Parkhotel Altmühltal
Zum Schießwasen 15 ⊠ *91710* – ℰ *(09831) 50 40*
– info@aktiv-parkhotel.de – Fax (09831) 89422
67 Zim – †75/85 € ††118/138 € – ½ P 20 € – 5 Suiten – **Rest** – Karte 15/33 €
♦ Ein gutes Platzangebot, eine recht individuelle Einrichtung sowie eine gute technische Ausstattung kennzeichnen die Zimmer in diesem Tagungshotel. Zur Terrasse hin ergänzt ein kleiner Wintergartenanbau das gepflegte Restaurant.

Blauer Wolf
Marktplatz 9 ⊠ *91710* – ℰ *(09831) 89 00 – info@blauerwolf.de – Fax (09831) 890200 – geschl. 23. - 31. Dez.*
24 Zim – †69/72 € ††106/120 € – **Rest** – *(geschl. Montag - Dienstag, nur Abendessen für Hausgäste)*
♦ Den 1667 erstmals urkundlich erwähnten Gasthof in der Innenstadt hat man zu einem modernen Hotel mit hochwertig ausgestatteten Zimmern erweitert. Neuzeitliches Restaurant in klaren Linien.

In Pfofeld-Langlau Ost : 10 km Richtung Pleinfeld :

Strandhotel Seehof ⅋
Seestr. 33 ⊠ *91738* – ℰ *(09834) 98 80 – info@strandhotel-seehof.de – Fax (09834) 988988*
85 Zim – †81/98 € ††121/149 € – ½ P 21 € – 3 Suiten – **Rest** – Karte 24/37 €
♦ In ruhiger Lage am kleinen Brombachsee logieren Sie in einem neuzeitlichen Hotel. Zu den Annehmlichkeiten zählen die wohnliche Gestaltung und die Funktionalität der Zimmer. Restaurant mit schönem Blick auf den See.

GUTACH IM BREISGAU – Baden-Württemberg – 545 – 4 450 Ew – Höhe 293 m – Erholungsort   61 **E20**

▶ Berlin 774 – Stuttgart 208 – Freiburg im Breisgau 31 – Offenburg 66
🛈 Im Bahnhof Bleibach, ⊠ 79261, ℰ (07685) 1 94 33, info@zweitaelerland.de
◉ Gutach, Golfstraße 16 ℰ (07681) 2 31 51

533

GUTACH IM BREISGAU
In Gutach-Bleibach Nord-Ost : 2 km über B 294

Silberkönig
Silberwaldstr. 24 – 79261 – ℰ (07685) 70 10 – info@silberkoenig.de – Fax (07685) 701100
41 Zim – †69/77 € ††110/124 € – ½ P 20 € – **Rest** – Menü 35/54 € – Karte 15/39 €
♦ Dieses gerne für Tagungen genutzte Hotel liegt recht ruhig etwas außerhalb des Ortes. Die Zimmer sind praktisch und solide in rustikaler Eiche eingerichtet. Nett gestaltetes Restaurant mit gutem Couvert.

In Gutach-Siegelau Nord-West : 3 km :

Bären
Talstr. 17 – 79261 – ℰ (07685) 2 74 – info@baeren-siegelau.de – Fax (07685) 7555 – geschl. Ende Okt. - Mitte Nov.
12 Zim – †30/33 € ††44/50 € – **Rest** – (geschl. Montagmittag, Dienstag) Karte 13/18 €
♦ Hinter der regionstypischen Fassade dieses gut geführten kleinen Familienbetriebs bietet man rustikal möblierte Gästezimmer. In unmittelbarer Nähe: Wander- und Radwege. Restaurant mit ländlichem Charakter.

In Gutach-Stollen Nord-Ost : 1 km :

Stollen
Elzacher Str. 2 – 79261 – ℰ (07685) 9 10 50 – stollen@romantikhotels.com – Fax (07685) 1550 – geschl. Jan. 2 Wochen
9 Zim – †64/74 € ††94/130 € – ½ P 22 € – **Rest** – (geschl. Dienstag - Mittwochmittag) Karte 23/40 €
♦ Mit seiner bäuerlichen Fassade fügt sich das familiengeführte Schwarzwaldhaus gut in die ländliche Umgebung. Innen gefällt das kleine Hotel mit einer behaglichen Einrichtung. Nette Gaststuben mit gemütlich-rustikaler Atmosphäre.

GUTENZELL-HÜRBEL – Baden-Württemberg – siehe Ochsenhausen

GYHUM – Niedersachsen – siehe Zeven

HAAN – Nordrhein-Westfalen – 543 – 29 480 Ew – Höhe 160 m   36 **C11**
▸ Berlin 541 – Düsseldorf 19 – Köln 40 – Wuppertal 14
▸ Haan, Pannschoppen 2 ℰ (02104) 17 03 07

Home Hotel garni
Schallbruch 15 (nahe der B 228, Nord-Ost : 2 km) – 42781 – ℰ (02129) 92 00 – haan@homehotel.de – Fax (02129) 920111
50 Zim – †65 € ††75 €
♦ In dem verkehrsgünstig in einem kleinen Industriegebiet gelegenen Hotel erwarten Sie zeitgemäße, wohnlich eingerichtete Zimmer sowie freundliches Personal.

HABICHTSWALD – Hessen – siehe Kassel

HACHENBURG – Rheinland-Pfalz – 543 – 5 730 Ew – Höhe 350 m   37 **E13**
▸ Berlin 569 – Mainz 106 – Siegen 37 – Koblenz 54
▸ Perlengasse 2, (Historisches Rathaus), – 57627, ℰ (02662) 80 11 17, hachenburg@westerwald.info
▸ Dreifelden, Steinebacher Str. ℰ (02666) 82 20

Landhotel am Rothenberg
Lessingstr. 20 – 57627 – ℰ (02662) 67 55 – landhotelamrothenberg@t-online.de – Fax (02662) 939252
8 Zim – †50/58 € ††79/89 € – **Rest** – (geschl. Montag - Dienstag, nur Abendessen) Menü 24/30 € – Karte 23/41 €
♦ Recht ruhig liegt das familiengeführte kleine Hotel in einem Wohngebiet. Die Zimmer sind teils mit hellem Holz und frischen Farben hübsch gestaltet - alle mit Balkon/Terrasse. Teil des Restaurants ist ein freundlicher, mediterran wirkender Wintergarten.

HACHENBURG

In Limbach Nord : 6,5 km über B 414 Richtung Altenkirchen, nach 2 km rechts ab Richtung Streithausen – Erholungsort :

X **Peter Hilger**
Hardtweg 5, 57629 – ℰ (02662) 71 06 – restauranthilger@aol.com
– Fax (02662) 939231
Rest – (geschl. Montag - Dienstag) Menü 48/55 € – Karte 26/43 €
♦ In dem netten, teils leicht rustikal gestalteten Restaurant kümmert sich Familie Hilger mit internationaler und saisonaler Küche um das Wohl ihrer Gäste.

HACKENHEIM – Rheinland-Pfalz – siehe Kreuznach, Bad

HADAMAR – Hessen – 543 – 12 280 Ew – Höhe 130 m 37 **E14**
▶ Berlin 550 – Wiesbaden 60 – Koblenz 63 – Limburg an der Lahn 8

Nassau-Oranien
Am Elbbachufer 12, 65589 – ℰ (06433) 91 90 – info@nassau-oranien.de
– Fax (06433) 919100
61 Zim – †79/109 € ††99/125 € – **Rest** – Menü 26/32 € – Karte 25/34 €
♦ Zwei alte Fachwerkhäuser mit neuzeitlichen Anbauten beherbergen Zimmer im Landhausstil sowie einige "Romantikzimmer" mit freigelegten Holzbalken. Schöner Anwendungsbereich. Gemütliches Restaurant mit elegantem Touch.

HÄUSERN – Baden-Württemberg – 545 – 1 330 Ew – Höhe 889 m – Wintersport : 1 200 m ≰1 ≰ – Luftkurort 62 **E21**
▶ Berlin 806 – Stuttgart 186 – Freiburg im Breisgau 58
ℹ St.-Fridolin-Str. 5, 79837, ℰ (07672) 93 14 15, tourist-information@haeusern.de

Adler (Winfried Zumkeller)
St.-Fridolin-Str. 15, 79837 – ℰ (07672) 41 70 – adler@relaischateaux.com
– Fax (07672) 417150 – geschl. Mitte Nov. - Mitte Dez.
45 Zim – †77/120 € ††116/220 € – ½ P 29 € – 3 Suiten
Rest – (geschl. Montag - Dienstag) Menü 37/88 € – Karte 37/69 €
Spez. Variation von der Gänseleber. Matelote von Atlantikfischen und Krustentieren. Kalbsfilet mit Kräutern in Pancetta gebraten und Zitronenthymianjus.
♦ Seit über 150 Jahren ist das traditionsreiche Schwarzwälder Gasthaus im Familienbesitz. Wohnliche Zimmer und eine hübsch gestaltete Badelandschaft stehen bereit. Regionstypische, leicht elegante Restaurantstuben mit klassischer Küche.

Albtalblick ≤ Albtal mit Albsee,
St. Blasier Str. 9 (West : 1 km), 79837 – ℰ (07672) 9 30 00 – info@albtalblick.com
– Fax (07672) 930090
40 Zim – †48/63 € ††82/106 € – ½ P 19 € – **Rest** – Karte 19/41 €
♦ Das im Schwarzwaldstil erbaute Landhaus verfügt über individuell eingerichtete Gästezimmer und eine medizinische Bäderabteilung. Eine schöne Aussicht bietet das ländlich-rustikal gehaltene Restaurant.

X **Chämi-Hüsle**
St.-Fridolin-Str. 1, 79837 – ℰ (07672) 41 73 33 – info@zumkellers-bistro.de
– Fax (07672) 417150
Rest – (geschl. Mittwoch - Donnerstag) Karte 23/43 €
♦ Ein gemütliches Bistro, in dem man rustikale und moderne Elemente gelungen kombiniert hat - ein schöner Kamin (alemannisch "Chämi") und dunkle Holzbalken zieren den Raum.

Bestecke X und Sterne ❀ sollten nicht verwechselt werden!
Die Bestecke stehen für eine Komfortkategorie, die Sterne zeichnen Häuser mit besonders guter Küche aus - in jeder dieser Kategorien.

HAGEN – Nordrhein-Westfalen – 543 – 200 040 Ew – Höhe 106 m 26 **D11**

- Berlin 505 – Düsseldorf 62 – Dortmund 27 – Kassel 178
- **ADAC** Körnerstr. 62
- Rathausstr. 13, ✉ 58095, ℘ (02331) 2 07 58 90, touristinformation@stadt-hagen.de
- Hagen-Berchum, Tiefendorfer Str 48 ℘ (02334) 5 17 78 **Y**
- Gevelsberg Gut Berge, Berkenberg 1 ℘ (02332) 91 37 55 **Z**
- Westf. Freilichtmuseum ★★ (Süd-Ost : 4 km über Eilper Straße **Z**)

HAGEN

Alexanderstr. . . . . **Y** 2	Badstr. **Y** 5	Elberfelder Str. . . . . **YZ**
Am Hauptbahnhof . . . . **Y** 3	Bahnhofstr. . . . . **Y** 4	Gertrudstr. . . . . **Y** 12
	Bülowstr. . . . . **Y** 6	Kampstr. . . . . **Z**
	Eduard-Müller-Str. . . . . **Y** 7	Körnerstr. . . . . **Y**
	Eilper Str. . . . . **Z** 8	Mittelstr. . . . . **Z** 15

Mercure
Wasserloses Tal 4 ✉ 58093 – ℘ (02331) 39 10 – h2922@accor.com – Fax (02331) 391153 **Z b**
146 Zim ⌂ – †80/150 € ††124/185 € – **Rest** – Karte 25/37 €
♦ Eingebettet in die bizarre Kulisse eines alten Steinbruchs liegt das moderne Tagungshotel. Sie beziehen Quartier in mit soliden dunklen Holzmöbeln ausgestatteten Zimmern. Restaurant mit heller Atmosphäre und internationaler Karte.

536

HAGEN

In Hagen-Rummenohl Süd : 13 km über Volmestraße Z :

Dresel
*Rummenohler Str. 31, (B 54) ⊠ 58091 – ℰ (02337) 13 18 – info@hotel-dresel.de
– Fax (02337) 8981*
22 Zim ⊇ – †43/71 € ††82/112 € – **Rest** – Karte 21/51 €
♦ Dieser erweiterte Gasthof wird bereits seit mehreren Generationen von der Familie geführt und bietet solide, unterschiedlich eingerichtete Zimmer. Restaurant mit rustikaler Note und netter Dekoration. Regionales und internationales Angebot.

> Gute und preiswerte Häuser kennzeichnet das Michelin-Männchen, der „Bib":
> der rote „Bib Gourmand" ⊛ für die Küche,
> der blaue „Bib Hotel" 🛏 bei den Zimmern.

HAGENOW – Mecklenburg-Vorpommern – **542** – 12 220 Ew – Höhe 25 m   **11 L5**
▶ Berlin 202 – Schwerin 30 – Hamburg 90 – Stendal 133
ℹ Lange Str. 79, ⊠ 19230, ℰ (03883) 72 90 96

In Moraas Ost : 11 km über B 321 Richtung Schwerin, nach 1,5 km rechts :

Heidehof
*Hauptstr. 15 ⊠ 19230 – ℰ (03883) 62 28 90 – hotel.heidehof@t-online.de
– Fax (03883) 6228925 – geschl. 2. - 16. Jan.*
11 Zim ⊇ – †39/49 € ††59/69 € – ½ P 15 € – **Rest** – *(Nov. - März nur Abendessen)* Karte 15/35 €
♦ Zwei schöne reetgedeckte Fachwerkhäuser beherbergen Restaurant und Hotel. Die Gästezimmer wirken durch das helle Landhausmobiliar freundlich und einladend. Restaurant mit ländlichem Charakter. Schöne Gartenterrasse mit Grill.

HAGNAU – Baden-Württemberg – **545** – 1 340 Ew – Höhe 409 m – Erholungsort   **63 G21**
▶ Berlin 731 – Stuttgart 196 – Konstanz 17 – Ravensburg 29
ℹ Seestr. 16, ⊠ 88709, ℰ (07532) 43 43 43, tourist-info@hagnau.de

Villa am See garni
*Meersburger Str. 4 ⊠ 88709 – ℰ (07532) 4 31 30 – erbguth@villa-am-see.de
– Fax (07532) 6997 – geschl. Jan. - Mitte März, Anfang Nov. - Dez.*
6 Zim ⊇ – †90/130 € ††140/240 €
♦ Schön liegt das angenehm persönlich geleitete Haus in einem sehr gepflegten Garten direkt am See. Im stilvollen Frühstücksraum erwartet Sie ein kleines, aber feines Buffet.

Bodenseehotel Renn
*Hansjakobstr. 4 ⊠ 88709 – ℰ (07532) 49 47 80 – info@bodenseehotel-renn.de
– Fax (07532) 4947820 – geschl. 1. - 27. Dez., 7. Jan. - Feb.*
23 Zim ⊇ – †65/75 € ††92/123 € – ½ P 19 € – **Rest** – *(geschl. 7. Jan. - Feb.)* Karte 18/41 €
♦ Ein neuzeitlicher Hotelbau bietet wohnliche, in heller Eisbirke oder in Weiß möblierte Zimmer - schlichtere Zimmer im Gasthaus gegenüber. Hübscher Garten mit Kirschbäumen. Restaurant in modernem Stil mit nettem Terrassenbereich.

Der Löwen
*Hansjakobstr. 2 ⊠ 88709 – ℰ (07532) 43 39 80 – loewen-hagnau@t-online.de
– Fax (07532) 43398300 – geschl. Mitte Nov. - Mitte März*
15 Zim ⊇ – †44/75 € ††88/130 € – ½ P 20 € – **Rest** – *(geschl. Mittwoch, Montag - Samstag nur Abendessen)* Menü 25/32 € – Karte 21/36 €
♦ Das historische Gasthaus bietet wohnliche Zimmer in zwei Stilrichtungen und ein nettes Strandbad. Sehr gepflegt und elegant ist der japanische Garten mit Teichanlage. Sie speisen in gemütlichen Gaststuben mit Kreuzgewölbe oder auf der hübschen Terrasse.

HAGNAU

Hagnauer Hof
Hauptstr.19 (B 31) ⊠ *88709* – ℰ *(07532) 44 10* – *info@hagenauer-hof.de*
– *Fax (07532) 44112*
15 Zim – †45/65 € ††86/110 € – ½ P 19 € – **Rest** – *(geschl. Dienstag)* Karte 17/36 €

♦ Aus einem ehemaligen Gasthof ist dieses nette kleine Hotel mit seinen hochwertig und wohnlich eingerichteten Zimmern entstanden. Mit dunklem Holz und Terrakottaboden ansprechend gestaltetes Restaurant mit Wintergartenanbau und daran angrenzender Terrasse.

Alpina
Höhenweg 10 ⊠ *88709* – ℰ *(07532) 4 50 90* – *rezeption@alpina-hagnau.de*
– *Fax (07532) 450945* – *geschl. 1. Nov. - 20. März*
18 Zim ⊇ – †49/72 € ††86/106 € – ½ P 15 € – **Rest** – (nur Abendessen für Hausgäste) Karte 16/27 €

♦ Das sympathische Haus mit nettem Garten liegt idyllisch am Weinberg. Die Einrichtung ist im Alpenstil gehalten, Naturholzdecken tragen zum behaglichen Ambiente bei.

Zur Winzerstube
Seestr. 1 ⊠ *88709* – ℰ *(07532) 49 48 60* – *info@zurwinzerstube.de* – *Fax (07532) 2999* – *geschl. Jan. - Feb.*
13 Zim ⊇ – †60/90 € ††75/125 € – **Rest** – *(geschl. Jan. - 14. März)* Karte 15/37 €

♦ Viele Stammgäste schätzen dieses schön am Bodensee gelegene kleine Hotel mit seinen wohnlichen und zeitgemäßen Zimmern, teilweise mit Seeblick. Restaurant im bürgerlichen Stil mit begrünter Terrasse.

Strandhaus Dimmeler garni
Seestr. 19 ⊠ *88709* – ℰ *(07532) 4 33 40* – *strandhausdimmeler@gmx.de*
– *Fax (07532) 433434* – *geschl. 1. Nov. - 15. März*
16 Zim ⊇ – †41/55 € ††66/106 €

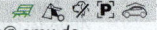

♦ Die aus zwei Gebäuden bestehende Hotelanlage verfügt über solide Gästezimmer und einen schönen Garten, der direkt an den See grenzt.

Der Stern ❀ zeichnet Restaurants mit exzellenter Küche aus.
Er wird an Häuser vergeben, für die man gerne einen Umweg in Kauf nimmt!

HAIBACH – Bayern – siehe Aschaffenburg

HAIDMÜHLE – Bayern – **546** – 1 510 Ew – Höhe 831 m – Wintersport : 1 300 m ⚜3
⚜ – Erholungsort   60 **Q18**

▶ Berlin 524 – München 241 – Passau 52 – Freyung 25
🛈 Schulstr. 39, ⊠ 94145, ℰ (08556) 1 94 33, haidmuehle@t-online.de
◉ Dreisessel : Hochstein ✳ ★ Süd-Ost : 11 km

Haidmühler Hof
Max-Pangerl-Str. 11 ⊠ *94145* – ℰ *(08556) 97 00*
– *info@haidmuehler-hof.de* – *Fax (08556) 1028* – *geschl. Mitte Juni - Mitte Juli*
35 Zim ⊇ – †60/80 € ††120/160 € – ½ P 10 € – 3 Suiten
Rest – *(nur Abendessen)* Karte 19/27 €

♦ Der im Ortskern gelegene Gasthof beherbergt in einem modernen Anbau gut ausgestattete, neuzeitliche Zimmer - im Haupthaus einige individuelle Suiten. Schöner Freizeitbereich. Im Restaurant Goldene Stadt serviert man eine regionale und internationale Küche.

HAIDMÜHLE

In Haidmühle-Auersbergsreut Nord-West : 3 km – Höhe 950 m

Haus Auersperg

✉ 94145 – ✆ (08556) 9 60 60 – hausauersperg@t-online.de – Fax (08556) 96069
– geschl. 10. März - 30. April, 12. Okt. - 21. Dez.
15 Zim ⊃ – †40/56 € ††58/70 € – **Rest** – (geschl. Montag - Dienstagmittag) (nur für Hausgäste)

♦ Außerhalb an einem Waldstück liegt diese ländliche kleine Adresse, die mit gepflegten Zimmern und einer netten, familiären Atmosphäre gefällt.

In Haidmühle-Bischofsreut Nord-West : 7 km – Höhe 982 m

Märchenwald

Langreut 42 ✉ 94145 – ✆ (08550) 92 19 70 – info@hotel-maerchenwald.de
– Fax (08550) 648 – geschl. 31. März - 9. Mai, 3. Nov. - 19. Dez.
18 Zim ⊃ – †32/46 € ††54/91 € – ½ P 9 € – **Rest** – (geschl. Montag, außer Feiertage) Karte 12/23 €

♦ Sehr geräumig sind die Hotelzimmer in diesem einsam gelegenen Haus. Die Bäder verfügen über Fußbodenheizung, die Zimmer sind mit einer Küchenzeile ausgestattet. Ländliche Gaststube.

> Wie entscheidet man sich zwischen zwei gleichwertigen Adressen?
> In jeder Kategorie sind die Häuser nochmals geordnet,
> die besten Adressen stehen an erster Stelle.

HAIGERLOCH – Baden-Württemberg – 545 – 10 920 Ew – Höhe 492 m   55 F19

▶ Berlin 697 – Stuttgart 70 – Karlsruhe 126 – Reutlingen 48
🛈 Oberstadtstr. 11, ✉ 72401, ✆ (07474) 6 97 26, info@haigerloch.de

Schwanen (mit Gästehaus)

Marktplatz 5 (Unterstadt) ✉ 72401 – ✆ (07474) 9 54 60 – info@schwanen-haigerloch.de – Fax (07474) 954610 – geschl. Anfang Jan. 1 Woche, über Pfingsten, Ende Aug. - Anfang Sept.
25 Zim ⊃ – †70/80 € ††120/125 €
Rest – (geschl. Montag - Dienstag) Menü 57/84 € – Karte 46/66 €
Rest Leda – (geschl. Mittwoch - Donnerstag) Karte 17/29 €

♦ Die Zimmer des Hotels verteilen sich auf das sanierte Gasthaus a. d. 17. Jh. - hier teils mit freigelegtem Fachwerk - und das neuzeitlichere Gästehaus. Elegantes Restaurant mit freundlichem Service. Gut ist die Auswahl an spanischen Weinen. Leda: Café/Bistro.

Gastschloss Haigerloch

Schlossstr. 3 (Nord : 2,5 km, im Schloss) ✉ 72401 – ✆ (07474) 69 30
– gastschloss@schloss-haigerloch.de – Fax (07474) 69382 – geschl. Jan. 2 Wochen, Ende Juli - Mitte Aug.
30 Zim ⊃ – †86/95 € ††138/150 € – ½ P 28 € – **Rest** – (geschl. Sonntag) Menü 45/65 € – Karte 33/54 €

♦ Ruhig liegt das ehemalige Schloss auf einer Anhöhe. Die Zimmer sind unterschiedlich möbliert und überwiegend recht großzügig geschnitten. Sie speisen in dem mit Kunstobjekten und Gemälden dekorierten Restaurant oder auf der Terrasse im Schlosshof.

HALBERSTADT – Sachsen-Anhalt – 542 – 40 020 Ew – Höhe 122 m   30 K10

▶ Berlin 206 – Magdeburg 55 – Halle 90
🛈 Hinter dem Rathause 6, ✉ 38820, ✆ (03941) 55 18 15, halberstadt-info@halberstadt.de

◉ Dom St. Stephanus ★★ – Liebfrauenkirche (Reliefs★)

HALBERSTADT

Villa Heine
Kehrstr. 1 ⊠ 38820 – ℰ (03941) 3 14 00 – info@hotel-heine.de – Fax (03941) 31500
61 Zim ⊇ – †76 € ††119 €
Rest *Brauhaus Heine Bräu* – ℰ (03941) 3 18 00 – Karte 15/32 €
♦ In der früheren Fabrikantenvilla wurden alte Stilelemente mit Wohnkomfort der heutigen Zeit kombiniert. Geschmackvolle Möbel und Stoffe geben den Zimmern ihren edlen Touch. Mittelpunkt des nostalgischen Gastraumes sind die riesigen kupfernen Braukessel.

Parkhotel Unter den Linden
Klamrothstr. 2 ⊠ 38820 – ℰ (03941) 6 25 40 – info@pudl.de – Fax (03941) 6254444
45 Zim ⊇ – †67/77 € ††88/108 € – **Rest** – Menü 25/49 € – Karte 25/42 €
♦ Die am Rand des Zentrums gelegene hübsche Villa von 1912 verfügt über klassisch eingerichtete Zimmer, teils mit Parkett. Etwas einfacher sind die Zimmer im modernen Anbau. Restaurant mit schöner gewölbter Stuckdecke und internationalem Angebot.

Am Grudenberg garni
Grudenberg 10 ⊠ 38820 – ℰ (03941) 6 91 20 – kontakt@hotel-grudenberg.de – Fax (03941) 691269 – *geschl. Weihnachten - Neujahr*
22 Zim ⊇ – †50/55 € ††75 €
♦ In dem sorgsam sanierten alten Fachwerkbau erwarten Sie wohnliche, teils recht moderne Zimmer, ein netter Glaspavillon und der sich anschließende hübsche Innenhof.

Ambiente garni
Gröperstr. 88 ⊠ 38820 – ℰ (03941) 58 66 50 – ambiente@zuckerfabrik.de – Fax (03941) 586666
74 Zim ⊇ – †45/53 € ††59/69 €
♦ Auf dem Gelände einer ehemaligen Zuckerfabrik ist ein Hotel mit neuzeitlich ausgestatteten Zimmern entstanden. Nebenan: Kinopark, Freizeitcenter und Restaurant.

HALBLECH – Bayern – 546 – 3 550 Ew – Höhe 800 m – Wintersport : 1 200 m ⛷4 🏃 – Erholungsort   65 **K21**

▶ Berlin 646 – München 106 – Garmisch-Partenkirchen 54 – Kempten 56
🛈 Bergstr. 2a (Buching), ⊠ 87642, ℰ (08368) 2 85, info@halblech.de

In Halblech-Buching

Landgasthof Schäder
Romantische Str. 16, (B 17) ⊠ 87642 – ℰ (08368) 13 40 – landgasthof.schaeder@t-online.de – Fax (08368) 867 – *geschl. 7. - 13. Jan., 21. - 27. April*
12 Zim ⊇ – †36/37 € ††58/63 € – ½ P 10 € – **Rest** – (*geschl. Nov. - April Freitagmittag, außer Ferien*) Karte 17/36 €
♦ Das Haus verbindet die Atmosphäre eines Landgasthofes mit bürgerlichem Komfort. Die Zimmer sind zweckmäßig und verfügen meistens über einen Balkon. Besonders hübsch ist in der Gaststube die kleine Wolpertinger-Sammlung.

HALDENSLEBEN – Sachsen-Anhalt – 542 – 20 450 Ew – Höhe 53 m   20 **L9**

▶ Berlin 168 – Magdeburg 29 – Brandenburg 117 – Stendal 68
🛈 Stendaler Turm, ⊠ 39331, ℰ (03904) 4 04 11, info@haldensleben.de

Behrens
Bahnhofstr. 28 ⊠ 39340 – ℰ (03904) 34 21 – info@hotel-behrens.de – Fax (03904) 2734
19 Zim ⊇ – †52/65 € ††84 € – **Rest** – (*geschl. Sonntag, nur Abendessen*) Karte 16/27 €
♦ Zwei miteinander verbundene Jugendstilvillen bilden dieses Hotel nahe dem Bahnhof mit seinen funktionellen, zeitgemäßen Zimmern. Zeitlos-klassisch ist das Ambiente im Restaurant.

HALDENSLEBEN

🏠 **Alte Ziegelei** (mit Gästehaus)
*Klausort 1, (B 245) ✉ 39340 – 𝒞 (03904) 4 32 29 – info@waldhotel-alteziegelei.de
– Fax (03904) 40421*
26 Zim ⊡ – †50/65 € ††75/85 € – **Rest** – *(geschl. Montagmittag)* Karte 15/31 €
♦ Am Ortsrand liegt das aus verschiedenen Gebäuden bestehende familiär geführte Hotel. Die Zimmer sind recht geräumig, in einigen ist altes Gebälk freigelegt. Bürgerliche Küche im Restaurant mit Wintergarten.

HALLBERGMOOS – Bayern – siehe Freising

> Gute Küche zu günstigem Preis? Folgen Sie dem „Bib Gourmand".
> – Das freundliche Michelin-Männchen heisst „Bib"
> und steht für ein besonders gutes Preis-Leistungs-Verhältnis!

HALLE (SAALE) – Sachsen-Anhalt – 542 – 240 120 Ew – Höhe 100 m 31 **M11**
▶ Berlin 170 – Magdeburg 86 – Leipzig 42 – Gera 74
ADAC Herrenstr. 20
🛈 Marktplatz 3 (Marktschlösschen), ✉ 06108, 𝒞 (0345) 1 22 99 84, info@halle-tourist.de
👁 Händelhaus★ – Staatl. Galerie Moritzburg★★ – DY – Marktplatz★ – Marktkirche★ EY – Moritzkirche (Werke★ von Conrad v. Einbeck) DZ – Doppelkapelle in Landsberg (Kapitelle★)
🅖 Merseburg : Dom★★ (Süd : 16 km)

Stadtpläne siehe nächste Seiten

🏨 **Kempinski Hotel Rotes Ross**
*Leipziger Str. 76 (über Franckestr. 1) ✉ 06110
– 𝒞 (0345) 23 34 30 – reservations.rotesross@kempinski.com
– Fax (0345) 23343699*   EZ **s**
88 Zim – †150/190 € ††150/190 €, ⊡ 18 € – 3 Suiten – **Rest** – *(geschl. Sonntag)* Karte 30/49 €
♦ Eine hübsche Halle im englischen Stil empfängt Sie in dem historischen Haus in der Fußgängerzone. Sehr geschmackvoll und elegant hat man die Zimmer gestaltet. Im Hotelrestaurant serviert man internationale Küche.

🏨 **Dorint Charlottenhof**
Dorotheenstr. 12 ✉ 06108 – 𝒞 (0345) 2 92 30 – info.halle-charlottenhof@dorint.com – Fax (0345) 2923100   FZ **c**
166 Zim – †89/119 € ††108/128 €, ⊡ 16 € – **Rest** – Karte 27/46 €
♦ Überall in diesem modernen Hotelbau trifft man auf angedeutete Jugendstilelemente. Die Zimmer sind in warmen Farbtönen gehalten und bieten ein kultiviertes Ambiente. Mit runden Sitzgruppen nett gestaltetes Restaurant.

✕ **Mönchshof**
*Talamtstr. 6 ✉ 06108 – 𝒞 (0345) 2 02 17 26
– kontakt@moenchshof-halle.de – Fax (0345) 2091065
– geschl. Anfang Aug. 1 Woche und Sonntagabend*   DY **e**
Rest – Karte 17/28 €
♦ Das dunkel getäfelte Restaurant direkt am Dom ist gemütlich-rustikal und bietet eine gutbürgerliche Küche sowie vegetarische Gerichte.

In Peißen Nord-Ost : 5 km über B 100 Richtung Bitterfeld, jenseits der A 14 :

🏨 **Mercure**   Biergarten
*An der Mühle 1, (Gewerbegebiet) ✉ 06188 – 𝒞 (0345) 5 75 00 – h5029@accor.de
– Fax (0345) 5750100*   CT **c**
134 Zim ⊡ – †52/65 € ††64/90 € – **Rest** – *(nur Abendessen)* Karte 19/32 €
♦ Blickfang des Hauses ist die in die neue Architektur integrierte alte Mühle, in der sich die Hotelbar befindet. Extras der Businesszimmer sind Hosenbügler und Faxgerät.

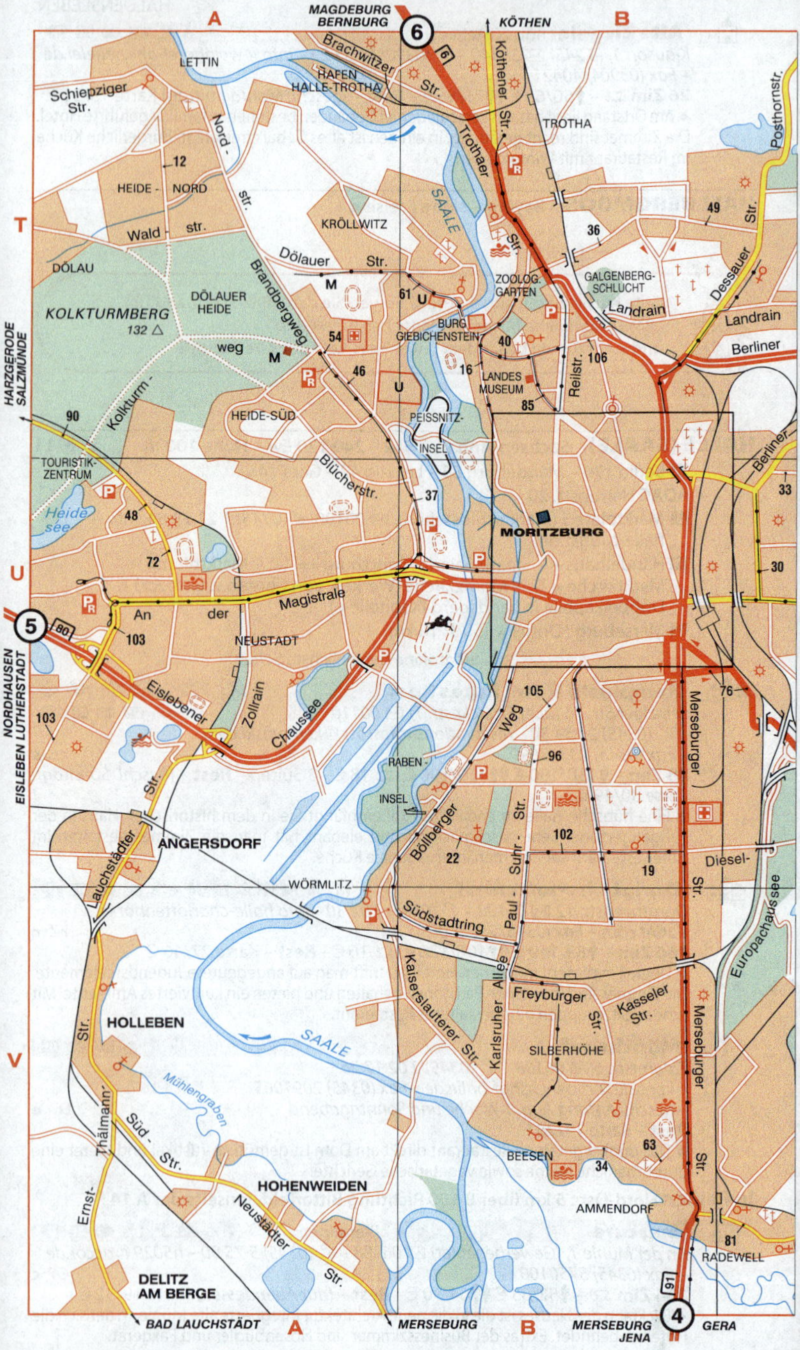
MAGDEBURG
BERNBURG
KÖTHEN
A
B
T
U
V
6
5
4
LETTIN
Schiepziger Str.
HAFEN HALLE-TROTHA
Brachwitzer Str.
Köthener Str.
Trothaer Str.
TROTHA
Posthornstr.
Nord-str.
12
HEIDE-NORD
Wald str.
SAALE
KRÖLLWITZ
49
36
Dessauer Str.
DÖLAU
Dölauer Str.
Brandbergweg
M
61
U
ZOOLOG. GARTEN
GALGENBERG-SCHLUCHT
Landrain
KOLKTURMBERG
132
DÖLAUER HEIDE
weg
54
BURG GIEBICHENSTEIN
40
106
Berliner
HARZGERODE
SALZMÜNDE
46
16
LANDES MUSEUM
85
Reilstr.
90
Kolkturm-
HEIDE-SÜD
PEISSNITZ-INSEL
Berliner
TOURISTIK-ZENTRUM
Blücherstr.
33
Heide see
48
37
MORITZBURG
72
30
Magistrale
An der
80
103
NEUSTADT
NORDHAUSEN
EISLEBEN LUTHERSTADT
Eislebener
Zollrain
Chaussee
105
Weg
76
Merseburger
RABEN-INSEL
96
Str.
Böllberger
Suhr-Str.
102
ANGERSDORF
22
Paul-
19
Diesel-
Lauchstädter
WÖRMLITZ
Südstadtring
Europachaussee
Kaiserslauterer Str.
Allee
Freyburger Str.
Kasseler Str.
Karlsruher
HOLLEBEN
SILBERHÖHE
Mühlengraben
Thälmann-
Süd-Str.
Ernst-
BEESEN
63
34
HOHENWEIDEN
Neustädter Str.
AMMENDORF
81
RADEWELL
91
DELITZ AM BERGE
BAD LAUCHSTÄDT
MERSEBURG
MERSEBURG JENA
GERA

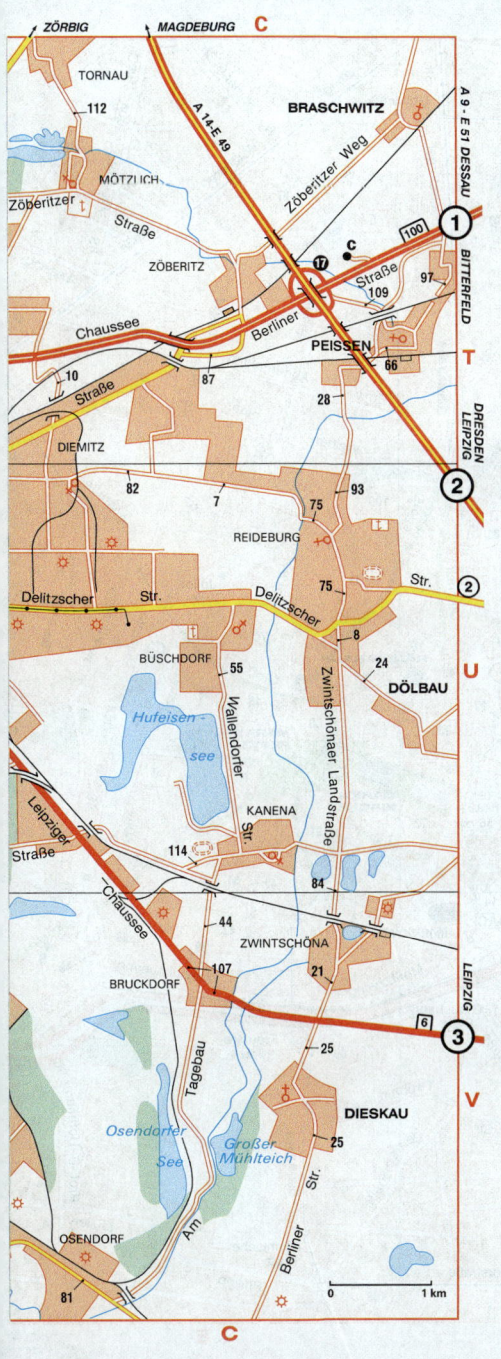

HALLE

Äußere Diemitzer Str.	**CU** 7
Äußere Leipziger Str.	**CU** 8
Birkhahnweg	**CT** 10
Blumenauweg	**AT** 12
Burgstr.	**BT** 16
Damaschkestr.	**BU** 19
Dieskauer Str. (DIESKAU)	**CV** 21
Diesterwegstr.	**BU** 22
Dölbauer Landstr.	**CU** 24
Döllnitzer Str. (DIESKAU)	**CV** 25
Dorfstr. (PEISSEN)	**CT** 28
Freiimfelder Str.	**BU** 30
Fritz-Hoffmann-Str.	**BU** 33
Georgi-Dimitroff-Str.	**BV** 34
Geschwister-Scholl-Str.	**BT** 36
Gimritzer Damm	**BU** 37
Große Brunnenstr.	**BT** 40
Grubenstr.	**CV** 44
Heideallee	**AT** 46
Heidestr.	**AU** 48
Helmut-Just-Str.	**BT** 49
Hubertuspl.	**AT** 54
Käthe-Kollwitz-Str.	**CU** 55
Kröllwitzer Str.	**ABT** 61
Kurt-Wüsteneck-Str.	**BV** 63
Lindenring (PEISSEN)	**CT** 66
Nietlebener Str.	**AU** 72
Paul-Singer-Str.	**CU** 75
Raffineriestr.	**BU** 76
Regensburger Str.	**BCV** 81
Reideburger Landstr.	**CU** 82
Reideburger Str. (ZWINTSCHÖNA)	**CUV** 84
Richard-Wagner-Str.	**BT** 85
Rosenfelder Str.	**CT** 87
Salzmünder Str.	**AT** 90
Schneeberger Str.	**CU** 93
Straße der Republik	**BU** 96
Straße des Friedens (PEISSEN)	**CT** 97
Vogelweide	**BU** 102
Weststr.	**AU** 103
Wörmlitzer Str.	**BU** 105
Wolfensteinstr.	**BT** 106
Zieglerstr.	**CV** 107
Zöberitzer Str. (PEISSEN)	**CT** 109
Zörbiger Str.	**CT** 112
Zum Planetarium	**CU** 114

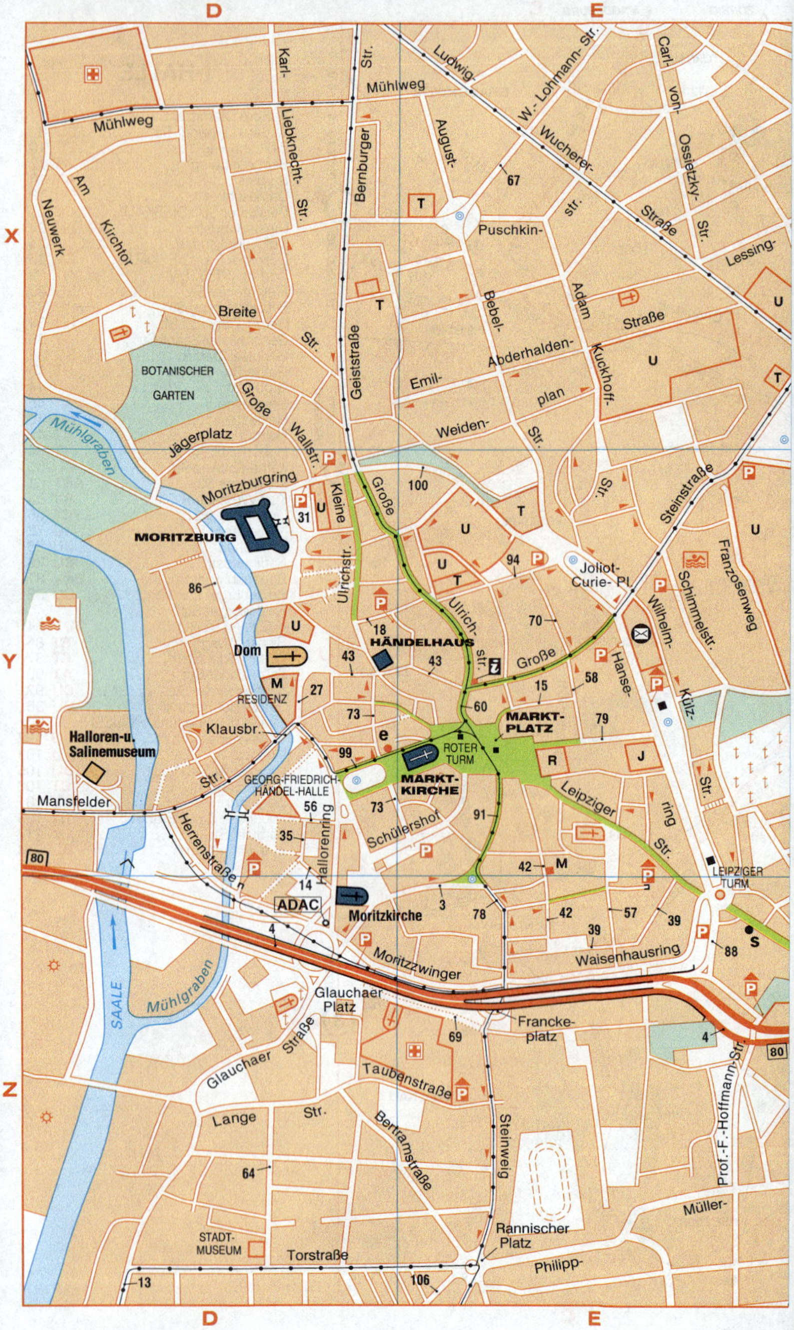
D
E
X
Y
Z
Mühlweg
Karl-Liebknecht-Str.
Bernburger Str.
August-
Ludwig-Wucherer-Straße
W.-Lohmann-Str.
Carl-von-Ossietzky-Str.
Lessing-
Puschkinstr.
Neuwerk
Am Kirchtor
Breite Str.
Geiststraße
Bebel-
Adam Kuckhoff-Str.
Straße
Emil-Abderhalden-Str.
Weidenplan
BOTANISCHER GARTEN
Große Wallstr.
Jägerplatz
Mühlgraben
Moritzburgring
MORITZBURG
Kleine Ulrichstr.
Große Ulrichstr.
Steinstraße
Joliot-Curie-Pl.
Franzosenweg
Schimmelstr.
Wilhelm-Külz-Str.
Hansering
HÄNDELHAUS
Dom
RESIDENZ
Große
MARKTPLATZ
ROTER TURM
MARKTKIRCHE
Klausbr. Str.
Halloren-u. Salinemuseum
GEORG-FRIEDRICH-HÄNDEL-HALLE
Mansfelder
Herrenstraße
Hallorenring
Schülershof
Leipziger Str.
LEIPZIGER TURM
ADAC
Moritzkirche
Moritzzwinger
Waisenhausring
Glauchaer Platz
Franckeplatz
Prof.-F.-Hoffmann-Str.
SAALE
Glauchaer Straße
Taubenstraße
Lange Str.
Bertramstraße
Steinweg
STADT-MUSEUM
Torstraße
Rannischer Platz
Müller-
Philipp-
80
4
31
86
18
43
27
73
99
56
35
14
3
78
42
39
57
88
69
64
13
106
91
60
15
58
79
70
94
100
67

HALLE

Street	Grid	No.
Adam-Kuckhoff-Str.	EXY	
Alter Markt	EZ	3
Am Kirchtor	DX	
Am Steintor	EFX	
Anhalter Str.	FY	6
An der Waisenhausmauer	DEZ	4
August-Bebel-Str.	EXY	
Berliner Str.	FX	
Bernburger Str.	DX	
Bertramstr.	DEZ	
Böllberger Weg	DZ	13
Bornknechtstr.	DYZ	14
Breite Str.	DX	
Brüderstr.	EY	15
Carl-von-Ossietzky-Str.	EX	
Dachritzstr.	DEY	18
Delitzscher Str.	FZ	
Domstr.	DY	27
Dorotheenstr.	FYZ	
Emil-Abderhalden-Str.	EX	
Ernst-Kamieth-Str.	FZ	
Franckepl.	EZ	
Franckestr.	EZ	
Franzosenweg	EY	
Friedemann-Bach-Pl.	DY	31
Geiststr.	DX	
Gerberstr.	DY	35
Glauchaer Pl.	DZ	
Glauchaer Str.	DZ	
Große Brauhausstr.	EY	39
Große Märkerstr.	EYZ	42
Große Nikolaistr.	DEY	43
Große Steinstr.	EY	
Große Ulrichstr.	DEY	
Große Wallstr.	DXY	
Hallorenring	DYZ	
Hansering	EY	
Herrenstr.	DYZ	
Joliot-Curie-Pl.	EY	
Julius-Kühn-Str.	FX	
Karl-Liebknecht-Str.	DX	
Kellnerstr.	DY	56
Klausbrücke	EYZ	57
Kleine Brauhausstr.	EY	58
Kleine Steinstr.	DY	
Kleine Ulrichstr.	EY	60
Kleinschmieden	EFY	
Krausenstr.	DZ	
Lange Str.	EFYZ	
Leipziger Str.	DZ	64
Lerchenfeldstr.	EFX	
Lessingstr.	FY	
Ludwig-Wucherer-Str.	DY	
Magdeburger Str.	EY	
Mansfelder Str.	EY	
Marktpl.	EX	67
Martha-Brautzsch-Str.	FX	
Matthias-Claudius-Str.	EZ	69
Mauerstr.	FZ	
Merseburger Str.	EY	70
Mittelstr.	DY	
Moritzburgring	DEZ	
Moritzzwinger	DEX	
Mühlweg	DX	
Neuwerk	DY	73
Oleariusstr.	FX	
Paracelsusstr.	EFZ	
Philipp-Müller-Str.	DEX	
Puschkinstr.	EZ	
Rannischer Pl.	EZ	78
Rannische Str.	EZ	79
Rathausstr.	DY	
Riebeckpl.	DY	86
Robert-Franz-Ring	EFZ	88
Rudolf-Breitscheid-Str.	EY	89
Rudolf-Ernst-Weise-Str.	EY	
Schimmelstr.	EY	91
Schmeerstr.	EY	
Schülershof	EY	94
Schulstr.	EY	
Steinweg	DY	99
Talamtstr.	DEZ	
Taubenstr.	DZ	
Torstr.		
Turmstr.	DEY	100
Universitätsring	FXY	
Volkmannstr.	EZ	
Waisenhausring	EX	
Weidenplan	EY	
Wilhelm-Külz-Str.	EX	
Willy-Lohmann-Str.	EZ	105
Wörmlitzer Str.		

545

HALLE (WESTFALEN) – Nordrhein-Westfalen – 543 – 20 930 Ew – Höhe 125 m
27 **F9**

▶ Berlin 399 – Düsseldorf 176 – Bielefeld 15 – Münster (Westfalen) 60

🖪 Halle, Eggeberger Str. 13 ✆ (05201) 62 79

Gerry Weber Sportpark Hotel
Weststr. 16 ✉ *33790* – ✆ *(05201) 89 90*
– *infohotel@gerryweber-world.de – Fax (05201) 899440*
106 Zim ⊆ – †115/125 € ††145/155 € – 5 Suiten
Rest – Karte 28/48 €

◆ Das Hotel steht auf einem 11 ha großen Grundstück - direkt neben dem bekannten Tenniscenter. Freundliche, neuzeitliche Zimmer und ein aufwändiger Wellnessbereich überzeugen. Leicht mediterran gestaltetes Restaurant mit Wintergartenanbau.

St. Georg garni
Winnebrockstr. 2 ✉ *33790* – ✆ *(05201) 8 10 40 – sanktgeorghotel@gtelnet.net*
– *Fax (05201) 8104132 – geschl. 22. Dez. - 7. Jan.*
27 Zim ⊆ – †42 € ††69 €

◆ In einem Wohngebiet befindet sich das von der Eigentümerin geführte Hotel. Die funktionellen Zimmer sind individuell eingerichtet - einige liegen ruhig zum Garten hin.

Rossini
Eggebergstr. 11 (am Golfplatz) ✉ *33790* – ✆ *(05201) 66 44 00 – rossini@gctw.de*
– *Fax (05201) 664483*
Rest – Karte 25/48 €

◆ In leicht mediterran geprägtem Landhausambiente erwarten Sie freundlicher Service und internationale Küche. Sehr schön: der Terrassenbereich zum Golfplatz.

HALLENBERG – Nordrhein-Westfalen – 543 – 4 680 Ew – Höhe 420 m – Wintersport:
37 **F12**

▶ Berlin 467 – Düsseldorf 200 – Marburg 45 – Kassel 86

🛈 Petrusstr. 2, ✉ 59969, ✆ (02984) 82 03, tourismus@hallenberg-info.de

Sauerländer Hof (mit Gästehaus)
Merklinghauser Str. 27, (B 236) ✉ *59969* – ✆ *(02984) 9 23 70 – hotel@sauerlaender-hof.de – Fax (02984) 923720*
31 Zim ⊆ – †50/69 € ††76/113 € – **Rest** – Menü 20/36 € – Karte 20/42 €

◆ Wohnlich-ländlich ist das Ambiente in dem von Familie Stöber freundlich geleiteten Hotel. Die Zimmer sind teilweise im eleganten Landhausstil eingerichtet, eines mit Dampfbad. Restaurant mit Terrasse und separater Bierstube.

Diedrich
Nuhnestr. 2 (B 236) ✉ *59969* – ✆ *(02984) 93 30 – mail@hotel-diedrich.de*
– *Fax (02984) 933244*
41 Zim ⊆ – †58/70 € ††102/120 € – ½ P 18 € – **Rest** – Menü 18/40 € – Karte 21/39 €

◆ Ein gut geführter Familienbetrieb mit wohnlich und funktionell ausgestatteten Gästezimmern. Ab Dezember 2007: Anbau mit besonders modernen Zimmern und Wellness auf 750 qm.

HALLERNDORF – Bayern – 546 – 3 910 Ew – Höhe 282 m
50 **K16**

▶ Berlin 426 – München 223 – Nürnberg 47 – Bamberg 22

In Hallerndorf-Willersdorf Süd-West : 3 km :

Landgasthof Rittmayer (mit Gästehaus)
Willersdorf 108 ✉ *91352* – ✆ *(09195) 9 47 30 – hotel@rittmayer.com*
– *Fax (09195) 9473150 – geschl. 28. Juli - 14. Aug.*
15 Zim ⊆ – †38/43 € ††58 € – **Rest** – (geschl. Montag - Dienstagmittag) Karte 13/26 €

◆ Der ehrwürdige Landgasthof, der seit 1422 das Braurecht besitzt, wurde gelungen mit einem modernen Gästehaus kombiniert. Die Zimmer sind gemütlich und komfortabel. Behaglich-rustikale, teils im alten Sudhaus untergebrachte Gaststuben.

HALLSTADT – Bayern – siehe Bamberg

HALSENBACH – Rheinland-Pfalz – siehe Emmelshausen

HALTE – Niedersachsen – siehe Papenburg

HALTERN AM SEE – Nordrhein-Westfalen – **543** – 37 590 Ew – Höhe 40 m **26 C10**
- ▶ Berlin 500 – Düsseldorf 77 – Münster (Westfalen) 46 – Recklinghausen 15
- 🛈 Markt 1 (Altes Rathaus), ✉ 45721, ✆ (02364) 93 33 65, stadtagentur@haltern.de

Am Turm ⚜ Zim, 📞 VISA ◉ AE ⓘ
Turmstr. 4 ✉ 45721 – ✆ (02364) 9 60 10 – info@hotel-amturm.de – Fax (02364) 960122
12 Zim ⌑ – †65 € ††94 € – **Rest** – Karte 20/42 €
♦ Ein kleines Hotel nahe dem Zentrum mit funktionell ausgestatteten, tipptopp gepflegten Gästezimmern in wohnlich-modernem Stil. Öffentlicher Parkplatz gegenüber.

HALVER – Nordrhein-Westfalen – **543** – 17 640 Ew – Höhe 410 m   **36 D12**
- ▶ Berlin 534 – Düsseldorf 64 – Hagen 23 – Köln 63

In Halver-Carthausen Nord-Ost : 4 km über B 229 Richtung Lüdenscheid :

Haus Frommann 🚗 🍴 📞 ♨ P VISA ◉ AE ⓘ
Carthausen 14 ✉ 58553 – ✆ (02353) 9 14 55 – info@haus-frommann.de – Fax (02353) 914566 – geschl. 27. Dez. - 6. Jan.
21 Zim ⌑ – †62/68 € ††76/86 € – **Rest** – *(Samstagmittag)* (Restaurant nur für Hausgäste) Karte 23/39 €
♦ Das gut geführte Haus befindet sich am Ortseingang, in dörflicher Umgebung. Die gepflegten Zimmer verfügen z. T. über Balkon oder Terrasse, einige liegen schön nach hinten. Eine hübsche Terrasse ergänzt das zeitlos gehaltene Restaurant.

Hamburg: Hafen und St. Michaelis

HAMBURG

L Bundesland: Hamburg
Michelin-Karte: 541
Einwohnerzahl: 1 734 090 Ew
Höhe: 6 m

▶ Berlin 291 – Bremen 121
– Hannover 159
Atlas: 10 **I5**

ALPHABETISCHE LISTE DER HOTELS UND RESTAURANTS	S. 2 und 3
STADTPLAN HAMBURG:	
HAMBURG UND UMGEBUNG	S. 4
INNENSTADT UND STADTTEILE	S. 5 bis 7
ZENTRUM	S. 8 und 9
STRASSENVERZEICHNIS	S. 10 und 11
HOTELS UND RESTAURANTS	S. 11 bis 25

PRAKTISCHE HINWEISE

🛈 Tourist-Informationen

Steinstr. 7, ✉ 20095, ✆ (040) 30 05 13 00, info@hamburg-tourismus.de
Im Hauptbahnhof **HY**, ✉ 20099, ✆ (040) 30 05 13 00
Landungsbrücke 4 **EZ**, ✉ 20459, ✆ (040) 30 05 12 03

Automobilclub

ADAC Amsinckstr. 39 **DU**

Autoreisezug

🚆 Hamburg-Altona, Präsident-Krahn-Straße, ✆ (01805) 24 12 24 (Gebühr)

Flughafen

✈ Hamburg-Fuhlsbüttel **R** (Nord: 15 km), ✆ (040) 5 07 50

Messegelände

Messe Hamburg, St. Petersburger Str. 1 **GHX**, ✉ 20355, ✆ (040) 3 56 90,
Fax (040) 35692180

Messen und Veranstaltungen

06.02. - 10.02.: Reisen Hamburg
07.03. - 12.03.: INTERNORGA
09.05. - 12.05.: Hafengeburtstag Hamburg
10.05. - 18.05.: Tennis Masters
25.10. - 02.11.: hanseboot

HAMBURG S. 2

Golfplätze

- Hamburg-Blankenese, Falkenstein, In de Bargen 59 ✆ (040) 81 21 77
- Wendlohe, Oldesloer Str. 251 ✆ (040) 5 52 89 66 **R**
- Hamburg-Lemsahl, Treudelberg, Lemsahler Landstr. 45 ✆ (040) 60 82 25 00
- Ammersbeck, Walddörfer, Schevenbarg ✆ (040) 60 82 25 00
- Wentorf-Reinbek, Golfstr. 2 ✆ (040) 72 97 80 68
- Prisdorf, Peiner Hag ✆ (04101) 7 37 90
- Holm, Haverkamp 1 ✆ (04103) 9 13 30
- Seevetal-Hittfeld, Am Golfplatz 24 ✆ (04105) 23 31
- Escheburg, Am Soll 3 ✆ (04152) 8 32 04

🏳 SEHENSWÜRDIGKEITEN

STADTZENTRUM

Außenalster ★★★ **JKX** - Jungfernstieg ★ **JY** - St. Michaelis ★ **HZ** - Kunsthalle ★★ M¹ - Museum für Kunst und Gewerbe ★ M² **KY** - Museum für Hamburgische Geschichte ★ M³ **GYZ** - Museum für Kommunikation ★ M⁴ **HY**

ENTLANG DER ELBE

Hafen ★★ **GZ** - Altonaer Museum ★★ M⁶ **BU** - Altonaer Balkon (≤ ★) S **BU** - Elbchaussee ★ **AU**

WEITERE SEHENSWÜRDIGKEITEN

Museum für Völkerkunde ★ M⁵ **ET** - Fernsehturm ★ - Park "Planten un Blomen" ★ **GHX** - Tierpark Hagenbeck ★★ **R**

Alphabetische Liste der Hotels und Restaurants
Liste alphabétique des hôtels et restaurants

A		Seite
Abtei	🏨❀	S. 13
Allegria	XX	S. 25
Alster-Hof	🏨	S. 15
Alsterkrug Hotel	🏨	S. 17
Alte Mühle	XX	S. 20
Alt Lohbrügger Hof	🏨	S. 22
Ambassador	🏨	S. 14
Am Elbufer	🏨	S. 21
Anna	XX	S. 15
Artisan	X	S. 24
Atlas	X	S. 20
Au Quai	XX	S. 18
Ausspann	🏨	S. 24

B		
Bank (Die)	X	S. 17
Baseler Hof	🏨	S. 14
Berlin	🏨	S. 14
Böttcherhof	🏨	S. 20
Brook	XX	S. 16

C		
Canard nouveau (Le)	XXX ❀	S. 18
Casse-Croûte	X	S. 17
Cölln's	XX	S. 15
Courtyard by Marriott	🏨	S. 21

Cox	X	S. 17
Crowne Plaza	🏨	S. 12

D		
Das kleine Rote	XX ❀	S. 19
Doc Cheng's	XX	S. 16
Dorfkrug	XX	S. 24

E		
East	🏨	S. 23
Entrée	🏨	S. 22
Europäischer Hof	🏨	S. 12

F		
Fairmont Hotel Vier Jahreszeiten	🏨	S. 11
Fayette (La)	XX	S. 16
Finkenwerder Elbblick	XX	S. 21
Fischereihafen Restaurant	XXX	S. 18
Fischküche (Die)	XX	S. 16
Fischmarkt	X	S. 17

G		
Gastwerk	🏨	S. 19
Golden Tulip Hamburg Aviation	🏨	S. 21
Goldfisch	X	S. 21
Grand Elysée	🏨	S. 11

550

HAMBURG S. 3

H

Haerlin	XxXxX ❀	S. 15
Hafen Hamburg	🏨	S. 13
Henssler Henssler	X	S. 19
Holiday Inn	🏨	S. 23

I

Ibis Airport	🏨	S. 22
Ibis St. Pauli Messe	🏨	S. 23
IndoChine	XX	S. 18
Insel am Alsterufer	XX	S. 15
InterContinental	🏨	S. 12

K-L

Küchenwerkstatt	XX	S. 16
K und K Kochbar	XX	S. 16
Lambert	X	S. 23
Landhaus Flottbek	🏨	S. 21
Landhaus Scherrer	XxxX ❀	S. 18
Lenz	XX ⊛	S. 20
Lindtner	🏨	S. 22
Louis C. Jacob	🏨 ❀	S. 23

M

Manee Thai	X	S. 17
Marriott	🏨	S. 12
Matsumi	X	S. 17
Memory	XX	S. 24
Mercure an der Messe	🏨	S. 13
Mercure City	🏨	S. 14
Mirabelle (La)	X	S. 17
Mittelweg	🏨	S. 14
Mövenpick Hotel Hamburg	🏨	S. 13

N

Ni Hao	X	S. 24
Nippon	🏨	S. 14
Novotel Hamburg Alster	🏨	S. 13

O-P

Ökotel	🏨	S. 24
Park Hyatt	🏨	S. 11

Piment	XX ❀	S. 21
Plat du Jour (Le)	X ⊛	S. 17
Poletto	XX ❀	S. 20
Portomarin	XX	S. 25

R

Radisson SAS Hotel	🏨	S. 13
Raphael Hotel Altona	🏨	S. 18
relexa Hotel Bellevue	🏨	S. 13
Renaissance Hamburg Hotel	🏨	S. 12
Rive Bistro	X ⊛	S. 19
Rosengarten	🏨	S. 24
Royal Méridien (Le)	🏨	S. 11

S

Saliba	XX	S. 19
San Michele	XX	S. 15
Senator	🏨	S. 14
Sgroi	XX ❀	S. 15
SIDE	🏨	S. 12
Sofitel Alter Wall	🏨	S. 11
Sole (Il)	X	S. 23
Speisewirtschaft Wattkorn	X ⊛	S. 22
Steigenberger	🏨	S. 12
Steigenberger Hotel Treudelberg	🏨	S. 22
Stock's Fischrestaurant	XX	S. 22
Süllberg - Seven Seas	XxxX ❀	S. 20
Suitehotel Hamburg City	🏨	S. 14

T

Tafelhaus	XX ❀	S. 18
Tarantella	XX	S. 16
Tirol	XX	S. 16
25hours (twenty-five hours)	🏨	S. 19

V-W-Z

Vela (La)	X	S. 19
Wedina	🏨	S. 14
Weinwirtschaft Kleines Jacob	X	S. 23
Weisse Haus (Das)	X	S. 19
Windows	XxX	S. 15
Zippelhaus	XX	S. 16

Restaurants, die sonntags geöffnet sind
Restaurants ouverts dimanche

Allegria	XX	S. 25
Alte Mühle	X	S. 20
Atlas	X	S. 20
Bank (Die)	X	S. 17
Canard nouveau (Le)	XxX ❀	S. 18
Casse-Croûte	X	S. 17
Cölln's	XX	S. 15
Cox	X	S. 17
Dorfkrug	XX	S. 24
Finkenwerder Elbblick	XX	S. 21
Fischereihafen Restaurant	XxX	S. 18
Fischmarkt	X	S. 17
Goldfisch	X	S. 21
IndoChine	XX	S. 18
Lambert	X	S. 23

Lenz	XX ⊛	S. 20
Louis C. Jacob	🏨 ❀	S. 23
Memory	XX	S. 24
Ni Hao	X	S. 24
Rive Bistro	X ⊛	S. 19
Saliba	XX	S. 19
San Michele	XX	S. 15
Sole (Il)	X	S. 23
Speisewirtschaft Wattkorn	X ⊛	S. 22
Stock's Fischrestaurant	XX	S. 22
Süllberg - Seven Seas	XxxX ❀	S. 20
Tarantella	XX	S. 16
Vela (La)	X	S. 19
Weinwirtschaft Kleines Jacob	X	S. 23

551

Gute und preiswerte Häuser kennzeichnet das Michelin-Männchen, der „Bib":
der rote „Bib Gourmand" ☺ für die Küche,
der blaue „Bib Hotel" ☺ bei den Zimmern.

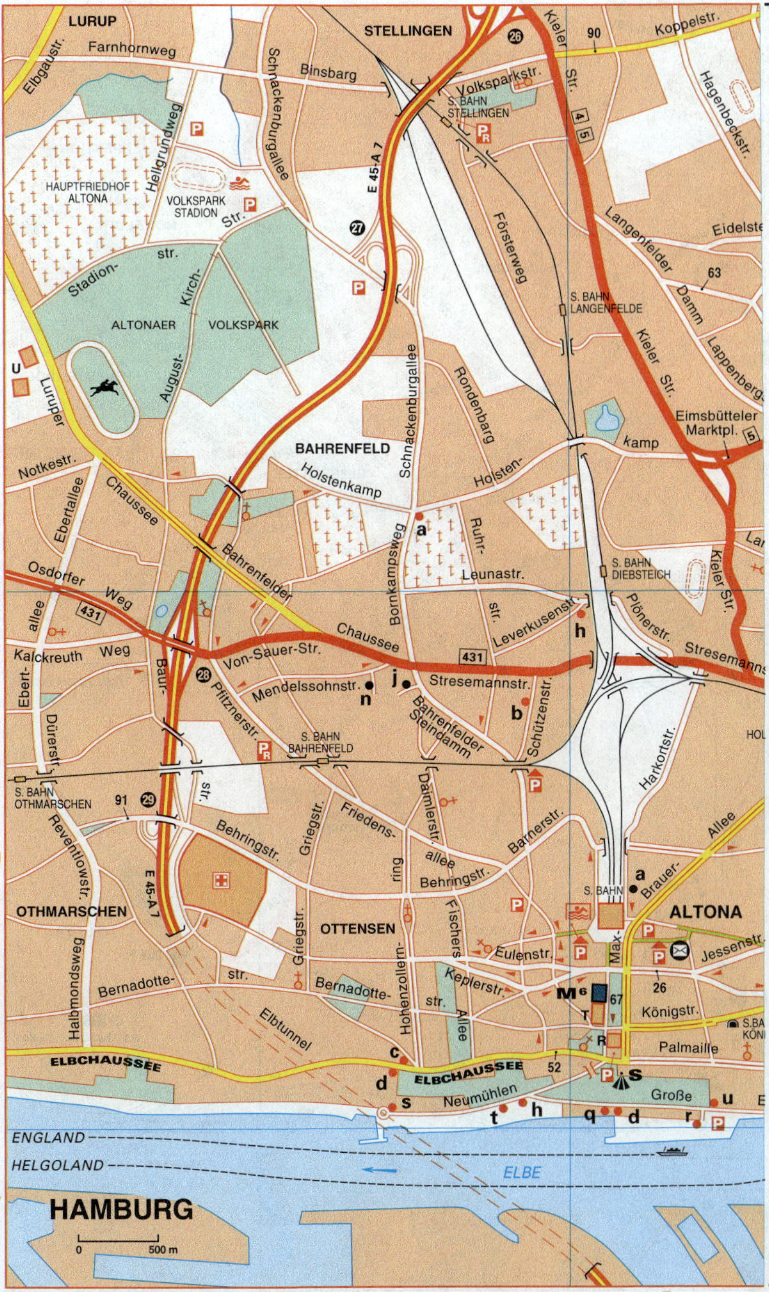
A
B
LURUP
STELLINGEN
Farnhornweg
Elbgaustr.
Binsbarg
Volksparkstr.
S. BAHN STELLINGEN
Kieler Str.
Koppelstr.
Hagenbeckstr.
Schnackenburgallee
HAUPTFRIEDHOF ALTONA
Hellgrundweg
VOLKSPARK STADION
Stadion-str.
Kirch-
E 45-A 7
Försterweg
Langenfelder Damm
Eidelst
S. BAHN LANGENFELDE
T
ALTONAER
VOLKSPARK
August-
Luruper
Rondenbarg
Lappenberg
Eimsbütteler Marktpl.
BAHRENFELD
Holstenkamp
Holsten-kamp
Notkestr.
Chaussee
Ebertallee
Ruhr-str.
Bornkampsweg
Leunastr.
S. BAHN DIEBSTEICH
Osdorfer Weg
431
Bahrenfelder Chaussee
Leverkusenstr.
Plönerstr.
Stresemannstr.
allee
Kalckreuth Weg
Von-Sauer-Str.
Baur-
Mendelssohnstr.
Stresemannstr.
Bahrenfelder Steindamm
Schützenstr.
Ebert-
Dürerstr.
Pfitznerstr.
S. BAHN BAHRENFELD
Harkortstr.
S. BAHN OTHMARSCHEN
Daimlerstr.
Reventlowstr.
str.
Friedens-allee
Behringstr.
Griegstr.
ring
Barnerstr.
Allee
U
Behringstr.
OTHMARSCHEN
OTTENSEN
Fischers Allee
S. BAHN
Brauer-
ALTONA
Max-
Eulenstr.
Jessenstr.
Griegstr.
Hohenzollern-
Bernadotte-str.
Halbmondsweg
Kepler-str.
Königstr.
Elbtunnel
Palmaille
ELBCHAUSSEE
Neumühlen
Große
ENGLAND
HELGOLAND
ELBE
V
HAMBURG
0
500 m
A
B

HAMBURG S. 6

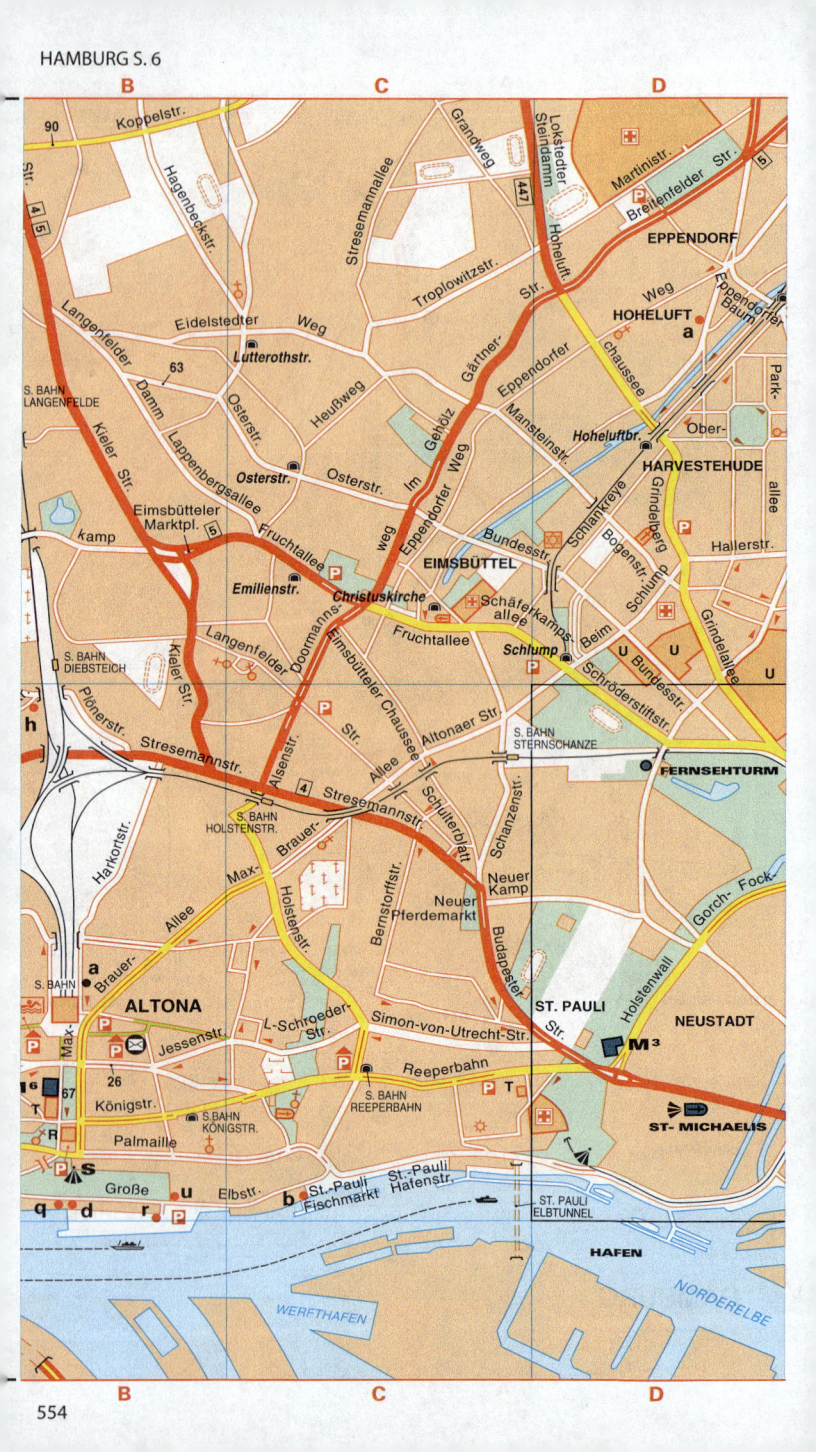

E
F
T
U
V
WINTERHUDE
BARMBEK
UHLENHORST
EILBEK
ROTHERBAUM
AUSSENALSTER
BINNENALSTER
ST. GEORG
HAMMERBROOK
ALTSTADT
Sierichstr.
Borgweg
Saarlandstr.
Kellinghusenstr.
Eppendorfer Baum
Klosterstern
Hallerstr.
Dehnhaide
Hamburger Str.
Mundsburg
Uhlandstr.
Wartenau
Lübecker Str.
Lohmühlenstr.
Burgstr.
S. BAHN BERLINER-TOR
S. BAHN LANDWEHR
S. BAHN-HAMMERBROOK
Eppendorfer Landstr.
U.BAHN
Hellwigstr.
Maria-Louisen-Str.
Dorotheen-straße
(12-4 Uhr)
(4-12 Uhr)
Barmbeker Str.
Wiesendamm
Semper-Str.
Jarre-straße
Gertigstr.
Osterbekkanal
Weide-straße
Biedermannplatz
Weidestr.
St-Benedict Str.
Fernsicht
Gellertstr.
Harvestehuder weg
Straße
Rothenbaumchaussee
Mittelweg
Herderstr.
Hofweg
Winterhuder Weg
Beethoven-straße
Schöne Aussicht
Schwanenwik
Mundsburger Damm
Lerchenfeld
Wandsbeker Chaussee
Eilenau
Wartenau
Landwehr
Mühlendamm
Alte Rabenstr.
Alsterglacis
Wall
Esplanade
An der Alster
Barcastr.
Sechslingspforte
Wallstr.
Lübecker Str.
Bürgerweide
Burgstr.
Greven-Weg
Borgfelder Str.
Ausschläger Weg
Steindamm
Steintorwall
Kurt-Schumacher-Allee
Spaldingstr.
Nordkanalstr.
Heidenkampsweg
Hochwasser-Bassin
Eiffestr.
Wenden-str.
Süderstr.
Amsinckstr.
Ost-West-Str.
ADAC
Zollkanal
SANDTORHAFEN
OBERHAFEN
BAAKENHAFEN
POL.
M1
M2
M4
M5
n
b
v
c
a
g
d
s
r
e
5
4
6
12
14
15
44
55
56
61
78

G
H
X
Y
Z
STERNSCHANZENPARK
Schröderstiftstr.
Rentzelstr.
Bundesstr.
Grindelallee
Johns-
allee
An der Verbindungsbahn
Sternschanze
Moorweidenstr.
Tiergartenstr.
Edmund-Siemers-Allee
FERNSEHTURM
PARK
"PLANTEN UN BLOMEN"
CONGRESS CENTRUM HAMBURG
Lagerstr.
Th.-Heuss-Platz
St. Petersburger Str.
Karolinenstr.
S. BAHN DAMMTOR
Marseiller Str.
MESSEGELÄNDE
ALTER BOTANISCHER GARTEN
Bei den Kirchhöfen
Jungiusstr.
Stephanspl.
Messehallen
Marktstraße
KLEINE WALLANLAGEN
Gorch-Fock-Wall
STAATSOPER
Feldstr.
Feldstraße
Dammtorwall
Dammtorstr.
Colonnaden
Gänsemarkt
Sievekingplatz
MUSIKHALLE
Valentinskamp
Gänse-markt
WILHELM-KOCH-STADION
Kaiser-Wilhelm-Str.
Post-Str.
HEILIGENGEISTFELD
GROSSE WALLANLAGEN
Pilatuspool
Poolstr.
ABC Str.
Hohe Bleichen
Glacischaussee
Holstenwall
HUMMEL DENKMAL
Hütten
Thielbek
Bleichenfleet
Budapester Straße
Wexstraße
St. Pauli
Neuer Steinweg
Alter Steinweg
Neuer Wall
Alsterfleet
Alter Wall
Ludwig-Erhard-Str.
S. BAHN STADTHAUSBR.
BISMARCK-DENKMAL
ST. MICHAELIS
Rödingsmarkt
Seewartenstr.
NEUSTADT
Ost-West-Str.
Schaarmarkt
Herrengrabenfleet
Deichstr.
Stintfang
Landungsbr.
Ditmar-Koel-Str.
Nikolaifleet
ALT-
Kajen
Johannisbollwerk
Vorsetzen
Hohe Brücke
Hafenrundfahrt
ELBE
NIEDERHAFEN
Baumwall
BINNENHAFEN
HAFEN

J
K
X
Y
Z
HAMBURG
0
200 m
Heimhuder Str.
Mittelweg
Fontenay
Alsterufer
ROTHERBAUM
MOORWEIDE
Warburgstraße
AUSSENALSTER
Alsterglacis
Esplanade
Kennedybrücke
Lombardsbrücke
BINNENALSTER
Neuer Jungfernstieg
ALSTERRUNDFAHRT ANLEGESTELLE
ALSTERPAVILLON
Jungfernstieg
JUNGFERNSTIEG
Ballindamm
Ferdinandstr.
Glockengießerwall
Hauptbf. Nord
Hauptbf. Süd
Holzdamm
An der Alster
Koppel
Lange Reihe
ST. GEORG
Hansaplatz
Kirchenallee
Steindamm
Kreuzweg
Kurt-Schumacher-Allee
Hermannstr.
Bergstr.
Spitalerstr.
Mönckebergstr.
Mönckeberg-str.
Steintorwall
Altmannbrücke
Rathausmarkt
BÖRSE
St. Petrikirche
St. Jacobikirche
Steinstr.
Speersort
Burchardplatz
Domstr.
Neß
Klosterwall
Steinstr.
HAMMERBROOK
Meßberg
Deichtorplatz
Amsinckstr.
Högerdamm
NIKOLAI KIRCHTURM
Ost-West-Str.
Dovenfleet
Speicherstadt
OBERHAFEN
St. Katharinenkirche
STADT
Bei den Mühren
Zollkanal
fleet
M¹
M²

STRASSENVERZEICHNIS HAMBURG

Straße	Feld
ABC Str.	HY
Adenauerallee	KY 2
Ahrensburger Str.	R
Alsenstr.	CU
Alsterarkaden	JY 3
Alsterglacis	JX
Alsterkrugchaussee	JX
Alsterufer	JX
Alter Steinweg	HZ
Alter Wall	HZ
Alte Landstr.	R
Alte Rabenstr.	ET
Altmannbrücke	KYZ
Altonaer Str.	CU
Altonaer Str. (RELLINGEN)	R 4
Amsinckstr.	KZ
Anckelmannstr.	FU 6
An der Alster	KY
An der Verbindungsbahn	GHX
August-Kirch-Str.	AT
Ausschläger Weg	FU
Bahrenfelder Chaussee	ATU
Bahrenfelder Steindamm	AU
Ballindamm	JY
Barcastr.	EFU
Barmbeker Str.	EFT
Barnerstr.	AU
Baurstr.	AU
Beethovenstr.	FT
Behringstr.	AU
Beim Schlump	DT
Beim Strohhause	FU 12
Bei den Neuen Krahn	HZ 9
Bei den Kirchhöfen	HX
Bei den Mühren	JZ
Bei den St-Pauli-Landungsbrücken	GZ 10
Bergedorfer Str.	S 13
Bergstr.	JY
Berliner Tor	FU 14
Bernadottestr.	AU
Berner Chaussee	R
Bernstorffstr.	CU
Biedermannpl.	FT
Billhorner Brückenstr.	FV 15
Binsbarg	AT
Böhmenstr.	GZ 16
Börsenbrücke	JZ 18
Bogenstr.	DT
Borgfelder Str.	FU
Bornkampsweg	ATU
Bramfelder Chaussee	R
Breitenfelder Str.	DT
Bremer Str.	S
Brombeerweg	R
Budapester Str.	GY
Bürgerweide	FU
Bundesstr.	HX
Burchardpl.	JZ
Burgstr.	FU
Buxtehuder Str.	S
Colonnaden	HY
Cremon	HZ 21
Daimlerstr.	AU
Dammtordamm	HX 23
Dammtorstr.	HY
Dammtorwall	HY
Deichstr.	HZ
Deichtorpl.	KZ
Ditmar-Koel-Str.	JZ
Domstr.	JZ
Doormannsweg	CT
Dorotheenstr.	ET
Dovenfleet	JZ
Dürerstr.	AU
Ebertallee	ATU
Edmund-Siemers-Allee	HX
Ehrenbergstr.	BU 26
Eidelstedter Weg	BCT
Eiffestr.	FU
Eilenau	FTU
Eimsbütteler Chaussee	CTU
Eimsbütteler Marktpl.	BT
Elbchaussee	S
Elbgaustr.	AT
Elbtunnel	AU
Eppendorfer Baum	DT
Eppendorfer Landstr.	ET
Eppendorfer Weg	CDT
Esplanade	JY
Eulenstr.	AU
Farnhornweg	AT
Ferdinandstr.	JY
Fernsicht	ET
Fischers Allee	AU
Försterweg	AT
Fontenay	JX
Friedenallee	AU
Friedrich-Ebert-Damm	R
Friedrich-Ebert-Str.	R
Fruchtallee	CT
Fuhlsbüttler Str.	R
Gänsemarkt	HY
Gärtnerstr.	CT
Gellerstr.	ET
Georg-Wilhelm-Str.	S
Gerhofstr.	HY 29
Gertigstr.	EFT
Glacischaussee	GY
Glockengießerwall	JKY
Gorch-Fock-Wall	HY
Grandweg	CT
Graskeller	HZ 31
Grevenweg	FU
Griegstr.	AU
Grindelallee	HX
Grindelberg	DT
Große Bleichen	HY 33
Große Burstah	HZ 35
Große Elbstr.	BCU
Große Johannisstr.	JZ 34
Große Reichenstr.	JZ 37
Habichtstr.	R 38
Hachmannpl.	KY 39
Hagenbeckstr.	BT
Hallerondsweg	AU
Hallerstr.	DT
Hamburger Str.	FT
Hammer Landstr.	S 40
Hannoversche Str.	S 41
Hanspl.	GY
Harkortstr.	BU
Harvestehuder Weg	ET
Heidenkampsweg	FU
Heilwigstr.	ET
Heimhuder Str.	JX
Helgoländer Allee	GZ 43
Hellgrundweg	AT
Herbert-Weichmann-Str.	ET 44
Herderstr.	FT
Hermannstr.	JY
Heußweg	CT
Högerdamm	KZ
Hofweg	FT
Hoheluftchaussee	DT
Hohenzollernring	AU
Hohe Bleichen	HY
Hohe Brücke	HZ
Hohe Str.	GZ 45
Holsteiner Chaussee	R
Holstenglacis	GY 46
Holstenkamp	ABT
Holstenstr.	CU
Holstenwall	GY
Holzdamm	KY
Horner Landstr.	S
Hütten	GY
Im Gehölz	CT
Jahnring	R 47
Jarrestr.	ET
Jessenstr.	BU
Johannisbollwerk	GZ
Johnsallee	HX
Jungfernstieg	JY
Kaiser-Wilhelm-Str.	HY
Kajen	HZ
Kalckreuth Weg	AU
Karolinenstr.	GX
Kennedybrücke	JY
Keplerstr.	AU
Kieler Str.	ABT
Kirchenallee	KY
Kleine Reichenstr.	JZ 50
Klingberg	JZ 51
Klopstockstr.	AU 52
Klosterwall	JZ
Köhlbrandbrücke	S
Königstr.	BU
Kollaustr.	R
Koppel	KX
Koppelstr.	BT
Krayenkamp	HZ 54
Kreuzweg	KY
Krugkoppel	ET 55
Kuhmühle	FT 56
Kurt-Schumacher-Allee	KY
Lagerstr.	GX
Landwehr	FU
Langenfelder Damm	BT
Langenfelder Str.	BCT
Langenhorner Ch.	R
Lange Reihe	KY
Lappenbergsallee	BCT
Lerchenfeld	FT
Leunastr.	AU
Leverkusenstr.	AU
Lokstedter Steindamm	R 59
Lombardsbrücke	JY
Louise-Schroeder-Str.	CU
Ludwig-Erhard-Str.	GHZ
Lübecker Str.	FU
Lübecker Tordamm	FU 61
Luruper Chaussee	AT
Maienweg	R
Mansteinstr.	CDT
Maria-Louisen-Str.	ET
Marktstr.	GY
Marseiller Str.	HX
Martinistr.	DT
Max-Brauer-Allee	BCU
Mendelssohnstr.	AU
Millerntordamm	GZ 62
Mittelweg	JX
Mönckebergstr.	JKY
Moorweidenstr.	HX
Möörkampstr.	BT 63
Mühlendamm	DFU
Mundsburger Damm	FTU
Neß	JY
Neuer Jungfernstieg	JY
Neuer Kamp	CU
Neuer Pferdemarkt	CU
Neuer Steinweg	GZ
Neuer Wall	HYZ
Neumühlen	AU
Nordkanalstr.	FU
Notkestr.	AT
Oberstr.	DET
Oldesloer Str.	R 64
Osdorfer Weg	ATU
Osterfeldstr.	R 65
Osterstr.	CT
Ost-West-Str.	HJZ
Palmaille	BU
Parkallee	DT
Pfitznerstr.	AU
Pilatuspool	GHY
Pinneberger Chaussee	R 66
Pinneberger Str.	R
Platz der Republik	BU 67
Plönerstr.	BU
Poolstr.	HY
Poststr.	HY
Pumpen	KZ 68
Rathausmarkt	JYZ
Rathausstr.	JZ 69
Reeperbahn	GZ 70
Reesendamm	JY 71
Rentzelstr.	GX
Reventlowstr.	AU
Rondenbarg	AT
Rothenbaumchaussee	HX 72
Ruhrstr.	ATU
Saarlandstr.	FT
Saseler Chausse.	R 73
Schaarmarkt	GHZ
Schäferkampsallee	CDT
Schanzenstr.	CU
Schlankreye	DT
Schleswiger Damm	R 74
Schleusenbrücke	JY 75
Schmiedestr.	JZ 76
Schnackenburgallee	AT
Schöne Aussicht	ET
Schröderstiftstr.	GX
Schützenstr.	CT
Schulterblatt	CU
Schwanenwik	FTU
Sechslingspforte	FU
Seevartenstr.	GZ
Semperstr.	EFT
Sierichstr.	ET
Sievekingpl.	GY
Sievekingsallee	S
Simon-von-Utrecht-Str.	CU
Spaldingstr.	FU
Speersort	JZ
Spitalerstr.	JKY
Sportplatzring	BT 90
Stader Str.	S
Stadionstr.	AT

HAMBURG S. 11

Stadthausbrücke	**HY** 77	Süderstr.	**FU**	Wandsbeker Allee	**R** 86
Steindamm	**KY**	Tangstedter Landstr.	**R** 83	Wandsbeker Chaussee	**FTU**
Steinhauerdamm	**FU** 78	Tarpenbekstr.	**R** 84	Warburgstr.	**JX**
Steinstr.	**KZ**	Theodor-Heuss-Pl.	**HX**	Wartenau	**FU**
Steintordamm	**KY** 79	Thielbek	**HY**	Weg beim Jäger.	**R**
Steintorpl.	**KY** 80	Tiergartenstr.	**HX**	Weidestr.	**FT**
Steintorwall	**KYZ**	Troplowitzstr.	**CT**	Wendenstr.	**FU**
Sternschanze	**GX**	Valentinskamp	**HY**	Wexstr.	**HY**
Stresemannallee	**CT**	Veddeler Damm	**S** 85	Wiesendamm	**FT**
Stresemannstr.	**ACU**	Volksparkstr.	**AT**	Wilhelmsburger Reichsstr.	**S**
St-Benedict-Str.	**ET**	Von-Sauer-Str.	**AU**	Winsener Str.	**S** 87
St-Pauli-Fischmarkt.	**CU**	Vorsetzen	**GHZ**	Winterhuder Weg	**FT**
St-Pauli-Hafenstr.	**CU**	Walderseestr.	**AU** 91	Zippelhaus.	**JZ** 88
St-Petersburger Str.	**GHX**	Wallstr.	**FU**		

Fairmont Hotel Vier Jahreszeiten
Neuer Jungfernstieg 9
⊠ 20354 – ℰ (040) 3 49 40 – hamburg@fairmont.com – Fax (040) 34942600   JY v
157 Zim – †230/315 € ††300/385 €, ⊇ 25 € – 17 Suiten
Rest *Haerlin* und **Rest** *Doc Cheng's* – separat erwähnt
Rest *Jahreszeiten Grill* – ℰ (040) 34 94 33 12 – Karte 39/70 €
♦ Unaufdringlicher Luxus auf Schritt und Tritt: Perfekter Service, exklusive Ausstattung und beste Lage machen das Haus zum Flaggschiff der Hamburger Hotellerie. Internationale Küche im Jahreszeiten Grill. Schöne Terrasse auf der Binnenalster.

Park Hyatt
Bugenhagenstr. 8 ⊠ *20095* – ℰ *(040) 33 32 12 34*
– hamburg@hyatt.de – Fax (040) 33321235   KYZ t
252 Zim – †175/325 € ††205/355 €, ⊇ 28 € – 21 Suiten
Rest *Apples* – ℰ (040) 33 32 15 11 – Karte 36/64 €
♦ Das ehemalige Kontorhaus ist ein luxuriöses Hotel, in dem hochwertige Materialien und warme Töne in modern-elegante Ambiente schaffen. Zimmer mit Philippe-Starck-Bädern. In der Showküche des Apples bereitet man Internationales.

Le Royal Méridien
An der Alster 52 ⊠ *20099* – ℰ *(040) 2 10 00*
– info.lrmhamburg@lemeridien.com
– Fax (040) 21001111   KY d
284 Zim – †149/329 € ††169/349 €, ⊇ 26 € – 19 Suiten
Rest – Menü 59 € (abends) – Karte 39/65 €
♦ Ein modernes Hotel, dessen klarer, ansprechender Stil sich von den hell möblierten Zimmern mit speziell entworfenen therapeutischen Betten bis in den Wellnessbereich zieht. In dem Restaurant im 9. Stock blickt man sehr schön auf die Außenalster.

Grand Elysée
Rothenbaumchaussee 10 ⊠ *20148* – ℰ *(040) 41 41 20 – info@elysee.de*
– Fax (040) 41412733   HX m
511 Zim – †140 € ††160 €, ⊇ 18 € – 13 Suiten
Rest *Piazza Romana* – ℰ (040) 41 41 27 34 – Karte 30/51 €
Rest *Brasserie* – ℰ (040) 41 41 27 24 – Karte 24/35 €
♦ Boulevard-Charakter empfängt Sie in der großzügigen Hotelhalle mit Café. Klassisch-elegante Zimmer, darunter ruhig gelegene Gartenhofzimmer sowie Südzimmer zum Moorweidenpark. Italienische Küche in der Piazza Romana. Brasserie und Oyster-Bar mit Seafood.

Sofitel Alter Wall
Alter Wall 40 ⊠ *20457* – ℰ *(040) 36 95 00*
– h5395@accor.com – Fax (040) 36951000   HZ g
241 Zim – †139/349 € ††139/349 €, ⊇ 21 € – 10 Suiten
Rest – Karte 34/51 €
♦ Topmodern und trendig ist das Design-Hotel mit eigenem Bootsanleger direkt an einem Alsterfleet. In den Zimmern findet man einen interessanten Materialmix. Restaurant in puristischem Stil.

559

HAMBURG S. 12

Steigenberger
Heiligengeistbrücke 4 ⊠ *20459 –* ℰ *(040) 36 80 60 – hamburg@steigenberger.de*
– Fax (040) 36806777
HZ **s**
233 Zim – †200/245 € ††220/265 €, ⊇ 20 € – 6 Suiten
Rest *Calla – (geschl. 21. Dez. - 5. Jan., 17. Juli - 27. Aug. und Sonntag - Montag, nur Abendessen)* Menü 38/57 € – Karte 37/57 €
Rest *Bistro am Fleet –* Menü 27 € – Karte 26/44 €
♦ Ein elegantes Haus mit Rotklinker-Fassade in bildschöner Lage am Alsterfleet. Tagungsräume über den Dächern der Stadt stehen den Gästen zur Verfügung. Zur Alster hin gelegen: Calla mit euro-asiatischer Karte. Internationales aus der offenen Bistroküche.

InterContinental
≤ Hamburg und Alster,
Fontenay 10 ⊠ *20354*
– ℰ *(040) 4 14 20 – hamburg@interconti.com – Fax (040) 41422299*
JX **r**
281 Zim – †185/295 € ††185/295 €, ⊇ 21 € – 12 Suiten
Rest *Windows –* separat erwähnt
Rest *Signatures –* Karte 29/43 €
♦ Hübsch an der Alster liegt das Haus mit großzügigem Rahmen und technisch perfekt ausgestatteten, wohnlich eingerichteten Zimmern. Angenehm hell: das Wintergarten-Restaurant Signatures mit internationaler Karte.

SIDE
Drehbahn 49 ⊠ *20354 –* ℰ *(040) 30 99 90 – info@side-hamburg.de – Fax (040) 30999399*
HY **h**
178 Zim – †190/315 € ††190/315 €, ⊇ 23 € – 10 Suiten
Rest – *(Samstag, Sonn- und Feiertage nur Abendessen)* Karte 30/62 €
♦ Diese Adresse gehört zu dem Verbund "Designhotels". Dementsprechend modern und optisch sehr schön ist es gestaltet worden. Großzügig sind die Zimmer und Suiten. Geradlinigkeit und Minimalismus bestimmen im Restaurant Fusion das Interieur.

Renaissance Hamburg Hotel
Große Bleichen ⊠ *20354 –* ℰ *(040) 34 91 80*
– rhi.hamrn.info@renaissancehotels.com – Fax (040) 34918919
HY **e**
205 Zim – †169/279 € ††179/289 €, ⊇ 20 €
Rest – Karte 27/39 €
♦ Ein typischer Renaissancebau ist das klassisch und gediegen gestaltete Hotel mit funktionellen und wohnlichen Zimmern. Im 6. Stock findet man eine Sauna mit schöner Aussicht. Restaurant mit offener Showküche und Barbereich.

Marriott
ABC-Str. 52 ⊠ *20354 –* ℰ *(040) 3 50 50 – hamburg.marriott@marriotthotels.com – Fax (040) 35051777*
HY **b**
277 Zim – †199/269 € ††199/269 €, ⊇ 24 € – 5 Suiten
Rest – Karte 24/48 €
♦ Nahe dem Gänsemarkt findet man das klassische, amerikanisch angehauchte Hotel mit gediegen-funktionellen Zimmern und einem Wellnessbereich mit Friseur und Beautystudio. Mit viel hellem Holz modern gestaltetes Restaurant Speicher 52.

Crowne Plaza
Graumannsweg 10 ⊠ *22087*
– ℰ *(040) 22 80 60*
– reservations.cphamburg@whgen.com – Fax (040) 2208704
FU **r**
285 Zim – †120/280 € ††120/280 €, ⊇ 20 € – 7 Suiten
Rest – Karte 25/38 €
♦ Von der Atriumhalle mit markanter Glaskuppel gelangen Sie in gediegen eingerichtete Gästezimmer. Club-Lounge in der 5. Etage mit Blick auf die Alster.

Europäischer Hof
Kirchenallee 45 ⊠ *20099 –* ℰ *(040) 24 82 48*
– info@europaeischer-hof.de – Fax (040) 24824799
KY **e**
275 Zim ⊇ **–** †115/190 € ††145/230 €
Rest *Paulaner's –* Karte 19/35 €
♦ Eine großzügige, gediegen-elegante Halle empfängt Sie in dem Hotel gegenüber dem Hauptbahnhof. Highlight des Freizeitbereichs: die über sechs Ebenen reichende Wasserrutsche. Rustikal-leger geht's im Paulaner's zu.

560

Novotel Hamburg Alster

Lübecker Str. 3 ⊠ 22087 – ℰ (040) 39 19 00 – h3737@accor.com – Fax (040) 39190272
FU **n**
210 Zim – †89/179 € ††89/179 €, ⊇ 17 € – **Rest** – Karte 29/47 €

◆ Ein neuzeitliches Hotel, das technisch sehr gut ausgestattete Gästezimmer in wohnlich-modernem Stil sowie gute Tagungsmöglichkeiten bietet. Zur großen Hotelhalle hin offen angelegtes Restaurant.

Radisson SAS Hotel

Marseiller Str. 2 ⊠ 20355 – ℰ (040) 3 50 20
– info.hamburg@radissonsas.com – Fax (040) 35023530
HX **a**
560 Zim – †130/225 € ††130/245 €, ⊇ 19 €
Rest – Karte 20/32 €
Rest *Trader Vic's* – (nur Abendessen) Karte 30/43 €

◆ Das mit dem Kongresszentrum verbundene Hochhaus liegt beim Botanischen Garten. Großzügiger Rahmen und funktionelle Zimmer. Im obersten Stock: die beliebte Tower-Bar. Das Restaurant mit internationalem Speisenangebot. Südseeflair im Trader Vic's.

Mövenpick Hotel Hamburg

Sternschanze 6 ⊠ 20357 – ℰ (040) 3 34 41 10
– hotel.hamburg@moevenpick.com – Fax (040) 3344113333
GX **b**
226 Zim – †150/290 € ††170/310 €, ⊇ 19 € – **Rest** – Karte 26/48 €

◆ Der schöne, um einen Anbau erweiterte alte Wasserturm a. d. J. 1907 beherbergt moderne, in warmen Tönen gehaltene Zimmer mit sehr guter Technik und Blick über Hamburg. Im Restaurant und auf der schönen Terrasse zum Park serviert man internationale Küche.

Abtei

Abteistr. 14 ⊠ 20149 – ℰ (040) 44 29 05 – abtei@relaischateaux.com – Fax (040) 449820 – geschl. 24. - 26. Dez.
ET **v**
11 Zim ⊇ – †155/200 € ††190/250 € – **Rest** – (geschl. Sonntag - Montag, nur Abendessen) (Tischbestellung erforderlich) Menü 65/95 €
Spez. Erbsen-Royal gefüllt mit Gänsestopfleber, gebratene Wachtelbrust und Trüffelvinaigrette. Gebeiztes Entrecôte mit Soja und Balsamico. Mille Feuille von der Schokolade mit Bergamotte-Aroma und Orangengelee.

◆ Umgeben von Bäumen liegt das wunderschöne Haus in einem ruhigen, eleganten Wohnviertel. Äußerst angenehm: die private Atmosphäre und sehr geschmackvolle, individuelle Zimmer. Intimes Restaurant mit gemütlich-vornehmem Salon. Snooker-Abende mit Menü und Lehrer.

relexa Hotel Bellevue

An der Alster 14 ⊠ 20099 – ℰ (040) 28 44 40 – hamburg@relexa-hotel.de
– Fax (040) 28444222
KX **d**
85 Zim – †90/117 € ††117/130 € – **Rest** – Karte 28/42 €

◆ Klassischer Hotelbau in Weiß. Die Zimmer sind hübsch eingerichtet - im Stammhaus teils mit schönem Blick auf die Alster, im St. Georg kleinere Einzelzimmer. Mittagsrestaurant zur Außenalster, Abendrestaurant im UG mit geschmackvoll-gemütlichem Ambiente.

Hafen Hamburg

Seewartenstr. 9 ⊠ 20459 – ℰ (040) 31 11 30 – info@hotel-hamburg.de – Fax (040) 3111370601
GZ **y**
353 Zim – †110/200 € ††110/200 €, ⊇ 15 € – **Rest** – Menü 30/35 € – Karte 29/50 €

◆ Recht imponierend wirkt das über dem Hafen gelegene Hotel. Die Zimmer sind sehr unterschiedlich gestaltet - besonders komfortabel sind die Residenz-Zimmer. Das Restaurant besticht durch einen schönen Blick auf den Hafen. Beliebt: die Tower Bar.

Mercure an der Messe

Schröderstiftstr. 3 ⊠ 20146 – ℰ (040) 45 06 90 – h5394@accor.com – Fax (040) 450691000
GX **a**
180 Zim – †93/275 € ††93/295 €, ⊇ 15 € – **Rest** – (geschl. Sonntagabend) Karte 24/38 €

◆ In unmittelbarer Nähe zur Messe, nur wenige Schritte vom Fernsehturm entfernt ist dieses Businesshotel gelegen - modern im Design, funktionell in der Ausstattung.

Mercure City

Amsinckstr. 53 ⊠ 20097 – ℰ (040) 23 63 80 – h1163@accor.com – Fax (040) 234230

187 Zim – †99/159 € ††99/159 €, ⊇ 17 € – **Rest** – Karte 24/37 €

FU **c**

♦ Mit seiner neuzeitlich-funktionellen Ausstattung ist das am Rande der Innenstadt gelegene Hotel besonders auf Geschäftsreisende zugeschnitten.

Berlin

Borgfelder Str. 1 ⊠ 20537 – ℰ (040) 25 16 40 – rezeption@hotel-berlin-hamburg.de – Fax (040) 25164413

93 Zim ⊇ – †98/112 € ††115/129 € – **Rest** – Karte 17/26 €

FU **a**

♦ Nicht ganz alltäglich ist die sternförmige Bauweise dieses Hotels, in dem Sie zeitgemäß ausgestattete Gästezimmer und ein netter Frühstücksraum erwarten. Restaurant mit internationalem Angebot.

Senator garni

Lange Reihe 18 ⊠ 20099 – ℰ (040) 24 12 03 – info@hotel-senator-hamburg.de – Fax (040) 2803717

56 Zim ⊇ – †99/185 € ††99/185 €

KY **u**

♦ Helles Holz und pastellfarbene Stoffe vermitteln ein harmonisches Ambiente. Suchen Sie ganz besonderen Liegekomfort? Einige Zimmer besitzen moderne Wasserbetten.

Baseler Hof

Esplanade 11 ⊠ 20354 – ℰ (040) 35 90 60 – info@baselerhof.de – Fax (040) 35906918

168 Zim ⊇ – †89/109 € ††129/149 €

Rest *Kleinhuis* – ℰ (040) 35 33 99 – Karte 26/34 €

JY **x**

♦ Zwischen Außenalster und Botanischem Garten liegt das zum Verband Christlicher Hoteliers e.V. zählende Haus. Unterschiedlich möblierte Zimmer, teils mit Rattan. Das Kleinhuis ist ein nettes Restaurant im Bistrostil.

Suitehotel Hamburg City garni

Lübeckertordamm 2 ⊠ 20099 – ℰ (040) 27 14 00 – h3756@accor.com – Fax (040) 27140140

186 Zim – †92/179 € ††92/179 €, ⊇ 12 €

FU **d**

♦ Alle Zimmer der 17 Etagen sind identisch: geräumig und schlicht-funktionell. Ihr Frühstück: ein gefüllter Korb auf dem Zimmer - Kaffee und Croissants kostenlos in der Halle.

Mittelweg garni

Mittelweg 59 ⊠ 20149 – ℰ (040) 4 14 10 10 – hotel.mittelweg@gmx.de – Fax (040) 41410120

30 Zim ⊇ – †95/128 € ††115/168 €

ET **c**

♦ Das von einem Bremer Kaufmann 1890 als Stadtvilla erbaute Haus besticht durch freundlich-private Atmosphäre und den Charme vergangener Zeiten sowie wohnlich-klassische Zimmer.

Wedina garni (mit Gästehäusern)

Gurlittstr. 23 ⊠ 20099 – ℰ (040) 2 80 89 00 – info@wedina.de – Fax (040) 2803894

59 Zim ⊇ – †88/155 € ††108/175 €

KY **b**

♦ Die verschiedenen Gebäude, aus denen das Hotel besteht, erstrahlen in den Bauhausfarben. Auch das Innere ist attraktiv gestaltet worden, natürliche Materialien dominieren.

Ambassador

Heidenkampsweg 34 ⊠ 20097 – ℰ (040) 2 38 82 30 – mail@ambassador-hamburg.de – Fax (040) 230009

122 Zim – †84/132 € ††117/137 €, ⊇ 14 € – **Rest** – Karte 21/37 €

FU **e**

♦ Das zentrumsnah gelegene Hotel bietet einen gepflegten Hallenbereich und modern gestaltete Gästezimmer mit funktioneller Ausstattung. Restaurant im Bistrostil.

Nippon

Hofweg 75 ⊠ 22085 – ℰ (040) 2 27 11 40 – reservations@nipponhotel.de – Fax (040) 22711490 – geschl. 23. Dez. - 1. Jan.

42 Zim – †98/121 € ††116/150 €, ⊇ 11 € – **Rest** – (geschl. Montag, nur Abendessen) Karte 26/39 €

FT **d**

♦ Mit hellen Farben und klaren Formen hat man dieses Haus modern und puristisch im japanischen Stil eingerichtet: Tatami-Fußboden, Shoji-Wände und Futons. Wa-Yo: japanisches Restaurant mit Sushi-Bar.

HAMBURG S. 15

Alster-Hof garni
Esplanade 12 ⊠ 20354 – ℰ (040) 35 00 70 – info@alster-hof.de – Fax (040) 35007514 – geschl. 22. Dez. - 2. Jan. JY **x**
113 Zim ⊇ – †80/96 € ††120/130 €
◆ In der Innenstadt, nahe der Alster gelegenes Hotel, das Ihnen funktionell ausgestattete Gästezimmer mit gediegenem Ambiente bietet.

Haerlin – Fairmont Hotel Vier Jahreszeiten
⇐ Binnenalster,
Neuer Jungfernstieg 9 ⊠ 20354 – ℰ (040) 34 94 33 10 – hamburg@fairmont.com – Fax (040) 34942608 – geschl. 27. - 30. Dez., 1. - 7. Jan., über Ostern 1 Woche, 20. Juli - 25. Aug. und Sonntag - Montag JY **v**
Rest – *(nur Abendessen)* Menü 95/115 € – Karte 70/97 €
Spez. Lauwarmer Hummer mit Blumenkohl-Couscous. Filet vom St. Pierre mit Safran-Muschelnage und Spinatpüree. Zweierlei Carameldessert mit Himbeer-Balsamicosorbet.
◆ Elegant ist die Atmosphäre in diesem Restaurant, zuvorkommend und tadellos geschult der Service. Präsentation und Geschmack der klassischen Speisen sind ausgezeichnet.

Windows – Hotel InterContinental
⇐ Hamburg und Alster,
Fontenay 10 ⊠ 20354 – ℰ (040) 41 42 25 31 – hamburg@interconti.com – Fax (040) 41422299 – geschl. 1. - 21. Jan., 12. Juli - 22. Aug. und Sonntag - Montag JX **r**
Rest – *(nur Abendessen)* Karte 45/69 €
◆ Neben dem französischen Speiseangebot bietet dieses Restaurant eine sehr schöne Sicht aus den beiden Fensterfronten und ein elegantes Ambiente.

Insel am Alsterufer
Alsterufer 35, (1. Etage) ⊠ 20354 – ℰ (040) 4 50 18 50 – info@insel-am-alsterufer.de – Fax (040) 45018511 – geschl. Samstagmittag, Sonntag JX **c**
Rest – Menü 20 € (mittags)/56 € – Karte 36/63 €
◆ Die schmucke weiße Villa beherbergt ein elegantes Restaurant in warmen Tönen, das seinen Gästen internationale Küche bietet. Einige der Tische mit Blick zur Außenalster.

Cölln's
Brodschrangen 1 ⊠ 20457 – ℰ (040) 36 41 53 – Fax (040) 372201 JZ **C**
Rest – (Tischbestellung ratsam) Karte 28/70 €
◆ In dem geschmackvoll sanierten historischen Haus bietet man Klassiker und regionale Gerichte. Schöne Details wie alte Fliesen und Holztäfelungen zieren die gemütlichen Stuben.

Sgroi
Lange Reihe 40 ⊠ 20099 – ℰ (040) 28 00 39 30 – Fax (040) 28003931 – geschl. Juli 3 Wochen und Samstagmittag, Sonntag - Montag KY **f**
Rest – Menü 60/70 € – Karte 58/71 €
Spez. Tatar von wilden Garnelen und Couscous-Gemüse in der Zucchiniblüte. Jakobsmuscheln im Kopfsalatblatt mit Barbera-Kompott. Zicklein aus dem Ofen mit Topinambur-Törtchen.
◆ Geradlinig und modern ist die Einrichtung in diesem Restaurant, schnörkellos die schmackhafte italienische Küche. Im Haus befindet sich auch eine kleine Lounge.

Anna
Bleichenbrücke 2 ⊠ 20354 – ℰ (040) 36 70 14 – Fax (040) 37500736 – geschl. Sonn- und Feiertage HY **v**
Rest – Karte 31/41 €
◆ Mediterrane Töne bestimmen das Ambiente dieses über zwei Ebenen angelegten Restaurants mit breit gefächertem internationalem Speisenangebot. Hübsche Terrasse am Fleet.

San Michele
Englische Planke 8 ⊠ 20459 – ℰ (040) 37 11 27 – info@san-michele.de – Fax (040) 378121 – geschl. Anfang - Mitte Aug. und Montag GZ **n**
Rest – Karte 36/56 €
◆ Das Restaurant gegenüber dem "Michel" ist angenehm hell und mediterran gestaltet und bietet typisch italienische Küche. Kleines Bistro im EG.

563

HAMBURG S. 16

XX Tarantella
Stephansplatz 10, (Casino Esplanade) ✉ 20354 – ℰ (040) 65 06 77 90 – Fax (040) 65067787 HY **t**
Rest – Karte 31/66 €
♦ Im Gebäude der Spielbank befindet sich dieses in klarem modernem Stil gehaltene Restaurant mit Bistrobereich. In der offenen Küche bereitet man internationale Speisen.

XX Küchenwerkstatt
Hans-Henny-Jahnn-Weg 1, (Eingang Hofweg) ✉ 22085 – ℰ (040) 22 92 75 88 – mail@kuechenwerkstatt-hamburg.de – Fax (040) 22927599 – geschl. Anfang Jan. 2 Wochen und Sonntag - Montag ET **g**
Rest – Menü 22 € (mittags)/69 € (abends) – Karte 36/49 €
♦ Ansprechend hat man das ehemalige Fährhaus in schlicht-modernem Stil eingerichtet. Es erwarten Sie engagierter Service und kreative Küche - kleines Angebot am Mittag.

XX Tirol
Milchstr. 19 ✉ 20148 – ℰ (040) 44 60 82 – Fax (040) 44809327 – geschl. Sonntag ET **a**
Rest – Karte 28/46 €
♦ Für alle mit Fern- und Heimweh nach Österreich! Rustikal-gemütlich ist das Ambiente dieses Restaurants, in dem österreichische Schmankerln serviert werden.

XX La Fayette
Zimmerstr. 30 ✉ 22085 – ℰ (040) 22 56 30 – restaurantlafayette@t-online.de – Fax (040) 225630 – geschl. Sonntag FT **s**
Rest – (nur Abendessen) Menü 30/38 € – Karte 34/45 €
♦ Das moderne, durch eine kleine Empore optisch unterteilte, helle Restaurant bietet ein klassisch-internationales Angebot. Sie nehmen Platz auf bequemen roten Lederpolstern.

XX Brook
Bei den Mühren 91 ✉ 20457 – ℰ (040) 37 50 31 28 – Fax (040) 37503127 – geschl. Sonntag JZ **f**
Rest – Menü 31/35 € – Karte 34/48 €
♦ Ein modern gehaltenes Restaurant mit freundlichem Service und guter internationaler Küche. Am Abend können Sie die angestrahlte Speicherstadt gegenüber sehen.

XX Zippelhaus
Zippelhaus 3 ✉ 20457 – ℰ (040) 30 38 02 80 – vinothek@restaurant-zippelhaus.de – Fax (040) 30399190 – geschl. Samstagabend - Sonntag JZ **e**
Rest – Menü 40 € – Karte 29/47 €
♦ In dem ehemaligen Zwiebellager mit der schönen Backsteinfassade wird internationale Küche serviert. Mächtige Säulen, Stuck und eine Bilderausstellung zieren das Restaurant.

XX Die Fischküche
Kajen 12 ✉ 20459 – ℰ (040) 36 56 31 – fischkuechebrahm@aol.com – Fax (040) 36091153 – geschl. Samstagmittag, Sonntag HZ **c**
Rest – (Tischbestellung ratsam) Karte 34/48 €
♦ Am Hafen finden Sie dieses nette, in warmen Farben gehaltene Bistro. Die offene Showküche offeriert überwiegend Fischgerichte.

XX Doc Cheng's – Fairmont Hotel Vier Jahreszeiten
Neuer Jungfernstieg 9 ✉ 20354 – ℰ (040) 3 49 43 33 – hamburg@fairmont.com – Fax (040) 34942600 – geschl. Samstagmittag, Sonntag JY **v**
Rest – (Juli - Aug. nur Abendessen) Karte 38/48 €
♦ Fernöstlich inspiriert sind hier sowohl das stilvolle Design als auch die Küche. Serviert wird Euro-asiatisches, am Mittag reicht man eine kleinere Karte mit Mittagsmenü.

XX K & K Kochbar
Rothenbaumchaussee 11, (im Curio-Haus) ✉ 20148 – ℰ (040) 36 11 16 36 – kochbar@koflerkompanie.com – Fax (040) 36111611 – geschl. 22. Dez. - 7. Jan. und Sonntag - Montag, Samstagmittag FX **e**
Rest – Menü 49 € – Karte 41/51 €
♦ Eine trendige Adresse ist das modern designte und mit Kunst dekorierte Restaurant im schönen historischen Curio-Haus von 1911. Blickfang ist die mittig angelegte Showküche.

HAMBURG S. 17

Die Bank
Hohe Bleichen 17 ⊠ 20354 – ℰ (040) 2 38 00 30 – info@diebank-brasserie.de
– Fax (040) 23800333 – geschl. Sonntagmittag, Feiertage   HY d
Rest – Karte 39/52 €
♦ Lebendig ist diese Brasserie mit Bar in der imposanten Kassenhalle im 1. OG des einstigen Bankgebäudes. Geboten wird zeitgemäße Küche.

La Mirabelle
Bundesstr. 15 ⊠ 20146 – ℰ (040) 4 10 75 85 – Fax (040) 4107585
– geschl. Sonntag   HX n
Rest – (nur Abendessen) Menü 33/39 € – Karte 34/48 €
♦ In dem sympathischen kleinen Restaurant mit legerer Atmosphäre und französischem Flair betreut Pierre Moissonnier freundlich und engagiert seine Gäste.

Fischmarkt
Ditmar-Koel-Str. 1 ⊠ 20459 – ℰ (040) 36 38 09 – Fax (040) 362191 – geschl.
Samstagmittag   GZ r
Rest – (Tischbestellung ratsam) Menü 30/48 € – Karte 30/46 €
♦ Etwa 300 m vom Hafen entfernt liegt das gepflegte, leicht mediterran dekorierte Restaurant mit Bistroambiente und offener Küche. Vorwiegend Fischgerichte.

Le Plat du Jour
Dornbusch 4 ⊠ 20095 – ℰ (040) 32 14 14 – Fax (040) 32526393 – geschl. Sonn-
und Feiertage, Juli - Aug. Samstag - Sonntag   JZ v
Rest – (Tischbestellung ratsam) Menü 27 € – Karte 26/34 €
♦ Ein nettes, mit Schwarz-Weiß-Fotos dekoriertes französisches Bistro mit freundlichem Service. Für Hamburger Verhältnisse sehr günstige französische Gerichte!

Casse-Croûte
Büschstr. 2 ⊠ 20354 – ℰ (040) 34 33 73 – info@cassecroute.de
– Fax (040) 3589650 – geschl. über Weihnachten sowie Sonn- und Feiertage
mittags   HY s
Rest – Menü 25 € – Karte 23/43 €
♦ Hier gibt man sich die Klinke in die Hand. Moderne Einrichtung, legere Atmosphäre und eine offene Küche geben diesem Restaurant seinen Bistrocharakter.

Cox
Lange Reihe 68 ⊠ 20099 – ℰ (040) 24 94 22 – info@restaurant-cox.de – Fax (040) 28050902 – geschl. Samstagmittag, Sonntagmittag   KY v
Rest – Karte 25/41 €
♦ In dem Restaurant nahe dem Schauspielhaus serviert man in freundlich-warmem Bistroambiente internationale Gerichte mit mediterranem Einfluss.

Manee Thai
Schauenburger Str. 59, (1. Etage) ⊠ 20095 – ℰ (040) 33 39 50 05 – info@
manee-thai.de – Fax (040) 33395006 – geschl. Sonntag   JZ m
Rest – Menü 33 € – Karte 17/37 €
♦ Dieses thailändische Restaurant in der Innenstadt ist ein heller Raum mit großer Fensterfront und schöner Sicht aufs Rathaus. Durch eine Scheibe blicken Sie in die Küche.

Matsumi
Colonnaden 96, (1. Etage) ⊠ 20354 – ℰ (040) 34 31 25 – Fax (040) 344219
– geschl. 24. Dez. - 8. Jan. und Sonntag, Feiertage mittags   HY r
Rest – Menü 43/50 € – Karte 20/51 €
♦ In der Fußgängerzone liegt dieses typisch japanische Restaurant. Die authentische Küche serviert man am Tisch, an der Sushi-Bar oder im Tatami-Zimmer (für Gruppen).

In Hamburg-Alsterdorf

Alsterkrug Hotel
Alsterkrugchaussee 277 ⊠ 22297 – ℰ (040) 51 30 30 – rez@
alsterkrug.bestwestern.de – Fax (040) 51303403   R y
105 Zim – †117/155 € ††117/155 €, ⊇ 16 € – **Rest** – Karte 23/40 €
♦ In diesem Haus erwarten Sie mediterran geprägte Gästezimmer in freundlichen Farben - Korbmöbel unterstreichen das wohnliche Ambiente. Zimmer zur Straße mit Klimaanlage. Neuzeitliches, in warmen Tönen gehaltenes Restaurant.

565

HAMBURG S. 18
In Hamburg-Altona

Raphael Hotel Altona garni
*Präsident-Krahn-Str. 13 ⌂ 22765 – ℰ (040) 38 02 40 – info@
altona.bestwestern.de – Fax (040) 38024444 – geschl. 21. - 28. Dez.* BU a
39 Zim – ♦100/113 € ♦♦109/135 €, ⌴ 9 €
♦ Direkt am Hauptbahnhof Altona gelegenes gut geführtes Hotel, das über unterschiedlich große, funktionell ausgestattete Gästezimmer verfügt.

Landhaus Scherrer (Heinz Wehmann)
*Elbchaussee 130 ⌂ 22763 – ℰ (040) 8 80 13 25
– info@landhausscherrer.de – Fax (040) 8806260 – geschl. über Ostern, über
Pfingsten und Sonntag* AU c
Rest – Menü 79/108 € – Karte 54/99 €
Rest *Bistro* – *(geschl. Sonntag)* Karte 32/45 €
Spez. Graupengemüse mit Kalbskopf und gebratenem Hummer. Jakobsmuscheln mit warmem Selleriegelee und Bleichsellerieschaum, Olivenaroma. Gebratener Steinbutt mit Tomatenvinaigrette und Ruccola-Pesto.
♦ Seit über 30 Jahren ist das Landhaus von 1827 eine Institution in Hamburg. In elegantem Ambiente serviert man Heinz Wehmanns klassische Küche. Bemerkenswert: der Weinkeller. Hübsch ist das freundliche Bistro mit seiner hellen Holztäfelung.

Le Canard nouveau (Ali Güngörmüs)
*Elbchaussee 139 ⌂ 22763 – ℰ (040) 88 12 95 31 – info@lecanard-hamburg.de
– Fax (040) 88129533 – geschl. 1.-7. Jan., Montag, Samstagmittag und
Sonntagmittag* AU d
Rest – Menü 33 € (mittags)/98 € – Karte 58/69 €
Spez. Ziegenkäse-Feigentortellini mit krossem Parmaschinken und Lorbeerjus. Paniertes Kotelett und gratinierter Rücken vom Lamm mit Gurken-Joghurtdip. Schokoladenkuchen mit Mango-Chilisorbet.
♦ Halbrund in seiner Architektur ist das oberhalb der Elbe liegende, schlicht-moderne Restaurant. Das Speiseangebot gibt es mittags in der einfacheren, günstigeren Variante.

Fischereihafen Restaurant
*Große Elbstr. 143 ⌂ 22767 – ℰ (040) 38 18 16 – info@fischereihafenrestaurant.de
– Fax (040) 3893021* BU d
Rest – *(Tischbestellung ratsam)* Menü 19 € (mittags)/50 € – Karte 32/72 €
♦ Eine Institution in Hamburg ist dieses klassische Restaurant mit regional ausgelegter, auf Fischgerichte spezialisierter Küche. Terrasse zur Elbe hin.

Au Quai
*Grosse Elbstr. 145 b ⌂ 22767 – ℰ (040) 38 03 77 30 – info@au-quai.com
– Fax (040) 38037732 – geschl. Samstagmittag, Sonntag* BU q
Rest – Menü 18 € (mittags) – Karte 34/58 €
♦ Direkt am Hafen finden Sie diese Trendadresse mit Terrasse zum Wasser. Die Einrichtung ist modern mit Designstücken und holographischen Lichtobjekten ergänzt worden.

IndoChine
*Neumühlen 11 ⌂ 22763 – ℰ (040) 39 80 78 80 – info@indochine.de – Fax (040)
39807882* AU h
Rest – Menü 44/55 € – Karte 36/52 €
♦ Eine tolle Sicht hat man besonders von den Fensterplätzen des modern-eleganten Restaurants an der Elbe. Man kocht kambodschanisch, laotisch, vietnamesisch. Sehenswert: IceBar.

Tafelhaus (Christian Rach)
*Neumühlen 17 ⌂ 22763 – ℰ (040) 89 27 60 – anfrage@tafelhaus.de – Fax (040)
8993324 – geschl. Samstagmittag, Sonntag - Montag* AU t
Rest – *(Tischbestellung ratsam)* Menü 45 € (mittags)/93 €
– Karte 70/83 €
Spez. Jakobsmuscheln mit vier Aromen. Ganzer Steinbutt (2 Pers.). Rehschulter mit Zitronenpesto und Lavendel.
♦ Das modern-puristische Restaurant an der Elbe überzeugt mit kreativ-französischer Küche. Vom Restaurant und der Terrasse aus kann man den regen Schiffsverkehr verfolgen.

HAMBURG S. 19

La Vela
Große Elbstr. 27 ⊠ 22767 – ℰ (040) 38 69 93 93 – la-vela@t-online.de
– Fax (040) 38086788 CU **b**
Rest – Karte 32/46 €
♦ Direkt neben dem Fischmarkt liegt das Restaurant in einem ehemaligen Speicher - bistroartiges Interieur und freundlicher Service bestimmen die Atmosphäre. Nette Elbterrasse!

Henssler Henssler
Große Elbstr. 160 ⊠ 22767 – ℰ (040) 38 69 90 00 – Fax (040) 38699055
– geschl. Juli 4 Wochen, Sonn- und Feiertage BU **u**
Rest – (Tischbestellung ratsam) Karte 30/55 €
♦ Vater und Sohn betreiben das fernöstlich inspirierte, schlicht-moderne Restaurant in einer alten Fischverkaufshalle: japanische Küche mit kalifornischen Einflüssen. Sushi-Bar.

Rive Bistro
Van-der-Smissen-Str. 1, (Kreuzfahrt-Center) ⊠ 22767 – ℰ (040) 3 80 59 19 – info@rive.de – Fax (040) 3894775 BU **r**
Rest – (Tischbestellung ratsam) Karte 26/42 €
♦ Unmittelbar am Hafen, nahe dem Fischmarkt liegt dieses moderne Restaurant. Die internationale Küche bietet überwiegend Fischgerichte. Frische Austern gibt es an der Bar.

Das Weisse Haus
Neumühlen 50 ⊠ 22763 – ℰ (040) 3 90 90 16 – info@das-weisse-haus.de
– Fax (040) 3908799 – geschl. Sonntag AU **s**
Rest – (Tischbestellung erforderlich) Menü 30/38 €
♦ Ein gepflegtes, schlicht gehaltenes Restaurant in einem kleinen weißen Haus an der Elbpromenade. Mittags täglich wechselnde preiswerte Gerichte, abends ein Überraschungsmenü.

In Hamburg-Bahrenfeld

Gastwerk
Beim Alten Gaswerk 3 (Ecke Daimlerstraße) ⊠ 22761 – ℰ (040) 89 06 20 – info@gastwerk-hotel.de – Fax (040) 8906220 AU **j**
141 Zim – †136/182 € ††136/182 €, ⊊ 18 € – 3 Suiten
Rest – (geschl. Samstagmittag, Sonntagmittag) Karte 36/42 €
♦ Hier hat man imposante Industriearchitektur gelungen mit modernem Design kombiniert. Entstanden sind schöne Zimmer, Lofts und Suiten - zwei der Suiten mit Dachterrasse. Modernes Restaurant mit italienischer Küche.

25hours
Paul-Dessau-Str. 2 ⊠ 22761 – ℰ (040) 85 50 70 – info@25hours-hotel.com
– Fax (040) 85507100 AU **n**
104 Zim – †105/145 € ††105/145 €, ⊊ 13 € – **Rest** – *(geschl. Samstagabend - Sonntag)* Karte 26/36 €
♦ Das Hotel nahe dem Gastwerk ist ein erweitertes ehemaliges Lagerhaus. Modernes Retro-Design schafft eine trendige Atmosphäre. Die Bar bietet Snacks.

Das kleine Rote (Gunnar Hinz)
Holstenkamp 71 ⊠ 22525 – ℰ (040) 89 72 68 13 – das-kleine-rote@web.de
– Fax (040) 89726814 – geschl. Samstagmittag, Sonntag - Montag AT **a**
Rest – (Tischbestellung ratsam) Menü 39 € (mittags)/79 € – Karte 50/80 €
Spez. Tatar vom Wolfsbarsch mit Gurken und gebackenen Austern. Butterpochierter Hummer mit grünem Spargel und Tomaten-Vanillejus. Haxe, Bries und Filet vom Kalb mit Bohnenkernen und Kartoffelkrapfen.
♦ Ein kleines rotes Häuschen mit hübschem Garten beherbergt das moderne, in warmen Tönen gehaltene Restaurant. Dezentes Licht erzeugt vor allem abends eine angenehme Atmosphäre.

Saliba
Leverkusenstr. 54 ⊠ 22761 – ℰ (040) 85 80 71 – info@saliba.de – Fax (040) 858082 BU **h**
Rest – *(geschl. Montag, nur Abendessen)* (Tischbestellung ratsam) Menü 39/49 €
♦ Bewusst schlicht sind die Räume in dem ehemaligen Fabrikgebäude im orientalischen Stil gehalten. Exotisch wie die Musik ist auch die ansprechende syrische Küche.

HAMBURG S. 20

Atlas
Schützenstr. 9a (Eingang Phoenixhof) ⊠ 22761 – ℰ (040) 8 51 78 10 – atlas@atlas.at – Fax (040) 8517811 – geschl. Samstagmittag
AU **b**
Rest – Menü 28 € (abends) – Karte 27/39 €
- Die einstige Fischräucherei ist heute ein Restaurant in neuzeitlichem Bistrostil. Am Mittag bietet man eine kleine Karte, sonntagmittags Brunch. Nette efeuberankte Terrasse.

In Hamburg-Bergstedt Nord-Ost : 17 km über Bramfelder Chaussee und B 434 R :

Alte Mühle
Biergarten
Alte Mühle 34 ⊠ 22395 – ℰ (040) 6 04 91 71 – altemuehle34@aol.com – Fax (040) 60449172 – geschl. Feb. 3 Wochen und Montag - Dienstag
Rest – Karte 18/31 €
- Nette rustikale Adresse mit schönem Biergarten, deren Angebot mit regionalen Gerichten durchzogen ist. Nutzen Sie das kleine Häuschen am See für besondere Feierlichkeiten!

In Hamburg-Billbrook

Böttcherhof
Wöhlerstr. 2 ⊠ 22113 – ℰ (040) 73 18 70 – info@boettcherhof.com – Fax (040) 73187899
S **p**
155 Zim – †105/180 € ††125/200 €, ⊆ 16 € – **Rest** – Karte 30/47 €
- Hell und hochwertig mit massivem Kirschholz und geschmackvollen Farben ausgestattet sind die Zimmer dieses neuzeitlichen, gepflegten Hauses. Freundlich gestaltetes Restaurant.

In Hamburg-Blankenese West : 16 km über Elbchaussee S :

Süllberg - Seven Seas (Karlheinz Hauser) mit Zim
Süllbergsterrasse 12 ⊠ 22587 – ℰ (040) 8 66 25 20
– info@suellberg-hamburg.de – Fax (040) 86625213
11 Zim – †170/190 € ††190/220 €, ⊆ 17 €
Rest – (geschl. 2. - 22. Jan. und Montag - Dienstag, Mittwoch - Samstag nur Abendessen) Menü 65/128 € – Karte 74/100 €
Rest *Bistro* – Karte 37/57 €
Spez. Thunfisch und Jakobsmuscheln mit grüner Mango und tasmanischem Pfeffer. Bar de Ligne mit Lardo di Colonata. Lammrücken und confierte Keule mit Polentanudeln.
- Ein Schmuckstück der wilhelminischen Epoche ist das Süllberg-Ensemble hoch über der Elbe. In modern-elegantem Ambiente genießt man mediterrane Küche und eine tolle Sicht. Im Hotelbereich erwarten den Gast geschmackvolle Zimmer und kosmetische Anwendungen.

In Hamburg-Duvenstedt Nord-Ost : 21 km über Langhorner Chaussee R :

Lenz
Poppenbütteler Chaussee 3 ⊠ 22397 – ℰ (040) 60 55 88 87
– Fax (040) 60751865 – geschl. Dienstag
Rest – Karte 18/39 €
- Dieses neue Restaurant an der nördlichen Grenze Hamburgs bietet in modernem Ambiente regionale und internationale Küche sowie Deftiges und Steaks vom Lavasteingrill.

In Hamburg-Eppendorf

Poletto
Eppendorfer Landstr. 145 ⊠ 20251 – ℰ (040) 4 80 21 59 – Fax (040) 41406993
– geschl. Jan. 1 Woche, Juli - Aug. 2 Wochen und Samstagmittag, Sonntag - Montag, Feiertage
R **c**
Rest – (Tischbestellung ratsam) Menü 35 € (mittags)/115 € – Karte 75/90 €
Spez. Spargel-Tortelloni mit mariniertem Bachsaibling und Nussbutterverjus. Steinbutt an der Gräte gegart mit violetten Artischocken und Kapernäpfeln. Weinbergpfirsich aus dem Ofen mit gebackener Amarettinipraline.
- Mit Engagement und ausgezeichneter italienisch-mediterraner Küche kümmern sich Cornelia und Remigio Poletto um ihre Gäste. Das Restaurant ist angenehm hell und elegant.

HAMBURG S. 21

Piment (Wahabi Nouri)
*Lehmweg 29 ⊠ 20251 – ℰ (040) 42 93 77 88 – info@restaurant-piment.de
– Fax (040) 42937789 – geschl. 10. - 20. März und Sonntag* — DT **a**
Rest – *(nur Abendessen)* (Tischbestellung ratsam) Menü 65/82 €
– Karte 57/64 €
Spez. Gänsestopfleberterrine mit Topinambur-Carpaccio und Ingwerkrokant. Meeräsche mit Maracuja-Fenchelgemüse und Olivennage. Rücken und B'stilla vom Lamm.
♦ Wahabi Nouri bietet in dem schönen Jugendstilhaus klassische Küche, in die er gekonnt nordafrikanische Elemente einfließen lässt. Rottöne schaffen eine warme Atmosphäre.

Goldfisch
*Isekai 1 ⊠ 20249 – ℰ (040) 57 00 96 90 – info@goldfisch.de
– Fax (040) 47194266* — ET **b**
Rest – Karte 37/53 €
♦ Ein helles, freundliches Restaurant mit offener, einsehbarer Küche und modernem, internationalem Angebot. Die Bar und ein Teil der Terrasse liegen zum Kanal hin. Bootsverleih.

In Hamburg-Finkenwerder

Golden Tulip Hamburg Aviation
*Hein-Saß-Weg 40 ⊠ 21129
– ℰ (040) 3 00 84 90 – info@
goldentuliphamburgaviation.com – Fax (040) 300849900*
170 Zim – †79/139 € ††99/159 €, ⊃ 15 € – **Rest** – Karte 27/38 €
♦ Schön liegt das moderne Hotel an der Elbe - vom eigenen Fähranleger aus erreicht man bequem das Zentrum. Die Zimmer bieten meist Elbblick, geräumiger sind die Superior-Zimmer.

Am Elbufer garni
Focksweg 40a ⊠ 21129 – ℰ (040) 7 42 19 10 – hotel-@m-elbufer.de – Fax (040) 74219140 – geschl. 23. Dez. - 5. Jan. — S **b**
15 Zim ⊃ – †78/100 € ††105/130 €
♦ Ein kleines familiäres Hotel mit modernen Zimmern. Vom hellen Frühstücksraum und einigen Zimmern blicken Sie auf die Elbe und das gegenüberliegende Ufer (Blankenese).

Finkenwerder Elbblick
*Focksweg 42 ⊠ 21129 – ℰ (040) 7 42 70 95 – restaurant@
finkenwerder-elbblick.de – Fax (040) 7434672* — S **b**
Rest – Menü 27 € – Karte 24/43 €
♦ Klassisches Restaurant mit Elbterrasse, dessen Name nicht zuviel verspricht: Während die Blicke den vorbeiziehenden Schiffen folgen, serviert man vorwiegend Fischgerichte.

In Hamburg-Flottbek

Landhaus Flottbek
*Baron-Voght-Str. 179 ⊠ 22607 – ℰ (040) 8 22 74 10 – info@landhaus-flottbek.de
– Fax (040) 82274151* — S **m**
25 Zim – †90/120 € ††115/150 €, ⊃ 13 € – **Rest** – *(geschl. Samstagmittag, Sonntagmittag)* Karte 34/43 €
♦ Mehrere Bauernhäuser aus dem 18. Jh. bilden diese Anlage mit schönem Garten. Liebevoll und individuell eingerichtete Landhauszimmer - rustikal-elegant im Stil. Im Restaurant bietet man internationale Küche aus guten Produkten. Gemütliche Terrasse zum Garten.

In Hamburg-Fuhlsbüttel

Courtyard by Marriott
*Flughafenstr. 47 ⊠ 22415 – ℰ (040) 53 10 20 – service@airporthh.com
– Fax (040) 53102222* — R **p**
159 Zim – †149/179 € ††149/179 €, ⊃ 17 € – **Rest** – Karte 27/50 €
♦ Das im Landhausstil erbaute Hotel liegt nur 500 m vom Flughafen entfernt und überzeugt mit einer funktionellen und dennoch klassisch-eleganten Einrichtung. Restaurant mit internationalem Angebot.

HAMBURG S. 22

Ibis Airport
Alsterkrugchaussee 445 ⊠ 22335 – ℰ (040) 21 98 90 – h3694@accor.com – Fax (040) 21989555
R a
157 Zim – †55/75 € ††55/75 €, ⊒ 10 € – **Rest** – *(nur Abendessen) Karte 16/27 €*

◆ Die verkehrsgünstige Lage, praktische Zimmer in sachlichem Stil sowie freundliches Personal sprechen für dieses neuzeitliche Hotel. Shuttle-Service zum nahen Flughafen.

In Hamburg-Groß-Borstel

Entrée garni
Borsteler Chaussee 168 ⊠ 22453 – ℰ (040) 5 57 78 80 – info@entree-hotel.de – Fax (040) 55778810
R t
20 Zim ⊒ – †105/120 € ††125/150 €

◆ Das freundlich geführte Hotel verfügt über wohnliche Zimmer mit farblich gut abgestimmter Einrichtung, teilweise mit Balkon oder Erker.

In Hamburg-Harburg

Lindtner ⌕
Heimfelder Str. 123 ⊠ 21075 – ℰ (040) 79 00 90 – info@lindtner.com – Fax (040) 79009482
S g
128 Zim – †195/275 € ††235/315 €, ⊒ 17 € – 9 Suiten
Rest – Karte 43/61 €

◆ Eine großzügige Halle sowie individuelle und elegante Zimmer, teils mit Balkon oder Dachterrasse, machen dieses Hotel aus. Eine Sammlung zeitgenössischer Kunst ziert das Haus. Das Restaurant: hell und freundlich oder rustikal.

In Hamburg-Langenhorn

Speisewirtschaft Wattkorn mit Zim   Biergarten
Tangstedter Landstr. 230 (über R) ⊠ 22417 – ℰ (040) 5 20 37 97 – michael.wollenberg@wattkorn.de – Fax (040) 5209044
13 Zim ⊒ – †45/80 € ††85/100 € – **Rest** – Menü 29 € – Karte 30/43 €

◆ Das Fachwerk-Klinkerhaus beherbergt ein rustikal gestaltetes Restaurant mit schmackhafter regionaler, teils internationaler Küche. Netter Terrassen- und Gartenbereich. Gästezimmer im Landhausstil.

In Hamburg-Lemsahl-Mellingstedt über Alte Landstraße R :

Steigenberger Hotel Treudelberg
Lemsahler Landstr. 45 ⊠ 22397 – ℰ (040) 60 82 20 – info@treudelberg.com – Fax (040) 60822444
135 Zim – †136/166 € ††136/166 €, ⊒ 18 € – **Rest** – Karte 31/51 €

◆ Ein elegantes Hotel mit verschiedenen Zimmerkategorien. Blick ins Grüne bieten die Gästezimmer zum Golfplatz hin, besonders geräumig sind die Studios und Juniorsuiten. Klassisch-gediegenes Restaurant mit Wintergarten und schöner Terrasse.

Stock's Fischrestaurant
An der Alsterschleife 3 ⊠ 22399 – ℰ (040) 6 11 36 20 – info@stocks.de – Fax (040) 602002826 – geschl. Montag, Samstagmittag
Rest – (Tischbestellung ratsam) Menü 20 € (mittags) – Karte 26/53 €

◆ Das reetgedeckte Fachwerkhaus a. d. 18. Jh. wurde nach einem Brand originalgetreu rekonstruiert und um einen Wintergarten ergänzt. Angeboten werden Fischgerichte.

In Hamburg-Lohbrügge Süd-Ost : 15 km über B 5 :

Alt Lohbrügger Hof
Leuschnerstr. 76 ⊠ 21031 – ℰ (040) 7 39 60 00 – hotel@altlohbruegerhof.de – Fax (040) 7390010
67 Zim – †97 € ††122 € – **Rest** – Karte 18/33 €

◆ Hinter der aparten Backsteinfassade erwarten Sie schöne, mit Stilmobiliar ländlich-elegant eingerichtete Gästezimmer sowie ein gutes Frühstücksbuffet. Hoteleigene Kegelbahn. Restaurant mit rustikalem Touch.

HAMBURG S. 23

In Hamburg-Nienstedten West : 13 km über Elbchaussee S :

Louis C. Jacob
≤ Elbe, Rest,
Elbchaussee 401 ⌂ *22609* – ℘ *(040) 82 25 50* – *jacob@hotel-jacob.de* – *Fax (040) 82255444*
85 Zim – †195/245 € ††255/485 €, ⌑ 26 € – 8 Suiten
Rest *Weinwirtschaft Kleines Jacob* – separat erwähnt
Rest – (Tischbestellung ratsam) Menü 63 € (mittags)/98 € – Karte 67/95 €
Spez. In Milch pochierter Steinbutt mit Pommerysenf-Nussbutter und Pellkartoffelsalat. Taube mit Sauce Rouennaise und Dattelpüree. Himbeer-Mille-Feuille mit Basilikumöl und Sauerrahmeis.
♦ Das elegante Hotel an der Elbe besticht durch professionellen Service und schöne Zimmer, in denen man moderne und klassische Elemente gelungen kombiniert hat. Im stilvollen Restaurant und auf der herrlichen Terrasse unter Linden bietet man französische Küche.

Weinwirtschaft Kleines Jacob – Hotel Louis C. Jacob   Biergarten
Elbchaussee 404 ⌂ *22609* – ℘ *(040) 82 25 55 10*
– *kleines-jacob@hotel-jacob.de* – *Fax (040) 82255444* – geschl. Mitte Juli - Mitte Aug. und Dienstag
Rest – *(Montag - Samstag nur Abendessen)* Karte 24/41 €
♦ Eine äußerst gemütliche Weinstuben-Atmosphäre herrscht in dem kleinen Häuschen gegenüber dem Hotel Louis C. Jacob. Das Angebot ist mediterran ausgelegt.

Il Sole
Nienstedtener Str. 2 b ⌂ *22609* – ℘ *(040) 82 31 03 30* – *info@il-sole.de* – *Fax (040) 82310336* – geschl. Montag, Samstagmittag
Rest – Karte 28/41 €
♦ Ein Restaurant mit mediterranem Flair, in dem man freundlichen Service und italienische Küche mit internationalem Einfluss bietet. Unter der Woche kleinere Mittagskarte.

In Hamburg-Osdorf West : 12 km über B 431 S :

Lambert
Osdorfer Landstr. 239 (B 431) ⌂ *22549* – ℘ *(040) 87 87 89 80* – *info@lambert-hamburg.de* – *Fax (040) 87878981* – geschl. Samstagmittag, Sonntagmittag, Montag
Rest – Menü 19 € (mittags)/29 € – Karte 21/40 €
♦ Nett ist dieses rustikale Restaurant in einem alten Fachwerkhaus - im Winter mit gemütlichem Kaminfeuer. Man bietet regionale und internationale Küche sowie Flammkuchen.

In Hamburg-Rothenburgsort

Holiday Inn
Billwerder Neuer Deich 14 ⌂ *20539* – ℘ *(040) 7 88 40* – *info@hi-hamburg.de*
– *Fax (040) 78841000*   S k
385 Zim – †89/179 € ††89/179 €, ⌑ 17 € – 12 Suiten – **Rest** – Karte 25/33 €
♦ Das Hotel liegt direkt an der Elbe und ist mit seiner funktionellen, technisch guten Ausstattung ideal für Geschäftsleute. Besonders schön ist die Sicht vom Executive-Bereich. Restaurant mit internationalem Angebot.

In Hamburg-St. Pauli

East
Simon-von-Utrecht-Str. 31 ⌂ *20359* – ℘ *(040) 30 99 30* – *info@east-hamburg.de*
– *Fax (040) 30993200*   GY n
125 Zim – †155/175 € ††175/195 €, ⌑ 14 € – 3 Suiten – **Rest** – Karte 32/43 €
♦ Aus einer ehemaligen Eisengießerei ist das schöne Designerhotel mit ganz modernen Zimmern und Bar/Lounge auf 2 Ebenen entstanden. Kino, Indoor-Golf, Putting Green im Garten. Nicht ganz alltäglicher Restaurantbereich in der einstigen Werkshalle.

Ibis St. Pauli Messe garni
Simon-von Utrecht-Str. 63 ⌂ *20359* – ℘ *(040) 65 04 60* – *h3680@accor.com*
– *Fax (040) 65046555*   GZ b
162 Zim – †79/104 € ††79/104 €, ⌑ 10 €
♦ In einer Parallelstraße zur Reeperbahn liegt dieses Hotel mit funktionellen, sachlich gestalteten Zimmern und freundlichem Frühstücksraum.

HAMBURG S. 24

Artisan
*Kampstr. 27 ⊠ 20357 – ℰ (040) 42 10 29 15 – ahoi@artisan-hamburg.com
– Fax (040) 42102916 – geschl. Jan. 1 Woche und Sonntag - Montag* GX **a**
Rest – Menü 35/75 €
◆ Puristisch-modern ist das Ambiente in dem Restaurant in der Nähe des Schlachthofs. Geboten wird französische Küche mit eigenem Stil - mittags einfache kleine Speisenauswahl.

In Hamburg-Schnelsen

Ökotel
*Holsteiner Chaussee 347 ⊠ 22457 – ℰ (040) 5 59 73 00 – info@oekotel.de
– Fax (040) 55973099* R **m**
23 Zim ⊇ – †62/95 € ††80/109 € – 3 Suiten – **Rest** – *(geschl. Samstag - Sonntag, nur Abendessen für Hausgäste)*
◆ Dieses Hotel ist ein nach ökologischen Kriterien gebautes, eingerichtetes und geführtes Haus mit wohnlichen Gästezimmern. Einige der Zimmer liegen ruhiger nach hinten.

Ausspann
*Holsteiner Chaussee 428 ⊠ 22457 – ℰ (040) 5 59 87 00 – info@hotel-ausspann.de
– Fax (040) 55987060* R **v**
30 Zim ⊇ – †69/75 € ††90/99 € – **Rest** – *(Montag - Samstag nur Abendessen)* Karte 25/35 €
◆ Das bereits 1894 als Ausspann - Wirtshaus mit Stall - existierende Haus ist heute ein freundlich geführtes Hotel mit gepflegten Zimmern und schönem Garten. Internationale Küche bietet das helle, neuzeitlich-gediegene Restaurant mit netter Terrasse.

In Hamburg-Sülldorf West : 15 km über Osdorfer Weg S :

Memory
*Sülldorfer Landstr. 222 (B 431) ⊠ 22589 – ℰ (040) 86 62 69 38 – hh@
memory-hamburg.de – Fax (040) 86626939 – geschl. Dienstag*
Rest – Menü 14 € (mittags)/90 € – Karte 31/47 €
◆ Ein helles, leicht elegant gestaltetes Restaurant in mediterranen Tönen mit netter Terrasse zum kleinen Garten hin. Geboten wird internationale Küche.

In Hamburg-Volksdorf Nord-Ost : 16 km über Ahrensburger Straße (B 75) R :

Dorfkrug
*Im Alten Dorfe 44, (Museumsdorf) ⊠ 22359 – ℰ (040) 6 03 92 94
– dorfkrug-volksdorf@t-online.de – Fax (040) 51318180 – geschl. Montag*
Rest – *(Dienstag - Freitag nur Abendessen)* Menü 45 € – Karte 27/42 €
◆ In einem kleinen Museumsdorf liegt das ca. 200 Jahre alte reetgedeckte Bauernhaus - heute ein gemütliches Restaurant mit rustikaler Einrichtung und Kamin.

In Hamburg-Wandsbek

Ni Hao
*Wandsbeker Zollstr. 25 ⊠ 22041 – ℰ (040) 6 52 08 88 – info@ni-hao.de
– Fax (040) 6520885* R **x**
Rest – Menü 26/36 € – Karte 19/40 €
◆ Hinter einer großen Fensterfront befindet sich dieses klassisch-elegante, in zeitlosem Stil gehaltene Restaurant mit chinesischer Küche. Sommerterrasse auf dem Vorplatz.

In Hamburg-Wellingsbüttel

Rosengarten garni
*Poppenbüttler Landstr. 10b ⊠ 22391 – ℰ (040) 6 08 71 40 – info@
hotel-rosengarten-hamburg.de – Fax (040) 60871437 – geschl. 1. - 7. Jan.,
13. - 31. Juli* R **s**
12 Zim ⊇ – †69/89 € ††100/110 €
◆ Ein kleines Hotel unter familiärer Leitung mit sehr gepflegten Gästezimmern, die teilweise recht ruhig zum hübschen Garten hin liegen.

HAMBURG S. 25

In Hamburg-Winterhude

XX **Allegria**
Hudtwalckerstr. 13, (Komödie Winterhuder Fährhaus) ✉ *22299*
– ℰ (040) 46 07 28 28 – info@allegria-restaurant.de – Fax (040) 46072607
– geschl. Montag
Rest – *(Dienstag - Samstag nur Abendessen)* Menü 34/70 € – Karte 34/56 € R z
♦ Im Winterhuder Fährhaus, einem modernen Stahl-Glas-Bau, bietet man gute internationale Küche mit österreichischem Einfluss. Freundlich leitet die Chefin den Service.

XX **Portomarin**
Dorotheenstr. 180 ✉ *22299 – ℰ (040) 46 96 15 47*
– info@portomarin.de – Fax (040) 28800696 – geschl. Juli - Aug. 4 Wochen
und Sonntag - Montag ET n
Rest – *(nur Abendessen)* (Tischbestellung ratsam) Karte 29/44 €
♦ Eine warme Atmosphäre herrscht in dem neuzeitlichen, nach dem Geburtsort des Inhabers benannten Restaurant. Zur spanischen Küche empfiehlt der Chef gerne entsprechende Weine.

> Das Symbol in Rot 🌿 weist auf besonders ruhige Häuser hin –
> hier ist nur der Gesang der Vögel am frühen Morgen zu hören…

HAMELN – Niedersachsen – **541** – 58 910 Ew – Höhe 62 m 28 **H9**

▶ Berlin 327 – Hannover 45 – Bielefeld 80 – Hildesheim 48
ADAC Hafenstr. 14
🄑 Deisterallee 1, ✉ 31785, ℰ (05151) 95 78 23, touristinfo@hameln.de
🄖 Aerzen, Schwöbber 8 ℰ (05154) 98 70
◉ Rattenfängerhaus★ **N** – Hochzeitshaus★ **B**
◉ Hämelschenburg★ über die B 83 : 11 km

Stadtplan siehe nächste Seite

🏨 **Mercure**
164er Ring 3 ✉ *31785 – ℰ (05151) 79 20 – h5397-re@accor.com – Fax (05151) 792191*
105 Zim ⊑ – †83/109 € ††132/149 € – **Rest** – Karte 26/31 € s
♦ Nur wenige Minuten vom historischen Stadtkern entfernt wohnt man hier in einem modernen Tagungshotel. Nett ist die Sauna im 9. Stock mit Blick auf die Altstadt. Neuzeitliches, leicht elegantes Hotelrestaurant.

🏨 **Jugendstil** garni
Wettorstr. 15 ✉ *31785 – ℰ (05151) 9 55 80 – info@hotel-jugendstil.de*
– Fax (05151) 955866 – geschl. 21. Dez. - 7. Jan. e
22 Zim ⊑ – †84/128 € ††111/178 €
♦ Sorgsam hat man die hübsche Gründerzeitvilla saniert und das historische Flair bewahrt. Besonders wohnlich ist die Suite in der oberen Etage mit kleinem Wintergarten.

🏨 **Bellevue** garni
Klütstr. 34 ✉ *31787 – ℰ (05151) 9 89 10 – hotel.bellevue@t-online.de*
– Fax (05151) 989199
18 Zim ⊑ – †62/82 € ††84/110 €
♦ Wohnliche Gästezimmer stehen in der Villa a. d. J. 1910 zur Verfügung. Sie frühstücken im hübschen Erkerzimmer oder im Sommer auf der Gartenterrasse.

🏨 **An der Altstadt** garni
Deisterallee 16 ✉ *31785 – ℰ (05151) 4 02 40 – info@hotel-hameln.de*
– Fax (05151) 402444 – geschl. 21. Dez. - 6. Jan. a
20 Zim ⊑ – †56/79 € ††84/99 €
♦ Im Zentrum befindet sich das im Jahre 1901 erbaute Jugendstilhaus. Ein gepflegtes kleines Hotel mit solide eingerichteten Gästezimmern.

573

HAMELN

Street	No.
Alte Marktstr.	2
Bäckerstr.	3
Bahnhofstr.	
Brückenkopf	6
Deisterallee	8
Deisterstr.	
Emmernstr.	9
Fischpfortenstr.	12
Mertenspl.	13
Mühlenstr.	14
Münsterkirchhof	15
Neuetorstr.	18
Neue Marktstr.	16
Osterstr.	19
Pferdemarkt	21
Ritterstr.	22
Thietorstr.	24
Wendenstr.	25
Wilhelmstr.	27

Auch Hotels und Restaurants können sich ändern.
Kaufen Sie deshalb jedes Jahr den neuen Michelin-Führer!

HAMM IN WESTFALEN – Nordrhein-Westfalen – **543** – 184 970 Ew – Höhe 63 m
27 **E10**

▶ Berlin 459 – Düsseldorf 111 – Bielefeld 72 – Dortmund 44
ADAC Wilhelmstr. 50
🛈 Willy-Brandt-Platz, ✉ 59065, ☏ (02381) 2 34 00, info@verkehrsverein-hamm.de
⛳ Hamm-Drechen, Drei-Eichen-Weg 5 ☏ (02385) 91 35 00

Stadtplan siehe gegenüberliegende Seite

Mercure
Neue Bahnhofstr. 3 ✉ *59065* – ☏ *(02381) 9 19 20 – h2941@accor.com*
– Fax (02381) 9192833
Z a
142 Zim – ♂80/120 € ♂♂135/147 €, ☕ 15 € – **Rest** – Karte 22/39 €

♦ Zentrumsnah am Hauptbahnhof ist dieses Tagungshotel mit funktionellen Zimmern situiert. Entspannung finden Sie im Dachgartenschwimmbad mit Sauna und Solarium. Hell und groß zeigt sich der modern ausgestattete Restaurantbereich.

HAMM IN WESTFALEN

In Hamm-Wiescherhöfen über Hafenstraße Y und Kamener Straße :

XXX **Wieland-Stuben**
Wielandstr. 84 ⊠ 59077 – ℘ (02381) 40 12 17
– wielandstuben@hamcom.biz – Fax (02381) 405659 – geschl. Samstagmittag, Montag
Rest – Menü 35/54 € – Karte 34/60 €
♦ Geschmackvoll-elegant und individuell hat man die drei Restauranträume gestaltet. Geboten wird eine gehobene klassische Küche. Sehr schön: die mediterran wirkende Terrasse.

X **Mausefalle**   Biergarten
Provinzialstr. 37 ⊠ 59077 – ℘ (02383) 25 65 – Fax (02383) 950053
– geschl. 29. Sept. - 11. Okt. und Montag
Rest – *(nur Abendessen)* Karte 23/49 €
♦ Diese ländliche Adresse ist ein netter Familienbetrieb mit bürgerlichem Speisenangebot und schönem Biergarten. Veranstaltungsraum.

HAMM IN WESTFALEN

Bahnhofstr.	Z 2	Heinrich-Lübke-Str.	Z 20
Bismarckstr.	Z 4	Luisenstr.	Z 25
Gustav-Heinemann-Str.	Y 18	Marktpl.	Y 22
Hafenstr.	Y 19	Martin-Luther-Pl.	Y 27
		Martin-Luther-Str.	Y 29
		Münsterstr.	Y 30
		Neue Bahnhofstr.	Z 32
		Nordstr.	Y 34
		Oststr.	Y
Otto-Brenner-Str.	Z 36	Schillerpl.	Z 42
Otto-Kraft-Pl.	Z 37	Theodor-Heuss-Pl.	Z 45
Richard-Matthaei-Pl.	Y 39	Westentor	Y 46
		Weststr.	Y
		Wilhelmstr.	Z 52
		Willy-Brandt-Pl.	Y 53

575

HAMM (SIEG) – Rheinland-Pfalz – 543 – 3 420 Ew – Höhe 220 m   36 **D13**

▶ Berlin 593 – Mainz 124 – Bonn 65 – Limburg an der Lahn 64

Alte Vogtei
Lindenallee 3, (B 256) ✉ 57577 – ✆ (02682) 2 59 – alte-vogtei@romantikhotels.com – Fax (02682) 8956 – geschl. 9. - 31. Juli
15 Zim ⊡ – †47/107 € ††70/147 € – **Rest** – (geschl. Mittwoch - Donnerstagmittag) Menü 18/50 € – Karte 22/41 €
♦ Das in der 5. Generation von der Familie geleitete Fachwerkhaus von 1753 - Geburtshaus von F. W. Raiffeisen - hat seinen historischen Charme bewahrt. Zimmer mit Antiquitäten. Freigelegte Balken und verwinkelte Räume bestimmen das Restaurant.

HAMMELBURG – Bayern – 546 – 11 960 Ew – Höhe 182 m   49 **I15**

▶ Berlin 487 – München 319 – Würzburg 57 – Bamberg 94
🛈 Kirchgasse 4, ✉ 97762, ✆ (09732) 90 24 30, touristik@hammelburg.de

Stadtcafé garni
Am Marktplatz 8 ✉ 97762 – ✆ (09732) 9 11 90 – hotel@stadtcafe-hammelburg.de – Fax (09732) 1679 – geschl. im Dez.
17 Zim ⊡ – †38/45 € ††65/79 €
♦ Das gepflegte Haus mit zeitgemäßen, funktionellen Zimmern liegt am Marktplatz. Im Café im Erdgeschoss werden hausgemachtes Eis und Backwaren aus eigener Konditorei angeboten.

In Hammelburg-Obererthal Nord : 5 km über B 27, in Untererthal rechts :

Zum Stern (mit Gästehaus)
Obererthaler Str. 23 ✉ 97762 – ✆ (09732) 47 07 – info@landgasthof-stern.com – Fax (09732) 5400 – geschl. 30. Juli - 12. Aug.
21 Zim ⊡ – †25/33 € ††45/55 € – **Rest** – (geschl. Dienstag) Karte 12/22 €
♦ Der in der Ortsmitte gelegene Gasthof mit Gästehaus ist ein gut geführtes, tadellos gepflegtes Hotel mit zeitgemäß eingerichteten Zimmern. Bürgerlich-ländliches Restaurant. Schnäpse aus hauseigener Brennerei.

In Wartmannsroth-Neumühle West : 6 km über Hammelburg-Diebach :

Neumühle
Neumühle 54 ✉ 97797 – ✆ (09732) 80 30 – info@hotel-neumuehle.de – Fax (09732) 80379 – geschl. 2. - 30. Jan.
29 Zim ⊡ – †110/155 € ††180/190 € – 5 Suiten – **Rest** – Karte 37/46 €
♦ Aus der ehemaligen Mühle in schöner Lage an einem Bach ist ein komfortables Hotel entstanden, das mit alten Möbeln, Bildern und Zierrat den historischen Charme bewahrt. Unter dem Dach der einstigen Scheune: internationale Küche in rustikal-elegantem Ambiente.

HAMMINKELN – Nordrhein-Westfalen – siehe Wesel

HANAU – Hessen – 543 – 88 900 Ew – Höhe 104 m   48 **G14**

▶ Berlin 531 – Wiesbaden 59 – Frankfurt am Main 20 – Fulda 89
ADAC Am Markt 1 Y
🛈 Am Markt 14 (Rathaus) Y, ✉ 63450, ✆ (06181) 29 59 50, touristinformation@hanau.de
🛈 Hanau-Wilhelmsbad, Franz-Ludwig-von-Cancrin-Weg 2 ✆ (06181) 18 01 90 Y

Stadtplan siehe gegenüberliegende Seite

Zum Riesen garni
Heumarkt 8 ✉ 63450 – ✆ (06181) 25 02 50 – riesen@hanauhotel.de – Fax (06181) 250259 – geschl. 22. - 26. Dez.   Y **c**
48 Zim ⊡ – †80/130 € ††100/180 €
♦ Eine funktionelle und doch behagliche Unterkunft finden Reisende hier im Herzen der Stadt. Fragen Sie nach der Business-Suite, die komfortabel mit Whirlpool ausgerüstet ist!

HANAU

Am Markt	YZ	3
Am Pedro-Jung-Park	Z	5
Bangertstr.	Y	4
Fischerstr.	Z	7
Französische Allee	Y	9
Graf-Philipp-Ludwig-Str.	Y	10
Hafenpl.	Z	12
Hammerstr.	Y	13
Hanauer Vorstadt	Y	14
Heinrich-Bott-Str.	Y	15
Heraeusstr.	Y	17
Kanatorpl.	YZ	18
Kleine Hainstr.	Y	20
Langstr.	Y	22
Leimenstr.	Y	22
Lindenstr.	Y	23
Lothringer Str.	Z	24
Louise-Schroeder-Str.	Y	25
Nordstr.	Y	26
Nürnberger Str.	Y	27
Philippsruher Allee	Y	29
Ramsaystr.	Y	30
Römerstr.	Y	32
Rosenstr.	Y	32
Schnurstr.	Y	35
Thomas-Münzer-Str.	Y	37
Vor dem Kanaltor	Y	39

HANAU

In Hanau-Steinheim Süd : 4 km über Westerburgstraße und Ludwigstraße Z :

Villa Stokkum
Steinheimer Vorstadt 70 ⊠ 63456 – ℰ (06181) 66 40 – info@
villastokkum.bestwestern.de – Fax (06181) 661580
135 Zim – †128/158 € ††154/174 €, ⊇ 16 € – **Rest** – (geschl. Sonntagabend)
Karte 31/41 €
♦ Komfortable Kingsize-Betten und Marmorbäder erwarten Sie in der Villa, die durch neue Bausubstanz interessant gestaltet wurde. Einige Zimmer mit Klimaanlage. Erdtöne und das große Oberlicht geben dem Restaurant Bella Gusta mediterranen Charme.

Birkenhof (mit Gästehaus)
von-Eiff-Str. 37 ⊠ 63456 – ℰ (06181) 6 48 80 – info@hotelbirkenhof.de
– Fax (06181) 648839
46 Zim ⊇ – †99/119 € ††129/159 € – 4 Suiten – **Rest** – (geschl. Freitag - Sonntag, nur Abendessen) Karte 22/35 €
♦ Das schmucke Landhaus überzeugt durch seinen netten und zuvorkommenden Service. Beim Frühstück erwarten Sie liebevoll angerichtete hausgemachte Zutaten.

Zur Linde (mit Gästehäusern)
Steinheimer Vorstadt 31 ⊠ 63456 – ℰ (06181) 96 43 20 – mail@
hotel-zur-linde-hanau.de – Fax (06181) 659074 – geschl. 22. Dez. - 7. Jan.
32 Zim ⊇ – †69/89 € ††98/126 € – **Rest** – (nur Abendessen für Hausgäste)
♦ Das gut geführte und tadellos gepflegte Hotel bietet solide und zeitgemäß ausgestattete Gästezimmer, die sich auf mehrere Häuser verteilen.

> Gute und preiswerte Häuser kennzeichnet das Michelin-Männchen, der „Bib": der rote „Bib Gourmand" ⊛ für die Küche, der blaue „Bib Hotel" 🛏 bei den Zimmern.

HANDORF – Niedersachsen – 541 – 2 030 Ew – Höhe 6 m   10 **J6**
▶ Berlin 298 – Hannover 145 – Hamburg 49 – Bremen 131

Schwabenstüble
Clueserweg 22a ⊠ 21447 – ℰ (04133) 21 02 51 – schwabenstube@t-online.de
– Fax (04133) 210253 – geschl. Anfang Okt. 1 Woche und Montag - Dienstag
Rest – Karte 21/34 €
♦ Mit Gerichten wie Maultaschen und Schupfnudeln bietet das nette rustikale Restaurant der Familie Stoll Typisches aus dem "Ländle".

HANERAU-HADEMARSCHEN – Schleswig-Holstein – 541 – 3 110 Ew – Höhe 38 m   9 **H3**
▶ Berlin 367 – Kiel 64 – Cuxhaven 120 – Itzehoe 25

Landgasthof Köhlbarg
Kaiserstr. 33 ⊠ 25557 – ℰ (04872) 33 33 – info@koehlbarg.de – Fax (04872) 9119
12 Zim ⊇ – †43/47 € ††69/74 € – **Rest** – (geschl. 3. - 14. Jan. und Dienstag)
Karte 19/29 €
♦ Der sympathische Familienbetrieb empfängt Sie mit zweckmäßigen, mit hellem Naturholz eingerichteten Zimmern - überwiegend in Südlage. Einige verfügen auch über eine Terrasse. Bürgerlich-rustikal das Restaurant, bürgerlich-regional die Speisekarte.

HANN. MÜNDEN – Niedersachsen – 541 – 25 310 Ew – Höhe 127 m – Erholungsort   29 **H11**
▶ Berlin 364 – Hannover 151 – Kassel 23 – Göttingen 34
🛈 Lotzestr. 2, (Rathaus), ⊠ 34346, ℰ (05541) 7 53 13, tourist-info@
hann.muenden.de
⛳ Staufenberg-Speele, Gut Wissmannshof ℰ (05543) 91 03 30 Z
◉ Fachwerkhäuser★★ Y – Rathaus★ YR – Altstadt★ YZ
◉ Wesertal★ (von Hann. Münden bis Höxter)

578

HANN. MÜNDEN

Bremer Schlagd............ **Y** 3	Hedemündener Str. .... **Y** 12	Rosenstr. .... **Z** 20
Burgstr. .... **Z** 6	Kasseler Schlagd .... **Y** 13	Tanzwerderstr. .... **Z** 22
Friedrich-Ludwig-Jahn-Str. .. **Y** 8	Kattenbühl .... **Z** 14	Vogelsangweg .... **Z** 24
Fuldabrückenstr. .... **Z** 9	Lange Str. .... **YZ** 16	Wallstr. .... **Z** 26
	Markt .... **Y** 17	Wanfrieder Schlagd ..... **Y** 27
	Marktstr. .... **Y** 19	Ziegelstr. .... **Z** 30

🏨 **Alter Packhof** 🕭 & 🅿 🚗 VISA ⓿

*Bremer Schlagd 10 ⌧ 34346 – ℘ (05541) 9 88 90 – info@packhof.com
– Fax (05541) 988999 – geschl. Anfang Jan. 1 Woche* **Y b**
25 Zim ⌶ – ♂74/85 € ♂♂112/123 € – **Rest** – *(geschl. Jan. - März Sonntagabend - Montag) Menü 24/39 € – Karte 23/54 €*
♦ Wohnliche Zimmer und Suiten, die mit massivem Naturholz, Marmorbädern und Fußbodenheizung ausgestattet sind, erwarten Sie in dem ehemaligen Lagerhaus a. d. J. 1837. Das Restaurant ist im modernen Landhausstil eingerichtet.

🍴 **Die Reblaus** mit Zim 🈁 📞 VISA ⓿ AE

*Ziegelstr. 32, (Kirchplatz) ⌧ 34346 – ℘ (05541) 95 46 10 – info@die-reblaus.com
– Fax (05541) 954609* **Z d**
3 Zim ⌶ – ♂45 € ♂♂65 € – **Rest** – Karte 24/42 €
♦ Das kleine Restaurant in dem Fachwerkhaus a. d. 17. Jh. ist rustikal-schlicht gestaltet. Gekocht wird international. Einfache zweckmäßige Zimmer zur Übernachtung.

In Hann. Münden-Gimte Nord : 3 km über Göttinger Straße **Y** :

🏨 **Freizeit Auefeld** 🈁 🈁 🈁 🈁 📞 🈁 🅿 🚗 VISA ⓿ AE ①

Hallenbadstr. 33 (nahe der B 3) ⌧ 34346 – ℘ (05541) 70 50 – hotel@ freizeit-auefeld.de – Fax (05541) 1010
93 Zim ⌶ – ♂65/78 € ♂♂82/95 € – **Rest** – Karte 16/33 €
♦ Zeitlos-zweckmäßig mit Kirschbaummöbeln eingerichtete Zimmer erwarten Tagungsgäste und Fitnessfreaks. Zum Austoben: Tennis, Squash, Bowling und vieles mehr. Restaurant mit Fensterfront zur Tennishalle und bürgerlich-internationaler Küche.

579

HANN. MÜNDEN
In Hann. Münden-Laubach Süd-Ost : 6 km über Hedemündener Straße Y :

Werratal Hotel (mit Gästehaus)
Buschweg 40 ⊠ *34346 –* ℘ *(05541) 99 80 – info@werratalhotel.de – Fax (05541) 998140*
40 Zim ⌑ – †49/65 € ††69/85 € – **Rest** – *(geschl. Okt. - März Sonntagabend - Montag)* Karte 22/35 €
◆ Das nette Fachwerkhotel überzeugt mit soliden Landhauszimmern. Am Haus befindet sich eine Anlegestelle, von der aus Kanu- oder Paddelbootstouren unternommen werden. Restaurant mit regionalem und internationalem Angebot.

Letzter Heller
Letzter Heller 7 (über B 80 Y : 4 km) ⊠ *34346 –* ℘ *(05541) 64 46 – letzter-heller@t-online.de – Fax (05541) 6071 – geschl. 1. - 6. Jan. und Donnerstag*
Rest – Menü 25/33 € – Karte 22/35 €
◆ Über 125 Jahre Familientradition: Hinter der Fachwerkfassade werden in den getäfelten Gaststuben im altdeutschen Stil internationale Gerichte serviert.

Hannover: Altes Rathaus

HANNOVER

Bundesland: Niedersachsen
Michelin-Karte: 541
Einwohnerzahl: 516 160 Ew
Höhe: 55 m

Berlin 290 – Bremen 132 – Hamburg 161
Atlas: 19 I8

PRAKTISCHE HINWEISE

Tourist-Information
Ernst-August-Platz 8 **EX**, ⊠ 30159, ℰ (0511) 12 34 51 11, info@hannover-tourism.de

Automobilclubs
ADAC Nordmannpassage 4 **DX**
ADAC Lübecker Str. 17 (Laatzen)

Flughafen
Hannover-Langenhagen (über Vahrenwalder Straße **B** : 11 km),
ℰ (0511) 97 70

Messegelände
Messe Hannover, Laatzener Straße (Süd-Ost : über Messe-Schnellweg **B** und B 6),
⊠ 30521 ℰ (0511) 8 90, Fax (0511) 8932626

Messen
Zu Messezeiten verlangen viele Hotels erhöhte Messepreise

12.01. - 15.01. : Domotex
26.01. - 03.02. : ABF (Freizeit- und Einkaufsmesse)
26.01. - 03.02. : Autosalon
04.03. - 09.03. : CeBIT
21.04. - 15.04. : Hannover Messe
25.09. - 02.10. : IAA-Nutzfahrzeuge
21.10. - 25.10. : Euro-Blech

Golfplätze
Garbsen, Am Blauen See 120 ℰ (05137) 7 30 68
Isernhagen, Gut Lohne 22 ℰ (05139) 89 31 85
Langenhagen, Hainhaus 22 ℰ (0511) 73 68 32
Laatzen-Gleidingen, Am Golfplatz 1 ℰ (05102) 30 55
Sehnde-Rethmar, Seufzerallee 10 ℰ (05138) 7 00 53

HANNOVER

👁 SEHENSWÜRDIGKEITEN

Herrenhäuser Gärten★★ (Großer Garten★★, Berggarten★) **A** - Erlebnis-Zoo★ **B** - Kestner-Museum★ M¹ - Marktkirche (Schnitzaltar★★) **DY** - Niedersächsisches Landesmuseum★ (Urgeschichts-Abteilung★) M² **EZ**

HANNOVER

Kastens Hotel Luisenhof
Luisenstr. 1 ⌧ 30159 – ℘ (0511) 3 04 40 – info@kastens-luisenhof.de – Fax (0511) 3044807
EX **b**
145 Zim ⌑ – †157/427 € ††157/427 € – 5 Suiten – **Rest** – (geschl. Juli - Aug. Sonntag) Menü 23 € (mittags)/45 € – Karte 34/54 €
♦ Hannovers ältestes Hotel - gegründet im Jahre 1856 - befindet sich in zentraler Lage nahe dem Bahnhof und überzeugt mit seinem eleganten Rahmen. Freizeitbereich auf dem Dach. Restaurant mit klassischem Ambiente.

Maritim Grand Hotel
Friedrichswall 11 ⌧ 30159 – ℘ (0511) 3 67 70 – info.hgr@maritim.de – Fax (0511) 3677109
DY **a**
285 Zim – †96/363 € ††120/446 €, ⌑ 17 € – 14 Suiten
Rest *L'Adresse - Brasserie* – Karte 30/51 €
Rest *Wilhelm-Busch-Stube* – (geschl. Samstag - Sonntag) Karte 28/38 €
♦ In dem Hotel gegenüber dem Rathaus erwarten Sie eine schöne Lobby mit Kamin und gediegen-komfortabel ausgestattete Gästezimmer. Stilvoll ist das Restaurant L'Adresse, legerer die Brasserie. Rustikales Ambiente und regionales Angebot in der Wilhelm-Busch-Stube.

Crowne Plaza Schweizerhof
Hinüberstr. 6 ⌧ 30175 – ℘ (0511) 3 49 50 – mail@crowneplaza-hannover.de – Fax (0511) 3495102
EX **d**
201 Zim – †149 € ††149 €, ⌑ 17 € – 4 Suiten – **Rest** – Menü 43/49 € – Karte 31/72 €
♦ Das im Atriumstil gebaute Hotel nahe dem Bahnhof beherbergt eine großzügige Halle, gediegene Zimmer mit guter Technik und einen modernen Wellnessbereich. Angenehm helles Restaurant mit offener Küche.

Maritim Stadthotel
Hildesheimer Str. 34 ⌧ 30169 – ℘ (0511) 9 89 40 – info.hnn@maritim.de – Fax (0511) 9894900
EZ **b**
291 Zim – †95/296 € ††118/369 €, ⌑ 17 € – **Rest** – Karte 25/39 €
♦ Das Hotel liegt zentrumsnah unweit des Maschsees und verfügt über funktionelle, auf den Geschäftsreisenden zugeschnittene Gästezimmer. Restaurant mit klassischem Ambiente.

Courtyard by Marriott
Arthur-Menge-Ufer 3 ⌧ 30169 – ℘ (0511) 36 60 00 – cy.hajcy.sales.mgr@courtyard.com – Fax (0511) 36600555
DZ **b**
149 Zim – †130/145 € ††130/145 €, ⌑ 15 € – 5 Suiten
Rest *Julian's* – ℘ (0511) 36 60 08 23 – Karte 18/43 €
♦ In dem einstigen Kasino stehen heute wohnlich-funktionell ausgestattete Gästezimmer mit Blick zum Maschsee oder auf die City zur Verfügung. Viele Bilder zieren die Wände im neuzeitlich gestalteten Restaurant Julian's. Mit Glasfront zum See und Showküche.

Central-Hotel Kaiserhof
Ernst-August-Platz 4 ⌧ 30159 – ℘ (0511) 3 68 30 – info@centralhotel.de – Fax (0511) 3683114
EX **a**
78 Zim ⌑ – †115/135 € ††147/167 € – **Rest** – Karte 18/43 €
♦ Ein klassischer Hotelbau schräg gegenüber dem Bahnhof mit wohnlich und geschmackvoll im Landhausstil eingerichteten Zimmern und komfortablen Bädern. Restaurant mit offener Showküche und Wiener Café.

Grand Hotel Mussmann garni
Ernst-August-Platz 7 ⌧ 30159 – ℘ (0511) 3 65 60 – reservation@grandhotel.de – Fax (0511) 3656145
EX **v**
140 Zim ⌑ – †102/142 € ††142/172 €
♦ Zentral beim Bahnhof gelegenes Hotel. Hübsch sind die geschmackvoll eingerichteten Zimmer zum begrünten Innenhof und zum Bahnhofsvorplatz.

ANDOR Hotel Plaza
Fernroder Str. 9 ⌧ 30161 – ℘ (0511) 3 38 80 – mail@hotel-plaza-hannover.de – Fax (0511) 3388188
EX **u**
140 Zim ⌑ – †115/140 € ††140 € – **Rest** – Karte 22/34 €
♦ Nur 100 m vom Bahnhof entfernt finden vor allem Geschäftsreisende in dem einstigen Kaufhaus ein modern-funktionelles Hotel mit technisch gut ausgestatteten Zimmern. In der zweiten Etage befindet sich das Restaurant Esprit.

HANNOVER

Savoy
Schloßwender Str. 10 ⊠ 30159 – ℰ (0511)
1 67 48 70 – info@hotel-savoy.de – Fax (0511)
16748710   CV e
22 Zim – ♦89/129 € ♦♦114/154 € –
Rest – (nur für Hausgäste)

♦ Das im Zentrum der Stadt gelegene Hotel überzeugt mit einer Mischung aus Funktionalität und einem Hauch Eleganz. Geschäftsreisende schätzen die moderne Kommunikationstechnik.

Am Rathaus
Friedrichswall 21 ⊠ 30159 – ℰ (0511) 32 62 68
– info@hotelamrathaus.de – Fax (0511)
32626968   EY y
44 Zim – ♦77/85 € ♦♦120 € – **Rest** – (geschl.
Samstag - Sonntag, Feiertage, nur Abendessen)
Karte 20/31 €

♦ Vis-à-vis des schönen Rathausparks gibt sich der seit drei Generationen familiengeführte Betrieb bürgerlich. Mit praktisch eingerichteten Zimmern. Neuzeitliches Restaurant und separate Bierstube mit rustikalem Charakter.

City Hotel garni
Limburgstr. 3 ⊠ 30159 – ℰ (0511) 3 60 70
– info@cityhotelhannover.de – Fax (0511)
3607177   DX c
47 Zim – ♦50/72 € ♦♦75/100 €

♦ Eine sympathische Adresse ist dieses tadellos geführte Hotel in der Fußgängerzone der Messestadt. Die wohnliche Gestaltung versprüht einen Hauch von mediterranem Flair.

Clichy
Weißekreuzstr. 31 ⊠ 30161 – ℰ (0511) 31 24 47
– clichy@clichy.de – Fax (0511) 318283 – geschl.
Sonntag – **Rest** – (nur Abendessen) Menü 71 €
– Karte 45/59 €   EV d

♦ In diesem gediegen eingerichteten Restaurant mit elegantem Touch reicht man eine klassische Karte mit modernen Einflüssen.

Gattopardo
Hainhölzer Str. 1, (Ecke Postkamp) ⊠ 30159
– ℰ (0511) 1 43 75 – gattopardo@gattopardo-
hannover.de – Fax (0511) 1694070   DV f
Rest – (geschl. Sonntag, nur Abendessen)
Menü 27/49 € – Karte 30/42 €

♦ Ein nettes Restaurant mit mediterran-legerer Atmosphäre und italienischem Speiseangebot. Bilder im Comic-Stil setzen farbige Akzente.

Au Camembert
Lärchenstr. 2 ⊠ 30161 – ℰ (0511) 34 48 37 – wissmannjrg@aol.com – Fax (0511)
3886063 – geschl. Montag   FV a
Rest – (nur Abendessen) Menü 30/57 € – Karte 28/40 €

♦ In diesem Restaurant bestimmen hohe Decken und moderne farbenfrohe Bilder das Ambiente. Freundlicher Service und internationale Küche.

Le Monde
Marienstr. 117 ⊠ 30171 – ℰ (0511) 8 56 51 71 – Fax (0511) 781211 – geschl. 1. - 17.
Jan., 8. - 22. Sept. sowie Samstagmittag, Sonn- und Feiertage   FY a
Rest – Menü 20/32 € – Karte 23/39 €

♦ Ein freundliches, mit modernen Bildern dekoriertes Bistro mit Blick auf einen kleinen Park. Sorgfältig bereitet man französische Küche.

Adenauerallee .... B 2
Altenauer Weg .... A 3
Clausewitzstr. .... B 5
Friedrichswall .... B 6

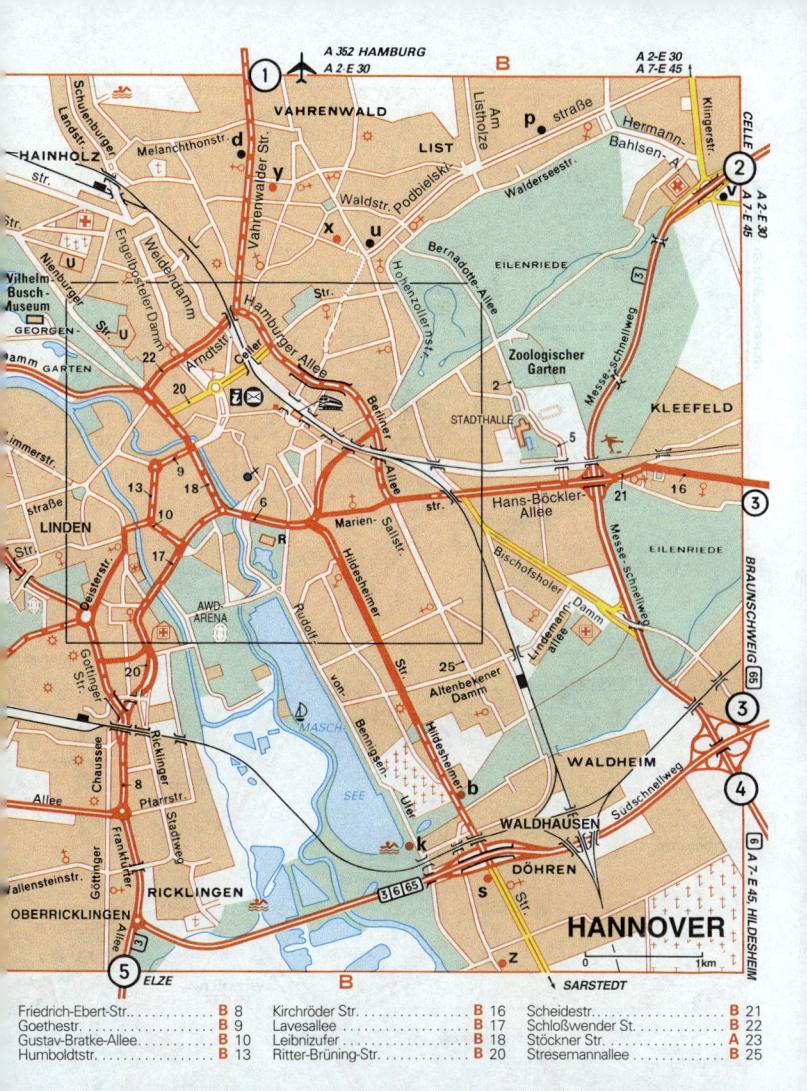

Friedrich-Ebert-Str.	**B** 8	Kirchröder Str.	**B** 16	Scheidestr.	**B** 21
Goethestr.	**B** 9	Lavesallee	**B** 17	Schloßwender St.	**B** 22
Gustav-Bratke-Allee.	**B** 10	Leibnizufer	**B** 18	Stöckner Str.	**A** 23
Humboldtstr.	**B** 13	Ritter-Brüning-Str.	**B** 20	Stresemannallee	**B** 25

Biesler
Sophienstr. 6 ⌂ 30159 – ℰ (0511) 32 10 33 – Fax (0511) 321034
– geschl. Aug. 3 Wochen und Samstagmittag, Sonntag,
Sept. - Mai Samstagmittag, Sonntag - Montag EY **c**
Rest – Karte 32/42 €
♦ Älteste Weinstube Hannovers mit rustikalem Gewölbe. Hier kann man sich in deutsche Küche, zahlreiche Kochbücher und natürlich in ein gutes Glas Wein vertiefen.

In Hannover-Bemerode über Bischofsholer Damm und Südschnellweg **B** :

Ramada Hotel Europa
Bergstr. 2 ⌂ 30539 – ℰ (0511) 9 52 80 – hannover@ramada.de – Fax (0511) 9528488
179 Zim – †75/125 € ††75/125 €, ⌂ 14 € – **Rest** – Karte 16/42 €
♦ Verkehrsgünstig in Messenähe gelegen, bietet das Haus praktische, jedoch behaglich eingerichtete Zimmer. Fitnessbereich und Gästeanimationsprogramm!

C
D
V
X
Y
Z
HERRENHÄUSER GÄRTEN
Schneiderberg
Astern-
PRINZENGARTEN
WELFENGARTEN
UNIVERSITÄT HANNOVER
Universität
Nienburger
Herrenhäuser
Straße
Allee
Jägerstr.
GEORGENGARTEN
Moore
Im
Am
str.
Engelbosteler
Damm
Weidendamm
Vahrenwalder
Str.
Welfenstr.
Hamburger Allee
Hagenstr.
Gustav-Adolf-Str.
Christuskirche
Oberstr.
Felde
Wilhelm-Busch-Str.
Arndtstr.
Nordfelder Reihe
Nikolaistr.
Herschelstr.
Celler
Am Klagesmarkt
Körnerstr.
Schloßwender Str.
Bremer
Damm
23
Königsworther Platz
Brüderstr.
Otto-Brenner-Str.
Goseriede
Brühlstr.
Lange
Laube
Steintor
Kurt-
Schumacher-Str.
ADAC
Schillerstr.
Georgstr.
Kröpcke
Königsworther
Goethestr.
LEINE
Glocksee
Braunstr.
Goethepl.
Clevetor
Schmiedestr.
Osterstr.
18
Spinnereistr.
Limmerstr.
Küchengarten
Clemensstr.
Goethepl.
Leibnizufer
Marktkirche
Karmarschstr.
Markthalle
Marktstr.
Humboldtstr.
Blumenauer
Str.
Calenberger
Stephanusstr.
Minister-Stüve-Str.
15
16
Waterloo
Adolfstr.
Lavesallee
WATERLOO-PLATZ
Gustav-Bratke-Allee
24
Falkenstr.
Lindener Marktplatz
Schwarzer Bär
Von-Alten-Allee
Deisterstr.
Waterloostr.
Culemannstr.
MASCHPARK
Posthornstr.
IHME
Lavesallee
Bruchmeisterallee
Deisterstr.
Rickling
Ayestr.
SCHÜTZENPLATZ
Ritter-Brüning
Str.
Krankenhaus Siloah
Allerweg
Uferstr.
Menge-
Beuermannstr.
Arthur-
AWD-ARENA
MASCH-
Deisterplatz
17
Str.
C
D

Aegidientorpl.	EY	2
Am Küchengarten	CY	3
Am Marstall	DX	4
Am Steintor	DX	5
Bahnhofstr.	EX	7
Bischofsholer Damm	FY	8
Braunschweiger Pl.	FY	9
Emmichpl.	FX	12
Ernst-August-Pl.	EX	13
Friederikenpl.	DY	15
Friedrichswall	DEY	16
Georgstr.	DEX	
Göttinger Str.	CZ	17
Große Packhofstr.	DX	18
Hans-Böckler-Allee	FY	19
Hartmannstr.	FZ	20
Joachimstr.	EX	21
Karmarschstr.	DY	
Königsworther Pl.	CX	23
Lindener Marktpl.	CY	24
Opernpl.	EY	25
Scharnhorststr.	FX	28
Thielenpl.	EX	29
Volgersweg	EX	30

HANNOVER

300m

HANNOVER

In Hannover-Bothfeld über Podbielskistraße B:

Viva Creativo (mit Gästehaus) — Rest,
Im Heidkampe 80 ⊠ *30659 –* ℘ *(0511) 64 75 50 – info@hotel-viva-creativo.de*
– Fax (0511) 6475515 – geschl. 22. Dez. - 2. Jan.
66 Zim ⊇ – †75/90 € ††95/140 € – **Rest** – *(geschl. Dienstag)* Karte 19/38 €
◆ In einem Wohngebiet gelegenes Hotel mit schönem Garten. Nicht ganz alltäglich sind die modern designten Themenzimmer im Gästehaus - von "Jogging" über "Sylt" bis "Weltall". Restaurant mit italienischer Küche - z. T. dienen beschriftete Weinflaschen als Karte.

In Hannover-Buchholz

Mercure Atrium
Karl-Wiechert-Allee 68 ⊠ *30625 –* ℘ *(0511) 5 40 70 – h1701@accor.com*
– Fax (0511) 5407826   B v
217 Zim – †49/365 € ††49/365 €, ⊇ 17 € – 6 Suiten – **Rest** – Karte 30/51 €
◆ Mit gläsernen Liften gelangt man von der Atriumhalle in die wohnlich-gediegenen Zimmer. Im Hotel erwarten Sie auch gute Tagungsmöglichkeiten und ein netter Saunabereich. Elegantes A-la-carte-Restaurant mit kleinem Gourmetbereich.

MGM garni
Baumschulenallee 6 (über Kirchröder Straße und Karl-Wiechert-Allee B) ⊠ *30625*
– ℘ *(0511) 54 05 46 – service@mgm-hotel.com – Fax (0511) 54054999*
– geschl. 24. Dez. - 2. Jan.
28 Zim ⊇ – †70 € ††90 €
◆ Das neuzeitliche Hotel mit seinen funktionell ausgestatteten Gästezimmern liegt nahe der Medizinischen Hochschule und dem Messe-Schnellweg.

Gallo Nero
Groß-Buchholzer Kirchweg 72b (über Podbielskistraße B) ⊠ *30655 –* ℘ *(0511)*
5 46 34 34 – info@gallo-n.de – Fax (0511) 548283
– geschl. Juli - Aug. 2 Wochen, über Weihnachten 1 Woche und Samstagmittag, Sonntag, Feiertage, außer Messen
Rest – Menü 32/59 € – Karte 38/49 €
◆ Schön hat man den rustikalen Rahmen des 400 Jahre alten Bauernhauses mit Modernem kombiniert. Vinothek mit guter Auswahl. Ständige Kunstausstellung in der eigenen "Galleria".

In Hannover-Döhren

Wichmann
Hildesheimer Str. 230 ⊠ *30519 –* ℘ *(0511) 83 16 71*
– info@gastwirtschaft-wichmann.de – Fax (0511) 8379811   B s
Rest – Menü 30 € (mittags)/78 € – Karte 41/79 €
◆ Das regionstypische Haus beherbergt neun verschiedene gemütliche Stuben, von elegant bis rustikal. Serviert werden klassische Speisen. Sehr hübsch ist der Innenhof.

Die Insel
Rudolf-von-Bennigsen-Ufer 81 ⊠ *30519 –* ℘ *(0511) 83 12 14*
– n.schu@dieinsel.com – Fax (0511) 831322   B k
Rest – (Tischbestellung ratsam) Karte 39/70 €
◆ Modern-elegantes Restaurant mit freier Sicht auf den Maschsee. Geboten wird kreativ beeinflusste internationale Küche, mittags kleinere Karte. Ein Blickfang: die lange Theke.

Titus
Wiehbergstr. 98 ⊠ *30519 –* ℘ *(0511) 83 55 24 – restaurant-titus@t-online.de*
– Fax (0511) 8386538 – geschl. 1. - 20. Jan.   B z
Rest – *(nur Abendessen)* (Tischbestellung ratsam) Menü 52/73 € – Karte 54/58 €
◆ Eine recht intime Atmosphäre herrscht in dem hellen, neuzeitlich gestalteten kleinen Restaurant mit ambitionierter internationaler Küche. Moderne Kunst ziert den Raum.

da Vinci
Hildesheimer Str. 228 ⊠ *30519 –* ℘ *(0511) 8 43 65 56 – davinci@rist-da-vinci.de*
– Fax (0511) 8437208 – geschl. Sonntag, außer Messen   B s
Rest – Karte 23/37 €
◆ Das breite Angebot dieses Italieners reicht vom typischen Vorspeisenbuffet über Pizza und hausgemachte Nudeln bis hin zu Fleisch- und Fischgerichten.

HANNOVER

In Hannover-Flughafen über Vahrenwalder Straße B : 11 km :

Maritim Airport Hotel
Flughafenstr. 5 ⊠ 30669 – ℰ (0511) 9 73 70 – info.hfl@maritim.de – Fax (0511) 9737590
527 Zim – ⦿113/367 € ⦿⦿131/396 €, ⊆ 17 € – 29 Suiten
Rest – Menü 24 € (nur Buffet)
Rest *Bistro Bottaccio* – (geschl. Sonntag - Montag) Karte 28/45 €
♦ Das elegant-komfortable Hotel wurde nach dem Vorbild eines Flugzeuges konstruiert. Eine Club Lounge mit Blick auf Start- und Landebahnen und ein Businesscenter im Atrium. Gediegenes Hotelrestaurant mit Buffet-Angebot. Mediterrane Küche im Bistro Bottaccio.

Holiday Inn Airport
Petzelstr. 60 ⊠ 30669 – ℰ (0511) 7 70 70
– holidayinn.hannover@queensgruppe.de – Fax (0511) 7707600
211 Zim ⊆ – ⦿99/395 € ⦿⦿125/435 € – **Rest** – Karte 27/42 €
♦ In unmittelbarer Nähe zum Flughafen (Bustransfer-Service) beziehen Sie hier geschmackvolle Zimmer oder tagen in modernen Konferenzräumen.

In Hannover-Herrenhausen

Mercure am Entenfang garni
Eichsfelder Str. 4 (über Stöckener Straße und Fuhsestraße A) ⊠ 30419 – ℰ (0511) 9 79 50 – info@hotel-am-entenfang.de – Fax (0511) 9795299
83 Zim – ⦿53/76 € ⦿⦿70/120 €, ⊆ 14 €
♦ In der Nähe der berühmten Gärten liegt das Hotel idyllisch inmitten eines 100-jährigen Baumbestandes. Die Zimmer sind neuzeitlich eingerichtet und teils sehr geräumig.

In Hannover-Kirchrode über Kirchröder Straße B :

Queens
Tiergartenstr. 117 ⊠ 30559 – ℰ (0511) 5 10 30
– reservation.qhannover@queens gruppe.de – Fax (0511) 5103510
178 Zim – ⦿105/153 € ⦿⦿105/153 €, ⊆ 15 € – **Rest** – Karte 30/45 €
♦ Die recht ruhige Lage direkt am Tiergarten sowie neuzeitlich und funktionell ausgestattete Gästezimmer mit modernen Bädern machen dieses Hotel aus. Restaurant mit Blick ins Grüne.

In Hannover-Lahe über Podbielskistraße B :

Park Inn
Oldenburger Allee 1 ⊠ 30659 – ℰ (0511) 6 15 50
– info.hannover@rezidor parkinn.com – Fax (0511) 6155555
150 Zim – ⦿109 € ⦿⦿109 €, ⊆ 15 € – **Rest** – Karte 23/37 €
♦ Ein neuzeitliches Businesshotel mit guter Autobahnanbindung und funktionellen Zimmern - etwas komfortabler sind die Deluxe-Zimmer.

Der Föhrenhof
Kirchhorster Str. 22 ⊠ 30659 – ℰ (0511) 6 15 40
– info@foehrenhof.bestwestern.de – Fax (0511) 619719
78 Zim ⊆ – ⦿92/190 € ⦿⦿130/280 € – **Rest** – Karte 19/35 €
♦ Zeitgemäße, mit rustikalem Mobiliar ausgestattete Zimmer erwarten Sie in dem verkehrsgünstig nahe der BAB gelegenen Hotel. Hinter dem Haus: ein Jogging-Parcour. Eine rustikale Bierstube ergänzt das elegante Restaurant.

In Hannover-List

ArabellaSheraton Pelikan
Pelikanplatz 31 ⊠ 30177 – ℰ (0511) 9 09 30
– pelikanhotel@sheraton.com – Fax (0511) 9093555
– geschl. 19. Dez. - 6. Jan.   B p
147 Zim – ⦿119/159 € ⦿⦿119/159 €, ⊆ 19 € – 7 Suiten
Rest *5th Avenue* – ℰ (0511) 9 09 35 69 – Karte 33/52 €
♦ Das sorgsam restaurierte Gebäude der einstigen "Pelikan-Füller"-Fabrik besticht mit klarem modernem Design. Angenehm farbenfroh gestaltete Zimmer mit originellen Details. Im früheren Tintenkeller befindet sich das trendige Restaurant mit internationaler Küche.

591

HANNOVER

🏨 Novotel 🈯 🀄 |♿| 🔥 AC Zim, 🛎 🚗 VISA ⓜ AE ⓞ
Podbielskistr. 21 ✉ *30163 –* ℰ *(0511) 3 90 40 – h5390@accor.com*
– Fax (0511) 3904100 **B u**
206 Zim – †99/170 € ††105/175 €, ⌑ 17 € – 4 Suiten –
Rest – Karte 27/43 €
♦ Auf dem Gelände der ehemaligen Bahlsen-Keksfabrik beeindrucken historische Dampfmaschinen, avantgardistische Architektur und moderne, funktionelle Zimmer. Leicht elegantes Restaurant mit internationaler Küche.

🍴 Neue Zeiten VISA ⓜ
Jakobistr. 24 ✉ *30163 –* ℰ *(0511) 39 24 47 – neuezeiten@gmx.net – Fax (0511) 4506956 – geschl. Juli - Aug. 3 Wochen und Sonntag - Montag* **B x**
Rest – *(nur Abendessen)* Menü 32/49 € – Karte 30/50 €
♦ Hier erwarten Sie eine zeitgemäße, mediterran angehauchte Küche und freundlicher Service durch die Chefin. Wechselnde Ausstellungen moderner Bilder zieren das Restaurant.

In Hannover-Messe über Messe-Schnellweg B :

🏨🏨 Radisson SAS 🀄 |♿| 🔥 AC 📞 🛎 🚗 VISA ⓜ AE ⓞ
Expo Plaza 5, (am Messegelände) ✉ *30539 –* ℰ *(0511) 38 38 30 – info.hannover@radissonsas.com – Fax (0511) 383838000*
250 Zim – †85/350 € ††104/369 €, ⌑ 19 € –
Rest – Karte 24/41 €
♦ Ob Hightech, Italian, Maritim oder Scandinavian: Hier stehen Gästen modern-wohnliche Zimmer in verschiedenen Einrichtungsstilen zur Verfügung. Das Restaurant liegt in der Lobby und ist in einen Buffet- und einen A-la-carte-Bereich unterteilt.

🏨🏨 Parkhotel Kronsberg (mit Gästehaus) 🈯 🀄 🗔 🀄 |♿| AC Rest,
Gut Kronsberg 1, (am Messegelände) 🎿 Rest, 📞 🛎 P 🚗 VISA ⓜ AE ⓞ
✉ *30539 –* ℰ *(0511) 8 74 00 – parkhotel@kronsberg.bestwestern.de*
– Fax (0511) 867112
200 Zim ⌑ – †88/415 € ††104/431 € –
Rest – Karte 25/46 €
♦ Eine schöne, im mediterranen Stil gestaltete Halle mit Lichtkuppel empfängt die Gäste dieses komfortablen Domizils. Reservieren Sie ein Zimmer im Stil Ihres Sternzeichens! Mehrere Restaurants und die Gartenterrasse mit Café stehen zur Wahl.

In Hannover-Vahrenwald über Vahrenwalder Straße B :

🏨 Ibis City |♿| 📞 P VISA ⓜ AE ⓞ
Vahrenwalder Str. 113 ✉ *30165 –* ℰ *(0511) 38 81 10 – h3365@accor.com*
– Fax (0511) 38811333 **B d**
125 Zim – †62 € ††62 €, ⌑ 10 € – **Rest** – *(nur Abendessen)* Karte 17/27 €
♦ Die verkehrsgünstige Lage sowie eine neuzeitliche, sachlich-funktionelle Zimmerausstattung sprechen für dieses Hotel. Vom Hauptbahnhof aus gut mit der U-Bahn erreichbar.

🍴🍴 Basil 🀄 P VISA ⓜ AE
Dragonerstr. 30 ✉ *30163 –* ℰ *(0511) 62 26 36 – info@basil.de – Fax (0511) 3941434 – geschl. Sonntag* **B y**
Rest – *(nur Abendessen)* (Tischbestellung ratsam) Menü 25/40 € – Karte 32/39 €
♦ Die von Säulen getragene Gewölbedecke des einstigen königlichen Reitstalls verleiht diesem modernen Restaurant eine besondere Note. Crossover-Küche. Wunderschöne Terrasse.

In Hannover-Zoo

🍴🍴 Hindenburg-Klassik 🀄 VISA ⓜ AE
Gneisenaustr. 55 ✉ *30175 –* ℰ *(0511) 85 85 88 – info@hindenburg-klassik.de*
– Fax (0511) 819213 – geschl. Samstagmittag, Sonn- und Feiertage, außer Messen
Rest – Karte 35/59 € **FX b**
♦ Stammgäste schätzen die unkomplizierte und frische italienische Küche und den freundlichen Service dieses Restaurants. Wechselnde moderne Bilder zieren den Raum.

HANNOVER

In Hemmingen-Westerfeld über Frankfurter Allee A : 8 km :

Landhaus Artischocke
Dorfstr. 30 ⌂ 30966 – ℰ (0511) 94 26 46 30 – info@artischocke.com – Fax (0511) 94264659
21 Zim ⌂ – †50/70 € ††80/120 € – **Rest** – (geschl. Montag, außer Messe, Dienstag - Samstag nur Abendessen) Karte 32/49 €
• Das kleine Hotel in einer Seitenstraße am Ortsrand ist ein saniertes Fachwerkhaus mit gepflegter, gemütlich-ländlicher Einrichtung. Fachwerkbalken und Holzboden machen das elegante Restaurant behaglich.

In Laatzen Süd-Ost : 9 km über Hildesheimer Straße B :

Copthorne
Würzburger Str. 21 ⌂ 30880 – ℰ (0511) 9 83 60 – copthorne.hannover@mill-cop.com – Fax (0511) 9836666
222 Zim ⌂ – †86/180 € ††106/220 € – **Rest** – Karte 26/46 €
• In fünf Gehminuten erreichen Sie von hier das Messegelände! Zahlreiche prominente Gäste haben bereits den modern-gediegenen Komfort genossen. Die gläserne Pyramide lässt das Restaurant Bentley's licht wirken.

Haase
Am Thie 4 (Ortsteil Grasdorf) ⌂ 30880 – ℰ (0511) 82 01 60 – hotel-haase@hotel-haase.de – Fax (0511) 8201666
43 Zim ⌂ – †59/62 € ††79/95 € – **Rest** – (geschl. Montagmittag, Dienstagmittag) Karte 19/27 €
• Seit 1698 existiert dieser gut geführte Familienbetrieb am Ortsrand, der Ihnen individuell eingerichtete Gästezimmer bietet. Holzbalkendecke und ländliches Dekor bestimmen das Ambiente im Restaurant.

In Langenhagen über Vahrenwalder Straße B : 10 km :

Airport Congress Hotel garni
Walsroder Str. 105 ⌂ 30853 – ℰ (0511) 7 71 96 10 – info@airportcongresshotel.de – Fax (0511) 77196196
74 Zim ⌂ – †98/128 € ††122/149 €
• In diesem Hotel stehen Zimmer im englischen, mexikanischen, maurischen oder mediterranen Stil zur Wahl. Zum Haus gehört auch ein Bistro mit Bar.

Ambiente
Walsroder Str. 70 ⌂ 30853 – ℰ (0511) 7 70 60 – hotel@ambiente.com – Fax (0511) 7706111 – geschl. 23. - 31. Dez.
76 Zim ⌂ – †93/103 € ††118/128 € – **Rest** – (geschl. Samstag - Sonntag, nur Abendessen) Karte 25/45 €
• Die modernen und funktionellen, technisch gut ausgestatteten Zimmer machen dieses Hotel besonders für Businessgäste interessant. Einige Zimmer sind recht farbenfroh gestaltet. Restaurant im Bistrostil.

In Ronnenberg-Benthe über Bückeburger Allee A und B 65 : 10 km :

Benther Berg
Vogelsangstr. 18 ⌂ 30952 – ℰ (05108) 6 40 60 – info@hotel-benther-berg.de – Fax (05108) 640650
70 Zim ⌂ – †73/105 € ††98/135 € – **Rest** – Menü 32 € (mittags)/45 € (abends) – Karte 32/48 €
• Das Idyll mit schönem Park gliedert sich in 3 Teile: das behagliche Alte Haus (1894 als Herrenhaus erbaut), das funktionelle Neue Haus und das komfortable Landhaus. Elegantes Restaurant mit internationalem Repertoire.

HANSTEDT – Niedersachsen – **541** – 4 610 Ew – Höhe 40 m – **Erholungsort**   19 I6
▶ Berlin 321 – Hannover 118 – Hamburg 56 – Lüneburg 31
🛈 Am Steinberg 2, Küsterhaus, ⌂ 21271, ℰ (04184) 5 25, info@hanstedt-nordheide.de

HANSTEDT

Sellhorn
Winsener Str. 23 ⌧ 21271 – ℘ (04184) 80 10 – info@hotel-sellhorn.de
– Fax (04184) 801333
56 Zim ⌕ – †86/104 € ††115/143 € – ½ P 19 € – 3 Suiten – **Rest** – Karte 27/56 €

♦ Besonders schön und großzügig sind die Komfortzimmer dieses von der Inhaberfamilie geführten Hauses, teils mit Balkon und Gartenblick. Kinderspielzimmer und Spielplatz. In rustikal dekorierte Stuben unterteiltes Restaurant mit hübscher Gartenterrasse.

HAPPURG-KAINSBACH – Bayern – siehe Hersbruck

HARBURG (SCHWABEN) – Bayern – 546 – 5 730 Ew – Höhe 440 m 57 J18
▶ Berlin 524 – München 112 – Augsburg 55 – Ingolstadt 68

Zum Straußen
Marktplatz 2 ⌧ 86655 – ℘ (09080) 13 98 – hotel-straussen@web.de – Fax (09080) 4324 – geschl. Ende Aug. - Mitte Sept.
17 Zim ⌕ – †25/31 € ††42/57 € – **Rest** – (geschl. Sonntagabend - Montag) Karte 15/23 €

♦ Unterhalb des Harburger Schlosses liegt dieser saubere familiengeführte Gasthof, der Besuchern behagliche und praktisch eingerichtete Zimmer bietet. In der ländlichen Gaststube serviert man Gerichte, die auf Produkten der eigenen Metzgerei basieren.

HARDEGSEN – Niedersachsen – 541 – 8 620 Ew – Höhe 215 m – Luftkurort 29 I10
▶ Berlin 335 – Hannover 115 – Kassel 64 – Göttingen 21
🛈 Vor dem Tore 1, ⌧ 37181, ℘ (05505) 5 03 17

In Hardegsen-Goseplack Süd-West : 5 km :

Altes Forsthaus
Goseplack 8 (an der B 241) ⌧ 37181 – ℘ (05505) 94 00
– info@altes-forsthaus-goseplack.de – Fax (05505) 940444
19 Zim ⌕ – †51/56 € ††96/102 € – 3 Suiten – **Rest** – Karte 17/34 €

♦ Das ehemalige Forsthaus macht seinem Namen alle Ehre, gibt es doch ein Wildschweingehege im Garten! Auch die Gästezimmer im Landhausstil können sich sehen lassen. Das Besondere am Restaurant sind die liebevollen Dekorationen.

HARDERT – Rheinland-Pfalz – siehe Rengsdorf

HARPSTEDT – Niedersachsen – 541 – 4 530 Ew – Höhe 34 m – Erholungsort 17 F7
▶ Berlin 390 – Hannover 103 – Bremen 30 – Osnabrück 95

Zur Wasserburg (mit Gästehaus)
Amtsfreiheit 4 ⌧ 27243 – ℘ (04244) 9 38 20 – info@zur-wasserburg.de
– Fax (04244) 938277
30 Zim ⌕ – †55/90 € ††80/120 € – ½ P 15 € – **Rest** – Karte 17/30 €

♦ Der erweiterte Gasthof verfügt über eine hübsche Außenanlage an einem kleinen Flüsschen. Fragen Sie nach einem Zimmer zum Garten. Im Restaurant serviert man bürgerliche und regionale Küche. Schöne Terrasse.

HARRISLEE – Schleswig-Holstein – siehe Flensburg

HARSEFELD – Niedersachsen – 541 – 12 310 Ew – Höhe 25 m 9 H5
▶ Berlin 346 – Hannover 176 – Hamburg 56 – Bremen 82

Meyers Gasthof
Marktstr. 19 ⌧ 21698 – ℘ (04164) 8 14 60 – info@hotel-meyer.de – Fax (04164) 3022
44 Zim ⌕ – †45/65 € ††70/95 € – **Rest** – (geschl. Ende Juli - Anfang Aug. 3 Wochen, nur Abendessen) Karte 16/28 €

♦ Hinter dem Haus liegt ein schöner Park, der zu Spaziergängen einlädt. Am Abend bietet das hauseigene Kino Unterhaltung. Moderne Zimmer mit zeitgemäßer Ausstattung. Restaurant im Stil einer ländlichen Stube. Spezialität: Wurst aus eigener Schlachtung.

HARSEWINKEL – Nordrhein-Westfalen – 543 – 23 980 Ew – Höhe 65 m 27 **F9**
▶ Berlin 424 – Düsseldorf 158 – Bielefeld 30 – Münster (Westfalen) 46
ᴦ Marienfeld, Remse 27 ℰ (05247) 88 80

Poppenborg mit Zim
Brockhäger Str. 9 ✉ 33428 – ℰ (05247) 22 41 – hotel@poppenborg.com
– Fax (05247) 1721
18 Zim ⊃ – †55/70 € ††85/99 € – **Rest** – (geschl. Mittwoch) Menü 44/94 €
– Karte 46/75 €
♦ Helle Töne, geschliffene Spiegel und Art-déco-Elemente zieren dieses elegante Restaurant. Serviert wird eine klassische Küche. Schöne Gartenterrasse. Funktionelle Gästezimmer.

In Harsewinkel-Marienfeld Süd-Ost : 4 km über B 513 :

Klosterpforte (mit Gästehaus)   (Badeteich)
Klosterhof 2 ✉ 33428 – ℰ (05247) 70 80
– post@klosterpforte.de – Fax (05247) 80484
159 Zim ⊃ – †70/149 € ††135/189 € – 6 Suiten
Rest *Rincklake's* – (geschl. Dienstag) Karte 31/43 €
Rest *Klosterstübchen* – Karte 30/47 €
♦ Gerne wird die schöne 80 000 qm große Hotelanlage mit ihren 2 eigenen Fußballplätzen als Trainingslager genutzt. Ganz modern: das Sporthotel direkt am kleinen See. Mediterrane Küche im Restaurant Rincklake's. Gemütliches Klosterstübchen mit regionalem Angebot.

HARTENSTEIN – Sachsen – 544 – 5 100 Ew – Höhe 360 m 42 **O13**
▶ Berlin 304 – Dresden 109 – Chemnitz 32 – Gera 66

Schloß Wolfsbrunn
Stein 8, (Zufahrt über Wildbacherstraße) ✉ 08118 – ℰ (037605) 7 60 – info@schloss-wolfsbrunn.de – Fax (037605) 76299
24 Zim ⊃ – †98/124 € ††149/180 € – 3 Suiten – **Rest** – Karte 32/57 €
♦ Sehr schön in einem Park liegt das Jugendstilschloss von 1912. Die ehemalige Unternehmerresidenz überzeugt mit geschmackvoll-eleganten Zimmern. Stilvolles Restaurant in einem Pavillon mit Blick in den Park.

Jagdhaus Waldidyll
Talstr. 1 ✉ 08118 – ℰ (037605) 8 40 – waldidyll@romantikhotels.com – Fax (037605) 84444
28 Zim ⊃ – †82/92 € ††112/132 € – **Rest** – Menü 23/49 € – Karte 26/39 €
♦ Die gediegene kleine Kaminhalle und auch die individuell gestalteten Zimmer im Landhausstil schaffen ein angenehmes Ambiente in dem ruhig gelegenen regionstypischen Hotel. Freundliches Personal erwartet Sie im Restaurant mit schmackhafter Küche.

HARTHA (KURORT) – Sachsen – 544 – 5 670 Ew – Höhe 350 m 43 **P12**
▶ Berlin 216 – Dresden 25 – Freiberg 19 – Pirna 44
🛈 Talmühlenstr. 11, ✉ 01737, ℰ (035203) 3 76 16, info@kurort-hartha.de

Parkhotel Forsthaus   Biergarten
Am Kurplatz 13 ✉ 01737 – ℰ (035203) 3 40 – info@parkhotel-forsthaus.de
– Fax (035203) 34150
36 Zim ⊃ – †52/55 € ††72/86 € – ½ P 11 € – **Rest** – Karte 17/29 €
♦ Solide und gepflegt zeigt sich das einstige Forsthaus nahe dem Kurpark mit seinen rustikal eingerichteten Gästezimmern. Restaurant in gediegenem Stil.

HARTH-PÖLLNITZ – Thüringen – 544 – 3 410 Ew – Höhe 320 m 41 **M13**
▶ Berlin 254 – Erfurt 84 – Gera 18 – Greiz 28

In Harth-Pöllnitz - Großebersdorf

Adler
Hauptstr. 22, (B 2) ✉ 07589 – ℰ (036607) 50 00 – info@logis-adler.de
– Fax (036607) 50100
41 Zim ⊃ – †65/75 € ††95 € – **Rest** – Karte 25/48 €
♦ Der um einen Hotelanbau erweiterte Gasthof ist ein familiengeführtes Haus mit wohnlichen, recht unterschiedlich möblierten Zimmern. Restaurant mit gediegen-rustikalem Ambiente.

HARZBURG, BAD – Niedersachsen – 541 – 22 930 Ew – Höhe 261 m – Heilklimatischer Kurort
30 **J10**

- Berlin 253 – Hannover 96 – Braunschweig 46 – Göttingen 90
- Nordhäuser Str. 4, ⊠ 38667, ℘ (05322) 7 53 30, info@bad-harzburg.de
- Bad Harzburg, Am Breitenberg 107 ℘ (05322) 67 37

Braunschweiger Hof
Herzog-Wilhelm-Str. 54 ⊠ *38667 – ℘ (05322)*
78 80 – ringhotel-braunschweiger-hof@t-online.de – Fax (05322) 788499
82 Zim ⊆ – †92/98 € ††138/148 € – ½ P 26 € – 9 Suiten
Rest – Karte 28/60 €

♦ Über viele Jahrzehnte gewachsene Harzer Gastlichkeit umfängt Sie in dem schmucken Hotel. Besonders schön sind die neuen Zimmer im wohnlichen Landhausstil. Gepflegtes Restaurant mit internationalem Speisenangebot.

Michels Kurhotel Vier Jahreszeiten
Herzog-Julius-Str. 64 b ⊠ *38667 – ℘ (05322) 78 70*
– kurhotelvierjahreszeiten@michelshotels.de – Fax (05322) 787200
74 Zim ⊆ – †86/102 € ††114/147 € – ½ P 19 € – 6 Suiten
Rest – Karte 21/31 €

♦ In dem ehemaligen Badehaus ergänzen sich historische Architektur und modernes Innenleben auf reizvolle Weise. Im Hotel befindet sich auch ein Spielkasino. Das Restaurant ist im Stil eines eleganten Cafés gestaltet.

Germania garni
Berliner Platz 2 ⊠ *38667 – ℘ (05322) 95 00 – info@hotelgermania.de*
– Fax (05322) 950195
31 Zim ⊆ – †75/110 € ††98/148 €

♦ Mit farbigem Landhausmobiliar präsentiert sich die solide, wohnliche Innenausstattung dieses unmittelbar beim Kurpark gelegenen Hauses.

Solehotel Tannenhof (mit Gästehaus Winterberg)
Nordhäuser Str. 6 (B 4) ⊠ *38667 – ℘ (05322)*
9 68 80 – info@solehotels.de – Fax (05322) 968899
28 Zim ⊆ – †52/72 € ††88/114 € – ½ P 15 € – **Rest** – Karte 22/45 €

♦ Das familiengeführte Hotel hat Pensionscharakter und bietet wohnliche Zimmer, teils mit Balkon. Für Hausgäste freier Eintritt in die benachbarte Harzburger Sole-Therme. Freundlich gestaltetes Restaurant.

HARZGERODE – Sachsen-Anhalt – 542 – 4 500 Ew – Höhe 395 m – Erholungsort
30 **K10**

- Berlin 230 – Magdeburg 79 – Erfurt 105 – Nordhausen 44
- Marktplatz 2, ⊠ 06493, ℘ (039484) 3 24 20, stadtinfo@harzgerode.de

In Alexisbad Nord-West : 4 km über B 242 und B 185 :

Habichtstein
Kreisstr. 4 (B 185) ⊠ *06493 – ℘ (039484) 7 80 – info@habichtstein.de*
– Fax (039484) 78380
112 Zim ⊆ – †55/64 € ††81/123 € – ½ P 19 € – **Rest** – Karte 17/34 €

♦ Gegenüber dem historischen Selketalbahnhof gelegenes Hotel. Das Nebenhaus "Vitalterrassen" bietet seinen Gästen besonders komfortable Zimmer und Wellness gratis. Rustikales Restaurant mit regionalem und internationalem Angebot.

HASELAU – Schleswig-Holstein – 541 – 1 110 Ew – Höhe 1 m
10 **H5**

- Berlin 315 – Kiel 96 – Hamburg 39 – Itzehoe 47

Haselauer Landhaus (mit Gästehaus)
Dorfstr. 10 ⊠ *25489 – ℘ (04122) 9 87 10 – haselauerlandhaus@t-online.de*
– Fax (04122) 987197
8 Zim ⊆ – †45 € ††66/74 € – **Rest** – *(geschl. Mittwoch)* Karte 19/27 €

♦ Ein kleines Hotel in dörflicher Idylle: Das Haupthaus ist ein hübscher reetgedeckter Klinkerbau, das Gästehaus liegt an einem Bachlauf. Freundliches Restaurant in ländlichem Stil.

HASELÜNNE – Niedersachsen – 541 – 12 560 Ew – Höhe 21 m – Erholungsort
16 **D7**

▶ Berlin 490 – Hannover 224 – Nordhorn 47 – Bremen 113
🛈 Krummer Dreh 18 (Rathaus), ✉ 49740, ℰ (05961) 50 93 20, touristinfo@haseluenne.de

Burghotel garni
Steintorstr. 7 ✉ 49740 – ℰ (05961) 9 43 30 – reservierung@burghotel-haseluenne.de – Fax (05961) 943340
31 Zim ⊆ – †58/80 € ††86/120 €
♦ Aus einem alten Burgmannshof und einem Stadtpalais a. d. 18. Jh. ist dieses Hotel mit stilvoll eingerichteten Gästezimmern entstanden.

XX Jagdhaus Wiedehage
Steintorstr. 9 ✉ 49740 – ℰ (05961) 79 22 – Fax (05961) 4141 – geschl. Dienstag
Rest – Karte 23/40 €
♦ Das historische Anwesen mit seiner bis ins 16. Jh. zurückreichenden Geschichte ist heute ein klassisch-rustikales Restaurant. Romantisch: die Terrasse hinter dem Haus.

HASLACH IM KINZIGTAL – Baden-Württemberg – 545 – 6 870 Ew – Höhe 220 m – Erholungsort
54 **E20**

▶ Berlin 774 – Stuttgart 174 – Freiburg im Breisgau 54 – Freudenstadt 50
🛈 Klosterstr. 1 (im Alten Kapuziner Kloster), ✉ 77716, ℰ (07832) 70 61 73, info@haslach.de
◉ Schwarzwälder Trachtenmuseum ★

In Haslach-Schnellingen Nord : 2 km über B 33 :

Zur Blume
Schnellinger Str. 56 ✉ 77716 – ℰ (07832) 9 12 50 – info@zur-blume.de
– Fax (07832) 912599
32 Zim ⊆ – †38/62 € ††63/111 € – ½ P 12 € – **Rest** – Karte 14/40 €
♦ Freundlich leitet Familie Moser dieses sehr gepflegte Gasthaus. Die Zimmer sind wohnlich gestaltet und verfügen teilweise über einen Balkon. Ein Kachelofen unterstreicht das nette ländliche Ambiente der Gaststube.

HASSLOCH – Rheinland-Pfalz – 543 – 20 790 Ew – Höhe 115 m
47 **E17**

▶ Berlin 642 – Mainz 89 – Mannheim 27 – Neustadt an der Weinstraße 9

Sägmühle
Sägmühlweg 140 ✉ 67454 – ℰ (06324) 9 29 10 – info@saegmuehle-pfalz.de
– Fax (06324) 929160 – geschl. 2. - 13. Jan.
27 Zim ⊆ – †69/149 € ††115/189 € – **Rest** – Menü 28 € – Karte 29/54 €
♦ Vor allem die ruhige Lage zeichnet die mit wohnlichen Zimmern ausgestattete ehemalige Mühle aus. Der sich durch das Grundstück ziehende Wasserlauf unterstreicht die Idylle. Im Sommer ergänzt die schöne Terrasse im Innenhof das Restaurant.

XX Zum Schwanen mit Zim
Langgasse 138 ✉ 67454 Haßloch – ℰ (06324) 9 28 70 – info@schwanen-hassloch.de – Fax (06324) 928710
6 Zim ⊆ – †49/56 € ††86/117 € – **Rest** – (Montag - Dienstag und Freitag - Samstag nur Abendessen) Menü 29/33 € – Karte 29/37 €
♦ In diesem Restaurant mit mediterranem Flair reicht das Angebot von international über mediterran bis hin zu regional. Freundlicher Service. Solide Zimmer in warmen Farben, mit netten Stoffen sowie Bildern dekoriert.

HATTERSHEIM – Hessen – 543 – 25 060 Ew – Höhe 103 m
47 **F15**

▶ Berlin 548 – Wiesbaden 20 – Frankfurt am Main 21 – Mainz 20

Am Schwimmbad
Staufenstr. 35 ✉ 65795 – ℰ (06190) 9 90 50 – info@hotel-am-schwimmbad.de
– Fax (06190) 9905155
24 Zim ⊆ – †74/90 € ††116/126 € – **Rest** – (geschl. 22. Dez. - 3. Jan.) (nur Abendessen für Hausgäste)
♦ In diesem freundlich geführten Haus erwarten Sie solide und wohnlich gestaltete Gästezimmer und ein netter, neuzeitlicher Frühstücksraum.

HATTINGEN – Nordrhein-Westfalen – 543 – 57 430 Ew – Höhe 90 m — 26 C11

- Berlin 524 – Düsseldorf 50 – Bochum 10 – Wuppertal 24
- Langenberger Str. 2, ⌧ 45525, ℰ (02324) 95 13 95, info@verkehrsverein-hattingen.de

Avantgarde Hotel garni
Welperstr. 49 ⌧ 45525 – ℰ (02324) 5 09 70 – avantgarde-hotel@t-online.de – Fax (02324) 23827 – geschl. 22. Dez. - 2. Jan.
48 Zim ⌧ – †65/85 € ††79/120 €
♦ In einem Wohngebiet gelegenes Hotel, das über neuzeitlich eingerichtete Gästezimmer verfügt, die mit Schreibtisch und solider Technik funktionell ausgestattet sind.

Diergardts Kühler Grund — Biergarten
Am Büchsenschütz 15 ⌧ 45527 – ℰ (02324) 9 60 30 – info@diergardt.com – Fax (02324) 906655 – geschl. Donnerstag
Rest – (abends Tischbestellung ratsam) Karte 23/47 €
♦ Eine schöne Zirbelholztäfelung schmückt einen Teil des von der Familie geführten Restaurants und unterstreicht den eleganten Stil. Mediterraner Veranstaltungsraum "Szenario".

Landhaus Wegermann mit Zim — Biergarten Zim,
Wodantal 62 (Süd : 3 km, über Schulenbergstr.) ⌧ 45529 – ℰ (02324) 39 50 10 – info@landhaus-wegermann.de – Fax (02324) 395011
8 Zim ⌧ – †55/80 € ††99/130 € – **Rest** – (geschl. Mittwoch) Karte 27/37 €
♦ Das etwas außerhalb gelegene Fachwerkhaus beherbergt ein helles Restaurant mit Parkettfußboden und großen Fenstern sowie eine gemütliche Stube. Individuelle Landhauszimmer.

In Hattingen-Bredenscheid Süd : 5,5 km über B 51 :

Zum Hackstück
Hackstückstr. 123 (Ost : 3 km) ⌧ 45527 – ℰ (02324) 9 06 60 – info@hackstueck.de – Fax (02324) 906655
23 Zim ⌧ – †75/80 € ††108/112 € – **Rest** – (geschl. Dienstag) Karte 24/43 €
♦ Wohltuende Ruhe und freundlicher Service zeichnen das an einem Park gelegene Hotel aus. Hübsche, wohnliche Zimmer stehen bereit. Eine Gartenterrasse ergänzt das gemütliche Restaurant mit Stubencharakter.

HATTSTEDTERMARSCH – Schleswig-Holstein – siehe Husum

HAUENSTEIN – Rheinland-Pfalz – 543 – 4 170 Ew – Höhe 250 m – Luftkurort — 53 D17

- Berlin 686 – Mainz 124 – Karlsruhe 66 – Pirmasens 24
- Schulstr. 4, ⌧ 76846, ℰ (06392) 91 51 10, fremdenverkehrsbuero@hauenstein.rlp.de
- Museum für Schuhproduktion und Industriegeschichte★
- Teufelstisch★★, West : 7 km

Felsentor
Bahnhofstr. 88 ⌧ 76846 – ℰ (06392) 40 50 – willkommen@hotel-felsentor.de – Fax (06392) 405145 – geschl. Feb. 1 Woche
27 Zim ⌧ – †67/97 € ††104/114 € – ½ P 24 € – **Rest** – (geschl. Feb. 2 Wochen und Montag, außer Feiertage) Menü 18/45 € – Karte 18/46 €
♦ Das nahe Naturdenkmal hat dem Haus seinen Namen gegeben. Die Zimmer sind gepflegt und zeitgemäß ausgestattet. Hübsch: die Zimmer mit Dachgauben sowie die Suiten. Der Chef selbst kümmert sich um die Küche. Zum Essen serviert man Pfälzer Wein.

Zum Ochsen
Marktplatz 15 ⌧ 76846 – ℰ (06392) 5 71 – landgasthof-zum-ochsen@t-online.de – Fax (06392) 7235
17 Zim ⌧ – †48/60 € ††70/96 € – ½ P 16 € – **Rest** – (geschl. 11. - 28. Feb. und Donnerstag) Karte 18/35 €
♦ Neuzeitliche Gästezimmer bietet das familiengeführte kleine Hotel im Dorfkern. Fragen Sie nach den Zimmern im Anbau, sie sind geräumiger. Behaglich-ländlich gestaltetes Restaurant.

HAUENSTEIN

In Schwanheim Süd-Ost : 4 km :

Zum alten Nußbaum mit Zim
*Wasgaustr. 17 ⊠ 76848 – ℰ (06392) 99 31 46 – service@zumaltennussbaum.de
– Fax (06392) 993147 – geschl. 5. - 13. Feb.*
4 Zim ⌐ – †46 € ††60 € – **Rest** – *(geschl. Dienstag)* Karte 17/36 €
♦ Offenes Gebälk und reichlich Dekor schaffen in den Restaurantstuben eine gemütlich-rustikale Atmosphäre. Im Sommer sitzt man nett unter dem namengebenden Nussbaum.

HAUSACH – Baden-Württemberg – **545** – 5 800 Ew – Höhe 238 m   54 **E20**

▶ Berlin 755 – Stuttgart 132 – Freiburg im Breisgau 62 – Freudenstadt 40
🛈 Hauptstr. 34, ⊠ 77756, ℰ (07831) 79 75, tourist-info@hausach.de

In Hausach-Hechtsberg West : 1 km, Richtung Haslach :

Landhaus Hechtsberg mit Zim
*Hechtsberg 1 ⊠ 77756 – ℰ (07831) 9 66 60 – info@landhaus-hechtsberg.de
– Fax (07831) 9666200 – geschl. über Fastnacht*
9 Zim ⌐ – †54 € ††89 € – **Rest** – *(geschl. Montag, Samstagmittag)*
(Tischbestellung ratsam) Menü 16/43 € – Karte 25/48 €
♦ Das hübsche Gasthaus beherbergt ein Restaurant im Landhausstil mit offener Küche und schöner Gartenterrasse. Gekocht wird regional und international. Moderne und wohnliche Gästezimmer.

HAUSEN OB VERENA – Baden-Württemberg – siehe Spaichingen

HAUZENBERG – Bayern – **546** – 12 500 Ew – Höhe 546 m – Wintersport : 950 m ⚹ 3
⚹ – Luftkurort   60 **Q19**

▶ Berlin 625 – München 195 – Passau 18
🛈 Schulstr. 2-4 (Rathaus), ⊠ 94051, ℰ (08586) 30 30, besucherinfo@hauzenberg.de

Landgasthaus Gidibauer-Hof
*Grub 7 (Süd : 0,5 km) ⊠ 94051 – ℰ (08586) 9 64 40
– landgasthaus@gidibauer.de – Fax (08586) 964444*
19 Zim ⌐ – †34/80 € ††60/85 € – ½ P 14 € – 6 Suiten – **Rest** – *(geschl. Montag)*
Menü 20/29 € – Karte 16/33 €
♦ Der etwas außerhalb gelegene ehemalige Bauernhof von 1816 ist ein kleines Hotel mit ländlichem Charme. Sehr hübsch sind die mit viel Holz geradlinig-modern gestalteten Zimmer. Restaurant mit behaglichem, rustikalem Ambiente.

HAVIXBECK – Nordrhein-Westfalen – **543** – 11 990 Ew – Höhe 90 m   26 **D9**

▶ Berlin 496 – Düsseldorf 123 – Nordhorn 69 – Enschede 57

Beumer
*Bestensee-Platz 2 ⊠ 48329 – ℰ (02507) 9 85 40 – hotel-beumer@t-online.de
– Fax (02507) 9181 – geschl. 20. - 27. Dez.*
21 Zim ⌐ – †53/60 € ††85/95 € – **Rest** – *(geschl. Montag)* Menü 15/35 €
– Karte 20/35 €
♦ Seit über 20 Jahren leitet Familie Bolz das Fachwerkhaus am Rande der Fußgängerzone. Es erwarten Sie freundlich eingerichtete Gästezimmer. Das Restaurant ist neuzeitlich im Landhausstil gehalten.

HECHINGEN – Baden-Württemberg – **545** – 19 500 Ew – Höhe 528 m   55 **G19**

▶ Berlin 701 – Stuttgart 67 – Konstanz 123 – Freiburg im Breisgau 131
🛈 Kirchplatz 12, ⊠ 72379, ℰ (07471) 94 02 11, tourist-info@hechingen.de
Hechingen, Hagelwasen ℰ (07471) 26 00
Burg Hohenzollern★ (Lage★★★, ⚹★) Süd : 6 km

HECHINGEN

🏠 Klaiber
Obertorplatz 11 ✉ *72379 –* ☎ *(07471) 22 57 – info@hotel-klaiber.de – Fax (07471) 13918*
28 Zim ⌨ – †52/62 € ††86/89 € – **Rest** – *(geschl. ab 19.30 Uhr und Samstag)* Karte 18/32 €
♦ Mitten im Zentrum, am Hauptmarkt in der Oberstadt, befindet sich dieses familiär geleitete Hotel mit seinen gepflegten und zeitgemäßen Gästezimmern. Restaurant und Café mit Bäckerei/Konditorei.

✗ Kupferpfanne
Schadenweilerstr. 41 ✉ *72379 –* ☎ *(07471) 54 00 – gerdkupferpfanne@aol.com – Fax (07471) 15858 – geschl. Ende Feb. - Anfang März 2 Wochen, Ende Aug. - Anfang Sept. 2 Wochen und Donnerstag*
Rest – Karte 17/38 €
♦ Eine große Auswahl an internationalen Speisen bietet man in diesem rustikal gestalteten, seit vielen Jahren von der Inhaberfamilie geführten Restaurant.

In Hechingen-Stein Nord-West : 2,5 km :

🏠 Lamm
Römerstr. 29 ✉ *72379 –* ☎ *(07471) 92 50 – info@hotel-lamm-hechingen.de – Fax (07471) 92542*
30 Zim ⌨ – †60/72 € ††87/100 € – **Rest** – *(geschl. Samstagmittag)* Karte 20/42 €
♦ Dieser gewachsene Gasthof ist ein solider Familienbetrieb mit unterschiedlich eingerichteten Zimmern, darunter auch einige großzügige Komfortzimmer. In mehreren Restauranträumen bietet man regionale Gerichte.

In Bodelshausen Nord : 6,5 km über B 27 :

🏠 Zur Sonne garni
Hechinger Str. 5 ✉ *72411 –* ☎ *(07471) 9 59 60 – hotelzursonne@yahoo.de – Fax (07471) 959669*
16 Zim ⌨ – †35/49 € ††60/76 €
♦ Tipptopp gepflegte, funktionelle Gästezimmer - einige mit Balkon - sprechen für das familiengeführte kleine Hotel mit Pensionscharakter.

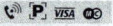

HEIDE – Schleswig-Holstein – **541** – 20 530 Ew – Höhe 13 m   9 **G3**
▶ Berlin 389 – Kiel 81 – Cuxhaven 120 – Husum 40
🅹 Markt 28, ✉ 25746, ☎ (0481) 2 12 21 60, info@heide-rundum.de

🏠 Berlin
Österstr. 18 ✉ *25746 –* ☎ *(0481) 8 54 50 – info@hotel-berlin.com – Fax (0481) 8545300*
70 Zim ⌨ – †72/114 € ††124/155 €
Rest *Österegg* – *(nur Abendessen)* Karte 26/43 €
♦ Das Hotel liegt ruhig am Rand eines Wohngebietes und bietet in Stammhaus und Anbau solide, unterschiedlich möblierte Zimmer. Hübscher kleiner Wellnessbereich mit Kosmetik. Freundlich gestaltetes Restaurant mit internationaler Küche.

HEIDELBERG – Baden-Württemberg – **545** – 142 960 Ew – Höhe 114 m   47 **F16**
▶ Berlin 627 – Stuttgart 122 – Mannheim 21 – Darmstadt 59
ADAC Heidelberg-Kirchheim, Carl-Diem-Str. 2
🅹 Willy-Brandt-Platz 1, ✉ 69115, ☎ (06221) 1 94 33, info@cvb-heidelberg.de
🅶 Oftersheim, an der B 291 ☎ (06202) 5 63 90 X
🅶 Wiesloch-Baiertal, Hohenhardter Hof ☎ (06222) 78 81 10 X
🅶 Lobbach-Lobenfeld, Am Biddersbacher Hof ☎ (06226) 95 21 10 V
◉ Schloss★★★ (Rondell ≤★, Gärten★, Friedrichsbau★, Großes Fass★, Deutsches Apothekenmuseum★) Z **M¹** – Alte Brücke ≤★★ Y – Kurpfälzisches Museum★ (Riemenschneider-Altar★★, Gemälde und Zeichnungen der Romantik★★) Z **M²** – Haus zum Ritter★ Z N

HEIDELBERG

Bahnhofstr.	X 2
Bauamtsgasse	Z 5
Bismarckpl.	V 10
Bismarcksäulenweg	V 13
Bismarckstr.	V 16
Brückenstr.	V
Burgweg	Z 19
Carl-Benz-Str.	X 20
Czernyring	X 22
Eppelheimer Str.	V 25
Ernst-Walz-Brücke	V 28
Franz-Knauff-Str.	X 31
Gaiberger Weg	X 34
Grabengasse	Z 36
Graimbergweg	Z 39
Häusserstr.	X 41
Hauptstr.	YZ
Heiliggeiststr.	Y 44
Jubiläumspl.	YZ 47
Kaiserstr.	XZ 49
Karlspl.	YZ 55
Klingenteichstr.	Z 56
Kornmarkt	Z 57
Kurfürsten-Anlage	X 60
Marktpl.	Y 63
Marstallstr.	Y 66
Mittermaierstr.	X 69
Montpellierbrücke	X 71
Neue Schlossstr.	Z 74
Quinckestr.	X 76
Ringstr.	X 79
Rohrbacher Str.	X 81
Schlossberg	Z 84
Schurmanstr.	V 86
Sofienstr.	Y 88
Speyerer Str.	X 90
Steingasse	Y 92
Universitätspl.	Z 94
Vangerowstr.	V 96
Zähringerstr.	X 97
Zwingerstr.	Z 99

601

HEIDELBERG

Der Europäische Hof - Hotel Europa
Friedrich-Ebert-Anlage 1 ⊠ *69117 – ℰ (06221)*
51 50 – reservations@europaeischerhof.com – Fax (06221) 515506
V u
118 Zim ⊊ – †149/289 € ††198/382 € – 4 Suiten
Rest *Kurfürstenstube* – *(geschl. Juli - Aug., im Sommer Grillrestaurant im Innengarten)* Karte 52/76 €
♦ In diesem traditionellen Haus finden Sie individuelle Zimmer, einen geschmackvollen öffentlichen Bereich und eine nette Gartenanlage im Innenhof. Unter der eindrucksvollen Kassettendecke serviert man Ihnen internationale Speisen.

Crowne Plaza
Kurfürstenanlage 1 ⊠ *69115 – ℰ (06221) 91 70 – reservations@cp-heidelberg.de – Fax (06221) 21007*
X s
232 Zim – †196 € ††218 €, ⊊ 18 €
Rest – Karte 33/41 €
Rest *Gaudeamus* – ℰ *(06221) 91 73 90 (nur Abendessen)* Karte 26/36 €
♦ Gut geglückt ist die Kombination historischer Elemente des Altbaus mit Modernem. Das Businesshotel stellt dem Gast funktionelle und gediegene Zimmer zur Verfügung. Pyramidenförmiges Glasdach und ein großes Aquarium im Restaurant. Weinstube Gaudeamus.

Marriott
Vangerowstr. 16 ⊠ *69115 – ℰ (06221) 90 80 – info.heidelberg@marriott.com – Fax (06221) 908698*
V d
248 Zim – †158/230 € ††158/230 €, ⊊ 18 € – 3 Suiten – **Rest** – Karte 27/54 €
♦ Terrassenförmig schmiegt sich der neuzeitliche Hotelbau ans Neckarufer. Die Exklusivität fühlen Sie sowohl in der großzügigen Halle wie auch in den komfortablen Zimmern. Lichtes Restaurant mit leicht mediterranem Touch und Neckarblick.

Die Hirschgasse
Hirschgasse 3 ⊠ *69120 – ℰ (06221) 45 40 – info@hirschgasse.de – Fax (06221) 454111*
Y s
20 Zim – †160/195 € ††215/335 €, ⊊ 21 € – 18 Suiten
Rest *Le Gourmet* – ℰ *(06221) 45 41 65 (geschl. 1. - 15. Jan., 1. - 15. Aug. und Sonntag - Montag, nur Abendessen)* Menü 98 € – Karte 55/67 €
Rest *Mensurstube* – *(geschl. Sonntag, nur Abendessen)* Karte 38/54 €
♦ Leicht erhöht liegt das Gasthaus a. d. 15. Jh. gegenüber der Altstadt. Individuell und elegant sind die mit Stil und Geschmack dekorierten Zimmer. Im Le Gourmet reicht man eine internationale Karte. Regional ist das Angebot in der urigen Mensurstube.

Rega-Hotel
Bergheimer Str. 63 ⊠ *69115 – ℰ (06221) 50 80 – info@rega.bestwestern.de – Fax (06221) 508500*
VX r
124 Zim ⊊ – †139/193 € ††165/223 € – **Rest** – *(geschl. Samstagmittag, Sonntagmittag)* Karte 26/46 €
♦ Das Stadthotel ist in einem modernen Hochhaus untergebracht. Im Kontrast zur nüchternen Architektur wirken die Zimmer angenehm wohnlich und bieten durchdachte Technik. Gemütliches kleines Restaurant namens Badische Stub'.

Arthotel
Grabengasse 7 ⊠ *69117 – ℰ (06221) 65 00 60 – info@arthotel.de – Fax (06221) 65006100*
Z e
24 Zim – †99/160 € ††115/175 €, ⊊ 12 €
Rest *Romer* – ℰ *(06221) 65 00 61 50* – Menü 35 € – Karte 30/55 €
♦ Das Designhotel in der Altstadt besticht mit seinen geschmackvollen, in klaren Linien gehaltenen und technisch top ausgestatteten Zimmern. Modernes Restaurant mit schöner Terrasse im Innenhof.

Hip Hotel
Hauptstr. 115 ⊠ *69117 – ℰ (06221) 2 08 79 – info@hip-heidelberg.de – Fax (06221) 160409*
Z p
15 Zim – †110/130 € ††140/160 €, ⊊ 12 €
Rest *Zum Güldenen Schaf* – Karte 25/42 €
♦ Sie möchten in Delhi, Rom oder Zermatt übernachten? Diesen und anderen Städten widmet sich das schmucke Hotel in der Fußgängerzone. Zimmer "Heidelberg" mit Dachterrasse. Zum Güldenen Schaf: ein uriges Restaurant mit hübschem begrüntem Innenhof.

HEIDELBERG

Holländer Hof garni
Neckarstaden 66 ⊠ 69117 – ℰ (06221) 6 05 00 – info@hollaender-hof.de
– Fax (06221) 605060 Y v
39 Zim – †75/122 € ††104/158 €, ⊇ 12 €
- Logieren Sie mit Blick auf den Neckar und den berühmten Philosophenweg! Das stattliche Biedermeierhaus hat gediegene Zimmer, die teils behindertengerecht sind, anzubieten.

Zum Ritter St. Georg
Hauptstr. 178 ⊠ 69117 – ℰ (06221) 13 50 – info@ritter-heidelberg.de
– Fax (06221) 135230 Z N
39 Zim – †83/139 € ††144/206 €, ⊇ 11 € – **Rest** – Karte 28/44 €
- Der Drachentöter stand Pate bei der Taufe des Hotels in dem schönen Renaissancehaus von 1592. Hinter der Sandsteinfassade umgibt Sie Tradition und Historie. Der gastronomische Bereich teilt sich in das Restaurant Belier und die Ritterstube.

Zur Alten Brücke
Obere Neckarstr. 2 ⊠ 69117 – ℰ (06221) 73 91 30 – info@
hotel-zur-alten-bruecke.de – Fax (06221) 7391320 Y c
16 Zim ⊇ – †119/139 € ††139/159 €
Rest *Wirtshaus zum Nepomuk* – (Montag - Freitag nur Abendessen) Karte 23/41 €
- Das historische Stadthaus im Zentrum, nahe der namengebenden Alten Brücke beherbergt unterschiedlich geschnittene, in modernem Design gehaltene Zimmer mit sehr guter Technik. Mit viel Holz ist das Wirtshaus gemütlich eingerichtet. Hübsch: die Innenhofterrasse.

Astoria garni
Rahmengasse 30 ⊠ 69120 – ℰ (06221) 7 29 03 50 – info@heidelberg-astoria.de
– Fax (06221) 7290359 V a
6 Zim ⊇ – †120/140 € ††145/190 €
- Die in einer ruhigen Gasse gelegene kleine Villa von 1907 vereint auf ansprechende Weise modernes Design und alte Bausubstanz. Geschmackvoll und klar ist der Stil des Hauses.

Weißer Bock
Große Mantelgasse 24 ⊠ 69117 – ℰ (06221) 9 00 00 – info@weisserbock.de
– Fax (06221) 900099 Y g
23 Zim – †85/90 € ††100/115 €, ⊇ 10 € – **Rest** – Menü 54 € – Karte 34/51 €
- Das Hotel besticht durch individuelle, meist im Landhausstil gehaltene Zimmer, die mit wohnlichen Details wie Holzboden und teils freiliegendem Fachwerk ausgestattet sind. Nostalgisches Flair und internationale Küche erwarten Sie im Restaurant.

Monpti garni
Friedrich-Ebert-Anlage 57 ⊠ 69117 – ℰ (06221) 60 45 60 – info@hotel-monpti.de
– Fax (06221) 604570 Z c
14 Zim ⊇ – †93 € ††113 €
- Die Zimmer dieses in einem alten Stadthaus untergebrachten kleinen Hotels wurden von einem spanischen Innenarchitekten jedes auf seine Art in modernem Design entworfen.

Backmulde
Schiffgasse 11 ⊠ 69117 – ℰ (06221) 5 36 60 – info@gasthaus-backmulde.de
– Fax (06221) 536660 YZ a
22 Zim ⊇ – †80/95 € ††110/125 € – **Rest** – (geschl. 3. - 7. Feb., Aug. 2 Wochen und Montagmittag, Sonntagmittag) Menü 36 € – Karte 30/41 €
- Vom Inhaber geführtes kleines Hotel in einer Seitenstraße der Altstadt, dessen solide, wohnliche Zimmer alle recht ruhig zum Innenhof hin liegen. Hübscher Frühstücksraum. In rustikalem, dunklem Holz gehaltenes Restaurant mit freundlichem Service.

Acor garni
Friedrich-Ebert-Anlage 55 ⊠ 69117 – ℰ (06221) 65 40 70 – acor.hotel@t-online.de
– Fax (06221) 640717 – geschl. 22. Dez. - 7. Jan. Z f
18 Zim ⊇ – †90/115 € ††110/135 €
- In einem schönen neoklassizistischen Bau in der Altstadt ist dieses kleine Hotel untergebracht. Die Zimmer sind solide und funktionell ausgestattet, Gemälde zieren das Haus.

603

HEIDELBERG

Perkeo garni
Hauptstr. 75 ⊠ 69117 – ℰ (06221) 1 41 30 – perkeo@hotels-in-heidelberg.de – Fax (06221) 141337 – geschl. 23. Dez. - 8. Jan. Z d
24 Zim ⊆ – †90/115 € ††115/160 €

◆ Die zentrale Lage in der Altstadt ermöglicht es, alle Sehenswürdigkeiten von hier aus zu Fuß zu erreichen. Die Zimmer sind in zeitgemäßem Stil mit Buchenmöbeln eingerichtet.

Am Rathaus garni
Heiliggeiststr. 1 (am Marktplatz) ⊠ 69117 – ℰ (06221) 1 47 30 – rathaus@hotels-in-heidelberg.de – Fax (06221) 147337 Y n
20 Zim ⊆ – †90/115 € ††115/154 €

◆ Recht ruhig liegt das schmucke Eckhaus im Herzen der historischen Altstadt. Die Übernachtungszimmer sind unterschiedlich im Zuschnitt, aber immer funktionell und hell.

Am Schloss garni
Zwingerstr. 20 (Parkhaus Kornmarkt) ⊠ 69117 – ℰ (06221) 1 41 70 – schloss@hotels-in-heidelberg.de – Fax (06221) 141737 Z r
24 Zim ⊆ – †77/113 € ††99/154 €

◆ Parkplatzprobleme gibt es hier nicht, denn das Hotel liegt in den oberen Stockwerken eines Parkhauses. Einige Zimmer gewähren einen sehenswerten Blick auf das Schloss.

Schönberger Hof garni
Untere Neckarstr. 54 ⊠ 69117 – ℰ (06221) 1 40 60 – schoenbergerhof@hotels-in-heidelberg.de – Fax (06221) 140639 – geschl. 24. Dez. - 5. Jan. Y b
18 Zim ⊆ – †90/120 € ††120/165 €

◆ Ein aus dem für die Gegend typischen Buntsandstein gebautes Hotel aus dem späten 19. Jh. mit meist hell und freundlich gestalteten Zimmern. Mit im Haus: ein Sushi-Restaurant.

Kohler garni
Goethestr. 2 ⊠ 69115 – ℰ (06221) 97 00 97 – info@hotel-kohler.de – Fax (06221) 970096 – geschl. Mitte Dez. - Mitte Jan. X d
41 Zim ⊆ – †69/92 € ††84/108 €

◆ Das Äußere des Hauses ist durch den weithin sichtbaren Eckturm geprägt. Auf vier Etagen vermietet man hier Zimmer, die nett und praktisch ausgestattet sind.

Nassauer Hof garni
Plöck 1 ⊠ 69117 – ℰ (06221) 90 57 00 – nassauer-hof@t-online.de – Fax (06221) 9057044 V c
23 Zim ⊆ – †88/143 € ††113/148 €

◆ Mediterraner Stil und angenehme warme Farben ziehen sich durch das ganze Haus. Mit hellem Holz wohnlich eingerichtete Zimmer und freundlicher Frühstücksraum mit gutem Buffet.

Goldene Rose garni
St. Annagasse 7 ⊠ 69117 – ℰ (06221) 90 54 90 – info@hotel-goldene-rose.de – Fax (06221) 182040 V c
36 Zim ⊆ – †79/119 € ††99/149 €

◆ In einer engen Nebenstraße im Altstadtbereich finden Sie das in einer Häuserreihe stehende Hotel mit seinen zeitgemäßen und solide möblierten Zimmern. Einige Appartements.

schwarz Das Restaurant
← Heidelberg und Umgebung,
Kurfürsten-Anlage 60, (12. Etage) ⊠ 69115 – ℰ (06221) 75 70 30 – info@schwarzdasrestaurant.com – Fax (06221) 7570324 – geschl. 1. - 7. Jan. und Sonntag - Montag X a
Rest – (nur Abendessen) (Tischbestellung erforderlich) Menü 89/105 € – Karte 64/88 €

Spez. Gebratene Gänsestopfleber mit Pfefferkrokant und Balsamico-Kirschen. Dorade Royal mit Curry und Aromaten gebraten. Bailey-Mascarponeschnitte mit gebackener Babybanane und Brombeersorbet.

◆ Einmalig ist die Lage in dem modernen Glasgebäude der Print Media Academy - erreichbar mit einem gläsernen Lift. Puristisch und gleichzeitig elegant: das Ambiente. Mit Bar.

HEIDELBERG

XX Simplicissimus
Ingrimstr. 16 ⊠ 69117 – ℰ (06221) 18 33 36 – lummer@restaurant-simplicissimus.de – Fax (06221) 181980 – geschl. Jan. - Feb. 2 Wochen, Aug. - Sept. 2 Wochen und Sonntagabend - Montag Z h
Rest – *(Dienstag - Samstag nur Abendessen)* (Tischbestellung ratsam) Menü 59 €
– Karte 34/54 €
♦ Jugendstilelemente zieren das nette Restaurant in der Heidelberger Altstadt. Im Sommer ist die schöne Innenhofterrasse mit großer Markise sehr reizvoll.

XX Schlossweinstube
im Heidelberger Schloss ⊠ 69117 – ℰ (06221) 9 79 70 – schoenmehl@t-online.de – Fax (06221) 167969 – geschl. 20. Dez. - Ende Jan. und Mittwoch Z
Rest – *(nur Abendessen)* Karte 47/79 €
♦ In diesem Restaurant erzeugt der herrschaftliche Rahmen mit Parkett und wertvollen Gemälden ein ansprechendes Ambiente.

XX Herrenmühle
Hauptstr. 239 ⊠ 69117 – ℰ (06221) 60 29 09 – info@zur-herrenmuehle.de – Fax (06221) 22033 – geschl. 24. Aug. - 8. Sep. und Sonntag Y e
Rest – *(nur Abendessen)* (Tischbestellung ratsam) Menü 30 €
– Karte 27/43 €
♦ Das historische Gasthaus in der Altstadt beherbergt ein hübsches rustikales Restaurant, in dem man regionale und internationale Gerichte serviert. Glyzinienberankte Terrasse.

XX Goldene Sonne
Hauptstr. 170 ⊠ 69117 – ℰ (06221) 8 93 57 64 – info@goldene-sonne-heidelberg.de – Fax (06221) 8935763 – geschl. 1. - 7. Jan. und Montag Z m
Rest – Menü 32/35 € – Karte 26/43 €
♦ In einem Altstadthaus in der Fußgängerzone befindet sich das in mediterranen Tönen gehaltene Restaurant mit ständiger Bilderausstellung. Internationale und regionale Küche.

X Piccolo Mondo
Klingenteich 6 ⊠ 69117 – ℰ (06221) 60 29 99 – piccolomondo@arcor.de – Fax (06221) 655845 – geschl. Montag Z a
Rest – Karte 33/44 €
♦ Etwas versteckt liegt das Lokal unweit der Altstadt. Freundliche Farben und Steinfußboden verleihen dem Gewölberestaurant eine mediterrane Note. Italienische Küche.

In Heidelberg-Grenzhof Nord-West : 8 km über B 37 V :

Grenzhof
Biergarten
Grenzhof 9 ⊠ 69123 – ℰ (06202) 94 30 – info@grenzhof.de – Fax (06202) 943100 – geschl. 24. - 30. Dez.
30 Zim ⊇ – †90/110 € ††135/145 € – **Rest** – *(geschl. Sonntag, nur Abendessen)* Karte 31/49 €
♦ Mit viel Liebe zum Detail hat man in dem alten Gutshof moderne Wohnkultur und ländlichem Charme kombiniert. Hübsch: der Frühstücksraum mit Blick in den Innenhof. Das Restaurant gefällt mit einer stilvoll-rustikalen Einrichtung.

In Heidelberg-Handschuhsheim Nord : 3 km über Brückenstraße V :

Das Lamm
Pfarrgasse 3 ⊠ 69121 – ℰ (06221) 4 79 30 – info@lamm-heidelberg.de – Fax (06221) 479333 – geschl. 1. - 6. Jan.
13 Zim – †108/148 € ††125/185 €, ⊇ 12 €
Rest – *(Montag - Freitag nur Abendessen)* (Tischbestellung ratsam) Menü 36/85 € – Karte 38/57 €
Rest Lämmchen – *(Samstag - Sonntag nur Abendessen)* Karte 24/31 €
♦ Der Gasthof mit der bis ins 17. Jh. zurückreichenden Geschichte bietet wohnliche Zimmer, die man über einen Übergang im 1. Stock erreicht. Gemütlich-rustikales Restaurant mit internationaler Küche. Weinkeller und Gewölberestaurant. Regionale Karte im Lämmchen.

HEIDELBERG

Ai Portici
Rottmannstr. 2 (Eingang Steubenstraße) ✉ 69121 – ✆ (06221) 47 28 17 – antonio@ai-portici.de – Fax (06221) 6530836 – geschl. Anfang Jan. 1 Woche und Dienstag
Rest – Menü 18/38 € – Karte 25/42 €

♦ Dunkles Holz und gelb gestrichene Wände unterstreichen das südländische Flair des Hauses. Das italienische Angebot wird überwiegend auf einer Tafel präsentiert.

In Heidelberg-Pfaffengrund West : 3,5 km über Eppelheimer Straße X :

Neu Heidelberg
Kranichweg 15 ✉ 69123 – ✆ (06221) 7 38 20 – michelin2008@neu-heidelberg.de – Fax (06221) 738260 – geschl. 24. Dez. - 6. Jan.
22 Zim ⌧ – †65/95 € ††89/119 € – **Rest** – (geschl. Sonntag, nur Abendessen) Karte 15/30 €

♦ Außerhalb und doch verkehrsgünstig liegt das familiär geführte Hotel, in dem Sie praktische Zimmer und ein appetitliches kleines Frühstücksbuffet erwarten. Gemütlich: das Restaurant Brunnenstube.

HEIDENHEIM AN DER BRENZ – Baden-Württemberg – 545 – 50 450 Ew – Höhe 504 m – Wintersport : 750 m ⛷1 ⛸
56 I19

▶ Berlin 583 – Stuttgart 82 – Augsburg 90 – Nürnberg 132

ℹ Hauptstr. 34 (Elmar-Doch-Haus), ✉ 89522, ✆ (07321) 3 27 49 10, tourist-information@heidenheim.de

NH Heidenheim
Friedrich-Pfenning-Str. 30 ✉ 89518 – ✆ (07321) 98 00 – nhheidenheim@nh-hotels.com – Fax (07321) 980100
83 Zim ⌧ – †124/139 € ††139/164 € – **Rest** – Karte 24/43 €

♦ Das Haus ist mit seinen funktionell und zeitgemäß ausgestatteten Zimmern ganz auf die Bedürfnisse des Businessgastes zugeschnitten. Restaurant in modernem Stil.

Linde
St.-Pöltener-Str. 53 ✉ 89522 – ✆ (07321) 9 59 20 – linde@heidenheim.com – Fax (07321) 959258 – geschl. 24. Dez. - 6. Jan., 4. - 31. Aug.
29 Zim ⌧ – †52/62 € ††84/94 € – **Rest** – (geschl. Samstag) Karte 18/31 €

♦ Die Marktstadt ist ein guter Ort für Ausflüge zur Schwäbischen Alb. Wohnen können Sie in diesem Traditionshotel, in dem die Hälfte der Zimmer über Fußbodenheizung verfügt. Rustikal-ländliche Gaststuben.

Weinstube zum Pfauen
Schloßstr. 26 ✉ 89518 – ✆ (07321) 4 52 95 – info@pfauen.de – Fax (07321) 480064 – geschl. Samstagmittag - Sonntag
Rest – (abends Tischbestellung ratsam) Menü 35 € – Karte 23/43 €

♦ Rustikal und gemütlich ist die Stimmung, wie es sich für eine Weinstube gehört. An eingedeckten Tischen wird internationale und regionale Kost geboten. Freundlicher Service.

In Heidenheim-Mergelstetten Süd : 2 km über B 19 :

Hirsch
Buchhofsteige 3 ✉ 89522 – ✆ (07321) 95 40 – info@hotel-hirsch-heidenheim.com – Fax (07321) 954330
40 Zim ⌧ – †76/80 € ††98 € – **Rest** – (geschl. Samstag, nur Abendessen) Karte 13/18 €

♦ Vor allem Geschäftsreisende schätzen die solide und gediegen eingerichteten Zimmer sowie die gute Pflege und Sauberkeit dieses Hauses.

In Steinheim am Albuch West : 6 km über B 466 :

Zum Kreuz
Hauptstr. 26 ✉ 89555 – ✆ (07329) 9 61 50 – info@kreuz-steinheim.de – Fax (07329) 961555
29 Zim ⌧ – †62/99 € ††82/109 € – **Rest** – Karte 26/43 €

♦ Der familiengeführte Gasthof mit langer Tradition bietet zeitgemäß und solide ausgestattete Zimmer, die mit hellen Naturholzmöbeln eingerichtet sind. In den Räumen des Restaurants werden in klassischem bzw. rustikalem Rahmen regionale Gerichte serviert.

HEIDENHEIM AN DER BRENZ

In Steinheim-Sontheim i. St. West : 7 km über B 466 :

Sontheimer Wirtshäusle
(an der B 466) ⊠ 89555 – ℰ *(07329) 50 41* – info@sontheimer-wirtshaeusle.de
– Fax *(07329) 1770* – geschl. Jan. 2 Wochen, Ende Aug. 2 Wochen
11 Zim ⊇ – †52 € ††84 € – **Rest** – *(geschl. Samstag)* Karte 25/41 €
♦ Der nette Gasthof mit solide möblierten Zimmern liegt in einer geologisch hochinteressanten Landschaft mit entsprechenden Wanderwegen und Naturdenkmälern. Gemütlich sitzt man in der rustikalen Stube mit Kachelofen.

HEIGENBRÜCKEN – Bayern – 546 – 2 430 Ew – Höhe 274 m – Luftkurort   48 H15
▶ Berlin 542 – München 350 – Würzburg 71 – Aschaffenburg 26
ℹ Hauptstr. 7, ⊠ 63869, ℰ *(06020) 9 71 00*, info@heigenbruecken.de

Villa Marburg im Park (mit Gästehaus)
Werner-Wenzelstr. 1 ⊠ 63869 – ℰ *(06020)*
97 99 90 – info@villa-marburg.de – Fax *(06020) 97999999*
40 Zim ⊇ – †70/95 € ††90/105 € – 3 Suiten –
Rest – Karte 28/52 €
♦ Hier hat man eine Villa aus dem 19. Jh. um einen modernen Anbau erweitert. Entstanden ist ein Hotel mit gut ausgestatteten, großzügigen und wohnlichen Zimmern. Zum Restaurant gehört die gemütlich-rustikale Weinstube mit Sandsteingewölbe.

Hochspessart
Lindenallee 40 ⊠ 63869 – ℰ *(06020) 9 72 00* – hochspessart@t-online.de
– Fax *(06020) 972070*
34 Zim ⊇ – †42/56 € ††78/94 € – ½ P 16 € – **Rest** – Karte 17/28 €
♦ Gut geführter und tadellos gepflegter Gasthof, der über solide, teils mit Eichenmöbeln, teils mit bemaltem Bauernmobiliar eingerichtete Zimmer verfügt. Neuere Zimmer im Anbau. In freundlichen Farben gestaltetes Restaurant im Landhausstil mit regionaler Küche.

HEILBRONN – Baden-Württemberg – 545 – 120 710 Ew – Höhe 157 m   55 G17
▶ Berlin 591 – Stuttgart 60 – Heidelberg 68 – Karlsruhe 94
ADAC Bahnhofstr. 19
ℹ Lerchenstr. 40, ⊠ 74072, ℰ *(07131) 9 94 13 90*, service@heilbronnerland.de

Stadtpläne siehe nächste Seiten

insel-Hotel
Willy-Meyer-Brücke *(über Kranenstraße)* ⊠ 74072 – ℰ *(07131) 63 00* – insel@
insel-hotel.de – Fax *(07131) 626060*   AY **r**
125 Zim ⊇ – †109/145 € ††139/165 € – 5 Suiten
Rest – Karte 33/52 €
♦ Sind Sie "reif für die Insel"? In aparter Lage auf der Neckarinsel finden Sie diese gut geführte, zentrumsnahe Unterkunft. Die Form der Anlage ist einem Schiff nachempfunden. Rustikal-elegantes Restaurant mit einladender Sonnenterrasse.

Park-Villa garni (mit Gästehaus)
Gutenbergstr. 30 ⊠ 74074 – ℰ *(07131) 9 57 00* – info@hotel-parkvilla.de
– Fax *(07131) 957020* – geschl. 24. Dez. - 3. Jan.   BZ **p**
25 Zim ⊇ – †89/95 € ††119/139 €
♦ Antiquitäten und einige Großwild-Jagdtrophäen zieren die denkmalgeschützte Villa von 1912. Hier sowie in der Dependance erwarten Sie individuelle Zimmer. Schöner kleiner Park.

Stadthotel garni
Neckarsulmer Str. 36 *(über Paulinenstraße AY)* ⊠ 74076 – ℰ *(07131) 9 52 20*
– info@stadthotel-heilbronn.de – Fax *(07131) 952270*
44 Zim ⊇ – †68 € ††91 €
♦ Wenn Sie ein modernes Hotel mit praktisch ausgestatteten Räumen suchen, sind Sie hier an der richtigen Adresse! Für genügend Parkplätze ist auf dem Parkdeck gesorgt.

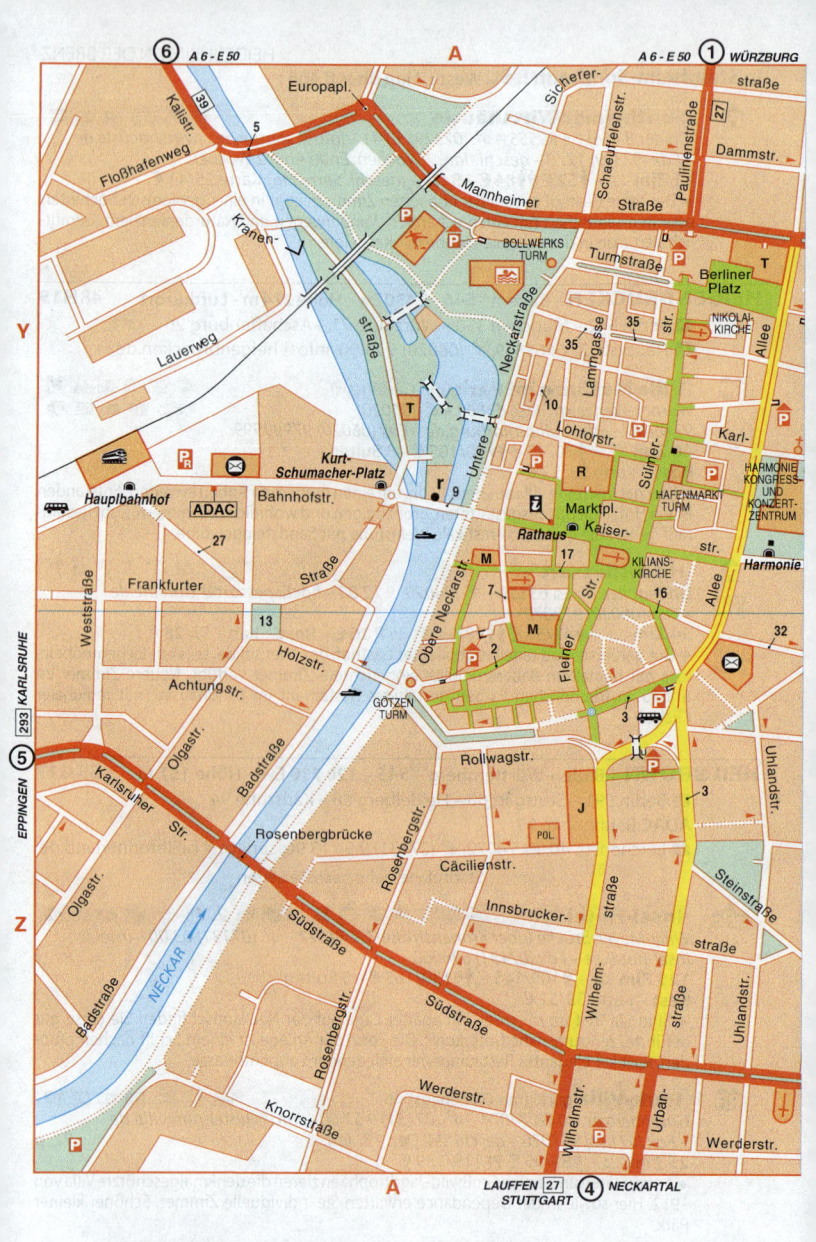

Da Umberto

Theresienwiese 1a (über Karlsruher Straße AZ) ✉ 74072
– ☎ (07131) 8 28 77 – info@da-umberto.de – Fax (07131) 993509
– geschl. 1. - 15. Aug. und Montag
Rest – *(nur Abendessen)* Menü 42/68 € – Karte 37/53 €

♦ Zu diesem gediegenen italienischen Restaurant gehört ein gut bestückter Weinkeller - mündlich empfohlene Raritäten ergänzen die Weinkarte. Am Herd steht La Mamma.

HEILBRONN

Street	Grid
Achtungstr.	AZ
Alexanderstr.	BZ
Allee	AY
Allerheiligenstr.	AZ 2
Am Wollhaus	AZ 3
Badstr.	AZ
Bahnhofstr.	AY
Berliner Pl.	AY
Bismarckstr.	BZ
Bleichinselbrücke	AY 5
Cäcilienstr.	AZ
Dammstr.	ABY
Deutschhofstr.	AY 7
Dittmarstr.	BZ
Europapl.	AY
Fleiner Str.	AZ
Floßhafenweg	AY
Frankfurter Str.	AY
Friedrich-Ebert-Brücke	AY 9
Gartenstr.	BY
Gerberstr.	AY 10
Gutenbergstr.	BZ
Gymnasium Str.	BYZ
Holzstr.	AZ
Innsbruckerstr.	AZ
Kaiserstr.	AY
Kaiser-Friedrich-Pl.	AZ 13
Kalistr.	AY
Karlsruher Str.	AY
Karlstr.	ABY
Kernerstr.	BY
Kilianstr.	AY 16
Kirchbrunnenstr.	AY 17
Knorrstr.	AZ
Kranenstr.	AY
Lammgasse	AY
Lauerweg	AY
Lerchenstr.	BZ
Lohtorstr.	AY
Mannheimer Str.	AY
Marktpl.	AY
Mönchseestr.	BZ
Moltkestr.	BY
Obere Neckarstr.	AYZ
Olgastr.	AZ
Oststr.	BYZ
Paulinenstr.	AY
Paul-Göbel-Str.	BY
Rollwagstr.	AZ
Rosenbergbrücke	AZ
Rosenbergstr.	AZ
Roßkampfstr.	AY 27
Schaeuffelenstr.	AY
Schillerstr.	BY
Sichererstr.	ABY
Silcherpl.	BZ
Steinstr.	ABZ
Stuttgarter Str.	BZ 29
Südstr.	ABZ
Sülmerstr.	AY
Titotstr.	AZ 32
Turmstr.	AY
Uhlandstr.	AZ
Untere Neckarstr.	AY
Urbanstr.	AZ
Weinsbergerstr.	BY
Werderstr.	AZ
Weststr.	AYZ
Wilhelmstr.	AZ
Wollhausstr.	BZ
Zehentgasse	AY 35

✕✕ **Les Trois Sardines**
Mönchseestr. 57 ✉ *74072* – ✆ *(07131) 99 37 99 – info@les-trois-sardines.de
– Fax (07131) 80230 – geschl. 1. - 13. Jan., 13. - 23. Mai, 2 Wochen im
Aug. und Sonntag - Montag*   BZ **b**
Rest – *(nur Abendessen)* Karte 28/38 €
♦ Ein Stück Süden in Heilbronn: Steinboden, terrakottafarbene Wände, provenzalische
Tischwäsche und die südfranzösische Küche geben dem kleinen Restaurant mediterranes
Flair.

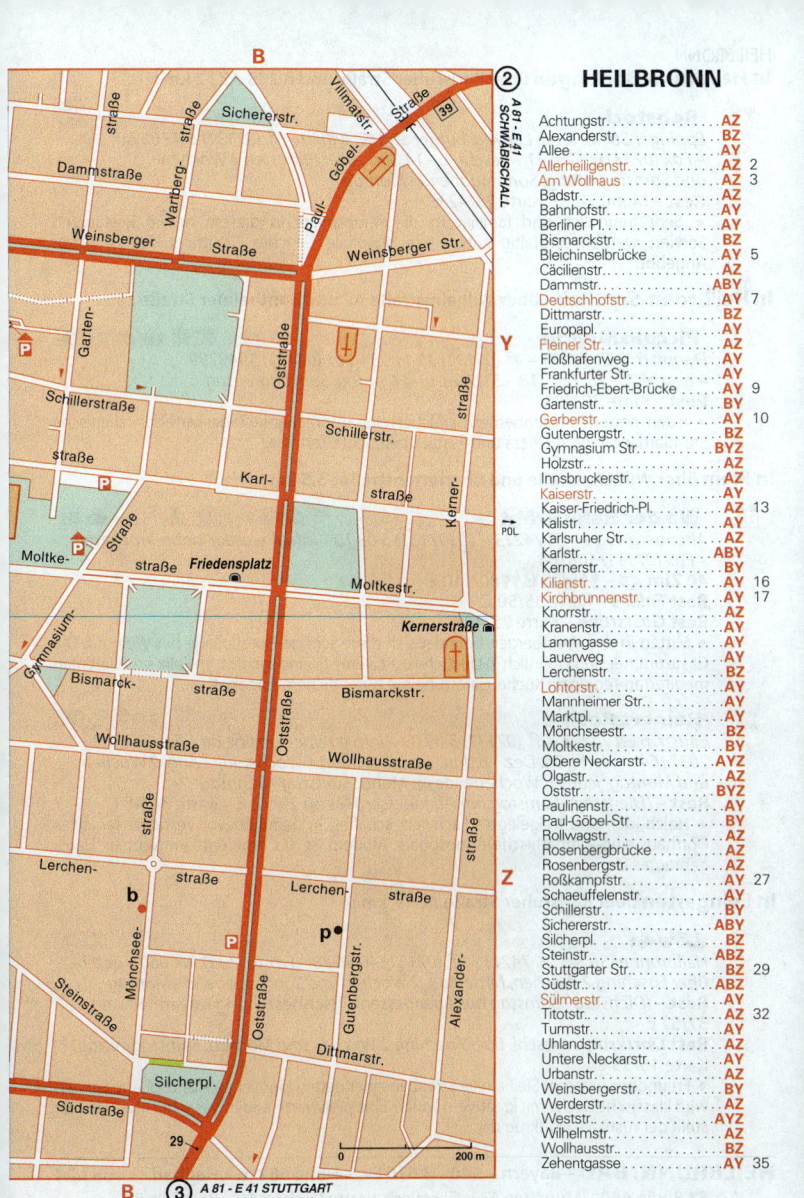

HEILBRONN

In Heilbronn-Böckingen über Karlsruher Straße und B 293 AZ : 2 km :

Rebstock
Eppinger Str. 43 (Ecke Ludwigsburger Str.) ⊠ 74080 – ℰ (07131) 6 42 05 60
– Fax (07131) 6420561 – geschl. 1. - 14. Jan., über Pfingsten 2 Wochen
und Samstagmittag, Sonntagabend - Montag
Rest – Menü 28 € – Karte 28/42 €

♦ Sehr freundlich und familiär ist die Atmosphäre in diesem netten Restaurant. Serviert werden sorgfältig zubereitete regionale Gerichte - mittags kleines Bistro-Angebot.

In Heilbronn-Sontheim über Wilhelmstraße AZ und Sontheimer Straße :

Piccolo Mondo
Hauptstr. 9 ⊠ 74081 – ℰ (07131) 25 11 33 – Fax (07131) 5949299
– geschl. 1. - 10. Feb., 18. - 31. Aug. und Montag, Samstagmittag
Rest – Karte 30/42 €

♦ In dem netten Familienbetrieb bereichert eine ansprechende Tageskarte das italienische Standardangebot mit Pizza und Pasta. Überdachte Terrasse.

In Flein über Wilhelmstraße und Charlottenstraße : 5,5 km :

Wo der Hahn kräht
Altenbergweg 11 ⊠ 74223 – ℰ (07131) 5 08 10 – info@wo-der-hahn-kraeht.de
– Fax (07131) 508166
40 Zim – †65/95 € ††80/110 €
Rest *Felix's* – Karte 35/50 €
Rest *Gaststube* – Karte 25/40 €

♦ Mitten in den Weinbergen befindet sich diese schöne Hotelanlage mit Weingut. Die Gästezimmer sind wohnlich in ländlich-rustikalem Stil eingerichtet. Im Felix's serviert man mediterran-regionale Küche. Gaststube mit bürgerlichem Angebot.

Reiners Rosine
Bildstr. 6 ⊠ 74223 – ℰ (07131) 3 09 09 – info@reiners-rosine.de – Fax (07131) 2037164 – geschl. 24. Dez. - 6. Jan., über Fasching 1 Woche, Juli - Aug. 2 Wochen und Montag, jedes 1. Wochenende im Monat Samstag - Sonntag
Rest – (Dienstag - Samstag nur Abendessen) Menü 29/72 € – Karte 34/48 €

♦ Holzböden und freigelegtes Fachwerk schaffen in dem liebevoll restaurierten alten Dorfhaus eine sympathische Atmosphäre. Modern ist das Ambiente im Neubau. Hausgebrautes Bier.

In Leingarten über Karlsruher Straße AZ : 7 km :

Löwen
Heilbronner Str. 43 ⊠ 74211 – ℰ (07131) 40 36 78 – Fax (07131) 900060 – geschl. über Fasching 2 Wochen, Mitte Aug. 2 Wochen und Sonntagabend - Montag
Rest – (Dienstag - Samstag nur Abendessen) (Tischbestellung ratsam) Karte 37/57 €
Rest *Dorfkrug* – (geschl. über Fasching 2 Wochen und Montag, Samstagmittag) Karte 16/33 €

♦ Freundlich umsorgt Sie Familie Straub in einer netten ländlichen Atmosphäre. Serviert wird klassische Küche mit kreativem Touch. Eine preiswerte und etwas schlichtere Einkehr stellt der rustikale Dorfkrug dar.

HEILBRUNN, BAD – Bayern – 546 – 3 670 Ew – Höhe 682 m – Heilbad 65 **L21**
▶ Berlin 650 – München 63 – Garmisch-Partenkirchen 46 – Bad Tölz 8
🛈 Wörnerweg 4, ⊠ 83670, ℰ (08046) 3 23, info@bad-heilbrunn.de

Kilian garni
St.-Kilians-Platz 5 ⊠ 83670 – ℰ (08046) 91 69 01 – info@hotelkilian.de
– Fax (08046) 916905
8 Zim – †48/50 € ††76 €

♦ Eine kleine, aber feine, sehr gut gepflegte Unterkunft im "kurfürstlichen Hofbad". Gleich nebenan ist der idyllische Adelheid-Park, der zu erholsamen Spaziergängen einlädt.

HEILIGENBERG – Baden-Württemberg – 545 – 2 930 Ew – Höhe 726 m – Luftkurort
63 **G21**

- Berlin 718 – Stuttgart 139 – Konstanz 36 – Sigmaringen 38
- Schulstr. 5 (im Rathaus), ✉ 88633, ✆ (07554) 99 83 12
- Schlossterrasse ≤ ★

XX **Baader** mit Zim
Salemer Str. 5 ✉ 88633 – ✆ (07554) 80 20 – clemens.baader@t-online.de
– Fax (07554) 802100
15 Zim ☐ – †45/69 € ††80/112 € – ½ P 24 € – **Rest** – *(geschl. Dienstag)*
Menü 27/94 € – Karte 31/62 €
◆ In dem gediegenen, mit Bildern dekorierten Restaurant oder auf der Terrasse hinter dem Haus serviert man ambitionierte klassische Küche mit regionalen Akzenten. Ein Teil des Gästezimmer ist neuzeitlich eingerichtet und verfügt über einen Balkon.

In Heiligenberg-Steigen West : 2 km :

Hack (mit Gästehaus)
Am Bühl 11 ✉ 88633 – ✆ (07554) 86 86 – gasthaus-hack@t-online.de
– Fax (07554) 8369 – geschl. 7. Jan. - 11. Feb., 27. Okt. - 18. Nov.
17 Zim ☐ – †42/60 € ††72/96 € – ½ P 15 € – **Rest** – *(geschl. Montag - Dienstag)*
Menü 25 € – Karte 17/34 €
◆ Das familiär geführte Haus liegt relativ ruhig in einem kleinen Wohngebiet. Besonders großzügig und komfortabel sind die ganz modernen, wohnlichen Zimmer im Gästehaus. Restaurant mit ländlichem Ambiente und bürgerlich-regionalem Angebot.

HEILIGENDAMM – Mecklenburg-Vorpommern – siehe Doberan, Bad

HEILIGENHAFEN – Schleswig-Holstein – 541 – 9 290 Ew – Höhe 7 m – Ostseeheilbad
3 **K3**

- Berlin 331 – Kiel 67 – Lübeck 77 – Puttgarden 24
- Bergstr. 43, ✉ 23774, ✆ (04362) 9 07 20, tourist-info@heiligenhafen.de

XX **Weberhaus**
Kirchenstr. 4 ✉ 23774 – ✆ (04362) 28 40 – weberhaus@aol.com – Fax (04362) 900180 – geschl. Feb. und Montag
Rest – *(Dienstag - Freitag nur Abendessen)* Menü 15 € – Karte 19/27 €
◆ Das kleine Stadthaus in der Ortsmitte wurde um 1620 erbaut. Die moderne Einrichtung bildet einen lebhaften Kontrast zu den historischen Mauern. Bodenständige Küche.

HEILIGENHAUS – Nordrhein-Westfalen – 543 – 28 030 Ew – Höhe 190 m
26 **C11**

- Berlin 549 – Düsseldorf 30 – Essen 22 – Wuppertal 25
- Höseler Str. 147, ✆ (02056) 9 33 70

Waldhotel
Parkstr. 38 ✉ 42579 – ✆ (02056) 59 70 – reservierung@wald-hotel.de
– Fax (02056) 597260
91 Zim – †106/171 € ††161/232 €, ☐ 13 € – 3 Suiten – **Rest** – Menü 32 €
– Karte 32/49 €
◆ Ein hübscher Lobbybereich mit Wintergarten und komfortable, gediegen-elegante Gästezimmer erwarten Sie in diesem von Bäumen umgebenen Hotel. Kleines Tagungszentrum. Eine schöne Gartenterrasse mit Pavillon ergänzt das hell und freundlich gestaltete Restaurant.

X **Kuhs-Deutscher Hof**
Velberter Str. 146 (Ost : 2 km) ✉ 42579 – ✆ (02056) 65 28 – Fax (02056) 68513
– geschl. 26. Juni - 16. Juli und Montag - Dienstag
Rest – Karte 25/34 €
◆ Bereits seit 1875 befindet sich dieses ländlich gehaltene Restaurant in Familienbesitz. Das breit gefächerte Angebot bietet Bürgerliches und Internationales.

611

HEILIGENSTADT – Bayern – 546 – 3 700 Ew – Höhe 304 m
50 **K15**
▶ Berlin 394 – München 231 – Coburg 70 – Bayreuth 36

Heiligenstadter Hof
Marktplatz 9 ⊠ 91332 – ✆ (09198) 7 81 – info@hotel-heiligenstadter-hof.de – Fax (09198) 8100
24 Zim – †33/38 € ††52/76 € – **Rest** – Karte 15/27 €
♦ In der Ortsmitte steht dieses schöne historische Fachwerkhaus mit modernem Anbau. Im alten Gebäudeteil finden sich freigelegte Stuckmalereien und Holzdecken. Im Restaurant sorgt ein Kachelofen für gemütliche Stimmung. Terrasse mit Blick auf den Marktplatz.

In Heiligenstadt-Veilbronn Süd-Ost : 3 km – Erholungsort :

Landhaus Sponsel-Regus
Veilbronn 9 ⊠ 91332 – ✆ (09198) 9 29 70 – sponsel-regus@t-online.de – Fax (09198) 1483 – geschl. 7. Jan. - 1. Feb.
43 Zim – †41/52 € ††70/88 € – **Rest** – Karte 13/26 €
♦ Ein erweiterter Gasthof unter familiärer Leitung. Die soliden, wohnlichen Zimmer verteilen sich auf das Stammhaus sowie die Häuser Mattstein und Sonneck. Gaststube im rustikalen Stil mit Kachelofen.

> Eine preiswerte und komfortable Übernachtung?
> Folgen Sie dem „Bib Hotel".

HEILIGKREUZSTEINACH – Baden-Württemberg – 545 – 3 140 Ew – Höhe 261 m – Erholungsort
47 **F16**
▶ Berlin 632 – Stuttgart 119 – Mannheim 40 – Heidelberg 21

In Heiligkreuzsteinach-Eiterbach Nord : 3 km :

Goldener Pflug
Ortsstr. 40 ⊠ 69253 – ✆ (06220) 85 09 – info@goldener-pflug.de – Fax (06220) 7480 – geschl. 28. Jan. - 12. Feb. und Montag - Dienstag
Rest – (Mittwoch - Freitag nur Abendessen) (Tischbestellung ratsam) Menü 68/88 € – Karte 45/68 €
♦ Das rustikal-elegante Restaurant von Joachim und Christian Heß bietet klassische Speisen mit kreativem Touch. Einer der beiden Brüder leitet die Küche, der andere den Service.

HEIMBACH – Nordrhein-Westfalen – 543 – 4 680 Ew – Höhe 206 m – Luftkurort
35 **B13**
▶ Berlin 634 – Düsseldorf 91 – Aachen 64 – Düren 26
🛈 An der Laag 4, ⊠ 52396, ✆ (02446) 8 05 79 14, info@rureifel-tourismus.com

Klostermühle
Hengebachstr. 106a ⊠ 52396 – ✆ (02446) 8 06 00 – mail@hotel-klostermuehle.de – Fax (02446) 8060500 – geschl. 2. - 31. Jan.
49 Zim – †48/51 € ††66/82 € – ½ P 14 € – **Rest** – Karte 28/42 €
♦ Früher wurde die Wassermühle von den Mönchen der Trappistenabtei genutzt - heute findet der Reisende hier geschmackvolle, dem historischen Bauwerk angepasste Zimmer. Blickfang im Restaurant sind die an den Wänden angebrachten Klostermotive.

In Heimbach-Hasenfeld West : 1,5 km :

Landhaus Weber mit Zim
Schwammenauler Str. 8 ⊠ 52396 – ✆ (02446) 2 22 – Fax (02446) 3850 – geschl. 2. - 18. Jan., Mitte Juli 2 Wochen und Dienstag - Mittwoch
11 Zim – †44/50 € ††66/84 € – ½ P 20 € – **Rest** – (wochentags nur Abendessen) Karte 30/44 €
♦ Mit freundlichen Farben und netten Accessoires ist das Restaurant geschmackvoll gestaltet worden. Aus der Küche kommt frisch zubereitete, international ausgerichtete Kost.

HEIMBUCHENTHAL – Bayern – 546 – 2 230 Ew – Höhe 234 m – Erholungsort
48 **H15**

▶ Berlin 565 – München 346 – Würzburg 66 – Aschaffenburg 19

Lamm (mit Gästehäusern)
St.-Martinus-Str. 1 ⊠ 63872 – ℰ (06092) 94 40
– info@hotel-lamm.de – Fax (06092) 944100
71 Zim – †65/85 € ††102/108 € – ½ P 9 € – **Rest** – Menü 34/38 € – Karte 19/45 €

♦ Ein solider gewachsener Gasthof in zentraler Lage neben der Kirche mit zeitgemäß und funktionell ausgestatteten Zimmern. Kosmetikanwendungen und Massage. Mit viel Holz eingerichtete Restauranträume.

Panoramahotel
Am Eichenberg 1 ⊠ 63872 – ℰ (06092) 60 70
– info@panoramahotel.de – Fax (06092) 6802
35 Zim – †56/61 € ††96 € – ½ P 10 € – **Rest** – Karte 16/32 €

♦ Das auf einer Anhöhe gelegene Hotel verfügt über funktionale Zimmer mit gutem Platzangebot - von den meisten hat man einen schönen Blick über das Elsavatal. Rustikales Restaurant mit Aussicht.

Zum Wiesengrund
Elsavastr.9 ⊠ 63872 – ℰ (06092) 15 64 – info@hotel-zum-wiesengrund.eu
– Fax (06092) 6977 – geschl. 7. - 30. Jan.
25 Zim – †45/50 € ††86/96 € – ½ P 10 € – **Rest** – Menü 10 € – Karte 18/38 €

♦ In einer Seitenstraße an der Elsava liegt der gepflegte Familienbetrieb mit seinen solide möblierten, wohnlichen Gästezimmern. Gaststuben mit bürgerlich-rustikalem Ambiente und eigene Konditorei.

In Heimbuchenthal-Heimathen Süd-West : 1,5 km :

Heimathenhof (mit Gästehaus)
Heimathenhof 2 ⊠ 63872 – ℰ (06092) 9 71 50
– info@heimathenhof-online.de – Fax (06092) 5683
40 Zim – †55/65 € ††90/110 € – ½ P 6 € – **Rest** – Karte 15/35 €

♦ Schön liegt das familiär geführte Hotel am Waldrand auf einem kleinen Plateau. Die Zimmer sind überwiegend großzügig geschnitten und komfortabel. Wildgehege. Zeitlos eingerichtetes Restaurant - auch Räumlichkeiten für Festivitäten stehen zur Verfügung.

> Das Symbol in Rot 🌿 weist auf besonders ruhige Häuser hin – hier ist nur der Gesang der Vögel am frühen Morgen zu hören...

HEINSBERG – Nordrhein-Westfalen – 543 – 41 640 Ew – Höhe 38 m
35 **A12**

▶ Berlin 617 – Düsseldorf 69 – Aachen 36 – Mönchengladbach 33

In Heinsberg-Randerath Süd-Ost : 8 km, jenseits der A 46 :

Burgstuben Residenz - St. Jacques (Rainer Hensen)
Feldstr. 50 ⊠ 52525 – ℰ (02453) 8 02 – info@
burgstuben-residenz.de – Fax (02453) 3526 – geschl. über Karneval 2 Wochen, Juni - Juli 2 Wochen
Rest – (geschl. Sonntag - Montag, nur Abendessen) (Tischbestellung ratsam) Menü 64/99 € – Karte 63/89 €
Rest Brasserie WIR – (geschl. Montag) Karte 28/52 €
Spez. Jakobsmuscheln mit Rote-Bete-Püree und Petersilienwurzelschaum. St. Pierre auf Meeresfrüchte-Cassoulet. Im Olivensud pochiertes Ochsenfilet mit Kräutervinaigrette.

♦ Im lichten Wintergarten der Burgstuben Residenz befindet sich das kleine Gourmetrestaurant St. Jacques, in dem man klassische Küche mit mediterranen Einflüssen bietet. Brasserie WIR in geradlinig-modernem Stil mit Champagner- und Cocktailbar.

HEITERSHEIM – Baden-Württemberg – 545 – 5 740 Ew – Höhe 254 m   61 **D21**
▶ Berlin 821 – Stuttgart 223 – Freiburg im Breisgau 23 – Basel 48
🛈 Hauptstr. 9 (Rathaus), ✉ 79423, ℰ (07634) 4 02 12, tourist-info@ heitersheim.de

Landhotel Krone
Hauptstr. 12 ✉ 79423 – ℰ (07634) 5 10 70 – info@landhotel-krone.de – Fax (07634) 510766
31 Zim ☑ – †63/79 € ††86/110 € – 3 Suiten – **Rest** – (geschl. Dienstag - Mittwochmittag) Menü 31/50 € – Karte 24/47 €
◆ Geschmackvoll und individuell sind die Zimmer in dem neuzeitlichen Hotel, entstanden aus einem historischen Gasthaus. Auch einige sehr schöne Künstlerzimmer sind vorhanden. Gehobene Regionalküche im Restaurant mit hübschem Kachelofen. Gewölbe für Feste.

Löwen
Hauptstr. 3 ✉ 79423 – ℰ (07634) 55 04 90 – loewen-heitersheim@t-online.de – Fax (07634) 5504949
22 Zim ☑ – †52 € ††76/82 € – **Rest** – (geschl. 6. - 17. Feb. und Freitagmittag, Sonntagabend - Montag) Menü 26/30 € – Karte 17/41 €
◆ Die Geschichte dieses gestandenen Gasthofs begann im Jahre 1606. Wohnlich und zeitgemäß sind vor allem die Zimmer im Anbau, etwas einfacher im Stammhaus. Typisch badisch gibt sich die Gaststube. Schön: die Gartenterrasse.

> Gute Küche zu günstigem Preis? Folgen Sie dem „Bib Gourmand".

HELGOLAND (INSEL) – Schleswig-Holstein – 541 – 1 450 Ew – Höhe 40 m
– Zollfreies Gebiet – Seebad   8 **E3**
▶ Berlin 419 – Hannover 223 – Cuxhaven 2
Autos nicht zugelassen
⛴ von Cuxhaven, Bremerhaven, Wilhelmshaven, Bensersiel, Büsum und Ausflugsfahrten von den Ost- und Nordfriesischen Inseln. Auskünfte über Schiffs- und Flugverbindungen ℰ (04725) 81 37 13, Fax (04725) 813725
🛈 Lung Wai 28, Rathaus, ✉ 27498, ℰ (04725) 8 14 30, zimmervermittlung@ helgoland.de
◉ Felseninsel★★ aus rotem Sandstein in der Nordsee

Auf dem Unterland

atoll ocean resort
Lung Wai 27 ✉ 27498 – ℰ (04725) 80 00 – info@atoll.de – Fax (04725) 800444 – geschl. Mitte - Ende Jan.
49 Zim ☑ – †110/165 € ††130/235 € – ½ P 30 € – **Rest** – Karte 35/62 €
◆ Äußerlich wie auch im Inneren präsentiert sich dieses Hotel in sehr modernem Stil - auffallend: der schräge Glasturm. Wählen Sie zwischen Classic- und Designer-Zimmern. Das Restaurant: hell und modern - zur Seeseite gelegen.

Insulaner
Am Südstrand 2 ✉ 27498 – ℰ (04725) 8 14 10 – info@insulaner.com – Fax (04725) 814181
50 Zim ☑ – †75/134 € ††99/149 € – ½ P 25 €
Rest *Galerie* – (geschl. 1. - 12. März, 5. - 26. Nov., außer Saison : Dienstag, nur Abendessen) Menü 28/39 € – Karte 27/72 €
◆ Eine nette, persönlich geführte Adresse. Das Hotel der Familie Rickmers liegt an der Promenade und bietet zeitgemäße Zimmer. Sehr schön: der Garten hinter dem Haus. Mit Gemälden und Skulpturen aus Holz und Metall wirkt das Restaurant einladend.

Hanseat garni
Am Südstrand 21 ✉ 27498 – ℰ (04725) 6 63 – info@hanseat-nickels.de – Fax (04725) 7404 – geschl. 1. Nov. - 15. März
20 Zim ☑ – †48/67 € ††84/120 €
◆ An der Landungsbrücke steht dieses gepflegte Hotel mit soliden, hell möblierten Zimmern. Im Sommer frühstücken Sie auf der zur Promenade gelegenen Terrasse.

HELLENTHAL – Nordrhein-Westfalen – 543 – 8 640 Ew – Höhe 400 m — 35 **B13**

▶ Berlin 645 – Düsseldorf 109 – Aachen 56 – Düren 44

ℹ Rathausstr. 2, ⌂ 53940, ℰ (02482) 8 51 15, tourismus@hellenthal.de

Pension Haus Berghof
Bauesfeld 16 ⌂ 53940 – ℰ (02482) 71 54 – info@hotel-berghof-hellenthal.de
– Fax (02482) 606209 – geschl. 18. - 26. Dez., 2. - 6. Jan.
10 Zim ⌂ – †33/35 € ††56/60 € – ½ P 10 € – **Rest** – (geschl. Sonntag) (nur Abendessen für Hausgäste)
♦ In einem Wohngebiet in ruhiger Ortsrandlage finden Sie eine familiär geführte Pension mit zeitgemäß und solide möblierten Zimmer, teils mit Balkon oder Terrasse.

In Hellenthal-Hollerath Süd-West : 5 km über B 265 – Wintersport :

Hollerather Hof
Luxemburger Str. 44 (B 265) ⌂ 53940 – ℰ (02482) 71 17 – eklode@t-online.de
– Fax (02482) 7834 – geschl. Nov. 3 Wochen
12 Zim ⌂ – †35/45 € ††55/77 € – **Rest** – Karte 13/28 €
♦ Das mit Bruchstein und Fachwerk gebaute Hotel ist ein solider kleiner Familienbetrieb mit unterschiedlich geschnittenen und zeitlos möblierten Gästezimmern. Rustikal-ländlich eingerichtete Gaststube.

HELLWEGE – Niedersachsen – siehe Rotenburg (Wümme)

HELMBRECHTS – Bayern – 546 – 9 580 Ew – Höhe 616 m – Wintersport : 725 m
51 **M14**

▶ Berlin 320 – München 277 – Hof 25 – Bayreuth 43

Deutsches Haus
Friedrichstr. 6 ⌂ 95233 – ℰ (09252) 10 68 – info@deutsches-haus-helmbrechts.de
– Fax (09252) 6011 – geschl. 26. Okt. - 6. Nov.
13 Zim ⌂ – †41 € ††62/65 € – **Rest** – (geschl. Freitag - Sonntag, nur Abendessen) Karte 16/25 €
♦ Am östlichen Rand des Naturparks Frankenwald gelegenes Haus, das Ihnen praktisch ausgestattete Zimmer und freundlichen Service bietet. Bürgerlich gestaltete Gaststube.

Landhaus Oberbrumberg
Oberbrumberg 6 ⌂ 95233 – ℰ (09222) 99 00 30 – info@
landhaus-oberbrumberg.de – Fax (09222) 9900333
15 Zim ⌂ – †45 € ††65 € – **Rest** – Karte 19/32 €
♦ Angenehm ruhig liegt dieses kleine Hotel am Ortsrand. Die Gästezimmer sind mit Naturholzmöbeln wohnlich und zeitgemäß eingerichtet. Nettes, in ländlichem Stil gehaltenes Restaurant.

In Helmbrechts-Edlendorf Ost : 3,5 km, Richtung Reuthlas :

XX Ostermaier's Waldeck mit Zim
Edlendorf 12 ⌂ 95233 – ℰ (09252) 72 73 – ostermaiers@t-online.de – Fax (09252) 992020
6 Zim ⌂ – †43 € ††66 € – **Rest** – Karte 19/42 €
♦ Das am Rand des kleinen Dorfes gelegene, schön von Bäumen und Sträuchern eingefasste Gasthaus beherbergt ein gemütliches und hübsch dekoriertes Restaurant.

HELMSTADT – Bayern – 546 – 2 620 Ew – Höhe 301 m — 49 **H16**

▶ Berlin 519 – München 299 – Würzburg 23 – Bamberg 117

Gasthof Krone
Würzburger Str. 23 ⌂ 97264 – ℰ (09369) 9 06 40 – info@gasthof-krone.de
– Fax (09369) 906440
26 Zim ⌂ – †60/67 € ††76/87 € – **Rest** – (geschl. Dienstagmittag) Karte 13/27 €
♦ Dieser von der Inhaberfamilie geführte Landgasthof von 1736 ist eine sehr gepflegte Adresse mit netten, wohnlich eingerichteten Zimmern. Das Restaurant ist einer alpenländischen Stube nachempfunden.

615

HEMMINGEN – Niedersachsen – siehe Hannover

HEMSBACH – Baden-Württemberg – 545 – 12 360 Ew – Höhe 107 m   47 **F16**
- Berlin 602 – Stuttgart 141 – Mannheim 28 – Darmstadt 40

In Hemsbach-Balzenbach Ost : 3 km über Mühlweg :

Der Watzenhof
69502 – ℰ (06201) 7 00 50 – watzenhof@t-online.de – Fax (06201) 700520
– geschl. 1. - 15. Jan.
13 Zim ☐ – †65/85 € ††85/110 € – **Rest** – (geschl. Sonntagabend - Montagmittag) (nur für Hausgäste) Karte 25/44 €
◆ Ruhig liegt das teilweise mit Holz verkleidete Landhaus am Waldrand. Das kleine Hotel überzeugt durch gute Führung und gepflegte, in dunkler Eiche möblierte Zimmer. Gediegenes Restaurant mit offenem Kamin und schönem Blick in den Garten.

HENGERSBERG – Bayern – 546 – 7 540 Ew – Höhe 311 m – Erholungsort   59 **P18**
- Berlin 573 – München 153 – Passau 40 – Landshut 79
- Mimminger Str. 2, ⊠ 94491, ℰ (09901) 9 30 70, markt@hengersberg.de

Erika
Am Ohewehr 13 ⊠ 94491 – ℰ (09901) 60 01 – hotel-restaurant-erika@t-online.de
– Fax (09901) 6762
26 Zim ☐ – †39/42 € ††55/65 € – ½ P 11 € – **Rest** – Karte 16/26 €
◆ Das Hotel befindet sich in Zentrumsnähe, gleich neben dem Hallen- und Wellenfreibad. Gepflegte, zeitgemäß ausgestattete Gästezimmer stehen zur Verfügung. Hell und freundlich gestaltetes Restaurant.

HENNEF (SIEG) – Nordrhein-Westfalen – 543 – 44 830 Ew – Höhe 67 m   36 **C13**
- Berlin 594 – Düsseldorf 75 – Bonn 18 – Limburg an der Lahn 89
- Frankfurter Str. 97 (Rathaus), ⊠ 53773, ℰ (02242) 1 94 33, info@hennef.de
- Hennef, Haus Dürresbach ℰ (02242) 65 01
- Eitorf, Heckerhof 5 ℰ (02243) 9 17 60

Johnel
Frankfurter Str. 152 ⊠ 53773 – ℰ (02242) 96 98 30 – hoteljohnel@t-online.de
– Fax (02242) 9698322
37 Zim ☐ – †45/55 € ††60/75 € – **Rest** – (geschl. Weihnachten - Neujahr, Juli - Aug. 3 Wochen und Freitagabend - Sonntag) Karte 14/22 €
◆ Eine saubere und gepflegte Übernachtungsadresse mit funktionell und trotzdem wohnlich eingerichteten Zimmern in einheitlichem Stil. Restaurant Kommödchen mit rustikalem Ambiente.

HENNIGSDORF – Brandenburg – 542 – 26 290 Ew – Höhe 33 m   22 **P8**
- Berlin 20 – Potsdam 42 – Oranienburg 20
- Stolpe, Am Golfplatz 1 ℰ (03303) 54 92 14

Mercure
Fontanestr. 110 ⊠ 16761 – ℰ (03302) 87 50 – h1756@accor.com – Fax (03302) 875445
112 Zim – †75/147 € ††75/147 €, ☐ 15 € – **Rest** – Karte 23/38 €
◆ Wohnkomfort und Business sind hier gelungen kombiniert. Mit seiner funktionellen Ausstattung ist das neuzeitliche Hotel auch für den Geschäftsreisenden ideal. Modern-elegantes Restaurant mit luftigem Wintergarten-Café.

HENNSTEDT (KREIS STEINBURG) – Schleswig-Holstein – 541 – 610 Ew – Höhe 64 m   10 **I4**
- Berlin 349 – Kiel 53 – Hamburg 71 – Itzehoe 19

Seelust
Seelust 6 (Süd : 1 km) ⊠ 25581 – ℰ (04877) 6 77 – landlust@seelust.de
– Fax (04877) 766
13 Zim ☐ – †50 € ††70 € – **Rest** – (geschl. Dienstag, Montag - Freitag nur Abendessen) Karte 18/33 €
◆ Malerisch liegt dieses charmante kleine Hotel an einem schönen See. Die Zimmer sind eher einfach, aber dennoch behaglich in ihrer Einrichtung. Zwei unterteilte ländlich gestaltete Gaststuben sorgen für Gemütlichkeit beim Essen.

HEPPENHEIM AN DER BERGSTRASSE – Hessen – 543 – 25 460 Ew – Höhe 106 m
47 **F16**

▶ Berlin 596 – Wiesbaden 69 – Mannheim 29 – Darmstadt 33

🛈 Großer Markt 9, ✉ 64646, ✆ (06252) 13 11 71, tourismus@stadt.heppenheim.de

👁 Marktplatz ★

Am Bruchsee
Am Bruchsee 1 ✉ 64646 – ✆ (06252) 96 00 – info@bruchsee.de – Fax (06252) 960250
70 Zim ⌑ – †70/102 € ††104/140 € – **Rest** – Karte 27/46 €

♦ Gleich hinter dem Haus schließt sich mit dem See ein Naherholungsgebiet an. Man wohnt in funktionellen, mit dunklem Holzmobiliar ausgestatteten Zimmern, vielfach mit Balkon. Restaurant mit Seeterrasse und internationaler Küche.

Villa Boddin garni
Großer Markt 3 ✉ 64646 – ✆ (06252) 6 89 70 – info@villa-boddin.de – Fax (06252) 689711
10 Zim ⌑ – †85 € ††125/135 €

♦ Schön liegt das kleine Hotel direkt am Marktplatz. Gelungen hat man Mauerwerk und Holzbalken des alten Fachwerkhauses mit elegant-mediterraner Einrichtung kombiniert.

Goldener Engel (mit Gästehaus)
Großer Markt 2 ✉ 64646 – ✆ (06252) 25 63 – info@goldener-engel-heppenheim.de – Fax (06252) 4071 – geschl. 23. Dez. - 6. Jan.
29 Zim ⌑ – †54/64 € ††74/85 € – **Rest** – (geschl. Nov. - April Sonntagabend - Montag) Karte 18/33 €

♦ Direkt am Marktplatz in der Altstadt wohnt man in diesem Fachwerkhaus oder dem nicht weit entfernten Gästehaus in meist mit hellen Eichenmöbeln eingerichteten Zimmern. Gutbürgerliches Restaurant.

HERBOLZHEIM – Baden-Württemberg – 545 – 9 590 Ew – Höhe 177 m
61 **D20**

▶ Berlin 777 – Stuttgart 178 – Freiburg im Breisgau 3 – Offenburg 36

Highway-Hotel garni
Breisgauallee 6 (nahe der BAB, im Autohof) ✉ 79336 – ✆ (07643) 93 50 – info@highway-hotel.com – Fax (07643) 9351380
76 Zim – †64 € ††80 €, ⌑ 9 €

♦ Nahe der Autobahn, in einem Autohof befindet sich dieses praktische Hotel, das auch Manager- und Ladyzimmer mit besonderen Extras bietet.

HERBORN (LAHN-DILL-KREIS) – Hessen – 543 – 21 220 Ew – Höhe 223 m
37 **F13**

▶ Berlin 531 – Wiesbaden 118 – Siegen 68 – Gießen 38

🛈 Hauptstr. 39 (Rathaus), ✉ 35745, ✆ (02772) 7 08 19 00, tourist@herborn.de

Schloss-Hotel
Schloßstr. 4 ✉ 35745 – ✆ (02772) 70 60 – info@schlosshotel-herborn.de – Fax (02772) 706630
58 Zim ⌑ – †77/110 € ††122/150 € – **Rest** – (geschl. 28. Juli - 10. Aug. Samstag - Sonntag) Karte 22/43 €

♦ Im Zentrum des Städtchens, nahe der Fußgängerzone gelegenes Hotel mit wohnlichen Zimmern und einem freundlichen Frühstücksraum. Restaurant mit Bistrobereich.

In Breitscheid-Gusternhain Süd-West : 10 km über B 255 Richtung Montabaur :

Ströhmann
Gusternhainer Str. 11 ✉ 35767 – ✆ (02777) 3 04 – jstroehmann@t-online.de – Fax (02777) 7080
12 Zim ⌑ – †40/50 € ††70 € – **Rest** – (geschl. Mittwoch) Karte 14/36 €

♦ Ein kleines Hotel in ländlicher Umgebung, das gepflegte, neuzeitlich eingerichtete Gästezimmer und einen hübsch mit Stuck verzierten Frühstücksraum zu bieten hat. Das Speiseangebot der rustikalen Gaststube wird durch die hauseigene Metzgerei geprägt.

HERDECKE – Nordrhein-Westfalen – 543 – 25 800 Ew – Höhe 150 m   26 **D11**

▶ Berlin 504 – Düsseldorf 61 – Dortmund 16 – Hagen 6

🛈 Kirchplatz 3, ⌂ 58313, ✆ (02330) 61 13 25, verkehrsamt@herdecke.de

Zweibrücker Hof
Zweibrücker Hof 4 ⌂ 58313 – ✆ (02330) 60 50 – hotel-zweibrueckerhof@riepe.com – Fax (02330) 605555
96 Zim ⌂ – †108/125 € ††117/150 € – **Rest** – Karte 27/47 €
♦ Besonders komfortabel, modern und technisch gut ausgestattet sind die Exklusiv-Zimmer im Neubau dieses zeitgemäßen Hotels. Teil des Restaurants ist ein neuzeitlicher Wintergarten.

HERFORD – Nordrhein-Westfalen – 543 – 65 100 Ew – Höhe 65 m   28 **F9**

▶ Berlin 373 – Düsseldorf 192 – Bielefeld 18 – Hannover 91

🛈 Bäckerstr. 30 (Alter Markt), ⌂ 32052, ✆ (05221) 9 26 00 26, infocenter@herford.de

⛳ Exter, Finnebachstr. 31 ✆ (05228) 75 07

⛳ Enger-Pödinghausen, Südstr. 96 ✆ (05224) 7 97 51

👁 Johanniskirche (Geschnitzte Zunfttemporen★) Y B

Stadtplan siehe folgende Seite

Zur Fürstabtei garni
Elisabethstr. 9 ⌂ 32052 – ✆ (05221) 2 75 50 – checkin@fuerstabtei.de
– Fax (05221) 275515   Z **d**
20 Zim ⌂ – †85/95 € ††115 €
♦ Das a. d. 17. Jh. stammende Fachwerkhaus beherbergt heute hübsche, wohnliche Gästezimmer, teilweise mit hohen Decken. Stilvolles Ambiente erwartet Sie im Frühstücksraum.

Hansa garni
Brüderstr. 40 ⌂ 32052 – ✆ (05221) 5 97 20 – info@hotel-hansa-herford.de
– Fax (05221) 597259   Z **a**
16 Zim ⌂ – †56/66 € ††79/89 €
♦ Mitten in der Fußgängerzone gelegenes kleines Hotel mit solide eingerichteten Zimmern und einem gemütlichen Café, das morgens als Frühstücksraum dient.

Am Osterfeuer
Hellerweg 35 ⌂ 32052 – ✆ (05221) 7 02 10 – info@am-osterfeuer.de – Fax (05221) 70240
Rest – (geschl. Montag - Dienstag , Mittwoch - Samstag nur Abendessen)
Menü 30/40 € – Karte 24/44 €
♦ Eine schöne Adresse ist dieses im Landhausstil gehaltene Restaurant. Freundlich und kompetent serviert man internationale sowie etwas einfachere regionale Speisen.

Die Alte Schule
Holland 39 ⌂ 32052 – ✆ (05221) 5 15 58 – Fax (05221) 692840   Y **s**
Rest – (nur Abendessen) Menü 30 € – Karte 30/39 €
♦ Das historische Fachwerkhaus a. d. 17. Jh. beherbergt ein mit Holzbalken und warmen Tönen nett gestaltetes Bistro. Freundlicher Service und schmackhafte internationale Küche.

In Herford-Falkendiek Nord : 4 km über Werrestraße X :

C. Stille - Falkendiek
Löhner Str. 157 ⌂ 32049 – ✆ (05221) 96 70 00 – info@hotel-stille.de – Fax (05221) 67583
31 Zim ⌂ – †54/70 € ††85/109 € – **Rest** – (nur Abendessen) Karte 22/30 €
♦ Ein familiengeführtes Haus mit gepflegten und zeitgemäß ausgestatteten Gästezimmern. Komfortabler sind die modernen Zimmer im neueren Anbau. Eine hübsche Terrasse ergänzt das in bürgerlichem Stil gehaltene Restaurant.

In Herford-Schwarzenmoor

Waldesrand
Zum Forst 4 ⌂ 32049 – ✆ (05221) 9 23 20 – waldesrand@t-online.de
– Fax (05221) 9232429   X **n**
50 Zim ⌂ – †57/75 € ††85/95 € – **Rest** – Karte 19/35 €
♦ Auf einer Anhöhe liegt das von der Inhaberfamilie geführte Haus. Die wohnlichen Zimmer verteilen sich auf das Stammhaus und einen Anbau. Restaurant mit Wintergarten und Terrasse mit schönem Blick auf Herford.

HERFORD

Abteistr.	Y 2
Ahmser Str.	Z 3
Alter Markt	Z 4
Auf der Freiheit	Y 6
Bäckerstr.	Y
Bahnhofstr.	Y 8
Bergertorstr.	Y 9
Bielefelder Str.	X 10
Deichtorwall	YZ 13
Diebrocker Str.	X 14
Gänsemarkt	Z 15
Gehrenberg	Z 16
Goebenstr.	X 17
Hämelinger Str.	Z
Herforder Str.	X 19
Höckerstr.	Y 20
Lübberstr.	Y 21
Mausefalle	Z 26
Münsterkirchpl.	Y 28
Neuer Markt	Y 29
Radewiger Str.	Z 32
Schillerstr.	Y
Schleife	Y 34
Schützenstr.	Z 36
Schwarzmoorstr.	X 35
Steintorwall	Y 37
Stephanspl.	Y 38
Stiftbergstr.	Y 40
Werrestr.	X 42

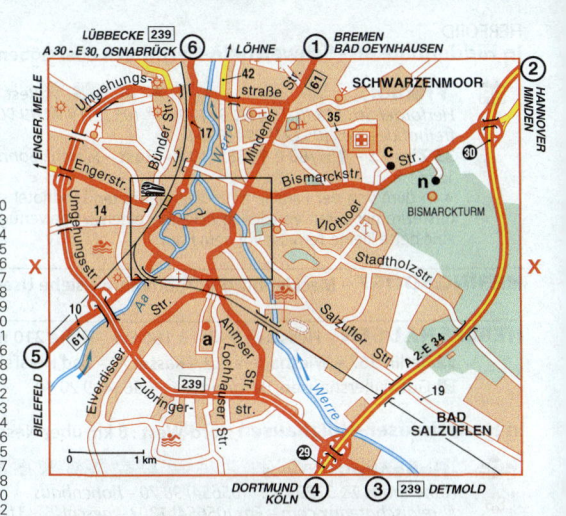

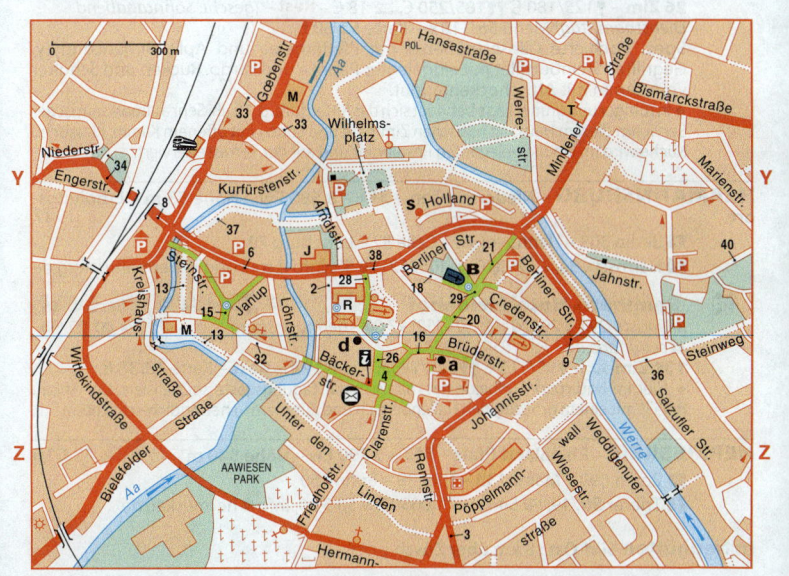

Schinkenkrug

Paracelsusstr. 14 ⊠ 32049 – ✆ (05221) 92 00 – info@hotel-schinkenkrug.de
– Fax (05221) 920200
X c
23 Zim – †59/69 € – ††79/89 € – **Rest** – (Montag - Samstag nur Abendessen)
Karte 18/34 €

◆ Dieser im typisch westfälischen Fachwerkstil erbaute Gasthof beherbergt einfache, aber gepflegte und praktisch eingerichtete Zimmer. Restaurant im bürgerlichen Stil.

619

HERFORD

In Hiddenhausen - Schweicheln-Bermbeck über Göbenstraße X : 6 km :

Freihof
Herforder Str. 118 (B 239) ⌧ 32120 – ℰ (05221) 9 94 49 90 – information@hotel-freihof.de – Fax (05221) 99449944
35 Zim ⌧ – †57/80 € ††88/110 € – **Rest** – (geschl. Sonntagabend) Karte 15/31 €

• In dem von der Familie freundlich geführten Landhotel stehen solide eingerichtete Gästezimmer bereit, von denen viele über einen Balkon verfügen. Zum Restaurant gehört eine nette kleine Terrasse vor dem Haus.

HERINGSDORF – Mecklenburg-Vorpommern – siehe Usedom (Insel)

HERLESHAUSEN – Hessen – 543 – 3 160 Ew – Höhe 210 m   39 I12
▶ Berlin 367 – Wiesbaden 212 – Kassel 73 – Bad Hersfeld 49
🏰 Gut Willershausen, Bergring 4 ℰ (05654) 9 20 40

In Herleshausen-Holzhausen Nord-West : 8 km über Nesselröden :

Hohenhaus
Hohenhaus ⌧ 37293 – ℰ (05654) 98 70 – hohenhaus@relaischateaux.com – Fax (05654) 1303 – geschl. 6. - 31. Jan.
26 Zim – †125/180 € ††185/250 €, ⌧ 18 € – **Rest** – (geschl. Sonntagabend - Dienstagmittag) Menü 56/110 € – Karte 52/80 €
Spez. Pochierte Gänsestopfleber mit Pfeffergelee und Apfel-Birnenchutney. Gegrilltes Steinbuttfilet mit eingelegtem Paprika und Lardo. Rücken und Schulter vom Lamm mit Artischockenragout.

• In ruhiger und grüner Lage befindet sich das Rittergut a. d. 16. Jh. Sehr aufmerksam ist der Service in diesem Haus mit hübschen Zimmern und Lobby mit offenem Kamin. Klassische Küche wird im ländlich-eleganten Restaurant und auf der Terrasse serviert.

HERMANNSBURG – Niedersachsen – 541 – 8 580 Ew – Höhe 53 m – Erholungsort   19 I7
▶ Berlin 303 – Hannover 78 – Celle 32 – Lüneburg 79
🛈 Harmsstr. 3a, ⌧ 29320, ℰ (05052) 80 55, info@touristinfo-hermannsburg.de

Seminaris Hotel Heidehof
Billingstr. 29 ⌧ 29320 – ℰ (05052) 97 00 – hermannsburg@seminaris.de – Fax (05052) 3332
104 Zim ⌧ – †95/115 € ††125/145 € – ½ P 19 € – **Rest** – Karte 18/38 €

• Hier im Naturpark Südheide hat man sich auf Tagungsgäste spezialisiert. Der Anbau gefällt mit einem großzügigen Hallenbereich und Zimmern in neuzeitlich-schlichtem Stil.

HERMESKEIL – Rheinland-Pfalz – 543 – 5 790 Ew – Höhe 540 m   45 C16
▶ Berlin 699 – Mainz 135 – Trier 39 – Bonn 160
🛈 Trierer Str. 49, ⌧ 54411, ℰ (06503) 9 53 51 0, info@hermeskeil.de

In Neuhütten Süd-Ost : 8 km über Züsch :

Le temple du gourmet (Ehepaar Detemple-Schäfer) mit Zim
Saarstr. 2 ⌧ 54422 – ℰ (06503) 76 69 – le.temple.du.gourmet@t-online.de – Fax (06503) 980553 – geschl. 24. Juni - 17. Juli
6 Zim ⌧ – †45/50 € ††85 € – **Rest** – (geschl. Mittwoch, wochentags nur Abendessen) Menü 68/90 € – Karte 56/64 €
Spez. Marinierte Gänsestopfleber mit Traubenconfit und Sauternes-Gelee. Hirschkalbmedaillon mit Preiselbeerkruste und Walnuss-Schupfnudeln. Lauwarmer Zitronenthymian-Biskuit mit Zitronencrème und Aprikosen-Zitronenthymianeis.

• In dem persönlich durch die Inhaber geleiteten Restaurant bietet man feine klassische Küche in Form von zwei verschiedenen Menüs. Schön ist die mediterran gestaltete Terrasse. Hübsche, neuzeitliche Gästezimmer.

HERNE – Nordrhein-Westfalen – 543 – 172 870 Ew – Höhe 65 m   26 **C11**
▶ Berlin 508 – Düsseldorf 56 – Bochum 6 – Dortmund 25
ℹ Berliner Platz 11 (Kulturzentrum, 1. Etage), ✉ 44623, ✆ (02323) 16 28 12, zukunft@herne.de

Parkhotel ⚑   ⇐Biergarten 🌳 🐾 ☕ Rest, ♨ **P** VISA ⦿ AE ①
Schaeferstr. 111 ✉ 44623 – ✆ (02323) 95 50 – rezeption@parkhotel-herne.de – Fax (02323) 955222
62 Zim ⊇ – †56/76 € ††98/106 € – **Rest** – Karte 27/46 €
♦ Ruhig liegt das architektonisch interessante Hotel in einer Parkanlage. Besonders schön sind die modernen Gästezimmer im Neubau. Gediegen-elegantes Restaurant mit Wintergarten und netter Terrasse im Grünen.

HEROLDSBERG – Bayern – 546 – 7 360 Ew – Höhe 362 m   50 **K16**
▶ Berlin 433 – München 177 – Nürnberg 12 – Bayreuth 82

Rotes Roß   Biergarten 📞 ♨ **P** ☕ VISA ⦿
Hauptstr. 10 ✉ 90562 – ✆ (0911) 9 56 50 – info@rotesross-heroldsberg.de – Fax (0911) 9565200 – geschl. 24. Dez. - 6. Jan.
44 Zim ⊇ – †54/65 € ††72/85 € – **Rest** – (geschl. 1. - 20. Aug. und Montagmittag, Freitag) Karte 18/28 €
♦ Bereits seit 1856 leitet Familie Sörgel diesen historischen Gasthof, in dem gepflegte und funktionell ausgestattete Zimmer zur Verfügung stehen. Im Stammhaus befindet sich die ländliche Gaststube. Schön sitzt man im Sommer auf der Terrasse unter den Linden.

✕✕ Gastronomique im Schwarzen Adler (Fabian Feldmann)   🌳 **P** VISA ⦿
❀ *Hauptstr. 19 ✉ 90562 – ✆ (0911) 5 18 17 02 – info@ gastronomique.de – Fax (0911) 5181703 – geschl. 1. - 10. Jan., 26. Mai - 12. Juni, 25. Aug. - 11. Sept. und Montag - Dienstag*
Rest – (Mittwoch - Freitag mittags nur auf Vorbestellung) (Tischbestellung ratsam) Menü 42 € (mittags)/92 € – Karte 64/76 € ❀
Spez. Jakobsmuscheln mit Grapefruit und Mizuna (Okt. - März). Taube mit Kohlrabi und schwarzem Olivenöl. Moelleux au chocolat mit Lakritz und Brombeerparfait.
♦ In dem persönlich geleiteten Haus a. d. J. 1536 werden Sie in charmant-rustikalem Ambiente von einem kompetenten Serviceteam mit kreativer Küche und sehr guten Weinen umsorgt.

HERRENALB, BAD – Baden-Württemberg – 545 – 7 480 Ew – Höhe 365 m – Wintersport : 700 m ⛷1 – Heilbad und Heilklimatischer Kurort   54 **F18**
▶ Berlin 698 – Stuttgart 80 – Karlsruhe 30 – Baden-Baden 22
ℹ Bahnhofsplatz 11, ✉ 76332, ✆ (07083) 50 05 55, info@badherrenalb.de
⛳ Bad Herrenalb, Bernbacher Straße 61 ✆ (07083) 88 98

Ruland's Thermenhotel ⚑   ⇐ Bad Herrenalb, 🌳 🏊 🐾 💆 ♨ ♿
Rehteichweg 22 ✉ 76332 – ✆ (07083) 92 70   ♨ **P** ☕ VISA ⦿ AE
– info@rulands-thermenhotel.de – Fax (07083) 927555
100 Zim ⊇ – †115/135 € ††155/175 € – ½ P 28 € – **Rest** – Karte 32/43 €
♦ Ruhig liegt das moderne Hotel oberhalb der Stadt. Die Zimmer sind hell und neuzeitlich möbliert und großzügig geschnitten - meist mit schöner Aussicht. Die gemütliche Heidelberger Stube ergänzt das Hauptrestaurant.

Landhaus Marion (mit Gästehäusern) ⚑   🌳 🌿 🏊 🐾 💆 ♨ **P**
Bleichweg 31 ✉ 76332 – ✆ (07083) 74 00   ☕ VISA ⦿ AE ①
– lhmarion@t-online.de – Fax (07083) 740602
55 Zim ⊇ – †40/85 € ††80/150 € – ½ P 18 € – 6 Suiten – **Rest** – Menü 15 € – Karte 21/40 €
♦ Auf das Haupthaus und zwei Gästehäuser verteilen sich die neuzeitlich oder rustikal gestalteten Zimmer dieses in einem Wohngebiet gelegenen Familienbetriebs. Hell bezogene Polsterstühle und Natursteinwände geben dem Restaurant eine rustikale Note.

HERRENALB, BAD

Harzer garni
Kurpromenade 1 ⌧ 76332 – ℰ (07083) 9 25 60 – info@hotel-harzer.de
– Fax (07083) 925699 – geschl. 3. - 25. Jan.
25 Zim ⌕ – †40/65 € ††74/94 €
♦ Mitten im Zentrum des Örtchens beziehen Sie Quartier in ruhigen, schallisolierten Zimmern. Die Kureinrichtungen und das Thermalbad sind nur wenige Minuten entfernt.

In Bad Herrenalb-Rotensol Nord-Ost : 5 km :

Lamm
Mönchstr. 31 ⌧ 76332 – ℰ (07083) 9 24 40 – schwemmle@lamm-rotensol.de
– Fax (07083) 924444
28 Zim ⌕ – †58/85 € ††92/98 € – ½ P 17 € – **Rest** – *(geschl. Montag)*
Menü 32/50 € – Karte 28/45 €
♦ Der familiengeführte Traditionsbetrieb hält stilvoll eingerichtete Zimmer für Sie bereit, meist mit kleinem Wohnbereich und Balkon. Im Restaurant bietet man regionale und internationale Küche.

In Marxzell Nord : 8 km, Richtung Karlsruhe :

Marxzeller Mühle
Albtalstr. 1 ⌧ 76359 – ℰ (07248) 9 19 60 – marxzeller-muehle@t-online.de
– Fax (07248) 919649
16 Zim – †75 € ††120 € – ½ P 22 € – **Rest** – Menü 30/52 € – Karte 24/41 €
♦ Im idyllischen Albtal liegt die ehemalige Mühle - ein schmuckes Hotel im Landhausstil. Die Zimmer sind einheitlich mit hellem Holz und roten Stoffen bestückt. Ländlicher Stil mit elegantem Touch bestimmt das Ambiente im Restaurant.

> Wie entscheidet man sich zwischen zwei gleichwertigen Adressen?
> In jeder Kategorie sind die Häuser nochmals geordnet,
> die besten Adressen stehen an erster Stelle.

HERRENBERG – Baden-Württemberg – **545** – 31 110 Ew – Höhe 460 m   55 **G19**
▶ Berlin 662 – Stuttgart 38 – Karlsruhe 90 – Freudenstadt 53
▯ Marktplatz 5, ⌧71083, ℰ (07032) 92 43 20, info@herrenberg.de

Ramada Hotel
Daimlerstr. 1 ⌧ 71083 – ℰ (07032) 27 10 – stuttgart.herrenberg@ramada.de
– Fax (07032) 271100
158 Zim – †101 € ††101 €, ⌕ 14 € – 23 Suiten – **Rest** – Karte 26/45 €
♦ In einem kleinen Gewerbegebiet gelegenes Hotel, das mit seinen modernen, funktionell ausgestatteten Zimmern und Maisonette-Suiten ganz auf den Tagungsgast ausgerichtet ist. Die gemütliche Schwarzwaldstube ergänzt das leicht elegante Restaurant.

Hasen
Hasenplatz 6 ⌧ 71083 – ℰ (07032) 20 40 – post@hasen.de
– Fax (07032) 204100
68 Zim ⌕ – †85/120 € ††105/115 € – **Rest** – Menü 37 € – Karte 23/35 €
♦ Der ursprüngliche Gasthof mit Hotelanbau verfügt über solide, wohnlich und gleichzeitig funktionell eingerichtete Zimmer und ist auch für Tagungen geeignet. Gediegenes Restaurant mit gutbürgerlicher und internationaler Küche.

Alt Herrenberg
Schuhgasse 23 ⌧ 71083 – ℰ (07032) 2 33 44 – info@alt-herrenberg.de
– Fax (07032) 330705 – geschl. 1. - 6. Jan., Aug. 3 Wochen sowie Sonn- und Feiertage
Rest – *(nur Abendessen)* Karte 25/38 €
♦ Ein freundlich und familiär geführtes Restaurant im Gewölbekeller eines alten Fachwerkhauses. Das Ambiente ist gemütlich-rustikal, die Speisekarte international.

HERRENBERG

In Herrenberg-Affstätt

Die Linde
Kuppinger Str. 14 ⊠ 71083 – ℰ (07032) 3 16 70 – info@dielin.de – Fax (07032) 32345 – geschl. 7. Jan. - 8. Feb.
Rest – (Montag - Samstag nur Abendessen) Menü 21 € – Karte 20/44 €
♦ Klare Linien und gute Beleuchtung, Parkettfußboden und wechselnde moderne Bilder prägen das Ambiente dieses Restaurants. Hinter dem Haus: ein schöner Garten mit Terrasse.

In Herrenberg-Mönchberg Süd-Ost : 4 km über B 28 :

Kaiser
Kirchstr. 10 ⊠ 71083 – ℰ (07032) 9 78 80 – hotel.kaiser@t-online.de – Fax (07032) 978830
28 Zim ⊇ – †55/75 € ††75/98 € – **Rest** – (geschl. 26. Dez. - 6. Jan., Freitagmittag, Samstagmittag und Feiertage) Karte 20/36 €
♦ Nahe der Kirche, leicht erhöht liegt der familiär geführte erweiterte Gasthof mit angebundenem Gästehaus. Die Zimmer sind gepflegt und funktionell ausgestattet. Restaurant mit bürgerlichem Angebot.

In Gäufelden-Nebringen Süd-West : 5 km über Horber Straße :

Aramis (mit Gästehaus)   Biergarten (Badeteich)
Siedlerstr. 40 (im Gewerbegebiet) ⊠ 71126 – ℰ (07032) 78 10 – info@aramis.de – Fax (07032) 781555 – geschl. 24. Dez. - 1. Jan.
86 Zim ⊇ – †86/98 € ††108/128 € – **Rest** – Karte 22/43 €
♦ Eine weitläufige, auf Tagungsgäste zugeschnittene Hotelanlage mit funktionellen Zimmern sowie Wellness und einem großen Sport-/Fitnessbereich.

HERRIEDEN – Bayern – 546 – 7 660 Ew – Höhe 423 m 56 **J17**
▶ Berlin 491 – München 212 – Nürnberg 67 – Ansbach 11

Zur Sonne (mit Gästehaus)
Vordere Gasse 5 ⊠ 91567 – ℰ (09825) 92 46 10 – info@sonne-herrieden.de – Fax (09825) 924621 – geschl. 23. Dez. - 15. Jan.
16 Zim ⊇ – †44/47 € ††67/75 € – **Rest** – (geschl. Okt. - April Freitag) Karte 14/33 €
♦ Seit 1430 existiert das familiengeführte Haus in der Ortsmitte - eine Besonderheit ist die schiefe Treppe. Besonders liebevoll dekoriert sind die moderneren Zimmer im Anbau. Restaurant in ländlichem Stil.

In Herrieden-Schernberg Nord : 1,5 km :

Zum Bergwirt
Schernberg 1 ⊠ 91567 – ℰ (09825) 2 03 90 – info@hotel-bergwirt.de – Fax (09825) 2039299 – geschl. 22. Dez. - 4. Jan.
60 Zim ⊇ – †45/60 € ††68/98 € – **Rest** – Karte 13/31 €
♦ Der solide Landgasthof, seit 1880 im Familienbesitz, bietet in einem modernen Neubau einige der Zimmer, den Frühstückspavillon mit Blick ins Grüne sowie eine Saunalandschaft. Der Restaurantbereich ist in mehrere nette Stuben unterteilt.

HERRSCHING AM AMMERSEE – Bayern – 546 – 9 980 Ew – Höhe 568 m
– Erholungsort 65 **L20**
▶ Berlin 623 – München 39 – Augsburg 73 – Garmisch-Partenkirchen 65
🖪 Am Bahnhofsplatz 3, ⊠ 82211, ℰ (08152) 52 27, herrsching@sta5.de
◉ Ammersee ★
◉ Klosterkirche Andechs ★★ Süd : 6 km

Promenade
Summerstr. 6 ⊠ 82211 – ℰ (08152) 9 18 50 – info@hotel-promena.de – Fax (08152) 5981 – geschl. 22. Dez. - 6. Jan.
18 Zim ⊇ – †78/118 € ††108/158 € – ½ P 32 €
– **Rest** – (geschl. 20. Dez. - 11. Jan.) Karte 25/40 €
♦ Direkt am Seeufer liegt dieses Ferienhotel mit freundlich-familiärer Atmosphäre und wohnlichen Zimmern - teils mit Balkon und schöner Aussicht. Das helle, elegante Restaurant und die fast bis ans Wasser reichende Terrasse bieten Seeblick. Internationale Küche.

623

HERRSCHING AM AMMERSEE

Gasthof zur Post
Biergarten

Andechsstr. 1 ⊠ 82211 – ℰ (08152) 9 22 60 – zurpostherrsching@gmx.de – Fax (08152) 922648
17 Zim – †74/89 € ††100/125 € – ½ P 13 € – **Rest** – Karte 12/25 €

♦ Die einstige Posthalterei a. d. 14. Jh. beherbergt heute gepflegte Gästezimmer, die mit Parkett und Naturholz sehr nett eingerichtet sind. Restaurant mit regionalem Speisenangebot.

Chalet am Kiental & Restaurant Fingerprint mit Zim
Andechs Str. 4 ⊠ 82211 – ℰ (08152) 98 25 70 – info@chaletkiental.de – Fax (08152) 9825725 – geschl. 1. - 15. Aug.
10 Zim – †98/120 € ††160/180 €, ⊇ 17 € – **Rest** – Menü 44/88 € – Karte 44/57 €

♦ Sehr geschmackvoll hat man den historischen Rahmen des sorgsam restaurierten Bauernhofs mit angenehm modernem Stil kombiniert. Klassisch-internationale Küche. Die Gästezimmer bestechen durch ihre hochwertige und ganz individuelle Einrichtung.

HERSBRUCK – Bayern – 546 – 12 420 Ew – Höhe 336 m – Erholungsort   50 L16

▶ Berlin 424 – München 181 – Nürnberg 35 – Bayreuth 70
▪ Unterer Markt 1, ⊠ 91217, ℰ (09151) 73 51 50, touristinfo@hersbruck.de

Schwarzer Adler (mit Gästehaus)
Martin-Luther-Str. 26 ⊠ 91217 – ℰ (09151) 22 31 – info@schwarzer-adler-hersbruck.de – Fax (09151) 2236
22 Zim ⊇ – †38/45 € ††58/62 € – ½ P 11 € – **Rest** – (geschl. 10. - 16. Juli und Donnerstag - Freitagmittag) Karte 14/26 €

♦ Der schmucke, engagiert geführte Gasthof mit den Holzfensterläden beherbergt sehr gut gepflegte Zimmer, im Gästehaus neuzeitlicher eingerichtet. Familiäre Atmosphäre. Behagliche Gaststube.

In Hersbruck-Kühnhofen Nord : 2 km Richtung Hormersdorf :

Grüner Baum (mit Gästehaus)
Kühnhofen 3 ⊠ 91217 – ℰ (09151) 9 44 47 – info@gruener-baum-kuehnhofen.de – Fax (09151) 96838 – geschl. 13. Mai - 15. Juni
19 Zim ⊇ – †45/55 € ††68/74 € – ½ P 12 € – **Rest** – (geschl. Nov. - Juni Montag, Juli - Dez. Mittwoch) Karte 13/27 €

♦ Ein sauberer und gut unterhaltener kleiner Landgasthof mit funktionellen Zimmern. In Gästehaus befinden sich weitere Zimmer - hier etwas moderner im Stil. Restaurant in ländlicher Aufmachung.

In Reichenschwand West : 3 km :

Entenstub'n im Schloss Reichenschwand
Schlossweg 12 ⊠ 91244 – ℰ (09151) 86 26 86 – Fax (09151) 862686 – geschl. 1. - 25. Jan.
Rest – (nur Abendessen) (Tischbestellung erforderlich) Menü 70 €

♦ In das Schloss integriertes Restaurant, das mit seiner stilvoll-eleganten Einrichtung sowie aufwändig und hochwertig eingedeckten Tischen besticht. Schöner Park.

In Engelthal Süd-West : 6 km :

Grüner Baum mit Zim
Hauptstr. 9 ⊠ 91238 – ℰ (09158) 2 62 – gruenerbaumengelthal@t-online.de – Fax (09158) 1615 – geschl. Feb. 1 Woche, Juli 1 Woche, Nov. 1 Woche und Montag - Dienstag
5 Zim ⊇ – †35 € ††60 € – **Rest** – Karte 15/34 €

♦ Freuen Sie sich auf eine täglich frische fränkische Küche. Die Gasträume sind ländlich gestaltet - teils leicht elegant, teils etwas rustikaler, mit Kachelofen.

In Happurg-Kainsbach Süd-Ost : 7 km – Luftkurort :

Kainsbacher Mühle
Mühlgasse 1 ⊠ 91230 – ℰ (09151) 72 80 – hotel-muehle @t-online.de – Fax (09151) 728162
39 Zim ⊇ – †85/107 € ††118/133 € – ½ P 25 € – **Rest** – Karte 29/42 €

♦ Ein gewachsenes Hotel, das aus einer ehemaligen Mühle entstanden ist. Das Haus gefällt mit wohnlichen, recht geräumigen Zimmern und einem lauschigen Garten. Ein Kreuzgewölbe ziert die Mühlenstube, Deckenmalerei die Herzogstube. Terrasse in einem kleinen Park.

HERSBRUCK

In Kirchensittenbach Nord : 7 km Richtung Homersdorf :

Landpension Postwirt garni
Hauptstr. 21 ⊠ 91241 – ℰ (09151) 83 00 40 – info@post-wirt.de – Fax (09151) 8300419
21 Zim ⊆ – †48/65 € ††65/80 €
♦ Tadellos gepflegt ist das kleine Hotel in der Ortsmitte. Die Zimmer sind sehr solide mit hellen neuzeitlichen Holzmöbeln ausgestattet. Freundlicher ländlicher Frühstücksraum.

In Kirchensittenbach-Kleedorf Nord : 5 km Richtung Hormersdorf :

Zum alten Schloss
Kleedorf 5 ⊠ 91241 – ℰ (09151) 86 00 – reservierung@zum-alten-schloss.de – Fax (09151) 860146
58 Zim ⊆ – †59/67 € ††80/88 € – ½ P 15 € – **Rest** – Karte 15/35 €
♦ Am Waldrand liegt das aus einem Gasthof entstandene familiengeführte Tagungs- und Ferienhotel. Die Zimmer verteilen sich auf das Stammhaus und einen neuzeitlichen Anbau. Restaurant mit ländlich-gemütlichem Charakter.

In Pommelsbrunn-Hubmersberg Nord-Ost : 8 km über B 14 Richtung Sulzbach-Rosenberg, Abfahrt Neuhaus, vor Hohenstadt rechts :

Lindenhof
Hubmersberg 2 ⊠ 91224 – ℰ (09154) 2 70 – gast@tagungsoase.de – Fax (09154) 27370
45 Zim ⊆ – †72/86 € ††108/120 € – ½ P 20 € – **Rest** – Menü 19/38 € – Karte 18/42 €
♦ Aus verschiedenen Bauabschnitten setzt sich der gewachsene Gasthof in der Ortsmitte zusammen. Zimmer von leicht rustikal bis modern. Die eigene Landwirtschaft liefert die Produkte für die hauseigene Konditorei, Metzgerei und Küche.

HERSFELD, BAD – Hessen – 543 – 30 690 Ew – Höhe 209 m – Heilbad 39 **H12**

▶ Berlin 408 – Wiesbaden 167 – Kassel 76 – Fulda 46
🛈 Am Markt 1, ⊠ 36251, ℰ (06621) 20 11 11, touristikinfo@bad-hersfeld.de
🏌 Oberaula-Hausen, Am Golfplatz ℰ (06628) 9 15 40
◉ Ruine der Abteikirche ★ – Rathaus ≼★

Zum Stern (mit Gästehaus)
Linggplatz 11, (Zufahrt über Webergasse) ⊠ 36251 – ℰ (06621) 18 90 – zum-stern@romantikhotels.com – Fax (06621) 189260
45 Zim ⊆ – †58/101 € ††99/158 € – ½ P 21 €
Rest – Menü 17/32 € – Karte 23/38 €
Rest *L'étable* – (geschl. 1. Jan. - 10. Feb. und Sonntag - Montag, nur Abendessen) Menü 39/88 € – Karte 50/61 €
Spez. Kaisergranat mit Kaninchen und Kopfsalat. Kabeljau mit Brandade und Petersilie. Pfirsich Melba in Texturen.
♦ Direkt am Markt findet man das traditionsreiche Hotel, das seit 1874 in Familienbesitz ist. Die netten Zimmer sind teils im Landhausstil gehalten, teils mit Originalfachwerk. Gemütlich-rustikal: Stern's Restaurant. L'étable mit modern-eleganter Note.

Am Kurpark
Am Kurpark 19 ⊠ 36251 – ℰ (06621) 16 40 – info@kurparkhotel-badhersfeld.de – Fax (06621) 164710
94 Zim ⊆ – †62/100 € ††100/150 € – ½ P 21 €
Rest – Menü 16/20 € (Buffet) – Karte 23/35 €
Rest *Tiroler Stube* – Karte 23/34 €
♦ Ein großzügiger Hallenbereich und zeitgemäß eingerichtete Zimmer erwarten Sie in diesem Hotel. Besondere Beachtung verdient die Römer-Therme, das hauseigene Solebad. Lichtdurchflutetes Buffetrestaurant. Tiroler Stube mit Regionalem und Tiroler Spezialitäten.

Vitalis garni
Lüderitzstr. 37 ⊠ 36251 – ℰ (06621) 9 29 20 – hotelpension-vitalis@t-online.de – Fax (06621) 929215 – geschl. 23. Dez. - 6. Jan.
9 Zim ⊆ – †57/65 € ††78/90 €
♦ Ein ruhig gelegenes kleines Hotel mit privatem Charakter. Neuzeitlich-elegante, meist recht geräumige Gästezimmer und ein freundlich gestatteter Frühstücksraum erwarten Sie.

625

HERSFELD, BAD

Haus am Park garni
Am Hopfengarten 2 ⊠ 36251 – ℰ (06621) 9 26 20 – info@hotel-hausampark.de
– Fax (06621) 926230 – geschl. 24. -26. Dez.
27 Zim ⊇ – †50/70 € ††70/98 €

♦ Dieses umgebaute Wohnhaus beherbergt nun ein gepflegtes, familiär geführtes Hotel mit nettem Garten. Sehr gutes Frühstücksbuffet mit reichlich Auswahl und guter Qualität.

Am Klausturm garni
Friedloser Str. 1 ⊠ 36251 – ℰ (06621) 5 09 60 – info@klausturm.de – Fax (06621) 509610 – geschl. 21. Dez. - 10. Feb.
46 Zim ⊇ – †42/52 € ††68/72 €

♦ Das Hotel ist mit seiner zentralen Lage am Bahnhof und den zeitlos und praktisch eingerichteten Zimmern auch für Geschäftsreisende geeignet.

HERTEN – Nordrhein-Westfalen – 543 – 65 700 Ew – Höhe 70 m   26 C10
▶ Berlin 520 – Düsseldorf 68 – Münster 66 – Dortmund 37

Schloß Westerholt
Schloßstr. 1 ⊠ 45701 – ℰ (0209) 14 89 40 – info@schlosshotelwesterholt.de
– Fax (0209) 1489444
35 Zim ⊇ – †95/100 € ††115/120 € – 4 Suiten
Rest – Karte 25/46 €
Rest *Zum Pferdestall* – ℰ (0209) 96 19 80 – Karte 21/38 €

♦ Schön ist der historische Rahmen des in einen Park mit Golfplatz eingebetteten ehemaligen Wasserschlosses. Einige neuere Zimmer sind besonders geschmackvoll und elegant. Das Restaurant bietet überwiegend Themenbuffets. Gemütlich-rustikal: Zum Pferdestall.

HERXHEIM – Rheinland-Pfalz – 543 – 10 370 Ew – Höhe 129 m   54 E17
▶ Berlin 676 – Mainz 125 – Karlsruhe 31 – Landau in der Pfalz 10

Bärenklause
Holzgasse 28 ⊠ 76863 – ℰ (07276) 98 78 69 – info@baerenklause.de
– Fax (07276) 987872 – geschl. Feb. 2 Wochen, Okt. 2 Wochen und Dienstag - Mittwoch
Rest – (Montag - Samstag nur Abendessen) Karte 27/47 €

♦ Gemütlich ist die Atmosphäre in diesem regionstypisch-rustikalen Fachwerkhaus. Ihre Gastgeber umsorgen Sie freundlich mit mediterran beeinflusster regionaler Küche.

In Herxheim-Hayna Süd-West : 2,5 km Richtung Kandel :

Krone (Karl-Emil Kuntz)
Hauptstr. 62 ⊠ 76863 – ℰ (07276) 50 80 – info@hotelkrone.de – Fax (07276) 50814 – geschl. über Weihnachten (Hotel)
49 Zim ⊇ – †79/105 € ††114/155 € – ½ P 28 €
Rest *Pfälzer Stube* – separat erwähnt
Rest – (geschl. 1. - 9. Jan., Juli - Aug. 2 Wochen und Montag - Dienstag, nur Abendessen) (Tischbestellung erforderlich) Menü 84/110 €
Spez. Gâteau und Royal von Gänseleber mit Honigkuchen und Apfelessig-Gelee. Suprême von Wolfsbarsch mit Paprikaschmelze auf Graupenragout. Kreation von Schokolade und Ananas-Kokosnuss.

♦ Von der Familie mit viel Enthusiasmus betrieben wird dieses Haus, in dem persönliche Gästebetreuung selbstverständlich ist. In elegantem Ambiente serviert man sehr freundlich aufwändig zubereitete französische Gerichte.

Pfälzer Stube – Hotel Krone
Hauptstr. 62 ⊠ 76863 – ℰ (07276) 50 80 – info@hotelkrone.de – Fax (07276) 50814
Rest – Menü 40/55 € – Karte 27/49 €

♦ In gemütlichem Ambiente kann man in der Pfälzer Stube aus dem regionalen Angebot wählen. Schön sitzt man auch auf der Gartenterrasse.

HERZBERG AM HARZ – Niedersachsen – 541 – 15 030 Ew – Höhe 240 m 29 J10
▶ Berlin 327 – Hannover 105 – Erfurt 113 – Göttingen 38
🛈 Marktplatz 30, ⌧ 37412, ✆ (05521) 85 21 11, touristinfo@herzberg.de

In Herzberg-Scharzfeld Süd-Ost : 4 km über B 243 :

Harzer Hof
Harzstr. 79 ⌧ 37412 – ✆ (05521) 99 47 00 – doering-menzel@t-online.de
– Fax (05521) 994740
21 Zim ⌧ – †47/55 € ††68/85 € – **Rest** – Karte 17/30 €
◆ Diese familiär geleitete ländliche Adresse bietet Ihnen gepflegte, überwiegend mit hellen Naturholzmöbeln wohnlich eingerichtete Gästezimmer. Restaurant mit rustikalem Charakter und bürgerlich-internationaler Küche.

HERZLAKE – Niedersachsen – 541 – 4 030 Ew – Höhe 22 m 16 D7
▶ Berlin 494 – Hannover 227 – Oldenburg 82 – Vlagtwedde 80

In Herzlake-Aselage Ost : 4 km, Richtung Berge :

Aselager Mühle
Zur alten Mühle 12 ⌧ 49770 – ✆ (05962) 9 34 80 – info@aselager-muehle.de
– Fax (05962) 9348160 – geschl. 3. - 10. Jan.
60 Zim ⌧ – †88/145 € ††118/168 € – ½ P 29 € – **Rest** – Menü 36/50 € – Karte 31/45 €
◆ Großzügige Hotelanlage in ruhiger Lage am Waldrand - das Herzstück bildet die alte Windmühle. Die Zimmer sind komfortabel und z. T. sehr geräumig. Das Mühlenrestaurant mit klassischem Ambiente, rustikal das Jagdzimmer. Internationale Küche.

HERZOGENAURACH – Bayern – 546 – 23 230 Ew – Höhe 301 m 50 K16
▶ Berlin 451 – München 195 – Nürnberg 26 – Bamberg 52
🛈 Herzogenaurach, Burgstall 1 ✆ (09132) 4 05 86
🛈 Puschendorf, Forstweg 2 ✆ (09101) 80 64

HerzogsPark
Beethovenstr. 6 ⌧ 91074 – ✆ (09132) 77 80
– reservierung@herzogspark.de – Fax (09132) 40430
96 Zim ⌧ – †137/142 € ††165/168 € – 3 Suiten – **Rest** – Menü 49 € – Karte 38/53 €
◆ Hier überzeugen großzügige, sonnige und individuelle Themenzimmer, gute Fitness- und Freizeitmöglichkeiten - einschließlich ZenZeitraum für Meditation - sowie die ruhige Lage. Die Restaurants: ländlich das Stüberl, im eleganten Landhausstil das Mondial.

Auracher Hof
Welkenbacher Kirchweg 2 ⌧ 91074 – ✆ (09132) 7 47 50 – info@auracher-hof.de
– Fax (09132) 747525 – geschl. 22. Dez. - 7. Jan., 11. Aug. - 1. Sept.
13 Zim ⌧ – †59/75 € ††79/85 € – **Rest** – (geschl. 22. Dez. - 8. Jan., 8. Aug. - 1. Sept. und Freitag - Samstag, Sonntagabend) Karte 17/28 €
◆ Das in einem Wohngebiet etwas außerhalb des Zentrums gelegene kleine Hotel wird seit über 30 Jahren von Familie Hager geleitet und verfügt über gepflegte Gästezimmer. Recht schlichtes Restaurant mit bürgerlichem Angebot und sonniger Terrasse.

Gästehaus in der Engelgasse garni
Engelgasse 2 ⌧ 91074 – ✆ (09132) 7 86 90 – info@engelschlaf.de – Fax (09132) 75787
9 Zim ⌧ – †38/63 € ††82/87 €
◆ Das Fachwerkhaus a. d. 16. Jh. - Geburtshaus der Familie Dassler, Gründer von adidas - ist ein kleines Hotel in zentrumsnaher Lage mit soliden, hell möblierten Zimmern.

Nägels Altes Rathaus
Marktplatz 1 ⌧ 91074 – ✆ (09132) 75 07 50 – info@naegels-altes-rathaus.de
– Fax (09132) 750752 – geschl. Sonntagabend
Rest – Karte 21/45 €
◆ Im ehemaligen Rathaus der Stadt, einem hübschen roten Fachwerkhaus, befindet sich dieses modern-mediterran gehaltene Restaurant. Sonntags bietet man Brunch.

HERZOGENAURACH

Wein und Fein am Turm
Hauptstr. 45 ⊠ 91074 – ℰ (09132) 22 12 – info@weinamturm.de – Fax (09132) 734540 – geschl. Ende Aug. - Anfang Sept. 2 Wochen und Samstag - Sonntag
Rest – Menü 18 € (mittags)/35 € – Karte 30/38 €
• An ein ausgezeichnetes Feinkost- und Weingeschäft am Stadtturm schließt sich das mediterrane Restaurant an. Die internationale Küche empfiehlt man mündlich und auf der Tafel.

In Herzogenaurach-Herzo-Base Nord-Ost 2 km :

Ramada
Olympiaring 90 ⊠ 91074 – ℰ (09132) 7 47 20 – info@ramada-herzogenaurach.de – Fax (09132) 7472555
150 Zim ⊡ – †93/175 € ††103/193 € – **Rest** – Karte 27/37 €
• Das Hotel am ehemaligen US-Militärstützpunkt ist durchweg in geradlinigem, sportbetontem Design gehalten. Im obersten Stock: Fitness- und Saunabereich mit zwei Dachterrassen.

HERZOGENRATH – Nordrhein-Westfalen – 543 – 47 240 Ew – Höhe 110 m
35 **A12**

▶ Berlin 633 – Düsseldorf 77 – Aachen 12 – Düren 37

Stadthotel
Rathausplatz 5 ⊠ 52134 – ℰ (02406) 30 91 – info@stadthotel-herzogenrath.com – Fax (02406) 4189
8 Zim ⊡ – †50 € ††75 € – **Rest** – (geschl. Freitag - Sonntag, Feiertage) (nur Abendessen für Hausgäste)
• Wie der Name schon besagt, befindet sich das Hotel in zentraler Lage. Funktionell eingerichtet wurden die mit dunklem Holzmobiliar versehenen Zimmer.

In Herzogenrath-Kohlscheid Süd-West : 5 km :

Parkrestaurant Laurweg
Kaiserstr. 101 ⊠ 52134 – ℰ (02407) 9 09 10 – service@parkrestaurant-laurweg.de – Fax (02407) 909123 – geschl. Montag
Rest – Menü 29/59 € – Karte 38/50 €
• Klassisch-elegant geht es hier zu. Sie tafeln in einem kreisförmigen Raum, in dem sich vornehmes Dekor und internationale Küche gelungen verbinden. Schöner Park.

HESSISCH OLDENDORF – Niedersachsen – 541 – 20 030 Ew – Höhe 62 m
28 **H9**

▶ Berlin 337 – Hannover 55 – Hameln 12 – Osnabrück 98

In Hessisch Oldendorf - Weibeck Ost : 3,5 km :

KiR
Rittergutstr. 44 ⊠ 31840 – ℰ (05152) 96 28 76 – Fax (05152) 962876 – geschl. 28. Jan. - 11. Feb. und Montag, außer Feiertage
Rest – (nur Abendessen) Menü 30/39 € – Karte 31/48 €
• Eine fast schon private Atmosphäre herrscht in dem Fachwerkhaus von 1786 - ein freundlich geführtes Restaurant mit gemütlichem Ambiente. Einfache Übernachtungszimmer.

HEUBACH – Baden-Württemberg – 545 – 10 180 Ew – Höhe 466 m
56 **I18**

▶ Berlin 577 – Stuttgart 68 – Ulm 61 – Aalen 16

Deutscher Kaiser
Hauptstr. 42 ⊠ 73540 – ℰ (07173) 87 08 – info@deutscher-kaiser-heubach.de – Fax (07173) 8089 – geschl. über Fasching 1 Woche
14 Zim ⊡ – †45 € ††70 € – **Rest** – (geschl. 24. Juli - 6. Sept., 27. - 30. Okt. und Mittwoch, Samstagmittag, Sonntagabend) Menü 29 € – Karte 17/38 €
• Der gestandene Gasthof der Familie Vogel befindet sich in der historisch geprägten Altstadt und verfügt über solide und zeitgemäß eingerichtete Zimmer. Freundliches, leicht rustikales Restaurant.

HEUBACH

Harr's Langhaus
Schloßstr. 16 ⌧ 73540 – ℰ (07173) 91 44 30 – langhausheubach@aol.com
– Fax (07173) 914406 – geschl. 1. - 8. Jan., 11. - 26. Aug. und
Dienstag, Samstagmittag
Rest – Menü 21/60 € (abends) – Karte 28/52 €
♦ In diesem gemütlichen denkmalgeschützten Haus serviert man am Abend ein Feinschmeckermenü, mittags ist das Angebot günstiger. Die Küche basiert auf guten Produkten der Region.

HEUSENSTAMM – Hessen – 543 – 18 990 Ew – Höhe 122 m   47 F15
▶ Berlin 553 – Wiesbaden 46 – Frankfurt am Main 14 – Aschaffenburg 31

Rainbow-Hotel
Seligenstädter Grund 15 ⌧ 63150 – ℰ (06104) 93 30 – rainbow-hotel@t-online.de
– Fax (06104) 933120 – geschl. 21. Dez. - 4. Jan.
68 Zim ⌓ – †78/147 € ††105/157 € – **Rest** – (geschl. Sonntag, nur Abendessen) Karte 17/26 €
♦ Am Ortsrand gelegenes gepflegtes Hotel, dessen Gästezimmer neuzeitlich-funktionell ausgestattet sind und eine gute Technik bieten. Restaurant im modernen Bistrostil.

HEUWEILER – Baden-Württemberg – siehe Glottertal

HIDDENHAUSEN – Nordrhein-Westfalen – siehe Herford

HIDDENSEE (INSEL) – Mecklenburg-Vorpommern – 542 – 1 130 Ew   6 O2
▶ Berlin 296 – Schwerin 196 – Rügen (Bergen) 29 – Stralsund 36
Autos nicht zugelassen
⛴ von Stralsund (ca. 1 h 45 min), von Schaprode/Rügen (ca. 45 min)
ℰ (0180)3 21 21 50
🛈 Norderende 162 (in Vitte), ⌧ 18565, ℰ (038300) 6 42 26, insel.information@t-online.de

In Hiddensee-Vitte

Heiderose
In den Dünen 127 (Süd : 3 km) ⌧ 18565 – ℰ (038300) 6 30 – mail@heiderose-hiddensee.de – Fax (038300) 63124 – geschl. 10. Nov. - 25. Dez.
74 Zim ⌓ – †47/75 € ††57/130 € – ½ P 13 € – **Rest** – (geschl. Mitte Jan. - Mitte März) Karte 18/40 €
♦ Das Hotel liegt malerisch inmitten der Dünenheide nicht weit vom Meer und beherbergt solide eingerichtete Zimmer. Vom Hafen mit Pferdekutsche oder Schulbus erreichbar.

HILCHENBACH – Nordrhein-Westfalen – 543 – 16 530 Ew – Höhe 360 m – Wintersport : 650 m ⛷2 ⛷   37 E12
▶ Berlin 523 – Düsseldorf 130 – Siegen 21 – Olpe 28
🛈 Markt 13, ⌧ 57271, ℰ (02733) 28 81 33, touristinfo@hilchenbach.de

Haus am Sonnenhang
Wilhelm-Münker-Str. 21 ⌧ 57271 – ℰ (02733)
70 04 – info@hotel-am-sonnenhang.de – Fax (02733) 4260
22 Zim – †59/79 € ††80/110 € – **Rest** – (geschl. Juli - Aug. 2 Wochen und Freitag, nur Abendessen) Karte 20/35 €
♦ Vor allem die ruhige erhöhte Lage mit schöner Aussicht spricht für dieses gut geführte Haus. Einige der gepflegten und praktischen Gästezimmer verfügen über einen Balkon. Zeitlos gestaltetes Restaurant mit Blick auf die waldreiche Umgebung.

In Hilchenbach-Vormwald Süd-Ost : 2 km über B 508 :

Steubers Siebelnhof (mit Gästehaus)   Biergarten
Vormwalder Str. 56 ⌧ 57271 – ℰ (02733) 8 94 30
– info@siebelnhof.de – Fax (02733) 7006
38 Zim – †80/140 € ††150/190 €, ⌓ 15 € – **Rest** – Karte 30/53 €
♦ Das bereits seit 1566 bestehende Siebelnhof ist heute ein komfortables Hotel. Im modernen Anbau sind die Zimmer elegant (teils mit Whirlwanne), einfacher im Gästehaus. Sie speisen im Restaurant Chesa oder in den gemütlich-rustikalen Ginsburg-Stuben.

HILDBURGHAUSEN – Thüringen – 544 – 12 310 Ew – Höhe 380 m — 40 **K14**
▶ Berlin 356 – Erfurt 80 – Coburg 29

Eschenbach garni
Häselriether Str. 19, (B 89) ⊠ 98646 – ℰ (03685) 7 94 30 – info@hotel-eschenbach.de – Fax (03685) 7943434 – geschl. 24. Dez. - 6. Jan.
27 Zim ⊑ – †48/58 € ††68/92 €
♦ Am Stadtrand liegt das Hotel mit der hübsch restaurierten Fachwerkfassade. Es stehen praktisch ausgestatteten Gästezimmer mit gutem Platzangebot bereit.

In Hildburghausen-Gerhardtsgereuth Nord : 6 km über Schleusinger Straße :

Am Schwanenteich
Am Schwanenteich 23 ⊠ 98646 – ℰ (03685) 44 66 90 – info@hotelamschwanenteich.de – Fax (03685) 44669910
25 Zim ⊑ – †50/62 € ††75/80 € – **Rest** – Karte 17/30 €
♦ Die Lage an einem Teich am Ortsrand sowie funktionelle und wohnliche Zimmer sprechen für das familiär geführte Haus. Zum Frühstück: hausgemachte Marmeladen und eigener Honig. Im Restaurant bietet man bürgerlich-regionale Küche.

HILDEN – Nordrhein-Westfalen – 543 – 56 660 Ew – Höhe 50 m — 36 **C12**
▶ Berlin 547 – Düsseldorf 18 – Köln 40 – Solingen 12

Am Stadtpark
Klotzstr. 22 ⊠ 40721 – ℰ (02103) 57 90 – info@hotel-stadtpark.de – Fax (02103) 579102
105 Zim ⊑ – †79/125 € ††119/185 € – **Rest** – (nur Abendessen) Karte 20/32 €
♦ Vor allem Geschäftsleute schätzen das im Zentrum, gegenüber dem Park gelegene Stadthotel mit seinen funktionell ausgestatteten Zimmern. Eine freundlich gestaltete Bar mit Bistro ergänzt das Restaurant.

Forum-Hotel garni
Liebigstr. 15 ⊠ 40721 – ℰ (02103) 9 11 80 – contact@forum-hotel-hilden.de – Fax (02103) 9118640 – geschl. 20. - 24. März, 21. Dez. - 2. Jan.
66 Zim – †80/89 € ††98 €
♦ In einem Gewerbegebiet am Ortsrand liegt dieses Hotel mit hellem, modernem Empfangspavillon und zeitgemäß eingerichteten Zimmern. Kleine Gerichte und Snacks für Hausgäste.

HILDESHEIM – Niedersachsen – 541 – 103 250 Ew – Höhe 93 m — 29 **I9**
▶ Berlin 276 – Hannover 36 – Braunschweig 51 – Göttingen 91
✈ Oldekopstraße, ℰ (01805) 24 12 24 (Gebühr)
ADAC Zingel 39
🛈 Rathausstr. 18-20, ⊠ 31134, ℰ (05121) 1 79 80, tourist-info@hildesheim.com
◉ Dom★ (Kunstwerke★, Kreuzgang★) Z – St. Michaelis-Kirche★ Y – Roemer-Pelizaeus-Museum★ Z M¹ – St. Andreas-Kirche (Fassade★) Z B – Antoniuskapelle (Lettner★) Z A – St. Godehardikirche★ Z – Marktplatz★ (Knochenhaueramtshaus★, Renaissance-Erker★ am Tempelhaus) Y

Stadtplan siehe folgende Seite

Novotel
Bahnhofsallee 38 ⊠ 31134 – ℰ (05121) 1 71 70 – h5396@accor.com – Fax (05121) 1717100
120 Zim – †103 € ††103 €, ⊑ 16 € – **Rest** – Karte 27/39 €   Y b
♦ Modernes Hotel mit historischer Bausubstanz. Freigelegtes Mauerwerk wurde geschickt in die neuzeitliche Gestaltung einbezogen und kündet von einer langen Geschichte. An der Stelle des geschmackvollen Restaurants La Capella stand einst wirklich eine Kapelle.

In Hildesheim-Ochtersum

Am Steinberg garni
Adolf-Kolping-Str. 6 ⊠ 31139 – ℰ (05121) 80 90 30 – info@hotelamsteinberg.de – Fax (05121) 267755 – geschl. 22. Dez. - 2. Jan.   X s
28 Zim ⊑ – †51/59 € ††70/77 €
♦ Von außen wirkt der Hotelbau wie ein Wohnhaus. Innen finden Sie solide in Kirsche eingerichtete Zimmer, die über geräumige, zeitgemäße Bäder verfügen.

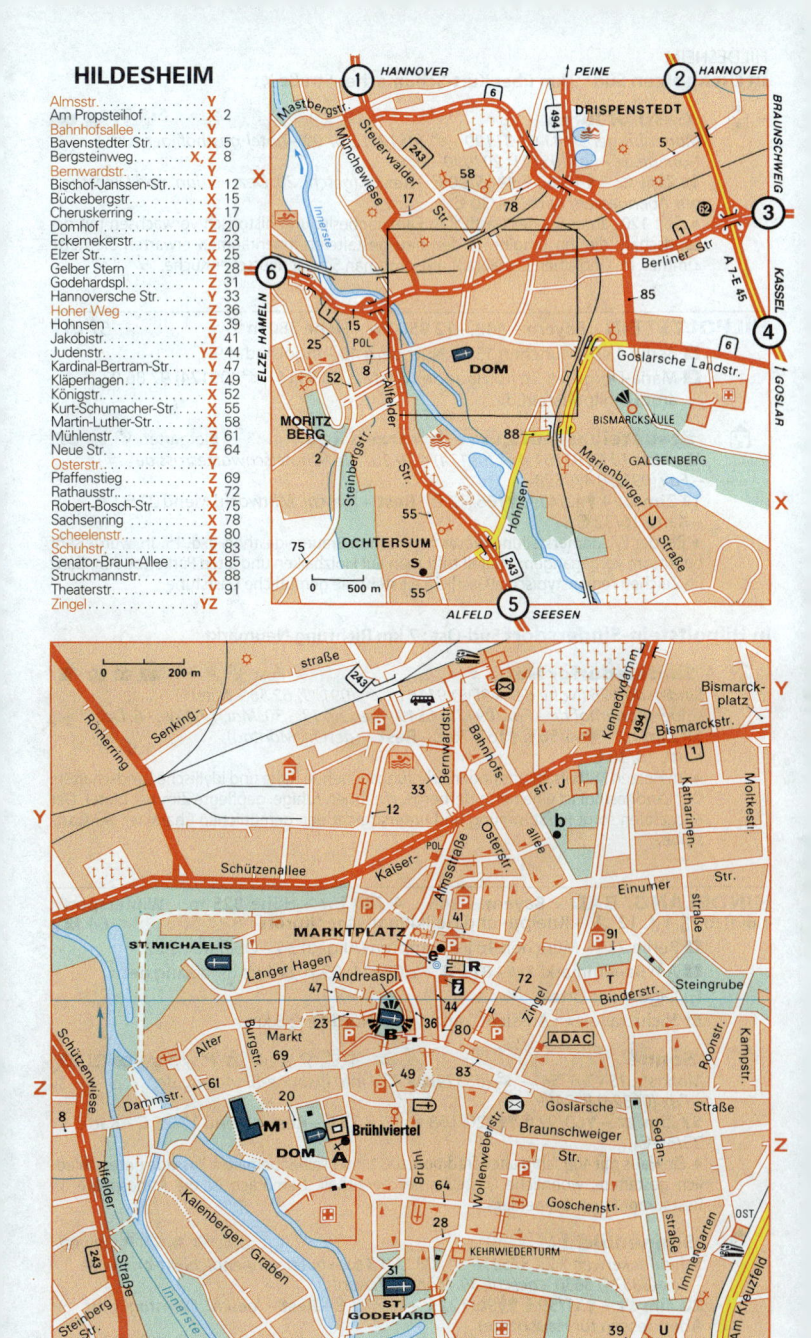

HILDESHEIM

Almsstr.	Y
Am Propsteihof	X 2
Bahnhofsallee	Y
Bavenstedter Str.	X 5
Bergsteinweg	X, Z 8
Bernwardstr.	Y
Bischof-Janssen-Str.	Y 12
Bückebergstr.	X 15
Cheruskerring	X 17
Domhof	Z 20
Eckemekerstr.	Z 23
Elzer Str.	Z 25
Gelber Stern	Z 28
Godehardspl.	Z 31
Hannoversche Str.	Y 33
Hoher Weg	Z 36
Hohnsen	Z 39
Jakobistr.	Z 41
Judenstr.	YZ 44
Kardinal-Bertram-Str.	Y 47
Kläperhagen	Z 49
Königstr.	X 52
Kurt-Schumacher-Str.	Y 55
Martin-Luther-Str.	Z 58
Mühlenstr.	Z 61
Neue Str.	Z 64
Osterstr.	Y
Pfaffenstieg	Z 69
Rathausstr.	Y 72
Robert-Bosch-Str.	X 75
Sachsenring	X 78
Scheelenstr.	Z 80
Schuhstr.	Z 83
Senator-Braun-Allee	X 85
Struckmannstr.	X 88
Theaterstr.	Y 91
Zingel	YZ

631

HILDESHEIM
In Diekholzen Süd : 9 km über Kurt-Schumacher-Straße X :

Gasthof Jörns
Marienburger Str.41 ⊠ 31199 – ℰ (05121) 2 07 00 – hotel-gasthof.joerns@
t-online.de – Fax (05121) 207090
18 Zim ⊒ – †40/60 € ††65/90 € – **Rest** – (geschl. 28. Dez. - 6. Jan. und Dienstag,
nur Abendessen) Karte 14/30 €
♦ Seit 120 Jahren ist der Gasthof in Familienbesitz und historisch verwachsen mit der Landschaft, die ihn umgibt. In den neu gestalteten Innenräumen erwarten Sie nette Zimmer. Im ländlichen Restaurant umsorgt man Sie mit deutscher Küche.

HILPOLTSTEIN – Bayern – 546 – 12 950 Ew – Höhe 380 m 57 **L17**
▶ Berlin 457 – München 134 – Nürnberg 40 – Ingolstadt 59
▣ Maria-Dorothea-Str. 8 (Haus des Gastes), ⊠ 91161, ℰ (09174) 97 86 07, amt5@hilpoltstein.de

Brauereigasthof Zum schwarzen Roß   Biergarten
Marktstr.10 ⊠ 91161 – ℰ (09174) 4 79 50 – de.@hotelschwarzesross.de
– Fax (09174) 479528
12 Zim ⊒ – †42/47 € ††66/72 € – **Rest** – (geschl. Mittwoch) Menü 21/31 €
– Karte 16/32 €
♦ Bei der Wiederherstellung dieses fränkischen Brauereigasthofs a. d. 15. Jh. wurde sehr behutsam vorgegangen: Überall trifft man auf Holzbalken und alten Parkettboden. Ganz im Zeichen regionstypischer Gastlichkeit steht die gemütliche Gaststube.

In Hilpoltstein-Sindersdorf Süd-Ost : 7 km Richtung Neumarkt :

Sindersdorfer Hof
Sindersdorf 26 (Nahe der A 9) ⊠ 91161 – ℰ (09179) 62 56 – hotel@
sindersdorferhof.de – Fax (09179) 6549 – geschl. 13. - 30. Mai, 17. Nov. - 6. Dez.
19 Zim ⊒ – †46/56 € ††62/76 € – **Rest** – (geschl. Montag)
Karte 13/38 €
♦ Im Herzen Mittelfrankens finden Erholungsuchende Ruhe und idyllische Landschaften. Der Landgasthof ist eine nette Herberge, die Ihnen ruhige, gepflegte Zimmer bietet. Der Kachelofen sorgt für Stimmung und unterstreicht den gemütlichen Charakter der Gaststube.

HINDELANG, BAD – Bayern – 546 – 4 780 Ew – Höhe 825 m – Wintersport :
1 600 m ≰1 ≰12 ≴ – Kneipp- und Heilklimatischer Kurort 64 **J22**
▶ Berlin 730 – München 161 – Kempten (Allgäu) 34 – Oberstdorf 22
▣ Am Bauernmarkt 1, ⊠ 87541, ℰ (08324) 89 20, info@hindelang.net
◉ Lage⋆ des Ortes
◉ Jochstraße⋆⋆ : Aussichtskanzel ≤⋆, Nord-Ost : 8 km

Sonne
Marktstr. 15 ⊠ 87541 – ℰ (08324) 89 70 – info@sonne-hindelang.de
– Fax (08324) 897499
57 Zim ⊒ – †60/92 € ††120/168 € – ½ P 25 € – **Rest** – Menü 17/25 € – Karte 25/36 €
♦ Ein Haus mit 400 Jahre alter Tradition, das hinter seiner bemalten Fassade unterschiedlich gestaltete, wohnliche Gästezimmer bereithält. Gemütlich ist die Atmosphäre im Restaurant Chesa Schneider.

Sonnenbichl
Schindackerweg 1 ⊠ 87541 – ℰ (08324) 3 65 – hotel-sonnenbichl@t-online.de
– Fax (08324) 8630 – geschl. 30. März - 27. April
20 Zim ⊒ – †51/59 € ††96/122 € – ½ P 12 € – **Rest** – (geschl. Dienstag) (nur Abendessen für Hausgäste)
♦ In dem netten Familienbetieb etwas außerhalb des Ortes erwarten den Gast gepflegte, mit hellem Naturholzmobiliar solide ausgestattete Zimmer, teilweise mit Balkon.

HINDELANG, BAD

In Bad Hindelang-Bad Oberdorf Ost : 1 km :

Obere Mühle
Ostrachstr. 40 ⊠ 87541 – ℰ (08324) 28 57 – info@obere-muehle.de – Fax (08324) 8635
11 Zim ⊃ – †90/130 € – ††110/150 € – ½ P 35 € – **Rest** – *(geschl. Dienstag, nur Abendessen)* (Tischbestellung erforderlich) Karte 30/45 €
◆ Bei der 1433 erstmals urkundlich erwähnten ehemaligen Mühle steht das kleine Landhotel mit seinen hübschen, wohnlichen Gästezimmern. Das urig-charmante historische Gasthaus bietet regionale Küche und Gerichte vom Holzkohlengrill. Schaukäserei.

Alpenlandhotel Hirsch
Kurze Gasse 18 ⊠ 87541 – ℰ (08324) 3 08 – info@alpenlandhotel.de – Fax (08324) 8193
23 Zim ⊃ – †47/62 € ††96/110 € – ½ P 13 € – **Rest** – Karte 17/27 €
◆ Im Dorfzentrum befindet sich das familiär geleitete Haus mit Schindelfassade, das neben wohnlich eingerichteten Zimmern mit Balkon auch einen netten Saunabereich bietet. In ländlich-rustikalem Stil gehaltene Gaststuben.

Hochstadt garni
Luitpoldstr. 20 ⊠ 87541 – ℰ (08324) 20 64 – kontakt@hotelcafehochstadt.de – Fax (08324) 1530 – geschl. Nov.
14 Zim ⊃ – †42/45 € ††75/89 €
◆ Ein kleiner Familienbetrieb in ruhiger Lage oberhalb des Ortes, in dem Sie zeitgemäß und solide eingerichtete Zimmer und ein Café mit sehr schöner Terrasse erwarten.

In Bad Hindelang-Oberjoch Nord-Ost : 7 km über B 308 – Höhe 1 130 m

Lanig
< Allgäuer Alpen,
Ornachstr. 11 ⊠ 87541 – ℰ (08324) 70 80 – hotel@lanig.de – Fax (08324) 708200
52 Zim (inkl. ½ P.) – †90/195 € ††180/300 € – 6 Suiten – **Rest** – (nur für Hausgäste)
◆ Ein regionstypisches Hotel mit freundlichem Service, Zimmern im Landhausstil und dem großzügigen Edelweiss AlpenSpa - Naturmaterialien wie Stein und Holz prägen das Ambiente. Sehr hochwertige Halbpension.

Alpengasthof Löwen
Paßstr. 17 ⊠ 87541 – ℰ (08324) 97 30 – loewen-oberjoch@t-online.de – Fax (08324) 7515 – geschl. 31. März - 1. Mai, 3. Nov. - 20. Dez.
37 Zim ⊃ – †45/68 € ††80/124 € – ½ P 16 €
– **Rest** – *(geschl. 1. Mai - 3. Nov. Montag)* Karte 14/28 €
◆ In Deutschlands höchst gelegenem Dorf liegt der Alpengasthof, der seit über 100 Jahren von der Familie Brutscher geführt wird. Fragen Sie nach einem der neueren Zimmer! Ob im netten Restaurant oder der urigen Stube - hier ist Gemütlichkeit Trumpf.

Heckelmiller garni
< Allgäuer Alpen,
Ornachstr. 8 ⊠ 87541 – ℰ (08324) 98 20 30 – info@heckelmiller.de – Fax (08324) 9820330 – geschl. 3. Nov. - 15. Dez.
20 Zim ⊃ – †39/49 € ††66/100 €
◆ Das familiengeführte Landhaus gefällt vor allem durch die nach Süden gelegenen, wohnlich und gemütlich gestalteten Zimmer, von denen man eine schöne Aussicht genießt.

In Bad Hindelang-Unterjoch Nord-Ost : 11 km über B 308 :

Edelsberg
Am Edelsberg 10 ⊠ 87541 – ℰ (08324) 98 00 00 – info@hotel-edelsberg.de – Fax (08324) 980050 – geschl. 29. März - 26. April
27 Zim (inkl. ½ P.) – †41/49 € ††78/116 € – **Rest** – Karte 16/25 €
◆ Ein ruhig am Ortsrand gelegener Familienbetrieb mit netter Aussicht, in dem gepflegte, solide Gästezimmer zur Verfügung stehen. Im Restaurant wird bürgerliche Küche geboten.

633

HINTERZARTEN – Baden-Württemberg – **545** – 2 630 Ew – Höhe 893 m – Wintersport : 1 200 m ⛷3 ⛷ – Heilklimatischer Kurort

61 E21

▶ Berlin 785 – Stuttgart 161 – Freiburg im Breisgau 24 – Donaueschingen 38

🛈 Freiburger Straße 1, ✉ 79856, ☏ (07652) 1 20 60, tourismus@hinterzarten-breitnau.de

◉ Titisee★★ Ost : 5 km

Park-Hotel Adler
Adlerplatz 3 ✉ 79856 – ☏ (07652) 12 70 – info@parkhoteladler.de – Fax (07652) 127717
78 Zim ⊇ – †110/170 € ††205/260 € – ½ P 36 € – 5 Suiten
Rest – (nur Abendessen) Karte 54/73 €
Rest *Wirtshaus* – Karte 34/53 €

♦ Aus einem historischen Schwarzwaldhaus und dem Hauptbau von 1904 ist ein Hotel mit individuellen Zimmern und neuzeitlichem Wellnessbereich geworden. Park mit Wildgehege. Behagliches rustikal-elegantes Restaurant mit internationaler Küche. Uriges Wirtshaus.

Vital-Hotel Bergfried
Sickinger Str. 28 ✉ 79856 – ☏ (07652) 12 80 – info@bergfried.de – Fax (07652) 12888
44 Zim ⊇ – †103/126 € ††168/314 € – ½ P 14 € – **Rest** – (nur für Hausgäste) Menü 36/45 € – Karte 19/22 €

♦ Ein ruhig etwas außerhalb des Ortskerns gelegenes Hotel, das Ihnen wohnliche Gästezimmer sowie einen schönen Freizeitbereich bietet.

Thomahof
Erlenbrucker Str. 16 ✉ 79856 – ☏ (07652) 12 30 – info@hotel-thomahof.de – Fax (07652) 123239
50 Zim ⊇ – †78/130 € ††156/216 € – ½ P 16 € – 7 Suiten
Rest – Karte 28/42 €

♦ In diesem alteingesessenen Hotel unter Leitung der Inhaberfamilie erwarten Sie großzügige, wohnliche Zimmer - einige sind sogar mit Kachelöfen ausgestattet. Restaurant mit behaglicher Atmosphäre und regionalem Angebot.

Reppert
Adlerweg 21 ✉ 79856 – ☏ (07652) 1 20 80 – hotel@reppert.de – Fax (07652) 120811 – geschl. 11. Nov. - 6. Dez.
43 Zim (inkl. ½ P.) – †108/149 € ††202/306 € – 4 Suiten – **Rest** – (nur für Hausgäste)

♦ Seit mehreren Generationen sorgt Familie Reppert in ihrem Hotel für persönliche Atmosphäre und wohnlich-elegantes Ambiente. Großzügige Badelandschaft. Stilvolles Restaurant mit hochwertigem Angebot im Rahmen der Halbpension.

Kesslermühle
Erlenbrucker Str. 45 ✉ 79856 – ☏ (07652) 12 90 – kesslermuehle@t-online.de – Fax (07652) 129159 – geschl. 16. Nov. - 19. Dez.
45 Zim (inkl. ½ P.) – †82/170 € ††186/216 € – **Rest** – (nur für Hausgäste) Menü 23/50 €

♦ Dieses Ferienhotel ist umgeben von der malerischen Schwarzwaldlandschaft und bietet seinen Gästen wohnliche Zimmer sowie einen großzügigen Bade- und Saunabereich.

Sonnenberg
Am Kesslerberg 9 ✉ 79856 – ☏ (07652) 1 20 70 – info@hotel-sonnenberg.com – Fax (07652) 120791 – geschl. 24. - 30. März, 25. Okt. - 9. Nov., 13. - 26. Dez.
19 Zim ⊇ – †70/85 € ††110/150 € – ½ P 15 € – **Rest** – (geschl. Samstag - Sonntag) (nur Abendessen für Hausgäste)

♦ Im Grünen liegt das persönlich geführte kleine Hotel mit seinen individuell gestalteten Gästezimmern. Auch Physiotherapie und Kosmetik gehören zum Angebot.

Schwarzwaldhof - Gästehaus Sonne
Freiburger Str. 2 ✉ 79856 – ☏ (07652) 12 30 – hotel-schwarzwaldhof@t-online.de – Fax (07652) 120322 – geschl. 6. Nov. - 16. Dez.
40 Zim ⊇ – †46/52 € ††70/104 € – ½ P 15 € – **Rest** – (geschl. Dienstag) Menü 11/35 € – Karte 19/34 €

♦ Aus dem Jahre 1890 stammt der typische Schwarzwaldhof gegenüber dem Bahnhof. Besonders nett ist das romantische Turmzimmer. Zeitgemäß eingerichtete Zimmer im Gästehaus. Das historische Stammhaus beherbergt das bürgerlich-rustikale Restaurant.

HINTERZARTEN

Imbery (mit Gästehaus)
Rathausstr. 14 ⊠ 79856 – ℰ (07652) 9 10 30 – imbery@t-online.de – Fax (07652) 1095 – geschl. 25. März - 17. April, 24. Nov. - 20. Dez.
31 Zim ⊇ – †35/55 € ††68/104 € – ½ P 15 € – **Rest** – *(geschl. Donnerstag)* Karte 24/36 €
♦ Das familiengeführte Hotel verfügt über mit soliden Naturholzmöbeln ausgestattete Zimmer. Komfortabler ist das ruhig nach hinten gelegene Gästehaus. Ländlich gestaltetes Restaurant mit bürgerlicher Küche.

In Hinterzarten-Alpersbach West : 5 km :

Waldhotel Fehrenbach
Alpersbach 9 ⊠ 79856 – ℰ (07652) 9 19 40 – info@waldhotel-fehrenbach.de – Fax (07652) 919410 – geschl. 14. - 30. Jan.
15 Zim ⊇ – †62/72 € ††115/130 € – ½ P 25 € – **Rest** – *(geschl. Mittwoch)* Menü 29/54 € – Karte 32/51 €
♦ Einsam und ruhig liegt der in der 5. Generation von der Familie geführte Gasthof in ca. 1000 m Höhe. Zeitgemäße Zimmer. Schöne, ganz in Holz gehaltene Festscheune. In der gemütlichen holzgetäfelten Gaststube bietet man regionale Küche mit Kräutern.

Gasthaus Engel   ≤Biergarten
Alpersbach 14 ⊠ 79856 – ℰ (07652) 15 39 – mail@engel-hinterzarten.de – Fax (07652) 5481 – geschl. 7. - 24. April, 17. Nov. - 16. Dez.
11 Zim ⊇ – †40/48 € ††66/80 € – ½ P 12 € – **Rest** – *(geschl. Donnerstag)* Karte 15/30 €
♦ Die schöne Lage auf einer Anhöhe sowie solide, teils sehr geräumige Zimmer sprechen für den seit 1446 in Familienbesitz befindlichen Schwarzwaldgasthof. Gastboxen für Pferde. Mit viel Holz hat man die Gaststube gemütlich-rustikal gestaltet.

In Hinterzarten-Bruderhalde Süd-Ost : 4 km :

Alemannenhof   ≤Titisee,
Bruderhalde 21 (am Titisee) ⊠ 79822 Titisee – ℰ (07652) 9 11 80 – info@hotel-alemannenhof.de – Fax (07652) 705
22 Zim ⊇ – †77/129 € ††144/182 € – ½ P 23 € – **Rest** – Karte 26/50 €
♦ Die schöne Lage am Titisee im Zusammenspiel mit nettem Service und wohnlichem Interieur schafft die Voraussetzung für einen erholsamen Aufenthalt. Das Restaurant ist komplett mit hellem Holz ausgekleidet und wirkt dadurch sehr gemütlich.

> **Rot steht für unsere besonderen Empfehlungen!**

HIRSCHAID – Bayern – 546 – 11 400 Ew – Höhe 248 m   50 K15
▶ Berlin 415 – München 218 – Coburg 58 – Nürnberg 47

Göller
Nürnberger Str. 100 ⊠ 96114 – ℰ (09543) 82 40 – hotel-goeller@t-online.de – Fax (09543) 824428 – geschl. 2. - 8. Jan.
63 Zim ⊇ – †44/55 € ††62/85 € – **Rest** – *(geschl. Sonntagabend)* Menü 11/35 € – Karte 12/27 €
♦ Nach und nach wurde hier angebaut und verbessert, so dass sich das Haus heute als neuzeitliches Hotel präsentiert, in dem Urlauber wie Geschäftsreisende gern Station machen. Zeitgemäßes Ambiente schafft im Restaurant einen sympathischen Rahmen.

In Hirschaid-Röbersdorf West : 5 km :

Gasthaus Wurm   Biergarten
Ringstr. 40 ⊠ 96114 – ℰ (09543) 8 43 30 – gasthaus-wurm@t-online.de – Fax (09543) 843310 – geschl. 7. - 28. Jan.
6 Zim ⊇ – †35/45 € ††60/70 € – **Rest** – *(geschl. Montag)* Karte 11/26 €
♦ Sehr nett kümmert man sich in dem sympathischen, tipptopp gepflegten Haus um die Gäste. Die Zimmer sind zeitgemäß und freundlich eingerichtet. In zwei hübsch dekorierten ländlichen Gaststuben serviert man fränkische Küche.

635

HIRSCHAID
In Buttenheim Süd-Ost : 3,5 km, jenseits der A 73 :

Landhotel Schloss Buttenheim garni
Schloss-Str. 16 ⊠ *96155 –* ℰ *(09545) 9 44 70 – info@landhotel-buttenheim.de – Fax (09545) 5314*
8 Zim ⊆ – †56/60 € ††80/85 €
♦ Das ehemalige Forsthaus des Schlosses ist heute ein persönlich geführtes Hotel mit wohnlichen, individuellen Gästezimmern - jedes Zimmer ist in einer anderen Farbe gehalten.

HIRSCHBERG – Baden-Württemberg – 545 – 9 440 Ew – Höhe 120 m   47 F16
▶ Berlin 613 – Stuttgart 131 – Mannheim 29 – Darmstadt 50

In Hirschberg-Grosssachsen

Krone
Landstr. 9 (B 3) ⊠ *69493 –* ℰ *(06201) 50 50 – info@krone-grosssachsen.de – Fax (06201) 505400*
64 Zim ⊆ – †76/87 € ††97/112 € – **Rest** – Karte 31/48 €
♦ Der gewachsene historische Gasthof bietet Ihnen recht unterschiedlich eingerichtete Zimmer von modern bis hin zum ländlichen Stil im Kärntner Haus. In verschiedene gemütlich-rustikale Stuben unterteiltes Restaurant mit nettem Innenhof.

HIRSCHHORN AM NECKAR – Hessen – 543 – 3 710 Ew – Höhe 126 m – Luftkurort   48 G16
▶ Berlin 621 – Wiesbaden 120 – Mannheim 52 – Heidelberg 23
🛈 Alleeweg 2, ⊠ 69434, ℰ (06272) 17 42, tourist-info@hirschhorn.de
◎ Burg (Hotelterrasse ≤★)

Schloss-Hotel (mit Gästehaus)   ≤ Neckartal, Rest,
Auf Burg Hirschhorn ⊠ *69434 –* ℰ *(06272) 9 20 90*
– info@castle-hotel.de – Fax (06272) 3267 – geschl. 16. Dez. - 9. Feb.
25 Zim ⊆ – †67/85 € ††105/132 € – **Rest** – *(geschl. Montag)*
Karte 27/37 €
♦ Das Hotel befindet sich innerhalb einer ruhig gelegenen romantischen Burganlage aus dem 12. Jh. Die Zimmer im Haupthaus stilvoll-gediegen, im Gästehaus zweckmäßig und modern. Im historischen Ambiente des Restaurants werden internationale Gerichte serviert.

HOCHHEIM AM MAIN – Hessen – 543 – 17 120 Ew – Höhe 129 m   47 F15
▶ Berlin 559 – Wiesbaden 12 – Frankfurt am Main 31 – Darmstadt 32

Zielonka garni
Hajo-Rüter-Str. 15 (Gewerbegebiet Ost) ⊠ *65239 –* ℰ *(06146) 9 06 70 – info@zielonka-privathotel.de – Fax (06146) 906713*
20 Zim ⊆ – †94/124 € ††104/174 €
♦ Das Hotel am Ortsrand ist mit funktionellen Zimmern vor allem auf Tagungsgäste zugeschnitten. Freie Fitnessraum- und Saunabenutzung im Fitnessclub nebenan. Golfübungsanlage.

HOCKENHEIM – Baden-Württemberg – 545 – 20 550 Ew – Höhe 102 m   47 F17
▶ Berlin 630 – Stuttgart 113 – Mannheim 24 – Heidelberg 23

In Reilingen Süd-Ost : 3 km :

Walkershof   Rest, Rest,
Hockenheimer Str. 86 ⊠ *68799 –* ℰ *(06205) 95 90 – info@walkershof.com – Fax (06205) 959444*
118 Zim ⊆ – †125/175 € ††235/280 € – **Rest** – Karte 31/47 €
♦ Von der gepflegten Halle bis zu den wohnlichen und funktionellen Zimmern ist das in neuzeitlichem Stil gebaute Hotel in angenehm hellen Farben gehalten. Großzügiges, mit schönen Rattanstühlen ausgestattetes Restaurant.

HODENHAGEN – Niedersachsen – 541 – 3 060 Ew – Höhe 25 m 18 **H7**
▶ Berlin 322 – Hannover 62 – Braunschweig 99 – Bremen 70

Domicil Hotel
Hudemühlenburg 18 ⊠ 29693 – ℰ (05164) 80 90 – info@
domicil-hodenhagen.bestwestern.de – Fax (05164) 809199
122 Zim ⊇ – †90/100 € ††120/150 € – 4 Suiten –
Rest – Karte 19/38 €
◆ Beziehen Sie Quartier am Ufer der Aller! Modern und farbenfroh gestaltete Gästezimmer sowie gute Pflege sind Vorzüge dieses Hauses. Mühlenstube, Parkrestaurant und Parkterrasse bilden den gastronomischen Bereich.

HÖCHENSCHWAND – Baden-Württemberg – 545 – 2 460 Ew – Höhe 1 008 m
– Wintersport : 1015 m ⚡ 1 ⚡ – Heilklimatischer Kurort 62 **E21**
▶ Berlin 809 – Stuttgart 186 – Freiburg im Breisgau 56 – Donaueschingen 63
🛈 Dr. Rudolf-Eberle-Str. 3, ⊠ 79862, ℰ (07672) 4 81 80, info@
hoechenschwand.de

Alpenblick
St.-Georg-Str. 9 ⊠ 79862 – ℰ (07672) 41 80 – hotel@alpenblick-hotel.de
– Fax (07672) 418444
27 Zim (inkl. ½ P.) – †125/135 € ††230/250 € – **Rest** – Karte 31/44 €
◆ Ein modernisierter typischer Schwarzwaldgasthof mit solide möblierten Zimmern, die teilweise über Balkon oder Terrasse verfügen. Verwöhnpension im Preis inbegriffen.

Porten's Hotel Fernblick garni
Im Grün 15 ⊠ 79862 – ℰ (07672) 9 30 20 – info@porten.de – Fax (07672) 411240
40 Zim ⊇ – †44/46 € ††88/92 €
◆ Recht ruhig in einem Wohngebiet gelegenes Hotel, in dem zeitgemäße Zimmer, teils mit Fernblick, bereitstehen. Hübscher Saunabereich.

Nägele
Bürgermeister-Huber-Str. 11 ⊠ 79862 – ℰ (07672) 9 30 30 – info@
hotel-naegele.de – Fax (07672) 9303154 – geschl. 17. Nov. - 12. Dez.
34 Zim ⊇ – †40/49 € ††76/94 € – ½ P 15 € – **Rest** – Menü 14/46 € – Karte 25/38 €
◆ Ein gepflegtes gewachsenes Haus, das familiär geleitet wird. Die solide ausgestatteten Gästezimmer bieten zum Teil Balkon und schöne Aussicht.

Hubertusstuben
Kurhausplatz 1, (Eingang St.-Georg-Straße) ⊠ 79862 – ℰ (07672) 41 10 – info@
porten.de – Fax (07672) 411240 – geschl. 7. - 30. Jan. und Dienstag
Rest – (wochentags nur Abendessen) Menü 23 € – Karte 24/42 €
◆ Ein gut geführtes Restaurant, in dem Sie schön eingedeckte Tische, ein ansprechendes Speiseangebot und freundlicher Service erwarten.

HÖCHST IM ODENWALD – Hessen – 543 – 10 060 Ew – Höhe 157 m – Erholungsort
48 **G15**
▶ Berlin 578 – Wiesbaden 78 – Frankfurt am Main 61 – Mannheim 78

In Höchst-Hetschbach Nord-West : 2 km über B 45 Richtung Groß-Umstadt :

Zur Krone (mit Gästehaus)
Rondellstr. 20 ⊠ 64739 – ℰ (06163) 93 10 00 – krone-hetschbach@web.de
– Fax (06163) 81572 – geschl. 6. - 11. Jan., Ende Juli 2 Wochen
20 Zim ⊇ – †47 € ††88/94 € – ½ P 22 €
Rest – (geschl. Montag, Donnerstagmittag) Menü 35/82 € – Karte 36/54 €
Rest *Gaststube* – (geschl. Montag, Donnerstagmittag) Menü 20 € – Karte 17/33 €
◆ Dieser engagiert geführte Familienbetrieb bietet Ihnen solide, wohnlich gestaltete Gästezimmer, die immer wieder modernisiert werden. Guter Service und kreative Küche im terrassenförmig angelegten Gartenrestaurant. Gaststube mit schmackhafter Regionalküche.

637

HÖCHSTADT AN DER AISCH – Bayern – 546 – 13 400 Ew – Höhe 273 m 50 **K16**

▶ Berlin 435 – München 210 – Nürnberg 43 – Bamberg 31

In Gremsdorf Ost : 3 km über B 470 :

Landgasthof Scheubel
*Hauptstr. 1 (B 470) ⌂ 91350 – ℰ (09193) 6 39 80 – service@scheubel.de
– Fax (09193) 639855 – geschl. 24. - 26. Dez.*
33 Zim ⌂ – †27/60 € ††46/60 € – **Rest** – *(geschl. Sonntagmittag)* Karte 16/39 €
♦ Der erweiterte Gasthof am Ortseingang ist seit 250 Jahren im Besitz der Familie Scheubel. Es stehen gepflegte, funktionelle Zimmer bereit. Das Restaurant mit Wintergarten und sonniger Terrasse bietet bürgerliche Küche. Restaurierte Scheune für Feierlichkeiten.

HÖFEN AN DER ENZ – Baden-Württemberg – 545 – 1 720 Ew – Höhe 369 m – Luftkurort   54 **F18**

▶ Berlin 680 – Stuttgart 68 – Karlsruhe 44 – Freudenstadt 48
ℹ Wildbader Str. 1, ⌂ 75339, ℰ (07081) 7 84 23, touristik@hoefen-enz.de

Ochsen
Bahnhofstr. 2 ⌂ 75339 – ℰ (07081) 79 10 – info@ochsen-hoefen.de – Fax (07081) 791100
53 Zim ⌂ – †60/75 € ††100/125 € – ½ P 23 € – 3 Suiten – **Rest** – Karte 24/44 €
♦ Seit 200 Jahren werden an diesem Ort Gäste bewirtet. Die Zimmer sind z. T. in neuzeitlichen Stil eingerichtet, teils recht geräumig. Neuer Konferenzbereich. Hell und freundlich gestaltetes Restaurant.

HÖGERSDORF – Schleswig-Holstein – siehe Segeberg, Bad

HÖHR-GRENZHAUSEN – Rheinland-Pfalz – 543 – 9 810 Ew – Höhe 250 m   36 **D14**

▶ Berlin 584 – Mainz 94 – Koblenz 19 – Limburg an der Lahn 35
ℹ Rheinstraße 60a, ⌂ 56203, ℰ (02624) 1 94 33, tourismus@hoer-grenzhausen.de

Heinz
Bergstr. 77 ⌂ 56203 – ℰ (02624) 9 43 00 – info@hotel-heinz.de – Fax (02624) 9430800 – geschl. 22. - 25. Dez.
89 Zim ⌂ – †87/145 € ††100/212 € – **Rest** – Karte 23/49 €
♦ Etwas außerhalb liegt die um einen Anbau erweiterte Villa auf einer Anhöhe. Wohnliche Zimmer (z. T. Themenzimmer) und ein großer Spabereich mit Physiotherapie erwarten Sie. Geschmackvolles, hübsch dekoriertes Restaurant.

Im Stadtteil Grenzau Nord : 1,5 km :

Zugbrücke
Brexbachstr. 11 ⌂ 56203 – ℰ (02624) 10 50 – info@zugbruecke.de – Fax (02624) 105462
138 Zim ⌂ – †95/109 € ††139/149 € – **Rest** – Karte 22/42 €
♦ Das in einem Tal gelegene Hotel verfügt über funktionelle, teils modern eingerichtete Gästezimmer und ein breites Sportangebot. Nett: der Brexbach fließt durch das Grundstück.

HÖMBERG – Rheinland-Pfalz – siehe Nassau

HÖNNINGEN, BAD – Rheinland-Pfalz – 543 – 5 740 Ew – Höhe 65 m – Heilbad   36 **C13**

▶ Berlin 617 – Mainz 125 – Koblenz 37 – Bonn 35
ℹ Neustr. 2a, ⌂ 53557, ℰ (02635) 22 73, info@bad-hoenningen.de

St. Pierre garni
*Hauptstr. 138, (1.Etage) ⌂ 53557 – ℰ (02635) 9 52 90 – info@hotelpierre.de
– Fax (02635) 2093 – geschl. 24. - 30. Dez.*
19 Zim ⌂ – †45/65 € ††80/86 €
♦ Mitten in der Fußgängerzone des Weinörtchens liegt das kleine Hotel mit seinen gepflegten Gästezimmern und persönlichem Service.

HÖRSTEL – Nordrhein-Westfalen – 543 – 19 800 Ew – Höhe 45 m — 16 D8
▶ Berlin 464 – Düsseldorf 178 – Nordhorn 45 – Münster (Westfalen) 44

In Hörstel-Bevergern Süd : 3 km, jenseits der A 30 :

Saltenhof
Kreimershoek 71 ⊠ 48477 – ℰ (05459) 40 51 – info@saltenhof.de – Fax (05459) 1251
15 Zim – †55/60 € ††75/95 € – **Rest** – (geschl. 1. - 26. Jan. und Donnerstagmittag) Karte 24/42 €
♦ In dem schönen, typisch münsterländischen Fachwerkbau finden Sie individuelle, wohnliche und zum Teil aufwändig mit Messingbetten eingerichtete Gästezimmer. Helles, freundliches Restaurant mit Wintergarten.

HÖVELHOF – Nordrhein-Westfalen – 543 – 15 990 Ew – Höhe 107 m — 28 F10
▶ Berlin 413 – Düsseldorf 189 – Bielefeld 33 – Detmold 30

Victoria
Bahnhofstr. 35 ⊠ 33161 – ℰ (05257) 9 37 70 – info@hotelvictoria-hoevelhof.de – Fax (05257) 9377900
42 Zim – †52/77 € ††82/97 € – **Rest** – (geschl. Samstagmittag) Karte 20/36 €
♦ Aus dem Gasthof hinter dem alten Bahnhof des Ortes ist ein modernes Hotel mit freundlichen Zimmern und technisch gut ausgestatteten Tagungsräumen geworden. Restaurant in bürgerlichem Stil. Mit Bistrobereich.

Gasthof Brink mit Zim
Allee 38 ⊠ 33161 – ℰ (05257) 32 23 – Fax (05257) 932937 – geschl. 1. - 17. Jan., 26. Juni - 15. Juli
9 Zim – †40/55 € ††70/85 € – **Rest** – (geschl. Montag, nur Abendessen) (Tischbestellung ratsam) Menü 35/65 € – Karte 26/51 €
♦ Das Haus mit der weißen Klinkerfassade beherbergt ein angenehm hell gestaltetes Restaurant, in dem man eine klassische Küche aus frischen Produkten bietet.

In Hövelhof-Riege Nord-West : 5 km Richtung Kaunitz, dann rechts ab :

Gasthaus Spieker mit Zim
Detmolder Str. 86 ⊠ 33161 – ℰ (05257) 22 22 – info@gasthaus-spieker.de – Fax (05257) 4178 – geschl. Montag
13 Zim – †45/50 € ††75/80 € – **Rest** – (Dienstag - Samstag nur Abendessen) Karte 20/38 €
♦ Eine nette Atmosphäre herrscht in dem eleganten Restaurant mit rustikalem Touch sowie in der gemütlichen Stube. Regionale und internationale Küche. Wohnliche Gästezimmer.

HÖXTER – Nordrhein-Westfalen – 543 – 32 850 Ew – Höhe 95 m — 28 H10
▶ Berlin 362 – Düsseldorf 225 – Hannover 86 – Kassel 70
🛈 Weserstr. 11 (Historisches Rathaus), ⊠ 37671, ℰ (05271) 1 94 33, info@hoexter.de
◉ Kilianskirche (Kanzel★★) – Fachwerkhäuser★
◉ Wesertal★ (von Höxter bis Hann. Münden) – Corvey: Westwerk★

Niedersachsen
Grubestr. 3 ⊠ 37671 – ℰ (05271) 68 80 – info@hotelniedersachsen.de – Fax (05271) 688444
80 Zim – †83/119 € ††120/154 € – **Rest** – Menü 28 € – Karte 25/40 €
♦ Das gut geführte, vor allem von Geschäftsleuten geschätzte Hotel bietet unterschiedliche Zimmertypen, freundliches Personal und den schönen Freizeitbereich Corbie-Therme. Restaurant Huxori-Stube mit internationaler Küche, kleine Gerichte in der Sachsenklause.

HOF – Bayern – 546 – 49 690 Ew – Höhe 500 m — 41 M14
▶ Berlin 317 – München 283 – Bayreuth 55 – Nürnberg 133
▲ Hof, Süd-West: 5 km, über Ernst-Reuter-Straße Z und B 2, ℰ (09292) 97 70
ADAC Hans - Böckler - Str. 10
🛈 Ludwigstr. 24, ⊠ 95028, ℰ (09281) 81 56 66, touristinfo@stadt-hof.de
🏌 Gattendorf-Haidt, Gumpertsreuth 25 ℰ (09281) 47 01 55 Y

639

HOF

Altstadt .... **Z**	Karolinenstr. .... **Y** 6	Mittlerer Anger .... **Y** 9
Bayreuther Str. .... **Z** 2	Kurt-Schuhmacher-Pl. .. **Z** 7	Oberer Anger .... **Z** 10
Enoch-Widman-Str. ..... **Y** 3	Lorenzstr. .... **Z**	Ossecker
Hallstr. .... **Y** 5	Ludwigstr. .... **Y**	Str. .... **Z** 13
	Luitpoldstr. .... **Z**	Pestalozzipl. .... **Z** 15
	Marienstr. .... **Z**	Schützenstr. .... **Z** 16
	Michaelisbrücke .... **Y** 9	Unteres Tor .... **Y** 18

🏘️ Central
Kulmbacher Str. 4 ✉ 95030 – 𝒞 (09281) 60 50 – info@hotel-central-hof.de
– Fax (09281) 62440 Y **h**
104 Zim ⚏ – †85/105 € ††105/125 € – **Rest** – Karte 24/41 €
♦ Geräumige, wohnliche Zimmer erwarten Sie in dem von Familie Eckert geführten Haus mit Anbindung an die Stadthalle. Mit Indoor-Golf und Kosmetik. Verschiedene Restaurantstuben in ländlich-rustikalem Stil.

🏠 Burghof garni
Bahnhofstr. 53 ✉ 95028 – 𝒞 (09281) 81 93 50 – reservierung@hotel-burghof.com
– Fax (09281) 81935555 Z **t**
22 Zim ⚏ – †68/80 € ††88/98 €
♦ Geschmackvoll wurden die Gästezimmer dieses Hotels mit Laminatböden und cremefarbenem Stilmobiliar gestaltet. Schöne, moderne Bäder!

🏠 Am Maxplatz garni
Maxplatz 7, Ludwigstr. 15 ✉ 95028 – 𝒞 (09281) 17 39 – info@
hotel-am-maxplatz.de – Fax (09281) 87913 Y **r**
18 Zim ⚏ – †60/72 € ††88/98 €
♦ Mitten im Zentrum, nahe dem Rathaus gelegenes gepflegtes kleines Hotel, das in einem denkmalgeschützten Haus mit Gewölbedecken beheimatet ist.

HOF

In Hof-Haidt Nord-Ost : 3,5 km über B 173 Richtung Plauen :

Gut Haidt
Plauener Str. 123 ⌧ 95028 – ℰ (09281) 73 10 – info@hotel-gut-haidt.de
– Fax (09281) 731100
47 Zim ⌑ – ♦74 € ♦♦95 €
Rest *Reiterstuben* – (nur Abendessen für Hausgäste) Karte 24/43 €
♦ Das ehemalige landwirtschaftliche Gut ist heute ein Hotel mit großem Reiterhof. Für die Gäste stehen hell und solide möblierte Zimmer bereit. Die Reiterstuben befinden sich in einem alten Fachwerkhaus mit gemütlicher Speicher-Atmosphäre. Internationale Küche.

In Hof-Unterkotzau 3 km über B 173 Y Richtung Hirschberg :

Brauereigasthof Falter
Hirschberger Str. 6 ⌧ 95030 – ℰ (09281) 7 67 50 – info@hotelfalter.de
– Fax (09281) 7675190
26 Zim ⌑ – ♦48/63 € ♦♦83/92 € – **Rest** – Karte 17/27 €
♦ Am Rand des kleinen Dorfes erwartet Sie der Gasthof mit unterschiedlich eingerichteten, wohnlichen Zimmern, eines davon mit Stilmöbeln. Restaurant mit ländlichem Ambiente.

HOFBIEBER – Hessen – 543 – 6 350 Ew – Höhe 380 m – Luftkurort   39 I13

▶ Berlin 434 – Wiesbaden 209 – Fulda 14 – Bad Hersfeld 40
🛈 Schulweg 5 (Haus des Gastes), ⌧ 36145, ℰ (06657) 9 87 20, touristinformation@hofbieber.de
⛳ Hofbieber, Am Golfplatz ℰ (06657) 13 34

Sondergeld
Lindenplatz 4 ⌧ 36145 – ℰ (06657) 3 76 – info@hotel-sondergeld.de
– Fax (06657) 919746 – geschl. 7. - 17. Feb.
18 Zim ⌑ – ♦38 € ♦♦60 € – **Rest** – (geschl. Mittwoch - Donnerstagmittag) Karte 15/26 €
♦ Wenn Sie ländliche Schlichtheit mögen, wird Ihnen dieser solide geführte Gasthof gefallen. Sie wohnen in gepflegten, mit hellen Möbeln eingerichteten Zimmern. Rustikales Restaurant mit Thekenbereich.

In Hofbieber-Fohlenweide Süd-Ost : 6 km über Langenbieber :

Fohlenweide
⌧ 36145 – ℰ (06657) 98 80 – info@fohlenweide.de – Fax (06657) 988100
– geschl. 18. - 24. Dez.
27 Zim – ♦59/103 € ♦♦71/103 €, ⌑ 10 € – **Rest** – Karte 22/32 €
♦ In dem ehemaligen Gutshof ist ein besonders familienfreundliches Hotel entstanden. Verschiedene Zimmertypen in wohnlich-rustikalem Stil. Mit Reitmöglichkeiten. Das Restaurant gefällt mit einer netten Einrichtung und tadelloser Pflege.

HOFGEISMAR – Hessen – 543 – 16 550 Ew – Höhe 156 m   28 H11

▶ Berlin 407 – Wiesbaden 245 – Kassel 24 – Paderborn 63
🛈 Markt 5, ⌧ 34369, ℰ (05671) 5 07 04 00, touristinfo@stadt-hofgeismar.de

Zum Alten Brauhaus
Marktstr. 12 ⌧ 34369 – ℰ (05671) 30 81 – humburg@zumaltenbrauhaus.de
– Fax (05671) 3083 – geschl. 27. Dez. - 6. Jan.
21 Zim ⌑ – ♦38/48 € ♦♦66/75 € – **Rest** – (geschl. Sonntagabend - Montagmittag) Karte 14/27 €
♦ Der traditionsbewusste gestandene Gasthof fügt sich harmonisch in das malerische Ortsbild ein. Es stehen sehr gepflegte, mit Kirschholzmöbeln eingerichtete Zimmer bereit. Das Restaurant ist im bürgerlichen Stil gehalten.

Blauer Dragoner
Garnisonsgalerie 4 ⌧ 34369 – ℰ (05671) 92 03 03 – blauer-dragoner@t-online.de
– Fax (05671) 920301 – geschl. 1. - 6. Jan., 16. - 22. Juni und Samstagmittag, Montag
Rest – Karte 23/36 €
♦ Freundliches Ambiente mit mediterranem Touch sowie internationale Küche erwarten den Gast in diesem Restaurant. Schön sitzt man auf der Terrasse im Innenhof.

HOFHEIM AM TAUNUS – Hessen – 543 – 37 830 Ew – Höhe 136 m 47 **F15**

▶ Berlin 550 – Wiesbaden 20 – Frankfurt am Main 22 – Limburg an der Lahn 54
🛈 Chinonplatz 2 (Rathaus), ✉ 65719, ✆ (06192) 20 22 83, pfuchs@hofheim.de
⛳ Hofheim am Taunus, Reifenberger Straße ✆ (06192) 20 99 03

Dreispitz
In der Dreispitz 6 (an der B 519) ✉ *65719 –* ✆ *(06192) 9 65 20 – laur@hotel-dreispitz.de – Fax (06192) 26910 – geschl. 22. Dez.- 3. Jan.*
24 Zim ☐ – †72/95 € ††95/105 € – **Rest** – *(geschl. 22. Dez. - 7. Jan., 15. Juli - 15. Aug. und Donnerstag - Freitag, Montag - Samstag nur Abendessen)*
Karte 21/36 €
◆ Tadellos gepflegte, teils ältere in Eiche möblierte, teils wohnlich elegant oder moderner gestaltete Zimmer bietet dieses solide und freundlich geführte Hotel am Ortsausgang. Die schweren Holzdecken im Restaurant vermitteln eine rustikale Atmosphäre.

Die Scheuer
Burgstr. 12 ✉ *65719 –* ✆ *(06192) 2 77 74 – restaurant@die-scheuer.de – Fax (06192) 1892 – geschl. Juli - Aug. 2 Wochen und Sonntag - Montag*
Rest – Menü 44/108 € – Karte 38/62 €
◆ Ein liebevoll dekoriertes, familiengeführtes Restaurant! Auf zwei Ebenen besticht das Fachwerkhaus a. d. 17. Jh. mit seinem gemütlich-rustikalen Innenleben.

In Hofheim-Diedenbergen Süd-West : 3 km über B 519 :

Romano
Casteller Str. 68 ✉ *65719 –* ✆ *(06192) 3 71 08 – Fax (06192) 31576 – geschl. 21. Dez.- 4. Jan., 14. - 28. Juli und Montag, Samstagmittag*
Rest – Karte 33/48 €
◆ Typisch italienisch ist nicht nur das Angebot, das auf einer Tafel präsentiert wird, sondern auch die Führung dieses Restaurants: Vater, Mutter, Sohn sorgen sich um Ihr Wohl.

HOFHEIM IN UNTERFRANKEN – Bayern – 546 – 5 220 Ew – Höhe 250 m 49 **J15**

▶ Berlin 450 – München 284 – Coburg 42 – Bamberg 49

In Hofheim-Rügheim Süd : 3 km :

Landhotel Hassberge
Schloßweg 1 ✉ *97461 –* ✆ *(09523) 92 40 – info@hotel-hassberge.de – Fax (09523) 924100 – geschl. 19. Dez.- 6. Jan., 21. - 24. März, 2. - 24. Aug.*
56 Zim ☐ – †46/53 € ††67/76 € – **Rest** – *(geschl. Freitag - Sonntag, Feiertage, nur Abendessen)* Karte 13/23 €
◆ Besonders Tagungsgäste und Geschäftsreisende schätzen das recht ruhig etwas abseits der Straße gelegene Hotel mit seinen zeitgemäßen und funktionellen Zimmern. Restaurant und Weinstube mit bürgerlichem Angebot.

HOHEN DEMZIN – Mecklenburg-Vorpommern – 542 – 510 Ew – Höhe 70 m 13 **N5**

▶ Berlin 178 – Schwerin 96 – Neubrandenburg 62 – Waren 26

Schlosshotel Burg Schlitz
(Nahe der B 108, Süd : 2 km, Richtung Waren)
✉ *17166 –* ✆ *(03996) 1 27 00 – info@burg-schlitz.de – Fax (03996) 127070*
20 Zim – †165/185 € ††220/240 €, ☐ 18 € – 6 Suiten
Rest *Rittersaal* – *(geschl. Montag, nur Abendessen)* Menü 45/90 € – Karte 49/64 €
Rest *Brasserie Louise* – *(Dienstag - Sonntag nur Mittagessen)* Karte 25/32 €
◆ Aufwändig saniert wurde das klassizistische Schloss a. d. Jahre 1832. Das Resultat ist ein geschmackvolles, elegant-luxuriöses Hotel mit nettem Park und hauseigener Kapelle. Stilvoller Rittersaal mit authentischen Stücken wie Wappentafeln.

Rot = angenehm. Richten Sie sich nach den Symbolen 🍴 und 🏠 in Rot.

HOHEN NEUENDORF – Brandenburg – 542 – 21 170 Ew – Höhe 55 m — 22 P7
▶ Berlin 35 – Potsdam 47

Zum grünen Turm
Oranienburger Str. 58 (B 96) ✉ 16540 – ℰ (03303) 50 16 69 – info@gruenerturm.de – Fax (03303) 501624
29 Zim – †51/58 € ††69/78 € – **Rest** – (nur Abendessen) Karte 16/29 €
♦ Hinter der neuzeitlichen Fassade dieses gut unterhaltenen Hotels verbergen sich mit hellem Holzmobiliar recht modern eingerichtete Zimmer. Restaurant im Bistro-Stil mit kleiner Showküche.

HOHENKAMMER – Bayern – 546 – 2 270 Ew – Höhe 471 m — 58 L19
▶ Berlin 556 – München 40 – Regensburg 94 – Freising 20

Schloss Hohenkammer
Biergarten
Schlossstr. 25 ✉ 85411 – ℰ (08137) 9 96 50 – info@schlosshohenkammer.com
– Fax (08137) 996555 – geschl. 1. - 7. Jan., 22. Sept. - 6. Okt. und Montag
Rest – (Dienstag - Freitag nur Abendessen) Menü 39/72 € – Karte 42/63 €
♦ In den schönen Gewölben der ehemaligen Schlossbrauerei befindet sich dieses modern gestaltete Restaurant mit klassisch-mediterraner Küche. Bar und großer Biergarten.

HOHENRODA – Hessen – 543 – 3 430 Ew – Höhe 335 m — 39 I13
▶ Berlin 409 – Wiesbaden 182 – Kassel 91 – Fulda 44

In Hohenroda-Oberbreitzbach

Hessen Hotelpark Hohenroda
Schwarzengrund 9 ✉ 36284 – ℰ (06676) 1 81
– hohenroda@web.de – Fax (06676) 1487
206 Zim – †70/85 € ††90/110 € – **Rest** – Karte 22/44 €
♦ Eine große Hotel- und Ferienanlage in ruhiger Lage, die vor allem Tagungs- und Businessgäste schätzen. Neben hellen, zeitgemäßen Zimmern steht eine Eventhalle zur Verfügung.

HOHENSTEIN – Hessen – 543 – 6 260 Ew – Höhe 340 m — 47 E14
▶ Berlin 572 – Wiesbaden 23 – Koblenz 64

Hofgut Georgenthal
Stockenroth (Süd-Ost : 5,5 km über Steckenroth,
Richtung Strinz-Margarethä) ✉ 65329 – ℰ (06128) 94 30
– info@hofgut-georgenthal.de – Fax (06128) 943333
40 Zim – †130/157 € ††168/213 €
Rest – (Sonntag - Donnerstag nur Mittagessen) Karte 34/41 €
Rest *Gutsschänke* – (Montag - Freitag nur Abendessen) Karte 23/31 €
♦ Das restaurierte Hofgut vereint harmonisch Tradition und Moderne. Der Gast bezieht stilvoll-elegante Zimmer mit allem Komfort. Kleines Limes-Museum mit kostenlosem Zutritt. Offene und freundliche Atmosphäre versprüht das Restaurant. Rustikal: die Gutsschänke.

HOHENSTEIN-ERNSTTHAL – Sachsen – 544 – 16 720 Ew – Höhe 370 m — 42 O13
▶ Berlin 269 – Dresden 81 – Chemnitz 15 – Plauen 82
🛈 Altmarkt 41, ✉ 09337, ℰ (03723) 40 21 80, stadtinfo@hohenstein-ernstthal.de

Drei Schwanen
Altmarkt 19 ✉ 09337 – ℰ (03723) 65 90 – dreischwanen@t-online.de
– Fax (03723) 659459
32 Zim – †65 € ††89 € – **Rest** – Karte 16/46 €
♦ In Karl Mays Geburtstadt liegt dieses klassizistische Stadthaus, dessen wohnliche Zimmer teils mit einer Terrasse versehen sind. Alte Kronleuchter im Treppenaufgang. Das mit Parkettboden ausgelegte Restaurant bietet bürgerlich-internationale Küche.

643

HOHENTENGEN AM HOCHRHEIN – Baden-Württemberg – 545 – 3 560 Ew – Höhe 378 m – Erholungsort
62 **E21**

▶ Berlin 802 – Stuttgart 176 – Freiburg im Breisgau 79 – Baden 33
ℹ Kirchstr. 4, ✉ 79801, ℰ (07742) 8 53 50, verkehrsamt@hohentengen-a.h.de

Wasserstelz
Guggenmühle 15 (Nord-West : 3 km, unterhalb der Burgruine Weißwasserstelz)
✉ 79801 – ℰ (07742) 9 23 00 – mail@wasserstelz.de – Fax (07742) 923050
11 Zim ⌂ – †44/80 € ††83/130 € – ½ P 19 € – **Rest** – *(Montag - Freitag nur Abendessen)* Karte 22/57 €
♦ Das kleine Hotel ist eine ehemalige Zehntscheune mit hübscher Natursteinfassade. Es erwarten Sie neuzeitlich und wohnlich gestaltete Gästezimmer. Ländlich-rustikal ist die Atmosphäre in der Gaststube.

In Hohentengen-Lienheim West : 5 km :

Landgasthof Hirschen mit Zim
Rheinstalr. 13 ✉ 79801 – ℰ (07742) 76 35 – gasthaushirschen@t-online.de
– Fax (07742) 7325
4 Zim ⌂ – †40/50 € ††70/80 € – ½ P 17 € – **Rest** – Karte 25/47 €
♦ In diesem gepflegten Landgasthof mit freundlichem Service bietet man Ihnen eine gute Auswahl internationaler Speisen. Zum Übernachten stehen solide Gästezimmer zur Verfügung.

HOHNHORST – Niedersachsen – siehe Nenndorf, Bad

HOHNSTEIN – Sachsen – 544 – 3 830 Ew – Höhe 290 m – Erholungsort
43 **R12**

▶ Berlin 223 – Dresden 32 – Pirna 16 – Bad Schandau 10
ℹ Rathausstr. 9, ✉ 01848, ℰ (035975) 8 68 13, gaesteamt@hohnstein.de

In Hohnstein-Rathewalde West : 5,5 km Richtung Pirna :

LuK - Das Kleine Landhotel
Basteiweg 12 ✉ 01848 – ℰ (035975) 8 00 13 – luk-landhotel@t-online.de
– Fax (035975) 80014
8 Zim ⌂ – †60/65 € ††82/87 € – **Rest** – *(nur Abendessen für Hausgäste)*
♦ Ein wirklich nettes kleines Hotel, in dem die Gastgeberin Sie warmherzig begrüßt. Sie wohnen in individuell und geschmackvoll mit Naturmaterialien ausgestatteten Zimmern.

HOHWACHT – Schleswig-Holstein – 541 – 1 850 Ew – Höhe 19 m – Seeheilbad
3 **J3**

▶ Berlin 335 – Kiel 41 – Lübeck 81 – Oldenburg in Holstein 21
ℹ Berliner Platz 1, ✉ 24321, ℰ (04381) 90550, info@hohwachterbucht.de
Hohwachter Bucht, ℰ (04381) 96 90

Hohe Wacht
Ostseering 5 ✉ 24321 – ℰ (04381) 9 00 80 – info@hohe-wacht.de – Fax (04381) 900888
89 Zim – †67/139 € ††135/308 €, ⌂ 16 € – ½ P 25 € –
Rest – Karte 30/48 €
♦ An einem kleinen Park, nur wenige Schritte vom Strand entfernt liegt dieses Hotel. Die Zimmer sind großzügig angelegt und gediegen-wohnlich eingerichtet. Mit Beautybereich. Angenehm helles Restaurant, teils mit Meerblick. Bürgerliche Küche.

Seeschlösschen
Dünenweg 4 ✉ 24321 – ℰ (04381) 4 07 60 – seeschloesschen@intus-hotels.de
– Fax (04381) 407650
34 Zim ⌂ – †74/100 € ††132/188 € – **Rest** – Karte 26/35 €
♦ Angenehm ist die Lage dieses Urlaubshotels direkt am Strand. Die Zimmer bieten z. T. einen schönen Blick auf die Ostsee. Besonders wohnlich sind die Appartements mit Küche.

HOLLENSTEDT – Niedersachsen – 541 – 3 040 Ew – Höhe 24 m 10 **I6**
▶ Berlin 319 – Hannover 150 – Hamburg 43 – Bremen 78

Hollenstedter Hof (mit Gästehaus)
Am Markt 1 ⊠ 21279 – ℰ (04165) 2 13 70 – hollenstedterhof@t-online.de
– Fax (04165) 8382
32 Zim ☐ – †55/65 € ††80/95 € – **Rest** – Menü 29 € – Karte 19/37 €
♦ Seit 1650 wird an dieser Stelle die Gastwirtstradition hoch gehalten. Heute empfängt man seine Gäste in zeitgemäßen Zimmern, die solide möbliert sind.

HOLLFELD – Bayern – 546 – 5 240 Ew – Höhe 403 m – Erholungsort 50 **L15**
▶ Berlin 378 – München 254 – Coburg 60 – Bayreuth 23
◉ Felsengarten Sanspareil★ Nord : 7 km

Wittelsbacher Hof
Langgasse 8 (B 22) ⊠ 96142 – ℰ (09274) 9 09 60 – info@
wittelsbacher-hof-hollfeld.de – Fax (09274) 909626 – geschl. 27. Okt. - 3. Nov.
8 Zim ☐ – †42 € ††68 € – ½ P 15 € – **Rest** – (geschl. Montag) Karte 16/33 €
♦ Geräumige und mit Landhausmöbeln wohnlich ausgestattete Zimmer finden Sie in diesem sehr gepflegten und solide geführten Gasthof vor. Holzvertäfelte Zirbelstube mit gemütlichem Ambiente.

HOLZGERLINGEN – Baden-Württemberg – 545 – 11 560 Ew – Höhe 476 m 55 **G19**
▶ Berlin 654 – Stuttgart 28 – Böblingen 6 – Herrenberg 12
🚇 Holzgerlingen, Schaichhof ℰ (07157) 6 79 66

Bühleneck garni
Bühlenstr. 81 ⊠ 71088 – ℰ (07031) 7 47 50 – info@buehleneck.de – Fax (07031) 747530
15 Zim ☐ – †63 € ††90 €
♦ Ein sehr gepflegtes, recht persönlich und familiär geführtes kleines Hotel in einem Wohngebiet mit soliden, funktionellen Zimmern und einigen Appartements mit Küchenzeile.

HOLZHAUSEN – Thüringen – siehe Arnstadt

HOLZKIRCHEN – Bayern – 546 – 15 100 Ew – Höhe 691 m 66 **M21**
▶ Berlin 623 – München 34 – Garmisch-Partenkirchen 73 – Bad Tölz 19

Alte Post
Marktplatz 10a ⊠ 83607 – ℰ (08024) 3 00 50 – altepost-holzkirchen@t-online.de
– Fax (08024) 3005555 – geschl. Jan. 2 Wochen
44 Zim ☐ – †85/115 € ††105/130 € – **Rest** – (geschl. Aug. 2 Wochen und Dienstag) Karte 19/36 €
♦ Einst war in dem stattlichen Bau eine Königlich-Bayerische Poststallhaltung untergebracht. Heute beherbergt man Reisende in Zimmern, die durch viel Holz sehr gemütlich wirken. Rustikale Galerieräume mit anheimelnder Atmosphäre.

In Holzkirchen-Großhartpenning Süd-West : 4 km über B 13 :

Altwirt Biergarten
Tölzer Str. 135 ⊠ 83607 – ℰ (08024) 30 32 20 – info@hotel-altwirt.de
– Fax (08024) 3032219
42 Zim ☐ – †98/140 € ††130/180 € – **Rest** – Karte 21/36 €
♦ Auf den Grundmauern eines alten Landgasthofs hat man dieses Hotel mit wohnlicheleganten Zimmern in mediterranen Farben und einem hübschen Freizeitbereich aufgebaut. Hell und neuzeitlich im Landhausstil gestaltetes Restaurant und gemütlich-rustikale Stube.

HOLZMINDEN – Niedersachsen – 541 – 21 110 Ew – Höhe 89 m 28 **H10**
▶ Berlin 352 – Hannover 75 – Hameln 50 – Kassel 80
🛈 Obere Str. 30, ⊠ 37603, ℰ (05531) 93 64 23, kulturamt@holzminden.de
🛈 Lindenstr. 8 (Haus des Gastes), Neuhaus im Solling, ⊠ 37603, ℰ (05536) 10 11, hochsolling@holzminden.de

645

HOLZMINDEN

Rosenhof garni
Sollingstr. 85 ⌨ 37603 – ℰ (05531) 99 59 00 – hotel.rosenhof@t-online.de
– Fax (05531) 995915 – geschl. 22. Dez. - 4. Jan.
11 Zim ⌨ – †75/90 € ††90/125 €
◆ Angenehm hell und elegant hat man die hübsche Villa eingerichtet. Sehr schön sind das Kaminzimmer und der kleine Wintergarten mit Blick ins Grüne.

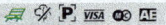

In Holzminden-Silberborn Süd-Ost : 12 km, über B 497 – Luftkurort :

Sollingshöhe
Dasseler Str. 15 ⌨ 37603 – ℰ (05536) 9 50 80 – hotel.sollingshoehe@t-online.de
– Fax (05536) 1422 – geschl. 4. - 13. Aug.
22 Zim ⌨ – †38/45 € ††76/90 € – ½ P 16 € – **Rest** – *(geschl. Montagmittag)* Menü 23 € – Karte 24/32 €
◆ In diesem sehr gepflegten, familiär geleiteten kleinen Hotel am Ortsausgang erwarten Sie mit Landhausmöbeln und freundlichen Farben nett gestaltete Zimmer. Restaurant in ländlichem Stil.

HOMBURG AM MAIN – Bayern – siehe Triefenstein

HOMBURG (SAAR) – Saarland – 543 – 44 970 Ew – Höhe 233 m   46 **C17**

▶ Berlin 680 – Saarbrücken 33 – Kaiserslautern 42 – Neunkirchen/Saar 15
🛈 Am Forum 5 (Rathaus), ⌨ 66424, ℰ (06841) 10 11 66, touristik@homburg.de
⛳ Homburg, Websweiler Hof ℰ (06841) 77 77 60

Schlossberg Hotel
Schlossberg-Höhenstraße ⌨ 66424 – ℰ (06841)
66 60 – info@schlossberghotelhomburg.de – Fax (06841) 62018
– geschl. Anfang Jan. 1 Woche
76 Zim ⌨ – †85/95 € ††125/155 € –
Rest – Karte 29/44 €
◆ Vor allem die Lage auf einer Anhöhe über der Stadt macht dieses Hotel aus. Einige der Zimmer verfügen über einen Balkon mit schöner Aussicht. Gute Tagungsmöglichkeiten. Das Panoramarestaurant und die Terrasse bieten einen tollen Blick auf die Stadt.

Euler garni
Talstr. 40 ⌨ 66424 – ℰ (06841) 9 33 30 – mail@hoteleuler.de – Fax (06841) 9333222
50 Zim ⌨ – †72/77 € ††90/95 €
◆ Seit mehr als 100 Jahren befindet sich das Stadthotel in Familienbesitz. Man bietet Ihnen freundlich, funktionell und neuzeitlich eingerichtete Gästezimmer.

Landhaus Rabenhorst
Kraepelinstr. 60 ⌨ 66424 – ℰ (06841) 9 33 00 – info@hotel-rabenhorst.de
– Fax (06841) 933030
22 Zim ⌨ – †83/109 € ††115/145 €
Rest *Toskana* – Menü 69/89 €
Rest *Landhaus-Stube* – Menü 63 € – Karte 25/54 €
◆ Das einsam und ruhig in einen Waldgürtel auf dem Karlsberg gelegene Hotel verfügt über hübsche, wohnliche Zimmer mit guter technischer Ausstattung. Im Restaurant Toskana bietet man zwei internationale Menüs. Landhaus-Stube mit regional-internationaler Küche.

Stadt Homburg
Ringstr. 80 ⌨ 66424 – ℰ (06841) 9 23 70 – info@hotel-stadt-homburg.de
– Fax (06841) 64994
40 Zim ⌨ – †70/85 € ††101 € –
Rest – *(geschl. Samstagmittag)* Karte 27/47 €
◆ In zentraler und doch ruhiger Lage finden Sie hier ein gepflegtes Hotel. Die Zimmer des Hauses wurden zeitgemäß und funktionell gestaltet. Ein großer Kachelofen verbreitet Atmosphäre im Restaurant Le Connaisseur.

HOMBURG (SAAR)

In Homburg-Schwarzenbach Süd : 3 km :

Petit Château mit Zim
*Alte Reichsstr. 4 ⊠ 66424 – ℰ (06841) 1 52 11 – info@petit-chateau.de
– Fax (06741) 120153 – geschl. 1. - 10. Jan. und Samstagmittag, Sonntag*
7 Zim ⊇ – †50/85 € ††100/130 € – **Rest** – Menü 47/61 € – Karte 45/55 €
♦ In dem familiär geleiteten Restaurant serviert man Ihnen in gemütlichem, elegantem Ambiente oder auf der schönen Gartenterrasse klassische Küche. Mit geöltem Naturholz hat man die Gästezimmer wohnlich eingerichtet.

Nico's
*Einöder Str. 5a ⊠ 66424 – ℰ (06841) 17 08 39 – Fax (06841) 174289 – geschl. Sept.
2 Wochen und Montag, Samstagmittag*
Rest – Menü 20/34 € – Karte 23/37 €
♦ Ein helles, freundliches Restaurant mit kleinem Wintergarten und hübscher Gartenterrasse. Eine ansprechende Tageskarte ergänzt das Pizza- und Pasta-Angebot.

HOMBURG VOR DER HÖHE, BAD – Hessen – 543 – 52 180 Ew – Höhe 197 m
– Heilbad   47 **F14**

▶ Berlin 526 – Wiesbaden 45 – Frankfurt am Main 18 – Gießen 48
ADAC Haingasse 9
🛈 Louisenstr. 58 (im Kurhaus), ⊠ 61348, ℰ (06172) 17 81 10, tourist-info@kuk.bad-homburg.de
🏌 Bad Homburg, Saalburgchaussee 2a ℰ (06172) 30 68 08 Y
◉ Kurpark ★ Y
◉ Saalburg ★ (Rekonstruktion eines Römerkastells) 6 km über Saalburgstraße Y

Stadtplan siehe nächste Seite

Steigenberger
Kaiser-Friedrich-Promenade 69 ⊠ 61348 – ℰ (06172) 18 10 – bad-homburg@steigenberger.de – Fax (06172) 181630   Y **r**
169 Zim – †135/295 € ††155/315 €, ⊇ 17 € – ½ P 30 € – 14 Suiten
Rest – Karte 31/48 €
♦ Die geschmackvolle Einrichtung im Stil des Art déco ist typisch für das Haus gegenüber dem Kurpark. Die Materialien und Farben wurden harmonisch aufeinander abgestimmt. Hell und freundlich-elegant eingerichtetes Restaurant und Bistro.

Maritim Kurhaushotel
*Ludwigstr. 3 ⊠ 61348 – ℰ (06172) 66 00
– info.hom@maritim.de – Fax (06172) 660100*   Y **m**
148 Zim – †153/183 € ††177/207 €, ⊇ 16 € – ½ P 25 € – **Rest** – Karte 26/35 €
♦ Eingebunden ins Kurhaus, profitiert dieses Hotel von dessen schöner Lage am Park. Es erwarten Sie geräumige, einheitlich in Mahagoni gehaltene Zimmer. Elegant wirkt das Parkrestaurant mit Blick auf die Kuranlage.

Parkhotel Bad Homburg
*Kaiser-Friedrich-Promenade 53 ⊠ 61348 – ℰ (06172) 80 10
– info@parkhotel-bad-homburg.de – Fax (06172) 801400*   Y **s**
122 Zim ⊇ – †132/154 € ††152/190 € – 12 Suiten
Rest *La Tavola* – ℰ (06172) 80 13 00 (geschl. Sonntag) Karte 25/46 €
Rest *Jade* – ℰ (06172) 80 11 80 – Karte 18/34 €
♦ Die Zimmer des privat geführten Hauses verteilen sich auf drei Gebäude - Blickfang ist die alte Villa. Die Räume sind großzügig und sehr solide möbliert. La Tavola: mediterranes Ambiente, italienisches Angebot. Wer die chinesische Küche schätzt, isst im Jade.

Hardtwald
*Philosophenweg 31 ⊠ 61350 – ℰ (06172) 98 80 – hardtwald-hotel@t-online.de
– Fax (06172) 82512*   Y **z**
40 Zim ⊇ – †93/165 € ††135/190 € – **Rest** – (geschl. 27. Dez. - 21. Jan.
und Sonntag - Montag) Karte 40/65 €
♦ Den Kern des Hotels bildet ein 100 Jahre altes Fachwerkhaus, das nach baubiologischen Aspekten umgebaut wurde. Sie wohnen in ansprechenden, behaglichen Zimmern. Mediterran gestaltetes Restaurant mit schöner Gartenterrasse.

BAD HOMBURG VOR DER HÖHE

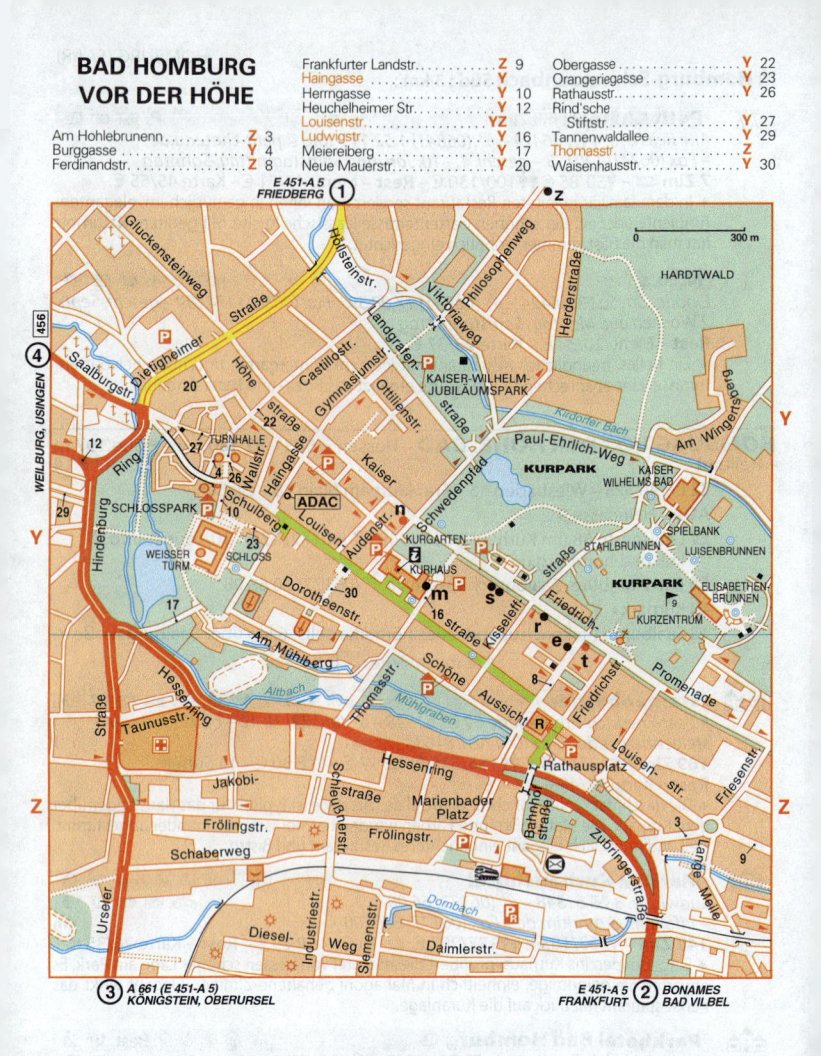

Am Hohlebrunnen	Z 3	Frankfurter Landstr.	Z 9
Burggasse	Y 4	Haingasse	Y
Ferdinandstr.	Z 8	Herrngasse	Y 10
		Heucheimer Str.	Y 12
		Louisenstr.	YZ
		Ludwigstr.	Y 16
		Meiereiberg	Y 17
		Neue Mauerstr.	Y 20
		Obergasse	Y 22
		Orangeriegasse	Y 23
		Rathausstr.	Y 26
		Rind'sche Stiftstr.	Y 27
		Tannenwaldallee	Y 29
		Thomasstr.	Z
		Waisenhausstr.	Y 30

🏠 **Villa am Kurpark** garni 　　　　　　　　　　 🅿 VISA ⦿ AE

Kaiser-Friedrich-Promenade 57 ⊠ 61348 – ℘ (06172) 1 80 00
– info@villa-am-kurpark.de – Fax (06172) 180020
– geschl. 24. Dez. - 1. Jan.

24 Zim ⊇ – †80/102 € ††125/145 €　　　　　　　　　　　　Y s

◆ In einem zeitlosen Stil sind die Zimmer dieser schönen Villa in der Nähe des Kurhauses eingerichtet. Wohltuend: die private Atmosphäre und der hübsche kleine Garten.

🏠 **Comfort Hotel Am Kurpark** garni 　　　　　　　 VISA ⦿ AE ⓘ

Ferdinandstr. 2 ⊠ 61348 – ℘ (06172) 92 63 00 – info@comforthotel.de
– Fax (06172) 926399

44 Zim ⊇ – †103/185 € ††119/219 €　　　　　　　　　　　Z e

◆ Hinter der wiederhergestellten Gründerzeitfassade dieses gepflegten Stadthauses verbergen sich mit hellen Naturholzmöbeln zeitgemäß ausgestattete Zimmer.

HOMBURG VOR DER HÖHE, BAD

✕✕ **Sänger's Restaurant** VISA AE
Kaiser-Friedrich-Promenade 85 ✉ *61348* – ✆ *(06172) 92 88 39 – saengers@saengers-restaurant.de – Fax (06172) 928859 – geschl. 1. - 15. Jan. und Sonntag - Montagmittag, Samstagmittag*
Rest – Karte 48/79 € Z t
♦ Niveauvoll tafeln in zurückhaltend-eleganter Atmosphäre. Patron Klaus Sänger steht am Herd, seine Frau leitet versiert den Service. Klassisch-französische Küche.

✕✕ **Casa Rosa** VISA AE ①
Kaiser-Friedrich-Promenade 45 ✉ *61348* – ✆ *(06172) 91 73 99 – Fax (06172) 681485*
Rest – Karte 28/42 € Y n
♦ Die klassische italienische Küche pflegt man in dem Ristorante mit modernem mediterranem Flair. Schön gedeckte Tische und freundlicher Service.

In Bad Homburg-Ober-Erlenbach über Frankfurter Landstraße Z :

🏨 **Katharinenhof** garni P VISA AE ①
Ober-Erlenbacher Str. 16 ✉ *61352* – ✆ *(06172) 94 39 00 – info@hotel-katharinenhof.com – Fax (06172) 9439029 – geschl. Mitte Dez. - Anfang Jan.*
33 Zim ⚏ – †80/100 € ††125/145 €
♦ Die mit soliden Kirschbaummöbeln eingerichteten Zimmer kommen insbesondere den Bedürfnissen von Geschäftsreisenden entgegen. Rustikaler Frühstücksraum mit modernen Akzenten.

> Sie suchen ein besonderes Hotel für einen sehr angenehmen Aufenthalt? Reservieren Sie in einem roten Haus: 🏨 ... 🏨🏨.

HONNEF, BAD – Nordrhein-Westfalen – 543 – 25 240 Ew – Höhe 75 m – Luftkurort
36 **C13**

▶ Berlin 605 – Düsseldorf 86 – Bonn 17 – Koblenz 51
🛈 Bahnhofstr. 3, ✉ 53604, ✆ (02224) 9 88 27 46, touristinfo@badhonnef.de
⛳ Windhagen-Rederscheid, Gestüt Waldbrunnen ✆ (02645) 80 41

🏨 **Avendi** Rest, VISA AE ①
Hauptstr. 22 ✉ *53604* – ✆ *(02224) 18 90 – badhonnef@avendi.de – Fax (02224) 189189*
101 Zim ⚏ – †104/124 € ††128/142 € – ½ P 19 € – **Rest** – Karte 25/36 €
♦ Hier hat man eine hübsche ehemalige Villa zu einem neuzeitlichen Tagungshotel erweitert. Modern und sachlich-funktionell ist das Ambiente.

✕✕ **Markt 3** mit Zim VISA ⓒ
Markt 3 ✉ *53604* – ✆ *(02224) 9 33 20 – info@hotel-markt3.de – Fax (02224) 933232 – geschl. Sonntag, außer Feiertage*
6 Zim ⚏ – †80/88 € ††98/104 € – ½ P 26 € – **Rest** – Menü 30/62 € – Karte 36/52 €
♦ Ein schön restauriertes Fachwerkhaus direkt am Marktplatz beherbergt dieses freundliche, neuzeitliche Restaurant, in dem man eine ambitionierte internationale Küche bietet. Zum Übernachten stehen einige recht komfortable Zimmer bereit.

In Bad Honnef-Rhöndorf Nord : 1,5 km :

✕✕ **Caesareo** VISA AE ①
Rhöndorfer Str. 39 ✉ *53604* – ✆ *(02224) 7 56 39 – Fax (02224) 931406 – geschl. Dienstag*
Rest – (Tischbestellung ratsam) Menü 46 € – Karte 37/47 €
♦ Viel Glas wurde beim Umbau des Fachwerkhauses verwendet und lässt den Innenraum lichtdurchflutet und edel wirken. Gekocht wird italienisch mit französischen Einflüssen.

HOOKSIEL – Niedersachsen – siehe Wangerland

HORBEN – Baden-Württemberg – 545 – 1 060 Ew – Höhe 607 m 61 **D20**

▶ Berlin 815 – Stuttgart 216 – Freiburg im Breisgau 10

Gasthaus zum Raben mit Zim
Im Dorf 24 ⊠ 79289 – ✆ (0761) 55 65 20 – info@raben-horben.de – Fax (0761) 5565229 – geschl. 20. Feb. - 9. März und Montag - Dienstag, Juni - Okt. Montag - Dienstagmittag
6 Zim ⊇ – †55/95 € ††85/145 € – **Rest** – Menü 30/74 € – Karte 28/55 €
♦ In dem sorgsam sanierten historischen Gasthof serviert man in der charmanten Rabenstube saisonale Küche auf klassischer Basis - Gourmetmenü auf Vorbestellung.

In Horben-Langackern

Luisenhöhe ⩽ Schauinsland und Schwarzwald,
Langackern 45 ⊠ 79289
– ✆ (0761) 2 96 90 – info@hotel-luisenhoehe.de
– Fax (0761) 290448 – geschl. 7. Jan. - 29. Feb.
40 Zim ⊇ – †56/90 € ††100/125 € – ½ P 20 € – **Rest** – Menü 21/35 € – Karte 23/40 €
♦ Einsam und sehr ruhig ist die erhöhte Lage dieses Hotels. Hinter einer Holzschindelfassade erwarten Sie rustikal eingerichtete Zimmer. Eine Terrasse unter Kastanien mit schöner Sicht ergänzt das Restaurant.

HORBRUCH – Rheinland-Pfalz – siehe Morbach

HORGAU – Bayern – 546 – 2 480 Ew – Höhe 465 m 57 **J19**

▶ Berlin 577 – München 82 – Augsburg 17 – Memmingen 101

Zum Schwarzen Reiter Biergarten
Hauptstr. 1 (B 10) ⊠ 86497 – ✆ (08294) 8 60 80 – flairhotel.platzer@t-online.de
– Fax (08294) 860877 – geschl. 22. Dez. - 4. Jan.
48 Zim ⊇ – †66/115 € ††90/140 € – **Rest** – Karte 14/39 €
♦ Ein familiengeführtes Hotel mit zwei Gartenhäusern. Besonders schön sind hier die beiden Maisonetten sowie die aufwändig gestalteten Themenzimmer Feuer, Wasser, Luft und Erde. In vier Stuben und einen Wintergarten unterteiltes Restaurant.

HORNBACH – Rheinland-Pfalz – 543 – 1 680 Ew – Höhe 233 m 53 **C17**

▶ Berlin 708 – Mainz 140 – Saarbrücken 44 – Zweibrücken 11

Kloster Hornbach
Im Klosterbezirk ⊠ 66500 – ✆ (06338) 91 01 00 – hotel@kloster-hornbach.de
– Fax (06338) 9101099
34 Zim ⊇ – †109/139 € ††172 €
Rest *Refugium* – (geschl. 7. Jan. - 4. Feb., 5. - 20. Mai, 27. Okt. - 4. Nov. und Montag - Dienstag, Mittwoch - Samstag nur Abendessen) Menü 79/99 € – Karte 54/70 €
Rest *Klosterschänke* – Karte 32/43 €
♦ Die sorgsam restaurierten Klostermauern a. d. 8. Jh. beherbergen heute individuelle, geschmackvoll-moderne Zimmer und einen schönen Freizeitbereich. Hübsch begrünter Innenhof. Natursteinwände und Gewölbe zieren das Refugium. Klosterschänke in rustikalem Stil.

HORN-BAD MEINBERG – Nordrhein-Westfalen – 543 – 18 720 Ew – Höhe 207 m 28 **G10**

▶ Berlin 369 – Düsseldorf 197 – Bielefeld 37 – Detmold 10

ℹ Parkstr. 2, Bad Meinberg, ⊠ 32805, ✆ (05234) 9 89 03, stadtmarketing@horn-badmeinberg.de

◉ Externsteine ★ (Flachrelief a.d. 12.Jh. ★★) Süd-West : 2 km

Im Stadtteil Bad Meinberg – Heilbad :

Zum Stern
Brunnenstr. 84 ⊠ 32805 – ✆ (05234) 90 50 – kontakt@zum-stern.de – Fax (05234) 905300
127 Zim ⊇ – †72/92 € ††144/184 € – ½ P 18 € – **Rest** – Karte 23/38 €
♦ Am Kurpark gelegenes Hotel mit Zugang zum Gesundheitszentrum. Das mehr als 200 Jahre alte Fachwerkgebäude und der Brunnentrakt beherbergen funktionelle, neuzeitliche Zimmer. Gediegen eingerichtetes Restaurant mit Atrium.

650

HORN-BAD MEINBERG

Im Stadtteil Holzhausen-Externsteine – Luftkurort :

Waldhotel Bärenstein
Am Bärenstein 44 ⊠ 32805 – ℰ (05234) 20 90 – info@hotel-baerenstein.de
– Fax (05234) 209269
75 Zim ⊡ – †51/76 € ††101/117 € – ½ P 15 € – **Rest** – *(geschl. Montag)* Karte 19/31 €

♦ Ruhig liegt das 1904 gegründete familiengeführte Hotel am Waldrand. Die Zimmer sind in verschiedene Kategorien unterteilt - schön sind die Giebelzimmer. Gediegenes Restaurant mit Wintergarten.

HORNBERG (SCHWARZWALDBAHN) – Baden-Württemberg – **545**
– 4 500 Ew – Höhe 953 m – Erholungsort   62 **E20**

▶ Berlin 745 – Stuttgart 132 – Freiburg im Breisgau 58 – Offenburg 45
ℹ Bahnhofstr. 3, ⊠ 78132, ℰ (07833) 7 93 44, tourist-info@hornberg.de

Adler
Hauptstr. 66 ⊠ 78132 – ℰ (07833) 93 59 90 – adler-hornberg@aol.com
– Fax (07833) 93599506 – geschl. 2. - 7. Jan., 26. Jan. - 12. Feb.
19 Zim ⊡ – †45/50 € ††70/78 € – ½ P 15 € – **Rest** – *(geschl. Freitag)* Karte 22/37 €

♦ Das im historischen Fachwerkstil erbaute kleine Hotel mit Türmchen bietet Ihnen gepflegte, zeitgemäß und solide ausgestattete Zimmer. Gediegen speisen Sie im Restaurant, zünftig in der Schwarzwaldstube.

In Hornberg-Fohrenbühl Nord-Ost : 8 km Richtung Schramberg :

Landhaus Lauble
Fohrenbühl 65 ⊠ 78132 – ℰ (07833) 9 36 60 – landhaus-lauble@t-online.de
– Fax (07833) 936666
22 Zim ⊡ – †36/45 € ††60/75 € – ½ P 14 € – **Rest** – *(geschl. Nov.- April Montag)* Menü 27 € – Karte 17/29 €

♦ Hübsch liegt das Schwarzwaldhaus zwischen Waldrand und Fischteich. Mit sehr gut unterhaltenen und komplett eingerichteten Zimmern, zum Teil mit Balkon. In schlichtem Ambiente serviert man internationale und regionale Speisen.

Am Karlstein Süd-West : 9 km über Niederwasser – Höhe 465 m

Schöne Aussicht (mit Gästehaus)
◁ Schwarzwald,
Schöne Aussicht 1 ⊠ 78132 Hornberg
– ℰ (07833) 9 36 90 – info@schoeneaussicht.com
– Fax (07833) 9369130
48 Zim ⊡ – †47/70 € ††94/140 € – ½ P 19 € –
Rest – Karte 22/39 €

♦ Einsam liegt das familiengeführte Hotel auf einer Anhöhe, umgeben von Wiesen und Wäldern. Unterschiedlich eingerichtete Gästezimmer mit Sonnenbalkonen. Rustikales Restaurant mit schön gelegenem Terrassenbereich.

HORUMERSIEL – Niedersachsen – siehe Wangerland

HOSENFELD – Hessen – **543** – 4 770 Ew – Höhe 374 m   38 **H13**
▶ Berlin 465 – Wiesbaden 147 – Fulda 17

An der Straße nach Fulda Ost : 3 km :

Sieberzmühle
Sieberzmühle 1 ⊠ 36154 Hosenfeld – ℰ (06650) 9 60 60 – info@sieberzmuehle.de
– Fax (06650) 8193 – geschl. 7. - 25. Jan.
31 Zim ⊡ – †43 € ††76 € – **Rest** – *(geschl. Montag)* Karte 18/33 €

♦ Das familiengeführte Hotel mit soliden, zeitgemäßen Zimmern ist aus einer ehemaligen Getreidemühle a. d. 16. Jh. entstanden. Zur Anlage gehört auch ein Damwildgehege. Im Restaurant bietet man bürgerliche Küche. Ein Mühlrad dient als Dekor.

HOYERSWERDA – Sachsen – 544 – 45 020 Ew – Höhe 116 m 34 **R11**
▶ Berlin 165 – Dresden 65 – Cottbus 44 – Görlitz 80
ℹ Schlossplatz 1, ✉02977, ℰ (03571) 45 69 20, stadtinfo.hoyerswerda@gmx.de

Congresshotel Biergarten Rest, VISA
Dr.-Wilhelm-Külz-Str. 1 ✉ 02977 – ℰ (03571) 46 30 – congresshotel@t-online.de – Fax (03571) 463444
136 Zim – †65/93 € ††88/120 € – **Rest** – (geschl. Ende Okt. - März Samstag - Sonntag, nur Abendessen) Karte 12/25 €
◆ Hinter der modernen Fassade des imposanten Rundbaus in der Stadtmitte befinden sich großzügige, mit Möbeln aus Vogelaugenahorn bestückte Zimmer, teils mit Küchen ausgestattet. Das Ambiente im Restaurant Colosseum ist zeitlos.

In Elsterheide-Neuwiese Nord-West : 3,5 km Richtung Senftenberg :

Landhotel Neuwiese VISA
Elstergrund 55 ✉ 02979 – ℰ (03571) 4 29 80 – landhotel@t-online.de – Fax (03571) 428221
18 Zim – †48 € ††65/122 € – **Rest** – (geschl. Montagmittag) Karte 12/23 €
◆ Die alten Dorfgaststuben in der Ortsmitte wurden um einen im Landhausstil angelegten Hotelanbau erweitert. Hier finden Sie wohnliche, zeitgemäße Zimmer. Mit viel Holz rustikal gestalteter Restaurantbereich.

Auch Hotels und Restaurants können sich ändern.
Kaufen Sie deshalb jedes Jahr den neuen Michelin-Führer!

HÜCKESWAGEN – Nordrhein-Westfalen – 543 – 16 440 Ew – Höhe 270 m 36 **D12**
▶ Berlin 544 – Düsseldorf 66 – Köln 44 – Lüdenscheid 27

In Hückeswagen-Kleineichen Süd-Ost : 1 km :

Haus Kleineichen
Bevertalstr. 44 ✉ 42499 – ℰ (02192) 43 75 – t.semmler@t-online.de – Fax (02192) 6433 – geschl. Anfang Jan. 1 Woche, Anfang Juli 2 Wochen und Montag - Dienstag
Rest – Menü 23 € – Karte 22/41 €
◆ Bürgerliche Küche mit internationalen Einflüssen bietet man in diesem gemütlichen, familiär geführten Restaurant mit freundlichem Service.

HÜFINGEN – Baden-Württemberg – 545 – 7 750 Ew – Höhe 684 m 62 **F21**
▶ Berlin 751 – Stuttgart 126 – Freiburg im Breisgau 59 – Donaueschingen 3
ℹ Hauptstr. 16/18, ✉ 78183, ℰ (0771) 60 09 24, infoamt@huefingen.de

In Hüfingen-Fürstenberg Süd-Ost : 9,5 km über B 27 Richtung Blumberg :

Gasthof Rössle (mit Gästehaus) VISA
Zähringer Str. 12 ✉ 78183 – ℰ (0771) 6 00 10 – info@zumroessle.com – Fax (0771) 600122
34 Zim – †43/57 € ††69/80 € – **Rest** – (geschl. Donnerstag) Karte 18/39 €
◆ In der Dorfmitte heißt Sie dieser gestandene Gasthof willkommen. Komfortabler sind die mit Landhausmobiliar ausgestatteten Zimmer im Gästehaus. Ländliche Gaststube mit modernem Anbau. Regional-bürgerliches Angebot.

In Hüfingen-Mundelfingen Süd-West : 7,5 km über Hausen :

Landgasthof Hirschen
Wutachstr. 19 ✉ 78183 – ℰ (07707) 9 90 50 – hirschen.mundelfingen@web.de – Fax (07707) 990510 – geschl. Jan. und Mittwochabend - Donnerstag
Rest – Menü 26/58 € – Karte 28/42 €
◆ Ein gepflegter Gasthof mit freundlich-familiärer Atmosphäre, in dem man Ihnen in ländlich-zeitlosem Ambiente eine regional ausgelegte Küche bietet.

HÜGELSHEIM – Baden-Württemberg – 545 – 4 730 Ew – Höhe 121 m   54 **E18**
▶ Berlin 707 – Stuttgart 108 – Karlsruhe 36 – Rastatt 10

Hirsch
Hauptstr. 28 (B 36) ⊠ 76549 – ℰ (07229) 22 55 – info@hirsch-huegelsheim.de
– Fax (07229) 2229
26 Zim ⌑ – †55/75 € ††75/100 € – **Rest** – (geschl. über Fasching 1 Woche, Mitte August 2 Wochen und Mittwoch) Karte 24/44 €
♦ Dieses familiär geleitete Haus verfügt über zeitgemäß eingerichtete Gästezimmer mit gutem Platzangebot sowie einen großen Garten mit Pool. Gemütliche Atmosphäre herrscht im rustikalen Restaurant.

Waldhaus garni
Am Hecklehamm 20 ⊠ 76549 – ℰ (07229) 3 04 30 – Fax (07229) 304343
– geschl. 22. Dez. - 10. Jan.
14 Zim ⌑ – †58/80 € ††86/95 €
♦ Dieses Haus ist ein gepflegter kleiner Familienbetrieb in ruhiger Lage mit netten und sehr solide eingerichteten Gästezimmern.

HÜNSTETTEN – Hessen – 543 – 10 040 Ew – Höhe 325 m   47 **E14**
▶ Berlin 565 – Wiesbaden 29 – Frankfurt 54 – Limburg an der Lahn 20

In Hünstetten-Bechtheim

Rosi's Restaurant
Am Birnbusch 17 ⊠ 65510 – ℰ (06438) 21 26 – Fax (06438) 72423
– geschl. 27. Dez. - 14. Jan., Juli - Aug. 2 Wochen und Dienstag - Mittwoch
Rest – Karte 28/43 €
♦ In dem hellen, leicht eleganten Restaurant in einem kleinen Gemeinschaftshaus bereitet Chefin Rosi bürgerliche, teils etwas gehobenere Küche. Freundlicher Service.

HÜRTGENWALD – Nordrhein-Westfalen – 543 – 8 910 Ew – Höhe 380 m   35 **B13**
▶ Berlin 625 – Düsseldorf 88 – Aachen 46 – Bonn 70

In Hürtgenwald-Simonskall

Talschenke
Simonskall 1 ⊠ 52393 – ℰ (02429) 71 53 – info@hotel-talschenke.de
– Fax (02429) 2063 – geschl. 6. - 31. Jan.
12 Zim – †43/50 € ††62/76 € – **Rest** – (geschl. Montag) Karte 17/36 €
♦ Malerisch schmiegt sich das holzverkleidete Waldhaus an die umstehenden hohen Bäume. Die Zimmer befinden sich im Nebenhaus, sind unterschiedlich geschnitten und praktisch. Ländlich-rustikales, nett dekoriertes Restaurant.

In Hürtgenwald-Vossenack

Zum alten Forsthaus
Germeter Str. 49 (B 399) ⊠ 52393 – ℰ (02429) 78 22
– email@zum-alten-forsthaus.de – Fax (02429) 2104
50 Zim – †65/83 € ††99/110 € – **Rest** – Karte 22/44 €
♦ Der solide geführte, erweiterte Gasthof verfügt über gepflegte Zimmer sowie einen freundlichen Tagungs- und Freizeitbereich. Fragen Sie nach den neueren Zimmern. Großräumiges, bürgerlich eingerichtetes Restaurant.

HÜRTH – Nordrhein-Westfalen – 543 – 54 570 Ew – Höhe 90 m   36 **C12**
▶ Berlin 583 – Düsseldorf 51 – Bonn 27 – Aachen 70

In Hürth-Kalscheuren

EuroMedia
Ursulastr. 29 ⊠ 50354 – ℰ (02233) 97 40 20 – info@euromedia-hotel.de
– Fax (02233) 9740299
57 Zim ⌑ – †60/105 € ††80/130 € – **Rest** – Karte 24/35 €
♦ Der moderne Achteckbau bietet Ihnen farbenfrohe, moderne Zimmer, die jeweils auch über einen kleinen Balkon verfügen. Zentral: ein gläserner Aufzug. Restaurant mit Bistro-Charakter und internationalem Angebot.

HUPPERATH – Rheinland-Pfalz – siehe Wittlich

HUSUM – Schleswig-Holstein – 541 – 20 870 Ew – Höhe 14 m – Erholungsort   1 **G3**
- Berlin 424 – Kiel 84 – Sylt (Westerland) 42 – Flensburg 42
- Großstr. 27, ⌧ 25813, ℰ (04841) 8 98 70, tourist@husum.de
- Schwesing, Hohlacker 5 ℰ (04841) 7 22 38
- Ludwig-Nissen-Haus - Nordfriesisches Museum★
- Die Halligen★ (per Schiff)

Altes Gymnasium
Süderstr. 2 (Zufahrt über Ludwig-Nissen-Straße) ⌧ 25813
– ℰ (04841) 83 30 – info@altes-gymnasium.de – Fax (04841) 83312
72 Zim – †98/148 € ††168/228 € – ½ P 30 €
Rest *Eucken* – separat erwähnt
Rest *Wintergarten* – Karte 28/46 €
♦ Ein schmuckes Anwesen mit historischem Charme - 1866/67 als Schule erbaut und liebevoll zum Hotel umgestaltet. Besonders hübsch: die Superior-Zimmer. Wellness auf 1000 qm. Im Wintergarten, dem einstigen Schulhof, bietet man internationale und regionale Küche.

Theodor-Storm-Hotel
Neustadt 60 ⌧ 25813 – ℰ (04841) 8 96 60 – info@bw-theodor-storm-hotel.de
– Fax (04841) 81933
50 Zim – †75/90 € ††85/105 €, ⌒ 12 € – ½ P 18 € – **Rest** – *(geschl. 14. - 31. Jan. und Okt. - April Sonntag, nur Abendessen)* Karte 15/28 €
♦ Das Stadthotel im Husumer Zentrum empfängt Sie mit zeitgemäß und solide eingerichteten, technisch funktionell ausgestatteten Zimmern. Rustikale Hausbrauerei mit bürgerlicher Speisenauswahl.

Osterkrug
Osterende 52 ⌧ 25813 – ℰ (04841) 6 61 20 – hotel@osterkrug.de – Fax (04841) 6612344
53 Zim ⌒ – †49/95 € ††79/115 € – ½ P 17 € – **Rest** – Karte 16/34 €
♦ Das um einen Hof angelegte Hotel beherbergt moderne Gästezimmer, die teilweise über eine nach Süden hin gelegene Terrasse verfügen. Restaurant mit bürgerlichem Speisenangebot.

Am Schlosspark garni
Hinter der Neustadt 76 ⌧ 25813 – ℰ (04841) 6 61 10 – hotel-am-schlosspark@t-online.de – Fax (04841) 62062
46 Zim – †52/99 € ††85/99 €
♦ Auf zwei Gebäude verteilen sich die neuzeitlich eingerichteten Gästezimmer - auch geräumige Appartements stehen zur Verfügung. Netter Frühstücksraum mit gutem Buffet.

Thomas Hotel garni
Zingel 9 ⌧ 25813 – ℰ (04841) 6 62 00 – info@thomas-hotel.de – Fax (04841) 81510
41 Zim ⌒ – †55/99 € ††80/103 €
♦ Die zentrale Lage nahe dem Hafen sowie in neuzeitlichem Stil eingerichtete Gästezimmer machen dieses freundlich geführte Hotel aus.

Eucken – Hotel Altes Gymnasium
Süderstr. 2 (Zufahrt über Ludwig-Nissen-Straße) ⌧ 25813 – ℰ (04841) 83 30
– info@altes-gymnasium.de – Fax (04841) 83312 – geschl. 3.-21. Jan., Juli - Aug. 3 Wochen und Sonntag - Montag
Rest – *(nur Abendessen)* Menü 64/120 € – Karte 65/87 €
♦ Restaurant mit stilvollem Ambiente und innovativer Küche. Der Name stammt von dem Literatur-Nobelpreisträger Rudolf Eucken, der in diesem Haus im 19. Jh. Philosophie lehrte.

In Husum-Schobüll-Hockensbüll Nord-West : 3 km :

Zum Krug
Alte Landstr. 2a ⌧ 25813 – ℰ (04841) 6 15 80 – info@zum-krug.de – Fax (04841) 61540 – geschl. 15. Jan. - 15. Feb. und Montag - Dienstag
Rest – *(nur Abendessen)* (Tischbestellung erforderlich) Karte 33/45 €
♦ So gemütlich wie das reetgedeckte Haus von 1707 von außen wirkt, geht es auch im Inneren zu: In den Gaststuben genießt man das ursprüngliche, geschmackvolle Ambiente.

HUSUM

In Simonsberger Koog Süd-West : 7 km :

Lundenbergsand
Lundenbergweg 3 ⊠ 25813 – ℰ (04841) 8 39 30 – info@hotel-lundenbergsand.de
– Fax (04841) 839350 – geschl. 7. Jan. - 7. Feb.
18 Zim ⊇ – †58/78 € ††88/108 € – ½ P 15 € – **Rest** – (geschl. Nov. - März Montag) Karte 19/35 €

♦ Direkt hinterm Deich liegt das weiße Haus mit Reetdach in unmittelbarer Nähe zum Wattenmeer. Die Gästezimmer sind individuell ausgestattet. Gemütliches Restaurant in rustikalem Stil. Bürgerliches Angebot.

In Hattstedtermarsch Nord-West : 14 km, 9 km über B 5, dann links ab :

Arlau-Schleuse
⊠ 25856 – ℰ (04846) 6 99 00 – info@arlau-schleuse.de – Fax (04846) 1095
41 Zim ⊇ – †44/52 € ††84/98 € – ½ P 19 € – **Rest** – (Nov. - März Montag - Freitag nur Abendessen) Karte 20/33 €

♦ Die schöne Alleinlage - angrenzend an den Nationalpark Wattenmeer - und gepflegte, zeitgemäße Zimmer sprechen für dieses im friesischen Stil erbaute Haus. Gemütliche regionstypische Gaststuben.

IBACH – Baden-Württemberg – siehe St. Blasien

IBBENBÜREN – Nordrhein-Westfalen – **543** – 50 340 Ew – Höhe 75 m   16 **E9**
▶ Berlin 452 – Düsseldorf 173 – Nordhorn 59 – Bielefeld 73
🛈 Bachstr. 14, ⊠ 49477, ℰ (05451) 5 45 45 40, touristinformation@tourismus-ibbenbueren.de

Leugermann
Osnabrücker Str. 33 ⊠ 49477 – ℰ (05451) 93 50 – info@leugermann.de
– Fax (05451) 935935
40 Zim ⊇ – †52/77 € ††76/105 € – **Rest** – Menü 23/40 € – Karte 19/41 €

♦ Hotel mit wohnlichen Themenzimmern, individuell, modern und freundlich eingerichtet. Schön gestalteter Freizeitbereich mit Kosmetikabteilung. Einfachere Zimmer im Stammhaus. Restaurant mit rustikalem Charakter.

Hubertushof
Münsterstr. 222 (B 219, Süd : 1,5 km) ⊠ 49479 – ℰ (05451) 9 41 00 – info@hotelhubertushof.de – Fax (05451) 941090
25 Zim ⊇ – †54/77 € ††80/100 € – **Rest** – (geschl. Jan. und Dienstag) Karte 21/32 €

♦ Am Fuß des Teutoburger Waldes erwartet Sie ein gewachsener Gasthof mit wohnlichen und komfortablen Zimmern, z. T. im Maisonettestil. Einfachere Zimmer im Stammhaus. Gediegen-rustikales Restaurant mit offenem Kamin und Gartenterrasse.

IBURG, BAD – Niedersachsen – **541** – 11 650 Ew – Höhe 119 m – Kneippheilbad   27 **E9**
▶ Berlin 430 – Hannover 147 – Bielefeld 43 – Nordhorn 94
🛈 Schlossstr. 20, ⊠ 49186, ℰ (05403) 79 67 80, tourist-info@badiburg.de

Zum Freden
Zum Freden 41 ⊠ 49186 – ℰ (05403) 40 50 – eichholz@hotel-freden.de
– Fax (05403) 1706
35 Zim ⊇ – †55/75 € ††75/90 € – ½ P 15 € – **Rest** – (geschl. Donnerstag) Menü 20/42 € – Karte 19/38 €

♦ Ruhig liegt der ehemalige Bauernhof in einem Wohngebiet. Das Haus ist seit 1879 in Familienbesitz und verfügt über zeitgemäße Zimmer und einen neuzeitlichen Tagungsbereich. Helles, zeitlos gehaltenes Restaurant und moderne Bistro-Bar mit Wintergartenanbau.

Jagdschlösschen   Biergarten
Philipp-Sigismund-Allee 2 ⊠ 49186 Bad Iburg – ℰ (05403) 79 43 40 – Fax (05403) 794341
Rest – (geschl. Montag - Dienstag) Menü 40 € – Karte 33/44 €

♦ In dem ehemaligen Schlossgebäude im Kurpark bietet man heute internationale Küche. Moderne Bilder zieren das Restaurant. Nett: der große Biergarten.

655

ICHENHAUSEN – Bayern – 546 – 8 490 Ew – Höhe 489 m — 56 **J19**
▶ Berlin 584 – München 118 – Augsburg 56 – Ulm 36

Zum Hirsch — Biergarten
Heinrich-Sinz-Str. 1 (B 16) ⊠ 89335 – ℰ (08223) 9 68 70 – info@gasthof-zum-hirsch.de – Fax (08223) 9687235
22 Zim ⊇ – †40 € ††70/100 € – **Rest** – Karte 15/26 €
♦ In zentraler Lage am Marktplatz steht dieser traditionelle Gasthof a. d. J. 1372. Zimmer mit hellem Naturholz und Parkett unterstreichen den ländlichen Charakter des Hauses. Rustikale Gaststuben und Biergarten im Innenhof.

IDAR-OBERSTEIN – Rheinland-Pfalz – 543 – 32 950 Ew – Höhe 300 m — 46 **C16**
▶ Berlin 661 – Mainz 92 – Trier 81 – Bad Kreuznach 49
ADAC John.F.-Kennedy-Str. 7
🛈 Hauptstr. 419, ⊠ 55743, ℰ (06781) 5 63 90, info@info-idar-oberstein.de
⛳ Kirschweiler, Am Golfplatz ℰ (06781) 3 66 15
◉ Edelsteinmuseum★★
◉ Felsenkirche★ 10 min zu Fuß (ab Marktplatz Oberstein)

Im Stadtteil Idar

Parkhotel
Hauptstr. 185 ⊠ 55743 – ℰ (06781) 5 09 00 – info@parkhotel-idaroberstein.de – Fax (06781) 5090500
38 Zim ⊇ – †72/128 € ††102/186 €
Rest – Karte 23/38 €
Rest *Bistro Classico* – Karte 15/28 €
♦ Der aus dem Jahre 1906 stammende klassische Hotelbau beherbergt gediegene, teils mit Stilmöbeln eingerichtete Gästezimmer - Komfortzimmer mit Klimaanlage. In einem Rundbau mit großer Fensterfront befindet sich das elegante Restaurant.

Berghotel Kristall
Wiesenstr. 50 ⊠ 55743 – ℰ (06781) 9 69 60 – info@berghotel-kristall.de – Fax (06781) 969649
27 Zim – †59/89 € ††83/130 € – **Rest** – Karte 16/31 €
♦ Ein ruhig gelegenes Hotel mit schöner Aussicht. Die Zimmer sind nach Edelsteinen benannt und verfügen teilweise über Balkon oder Terrasse. Restaurant mit gemütlichem Kachelofen und internationaler Karte.

In Allenbach Nord-West : 13 km ab Idar über B 422 :

Steuer (mit Gästehaus Rehwinkel)
Hauptstr. 10 ⊠ 55758 – ℰ (06786) 20 89 – info@hotel-steuer.de – Fax (06786) 2551
33 Zim ⊇ – †31/43 € ††48/67 € – **Rest** – Karte 14/31 €
♦ Der Gasthof mit Hoteltrakt ist aus einer noch heute hier bestehenden Edelsteinschleiferei gewachsen. Die Zimmer, meist mit Balkon, sind bürgerlich-rustikal gestaltet. Restaurant mit Wintergarten und bürgerlicher Küche.

IDSTEIN – Hessen – 543 – 22 900 Ew – Höhe 266 m — 47 **E14**
▶ Berlin 548 – Wiesbaden 21 – Frankfurt am Main 50 – Limburg an der Lahn 28
🛈 König-Adolf-Platz 2 (Killingerhaus), ⊠ 65510, ℰ (06126) 7 82 15, tourist-info@idstein.de
⛳ Idstein-Wörsdorf, Henriettenthal ℰ (06126) 9 32 20

Höerhof
Obergasse 26 ⊠ 65510 – ℰ (06126) 5 00 26 – info@hoerhof.de – Fax (06126) 500226
14 Zim ⊇ – †88/103 € ††103/133 € – **Rest** – (geschl. 1. - 6. Jan. und Sonntagabend - Montagmittag) Karte 27/48 €
♦ Eine gelungene Verbindung von Alt und Neu: Modern eingerichtete Zimmer und historische Details schaffen reizvolle Kontraste. Freundliche Führung. Schöne Wandmalereien sowie ein alter Gusseisenofen schmücken das Restaurant. Mit Innenhofterrasse und Biergarten.

IDSTEIN

Felsenkeller
Schulgasse 1 ⌂ 65510 – ℰ (06126) 9 31 10 – Fax (06126) 9311193
– geschl. 16. - 30. März
28 Zim ⌂ – †55/65 € ††85/95 € – **Rest** – (geschl. 7. März - 6. April und Freitag, Sonntagmittag) Karte 11/22 €
♦ Den um einen neuzeitlichen Anbau erweiterten Familienbetrieb mit soliden, zeitgemäßen Zimmern finden Sie am Anfang der Fußgängerzone, in der Nähe des Hexenturms.

Zur Ziegelhütte garni (mit Gästehaus)
Am Bahnhof 6a ⌂ 65510 – ℰ (06126) 7 02 77 – info@ziegelhuette-idstein.de
– Fax (06126) 71145
15 Zim ⌂ – †67 € ††90 €
♦ Tipptopp gepflegte, mit zeitlosen Naturholzmöbeln eingerichtete Unterkünfte findet der Gast in dem Hotel gegenüber dem Bahnhof. Freundliche familiäre Leitung.

Goldenes Lamm (mit Gästehaus)
Himmelsgasse 7 ⌂ 65510 – ℰ (06126) 9 31 20 – goldeneslamm@aol.com
– Fax (06126) 1366
20 Zim ⌂ – †49/75 € ††70/95 € – **Rest** – (geschl. Samstag, nur Abendessen) Karte 18/25 €
♦ In der Altstadt liegt das familiengeführte Hotel mit neuzeitlich und praktisch möblierten Zimmern, die Räume im Gästehaus sind teils mit nostalgischen Möbeln ausgestattet. Hotel-Restaurant im leichten Kolonialstil mit bürgerlicher Karte.

In Idstein-Oberauroff West : 2 km, jenseits der A 3 :

Gasthof Kern
Am Dorfbrunnen 6 ⌂ 65510 – ℰ (06126) 84 74 – service@hotelkern.de
– Fax (06126) 71164 – geschl. 21. März - 1. April
21 Zim ⌂ – †50/55 € ††75/80 € – **Rest** – (geschl. Dienstag) Karte 15/33 €
♦ Der traditionsreiche Fachwerkgasthof überzeugt seine Gäste mit sehr gut gepflegten und soliden Zimmern - einige sind mit hellem Naturholz freundlich eingerichtet. Rustikale Gaststuben.

IFFELDORF – Bayern – 546 – 2 520 Ew – Höhe 603 m 65 **L21**
▶ Berlin 638 – München 52 – Garmisch-Partenkirchen 41 – Weilheim 22
▣ St. Eurach, ℰ (08801) 13 32
▣ Iffeldorf, Gut Rettenberg ℰ (08856) 92 55 55

Landgasthof Ostersee
Hofmark 9 ⌂ 82393 – ℰ (08856) 9 28 60 – landgasthofostersee@t-online.de
– Fax (08856) 928645 – geschl. 7. - 31. Jan.
24 Zim ⌂ – †74/94 € ††98/146 € – **Rest** – (geschl. Dienstag) Menü 31 € – Karte 20/37 €
♦ Die schöne Lage sowie wohnlich eingerichtete Gästezimmer sprechen für das im alpenländischen Stil gebaute Haus. Einige der Zimmer mit Balkon zu den Ostersen. Zu dem netten ländlich-rustikalen Restaurant gehört eine hübsche Terrasse mit Seeblick.

IFFEZHEIM – Baden-Württemberg – 545 – 4 900 Ew – Höhe 123 m 54 **E18**
▶ Berlin 706 – Stuttgart 100 – Karlsruhe 32 – Rastatt 8

Zum Schiff garni
Hauptstr. 60 ⌂ 76473 – ℰ (07229) 69 72 88 – office@hotel-de-charme.de
– Fax (07229) 697943
12 Zim ⌂ – †70/80 € ††105/115 €
♦ Geschmackvoll und individuell hat man die Zimmer des schmucken kleinen Hauses gestaltet. Mit Liebe zum Detail eingerichteter Frühstücksraum. Sehr hübscher Garten im Innenhof.

IGEL – Rheinland-Pfalz – siehe Trier

IHRINGEN – Baden-Württemberg – 545 – 5 820 Ew – Höhe 204 m 61 **D20**

▶ Berlin 802 – Stuttgart 204 – Freiburg im Breisgau 19 – Colmar 29

Bräutigam (mit Gästehaus Luise)
Bahnhofstr. 1 ⊠ 79241 – ℰ (07668) 9 03 50 – info@braeutigam-hotel.de – Fax (07668) 903569
37 Zim – †60/70 € ††85/110 € – **Rest** – (geschl. Mittwoch) Karte 26/54 €
♦ Das gewachsene familiär geführte Hotel am Bahnhof mit dem gegenüberliegenden modernen Gästehaus Luise verfügt über solide und wohnlich eingerichtete Zimmer. Gemütliche rustikale Gaststuben.

Winzerstube mit Zim
Wasenweiler Str. 36 ⊠ 79241 – ℰ (07668) 9 03 58 – info@winzerstube-ihringen.de – Fax (07668) 903599 – geschl. Montag
12 Zim – †50/60 € ††85/95 € – **Rest** – (Nov. - März Montag - Dienstag) Karte 20/42 €
♦ Drei nette, unterschiedlich gestaltete Stuben bilden dieses rustikale Restaurant, das eine überwiegend regional ausgelegte Küche bietet. Im Hotelteil: neuzeitliche, komfortable Zimmer.

Holzöfele
Bachenstr. 46 ⊠ 79241 – ℰ (07668) 2 07 – weinstube@holzoefele.de – Fax (07668) 94407 – geschl. 28. Jan - 17. Feb.
Rest – (geschl. Donnerstag) Menü 30 € – Karte 28/46 €
♦ Mitten im Ort liegt die familiengeführte rustikale Weinstube. Gäste schätzen die badische Tageskarte mit sorgfältig zubereiteten regionalen Gerichten. Schöne Terrasse.

ILLERTISSEN – Bayern – 546 – 16 320 Ew – Höhe 513 m 64 **I20**

▶ Berlin 633 – München 151 – Augsburg 72 – Bregenz 106
Wain-Reischenhof, Reischenhof 1 ℰ (07353) 17 32
Altenstadt, Oppelshäuser Weg 5 ℰ (06047) 98 80 88

Am Schloss
Schlossallee 17 ⊠ 89257 – ℰ (07303) 9 64 00 – info@hotel-am-schloss-illertissen.de – Fax (07303) 964040
17 Zim – †69/89 € ††89/109 € – **Rest** – (nur Abendessen für Hausgäste)
♦ Ruhig liegt das villenähnliche kleine Hotel auf dem Schlossberg. Die Zimmer sind wohnlich eingerichtet und meist geräumig. Schön ist der Garten mit altem Baumbestand.

Vogt
Bahnhofstr. 11 ⊠ 89257 – ℰ (07303) 9 61 30 – hotel-vogt-illertissen@t-online.de – Fax (07303) 961399
25 Zim – †55/70 € ††80/98 € – **Rest** – (geschl. 11. - 31. Aug. und Samstag) Menü 14 € – Karte 19/35 €
♦ Gegenüber dem Bahnhof befindet sich dieses sehr gepflegte, zeitgemäße Haus der Familie Kolb. Besonders wohnlich sind die neueren Gästezimmer. Gemütlich-rustikales Restaurant.

Illertisser Hof
Carnac-Platz 9 ⊠ 89257 – ℰ (07303) 95 00 – info@illertisser-hof.de – Fax (07303) 950500
26 Zim – †67/90 € ††85/105 € – **Rest** – (nur Abendessen) Karte 17/26 €
♦ Der mitten im Ort gelegene Familienbetrieb verfügt über funktionelle und zeitgemäße, teilweise recht großzügige Gästezimmer.

Gasthof Krone
Auf der Spöck 2 ⊠ 89257 – ℰ (07303) 34 01 – Fax (07303) 42594 – geschl. Mittwoch
Rest – Menü 45/59 € – Karte 29/54 €
♦ Dieser gut geführte Familienbetrieb ist der älteste Gasthof im Ort. In netten Stuben serviert man sorgfältig zubereitete, überwiegend regionale Speisen.

ILLERTISSEN

In Illertissen-Dornweiler Süd-West : 1,5 km Richtung Dietenheim :

Dornweiler Hof
Dietenheimer Str. 93 ⊠ 89257 – ℰ (07303) 95 91 40 – dornweilerhof@t-online.de
– Fax (07303) 7811 – geschl. 1. - 6. Jan.
18 Zim ⊡ – †74 € ††92/106 € – **Rest** – (geschl. Dienstag) Menü 29 € – Karte 22/37 €
♦ Ein neuzeitliches kleines Hotel unter der freundlichen Leitung der Inhaberfamilie. Die Zimmer sind komfortabel und funktionell eingerichtet. Rustikales Restaurant mit regionalem Speisenangebot.

ILLINGEN (KREIS NEUNKIRCHEN) – Saarland – 543 – 18 590 Ew – Höhe 300 m
46 **C16**

▶ Berlin 711 – Saarbrücken 22 – Neunkirchen/Saar 12

Burg Kerpen
Burgweg 5 ⊠ 66557 – ℰ (06825) 94 29 00 – info@burg-kerpen.de – Fax (06825) 9429010
11 Zim ⊡ – †55 € ††85 € – **Rest** – Karte 22/43 €
♦ Das Hotel ist eine ehemalige Burganlage, die um einen modernem Anbau erweitert wurde. Es stehen wohnliche Zimmer und eine hübsche Maisonette bereit. Minigolf im Hofgarten. Neuzeitliches Restaurant mit Bistro-Ambiente und nettem Wintergarten.

ILLSCHWANG – Bayern – 546 – 2 050 Ew – Höhe 488 m
51 **M16**

▶ Berlin 429 – München 202 – Weiden in der Oberpfalz 60 – Amberg 16

Weißes Roß
Biergarten
Am Kirchberg 1 ⊠ 92278 – ℰ (09666) 13 34 – info@weisses-ross.de – Fax (09666) 284 – geschl. 8. - 11. Jan.
32 Zim ⊡ – †49/70 € ††88/110 € – **Rest** – (geschl. Montag) Menü 49 € (abends) – Karte 18/36 €
♦ Eine sympathische Atmosphäre herrscht in diesem Landgasthof mit Metzgerei im bayerischen Jura: freundliche, in warmen Farben gehaltene Zimmer, hübsche Wellnesslandschaft. Rustikales Restaurant mit regionaler Küche.

> Dieser Führer lebt von Ihren Anregungen, die uns stets willkommen sind.
> Egal ob Sie uns eine besonders angenehme Überraschung
> oder eine Enttäuschung mitteilen wollen – schreiben Sie uns!

ILMENAU – Thüringen – 544 – 27 160 Ew – Höhe 480 m
40 **K13**

▶ Berlin 325 – Erfurt 42 – Coburg 67 – Eisenach 65
🛈 Lindenstr. 12, ⊠ 98693, ℰ (03677) 20 23 58, stadtinfo@ilmenau.de

Lindenhof
Lindenstr. 5 ⊠ 98693 – ℰ (03677) 6 80 00 – hotel-lindenhof@t-online.de
– Fax (03677) 680088
45 Zim ⊡ – †75/90 € ††95/115 € – **Rest** – Karte 19/28 €
♦ Diese traditonsreiche Adresse a. d. 19. Jh. ist heute ein aus mehreren miteinander verbundenen Stadthäusern bestehendes Hotel mit wohnlichen, geräumigen Zimmern. Das Restaurant wird ergänzt durch einen Wintergarten zur Fußgängerzone.

In Ilmenau-Manebach West : 4 km über B 4 :

Moosbach
Rest,
Schmücker Str. 112 ⊠ 98693 – ℰ (03677) 84 98 80 – hotel-moosbach@t-online.de
– Fax (03677) 894272
30 Zim ⊡ – †55/70 € ††88/99 € – ½ P 19 € – **Rest** – Karte 17/23 €
♦ Am Ortsrand befindet sich dieses gepflegte, zeitgemäße Ferienhotel. Zum Haus gehört eine Liegewiese, Wanderwege beginnen ganz in der Nähe.

ILMENAU
Nahe der Straße nach Neustadt Süd-West : 4 km :

Berg- und Jagdhotel Gabelbach (mit Gästehaus)
Waldstr. 23a ⌧ 98693 Ilmenau
– ℘ (03677) 86 00 – info@gabelbach.com
– Fax (03677) 860222
91 Zim ⌥ – †50/99 € ††100/120 € – 11 Suiten
Rest – Karte 21/42 €
Rest *La Cheminée* – (geschl. Sonntag - Montag, nur Abendessen) Menü 32/64 €
– Karte 45/51 €
♦ Ruhig liegt das schieferverkleidete Kurhotel mit Anbau auf einem großen Gartengrundstück. Es erwarten Sie freundliches Personal und teils im Landhausstil eingerichtete Zimmer. Leicht elegant ist das kleine Restaurant La Cheminée mit offenem Kamin.

ILSENBURG – Sachsen-Anhalt – **542** – 6 370 Ew – Höhe 250 m – Luftkurort **30 J10**

▶ Berlin 237 – Magdeburg 86 – Braunschweig 59 – Göttingen 98
ℹ Marktplatz 1, ⌧ 38871, ℘ (039452) 1 94 33, info@ilsenburg.de

Landhaus Zu den Rothen Forellen
Marktplatz 2 ⌧ 38871 – ℘ (039452) 93 93
– forellen@relaischateaux.com – Fax (039452) 9399
52 Zim ⌥ – †158/226 € ††231/268 € – ½ P 45 €
Rest – Karte 35/51 €
Rest *Forellenstube* – (geschl. Juli - Aug. und Montag - Dienstag, nur Abendessen)
Menü 90/103 € – Karte 65/88 €
Spez. Geröstete Jakobsmuschel mit Jackfruit und Anissauce. Terrine von der Gänsestopfleber mit Mango und Schokolade. Confiertes Lammcarré mit Artischockenfondue.
♦ Die aufmerksame und freundliche Betreuung der Gäste und das wohnliche Landhausambiente machen das an einem kleinen See gelegene Haus zu einer sehr angenehmen Adresse. Wintergartenrestaurant mit Seeblick. Stilvolle Forellenstube mit zeitgemäßer Küche.

ILSFELD – Baden-Württemberg – **545** – 8 080 Ew – Höhe 240 m **55 G17**

▶ Berlin 596 – Stuttgart 40 – Heilbronn 12 – Schwäbisch Hall 45

Häußermann's Ochsen
König-Wilhelm-Str. 31 ⌧ 74360 – ℘ (07062) 6 79 00 – gasthof-ochsen@gmx.de
– Fax (07062) 64996 – geschl. 2. - 24. Jan., Juli - Aug. 1 Woche
28 Zim ⌥ – †45/55 € ††63/65 € – **Rest** – (geschl. Donnerstag - Freitagmittag)
Karte 16/40 €
♦ Seit 1895 ist der erweiterte Gasthof in Familienhand. Die meisten der gepflegten Zimmer befinden sich in dem etwas ruhiger gelegenen Anbau. In der Gaststube umsorgen Sie die Geschwister Anja und Ralph Häußermann mit regionaler Küche.

ILSHOFEN – Baden-Württemberg – **545** – 6 090 Ew – Höhe 441 m **56 I17**

▶ Berlin 536 – Stuttgart 99 – Crailsheim 13 – Schwäbisch Hall 19

Park-Hotel Biergarten
Parkstr. 2 ⌧ 74532 – ℘ (07904) 70 30 – info@parkhotel-ilshofen.de – Fax (07904) 703222
70 Zim ⌥ – †80/105 € ††105/120 € – 6 Suiten – **Rest** – Karte 18/33 €
♦ In dem verkehrsgünstig gelegenen Tagungshotel finden Sie klassisch möblierte, komfortable Zimmer mit funktioneller Ausstattung und einen gepflegten Freizeitbereich. Gediegenes Panorama-Restaurant und rustikale Kutscherstube.

IMMENSTAAD AM BODENSEE – Baden-Württemberg – **545** – 5 890 Ew – Höhe 407 m – **Erholungsort** **63 H21**

▶ Berlin 728 – Stuttgart 199 – Konstanz 21 – Freiburg im Breisgau 152
ℹ Dr.-Zimmermann-Str. 1 (Rathaus), ⌧ 88090, ℘ (07545) 20 11 10, tourismus@immenstaad.de

IMMENSTAAD AM BODENSEE

Heinzler
Strandbadstr. 3 ⊠ 88090 – ℰ (07545) 9 31 90 – info@hotel-heinzler.de
– Fax (07545) 3261
23 Zim ⊇ – †54/120 € ††82/133 € – ½ P 24 € – **Rest** – (geschl. 7. Jan. - 1. Feb.)
Menü 30/35 € – Karte 21/41 €
♦ Nur durch die Promenade vom See getrennt ist das Hotel mit der stilvollen und behaglichen Atmosphäre. Gemütliche Zimmer und freundlicher Service sprechen für das Haus. Elegant-rustikales Restaurant mit Gartenterrasse.

Seehof
Am Yachthafen ⊠ 88090 – ℰ (07545) 93 60 – seehof-immenstaad@t-online.de
– Fax (07545) 936133
36 Zim ⊇ – †65/90 € ††100/130 € – **Rest** – Menü 23/47 € – Karte 28/46 €
♦ Am See liegt das erweiterte Gasthaus von 1885, in der 5. Generation im Familienbesitz. Individuelle Zimmer, teils in modernem Stil, zum Wasser hin mit Balkon. Im Restaurant: Regionalküche mit internationalen Akzenten. Schöne Terrasse zum kleinen Yachthafen.

Hirschen
Bachstr. 1 ⊠ 88090 – ℰ (07545) 62 38 – mail@gasthof-hirschen-immenstaad.de
– Fax (07545) 6583 – geschl. 11. Feb. - 3. März, 5. Nov. - 14. Jan.
14 Zim ⊇ – †41/50 € ††68/70 € – **Rest** – (geschl. Montag) Menü 17 € – Karte 18/33 €
♦ Zentral in der Ortsmitte gelegener, gepflegter familiengeführter Gasthof mit teils modernen, teils älteren Zimmern. Ein eigener Badestrand liegt nur wenige Minuten entfernt. Bürgerlich-ländliche Gaststube.

IMMENSTADT IM ALLGÄU – Bayern – 546 – 14 350 Ew – Höhe 729 m – Wintersport : 1 450 m ⟨8 ⟩ – Erholungsort
64 I22

▶ Berlin 719 – München 148 – Kempten (Allgäu) 21 – Oberstdorf 20
ℹ Marienplatz 3, ⊠ 87509, ℰ (08323) 91 41 76, info@immenstadt.de

In Immenstadt-Knottenried Nord-West : 7 km Richtung Isny :

Bergstätter Hof
Knottenried 17 ⊠ 87509 – ℰ (08320) 92 30 – info@bergstaetter-hof.de
– Fax (08320) 92346
22 Zim ⊇ – †58/61 € ††101/107 € – ½ P 16 € – **Rest** – Menü 14/16 € – Karte 15/28 €
♦ Das auf einer Anhöhe gelegene Landhotel bietet funktionell und wohnlich eingerichtete Gästezimmer sowie Massage und Kosmetikbehandlungen. Restaurant mit einfachem internationalem Speiseangebot.

In Immenstadt-Stein Nord : 3 km über B 19 :

Krone
Rottachbergstr. 1, (an der B 19) ⊠ 87509 – ℰ (08323) 9 66 10 – info@hotel-krone-stein.de – Fax (08323) 966150
43 Zim ⊇ – †40/69 € ††70/100 € – **Rest** – Karte 16/28 €
♦ Der gewachsene, tipptopp gepflegte Gasthof befindet sich seit Generationen in Familienbesitz. Die soliden Zimmer verteilen sich auf das Stammhaus und zwei Hotelanbauten. Gediegen-ländliches Ambiente im Restaurant.

Eß garni
Daumenweg 9 ⊠ 87509 – ℰ (08323) 81 04 – hotel-garni-ess@t-online.de
– Fax (08323) 962120
15 Zim ⊇ – †36/52 € ††80 €
♦ Das familiär geführte kleine Haus ist eine nette Übernachtungsadresse mit Gästezimmern in regionalem Stil - teils mit Balkon - und einem schönen ruhigen Garten.

Rot steht für unsere besonderen Empfehlungen!

INGELFINGEN – Baden-Württemberg – **545** – 5 910 Ew – Höhe 217 m – Erholungs-
ort   48 **H17**

 ▶ Berlin 564 – Stuttgart 98 – Würzburg 73 – Heilbronn 56
 ℹ Schlossstr. 12 (Rathaus), ✉ 74653, ℰ (07940) 13 09 0, info@ingelfingen.de

Schloß-Hotel
*Schloßstr. 14 ✉ 74653 – ℰ (07940) 9 16 50 – info@schloss-hotel-ingelfingen.de
– Fax (07940) 916550*
22 Zim – †56/59 € ††76/84 € – ½ P 15 € – **Rest** – *(geschl. Sonntagabend -
Montag)* Karte 26/43 €
 ♦ In einem Nebengebäude des Hohenlohe-Schlosses wird man in auf Geschäftsreisende ausgelegten Zimmern mit grauem, zeitlosem Holzmobiliar beherbergt. Helles, geschmackvolles Ambiente im Restaurant. Die Karte hält sowohl Regionales als auch Internationales bereit.

Haus Nicklass (mit zwei Gästehäusern)
*Künzelsauer Str. 1 ✉ 74653 – ℰ (07940) 9 10 10
– info@haus-nicklass.de – Fax (07940) 910199*
65 Zim – †50/70 € ††77/90 € – ½ P 11 € – **Rest** – Karte 20/33 €
 ♦ Die Zimmer im neuen Haupthaus und in den Gästehäusern des Gasthofs sind unterschiedlich in der Ausstattung, teils sehr komfortabel, teils etwas einfacher, aber immer gepflegt. Rustikale Weinstube und neuzeitliches Restaurant.

INGELHEIM AM RHEIN – Rheinland-Pfalz – **543** – 24 770 Ew – Höhe
110 m   47 **E15**

 ▶ Berlin 587 – Mainz 18 – Bad Kreuznach 29 – Bingen 13
 ℹ Neuer Markt 1, ✉ 55218, ℰ (06132) 78 22 16, touristinformation@
ingelheim.de

Multatuli
*Mainzer Str. 255 (Ost : 2 km Richtung Mainz) ✉ 55218 – ℰ (06132) 7 14 00 – info@
hotel-multatuli.de – Fax (06132) 7140140*
18 Zim – †69/79 € ††89/129 € – **Rest** – *(nur Abendessen)* Karte 18/34 €
 ♦ Auf einer Anhöhe außerhalb des Ortes steht dieses kleine Landhotel. Die Zimmer sind mit hellem Mobiliar funktionell eingerichtet. Das Restaurant bietet einen schönen Blick aufs Rheintal.

Millennium
*Bleichstr. 1 ✉ 55218 – ℰ (06132) 8 89 00 – info@restaurant-millennium.de
– Fax (06132) 995656 – geschl. 9. - 29. Juni*
Rest – *(geschl. Montag - Dienstagmittag und Samstagmittag)* Karte 31/45 €
Rest *Weinstube Weingeist* – *(geschl. Montag, nur Abendessen)* Karte 20/29 €
 ♦ In einem Wohnhaus mit neuzeitlicher Fassade ist dieses gut geführte Restaurant mit recht modernem Ambiente untergebracht. Nett: die Terrasse im kleinen Innenhof. Weinlounge. Am Abend lädt die Weinstube mit regionaler Küche ein.

In Ingelheim-Sporkenheim Nord-West : 4 km

Landhotel Fetzer
*Gaulsheimer Str. 14 ✉ 55218 – ℰ (06725) 3 01 30 – info@landhotel-fetzer.de
– Fax (06725) 301326*
14 Zim – †75 € ††97 € – **Rest** – *(geschl. 14. Juli - 1. Aug., 27. Dez. - 7. Jan. und Montag)* Karte 19/39 €
 ♦ Ein von der Inhaberfamilie geleitetes Haus, das über solide möblierte, wohnlich gestaltete Gästezimmer mit gutem Platzangebot verfügt. Etwa 50 m vom Hotel entfernt liegt das Restaurant Lindenhof mit Wintergarten und Weinstube.

In Schwabenheim Süd-Ost : 6 km über Groß-Winternheim :

Pfaffenhofen
*Bubenheimer Str. 10 ✉ 55270 – ℰ (06130) 9 19 90 – info@hotelpfaffenhofen.de
– Fax (06130) 919910 – geschl. 22. Dez - 6. Jan.*
30 Zim – †58/64 € ††78/84 € – **Rest** – *(geschl. Okt. 1 Woche und Mittwoch, nur Abendessen)* Menü 26 € – Karte 22/32 €
 ♦ In dem von Familie Nebrich gut geführten Landgasthof erwarten Sie solide eingerichtete und sehr gepflegte Zimmer sowie ein gutes Frühstücksbuffet. Gemütliches Restaurant mit Innenterrasse.

INGELHEIM AM RHEIN

Zum alten Weinkeller mit Zim
Schulstr. 6 ⌂ 55270 – ✆ (06130) 94 18 00 – immerheiser-wein@t-online.de
– Fax (06130) 9418080
11 Zim – †55/65 € ††75/85 € – **Rest** – Karte 27/42 €
♦ Ein liebevoll restaurierter Gutshof a. d. 17. Jh. beherbergt das Restaurant mit stilvollem, rustikalem Ambiente und internationaler Küche. Gartenterrasse in toskanischem Stil. Gepflegte Zimmer laden zum Übernachten ein.

Landgasthof Engel
Markt 8 ⌂ 55270 – ✆ (06130) 92 93 94 – immerheiser-wein@t-online.de
– Fax (06130) 9418080
Rest – Karte 17/30 €
♦ Dielenböden, Steinwände und Fachwerk verleihen dem Landgasthof a. d. J. 1596, in dem Regionales gekocht wird, derb-rustikalen Charme. Schöne Innenhofterrasse! Eigene Vinothek.

INGOLSTADT – Bayern – 546 – 119 530 Ew – Höhe 374 m 57 L18

▶ Berlin 512 – München 80 – Augsburg 75 – Nürnberg 91
ADAC Milchstr. 23 B
🛈 Rathausplatz 4 B, ⌂ 85049, ✆ (0841) 3 05 30 30, info@ingolstadt-tourismus.de
⛳ Ingolstadt, Gerolfinger Str. ✆ (0841) 8 57 78 A
◉ Maria-de-Victoria-Kirche★ A – Liebfrauenmünster (Hochaltar★) B A – Bayerisches Armeemuseum★ M¹ B

Stadtplan siehe nächste Seite

NH Ambassador
Goethestr. 153 (über B) ⌂ 85055 – ✆ (0841) 50 30 – nhambassadoringolstadt@nh-hotels.com – Fax (0841) 5037
119 Zim ⌴ – †117/136 € ††130/149 € – **Rest** – Karte 27/37 €
♦ In einem Hochhaus in Autobahnnähe befindet sich dieses Hotel, das über elegant-funktionelle Gästezimmer mit gutem Platzangebot verfügt. Klassisch-zeitloses Restaurant mit internationalem Speiseangebot.

Ara Hotel Comfort
Theodor-Heuss Str. 30 (über Schillerstraße B) ⌂ 85055 – ✆ (0841) 9 55 50 – info@ara-hotel.de – Fax (0841) 9555100
100 Zim ⌴ – †135/180 € ††159/240 € – 4 Suiten – **Rest** – Karte 23/41 €
♦ Hinter der dunkelrot gestrichenen Fassade dieses modernen Hotelbaus erwarten Sie eine mit zeitgenössischen Bildern geschmückte Halle und neuzeitlich-funktionelle Zimmer. Mit warmen Farben gestaltet ist das Restaurant Bellini.

Hotel im GVZ garni
Pascalstr. 6, (Halle J, 2. Etage) (über Ettinger Straße A) ⌂ 85057 – ✆ (0841) 88 56 60 – info@hotelimgvz.de – Fax (0841) 88566500 – geschl. 22. Dez. - 4. Jan.
70 Zim ⌴ – †80/145 € ††95/165 €
♦ In der 2. Etage des Güterverkehrszentrums nördlich des Zentrums nahe beim Audi-Werk wohnen Sie in modernen, technisch sehr gut ausgestatteten Zimmern mit klimaaktiven Wänden.

Kult Hotel
Theodor-Heuss-Str. 25 (über Schillerstraße B) ⌂ 85055 – ✆ (0841) 9 51 00 – info@kult-hotel.de – Fax (0841) 9510100
90 Zim ⌴ – †139/199 € ††169/199 € – **Rest** – (geschl. Sonntagmittag) Karte 24/37 €
♦ Ein nicht alltägliches Haus, in Form eines Kubus gebaut. Die moderne Einrichtung im Designerstil mit der dominierenden Farbe Schwarz prägt die Zimmer.

Domizil Hummel
Feldkirchner Str. 69 (über B) ⌂ 85055 – ✆ (0841) 95 45 30 – info@hoteldomizil.de – Fax (0841) 59211
47 Zim ⌴ – †75/95 € ††85/110 € – **Rest** – (geschl. Sonntag, nur Abendessen) Karte 19/26 €
♦ In einem Wohngebiet liegt dieses engagiert geführte Haus. Die Zimmer sind geräumig und unterschiedlich im Stil - teils zeitlos, teils ländlich eingerichtet. Gediegen-elegante Restauranträume mit liebevoll ausgewähltem Dekor.

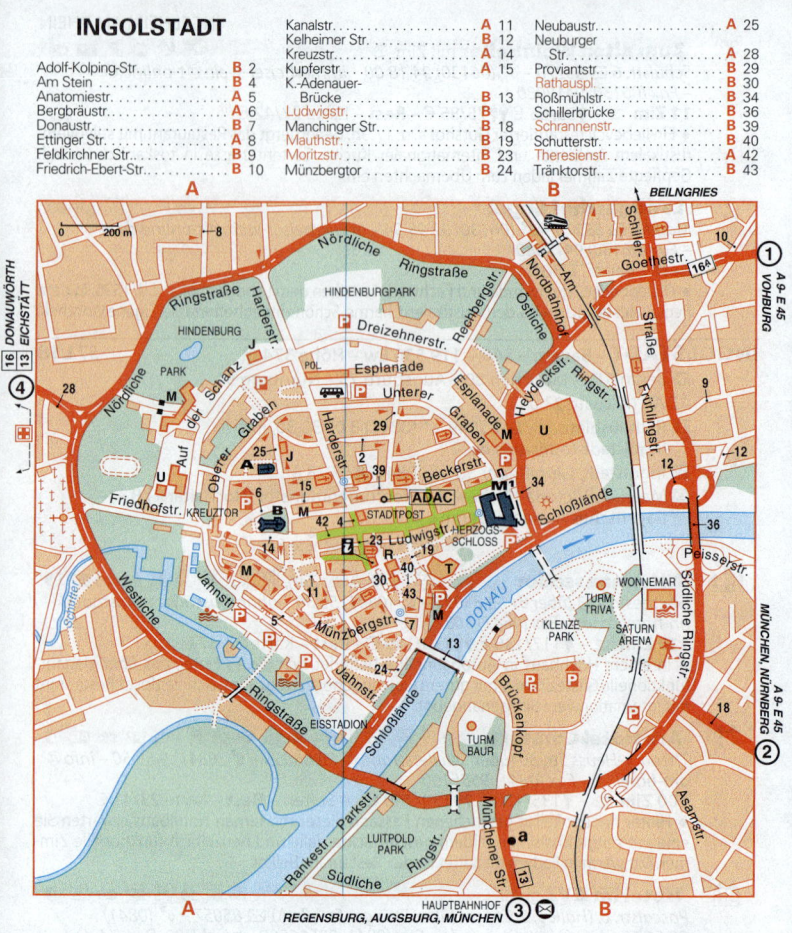

INGOLSTADT

Adolf-Kolping-Str.	**B** 2	Kanalstr.	**A** 11	Neubaustr.	**A** 25
Am Stein	**B** 4	Kelheimer Str.	**B** 12	Neuburger	
Anatomiestr.	**A** 5	Kreuzstr.	**A** 14	Str.	**A** 28
Bergbräustr.	**A** 6	Kupferstr.	**A** 15	Proviantstr.	**B** 29
Donaustr.	**B** 7	K.-Adenauer-		Rathauspl.	**B** 30
Ettinger Str.	**A** 8	Brücke	**B** 13	Roßmühlstr.	**B** 34
Feldkirchner Str.	**B** 9	Ludwigstr.	**B**	Schillerbrücke	**B** 36
Friedrich-Ebert-Str.	**B** 10	Manchinger Str.	**B**	Schrannenstr.	**B** 39
		Mauthstr.	**B** 19	Schutterstr.	**B** 40
		Moritzstr.	**B** 23	Theresienstr.	**B** 42
		Münzbergtor	**B** 24	Tränktorstr.	**B** 43

🏠 **Ebner** garni 🛏 📶 🛗 ♿ 🅿 VISA ◎ AE ①
Manchinger Str. 78 (über B) ✉ *85053 –* ✆ *(0841) 96 65 00 – info@ebner-hotel.de*
– Fax (0841) 9665044 – geschl. 22. Dez. - 5. Jan.
27 Zim ⊇ – †63/76 € ††80/86 €
◆ In diesem von der Autobahn schnell zu erreichenden Hotel stehen für Ihre Übernachtung freundlich und praktisch eingerichtete Zimmer zur Verfügung.

🏠 **Ammerland** garni 🍽 📶 ♿ 📞 🛗 🚗 VISA ◎ AE ①
Ziegeleistr. 64 (über Friedrich-Ebert-Straße B) ✉ *85055 –* ✆ *(0841) 95 34 50*
– reception@hotel-ammerland.de – Fax (0841) 9534545
40 Zim ⊇ – †69/84 € ††84/94 €
◆ Dieses nette Hotel im Landhausstil hält Zimmer verschiedener Kategorien mit guter technischer Ausstattung für Sie bereit - auch einige Themenzimmer.

🏠 **Pius Hof** 🍽 📶 🛗 ♿ 🅿 VISA ◎ AE ①
Gundekarstr. 4 (über Ettinger Straße A) ✉ *85057 –* ✆ *(0841) 4 91 90 – info@hotel-pius-hof.de – Fax (0841) 4919200*
60 Zim ⊇ – †51/125 € ††70/148 € – **Rest** – Karte 18/29 €
◆ Ca. 100 m vom Audi-Zentrum entfernt liegt das zeitgemäße Hotel, dessen Zimmer praktisch ausgestattet sind und teilweise über einen kleinen Balkon verfügen. Restaurant mit rustikalem Ambiente und regional-saisonaler Küche.

INGOLSTADT

※※ **Avus**
Ettinger Straße, (im Audi Forum) ⊠ 85057 – ℘ (0841) 8 94 10 71 – restaurant.afi@audi.de – Fax (0841) 8941072
Rest – Menü 37/48 € – Karte 27/50 €
♦ In der ersten Etage des gläsernen Audi-Forums befindet sich dieses moderne Restaurant, das saisonal geprägte internationale Küche bietet. Nebenan: das Audi-Museum.

In Ingolstadt-Spitalhof Süd : 6 km über Münchener Straße B :

Mercure
Hans-Denck-Str. 21 ⊠ 85051 – ℘ (08450) 92 20 – h1974@accor.com
– Fax (08450) 922100
71 Zim ⊇ – †78/122 € ††98/142 € – **Rest** – (Tischbestellung ratsam) Menü 33 € – Karte 21/43 €
♦ Die recht ruhige Lage am Ortsrand sowie praktisch und zeitgemäß ausgestattete Gästezimmer - meist zum Innenhof oder nach hinten gelegen - sprechen für dieses Hotel. Internationales Angebot im Restaurant.

An der B 13 West : 4 km über Neuburger Straße A :

Parkhotel Heidehof
Ingolstädter Str. 121 ⊠ 85080 Gaimersheim
– ℘ (08458) 6 40 – info@parkhotel-heidehof.de
– Fax (08458) 64230
115 Zim ⊇ – †90/140 € ††122/172 € – **Rest** – Karte 21/34 €
♦ Das moderne Hotel mit großzügigem Tagungsbereich liegt westlich von Ingolstadt und bietet wohnliche Zimmer in 4 Kategorien. Gepflegte, ansprechende Badelandschaft. Gediegenes Hotelrestaurant.

INZELL – Bayern – 546 – 4 290 Ew – Höhe 693 m – Wintersport : 1 670 m ⚡3 ⚡ 67 O21
– Luftkurort
▶ Berlin 707 – München 118 – Bad Reichenhall 19 – Traunstein 18
🛈 Rathausplatz 5 (Haus des Gastes), ⊠ 83334, ℘ (08665) 9 88 50, info@inzell.de

In Inzell-Schmelz Süd-West : 2,5 km – Höhe 300 m

Gasthof Schmelz
Schmelzer Str. 132 ⊠ 83334 – ℘ (08665) 98 70 – gasthof.schmelz@t-online.de
– Fax (08665) 1718 – geschl. 20. - 30. Nov.
28 Zim ⊇ – †42/68 € ††79/92 € – ½ P 13 € – **Rest** – (geschl. Montag) Karte 13/27 €
♦ Das in einem kleinen Tal in ländlicher Umgebung gelegene Urlaubshotel verfügt über gepflegte Zimmer und Familienappartements. Für Kinder gibt es viele Freizeitaktivitäten. Das Restaurant: mehrere nette, im bäuerlichen Stil eingerichtete Stuben.

INZLINGEN – Baden-Württemberg – siehe Lörrach

IPHOFEN – Bayern – 546 – 4 450 Ew – Höhe 250 m   49 J16
▶ Berlin 479 – München 248 – Würzburg 34 – Ansbach 67
🛈 Kirchplatz 7, ⊠ 97346, ℘ (09323) 87 03 06, tourist@iphofen.de

Zehntkeller (mit Gästehäusern)
Bahnhofstr. 12 ⊠ 97346 – ℘ (09323) 84 40 – zehntkeller@romantikhotels.com
– Fax (09323) 844123 – geschl. 23. - 25. Dez.
58 Zim ⊇ – †75/95 € ††115/156 € – 5 Suiten – **Rest** – Menü 22/65 € – Karte 26/50 €
♦ 1436 wurde dieses Anwesen erstmals urkundlich erwähnt. Die meist zum Innenhof hin gelegenen Zimmer verteilen sich auf mehrere Gebäude. Schöne Gartenanlage und eigenes Weingut. Im Restaurant bietet man eine gehobene regionale und internationale Karte.

IPHOFEN

Huhn das kleine Hotel garni
Mainbernheimer Str. 10 ⊠ *97346 –* ✆ *(09323) 12 46 – helga.huhn@iphofen.de*
– Fax (09323) 1076
8 Zim ⊇ – †38/55 € ††80 €
♦ Eine nette Atmosphäre herrscht in diesem persönlich und liebevoll geführten Hotel mit privatem Charakter. Inividuell und wohnlich präsentieren sich die Zimmer.

Bausewein
Breite Gasse 1 ⊠ *97346 –* ✆ *(09323) 87 66 70 – bausewein@t-online.de*
– Fax (09323) 804090 – geschl. über Weihnachten
9 Zim ⊇ – †55 € ††77 € – **Rest** – *(geschl. 11. - 25. Juni und Mittwoch, nur Abendessen)* Karte 15/22 €
♦ An der alten Stadtmauer liegt der einstige Bauernhof - ein Haus mit markanter roter Fassade und behaglichen Zimmern. Die Inhaberfamilie betreibt ein eigenes Öko-Weingut. Getäfelte rustikale Weinstube mit bürgerlicher Karte.

Goldene Krone
Marktplatz 2 ⊠ *97346 –* ✆ *(09323) 8 72 40 – kontakt@gasthof-krone-iphofen.de*
– Fax (09323) 872424 – geschl. 28. Jan. - 19. Feb.
21 Zim ⊇ – †40/55 € ††60/85 € – **Rest** – *(geschl. Dienstag)* Karte 16/30 €
♦ Direkt am Marktplatz liegt der traditionsreiche Gasthof mit der rosafarbenen Fassade und bietet seinen Gästen solide, funktionelle Zimmer. Typische ländliche Gaststuben mit bürgerlichem Angebot.

Zur Iphöfer Kammer
Marktplatz 24 ⊠ *97346 –* ✆ *(09323) 80 43 26 – Fax (09323) 804326 – geschl. Jan.*
Rest – *(geschl. Montag)* Menü 30 € – Karte 23/38 €
♦ Am Marktplatz befindet sich das kleine, gemütlich-ländliche Restaurant. Geboten werden regionale Speisen und Weine des Weinguts Wirsching.

Deutscher Hof mit Zim
Ludwigstr. 10 ⊠ *97346 –* ✆ *(09323) 33 48 – deutscher-hof-iphofen@t-online.de*
– Fax (09323) 3348 – geschl. 27. Dez. - 10. Jan., 18. Aug. - 11. Sept. und Mittwoch - Donnerstag
5 Zim ⊇ – †40/45 € ††62/65 € – **Rest** – Karte 22/32 €
♦ In dem Fachwerkhaus a.d. 16. Jh. erwarten Sie freundlicher Service und frische Küche mit regionalen Akzenten. Dekor und Kachelofen machen das Restaurant gemütlich.

In Mainbernheim West : 3 km über B 8 :

Gasthof zum Falken
Herrnstr. 27 ⊠ *97350 –* ✆ *(09323) 8 72 80 – info@zum-falken.de – Fax (09323) 872828 – geschl. 23. Dez. - 9. Jan., 18. Feb. - 14. März*
15 Zim ⊇ – †42/54 € ††65/70 € – **Rest** – *(geschl. Dienstag)* Karte 17/29 €
♦ Bereits in der 6. Generation wird der typische fränkische Landgasthof als Familienbetrieb geführt. Sehr gepflegte, solide eingerichtete Zimmer stehen bereit. In der gemütlich-ländlichen Gaststube serviert man regionale Küche.

In Rödelsee Nord-West : 3,5 km :

Gasthof und Gästehaus Stegner
Mainbernheimer Str. 26 ⊠ *97346 –* ✆ *(09323) 8 72 10 – info@hotel-stegner.de*
– Fax (09323) 6335
18 Zim ⊇ – †35/40 € ††58/60 € – **Rest** – *(geschl. Dienstag)* Karte 14/25 €
♦ Im Gästehaus des traditionsreichen Gasthofs befinden sich gepflegte Zimmer, die teilweise nach Süden liegen und über einen Balkon verfügen.

In Willanzheim-Hüttenheim Süd : 8 km :

Landgasthof May mit Zim
Marktplatz 6 ⊠ *97348 –* ✆ *(09326) 2 55 – info@landgasthofmay.de – Fax (09326) 205*
3 Zim ⊇ – †42 € ††58 € – **Rest** – *(geschl. Mittwoch)* Karte 14/26 €
♦ Ein Familienbetrieb mit Tradition ist dieses gediegen-ländliche Restaurant mit gemütlicher Weinstube. Serviert werden regionale Speisen.

IRSEE – Bayern – siehe Kaufbeuren

ISENBURG – Rheinland-Pfalz – siehe Dierdorf

ISERLOHN – Nordrhein-Westfalen – 543 – 98 240 Ew – Höhe 247 m   27 **D11**

▶ Berlin 499 – Düsseldorf 80 – Dortmund 26 – Hagen 18
ADAC Rudolfstr. 1
🛈 Theodor-Heuss-Ring 24, ✉ 58636, ✆ (02371) 2 17 18 20, stadtinfo@iserlohn.de

VierJahreszeiten   Zim,
Seilerwaldstr. 10 (über Seilerseestraße X) ✉ 58636 – ✆ (02371) 97 20 – info@vierjahreszeiten-iserlohn.de – Fax (02371) 972111
72 Zim – †89/119 € ††181/212 € – **Rest** – Karte 21/40 €
♦ Das Hotel beim Seilersee bietet moderne, wohnliche Zimmer und ist mit seinem schönen Feng-Shui-Seminarbereich sehr gut für Tagungen geeignet. Restaurant Seeblick und freundlicher Wintergarten.

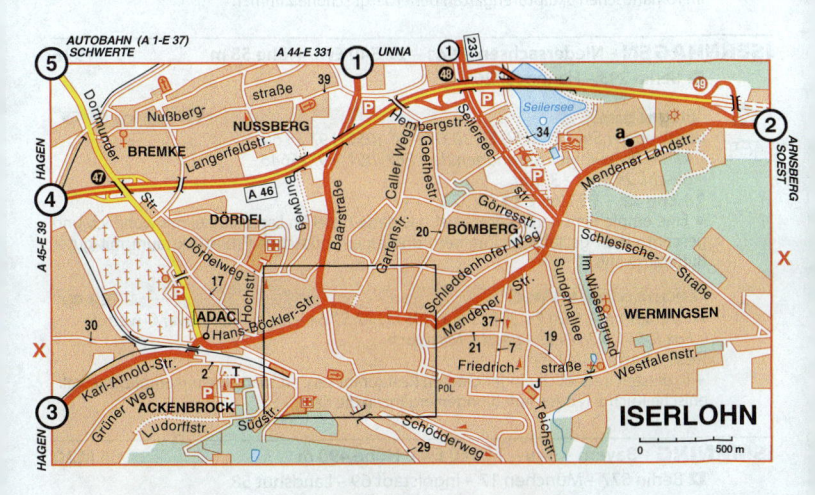

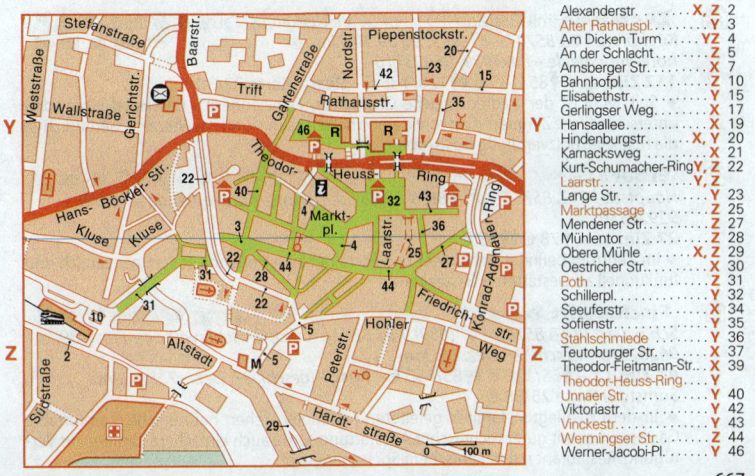

Alexanderstr.	X, Z 2
Alter Rathauspl.	Y 3
Am Dicken Turm	YZ 4
An der Schlacht	Z 5
Arnsberger Str.	X 7
Bahnhofpl.	Z 10
Elisabethstr.	Y 15
Gerlingser Weg.	X 17
Hansaallee	X 19
Hindenburgstr.	X, Y 20
Karnacksweg	X 21
Kurt-Schumacher-Ring	Y 22
Laarstr.	Y, Z
Lange Str.	Y 23
Marktpassage	Y 25
Mendener Str.	Z 27
Mühlentor	Y 28
Obere Mühle	X, Z 29
Oestricher Str.	X 30
Poth	Z 31
Schillerpl.	Y 32
Seeuferstr.	X 34
Sofienstr.	Y 35
Stahlschmiede	Y 36
Teutoburger Str.	Y 37
Theodor-Fleitmann-Str.	Y 39
Theodor-Heuss-Ring	Y
Unnaer Str.	Y 41
Viktoriastr.	Y 42
Vinckestr.	Y 43
Wermingser Str.	Z 44
Werner-Jacobi-Pl.	Y 46

667

ISERLOHN

Campus Garden
Reiterweg 36 ⌂ 58636 – ℰ (02371) 1 55 60 – info@campus-garden.de
– Fax (02371) 155610
34 Zim – †85/98 € ††123 € – **Rest** – Karte 26/43 €

X a

◆ Auf dem Gelände einer Hochschule befindet sich dieses vor allem auf Geschäfts- und Tagungsgäste ausgerichtete Hotel mit neuzeitlichen Zimmern in mediterranen Tönen. Helles Restaurant mit hübscher Gartenterrasse.

In Iserlohn-Lössel Süd-West : 6 km über Karl-Arnold-Straße X :

Neuhaus mit Zim
Lösseler Str. 149 ⌂ 58644 – ℰ (02374) 9 78 00 – info@hotel-neuhaus.de
– Fax (02374) 7664
33 Zim – †72/92 € ††92/128 € – **Rest** – (Montag - Freitag nur Abendessen) Karte 26/44 €

◆ In dem engagiert geleiteten Familienbetrieb serviert man seinen Gästen internationale und regionale Küche. Zum Restaurant gehört auch eine hübsche Terrasse. Das Gästehaus im romantischen Skulpturengarten beherbergt schöne Zimmer.

ISERNHAGEN – Niedersachsen – 541 – 22 540 Ew – Höhe 58 m   19 I8
▶ Berlin 293 – Hannover 26

Engel garni
Burgwedeler Str. 151, (HB) ⌂ 30916 – ℰ (0511) 97 25 60
– info@hotel-engel-isernhagen.de – Fax (0511) 9725646
– geschl. 24. Dez. - 3. Jan.
28 Zim – †52/66 € ††77/92 €

◆ Eine empfehlenswerte Adresse ist das nette Hotel im Landhausstil mit wohnlich und geschmackvoll gestalteten Zimmern und einem hübschen Frühstücksraum mit guter Buffetauswahl.

Leonardo da Vinci
Weizenkamp 4, (HB) ⌂ 30916 – ℰ (0511) 77 57 64 – ledavi-hannover@web.de
– Fax (0511) 7287938 – geschl. Mittwoch
Rest – Karte 18/41 €

◆ In diesem freundlich eingerichteten Restaurant serviert man eine unkomplizierte italienische Küche. Tagesempfehlungen ergänzen die Karte.

ISMANING – Bayern – 546 – 14 540 Ew – Höhe 490 m   66 M20
▶ Berlin 577 – München 17 – Ingolstadt 69 – Landshut 58

Zur Mühle (mit Gasthof)
Biergarten
Kirchplatz 5 ⌂ 85737 – ℰ (089) 96 09 30 – info@
hotel-muehle.de – Fax (089) 96093110
112 Zim ⌂ – †85/145 € ††120/185 € – **Rest** – Karte 22/38 €

◆ Seit 1857 ist der traditionsreiche Gasthof im Familienbesitz. Das Hotel bietet drei unterschiedliche Zimmertypen sowie einen netten Sauna- und Badebereich. Gemütlich ist die rustikale, holzvertäfelte Gaststube.

Erber garni
Hauptstr. 16 ⌂ 85737 – ℰ (089) 9 29 28 50 – garni@hotel-erber.de – Fax (089) 92928550
27 Zim ⌂ – †78 € ††98 €

◆ Im Zentrum befindet sich dieses in L-Form gebaute Hotel mit seinen neuzeitlich und funktionell ausgestatteten Gästezimmern.

Fischerwirt
Schlossstr. 17 ⌂ 85737 – ℰ (089) 9 62 62 60 – office@fischerwirt.de – Fax (089) 96262610 – geschl. 21. Dez. - 6. Jan.
41 Zim ⌂ – †65/130 € ††85/155 € – **Rest** – (geschl. 27. Dez. - 7. Jan. und Samstag) Karte 25/38 €

◆ In dem gepflegten familiär geleiteten Landhotel stehen neuzeitliche, komfortable Gästezimmer mit guter technischer Ausstattung sowie auch einfachere Zimmer zur Verfügung. Restaurant mit italienischem Speiseangebot.

ISMANING

Frey garni
Hauptstr. 15 ⌂ 85737 – ℰ (089) 9 62 42 30 – hotel.frey@t-online.de – Fax (089) 96242340
23 Zim ⌂ – †80/110 € ††95/150 €
♦ Die gemütliche Hotelpension ist ein symathischer Familienbetrieb mit alpenländischem Ambiente. Das Haus liegt ca. 5 Gehminuten von der S-Bahnstation entfernt.

In Ismaning-Fischerhäuser Nord : 3 km :

Gasthof Erber
Freisinger Str. 83 ⌂ 85737 Ismaning – ℰ (089) 9 96 55 10 – info@hotel-erber.de – Fax (089) 99655140 – geschl. 1. - 7. Jan.
33 Zim – †64/74 € ††98/110 € – **Rest** – (geschl. Montagmittag) Karte 14/30 €
♦ In dem familiengeführten Hotel etwas außerhalb von Ismaning erwarten Sie unterschiedlich eingerichtete Zimmer, neuzeitlich oder etwas einfacher. Rustikaler Restaurantbereich.

ISNY – Baden-Württemberg – **545** – 14 430 Ew – Höhe 704 m – Wintersport : 1 100 m
ミ9 ズ – Heilklimatischer Kurort   64 **I21**

▶ Berlin 698 – Stuttgart 189 – Konstanz 104 – Kempten (Allgäu) 25
🛈 Unterer Grabenweg 18, ⌂ 88316, ℰ (07562) 98 41 10, info@kurverwaltung.isny.de

Hohe Linde
Lindauer Str. 75 (B 12) ⌂ 88316 – ℰ (07562) 9 75 97 – info@hohe-linde.de – Fax (07562) 975969
34 Zim ⌂ – †58/72 € ††98/116 € – ½ P 20 € – **Rest** – (geschl. Nov. 2 Wochen und Sonntag, nur Abendessen) Karte 25/43 €
♦ Zu den Annehmlichkeiten dieses Hotels am Stadtrand zählen komfortable, moderne Zimmer, ein schöner Garten mit Liegewiese und ein gepflegter Freizeitbereich. Allgäuer Stuben mit rustikalem Kamin, an dem auch gegrillt wird.

Bären
Obertorstr. 9 ⌂ 88316 – ℰ (07562) 24 20 – baerenisny@aol.com – Fax (07562) 2415
14 Zim – †42 € ††68 € – ½ P 15 € – **Rest** – (geschl. Montag - Dienstag) Karte 19/32 €
♦ In dem hübschen Eckhaus mit der gelben Fassade erwarten Sie individuell möblierte Gästezimmer und ein netter, im Landhausstil gehaltener Frühstücksraum. Gemütliche Gaststuben.

Außerhalb Nord-West : 6,5 km über Neutrauchburg, in Unterried Richtung Beuren :

Berghotel Jägerhof ⋖ Allgäuer Alpen,
Jägerhof 1 ⌂ 88316 Isny – ℰ (07562) 7 70 – info@berghotel-jaegerhof.de – Fax (07562) 77202
88 Zim ⌂ – †101/129 € ††162/218 € – ½ P 22 € – 3 Suiten – **Rest** – Karte 29/45 €
♦ Sehr schön und absolut ruhig liegt diese gepflegte Hotelanlage. Man bietet wohnliche Zimmer, Maisonetten und Suiten sowie einen großzügigen Wellnessbereich. Wildgehege. Gediegenes Restaurant und rustikale Stube.

ISSELBURG – Nordrhein-Westfalen – **543** – 11 200 Ew – Höhe 17 m   25 **B10**

▶ Berlin 579 – Düsseldorf 86 – Arnhem 46 – Bocholt 13
🛈 Markt 9 (in Isselburg-Anholt), ⌂ 46419, ℰ (02874) 94 23 44, info@isselburg-online.de
🛏 Isselburg-Anholt, Schloss 3 ℰ (02874) 91 51 20
👁 Wasserburg Anholt ★

Nienhaus
Minervastr. 26 ⌂ 46419 – ℰ (02874) 7 70 – hotel-nienhaus@t-online.de – Fax (02874) 45673 – geschl. 14. - 25. Jan., 15. - 26. Sept.
12 Zim ⌂ – †45 € ††75 € – **Rest** – (geschl. Donnerstag) Menü 26/32 € – Karte 25/38 €
♦ Ein familiär geleitetes kleines Haus mit efeuberankter Fassade, in dem sehr gepflegte und solide möblierte Gästezimmer zur Verfügung stehen. Leicht rustikales Restaurant mit lichtem Wintergarten und begrünter Terrasse. Uriger Ziegelstein-Weinkeller.

ISSELBURG
In Isselburg-Anholt Nord-West : 3,5 km :

Parkhotel Wasserburg Anholt
Klever Straße ⌧ 46419 – ℰ (02874) 45 90
– info@schloss-anholt.de – Fax (02874) 4035
31 Zim ☑ – †80/135 € ††145/180 € – 3 Suiten
Rest *Schlossrestaurant* – (geschl. Sonntag - Montag, nur Abendessen)
Menü 43/72 € – Karte 31/54 €
Rest *Wasserpavillon* – Menü 53/66 € – Karte 39/56 €

◆ Das in die prächtige Schlossanlage a. d. 12. Jh. integrierte Hotel besticht durch seinen stilvollen Rahmen. Schöne, individuelle Zimmer und freundlicher Service erwarten Sie. Klassisch-elegant ist das kleine Schlossrestaurant. Pavillon direkt am Wassergraben.

ITTLINGEN – Baden-Württemberg – 545 – 2 410 Ew – Höhe 181 m   55 **G17**
▶ Berlin 618 – Stuttgart 61 – Heilbronn 29 – Karlsruhe 55

Ober's Landgasthof
Hauptstr. 4 ⌧ 74930 – ℰ (07266) 3 09 90 – Fax (07266) 309929
13 Zim ☑ – †45/50 € ††69/75 € – **Rest** – (geschl. 2. - 10. Jan. und Montag, Donnerstagabend) Karte 25/35 €

◆ Das an ein Gasthaus mit hauseigener Bäckerei angeschlossene Hotel bietet neuzeitlich möblierte Zimmer sowie ein schönes Appartement für längere Aufenthalte. Bürgerliches Restaurant mit einfachem Angebot.

Goldener Käfer
Mühlgasse 29 ⌧ 74930 – ℰ (07266) 91 20 37 – info@goldener-kaefer.de
– Fax (07266) 912197 – geschl. Dienstag - Mittwochmittag, Samstagmittag
Rest – Menü 36/58 € – Karte 39/51 €

◆ In dem rustikalen Restaurant mit lichtem Wintergarten serviert man kreative Küche mit mediterranen Akzenten. Fachwerk und moderne Bilder dienen als Dekor.

ITZEHOE – Schleswig-Holstein – 541 – 33 230 Ew – Höhe 10 m   9 **H4**
▶ Berlin 343 – Kiel 69 – Hamburg 61 – Bremerhaven 97
Breitenburg, Gut Osterholz ℰ (04828) 81 88

Mercure Klosterforst
Hanseatenplatz 2 ⌧ 25524 – ℰ (04821) 1 52 00 – h2087@accor.com
– Fax (04821) 152099
78 Zim ☑ – †84/108 € ††114/138 € – **Rest** – Karte 19/42 €

◆ Zentrumsnah liegt dieses moderne Stadthotel, das Gäste in funktionellen Zimmern mit heller, zeitgemäßer Holzmöblierung beherbergt. Restaurant mit internationaler Karte.

JAMELN – Niedersachsen – 541 – 1 120 Ew – Höhe 19 m   20 **K7**
▶ Berlin 235 – Hannover 134 – Schwerin 90 – Lüneburg 58

Das Alte Haus
Bahnhofstr. 1 ⌧ 29479 – ℰ (05864) 6 08 – webmaster@jameln.de – Fax (05864) 986787 – geschl. Montag - Mittwoch
Rest – (nur Abendessen) (Tischbestellung ratsam) Karte 22/30 €

◆ Urig-rustikal ist die Atmosphäre in diesem Reetdachhaus, einer gemütlichen alten Diele mit großem historischem Grill. Grillgerichte und gutes mediterranes Salatbuffet.

JENA – Thüringen – 544 – 102 640 Ew – Höhe 148 m   41 **L12**
▶ Berlin 246 – Erfurt 59 – Gera 44 – Chemnitz 112
ADAC Teichgraben (Eulenhaus)
Johannisstr. 23, ⌧ 07743, ℰ (03641) 49 80 60, tourist-info@jena.de
Jena-Münchenroda, Münchenroda 29 ℰ (03641) 42 46 51 T
Planetarium ★ AY – Optisches Museum ★ AY M[1]

Stadtpläne siehe nächste Seiten

670

JENA

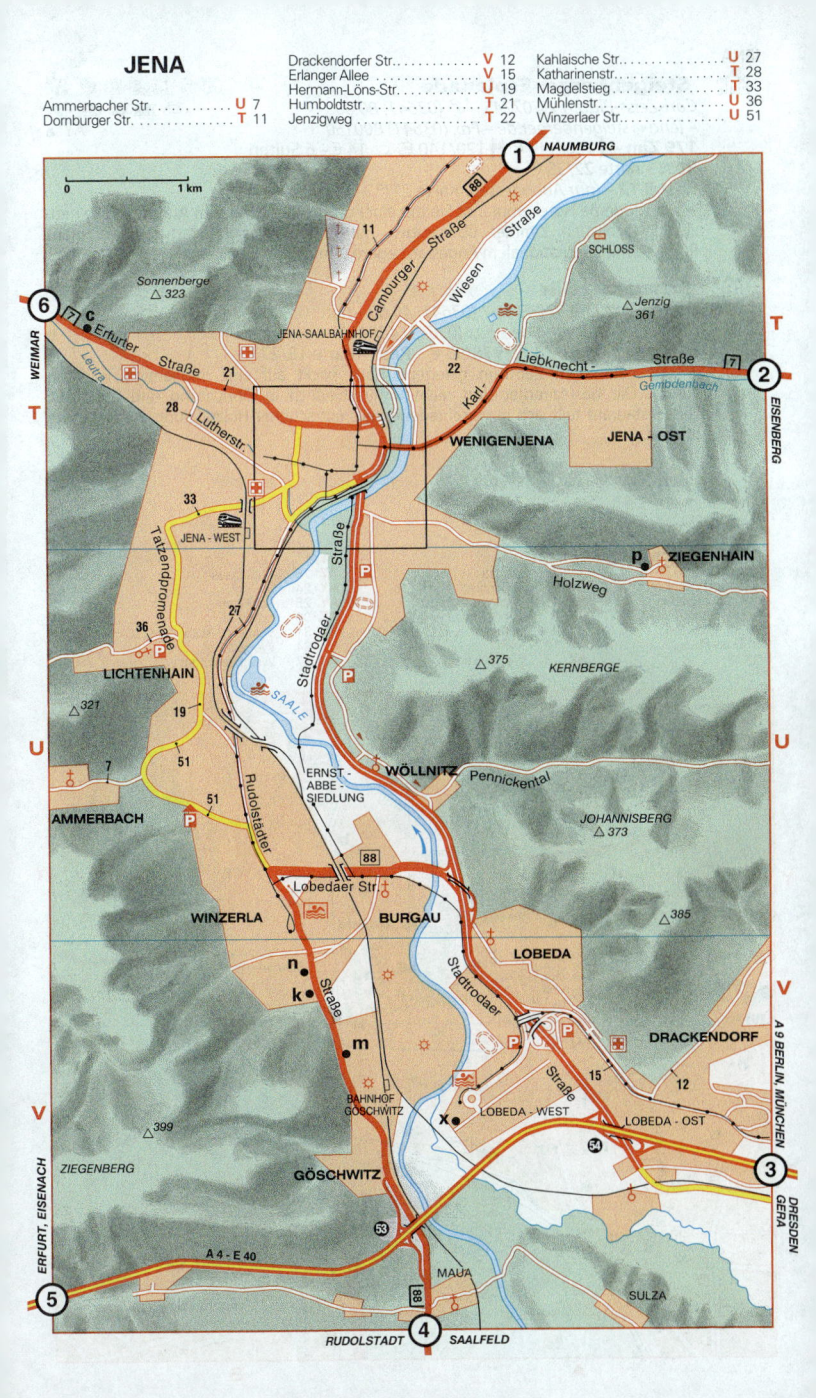

Ammerbacher Str.	U	7
Dornburger Str.	T	11
Drackendorfer Str.	V	12
Erlanger Allee	V	15
Hermann-Löns-Str.	U	19
Humboldtstr.	T	21
Jenzigweg	T	22
Kahlaische Str.	U	27
Katharinenstr.	T	28
Magdelstieg	T	33
Mühlenstr.	U	36
Winzerlaer Str.	U	51

JENA

Steigenberger Esplanade
Carl-Zeiss-Platz 4 ✉ *07743 –* ✆ *(03641) 80 00*
– jena@steigenberger.de – Fax (03641) 800150
AY **a**
179 Zim – †120/140 € ††120/140 €, ⌑ 14 € – 6 Suiten
Rest – Karte 22/35 €
Rest B 12 – *(nur Abendessen)* Karte 21/33 €
♦ Das moderne Hotel empfängt Sie mit einer großzügigen Halle im Atriumstil. Die neuzeitlich-sachlichen Zimmer überzeugen mit funktioneller Ausstattung. Restaurant Rotonda mit internationalem Angebot. Legere Atmosphäre im Bistro B12.

Schwarzer Bär
Lutherplatz 2 ✉ *07743 –* ✆ *(03641) 40 60 – hotel@*
schwarzer-baer-jena.de – Fax (03641) 406113
BY **b**
66 Zim ⌑ – †53/73 € ††78/93 € – **Rest** – Karte 18/27 €
♦ Das nahe dem Zentrum gelegene Haus blickt auf eine 500-jährige Tradition zurück. Die Gästezimmer sind recht unterschiedlich in Einrichtung und Zuschnitt. Das Restaurant teilt sich in verschiedene, teils mit schöner Holztäfelung ausgestattete Stuben.

JENA

Alexander-Puschkin-Pl.	AZ 3
Am Kochersgraben	BZ 4
Am Planetarium	AY 6
Bachstr.	AY 9
Carl-Zeiss-Pl.	AY 10
Engelpl.	AZ 13
Goethestr.	AY 18
Hainstr.	AZ 24
Johannispl.	AY 24
Johannisstr.	AY 25
Löbdergraben	AZ 30
Lutherstr.	AZ 31
Markt	AY 34
Neugasse	AZ 37
Oberlauengasse	BY 39
Rathenaustr.	AZ 40
Saalstr.	BY 42
Schillerstr.	AZ 43
Unterm Markt	ABY 45
Vor dem Neutor	AZ 46
Weigelstr.	AY 48
Westbahnhofstr.	AZ 49

JENA

Zur Noll
Oberlauengasse 19 ⌧ 07743 – ✆ (03641) 5 97 70 – zur.noll@t-online.de
– Fax (03641) 597720 BY n
21 Zim ⌑ – †60/75 € ††70/95 € – **Rest** – Karte 17/34 €
♦ Die historische Nollendorfer Schankwirtschaft ist heute ein nettes familiär geführtes Hotel. Sehenswert ist das komplett mit alten Bohlen verkleidete Bohlenzimmer. Eine gemütliche Atmosphäre herrscht im rustikalen Restaurant.

Papiermühle (mit Gästehaus) Biergarten
Erfurter Str. 102, (B 7) ⌧ 07743 – ✆ (03641) 4 59 80 – papiermuehle@
jenaer-bier.de – Fax (03641) 459845 T c
25 Zim ⌑ – †50 € ††75 € – **Rest** – Karte 14/31 €
♦ Aus der 1298 erstmals erwähnten Mühle ist dieses familiengeführte Hotel entstanden. In zwei hübschen historischen Ziegelsteinhäusern befinden sich wohnlich-solide Zimmer. Uriges Restaurant mit eigener Hausbrauerei.

Scala - Das Turm Restaurant ≤ Jena und Saaletal,
Leutragraben 1, (im Intershop Tower) ⌧ 07743
– ✆ (03641) 35 66 66 – post@scala-jena.de
– Fax (03641) 356672 AY s
Rest – Menü 34/72 € – Karte 37/50 €
♦ In 128 m Höhe befindet sich dieses moderne Restaurant - raumhohe Fenster ermöglichen eine phantastische Aussicht über die Stadt. Geboten wird internationale Küche.

In Jena-Göschwitz

Jembo Park Biergarten
Rudolstädter Str. 93 (B 88) ⌧ 07745 – ✆ (03641) 68 50 – info@jembo.de
– Fax (03641) 685299 V m
48 Zim – †53/68 € ††63/78 €, ⌑ 8 € – **Rest** – Karte 13/28 €
♦ Das Haupthaus sowie mehrere in einem Park gelegene Bungalows beherbergen funktionell ausgestattete Zimmer. Außerdem: 3 Themen- und 2 Businesszimmer. Restaurant im englischen Stil.

In Jena - Lobeda-West Süd : 4 km :

MAXX Hotel Rest,
Stauffenbergstr. 59 ⌧ 07747 – ✆ (03641) 30 00 – maxx-jena@steigenberger.de
– Fax (03641) 300888 V x
220 Zim – †64/85 € ††74/94 €, ⌑ 12 € – **Rest** – (nur Abendessen) Karte 22/33 €
♦ Dekorationen im anglo-amerikanischen Stil der 30er bis 50er Jahre begleiten Sie durch das Hotel am Stadtrand. Recht großzügige Gästezimmer mit Deckenventilator.

In Jena-Winzerla

Jena Rest,
Rudolstädter Str. 82, (B 88) ⌧ 07745 – ✆ (03641) 6 60 – info@
hotel-jena.bestwestern.de – Fax (03641) 661010 V k
160 Zim ⌑ – †92 € ††107 € – **Rest** – Karte 21/28 €
♦ Das besonders auf Geschäftsreisende und Tagungen ausgelegte Hotel bietet zeitgemäß und funktionell eingerichtete Gästezimmer.

Zur Weintraube Biergarten
Rudolstädter Str. 76, (B 88) ⌧ 07745 – ✆ (03641) 60 57 70 – hotel@
weintraube-jena.de – Fax (03641) 606583 V n
18 Zim – †55/65 € ††65/70 €, ⌑ 10 € – **Rest** – Karte 18/32 €
♦ Funktionelle Zimmer mit neuzeitlicher Technik stehen in diesem Familienbetrieb zur Verfügung - einige der Zimmer sind recht großzügig angelegt. Schon seit über 200 Jahren existiert das leicht rustikale Restaurant.

In Jena-Ziegenhain

Ziegenhainer Tal garni
Ziegenhainer Str. 107 ⌧ 07749 – ✆ (03641) 39 58 40 – papiermuehle@
jenaer-bier.de – Fax (03641) 395842 U p
19 Zim – †45/50 € ††70/75 €
♦ In schöner Lage oberhalb der Stadt befindet sich dieses familiengeführte kleine Hotel. Sie wohnen in dunkel möblierten, funktionellen Gästezimmern.

JENA

In Zöllnitz Süd-Ost : 6 km über Erlanger Allee V :

Fair Resort Zim,
Ilmnitzer Landstr. 3, (jenseits der A4) ⌧ 07751
– ℘ (03641) 76 76 – service@fairhotel-jena.de
– Fax (03641) 767767
113 Zim ⌑ – †75/104 € ††95/117 € – **Rest** – Karte 27/44 €
♦ Neuzeitliche und funktionelle Zimmer, ansprechende Freizeitangebote und die verkehrsgünstige Lage in Autobahnnähe machen dieses auch für Tagungen geeignete Hotel aus.

JESTEBURG – Niedersachsen – 541 – 7 120 Ew – Höhe 28 m – Luftkurort   10 I6
▶ Berlin 311 – Hannover 126 – Hamburg 42 – Lüneburg 39

Jesteburger Hof
Kleckerwaldweg 1 ⌧ 21266 – ℘ (04183) 20 08 – jesteburgerhof@t-online.de
– Fax (04183) 3311
21 Zim ⌑ – †48 € ††67/78 € – ½ P 12 € – **Rest** – Karte 16/31 €
♦ Die Zimmer dieses praktischen und gepflegten Hauses sind zeitgemäß und wohnlich eingerichtet und verfügen über eine solide Technik. Heimeliges Restaurant und gemütliche Gaststube.

In Jesteburg-Itzenbüttel Nord-West 3 km :

Zum grünen Jäger
Itzenbütteler Waldweg 35 ⌧ 21266 – ℘ (04181) 9 22 50 – hotel@
gruener-jaeger.com – Fax (04181) 9225125
14 Zim ⌑ – †45/56 € ††60/92 € – ½ P 15 € – **Rest** – (geschl. Montag) Karte 14/33 €
♦ Direkt am Waldrand finden Sie in diesem 1912 erbauten Haus ein nettes Hotel, das mit Pflege, Sauberkeit und wohnlichem Ambiente im Landhausstil gefällt. Im Hotelrestaurant serviert man bürgerliche Küche.

In Asendorf Süd-Ost : 4,5 km :

Zur Heidschnucke Biergarten
Zum Auetal 14 ⌧ 21271 – ℘ (04183) 97 60 – info@
zur-heidschnucke.de – Fax (04183) 4472
50 Zim ⌑ – †72/78 € ††119/135 € – ½ P 20 € – **Rest** – Karte 16/30 €
♦ Das ruhig gelegene Hotel bietet in rustikalem Stil eingerichtete Gästezimmer. Im Garten: das helle, freundliche Atrium mit Veranstaltungsräumen. Verschiedene ländliche Räume bilden das Restaurant.

JESTETTEN – Baden-Württemberg – 545 – 5 210 Ew – Höhe 433 m – Erholungsort   62 **F21**
▶ Berlin 792 – Stuttgart 174 – Freiburg im Breisgau 102 – Waldshut-Tiengen 34

Zum Löwen
Hauptstr. 22 a ⌧ 79798 – ℘ (07745) 9 21 10 – info@hotel-loewen-jestetten.de
– Fax (07745) 921188
15 Zim ⌑ – †50/55 € ††82 € – **Rest** – Karte 17/36 €
♦ Gut unterhaltene Zimmer mit solider Ausstattung bietet Ihnen dieser alteingesessene Betrieb - ein familiengeführter Gasthof mit neuzeitlichem Anbau. Das Gasthaus beherbergt ein gemütliches Restaurant.

Unsere „Hoffnungsträger" sind die Restaurants,
deren Küche wir für die nächste Ausgabe besonders sorgfältig
auf eine höhere Auszeichnung hin überprüfen.
Der Name dieser Restaurants ist in „rot" gedruckt und zusätzlich
auf der Sterne-Liste am Anfang des Buches zu finden.

JETTINGEN-SCHEPPACH – Bayern – **546** – 6 850 Ew – Höhe 468 m 56 **J19**
- Berlin 587 – München 100 – Augsburg 41 – Ulm (Donau) 33
- Schloss Klingenburg, ℰ (08225) 30 30

Best Hotel Mindeltal garni
Robert-Bosch-Str. 3 (Scheppach) ✉ 89343 – ℰ (08225) 99 70 – besthotel@besthotel.de – Fax (08225) 997100 – geschl. 23. Dez. - 7. Jan.
74 Zim ⊇ – †59/89 € ††79/99 €
♦ In Legoland-Nähe, in einem Gewerbegebiet nahe der A8, liegt dieses Hotel mit neuzeitlichen Zimmern - z. T. auch allergikergerecht. Im Sommer bietet man abends Kinderkino.

JEVER – Niedersachsen – **541** – 13 950 Ew – Höhe 9 m – Erholungsort 8 **E5**
- Berlin 488 – Hannover 229 – Emden 59 – Oldenburg 59
- Alter Markt 18, ✉ 26441, ℰ (04461) 7 10 10, tourist-info@stadt-jever.de

Friesen-Hotel garni
Harlinger Weg 1 ✉ 26441 – ℰ (04461) 93 40 – jache@jever-hotel.de – Fax (04461) 934111
36 Zim – †42/60 € ††77/87 €
♦ Ruhig in einem Wohngebiet gelegener Familienbetrieb mit solide ausgestatteten Zimmern und einem Frühstücksraum mit Blick in den schön angelegten Garten.

Schützenhof
Schützenhofstr. 47 ✉ 26441 – ℰ (04461) 93 70 – info@schuetzenhof-jever.de – Fax (04461) 937299
32 Zim ⊇ – †50 € ††80/82 € – ½ P 16 €
Rest *Zitronengras* – *(nur Abendessen)* Karte 30/44 €
♦ In dem nahe dem Sportplatz gelegenen Klinkerbau stehen gepflegte, mit hellem Holzmobiliar eingerichtete Gästezimmer zur Verfügung. Im Restaurant Zitronengras wird Internationales serviert.

JOHANNESBERG – Bayern – siehe Aschaffenburg

JOHANNGEORGENSTADT – Sachsen – **544** – 5 750 Ew – Höhe 780 m – Wintersport : 850 m ⛷1 ⛷ – Erholungsort 42 **O14**
- Berlin 317 – Dresden 144 – Chemnitz 57 – Chomutov 86
- Eibenstocker Str. 67, ✉ 08349, ℰ (03773) 88 82 22, touristik@johanngeorgenstadt.de

In Johanngeorgenstadt-Steinbach Nord-West : 2 km :

Steinbach
Steinbach 22 ✉ 08349 – ℰ (03773) 88 22 28 – info@gasthof-steinbach.de – Fax (03773) 8819769 – geschl. 1. - 13. April
15 Zim ⊇ – †37 € ††56 € – ½ P 8 € – **Rest** – *(geschl. Donnerstag)* Karte 10/23 €
♦ Radfahrer und Skisportler werden ihre Freude haben an dieser ländlichen Adresse, deren gepflegte Zimmer mit Fichtenholzmöbeln ausgestattet sind. Regionaltypische Klöppelarbeiten zieren das gemütliche Restaurant.

JORK – Niedersachsen – **541** – 11 860 Ew – Höhe 1 m 10 **I5**
- Berlin 318 – Hannover 167 – Hamburg 63 – Bremen 108
- Bauernhäuser ★

Altes Land (mit Gästehaus)
Schützenhofstr. 16 ✉ 21635 – ℰ (04162) 9 14 60 – info@hotel-altes-land.de – Fax (04162) 914691
30 Zim ⊇ – †54/60 € ††77/94 €
Rest *Ollanner Buurhuus* – *(geschl. 1. - 4. Jan.)* Karte 21/29 €
♦ In diesem traditionsreichen Haus mit im Stil angeglichenem Neubau bewohnen Sie mit solidem hellem Holzmobiliar wohnlich ausgestattete Zimmer. Das Ollanner Buurhuus ist regionstypisch gestaltet.

675

JÜLICH – Nordrhein-Westfalen – 543 – 34 080 Ew – Höhe 80 m 35 **B12**
▶ Berlin 607 – Düsseldorf 55 – Aachen 31 – Köln 53

Kaiserhof
Bahnhofstr. 5 ⌧ 52428 – ℰ (02461) 6 80 70 – info@kaiserhof-juelich.de – Fax (02461) 680777
41 Zim ⌑ – †62/75 € ††92/97 € – **Rest** – *(geschl. Samstagmittag, Sonntagabend)* Karte 29/41 €
♦ Am Rand des Zentrums liegt dieses von Geschäftsleuten geschätzte Hotel. Die Zimmer sind mit unterschiedlichem Mobiliar bestückt und in wohnlichem Stil gehalten. Hotel-Restaurant mit klassischer Aufmachung.

JÜTERBOG – Brandenburg – 542 – 13 450 Ew – Höhe 71 m 32 **O9**
▶ Berlin 71 – Potsdam 58 – Cottbus 105 – Dessau 82
🛈 Mönchenkirchplatz, ⌧14913, ℰ (03372) 46 31 13, stadtinformation@jueterbog.de

In Kloster Zinna Nord-Ost : 4,5 km über B 101, Richtung Luckenwalde :

Alte Försterei
Markt 7 ⌧ 14913 – ℰ (03372) 46 50 – alte-foersterei@romantikhotels.com – Fax (03372) 406577
20 Zim ⌑ – †59/84 € ††99/114 €
Rest *Friedrichs Stuben* – Menü 28 € – Karte 21/27 €
Rest *12 Mönche* – Karte 13/21 €
♦ Hübsche Details wie Landhausmöbel, Antiquitäten und schöne alte Bodenfliesen begleiten Sie durch das einstige Forsthaus von 1765. Stilvoll: Friedrichs Stuben. Gemütliche weinberankte Innenhofterrasse. Im ehemaligen Pferdestall: die Schankstube 12 Mönche.

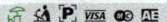

> Wir bemühen uns bei unseren Preisangaben um grösstmögliche Genauigkeit. Aber alles ändert sich! Lassen Sie sich daher bei Ihrer Reservierung den derzeit gültigen Preis mitteilen.

JUGENHEIM – Rheinland-Pfalz – 543 – 1 640 Ew – Höhe 155 m 47 **E15**
▶ Berlin 603 – Mainz 20 – Neustadt an der Weinstraße 91

Weedenhof mit Zim
Mainzerstr. 6 ⌧ 55270 – ℰ (06130) 94 13 37 – weedenhof.info@michael-knoell.de – Fax (06130) 941338 – geschl. Juli - Aug. 2 Wochen
7 Zim – †50/55 € ††70/75 € – **Rest** – *(geschl. Montag - Dienstag, Mittwoch - Samstag nur Abendessen)* Menü 28/37 € – Karte 21/34 €
♦ Ein kleiner Gutshof in der Ortsmitte. Im hübsch dekorierten Restaurant mit gemütlich-rustikalem Ambiente serviert man freundlich internationale, teils regionale Küche. Zum Übernachten stehen nette Zimmer im Landhausstil bereit.

JUIST (INSEL) – Niedersachsen – 541 – 1 810 Ew – Höhe 3 m – Insel der Ostfriesischen Inselgruppe – Seeheilbad 7 **C5**
▶ Berlin 537 – Hannover 272 – Emden 37 – Aurich/Ostfriesland 31
Autos nicht zugelassen
🚢 von Norddeich (ca. 1 h 30 min), ℰ (04931) 98 70
🛈 Friesenstr. 18 (Altes Warmbad), ⌧ 26571, ℰ (04935) 80 9222, info@juist.de

Achterdiek
Wilhelmstr. 36 ⌧ 26571 – ℰ (04935) 80 40 – info@hotel-achterdiek.de – Fax (04935) 1754 – geschl. 23. Nov. - 22. Dez.
49 Zim ⌑ – †135/160 € ††242/330 € – ½ P 30 € – **Rest** – Menü 35 € – Karte 33/44 €
♦ Freundlich kümmert man sich in diesem recht ruhig gelegenen Hotel um die Gäste. Angenehm sind auch die hübschen Zimmer, die Einrichtung reicht von modern bis romantisch. Elegantes Restaurant und Terrasse mit Deichblick. Internationale Küche.

676

JUIST (INSEL)

Strandhotel Kurhaus Juist
Strandpromenade 1 ⊠ 26571 – ℰ (04935) 91 60 – hotel@kurhaus-juist.de – Fax (04935) 916222 – geschl. 7. - 31. Jan.
69 Zim – †115/375 € ††125/490 € – ½ P 28 € – 47 Suiten
Rest – *(nur Abendessen)* Karte 36/39 €

♦ Wunderschön anzusehen ist das "weiße Schloss am Meer", herrlich die Lage am Strand bzw. an den Dünen. Die hübschen Zimmer sind meist als Maisonetten oder Suiten angelegt. Stuckverzierungen und Leuchter unterstreichen das elegante Ambiente im Restaurant.

Pabst
Strandstr. 15 ⊠ 26571 – ℰ (04935) 80 50 – info@hotelpabst.de – Fax (04935) 805155 – geschl. 7. - 30. Jan., 30. Nov. - 20. Dez.
61 Zim – †110/180 € ††220/320 € – ½ P 35 € – 4 Suiten
Rest *Rüdiger's* – *(geschl. außer Saison Sonntagabend - Dienstagmittag)* Menü 35/45 € – Karte 28/35 €

♦ Bereits in der vierten Generation wird dieses Ferienhotel von der Inhaberfamilie geführt. In den Gästezimmern schafft eine helle, wohnliche Einrichtung Behaglichkeit. Gemütlich-gediegenes Restaurant im friesischen Stil.

Juister Hof
⊠ 26571 – ℰ (04935) 9 20 40 – info@juister-hof.de – Fax (04935) 920433 – geschl. 14. Jan. - 27. Feb.
38 Zim – †76/210 € ††84/233 €, ⊊ 15 € – ½ P 29 € – **Rest** – *(geschl. Montag - Dienstag, nur Abendessen)* Karte 32/39 €

♦ Ein gut geführtes Haus in strandnaher Lage. Die geräumigen Gästezimmer bieten teils Balkon und einen schönen Blick aufs Meer, alle sind mit Küchenzeile ausgestattet. Gepflegtes Restaurant mit Holzfußboden und Wintergarten.

Friesenhof
Strandstr. 21 ⊠ 26571 – ℰ (04935) 80 60 – anfrage@friesenhof.info – Fax (04935) 1812 – geschl. 4. Jan. - 14. März, 2. Nov. - 26. Dez.
80 Zim ⊊ – †78/95 € ††120/161 € – ½ P 16 € – **Rest** – Karte 19/43 €

♦ Mitten im Ort liegt das von der Inhaberfamilie geleitete Hotel mit soliden, wohnlich möblierten Gästezimmern. Schön: die Treppe aus der Zeit um die Jahrhundertwende. Restaurant in bürgerlichem Stil sowie eine rustikale Bierstube.

Westfalenhof
Friesenstr. 24 ⊠ 26571 – ℰ (04935) 9 12 20 – info@hotel-westfalenhof.de – Fax (04935) 912250 – geschl. 13. Okt. - 26. Dez., 6. Jan - 13. März
24 Zim ⊊ – †67/82 € ††104/148 € – ½ P 15 € – **Rest** – *(geschl. 13. Okt. - 31. Dez., 6. Jan. - 30. April)* (nur Abendessen für Hausgäste)

♦ Die gute familiäre Führung, wohnliche Zimmer und die zentrale Lage im Ort machen dieses Hotel aus. Recht großzügig sind die Eckzimmer.

> Luxuriös oder eher schlicht?
> Die Symbole ✕ und 🏠 kennzeichnen den Komfort.

KAARST – Nordrhein-Westfalen – siehe Neuss

KAHL AM MAIN – Bayern – **546** – 7 190 Ew – Höhe 110 m **48 G15**
▶ Berlin 538 – München 369 – Frankfurt am Main 36 – Aschaffenburg 16

Zeller
Aschaffenburger Str. 2 (B 8) ⊠ 63796 – ℰ (06188) 91 80 – rezeption@hotel-zeller.de – Fax (06188) 918100 – geschl. 23. Dez. - 2. Jan. (Hotel)
85 Zim ⊊ – †85/110 € ††135/145 € – **Rest** – *(geschl. 23. Dez. - 7. Jan. und Samstagmittag, Sonntag)* Menü 38/49 € – Karte 29/46 €

♦ Ein erweitertes historisches Gasthaus unter engagierter Leitung. Ein Teil der Zimmer ist besonders modern und hochwertig, ruhiger im hinteren Anbau. Gute Tagungsmöglichkeiten. Traditionelle Gaststube und neuzeitliches Restaurant mit freundlichem Service.

KAHL AM MAIN

Am Leinritt garni
Leinrittstr. 2 (Gewerbegebiet Mainfeld) ⊠ 63796 – ℰ (06188) 91 18 80 – info@hotel-amleinritt.de – Fax (06188) 9118888
32 Zim – †69/79 € ††91/105 €
• Das gut geführte, recht ruhig gelegene Hotel verfügt über zeitgemäße, wohnliche Zimmer, einen Freizeitraum mit Bar, Billard und Dart und eine Küche für Selbstversorger.

Dörfler
Westring 10 ⊠ 63796 – ℰ (06188) 9 10 10 – info@hotel-doerfler.de – Fax (06188) 910133 – geschl. 27. Dez. - 6. Jan.
18 Zim ⊇ – †58 € ††88 € – **Rest** – (geschl. Samstagmittag) Karte 17/36 €
• Am Fuße des Spessarts finden Sie diesen typischen Landgasthof mit einer familiären Atmosphäre und tadellosen, praktisch ausgestatteten Zimmern. Rustikale Gaststube.

Mainlust garni (mit Gästehäusern)
Aschaffenburger Str. 12 (B 8) ⊠ 63796 – ℰ (06188) 20 07 – Fax (06188) 2008
30 Zim ⊇ – †47/50 € ††66 €
• Eine gepflegte Adresse im Zentrum mit praktisch und solide eingerichteten Gästezimmern. Großzügiger und komfortabler sind einige neuere Zimmer.

> Gute und preiswerte Häuser kennzeichnet das Michelin-Männchen, der „Bib":
> der rote „Bib Gourmand" 🍴 für die Küche,
> der blaue „Bib Hotel" 🛏 bei den Zimmern.

KAHLA – Thüringen – 544 – 7 460 Ew – Höhe 160 m   41 L13
▪ Berlin 264 – Erfurt 55 – Gera 48

Zum Stadttor
Jenaische Str. 24 ⊠ 07768 – ℰ (036424) 83 80 – hotel-stadttor@web.de – Fax (036424) 83833
14 Zim ⊇ – †49/59 € ††68/78 € – **Rest** – Karte 12/27 €
• Schön hat man das in die alte Stadtmauer integrierte Haus von 1468 saniert. Die einstige Herberge und Fleischerei ist heute ein kleiner Familienbetrieb mit wohnlichen Zimmern. Hübsch dekoriertes, gemütlich-rustikales Restaurant mit netter Terrasse im Innenhof.

KAISERSBACH – Baden-Württemberg – 545 – 2 680 Ew – Höhe 565 m – Erholungsort   55 H18
▪ Berlin 575 – Stuttgart 56 – Heilbronn 53 – Schwäbisch Gmünd 50

In Kaisersbach-Ebni Süd-West : 3 km, Richtung Althütte :

Schassberger Ebnisee
Winnender Str. 10 ⊠ 73667 – ℰ (07184) 29 20 – info@schassberger.de – Fax (07184) 292204
47 Zim ⊇ – †80/92 € ††120/198 € – ½ P 25 €
Rest *Ernst Karl* – (geschl. 7. Jan. - Ende März und Sonntagabend - Donnerstagmittag) (Tischbestellung ratsam) Menü 55/95 €
Rest *Flößerstub* – Menü 20/33 € – Karte 29/48 €
Spez. Kabeljau auf zwei Arten - als Brandade und in Olivenöl pochiert. Crepinette vom Charolais Rind und Gänseleber mit Trüffeljus. Knuspriges mit Praline und Zitrone.
• Das Hotel liegt nahe am Ebnisee und wird sehr engagiert geführt. Man bietet eine gediegen-elegante Lobby und individuell eingerichtete Zimmer. Klassische Küche mit mediterranem und kreativem Touch im stilvollen Restaurant Ernst Karl. Regionstypisch: die Flößerstub.

KAISERSLAUTERN – Rheinland-Pfalz – 543 – 99 100 Ew – Höhe 251 m 46 **D16**

▶ Berlin 642 – Mainz 90 – Saarbrücken 70 – Karlsruhe 88
ADAC Altstadt-Parkhaus, Salzstraße/Rittersbergstraße
🛈 Fruchthallstr. 14, ✉ 67653, ☎ (0631) 3 65 23 17, touristinformation@kaiserslautern.de
🏌 Mackenbach, Am Hebenhübel ☎ (06374) 99 46 33 A
🏌 Börrstadt, Röderhof 3b ☎ (06357) 9 60 94 D

Stadtpläne siehe nächste Seiten

Novotel
St.-Quentin-Ring 1 (über Kantstraße D) ✉ 67663 – ☎ (0631) 2 01 50 – h5399@accor.com – Fax (0631) 27640
149 Zim – ♦80/125 € ♦♦90/160 €, ⚟ 16 € – **Rest** – Karte 26/40 €
♦ Nicht weit vom legendären "Betze" mit dem Fritz-Walter-Stadion steht dieses moderne Hotel mit Balkonfassade. Funktionell sind die Zimmer mit hellen Einbaumöbeln eingerichtet. Restaurant mit großer Fensterfront und internationalem Speisenangebot.

Zollamt
Buchenlochstr. 1 ✉ 67663 – ☎ (0631) 3 16 66 00 – info@hotel-zollamt.de – Fax (0631) 3166666 B e
33 Zim ⚟ – ♦78/119 € ♦♦95/155 € – **Rest** – (nur Abendessen) Karte 25/46 €
♦ In einem Wohngebiet in Bahnhofsnähe gelegenes Stadthaus mit freundlichem und modernem Ambiente. Besonders hübsch sind die French-Zimmer in geradlinigem Design.

Schulte's hôtel du vin
Malzstr. 7 ✉ 67663 – ☎ (0631) 20 16 90 – info@schultes-hotelduvin.de – Fax (0631) 2016919 – geschl. 22. Dez. - 6. Jan. C b
14 Suiten – ♦95/140 € ♦♦120/180 €, ⚟ 10 € – **Rest** – (geschl. Freitag - Sonntag, nur Abendessen) Karte 23/27 €
♦ Hochwertig, wohnlich und sehr individuell hat man die als Suiten angelegten Zimmer dieses Hauses mit schönen Stilmöbeln eingerichtet. Elegantes Restaurant mit Vinothek und kleiner Kaminlounge. Weinempfehlungen durch den Chef.

Stadthotel garni
Friedrichstr. 39 ✉ 67655 – ☎ (0631) 36 26 30 – info@stadthotel-kl.de – Fax (0631) 3626350 D c
21 Zim ⚟ – ♦65/69 € ♦♦83/95 €
♦ Ein gut geführtes Haus in Zentrumsnähe mit wohnlichen und praktisch eingerichteten Zimmern. Im Frühstücksraum mit Buffet können Sie sich für den Tag stärken.

Lautertalerhof garni
Mühlstr. 31 ✉ 67659 – ☎ (0631) 3 72 60 – info@lautertalerhof.de – Fax (0631) 73033 – geschl. 21. Dez. - 6. Jan. B a
37 Zim ⚟ – ♦59/69 € ♦♦85/95 €
♦ Nahe dem Zentrum liegt dieses gut geführte Hotel, das über hell, freundlich und modern eingerichtete Gästezimmer verfügt.

Bistro 1A
Pirmasenser Str. 1a ✉ 67655 – ☎ (0631) 6 30 59 – franco-1a@freenet.de – Fax (0631) 92104 – geschl. Sonn- und Feiertage C f
Rest – Karte 13/30 €
♦ Ein farbenfrohes Bistro mit breit gefächertem Angebot an internationalen Gerichten mit italienischem Einschlag und ansprechendem Vorspeisenbuffet. Eiscafé im vorderen Bereich.

In Kaiserslautern-Eselsfürth Nord-Ost : 6 km über Mainzer Straße D, in Richtung Mehlingen :

Barbarossahof (mit Gästehäusern)
Eselsfürth 10 ✉ 67657 – ☎ (0631) 4 14 40 – hotel@barbarossahof.com – Fax (0631) 4144200
113 Zim ⚟ – ♦69/85 € ♦♦89/99 € – **Rest** – Menü 20/33 € – Karte 17/35 €
♦ Der traditionsreiche Familienbetrieb - von der Autobahn schnell zu erreichen - bietet meist mit dunklem Mobiliar im italienischen Stil eingerichtete Zimmer. Mit Juniorsuiten. Rustikales Restaurant mit internationaler Speisenauswahl.

KAISERSLAUTERN

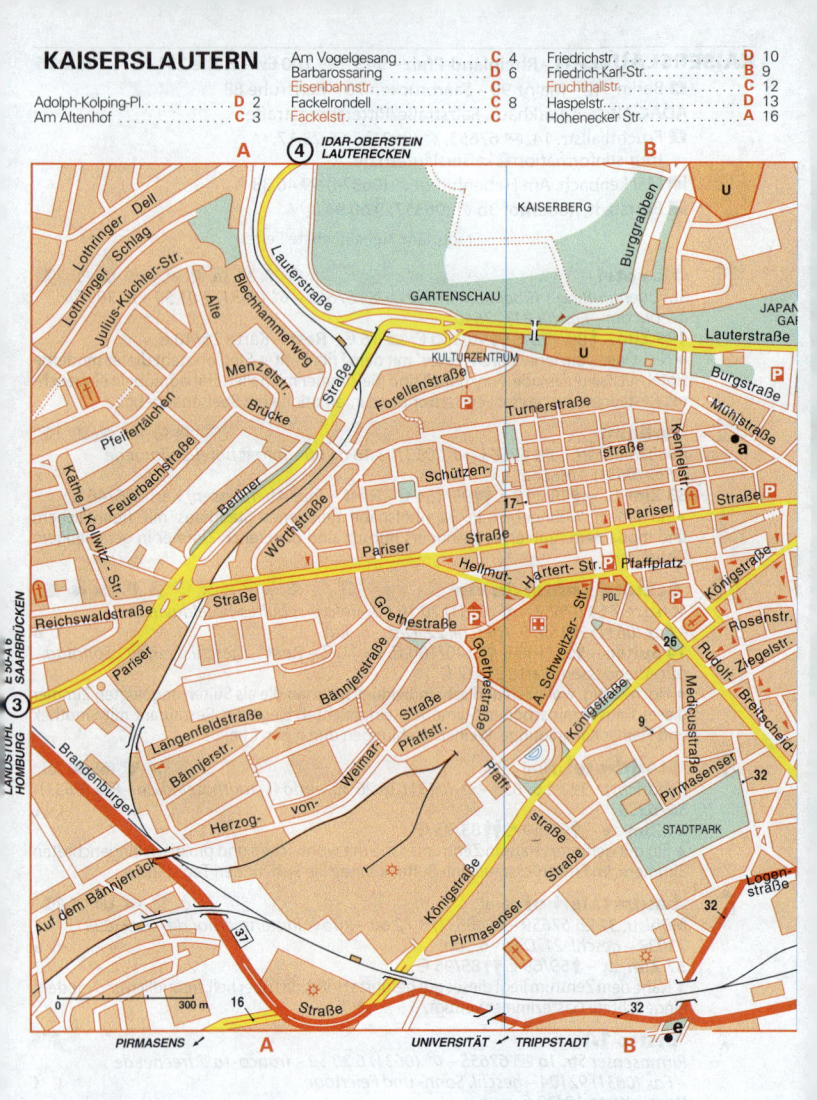

Adolph-Kolping-Pl.	**D** 2
Am Altenhof	**C** 3
Am Vogelgesang	**C** 4
Barbarossaring	**D** 6
Eisenbahnstr.	**C**
Fackelrondell	**C** 8
Fackelstr.	**C**
Friedrichstr.	**D** 10
Friedrich-Karl-Str.	**B** 9
Fruchthallstr.	**C** 12
Haspelstr.	**D** 13
Hohenecker Str.	**A** 16

In Kaiserslautern-Dansenberg Süd-West : 6 km über Hohenecker Straße A :

Fröhlich   Biergarten

Dansenberger Str. 10 ✉ 67661 – ℘ (0631) 35 71 60
– info@hotel-froehlich.de
– Fax (0631) 3571666
30 Zim ☕ – **♦**49/72 € **♦♦**79/98 €
Rest – *(geschl. Jan. 1 Woche und Montagmittag)* Menü 16/18 € – Karte 18/38 €
♦ In dem Haus, das seit fünf Generationen familiär geführt wird, erwarten Sie gepflegte, technisch ansprechende Zimmer. Neuere Zimmer und Studios im Anbau. Kosmetik und Massage. Bürgerlich-ländliches Restaurant.

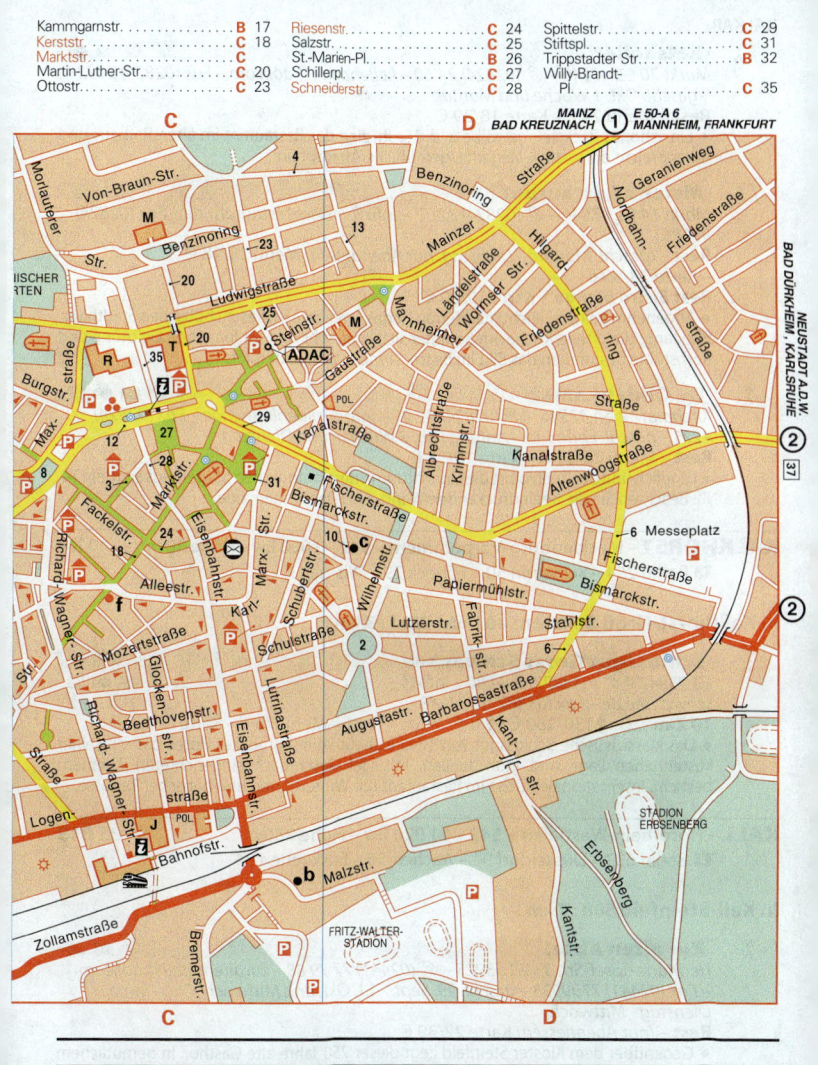

Kammgarnstr. . . . . **B** 17	Riesenstr. . . . . **C** 24	Spittelstr. **C** 29
Kerststr. . . . . **C** 18	Salzstr. . . . . **C** 25	Stiftspl. . . . . **C** 31
Marktstr. **C**	St.-Marien-Pl. . . . . **C** 26	Trippstadter Str. . . . . **B** 32
Martin-Luther-Str. . . . . **C** 20	Schillerpl. . . . . **C** 27	Willy-Brandt-
Ottostr. . . . . **C** 23	Schneiderstr. . . . . **C** 28	Pl. . . . . **C** 35

KALKAR – Nordrhein-Westfalen – 543 – 14 000 Ew – Höhe 15 m — 25 **B10**

▶ Berlin 587 – Düsseldorf 81 – Nijmegen 35 – Wesel 35

🛈 Markt 20, ✉ 47546, ✆ (02824) 1 31 20, info@kalkar.de

🏌 Kalkar-Niedermörmter, Mühlenhof ✆ (02824) 92 40 40

🏌 Bedburg-Hau, Schloss Moyland ✆ (02824) 9 52 50

👁 Nikolaikirche (Ausstattung★★)

Siekmann

Kesselstr. 32 ✉ *47546 – ✆ (02824) 9 24 50 – info@hotel-siekmann-kalkar.de – Fax (02824) 3105 – geschl. 22. Dez. - 3. Jan.*

11 Zim ⊇ – †40/60 € ††70/90 € – **Rest** – *(geschl. Mittwoch)* Karte 16/29 €

♦ In einer Häuserreihe im Zentrum steht dieses Stadthaus mit Klinkerfassade - ein familiengeführtes kleines Hotel mit recht individuell eingerichteten Zimmern. Mit viel Holz bürgerlich-rustikal gestaltetes Restaurant.

KALKAR

Ratskeller
Markt 20 ⊠ 47546 – ℰ (02824) 24 60 – kellendonk@aol.com – Fax (02824) 2092 – geschl. Okt. 1 Woche und Montag
Rest – Menü 24 € – Karte 18/39 €
♦ Ein schönes Backsteingewölbe a. d. 15. Jh. ziert das Restaurant im alten Rathaus und unterstreicht die rustikal-elegante, gemütliche Atmosphäre.

Meier's Restaurant
Markt 14 ⊠ 47546 – ℰ (02824) 32 77 – info@meiers-restaurant.de – Fax (02824) 971851
Rest – *(geschl. Montag - Dienstag, nur Abendessen)* Menü 38/48 €
– Karte 23/39 €
Rest *Bistro Mango* – Karte 19/30 €
♦ Angenehm hell und leicht mediterran ist das Ambiente in diesem hübschen Stadthaus. Blickfang: die offene Küche. Im Sommer sitzt man sehr nett im Innenhof. Gelbtöne und Korbstühle bestimmen das Bild im Bistro. Terrasse zum Marktplatz.

De Gildenkamer
Kirchplatz 2 ⊠ 47546 – ℰ (02824) 42 21 – info@gildenkamer.de – Fax (02824) 4221 – geschl. Ende Jan. - Anfang Feb. 2 Wochen und Dienstag
Rest – Menü 26/36 € – Karte 19/37 €
♦ Ländlich und doch stilvoll ist die Einrichtung in dem historischen Bürgerhaus aus dem 14. Jh. Beachten Sie die beeindruckenden Wand- und Deckengemälde.

KALKHORST – Mecklenburg-Vorpommern – **542** – 2 000 Ew – Höhe 30 m   11 **K4**
▶ Berlin 254 – Schwerin 50 – Lübeck 29 – Wismar 31

In Kalkhorst-Groß Schwansee Nord-West : 3 km :

Schlossgut Gross Schwansee
⊠ 23942 – ℰ (038827) 8 84 80 – info@schwansee.de – Fax (038827) 884848
10 Zim ⊇ – †130/180 € ††160/205 € – **Rest** – Menü 78 € – Karte 33/53 €
♦ Das klassizistische Schlossgut von 1745 ist heute ein schmuckes Hotel, das mit seiner küstennahen Lage und individuellen, mit viel Geschmack eingerichteten Zimmern besticht. Internationale Küche im Restaurant mit Wintergarten und hübscher Terrasse.

KALL – Nordrhein-Westfalen – **543** – 11 920 Ew – Höhe 380 m   35 **B13**
▶ Berlin 633 – Düsseldorf 94 – Aachen 56 – Euskirchen 24

In Kall-Steinfeld Süd : 7 km :

Zur alten Abtei
Hermann-Josef-Str. 33 ⊠ 53925 – ℰ (02441) 77 79 88 – zuraltenabtei@aol.com – Fax (02441) 7799958 – geschl. 29. Sept. - 11. Okt. und Mittwoch, Okt. - März Dienstag - Mittwoch
Rest – *(nur Abendessen)* Karte 22/39 €
♦ Gegenüber dem Kloster Steinfeld liegt dieser 250 Jahre alte Gasthof. In gemütlichem Ambiente serviert man eine bürgerliche Küche mit regionalem Einschlag.

KALLMÜNZ – Bayern – **546** – 2 910 Ew – Höhe 344 m   58 **M17**
▶ Berlin 479 – München 151 – Regensburg 29 – Amberg 37
◉ Burgruine : ≤ ★

Zum Goldenen Löwen mit Zim
Alte Regensburger Str. 18 ⊠ 93183 – ℰ (09473) 3 80 – goldener-loewe.luber@gmx.de – Fax (09473) 90090 – geschl. 20. - 31. Okt.
7 Zim ⊇ – †40 € ††70 € – **Rest** – *(geschl. Montag - Dienstag, nur Abendessen)* (Tischbestellung erforderlich) Karte 21/31 €
♦ In dem a. d. 17. Jh. stammenden Gasthaus der Familie Luber erwartet Sie eine gemütlich-rustikale Stube mit freundlichem Service und regionaler Küche. Lauschige Hofterrasse. Hübsche, individuell eingerichtete Zimmer.

KALLSTADT – Rheinland-Pfalz – 543 – 1 170 Ew – Höhe 152 m — 47 **E16**

▶ Berlin 636 – Mainz 69 – Mannheim 26 – Kaiserslautern 37

Kallstadter Hof
Weinstr. 102 ⊠ 67169 – ℰ (06322) 89 49 – kallstadterhof@aol.com – Fax (06322) 66040
14 Zim ⊆ – †65/85 € ††75/100 € – **Rest** – (Tischbestellung ratsam) Menü 25/30 € – Karte 17/34 €

♦ In diesem Gasthof stehen den Besuchern mit hellen Naturholzmöbeln wohnlich eingerichtete Zimmer zur Verfügung. Zum Haus gehört auch ein sehenswerter Weinkeller aus dem 17. Jh. In gemütlichen Gasträumen serviert man internationale Küche.

Müller's Landhotel garni
Freinsheimer Str. 24 ⊠ 67169 – ℰ (06322) 27 92 – info@muellers-landhotel.de – Fax (06322) 8298 – geschl. 14. - 28. Dez.
10 Zim ⊆ – †58/68 € ††78/98 €

♦ Zu dem gegenüberliegenden Weingut gehört dieses nette kleine Gästehaus. Freundliche Farben und ein mediterraner Touch machen die Zimmer wohnlich.

Weinkastell Zum Weißen Roß mit Zim
Weinstr. 80 ⊠ 67169 – ℰ (06322) 50 33 – weinkastell-kohnke@t-online.de – Fax (06322) 66091 – geschl. Jan. - Mitte Feb.
14 Zim ⊆ – †55/75 € ††85/105 € – **Rest** – (geschl. Juli 2 Wochen und Montag - Dienstag) Menü 27/45 € – Karte 36/63 €

♦ Hübsche Nischen und eine von Säulen getragene Gewölbedecke geben dem Inneren dieses alten Fachwerkhauses seinen gemütlich-rustikalen Charakter. Innenhof. Wohnliche Zimmer.

Weinhaus Henninger
Weinstr. 93 ⊠ 67169 – ℰ (06322) 22 77 – info@weinhaus-henninger.de – Fax (06322) 62861 – geschl. Montagmittag
Rest – Karte 20/37 €

♦ Ein alter Kachelofen ziert die holzgetäfelte Gaststube des rustikalen Weinhauses. Man bietet regionale Küche und meist aus Eigenanbau stammende Weine. Nette Innenhofterrasse.

KALTENBORN – Rheinland-Pfalz – siehe Adenau

KALTENENGERS – Rheinland-Pfalz – 543 – 1 920 Ew – Höhe 63 m — 36 **D14**

▶ Berlin 589 – Mainz 111 – Koblenz 11 – Bonn 52

Rheinhotel Larus
In der Obermark 7 ⊠ 56220 – ℰ (02630) 9 89 80 – info@rheinhotel-larus.de – Fax (02630) 989898
32 Zim ⊆ – †77/100 € ††110/130 € – **Rest** – Karte 26/41 €

♦ Direkt am Rhein liegt das moderne Hotel mit soliden und neuzeitlichen Zimmern und Appartements. Aufgrund der technischen Ausstattung gut geeignet für Tagungen. Hotelrestaurant mit Blick auf den Fluss.

KALTENKIRCHEN – Schleswig-Holstein – 541 – 19 190 Ew – Höhe 31 m — 10 **I4**

▶ Berlin 316 – Kiel 61 – Hamburg 42 – Itzehoe 40
Kisdorferwohld, Am Waldhof 3 – ℰ (04194) 9 97 40

Landhotel Dreiklang
Norderstr. 6 ⊠ 24568 – ℰ (04191) 92 10 – info@landhotel-dreiklang.de – Fax (04191) 921100
60 Zim ⊆ – †119/135 € ††154/178 € – 5 Suiten
Rest – Karte 24/36 €

♦ Mit Pinienmöbeln, hübschen Stoffen und warmen Farben hat man die Zimmer dieses Hotels wohnlich im Landhausstil gestaltet. Separates Seminarhaus. Neuzeitlich und freundlich: die Restaurants Lorbeer und Speisekammer. Regionales und internationales Angebot.

KALTENNORDHEIM – Thüringen – **544** – 1 940 Ew – Höhe 440 m 39 **I13**
▶ Berlin 395 – Erfurt 115 – Fulda 44 – Bad Hersfeld 74

Auf dem Ellenbogen Süd-West : 12 km – Höhe 814 m

Eisenacher Haus ←Biergarten
Frankenheimer Str. 84 ⊠ 98634 – ℰ (036946) 36 00 – info@eisenacher-haus.de – Fax (036946) 36060
44 Zim ⊆ – †40/50 € ††60/110 € – ½ P 15 € – **Rest** – Karte 14/30 €
♦ Der traditionsreiche Berggasthof liegt in der thüringischen Rhön. Die Zimmer sind teils einfach-rustikal, teils bieten Sie guten modernen Komfort. Viele Freizeitmöglichkeiten. Sie speisen in gepflegten Restauranträumen.

KAMEN – Nordrhein-Westfalen – **543** – 46 080 Ew – Höhe 65 m 26 **D10**
▶ Berlin 476 – Düsseldorf 89 – Dortmund 25 – Hamm in Westfalen 15

Nahe der A 1 Süd : 2 km an der Ausfahrt Kamen-Zentrum :

Park Inn
Kamen Karrée 2/3 ⊠ 59174 Kamen – ℰ (02307) 96 90 – kamen@eventhotels.com – Fax (02307) 969666
94 Zim – †99/125 € ††104/130 €, ⊆ 14 € – **Rest** – Karte 22/36 €
♦ Das neuere Tagungshotel liegt an der Grenze zwischen den Städten Kamen und Unna. Alle Zimmer sind mit hellen Buchenholzmöbeln praktisch und komfortabel eingerichtet.

KAMENZ – Sachsen – **544** – 18 440 Ew – Höhe 170 m 33 **Q11**
▶ Berlin 171 – Dresden 47 – Bautzen 24
🛈 Pulsnitzer Str. 11, ⊠ 01917, ℰ (03578) 7 00 01 11, kamenz-info@t-online.de

Villa Weiße garni
Poststr. 17 ⊠ 01917 – ℰ (03578) 37 84 70 – info@villa-weisse.de – Fax (03578) 3784730
14 Zim ⊆ – †54/60 € ††76/87 €
♦ In der an einen schönen Park grenzenden Villa des Kunst- und Handelsgärtners Wilhelm Weiße befindet sich heute ein gepflegtes kleines Hotel. Café mit Blick ins Grüne.

KAMP-BORNHOFEN – Rheinland-Pfalz – **543** – 1 690 Ew – Höhe 69 m 36 **D14**
▶ Berlin 623 – Mainz 83 – Koblenz 24 – Wiesbaden 65

Anker
Rheinuferstr. 46 ⊠ 56314 – ℰ (06773) 2 15 – hotel-anker@ngi.de – Fax (06773) 959960 – geschl. Nov. – 16. März
15 Zim ⊆ – †38/50 € ††65/75 € – **Rest** – (geschl. Dienstagmittag) Karte 21/33 €
♦ Das 450 Jahre alte Haus liegt direkt am Rhein, gegenüber dem Schiffsanleger. Es ist bereites in der 19. Generation im Familienbesitz und wird seither als Hotel betrieben. Holzvertäfeltes Restaurant mit internationaler Speisekarte.

KAMPEN – Schleswig-Holstein – siehe Sylt (Insel)

KANDEL – Rheinland-Pfalz – **543** – 8 400 Ew – Höhe 123 m 54 **E17**
▶ Berlin 681 – Mainz 122 – Karlsruhe 20 – Landau in der Pfalz 16

Zur Pfalz
Marktstr. 57 ⊠ 76870 – ℰ (07275) 9 85 50 – info@hotelzurpfalz.de – Fax (07275) 9855496
60 Zim ⊆ – †63/82 € ††84/102 € – **Rest** – (geschl. Montagmittag) Menü 36/44 € – Karte 18/40 €
♦ Mit pfälzischer Freundlichkeit werden die Gäste dieses Hotels empfangen. Solide und praktisch ausgestattete Zimmer sowie ein Saunabereich runden das Angebot ab. Gediegen-rustikales Lokal - im Sommer mit Gartenrestaurant.

KANDERN – Baden-Württemberg – 545 – 8 040 Ew – Höhe 352 m – Erholungsort
61 **D21**

▶ Berlin 845 – Stuttgart 252 – Freiburg im Breisgau 46 – Basel 21

🛈 Hauptstr. 18, ✉ 79400, ℰ (07626) 97 23 56, verkehrsamt@kandern.de

Kandern, Feuerbacherstr. 35 ℰ (07626) 97 79 90

Vogelpark Steinen ★ (Süd-Ost : 10 km)

Zur Weserei (mit Gästehaus)
Hauptstr. 81 ✉ 79400 – ℰ (07626) 97 79 70 – info@weserei.de
– Fax (07626) 6581
19 Zim ⊡ – †56/95 € ††90/100 € – ½ P 22 € – **Rest** – *(geschl. 27. Jan. - 5. Feb. und Montag - Dienstagmittag)* Menü 38/51 € – Karte 21/33 €

♦ Erholung im Markgräfler Land: In dem Hotelgästehaus des historischen Gasthofs erwarten den Besucher komfortable, mit Wurzelholzmöbeln eingerichtete Zimmer. Urige Gaststuben mit rustikalem Flair.

In Kandern-Egerten Süd : 8 km über Wollbach :

Jägerhaus
Wollbacher Str. 28 ✉ 79400 – ℰ (07626) 87 15 – info@restaurant-jaegerhaus.de
– Fax (07626) 970549 – geschl. Jan., Aug. und Montag - Dienstag
Rest – *(Mittwoch - Samstag nur Abendessen)* (Tischbestellung ratsam) Menü 58 €
– Karte 30/52 €

♦ Neben einem freundlichen, mit vielen Bildern dekorierten Restaurant beherbergt dieses nette Haus auch ein kleines Museum mit einer Ausstellung des Lebenswerks von Max Böhlen.

KAPPEL-GRAFENHAUSEN – Baden-Württemberg – 545 – 4 870 Ew – Höhe 164 m
53 **D19**

▶ Berlin 772 – Stuttgart 165 – Freiburg 39 – Offenburg 31

Im Ortsteil Grafenhausen

Engel
Hauptstr. 90 ✉ 77966 – ℰ (07822) 64 02 – hb@engel-grafenhausen.de
– Fax (07822) 61056
15 Zim ⊡ – †48/65 € ††75/90 € – **Rest** – *(geschl. Mitte - Ende Nov. und Mittwoch, Montag - Samstag nur Abendessen)* Karte 13/35 €

♦ In der Nähe des Europaparks Rust liegt der kleine Familienbetrieb, der über zeitgemäß und funktionell eingerichtete Gästezimmer verfügt. Restaurant in ländlichem Stil.

KAPPELN – Schleswig-Holstein – 541 – 9 810 Ew – Höhe 10 m – Erholungsort
2 **I2**

▶ Berlin 404 – Kiel 60 – Flensburg 48 – Schleswig 32

🛈 Schlesiger Str. 1, ✉ 24376, ℰ (04642) 40 27, touristinfo@kappeln.de

Rabenkirchen-Faulück, Morgensterner Str. 6 ℰ (04642) 38 53

Thomsen's Motel garni
Theodor-Storm-Str. 2 (B 203) ✉ 24376 – ℰ (04642) 10 52 – thomsensmotel@
aol.com – Fax (04642) 7154
26 Zim ⊡ – †47/55 € ††80/90 €

♦ Hier finden Sie eine solide und gut unterhaltene Übernachtungsadresse. Im Erdgeschoss haben die Zimmer Kochgelegenheiten und sind von außen zugänglich.

Speicher No. 5
Am Hafen 19a ✉ 24376 – ℰ (04642) 54 51 – Fax (04642) 5451 – geschl. 1. - 24. Jan. und Montag
Rest – *(Dienstag - Samstag nur Abendessen)* (Tischbestellung ratsam)
Menü 44/69 € – Karte 22/36 €

♦ Ein kleines, unaufdringlich und schlicht dekoriertes Restaurant in einem ehemaligen Speicherhaus am Hafen. Am Herd steht der Chef, den Service leitet die charmante Chefin.

KAPPELRODECK – Baden-Württemberg – 545 – 5 810 Ew – Höhe 220 m – Erholungsort
54 **E19**

▶ Berlin 731 – Stuttgart 132 – Karlsruhe 60 – Freudenstadt 40

🛈 Hauptstr. 65, ✉ 77876, ℰ (07842) 8 02 10, tourist-info@kappelrodeck.de

KAPPELRODECK
In Kappelrodeck-Waldulm Süd-West : 2,5 km :

Zum Rebstock mit Zim
Kutzendorf 1 – ⊠ 77876 – ℰ (07842) 94 80 – info@rebstock-waldulm.de – Fax (07842) 94820
10 Zim ⌑ – †38/48 € ††68/92 € – **Rest** – (geschl. Montag - Dienstagmittag) (Tischbestellung ratsam) Menü 35/39 € – Karte 22/36 €

♦ Bereits seit 1750 ist dieser typisch badische Gasthof in Familienhand. In sehr gemütlichen, charmanten Stuben lässt man sich die frische marktorientierte Küche schmecken. Zum Übernachten stehen hübsche Gästezimmer in behaglich-ländlichem Stil bereit.

KARBEN – Hessen – 543 – 21 570 Ew – Höhe 125 m   47 F14
▶ Berlin 29 – Wiesbaden 56 – Frankfurt am Main 18 – Gießen 60

Neidharts Küche
Robert-Bosch-Str. 48 (Gewerbegebiet) ⊠ 61184 – ℰ (06039) 93 44 43 – neidharts-kueche@t-online.de – Fax (06039) 934446 – geschl. Jan. 1 Woche, Aug. 1 Woche und Montag, Samstagmittag
Rest – Menü 24/38 € – Karte 27/40 €

♦ Das hell und modern eingerichtete Restaurant liegt etwas abseits in einem Industriegebiet und bietet den Gästen internationale Küche sowie einige regionale Gerichte.

KARGOW – Mecklenburg-Vorpommern – siehe Waren (Müritz)

KARLSHAFEN, BAD – Hessen – 543 – 4 190 Ew – Höhe 101 m – Soleheilbad   28 H10
▶ Berlin 376 – Wiesbaden 276 – Kassel 48 – Hameln 79

🛈 Hafenplatz 8 (Rathaus), ⊠ 34385, ℰ (05672) 99 99 22, kurverwaltung@bad-karlshafen.de

◉ Hugenottenturm ≤ ★

Hessischer Hof
Carlstr. 13 ⊠ 34385 – ℰ (05672) 10 59 – info@hess-hof.de – Fax (05672) 2515
22 Zim ⌑ – †43 € ††78 € – **Rest** – (geschl. Nov. - März Montag) Karte 15/30 €

♦ Nahe der Weser liegt der gestandene Gasthof mit solide eingerichteten Zimmern. Besonderer Service für Fahrradtouristen: abschließbare Unterstellmöglichkeiten. Großes Restaurant mit Wintergarten.

Zum Weserdampfschiff
Weserstr. 25 ⊠ 34385 – ℰ (05672) 24 25 – hotel-zum-weserdampfschiff@t-online.de – Fax (05672) 8119 – geschl. Nov.
14 Zim ⌑ – †39 € ††78 € – **Rest** – (geschl. Nov. - Feb. und Montag) Karte 14/33 €

♦ Ein Gasthaus mit Tradition in schöner Lage direkt an der Weser: Seit 170 Jahren ist das Landhaus mit den wohnlichen Zimmern in Familienbesitz. Ländliche Gaststube und Restaurant mit Terrasse zum Fluss.

KARLSHAGEN – Mecklenburg-Vorpommern – siehe Usedom (Insel)

KARLSRUHE – Baden-Württemberg – 545 – 282 600 Ew – Höhe 115 m   54 F18
▶ Berlin 675 – Stuttgart 88 – Mannheim 71 – Saarbrücken 143
ADAC Steinhäuserstr. 22

🛈 Bahnhofplatz 6, ⊠ 76137, ℰ (0721) 37 20 53 83, tourismus@karlsruhe-messe-kongress.de

🛈 Karl-Friedrich-Str. 9, ⊠ 76133, ℰ (0721) 37 20 53 76

⛳ Karlsruhe, Gut Scheibenhardt ℰ (0721) 86 74 63 AV

⛳ Königsbach-Stein, Hofgut Johannesthal ℰ (07232) 80 98 60 BU

◉ Staatliche Kunsthalle ★ (Gemälde altdeutscher Meister ★★, Hans-Thoma-Museum ★, Sammlung klassischer Moderne ★) EX M[1] – Schloss ★ (Badisches Landesmuseum ★) EX M[3] – Botanischer Garten (Pflanzenschauhäuser ★) EX – Staatliches Museum für Naturkunde ★ EY M[2] – Museum beim Markt (Jugendstilsammlung ★) M[4] EX – ZKM (Zentrum für Kunst und Medientechnologie) ★ EY

KARLSRUHE

Street	Grid	No.
Adenauerring	AT	
Allmendstr.	AV	5
Am Sportpark	BT	6
Am Wald	AT	9
Belchenstr.	AV	19
Breslauer Str.	BT	20
Daxlander Str.	AU	22
Durlacher Allee	BU	23
Durmersheimer Str.	AU	25
Eckenerstr.	AU	26
Erzbergerstr.	AT	
Ettlinger Allee	AV	31
Gerwigstr.	BU	35
Haid-und-Neu-Str.	BTU	38
Hardtstr.	AU	41
Herrenalber Str.	AV	
Hertzstr.	AT	
Hirtenweg	BT	
Honsellstr.	AU	47
Kapellenstr.	BU	53
Karl-Wilhelm-Str.	BU	55
Killisfeldstr.	BU	56
Kriegsstr.	BU	
Lameystr.	AU	58
Lange Str.	AV	59
Linkenheimer Landstr.	AT	61
Michelinstr.	AU	62
Mitteltorstr.	AU	73
Neureuter Hauptstr.	AT	77
Neureuter Querallee	AT	79
Neureuter Str.	AT	
Nürnberger Str.	AV	82
Ostring	BU	83
Ottostr.	BU	
Pulverhausstr.	AU	
Rastatter Str.	AV	87
Rheinbrückenstr.	AT	90
Rheinhafenstr.	AT	92
Rheinstr.	AT	93
Rintheimer Querallee	BT	94
Siemensallee	AU	100
Starckstr.	AU	101
Steinkreuzstr.	BV	103
Stuttgarter Str.	BU	106
Sudetenstr.	AT	
Theodor-Heuss-Allee	BT	
Tullastr.	AU	107
Welschneureuter Str.	AT	115
Willy-Brandt-Allee	AT	
Wolfartsweierer Str.	BU	124
Zeppelinstr.	AU	126

687

KARLSRUHE

Street	Grid	No.
Adenauerring	DX	2
Akademiestr.	DX	3
Amalienstr.	DX	12
Am Stadtgarten	EZ	8
Bahnhofpl.	EZ	13
Bahnhofstr.	EZ	14
Bannwaldallee	CYZ	
Baumeisterstr.	EY	16
Beiertheimer Allee	DYZ	17
Bismarckstr.	DX	
Blücherstr.	CX	
Brauerstr.	DY	
Breite Str.	DZ	
Bulacher Str.	DZ	21
Ebertstr.	DZ	
Eisenlohrstr.	CY	
Erbprinzenstr.	DX	29
Ettlinger Allee	EZ	31
Ettlinger Str.	EYZ	32
Europapl.	DX	33
Fautenbruchstr.	EZ	
Fritz-Erler-Str.	EY	34
Gartenstr.	CDY	
Grünwinkler Str.	CZ	37
Hans-Thoma-Str.	EX	40
Hermann-Billing-Str.	EY	44
Herrenstr.	DY	46
Hirschstr.	DYZ	
Jollystr.	DY	
Kaiserallee	CX	
Kaiserpl.	DX	49
Kaiserstr.	DEX	50
Karlstr.	DYZ	
Karl-Friedrich-Str.	EY	52
Kriegsstr.	CDEY	
Litzenhardtstr.	CZ	
Ludwig-Marum-Str.	CX	
Luisenstr.	EY	64
Marienstr.	EY	
Marie-Alexandra-Str.	DZ	65
Markgrafenstr.	EXY	67
Marktpl.	EX	68
Mathystr.	DY	70
Mittelbruchstr.	EZ	71
Moltkestr.	CDX	
Nebeniusstr.	EZ	74
Neckarstr.	DZ	
Neue-Anlage-Str.	CZ	76
Nördliche Hildapromenade	CX	80
Otto-Wels-Str.	CZ	
Poststr.	EZ	86
Pulverhausstr.	CZ	
Reinhold-Frank-Str.	DX	89
Rheinstr.	CX	90
Ritterstr.	DY	
Rüppurrer Str.	EYZ	
Scheffelstr.	CXY	
Schillerstr.	CXY	
Schloßpl.	EX	95
Schwarzwaldstr.	EZ	98
Seldeneckstr.	CX	
Sophienstr.	CDXY	
Steinhäuserstr.	CY	
Stephanienstr.	DX	104
Südendstr.	CDY	
Waldhornstr.	EX	110
Waldstr.	DX	112
Weiherfeldstr.	DZ	113
Werderpl.	EY	116
Wilhelmstr.	EY	121
Wilhelm-Baur-Str.	CY	119
Willy-Brandt-Allee	DX	122
Yorckstr.	CXY	
Zeppelinstr.	CY	126
Zirkel	EX	127

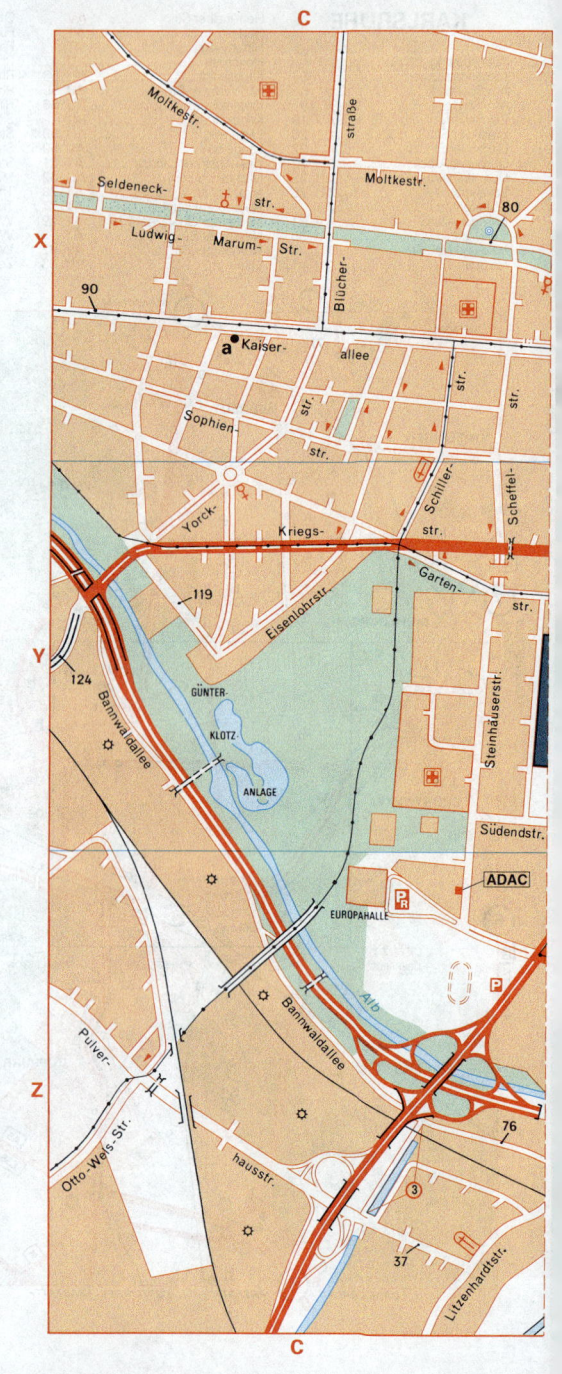

D
E
X
Y
Z
FACH-
HOCHSCHULE
SCHLOSSGARTEN
Botanischer Garten
SCHLOSS
M3
Moltkestr.
Bismarck-
str.
BUNDESVERFASSUNGS-GERICHT
R (WEST)
M
M1
POL.
M4
Sophien-
str.
BUNDESGERICHTSHOF
M2
Kriegs-
str.
Garten-
str.
Hirsch-
str.
Karl-
Ritter-
str.
KONGRESS-ZENTRUM
Jolly-
str.
ZKM
SCHWARZWALD-HALLE
Stadtgarten
STADTGARTEN
Zoo
Brauerstr.
Südend-
str.
Marienstr.
Rüppurrer Str.
Ebert-
str.
Fautenbruchstr.
Breite Str.
Neckarstr.
0
300 m

KARLSRUHE

Novotel
Festplatz 2 ⊠ 76137 – ℰ (0721) 3 52 60 – h5400@accor.com
– Fax (0721) 3526100
EY f
246 Zim – †109/196 € ††134/221 €, ⊆ 19 € – **Rest** – Menü 40 €
– Karte 37/48 €

♦ Moderner Stil und eine gute technische Ausstattung sprechen für dieses Hotel. Auch die Lage am Kongresszentrum zählt zu den Annehmlichkeiten. Internationale Küche im Restaurant, unterteilt in Majolika und Brasserie.

Renaissance
Mendelssohnplatz ⊠ 76131 – ℰ (0721) 3 71 70 – rhi.strrn.dos@
renaissancehotels.com – Fax (0721) 3717333
EY a
215 Zim – †70/165 € ††70/165 €, ⊆ 19 € – **Rest** – Karte 29/43 €

♦ Das komfortable Stadthotel ist ganz auf den Businessgast zugeschnitten. Es erwarten Sie hochwertig möblierte Zimmer mit guter Technik. Das Restaurant Zum Markgrafen bietet eine regional geprägte Küche.

Santo
Karlstr. 69 ⊠ 76137 – ℰ (0721) 3 83 70 – info@hotel-santo.de
– Fax (0721) 3837250
DY s
52 Zim ⊆ – †110 € ††140 €
Rest *Da Gianni* – (geschl. Samstagmittag und Sonntag) Karte 20/46 €

♦ Die zentrale Lage nahe Bahnhof und Kongresszentrum sowie solide, technisch gut ausgestattete Gästezimmer sprechen für dieses neuzeitliche Stadthotel. Im Restaurant Da Gianni bietet man italienische Küche.

Kübler (mit Gästehäusern)
Bismarckstr. 39 ⊠ 76133 – ℰ (0721) 14 40 – info@aaaa-hotelwelt.de
– Fax (0721) 144441
DX s
200 Zim ⊆ – †50/180 € ††65/250 €
Rest *Badisch Brauhaus* – Karte 12/20 €

♦ Dieses nicht ganz alltägliche Hotel im Zentrum ist ein interessantes Gebäude-Ensemble. Die verschiedenen Häuser beherbergen sehr individuelle Zimmer, teils Themenzimmer. Zur Erlebnisgastronomie gehört das Brauhaus mit Rutsche zum Sudkessel im UG.

Rio (mit Gästehaus)
Hans-Sachs-Str. 2 ⊠ 76133 – ℰ (0721) 8 40 80 – info@hotel-rio.de
– Fax (0721) 8408100
DX q
118 Zim ⊆ – †70/111 € ††82/132 € – **Rest** – (geschl. Freitag - Sonntagmittag) Karte 19/33 €

♦ Ein sehr gepflegtes Stadt- und Geschäftshotel am Rand des Zentrums. Besonders neuzeitlich und schön sind die Zimmer im Gästehaus - im Haupthaus teilweise auch etwas einfacher.

Allee Hotel (mit Gästehaus)
Kaiserallee 91 ⊠ 76185 – ℰ (0721) 98 56 10 – info@alleehotel-ka.de
– Fax (0721) 9856111
CX a
50 Zim ⊆ – †90 € ††114 € – **Rest** – Karte 26/46 €

♦ Ein neuzeitliches Hotel im Stadtzentrum, das über funktionelle, teils recht ruhig nach hinten gelegene Gästezimmer verfügt. Besonders modern sind die Pavillonzimmer. Lichtdurchflutetes Restaurant.

Alfa garni
Bürgerstr. 4 ⊠ 76133 – ℰ (0721) 2 99 26 – info@alfa-karlsruhe.com – Fax (0721) 29929 – geschl. 22. Dez. - 6. Jan.
DX u
36 Zim – †69 € ††82 €, ⊆ 10 €

♦ Die zentrale Lage sowie solide, zeitgemäß und funktionell eingerichtete Gästezimmer zählen zu den Vorzügen dieses Stadthotels.

Elite garni
Sachsenstr. 17 ⊠ 76137 – ℰ (0721) 82 80 90 – info@elite-hotel.de – Fax (0721) 8280962
DZ e
37 Zim ⊆ – †66 € ††86 €

♦ Eine praktische Übernachtungsadresse mit modernen Zimmern und freundlich gestaltetem Frühstücksraum. Blickfang ist der gläserne Aufzug an der Fassade.

KARLSRUHE

Avisa garni
Am Stadtgarten 5 ⊠ 76137 – ℰ (0721) 3 49 77 – hotel.avisa@karlsruhe-hotel.de
– Fax (0721) 34979 – geschl. 22. Dez. - 7. Jan. EZ **c**
27 Zim ⊃ – †80/90 € ††110/120 €
♦ In günstiger Lage direkt gegenüber dem Stadtgarten und unweit des Bahnhofs und des Kongresszentrums finden Sie dieses gepflegte Hotel mit zeitgemäßen Zimmern.

Hasen
Gerwigstr. 47 ⊠ 76131 – ℰ (0721) 9 63 70 – info@hotel-hasen.de – Fax (0721) 9637123 – geschl. 21. Dez. - 2. Jan. BU **r**
33 Zim ⊃ – †60/88 € ††105/120 € – **Rest** – *(geschl. Samstag - Sonntag sowie Feiertage, nur Abendessen)* Karte 22/49 €
♦ Das gepflegte ältere Stadthaus ist ein solides familiengeführtes Hotel, das unterschiedliche, zeitgemäße Gästezimmer bietet. Modern-rustikal ist das Bistro-Restaurant Hugo's - im Sommer ergänzt durch die sogenannte Scheune im Innenhof.

Am Markt garni
Kaiserstr. 76 ⊠ 76133 – ℰ (0721) 91 99 80 – info@hotelammarkt.de – Fax (0721) 9199899 – geschl. 1. - 6. Jan. EX **a**
38 Zim ⊃ – †74/79 € ††99 €
♦ In diesem Hotel in zentraler Lage am Markt erwarten Sie zeitgemäß ausgestattete Zimmer und ein freundlicher Frühstücksraum. Im Untergeschoss befindet sich ein Café.

Berliner Hof garni
Douglasstr. 7 ⊠ 76133 – ℰ (0721) 1 82 80 – info@hotel-berliner-hof.de
– Fax (0721) 1828100 – geschl. 21. Dez. - 1. Jan. DX **e**
49 Zim – †69/85 € ††94/100 €, ⊃ 8 €
♦ Die sehr zentrale und dennoch relativ ruhige Lage nur wenige Schritte von der Fußgängerzone und ganz in der Nähe des Schlosses sprechen für dieses familiär geleitete Haus.

Buchmann's Restaurant
Mathystr. 22 ⊠ 76133 – ℰ (0721) 8 20 37 30 – info@buchmanns.com – Fax (0721) 8203731 – geschl. Samstagmittag, Sonntag - Montagmittag DY **m**
Rest – Menü 46/54 € – Karte 39/55 €
♦ Ein modernes, mit Bildern dekoriertes Restaurant, in dem man zeitgemäße internationale Küche bietet. Nette, zum Hof hin gelegene Terrasse.

Oberländer Weinstube
Akademiestr. 7 ⊠ 76133 – ℰ (0721) 2 50 66
– kontakt@oberlaender-weinstube.de – Fax (0721) 21157 – geschl. Aug. - Sept. 2 Wochen und Sonntag - Montag DX **t**
Rest – (Tischbestellung ratsam) Menü 28 € (mittags)/82 € – Karte 55/72 €
Spez. Blutwursttaschen im Majoransud mit kleinem Schnitzel von der Gänseleber und glasierten Rübchen. Gebratener Rochenflügel mit Karottenjus und Ingwer. Gâteau von confierten Bananen mit Rum-Rosineneis und Schokoladenmoelleux.
♦ In Schlossnähe befindet sich das denkmalgeschützte Haus mit gemütlichen Stuben, die über einen Kachelofen und Holztäfelung verfügen. Nett sitzt man auf der Innenhofterrasse.

Dudelsack
Waldstr. 79 ⊠ 76133 – ℰ (0721) 20 50 00 – info@restaurant-dudelsack.de
– Fax (0721) 205056 DY **f**
Rest – *(nur Abendessen)* (Tischbestellung ratsam) Menü 31 € – Karte 28/46 €
♦ Hier sitzen Sie in einem mit viel Zierrat gemütlich-rustikal gestalteten Restaurant oder im Pavillon mit im Sommer zu öffnendem Dach. Internationale, aber auch badische Küche.

Alte Seilerei
Kaiserstr. 47 ⊠ 76131 – ℰ (0721) 3 84 19 54 – info@seilerei-karlsruhe.de
– Fax (0721) 3841956 – geschl. Anfang Sept. 1 Woche, über Fasching 1 Woche und Sonntag - Montag BU **a**
Rest – *(nur Abendessen)* Karte 30/41 €
♦ Die sorgsam restaurierte ehemalige Seilerei, das älteste Haus der Stadt, beherbergt sehr gemütliche kleine Stuben, in die man gelungen historische Bausubstanz integriert hat.

691

KARLSRUHE

In Karlsruhe-Daxlanden West : 5 km über Daxlander Straße AU :

Gasthaus Krone Künstlerkneipe — Biergarten VISA
Pfarrstr. 18 ⊠ 76189 – ℰ (0721) 2 71 66 – info@kuenstlerkneipe.de – Fax (0721) 1611339 – geschl. Sept. 2 Wochen und Montag - Dienstagmittag
Rest – Menü 35 € – Karte 36/51 €
• Hübsch hat man das Restaurant mit viel Holz und Bildern Karlsruher Künstler dekoriert. Angenehm sitzt man auch auf der Terrasse im Innenhof. Geboten wird internationale Küche.

In Karlsruhe-Durlach Ost : 7 km über Durlacher Allee BU :

Der Blaue Reiter — Zim, P VISA AE
Amalienbadstr. 16 ⊠ 76227 – ℰ (0721) 94 26 60 – info@hotelderblauereiter.de – Fax (0721) 9426642 – geschl. 1. - 4. Jan (Hotel)
67 Zim ⊇ – †96 € ††114 €
Rest *Vogel Hausbräu* – ℰ (0721) 81 96 80 – Karte 12/26 €
• Das in modernem Stil eingerichtete Hotel ist nach der berühmten Künstlergruppe "Der Blaue Reiter" benannt - entsprechende Bilder zieren das Haus. Ungezwungen ist die Atmosphäre im rustikalen Restaurant mit Hausbrauerei.

Zum Ochsen mit Zim — AC Zim, VISA AE ①
Pfinzstr. 64 ⊠ 76227 – ℰ (0721) 94 38 60 – info@ochsen-durlach.de – Fax (0721) 9438643 – geschl. Ende Aug. - Anfang Sept. 2 Wochen
6 Zim ⊇ – †101 € ††150 € – **Rest** – *(geschl. Montag - Dienstag)* Menü 42/68 € – Karte 43/74 € 🏵

• In dem geschmackvoll gestalteten traditionellen Gasthaus umsorgt Familie Jollit schon viele Jahre ihre Gäste. Klassisch französisch ist die Küche, gut die Auswahl an Weinen. Zum Übernachten stehen hübsche, wohnliche Zimmer bereit.

Zum Schützenhaus — P VISA
Jean-Ritzert-Str. 8, (auf dem Turmberg) ⊠ 76227 – ℰ (0721) 49 13 68 – Fax (0721) 491368 – geschl. Feb. 3 Wochen, Nov. 1 Woche und Montag - Dienstag
Rest – Menü 30 € – Karte 18/42 €
• Seit über 25 Jahren leitet Familie Hunnius dieses etwas abseits gelegene Ausflugslokal mit schöner Waldterrasse. Man bietet bürgerliche Küche, ergänzt durch eine Tageskarte.

Klenerts — ≤ Karlsruhe und Rheinebene, P VISA AE ①
Reichardtstr. 22 (auf dem Turmberg) ⊠ 76227 – ℰ (0721) 4 14 59 – info@klenerts.de – Fax (0721) 495617 – geschl. Jan.
Rest – Karte 25/41 €
• In modernem, klarem Stil und freundlichen Farben gehaltenes Restaurant auf dem Turmberg. Von der Terrasse hat man einen schönen Blick über Karlsruhe. Internationale Küche.

In Karlsruhe-Neureut

Nagel's Kranz
Neureuter Hauptstr. 210 ⊠ 76149 – ℰ (0721) 70 57 42 – Fax (0721) 7836254 – geschl. 1. - 6. Jan., 20. Aug. - 7. Sept. und Samstagmittag, Sonn- und Feiertage   AT e
Rest – *(Tischbestellung ratsam)* Menü 55 € – Karte 29/44 €
• Durch einen Innenhof betreten Sie das nette Haus mit der weinberankten roten Fassade. Familie Nagel bietet in ihrem Restaurant regionale und internationale Speisen.

KARLSTADT – Bayern – **546** – 15 260 Ew – Höhe 163 m   49 **I15**
▸ Berlin 498 – München 304 – Würzburg 26 – Aschaffenburg 58

Mainpromenade — ≤ P VISA
Mainkaistr. 6 ⊠ 97753 – ℰ (09353) 9 06 50 – info@hotel-mainpromenade.de – Fax (09353) 906533
42 Zim ⊇ – †56 € ††88 € – **Rest** – Karte 18/31 €
• Ein neuzeitlicher Hotelbau mit einer hohen, licht wirkenden Halle und funktionellen, wohnlich und modern gestalteten Zimmern, teils mit Balkon zum Main. 2 Dachterrassen. Restaurant und Terrasse bieten einen schönen Blick.

KARLSTEIN AM MAIN – Bayern – 546 – 8 210 Ew – Höhe 110 m — 48 G15

▶ Berlin 556 – München 368 – Würzburg 89 – Darmstadt 47

In Karlstein-Dettingen Süd-Ost : 1 km, über B 8 :

Mediterran Hotel Juwel garni
Am Sportplatz 23 ✉ *63791 – ℰ (06188) 44 60 – y.uehlein@mediterran-hotel-juwel.de – Fax (06188) 446226*
22 Zim – †51/71 € ††68/103 €, ☐ 8 €
♦ Mediterranes Ambiente begleitet Sie durchs ganze Haus - die hübschen Zimmer sind nach französischen Städten benannt. Im Sommer: Frühstück auf der Terrasse im großen Garten.

KASSEL – Hessen – 543 – 194 330 Ew – Höhe 167 m – Heilbad — 28 H11

▶ Berlin 383 – Wiesbaden 215 – Dortmund 167 – Erfurt 150

ADAC Rudolf-Schwander-Str. 17

🛈 Willy-Brandt-Platz 1 (im IC-Bahnhof Wilhelmshöhe) ✉ 34131, ℰ (0561) 3 40 54, info@kassel-tourist.info

🛈 Obere Königstr. 15, ✉ 34114, ℰ (0561) 70 77 07, tourist@kassel-tourist.de

⛳ Kassel-Wilhelmshöhe, Ehlener Str. 21 ℰ (0561) 3 35 09

⛳ Zierenberg, Gut Escheberg ℰ (05606) 26 08

👁 Wilhelmshöhe★★ (Schlosspark★★ : Wasserkünste★, Herkules★, ≤★★) X – Schloss Wilhelmshöhe (Gemäldegalerie★★★, Antikensammlung★) X M – Neue Galerie★ Z M² – Park Karlsaue★ Z – Hessisches Landesmuseum★ (Deutsches Tapetenmuseum★★, Astronomisch-Physikalisches Kabinett★★) Z M¹ – Museum für Astronomie und Technikgeschichte (Sammlung astronomischer Instrumente★★) Z M⁵

🟢 Schloss Wilhelmsthal★ Nord : 12 km

Stadtplan siehe nächste Seite

Ramada Hotel City Centre
Baumbachstr. 2, (an der Stadthalle) ✉ *34119 – ℰ (0561) 7 81 00 – kassel@ramada.de – Fax (0561) 7810100*
X m
169 Zim – †98 € ††98 €, ☐ 14 € – 5 Suiten – **Rest** – Karte 19/40 €
♦ Ein direkt an das Kongress Palais angebautes Hotel mit technisch gut ausgestatteten Gästezimmern. Im 14. Stock: Fitnessbereich mit Blick über die Stadt. Helles, freundliches Restaurant mit Terrasse zum Stadthallengarten.

Mark Hotel Domus garni
Erzbergerstr. 1 ✉ *34117 – ℰ (0561) 70 33 30 – reservierung-domus@markhotel.de – Fax (0561) 70333498*
Y d
56 Zim ☐ – †79/96 € ††102/122 €
♦ Die ehemalige Textilfabrik aus dem Jahr 1896 wurde in den 80er Jahren zu einem Hotel umgebaut. Schöner Hallenbereich mit Jugendstilelementen und sehr freundlicher Service.

Astoria garni
Friedrich-Ebert-Str. 135 ✉ *34119 – ℰ (0561) 7 28 30 – info@adesso-hotels.de – Fax (0561) 7283199 – geschl. 22. Dez. - 6. Jan.*
X s
40 Zim ☐ – †59/129 € ††79/179 €
♦ Im Zentrum, nahe dem Kongress Palais steht dieses Stadthaus von der Wende des 19. zum 20. Jh. mit solide und zeitgemäß ausgestatteten Zimmern sowie einer sehr schönen Sauna.

Excelsior garni
Erzbergerstr. 2 ✉ *34117 – ℰ (0561) 7 66 46 40 – hotel@excelsior-kassel.de – Fax (0561) 15110*
Y v
73 Zim ☐ – †60/68 € ††82/92 €
♦ In der Innenstadt gelegenes Hotel, das für seine Gäste praktisch ausgestattete Zimmer und Appartements mit Kleinküchen bereithält.

Park Schönfeld
Bosestr. 13 ✉ *34121 – ℰ (0561) 2 20 50 – krasenbrinkjun@schlossschoenfeld.com – Fax (0561) 27551 – geschl. Sonntag*
X n
Rest – Menü 24 € (mittags)/65 € (abends) – Karte 30/58 €
♦ Umgeben von uralten Bäumen liegt das kleine Schloss aus dem Jahre 1777. Im Restaurant herrscht eine moderne und leicht elegante Atmosphäre.

693

KASSEL

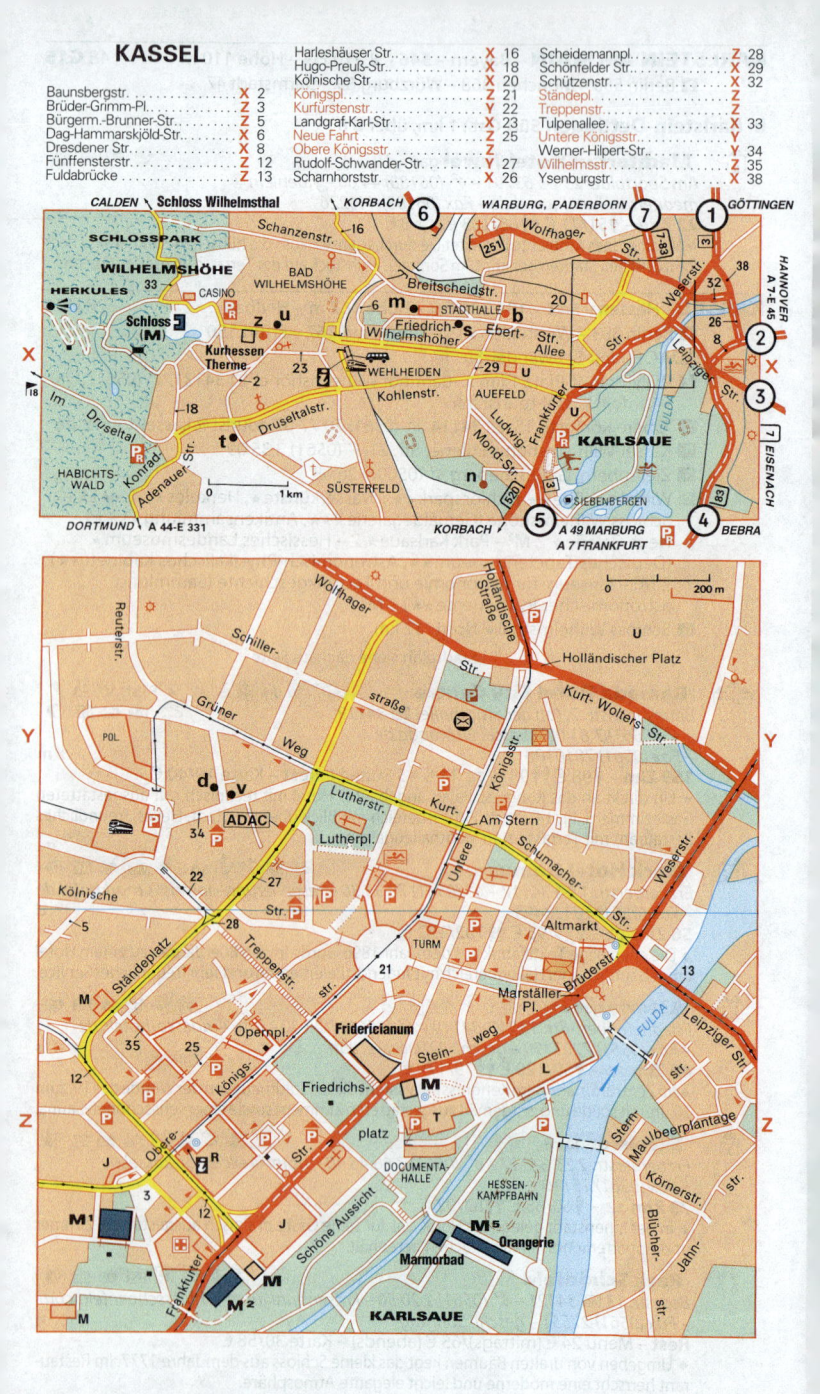

Baunsbergstr.	X 2	Harleshäuser Str.	X 16
Brüder-Grimm-Pl.	Z 3	Hugo-Preuß-Str.	X 18
Bürgerm.-Brunner-Str.	Z 5	Kölnische Str.	X 20
Dag-Hammarskjöld-Str.	X 6	Königspl.	Z 21
Dresdener Str.	X 8	Kurfürstenstr.	Y 22
Fünffensterstr.	Z 12	Landgraf-Karl-Str.	Z 23
Fuldabrücke	Z 13	Neue Fahrt	Z 25
		Obere Königsstr.	Z
		Rudolf-Schwander-Str.	Y 27
		Scharnhorststr.	X 26

Scheidemannpl.	Z 28
Schönfelder Str.	X 29
Schützenstr.	X 32
Ständepl.	Z
Treppenstr.	Z 33
Tulpenallee.	Z
Untere Königsstr.	Z
Werner-Hilpert-Str.	Y 34
Wilhelmstr.	Z 35
Ysenburgstr.	X 38

694

KASSEL

XX **El Erni**
Parkstr. 42 ⊠ 34119 – ℰ (0561) 71 00 18
Rest – *(nur Abendessen)* Karte 18/38 €
♦ Hellgelb gestrichene Wände, eine angenehme Beleuchtung und ein nettes Dekor aus Weinregalen, Bildern und Kerzenleuchtern lassen das spanische Restaurant gemütlich wirken.

In Kassel-Bettenhausen über Dresdener Straße X : 4 km, nahe Autobahn-Anschluss Kassel-Nord :

Queens
Heiligenröder Str. 61 ⊠ 34123 – ℰ (0561) 5 20 50
– reservation.q-kassel@queensgruppe.de
– Fax (0561) 527400
142 Zim – †59/100 € ††59/100 €, ⊇ 13 € – **Rest** – Karte 25/43 €
♦ Die verkehrsgünstige Lage nahe der Autobahnausfahrt sowie die solide und freundliche Einrichtung der Zimmer sprechen für dieses Hotel.

In Kassel-Niederzwehren über B 3 X : 3,5 km :

Gude (mit Gästehaus)
Frankfurter Str. 299 ⊠ 34134 – ℰ (0561) 4 80 50 – info@hotel-gude.de
– Fax (0561) 4805101
85 Zim ⊇ – †77/135 € ††112/135 €
Rest *Pfeffermühle* – Karte 23/47 €
♦ Ein Haus zum Wohlfühlen: Eine engagierte Führung, freundlicher Service und individuell gestaltete Zimmer sorgen für einen schönen Aufenthalt im Haupt- oder Gästehaus. Das Restaurant ist teils rustikal, teils schlicht-modern gestaltet.

In Kassel-Bad Wilhelmshöhe – Heilbad :

Kurparkhotel
Wilhelmshöher Allee 336 ⊠ 34131 – ℰ (0561) 3 18 90 – info@kurparkhotel-kassel.de – Fax (0561) 3189124
87 Zim ⊇ – †90/115 € ††122/147 € – **Rest** – (geschl. Sonntagabend) Karte 21/35 €
♦ In der Nähe des Schlossparks liegt dieses gut geführte Hotel mit seinen wohnlichen Gästezimmern und dem schönen Freizeitbereich. Das Restaurant ist im Stil eines eleganten Cafés gehalten.

Zum Steinernen Schweinchen (mit Gästehaus)
Konrad-Adenauer-Str. 117 (über X) ⊠ 34132
– ℰ (0561) 94 04 80 – info@steinernes-schweinchen.de
– Fax (0561) 94048555
54 Zim ⊇ – †67/82 € ††98/103 €
Rest *Gourmet Restaurant* – (geschl. Sonntag - Montag, nur Abendessen) Menü 57/109 €
Rest *Santé* – (geschl. Samstagmittag) Karte 30/47 €
♦ Auf eine wechselvolle Geschichte kann dieses im 19. Jh. als Poststation gebaute Haus zurückblicken. Heute finden Sie hier neuzeitliche, hell eingerichtete Zimmer. Elegantes Gourmet Restaurant mit Sicht auf die Kasseler Berge. Santé: hell und freundlich.

Wilhelmshöher Tor garni
Heinrich-Schütz-Allee 24 ⊠ 34131 – ℰ (0561) 9 38 90 – hotel@sundg.com
– Fax (0561) 9389111 – geschl. 26. Juli - 10. Aug.
30 Zim ⊇ – †66/70 € ††88/95 €
♦ Ein neuzeitliches Hotel mit zeitgemäß und funktionell ausgestatteten Zimmern, die alle nach Märchen der Gebrüder Grimm benannt sind. Gegenüber befindet sich das Seminarhaus.

X **Gutshof**
Wilhelmshöher Allee 347a ⊠ 34131 – ℰ (0561) 3 25 25 – gutshof@t-online.de
– Fax (0561) 32120
Rest – Karte 21/37 €
♦ Unterhalb von Schloss Wilhelmshöhe liegt das denkmalgeschützte Fachwerkhaus mit rustikalem, holzvertäfeltem Restaurant, das eine internationale Küche bietet.

KASSEL

Im Habichtswald über Im Druseltal X, 2 km ab Unterer Parkplatz Herkules (Zufahrt für Hotelgäste frei) :

Elfbuchen
34131 Kassel-Bad Wilhelmshöhe – ℰ (0561) 96 97 60 – info@waldhotel-elfbuchen.de – Fax (0561) 9697633
11 Zim – ♦68 € ♦♦90 €, ⇆ 13 € – **Rest** – (geschl. Freitag) Karte 19/33 €
♦ Romantisches Waldhotel - elf junge Buchen gaben der Stelle seinerzeit den Namen - überzeugt mit wohnlichen Landhauszimmern und schöner Umgebung. Man bietet Kutschfahrten an. Ausflügler schätzen das ländlich gestaltete Restaurant.

In Habichtswald-Ehlen West : 11 km über Im Druseltal X :

Ehlener Poststuben mit Zim
Kasseler Str. 11 ⊠ 34317 – ℰ (05606) 59 95 80 – ehlenerpoststuben@web.de – Fax (05606) 5995858
5 Zim – ♦47/50 € ♦♦72/80 € – **Rest** – (geschl. Dienstag, Montag - Samstag nur Abendessen) Menü 29/48 € – Karte 29/42 €
♦ Dieses hübsche Fachwerkhaus birgt liebevoll dekorierte rustikale Stuben, in denen internationale Gerichte serviert werden. Sehr schön: die bemalten Holzdecken.

In Niestetal-Heiligenrode über Dresdener Straße X : 6 km, nahe Autobahn-Anschluss Kassel-Nord :

Althans garni
Friedrich-Ebert-Str. 65 ⊠ 34266 – ℰ (0561) 52 27 09 – info@hotel-althans.de – Fax (0561) 526981 – geschl. 2. - 14. Jan.
20 Zim ⇆ – ♦39/46 € ♦♦67/74 €
♦ Eine einfache, aber praktische Übernachtungsadresse mit gepflegten Zimmern zu günstigen Preisen. Dem Hotel angeschlossen ist ein Café mit Kuchen aus der eigenen Konditorei.

KASTL – Bayern – 546 – 2 710 Ew – Höhe 475 m – Erholungsort   51 M17
▶ Berlin 449 – München 159 – Weiden in der Oberpfalz 69 – Regensburg 92

Forsthof
Biergarten
Amberger Str. 2 (B 299) ⊠ 92280 – ℰ (09625) 9 20 30 – info@hotel-forsthof.de – Fax (09625) 920344 – geschl. Feb. 1 Woche
19 Zim ⇆ – ♦45 € ♦♦72/80 € – **Rest** – (geschl. Dienstag) Karte 14/20 €
♦ Ein gut geführter Familienbetrieb: Eine gelungene Mischung aus Tradition und Moderne bietet der historische Gasthof mit geräumigen Zimmern. Gepflegter, ländlicher Gastraum.

KAUB – Rheinland-Pfalz – 543 – 1 040 Ew – Höhe 90 m   46 D15
▶ Berlin 616 – Mainz 59 – Bad Kreuznach 36 – Koblenz 45
🛈 Schulstr. 12, ⊠ 56349, ℰ (06774) 2 22

Zum Turm mit Zim
Zollstr. 50 ⊠ 56349 – ℰ (06774) 9 22 00 – info@rhein-hotel-turm.com – Fax (06774) 922011 – geschl. Anfang Jan. 1 Woche, Anfang Aug. 1 Woche, Anfang Nov. 2 Wochen
6 Zim ⇆ – ♦55/70 € ♦♦85/95 € – **Rest** – (geschl. Dienstag) (Tischbestellung ratsam) Menü 59 € – Karte 29/55 €
♦ Das 300 Jahre alte Haus neben dem alten Stadtturm wird seit 100 Jahren gastronomisch genutzt. Das familiengeführte kleine Restaurant ist rustikal in der Aufmachung. Schöne Gästezimmer, in Natur oder in klassischem Stil.

KAUFBEUREN – Bayern – 546 – 42 590 Ew – Höhe 678 m – Wintersport : 849 m
64 J21
▶ Berlin 627 – München 87 – Kempten (Allgäu) 38 – Landsberg am Lech 30
🛈 Kaiser-Max-Str. 1 (Rathaus), ⊠ 87600, ℰ (08341) 4 04 05, tourist-info@kaufbeuren.de
Pforzen-Hammerschmiede, Lettensteige B 16 ℰ (08346) 98 27 80

KAUFBEUREN

Goldener Hirsch
Kaiser-Max-Str. 39 ⊠ 87600 – ℘ (08341) 4 30 30 – info@
goldener-hirsch-kaufbeuren.de – Fax (08341) 430375
42 Zim ⊇ – †44/85 € ††75/110 € – **Rest** – Karte 19/30 €
♦ In einer verkehrsberuhigten Zone in der Stadtmitte liegt das aus dem 16. Jh. stammende Hotel mit seinen recht unterschiedlich gestalteten Gästezimmern. Elegant-rustikal ist die Atmosphäre im Restaurant.

Am Kamin
Füssener Str. 62 (B 16) ⊠ 87600 – ℘ (08341) 93 50 – flairhotel-am-kamin@
t-online.de – Fax (08341) 935222
35 Zim ⊇ – †60/69 € ††75/85 € – **Rest** – Karte 18/34 €
♦ Die Zimmer in diesem Haus sind mit hellen, rustikalen Landhausmöbeln solide und wohnlich eingerichtet - 2 Himmelbett-Zimmer. Kegelbahnen im UG sowie Tagungsräume. Saalrestaurant und Hüttenstube bieten Regionales und eine internationale Tageskarte.

Am Turm garni
Josef-Landes-Str. 1 (B 16) ⊠ 87600 – ℘ (08341) 9 37 40 – hotel-am-turm@
bizline.de – Fax (08341) 937460 – geschl. 22. Dez. - 5. Jan.
33 Zim ⊇ – †47/65 € ††78/88 €
♦ Ein nettes Hotel mit modernem Komfort an der historischen Stadtmauer: geschmackvoll und individuell eingerichtete Zimmer, zum Teil mit Natursteinwänden und Parkett.

In Kaufbeuren-Oberbeuren West : 2 km :

Grüner Baum garni
Obere Gasse 4 ⊠ 87600 – ℘ (08341) 96 61 10 – info@gruener-baum-hotel.com
– Fax (08341) 9661179
30 Zim ⊇ – †49/65 € ††79/95 €
♦ An der Stelle des früheren Traditionsgasthauses wurde dieses Hotel in regionaler Bauweise neu erstellt - ein behagliches Haus mit modernem Komfort.

In Mauerstetten-Frankenried Ost : 3,5 km :

Zum goldenen Schwanen
Paul-Gaupp-Str. 1 ⊠ 87665 – ℘ (08341) 9 39 60 – info@goldener-schwanen.de
– Fax (08341) 939630
12 Zim ⊇ – †42/50 € ††74/85 € – **Rest** – (geschl. Montagmittag) Karte 12/32 €
♦ Sie wohnen in einem ehemaligen Bauernhof, der 1994 völlig umgebaut wurde und nun hinter einer netten Fassade mit Fensterläden einen gemütlichen Gasthof beherbergt. In der rustikalen Gaststube nehmen Sie an blanken Holztischen Platz.

In Irsee Nord-West : 7 km über B 16 :

Irseer Klosterbräu
Biergarten
Klosterring 1 ⊠ 87660 – ℘ (08341) 43 22 00 – ikb@irsee.com – Fax (08341)
432269 – geschl. Anfang Jan. - Anfang Feb.
48 Zim – †53/65 € ††86/98 € – **Rest** – Karte 17/31 €
♦ Direkt beim Kloster liegt der historische Gasthof mit seinen wohnlichen, mit hellen Naturholzmöbeln eingerichteten Zimmern. Zum Haus gehört auch ein Brauerei-Museum. Kamin und Kupfersudkessel zieren das Restaurant.

KEHL – Baden-Württemberg – **545** – 33 980 Ew – Höhe 139 m   53 **D19**
▶ Berlin 748 – Stuttgart 149 – Karlsruhe 78 – Freiburg im Breisgau 81
🛈 Am Marktplatz, ⊠ 77694, ℘(07851) 8 82 26, tourist-information@
stadt-kehl.de

Grieshaber's Rebstock (mit Gästehaus)
Hauptstr. 183 ⊠ 77694 – ℘ (07851) 9 10 40
– info@rebstock-kehl.de – Fax (07851) 78568
48 Zim ⊇ – †60/90 € ††78/110 € – **Rest** – (geschl. 1. - 8. Jan., über Fastnacht 1 Woche, Aug. 2 Wochen und Sonntag - Montag, nur Abendessen) Karte 22/44 €
♦ Wohnliche Zimmer erwarten den Gast in dem persönlich und engagiert von Familie Grieshaber geleiteten Hotel. Interessant sind die Künstler- und Themenzimmer im Kastanienhof. Restaurant im modernen Landhausstil.

697

KEHL

ates garni
Straßburger Str. 18 ⊠ 77694 – ℰ (07851) 88 56 50 – info@ates-hotel.de
– Fax (07851) 885651 – geschl. 21. Dez. - 5. Jan.
65 Zim ⊆ – †48/75 € ††58/85 €

♦ Dieses Hotel bietet Ihnen einen Hallenbereich mit kleinem Café und Internet-Corner, neuzeitlich eingerichtete Gästezimmer und einen freundlichen Frühstücksraum.

Voxs
Bahnhofsplatz 1 ⊠ 77694 – ℰ (07851) 9 94 77 80 – info@voxs-hotel.de
– Fax (07851) 9947788
25 Zim ⊆ – †58/72 € ††69/83 €, ⊆ 7 € – **Rest** – Menü 35 € – Karte 27/38 €

♦ Ein durch und durch modern designtes Hotel nicht weit von der französischen Grenze. Interessant sind die verschiedenen Farbvarianten der funktionell ausgestatteten Zimmer. Schmackhaft ist die zeitgemäße mediterrane Küche im geradlinig gestalteten Restaurant.

Villa Schmidt
Ludwig-Trick-Str. 12 ⊠ 77694 – ℰ (07851) 8 99 93 60 – info@ restaurant-villa-schmidt.de – Fax (07851) 8999361 – geschl. Aug. und Montag
Rest – Menü 25/60 € – Karte 31/40 €

♦ Mit seinem klassisch-eleganten Ambiente wird das Restaurant dem stilvoll-historischen Rahmen des denkmalgeschützten Herrenhauses von 1914 gerecht.

Milchkutsch
Hauptstr. 147a ⊠ 77694 – ℰ (07851) 7 61 61 – Fax (07851) 621 – geschl. 30. Dez. - 6. Jan., 23. Aug. - 9. Sept. und Samstag - Sonntag
Rest – (Tischbestellung ratsam) Menü 23 € (mittags) – Karte 29/41 €

♦ Das kleine, rustikal-gemütliche Restaurant mit Steinfußboden und Holzdecke ist in einem ca. 100 Jahre alten Fachwerkhaus untergebracht.

In Kehl-Kork Süd-Ost : 4 km, über B 28 :

Hirsch (mit Gästehaus)
Gerbereistr. 20 ⊠ 77694 – ℰ (07851) 9 91 60 – gastlichkeit@hirsch-kork.de
– Fax (07851) 73059 – geschl. 23. Dez. - 7. Jan.
64 Zim ⊆ – †46/75 € ††74/110 € – **Rest** – (geschl. 23. Dez. - 14. Jan., Aug. 2 Wochen und Samstagmittag, Sonntag) Menü 18 € (mittags)/61 € – Karte 19/48 €

♦ Ein ländlicher Gasthof zum Wohlfühlen: unterschiedlich eingerichtete Zimmer - teils Landhausstil, teils kanadische Holzmöbel oder helle Eiche - bieten zeitgemäßen Komfort. Holzgetäfelte Wände tragen zum gemütlichen Ambiente im Restaurant bei.

Schwanen
Landstr. 3 ⊠ 77694 – ℰ (07851) 79 60 – schwanen-kork@t-online.de
– Fax (07851) 796222
39 Zim ⊆ – †45/60 € ††54/80 € – **Rest** – (geschl. 2. - 11. Feb., 30. Juli - 22. Aug. und Sonntagabend - Montag) Karte 15/36 €

♦ Der Landgasthof befindet sich seit 120 Jahren in Familienbesitz. Die soliden Zimmer verteilen sich auf zwei Häuser - im Stammhaus etwas hochwertiger ausgestattet. Mit viel Holz in ländlichem Stil eingerichtetes Restaurant.

KELHEIM – Bayern – 546 – 15 790 Ew – Höhe 343 m 58 M18

▶ Berlin 512 – München 106 – Regensburg 31 – Ingolstadt 56

🛈 Ludwigsplatz 16, ⊠ 93309, ℰ (09441) 70 12 34, tourismus@kelheim.de

◉ Befreiungshalle★ West : 3 km – Weltenburg : Klosterkirche★ Süd-West : 7 km – Schloss Prunn : Lage★, West : 11 km

Stockhammer
Am oberen Zweck 2 ⊠ 93309 – ℰ (09441) 7 00 40 – gasthof.stockhammer@ t-online.de – Fax (09441) 700431 – geschl. 10. - 25. Aug.
11 Zim ⊆ – †43/58 € ††72/87 € – ½ P 14 € – **Rest** – (geschl. Montag) Karte 16/38 €

♦ Am Ufer der Altmühl liegt dieser für die Region typische, schöne Gasthof, der sich seit über 50 Jahren in Familienbesitz befindet. Mit wohnlichen, teils geräumigen Zimmern. Ländlich-gemütliche Gaststube und Ratskeller mit Gewölbedecke.

KELHEIM

Weißes Lamm
Ludwigstr. 12 ⊠ 93309 – ℰ (09441) 2 00 90 – info@weisses-lamm-kehlheim.de
– Fax (09441) 21442 – geschl. 1. - 23. Nov.
31 Zim ⊡ – †42/50 € ††68/72 € – ½ P 15 € – **Rest** – (geschl. Sonntagabend)
Karte 13/39 €
♦ Am Stadttor im Ortskern liegt der nette ländliche Gasthof mit seinen recht schlicht eingerichteten, aber gepflegten Zimmern. Gaststube mit regionstypischem Charakter.

In Essing West : 8 km :

Brauereigasthof Schneider mit Zim
Altmühlgasse 10 ⊠ 93343 – ℰ (09447) 9 18 00 – brauereigasthof.schneider@vr-web.de – Fax (09447) 918020
15 Zim ⊡ – †19/45 € ††35/63 € – **Rest** – (geschl. Nov. - Ostern Montag - Dienstag) Karte 15/30 €
♦ Rustikale Gaststuben bietet dieser Gasthof am Ufer der Altmühl. Genießen Sie die Brotzeiten, das selbst gebraute Bier und bayerische Schmankerln. Solide, praktische Zimmer.

KELKHEIM – Hessen – 543 – 26 840 Ew – Höhe 193 m   47 F14
▶ Berlin 552 – Wiesbaden 27 – Frankfurt am Main 25 – Limburg an der Lahn 47

Kelkheimer Hof garni
Großer Haingraben 7 ⊠ 65779 – ℰ (06195) 9 93 20 – info@hotel-kelkheimer-hof.de – Fax (06195) 4031
24 Zim ⊡ – †73 € ††93 €
♦ Vor den Toren Frankfurts, im grünen Taunus, liegt dieses neuzeitliche Hotel mit seinen solide eingerichteten Zimmern und Appartements.

In Kelkheim-Münster

Zum Goldenen Löwen
Alte Königsteiner Str. 1 ⊠ 65779 – ℰ (06195) 9 90 70 – info@zumgoldenenloewen.de – Fax (06195) 73917 – geschl. 20. Dez. - 3. Jan.
30 Zim ⊡ – †57/69 € ††80/92 € – **Rest** – (geschl. Donnerstag)
Karte 17/32 €
♦ Ein netter, gepflegter Gasthof unter Leitung der Familie. Die Zimmer sind mit teils hellen, teils dunklen Naturholzmöbeln praktisch ausgestattet. Rustikaler Restaurantbereich und Innenhofterrasse.

Außerhalb Nord-West : 6 km über Fischbach und B 455 Richtung Königstein :

Schlosshotel Rettershof
Rettershof 5 ⊠ 65779 Kelkheim – ℰ (06174) 2 90 90 – info@schlosshotel-rettershof.de – Fax (06174) 25352
35 Zim ⊡ – †92/120 € ††130/171 €
Rest *Le Duc* – (geschl. 27. Dez. - 1. Jan. und Sonntag, außer Feiertage) Menü 46 € – Karte 37/49 €
♦ Fernab vom Verkehrslärm liegt dieser einstige Herrensitz von 1885. Sehr hübsch sind die Schlosszimmer. Neuzeitliche, mit Mooreichenmobiliar eingerichtete Zimmer im Anbau. Das Restaurant Le Duc beeindruckt durch klassische Eleganz.

KELL AM SEE – Rheinland-Pfalz – 543 – 1 970 Ew – Höhe 480 m – Luftkurort   45 B16
▶ Berlin 708 – Mainz 148 – Trier 44 – Saarburg 27
🛈 Alte Mühle, ⊠ 54427, ℰ (06589) 10 44, info@hochwald-ferienland.de

Fronhof
Am Stausee (Nord : 2 km) ⊠ 54427 – ℰ (06589) 16 41 – info@hotel-fronhof.de – Fax (06589) 2162 – geschl. 10. Nov. - 1. Dez.
10 Zim ⊡ – †45 € ††75/85 € – **Rest** – (geschl. Montag) Karte 16/29 €
♦ Oberhalb des Ortes am Stausee liegt dieses gut geführte Haus mit wohnlichen Zimmern, das sich dank des dazugehörigen Gestüts besonders für Reiterferien eignet. Im Restaurant oder auf der Sommerterrasse speisen Sie mit Blick auf den See.

699

KELL AM SEE

Haus Doris
Biergarten – Rest, P VISA
Nagelstr. 8, ⊠ 54427 – ℰ (06589) 71 10 – hausdoris-kell@t-online.de – Fax (06589) 1416 – geschl. 1. - 22. Nov.
16 Zim ⊇ – †32/35 € ††60/70 € – **Rest** – (geschl. Mittwoch) Karte 13/27 €
♦ Ein hübsch angelegter Garten trennt Restaurant und Hotel. Hier finden Sie rustikale Zimmer mit bemalten Bauernmöbeln, die z. T. auch über einen Balkon verfügen. Bodenständig-bäuerliches Ambiente im Restaurant mit bürgerlicher Küche.

KELLENHUSEN – Schleswig-Holstein – 541 – 1 060 Ew – Höhe 4 m – Ostseeheilbad
11 **K3**

▶ Berlin 320 – Kiel 83 – Lübeck 65 – Grömitz 11

ℹ Strandpromenade 15, ⊠ 23746, ℰ (04364) 4 97 50, info@kellenhusen.de

Erholung
P VISA AE
Am Ring 31/Strandstr. 1, ⊠ 23746 – ℰ (04364) 47 09 60 – info@hotel-erholung.de – Fax (04364) 4709670 – geschl. 7. Jan. - 16. März
33 Zim ⊇ – †49/65 € ††68/120 € – **Rest** – (geschl. Dienstag) Karte 18/36 €
♦ Ein familiengeführtes Ferienhotel mit gepflegter Atmosphäre, das nur 5 Gehminuten vom Ostseestrand entfernt ist. Die Zimmer sind solide und zeitgemäß eingerichtet. Das Restaurant: neuzeitlich und hell - mit Fensterfront zum Meer.

KELTERN – Baden-Württemberg – 545 – 9 050 Ew – Höhe 195 m
54 **F18**

▶ Berlin 675 – Stuttgart 61 – Karlsruhe 26 – Pforzheim 11

In Keltern-Dietlingen

Rübenackers Kaiser
P
Bachstr. 41, ⊠ 75210 – ℰ (07236) 62 89 – info@ruebenackers-kaiser.de – Fax (07236) 2459 – geschl. Weihnachten - Anfang Jan. 1 Woche, über Pfingsten 1 Woche, Juli - Aug. 2 Wochen und Sonntag - Dienstag
Rest – (nur Abendessen) Menü 43/73 € – Karte 44/48 €
♦ Eine hübsche Holztäfelung sowie gut abgestimmte Stoffe und Farben zieren das gemütliche Restaurant. Serviert wird eine teils klassische, teils regionale Küche.

KEMBERG – Sachsen-Anhalt – 542 – 2 670 Ew – Höhe 70 m
32 **N10**

▶ Berlin 121 – Magdeburg 102 – Leipzig 53

In Kemberg-Lubast Süd : 2 km über B 2 Richtung Bad Düben :

Heidehotel Lubast
P
An der Bundesstr. 1 (B 2), ⊠ 06901 – ℰ (034921) 7 20 – info@heidehotel-lubast.de – Fax (034921) 72120
48 Zim ⊇ – †49/69 € ††78/108 € – **Rest** – Karte 21/26 €
♦ Vor den Toren der Lutherstadt Wittenberg: Tagungsgäste schätzen das Hotel mit funktionellen Zimmern, die teils mit Mahagoni-, teils mit Kirschholzmöbeln eingerichtet sind.

KEMMERN – Bayern – 546 – 2 590 Ew – Höhe 237 m
50 **K15**

▶ Berlin 411 – München 240 – Bayreuth 66 – Erlangen 48

Rosenhof
P VISA
Hauptstr. 68, ⊠ 96164 – ℰ (09544) 92 40 – info@hotel-rosenhof.com – Fax (09544) 924240
36 Zim ⊇ – †59 € ††89 € – **Rest** – (nur Abendessen) Karte 16/25 €
♦ Ein verkehrsgünstig gelegenes, neuzeitliches Hotel mit ansprechender Fassade, in dem freundlich und zeitgemäß eingerichtete Zimmer zur Verfügung stehen. Restaurant mit zeitlosem Ambiente und netter Terrasse im Grünen.

> Luxuriös oder eher schlicht?
> Die Symbole 🍴 und 🏠 kennzeichnen den Komfort.

KEMPEN – Nordrhein-Westfalen – 543 – 36 260 Ew – Höhe 35 m 25 **B11**
▶ Berlin 576 – Düsseldorf 61 – Geldern 21 – Krefeld 13
i Buttermarkt 1 (Rathaus), ⊠ 47906, ℰ (02152) 91 72 37, rathaus@kempen.de

Papillon (mit Gästehaus) Biergarten
Thomasstr. 5 ⊠ 47906 – ℰ (02152) 1 41 50 – kempen@hotel-papillon.com
– Fax (02152) 141590
30 Zim ⊆ – †60/106 € ††85/122 € – **Rest** – (geschl. Sonntag, nur Abendessen)
Karte 20/28 €
◆ Aus zwei modernisierten Stadthäusern ist ein von der Familie gut geführtes Hotel entstanden, das Ihnen neuzeitlich eingerichtete Zimmer bietet. Restaurant im Bistrostil – die Speisen empfiehlt man teilweise auf einer großen Tafel.

Et kemp'sche huus
Neustr. 31 ⊠ 47906 – ℰ (02152) 5 44 65 – info@et-kempsche-huus.de
– Fax (02152) 558923 – geschl. Juni - Juli 2 Wochen und Montag
Rest – (Tischbestellung ratsam) Menü 29/40 € – Karte 22/39 €
◆ In dem restaurierten Fachwerkhaus a. d. J. 1725 befindet sich ein liebevoll dekoriertes, rustikales Restaurant mit kleiner Empore und freundlichem Service.

KEMPFELD – Rheinland-Pfalz – 543 – 850 Ew – Höhe 526 m – Erholungsort 46 **C15**
▶ Berlin 669 – Mainz 111 – Trier 58 – Bernkastel-Kues 23

Gartenhotel Schwenk
Hauptstr. 70 ⊠ 55758 – ℰ (06786) 97 00 – info@gartenhotel-schwenk.de
– Fax (06786) 970100 – geschl. Anfang Jan. - Mitte März
20 Zim ⊆ – †60/80 € ††90/140 € – ½ P 23 € – **Rest** – (geschl. Montag - Dienstagmittag, Mittwochmittag) Menü 19 € – Karte 16/37 €
◆ Ein familiär geführtes Hotel mit wohnlichen Gästezimmern - im Anbau sind sie geräumiger und verfügen alle über Balkon oder Terrasse. Hübsch: die Gartenanlage mit Koiteichen. Spezialität im gemütlich-rustikalen Restaurant ist Rinderspießbraten vom Grill.

In Asbacherhütte Nord-Ost: 3 km:

Harfenmühle mit Zim Biergarten
beim Feriendorf Harfenmühle ⊠ 55758 – ℰ (06786) 13 04 – mail@harfenmuehle.de – Fax (06786) 1323
4 Zim – †49 € ††57/69 €, ⊆ 8 €
Rest – (geschl. Anfang Nov. 3 Wochen und Montag - Dienstag, Mittwoch - Freitag nur Abendessen) Menü 45/70 € – Karte 47/57 €
Rest *Mühlenstube* – (geschl. Anfang Nov. 3 Wochen und Sept. - April Montag - Dienstag) Menü 21 € – Karte 13/27 €
◆ Freundlich kümmert sich die Inhaberfamilie in dem gemütlichen, geschmackvoll dekorierten Restaurant um den Gast. Gekocht wird international mit französischem Schwerpunkt. Rustikale Mühlenstube mit bürgerlich-regionaler Karte. Gästezimmer im Landhausstil.

KEMPTEN (ALLGÄU) – Bayern – 546 – 61 510 Ew – Höhe 674 m 64 **J21**
▶ Berlin 695 – München 127 – Ulm (Donau) 89 – Bregenz 73
ADAC Bahnhofstr. 55
i Rathausplatz 24, ⊠ 87435, ℰ (0831) 2 52 52 37, touristinfo@kempten.de
ⓘ₈ Wiggensbach, Hof Waldegg ℰ (08370) 9 30 73
ⓘ₈ Hellengerst, Helinger Str. 5 ℰ (08378) 9 20 00
Veranstaltungen 09.08. - 17.08.: Allgäuer Festwoche

Stadtpläne siehe nächste Seiten

Bayerischer Hof
Füssener Str. 96 ⊠ 87437 – ℰ (0831) 5 71 80 – hotel@bayerischerhof-kempten.de
– Fax (0831) 5718100   DZ **s**
50 Zim ⊆ – †56/89 € ††100/117 € – **Rest** – Karte 19/33 €
◆ In dem traditionsreichen modernisierten Hotel erwarten den Gast wohnlich gestaltete Zimmer, die in der oberen Etage im Maisonette-Stil angelegt sind. Mehrere Stuben von klassisch-modern bis regionstypisch-rustikal bilden das Restaurant. Nette Gartenwirtschaft.

701

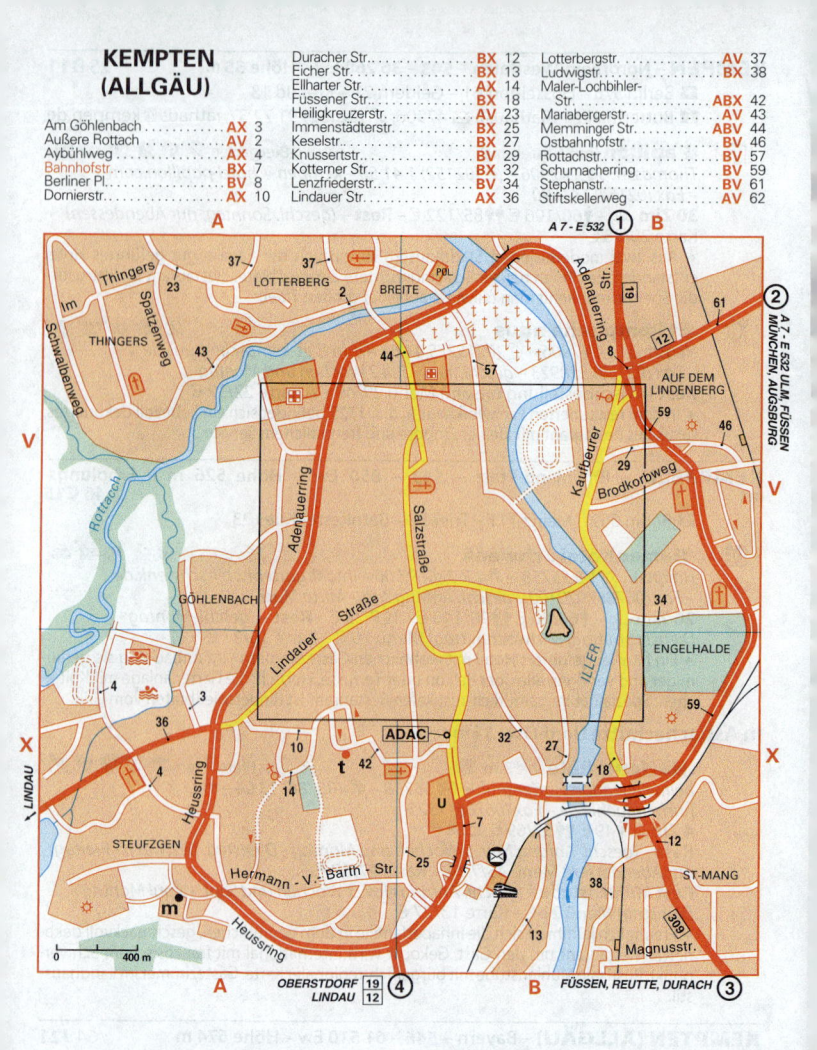

KEMPTEN (ALLGÄU)

Am Göhlenbach	AX	3
Außere Rottach	AV	2
Aybühlweg	AX	4
Bahnhofstr.	BX	7
Berliner Pl.	BV	8
Dornierstr.	AX	10
Duracher Str.	BX	12
Eicher Str.	BX	13
Ellharter Str.	AX	14
Füssener Str.	BX	18
Heiligkreuzerstr.	AV	23
Immenstädterstr.	BX	25
Keselstr.	BX	27
Knussertstr.	BV	29
Kotterner Str.	BX	32
Lenzfrieder Str.	BV	34
Lindauer Str.	AX	36
Lotterbergstr.	AV	37
Ludwigstr.	BX	38
Maler-Lochbihler-Str.	ABX	42
Mariabergerstr.	AV	43
Memminger Str.	ABV	44
Ostbahnhofstr.	BV	46
Rottachstr.	BV	57
Schumacherring	BV	59
Stephanstr.	BV	61
Stiftskellerweg	AV	62

🏨 **Parkhotel** ≤ Kempten, 🛏 🎿 🚗 VISA ⓒ AE ①
Bahnhofstr. 1 ⊠ 87435 – ℰ (0831) 2 52 75 – parkhotel-kempten@t-online.de – Fax (0831) 2527777 – geschl. 23. - 26. Dez. DZ c
40 Zim ⊑ – †66/81 € ††98/118 € – **Rest** – *(geschl. Sonntagabend)* Karte 21/41 €

♦ Das in ein Einkaufszentrum mit moderner Glasfassade integrierte Hotel bietet neuzeitlich eingerichtete Gästezimmer mit gutem Platzangebot. Mit dem verglasten Außenaufzug erreichen Sie das Restaurant in der 13. Etage.

🏠 **Waldhorn** (mit Gästehaus) 🌲 🛏 🎿 🚗 Rest, 📞 🎿 🅿 🚗 VISA ⓒ
Steufzgen 80 ⊠ 87435 – ℰ (0831) 58 05 80 – waldhorn@vr-web.de – Fax (0831) 5805899 – geschl. 18. Aug. - 7. Sept. AX m
70 Zim ⊑ – †45/70 € ††72/90 € – **Rest** – *(geschl. Montag)* Karte 11/25 €

♦ Das seit 1911 in Familienbesitz befindliche Hotel verfügt über neuzeitlich ausgestattete Zimmer. Besonders modern und komfortabel ist das Gästehaus gehalten. Restaurant mit Terrasse und Wintergartenanbau.

KEMPTEN (ALLGÄU)

Backerstr.	DZ 6	Freudenberg	DZ 17	Prälat-Götz-Str.	CY 49
Bahnhofstr.	DZ 7	Gerberstr.	DY	Rathauspl.	CY 51
Brodkorpweg	DY 9	Hildegardpl.	CY 24	Rathausstr.	DY 52
Fischerstr.	DYZ	Klostersteige	DY 28	Residenzpl.	DY 53
		Knusserstr.	DY 29	Robert-Weixler-Str.	CY 56
		Kronenstr.	DYZ 33	Rottachstr.	CY 57
		Lenzfriederstr.	DZ 34	Sankt-Mang-Pl.	DZ 58
		Lessingstr.	CZ 35	Stiftskellerweg	CY 62
		Pfeilergraben	DY 47	Weiherstr.	CY 66

🏠 **Am Forum** garni 📞 VISA ◎◎ AE
Kotterner Str. 72 ✉ 87435 – ☏ (0831) 52 18 70 – hotel-am-forum-kempten@
t-online.de – Fax (0831) 5208557 – geschl. 20. - 26. Dez.   DZ **a**
23 Zim ⌂ – †59/85 € ††98/123 €
♦ In der Innenstadt gegenüber dem Forum-Center liegt dieses Hotel. Die zeitgemäßen Gästezimmer sind mit "Öl-Vitalbetten" ausgestattet, die angenehmen Schlaf versprechen.

✕✕ **Haubenschloß** 📞 P VISA ◎◎
Haubenschloßstr. 37 ✉ 87435 – ☏ (0831) 2 35 10 – info@haubenschloss-ke.de
– Fax (0831) 16082 – geschl. Montag - Dienstag, außer Feiertage   AX **t**
Rest – Menü 26/35 € – Karte 22/36 €
♦ Das klassische Restaurant befindet sich in einem hübschen barocken Patrizierschlösschen, das 1394 erstmals erwähnt wurde. Schön sitzt man auch auf der Gartenterrasse.

✕✕ **Benz**
Bäckerstr. 25 ✉ 87435 – ☏ (0831) 5 12 74 61 – info@restaurant-benz-kempten.de
– Fax (0831) 5127463 – geschl. Aug. 3 Wochen, Montag   DZ **e**
Rest – (nur Abendessen)
♦ In einem historischen Haus in der Altstadt befindet sich dieses behaglich-ländlich gestaltete Restaurant mit schöner Lindauer Schiffsbodendecke aus dem 15. Jh.

703

KEMPTEN (ALLGÄU)

Horvaths
VISA ⓪

Bodmanstr. 14 ⊠ 87435 – ℰ (0831) 5 23 76 80 – info@horvaths-restaurant.de
– Fax (0831) 5237681 – geschl. 13. - 26. Mai, 11. - 25. Aug. und Sonntag -
Montagmittag
CZ b
Rest – Menü 78 € – Karte 30/43 € ♣

♦ Ein nettes Restaurant im mediterranen Stil, in dem sich der Patron mit teilweise österreichischen Gerichten um seine Gäste kümmert. Mit im Haus: eine eigene Weinhandlung.

In Sulzberg Süd : 7 km über Ludwigstraße BX :

Sulzberger Hof
Sonthofener Str. 17 ⊠ 87477 – ℰ (08376) 92 13 30 – hotel-sulzberger-hof@
t-online.de – Fax (08376) 8660
22 Zim ⊇ – †59/72 € ††116/143 € – **Rest** – (Montag - Samstag nur Abendessen)
Karte 14/26 €

♦ Das gepflegte Landhotel in regionstypischer Bauweise überzeugt mit soliden, zeitgemäßen Zimmern, die sich auf das Haupthaus und einen Anbau verteilen. Das Restaurant ist ländlich-rustikal eingerichtet.

KENZINGEN – Baden-Württemberg – 545 – 9 010 Ew – Höhe 177 m   61 **D20**

▶ Berlin 781 – Stuttgart 182 – Freiburg im Breisgau 29 – Offenburg 40
▣ Rathaus ★

Schieble (mit Gästehaus)
Offenburger Str. 6 (B 3) ⊠ 79341 – ℰ (07644) 84 13 – info@hotel-schieble.de
– Fax (07644) 4330 – geschl. 21. Jan. - 5. Feb., 21. Juli - 5. Aug.
27 Zim ⊇ – †55/60 € ††85/90 € – **Rest** – (geschl. Sonntagabend - Montag)
Karte 15/38 €

♦ Ein gemütlicher traditionsreicher Gasthof unter familiärer Leitung mit schönen, zeitgemäß und wohnlich eingerichteten Zimmern. Restaurant mit rustikalem Charakter und bürgerlichem Angebot.

Scheidels Restaurant zum Kranz mit Zim
Offenburger Str. 18 (B 3) ⊠ 79341 – ℰ (07644) 68 55
– scheidels-kranz@t-online.de – Fax (07644) 931077 – geschl. über Fastnacht
2 Wochen, Nov. 2 Wochen
4 Zim ⊇ – †54/58 € ††80/88 € – **Rest** – (geschl. Montagabend - Dienstag)
Menü 30/52 € – Karte 24/49 €

♦ In dem gut geführten Gasthof a. d. J. 1800 serviert man in gemütlichem Ambiente sorgfältig zubereitete regionale und internationale Gerichte. Nett sitzt man auch im Innenhof.

KERKEN – Nordrhein-Westfalen – 543 – 12 740 Ew – Höhe 32 m   25 **B11**

▶ Berlin 572 – Düsseldorf 50 – Duisburg 31 – Krefeld 17

In Kerken-Nieukerk

Landgasthaus Wolters
Sevelener Str. 15 ⊠ 47647 – ℰ (02833) 22 06 – info@landgasthaus-wolters.de
– Fax (02833) 5154
14 Zim ⊇ – †45/66 € ††55/110 € – **Rest** – (geschl. Samstag, nur Abendessen)
Karte 16/40 €

♦ Der Gasthof am Niederrhein eignet sich als Ausgangspunkt für Ausflüge in die Umgebung - Fahrradverleih im Haus. Die Zimmer sind gepflegt und solide eingerichtet. Leicht nostalgisch: das Restaurant mit gut eingedeckten Tischen.

KERNEN IM REMSTAL – Baden-Württemberg – 545 – 15 000 Ew – Höhe
271 m   55 **H18**

▶ Berlin 615 – Stuttgart 21 – Esslingen am Neckar 9 – Schwäbisch Gmünd 43

In Kernen-Stetten

Zum Ochsen
Kirchstr. 15 ⊠ 71394 – ℰ (07151) 9 43 60 – gasthof-ochsen-kernen@t-online.de
– Fax (07151) 943619 – geschl. Mittwoch
Rest – Menü 33/69 € – Karte 29/56 €

♦ Das familiär geleitete Gasthaus von 1763 beherbergt sieben nette, rustikal-elegante Stuben. Angeschlossen ist eine große Metzgerei. Im selben Ort bietet man auch Gästezimmer.

Malathounis

Gartenstr. 5 ⊠ 71394 – ℰ (07151) 4 52 52 – info@malathounis.de – Fax (07151) 43380 – geschl. Sonntag - Montag, Feiertage
Rest – Menü 30/49 € – Karte 46/53 €
♦ In diesem Familienbetrieb lassen sich die Gäste in gemütlicher Atmosphäre eine gute mediterran und griechisch beeinflusste Küche schmecken.

KERPEN – Nordrhein-Westfalen – 543 – 64 100 Ew – Höhe 95 m   35 **B12**

▶ Berlin 592 – Düsseldorf 60 – Bonn 48 – Aachen 54

In Kerpen-Niederbolheim Süd-West : 7 km :

Villa Sophienhöhe (mit Gästehaus)

Sophienhöhe 1 (nahe der B 477) ⊠ 50171 – ℰ (02275) 9 22 80 – kontakt@villa-sophienhoehe.de – Fax (02275) 922816
17 Zim ⊇ – †70/90 € ††89/144 € – **Rest** – (nur Abendessen) (Tischbestellung erforderlich) Karte 29/40 €
♦ Die Gründerzeitvilla, erbaut um das Jahr 1900, erfreut ihre Besucher mit eleganten, individuell ausgestatteten Zimmern - im Nebenhaus: einheitlich in hellem Naturholz. Unterteiltes Restaurant: mal klassisch, mal im Landhausstil.

In Kerpen-Sindorf Nord : 4 km, jenseits der A 4 :

Zum alten Brauhaus

Herrenstr. 76 ⊠ 50170 – ℰ (02273) 9 86 50 – info@hotel-kerpen.de – Fax (02273) 54570
53 Zim ⊇ – †56/69 € ††77/89 € – **Rest** – *(geschl. Sonntag, nur Abendessen)* Karte 18/25 €
♦ Ein neuzeitlicher Hotelkomplex mit praktischen und funktionellen Zimmern, die mit modernen Kirschbaummöbeln bestückt sind. In der Nähe: die berühmte Kerpener Kartbahn! Rustikales Lokal mit bürgerlicher Küche.

Nahe der Straße von Kerpen nach Sindorf Nord : 2 km:

Schloss Loersfeld

Schloss Loersfeld 1 ⊠ 50171 Kerpen – ℰ (02273) 5 77 55 – info@schlossloersfeld.de – Fax (02273) 57466 – geschl. 23. Dez. - 7. Jan., Juli 3 Wochen und Sonntag - Montag
Rest – (Tischbestellung ratsam) Menü 61 € (mittags)/90 € – Karte 57/72 €
Spez. Zuckererbsensuppe mit geräuchertem Rotbarbenfilet und Kaviar. Gegrillte Seezunge mit Safran-Estragon-Fumet und Thaispargel. Carré und Sugo vom Lamm mit orientalischer Würze und gefüllte Poveraden.
♦ Mit seiner stilvollen Atmosphäre wird das Restaurant dem historischen Rahmen der schönen Schlossanlage gerecht. Die Küche ist klassisch, der Service aufmerksam und geschult.

KETSCH – Baden-Württemberg – 545 – 13 050 Ew – Höhe 101 m   47 **F17**

▶ Berlin 631 – Stuttgart 122 – Mannheim 19 – Heidelberg 14

See-Hotel

Kreuzwiesenweg 5 ⊠ 68775 – ℰ (06202) 69 70 – info@seehotel.de – Fax (06202) 697199
44 Zim ⊇ – †88/99 € ††105/115 €
Rest *Die Ente* – Menü 42/67 € – Karte 39/59 €
♦ Die ruhige Lage am Ortsrand, direkt an einem kleinen See, sowie ein freundliches, engagiertes Team machen dieses Hotel aus. Mit dunklen Möbeln solide ausgestattete Zimmer. Restaurant Ente in angenehmen hellen Farben und Wintergarten mit Blick zum See.

Hirsch

Hockenheimer Str. 47 ⊠ 68775 – ℰ (06202) 6 14 39 – info@hirsch-ketsch.de – Fax (06202) 609026 – geschl. 5. - 20. Aug. und Dienstag
Rest – Menü 30 € – Karte 24/37 €
♦ Mit einem rustikalen Interieur hat der ehemalige Dorfgasthof seinen ursprünglichen Charakter bewahrt. Gut eingedeckte Tische betonen das gepflegte Ambiente.

KETSCH

Gasthaus Adler
Schwetzinger Str. 21 ⌂ *68775 –* ℘ *(06202) 60 90 04 – info@adler-ketsch.de – Fax (06202) 609148 – geschl. 3. - 11. Feb., Anfang Aug. 2 Wochen und Sonntagabend - Montag*
Rest – Menü 25/53 € – Karte 31/56 €
Rest *Adler-Stuben* – Menü 17 € – Karte 21/39 €
♦ Das in frischen, mediterranen Tönen gehaltene Restaurant bietet seinen Gästen aufmerksamen Service und eine internationale Speiseauswahl. Gemütliche Adler-Stuben mit einfacherem Angebot von bürgerlich bis international.

KEVELAER – Nordrhein-Westfalen – 543 – 27 830 Ew – Höhe 22 m – Wallfahrtsort und Erholungsort
25 **A10**

▶ Berlin 581 – Düsseldorf 73 – Krefeld 41 – Nijmegen 42
🛈 Peter-Plümpe-Platz 12, ⌂ 47623, ℘ (02832) 12 21 51, info@stadt-kevelaer.de

Zur Brücke mit Zim
Bahnstr. 44 ⌂ *47623 –* ℘ *(02832) 23 89 – info@hotel-restaurant-zur-bruecke.de – Fax (02832) 2388*
8 Zim ⌂ – †67/70 € ††88/95 € – **Rest** – *(geschl. 1. - 18. Feb., Juli 1 Woche, nur Abendessen)* Karte 20/47 €
♦ In dem Bau aus dem 18. Jh. - einer ehemaligen Ölmühle - finden Sie gepflegte Zimmer und ein Restaurant im altdeutschen Stil. Im Sommer sitzt man nett auf der Gartenterrasse.

KIEDRICH – Hessen – 543 – 3 880 Ew – Höhe 165 m
47 **E15**

▶ Berlin 583 – Wiesbaden 16 – Bad Kreuznach 57
◎ Pfarrkirche (Kirchengestühl★★, Madonna★)
◎ Kloster Eberbach : Sammlung alter Keltern★★, West : 4 km

Weinschänke Schloss Groenesteyn
Oberstr. 36 ⌂ *65399 –* ℘ *(06123) 15 33 – Fax (06123) 630824 – geschl. Jan. 3 Wochen, Juni - Juli 2 Wochen und Montag - Dienstag*
Rest – *(Montag - Samstag nur Abendessen)* Karte 21/35 €
♦ In der gemütlich-rustikalen Weinstube serviert man an blanken Tischen überwiegend regionale Gerichte. Weinkarte mit viel Rheingauer Riesling. Schöne Hofterrasse.

KIEL 🄻 – Schleswig-Holstein – 541 – 233 040 Ew – Höhe 5 m
3 **I3**

▶ Berlin 346 – Flensburg 88 – Hamburg 96 – Lübeck 92
ADAC Saarbrückenstr. 54
🛈 Andreas-Gayk-Str. 31, ⌂ 24103, ℘ (01805) 65 67 00, info@kurskiel.de
⛳ Honigsee, Havighorster Weg 20 ℘ (04302) 96 59 80
⛳ Heilendorf-Kitzeberg, Wildgarten 1 ℘ (0431) 23 23 24
⛳ Dänischenhagen, Gut Uhlenhorst ℘ (04349) 18 60
Veranstaltungen 21.06. - 29.06. : Kieler Woche
   Messegelände: Austellungsgelände Ostseehalle Y, ℘ (0431) 55 46 50
◎ Hindenburgufer★★, ≤★ R – Rathaus (Turm ≤★) Y R
◎ Freilichtmuseum★★ (über Neue Hamburger Straße T : 6 km) – Kieler Förde★★ R

Stadtplan siehe nächste Seite

Steigenberger Conti Hansa
Schlossgarten 7 ⌂ *24103 –* ℘ *(0431) 5 11 50 – kiel@steigenberger.de – Fax (0431) 5115444*
X **e**
165 Zim – †120/215 € ††130/225 €, ⌂ 15 €
Rest *Jakob* – Karte 30/42 €
♦ Das elegante Hotel mit maritimer Atmosphäre liegt hinter dem Schloss gegenüber der Kieler Förde. Funktionelle Zimmer mit Blick auf Schlossgarten, Park oder Wasser. In klassischem Stil gehalten: das Restaurant Jakob.

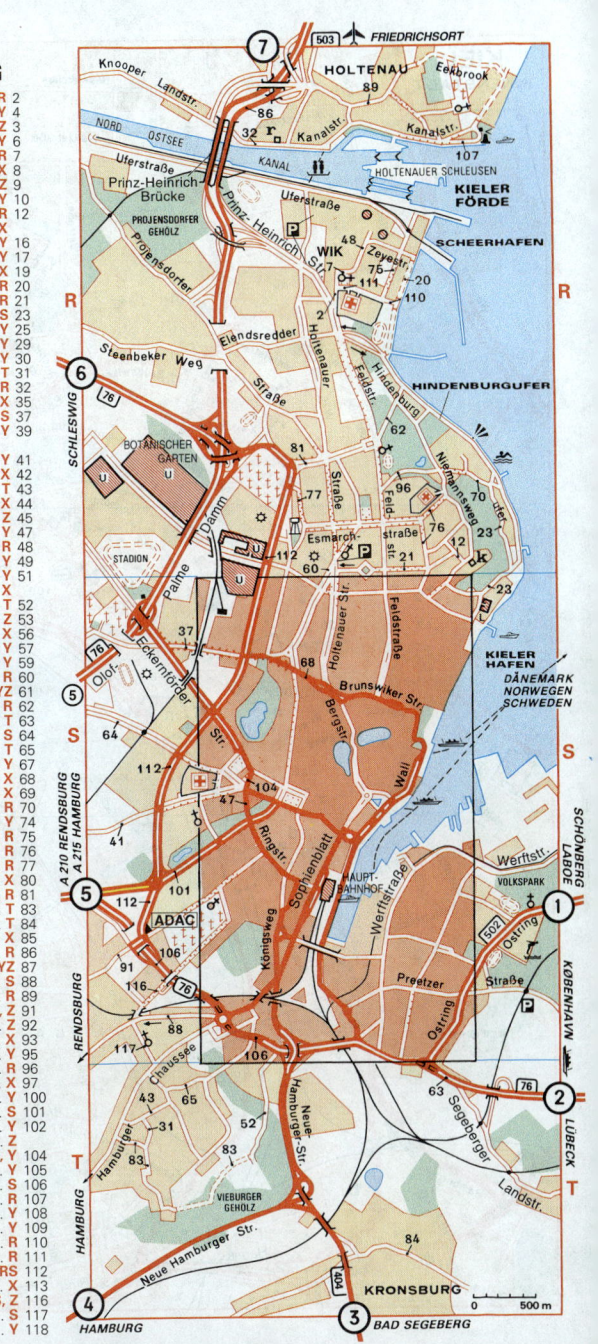

KIEL UND UMGEBUNG

Straße		Nr.
Adalbertstr.	R	2
Alter Markt	Y	4
Alte Lübecker Chaussee	Z	3
Andreas-Gayk-Str.	Y	6
Arkonastr.	R	7
Arndtpl.	X	8
Asmusstr.	Z	9
Auguste-Viktoria-Str.	R	10
Bartelsallee	R	12
Brunswiker Str.	R X	
Chemnitzstr.	Y	16
Dänische Str.	XY	17
Dreieckspl.	X	19
Dresdener Str.	R	20
Düppelstr.	R	21
Düsternbrooker Weg	RS	23
Eckernförder Str.	XY	25
Europapl.	Y	29
Exerzierpl.	Y	30
Finkelberg	T	31
Friedrich-Voß-Ufer	R	32
Gartenstr.	X	35
Gutenbergstr.	S	37
Hafenstr.	Y	39
Hasseldieksdammer Weg	S, Y	41
Hebbelstr.	X	42
Heckenrosenweg	T	43
Hegewichstr.	X	44
Helmholtzstr.	Z	45
Hermann-Weigmann-Str.	S, Y	47
Herthastr.	R	48
Holstenbrücke	Y	49
Holstenstr.	Y	
Holtenauer Str.	X	51
Hornheimer Weg	T	52
Hummelwiese	Z	53
Karolinenweg	X	56
Kehdenstr.	Y	57
Kleiner Kuhberg	Y	59
Knooper Weg	R	60
Königsweg	YZ	61
Koesterallee	R	62
Konrad-Adenauer-Damm	R	63
Kronshagener Weg	S	64
Krusenrotter Weg	S	65
Küterstr.	Y	67
Lehmberg	S, X	68
Lessingpl.	X	69
Lindenallee	R	70
Martensdamm	Y	74
Mecklenburger Str.	R	75
Moltkestr.	R	76
Niebuhrstr.	R	77
Olshausenstr.	R	80
Paul-Fuß-Str.	R	81
Petersburger Weg	T	83
Poppenbrügger Weg	T	84
Prinzengarten	R	85
Prinz-Heinrich-Str.	R	86
Raiffeisenstr.	YZ	87
Rendsburger Landstr.	S	88
Richthofenstr.	R	89
Saarbrückenstr.	S, Z	91
Sachaustr.	Z	92
Salderstr.	X	93
Schevenbrücke	Y	95
Schlieffenallee	R	96
Schloßgarten	Y	97
Schülperbaum	Y	100
Schützenwall	Y	101
Schuhmacherstr.	Y	102
Sophienblatt	Y	
Stephan-Heinzel-Str.	S, Y	104
Stresemannpl.	Y	105
Theodor-Heuss-Ring	S	106
Tiessenkai	R Y	107
Walkerdamm	Y	108
Wall	Y	109
Warnemünder Str.	R	110
Weimarer Str.	R	111
Westring	RS	112
Wilhelminenstr.	X	113
Winterbeker Weg	S, Z	116
Wulfsbrook	S	117
Ziegelteich	Y	118

707

KIEL
INNENSTADT
0
300 m
X
Y
Z
Beselerallee
Waitzstraße
Reventlouallee
Niemannsweg
Schauenburger-straße
Knooper Weg
Westring
Hansastraße
Gutenbergstraße
Holtenauer Straße
Feldstraße
Schittenhelmstr.
ALTER BOTANISCHER GARTEN
Kiellinie
Schillerstraße
SCHREVEN PARK
Schreventeich
Mittelstraße
Brunswiker Straße
Legienstraße
Bergstraße
Hospitalstr.
Lorentzendamm
Kleiner Kiel
Düsternbrooker Weg
Goethestraße
Jensendamm
SCHLOSS
Wall
OSTSEEKAI
DÄNEMARK
SCHWEDEN
SEEGARTEN-BRÜCKEN
NORWEGEN
Kronshagener Weg
Wilhelmplatz
Möllingstr.
Dammstr.
Fleethörn
OSTSEEHALLE
Walkerdamm
Harms-Platz
Schützenstraße
Herzog-Friedrich-Str.
Kirchhofallee
Ringstr.
Kaistr.
SCHWEDENKAI
BOLLHÖRNKAI
NORWEGENKAI
Werftstr.
Elisabethstr.
HAUPTBAHNHOF
Papenkamp
Harmsstr.
Michelsenstr.
Sophienblatt
Kaistraße
DIE HÖRN
Willy-Brandt-Ufer
Karlstal
GAARDEN
MOORTEICHWIESE
Gablenzstraße
Bahnhofstr.
Werftstraße
Elisabethstr.
Preetzer Straße
502
Hamburger Chaussee
76
Schwedendamm
Sörensenstraße
Bielenbergstraße
Ostring
Krusenrotter Weg
Theodor-Heuss-Ring

KIEL

Parkhotel Kieler Kaufmann
Niemannsweg 102 ⌂ 24105 – ℰ (0431) 8 81 10
– info@kieler-kaufmann.de – Fax (0431) 8811135 R k
37 Zim ⌂ – †135/155 € ††169/185 € – **Rest** – Menü 32 € – Karte 31/50 €
◆ In einem kleinen Park liegt das efeuberankte historische Haus mit Anbau. Besonders elegant sind die großzügigen Zimmer im Haupthaus, einer ehemaligen Bankiersvilla. Helles, freundliches Restaurant mit Blick zur Förde. Leicht gehobenes internationales Angebot.

Berliner Hof garni
Ringstr. 6 ⌂ 24103 – ℰ (0431) 6 63 40 – info@berlinerhof-kiel.de – Fax (0431) 6634345 Z d
103 Zim ⌂ – †85/100 € ††95/125 €
◆ Die verkehrsgünstige Lage in Zentrumsnähe sowie funktionell ausgestattete Zimmer machen dieses Hotel auch für Geschäftsreisende interessant.

Consul
Walkerdamm 11 ⌂ 24103 – ℰ (0431) 53 53 70 – info@hotel-consul-kiel.de
– Fax (0431) 5353770 Y k
40 Zim ⌂ – †77/95 € ††118/125 € – **Rest** – (geschl. Juli - Aug. und Samstag - Sonntag) Karte 17/32 €
◆ Es stehen unterschiedlich, aber stets solide eingerichtete und saubere Zimmer zur Verfügung. Verkehrsgünstig ist die Lage nahe des Kieler Hafens. Mit vielen Details und Accessoires liebevoll bestückte, behagliche Galerieräume.

September
Alte Lübecker Chaussee 27 ⌂ 24113 – ℰ (0431) 68 06 10 – info@ september-kiel.de – Fax (0431) 688830 – geschl. 23. - 30. Dez. sowie Sonn- und Feiertage Z t
Rest – (nur Abendessen) Menü 32/49 €
Rest *Bistro* – (nur Abendessen) Karte 30/40 €
◆ Über den reich bepflanzten Innenhof - hier können Sie im Sommer ebenfalls speisen - gelangt man in das modern gestaltete Restaurant, das Ihnen internationale Küche offeriert. Im Untergeschoss der ehemaligen Schmiede: das Bistro mit Wintergarten und Kaminzimmer.

Lüneburg-Haus
Dänische Str. 22 ⌂ 24103 – ℰ (0431) 9 82 60 00 – info@lueneburghaus.de
– Fax (0431) 9826026 – geschl. Sonntag Y c
Rest – Menü 14 € (mittags)/49 € (abends) – Karte 23/43 €
◆ Im 1. Stock des historischen Stadthauses in der Fußgängerzone serviert man in hübschem Bistroambiente regionale Küche. Im EG befindet sich ein Wein- und Feinkostgeschäft.

In Kiel-Hasseldieksdamm über Hasseldieksdammer Weg S:

Birke
Martenshofweg 2 ⌂ 24109 – ℰ (0431) 5 33 10 – info@hotel-birke.de – Fax (0431) 5331333
82 Zim ⌂ – †99/205 € ††121/215 €
Rest *Fischers Fritz* – Menü 30/41 € – Karte 24/46 €
◆ Am Ortsrand gelegener Familienbetrieb mit zeitgemäßen Zimmern, im Anbau eleganter. Hübsch: Spabereich und kleiner Innenhofgarten mit Strandkörben. Gute Tagungsmöglichkeiten. Hell und freundlich: Fischers Fritz. Regionale und internationale Küche.

In Kiel-Holtenau

Waffenschmiede
Friedrich-Voss-Ufer 4 ⌂ 24159 – ℰ (0431) 36 96 90 – info@hotel-waffen schmiede.de – Fax (0431) 363994 – geschl. 20. Dez. - 15. Jan. R r
13 Zim ⌂ – †54/79 € ††78/120 € – **Rest** – Karte 20/39 €
◆ In einem Wohngebiet direkt am Nord-Ostsee-Kanal liegt dieses familiengeführte kleine Hotel mit seinen ganz unterschiedlich eingerichteten Gästezimmern. Eine Terrasse mit schönem Blick auf den Kanal ergänzt das Restaurant.

709

KIEL

In Kiel-Wellsee Süd - Ost : 5 km über B 404 T :

Sporthotel Avantage Biergarten
Braunstr. 40, (Gewerbegebiet) ⊠ 24145 – ℰ (0431)
71 79 80 – info@sporthotel-avantage.de – Fax (0431) 7179820
34 Zim ⊇ – †75/80 € ††98/105 € – **Rest** – (Samstag - Sonntag nur Abendessen)
Karte 19/30 €
◆ Neben modernen, mit guter Technik funktionell ausgestatteten Zimmern bietet das recht ruhig gelegene Hotel ein Tenniscenter mit Außen-, Innen- sowie Badmintonplätzen. Hell und freundlich gestaltetes Restaurant mit Blick auf die Courts. Gutbürgerliches Angebot.

In Achterwehr West : 10 km über Schützenwall S und A 210 :

Beckmanns Gasthof mit Zim
Dorfstr. 16 ⊠ 24239 – ℰ (04340) 43 51 – mail@beckmannsgasthof.de
– Fax (04340) 4383
8 Zim ⊇ – †50 € ††80 € – **Rest** – (geschl. Montag - Dienstag, Mittwoch - Samstag nur Abendessen) Karte 23/43 €
◆ Das nette Landhaus beherbergt hinter seiner begrünten Fassade ein gediegen-elegantes Restaurant, das internationale und regionale Küche bietet. Solide, neuzeitliche Gästezimmer.

In Molfsee Süd-West : 8 km über Neue Hamburger Straße T :

Bärenkrug (mit Gästehaus) Biergarten
Hamburger Chaussee 10 (B 4) ⊠ 24113 – ℰ (04347) 7 12 00 – info@
baerenkrug.de – Fax (04347) 712013
39 Zim ⊇ – †65/72 € ††100/110 € – **Rest** – Menü 15/35 € – Karte 25/37 €
◆ Mit ihrer sehr wohnlichen Einrichtung gefallen die Gästezimmer dieses familiengeführten Hauses - geschmackvolle Stoffe unterstreichen den Landhausstil. Teil des Restaurants ist die Friesenstube mit regionaler Küche.

In Molfsee-Rammsee Süd-West : 5 km über Neue Hamburger Straße T :

Drathenhof
Hamburger Landstr. 99 (beim Freilichtmuseum) ⊠ 24113 – ℰ (0431) 65 08 89
– drathenhof@t-online.de – Fax (0431) 650723 – geschl. Sonntagabend - Montag
Rest – Menü 20 € – Karte 23/40 €
◆ In einem ehemaligen Bauernhaus von 1740 befindet sich dieses Restaurant. Die rustikalen Räume sind mit holsteinischen Kacheln oder Holz verziert.

KINDING – Bayern – **546** – 2 800 Ew – Höhe 378 m 57 **L18**
▶ Berlin 482 – München 107 – Augsburg 110 – Ingolstadt 34

In Enkering Süd-West : 1,5 km, jenseits der A 9 :

Zum Bräu
Rumburgstr. 1a ⊠ 85125 – ℰ (08467) 85 00 – info@hotel-zum-braeu.de
– Fax (08467) 85057 – geschl. 20. - 25. Dez.
16 Zim ⊇ – †41/50 € ††67/72 € – **Rest** – Karte 12/25 €
◆ Die Zimmer dieses Landgasthofs verfügen über ein gutes Platzangebot, sind solide eingerichtet und haben komfortable Bäder. Der Kachelofen verbreitet in dem rustikalen Restaurant eine gemütliche Atmosphäre.

KINHEIM – Rheinland-Pfalz – **543** – 840 Ew – Höhe 110 m – Erholungsort 46 **C15**
▶ Berlin 694 – Mainz 127 – Trier 54 – Bernkastel-Kues 14

Pohl-Zum Rosenberg
Moselweinstr. 3 (B 53) ⊠ 54538 – ℰ (06532) 21 96 – info@hotel-pohl.de
– Fax (06532) 1054 – geschl. 10. - 31. Jan.
30 Zim ⊇ – †38/45 € ††68/85 € – ½ P 14 € – **Rest** – (geschl. Nov. - Mai Donnerstag) Karte 18/33 €
◆ Die Lage an der Mosel sowie unterschiedlich eingerichtete, zweckmäßige Gästezimmer sprechen für dieses familiengeführte Haus. Restaurant mit regionaler Karte und Terrasse mit Moselblick.

710

KIPFENBERG – Bayern – 546 – 5 820 Ew – Höhe 378 m – Erholungsort 57 **L18**

- Berlin 490 – München 102 – Augsburg 105 – Ingolstadt 28
- Marktplatz 2, ✉ 85110, ✆ (08465) 94 10 40, tourist-info@kipfenberg.de

In Kipfenberg-Pfahldorf West : 6 km über Försterstraße :

Landhotel Geyer (mit Gästehäusern)
Alte Hauptstr. 10 ✉ 85110 – ✆ (08465) 1 73 06 30 – info@landhotel-geyer.de
– Fax (08465) 17306364
46 Zim ⊇ – †40/55 € ††65/80 € – ½ P 13 € – **Rest** – Karte 14/25 €
♦ Seit Generationen befindet sich der Landgasthof im Altmühltal in Familienbesitz. Die dörfliche Lage und solide möblierte Zimmer sprechen für das Haus. In Stuben unterteiltes Restaurant mit regional ausgerichtetem Angebot.

In Kipfenberg-Schambach Süd: 7 km über Eichstätter Straße Richtung Arnsberg :

Zur Linde
Bachweg 2 ✉ 85110 – ✆ (08465) 9 41 50 – info@zur-linde-schambachtal.de
– Fax (08465) 941540 – geschl. 7. - 24. Jan.
25 Zim ⊇ – †38/44 € ††70/76 € – ½ P 13 € – **Rest** – (geschl. Mittwoch) Karte 13/24 €
♦ Mitten im Grünen, im Schambachtal, liegt dieses Landhotel - ehemals ein landwirtschaftlicher Betrieb, wo Sie solide eingerichtete, wohnliche Zimmer beziehen. In mehrere Räume unterteiltes Restaurant mit hübscher Terrasse. Regionales Angebot.

KIRCHBERG AN DER JAGST – Baden-Württemberg – 545 – 4 480 Ew – Höhe 384 m 56 **I17**

- Berlin 535 – Suttgart 106 – Ansbach 53 – Crailsheim 16

Landhotel Kirchberg
Eichenweg 2 ✉ 74592 – ✆ (07954) 9 88 80 – landhotelkirchberg@t-online.de
– Fax (07954) 988888
17 Zim ⊇ – †54/59 € ††70/79 € – **Rest** – Karte 16/32 €
♦ Ein von der Inhaberfamilie gut geführtes, tadellos gepflegtes kleines Hotel mit solide in heller Eiche möblierten Zimmern und Tagungsbereich. Große Fenster lassen das Restaurant angenehm licht wirken. Spezialität: hausgemachte Maultaschen.

KIRCHDORF (KREIS MÜHLDORF AM INN) – Bayern – 546 – 1 300 Ew – Höhe 551 m 66 **N20**

- Berlin 624 – München 50 – Bad Reichenhall 91 – Mühldorf am Inn 31

Christian's Restaurant - Gasthof Grainer
Dorfstr. 1 ✉ 83527 – ✆ (08072) 85 10 – christians-restaurant@t-online.de
– Fax (08072) 3304 – geschl. Montag - Dienstag
Rest – (Mittwoch - Samstag nur Abendessen) (Tischbestellung erforderlich) Menü 49/79 €
Spez. Kaninchenrücken im Tramezzinimantel mit Trüffel und Gänsestopfleber. Taubenbrust mit Spitzmorchelsoufflé und Wildspargel. Holunderblütenkücherl mit aromatisierter Kalbshirnsuppe und Weißbiereis.
♦ Ein 500 Jahre alter Gasthof mitten im Dorf beherbergt das gemütliche Restaurant, das in vielen kleinen Details das König-Ludwig-Faible des Chefs erkennen lässt.

In Kirchdorf-Moosham West : 5 km über B 15 in Richtung Taufkirchen, links ab Richtung Isen :

Wirth z'Moosham Biergarten, Rest,
Isener Str. 4 ✉ 83527 – ✆ (08072) 9 58 20 – info@wirth-z-moosham.de
– Fax (08072) 371024 – geschl. 26. Dez. - 5. Jan. (Hotel)
36 Zim ⊇ – †45/60 € ††70/80 € – **Rest** – (geschl. Montag, nur Abendessen) Karte 14/21 €
♦ Engagiert wird der ruhig gelegene, um einen Anbau erweiterte Gasthof geleitet. Solide und zeitgemäß ausgestattete Zimmer stehen bereit. In den Gaststuben serviert man in bodenständig-gemütlicher Atmosphäre regional-bürgerliche Gerichte.

KIRCHEN (SIEG) – Rheinland-Pfalz – siehe Betzdorf

KIRCHENLAMITZ – Bayern – 546 – 3 980 Ew – Höhe 591 m   51 **M14**
▶ Berlin 337 – München 270 – Hof 20 – Bayreuth 45

In Kirchenlamitz-Fahrenbühl Nord-Ost : 6 km über Niederlamitz :

Jagdschloß Fahrenbühl
✉ 95158 – ✆ (09284) 3 64 – Fax (09284) 358 – geschl. Nov.
15 Zim ☑ – †38/40 € ††45/62 € – ½ P 10 € – **Rest** – (nur für Hausgäste)
◆ Das ehemalige Jagdschloss mit der holzvertäfelten Fassade ist heute eine Hotelpension, in der sich dank des dazugehörigen Reiterhofs auch Pferdefreunde wohlfühlen werden.

KIRCHENSITTENBACH – Bayern – siehe Hersbruck

KIRCHHEIM – Hessen – 543 – 3 960 Ew – Höhe 248 m   39 **H13**
▶ Berlin 417 – Wiesbaden 156 – Kassel 65 – Gießen 76
🛈 Hauptstr. 2a, ✉ 36275, ✆ (06625) 91 95 95, info@kirchheim.de

Eydt
Hauptstr. 19 ✉ 36275 – ✆ (06625) 9 22 50 – info@eydt-kirchheim.de – Fax (06625) 922570
60 Zim – †45/57 € ††69/84 € – **Rest** – Karte 17/32 €
◆ Behagliche, zeitgemäße Zimmer und ein freundlicher Service kennzeichnen dieses Hotel, in dem man auf Tagungsgäste und Urlauber gleichermaßen eingestellt ist.

KIRCHHEIM UNTER TECK – Baden-Württemberg – 545 – 39 840 Ew – Höhe 311 m   55 **H19**
▶ Berlin 622 – Stuttgart 38 – Göppingen 19 – Reutlingen 30
🛈 Max-Eyth-Str. 15, ✉ 73230, ✆ (07021) 30 27, tourist@kirchheim-teck.de
🏌 Kirchheim-Wendlingen, Schulerberg 1 ✆ (07024) 92 08 20
🏌 Ohmden, Am Golfplatz ✆ (07023) 74 26 63

Zum Fuchsen
Schlierbacher Str. 28 ✉ 73230 – ✆ (07021) 57 80 – hotel-fuchsen-kirchheim@t-online.de – Fax (07021) 578444
80 Zim ☑ – †90/130 € ††130/180 € – **Rest** – (geschl. Sonntagabend) Karte 24/40 €
◆ Ein aus zwei Gebäuden bestehendes Hotel mit recht unterschiedlich geschnittenen Zimmern: Man bietet u. a. die besonders wohnliche Deluxe-Kategorie oder auch Zimmer mit Kamin. Das Restaurant teilt sich in mehrere kleinere und größere Stuben.

Stadthotel Waldhorn
Am Marktplatz 8, (Zufahrt über Alleenstraße) ✉ 73230 – ✆ (07021) 9 22 40 – info@stadthotel-waldhorn.de – Fax (07021) 922450 – geschl. 27. Okt. - 2. Nov., 21. Dez. - 6. Jan., 3. - 13. Aug.
19 Zim – †79/84 € ††90/96 € – **Rest** – (geschl. Freitag - Samstag, nur Abendessen) Karte 16/28 €
◆ Aus zwei restaurierten historischen Fachwerkhäusern in der Fußgängerzone ist ein Hotel mit wohnlichen und funktionellen Zimmern entstanden, teils mit freigelegten Holzbalken. Gemütliche Gaststuben bilden das Restaurant.

In Kirchheim-Nabern Süd-Ost : 6 km über B 465, jenseits der A 8 :

Arthotel Billie Strauss
Weilheimer Str. 20 ✉ 73230 – ✆ (07021) 95 05 90 – info@arthotelbilliestrauss.de – Fax (07021) 9505910 – geschl. 22. Dez. - 8. Jan.
13 Zim – †95/110 € ††110/155 €, ☑ 9 € – **Rest** – (geschl. Montag, nur Abendessen) Karte 31/40 €
◆ Der ehemalige Bauernhof hat ein architektonisch interessantes Innenleben bekommen: individuell und modern mit Designermöbeln und kräftigen Farbakzenten gestaltete Zimmer. Ein mit Liebe zum Detail restauriertes Fachwerkhaus beherbergt die Weinstube. Kunstgalerie!

KIRCHHEIM UNTER TECK

In Ohmden Ost : 6 km über Jesingen :

Landgasthof am Königsweg mit Zim
Hauptstr. 58 ⌧ 73275 – ℰ (07023) 20 41 – info@landgasthof.com – Fax (07023) 8266
7 Zim ⌑ – †85/98 € ††125/145 € – **Rest** – *(geschl. Sonntag - Montag)*
Menü 46/115 € – Karte 54/74 €
Spez. In Curry gebratener Kraisergranat mit Weizen und Rote Bete. Steinbutt mit Kartoffel-Bärlauchcrème und Lavendel-Orangenbutter. Hirsch und Hummer mit Mango, Sellerie und Nussbutter.
♦ Ein hübsches Fachwerkhaus a. d. J. 1672. Sehr aufmerksamer und freundlicher Service sowie eine klassische Küche mit persönlicher Note zeichnen das Restaurant aus. In den wohnlichen Gästezimmern hat man die alte Bausubstanz mit moderner Einrichtung kombiniert.

KIRCHHEIMBOLANDEN – Rheinland-Pfalz – 543 – 8 020 Ew – Höhe 251 m
– Erholungsort 47 **E16**

▶ Berlin 610 – Mainz 50 – Bad Kreuznach 43 – Mannheim 58

🛈 Uhlandstr. 2, ⌧ 67292, ℰ (06352) 17 12, touristik@donnersberg.de

Parkhotel Schillerhain
Biergarten
Schillerhain 1 ⌧ 67292 – ℰ (06352) 71 20 – info@schillerhain.de – Fax (06352) 712100
38 Zim ⌑ – †59/98 € ††89/119 € – ½ P 20 € – **Rest** – Menü 24/29 € – Karte 17/36 €
♦ Sehr ruhig liegt das Hotel mit nettem Türmchen und soliden Gästezimmern in einem Park. Modernder sind die Zimmer in der ca. 200 m entfernten Villa. Sie speisen im Parkrestaurant oder im gemütlich-rustikalen Weinstübchen.

Braun garni
Uhlandstr. 1 ⌧ 67292 – ℰ (06352) 4 00 60 – info@hotelbraun.de – Fax (06352) 400699
40 Zim ⌑ – †54/61 € ††85 €
♦ Das Hotel liegt im Zentrum und bietet seinen Gästen freundlich und funktionell eingerichtete Zimmer sowie einen hübschen kleinen Saunabereich.

In Dannenfels-Bastenhaus Süd-West : 9 km, Richtung Rockenhausen – Höhe 400 m
– Erholungsort :

Bastenhaus
Bastenhaus 1 ⌧ 67814 – ℰ (06357) 97 59 00 – bastenhaus@bastenhaus.de – Fax (06357) 97590300
37 Zim ⌑ – †53/73 € ††88/108 € – ½ P 19 € – **Rest** – *(geschl. Sonntagabend)*
Menü 20/40 € – Karte 25/48 €
♦ Ein gewachsenes Hotel mit wohnlichen Zimmern in einer schönen Umgebung mit zahlreichen Freizeitangeboten. Netter Garten mit Badeteich. Auch für Tagungen geeignet. Eine große Terrasse ergänzt das ländlich-rustikale Restaurant.

KIRCHHUNDEM – Nordrhein-Westfalen – 543 – 13 010 Ew – Höhe 300 m 37 **E12**

▶ Berlin 532 – Düsseldorf 136 – Siegen 34 – Meschede 51

In Kirchhundem-Selbecke Ost : 4 km, Richtung Bad Laasphe :

Assmann
Selbecke 18 ⌧ 57399 – ℰ (02723) 7 24 00 – hotel-assmann@t-online.de – Fax (02723) 717521
6 Zim ⌑ – †35 € ††58/68 € – **Rest** – *(geschl. Montag, Samstagmittag)* Karte 14/32 €
♦ Hübsch und wohnlich sind die in warmen Farben gehaltenen Zimmer dieses kleinen Fachwerkgasthofs. Eine nette preiswerte Adresse in dörflicher Umgebung. Restaurant mit bürgerlicher Küche.

KIRCHLAUTER – Bayern – 546 – 1 450 Ew – Höhe 344 m 50 **K15**
▶ Berlin 432 – München 261 – Würzburg 88 – Bamberg 32

In Kirchlauter-Pettstadt

✕ **Gutsgasthof Andres**
✉ 96166 – ☎ (09536) 2 21 – gutsgasthof-andres@t-online.de – Fax (09536) 1622
– geschl. Dienstag - Mittwoch
Rest – Menü 28 € – Karte 14/28 €
♦ Bereits seit 1839 ist der schöne denkmalgeschützte Gutshof im Familienbesitz. In verschiedenen Stuben oder auf der hübschen Terrasse serviert man Regionales. 2 Appartements.

> Bei schönem Wetter isst man gern im Freien!
> Wählen Sie ein Restaurant mit Terrasse: 佘.

KIRCHZARTEN – Baden-Württemberg – 545 – 9 650 Ew – Höhe 392 m – Luftkurort 61 **D20**
▶ Berlin 800 – Stuttgart 177 – Freiburg im Breisgau 9 – Donaueschingen 54
ℹ Hauptstr. 24, ✉ 79199, ☎ (07661) 39 39
Kirchzarten, Krüttweg 1 ☎ (07661) 9 84 70
Hirschsprung★ Süd-Ost : 10 km (im Höllental)

Sonne
Hauptstr. 28 ✉ 79199 – ☎ (07661) 90 19 90 – info@sonne-kirchzarten.de
– Fax (07661) 7535
26 Zim – †54/90 € ††73/115 € – ½ P 18 € – **Rest** – (geschl. Freitagmittag, Samstagmittag) Menü 18/35 € – Karte 19/40 €
♦ Ein traditionsreicher Gasthof von 1725, der von der Inhaberfamilie selbst geführt wird. Besonders hübsch sind die neueren, mit Landhausmöbeln eingerichteten Zimmer. Gemütliches holzvertäfeltes Restaurant mit bürgerlicher und regionaler Küche.

✕✕ **Zum Rössle** mit Zim
Dietenbach 1 (Süd : 1 km) ✉ 79199 – ☎ (07661) 22 40 – landgasthofzumroessle@t-online.de – Fax (07661) 980022
6 Zim – †43 € ††69/73 € – **Rest** – (geschl. Montagmittag, Dienstagmittag, Mittwoch) Menü 32/48 € – Karte 25/46 €
♦ In diesem idyllischen Landgasthof a. d. 18. Jh. steht der Chef persönlich in der Küche. Um die Gäste kümmert sich die freundliche Hausherrin. Schön sitzt man auf der Terrasse.

In Kirchzarten-Burg-Höfen Ost : 1 km :

Schlegelhof
Höfener Str. 92 ✉ 79199 – ☎ (07661) 50 51 – info@schlegelhof.de – Fax (07661) 62312
11 Zim – †59/70 € ††76/150 € – **Rest** – (geschl. Mittwoch, Montag - Samstag nur Abendessen) (Tischbestellung ratsam) Menü 29/56 € – Karte 26/49 €
♦ Ein ruhig gelegenes, familiär geleitetes kleines Gasthaus mit sehr gepflegten, wohnlichen Zimmern und einem reichhaltigen Frühstücksbuffet mit Bio-Ecke. In hellem, freundlichem Ambiente serviert man sorgfältig zubereitete regionale Speisen.

In Stegen-Eschbach Nord : 4 km – Höhe 360 m

✕✕ **Landhotel Reckenberg** mit Zim
Reckenbergstr. 2 ✉ 79252 – ☎ (07661) 9 79 33 00 – reckenberg@t-online.de
– Fax (07661) 97933022 – geschl. Jan. - Feb. 3 Wochen
9 Zim – †55/65 € ††85/90 € – ½ P 20 € – **Rest** – (geschl. Dienstag - Mittwochmittag) Menü 30/55 € – Karte 30/50 €
♦ Das familiengeführte Haus ist ein gediegen-rustikales Restaurant. Aromatische Kräuter prägen die regionale und französische Küche.

714

KIRKEL – Saarland – 543 – 10 360 Ew – Höhe 240 m 46 **C17**
▶ Berlin 690 – Saarbrücken 24 – Homburg/Saar 10 – Kaiserslautern 48

In Kirkel-Neuhäusel

Ressmann's Residence
Kaiserstr. 87 ⊠ 66459 – ℰ (06849) 9 00 00 – info@ressmanns-residence.de – Fax (06849) 900012
21 Zim ⊃ – †59/69 € ††79/89 € – **Rest** – *(geschl. Dienstag, Samstagmittag, Sonntagabend)* Karte 32/60 €
♦ Das in neuzeitlichem Stil gebaute Hotel bietet seinen Gästen zeitgemäß und funktionell ausgestattete Zimmer sowie ein gutes Frühstücksbuffet. Freundlich gestaltetes Restaurant mit sehr netter Terrasse hinter dem Haus.

Rützelerie Geiß
Brunnenstraße ⊠ 66459 – ℰ (06849) 13 81 – info@ruetzeleriegeiss.de – Fax (06849) 91371 – geschl. Feb. - März 2 Wochen, Juli - Aug. 4 Wochen und Sonntag - Montag
Rest – *(nur Abendessen)* Menü 27/79 € – Karte 34/57 €
♦ Nettes Dekor und Natursteinwände unterstreichen das gemütlich-rustikale Ambiente dieses auf zwei Ebenen angelegten Restaurants. Französisch beeinflusste internationale Küche.

KIRN – Rheinland-Pfalz – 543 – 8 860 Ew – Höhe 190 m 46 **D15**
▶ Berlin 649 – Mainz 76 – Bad Kreuznach 37 – Trier 77
🛈 Bahnhofstraße 12 (Bahnhof), ⊠ 55606, ℰ(06752) 9 34 00, kirei@t-online.de
◉ Schloss Dhaun (Lage★) Nord-Ost : 5 km

In Bruschied-Rudolfshaus Nord-West : 9 km Richtung Rhaunen, am Ortsende in Rudolfshaus rechts ab :

Forellenhof mit Zim
Reinhartsmühle 1 ⊠ 55606 – ℰ (06544) 3 73 – info@hotel-forellenhof.de – Fax (06544) 1080 – geschl. Jan.
28 Zim ⊃ – †55/60 € ††85/95 € – ½ P 18 € – **Rest** – *(geschl. Montagmittag, Okt. - April Montag)* Menü 20/35 € – Karte 22/42 €
♦ Einsam liegt das familiär geführte Haus an einem Waldstück. Vom Restaurant und der Terrasse blicken Sie ins Grüne und auf den Teich. Beachtlich: die Whisky-Sammlung des Chefs. Geräumige Gästezimmer unterm Dach oder etwas kleinere mit Balkon.

KIRRWEILER – Rheinland-Pfalz – siehe Maikammer

KIRSCHAU – Sachsen – 544 – 2 660 Ew – Höhe 249 m 44 **R12**
▶ Berlin 228 – Dresden 54 – Görlitz 47 – Bautzen 11

Bei Schumann
Bautzener Str. 20 ⊠ 02681 – ℰ (03592) 52 00 – info@bei-schumann.de – Fax (03592) 520599
42 Zim ⊃ – †133 € ††186/270 € – 11 Suiten
Rest Schlemmerzimmer – *(geschl. Ende Jan. 2 Wochen, Anfang Aug. 2 Wochen und Sonntag - Montag, nur Abendessen)* Karte 41/57 €
Rest Toppolino – *(nur Abendessen)* Karte 30/46 €
Rest Al Forno – *(nur Abendessen)* Karte 21/33 €
♦ Highlight in dem komfortablen, vom Architekten Max Hans Kühne entworfenen Hotel ist der beeindruckende Spa-Tempel, ebenfalls sehenswert sind die Tempel-Suiten. Elegantes kleines Schlemmerzimmer. Hauptrestaurant ist das Toppolino. Italienisches im Al Forno.

KISSINGEN, BAD – Bayern – 546 – 21 450 Ew – Höhe 220 m – Mineral- und Moorheilbad 49 **I14**
▶ Berlin 480 – München 329 – Fulda 62 – Bamberg 81
🛈 Am Kurgarten 1, ⊠ 97688, ℰ (0971) 8 04 82 11, tourismus@badkissingen.de
🐎 Bad Kissingen, Euerdorfer Str. 11 ℰ (0971) 36 08

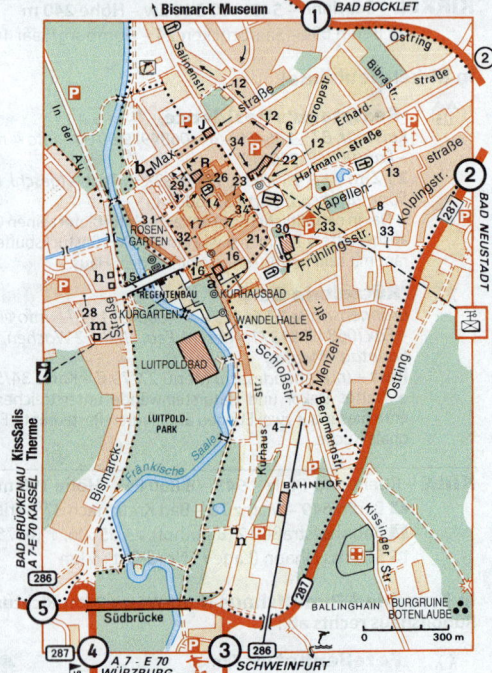

BAD KISSINGEN

Bahnhofstr.	4
Berliner Pl.	6
Brunnengasse	7
Dapperstr.	8
Hemmerichstr.	12
Kirchgasse	14
Kurhausstr.	
Ludwigbrücke	15
Ludwigstr.	16
Marktpl.	17
Martin-Luther-Str.	21
Münchner Str.	22
Obere Marktstr.	23
Prinzregentenstr.	25
Rathauspl.	26
Schönbornstr.	28
Spitalgasse	29
Theaterpl.	30
Theresienstr.	31
Untere Marktstr.	32
Von-der-Tann-Str.	33
Von-Hessing-Str.	34

Steigenberger (direkter Zugang zum Kurhausbad)
Am Kurgarten 3 ⌂ 97688
– ℰ (0971) 8 04 10 – bad-kissingen@steigenberger.de – Fax (0971) 8041597
108 Zim ⌂ – †113/172 € ††186/284 € – ½ P 35 €
Rest – Menü 38/41 € – Karte 32/46 €   a
Rest *Kissinger Stüble* – (geschl. Nov. - März Mittwoch - Donnerstag) Karte 16/30 €

♦ Zentral und ruhig zugleich liegt das Haus an der Kurpromenade. Dort erwartet Sie ein klassisch-eleganter Rahmen und freundliches Personal. Gesundheitszentrum. Internationale Küche im Restaurant. Kissinger Stüble mit regionaler und bürgerlicher Karte.

Frankenland (geheizt)
Frühlingstr. 11 ⌂ 97688 – ℰ (0971) 8 10 – info@
hotel-frankenland.de – Fax (0971) 812810   r
500 Zim ⌂ – †72/108 € ††108/156 € – ½ P 24 €
Rest *Rôtisserie* – Karte 22/37 €
Rest *Frankenland-Stuben* – Karte 17/34 €

♦ Das Hotel verfügt über komfortable, funktionell ausgestattete Zimmer und moderne Tagungsräume. Wellnesslandschaft mit zahlreichen Anwendungen sowie Physiotherapie. Zeitlos: die Rôtisserie. Rustikale Frankenland-Stuben im Hüttenstil mit bürgerlicher Karte.

Bristol
Bismarckstr. 8 ⌂ 97688 – ℰ (0971) 82 40 – badkissingen@sinnhotels.de
– Fax (0971) 8245824   h
83 Zim ⌂ – †100/120 € ††135/155 € – ½ P 24 € – 12 Suiten
Rest – Karte 25/46 €

♦ Ruhig liegt das Kurhotel a. d. J. 1899 nahe dem Zentrum. Man bietet wohnlich-komfortable Zimmer - z. T. mit Blick in den Stadt-Rosengarten - und einen modernen Tagungsbereich. Schöne Stuckdecken zieren das klassisch-elegante Restaurant.

KISSINGEN, BAD

Parkhotel Laudensack
Kurhausstr. 28 ⊠ 97688 – ℰ (0971) 7 22 40
– laudensacks-parkhotel@t-online.de – Fax (0971) 722444
– geschl. 18. Dez. - 26. Jan.   n
21 Zim ⊇ – ✝78/94 € ✝✝138/166 € – ½ P 28 € – **Rest** – (geschl. Montag -
Dienstag, nur Abendessen) Menü 47/90 € – Karte 52/67 €
Spez. Gegrilltes Seeteufelfilet und Langoustino mit Sauce Bourride. Kabeljaufilet mit Karotten-Estragonhaube und Lauch-Pfifferlingscassoulette. Rosa Carré und Ravioli vom Lamm mit Thymiansauce.
♦ Mit Engagement wird der Familienbetrieb in schöner Parklage geleitet. Das wohnlich-geschmackvolle Ambiente begleitet den Gast durch das gesamte Haus. Restaurant mit klassischen Speisen und versiertem Service. Nette Terrasse im Grünen.

Kissinger Hof
Bismarckstr. 14 ⊠ 97688 – ℰ (0971) 92 70 – info@kissingerhof.de – Fax (0971) 927555   h
99 Zim ⊇ – ✝57/67 € ✝✝94/114 € – ½ P 16 € – **Rest** – (Okt. - März nur Abendessen) Karte 13/22 €
♦ Dieses zentral situierte, um einen neuzeitlichen Anbau erweiterte Hotel vom Beginn des 20. Jh. hält Zimmer mit zeitgemäßer und funktioneller Einrichtung bereit.

Kurhaus Tanneck
Altenbergweg 6 ⊠ 97688 – ℰ (0971) 7 16 00 – kurhaus_tanneck@t-online.de
– Fax (0971) 68614 – geschl. Nov. - Mitte Dez., Jan. - März   m
45 Zim (inkl. ½ P.) – ✝60/82 € ✝✝124/150 € – **Rest** – (nur für Hausgäste)
♦ Ruhig liegt das Hotel am Stadtrand. Die gepflegten Zimmer haben meist einen eigenen Balkon. Diätküche wird für Hausgäste angeboten.

Bayerischer Hof
Maxstr. 9 ⊠ 97688 – ℰ (0971) 8 04 50 – info@doesch-kg.de – Fax (0971) 8045133   b
50 Zim ⊇ – ✝52/70 € ✝✝85/100 € – ½ P 18 € – **Rest** – (geschl. Okt. - Mai Mittwoch - Donnerstag) Karte 24/31 €
♦ Das familiengeführte Haus liegt zentral und doch recht ruhig und verfügt über solide ausgestattete Gästezimmer, alle mit eigenem Balkon. Bürgerlich-rustikales Restaurant.

Le Jeton
Im Luitpold-Park 1 (im Spielcasino) ⊠ 97688 – ℰ (0971) 40 81 – info@le-jeton.de
– Fax (0971) 97109   f
Rest – Menü 35/56 € – Karte 21/39 €
♦ Ein modernes Restaurant, in dem monatlich wechselnde Gastköche ihr Menü vorstellen - mit jedem Koch wechselt auch das Farbkonzept der Räumlichkeiten. Terrasse mit Parkblick.

KISSLEGG – Baden-Württemberg – **545** – 8 650 Ew – Höhe 648 m – Luftkurort   63 I21
▶ Berlin 697 – Stuttgart 185 – Konstanz 100 – Kempten (Allgäu) 46
🛈 Neues Schloss, ⊠ 88353, ℰ (07563) 93 61 42, tourist@kisslegg.de

Hofgut Eggen garni
Eggen 1 (Süd : 4 km, Richtung Wangen) ⊠ 88353 – ℰ (07563) 1 80 90
– Fax (07563) 180929
12 Zim ⊇ – ✝47/65 € ✝✝75/80 €
♦ Ein familiär geführtes kleines Hotel auf dem Land, dessen Gästezimmer mit massiven Naturholzmöbeln neuzeitlich und wohnlich gestaltet sind. Modern-ländlicher Frühstücksraum.

Ochsen (mit Gästehaus)
Herrenstr. 21 ⊠ 88353 – ℰ (07563) 9 10 90 – info@ochsen-kisslegg.de
– Fax (07563) 910960 – geschl. 21. - 24. Dez
40 Zim ⊇ – ✝45/59 € ✝✝65/79 € – ½ P 14 € – **Rest** – Karte 14/33 €
♦ In der Ortsmitte liegt dieser familiengeführte Landgasthof, der über solide Zimmer verfügt - die im Gästehaus sind komfortabler und recht modern.

717

KITTENDORF – Mecklenburg-Vorpommern – siehe Stavenhagen

KITZINGEN – Bayern – 546 – 21 430 Ew – Höhe 205 m 49 I16
▶ Berlin 482 – München 263 – Würzburg 22 – Bamberg 80
i Schrannenstr. 1, ✉ 97318, ✆ (09321) 92 00 19, tourist@stadt-kitzingen.de
Kitzingen, Larson Barracks ✆ (09321) 49 56

Esbach-Hof Biergarten
Repperndorfer Str. 3, (B 8) ✉ 97318 – ✆ (09321) 22 09 00 – hotel@esbachhof.de
– Fax (09321) 2209091 – geschl. 22. - 25. Dez., 1. - 10. Feb.
32 Zim ⊇ – †66 € ††87 € – **Rest** – Karte 14/26 €
♦ Zeitgemäßen Standard bieten die Gästezimmer dieses gut geführten Familienbetriebs. In wenigen Gehminuten erreichen Sie die Innenstadt. Gemütliche Gasträume im fränkischen Stil.

In Sulzfeld am Main Süd-West: 4 km:

Vinotel Augustin garni
Matthias-Schiestl-Str. 4 ✉ 97320 – ✆ (09321) 2 67 29 60 – info@vinotel-augustin.de – Fax (09321) 26729696 – geschl. 22. Dez. - 5. Jan.
9 Zim ⊇ – †67/77 € ††98/109 €
♦ An ein Weingut ist das persönlich geführte kleine Hotel angeschlossen. Sehr schön und hochwertig hat man die Zimmer nach Themen gestaltet, z. B. Afrika, Tropen, Loft, Pop-Art.

Zum Stern (mit Gästehaus)
Peuntgasse 5 ✉ 97320 – ✆ (09321) 1 33 50 – info@stern-sulzfeld.de – Fax (09321) 133510
25 Zim ⊇ – †30/40 € ††52/60 € – **Rest** – (geschl. Mitte Aug. 2 Wochen und Montagmittag, Dienstag - Mittwochmittag) Karte 16/24 €
♦ Ein historischer Gasthof mit soliden Zimmern. Das Haupthaus ist ein Fachwerkbau aus dem 15. Jh. - hier sind freigelegte Holzbalken in die Zimmer integriert. Gemütlich-rustikale Gaststube.

KLEIN WITTENSEE – Schleswig-Holstein – siehe Eckernförde

KLEINICH – Rheinland-Pfalz – 543 – 750 Ew – Höhe 450 m 46 C15
▶ Berlin 662 – Mainz 98 – Trier 60 – Bernkastel-Kues 18

Landhaus Arnoth (mit Gästehaus)
Ortsstraße 55 ✉ 54483 – ✆ (06536) 9 39 90 – info@landhaus-arnoth.de – Fax (06536) 1217
15 Zim ⊇ – †65/85 € ††85/110 € – **Rest** – (geschl. Montag - Dienstag, Mittwoch - Samstag nur Abendessen) Menü 25/44 € – Karte 22/49 €
♦ Das zu Beginn des 19. Jh. erbaute Landhaus im Hunsrück wurde liebevoll restauriert und bietet seinen Gästen jetzt ein Hotel mit individuell eingerichteten Zimmern. Antiquitäten schmücken das Restaurant. Bilderausstellung!

KLEINWALSERTAL – Vorarlberg – 730 – 4 720 Ew – Österreichisches Hoheitsgebiet, wirtschaftlich der Bundesrepublik Deutschland angeschlossen – Wintersport: 2 000 m ⸺2 ⸺34 5 B5
▶ Wien 583 – Bregenz 83 – Kempten 49
Tal ★
Oberstdorf ★★

In Riezlern – Höhe 1 100 m
i Walserstr. 54, ✉ 6991, ✆ (0043 5517) 51 14 18

Almhof Rupp
Walserstr. 83 ✉ 6991 – ✆ (0043 5517) 50 04 – info@almhof-rupp.de – Fax (0043 5517) 3273 – geschl. 15. April - 15. Mai, 10. Nov. - 20. Dez.
32 Zim (inkl. ½ P.) – †80/140 € ††140/250 € – **Rest** – (geschl. Montag) (Tischbestellung erforderlich) Menü 20/58 € – Karte 24/41 €
♦ Eine ländlich-gediegene Atmosphäre erwartet den Gast in diesem ruhig gelegenen alpenländischen Haus mit behaglichen Zimmern und einem großzügigen Wellnessbereich. In der netten Walserstube serviert man sorgfältig zubereitete Speisen.

KLEINWALSERTAL

Riezler Hof
Walserstr. 57 ⌧ 87567 – ℰ (0043 5517) 5 37 70 – info@riezlerhof.at – Fax (0043 5517) 537750 – geschl. Mitte April - Mitte Mai, Mitte Okt. - Mitte Dez.
28 Zim ⌑ – †66/108 € ††132/216 € –
Rest – *(geschl. Montag)* Karte 19/32 €
♦ Das Hotel im Ortszentrum verfügt über neuzeitlich eingerichtete Gästezimmer mit solider Technik - besonders ruhig sind die Zimmer nach hinten. Heller Holzboden und holzgetäfelte Wände machen das Restaurant gemütlich.

Alpenhof Jäger
Unterwestegg 17 ⌧ 6991 – ℰ (0043 5517) 52 34 – alpenhof.jaeger@aon.at – Fax (0043 5517) 523450 – geschl. 6. - 27. April, 22. Juni - 12. Juli, 23. Nov. - 20. Dez.
12 Zim (inkl. ½ P.) – †52/79 € ††98/170 € –
Rest – *(geschl. Dienstag - Mittwoch, nur Abendessen)* Menü 26/47 € – Karte 22/44 €
♦ Herzstück des kleinen Hotels ist ein liebevoll restauriertes Walserhaus von 1690. Hier sowie in einem Anbau im regionstypischen Stil befinden sich behaglich-rustikale Zimmer. Urige Gaststube im historischen Teil des Hauses mit guter, teils regionaler Küche.

Walserstuba
Eggstr. 2 ⌧ 6991 – ℰ (0043 5517) 5 34 60 – info@walserstuba.at – Fax (0043 5517) 534613 – geschl. 6. April - 1. Mai, 26. Okt. - 13. Dez.
23 Zim (inkl. ½ P.) – †59/76 € ††108/152 € – **Rest** – *(geschl. Montag - Dienstagmittag)* Karte 32/50 €
♦ Der familiengeführte Alpengasthof mit Holzbalkonen bietet mit regionstypischen Naturholzmöbeln solide eingerichtete Zimmer. Die Gaststuben sind teils getäfelt, teils mit dunklen Holzbalken eines alten Bauernhauses ausgestattet.

Wagner
Walserstr. 1 ⌧ 6991 – ℰ (0043 5517) 52 48 – info@hotel-wagner.de – Fax (0043 5517) 3266 – geschl. Mitte April - Mitte Mai, Ende Okt. - Mitte Dez.
21 Zim (inkl. ½ P.) – †62/155 € ††100/210 € – **Rest** – *(nur Abendessen für Hausgäste)*
♦ Direkt am Waldrand und wenige Minuten vom Ortskern entfernt liegt das gemütlich-rustikale Landgasthaus mit seinen unterschiedlich möblierten Zimmern.

Scharnagl's Alpenhof mit Zim
Zwerwaldstr. 28 ⌧ 6691 – ℰ (0043 5517) 52 76 – alpenhof@scharnagls.de – Fax (0043 5517) 52763 – geschl. 14. - 30. April, 3. Nov. - 4. Dez.
5 Zim (inkl. ½ P.) – †45/67 € ††84/132 € – **Rest** – *(geschl. Mittwoch - Donnerstagmittag)* Menü 34/42 € – Karte 28/39 €
♦ Ganz in hellem Holz ist dieses engagiert geführte Restaurant gehalten. Der Patron bereitet deftige Hausmannskost und klassische Gerichte.

In Hirschegg – Höhe 1 125 m
🛈 im Walserhaus, ⌧ 6992, ℰ (0043 5517) 5 11 40, info@kleinwalsertal.com

Walserhof
Walserstr. 11 ⌧ 6992 – ℰ (0043 5517) 56 84 – walserhof@aon.at – Fax (0043 5517) 5938 – geschl. 2. Nov. - 15. Dez.
52 Zim (inkl. ½ P.) – †83/149 € ††126/242 € – 5 Suiten – **Rest** – Karte 18/39 €
♦ Das gemütlich-rustikal eingerichtete Hotel bietet neben wohnlichen Zimmern und Wellnessangeboten auch eine hübsche Gartenanlage. Alpenländisch ist das Ambiente im Restaurant.

Birkenhöhe
Oberseitestr. 34 ⌧ 6992 – ℰ (0043 5517) 55 87 – info@birkenhoehe.com – Fax (0043 5517) 558712 – geschl. 12. April - 31. Mai, 2. Nov. - 17. Dez.
38 Zim (inkl. ½ P.) – †80/125 € ††150/206 € – 3 Suiten – **Rest** – *(geschl. Sonntag - Montag, nur Abendessen)* (Tischbestellung ratsam) Menü 28/65 €
♦ Ein familiär geleitetes Hotel in Hanglage mit schöner Aussicht, wohnlicher und zeitgemäßer Einrichtung und einem ansprechenden Wellnessbereich mit Kosmetik und Massage. Das A-la-carte-Restaurant ist eine kleine Stube in alpenländisch-elegantem Stil.

KLEINWALSERTAL

Naturhotel Chesa Valisa (mit Gästehaus) (geheizt)
Gerbeweg 18 ⊠ 6992 — ℰ (0043 5517) 5 41 40 – info@naturhotel.at – Fax (0043 5517) 5108
– geschl. 6. April - 28. Juni, 11. Nov. - 15. Dez.
45 Zim (inkl. ½ P.) – †78/125 € ††136/246 € – **Rest** – Karte 25/37 €

♦ Mit Vollholzmöbeln und Parkett sind die Zimmer des familiengeführten Hauses im Skigebiet neuzeitlich eingerichtet. Wellness- und Bio-Arrangements sowie diverse Aktivprogramme. Regionale Küche aus Naturprodukten im ländlichen Restaurant. Schöner Weinkeller.

Gemma
Schwarzwasseralstr. 21 ⊠ 6992 – ℰ (0043 5517) 5 36 00 – info@gemma.at
– Fax (0043 5517) 5360300 – geschl. 6. April - 20. Mai, 2. Nov. - 12. Dez.
26 Zim (inkl. ½ P.) – †57/102 € ††104/214 € – **Rest** – (nur Abendessen für Hausgäste)

♦ Ruhig liegt der alpenländische Gasthof mit der typischen holzverkleideten Fassade oberhalb des Ortes. Die Zimmer sind rustikal gestaltet, einige auch in neuzeitlichem Stil.

Sonnenberg ≤ Kleinwalsertal
Am Berg 26 ⊠ 6992 – ℰ (0043 5517) 54 33 – info@kleinwalsertal-sonnenberg.de
– Fax (0043 5517) 543333 – geschl. April, Ende Okt. - Mitte Dez.
16 Zim (inkl. ½ P.) – †71/114 € ††148/198 € – **Rest** – (nur Abendessen für Hausgäste)

♦ Aus dem 16. Jh. stammt der freundliche Familienbetrieb, der mit viel altem Holz eingerichtet wurde und urigen Charme versprüht. Netter Garten mit schöner Sicht.

In Mittelberg – Höhe 1 220 m
🛈 Walserstr. 89, ⊠ 6993, ℰ (0043 5517) 51 14 19

IFA-Hotel Alpenrose
Walserstr. 46 ⊠ 6993 – ℰ (0043 5517) 3 36 40 – alpenrose@ifahotels.com
– Fax (0043 5517) 3364888 – geschl. 15. - 31. Nov.
100 Zim (inkl. ½ P.) – †65/105 € ††100/200 € – **Rest** – (nur Abendessen für Hausgäste)

♦ Moderne und wohnliche Zimmer hält dieser familienfreundliche Alpengasthof mit im Sommer blumengeschmückter Fassade bereit. Fragen Sie nach den Familienzimmern für 4 Personen.

Leitner
Walserstr. 55 ⊠ 6933 – ℰ (0043 5517) 5 78 80 – info@hotel-leitner.de – Fax (0043 5517) 578839 – geschl. 7. April - 12. Mai, 6. Nov. - 16. Dez.
35 Zim (inkl. ½ P.) – †75/126 € ††108/240 € – 13 Suiten
Rest – (nur Abendessen für Hausgäste)

♦ Gemütliche, meist als Suiten angelegte Zimmer und ein schöner Spabereich auf 1000 qm machen diesen kleinen Familienbetrieb zu einem netten Ferienhotel. Behaglich ist das teilweise mit Zirbelholz ausgestattete Restaurant, hübsch die Terrasse.

Lärchenhof
Schützabühl 2 ⊠ 6993 – ℰ (0043 5517) 65 56 – naturhotel.laerchenhof@aon.at
– Fax (0043 5517) 6500 – geschl. 7. April - 9. Mai, 27. Okt. - 18. Dez.
24 Zim (inkl. ½ P.) – †55/79 € ††100/140 € – **Rest** – (geschl. Dienstag) (nur Abendessen für Hausgäste)

♦ Auf 1 250 m Höhe, inmitten der schönen Bergwelt, finden Sie ein Hotel, das nach baubiologischen Grundsätzen gestaltet wurde. Zimmer teils im Landhausstil.

Ingeborg garni
Im Hag 3 ⊠ 6993 – ℰ (0043 5517) 5 75 80 – ingeborg@vlbg.at – Fax (0043 5517) 575859
7 Zim ⊇ – †45/68 € ††64/116 €

♦ Eine familiengeführte kleine Pension in ruhiger Lage, die mit sehr wohnlichen und gediegenen Zimmern (z. T. mit Küchenzeile) und einem hübschen Saunabereich gefällt.

KLEINWALSERTAL

In Mittelberg-Höfle Süd : 2 km, Zufahrt über die Straße nach Baad :

IFA-Hotel Alpenhof Wildental
Höfle 8 – 6993 – ℘ (0043 5517) 6 54 40
– wildental@ifahotels.com – Fax (0043 5517) 65448 – geschl. 8. - 29. Nov.
57 Zim (inkl. ½ P.) – †74/118 € ††144/246 € – **Rest** – Menü 20/23 €
♦ In dem schön und sehr ruhig gelegenen Hotel erwarten Sie neuzeitliche Zimmer - teilweise mit Aussicht - sowie Wellness mit verschiedenen Massage- und Kosmetikanwendungen.

KLETTGAU – Baden-Württemberg – 545 – 7 400 Ew – Höhe 424 m   62 **E21**
▶ Berlin 793 – Stuttgart 163 – Freiburg im Breisgau 79 – Donaueschingen 43

In Klettgau-Griessen

Landgasthof Mange
Kirchstr. 2 – 79771 – ℘ (07742) 54 17 – landgasthofmange@aol.com
– Fax (07742) 3169 – geschl. Anfang Feb. 1 Woche, Aug. 1 Woche und Montag
Rest – (Dienstag - Samstag nur Abendessen) Karte 16/40 €
♦ Modern und leicht elegant zeigt sich die ganz in hellem Holz gehaltene Inneneinrichtung dieses Landgasthofs. Das Küchenrepertoire reicht von regional bis mediterran.

KLEVE – Nordrhein-Westfalen – 543 – 49 110 Ew – Höhe 40 m   25 **A10**
▶ Berlin 599 – Düsseldorf 99 – Emmerich 11 – Nijmegen 23
ADAC Tiergartenstr. 2
🛈 Werftstr. 1, ⊠ 47533, ℘ (02821) 89 50 90, stadtmarketing@kleve.de
Bedburg-Hau, Schloss Moyland ℘ (02824) 47 49

Georgia Hotel Cleve
Tichelstr. 11 ⊠ 47533 – ℘ (02821) 71 70 – info@georgia-hotel-cleve.de
– Fax (02821) 717100
118 Zim – †100/130 € ††115/145 €, ⊇ 15 € – 7 Suiten – **Rest** – Karte 20/54 €
♦ Ein Haus mit Komfort: Suiten mit Designermöbeln, funktionelle Zimmer, schwarz-weiß gekachelte Bäder und ein freundlicher Service versprechen Erholung. Angrenzend an die große Hotelbar: das Restaurant im Bistrostil.

Küchenkraut
Stechbahn 54 ⊠ 47533 – ℘ (02821) 89 57 08 – ralfhorsttronnier@yahoo.de
Rest – Karte 27/46 €
♦ Ein nettes kleines Restaurant am Rande der Innenstadt mit moderner, geradliniger Einrichtung. Serviert wird eine internationale Küche.

KLINGENBERG AM MAIN – Bayern – 546 – 6 310 Ew – Höhe 128 m – Erholungsort
48 **G15**
▶ Berlin 576 – München 354 – Würzburg 81 – Amorbach 18
🛈 Hauptstr. 26a, ⊠ 63911, ℘ (09372) 92 12 59, info@klingenberg-main.de

Schöne Aussicht (mit Gästehaus)
Bahnhofstr. 18 (am linken Mainufer) ⊠ 63911
– ℘ (09372) 93 03 00 – info@hotel-schoene-aussicht.com
– Fax (09372) 9303090
28 Zim ⊇ – †54/68 € ††84/92 € – ½ P 16 € – **Rest** – (geschl. Donnerstag - Freitagmittag) Menü 47 € – Karte 19/47 €
♦ An der Mainbrücke im Zentrum liegt der gut geführte Familienbetrieb. Von den meisten Zimmern blicken Sie auf den Fluss und die Clingenburg. Etwas einfacher: das Gästehaus. Eine nette Mainterrasse mit schöner Aussicht ergänzt das bürgerliche Restaurant.

Zum Alten Rentamt
Hauptstr. 25a ⊠ 63911 – ℘ (09372) 26 50 – altes-rentamt@web.de – Fax (09372) 2977 – geschl. 11. - 28. Aug. und Montag - Dienstag
Rest – (Mittwoch - Freitag nur Abendessen) (Tischbestellung ratsam)
Menü 50/90 € – Karte 53/75 €
♦ In einem schmucken historischen Gebäude in der Altstadt befindet sich das gemütliche Restaurant mit kreativ zubereiteten Speisen.

KLINGENBERG AM MAIN
In Klingenberg-Röllfeld Süd : 2 km :

Paradeismühle
Paradeismühle 1 (Ost : 2 km) ⊠ 63911 – ℰ (09372) 40 80 – hotel@paradeismuehle.de – Fax (09372) 1587
39 Zim ⊆ – †44/55 € ††72/92 € – ½ P 17 € – **Rest** – Karte 20/35 €
• Ein Fachwerkhaus a. d. J. 1798 ist das Stammhaus dieses gewachsenen familiengeführten Hotels mit seinen unterschiedlich eingerichteten Zimmern. Eigener Weinbau und Wildgehege. Restaurant mit rustikalem Charakter. Schöne Terrassen.

KLINGENTHAL – Sachsen – 544 – 9 320 Ew – Höhe 569 m – Erholungsort
42 **N14**
▶ Berlin 337 – Dresden 169 – Chemnitz 86 – Plauen 43
🛈 Schlossstr. 3, ⊠ 08248, ℰ (037467) 6 48 32, touristinfo@klingenthal.de

Berggasthaus Schöne Aussicht
Aschbergstr. 19 ⊠ 08248 – ℰ (037467) 2 02 81 – info@berggasthaus-klingenthal.de – Fax (037467) 26104
5 Zim ⊆ – †34/39 € ††47/60 € – **Rest** – Karte 14/20 €
• Eine tolle Aussicht über das Vogtland bietet dieses im Stil eines Berggasthofs erbaute Haus in ca. 900 m Höhe. Gemütlich dekorierte Zimmer, teils mit Fachwerk. Der Dielenboden unterstreicht den behaglich-urigen Charakter der Gaststuben.

In Klingenthal-Mühlleithen Nord : 5 km über B 283 :

Waldhotel Vogtland
Floßgrabenweg 1 ⊠ 08248 – ℰ (037465) 45 60 – info@waldhotel-vogtland.de – Fax (037465) 45610
43 Zim ⊆ – †45/52 € ††70/88 € – ½ P 12 € – **Rest** – Karte 15/34 €
• Ruhig im Wald in der Nähe der Vogtlandarena liegt dieses Domizil. Freundliche, zeitgemäß eingerichtete Zimmer stehen dem Gast zur Verfügung. Bistroähnliches Restaurant mit Wintergarten.

KLINK – Mecklenburg-Vorpommern – siehe Waren (Müritz)

KLOSTER ZINNA – Brandenburg – siehe Jüterbog

KLOSTER LEHNIN – Brandenburg – 542 – 11 870 Ew – Höhe 36 m
22 **O9**
▶ Berlin 72 – Potsdam 37 – Belzig 30 – Brandenburg 20

Im Ortsteil Lehnin

Markgraf
Friedensstr. 13 ⊠ 14797 – ℰ (03382) 76 50 – info@hotel-markgraf.de – Fax (03382) 765430
40 Zim ⊆ – †53/56 € ††74 € – **Rest** – Karte 15/26 €
• In der Ortsmitte liegt das Hotel mit der frischen hellblauen Fassade. Die Gästezimmer sind neuzeitlich eingerichtet und verfügen fast alle über einen kleinen Balkon. Einige österreichische Gerichte ergänzen das bürgerliche Speiseangebot.

Im Ortsteil Netzen Nord-West : 6 km, jenseits der A 2 :

Seehof
Am See 51, (Ost : 1,5 km) ⊠ 14797 – ℰ (03382) 76 70 – hotel.seehof.netzen@t-online.de – Fax (03382) 842
32 Zim ⊆ – †44/67 € ††67/90 € – **Rest** – Karte 17/26 €
• Harmonisch fügt sich das Haus in die unberührte Natur am Seeufer ein. Das hoteleigene Fahrgastschiff kann von Hausgästen für Entdeckungsfahrten auf dem See genutzt werden. Das Restaurant, die Terrasse und die Kaminstube laden zum gemütlichen Verweilen ein.

KNITTELSHEIM – Rheinland-Pfalz – siehe Bellheim

KNÜLLWALD – Hessen – 543 – 5 080 Ew – Höhe 260 m 39 **H12**
▶ Berlin 426 – Wiesbaden 180 – Kassel 49 – Fulda 59

In Knüllwald-Rengshausen – Luftkurort :

Sonneck
Zu den einzelnen Bäumen 13 ⊠ 34593 – ℰ (05685) 9 99 57 – info@hotel-sonneck.com – Fax (05685) 9995601 – geschl. 3. - 13. Jan., Mitte Juli - Anfang Aug.
62 Zim ⊆ – †55/69 € ††75/103 € – ½ P 15 € – **Rest** – Karte 17/30 €
♦ Gut geeignet für Tagungen oder - durch die Nähe zur Autobahn A7 - für einen Zwischenstopp ist dieses ruhig gelegene Haus mit gepflegten, wohnlichen Zimmern. Die Panoramafenster des Restaurants erlauben einen Blick in die reizvolle Umgebung.

> Frühstück inklusive? Die Tasse ⊆ steht gleich hinter der Zimmeranzahl.

KOBERN-GONDORF – Rheinland-Pfalz – 543 – 3 310 Ew – Höhe 82 m 36 **D14**
▶ Berlin 612 – Mainz 100 – Koblenz 23 – Trier 117

Alte Mühle Thomas Höreth mit Zim
Mühlental 17 (Kobern) ⊠ 56330 – ℰ (02607) 64 74 – info@thomas-hoereth.de – Fax (02607) 6848 – geschl. Mitte - Ende Jan.
12 Zim ⊆ – †90/180 € ††160/180 € – **Rest** – *(Montag - Freitag nur Abendessen)* (Tischbestellung ratsam) Karte 28/50 €
♦ Mehrere äußerst gemütliche Stuben mit rustikalem Charme finden Sie heute in der schmucken Mühle a. d. 11. Jh. Lauschig ist die begrünte Innenhofterrasse. Ein historisches Gebäude in ruhiger Lage ca. 300 m vom Restaurant beherbergt geschmackvolle Gästezimmer.

KOBLENZ – Rheinland-Pfalz – 543 – 107 610 Ew – Höhe 60 m 36 **D14**
▶ Berlin 600 – Mainz 100 – Bonn 63 – Wiesbaden 102
ADAC Hohenzollernstr. 34
🛈 Bahnhofplatz 17, ⊠ 56068, ℰ (0261) 3 13 04, info-hbf@touristik-koblenz.de
🏌 Bad Ems, Denzerheide ℰ (02603) 65 41 **BX**
◎ Deutsches Eck★ ≤★ **DY** – Festung Ehrenbreitstein★ **X**
◎ Rheintal★★★ (von Koblenz bis Bingen) – Moseltal★★★ (von Koblenz bis Trier) – Schloss Stolzenfels (Einrichtung★) Süd : 6 km

Stadtpläne siehe nächste Seiten

Mercure
Julius-Wegeler-Str. 6 ⊠ 56068 – ℰ (0261) 13 60 – h2004@accor.com – Fax (0261) 1361199
DZ c
168 Zim – †65/180 € ††95/210 € – **Rest** – Karte 24/40 €
♦ Ein modernes Stadt- und Tagungshotel mit funktionellen und neuzeitlichen Zimmern - die oberen Etagen bieten eine schöne Sicht. Komfortzimmer mit besonderem Service. Restaurant mit internationalem Angebot.

Stein
Mayener Str. 126 ⊠ 56070 – ℰ (0261) 96 35 30 – info@hotel-stein.de – Fax (0261) 9635310
BV e
30 Zim ⊆ – †80/90 € ††101/111 €
Rest *Schiller's Restaurant* – separat erwähnt
♦ Modern sind die Zimmer in diesem von der Inhaberfamilie freundlich geführten Hotel gestaltet - ruhiger sind die nach hinten gelegenen.

Trierer Hof garni
Clemensstr. 1 ⊠ 56068 – ℰ (0261) 1 00 60 – info@triererhof.de – Fax (0261) 1006100 – geschl. 21. - 28. Dez.
DY h
36 Zim ⊆ – †66/75 € ††82/97 €
♦ Das traditionsreiche Haus liegt im Zentrum nahe beim Schloss und bietet neben zeitgemäß ausgestatteten Zimmern den persönlichen Service eines privat geführten Stadthotels.

KOBLENZ

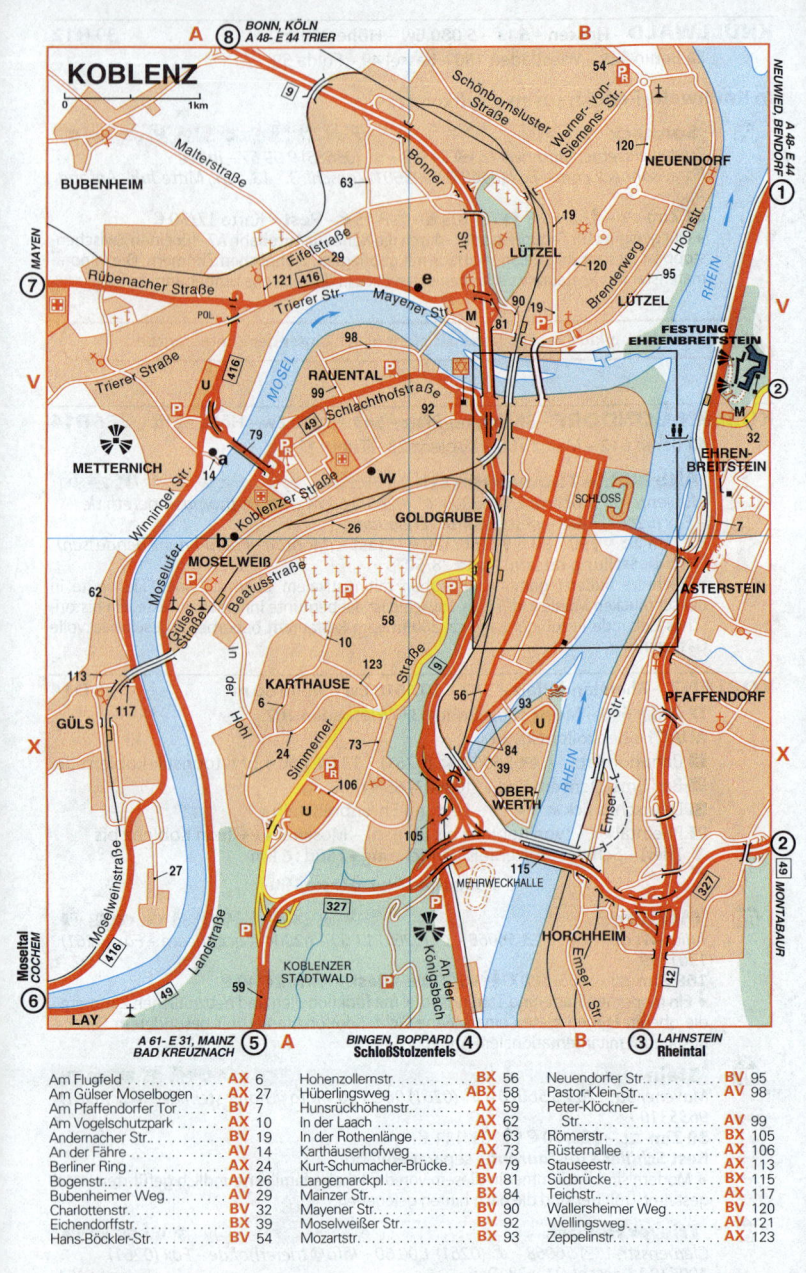

Street	Grid
Am Flugfeld	AX 6
Am Gülser Moselbogen	AX 27
Am Pfaffendorfer Tor	BV 7
Am Vogelschutzpark	AX 10
Andernacher Str.	BV 19
An der Fähre	AV 14
Berliner Ring	AX 24
Bogenstr.	
Bubenheimer Weg	AV 29
Charlottenstr.	BV 32
Eichendorffstr.	BX 39
Hans-Böckler-Str.	BV 54
Hohenzollernstr.	BX 56
Hüberlingsweg	ABX 58
Hunsrückhöhenstr.	AX 59
In der Laach	AX 62
In der Rothenlänge	AV 63
Karthäuserhofweg	AX 73
Kurt-Schumacher-Brücke	AV 79
Langemarckpl.	BV 81
Mainzer Str.	BX 84
Mayener Str.	BV 90
Moselweißer Str.	BV 92
Mozartstr.	BX 93
Neuendorfer Str.	BV 95
Pastor-Klein-Str.	AV 98
Peter-Klöckner-Str.	AV 99
Römerstr.	BX 105
Rüsternallee	AX 106
Stauseestr.	AX 113
Südbrücke	BX 115
Teichstr.	AX 117
Wallersheimer Weg	BV 120
Wellingsweg	AV 121
Zeppelinstr.	AX 123

Eine preiswerte und komfortable Übernachtung?
Folgen Sie dem „Bib Hotel".

KOBLENZ

Street	Grid	No.
Altengraben	CY	3
Altlöhrtor	CY	4
Am Plan	CY	9
Am Wöllershof	CY	12
An der Liebfrauenkirche	CY	15
An der Moselbrücke	CY	17
Auf der Danne	CY	20
Baedekerstr.	CY	22
Braugasse	DY	27
Burgstr.	CY	31
Clemenspl.	DY	35
Cusanusstr.	CZ	36
Danziger Freiheit	DY	38
Eltzerhofstr.	DY	41
Emil-Schüller-Str.	CZ	43
Entenpfuhl	CDY	44
Firmungstr.	DY	46
Florinsmarkt	CDY	47
Florinspfaffengasse	DY	48
Gerichtsstr.	DY	50
Görgenstr.	CY	51
Gymnasialstr.	DY	52
Januarius-Zick-Str.	DZ	65
Johannes-Müller-Str.	CZ	66
Josef-Görres-Pl.	DY	68
Julius-Wegeler-Str.	DZ	69
Kardinal-Krementz-Str.	CZ	72
Kastorpfaffenstr.	DY	76
Kornpfortstr.	DY	78
Löhrstr.	CY	
Markenbildchenweg	CZ	86
Marktstr.	CY	87
Neverstr.	CY	96
Pfuhlgasse	CY	101
Poststr.	DY	102
Schlossstr.	CDY	
Simmerner Str.	CZ	112
Viktoriastr.	CY	
Weißer Gasse	CY	120

725

KOBLENZ

Schiller's Restaurant – Hotel Stein
Mayener Str. 126 ✉ *56070* – ✆ *(0261) 9 63 53 30* – *info@schillers-restaurant.de*
– *Fax (0261) 9635310*
BV **e**
Rest – *(geschl. 1. - 21. Jan. und Sonntag, nur Abendessen)* Menü 36/57 € – Karte 32/57 €
♦ Elegantes Ambiente und mediterran geprägte Küche erwarten Sie in diesem z. T. als Wintergarten angelegten Restaurant. Nett sitzt man auch auf der Terrasse.

Historischer Weinkeller
Mehlgasse 14 ✉ *56068* – ✆ *(0261) 9 73 89 87*
– *info@weinkeller-koblenz.de* – *Fax (0261) 9833761*
– *geschl. Feb. 2 Wochen und Sonntag*
CY **a**
Rest – *(nur Abendessen)* Menü 44/73 € – Karte 40/49 €
♦ Klassische Küche mit mediterranem Einfluss in einem gemütlichen Gewölbe. Der ehemalige Weinkeller a. d. 13. Jh. befindet sich in einer Altstadtgasse nahe der Liebfrauenkirche.

In Koblenz-Metternich

Fährhaus am Stausee mit Zim
An der Fähre 3 ✉ *56072* – ✆ *(0261) 92 72 90*
– *rezeption@faehrhaus-am-stausee.de* – *Fax (0261) 9272990*
– *geschl. 22. - 29. Dez.*
AV **a**
20 Zim ⊇ – †55/65 € ††80/95 €
Rest – *(geschl. Montag)* Karte 21/39 €
♦ Das an der Mosel gelegene Haus beherbergt ein rustikales Restaurant mit einer schönen, blumengeschmückten Terrasse mit Blick auf den Fluss.

In Koblenz-Moselweiß

Zum Schwarzen Bären
Koblenzer Str. 35 ✉ *56073* – ✆ *(0261) 4 60 27 00*
– *zumschwarzenbaeren@gmx.de* – *Fax (0261) 4602713*
– *geschl. 1. - 6. Jan., 15. Juli - 8. Aug.*
AV **b**
23 Zim ⊇ – †52/58 € ††78/88 € – **Rest** – *(geschl. Sonntagabend - Montag)* Karte 17/37 €
♦ Das traditionsreiche Haus wurde im Jahr 1810 gegründet und wird seither als Familienbetrieb mit gepflegten, solide eingerichteten Zimmern geführt. Bürgerlich ist das Ambiente in der Gaststube, die Chefin leitet freundlich den Service.

In Koblenz-Rauental

Scholz
Moselweißer Str. 121 ✉ *56073* – ✆ *(0261) 9 42 60* – *mail@hotelscholz.de*
– *Fax (0261) 942626* – *geschl. 20. Dez. - 7. Jan.*
AV **w**
66 Zim ⊇ – †53/60 € ††78/85 € – **Rest** – *(geschl. Samstag - Sonntag, nur Abendessen)* Karte 13/21 €
♦ Schlicht und funktionell ausgestattete Zimmer stehen in diesem besonders von Geschäftsleuten gerne genutzten Hotel zur Verfügung. Restaurant mit bürgerlichem Angebot.

KOCHEL AM SEE – Bayern – **546** – 4 160 Ew – Höhe 605 m – Wintersport : 1 620 m ⛷ 1 ⛷ 3 ⛷ – Luftkurort
65 **L21**

▶ Berlin 658 – München 70 – Garmisch-Partenkirchen 35 – Bad Tölz 23
🛈 Kalmbachstr. 11, ✉ 82431, ✆ (08851) 3 38, info@kochel.de

Seehotel Grauer Bär
Mittenwalder Str. 82, (B 11) (Süd-West : 2 km) ✉ *82431*
– ✆ *(08851) 9 25 00* – *info@grauer-baer.de* – *Fax (08851) 925015*
– *geschl. 7. Jan. - Ende Feb.*
30 Zim ⊇ – †54/62 € ††98/115 € – ½ P 19 € – **Rest** – *(geschl. Mittwoch)* Karte 16/33 €
♦ Direkt am Ufer des Kochelsees liegt dieses seit 100 Jahren in Familienbesitz befindliche Hotel mit wohnlich-rustikalen Zimmern und Appartements. Schöner Freizeitbereich. Restaurant und Terrasse bieten einen schönen Blick auf den See.

KOCHEL AM SEE

Zur Post Biergarten
*Schmied-von-Kochel-Platz 6 ⌧ 82431 – ℰ (08851) 9 24 10 – info@
posthotel-kochel.de – Fax (08851) 924150*
20 Zim ⌲ – ♦58/65 € ♦♦90/108 € – **Rest** – Karte 16/33 €

♦ Ein hübscher alpenländischer Landgasthof mit bemalter und - im Sommer - blumengeschmückter Fassade. Die Gästezimmer sind wohnlich im Landhausstil eingerichtet. Rustikale Gaststuben.

Köln: Groß St. Martin und Dom

KÖLN

Bundesland: Nordrhein-Westfalen
Michelin-Karte: 543
Einwohnerzahl: 965 960 Ew
Höhe: 53 m

▶ Berlin 579 – Düsseldorf 42 – Bonn 31
– Aachen 72
Atlas: 36 **C12**

PRAKTISCHE HINWEISE

ℹ Tourist-Information
Unter Fettenhennen 19 **GY**, ✉ 50667, ✆ (0221) 22 13 04 00, koelntourismus@stadt-koeln.de

Automobilclub
ADAC Luxemburger Str. 169

Flughafen
✈ Köln-Bonn in Wahn (über A 559 : 17 km), ✆ (02203) 4 00

Messegelände
Messe Köln Messeplatz 1 **S**, ✉ 50679, ✆ (0221) 82 10, Fax (0221) 8212574

Messen
Zu Messezeiten verlangen viele Hotels erhöhte Messepreise

14.01. - 20.01. : Internationale Möbelmesse
27.01. - 30.01. : Internationale Süßwarenmesse
18.02. - 21.02. : domotechnica
16.04. - 20.04. : ART-COLOGNE
23.09. - 28.09. : Anuga
28.11. - 30.11. : Reisemesse Köln International

Golfplätze
- Köln-Marienburg, Schillingsrotter-Weg ✆ (0221) 38 40 53 **T**
- Köln-Roggendorf, Parallelweg 1 ✆ (0221) 78 40 18
- Köln-Porz-Wahn, Urbanusstraße ✆ (02203) 96 14 57
- Köln-Wahn, Frankfurter Str. 320 ✆ (02203) 6 23 34 **T**
- Leverkusen, Am Hirschfuß 2 ✆ (0214) 4 75 51 **R**
- Bergisch-Gladbach - Refrath, Golfplatz 2 ✆ (02204) 9 27 60
- Pulheim Gut Lärchenhof, Hahnenstraße ✆ (02238) 92 39 00
- Pulheim Velderhof ✆ (02238) 92 39 40
- Bergheim-Fliesteden, Am Alten Fliess 66 ✆ (02238) 9 44 10

KÖLN S. 2

👁 SEHENSWÜRDIGKEITEN

ALTSTADT

Dom★★★ (Dreikönigenschrein★★★ - Altar der Stadtpatrone★★★ - Domschatzkammer★) **GY** - Historisches Rathaus★ **GZ**

MUSEEN

Römisch-Germanisches Museum★★ M[1] - Museum Ludwig★★ M[2] - Diözesan-Museum★ M[3] **GY** - Museum Schnütgen★★ M[4] - Wallraf-Richartz-Museum★★ M[12] **GZ** - Museum für Ostasiatische Kunst★★ M[5] **S** - Museum für angewandte Kunst★ M[6] **GYZ** - Imhoff-Stollwerk-Museum★ M[9] **FX**

DIE ROMANISCHEN KIRCHEN

St. Maria im Kapitol★ **GZ** - St. Pantaleon★ **EX** - St. Gereon★ **EV** - St. Maria in Lyskirchen (Gewölbemalereien★★) **FX** - St. Ursula (Goldene Kammer★) **FU**

Alphabetische Liste der Hotels und Restaurants
Liste alphabétique des hôtels et restaurants

A
		Seite
Alfredo	XX	S. 12
Amando	XX	S. 15
Ambiente	🏠	S. 18
Antica Osteria	XX	S. 18
Antik Hotel Bristol	🏨	S. 10
Artischocke	X	S. 12
Ascot	🏨	S. 9
Astor	🏠	S. 10

B
Bitzerhof	XX	S. 16
Börsen-Restaurant Maître	XXX	S. 11
Bosporus	XX	S. 12
Boulevard	🏠	S. 10
Brauhaus Sion	X	S. 13
Brenner'scher Hof	🏨	S. 16

C
| Capricorn [i] Aries Brasserie | X | S. 12 |
| Capricorn [i] Aries Restaurant | XX ✿ | S. 11 |

Classic Hotel Harmonie	🏨	S. 8
Coellner Hof	🏨	S. 10
Cristall	🏨	S. 9
Crowne Plaza	🏨	S. 8

D
Daitokai	X	S. 13
Dom Hotel	🏨	S. 7
Dorint An der Messe	🏨	S. 14

E
Eden Hotel Früh am Dom	🏨	S. 9
Em Krützche	XX	S. 11
Escalier (L')	X ✿	S. 12
Euro Garden Cologne	🏨	S. 10
Excelsior Hotel Ernst	🏨	S. 4

F
Falderhof	🏨	S. 18
Fellini	X	S. 18
Four Points Hotel Central	🏨	S. 10
Früh am Dom	X	S. 13

KÖLN S. 3

G

Gaffel Haus		S. 13
Garten-Hotel		S. 18
Grande Milano		S. 11
Gut Wistorfs		S. 14

H

Haus Töller		S. 13
Heising und Adelmann		S. 12
Hilton		S. 8
Höhn's		S. 13
Holiday Inn Airport		S. 17
Hopper Hotel et cetera		S. 9
Hopper Hotel St. Antonius		S. 9
Hyatt Regency		S. 14

I

Ibis Airport		S. 17
Ibis Messe		S. 15
Ihr Hotel		S. 14
Ilbertz		S. 15
Imperial		S. 15
Im Wasserturm		S. 7
Inselhotel		S. 15
InterContinental		S. 4
Ischia		S. 18
Isenburg		S. 15

J

| Jan's Restaurant in der Remise | | S. 17 |
| Jolly Hotel Media Park | | S. 8 |

K

Karsten		S. 18
Köln		S. 15
Königshof		S. 10
Kolpinghaus Messehotel		S. 15

L

Landhaus Kuckuck		S. 16
Lemp		S. 17
Leonet		S. 11
Lindner Dom Residence		S. 8
Ludwig		S. 10

M

Marienburger Bonotel		S. 16
Maritim		S. 7
Marriott		S. 5
Moissonnier (Le)		S. 12

N

| New Yorker (The) | | S. 16 |
| NH Köln | | S. 9 |

P

| Park Consul | | S. 16 |
| Peters Brauhaus | | S. 13 |

R

Radisson SAS		S. 14
Regent		S. 13
Renaissance		S. 8
Ristorante Assisi		S. 18

S

Santo		S. 9
Savoy		S. 8
Senats Hotel		S. 10
Servatius		S. 16
Silencium		S. 14
Société (La)		S. 12
Sofitel Mondial Am Dom		S. 8
Spiegel		S. 17
Steinmetz		S. 16

T

| taku | | S. 11 |

U

| Uhu | | S. 14 |

V

| Viktoria | | S. 9 |
| Vision (La) | | S. 11 |

Z

| Zur Quelle | | S. 17 |
| Zur Tant | | S. 17 |

731

STRASSENVERZEICHNIS KÖLN

Aachener Str. . . . . **S**	Gladbacher Str. . . . . **EU** 48	Neue Weyerstr. . . . . **EX**
Agrippina-Ufer . . . . **S** 2	Glockengasse . . . . **GZ** 50	Neumarkt . . . . **EV**
Albertusstr. . . . . **EV**	Goldgasse . . . . **GY**	Neusser Landstr. . . . . **R**
Alter Markt . . . . **GZ**	Große Budengasse . . . . **GZ** 52	Neusser Str. . . . . **FU** 86
Amsterdamer Str. . . . . **RS**	Große Neugasse . . . . **GY** 54	Niederländer Ufer . . . . **S** 87
Am Bayenturm . . . . **FX** 3	Gürzenichstr. . . . . **GZ** 55	Niehler Damm . . . . **R** 88
Am Hof . . . . **GY**	Gustav-Heinemann-	Nord-Süd-Fahrt . . . . **GZ**
Am Leystapel . . . . **GZ** 4	Ufer . . . . **T** 56	Obenmarspforten. . . . . **GZ**
Am Malzbüchel . . . . **GZ** 5	Habsburgerring . . . . **EV** 57	Offenbachpl. . . . . **GZ** 90
Annostr. . . . . **FX**	Hahnenstr. . . . . **EV**	Olpener Str. . . . . **S**
An den Dominikanern . . . **GY** 8	Hansaring . . . . **EFU**	Opladener Str. . . . . **S** 91
An der Malzmühle . . . . **FX** 9	Hauptstr. . . . . **T**	Ostheimer Str. . . . . **S** 92
An der Rechtschule . . . . . . **GY**	Heinrich-Böll-Pl. . . . . **GY** 58	Parkgürtel. . . . . **S** 93
An der Schanz . . . . **S** 12	Heumarkt . . . . **GZ**	Perlengraben . . . . **FX**
An St-Agatha . . . . **GZ**	Hohenstaufenring . . . . **EX**	Pfälzer Str. . . . . **EX** 96
An St-Katharinen . . . . **FX** 14	Hohenzollernbrücke. . . . . . **GY**	Pfälzischer Ring . . . . **EV** 97
Apostelnstr. . . . . **EV** 15	Hohenzollernring . . . . **EV**	Pipinstr. . . . . **GZ**
Auf dem Berlich . . . . **EV** 16	Hohe Pforte . . . . **FX**	Poststr. . . . . **EX**
Augustinerstr. . . . . **GZ** 19	Hohe Str. . . . . **GYZ**	Quatermarkt . . . . **GZ** 99
Barbarossapl. . . . . **EX**	Holzmarkt . . . . **FX**	Richmodstr. . . . . **EV** 100
Bayenstr. . . . . **FX**	Im Sionstal . . . . **FX**	Riehler Str. . . . . **FU** 102
Bechergasse . . . . **GZ** 22	Industriestr. . . . . **R** 59	Rösrather Str. . . . . **S** 103
Bergischer Ring . . . . **S** 23	Innere Kanalstr. . . . . **R** 60	Roonstr. . . . . **EX** 104
Bergisch-Gladbacher-Str. . . **R** 24	Jahnstr. . . . . **EX**	Rothgerberbach . . . . **EFX**
Berliner Str. . . . . **R** 25	Kaiser-Wilhelm-Ring. . . . . . **EV** 62	Sachsenring . . . . **EFX**
Bischofsgarten-Str. . . . . **GY** 26	Kalker Hauptstr. . . . . **S** 63	Salierring . . . . **EX**
Blaubach . . . . **FX** 28	Kapellenstr. . . . . **S** 64	Sankt-Apern-Str. . . . . **EV** 108
Boltensternstr. . . . . **S** 29	Kardinal-Frings-Str. . . . . **EV** 65	Schildergasse . . . . **GZ**
Bonner Str. . . . . **S**	Karolingerring . . . . **FX** 66	Severinstr. . . . . **FX**
Breite Str. . . . . **GZ**	Kattenbug . . . . **EV** 67	Severinswall . . . . **FX**
Bremerhavener Str. . . . . **R** 30	Kleine Budengasse . . . . **GZ** 68	Stadtaubahn. . . . . **R** 109
Brückenstr. . . . . **GZ** 32	Kleine Witschgasse . . . . . . **FX** 69	Stadtwaldgürtel . . . . **S** 110
Brühler Str. . . . . **T**	Klettenberggürtel . . . . **T** 70	Stolkgasse . . . . **GY**
Buchheimer Ring . . . . **R** 33	Kölner Str. . . . . **T**	Tel-Aviv-Str. . . . . **FX** 111
Burgmauer . . . . **GY**	Komödienstr. . . . . **GY** 71	Theodor-Heuss-
Butzweiler Str. . . . . **S** 34	Konrad-Adenauer-Ufer. . . . **GY**	Ring . . . . **FU**
Cäcilienstr. . . . . **GZ**	Krefelder Str. . . . . **FU**	Trierer Str. . . . . **EX**
Christophstr. . . . . **EV**	Kurt-Hackenberg-Pl. . . . . . . **GY** 72	Tunisstr. . . . . **GY**
Clevischer Ring . . . . **S** 35	Kyotostr. . . . . **EU**	Turiner Str. . . . . **FU**
Deutzer Brücke. . . . . **GZ**	Luxemburger Str. . . . . **EX**	Ubierring . . . . **FX**
Dompropst-Ketzer-Str. . . . **GY** 38	Machabäerstr. . . . . **FU**	Ulrichgasse . . . . **FX**
Domstr. . . . . **FU**	Martinstr. . . . . **GZ**	Universitätsstr. . . . . **S** 113
Drususgasse . . . . **GY** 39	Marzellenstr. . . . . **GY**	Unter Goldschmied . . . . . . **GZ** 114
Dürener Str. . . . . **S**	Mathiasstr. . . . . **FX** 74	Unter Sachsenhausen . . . . **GY** 115
Ebertpl. . . . . **FU**	Mauenheimer Gürtel . . . . . **FX** 75	Ursulastr. . . . . **FU** 116
Ehrenfeldgürtel . . . . **S** 40	Mauritiussteinweg . . . . **EVX**	Venloer Str. . . . . **R**
Ehrenstr. . . . . **EV**	Maybachstr. . . . . **EU**	Victoriastr. . . . . **FU** 117
Eifelstr. . . . . **EX**	Mechtildisstr. . . . . **FX** 76	Volksgartenstr. . . . . **EX**
Eigelstein . . . . **FU**	Mercatorstr. . . . . **FX** 77	Vorgebirgstr. . . . . **FX**
Eintrachtstr. . . . . **FU**	Militärringstr. . . . . **RST**	Waisenhausgasse . . . . **EX**
Erftstr. **EU**	Minoritenstr. . . . . **GZ** 79	Weidengasse . . . . **FU**
Follerstr. . . . . **FX**	Mittelstr. . . . . **EV**	Zeppelinstr. . . . . **EV** 118
Frankfurter Str. . . . . **S**	Mühlenbach . . . . **FX**	Zeughausstr. . . . . **EV** 122
Gereonstr. . . . . **EV**	Mülheimer Brücke . . . . **S** 85	Zoobrücke . . . . **S** 123
Gertrudenstr. . . . . **EV** 47	Mülheimer Str. . . . . **R**	Zülpicher Str. . . . . **S** 124

Excelsior Hotel Ernst
Domplatz/Trankgasse 1 ✉ 50667
– ℰ (0221) 27 01 – info@excelsior-hotel-ernst.de
– Fax (0221) 2703333 GY **a**
142 Zim – †245/325 € ††325/440 €, ⌑ 25 € – 27 Suiten
Rest *Taku* – separat erwähnt
Rest *Hanse Stube* – ℰ (0221) 2 70 34 02 – Karte 54/86 €
◆ Traditionsreiches Grandhotel in zentraler Lage am Dom mit elegantem Ambiente von der Lobby bis in die Gästezimmer. Piano Bar. Hochwertig ist der Sauna-und Fitnessbereich. Eine klassisch-gediegene Atmosphäre herrscht in der Hanse Stube.

InterContinental
Pipinstr. 1 ✉ 50667
– ℰ (0221) 2 80 60 – cologne@ihg.com
– Fax (0221) 28061111 GZ **d**
262 Zim ⌑ – †160/425 € ††190/455 € – 12 Suiten
Rest *Maulbeers* – (geschl. Sonntag - Montag, nur Abendessen) Menü 42/46 €
– Karte 47/54 €
◆ Modernes Design mit Retro-Elementen der 70er Jahre bestimmt hier das Bild. Das Hotel überzeugt mit seinem großzügigen Rahmen und komfortablen Zimmern mit neuester Technik. Internationale Küche bietet das Restaurant Maulbeers im 1. Stock.

KÖLN S. 5

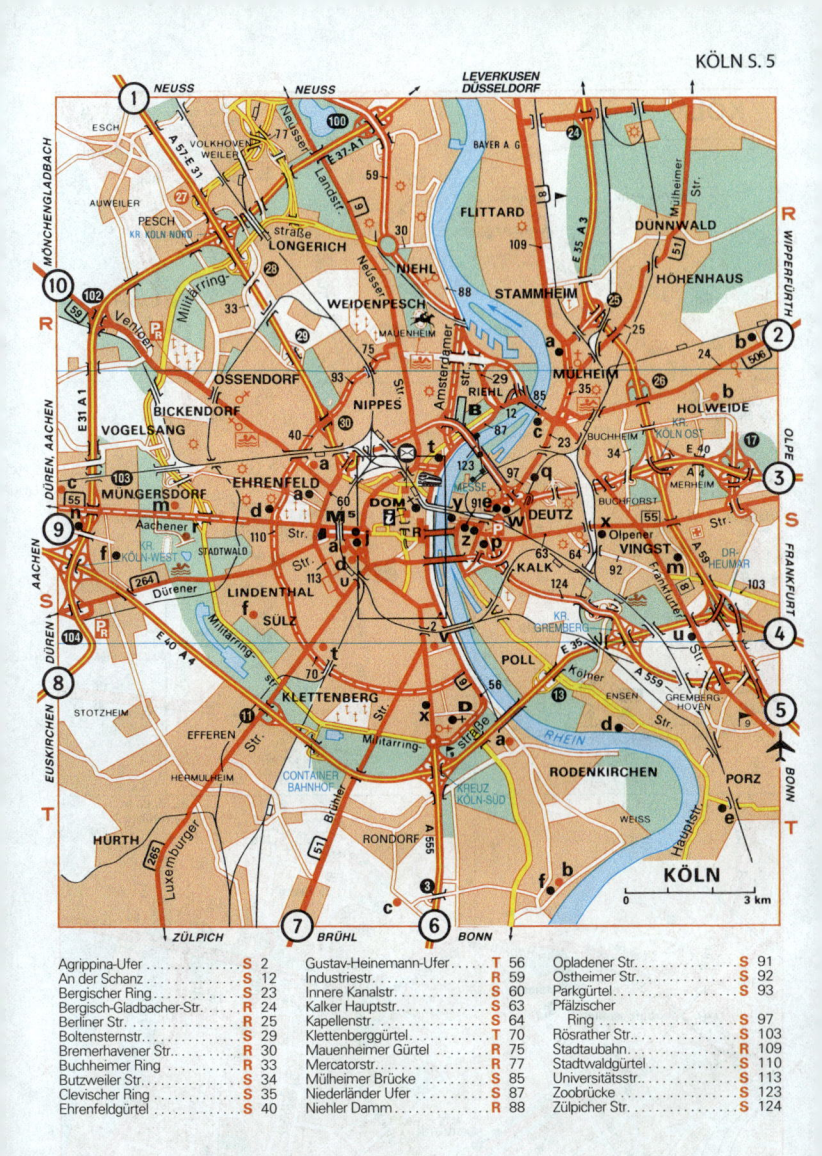

Street	Ref
Agrippina-Ufer	S 2
An der Schanz	S 12
Bergischer Ring	S 23
Bergisch-Gladbacher-Str.	R 24
Berliner Str.	R 25
Boltensternstr.	R 29
Bremerhavener Str.	R 30
Buchheimer Ring	S 33
Butzweiler Str.	S 34
Clevischer Ring	S 35
Ehrenfeldgürtel	S 40
Gustav-Heinemann-Ufer	T 56
Industriestr.	S 59
Innere Kanalstr.	S 60
Kalker Hauptstr.	S 63
Kapellenstr.	S 64
Klettenberggürtel	T 70
Mauenheimer Gürtel	R 75
Mercatorstr.	S 77
Mülheimer Brücke	S 85
Niederländer Ufer	S 87
Niehler Damm	R 88
Opladener Str.	S 91
Ostheimer Str.	S 92
Parkgürtel	S 93
Pfälzischer Ring	S 97
Rösrather Str.	S 103
Stadtaubahn	R 109
Stadtwaldgürtel	S 110
Universitätsstr.	S 113
Zoobrücke	S 123
Zülpicher Str.	S 124

Marriott
Johannisstr. 76 ✉ 50668 – ☎ (0221) 94 22 20
– cologne.marriott@marriotthotels.com
– Fax (0221) 94222777

FU d

282 Zim – ♦169 € ♦♦169 € – 11 Suiten
Rest Fou – Karte 26/41 €

♦ Eine großzügige Lobby mit "Plüsch-Bar" empfängt Sie in dem komfortablen Businesshotel in Domnähe. Wohnlich und sehr modern sind die Gästezimmer. Fou: Restaurant im französischen Brasseriestil - am Abend mit singendem, Fahrrad fahrendem Service!

733

KÖLN
0
200 m
E
F
U
V
X
MEDIA-PARK
HANSAHOCHHAUS
Hansaring
Maybach-str.
Erftstr.
Hansaring
ALTE STADTMAUER
Kyotostr.
Christophstr./ Mediapark
Christophstr.
Gereonstr.
St. Gereon
Appellhofpl.
Friesenpl.
RÖMER TURM
Albertusstr.
Breite Str.
Ehrenstr.
Hohenzollernring
Mittelstr.
Rudolfpl.
HAHNENTOR
Neumarkt
Neumarkt
Cäcilien-
straße
Hahnen-
straße
Hohenstaufenring
Jahnstraße
Mauritius
steinweg
Poststr.
Poststr.
Neue
Weyerstr.
Rothgerberbach
gasse
St. Pantaleon
Barbarossaplatz
Luxemburger Str.
Trierer Str.
Salierring
Waisenhaus-
Eifelstraße
Eifelstraße
Sachsenring
ALTE STADTMAUER
Volksgartenstraße
VOLKSGARTEN
Vorgebirgstraße
Ulrepforte
Sachsenring
Ulrichgasse
Severinstor
St. Severin
Chlodwigplatz
Ubierring
Bonner Str.
Severinstr.
Annostr.
Severinswall
BAYENTURM
Bayenstraße
RHEINAUHAFEN
Severinsbr.
Im Sionstal
markt
Follerstr.
Holz-
St. Georg
Severinstr.
Perlengraben
Severinstr.
POL
Fahrt
Süd-
Mühlenbach
Hohe Pforte
St. Maria in Lyskirchen
MALAKOFFTURM
Pipinstr.
Deutzer Br.
Nord-
Hohe Str.
HISTOR. RATHAUS
Groß St. Martin
KÖLN-DÜSSELDORFER
DOM
Hohenzollernbr.
Tunis-
str.
RHEIN
Goldgasse
Machabäerstr.
Konrad-Adenauer-Ufer
St. Kunibert
Dom-straße
Turiner Str.
Eintrachtstr.
St. Ursula
Weidengasse
EIGELSTEINTOR
Krefelder Str.
Hansaring
Ebertpl.
Ebertpl.
Theodor-Heuss-Ring
Theodor-Heuss-Ring
Ufer
BASTEI
WECKSCHNAPP

KÖLN

Am Bayenturm	**FX** 3
Am Leystapel	**GZ** 4
Am Malzbüchel	**GZ** 5
An den Dominikanern	**GY** 8
An der Malzmühle	**FX** 9
An St-Katharinen	**FX** 14
Apostelnstr.	**EV** 15
Auf dem Berlich	**EV** 16
Augustinerstr.	**GZ** 19
Bechergasse	**GZ** 22
Bischofsgarten-Str.	**GY** 26
Blaubach	**FX** 28
Breite Str.	**GZ**
Brückenstr.	**GZ** 32
Dompropst-Ketzer-Str.	**GY** 38
Drususgasse	**GY** 39
Ehrenstr.	**EV**
Eigelstein	**FU**
Gertrudenstr.	**EV** 47
Gladbacher Str.	**EU** 48
Glockengasse	**GZ** 50
Große Budengasse	**GZ** 52
Große Neugasse	**GZ** 54
Gürzenichstr.	**GZ** 55
Habsburgerring	**EV** 57
Hahnenstr.	**EV**
Heinrich-Böll-Pl.	**GY** 58
Hohenstaufenring	**EX**
Hohenzollernring	**EV**
Hohe Str.	**GYZ**
Kaiser-Wilhelm-Ring	**EV** 62
Kardinal-Frings-Str.	**EV** 65
Karolingerring	**FX** 66
Kattenbug	**EV** 67
Kleine Budengasse	**GZ** 68
Kleine Witschgasse	**FX** 69
Komödienstr.	**GY** 71
Kurt-Hackenberg-Pl.	**GY** 72
Mathiasstr.	**FX** 74
Mechtildisstr.	**FX** 76
Minoritenstr.	**GZ** 79
Mittelstr.	**EV**
Neumarkt	**EV**
Neusser Str.	**FU** 86
Offenbachpl.	**GZ** 90
Pfälzer Str.	**EX** 96
Quatermarkt	**GZ** 99
Richmodstr.	**EV** 100

Riehler Str.	**FU** 102
Roonstr.	**EX** 104
Sankt-Apern-Str.	**EV** 108
Schildergasse	**GZ**
Severinstr.	**FX**
Tel-Aviv-Str.	**FX** 111

Unter Goldschmied	**GZ** 114
Unter Sachsenhausen	**GY** 115
Ursulastr.	**FU** 116
Victoriastr.	**FU** 117
Zeppelinstr.	**EV** 118
Zeughausstr.	**EV** 122

Dom Hotel
Domkloster 2a ⊠ 50667 – ℰ (0221) 2 02 40 – sales.domhotel@lemeridien.com
– Fax (0221) 2024444 **GY d**
124 Zim – †360 € ††415 €, ⚏ 21 € – 5 Suiten – **Rest** – Karte 43/52 €

♦ Seit 1857 existiert das schöne Hotel direkt am Dom. Gelungen hat man hier im Haus klassisch-eleganten und modernen Stil kombiniert. Die Zimmer bieten eine sehr gute Technik. Restaurant mit Bistro-Ambiente, ergänzt durch eine große Terrasse zum Roncalliplatz.

Im Wasserturm
Kaygasse 2 ⊠ 50676 – ℰ (0221) 2 00 80 – info@hotel-im-wasserturm.de
– Fax (0221) 2008888 **FX c**
88 Zim – †180/275 € ††215/355 €, ⚏ 22 € – 7 Suiten
Rest *La Vision* – separat erwähnt
Rest *dΛblju "W"* – Menü 29 € – Karte 30/49 €

♦ Bemerkenswert ist die ungewöhnliche Architektur dieses Hotels: ein denkmalgeschützter ehemaliger Wasserturm a. d. 19. Jh. mit einer 11 m hohen Lobby. Zimmer im Designerstil. dΛblju "W" in klarem, modern-elegantem Stil. Regionale und internationale Küche.

Maritim
Heumarkt 20 ⊠ 50667 – ℰ (0221) 2 02 70 – info.kol@maritim.de – Fax (0221)
2027826 **GZ m**
454 Zim – †133/339 € ††153/367 €, ⚏ 19 € – 24 Suiten
Rest *Bellevue* – Karte 41/50 €

♦ Das Hotel an der Deutzer Brücke besticht durch seinen repräsentativen Rahmen: Imposant ist die luftig-hohe, glasüberdachte Hotelhalle mit Boulevard-Flair. Funktionelle Zimmer. Bellevue mit klassischem Ambiente und Blick auf den Rhein und die Altstadt.

KÖLN S. 8

Renaissance
*Magnusstr. 20 ⊠ 50672 – ℰ (0221) 2 03 40 – info.cologne@
renaissancehotels.com – Fax (0221) 2034777* EV **b**
236 Zim – †125/450 € ††145/500 €, ⊇ 23 €
Rest *Raffael* – Karte 26/43 €

♦ Vom Hallenbereich bis zu den wohnlichen Gästezimmern hat man das im Stadtzentrum gelegene Hotel zeitlos-elegant gestaltet. Im Restaurant Raffael serviert man internationale Küche.

Hilton
*Marzellenstr. 13 ⊠ 50668 – ℰ (0221) 13 07 10 – info.cologne@hilton.com
– Fax (0221) 130720* GY **h**
296 Zim – †149/449 € ††145/499 €, ⊇ 25 € – **Rest** – Karte 31/54 €

♦ Modern-puristisches Design bestimmt das Bild in diesem sehr zentral in der Innenstadt gelegenen Businesshotel, dem ehemaligen Postamt. Geradlinig ist das Ambiente im Restaurant Konrad. Trendig: die Ice Bar.

Savoy
Turiner Str. 9 ⊠ 50668 – ℰ (0221) 1 62 30 – info@savoy.de – Fax (0221) 1623200
102 Zim ⊇ – †140 € ††170 € – 6 Suiten – **Rest** – Karte 41/51 € FU **s**

♦ Die geschmackvolle Umsetzung der Themen Afrika, Asien, Italien und Orient verleiht diesem engagiert geführten Haus seine individuelle Note. Aufwändig: der Wellnessbereich. Eine Dachterrasse ergänzt das hell und freundlich gestaltete Restaurant.

Crowne Plaza
*Habsburgerring 9 ⊠ 50674 – ℰ (0221) 22 80 – crowneplaza.cologne@ihg.com
– Fax (0221) 251206* S **j**
301 Zim – †105/350 € ††105/365 €, ⊇ 20 € – **Rest** – Karte 31/41 €

♦ Mit seinen funktionellen Zimmern und der guten Verkehrsanbindung ist das Hotel auch für Tagungen und Geschäftsleute interessant. Gediegen ist die Präsidentensuite. Internationale Küche und modernes Ambiente im Restaurant Sand's.

Sofitel Mondial Am Dom
*Kurt-Hackenberg-Platz 1 ⊠ 50667 – ℰ (0221)
2 06 30 – h1306@accor.com – Fax (0221) 2063527* GY **g**
207 Zim – †105/305 € ††125/325 €, ⊇ 22 € – **Rest** – Karte 32/45 €

♦ Das Hotel in bester Zentrumslage am Dom überzeugt mit modernen, funktionellen und technisch gut ausgestatteten Zimmern. Großzügige Deluxe-Zimmer. Neuzeitlich gestaltetes Restaurant mit Tapas-Bar.

Jolly Hotel Media Park
*Im Mediapark 8b ⊠ 50670 – ℰ (0221) 2 71 50 – info.cgn@jollyhotels.de
– Fax (0221) 2715999* EU **a**
216 Zim ⊇ – †190/325 € ††215/350 € – **Rest** – Karte 35/45 €

♦ Das Haus am Rande der Innenstadt gehört zu einer italienischen Hotelkette und wird entsprechend auch von Reisegruppen aus Italien frequentiert. Geräumige, moderne Zimmer. Zur Halle hin offenes Restaurant mit Showküche und italienischer Karte.

Lindner Dom Residence
*An den Dominikanern 4a, (Eingang Stolkgasse)
⊠ 50668 – ℰ (0221) 1 64 40
– info.domresidence@lindner.de – Fax (0221) 1644440 – geschl. 22. Dez. - 1. Jan.*
125 Zim – †99/279 € ††119/299 €, ⊇ 18 € GY **b**
Rest *La Gazetta* – Karte 29/47 €

♦ Ein moderner Atriumbau mit großzügiger Verglasung ist dieses funktionell ausgestattete Businesshotel unweit des Doms. Zimmer in der 7. Etage mit Terrasse! Eine große Glasfront im La Gazetta gibt den Blick auf den Innenhof frei.

Classic Hotel Harmonie garni
*Ursulaplatz 13 ⊠ 50668 – ℰ (0221) 1 65 70 – harmonie@classic-hotels.com
– Fax (0221) 1657200* FU **g**
72 Zim ⊇ – †59/99 € ††99/149 €

♦ In dem schön restaurierten ehemaligen Kloster umgibt den Gast eine ungezwungene Atmosphäre mit italienischem Flair. Moderne Möbel und warme Mittelmeertöne bestimmen das Bild.

Ascot garni
*Hohenzollernring 95 ⊠ 50672 – ℰ (0221) 9 52 96 50 – info@ascot.bestwestern.de
– Fax (0221) 952965100 – geschl. 20. Dez. - 2. Jan.* EV **a**
44 Zim ⊇ – †109/225 € ††136/245 €
♦ Aus dem denkmalgeschützten Patrizierhaus ist ein elegantes, im englischen Stil gehaltenes Hotel entstanden. Hübsche Halle mit kleiner Bibliothek und schöne Innenhofterrasse.

Santo garni
Dagobertstr. 22 ⊠ 50668 – ℰ (0221) 9 13 97 70 – info@hotelsanto.de – Fax (0221) 913977777 FU **c**
69 Zim ⊇ – †65/140 € ††75/160 €
♦ Ein ungewöhnliches Hotel: Edle Hölzer, Natursteinböden und ein für dieses Haus entworfenes Lichtsystem verschmelzen zu einem avantgardistischen Wohnkonzept mit Komfort.

Viktoria garni
*Worringer Str. 23 ⊠ 50668 – ℰ (0221) 9 73 17 20 – hotel@hotelviktoria.com
– Fax (0221) 727067 – geschl. 20. - 24. März, 23. Dez. - 1. Jan.* S **t**
47 Zim ⊇ – †98 € ††125 €
♦ In Zentrums- und Rheinnähe liegt das hübsche Jugendstilhaus, 1905 als Musikhistorisches Museum errichtet. Bilder sowie Decken- und Wandgemälde zum Thema Musik zieren das Haus.

Eden Hotel Früh am Dom
Sporergasse 1 ⊠ 50667 – ℰ (0221) 27 29 20 – hotel@frueh.de – Fax (0221) 2580495
38 Zim ⊇ – †117/147 € ††147 € GY **w**
Rest *Hof 18* – Karte 27/37 €
♦ Nahe dem Domplatz gelegenes Hotel mit modernen Zimmern, teils mit Blick zum Dom. Der Frühstücksraum bietet eine schöne Sicht auf den Heinzelmännchenbrunnen. Bilder des Kölner Künstlers HA Schult schmücken das bistroartige Restaurant. Internationale Küche.

Hopper Hotel St. Antonius
*Dagobertstr. 32 ⊠ 50668 – ℰ (0221) 1 66 00 – st.antonius@hopper.de
– Fax (0221) 1660166* FU **n**
54 Zim ⊇ – †105/155 € ††155/175 € – 5 Suiten
Rest *L. Fritz im Hopper* – (geschl. Samstagmittag, Sonntagmittag) Karte 28/40 €
♦ Hier wurden historische Bausubstanz und klassische Moderne verbunden. Das ehemalige Kolpinghaus verfügt über Zimmer mit Teakholzmöbeln in puristischem Design. Restaurant mit Bistro-Atmosphäre und Rundbogen-Architektur. Nette Terrasse im Innenhof.

Cristall garni
Ursulaplatz 9 ⊠ 50668 – ℰ (0221) 1 63 00 – info@hotelcristall.de – Fax (0221) 1630333 – geschl. 22. - 28. Dez. FU **r**
84 Zim ⊇ – †105/184 € ††135/235 €
♦ Eine modern designte Lobby mit ausgefallenen Sesseln empfängt Sie in diesem Hotel nahe Dom und Hauptbahnhof. Die Zimmer sind neuzeitlich und funktionell ausgestattet.

Hopper Hotel et cetera
Brüsseler Str. 26 ⊠ 50674 – ℰ (0221) 92 44 00 – hotel@hopper.de – Fax (0221) 924406 S **j**
49 Zim ⊇ – †95/115 € ††125/135 € – **Rest** – (geschl. Samstagmittag, Sonntag) Karte 28/40 €
♦ Das einstige Kloster von 1894 beherbergt hinter seinen denkmalgeschützten Mauern geradlinig-modern gestaltete Gästezimmer mit Parkettboden und Marmorbad. Blickfang in dem im Bistrostil gehaltenen Restaurant ist ein eindrucksvolles Altar-Gemälde.

NH Köln
*Holzmarkt 47 ⊠ 50676 – ℰ (0221) 2 72 28 80 – nhkoeln@nh-hotels.com
– Fax (0221) 272288100* FX **d**
204 Zim ⊇ – †116/286 € ††133/303 € – **Rest** – Karte 21/32 €
♦ Das Hotel liegt direkt neben der Severinsbrücke, unweit des Stollwerck-Schokoladenmuseums. Funktionelle, neuzeitliche Zimmer mit Relax-Stuhl und Marmorschreibtisch. Modernes Restaurant mit kleinem Wintergarten zum Innenhof.

KÖLN S. 10

Antik Hotel Bristol garni
Kaiser-Wilhelm-Ring 48 ⊠ 50672 – ℰ (0221) 12 01 95 – hotel@antik-hotel-bristol.de – Fax (0221) 131495 – geschl. Weihnachten - Neujahr und über Ostern   EU m
43 Zim ⌑ – †85/109 € ††121/132 €
♦ Träumen Sie von einer Nacht im Himmelbett? In diesem netten, gepflegten Hotel hat man antikes Mobiliar verschiedener Stilarten, u. a. Empire-Stil, zusammengetragen.

Coellner Hof
Hansaring 100 ⊠ 50670 – ℰ (0221) 1 66 60 – info@coellnerhof.de – Fax (0221) 1666166   FU k
70 Zim ⌑ – †70/150 € ††90/195 € – **Rest** – *(geschl. Samstag - Sonntag, nur Abendessen)* Karte 17/38 €
♦ In dem zentrumsnah am Stadtring gelegenen gepflegten Hotel stehen recht unterschiedlich eingerichtete Gästezimmer zur Verfügung. Gemütliches Restaurant im alpenländischen Stil mit bürgerlich-internationaler Karte.

Four Points Hotel Central garni
Breslauer Platz 2 ⊠ 50668 – ℰ (0221) 1 65 10 – reservierungfpk@eurotels.de – Fax (0221) 1651333   GY c
116 Zim ⌑ – †106/159 € ††126/179 € – 6 Suiten
♦ Der Dom wie auch die Altstadt sind von hier aus in nur wenigen Gehminuten zu erreichen. Die funktionell ausgestatteten Zimmer schätzen auch Geschäftsreisende.

Euro Garden Cologne garni
Domstr. 10 ⊠ 50668 – ℰ (0221) 1 64 90 – reservierungeg@eurotels.de – Fax (0221) 1649333   FU a
85 Zim ⌑ – †103/129 € ††123/159 €
♦ Nicht weit vom Hauptbahnhof sowie von der Innenstadt und dem Dom entfernt liegt dieses mit funktionellen Gästezimmern ausgestattete Hotel.

Senats Hotel
Unter Goldschmied 9 ⊠ 50667 – ℰ (0221) 2 06 20 – info@senats-hotel.de – Fax (0221) 2062200 – geschl. 19. Dez. - 5. Jan.   GZ b
59 Zim ⌑ – †86/195 € ††130/250 €
Rest *Falstaff* – *(geschl. Samstagmittag, Sonn- und Feiertage)* Karte 24/42 €
♦ Über eine recht markante denkmalgeschützte Treppe im Empfangsbereich dieses unweit der Altstadt gelegenen Hotels gelangen Sie in zweckmäßige und zeitgemäße Zimmer. Freundlich eingerichtetes Restaurant mit leicht rustikalem Touch. Internationales Angebot.

Astor garni
Friesenwall 68 ⊠ 50672 – ℰ (0221) 20 71 20 – mail@hotelastor.de – Fax (0221) 253106 – geschl. 21. Dez. - 4. Jan.   EV y
50 Zim ⌑ – †92/115 € ††115/138 €
♦ Dieses sehr persönlich geführte Hotel besteht aus zwei miteinander verbundenen Häusern. Ein Teil der Zimmer ist besonders wohnlich und modern gestaltet.

Ludwig garni
Brandenburger Str. 24 ⊠ 50668 – ℰ (0221) 16 05 40 – hotel@hotelludwig.com – Fax (0221) 16054444 – geschl. 21. Dez. - 1. Jan.   FU x
55 Zim ⌑ – †78/95 € ††105/125 €
♦ Das Hotel befindet sich in Zentrumsnähe, unweit des Bahnhofs und bietet neuzeitlich und funktionell eingerichtete Zimmer sowie eine rund um die Uhr besetzte Rezeption.

Boulevard garni
Hansaring 14 ⊠ 50670 – ℰ (0221) 3 55 84 40 – hotel@hotelboulevard.de – Fax (0221) 138307 – geschl. 23. Dez. - 2. Jan.   EU b
27 Zim ⌑ – †82/175 € ††110/220 €
♦ Die verkehrsgünstige Lage am Stadtring sowie sehr gepflegte und funktionell ausgestattete Gästezimmer sprechen für dieses Hotel.

Königshof garni
Richartzstr. 14 ⊠ 50667 – ℰ (0221) 2 57 87 71 – hotel@hotelkoenigshof.com – Fax (0221) 2578762   GY n
82 Zim ⌑ – †90/198 € ††110/225 €
♦ Nur wenige Schritte vom Kölner Dom und der Einkaufsmeile entfernt liegt das tadellos geführte Hotel mit sehr sauberen und funktionell ausgestatteten Zimmern.

KÖLN S. 11

Leonet garni
Rubensstr. 33 ⊠ 50676 – ℰ (0221) 27 23 00 – leonetkoeln@netcologne.de
– Fax (0221) 210893 EX s
78 Zim ⊇ – †90/105 € ††120/135 €
♦ In einer Seitenstraße im Zentrum liegt dieses Hotel. Kleiner Freizeitbereich, zweckmäßig ausgestattete Gästezimmer und ein großes Frühstücksbuffet.

La Vision – Hotel Im Wasserturm
Kaygasse 2, (11. Etage) ⊠ 50676 – ℰ (0221) 2 00 80 – info@
hotel-im-wasserturm.de – Fax (0221) 2008888 – geschl. Juli - Aug. 4 Wochen und
Sonntag - Montag FX c
Rest – Menü 64/94 € – Karte 60/83 €
Spez. Hummervariation "Favorit". Filet vom St. Pierre mit Fondue von eingeweckten Tomaten und Artischocken. Feines Mousse von Erdbeere und Waldmeister mit lauwarmem Grießknödel (Saison).
♦ Das Restaurant in einem verglasten Rundbau hoch über der Stadt bietet kreative Küche auf klassischer Basis. Phantastisch ist die Sicht von der Dachterrasse.

Börsen-Restaurant Maître
Unter Sachsenhausen 10 ⊠ 50667 – ℰ (0221) 13 30 21 – Fax (0221) 133040
– geschl. über Karneval, Ostern 2 Wochen, Juni - Aug. 4 Wochen EV r
Rest – (geschl. Samstagmittag, Sonn- und Feiertage) Menü 52/94 € – Karte 55/77 €
Rest *Börsen-Stube* – (geschl. Samstagabend - Sonntag, Feiertage) Menü 24 €
– Karte 28/38 €
♦ Klassisch ist das Speiseangebot in diesem Zentrum gelegenen hellen Restaurant mit großer Fensterfront, zeitlos das Ambiente. Eine schlichtere Alternative zum Börsen-Restaurant: die Börsen-Stube mit Terrasse.

Grande Milano
Hohenstaufenring 29 ⊠ 50674 – ℰ (0221) 24 21 21 – info@grandemilano.com
– Fax (0221) 244846 – geschl. 1. - 14. Jan und Samstagmittag,
Sonntag, Feiertage EX v
Rest – Menü 43/63 € – Karte 35/57 €
Rest *Pinot di Pinot* – Menü 13 € (mittags) – Karte 20/30 €
♦ Elegantes italienisches Restaurant mit geschultem, aufmerksamem Service. Besonderheit des gehobenen Speiseangebots sind Trüffel. Legere, bistrotypische Atmosphäre im Pinot di Pinot.

taku – Excelsior Hotel Ernst
Domplatz, (Trankgasse 1) ⊠ 50667 – ℰ (0221) 2 70 39 10 – info@
excelsior-hotel-ernst.de – Fax (0221) 2703333
– geschl. Juli - Aug. 4 Wochen GY a
Rest – Karte 50/87 €
♦ Sehr aufmerksam serviert man hier authentisch zubereitete japanische, thailändische, chinesische und vietnamesische Gerichte. Klares, puristisches Design bestimmen den Rahmen.

Capricorn [i] Aries Restaurant
Alteburger Str. 34 ⊠ 50678 – ℰ (0221) 32 31 82 – Fax (0221) 323182 – geschl.
31. Jan. - 6. Feb., Juli 2 Wochen und Montag - Dienstag, außer Messen FX m
Rest – (nur Abendessen) (Tischbestellung erforderlich) Menü 57/99 €
Spez. Matchatee-Olivenölgelee mit geräuchertem Aal und Gänsestopfleber. Roulade von Kaisergranat mit Muschel-Beurre blanc. Reh mit Kartoffelbaumkuchen und Morcheln.
♦ In diesem kleinen, fast schon intimen Restaurant in edlem Weiß überzeugt eine klassische Küche mit kreativem Einfluss. Angenehm ist der Service durch die Chefin.

Em Krützche
Am Frankenturm 1 ⊠ 50667 – ℰ (0221) 2 58 08 39
– info@em-kruetzche.de – Fax (0221) 253417 – geschl. Karwoche, über
Weihnachten und Montag GY x
Rest – Karte 31/48 €
♦ Rheinische und internationale Küche bietet man in dem historischen Altstadthaus - im EG nette rustikale Stuben, im 1. Stock klassisch-elegante Räumlichkeiten. Rheinterrasse.

739

KÖLN S. 12

XX La Société 🏷 VISA ⓞ AE ⓞ
❀
Kyffhäuser Str. 53 ✉ 50674 – ℘ (0221) 23 24 64 – Fax (0221) 210451 – geschl. Juli 2 Wochen
S d
Rest – *(nur Abendessen)* (Tischbestellung ratsam) Menü 55/95 € – Karte 45/73 € 🌿
Spez. Langostinos und Spargel. Fünf Suppen mit Kondimenten. Gebratener Seeteufel (2 Pers.).

♦ Von außen eher unscheinbar, bietet dieses Restaurant seinem Gast doch einiges: kreative Küche und eine gute Weinauswahl sowie kompetenten Service.

XX Alfredo 🏷 AK AE
Tunisstr. 3 ✉ 50667 – ℘ (0221) 2 57 73 80 – info@ristorante-alfredo.com
– Fax (0221) 2577380 – geschl. Juni - Aug 3 Wochen und Samstagabend - Sonntag, Feiertage
GZ k
Rest – (Tischbestellung ratsam) Karte 37/54 €

♦ Italienische Tradition in Köln: Schon in der 2. Generation erfreut man hier die Gäste mit Gerichten der gehobenen italienischen Küche, die mündlich am Tisch empfohlen werden.

XX Bosporus 🏷 🍴 AK ⇔ VISA ⓞ AE ⓞ
✉ 50668 – ℘ (0221) 12 52 65 – info@bosporus.de – Fax (0221) 9123829
– geschl. Sonntagmittag
FU v
Rest – Karte 23/34 €

♦ Hier erwarten Sie ein klassisches Interieur mit orientalischem Touch sowie ein authentisches türkisches Speiseangebot. Nette Terrasse.

X L'escalier (Jens Dannenfeld) 🍴 AK ⇔ VISA ⓞ AE
❀
Brüsseler Str. 11 ✉ 50674 – ℘ (0221) 2 05 39 98 – info@lescalier-restaurant.de
– Fax (0221) 5691280 – geschl. 31. Jan. - 6. Feb, 21. - 27. März, 11. - 15. Mai, 29. Sept.
- 9. Okt. und Sonntag - Montagmittag, Samstagmittag
S j
Rest – Menü 38/56 € – Karte 43/55 €
Spez. Ravioli von Kalb und Birnen mit geschmortem Treviso und Endivien. Seesaibling mit gebratenem Ingwer-Wurzelgemüse und Pastinaken. Vanillesoufflé mit Schokoladensorbet.

♦ Die kleine namengebende Treppe führt Sie ein paar Stufen nach unten in das gemütlich-intime Restaurant mit Bistroambiente. Moderne internationale Küche und Überraschungsmenüs.

X Le Moissonnier 🏷 AK VISA ⓞ
❀❀
Krefelder Str. 25 ✉ 50670 – ℘ (0221) 72 94 79 – Fax (0221) 7325461
– geschl. 24. Dez. - Anfang Jan., über Ostern 1 Woche, Juli 3 Wochen und Sonntag - Montag, Feiertage
FU e
Rest – (Tischbestellung erforderlich) Menü 51/81 € – Karte 47/83 €
Spez. Entenleberpastete mit Gewürztraminer Gelee. Gebratene Jakobsmuscheln und Ravioli von Räucherhering. Suprême von der Taube.

♦ Mit authentischer Atmosphäre und hübschem Jugendstil-Dekor ist dieses Restaurant ein Bistro, wie man es gerne auch in Paris finden würde. Kreative französische Küche.

X Capricorn [i] Aries Brasserie
Alteburgerstr. 31 ✉ 50678 – ℘ (0221) 3 97 57 10 – Fax (0221) 323182 – geschl. Karneval und Samstagmittag, Sonntag
FX b
Rest – Menü 36 € (abends) – Karte 21/40 €

♦ Eine etwas lockerere Variante zum gleichnamigen Restaurant gegenüber ist diese freundliche, neuzeitliche Brasserie mit behaglich-legerem Ambiente. Aufmerksamer Service.

X Artischocke 🚭
Moltkestr. 50 ✉ 50674 – ℘ (0221) 25 28 61 – ernstfoellmer@t-online.de
– Fax (0221) 9199149 – geschl. Sonntag - Dienstag
S d
Rest – (nur Abendessen) Menü 34/44 € – Karte 33/43 €

♦ Das schlichte sympathische Bistro mit nostalgisch angehauchter Einrichtung bietet eine Auswahl an regionalen und internationalen Speisen.

X Heising und Adelmann 🏷 ⇔ VISA ⓞ AE
Friesenstr. 58 ✉ 50670 – ℘ (0221) 1 30 94 24 – info@heising-und-adelmann.de
– Fax (0221) 1309425 – geschl. Sonn- und Feiertage
EV n
Rest – (nur Abendessen) Karte 37/47 €

♦ Das lebendige Restaurant im angesagten Bistrostil mit schöner Terrasse serviert seinen Gästen in entspannter Atmosphäre eine moderne internationale Küche. Großer Barbereich.

KÖLN S. 13

Daitokai
Kattenbug 2 ⊠ 50667 – ℰ (0221) 12 00 48 – Fax (0221) 137503 – geschl. Montag - Dienstagmittag
EV **e**
Rest – (abends Tischbestellung ratsam) Menü 24 € (mittags)/53 € – Karte 37/61 €
♦ In diesem im typischen Stil gehaltenen japanischen Restaurant im Zentrum demonstrieren die Köche an Teppanyaki-Tischen ihre Fingerfertigkeit.

Kölsche Wirtschaften

Peters Brauhaus
Mühlengasse 1 ⊠ 50667 – ℰ (0221) 2 57 39 50 – info@peters-brauhaus.de – Fax (0221) 2573962 – geschl. über Weihnachten
GZ **n**
Rest – Karte 20/29 €
♦ Rustikale Gaststätte mit schön verzierter Fassade. Hier lohnt sich das Umschauen: Jeder Raum hat seinen eigenen Charakter. Man serviert Deftiges zu frisch gezapftem Kölsch.

Haus Töller
Weyerstr. 96 ⊠ 50676 – ℰ (0221) 2 58 93 16 – Fax (0211) 3975067 – geschl. 24. Dez. - 14. Jan. und Sonntag, Feiertage
EX **a**
Rest – (nur Abendessen) (Tischbestellung ratsam) Karte 20/23 €
♦ Ein Wirtshaus wie es in Köln einzigartig ist: Das seit der Eröffnung 1889 im Original erhaltene Inventar - einschließlich "Beichtstuhl" - erzeugt eine urgemütliche Atmosphäre.

Früh am Dom
Biergarten
Am Hof 12 ⊠ 50667 – ℰ (0221) 2 61 32 11 – gastronomie@frueh.de – Fax (0221) 2613299
GY **w**
Rest – Karte 19/30 €
Rest *Hofbräustuben* – Karte 21/36 €
♦ Traditionelles Brauhaus a. d. J. 1904. Für kölsche Gastlichkeit sorgen damals wie heute die Köbesse. Am Abend ist der Braukeller für Durstige geöffnet. Im 1. OG befinden sich die leicht eleganten, mit alten Fotos der Gründerfamilie dekorierten Hofbräustuben.

Gaffel Haus
Alter Markt 20 ⊠ 50667 – ℰ (0221) 2 57 76 92 – info@gaffel-haus.de – Fax (0221) 253879
GZ **e**
Rest – Karte 20/31 €
♦ Direkt am Alten Markt liegt diese urig-gemütliche Gaststätte des traditionellen Kölner Brauhauses. Auf der Speisekarte finden Sie typische Kölsche Klassiker.

Brauhaus Sion
Unter Taschenmacher 5 ⊠ 50667 – ℰ (0221) 2 57 85 40 – info@brauhaus-sion.de – Fax (0221) 2582081
GZ **r**
Rest – Karte 18/34 €
♦ In der gut besuchten rustikalen Gaststätte in der Altstadt bewirtet man den Gast in großen Räumen - mit Fassdauben und Hopfensäcken an den Wänden - mit Kölschen Spezialitäten.

In Köln-Bayenthal

Höhn's
Goltsteinstr. 83 ⊠ 50968 – ℰ (0221) 3 48 12 93 – m.k.hoehn@t-online.de – Fax (0221) 3978572
T **v**
Rest – Menü 28/42 € – Karte 25/49 €
♦ In den ansprechend dekorierten Gaststuben wird an blanken Holztischen eine regionale Küche und natürlich das obligatorische Kölsch gereicht. Nette Terrasse zum Innenhof.

In Köln-Braunsfeld

Regent garni
Melatengürtel 15 ⊠ 50933 – ℰ (0221) 5 49 90 – info@hotelregent.de – Fax (0221) 5499998 – geschl. 21. Dez. - 4. Jan.
S **d**
178 Zim – †115/195 € ††135/235 €, ⊇ 15 € – 4 Suiten
♦ In dem Hotel mit der roten Fassade überzeugen geschmackvoll-modernes Design und hochwertige Ausstattung. Überall im Haus setzen warme Töne mediterrane Akzente.

KÖLN S. 14

In Köln-Brück über Olpener Straße S:

Silencium garni
Olpener Str. 1031 ⊠ 51109 – ℘ (0221) 89 90 40 – info@silencium.de – Fax (0221) 8990489 – geschl. Weihnachten - Anfang Jan., über Ostern
70 Zim ⊆ – †98/124 € ††128/154 €
♦ Das Hotel liegt leicht zur Straße versetzt, ein Grundstück mit altem Baumbestand schließt sich an. Die neuzeitlich gestalteten Zimmer verteilen sich auf Haupthaus und Anbau.

Gut Wistorfs
Olpener Str. 845 ⊠ 51109 – ℘ (0221) 8 80 47 90 – gutwistorfs@netcologne.de – Fax (0221) 88047910
14 Zim ⊆ – †80/130 € ††105/156 € – **Rest** – (geschl. Montag) Karte 23/48 €
♦ Der ehemalige Gutshof von 1668 beherbergt wohnliche Landhauszimmer mit Massivholzmöbeln, Terrakottafliesen und in Wischtechnik gestrichenen Wänden. Restaurant mit regionalem und internationalem Angebot. Schöner Blick in den Garten und hübsche Innenhofterrasse.

In Köln-Dellbrück über Bergisch-Gladbacher-Straße R:

Uhu garni
Dellbrücker Hauptstr. 201 ⊠ 51069 – ℘ (0221) 9 68 19 60 – post@hotel-uhu.de – Fax (0221) 96819681   R b
35 Zim ⊆ – †68/125 € ††80/170 €
♦ Helle, freundliche Farben und ein neuzeitlicher Stil begleiten Sie vom Empfangsbereich über die funktionell ausgestatteten Zimmer bis in den Frühstücksraum.

Ihr Hotel garni
Bergisch-Gladbacher Str. 1109 ⊠ 51069 – ℘ (0221) 9 68 19 30 – welcome@ihr-hotel-koeln.de – Fax (0221) 96819330
21 Zim ⊆ – †65/125 € ††85/155 €
♦ Ein sehr gepflegtes, familiär geführtes Hotel, in dem zeitgemäß und funktionell eingerichtete, gut schallisolierte Gästezimmer zur Verfügung stehen.

In Köln-Deutz

Hyatt Regency
Kennedy-Ufer 2a ⊠ 50679 – ℘ (0221) 8 28 12 34 – cologne@hyatt.de – Fax (0221) 8281370   S y
306 Zim – †170/360 € ††195/385 €, ⊆ 23 € – 18 Suiten
Rest *Graugans* – (geschl. Jan. 2 Wochen, Aug. 2 Wochen und Sonntag - Montag, Dienstag - Samstag nur Abendessen) Menü 79/109 € – Karte 60/75 €
Rest *Glashaus* – Karte 43/60 €
♦ Die Lage am Rhein und der luxuriöse Rahmen zeichnen dieses Hotel aus. Durch eine beeindruckende, luftige Atriumhalle gelangen Sie in elegante Gästezimmer. Restaurant Graugans mit euro-asiatischer Karte. Italienisch ist das Angebot im Glashaus.

Dorint An der Messe
Deutz-Mülheimer-Str. 22 ⊠ 50679 – ℘ (0221) 80 19 00 – info.koeln-messe@dorint.com – Fax (0221) 80190800   S e
313 Zim – †128/188 € ††167/227 €, ⊆ 19 € – 32 Suiten
Rest *L'Adresse* – (geschl. Aug. 4 Wochen und Sonntag - Dienstag, nur Abendessen) Karte 44/68 €
Rest *Bell Arte* – (nur Mittagessen) Karte 26/36 €
Rest *Düx* – Karte 27/37 €
♦ Das modern-elegante Hotel befindet sich gegenüber der Messe. Eine großzügige Halle, technisch gut ausgestattete Zimmer sowie Wellness auf 650 qm sprechen für das Haus. Gehoben: Restaurant L'Adresse. Das Düx ist eine Kölsche Wirtschaft.

Radisson SAS
Messe Kreisel 3 ⊠ 50679 – ℘ (0221) 27 72 00 – reservations.cologne@radissonsas.com – Fax (0221) 2772010   S w
393 Zim – †115/190 € ††115/190 €, ⊆ 19 € – **Rest** – Karte 33/48 €
♦ Dieses komfortable Messe- und Tagungshotel in V-Form besticht durch seine topmoderne und hochwertige Ausstattung. Imponierend ist der 15 m hohe, lichte Empfangsbereich. Als A-la-carte-Restaurant dient das Paparazzi mit großem Pizza-Ofen.

KÖLN S. 15

Inselhotel garni
Constantinstr. 96 ⌧ 50679 – ⌕ (0221) 8 80 34 50 – mail@inselhotel-koeln.de
– Fax (0221) 8803490
42 Zim ⌑ – †89/179 € ††119/229 € S z
♦ Das Hotel liegt gegenüber dem Deutzer Bahnhof, unweit des Messegeländes und des Veranstaltungszentrums Köln-Arena. Solide und funktionell ausgestattete Zimmer.

Ibis Messe
Brügelmannstr. 1 ⌧ 50679 – ⌕ (0221) 98 93 10 – h3744@accor.com – Fax (0221) 98931555
180 Zim – †59/139 € ††59/159 €, ⌑ 10 € – **Rest** – Karte 15/22 € S w
♦ Besonders auf Geschäftsreisende ist dieses nahe der Messe gelegene Hotel mit seinen modern und praktisch eingerichteten Gästezimmern ausgelegt. Mit viel Holz im Brauereistil gestaltetes Restaurant.

Ilbertz garni
Mindener Str. 6, (Ecke Siegesstraße) ⌧ 50679 – ⌕ (0221) 8 29 59 20 – hotel@hotel-ilbertz.de – Fax (0221) 829592155
26 Zim ⌑ – †82/145 € ††105/185 € S z
♦ Eine nette, tadellos unterhaltene Übernachtungsadresse. Gäste beziehen hier gepflegte, neuzeitlich gestaltete Zimmer mit hellem Kirschbaummobiliar und guter Technik.

Kolpinghaus Messehotel garni
Theodor-Hürth-Str. 2 ⌧ 50679 – ⌕ (0221) 88 04 47 10 – info@kolping-messehotel.de – Fax (0221) 88044719
– geschl. 22. Dez. - 1. Jan.
22 Zim ⌑ – †72 € ††95 € S p
♦ Das recht ruhig in einem Wohngebiet und dennoch in unmittelbarer Nähe zur Messe gelegene Hotel bietet neuzeitlich eingerichtete, funktionelle Zimmer.

In Köln-Ehrenfeld

Imperial
Barthelstr. 93 ⌧ 50823 – ⌕ (0221) 51 70 57 – hotel@hotel-imperial.de
– Fax (0221) 520993
35 Zim ⌑ – †105/150 € ††155/230 € – **Rest** – (geschl. Sonntag) Karte 21/31 € S a
♦ Das Haus liegt verkehrsgünstig in einem Wohngebiet am äußeren Innenstadtring. Ein gepflegter Rahmen und funktionelle, solide eingerichtete Zimmer erwarten Sie. Gediegenes Restaurant.

Amando
Klarastr. 2 ⌧ 50823 – ⌕ (0221) 5 62 60 65 – Fax (0221) 5949642 – geschl. Sonntag und Montag S a
Rest – (nur Abendessen) Menü 39/49 € – Karte 41/65 €
♦ Das Restaurant unter der Leitung einer gelernten Journalistin bietet international und mediterran beeinflusste saisonale Küche. Ein klarer moderner Stil bestimmt das Ambiente.

In Köln-Höhenberg

Köln
Bennoplatz 2 ⌧ 51103 – ⌕ (0221) 80 24 00 – info@bestwestern-koeln.de
– Fax (0221) 8024100
92 Zim – †118/141 € ††138/161 € – **Rest** – (geschl. Sonntag, außer Messen) Karte 24/41 € S x
♦ Der neuzeitliche Hotelbau überzeugt seine Gäste mit gepflegten Zimmern, zeitgemäß und funktionell in der Ausstattung. Verschiedene Packages, z. B. zu Musicals.

In Köln-Holweide

Isenburg
Johann-Bensberg-Str. 49 ⌧ 51067 – ⌕ (0221) 69 59 09 – info@isenburg.info
– Fax (0221) 698703 – geschl. Karneval, 6. - 26.Okt. und Samstagmittag, Sonntag - Montag S b
Rest – (Tischbestellung ratsam) Menü 32 € (mittags)/66 € – Karte 31/56 €
♦ Das efeuumrankte Gemäuer der einstigen Wasserburg birgt ein gediegen-elegantes Restaurant mit rustikaler Note. Klassische Küche. Hübsche Gartenterrasse.

KÖLN S. 16

In Köln-Immendorf

Bitzerhof
Immendorfer Hauptstr. 21 ⊠ 50997 – ℰ (02236) 37 41 15 – info@tafelkulturundco.de – Fax (02236) 374122
T c
Rest – Menü 32 € (mittags)/69 € – Karte 40/63 €
♦ A. d. J. 1821 stammt der in der Ortsmitte gelegene Gutshof. Rustikales Ambiente herrscht im Restaurant. Nette Innenhofterrasse. Ambitionierte internationale Küche.

In Köln-Junkersdorf

Brenner'scher Hof
Wilhelm-von-Capitaine-Str. 15 ⊠ 50858 – ℰ (0221) 9 48 60 00 – hotel@brennerscher-hof.de – Fax (0221) 94860010
S f
42 Zim ⊇ – †135 € ††150/190 €
Rest *Anno Pomm* – ℰ (0221) 4 84 98 82 – Karte 19/28 €
♦ Sehr wohnlich und individuell! Das Anwesen a. d. J. 1754 überzeugt mit südländischem Flair: italienische Stilmöbel, Terrakottaboden und Kaminzimmer. Im Anno Pomm bietet man ausschließlich Kartoffelgerichte.

In Köln-Klettenberg

Steinmetz
Gottesweg 165 ⊠ 50939 – ℰ (0221) 44 79 34 – steinmetzcgn@aol.com – Fax (0221) 2406883 – geschl. über Karneval, Juni - Juli 2 Wochen und Montag
T t
Rest – *(nur Abendessen)* Karte 34/42 €
♦ Freundlicher Service und saisonal geprägte Küche erwarten Sie in diesem netten, mit Jugendstilelementen dekorierten Restaurant. Am Tisch empfiehlt man Ihnen ein Menü.

In Köln-Marienburg

Marienburger Bonotel
Bonner Str. 478 ⊠ 50968 – ℰ (0221) 3 70 20 – info@bonotel.de – Fax (0221) 3702132
93 Zim – †69 € ††74 €, ⊇ 16 €
T x
Rest – *(geschl. über Ostern und Weihnachten, nur Abendessen)* Karte 29/36 €
♦ Die verkehrsgünstige Lage nahe dem Autobahnkreuz sowie funktionell eingerichtete Gästezimmer sprechen für diese neuzeitliche Tagungs- und Geschäftsadresse. Speisen werden in der Piano Lounge serviert.

In Köln-Merheim

Servatius garni
Servatiusstr. 73 ⊠ 51109 – ℰ (0221) 89 00 30 – info@servatius-koeln.de – Fax (0221) 8900399 – **38 Zim** ⊇ – †79/99 € ††89/109 €
S m
♦ Hotel in einem ehemaligen Bürogebäude mit freundlichen, funktionell ausgestatteten Zimmern und guter Bahn-Verbindung ins Zentrum. In Rot gehalten: die Red Lounge Bar.

In Köln-Mülheim

Park Consul
Clevischer Ring 121 ⊠ 51063 – ℰ (0221) 9 64 70 – pckoeln@consul-hotels.com – Fax (0221) 9647100
R a
188 Zim ⊇ – †120/141 € ††149/169 € – **Rest** – Karte 28/40 €
♦ Das moderne Stadthotel überzeugt mit guter Autobahnanbindung und funktionell ausgestatteten Zimmern. Freizeitbereich im obersten Stock mit Dachterrasse und Aussicht. Zur Halle hin offenes Restaurant mit klassischem Angebot.

The New Yorker garni
Deutz-Mülheimer-Str. 204 ⊠ 51063 – ℰ (0221) 4 73 30 – reservation@thenewyorker.de – Fax (0221) 4733100
S c
40 Zim – †105/125 € ††125/145 €, ⊇ 14 €
♦ Ein relativ ruhig im Industriegebiet gelegenes Lifestyle-Hotel mit modernen Zimmern. Die "De Luxe"-Zimmer sind mit zweifarbigem Parkett ausgelegt.

In Köln-Müngersdorf

Landhaus Kuckuck
Olympiaweg 2 ⊠ 50933 – ℰ (0221) 48 53 60 – info@landhaus-kuckuck.de – Fax (0221) 4853636 – geschl. über Karneval und Sonntagabend - Montag
S r
Rest – Menü 21 € (mittags) – Karte 37/45 €
♦ Hinter raumhohen Fenstern serviert man in elegantem Ambiente internationale Küche. Schön: die Terrasse unter Kastanienbäumen. Standesamtliche Trauungen im Haus möglich.

KÖLN S. 17

✕✕ Jan's Restaurant in der Remise
Wendelinstr. 48 ⊠ 50933 – ℘ (0221) 5 10 39 99 – jansrestaurant@aol.com
– Fax (0221) 5696296 – geschl. über Karneval, Juli - Aug. 2 Wochen und Montag,
Samstagmittag, Sonntagmittag **S m**
Rest – Menü 18 € (mittags) – Karte 31/49 €
♦ Im Nebengebäude eines Gutshofs a. d. J. 1261 finden Sie das rustikal-romantische Restaurant mit kleiner Empore und Terrasse zum Innenhof. Internationale und regionale Küche.

In Köln-Porz

🏠 Lemp garni
Bahnhofstr. 44 ⊠ 51143 – ℘ (02203) 9 54 40 – info@hotel-lemp.com
– Fax (02203) 9544400 **T e**
41 Zim ⊇ – †85/139 € ††95/159 €
♦ An der Stadtbahnlinie liegt dieses moderne Hotel. Die mit freundlichen, warmen Farben gestalteten Zimmer sind mit hellen Ahornmöbeln funktionell eingerichtet. Kleines Bistro.

In Köln - Porz-Gremberghoven

🏠 Ibis Airport
Alter Deutzer Postweg 95 ⊠ 51149 – ℘ (02203) 3 59 00 – h5008@accor.com
– Fax (02203) 3590555 **S u**
93 Zim – †59/89 € ††59/109 €, ⊇ 10 € – **Rest** – Karte 18/22 €
♦ Die gute Anbindung an die Autobahn und Zimmer mit funktioneller, neuzeitlicher Ausstattung machen das Hotel vor allem für Geschäftsreisende interessant.

In Köln - Porz-Grengel über A 559 T : 16 km :

🏠 Holiday Inn Airport Biergarten
Waldstr. 255 (am Flughafen Köln/Bonn) ⊠ 51147 – ℘ (02203) 56 10
– reservation.hi-cologne-bonn-airport@queensgruppe.de – Fax (02203) 5619
177 Zim – †165/219 € ††215/255 €, ⊇ 17 € – **Rest** – Karte 29/46 €
♦ In diesem nur 500 m vom Flughafen entfernten Geschäftshotel wird man in funktionellen und technisch gut ausgestatteten Zimmern beherbergt. Klassisches Restaurant mit Wintergarten und überwiegend internationaler Karte.

🏠 Spiegel
Hermann-Löns-Str. 122 ⊠ 51147 – ℘ (02203) 96 64 40 – info@hotel-spiegel.de
– Fax (02203) 695653
27 Zim ⊇ – †75/110 € ††95/120 € – **Rest** – *(geschl. Freitag - Samstagmittag, Sonntagabend)* Karte 24/45 €
♦ Der gepflegte und von Familie Spiegel freundlich geführte Betrieb ist überwiegend mit funktionellen, zeitgemäßen Gästezimmern ausgestattet. Kleiner Garten im japanischen Stil. Kleines gediegenes Restaurant mit internationaler Karte.

In Köln - Porz-Langel Süd : 17 km über Hauptstr. T :

✕✕✕ Zur Tant (Franz und Alexander Hütter)
❀
Rheinbergstr. 49 ⊠ 51143 – ℘ (02203) 8 18 83 – info@zurtant.de – Fax (02203)
87327 – geschl. über Karneval 2 Wochen und Donnerstag
Rest – Menü 65/85 € – Karte 50/68 €
Rest *Hütter's Piccolo* – *(geschl. Donnerstag)* Karte 27/38 €
Spez. Knusper-Lasagne vom Thunfisch "Mediterran". Loup de mer mit Krustentierhaube und Mango-Koriander-Chutney. Lende vom steirischen Alm-Ochsen mit Mark und Bäckchenragout.
♦ In diesem elegant gestalteten Restaurant wird eine klassisch ausgerichtete Karte gereicht. Schön ist die Aussicht auf den Rhein. Mediterranes Dekor unterstreicht das freundliche Ambiente im bistroähnlichen Restaurant Hütter's Piccolo.

In Köln - Porz-Wahnheide über A 559 T : 17 km :

🏠 Zur Quelle (mit Gästehaus)
Heidestr. 246 ⊠ 51147 – ℘ (02203) 9 64 70 – info@hotel-zur-quelle.de
– Fax (02203) 9647317 – geschl. 24. Dez. - 2. Jan **120 Zim** ⊇ – †75/100 €
††110/145 € – **Rest** – *(geschl. 22. Dez. - 2. Jan.)* Karte 22/32 €
♦ Funktionell, solide eingerichtet und von ausreichendem Platzangebot sind die Zimmer dieses Hotels. Moderner Frühstücksraum und angenehmer Freizeitbereich. In mehrere Stuben unterteilt ist das bürgerliche Restaurant.

KÖLN S. 18

Karsten garni
Linder Weg 4 ⊠ 51147 – ℰ (02203) 96 61 90 – info@hotelkarsten.de – Fax (02203) 9661950
25 Zim ⊇ – †65/175 € ††95/255 €
♦ Ob Köln oder Bergisches Land - das funktionelle Hotel ist ein guter Ausgangspunkt für Ausflüge. Freundliche, helle Zimmer. Frühstück im Wintergarten oder auf der Terrasse.

In Köln - Porz-Westhoven

Ambiente garni
Oberstr. 53 ⊠ 51149 – ℰ (02203) 91 18 60 – info@hotel-ambiente-koeln.de – Fax (02203) 9118636 – geschl. 21. Dez. - 2. Jan. T d
27 Zim ⊇ – †68/108 € ††88/138 €
♦ In einem Wohngebiet liegt dieses Hotel mit praktischer Zimmerausstattung. Nicht weit vom Haus verläuft die Anbindung mit öffentlichen Verkehrsmitteln an das Stadtzentrum.

In Köln-Rodenkirchen

Antica Osteria
Wilhelmstr. 35a ⊠ 50996 – ℰ (0221) 9 35 23 23 – Fax (0221) 9352324 – geschl. Montag, Samstagmittag T a
Rest – Karte 32/43 €
♦ Freigelegtes Mauerwerk, schöner Steinfußboden sowie angenehme Gelbtöne geben dem Restaurant eine nostalgisch-romantische Note. Gute italienische Küche.

In Köln-Sülz

Fellini
Zülpicher Str. 327 ⊠ 50937 – ℰ (0221) 44 19 00 – fellinicolonia@aol.com – Fax (0221) 94339678 S f
Rest – Karte 38/46 €
♦ Viele Stammgäste schätzen dieses nette Restaurant - Bilder an den Wänden erinnern an den namengebenden Regisseur. Auf einer Tafel präsentiert man die italienischen Gerichte.

In Köln-Sürth

Falderhof
Falderstr. 29 ⊠ 50999 – ℰ (02236) 96 69 90 – info@falderhof.de – Fax (02236) 966998 – geschl. 23. Dez. - 6. Jan. T f
33 Zim ⊇ – †88 € ††118 € – **Rest** – (geschl. 27. Dez. - 6. Jan.) Karte 30/46 €
♦ Eine der ältesten Gutshofanlagen im Kölner Bezirk. Die schönen Gebäude empfangen die Gäste mit geschmackvoller Einrichtung. Ruhige Zimmer zum Innenhof oder Garten. Im Alten Fachwerkhaus umgibt Sie ein rustikales Ambiente. Wunderbare Gartenterrasse!

Ristorante Assisi
Sürther Hauptstr. 157 ⊠ 50999 – ℰ (02236) 6 93 85 – info@ristorante-assisi.de – Fax (02236) 961253 – geschl. 27. Dez. - 3. Jan., Juli - Aug. 3 Wochen und Montag
Rest – (nur Abendessen) Karte 37/65 € T b
♦ Der schwarz-weiß geflieste Boden und moderne Bilder unterstreichen die nette Atmosphäre in diesem Haus. Gerne empfiehlt der Patron die italienischen Speisen mündlich.

In Köln-Weiden

Garten-Hotel garni
Königsberger Str. 5 ⊠ 50858 – ℰ (02234) 4 08 70 – info@garten-hotel.de – Fax (02234) 408787 – geschl. 23. Dez. - 1. Jan. S n
33 Zim ⊇ – †82/99 € ††99/119 €
♦ Das angenehm ruhig gelegene Haus verfügt über funktionell ausgestattete Zimmer, moderne Appartements und einen netten Frühstücksraum. Sehr hübsch: der Garten.

Ischia mit Zim
Bahnstr. 12 ⊠ 50858 – ℰ (02234) 7 86 54 – Fax (02234) 75490 S c
5 Zim ⊇ – †80/90 € ††90/110 € – **Rest** – Menü 37 € – Karte 36/45 €
♦ Einen schönen Blick in den kleinen Garten bietet dieses italienische Restaurant - Terrakottaboden erzeugt ein leicht mediterranes Ambiente, moderne Bilder zieren die Wände.

KÖNGEN – Baden-Württemberg – 545 – 9 600 Ew – Höhe 281 m 55 H18

▶ Berlin 626 – Stuttgart 26 – Reutlingen 28 – Ulm (Donau) 67

Schwanen (mit Gästehaus)
Schwanenstr. 1, 73257 – ℰ (07024) 9 72 50 – info@schwanen-koengen.de
– Fax (07024) 97256 – geschl. 1. - 6. Jan.
45 Zim ☑ – †59/73 € ††88/96 €
Rest – (geschl. Sonntagabend - Montag) Menü 30 € – Karte 23/40 €
Rest *Bistro K.B.* – (geschl. Samstag - Sonntag) Karte 18/23 €
♦ In der Ortsmitte liegt das familiengeführte Hotel mit seinen solide und zeitgemäß eingerichteten Zimmern - z. T. auch in einem ruhiger gelegenen Gästehaus. Schmackhafte Küche im klassisch-gediegenen Restaurant mit Kachelofen. Gemütliches Bistro.

Neckartal
Bahnhofstr. 19, 73257 – ℰ (07024) 9 72 20 – info@hotel-neckartal.com
– Fax (07024) 972222
24 Zim ☑ – †74/85 € ††85/92 €
Rest *Tafelhaus* – Menü 45/52 € – Karte 20/50 €
♦ In diesem familiär geleiteten Hotel erwarten den Gast neuzeitlich und funktionell ausgestattete Zimmer sowie ein gutes Frühstück. Das komfortable und elegante Restaurant Tafelhaus bietet schmackhafte regionale und mediterrane Küche.

KÖNIG, BAD – Hessen – 543 – 9 540 Ew – Höhe 183 m – Heilbad 48 G16

▶ Berlin 584 – Wiesbaden 85 – Mannheim 71 – Aschaffenburg 44

🛈 Elisabethenstr. 13, ⋈ 64732, ℰ (06063) 5 78 50, kurgesellschaft@badkoenig.de

🐦 Brombachtal, Am Golfplatz 1 ℰ (06063) 5 74 47

In Bad König-Momart Süd-Ost : 2 km über Weyprechtstraße :

Zur Post
Hauswiesenweg 16, ⋈ 64732 – ℰ (06063) 15 10 – zurpost-momart@t-online.de
– Fax (06063) 3785 – geschl. Feb.
9 Zim ☑ – †37/39 € ††60/64 € – ½ P 10 € – **Rest** – (geschl. Dienstag) Karte 13/24 €
♦ Seit sechs Generationen in Familienbesitz ist dieser historische Gasthof, der zeitweise auch als Poststation diente. Heute erwarten die Gäste wohnliche, gepflegte Zimmer. Bäuerliche Geräte schaffen in den rustikalen Gaststuben ein ländliches Ambiente.

KÖNIGSBACH-STEIN – Baden-Württemberg – 545 – 9 880 Ew – Höhe 193 m 54 F18

▶ Berlin 647 – Stuttgart 65 – Karlsruhe 25 – Pforzheim 16

Im Ortsteil Königsbach

Europäischer Hof
Steiner Str. 100, ⋈ 75203 – ℰ (07232) 8 09 80 – europ.hof@t-online.de
– Fax (07232) 809850 – geschl. 24. - 28. Dez., 4. - 12. Feb., über Pfingsten., 4. - 20. Aug.
21 Zim ☑ – †55/70 € ††88 € – **Rest** – (geschl. Sonntagabend - Montag) (abends Tischbestellung ratsam) Karte 31/53 €
♦ Eine solide und zeitgemäße Adresse ist dieses kleine Hotel in einem Wohngebiet am Ortsrand. Auch Räumlichkeiten für Tagungen sind vorhanden. Gediegen-ländliches Restaurant mit internationaler, teils klassischer Küche. Hübsche Gartenterrasse.

Im Ortsteil Stein

Landgasthof Krone
Königsbacher Str. 2, ⋈ 75203 – ℰ (07232) 3 04 20 – info@krone-stein.de
– Fax (07232) 304242
20 Zim ☑ – †58 € ††96 € – **Rest** – Karte 23/41 €
♦ Das Fachwerkhaus aus dem Jahre 1831 verfügt über funktionelle, mit Naturholzmöbeln und Dielenböden wohnlich gestaltete Gästezimmer. Gemütlich-rustikales Restaurant.

KÖNIGSBRONN – Baden-Württemberg – 545 – 7 480 Ew – Höhe 499 m – Wintersport : 🛷 – Erholungsort 56 I18

▶ Berlin 572 – Stuttgart 90 – Augsburg 106 – Aalen 14

747

KÖNIGSBRONN

In Königsbronn-Zang Süd-West : 6 km :

Widmanns Löwen
Struthstr. 17 ⊠ 89551 – ℰ (07328) 9 62 70 – loewen-zang@t-online.de
– Fax (07328) 962710 – geschl. über Fasching 1 Woche, Ende Aug. - Anfang Sept. 2 Wochen
17 Zim ⊇ – †49/74 € ††74/96 € – ½ P 12 € – **Rest** – (geschl. Dienstag - Mittwochmittag) Karte 24/32 €

◆ Ein traditioneller Landgasthof unter familiärer Leitung, den man um einen Anbau mit modernen wohnlichen Zimmern erweitert hat - schöne Bäder mit Komfortduschen. In verschiedene gemütliche Räume unterteiltes Restaurant.

KÖNIGSBRUNN – Bayern – 546 – 27 360 Ew – Höhe 516 m 65 K20
▶ Berlin 572 – München 66 – Augsburg 14 – Ulm (Donau) 94
◙ Lechfeld, Föllstr. 32a ℰ (08231) 3 26 37
◙ Königsbrunn, Benzstr. 23 ℰ (08231) 3 42 04

Arkadenhof garni
Rathausstr. 2 ⊠ 86343 – ℰ (08231) 9 68 30 – hotelarkadenhof@t-online.de
– Fax (08231) 86020
56 Zim ⊇ – †72/95 € ††89/119 €

◆ Das in der Stadtmitte gelegene Hotel verfügt über modern und funktionell ausgestattete Zimmer und einen freundlichen Frühstücksraum - im Sommer mit Terrasse.

KÖNIGSDORF – Bayern – 546 – 2 930 Ew – Höhe 625 m 65 L21
▶ Berlin 633 – München 45 – Garmisch-Partenkirchen 54 – Weilheim 29
◙ Beuerberg, Gut Sterz ℰ (08179) 6 17

Posthotel Hofherr (mit Gasthof) Biergarten
Hauptstr. 31 (B 11) ⊠ 82549 – ℰ (08179) 50 90 – mail@posthotel-hofherr.de
– Fax (08179) 659
60 Zim ⊇ – †41/90 € ††66/124 € – **Rest** – Karte 15/29 €

◆ Ein 400 Jahre alter typisch bayerischer Gasthof. Im Hotelbau zeitgemäße, funktionelle Zimmer, im Stammhaus einfachere. Elegant-rustikaler Frühstücksraum. Skulpturengarten. Gaststuben mit gemütlich-ländlichem Charakter.

KÖNIGSLUTTER AM ELM – Niedersachsen – 541 – 16 500 Ew – Höhe 135 m
▶ Berlin 204 – Hannover 85 – Magdeburg 74 – Braunschweig 22 30 K9
🛈 Am Markt 1 (Rathaus), ⊠ 38154, ℰ (05353) 91 21 29, fremdenverkehrsamt@koenigslutter.de

◉ Ehemalige Abteikirche ★ (Plastik der Hauptapsis ★★, Nördlicher Kreuzgangflügel ★)

Kärntner Stub'n Biergarten
Fallersleber Str. 23 ⊠ 38154 – ℰ (05353) 9 54 60 – info@kaerntner-stubn.de
– Fax (05353) 954695 – geschl. 24. Dez. - 6. Jan.
22 Zim ⊇ – †45/60 € ††75/85 € – **Rest** – Karte 12/30 €

◆ Der Chef des Hauses ist gebürtiger Kärntner und so bekam die älteste Gaststätte Königslutters ihren Namen. Es erwarten Sie gepflegte und zeitgemäße, teils einfache Zimmer. Holzdecke und Jagdtrophäen gestalten das Restaurant ländlich-rustikal.

KÖNIGSTEIN – Bayern – 546 – 1 760 Ew – Höhe 490 m – Erholungsort 51 L16
▶ Berlin 407 – München 202 – Nürnberg 54 – Bayreuth 52
🛈 Oberer Markt 20 (Rathaus), ⊠ 92281, ℰ (09665) 17 64
◙ Königstein, Namsreuth 7 ℰ (09665) 9 14 40

Wilder Mann
Oberer Markt 1 ⊠ 92281 – ℰ (09665) 9 15 90 – info@wilder-mann.de
– Fax (09665) 9159100
31 Zim ⊇ – †35/70 € ††57/90 € – ½ P 11 € – **Rest** – (geschl. 28. Jan. - 3. März)
Menü 12 € – Karte 12/31 €

◆ Ein engagiert geführter, traditionsreicher Gasthof in Familienbesitz. Fragen Sie nach einem der neueren Zimmer im wohnlichen Landhausstil. Gepflegter Saunabereich. Ländlich-elegantes Restaurant.

KÖNIGSTEIN

In Edelsfeld Süd-Ost : 7,5 km über B 85 in Richtung Amberg :

Goldener Greif
Sulzbacher Str. 5 ⊠ 92265 – ℰ (09665) 9 14 90 – info@greifenwirt.de – Fax (09665) 9149100
25 Zim ⊇ – †35/65 € ††55/79 € – **Rest** – *(geschl. Dienstag - Mittwochmittag)* Karte 10/29 €

♦ Der Landgasthof in der Oberpfalz befindet sich seit acht Generationen in Familienbesitz. Einfache wohnliche Zimmer erwarten die Gäste. Eigene Brauerei und Metzgerei. Ländliches Restaurant mit Sitznischen.

KÖNIGSTEIN IM TAUNUS – Hessen – 543 – 15 670 Ew – Höhe 362 m – Heilklimatischer Kurort
47 **F14**

▶ Berlin 542 – Wiesbaden 27 – Frankfurt am Main 24 – Bad Homburg vor der Höhe 14

🏛 Hauptstr. 21, Kurparkpassage, ⊠ 61462, ℰ (06174) 20 22 51, Fax (06174) 202284, info@koenigstein.de

◉ Burgruine ★

Villa Rothschild
Im Rothschildpark 1 ⊠ 61462 – ℰ (06174) 2 90 88 88 – info@villa-rothschild.com – Fax (06174) 2908888
22 Zim – †300/550 € ††350/550 €, ⊇ 24 € – **Rest** – *(geschl. Samstagmittag)* Menü 36 € (mittags)/89 € – Karte 49/66 € ✤

Spez. St. Pierre und Pulpo mit würzigem Paprika-Ingwersud. Schweinebauch und Flusskrebse mit Erbsenpüree. Variation von der Sao Thome Schokolade mit Kakaobohneneis.

♦ Die in einen schönen Park eingebettete, aufwändig restaurierte Villa a. d. 19. Jh. ist heute ein hochwertig und geschmackvoll eingerichtetes Hotel mit historischem Charme. Eine stilvoll-elegante Atmosphäre herrscht im lichtdurchfluteten Restaurant.

Königshof garni
Wiesbadener Str. 30 ⊠ 61462 – ℰ (06174) 2 90 70 – hkoenigstein@t-online.de – Fax (06174) 290752 – geschl. 21. Dez. - 6. Jan., 11. Juli - 3. Aug.
26 Zim ⊇ – †83 € ††115 €

♦ Eine nette Übernachtungsadresse ist dieses recht ruhig und zentral gelegene Hotel, das geräumige, mit mahagonifarbenem Mobiliar eingerichtete Zimmer bietet.

Zum Hirsch garni
Burgweg 2 ⊠ 61462 – ℰ (06174) 50 34 – info@zum-hirsch.net – Fax (06174) 5019
28 Zim ⊇ – †52/80 € ††95/140 €

♦ Zweckmäßig-funktionell ausgestattete Gästezimmer stehen in diesem schlichten, aber gepflegten Hotel im Zentrum des Ortes zur Verfügung.

Limoncello da Luigi
Falkensteiner Str. 28, (im Sportpark) ⊠ 61462 – ℰ (06174) 36 09 – info@restaurant-limoncello.de – Fax (06174) 932997
Rest – Karte 28/46 €

♦ Im 1. Stock des Sportparks hat man in einer verglasten Veranda dieses mediterrane Restaurant mit italienischer Küche eingerichtet. Einladende Lounge mit Terracotta-Tischen.

In Königstein-Falkenstein Nord-Ost : 2 km :

Kempinski Hotel Falkenstein
Debusweg 6 ⊠ 61462 – ℰ (06174) 9 00 – info@kempinski-falkenstein.com – Fax (06174) 909090
60 Zim – †300/450 € ††350/450 €, ⊇ 25 € – 18 Suiten

Rest *Siesmayer* – *(Montag - Samstag nur Abendessen)* Menü 52/82 € – Karte 49/62 €

Rest *Bistro Raffael's* – Karte 32/35 €

♦ Das einstige Offiziersheim von 1909 ist ein exklusives Hotel, das mit geräumigen, wohnlich-modernen Zimmern, einem schönen Park sowie Wellness- und Beautyangeboten überzeugt. Elegant ist das Ambiente im Restaurant Siesmayer, klassisch das Speisenangebot.

749

KÖNIGSTEIN IM TAUNUS
In Königstein-Schneidhain Süd-West : 1,5 km über B 455 :

XX **Tristan** VISA ⓜ AE
*Wiesbadener Str. 216 a ✉ 61462 – ℘ (06174) 92 85 25 – info@
restaurant-tristan.de – Fax (06174) 968880 – geschl. 28. Jan. - 12. Feb., 28. Juli -
12. Aug. und Montag*
Rest – *(Dienstag - Samstag nur Abendessen)* Menü 35/39 € – Karte 26/45 €
♦ Cross-over-Küche bietet dieses freundlich-mediterran gestaltete, mit afrikanischem Zierrat dekorierte Restaurant. Versiert und angenehm leger leitet die Chefin den Service.

KÖNIGSWINTER – Nordrhein-Westfalen – 543 – 40 630 Ew – Höhe 80 m   36 C13
▶ Berlin 597 – Düsseldorf 83 – Bonn 10 – Koblenz 57
🅱 Drachenfelsstr. 11, ✉ 53639, ℘ (02223) 91 77 11, info@siebengebirge.com
◉ Siebengebirge★ : Burgruine Drachenfels★ (nur zu Fuß, mit Zahnradbahn oder Kutsche erreichbar) ❋ ★★

🏠 **Hindenburg** garni 📞 🅿 VISA ⓜ
*Hauptstr. 357 ✉ 53639 – ℘ (02223) 90 19 40 – kontakt@
hotel-haus-hindenburg.de – Fax (02223) 24857 – geschl. 23. Dez. - 2. Jan*
14 Zim ⊔ – †67/72 € ††87/100 €
♦ Etwas verwinkelt ist das nette alte Stadthaus in der Fußgängerzone gebaut. Eine recht individuelle Adresse mit hübschem kleinem Frühstücksraum.

Auf dem Petersberg Nord-Ost : 3 km :

🏨 **Steigenberger Grandhotel Petersberg** 🌿   ≤ Rheintal, 🌳
🛐 🏊 ⊕ 🌊 📠 🖕 🖐 🅺 Rest, 🍽 Rest, 📞 🛁 🅿 🚗 VISA ⓜ AE ①
✉ 53639 Königswinter – ℘ (02223) 7 40
– info@petersberg.steigenberger.de – Fax (02223) 74443
99 Zim ⊔ – †139/199 € ††199/319 € – 11 Suiten
Rest *Rheinterrassen* – *(nur Abendessen)* (Tischbestellung ratsam) Karte 45/65 €
Rest *Bistro* – Karte 30/46 €
♦ Seine Vergangenheit als Gästehaus der Bundesregierung sowie die traumhafte Lage auf dem Petersberg machen dieses herrschaftliche Anwesen einmalig. Eleganter Spabereich. Restaurant Rheinterrassen mit klassisch-gediegener Atmosphäre.

In Königswinter-Oberdollendorf Nord: 2,5 km über B 42 :

XX **Tour de France** 🌿 🍽 VISA ⓜ
*Malteser Str. 19 ✉ 53639 – ℘ (02223) 2 40 58 – webmaster@
restauranttourdefrance.de – Fax (02223) 4121 – geschl. nach Karneval 2 Wochen
und Montag - Dienstag*
Rest – *(Mittwoch - Samstag nur Abendessen)* (Tischbestellung ratsam)
Menü 30/45 € – Karte 32/45 €
♦ Ein gemütlich-rustikales Restaurant mit Fachwerk und offenem Kamin. Wie der Name bereits vermuten lässt, ist die Karte französisch ausgelegt. Wechselnde Bilderausstellung.

In Königswinter-Stieldorf Nord : 8 km :

XX **Gasthaus Sutorius** 🌿 🅿 VISA ⓜ
*Oelinghovener Str. 7 ✉ 53639 – ℘ (02244) 91 22 40 – gasthaus@sutorius.de
– Fax (02244) 912241 – geschl. Sonntagabend - Montag*
Rest – *(Dienstag - Samstag nur Abendessen)* (Tischbestellung ratsam) Karte 30/52 €
♦ Seit über 200 Jahren befindet sich das Gasthaus in Familienbesitz. In dem nett dekorierten rustikalen Restaurant serviert man regionale und internationale Speisen.

KÖSTRITZ, BAD – Thüringen – 544 – 3 970 Ew – Höhe 189 m   41 M12
▶ Berlin 238 – Erfurt 89 – Gera 8 – Jena 44

🏠 **Goldner Loewe** Biergarten 🌿 🌊 🍽 🖕 🛁 🅿 VISA ⓜ AE ①
*Heinrich-Schütz-Str. 5 ✉ 07586 – ℘ (036605) 3 80 – goldner-loewe@t-online.de
– Fax (036605) 38100*
36 Zim ⊔ – †63/72 € ††78/88 € – **Rest** – Karte 20/31 €
♦ Das im 16. Jh. erstmals erwähnte Gasthaus ist heute ein gut geführtes, zeitgemäßes Hotel. Die Zimmer sind mit handgearbeiteten Möbeln wohnlich und leicht elegant eingerichtet. Teil des Restaurants ist das hübsche Kaminzimmer.

KÖTZTING, BAD – Bayern – 546 – 7 490 Ew – Höhe 409 m – Kneippkurort und Heilbad
59 **O17**

▶ Berlin 496 – München 189 – Regensburg 78 – Passau 104

🛈 Herrenstr. 10, ✉ 93444, ℰ (09941) 60 21 50, tourist@bad-koetzting.de

Amberger Hof
Torstr. 2 ✉ 93444 – ℰ (09941) 95 00 – info@amberger-hof.de – Fax (09941) 950110 – geschl. 7. - 30. Jan.
34 Zim ⊇ – †47 € ††74 € – ½ P 13 € – **Rest** – Karte 13/24 €
♦ Bodenständige Gastlichkeit im Bayerischen Wald: Besonders wohnlich sind die neueren Zimmer mit Zirbelholzmobiliar. Ansonsten rustikal-sachliche Einrichtung. Rustikales Restaurant mit gutbürgerlichem Angebot.

In Bad Kötzting-Liebenstein Nord : 7 km in Richtung Ramsried – Höhe 650 m

Bayerwaldhof
Liebenstein 25 ✉ 93444 – ℰ (09941) 94 79 50 – info@bayerwaldhof.de – Fax (09941) 9479530
75 Zim (inkl. ½ P.) – †74/124 € ††120/200 € – **Rest** – Karte 23/30 €
♦ Der Gasthof im Landhausstil liegt am Waldrand; er bietet seinen Gästen wohnliche Zimmer in verschiedenen Kategorien und einen ansprechenden Wellnessbereich. Mit Reitstall. Eine helle Holztäfelung gibt den Restaurant-Stuben ihren alpenländischen Charme.

KOHLGRUB, BAD – Bayern – 546 – 2 410 Ew – Höhe 828 m – Wintersport : 1 500 m ⛷4 ⛸ – Moorheilbad
65 **K21**

▶ Berlin 668 – München 83 – Garmisch-Partenkirchen 32 – Kempten (Allgäu) 78

🛈 Hauptstr. 27, Haus des Gastes, ✉ 82433, ℰ (08845) 7 42 20, info@bad-kohlgrub.de

Pfeffermühle
Trillerweg 10 ✉ 82433 – ℰ (08845) 7 40 60 – info@pfeffer-muehle.de – Fax (08845) 740611 – geschl. 12. Nov. - 20. Dez.
6 Zim ⊇ – †30/40 € ††58/73 € – ½ P 14 € – **Rest** – *(geschl. Donnerstag)* Karte 16/37 €
♦ Zu jeder Jahreszeit einen erholsamen Aufenthalt verspricht das kleine alpenländisch-rustikale Hotel mit den gepflegten, mit dunklen Holzmöbeln gestalteten Zimmern. Rustikales, nett dekoriertes Restaurant.

KOHREN-SAHLIS – Sachsen – 544 – 3 150 Ew – Höhe 200 m
42 **N12**

▶ Berlin 231 – Dresden 117 – Chemnitz 39 – Altenburg 21

In Kohren-Sahlis-Terpitz Ost : 2 km :

Elisenhof
Terpitz 27 ✉ 04655 – ℰ (034344) 6 14 39 – info@hotel-elisenhof.de – Fax (034344) 62815
8 Zim ⊇ – †45 € ††65 € – **Rest** – *(geschl. 2. - 11. Jan.)* Karte 14/25 €
♦ Das Hotelgebäude passt sich harmonisch in das bestehende Vierseitbauernhof-Ensemble ein und beherbergt wohnliche Gästezimmer. Holzgetäfelte Wände und Decken und ein offener Kamin geben dem Restaurant seinen rustikalen Charme.

KOLLNBURG – Bayern – 546 – 2 940 Ew – Höhe 655 m – Wintersport : 1 048 m ⛷2 ⛸ – Erholungsort
59 **O17**

▶ Berlin 510 – München 177 – Regensburg 75 – Passau 85

🛈 Schulstr. 1, ✉ 94262, ℰ (09942) 94 12 14, tourist-info@kollnburg.de

Burggasthof (mit Gästehaus)
Burgstr. 11 ✉ 94262 – ℰ (09942) 86 86 – info@burggasthof-hauptmann.de – Fax (09942) 7146 – geschl. Mitte Nov. - Mitte Dez.
21 Zim ⊇ – †28 € ††45/52 € – ½ P 10 € – **Rest** – *(geschl. Dienstagmittag)* Karte 13/23 €
♦ Im Naturpark Bayerischer Wald finden Sie dieses ländliche Hotel. Im Haupthaus sind die Zimmer sauber und einfach eingerichtet, im Gästehaus bieten sie mehr Komfort. Bürgerlich-rustikal gehaltenes Restaurant.

KONSTANZ – Baden-Württemberg – **545** – 80 720 Ew – Höhe 405 m   63 **G21**

- Berlin 763 – Stuttgart 180 – Bregenz 62 – Ulm (Donau) 146
- Bahnhofplatz 13, ⌂ 78462, ℰ (01805) 13 30 30, info@ti.konstanz.de
- Allensbach-Langenrain, Hofgut Kargegg 1 ℰ (07533) 9 30 30
- Lage★ – Seeufer★ – Münster★ (Türflügel★, Heiliges Grab★) Y
- Insel Mainau★★

Steigenberger Inselhotel   ≤ Bodensee, Rest,
Auf der Insel 1 ⌂ *78462* – ℰ *(07531) 12 50*   **Y h**
– *konstanz@steigenberger.de* – Fax *(07531) 26402*
102 Zim ⌂ – ♦123/186 € ♦♦194/278 € – ½ P 38 €
Rest *Seerestaurant* – Karte 36/43 €
Rest *Dominikanerstube* – Karte 34/41 €
♦ Das ehemalige Kloster liegt direkt am Bodensee und Details seiner Vergangenheit, wie z. B. der Kreuzgang, sind noch erkennbar. Besonders hübsch sind die Seezimmer. Schöne Terrasse beim Restaurant mit internationaler Küche. Regionales in der Dominikanerstube.

Mercure Halm
Bahnhofplatz 6 ⌂ *78462* – ℰ *(07531) 12 10* – *h2827@accor.com* – Fax *(07531) 21803*   **Z a**
99 Zim ⌂ – ♦85/151 € ♦♦121/181 € – 8 Suiten – **Rest** – Karte 23/32 €
♦ Gediegen eingerichtete Zimmer mit zeitgemäßer Technik stehen in diesem Hotel im Zentrum nahe dem Hauptbahnhof zur Verfügung. Das Restaurant ist ein schöner, im maurischen Stil gehaltener Saal. Die Küche: regional und international.

KONSTANZ

Straße	Planquadrat
Augustinerpl.	Z
Bahnhofpl.	Z 2
Bahnhofstr.	Z 3
Benediktinerpl.	Y 4
Bodanpl.	Z
Bodanstr.	Z
Brauneggerstr.	Y
Emmishoferstr.	Z 5
Gartenstr.	Y 8
Glärnischstr.	Y 9
Gottlieber Str.	Z 12
Hafenstr.	Z
Hussenstr.	Z 13
Inselgasse	Y
Kanzleistr.	Z 17
Katzgasse	Z 18
Konzilstr.	YZ
Kreuzlinger Str.	Z 20
Lutherpl.	Z
Mainaustr.	Y 22
Marktstätte	Z 23
Münsterpl.	Y
Munzgasse	Z
Neugasse	Z 26
Obere Laube	Z
Obermarkt	Z 28
Paradiesstr.	Z 29
Rheinbrücke	Y
Rheingutstr.	Y
Rheinsteig	Y
Rosgartenstr.	Z 32
Schottenstr.	Y
Schützenstr.	Z 35
Seestr.	Y 36
Spanierstr.	Y 38
St-Stephans-Pl.	Z 33
Theodor-Heuss-Str.	Y 39
Torgasse	Y 42
Untere Laube	Z
Webersteig	Y
Wessenbergstr.	Z 43
Wissenstr.	Z
Zollernstr.	Z 45

752

KONSTANZ

Buchner Hof garni
Buchnerstr.6 (über Mainaustraße Y) ⊠ *78464 –* ℰ *(07531) 8 10 20 – info@
buchner-hof.de – Fax (07531) 810240 – geschl. 22. Dez. - 13. Jan.*
13 Zim ⊂⊃ – †80/90 € ††110/140 €
♦ Ein recht ruhig gelegenes, persönlich geführtes kleines Hotel in See- und Altstadtnähe. Die Zimmer sind hell und freundlich gestaltet und funktionell ausgestattet.

Bayrischer Hof garni
Rosgartenstr. 30 ⊠ *78462 Konstanz –* ℰ *(07531) 1 30 40 – info@
bayrischer-hof-konstanz.de – Fax (07531) 130413 – geschl. 23. Dez. - 14. Jan.*
23 Zim ⊂⊃ – †74/90 € ††115/140 €   Z x
♦ In dem klassischen Stadthaus in der Fußgängerzone unweit des Bahnhofs stehen funktionale Zimmer in afrikanischem Kirschholz für Sie bereit.

Papageno
Hüetlinstr. 8a ⊠ *78462 –* ℰ *(07531) 36 86 60 – restaurant-papageno@gmx.de
– Fax (07531) 3652564*   Z b
Rest – *(geschl. Sonntagmittag, Montag)* Menü 16 € (mittags) – Karte 33/48 €
♦ Das Restaurant in der Innenstadt bietet in modern-elegantem Ambiente zeitgemäße Küche mit kreativem Touch und freundlichen Service.

Konzil-Gaststätten
Hafenstr. 2 ⊠ *78462 –* ℰ *(07531) 2 12 21 – mail@konzil-konstanz.de
– Fax (07531) 17467 – geschl. 24. Dez. - 29. Feb.*   Z s
Rest – Menü 27 € – Karte 15/39 €
♦ Besonders schöne Plätze bieten die historischen Säle mit ihren Holzdecken und natürlich die Terrasse am Wasser mit Blick auf Bodensee und Hafen.

In Konstanz-Staad Nord-Ost : 4 km über Mainaustraße Y :

Schiff am See
William-Graf-Platz 2 ⊠ *78464 –* ℰ *(07531) 3 10 41 – schiffamsee@ringhotels.de
– Fax (07531) 31981*
33 Zim ⊂⊃ – †82/105 € ††110/140 € – 5 Suiten
Rest – Menü 22 € – Karte 27/46 €
Rest *Restaurant Henning Heise* – Menü 29/68 € – Karte 41/51 €
♦ Das familiär geleitete Hotel befindet sich nahe der Fähre nach Meersburg und verfügt über neuzeitlich eingerichtete Gästezimmer. Im Restaurant bietet man bürgerliche Küche. Klassisch ist das Speiseangebot im Restaurant Henning Heise.

KONZ – Rheinland-Pfalz – 543 – 17 780 Ew – Höhe 130 m   45 B16
▶ Berlin 737 – Mainz 162 – Trier 11 – Saarbrücken 86

In Konz-Niedermennig Ost : 4 km

Allegra mit Zim
Wendelinstr. 5 ⊠ *54329 –* ℰ *(06501) 94 60 64 – kontakt@allegra-restaurant.de
– Fax (06501) 989607*
4 Zim ⊂⊃ – †50/60 € ††80/90 € – **Rest** – *(geschl. Montag - Dienstag, nur Abendessen)* Menü 27/48 € – Karte 29/43 €
♦ Das in einem Wohngebiet gelegene Restaurant ist in hellen, freundlichen Tönen gehalten - von der Chefin selbst gemalte Bilder dienen als Dekor.

KORB – Baden-Württemberg – siehe Waiblingen

KORBACH – Hessen – 543 – 24 510 Ew – Höhe 379 m   28 G11
▶ Berlin 447 – Wiesbaden 187 – Kassel 64 – Marburg 67
🛈 Stechbahn 1 (Rathaus), ⊠ 34497, ℰ (05631) 5 32 32, info@korbach.de

Goldflair am Rathaus
Stechbahn 8 ⊠ *34497 –* ℰ *(05631) 5 00 90 – gast@hotel-am-rathaus.de
– Fax (05631) 500959*
35 Zim ⊂⊃ – †49/79 € ††89/99 € – **Rest** – *(geschl. Sonntagabend)* Karte 20/29 €
♦ In dem Hotel in der Altstadt hat man sich durch Korbachs Goldlagerstätte inspirieren lassen: Man bietet einige Gold-Themenzimmer mit Namen wie "Goldfisch" oder "Afrika-Gold". Verwinkelt, rustikal und gemütlich: das Restaurant.

KORDEL – Rheinland-Pfalz – 543 – 2 210 Ew – Höhe 140 m 45 **B15**
▶ Berlin 719 – Mainz 167 – Trier 18 – Bitburg 21

Neyses am Park
*Am Kreuzfeld 1 ⊠ 54306 – ℰ (06505) 9 14 00 – hotelneysesampark@t-online.de
– Fax (06505) 914040 – geschl. 2. - 31. Jan.*
15 Zim ⊇ – †36/40 € ††62/70 € – **Rest** – *(geschl. Montagmittag, Donnerstag)*
Karte 17/38 €
♦ Ganz in Weiß sind die Möbel in den funktionellen Zimmern dieses freundlich und familiär geführten Hauses in der Ortsmitte gehalten. Moderne Bilder setzen Akzente im Restaurant, wo Regionales und Internationales aufgetischt wird.

In Zemmer-Daufenbach Nord : 5 km – Höhe 360 m

Landhaus Mühlenberg (Ulrike Stoebe)
*Mühlenberg 2 ⊠ 54313 – ℰ (06505) 10 10 – Fax (06505) 952111
– geschl. Jan. 2 Wochen, Juli 2 Wochen und Sonntagabend - Mittwoch*
Rest – *(Donnerstag - Samstag nur Abendessen)* (Tischbestellung erforderlich)
Menü 65/80 €
Spez. Carpaccio vom Kalbsfilet mit Calamaretti und Gazpacho. À la minute geräucherter Lachs mit geschmorten Tomaten und Blumenkohlcrème. Filet und Kotelett vom Lamm mit mildem Knoblauchjus.
♦ Seit Jahren kümmern sich die Inhaber in diesem Haus mitten im Wald sehr persönlich um den Gast. Klassische Küche mit mediterranem Einfluss in gemütlich-familiärer Atmosphäre.

KORNTAL-MÜNCHINGEN – Baden-Württemberg – siehe Stuttgart

KORNWESTHEIM – Baden-Württemberg – 545 – 30 660 Ew – Höhe 297 m
▶ Berlin 622 – Stuttgart 13 – Heilbronn 41 – Ludwigsburg 5 55 **G18**
🛈 Eastleighstraße, ℰ (01805) 24 12 24 (Gebühr)
🛈 Neckartal, Aldinger Straße 975 ℰ (07141) 87 13 19

Domizil garni
*Stuttgarter Str. 1 ⊠ 70806 – ℰ (07154) 80 90 – hotel-domizil@gmx.de
– Fax (07154) 809200 – geschl. Aug. 3 Wochen*
42 Zim ⊇ – †74/84 € ††95/110 €
♦ Das im Zentrum gelegene Hotel verfügt über funktional ausgestattete und freundlich gestaltete Gästezimmer in neuzeitlichem Stil.

Zum Hasen (mit Gästehaus)
*Christofstr. 22 ⊠ 70806 – ℰ (07154) 81 35 00 – Fax (07154) 813870
– geschl. Aug. 3 Wochen*
23 Zim ⊇ – †48/55 € ††60/68 € – **Rest** – *(geschl. Montag)* Karte 19/32 €
♦ Ein gestandener, familiengeführter schwäbischer Gasthof mit betont rustikalem Ambiente: Die gepflegten Zimmer sind mit solidem Eichenholzmobiliar eingerichtet. Das Restaurant ist in gemütliche kleine Gasträume mit ländlichem Charakter unterteilt.

KORSCHENBROICH – Nordrhein-Westfalen – siehe Mönchengladbach

KORSWANDT – Mecklenburg-Vorpommern – siehe Usedom (Insel)

KOSEROW – Mecklenburg-Vorpommern – siehe Usedom (Insel)

KRÄHBERG – Hessen – siehe Beerfelden

KRAIBURG AM INN – Bayern – 546 – 4 130 Ew – Höhe 462 m 66 **N20**
▶ Berlin 650 – München 78 – Bad Reichenhall 77 – Landshut 67
🛈 Schloß Guttenburg, ℰ (08638) 88 74 88

Hardthaus
Marktplatz 31 ⊠ 84559 – ℰ (08638) 7 30 67 – mail@hardthaus.com – Fax (08638) 73068 – geschl. Sonntag - Montag
Rest – *(nur Abendessen)* (Tischbestellung ratsam) Menü 45/52 € – Karte 34/68 €
♦ Schmackhafte Küche und originelles Ambiente: Die alten Regale und die antike Registrierkasse erinnern daran, dass das Restaurant früher mal ein Kolonialwarengeschäft war.

KRAKOW AM SEE – Mecklenburg-Vorpommern – 542 – 3 480 Ew – Höhe 50 m
– Luftkurort
12 **N5**

▶ Berlin 170 – Schwerin 74 – Rostock 63 – Neubrandenburg 84
🛈 Serrahn, Dobbiner Weg 24 ☎ (038456) 6 03 91

In Krakow-Seegrube Nord-Ost : 4,5 km :

Ich weiß ein Haus am See mit Zim
*Altes Forsthaus 2 ⌧ 18292 – ☎ (038457) 2 32 73 – einhausamsee@t-online.de
– Fax (038457) 23274 – geschl. Jan. - März, außer Wochenenden*
11 Zim ⌑ – †90/130 € ††120/160 € – ½ P 55 € – **Rest** – *(geschl. Montag, nur Abendessen)* (Tischbestellung ratsam) Menü 60/80 €
Spez. Wachtel und Entenleber im Strudelblatt mit Trüffelvinaigrette. Wildbarsch mit Belugalinsen und geschmolzenen Tomaten. Lamm mit feinen Böhnchen und Poweraden.
◆ Das familiengeführte Haus überzeugt mit freundlichem Personal und der attraktiven Lage am See mitten im Wald. Für die klassische Küche verwendet man bevorzugt lokale Produkte. Zum Übernachten stehen wohnliche Zimmer im Landhausstil bereit.

KRANZBACH – Bayern – siehe Krün

KRANZBERG – Bayern – 546 – 3 900 Ew – Höhe 483 m
58 **L19**

▶ Berlin 557 – München 41 – Regensburg 94 – Ingolstadt 49

In Kranzberg-Hohenbercha Süd-West : 5 km jenseits der A 9 :

Hörger Biohotel und Tafernwirtschaft Biergarten
*Hohenbercha 38 ⌧ 85402 – ☎ (08166) 99 09 80 – info@hoerger-biohotel.de
– Fax (08166) 9909868*
25 Zim – †45/69 € ††69/99 € – **Rest** – Karte 17/33 €
◆ Seit über 100 Jahren wird das Gasthaus in dem kleinen Dorf von Familie Hörger geleitet. Ein moderner Vollholzbau im eigenen Apfelgarten beherbergt nette Zimmer aus Zirbelholz. In den gemütlichen ländlichen Gaststuben serviert man regional-bürgerliche Speisen.

KRAUSCHWITZ – Sachsen – 544 – 4 030 Ew – Höhe 120 m
34 **S11**

▶ Berlin 163 – Dresden 121 – Cottbus 41 – Bautzen 58

Fürst Pückler Hotel Krauschwitz
*Görlitzer Str. 26 ⌧ 02957 – ☎ (035771) 5 70 – info@fuerst-pueckler-hotel.de
– Fax (035771) 57199*
45 Zim ⌑ – †59/65 € ††81 € – **Rest** – Karte 16/26 €
◆ Ein neuzeitliches Hotel zwischen Elbsandsteingebirge und Spreewald mit komfortablen, hell möblierten Zimmern. Viele Ausflugsmöglichkeiten in der Umgebung. Ein Weinkeller ergänzt das freundlich gestaltete Restaurant.

KRAUSNICK GROSS-WASSERBURG – Brandenburg – 542 – 620 Ew – Höhe 50 m
33 **Q9**

▶ Berlin 77 – Potsdam 101 – Cottbus 71 – Frankfurt (Oder) 66

Landhotel Krausnick Biergarten
Alte Wasserburgerstr. 12 (Krausnick) ⌧ 15910 – ☎ (035472) 6 10 – info@landhotel-krausnick.de – Fax (035472) 61122
38 Zim ⌑ – †46/49 € ††72/78 € – ½ P 12 € – **Rest** – Karte 15/21 €
◆ Das solide geführte Hotel liegt in der Nähe der tropischen Bade- und Freizeitanlage "Tropical Islands" und verfügt über gepflegte, zeitgemäß ausgestattete Zimmer. Bei schönem Wetter ergänzen Terrasse und Biergarten das Restaurant.

KREFELD – Nordrhein-Westfalen – 543 – 238 570 Ew – Höhe 38 m
25 **B11**

▶ Berlin 571 – Düsseldorf 28 – Eindhoven 86 – Essen 38
ADAC Dießemer Bruch 76
🛈 Hochstr. 114 ⌧ 47798, ☎ (02151) 86 15 15, freizeit@krefeld.de
⛳ Krefeld-Linn, Eltweg 2 ☎ (02151) 15 60 30 Y
⛳ Krefeld-Bockum, Stadtwald ☎ (02151) 59 02 43 Y
⛳ Krefeld-Traar, An der Elfrather Mühle 145 ☎ (02151) 4 96 90

Stadtplan siehe nächste Seite

755

KREFELD

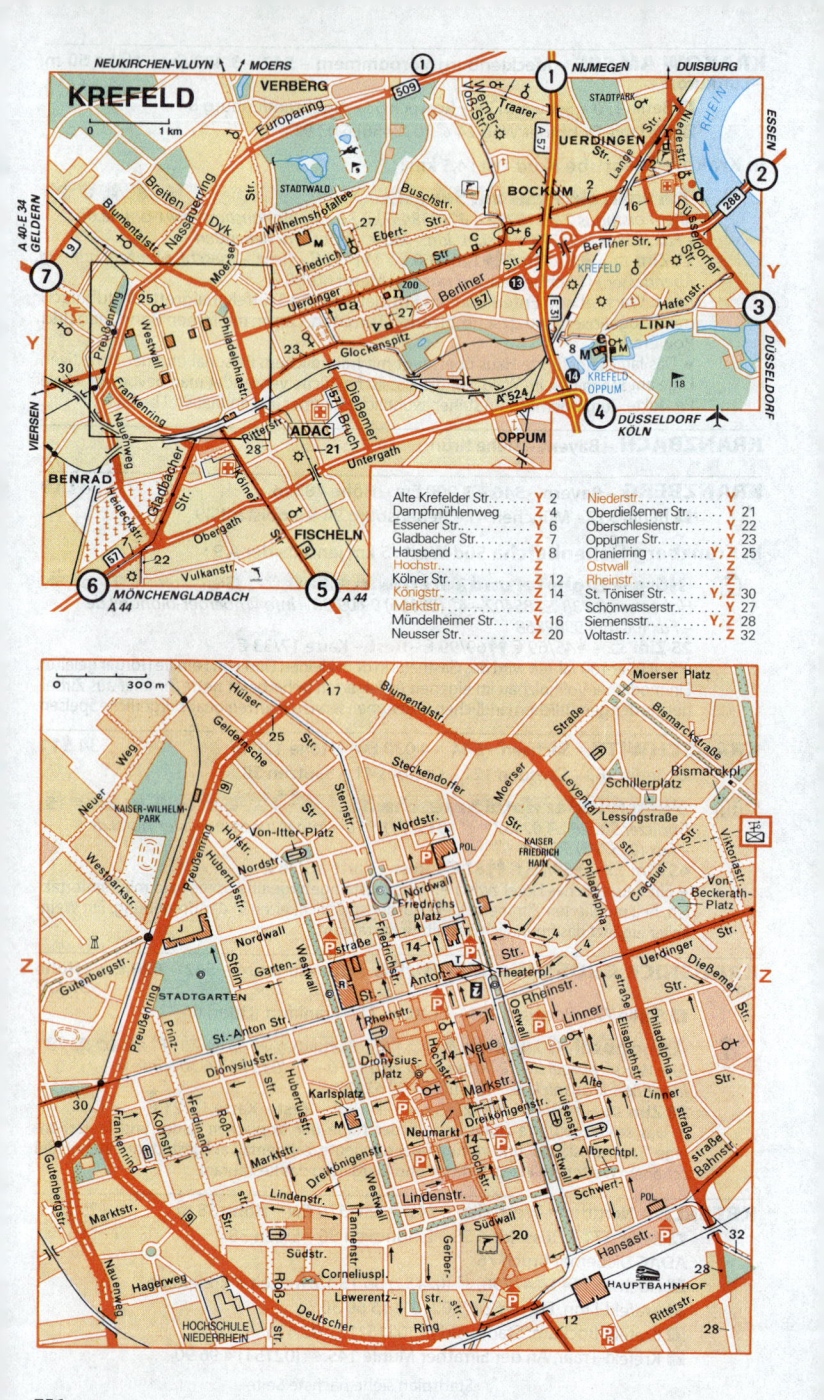

Alte Krefelder Str.	Y 2	Niederstr.	Y
Dampfmühlenweg	Z 4	Oberdießemer Str.	Y 21
Essener Str.	Y 6	Oberschlesienstr.	Y 22
Gladbacher Str.	Z 7	Oppumer Str.	Z 23
Hausbend	Y 8	Oranierring	Y, Z 25
Hochstr.	Z	Ostwall	Z
Kölner Str.	Z 12	Rheinstr.	Z
Königstr.	Z 14	St. Töniser Str.	Y, Z 30
Marktstr.	Z	Schönwasserstr.	Y 27
Mündelheimer Str.	Z 16	Siemensstr.	Y, Z 28
Neusser Str.	Z 20	Voltastr.	Z 32

KREFELD

In Krefeld-Bockum

Mercure Parkhotel Krefelder Hof
Uerdinger Str. 245 ⊠ 47800 – ℰ (02151)
58 40 – h5404@accor.com – Fax (02151) 584900
Y a
153 Zim – †99/175 € ††119/195 €, ⊇ 15 € – 4 Suiten
Rest *Brasserie La Provence* – Karte 26/48 €
♦ Die geschmackvoll-gediegene Einrichtung zieht sich durch alle Bereiche des Hotels: Von der Lobby bis in die komfortablen Zimmer umgibt Sie eine behagliche Atmosphäre. Hell und freundlich wirkt die Brasserie La Provence.

Alte Post garni
Uerdinger Str. 550a ⊠ 47800 – ℰ (02151) 5 88 40 – info@alte-post-krefeld.de
– Fax (02151) 500888 – geschl. 24. Dez. - 1. Jan.
Y c
33 Zim ⊇ – †64/72 € ††92/102 €
♦ Eine praktische Übernachtungsadresse, die mit gepflegten, wohnlichen Zimmern, einem reichhaltigen Frühstücksbuffet und einem freundlichen Service zu überzeugen weiß.

Garden Hotel garni
Schönwasserstr. 12a ⊠ 47800 – ℰ (02151) 53 52 30 – info@gardenhotel.de
– Fax (02151) 53523999 – geschl. 1. - 6. Jan.
Y v
50 Zim ⊇ – †75/108 € ††103/125 €
♦ Ein Wohn- und Geschäftshochhaus: Die gut gepflegten, wohnlichen Zimmer befinden sich in den oberen drei Etagen. Vom Frühstücksraum hat man einen schönen Blick über die Stadt.

Villa Medici mit Zim
Schönwasserstr. 73 ⊠ 47800 – ℰ (02151) 5 06 60 – villa-medici@t-online.de
– Fax (02151) 506650 – geschl. Ende Juni - Juli 3 Wochen
Y n
9 Zim ⊇ – †75/80 € ††100/110 € – **Rest** – *(geschl. Samstag)* Karte 32/64 €
♦ In dieser hübsch restaurierten Villa reicht man in gediegen-elegantem Ambiente an gut eingedeckten Tischen eine italienische Karte. Angenehm sitzt man auf der Gartenterrasse.

In Krefeld-Linn

Winkmannshof Biergarten
Albert-Steeger-Str. 19 ⊠ 47809 – ℰ (02151) 57 14 66 – winkmannshof@aol.com
– Fax (02151) 572394 – geschl. Montag
Y e
Rest – Menü 37/49 € – Karte 31/50 €
♦ Das geschmackvoll renovierte ehemalige Bauernhaus a. d. 18. Jh. mit Restaurant, Bistro und Terrasse überzeugt seine Gäste mit einer marktorientierten Küche.

In Krefeld-Traar Nord-Ost : 5 km über B 509 Y :

Novotel
Elfrather Weg 5 ⊠ 47802 – ℰ (02151) 95 60 – h5402@accor.com – Fax (02151) 956100
155 Zim – †99/129 € ††119/149 €, ⊇ 16 € – 4 Suiten – **Rest** – Karte 23/43 €
♦ Dieses Tagungshotel ist in einem großzügig mit Glas gestalteten modernen Gebäude untergebracht. Mit hellem solidem Naturholz sind die Zimmer eingerichtet. Restaurant mit internationaler Küche.

In Krefeld-Uerdingen

Imperial garni
Bahnhofstr. 60a ⊠ 47829 – ℰ (02151) 4 92 80 – info@imperialhotel.de
– Fax (02151) 492849 – geschl. 21. Dez. - 7. Jan.
Y r
26 Zim ⊇ – †65/130 € ††85/160 €
♦ Gegenüber dem Uerdinger Bahnhof findet man dieses kleine, funktionelle Hotel mit zweckmäßigen, überwiegend mit Kirschmobiliar eingerichteten Zimmern.

Chopelin im Casino
Casinogasse 1 ⊠ 47829 – ℰ (02151) 31 17 89 – Fax (02151) 394424 – geschl. Sonntag - Montag
Y d
Rest – Menü 40/59 € – Karte 28/52 €
♦ Schön liegt das in klassischem Stil erbaute ehemalige Bayer-Casino direkt am Rhein. Helle, warme Farben und Parkettfußboden bestimmen das Ambiente des Restaurants.

KREMMEN – Brandenburg – 542 – 7 440 Ew – Höhe 39 m
22 O7
▶ Berlin 43 – Potsdam 50 – Neuruppin 36 – Oranienburg 18

In Kremmen-Groß Ziethen Süd : 6 km :

Schloss Ziethen (mit Gästehaus)
Alte Dorfstr. 33 ⊠ 16766 – ℰ (033055) 9 50
– info@schlossziethen.de – Fax (033055) 9559
39 Zim – †85/132 € ††108/158 € – **Rest** – Karte 27/38 €
♦ Der rekonstruierte Herrensitz a. d. 14. Jh. - mit Park - ist geprägt durch ein elegantes Interieur. Antike Stücke ergänzen das moderne Inventar der Zimmer. Kleine Bibliothek. Klassischer Stil und ein gepflegtes Couvert machen das Restaurant aus.

In Kremmen-Sommerfeld Nord : 8 km :

Am See
Beetzer Str. 1a ⊠ 16766 – ℰ (033055) 9 70 – info@
hotelsommerfeld.de – Fax (033055) 97445 – geschl. 2. - 10. Jan.
93 Zim – †78/122 € ††96/164 € – **Rest** – Karte 27/39 €
♦ Von der Fassade über die Rezeption bis in Ihr Zimmer ist das komfortable Domizil in neuzeitlichem Stil gehalten - funktionell das Innenleben, reizvoll die ruhige Lage am See. Der gastronomische Bereich: Restaurant Kranich, Bistro Frosch und der Rote Salon.

KREMPE – Schleswig-Holstein – siehe Glückstadt

> Auch Hotels und Restaurants können sich ändern.
> Kaufen Sie deshalb jedes Jahr den neuen Michelin-Führer!

KRESSBRONN AM BODENSEE – Baden-Württemberg – 545 – 7 830 Ew – Höhe 407 m – Erholungsort
63 H21
▶ Berlin 731 – Stuttgart 170 – Konstanz 41 – Ravensburg 23
🛈 Im Bahnhof, ⊠ 88079, ℰ (07543) 9 66 50, tourist-info@kressbronn.de

Pension am Bodensee garni
Bodanstr. 7 ⊠ 88079 – ℰ (07543) 73 82 – info@pension-am-bodensee.de
– Fax (07543) 952048 – geschl. 1. - 10. Feb.
8 Zim – †75/125 € ††110/159 €
♦ Äußerst charmant ist das kleine 200 Jahre alte Haus in herrlicher Lage am See. Die geschmackvoll und individuell gestalteten Zimmer versprühen mediterranes Flair.

Teddybärenhotel Peterhof
Nonnenbacher Weg 33 ⊠ 88079 – ℰ (07543) 9 62 70 – info@teddybaerenhotel.de
– Fax (07543) 962733 – geschl. Jan. - Feb.
17 Zim ⊇ – †57/75 € ††92/120 € – **Rest** – (geschl. Donnerstag) Karte 17/50 €
♦ Wie der Name schon sagt, ist man hier in bäriger Gesellschaft: Nicht nur in den wohnlichen Zimmern findet man in liebevollen Arrangements diese kuscheligen Kumpane. Detailverliebte Teddy-Dekoration prägt natürlich auch das Restaurant mit bürgerlichem Angebot.

KREUTH – Bayern – siehe Rottach-Egern

KREUZNACH, BAD – Rheinland-Pfalz – 543 – 43 280 Ew – Höhe 108 m – Heilbad
46 D15
▶ Berlin 612 – Mainz 45 – Idar-Oberstein 50 – Kaiserslautern 56
ADAC Kreuzstr. 15
🛈 Kurhausstr. 22, ⊠ 55543, ℰ (0671) 8 36 00 50, info@bad-kreuznach-tourist.de
🛈 Am Europaplatz, ⊠ 55543, ℰ (0671) 8 45 91 47
🏌 St. Johann, Hofgut Wißberg ℰ (06701) 2 00 80
◉ Römerhalle★ (Fußboden-Mosaiken★★) Y M

758

BAD KREUZNACH

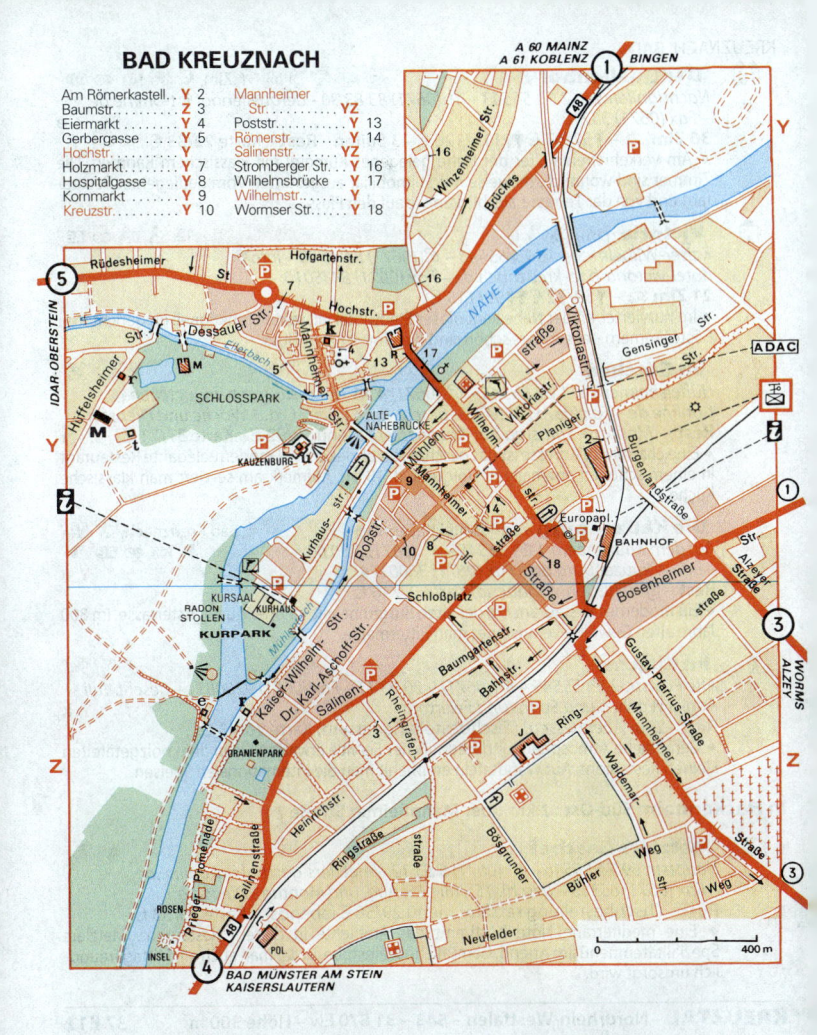

Am Römerkastell	Y 2	Mannheimer Str.	YZ
Baumstr.	Z 3	Poststr.	Y 13
Eiermarkt	Y 4	Römerstr.	Y 14
Gerbergasse	Y 5	Salinenstr.	YZ
Hochstr.	Y	Stromberger Str.	Y 16
Holzmarkt	Y 7	Wilhelmsbrücke	Y 17
Hospitalgasse	Y 8	Wilhelmstr.	Y
Kornmarkt	Y	Wormser Str.	Y 18
Kreuzstr.	Y 10		

Domina Parkhotel Kurhaus
Kurhausstr. 28 ⌧ 55543 – ℰ (0671) 80 20 – parkhotelkurhaus@domina.it
– Fax (0671) 35477
Z a
120 Zim ⌐ – †105/130 € ††145/165 € – 6 Suiten
Rest – Karte 27/43 €
Rest *Kurhaus Keller* – ℰ (0671) 9 20 03 57 (geschl. Okt. - März) Karte 15/31 €
  ◆ Die ruhige Lage am Kurpark und wohnlich-komfortable Zimmer sowie Beautyangebote sprechen für das klassische Kurhotel a.d.J. 1913. Helles Restaurant mit großer Fensterfront. Kurhaus Keller mit Weinstubencharakter.

Landhotel Kauzenberg
Auf dem Kauzenberg 1 ⌧ 55545 – ℰ (0671) 3 80 00 – info@kauzenburg.de
– Fax (0671) 3800124
Y t
45 Zim ⌐ – †85/115 € ††105/145 € – ½ P 22 €
Rest *Die Kauzenburg* – separat erwähnt
  ◆ Das im Landhausstil erbaute Hotel liegt ruhig auf einer Anhöhe und verfügt über neuzeitlich und funktionell eingerichtete Gästezimmer.

759

KREUZNACH, BAD

Der Quellenhof
Nachtigallenweg 2, 55543 – ℰ (0671) 83 83 30 – derquellenhof@t-online.de
– Fax (0671) 35218
36 Zim – †57/67 € ††111/126 € – 3 Suiten – **Rest** – Karte 22/33 €   Z e
♦ Am verkehrsfreien Ufer der Nahe gelegenes Kurhotel mit klassischem Rahmen. Die Zimmer sind wohnlich, teilweise mit Stilmobiliar ausgestattet. Vom gediegenen Restaurant und von der Terrasse aus blicken Sie auf den Fluss.

Victoria garni
Kaiser-Wilhelm-Str. 16, 55543 – ℰ (0671) 84 45 00 – info@hotel-victoria-bad-kreuznach.de – Fax (0671) 8445010   Z r
21 Zim – †59/72 € ††99/115 €
♦ Im Kurviertel, an der Nahe liegt dieses Stadthotel mit seinen funktionell eingerichteten Gästezimmern - besonders schön sind die Zimmer zum Fluss.

Im Gütchen
Hüffelsheimer Str. 1, 55545 – ℰ (0671) 4 26 26 – restaurant-imguetchen@t-online.de – Fax (0671) 480435 – geschl. 2. - 11. Jan., Okt. 1 Woche und Dienstag
Rest – (Montag - Samstag nur Abendessen) Menü 56/92 € – Karte 37/71 €   Y r
♦ Eine charmante Adresse ist das geschmackvoll dekorierte, modern-elegante Restaurant in einem schönen ehemaligen Hofgut a. d. 18. Jh. Aufmerksam serviert man klassische Küche.

Die Kauzenburg – Landhotel Kauzenberg
Auf dem Kauzenberg 1, 55545 – ℰ (0671) 3 80 00
– info@kauzenburg.de – Fax (0671) 3800124   Y u
Rest – (geschl. Sonntagabend) Karte 27/46 €
♦ Ein modernes Restaurant bei der alten Burgruine mit schöner Aussichtsterrasse. Im 800 Jahre alten Gewölbe veranstaltet man Rittermahle.

Im Kittchen
Alte Poststr. 2, 55545 – ℰ (0671) 9 20 08 11 – Fax (0671) 9200811 – geschl. Juli - Aug. 3 Wochen und Sonn- und Feiertags   Y k
Rest – (nur Abendessen) (Tischbestellung ratsam) Karte 26/43 €
♦ Gemütliche Atmosphäre und freundlicher Service erwarten Sie in dem holzgetäfelten kleinen Restaurant. Auf Wandtafeln empfiehlt man die internationalen Speisen.

In Hackenheim Süd-Ost : 2 km über Mannheimer Straße Z :

Metzlers Gasthof
Hauptstr. 69, 55546 – ℰ (0671) 6 53 12 – metzlers-gasthof@t-online.de
– Fax (0671) 65310 – geschl. 15. Juli - 15. Aug. und Montag - Dienstag
Rest – (Tischbestellung ratsam) Menü 29/58 € (abends) – Karte 29/53 €
♦ Eine mediterrane Note bestimmt das Ambiente in diesem Restaurant. Metzlers Spezialitätenmenü am Abend. Gemütliche Weinstube, in der man auch am Mittag freundlich umsorgt wird.

KREUZTAL – Nordrhein-Westfalen – 543 – 31 870 Ew – Höhe 300 m   37 E12
▶ Berlin 574 – Düsseldorf 120 – Siegen 12 – Hagen 78
🛈 Kreuztal, Berghäuser Weg ℰ (02732) 5 94 70

Keller
Siegener Str. 33, 57223 – ℰ (02732) 5 95 70 – info@keller-kreuztal.de
– Fax (02732) 595757
15 Zim – †60/75 € ††90/110 € – **Rest** – Karte 24/43 €
♦ Ein hübscher und gut unterhaltener Siegerländer Landgasthof, der wohnliche und zeitgemäß ausgestattete Zimmer für Sie bereithält. Gediegen-rustikales, geschmackvoll dekoriertes Restaurant.

KREUZWERTHEIM – Bayern – siehe Wertheim

KRÖV – Rheinland-Pfalz – 543 – 2 360 Ew – Höhe 120 m – Erholungsort   46 C15
▶ Berlin 678 – Mainz 131 – Trier 58 – Bernkastel-Kues 18
🛈 Moselweinstr. 35, 54536, ℰ (06541) 94 86, touristinfo.kroev@t-online.de

KRÖV

Ratskeller (mit Gästehaus)
*Robert-Schuman-Str. 49 ⊠ 54536 – ℰ (06541) 99 97 – info@ratskeller-kroev.de
– Fax (06541) 3202 – geschl. 7. Jan. - 30. Feb.*
30 Zim ⊈ – ✝38/45 € ✝✝70/82 € – **Rest** – *(geschl. Nov. - März Dienstag)* Karte 14/26 €
♦ Typisch für die Mosel ist die Schieferbruchfassade dieses traditionsreichen Gasthofs. Das Haus ist gut geführt und gepflegt, die Zimmer sind solide eingerichtet. Gediegen-rustikales Restaurant mit gepolsterten Sitzbänken und Nischen.

KRONACH – Bayern – 546 – 18 290 Ew – Höhe 320 m   50 **L14**
▶ Berlin 352 – München 279 – Coburg 33 – Bayreuth 44
🛈 Marktplatz 5, ⊠ 96317, ℰ (09261) 9 72 36, info@kronach.de
🏌 Küps-Oberlangenstadt, Nagel ℰ (09264) 88 12
◉ Festung Rosenberg (Fränkische Galerie)

Stadthotels Pfarrhof & Am Pförtchen garni (mit Gästehäusern)
*Amtsgerichtsstr. 12 ⊠ 96317 – ℰ (09261) 50 45 90
– info@stadthotel-pfarrhof.de – Fax (09261) 5045999*
24 Zim ⊈ – ✝65/80 € ✝✝87/100 €
♦ In der alten Oberstadt liegt das aus mehreren Gebäuden bestehende Hotel. Mit Geschmack und Liebe zum Detail hat man die teilweise a. d. 15. Jh. stammenden Häuser gestaltet.

Bauer (mit Gästehaus)
*Kulmbacher Str. 7 ⊠ 96317 – ℰ (09261) 9 40 58 – bauers-hotel@t-online.de
– Fax (09261) 52298 – geschl. 1. - 6. Jan.*
18 Zim ⊈ – ✝49/54 € ✝✝73 € – **Rest** – *(geschl. 15. - 24. Aug. und Samstagmittag, Sonntagabend)* Karte 17/32 €
♦ Im Nebenhaus des am Rande der Altstadt gelegenen Gasthofs sind die mit solidem Kirschbaummobiliar ausgestatteten Zimmer untergebracht. In den Gaststuben mit rustikalem Ambiente wird eine bürgerlich-internationale Küche serviert.

In Stockheim-Haig Nord-West : 7 km über B 89, in Haßlach links ab :

Landgasthof Detsch mit Zim
*Coburger Str. 9 ⊠ 96342 – ℰ (09261) 6 24 90 – landgasthof-detsch.haig@
t-online.de – Fax (09261) 624919*
9 Zim ⊈ – ✝42/45 € ✝✝59 € – **Rest** – *(geschl. Anfang Aug. 2 Wochen und Sonntagabend - Montag, Dienstag - Samstag nur Abendessen)* Menü 18/30 €
– Karte 21/32 €
♦ Bereits in der 8. Generation wird das sympathische Gasthaus von 1723 von der Familie geleitet. Für die schmackhaften regionalen Gerichte werden meist Produkte vom eigenen Bauernhof verwendet. Im kleinen Gästehaus bietet man sehr gepflegte, wohnliche Zimmer.

KRONBERG IM TAUNUS – Hessen – 543 – 17 760 Ew – Höhe 257 m – Luftkurort   47 **F14**
▶ Berlin 540 – Wiesbaden 28 – Frankfurt am Main 17 – Bad Homburg vor der Höhe 13
🛈 Katharinenstr. 7 (Rathaus), ⊠ 61476, ℰ (06173) 7 03 14 00, kulturamt@kronberg.de
🏌 Land- und Golfclub Kronberg, ℰ (06173) 14 26

Schlosshotel ⊱   ⩽ Schlosspark,
*Hainstr. 25 ⊠ 61476 – ℰ (06173) 7 01 01 – info@schlosshotel-kronberg.de
– Fax (06173) 701267*
58 Zim – ✝225/275 € ✝✝315/445 €, ⊈ 23 € – 7 Suiten – **Rest** – Karte 53/75 €
♦ Die stilvolle Einrichtung mit ausgesuchten Antiquitäten und Kunst trägt dem prächtigen historischen Rahmen dieses schönen Schlosses Rechnung. Sehr hübscher Park. Aufwändiges Dekor unterstreicht das elegante Ambiente im Restaurant.

Kronberger Hof
*Bleichstr. 12 ⊠ 61476 – ℰ (06173) 70 90 60 – info@kronberger-hof.de
– Fax (06173) 5905 – geschl. 29. Dez. - 5. Jan., 13. - 27. Juli*
10 Zim ⊈ – ✝65/77 € ✝✝108/118 € – **Rest** – *(geschl. Samstag)* Karte 19/35 €
♦ In der Nähe des Stadtparks finden Sie dieses gepflegte Hotel mit freundlichem Service und soliden Zimmern - meist mit getrenntem Wohn- und Schlafbereich. Restaurant im bürgerlich-rustikalen Stil.

761

KRONBERG IM TAUNUS

Villa Philippe
Hainstr. 3, (1. Etage) ⊠ *61476 –* ℰ *(06173) 99 37 51 – info@villa-philippe.de*
– Fax (06173) 993750 – geschl. Sonntagabend - Montag
Rest – Menü 39/45 € – Karte 35/51 €
♦ Die geschmackvoll sanierte Villa a. d. 19. Jh. beherbergt im ersten Stock ein geradlinig-modern gestaltetes Restaurant, im EG eine nette Bar.

Zum Grünen Wald
Friedrich Ebert-Str. 19 ⊠ *61476 –* ℰ *(06173) 20 11 – gruenerwald@aol.com*
– Fax (06173) 2012
Rest – Menü 39/69 € – Karte 34/53 €
♦ Eine gute Weinauswahl und Spezialitäten der internationalen Küche erwarten Sie in diesem ländlich-elegant eingerichteten Gasthof in der Innenstadt.

KROZINGEN, BAD – Baden-Württemberg – 545 – 15 710 Ew – Höhe 234 m – Heilbad
61 **D20**

▶ Berlin 816 – Stuttgart 217 – Freiburg im Breisgau 18 – Basel 63
ℹ Herbert-Hellmann-Allee 12 (Kurgebiet), ⊠ 79189, ℰ (07633) 40 08 63, tourist.info@bad-krozingen.info

Hofmann zur Mühle garni (mit Gästehaus)
Litschgistr. 6 ⊠ *79189 –* ℰ *(07633) 9 08 85 90*
– info@hotel-hofmann.de – Fax (07633) 9088599
20 Zim ⊒ – †53/77 € ††100/104 € – 4 Suiten
♦ Diese nette, familiär geführte Adresse bietet solide und wohnlich eingerichtete Zimmer sowie eine Beauty-Abteilung. Hübscher Garten mit kleinem Bach und Liegewiese.

In Bad Krozingen-Biengen Nord-West : 3 km :

Krone
Hauptstr. 18 ⊠ *79189 –* ℰ *(07633) 39 66 – krone-biengen@t-online.de*
– Fax (07633) 806083 – geschl. Anfang Feb. 1 Woche, Nov. 1 Woche und Montag, Samstagmittag
Rest – Karte 31/56 €
♦ Ein Gasthaus mit rustikalem Charakter und sorgfältig zubereiteter internationaler Küche - die Menüs werden mündlich empfohlen. Sehr schön ist im Sommer der Hof.

In Bad Krozingen-Schmidhofen Süd : 3,5 km :

Zum Storchen (Fritz Helfesrieder) mit Zim
Felix- und Nabor-Str. 2 ⊠ *79189 –* ℰ *(07633) 53 29 – Fax (07633) 7019*
– geschl. Anfang März 2 Wochen, Ende Aug. 2 Wochen
3 Zim ⊒ – †55 € ††70 € – **Rest** – *(geschl. Montag und Dienstag)* Menü 46/62 €
– Karte 36/63 €
Spez. Duett von der Gänseleber. Steinbutt aus dem Kräutersud mit geräuchertem Meersalz. Schwarzwälder Schokoladentraum.
♦ Klassische Küche mit regionalen Einflüssen wird in dem familiären Gasthof serviert, der mit seinen hübschen behaglichen Stuben inmitten eines kleinen Weilers liegt.

KRÜN – Bayern – 546 – 2 010 Ew – Höhe 875 m – Wintersport : 970 m ⟨1 ⨝
– Erholungsort
65 **L22**

▶ Berlin 683 – München 96 – Garmisch-Partenkirchen 17 – Mittenwald 8
ℹ Schöttlkarspitzstr. 15 (im Rathaus), ⊠ 82494, ℰ (08825) 10 94, tourist-info@kruen.de

Alpenhof
Edelweißstr. 11 ⊠ *82494 –* ℰ *(08825) 92 02 40*
– hotel@alpenhof-kruen.de – Fax (08825) 1016
– geschl. 9. Nov. - 12. Dez.
44 Zim (inkl. ½ P.) – †50/53 € ††101/111 € – **Rest** – *(geschl. Sonntagmittag)* (nur für Hausgäste)
♦ Von einem hübschen Garten umgebenes, ruhig gelegenes alpenländisches Hotel mit wohnlichen Gästezimmern. Besonders komfortabel sind die Zimmer im Neubau.

KRÜN

In Krün-Elmau Süd-West : 9 km über Klais, nur über mautpflichtige Straße zu erreichen :

Schloss Elmau ← Wettersteingebirge, (geheizt)
Elmau 2 ⌂ 82493
– ℘ (08823) 1 80 – info@schloss-elmau.de – Fax (08823) 18177
144 Zim (inkl. ½ P.) – †169/342 € ††330/476 € – 20 Suiten
Rest *Wintergarten* – (geschl. Sonntag - Montag, nur Abendessen)
(Tischbestellung ratsam) Menü 55/98 €
♦ Das Schloss a. d. J. 1916 liegt traumhaft in 1000 m Höhe. Mit klarem Stil und Naturmaterialien in warmen Tönen hat man modernen Luxus geschaffen. Spa auf über 5000 qm. Das Restaurant bietet zeitgemäße Küche mit kreativem Touch. Sehr schön ist die Terrasse.

In Krün-Kranzbach Süd-West : 7 km über Klais, nur über mautpflichtige Straße zu erreichen :

Das Kranzbach ← Wetterstein und Zugspitze,
Kranzbach 1 (geheizt)
⌂ 82493 – ℘ (08823) 92 80 00 – info@daskranzbach.de – Fax (08823) 92800900
90 Zim (inkl. ½ P.) – †169/179 € ††298/338 € – **Rest** – (Tischbestellung erforderlich) Karte 33/50 €
♦ Einen interessanten Kontrast bilden das 1913 im Stil eines schottischen Landsitzes erbaute "Mary Portman House" und der geradlinig-moderne "Gartenflügel". Wellness auf 2500 qm.

KRUMBACH – Bayern – 546 – 12 670 Ew – Höhe 512 m 64 **J20**

▶ Berlin 596 – München 124 – Augsburg 49 – Memmingen 38

Diem (mit Gästehaus)
Kirchenstr. 5 ⌂ 86381 – ℘ (08282) 8 88 20 – info@gasthof-diem.de – Fax (08282) 888250
37 Zim ⌂ – †40/47 € ††68/75 € – **Rest** – Karte 12/27 €
♦ Hier erwartet die Besucher ein engagiert geführter Gasthof mit solide eingerichteten Räumen. Für Langzeitgäste gibt es auch Zimmer mit einer Küchenzeile. Produkte aus der hauseigenen Metzgerei bestimmen das Speiseangebot.

Gasthof Stern Biergarten
Babenhauser Str. 20 ⌂ 86381 – ℘ (08282) 8 15 34 – info@stern-krumbach.de
– Fax (08282) 829173 – geschl. Ende Aug. 1 Woche und Montag
Rest – Karte 14/30 €
♦ Eine grüne Holztäfelung und blanke Tische erzeugen in der geschmackvoll restaurierten Gaststube dieses familiengeführten Fachwerkhauses rustikalen Charme. Schöner Biergarten.

KRUMMHÖRN – Niedersachsen – 541 – 13 380 Ew – Höhe 1 m 7 **C5**

▶ Berlin 528 – Hannover 265 – Emden 14 – Groningen 112

🛈 Zur Hauener Hooge 15, in Greetsiel, ⌂ 26736, ℘ (04926) 9 18 80, info@greetsiel.de

In Krummhörn-Greetsiel – Erholungsort :

Der Romantik-Hof garni (mit Gästehaus)
Ankerstr. 4 ⌂ 26736 – ℘ (04926) 91 21 51 – info@romantik-hof.de – Fax (04926) 912153
23 Zim ⌂ – †80/95 € ††114/150 €
♦ Am Ortsrand gelegenes Hotel mit Klinkerfassade. Recht geräumige, wohnlich und geschmackvoll-gediegen im Landhausstil eingerichtete Zimmer. Kosmetik und kleine Saunalandschaft.

Landhaus Zum Deichgraf garni
Ankerstr. 6 ⌂ 26736 – ℘ (04926) 9 21 20 – info@deichgraf-greetsiel.de
– Fax (04926) 921229 – geschl. Nov. - Feb., außer Silvester und Karneval
10 Zim ⌂ – †62/68 € ††85/107 €
♦ Ein in regionstypischem Stil erbautes Haus mit hübschem Garten und behaglicher Landhaus-Einrichtung im warmen Farben. In der Grafenstube: Tee und Kuchen für Hausgäste.

763

KRUMMHÖRN

Landhaus Steinfeld
Kleinbahnstr. 6 ⊠ 26736 – ℰ (04926) 9 18 10 – hotel@landhaus-steinfeld.de – Fax (04926) 918146
25 Zim ⚏ – †95/170 € ††130/220 € – ½ P 23 € – **Rest** – *(geschl. Sonntag) (nur Abendessen)* Menü 35 € – Karte 24/52 €
♦ Hier ist aus einem typischen friesischen Gutshof mit weitläufiger Gartenanlage ein zeitgemäß ausgestattetes Ferienhotel entstanden.

Hohes Haus (mit Gästehaus)
Hohe Str. 1 ⊠ 26736 – ℰ (04926) 18 10 – info@hoheshaus.de – Fax (04926) 18199 – geschl. 6. - 31. Jan.
33 Zim ⚏ – †57/77 € ††100/110 € – ½ P 16 € – **Rest** – *(geschl. Feb. - Mitte April Mittwoch)* Karte 17/35 €
♦ Im Zentrum, unweit des Hafens liegt das a. d. 17. Jh. stammende Gebäude mit seinen hübschen, z. T. mit alten Bauernmöbeln eingerichteten Zimmern. Rustikal-friesisches Ambiente im Restaurant. Bürgerliches Angebot mit vielen Fischgerichten.

Witthus (mit 3 Gastehäusern)
Kattrepel 5 ⊠ 26736 – ℰ (04926) 9 20 00 – info@witthus.de – Fax (04926) 920092 – geschl. Mitte Nov. - Mitte Dez.
19 Zim ⚏ – †67/85 € ††92/120 € – **Rest** – *(geschl. Nov. - März Montag, Nov. - März Dienstag - Mittwoch nur Abendessen)* Menü 27/40 € – Karte 22/48 €
♦ Nett liegt das kleine Hotel in einer Seitenstraße des Fischerdörfchens. Besonders wohnlich sind die modernen Zimmer im neueren Gästehaus. Rustikales Restaurant mit Galerie und sehr hübscher Gartenterrasse.

KÜHLUNGSBORN – Mecklenburg-Vorpommern – 542 – 7 420 Ew – Höhe 10 m – Seebad
12 M3
▶ Berlin 251 – Schwerin 70 – Rostock 31 – Wismar 39
🛈 Ostseeallee 19, ⊠ 18225, ℰ (038293) 84 90, info@kuehlungsborn.de
🚗 Wittenbeck, Straße zur Kühlung 4c ℰ (038293) 75 75

Ostseehotel
Zur Seebrücke 1 (Zufahrt über Ostseeallee) ⊠ 18225 – ℰ (038293) 41 50 – ostseehotel@travelcharme.com – Fax (038293) 415555
110 Zim ⚏ – †95/210 € ††118/226 € – ½ P 25 € – 7 Suiten – **Rest** – Karte 25/47 €
♦ Dieses ansprechende Hotel direkt an der Seebrücke überzeugt mit zeitlos-elegantem Ambiente und einem schönen Wellnessbereich mit einer Vielzahl an Anwendungen. Eine zum Strand hin gelegene Terrasse ergänzt das Restaurant.

Aquamarin
Hermannstr. 33 ⊠ 18225 – ℰ (038293) 40 20 – reservierung@hotel-aquamarin.de – Fax (038293) 40277
77 Zim ⚏ – †65/96 € ††90/141 € – ½ P 19 € – 14 Suiten
Rest – *(nur Abendessen)* Menü 34 € – Karte 26/36 €
♦ Hinter der an die klassische Bäderarchitektur erinnernden Fassade bietet dieses Hotel geräumige, wohnlich und gediegen eingerichtete Zimmer, viele mit Meerblick. Helles, zeitlos gehaltenes Restaurant.

Neptun (mit Gästehaus)
Strandstr. 37 ⊠ 18225 – ℰ (038293) 6 30 – info@neptun-hotel.de – Fax (038293) 63299 – geschl. Jan.
40 Zim ⚏ – †70/110 € ††90/140 € – ½ P 21 €
Rest – *(Sept. - Mai nur Abendessen)* Menü 31/45 € – Karte 29/47 €
♦ An einer belebten Einkaufsstraße in der Stadtmitte liegt das Hotel mit seinen recht großzügigen, wohnlich-stilvoll gestalteten Gästezimmern. Restaurant im Bistrostil mit Wintergarten. Internationale Küche.

Vier Jahreszeiten
Ostseeallee 10 ⊠ 18225 – ℰ (038293) 8 10 00 – kuehlungsborn@vier-jahreszeiten.de – Fax (038293) 81081 – **50 Zim** ⚏ – †88/176 € ††98/186 € – ½ P 22 € – 10 Suiten
Rest *Orangerie* – *(nur Abendessen)* Menü 28/33 € – Karte 31/45 €
Rest *Fisch Markt* – Karte 15/33 €
♦ A. d. J. 1907 stammt die sorgsam restaurierte Jugendstilvilla, die über hübsche, komfortable Zimmer und einen modernen Freizeitbereich verfügt. Orangerie mit Blick in die Küche und mediterran beeinflusster Karte. Fischmarkt in maritimen Blautönen.

KÜHLUNGSBORN

Strandblick
Ostseeallee 6 ⌂ 18225 – ℰ (038293) 6 33 – strandblick@ringhotels.de
– Fax (038293) 63500 – geschl. 6. - 31. Jan.
43 Zim – †75/130 € ††90/145 € – ½ P 18 € – 6 Suiten
Rest – (nur Abendessen) Menü 26 € – Karte 23/32 €
♦ Die erweiterte Villa beherbergt wohnlich-gediegene Gästezimmer, in denen Jugendstilelemente schöne Akzente setzen. Sehenswert ist die Treppe a. d. 20. Jh. Helles, neuzeitliches Restaurant mit internationaler Küche.

Schweriner Hof
Ostseeallee 46 ⌂ 18225 – ℰ (038293) 7 90 – info@schwerinerhof.de
– Fax (038293) 79410
38 Zim – †55/109 € ††75/139 € – 4 Suiten – **Rest** – (nur Abendessen)
Karte 19/48 €
♦ Die strandnahe Lage und wohnliche Gästezimmer machen dieses Hotel aus. Besonders hübsch sind die in kräftigen Farben gehaltenen Zimmer im Anbau. Rustikal-gemütlich ist das Restaurant Skagen.

Strandhotel Sonnenburg
Ostseeallee 15 ⌂ 18225 – ℰ (038293) 83 90 – feine.adresse@
strandhotelsonnenburg.de – Fax (038293) 83913
28 Zim – †46/71 € ††80/110 € – ½ P 15 € – **Rest** – Karte 21/33 €
♦ In gediegenem Landhausstil sind die geräumigen Zimmer mit hellen Pinienmöbeln eingerichtet. Angenehme Farben unterstreichen die wohnliche Atmosphäre. Wintergartenrestaurant mit Bistro-Ambiente und internationalem Angebot.

Westfalia garni
Ostseeallee 17 ⌂ 18225 – ℰ (038293) 4 34 90 – info@westfalia-kuehlungsborn.de
– Fax (038293) 434949 – geschl. 1. - 27. Dez.
14 Zim – †57/98 € ††77/133 €
♦ Diese Jugendstilvilla mit gepflegtem Garten ist ein gut geführtes kleines Hotel, dessen Zimmer alle geräumig sind und über Balkon oder Loggia zur Seeseite verfügen.

Edison
Dünenstr. 15 ⌂ 18225 – ℰ (038293) 4 20
– info@hotel-edison.de
– Fax (038293) 42111
37 Zim – †64/78 € ††74/112 € – ½ P 16 € – **Rest** – (nur Abendessen) Karte 19/25 €
♦ Nahe dem Stadtwald liegt das architektonisch einem Schiff nachempfundene Hotel mit funktionellen Zimmern in neuzeitlichem Stil. Auf dem Dach: Sonnendeck mit Liegen. Das Restaurant in einem verglasten Pavillon bietet Internationales.

KÜNZELSAU – Baden-Württemberg – 545 – 15 090 Ew – Höhe 218 m — 48 H17
▶ Berlin 563 – Stuttgart 89 – Würzburg 74 – Heilbronn 48

Anne-Sophie (mit Gästehaus)
Schlossplatz 9 ⌂ 74653 – ℰ (07940) 9 34 60
– info@hotel-anne-sophie.de
– Fax (07940) 934677
32 Zim – †65/85 € ††105/140 € – **Rest** – Karte 23/40 €
♦ Ein neuzeitlich und funktionell eingerichtetes Hotel mit historischem Rahmen - besonders schön ist der "Würzburger Bau" a. d. J. 1710. Integrationsbetrieb für Behinderte. Sie speisen im gemütlichen Restaurant oder im lichten, modernen Wintergarten.

KÜPS – Bayern – 546 – 8 280 Ew – Höhe 299 m — 50 L14
▶ Berlin 355 – München 278 – Coburg 33 – Bayreuth 50

Werners Restaurant
Griesring 16 ⌂ 96328 – ℰ (09264) 64 46 – info@werners-restaurant.de
– Fax (09264) 7850 – geschl. 8. - 21. Sept. und Sonntag
Rest – (nur Abendessen) Menü 30/43 € – Karte 22/41 €
♦ Freundlich leitet das Ehepaar Hühnlein ihr nettes, neuzeitliches Restaurant - er steht am Herd, sie macht den Service. Internationale Speisen und italienische Weine.

KULMBACH

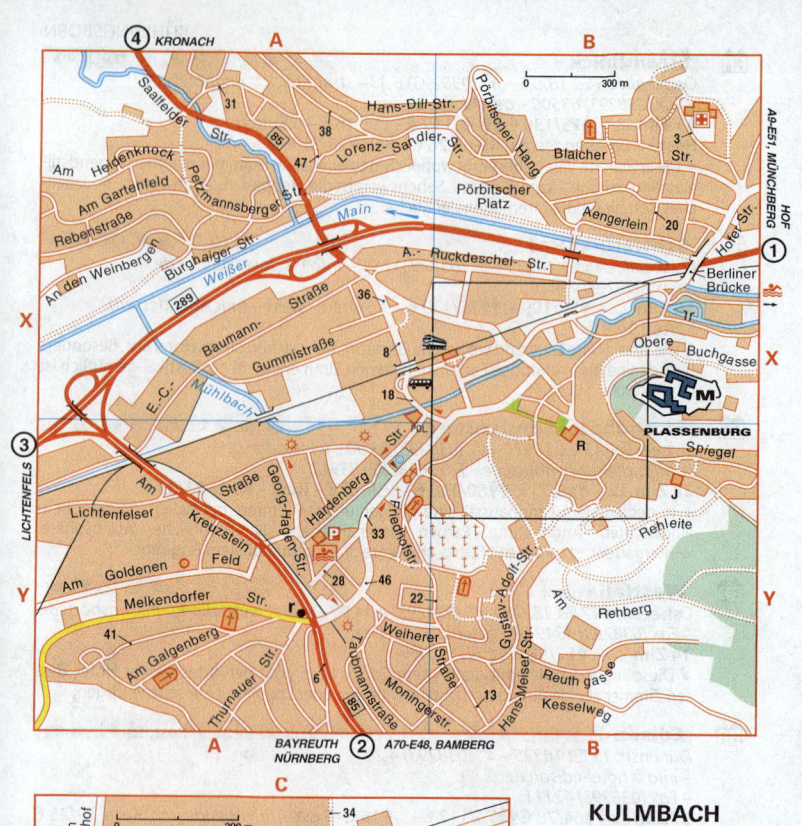

Albert-Schweitzer-Str.	BX	3
Am Weiherdamm	CZ	5
Bayreuther Str.	AY	6
EKU-Str.	AX	8
Fischergasse	CZ	12
Friedrich-Schönauer-Str.	BY	13
Fritz-Hornschuch-Str.	CZ	14
Gasfabrikgäßchen	CZ	15
Grabenstr.	CZ	17
Hans-Hacker-Str.	AX	18
Heinrich-von-Stephan-Str.	CZ	19
Herm.-Limmer-Str.	BX	20
Holzmarkt	CZ	
Jean-Paul-Str.	BY	22
Kirchwehr	CZ	24
Kressenstein	CZ	
Langgasse	CZ	
Luitpoldstr.	AY	28
Marktpl.	CZ	
Metzdorfer Str.	AX	31
Pestalozzistr.	AY	33
Pörbitscher Weg	CZ	34
Reichelstr.	AX	36
Rentsamtsgäßchen	CZ	37
Röthleinsberg	CZ	39
Rosenkrantzstr.	AX	38
Spitalgasse	CZ	40
Stettiner-Str.	AY	41
Unteres Stadtgäßchen	CZ	43
Wilhelm-Meußdoerffer Str	AY	46
Ziegelhüttener Str.	AX	47

KULMBACH – Bayern – 546 – 27 740 Ew – Höhe 325 m   50 **L15**

▶ Berlin 355 – München 257 – Coburg 46 – Bayreuth 22

🛈 Sutte 2 (Stadthalle) ⌧ 95326, ℰ (09221) 9 58 80, touristinfo@stadt-kulmbach.de

📍 Thurnau, Petershof 1 ℰ (09228) 3 19

◉ Plassenburg ★ (Schöner Hof ★★, Zinnfigurenmuseum ★) BX

Stadtpläne siehe gegenüberliegende Seite

Kronprinz garni (mit Gästehaus)
Fischergasse 4 ⌧ *95326 – ℰ (09221) 9 21 80 – info@kronprinz-kulmbach.de – Fax (09221) 921836 – geschl. 24. - 30. Dez.*   CZ **n**
22 Zim ⌑ – †58/93 € ††80/95 €

◆ In einer Altstadtgasse liegt das freundlich geführte Haus. Besonders schön: die drei eleganten Zimmer im Gästehaus. Café/Bistro mit hausgemachtem Kuchen und kleinen Gerichten.

Purucker
Melkendorfer Str. 4 ⌧ *95326 – ℰ (09221) 9 02 00 – info@hotel-purucker.de – Fax (09221) 902090*   AY **r**
25 Zim ⌑ – †56/75 € ††78/98 € – **Rest** – *(geschl. Samstag - Sonntag, nur Abendessen)* Karte 19/31 €

◆ Ein gepflegtes Hotel, das über zeitgemäße, freundlich eingerichtete Gästezimmer verfügt. Zwei hübsche moderne Appartements befinden sich im Haus nebenan. Bürgerliches Restaurant.

In Kulmbach-Höferänger Nord-West : 4 km über Saalfelder Straße AX :

Dobrachtal
Höferänger 10 ⌧ *95326 – ℰ (09221) 94 20 – info@dobrachtal.de – Fax (09221) 942355 – geschl. 20. Dez. - 5. Jan.*
56 Zim ⌑ – †46/80 € ††78/118 € – **Rest** – *(geschl. Freitag)* Karte 19/32 €

◆ Der erweiterte Gasthof ist ein gepflegtes familiengeführtes Hotel. Fragen Sie nach den neueren Zimmern in der 3. Etage, die hell möbliert sind und über schöne Bäder verfügen. Gemütliche Gaststuben mit Kachelofen.

KUNREUTH-REGENSBERG – Bayern – siehe Forchheim

KUPFERZELL – Baden-Württemberg – 545 – 5 730 Ew – Höhe 336 m   56 **H17**

▶ Berlin 555 – Stuttgart 85 – Heilbronn 46 – Schwäbisch Hall 17

In Kupferzell-Eschental Süd-Ost : 6 km über Schlossstraße :

Landgasthof Krone
Hauptstr. 40 ⌧ *74635 – ℰ (07944) 6 70 – info@krone-eschental.de – Fax (07944) 6767 – geschl. Anfang Aug. 2 Wochen*
54 Zim ⌑ – †42/55 € ††61/83 € – **Rest** – Karte 16/33 €

◆ Dieser freundliche Landgasthof begrüßt seine Gäste mit ansprechenden Zimmern, die teils im Landhausstil, teils mit modernen Naturholzmöbeln eingerichtet sind. Gutbürgerliche Küche wird im gepflegt-rustikalen Restaurant aufgetischt.

KUPPENHEIM – Baden-Württemberg – 545 – 7 580 Ew – Höhe 127 m   54 **E18**

▶ Berlin 698 – Stuttgart 98 – Karlsruhe 27 – Baden-Baden 12

In Kuppenheim-Oberndorf Süd-Ost : 2 km Richtung Freudenstadt :

XXX Raub's Restaurant mit Zim
🍀
Hauptstr. 41 ⌧ *76456 – ℰ (07225) 7 56 23 – info@raubs-restaurant.de – Fax (07225) 79378 – 5 Zim* ⌑ – †64 € ††100/134 €
Rest – *(geschl. Sonntag - Montag)* (Tischbestellung ratsam) Menü 74/114 € – Karte 61/87 € ⌘
Rest *Kreuz-Stübl* – *(geschl. Sonntag - Montag)* Menü 25/55 € – Karte 34/49 €
Spez. Variation von Tintenfischen mit Safranfenchel und Sepia-Farfalle. Kalbsfilet und sautiertes Kalbsherz in Nebbiolo mit Morcheln. Vanilleravioli mit exotischen Früchten und Brioche-Schmelze.

◆ Ein Art-déco-Stil gehaltenes Restaurant mit klassischer Küche, das man in einem Landgasthaus findet. Bei sommerlichen Temperaturen sitzt man schön im blumendekorierten Garten. Ländlich: das Kreuz-Stübl mit regionalem Angebot.

KUSEL – Rheinland-Pfalz – 543 – 5 220 Ew – Höhe 239 m 46 **C16**
▶ Berlin 682 – Mainz 107 – Saarbrücken 72 – Trier 84

In Blaubach Nord-Ost : 2 km :

Reweschnier
Kuseler Str. 1 ✉ *66869 –* ✆ *(06381) 92 38 00 – info@reweschnier.de – Fax (06381) 923880*
29 Zim ⊇ – †44/60 € ††74/90 € – **Rest** – Karte 20/35 €
♦ Der gepflegte Landgasthof ist ein persönlich geführter Familienbetrieb mit soliden Zimmern, die teilweise über einen Balkon verfügen. Kosmetik und Massage im Haus. Bürgerlich-rustikales Restaurant.

> Der Stern ✿ zeichnet Restaurants mit exzellenter Küche aus.
> Er wird an Häuser vergeben, für die man gerne einen Umweg in Kauf nimmt!

KYRITZ – Brandenburg – 542 – 10 430 Ew – Höhe 42 m 21 **N7**
▶ Berlin 96 – Potsdam 85 – Schwerin 113
ℹ Maxim-Gorki Str. 32, ✉ 16866, ✆ (033971) 5 23 31, fvv@kyritz.de

Waldschlösschen (mit Gästehaus) Biergarten
Seestr. 110 (Ost : 3 km) ✉ *16866 –* ✆ *(033971)*
3 07 80 – waldschloesschen-kyritz@t-online.de – Fax (033971) 307839
– geschl. 28. Jan. - 3. Feb.
13 Zim ⊇ – †46/60 € ††64/97 € – **Rest** – (Okt. - April Montag - Freitag nur Abendessen) Karte 16/30 €
♦ Das 1906 erbaute Haus wurde komplett saniert und ist heute ein tipptopp gepflegtes kleines Hotel mit teils modern, teils rustikal gestalteten Zimmern. Ein schöner Biergarten unter alten Bäumen ergänzt das Restaurant.

LAASPHE, BAD – Nordrhein-Westfalen – 543 – 15 270 Ew – Höhe 330 m – Kneippheilbad 37 **F12**
▶ Berlin 489 – Düsseldorf 174 – Siegen 34 – Kassel 108
ℹ Wilhelmsplatz 3, ✉ 57334, ✆ (02752) 8 98, badlaasphe@t-online.de

In Bad Laasphe-Feudingen West : 9 km über B 62, in Saßmannshausen links :

Landhotel Doerr
Sieg-Lahn-Str. 8 ✉ *57334 –* ✆ *(02754) 37 00 – info@landhotel-doerr.de*
– Fax (02754) 370100
56 Zim ⊇ – †67/105 € ††140/170 € – ½ P 30 € – **Rest** – Karte 22/38 €
♦ Dieses Haus besticht vor allem mit seinem sehr schönen, aufwändig gestalteten Wellness- und Beautybereich sowie den besonders komfortablen und geräumigen Juniorsuiten. Eine gemütliche Atmosphäre herrscht im holzverkleideten Restaurant.

Lahntal-Hotel (mit Gästehaus)
Sieg-Lahn-Str. 23 ✉ *57334 –* ✆ *(02754) 12 85 – info@lahntalhotel.de*
– Fax (02754) 1286
23 Zim ⊇ – †64/75 € ††118 € – ½ P 18 € – **Rest** – (geschl. Dienstag) Karte 22/43 €
♦ Hinter der attraktiven Fassade dieses gewachsenen Landhauses erwarten den Gast geräumige, wohnlich gestaltete Zimmer mit guter Technik sowie ein sehr gutes Frühstücksbuffet. Rustikales, nett dekoriertes Restaurant.

Im Auerbachtal
Wiesenweg 5 ✉ *57334 –* ✆ *(02754) 37 58 80 – auerbachtal@t-online.de*
– Fax (02754) 3758888 – geschl. 24. Dez. - 24. Jan.
16 Zim ⊇ – †43/45 € ††78/82 € – ½ P 14 € – **Rest** – (nur Abendessen für Hausgäste)
♦ Ruhig liegt das freundlich und familiär geleitete Hotel am Waldrand, an einem kleinen Bach. Bilder - auch von Künstlern der Region - zieren das Haus. Hübscher Wintergarten.

LAASPHE, BAD

In Bad Laasphe-Glashütte West : 14 km über B 62 sowie Feudingen und Volkholz, in Saßmannshausen links ab :

Jagdhof Glashütte
Glashütter Str. 20 ⌂ 57334 – ℘ (02754) 39 90 – jagdhof@relaischateaux.com
– Fax (02754) 399222
29 Zim ⌂ – †112/213 € ††196/256 € – ½ P 30 € – 5 Suiten
Rest *Ars Vivendi* – separat erwähnt
Rest *Jagdhof Stuben* – Karte 30/55 €
♦ Mit Liebe zum Detail hat man das schmucke Fachwerkhaus im Grünen eingerichtet. Für eine angenehme Atmosphäre sorgt auch die persönliche Gästebetreuung. Kosmetik und Massage. Das Angebot in den gemütlichen Jagdhof Stuben ist regional geprägt.

Ars Vivendi – Hotel Jagdhof Glashütte
Glashütter Str. 20 ⌂ 57334 – ℘ (02754) 39 90 – jagdhof@relaischateaux.com
– Fax (02754) 399222 – geschl. 8. - 26. Jan., 15. Juli - 2. Aug. und Sonntag - Montag
Rest – (nur Abendessen) (Tischbestellung ratsam) Menü 78/98 € – Karte 60/79 €
Spez. Frikassee von der Seezunge mit Mandel, Traubenmost, Champignons und Geflügeljus. Filet und Bäckchen vom Rind mit geschmolzener Gänsestopfleber. Hirschrücken mit sautierten Pfifferlingen und Schupfnudeln.
♦ Elegant ist das Ambiente des im Neobarock gehaltenen Restaurants. Die Karte bietet sowohl kreative wie auch eher klassische Gerichte, der Service ist ausgesprochen freundlich.

LAATZEN – Niedersachsen – siehe Hannover

LABOE – Schleswig-Holstein – 541 – 5 290 Ew – Höhe 21 m – Seebad   3 **J3**
▸ Berlin 366 – Kiel 18 – Schönberg 13
ℹ Strandstr. 25, ⌂ 24235, ℘ (04343) 42 75 53, kurbetrieb@laboe.de
◉ Marine-Ehrenmal★ (Turm ≤★★)

Seeterrassen
Strandstr. 84 ⌂ 24235 – ℘ (04343) 60 70 – info@seeterrassen-laboe.de
– Fax (04343) 60770 – geschl. Dez. - Jan.
40 Zim ⌂ – †41/48 € ††68/94 € – **Rest** – Karte 13/25 €
♦ Mit einer Einrichtung im zeitlosen Stil wird dieses Hotel den Ansprüchen an ein praktisches Domizil gerecht. Die Strandnähe gehört zu den Vorzügen des Hauses. Restaurant mit Blick auf die Kieler Förde.

In Stein Nord-Ost : 4 km :

Bruhn's Deichhotel   ≤ Kieler Förde
Dorfring 36 ⌂ 24235 – ℘ (04343) 49 50 – info@bruhns-deichhotel.de
– Fax (04343) 495299 – geschl. Mitte Jan. - Ende Feb.
34 Zim ⌂ – †80/105 € ††95/130 € – ½ P 22 € – **Rest** – (Sept. - Mai Montag - Samstag nur Abendessen) Menü 33/39 € – Karte 25/47 €
♦ In Strandnähe mit Blick auf die Kieler Förde wohnen Sie in zeitgemäßen, geräumigen Zimmern, die auch über eine Kochgelegenheit verfügen. Im Restaurant bietet man eine auf regionalen Produkten basierende Küche mit vielen Fischgerichten.

LADBERGEN – Nordrhein-Westfalen – 543 – 6 450 Ew – Höhe 50 m   27 **E9**
▸ Berlin 456 – Düsseldorf 149 – Nordhorn 79 – Bielefeld 83

Zur Post (mit Gästehaus)
Dorfstr. 11 ⌂ 49549 – ℘ (05485) 9 39 30 – haug@gastwirt.de – Fax (05485) 939392
25 Zim ⌂ – †67 € ††74/108 € – **Rest** – (geschl. Montagmittag) Menü 24/66 €
– Karte 29/46 €
♦ Das westfälische Gasthaus aus dem 17. Jh. wird sehr gut geführt und ist mit unterschiedlichen, teils antiken Holzmöbeln bestückt. Zum Haus gehört auch ein Antiquitätenladen. Rustikal-gemütlich: die Münsterländer Gaststuben.

769

LADBERGEN

Waldhaus an de Miälkwellen mit Zim
Grevener Str. 43 ⌂ 49549 – ℰ (05485) 9 39 90
– info@waldhaus-ladbergen.de – Fax (05485) 939993
10 Zim ⌂ – †58 € ††78 € – **Rest** – Menü 26/35 € – Karte 17/43 €
♦ In dem Waldgasthof bewirtet man Sie in unterschiedlich gestalteten Räumen - rustikal, klassisch oder hell und freundlich als Wintergarten - mit regionalen Gerichten.

LADENBURG – Baden-Württemberg – 545 – 11 550 Ew – Höhe 106 m 47 F16
▶ Berlin 618 – Stuttgart 130 – Mannheim 15 – Heidelberg 13
🛈 Dr. Carl-Benz-Platz 1, ⌂ 68526, ℰ (06203) 92 26 03, info@ladenburg.de

Cronberger Hof garni
Cronbergergasse 10 ⌂ 68526 – ℰ (06203) 9 26 10 – hotel.cronberghof@t-online.de – Fax (06203) 926150
20 Zim ⌂ – †73/78 € ††98 €
♦ Recht schön liegt das kleine Hotel in einer Altstadtgasse - ein in neuzeitlichem Stil gebautes Eckhaus mit funktionellen Zimmern.

Backmulde
Hauptstr. 61 ⌂ 68526 – ℰ (06203) 40 40 80 – info@back-mul.de – Fax (06203) 404090 – geschl. Montag - Dienstagmittag
Rest – (Jan. - Feb. und Juli - Aug. Mittwoch - Freitag nur Abendessen)
Menü 36/49 € – Karte 28/50 €
♦ Ein beliebtes Restaurant in einem Fachwerkhaus in der Altstadt mit gemütlicher, legerer Atmosphäre und mediterran beeinflusster internationaler Küche. Netter Barbereich.

Zur Sackpfeife
Kirchenstr. 45 ⌂ 68526 – ℰ (06203) 31 45 – info@zursackpfeife.de – Fax (06203) 957980 – geschl. Dienstag
Rest – Karte 22/37 €
♦ Die urige Weinstube dieses historischen Fachwerkhauses aus dem Jahre 1598 bietet sich für eine gemütliche Rast an. Auch der lauschige Innenhof ist sehenswert.

LAER, BAD – Niedersachsen – 541 – 9 200 Ew – Höhe 88 m – Sole-Heilbad 27 E9
▶ Berlin 419 – Hannover 141 – Bielefeld 37 – Münster (Westfalen) 39
🛈 Glandorfer Straße 5 ⌂ 49196, ℰ (05424) 29 11 88, touristinfo@bad-laer.de

Landhaus Meyer zum Alten Borgloh
Iburger Str. 23 ⌂ 49196 – ℰ (05424) 2 92 10
– info@mzab.de – Fax (05424) 292155
21 Zim ⌂ – †39/45 € ††66/77 € – ½ P 8 € – **Rest** – (nur Abendessen für Hausgäste)
♦ Die Zimmer dieses gepflegten Hotels verteilen sich auf ein nettes Klinkerhaus - hier erreichen Sie die Zimmer über eine alte Holztreppe - sowie einen Anbau.

Storck
Paulbrink 4 ⌂ 49196 – ℰ (05424) 90 08 – rezeption@hotel-storck.de – Fax (05424) 7944 – geschl. 7. - 18. Jan.
20 Zim ⌂ – †36/46 € ††60/75 € – **Rest** – (geschl. Montag) Karte 13/23 €
♦ Neben funktionell ausgestatteten Gästezimmern zählt auch die Lage in der verkehrsberuhigten Zone im Zentrum des Ortes zu den Annehmlichkeiten des Hauses. Charmant wirkt das Restaurant des 200-jährigen Fachwerkhauses.

LAGE (LIPPE) – Nordrhein-Westfalen – 543 – 36 210 Ew – Höhe 102 m 28 G9
▶ Berlin 388 – Düsseldorf 189 – Bielefeld 21 – Detmold 9
🛈 Lage, Ottenhauser Str. 100 ℰ (05232) 6 80 49

In Lage-Stapelage Süd-West : 7 km über B 66 Richtung Bielefeld – Luftkurort :

Haus Berkenkamp
Im Heßkamp 50 ⌂ 32791 – ℰ (05232) 7 11 78 – haus-berkenkamp@t-online.de – Fax (05232) 961033 – geschl. 5. - 26. Okt.
20 Zim ⌂ – †42/45 € ††66/71 € – **Rest** – (nur für Hausgäste)
♦ Der ehemalige Bauernhof aus dem 19. Jh. ist heute eine nette, gepflegte Pension mitten im Grünen, in der man sich herzlich um seine Gäste kümmert.

LAHNAU – Hessen – siehe Wetzlar

LAHNSTEIN – Rheinland-Pfalz – 543 – 18 760 Ew – Höhe 66 m – Kurort 36 **D14**
- Berlin 596 – Mainz 102 – Koblenz 9 – Bad Ems 13
- Stadthallenpassage, ✉ 56112, ✆ (02621) 91 41 71, touristinfo@lahnstein.de

Mercure Biergarten, Rest, Rest,
Zu den Thermen (Süd-Ost: 3,5 km) ✉ 56112
– ✆ (02621) 91 20 – h5405@accor.com – Fax (02621) 912101
227 Zim – †69/119 € ††69/155 €, ⊆ 15 € – ½ P 25 € – 9 Suiten
Rest – Karte 23/36 €
  ♦ Auf einem bewaldeten Bergrücken liegt dieses gut unterhaltene Hochhaus-Hotel. Ein neuzeitliches Interieur sowie wohltuende Ruhe gehören zu den Vorzügen dieser Adresse. Eine schöne Sicht bietet Ihnen das Restaurant in der 15. Etage.

> Eine preiswerte und komfortable Übernachtung?
> Folgen Sie dem „Bib Hotel".

LAHR (SCHWARZWALD) – Baden-Württemberg – 545 – 43 550 Ew – Höhe 170 m 53 **D19**
- Berlin 767 – Stuttgart 168 – Karlsruhe 96 – Offenburg 26
- Kaiserstr. 1 (Altes Rathaus), ✉ 77933, ✆ (07821) 95 02 10, kultour@lahr.de
- Lahr-Reichenbach, Gereut 9 ✆ (07821) 7 72 27
- Ettenheimmünster ★ Süd-Ost: 18 km

Schulz
Alte Bahnhofstr. 6 ✉ *77933* – ✆ *(07821) 91 50* – *hotelschulz@aol.com*
– *Fax (07821) 22674*
25 Zim ⊆ – †68/75 € ††85/105 €
Rest – *(geschl. Samstagmittag, Sonntag - Montagmittag)* Menü 29/45 € – Karte 30/42 €
Rest *Klötzle-Stube* – *(geschl. Samstagmittag, Sonntag - Montagmittag)* Karte 16/22 €
  ♦ Über zeitgemäß und funktional gestaltete Gästezimmer verfügt dieses von der Inhaberfamilie geführte Hotel an der Durchgangsstraße. Gediegenes Ambiente im Hauptrestaurant Badische Stube. Die Kötzle-Stube ist eine regionstypische Weinstube.

Am Westend
Schwarzwaldstr. 97 ✉ *77933* – ✆ *(07821) 9 50 40* – *info@hotelamwestend.com*
– *Fax (07821) 950495 – geschl. 21. Dez. - 7. Jan.*
34 Zim ⊆ – †55/65 € ††75/85 € – **Rest** – *(geschl. Sonntag)* (nur Abendessen für Hausgäste)
  ♦ Vor allem für Geschäftsreisende ist dieses am Stadtrand gelegene Hotel mit seinen technisch gut ausgestatteten Gästezimmern geeignet.

Zum Löwen
Obertorstr. 5 ✉ *77933* – ✆ *(07821) 2 30 22* – *hotel-loewen-lahr@t-online.de*
– *Fax (07821) 1514 – geschl. 23. Dez. - 7. Jan.*
30 Zim ⊆ – †58/65 € ††78 € – **Rest** – *(geschl. Aug. 2 Wochen, Sonntag)* Karte 22/40 €
  ♦ Sie wohnen im Herzen der Stadt - direkt am Anfang der Fußgängerzone. Der Fachwerkbau aus dem 18. Jahrhundert verfügt über solide Gästezimmer. Dunkles Holz bestimmt den Charakter des Restaurants.

Grüner Baum mit Zim
Burgheimer Str. 105 ✉ *77933* – ✆ *(07821) 2 22 82* – *feger@gruenerbaum-lahr.de*
– *Fax (07821) 989909*
12 Zim ⊆ – †45/55 € ††69/79 € – **Rest** – *(geschl. Aug. 2 Wochen und Mittwoch)* Menü 29 € – Karte 16/44 €
  ♦ In der ländlichen Gaststube serviert man Ihnen geschult eine frische regionale und internationale Küche - nett sitzt man auch auf der Terrasse im Hof. Unterschiedlich eingerichtete Zimmer im Gästehaus.

771

LAHR (SCHWARZWALD)
In Lahr-Reichenbach Ost : 3,5 km über B 415 – Erholungsort

Adler (Otto und Daniel Fehrenbacher)
Reichenbacher Hauptstr. 18 (B 415) ⊠ 77933 – ℰ (07821) 90 63 90 – adler@adler-lahr.de – Fax (07821) 9063933 – geschl. 27. Jan. - 13. Feb.
23 Zim ⊑ – †80/85 € ††115/125 € – **Rest** – *(geschl. Montag - Dienstag)* Menü 43/74 € – Karte 42/70 €
Spez. Kleiner Seeteufel am Stück gebraten mit mediterranem Gemüse und Risotto. Ente mit Gewürzlack in zwei Gängen serviert (2 Pers.). Akazienhonigeis mit Florentinertaler und Waldbeeren.
♦ Engagiert leitet Familie Fehrenbacher dieses gewachsene Gasthaus. Die Zimmer sind wohnlich eingerichtet, besonders hübsch sind die neuzeitlicheren. Im Restaurant bereiten Vater und Sohn gemeinsam klassische Speisen. Sehr schöne Innenhofterrasse. Kochschule.

LAICHINGEN – Baden-Württemberg – 545 – 10 890 Ew – Höhe 755 m – Wintersport : 810 m ⛷2 ⛷   55 **H19**

▶ Berlin 635 – Stuttgart 79 – Reutlingen 46 – Ulm (Donau) 33

Krehl
Radstr. 7 ⊠ 89150 – ℰ (07333) 9 66 50 – fam.hettinger@hotel-krehl.de – Fax (07333) 966511
30 Zim ⊑ – †42/56 € ††70/75 € – ½ P 18 € – **Rest** – *(geschl. Samstagmittag, Sonntag)* Karte 17/32 €
♦ Ein gepflegtes und von der Inhaberfamilie gut geführtes Hotel in der Ortsmitte mit zeitgemäß und funktionell ausgestatteten Gästezimmern. Gemütlich ist die ganz mit Zirbelholz vertäfelte Restaurantstube. Man bietet eine gute Weinauswahl.

LALENDORF – Mecklenburg-Vorpommern – siehe Güstrow

LAM – Bayern – 546 – 2 910 Ew – Höhe 475 m – Wintersport : 620 m ⛷ – Luftkurort   59 **P17**

▶ Berlin 513 – München 196 – Passau 94 – Cham 39
🛈 Marktplatz 1, ⊠ 93462, ℰ (09943) 7 77, tourist@lam.de

Steigenberger (geheizt)
Himmelreich 13 ⊠ 93462 – ℰ (09943) 3 70 – lam@steigenberger.de – Fax (09943) 8191
174 Zim ⊑ – †83/100 € ††134/168 € – ½ P 26 € – **Rest** – Karte 26/39 €
♦ Geschmackvolles Landhausmobiliar bestimmt den Stil der Gästezimmer dieses komfortablen Hauses. Schöner Blick vom Hang auf die umliegende Region. Ein neuzeitliches Flair - teils mit eleganter Note - prägt das Hotelrestaurant.

Das Bayerwald (mit Gästehäusern)
Arberstr. 73 ⊠ 93462 – ℰ (09943) 95 30 – info@das-bayerwald.de – Fax (09943) 8366
50 Zim – †44/50 € ††76/88 € – ½ P 13 € – 3 Suiten
Rest – *(geschl. Sonntagabend)* Menü 15 € – Karte 14/32 €
♦ In seinen verschiedenen Gästehäusern bietet Ihnen dieses familiär geführte Hotel zeitlos möblierte Zimmer. Nach der Sauna erfrischt der hauseigene Bach. Bürgerlich gestaltetes Restaurant.

LAMPERTHEIM – Hessen – 543 – 31 840 Ew – Höhe 93 m   47 **F16**

▶ Berlin 605 – Wiesbaden 78 – Mannheim 27 – Darmstadt 42

In Lampertheim-Hüttenfeld Ost : 9 km über Neuschlossstraße, jenseits der A 67 :

Kurpfalz   Biergarten
Lampertheimer Str. 26 ⊠ 68623 – ℰ (06256) 3 42 – info@hotel-kurpfalz.de – Fax (06256) 524
8 Zim – †48 € ††75 € – **Rest** – *(geschl. Dienstag, Freitagabend)* Karte 22/38 €
♦ Das kleine, von der Inhaberfamilie geführte Hotel bietet tadellos unterhaltene, freundliche Zimmer mit neuzeitlichem Inventar und einer bequemen Sitzgruppe. Restaurant mit modernem Ambiente.

LANDAU AN DER ISAR – Bayern – 546 – 12 960 Ew – Höhe 390 m — 59 **O19**

- Berlin 566 – München 115 – Regensburg 77 – Deggendorf 31
- Landau, Rappach 2 ℰ (09951) 59 91 11

Gästehaus Numberger garni
Dr.-Aicher-Str. 2 ✉ *94405 – ℰ (09951) 9 80 20 – gaesthaus_numberger@gmx.de – Fax (09951) 9802200 – geschl. 24. Dez. - 1. Jan.*
19 Zim ⊇ – †38/49 € ††67/78 €
♦ Sie wohnen in einer kleinen Villa oberhalb der Altstadt. Hübsch gestaltete Zimmer und ein herrlicher Garten tragen viel zum Charme des Hauses bei.

LANDAU IN DER PFALZ – Rheinland-Pfalz – 543 – 41 510 Ew – Höhe 144 m — 54 **E17**

- Berlin 668 – Mainz 109 – Karlsruhe 38 – Mannheim 50
- **ADAC** Waffenstr. 1
- Marktstr. 50 (Rathaus), ✉ 76829, ℰ (06341) 1 31 81, bftlandau@aol.com
- Essingen-Dreihof, Am Golfplatz 1 ℰ (06348) 6 15 02 37
- Stiftskirche ★ – Ringstraßen ★
- Annweiler am Trifels : Trifels ★★ (Lage ★★, ≤ ★★), West : 16 km – Eußerthal : Klosterkirche ★, Nord-West : 15 km

Parkhotel
Mahlastr. 1 (an der Festhalle) ✉ *76829 – ℰ (06341) 14 50 – info@parkhotel-landau.de – Fax (06341) 145444*
78 Zim ⊇ – †84/97 € ††116/121 € – **Rest** – Menü 29 € – Karte 27/41 €
♦ Einen interessanten Kontrast bilden die historische Festhalle und der direkt angeschlossene moderne Hotelbau - beliebt unter Tagungsgästen. Kleiner Park hinter dem Gebäude. Im 1. Stock liegt das zur Halle hin offene Restaurant. Terrasse mit Blick in den Park.

Weinstube zur Blum
Kaufhausgasse 9, (Frank-Loebsches Haus) ✉ *76829 – ℰ (06341) 89 76 41 – kontakt@zurblum.de – geschl. Montag*
Rest – (Tischbestellung ratsam) Karte 22/31 €
♦ Seit dem 17. Jh. gibt es das Gasthaus in dem historischen Vierflügelbau. Schön: der auf zwei Stockwerken von Holzarkaden eingefasste Innenhof. Wechselnde Bilderausstellung.

In Landau-Arzheim West : 4 km :

Weinstube Hahn
Arzheimer Hauptstr. 50 ✉ *76829 – ℰ (06341) 3 31 44 – weinstube-hahn@web.de – geschl. Aug. 2 Wochen und Dienstag - Mittwoch*
Rest – (nur Abendessen) Karte 19/34 €
♦ In dem sympathischen familiär geleiteten Lokal lassen sich auch viele Stammgäste in gemütlich-rustikaler Atmosphäre mit frischer regionaler Küche bewirten.

In Landau-Godramstein Nord-West : 4 km :

Beat Lutz
Bahnhofstr. 28 ✉ *76829 – ℰ (06341) 6 03 33 – info@beatlutz.de – Fax (06341) 960590 – geschl. Montag - Dienstag*
Rest – (Tischbestellung ratsam) Menü 23/37 € – Karte 29/50 €
♦ Warme Rottöne bestimmen das Bild in den zwei modern-gemütlichen, mit Bildern dekorierten Gasträumen. Gute internationale und regionale Küche. Regengeschützte Terrasse.

Westphals Kulinarium
Godramsteiner Hauptstr. 62 ✉ *76829 – ℰ (06341) 96 84 28 – info@westphals-kulinarium.de – Fax (06341) 968429 – geschl. Feb. 2 Wochen, Montag*
Rest – (Dienstag - Samstag nur Abendessen) (Tischbestellung ratsam)
Menü 30/33 € – Karte 32/38 €
♦ Eine ländlich-gemütliche Atmosphäre herrscht in dem familiengeführten Gasthaus mit mediterraner Küche. Sehr nett ist die begrünte kleine Terrasse.

LANDAU IN DER PFALZ

In Landau-Mörzheim Süd-West : 5 km :

Weinkontor
Mörzheimer Hauptstr. 18 ⊠ 76829 Mörzheim – ℰ (06341) 94 54 85 – kontakt@weinkontor-moerzheim.de – Fax (06341) 930643 – geschl. Dienstag
Rest – *(nur Abendessen)* (Tischbestellung ratsam) Karte 21/29 €
♦ Eine schöne, freundlich gestaltete Weinstube mit Natursteinmauern, in der eine gute regionale Küche geboten wird. Gemütliche kleine Terrasse hinter dem Haus.

In Landau-Nussdorf Nord : 3 km :

Landhaus Herrenberg
Lindenbergstr. 72 ⊠ 76829 – ℰ (06341) 6 02 05 – info@landhaus-herrenberg.de – Fax (06341) 60709
9 Zim ⊇ – †59/65 € ††89/95 € – **Rest** – *(geschl. Donnerstag, Montag - Samstag nur Abendessen)* Karte 21/37 €
♦ Mit hellem Naturholz möblierte, funktionell ausgestattete Gästezimmer sprechen für dieses an ein Weingut angeschlossene kleine Hotel. Freundlich gestaltetes Restaurant mit Wintergarten.

In Landau-Queichheim Ost : 2 km

Soho
Marie-Curie-Str. 9 ⊠ 76829 – ℰ (06341) 14 19 60 – info@soho-landau.de – Fax (06341) 1419655
29 Zim ⊇ – †65 € ††95/110 € – **Rest** – *(geschl. Sonntag)* Menü 29 € – Karte 27/36 €
♦ Die verkehrsgünstige Lage nahe der Autobahn sowie die moderne Ausstattung in geradlinigem Design sprechen für dieses in ein Geschäftshaus integrierte Hotel. Restaurant im Bistrostil mit schöner Dachterrasse.

In Bornheim Nord-Ost : 5,5 km, jenseits der A 65 :

Zur Weinlaube - Villa Toskana garni (mit Gästehaus)
Wiesenstr. 31 ⊠ 76879 – ℰ (06348) 15 84 – info@pension-zur-weinlaube.de – Fax (06348) 5153
25 Zim ⊇ – †55/75 € ††90/120 €
♦ Ruhig in einem kleinen Winzerdorf gelegener Familienbetrieb. Wohnlich-mediterran sind die Zimmer in der Villa Toskana gestaltet, einfacher in der Weinlaube. Netter Garten.

LANDSBERG AM LECH – Bayern – 546 – 26 530 Ew – Höhe 587 m   65 K20
▶ Berlin 597 – München 57 – Augsburg 41 – Kempten (Allgäu) 68
🛈 Hauptplatz 152, ⊠ 86899, ℰ (08191) 12 82 46, info@landsberg.de
🛈 Schloss Igling, ℰ (08248) 18 93
◉ Lage★ – Marktplatz★

Goggl garni
Hubert-von-Herkomerstr. 19 ⊠ 86899 – ℰ (08191) 32 40 – info@hotelgoggl.de – Fax (08191) 324100
60 Zim – †65/74 € ††94/104 €
♦ Das Hotel in einer Häuserreihe in der Altstadt bietet solide und zeitgemäß eingerichtete Zimmer, zwei mit Bauernmobiliar. Hübsch ist das Dampfbad im Hundertwasserstil.

Landhotel Endhart garni
Erpftinger Str. 19 ⊠ 86899 – ℰ (08191) 9 29 30 – landhotel-endhart@t-online.de – Fax (08191) 32346
35 Zim ⊇ – †55/60 € ††75/85 €
♦ Am Stadtrand befindet sich dieses nette Hotel mit wohnlichen Zimmern - die im Neubau sind besonders geräumig. Der gemütliche Frühstücksraum dient auch als Tagescafé.

LANDSHUT – Bayern – 546 – 60 290 Ew – Höhe 393 m   58 N19
▶ Berlin 556 – München 75 – Regensburg 75 – Ingolstadt 83
ADAC Kirchgasse 250
🛈 Altstadt 315, ⊠ 84028, ℰ (0871) 9 22 05 15, tourismus@landshut.de
🛈 Furth-Arth, Oberlippach 2 ℰ (08704) 83 78
◉ St. Martinskirche★ (Turm★★) – Altstadt★ Z

LANDSHUT

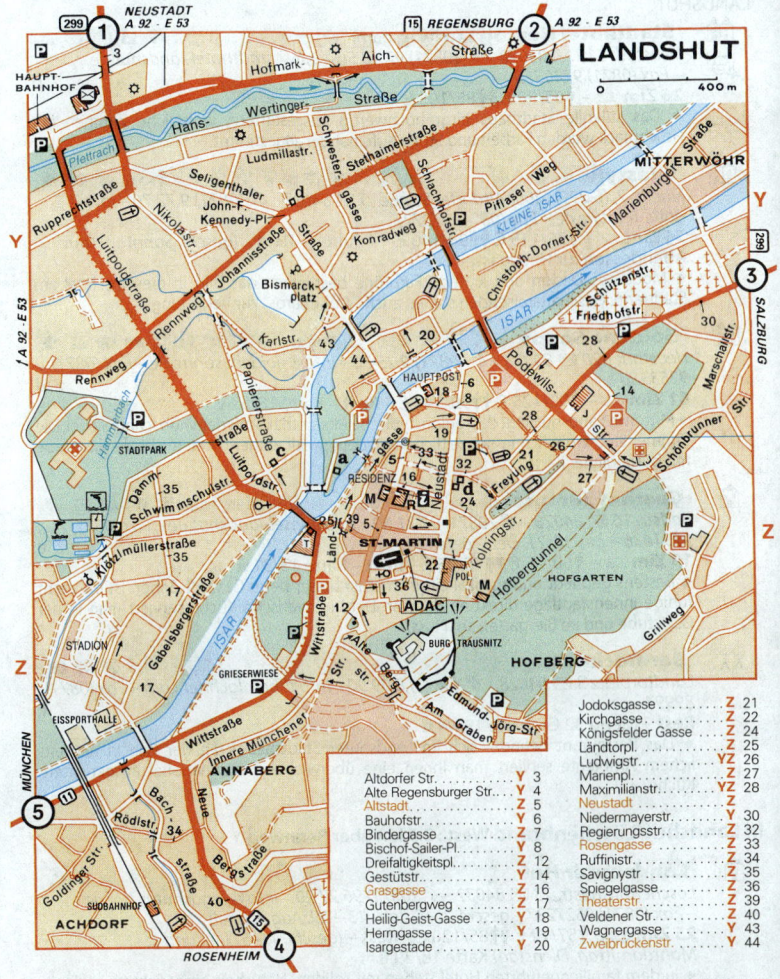

0   400 m

Altdorfer Str.		Y 3
Alte Regensburger Str.		Y 4
Altstadt		Z 5
Bauhofstr.		Y 6
Bindergasse		Y 7
Bischof-Sailer-Pl.		Z 8
Dreifaltigkeitspl.		Y 14
Gestütstr.		Z 16
Grasgasse		Z 17
Gutenbergweg		Y 18
Heilig-Geist-Gasse		Y 19
Herrngasse		Y
Isargestade		Y 20
Jodoksgasse		Z 21
Kirchgasse		Z 22
Königsfelder Gasse		Z 24
Ländtorpl.		Z 25
Ludwigstr.		YZ 26
Marienpl.		Y 27
Maximilianstr.		YZ 28
Neustadt		Z
Niedermayerstr.		Y 30
Regierungsstr.		Z 32
Rosengasse		Z 33
Ruffinistr.		Z 34
Savignystr		Z 35
Spiegelgasse		Z 36
Theaterstr.		Z 39
Veldener Str.		Y 40
Wagnergasse		Z
Zweibrückenstr.		Y 44

City Hotel Isar-Residenz garni
Papiererstr. 6 ⌂ 84034 – ℰ (0871) 43 05 70 – info@isar-residenz.de – Fax (0871) 4305799 – geschl. 22. Dez. - 6. Jan.
Z c
100 Zim ⌂ – †84/160 € ††110/180 €
◆ Solide, funktionell und neuzeitlich - so präsentieren sich die Gästezimmer dieses modernen Hotels in Innenstadtnähe. Manche Zimmer sind mit Wasserbetten ausgestattet.

Fürstenhof (André Greul)
Stethaimer Str. 3 ⌂ 84034 – ℰ (0871) 9 25 50 – info@fuerstenhof.la – Fax (0871) 925544
Y d
22 Zim ⌂ – †85/100 € ††110/140 € – **Rest** – (geschl. Sonntag - Montagmittag) Menü 42 € (veg.)/68 € – Karte 41/57 €
Spez. Carpaccio von Semmelknödel mit Schalotten-Kräutermarinade und glasierter Entenbrust. St. Pierre mit geröstetem Schinken und Oliven-Polenta. Taube mit Linsen-Kalbskopfragout und altem Balsamico.
◆ In der Innenstadt liegt das schöne historische Haus mit Treppengiebel. Ein wohnliches Ambiente erwartet Sie in den Gästezimmern. Sehr gut sind Service und Küche im rustikalen Herzogstüberl und im eleganten Fürstenzimmer.

LANDSHUT

Stadthotel Herzog Ludwig garni
Neustadt 519 ⊠ 84028 – ℰ (0871) 97 40 50 – info@stadthotel-landshut.de – Fax (0871) 9740579
Z d
26 Zim – †65/90 € ††85/105 €

♦ Das stilvolle Stadthaus birgt hochwertig ausgestattete, wohnliche Zimmer. Mit Geschmack wurden Farben und Stoffe aufeinander abgestimmt.

Lifestyle
Flurstr. 2, (B 299) (über Altdorfer Straße Y) ⊠ 84032 – ℰ (0871) 9 72 70 – info@hotel-lifestyle.de – Fax (0871) 972727
54 Zim – †75/115 € ††98/140 € – 4 Suiten – **Rest** – *(geschl. Sonntag)* (nur Abendessen für Hausgäste)

♦ Modernes Design und kräftige Farbtöne bestimmen das Bild in diesem Hotel am Stadtrand. Geschäftsreisenden stehen auch "Wohnbüros" zur Verfügung.

Goldene Sonne
Biergarten
Neustadt 520 ⊠ 84028 – ℰ (0871) 9 25 30 – info@goldenesonne.de – Fax (0871) 9253350
Z d
61 Zim – †90/125 € ††98/140 € – **Rest** – Karte 18/32 €

♦ Mitten in Landshut liegt das regionstypische Altstadthaus mit dem hübschen Giebel. Die Zimmer sind wohnlich in neuzeitlich-gediegenem Stil eingerichtet. Rustikale Gaststube mit bürgerlicher Karte.

Gasthof zur Insel
Biergarten
Badstr. 16 ⊠ 84028 – ℰ (0871) 92 31 60 – info@insel-landshut.de – Fax (0871) 9231636 – geschl. 21. Dez. - 6. Jan.
Z a
15 Zim – †60/75 € ††75/95 € – **Rest** – Karte 13/31 €

♦ Bestens gepflegt und rustikal eingerichtet ist dieser nette Gasthof. Schön ist die recht ruhige Innenstadtlage direkt an der Isar. Deftig bayerische Küche serviert man in der Gaststube und im Biergarten am Fluss.

XX Bernlochner
Ländtorplatz 3 ⊠ 84028 – ℰ (0871) 8 99 90 – info@bernlochner.com – Fax (0871) 89994
Z T
Rest – Menü 32 € – Karte 19/44 €

♦ Das Restaurant befindet sich im Landshuter Stadttheater an der Isar. In neuzeitlichem Ambiente serviert man Ihnen eine überwiegend international ausgerichtete Küche.

In Landshut-Löschenbrand West : 2,5 km über Rennweg Y :

Landshuter Hof
Löschenbrandstr. 23 ⊠ 84032 – ℰ (0871) 96 27 20 – info@landshuter-hof.de – Fax (0871) 9627237 – geschl. 1. - 5. Jan., 13. - 29. Aug. (Hotel)
25 Zim – †57/72 € ††85/120 € – **Rest** – *(geschl. 1. - 5. Jan. und Montagmittag, Dienstag)* Karte 18/29 €

♦ In dem familiengeführten Hotel stehen mit solidem Naturholz eingerichtete und teilweise mit Parkettboden ausgestattete Zimmer zur Verfügung. Hell und freundlich gestaltete Gaststuben.

LANDSTUHL – Rheinland-Pfalz – 543 – 9 040 Ew – Höhe 248 m – Erholungsort
46 D16

▶ Berlin 660 – Mainz 100 – Saarbrücken 54 – Kaiserslautern 17

Christine (mit Gästehäusern)
Kaiserstr. 3 ⊠ 66849 – ℰ (06371) 90 20 – info@hotel-christine.com – Fax (06371) 902222
111 Zim – †70/95 € ††105/120 € – **Rest** – *(geschl. 23. Dez. - 3. Jan., nur Abendessen)* Karte 20/42 €

♦ Hier erwarten Sie eine im alpenländischen Stil gehaltene, großzügige Halle, wohnliche, z. T. holzvertäfelte Gästezimmer und ein gemütlicher Frühstücksraum. Modern-elegant wirkt das Restaurant Cockpit Lounge - das Thema Fliegerei bestimmt das Dekor.

LANDSTUHL

Landhaus Schattner garni
*Kaiserstr. 143 ⊠ 66849 – ℰ (06371) 91 23 45 – info@hotel-landhaus-schattner.de
– Fax (06371) 16249*
35 Zim ⊇ – †53/63 € ††83/88 €
◆ Ansprechend sind sowohl das Äußere als auch die Einrichtung dieses Hauses: Es erwarten Sie hübscher Landhausstil, Wohnlichkeit und gute technische Ausstattung.

LANGELSHEIM – Niedersachsen – 541 – 13 270 Ew – Höhe 204 m   29 J10
▶ Berlin 255 – Hannover 81 – Braunschweig 41 – Göttingen 71
🛈 Im Tölletal 21, (in Wolfshagen), ⊠ 38685, ℰ (05326) 40 88

In Langelsheim-Wolfshagen Süd : 3 km – Höhe 300 m – Luftkurort :

Sonnenhotel Wolfshof (mit Gästehäusern)
*Kreuzallee 22 ⊠ 38685 – ℰ (05326) 79 90
– info@sonnenhotel-wolfshof.de – Fax (05326) 799119 – geschl. 2. Nov. - 21. Dez.*
50 Zim ⊇ – †52/86 € ††84/132 € – ½ P 18 € – **Rest** – Karte 18/36 €
◆ Dieses ruhig am Ortsrand gelegene Urlaubshotel beherbergt seine Gäste in zweckmäßigen Zimmern, vorwiegend im Appartementstil. Restaurant mit internationaler Küche.

Berghotel (mit Gästehaus)
*Heimbergstr. 1 ⊠ 38685 – ℰ (05326) 40 62 – berghotel-wolfshagen@t-online.de
– Fax (05326) 4432*
51 Zim – †53/66 € ††81/95 € – ½ P 15 € – **Rest** – Karte 16/35 €
◆ Die Zimmer des Hotels sind mit zeitlosem Kirschholzmobiliar bestückt. Die familiäre Führung sowie die schöne Lage am Fuß des Heimbergs gehören zu den Vorzügen des Hauses. Der Kamin und eine rustikale Note prägen die Räume des Restaurants.

LANGEN – Hessen – 543 – 35 450 Ew – Höhe 144 m   47 F15
▶ Berlin 557 – Wiesbaden 42 – Frankfurt am Main 22 – Darmstadt 14

Steigenberger
*Robert-Bosch-Str. 26, (Wirtschaftszentrum) ⊠ 63225 – ℰ (06103) 97 20
– frankfurt-langen@steigenberger.de – Fax (06103) 972555*
205 Zim – †94/115 € ††94/115 €, ⊇ 15 € – **Rest** – Karte 26/41 €
◆ Der typische amerikanische Stil des Hauses empfängt Sie bereits in der Lobby. Entsprechende Accessoires wie Fotografien und Plakate begleiten Sie bis in Ihr Zimmer. Restaurant mit Bistro-Ambiente.

Amador
❀❀❀
*Vierhäusergasse 1 ⊠ 63225 – ℰ (06103) 50 27 13 – info@restaurant-amador.de
– Fax (06103) 502714 – geschl. 24. Dez. - 9. Jan., Juli 2 Wochen und Sonntag - Montag*
Rest – (nur Abendessen) (Tischbestellung ratsam) Menü 96/149 €
Spez. Carabineros mit Blumenkohl, Limone und Nougat. "Gewürzkalb" in drei Gängen serviert. Cuvee X - Dekonstruktion von Rebsorten.
◆ In dem kleinen Restaurant steht die innovative Küche Juan Amadors im Mittelpunkt. Es wird abendlich ein Menü angeboten, spanische Einflüsse prägen die kreativen Kompositionen.

Zum Haferkasten
*Wilhelm-Leuschner-Platz 13 ⊠ 63225 – ℰ (06103) 2 22 59 – Fax (06103) 29540
– geschl. Donnerstag*
Rest – Karte 19/35 €
◆ In ländlich-rustikalem Stil ist das a. d. 16. Jh. stammende Fachwerkhaus gehalten. Eine internationale Tageskarte ergänzt das bürgerliche Angebot.

Nahe der Straße nach Dieburg Ost : 2 km :

Merzenmühle
*Außerhalb 12 ⊠ 63225 – ℰ (06103) 5 35 33 – merzenmuehle@aol.com
– Fax (06103) 53655 – geschl. Samstagmittag, Sonntagabend - Montag*
Rest – Menü 38/44 € – Karte 36/52 €
◆ Sie finden dieses hübsche Fachwerkhaus etwas außerhalb am Waldrand. In rustikalgemütlichem Ambiente serviert man freundlich und geschult internationale Speisen.

LANGENARGEN – Baden-Württemberg – 545 – 7 420 Ew – Höhe 398 m – Erholungsort
63 **H21**

▶ Berlin 726 – Stuttgart 175 – Konstanz 40 – Ravensburg 27
i Obere Seestr. 2/1, ⊠ 88085, ℰ (07543) 93 30 92, touristinfo@langenargen.de

Engel
*Marktplatz 3 ⊠ 88085 – ℰ (07543) 9 34 40 – hotel@engel-bodensee.de
– Fax (07543) 9344100 – geschl. 22. Dez. - 10. März*
30 Zim ⊇ – †58/81 € ††90/134 € – ½ P 19 € – 3 Suiten – **Rest** – *(März - Anfang Mai sowie Okt. Mittwoch - Donnerstag nur Abendessen)* Menü 25/28 € – Karte 23/37 €

♦ Das Hotel im Zentrum, direkt an der Promenade bietet gepflegte und wohnliche Zimmer - sehr schön und großzügig sind die Suiten. Freundlich gestalteter Wellnessbereich. Zum Restaurant gehört ein zum Ufer hin gelegener Wintergarten mit Terrasse.

Löwen
*Obere Seestr. 4 ⊠ 88085 – ℰ (07543) 30 10 – info@loewen-langenargen.de
– Fax (07543) 30151 – geschl. Jan. - Feb.*
30 Zim ⊇ – †59/120 € ††80/150 € – ½ P 18 € – **Rest** – *(geschl. März - Mitte Juni Dienstag und Ende Sept. - Okt. Dienstag, Nov. - Dez. Montag - Dienstag)* Menü 20 € – Karte 17/41 €

♦ Die mit mahagonifarbenen Holzmöbeln eingerichteten Zimmer dieses am Hafen gelegenen Hotels bieten teilweise Seesicht und/oder Balkon - alle mit Wohnbereich. Bürgerlich gehaltenes Restaurant mit Fensterfront zum See.

Schiff
Marktplatz 1 ⊠ 88085 – ℰ (07543) 9 33 80 – Fax (07543) 9338111 – geschl. Ende Okt. - Mitte März
48 Zim (inkl. ½ P.) – †75/120 € ††95/170 € – 4 Suiten –
Rest – Karte 19/50 €

♦ Die Gästezimmer dieses Hotels gegenüber dem Rathaus sind zeitgemäß ausgestattet, recht individuell sind Farbgestaltung und Einrichtung. Restaurant in der 1. Etage mit Terrasse zum See.

Klett
Obere Seestr. 15 ⊠ 88085 – ℰ (07543) 22 10 – klett@hotel-klett.de – Fax (07543) 912377 – geschl. Jan. - März
17 Zim ⊇ – †49/80 € ††70/125 € – **Rest** – Karte 16/25 €

♦ Das familiengeführte kleine Hotel liegt im Zentrum, in Seenähe. Wohnlich, gepflegt und praktisch ist die Ausstattung der Gästezimmer. Gepflegtes Restaurant mit Terrasse und Seeblick.

Im Winkel garni
*Im Winkel 9 ⊠ 88085 – ℰ (07543) 93 40 10 – info@hotel-imwinkel.de
– Fax (07543) 934030 – geschl. 15. Dez. - 15. Jan. und März*
10 Zim ⊇ – †65/90 € ††90/114 €

♦ Freundlich-familiärer Service, modern eingerichtete Zimmer und ein heller Frühstücksraum mit Terrasse zum Garten sprechen für dieses nette kleine Haus mit Pensionscharakter.

Strand-Café garni (mit Gästehaus Charlotte)
*Obere Seestr. 32 ⊠ 88085 – ℰ (07543) 9 32 00
– hotel@strand-cafe-lang.de – Fax (07543) 932040 – geschl. Jan.*
16 Zim ⊇ – †48/90 € ††90/120 €

♦ Das Café mit schöner Terrasse zur Seepromenade sowie das ca. 80 m entfernte Gästehaus bieten individuell gestaltete, gepflegte Zimmer, teils mit Südbalkon.

Adler mit Zim
*Oberdorfer Str. 11 ⊠ 88085 – ℰ (07543) 30 90 – karr.hotel.adler@t-online.de
– Fax (07543) 30950 – geschl. Feb. 1 Woche, Nov. 1 Woche*
15 Zim ⊇ – †68/85 € ††85/100 € – ½ P 29 € – **Rest** – *(geschl. Sonntag - Montagmittag, Nov. - Mai Sonntag - Montag)* Menü 39/69 € – Karte 35/62 €

♦ Eine sympathische Adresse ist das freundlich gestaltete, reichlich dekorierte Restaurant der Familie Karr. Geboten wird klassische Küche mit regionalen Einflüssen.

778

LANGENARGEN

In Langenargen-Schwedi Nord : 2 km :

Schwedi
Schwedi 1 ⊠ 88085 – ℰ (07543) 93 49 50 – schwedi@hotel-schwedi.de
– Fax (07543) 93495100 – geschl. Anfang Nov. - Anfang Feb.
30 Zim ⊡ – †60/100 € ††90/140 € – ½ P 20 € – **Rest** – *(geschl. Dienstag)* Karte 18/38 €
♦ Die sehr ruhige Lage, nette zeitgemäße Gästezimmer (einige mit Balkon) und ein schöner Garten mit Seezugang sprechen für dieses Haus. Zum Restaurant gehört eine hübsche Terrasse zum See.

LANGENAU – Baden-Württemberg – 545 – 14 140 Ew – Höhe 458 m   56 I19
▶ Berlin 603 – Stuttgart 86 – Augsburg 71 – Ulm (Donau) 18

Zum Bad
Burghof 11 ⊠ 89129 – ℰ (07345) 9 60 00 – haege.bad@t-online.de – Fax (07345) 960050 – geschl. 24. Dez. - 2. Jan.
31 Zim ⊡ – †48/65 € ††70/90 € – **Rest** – *(geschl. Ende Juli - Anfang Aug. 1 Woche und Montag)* Karte 17/38 €
♦ Ein erweiterter familiengeführter Gasthof in der Ortsmitte. Im neueren Anbau befinden sich besonders freundliche und moderne Zimmer sowie ein schöner Saunabereich. Restaurant mit gediegenem, leicht rustikalem Ambiente.

In Rammingen Nord-Ost : 4 km :

Landgasthof Adler (Klaus Buderath) mit Zim
Riegestr. 15 ⊠ 89192 – ℰ (07345) 9 64 10 – info@adlerlandgasthof.de
– Fax (07345) 964110 – geschl. 7. - 22. Jan., 27. Okt. - 4. Nov.
9 Zim ⊡ – †55/75 € ††90/100 € – **Rest** – *(geschl. Montag)* Menü 42/60 €
– Karte 32/56 €
Spez. Sülze von schwäbisch hällischen Schweinebacken mit Gänseleber. Lammrücken mit Kräuterpolenta und Ziegenquark. Gebranntes Schmandtörtchen mit Rhabarberbuttereis und Holunderschaum.
♦ In dem ehemaligen Gehöft mit angenehmer Innenhofterrasse bietet man frische Küche aus überwiegend regionalen Produkten. Schön ist die ruhige Lage in dörflicher Umgebung. Besonders komfortabel sind die Zimmer im Gästehaus.

LANGENBURG – Baden-Württemberg – 545 – 1 840 Ew – Höhe 439 m   56 I17
▶ Berlin 576 – Stuttgart 91 – Würzburg 81 – Ansbach 96

Zur Post
Hauptstr. 55 ⊠ 74595 – ℰ (07905) 54 32 – info@gasthofpostlangenburg.de
– Fax (07905) 5547 – geschl. 1. - 8. Jan., über Fasching 1 Woche
13 Zim ⊡ – †45/60 € ††65/75 € – **Rest** – *(geschl. Sonntagabend - Montag)* Menü 22 € – Karte 18/33 €
♦ Die Zimmer des nur wenige Schritte vom Stadttor und von der Altstadt entfernten kleinen Gasthofs sind hell und freundlich eingerichtet. Galträume in ländlichem Stil.

LANGENFELD (RHEINLAND) – Nordrhein-Westfalen – 543 – 59 060 Ew – Höhe 47 m   36 C12
▶ Berlin 556 – Düsseldorf 22 – Aachen 92 – Köln 26
🛈 Langenfeld, Katzbergstr. 21 ℰ (02173) 91 97 41

Gravenberg (mit Gästehaus)
Elberfelder Str. 45, (B 299) (Nord-Ost : 4 km)
⊠ 40764 – ℰ (02173) 9 22 00 – info@
gravenberg.de – Fax (02173) 22777 – geschl. 23. Dez. - 7. Jan.
48 Zim ⊡ – †98/155 € ††144/220 € – **Rest** – *(geschl. 30. Juni - 21. Juli und Sonntagabend - Montagmittag)* Karte 30/41 €
♦ Das gepflegte Hotel gefällt mit seiner gediegenen Einrichtung im Landhausstil und einer schönen großen Badelandschaft. Zum Haus gehört auch ein Damwildgehege. Verschiedene gemütliche Gaststuben bilden das Herzstück des Hauses.

779

LANGENFELD (RHEINLAND)

Gourmet Lounge im Blue Chip
Elisabeth-Selbst-Str. 4a, (im Fuhrkamper Business-Park) ⊠ 40764 – ℰ (02173) 1 09 30 – info@bluechip-cc.de – Fax (02173) 1093100 – geschl. 1. - 7. Jan., Mitte Juli - Anfang August 4 Wochen, 20. - 31. Dez.
Rest – *(geschl. Sonntag - Mittwoch, Feiertage, nur Abendessen)* Menü 68/86 €
– Karte 52/68 €
Rest *Life Style Parkett* – *(geschl. Sonn- und Feiertage, Samstagmittag, Montag - Mittwoch nur Mittagessen)* Menü 29/35 € – Karte 33/50 €
♦ Modernes Restaurant mit variablem Raumkonzept. Die große offene Showküche der rund angelegten Gourmet Lounge bereitet am Abend Internationales. Das Life Style Parkett bietet Lunchbuffet und Bistroküche - letztere serviert man mittags in der Gourmet Lounge.

In Langenfeld-Reusrath Süd : 3 km über B 8, Richtung Opladen :

Landhotel Lohmann
Opladener Str. 19 (B 8) ⊠ 40764 – ℰ (02173) 9 16 10 – info@landhotel-lohmann.de – Fax (02173) 14543
30 Zim – †69/79 € ††99/119 € – **Rest** – *(geschl. Mitte Juli - Anfang Aug. 3 Wochen und Mittwoch)* Karte 16/36 €
♦ Vom Bett bis zum Badezimmer zeigt sich Ihr Zimmer in einer soliden Machart. Die Großstadtnähe sowie die Vorzüge eines kleinen Ortes sprechen für diese Adresse. Man bietet dem Gast eine regionale wie auch internationale Küche.

LANGENHAGEN – Niedersachsen – siehe Hannover

LANGENWEISSBACH – Sachsen – 544 – 2 900 Ew – Höhe 370 m   42 N13
▶ Berlin 288 – Dresden 117 – Chemnitz 31 – Plauen 48

In Langenweissbach-Weissbach Süd-West : 3 km über Weißbacher Straße :

Landhotel Schnorrbusch
Schulstr. 9 ⊠ 08134 – ℰ (037603) 32 20 – info@landhotel-schnorrbusch.de – Fax (037603) 3046
20 Zim – †47 € ††64/84 € – **Rest** – Karte 15/21 €
♦ In dörflicher Umgebung steht der traditionsreiche, gutbürgerliche Gasthof. Hinter einer Backsteinfassade erwarten Sie gut ausgestattete, wohnliche Zimmer. Restaurant mit gepflegtem Ambiente.

LANGEOOG (INSEL) – Niedersachsen – 541 – 1 990 Ew – Höhe 5 m – Insel der Ostfriesischen Inselgruppe – Seeheilbad   7 D4
▶ Berlin 525 – Hannover 266 – Emden 57 – Aurich/Ostfriesland 28
Autos nicht zugelassen
⇌ von Esens-Bensersiel (ca. 45 min), ℰ (04971) 9 28 90
🛈 Hauptstr. 28, ⊠ 26465, ℰ (04972) 69 30, kurverwaltung@langeoog.de

La Villa
Vormann-Otten-Weg 12 ⊠ 26465 – ℰ (04972) 7 77 – info@hotel-lavilla.de – Fax (04972) 1390 – geschl. 15. Nov. - 26. Dez.
9 Zim – †82/139 € ††120/218 € – ½ P 29 € – 6 Suiten
Rest – *(nur Abendessen für Hausgäste)*
♦ Ein familiär geführtes kleines Hotel ist diese Villa aus der Jahrhundertwende. Die Gästezimmer sind wohnlich gestaltet und verfügen über großzügige Marmorbäder.

Feuerschiff (mit Gästehäusern)
Friesenstr. 1 ⊠ 26465 – ℰ (04972) 69 70 – feuerschiff-langeoog@t-online.de – Fax (04972) 69797 – geschl. 12. Nov. - 9. Dez. (Hotel)
50 Zim – †55/90 € ††110/180 €, ⊇ 15 € – ½ P 19 € – **Rest** – *(nur Abendessen)* Karte 18/35 €
♦ Familienfreundliches Hotel aus mehreren Häusern mit wohnlichen Zimmern und Appartements. An der Hauptstraße: das "Traumschiff" mit großem Freizeitbereich im marokkanischen Stil. Modernes Restaurant. Nach Voranmeldung nehmen Sie am "Suppentisch" Platz.

LANGEOOG (INSEL)

Kolb
Barkhausenstr. 30 ⊠ 24465 – ℰ (04972) 9 10 40 – hotel-kolb@t-online.de
– Fax (04972) 910490
21 Zim ⊇ – †63/90 € ††96/166 € – **Rest** *Schiffchen* – separat erwähnt
♦ Ein familiär geführtes Hotel im friesischen Landhausstil mit wohnlich eingerichteten Zimmern (teils mit Terrasse) und einem netten kleinen Saunabereich.

Flörke
Hauptstr. 17 ⊠ 26465 – ℰ (04972) 9 22 00 – gerda-spies@hotel-floerke.de
– Fax (04972) 1690 – geschl. 5. Nov. - 7. März
50 Zim ⊇ – †70/82 € ††110/130 € – ½ P 17 € – 3 Suiten
Rest – (nur Abendessen für Hausgäste)
♦ Das Ferienhotel in ruhiger Lage wird von der Inhaberin recht familiär geführt und bietet wohnliche und funktionelle Gästezimmer mit Kirschholzmobiliar.

Mare garni
Kiebitzweg 8 ⊠ 26465 – ℰ (04972) 9 22 60 – info@suiten-hotel-mare.de
– Fax (04972) 922644
25 Suiten ⊇ – †88/116 € ††98/122 €
♦ Hotel in ruhiger Lage mit Suiten verschiedener Kategorien, alle mit einer kleinen Küche ausgestattet und wohnlich-modern in warmen Farben eingerichtet.

Schiffchen – Hotel Kolb
Barkhausenstr. 30 ⊠ 24465 – ℰ (04972) 9 10 40 – hotel-kolb@t-online.de
– Fax (04972) 910490
Rest – Menü 39/51 € – Karte 33/48 €
♦ Das in dunklem Holz gehaltene Interieur dieses Restaurants ist dem eines Luxus Liners nachempfunden. Serviert wird eine frische internationale Küche.

Seekrug
◁ Strand,
An der Höhenpromenade ⊠ 26465 – ℰ (04972) 3 83 – seekrug_langeoog@
t-online.de – Fax (04972) 1580 – geschl. Ende Nov. - Weihnachten, Anfang Jan. -
Anfang Feb., Montag außer Ende Juni - Anfang Aug. und Feiertage
Rest – Menü 22 € – Karte 16/39 €
♦ Schön ist die Aussicht von diesem Restaurant in den Dünen. Für die bürgerlich-regionale Küche verwendet man viele heimische Produkte. Große Kuchenauswahl.

Strandhalle
◁ Strand,
Höhenpromenade 5 ⊠ 26465 – ℰ (04972) 99 07 76 – mail@stadthalle.info
– Fax (04972) 990372
Rest – Karte 18/33 €
♦ Ein bekanntes und beliebtes Restaurant mit Blick auf Dünen und Strand. Moderner Stil und warme Töne bestimmen die Einrichtung. Viele Grillgerichte und ein gutes Salatbuffet.

LANGERRINGEN – Bayern – siehe Schwabmünchen

LAUBACH – Hessen – 543 – 10 280 Ew – Höhe 207 m – Luftkurort   38 **G13**
▶ Berlin 478 – Wiesbaden 101 – Frankfurt am Main 71 – Gießen 28
🛈 Friedrichstr. 11 (Rathaus), ⊠ 35321, ℰ (06405) 92 13 21, tourist-info@
laubach-online.de

Waldhaus
An der Ringelshöhe 7 (B 276, Richtung Mücke, Ost : 2 km) ⊠ 35321 – ℰ (06405)
9 14 00 – landhotel-waldhaus@t-online.de – Fax (06405) 914044
31 Zim ⊇ – †57/69 € ††85/95 € – ½ P 19 € – **Rest** – (geschl. Sonntagabend)
Menü 23 € – Karte 25/42 €
♦ Ein außerhalb gelegenes Landhotel mit soliden Zimmern - z. T. mit Südbalkon und Wohnecke. Zum Haus gehören ein parkähnlicher Garten und eine Eventscheune. Restaurant mit urig-rustikaler Ofenstube.

Café Göbel garni
Friedrichstrs. 2 ⊠ 35321 – ℰ (06405) 9 13 80 – cafegoebel@aol.com – Fax (06405)
913838
10 Zim ⊇ – †38/56 € ††84/90 €
♦ Der nette kleine Familienbetrieb mit Bäckerei und Café beherbergt liebevoll im Laura-Ashley-Stil eingerichtete Gästezimmer.

781

LAUBACH

Laubacher Wald mit Zim
(Nahe der B 276, Richtung Schotten, Ost : 3 km) ⌧ 35321 – ✆ *(06405) 9 10 00*
– *laubacherwald@t-online.de – Fax (06405) 910050*
11 Zim ⌑ – †40/45 € ††60/65 € – ½ P 12 € – **Rest** *– (geschl. Dienstag)* Karte 12/30 €

♦ Viel helles Holz schafft eine ländliche Atmosphäre in diesem idyllisch im Wald gelegenen Landgasthof, einer ehemaligen Bahnstation. Regionale und bürgerliche Küche. Zum Übernachten bietet man unterschiedlich eingerichtete Gästezimmer.

In Laubach-Freienseen Nord-Ost : 5 km über B 276 Richtung Mücke :

Landgasthaus Waldschenke
Tunnelstr. 42 (außerhalb 0,5 km, an der B 276) ⌧ 35321 – ✆ *(06405) 61 10*
– *landgasthaus-waldschenke@t-online.de – Fax (06405) 500155 – geschl. Jan.*
1 Woche, 6. - 18. Okt. und Montag, Sept. - Mai Montag - Dienstagmittag
Rest – Menü 34 € – Karte 24/44 €

♦ Nette Stuben laden zum Verweilen in rustikalem Rahmen ein. Hübsch eingedeckte Tische erwarten den Gast, im Sommer auch eine schöne Gartenterrasse.

LAUCHHEIM – Baden-Württemberg – **545** – 4 600 Ew – Höhe 492 m   56 **I18**
▶ Berlin 557 – Stuttgart 95 – Augsburg 93 – Aalen 16

Roter Ochsen
Hauptstr. 24 ⌧ 73466 – ✆ *(07363) 53 29 – info@roter-ochsen-lauchheim.de*
– *Fax (07363) 7324 – geschl. Ende Aug. - Anfang Sept. 2 Wochen*
16 Zim ⌑ – †35/51 € ††57/81 € – **Rest** *– (geschl. Montag)* Karte 18/37 €

♦ Seit 1889 befindet sich dieses tadellos unterhaltene Haus am Marktplatz in Familienbesitz. Die Gästezimmer sind zeitlos möbliert und funktionell. Restaurant in ländlichem Stil.

LAUCHRINGEN – Baden-Württemberg – siehe Waldshut-Tiengen

LAUCHSTÄDT, BAD – Sachsen-Anhalt – **542** – 5 050 Ew – Höhe 113 m   31 **M11**
▶ Berlin 185 – Magdeburg 100 – Leipzig 11 – Halle (Saale) 15

Kurpark-Hotel garni
Parkstr. 15 ⌧ 06246 – ✆ *(034635) 90 90 – info@*
kurpark-hotel-bad-lauchstaedt.de – Fax (034635) 90022
32 Zim ⌑ – †49/60 € ††74/90 €

♦ Recht ruhig liegt das Hotel an den Historischen Kuranlagen. Die geschmackvollen Zimmer tragen die Namen großer Persönlichkeiten, die in der Stadt zu Gast waren.

LAUDA-KÖNIGSHOFEN – Baden-Württemberg – **545** – 15 290 Ew – Höhe 192 m   49 **H16**
▶ Berlin 535 – Stuttgart 120 – Würzburg 40 – Bad Mergentheim 12

Ratskeller mit Zim
Josef-Schmitt-Str. 17 (Lauda) ⌧ 97922 – ✆ *(09343) 6 20 70 – ratskeller-lauda@*
t-online.de – Fax (09343) 620716
11 Zim ⌑ – †46/52 € ††69/78 € – **Rest** *– (geschl. Montag)* Menü 25/42 €
– Karte 22/40 €

♦ Überwiegend regionale Küche bietet das von der Inhaberfamilie geführte Restaurant. Nett: der Biergarten hinter dem Haus. Historischer Gewölbekeller für Veranstaltungen.

Landhaus Gemmrig mit Zim
Hauptstr. 68 (Königshofen) ⌧ 97922 – ✆ *(09343) 70 51 – landhaus.gemmrig@*
t-online.de – Fax (09343) 7053 – geschl. 1. - 10. Jan.
5 Zim ⌑ – †34/40 € ††56/60 € – **Rest** *– (geschl. Sonntagabend - Montag)* Karte 13/24 €

♦ Ein netter Familienbetrieb: Der Chef kocht für die Gäste Regionales und Internationales, die Chefin kümmert sich freundlich um den Service.

LAUDA-KÖNIGSHOFEN

Im Stadtteil Beckstein Süd-West : 2 km ab Königshofen über B 292 – Erholungsort :

Adler
*Weinstr. 24 ✉ 97922 – ℰ (09343) 20 71 – info@hotel-adler-beckstein.de
– Fax (09343) 8907*
26 Zim ⌑ – †36/38 € ††55/64 € – ½ P 12 € – **Rest** *– (geschl. Montagmittag, Donnerstagmittag) Karte 12/31 €*
♦ Der gut geführte Gasthof beherbergt seine Besucher in solide eingerichteten, sauberen Zimmern. Mit schön gestaltetem kleinem Freizeitbereich im UG. Gediegenes Restaurant und urige Weinstube mit Gewölbe und Kachelofen.

Gästehaus Birgit garni
Am Nonnenberg 12 ✉ 97922 – ℰ (09343) 9 98 – info@hotelbirgit.de – Fax (09343) 990 – geschl. Jan.
16 Zim ⌑ – †38 € ††60 €
♦ Das Interieur des kleinen Hotels in schöner, ruhiger Lage unterhalb der Weinberge ist im rustikalen Stil gehalten. Bekannte Becksteiner Weinlagen geben den Zimmern ihre Namen.

> Frühstück inklusive? Die Tasse ⌑ steht gleich hinter der Zimmeranzahl.

LAUDENBACH – Bayern – 546 – 1 420 Ew – Höhe 127 m   48 **G16**
▶ Berlin 580 – München 358 – Würzburg 51 – Amorbach 14

Zur Krone
*Obernburger Str. 4 ✉ 63925 – ℰ (09372) 24 82 – krone@romantikhotels.com
– Fax (09372) 10112*
16 Zim ⌑ – †62/95 € ††110/155 € – 7 Suiten – **Rest** *– (geschl. Feb. 2 Wochen, Aug. 2 Wochen und Donnerstag, Montag - Dienstag sowie Freitag nur Abendessen) Karte 26/47 €*
♦ Etwa 400 Jahre alt ist der von der Familie geleitete Gasthof in dem beschaulichen Örtchen. Besonders wohnlich sind die Suiten mit Küchenzeile. Urtümliche Gemütlichkeit herrscht in den Gaststuben. Gartenterrasse.

Goldner Engel mit Zim
*Miltenberger Str. 5 ✉ 63925 – ℰ (09372) 9 99 30 – goldner-engel@t-online.de
– Fax (09372) 999340 – geschl. 1. - 11. Jan.*
9 Zim ⌑ – †37/40 € ††63/67 € – **Rest** *– (geschl. Mittwoch) Menü 25/52 €
– Karte 21/48 €*
♦ Ein familiengeführter Gasthof mit Metzgerei. Kachelofen und Parkettfußboden unterstreichen den nahezu ursprünglichen Charakter des Restaurants. Bürgerlich-regionales Angebot.

LAUF AN DER PEGNITZ – Bayern – 546 – 26 210 Ew – Höhe 327 m   50 **L16**
▶ Berlin 417 – München 173 – Nürnberg 20 – Bayreuth 62
ℹ *Urlasstr. 22 (Rathaus), ✉ 91207, ℰ (09123) 18 41 13, info@stadt.lauf.de*

Zur Post   Biergarten
*Friedensplatz 8 ✉ 91207 – ℰ (09123) 95 90 – reservierung@hotelzurpost-lauf.de
– Fax (09123) 959400*
40 Zim ⌑ – †67 € ††92 € – **Rest** *– (geschl. 1. - 7. Jan. und Montag) Karte 16/30 €*
♦ Hier finden Sie eine Unterkunft, die mit ihren vorbildlich gepflegten und wohnlich eingerichteten Gästezimmern überzeugt. Für besondere Anlässe: die Hochzeitssuite. In den getäfelten Gaststuben wird sowohl Regionales als auch Internationales angeboten.

Altes Rathaus
Marktplatz 1 ✉ 91207 – ℰ (09123) 27 00 – Fax (09123) 984406 – geschl. Montagmittag
Rest *– Karte 14/32 €*
♦ Das hübsche historische Haus direkt am Marktplatz beherbergt ein mit Holzbalken und schönem Ofen nett gestaltetes Restaurant. Regionale Küche mit italienischem Einfluss.

783

LAUF AN DER PEGNITZ
An der Straße nach Altdorf Süd : 2,5 km :

Waldgasthof Am Letten Biergarten
Letten 13 ⊠ 91207 Lauf an der Pegnitz – ℰ (09123) 95 30 – info@waldgasthof-am-letten.de – Fax (09123) 2064 – geschl. 22. Dez. - 6. Jan.
52 Zim ⊊ – †71 € ††97 € – **Rest** – *(geschl. Sonn- und Feiertage)* Karte 17/40 €
♦ Hübsch am Waldrand und doch recht verkehrsgünstig liegt dieses Hotel mit gut unterhaltenen Gästezimmern mit hellen Naturholzmöbeln. Ländlicher Charme umgibt Sie in gemütlichen Gasträumen.

LAUFENBURG (BADEN) – Baden-Württemberg – 545 – 8 470 Ew – Höhe 337 m – Erholungsort
61 **E21**

▶ Berlin 812 – Stuttgart 195 – Freiburg im Breisgau 83 – Waldshut-Tiengen 15

🛈 Hauptstr. 26, ⊠ 79725, ℰ (07763) 8 06 51, kulturamt.verkehrsamt@laufenburg-baden.de

Rebstock ← Rhein,
Haupstr. 28 ⊠ 79725 – ℰ (07763) 9 21 70 – info@hotel-rebstock-laufenburg.de – Fax (07763) 921792 – geschl. 23. Dez. - 6. Jan.
24 Zim ⊊ – †40/65 € ††68/85 € – **Rest** – *(geschl. 24. Dez. - 6. Jan. und Samstag, Sonntagabend)* Karte 15/34 €
♦ Das Stadthaus aus dem 16. Jh. stellt eine praktische Übernachtungsadresse dar. Die Zimmer unterscheiden sich nach Lage und Größe - teils mit Blick zum Rhein. Ländlichgediegenes, typisch badisches Restaurant.

Alte Post mit Zim
Andelsbachstr. 6 ⊠ 79725 – ℰ (07763) 9 24 00 – info@alte-post-laufenburg.de – Fax (07763) 924040
12 Zim ⊊ – †50/64 € ††80/98 € – ½ P 18 € – **Rest** – *(geschl. Montag - Dienstagmittag)* Menü 32 € – Karte 23/45 €
♦ In dem bürgerlichen Restaurant mit neuzeitlichem, leicht elegantem Wintergarten umsorgt Sie ein freundlicher Service. Auch wohnliche, funktionelle Gästezimmer stehen bereit.

In Laufenburg-Luttingen Ost : 2,5 km über B 34 :

Kranz Rest,
Luttinger Str. 22 (B 34) ⊠ 79725 – ℰ (07763) 9 39 90 – info@kranz-luttingen.de – Fax (07763) 939929
14 Zim ⊊ – †39/45 € ††60/70 € – **Rest** – *(geschl. Dienstag - Mittwoch, Mai - Okt. Dienstagmittag und Mittwoch)* Karte 23/32 €
♦ Schon seit mehreren Generationen werden in diesem familiengeführten Haus Gäste beherbergt. Die Zimmer sind zeitgemäß und praktisch eingerichtet. Auch Appartements.

LAUFFEN AM NECKAR – Baden-Württemberg – 545 – 11 100 Ew – Höhe 175 m
55 **G17**

▶ Berlin 613 – Stuttgart 49 – Heilbronn 10 – Ludwigsburg 33

Gästehaus Kraft garni
Nordheimer Starße 50 ⊠ 74348 – ℰ (07133) 9 82 50 – info@gaestehaus-kraft.de – Fax (07133) 982523 – geschl. 24. Dez. - 6. Jan.
33 Zim – †43 € ††66 €
♦ Ruhig liegt der Familienbetrieb in den Weinbergen am Ortsrand. Besonders hübsch sind die neueren Zimmer, freundlich und hell ist der Frühstücksraum mit Wintergarten.

Elefanten mit Zim
Bahnhofstr. 12 ⊠ 74348 – ℰ (07133) 9 50 80 – info@hotel-elefanten.de – Fax (07133) 950829 – geschl. 1. - 6. Jan., Aug. 2 Wochen
12 Zim ⊊ – †58/70 € ††85/95 € – **Rest** – *(geschl. Freitag)* Menü 18 € (mittags) – Karte 29/44 €
♦ Das familiär geleitete Haus beherbergt hinter seiner hübschen Fachwerkfassade ein Restaurant mit elegantem Touch, in dem man internationale und schwäbische Küche serviert.

LAUINGEN AN DER DONAU – Bayern – 546 – 10 980 Ew – Höhe 439 m 56 **J19**
▶ Berlin 550 – München 113 – Augsburg 59 – Donauwörth 31

Kannenkeller Biergarten
Dillinger Str. 26 (B 16) ⊠ 89415 – ℰ (09072) 70 70 – info@hotel-kannenkeller.de – Fax (09072) 707707
24 Zim – †68/78 € ††88/98 € – **Rest** – *(geschl. Freitag)* Karte 15/49 €
♦ Ein stattliches Gasthaus von 1825 und ein Hotelanbau bilden diesen Familienbetrieb. Erhaltene Natursteinwände zieren den historischen Bereich. Funktionelle, zeitgemäße Zimmer. Teil des Restaurants ist der Wintergarten mit Blick ins Grüne.

LAUMERSHEIM – Rheinland-Pfalz – 543 – 900 Ew – Höhe 108 m 47 **E16**
▶ Berlin 626 – Mainz 68 – Mannheim 25 – Kaiserslautern 41

Zum Weißen Lamm
Hauptstr. 38 ⊠ 67229 – ℰ (06238) 92 91 43 – Fax (06238) 926716
– *geschl. Jan. 3 Wochen, Juli 2 Wochen, Okt. 2 Wochen und Dienstag - Mittwoch*
Rest – *(Montag - Freitag nur Abendessen)* Menü 35/70 € – Karte 31/45 €
♦ Das ländlich-elegante familiengeführte Restaurant spiegelt den sympathischen Charakter des kleinen Weindorfes wider. Gekocht wird international wie regional. Innenhofterrasse.

LAUPHEIM – Baden-Württemberg – 545 – 18 900 Ew – Höhe 528 m 64 **I20**
▶ Berlin 637 – Stuttgart 118 – Konstanz 136 – Ulm (Donau) 26

Laupheimer Hof Biergarten
Rabenstr. 13 ⊠ 88471 – ℰ (07392) 97 50 – info@laupheimer-hof.de – Fax (07392) 975222
32 Zim – †63/85 € ††105/129 € – **Rest** – *(nur Abendessen)* Menü 33 € – Karte 23/37 €
♦ Das Stadthaus mit Fachwerkfassade befindet sich im Zentrum des Ortes. Die Einrichtung der Zimmer reicht von rustikal, über neuzeitlich bis hin zum klar-modernen Zen-Stil. Geradlinig und asiatisch geprägt ist das Ambiente im Restaurant.

Rössle
Lange Str. 32 ⊠ 88471 – ℰ (07392) 7 00 29 65 – roessle-laupheim@t-online.de – Fax (07392) 7002067 – geschl. Ende Juni 2 Wochen und Dienstag, Samstagmittag
Rest – Menü 20/25 € – Karte 20/33 €
♦ Das ehemalige Brauereigasthaus in der Ortsmitte beherbergt heute ein modern und doch zeitlos gehaltenes Restaurant mit sehr nettem verkehrsgeschütztem Terrassenbereich.

LAUTENBACH (ORTENAUKREIS) – Baden-Württemberg – 545 – 1 930 Ew – Höhe 215 m – Luftkurort 54 **E19**
▶ Berlin 742 – Stuttgart 143 – Karlsruhe 72 – Offenburg 19
ℹ Hauptstr. 48, ⊠ 77794, ℰ (07802) 92 59 13, edv@lautenbach-renchtal.de
◉ Wallfahrtskirche Mariä Himmelfahrt (Hochaltar★)

Auf dem Sohlberg Nord-Ost : 6 km

Berggasthaus Wandersruh ≤ Schwarzwald und Rheinebene,
Sohlbergstr. 34 ⊠ 77794 Lautenbach – ℰ (07802) 24 73 – wandersruh@t-online.de – Fax (07802) 50915 – geschl. 7. - 31. Jan.
21 Zim – †34/40 € ††64/70 € – ½ P 12 € – **Rest** – *(geschl. Dienstag)* Karte 14/28 €
♦ Angenehm ruhig liegt das ehemals landwirtschaftlich genutzte Anwesen auf einem Berg. Ein recht schlichter, aber sehr gepflegter Familienbetrieb. Ländliche Gaststube - die Fensterplätze bieten eine schöne Aussicht.

LAUTERBACH – Hessen – 543 – 14 580 Ew – Höhe 296 m – Luftkurort 38 **H13**
▶ Berlin 457 – Wiesbaden 151 – Fulda 24 – Gießen 68
ℹ Marktplatz 1, ⊠ 36341, ℰ (06641) 18 41 12, info@lauterbach-hessen.de
🚉 Lauterbach, Hofstr. 14 ℰ (06641) 9 61 30

LAUTERBACH

Schubert
Kanalstr. 12 ⌂ 36341 – ℰ (06641) 9 60 70 – info@hotel-schubert.de
– Fax (06641) 5171
33 Zim – †67/107 € ††118/128 € – ½ P 26 €
Rest – (geschl. Juli 3 Wochen und Sonntag - Dienstag, nur Abendessen)
Menü 43/47 € – Karte 31/45 €
Rest *Brasserie* – (geschl. Juli, Sonntagabend) Karte 20/34 €

♦ Das vom Inhaber gut geführte Hotel befindet sich im Zentrum, direkt an der Lauter. Den Gast erwarten individuelle und wohnliche Zimmer, teilweise besonders großzügig. Helles, im mediterranen Stil gehaltenes Restaurant. Neuzeitliche Brasserie.

LAUTERBERG, BAD – Niedersachsen – 541 – 11 910 Ew – Höhe 296 m – Kneippheilbad
29 **J10**

▶ Berlin 272 – Hannover 116 – Erfurt 104 – Göttingen 49

ℹ Ritscherstr. 4 (Haus des Gastes), ⌂ 37431, ℰ (05524) 9 20 40, info@badlauterberg-harz.de

Revita
Sebastian-Kneipp-Promenade 56 ⌂ 37431 – ℰ (05524) 8 31 – urlaub@revita-hotel.de – Fax (05524) 80412
260 Zim ⌑ – †117/132 € ††182/202 € – ½ P 13 € – 13 Suiten
Rest – Karte 18/33 €

♦ Liebevoll im Landhausstil eingerichtet sind die Gästezimmer des Familienbetriebs. Zum Anwesen gehören ein hauseigner Park und ein 3000 qm großer, schöner Wellnessbereich. Klassisches Ambiente im Hotelrestaurant.

Vital Resort Mühl
Ritscherstr. 1 ⌂ 37431 – ℰ (05524) 8 50 80
– info@vitalresortmuehl.de – Fax (05524) 850834
82 Zim (inkl. ½ P.) – †77/112 € ††154/234 € – 22 Suiten – **Rest** – Menü 37/42 €
– Karte 30/44 €

♦ Wohnliche Zimmer und ländlich-elegante Suiten sowie ein beeindruckender, geschmackvoll gestalteter Freizeitbereich zeichnen dieses Ferien- und Wellnesshotel aus. In verschiedene Stuben unterteiltes Restaurant.

LAUTERECKEN – Rheinland-Pfalz – 543 – 2 320 Ew – Höhe 169 m
46 **D16**

▶ Berlin 649 – Mainz 83 – Bad Kreuznach 40 – Kaiserslautern 32

Pfälzer Hof
Hauptstr. 12 ⌂ 67742 – ℰ (06382) 73 38 – info@pfaelzer-hof.de – Fax (06382) 993704 – geschl. Nov. 1 Woche, Aug. 1 Woche
19 Zim ⌑ – †41/43 € ††60/65 € – ½ P 15 € – **Rest** – (geschl. Donnerstag, Sonntagabend) Karte 15/29 €

♦ Der gut geführte kleine Gasthof im Ortskern verfügt über gepflegte, rustikale Zimmer. In einem recht ruhig gelegenen Gästehaus befinden sich vier weitere Zimmer. Grillplatz. Ländliches Restaurant mit regionaler Karte.

LEBACH – Saarland – 543 – 21 570 Ew – Höhe 275 m
45 **B16**

▶ Berlin 722 – Saarbrücken 26 – Saarlouis 19 – St. Wendel 28

Locanda Grappolo d'Oro
Mottener Str. 94 (B 268, Gewerbegebiet, West : 2 km) ⌂ 66822 – ℰ (06881) 33 39
– Fax (06881) 53523 – geschl. 28. Jan. - 7. Feb., Aug. 3 Wochen und Montag, Samstagmittag
Rest – Menü 53/64 €

♦ Im Gewerbegebiet befindet sich das von der Inhaberfamilie geleitete Restaurant. In neuzeitlichem Ambiente serviert man eine italienisch beeinflusste Küche.

> Wie entscheidet man sich zwischen zwei gleichwertigen Adressen?
> In jeder Kategorie sind die Häuser nochmals geordnet,
> die besten Adressen stehen an erster Stelle.

LECHBRUCK – Bayern – 546 – 2 470 Ew – Höhe 737 m 65 K21
▶ Berlin 695 – München 96 – Augsburg 90 – Reutte 39

Landhaus Gsteig
Gsteig 1 (Nord-West : 3 km, Richtung Bernbeuren, dann links ab) ✉ 86983
– ℰ (08862) 9 87 70 – info@landhaus-gsteig.de – Fax (08862) 98777
21 Zim ⊡ – †60/80 € ††90/140 € – ½ P 19 € – **Rest** – Karte 17/34 €
♦ Die sehr schöne Lage am Golfplatz sowie wohnlich-ländliche Gästezimmer machen dieses Hotel aus. Vier Panoramazimmer bieten Bergblick. Netter kleiner Saunabereich. Mit viel hellem Holz hat man das Restaurant freundlich-rustikal gestaltet. Vor allem von der Terrasse hat man eine tolle Sicht auf die Alpen.

LECK – Schleswig-Holstein – 541 – 7 630 Ew – Höhe 6 m 1 G2
▶ Berlin 453 – Kiel 110 – Sylt (Westerland) 36 – Flensburg 33
🅸 Stadum, Hof Berg 3 ℰ (04662) 7 05 77

In Enge-Sande Süd : 4 km :

Dörpskrog - De ole Stuuv mit Zim
Dorfstr. 28 (Enge) ✉ 25917 – ℰ (04662) 31 90 – doerpskrog@foni.net
– Fax (04662) 3195 – geschl. 14. - 28. Jan.
7 Zim ⊡ – †50/70 € ††80/100 € – **Rest** – (geschl. Montag) Menü 20/32 € – Karte 21/36 €
♦ Das kleine Restaurant in dem ehemaligen Dorfgasthaus mit roter Klinkerfassade ist stilvoll-rustikal eingerichtet und geschmackvoll dekoriert. Tipptopp gepflegte Zimmer.

LEER – Niedersachsen – 541 – 33 980 Ew – Höhe 3 m 16 D6
▶ Berlin 495 – Hannover 234 – Emden 31 – Groningen 69
🅸 Ledastraße 10, ✉ 26789, ℰ (0491) 91 96 96 70, touristik@leer.de

Frisia garni
Bahnhofsring 16 ✉ 26789 – ℰ (0491) 9 28 40 – info@frisia.bestwestern.de
– Fax (0491) 9284400
82 Zim ⊡ – †85/106 € ††115/142 €
♦ Die komfortablen Zimmer dieses direkt am Bahnhof gelegenen Hotels bieten eine funktionelle, neuzeitliche Ausstattung und ein gutes Platzangebot - teils mit verglasten Erkern.

Ostfriesen Hof
Groninger Str. 109 ✉ 26789 – ℰ (0491) 6 09 10 – hotel.ostfriesen.hof@t-online.de
– Fax (0491) 6091199
60 Zim ⊡ – †61/95 € ††95/120 € – **Rest** – Karte 23/48 €
♦ Direkt am Deich steht das Hotel mit seinen funktionellen und zeitgemäßen Zimmern sowie guten Tagungsmöglichkeiten. Vom Frühstücksraum hat man eine schöne Aussicht. Bürgerliches Restaurant mit Wintergarten.

Zur Waage und Börse
Neue Str. 1 ✉ 26789 – ℰ (0491) 6 22 44 – Fax (0491) 62244 – geschl. 1. - 25. Jan., 15. - 30. Okt. und Montag - Dienstag
Rest – Menü 38 € – Karte 28/37 €
♦ Malerisch liegt das ehemalige Waaghaus a. d. J. 1714 am Museumshafen. Das regionstypische Backsteinhaus beherbergt heute ein nettes Restaurant in friesischem Stil.

LEGDEN – Nordrhein-Westfalen – 543 – 6 760 Ew – Höhe 72 m 26 C9
▶ Berlin 525 – Düsseldorf 113 – Nordhorn 55 – Münster (Westfalen) 49

Hermannshöhe
Haulingort 30 (B 474, Süd-Ost : 1 km Richtung Coesfeld) ✉ 48739 – ℰ (02566) 9 30 00 – info@landhotel-hermannshoehe.de – Fax (02566) 930060
55 Zim ⊡ – †29/56 € ††55/105 € – **Rest** – Karte 14/28 €
♦ Das 1884 an einer Zollstation erbaute Gasthaus ist heute seit vielen Jahren von der Inhaberfamilie geleitetes Hotel. Besonders schön sind die Neubauzimmer mit Balkon. Ein großer alter Müsterländer Kamin ziert das rustikale Restaurant.

LEHMKUHLEN – Schleswig-Holstein – siehe Preetz

LEHRTE – Niedersachsen – 541 – 44 090 Ew – Höhe 60 m 19 **I8**
▶ Berlin 268 – Hannover 22 – Braunschweig 47 – Celle 33

Median
Zum Blauen See 3 (an der B 443) ⌧ 31275 – ℰ (05132) 8 29 00 – info@median-hotel.de – Fax (05132) 8290555
141 Zim ⌒ – †70/112 € ††85/137 € – 5 Suiten
Rest – (nur Abendessen) Karte 16/35 €
Rest Maximilian's – Menü 19 € (mittags, nur Buffet)/22 € (abends, nur Buffet)
♦ Funktionelle Zimmer in den Kategorien "Standard", "Business" und "Superior" sowie Suiten ermöglichen komfortables Wohnen und erfolgreiches Arbeiten. Vivaldi mit mediterranem Touch. Buffet-Restaurant Maximilian's.

In Lehrte-Ahlten Süd-West : 4 km :

Landhotel Behre garni
Zum Großen Freien 3 ⌧ 31275 – ℰ (05132) 8 67 80 – info@landhotel-behre.de – Fax (05132) 867814 – geschl. 22. Dez. - 6. Jan.
30 Zim ⌒ – †65 € ††95 €
♦ Einige Bereiche dieses ehemaligen Bauernhofs hat man zu einem netten Landhotel umgebaut. Hinter der regionstypischen Klinkerfassade verbergen sich solide, wohnliche Zimmer.

LEIMEN – Baden-Württemberg – 545 – 27 050 Ew – Höhe 118 m 47 **F17**
▶ Berlin 634 – Stuttgart 109 – Mannheim 25 – Heidelberg 7

Villa Toskana
Hamburger Str. 4 ⌧ 69181 – ℰ (06224) 8 29 20 – info@hotel-villa-toskana.de – Fax (06224) 829211 – geschl. 23. - 31. Dez.
174 Zim ⌒ – †115/136 € ††115/144 € – 4 Suiten – **Rest** – (geschl. Freitag - Sonntag, nur Abendessen) Menü 22/26 € – Karte 29/45 €
♦ Eine südländische Note begleitet Sie von der Halle bis in die mit Parkettfußboden und hellen, warmen Farben eingerichteten Zimmer. Großzügiger Wellnessbereich. Freundliches Restaurant in mediterranem Stil.

Seipel garni
Bürgermeister-Weidemaier-Str. 26 ⌧ 69181 – ℰ (06224) 98 20 – info@hotelseipel.de – Fax (06224) 982222 – geschl. 21. Dez. - 7. Jan.
23 Zim ⌒ – †75/80 € ††89/98 €
♦ Das familiengeführte Haus liegt in einem Wohngebiet nahe dem Sportpark und ist neuzeitlich und wohnlich mit mediterranem Touch eingerichtet.

Engelhorn garni
Ernst-Naujoks-Str. 2 ⌧ 69181 – ℰ (06224) 70 70 – info@hotel-engelhorn.de – Fax (06224) 707200 – geschl. 20. Dez. - 7. Jan.
43 Zim – †80/85 € ††99/110 €
♦ Besonders Geschäftsreisende schätzen dieses solide Hotel wegen seiner neuzeitlich und funktionell mit Kirschbaummobiliar eingerichteten Zimmer.

Weinstube Jägerlust
Rohrbacher Str. 101 ⌧ 69181 – ℰ (06224) 7 72 07 – info@seegerweingut.de – Fax (06224) 78363 – geschl. 23. Dez. - 14. Jan., 4. - 10 Feb., 21. - 30. März, 22. - 25. Mai, 16. Aug. - 14. Sept. und Samstag - Montag
Rest – (nur Abendessen) (Tischbestellung ratsam) Karte 24/40 €
♦ In der aus zwei gemütlichen Räumen bestehenden Stube eines Weinguts reicht man eine kleine Karte mit regionalen Speisen - ergänzt durch Tafeln oder mündliche Empfehlungen.

Seeger's Weinstube
Joh.-Reidel-Str. 2 ⌧ 69181 – ℰ (06224) 7 14 96 – info@weinstube-seeger.de – Fax (06224) 72400 – geschl. 4. - 23. Aug., 24. Dez. - 6. Jan. und Dienstag
Rest – (nur Abendessen) Karte 19/39 €
♦ Dunkles Holz trägt zum ländlichen Charakter der netten, rustikal-bürgerlichen Stube bei. Freundlich serviert man Ihnen eine regionale Küche. Weinberankte Innenhofterrasse.

788

LEIMEN

In Leimen-Gauangelloch Süd-Ost : 8 km :

Gasthof zum Schwanen mit Zim
Hauptstr. 38 – ⊠ 69181 – ℰ (06226) 78 54 03 – epost@schwanen-gauangelloch.de
– Fax (06226) 787348 – geschl. über Fasching 2 Wochen, Ende Aug. 1 Woche
5 Zim ⊆ – †65 € ††79 € – **Rest** – (geschl. Sonntag - Montag, nur Abendessen)
Menü 24/48 € – Karte 36/43 €
♦ Mediterran beeinflusste Küche serviert man in dem neuzeitlich gestalteten Restaurant sowie auf der netten Terrasse. Am Wochenende werden Kochkurse angeboten. Hübsche wohnlich-moderne Gästezimmer.

In Leimen-Lingental Ost : 3 km, über Heltenstraße :

Lingentaler Hof
Kastanienweg 2 – ⊠ 69181 – ℰ (06224) 9 70 10 – hotellingentalerhof@t-online.de
– Fax (06224) 970119 – geschl. 1. - 13. Jan., 27. Juli - 17. Aug.
15 Zim ⊆ – †55 € ††78 € – **Rest** – (geschl. Sonntagabend - Montag) Karte 20/36 €
♦ Das kleine Hotel ist oberhalb des Ortes auf einer Anhöhe zwischen Feldern und Wiesen gelegen und überzeugt mit seinen gepflegten Zimmern. Restaurant mit regionaler und internationaler Küche.

LEINEFELDE-WORBIS – Thüringen – 544 – 21 100 Ew – Höhe 320 m   29 J11
▶ Berlin 314 – Erfurt 83 – Heiligenstadt 15

Im Ortsteil Worbis

Drei Rosen
Bergstr. 1 – ⊠ 37339 – ℰ (036074) 97 60 – hotel@3rosen.de – Fax (036074) 97666
43 Zim – †59/63 € ††82/95 € – **Rest** – (geschl. Sonntagabend) Karte 13/29 €
♦ Das traditionsreiche Hotel befindet sich in einem massiven, roten Backsteinbau. Man begrüßt Sie mit einer gediegenen Rezeption und hält wohnlich gestaltete Zimmer bereit. Das Restaurant ist rustikal in der Aufmachung.

Im Ortsteil Wintzingerode

Waldhotel Katharinenquell
Schlossstr. 9 – ⊠ 37339 – ℰ (036074) 3 50 – info@waldhotel-katharinenquell.de
– Fax (036074) 35199 – geschl. 14. Jan. - 8. Feb.
35 Zim – †45/55 € ††65/75 € – **Rest** – Karte 17/27 €
♦ In diesem sehr ruhig am oberen Ortsrand gelegenen und geschmackvoll eingerichteten Haus stehen zweckmäßig und solide gestaltete Zimmer zum Einzug bereit. Restaurant mit hübscher Gartenterrasse.

LEINFELDEN-ECHTERDINGEN – Baden-Württemberg – siehe Stuttgart

LEINGARTEN – Baden-Württemberg – siehe Heilbronn

LEINSWEILER – Rheinland-Pfalz – 543 – 400 Ew – Höhe 263 m – Erholungsort   54 E17
▶ Berlin 673 – Mainz 122 – Karlsruhe 52 – Wissembourg 20
🛈 Hauptstr. 4, Haus des Gastes, ⊠ 76829, ℰ (06345) 35 31, ferienregion.landau-land@t-online.de

Leinsweiler Hof   ≤ Weinberge und Rheinebene,
An der Straße nach Eschbach (Süd : 1 km)
⊠ 76829 – ℰ (06345) 40 90 – info@leinsweilerhof.de – Fax (06345) 3614
(- Wiedereröffnung nach Umbau im Mai 2008)
67 Zim ⊆ – †79/110 € ††115/146 € – ½ P 21 € – **Rest** – Menü 26 € – Karte 27/39 €
♦ Schön liegt der erweiterte mächtige Sandsteinbau auf einer Anhöhe in den Weinbergen am Rande des Pfälzer Waldes. Wohnlich eingerichtete Zimmer stehen hier bereit. Restaurant mit internationaler Küche - nett ist die Gartenterrasse mit z. T. altem Baumbestand.

LEINSWEILER

Castell
Hauptstr. 32 ⌧ 76829 – ℰ (06345) 9 42 10 – castell@hotel-castell-leinsweiler.de – Fax (06345) 9421200
16 Zim ⌧ – †55/59 € ††94/110 € – ½ P 20 € – **Rest** – *(geschl. Dienstag)* Menü 18 € (mittags)/51 € – Karte 29/41 €

♦ Das neuzeitliche Gebäude mit Landhauscharakter befindet sich in einem kleinen idyllischen Weinort und verfügt über funktionell ausgestattete Zimmer. In dem hellen Restaurant serviert man internationale Küche.

Rebmann
Weinstr. 8 ⌧ 76829 – ℰ (06345) 9 54 00 – info@hotel-rebmann.de – Fax (06345) 954029 – geschl. 2. - 21. Jan.
11 Zim ⌧ – †55/65 € ††94 € – ½ P 20 € – **Rest** – *(geschl. Dez. - Feb. Mittwoch)* Karte 25/47 €

♦ Ein typischer Pfälzer Landgasthof. Hier beziehen Sie gepflegte, funktionelle Zimmer, die mit neuzeitlichem Holzmobiliar wohnlich gestaltet sind. Holzsäulen zieren das bürgerliche Restaurant. Hauseigene Patisserie.

LEIPHEIM – Bayern – 546 – 6 780 Ew – Höhe 470 m   56 I19
▶ Berlin 574 – München 117 – Stuttgart 105 – Augsburg 58

Landgasthof Waldvogel   Biergarten
Grüner Weg 1 (Süd-Ost: 2 km Richtung Bubesheim) ⌧ 89340 – ℰ (08221) 2 79 70 – info@waldvogel-leipheim.de – Fax (08221) 279734
35 Zim ⌧ – †52/56 € ††78/82 € – **Rest** – Karte 13/27 €

♦ Etwas außerhalb liegt dieser nette, familiengeführte Landgasthof, der dank Streichelzoo und Spielplatz auch bei Kindern beliebt ist. Die Zimmer sind zeitgemäß und gepflegt. Gemütlich, schwäbisch und freundlich gibt sich das Restaurant.

Leipzig: Gohliser Schlösschen

LEIPZIG

Bundesland : Sachsen
Michelin-Karte : 544
Einwohnerzahl : 497 540 Ew
Höhe : 112 m

▶ Berlin 195 – Dresden 113
– Erfurt 142
Atlas : 32 **N11**

PRAKTISCHE HINWEISE

🛈 Tourist-Information

Richard-Wagner-Str. 1, ✉ 04109, ☏ (0341) 7 10 42 60, info@lts-leipzig.de

Automobilclub

ADAC Augustusplatz 5/6 **CZ**

Flughafen

✈ Leipzig-Halle (West : 15 km über A 14), ☏ (0341) 22 40

Messegelände

Neue Messe, Messe Allee 1 **U**, ✉ 04356, ☏ (0341) 67 80, Fax (0341) 6788762

Messen

Zu Messezeiten verlangen viele Hotels erhöhte Messepreise

09.02. - 17.02. : Haus-Garten-Freizeit
09.02. - 17.02. : Mitteldeutsche Handwerksmesse
13.03. - 16.03. : Buchmesse
05.04. - 13.04. : Auto Mobil International
18.08. - 20.08. : GC 2008
19.11. - 23.11. : Touristik & Caravaning

Golfplätze

- ⛳ Leipzig-Seehausen, Bergweg 10 (An der neuen Messe) ☏ (0341) 5 21 74 42 **U**
- ⛳ Markkleeberg, Mühlweg ☏ (0341) 3 58 26 86
- ⛳ Machern, Plagwitzer Weg 6d ☏ (034292) 6 80 32
- ⛳ Noitzsch ☏ (034242) 5 03 02

👁 SEHENSWÜRDIGKEITEN

Altes Rathaus★ - Alte Börse★ (Naschmarkt) - Museum der bildenden Künste★★ **BY** - Thomaskirche★ **BZ** - Grassi-Museum (Museum für Kunsthandwerk★, Museum für Völkerkunde★, Musikinstrumenten-Museum★) **CZ**

793

LEIPZIG

Fürstenhof
Tröndlinring 8 ⊠ 04105 – ℰ (0341) 14 00 – fuerstenhof.leipzig@arabellastarwood.com – Fax (0341) 1403700
BY **c**
92 Zim – †140/310 € ††140/310 €, ⊇ 22 € – 4 Suiten – **Rest** – (geschl. Sonntag, nur Abendessen) Menü 56 € – Karte 52/68 €

♦ Das Hotel in dem klassizistischen Patrizierpalais von 1770 steht für luxuriös-elegantes Ambiente und professionellen Service. Sehr schöne Badelandschaft. Internationale Küche im klassischen, edel eingerichteten Restaurant.

The Westin
Gerberstr. 15 ⊠ 04105 – ℰ (0341) 98 80 – info@westin-leipzig.com – Fax (0341) 9881229
BY **a**
436 Zim – †180/200 € ††200/220 €, ⊇ 18 € – 17 Suiten
Rest *Falco* – separat erwähnt
Rest *Brühl* – ℰ (0341) 9 88 10 80 – Karte 33/45 €
Rest *Yamato* – ℰ (0341) 9 88 10 88 – Menü 24/59 € – Karte 25/52 €

♦ Geschmackvolles geradliniges Design begleitet den Gast von der Lobby bis in die technisch sehr gut ausgestatteten Zimmer dieses in der Innenstadt gelegenen Hotels. Japanische Küche bietet das Yamato.

Marriott
Am Hallischen Tor 1 ⊠ 04109 – ℰ (0341) 9 65 30 – leipzig.marriott@marriotthotels.com – Fax (0341) 9653999
BY **n**
231 Zim – †99/121 € ††99/121 €, ⊇ 17 € – 5 Suiten – **Rest** – Karte 27/54 €

♦ Das Hotel im Zentrum überzeugt mit sehr komfortablen, gediegen eingerichteten Zimmern, die über eine gute technische Ausstattung verfügen. Mit im Haus: eine große Sportsbar. Allie's American Grille mit internationalem Speisenangebot.

Renaissance
Großer Brockhaus 3 ⊠ 04103 – ℰ (0341) 1 29 20 – renaissance.leipzig@renaissancehotels.com – Fax (0341) 1292800
DY **a**
356 Zim – †87/229 € ††87/229 €, ⊇ 17 € – **Rest** – Menü 20 € – Karte 30/40 €

♦ Eine vornehm wirkende, lichtdurchflutete Halle empfängt Sie in dem besonders auf Tagungen ausgelegten Hotel. Hell und freundlich sind die komfortablen Zimmer gestaltet. In gediegenem Ambiente offeriert man Ihnen Internationales mit asiatischem Einfluss.

Radisson SAS
Augustusplatz 5 ⊠ 04109 – ℰ (0341) 2 14 60 – info.leipzig@radissonsas.com – Fax (0341) 2146815
CZ **f**
214 Zim – †99/140 € ††99/140 €, ⊇ 16 € – 6 Suiten – **Rest** – Karte 17/32 €

♦ Ansprechendes geradlinig-modernes Design und eine sehr gute technische Ausstattung machen die Zimmer dieses Hotels im Zentrum aus. Das Hotelrestaurant Orangerie wird ergänzt durch das kleine Bistro Weinschmecker.

Victor's Residenz
Georgiring 13 ⊠ 04103 – ℰ (0341) 6 86 60 – info@victors-leipzig.bestwestern.de – Fax (0341) 6866899
CY **e**
101 Zim ⊇ – †95/160 € ††125/180 € – **Rest** – Karte 23/30 €

♦ Komfort und Modernes machen das historische Haus - ergänzt durch einen neuen Anbau - zu einem attraktiven Hotel, das den Ansprüchen von heute gerecht wird. Das Restaurant zeigt sich ganz chic im Pariser Brasserie-Stil.

Mercure
Stephanstr. 6 ⊠ 04103 – ℰ (0341) 9 77 90 – h5406@accor.com – Fax (0341) 9779100
DZ **n**
174 Zim – †77/130 € ††97/148 € – **Rest** – Karte 21/31 €

♦ Auffällig: die verspiegelte Glassäule des Hotels. Hinter der modernen Fassade verbergen sich in Kirschbaum und warmen Farben gehaltene Zimmer mit funktionellen Schreibtischen. Durch eine Glasfront von der Halle getrenntes Restaurant mit internationaler Küche.

Michaelis
Paul-Gruner-Str. 44 ⊠ 04107 – ℰ (0341) 2 67 80 – hotel.michaelis@t-online.de – Fax (0341) 2678100
V **u**
59 Zim ⊇ – †75/149 € ††95/179 € – **Rest** – (geschl. Samstagmittag, Sonntag) Menü 35/60 € – Karte 34/49 €

♦ Denkmalgeschütztes Gebäude aus dem Jahr 1907, mit viel Liebe zum Detail renoviert. Die wohnlichen Zimmer sind mit bunten Stoffen und Originalbildern dekoriert. Stilvoll und modern zeigt sich die Einrichtung im Restaurant.

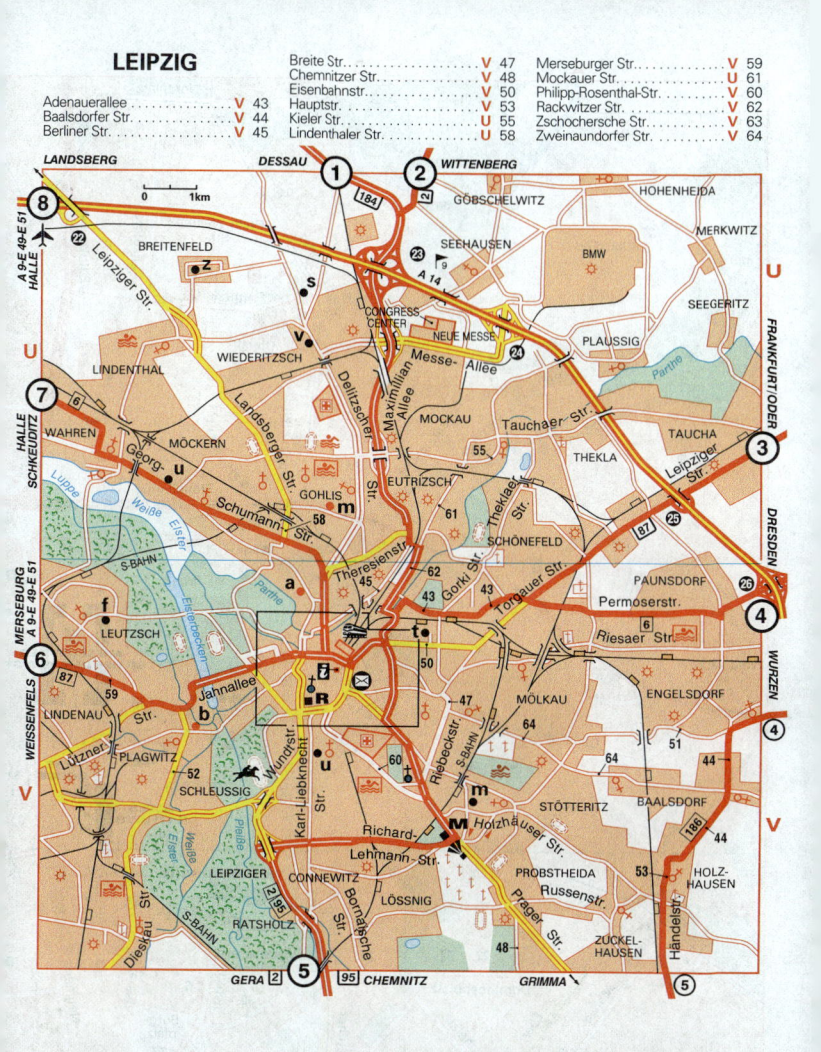

LEIPZIG

Adenauerallee .... V 43	Breite Str. .... V 47	Merseburger Str. ...... V 59
Baalsdorfer Str. ...... V 44	Chemnitzer Str. ...... V 48	Mockauer Str. .... U 61
Berliner Str. .... V 45	Eisenbahnstr. .... V 50	Philipp-Rosenthal-Str. . V 60
	Hauptstr. .... V 53	Rackwitzer Str. ...... V 62
	Kieler Str. .... U 55	Zschochersche Str. ... V 63
	Lindenthaler Str. .... U 58	Zweinaundorfer Str. .. V 64

Novotel

Goethestr. 11 ⌧ 04109 – ℰ (0341) 9 95 80 – h1784@accor.com – Fax (0341) 9958935
200 Zim – ♂67/141 € ♂♀67/141 €, ⌧ 15 €   CY **n**
Rest – Karte 19/34 €

♦ Stadthotel gegenüber dem Bahnhof, das mit seinen funktionellen Zimmern besonders auf den Businessgast zugeschnitten ist. Komfortabler: die "Blue Harmonie"-Zimmer im 8. Stock.

Holiday Inn Garden Court garni

Kurt-Schumacher-Str. 3 ⌧ 04105 – ℰ (0341) 1 25 10 – info@hi-leipzig.de – Fax (0341) 1251100
115 Zim ⌧ – ♂63/113 € ♂♀73/123 €   CY **g**

♦ Zentral in der Innenstadt gegenüber dem Bahnhof befindet sich das Hotel, in dem man in zeitgemäßen, funktionellen Zimmern wohnt.

795

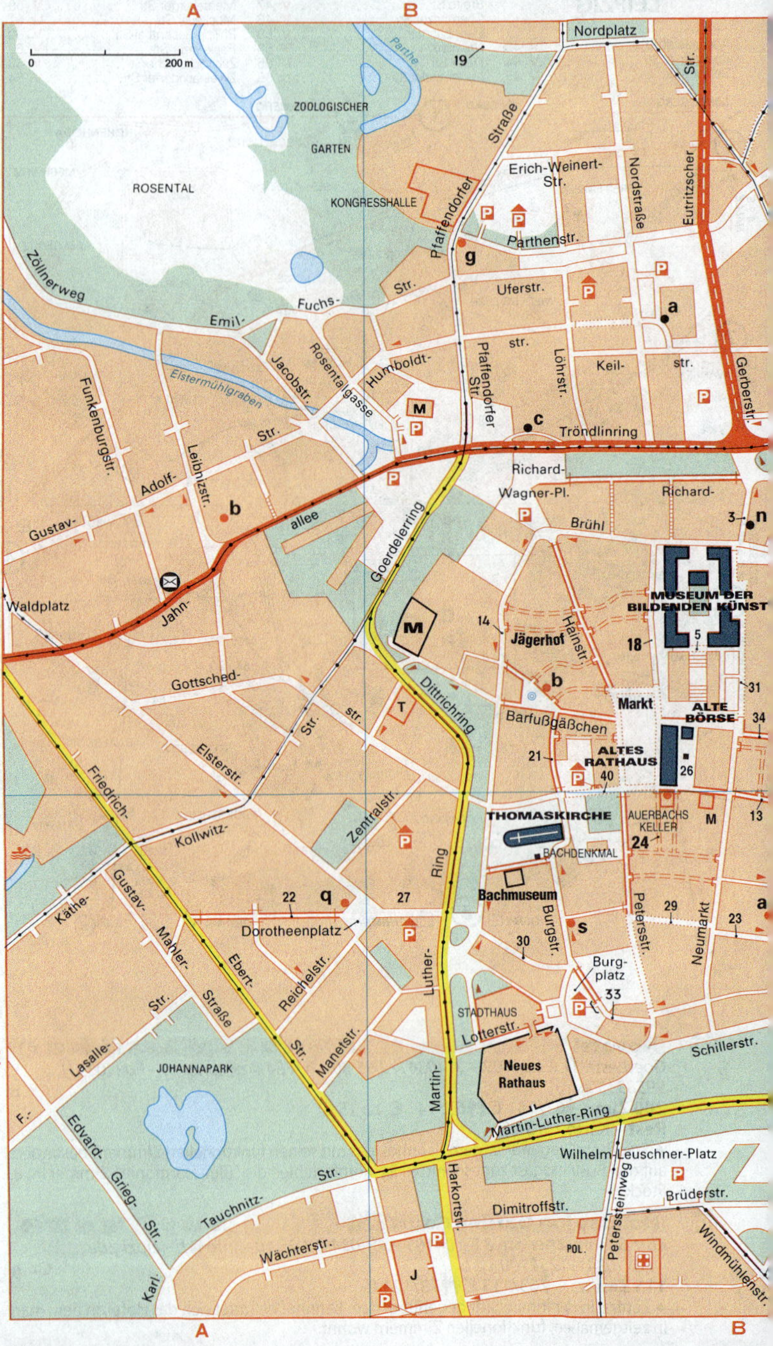
A
B
Y
Z
0
200 m
Nordplatz
Parthe
ZOOLOGISCHER
GARTEN
ROSENTAL
KONGRESSHALLE
Pfaffendorfer
Straße
Erich-Weinert-
Str.
Nordstraße
Eutritzscher
Str.
Parthenstr.
Uferstr.
Zöllnerweg
Emil-
Fuchs-
Str.
Elstermühlgraben
Jacobstr.
Rosentalgasse
Humboldt-
str.
Pfaffendorfer
Str.
Löhrstr.
Keil-
str.
Gerberstr.
Tröndlinring
Funkenburgstr.
Leibnizstr.
Adolf-
Str.
Gustav-
allee
Richard-
Wagner-Pl.
Richard-
Brühl
Goerdelerring
Waldplatz
Jahn-
allee
MUSEUM DER
BILDENDEN KÜNST
Jägerhof
Hainstr.
Gottsched-
str.
Dittrichring
Markt
ALTE
BÖRSE
Barfußgäßchen
ALTES
RATHAUS
Elsterstr.
Friedrich-
Zentralstr.
THOMASKIRCHE
AUERBACHS
KELLER
BACHDENKMAL
Kollwitz-
Str.
Ring
Bachmuseum
Käthe-
Gustav-
Mahler-
Str.
Dorotheenplatz
Burgstr.
Petersstr.
Neumarkt
Ebert-
Straße
Reichelstr.
Burg-
platz
STADTHAUS
Lotterstr.
Luther-
Martin-
Manetstr.
Str.
Schillerstr.
Lasalle-
JOHANNAPARK
Neues
Rathaus
Martin-Luther-Ring
Wilhelm-Leuschner-Platz
Edvard-
Grieg-
Str.
Tauchnitz-
Str.
Harkortstr.
Dimitroffstr.
Brüderstr.
Peterssteinweg
Windmühlenstr.
Wächterstr.
Karl-
F.-
POL.

LEIPZIG

Am Hallischen Tor	**BY** 3	Mecklenburger Str.	**DY** 25
Böttchergäßchen	**BY** 5	Naschmarkt	**BY** 26
Dörrienstr.	**DY** 8	Otto-Schill-Str.	**BZ** 27
Grimmaischer Steinweg	**CZ** 12	Preußergäßchen	**BZ** 29
Grimmaische Str.	**BCYZ** 13	Ratsfreischulstr.	**BZ** 30
Große Fleischergasse	**BY** 14	Reichsstr.	**BY** 31
Katharinenstr.	**BY** 18	Reudnitzer Str.	**DY** 32
Kickerlingsberg	**BY** 19	Schloßgasse	**BZ** 33
Klostergasse	**BY** 21	Schützenstr.	**DY** 37
Kolonnadenstr.	**AZ** 22	Schuhmachergäßchen	**BCY** 34
Kupfergasse	**BZ** 23	Specks Hof	**BCY** 38
Mädlerpassage	**BZ** 24	Steibs Hof	**CY** 39
		Thomasgasse	**BYZ** 40
		Wintergartenstr.	**CY** 42

LEIPZIG

Günnewig Hotel Vier Jahreszeiten garni
Kurt-Schumacher-Str. 23 ⊠ 04105 – ℰ (0341) 9 85 10 – vier.jahreszeiten@guennewig.de – Fax (0341) 985122
CY b
67 Zim ⊇ – †79/109 € ††99/125 €
- Wohnlichkeit und Funktionalität, moderner Komfort und aufeinander abgestimmte Farben kennzeichnen die Zimmerausstattung in diesem Hotel.

Galerie Hotel Leipziger Hof
Biergarten
Hedwigstr. 1 ⊠ 04315 – ℰ (0341) 6 97 40 – info@leipziger-hof.de – Fax (0341) 6974150
V t
73 Zim ⊇ – †74/118 € ††87/139 € – 4 Suiten – **Rest** – Karte 19/39 €
- Die Besonderheit dieses Hotels: Durch das ganze Haus werden Sie von Bildern verschiedener Künstler begleitet, die von der Stadt Leipzig zu ihren Werken inspiriert wurden.

Falco – Hotel The Westin
≤ Leipzig und Umgebung,
Gerberstr. 15, (27. Etage) ⊠ 04105 – ℰ (0341) 9 88 27 27 – info@falco-leipzig.com – Fax (0341) 9882728 – geschl. 23. - 26. Dez., 1. - 21. Jan., 21. - 31. März, 3. - 18. Aug. und Sonntag - Montag
BY a
Rest – *(nur Abendessen)* (Tischbestellung ratsam) Menü 99/144 € – Karte 81/118 €
Spez. Langoustine "Annika Maria" (April - Sept.). Meerwolf in Meersalz gegart. Erfrischung von geschmorter Paprika mit Safran-Maracuja-Vinaigrette.
- Ein modern-elegantes Restaurant im 27. Stock. Bei kreativer Küche genießen Sie die phantastische Sicht. In der Lounge kann man per Live-Cam Falken beobachten.

Stadtpfeiffer (Detlef Schlegel)
Augustusplatz 8 (Neues Gewandhaus) ⊠ 04109 – ℰ (0341) 2 17 89 20 – info@stadtpfeiffer.de – Fax (0341) 1494470 – geschl. Juli - Aug. und Sonntag - Montag
Rest – *(nur Abendessen)* Menü 78/98 € – Karte 65/83 €
CZ a
Spez. Jakobsmuschel mit Trüffel und Speck. Kotelett und gefüllte Hachse vom Milchkalb. Crème und Waffel von Walnüssen mit Ananas-Chili-Sorbet.
- In dem modernen Restaurant unterstreicht die Komplettverglasung das freundliche Ambiente. Die Küche, in der man klassische Speisen zubereitet, kann man teilweise einsehen.

Kaiser Maximilian
Neumarkt 9 ⊠ 04109 – ℰ (0341) 35 53 33 33 – info@kaiser-maximilian.de – Fax (0341) 35533339 – geschl. Sonntag
BZ a
Rest – Menü 45/60 € – Karte 40/61 €
- Eine wechselnde Ausstellung moderner Bilder und Skulpturen setzt hübsche Akzente in diesem hell wirkenden Restaurant. Mediterrane Speisekarte.

allee
Ranstädter Steinweg 28 ⊠ 04109 – ℰ (0341) 9 80 09 47 – info@restaurant-allee.de – Fax (0341) 9839180 – geschl. Aug. 3 Wochen und Montag, Samstagmittag, Sonntagmittag
AY b
Rest – Menü 20 € (mittags)/69 € (abends) – Karte 35/64 €
- Ein modernes Restaurant mit hochwertiger Einrichtung in klaren Linien und warmen Tönen sowie angenehmer Beleuchtung. Aufmerksamer Service. Mittags kleine Karte.

Auerbachs Keller - Historische Weinstuben
Grimmaische Str. 2 (Mädler-Passage) ⊠ 04109 – ℰ (0341) 21 61 00 – info@auerbachs-keller-leipzig.de – Fax (0341) 2161011
BYZ
Rest – *(geschl. Sonn- und Feiertage, nur Abendessen)* Menü 75 € – Karte 37/51 €
Rest *Großer Keller* – Karte 21/43 €
- Eine Leipziger Institution: Seit 1525 bewirtet man Gäste in der historischen Weinschenke - Goethe ließ sich hier zu seinem Faust inspirieren. Serviert wird klassische Küche. Jugendstil-Ambiente und regionales Angebot im Großen Keller.

La Cachette
Pfaffendorfer Str. 26 ⊠ 04105 – ℰ (0341) 5 62 98 67 – leipzig@restaurant-la-cachette.de – Fax (0341) 5629869 – geschl. Sonntag - Montag
BY g
Rest – Menü 33/66 € – Karte 29/37 €
- Warme Farben und Werke des Künstlers Alfons Mucha machen dieses an dem Fluss Parthe gelegene Restaurant gemütlich. Schmackhafte mediterrane Küche mit regionalen Einflüssen.

LEIPZIG

XX **Medici** VISA ⓜ AE ①
*Nikolaikirchhof 5 ⊠ 04109 – ℰ (0341) 2 11 38 78 – medici-leipzig@t-online.de
– Fax (0341) 9839399 – geschl. Feb. 2 Wochen, Juli - Aug. 2 Wochen sowie Sonn-
und Feiertage*   CY c
Rest – Menü 40/80 € – Karte 45/65 €
♦ Neben dem Blick auf die Nikolaikirche durch eine großzügige Glasfront genießt man hier in gehobenem Bistroambiente überwiegend Speisen der mediterranen Küche.

XX **Coffe Baum** 🏠 VISA ⓜ ①
*Kleine Fleischergasse 4 ⊠ 04109 – ℰ (0341) 9 61 00 61 – coffebaum@t-online.de
– Fax (0341) 9610030*   BY b
Rest *Lusatia* – *(geschl. Sonntag)* Menü 62 € – Karte 35/46 €
Rest *Lehmannsche Stube und Schuhmannzimmer* – Karte 17/27 €
♦ Klassisch ist das Ambiente im Lusatia in der 1. Etage des original erhaltenen Gasthauses a. d. 16. Jh. - eines der ersten Häuser mit Kaffee- und Kakaoausschank. Kaffeemuseum.

X **Apels Garten** 🏠 ✧ VISA ⓜ AE
*Kolonnadenstr. 2 ⊠ 04109 – ℰ (0341) 9 60 77 77 – info@apels-garten.de
– Fax (0341) 9607779 – geschl. Sonntagabend*   AZ q
Rest – Menü 25 € – Karte 14/27 €
♦ Gemütliches, traditionsreiches Restaurant mit sächsischer Küche nach historischen Rezepten. Zahlreiche Puppen dienen als Dekor. Nett: die überdachte Terrasse vor dem Haus.

X **Thüringer Hof** 🏠 VISA ⓜ AE
*Burgstr. 19 ⊠ 04109 – ℰ (0341) 9 94 49 99 – reservierung@thueringer-hof.de
– Fax (0341) 9944933*   BZ s
Rest – Karte 14/29 €
♦ Das a. d. J. 1454 stammende Haus zählte bis zu seiner Zerstörung und originalgetreuen Rekonstruktion zu den ältesten Gasthäusern der Stadt. Deftige und regionale Küche.

In Leipzig-Gohlis

XX **Schaarschmidt's** 🏠 VISA ⓜ
*Coppistr. 32 ⊠ 04157 – ℰ (0341) 9 12 05 17 – schaarschmidts@t-online.de
– Fax (0341) 9120517*   U m
Rest – *(Montag - Freitag nur Abendessen)* (Tischbestellung ratsam) Karte 24/49 €
♦ Bücherwände und Bilder zieren dieses urige Restaurant und geben ihm eine gemütliche Atmosphäre. Serviert werden sächsische und internationale Gerichte.

X **La Mirabelle** 🏠 VISA ⓜ
*Gohliser Str. 11 ⊠ 04105 – ℰ (0341) 5 90 29 81 – kontakt@lamirabelle.de
– Fax (0341) 5902981 – geschl. Samstagmittag, Sonntagmittag*   V a
Rest – Menü 26 € – Karte 24/38 €
♦ Dunkles Holz und mit Sets eingedeckte Tische unterstreichen das nette Bistro-Ambiente dieses Restaurants. Es erwarten Sie freundlicher Service und französische Küche.

In Leipzig-Leutzsch

🏨 **Lindner Hotel** 🚗 🏠 ♨ 🛎 ☏ 🚴 ⇌ VISA ⓜ AE ①
*Hans-Driesch-Str. 27 ⊠ 04179 – ℰ (0341) 4 47 80 – info.leipzig@lindner.de
– Fax (0341) 4478478*   V f
200 Zim – †59/159 € ††59/159 €, ⊇ 16 € – 7 Suiten – **Rest** – Karte 32/40 €
♦ Moderne, gut zu empfehlende Tagungsadresse, mit Wurzelholzmobiliar hochwertig und solide ausgestattet, sehr gute Technik. Markante Glaskonstruktion im Hallenbereich. Helles Restaurant, elegant und freundlich im Bistrostil eingerichtet.

In Leipzig-Lindenthal

🏨 **Breitenfelder Hof** ⚘ 🚗 ⚘ 🏠 ⚘ Rest, ☏ 🚴 P VISA ⓜ AE ①
*Lindenallee 8 ⊠ 04158 – ℰ (0341) 4 65 10 – info@breitenfelderhof.de – Fax (0341)
4651133 – geschl. 21. Dez. - 7. Jan.*   U z
75 Zim – †63/96 € ††73/116 €, ⊇ 13 €
Rest *Gustav's* – Karte 18/36 €
♦ Landhotel mit Villa im Park. Freizeitaktivitäten wie Heißluftballonstarts ab Haus, Bogenschießen, Badminton und Wettangeln werden angeboten. Tagungszentrum mit Parkausblick. In der angrenzenden renovierten Villa befindet sich das Restaurant Gustav's.

799

LEIPZIG
In Leipzig-Plagwitz

XX Heine
Karl-Heine-Str. 20 ⊠ 04229 – ℰ (0341) 8 70 99 66 – Fax (0341) 8709967 – geschl.
18. - 24. Feb., 4. - 17. Aug. und Montag
V b
Rest – (Samstag - Sonntag nur Abendessen) Menü 14 € (mittags)/45 € (abends)
– Karte 31/47 €
♦ Ein freundlich gestaltetes Restaurant mit sonniger Terrasse erwartet Sie auf dem Gelände einer Villa mit Parkanlage. Geboten wird internationale Küche - kleine Mittagskarte.

In Leipzig-Rückmarsdorf West : 12 km über Merseburger Straße V :

3 Linden Biergarten
Kastanienweg 11 ⊠ 04178 – ℰ (0341) 9 41 01 24 – info@hotel3linden.de
– Fax (0341) 9410129
40 Zim ⊇ – †59/90 € ††69/110 € – **Rest** – Karte 18/24 €
♦ In dem Hotel am Rand der Messe- und Kulturstadt stehen gepflegte und funktionell ausgestattete Gästezimmer zur Verfügung. Mehrere Bowlingbahnen. Rustikales Restaurant mit bürgerlicher Küche.

In Leipzig-Stötteritz

Balance Hotel Alte Messe
Breslauer Str. 33 ⊠ 04299 – ℰ (0341) 8 67 90
– info@balancehotel-leipzig.de – Fax (0341) 8679444
V m
126 Zim – †63/110 € ††63/110 €, ⊇ 12 € – 9 Suiten – **Rest** – Karte 21/33 €
♦ Zentrumsnah, im ruhigen Gründerzeitviertel unweit des Völkerschlachtdenkmals finden Sie komfortabel und großzügig geschnittene Zimmer und Suiten mit hellen Naturholzmöbeln.

In Leipzig-Wahren

Amadeo garni
Georg-Schumann-Str. 268 (B 6) ⊠ 04159 – ℰ (0341) 91 02 00 – info@
amadeo-leipzig.de – Fax (0341) 9102091 – geschl. 21. - 24. April, 24. Dez. - 2. Jan.
30 Zim ⊇ – †65/90 € ††80/110 €
U u
♦ Unterschiedlich eingefärbtes neuzeitliches Rattan- und Holzmobiliar verleiht den Hotelzimmern ihr wohnliches Ambiente. Freundlicher Frühstücksraum mit Buffet.

In Leipzig-Wiederitzsch

NH Leipzig Messe
Fuggerstr. 2 ⊠ 04158 – ℰ (0341) 5 25 10 – nhleipzigmesse@nh-hotels.com
– Fax (0341) 5251300
U x
308 Zim – †63/95 € ††63/95 €, ⊇ 14 € – **Rest** – Karte 25/44 €
♦ In dem vor allem auf Businessgäste ausgelegten Hotel erwarten Sie ein großzügiger moderner Rahmen, neuzeitlich-funktionelle Zimmer sowie gute Tagungsmöglichkeiten.

Hiemann
Delitzscher Landstr. 75 ⊠ 04158 – ℰ (0341) 5 25 30 – info@hotel-hiemann.de
– Fax (0341) 5253154
U v
37 Zim ⊇ – †62/79 € ††77/89 € – **Rest** – Karte 16/32 €
♦ Moderne Zimmer und besonders hübsche Maisonetten stehen in dem familiengeführten Hotel zur Verfügung. Das Haus bietet eine gute Anbindung an die Autobahn und die Innenstadt. Im neuzeitlichen Restaurant serviert man bürgerliche Küche.

Papilio
Delitzscher Landstr. 100 ⊠ 04158 – ℰ (0341) 52 61 10 – info@hotel-papilio.de
– Fax (0341) 5261110 – geschl. 22. - 29. Dez.
U s
28 Zim – †59/68 € ††74/84 €, ⊇ 8 € – **Rest** – (nur Abendessen) Karte 21/30 €
♦ Ein Hotel mit schönem Garten, funktionell ausgestatteten Gästezimmern mit Kirsch- und Fichtenholzmobiliar sowie einem netten Frühstücksraum.

LEIPZIG

In Markkleeberg Süd : 8 km über die B 2 V :

Markkleeberger Hof
*Städtelner Str. 122 ⊠ 04416 – ℰ (034299) 1 20 – info@markkleebergerhof.eu
– Fax (034299) 12222*
61 Zim ⊆ – †67 € ††80/91 € – **Rest** – *(geschl. Sonntag, nur Abendessen)* Karte 16/29 €

♦ Das südlich von Leipzig gelegene Hotel bietet helle, neuzeitlich-funktionelle Zimmer mit Kirschholzmöblierung und guter Technik. Restaurant im südamerikanischen Stil mit ebensolcher Küche.

In Markkleeberg-Wachau Süd-Ost : 8 km über Prager Straße V :

Atlanta Hotel
Südring 21 ⊠ 04416 – ℰ (034297) 8 40 – info@atlanta-hotel.de – Fax (034297) 84999
196 Zim †55/125 € ††65/135 €, ⊆ 13 € – 6 Suiten – **Rest** – Karte 20/35 €

♦ Wunderschöne Parklandschaften wie der Agra-Park liegen hier ganz in der Nähe. Alle Zimmer und Suiten sind modern eingerichtet und verfügen über Carrara-Marmorbäder. Modern gestylt zeigt sich der Restaurantbereich.

LEIWEN – Rheinland-Pfalz – **543** – 1 470 Ew – Höhe 129 m   45 **B15**
▶ Berlin 705 – Mainz 142 – Trier 40 – Bernkastel-Kues 29

Außerhalb Ost : 2,5 km :

Zummethof ⌂
← Trittenheim und Moselschleife,
*Panoramaweg 1 ⊠ 54340 Leiwen – ℰ (06507) 9 35 50
– info@hotel-zummethof.de – Fax (06507) 935544 – geschl. Ende Dez. - Anfang März*
25 Zim ⊆ – †42/49 € ††70/82 € – ½ P 15 € – **Rest** – Karte 17/36 €

♦ Außerhalb auf einer Anhöhe liegt das familiengeführte Hotel mit funktionell ausgestatteten Zimmern - einige bieten eine schöne Aussicht. Gepflegtes Restaurant mit rustikaler Note. Terrasse.

LEMBERG – Rheinland-Pfalz – **543** – 4 300 Ew – Höhe 359 m – Erholungsort   53 **D17**
▶ Berlin 689 – Mainz 129 – Saarbrücken 68 – Pirmasens 5

Gasthaus Neupert mit Zim
*Hauptstr. 2 ⊠ 66969 – ℰ (06331) 6 98 60 – gasthaus-neupert@aol.com
– Fax (06331) 40936 – geschl. 23. Juni - 12. Juli*
7 Zim ⊆ – †36/40 € ††60 € – ½ P 12 € – **Rest** – *(geschl. Montag - Dienstagmittag)* Karte 14/29 €

♦ Ländlich-rustikal ist das Ambiente dieses regionstypischen Familienbetriebs. Mit gutbürgerlicher Küche bewirtet man hier seine Gäste.

LEMBRUCH – Niedersachsen – **541** – 1 000 Ew – Höhe 39 m – Erholungsort   17 **F8**
▶ Berlin 407 – Hannover 119 – Bielefeld 88 – Bremen 77

Seeblick ⌂
Birkenallee 41 ⊠ 49459 – ℰ (05447) 9 95 80 – info@hotel-seeblick-duemmersee.de – Fax (05447) 1441 – geschl. 2. - 6. Jan.
38 Zim ⊆ – †55/70 € ††82/123 € – ½ P 19 € – **Rest** – Karte 22/39 €

♦ Recht ruhig liegt das Hotel in Seenähe. Man bietet hübsche, teils geräumige Landhauszimmer sowie einige etwas einfachere Zimmer. Neuer sind die Zimmer im 3. Stock. Eine Terrasse zum See ergänzt das zeitlos gehaltene Restaurant.

Seeschlößchen
*Große Str. 73 ⊠ 49459 – ℰ (05447) 9 94 40 – seeschloesschen@ringhotels.de
– Fax (05447) 1796*
20 Zim ⊆ – †56/62 € ††80/88 € – **Rest** – Karte 16/40 €

♦ In dörflicher Umgebung befindet sich das familiengeführte Haus mit Fachwerkfassade. Die Gästezimmer sind solide im rustikalen Stil eingerichtet. Gediegenes Restaurant mit Kamin sowie ein netter Thekenbereich mit kleinen Nischen.

LEMBRUCH

Landhaus Götker
Tiemanns Hof 1 ✉ *49459* – ✆ *(05447) 12 57 – info@landhaus-goetker.de
– Fax (05447) 1057 – geschl. 2. - 19. Jan., 13. - 24. Okt. und Montag - Dienstag*
Rest – Menü 40/85 € – Karte 39/57 €
• In dem hübschen reetgedeckten Fachwerkhaus bietet man regional beeinflusste französische Küche. Am See befindet sich eine geschmackvolle Ferienwohnung mit Hotelservice.

LEMFÖRDE – Niedersachsen – 541 – 2 870 Ew – Höhe 41 m   17 F8
▶ Berlin 389 – Hannover 126 – Bielefeld 83 – Bremen 84

In Lemförde-Stemshorn Süd-West : 2,5 km Richtung Osnabrück :

Tiemann's Hotel
✉ *49448* – ✆ *(05443) 99 90 – info@tiemannshotel.de – Fax (05443) 99950
– geschl. Anfang Jan. 1 Woche*
26 Zim – †60/70 € ††90/105 € – **Rest** – *(geschl. Samstagmittag, Sonntagabend)* Karte 21/40 €
• Hier erwarten Sie wohnliche Gästezimmer mit technisch neuzeitlicher Ausstattung sowie ein schöner kleiner Garten mit Teich. Klassisch gehaltenes Restaurant, gemütliche Gaststube und hübsche Terrasse.

Tiemann's Boarding House garni
Espohlstr. 9 ✉ *49448* – ✆ *(05443) 20 47 57 – boardinghouse@tiemanns.net
– Fax (05443) 204758*
21 Zim – †42 € ††68 €
• Aus einem ehemaligen Schwesternheim gewachsenes kleines Hotel in ländlicher Lage mit modernen, freundlichen Zimmern. Das Haus verfügt auch über Appartements für Langzeitgäste.

LENGEFELD (KREIS MARIENBERG) – Sachsen – 544 – 4 910 Ew – Höhe 480 m   42 P13
▶ Berlin 274 – Dresden 68 – Chemnitz 31 – Chomutov 47

In Lengefeld-Obervorwerk Süd-West : 1,5 km über Wolkensteiner Straße :

Waldesruh
Obervorwerk 1 ✉ *09514* – ✆ *(037367) 30 90 – hotel.waldesruh.lengefeld@
t-online.de – Fax (037367) 309252*
23 Zim – †55/61 € ††80/88 € – **Rest** – Karte 14/26 €
• Die zeitgemäßen Zimmer des Hauses sind im Stil einheitlich mit hellen Holzmöbeln eingerichtet - eine Besonderheit ist die Benennung nach Orten des Erzgebirges. Rustikale Gasträume, dem Charakter der Region angepasst.

LENGERICH – Nordrhein-Westfalen – 543 – 22 550 Ew – Höhe 80 m   27 E9
▶ Berlin 438 – Düsseldorf 173 – Bielefeld 57 – Nordhorn 74
ℹ Rathausplatz 1, ✉ 49525, ✆ (05481) 8 24 22, tourist-information@lengerich.de

Zur Mühle
Tecklenburger Str. 29 ✉ *49525* – ✆ *(05481) 9 44 70 – info@lengerich-hotel.de
– Fax (05481) 944717*
27 Zim – †67 € ††93 € – **Rest** – *(nur Abendessen)* Karte 13/30 €
• Der Gasthof beherbergt gepflegte, funktionell ausgestattete Fremdenzimmer, die teils über einen Balkon verfügen. Fragen Sie nach den geräumigeren Zimmern.

Hinterding mit Zim
Bahnhofstr. 72 ✉ *49525* – ✆ *(05481) 9 42 40 – hinterding-hotel-restaurant@
osnanet.de – Fax (05481) 942421 – geschl. 23. - 30. Dez., 17. - 20. März,
Juli 3 Wochen*
6 Zim – †69 € ††108 € – **Rest** – *(geschl. Donnerstag, wochentags nur Abendessen)* (Tischbestellung ratsam) Menü 59 € – Karte 40/61 €
Spez. Taubenbrust mit eigener Lebersauce und Apfel-Selleriebrandade. Seesaiblingfilet mit Langustinensalpicon und grüner Erbsennage. Rehrücken aus dem Gewürzsud mit Wirsingroulade.
• Nebst geschultem Service erwartet Sie in der schönen Innenstadtvilla eine sehr gute klassische Küche, die man Ihnen in den eleganten Salons reicht. Wohnliche Gästezimmer.

LENGGRIES – Bayern – 546 – 9 400 Ew – Höhe 679 m – Wintersport: 1 500 m ❄ 1 ≰17
– Luftkurort
65 **L21**
- ▶ Berlin 649 – München 60 – Garmisch-Partenkirchen 62 – Bad Tölz 9
- 🛈 Rathausplatz 2, ⌧ 83661, ℰ (08042) 5 01 80, info@lenggries.de

Altwirt
Biergarten
Marktstr. 13 ⌧ *83661 – ℰ (08042) 9 73 20 – info@altwirt-lenggries.de*
– Fax (08042) 5357
21 Zim – †43/46 € ††70/76 € – ½ P 15 € – **Rest** – *(geschl. Montag)* Karte 16/36 €

♦ In diesem aus dem 15. Jh. stammenden Gasthof in der Ortsmitte erwarten Sie eine familiäre Atmosphäre und gepflegte, wohnliche Zimmer. Hübscher Lichthof. Rustikale Gaststuben.

In Lenggries-Schlegldorf Nord-West: 5 km, links der Isar in Richtung Bad Tölz, über Wackersberger Straße:

Schweizer Wirt
Schlegldorf 83 ⌧ *83661 – ℰ (08042) 89 02 – info@schweizer-wirt.de – Fax (08042) 3483 – geschl. Montag · Dienstagmittag*
Rest – (Tischbestellung ratsam) Menü 24 € – Karte 22/45 €

♦ Der ehemalige Bauernhof von 1632 beherbergt nette, urig-gemütliche Gaststuben, in denen man eine sorgfältig zubereitete internationale und regionale Küche serviert.

LENNESTADT – Nordrhein-Westfalen – 543 – 28 090 Ew – Höhe 410 m
37 **E12**
- ▶ Berlin 526 – Düsseldorf 130 – Siegen 42 – Meschede 48
- 🛈 Hundemstr. 18 (Bahnhof), Altenhundem, ⌧ 57368, ℰ (02723) 68 67 80, info@lennestadt-kirchhundem.de

In Lennestadt-Altenhundem

Cordial
Hundemstr. 93 (B 517) ⌧ *57368 – ℰ (02723) 67 71 00 – service@hotel-cordial.de – Fax (02723) 677101*
28 Zim – †65/74 € ††98/110 € – **Rest** – *(geschl. Sonntagabend - Montagmittag)* Karte 15/32 €

♦ Engagiert leitet Familie Holz die um einen Anbau erweiterte Villa, in der solide und zeitgemäß eingerichtete Gästezimmer zur Verfügung stehen. Das gemütliche Restaurant befindet sich in einem Fachwerkhaus von 1886.

In Lennestadt-Bilstein Süd-West: 6 km ab Altenhundem, über Olper Straße:

Faerber-Luig
Freiheit 40 (B 55) ⌧ *57368 – ℰ (02721) 98 30 – info@faerber-luig.de – Fax (02721) 983299*
85 Zim – †69/79 € ††100/118 € – **Rest** – Karte 21/48 €

♦ Aus einem Fachwerkhaus von 1828 ist dieses gewachsene Hotel entstanden. Man bietet Gästezimmer in drei Kategorien, einige mit Balkon. Das nette rustikal gehaltene Restaurant wird ergänzt durch ein gemütliches Pub.

In Lennestadt-Halberbracht Nord-Ost: 7 km ab Altenhundem, über B 236, in Meggen rechts ab:

Eickhoff's Landgasthof
Am Kickenberg 10 ⌧ *57368 – ℰ (02721) 8 13 58 – info@eickhoffs-halberbracht.de – Fax (02721) 81438 – geschl. 9. - 13. Juli, 24. Sept. - 5. Okt. und Mittwoch*
Rest – Karte 18/38 €

♦ Im Ortskern liegt der familiengeführte Gasthof mit mediterran beeinflusster Küche. Die Terrasse sowie eine der Restaurantstuben bieten eine schöne Sicht ins Tal.

In Lennestadt-Saalhausen Ost: 8 km ab Altenhundem, über B 236 – Luftkurort:

Haus Hilmeke
Störmecke (Ost: 2 km, Richtung Schmallenberg) ⌧ *57368 – ℰ (02723) 9 14 10 – info@haus-hilmeke.de – Fax (02723) 80016 – geschl. 30. Juni - 9. Aug., 3. Nov. - 26. Dez.*
30 Zim – †66/84 € ††118/170 € – ½ P 9 € – **Rest** – (nur für Hausgäste)

♦ Die schöne Lage sowie wohnliche, unterschiedlich eingerichtete Zimmer sprechen für dieses von der Inhaberfamilie geführte Ferienhotel. Man bietet einige Freizeitaktivitäten. Restaurant mit Blick ins Grüne. Zum Angebot gehört ein gute Kuchenauswahl.

LENZKIRCH – Baden-Württemberg – **545** – 5 100 Ew – Höhe 808 m – Wintersport : 1 040 m ⟨3⟩ – Heilklimatischer Kurort 62 **E21**

▶ Berlin 788 – Stuttgart 158 – Freiburg im Breisgau 40 – Donaueschingen 35
🛈 Am Kurpark 2, ✉79853, ☏ (07653) 6 84 39, info@lenzkirch.de

Schwarzwaldhotel Ruhbühl
Am Schönenberg 6 (Ost : 3 km Richtung Bonndorf)
✉ 79853 – ☏ (07653) 68 60 – info@hotel-ruhbuehl.de
– Fax (07653) 686555
38 Zim – †51/63 € ††80/118 € – ½ P 15 € – **Rest** – Karte 16/31 €

◆ Außerhalb des Ortes am Waldrand gelegen, bietet Ihnen das im Schwarzwaldstil erbaute Hotel Ruhe sowie wohnlich und funktionell eingerichtete Zimmer. Das gemütliche Restaurant ist in seiner ländlichen Machart der Region angepasst.

In Lenzkirch-Kappel Nord-Ost : 3 km über Schwarzwaldstraße – Luftkurort :

Straub (mit Gästehaus)
Neustädter Str. 3 ✉ 79853 – ☏ (07653) 64 08 – info@hotel-straub.de – Fax (07653) 9429 – geschl. 10. Nov. - 21. Dez.
33 Zim ⌷ – †25/43 € ††43/86 € – ½ P 14 € – **Rest** – *(geschl. Samstag)* Karte 15/35 €

◆ Die meisten Zimmer des Gasthofs sind im bäuerlichen Stil eingerichtet - oft mit Südbalkon. Für einen längeren Aufenthalt bieten sich die Appartements mit kleiner Küche an. Gemütlich wirken die Bauern-Gaststuben.

In Lenzkirch-Raitenbuch West : 4 km über Grabenstraße :

Grüner Baum
Raitenbucher Str. 17 ✉ 79853 – ☏ (07653) 2 63 – gruener-baum@t-online.de – Fax (07653) 466 – geschl. 31. März - 12. April, 17. Nov. - 15. Dez.
15 Zim ⌷ – †36/42 € ††60/74 € – ½ P 14 € – **Rest** – *(geschl. Montag)*
Menü 15 € (mittags) – Karte 15/31 €

◆ In einem idyllischen Tal liegt der kleine Schwarzwaldgasthof, der sich seit drei Generationen in Familienbesitz befindet. Die Zimmer sind recht einfach, aber sehr gepflegt. Gaststuben mit ländlich-gemütlicher Atmosphäre und bürgerlichem Angebot.

In Lenzkirch-Saig Nord-West : 7 km über B 315
🛈 Dorfplatz 9, ✉ 79853, ☏ (07653) 96 20 40

Saigerhöh
Saiger Höhe 8 ✉ 79853 – ☏ (07653) 68 50 – info@saigerhoeh.de – Fax (07653) 741
105 Zim ⌷ – †79/89 € ††120/190 € – ½ P 28 € – 16 Suiten
Rest – Karte 26/45 €

◆ Schön ist die einsame und ruhige Lage dieses Hotels oberhalb des Ortes. Die Zimmer sind wohnlich und teils sehr individuell eingerichtet - einige mit begehbarem Schrank. A-la-carte-Restaurant in rustikalem Stil.

Ochsen
Dorfplatz 1 ✉ 79853 – ☏ (07653) 9 00 10 – hotel.ochsen@t-online.de – Fax (07653) 900170 – geschl. 3. Nov. - 18. Dez.
35 Zim ⌷ – †59/71 € ††90/134 € – ½ P 16 € – **Rest** – Karte 16/41 €

◆ Der um einen Anbau erweiterte gestandene Schwarzwaldgasthof a. d. 17. Jh. ist ein familiengeführtes Haus mit wohnlichen Zimmern (teils mit Balkon) und kleinem Wellnessbereich. Im Originalstil erhaltene gemütlich-rustikale Gaststube mit Kachelofen.

Hochfirst
Dorfplatz 5 ✉ 79853 – ☏ (07653) 7 51 – hotel-hochfirst@t-online.de – Fax (07653) 505 – geschl. Mitte Nov. - Mitte Dez.
21 Zim (inkl. ½ P.) – †74/86 € ††106/152 € – **Rest** – *(geschl. Montag, außer Feiertage)* Karte 16/37 €

◆ Behutsam hat man diesen solide geführten erweiterten Gasthof in der Ortsmitte modernisiert. Auch ein hübscher kleiner Garten mit Terrasse gehört zum Haus.

LEONBERG – Baden-Württemberg – 545 – 45 540 Ew – Höhe 386 m 55 **G18**
- Berlin 631 – Stuttgart 15 – Heilbronn 55 – Pforzheim 33
- Bahnhofstr. 57, ⌧ 71229, ℰ (07152) 9 90 1408, stadtmarketing@leonberg.de

Knöpfles Restaurant
Marktplatz 5 ⌧ 71229 – ℰ (07152) 39 55 90 – krone-zu-leonberg@t-online.de – Fax (07152) 395591
Rest – *(geschl. 28. Juli - 5. Sept. und Sonntag - Montag, nur Abendessen)*
Menü 40 € – Karte 29/49 €
Rest *Valentin's Bistro* – Karte 17/27 €
♦ Restaurant mit gemütlichem Landhausambiente in der 1. Etage eines Fachwerkhauses, mit Fensterplätzen zum Marktplatz. Ebenfalls im Haus: kleine Kochschule mit intimem Rahmen. Leger: Valentin's Bistro im Untergeschoss.

In Renningen Süd-West : 6,5 km über B 295, jenseits der A 8 :

Walker
Rutesheimer Str. 62 ⌧ 71272 – ℰ (07159) 92 58 50 – hotelwalker91@aol.com – Fax (07159) 7455
23 Zim ⌧ – †70/85 € ††90/105 € – **Rest** – *(geschl. Samstag, Sonntagabend)* Karte 33/50 €
♦ Das in neuzeitlichem Stil erbaute Hotel ist ein gut geführter Familienbetrieb mit solide und funktionell ausgestatteten Gästezimmern - eines davon mit Wintergartenanbau. Gepflegtes, ländlich-gediegenes Restaurant.

LEUN – Hessen – 543 – 6 080 Ew – Höhe 150 m 37 **F13**
- Berlin 524 – Wiesbaden 82 – Frankfurt am Main 77 – Gießen 27

In Leun-Biskirchen Süd-West : 5 km über B 49 :

Landhotel Adler
Am Hain 13 ⌧ 35638 – ℰ (06473) 9 29 20 – info@landhotel-adler.com – Fax (06473) 929292
21 Zim ⌧ – †43/50 € ††72/88 € – **Rest** – *(geschl. Sonntag, nur Abendessen)* Karte 13/23 €
♦ Das familiär geleitete Haus liegt am Hang etwas oberhalb des kleinen Ortes und verfügt über wohnliche, mit schönen Holzmöbeln im alpenländischen Stil eingerichtete Zimmer. Bürgerliches Speiseangebot im Restaurant.

LEUTERSHAUSEN – Bayern – 546 – 5 620 Ew – Höhe 426 m 49 **J17**
- Berlin 500 – München 199 – Nürnberg 76 – Rothenburg o.d. Tauber 20

Neue Post (mit Gästehaus) Biergarten
Mühlweg 1 ⌧ 91578 – ℰ (09823) 89 11 – gasthof.neue-post@t-online.de – Fax (09823) 8268
14 Zim ⌧ – †34 € ††50/60 € – **Rest** – *(geschl. Dienstag)* Menü 9 € – Karte 16/29 €
♦ Das familiengeführte Haus mit seinen freundlichen, gut gepflegten Gästezimmern befindet sich nahe dem Stadttorbogen, nicht weit vom Radwegnetz "Radschmetterling". Restaurant mit rustikalem Ambiente.

LEUTKIRCH – Baden-Württemberg – 545 – 22 320 Ew – Höhe 654 m 64 **I21**
- Berlin 681 – Stuttgart 171 – Konstanz 108 – Kempten (Allgäu) 31
- Marktstr. 33, ℰ (07561) 8 71 54, touristinfo@leutkirch.de

Brauerei-Gasthof Mohren
Wangener Str. 1 ⌧ 88299 – ℰ (07561) 9 85 70 – gasthofmohren@t-online.de – Fax (07561) 985727
10 Zim ⌧ – †29/43 € ††52/68 € – **Rest** – *(geschl. Dienstag)* Karte 21/25 €
♦ Teils neuzeitlich, teils mit bäuerlichem Mobiliar sind die einfachen, aber sehr gepflegten Gästezimmer dieses typischen kleinen Brauereigasthofs eingerichtet. Urig ist die Atmosphäre in den beiden Gaststuben, nett der begrünte Terrassenbereich vor dem Eingang.

LEVERKUSEN – Nordrhein-Westfalen – 543 – 161 550 Ew – Höhe 40 m — 36 **C12**

▶ Berlin 567 – Düsseldorf 30 – Köln 16 – Wuppertal 41
ADAC Dönhoffstr. 40
Köln, Am Hirschfuß 2 ☏ (0214) 50 04 75 00

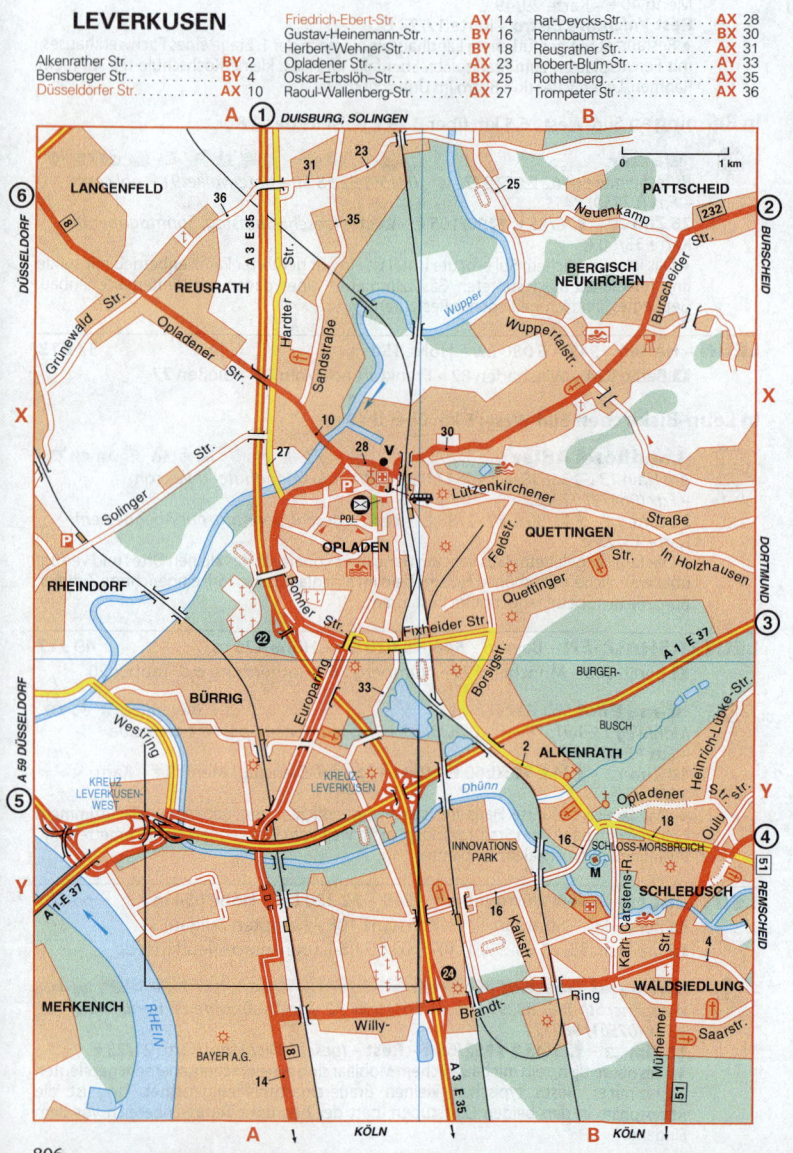

LEVERKUSEN

Alkenrather Str.	**BY** 2
Bensberger Str.	**BY** 4
Düsseldorfer Str.	**AX** 10
Friedrich-Ebert-Str.	**AY** 14
Gustav-Heinemann-Str.	**BY** 16
Herbert-Wehner-Str.	**BY** 18
Opladener Str.	**AX** 23
Oskar-Erbslöh-Str.	**BX** 25
Raoul-Wallenberg-Str.	**AX** 27
Rat-Deycks-Str.	**AX** 28
Rennbaumstr.	**BX** 30
Reusrather Str.	**AX** 31
Robert-Blum-Str.	**AY** 33
Rothenberg	**AX** 35
Trompeter Str	**AX** 36

LEVERKUSEN

Breidenbachstr. . . . . **V** 6	Friedlieb-Ferdinand-Runge-Str.**V** 12	Kaiserstr. . . . . **V** 21
Carl-Leverkus-Str. . . . . **V** 8	Friedrich-Ebert-Str. . . . . **V** 14	Kuppersteger
	Hardenbergstr. . . . . **U** 17	Str. **U** 22
	Hermann-von-Helmholtz-Str. **V** 19	Robert-Blum-Str. . . . . **V** 33
	Johannisburger Str. . . . . **U** 20	Wiesdorfer-Str. . . . . **V** 38

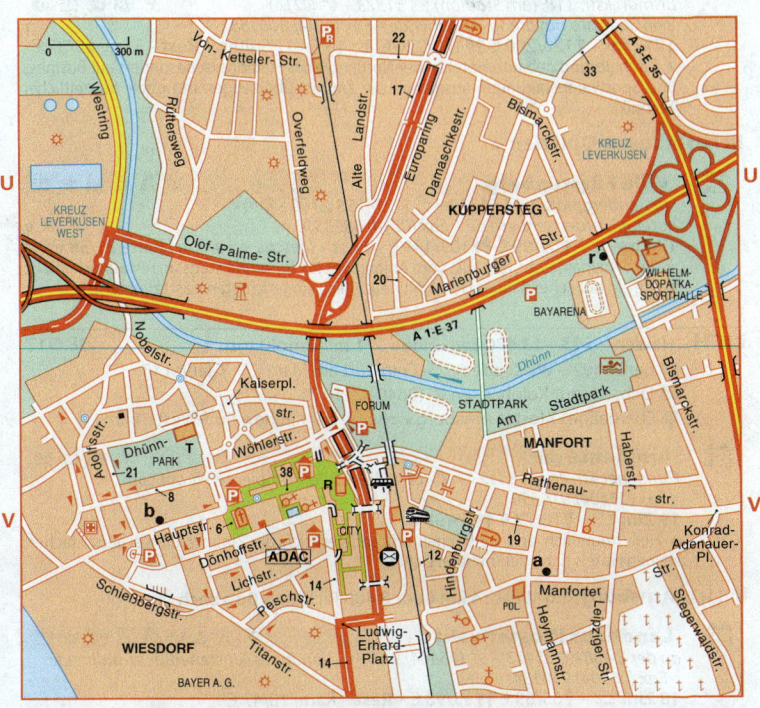

🏠 **Le Garage** garni   🅿 🕭 VISA ⓜ AE
Manforter Str. 133 ⊠ 51373 – ℘ (0214) 75 00 66 – hotel-le-garage@t-online.de
– Fax (0214) 7500670
V a
14 Zim ⊇ – †95/115 € ††125/140 €
♦ Die hübsch restaurierte alte Villa a. d. J. 1906 beherbergt heute ein geschmackvolles und elegantes kleines Hotel mit individuell gestalteten Zimmern.

🏠 **Arkade**   📺 AC Rest, ⌀ 🕭 🔊 🅿 🕭 VISA ⓜ AE
Hauptstr. 104 ⊠ 51373 – ℘ (0214) 83 07 80 – info@hotel-arkade.de – Fax (0214) 8307850
V b
31 Zim ⊇ – †65/79 € ††82/89 € – **Rest** – Karte 16/33 €
♦ Im Zentrum liegt das von der Inhaberfamilie geführte Hotel. Die Zimmer sind gepflegt und funktionell, unterschiedlich in Einrichtung und Zuschnitt. Das Restaurant bietet Gerichte aus dem Balkan.

In Leverkusen-Fettehenne Ost : 8 km über Mülheimer Straße **BY** :

🏠 **Fettehenne** garni   🚗 ⦿ ⌀ 🕭 🅿 VISA ⓜ
Berliner Str. 40 (B 51) ⊠ 51377 – ℘ (0214) 9 10 43 – hotel-fettehenne@t-online.de
– Fax (0214) 91045
42 Zim ⊇ – †54/78 € ††70/98 €
♦ Ein gepflegtes familiengeführtes Haus in dörflicher Umgebung, das unterschiedlich geschnittene, zeitgemäß und funktionell ausgestattete Gästezimmer bietet.

807

LEVERKUSEN
In Leverkusen-Küppersteg

Lindner Hotel BayArena Zim,
Bismarckstr. 118, (am Stadion) ✉ 51373 – ℰ (0214)
8 66 30 – info.bayarena@lindner.de – Fax (0214) 8663882   U r
121 Zim – †120/200 € ††140/220 €, ⊊ 16 € – 12 Suiten – **Rest** – Karte 25/32 €
♦ Das halbrund gebaute Hotel an der Nordkurve des Stadions ist besonders auf Business und Sportveranstaltungen ausgelegt. Die Zimmer überzeugen mit guter neuzeitlicher Technik.

In Leverkusen-Opladen

Villa Fürstenberg
Fürstenbergplatz 1 ✉ 51379 – ℰ (0214) 58 23 50 – info@
hotel-villa-fuerstenberg.de – Fax (0214) 6823510   AX v
17 Zim ⊊ – †89/99 € ††109/119 € – **Rest** – (geschl. 1. - 4. Jan.) Karte 21/38 €
♦ Die denkmalgeschützte Villa vom Anfang des 20. Jh. wurde sorgsam restauriert und ist heute ein hübsches kleines Hotel mit neuzeitlich eingerichteten Gästezimmern.

LICH – Hessen – **543** – 13 480 Ew – Höhe 171 m – Erholungsort   38 **G13**
▶ Berlin 492 – Wiesbaden 87 – Frankfurt am Main 57 – Gießen 13
Lich, Hofgut Kolnhausen ℰ (06404) 9 10 71
Ehemaliges Kloster Arnsburg★ : Ruine der Kirche★ Süd-West : 4 km

Ambiente garni
Hungener Str. 46 ✉ 35423 – ℰ (06404) 9 15 00 – ambienteh@aol.com
– Fax (06404) 915050
19 Zim ⊊ – †70/72 € ††95/98 €
♦ Hell, freundlich und funktionell präsentieren sich die Zimmer dieses neuzeitlichen kleinen Hotels nahe der Brauerei Licher.

In Lich-Arnsburg Süd-West : 4 km über B 488 Richtung Butzbach :

Landhaus Klosterwald
an der B 488 ✉ 35423 – ℰ (06404) 9 10 10 – landhaus-klosterwald@t-online.de
– Fax (06404) 910134
18 Zim ⊊ – †65/69 € ††93/98 € – **Rest** – Karte 18/47 €
♦ Mit seiner wohnlichen Einrichtung im Landhausstil gefällt dieser gut geführte kleine Familienbetrieb. Die Zimmer verfügen meist über Balkon oder Terrasse. Restaurant in rustikaler Aufmachung.

Alte Klostermühle
Kloster Arnsburg ✉ 35423 – ℰ (06404) 9 19 00 – klostermuehle-arnsburg@
t-online.de – Fax (06404) 919091
26 Zim ⊊ – †53/78 € ††99/130 € – **Rest** – Karte 19/47 €
♦ Sie wohnen im ehemaligen Bursenbau, inmitten der schönen alten Anlage des Klosters Arnsburg - die Zimmer hat man in verschiedenen Stilen individuell eingerichtet. Teil des Restaurants ist eine gemütliche, ganz mit Holz vertäfelte Stube.

LICHTENAU (KREIS RASTATT) – Baden-Württemberg – **545** – 5 010 Ew – Höhe
127 m   54 **E18**
▶ Berlin 723 – Stuttgart 122 – Karlsruhe 52 – Strasbourg 31

In Lichtenau-Scherzheim Süd : 2,5 km über B 36 :

Zum Rössel
Rösselstr. 6 ✉ 77839 – ℰ (07227) 9 59 50 – roessel-scherzheim@t-online.de
– Fax (07227) 959550
18 Zim ⊊ – †55 € ††75 € – **Rest** – (geschl. 28. Jan. - 4. Feb. und Dienstag) Karte 18/42 €
♦ Recht ruhig liegt das familiär geleitete kleine Hotel am Ortsrand. Es erwarten Sie hell gestaltete, zeitgemäß ausgestattete Gästezimmer. Eine schön begrünte Gartenterrasse ergänzt das ländlich-gediegene Restaurant.

LICHTENBERG – Bayern – siehe Steben, Bad

LICHTENFELS – Bayern – 546 – 21 490 Ew – Höhe 271 m 50 K14
▶ Berlin 372 – München 268 – Coburg 18 – Bayreuth 53
🛈 Marktplatz 10, ⊠ 96215, ℘ (09571) 79 51 01, tourismus@lichtenfels-city.de
◉ Wallfahrtskirche Vierzehnheiligen★★ (Nothelfer-Altar★★) Süd : 5 km –
Kloster Banz (ehem. Klosterkirche★, Terrasse ≤★) Süd-West : 6 km

In Lichtenfels-Reundorf Süd-West : 5 km über B 173 :

Gasthof Müller
Kloster-Banz-Str. 4 ⊠ 96215 – ℘ (09571) 9 57 80 – mueller.chg@web.de
– Fax (09571) 957813 – geschl. 1. - 11. Feb., 28. Okt. - 14. Nov.
40 Zim ⊇ – †29/34 € ††56/60 € – **Rest** – (geschl. Mittwoch - Donnerstag, nur Abendessen) Karte 12/26 €
♦ Die ruhige Lage am Ortsrand und eine familiäre Atmosphäre machen diesen Gasthof aus - ein netter Hausgarten lädt zum Entspannen im Freien ein. Rustikal gehaltene Restauranträume.

LICHTENSTEIN – Baden-Württemberg – 545 – 9 400 Ew – Höhe 507 m – Wintersport : 820 m ⚞4 ⚶ 55 G19
▶ Berlin 687 – Stuttgart 51 – Reutlingen 16 – Sigmaringen 48

In Lichtenstein-Honau

Forellenhof Rössle
Heerstr. 20 (B 312) ⊠ 72805 – ℘ (07129) 9 29 70 – info@forellenhofroessle.de
– Fax (07129) 929750
35 Zim ⊇ – †54/82 € ††80/92 € – **Rest** – Karte 21/40 €
♦ In dem gut geführten Familienbetrieb stehen wohnlich und funktionell ausgestattete Zimmer zur Verfügung, teilweise mit Balkon und Blick zum Schloss Lichtenstein. Zum Speiseangebot des Restaurants zählen Forellen aus eigener Zucht.

LICHTENSTEIN – Sachsen – 544 – 13 810 Ew – Höhe 305 m 42 O13
▶ Berlin 289 – Dresden 102 – Chemnitz 36 – Gera 57

Parkschlösschen Biergarten
Rödlitzerstr.11 ⊠ 09350 – ℘ (037204) 66 70 – parkschloesschen@enviatel.net
– Fax (037204) 66711
11 Zim ⊇ – †50 € ††70 € – **Rest** – (geschl. Sonntagabend - Montagmittag) Karte 17/23 €
♦ Der Gast wohnt in dieser Adresse am Stadtrand in modernen, gepflegten Zimmern. Einladend ist der gegenüberliegende Park mit Flüsschen. Aus verschiedenen Stuben, einer sonnigen Terrasse und einem Biergarten besteht das Restaurant.

LIEBENZELL, BAD – Baden-Württemberg – 545 – 9 590 Ew – Höhe 333 m – Heilbad und Luftkurort 54 F18
▶ Berlin 666 – Stuttgart 46 – Karlsruhe 47 – Pforzheim 19
🛈 Kurhausdamm 4, ⊠ 75378, ℘ (07052) 40 80, info@bad-liebenzell.de
◉ Bad Liebenzell-Monakam, ℘ (07052) 9 32 50

Am Bad-Wald garni
Reuchlinweg 19 ⊠ 75378 – ℘ (07052) 92 70 – hotelambad-wald@t-online.de
– Fax (07052) 3014 – geschl. 23. Nov. - 27. Dez.
37 Zim ⊇ – †36/41 € ††67/78 €
♦ Schön ist die ruhige Hanglage dieses Hotels. Die Gästezimmer sind solide ausgestattet und verfügen z. T. über einen kleinen Wohnbereich und Balkon.

Koch garni
Sonnenweg 3 ⊠ 75378 – ℘ (07052) 13 06 – info@hotelkoch.com – Fax (07052) 3345 – geschl. Jan., 12. - 31. Dez.
16 Zim ⊇ – †34/36 € ††60/68 €
♦ Sehr gepflegt, sauber und gut geführt präsentiert sich das im Ortszentrum gelegene kleine Hotel. Nette, in warmen Farben gehaltene Zimmer stehen hier bereit.

809

LIEDERBACH AM TAUNUS – Hessen – 543 – 8 530 Ew – Höhe 143 m 47 **F14**
▶ Berlin 551 – Wiesbaden 23 – Frankfurt am Main 24 – Limburg an der Lahn 51

Liederbacher Hof garni **P** VISA ⦾ AE
Höchster Str. 9, (Eingang Taunusstraße) ✉ *65835 – ℰ (069) 3 39 96 60 – info@liederbacher-hof.de – Fax (069) 33996623*
20 Zim ⊆ – †62/78 € ††95/101 €
♦ Hinter einem schlichten Äußeren verbergen sich wohnliche Zimmer - in Kirschholz eingerichtet. Die nette, familiäre Führung macht das Haus sympathisch.

LIESER – Rheinland-Pfalz – 543 – 1 180 Ew – Höhe 140 m 46 **C15**
▶ Berlin 680 – Mainz 117 – Trier 44 – Bernkastel-Kues 4

Weinhaus Stettler garni ⟫ **P** VISA ⦾
Moselstr. 41 ✉ *54470 – ℰ (06531) 23 96 – weinhaus.stettler@t-online.de – Fax (06531) 7325*
15 Zim ⊆ – †47 € ††72/80 €
♦ Das kleine Hotel liegt direkt am Moselufer und bietet großzügige, mit soliden Eichenmöbeln gestaltete Zimmer. Mehr Platz finden Sie in einem der Appartements.

LILIENTHAL – Niedersachsen – siehe Bremen

LIMBACH – Rheinland-Pfalz – siehe Hachenburg

LIMBACH-OBERFROHNA – Sachsen – 544 – 27 080 Ew – Höhe 360 m 42 **O13**
▶ Berlin 269 – Dresden 83 – Chemnitz 13 – Plauen 82
ℹ Rathausplatz 1, ✉ 09212, ℰ (03722) 7 81 78, stadtinformation@limbach-oberfrohna.de

Lay-Haus ♦ ⌂ |⚞| ℅ ♨ VISA ⦾
Markt 3 ✉ *09212 – ℰ (03722) 7 37 60 – info@lay-hotel.de – Fax (03722) 737699*
48 Zim ⊆ – †55/68 € ††75/85 € – **Rest** – Karte 14/30 €
♦ In zentraler Lage befindet sich das korallenrote Haus unter familiärer Führung mit gemütlichen Gästezimmern und einer netten Eingangshalle mit Kamin und Holzdecke. Im Felsenkeller finden Sie Apartes wie einen mit Euromünzen beklebten Drehtisch.

LIMBURG AN DER LAHN – Hessen – 543 – 33 730 Ew – Höhe 122 m 37 **E14**
▶ Berlin 551 – Wiesbaden 52 – Koblenz 57 – Gießen 56
ℹ Hospitalstr. 2, ✉ 65549, ℰ (06431) 61 66, vvv-limburg@t-online.de
◉ Dom★ A – Friedhofterrasse ≼★ – Diözesanmuseum★ A M¹ – Altstadt★
◉ Burg Runkel★ Ost : 7 km

Stadtplan siehe gegenüberliegende Seite

DOM Hotel |⚞| AC Rest, ℅ Rest, ℽ ♨ **P** VISA ⦾ AE ⓘ
Grabenstr. 57 ✉ *65549 – ℰ (06431) 90 10 – info@domhotellimburg.de – Fax (06431) 6856 – geschl. 24. Dez. - 6. Jan.* **A v**
45 Zim – †95/120 € ††118/147 € – **Rest** – *(geschl. Sonntagabend - Montag)* Menü 30 € – Karte 25/43 €
♦ Modern-elegantes Ambiente erwartet Sie in diesem klassizistischen Gebäude nahe dem Dom, am Anfang der Fußgängerzone. Die Räume gefallen mit hohen Decken und Designerlampen. Leicht vornehm wirkt das Restaurant de Prusse.

Zimmermann ℅ Rest, ℽ VISA ⦾
Blumenröder Str. 1 ✉ *65549 – ℰ (06431) 46 11 – zimmermann@romantikhotels.com – Fax (06431) 41314 – geschl. Anfang Jan.* **A h**
19 Zim – †80/120 € ††85/145 € – **Rest** – *(geschl. Sonntag, nur Abendessen)* Menü 38/49 € – Karte 32/51 €
♦ In diesem Hotel in der Stadtmitte nahe dem Bahnhof überzeugen die gediegene Einrichtung mit englischen Stilmöbeln und das gute Frühstück in einem sehr schönen Raum.

LIMBURG AN DER LAHN

Bahnhofstr.	**A** 3	Kolpingstr.	**A** 14
Diezer Str.	**A**	Kornmarkt	**A** 15
Eisenbahnstr.	**A** 4	Limburger Weg	**B** 16
Elzer Str.	**B** 6	Neumarkt	**A** 17
Fleischgasse	**A** 8	Salzgasse	**A** 20
Frankfurter Str.	**A, B** 9	Schiede	**A**
Grabenstr.	**A**	Verbindungsstr.	**B** 22
Holzheimer Str.	**A** 10	Werner-Senger-	
Hospitalstr.	**A** 12	Str.	**A** 23
Koblenzer Str.	**B** 13	Wiesbadener Str.	**B** 26

Mercure garni
Schiede 10 ⌷ 65549 – ℱ (06431) 20 70 – h2836@accor.com – Fax (06431) 207444
99 Zim ⌷ – †94/150 € ††123/190 €   A e
◆ Sachlich gestaltete, in einem einheitlichen Stil gehaltene Gästezimmer bieten Ihnen die Annehmlichkeiten, die Sie von einem neuzeitlichen Hotel erwarten.

Nassauer Hof
Brückengasse 1 ⌷ 65549 – ℱ (06431) 99 60 – nassauerhof-limburg@t-online.de
– Fax (06431) 996555 – geschl. 1. - 12. Jan.
30 Zim ⌷ – †83/104 € ††104/119 € – **Rest** – (geschl. 22. Dez. - 12. Jan. und   A a
Montag, nur Abendessen) Menü 23 € – Karte 22/31 €
◆ Im Herzen der idyllischen Altstadt - an der alten Lahnbrücke - finden Reisende ein gepflegtes Hotel mit zeitgemäßen, solide eingerichteten Zimmern. Das Restaurant nennt sich Der kleine Prins. Terrasse direkt am Fluss.

Martin
Holzheimer Str. 2 ⌷ 65549 – ℱ (06431) 9 48 40 – info@hotel-martin.de
– Fax (06431) 43185 – geschl. 27. Dez. - 7. Jan.
26 Zim ⌷ – †54/74 € ††80/94 € – **Rest** – (geschl. 27. Dez. - 11. Jan. und Sonntag,   A s
nur Abendessen) Karte 19/40 €
◆ In der Stadtmitte gegenüber dem Bahnhof liegt das familiengeführte Hotel mit seinen gepflegten, zweckmäßigen Gästezimmern.

Montana garni
Am Schlag 19 ⌷ 65549 – ℱ (06431) 2 19 20 – limburg@hotel-montana.de
– Fax (06431) 219255   B r
50 Zim ⌷ – †55 € ††78 €
◆ Neuzeitliches Hotel in einem kleinen Industriegebiet außerhalb des Zentrums. Mit hellen Möbeln zeitgemäß eingerichtete Zimmer mit guter Technik.

Werner Senger Haus
Rütsche 5 ⌷ 65549 – ℱ (06431) 69 42 – info@werner-senger-haus.de
– Fax (06431) 284685   A b
Rest – (Okt. - April Montag - Freitag nur Abendessen) Menü 29/37 € – Karte 39/53 €
◆ Große Leuchter und eine schwere Holztreppe zieren das gediegen-rustikale Restaurant in dem schönen Fachwerkhaus a. d. 13. Jh. 1802 wurde der Schinderhannes hier inhaftiert.

LIMBURGERHOF – Rheinland-Pfalz – 543 – 10 730 Ew – Höhe 97 m 47 **F16**

▶ Berlin 635 – Mainz 84 – Mannheim 13 – Kaiserslautern 63
🚗 Limburgerhof, Kohlhof 9 – ℰ (06236) 47 94 94

Residenz Limburgerhof   Biergarten 🛋 ℔ 🛏 🏊 **P**
Rheingönheimer Weg 1 ✉ *67117* – ℰ *(06236)* 🚗 VISA ⓜ AE ⓘ
47 10 – info@residenz-limburgerhof.de – Fax (06236) 471100
135 Zim 🍴 – ♦ 95 € ♦♦ 110/135 € – **Rest** – *(geschl. Sonntag, nur Abendessen)*
Karte 25/37 €

♦ Neuzeitlich möbliert und auch technisch der heutigen Zeit angepasst, sind die funktionellen Zimmer des Hauses für private und geschäftliche Besuche gleichermaßen geeignet. Ein freundliches Ambiente in modernem Design erwartet den Gast im Restaurant.

LINDAU IM BODENSEE – Bayern – 546 – 24 350 Ew – Höhe 401 m – Luftkurort   63 **H22**

▶ Berlin 722 – München 180 – Konstanz 59 – Ravensburg 33
🛈 Ludwigstr. 68, ✉ 88131, ℰ (08382) 26 00 30, info@prolindau.de
⛳ Am Schönbühl 5, ℰ (08382) 9 61 70 X
⛳ Weissensberg, Lampertsweilerstr. 51 ℰ (08389) 8 91 90 X
◉ Hafen mit Römerschanze ≤★ Z – Maximilianstraße ★★ Y
◉ Deutsche Alpenstraße ★★★ (von Lindau bis Berchtesgaden)

Stadtplan siehe gegenüberliegende Seite

Auf der Insel

Bayerischer Hof   ≤ 🚗 🏊 (geheizt) 🛋 🏰 AC Zim, % 📞 🛏 **P**
Seepromenade ✉ *88131* – ℰ *(08382) 91 50*   🚗 VISA ⓜ AE ⓘ
– hotel@bayerischerhof-lindau.de – Fax (08382) 915591   Z b
97 Zim 🍴 – ♦ 121/211 € ♦♦ 175/314 € – ½ P 27 € – **Rest** – *(nur Abendessen)*
Menü 27 € – Karte 25/64 €

♦ Hinter seiner klassischen Fassade überzeugt dieses Hotel mit gediegen-wohnlichem Ambiente. Seepromenade, Hafen und Fußgängerzone befinden sich direkt vor der Tür. Stilvolles Restaurant mit tollem Ausblick auf die Hafeneinfahrt.

Reutemann-Seegarten   ≤ 🚗 🏡 🏊 (geheizt) 🛋 🏰 % **P**
Seepromenade ✉ *88131* – ℰ *(08382) 91 50*   🚗 VISA ⓜ AE ⓘ
– hotel@reutemann-lindau.de – Fax (08382) 915591 – geschl. 11. Nov. - 20. März
64 Zim 🍴 – ♦ 80/134 € ♦♦ 125/226 € – ½ P 27 € – **Rest** – Karte 30/54 €   Z k

♦ Aus zwei hübschen Stadthäusern mit komfortablen Gästezimmern besteht dieses Hotel. Schön ist die zentrale Lage an der Promenade. Das Restaurant wird ergänzt durch eine große Terrasse zum Hafen.

Lindauer Hof   ≤ 🏡 🏰 🛏 VISA ⓜ AE
Seepromenade ✉ *88131* – ℰ *(08382) 40 64 – info@lindauer-hof.de – Fax (08382)*
24203   Z y
30 Zim 🍴 – ♦ 98/115 € ♦♦ 150/206 € – ½ P 26 € – **Rest** – Karte 26/33 €

♦ In dem historischen Haus mit schönem Treppengiebel erwarten Sie neuzeitlich-wohnliche Gästezimmer - einige neuere Zimmer sind besonders modern. Restaurant mit Wintergarten und Balkonterrasse mit schöner Aussicht in der 1. Etage.

Helvetia   ≤ 🚗 🏡 🏊 ◉ ♨ 🛋 🏰 % 🛏 🚗 VISA ⓜ AE
Seepromenade ✉ *88131* – ℰ *(08382) 91 30 – info@hotel-helvetia.com*
– Fax (08382) 4004   Z x
45 Zim 🍴 – ♦ 98/190 € ♦♦ 175/260 € – ½ P 29 € – **Rest** – Karte 22/40 €

♦ Dieses Hotel überzeugt u. a. mit seinem Wellness- und Kosmetikangbot, dem schönen Dachgarten mit Bar und Aussicht sowie einigen topmodernen "Wellrooms" in geradlinigem Design. Restaurant mit Terrasse an der Promenade.

Vis à vis garni   🏰 ♿ **P** VISA ⓜ AE ⓘ
Bahnhofsplatz 4 ✉ *88131* – ℰ *(08382) 39 65 – hotel@visavis-lindau.de*
– Fax (08382) 21321   Z t
49 Zim 🍴 – ♦ 70/90 € ♦♦ 120/150 €

♦ Moderne, in freundlichen Farben gehaltene Zimmer sprechen für dieses gegenüber dem Bahnhof am Ende der Fußgängerzone gelegene Stadthotel. Café-Bar im Haus.

LINDAU IM BODENSEE

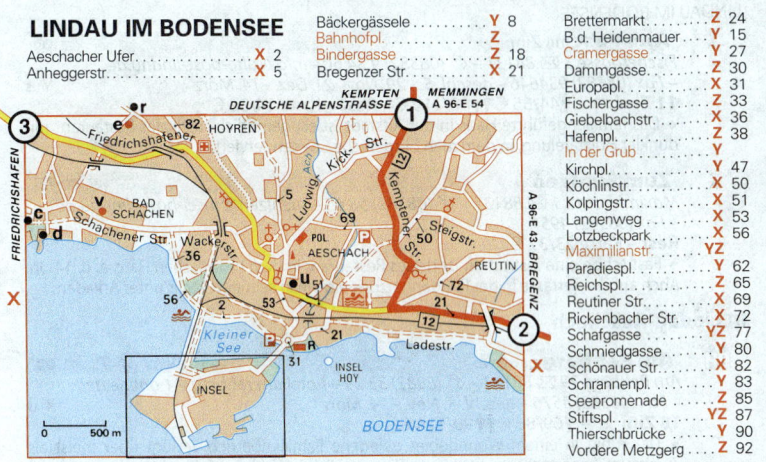

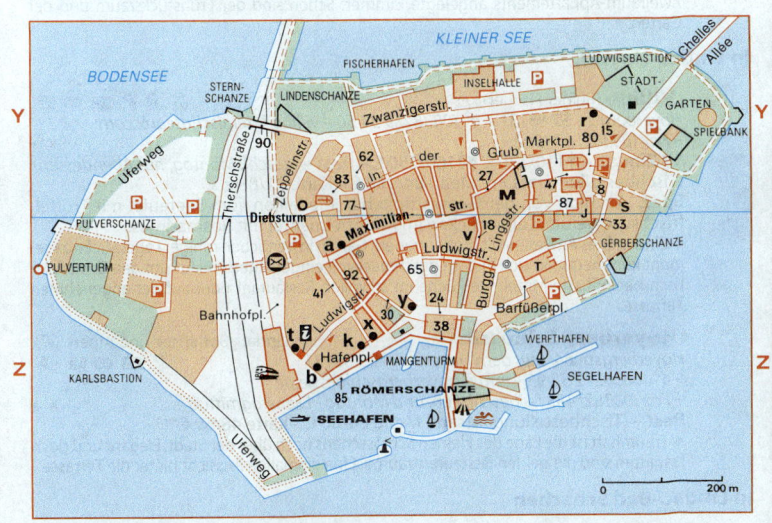

Aeschacher Ufer	X	2
Anheggerstr.	X	5
Bäckergässele	Y	8
Bahnhofpl.	Z	15
Bindergasse	Z	18
Bregenzer Str.	Z	21
Brettermarkt	Z	24
B.d. Heidenmauer	Y	15
Cramergasse	Z	27
Dammgasse	Z	30
Europapl.	X	31
Fischergasse	Z	33
Giebelbachstr.	X	36
Hafenpl.	Z	38
In der Grub	Y	
Kirchpl.	Y	47
Köchlinstr.	X	50
Kolpingstr.	X	51
Langenweg	X	53
Lotzbeckpark	X	56
Maximilianstr.	YZ	
Paradiespl.	Y	62
Reichspl.	Z	65
Reutiner Str.	X	69
Rickenbacher Str.	X	72
Schafgasse	YZ	77
Schmiedgasse	X	80
Schönauer Str.	X	82
Schrannenpl.	Y	83
Seepromenade	Y	85
Stiftspl.	YZ	87
Thierschbrücke	Y	90
Vordere Metzgerg.	Z	92

🏠 **Brugger** garni   🛁 VISA ⦿ AE
*Bei der Heidenmauer 11 ✉ 88131 – ℰ (08382) 9 34 10 – info@
hotel-garni-brugger.de – Fax (08382) 4133 – geschl. 2. - 28. Dez.*
23 Zim ⊇ – †49/62 € ††85/95 €   **Y r**
♦ Das Hotel liegt an der Stadtmauer am Altstadtrand und verfügt über gepflegte und
solide, teilweise auch für Familien geeignete Gästezimmer.

🏠 **Insel-Hotel** garni   📞 🛏 VISA ⦿ AE
*Maximilianstr. 42 ✉ 88131 – ℰ (08382) 50 17 – welcome@insel-hotel-lindau.de
– Fax (08382) 6756*   **Z a**
26 Zim ⊇ – †50/80 € ††99/119 €
♦ Das mitten im geschäftigen Treiben der Fußgängerzone gelegene Altstadthaus beherbergt recht einfache, aber gepflegte und praktisch ausgestattete Zimmer.

813

LINDAU IM BODENSEE

Alte Post mit Zim
Fischergasse 3 ⊠ 88131 – ℰ (08382) 9 34 60 – info@alte-post-lindau.de
– Fax (08382) 934646 – geschl. 5. - 29. Nov., 21. Dez. - 14. März   Y s
11 Zim ⊇ – ♦44/55 € ♦♦88/110 € – **Rest** – Karte 14/32 €
 • Das familiengeführte Haus in der Altstadt ist ein gemütlich-rustikales Restaurant mit dunkler Holztäfelung, in dem man bürgerliche Speisen serviert.

Zum Sünfzen
Maximilianstr. 1 ⊠ 88131 – ℰ (08382) 58 65 – suenfzen@insel-hotel-lindau.de
– Fax (08382) 4951   Z v
Rest – Karte 23/37 €
 • Fast schon eine Institution ist dieses Restaurant in dem historischen Haus a. d. 14. Jh. Auch auf der Terrasse in der Fußgängerzone sitzt man sehr nett - teils unter Arkaden.

In Lindau-Aeschach

Am Rehberg garni
Am Rehberg 29 ⊠ 88131 – ℰ (8382) 33 29 – hotel.am.rehberg@t-online.de
– Fax (08382) 3576 – geschl. 3. Nov. - 14. März   X u
18 Zim ⊇ – ♦69/86 € ♦♦90/124 €
 • Der ruhig in einem Wohngebiet gelegene Familienbetrieb verfügt über meist als Zweiraum-Appartements angelegte Zimmer. Schön sind der Frühstücksraum und der Garten.

In Lindau-Hoyren

Villino (Reiner Fischer)
Hoyerberg 34 ⊠ 88131 – ℰ (08382) 9 34 50 – villino@relaischateaux.com
– Fax (08382) 934512   X r
17 Zim ⊇ – ♦110/170 € ♦♦160/250 € – **Rest** – (geschl. Montag, nur Abendessen) (Tischbestellung ratsam) Menü 84/108 € – Karte 72/88 €
Spez. Variation von der Gänsestopfleber. Medaillon vom Seeteufel mit Trüffelfrischkäse gefüllt. Lammrücken im Kartoffelmantel mit Rosmarinjus.
 • Ein schönes Anwesen mit mediterranem Garten in herrlicher, ruhiger Lage. Mit Engagement kümmert man sich in dem geschmackvoll eingerichteten Haus um den Gast. Asiatisch beeinflusste Mittelmeerküche im stilvollen Restaurant oder auf der angenehmen Terrasse.

Hoyerberg Schlössle   ≤ Lindau, Bodensee und Alpen,
Hoyerbergstr. 64, (auf dem Hoyerberg) ⊠ 88131
– ℰ (08382) 2 52 95 – info@hoyerbergschloessle.de
– Fax (08382) 1837 – geschl. Feb. und Montag - Dienstagmittag   X e
Rest – (Tischbestellung ratsam) Menü 64/80 € – Karte 48/59 €
 • Traumhaft ist die Lage des kleinen Schlösschens hoch über der Stadt. Elegant und doch fast intim sind die beiden Restauranträume. Eine einmalige Aussicht bietet die Terrasse.

In Lindau-Bad Schachen

Bad Schachen   ≤ Bodensee, Lindau und Alpen,
Bad Schachen 1
⊠ 88131 – ℰ (08382) 29 80 – info@badschachen.de – Fax (08382) 25390
– geschl. Jan. - 11. April, 20. Okt. - 31. Dez.   X d
124 Zim ⊇ – ♦129/179 € ♦♦198/262 € – ½ P 29 € – 4 Suiten
Rest – Karte 34/50 €
 • Die herrliche Lage in einem Park am See und der großzügige klassische Rahmen machen das traditionsreiche Hotel mit den individuellen Zimmern aus. Sehenswertes Jugendstilbad. Im Speisesaal und auf der Terrasse unter Kastanien serviert man internationale Küche.

Lindenhof
Dennenmoosstr. 3 ⊠ 88131 – ℰ (08382) 9 31 90 – info@lindenhof.de
– Fax (08382) 931931 – geschl. Jan. - 15. März, 5. Nov. - 31. Dez.   X
18 Zim ⊇ – ♦55/68 € ♦♦100/150 € – ½ P 15 € – **Rest** – (geschl. Montag) Karte 20/39 €
 • Hübsch liegt das familiengeführte kleine Hotel in einer Villengegend. Zu den Annehmlichkeiten zählen ein gepflegter Garten, eine schöne Terrasse und neuzeitliche Zimmer. Hell und freundlich gestaltetes Restaurant Bellini.

LINDAU IM BODENSEE

※※ **Schachener Hof** mit Zim
Schachener Str. 76 ⊠ 88131 – ℰ (08382) 31 16 – info@schachenerhof-lindau.de – Fax (08382) 5495 – geschl. Jan.
10 Zim – †55/79 € ††85/110 € – **Rest** – (geschl. Jan. und Dienstag - Mittwoch) Menü 25/75 € – Karte 31/49 €
X v

♦ In diesem gut geführten Restaurant erwarten Sie ein helles, freundliches Ambiente, sorgfältig zubereitete regionale und internationale Speisen sowie geschulter Service.

Auf dem Golfplatz Weißensberg Nord-Ost : 8 km über Kemptener Straße X :

Golfhotel Bodensee
Lampertsweiler 51 ⊠ 88138 Weißensberg – ℰ (08389) 8 91 00 – info@golfhotel-bodensee.de – Fax (08389) 89142 – geschl. 1. - 6. Jan.
34 Zim – †92/102 € ††144/154 € – ½ P 31 € – **Rest** – Menü 36/50 € – Karte 37/50 €

♦ Schön liegt dieses Hotel inmitten eines Golfplatzes. Es stehen neuzeitlich und funktionell ausgestattete Gästezimmer zur Verfügung. Internationale Küche bietet man im Restaurant mit Wintergarten und auf der Terrasse mit Blick ins Grüne.

In Weißensberg-Rehlings Nord : 4 km über Kemptener Straße X :

Bayerischer Hof - Rehlings Biergarten
Lindauer Str. 85 ⊠ 88138 – ℰ (08389) 9 20 10 – bayerischer-hof-rehlings@t-online.de – Fax (08389) 920199 – geschl. 23. Dez. - 6. Jan.
18 Zim – †52/75 € ††85/125 € – ½ P 15 € – **Rest** – Karte 17/39 €

♦ Ein gepflegtes kleines Hotel, das solide, größtenteils mit hellen Kiefernholzmöbeln eingerichtete Zimmer sowie Maisonetten und ein Himmelbettzimmer für Sie bereithält. Zum regionalem Angebot des Restaurants gehören viele Maultaschengerichte.

LINDENBERG IM ALLGÄU – Bayern – 546 – 11 480 Ew – Höhe 764 m – Luftkurort
63 **I21**

▶ Berlin 713 – München 174 – Konstanz 89 – Lindau 21

Waldsee
Austr. 41 ⊠ 88161 – ℰ (08381) 9 26 10 – hotel-waldsee@t-online.de – Fax (08381) 926144 – geschl. 26. Okt. - 12. Nov.
18 Zim – †67/72 € ††87/97 € – ½ P 16 € – **Rest** – (geschl. 2. - 18. Feb. und Mitte Sept. - Mai Montag) Menü 30 € – Karte 19/40 €

♦ Vor allem die Lage an Deutschlands höchstgelegenem Moorbadsee macht dieses kleine Hotel aus. Wählen Sie ein Zimmer mit Balkon zum See. Zu dem im klassischen Stil gehaltenen Restaurant gehört eine schöne Seeterrasse.

In Lindenberg-Goßholz Ost : 1 km :

※ **Goldener Adler** mit Zim
Goßholz 11 ⊠ 88161 – ℰ (08381) 92 86 78 – bauer@goldener-adler-gossholz.de – geschl. Jan. 1 Woche
4 Zim – †31/37 € ††50/56 € – **Rest** – (geschl. Juni 2 Wochen und Montag - Dienstag) Menü 38 € – Karte 20/35 €

♦ Eine nette familiäre Adresse mit schmackhafter regionaler Küche. Sie nehmen in einer ländlich gestalteten Restaurantstube mit schönem Kaminofen Platz. Zum Übernachten stehen einfache, gepflegte Gästezimmer bereit.

LINDENFELS – Hessen – 543 – 5 390 Ew – Höhe 364 m – Heilklimatischer Kurort
47 **F16**

▶ Berlin 592 – Wiesbaden 86 – Mannheim 52 – Darmstadt 46
🛈 Burgstr. 37, ⊠ 64678, ℰ (06255) 3 06 44, touristik@lindenfels.de

Waldschlösschen
Nibelungenstr. 102 ⊠ 64678 – ℰ (06255) 96 81 90 – waldschloesschenlindenfels@t-online.de – Fax (06255) 2016 – geschl. 3. - 28. Nov.
14 Zim – †45 € ††88/98 € – ½ P 15 € – **Rest** – (geschl. Montag) Menü 37 € – Karte 22/36 €

♦ Das gepflegte kleine Hotel unter familiärer Leitung bietet wohnlich und zeitgemäß eingerichtete Gästezimmer. Der Naturpark Bergstraße-Odenwald lädt zu Ausflügen ein. Restaurant mit sympathischem rustikalem Ambiente.

815

LINDLAR – Nordrhein-Westfalen – 543 – 22 650 Ew – Höhe 220 m   36 **D12**
- Berlin 583 – Düsseldorf 73 – Gummersbach 25 – Köln 32
- Am Marktplatz 1, ⊠ 51789, ℰ (02266) 9 64 07, brigitte.heck@gemeinde-lindlar.de
- Lindlar-Hommerich, Georghausen 8 ℰ (02207) 49 38

artgenossen
Pollerhofstr. 35 ⊠ *51789 – ℰ (02266) 90 12 80 – info@artgenossen-gmbh.de – Fax (02266) 9012899*
14 Zim – †59/69 € ††83/86 €, ⊃ 8 € – **Rest** – *(geschl. Montag) Karte 23/40 €*
♦ Das persönlich und engagiert geleitete kleine Hotel ist ein denkmalgeschütztes Haus mit originellen Themenzimmer, die von verschiedenen Künstlern individuell gestaltet wurden. Modernes Restaurant im Bistrostil.

Altes Amtshaus   Biergarten
Am Marktplatz 1 ⊠ *51789 – ℰ (02266) 46 46 46 – info@amthauslindlar.de – Fax (02266) 464647 – geschl. Mittwoch*
Rest – *(nur Abendessen) Menü 45 € – Karte 28/48 €*
♦ Das restaurierte Alte Amtshaus beherbergt ein nettes, leicht elegantes A-la-carte-Restaurant sowie weitere Räume auf 2 Etagen. Über den Innenhof erreicht man den Wintergarten.

In Lindlar-Schmitzhöhe Süd-West : 9 km über Rheinstraße und Kemmerich :

Landhaus Bleeker
Hochstr. 19 ⊠ *51789 – ℰ (02207) 91 91 90 – info@hotel-bleeker.de – Fax (02207) 81252*
23 Zim ⊃ – †49/57 € ††85/105 € – **Rest** – *(geschl. Sonntagabend, Montag - Samstag nur Abendessen) Karte 16/45 €*
♦ Relativ ruhig liegt der Gasthof mit Hotelanbau in einem kleinen Ort. Die Zimmer sind sehr gepflegt und unterscheiden sich im Zuschnitt und nach Art des Mobiliars. Restaurant in ländlichem Stil und bürgerliche Gaststube.

LINGEN – Niedersachsen – 541 – 51 360 Ew – Höhe 23 m   16 **D8**
- Berlin 498 – Hannover 204 – Nordhorn 21 – Bremen 135
- Elisabethstr. 14 (Rathaus), ⊠ 49808, ℰ (0591) 9 14 41 45, touristik@lingen.de
- Altenlingen, Beversundern 3 ℰ (0591) 6 38 37

Altes Landhaus
Lindenstr. 45 ⊠ *49808 – ℰ (0591) 80 40 90 – info@alteslandhaus.de – Fax (0591) 59134*
21 Zim ⊃ – †55/95 € ††75/125 € – **Rest** – *(Montag - Samstag nur Abendessen) Karte 16/34 €*
♦ Das hübsche, am Stadtrand gelegene Landhaus mit Klinkerfassade verfügt über gut unterhaltene, solide und wohnlich möblierte Gästezimmer. Das Restaurant: ein angenehm lichter Wintergarten und das Kaminzimmer.

Hutmachers Deele
Große Str. 12 ⊠ *49808 – ℰ (0591) 9 66 38 88 – info@hutmachers-deele.de – Fax (0591) 9663887 – geschl. Dienstag*
Rest – Menü 24/29 € – Karte 28/41 €
♦ Ein Fachwerkhaus von 1790, eines der ältesten Gebäude der Stadt, beherbergt dieses gemütliche Restaurant. Wechselnde Themen bestimmen das Speiseangebot.

In Lingen-Darme

Am Wasserfall
Am Wasserfall 2, (Hanekenfähr) (Süd : 4,5 km, über Schüttdorfer Straße) ⊠ *49808 – ℰ (0591) 80 90 – info@hotel-am-wasserfall.de – Fax (0591) 2278*
83 Zim ⊃ – †49/77 € ††74/99 €
Rest *Fährrestaurant* – Karte 24/43 €
Rest *Zur Lachstreppe* – *(Montag - Freitag nur Abendessen) Karte 15/30 €*
♦ Das im Erholungsgebiet gelegene Hotel verfügt über zeitgemäß und funktionell ausgestattete Zimmer - zum Teil mit Blick auf die Ems. Sehr geräumig: die Zimmer im Turmbau. Klassisch gehaltenes Fährrestaurant mit internationaler Küche. Die Lachstreppe: rustikal.

LINGEN

Zum Märchenwald (mit Gästehaus)
Vennestr. 25 ⌂ 49809 – ℰ (0591) 91 28 40 – info@hotel-zum-maerchenwald.de – Fax (0591) 9128450
48 Zim ⊑ – †52/59 € ††75 € – **Rest** – *(Montag - Samstag nur Abendessen)* Karte 21/31 €
◆ Die Zimmer dieses Klinkerhauses sind sehr sauber und überwiegend mit hellen Naturholzmöbeln eingerichtet - im Gästehaus etwas kleiner. Gutes Preis-Leistungs-Verhältnis. Helles, freundliches Restaurant mit Korbstühlen und Holzfußboden.

LINKENHEIM-HOCHSTETTEN – Baden-Württemberg – 545 – 11 640 Ew – Höhe 109 m
54 **F17**

▶ Berlin 656 – Stuttgart 89 – Karlsruhe 15 – Mannheim 50

Auf der Insel Rott Nord-West : 4,5 km über Hochstetten :

Waldfrieden
Insel Rott 2 ⌂ 76351 Linkenheim-Hochstetten – ℰ (07247) 41 75
10 Zim ⊑ – †45/55 € ††75 € – **Rest** – *(geschl. Montag - Dienstag)* Karte 10/18 €
◆ Ruhig liegt der charmante kleine Familienbetrieb auf einer Rheininsel. Zimmer alle mit Blick ins Grüne - Zimmer Seerose mit Balkon zum See. Kleine Sonnenterrasse auf dem Dach. Das ländlich gehaltene Restaurant bietet überwiegend Fisch, z. T. aus eigenem Fang.

LINNICH – Nordrhein-Westfalen – 543 – 13 870 Ew – Höhe 75 m
35 **A12**

▶ Berlin 610 – Düsseldorf 59 – Aachen 37 – Köln 76

Rheinischer Hof
Rurstr. 21 ⌂ 52441 – ℰ (02462) 10 32 – rheinischer-hof@t-online.de – Fax (02462) 7137 – geschl. 15. Juli - 15. Aug.
Rest – *(geschl. Montag - Dienstag)* Menü 19/20 € – Karte 21/38 €
◆ Ein bürgerlich gestaltetes, familiengeführtes Restaurant mit einer klassischen Note. Die Karte bietet eine Auswahl internationaler Speisen.

LINSENGERICHT – Hessen – siehe Gelnhausen

LIPPETAL – Nordrhein-Westfalen – 543 – 12 620 Ew – Höhe 70 m
27 **E10**

▶ Berlin 453 – Düsseldorf 131 – Arnsberg 42 – Bielefeld 78
🛈 Lippetal-Lippborg, Ebbeckeweg 3 ℰ (02527) 81 91

In Lippetal-Lippborg

Gasthof Willenbrink mit Zim
Hauptstr. 10 ⌂ 59510 – ℰ (02527) 2 08 – gasthof@willenbrink.de – Fax (02527) 1402 – geschl. Mitte Juli - Anfang Aug.
6 Zim ⊑ – †45/50 € ††70/75 € – **Rest** – *(geschl. Montag, Feiertage, nur Abendessen)* Menü 29/36 € – Karte 23/39 €
◆ Hinter einer urtümlichen Fachwerkfassade befindet sich dieses ländlich gestaltete Restaurant - seit Generationen von der Familie geführt. Zimmer mit hellen Naturholzmöbeln.

LIPPSPRINGE, BAD – Nordrhein-Westfalen – 543 – 15 050 Ew – Höhe 140 m – Heilbad und Heilklimatischer Kurort
28 **G10**

▶ Berlin 385 – Düsseldorf 179 – Bielefeld 54 – Detmold 18
🛈 Lange Str. 6, ⌂ 33175, ℰ (05252) 9 77 00, marketing@bad-lippspringe.de
🚉 Bad Lippspringe, Senne 1 ℰ (05252) 97 07 90

Premier Park Hotel (Therme)
Peter-Hartmann-Allee 4 ⌂ 33175 – ℰ (05252) 96 30 – info@parkhotel-lippspringe.bestwestern.de – Fax (05252) 963111
135 Zim – †81/151 € ††104/154 €, ⊑ 14 € – ½ P 24 € – **Rest** – Karte 24/40 €
◆ Dieses großzügig angelegte Hotel überzeugt mit seinen modernen Gästezimmern und einem vielseitigen Wellnessangebot mit aufwändigem Beautybereich. Zum Kurpark hin gelegenes Restaurant mit Blick ins Grüne.

817

LIPPSPRINGE, BAD

Vital Hotel
Schwimmbadstr. 14 ⊠ 33175 – ℰ (05252) 96 41 00 – reception@vital-hotel.de
– Fax (05252) 964170
110 Zim ⊂ – †105 € ††130 € – ½ P 20 € – **Rest** – Menü 30 € – Karte 24/33 €
♦ Recht ruhig liegt dieses Hotel an der Therme, nahe dem Waldrand. Die wohnlichen Zimmer sind teils modern und in warmen Farben gehalten, teils gediegener eingerichtet. Restaurant mit Blick ins Thermalbad.

Scherf garni (mit Gästehäusern)
Arminiusstr. 23 ⊠ 33175 – ℰ (05252) 20 40
– info@hotel-scherf.de – Fax (05252) 204188
58 Zim ⊂ – †65/110 € ††80/130 €
♦ Stammhaus, Gästehaus sowie die "Residenz" stellen dem Gast Zimmer in verschiedenen Ausführungen zur Wahl: elegant, wohnlich oder etwas schlichter.

LIPPSTADT – Nordrhein-Westfalen – 542 – 67 270 Ew – Höhe 75 m 27 F10

▶ Berlin 436 – Düsseldorf 142 – Bielefeld 55 – Meschede 43

✈ bei Büren-Ahden, (Süd-Ost : 17 km über Geseke), ℰ (02955) 7 70

ℹ Lange Str. 14 (Rathaus), ⊠ 59555, ℰ (02941) 5 85 15

ℹ Quellenstr. 72 (Haus der Kurgäste), Bad Waldliesborn, ⊠ 59559,
ℰ (02941) 94 88 00, info@bad-waldliesborn.com

🔁 Lippstadt-Bad Waldliesborn, Wiesenhausweg 14 ℰ (02941) 81 01 10

Welcome Hotel
Lipper Tor 1 ⊠ 59555 – ℰ (02941) 98 90 – info@welcome-hotel-lippstadt.de
– Fax (02941) 989529
80 Zim ⊂ – †90/140 € ††110/180 € – **Rest** – Karte 24/32 €
♦ Mit einem großen Hallenbereich empfängt Sie der moderne, teils verglaste Hotelbau. Die Zimmer hat man solide und funktionell eingerichtet sowie farblich hübsch gestaltet. Ein Bistro ergänzt das neuzeitliche Restaurant mit offener Küche.

Fellini
Cappelstr. 44a ⊠ 59555 – ℰ (02941) 92 41 50 – Fax (02941) 910542 – geschl. Juli und Sonntag
Rest – Karte 27/37 €
♦ Das Restaurant ist in einem Fachwerkhaus aus dem 18. Jh. untergebracht und gefällt mit neuzeitlich-eleganter Aufmachung. Blickfang ist die offene Küche. Italienisches Angebot.

In Lippstadt-Bad Waldliesborn Nord : 5 km über B 55 – Heilbad :

Parkhotel Ortkemper
Liesbornerstr. 30 ⊠ 59556 – ℰ (02941) 88 20
– parkhotel.ortkemper@t-online.de – Fax (02941) 88240
50 Zim ⊂ – †40/48 € ††70/78 € – **Rest** – Karte 17/27 €
♦ Das Haus liegt direkt am Kurpark, in einem Wohngebiet am Waldrand. Die Zimmer unterscheiden sich in der Größe, sind hell möbliert und zeitgemäß ausgestattet. Dunkle Holzbalken geben dem Restaurant einen gemütlichen Charakter.

Hubertushof
Holzstr. 8 ⊠ 59556 – ℰ (02941) 85 40 – Fax (02941) 82585
– geschl. 23. Dez. - 12. Jan.
14 Zim ⊂ – †45 € ††80 € – **Rest** – (geschl. 23. Dez. - 12. Jan. und Montag, Nov. - April Sonntagabend) Karte 18/28 €
♦ Die verkehrsgünstige Lage und sehr gepflegte Zimmer mit gutem Platzangebot sprechen für den familiengeführten kleinen Gasthof mit Klinkerfassade. Eichengebälk aus dem 17. Jh. schmückt das rustikale Restaurant.

LODDIN – Mecklenburg-Vorpommern – siehe Usedom (Insel)

LÖBAU – Sachsen – 544 – 18 630 Ew – Höhe 263 m 44 S12

▶ Berlin 260 – Dresden 88 – Görlitz 29 – Bautzen 21

ℹ Altmarkt 1 (Rathaus), ⊠ 02708, ℰ (03585) 45 01 40, tourist-info@svloebau.de

LÖBAU

Berggasthof Honigbrunnen ← Löbau und Oberlausitz,
Löbauer Berg 4 (Ost : 2,5 km) Biergarten
✉ 02708 – ☎ (03585) 4 13 91 30 – info@honigbrunnen.de
– Fax (03585) 4139139
23 Zim – †40/50 € ††70/90 € – **Rest** – Karte 11/22 €
♦ Aufwändig hat man den 1896 erbauten Berggasthof saniert. Entstanden ist ein geschmackvoll und wohnlich eingerichtetes Hotel in schöner Lage oberhalb des Ortes. Die verschiedenen Restauranträume bieten teilweise eine tolle Aussicht. Schöner Saal.

LÖCHGAU – Baden-Württemberg – 545 – 5 360 Ew – Höhe 260 m 55 **G18**
▶ Berlin 615 – Stuttgart 32 – Ludwigsburg 25 – Pforzheim 37

Zur Krone
Hauptstr. 63 ✉ 74369 – ☎ (07143) 1 82 17 – Fax (07143) 961558 – geschl. Samstagmittag
Rest – Menü 19 € – Karte 20/33 €
♦ Das historische Gebäude birgt einen gemütlichen Gastraum mit Holzbalken, rotem Steinfußboden und grünem Kachelofen, wo Regionales und Internationales aufgetischt wird.

LÖHNBERG – Hessen – siehe Weilburg

LÖHNE – Nordrhein-Westfalen – 543 – 41 660 Ew – Höhe 70 m 28 **G9**
▶ Berlin 370 – Düsseldorf 208 – Bielefeld 39 – Hannover 85
🛈 Löhne, Auf dem Stickdorn 63 ☎ (05228) 70 50

Schewe
Dickendorner Weg 48 ✉ 32584 – ☎ (05732) 9 80 30 – hotel-schewe@t-online.de
– Fax (05732) 980399 – geschl. 1. - 6. Jan., 13. - 20. Juli
18 Zim – †54/59 € ††82/89 € – **Rest** – (geschl. Sonntag, nur Abendessen) Menü 29/35 € – Karte 30/51 €
♦ Der kleine Familienbetrieb befindet sich in einer Nebenstraße und bietet seinen Gästen freundliche, neuzeitlich eingerichtete Zimmer. In mediterranem Stil gehaltenes Restaurant mit internationaler Küche.

LÖNINGEN – Niedersachsen – 541 – 13 100 Ew – Höhe 22 m 16 **E7**
▶ Berlin 290 – Bremen 88 – Nordhorn 65 – Enschede 101
🛈 Langenstr. 38, ✉ 49624, ☎ (05432) 8 03 70, touristinfo@loeningen.de

Rüwe
Parkstr. 15 ✉ 49624 – ☎ (05432) 9 42 00 – hotel-restaurant.ruewe@t-online.de
– Fax (05432) 942011 – geschl. 27. Dez. - 8. Jan.
10 Zim – †49 € ††78 € – **Rest** – (geschl. Montag) Karte 24/32 €
♦ Parkettboden und eine freundliche Einrichtung geben den Zimmern dieses netten Hauses einen wohnlichen Charakter. Familiäre Führung und tadellose Pflege. Helle Farbtöne dominieren im Restaurant.

LÖRRACH – Baden-Württemberg – 545 – 46 870 Ew – Höhe 294 m 61 **D21**
▶ Berlin 862 – Stuttgart 265 – Freiburg im Breisgau 70 – Basel 9
🛈 Bahnhofstraße, ☎ (01805) 24 12 24 (Gebühr)
ADAC Bahnhofsplatz 2
🛈 Herrenstr. 5 (im Burghof), ✉ 79539, ☎ (07621) 9 40 89 13, ticket@burghof.com

Villa Elben garni
Hünerbergweg 26 ✉ 79539 – ☎ (07621) 20 66 – info@villa-elben.de – Fax (07621) 43280
34 Zim – †67/70 € ††90/95 €
♦ Ob Sie in der schönen Villa mit Park Quartier beziehen oder im neueren Hotelanbau wohnen, man beherbergt Sie in funktionellen Räumen - teils mit stilvollem Mobiliar.

819

LÖRRACH

Stadt-Hotel garni
Weinbrennerstr. 2 ⌧ 79539 – ℰ (07621) 4 00 90 – info@stadthotel-loerrach.de
– Fax (07621) 400966
30 Zim ⌧ – †73 € ††90 €
♦ Sie logieren in behaglichen Doppelzimmern - einheitlich in Mahagoni gehalten und praktisch ausgestattet. Für mehr Komfort wählen Sie eines der beiden Appartements.

Zum Kranz mit Zim
Basler Str. 90 (B 317) ⌧ 79540 – ℰ (07621) 8 90 83 – info@kranz-loerrach.de
– Fax (07621) 14843
9 Zim ⌧ – †55/65 € ††80/85 € – **Rest** – (geschl. Sonntag - Montag) (Tischbestellung ratsam) Menü 28/45 € – Karte 29/49 €
♦ Die Karte lockt mit Klassischem sowie mit Gerichten der Saison - hier schmeckt man die sorgfältige Verarbeitung guter Produkte. Ein freundlicher Service berät Sie gerne.

In Lörrach-Haagen Nord-Ost: 3,5 km über B 317, jenseits der A 98:

Burgschenke Rötteln
Röttelnweiler 47 (in der Burg Rötteln) ⌧ 79541 – ℰ (07621) 5 21 41
– burgschenke@t-online.de – Fax (07621) 52108 – geschl. 13. Jan. - 11. Feb. und Sonntag - Montag
Rest – Menü 25/40 € – Karte 31/54 €
♦ Das in die Burganlage integrierte Restaurant teilt sich in verschiedene ländlich gestaltete, nett dekorierte Räume. Man kocht international. Biergarten mit Selbstbedienung.

In Inzlingen Süd-Ost: 6 km über B 316 Richtung Rheinfelden:

Krone (mit Gästehaus)
Riehenstr. 92 ⌧ 79594 – ℰ (07621) 22 26 – info@krone-inzlingen.de – Fax (07621) 2245
23 Zim ⌧ – †60/70 € ††95/105 € – **Rest** – Karte 25/47 €
♦ Ein neuzeitlicher Stil, eine gute technische Ausstattung sowie überwiegend eingefärbte Landhausmöbel machen die Zimmer dieses familiengeführten Gasthofs aus. Sie speisen in bürgerlichem Ambiente oder unter freiem Himmel.

Inzlinger Wasserschloss mit Zim
Riehenstr. 5 ⌧ 79594 – ℰ (07621) 4 70 57 – info@inzlinger-wasserschloss.de
– Fax (07621) 13555
12 Zim ⌧ – †59/62 € ††96/102 €
Rest – (geschl. Anfang - Mitte Jan. und Dienstagmittag) (Tischbestellung ratsam) Menü 45/71 € – Karte 48/74 €
Rest *Schloss Beizle* – (geschl. Mitte Jan. - Anfang Feb. und Dienstag - Mittwoch) Karte 35/50 €
♦ Hinter historischen Mauern a. d. 15. Jh. - umgeben von einem Wassergraben - serviert man Ihnen klassische Speisen. Eine elegante Note unterstreicht die gediegene Atmosphäre. Das Schloss Beizle ist ein rustikales Kellerlokal mit bürgerlich-regionalem Angebot.

LÖWENBERGER LAND – Brandenburg – **542** – 8 460 Ew – Höhe 51 m   **22 O7**
▶ Berlin 61 – Potsdam 80 – Oranienburg 24 – Eberswalde 49

Im Ortsteil Liebenberg

Schloss & Gut Liebenberg
⌧ 16775 – ℰ (033094) 70 05 00 – hotel@schloss-liebenberg.de – Fax (033094) 700599
45 Zim – †95/120 € ††120/140 € – **Rest** – Karte 21/27 €
♦ Eine schöne Adresse ist das am weitläufigen Park gelegene Schloss mit seinen neuzeitlich und wohnlich in Naturtönen eingerichteten Gästezimmern. Blick ins Grüne bieten das modern gestaltete Restaurant und die hübsche Terrasse.

Sie suchen ein besonderes Hotel für einen sehr angenehmen Aufenthalt?
Reservieren Sie in einem roten Haus: 🏠 ... 🏨.

LÖWENSTEIN – Baden-Württemberg – 545 – 3 070 Ew – Höhe 385 m – Erholungsort
55 **H17**

▶ Berlin 595 – Stuttgart 58 – Heilbronn 18 – Schwäbisch Hall 30

Gasthof Lamm mit Zim
Maybachstr. 43 ✉ 74245 – ℰ (07130) 40 19 50 – gasthof@lamm-loewenstein.de – Fax (07130) 401959 – geschl. Jan. 3 Wochen, Aug. 3 Wochen und Montag, Freitagmittag
8 Zim – †42 € ††64 € – **Rest** – Menü 15/30 € – Karte 20/35 €
♦ Ein familiär geführter Landgasthof im Zentrum des Weinorts. Im ländlichen Ambiente der mit Polsterbänken und -stühlen ausgestatteten Gaststube pflegt man eine regionale Küche.

LOHMAR – Nordrhein-Westfalen – 543 – 31 270 Ew – Höhe 70 m
36 **C12**

▶ Berlin 587 – Düsseldorf 63 – Bonn 16 – Siegburg 5
🛆 Lohmar-Wahlscheid, Schloss Auel ℰ (02206) 90 90 56

In Lohmar-Wahlscheid Nord-Ost : 4 km über B 484 :

Aggertal-Hotel Zur alten Linde
Bartholomäusstr. 8 ✉ 53797 – ℰ (02206) 9 59 30
– info@aggertalhotel.de – Fax (02206) 959345 – geschl. Juli 3 Wochen
27 Zim – †85/139 € ††120/180 €
Rest – (geschl. Sonntag - Montagmittag) Karte 27/49 €
Rest *Brasserie* – (geschl. Sonntag - Montagmittag) Karte 20/33 €
♦ Recht ruhig gelegenes familiengeführtes Haus mit unterschiedlich geschnittenen, wohnlich-rustikalen Zimmern. Ein heller Wintergarten dient als Frühstücksraum. Restaurant Fasanerie mit mediterranem Touch. Gemütlich-rustikal ist die nett dekorierte Brasserie.

LOHME – Mecklenburg-Vorpommern – siehe Rügen (Insel)

LOHMEN (KREIS SÄCHSISCHE SCHWEIZ) – Sachsen – 544 – 3 350 Ew – Höhe 204 m
43 **Q12**

▶ Berlin 220 – Dresden 27 – Pirna 7

Landhaus Nicolai
Basteistr. 122 ✉ 01847 – ℰ (03501) 5 81 20 – info@landhaus-nicolai.de
– Fax (03501) 581288
39 Zim – †43/59 € ††68/89 € – **Rest** – Karte 17/30 €
♦ Ein heller Empfangsbereich mit Galerie und neuzeitlich-funktionelle Zimmer erwarten Sie in diesem Hotel. Die Gästezimmer im Erdgeschoss verfügen über eine Sonnenterrasse. Nicolaistube mit regionaler und internationaler Karte.

LOHNE – Niedersachsen – 541 – 25 070 Ew – Höhe 43 m
17 **F8**

▶ Berlin 409 – Hannover 123 – Bremen 80 – Oldenburg 61

Wilke mit Zim
Brinkstr. 43 ✉ 49393 – ℰ (04442) 7 33 70 – info@hotel-wilke.de – Fax (04442) 73372
5 Zim – †45 € ††65 € – **Rest** – (geschl. Donnerstag, Montag - Samstag nur Abendessen) Karte 13/34 €
♦ An einer Passage mit Geschäften gelegenes Restaurant, in dem man Ihnen in schlicht gestalteten Räumlichkeiten bürgerliche Speisen serviert.

LOHR AM MAIN – Bayern – 546 – 16 190 Ew – Höhe 161 m
48 **H15**

▶ Berlin 521 – München 321 – Würzburg 56 – Aschaffenburg 35
🛈 Schlossplatz 5, ✉ 97816, ℰ (09352) 84 84 60, tourismus@lohr.de

Bundschuh (mit Gästehaus)
Am Kaibach 7 ✉ 97816 – ℰ (09352) 8 76 10 – email@hotelbundschuh.de
– Fax (09352) 876139 – geschl. 23. Dez. - 8. Jan.
38 Zim – †65/82 € ††83/105 € – **Rest** – (nur Abendessen für Hausgäste)
♦ In einer Nebenstraße in der Innenstadt liegt dieser sehr gepflegte Familienbetrieb mit seinen unterschiedlich eingerichteten Zimmern. Eine Jugendstilvilla dient als Gästehaus.

LOHR AM MAIN

Franziskushöhe
Ruppertshüttener Str. 70 ⌧ 97816 – ℰ (09352) 60 40 – info@franziskushoehe.de – Fax (09352) 604250
67 Zim ⌑ – †80/90 € ††90/105 € – **Rest** – Karte 24/32 €
♦ Das Hotel am Waldrand oberhalb der Stadt ist besonders auf Tagungen und Veranstaltungen ausgelegt und bietet Gästezimmer in neuzeitlichem Stil. Kinderspielplatz. Restaurant mit bürgerlicher Karte. Die Terrasse mit Aussicht ist auch bei Ausflüglern beliebt.

In Lohr-Sendelbach Süd-Ost : 1 km, jenseits des Mains :

Zur alten Post Biergarten
Steinfelder Str. 1 ⌧ 97816 – ℰ (09352) 8 75 20 – landhotelpost@aol.com – Fax (09352) 875224 – geschl. Jan. 3 Wochen
12 Zim ⌑ – †55/68 € ††78/85 € – **Rest** – (geschl. Montagmittag, Mittwoch) Menü 20/25 € – Karte 19/33 €
♦ Die Zimmer dieses sauberen und gepflegten kleinen Gasthofs sind einheitlich mit Kirschholzmobiliar eingerichtet und verfügen über moderne Bäder. Gaststuben mit rustikalem Ambiente. Schattiger Biergarten unter mächtigen Walnussbäumen.

In Lohr-Wombach Süd : 2 km über Westtangente :

Spessarttor (mit Gästehaus)
Wombacher Str. 140 ⌧ 97816 – ℰ (09352) 8 73 30 – info@hotel-spessarttor.de – Fax (09352) 873344
35 Zim ⌑ – †48/68 € ††62/78 € – **Rest** – (geschl. Aug. und Dienstag) Karte 18/31 €
♦ Ein familiär geführtes kleines Hotel, das im Haupthaus wie auch im 500 m entfernten Gästehaus wohnliche, mit neuzeitlichen Landhausmöbeln eingerichtete Zimmer bietet. Gemütlich-rustikales, holzgetäfeltes Restaurant mit Stubencharakter.

LONGUICH – Rheinland-Pfalz – 543 – 1 250 Ew – Höhe 130 m   45 **B15**
▶ Berlin 709 – Mainz 140 – Trier 15

Zur Linde (mit Gästehaus)
Cerisierstr. 10 ⌧ 54340 – ℰ (06502) 55 82 – Fax (06502) 7817
13 Zim ⌑ – †40 € ††62 € – ½ P 15 € – **Rest** – (geschl. Montag) Karte 18/37 €
♦ Am Rande des Ortes steht für Reisende eine saubere und praktische Unterkunft bereit. Dörfliche Atmosphäre und die Nähe zu Trier sind Vorzüge dieses kleinen Weinortes. Farbige Wände und Stühle im Landhausstil prägen das Restaurant.

LONSHEIM – Rheinland-Pfalz – siehe Alzey

LORCH – Baden-Württemberg – 545 – 11 400 Ew – Höhe 288 m   55 **H18**
▶ Berlin 592 – Stuttgart 45 – Göppingen 18 – Schwäbisch Gmünd 8
🛈 Lorch, Hetzenhof 7 ℰ (07172) 9 18 00

Sonne Biergarten
Stuttgarter Str. 5 ⌧ 73547 – ℰ (07172) 73 73 – Fax (07172) 8377
27 Zim ⌑ – †42/50 € ††68/78 € – **Rest** – (geschl. Nov. und Freitag, nur Abendessen) Karte 17/25 €
♦ Die zentrale Lage macht dieses Haus für Feriengäste ebenso interessant wie für Geschäftsreisende. Der Fachwerk-Gasthof von 1724 beherbergt Sie in praktischen Zimmern. Zum Essen nehmen Sie Platz in einem der ländlich gestalteten Räume.

LORSCH – Hessen – 543 – 12 650 Ew – Höhe 98 m   47 **F16**
▶ Berlin 595 – Wiesbaden 65 – Mannheim 35 – Darmstadt 29
🛈 Marktplatz 1, ⌧ 64653, ℰ (06251) 1 75 26 22, touristinfo@lorsch.de
◉ Königshalle★

Zum Schwanen
Nibelungenstr. 52 ⌧ 64653 – ℰ (06251) 5 22 53 – Fax (06251) 588842
– geschl. 28. Jan. - 5. Feb., 4. - 12. Juni, 10. - 20. Okt. und Montag
Rest – (Dienstag - Samstag nur Abendessen) (Tischbestellung ratsam) Karte 32/48 €
♦ Dunkles Holz und nettes Dekor tragen zur elegant-rustikalen Atmosphäre dieses Restaurants bei. Die Speisekarte ist klassisch ausgelegt.

LOSSBURG – Baden-Württemberg – **545** – 6 530 Ew – Höhe 666 m – Wintersport : 700 m ⚡1 ⛷ – Luftkurort 54 **F19**
> ▶ Berlin 718 – Stuttgart 100 – Karlsruhe 86 – Freudenstadt 8
> 🛈 Hauptstr. 46 (Kinzig-Haus), ✉ 72290, ℰ (07446) 95 04 60, lossburg-information@lossburg.de

Hirsch Biergarten
Hauptstr. 5 ✉ 72290 – ℰ (07446) 9 50 50 – hotel@hirsch-lossburg.de – Fax (07446) 950555
43 Zim ⌑ – †50/69 € ††78/102 € – ½ P 16 € – **Rest** – Menü 18 € – Karte 14/33 €
♦ Der familiengeführte erweiterte Gasthof an der Ortsdurchfahrt verfügt über solide, funktionell eingerichtete Gästezimmer, die teils neuzeitlich im Landhausstil gehalten sind. Restaurant mit bürgerlicher und regionaler Küche.

LOTTSTETTEN – Baden-Württemberg – **545** – 2 170 Ew – Höhe 433 m 62 **F21**
> ▶ Berlin 813 – Stuttgart 180 – Freiburg im Breisgau 106 – Schaffhausen 12

In Lottstetten-Nack

Gasthof zum Kranz Zim,
Dorfstr. 23 ✉ 79807 – ℰ (07745) 73 02 – info@gasthof-zum-kranz.de – Fax (07745) 8469 – geschl. Feb. 3 Wochen, Aug. 2 Wochen und Dienstag - Mittwoch
Rest – (Tischbestellung ratsam) Karte 29/44 €
♦ In diesem gepflegten Gasthaus erwartet Sie ein in warmen Farben zeitgemäß eingerichteter Gastraum, in dem internationale Küche serviert wird. Kleine Terrasse vor dem Haus.

LUCKENWALDE – Brandenburg – **542** – 21 720 Ew – Höhe 48 m 32 **P9**
> ▶ Berlin 58 – Potsdam 45 – Brandenburg 74 – Cottbus 108
> 🛈 Markt 11, ✉ 14943, ℰ (03371) 67 25 00, touristinfo@luckenwalde.de

Vierseithof
Haag 20, (Eingang Am Herrenhaus) ✉ 14943 – ℰ (03371) 6 26 80 – info@vierseithof.de – Fax (03371) 626868
43 Zim ⌑ – †70/80 € ††90/120 €
Rest – (geschl. Jan. - Feb. und Montag - Dienstag) Menü 30/65 € – Karte 30/49 €
Rest Weberstube – Karte 25/33 €
♦ 1782 wurde die einstige Tuchfabrik als Herrenhaus erbaut. Heute ist das schöne denkmalgeschützte Anwesen ein neuzeitliches Hotel mit einer geschmackvollen Kunstsammlung. Zurückhaltend elegantes Restaurant mit hübscher Innenhofterrasse. Rustikale Weberstube.

LUDORF – Mecklenburg-Vorpommern – **542** – 520 Ew – Höhe 67 m 13 **N6**
> ▶ Berlin 144 – Schwerin 104 – Neubrandenburg 69 – Waren (Müritz) 26

Gutshaus Ludorf (mit Gästehaus) Rest,
Rondell 7 ✉ 17207 – ℰ (039931) 84 00 – info@gutshaus-ludorf.de – Fax (039931) 84620 – geschl. Jan. - Feb.
23 Zim ⌑ – †67/98 € ††98/140 € – **Rest** – Karte 24/39 €
♦ Das herrschaftliche Backsteinhaus a. d. 17. Jh. - äußerlich nahezu unverändert - besticht durch seine sehr geschmackvollen Zimmer, teils mit Parkett, teils mit Dachschräge. Klassische und rustikale Elemente bestimmen das Ambiente im Restaurant.

LUDWIGSBURG – Baden-Württemberg – **545** – 87 590 Ew – Höhe 293 m 55 **G18**
> ▶ Berlin 617 – Stuttgart 15 – Heilbronn 36 – Karlsruhe 86
> **ADAC** Heinkelstr. 1
> 🛈 Marktplatz 6, ✉ 71634, ℰ (07141) 9 10 22 52, info@stadt.ludwigsburg.de
> 🖻 Ludwigsburg, Schloss Monrepos ℰ (07141) 22 00 30
> ◉ Blühendes Barock : Schloss★, Park★ (Märchengarten★) Y

Stadtpläne siehe nächste Seiten

823

LUDWIGSBURG

Beihinger Str. .... V 9	Friesenstr. .... X 28	Monreposstr. .... V 64
Bottwartalstr. .... V 17	Gänsfußallee .... X 29	Neckarstr. .... X 68
Eglosheimer Str. .... V 19	Hauptstr. .... X 32	Schlieffenstr. .... X 84
	Hohenzollernstr. .... X 35	Südliche-Alleen-Str. .... X 89
	Ludwigsburger Str. .... X 53	Talallee .... X 90
	Möglinger Str. .... X 59	Uferstr. .... V 94

Nestor
Stuttgarter Str. 35/2 ⊠ 71638 – ℰ (07141) 96 70 – ludwigsburg@nestor-hotels.de – Fax (07141) 967113
179 Zim ⊑ – †160 € ††190 € – **Rest** – Karte 31/48 €   Z **a**
♦ Das aus dem 19. Jh. stammende Backsteingebäude am Schlosspark, eine ehemalige Garnisonsbäckerei, ist zu einem modernen Stadthotel geworden. Das Restaurant: die luftig wirkende Orangerie und ein hübscher Wintergarten.

Favorit garni
Gartenstr. 18 ⊠ 71638 – ℰ (07141) 97 67 70 – info@hotel-favorit.de – Fax (07141) 97677555 – geschl. 21. Dez. - 2. Jan.
88 Zim ⊑ – †79/109 € ††109/139 €   Y **r**
♦ Das zeitgemäße Stadthotel im Zentrum verfügt über recht geräumige Zimmer der "Favorit"-Kategorie, funktionelle "Business"- sowie "Klassik"-Zimmer.

Alte Sonne (Laurent Durst)
Bei der kath. Kirche 3 ⊠ 71634 – ℰ (07141) 6 43 64 80 – info@altesonne-durst.de – Fax (07141) 6436488 – geschl. Montag - Dienstag   Y **n**
Rest – Menü 69/91 € – Karte 55/69 €
Rest *'s Laurent Bistro* – (geschl. Montag - Dienstag) Menü 41 € – Karte 28/39 €
Spez. Gebratene Felsenrotbarbe mit pikantem Papayasalat und Thunfisch-Zucchini-Tatar. Kalbsfilet und geschmorte Kalbshaxe mit Cashewkern-Safran-Gnocchi. Schokoladentarte mit Bananen-Passionsfruchtsalat.
♦ Aus dem 300 Jahre alten Gasthaus hat man ein modern-elegantes Restaurant gemacht, in dem geschultes Personal dem Gast kreative Küche auf französischer Basis serviert. Regionale Gerichte bietet's Laurent Bistro.

824

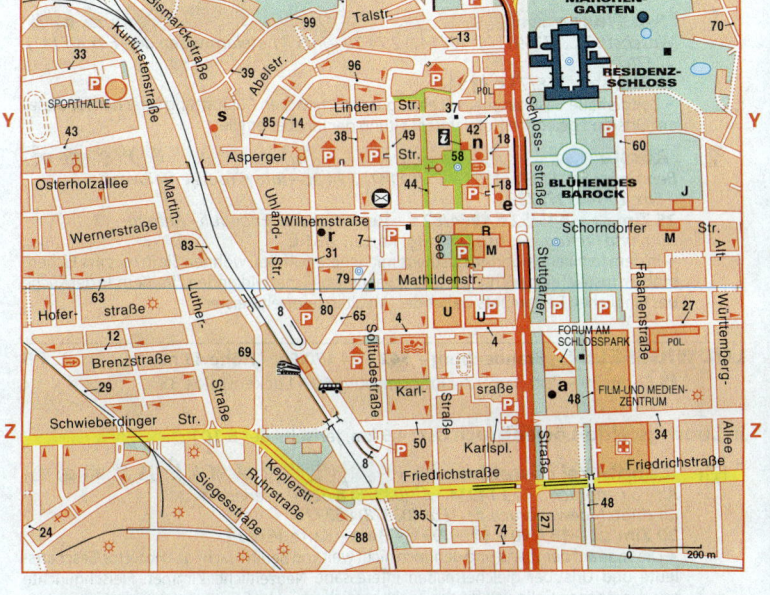

LUDWIGSBURG

Alleenstr.	Z	4
Arsenalstr.	Y	7
Bahnhofstr.	Z	8
Belschnerstr.	Z	12
Bietigheimer Str.	Y	13
Bogenstr.	Y	14
Eberhardstr.	Y	18
Friedenstr.	Z	24
Friedrich-Ebert-Str.	Z	27
Gänsfußallee	Z	29
Gartenstr.	Y	31
Heinrich-Schweitzer-Str.	Y	33
Hindenburgstr.	Z	34
Hohenzollernstr.	Y	35
Holzmarkt	Y	37
Hospitalstr.	Y	38
Imbröderstr.	Y	39
Kaffeeberg	Y	42
Kaiserstr.	Y	43
Kirchstr.	Y	44
Königsallee	Z	48
Körnerstr.	Y	49
Leonberger Str.	Z	50
Marienstr.	Y	55
Marktpl.	Y	58
Mömpelgardstr.	Y	60
Mörikestr.	YZ	63
Myliusstr.	Z	65
Pflugfelder Str.	Z	69
Richard-Wagner-Str.	Y	74
Schillerpl.	Y	79
Schillerstr.	Y	80
Schlachthofstr.	Y	83
Schützenstr.	Y	85
Seestr.	YZ	
Solitudeallee	Z	88
Untere-Reithaus-Str.	Y	96
Wilhelm-Keil-Str.	Y	99

✕✕ Post-Cantz VISA ⓂⓄ AE ①
Eberhardstr. 6 ✉ 71634 – ✆ (07141) 92 35 63 – info@post-cantz.de – Fax (07141) 905607 – geschl. Mittwoch - Donnerstag   Y e
Rest – Karte 21/43 €
◆ Ein traditionsreiches Gasthaus mit bürgerlich-rustikalem Charakter: Stammtisch, Kachelofen und ländliches Dekor bestimmen das Ambiente. Regionale und internationale Küche.

In Ludwigsburg-Pflugfelden

🏠 Goldener Pflug   ♨ ⓛ♿ 🅰🅲 Zim, 🐾 🚗 VISA ⓂⓄ AE
Dorfstr. 2 ✉ 71636 – ✆ (07141) 4 41 10 – reception@goldenerpflug.info – Fax (07141) 441142   X e
60 Zim ⬜ – ♦79/85 € ♦♦99/105 € –
Rest – Karte 15/27 €
◆ Das familiengeführte Hotel unweit der Autobahn bietet funktionelle Zimmer, moderner sind die neueren Zimmer in Anbau. Frühstück serviert man im Kaminzimmer. Restaurant mit rustikalem Touch. Hübsch: das Barockzimmer für besondere Anlässe.

825

LUDWIGSBURG
Beim Schloss Monrepos

Schlosshotel Monrepos
Domäne Monrepos 22 ⊠ 71634 – ✆ (07141) 30 20
– info@schlosshotel-monrepos.de – Fax (07141) 302200
80 Zim – †126/136 € ††136/170 €, ⊇ 14 €
Rest *Gutsschenke* – (geschl. 2. - 4. Jan.) Karte 31/49 €
♦ Ruhig und nur wenige Schritte vom Seeschloss entfernt liegt dieses Hotel. Die Zimmer sind im Landhausstil oder mit italienischen Möbeln wohnlich ausgestattet. Als Restaurant dient die historische Gutsschänke mit rustikalem Interieur.

In Freiberg am Neckar Nord : 4 km über Beihinger Straße V – Höhe 410 m

Am Wasen garni
Wasenstr. 7 ⊠ 71691 – ✆ (07141) 2 74 70 – info@hotelamwasen.de – Fax (07141) 274767
25 Zim ⊇ – †68/73 € ††94 €
♦ Zeitgemäße Gästezimmer mit einer guten technischen Ausstattung sprechen für dieses am Ortsrand gelegene Hotel unter Leitung der Inhaberfamilie.

Rössle
Benninger Str. 11 ⊠ 71691 – ✆ (07141) 2 74 90 – info@roessle-freiberg.de
– Fax (07141) 270739
25 Zim ⊇ – †43/52 € ††64/82 € – **Rest** – (geschl. Ende Juli - Anfang Aug. und Freitag - Samstagmittag) Karte 13/31 €
♦ In dem familiengeführten Gasthaus mit neuerem Anbau wohnen Sie in teils mit Eichenmöbeln rustikal eingerichteten, teils etwas neuzeitlicher wirkenden Zimmern. In der Küche des ländlichen Restaurants waltet der "Maultaschenweltmeister"!

LUDWIGSFELDE – Brandenburg – 542 – 24 170 Ew – Höhe 43 m 22 **P8**
▶ Berlin 29 – Potsdam 17 – Brandenburg 60 – Luckenwalde 33

In Ludwigsfelde-Löwenbruch Ost : 4,5 km, jenseits der B 101 :

Landhotel Löwenbruch
Alt-Löwenbruch 57 ⊠ 14974 – ✆ (03378) 8 62 70 – service@landhotel-loewenbruch.de – Fax (03378) 862777
30 Zim ⊇ – †57/90 € ††69/99 € – **Rest** – Karte 13/26 €
♦ Die Lage auf dem Land und dennoch nicht weit von Berlin macht das Hotel für Geschäftsleute und Urlauber gleichermaßen interessant. Neuzeitliche Zimmer. Fleischgerichte aus der eigenen Galloway-Rinder-Zucht bereichern in der Saison das Angebot im Restaurant.

In Ludwigsfelde-Gröben Süd-West : 4,5 km, über Siethen :

Landhotel Theodore F. mit Zim
Gröbener Dorfstr. 50 ⊠ 14974 – ✆ (03378) 8 61 80 – guidokachel@t-online.de
– Fax (03378) 861822
7 Zim ⊇ – †40 € ††65 € – **Rest** – Menü 34/44 € – Karte 29/36 €
♦ Schön liegt dieses Haus am Ende des kleinen Dorfes. Der offene Kamin und altes Fachwerk erzeugen eine gemütliche Atmosphäre. Internationale Küche. Die Gästezimmer sind recht einfach, aber solide eingerichtet.

LUDWIGSHAFEN AM RHEIN – Rheinland-Pfalz – 543 – 162 840 Ew – Höhe 96 m 47 **F16**
▶ Berlin 615 – Mainz 82 – Mannheim 6 – Kaiserslautern 55
ADAC Theaterplatz 10
🛈 Ludwigstr.6, ⊠ 67059, ✆ (0621) 51 20 35, tourist-info@lukom.com
🛈 Limburgerhof, Kohlhof 9 ✆ (06236) 47 94 94

Siehe auch Mannheim-Ludwigshafen (Umgebungsplan)
Stadtplan siehe gegenüberliegende Seite

LUDWIGSHAFEN AM RHEIN

Bismarckstr.	Y	
Bürgermeister-Krafft-Pl.	Z	2
Bürgermeister-Kutterer-Str.	Z	3
Danziger Pl.	Y	4
Deutsche Str.	Y	5
Goerdelerpl.	Y	6
Ludwigstr.	Y	
Pasadenaallee	YZ	10
Wittelsbachpl.	Z	12
Wredestr.	Z	13

Europa Hotel
Am Ludwigsplatz 5 ⊠ 67059 – ℰ (0621) 5 98 70 – info@europa-hotel.com – Fax (0621) 5987122 Y a
110 Zim ⊋ – †121 € ††148 € – **Rest** – *(geschl. Samstagmittag, Sonntagmittag)* Karte 19/31 €
♦ Das Hotel liegt an einem kleinen Platz in der Stadtmitte und verfügt über saubere, hell und funktionell eingerichtete Gästezimmer.

Marly
Welserstr. 25 ⊠ 67063 – ℰ (0621) 5 20 78 00 – Fax (0621) 5207801 – geschl. 28. Juli - 17. Aug. und Samstagmittag, Sonntag - Montagmittag Y d
Rest – (Tischbestellung ratsam) Menü 39/59 € – Karte 37/46 €
♦ Eine große Fensterfront zur Terrasse hin sorgt für viel Licht im Restaurant - geprägt vom modernen, südländisch anmutenden Flair. Mediterran beeinflusste internationale Küche.

Engel's am Theater
Kaiser-Wilhelm-Str. 39 ⊠ 67059 – ℰ (0621) 62 90 09 29 – engelsamtheater@ aol.com – Fax (0621) 5293180 Y e
Rest – (Tischbestellung ratsam) Karte 17/35 €
♦ In diesem Stadthaus bewirtet Sie der freundliche Service im rustikalen Restaurant oder auf der zum Theaterplatz hin gelegenen Terrasse mit bürgerlicher Küche.

LUDWIGSHAFEN AM RHEIN
In Ludwigshafen-Friesenheim

René Bohn [Zim, Rest, P VISA AE]
René-Bohn-Str. 4, (siehe Stadtplan Mannheim-Ludwigshafen) ✉ 67063 – ℰ (0621) 6 09 91 00 – business-hotel.rene-bohn@basf.com – Fax (0621) 6099200 – geschl. 22. Dez. - 7. Jan.
BV **b**
80 Zim ⊑ – †135/160 € ††160/190 € – 8 Suiten – **Rest** – (nur für Hausgäste)
♦ Auf dem Gelände der BASF befindet sich dieses Businesshotel. In den Zimmern überzeugt eine funktionelle, moderne und wohnliche Einrichtung in klaren Linien. Deluxe-Zimmer.

Bella Capri [VISA AE]
Arnimstr. 2 ✉ 67063 – ℰ (0621) 69 20 45 – Fax (0621) 698381 – geschl. Samstagmittag, Sonntag
BV **c**
Rest – Karte 27/42 €
♦ Italienische Küche bietet das in einem Wohngebiet gelegene, mediterran gestaltete Restaurant. Zum Verkauf stehende Bilder dienen der Dekoration.

In Altrip Süd-Ost : 10 km über Rheingönheim und Hoher Weg BCV :

Darstein [Rest, P VISA AE]
Zum Strandhotel 10, (im Naherholungsgebiet Blaue Adria) ✉ 67122 – ℰ (06236) 44 40 – info@hotel-darstein.de – Fax (06236) 444140 – geschl. 1. - 6. Jan.
17 Zim ⊑ – †60 € ††85 € – **Rest** – (geschl. Montag - Dienstagmittag, Okt. - März auch Sonntagabend) Karte 23/36 €
♦ In einem Naherholungsgebiet liegt das Haus direkt am See. Die meisten Zimmer sind mit rustikalen Eichenmöbeln bestückt, einige verfügen über Balkon. Kleine Hochzeitsinsel! Restaurant mit neuem Wintergarten, der sich zur Seeterrasse umfunktionieren lässt.

LUDWIGSLUST – Mecklenburg-Vorpommern – **542** – 12 200 Ew – Höhe 35 m
11 **L6**

▶ Berlin 180 – Schwerin 38 – Güstrow 98 – Hamburg 118
🛈 Schlossstr.36, ✉ 19288, ℰ (03874) 52 62 51, info@stadtludwigslust.de
◉ Schloss★ (Goldener Saal★) – Stadtkirche★ – Schlosspark★

Landhotel de Weimar [P VISA AE]
Schloßstr. 15 (Zufahrt über Gartenstraße) ✉ 19288 – ℰ (03874) 41 80 – info@landhotel-de-weimar.de – Fax (03874) 418190
47 Zim ⊑ – †59/75 € ††76/125 €
Rest *Ambiente* – (geschl. Nov. - März Sonntagabend) Menü 62 € (abends) – Karte 30/47 €
♦ Das ehemalige Palais der Fürstin von Weimar lädt zum Wohnen in gediegenen Räumlichkeiten ein - die Zimmer im historischen Altbau sind mit Stilmöbeln geschmückt. Schön und originell: das Restaurant Ambiente ist der glasüberdachte Innenhof des Hauses.

Erbprinz [P VISA AE]
Schweriner Str. 38 ✉ 19288 – ℰ (03874) 2 50 40 – hotel.erbprinz@freenet.de – Fax (03874) 29160
40 Zim ⊑ – †59/62 € ††80/92 € – **Rest** – Karte 20/31 €
♦ Die ehemalige Wurstfabrik ist heute ein komfortables Hotel. Hinter der Klinkerfassade bietet man recht geräumige, neuzeitliche und wohnliche Zimmer. Elegant wirkendes Restaurant mit Salon.

LÜBBECKE – Nordrhein-Westfalen – **543** – 26 320 Ew – Höhe 75 m
17 **F8**

▶ Berlin 373 – Düsseldorf 215 – Bielefeld 42 – Bremen 105

Quellenhof [Zim, P VISA]
Obernfelder Allee 1 ✉ 32312 – ℰ (05741) 3 40 60 – quellenhof_kleffmann@t-online.de – Fax (05741) 340659 – geschl. 19. Juli - 4. Aug.
24 Zim ⊑ – †62/78 € ††88/110 € – **Rest** – (geschl. Freitag - Samstagmittag, Sonntagabend) Karte 16/38 €
♦ Freundlich wird das kleine Hotel von Familie Kleffmann geleitet. Es erwarten Sie funktionelle Zimmer und eine gepflegte Außenanlage mit Forellenteich. In ländlichem Stil gehaltenes Restaurant mit Wintergartenvorbau und schöner Sonnenterrasse.

LÜBBEN – Brandenburg – 542 – 14 810 Ew – Höhe 50 m – Erholungsort   33 **Q9**
- Berlin 84 – Potsdam 99 – Cottbus 53
- Ernst-von-Houwald-Damm 15, ✉ 15907, ✆ (03546) 30 90, spreewaldinfo@t-online.de

Schlossrestaurant Lübben
Ernst-von-Houwald-Damm 14 ✉ 15907 – ✆ (03546) 40 78
– schlossrestaurant-luebben@t-online.de – Fax (03546) 182521 – geschl. Montag, Nov. - März auch Sonntagabend
Rest – Menü 25 € – Karte 18/46 €
♦ Ein hübsch saniertes Schlossgebäudes mit modernem Interieur. In verschiedenen Restauranträumen serviert man Internationales. Schön sitzt man auf der Terrasse am Spreekanal.

LÜBBENAU – Brandenburg – 542 – 18 280 Ew – Höhe 52 m – Erholungsort   33 **Q10**
- Berlin 95 – Potsdam 113 – Cottbus 35
- Ehm-Welk-Str. 15, ✉ 03222, ✆ (03542) 36 68, info-luebbenau@spreewald-online.de
- St. Nicolai★
- Spreewald★★ (Freilandmuseum Lehde★, per Kahn)

Schloss Lübbenau
Schlossbezirk 6 ✉ 03222 – ✆ (03542) 87 30 – hotel@schloss-luebbenau.de
– Fax (03542) 873666 – geschl. 3. - 6. Jan.
46 Zim – †78/104 € ††92/122 € – ½ P 24 € – 5 Suiten – **Rest** – Karte 22/47 €
♦ In einer weitläufigen Parkanlage befindet sich das Schloss von 1839. Harmonisch fügt sich die klassische Einrichtung in den historischen Rahmen. Saunabereich im alten Gewölbe. Elegantes Restaurant und Jagdstube mit rustikaler Note.

Spreewaldeck
Dammstr. 31 ✉ 03222 – ✆ (03542) 8 90 10 – spreewaldeck@t-online.de
– Fax (03542) 890110
27 Zim – †65/70 € ††95/110 € – ½ P 13 € – **Rest** – Karte 13/32 €
♦ Solide, in einheitlichem Stil ausgestattete Zimmer bietet dieses gut unterhaltene Hotel. Auch Familienzimmer mit Aufbettung stehen zur Verfügung. Ein ländlich-rustikales Ambiente bestimmt das Restaurant.

In Lübbenau-Groß Beuchow Süd-West : 3 km, jenseits der A 13 :

Treff Landhaushotel
Biergarten
LPG-Straße (Nahe der A 13) ✉ 03222 – ✆ (03542) 87 50 – landhaushotel@t-online.de – Fax (03542) 875125
90 Zim – †61/69 € ††81/89 € – **Rest** – (nur Abendessen) Karte 17/25 €
♦ Mit seiner guten Autobahnanbindung, den zeitgemäßen, funktionellen Zimmern und der 24 h besetzten Rezeption ist das Hotel besonders auf Businessgäste ausgelegt.

LÜBBOW – Niedersachsen – siehe Lüchow

LÜBECK – Schleswig-Holstein – 541 – 212 760 Ew – Höhe 13 m   11 **K4**
- Berlin 263 – Kiel 92 – Schwerin 66 – Neumünster 58
- ADAC Katharinenstr. 11
- Holstentorplatz 1, ✉ 23552, ✆ (01805) 88 22 33, info@luebeck-tourismus.de
- Lübeck-Travemünde, Kowitzberg 41 ✆ (04502) 7 40 18 C
- Stockelsdorf-Curau, Malkendorfer Weg 18 ✆ (04505) 59 40 82
- Warnsdorf, Schlossstr. 14 ✆ (04502) 7 77 70
- Haus der Schiffergesellschaft★ E – Heiligen-Geist-Hospital★ – Jakobikirche★ K – Burgtor X – Altstadt★★★ – Holstentor★★ – Rathaus★ R – Marienkirche★★ – Füchtingshof S – Katharinenkirche★ – Petrikirche (Turm ≤★) A Y – Dom (Triumphkreuzanlage★) - St.-Annen-Museum★ M¹ Z

Stadtpläne siehe nächste Seiten

LÜBECK
UND UMGEBUNG

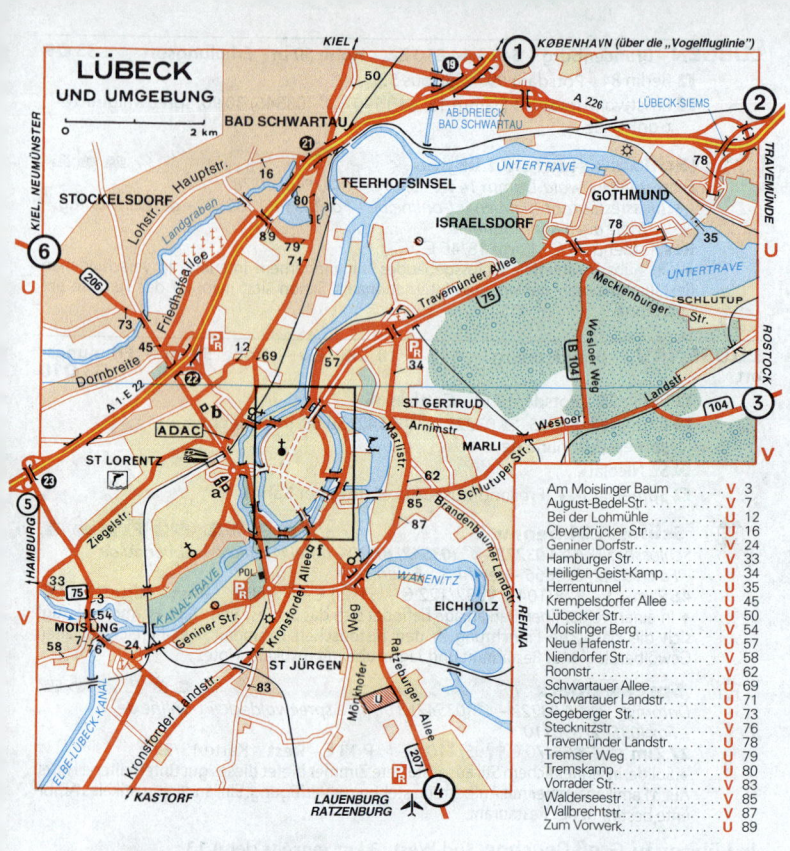

Street	Ref	No
Am Moislinger Baum	V	3
August-Bedel-Str.	V	7
Bei der Lohmühle	U	12
Cleverbrücker Str.	U	16
Geniner Dorfstr.	V	24
Hamburger Str.	V	33
Heiligen-Geist-Kamp	U	34
Herrentunnel	U	35
Krempelsdorfer Allee	U	45
Lübecker Str.	V	50
Moislinger Berg	V	54
Neue Hafenstr.	V	57
Niendorfer Str.	V	58
Roonstr.	V	62
Schwartauer Allee	U	69
Schwartauer Landstr.	U	71
Segeberger Str.	U	73
Stecknitzstr.	V	76
Travemünder Landstr.	U	78
Tremser Weg	V	79
Tremskamp	U	80
Vorrader Str.	V	83
Walderseestr.	V	85
Wallbrechtstr.	V	87
Zum Vorwerk	U	89

Radisson SAS Senator Hotel
Willy-Brandt-Allee 6 ⊠ 23554 – ℰ (0451) 14 20
– info.luebeck@radissonsas.com – Fax (0451) 1422222
224 Zim – ♦145 € ♦♦170 €, ⌂ 16 € – 3 Suiten
Rest *Nautilo* – (geschl. Sonntagabend) Karte 30/40 €
Rest *Kogge* – Karte 19/30 €

♦ Unweit des Holstentors liegt der moderne Klinkerbau an der Trave. Besonders Geschäftsleute schätzen den neuzeitlichen Komfort und die Funktionalität. Nautilo mit elegantem Touch. Leicht maritim gibt sich das Kogge.

Scandic
Travemünder Allee 3 ⊠ 23568 – ℰ (0451) 3 70 60 – info.luebeck@ scandic-hotels.com – Fax (0451) 3706666
158 Zim ⌂ – ♦118/153 € ♦♦144/179 € – 3 Suiten – **Rest** – Karte 24/42 €

♦ Einige Zimmer mit Blick auf die Altstadt oder den Park, funktionell für Businessgäste. Für mehr Platz fragen Sie nach den Komfortzimmern. Allergikerzimmer vorhanden. Großes Restaurant mit Blick ins Grüne.

Kaiserhof (mit Gästehaus)
Kronsforder Allee 11 ⊠ 23560 – ℰ (0451) 70 33 01 – service@kaiserhof-luebeck.de – Fax (0451) 795083
58 Zim ⌂ – ♦105/115 € ♦♦135 € – 6 Suiten – **Rest** – (nur Abendessen)
Menü 27 € – Karte 24/41 €

♦ Wenige Minuten von der City entfernt beeindrucken die behutsam restaurierten Patrizierhäuser mit geschmackvoller Einrichtung. Hohe Räume und Lüster schaffen Atmosphäre. Klassisch-elegantes Restaurant.

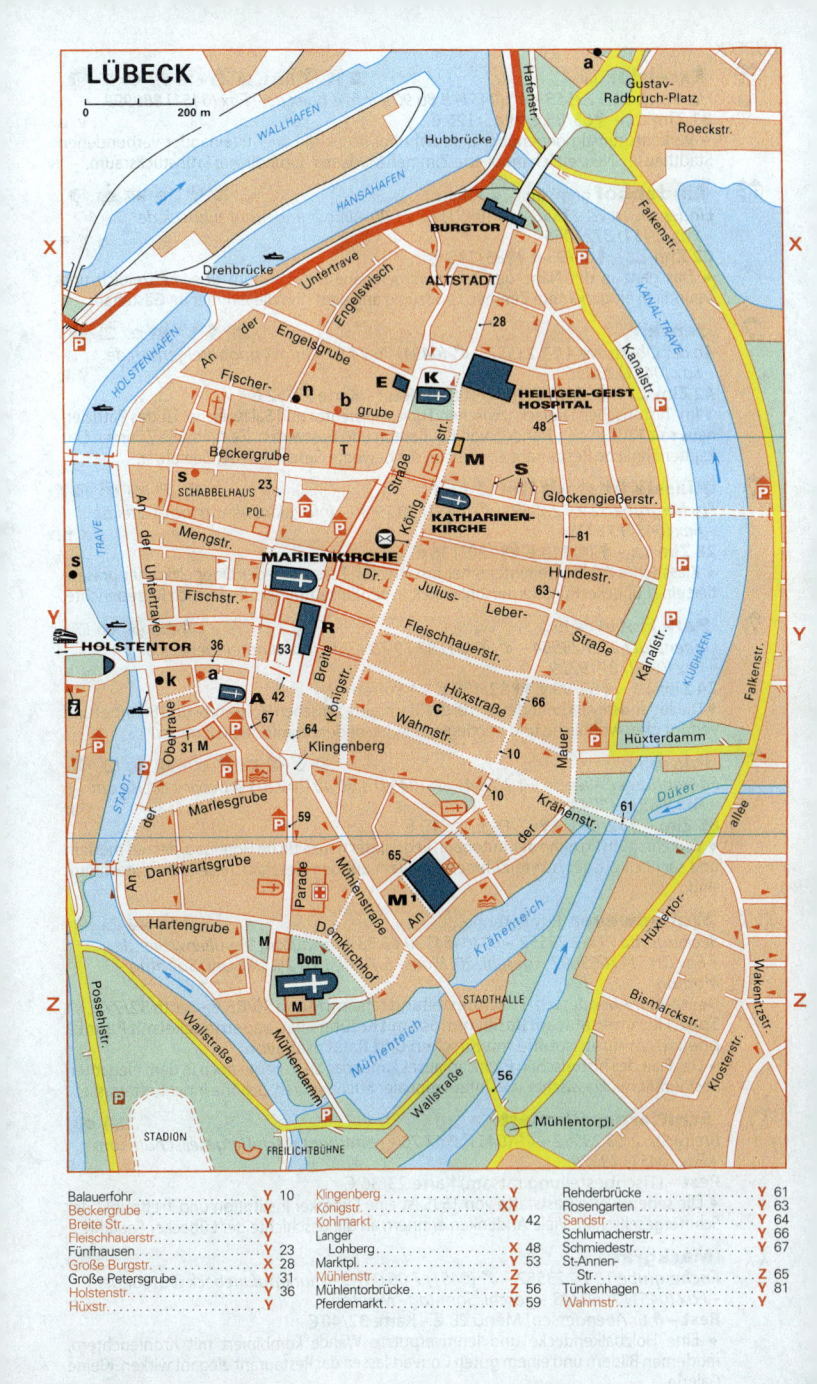

LÜBECK

Balauerfohr	Y	10
Beckergrube	Y	
Breite Str.	Y	
Fleischhauerstr.	Y	
Fünfhausen	Y	23
Große Burgstr.	X	28
Große Petersgrube	Y	31
Holstenstr.	Y	36
Hüxstr.	Y	
Klingenberg	Y	
Königstr.	XY	
Kohlmarkt	Y	42
Langer Lohberg	X	48
Marktpl.	Y	53
Mühlenstr.	Z	
Mühlentorbrücke	Z	56
Pferdemarkt	Y	59
Rehderbrücke	Y	61
Rosengarten	Y	63
Sandstr.	Y	64
Schlumacherstr.	Y	66
Schmiedestr.	Y	67
St-Annen-Str.	Z	65
Tünkenhagen	Y	81
Wahmstr.	Y	

831

LÜBECK

Excelsior garni
Hansestr. 3 ⌧ 23558 – ℰ (0451) 8 80 90 – info@hoex.de – Fax (0451) 880999
81 Zim ⌑ – †65/85 € ††85/125 €
V a
♦ Verkehrsgünstig gegenüber dem Bahnhof liegen die drei miteinander verbundenen Stadthäuser. Neuzeitlich möblierte Zimmer. Moderner, freundlicher Frühstücksraum.

Lindenhof garni (mit Gästehaus)
Lindenstr. 1a ⌧ 23558 – ℰ (0451) 87 21 00 – info@lindenhof-luebeck.de
– Fax (0451) 8721066
62 Zim ⌑ – †65/95 € ††85/135 €
V a
♦ Das ganz in der Nähe des Bahnhofs gelegene Hotel verfügt über neuzeitlich und freundlich eingerichtete Zimmer. Großzügig angelegt sind die Zimmer im Gästehaus.

Jensen
An der Obertrave 4 ⌧ 23552 – ℰ (0451) 70 24 90 – info@ringhotel-jensen.de
– Fax (0451) 73386
42 Zim ⌑ – †65/85 € ††87/108 € – **Rest** – Karte 21/52 €
Y k
♦ Im "historischen Dreieck" zwischen Trave, Holstentor und Salzspeicher ist das Patrizierhaus seit 1307 in den Händen von Kaufleuten und Gastwirten. Zeitgemäße Zimmer. Das kajütenähnliche Restaurant erinnert an die bewegte Geschichte der Seefahrer.

Klassik Altstadt Hotel garni
Fischergrube 52 ⌧ 23552 – ℰ (0451) 70 29 80 – info@klassik-altstadt-hotel.de
– Fax (0451) 73778
28 Zim ⌑ – †76/114 € ††122/136 €
X n
♦ Klassisches Ambiente hinter einer historischen Fassade. Jedes Doppelzimmer präsentiert eine Lübecker Künstlerpersönlichkeit, in den Einzelzimmern finden sich Reiseberichte.

Park Hotel garni
Lindenplatz 2 ⌧ 23554 – ℰ (0451) 87 19 70 – info@parkhotel-luebeck.de
– Fax (0451) 8719729
24 Zim ⌑ – †62/99 € ††82/120 € – 4 Suiten
V a
♦ Die Jugendstilvilla befindet sich in der Stadtmitte zwischen Holstentor und Bahnhof und verfügt über wohnliche und gepflegte, teils besonders komfortable Zimmer.

Ibis garni
Fackenburger Allee 54 ⌧ 23554 – ℰ (0451) 4 00 40 – h2205@accor-hotels.com
– Fax (0451) 4004444
85 Zim – †52/69 € ††67/89 €, ⌑ 10 €
V b
♦ Verkehrsgünstig nahe der Autobahn liegt dieser neuzeitliche Hotelbau, dessen modern und sachlich ausgestattete Zimmer vor allem auf den Geschäftsreisenden abgestimmt sind.

Wullenwever (Roy Petermann)
Beckergrube 71 ⌧ 23552 – ℰ (0451) 70 43 33 – restaurant@wullenwever.de
– Fax (0451) 7063607 – geschl. 20. März - 5. April, 13. - 25. Okt. und Sonntag - Montag
Y s
Rest – (nur Abendessen) (Tischbestellung ratsam) Menü 50/85 € – Karte 52/77 €
Spez. Hummertatar auf Basilikumrösti mit Kräutersalat. Bauerngockel mit Paprika poeliert. Amarettisoufflé mit Kirschen und Ratafiasabayon.
♦ Das Flair des historischen Patrizierhauses kann man auch heute noch in dem eleganten Restaurant mit klassischer und internationaler Küche spüren. Schöne Innenhofterrasse.

Schiffergesellschaft
Breite Str. 2 ⌧ 23552 – ℰ (0451) 7 67 76 – restaurant@schiffergesellschaft.com
– Fax (0451) 73279
Rest – (Tischbestellung ratsam) Karte 23/36 €
X E
♦ Die sehenswerte Gaststätte von 1535 ist eine Lübecker Institution und Treffpunkt der Schiffergesellschaft. Viele Andenken erinnern an die Geschichte der Lübecker Seefahrt.

Markgraf
Fischergrube 18 ⌧ 23552 – ℰ (0451) 7 06 03 43 – markgraf.luebeck@arcor.de
– Fax (0451) 7060343 – geschl. Sonntag - Montag
Rest – (nur Abendessen) Menü 28 € – Karte 32/40 €
X b
♦ Eine Holzbalkendecke und lehmverputzte Wände kombiniert mit Kronleuchtern, modernen Bildern und einem guten Couvert lassen das Restaurant elegant wirken. Kleine Galerie.

LÜBECK

XX Zimmermann's Lübecker Hanse VISA ⦿ AE ①
Kolk 3 ⊠ 23552 – ℰ (0451) 7 80 54 – hanse@luebecker-hanse.de – Fax (0451) 71326 – geschl. Sonntag - Montag, Nov. - Dez. Sonntag
Rest – (Tischbestellung ratsam) Menü 30/48 € – Karte 21/45 €   Y a
◆ Zwischen alten Holzbalken und knarrenden Dielen unterhalten sich Lachs und Steinbeißer: Man reicht hier eine fischreiche Karte, die aber auch anderes bietet.

XX VAI 🍴 VISA ⦿ AE ①
Hüxstr. 42 ⊠ 23552 – ℰ (0451) 4 00 80 83 – info@restaurant-vai.de – Fax (0451) 4008353 – geschl. Sonntagmittag
Rest – Menü 33/49 € – Karte 31/51 €   Y c
◆ In einer Einkaufsstraße im Zentrum liegt das moderne Restaurant. Klares Design und warme Töne bestimmen das Bild, serviert wird saisonale kreative Küche. Innenhofterrasse.

In Lübeck-Oberbüssau Süd-West : 8 km über Kronsforder Landstraße V :

🏠 Friederikenhof ⚜
Langjohrd 15 ⊠ 23560 – ℰ (0451) 80 08 80 – mail@friederikenhof.de – Fax (0451) 80088100
30 Zim ⊃ – †85/100 € ††105/130 € – 3 Suiten – **Rest** – Menü 30/40 € – Karte 27/36 €
◆ Im regionstypischen Stil erbaute Häuser mit Klinkerfassade bilden diese neuzeitliche Hotelanlage - ausgestattet mit komfortablen Zimmern im modernen Landhausstil. Das rustikal-gemütliche Restaurant ist dem Charakter des Hauses angepasst.

In Lübeck-Travemünde Nord-Ost : 19 km – Seeheilbad :
🛈 Bertlingstr. 21 / Strandbahnhof, ⊠ 23570, ℰ (04502) 99 89 01 52

🏨 A-ROSA ≤ Ostsee, 🌿 🚴 🏊 (geheizt) 🍴 💆 ♨ 🏋 ⛷ ♿ A/C
Außenallee 10 ⊠ 23570 – ℰ (04502)   🍴 Rest, 💆 P VISA ⦿ AE ①
3 07 00 – info.travemuende@a-rosa.de – Fax (04502) 3070700
203 Zim (inkl. ½ P.) – †159/299 € ††278/438 € – 21 Suiten   CT a
Rest *Buddenbrooks* und *Weinwirtschaft* – separat erwähnt
◆ In dem denkmalgeschützten ehemaligen Kurhaus am Meer hat man gelungen Klassisches mit Modernem verbunden. Service und Spa werden hier ganz groß geschrieben.

LÜBECK-TRAVEMÜNDE

Am Fahrenberg	3
Am Lotsenberg	4
Auf dem Baggersand	5
Bertlingstr.	6
Bridtener Kirchsteig	7
Fallreep	8
Godewind	9
Kirchenstr.	12
Kurgartenstr.	13
Mecklenburger Landstr.	13
Mittschiffs	15
Parkallee	16
Steuerbord	17
Vorderreihe	18

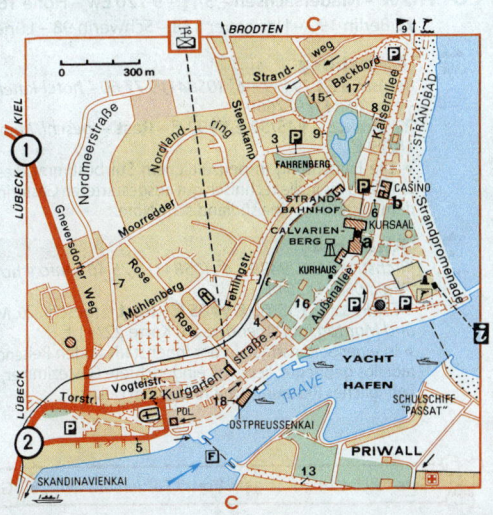

833

LÜBECK

Columbia
Kaiserallee 2, 23570 – ℰ (04502) 30 80 – travemuende@columbia-hotels.de
– Fax (04502) 308333
C b
73 Zim – †120/230 € ††190/270 € – ½ P 32 € – 5 Suiten
Rest *La Belle Epoque* – separat erwähnt
Rest *Il Giardino* – Karte 29/46 €
Rest *Fischmarkt* – (geschl. Okt. - Mai Mittwoch) Karte 23/35 €
• Das Hotel mit der schmucken weißen Fassade überzeugt mit seiner Lage direkt am Strand und technisch sehr gut ausgestatteten Zimmern - modern oder im Landhausstil.

Buddenbrooks – Hotel A-ROSA
Außenallee 10, 23570 – ℰ (04502) 3 07 00 – info.travemuende@a-rosa.de
– Fax (04502) 74437
CT a
Rest – (geschl. 6. - 25. Jan., 2. - 14. Nov. und Sonntag - Montag, nur Abendessen) Menü 56/69 € – Karte 54/65 €
Spez. Langustinos mit mariniertem Taschenkrebs, Blumenkohlschaum und Curry. Seezunge mit Frikassee von weißem und grünem Spargel. Poulet de Bresse mit Morchelrisotto und mariniertem Frühlingsgemüse.
• Im stilvollen Lübeckzimmer befindet sich dieses modern-elegant gestaltete Restaurant, in dem man kreative Küche auf klassischer Basis serviert.

La Belle Epoque – Hotel Columbia
Kaiserallee 2, 23570 – ℰ (04502) 30 80 – travemuende@columbia-hotels.de
– Fax (04502) 308333 – geschl. Feb. und Montag - Dienstag
C b
Rest – (nur Abendessen) Menü 69/99 € – Karte 59/69 €
Spez. Geröstetes und Carpaccio vom Langustino mit Avocadostampf. Rotbarbe in Kokosmilch mit pochierter Auster und Koriander-Emulsion. Gebackener Schokoladenkrapfen mit weißem Schokoladenparfait und Thymian-Erdbeersud.
• Innovative Küche und einen herrlichen Blick auf die Ostsee genießt der Gast in dem modern-eleganten Wintergartenrestaurant im 2. Stock des Hauses.

Weinwirtschaft – Hotel A-ROSA
Außenallee 10, 23570 – ℰ (04502) 3 07 07 47 – info.travemuende@a-rosa.de
– Fax (04502) 3070700
CT a
Rest – (Okt. - April nur Abendessen) Menü 29 € – Karte 26/44 €
• Das Restaurant im Bistrostil bietet schmackhafte, in der Showküche zubereitete internationale Gerichte sowie eine gute Weinauswahl - zum Haus gehört eine eigene Weinhandlung.

LÜCHOW – Niedersachsen – 541 – 9 720 Ew – Höhe 16 m
20 **K7**
▶ Berlin 190 – Hannover 138 – Schwerin 98 – Lüneburg 66

Katerberg
Bergstr. 6, 29439 – ℰ (05841) 9 77 60 – hotel-katerberg@t-online.de
– Fax (05841) 977660
27 Zim – †45/52 € ††90 € – **Rest** – (geschl. Montag, nur Abendessen) Karte 18/29 €
• Die Einrichtung in neuzeitlichem Stil bestimmt dieses familiengeführte Hotel vom Empfang bis in die technisch gut ausgestatteten Gästezimmer. Freundliche Farben geben dem Restaurant eine südländische Note.

Alte Post
Kirchstr. 15, 29439 – ℰ (05841) 9 75 40 – info@hotel-alte-post-luechow.de
– Fax (05841) 5048
14 Zim – †55/65 € ††85 € – **Rest** – (geschl. 26. Mai - 8. Juni, Okt. 2 Wochen und Montag, nur Abendessen) Karte 22/41 €
• In einer Seitenstraße in der Innenstadt finden Reisende hinter einer Fachwerkfassade tadellos gepflegte, liebevoll eingerichtete Gästezimmer, teils mit integriertem Fachwerk. Behagliches Restaurant mit hübschem Dekor.

Gute Küche zu günstigem Preis? Folgen Sie dem „Bib Gourmand".

LÜCHOW

In Lübbow-Dangenstorf Süd : 9 km über B 248, am Ortseingang Lübbow links :

🏠 **Landgasthof Rieger**
Dörpstroat 33 ✉ 29488 – ✆ (05883) 6 38 – landgasthof-rieger@t-online.de
– Fax (05883) 1330
12 Zim ⊐ – †38/45 € ††68/78 € – **Rest** – (Okt. - März Montag - Freitag nur Abendessen) Karte 13/30 €
♦ Das ehemalige Bauernhaus überzeugt seine Besucher mit gepflegter Gastlichkeit und einer heimeligen Atmosphäre, die den ursprünglichen Charme des Hauses bewahrt. Freigelegtes Fachwerk unterstreicht den ländlichen Charakter des Restaurants.

LÜDENSCHEID – Nordrhein-Westfalen – 543 – 79 830 Ew – Höhe 420 m   36 **D11**
▶ Berlin 523 – Düsseldorf 76 – Hagen 30 – Dortmund 47
ADAC Knapper Str. 26
🔗 Schalksmühle-Gelstern, Gelstern 2 ✆ (02351) 5 18 19

🏠 **Mercure**
Parkstr. 66 (am Stadtpark) ✉ 58509 – ✆ (02351) 15 60 – h2927@accor.com
– Fax (02351) 156444
169 Zim ⊐ – †113/118 € ††153/158 € – 8 Suiten – **Rest** – Karte 26/43 €
♦ Die funktionelle Ausstattung macht das Hotel in Zentrumsnähe besonders für Businessgäste interessant. Einige Zimmer und das Hallenbad bieten Aussicht auf Lüdenscheid. Freundliches Restaurant im Wintergartenstil.

LÜGDE – Nordrhein-Westfalen – 543 – 11 400 Ew – Höhe 105 m   28 **H9**
▶ Berlin 352 – Düsseldorf 219 – Hannover 70 – Detmold 32
🛈 Am Markt 1, ✉ 32676, ✆ (05281) 77 08 70, touristinfo@luegde.de

In Lügde-Elbrinxen Süd : 6,5 km über Mittlere Straße und Höxterstraße :

🏠 **Landhotel Lippischer Hof**
Untere Dorfstr. 3 ✉ 32676 – ✆ (05283) 98 70 – info@lippischerhof.de
– Fax (05283) 987189
34 Zim ⊐ – †46/49 € ††80 € – **Rest** – Karte 12/24 €
♦ Eine sehr gepflegte Adresse ist dieses freundlich geführte Haus der Familie Niermann, in dem solide möblierte Gästezimmer bereitstehen. Das Restaurant teilt sich in verschiedene Stuben.

> Unsere „Hoffnungsträger" sind die Restaurants, deren Küche wir für die nächste Ausgabe besonders sorgfältig auf eine höhere Auszeichnung hin überprüfen. Der Name dieser Restaurants ist in „rot" gedruckt und zusätzlich auf der Sterne-Liste am Anfang des Buches zu finden.

LÜNEBURG – Niedersachsen – 541 – 70 620 Ew – Höhe 20 m – Sole- und Moorkurbetrieb   19 **J6**
▶ Berlin 270 – Hannover 124 – Hamburg 58 – Braunschweig 116
ADAC ADAC Str. 1
🛈 Am Markt (Rathaus), ✉ 21335, ✆ (04131) 2 07 66 20, touristik@lueneburg.de
🔗 Lüdersburg, Lüdersburger Str. 21 ✆ (04139) 6 97 00
🔗 St. Dionys, Widukindweg ✆ (04133) 21 33 11
🔗 Adendorf, Moorchaussee 3 ✆ (04131) 22 33 26 60
◉ Rathaus★★ (Große Ratsstube★★) Y **R** – Am Sande★ (Stadtplatz) **Z** – Wasserviertel: ehemaliges Brauhaus★ Y **F** – St. Johanniskirche★ **Z E**
◉ Kloster Lüne (Teppichmuseum★) Nord-Ost : 2 km

835

LÜNEBURG

Altenbrückertor Str.	Z 3	Auf dem Meere	Y 14
Altenbrücker Damm	Y 2	Bahnhofstr.	Y 16
Am Markt	Y 5	Bardowicker Str.	Y 17
Am Ochsenmarkt	Y 6	Beim Benedikt	YZ 21
Am Sande	Z 7	Bei der Abtspferdetränke	Y 18
Am Schifferwall	Y 7	Bockelmannstr.	Y 24
Am Werder	Y 8	B.d. St-Johanniskirche	Y 19
An den Brodbänken	Y 9	Egersdorffstr.	Y 27
An den Reeperbahnen	Z 10	Görgesstr.	Y 28
An der Münze	Y 12	Grapengießerstr.	Z
		Große Bäckerstr.	Y 30
		Kaufhausstr.	Y 32
		Kleine Bäckerstr.	Z 34
Kuhstr.	Z 35	Rotehahnstr.	Y 43
Lüner Str.	Y 36	Rote Str.	Z
Neue Torstr.	Y 38	Schießgrabenstr.	YZ 44
Reitende-Diener-Str.	Y 40	Schröderstr.	YZ 45
Rosenstr.	Y 42	Sülfmeisterstr.	Z 46
		Uelzener Str.	Z 47
		Vor dem Bardowicker Tore.	Y 48
		Waagestr.	Y 49

🏨 **Bergström** (mit Gästehaus)
Bei der Lüner Mühle ✉ 21335 – ✆ (04131) 30 80
– info@bergstroem.de – Fax (04131) 308499
125 Zim – ♂116/136 € ♂♂136/156 €, ☕ 15 € – ½ P 28 € – 6 Suiten
Rest – Karte 31/43 €
♦ Schön liegt das Hotel mit Speichercharakter direkt an der Ilmenau. Die Zimmer sind geschmackvoll eingerichtet und bieten gute Technik. Einige Zimmer im alten Wasserturm. Teilweise als Wintergarten angelegtes Restaurant im Brasseriestil. Vinothek.

Y t

🏨 **Bargenturm**
Vor der Sülze 2 ✉ 21335 – ✆ (04131) 72 90 – info@hotel-bargenturm.de
– Fax (04131) 729499
40 Zim ☕ – ♂89/109 € ♂♂119/129 € – **Rest** – (nur Abendessen) Karte 23/38 €
♦ Der neuzeitliche Stil dieses nahe der Fußgängerzone gelegenen Hotels zieht sich vom angenehm hell gestalteten Empfangsbereich bis in die Gästezimmer. Restaurant mit freundlichem modernem Ambiente und kleiner Innenhofterrasse.

Z b

LÜNEBURG

Zum Heidkrug (Michael Röhm) mit Zim
Am Berge 5 ⊠ 21335 – ℰ (04131) 2 41 60 – info@zum-heidkrug.de – Fax (04131) 241620 – geschl. Jan. 1 Woche, über Ostern 1 Woche, Juli - Aug. 2 Wochen, Okt. 1 Woche
Y a
7 Zim ⊇ – †49/69 € ††79/99 € – **Rest** – (geschl. Sonntag - Dienstag) Menü 20 € (mittags)/59 € – Karte 41/55 €
Spez. Gebratener Thunfisch mit gegrillter Wassermelone und Curryschaum. Lammrücken mit Tomatenkruste und Parmesangnocchi. Schokoladenravioli mit geeistem Kokosschaum und Mango.
♦ Ein gotisches Backsteingebäude im Wasserviertel beherbergt das rustikale Restaurant auf zwei Etagen. Man bietet klassische Küche und eine günstigere Mittagskarte.

In Adendorf Nord-Ost : 5 km über Bockelmannstraße Y :

Castanea Resort
Scharnebecker Weg 25 ⊠ 21365 – ℰ (04131) 2 23 30 – info@castanea-resort.de – Fax (04131) 22332233
118 Zim – †110/130 € ††110/130 €, ⊇ 14 €
– **Rest** – Menü 38 € – Karte 33/46 €
♦ Ein modernes Hotel mit großzügigem Wellnessbereich und Golfplatz. Durch eine offen angelegte Empfangshalle mit Galerie gelangen Sie in wohnlich-komfortable Zimmer. An das Hotelrestaurant im Bistrostil schließt sich das elegante Restaurant Castanea an.

In Brietlingen Nord-Ost : 10 km über Bockelmannstraße Y :

Landhotel Franck
Bundesstr. 31b (An der alten Salzstraße, B 209) ⊠ 21382 – ℰ (04133) 4 00 90 – info@landhotel-franck.de – Fax (04133) 400933
32 Zim ⊇ – †60/70 € ††85/110 € – ½ P 15 € – **Rest** – Karte 18/40 €
♦ Aus einem einfachen Landgasthaus ist im Laufe der Jahre dieses zeitgemäße, familiär geführte Hotel entstanden. Man bietet u. a. zwei Allergiker- und ein Akustikerzimmer. Restaurant in ländlichem Stil.

In Reinstorf Ost : 13 km über Altenbrückertor-Straße Z :

Hof Reinstorf
Alte Schulstr. 6 ⊠ 21400 – ℰ (04137) 80 90 – info@hotel-reinstorf.de – Fax (04137) 809100
86 Zim ⊇ – †90/145 € ††125/145 € – ½ P 25 € – 3 Suiten
Rest *Vitus* – separat erwähnt
♦ Aus dem 19. Jh. stammt die um einen modernen Hotelanbau erweiterte restaurierte Hofanlage. Besonders individuell hat man die Zimmer im ehemaligen Hofgebäude eingerichtet.

Vitus – Hotel Hof Reinstorf
Alte Schulstr. 6 ⊠ 21400 – ℰ (04137) 80 90 – info@hotel-reinstorf.de – Fax (04137) 809100
Rest – (geschl. Montag, Dienstag - Freitag nur Abendessen) Menü 62/72 € – Karte 29/41 €
♦ Das Restaurant befindet sich im alten Gutshaus des Hof Reinstorf. Ein schöner offener Kamin und sehr gut eingedeckte Tische unterstreichen die ländlich-stilvolle Atmosphäre.

LÜNEN – Nordrhein-Westfalen – 543 – 91 450 Ew – Höhe 55 m   26 D10
▶ Berlin 481 – Düsseldorf 84 – Dortmund 15 – Münster (Westfalen) 50

Am Stadtpark
Kurt-Schumacher-Str. 43 ⊠ 44532 – ℰ (02306) 2 01 00 – amstadtpark@riepe.com – Fax (02306) 201055
90 Zim – †96/126 € ††121/141 € – 4 Suiten – **Rest** – Karte 21/40 €
♦ Solide und funktionell eingerichtete, einheitlich in Kirschholz möblierte Zimmer bietet dieses neuzeitliche, mit der Stadthalle verbundene Hotel in Zentrumsnähe. Gepflegtes Restaurant mit Wintergarten-Anbau.

LÜTJENBURG – Schleswig-Holstein – 541 – 5 770 Ew – Höhe 33 m – Luftkurort
3 **J3**

▶ Berlin 326 – Kiel 34 – Lübeck 85 – Neumünster 56

🛈 Markt 4, ⊠ 24321, ℰ (04381) 41 99 41, touristinformation-luetjenburg@t-online.de

🏌 Hohwachter Bucht, Golfplatz ℰ (04381) 96 90

In Panker Nord : 4,5 km in Richtung Schönberg – Höhe 62 m

Ole Liese (mit Gästehaus)
⊠ 24321 – ℰ (04381) 9 06 90 – info@ole-liese.de – Fax (04381) 9069200
– geschl. Jan. 2 Wochen, Nov.
20 Zim ⊇ – †105 € ††115/145 € – **Rest** – (geschl. Montag - Dienstag)
Menü 45/68 € – Karte 34/47 €
♦ Der Gasthof a. d. J. 1797 wurde mit Liebe zum Detail geschmackvoll im Landhausstil eingerichtet. Schöne Stoffe und Farben lassen die Zimmer wohnlich wirken. Das Restaurant bietet eine rustikalere sowie eine leicht gehobene internationale Küche.

Forsthaus Hessenstein
beim Hessenstein (West : 3 km) ⊠ 24321 – ℰ (04381) 94 16 – Fax (04381) 418943
– geschl. 15. - 31. Okt., Juni - Okt. Montag, Nov. - März Montag - Donnerstag, April - Mai Montag - Dienstag
Rest – (Dienstag - Samstag nur Abendessen) (Tischbestellung ratsam)
Menü 29/37 € – Karte 23/39 €
♦ In dem idyllisch einsam am Waldrand gelegenen Jagdhaus serviert man eine schmackhafte regionale Küche. Eine ständige Bilderausstellung ziert das Restaurant.

> Bestecke 🍴 und Sterne ✾ sollten nicht verwechselt werden!
> Die Bestecke stehen für eine Komfortkategorie, die Sterne zeichnen
> Häuser mit besonders guter Küche aus - in jeder dieser Kategorien.

LÜTJENSEE – Schleswig-Holstein – 541 – 3 090 Ew – Höhe 53 m
10 **J5**

▶ Berlin 268 – Kiel 85 – Hamburg 39 – Lübeck 43

🏌 Großensee, Hamburger Str. 29 ℰ (04154) 64 73

🏌 Lütjensee, Hof Bornbek ℰ (04154) 78 31

Fischerklause
Am See 1 ⊠ 22952 – ℰ (04154) 79 22 00 – info@fischerklause-luetjensee.de
– Fax (04154) 792234
14 Zim ⊇ – †55/65 € ††78/93 € – **Rest** – (geschl. Donnerstag) Karte 21/55 €
♦ Die schöne, ruhige Lage direkt am See, nette Gästezimmer in ländlichem Stil und eine familiäre Führung machen dieses kleine Hotel aus. Klassisch gestaltetes Restaurant mit Seeterrasse.

Seehof mit Zim
Seeredder 19 ⊠ 22952 – ℰ (04154) 7 00 70 – info@seehof-luetjensee.de
– Fax (04154) 700730
6 Zim ⊇ – †54 € ††100 € – **Rest** – Karte 21/53 €
♦ Das engagiert geführte Restaurant gefällt mit einer klassischen Einrichtung, gutem Couvert und freundlichem Service. Gartenterrasse am See mit schönem Blick. Damwildgehege.

LUHDEN – Niedersachsen – 541 – 1 130 Ew – Höhe 105 m
28 **G9**

▶ Berlin 341 – Hannover 58 – Hameln 26 – Minden 19

Alte Schule garni
Lindenbrink 9 ⊠ 31711 – ℰ (05722) 9 05 48 10 – hotel.alte.schule@web.de
– Fax (05722) 9054811
10 Zim – †53 € ††71 €
♦ Das kleine Fachwerkhaus - früher tatsächlich eine Schule - beherbergt heute ein nettes, gepflegtes Hotel mit wohnlichen, neuzeitlichen Zimmern.

LUPENDORF – Mecklenburg-Vorpommern – 542 – 590 Ew – Höhe 57 m   13 N5
▶ Berlin 184 – Schwerin 109 – Neubrandenburg 57 – Waren (Müritz) 19

In Lupendorf-Ulrichshusen Süd-West : 3 km :

Schloss Ulrichshusen
Seestr. 14 ⊠ *17194* – ⌁ *(039953) 79 00 – info@ulrichshusen.de – Fax (039953) 79099*
30 Zim ⊋ – †70/115 € ††80/125 €
Rest *Am Burggraben* – Karte 15/33 €
♦ Malerisch liegt das Schloss a. d. 16. Jh. am See. Hochwertig und elegant eingerichtete Zimmer, ein hübscher Frühstücksraum im obersten Stock und ein sehr schöner Konzertsaal. Backsteinwände und Steinfußboden betonen den rustikalen Charakter des Restaurants.

MAGDEBURG L – Sachsen-Anhalt – 542 – 227 540 Ew – Höhe 50 m   31 L9
▶ Berlin 151 – Braunschweig 89 – Dessau 63
ADAC Breiter Weg 114a
🛈 Ernst-Reuter-Allee 12, ⊠ 39104, ⌁ (0391) 5 40 49 00, info@magdeburg-tourist.de
◉ Dom★★★ – Kloster Unser Lieben Frauen★★ – Johanniskirche (Rundblick vom Turm★★) – Elbauenpark ★ (Jahrtausendturm★★)

Stadtpläne siehe nächste Seiten

Herrenkrug Parkhotel
Herrenkrug 3 (über Herrenkrugstraße R) ⊠ *39114*
– ⌁ *(0391) 8 50 80 – info@herrenkrug.de – Fax (0391) 8508501*
147 Zim ⊋ – †116 € ††148 €
Rest *Die Saison* – Menü 94 € – Karte 44/64 €
♦ Eine Symbiose aus Jugendstil und Moderne findet man in der Hotelanlage inmitten des 46 ha großen Herrenkrug Parks. Die Zimmer wurden gediegen-geschmackvoll gestaltet. Mit Elementen aus dem 19. Jh. versehen ist das Restaurant.

Maritim
Otto-von-Guericke-Str. 87 ⊠ *39104* – ⌁ *(0391) 5 94 90 – info.mag@maritim.de – Fax (0391) 5949990*   Y e
514 Zim – †114/144 € ††150/210 €, ⊋ 15 € – 13 Suiten
Rest – Karte 25/47 €
♦ Vor allem ein Tagungs- und Veranstaltungshotel ist dieses zentral, unweit des Hauptbahnhofs liegende Haus. Funktionell eingerichtete Zimmer und großzügigere Suiten. Klassisch gehaltenes Restaurant Da Capo mit teils einsehbarer Küche.

Ratswaage
Ratswaageplatz 1 ⊠ *39104* – ⌁ *(0391) 5 92 60 – hotel@ratswaage.de – Fax (0391) 5619615*   Y a
174 Zim ⊋ – †111 € ††139 € – 7 Suiten – **Rest** – Karte 22/33 €
♦ Das Hotel liegt an einem kleinen Platz im Stadtzentrum und überzeugt mit neuzeitlich-wohnlich sowie funktionell ausgestatteten Zimmern.

Residenz Joop garni
Jean-Burger-Str. 16 ⊠ *39112* – ⌁ *(0391) 6 26 20 – info@residenzjoop.de – Fax (0391) 6262100*   S x
25 Zim ⊋ – †89/139 € ††110/160 €
♦ Ein sehr schönes und engagiert geleitetes Hotel ist die Villa aus der Gründerzeit mit ihren wohnlichen Gästezimmern, dem eleganten Frühstücksraum und kleinem Garten.

Geheimer Rat
Goethestr. 38 ⊠ *39108* – ⌁ *(0391) 7 38 03 – info@geheimer-rat.bestwestern.de – Fax (0391) 7380599*   S n
65 Zim ⊋ – †79/94 € ††89/109 € – **Rest** – (geschl. Samstag - Sonntag, nur Abendessen) Karte 19/40 €
♦ Ein neuzeitlicher Stil sowie helle, warme Farbtöne prägen das Ambiente dieses gepflegten Hotels, das sich am Rande der Innenstadt befindet. Restaurant La Cocagna mit mediterranem Flair.

MAGDEBURG

August-Bedel-Damm	R 3	Herrenkrugstr.	R 8	Raiffeisenstr.	S 23
Brückstr.	R 4	Hundisburger Str.	R 9	Schanzenweg	S 25
Erzbergerstr.	RS 6	Kastanienstr.	R 10	Schmidtstr.	R 27
Friedrich-List Str.	S 7	Mittagstr.	R 15	Schöppensteg	R 33
		Olvenstedter Str.	RS 18	Sternstr.	R 35
		Pechauer Str.	S 19	Theodor-Kozlowski-Str.	R 38
		Pettenkoferstr.	R 21	Wasserkunststr.	R 41

🏠 **Hotel in der Grünen Zitadelle** garni 🛜 🍽 ✂ 📞 ⛔ VISA ⓒ AE
Breiter Weg 9 ⊠ 39104 – ℰ (0391) 62 07 80 – info@hotel-zitadelle.de – Fax (0391)
62078199   Z b
42 Zim – †105 €, ††105 €, ⊇ 10 €
♦ Eine ungewöhnliche Adresse in der Innenstadt von Magdeburg ist das im Hundertwasser-Stil erbaute Hotel. Frühstück bietet man in einem kleinen Café in der Einkaufspassage im EG.

🏠 **Stadtfeld** garni   🍽 ⛔ 📞 🚻 ⛔ VISA ⓒ AE
Maxim-Gorki-Str. 31 ⊠ 39108 – ℰ (0391) 50 66 60 – hotelstadtfeld@web.de
– Fax (0391) 5066699   S s
46 Zim ⊇ – †59 € ††75 €
♦ Nicht weit vom Hauptbahnhof liegt das mit zeitgemäßen und funktionellen Gästezimmern ausgestattete Hotel. Kleines Bistroangebot an der Bar.

🏠 **Merkur**   🍴 🍽 🚻 P VISA ⓒ AE
Kometenweg 69 ⊠ 39118 – ℰ (0391) 62 86 80 – Fax (0391) 6286826   S r
14 Zim ⊇ – †54/57 € ††69/74 € – **Rest** – (geschl. Sonntag, nur Abendessen)
Karte 18/28 €
♦ In der dritten Etage eines im Atriumstil erbauten Bürohauses sind die zeitgemäßen und gepflegten Zimmer dieses Hotels untergebracht.

In Magdeburg-Ottersleben

🍴 **Landhaus Hadrys**   🍴 ⇔ P
😊 An der Halberstädter Chaussee 1 ⊠ 39116 – ℰ (0391) 6 62 66 80 – service@
landhaus-hadrys.de – Fax (0391) 6626681 – geschl. 2. - 9. Feb. und Montag -
Dienstagmittag   S d
Rest – Menü 20/39 € – Karte 21/34 €
♦ Kräftige rote Farben geben dem sympathischen Restaurant in einer alten Stadtvilla eine besondere Note. Freundlicher Service. Schön: der alte Baumbestand am Haus.

841

MAGDEBURG

In Magdeburg-Ebendorf Nord-West : 7 km über Ebendorfer Chaussee R :

NH Magdeburg
*Olvenstedter Str. 2a ⊠ 39179 – ℰ (039203) 7 00 – nhmagdeburg@nh-hotels.com
– Fax (039203) 70100*
142 Zim – †67 € ††67 €, ⊆ 14 € – **Rest** – Karte 20/36 €
♦ Die verkehrsgünstige Lage nahe der Autobahn sowie neuzeitlich-funktionelle Zimmer sprechen für das besonders auf Tagungen ausgerichtete Hotel.

MAHLBERG – Baden-Württemberg – 545 – 4 450 Ew – Höhe 180 m 53 D19
▶ Berlin 771 – Stuttgart 173 – Freiburg im Breisgau 40 – Karlsruhe 98

Löwen
*Karl-Kromer-Str. 8 ⊠ 77972 – ℰ (07825) 10 06 – info@
hotel-restaurant-loewen-mahlberg.de – Fax (07825) 2830*
26 Zim ⊆ – †65/85 € ††100/120 € – **Rest** – *(geschl. Sonntag und Feiertage, nur Abendessen)* Karte 31/42 €
♦ Das Landhaus birgt wohnlich und gleichermaßen zweckmäßig gestaltete Zimmer - in der 1. Etage mit Kirsche, in der 2. Etage mit Naturholz solide ausgestattet. Neo-rustikales Restaurant mit regionaler und internationaler Küche.

MAIERHÖFEN – Bayern – 546 – 1 560 Ew – Höhe 741 m 64 I21
▶ Berlin 715 – München 163 – Augsburg 138 – Kempten 23

Zur Grenze mit Zim
*Schanz 2 ⊠ 88167 – ℰ (07562) 97 55 10 – info@landhotel-zur-grenze.de
– Fax (07562) 9755129*
14 Zim ⊆ – †49/65 € ††80/95 € – **Rest** – *(geschl. Nov. 2 Wochen und Montag)* Karte 23/47 €
♦ Der einzeln etwas außerhalb gelegene Gasthof beherbergt hinter seiner hübschen regionstypischen Fassade ein nettes rustikales Restaurant mit internationaler Küche.

MAIKAMMER – Rheinland-Pfalz – 543 – 4 120 Ew – Höhe 151 m – Erholungsort 47 E17
▶ Berlin 657 – Mainz 101 – Mannheim 42 – Landau in der Pfalz 15
🛈 Johannes-Damm-Str. 11, ⊠ 67487, ℰ (06321) 58 99 17, vamt-maikammer@t-online.de

◉ Alsterweilerer Kapelle (Flügelaltar★)
◉ Kalmit★ (※★★) Nord-West : 6 km

Immenhof
*Immengartenstr. 26 ⊠ 67487 – ℰ (06321) 95 50 – info@hotel-immenhof.de
– Fax (06321) 955200*
53 Zim ⊆ – †59/61 € ††91/108 € – ½ P 18 € – **Rest** – Karte 21/31 €
♦ Ein Anbau mit Freizeitbereich verbindet das Stammhaus und die mit besonders komfortablen Zimmern ausgestattete Residenz des Hauses am Ortsrand. Ayurvedamassage und Kosmetik. Rustikales Restaurant mit Wintergartenanbau.

Goldener Ochsen
*Marktstr. 4 ⊠ 67487 – ℰ (06321) 5 81 01 – ochsenmaikammer@aol.com
– Fax (06321) 58673 – geschl. Ende Dez. - Ende Jan.*
24 Zim ⊆ – †45/56 € ††66/78 € – ½ P 17 € – **Rest** – *(geschl. Donnerstag - Freitagmittag)* Karte 15/33 €
♦ Seit über 70 Jahren ist dieser Gasthof mit einfachen, aber nett gestalteten Zimmern in Familienbesitz. Durch die Lage in der Ortsmitte ist er ein idealer Ausgangspunkt. Gemütliche Gaststube mit Kachelofen und Holzdecke.

Außerhalb West : 2,5 km :

Waldhaus Wilhelm ⊗
*Kalmitstr. 6 ⊠ 67487 Maikammer – ℰ (06321) 5 80 44 – info@
waldhaus-wilhelm.de – Fax (06321) 58564*
22 Zim ⊆ – †40/55 € ††74/90 € – ½ P 19 € – **Rest** – *(geschl. Montag, Dez. - Feb. Sonntagabend - Montag)* Menü 36/55 € – Karte 23/45 €
♦ Vor allem die angenehm ruhige Lage am Wald macht diesen freundlich geführten Familienbetrieb mit seinen zeitgemäßen, nett dekorierten Zimmern attraktiv. Schöne Liegewiese. Ländlich-elegantes Restaurant mit hübscher Terrasse.

MAIKAMMER

In Kirrweiler Ost : 2,5 km, jenseits der A 65 :

Zum Schwanen
Zim, P.
Hauptstr. 3 ⊠ 67489 – ℘ (06321) 5 80 68 – Fax (06321) 58521
– geschl. Feb. 3 Wochen
16 Zim ⊒ – ♦35 € ♦♦60 € – ½ P 12 € – **Rest** – (geschl. Feb. 3 Wochen und Montagmittag, Mittwoch - Donnerstagmittag) Karte 13/29 €
♦ Mitten in dem von Weinbergen umgebenen Dorf liegt dieses liebenswerte und gepflegte Haus unter familiärer Leitung, das mit seinem gemütlich-rustikalen Ambiente gefällt. Bürgerlich-regionales Speiseangebot im Restaurant.

MAINBERNHEIM – Bayern – siehe Iphofen

MAINBURG – Bayern – 546 – 13 840 Ew – Höhe 422 m   58 **M19**

▶ Berlin 535 – München 71 – Regensburg 54 – Ingolstadt 43

🛪 Rudelzhausen-Weihern, ℘ (08756) 9 60 10

Espert-Klause
P. VISA
Espertstr. 7 ⊠ 84048 – ℘ (08751) 13 42 – grasmaier@espert-klause.de
– Fax (08751) 1342 – geschl. Ende Jan. 2 Wochen und Aug., Sonntagabend - Montag
Rest – (nur Abendessen) Karte 20/36 €
♦ Im Zentrum liegt dieses Stadthaus mit moderner Fassade - ein in neuzeitlichem Stil gehaltenes Restaurant unter familiärer Leitung.

MAINTAL – Hessen – 543 – 38 370 Ew – Höhe 103 m   48 **G14**

▶ Berlin 537 – Wiesbaden 53 – Frankfurt am Main 12

In Maintal-Dörnigheim

Zum Schiffchen
P. VISA ⓿
Untergasse 21 ⊠ 63477 – ℘ (06181) 9 40 60 – zumschiffchen@t-online.de
– Fax (06181) 940616 – geschl. 23. Dez. - 2. Jan.
29 Zim ⊒ – ♦65/85 € ♦♦86/98 € – **Rest** – (geschl. 4. - 18. Aug. und Samstag - Sonntag, nur Abendessen) Karte 27/41 €
♦ Der direkt am Main gelegene Gasthof hält geräumige und individuell gestaltete Zimmer mit sehr guter technischer Ausstatung für Sie bereit. Rustikales Restaurant mit regionalen und internationalen Speisen. Mainterrasse.

Irmchen garni
P. VISA ⓿ AE
Berliner Str. 4 ⊠ 63477 – ℘ (06181) 4 30 00 – hotel-irmchen@t-online.de
– Fax (06181) 430043
22 Zim ⊒ – ♦70/75 € ♦♦82/87 €
♦ Sehr persönlich und freundlich leiten die Inhaber ihr hübsches Hotel. Es erwarten Sie mit Stilmöbeln behaglich eingerichtete Zimmer und ein reichhaltiges Frühstücksbuffet.

Hessler mit Zim
AC Rest, P. VISA ⓿ AE
Am Bootshafen 4 ⊠ 63477 – ℘ (06181) 4 30 30 – info@hesslers.de – Fax (06181) 430333 – geschl. Ende Juli - Anfang Aug.
6 Zim – ♦95/125 € ♦♦125/148 €, ⊒ 12 €
Rest – (geschl. Montag - Dienstag) (Tischbestellung ratsam)
Menü 59 € (veg.)/79 € – Karte 52/65 €
Rest Bistro – (geschl. Montag - Dienstag, nur Mittagessen) Menü 28/35 € – Karte 44/54 €
Spez. Flusskrebse mit Bohnensalat und Tomatenvinaigrette. Filet vom weißen Heilbutt mit Calamaretti-Ragout und Paprikasauce. Geschmorte Kalbsbacke mit Erbsenpüree und Barolosauce.
♦ Gediegen-elegant ist die Atmosphäre in diesem Restaurant. Geboten werden klassische Speisen und eine umfangreiche Weinkarte. Mit Geschmack hat man die teils sehr großzügigen Gästezimmer gestaltet.

MAINZ ⒧ – Rheinland-Pfalz – 543 – 185 540 Ew – Höhe 110 m   47 E15

▶ Berlin 568 – Frankfurt am Main 42 – Bad Kreuznach 44 – Mannheim 82
ADAC Große Langgasse 3a

🛈 Brückenturm am Rathaus, ✉ 55116, ℰ (06131) 28 62 10, tourist@info-mainz.de

👁 Gutenberg-Museum★★ (Gutenberg-Bibel★★★) M¹ – Leichhof ≤★★ – Dom★ – Mittelrheinisches Landesmuseum★ M³ Z – Römisch-Germanisches Zentralmuseum★ M² BV – Ignazkirche (Kreuzigungsgruppe★) BY – Stefanskirche (Chagall-Fenster★★, Kreuzgang★) ABY

Stadtplan siehe gegenüberliegende Seite

Hyatt Regency Mainz
Malakoff-Terrasse 1 ✉ *55116* – ℰ *(06131) 73 12 34*
– mainz@hyatt.de – Fax (06131) 731235   BX s
268 Zim – †160/335 € ††185/375 €, ⊇ 23 € – 3 Suiten
Rest *Bellpepper* – ℰ *(06131) 7 31 17 61* – Karte 39/57 €

◆ Am Rhein liegt das Businesshotel mit großzügiger Lobby und modern-funktionellen Zimmern. Gelungen hat man das historische Fort Malakoff (mit Bar und Innenhof) integriert. Restaurant mit Showküche und Blick zum Rhein. Internationales Angebot.

Hilton Mainz City
Münsterstr. 11 ✉ *55116* – ℰ *(06131) 27 80* – *info.mainz-city@hilton.com*
– Fax (06131) 2782099   Z v
127 Zim – †115/269 € ††135/289 €, ⊇ 19 € – **Rest** – Karte 22/32 €

◆ Die zentrale Lage nahe der Fußgängerzone sowie modern-klassische Zimmer machen dieses Hotel aus. In der obersten Etage: Deluxe-Plus-Zimmer mit Balkon. Restaurant Planters mit kleiner internationaler Karte.

Favorite Parkhotel
Karl-Weiser-Str. 1 ✉ *55131* – ℰ *(06131) 8 01 50*
– empfang@favorite-mainz.de – Fax (06131) 8015420   BY k
122 Zim – †125/179 € ††150/204 €
Rest – *(geschl. Sonntagabend - Montag)* Karte 36/54 €
Rest *Bierkutsche* – *(nur Abendessen)* Karte 27/43 €

◆ Eine lichte Halle mit Meerwasseraquarium und exotischem Wintergarten, eine Dachterrasse mit Jacuzzi sowie ganz moderne Zimmer bietet der neue Anbau dieses Hotels im Park. Restaurant im 1. OG mit Blick auf Rhein und Stadt. Klassisches Angebot.

Novotel
Augustusstr. 6 ✉ *55131* – ℰ *(06131) 95 40* – *h5407@accor.com* – *Fax (06131) 954100*   AX a
217 Zim – †79/269 € ††79/285 €, ⊇ 18 € – **Rest** – Karte 23/43 €

◆ Nahe dem Bahnhof finden Sie das besonders auf Geschäftsleute bzw. Tagungen ausgelegte Hotel mit seinen neuzeitlich und funktionell ausgestatteten Zimmern. Teil des Restaurants ist die Weinstube: ein Gewölbe in den alten Kasematten a. d. 17. Jh.

Hammer garni
Bahnhofplatz 6 ✉ *55116* – ℰ *(06131) 96 52 80* – *info@hotel-hammer.com*
– Fax (06131) 9652888 – geschl. 19. Dez. - 4. Jan.   AX z
40 Zim ⊇ – †73/98 € ††88/130 €

◆ Das Haus liegt direkt gegenüber dem Hauptbahnhof und bietet zeitgemäß und praktisch eingerichtete, gut schallisolierte Gästezimmer.

Maus im Mollers
≤ Mainz und Umgebung
Gutenbergplatz 7, (im Staatstheater) ✉ *55116* – ℰ *(06131) 6 27 92 11*
– tafelfreuden@mollers.de – Fax (06131) 6279212 – geschl. Juli 4 Wochen und Montag - Dienstag   Z d
Rest – *(Tischbestellung ratsam)* Menü 38/54 € – Karte 37/49 €

◆ Das moderne Restaurant im 6. Stock des Staatstheaters am Dom bietet einen sehr schönen Blick auf die Stadt. Kompetenter Service und kreative Küche - mittags kleine Karte.

Geberts Weinstuben
Frauenlobstr. 94 ✉ *55118* – ℰ *(06131) 61 16 19* – *info@geberts-weinstuben.de*
– Fax (06131) 611662 – geschl. Juli 2 Wochen und Montag, Samstagmittag   AV d
Rest – Menü 32/41 € – Karte 19/42 €

◆ In dem 1887 gegründeten, familiengeführten Lokal mit Weinstubencharakter fühlen sich Gäste geborgen. Hier oder auf der weinberankten Innenhofterrasse serviert man Regionales.

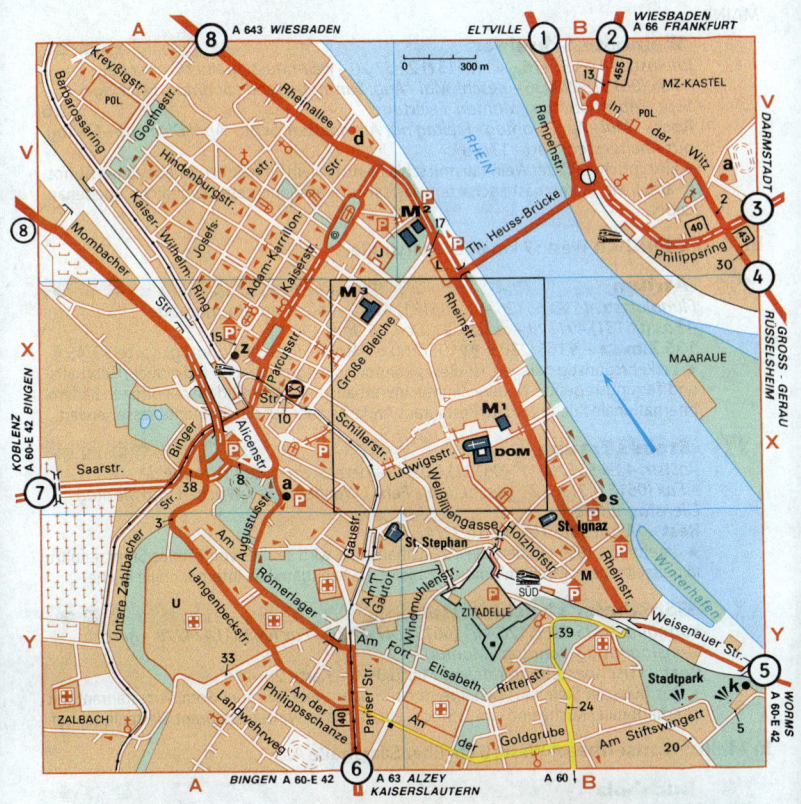

MAINZ

Admiral-Scheer-Str.	BV	2
Am Linsenberg	AY	3
An der Favorite	BY	5
Augustinerstr.	Z	6
Augustusstr.	AX	8
Bahnhofstr.	AX	10
Bischofspl.	Z	12
Boelckester.	BV	13
Bonifaziusstr.	AX	15
Christofsstr.	Z	16
Deutschhaus-Pl.	BV	17
Fischtorstr.	Z	21
Flachsmarktstr.	Z	
Göttelmannstr.	BY	20
Große Bleiche	Z	
Gutenbergpl.	Z	23
Hechtsheimer-Str.	BY	24
Höfchen	Z	26
Karmeliterstr.	Z	27
Kirschgarten	Z	29
Kostheimer Landstr.	BV	30
Liebfrauenpl.	Z	32
Ludwigsstr.	Z	
Markt	Z	
Obere Zahlbacher Str.	AY	33
Peter-Altmeier-Allee	Z	35
Quintinsstr.	Z	36
Römerwall	AX	38
Salvatorstr.	BY	39
Schillerstr.	Z	
Schöfferstr.	Z	40
Schusterstr.	Z	
Zeughausgasse	Z	43

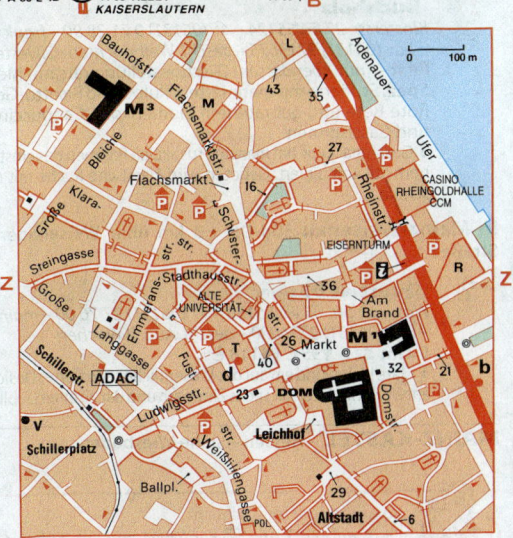

845

MAINZ

Weinhaus Schreiner
*Rheinstr. 38 ⊠ 55116 – ℰ (06131) 22 57 20 – weinhausschreiner@gmx.net
– Fax (06131) 698036 – geschl. Mai - Aug. Samstagabend - Sonntag, Feiertage,
Sept. - April Sonntag - Montag, Feiertage* Z b
Rest – *(Mai - Aug. Montag - Freitag nur Abendessen, Sept. - April Dienstag - Freitag nur Abendessen)* Karte 17/28 €

♦ Ein typisches Pfälzer Weinhaus mit schlicht-rustikalem Charakter und lebendiger Atmosphäre. Viele Stammgäste schätzen das saisonal ausgerichtete bürgerliche Speisenangebot.

In Mainz-Finthen West : 7 km über Saarstraße AX :

Atrium
*Flugplatzstr. 44 ⊠ 55126 – ℰ (06131) 49 10 – info@atrium-mainz.de
– Fax (06131) 491128 – geschl. 21. Dez. - 6. Jan.*
135 Zim ☑ – †165/230 € ††195/260 € – **Rest** – *(geschl. Sonntag)* Karte 39/45 €

♦ Verkehrsgünstig gelegen, ist dieses komfortable Hotel ideal für Individual-, Geschäfts- und Tagungsreisende. Neuere Zimmer im Anbau: puristisch-modern mit offenen Bädern. Internationale Küche wird im Restaurant Andante oder auf der Sonnenterrasse serviert.

Stein's Traube
*Poststr. 4 ⊠ 55126 – ℰ (06131) 4 02 49 – peter.stein@steins-traube.de
– Fax (06131) 219652 – geschl. Jan. - Feb. 3 Wochen, Juli 3 Wochen und Montag - Dienstagmittag*
Rest – Menü 33/50 € – Karte 22/42 €

♦ Bereits seit 1906 existiert dieses Gasthaus und wird seither von Familie Stein geführt. In neuzeitlichem, frischem Ambiente bietet man zeitgemäße, internationale Küche.

Gänsthaler's Kuchlmasterei
Kurmainzstr. 35 ⊠ 55126 – ℰ (06131) 47 42 75 – Fax (06131) 474278 – geschl. Samstagmittag, Sonntag - Montag
Rest – *(Tischbestellung ratsam)* Menü 34 € – Karte 28/40 €

♦ Das hübsche Steinhaus beherbergt ein modern-mediterranes Sommerrestaurant mit internationaler Küche und - im 1. Stock - ein rustikales Winterrestaurant. Netter Innenhof.

In Mainz-Gonsenheim West : 8 km über Saarstraße AX :

Buchholz ✿
*Klosterstr. 27 ⊠ 55124 – ℰ (06131) 9 71 28 90 – frank@frank-buchholz.de
– Fax (06131) 9713675 – geschl. Weihnachten - Silvester und Montag - Dienstag*
Rest – *(nur Abendessen)* (Tischbestellung ratsam) Menü 50/70 € – Karte 44/53 €
Spez. St. Pierre mit mariniertem Pulpo und Risotto. Geschmorte Kalbsschulter mit Rote Bete und gebratenem Blumenkohl. Cappuccinoparfait mit Vanilleschaum und Cassisbirnen.

♦ Geschmackvoll hat man den rustikalen Rahmen des einstigen Bauernhauses mit modernem Stil kombiniert. Geboten wird klassische Küche mit mediterranen Akzenten. Kochschule.

In Mainz-Weisenau Süd-Ost : 3 km über Weisenauer Straße BY und Wormser Straße :

Quartier 65 garni
*Wormser Str. 65 ⊠ 55130 – ℰ (06131) 27 76 00 – mainz@quartier65.de
– Fax (06131) 2776020 – geschl. Aug. 2 Wochen*
6 Zim ☑ – †95 € ††118 €

♦ Klare Linien und ein auf das Wesentliche reduziertes Design machen das von Max Dudler entworfene Hotel mit sechs Zimmern und Bar zu einer Lieblingsadresse für Individualisten.

MAINZ-KASTEL – Hessen – siehe Wiesbaden

Luxuriös oder eher schlicht?
Die Symbole ⚒ und 🏠 kennzeichnen den Komfort.

MAISACH – Bayern – 546 – 12 450 Ew – Höhe 514 m
65 **L20**

▶ Berlin 606 – München 41 – Augsburg 43 – Landsberg am Lech 44
Rottbach, Weiherhaus 5 ℘ (08135) 9 32 90

In Maisach-Überacker Nord : 3 km über Überackerstraße :

Gasthof Widmann
Bergstr. 4 ⌂ 82216 – ℘ (08135) 4 85 – Fax (08135) 939528 – geschl. 1. - 10. Jan., 21. - 31. März, 13. - 22. Mai, 15. Aug. - 8. Sept. und Sonntag - Montag
Rest – (nur Abendessen) (Tischbestellung erforderlich) Menü 55 € – Karte 31/38 €

♦ Die engagierte Wirtin steht hier selbst am Herd und verwöhnt ihre Gäste allabendlich mit einem sorgfältig zusammengestellten 5-Gänge-Menü, aus dem man auch "à la carte" wählen kann.

MALCHOW – Mecklenburg-Vorpommern – 542 – 7 370 Ew – Höhe 75 m – Luftkurort
13 **N5**

▶ Berlin 148 – Schwerin 77 – Neubrandenburg 74 – Rostock 79
🛈 Kirchenstr. 2, ⌂ 17213, ℘ (039932) 8 31 86, info@tourismus-malchow.de
Göhren-Lebbin, Fleesensee ℘ (039932) 8 04 00

Rosendomizil
Lange Str. 2 ⌂ 17213 – ℘ (039932) 1 80 65 – info@rosendomizil.de – Fax (039932) 18064
9 Zim ⌂ – †70/95 € ††90/105 € – **Rest** – Karte 25/47 €

♦ Schön liegt das 200 Jahre alte Haus direkt am See. Hinter einer recht auffälligen Fassade in kräftigen Farben verbergen sich modern und sehr geschmackvoll gestaltete Zimmer. Das Restaurant/Café befindet sich in einer Art Wintergarten zum Wasser hin.

Sporthotel
Biergarten
Schulstr. 6 ⌂ 17213 – ℘ (039932) 8 90 – sporthotel.malchow@t-online.de – Fax (039932) 89222
40 Zim ⌂ – †50/60 € ††75/85 € – **Rest** – (geschl. Jan. - Feb. Montag - Donnerstag, nur Abendessen) Karte 11/26 €

♦ Eine geeignete Adresse für Freizeitsportler ist der moderne Hotelkomplex am Ortsrand mit angeschlossener Tennishalle. Man bietet neuzeitliche Zimmer. Freundlich gestaltetes Restaurant und nette Terrasse.

MALENTE-GREMSMÜHLEN, BAD – Schleswig-Holstein – 541 – 10 770 Ew – Höhe 32 m – Kneippheilbad und Heilklimatischer Kurort
11 **J3**

▶ Berlin 306 – Kiel 41 – Lübeck 55 – Oldenburg in Holstein 36
🛈 Bahnhofstr. 3, ⌂ 23714, ℘ (04523) 9 89 90, marie.weidner@bad-malente.de

Weißer Hof
Voßstr. 45 ⌂ 23714 – ℘ (04523) 9 92 50 – info@weisserhof.de – Fax (04523) 6899
16 Zim ⌂ – †88/130 € ††130/170 € – ½ P 25 € – **Rest** – Karte 29/43 €

♦ Aus drei Gebäuden und einem sehr schönen Garten besteht die kleine Hotelanlage. Neben zeitgemäßen Zimmern bietet man einen hübschen Wellnessbereich mit Kosmetik und Massage. Nettes Restaurant mit zwei angenehmen Terrassen.

See-Villa garni
Frahmsallee 11 ⌂ 23714 – ℘ (04523) 18 71 – hotel-seevilla-malente@web.de – Fax (04523) 997814 – geschl. 17. Dez. - 15. März
10 Zim ⌂ – †42/60 € ††68/78 € – 3 Suiten

♦ Aufmerksam kümmert man sich in dem kleinen Hotel mit dem angenehm privaten Rahmen um den Gast. Wohnliche Zimmer, gutes Frühstück und ein hübscher Garten erwarten Sie.

MALTERDINGEN – Baden-Württemberg – siehe Riegel

MANDELBACHTAL – Saarland – 543 – 11 790 Ew – Höhe 310 m　　　53 C17
▶ Berlin 698 – Saarbrücken 24 – Sarreguemines 23 – Zweibrücken 24

In Mandelbachtal-Gräfinthal

Gräfinthaler Hof
Gräfinthal 6 ⊠ 66399 – ℰ (06804) 9 11 00 – Fax (06804) 91101
– geschl. 11. - 17. Feb., 4. - 18. Okt. und Montag - Dienstag
Rest – Menü 30 € – Karte 22/46 €
◆ Schon in der 4. Generation ist die einstige Klosterbrauerei in Familienbesitz - ein engagiert geführter Gasthof mit ländlichem Ambiente. Modern-eleganter Wintergartenanbau.

MANNHEIM – Baden-Württemberg – 545 – 308 360 Ew – Höhe 97 m　　　47 F16
▶ Berlin 614 – Stuttgart 133 – Frankfurt am Main 79 – Strasbourg 145
ADAC Am Friedensplatz 6
ℹ Willy-Brandt-Platz 3, ⊠ 68161, ℰ (0621) 10 10 11, info@tourist-mannheim.de
Viernheim, Alte Mannheimer Str. 3 ℰ (06204) 6 07 00 DU
Heddesheim, Gut Neuzenhof ℰ (06204) 9 76 90 DU
Veranstaltungen 27.04. - 07.05. : Maimarkt
　Messegelände: Ausstellungsgelände CV, ℰ (0621) 42 50 90
◉ Städtische Kunsthalle★★ DZ M¹ – Landesmuseum für Technik und Arbeit★ CV – Städtisches Reiß-Museum★ (im Zeughaus) M² – Museum für Archäologie und Völkerkunde★ M³ CY – Jesuitenkirche★ CZ

Stadtpläne siehe nächste Seiten

Dorint Kongress Hotel　　　Biergarten
Friedrichsring 6 ⊠ 68161 – ℰ (0621) 1 25 10
– info.mannheim@dorint.com – Fax (0621) 1251100　　DZ x
287 Zim – †125/180 € ††145/200 €, ⊇ 17 € – **Rest** – Karte 30/57 €
◆ Die zentrale Lage in unmittelbarer Nähe des Rosengartens sowie die moderne und komfortable Ausstattung zeichnen dieses Kongresshotel aus. Lichtdurchflutetes, neuzeitlich gestaltetes Restaurant.

Steigenberger Mannheimer Hof
Augustaanlage 4 ⊠ 68165 – ℰ (0621) 4 00 50
– mannheim@steigenberger.de – Fax (0621) 4005190　　DZ n
175 Zim – †110/150 € ††120/160 €, ⊇ 18 € – **Rest** – Karte 33/54 €
◆ Direkt an der Augustaanlage liegt das traditionsreiche Hotel mit schönem Atriumgarten. Das Interieur gibt sich komfortabel und gediegen. Restaurant in elegantem Stil.

Maritim Parkhotel
Friedrichsplatz 2 ⊠ 68165 – ℰ (0621) 1 58 80 – info.man@maritim.de
– Fax (0621) 1588800　　DZ y
173 Zim – †92/249 € ††111/287 €, ⊇ 16 €
Rest *Papageno* – Menü 40 € – Karte 31/41 €
◆ Durch einen großzügigen, eleganten Hallenbereich betreten Sie das um die Jahrhundertwende im Jugendstil erbaute Hotel. Das Interieur entspricht zeitgemäßem Komfort. Das Papageno ist ein gemütliches Kellerrestaurant.

Delta Park Hotel
Keplerstr. 24 ⊠ 68165 – ℰ (0621) 4 45 10 – info@delta-park.bestwestern.de
– Fax (0621) 4451888　　DZ c
130 Zim – †135 € ††155 €, ⊇ 16 € – 4 Suiten – **Rest** – (geschl. Samstag - Sonntagabend) Karte 24/34 €
◆ Im Herzen der Quadratestadt machen die zentrale Lage und die moderne Ausstattung sowie der Komfort das Haus als Business- und Tagungshotel gleichermaßen interessant. Helles Restaurant mit schönem Wintergarten.

Mercure am Rathaus
F 7, 5-13 ⊠ 68159 – ℰ (0621) 33 69 90 – h5410@accor.com – Fax (0621) 336992100　　CY k
150 Zim – †125/145 € ††135/155 €, ⊇ 15 € – **Rest** – (geschl. Samstag, Sonn- und Feiertage) Karte 21/37 €
◆ Zentral und doch relativ ruhig liegt dieses in neuzeitlichem Stil erbaute Geschäfts- und Tagungshotel. Die Zimmer: modern, recht sachlich und sehr funktionell.

MANNHEIM

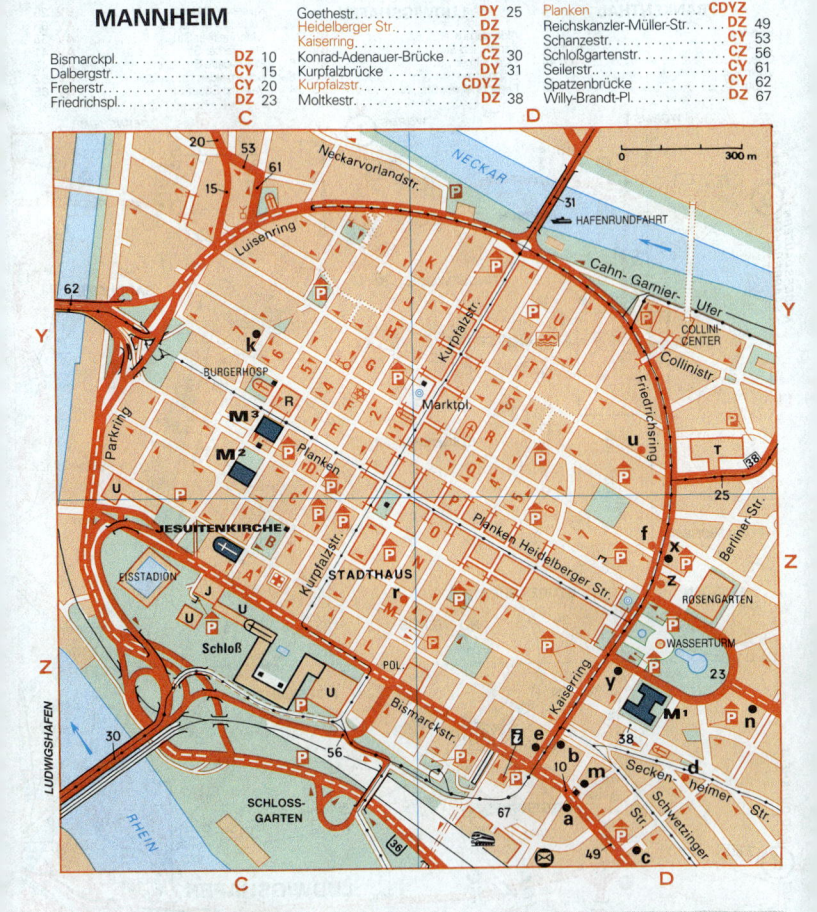

Bismarckpl.	DZ 10	Goethestr.	DY 25
Dalbergstr.	CY 15	Heidelberger Str.	DZ
Freherstr.	CY 20	Kaiserring	DZ
Friedrichspl.	DZ 23	Konrad-Adenauer-Brücke	CZ 30
		Kurpfalzbrücke	DY 31
		Kurpfalzstr.	CDYZ
		Moltkestr.	DZ 38

Planken	CDYZ
Reichskanzler-Müller-Str.	DZ 49
Schanzestr.	CY 53
Schloßgartenstr.	CZ 56
Seilerstr.	CY 61
Spatzenbrücke	CY 62
Willy-Brandt-Pl.	DZ 67

🏠 **Kurpfalzstuben** 🛜 📞 🚗 VISA ⓜ AE ⓓ
L 14, 15 ✉ *68161 – ℰ (0621) 1 50 39 20 – makurpfalzstuben @ aol.com*
– Fax (0621) 15039290   DZ **e**
17 Zim 🍽 – ♂70/80 € ♂♂80/100 € – **Rest** – *(geschl. Aug. 3 Wochen, 24. Dez. - 6. Jan. und Samstag - Sonntag, Feiertage) Karte 20/28 €*
♦ Das hübsche Stadthaus aus der Jahrhundertwende beherbergt heute ein kleines Hotel mit zeitgemäßen, funktionellen Zimmern - in den oberen Etagen etwas moderner und heller. Recht geschmackvoll gestaltetes Restaurant mit Kachelofen.

🏠 **Am Bismarck** garni 🛜 AK ⚡ 📞 🚗 VISA ⓜ AE ⓓ
Bismarckplatz 9 ✉ *68165 – ℰ (0621) 40 30 96 – info @ hotel-am-bismarck.de*
– Fax (0621) 444605 – geschl. 24. - 31. Dez.   DZ **m**
44 Zim 🍽 – ♂83/99 € ♂♂99/110 €
♦ Ein engagiert geführter Familienbetrieb mit persönlicher Atmosphäre. Hinter einer freundlichen gelben Fassade erwarten Sie gepflegte Zimmer mit wohnlicher Einrichtung.

🏠 **Central** garni 🛜 📞 🚗 VISA ⓜ AE
Kaiserring 26 ✉ *68161 – ℰ (0621) 1 23 00 – info @ centralhotelmannheim.de*
– Fax (0621) 1230100   DZ **b**
34 Zim 🍽 – ♂95/105 € ♂♂100/115 €
♦ Das nahe dem Bahnhof gelegene Hotel bietet Ihnen zeitgemäße, praktisch ausgestattete Zimmer. Vom Frühstücksraum in der 1. Etage aus beobachten Sie das Treiben auf der Straße.

849

FRANKENTHAL

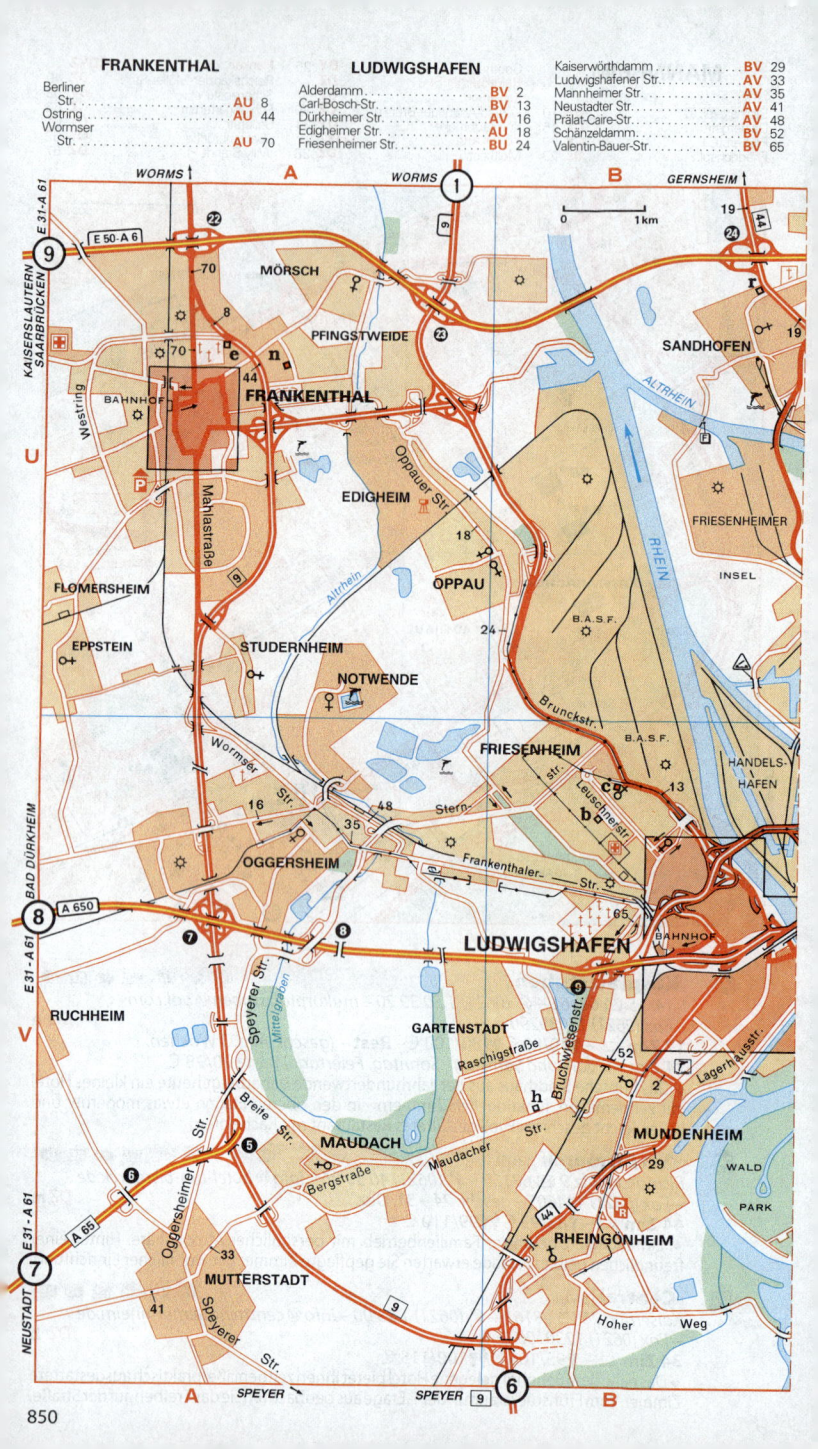

Berliner Str. .... **AU** 8
Ostring .... **AU** 44
Wormser Str. .... **AU** 70

LUDWIGSHAFEN

Alderdamm .... **BV** 2
Carl-Bosch-Str. .... **BV** 13
Dürkheimer Str. .... **AV** 16
Edigheimer Str. .... **AU** 18
Friesenheimer Str. .... **BU** 24
Kaiserwörthdamm .... **BV** 29
Ludwigshafener Str. .... **AV** 33
Mannheimer Str. .... **AV** 35
Neustadter Str. .... **AV** 41
Prälat-Caire-Str. .... **AV** 48
Schänzeldamm .... **BV** 52
Valentin-Bauer-Str. .... **BV** 65

850

MANNHEIM

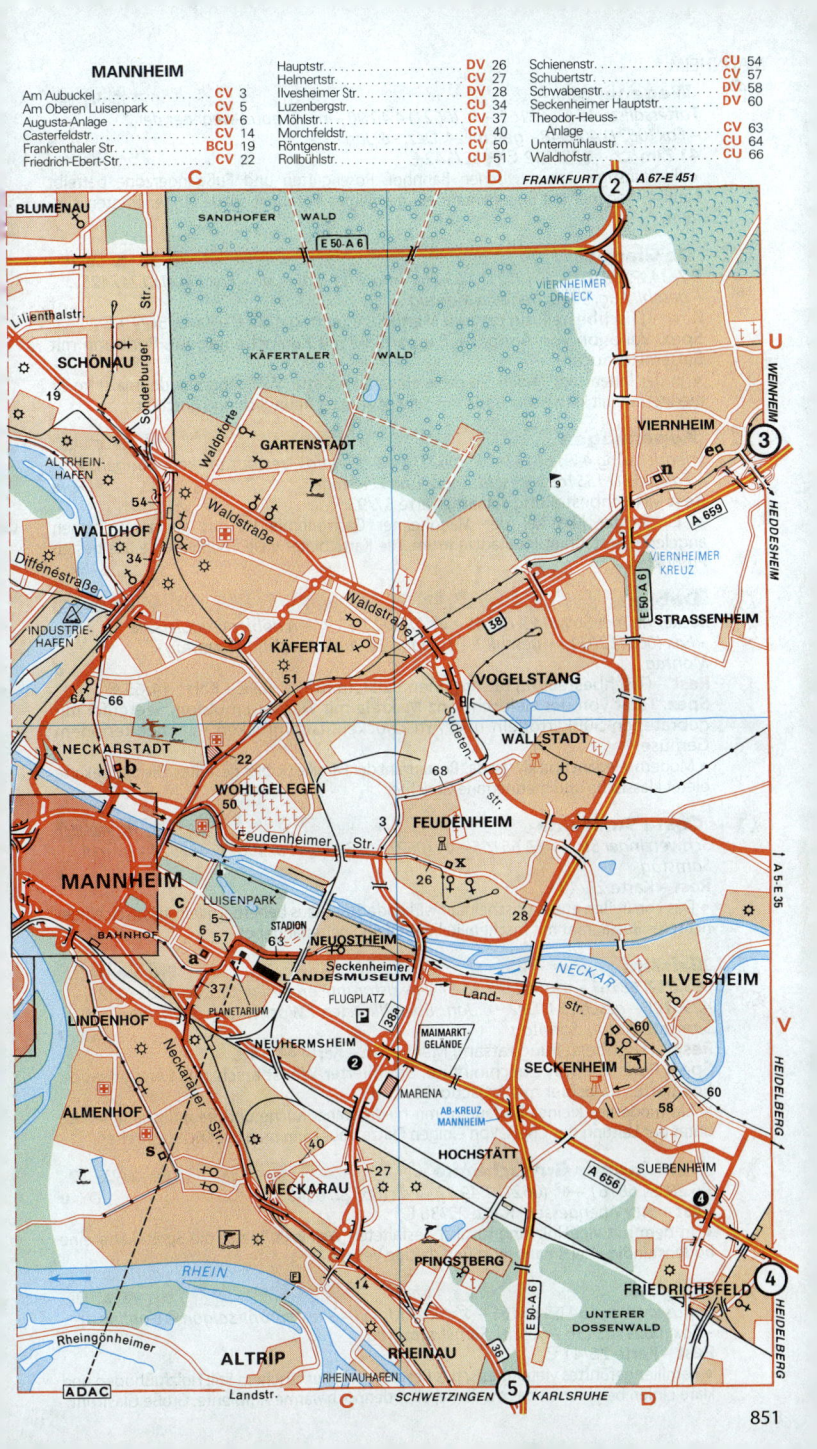

Am Aubuckel	**CV** 3
Am Oberen Luisenpark	**CV** 5
Augusta-Anlage	**CV** 6
Casterfeldstr.	**CV** 14
Frankenthaler Str.	**BCU** 19
Friedrich-Ebert-Str.	**CV** 22
Hauptstr.	**DV** 26
Helmertstr.	**CV** 27
Ilvesheimer Str.	**DV** 28
Luzenbergstr.	**CU** 34
Möhlstr.	**CV** 37
Morchfeldstr.	**CV** 40
Röntgenstr.	**CV** 50
Rollbühlstr.	**CU** 51
Schienenstr.	**CU** 54
Schubertstr.	**CV** 57
Schwabenstr.	**DV** 58
Seckenheimer Hauptstr.	**DV** 60
Theodor-Heuss-Anlage	**CV** 63
Untermühlaustr.	**CU** 64
Waldhofstr.	**CU** 66

851

MANNHEIM

Wegener garni
*Tattersallstr. 16 ⊠ 68165 – ℰ (0621) 4 40 90 – info@hotel-wegener.de
– Fax (0621) 406948 – geschl. 24. Dez. - 6. Jan.*
41 Zim ⌕ – †72/112 € ††82/142 €

DZ a

♦ In günstiger Lage zwischen Bahnhof, Rosengarten und Fußgängerzone betreibt Familie Wegener mit Engagement ein gepflegtes Hotel mit solide eingerichteten Zimmern.

Da Gianni
*R 7, 34 ⊠ 68161 – ℰ (0621) 2 03 26 – info@da-gianni.de – Fax (0621) 1247425
– geschl. Aug. 3 Wochen und Montag*

DZ f

Rest – (Tischbestellung ratsam) Menü 58 € (mittags)/82 € – Karte 56/79 €
Spez. Variation von Antipasti. Pappardelle mit Kaninchenragout. Perlhuhn mit Balsamicosauce.

♦ In der Innenstadt finden Sie diese elegante Adresse. Wolfgang Staudenmaier kocht mediterran mit klassischer Basis, der Service arbeitet freundlich und geschult.

Kopenhagen
*Friedrichsring 4 ⊠ 68161 – ℰ (0621) 1 48 70 – info@restaurant-kopenhagen.de
– Fax (0621) 155169 – geschl. Sonn- und Feiertage*

DZ z

Rest – (Tischbestellung ratsam) Karte 37/93 €

♦ Ein echter Klassiker der Mannheimer Gastronomie ist das auf zwei Ebenen angelegte Restaurant im Stadtzentrum. Die Karte bietet viele Fischgerichte aus besten Produkten.

Doblers
*Seckenheimer Str. 20 ⊠ 68165 – ℰ (0621) 1 43 97 – n.dobler@doblers.de
– Fax (0621) 20513 – geschl. 1. - 10. Jan., 24. Juni - 8. Juli und Sonntag - Montag*

CY d

Rest – (Tischbestellung ratsam) Menü 28 € (mittags)/82 € – Karte 44/65 €
Spez. Tatar von der Gelbschwanz-Makrele mit Wasabi-Emulsion. Seeteufel mit gebratenen Süßkartoffeln und Artischocken. Lammrücken mit mediterranem Gemüse.

♦ Modern, elegant und klar ist das Restaurant der Familie Dobler gestaltet. Die Speisekarte bietet klassische und mediterrane Gerichte.

Costa Smeralda
Schwetzinger Str. 71 ⊠ 68165 – ℰ (0621) 44 39 46 – Fax (0621) 442574 – geschl. Samstag

CV c

Rest – Karte 26/43 €

♦ Das von außen etwas unscheinbar wirkende Stadthaus beherbergt ein klassisch eingerichtetes Restaurant mit frischem italienischem Speisenangebot.

Grissini
M 3,6 ⊠ 68161 – ℰ (0621) 1 56 57 24 – ristorante.grissini@gmx.de – Fax (0621) 4296109 – geschl. 31. Dez. - 6. Jan., über Pfingsten 1 Woche, Aug. 2 Wochen und Samstagmittag, Sonntag

CZ r

Rest – (Tischbestellung ratsam) Menü 62 € – Karte 44/54 €
Spez. Rotbarbe mit Zucchiniblüte. Soufflierter Wolfsbarsch mit Fenchelsauce. Pochiertes Kalbsfilet mit Artischockensud.

♦ Ein modernes kleines Restaurant mit mediterraner Küche und freundlichem Service unter der Leitung des Chefs. Von einigen Plätzen aus kann man die Küche einsehen.

Henninger's Gutsschänke
T 6,28 ⊠ 68161 – ℰ (0621) 1 49 12 – Fax (06322) 66405

DY u

Rest – (nur Abendessen) Karte 22/36 €

♦ In dem mit viel Holz urig-rustikal gestalteten Weinlokal bietet die Speisekarte eine bodenständige Hausmannskost und deftige Vesper.

Saigon
*Augustaanlage 54 ⊠ 68165 – ℰ (0621) 1 46 04 – restaurant-saigon@t-online.de
– Fax (0621) 23156 – geschl. Samstagmittag*

CV a

Rest – Karte 26/41 €

♦ Familiengeführtes vietnamesisches Restaurant in puristischem Stil: Holzfußboden und klare Linien bestimmen das moderne, aber dennoch warme Ambiente. Große Glasfront.

MANNHEIM

Osteria Limoni
*Schimperstr. 16 ⊠ 68167 – ℘ (0621) 3 45 03 – Fax (0621) 379633 – geschl. 12. Aug.
- 4. Sept. und Samstagmittag, Montag* CV **b**
Rest – Menü 28/36 € – Karte 30/36 €
♦ Ein nettes Restaurant mit ungezwungener Atmosphäre und italienischer Küche. Holzfußboden und die Farben Grün und Gelb lassen den Raum leicht toskanisch wirken.

In Mannheim-Feudenheim

Zum Ochsen mit Zim
*Hauptstr. 70 ⊠ 68259 – ℘ (0621) 79 95 50 – mail@ochsen-mannheim.de
– Fax (0621) 7995533* DV **x**
12 Zim ⊇ – †74 € ††94 € – **Rest** – Menü 25 € – Karte 21/38 €
♦ 1632 begann die Geschichte dieses Gasthofs - dem ältesten der Stadt. Sie speisen in ländlich-gemütlichen Stuben oder - im Sommer - im Freien unter zwei alten Kastanien. Zum Übernachten stehen gepflegte Gästezimmer bereit.

In Mannheim-Neckarau

Steubenhof
*Steubenstr. 66 ⊠ 68199 – ℘ (0621) 81 91 00 – info@steubenhof.bestwestern.de
– Fax (0621) 81910181* CV **s**
82 Zim – †133 € ††158 €, ⊇ 15 € – **Rest** – Karte 26/39 €
♦ Ein vor allem für Geschäftsreisende geeignetes Hotel: Die Zimmer sind modern und solide sowie technisch funktionell ausgestattet.

In Mannheim-Sandhofen

Weber-Hotel garni
*Frankenthaler Str. 85 (B 44) ⊠ 68307 – ℘ (0621) 7 70 10 – reception@
weber-hotel.de – Fax (0621) 7701113* BU **r**
140 Zim ⊇ – †67/122 € ††124/150 €
♦ Stammhaus, Landhaus und Landhaus de Luxe bilden dieses verkehrsgünstig gelegene Hotel. Einige der Zimmer sind besonders komfortabel als Maisonetten angelegt.

In Mannheim-Seckenheim

Löwen garni
*Seckenheimer Hauptstr. 159 (B 37) ⊠ 68239 – ℘ (0621) 4 80 80
– info@loewen-seckenheim.de – Fax (0621) 4814154
– geschl. 22. Dez. - 1. Jan.* DV **b**
61 Zim ⊇ – †78/104 € ††98/128 €
♦ Ein tadellos geführter Familienbetrieb. Der größte Teil der Zimmer ist mit unterschiedlichem Mobiliar zeitgemäß eingerichtet und bietet eine gute Technik.

MARBACH AM NECKAR – Baden-Württemberg – 545 – 15 350 Ew – Höhe 229 m
55 **G18**

▶ Berlin 610 – Stuttgart 33 – Heilbronn 32 – Ludwigsburg 8
🛈 Marktstr. 23, ⊠ 71672, ℘ (07144) 10 20, touristi@schillerstadt-marbach.de
◉ Literaturmuseum der Moderne ★

Art Hotel garni
*Güntterstr. 2 ⊠ 71672 – ℘ (07144) 8 44 40 – info@arthotel-marbach.de
– Fax (07144) 844413*
23 Zim – †68/75 € ††89/95 €
♦ Am Altstadtrand steht dieses modernisierte Stadthaus, das funktionell mit hellen Holzmöbeln und offenen Schränken ausgestattete Zimmer anbietet.

Parkhotel Schillerhöhe garni
*Schillerhöhe 14 ⊠ 71672 – ℘ (07144) 90 50 – info@parkhotel-schillerhoehe.de
– Fax (07144) 90588*
44 Zim ⊇ – †72/92 € ††96/142 €
♦ Das Hotel liegt ruhig in einem Wohngebiet. Es bietet gepflegten Komfort mit praktischen, zeitlos eingerichteten Räumen. Besonders schön sind die Zimmer in der 3. Etage.

853

MARBACH AM NECKAR

✗✗ **Schillerhöhe**
Schillerhöhe 12 ✉ *71672 –* ✆ *(07144) 8 55 90 – info@schillerhoehe.net*
– Fax (07144) 855920 – geschl. Montag, außer Feiertage
Rest – Menü 29 € – Karte 22/39 €
♦ Das helle, freundlich eingerichtete Restaurant schließt sich an die Stadthalle an. Der nette Service serviert Internationales und auch einige regionale Gerichte.

In Benningen Nord-West : 2 km, jenseits des Neckar :

🏠 **Mühle** garni
Ostlandstr. 2 (Zufahrt über Neckargasse) ✉ *71726 –* ✆ *(07144) 50 21*
– hotelmuehle@aol.com – Fax (07144) 4166
20 Zim ☕ – †55/60 € ††85 €
♦ Das Fachwerk-Steinhaus aus dem 17. Jh. liegt ruhig in einer Seitenstraße unweit des Neckars. Die Zimmer des gut geführten Hotels sind solide und wohnlich eingerichtet.

Rot = angenehm. Richten Sie sich nach den Symbolen ✗ und 🏠 in Rot.

MARBURG – Hessen – **543** – 78 520 Ew – Höhe 186 m   38 **F13**

▶ Berlin 473 – Wiesbaden 121 – Gießen 30 – Kassel 93
🛈 Pilgrimstein 26, ✉ 35037, ✆ (06421) 9 91 20, mtm@marburg.de
⛳ Cölbe-Bernsdorf, Maximilianshof 35 ✆ (06427) 9 20 40 BY
◉ Elisabethkirche★★ (Elisabethschrein★★) BY – Marktplatz★ –
Schloss★ (Museum für Kulturgeschichte★) AY
◉ Spiegelslustturm ≤★ Ost : 9 km

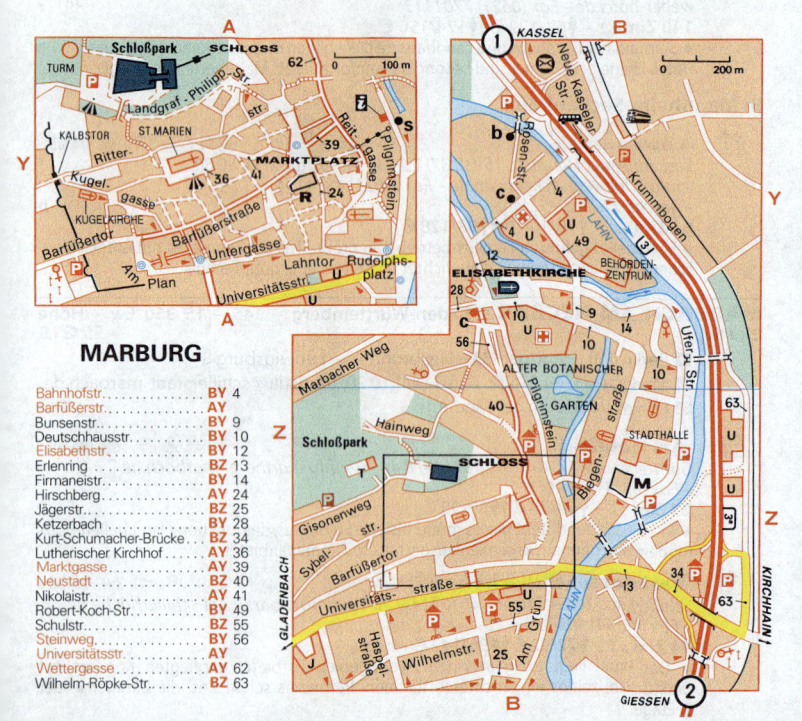

MARBURG

Bahnhofstr.	BY 4
Barfüßerstr.	AY
Bunsenstr.	BY 9
Deutschhausstr.	BY 10
Elisabethstr.	BY 12
Erlenring	BZ 13
Firmaneistr.	BY 14
Hirschberg	BY 24
Jägerstr.	BZ 25
Ketzerbach	BY 28
Kurt-Schumacher-Brücke	BZ 34
Lutherischer Kirchhof	AY 36
Marktgasse	AY 39
Neustadt	BZ 40
Nikolaistr.	AY 41
Robert-Koch-Str.	AY 49
Schulstr.	BZ 55
Steinweg	BY 56
Universitätsstr.	AY
Wettergasse	AY 62
Wilhelm-Röpke-Str.	BZ 63

854

MARBURG

Vila Vita Hotel Rosenpark
Rosenstr. 18 ⌂ 35037 – ℘ (06421) 6 00 50
– info@rosenpark.com – Fax (06421) 6005100   BY b
138 Zim ⌧ – †180/199 € ††228/321 € – 13 Suiten
Rest *Bel Etage* – separat erwähnt
Rest *Rosenkavalier* – Karte 35/53 €
Rest *Zirbelstube* – (geschl. Sonntag - Montag, nur Abendessen)
Karte 31/36 €
♦ In zentraler und zugleich ruhiger Lage an der Lahn findet man das elegante Hotel mit der schönen Atriumhalle. Reizvoller Wellnessbereich und gut ausgestattete Tagungsräume. Rosenkavalier mit internationaler Küche. Gemütliche Zirbelstube.

Am Schlossberg
Pilgrimstein 29 ⌂ 35037 – ℘ (06421) 91 80 – info@schlossberg-marburg.de
– Fax (06421) 918444   AY s
146 Zim ⌧ – †92/115 € ††117/140 € – **Rest** – (geschl. Sonntagabend)
Karte 23/35 €
♦ Hell, modern und funktionell sind die Gästezimmer des direkt im Lahn-Center mitten im Stadtzentrum gelegenen Hotels. Gegenüber: der Aufzug hinauf in die Altstadt. Klare Linien bestimmen das Ambiente des Restaurants.

Village Stadthotel garni
Bahnhofstr. 14 ⌂ 35037 – ℘ (06421) 68 58 80 – villages@t-online.de
– Fax (06421) 6858810   BY c
20 Zim ⌧ – †77/87 € ††97/107 €
♦ Ein gut geführtes Stadthotel, dessen Zimmer mit Birkenholzmöbeln und frischen Farben wohnlich gestaltet sind. Freundlicher Frühstücksraum.

Bel Etage – Vila Vita Hotel Rosenpark
Rosenstr. 18 (1. Etage) ⌂ 35037 – ℘ (06421) 6 00 50 – info@rosenpark.com
– Fax (06421) 6005100 – geschl. 9. - 29. Jan. und Sonntagabend - Dienstag   BY b
Rest – (Mittwoch - Samstag nur Abendessen) Menü 68/95 €
– Karte 54/62 €
Spez. Nizzaer Salat mit gegrilltem Thunfisch. 28 Stunden geschmorte Spanferkelschulter mit Steinpilzen und Kartoffelpüree. Delice von der Williamsbirne und Karamelleis mit Fleur de Sel.
♦ Über eine schmiedeeiserne Treppe gelangt man auf die Empore mit dem mediterran gehaltenen Restaurant. Sehr gute Weinempfehlungen, Küche auf klassischer Basis.

Das kleine Restaurant
Barfüßertor 25 (über Universitätsstraße, am Wilhelmsplatz BZ) ⌂ 35037
– ℘ (06421) 2 22 93 – das-kleine-restaurant@t-online.de – Fax (06421) 51495
– geschl. 1. - 4. Jan., 15. - 25. Juli
Rest – Menü 25/28 € – Karte 29/42 €
♦ In diesem hell und leicht elegant eingerichteten Restaurant mit hübschem Wintergarten bietet man eine international ausgelegte Karte.

Alter Ritter
Steinweg 44 ⌂ 35037 – ℘ (06421) 6 28 38 – alterritter@t-online.de – Fax (06421) 66720   BY c
Rest – Menü 28/35 € – Karte 28/40 €
♦ Seit 1835 existiert das alte Stadthaus mit der klassizistischen Fassade als Gasthaus - heute ein neuzeitliches Restaurant mit internationaler Küche.

In Marburg-Gisselberg Süd : 5 km über die B 3 Richtung Giessen BZ :

Fasanerie
Zur Fasanerie 15 ⌂ 35043 – ℘ (06421) 9 74 10 – info@hotel-fasanerie.de
– Fax (06421) 974177 – geschl. 21. Dez. - 6. Jan.
40 Zim ⌧ – †63/100 € ††92/135 € – **Rest** – (geschl. Freitag, Sonntagabend, Montag - Donnerstag nur Abendessen) Karte 19/34 €
♦ Ein nettes Hotel auf einem großen Gartengrundstück mit engagierter, familiärer Führung. Besonders geschmackvoll: die Zimmer im Obergeschoss des Neubaus.

MARBURG

In Marburg - Wehrshausen-Dammühle West : 6 km über Barfüßertor BZ :

Dammühle (mit Gästehaus) 🌿   Zim, P VISA
Dammühlenstr. 1 ✉ *35041 – ℰ (06421) 9 35 60 – dammuehle@t-online.de
– Fax (06421) 36118*
26 Zim – †60/80 € ††90/115 € – **Rest** – Karte 19/46 €
♦ Idyllisch gelegener Fachwerkgasthof, entstanden aus einer Mühle a. d. 14. Jh. Besonders wohnlich und geräumig sind die neueren, sehr modernen Zimmer. Minigolf und Spielplatz. Ländlich-rustikale Gaststube und großer Biergarten.

In Cölbe Nord : 6 km über B 3 Richtung Kassel BY :

Company   P VISA AE ①
Lahnstr. 6 ✉ *35091 – ℰ (06421) 9 86 60 – companymr@aol.com
– Fax (06421) 986666 – geschl. 24. Dez. - 1. Jan.*
25 Zim – †59/74 € ††89/111 € – **Rest** – *(geschl. Sonntag)* Karte 17/28 €
♦ Das Hotel mit der freundlichen gelben Fassade bietet seinen Gästen mit hellem Naturholz und Rattansesseln wohnlich und einladend ausgestattete Zimmer. Rustikales Restaurant mit bürgerlicher Küche.

In Weimar-Wolfshausen Süd : 10 km über die B 3 Richtung Giessen BZ :

Bellevue (mit Gästehaus)   ≼ Biergarten   P VISA AE ①
Hauptstr. 30 (nahe der B 3) ✉ *35096 – ℰ (06421)
7 90 90 – info@bellevue-marburg.de – Fax (06421) 790915*
50 Zim – †73/95 € ††106/146 € – **Rest** – Karte 20/38 €
♦ Das von Familie Horn geführte Haus beherbergt sehr gepflegte, wohnlich eingerichtete Zimmer sowie drei komfortable Maisonetten. Restaurant mit Blick über das Lahntal.

MARIA LAACH – Rheinland-Pfalz – 543 – 580 Ew – Höhe 285 m   36 C14

▶ Berlin 617 – Mainz 121 – Koblenz 31 – Bonn 51
◉ Abteikirche ★ (Paradies ★)

Seehotel Maria Laach 🌿   P VISA AE ①
Am Laacher See ✉ *56653 – ℰ (02652) 58 40
– seehotel@maria-laach.de – Fax (02652) 584522*
69 Zim – †88/115 € ††138/198 € – **Rest** – Menü 49 € – Karte 28/47 €
♦ Das ruhig gelegene Hotel bietet neuzeitliche, funktionelle Gästezimmer und einen direkten Blick auf die Benediktinerabtei und den Laacher See. In drei Bereiche unterteiltes Restaurant mit schöner Terrasse. Alternativ: Bier- und Weinstube Im Eichenkamp.

MARIENBERG – Sachsen – 544 – 14 560 Ew – Höhe 610 m   42 P13

▶ Berlin 280 – Dresden 94 – Chemnitz 30 – Chomutov 31
🛈 Markt 1, ✉ 09496, ℰ (03735) 60 22 70, info@marienberg.de

Weißes Roß   Biergarten P VISA AE ①
Annaberger Str. 12 ✉ *09496 – ℰ (03735) 6 80 00 – weisses-ross@erzgebirgshotels.de – Fax (03735) 680077*
50 Zim – †52/62 € ††79/100 € – **Rest** – Menü 20/32 € – Karte 15/34 €
♦ Der ehemalige Gasthof ist heute ein gepflegtes Hotel im Ortskern mit zeitgemäßen, mit hellem Mobiliar eingerichteten Zimmern. Freundliches Personal umsorgt Sie im Restaurant mit gehobener und erzgebirgischer Küche.

In Pobershau Süd-Ost : 6 km über B 171, bei Rittersberg nach der Brücke rechts :

Schwarzbeerschänke   P VISA AE ①
Hinterer Grund 2 ✉ *09496 – ℰ (03735) 9 19 10 – schwarzbeerschaenke@pobershau.de – Fax (03735) 919199*
34 Zim – †48 € ††75/96 € – **Rest** – Karte 21/26 €
♦ Ruhig im Grünen liegt das erweiterte Landhaus mit holzverkleideter Fassade. Die wohnlichen Zimmer verfügen zum Teil über einen Balkon. Gepflegte Sauna und Hallenbadbereich. Ländliche Gaststuben.

MARIENBERG, BAD – Rheinland-Pfalz – **543** – 5 900 Ew – Höhe 470 m – Wintersport : 572 m ⟨1 ⟩ – Kneippheilbad 37 **E13**
▶ Berlin 557 – Mainz 102 – Siegen 38 – Limburg an der Lahn 43
🛈 Wilhelmstr. 10, ✉ 56470, ℰ (02661) 70 31, touristinfo@badmarienberg.de

Westerwälder Hof
Wilhelmstr. 21 ✉ 56470 – ℰ (02661) 9 11 10 – info@hotel-westerwaelder-hof.de – Fax (02661) 911110
20 Zim ⌂ – †46/95 € ††80/140 € – ½ P 13 € – **Rest** – Karte 16/35 €
◆ Das hübsche Fachwerkhaus von 1751 befindet sich im Ortskern und beherbergt gemütliche neuzeitliche Gästezimmer. Auch einige Appartements sind vorhanden.

Kristall
Goethestr. 21 ✉ 56470 – ℰ (02661) 9 57 60 – kristall.hotel@t-online.de – Fax (02661) 957650
20 Zim ⌂ – †49/58 € ††91/99 € – ½ P 14 € – **Rest** – Karte 19/37 €
◆ Ein im alpenländischen Stil gebautes Haus mit Balkonfassade, in dem überwiegend rustikal eingerichtete Gästezimmer zur Verfügung stehen. Restaurant mit gediegenem Ambiente.

MARIENHEIDE – Nordrhein-Westfalen – **543** – 13 640 Ew – Höhe 360 m 36 **D12**
▶ Berlin 561 – Düsseldorf 74 – Gummersbach 10 – Lüdenscheid 31

In Marienheide-Rodt Süd-Ost : 3 km über B 256 :

Landhaus Wirth
Friesenstr. 8 ✉ 51709 – ℰ (02264) 2 70 – info@landhaus-wirth.de – Fax (02264) 2788
50 Zim ⌂ – †66/99 € ††103 €
Rest *Im Krug* – (geschl. 1. - 5. Jan. und Samstagmittag) Menü 30 € – Karte 22/46 €
◆ Mit viel Engagement führt die Besitzerfamilie ihren Betrieb. Einige der Zimmer sind wohnlich im Landhausstil eingerichtet. Im Altbau fallen sie etwas kleiner aus. Rustikal gestaltetes Restaurant.

MARIENTHAL, KLOSTER – Hessen – siehe Geisenheim

MARKDORF – Baden-Württemberg – **545** – 12 460 Ew – Höhe 453 m 63 **H21**
▶ Berlin 719 – Stuttgart 197 – Konstanz 23 – Friedrichshafen 16
🛈 Marktstr. 1, ✉ 88677, ℰ (07544) 50 02 90, info@gehrenberg-bodensee.de

Bischofschloss
Schlossweg 2 ✉ 88677 – ℰ (07544) 5 09 10 – info@mindnesshotel.de – Fax (07544) 509152 – geschl. 23. Dez. - 6. Jan.
44 Zim ⌂ – †93/145 € ††108/165 €
Rest *Vinothek im Schloss* – Menü 30/37 € – Karte 26/42 €
◆ Die ehemalige bischöfliche Sommerresidenz ist heute ein komfortables Hotel, dessen Zimmer geschmackvoll mit Stilmobiliar oder ganz modern ausgestattet sind. Die Vinothek verbindet klares Design mit rustikalen Holzbalken. Man kocht mit regionalen Bioprodukten.

Wirthshof garni
(geheizt)
Steibensteg 10 (B 33, Ost : 1 km Richtung Ravensburg, beim Campingplatz) ✉ 88677 – ℰ (07544) 5 09 90 – info@hotel-wirthshof.de – Fax (07544) 5099222 – geschl. 23. Dez. - 7. Jan.
23 Zim ⌂ – †69/107 € ††89/127 €
◆ Ein schönes Haus, das mit wohnlichen, individuellen Themenzimmern überzeugt. Der nette kleine Freizeitbereich bietet auch Kosmetik. Frühstücken Sie auf der hübschen Terrasse.

MARKERSDORF (KREIS GÖRLITZ) – Sachsen – siehe Görlitz

MARKGRÖNINGEN – Baden-Württemberg – 545 – 14 520 Ew – Höhe 281 m
55 **G18**

▶ Berlin 621 – Stuttgart 20 – Heilbronn 39 – Pforzheim 33

※※ Striffler's Herrenküferei mit Zim
Marktplatz 2 ✉ 71706 – ℰ (07145) 9 30 50 – info@herrenkueferei.de – Fax (07145) 930525
9 Zim ⌂ – †90/95 € ††122/127 € – **Rest** – *(geschl. Samstagmittag)* Menü 41 € – Karte 33/51 €
♦ Eine charmante Adresse ist dieses Restaurant in einem a. d. J. 1414 stammenden Haus am Marktplatz. Freundlich serviert man hier internationale und regionale Speisen. Geschmackvoll hat man die Gästezimmer eingerichtet.

MARKKLEEBERG – Sachsen – siehe Leipzig

MARKLOHE – Niedersachsen – siehe Nienburg (Weser)

MARKNEUKIRCHEN – Sachsen – 544 – 7 200 Ew – Höhe 500 m
41 **N14**

▶ Berlin 328 – Dresden 177 – Hof 35 – Plauen 28

🏠 Berggasthof Heiterer Blick
Oberer Berg 54 ✉ 08258 – ℰ (037422) 26 95 – message@heiterer-blick.de – Fax (037422) 45858
7 Zim ⌂ – †40/45 € ††54/64 € – **Rest** – Karte 13/20 €
♦ Seit mehr als 30 Jahren befindet sich diese Adresse in Familienhand. Die Zimmer sind im Landhausstil eingerichtet worden und haben einen Blick auf das umliegende Vogtland. Regionales wird in den mit Musikinstrumenten versehenen Gaststuben serviert.

MARKT NORDHEIM – Bayern – 546 – 1 160 Ew – Höhe 332 m
49 **J16**

▶ Berlin 475 – München 231 – Würzburg 51 – Nürnberg 68

In Markt Nordheim-Ulsenheim Süd-West : 7 km, Richtung Uffenheim :

🏠 Landgasthaus Zum Schwarzen Adler
Ulsenheim 97 ✉ 91478 – ℰ (09842) 82 06 – info@frankenurlaub.de – Fax (09842) 7800 – geschl. 7. - 14. Jan., 1. - 11. Aug.
12 Zim ⌂ – †35 € ††60 € – **Rest** – *(geschl. April - Okt. Montag, Nov. - März Montag, Mittwoch)* Karte 12/30 €
♦ Das Gasthaus a. d. 17. Jh. beherbergt funktionelle, unterschiedlich möblierte Zimmer. Schön hat man den Saunabereich mit Ruheraum in das alte Fachwerk eingebunden. In der ländlichen Gaststube und auf der Innenhofterrasse serviert man bürgerliche Speisen.

MARKTBERGEL – Bayern – 546 – 1 680 Ew – Höhe 363 m
49 **J16**

▶ Berlin 492 – München 236 – Ansbach 25

※※ Rotes Ross mit Zim
Würzburger Str. 1 ✉ 91613 – ℰ (09843) 93 66 00 – info@rotes-ross-marktbergel.de – Fax (09843) 9366010 – geschl. Jan. 2 Wochen, Aug. - Sept. 2 Wochen
12 Zim ⌂ – †50/81 € ††75/106 € – **Rest** – *(geschl. Jan. 2 Wochen, Aug. - Sept. 2 Wochen und Montag - Dienstag)* Menü 30/67 € – Karte 34/45 €
♦ Mitten im Ort liegt das Gasthaus a. d. 16. Jh. mit seiner unübersehbaren roten Fassade. In freundlich gestalteten Stuben serviert man internationale, teils regionale Küche. Hübsch sind die modern und wohnlich eingerichteten Gästezimmer.

MARKTBREIT – Bayern – 546 – 3 730 Ew – Höhe 191 m
49 **I16**

▶ Berlin 491 – München 272 – Würzburg 28 – Ansbach 58
◉ Maintor und Rathaus ★

🏠 Löwen (mit Gästehaus)
Marktstr. 8 ✉ 97340 – ℰ (09332) 5 05 40 – loewen@ringhotels.de – Fax (09332) 9438 – geschl. 28. Jan - 7. Feb.
29 Zim ⌂ – †56/68 € ††82/96 € – **Rest** – Karte 17/34 €
♦ Aus einem schönen Fachwerkhaus von 1450 entstandenes Hotel. Besonders hübsch: die Romantikzimmer mit Himmelbett, das Fürstenzimmer mit Stuckdecke sowie die Superior-Zimmer. Gemütliche historische Gaststuben mit bürgerlichem Angebot.

MARKTBREIT

Michels Stern mit Zim
VISA MC
Bahnhofstr. 9 ⊠ 97340 – ✆ (09332) 13 16 – post@michelsstern.de – Fax (09332) 1399 – geschl. Nov. 2 Wochen
11 Zim ⊃ – †44 € ††74 € – **Rest** – (geschl. Mittwoch) Menü 22/26 € – Karte 14/29 €
♦ In der vierten Generation wird das fränkische Gasthaus in der Dorfmitte nun von Familie Michel geleitet. Es erwarten Sie ländliches Ambiente und freundlicher Service. Die Gästezimmer sind teils solide und funktionell, teils einfach und mit Etagendusche.

MARKTHEIDENFELD – Bayern – 546 – 11 000 Ew – Höhe 154 m   48 H15

▶ Berlin 533 – München 322 – Würzburg 32 – Aschaffenburg 46

🛈 Luitpoldstr. 17 (Rathaus), ⊠97828, ✆ (09391) 50 04 41, minfo@marktheidenfeld.de

Marktheidenfeld, Eichenfürst ✆ (09391) 84 35

Anker
Kolpingstr. 7 ⊠ 97828 – ✆ (09391) 6 00 40 – info@hotel-anker.de – Fax (09391) 600477
39 Zim ⊃ – †68/88 € ††104/124 €
Rest *Weinhaus Anker* – separat erwähnt
♦ Das familiengeführte Traditionshaus verfügt über freundliche, rustikal möblierte Gästezimmer und gute Tagungsmöglichkeiten. Schön ist der bepflanzte Innenhof.

Zur schönen Aussicht
Brückenstr. 8 ⊠ 97828 – ✆ (09391) 9 85 50 – info@hotelaussicht.de – Fax (09391) 3722
56 Zim ⊃ – †58/85 € ††82/115 € – **Rest** – Karte 15/42 €
♦ Am Ortseingang unweit des Mains liegt dieses gut geführte Hotel. Besonders wohnlich sind die neueren Gästezimmer gestaltet. Gaststuben im rustikalen fränkischen Stil.

Zum Löwen
Marktplatz 3 ⊠ 97828 – ✆ (09391) 15 71 – info@loewen-marktheidenfeld.de – Fax (09391) 1721
27 Zim ⊃ – †45/58 € ††75/80 € – **Rest** – (geschl. Mittwoch, Nov. - März Mittwoch und Samstagmittag) Karte 17/32 €
♦ Das direkt in der Altstadt gelegene familiengeführte Hotel verfügt über rustikal-behagliche Zimmer. Zierartikel zum Thema Wein finden sich überall im Haus. Gemütliches Ambiente in der hübsch dekorierten Gaststube.

Weinhaus Anker – Hotel Anker
Obertorstr. 13 ⊠ 97828 – ✆ (09391) 91 25 80 – info@weinhaus-anker.de – Fax (09391) 912581 – geschl. 1. - 6. Jan.
Rest – Menü 24/62 € – Karte 23/45 €
♦ Ein gediegener Rahmen prägt das in einem alten Stadthaus untergebrachte Restaurant - mit Parkett und schöner, bemalter Holzdecke. Man kocht regional und international.

Franck-Stube
Untertorstr. 6 ⊠ 97828 – ✆ (09391) 8 18 13 – kerscher-franckstube@t-online.de – Fax (09391) 81773 – geschl. Montag - Mittwochmittag
Rest – (abends Tischbestellung ratsam) Karte 18/50 €
♦ Dieses Bürgerhaus aus der Barockzeit mit verzierter blauer Fassade und hübscher Innenhofterrasse beherbergt ein nettes Lokal mit regionaler wie internationaler Küche.

MARKTOBERDORF – Bayern – 546 – 18 490 Ew – Höhe 758 m – Erholungsort   64 J21

▶ Berlin 638 – München 99 – Kempten (Allgäu) 28 – Füssen 29

Sepp
Bahnhofstr. 13 ⊠ 87616 – ✆ (08342) 70 90 – kontakt@allgaeu-hotel-sepp.de – Fax (08342) 709100
48 Zim ⊃ – †64/82 € ††88/104 € – ½ P 18 € – **Rest** – (geschl. Aug., Samstag, Sonntagabend) Karte 16/41 €
♦ Das Haus ist ein Familienunternehmen mit 100-jähriger Tradition. Zimmer mit unterschiedlicher Einrichtung, immer funktionell sowie technisch gut ausgestattet. Unterteiltes Restaurant mit Wintergarten und netter Terrasse.

859

MARKTOBERDORF

St. Martin
Wiesenstr. 21 ⌂ 87616 – ⌀ (08342) 9 62 60 – info@hotel-sankt-martin.de
– Fax (08342) 962666 – geschl. 23. - 27. Dez.
26 Zim ⌂ – †50/62 € ††78/88 € – ½ P 13 € – **Rest** – (geschl. Freitag - Sonntag, Feiertage) (nur Abendessen für Hausgäste) Karte 14/20 €
◆ Sympathisches kleines Hotel. Die gepflegten Zimmer sind mit Naturholzmöbeln solide und wohnlich eingerichtet. Im Dachgeschoss hat man größere Appartements.

MARKTREDWITZ – Bayern – **546** – 18 370 Ew – Höhe 529 m 51 **M15**
▶ Berlin 365 – München 288 – Weiden in der Oberpfalz 47 – Bayreuth 54
🛈 Markt 29, ⌂ 95615, ⌀ (09231) 50 11 28, touristinfo@marktredwitz.de

Bairischer Hof
Markt 40 (Zufahrt über Leopoldstraße) ⌂ 95615 – ⌀ (09231) 6 20 11 – info@bairischer-hof.de – Fax (09231) 63550
49 Zim ⌂ – †51/72 € ††78/106 € – **Rest** – Karte 13/23 €
◆ Inmitten der belebten Fußgängerzone der Altstadt verbergen sich hinter der hellblauen Fassade schlichte Zimmer, die auffällig gepflegt und sauber sind. Ländliche Restauranträume, teils mit Kreuzgewölbe.

MARKTSCHELLENBERG – Bayern – **546** – 1 840 Ew – Höhe 124 m – Wintersport:
1 000 m ⚙ – Heilklimatischer Kurort 67 **P21**
▶ Berlin 734 – München 144 – Bad Reichenhall 22 – Salzburg 13
🛈 Salzburger Str. 2, ⌂ 83487, ⌀ (08650) 98 88 30, marktschellenberg@t-online.de

Am Eingang der Almbachklamm Süd : 3 km über B 305 :

Zur Kugelmühle mit Zim
Kugelmühlweg 18 ⌂ 83487 Marktschellenberg – ⌀ (08650) 4 61 – info@gasthaus-kugelmuehle.de – Fax (08650) 416 – geschl. 5. Nov. - 25. Dez., 14. Jan. - 1. Feb. und Montag - Dienstag, Mai - Okt. nur Montagmittag, Dienstagmittag
6 Zim ⌂ – †32/42 € ††54/74 € – **Rest** – Menü 15 € – Karte 13/24 €
◆ Einsam liegt das gepflegte bayerische Gasthaus am Eingang zur wildromantischen Almbachklamm - ein gemütliches Ausflugslokal mit gutbürgerlicher Küche.

MARL – Nordrhein-Westfalen – **543** – 91 750 Ew – Höhe 55 m 26 **C10**
▶ Berlin 521 – Düsseldorf 72 – Gelsenkirchen 17 – Gladbeck 12

Parkhotel
Eduard-Weitsch-Weg 2 ⌂ 45768 – ⌀ (02365) 10 20 – info@parkhotel-marl.de
– Fax (02365) 102488
90 Zim – †95/110 € ††115/161 €, ⌂ 13 € – **Rest** – Karte 22/31 €
◆ Vor allem auf Geschäftsleute und Tagungen ist das recht zentral gelegene, von der Autobahn gut erreichbare Hotel ausgelegt. Einige der funktionellen Zimmer bieten Seeblick. Restaurant in neuzeitlichem Stil mit Fensterfront zum Citysee.

MARQUARTSTEIN – Bayern – **546** – 3 110 Ew – Höhe 545 m – Wintersport :
1 580 m ⚙1 ⚙ – Luftkurort 67 **N21**
▶ Berlin 686 – München 96 – Bad Reichenhall 50 – Salzburg 55
🛈 Rathausplatz 1, ⌂ 83250, ⌀ (08641) 69 95 58, info@marquartstein.de

In Marquartstein-Pettendorf Nord : 2 km Richtung Grassau :

Weßnerhof
Pettendorf 11 ⌂ 83250 – ⌀ (08641) 9 78 40 – info@wessnerhof.de – Fax (08641) 61962
30 Zim ⌂ – †44/51 € ††74/104 € – ½ P 14 € – **Rest** – (geschl. Mittwoch) Karte 14/30 €
◆ Im landschaftlich schönen Chiemgau steht dieser stattliche Gasthof, ein gut geführter Familienbetrieb mit unterschiedlich eingerichteten Zimmern. Hübsche alpenländische Gaststube mit Produkten der hauseigenen Metzgerei.

MARXZELL – Baden-Württemberg – siehe Herrenalb, Bad

MASELHEIM – Baden-Württemberg – 545 – 4 550 Ew – Höhe 542 m 64 **I20**
▶ Berlin 660 – Stuttgart 130 – Ulm 40 – Neu Ulm 40

In Maselheim-Sulmingen Nord-West : 2,5 km :

XX **Lamm**
Baltringer Str. 14 ⊠ 88437 – ℰ (07356) 93 70 78 – info@sulminger-lamm.de
– Fax (07356) 937079 – geschl. 1. - 6. Jan., 3. - 5. Feb., Aug. 2 Wochen und Montag
Rest – (Dienstag - Samstag nur Abendessen) Menü 35/63 € – Karte 28/46 €
♦ Ein leicht elegant gestaltetes Restaurant in einem alten Landgasthof, dessen schmackhafte und ambitionierte Küche mit internationalen Akzenten freundlich serviert wird.

MASSERBERG – Thüringen – 544 – 2 930 Ew – Höhe 780 m – Wintersport : 841 m ⚡1
– Heilklimatischer Kurort 40 **K13**
▶ Berlin 343 – Erfurt 63 – Coburg 37 – Saalfeld 51
🛈 Hauptstr. 37, ⊠ 98666, ℰ (036870) 5 70 15, info@masserberg.de

Residenz
Kurhausstr. 9 ⊠ 98666 – ℰ (036870) 25 50 – info@residenz-thueringen.de
– Fax (036870) 25599
32 Zim ⌑ – †50/80 € ††100/130 € – ½ P 18 € – **Rest** – Karte 18/36 €
♦ Ruhig liegt das Haus mit der Schieferfassade am Ortsrand in Waldnähe. Die Gästezimmer sind mit Parkettboden und Naturholzmöbeln wohnlich ausgestattet. Ein kleiner Wintergarten dient als A-la-carte-Restaurant.

MASSWEILER – Rheinland-Pfalz – 543 – 1 160 Ew – Höhe 435 m 46 **D17**
▶ Berlin 682 – Mainz 138 – Saarbrücken 59 – Pirmasens 15

XX **Borst** mit Zim
Luitpoldstr. 4 ⊠ 66506 – ℰ (06334) 14 31 – harryborst@restaurant-borst.de
– Fax (06334) 984502 – geschl. Juli 3 Wochen, Okt. 1 Woche
5 Zim ⌑ – †34/44 € ††55/65 € – **Rest** – (geschl. Juli 3 Wochen, Okt. 1 Woche und Montag - Dienstag) (Tischbestellung ratsam) Menü 25/65 € – Karte 38/54 €
♦ Seit vielen Jahren führt Familie Borst dieses Restaurant mit kleinem Gästehaus. In gediegen-rustikalem oder modern-elegantem Ambiente serviert man klassische Küche.

MAUERSTETTEN – Bayern – siehe Kaufbeuren

MAULBRONN – Baden-Württemberg – 545 – 6 780 Ew – Höhe 251 m 55 **F18**
▶ Berlin 642 – Stuttgart 45 – Karlsruhe 37 – Heilbronn 55
◉ Ehemaliges Zisterzienserkloster ★★

Klosterpost (mit Gästehaus)
Frankfurter Str. 2 ⊠ 75433 – ℰ (07043) 10 80 – hotel-klosterpost@t-online.de
– Fax (07043) 108299
41 Zim ⌑ – †59/89 € ††89/99 € – **Rest** – (geschl. Nov. - Feb. Sonntagabend - Montag) Karte 18/46 €
♦ Im einstigen Gästehaus des benachbarten Zisterzienserklosters stehen Ihnen heute Zimmer mit neuzeitlichem Standard und solider Naturholzmöblierung zur Verfügung. Unterteilte Gaststuben mit ländlicher Ausstattung.

MAUTH – Bayern – 546 – 2 570 Ew – Höhe 821 m – Wintersport : 1 341 m ⚡1
– Erholungsort 60 **Q18**
▶ Berlin 536 – München 211 – Passau 43 – Grafenau 21
🛈 Mühlweg 2, ⊠ 94151, ℰ (08557) 97 38 38, tourismus@mauth.de

861

MAUTH

In Mauth-Finsterau Nord : 5 km über Am Goldenen Steig, Zwölfhäuser und Heinrichsbrunn – Höhe 998 m

Bärnriegel (mit Gästehaus) — Zim,
Halbwaldstr. 32 ⊠ 94151 – ℰ (08557) 9 60 20 – baernriegel@t-online.de
– Fax (08557) 960249 – geschl. 4. Nov. - 15. Dez.
25 Zim (inkl. ½ P.) – †47/63 € ††80/106 € – **Rest** – (geschl. Dienstagmittag) Karte 24/48 €
♦ Ein schmucker Gasthof, der sich dank guter Führung seit vielen Jahren zahlreicher Stammgäste erfreut. Besonders zu empfehlen sind die rustikal gestalteten Zimmer im Gästehaus. Ländliche Gaststuben mit Holzdecken und Kachelofen.

> Dieser Führer lebt von Ihren Anregungen, die uns stets willkommen sind. Egal ob Sie uns eine besonders angenehme Überraschung oder eine Enttäuschung mitteilen wollen – schreiben Sie uns!

MAYEN – Rheinland-Pfalz – **543** – 19 540 Ew – Höhe 250 m   36 **C14**
▶ Berlin 625 – Mainz 126 – Koblenz 35 – Bonn 63
🛈 Altes Rathaus am Markt, ⊠ 56727, ℰ (02651) 90 30 04, touristinfo@mayen.de
◾ Schloss Bürresheim★ Nord-West : 5 km

Zur Traube garni
Bäckerstr. 6 ⊠ 56727 – ℰ (02651) 9 60 10 – hotel@hotel-traube-mayen.de
– Fax (02651) 72187
12 Zim ⊇ – †42/46 € ††72/75 €
♦ In einer Seitenstraße nicht weit vom Marktplatz liegt dieses kleine Hotel, das über gepflegte und praktisch eingerichtete Gästezimmer verfügt.

Zum Alten Fritz mit Zim
Koblenzer Str. 56 ⊠ 56727 – ℰ (02651) 49 77 90 – hotel.alter.fritz@t-online.de
– Fax (02651) 41629 – geschl. Juli 3 Wochen
15 Zim ⊇ – †27/42 € ††50/74 € – **Rest** – (geschl. Juli 3 Wochen und Dienstag, Montag - Samstag nur Abendessen) Karte 22/37 €
♦ Das im Jahre 1908 erbaute Haus ist ein familiengeführtes Restaurant mit Gaststube. Serviert werden sorgfältig zubereitete regionale und internationale Gerichte.

In Mayen-Kürrenberg West : 7 km Richtung Nürburgring – Höhe 525 m – Erholungsort :

Wasserspiel
Im Weiherhölzchen 7 ⊠ 56727 – ℰ (02651) 30 81 – wasserspiel@onlinehome.de
– Fax (02651) 5233
18 Zim ⊇ – †50/54 € ††70/76 € – ½ P 25 € – **Rest** – (geschl. über Karneval und Dienstag) Karte 26/41 €
♦ Neben gepflegten Gästezimmern und familiärer Atmosphäre bietet das in einem Wohngebiet gelegene Hotel auch einen schönen Garten mit Ausblick. Restaurant mit Sicht auf die Eifelberge.

MAYSCHOSS – Rheinland-Pfalz – **543** – 1 010 Ew – Höhe 150 m   36 **C13**
▶ Berlin 628 – Mainz 158 – Bonn 35 – Koblenz 56

Zur Saffenburg
Ahr-Rotwein-Str. 43, (B 267) ⊠ 53508 – ℰ (02643) 83 92 – zursaffenburg@mayschoss.de – Fax (02643) 8100 – geschl. 23. Dez. - Jan.
18 Zim ⊇ – †43/50 € ††78/80 € – **Rest** – (geschl. Mittwoch) Karte 21/37 €
♦ Dieser gewachsene Landgasthof ist ein gepflegter kleiner Familienbetrieb mit solide möblierten Zimmern. Hinter dem Haus fließt die Ahr. Gemütliche Gaststube mit Kachelofen.

862

MECKENBEUREN – Baden-Württemberg – **545** – 13 110 Ew – Höhe 416 m   63 **H21**

▶ Berlin 712 – Stuttgart 158 – Konstanz 40 – Ravensburg 11

In Meckenbeuren-Madenreute Nord-Ost : 5 km über Liebenau :

Jägerhaus (mit Gästehaus)
Madenreute 13 ⊠ 88074 – ℰ (07542) 9 45 50 – info@jaegerhaus-hotel.de
– Fax (07542) 945556
49 Zim – †60 € ††89 € – **Rest** – (geschl. Okt. - April Mittwoch, nur Abendessen) Karte 15/32 €

♦ Das in einem kleinen Ortsteil gelegene Haus mit Balkonfassade verfügt über funktionelle, recht großzügige Gästezimmer - ganz modern sind die neueren Zimmer im Gästehaus. In neuzeitlichem Stil gehaltenes Restaurant.

MEDDERSHEIM – Rheinland-Pfalz – siehe Sobernheim, Bad

MEERANE – Sachsen – **544** – 17 750 Ew – Höhe 250 m   42 **N13**

▶ Berlin 246 – Dresden 114 – Chemnitz 41 – Gera 38

Meerane
An der Hohen Str. 3, (Gewerbegebiet) ⊠ 08393 – ℰ (03764) 59 10 – info@hotel-meerane.de – Fax (03764) 591591
137 Zim – †95/125 € ††115/155 € – **Rest** – Karte 22/41 €

♦ In Autobahnnähe liegt der neuzeitliche Hotelbau mit ansprechendem Eingangsbereich in Granit. Man bietet wohnliche Zimmer und einen angenehmen Saunabereich. Zeitgemäßes Restaurant mit internationaler Küche.

Schwanefeld
Schwanefelder Str. 22 ⊠ 08393 – ℰ (03764) 40 50 – info@schwanefeld.de
– Fax (03764) 405606
50 Zim – †85/105 € ††105/125 € – **Rest** – Karte 17/49 €

♦ Die Anlage besteht aus einem Fachwerkhaus a. d. 17. Jh. und einem Neubau. Einige der Zimmer wurden in Beigetönen gestaltet und mit hellem Landhausmobiliar eingerichtet. Im historischen Fachwerkgasthof befinden sich die Gaststuben.

MEERBUSCH – Nordrhein-Westfalen – **543** – 54 960 Ew – Höhe 36 m   25 **B11**

▶ Berlin 578 – Düsseldorf 13 – Venlo 56 – Arcen 64

siehe Düsseldorf (Umgebungsplan)

In Meerbusch-Büderich

Gästehaus Meererbusch garni
Hindenburgstr. 4 ⊠ 40667 – ℰ (02132) 93 34 00 – gaestehaus_meerbusch@web.de – Fax (02132) 933429 – geschl. 22. Dez. - 4. Jan.
18 Zim – †79/140 € ††99/171 €

♦ Im Stil englischer Bed & Breakfast Hotels auf dem Lande hat man das familiär geführte kleine Haus mit schönen Antiquitäten eingerichtet. Wahlweise englisches Frühstück.

XX Landhaus Mönchenwerth
Niederlöricker Str. 56 ⊠ 40667 – ℰ (02132) 75 76 50 – landhaus@moenchenwerth.de – Fax (02132) 757638 – geschl. Montag   S **c**
Rest – (Dienstag - Samstag nur Abendessen) Menü 46/72 € – Karte 50/64 €

♦ In dem ursprünglich a. d. 17. Jh. stammenden Haus direkt am Rhein befindet sich ein zurückhaltend modern gestaltetes Restaurant mit freundlichem Service und zeitgemäßer Küche.

X Lindenhof
Dorfstr. 48 ⊠ 40667 – ℰ (02132) 26 64 – service@lindenhof-restaurant.de
– geschl. 30. Dez. - 3. Jan.   S **v**
Rest – Karte 26/45 €

♦ Klinkerhaus mit gemütlichem Landhaus-Innenleben und wechselnder Bilderausstellung. Die regionale Küche wird im Sommer auch in einem kleinen Biergarten serviert.

MEERBUSCH

In Meerbusch - Langst-Kierst

Rheinhotel Vier Jahreszeiten
Zur Rheinfähre 14 ⊠ *40668* – ℰ *(02150) 91 40*
– *info@rheinhotel-meerbusch.de* – *Fax (02150) 914900*
73 Zim ⊑ – ♦123/163 € ♦♦163/203 €
Rest *Bellevue* – *(geschl. Jan. 3 Wochen, Juli 3 Wochen und Sonntag - Montag, nur Abendessen)* Menü 45/75 € – Karte 37/54 €
Rest *Orangerie* – Menü 25 € (Buffet)
♦ Direkt an der Anlegestelle am Rhein, vis-à-vis von Messe und Flughafen, liegt das besonders gut ausgestattete Tagungen ausgelegte Hotel mit eleganter Einrichtung. In der Villa befindet sich das in vornehmen hellen Tönen gehaltene Bellevue.

In Meerbusch-Strümp

Regalido
Am Kapellengraben 1 ⊠ *40670* – ℰ *(02159) 81 88 04* – *info@regalido.de*
– *Fax (02159) 818806* – *geschl. Jan. 2 Wochen, Juli 3 Wochen und Montag - Dienstagmittag, Samstagmittag*
Rest – Menü 38/75 € – Karte 45/63 €
♦ Professionell umsorgt man Sie in dem hellen, freundlichen Restaurant oder auf der Terrasse mit südländischem Flair. Man bietet mediterrane Speisen und gute Weinempfehlungen.

Gute und preiswerte Häuser kennzeichnet das Michelin-Männchen, der „Bib":
der rote „Bib Gourmand" für die Küche,
der blaue „Bib Hotel" bei den Zimmern.

MEERSBURG – Baden-Württemberg – 545 – 5 510 Ew – Höhe 444 m – Erholungsort
63 **G21**

▶ Berlin 730 – Stuttgart 191 – Konstanz 12 – Freiburg im Breisgau 143
🛈 Kirchstr. 4, ⊠ 88709, ℰ (07532) 44 04 00, info@meersburg.de
◉ Oberstadt (Marktplatz★ **B**, Steigstraße★ **A**) – Neues Schloss (Terrasse ≤★)
AB

MEERSBURG

Bismarckpl.	**A** 2
Bleichepl.	**B** 3
Burgweganlage	**A** 5
Daisendorfer Str.	**A** 6
Kirchpl.	**A** 7
Kirchstr.	**B** 8
Marktpl.	**B** 9
Schloßpl.	**B** 12
Seepromenade	**B** 13
Seminarstr.	**A** 14
Spitalgasse	**A** 15
Steigstr.	**A**
Uhldinger Str.	**A** 16
Unterstadtstr.	**A**
Vorburggasse	**B** 18

864

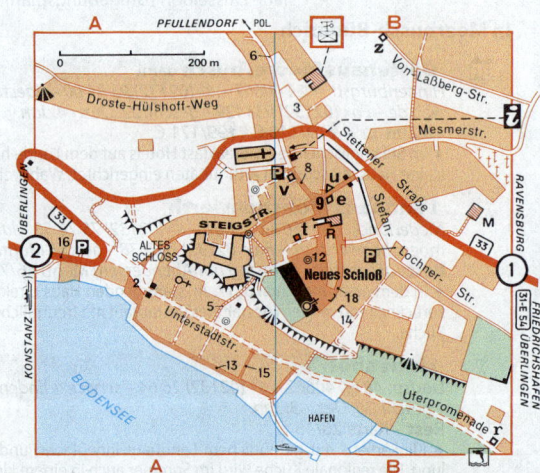

MEERSBURG

Residenz am See
*Uferpromenade 11 ⊠ 88709 – ℰ (07532) 8 00 40 – residenz@romantikhotels.com
– Fax (07532) 800470* B r
25 Zim – †90/110 € – ††160/230 € – ½ P 45 €
Rest – Menü 38 € – Karte 43/53 €
Rest Casala – (geschl. Dienstag, nur Abendessen) Menü 62/96 € – Karte 66/80 €
Spez. Sautierte Langustine mit Bries und Pfifferlingen. Falsches Kotelett vom Reh mit Olivenkrokant und Ricotta-Tortellini. Eingelegte Aprikosen mit Toblerone-Mousse und Zitronenthymian-Aprikoseneis.
♦ Eine angenehme Adresse ist dieses mit Engagement geleitete Hotel ganz in der Nähe des Sees. Geschmackvoll und modern hat man die Gästezimmer gestaltet. Feine klassische Küche mit kreativem Touch serviert man im Casala - Restaurant und Terrasse bieten Seeblick.

Villa Seeschau garni
*Von-Laßberg-Str. 12 ⊠ 88709 – ℰ (07532) 43 44 90 – rezeption@
hotel-seeschau.de – Fax (07532) 434499 – geschl. Jan. - Feb.* B z
19 Zim ⊡ – †74/125 € ††95/198 €
♦ Das hübsche Haus im Villenstil besticht durch seine Lage und geschmackvolle Zimmer. Schön sitzt man beim Frühstück auf der Panoramaterrasse. Exklusiv: der private Flugservice.

Seehotel Off
*Uferpromenade 51 (über B) ⊠ 88709 – ℰ (07532) 4 47 40 – info@hotel.off.mbo.de
– Fax (07532) 447440 – geschl. 2. - 31. Jan.*
21 Zim ⊡ – †75/105 € ††95/161 € – ½ P 23 € – **Rest** – Menü 33/38 €
– Karte 24/40 €
♦ Das sehr schön an der Uferpromenade gelegene Haus bietet wohnliche Zimmer mit Panorama-Seeblick oder Sicht auf die Weinberge. Der hiesige Wein findet sich auf den Zimmern. Restaurant mit nettem Terrassenbereich zum See.

3 Stuben (mit Gästehaus)
*Kirchstr. 7 ⊠ 88709 – ℰ (07532) 8 00 90 – info@3stuben.de – Fax (07532) 1367
– geschl. Mitte Dez. - Feb. (Hotel)* B v
25 Zim ⊡ – †80/90 € ††128/158 € – ½ P 28 € – **Rest** – (geschl. 7. Jan. - 6. März und Dienstag, Montag - Donnerstag nur Abendessen) Karte 26/35 €
♦ In dem schön restaurierten markanten Fachwerkhaus am Rand der Altstadt stehen wohnlich und individuell eingerichtete Gästezimmer bereit. Restaurant mit italienischer Küche.

Terrassenhotel Weißhaar
*Stefan-Lochner-Str. 24 (über B) ⊠ 88709 – ℰ (07532) 4 50 40 – jbterrassenhotel@
web.de – Fax (07532) 450445 – geschl. 1. Nov. - 15. März*
26 Zim ⊡ – †34/96 € ††113/120 € – ½ P 20 € – **Rest** – Menü 26 € – Karte 27/45 €
♦ Von jedem der funktionell eingerichteten Gästezimmer dieses hoch über dem Bodensee thronenden Hotels hat man eine herrliche Sicht. Gediegenes Restaurant mit schöner Panoramaterrasse.

Löwen
*Marktplatz 2 ⊠ 88709 – ℰ (07532) 4 30 40 – info@hotel-loewen-meersburg.de
– Fax (07532) 430410* B e
21 Zim – †54/85 € ††80/120 € – ½ P 20 € – **Rest** – (geschl. Nov. - April Mittwoch) Menü 20/33 € – Karte 25/42 €
♦ Auffallend ist die schmucke, bewachsene rote Fassade dieses in der oberen Altstadt gelegenen Gasthofs a. d. 15. Jh. Ein Teil der Zimmer ist recht modern eingerichtet. Gemütliche, mit Zirbelholz vertäfelte Gaststube.

Bären
*Marktplatz 11 ⊠ 88709 – ℰ (07532) 4 32 20 – post@baeren-meersburg.de
– Fax (07532) 432244* B u
20 Zim ⊡ – †49 € ††82/108 € – ½ P 18 € – **Rest** – (geschl. 9. Nov. - 8. März und Montag, März - Juli Montag - Dienstag) Menü 14/19 € – Karte 16/32 €
♦ Mit dem Meersburger Obertor bildet das schöne Haus a. d. 17. Jh. ein bekanntes Ensemble: Es war auf jedem 20-DM-Schein zu sehen. Man bietet Zimmer von modern bis antik. Ein weißer Kachelofen ziert die mit alten Wirtshausmöbeln eingerichtete Gaststube.

MEERSBURG

Winzerstube zum Becher
Höllgasse 4 ⊠ 88709 – ℰ (07532) 90 09 – benz@zumbecher.de – Fax (07532) 1699
– geschl. 1. - 20. Jan. und Montag
Rest – (Tischbestellung ratsam) Menü 23 € (mittags)/58 € – Karte 23/43 €
• Schon 1610 wurden hier durstige Gäste bewirtet! Seit 1887 ist die rustikal-gemütliche Stube im Familienbesitz. Geboten wird regionale Küche mit internationalen Akzenten.

MEHRING – Rheinland-Pfalz – 543 – 2 200 Ew – Höhe 130 m 45 B15
▶ Berlin 714 – Mainz 153 – Trier 20 – Bernkastel-Kues 40
🛈 Bachstr. 47, ⊠ 54346, ℰ (06502) 14 13, touristinfo-mehring@t-online.de

Weinhaus Molitor (mit Weinstube)
Maximinstr. 9 ⊠ 54346 – ℰ (06502) 27 88 – m.molitor@schoene-tage.de
– Fax (06502) 988822
10 Zim ⊇ – †30/39 € ††60/68 € – **Rest** – Menü 30 €
• Private Atmosphäre und die recht ruhige Lage in den Weinbergen sprechen für dieses familiär geleitete kleine Haus. Es stehen gepflegte, freundliche Gästezimmer bereit. Im Restaurant erwartet Sie ein kleines Speisenangebot auf einer Schiefertafel.

MEHRING (KREIS ALTÖTTING) – Bayern – 546 – 2 230 Ew – Höhe 432 m 67 O20
▶ Berlin 632 – München 103 – Bad Reichenhall 70 – Passau 84

In Mehring-Hohenwart Nord : 1,5 km :

Schwarz
Hohenwart 10 ⊠ 84561 – ℰ (08677) 9 84 00 – gasthof.schwarz@vr-web.de
– Fax (08677) 1440
28 Zim ⊇ – †47/55 € ††71/78 € – **Rest** – (geschl. Ende Aug. 2 Wochen und Dienstag) Karte 14/31 €
• Schön fügt sich der schmucke, familiengeführte Gasthof in die charmante bayerische Dorfkulisse ein. Gepflegt und geräumig sind die Zimmer. Ländlich-rustikale Gaststuben mit bayerischer Küche.

MEININGEN – Thüringen – 544 – 21 780 Ew – Höhe 290 m 39 J13
▶ Berlin 371 – Erfurt 80 – Coburg 69 – Fulda 63
🛈 Markt 14, ⊠ 98617, ℰ (03693) 4 46 50, info@meiningen.de

Sächsischer Hof
Georgstr. 1 ⊠ 98617 – ℰ (03693) 45 70 – rezeption@saechsischerhof.com
– Fax (03693) 457401
40 Zim ⊇ – †83/107 € ††116/147 €
Rest *Posthalterei* – (geschl. 3. - 6. Jan., 14. Juli - 3. Aug. und Sonntagabend - Montag) Menü 33/63 € – Karte 33/46 €
Rest *Kutscherstube* – Karte 18/36 €
• Ein geschichtsträchtiges Haus: 1802 als Logierhaus erbaut, auch als Poststation der Fürsten von Thurn und Taxis genutzt, ist es heute ein elegantes, stilvolles Domizil. Ländliche Posthalterei mit Gewölbedecke. Blanke Tische in der rustikalen Kutscherstube.

Schloss Landsberg
Landsberger Str. 150 (Nord-West : 3 km) ⊠ 98617 – ℰ (03693) 8 81 90 – info@meininger-hotels-mit-flair.de – Fax (03693) 881919
20 Zim ⊇ – †114/139 € ††148/198 € – 7 Suiten – **Rest** – Karte 23/35 €
• Ein Schloss im gotischen Stil a. d. J. 1840. In den Zimmern mit antikem Mobiliar - teilweise auch Himmelbetten - ist die feudale Vergangenheit allgegenwärtig. Stilvolles Restaurant im historischen Rittersaal.

Ernestiner Hof garni
Ernestinerstr. 9 ⊠ 98617 – ℰ (03693) 47 80 53 – hotel-ernestiner-hof@t-online.de
– Fax (03693) 478055 – geschl. 24. - 26. Dez.
16 Zim ⊇ – †60/70 € ††88/100 €
• Hier erwarten Sie individuelle Zimmer mit ansprechenden Marmorbädern. Nettes Café im glasüberdachten Innenhof mit Blick auf den kleinen Garten und das hübsche Kavaliershaus.

MEININGEN

Schlundhaus (mit Gästehaus)
Schlundgasse 4 ⊠ 98617 – ℰ (03693) 8 81 90 – info@meininger-hotels-mit-flair.de – Fax (03693) 881919
20 Zim ☑ – †54/69 € ††78/98 € – 5 Suiten – **Rest** – Karte 18/29 €
♦ Hinter einer alten Natursteinfassade mit prächtigem Holzerker verbergen sich wohnlich eingerichtete Zimmer. Im Gästehaus Rautenkranz befindet sich eine Kleinkunstbühne. Historische Gaststube mit geschnitzter Holzbar und blanken Tischen.

MEISSEN – Sachsen – 544 – 28 640 Ew – Höhe 110 m 43 P12
▶ Berlin 194 – Dresden 23 – Chemnitz 61 – Leipzig 85
🛈 Markt 3, ⊠ 01662, ℰ (03521) 4 19 40, service@touristinfo-meissen.de
◉ Staatliche Porzellanmanufaktur★ AZ – Albrechtsburg★ AX – Dom★ (Grabplatten★ in der Fürstenkapelle, Laienaltar★, Stifterfiguren★★) AX

Stadtplan siehe nächste Seite

Mercure Grand Hotel
Hafenstr. 27 ⊠ 01662 – ℰ (03521) 7 22 50
– h1699@accor.com – Fax (03521) 722904   BX **a**
97 Zim – †63/105 € ††76/139 €, ☑ 15 € – 5 Suiten – **Rest** – Karte 23/38 €
♦ Schon durch die herrliche Lage an der Elbe gehört diese Türmchen-Villa zu einer der bevorzugten Logis-Adressen der Stadt. Das elegante Interieur trägt seinen Teil dazu bei. Helles, ländlich-elegantes Restaurant mit hohen Jugendstil-Fenstern.

Goldener Löwe
Heinrichsplatz 6 ⊠ 01662 – ℰ (03521) 4 11 10 – goldener-loewe@meissen-hotel.com – Fax (03521) 4111444   ABY **t**
36 Zim ☑ – †75/99 € ††125/145 €
Rest – (geschl. 17. Jan. - 13. Feb. und Dienstag - Mittwoch) Menü 37/60 € – Karte 33/60 €
Rest *Weinstube* – Menü 23 € – Karte 17/22 €
♦ Aus einem ehemals einfachen Haus ist dieses stilvolle Hotel in der Altstadt entstanden. Einige der Zimmer liegen recht ruhig zum Innenhof. Restaurant mit schönem englischem Kamin, Wandmalereien und Kronleuchtern. Gemütliche Weinstube mit regionaler Küche.

Burgkeller ≤ Meissen,Biergarten
Domplatz 11 ⊠ 01662 – ℰ (03521) 4 14 00 – burgkeller@meissen-hotel.com
– Fax (03521) 41404   AX **u**
10 Zim ☑ – †75/105 € ††125/135 € – **Rest** – Karte 16/37 €
♦ Lage und Aussicht sowie die komfortablen und eleganten Zimmer sprechen für dieses 1881 eröffnete kleine Hotel. Schöne Gemälde zieren das Haus. Klassisches Restaurant mit schönem Blick über die Stadt und großer Terrasse.

Am Markt-Residenz garni
An der Frauenkirche 1 ⊠ 01662 – ℰ (03521) 4 15 10 – residenz@meissen-hotel.com – Fax (03521) 415151 – 2. Jan. - 30. März   AY **e**
26 Zim ☑ – †65/95 € ††105/135 €
♦ Das mitten in der historischen Altstadt gelegene Hotel verfügt über mit hellen Stilmöbeln leicht gediegen eingerichtete Gästezimmer.

Goldgrund (mit Tagungshaus Waldschlösschen)
Goldgrund 14 ⊠ 01662 – ℰ (03521) 4 79 30
– hotelgoldrund.meissen@t-online.de – Fax (03521) 479344   AZ **d**
22 Zim ☑ – †39/49 € ††49/85 €
Rest *Waldschlösschen* – Karte 15/30 €
♦ Ein steiler Fußweg führt die Gäste zu dem etwas hinter Bäumen versteckten Hotel. Dort warten zeitlose, mit Kirschbaummöbeln eingerichtete Zimmer auf Sie. Ungefähr 300 m entfernt liegt das schlicht-rustikale Restaurant in einem Waldstück.

Ross
Grossenhainer Str. 9 ⊠ 01662 – ℰ (03521) 75 10 – ross@minotel.de – Fax (03521) 751999   BY **b**
41 Zim ☑ – †95 € ††120 € – **Rest** – Karte 17/29 €
♦ Anno 1898 noch Ausspanne mit Hufschmiede für Handelskaufleute: Heute finden Sie hinter den historischen Mauern gegenüber dem Bahnhof moderne, gepflegte Zimmer. Geräumiges, zeitlos gestaltetes Restaurant.

A
B
LEIPZIG
OSCHATZ
5
6
Hochuferstr.
Leipziger
FISCHERGASSE
Straße
Elbtalbrücke
Hafen-
str.
NIEDERFÄHRE
Goethe-
straße
Gustav- Graf-
Str.
Dammweg
a
Nieder-
fähre
Str.
X
A 14 LEIPZIG
4
A 4 - E 40 CHEMNITZ
FREIBERG
Meisastr.
Hochuferstr.
Leipziger
Hafenstr.
Zscheilaer
33
34
ALBRECHTSBURG
NIEDERMEISA
DOM
u
Meisastr.
Jahnastr.
Hohl-
weg
Straße
31
T
3
ST.-AFRAKIRCHE
Altstadt-
brücke
Bahnhofstr.
28
b
6
19
7
8
Hintermauer
Str.
Burgstr.
R
Freiheit
f
22
12
M
t
Frauenkirche
4
e
9
24
Gerbergasse
Fährmannstr.
Uferstraße
Nossener
Jüdenbergstr.
25
Gasse
Poststr.
10
15
Neugasse
Görnische
Schreber-
str.
Y
markt
Triebisch
Plossenweg
Kapellenweg
Marienhof-
Siebeneichener
Str.
Steinberg
Am
Talstraße
str.
Neu-
Rauhentalstr.
16
Wilsdruffer
Str.
Gellertstr.
str.
STAATLICHE
PORZELLAN-
MANUFAKTUR
Wettin-
straße
NICOLAIKIRCHE
PLOSSEN
Talstraße
ELBE
Poetenweg
STADTPARK
höhe
Stadtpark-
Wettinstr.
Hirschberg
Z
d
Goldgrund
188
Plossenberg
Str.
NEUDÖRFCHEN
Siebeneichener
Str.
MEISSEN-
TRIEBISCHTAL
Wilsdruffer
Dreilindenstr.
SIEBENEICHEN
0
300 m
3
FREITAL
A
B

MEISSEN

Street	Grid	No.
Am Lommatzscher Tor	AX	3
Am Steinberg	AY	
An der Frauenkirche	AY	4
August-Bebel-Str.	CX	5
Baderstr.	AXY	6
Bahnhofstr.	BY	
Bergstr.	CZ	
Brauhausstr.	CY	
Burgstr.	AY	
Dammweg	BX	
Dreilindenstr.	AZ	
Dresdener Str.	CYZ	
Dr-Eberte-Pl.	BY	8
Elbbrücke	BXY	
Elbstr.	BY	7
Fabrikstr.	CX	
Fleischergasse	AY	9
Freiheit	AY	
Gabelstr.	CZ	
Gartenstr.	CX	
Gellertstr.	BY	
Gerbergasse	BY	
Goethestr.	BX	
Goldgrund	AZ	
Gornische Gasse	AY	
Großenhainer Str.	CXY	
Gustav-Graf-Str.	BX	
Hafenstr.	AY	
Hahnemannspl.	BY	10
Heinrichspl.	BY	12
Heinrich-Freitäger-Str.	CX	
Herbert-Böhme-Str.	CY	13
Hintermauer	AY	
Hirschbergstr.	AZ	
Hochuferstr.	ABX	
Hohlweg	AX	
Jahnastr.	AX	
Joachimstal	CX	
Jüdenbergstr.	AY	
Justusstufen	AY	15
Karlberg.	CYZ	
Kerstingstr.	AY	16
Kirchgasse	CY	18
Kurt-Hein-Str.	CY	
Leipziger Str.	ABX	
Loosestr.	CY	
Lorenzgasse	AY	19
Lutherpl.	CY	21
Marienhofstr.	BY	
Markt	AY	22
Marktgasse	ABY	24
Martinstr.	BY	25
Meisastr.	AX	
Melzerstr.	CX	
Moritzburger Pl.	CY	27
Neugasse	AY	
Neumarkt	AY	
Niederauer Str.	CX	
Niederfährer Str.	BCX	
Niederspaarer Str.	CZ	
Nossener Str.	AY	
Plossenweg	BY	
Poetenweg	BZ	
Poststr.	BY	
Ratsweinberg	BY	28
Robert-Koch-Pl.	CY	30
Rosa-Luxemburg-Str.	CX	
Rote Gasse	CZ	
Schloßberg	AX	31
Schreberstr.	AY	
Siebeneichener Str.	BYZ	
Stadtparkhöhe	ABZ	
Talstr.	AYZ	
Teichstr.	CZ	
Uferstr.	BY	
Vorbrücker Str.	BCX	33
Weinberggasse	BX	34
Werdermannstr.	CX	
Wettinstr.	AYZ	
Wildsdruffer Str.	BYZ	
Zaschendorfer Str.	CY	
Zscheilaer Str.	BCX	

MEISSEN

Vincenz Richter
An der Frauenkirche 12 ⊠ 01662 – ℰ (03521) 45 32 85 – restaurant@
vincenz-richter.de – Fax (03521) 453763 – geschl. 14. - 28. Jan. und Sonntagabend -
Montag AY f
Rest – (Tischbestellung ratsam) Menü 31 € – Karte 22/37 €
- Der Reiz des Tuchmacherzunfthauses von 1523 überträgt sich unmittelbar. Zahlreiche historische Gerätschaften und Bilder schmücken die urige Gaststube. Mit Innenhofterrasse.

In Weinböhla Nord-Ost : 11 km über Niederauer Straße CX :

Laubenhöhe
Köhlerstr. 77 ⊠ 01689 – ℰ (035243) 3 61 83 – restaurant@laubenhoehe.de
– Fax (035243) 36151 – geschl. 4. - 17. Feb. und Montag
Rest – Menü 20/42 € – Karte 15/35 €
- Die Laubenhöhe hat dank der Besitzerfamilie Krause ihren rustikalen Charakter bewahrt. Nett sitzt man auch auf der Terrasse mit hübschem Kakteengarten und schöner Aussicht.

MELLE – Niedersachsen – **541** – 46 300 Ew – Höhe 76 m 27 **F9**
▶ Berlin 399 – Hannover 115 – Bielefeld 39 – Münster (Westfalen) 80
🛈 Markt 22 (Rathaus), ⊠ 49324, ℰ (05422) 96 53 12, tourist@stadt-melle.de

Melle
Wellingholzhausener Str. 7 (an der BAB-Ausfahrt Melle-West) ⊠ 49324
– ℰ (05422) 9 62 40 – info@hotel-melle.de – Fax (05422) 9624444
118 Zim – †69/79 € ††72/82 €, ⊇ 12 € – **Rest** – Karte 22/37 €
- Das im Landhausstil erbaute Hotel verbindet Behaglichkeit mit modernem Komfort. Technisch auf dem neuesten Stand und verkehrsgünstig gelegen. Großzügiges Restaurant mit modernem Ambiente.

Heimathof
Friedr.-Ludwig-Jahn-Str. 10 (im Erhohlungszentrum am Grönenberg) ⊠ 49324
– ℰ (05422) 55 61 – Fax (05422) 959068 – geschl. Feb. 3 Wochen und Montag
Rest – Karte 22/36 €
- Das in einem Museumsdorf gelegene Restaurant finden Sie in einem urigen Fachwerkhaus aus dem Jahr 1620. Im Inneren erwartet Sie eine gemütlich-rustikale Atmosphäre.

In Melle-Westerhausen Nord-West : 6 km Richtung Osnabrück :

Gasthaus Hubertus
Biergarten
Westerhausener Str. 50 ⊠ 49324 – ℰ (05422) 9 82 90 – gasthaus-hubertus@
t-online.de – Fax (05422) 982929
33 Zim ⊇ – †42/60 € ††75/84 € – **Rest** – Karte 15/28 €
- Ein neuer Klinkeranbau ergänzt das ursprüngliche, ländliche Gasthaus - hier finden Sie moderne Zimmer mit gutem Platzangebot und neuzeitlicher Technik. Eine schlichte Aufmachung in ländlichem Stil kennzeichnet die Räume des Restaurants.

MELLINGHAUSEN – Niedersachsen – siehe Sulingen

MELLRICHSTADT – Bayern – **546** – 6 260 Ew – Höhe 270 m 39 **J14**
▶ Berlin 392 – München 359 – Fulda 57 – Bamberg 89
🛈 Marktplatz 2, ⊠ 97638, ℰ (09776) 92 41, aktives.mellrichstadt@t-online.de

Sturm (mit Gästehäusern)
Ignaz-Reder-Str. 3 ⊠ 97638 – ℰ (09776) 8 18 00 – info@hotel-sturm.com
– Fax (09776) 818040 – geschl. 7. - 20. Jan.
47 Zim ⊇ – †55/70 € ††78/95 € – **Rest** – (geschl. Sonntag) Karte 18/37 €
- Teils geschmackvoll und wohnlich im Landhausstil eingerichtet, teils etwas rustikaler sind die Zimmer in diesem am Stadtrand gelegenen Hotel. Großer Garten mit Schwimmteich. Restaurant in ländlichem Stil mit großen Panoramafenstern.

MELSUNGEN – Hessen – 543 – 14 070 Ew – Höhe 179 m – Luftkurort 39 H12

▶ Berlin 407 – Wiesbaden 198 – Kassel 30 – Bad Hersfeld 45
🛈 Kasseler Str. 44, ✉ 34212, ✆ (05661) 92 11 00, tourist-info@melsungen.de
◉ Rathaus★ – Fachwerkhäuser★

Centrinum
Rosenstr. 1 ✉ 34212 – ✆ (05661) 92 60 60 – mail@centrinum.de – Fax (05661) 9260666
13 Zim ⊇ – ♦80 € ♦♦120 € – **Rest** – Karte 17/32 €
♦ In diesem in der Altstadt gelegenen Hotel wurde Modernität clever mit Fachwerk kombiniert. Die zeitgemäßen Zimmer sind individuell eingerichtet. Netter Saunabereich. Internationale Küche im Restaurant.

Sonnenhof garni
Franz-Gleim-Str. 11 ✉ 34212 – ✆ (05661) 73 89 99 – info@sonnenhof-meg.de – Fax (05661) 925673
24 Zim ⊇ – ♦47/88 € ♦♦76/103 €
♦ Einst war die Villa Wohnsitz des Bürgermeisters, seit 1963 fungiert sie als familiengeführtes Hotel mit behaglichen und gepflegten Zimmern.

MEMMELSDORF – Bayern – 546 – 8 980 Ew – Höhe 262 m 50 K15

▶ Berlin 398 – München 240 – Coburg 47 – Bamberg 7

Brauerei-Gasthof Drei Kronen (mit Gästehaus)
Hauptstr. 19 ✉ 96117 – ✆ (0951) 94 43 30
– reception@drei-kronen.de – Fax (0951) 9443366 – geschl. 22. - 26. Dez.
27 Zim ⊇ – ♦54/60 € ♦♦80/90 € – **Rest** – (geschl. Sonntagabend - Montagmittag) Karte 16/29 €
♦ Mitten im Dorf steht dieser gestandene Gasthof a. d. J. 1750. Mit Liebe zum Detail hat die Wirtsfamilie ein gemütliches Hotel geschaffen. Hübsch dekorierte, ländliche Gaststuben.

MEMMINGEN – Bayern – 546 – 41 140 Ew – Höhe 601 m 64 I20

▶ Berlin 661 – München 114 – Kempten (Allgäu) 35 – Augsburg 95
🛈 Marktplatz 3, ✉ 87700, ✆ (08331) 85 01 73, info@memmingen.de
⛳ Gut Westerhart, ✆ (08331) 7 10 16 Z
◉ Pfarrkirche St. Martin (Chorgestühl★) Y

Stadtplan siehe nächste Seite

Parkhotel
Ulmer Str. 7 ✉ 87700 – ✆ (08331) 93 20 – info@parkhotel-memmingen.de
– Fax (08331) 48439   Y r
70 Zim ⊇ – ♦78/87 € ♦♦99/115 € – **Rest** – Karte 28/38 €
♦ Hotel im Herzen der Altstadt, mit der angrenzenden Stadthalle verbunden. Man verfügt über funktionell ausgestattete Zimmer. Besonders geräumig und wohnlich: vier Zimmer im OG. Hotelrestaurant im Brasseriestil.

Weisses Ross
Salzstr. 12 ✉ 87700 – ✆ (08331) 93 60 – info@hotelweissesross.de – Fax (08331) 936150   Y e
67 Zim ⊇ – ♦60/79 € ♦♦86/105 € – **Rest** – Menü 20 € – Karte 19/38 €
♦ Das gepflegte, 1590 erstmals urkundlich erwähnte Haus in der Altstadt ist heute ein zeitgemäßes Hotel. Sehr schön sind einige großzügige Zimmer mit freigelegtem Fachwerk. Der historische Bacchus-Keller bietet einen passenden Rahmen für Feiern.

Weinstube Weber am Bach
Untere Bachgasse 2 ✉ 87700 – ✆ (08331) 24 14 – weinstube@weberambach.de
– Fax (08331) 495658   Z c
Rest – (Tischbestellung ratsam) Menü 43 € – Karte 21/51 €
♦ Im Herzen der Stadt erwartet Sie dieses geschichtsträchtige Haus, das schon 1320 gastliche Einkehr war und somit als das älteste Weinhaus Memmingens gilt.

MEMMINGEN

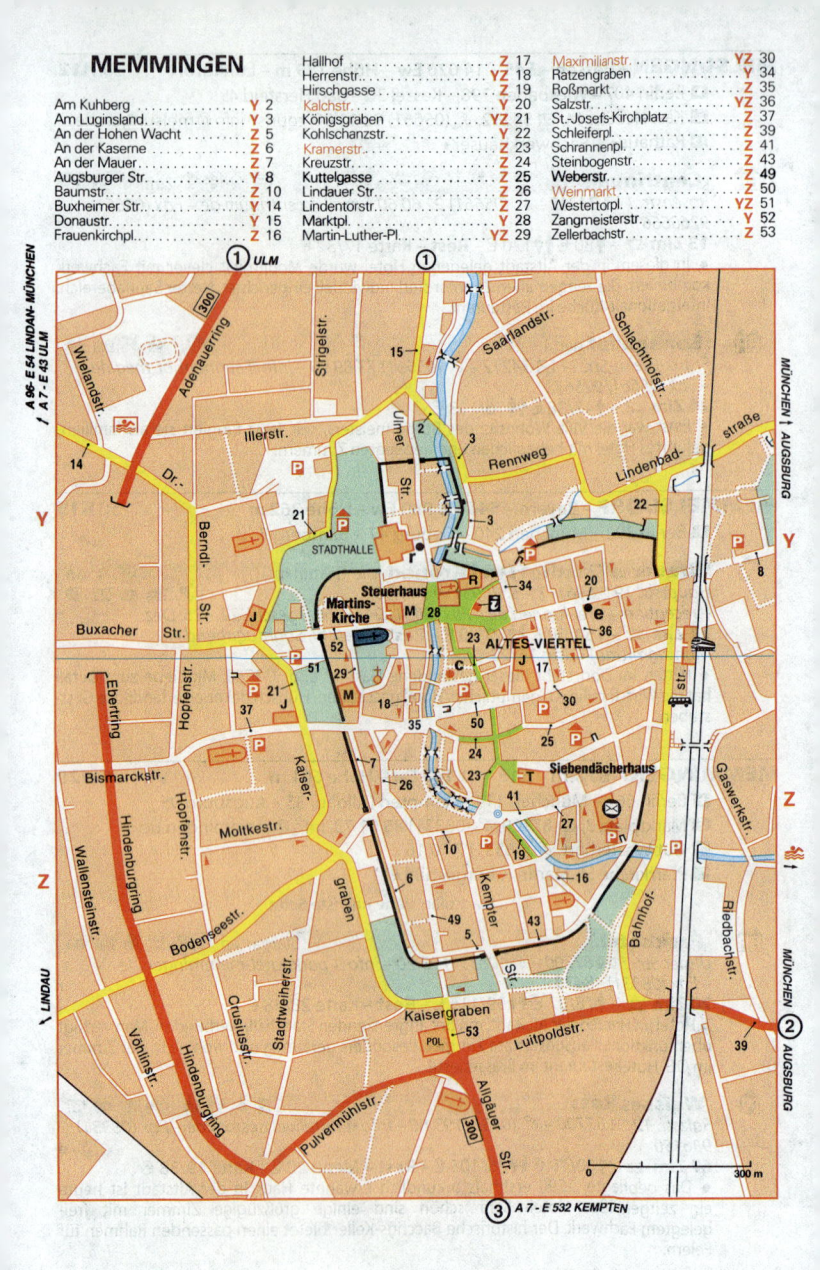

Am Kuhberg	Y 2	Hallhof	Z 17	Maximilianstr.	YZ 30
Am Luginsland	Y 3	Herrenstr.	YZ 18	Ratzengraben	Y 34
An der Hohen Wacht	Z 5	Hirschgasse	Z 19	Roßmarkt	Z 35
An der Kaserne	Z 6	Kalchstr.	Y 20	Salzstr.	YZ 36
An der Mauer	Z 7	Königsgraben	YZ 21	St.-Josefs-Kirchplatz	Z 37
Augsburger Str.	Y 8	Kohlschanzstr.	Y 22	Schleiferpl.	Z 39
Baumstr.	Z 10	Kramerstr.	Z 23	Schrannenpl.	Z 41
Buxheimer Str.	Y 14	Kreuzstr.	Z 24	Steinbogenstr.	Z 43
Donaustr.	Y 15	Kuttelgasse	Z 25	Weberstr.	Z 49
Frauenkirchpl.	Z 16	Lindauer Str.	Z 26	Weinmarkt	Z 50
		Lindentorstr.	Z 27	Westertorpl.	YZ 51
		Marktpl.	Z 28	Zangmeisterstr.	Y 52
		Martin-Luther-Pl.	YZ 29	Zellerbachstr.	Z 53

Gute und preiswerte Häuser kennzeichnet das Michelin-Männchen, der „Bib":
der rote „Bib Gourmand" für die Küche,
der blaue „Bib Hotel" bei den Zimmern.

MEMMINGEN

In Buxheim Nord-West : 4 km über Buxheimer Str. Y :

Landgasthof Weierhaus
Am Weiherhaus 13 ⌂ *87740 –* ℘ *(08331) 7 21 23 – kontakt@
weierhaus-buxheim.de – Fax (08331) 73935*
8 Zim ⊇ – †51 € ††77 € – **Rest** – *(geschl. Montag)* Karte 16/25 €
♦ Am Ortsrand liegt das nette familiengeführte Haus - gegenüber ein kleiner See. Die Zimmer befinden sich in einem Anbau, sind solide mit hellem Naturholz möbliert. Gemütliche Gaststube, in der man u. a. eine große Auswahl an Maultaschen bietet.

MENDIG – Rheinland-Pfalz – **543** – 8 670 Ew – Höhe 220 m **36 C14**
▶ Berlin 621 – Mainz 118 – Koblenz 33 – Bonn 58

Hansa
Laacher-See-Str. 11 ⌂ *56743 –* ℘ *(02652) 9 70 80 – info@mendighansahotel.de
– Fax (02652) 970813 – geschl. 15. Dez. - 1. März*
18 Zim ⊇ – †48/55 € ††75/80 € – **Rest** – *(geschl. Donnerstag, außer Feiertage)*
Menü 10/16 € – Karte 17/28 €
♦ Alle Gästezimmer des familiär geführten, verkehrsgünstig gelegenen Hotels sind mit soliden, teils recht modernen Möbeln eingerichtet. Restaurant mit Blick in den hübschen Garten.

MENGEN – Baden-Württemberg – **545** – 10 160 Ew – Höhe 561 m **63 G20**
▶ Berlin 690 – Stuttgart 116 – Konstanz 73 – Freiburg im Breisgau 138

Rebstock
Hauptstr. 93 ⌂ *88512 –* ℘ *(07572) 7 66 80 – rebmengen@t-online.de
– Fax (07572) 766837 – geschl. 23. Dez. - 4. Jan., April 2 Wochen*
10 Zim ⊇ – †47/49 € ††77/80 € – **Rest** – *(geschl. Montag, Samstagmittag)*
Menü 16/19 € – Karte 21/40 €
♦ Das familiengeführte denkmalgeschützte Haus in der Ortsmitte beherbergt hinter seiner schmucken weiß-grauen Barock-Fachwerkfassade zeitgemäß gestaltete Gästezimmer. Restaurant mit bürgerlich-regionaler Küche und saisonalen Gerichten.

MENGKOFEN (KREIS DINGOLFING) – Bayern – **546** – 5 760 Ew – Höhe 398 m **59 N18**
▶ Berlin 556 – München 106 – Regensburg 65 – Dingolfing 10

Zur Post
Hauptstr. 20 ⌂ *84152 –* ℘ *(08733) 9 22 70 – info@post-mengkofen.de
– Fax (08733) 9227170 – geschl. 1. - 13. Jan.*
30 Zim ⊇ – †70/79 € ††100/110 € – **Rest** – *(nur Abendessen)* Menü 42 €
– Karte 27/45 €
♦ Das historische Gasthaus in der Dorfmitte, einst Posthalterei, beherbergt in modernem Stil gehaltene, funktionell ausgestattete Zimmer. Neuzeitliches Wintergarten-Restaurant und Poststüberl.

In Mengkofen-Tunzenberg Nord-Ost : 5 km Richtung Hüttenkofen :

Schloss Schenke mit Zim Biergarten
Schlossberg 5 ⌂ *84152 –* ℘ *(08733) 93 84 97 – info@
schloss-schenke-tunzenberg.de – Fax (08733) 9389875 – geschl. 2. - 8. Jan.*
7 Zim ⊇ – †55/65 € ††75/99 € – **Rest** – *(geschl. 2. - 8. janv., 1. - 9. Nov.)*
Menü 19/46 € – Karte 23/46 €
♦ Ein hübsches Gebäude beim Schloss mit Restaurant und ländlicher Gaststube. Der Service ist freundlich, die Küche regional und international. Wohnlich und gemütlich sind die recht großzügigen Gästezimmer.

MEPPEN – Niedersachsen – **543** – 34 050 Ew – Höhe 14 m **16 D7**
▶ Berlin 504 – Hannover 240 – Nordhorn 43 – Bremen 129
🛈 Markt 4, ⌂ 49716, ℘ (05931) 15 31 06, tim@meppen.de
Gut Düneburg, ℘ (05932) 7 27 40

873

MEPPEN

Poeker
Herzog-Arenbergstr. 15 ✉ 49716 – ℰ (05931) 49 10 – info@hotel-poeker.de
– Fax (05931) 491100
49 Zim ⌑ – †50/65 € ††75/88 € – **Rest** – Karte 17/29 €
♦ Das familiär geleitete Hotel bietet funktionelle Zimmer - teilweise recht elegant mit hellen französischen Möbeln eingerichtet - sowie vier Ferienwohnungen in einem Gästehaus.

Altstadt Hotel garni
Nicolaus-Augustin-Str. 3 ✉ 49716 – ℰ (05931) 9 32 00 – info@altstadt-hotel-meppen.de – Fax (05931) 932041
15 Zim ⌑ – †47/63 € ††75/80 €
♦ Am Rande der Altstadt, nahe der Fußgängerzone, steht das neuzeitliche Klinkerhaus. Es bietet gut unterhaltene Zimmer mit Parkettfußboden und ein kleines Café.

Parkhotel
Lilienstr. 21 (nahe der Freilichtbühne) ✉ 49716 – ℰ (05931) 9 79 00 – info@parkhotel-meppen.de – Fax (05931) 979050
34 Zim ⌑ – †60/70 € ††75/95 € – **Rest** – (geschl. Sonntag, nur Abendessen)
Menü 22 € – Karte 19/36 €
♦ In einer ruhigen Seitenstraße gelegenes Hotel, das über recht unterschiedlich eingerichtete, solide Gästezimmer verfügt. Hübsch dekoriertes, ländlich gehaltenes Restaurant.

Schmidt
Markt 17 ✉ 49716 – ℰ (05931) 9 81 00 – info@hotel-schmidt-meppen.de
– Fax (05931) 981010
20 Zim ⌑ – †42/50 € ††78/88 € – **Rest** – Karte 17/36 €
♦ Eingegliedert in eine Häuserzeile, fügt sich das schmale Klinkerhaus gut in die Fußgängerzone ein. Man bietet gepflegte Zimmer - besonders schön ist die Fürstensuite. Bürgerliches Restaurant.

MERCHING – Bayern – **546** – 3 100 Ew – Höhe 529 m 65 **K20**
▶ Berlin 603 – München 56 – Augsburg 18

In Merching-Steinach Süd-Ost : 6 km über B 2 Richtung München :

Landgasthof Huber
Münchnerstr. 9 (B 2) ✉ 86504 – ℰ (08202) 82 51 – reservierung@landhotel-gasthof-huber.de – Fax (08202) 903533
25 Zim ⌑ – †37/39 € ††50/70 € – **Rest** – (geschl. Jan. 3 Wochen und Donnerstag) Menü 9 € – Karte 10/23 €
♦ Der familiengeführte Gasthof mit eigenem landwirtschaftlichem Betrieb beherbergt in seinem Hotelanbau wohnliche, solide möblierte Zimmer. Einfachere Zimmer im Haupthaus. Nette Gaststube mit ländlich-rustikalem Charakter.

Dominikus Hof garni
Kapellenweg 1 ✉ 86504 – ℰ (08202) 9 60 90 – Fax (08202) 960940
19 Zim ⌑ – †35/39 € ††58/68 €
♦ Hier können Sie Landluft schnuppern. Denn: Neben der netten Pension bewirtschaftet die Familie auch noch einen Bauernhof mit Pferden und Schweinen.

MERGENTHEIM, BAD – Baden-Württemberg – **545** – 22 310 Ew – Höhe 206 m
– Heilbad 49 **I16**
▶ Berlin 539 – Stuttgart 117 – Würzburg 46 – Ansbach 78
🛈 Marktplatz 3, ✉ 97980, ℰ (07931) 5 71 31, tourismus@bad-mergentheim.de
◧ Igersheim, Erlenbachtalstr. 36 ℰ (07931) 56 11 09

Victoria
Poststr. 2 ✉ 97980 – ℰ (07931) 59 30 – info@victoria-hotel.de – Fax (07931) 593500
78 Zim – †82/98 € ††105/155 €, ⌑ 15 € – ½ P 28 € – 4 Suiten
Rest *Zirbelstube* – separat erwähnt
Rest *Vinothek & Markthalle* – ℰ (07931) 59 36 07 – Menü 20 € – Karte 31/51 €
♦ Das vom Inhaber Otto Geisel persönlich geleitete Hotel am Altstadtrand überzeugt mit geschmackvoll und hochwertig eingerichteten Gästezimmern. Die Vinothek ist im Stil eines kleinen Marktplatzes gestaltet - mit offener Showküche. Nette Terrasse.

MERGENTHEIM, BAD

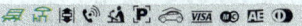

Bundschu
Milchlingstr. 24 ⊠ 97980 – ℰ (07931) 93 30 – info@hotel-bundschu.de
– Fax (07931) 933633
58 Zim – †59/79 € ††85/115 € – ½ P 20 € – **Rest** – (geschl. Montag)
Menü 20/50 € – Karte 24/42 €
♦ Das von Familie Bundschu geleitete Hotel liegt recht ruhig inmitten eines Wohngebiets. Man bietet mit zeitgemäßem Komfort ausgestattete Zimmer. Restaurant mit mediterranem Flair und Gartenterrasse.

Zirbelstube – Hotel Victoria
Poststr. 2 ⊠ 97980 – ℰ (07931) 59 36 07 – info@victoria-hotel.de – Fax (07931) 593500 – geschl. 1. Jan. - 15. Feb., 15. Juli - 31. Aug. und Sonntag, Feiertage
Rest – (nur Abendessen) Menü 74/98 € – Karte 53/76 €
Spez. Gebratener Zander mit Beurre blanc und Artischockenravioli. Auf Rebholz geräucherter Waller mit Wildschweinschinken und Kartoffel-Lauchpüree. Das Beste vom "Boeuf de Hohenlohe".
♦ Elegant ist die Atmosphäre in dem großen hohen Raum, der mit dunkler Holztäfelung, Kachelofen und Gemälden schön dekoriert ist. Klassische Küche auf Basis regionaler Produkte.

In Bad Mergentheim-Markelsheim Süd-Ost : 6 km über B 19 – Erholungsort:

Weinstube Lochner
Hauptstr. 39 ⊠ 97980 – ℰ (07931) 93 90 – weinstube-lochner@t-online.de
– Fax (07931) 939193
50 Zim – †69/99 € ††89/123 € – ½ P 16 € – **Rest** – (geschl. Montag) Karte 16/32 €
♦ An einem netten Dorfplatz befindet sich diese solide, ländliche Unterkunft, die Ihnen unterschiedlich eingerichtete und sehr gepflegte Zimmer bietet. Zinnaccessoires und geschnitzte Bilder machen die Gaststube gemütlich-rustikal.

Gästehaus Birgit garni
Scheuerntorstr. 25 ⊠ 97980 – ℰ (07931) 9 09 00 – gaestehaus.birgit@t-online.de
– Fax (07931) 909040
15 Zim – †40/42 € ††58/64 €
♦ Das von den Inhabern geführte kleine Hotel am Ortsrand verfügt über neuzeitliche, freundliche, in den Farben Blau und Weiß gehaltene Gästezimmer.

Schurk
Hauptstr. 57 ⊠ 97980 – ℰ (07931) 21 32 – weinstubeschurk@aol.com
– Fax (07931) 46600 – geschl. 4. - 20. Feb. und Mittwoch
Rest – (Montag - Samstag nur Abendessen) Menü 21 € – Karte 16/35 €
♦ In dieser Gaststube erwartet Sie eine gemütlich-rustikale Atmosphäre. Im Sommer sitzt man schön in der mit Teakholzmöbeln bestückten Weinlaube.

MERKLINGEN – Baden-Württemberg – **545** – 1 870 Ew – Höhe 699 m   56 **H19**
▶ Berlin 629 – Stuttgart 73 – Reutlingen 53 – Ulm (Donau) 26

Ochsen
Hauptstr. 12 ⊠ 89188 – ℰ (07337) 9 61 80 – ochsen-merklingen@t-online.de
– Fax (07337) 9618200 – geschl. 24. - 26. Dez.
19 Zim – †45/73 € ††65/95 € – **Rest** – Menü 20/25 € – Karte 15/41 €
♦ Das Gasthaus von 1609 wird seit 1823 von Familie Hintz betrieben. Die Zimmer sind sehr gepflegt, in der zweiten Etage besonders hübsch und etwas komfortabler. Modernes Ambiente erwartet Sie im Restaurant. Man bietet eine kleine Bistrokarte.

In Berghülen Süd : 8 km über Machtholsheim :

Ochsen
Blaubeurer Str. 14 ⊠ 89180 – ℰ (07344) 9 60 90 – info@ochsen-berghuelen.de
– Fax (07344) 960960
32 Zim – †37/45 € ††60/70 € – **Rest** – (geschl. Aug. 2 Wochen und Montagmittag) Karte 14/28 €
♦ In der 6. Generation wird der erweiterte Gasthof von der Familie geleitet. Die Zimmer im Haupthaus und im Anbau sind etwas unterschiedlich eingerichtet, solide und gepflegt. Restaurant mit bürgerlichem Angebot.

MERSEBURG – Sachsen-Anhalt – 542 – 35 360 Ew – Höhe 100 m — 31 **M11**

- Berlin 189 – Magdeburg 104 – Leipzig 27 – Halle (Saale) 16
- Burgstr. 5, ✉ 06217, ℰ (03461) 1 94 33, info@merseburg-tourist.de
- Dom★★ (Kanzel★, Bronzegrabplatte★ König Rudolfs)

Radisson SAS
Oberaltenburg 4 ✉ 06217 – ℰ (03461) 4 52 00 – info.merseburg@radissonsas.com – Fax (03461) 452100
132 Zim – ♦81 € ♦♦81 €, ⌧ 14 € – 6 Suiten
Rest – Menü 19/27 € – Karte 20/36 €
Rest Parlamentsstuben – (geschl. Montag, Dienstag - Donnerstag nur Abendessen) Menü 28/45 € – Karte 26/38 €
♦ Aus dem Zech'schen Palais, einem ehrwürdigen Barockbau, ist dieses komfortable Hotel mit seinen technisch modern ausgestatteten Zimmern entstanden. Schöne historische Säle. Internationale Saisonküche bieten die Parlamentsstuben im Ständehaus.

Stadt Merseburg
Christianenstr. 25 ✉ 06217 – ℰ (03461) 35 00 – reservierung@stadt-merseburg.bestwestern.de – Fax (03461) 350100
74 Zim ⌧ – ♦79 € ♦♦89 € – **Rest** – Karte 16/34 €
♦ Das am Rande der Innenstadt gelegene neuzeitliche Hotel bietet modern eingerichtete Zimmer mit guter Technik und wird auch von Businessgästen geschätzt. Ein Wintergarten zum Hof ergänzt das Restaurant.

MERTESDORF – Rheinland-Pfalz – siehe Trier

MERZENICH – Nordrhein-Westfalen – 543 – 10 010 Ew – Höhe 126 m — 35 **B12**

- Berlin 608 – Düsseldorf 69 – Aachen 37 – Düren 6

Fuhs-Schöne Aussicht
Schöne Aussicht 18 (B 264) ✉ 52399 – ℰ (02421) 7 36 35 – Fax (02421) 75689
– geschl. Montag - Dienstag
Rest – (Mittwoch - Samstag nur Abendessen) (Tischbestellung ratsam) Karte 35/49 €
♦ Ein familiengeführtes rustikales Restaurant mit hübscher Blumendeko und gutem Couvert. Gekocht wird international mit mediterranem Akzent. Schöne Terrasse hinter dem Haus.

MERZIG – Saarland – 543 – 31 080 Ew – Höhe 174 m — 45 **B16**

- Berlin 746 – Saarbrücken 47 – Luxembourg 56 – Saarlouis 21
- Poststr. 12, ✉ 66663, ℰ (06861) 7 21 20, tourist@merzig.de

Roemer
Schankstr. 2 ✉ 66663 – ℰ (06861) 9 33 90 – info@roemer-merzig.de – Fax (06861) 933930
41 Zim ⌧ – ♦69/72 € ♦♦93/99 € – **Rest** – (geschl. Samstagmittag) Karte 20/40 €
♦ In dem 1871 erbauten Stadthotel verbinden sich Historie und Moderne auf harmonische Art und Weise. Man verfügt über neuzeitlich und funktionell gestaltete Zimmer. In hellen, warmen Farben gehaltenes Restaurant.

MESCHEDE – Nordrhein-Westfalen – 543 – 32 420 Ew – Höhe 260 m – Wintersport: 550 m ⚡ 2 ⛷ — 27 **F11**

- Berlin 481 – Düsseldorf 150 – Arnsberg 19 – Brilon 22
- Von-Stephan-Str. 2, ✉ 59872, ℰ (0291) 9 02 24 43, meschede@hennesee-tourismus.de

Hennedamm
Am Stadtpark 6 ✉ 59872 – ℰ (0291) 9 96 00 – info@hennedamm-hotel.de
– Fax (0291) 996060 – geschl. 22. Dez. - 5. Jan.
35 Zim ⌧ – ♦58/95 € ♦♦85/125 € – **Rest** – Karte 19/43 €
♦ Von Bäumen umgebenes und unweit des Hennesees gelegenes Hotel, das über funktionelle Gästezimmer mit zeitgemäßem Komfort verfügt. Sie speisen im rustikalen Restaurant oder im hellen Wintergarten.

MESCHEDE

Von Korff mit Zim
Le-Puy-Str. 19 ⊠ 59872 – ℰ (0291) 9 91 40 – info@hotelvonkorff.de – Fax (0291) 991424
6 Zim ⊃ – †70 € ††100 € – **Rest** – Menü 34 € – Karte 21/37 €
♦ Das erweiterte historische Stadthaus beherbergt ein modernes Restaurant mit Wintergarten und Café-Barbereich. Sehr gut ist die Auswahl an Bordeaux-Weinen.

In Meschede-Freienohl Nord-West : 10 km über A 46 :

Luckai mit Zim
Christine-Koch-Str. 11 ⊠ 59872 – ℰ (02903) 9 75 20 – info@hotel-luckai.de – Fax (02903) 975252
14 Zim ⊃ – †52 € ††84 € – **Rest** – *(geschl. Mittwoch, Montag - Freitag nur Abendessen)* Karte 18/36 €
♦ In diesem hell gestalteten Restaurant bietet man bürgerliche Küche mit internationalen Einflüssen. Zum Haus gehören auch eine nette Sonnenterrasse und eine Bierstube. Die soliden Gästezimmer verfügen meist über einen Balkon.

In Meschede-Grevenstein Süd-West : 14 km über Arnsberger Straße – Wintersport : 600 m ≰1

Gasthof Becker
Burgstr. 9 ⊠ 59872 – ℰ (02934) 9 60 10 – klaus.vogtland@t-online.de – Fax (02934) 1606
8 Zim ⊃ – †47/55 € ††77/82 € – **Rest** – Karte 18/40 €
♦ In dem regionstypischen kleinen Fachwerkgasthof stehen sehr gepflegte, wohnlich eingerichtete Zimmer zur Verfügung - zwei Zimmer mit Etagenbad. Behagliches Restaurant mit rustikalem Charakter.

In Meschede-Remblinghausen Süd : 6 km :

Landhotel Donner
Zur alten Schmiede 4 ⊠ 59872 – ℰ (0291) 95 27 00 – info@landhotel-donner.de – Fax (0291) 9527010 – geschl. 7. - 24. Jan.
14 Zim ⊃ – †47 € ††78 € – **Rest** – *(geschl. Mittwoch)* Menü 37 € – Karte 22/43 €
♦ Aus einem Gasthof von 1911 ist dieses sehr nette kleine Hotel entstanden. Hinter der hübschen weißen Fassade erwarten Sie solide, teils im Landhausstil eingerichtete Zimmer. Restaurant in rustikalem Stil und schöne Terrasse mit Blick auf die Kirche.

> Auch Hotels und Restaurants können sich ändern.
> Kaufen Sie deshalb jedes Jahr den neuen Michelin-Führer!

MESPELBRUNN – Bayern – 546 – 2 330 Ew – Höhe 269 m – Erholungsort
48 H15

▶ Berlin 561 – München 342 – Würzburg 62 – Aschaffenburg 16
🛈 Hauptstr. 164, ⊠ 63875, ℰ (06092) 3 19, info.mespelbrunn@t-online.de

Schlosshotel
Schlossallee 25 ⊠ 63875 – ℰ (06092) 60 80 – info@schlosshotel-mespelbrunn.de – Fax (06092) 608100
41 Zim ⊃ – †65 € ††92/150 € – ½ P 18 € – **Rest** – Karte 15/32 €
♦ Vor der Kulisse des Spessarts, in Nachbarschaft zum Wasserschloss hat sich aus der Schlosswirtschaft dieser Hotelkomplex mit individuellen, wohnlichen Zimmern entwickelt. Gemütlich-rustikales Restaurant mit bürgerlichem Angebot.

Zum Engel
Hauptstr. 268 ⊠ 63875 – ℰ (06092) 9 73 80 – hotelzumengel@aol.com – Fax (06092) 973839
23 Zim ⊃ – †55/58 € ††89/100 € – ½ P 12 € – **Rest** – Karte 14/35 €
♦ Neuzeitliche, wohnliche Zimmer bietet dieser modernisierte, familiengeführte Gasthof - einige davon sind recht ruhig zu einem schönen großen Garten hin gelegen. Das Restaurant ist in eine Gaststube mit Kachelofen sowie eine separate Zirbelstube unterteilt.

MESPELBRUNN

Müller's Landgasthof mit Zim ≤ 🛋 ❧ Rest, P ⓪ ⓪
Am Dürrenberg 1 (Hessenthal, Nord : 2 km) ✉ *63875 – ℰ (06092) 4 72 – info@muellers-landgasthof.de – Fax (06092) 5133 – geschl. 28. Jan. - 10. Feb.*
12 Zim ⊆ – †38/45 € ††70/76 € – ½ P 15 € – **Rest** – *(geschl. Dienstag)* Karte 18/28 €

◆ Seit 40 Jahren ist dieser solide Landgasthof bereits in Familienbesitz - ein auf mehrere Stuben verteiltes Restaurant mit neuzeitlich-ländlichem Ambiente. Terrasse mit schöner Sicht. Wohnliche Zimmer in warmen Tönen.

MESSKIRCH – Baden-Württemberg – **545** – 8 730 Ew – Höhe 616 m   63 **G20**
▶ Berlin 708 – Stuttgart 118 – Konstanz 55 – Freiburg im Breisgau 119
🛈 Schlossstr. 1, ✉ 88605, ℰ (07575) 2 06 46, info@messkirch.de

In Meßkirch-Menningen Nord-Ost : 5 km über B 311 :

Zum Adler Leitishofen mit Zim 🚗 🛋 P ⓒ VISA ⓪ AE
Leitishofen 35 (B 311) ✉ *88605 – ℰ (07575) 31 57 – info@adler-leitishofen.de – Fax (07575) 4756 – geschl. Anfang Jan. 2 Wochen*
15 Zim ⊆ – †42/48 € ††64/74 € – **Rest** – *(geschl. Dienstag)* Menü 12 € (mittags) – Karte 24/33 €

◆ In dem netten familiengeführten Landgasthof bietet man in ländlichem Ambiente eine überwiegend regional ausgerichtete Küche. Die Gästezimmer verfügen teilweise über einen Balkon - recht ruhig sind die nach hinten gelegenen.

MESSSTETTEN – Baden-Württemberg – **545** – 11 040 Ew – Höhe 907 m   63 **G20**
▶ Berlin 736 – Stuttgart 91 – Konstanz 88 – Albstadt 8

🏠 Schwane 🛋 🛗 ⓒ 🏋 P VISA ⓪ AE
Hauptstr. 11 ✉ *72469 – ℰ (07431) 9 49 40 – info@hotel-schwane.de – Fax (07431) 949494*
23 Zim ⊆ – †58/68 € ††90/120 € – **Rest** – Menü 22/50 € – Karte 29/39 €

◆ Das besonders von Geschäftsreisenden geschätzte Hotel ist aus einem restaurierten historischen Gasthof entstanden und bietet zeitgemäß und funktionell ausgestattete Zimmer. Restaurant in neuzeitlichem Stil.

In Meßstetten-Hartheim Süd-West : 3 km über Hauptstraße :

Lammstuben ⇔ P VISA ⓪ AE
Römerstr. 2 ✉ *72469 – ℰ (07579) 6 21 – Fax (07579) 2460 – geschl. 30. Jan. - 6. Feb., 5. - 26. Aug. und Dienstag - Mittwochmittag*
Rest – Menü 21 € – Karte 19/38 €

◆ Regionale Küche bietet man in den drei geschmackvoll gestalteten Stuben. Kachelofen, Wandvertäfelungen und bemalte Holzdecken unterstreichen das stilvoll-charmante Ambiente.

METTLACH – Saarland – **543** – 12 540 Ew – Höhe 175 m   45 **B16**
▶ Berlin 754 – Saarbrücken 55 – Trier 43 – Saarlouis 29
🛈 Freiherr-vom-Stein-Str. 64, ✉ 66693, ℰ (06864) 83 34, tourist@mettlach.de
🅖 Cloef ≤ ★★ West : 7 km

🏨 Saarpark 🛋 🛏 🛗 🏋 ⓒ 🏋 P 🚗 VISA ⓪ AE
Bahnhofstr. 31 (B 51) ✉ *66693 – ℰ (06864) 92 00 – info@hotel-saarpark.de – Fax (06864) 920299*
47 Zim ⊆ – †70/125 € ††117/160 € – 5 Suiten – **Rest** – Karte 20/44 €

◆ Nahe der Saar liegt das neuzeitliche Hotel mit seinen wohnlich und funktionell ausgestatteten Gästezimmern. Auch Allergikerzimmer sind vorhanden. Freundlich gestaltetes Restaurant und rustikale Bierstube.

🏠 Zum Schwan 🛋 🛗 ⓒ P VISA ⓪
Freiherr-vom-Stein-Str. 34 a ✉ *66693 – ℰ (06864) 9 11 60 – info@hotel-schwan-mettlach.de – Fax (06864) 911618*
16 Zim ⊆ – †57/67 € ††82/92 € – **Rest** – Karte 16/40 €

◆ Am Anfang der Fußgängerzone steht dieses persönlich geführte kleine Hotel. Ein gepflegtes Haus mit soliden, zeitgemäß eingerichteten Zimmern. Mit Jagdtrophäen dekoriertes Restaurant im bürgerlich-rustikalen Stil.

METTLACH

Haus Schons garni
*Von-Boch-Liebig-Str. 1 ⊠ 66693 – ℰ (06864) 12 14 – info@hotel-haus-schons.de
– Fax (06864) 7557*
9 Zim ⊇ – †51/59 € ††71/79 €
◆ Direkt an der Saarbrücke gelegenes Haus, in dem gepflegte, praktisch und solide ausgestattete Gästezimmer - eines davon mit Wasserbett - zur Verfügung stehen.

In Mettlach-Orscholz Nord-West : 6 km über Keuchingen, im Wald links ab
– Heilklimatischer Kurort

Zur Saarschleife (mit Gästehaus) Biergarten
*Cloefstr. 44 ⊠ 66693 – ℰ (06865) 17 90 – info@
hotel-saarschleife.de – Fax (06865) 17930 – geschl. 7. - 23. Jan.*
47 Zim ⊇ – †62/82 € ††97/122 € – **Rest** – (geschl. 5. Nov. - 17. März Montag)
Karte 26/54 €
◆ In der Mitte des Ortes liegt dieser gewachsene Familienbetrieb. Einige neuere Gästezimmer sind besonders wohnlich gestaltet. Das Restaurant teilt sich in verschiedene behagliche Räume.

> Eine preiswerte und komfortable Übernachtung?
> Folgen Sie dem „Bib Hotel" .

METTMANN – Nordrhein-Westfalen – **543** – 39 390 Ew – Höhe 140 m   26 **C11**
▶ Berlin 540 – Düsseldorf 12 – Essen 33 – Wuppertal 16
▣ Mettmann, Obschwarzbach 4a ℰ (02058) 9 22 40

Alberga garni
*Schwarzbachstr. 22 ⊠ 40822 – ℰ (02104) 9 27 20 – rezeption@hotel-alberga.de
– Fax (02104) 927252*
47 Zim ⊇ – †75/85 € ††95/105 €
◆ Nur fünf Minuten Fußweg von der Altstadt entfernt ist in einem modernen Stadthaus dieses Etagenhotel mit praktischen Zimmern untergebracht.

An der B 7 West : 3 km :

Gut Höhne
*Düsseldorfer Str. 253 ⊠ 40822 Mettmann – ℰ (02104) 77 80 – info@guthoehne.de
– Fax (02104) 778778*
135 Zim ⊇ – †98/115 € ††160 €
Rest *Gutshofrestaurant* – Karte 27/46 €
Rest *Tenne* – (nur Abendessen) Karte 26/37 €
◆ 1760 aus Feldbrandziegeln und Eichenfachwerk erbautes Gut. Mit viel Aufwand wird es unterhalten und gepflegt und besticht durch üppige Dekorationen. Große Badelandschaft. Rustikales Gutshofrestaurant mit Sitznischen. Zentrum der Tenne ist eine große Theke.

METTNAU (HALBINSEL) – Baden-Württemberg – siehe Radolfzell

METZINGEN – Baden-Württemberg – **545** – 21 920 Ew – Höhe 350 m   55 **G19**
▶ Berlin 673 – Stuttgart 34 – Reutlingen 8 – Ulm (Donau) 79
▣ Am Lindenplatz, ⊠ 72555, ℰ (07123) 92 53 26, touristinfo@metzingen.de

Schwanen Biergarten
*Bei der Martinskirche 10 ⊠ 72555 – ℰ (07123) 94 60 – info@
schwanen-metzingen.de – Fax (07123) 946100*
62 Zim ⊇ – †85/130 € ††136/164 € – **Rest** – Karte 23/45 €
◆ Die Lage nahe den Designer-Outlets sowie modern eingerichtete, teilweise besonders wohnliche Gästezimmer machen diesen gewachsenen Familienbetrieb aus. Gemütlich sitzt man im hübsch dekorierten Restaurant.

879

METZINGEN

Garni
Bohlstr. 8 ⊠ 72555 – ℰ (07123) 72 61 80 – info@garni-metzingen.de
– Fax (07123) 72618222 – geschl. 21. Dez. - 2. Jan.
21 Zim ⊇ – †55/70 € ††80/90 €
♦ In dem familiär geführten kleinen Hotel stehen funktionell ausgestattete, in modernem Stil gehaltene Gästezimmer zur Verfügung.

In Metzingen-Glems Süd : 4 km über B 28 Richtung Bad Urach, in Neuhausen rechts :

Stausee-Hotel
← Stausee und Schwäbische Alb,
Unterer Hof 3 (am Stausee, West : 1,5 km) ⊠ 72555
– ℰ (07123) 9 23 60 – info@stausee-hotel.de
– Fax (07123) 923663
22 Zim ⊇ – †68/90 € ††95/130 € – **Rest** – (geschl. Sonntagabend) Karte 24/42 €
♦ Schön ist die Lage dieses Hotels oberhalb des Glemser Stausees. Die zeitgemäßen Zimmer bieten teilweise einen eigenen Wintergarten. Freundlich gestaltetes Restaurant mit Blick zum See und auf die Alb.

Waldhorn
Neuhauser Str. 32 ⊠ 72555 – ℰ (07123) 9 63 50 – info@
gasthof-waldhorn-metzingen.de – Fax (07123) 963511 – geschl. Aug. 3 Wochen
7 Zim ⊇ – †48 € ††78 € – **Rest** – (geschl. Dienstag) Karte 18/35 €
♦ Bereits seit 1880 befindet sich der traditionsreiche Gasthof in der Ortsmitte im Familienbesitz. Wohnlich und sehr gepflegt sind Zimmer. Sie speisen in einer ländlichen Gaststube.

In Grafenberg Nord-Ost : 5 km über B 313 Richtung Nürtingen :

Gasthaus Krone
Bergstr. 48 ⊠ 72661 – ℰ (07123) 3 13 03 – Fax (07123) 32491
– geschl. Feb. 2 Wochen, Aug. 3 Wochen und Montag
Rest – Menü 29 € – Karte 19/31 €
♦ Ein solider, gut geführter Familienbetrieb mit bewusst schlicht gehaltener, netter Gaststube. Auf der Karte findet sich Bodenständiges aus der bürgerlich-regionalen Küche.

MEYENBURG – Brandenburg – **542** – 2 590 Ew – Höhe 82 m   12 **N6**
▶ Berlin 143 – Potsdam 136 – Perleberg 49 – Waren 67

Germania Hotel am Schlosspark
Wilhelmsplatz 3 ⊠ 16945 – ℰ (033968) 50 20 – info@germania-meyenburg.de
– Fax (033968) 502111
14 Zim ⊇ – †48/58 € ††68/88 € – **Rest** – Karte 13/32 €
♦ Das kleine Hotel am Schlosspark überzeugt mit freundlichem Service und technisch hochwertig ausgestatteten Zimmern in wohnlich-modernem, geradlinigem Design. Helles neuzeitliches Restaurant mit bürgerlichem Angebot.

MICHELSTADT – Hessen – **543** – 17 240 Ew – Höhe 206 m   48 **G16**
▶ Berlin 592 – Wiesbaden 92 – Mannheim 66 – Aschaffenburg 51
🛈 Hulster Str. 2, ⊠ 64720, ℰ (06061) 97 99 97, touristinfo@michelstadt.de
🛈 Vielbrunn, Ohrnbachtalstr. 7 ℰ (06066) 2 58
◎ Rathaus★
◎ Jagdschloss Eulbach : Park★ Ost : 9 km

Drei Hasen
Biergarten
Braunstr. 5 ⊠ 64720 – ℰ (06061) 7 10 17 – dreihasen@t-online.de – Fax (06061) 72596 – geschl. Anfang Jan. 2 Wochen
21 Zim ⊇ – †54 € ††90 € – **Rest** – (geschl. Ende Juli - Mitte Aug. und Montag) Karte 19/37 €
♦ Das gut geführte Haus mit langer Tradition befindet sich ganz in der Nähe des historischen Marktplatzes und verfügt über wohnliche und gepflegte Zimmer. Nett dekorierte rustikale Gaststuben.

MICHELSTADT

In Michelstadt-Vielbrunn Nord-Ost : 13,5 km über B 47 Richtung Walldürn
– Luftkurort :

※ **Geiersmühle** mit Zim
Im Ohrnbachtal (Ost : 2 km) ⊠ *64720 –* ℰ *(06066) 7 21 – geiersmuehle@
t-online.de – Fax (06066) 920126*
8 Zim ⊇ – †50 € ††90 € – ½ P 25 € – **Rest** – *(geschl. 23. Dez. - 11. Jan.,
6. - 18. Okt und Montag - Dienstag)* Karte 26/54 €
♦ Kachelofen und Holzfußboden unterstreichen das ländlich-gemütliche Ambiente in der ehemaligen Mühle. Freundlich serviert man den Gästen eine saisonal ausgerichtete Küche.

MICHENDORF – Brandenburg – **542** – 10 650 Ew – Höhe 45 m   22 **O8**
▶ Berlin 50 – Potsdam 11 – Belzig 48 – Brandenburg 42

In Michendorf-Wildenbruch Süd-Ost : 4 km :

🏠 **Am Wald**
Lückenwalder Str. 118 ⊠ *14552 –* ℰ *(033205) 71 60 – mail@hotel-am-wald.de
– Fax (033205) 46841*
18 Zim ⊇ – †57/62 € ††75 € – **Rest** – Karte 16/25 €
♦ Ein etwas außerhalb des Ortes gelegenes Haus, in dem solide, mit hellem Kiefernholz eingerichtete Gästezimmer zur Verfügung stehen. Gediegen-bürgerliches Restaurant mit internationaler Karte.

※ **Gasthof Zur Linde**   Biergarten
Kunersdorfer Str. 1 ⊠ *14552 –* ℰ *(033205) 6 23 79 – post@
zurlinde-wildenbruch.de – Fax (033205) 45640*
Rest – Karte 19/38 €
♦ In dem ländlich-rustikalen Gasthof in der Dorfmitte neben der Kirche umsorgt man Sie sehr freundlich mit regionalen Speisen. Großer Wintergartenanbau mit Blick in den Garten.

MIESBACH – Bayern – **546** – 11 310 Ew – Höhe 697 m   66 **M21**
▶ Berlin 644 – München 56 – Garmisch-Partenkirchen 77 – Salzburg 101

🏠 **Bayerischer Hof**   Biergarten
Oskar-von-Miller-Str. 2 ⊠ *83714 –* ℰ *(08025) 28 80 – info@
bayerischerhof.bestwestern.de – Fax (08025) 288288*
134 Zim ⊇ – †105/119 € ††135/149 € – 12 Suiten – **Rest** – Karte 24/37 €
♦ Tagungsgäste und Urlauber schätzen das im bayerischen Landhausstil erbaute Hotel gleichermaßen. Wohnliche, komfortable Zimmer, einige mit stilvollem Mobiliar. Das Ambiente im Restaurant: teils hell und mediterran, teils rustikal.

MIESITZ – Thüringen – **544** – 320 Ew – Höhe 330 m   41 **M13**
▶ Berlin 262 – Erfurt 96 – Schleiz 24 – Gera 28

🏠 **Wutzler**   Biergarten
Ortsstr. 2 ⊠ *07819 –* ℰ *(036482) 3 08 47 – info@hotel-wutzler.de – Fax (036482)
30848*
34 Zim ⊇ – †45/50 € ††60/70 € – **Rest** – Karte 15/25 €
♦ Die verkehrsgünstige Lage nahe der Autobahn sowie zeitgemäß und funktionell eingerichtete Gästezimmer sprechen für dieses Hotel.

MILOWER LAND – Brandenburg – **542** – 5 000 Ew – Höhe 30 m   21 **N8**
▶ Berlin 117 – Potsdam 66 – Rathenow 11

In Milower Land-Bützer

🏠 **Bading** garni
🍽 *Havelstr. 17b* ⊠ *14715 –* ℰ *(03386) 2 70 40 – bading.hotel@t-online.de
– Fax (03386) 270451 – geschl. 22. Dez. - 2. Jan.*
12 Zim ⊇ – †52 € ††77 €
♦ Der Klinkerbau empfängt Sie in Zimmern, die mit zeitgemäßen, wohnlichen Holzmöbeln bestückt sind und über ein technisch gute Ausstattung verfügen. Großzügig: die drei Suiten.

881

MILTENBERG – Bayern – 546 – 9 670 Ew – Höhe 129 m
48 G16

▶ Berlin 566 – München 347 – Würzburg 69 – Aschaffenburg 44

🛈 Engelplatz 69 (Rathaus), ✉ 63897, ✆ (09371) 40 41 19, tourismus@miltenberg.info

Eichenbühl-Guggenberg, Ortstraße ✆ (09378) 7 89

◉ Marktplatz★

Brauerei Keller
Hauptstr. 66 ✉ 63897 – ✆ (09371) 50 80 – brauerei-keller@t-online.de
– Fax (09371) 508100
32 Zim ⌂ – †57/59 € ††87/94 € – **Rest** – *(geschl. 7. - 21. Jan. und Montag)* Karte 22/35 €

♦ Seit 1881 ist der a. d. J. 1590 stammende Gasthof in Familienbesitz - die 5. Generation leitet nun das Haus mit den überwiegend in dunkler Eiche gehaltenen Zimmern. Gaststuben mit ursprünglichem rustikalem Charakter.

Hopfengarten
Ankergasse 16 ✉ 63897 – ✆ (09371) 9 73 70 – info@flairhotel-hopfengarten.de
– Fax (09371) 69758 – geschl. Anfang - Mitte Jan.
14 Zim ⌂ – †39/58 € ††68/99 € – **Rest** – *(geschl. Dienstag - Mittwochmittag)* Karte 19/33 €

♦ Der persönlich geführte Gasthof, eine ehemalige Brauerei, liegt im Zentrum von Miltenberg und bietet zweckmäßig ausgestattete Zimmer. Rustikal-bürgerliches Restaurant.

MINDELHEIM – Bayern – 546 – 14 120 Ew – Höhe 604 m
64 J20

▶ Berlin 614 – München 86 – Augsburg 69 – Kempten (Allgäu) 69

🛈 Maximilianstr. 27, ✉ 87719, ✆ (08261) 73 73 00, verkehrsbuero@mindelheim.de

Alte Post (mit Gästehaus)
Maximilianstr. 39 ✉ 87719 – ✆ (08261) 76 07 60 – info@hotel-alte-post.de
– Fax (08261) 7607676
42 Zim ⌂ – †56/90 € ††85/90 € – **Rest** – Karte 16/26 €

♦ Das historische Gasthaus aus dem Jahr 1618 empfängt Sie heute in wohnlichen, mit solidem Holzmobiliar eingerichteten Zimmern mit aufwändig gestalteten Bädern. Gediegenes Restaurant und rustikale Gaststube. Internationale Karte.

Stern
Frundsbergstr. 17 ✉ 87719 – ✆ (08261) 50 55 – order@hotel-stern.org
– Fax (08261) 1803
45 Zim ⌂ – †45/58 € ††70/90 € – **Rest** – *(geschl. Aug. und Samstag)* Karte 13/21 €

♦ Durch Anbauten immer wieder erweiterter Gasthof. Man beherbergt seine Gäste in ländlich eingerichteten Zimmern, die mit gepflegten Bädern ausgestattet sind. Unterteilte, rustikale Gaststuben.

MINDEN – Nordrhein-Westfalen – 543 – 82 950 Ew – Höhe 48 m
18 G9

▶ Berlin 353 – Düsseldorf 220 – Bielefeld 54 – Bremen 100

ADAC Königstr. 105

🛈 Domstr. 2, ✉ 32423, ✆ (0571) 8 29 06 59, info@mindenmarketing.de

◉ Dom★ (Westwerk★★, Domschatzkammer★ mit Bronze-Kruzifix★★) T – Schachtschleuse★★ R – Wasserstraßenkreuz★ R

Stadtpläne siehe nächste Seiten

Victoria
Markt 11 ✉ 32423 – ✆ (0571) 97 31 00 – info@victoriahotel-minden.de
– Fax (0571) 9731090
U v
32 Zim ⌂ – †105/125 € ††145/165 € – **Rest** – *(geschl. Sonntagabend)* Karte 16/35 €

♦ Das komfortable Hotel befindet sich in der Innenstadt und überzeugt mit großzügigen, neuzeitlich eingerichteten Gästezimmern. Schön ist auch der elegante Saal. Im Restaurant erwartet Sie klassisches Ambiente.

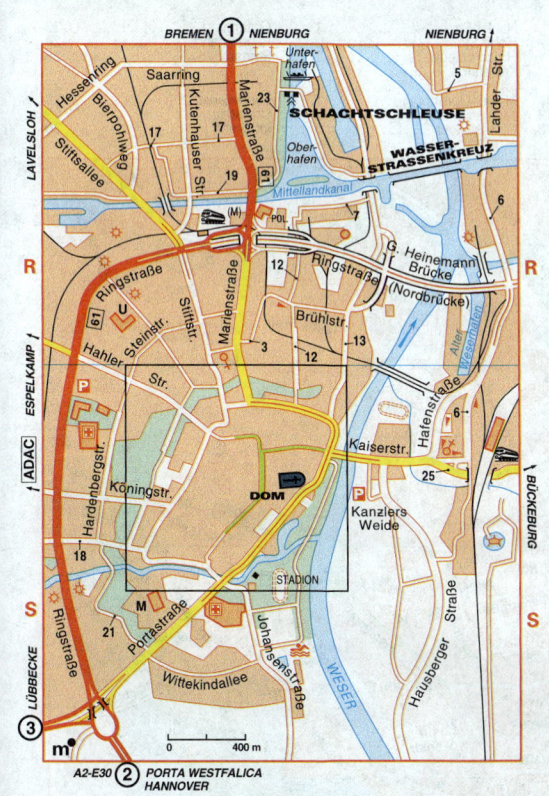

MINDEN

Bierpohlweg	R	3
Bleichstr.	R	
Brühlstr.	R	5
Flußstr.	R	
Friedrich-Wilhelm-Str.	RS	6
Fuldastr.	R	7
Goebenstr.	R	12
Gustav-Heinemann-Brücke	S	
Hafenstr.	R	
Hahler Str.	RS	
Hardenbergstr.	S	
Hausberger Str.	S	13
Hermannstr.	S	
Johansenstr.	S	
Kaiserstr.	S	
Karolingerring	R	17
Kutenhauser Str.	R	
Marienstr.	R	
Portastr.	RS	
Ringstr.	RS	
Rodenbecker Str.	R	18
Ruhrstr.	R	19
Saarring	R	
Simeonsglacis	S	21
Steinstr.	S	
Stiftsallee	R	
Sympherstr.	R	23
Viktoriastr.	S	25
Wittekindallee	S	

Altes Gasthaus Grotehof
Wettinerallee 14 (über Ringstraße S, Südring rechts ab) ⊠ 32429 – ℰ (0571) 5 04 50 – info@grotehof.de – Fax (0571) 5045150
34 Zim ⚌ – †65/89 € ††90/118 €
– **Rest** – (nur Abendessen) Karte 23/50 €
♦ Aus dem ehemaligen Bauernhof an einem Zufluss der Weser wurde ein stilvolles, rustikal-elegantes Haus. Besonders wohnlich sind die Zimmer im Neubau. Holzbalken und Backsteinwände unterstreichen den rustikalen Charakter des Restaurants.

Bad Minden
Biergarten
Portastr. 36 ⊠ 32429 – ℰ (0571) 9 56 33 00 – hotel@badminden.de – Fax (0571) 9563369
S m
30 Zim ⚌ – †65/82 € ††98/110 € – **Rest** – (geschl. Montagmittag, Samstagmittag) Menü 22/33 € – Karte 20/49 €
♦ Am Weserwanderweg liegt das familiengeführte Haus mit über 130-jähriger Tradition, das über funktionelle Gästezimmer und ein integriertes Solebad verfügt. Zum Restaurant gehört ein großer Biergarten unter Kastanienbäumen.

Holiday Inn
Rest,
Lindenstr. 52 ⊠ 32423 – ℰ (0571) 8 70 60 – info@himinden.com – Fax (0571) 8706160
U e
101 Zim – †125 € ††140 €, ⚌ 15 € – **Rest** – (geschl. Sonntagabend) Karte 20/31 €
♦ Dieses besonders von Geschäftsreisenden geschätzte Businesshotel steht im Herzen der Stadt und bietet funktionell gestaltete Zimmer.

MINDEN

Bäckerstr. .... T	Hahler Str. .... T
Domstr. .... U 2	Hohe Str. .... T
Fischerallee .... T 4	Hufschmiede .... T 15
Goebenstr. .... T 12	Kaiserstr. .... T 17
Greisenbruchstr. .... T 13	Kampstr. .... T
	Kleiner Domhof .... T 18
	Markt .... TU
	Obermarktstr. .... T
Opferstr. .... U 23	Simeonstr. .... T 27
Papenmarkt .... U 24	Tonhallenstr. .... U 28
Poststr. .... U 25	Umradstr. .... U 29
Scharn .... T	Vinckestr. .... T 30

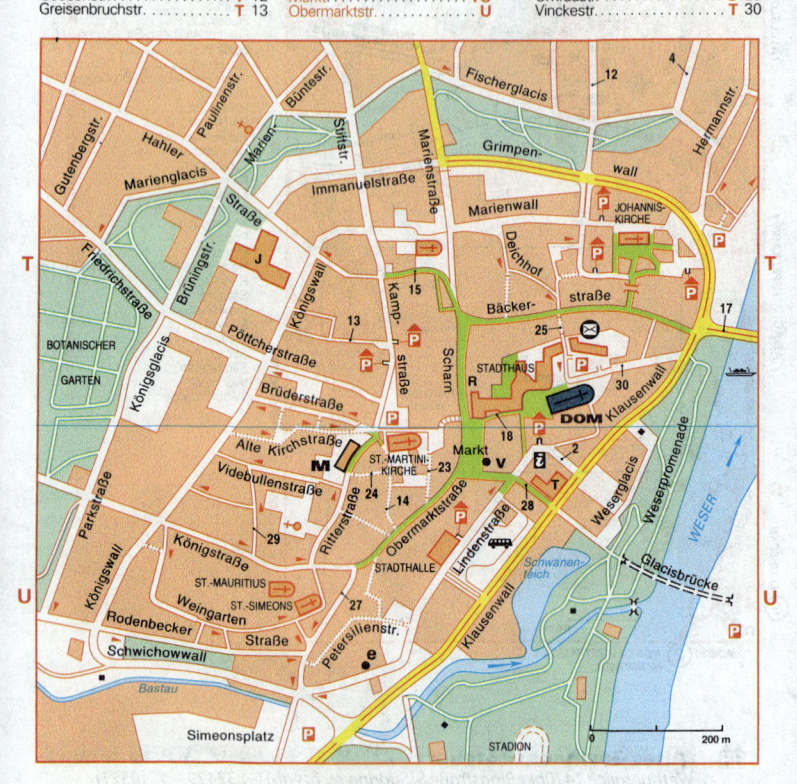

Rot steht für unsere besonderen Empfehlungen!

MITTENWALD – Bayern – 546 – 8 020 Ew – Höhe 923 m – **Wintersport**: 2 244 m – 1
– **Luftkurort** 65 **L22**

- Berlin 698 – München 103 – Garmisch-Partenkirchen 23 – Innsbruck 37
- Dammkarstr. 3, ✉ 82481, ✆ (08823) 3 39 81, touristinfo@markt-mittenwald.de
- Häuser am Obermarkt mit Freskenmalerei ★★
- Karwendel, Höhe 2 244 m, 10 Min. mit , ★★

Post
Karwendelstr. 14 ✉ 82481 – ✆ (08823) 9 38 23 33 – info@posthotel-mittenwald.de – Fax (08823) 9382999

75 Zim – †55/75 € – ††98/136 € – ½ P 18 € – 6 Suiten – **Rest** – (geschl. 10. Nov. – 20. Dez.) Karte 14/34 €

♦ Der gewachsene alpenländische Gasthof ist eine ehemalige Posthalterei a. d. J. 1632. Die Zimmer sind mit soliden Naturholzmöbeln wohnlich eingerichtet. Unterteilter Restaurantbereich im ländlich-rustikalen Stil.

MITTENWALD

Rieger
Dekan-Karl-Platz 28 ⊠ 82481 – ℘ (08823) 9 25 00 – info@hotel-rieger.de
– Fax (08823) 9250250 – geschl. 28. Okt. - 15. Dez.
45 Zim ⊑ – †57/66 € ††92/126 € – ½ P 12 € – **Rest** – Karte 15/40 €
♦ Ein zentral im Ortskern gelegenes Haus, im regionstypischen Stil erbaut. Hübsche, ländlich eingerichtete Zimmer, die teils über Balkone verfügen. Elegant-rustikal ist das Ambiente der beiden Restauranträume.

Alpengasthof Gröbl-Alm ⋟ ← Mittenwald und Karwendel,
Gröblalm (Nord : 2 km) ⊠ 82481 – ℘ (08823) 91 10
– groeblalm@t-online.de – Fax (08823) 2921 – geschl. 3. Nov. - 20. Dez., Ende März - Mitte April
30 Zim ⊑ – †47/56 € ††74/94 € – **Rest** – Karte 20/28 €
♦ In schöner Hanglage oberhalb von Mittenwald steht dieser typisch bayerische Berggasthof. Ruhige Lage und wohnliche Zimmer zählen zu den Annehmlichkeiten. Ländliche Galträume und große Sonnenterrasse.

Alpenrose
Obermarkt 1 ⊠ 82481 – ℘ (08823) 9 27 00 – alpenrose.mittenwald@t-online.de
– Fax (08823) 3720
18 Zim ⊑ – †35/44 € ††66/85 € – ½ P 9 € – **Rest** – Menü 10/14 € – Karte 14/28 €
♦ Die für Mittenwald typische Barockfassade mit Lüftlmalerei wirkt schon von außen sehr einladend. In manchen der gepflegten Zimmer stehen bemalte Bauernmöbel. Urig-rustikales Restaurant im Stil einer bayerischen Gaststube.

Arnspitze
Innsbrucker Str. 68 ⊠ 82481 – ℘ (08823) 24 25 – geschl. April, 27. Okt. - 18. Dez. und Dienstag - Mittwoch
Rest – Menü 25/40 € – Karte 17/40 €
♦ Ein von den Inhabern geführtes Gasthaus am südlichen Ortsende. In bürgerlichem Ambiente reicht man eine international ausgelegte Karte.

Am Lautersee Süd-West : 3 km über Leutascher Straße :

Lautersee ⋟ ← See und Karwendel,
Am Lautersee 1 ⊠ 82481 Mittenwald – ℘ (08823) 10 17 – info@hotel-lautersee.de
– Fax (08823) 5246 – geschl. Nov. - Mitte Dez., 26. - 30. April
9 Zim ⊑ – †45/65 € ††100/120 € – ½ P 20 € – **Rest** – Karte 16/33 €
♦ Ruhe, idyllische Lage und wohnliche Zimmer im Landhausstil erwarten Sie in dem Hotel direkt am See, das nur mit einer Sondergenehmigung für PKWs erreichbar ist. Solides Restaurant im ländlich-rustikalen Stil und schöne Terrasse.

MITTENWALDE – Brandenburg – 542 – 8 640 Ew – Höhe 37 m   23 **P9**
▶ Berlin 40 – Potsdam 60 – Lübben 52
Karl-Marx-Str. 1 (Haus des Gastes), ⊠ 15741, ℘ (033769) 2 06 21
Motzen, Am Golfplatz 5 ℘ (033769) 5 01 30

In Mittenwalde-Motzen Süd-Ost : 7 km über Gallun:

Residenz am Motzener See
Töpchiner Str. 4 ⊠ 15749 – ℘ (033769) 8 50
– info@hotel-residenz-motzen.de – Fax (033769) 85100
65 Zim ⊑ – †84/115 € ††120/155 € – ½ P 20 € – **Rest** – Karte 27/39 €
♦ Eine neuzeitliche Hotelanlage direkt am See mit zeitgemäßen, komfortablen Zimmern in Kirschholz, teils mit Balkon. Auch für Tagungen geeignet. Gediegen-elegant ist das Restaurant Märkische Stuben mit schöner Terrasse oberhalb des Sees.

> Dieser Führer lebt von Ihren Anregungen, die uns stets willkommen sind.
> Egal ob Sie uns eine besonders angenehme Überraschung
> oder eine Enttäuschung mitteilen wollen – schreiben Sie uns!

MITTERTEICH – Bayern – 546 – 7 340 Ew – Höhe 519 m 51 **N15**
▶ Berlin 371 – München 238 – Weiden in der Oberpfalz 35 – Bayreuth 67

Miratel 🍴 🛗 AC Rest, ☎ 🛁 P VISA ⦿ AE
Gottlieb-Daimler-Str. 6 (Süd-West: 1 km, nahe der BAB-Ausfahrt Mitterteich-Süd)
✉ 95666 – ✆ (09633) 9 23 20 – info@a93.de – Fax (09633) 9232111
38 Zim ⊃ – †45 € ††73 € – **Rest** – Karte 13/22 €
♦ Direkt an der BAB 93 an einem Autohof gelegen, garantiert das moderne Hotel den Gästen einen gepflegten Standard zu einem guten Preis-Leistungs-Verhältnis. Das mit der Raststätte des Autohofs verbundene Restaurant bietet internationale Speisen.

MÖCKMÜHL – Baden-Württemberg – 545 – 8 340 Ew – Höhe 179 m 48 **H17**
▶ Berlin 582 – Stuttgart 77 – Würzburg 85 – Heilbronn 35

In Roigheim Nord : 6 km :

Hägele 🍴 🎯 ⇔ P
Gartenstr. 6 ✉ 74255 – ✆ (06298) 52 05 – restaurant-haegele@t-online.de
– Fax (06298) 5535 – geschl. über Fasching, Aug. 1 Woche
Rest – (geschl. Montag, Samstagmittag) Karte 16/27 €
♦ Seit vielen Jahren schon empfängt Hausherr Edgar Hägele Gäste in seinem Lokal gleich hinter dem Bahnhof - den Service macht seine Frau.

MÖGLINGEN – Baden-Württemberg – 545 – 10 430 Ew – Höhe 297 m 55 **G18**
▶ Berlin 618 – Stuttgart 19 – Heilbronn 38 – Karlsruhe 70

Zur Traube 🍴 🛗 🚗 VISA ⦿ AE ①
Rathausplatz 5 ✉ 71696 – ✆ (07141) 2 44 70 – mail@hotelzurtraube.com
– Fax (07141) 244740
18 Zim ⊃ – †65 € ††85 €
Rest *Frietsch* – ✆ (07141) 2 99 35 15 (geschl. Freitag - Samstagmittag) Karte 21/45 €
♦ Gäste schätzen vor allem die zentrale Lage in der Ortsmitte beim Rathaus. In dem familiengeführten Gasthof erwartet Sie ein freundlicher Service. Kleines Restaurant mit hübscher Terrasse zum Rathausplatz.

MÖHNESEE – Nordrhein-Westfalen – 543 – 11 430 Ew – Höhe 250 m 27 **E11**
▶ Berlin 471 – Düsseldorf 122 – Arnsberg 12 – Soest 10
🛈 Küerbiker Str. 1, Möhnesee-Körbecke, ✉ 59519, ✆ (02924) 4 97, info@moehnesee.de
⛳ Möhnesee-Völlinghausen, Frankenufer 13 ✆ (02925) 49 35
◉ 10 km langer Stausee ★ zwischen Haarstrang und Arnsberger Wald

In Möhnesee-Delecke

Haus Delecke (mit Gästehaus) ≤ 🚗 🌳 🍴 🛁 🍽 🛗 ☎ 🛁
Linkstr. 10 ✉ 59519 – ✆ (02924) 80 90 – info@ P 🚗 VISA ⦿ AE
haus-delecke.de – Fax (02924) 80967
39 Zim ⊃ – †59/110 € ††122/165 € – ½ P 21 € – **Rest** – Menü 28/44 € – Karte 35/49 €
♦ Beeindruckende, direkt an den See gebaute Villa, umgeben von einem schönen Park mit altem Baumbestand. Zimmer teils mit gediegenem Stilmobiliar, im Gästehaus schlichter. Klassische Restauranträume mit stilvollem Dekor.

In Möhnesee-Körbecke

Haus Griese ≤ 🍴 ☎ 🛁 P 🚗 VISA ⦿ AE ①
Seestr. 5 (am Freizeitpark) ✉ 59519 – ✆ (02924) 98 20 – post@
hotel-haus-griese.de – Fax (02924) 982170
36 Zim ⊃ – †59/75 € ††99/135 € – ½ P 20 € – **Rest** – (geschl. Juni - Juli 2 Wochen und Sonntagabend) Karte 24/37 €
♦ Unweit des Möhnesees liegt dieses gut geführte und tadellos unterhaltene Haus, das über solide möblierte, im Neubau besonders wohnliche Zimmer verfügt. Helles, zeitgemäß gestaltetes Restaurant.

MÖLLN – Schleswig-Holstein – 541 – 18 430 Ew – Höhe 19 m – Kneippkurort
11 K5

▶ Berlin 248 – Kiel 112 – Schwerin 59 – Lübeck 29
🛈 Hindenburgstraße, ✉ 23879, ✆ (04542) 70 90, ferien@moelln.de
🏌 Grambek, Schlossstr. 21 ✆ (04542) 84 14 74

XX Zum Weissen Ross mit Zim
Hauptstr. 131 ✉ 23879 – ✆ (04542) 27 72 – schliemail@aol.com – Fax (04542) 822774
9 Zim ⊆ – †54/60 € ††88/94 € – **Rest** – (geschl. Montag) Karte 30/41 €
♦ Am Altstadtrand liegt das familiengeführte Restaurant mit großer Fensterfront zum direkt davor liegenden Stadtsee. Interessante Einblicke bietet auch die offene Küche.

> Luxuriös oder eher schlicht?
> Die Symbole X und 🏠 kennzeichnen den Komfort.

MÖNCHBERG – Bayern – 546 – 2 550 Ew – Höhe 254 m – Luftkurort
48 G15

▶ Berlin 574 – München 351 – Würzburg 75 – Aschaffenburg 32

Schmitt
Urbanusstr. 12 ✉ 63933 – ✆ (09374) 20 90 – info@hotel-schmitt.de – Fax (09374) 209250 – geschl. 7. - 31. Jan., 17. - 29. Feb.
40 Zim – †47/52 € ††80/99 € – ½ P 12 € – **Rest** – Menü 23 € – Karte 21/37 €
♦ Ruhig liegt das Hotel in einem 25 000 qm großen Park mit Teich. Neuzeitlich-wohnliche Zimmer und ein mediterraner Wohlfühlbereich mit Kosmetik und Massage erwarten Sie. Helles, freundliches Restaurant mit netter Terrasse und schönem Blick.

Zur Krone
Mühlweg 7 ✉ 63933 – ✆ (09374) 5 39 – info@krone-moenchberg.de – Fax (09374) 539 – geschl. Feb. - März
28 Zim – †32/39 € ††62/66 € – ½ P 10 € – **Rest** – (geschl. Donnerstag, Sonntagabend) Karte 13/21 €
♦ Zwei Schwestern leiten den einfachen, gepflegten Landgasthof in der Ortsmitte, der über zeitgemäße, solide möblierte Zimmer verfügt. Bürgerliches Restaurant.

MÖNCHENGLADBACH – Nordrhein-Westfalen – 543 – 262 400 Ew – Höhe 60 m
35 B11

▶ Berlin 585 – Düsseldorf 38 – Aachen 64 – Duisburg 50
✈ Düsseldorf Express Airport (Nord-Ost : 6 km, über Krefelder Straße), ✆ (02161) 6 89 80
ADAC Bismarckstr. 17
🏌 Korschenbroich, Schloss Myllendonk ✆ (02161) 64 10 49 X
🏌 Mönchengladbach-Wanlo, Kuckumer Str. 61 ✆ (02166) 14 57 22 X
🏌 Korschenbroich, Rittergut Birkhof ✆ (02131) 51 06 60 X
◉ Städt. Museum Abteiberg★ Yμ

Stadtpläne siehe nächste Seiten

Dorint Parkhotel
Hohenzollernstr. 5 ✉ 41061 – ✆ (02161) 89 30 – info.moenchengladbach@dorint.com – Fax (02161) 87231
Y a
162 Zim – †98 € ††108 €, ⊆ 16 € – **Rest** – Karte 24/46 €
♦ Das Hotel an einem Park am Zentrumsrand bietet zeitgemäße Gästezimmer mit guter Technik sowie einen großen Fitnessbereich im 5. Stock. Helles Wintergarten-Restaurant mit schönen Korbstühlen.

Amadeo garni
Waldhauser Str. 122 ✉ 41061 – ✆ (02161) 92 66 30 – info@hotelamadeo.de – Fax (02161) 9266340 – geschl. 22. Dez. - 2. Jan.
Y n
68 Zim ⊆ – †71/87 € ††79/95 €
♦ Ein von Geschäftsleuten gerne besuchtes Hotel im Zentrum, das über modern ausgestattete Gästezimmer verfügt - einige liegen recht ruhig zum Innenhof hin.

MÖNCHEN-GLADBACH

Aachener Str.	X 2
Am Nordpark	X 8
Dohler Str.	X 20
Gingterstr.	X 26
Grevenbroicher Str.	X 30
Großheide	X 31
Hardterbroicher Str.	X 32
Konstantinstr.	X 36
Korschenbroicher Str.	X 37
Künkelstr.	X 38
Metzenweg	X 46
Monschauer Str.	X 47
Neußer Str.	X 50
Nordring	X 52
Reststrauch	X 58
Stapper Weg.	X 68
Stationsweg	X 70
Waldnieler Str.	X 82
Wickrather Str.	X 83
Willicher Damm	X 87
Zeppelinstr.	X 88

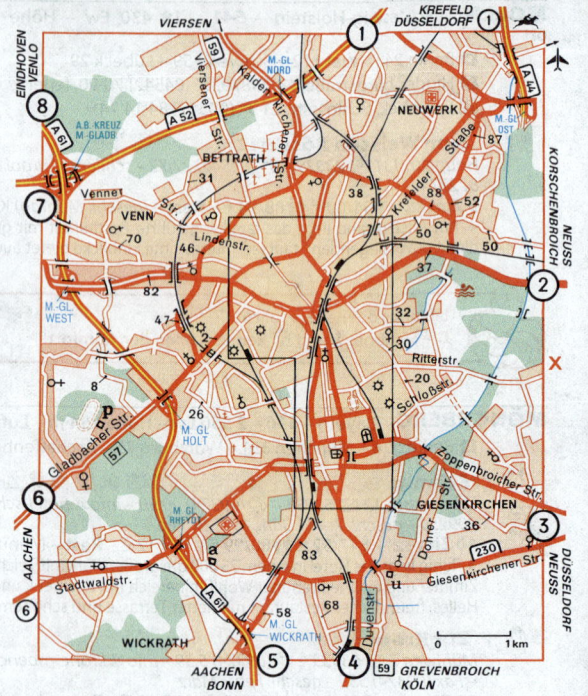

Palace St. George
Konrad-Zuse-Ring 10 (Nord Park) ⊠ 41179 – ℰ (02161) 54 98 80
– *eickes-restaurant@palace-st-george.de – Fax (02161) 5498854* X p
12 Zim – †120/180 € ††130/220 €
Rest – *(geschl. 9. - 31. Juli und Montag - Dienstag, Mittwoch - Samstag nur Abendessen)* Menü 60/78 €
Rest *Eickes' Bistro* – Karte 23/40 €

♦ Der sorgsam sanierte historische Backsteinbau ist heute ein hübsches kleines Hotel, das durch hochwertiges Interieur in modernem Design besticht. Geschmackvoll-elegant ist das Ambiente im Restaurant, klassisch das Speisenangebot.

Michelangelo
Lüpertzender Str. 133 ⊠ 41061 – ℰ (02161) 20 85 83 – *info@michelangelo-mg.de*
– *Fax (02161) 208583 – geschl. Dienstag* Y c
Rest – Karte 25/39 €

♦ Im Zentrum gelegenes, neuzeitliches Ristorante mit italienischer Küche - Bilder von Michelangelo dienen als Dekor. Sehr schön: die mit Rosen berankte Terrasse hinter dem Haus.

In Mönchengladbach-Hardt West : 6 km über die A 52 X :

Lindenhof mit Zim
Vorster Str. 535 ⊠ 41169 – ℰ (02161) 55 93 40 – *info@lindenhof-mg.de*
– *Fax (02161) 56259966*
16 Zim ⊇ – †59/103 € ††84/118 € – **Rest** – *(geschl. Sonntag - Montag, nur Abendessen)* Menü 46/65 € – Karte 33/57 €

♦ Seit 1908 befindet sich das historische Haus im Besitz der Familie Kasteel. In dem gut geführten gediegen-rustikalen Restaurant serviert man internationale Küche. Zeitgemäße, funktionelle Gästezimmer.

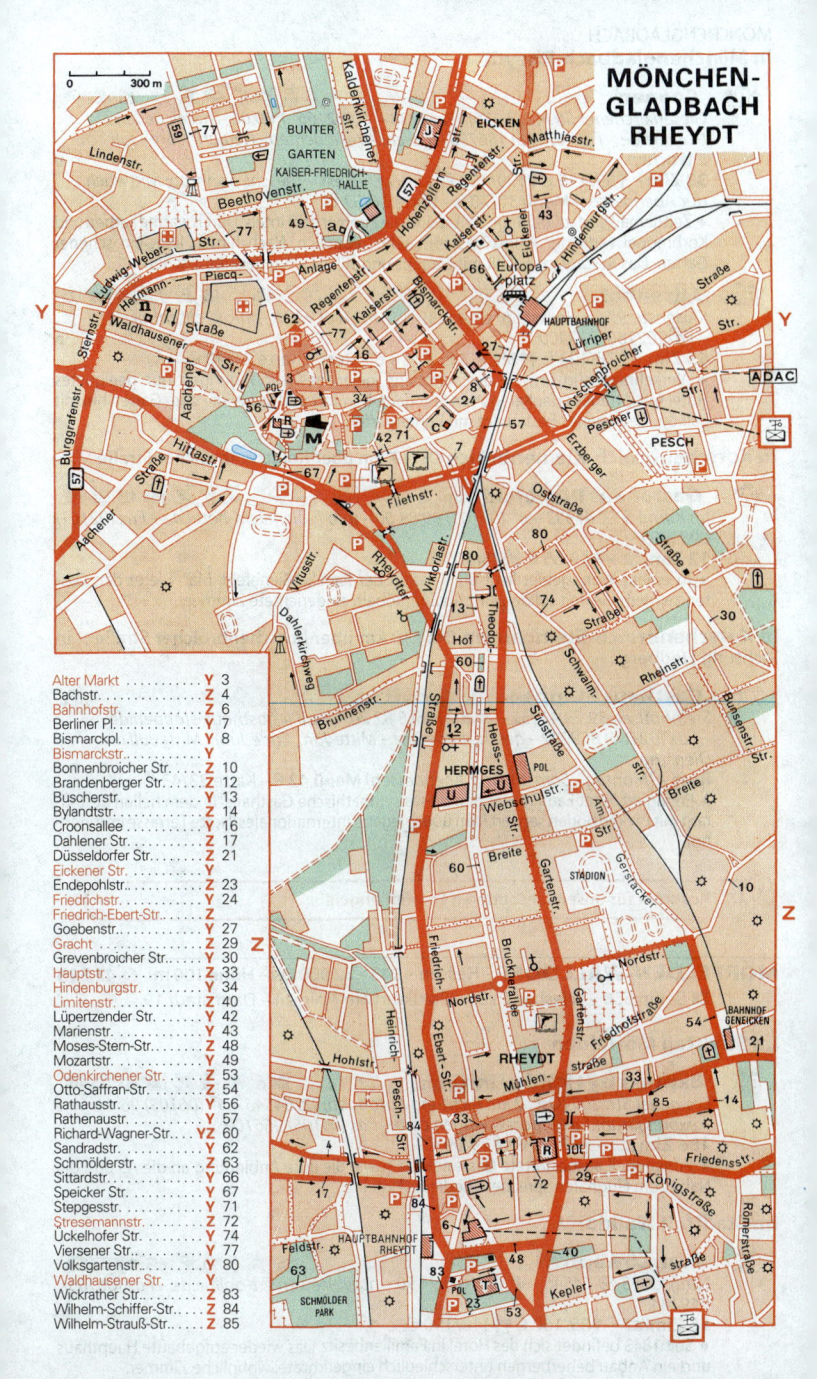

MÖNCHEN-GLADBACH RHEYDT

Alter Markt	Y 3
Bachstr.	Z 4
Bahnhofstr.	Z 6
Berliner Pl.	Y 7
Bismarckpl.	Y 8
Bismarckstr.	Y
Bonnenbroicher Str.	Z 10
Brandenberger Str.	Z 12
Buscherstr.	Z 13
Bylandtstr.	Z 14
Croonsallee	Z 16
Dahlener Str.	Z 17
Düsseldorfer Str.	Z 21
Eickener Str.	Y
Endepohlstr.	Z 23
Friedrichstr.	Y 24
Friedrich-Ebert-Str.	Z
Goebenstr.	Z 27
Gracht	Z 29
Grevenbroicher Str.	Z 30
Hauptstr.	Z 33
Hindenburgstr.	Y 34
Limitenstr.	Z 40
Lüpertzender Str.	Y 42
Marienstr.	Z 43
Moses-Stern-Str.	Z 48
Mozartstr.	Y 49
Odenkirchener Str.	Z 53
Otto-Saffran-Str.	Z 54
Rathausstr.	Z 56
Rathenaustr.	Y 57
Richard-Wagner-Str.	YZ 60
Sandradstr.	Z 62
Schmölderstr.	Z 63
Sittardstr.	Z 66
Speicker Str.	Y 67
Stepgesstr.	Y 71
Stresemannstr.	Z 72
Uckelhofer Str.	Z 74
Viersener Str.	Y 77
Volksgartenstr.	Y 80
Waldhausener Str.	Y
Wickrather Str.	Z 83
Wilhelm-Schiffer-Str.	Z 84
Wilhelm-Strauß-Str.	Z 85

889

MÖNCHENGLADBACH

In Mönchengladbach-Rheydt

Coenen
Giesenkirchener Str. 41 (B 230) ⊠ 41238 – ℰ (02166) 1 60 06 – hotelcoenen@t-online.de – Fax (02166) 186795 – geschl. Weihnachten - Neujahr, Juni - Juli 2 Wochen

X u

33 Zim – †89/119 € ††99/129 €, ⊇ 15 € – **Rest** – (geschl. Sonntag, Mittwoch, nur Abendessen) Menü 30/70 € – Karte 36/57 €

♦ Zeitgemäß und solide eingerichtet sind die Zimmer des Hotels. Durch warme Farben und Korbmöbel wirkt der Frühstücksraum sehr freundlich. Nach hinten liegt ein schöner Garten. Das Restaurant gefällt mit Eleganz und stilvoll eingedeckten Tischen.

Elisenhof
Klusenstr. 97 (in Hockstein) ⊠ 41239 – ℰ (02166) 93 30 – info@elisenhof.de – Fax (02166) 933400

X a

65 Zim – †78/123 € ††88/133 €, ⊇ 13 € – **Rest** – Karte 21/40 €

♦ Verkehrsgünstig unweit der Autobahn gelegenes, für Tagungen gut geeignetes Hotel mit Zimmern der Kategorien Standard, Komfort und Superior - zum Garten hin mit Balkon. Gediegenes Restaurant mit Wintergarten.

In Korschenbroich-Kleinenbroich Ost : 7 km über Korschenbroicher Straße X :

Gästehaus Bienefeld garni
Im Kamp 5 ⊠ 41352 – ℰ (02161) 99 83 00 – info@bienefeld-hotel.de – Fax (02161) 9983099

12 Zim ⊇ – †49/65 € ††75/105 €

♦ In einem Wohngebiet liegt die Pension der Familie Bienefeld. Man bietet den Gästen zeitgemäße, mit soliden Kirschbaummöbeln eingerichtete Zimmer.

In Korschenbroich-Steinhausen Ost : 10 km über Korschenbroicher Straße X in Richtung Liedberg :

Gasthaus Stappen
Steinhausen 39 ⊠ 41352 – ℰ (02166) 8 82 26 – mail@gasthaus-stappen.de – Fax (02166) 859242 – geschl. Ende Dez. - Mitte Jan., Ende Juni - Mitte Juli und Dienstag

Rest – (Montag - Samstag nur Abendessen) Menü 42 € – Karte 23/43 €

♦ Engagiert leitet Familie Stappen dieses sympathische Gasthaus. In dem hellen Restaurant mit Parkettboden serviert man überwiegend Internationales. Nette Terrasse im Innenhof.

> **Rot steht für unsere besonderen Empfehlungen!**

MÖRFELDEN-WALLDORF – Hessen – 543 – 32 960 Ew – Höhe 100 m   47 F15
▶ Berlin 556 – Wiesbaden 35 – Frankfurt am Main 24 – Darmstadt 19

Im Stadtteil Mörfelden

Express by Holiday Inn garni
Langener Str. 200 (Ost : 2 km Richtung Autobahn) ⊠ 64546 – ℰ (06105) 96 60 – express.frankfurtairport@whgen.com – Fax (06105) 966100

186 Zim ⊇ – †79/99 € ††79/99 €

♦ Funktionell ausgestattete Gästezimmer sowie die gute Anbindung an die A5 und die Nähe zum Flughafen sprechen für dieses Hotel.

Im Stadtteil Walldorf

Zum Löwen garni
Langstr. 68 ⊠ 64546 – ℰ (06105) 94 90 – hotel-loewen@t-online.de – Fax (06105) 949144

55 Zim ⊇ – †85/160 € ††110/190 €

♦ Seit 1843 befindet sich das Hotel in Familienbesitz. Das wieder aufgebaute Haupthaus und ein Anbau beherbergen unterschiedlich eingerichtete, wohnliche Zimmer.

MÖRLENBACH – Hessen – 543 – 10 590 Ew – Höhe 160 m   47 **F16**
▶ Berlin 611 – Wiesbaden 81 – Mannheim 35 – Darmstadt 45

In Mörlenbach-Juhöhe Nord-West : 5 km Richtung Heppenheim – Erholungsort :

Waldschenke Fuhr
Auf der Juhöhe 25 ✉ 69509 – ☏ (06252) 49 67 – Fax (06252) 68376
18 Zim ⌑ – †44/46 € ††76/83 € – **Rest** – (geschl. Montag - Dienstag) Karte 13/30 €
♦ Idyllisch liegt das Haus mit seinem architektonisch gelungenen Anbau erhöht am Waldrand. Es bietet neben netten, ländlich eingerichteten Zimmern einen schönen Blick. Im Restaurant und auf der Terrasse serviert man bürgerliche Küche.

MÖRNSHEIM – Bayern – 546 – 1 720 Ew – Höhe 408 m   57 **K18**
▶ Berlin 511 – München 127 – Augsburg 72 – Ingolstadt 47

Lindenhof (mit Gästehaus)
Marktstr. 25 ✉ 91804 – ☏ (09145) 8 38 00 – info@lindenhof-altmuehltal.de – Fax (09145) 838020 – geschl. 21. Jan. - 2. Feb.
15 Zim ⌑ – †38/44 € ††55/65 € – **Rest** – (geschl. Dienstag, Nov. - März Montagabend - Dienstag) Karte 18/44 €
♦ In der Ortsmitte steht dieser freundlich geführte Gasthof. Im Gästehaus übernachten Sie in rustikalen Zimmern, wo freigelegte Balken hübsche Akzente setzen. Mit viel Holz gestaltetes, gemütliches Restaurant mit vorwiegend klassisch-internationaler Küche.

MOERS – Nordrhein-Westfalen – 543 – 107 910 Ew – Höhe 30 m   25 **B11**
▶ Berlin 556 – Düsseldorf 41 – Duisburg 12 – Krefeld 17
🛈 Neuer Wall 10, ✉ 47441, ☏ (02841) 20 17 77, stadtinformation@moers.de
Neukirchen-Vluyn, Bergschenweg 71 ☏ (02845) 2 80 51
Kamp-Lintfort, Kirchstr. 164 ☏ (02842) 48 33

Kurlbaum
Burgstr. 7, (1. Etage) ✉ 47441 – ☏ (02841) 2 72 00 – Fax (02841) 22355 – geschl. Dienstag
Rest – (Tischbestellung ratsam) Menü 38/58 € – Karte 37/55 €
♦ Klare Linien und modernes Design bestimmen das elegant wirkende Ambiente dieses in der Fußgängerzone gelegenen Restaurants. Internationale Küche.

In Moers-Repelen Nord : 3,5 km Richtung Kamp-Lintfort :

Zur Linde
An der Linde 2 ✉ 47445 – ☏ (02841) 97 60 – info@hotel-zur-linde.de – Fax (02841) 97666
60 Zim – †85/145 € ††99/170 €, ⌑ 11 € – **Rest** – Menü 32/52 € – Karte 23/47 €
♦ Modern designt oder klassisch zeigen sich die Zimmer in diesem erweiterten, z. T. über 200 Jahre alten denkmalgeschützten Backsteinhaus. Rustikal-gemütliche Gaststuben im historischen Teil. Schöne Innenhofterrasse.

MOHLSDORF – Thüringen – siehe Greiz

MOLBERGEN – Niedersachsen – 541 – 7 510 Ew – Höhe 35 m   17 **E7**
▶ Berlin 453 – Hannover 189 – Nordhorn 85 – Bremen 76

In Molbergen-Dwergte Nord : 3 km :

Zum Dorfkrug mit Zim
Molberger Str. 1 ✉ 49696 – ☏ (04475) 18 07 – hotel-hochartz@t-online.de – Fax (04475) 5394 – geschl. Juli - Aug. 2 Wochen
7 Zim ⌑ – †35 € ††55 € – **Rest** – (geschl. Montag) Karte 17/32 €
♦ In Anlehnung an niedersächsische Traditionen sind die Räume des Gasthauses mit offenem Kamin, Hirschgeweihen und Klinkern gestaltet. Internationale Küche und Steakkarte.

891

MOLFSEE – Schleswig-Holstein – siehe Kiel

MOMMENHEIM – Rheinland-Pfalz – siehe Nierstein

MONSCHAU – Nordrhein-Westfalen – 543 – 13 000 Ew – Höhe 440 m – Luftkurort
35 **A13**

- Berlin 649 – Düsseldorf 110 – Aachen 49 – Düren 43
- Stadtstr. 1, ✉ 52156, ☏ (02472) 8 04 80, touristik@monschau.de
- Fachwerkhäuser★★ – Rotes Haus★ – Friedhofkapelle ≼★
- ≼★★ vom oberen Aussichtsplatz an der B 258, Nord-West: 2 km

Lindenhof garni
Laufenstr. 77 ✉ 52156 – ☏ (02472) 41 86 – info@lindenhof.de – Fax (02472) 3134
13 Zim ⌂ – †49/65 € ††75/98 €

♦ Private Atmosphäre und gepflegte, solide eingerichtete Zimmer erwarten die Gäste in diesem gut geführten Familienbetrieb oberhalb der Innenstadt.

Hubertusklause mit Zim
Bergstr. 45 ✉ 52156 – ☏ (02472) 80 36 50 – welcome@hubertusklause-monschau.de – Fax (02472) 803651 – geschl. Mitte Jan. 2 Wochen, Mitte Juni 2 Wochen
6 Zim ⌂ – †42/52 € ††76/88 € – **Rest** – (geschl. Montag - Dienstag) (Tischbestellung ratsam) Karte 29/44 €

♦ Nur wenige Gehminuten von der Altstadt entfernt liegt das familiär geleitete Restaurant mit behaglichem Ambiente. Von der Terrasse hat man eine schöne Sicht auf das Rurtal.

Schnabuleum
Laufenstr. 118 ✉ 52156 – ☏ (02472) 90 98 40 – info@senfmuehle.de – Fax (02472) 5999 – geschl. Montag
Rest – Karte 28/39 €

♦ In einem Bruchsteinhaus finden Sie dieses über zwei Ebenen angelegte rustikale Restaurant. Die regionale Küche bietet Senfspezialitäten. Nebenan: Senfmühle und -museum.

MONTABAUR – Rheinland-Pfalz – 543 – 12 390 Ew – Höhe 230 m
37 **D14**

- Berlin 571 – Mainz 71 – Koblenz 34 – Bonn 80
- Kirchstr. 48a, ✉ 56410, ☏ (02602) 3 00 10, info@westerwald.info

Am Peterstor garni
Peterstorstr. 1 ✉ 56410 – ☏ (02602) 16 07 20 – info@hotel-peterstor.de – Fax (02602) 160730 – geschl. 23. Dez. - 2. Jan.
19 Zim ⌂ – †62/69 € ††99 €

♦ Das in ein Geschäftshaus integrierte Hotel liegt nicht ganz ruhig, dafür aber sehr zentral am Anfang der Fußgängerzone. Die Zimmer sind wohnlich und funktionell eingerichtet.

MOOS – Baden-Württemberg – siehe Radolfzell

MORAAS – Mecklenburg-Vorpommern – siehe Hagenow

MORBACH (HUNSRÜCK) – Rheinland-Pfalz – 543 – 11 130 Ew – Höhe 440 m
– Luftkurort
46 **C15**

- Berlin 669 – Mainz 107 – Trier 48 – Bernkastel-Kues 17
- Unterer Markt 1, ✉ 54497, ☏ (06533) 7 11 17, touristinfo.morbach@t-online.de
- Hunsrück-Höhenstraße★

St. Michael
Bernkasteler Str. 3 ✉ 54497 – ☏ (06533) 9 59 60 – info@hotel-st-michael.de – Fax (06533) 9596500
49 Zim ⌂ – †65/70 € ††70/110 € – ½ P 15 € – **Rest** – Karte 22/41 €

♦ Immer wieder haben die Besitzer ihr Haus in den letzten Jahren renoviert - ein ansprechendes Hotel mit zeitgemäßen, mit hellen Möbeln eingerichteten Zimmern. Gediegenes Restaurant mit internationalem Angebot.

MORBACH (HUNSRÜCK)

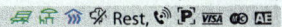

Landhaus am Kirschbaum
Am Kirschbaum 55a ✉ *54497 –* ✆ *(06533) 9 39 50 – info@landhausamkirschbaum.de – Fax (06533) 939522 – geschl. 16. - 26. Dez.*
23 Zim – †50/60 € ††90/100 € – ½ P 15 € – **Rest** – (nur Abendessen für Hausgäste)
♦ Das sehr persönlich geführte Landhaus in ruhiger Hanglage bietet zeitgemäß ausgestattete Zimmer mit hellen, funktionellen Möbeln und guter Technik an.

In Horbruch Nord-Ost : 12 km über B 327 :

Historische Schloßmühle (mit Gästehaus)
An der Landstr. 190 ✉ *55483 –* ✆ *(06543) 40 41*
– info@historische-schlossmuehle.de – Fax (06543) 3178
18 Zim – †65/90 € ††100/160 € – ½ P 38 € – **Rest** – Menü 40/69 € – Karte 39/58 €
♦ Die idyllisch in einem kleinen Tal gelegene ehemalige Mühle a. d. 17. Jh. ist heute ein schmuckes kleines Hotel mit individuell gestalteten, liebevoll dekorierten Zimmern. Der einstige Mühlenraum dient als Restaurant - Blickfang sind die alten Mühlräder.

MORITZBURG – Sachsen – 544 – 8 080 Ew – Höhe 175 m   43 Q12
▶ Berlin 181 – Dresden 16 – Cottbus 85 – Meißen 16
🛈 Schlossallee 3b, ✉ 01468, ✆ (035207) 85 40, moritzburg-touristinfo@t-online.de
◉ Schloss Moritzburg★

Siehe Dresden (Umgebungsplan)

In Moritzburg-Boxdorf Süd : 4 km über Schlossallee :

Baumwiese   Biergarten
Dresdner Str. 2 ✉ *01468 –* ✆ *(0351) 8 32 50 – info@baumwiese.de – Fax (0351) 8325252*
39 Zim ⌑ – †93/103 € ††122/142 € – **Rest** – Karte 17/34 €
♦ In dem modernen Hotelanbau des historischen Gasthauses stehen funktionell ausgestattete Zimmer mit neuzeitlicher Technik bereit - recht ruhig sind die nach hinten gelegenen. Die rustikal-elegante Zollernstube und die ländliche Gaststube bilden das Restaurant.

MORSBACH – Nordrhein-Westfalen – 543 – 11 630 Ew – Höhe 220 m   37 D12
▶ Berlin 587 – Düsseldorf 107 – Bonn 63 – Siegen 33
◉ Wasserschloss Crottorf★ Nord-Ost : 10 km

Goldener Acker
Zum goldenen Acker 44 ✉ *51597 –* ✆ *(02294) 80 24 – hotel-goldener-acker@t-online.de – Fax (02294) 7375*
35 Zim ⌑ – †59/79 € ††89/99 € – **Rest** – (geschl. Juni - Juli und Sonntag) Karte 20/42 €
♦ Das familiengeführte Hotel liegt in einem Wohngebiet und verfügt über freundliche, zeitgemäß und funktionell ausgestattete Zimmer mit guter Technik. Eine gemütlich-rustikale Stube ergänzt das nette Restaurant.

MOSBACH – Baden-Württemberg – 545 – 25 180 Ew – Höhe 156 m   48 G17
▶ Berlin 587 – Stuttgart 87 – Mannheim 79 – Heidelberg 45
🛈 Am Marktplatz 4, ✉ 74821, ✆ (06261) 9 18 80, tourist.info@mosbach.de

Zum Amtsstüble
Lohrtalweg 1 ✉ *74821 –* ✆ *(06261) 9 34 60 – info@amtsstueble.de – Fax (06261) 934610*
50 Zim ⌑ – †65/69 € ††92 € – **Rest** – (geschl. Montagmittag) Menü 27 € – Karte 20/39 €
♦ Hier erwarten Sie neuzeitlich gestaltete, technisch gut ausgestattete Zimmer und ein heller Frühstücksraum. Sehr großzügig sind die beiden Junior Suiten im Anbau. In ländlichem Stil gehaltenes Restaurant.

893

MOSBACH

In Mosbach-Nüstenbach Nord-West : 4 km :

Landgasthof zum Ochsen
Im Weiler 6 ⊠ 74821 – ℰ (06261) 1 54 28 – Fax (06261) 893645 – geschl. über Fasching 1 Woche, Mitte Aug. - Anfang Sept. 3 Wochen und Montag - Dienstag, Samstagmittag
Rest – (Tischbestellung ratsam) Menü 18 € (mittags) – Karte 23/45 €
♦ In dem netten, gut geführten Dorfgasthof mit freundlichem Service geben gemütliches Ambiente und stilvolle Accessoires den Ton an. Geboten wird saisonal geprägte Küche.

MOSSAUTAL – Hessen – 543 – 2 630 Ew – Höhe 317 m – Erholungsort 48 G16
▸ Berlin 592 – Wiesbaden 99 – Mannheim 55 – Beerfelden 12

In Mossautal-Güttersbach

Zentlinde
Hüttenthaler Str. 37 ⊠ 64756 – ℰ (06062) 20 80 – hotel.zentlinde@t-online.de – Fax (06062) 5900 – geschl. 10. - 18. Jan.
35 Zim ⊃ – †68 € ††124 € – ½ P 12 € – **Rest** – (geschl. Montag) Karte 19/30 €
♦ In dem Familienbetrieb steht man seit 1830 im Dienste des Gastes. Solide und funktionell sind die Zimmer, alle mit Balkon. Wellnessbereich mit Kosmetik.

MOTTEN – Bayern – 546 – 1 950 Ew – Höhe 420 m 39 I14
▸ Berlin 469 – München 358 – Fulda 19 – Würzburg 93

In Motten-Speicherz Süd : 7 km über B 27 :

Zum Biber (mit Gästehaus)
Hauptstr. 15 (B 27) ⊠ 97786 – ℰ (09748) 9 12 20 – info@gasthof-zum-biber.de – Fax (09748) 912266
42 Zim ⊃ – †34/41 € ††57/63 € – **Rest** – Karte 11/30 €
♦ Der solide Gasthof von 1771 ist seit 1878 im Besitz der Familie Ziegler. Die gepflegten Zimmer sind recht unterschiedlich geschnitten und eingerichtet. Bürgerlich-rustikales Restaurant. Spezialität: Hagebuttenwein aus der eigenen Beerenweinkellerei.

MUCH – Nordrhein-Westfalen – 543 – 15 120 Ew – Höhe 210 m 36 D12
▸ Berlin 580 – Düsseldorf 77 – Bonn 33 – Köln 40
▸ Much, Burg Overbach ℰ (02245) 55 50

In Much-Sommerhausen Süd-West : 3 km :

Sonne im Landhaus Sommerhausen mit Zim
Sommerhausen 97 ⊠ 53804 – ℰ (02245) 91 10 20 – speisen@sonne-das-restaurant.de – Fax (02245) 911717 – geschl. 7. - 20. Jan.
4 Zim ⊃ – †72/80 € ††88/100 € – **Rest** – (geschl. Montag - Dienstag, Mittwoch - Samstag nur Abendessen) Karte 47/58 €
♦ Eine angenehme Adresse ist das auf einer kleinen Anhöhe gelegene Haus. Gäste nehmen in der Sonnenstube oder auf der Terrasse Platz. Kreative internationale Küche. Mit Bistro. Sehr nett sind die Zimmer im Landhausstil.

MÜCKE – Hessen – 543 – 10 300 Ew – Höhe 265 m 38 G13
▸ Berlin 461 – Wiesbaden 107 – Marburg 63 – Alsfeld 31

In Mücke-Flensungen

Landhotel Gärtner   Biergarten
Bahnhofstr. 116 ⊠ 35325 – ℰ (06400) 9 59 90 – info@landhotel-gaertner.de – Fax (06400) 9599142
22 Zim ⊃ – †46/65 € ††69/95 € – **Rest** – (geschl. Montagabend) Menü 22/27 € – Karte 18/33 €
♦ Der solide Familienbetrieb hält gepflegte, praktisch eingerichtete Zimmer für Sie bereit. Ein neuzeitlicher Anbau mit einigen Themenzimmern ergänzt den ursprünglichen Gasthof. Restaurant in bürgerlichem Stil.

MÜDEN – Rheinland-Pfalz – siehe Treis-Karden

MÜHLDORF AM INN – Bayern – 546 – 17 620 Ew – Höhe 384 m — 67 **N20**
▶ Berlin 611 – München 80 – Regensburg 114 – Landshut 57
🏌 Pleiskirchen, Am Golfplatz 1 ℰ (08635) 70 89 03

Bastei (mit Gästehaus) — Biergarten
Münchener Str. 69, (Altmühldorf) ✉ *84453 –* ℰ *(08631) 3 67 80 – info@hotel-bastei.de – Fax (08631) 367810*
34 Zim ⌑ – †42/55 € ††58/72 € – ½ P 13 € – **Rest** – Karte 15/28 €
♦ Familiengeführtes Hotel am Ortsrand, das im Haupt- und im Gästehaus funktionelle, mit solidem Holzmobiliar ausgestattete Zimmer bietet. Restaurant mit bürgerlich-internationaler Karte. Biergarten mit Blick aufs Inntal.

> Das Symbol in Rot 🌿 weist auf besonders ruhige Häuser hin –
> hier ist nur der Gesang der Vögel am frühen Morgen zu hören…

MÜHLENBACH – Baden-Württemberg – 545 – 1 700 Ew – Höhe 260 m – Erholungsort — 61 **E20**
▶ Berlin 778 – Stuttgart 139 – Freiburg im Breisgau 43 – Offenburg 32

Zum Ochsen
Hauptstr. 27 ✉ *77796 –* ℰ *(07832) 22 43 – gasthaus.ochsen@arcor.de – Fax (07832) 6238 – geschl. 7. Feb. - 3. März*
11 Zim ⌑ – †43/45 € ††60/66 € – ½ P 14 € – **Rest** – *(geschl. Dienstag, Mai - Sept. Dienstag - Mittwochmittag, Okt. - April Montag - Samstag nur Abendessen)* Karte 21/41 €
♦ Die Zimmer dieses familiär geführten Hauses sind mit hellen Holzmöbeln solide eingerichtet. Die Lage ist recht ruhig, abseits der Durchgangsstraße. Ländliche Gaststube.

MÜHLHAUSEN – Thüringen – 544 – 37 900 Ew – Höhe 209 m — 39 **J12**
▶ Berlin 301 – Erfurt 54 – Eisenach 32 – Kassel 103
🛈 Ratsstr. 20, ✉ 99974, ℰ (03601) 40 47 70, service@touristinfo-muehlhausen.de
◉ Altstadt★ (Stadtmauer★, Kirche St. Marien★)

Mirage garni
Karl-Marx-Str. 9 ✉ *99974 –* ℰ *(03601) 43 90 – info@mirage-hotel.de – Fax (03601) 439100*
76 Zim ⌑ – †56 € ††74/79 €
♦ Hinter einer neuzeitlichen Fassade beziehen Sie funktionelle Gästezimmer mit einer soliden Technik. Bahnhof und Altstadtkern liegen ganz in der Nähe.

Brauhaus Zum Löwen (mit Gästehäusern)
Kornmarkt 3 ✉ *99974 –* ℰ *(03601) 47 10 – info@brauhaus-zum-loewen.de – Fax (03601) 471222*
52 Zim ⌑ – †60 € ††89 € – **Rest** – Karte 13/27 €
♦ Mit hellem, zeitlosem Mobiliar sind die Zimmer dieses im Ortskern gelegenen Hauses individuell und wohnlich gestaltet. In ein paar Minuten sind Sie von hier aus im Grünen. Blickfang im Restaurant sind die kupfernen Braukessel, die heute noch in Gebrauch sind.

Landhaus Frank - Zum Nachbarn
Eisenacher Landstr. 34 ✉ *99974 –* ℰ *(03601) 81 25 13 – info@landhaus-frank.de – Fax (03601) 812513*
Rest – Karte 17/26 €
♦ Am Ortsrand liegt das kleine Landhaus mit roter Fassade. In zwei Stuben wählen Sie aus einem großen Angebot mit internationalen und bürgerlichen Gerichten.

895

MÜHLHEIM AM MAIN – Hessen – 543 – 26 440 Ew – Höhe 102 m 48 **G15**
▶ Berlin 537 – Wiesbaden 51 – Frankfurt am Main 15 – Hanau 8

In Mühlheim-Lämmerspiel Süd-Ost : 5 km über Lämmerspieler Straße :

Landhaus Waitz
*Bischof-Ketteler-Str. 26 ⊠ 63165 – ℰ (06108) 60 60 – willkommen@hotel-waitz.de
– Fax (06108) 606488 – geschl. 23. Dez. - 6. Jan. (Hotel)*
74 Zim ⊆ – †100/200 € ††140/215 € – **Rest** – *(geschl. 27. Dez. - 6. Jan. und Sonntagabend, Montag - Samstag nur Abendessen)* Karte 34/56 €
♦ Aus mehreren Gebäuden setzt sich das großzügig angelegte Hotel zusammen, das durch ländliche Eleganz überzeugt. Als Gast wohnt man in unterschiedlich eingerichteten Zimmern. Verschiedene Restauranträume, stylische Steff's Lounge und hübsche Terrasse.

MÜHLTAL – Hessen – siehe Darmstadt

MÜLHEIM AN DER RUHR – Nordrhein-Westfalen – 543 – 170 750 Ew – Höhe 40 m 26 **C11**

▶ Berlin 539 – Düsseldorf 36 – Duisburg 9 – Essen 10
ADAC Löhstr. 6
🛈 Schlossstr. 11, ⊠ 45468, ℰ (0208) 96 09 60, touristik@stadt-mh.de
⛳ Mülheim, Gut Raffelberg ℰ (0208) 5 80 56 90
⛳ Mülheim-Selbeck, Am Golfplatz 1 ℰ (0208) 48 36 07

Stadtplan siehe gegenüberliegende Seite

Gartenhotel Luisental garni
*Trooststr. 2 ⊠ 45468 – ℰ (0208) 99 21 40 – info@gartenhotel-luisental.de
– Fax (0208) 9921440* Z a
20 Zim ⊆ – †78/128 € ††88/158 €
♦ Gelungen hat man das moderne Hotel in die aus Patrizierhäusern bestehende Nachbarschaft eingefügt. Die freundlichen Gästezimmer liegen z. T. ruhig zum Garten hin.

Im Forum garni
Hans-Böckler-Platz 19 (Forum-City-Center) ⊠ 45468 – ℰ (0208) 30 86 30 – info@hotelimforum.de – Fax (0208) 30863113 Y c
51 Zim ⊆ – †99/139 € ††139/179 €
♦ Hoch über den Dächern der Stadt im 5. Stock des Forum City Mülheim, einem Büro- und Einkaufszentrum, bietet man seinen Gästen komfortable, moderne Zimmer.

Thiesmann
*Dimbeck 56 ⊠ 45470 – ℰ (0208) 30 68 90 – hotel_thiesmann@t-online.de
– Fax (0208) 3068990* Z e
34 Zim ⊆ – †81/105 € ††102/180 € – **Rest** – *(nur Abendessen)* Karte 21/36 €
♦ Ein neuzeitliches Hotel unter Leitung der Inhaberfamilie, das über wohnliche, hell und freundlich gestaltete Gästezimmer verfügt. Rustikal-gemütliches Restaurant.

Friederike garni
*Friedrichstr. 32 ⊠ 45468 – ℰ (0208) 99 21 50 – info@hotel-friederike.de
– Fax (0208) 9921545* Z f
25 Zim ⊆ – †68/118 € ††88/148 €
♦ Aus zwei ehemaligen Stadtvillen ist das zentrumsnah gelegene Hotel mit hübschem parkähnlichem Garten und behaglichen Zimmern entstanden. Sehr schön: die Maisonetten.

Noy garni
Schloßstr. 28 ⊠ 45468 – ℰ (0208) 4 50 50 – info@hotelnoy.de – Fax (0208) 4505300 Y a
50 Zim ⊆ – †75/110 € ††110/145 €
♦ Im Herzen der Stadt, unmittelbar in der Fußgängerzone, liegt dieses Hotel. Gäste schätzen die solide gestalteten Zimmer und den freundlichen Service.

am Kamin
*Striepensweg 62 ⊠ 45473 – ℰ (0208) 76 00 36 – info@restaurant-amkamin.de
– Fax (0208) 760769 – geschl. Anfang Jan. 1 Woche und Samstagmittag*
Rest – Karte 27/45 € X s
♦ Das nette Fachwerkhaus in einem Wohngebiet erwartet seine Gäste mit gemütlich-rustikaler Atmosphäre und einer schönen Gartenterrasse mit offenem Kamin. Weinwirtschaft.

MÜLHEIM AN DER RUHR

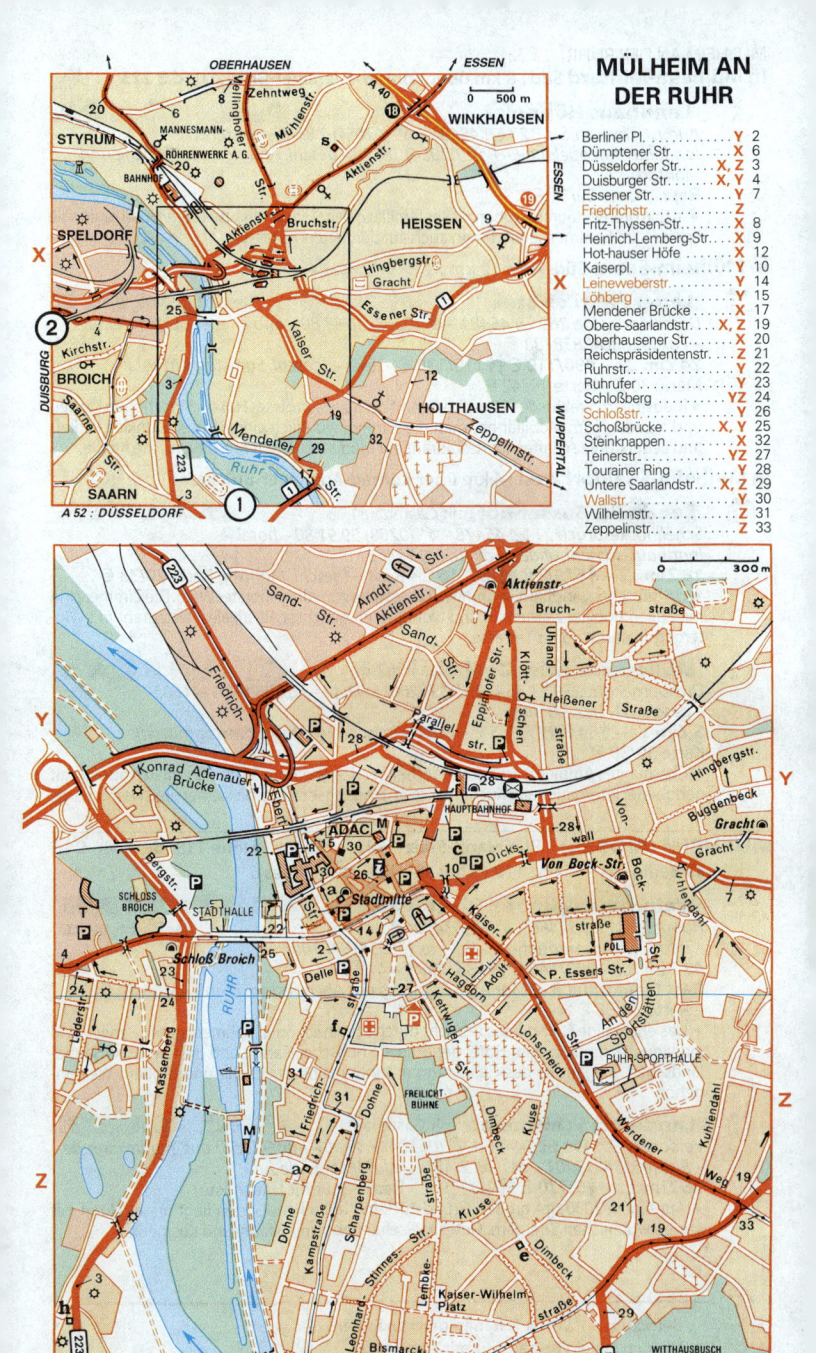

Street	Grid	No.
Berliner Pl.	Y	2
Dümptener Str.	X	6
Düsseldorfer Str.	X, Z	3
Duisburger Str.	X, Y	4
Essener Str.	Y	7
Friedrichstr.	Z	
Fritz-Thyssen-Str.	X	8
Heinrich-Lemberg-Str.	X	9
Hot-hauser Höfe	X	12
Kaiserpl.	Y	10
Leineweberstr.	Y	14
Löhberg	Y	15
Mendener Brücke	X	17
Obere-Saarlandstr.	X, Z	19
Oberhausener Str.	Y	20
Reichspräsidentenstr.	Z	21
Ruhrstr.	Y	22
Ruhrufer	Y	23
Schloßberg	YZ	24
Schloßstr.	Y	26
Schoßbrücke	X, Z	25
Steinknappen	X	32
Teinerstr.	YZ	27
Tourainer Ring	Y	28
Untere Saarlandstr.	X, Z	29
Wallstr.	Y	30
Wilhelmstr.	Z	31
Zeppelinstr.	Z	33

MÜLHEIM AN DER RUHR

In Mülheim-Mintard Süd : 8 km über Konrad-Adenauer-Brücke und B 223 Y :

Landhaus Höppeler
*August-Thyssen-Str. 123 ✉ 45481 – ℰ (02054) 1 85 78 – email@
landhaus-hoeppeler.de – Fax (02054) 18578 – geschl. Anfang Jan. 1 Woche und
Montag*
Rest – Karte 20/31 €
♦ In den drei Restaurantstuben dieses familiär geleiteten Landhauses bietet man regionale Speisen. Im Sommer serviert man auch auf der netten Terrasse.

In Mülheim-Saarn Süd-West : 2 km :

Leder Fabrik Hotel
Biergarten
*Düsseldorfer Str. 269 ✉ 45481 – ℰ (0208) 48 83 80 – info@lederfabrikhotel.de
– Fax (0208) 48838188*   Z h
24 Zim ⊆ – †90/110 € ††110/130 € – **Rest** – *(geschl. Samstagmittag)*
Menü 30 € – Karte 19/42 €
♦ Industriearchitektur des 19. Jh. bestimmt den Rahmen dieses Hotels. Mit schönen Stoffen und geradlinigem Mobiliar hat man die Zimmer wohnlich eingerichtet. Dunkles Parkett und Lederstühle schaffen im Restaurant ein modernes Ambiente. Italienische Küche.

In Mülheim-Speldorf West : 4 km über Konrad-Adenauer-Brücke Y :

Landhaus Sassenhof (mit Gästehaus)
*Schellhockerbruch 21 ✉ 45478 – ℰ (0208) 99 91 80 – hotel@
landhaus-sassenhof.de – Fax (0208) 51465*
18 Zim ⊆ – †67/98 € ††89/116 € – **Rest** – *(geschl. Montag)* Karte 20/33 €
♦ Ein hübsches Landhaus in unmittelbarer Nähe zum Uhlenhorster Wald. Die Zimmer sind mit Pinienmobiliar zeitgemäß und wohnlich eingerichtet. Rustikales Restaurant mit Wintergarten und schöner Terrasse.

Mölleckens Altes Zollhaus mit Zim
*Duisburger Str. 239 ✉ 45478 – ℰ (0208) 5 03 49 – Fax (0208) 4441603
– geschl. 31. Dez. - 8. Jan.*
5 Zim ⊆ – †54 € ††75/85 € – **Rest** – *(geschl. Montag, Samstagmittag)*
Karte 30/39 €
♦ Charmantes Ambiente und freundlicher Service erwarten Sie in diesem Restaurant mit gehobener internationaler Küche. Bistro im Eingangsbereich mit kleiner preiswerter Karte.

MÜLHEIM (MOSEL) – Rheinland-Pfalz – 543 – 930 Ew – Höhe 119 m   46 C15
▶ Berlin 681 – Mainz 119 – Trier 44 – Bernkastel-Kues 6

Weinromantikhotel Richtershof
Rest,
*Hauptstr. 81 ✉ 54486 – ℰ (06534) 94 80
– info@weinromantikhotel.de – Fax (06534) 948100*
43 Zim ⊆ – †90/145 € ††135/165 € – ½ P 30 €
Rest *Culinarium R* – *(Montag - Samstag nur Abendessen)* Menü 45/65 €
– Karte 38/58 € ❀
♦ Das ehemalige Herrenhaus besticht durch seinen schönen Rahmen, guten Service und individuelle Zimmer. Zum Hotel gehören ein hübscher Garten und die Römische Saunalandschaft. Elegant ist das Culinarium mit internationaler Küche und großem Weinangebot.

Landhaus Schiffmann (mit Gästehaus)
Rest,
*Veldenzer Str. 49a ✉ 54486 – ℰ (06534) 9 39 40 – info@landhaus-schiffmann.de
– Fax (06534) 18201 – geschl. 2. - 25. Dez., Mitte - Ende Juni*
26 Zim ⊆ – †61/70 € ††92/110 € – **Rest** – *(nur für Hausgäste)*
♦ Auf einem 7000 qm großen Grundstück mit hübschem Garten liegt dieses Hotel mit seinen wohnlichen Zimmern. Gutes Freizeitangebot mit Beauty und Kosmetik.

Bei schönem Wetter isst man gern im Freien!
Wählen Sie ein Restaurant mit Terrasse: 🌿 .

MÜLHEIM-KÄRLICH – Rheinland-Pfalz – 543 – 10 430 Ew – Höhe 76 m 36 **D14**
▶ Berlin 599 – Mainz 109 – Koblenz 10

Zur Linde
Bachstr. 12, (Mülheim) ⌧ 56218 – ✆ (02630) 41 30 – Fax (02630) 4129 – geschl. über Karneval 2 Wochen und Dienstag, Samstagmittag
Rest – Menü 43 € – Karte 27/44 €
Rest *Weinstube* – Karte 19/36 €
♦ Die harmonische Kombination von Alt und Neu wahrt den Charakter dieses schön anzusehenden Fachwerkhauses. Genießen Sie bei Kerzenschein das rustikale Ambiente. Gemütliche Weinstube.

MÜLLHEIM – Baden-Württemberg – 545 – 18 040 Ew – Höhe 267 m – Erholungsort 61 **D21**
▶ Berlin 831 – Stuttgart 238 – Freiburg im Breisgau 33 – Basel 41
🛈 Wilhelmstr. 14, ⌧ 79379, ✆ (07631) 80 15 00, touristik@muellheim.de

Landhotel Alte Post
Posthalterweg (B 3) ⌧ 79379 – ✆ (07631) 1 78 70 – info@alte-post.net – Fax (07631) 178787
51 Zim ⌑ – †65/72 € ††90/120 € – ½ P 20 € – **Rest** – Menü 32/53 € – Karte 25/46 €
♦ Der historische Gasthof beherbergt zeitgemäße, nach Rebsorten, Bäumen und Kräutern benannte Zimmer sowie einige im japanischen Stil. Gemütlich-gediegene Gaststuben mit Holztäfelung und Kachelofen. Schöne Terrasse im Innenhof.

Appartement-Hotel im Weingarten garni
Kochmatt 8 ⌧ 79379 – ✆ (07631) 3 69 40 – info@app-hotel-im-weingarten.de – Fax (07631) 369425
13 Zim ⌑ – †65 € ††90 €
♦ Familiäre Atmosphäre erwartet Sie in dem kleinen Hotel in ruhiger Lage oberhalb der Stadt. Die Zimmer sind großzügig und wohnlich, mit kleiner Küche sowie Terrasse/Balkon.

Taberna
Marktplatz 7 ⌧ 79379 – ✆ (07631) 17 48 84 – taberna-muellheim@t-online.de – Fax (07631) 174885 – geschl. Sonntag, Feiertage
Rest – Karte 20/43 €
♦ Ein angenehm schlichtes Restaurant mit einem farblich interessant gestalteten, alten Gewölbe. Badisches, mediterran beeinflusstes kleines Speiseangebot auf Schiefertafeln.

Kaiserhof
Goethestr. 10 ⌧ 79379 – ✆ (07631) 1 00 60 – info@kaiserhof-müllheim.de – Fax (07631) 747567 – geschl. Anfang Aug. 3 Wochen und Montag
Rest – Karte 23/40 €
♦ Das freundliche Restaurant mit neuzeitlicher Einrichtung und hohen Decken bietet eine regionale Küche und wird am Mittag gerne von Geschäftsleuten besucht.

In Müllheim-Britzingen Nord-Ost : 5 km über Zunzingen – Erholungsort :

Landgasthof Hirschen mit Zim
Markgräfler Str. 22 ⌧ 79379 – ✆ (07631) 54 57 – geschl. 23. Dez. - 11. Jan., 12. - 20. Aug.
4 Zim ⌑ – †30 € ††56 € – **Rest** – (geschl. Dienstag - Mittwochmittag) Menü 13 € – Karte 17/29 €
♦ Gäste schätzen dieses rustikale, mit Jagdtrophäen geschmückte Restaurant wegen seiner soliden bürgerlichen Küche zu günstigen Preisen.

In Müllheim-Feldberg Süd-Ost : 6 km über Vögisheim :

Ochsen mit Zim
Bürgelnstr. 32 ⌧ 79379 – ✆ (07631) 35 03 – ochsen-feldberg@t-online.de – Fax (07631) 10935 – geschl. Jan. 2 Wochen
7 Zim ⌑ – †46/52 € ††68/88 € – ½ P 18 € – **Rest** – (geschl. Donnerstag) Menü 14/48 € – Karte 25/41 €
♦ Blickfang in der hübschen, rustikalen Stube des typischen Markgräfler Gasthofs ist ein grüner Kachelofen. Mit schönem Garten und ländlichen Zimmern.

MÜNCHBERG – Bayern – 546 – 11 640 Ew – Höhe 546 m — 51 M14

- Berlin 323 – München 266 – Hof 21 – Bayreuth 37
- Ludwigstr. 15 (Rathaus), ⌧ 95213, ℰ (09251) 8 74 28, fremdenverkehrsamt@muenchberg.de

Seehotel Hintere Höhe
Hintere Höhe 7 ⌧ 95213 – ℰ (09251) 9 46 10 – seehotel@muenchberg.net – Fax (09251) 3976
33 Zim ⌑ – †55/65 € ††75/95 € – **Rest** – *(geschl. Freitag, Montag - Samstag nur Abendessen)* Karte 20/36 €

♦ Umgeben von Wiesen und Wäldern und mit einem kleinen See vor der Tür, bietet dieses Haus die nötige Ruhe zum Relaxen. Solide Zimmer, meist mit Balkon. Gediegenes Restaurant und gemütliche Gaststube mit Kachelofen.

Braunschweiger Hof
Bahnhofstr. 13 ⌧ 95213 – ℰ (09251) 9 94 00 – braunschweiger-hof@t-online.de – Fax (09251) 6404
20 Zim ⌑ – †37/45 € ††54/74 € – **Rest** – Karte 16/33 €

♦ Seit über einem Jahrhundert ein Ort der gepflegten Gastlichkeit. Saubere und gut eingerichtete Zimmer erwarten Sie in diesem engagiert geführten Stadthotel. Heimelig und gemütlich ist die Atmosphäre des Lokals.

Roßner
Kulmbacher Str. 16 ⌧ 95213 – ℰ (09251) 15 10 – Fax (09251) 80662 – geschl. 20. - 30. Dez.
25 Zim ⌑ – †42/62 € ††62/77 € – **Rest** – *(geschl. Sonntagabend - Montagmittag)* Karte 16/29 €

♦ Tadellos gepflegte Zimmer, teils etwas einfacher, teils komfortabler bietet dieses familiengeführte Haus in der Ortsmitte seinen Gästen. Rustikale Gediegenheit in der Gaststätte, gekocht wird regional.

München: Frauenkirche

MÜNCHEN

Ⓛ Bundesland : Bayern
Michelin-Karte : 546
Einwohnerzahl : 1 247 880 Ew
Höhe : 518 m

▶ Berlin 588 – Innsbruck 164
– Nürnberg 166 – Salzburg 144
Atlas : 65 **L20**

ALPHABETISCHE LISTE DER HOTELS UND RESTAURANTS	S. 3 bis 5
STADTPLAN MÜNCHEN :	
MÜNCHEN UND UMGEBUNG	S. 6 und 7
INNENSTADT UND STADTTEILE	S. 8 und 9
ZENTRUM	S. 10 und 11
STRASSENVERZEICHNIS	S. 8 bis 12
HOTELS UND RESTAURANTS	S. 13 bis 29

PRAKTISCHE HINWEISE

🅱 Tourist-Informationen

Bahnhofsplatz **JY**, ✉ 80335, ✆ (089) 23 39 65 00, tourismus@muenchen.de
Neues Rathaus **KZ**, ✉ 80331, ✆ (089) 23 39 65 00

Automobilclub

ADAC Sonnenstr. 23 **JZ**

Autoreisezug

🚆 Ostbahnhof, Friedenstraße **HX**, ✆ (01805) 24 12 24 (Gebühr)

Flughafen

✈ Flughafen Franz Josef Strauß (Nord-Ost : 29 km über A 9), ✆ (089) 9 75 00

Messegelände

Messe München, Messegelände (über A 94 **DS**), ✉81823, ✆ (089) 94 92 07 20, Fax (089) 94920729

Messen und Veranstaltungen

Zu Messezeiten verlangen viele Hotels erhöhte Messepreise

27.01. - 30.01. : ISPO-Winter
14.02. - 18.02. : CBR (Caravan-Boot-Reisemarkt)
28.02. - 05.03. : Internationale Handwerksmesse
28.02. - 05.03. : Garten München
06.07. - 08.07. : ISPO-Sommer
20.09. - 05.10. : Oktoberfest
21.10. - 24.10. : System
07.11. - 09.11. : Forum Vini (Internationale Weinmesse)
29.11. - 07.12. : Heim & Handwerk

MÜNCHEN S. 2

Golfplätze

- München-Thalkirchen, Zentralländstr. 40 ✆ (089) 7 23 14 04 **CT**
- München-Riem, Graf-Lehndorff Str. 36 ✆ (089) 94 50 08 00
- Aschheim, Fasanenweg 10 ✆ (089) 9 90 24 20
- Straßlach, Tölzerstr. 95 ✆ (08170) 9 29 18 11
- Eschenried, Kurfürstenweg 10 ✆ (08131) 5 67 40
- Eschenhof, Kurfürstenweg 13 ✆ (08131) 56 74 56
- Olching, Feuersstr. 89 ✆ (08142) 4 82 90
- Dachau, An der Floßlände 1 ✆ (08131) 1 08 79
- Eichenried, Münchener Str. 57 ✆ (08123) 9 30 80

👁 SEHENSWÜRDIGKEITEN

DIE ALTSTADT

Michaeliskirche★ B **KYZ** - Frauenkirche★ - Marienplatz★ **KZ** - Residenz★★ - Theatinerkirche★ **KY**

MUSEEN UND GALERIEN

Alte Pinakothek★★★ - Neue Pinakothek★★ - Pinakothek der Moderne★★**KY** - Deutsches Museum★★★ **LZ** - Bayerisches Nationalmuseum★★ M[5] **LY** - Deutsches Jagd- und Fischereimuseum★★ M[1] **KZ** - Glyptothek★ M[2] - Antikensammlungen★ M[3] - Lenbachhaus★ M[4] **JY** - Stadtmuseum★ M[7] **KZ**

WEITERE SEHENSWÜRDIGKEITEN

Englischer Garten★ **LY** - Asamkirche★ **KZ** - Schloss Nymphenburg★★ (Botanischer Garten★★) **BS** - Tierpark Hellabrunn★ **CT**

904

Alphabetische Liste der Hotels und Restaurants
Liste alphabétique des hôtels et restaurants

A — Seite

Acanthus		S. 17
Acetaia		S. 24
Acquarello		S. 22
Admiral		S. 15
Aigner		S. 28
Albarone Monaco		S. 18
Alpenhotel		S. 16
Al Pino		S. 27
Alter Wirt		S. 29
Altes Hackerhaus		S. 20
Ambiance Rivoli		S. 26
Am Moosfeld		S. 27
Am Ostpark		S. 21
Anna		S. 14
Atrium		S. 16
Augustiner Gaststätten		S. 20
Austernkeller		S. 18

B

Bauer		S. 28
Bayerischer Hof		S. 13
Bei Grazia		S. 26
Blauer Bock		S. 18
Bogenhauser Hof		S. 22
Borgo (Il)		S. 26
Bratwurstherzl		S. 20

C

Carat Hotel		S. 16
Casale		S. 22
Charles (The)		S. 13
Cipolla d'oro		S. 23
Comfort Hotel Müchen Ost		S. 28
Conrad de Ville		S. 15
Cosmopolitan		S. 25
Courtyard by Marriott		S. 15
Cuisiniers (Les)		S. 19

D

Dallmayr		S. 17
Daniel		S. 17
Dolce Sosta		S. 23
Domus		S. 16
Dukatz		S. 19

E

Econtel		S. 24
Edelweiss Parkhotel		S. 24
Edelweiss Parkvilla		S. 28
Eden Hotel Wolff		S. 14
Ederer		S. 18
Excelsior		S. 14
Exquisit		S. 14

F

Feringapark		S. 28
Fleming's		S. 25
Fleming's München-City		S. 16
Fratelli's		S. 19
Freisinger Hof		S. 24

G

G		S. 17
Galleria		S. 18
Gasthof zur Post		S. 29

H

Hachinger Hof		S. 29
Halali		S. 18
Heigl		S. 27
Hilton City		S. 22
Hilton Park		S. 14
Hippocampus		S. 22
Holiday Inn		S. 28
Holiday Inn Munich - City Centre		S. 23

I

Ibis Parkstadt Schwabing		S. 26
Innside Premium Neue Messe		S. 29
Innside Premium Parkstadt Schwabing		S. 25
Insel Mühle		S. 27

J

Jagdschloss		S. 24

905

MÜNCHEN S. 4

K

Käfer Schänke	XX	S. 22
King's Hotel Center		S. 15
King's Hotel First Class		S. 15
K+K Hotel am Harras		S. 27
Königshof		S. 13
Kraft		S. 16
Kriemhild		S. 24

L

Lechnerhof		S. 28
Lenbach	XX	S. 18
Leopold		S. 26
Lutter		S. 21

M

Maison (La)		S. 25
Mandarin Oriental		S. 13
Maritim		S. 14
Marktwirt	X	S. 20
Marriott		S. 25
Mayerhof		S. 23
Mediterraneo	XX	S. 22
Meier		S. 17
Mercure City Center		S. 15
Méridien (Le)		S. 14
Müller		S. 17

N

Novotel München City		S. 22
Novotel München Messe		S. 25
Nymphenburger Hof	XX	S. 18

O

Obermaier		S. 27

P

Palace		S. 21
Park Hotel		S. 23
Platzl		S. 15
Präsident		S. 16
Preysing		S. 23
Prinzregent am Friedensengel		S. 21
Prinzregent an der Messe		S. 25

R

Ratskeller	X	S. 19
Renaissance Hotel		S. 25
Rothof		S. 21
Rotkreuzplatz		S. 24
Rue Des Halles	X	S. 23

S

Schiller 5		S. 16
Schreiberhof		S. 29
Schrenkhof		S. 28
Schuhbeck's in den Südtiroler Stuben	XXX	S. 17
Seven Fish	X	S. 19
Sheraton Arabellapark		S. 21
Sheraton Westpark		S. 14
Show Room	X	S. 23
Sofitel Munich Bayerpost		S. 13
Sollner Hof		S. 27
Spatenhaus an der Oper	X	S. 20
Splendid-Dollmann		S. 16
Stadthotel Asam		S. 15
Suitehotel		S. 26

T

Tantris	XXX	S. 26
Terrine	X	S. 26
Tokami	X	S. 20
Torbräu		S. 15

U

Uhland		S. 17

V

Vier Jahreszeiten Kempinski		S. 13
Villa Solln		S. 27
Vinaiolo	X	S. 23
Vinorant Alter Hof	X	S. 19

W

Weichandhof	X	S. 24
Weinhaus Neuner	XX	S. 18
Weinkehr	X	S. 19
Weisses Brauhaus	X	S. 20
Westin Grand (The)		S. 21
Wirtshaus Zum Straubinger	X	S. 20

Z

Zum Alten Markt	X	S. 19
Zum Franziskaner	X	S. 20
Zum Klösterl	X	S. 19

Restaurants, die sonntags geöffnet sind
Restaurants ouverts dimanche

Acetaia	X	S. 24
Acquarello	XX ✤	S. 22
Al Pino	XX	S. 27
Altes Hackerhaus	X	S. 20
Augustiner Gaststätten	X	S. 20
Austernkeller	XX	S. 18
Casale	XX	S. 22
Cipolla d'oro	XX	S. 23
Freisinger Hof	🏠	S. 23
Hippocampus	XX	S. 22
Marktwirt	X	S. 20
Ratskeller	X	S. 19
Rue Des Halles	X	S. 23
Seven Fish	X	S. 19
Spatenhaus an der Oper	X	S. 20
Tokami	X	S. 20
Vinaiolo	X	S. 23
Vinorant Alter Hof	X	S. 19
Weichandhof	X	S. 24
Weisses Brauhaus	X	S. 20
Wirtshaus Zum Straubinger	X	S. 20
Zum Franziskaner	X	S. 20
Zum Klösterl	X	S. 19

MÜNCHEN S. 6

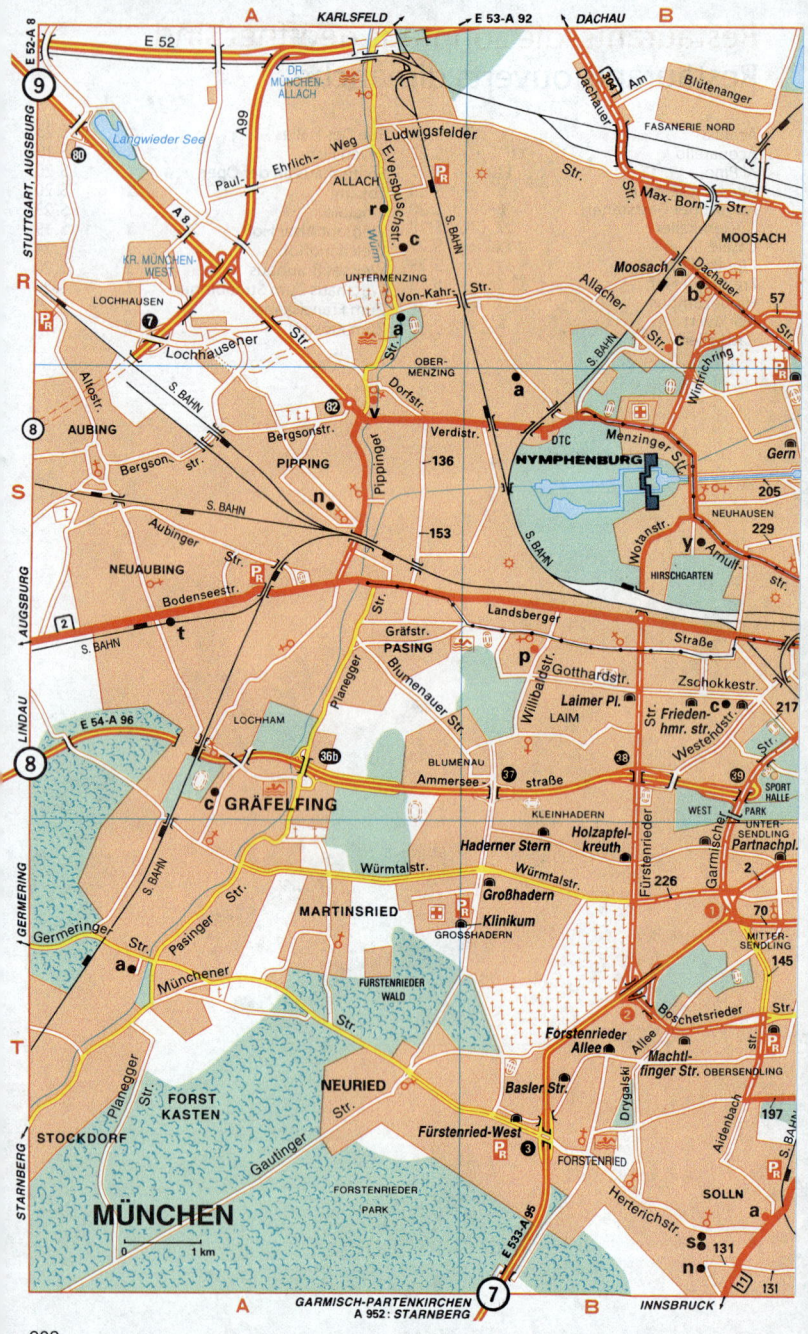

MÜNCHEN S. 7

MÜNCHEN S. 8

STRASSENVERZEICHNIS MÜNCHEN

Straße	Planquadrat	Nr.
Ackermannstr.	FU	
Adalbertstr.	GU	
Aidenbachstr.	BT	
Albert-Roßhaupter-Str.	BT	2
Albrechtstr.	EU	
Allacher Str.	BR	
Alter Messepl.	EX	3
Altostr.	AS	
Amalienstr.	KY	
Amirapl.	KY	6
Ammerseestr.	ABS	
Am Blütenanger	BR	
Am Gasteig	LZ	4
An der Hauptfeuerwache	JZ	7
Arcisstr.	JY	
Arnulfstr.	EV	
Asamstr.	GX	
Aschheimer Str.	DS	9
Aubinger Str.	AS	
Auenstr.	GX	
Auerfeldstr.	GX	
Augustenstr.	JY	
Aventinstr.	KZ	
Baaderstr.	KLZ	
Bahnhofpl.	JY	
Balanstr.	CT	
Baldepl.	GX	14
Barer Str.	JKY	
Baumgartnerstr.	EX	17
Bavariaring	EFX	
Bayerstr.	JY	
Beethovenpl.	JZ	
Beethovenstr.	JZ	20
Belgradstr.	GU	
Bergsonstr.	AS	
Berg-am-Laim-Str.	DS	23
Biedersteiner Str.	HU	25
Blumenauer Str.	AS	
Blumenstr.	KZ	
Blutenburgstr.	EV	
Bodenseestr.	AS	
Bonner Pl.	GU	
Bonner Str.	GU	26
Boschétsrieder Str.	BT	
Brienner Str.	JKY	29
Brudermühlstr.	CT	
Burgstr.	KZ	30
Candidstr.	CT	31
Chiemgaustr.	CT	
Clemensstr.	GU	
Corneliusbrücke	KZ	
Corneliusstr.	KZ	
Dachauer Str.	JY	
Daglfinger Str.	DS	32
Damenstiftstr.	JZ	
Denninger Str.	HV	34
Dienerstr.	KY	36
Dietlindenstr.	GHU	
Domagkstr.	CR	
Dom-Pedro-Str.	EU	
Dorfstr.	AS	
Drygalski-Allee	BT	
Eduard-Schmid-Str.	KLZ	
Effnerstr.	DS	
Ehrengutstr.	FX	
Einsteinstr.	HX	
Eisenmannstr.	KZ	39
Elisabethstr.	FGU	
Elisenstr.	JY	
Elsässer Str.	HX	42
Emil-Riedel-Str.	HV	45
Englschalkinger Str.	DS	47
Erhardtstr.	KLZ	
Eversbuschstr.	AR	
Fasangartenstr.	CDT	
Feilitzschstr.	GU	
Flurstr.	HX	49
Föhringer Ring	DR	
Frankfurter Ring	CR	
Franziskanerstr.	GX	
Franz-Joseph-Strauß-Ring	LY	50
Franz-Joseph-Str.	GU	
Frauenstr.	KZ	
Fraunhoferstr.	KZ	

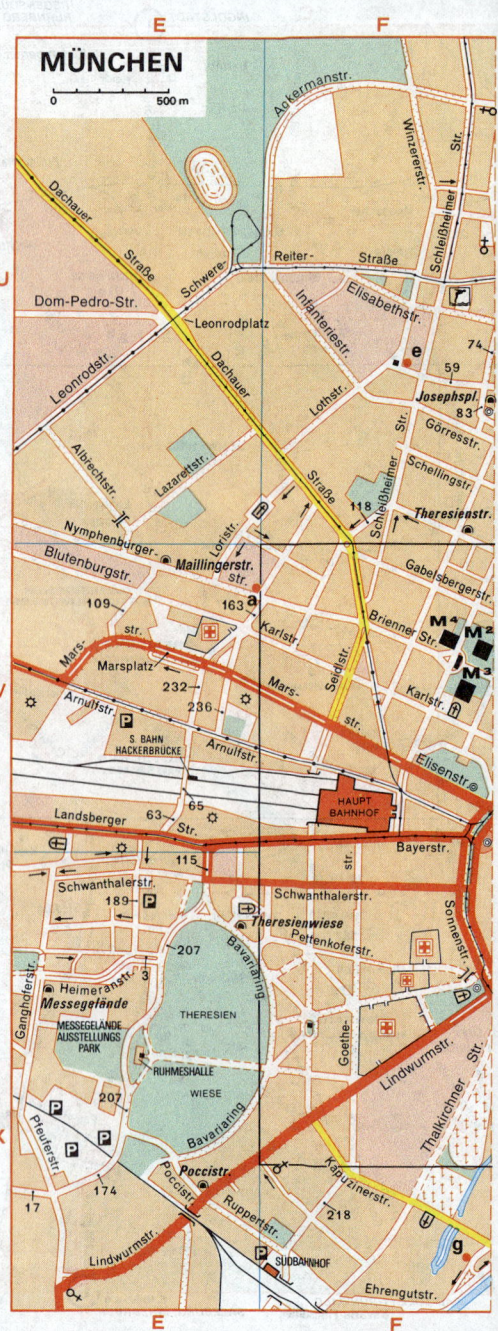

910

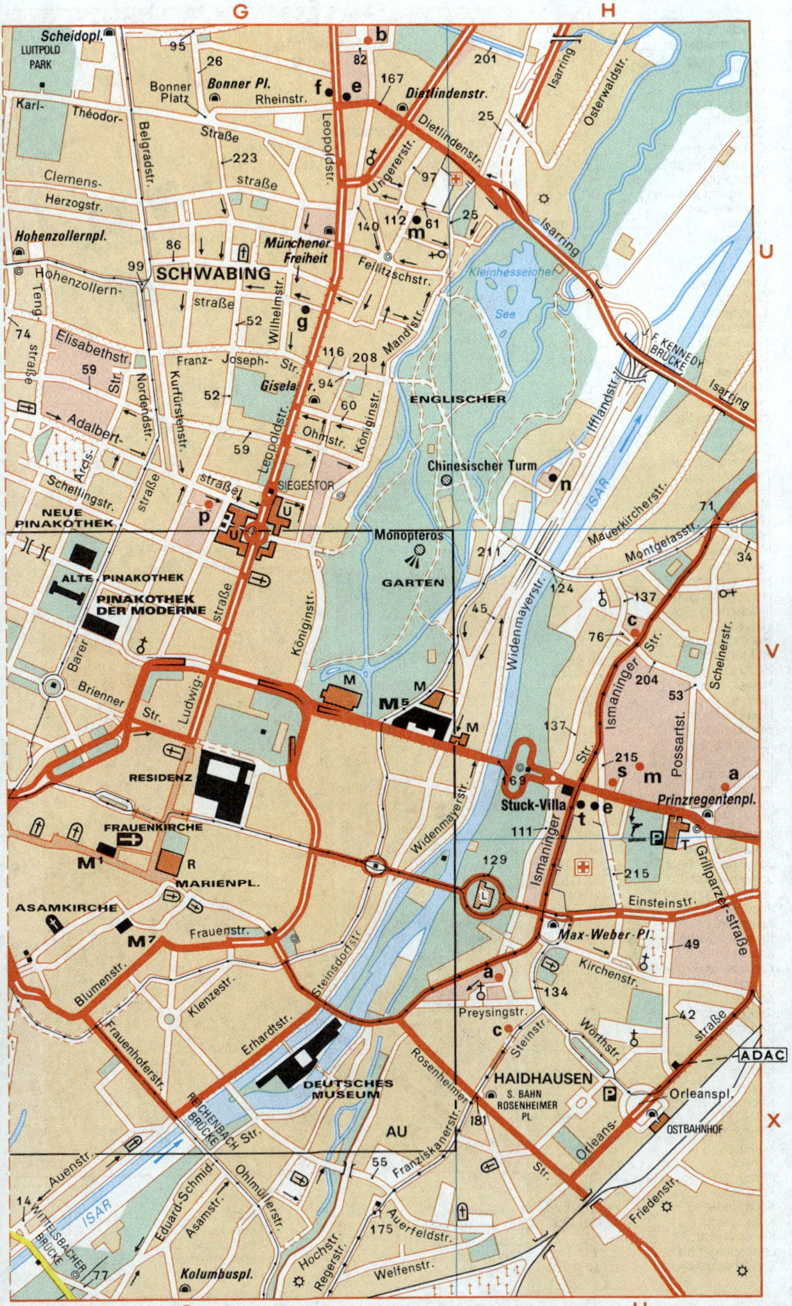
G
H
U
V
X
Scheidopl.
LUITPOLD PARK
Karl-Theodor-Straße
Bonner Platz
Bonner Pl.
Rheinstr.
Dietlindenstr.
Osterwaldstr.
Isarring
Belgradstr.
Clemens-straße
Herzogstr.
Leopoldstr.
Ungererstr.
Hohenzollernpl.
Hohenzollern-straße
Münchener Freiheit
SCHWABING
Feilitzschstr.
Kleinhesseloher See
Teng-straße
Elisabethstr.
Franz-Joseph-Str.
Wilhelmstr.
Mandlstr.
F. KENNEDY BRÜCKE
Giselastr.
Nordendstr.
Kurfürstenstr.
ENGLISCHER
Ifflandstr.
Adalbert-str.
Ohmstr.
Königinstr.
Arcisstraße
Schellingstr.
SIEGESTOR
Chinesischer Turm
ISAR
Mauerkircherstr.
NEUE PINAKOTHEK
Monopteros
Montgelasstr.
ALTE PINAKOTHEK
GARTEN
PINAKOTHEK DER MODERNE
Ludwigstraße
Widenmayerstr.
Barer Str.
Brienner Str.
Scheinerstr.
Ismaninger Str.
Possartstr.
Stuck-Villa
Prinzregentenpl.
RESIDENZ
FRAUENKIRCHE
MARIENPL.
Grillparzer-straße
Einsteinstr.
ASAMKIRCHE
Frauenstr.
Max-Weber-Pl.
Kirchenstr.
Steinsdorfstr.
Blumenstr.
Klenzestr.
Preysingstr.
Steinstr.
Wörthstr.
Erhardtstr.
Frauenhoferstr.
DEUTSCHES MUSEUM
Rosenheimer Str.
HAIDHAUSEN
S. BAHN ROSENHEIMER PL
Orleanspl.
Orleansstr.
ADAC
OSTBAHNHOF
REICHENBACH BRÜCKE
AU
Franziskanerstr.
Auenstr.
Ohlmüllerstr.
Eduard-Schmid-Str.
Asamstr.
Auerfeldstr.
Friedenstr.
WITTELSBACHER BRÜCKE
Hochstr.
Regerstr.
Welfenstr.
Kolumbuspl.

MÜNCHEN S. 10

Street	Grid	No.
Friedenstr.	HX	
Friedrichstr.	GU	52
Fürstenrieder Str.	BST	
Gabelsberger	JKY	
Gärtnerpl.	KZ	
Galileipl.	HV	53
Ganghoferstr.	EX	
Garmischer Str.	BST	
Gautinger Str.	AT	
Gebsattelstr.	GX	55
Geiselgasteigstr.	CT	
Georgenstr.	FGU	59
Georg-Brauchle-Ring	BCR	57
Germeringer Str.	AT	
Giselastr.	GU	60
Görresstr.	FU	
Goethestr.	JZ	
Gohrenstr.	GU	61
Gotthardstr.	BS	
Gräfstr.	AS	
Grasserstr.	EV	63
Grillparzerstr.	HX	
Grünwalder Str.	CT	
Hackerbrücke	EV	65
Häberlstr.	JZ	
Hanauer Str.	CR	66
Hansastr.	CS	68
Hans-Sachs-Str.	KZ	
Harthauser Str.	CT	
Haydnstr.	JZ	
Heckenstallerstr.	BT	70
Heidemannstr.	CR	
Heimeranstr.	EX	
Heinrich-Wieland-Str.	DT	
Herkomerpl.	HU	71
Herrnstr.	LZ	
Herterichstr.	BT	
Herzogstr.	GU	
Herzog-Heinrich-Str.	JZ	
Herzog-Wilhelm-Str.	JZ	74
Hiltenspergerstr.	FGU	
Hirtenstr.	JY	
Hochstr.	LZ	
Hofgartenstr.	KY	75
Hofgraben	KZ	
Hohenzollernstr.	GU	
Holzstr.	JZ	
Hompeschstr.	HV	76
Humboldtstr.	GX	77
Ickstattstr.	KZ	
Ifflandstr.	HU	
Infanteriestr.	FU	
Ingolstädter	CR	
Innere Wiener Str.	LZ	79
Innsbrucker Ring	DST	
Isarring	HU	
Ismaninger Str.	HVX	
Johanneskirchner Str.	DS	80
Johann-Fichte-Str.	GU	82
John-F.-Kennedy-Br.	HU	
Josephspl.	FU	83
Kaiserstr.	GU	86
Kaiser-Ludwigs-Pl.	JZ	
Kapuzinerstr.	JZ	
Kardinal-Faulhaber-Str.	KY	88
Karlspl. (Stachus)	JY	91
Karlstr.	JY	
Karl-Theodor-Str.	GU	
Karolinenpl.	KY	
Kaufingerstr.	KZ	
Kirchenstr.	HX	
Kißkaltpl.	GU	94
Klenzestr.	KZ	
Knorrstr.	CR	95
Kölner Pl.	GU	
Königinstr.	LY	
Königspl.	JY	
Kohlstr.	KLZ	
Kreillerstr.	DS	
Kreuzstr.	JZ	
Kunigundenstr.	GU	97
Kurfürstenpl.	GU	99
Kurfürstenstr.	GU	
Landsberger Str.	EV	
Landshuter Allee	CS	
Landwehrstr.	JZ	
Lazarettstr.	EU	
Ledererstr.	KZ	100
Lenbachpl.	KY	101
Leonrodpl.	EU	
Leonrodstr.	EU	
Leopoldstr.	GU	
Lerchenauer Str.	CR	
Lerchenfeldstr.	LY	102
Lessingstr.	JZ	

912

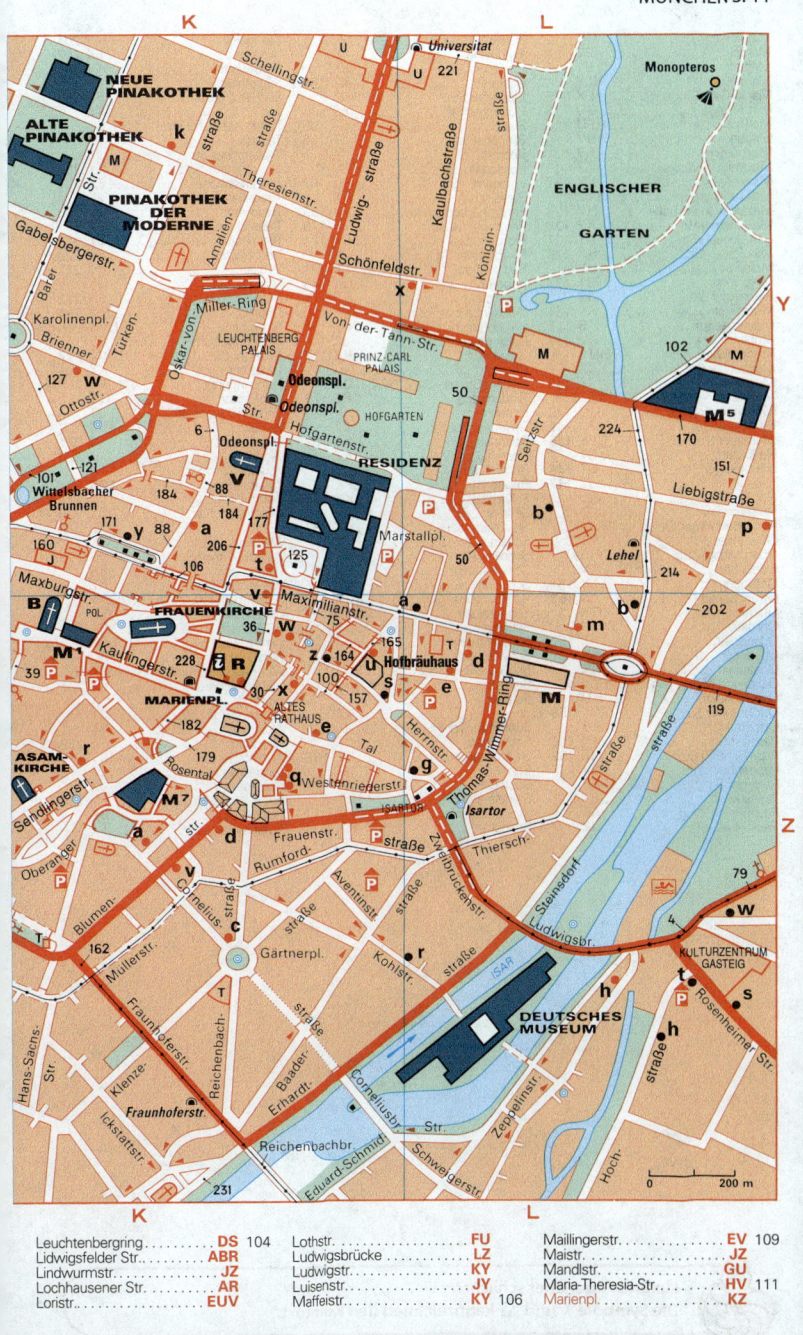

MÜNCHEN S. 11

Leuchtenbergring	DS 104	Lothstr.	FU	Maillingerstr.	EV 109
Lidwigsfelder Str.	ABR	Ludwigsbrücke	LZ	Maistr.	JZ
Lindwurmstr.	JZ	Ludwigstr.	KY	Mandlstr.	GU
Lochhausener Str.	AR	Luisenstr.	JY	Maria-Theresia-Str.	HV 111
Loristr.	EUV	Maffeistr.	KY 106	Marienpl.	KZ

913

MÜNCHEN S. 12

Marschallstr. **GU** 112	Pettenkoferstr. **JZ**	Stengelstr. **HU** 201
Marspl. **EV**	Petuelring **CR**	Sternstr. **LZ** 202
Marsstr. **JY**	Pfeuferstr. **EX**	Sternwartstr. **HV** 204
Marstallpl. **KLY**	Pfisterstr. **KZ** 164	Stiglmaierpl. **JY**
Martin-Greif-Str. **EX** 115	Pippinger Str. **ARS**	Südl. Auffahrtsallee **BS** 205
Martiusstr. **GU** 116	Planegger Str. **AS**	Tal. **KZ**
Maßmannstr. **FU** 118	Platzl. **KZ** 165	Tegernseer Landstr. **CT**
Mauerkircherstr. **HUV**	Plinganserstr. **CT** 166	Tengstr. **GU**
Maxburgstr. **KY**	Poccistr. **EX**	Thalkirchner Str. **JZ**
Maximiliansbrücke **LZ** 119	Possartstr. **HV**	Theatinerstr. **KY** 206
Maximilianspl. **KY** 121	Potsdamer Str. **GU** 167	Theresienhöhe **EX** 207
Maximilianstr. **KYZ**	Preysingstr. **HX**	Theresienstr. **JK**
Max-Josephs-Brücke **HV** 124	Prinzregentenbrücke **HV** 169	Thiemestr. **GU** 208
Max-Joseph-Pl. **KY** 125	Prinzregentenstr. **LY** 170	Thierschstr. **LZ**
Max-Joseph-Str. **KY** 127	Promenadepl. **KY** 171	Thomas-Wimmer-Ring **LZ**
Max-Planck-Str. **HX** 129	Putzbrunner Str. **DT**	Tierparkstr. **CT** 209
Meiserstr. **JY**	Radlkoferstr. **EX** 174	Tivolistr. **HV** 211
Melchiorstr. **BT** 131	Regerpl. **GX** 175	Töginger Str. **DS**
Menzinger Str. **BS**	Regerstr. **GX**	Triebstr. **CR** 212
Metzgerstr. **HX** 134	Reichenbachbrücke **KZ**	Triftstr. **LY** 214
Meyerbeerstr. **AS** 136	Reichenbachstr. **KZ**	Trogerstr. **HVX** 215
Möhlstr. **HV** 137	Reisingerstr. **JZ**	Truderinger Str. **DS**
Montgelasstr. **HUV**	Residenzstr. **KY** 177	Tübinger Str. **BCS** 217
Moosacher Str. **CR**	Rheinstr. **GU**	Türkenstr. **KY**
Mozartstr. **JZ** 138	Richard-Strauss-Str. **DS**	Tumblingerstr. **FX** 218
Müllerstr. **KZ**	Rindermarkt **KZ** 179	Ungererstr. **GU**
Münchner Freiheit **GU** 140	Rosenheimer Pl. **HX** 181	Unterhachinger Str. **DT**
Münchner Str. **AT, DR** 142	Rosenheimer Str. **LZ**	Verdistr. **ABS**
Murnauer Str. **BT** 145	Rosenstr. **KZ** 182	Veterinärstr. **LY** 221
Naupliastr. **CT**	Rosental **KZ**	Viktoriastr. **GU** 223
Neubiberger Str. **DT** 146	Rumfordstr. **KZ**	Von-der-Tann-Str. **KLY**
Neuhauser Str. **JZ** 147	Ruppertstr. **EFX**	Von-Karl-Str. **ABR**
Nordendstr. **GU**	Salvatorstr. **KY** 184	Wagmüllerstr. **LY** 224
Nußbaumstr. **JZ**	Sandstr. **JY**	Waldfriedhofstr. **BT** 226
Nymphenburger Str. **EUV**	Schäftlarnstr. **CT** 187	Weinstr. **KZ** 228
Oberanger **KZ**	Scheinerstr. **HV**	Welfenstr. **GX**
Oberföhringer Str. **DRS**	Schellingstr. **KY**	Wendl-Dietrich-Str. **BS** 229
Odeonspl. **KY**	Schießstättstr. **EX** 189	Westendstr. **BS**
Oettingenstr. **LY** 151	Schillerstr. **JZ**	Westenriederstr. **KZ**
Offenbachstr. **AS** 153	Schleißheimer Str. **JY** 192	Widenmayerstr. **GHV**
Ohlmüllerstr. **GX**	Schönfeldstr. **KLY**	Wilhelmstr. **GU**
Ohmstr. **GU**	Schönstr. **CT**	Willibaldstr. **BS**
Orlandostr. **KZ** 157	Schwanthalerstr. **JZ**	Wintrichring **BRS**
Orleanspl. **HX**	Schweigerstr. **LZ**	Winzererstr. **FU**
Orleansstr. **HX**	Schwere-Reiter-Str. **EFU**	Wittelsbacherbrücke **GX**
Oskar-von-Miller-Ring **KY**	Seidlstr. **JY**	Wittelsbacherstr. **KZ** 231
Osterwaldstr. **HU**	Seitzstr. **LY**	Wörthstr. **HX**
Ottobrunner Str. **DT** 158	Sendlinger Str. **KZ**	Wolfratshauser Str. **CT**
Ottostr. **KY**	Sendlinger-Tor-Pl. **JZ** 194	Wotanstr. **BS**
Pacellistr. **KY** 160	Seybothstr. **CT**	Wredestr. **EV** 232
Papa-Schmid-Str. **KZ** 162	Siemensallee **BT** 197	Würmtalstr. **ABT**
Pappenheimstr. **EV** 163	Sonnenstr. **JZ**	Zeppelinstr. **LZ**
Pasinger Str. **AT**	Sophienstr. **JY**	Ziemssenstr. **JZ**
Passauerstr. **CT**	Ständlerstr. **DT**	Zirkus-Krone-Str. **EV** 236
Paul-Ehrlich-Weg **AR**	Steinsdorfstr. **LZ**	Zschokkestr. **BS**
Paul-Heyse-Str. **JZ**	Steinstr. **HX**	Zweibrückenstr. **LZ**

Luxuriös oder eher schlicht?
Die Symbole ✕ und 🏠 kennzeichnen den Komfort.

MÜNCHEN S. 13

Mandarin Oriental — (geheizt) Rest
Neuturmstr. 1 ⊠ 80331 – ℰ (089) 29 09 80
– momuc-reservations@mohg.com – Fax (089) 222539
KZ s
73 Zim – ♦325/470 € ♦♦395/520 €, ⊇ 29 € – 8 Suiten
Rest Mark's – ℰ (089) 29 09 88 75 *(geschl. Sonntag)* Menü 65 € (mittags)/135 €
– Karte 65/80 €
Spez. Langustinencarpaccio mit Kaviar und Limonencrème. Variation von der Gänsestopfleber. Hummer in orientalischer Würze.
♦ Dieses Haus steht für Service und Technik auf höchstem Niveau! Mit beeindruckendem Engagement bemüht man sich in dem eleganten Palais um den Gast. Dachterrasse mit Pool. Auf der Galerie befindet sich das Restaurant Mark's mit klassisch-mediterraner Küche.

Bayerischer Hof
Promenadeplatz 2 ⊠ 80333 – ℰ (089) 2 12 00 – info@bayerischerhof.de
– Fax (089) 2120906
KY y
373 Zim ⊇ – ♦237/445 € ♦♦320/470 € – 16 Suiten
Rest Garden-Restaurant – *(Tischbestellung ratsam)* Menü 37 € (mittags)/76 €
– Karte 52/81 €
Rest Trader Vic's – *(nur Abendessen)* Menü 40/77 € – Karte 30/63 €
Rest Palais Keller – Karte 19/35 €
♦ Imposant ist der Rahmen dieses Grandhotels von 1841. Besonders exklusiv sind die Zimmer in der VIP-Etage. Einen tollen Blick bietet der Spabereich auf 3 Etagen. Internationales im Garden-Restaurant. Polynesisch: Trader Vic's. Palais Keller: urig-bayerisch.

The Charles
Sophienstr. 28 ⊠ 80333 – ℰ (089) 5 44 55 50 – reservations.charles@ roccofortecollection.com – Fax (089) 5445552000
JY e
160 Zim – ♦390/530 € ♦♦390/530 €, ⊇ 26 € – 19 Suiten – **Rest** – Karte 42/77 €
♦ Das luxuriöse Hotel liegt zentral am Alten Botanischen Garten. Die geschmackvolle moderne Einrichtung vermittelt zeitlose Eleganz. Einige Zimmer mit schönem Blick auf die Stadt.

Königshof
Karlsplatz 25 ⊠ 80335 – ℰ (089) 55 13 60 – koenigshof@geisel-privathotels.de
– Fax (089) 55136113
JY s
87 Zim – ♦240/365 € ♦♦310/380 €, ⊇ 26 € – 11 Suiten
Rest – *(geschl. 1. - 7. Jan., 27. Juli - 27. Aug. und Sonntag - Montag)*
(Tischbestellung ratsam) Menü 42 € (mittags)/125 € – Karte 60/82 €
Spez. Gambas mit Artischocken und Mirabellen. Ochsenschwanzterrine mit Gänseleber und Petersilienöl. Schokoladenbiskuit mit Himbeeren und Sauerrahmeis.
♦ Ein stilvoll-elegantes Hotel ist dieses äußerlich recht schlichte Haus direkt am Stachus. Freundliches Personal sowie Zimmer in klassischem oder modernem Stil überzeugen. Gediegenes Restaurant mit Blick auf den Karlsplatz. Die Küche ist klassisch.

Vier Jahreszeiten Kempinski
Maximilianstr. 17 ⊠ 80539 – ℰ (089) 2 12 50
– reservations.hvj@kempinski.com – Fax (089) 21252000
LZ a
303 Zim – ♦215/410 € ♦♦246/410 €, ⊇ 34 € – 27 Suiten
Rest Vue Maximilian – Menü 59/98 € (mittags) – Karte 41/62 €
♦ Seit seiner Eröffnung 1858 zählt dieses Haus zu den klassischen Grandhotels in München. Auf sehr ansprechende Weise verbindet sich historischer Charme mit zeitgemäßem Komfort. Mit Blick auf die Maximilianstraße speist man im Restaurant Vue Maximilian.

Sofitel Munich Bayerpost
Bayerstr. 12 ⊠ 80335 – ℰ (089) 59 94 80
– h5413@accor.com – Fax (089) 599481000
JY a
396 Zim – ♦189/399 € ♦♦189/399 €, ⊇ 26 € – 14 Suiten
Rest – *(nur Abendessen)* Karte 43/68 €
Rest Suzie W. – Karte 34/37 €
♦ Das Hotel mit der schönen Sandsteinfassade beeindruckt mit seinem großzügigen Rahmen. Geschmackvolles avantgardistisches Design von der Atrium-Lobby bis in die Zimmer. Internationale Karte im Restaurant. Suzie W. mit asiatisch beeinflusster Küche.

MÜNCHEN S. 14

Hilton Park
Am Tucherpark 7 ⊠ 80538 – ℰ (089) 3 84 50 – info.munich@hilton.com
– Fax (089) 38452588
HU n
478 Zim – †119/429 € ††144/429 €, ⊑ 24 € – 3 Suiten
Rest *Tivoli & Club* – Karte 27/44 €

♦ Die Lage am Englischen Garten zählt ebenso zu den Vorzügen dieses Hotels wie die neuzeitlichen und technisch gut ausgestatteten Zimmer. Auch Business- und Executive-zimmer.

Le Méridien
Bayerstr. 41 ⊠ 80335 – ℰ (089) 2 42 20 – info.muenchen@lemeridien.com
– Fax (089) 24222025
JZ w
381 Zim – †175/429 € ††175/429 €, ⊑ 26 € – 9 Suiten – **Rest** – Karte 38/52 €

♦ Modern und zurückhaltend elegant ist das Ambiente in diesem Hotel gegenüber dem Hauptbahnhof. Die Gästezimmer sind mit hochwertigem Mobiliar in geradlinigem Stil eingerichtet. Restaurant mit Blick in den hübschen begrünten Innenhof.

Excelsior
Schützenstr. 11 ⊠ 80335 – ℰ (089) 55 13 70 – excelsior@geisel-privathotels.de
– Fax (089) 55137121
JY z
114 Zim – †150/285 € ††190/285 €, ⊑ 18 €
Rest *Geisel's Vinothek* – (geschl. Sonntagmittag) Menü 19 € (mittags)/38 € (abends) – Karte 31/40 €

♦ Individuell und elegant hat man die Zimmer in diesem Hotel in der Stadtmitte eingerichtet. Gäste können den Freizeitbereich des Königshofes mitbenutzen. Nett ist die rustikale Vinothek mit gutem Weinangebot.

Maritim
Goethestr. 7 ⊠ 80336 – ℰ (089) 55 23 50 – info.mun@maritim.de
– Fax (089) 55235900
JZ z
339 Zim – †159/307 € ††184/332 €, ⊑ 20 € – 6 Suiten – **Rest** – Karte 27/47 €

♦ Die Lage nahe dem Deutschen Theater, dem Stachus und der Theresienwiese sowie geschmackvoll-elegante Zimmer sprechen für dieses Hotel. Die Restaurants Rôtisserie und Bistro bieten eine internationale Küche.

Sheraton Westpark
Garmischer Str. 2 ⊠ 80339 – ℰ (089) 5 19 60 – westpark@arabellasheraton.com
– Fax (089) 5196801
CS t
258 Zim – †147/294 € ††147/294 €, ⊑ 20 € – 5 Suiten – **Rest** – Karte 28/51 €

♦ Vor allem auf Businessgäste und Tagungen ist dieses Hotel ausgelegt. Die funktionellen Zimmer sind teilweise in ganz modernem, klarem Stil gehalten und technisch sehr gut ausgestattet. Restaurant mit zeitlosem Ambiente.

Eden Hotel Wolff
Arnulfstr. 4 ⊠ 80335 – ℰ (089) 55 11 50 – info@ehw.de – Fax (089) 55115555
JY p
210 Zim ⊑ – †138/153 € ††178/194 € – **Rest** – Karte 21/47 €

♦ Das direkt beim Hauptbahnhof gelegene Hotel bietet gediegene Zimmer - auch Allergiker- und Themenzimmer im alpenländischen Stil - sowie einen modernen Freizeitbereich. In der rustikalen Zirbelstube ergänzen bayerische Gerichte die internationale Karte.

Exquisit
Pettenkoferstr. 3 ⊠ 80336 – ℰ (089) 5 51 99 00 – info@hotel-exquisit.com
– Fax (089) 55199499
JZ s
50 Zim ⊑ – †139/225 € ††175/275 € – 5 Suiten – **Rest** – (geschl. 4. - 31. August und Samstag - Sonntag, nur Mittagessen) Menü 13 € (Buffet) – Karte 20/30 €

♦ In dem gut geführten Hotel nicht weit vom Sendlinger Tor werden klassischer Stil und hochwertige Einrichtung groß geschrieben. Kleines Angebot im neuzeitlichen Bistro.

Anna
Schützenstr. 1 ⊠ 80335 – ℰ (089) 59 99 40 – anna@geisel-privathotels.de
– Fax (089) 59994333
JYZ n
73 Zim – †175/230 € ††195/250 € – **Rest** – Karte 28/35 €

♦ Modernes Design bestimmt das Ambiente dieses komfortablen Hotels direkt am Stachus. Die Zimmer sind technisch auf dem neuesten Stand - in der obersten Etage mit Panoramasicht. Bistroartiges Restaurant mit Sushi-Bar.

MÜNCHEN S. 15

Mercure City Center
Biergarten Rest,
Senefelder Str. 9 ⊠ 80336 – ℘ (089) 55 13 20
– h0878@accor.com – Fax (089) 596444
167 Zim – †99/184 € ††99/204 €, ⊇ 17 € – **Rest** – Karte 29/43 € — JZ c
◆ Moderner Stil und warme Farben begleiten Sie vom Empfang bis in die technisch sehr gut ausgestatteten Zimmer dieses unweit des Hauptbahnhofs gelegenen Hotels. Zur Halle hin offenes Restaurant mit internationaler Küche.

King's Hotel First Class garni
Dachauer Str. 13 ⊠ 80335 – ℘ (089) 55 18 70 – 1stclass@kingshotels.de
– Fax (089) 55187300
94 Zim – †140/160 € ††160 €, ⊇ 15 € — JY f
◆ Hier bestimmt Holz das Bild: Ein eleganter alpenländischer Stil schafft in diesem Hotel ein einladendes Ambiente. In jedem Zimmer steht ein Himmelbett mit Baldachin.

Platzl
Sparkassenstr. 10 ⊠ 80331 – ℘ (089) 23 70 30 – info@platzl.de – Fax (089) 23703800
167 Zim ⊇ – †125/190 € ††200/236 € — KZ z
Rest *Pfistermühle* – (geschl. Sonntag, August nur Abendessen) Karte 32/47 €
Rest *Ayingers* – Karte 19/33 €
◆ Hotel mitten in der Altstadt. Sehr schön hat man in den Zimmern Klassisches mit Modernem kombiniert. Erholungsbereich im Stil des Maurischen Kiosks von Ludwig II. Im Gewölbe der Pfistermühle erwartet Sie Altmünchener Flair. Ayingers mit Wirtshaustradition.

Stadthotel Asam garni
Josephspitalstr. 3 ⊠ 80331 – ℘ (089) 2 30 97 00 – info@hotel-asam.de
– Fax (089) 23097097 – geschl. über Weihnachten
25 Zim – †125/158 € ††169/189 €, ⊇ 18 € – 8 Suiten — JZ a
◆ In dem kleinen, luxuriös angehauchten Haus in der Innenstadt stehen mit Stil und Geschmack ausgestattete Gästezimmer zur Verfügung.

Courtyard by Marriott
Schwanthalerstr. 37 ⊠ 80336 – ℘ (089) 54 88 48 80 – Fax (089) 5488488333
248 Zim – †155 € ††155 €, ⊇ 19 € – **Rest** – Karte 23/38 € — JZ r
◆ In der Innenstadt, nicht weit vom Bahnhof, liegt das auf Geschäftsreisende ausgelegte Hotel mit seinen neuzeitlichen Zimmern und Studios. Gutes Frühstücksbuffet.

Torbräu
Tal 41 ⊠ 80331 – ℘ (089) 24 23 40 – info@torbraeu.de – Fax (089) 24234235
– geschl. über Weihnachten — LZ g
91 Zim ⊇ – †147/258 € ††185/342 € – 3 Suiten
Rest *La Famiglia* – ℘ (089) 22 80 75 33 – 41 € – Karte 35/44 €
◆ Der historische Bau aus dem 15. Jh. soll das älteste Hotel der Stadt sein. Gepflegte Zimmer mit gutem Platzangebot, die alle mit Klimaanlage ausgestattet sind. Toskanisches Flair und italienische Küche im terrakottagefliesten La Famiglia.

Admiral garni
Kohlstr. 9 ⊠ 80469 – ℘ (089) 21 63 50 – info@hotel-admiral.de – Fax (089) 293674
33 Zim ⊇ – †170/220 € ††200/250 € — LZ r
◆ Nur wenige Gehminuten von der Innenstadt entferntes Hotel mit funktionellen, teils recht ruhig gelegenen Zimmern. Bei schönem Wetter frühstücken Sie im kleinen Garten.

King's Hotel Center garni
Marsstr. 15 ⊠ 80335 – ℘ (089) 51 55 30 – center@kingshotels.de
– Fax (089) 51553300
90 Zim – †99/140 € ††140 €, ⊇ 12 € — JY b
◆ Ein holzvertäfelter Hallenbereich empfängt Sie in dem in Zentrumsnähe gelegenen Hotel. Aufwändig gearbeitete Himmelbetten lassen die Zimmer wohnlich wirken.

Conrad de Ville garni
Schillerstr. 10 ⊠ 80336 – ℘ (089) 54 55 60 – info@conrad-hotel.de
– Fax (089) 54556666
89 Zim ⊇ – †105/219 € ††129/299 € — JZ g
◆ Dieses Stadthotel liegt sehr günstig nahe dem Bahnhof und unweit des Zentrums und bietet freundliche Zimmer mit mediterranem Ambiente.

917

MÜNCHEN S. 16

Alpenhotel
*Adolf-Kolping-Str. 14 ⊠ 80336 – ℰ (089) 55 93 30 – info@
alpenhotel-muenchen.de – Fax (089) 55933100 – geschl. über Weihnachten*
57 Zim ⊇ – †110/160 € ††140/240 € – **Rest** – (geschl. Sonn- und Feiertage)   JZ **b**
Karte 28/37 €

• Die Lage im Herzen Münchens, nahe Bahnhof und Stachus, sowie modern eingerichtete Gästezimmer sprechen für dieses Hotel. Im Restaurant Stefans Gasthaus bietet man Münchner Küche. Nett ist die kleine Innenhofterrasse.

Atrium garni
*Landwehrstr. 59 ⊠ 80336 – ℰ (089) 51 41 90 – info@atrium-hotel.de
– Fax (089) 535066*   JZ **k**
162 Zim – †84/329 € ††114/359 €

• Mit Marmor und Spiegeln empfängt Sie die moderne Hotelhalle. Die Zimmer sind mit Naturholzmöbeln und solider Technik ausgestattet. Hübsch: der kleine begrünte Innenhof.

Splendid-Dollmann garni
*Thierschstr. 49 ⊠ 80538 – ℰ (089) 23 80 80 – splendid-muc@t-online.de
– Fax (089) 23808365*   LZ **b**
36 Zim – †130/170 € ††160/200 €, ⊇ 13 €

• Bürgerhaus a. d. 19. Jh. mit stilvoller, als Bibliothek angelegter Halle, individuellen, teils antik möblierten Zimmern und einem hübschen Frühstücksraum mit Gewölbe.

Fleming's München-City
*Bayerstr. 47 ⊠ 80335 – ℰ (089) 4 44 46 60
– muenchen-city@flemings-hotels.com – Fax (089) 444466999*   JZ **d**
112 Zim ⊇ – †108/175 € ††133/210 € – **Rest** – Karte 19/41 €

• Zentral, in unmittelbarer Nähe des Hauptbahnhofs gelegenes Hotel mit funktionellen, in modernem Design gehaltenen Gästezimmern. Restaurant im Bistrostil mit Bar und Feinkosttheke.

Domus
*St.-Anna-Str. 31 ⊠ 80538 – ℰ (089) 2 17 77 30 – reservation@domus-hotel.de
– Fax (089) 2285359 – geschl. über Weihnachten*   LY **b**
45 Zim ⊇ – †115/160 € ††145/195 €
Rest *facile* – ℰ (089) 21 77 73 67 (geschl. Samstagmittag, Sonn- und Feiertage)
Karte 26/36 €

• Das zwischen Maximilian- und Prinzregentenstraße gelegene, funktionell ausgestattete Haus ist ein guter Ausgangspunkt, um Kunst, Kultur und Einkaufsmöglichkeiten zu entdecken. Modernes Ambiente und italienische Küche im Restaurant facile.

Schiller 5 garni
Schillerstr. 5 ⊠ 80336 – ℰ (089) 51 50 40 – info@schiller5.com – Fax (089) 51504500   JZ **h**
55 Zim – †135/220 € ††170/250 € – 3 Suiten

• Ein modern-puristischer, funktioneller Stil zieht sich vom Empfangsbereich bis in die mit kleiner Kitchenette ausgestatteten Zimmer des nahe dem Hauptbahnhof gelegenen Hotels.

Carat Hotel garni
*Lindwurmstr. 13 ⊠ 80337 – ℰ (089) 23 03 80 – info-m@carat-hotel.de
– Fax (089) 23038199*   JZ **f**
70 Zim ⊇ – †99/119 € ††109/139 €

• Die zeitgemäß und funktionell ausgestatteten Zimmer dieses am Zentrumsrand gelegenen Hotels sind vor allem auf Geschäftsreisende zugeschnitten.

Kraft garni
*Schillerstr. 49 ⊠ 80336 – ℰ (089) 5 50 59 40 – info@hotel-kraft.com
– Fax (089) 55059479*   JZ **y**
32 Zim ⊇ – †85/145 € ††100/175 €

• Wohnliches Haus, teils mit Stilmobiliar, in zentraler Lage im Universitätsklinik-Viertel. Bahnhof, Festwiese, öffentliche Verkehrsmittel und Zentrum erreicht man bequem.

Präsident garni
*Schwanthalerstr. 20 ⊠ 80336 – ℰ (089) 5 49 00 60 – hotel.praesident@t-online.de
– Fax (089) 54900628*   JZ **q**
42 Zim ⊇ – †79/209 € ††95/299 €

• Für Theaterfreunde ist dieses zentrumsnah gelegene Hotel ideal: Schräg gegenüber liegt das Deutsche Theater. Neuzeitliche Zimmer mit hellen Naturholzmöbeln.

MÜNCHEN S. 17

Meier garni
Schützenstr. 12 ⊠ 80335 – ℰ (089) 5 49 03 40 – info@hotel-meier.de
– Fax (089) 549034340 – geschl. 23. - 27. Dez.
JY **x**
50 Zim ⊆ – †80/95 € ††100/145 €
♦ In diesem Etagenhotel zwischen Hauptbahnhof und Stachus stehen den Besuchern einheitlich eingerichtete, funktionelle Zimmer zur Verfügung.

Daniel garni
Sonnenstr. 5 ⊠ 80331 – ℰ (089) 54 82 40 – info@hotel-daniel.de
– Fax (089) 553420
JZ **m**
81 Zim ⊆ – †88/115 € ††115/145 €
♦ Wohnlich-moderne Zimmer direkt am Stachus: Von hier ist die Innenstadt bequem zu erreichen. Zugänge zum Münchner Verkehrsverbund neben dem Hotel.

Acanthus garni
An der Hauptfeuerwache 14 ⊠ 80331 – ℰ (089) 23 18 80 – info@ acanthushotel.de – Fax (089) 2607364
JZ **n**
36 Zim ⊆ – †89/99 € ††115/135 €
♦ Verschiedene Stilarten kennzeichnen die Zimmer dieses Hotels: teils im englischen Stil gehalten, mit Antiquitäten und gemusterten Tapeten, teils modern, in Cremetönen.

Müller garni
Fliegenstr. 4 ⊠ 80337 – ℰ (089) 2 32 38 60 – hotelmueller@gmx.de
– Fax (089) 268624 – geschl. 24. Dez. - 2. Jan.
JZ **p**
40 Zim ⊆ – †82/158 € ††102/178 €
♦ Beim Sendlinger Tor, schräg gegenüber der Matthäuskirche, befindet sich das Hotel mit den neuzeitlichen Zimmern, dem persönlichen Service und der behaglichen Atmosphäre.

Uhland garni
Uhlandstr. 1 ⊠ 80336 – ℰ (089) 54 33 50 – info@hotel-uhland.de
– Fax (089) 54335250 – geschl. 7. - 20. Jan.
JZ **x**
27 Zim ⊆ – †75/145 € ††88/190 €
♦ Die hübsche Villa liegt recht ruhig in der Nähe der Theresienwiese. Es erwarten Sie meist neuzeitlich eingerichtete Zimmer und ein trendiger Frühstücksraum mit gutem Buffet.

Schuhbeck's in den Südtiroler Stuben
Platzl 6 ⊠ 80331 – ℰ (089) 2 16 69 00 – info@schuhbeck.de
– Fax (089) 21669025 – geschl. Anfang Jan. 2 Wochen und Sonntag - Montagmittag, Feiertage
KZ **u**
Rest – Menü 73/118 €
Spez. Lauwarme Forelle mit Apfel-Ingwer und grünen Mandeln. Milchkalbsfilet in Bauernbrot mit Artischocken, Ofentomaten und Steinpilzen. Topfenpalatschinken mit eingelegten Süßkirschen und Sauerrahm-Hollerblüteneis.
♦ Herzstück der gastronomischen Welt von Alfons Schuhbeck sind die Südtiroler Stuben mit regionaler Küche. Auch am Platzl: Weinbistro, Schokoladen- und Gewürzladen, Eissalon.

Dallmayr
Dienerstr. 14, (1. Etage) ⊠ 80331 – ℰ (089) 2 13 51 00 – gastro@dallmayr.de
– Fax (089) 2135443 – geschl. 1. - 25. Aug. und Sonntag - Montag, Feiertage
Rest – (Tischbestellung ratsam) Menü 55 € (mittags)/115 € (abends)
– Karte 63/87 €
KZ **w**
Spez. Jakobsmuscheln mit Chicorée und Nussbutterschaum. Steinbutt mit gefüllter Artischocke und Basilikum-Olivenölnage. Schokoladensoufflé mit eingelegten Blutorangen und Tahiti-Vanilleeis.
♦ Mitten in München steht das berühmte traditionsreiche Delikatessenhaus. Im ersten Stock genießen Sie in edlem Ambiente professionellen Service und klassische Küche.

G
Geyerstr. 52 ⊠ 80469 – ℰ (089) 74 74 79 99 – info@g-munich.de
– Fax (089) 74747929 – geschl. 23. Dez. - 6. Jan., 21. - 24. März und Sonntag - Montag
FX **g**
Rest – (nur Abendessen) (Tischbestellung ratsam) Menü 100 €
– Karte 60/79 €
♦ Ein modern-puristisches Restaurant, das seinen Gästen kreative Küche bietet. In der stilvollen Lounge nehmen Sie auf eleganten Lederpolstern Platz.

MÜNCHEN S. 18

XX **Blauer Bock**
*Sebastiansplatz 9 ⊠ 80331 – ℰ (089) 45 22 23 33 – mail@
restaurant-blauerbock.de – Fax (089) 45222330 – geschl. Juli - Sept. Samstagabend
- Sonntag und Feiertage*   **KZ a**
Rest – Menü 22 € (mittags)/72 € (abends) – Karte 45/75 €
♦ Nur wenige Schritte vom Viktualienmarkt liegt dieses ganz moderne, in warmen Tönen gehaltene Restaurant mit hübscher Terrasse. Internationale Küche auf französischer Basis.

XX **Halali**
*Schönfeldstr. 22 ⊠ 80539 – ℰ (089) 28 59 09 – halali-muenchen@t-online.de
– Fax (089) 282786 – geschl. Samstagmittag, Sonn - und Feiertage*   **LY x**
Rest – (Tischbestellung ratsam) Menü 22 € (mittags)/52 € – Karte 33/53 €
♦ Das historische Gasthaus aus dem 19. Jh. beherbergt ein gemütliches rustikal-gediegenes Restaurant, das von vielen Stammgästen geschätzt wird.

XX **Ederer**
*Kardinal-Faulhaber-Str. 10 ⊠ 80333 – ℰ (089) 24 23 13 10 – restaurant-ederer@
t-online.de – Fax (089) 24231312 – geschl. über Weihnachten 1 Woche
und Sonntag sowie Feiertage*   **KY a**
Rest – (Tischbestellung ratsam) Menü 35 € (mittags)/65 € (abends)
– Karte 42/78 €
♦ Umgeben von noblen Geschäften der Fünf Höfe, erwartet Sie in den hohen Räumen dieses Restaurants ein schickes, modernes Ambiente. Internationale Küche. Nette Innenhofterrasse.

XX **Austernkeller**
Stollbergstr. 11 ⊠ 80539 – ℰ (089) 29 87 87 – Fax (089) 223166   **LZ e**
Rest – (nur Abendessen) (Tischbestellung ratsam) Karte 32/52 €
♦ Wer sich für Krustentiere und frisch gefischte Meeresbewohner begeistert, begibt sich am besten in dieses denkmalgeschützte, mit Porzellantellern geschmückte Kellergewölbe.

XX **Nymphenburger Hof**
*Nymphenburger Str. 24 ⊠ 80335 – ℰ (089) 1 23 38 30 – Fax (089) 1233852
– geschl. 24. Dezember - 10. Januar sowie Samstagmittag, Sonn- und Feiertage*
Rest – (Tischbestellung ratsam) Menü 22 € (mittags) – Karte 31/54 €   **EV a**
♦ In diesem Restaurant erwartet Sie ein internationales Speiseangebot mit österreichischen Einflüssen. Nett sitzt man auch auf der Terrasse vor dem Haus.

XX **Lenbach**
*Ottostr. 6 ⊠ 80333 – ℰ (089) 5 49 13 00 – info@lenbach.de – Fax (089) 54913075
– geschl. Sonn- und Feiertage*   **JY c**
Rest – Karte 32/60 €
♦ Das Lenbach Palais beherbergt trendige Gastronomie auf 2200 qm - designed von Sir Terence Conran. Im Restaurant besticht ein Mix aus Modernem und Historischem. Sushi-Bar.

XX **Galleria**
*Sparkassenstr. 11 (Ecke Ledererstraße) ⊠ 80331 – ℰ (089) 29 79 95
– ristorantegalleria@yahoo.de – Fax (089) 2913653
– geschl. Sonntag außer Dez.*   **KZ x**
Rest – (Tischbestellung ratsam) Menü 25 € (mittags)/55 € – Karte 38/43 €
♦ Ein gemütliches kleines Restaurant in der Innenstadt mit italienisch ausgelegter Küche. Ständig wechselnde farbenfrohe Bilder zieren die Wände.

XX **Weinhaus Neuner**
*Herzogspitalstr. 8 ⊠ 80331 – ℰ (089) 2 60 39 54 – info@weinhaus-neuner.de
– Fax (089) 266933 – geschl. Sonn- und Feiertage*   **JZ e**
Rest – Menü 19 € (mittags)/40 € – Karte 29/45 €
♦ Als Münchens "Ältestes Weinhaus" bezeichnet sich dieser Bau von 1852 mit Kreuzwölbe und sehenswerten Wandgemälden. Internationale Küche.

XX **Albarone Monaco**
*Stollbergstr. 22 ⊠ 80539 – ℰ (089) 29 16 86 87 – g.mayrhofer@t-online.de
– Fax (089) 29168687 – geschl. 23. Dezember - 6. Januar, 10. - 24. August
sowie Samstagmittag, Sonn- und Feiertage*   **LZ d**
Rest – Menü 25 € (mittags)/56 € – Karte 33/47 €
♦ Das nahe dem Hofbräuhaus gelegene Stadthaus beherbergt dieses nette Restaurant mit italienischem Angebot. Schön ist auch die Innenhofterrasse.

MÜNCHEN S. 19

Fratelli's
*Blumenstr. 1 ⌧ 80469 – ℘ (089) 26 01 18 50 – info@restaurant-fratellis.de
– Fax (089) 260118801 – geschl. Sonntag*

KZ **d**

Rest – Karte 31/40 €

♦ Unweit des Viktualienmarktes liegt das modern gestaltete italienische Restaurant. Geschult serviert man am Abend leicht gehobene Speisen - mittags kleinere, günstigere Karte.

Les Cuisiniers
*Reitmorstr. 21 ⌧ 80538 – ℘ (089) 23 70 98 90 – Fax (089) 23709891
– geschl. Samstagmittag, Sonntag - Montagmittag*

LY **p**

Rest – Menü 36 € – Karte 29/37 €

♦ Angenehm hell und freundlich hat man dieses bistroähnliche Restaurant gestaltet - moderne Bilder zieren die Wände. Geboten wird eine unkomplizierte mediterrane Küche.

Seven Fish
*Gärtnerplatz 6 ⌧ 80469 – ℘ (089) 23 00 02 19 – info@seven-fish.de
– Fax (089) 48952181*

KZ **c**

Rest – Menü 40 € – Karte 32/50 €

♦ Kreative Fischgerichte, zubereitet aus guten Produkten und von freundlichem Personal in modernem Ambiente serviert. Auswahl an griechischen Weinen. Mittags kleineres Angebot.

Dukatz
*Maffeistr. 3a (1. Etage) ⌧ 80333 – ℘ (089) 7 10 40 73 73 – info@dukatz.de
– Fax (089) 710407374 – geschl. Sonn- und Feiertage*

KYZ **p**

Rest – (Tischbestellung ratsam) Karte 24/50 €

♦ Eine sympathische Atmosphäre herrscht in dem Restaurant mit Bistroambiente in zentraler Lage am Salvatorplatz. Serviert wird französische Küche.

Weinkehr
*Brienner Str. 23 ⌧ 80333 – ℘ (089) 5 12 66 28 58 96 – office@weinkehr.at
– Fax (089) 51266285899 – geschl. Samstagmittag, Sonn- und Feiertage*

KY **w**

Rest – Karte 22/43 €

♦ In diesem Gewölbekeller-Restaurant werden Sie mit österreichischen Speisen und Weinen bewirtet. Entsprechend ist das Dekor in Rot-Weiß-Rot gehalten. Nette Innenhofterrasse.

Vinorant Alter Hof
*Alter Hof 3 ⌧ 80331 – ℘ (089) 24 24 37 33 – mail@alter-hof-muenchen.de
– Fax (089) 24243734 – geschl. Sonn- und Feiertage abends*

KZ **w**

Rest – Karte 21/35 €

♦ Zwei schlicht-modern gestaltete Säle mit schöner Gewölbedecke in der ehemaligen Residenz der Wittelsbacher, einem der ältesten Gebäude Münchens. Im UG: Vinothek und große Bar.

Zum Alten Markt
*Dreifaltigkeitsplatz 3 ⌧ 80331 – ℘ (089) 29 99 95 – lehner.gastro@
zumaltenmarkt.de – Fax (089) 2285076 – geschl. Sonn- und Feiertage*

KZ **q**

Rest – 39 € – Karte 22/36 €

♦ Üppige Holztäfelung im Stil einer Südtiroler Ratsherrenstube, die z. T. authentisch und über 400 Jahre alt ist, gibt dem Lokal am Viktualienmarkt eine gemütliche Atmosphäre.

Ratskeller
*Marienplatz 8 ⌧ 80331 – ℘ (089) 2 19 98 90 – info@ratskeller.com
– Fax (089) 21998930*

KZ **R**

Rest – Karte 30/46 €

♦ Im historischen Rathaus bestellt man hier deftige bayerische und fränkische Schmankerln. Verschiedene Räume, Nischen und Kachelöfen sorgen für rustikale Behaglichkeit.

Zum Klösterl
*St.-Anna-Str. 2 ⌧ 80538 – ℘ (089) 22 50 86 – zum-kloesterl@t-online.de
– Fax (089) 29161864 – geschl. April - Okt. Sonn- und Feiertage*

LZ **m**

Rest – (nur Abendessen) (Tischbestellung ratsam) Karte 19/40 €

♦ Theaterbesucher treffen sich nach der Vorstellung gerne in der gemütlichen, im altdeutschen Stil mit viel Holz dekorierten Stube oder auf der kleinen Terrasse in der 1. Etage.

MÜNCHEN S. 20

Wirtshaus Zum Straubinger
Biergarten VISA ⦿ AE
*Blumenstr. 5 ⊠ 80331 – ℰ (089) 2 32 38 30 – info@zumstraubinger.de
– Fax (089) 23238320 – geschl. Juli - Aug. Sonntag*
Rest – Karte 18/35 €
KZ **v**

♦ Uriger Treffpunkt in der Nähe des Viktualienmarktes. Blanke Holztische und freigelegtes Mauerwerk geben dem Lokal seinen besonderen Reiz. Mit Biergarten.

Tokami
AC VISA ⦿ AE ⓘ
Theresienstr. 54 ⊠ 80333 – ℰ (089) 28 98 67 60 – Fax (089) 28986760
Rest – Karte 28/40 €
KY **k**

♦ Passend zum klassisch-japanischen Angebot mit Sushi-Schwerpunkt ist dieses kleine Restaurant an den Traditionen orientiert, aber dennoch modern eingerichtet.

Brauerei-Gaststätten

Spatenhaus an der Oper
VISA ⦿ AE
*Residenzstr. 12 ⊠ 80333 – ℰ (089) 2 90 70 60 – spatenhaus@kuffler.de
– Fax (089) 2913054*
Rest – Karte 23/44 €
KY **t**

♦ Das mehr als 100 Jahre alte Stadthaus beherbergt ein nettes ländlich gestaltetes Lokal. Besonders gemütlich sind die verschiedenen Stuben in der 1. Etage.

Weisses Brauhaus
VISA ⦿
*Tal 7 ⊠ 80331 – ℰ (089) 2 90 13 80 – info@weisses-brauhaus.de
– Fax (089) 29013815*
Rest – Karte 18/32 €
KZ **e**

♦ Um 1900 erbautes Altstadthaus, das von außen mit seiner schönen Fassade erfreut, im Innern mit authentischen regionalen Spezialitäten und gemütlicher Einrichtung.

Augustiner Gaststätten
VISA ⦿ AE
*Neuhauser Str. 27 ⊠ 80331 – ℰ (089) 23 18 32 57 – mail@
augustiner-restaurant.com – Fax (089) 2605379*
JZ **w**
Rest – Karte 16/37 €

♦ Bis 1885 wurde im Stammhaus der Augustiner noch Bier gebraut. Arkadengarten und Muschelsaal zählen zu den Baudenkmälern des Münchner Jugendstils. Mit schönem Biergarten.

Altes Hackerhaus
AC VISA ⦿ AE ⓘ
*Sendlinger Str. 14 ⊠ 80331 – ℰ (089) 2 60 50 26 – hackerhaus@aol.com
– Fax (089) 2605027*
Rest – Karte 18/39 €
KZ **r**

♦ Urig-gemütlich zeigen sich die liebevoll dekorierten Räume dieses Gasthauses mit rustikaler Täfelung und derber Bestuhlung. Sehr schöne Innenhofterrasse. Bürgerliches Angebot.

Marktwirt
Biergarten VISA ⦿ AE
Heiliggeiststr. 2 ⊠ 80331 – ℰ (089) 23 24 11 33 – info@marktwirt.com
Rest – Menü 24 € – Karte 19/39 €
KZ **q**

♦ Am Viktualienmarkt befindet sich das sympathische Lokal, das seinen Gästen regionale Küche mit Südtiroler Einflüssen sowie über 100 Obstbrände bietet.

Zum Franziskaner
AC VISA ⦿ AE ⓘ
*Residenzstr. 9 / Perusastr. 5 ⊠ 80333 – ℰ (089) 2 31 81 20 – zum.franziskaner@
t-online.de – Fax (089) 23181244*
KYZ **v**
Rest – Karte 22/34 €

♦ Eine nette lebendige Atmosphäre herrscht in den rustikalen Stuben dieser Traditionsgaststätte - aufgetischt werden typische bayerische Spezialitäten. Glasüberdachter Innenhof.

Bratwurstherzl
Biergarten VISA ⦿ AE ⓘ
*Dreifaltigkeitsplatz 1 (am Viktualienmarkt) ⊠ 80331 – ℰ (089) 29 51 13
– Fax (089) 29163751 – geschl. Sonn- und Feiertage*
Rest – Karte 13/23 €
KZ **q**

♦ Seit 1901 ist dieses historische Haus als Bratwurstherzl bekannt. Beliebt sind die selbst gemachten Rostbratwürste, die über Buchenholz gegrillt werden.

MÜNCHEN S. 21

In München-Allach

Lutter garni
Eversbuschstr. 109 ⊠ *80999 –* ℰ *(089) 8 12 70 04 – info@hotellutter.de*
– Fax (089) 8129584 – geschl. 22. Dez. - 8. Jan.

AR r

27 Zim ⊆ – †70/95 € ††85/135 €
♦ Ein tipptopp gepflegtes und von der Familie engagiert geleitetes Haus mit funktionellen Zimmern zu einem guten Preis-Leistungs-Verhältnis im Nord-Westen Münchens.

In München-Berg am Laim

Am Ostpark garni
Michaeliburgstr. 21 ⊠ *81671 –* ℰ *(089) 49 10 13 – hotel-ostpark@t-online.de*
– Fax (089) 491016 – geschl. 27. - 31. Dez.

DT a

21 Zim ⊆ – †81/98 € ††100 €
♦ Mit soliden, hellen Naturholzmöbeln sind die Zimmer dieses Hauses mit privatem Charakter bestückt. Kleine Gartenterrasse fürs Frühstück und zur Kaffeestunde.

In München-Bogenhausen

The Westin Grand   Biergarten
Arabellastr. 6 ⊠ *81925 –* ℰ *(089) 9 26 40*
– grandhotel.muenchen@arabellasheraton.com
– Fax (089) 92648699

DS q

629 Zim – †138/478 € ††138/478 €, ⊆ 27 € – 28 Suiten
Rest *– (geschl. Sonntag, nur Mittagessen)* Karte 28/39 €
Rest *Die Ente vom Lehel – (geschl. über Ostern 2 Wochen, Aug., 25. Dez. - 7. Jan. und Sonntag - Montag, nur Abendessen)* Menü 66/76 €
– Karte 48/59 €
Rest *Paulaner's – (geschl. Samstagmittag, Sonn- und Feiertage mittags)*
Karte 22/43 €
♦ Ein luxuriöses Hotel mit beeindruckender Halle und großem Tagungsbereich. Exklusivität vermitteln die oberen vier Etagen mit den Towers Zimmern und einer eigenen Lounge. Lebendig ist die Atmosphäre in der eleganten, zur Halle hin offenen Ente vom Lehel.

Palace
Trogerstr. 21 ⊠ *81675 –* ℰ *(089) 41 97 10 – palace@kuffler.de*
– Fax (089) 41971819

HV e

74 Zim – †165/250 € ††205/295 €, ⊆ 24 € – 3 Suiten – **Rest** – Karte 32/41 €
♦ Freundlich bemüht man sich in diesem schönen Haus um den Gast. Äußerst wohnlich hat man die Zimmer mit Möbeln im Louis-XVI-Stil eingerichtet. Hübscher Garten und Dachterrasse. Zeitlos elegant ist das Ambiente im Palace-Restaurant.

Sheraton Arabellapark   München,
Arabellastr. 5 ⊠ *81925 –* ℰ *(089) 9 23 20*
– bogenhausen@arabellastarwood.com – Fax (089) 92324449

DS q

446 Zim – †175/328 € ††175/328 €, ⊆ 20 € – 61 Suiten – **Rest** – Karte 32/58 €
♦ Das Hochhaus nahe dem Englischen Garten bietet einen komfortablen Rahmen und eine tolle Aussicht. Ein klarer, modern-funktioneller Stil bestimmt hier das Bild. Restaurant mit internationaler Küche.

Prinzregent am Friedensengel garni
Ismaninger Str. 42 ⊠ *81675 –* ℰ *(089) 41 60 50*
– friedensengel@prinzregent.de – Fax (089) 41605466
– geschl. 23. Dez. - 5. Jan.

HV t

65 Zim ⊆ – †139/219 € ††164/244 €
♦ Das Hotel mit seinen wohnlich-alpenländisch gestalteten Zimmern liegt nur fünf Minuten vom Englischen Garten entfernt. Frühstücksraum mit schöner Täfelung und Wintergarten.

Rothof garni
Denninger Str. 114 ⊠ *81925 –* ℰ *(089) 9 10 09 50 – reservierung@rothof-muc.de*
– Fax (089) 915066 – geschl. 22. Dez. - 6. Jan.

DS k

37 Zim ⊆ – †126/146 € ††168/212 €
♦ Das gut geführte Hotel bietet geräumige, helle und freundliche Zimmer mit großen Fenstern und moderner Technik - einige zum Park hin gelegen.

923

MÜNCHEN S. 22

XXX Bogenhauser Hof
Ismaninger Str. 85 ⊠ 81675 – ℘ (089) 98 55 86 – info@bogenhauser-hof.de
– Fax (089) 9810221 – geschl. 24. Dezember - 7. Januar,
21. - 30. März sowie Sonn- und Feiertage HV **c**
Rest – (Tischbestellung ratsam) Menü 74 € – Karte 43/70 €
• Ein Klassiker der Münchner Gastronomie ist dieses Gasthaus von 1825, in dem man gehobene klassische Küche bietet. Schön sitzt man auch im idyllischen Sommergarten.

XX Acquarello (Mario Gamba)
Mühlbaurstr. 36 ⊠ 81677 – ℘ (089) 4 70 48 48 – info@acquarello.com
– Fax (089) 476464 – geschl. 1. - 3. Jan., Samstagmittag, Sonn- und Feiertage mittags DS **f**
Rest – Menü 29 € (mittags)/88 € – Karte 41/80 €
Spez. Vitello Tonnato. Feigentortelli mit Gänseleber und Cassissauce. Von Kopf bis Fuß vom Kalb.
• Große Wandmalereien unterstreichen das mediterrane Ambiente des Restaurants. Freundlich wird dem Gast klassische italienische Küche serviert.

XX Käfer Schänke
Prinzregentenstr. 73 ⊠ 81675 – ℘ (089) 4 16 82 47 – kaeferschaenke@feinkost-kaefer.de – Fax (089) 4168623 – geschl. Sonn- und Feiertage HV **s**
Rest – (Tischbestellung erforderlich) Karte 47/75 €
• Neben dem gemütlichen Restaurant sind vor allem die verschiedenen liebevoll dekorierten Stuben sehenswert - von der Besteckstube bis zum kleinen Tabakstüberl.

XX Hippocampus
Mühlbaurstr. 5 ⊠ 81677 – ℘ (089) 47 58 55 – info@hippocampus-restaurant.de
– Fax (089) 47027187 – geschl. Samstagmittag HV **a**
Rest – Menü 46 € (abends) – Karte 39/48 €
• Details wie die halbhohe Wandvertäfelung aus Nussbaumholz und der schöne Marmorfußboden geben dem Restaurant mit ambitionierter italienischer Küche einen eleganten Touch.

XX Mediterraneo
Holbeinstr. 18 ⊠ 81679 – ℘ (089) 4 70 74 77 – pastore.medit@web.de
– Fax (089) 21896482 – geschl. Samstagmittag, Sonntag HV **m**
Rest – (Tischbestellung ratsam) Menü 35 € – Karte 33/43 €
• Zwei Brüder umsorgen hier mit einer frischen italienischen Küche die Gäste. Das vom Vater hergestellte Olivenöl wird aus Bella Italia importiert.

In München-Denning

XX Casale
Ostpreußenstr. 42 ⊠ 81927 – ℘ (089) 93 62 68 – info@casale-ristorante.de
– Fax (089) 9306722 DS **n**
Rest – Menü 41 € – Karte 32/43 €
• Traditionelle und teils auch kreative italienische Küche wird in dem Restaurant serviert, dessen Weinkeller über gut 600 Positionen verfügt. Wintergartenterrasse.

In München-Haidhausen

Hilton City
Rosenheimer Str. 15 ⊠ 81667 – ℘ (089) 4 80 40 – info.munich@hilton.com
– Fax (089) 48044804 LZ **s**
480 Zim – †99/219 € ††99/249 €, ⊃ 24 € – 4 Suiten – **Rest** – Karte 25/44 €
• Zentral liegt dieses Hotel neben der Philharmonie und dem Kulturzentrum Gasteig. Die neuzeitlich-funktionellen Zimmer eignen sich besonders für Geschäftsreisende. Teils regionale, teils internationale Küche im rustikalen Restaurant.

Novotel München City
Hochstr. 11 ⊠ 81669 – ℘ (089) 66 10 70 – h3280@accor.com
– Fax (089) 66107999 LZ **h**
307 Zim – †99/169 € ††122/192 €, ⊃ 17 € – **Rest** – Karte 23/46 €
• Die Zimmer dieses Businesshotels überzeugen durch ihre funktionelle Einrichtung in angenehmen Farben und klaren Linien - teils mit sehr schöner Sicht auf die Innenstadt. Neuzeitliches, helles Restaurant.

924

MÜNCHEN S. 23

Holiday Inn Munich - City Centre
Hochstr. 3 ⊠ 81669 – ℰ (089) 4 80 30
– hi.muenchen@whgen.com – Fax (089) 4488277
LZ t
582 Zim – †169/329 € ††169/329 €, ⌑ 20 € – **Rest** – Menü 22 € (nur Buffet)
♦ Ein modernes, auf den Tagungsgast abgestimmtes Hotel mit komfortablem Rahmen, funktionell ausgestatteten Zimmern und einem 2100 qm großen Konferenzbereich. Im Bistrostil gehaltenes, farblich mediterran gestaltetes Restaurant und rustikale Bierstube.

Preysing garni
Preysingstr. 1 ⊠ 81667 – ℰ (089) 45 84 50 – info@hotel-preysing.de – Fax (089) 45845444 – geschl. 22. Dez. - 6. Jan.
LZ w
62 Zim ⌑ – †138/210 € ††189/265 € – 5 Suiten
♦ Wohnlich hat man die Zimmer in diesem Haus mit modernen Naturholzmöbeln eingerichtet. Hübsch ist auch der helle Frühstücksraum mit gutem Buffet.

Rue Des Halles
Steinstr. 18 ⊠ 81667 – ℰ (089) 48 56 75 – Fax (089) 44451076
HX a
Rest – (nur Abendessen) (Tischbestellung ratsam) Menü 37/52 € – Karte 27/46 €
♦ Erleben Sie das typisch französische Flair dieses Stadthaus-Restaurants im Bistrostil. Auf der Karte finden Sie sowohl klassische als auch regionale französische Gerichte.

Vinaiolo
Steinstr. 42 ⊠ 81667 – ℰ (089) 48 95 03 56 – Fax (089) 48068011 – geschl. Samstagmittag
HX c
Rest – Menü 48 € – Karte 42/49 €
♦ In einer ehemaligen Apotheke befindet sich dieses Restaurant im Stil eines Kolonialwarenladens. In original erhaltenen Schränken präsentiert man die Weine. Italienische Küche.

Show Room
Lilienstr. 6, ⊠ 81669 – ℰ (089) 44 42 90 82 – info@show-room.info – Fax (089) 44429082 – geschl. 4. - 17. Aug.,
24. - 30. Dez. und Samstag - Sonntag sowie Feiertage
LZ h
Rest – (nur Abendessen) (Tischbestellung ratsam) Menü 67/90 € – Karte 35/47 €
♦ Ein modernes kleines Restaurant mit Bar, in dem mehrere Monitore für visuelle Reize sorgen. Am Tisch empfiehlt der Küchenchef seinen Gästen kreative Speisen.

In München-Laim

Park Hotel
Zschokkestr. 55 ⊠ 80686 – ℰ (089) 57 93 60 – info@park-hotel-laim.de
– Fax (089) 57936100
BS c
74 Zim ⌑ – †102/115 € ††132/149 € – **Rest** – (geschl. Samstag, Sonn- und Feiertage) (nur Abendessen für Hausgäste) Karte 15/32 €
♦ Das Eckhaus mit Glasvordach beherbergt mit Holzmobiliar im alpenländischen Landhausstil und hübschen Stoffen wohnlich gestaltete Zimmer. Direkter U-Bahn-Anschluss.

Dolce Sosta
Willibaldstr. 24 ⊠ 80689 – ℰ (089) 54 64 37 37 – Fax (089) 54643736 – geschl. Sonntag
BS p
Rest – Menü 41 € – Karte 31/42 €
♦ Holzgetäfelte Wände harmonieren mit südlich-mediterranem Terrakottaboden. Die italienische Küche genießt man im Sommer auf der schönen Terrasse.

In München-Moosach

Mayerhof garni
Dachauer Str. 421 ⊠ 80992 – ℰ (089) 14 36 60 – info@hotel-mayerhof.de
– Fax (089) 1402417 – geschl. 22. Dez. - 6. Jan.
BR b
70 Zim ⌑ – †109 € ††145 €
♦ In diesem gepflegten Hotel zwischen Olympiapark und Nymphenburger Schloss legt man Wert auf persönlichen Service. Gut ausgestattete, neuzeitliche Zimmer.

Cipolla d'oro
Netzerstr. 29 ⊠ 80992 – ℰ (089) 14 21 34 – cipolla.doro@gmx.de – Fax (089) 14338330 – geschl. Sonntagabend - Montag
BR c
Rest – Karte 33/38 €
♦ Schon der wohlklingende Name des Restaurants verspricht ein gewisses mediterranes Flair - den Gast erwartet ein italienisch geprägtes Speiseangebot.

925

MÜNCHEN S. 24

In München-Neuhausen

Rotkreuzplatz garni
Rotkreuzplatz 2 ⊠ 80634 – ℰ (089) 1 39 90 80 – info@hotel-rotkreuzplatz.de – Fax (089) 166469 – geschl. 22. Dez. - 6. Jan. CS r
56 Zim ⊇ – †80/110 € ††115/150 €
♦ Am Rande der Innenstadt liegt diese gut geführte Adresse mit wohnlich wie auch funktionell gestalteten Zimmern. Frühstücksraum mit unterhaltsamem Blick auf den Rotkreuzplatz.

In München-Nymphenburg

Kriemhild garni
Guntherstr. 16 ⊠ 80639 – ℰ (089) 1 71 11 70 – hotel@kriemhild.de – Fax (089) 17111755 BS y
17 Zim ⊇ – †74/90 € ††88/102 €
♦ Bei Münchens größtem Biergarten liegt die kleine, familiäre Hotelpension. Die Zimmer sind mit hellen Erlenholzmöbeln einheitlich eingerichtet und technisch gut ausgestattet.

Acetaia
Nymphenburger Str. 215 ⊠ 80639 – ℰ (089) 13 92 90 77 – info@restaurant-acetaia.de – Fax (089) 13929078 – geschl. Samstagmittag CS a
Rest – Menü 25 € (mittags)/62 € – Karte 39/50 €
♦ Eine gemütliche Atmosphäre herrscht in diesem geschmackvoll im Jugendstil eingerichteten Restaurant. Serviert werden italienische und mediterrane Gerichte.

In München-Oberföhring

Freisinger Hof
Biergarten
Oberföhringer Str. 189 ⊠ 81925 – ℰ (089) 95 23 02 – office@freisinger-hof.de – Fax (089) 9578516 DR f
51 Zim ⊇ – †115/125 € ††145 € – **Rest** – Karte 27/50 €
♦ Um einen Hotelbau hat man das Wirtshaus a. d. J. 1875 erweitert. Es erwarten Sie solide und wohnliche Gästezimmer im Landhausstil. In gemütlich-rustikalem Ambiente bietet man Regionales. Schöner Gastgarten.

In München-Obermenzing

Edelweiss Parkhotel
Menzinger Str. 103 ⊠ 80997 – ℰ (089) 8 11 10 01 – info@edelweiss-parkhotel.de – Fax (089) 81039982 BS a
30 Zim ⊇ – †72/85 € ††95/98 €
Rest *Haveli* – ℰ (089) 81 08 90 00 – Karte 18/32 €
♦ In einem ruhigen, begrünten Wohngebiet liegt dieses gepflegte Haus, dessen Zimmer mit angenehmen Farben, Landhausmöbeln und teils mit Parkett ausgestattet sind. Im Haveli bietet man indische Küche.

Jagdschloss
Biergarten
Alte Allee 21 ⊠ 81245 – ℰ (089) 82 08 20 – jagdschloss@t-online.de – Fax (089) 82082100 AS n
34 Zim – †82 € ††115 €, ⊇ 9 € – **Rest** – Karte 19/33 €
♦ Das denkmalgeschützte Haus beherbergt hinter seiner schmucken Fassade wohnlich eingerichtete, funktionelle Zimmer. Im Nebenhaus findet man rustikal-moderne Unterkünfte. Bodenständige, urige Gaststuben, wo bayerische Spezialitäten aufgetischt werden.

Weichandhof
Betzenweg 81 ⊠ 81247 – ℰ (089) 8 91 16 00 – info@weichandhof.de – Fax (089) 89116012 – geschl. Samstagmittag AS v
Rest – (Tischbestellung ratsam) Karte 17/42 €
♦ Ein hübscher Landgasthof im typisch bayerischen Stil mit mehreren rustikal-gemütlichen Gaststuben. Im Sommer ist die Gartenterrasse ein beliebtes Ausflugsziel der Münchner.

In München-Pasing

Econtel garni
Bodenseestr. 227 ⊠ 81243 – ℰ (089) 87 18 90 – info@econtel.de – Fax (089) 87189400 AS t
69 Zim – †59/142 € ††59/142 €, ⊇ 10 €
♦ Ein modernes, funktionelles Hotel. Die gepflegten Zimmer sind recht groß, hell und auf die Bedürfnisse von Geschäftsreisenden zugeschnitten.

MÜNCHEN S. 25

In München-Riem über A 94 **DS** :

Prinzregent an der Messe
Biergarten
Riemer Str. 350 ⊠ 81829 – ℰ (089) 94 53 90
– messe@prinzregent.de – Fax (089) 94539566 – geschl. 23. Dezember - 4. Januar
91 Zim – †139/159 € ††169/189 € – 4 Suiten – **Rest** – Menü 33/49 €
– Karte 35/44 €
◆ Das in Messenähe gelegene Hotel ist ein a. d. 18. Jh. stammendes Gebäude mit neuzeitlichem Anbau. Ansprechend sind die gediegen-wohnlichen Zimmer und der Freizeitbereich. Im historischen Teil des Hauses befindet sich das gemütliche Restaurant.

Novotel München Messe
Willy-Brandt-Platz 1 ⊠ 81829 – ℰ (089) 99 40 00 – h5563@accor.com
– Fax (089) 99400100
278 Zim – †85/155 € ††95/165 €, ⊇ 17 € – **Rest** – Menü 25 € – Karte 25/44 €
◆ Auf einem ehemaligen Flughafengelände direkt an der Messe liegt dieses Hotel - von der großzügigen Halle bis in die Zimmer modern eingerichtet. Helles, freundliches Restaurant mit Fensterfront.

In München-Schwabing

Marriott
Berliner Str. 93 ⊠ 80805 – ℰ (089) 36 00 20 – muenchen.marriott@
marriotthotels.com – Fax (089) 36002200   CR **a**
348 Zim – †109/429 € ††109/429 €, ⊇ 22 € – 14 Suiten – **Rest** – Karte 29/40 €
◆ In diesem komfortablen Businesshotel mit großzügigem Rahmen erwarten Sie eine gediegene Lobby im Atriumstil sowie wohnliche, technisch gut ausgestattete Gästezimmer. Restaurant mit großem Buffet und Showküche.

Innside Premium Parkstadt Schwabing
Mies-van-der-Rohe-Str. 10 ⊠ 80807 – ℰ (089)
35 40 80 – muenchen.schwabing@innside.de – Fax (089) 35408299   CR **s**
160 Zim – †173/459 € ††187/473 €, ⊇ 16 € – **Rest** – (geschl. Samstagmittag, Sonntagmittag) Karte 34/40 €
◆ Das moderne Gebäude mit Glasfassade ist auch im Innern in zeitgemäßem Design gehalten. Die Zimmer bieten eine gute Technik. Restaurant im Bistrostil mit interessanten Lichteffekten. International ausgerichtetes Angebot.

Renaissance Hotel
Theodor-Dombart-Str. 4, (Ecke Berliner Straße) ⊠ 80805 – ℰ (089) 36 09 90
– rhi.mucbr.night.audit@renaissancehotels.com – Fax (089) 360996500   CR **e**
261 Zim – †155/179 € ††155/179 €, ⊇ 21 € – 40 Suiten – **Rest** – Karte 20/39 €
◆ In der Nähe des Englischen Gartens: Wohnliche Zimmer und elegante Suiten bieten ein hohes Maß an Komfort. Zum Entspannen lädt die "Erholungsoase" ein. Modernes Bistro in mediterranen Farben. Internationale Küche mit Schwerpunkt auf dem Mittelmeerraum.

La Maison
Occamstr. 24 ⊠ 80802 – ℰ (089) 33 03 55 50 – info@hotel-la-maison.com
– Fax (089) 330355555   GU **m**
31 Zim ⊇ – †135/175 € ††195/225 € – **Rest** – (geschl. Sonntag, nur Abendessen) Karte 34/41 €
◆ Auf geschmackvolle Weise hat man in diesem Haus geradliniges Design mit angenehmen Farben und wohnlichen Details kombiniert. Die Zimmer sind technisch auf dem neuesten Stand.

Fleming's
Leopoldstr. 132 ⊠ 80804 – ℰ (089) 2 06 09 00 – muenchen@flemings-hotels.com
– Fax (089) 206090999   GU **e**
165 Zim – †108/170 € ††133/190 €, ⊇ 16 € – 3 Suiten – **Rest** – Karte 19/35 €
◆ Dieses Tagungshotel liegt sehr günstig im Zentrum der Isarmetropole und überzeugt mit technisch modernen Zimmern in klarem Stil.

Cosmopolitan garni
Hohenzollernstr. 5 ⊠ 80801 – ℰ (089) 38 38 10 – cosmo@cosmopolitan-hotel.de
– Fax (089) 38381111   GU **g**
71 Zim ⊇ – †120/175 € ††130/185 €
◆ Zwei miteinander verbundene Häuser im Herzen von Schwabing beherbergen moderne Gästezimmer mit funktionellem Mobiliar und zeitgemäßer technischer Ausstattung.

927

MÜNCHEN S. 26

🏠 Suitehotel garni
Lyonel-Feininger-Str. 22 ✉ *80807 –* ✆ *(089) 35 81 90 – h5229@accor.com*
– Fax (089) 35819199   **CS b**
149 Zim – †99/170 €, ††99/170 €, ⊇ 12 €
♦ Neuzeitliches Hotel mit modernem Design. Die komfortablen Zimmer sind geräumig und funktionell ausgestattet sowie technisch auf dem neuesten Stand.

🏠 Leopold
Leopoldstr. 119 ✉ *80804 –* ✆ *(089) 36 04 30 – hotel-leopold@t-online.de*
– Fax (089) 36043150 – geschl. 23. - 28. Dez.   **GU f**
63 Zim ⊇ – †105/159 €, ††128/195 € – **Rest** – Karte 20/29 €
♦ Traditionsreiches, familiär geführtes Hotel mit unterschiedlich eingerichteten Gästezimmern. Fragen Sie nach den Zimmern mit Blick auf den hübschen Garten. Restaurant mit rustikalem Touch und internationalem Angebot.

🏠 Ibis Parkstadt Schwabing garni
Lyonel-Feininger-Str. 20 ✉ *80807 –* ✆ *(089) 35 06 30 – h5239@accor.com*
– Fax (089) 35063199   **CS b**
147 Zim – †72 €, ††72 €, ⊇ 10 €
♦ Mit seinen zeitgemäßen und funktionell ausgestatteten Zimmern ist dieses Hotel besonders auf Businessgäste und Durchreisende abgestimmt. Bistro vorhanden.

✕✕✕✕ Tantris
Johann-Fichte-Str. 7 ✉ *80805 –* ✆ *(089) 3 61 95 90 – info@tantris.de*
– Fax (089) 36195922 – geschl. 1. - 13. Jan. und Sonntag - Montag, Feiertage
Rest – (Tischbestellung ratsam) Menü 62 € (mittags)/120 € – Karte 69/108 € 🕮
Spez. Sepioline mit lauwarmem Eigelb gefüllt. Marinierte Scheiben vom Spanferkelrücken mit Räucheraal und Dörrpflaumen. Mousse und leicht gelierte Suppe von Champagner mit Walderdbeeren und Litchisorbet.   **GU b**
♦ In elegantem Rahmen mit authentischem 70er-Jahre-Flair bietet Hans Haas klassische Küche mit persönlicher Note. Kompetenter und angenehmer Service.

✕✕ Il Borgo
Georgenstr. 144 ✉ *80797 –* ✆ *(089) 1 29 21 19 – Fax (089) 12391575*
– geschl. Samstagmittag, Sonntag   **FU e**
Rest – Karte 34/42 €
♦ Unweit vom Josephsplatz serviert man in lockerer, gehobener Bistro-Atmosphäre italienische Küche. Große Spiegel und ein geschmackvolles Rot erzeugen eine elegante Note.

✕ Terrine
Amalienstr. 89 (Amalien-Passage) ✉ *80799 –* ✆ *(089) 28 17 80 – geniessen@ terrine.de – Fax (089) 2809316 – geschl. 1. - 9. Januar und Samstagmittag, Sonntag - Montag, Feiertage*   **GU p**
Rest – Menü 23 € (mittags)/69 € (abends) – Karte 52/58 € 🕮
Spez. Lauwarmer Donau Lachs mit Lauch und Kartoffelnudeln. Rinderfilet und Ochsenschwanzragout mit Rotweinzwiebeln. Passionsfruchtmousse mit Gewürzkaffee-Espuma und weißem Schokoladeneis.
♦ In dem Bistro mit Jugendstil-Touch bietet man eine zeitgemäße, saisonal geprägte Küche - mittags preisgünstigeres A-la-carte-Angebot. Terrasse im Innenhof der Passage.

✕ Bei Grazia
Ungererstr. 161 ✉ *80805 –* ✆ *(089) 36 69 31 – Fax (089) 30000811*
– geschl. Samstag - Sonntag   **CR r**
Rest – (Tischbestellung ratsam) Karte 23/31 €
♦ Hell und freundlich ist die Atmosphäre in dem mit Spiegeln und Weinregal dekorierten Restaurant. Serviert werden italienische Speisen.

In München-Sendling

🏠 Ambiance Rivoli
Albert-Rosshaupter-Str. 22 ✉ *81369 –* ✆ *(089) 7 43 51 50 – info@rivoli.de*
– Fax (089) 743515999   **CT r**
66 Zim ⊇ – †198/268 € ††218/298 € – 10 Suiten – **Rest** – Karte 21/27 €
♦ Es erwarten Sie moderne, stilvolle Zimmer mit Anklängen an Asien und Art déco. Gemälde setzen hübsche Akzente. Ein türkisches Hamam ist im Haus buchbar. Restaurant im Bistrostil mit asiatischer Küche.

928

MÜNCHEN S. 27

K+K Hotel am Harras garni
Albert-Rosshaupter-Str. 4 ⊠ 81369 – ℰ (089) 74 64 00 – info@kkhotels.de
– Fax (089) 7212820 CT n
106 Zim – †100/165 € ††110/195 €, ⌂ 16 €
♦ Zu den Vorzügen des Hauses zählt neben modernem Hotelkomfort und behaglichem Ambiente auch die verkehrsgünstige Lage, die eine bequeme Anreise mit Auto und Bahn ermöglicht.

In München-Solln

Sollner Hof Biergarten
Herterichstr. 63 ⊠ 81479 – ℰ (089) 7 49 82 90 – hotel@sollnerhof.de
– Fax (089) 7900394 BT s
29 Zim ⌂ – †75/110 € ††95/150 € – **Rest** – (geschl. 2. - 17. August, 22. Dezember - 7. Januar und Samstag - Sonntag) Karte 18/34 €
♦ Teils nostalgisch, teils im alpenländischen Stil eingerichtet sind die Zimmer dieses Gasthofs, der schon seit mehreren Generationen in Familienbesitz ist. Rustikales Restaurant im bayerischen Stil mit regionaler bürgerlicher Küche.

Heigl garni
Bleibtreustr. 15 ⊠ 81479 – ℰ (089) 7 49 83 70 – info@hotelheigl.de
– Fax (089) 7900971 BT s
38 Zim ⌂ – †73/77 € ††95/108 €
♦ Die Zimmer dieses vom Eigentümer selbst geführten Hauses präsentieren sich im alpenländischen Landhausstil - zum Teil angenehm ruhig gelegen.

Villa Solln garni
Wilhelm-Leibl-Str. 16 ⊠ 81479 – ℰ (089) 7 49 82 80 – hotel@villasolln.de
– Fax (089) 74982840 – geschl. 21. Dezember - 1. Januar
20 Zim – †65/120 € ††85/150 € BT n
♦ Das Schwesterhaus des Sollner Hofs liegt recht ruhig nahe beim Forstenrieder Park. Einige der Zimmer bieten einen Balkon und Blick ins Grüne.

Al Pino
Frans-Hals-Str. 3 ⊠ 81479 – ℰ (089) 79 98 85 – alpino@arcor.de
– Fax (089) 799872 – geschl. Samstagmittag BT a
Rest – Karte 34/47 €
♦ Ein neuzeitlich-elegantes Restaurant in angenehmen warmen Tönen - große Porträts zieren die Wände. Geboten wird italienische Küche.

In München-Trudering

Am Moosfeld (mit Gästehäusern) Rest, Rest,
Am Moosfeld 33 (über Kreillerstraße DS)
⊠ 81829 – ℰ (089) 42 91 90 – ammoosfeld@aol.com – Fax (089) 424662
167 Zim ⌂ – †115 € ††145 € – **Rest** – (geschl. Samstagmittag) Karte 23/32 €
♦ Die auf drei Häuser verteilten Zimmer dieses von Tagungsgästen geschätzten Hotels sind funktionell und sehr gepflegt. Auch Appartements sind vorhanden. Lunchbuffet im Bistro, Abendessen in der gemütlichen Kaminstube.

Obermaier Biergarten Zim,
Truderinger Str. 304b (über DS) ⊠ 81825 – ℰ (089) 42 00 14 99 – info@hotel-obermaier.de – Fax (089) 426400
53 Zim ⌂ – †75/105 € ††100/135 € – **Rest** – Karte 18/38 €
♦ Über 300 Jahre altes honigfarbenes Fichtenholz und Ziegelböden verleihen dem einstigen Bauernhof, in dem schon Wilhelm Busch übernachtete, eine heimelige Atmosphäre.

In München-Untermenzing

Insel Mühle Biergarten
Von-Kahr-Str. 87 ⊠ 80999 – ℰ (089) 8 10 10 – insel-muehle@t-online.de
– Fax (089) 8120571 AR a
38 Zim ⌂ – †104/167 € ††146/230 € – **Rest** – Karte 33/46 €
♦ Die restaurierte Mühle a.d. 16. Jh. beherbergt heute hübsche, komfortable, mit warmen Farben und Naturholzmöbeln im Landhausstil gehaltene Zimmer. Gemütliches Restaurant mit schöner Terrasse an der Würm.

MÜNCHEN S. 28

Edelweiss Parkvilla garni
Hintermeyerstr. 1 ⊠ 80999 – ℰ (089) 21 75 50 00 – info@edelweiss-parkvilla.de
– Fax (089) 217550010
9 Zim ⊇ – †88/118 € ††98/138 € AR c
◆ Diese ehemalige Villa mit Garten besticht vor allem durch ihre ruhige Lage und eine besondere Atmosphäre. Den Gästen stehen geräumige Zimmer zur Verfügung.

In München-Zamdorf

Comfort Hotel Müchen Ost garni
Kronstadterstr. 12 ⊠ 81677 – ℰ (089) 5 99 76 30
– info@comfort-hotel-muenchen.de – Fax (089) 599763599 DS e
167 Zim ⊇ – †103/135 € ††120/150 €
◆ Das Messe- und Businesshotel überzeugt mit seiner verkehrsgünstigen Lage nahe der Autobahn und modern-puristischen, in klaren Linien gehaltenen Zimmern mit guter Technik.

In Unterföhring

Lechnerhof garni (mit Gästehaus)
Eichenweg 4 ⊠ 85774 – ℰ (089) 95 82 80 – info@hotel-lechnerhof.de
– Fax (089) 95828140 DR e
65 Zim ⊇ – †120/150 € ††150/180 € – 3 Suiten
◆ Aus einem alten Hof entstandenes, familiengeführtes Hotel mit wohnlichen Zimmern und besonders komfortablen Superior-Zimmern. Netter Frühstücksraum in hellem Holz.

Feringapark
Feringastr. 2 ⊠ 85774 – ℰ (089) 95 71 60 – frontoffice@feringapark-hotels.com
– Fax (089) 95716111 DR t
239 Zim ⊇ – †125/150 € ††165/185 € – **Rest** – Karte 24/31 €
◆ Auf Tagungsgäste spezialisiert hat man sich in dem Hotel, das ein angeschlossenes Büro-Suite-Hotel für Langzeitgäste bietet. Besonders nett sind die neueren, modernen Zimmer. Eleganter Stil herrscht in dem Restaurant mit internationaler Küche vor.

In Unterhaching Süd : 10 km über Tegernseer Landstraße und B 13 CT:

Holiday Inn Biergarten
Inselkammer Str. 7 ⊠ 82008 – ℰ (089) 66 69 10 – info@holiday-inn-muenchen.de
– Fax (089) 66691600
260 Zim – †149/299 € ††169/309 €, ⊇ 18 € – 3 Suiten – **Rest** – Karte 25/38 €
◆ In einem Industriegebiet steht dieser große, moderne Hotelbau mit neuzeitlich-funktionellen Zimmern und komfortablen Suiten und Maisonetten.

Schrenkhof garni
Leonhardsweg 6 ⊠ 82008 – ℰ (089) 6 10 09 10 – hotel-schrenkhof@t-online.de
– Fax (089) 61009150 – geschl. 19. Dez. - 7. Jan., über Ostern
25 Zim ⊇ – †110 € ††140 €
◆ Individuelle Gästezimmer mit bayerisch-rustikalem Charme zeichnen dieses Hotel aus. Sie frühstücken in einem hübschen holzgetäfelten Raum mit Renaissance-Kachelofen.

In Ottobrunn Süd-Ost : 12 km über Neubiberger Straße DT:

Aigner garni
Rosenheimer Landstr. 118 ⊠ 85521 – ℰ (089) 60 81 70 – info@hotelaigner.de
– Fax (089) 6083213 – geschl. 21. Dezember - 2. Januar
73 Zim ⊇ – †85/99 € ††97/115 €
◆ Dieses gut unterhaltene Haus verfügt über funktionell eingerichtete, gepflegte Zimmer. Frühstücksraum mit schöner Holzdecke. Eine Bushaltestelle befindet sich vor dem Hotel.

In Feldkirchen 10 km über A 94 DS :

Bauer
Münchner Str. 6 ⊠ 85622 – ℰ (089) 9 09 80 – info@bauerhotel.de
– Fax (098) 9098414 – geschl. 22. Dezember - 4. Januar
100 Zim ⊇ – †112/179 € ††142/199 € – **Rest** – Karte 20/38 €
◆ Ein familiengeführtes Haus mit großzügigen und komfortablen Zimmern - hübsche Farben und Stoffe tragen zum wohnlichen Ambiente der Zimmer bei. Gediegener Restaurantbereich mit gemütlichen Stuben.

MÜNCHEN S. 29

In Aschheim 13 km über A 94 DS und Riem :

Schreiberhof
Erdinger Str. 2 ⌧ *85609 –* ℰ *(089) 90 00 60 – info@schreiberhof.de*
– Fax (089) 90006459
87 Zim ⌑ *–* †78/177 € ††98/188 €
Rest *Alte Gaststube* – Karte 25/39 €
♦ Ein erweiterter ehemaliger Gasthof mit großzügigen, zeitgemäß-funktionellen Zimmern. Für Tagungen dient u. a. ein lichtdurchfluteter Wintergarten. Gemütliche Restaurantstuben mit internationaler und regionaler Küche.

Gasthof zur Post
Ismaninger Str. 11 (B 471) ⌧ *85609 –* ℰ *(089) 9 00 48 00 – info@gasthofpost-aschheim.de – Fax (089) 900480480*
66 Zim ⌑ *–* †79 € ††99 € **– Rest** – Karte 15/29 €
♦ Nur ein Teil des ehemaligen Gasthofs steht noch - ergänzt durch einen neuzeitlichen Hotelanbau. In beiden Bereichen bietet man wohnliche Zimmer mit zeitgemäßer Ausstattung. Regionale Küche im modern-rustikalen Restaurant.

In Aschheim-Dornach 11 km über B 94 DS und Riem :

Innside Premium Neue Messe
Humboldtstr. 12 (Gewerbegebiet-West) ⌧ *85609*
– ℰ *(089) 94 00 50 – muenchen@innside.de – Fax (089) 94005299*
– geschl. 20. Dez. - 3. Jan.
134 Zim *–* †149/429 € ††160/459 €, ⌑ 16 € **– Rest** *– (geschl. Samstagmittag, Sonntagmittag)* Karte 29/35 €
♦ Modernes Design begleitet Sie vom lichten Hallenbereich im Atriumstil bis in die freundlichen Gästezimmer - originell sind hier die frei stehenden Glasduschen. Bistroartiges Restaurant mit internationaler Küche.

In Grünwald Süd : 13 km über Geiselgasteigstraße CT :

Alter Wirt
Marktplatz 1 ⌧ *82031 –* ℰ *(089) 6 41 93 40 – info@alterwirt.de*
– Fax (089) 64193499
50 Zim ⌑ *–* †73/130 € ††100/170 € **– Rest** – Karte 22/46 €
♦ Gestandener bayerischer Landgasthof, der nach ökologischen Aspekten geführt wird. Die Zimmer sind meist allergikergerecht mit Naturholzmöbeln und Parkett ausgestattet. Rustikales Restaurant mit viel Holz und gemütlichem Kachelofen. Küche mit Bio-Produkten.

In Oberhaching Süd : 14 km über A 995 CT :

Hachinger Hof
Pfarrer-Socher-Str. 39 ⌧ *82041 –* ℰ *(089) 61 37 80 – info@hachinger-hof.de*
– Fax (089) 61378200 – geschl. 24. Dezember - 6. Januar
75 Zim ⌑ *–* †83/102 € ††102/120 € **– Rest** *– (nur Abendessen)* Karte 17/30 €
♦ Zwei miteinander verbundene Häuser bilden dieses familiengeführte Hotel in voralpenländischer Umgebung. Solide Zimmer in rustikaler Eiche oder gekalktem Naturholz. Restaurant mit ländlicher Einrichtung, in mehrere gemütliche Stuben unterteilt.

München-Flughafen siehe Freising

MÜNDER AM DEISTER, BAD – Niedersachsen – 541 – 18 770 Ew – Höhe 125 m
– Heilbad
28 **H9**
▶ Berlin 317 – Hannover 35 – Hameln 16 – Hildesheim 38
🛈 Hannoversche Str. 14a, ⌧ 31848, ℰ (05042) 92 98 04, info@bad-muender.de
🏌 Bad Münder, Am Osterberg 2 ℰ (05042) 50 32 76

Kastanienhof
Am Stadtbahnhof 11 (am Süntel) ⌧ *31848 –* ℰ *(05042) 30 63 – info@hotel-kastanienhof.de – Fax (05042) 3885*
33 Zim ⌑ *–* †92/110 € ††121/140 € **– Rest** – Menü 30 € – Karte 24/52 €
♦ Mit Liebe zum Detail hat man das recht ruhig am Ortsende gelegene Hotel eingerichtet. Es erwarten Sie wohnliche Gästezimmer und ein hübscher Frühstücksraum. Das Restaurant teilt sich in verschiedene nett dekorierte Gasträume und einen Wintergarten.

931

MÜNSING – Bayern – 546 – 4 030 Ew – Höhe 666 m
65 **L21**

▶ Berlin 623 – München 36 – Garmisch-Partenkirchen 57 – Bad Tölz 23

Gasthaus Limm
Hauptstr. 29 ⊠ 82541 – ℰ (08177) 4 11 – gasthaus.limm@t-online.de
– Fax (08177) 9337818 – geschl. 21. Aug. - 9. Sept., 24. - 30. Nov. und Mittwoch, Sonntagabend
Rest – Menü 16 € (mittags) – Karte 22/38 €
♦ In diesem traditionsreichen familiengeführten Gasthof mit Metzgerei serviert man in gemütlichem bayerisch-rustikalem Ambiente regionale Speisen.

In Münsing-Ambach Süd-West : 5 km über Holzhausen :

Seegasthaus Hirth
Am Schwaiblach 3 (Süd : 2 km, Richtung Seeshaupt) ⊠ 82541
– ℰ (08177) 4 76 – seegasthaus-hirth@t-online.de – Fax (08177) 8820
– geschl. 22. Sept. - 2. Okt. und Montag
Rest – Karte 23/44 €
♦ Ein helles, in ländlichem Stil gehaltenes Restaurant im Erholungsgebiet am Starnberger See. An gut eingedeckten Tischen serviert man internationale Küche.

In Münsing-St. Heinrich Süd-West : 10 km über A 95, Abfahrt Seeshaupt :

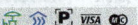

Schöntag
Beuerberger Str. 7 ⊠ 82541 – ℰ (08801) 9 06 10 – hotel.schoentag@t-online.de
– Fax (08801) 906133
14 Zim ⊃ – †45/65 € ††75/95 € – **Rest** – Karte 15/26 €
♦ Ein gut geführter Familienbetrieb im landestypischen Stil mit wohnlich-rustikalen Zimmern, einige davon mit Balkon. Guter Ausgangspunkt für zahlreiche Freizeitaktivitäten. Ländliches Restaurant und Saloon im Western-Stil!

> Luxuriös oder eher schlicht?
> Die Symbole ✗ und 🏠 kennzeichnen den Komfort.

MÜNSINGEN – Baden-Württemberg – 545 – 14 420 Ew – Höhe 707 m – Wintersport : 850 m ✤3 ✦
55 **H19**

▶ Berlin 657 – Stuttgart 58 – Reutlingen 32 – Ulm (Donau) 51

🛈 Bachwiesenstr. 7 (Rathaus), ⊠ 72525, ℰ (07381) 18 21 45, touristinformation@muensingen.de

Herrmann (mit Gästehaus)
Am Marktplatz 1 ⊠ 72525 – ℰ (07381) 1 82 60 – info@hotelherrmann.de
– Fax (07381) 6282
32 Zim ⊃ – †46/60 € ††78/98 € – **Rest** – Menü 18 € – Karte 20/39 €
♦ Der hübsche Gasthof am Marktplatz ist seit vier Generationen im Besitz der Familie. Die Zimmer sind nach Pflanzen der Schwäbischen Alb benannt und neuzeitlich eingerichtet. Im Restaurant wird regionale Küche geboten.

MÜNSTER AM STEIN-EBERNBURG, BAD – Rheinland-Pfalz – 543 – 3 890 Ew – Höhe 117 m – Heilbad und Heilklimatischer Kurort
46 **D15**

▶ Berlin 617 – Mainz 51 – Bad Kreuznach 6 – Kaiserslautern 52

🛈 Berliner Str. 60, ⊠ 55583, ℰ (06708) 64 17 80, verkehrsverein@bad-muenster-am-stein.de

🏌 Ebernburg, Drei Buchen ℰ (06708) 21 45

Am Kurpark
Kurhausstr. 10 ⊠ 55583 – ℰ (06708) 62 90 00 – info@kirchners-hotel.de
– Fax (06708) 6290029 – geschl. Nov. - Mitte März
27 Zim ⊃ – †37/57 € ††80/110 € – ½ P 17 € – **Rest** – (nur Abendessen für Hausgäste)
♦ Ein familiengeführtes, gut unterhaltenes Hotel in ruhiger Lage mitten im Kurviertel. Gemütliche kleine Bar und solide Zimmer, teils mit großen Balkons oder Terrassen.

MÜNSTER (WESTFALEN) – Nordrhein-Westfalen – **543** – 269 580 Ew – Höhe 60 m
26 **D9**

- Berlin 480 – Düsseldorf 124 – Nordhorn 75 – Bielefeld 87
- bei Greven, Nord-West : 31 km über Steinfurter Straße X und die A 1, ℰ (02571) 9 40
- **ADAC** Weseler Str. 539 X
- Klemensstr. 10, ⊠ 48143, ℰ (0251) 4 92 27 10, tourismus@stadt-muenster.de
- Münster-Wilkinghege, Steinfurter Str. 448 ℰ (0251) 21 40 90 X
- Münster-Tinnen, Am Kattwinkel 244 ℰ (02536) 3 30 10 11 X
- Prinzipalmarkt★ – Rathaus (Friedenssaal★) - Landesmuseum für Kunst und Kulturgeschichte★ M¹ YZ – Dom★ – Residenz-Schloss★ – Lambertikirche (Turm★) Y – Westfälisches Museum für Naturkunde★ (Planetarium★) X M³
- Wasserschloss Hülshoff★ West : 9 km

Stadtplan siehe nächste Seite

Schloss Wilkinghege (mit Gästehaus)
Steinfurter Str. 374 (B 54) ⊠ 48159 – ℰ (0251) 14 42 70 – schloss_wilkinghege@t-online.de – Fax (0251) 212898 X r
35 Zim ⊇ – †110/170 € ††150/315 € – 9 Suiten – **Rest** – 56 € – Karte 49/64 €
♦ Ein wunderschönes Anwesen ist das 1550 erbaute Schloss mit gepflegtem Park. Mit stilvollem Interieur trägt man dem historischen Rahmen Rechnung. Im Restaurant unterstreichen Stuck, Kronleuchter und hohe Sprossenfenster das klassische Ambiente.

Mövenpick Hotel
Kardinal-von-Galen-Ring 65 ⊠ 48149 – ℰ (0251) 8 90 20 – hotel.muenster@moevenpick.com – Fax (0251) 8902616 X s
224 Zim – †148/168 € ††174/194 €, ⊇ 16 €
Rest – Karte 21/42 €
Rest *Chesa Rössli* – (geschl. Ende Juni - Juli 4 Wochen und Samstagmittag) Karte 29/47 €
♦ In den beiden durch eine interessante gläserne Eingangshalle verbundenen Klinkerbauten stehen komfortable Zimmer mit neuzeitlicher Einrichtung zur Verfügung. Großes Restaurant mit Buffet. Klein und gemütlich ist das elegante Chesa Rössli.

Mercure Münster City
Engelstr. 39 ⊠ 48143 – ℰ (0251) 4 17 10 – h5415@accor.com – Fax (0251) 4171100 Z v
156 Zim ⊇ – †90/155 € ††125/190 € – **Rest** – Karte 26/31 €
♦ In unmittelbarer Nähe vom Bahnhof finden Sie das zeitgemäße Kettenhotel. Die Zimmer sind neuzeitlich eingerichtet und bieten eine gute Technik. Kleines Bistro mit Showküche und moderner A-la-carte-Bereich.

Kaiserhof
Bahnhofstr. 14 ⊠ 48143 – ℰ (0251) 4 17 80 – hotel@kaiserhof-muenster.de – Fax (0251) 4178666 – geschl. 30. Juni - 25. Juli Z b
103 Zim – †97/132 € ††132/135 €, ⊇ 14 € – 5 Suiten – **Rest** – (geschl. Sonntag) Karte 19/32 €
♦ Der teils mit Antiquitäten bestückte öffentliche Bereich - auch eine Bibliothek mit Kamin ist vorhanden - sowie individuelle Zimmer auf 5 Themenetagen machen dieses Hotel aus. Klassisch zeigt sich das Restaurant.

Mauritzhof garni
Eisenbahnstr. 17 ⊠ 48143 – ℰ (0251) 4 17 20 – info@mauritzhof.de – Fax (0251) 417299 Z s
39 Zim ⊇ – †125/165 € ††155/195 €
♦ Die moderne Designer-Einrichtung des Hotels setzt auf klare Optik und farbige Akzente, die Sie vom verglasten Empfangsbereich bis in die Zimmer begleiten. Bistro.

Central garni
Aegidiistr. 1 ⊠ 48143 – ℰ (0251) 51 01 50 – reception@central-hotel-muenster.de – Fax (0251) 5101550 – geschl. 22. - 31. Dez., Mitte - Ende Aug. Z n
20 Zim ⊇ – †88/108 € ††108/138 € – 4 Suiten
♦ Moderne Kunst von Beuys bis Warhol finden Sie im ganzen Haus. Besonders schön und interessant: die zwei großen Zimmer im ältesten Fachwerkhaus der Stadt.

MÜNSTER

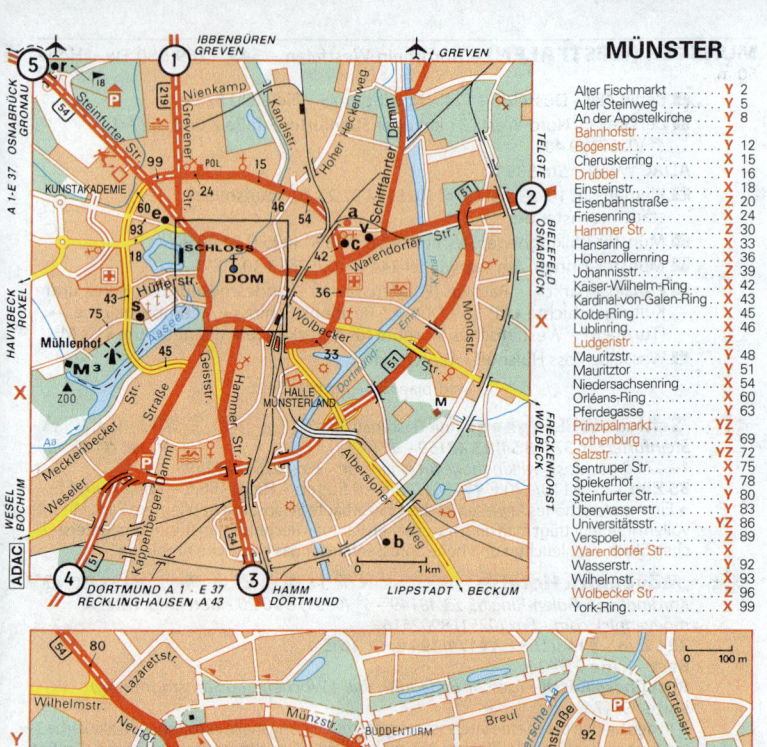

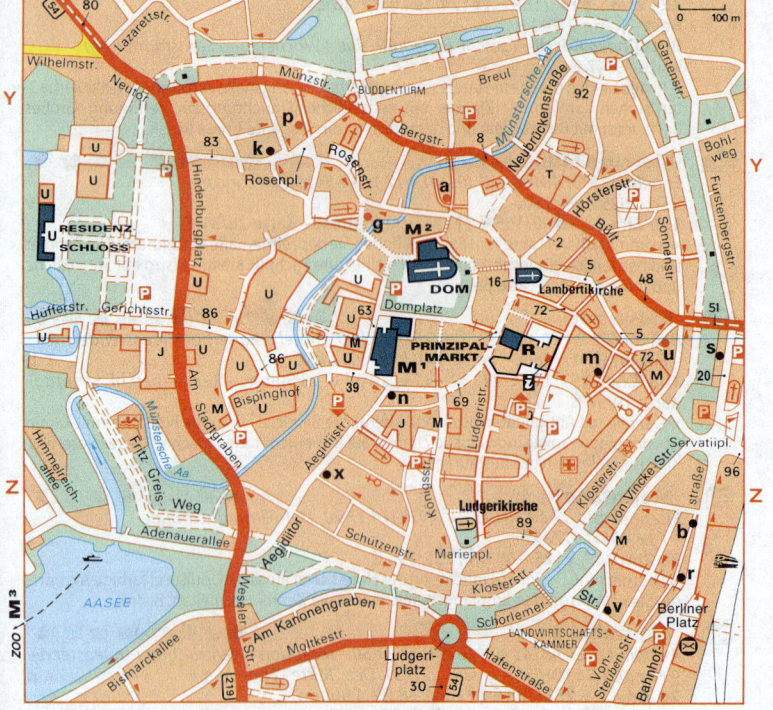

Alter Fischmarkt	Y	2
Alter Steinweg	Y	5
An der Apostelkirche	Y	8
Bahnhofstr.	Z	
Bogenstr.	Y	12
Cheruskerring	X	15
Drubbel	Y	16
Einsteinstr.	X	18
Eisenbahnstraße	Z	20
Friesenring	Y	24
Hammer Str.	Z	30
Hansaring	X	33
Hohenzollernring	X	36
Johannisstr.	Y	39
Kaiser-Wilhelm-Ring	X	42
Kardinal-von-Galen-Ring	X	43
Kolde-Ring	X	45
Lublinring	X	46
Ludgeristr.	Z	
Mauritzstr.	Y	48
Mauritztor	Y	51
Niedersachsenring	X	54
Orléans-Ring	X	60
Pferdegasse	Y	63
Prinzipalmarkt	YZ	
Rothenburg	Z	69
Salzstr.	YZ	72
Sentruper Str.	X	75
Spiekerhof	X	78
Steinfurter Str.	X	80
Überwasserstr.	Y	83
Universitätsstr.	YZ	86
Verspoel	Y	89
Warendorfer Str.	X	
Wasserstr.	X	92
Wilhelmstr.	X	93
Wolbecker Str.	Z	96
York-Ring	X	99

934

MÜNSTER (WESTFALEN)

Überwasserhof
*Überwasserstr. 3 ⊠ 48143 – ℰ (0251) 4 17 70 – info@ueberwasserhof.de
– Fax (0251) 4177100 – geschl. 23. Dez. - 5. Jan. (Hotel)* Y **k**
56 Zim ⌷ – †91/98 € ††121/145 €
Rest *Jedermann's* – ℰ (0251) 5 87 17 *(geschl. Sonntagmittag, Feiertage mittags)*
Menü 35/45 € – Karte 33/49 €
♦ Am Altstadtrand liegt das gewachsene Stadthaus unter Leitung der Inhaberin. Die Gästezimmer sind wohnlich und funktionell eingerichtet. Jedermann's ist ein gediegenes Restaurant mit internationalem Angebot.

Conti garni
*Berliner Platz 2 ⊠ 48143 – ℰ (0251) 8 46 92 80 – info@hotel-conti-muenster.de
– Fax (0251) 51711* Z **r**
80 Zim ⌷ – †85/105 € ††99/135 €
♦ Gegenüber dem Hauptbahnhof liegt das siebenstöckige Stadthaus mit seinen praktischen und solide möblierten, recht großzügigen Zimmern und kleinem Bistro mit Straßenterrasse.

Am Schlosspark garni
*Schmale Str. 2 ⊠ 48149 – ℰ (0251) 8 99 82 00 – hotel-am-schlosspark@
muenster.de – Fax (0251) 8998244* X **e**
28 Zim ⌷ – †86/95 € ††112/128 € – 3 Suiten
♦ Besonders Geschäftsreisende schätzen das gut unterhaltene und relativ ruhig in einer Anliegerstraße gelegene Hotel. Neuzeitlich-funktionelle Zimmer und netter Frühstücksraum.

Europa garni (mit Gästehaus)
*Kaiser-Wilhelm-Ring 26 ⊠ 48145 – ℰ (0251) 3 70 62 – info@
hotel-europa-muenster.de – Fax (0251) 394339* X **c**
61 Zim ⌷ – †85/105 € ††99/135 €
♦ In dem Hotel mit roter Klinkerfassade sowie im Gästehaus beziehen Sie funktionelle, mit solidem, sehr gepflegtem Mobiliar eingerichtete Zimmer.

Windsor
*Warendorfer Str. 177 ⊠ 48145 – ℰ (0251) 13 13 30 – info@hotelwindsor.de
– Fax (0251) 391610* X **v**
24 Zim ⌷ – †69/78 € ††92/102 €
Rest *Il Cuchiaio d'Argento* – separat erwähnt
♦ Ein älteres Eckhaus außerhalb des Zentrums beherbergt dieses Hotel. Stilvolle Einrichtungselemente und eine gute Technik machen die geräumigen Zimmer aus.

Stadthotel Münster
*Aegidiistr. 21 ⊠ 48143 – ℰ (0251) 4 81 20 – service@stadthotel-muenster.de
– Fax (0251) 4812123* Z **x**
107 Zim ⌷ – †91/101 € ††113/123 € – **Rest** – *(geschl. Sonntagabend)*
Karte 12/31 €
♦ Rund fünf Gehminuten vom Prinzipalmarkt entfernt finden Reisende ein gepflegtes Hotel mit großzügigem Empfangsbereich und sachlichen, praktischen Zimmern. Helles, modern gestaltetes Restaurant.

Feldmann
*An der Clemenskirche 14 ⊠ 48143 – ℰ (0251) 41 44 90 – info@hotel-feldmann.de
– Fax (0251) 4144910* Z **m**
20 Zim ⌷ – †69/119 € ††109/159 € – **Rest** – *(geschl. 4. - 18. Aug.
sowie Sonn- und Feiertage)* Menü 22 € – Karte 24/42 €
♦ Teils mit Stilmöbeln und Messingbetten eingerichtete Gästezimmer erwarten Sie in diesem Familienbetrieb in der Innenstadt neben der Clemenskirche. Restaurant im altdeutschen Stil.

Giverny - Caveau de Champagne
*Spiekerhof 25 ⊠ 48143 – ℰ (0251) 51 14 35 – info@restaurant-giverny.de
– Fax (0251) 511752 – geschl. Sonntag - Montag* Y **g**
Rest – (abends Tischbestellung ratsam) Karte 37/53 €
♦ Eine gemütliche Atmosphäre herrscht in dem modernen Restaurant im Zentrum. Die Küche ist französisch - Tagesempfehlungen durch den Patron.

MÜNSTER (WESTFALEN)

XX **Villa Medici**
*Ostmarkstr. 15 ⊠ 48145 – ℰ (0251) 3 42 18 – huccaputo@t-online.de
– Fax (0251) 393094 – geschl. Jan. 2 Wochen, Juli - Aug. 2 Wochen und Sonntag -
Montag*   X a
Rest – *(nur Abendessen)* (Tischbestellung ratsam) Karte 43/51 €
◆ Die elegante Einrichtung und moderne Gemälde bestimmen in diesem Restaurant das Bild. Serviert werden italienische Speisen.

XX **Il Cucchiaio d'Argento** – Hotel Windsor
*Warendorfer Str. 177 ⊠ 48145 – ℰ (0251) 39 20 45 – giacomo.rinaudo@web.de
– Fax (0251) 392045 – geschl. Juni - Juli 2 Wochen und Montag, Samstagmittag*
Rest – Menü 23/29 € – Karte 25/39 €   X v
◆ Pastellfarbene Wände und teilweise mit Malereien verzierte Decken geben dem Restaurant eine leicht venezianische Note. Die Küche: italienisch. Nette Innenhofterrasse.

Brauerei-Gaststätten

X **Wielers-Kleiner Kiepenkerl**
*Spiekerhof 47 ⊠ 48143 – ℰ (0251) 4 34 16 – info@kleiner-kiepenkerl.de
– Fax (0251) 43417 – geschl. Montag*   Y a
Rest – Karte 19/42 €
◆ Gemütlich sitzt es sich in dem urigen westfälischen Gasthaus in der Altstadt - die vielen Stammgäste beweisen es! Weitere Plätze bietet die interessante Boulevard-Terrasse.

X **Altes Gasthaus Leve**
*Alter Steinweg 37 ⊠ 48143 – ℰ (0251) 4 55 95 – leve@gasthaus-leve.de
– Fax (0251) 57837*   Z u
Rest – Karte 14/33 €
◆ Ein westfälisches Original: Das a. d. J. 1607 stammende Gasthaus beherbergt mit viel Holz und hübschen alten Kacheln gemütlich gestaltete Restaurantstuben.

X **Pinkus Müller**
*Kreuzstr. 4 ⊠ 48143 – ℰ (0251) 4 51 51 – info@pinkus-mueller.de
– Fax (0251) 57136 – geschl. Sonn- und Feiertage*   Y p
Rest – Karte 18/39 €
◆ Historisches Studentenlokal und traditionsreiche Brauereigaststätte mit legerer Atmosphäre. An derben Holztischen serviert man Bürgerliches und westfälische Spezialitäten.

In Münster-Amelsbüren Süd : 11 km über die B 54 X :

XXX **Davert Jagdhaus**
*Wiemannstr. 4 ⊠ 48163 – ℰ (02501) 5 80 58 – freiberger@davert-jagdhaus.de
– Fax (02501) 58059 – geschl. Anfang Jan. 1 Woche, Juni - Juli 3 Wochen und
Montag - Dienstag*
Rest – Menü 34/65 € – Karte 29/67 €
◆ Jagdtrophäen und Zierrat schmücken die stilvollen, altdeutsch-rustikalen Räume des Restaurants in dem ehemaligen Jagdhaus. Mit sehr schöner Gartenterrasse.

In Münster-Gremmendorf

⌂ **Münnich** (mit Gästehaus)   Biergarten
*Heeremansweg 11 ⊠ 48167 – ℰ (0251) 6 18 70 – info@hotelmuennich.de
– Fax (0251) 6187199*   X b
85 Zim ⊡ – †60/68 € ††79/89 € – **Rest** – Karte 14/33 €
◆ Das familiengeführte Hotel liegt im Grünen in einem verkehrsberuhigten Wohngebiet. In Haupt- und Gästehaus stehen zeitgemäße Zimmer zur Verfügung. Rustikal gehaltenes Restaurant.

In Münster-Handorf Ost : 7 km über Warendorfer Straße X :

Hof zur Linde (mit Gästehaus)
*Handorfer Werseufer 1 ⊠ 48157 – ℰ (0251) 3 27 50
– info@hof-zur-linde.de – Fax (0251) 328209*
48 Zim ⊡ – †92/135 € ††131/230 € – 9 Suiten – **Rest** – Menü 44/71 €
– Karte 39/55 €
◆ Das charmante Haus von 1648 besticht durch geschmackvolle Zimmer und Suiten, die man mit Liebe zum Detail individuell dekoriert hat. Restaurant im typisch Münsterländer Stil mit behaglichem Kamin.

MÜNSTER (WESTFALEN)

Landhaus Eggert
Zur Haskenau 81 (Nord : 5 km über Dorbaumstraße) ✉ 48157 – ✆ (0251) 32 80 40
– landhauseggert@ringhotels.de – Fax (0251) 3280459
37 Zim ☐ – †90/120 € ††124/149 € – 3 Suiten – **Rest** – Menü 36/59 €
– Karte 31/49 €
♦ Seit mehreren Generationen befindet sich der Gutshof von 1030 in Familienbesitz. Besonders schön: die eleganten Zimmer mit italienischen Stilmöbeln. Kleiner Wellnessbereich. Restauranträume von klassisch-stilvoll bis urig-rustikal.

In Münster-Hiltrup Süd : 6 km über die B 54 X :

Krautkrämer
Zum Hiltruper See 173 (Süd : 2,5 km) ✉ 48165 – ✆ (02501) 80 50
– info@krautkraemer.bestwestern.de – Fax (02501) 805104
– geschl. 2. - 7. Jan.
71 Zim ☐ – †118/138 € ††143/178 € – 4 Suiten – **Rest** – Menü 32/78 €
– Karte 28/67 €
♦ In einem Naherholungsgebiet, direkt am kleinen Hiltruper See liegt das familiengeführte Hotel mit seinen komfortablen Zimmern. Guter Tagungs- und Bankettbereich. Restaurant in rustikalem Stil.

Zur Prinzenbrücke
Osttor 16 ✉ 48165 – ✆ (02501) 4 49 70 – prinzbruecke@
hotel-zur-prinzenbruecke.de – Fax (02501) 449797
– geschl. 23. Dez. - 2. Jan. (Hotel)
36 Zim ☐ – †68/89 € ††85/102 €
Rest *Bella Italia* – (geschl. Dienstag) Karte 23/39 €
♦ Das Haus überzeugt durch seine verkehrsgünstige und doch recht ruhige Lage unmittelbar am Dortmund-Emskanal. Alle Zimmer sind mit modernen, funktionellen Möbeln eingerichtet.

Ambiente garni
Marktallee 44 ✉ 48165 – ✆ (02501) 2 77 60 – info@hotel-ambiente-muenster.de
– Fax (02501) 277610
21 Zim ☐ – †66/71 € ††87/95 €
♦ In der ersten Etage eines Geschäftshauses erwartet Sie ein gepflegtes kleines Hotel. Helle, freundliche Farben bestimmen das Ambiente.

Landgraf
Thierstr. 26 ✉ 48165 – ✆ (02501) 12 36 – hotellandgraf@t-online.de
– Fax (02501) 3473
10 Zim ☐ – †57 € ††82 € – **Rest** – (geschl. Montag) Karte 30/43 €
♦ Ein roter Backsteinbau im Landhausstil, von der Inhaberfamilie persönlich geführt. Sie finden hier sehr gepflegte und solide ausgestattete Gästezimmer vor. Hübscher Garten. Ländlich-rustikales Restaurant mit Wintergartenanbau und schöner Terrasse.

In Münster-Roxel West : 6,5 km über Einsteinstraße X, vor der Autobahn links :

Bakenhof (mit Gästehaus)
Roxeler Str. 376 (Ost : 2,5 km) ✉ 48163 – ✆ (0251) 87 12 10 – hotel@bakenhof.de
– Fax (0251) 8712170
20 Zim ☐ – †72/77 € ††95/105 € – **Rest** – (geschl. Montag) Karte 21/39 €
♦ Ein Gästehaus erweitert diesen gewachsenen Familienbetrieb um komfortabel ausgestattete Zimmer mit modernen Naturholzmöbeln. Rustikal-gemütliches Restaurant.

MÜNSTEREIFEL, BAD – Nordrhein-Westfalen – **543** – 18 910 Ew – Höhe 290 m
– Kneippheilbad   35 **B13**

▶ Berlin 621 – Düsseldorf 91 – Bonn 42 – Aachen 74

🛈 Kölner Str. 13, ✉ 53902, ✆ (02253) 54 22 44, touristinfo@
bad-muenstereifel.de

🐾 Bad Münstereifel-Stockert, Moselweg 4 ✆ (02253) 27 14

◉ Ehemalige Stadtbefestigung ★

MÜNSTEREIFEL, BAD

Golf Hotel Breuer
≼ Bad Münstereifel,
Roderter Kirchweg 1 (B 51) ⊠ 53902 – ℰ (02253) 54 59 80 – golf-hotel-breuer@t-online.de – Fax (02253) 5459884
26 Zim ⊇ – †86/99 € ††109/125 € – ½ P 13 € – **Rest** – Menü 22/29 € – Karte 18/34 €

♦ Mit gelaugtem, hellem Naturholz in neuzeitlichem Stil eingerichtete Zimmer erwarten Sie in diesem Hotel. Die meisten der Zimmer bieten einen schönen Blick auf die Altstadt. In gemütlichen Stuben unterteiltes Restaurant mit schöner Terrasse.

Landgasthaus Steinsmühle mit Zim
Kölner Str. 122 ⊠ 53902 – ℰ (02253) 45 87 – steinsmuehle@t-online.de – Fax (02253) 950620
12 Zim ⊇ – †57 € ††98 € – ½ P 21 € – **Rest** – (geschl. Donnerstag, Montag - Samstag nur Abendessen) Menü 35 € – Karte 22/36 €

♦ Ziegel- und Bruchsteinwände erzeugen ein romantisches Ambiente in der Wassermühle a. d. 12. Jh. Die Hans-Sachs-Stube wird nur mit Kerzen beleuchtet. Internationale Küche.

In Bad Münstereifel-Eicherscheid Süd : 3 km über B 51 :

Café Oberfollmühle
Ahrweiler Str. 41 ⊠ 53902 – ℰ (02253) 79 04 – geschl. Nov.
8 Zim ⊇ – †50 € ††82 € – ½ P 15 € – **Rest** – (geschl. Mittwoch) Karte 19/25 €

♦ Das kleine Hotel am Ortsausgang ist ein solider Familienbetrieb mit gut unterhaltenen und zeitlos eingerichteten Gästezimmern. Gediegenes Restaurant.

MÜNSTER-SARMSHEIM – Rheinland-Pfalz – siehe Bingen

MÜNSTERTAL – Baden-Württemberg – 545 – 5 200 Ew – Höhe 373 m – Wintersport : 1 300 m ⰶ5 ⰶ – Luftkurort
61 **D21**

▶ Berlin 826 – Stuttgart 229 – Freiburg im Breisgau 30 – Basel 65
▪ Wasen 47, ⊠ 79244, ℰ (07636) 7 07 30, touristinfo@muenstertal.de
▫ St. Trudpert (Kirchenschiff ★, Kanzel ★)
▫ Belchen ⁂ ★★★ Süd : 18 km

In Untermünstertal

Schmidt's Gasthof zum Löwen
Wasen 54 ⊠ 79244 – ℰ (07636) 5 42 – info@loewen-muenstertal.de – Fax (07636) 77919 – geschl. 14. Jan. - 28. Feb. und Dienstag - Mittwoch
Rest – Menü 25/54 € – Karte 28/63 €

♦ In dem hübschen Schwarzwaldgasthof mit bemalter Fassade serviert man in ländlich-elegantem Rahmen oder auf der Gartenterrasse eine klassische Küche mit badischem Einfluss.

In Obermünstertal

Spielweg (mit Gästehäusern)
Spielweg 61 ⊠ 79244 – ℰ (07636) 70 90 – fuchs@spielweg.com – Fax (07636) 70966
45 Zim ⊇ – †89/116 € ††120/246 € – ½ P 37 € – 3 Suiten
Rest – (Tischbestellung ratsam) Menü 38/54 € – Karte 34/59 €

♦ Seit 1861 befindet sich das aus einem Landgasthof gewachsene Hotel mit individuellen Zimmern im Besitz der Familie Fuchs, die sich mit Engagement um ihre Gäste kümmert. Gemütlich-rustikale Gaststuben, dekoriert mit Originalen von Tomi Ungerer. Eigene Käserei.

Landgasthaus zur Linde mit Zim
Krumlinden 13 ⊠ 79244 – ℰ (07636) 4 47 – info@landgasthaus.de – Fax (07636) 1632
15 Zim ⊇ – †65/85 € ††86/130 € – ½ P 22 € –
Rest – (geschl. Dez. - April Montag) Karte 22/33 €

♦ Eine nette Atmosphäre herrscht in den gemütlichen Stuben des historischen Gasthofs a. d. 17. Jh. Besonders beliebt bei den Gästen sind frische Forellen. Terrasse am Wildbach. Schöne, wohnliche Landhauszimmer.

MUGGENSTURM – Baden-Württemberg – 545 – 6 180 Ew – Höhe 123 m
▶ Berlin 704 – Stuttgart 98 – Karlsruhe 22   54 **E18**

Lamm
Hauptstr. 24 ⊠ 76461 – ℰ (07222) 5 20 05 – info@lamm-muggensturm.de
– Fax (07222) 52006 – geschl. 1. - 9. Okt. und Dienstag, Samstagmittag
Rest – Menü 26/43 € – Karte 29/56 €
♦ Das von den jungen Inhabern gut geführte Restaurant in der Ortsmitte bietet seinen Gästen zeitgemäße Küche mit regionalen Elementen.

MULFINGEN – Baden-Württemberg – 545 – 3 870 Ew – Höhe 288 m
▶ Berlin 564 – Stuttgart 100 – Würzburg 67 – Heilbronn 68   49 **I17**

In Mulfingen-Ailringen Nord-West : 7,5 km über Ailringer Straße :

Altes Amtshaus
Kirchbergweg 3 ⊠ 74673 – ℰ (07937) 97 00 – info@altesamtshaus.de
– Fax (07937) 97030
15 Zim – †75/105 € ††127 € – 3 Suiten – **Rest** – (geschl. 2. - 22. Jan. und Montag - Dienstag, Mittwoch - Samstag nur Abendessen) Menü 46/98 €
– Karte 47/67 €
Spez. Schnitzel vom Thunfisch mit gegrillter Wassermelone, Felsenkraken und Selleriesalsa. Gratinierte Kalbskutteln mit Flusskrebsen und Muskatkürbis-Schalotten. Brust und Servelat vom wilden Perlhuhn mit poeliertem Ofengemüse.
♦ Das kleine Hotel ist der einstige Sitz der Deutschordensritter a. d. 16. Jh. Eine gelungene Mischung aus historischen Elementen und modernem Stil bestimmt hier das Bild. Sie speisen in einem hübschen Natursteingewölbe. Terrasse mit separater kleiner Karte.

In Mulfingen-Heimhausen Süd : 4 km Richtung Buchenbach :

Jagstmühle
Jagstmühlenweg 10 ⊠ 74673 – ℰ (07938) 9 03 00 – info@hotel-jagstmuehle.de
– Fax (07938) 7569 – geschl. Jan - 10. März
23 Zim – †55/68 € ††78/82 € – **Rest** – Karte 21/41 €
♦ Wunderschön liegt die alte Wassermühle im Jagsttal. Das sorgsam restaurierte Anwesen ist heute ein hübsch eingerichtetes, sympathisches Hotel. Ländliche Gaststuben und Terrasse zum Fluss.

MURNAU – Bayern – 546 – 12 000 Ew – Höhe 688 m – Luftkurort
▶ Berlin 656 – München 70 – Garmisch-Partenkirchen 25 – Weilheim 20   65 **L21**
ℹ Kohlgruber Str. 1, ⊠ 82418, ℰ (08841) 6 14 10, touristinformation@murnau.de

Alpenhof Murnau ≤ Wetterstein und Estergebirge,
(geheizt) Rest,
Ramsachstr. 8 ⊠ 82418 – ℰ (08841) 49 10 – info@alpenhof-murnau.com
– Fax (08841) 491100
77 Zim – †142/195 € ††190/290 € – ½ P 42 € – 6 Suiten
Rest *Reiterzimmer* – (geschl. 7. Jan. - 18. März und Montag - Dienstag, nur Abendessen) (Tischbestellung ratsam) Menü 78/105 € – Karte 54/69 €
Rest *Hofmann's* – Menü 42/67 € – Karte 40/52 €
Spez. Hummercocktail mit Avocado und grünem Spargel. Schwarzfederhuhn mit Trüffel und Stopflebersauce. Milchlammkeule in Weißwein geschmort mit Paprika-Marmelade.
♦ Wohnliche Zimmer und Wellness auf 2 Etagen (mit Kosmetik und medizinischen Anwendungen) sowie eine tolle Sicht bietet dieses Hotel. Ländlich-elegantes Reiterzimmer mit feiner zeitgemäßer Küche auf klassischer Basis. Rustikal: Hofmann's mit schöner Terrasse.

Angerbräu
Untermarkt 44 ⊠ 82418 – ℰ (08841) 62 58 76 – info@angerbraeu.de
– Fax (08841) 625877
28 Zim – †65/88 € ††95/105 € – ½ P 14 € – **Rest** – Karte 16/28 €
♦ Hier hat man ein historisches Haus komplett entkernt und mit zeitgemäßen, praktischen Gästezimmern ausgestattet. Schön ist der Ausblick von der Sauna im Dachgeschoss. Im bayerischen Stil gehaltenes Restaurant.

MURNAU

Griesbräu
Obermarkt 37 – 82418 – ℰ (08841) 14 22 – info@griesbraeu.de
– Fax (08841) 3913
26 Zim – †55/65 € ††80/90 € – ½ P 16 € – **Rest** – Karte 14/23 €
♦ Ein traditioneller Gasthof am Anfang der Fußgängerzone mit wohnlichen und recht individuellen, meist sehr großen Zimmern und einem netten Innenhof. Bürgerlich-rustikale Gaststuben - zum Haus gehört eine eigene Brauerei.

Gästehaus Steigenberger garni
Ramsachstr. 10 – 82418 – ℰ (08841) 22 69 – Fax (08841) 90218
14 Zim – †43/58 € ††81 €
♦ Gemütliche Zimmer im alpenländischen Stil, teils mit kleiner Küchenzeile, sowie ruhige Lage und Ausblick machen das familiengeführte Ferienhotel aus. Mit Pferdehaltung.

Klausenhof am Kurpark
Burggraben 10 – 82418 – ℰ (08841) 6 11 60 – info@klausenhof-murnau.de
– Fax (08841) 5043
25 Zim – †50/70 € ††80/112 € – ½ P 17 € – **Rest** – Menü 14 € – Karte 16/37 €
♦ Ein zentral in der Ortsmitte beim Kurhaus gelegenes Hotel unter Leitung der Inhaberfamilie, das über gepflegte, zeitlos möblierte Zimmer verfügt. Bürgerlich-rustikaler Restaurantbereich mit Wintergartenanbau.

MUSKAU, BAD – Sachsen – 544 – 4 040 Ew – Höhe 110 m – Moorbad   34 S10
▶ Berlin 161 – Dresden 111 – Cottbus 40 – Görlitz 63
◉ Muskauer Park ★★

Am Schloßbrunnen
Köbelner Str. 68 – 02953 – ℰ (035771) 52 30 – hotel@schlossbrunnen.de
– Fax (035771) 52350
13 Zim – †46/54 € ††66/72 € – ½ P 14 € – **Rest** – (Montag - Freitag nur Abendessen) Karte 14/27 €
♦ Der radfahrerfreundliche kleine Familienbetrieb liegt außerhalb des Zentrums und bietet gepflegte, praktische Zimmer. In 10 Minuten erreichen Sie den Fürst-Pückler-Park.

MUTTERSTADT – Rheinland-Pfalz – 543 – 12 480 Ew – Höhe 96 m   47 E16
▶ Berlin 629 – Mainz 77 – Mannheim 14 – Kaiserslautern 58

Ebnet
Neustadter Str. 53 – 67112 – ℰ (06234) 9 46 00 – info@hotel-ebnet.de
– Fax (06234) 946060 – geschl. 1. - 6. Jan.
22 Zim – †50/64 € ††84/89 € – **Rest** – (geschl. Samstagmittag, Sonntagabend) Karte 17/35 €
♦ Die Zimmer dieses gut geführten Gasthofs sind mit hellen Holzmöbeln neuzeitlich und funktionell eingerichtet, sauber und gepflegt. Bürgerliches Restaurant.

NACHRODT-WIBLINGWERDE – Nordrhein-Westfalen – 543 – 6 900 Ew – Höhe 380 m   26 D11
▶ Berlin 505 – Düsseldorf 72 – Dortmund 28 – Hagen 16

Im Ortsteil Veserde Nord-West : 3 km ab Wiblingwerde Richtung Hohenlimburg :

Schloss Hotel Holzrichter (mit Gästehaus)
Hohenlimburger Str. 15 – 58769 – ℰ (02334)
92 99 60 – info@hotel-holzrichter.de – Fax (02334) 1515 – geschl. 26. Juni - 8. Aug., 22. - 31. Dez.
30 Zim – †88/105 € ††145/156 € – **Rest** – (geschl. Donnerstag, nur Abendessen) Karte 23/53 €
♦ Dieses schöne Anwesen in erhöhter Lage ist ein freundlich und engagiert geleiteter Familienbetrieb mit sehr wohnlichen Zimmern im alpenländischen Stil. Gemütlich ist das Ambiente in dem mit Holz verkleideten Restaurant.

NACKENHEIM – Rheinland-Pfalz – 543 – 5 050 Ew – Höhe 90 m 47 **F15**
▶ Berlin 587 – Mainz 15 – Frankfurt 46 – Worms 35

✗ Zum Alten Zollhaus
Wormserstr. 7 ✉ *55299* – ℰ *(06135) 87 26 – Fax (06135) 8738*
– geschl. 24. Feb. - 8. März, 28. Sept. - 11. Okt. und Sonntag - Montag
Rest *– (nur Abendessen)* (Tischbestellung ratsam) Karte 20/34 €

♦ In den gut besuchten, rustikal-gemütlichen Stuben - teils im Gewölbekeller - herrscht eine lebendige Atmosphäre. Viele Weine aus der Region. Im Sommer: Terrasse im Innenhof.

> Auch Hotels und Restaurants können sich ändern.
> Kaufen Sie deshalb jedes Jahr den neuen Michelin-Führer!

NAGOLD – Baden-Württemberg – 545 – 22 990 Ew – Höhe 411 m 54 **F19**
▶ Berlin 675 – Stuttgart 52 – Karlsruhe 81 – Tübingen 34
🏁 Bondorf, Domäne Neureutin ℰ (07457) 9 44 90

🏠 Adler
Badgasse 1 ✉ *72202* – ℰ *(07452) 86 90 00 – info@hotel-adler-nagold.de*
– Fax (07452) 86900200
45 Zim ☑ – †57/90 € ††91/150 € – **Rest** *– (geschl. Montag)* Karte 20/38 €

♦ Das unter Denkmalschutz stehende Fachwerkhaus wurde 1675 erbaut und wird seit 1702 als Gasthof genutzt. Besonders modern sind die Zimmer im Gästehaus. Ländlich-rustikale Restaurantstuben mit bürgerlicher Küche.

✗ Burg   Biergarten
Burgstr. 2 ✉ *72202* – ℰ *(07452) 37 35 – info@restaurant-burg.de*
– Fax (07452) 66291 – geschl. 2. - 8. Feb., 13. - 27. Mai und Dienstag
Rest *–* Menü 28 € *–* Karte 20/45 €

♦ Das Interieur des Restaurants zeigt sich in schlichter, bürgerlicher Gestaltung. Freunde regionaler Speisen kommen auf ihre Kosten.

✗ Ostaria da Gino
Querstr. 3 ✉ *72202* – ℰ *(07452) 6 66 10 – dagino.nagold@t-online.de*
– Fax (07452) 818170 – geschl. 8. - 13. Mai und Sonntag
Rest *– (Tischbestellung ratsam)* Karte 29/45 €

♦ An einen Feinkostladen ist dieses kleine rustikale Restaurant angeschlossen. Das italienische Angebot wird auf einer Tafel präsentiert, ergänzt durch mündliche Empfehlungen.

In Nagold-Pfrondorf Nord : 4,5 km über B 463 :

🏠 Pfrondorfer Mühle
an der B 463 ✉ *72202* – ℰ *(07452) 8 40 00 – info@pfrondorfer-muehle.de*
– Fax (07452) 840048 – geschl. 1. - 10. Jan.
21 Zim ☑ – †58/75 € ††90/106 € – **Rest** *–* Karte 18/47 €

♦ Eine ehemalige Mühle mit modernem Anbau dient jetzt als Hotel. Wohnliche Zimmer sowie elegante Suiten mit fast schon luxuriösen Bädern überzeugen den Gast. Helles Holz macht die Gaststube gemütlich.

NAHETAL-WALDAU – Thüringen – 544 – 3 410 Ew – Höhe 410 m – Erholungsort
▶ Berlin 344 – Erfurt 72 – Coburg 40 – Suhl 23 40 **K13**

🏠 Weidmannsruh   Biergarten
Hauptstr. 74, (Waldau) ✉ *98667* – ℰ *(036878) 6 03 92 – Fax (036878) 20844*
8 Zim ☑ – †32 € ††48 € – ½ P 9 € – **Rest** *– (geschl. Montagmittag)*
Karte 11/16 €

♦ In dem hübschen Fachwerkgebäude befindet sich eine kleine Pension, die über solide möblierte, wohnliche Gästezimmer verfügt.

NAKENSTORF – Mecklenburg-Vorpommern – siehe Neukloster

941

NASSAU – Rheinland-Pfalz – 543 – 5 110 Ew – Höhe 100 m – Luftkurort 37 **D14**
▶ Berlin 581 – Mainz 57 – Koblenz 27 – Limburg an der Lahn 49
🛈 Obertal 9a, ✉ 56377, ☎ (02604) 95 25 23, info@nassau-touristik.de

Lahnromantik
Bezirksstr. 20 ✉ *56377 –* ☎ *(02604) 9 53 10 – info@lahnromantik.de*
– Fax (02604) 953127
13 Zim ⌧ – †30/35 € ††58/66 € – ½ P 10 € – **Rest** – *(geschl. Nov. - April Montag)*
Karte 17/31 €
◆ Gemütlich-rustikal ist die Atmosphäre in diesem persönlich und familiär geleiteten Fachwerkhaus. Sie wohnen in individuell gestalteten Zimmern. Zum Restaurant gehört eine nette Gartenterrasse.

In Hömberg Nord-West : 4 km Richtung Montabaur :

Taunusblick
Nassauer Str. 7 ✉ *56379 –* ☎ *(02604) 9 43 80 – taunusblick-lotz@t-online.de*
– Fax (02604) 9438125
18 Zim ⌧ – †44/50 € ††78 € – ½ P 13 € – **Rest** – *(geschl. Montag)* Karte 18/31 €
◆ Die Aussicht hält, was der Name des Hauses verspricht: gewachsener Gasthof mit soliden Zimmern und schönem Blick auf die Umgebung. Ländliche Gaststube.

NASTÄTTEN – Rheinland-Pfalz – 543 – 4 280 Ew – Höhe 280 m 47 **E14**
▶ Berlin 585 – Mainz 46 – Koblenz 35 – Limburg an der Lahn 34

Oranien mit Zim
Oranienstr. 10 ✉ *56355 –* ☎ *(06772) 10 35 – hotel.oranien@t-online.de*
– Fax (06772) 2962 – geschl. 28. Juli - 11. Aug.
12 Zim ⌧ – †40/60 € ††70/100 € – **Rest** – *(geschl. Montag, Nov. - April auch Sonntagabend)* Karte 24/35 €
◆ Das freundlich von der Familie geleitete Restaurant liegt leicht erhöht am Ortsrand. Bürgerlich-regionales Speiseangebot.

NAUEN – Brandenburg – 542 – 16 780 Ew – Höhe 35 m 22 **O8**
▶ Berlin 50 – Potsdam 45 – Wittstock 70
🛈 Börnicke, Am Kallin 1 ☎ (033230) 89 40

In Nauen-Börnicke Nord : 11 km über B 273 :

Landhaus Börnicke
Grünefelder Str. 15 ✉ *14641 –* ☎ *(033230) 5 13 06 – landhaus-boernicke@t-online.de – Fax (033230) 51408*
13 Zim ⌧ – †59/65 € ††79/89 € – **Rest** – *(geschl. Jan. - Feb. Montag)* Karte 18/32 €
◆ Im idyllischen Havelland ist diese Oase der Ruhe beheimatet. Eingebettet in den hauseigenen Wald und den Streichelzoo, bietet das Haus gerade Familien Ruhe und Erholung. Gepflegter, wohnlicher Restaurantbereich mit Wintergarten.

In Nauen-Tietzow Nord : 13 km über B 273 :

Helenenhof
Dorfstr. 66 ✉ *14641 –* ☎ *(033230) 87 70 – hotel-helenenhof@t-online.de*
– Fax (033230) 50290
21 Zim ⌧ – †67/72 € ††93 € – **Rest** – Karte 17/28 €
◆ Ein wieder aufgebauter und erweiterter Landgasthof, der sich seit 1883 in Familienbesitz befindet und über zeitlos und wohnlich eingerichtete Zimmer verfügt. Stuck, Parkettboden und ein offener Kamin schmücken das Restaurant.

NAUHEIM, BAD – Hessen – 543 – 30 350 Ew – Höhe 148 m – Heilbad 38 **F14**
▶ Berlin 507 – Wiesbaden 64 – Frankfurt am Main 38 – Gießen 31
🛈 In den Kolonnaden 1, ✉ 61231, ☎ (06032) 92 99 20, info@bad-nauheim.de
⛳ Bad Nauheim, Nördlicher Park 21 ☎ (06032) 21 53
⛳ Friedberg, Am Löwenhof ☎ (06031) 1 61 99 80
◉ Burg Münzenberg ★ Nord: 13 km

NAUHEIM, BAD

Dolce
Elvis-Presley-Platz 1 ✉ 61231 – ℰ (06032) 30 30 – info_badnauheim@dolce.com
– Fax (06032) 303419
159 Zim ⊑ – †109/189 € ††129/244 € – ½ P 27 € – 11 Suiten
Rest – Karte 26/44 €
♦ Ein weitläufiges Tagungshotel das am Kurpark liegt und sich aus zwei Häusern zusammensetzt. Die Zimmer sind funktionell und wohnlich. Elegant angehaucht ist das klassische Restaurant mit Säulen und Gewölbedecke.

In Bad Nauheim-Steinfurth Nord : 3 km über Frankfurter Straße :

Herrenhaus von Löw (mit Gästehaus)
Steinfurther Hauptstr. 36 ✉ 61231 – ℰ (06032) 9 69 50 – kontakt@
herrenhaus-von-loew.de – Fax (06032) 969550 – geschl. 1. - 6. Jan.
20 Zim ⊑ – †85/105 € ††109/129 € – **Rest** – (geschl. Sonntag, nur Abendessen)
Menü 56 € – Karte 41/53 €
♦ In dem Herrenhaus aus dem 19. Jh. verbindet sich der Charme vergangener Tage mit dem Komfort von heute. Schöne Stoffe und Farben schaffen ein wohnliches Ambiente. Das alte Gewölbe des Hauses bildet im Restaurant einen attraktiven Rahmen.

In Bad Nauheim-Schwalheim Süd-Ost : 3 km :

Brunnenwärterhaus Biergarten
Am Sauerbrunnen ✉ 61231 – ℰ (06032) 70 08 70 – info@brunnenwaerterhaus.de
– Fax (06032) 700871 – geschl. 1. - 8. Jan., 1. - 14. Okt. und Montag - Dienstag
Rest – (Mittwoch - Samstag nur Abendessen) (Tischbestellung ratsam) Karte 29/42 €
♦ In hübschen, angenehm dezent dekorierten Räumen - Kachelofenzimmer und Brunnenzimmer - erwarten Sie ein geschulter Service und sorgfältig zubereitete internationale Gerichte.

NAUMBURG – Sachsen-Anhalt – 542 – 30 010 Ew – Höhe 135 m   41 **M12**
▶ Berlin 223 – Magdeburg 135 – Leipzig 62 – Weimar 49
🛈 Markt 12, ✉ 06618, ℰ (03445) 27 31 12, info@naumburg-tourismus.de
◉ Dom St. Peter und Paul★★ (Naumburger Stifterfiguren★★★, Westlettner★★)
– St. Wenzel★
◉ Freyburg : Schloss Neuenburg★ Nord : 6 km – Schulpforta : Panstermühle★
Süd-West : 3 km : Bad Kösen : Solefördanlage★

Stadt Aachen
Markt 11 ✉ 06618 – ℰ (03445) 24 70 – post@hotel-stadt-aachen.de
– Fax (03445) 247130
39 Zim ⊑ – †54/69 € ††75/95 € – **Rest** – Karte 16/27 €
♦ Das sanierte Stadthaus am Markt fügt sich harmonisch in die Reihe ansprechender Bürgerhäuser ein. Die funktionellen Zimmer sind mit dunklem Stilmobiliar eingerichtet. Teil des Restaurants ist die zum Marktplatz gelegene Carolus-Stube. Uriger Gewölbekeller.

St. Marien garni
Marienstr. 12 ✉ 06618 – ℰ (03445) 2 35 40 – hotel-st.marien@gmx.de
– Fax (03445) 235422
12 Zim ⊑ – †45/49 € ††65/72 €
♦ Das Stadthaus im Zentrum ist ein persönlich geführtes kleines Hotel, das gepflegte, zeitgemäß eingerichtete Gästezimmer bietet.

Bocks
Steinweg 5 ✉ 06618 – ℰ (03445) 2 30 13 30 – info@bocks-naumburg.de
– Fax (03445) 230499 – geschl. 10. - 23. Nov. und Nov. - März Dienstag
Rest – Karte 25/34 €
♦ In einer verkehrsberuhigten Zone liegt das ehemalige Zunfthaus der Ledergerber a. d. 18. Jh. - ein modernes Restaurant in warmen Farben mit Innenhofterrasse und Weingeschäft.

NAURATH (WALD) – Rheinland-Pfalz – siehe Trittenheim

NEBEL – Schleswig-Holstein – siehe Amrum (Insel)

NECKARBISCHOFSHEIM – Baden-Württemberg – 545 – 4 070 Ew – Höhe 171 m

▶ Berlin 614 – Stuttgart 82 – Mannheim 60 – Heilbronn 30   48 **G17**

Schloss Neckarbischofsheim
Schlossstr. 1 ⊠ 74924 – ℰ (07263) 4 08 00 – info@ schlosshotelneckarbischofsheim.de – Fax (07263) 408022
30 Zim ⊇ – †105/135 € ††135/190 € – **Rest** – *(geschl. Montag)* Karte 25/55 €
◆ In einem Flügel des historischen Schlosses und einem neueren Anbau hat man ein schmuckes Hotel eingerichtet. Elegante Zimmer im Biedermeierstil mit schönen Bädern. Restaurant mit klassischem Ambiente und Blick in den hoteleigenen Park.

> **Rot steht für unsere besonderen Empfehlungen!**

NECKARGEMÜND – Baden-Württemberg – 545 – 14 270 Ew – Höhe 127 m

▶ Berlin 635 – Stuttgart 107 – Mannheim 41 – Heidelberg 10   47 **F17**

🛈 Bahnhofstr. 13, ⊠ 69151, ℰ (06223) 35 53, touristinfo.neckargemuend@t-online.de

▫ Lobbach-Lonenfeld, Am Biddersbacher Hof ℰ (06226) 95 21 10

◉ Dilsberg : Burg (Turm ✱ ★) Nord-Ost : 5 km

In Neckargemünd-Waldhilsbach Süd-West : 5 km über B 45 Richtung Sinsheim :

Zum Rössl mit Zim
Heidelberger Str. 15 ⊠ 69151 – ℰ (06223) 26 65 – hauck_roessel@t-online.de – Fax (06223) 6859
10 Zim ⊇ – †46/52 € ††66/72 € – **Rest** – *(geschl. Montag - Dienstag)* Menü 19 € – Karte 22/39 €
◆ Ein gemütliches Restaurant mit getäfelten Wänden und Kamin. Auch Schnaps und Marmelade aus eigener Herstellung werden angeboten. Zum Übernachten stehen schlichte, aber gepflegte Zimmer bereit, teilweise im Gästehaus gegenüber.

NECKARSTEINACH – Hessen – 543 – 3 920 Ew – Höhe 130 m   48 **G16**

▶ Berlin 639 – Wiesbaden 111 – Mannheim 45 – Heidelberg 14

Vierburgeneck
Heiterswiesenweg 11 (Süd-West: 1 km, an der B 37) ⊠ 69239 – ℰ (06229) 5 42 – vierburgeneck@web.de – Fax (06229) 396
17 Zim ⊇ – †59/62 € ††84/94 € – **Rest** – *(geschl. 21. Dez. - 3. Feb. und Dienstag, nur Abendessen)* Karte 15/29 €
◆ Das nach den nahe gelegenen Burgen benannte Haus liegt direkt an der Bundesstraße am Neckar. Man verfügt über praktische, gepflegte Gästezimmer. Schlichtes Restaurant mit Terrasse über dem Fluss.

NECKARSULM – Baden-Württemberg – 545 – 27 410 Ew – Höhe 162 m   55 **G17**

▶ Berlin 590 – Stuttgart 59 – Heilbronn 5 – Mannheim 78

Nestor
Sulmstr. 2 ⊠ 74172 – ℰ (07132) 38 80 – neckarsulm@nestor-hotels.de – Fax (07132) 388113
84 Zim – †127/154 € ††155/182 € – **Rest** – Karte 19/37 €
◆ Vor allem Geschäftsreisende schätzen die funktionelle und zeitgemäße Ausstattung des am Altstadtrand gelegenen Hotels. Nebenan: das Konferenz- und Kulturzentrum Ballei. Das Restaurant ist im Bistrostil gehalten. Terrasse im Innenhof.

Ballei
Deutschordensplatz (Zufahrt über Felix Wankel Straße) ⊠ 74172 – ℰ (07132) 60 11 – Fax (07132) 37713 – geschl. Jan. 1 Woche und Montag
Rest – Menü 24/28 € – Karte 18/32 €
◆ Das moderne Stadthallenrestaurant ist mit kräftigen Farben ansprechend gestaltet. Im Mittelpunkt liegt die Glas- und Stahlkonstruktion des bepflanzten Lichthofs.

NECKARWESTHEIM – Baden-Württemberg – 545 – 3 570 Ew – Höhe 266 m

▶ Berlin 602 – Stuttgart 38 – Heilbronn 13 – Ludwigsburg 25   55 **G17**
Neckarwestheim, Schloss Liebenstein ℰ (07133) 9 87 80

Schloßhotel Liebenstein
Liebenstein 1 (Süd : 2 km) ⊠ 74382 – ℰ (07133) 9 89 90 – info@liebenstein.com
– Fax (07133) 6045 – geschl. 24. Dez. - 6. Jan.
24 Zim ⊇ – †85/118 € ††123/150 € – **Rest** – (Montag - Freitag nur Abendessen)
Karte 28/41 €

♦ Als Teil einer beeindruckenden Schlossanlage mit Grundmauern von 1030 hat dieses Hotel einen nicht alltäglichen Rahmen. Schön ist die ruhige Lage. Kapelle a. d. 16. Jh. Restaurant in mehreren Stuben: elegantes Lazuli mit bemaltem Gewölbe, gediegenes Kurfürst.

Am Markt garni
Marktplatz 2 ⊠ 74382 – ℰ (07133) 9 81 00 – Fax (07133) 14423
19 Zim ⊇ – †55/60 € ††75 €

♦ Sehr persönlich wird das kleine Hotel am Marktplatz geleitet. Neben gepflegten Gästezimmern bietet man ein ansprechendes Frühstücksbuffet aus guten Produkten.

NECKARZIMMERN – Baden-Württemberg – 545 – 1 590 Ew – Höhe 150 m

▶ Berlin 593 – Stuttgart 80 – Mannheim 79 – Heilbronn 25   48 **G17**
Burg Hornberg (Turm ≤ ★)

Burg Hornberg
⊠ 74865 – ℰ (06261) 9 24 60 – info@burg-hotel-hornberg.de
– Fax (06261) 924644 – geschl. Jan.
24 Zim ⊇ – †78/100 € ††110/170 € – **Rest** – Menü 48 € – Karte 31/48 €

♦ Einmalig liegt das in die Burganlage Götz von Berlichingens integrierte Hotel oberhalb des Neckars. Die Zimmer sind wohnlich und teilweise mit dunklen Stilmöbeln eingerichtet. Klassisch gehaltenes Restaurant mit Panoramablick und netter Terrasse im Innenhof.

NEHREN – Rheinland-Pfalz – 543 – 110 Ew – Höhe 91 m   46 **C15**

▶ Berlin 662 – Mainz 120 – Trier 79 – Koblenz 63

Quartier Andre
Moselstr. 3 ⊠ 56820 – ℰ (02673) 40 15 – andre-nehren@t-online.de
– Fax (02673) 4168 – geschl. 3. Jan. - 15. März, 3. Nov. - 20. Dez.
15 Zim ⊇ – †35/50 € ††60/90 € – **Rest** – (geschl. Dienstag) Menü 15/17 €
– Karte 17/28 €

♦ Diese nette kleine Urlaubsadresse bietet neben zeitgemäßen Zimmern mit gutem Platzangebot auch Appartements mit Küchenzeile. Freundliches Restaurant mit großer Fensterfront.

NENNDORF, BAD – Niedersachsen – 541 – 10 240 Ew – Höhe 82 m – Heilbad

▶ Berlin 315 – Hannover 33 – Bielefeld 85 – Osnabrück 115   18 **H8**
Hauptstr. 4, ⊠ 31542, ℰ (05723) 74 85 60, tourist-info@badnenndorf.de

Tallymann
Hauptstr. 59 ⊠ 31542 – ℰ (05723) 61 67 – tallymann@t-online.de
– Fax (05723) 707869
52 Zim ⊇ – †69/132 € ††96/174 € – ½ P 17 € – **Rest** – (geschl. Sonntag)
Menü 30/79 € – Karte 32/44 €

♦ In diesem Hotel erwarten Sie mit hellem Holzmobiliar eingerichtete, funktionell ausgestattete Gästezimmer, die ruhig zum Park hin liegen. Restaurant mit internationaler Küche sowie Bistro und Vinothek.

Harms
Gartenstr. 5 ⊠ 31542 – ℰ (05723) 95 00 – info@hotel-harms.de
– Fax (05723) 950280
49 Zim ⊇ – †58/72 € ††90/120 € – ½ P 17 € – **Rest** – (nur Abendessen für Hausgäste)

♦ Ein gut geführtes Hotel in zentraler und dennoch ruhiger Lage mit freundlich und wohnlich gestalteten Zimmern und einem netten Wellnessbereich mit Beautyangebot.

NENNDORF, BAD

Villa Gerdes
Kramerstr. 4 ⊠ 31542 – ℰ (05723) 94 61 70 – info@die-villa.de
– Fax (05723) 946188
15 Zim – †65/85 € ††75/85 € – ½ P 15 € – **Rest** – (geschl. Montag, nur Abendessen) Menü 18 € – Karte 29/51 €
♦ In einem Wohngebiet in der Innenstadt steht die schöne Villa a. d. 19. Jh. Stilvolles Ambiente begleitet Sie durch das ganze Haus - die hohen Räume wirken angenehm luftig. In klassischem Stil gehaltenes Restaurant.

In Bad Nenndorf-Riepen Nord-West : 4,5 km über die B 65 :

Schmiedegasthaus Gehrke (mit Gästehaus)
Riepener Str. 21 ⊠ 31542 – ℰ (05725) 9 44 10
– info@schmiedegasthaus.de – Fax (05725) 944141
19 Zim – †55/88 € ††79/140 € – ½ P 25 €
Rest *La Forge* – separat erwähnt
Rest *Schmiederestaurant* – (geschl. Montag) Menü 28 € – Karte 19/46 €
♦ Das kleine Hotel der Familie Gehrke liegt recht ruhig in der Ortsmitte. Besonders großzügig sind die Zimmer im Gästehaus, neuzeitlich die Nichtraucherzimmer im Stammhaus. Das gediegene Schmiederestaurant bietet bürgerliche Küche.

La Forge (Ernst-August Gehrke) – Hotel Schmiedegasthaus Gehrke
Riepener Str. 21 ⊠ 31542 – ℰ (05725) 9 44 10
– info@schmiedegasthaus.de – Fax (05725) 944141 – geschl. Jan. 2 Wochen, Juli - Aug. 3 Wochen und Montag - Dienstag
Rest – (nur Abendessen) (Tischbestellung ratsam) Menü 39/89 € – Karte 48/60 €
Spez. St. Pierre mit Tomaten-Thunfischsauce und Pulpo-Couscous. Lamm mit Gremolata und Lorbeersauce. Schokoladenterrine mit Birnen-Nelkensorbet und Espressoschaum.
♦ Aufmerksam kümmert man sich in dem klassischen Restaurant um den Gast. Das kreative Speisenangebot wird ergänzt durch eine beachtliche Weinauswahl mit ca. 800 Positionen.

In Hohnhorst Nord : 5,5 km über B 442 :

Gasthaus Wille
Biergarten
Hauptstr. 37 ⊠ 31559 – ℰ (05723) 8 15 34 – gasthauswille@t-online.de
– Fax (05723) 981299 – geschl. Jan. 2 Wochen, Juli - Aug. 2 Wochen
9 Zim – †42/49 € ††70/78 € – **Rest** – (geschl. Montag - Dienstag) Menü 21/30 € – Karte 19/37 €
♦ Das von der Inhaberfamilie selbst geführte ländliche kleine Haus mit Rotklinker-Fassade verfügt über tadellos gepflegte, wohnliche Zimmer mit hellen, neuzeitlichen Möbeln. Gemütlich sind die dunkel getäfelten Gaststuben im altdeutschen Stil.

NEPPERMIN – Mecklenburg-Vorpommern – siehe Usedom (Insel)

NERESHEIM – Baden-Württemberg – **545** – 8 310 Ew – Höhe 503 m – Erholungsort
▶ Berlin 533 – Stuttgart 100 – Augsburg 78 – Aalen 26 56 **J18**
🞂 Neresheim, Hofgut Hochstatt ℰ (07326) 56 49
◉ Klosterkirche ★

In Neresheim-Ohmenheim Nord : 3 km über B 466 :

Landhotel Zur Kanne
Brühlstr. 2 ⊠ 73450 – ℰ (07326) 80 80 – zurkanne@arcor.de – Fax (07326) 80880
53 Zim – †47/59 € ††69/85 € – **Rest** – Karte 20/31 €
♦ Der familiengeführte gewachsene Gasthof an der Ortsdurchfahrt verfügt über gepflegte und funktionell ausgestattete Zimmer. Restaurant mit rustikaler Einrichtung. Sehr gemütlich ist die ganz in Holz gehaltene Hausbar.

NESSELWANG – Bayern – **546** – 3 530 Ew – Höhe 867 m – Wintersport : 1 600 m ⦁1 ⦁5 ⦁ – Luftkurort 64 **J21**
▶ Berlin 658 – München 120 – Kempten (Allgäu) 25 – Füssen 17
🛈 Lindenstr. 16, ⊠ 87484, ℰ (08361) 92 30 40, info@nesselwang.de

946

NESSELWANG

Brauerei-Gasthof Post Biergarten
Hauptstr. 25 ⊠ 87484 – ℰ (08361) 3 09 10 – info@hotel-post-nesselwang.de
– Fax (08361) 30973
23 Zim ☕ – †42/64 € ††85/98 € – ½ P 15 € – **Rest** – Karte 15/31 €
♦ Das historische Haus präsentiert sich dem Gast als Familienhotel mit langer Tradition. Sie wohnen in gepflegten, solide möblierten Zimmern. Mit Brauerei-Museum. In der gemütlichen Stube serviert man u. a. selbst gebrautes Bier.

> Frühstück inklusive? Die Tasse ☕ steht gleich hinter der Zimmeranzahl.

NETTETAL – Nordrhein-Westfalen – 543 – 42 390 Ew – Höhe 45 m   25 A11
▶ Berlin 591 – Düsseldorf 53 – Krefeld 24 – Mönchengladbach 24
🏌 Nettetal-Hinsbeck, An Haus Bey 16 ℰ (02153) 9 19 70

In Nettetal-Hinsbeck – Erholungsort :

Josten
Wankumer Str. 3 ⊠ 41334 – ℰ (02153) 9 16 70 – info@hotel-josten.de
– Fax (02153) 13188
19 Zim ☕ – †62/75 € ††75/90 € – **Rest** – (geschl. Mittwoch, Montag - Samstag nur Abendessen) Karte 20/39 €
♦ Das bei der Kirche gelegene kleine Hotel ist sehr gepflegt und wird von Familie Germes gut geführt. Man bietet Ihnen wohnliche, leicht rustikal eingerichtete Zimmer. Restaurant mit gediegenem Ambiente.

Sonneck
Schlossstr. 61 ⊠ 41334 – ℰ (02153) 41 57 – haussonneck@aol.com
– Fax (02153) 409188 – geschl. Jan. - Feb. 2 Wochen, Sept. - Okt. 2 Wochen und Dienstag
Rest – Menü 37 € – Karte 23/45 €
♦ Internationale und regionale Gerichte serviert man in dem freundlich gestalteten Restaurant der Familie Franken. Schöne, teils überdachte Terrasse und eigener Kräutergarten.

In Nettetal-Leuth – Erholungsort :

Leuther Mühle
Hinsbecker Str. 34 (B 509) ⊠ 41334 – ℰ (02157) 13 20 61 – lenssen@leuther-muehle.de – Fax (02157) 132527
26 Zim ☕ – †74/79 € ††89/94 € – ½ P 25 € – **Rest** – Karte 30/56 €
♦ Auf dem Anwesen der restaurierten Mühle bietet man in einem sich harmonisch in die Anlage einfügenden Anbau behaglich wie auch neuzeitlich gestaltete Zimmer. Das gut erhaltene Mahlwerk der Mühle ziert das Restaurant. Schöner großzügiger Wintergarten.

In Nettetal-Lobberich

Haus am Rieth garni
Reinersstr. 5 ⊠ 41334 – ℰ (02153) 8 01 00 – info@hhar.de – Fax (02153) 801020
21 Zim ☕ – †60 € ††80 €
♦ Recht ruhig in einem Wohngebiet liegt dieses von der Besitzerfamilie geführte Haus mit privatem Charakter und zeitgemäß eingerichteten Zimmern.

Burg Ingenhoven
Burgstr. 10 ⊠ 41334 – ℰ (02153) 91 25 25 – thomas.rosenwasser@t-online.de
– Fax (02153) 912526 – geschl. 28. Jan. - 8. Feb. und Montag
Rest – Menü 29/39 € – Karte 23/39 €
♦ Hinter den historischen Mauern der a. d. 15. Jh. stammenden Burganlage verbirgt sich ein elegant-rustikales, hübsch dekoriertes Restaurant mit internationaler Küche.

NETZEN – Brandenburg – siehe Kloster Lehnin

NEU-ANSPACH – Hessen – 543 – 15 240 Ew – Höhe 342 m
37 F14
▶ Berlin 531 – Wiesbaden 61 – Frankfurt am Main 31

In Neu-Anspach - Westerfeld

Landhotel Velte 🍴 ℅ Zim, 🅿

Usinger Str. 38 ✉ 61267 – ☎ (06081) 91 79 00 – info@landhotel-velte.de
– Fax (06081) 9179079 – geschl. 30. Dez. - 8. Jan.
15 Zim ⊡ – †51/57 € ††88/108 € – **Rest** – (geschl. Sonntagabend - Montag, wochentags nur Abendessen) Karte 15/22 €

♦ Der gepflegte Hotelbau im Landhausstil bietet einheitlich mit soliden Naturholzmöbeln eingerichtete Zimmer mit zeitgemäßem Komfort. Schlicht-rustikales Restaurant.

Im Hessenpark Süd-Ost : 4 km über Saalburgstraße :

Landhotel Zum Hessenpark ⋄ 🍴 ⌂ ♿ 🐾 🅿 VISA ◉ AE

Laubweg 1 ✉ 61267 Neu-Anspach – ☎ (06081) 4 46 70 – info@
landhotel-hessenpark.de – Fax (06081) 4467100
34 Zim ⊡ – †94/131 € ††149/179 € – **Rest** – Karte 24/35 €

♦ In ein Museumsdorf aus rekonstruierten Fachwerkhäusern hat man dieses ehemaligen Stadthäusern nachempfundene moderne Hotel mit wohnlichen Zimmern integriert. Mit viel Holz im bürgerlichen Stil gehaltenes Restaurant mit Terrasse zum Marktplatz.

NEUBERG – Hessen – siehe Erlensee

NEUBEUERN – Bayern – 546 – 4 190 Ew – Höhe 478 m – Erholungsort
66 N21
▶ Berlin 660 – München 72 – Bad Reichenhall 71 – Rosenheim 14
🛈 Marktplatz 4, ✉ 83115, ☎ (08035) 21 65, info@neubeuern.de

🍴 **Auers Schlosswirtschaft** 🍴 ⋄ 🅿

Rosenheimer Str. 8 ✉ 83115 – ☎ (08035) 26 69 – info@auers-schlosswirtschaft.de
– Fax (08035) 3534 – geschl. 31. Aug. - 17. Sept. und Montag, Anfang Dez. - Ostern Sonntagabend - Montag
Rest – (Dienstag - Samstag nur Abendessen) Karte 27/35 €

♦ Diese bewusst schlichte, ländliche Adresse bietet Ihnen sehr freundlichen Service und eine teilweise regionale Küche mit mediterranen Einflüssen. Nette Terrasse unter Bäumen.

NEUBRANDENBURG – Mecklenburg-Vorpommern – 542 – 69 160 Ew – Höhe 20 m
13 P5
▶ Berlin 142 – Schwerin 149 – Rostock 103 – Stralsund 99
ADAC Demminer Str. 10
🛈 Stargarder Str. 17, ✉ 17033, ☎ (0395) 1 94 33, stadtinfo@
neubrandenburg.de
⛳ GroßNemerow, Bornmühle 1a ☎ (0395) 4 22 74 14 BZ
👁 Stadtbefestigung ★★
🄲 Neustrelitz (Schlosspark★, Orangerie-Malereien★)

Stadtplan siehe gegenüberliegende Seite

Radisson SAS 🍴 ⌂ ♿ 🅰🅲 Zim, 📞 🐾 🅿 VISA ◉ AE ①

Treptower Str. 1 ✉ 17033 – ☎ (0395) 5 58 60 – info.neubrandenburg@
radissonsas.com – Fax (0395) 5586625 AY **a**
190 Zim ⊡ – †65/85 € ††80/98 € – **Rest** – Karte 21/34 €

♦ Dieses Stadthotel stellt Ihnen funktionell wie auch modern eingerichtete Gästezimmer zur Verfügung. Auch die zentrale Lage zählt zu den Vorzügen des Hauses. Modernes Restaurant mit Show-Küche.

Am Ring 🍴 ≋ ⌂ 🐾 🅿 VISA ◉ AE

Große Krauthöferstr. 1 ✉ 17033 – ☎ (0395) 55 60 – business@hotel-am-ring.de
– Fax (0395) 5562682 BY **b**
144 Zim ⊡ – †65/75 € ††75/90 € – **Rest** – (geschl. Sonntagabend) Karte 17/31 €

♦ In den Zimmern dieses nahe dem Stadtring gelegenen Hauses bietet man mit einer funktionellen Ausstattung die Annehmlichkeiten eines Businesshotels. Shuttleservice zum Bahnhof. Neuzeitliches Ambiente prägt das Restaurant.

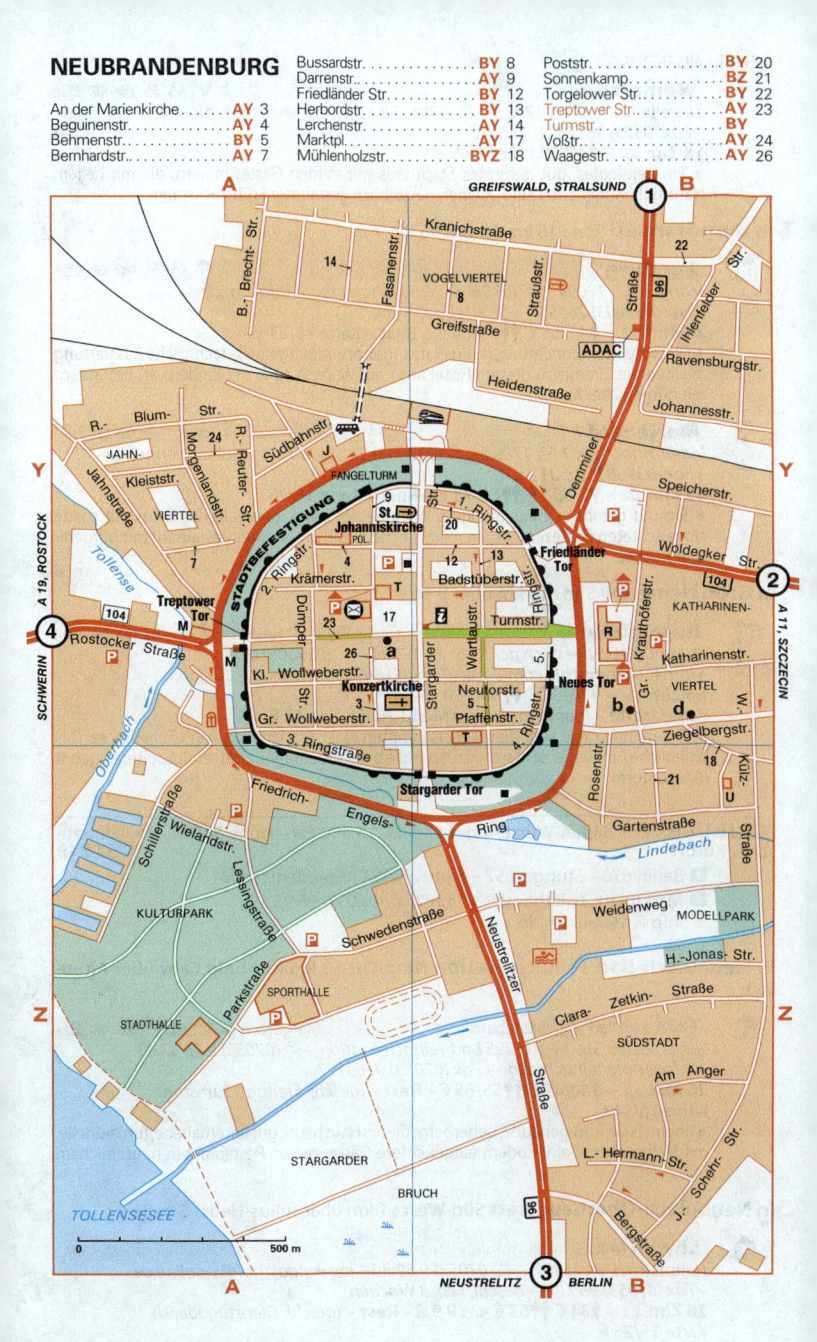

NEUBRANDENBURG

An der Marienkirche	**AY** 3	Bussardstr.	**BY** 8
Beguinenstr.	**AY** 4	Darrenstr.	**AY** 9
Behmenstr.	**BY** 5	Friedländer Str.	**BY** 12
Bernhardstr.	**AY** 7	Herbordstr.	**BY** 13
		Lerchenstr.	**AY** 14
		Marktpl.	**AY** 17
		Mühlenholzstr.	**BYZ** 18

Poststr.	**BY** 20	Treptower Str.	**AY** 23
Sonnenkamp	**BZ** 21	Turmstr.	**BY**
Torgelower Str.	**BY** 22	Voßstr.	**AY** 24
		Waagestr.	**AY** 26

949

NEUBRANDENBURG

Weinert garni
Ziegelbergstr. 23 ✉ *17033* – ℰ *(0395) 58 12 30* – *h_weinert@infokom.de*
– *Fax (0395) 5812311*
BY **d**
18 Zim ☐ – †45/50 € ††62/65 €
♦ Ein gepflegtes, gut geführtes Stadthaus mit soliden Gästezimmern, die mit hellem Naturholz eingerichtet sind. Kleiner, neuzeitlich gestalteter Frühstücksraum.

In Burg Stargard Süd : 10 km über B 96 BZ :

Zur Burg
Markt 10 ✉ *17094* – ℰ *(039603) 26 50* – *hotel.zbg@infokom.de*
– *Fax (039603) 26555*
24 Zim ☐ – †45/55 € ††75/85 € – **Rest** – Karte 15/31 €
♦ Die wohnliche Einrichtung, gutes Platzangebot und zeitgemäße technische Ausstattung machen die Zimmer in diesem Hotel aus - auf Wunsch auch mit Kinderbett. Restaurant mit bürgerlicher Karte.

Marienhof
Marie-Hager-Str. 1 ✉ *17094* – ℰ *(039603) 25 50* – *info@hotel-marienhof.de*
– *Fax (039603) 25531*
25 Zim ☐ – †50/56 € ††68/75 € – **Rest** – Karte 18/25 €
♦ Ein gut geführtes Haus in einem Wohngebiet etwas oberhalb des Ortes mit solide eingerichteten Gästezimmern in neuzeitlichem Stil. Unterteiltes Restaurant mit bürgerlicher Küche.

In Groß Nemerow Süd : 13 km über B 96 BZ :

Bornmühle
Bornmühle 35 (westlich der B 96) ✉ *17094* – ℰ *(039605) 6 00*
– *info@bornmuehle.com* – *Fax (039605) 60399* – *geschl. 2. - 18. Jan.*
66 Zim ☐ – †70/80 € ††90/110 € – ½ P 22 €
Rest *Lisette* – *(nur Abendessen)* Menü 20 € (veg.)/42 €
♦ Einsam und ruhig liegt dieses Haus inmitten einer Parklandschaft am Tollensesee. Das wohnliche Ambiente zieht sich von der Halle bis in die Zimmer. Lisette mit Speisenangebot in Menüform.

NEUBULACH – Baden-Württemberg – 545 – 5 480 Ew – Höhe 584 m – Heilklimatischer Kurort
54 **F19**
Berlin 670 – Stuttgart 57 – Karlsruhe 64 – Freudenstadt 41
🛈 Marktplatz 3 (Rathaus), ✉ 75387, ℰ (07053) 96 95 10,
info@neubulach.de

In Neubulach-Bad Teinach Station Nord-Ost : 3 km Richtung Calw über Altbulach :

Teinachtal (mit Gästehaus)
Biergarten
Neubulacher Str. 1 ✉ *75385 Bad Teinach-Station* – ℰ *(07053) 9 26 57 03*
– *info@hotelteinachtal.de* – *Fax (07053) 9265727*
26 Zim ☐ – †40/45 € ††55/65 € – **Rest** – *(geschl. Freitag - Samstag)*
Karte 16/34 €
♦ Ehemals ein Bürogebäude, beherbergt dieses Haus heute gut unterhaltene, funktionelle, mit Naturholzmöbeln modern eingerichtete Gästezimmer. Restaurant in neuzeitlichem Stil.

In Neubulach-Oberhaugstett Süd-West : 1 km über Julius-Heuss-Straße :

Löwen (mit Gästehäusern)
Hauptstr. 21 ✉ *75387* – ℰ *(07053) 9 69 30* – *loewengasthof@t-online.de*
– *Fax (07053) 969349* – *geschl. Feb. 3 Wochen*
26 Zim ☐ – †34 € ††63 € – ½ P 9 € – **Rest** – *(geschl. Dienstagabend)*
Karte 15/25 €
♦ Ein familiengeführtes kleines Hotel mit recht einfachen, aber sehr gepflegten Zimmern. Besonders großzügig sind die Zimmer in den beiden Gästehäusern. Gaststube mit gemütlichem Ambiente und bürgerlicher Küche. Wintergarten.

NEUBURG AM INN – Bayern – 546 – 4 040 Ew – Höhe 452 m   60 **P19**
▶ Berlin 617 – München 165 – Passau 11 – Landshut 122

Schloss Neuburg
Am Burgberg 5 ⊠ 94127 – ℰ (08507) 91 10 00 – info@schlossneuburg.de
– Fax (08507) 911911
34 Zim ⊇ – †87 € ††148 € – **Rest** – Menü 25/50 € – Karte 24/39 €
◆ Eine restaurierte Burganlage aus dem 11. Jh. beherbergt dieses hübsche Hotel, das über behagliche und technisch gut ausgestattete Zimmer verfügt. In der Hoftaferne befinden sich gemütliche Galsträume von 1440.

NEUBURG AM RHEIN – Rheinland-Pfalz – 543 – 2 550 Ew – Höhe 108 m
▶ Berlin 686 – Mainz 140 – Karlsruhe 20 – Mannheim 70   54 **E18**

Gasthaus zum Sternen mit Zim
Rheinstr. 7 ⊠ 76776 – ℰ (07273) 12 53 – info@hotel-zum-sternen.de
– Fax (07273) 1000
7 Zim ⊇ – †69/95 € ††89/125 € – **Rest** – (Montag - Samstag nur Abendessen)
Menü 20 € – Karte 24/44 €
◆ Eingerahmt von Altrheinarmen liegt dieses schmucke Gasthaus in einem Schiffer- und Fischerort. Rustikale, nett dekorierte Restauranträume und wohnliche Zimmer erwarten Sie.

NEUBURG AN DER DONAU – Bayern – 546 – 28 430 Ew – Höhe 149 m   57 **L18**
▶ Berlin 532 – München 95 – Augsburg 52 – Ingolstadt 22
🛈 Ottheinrichplatz A 118, ⊠ 86633, ℰ (08431) 5 52 40, tourismus@neuburg-donau.de
Rohrenfeld, ℰ (08431) 4 41 18
◉ Hofkirche (Stuckdecke★, Barockaltar★)

Am Fluss garni
Ingolstädter Str. 2 ⊠ 86633 – ℰ (08431) 6 76 80 – hotel-am-fluss@t-online.de
– Fax (08431) 676830
22 Zim ⊇ – †67/75 € ††97/105 €
◆ Die schöne Lage an der Donau nicht weit von der Altstadt, zeitgemäße Architektur und die Ausstellung moderner Bilder machen insbesondere den Reiz dieses Hotels aus.

Bergbauer
Fünfzehnerstr. 11 ⊠ 86633 – ℰ (08431) 61 68 90 – info@hotel-gasthof-bergbauer.de – Fax (08431) 47090 – geschl. 23. - 31. Dez.
22 Zim ⊇ – †44/61 € ††79/89 € – **Rest** – (geschl. Freitag, nur Abendessen)
Karte 19/34 €
◆ Farbenfroh und zweckmäßig präsentieren sich die Zimmer in diesem familiengeführten Hotel, einem älteren Gasthof, der mit einem Stadthaus jüngeren Datums verbunden wurde. Nette Gaststuben mit internationalem Speiseangebot.

In Neuburg-Bergen Nord-West : 8 km über Ried, im Igstetter Wald links ab :

Zum Klosterbräu
Kirchplatz 1 ⊠ 86633 – ℰ (08431) 6 77 50 – boehm@zum-klosterbraeu.de
– Fax (08431) 41120 – geschl. 23. - 30. Dez.
24 Zim ⊇ – †62/76 € ††85/109 €
Rest *Jakobstube* – (geschl. Sonntagabend - Dienstagmittag) Menü 37/55 €
Rest *Gaststube* – (geschl. Montagmittag) Menü 28 € – Karte 21/38 €
◆ Seit 1744 widmet sich Familie Böhm in ihrem regionstypischen Haus um das Wohl der Gäste. Die wohnlich-gediegenen Zimmer vermitteln ländlichen Charme. Nette Jakobstube mit Blick in den Klostergarten. Die altbayerische Gaststube mit Kachelofen bietet Regionales.

In Neuburg-Bittenbrunn Nord-West : 2 km, jenseits der Donau :

Kirchbaur Hof
Monheimer Str. 119 ⊠ 86633 – ℰ (08431) 61 99 80 – info@hotel-kirchbaur.de
– Fax (08431) 41122 – geschl. Ende Dez. - Anfang Jan. 2 Wochen, Aug. 2 Wochen
30 Zim ⊇ – †58 € ††95 € – **Rest** – (geschl. Freitag - Samstag, Sonntagabend, Montag - Donnerstag nur Abendessen) Karte 15/32 €
◆ Der gemütliche Landgasthof unter familiärer Leitung, dessen Zimmer mit viel Liebe zum Detail gestaltet sind, bezaubert durch seinen historischen Charme. Urig-rustikale Gaststuben mit regionaler Saisonkarte.

NEUENAHR-AHRWEILER, BAD – Rheinland-Pfalz – 543 – 27 680 Ew – Höhe 104 m – Heilbad
36 **C13**

- Berlin 624 – Mainz 147 – Bonn 31 – Koblenz 56
- Felix-Rütten-Str. 2, Bad Neuenahr, ⌧ 53474 ℰ (02641) 9 77 30, info@wohlsein365.de
- Marktplatz 21, Ahrweiler, ⌧ 53474, ℰ (02641) 97 73 68
- Ahrweiler: Altstadt ★

Stadtplan siehe gegenüberliegende Seite

Im Stadtteil Bad Neuenahr

Dorint Parkhotel
Am Dahliengarten 1 ⌧ 53474 – ℰ (02641) 89 50
– info.bad-neuenahr@dorint.com – Fax (02641) 895817
BY u
238 Zim ⌧ – †75/160 € ††110/195 € – ½ P 25 € – **Rest** – (nur Abendessen)
Karte 21/30 €
♦ Das besonders auf Tagungen und Geschäftsleute ausgelegte Hotel an der Ahr bietet neuzeitliche und funktionelle Gästezimmer sowie Zugang zum Kongresszentrum. Helles Restaurant und Terrasse mit schöner Aussicht.

Seta Hotel
Landgrafenstr. 41 ⌧ 53474 – ℰ (02641) 80 30 – info@setahotel.de
– Fax (02641) 803399
CZ r
105 Zim ⌧ – †82/125 € ††125/210 € – ½ P 20 € – **Rest** – Karte 26/37 €
♦ In diesem gepflegten Hotel erwarten Sie zeitgemäß und funktionell ausgestattete Gästezimmer sowie verschiedene Tagungsräume. Restaurant Landgraf mit internationalem Angebot. Bar im Pubstil.

Giffels Goldener Anker
Mittelstr. 14 ⌧ 53474 – ℰ (02641) 80 40 – info@
giffelsgoldeneranker.de – Fax (02641) 804400
CZ w
82 Zim ⌧ – †85/200 € ††120/220 € – ½ P 22 € – 3 Suiten
Rest – Karte 19/44 €
♦ Schon seit mehreren Generationen befindet sich das gewachsene Stadthotel im Familienbesitz. Das Haus verfügt über recht unterschiedliche Zimmer mit funktioneller Einrichtung. Teil des Restaurants ist ein hoher, luftiger Wintergarten.

Villa Aurora
Georg-Kreuzberg-Str. 8 ⌧ 53474 – ℰ (02641) 94 30 – hotelaurora@t-online.de
– Fax (02641) 943200 – geschl. 15. Nov. - 14. Dez.
CZ z
53 Zim ⌧ – †73/95 € ††132/200 € – ½ P 25 € – **Rest** – (nur Abendessen)
Karte 29/48 €
♦ Das gediegene Hotel besteht aus drei klassischen Villen mit individuellen Zimmern und einer geräumigen modern-eleganten Suite - Jugendstilelemente finden sich im ganzen Haus.

Fürstenberg (mit Gästehaus)
Mittelstr. 4 ⌧ 53474 – ℰ (02641) 9 40 70 – info@hotel-fuerstenberg.de
– Fax (02641) 940711
CZ b
25 Zim ⌧ – †50/60 € ††92/120 € – ½ P 16 €
Rest *Metzlers* – Karte 22/39 €
♦ Zu diesem gut geführten Stadthotel mit solide und wohnlich eingerichteten Zimmern gehört das nebenan gelegene historische Haus, in dem einst Beethoven lebte. Restaurant mit mediterranem Ambiente.

Weyer
Wolfgang-Müller-Str. 10 ⌧ 53474 – ℰ (02641) 89 40 – info@hotel-weyer.de
– Fax (02641) 894294 – geschl. Jan.
CZ h
37 Zim ⌧ – †60/80 € ††110/148 € – ½ P 18 € – **Rest** – (nur Abendessen für Hausgäste)
♦ Relativ ruhig liegt das familiengeführte Hotel in einer Seitenstraße in Zentrumsnähe. Man bietet wohnliche Gästezimmer sowie Massage- und Kosmetikanwendungen.

BAD NEUENAHR – AHRWEILER

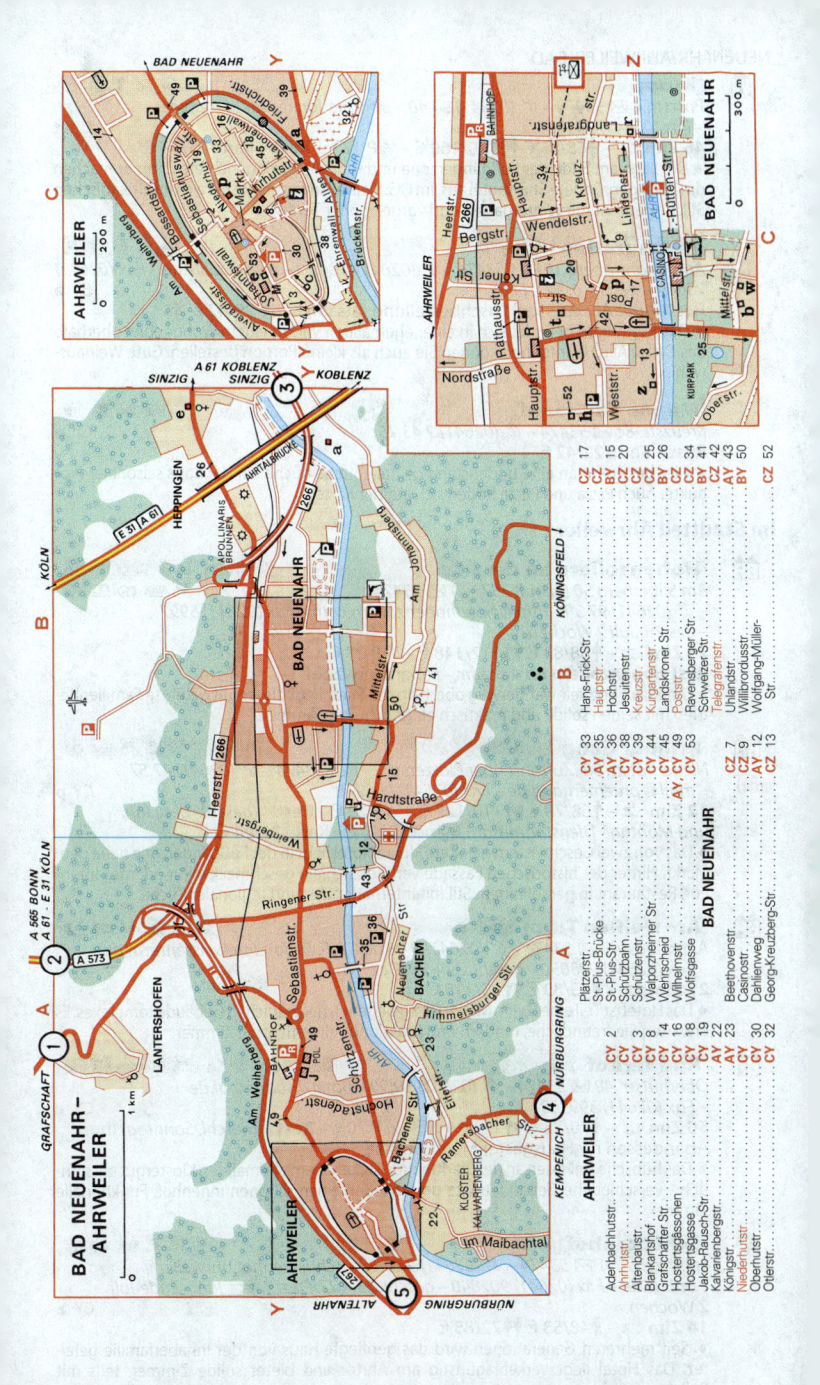

AHRWEILER

Adenbachhutstr.	CY	2
Ahrhutstr.	CY	3
Altenbaustr.	CY	8
Blankarthof	CY	14
Grafschafter Str.	CY	16
Hostersgässchen	CY	18
Hostersgasse	CY	19
Jakob-Rausch-Str.	AY	22
Kalvarienbergstr.	AY	23
Königstr.	CY	30
Niederhutstr.	CY	
Oberhutstr.	CY	32
Olserstr.		
Plätzerstr.	CY	33
St-Pius-Brücke	AY	35
St-Pius-Str.	CY	36
Schutzbahn	CY	38
Schützenstr.	CY	39
Walporzheimer Str.	CY	44
Wehnschen	CY	45
Wilhelmstr.	CY	49
Wolfsgasse	AY	53

BAD NEUENAHR

Beethovenstr.	CZ	7
Casinostr.	CZ	9
Dahliaweg	AY	12
Georg-Kreuzberg-Str.	CZ	13
Hans-Frick-Str.	CZ	17
Hauptstr.	CZ	15
Hochstr.	BY	20
Jesuitenstr.	CZ	25
Kreuzstr.	CZ	
Kurgartenstr.	BY	26
Landskroner Str.	CZ	
Poststr.	CZ	34
Ravensberger Str.	CZ	41
Schweizer Str.	AY	42
Telegrafenstr.	AY	43
Uhlandstr.		
Willibrordusstr.	BY	50
Wolfgang-Müller-Str.	CZ	52

NEUENAHR-AHRWEILER, BAD

Krupp
Poststr. 4 ⊠ 53474 – ℰ (02641) 94 40 – information@hotel-krupp.de
– Fax (02641) 79316
46 Zim ☐ – ♦65/85 € ♦♦120/160 € – ½ P 17 € – **Rest** – Karte 21/31 €
CZ t
♦ Die Lage am Ende der Fußgängerzone und funktionell eingerichtete Zimmer machen das 1883 gegründete Stadthotel aus. Im OG: kleiner Anwendungsbereich im afrikanischen Stil. Restaurant mit Wintergarten und vorgelagerter Terrasse.

Restauration Idille
Am Johannisberg 101 ⊠ 53474 – ℰ (02641) 2 84 29 – mail@idille.de – Fax (02641) 25009 – geschl. 6. - 21. Feb.
BY a
Rest – (nur Abendessen) (Tischbestellung ratsam) Karte 29/42 €
♦ Das Restaurant befindet sich in einer ehemaligen Villa in einem Wohngebiet oberhalb des Ortes. Alle Hauptgänge können Sie auch als kleine Portion bestellen. Gute Weinauswahl.

Milano da Gianni
Kreuzstr. 8c ⊠ 53474 – ℰ (02641) 2 43 75
CZ p
Rest – Karte 22/42 €
♦ Hier bereitet man eine bodenständige italienische Küche auf der Basis saisonaler Produkte. Auch Pizza und Pasta finden sich auf der Karte.

Im Stadtteil Ahrweiler

Hohenzollern an der Ahr
Am Silberberg 50 (über B 267 AY) ⊠ 53474
– ℰ (02641) 97 30 – info@hotelhohenzollern.com – Fax (02641) 5997
– geschl. Juli 2 Wochen
25 Zim ☐ – ♦68/83 € ♦♦112/148 € – ½ P 27 €
Rest Hohenzollern an der Ahr – separat erwähnt
♦ Direkt am Rotweinwanderweg oberhalb der Stadt liegt dieser gut geführte Familienbetrieb mit seinen solide und praktisch eingerichteten Zimmern.

Prümer Gang
Niederhutstr. 58 (Zufahrt über Plätzerstr. CY) ⊠ 53474 – ℰ (02641) 47 57
– mail@pruemergang.de – Fax (02641) 901218
CY p
12 Zim ☐ – ♦68/78 € ♦♦110/127 € – ½ P 22 € – **Rest** – (geschl. 1. - 6. Jan. und Montag - Dienstagmittag) Menü 35/42 € – Karte 29/44 €
♦ Das von zwei Geschwistern geleitete kleine Hotel liegt in der Fußgängerzone nahe dem Markt. Hinter der historischen Fassade verbirgt sich ein geschmackvoll-modernes Interieur. Restaurant in geradlinigem Stil mit internationaler und regionaler Küche.

Am weißen Turm garni
Altenbaustr.3 ⊠ 53474 – ℰ (02641) 9 08 00 – info@hotelamweissenturm.de
– Fax (02641) 908050 – geschl. 22. - 29. Dez.
CY e
27 Zim ☐ – ♦65/83 € ♦♦95/115 €
♦ Das Hotel ist Teil eines beim Marktplatz gelegenen neuzeitlichen Gebäudekomplexes. Es erwarten Sie freundliche, modern und funktionell eingerichtete Zimmer.

Rodderhof
Oberhutstr. 48 ⊠ 53474 – ℰ (02641) 39 90 – hotel@rodderhof.de
– Fax (02641) 399333
CY c
50 Zim ☐ – ♦70/75 € ♦♦111/119 € – ½ P 20 € – **Rest** – (geschl. Sonntag) (nur Abendessen für Hausgäste) Menü 21/40 €
♦ Das hübsche Anwesen an der Stadtmauer ist aus einem ehemaligen Klostergut entstanden - verschiedene Gebäudetrakte umschließen einen schönen Innenhof. Funktionelle Zimmer.

Schützenhof garni
Schützenstr. 1 ⊠ 53474 – ℰ (02641) 9 02 83 – schuetzenhof.ahrweiler@t-online.de – Fax (02641) 902840 – geschl. 23. - 27. Dez., Mitte Juni - Ende Juli 2 Wochen
CY a
14 Zim ☐ – ♦48/53 € ♦♦72/85 €
♦ Seit mehreren Generationen wird das gepflegte Haus von der Inhaberfamilie geleitet. Das Hotel liegt verkehrsgünstig am Ahrtor und bietet solide Zimmer, teils mit Balkon.

NEUENAHR-AHRWEILER, BAD

Hohenzollern an der Ahr – Hotel Hohenzollern an der Ahr
Am Silberberg 50 (über B 267 AY)
✉ 53474 – ℰ (02641) 97 30 – info@hotelhohenzollern.com – Fax (02641) 5997
– *geschl. Juli 2 Wochen*
Rest – Menü 24/69 € – Karte 38/61 €
♦ Ein Restaurant in toller Lage mit neuzeitlichem Landhausambiente und freundlichem Service. Phantastisch ist die Sicht auf das Ahrtal.

Eifelstube mit Zim
Ahrhutstr. 26 ✉ *53474* – ℰ *(02641) 3 48 50* – *info@eifelstube-ahrweiler.de*
– *Fax (02641) 36022* – *geschl. 6. - 29. Feb.* CY s
8 Zim ⊐ – †70 € ††95 € – ½ P 20 € – **Rest** – *(geschl. 7. - 23. Feb. und Dienstag - Mittwoch)* Karte 21/31 €
♦ Das historische Gasthaus wurde bereits 1430 urkundlich erwähnt und ist seit 1905 im Familienbesitz. In rustikalen Stuben serviert man bürgerliche Speisen. Moderne Gästezimmer in einem Hotelneubau.

Im Stadtteil Heimersheim über die B 266 BY :

Freudenreich im Weinhaus Nelles mit Zim
Göppinger Str. 13 ✉ *53474* – ℰ *(02641) 68 68* – *Fax (02641) 1463*
– *geschl. 1. - 6. Jan., Juni - Juli 2 Wochen*
5 Zim ⊐ – †42 € ††70 € – ½ P 25 € – **Rest** – *(geschl. Montag - Dienstag, Mittwoch - Freitag nur Abendessen)* (Tischbestellung ratsam) Menü 28/46 €
– Karte 32/47 €
♦ In modernem Ambiente nehmen Sie an einem der gut eingedeckten Tische Platz. Die angegliederte Weinausstellung gewährt Ihnen Einblicke in die Kunst der Kellerei.

Im Stadtteil Heppingen

Weinquartier Burggarten garni
Landskroner Str. 61, (über BY Landskroner Straße) ✉ *53474* – ℰ *(02641) 2 12 80*
– *burggarten@t-online.de* – *Fax (02641) 79220* – *geschl. Jan.*
17 Zim ⊐ – †65 € ††108 €
♦ Mit hochwertiger und individueller Einrichtung hat man die Zimmer jeweils einer Rebsorte gewidmet - jedes mit einem Schlüssel zu Ihrer eigenen "Weinschatzkammer" im Keller.

Steinheuers Restaurant Zur Alten Post mit Zim
Landskroner Str. 110,
(Eingang Konsumgasse) ✉ *53474* – ℰ *(02641) 9 48 60* – *info@steinheuers.de*
– *Fax (02641) 948610* – *geschl. 1. - 9. Jan., 14. Juli - 7. Aug.* BY e
11 Zim ⊐ – †85/140 € ††125/150 €
Rest – *(geschl. Dienstag - Mittwoch)* Menü 90/129 €
Rest *Landgasthof Poststuben* – *(geschl. Dienstag - Mittwoch)* Menü 42/52 €
– Karte 33/48 €
Spez. Gänsestopflebervariation mit Schokolade und Banyulsäpfeln. Eifeler Reh mit Gewürzkruste. Feines vom Arabica Kaffee mit Vanille und Brombeeren.
♦ Geradlinig-elegant hat man das Restaurant mit edlem dunklem Holz eingerichtet. Exzellent ist das französisch ausgerichtete Speiseangebot. Poststuben: ländlich-gemütlich. Im gegenüberliegenden Gästehaus befinden sich sehr komfortable, moderne Zimmer.

Im Stadtteil Lohrsdorf Nord-Ost : 5 km ab Bad Neuenahr über Landskroner Straße BY :

Köhlerhof
Grosser Weg 100, (am Golfplatz) ✉ *53474* – ℰ *(02641) 66 93* – *golfkoehlerhof@aol.com* – *Fax (02641) 6693* – *geschl. 1. Jan. - 5. Feb., Nov. - März Montag - Dienstag, April Montag*
Rest – Menü 27 € – Karte 33/46 €
♦ Im Grünen, auf dem Gelände des Golfplatzes, befindet sich dieses hell und freundlich gestaltete Restaurant mit wintergartenähnlichem Vorbau.

955

NEUENAHR-AHRWEILER, BAD
Im Stadtteil Walporzheim 1 km ab Ahrweiler über B 267 **AY** :

Sanct Peter garni
Walporzheimer Str. 118 ✉ *53474 – ℰ (02641) 90 50 30*
– info@hotel-sanctpeter.de – Fax (02641) 9050366
17 Zim ☑ – †114/134 € ††152/183 €
◆ Mit seinen eleganten Zimmern und aufmerksamem Service überzeugt das a. d. J. 1906 stammende Haus. Nett sitzt man im Frühstücksraum mit Blick in den Garten.

Brogsitter's Sanct Peter
Walporzheimer Str. 134 ✉ *53474 – ℰ (02641) 9 77 50 – sanct-peter@ brogsitter.net – Fax (02641) 977525*
Rest – (geschl. Jan. - Feb. 2 Wochen, Juni - Juli 2 Wochen, Donnerstag, Sonn- und Feiertagmittag) Menü 73/94 € – Karte 56/76 €
Rest *Weinkirche* – (geschl. Donnerstag) Menü 30/72 € – Karte 42/60 €
Spez. Gegrillte Jakobsmuscheln mit Gemüse-Couscous und Zitrusfrüchten. Bar de Ligne mit Bouillabaissesauce und Fenchel. Filet vom Black Angus mit zweierlei Sellerie und Markknödel.
◆ Seit 1246 existiert das Gasthaus, welches heute ein gemütlich-elegantes Restaurant beherbergt, in dem man klassische Küche mit modernem Einfluss bereitet. In der rustikalen Weinkirche mit Empore und schöner Innenhofterrasse bietet man internationale Speisen.

NEUENBÜRG – Baden-Württemberg – 545 – 7 730 Ew – Höhe 323 m 54 F18
▶ Berlin 681 – Stuttgart 64 – Karlsruhe 37

Zur alten Mühle
Im Gänzbrunnen (5 km Richtung Bad Wildbad, an der Eyachbrücke rechts)
✉ *75305 – ℰ (07082) 9 24 00 – zordel@t-online.de – Fax (07082) 924099*
26 Zim ☑ – †59 € ††92 € – ½ P 20 € – **Rest** – (geschl. Montag) Karte 22/42 €
◆ Schon viele Jahre leitet die Familie das etwas außerhalb gelegene Gasthaus, eine ehemalige Mühle. Die Zimmer sind sehr gepflegt und mit soliden Möbeln wohnlich eingerichtet. Restaurant mit nettem rustikalem Ambiente. Die Karte bietet viele Fischgerichte.

NEUENBURG – Baden-Württemberg – 545 – 11 500 Ew – Höhe 230 m 61 D21
▶ Berlin 831 – Stuttgart 232 – Freiburg im Breisgau 39 – Basel 35
🛈 Rathausplatz 5, ✉ 79395, ℰ(07631) 79 11 11, touristik@neuenburg.de

Krone
Breisacher Str. 1 ✉ *79395 – ℰ (07631) 7 03 90 – info@krone-neuenburg.de*
– Fax (07631) 703979
37 Zim ☑ – †57/67 € ††80/95 € – **Rest** – Karte 19/42 €
◆ Ein durch die Besitzerfamilie gut geführter, erweiterter Gasthof mit Metzgerei. Besonders nett sind die zeitgemäßen Zimmer im neueren Anbau. Auch Familienzimmer vorhanden. Badisch-ländliche Gaststuben.

Anika
Freiburger Str. 2a ✉ *79395 – ℰ (07631) 7 90 90 – info@hotel-anika.de*
– Fax (07631) 73956
34 Zim ☑ – †56/66 € ††82/92 € – **Rest** – (geschl. Anfang Aug. 2 Wochen, nur Abendessen) Karte 20/40 €
◆ Aus einer kleinen Familienpension ist dieses tadellos unterhaltene, mit zeitgemäßen Zimmern ausgestattete Hotel in einem Wohngebiet am Ortsrand entstanden. Hell eingerichtetes Restaurant mit mediterranem Touch. Bürgerliches Angebot.

Gasthof Adler (mit Gästehaus)
Breisacher Str. 20 ✉ *79395 – ℰ (07631) 7 21 20 – info@adler-neuenburg.de*
– Fax (07631) 749830 – geschl. Mitte Nov. 1 Woche
13 Zim – †45/65 € ††77/80 € – **Rest** – (geschl. Montag) Menü 15 €
– Karte 22/43 €
◆ Dieses familiengeführte kleine Gasthaus - ein ehemaliger landwirtschaftlicher Betrieb - verfügt über sehr gepflegte, solide Zimmer. Bürgerliche Gerichte im Restaurant.

NEUENDETTELSAU – Bayern – 546 – 7 750 Ew – Höhe 438 m   50 **K17**
▶ Berlin 467 – München 187 – Nürnberg 44 – Ansbach 19

Sonne (mit Gästehaus)
*Hauptstr. 43 ⌧ 91564 – ℰ (09874) 50 80 – hotel-gasthof-sonne@t-online.de
– Fax (09874) 50818 – geschl. 1. - 28. Aug.*
38 Zim ⌑ – †56/75 € ††80/108 € – **Rest** – Karte 19/35 €
♦ Zeitgemäß sind die Zimmer im Gästehaus des seit 1881 von der Familie geführten Landgasthofs, einfacher im Stammhaus. Auch für Tagungen geeignet. Ländliches Restaurant mit bürgerlicher Küche.

DiaLog garni
*Wilhelm-Löhe-Str. 22 ⌧ 91564 – ℰ (09874) 8 22 37 – dialoghotel@dialogcc.de
– Fax (09874) 82489*
78 Zim ⌑ – †45/50 € ††67/70 €
♦ Das ruhig gelegene, dem Verband christlicher Hoteliers angeschlossene Hotel bietet neben zeitgemäßen, teils recht schlichten Zimmern auch gute Tagungsmöglichkeiten.

In Petersaurach-Gleizendorf Nord-West : 7 km, über Altendettelsau, in Petersaurach links :

Scherzer
*Am Anger 2 ⌧ 91580 – ℰ (09872) 9 71 30 – info@landhotel-scherzer.de
– Fax (09872) 971318*
19 Zim ⌑ – †57/82 € ††82/102 € – **Rest** – *(geschl. Jan. und Freitag)* Karte 13/26 €
♦ Seit 1905 in Familienbesitz, wurde das ländlich gelegene Haus fortlaufend modernisiert. Man bietet dem Gast funktionell ausgestattete Zimmer, teils mit Balkon. Restaurant mit bürgerlicher Küche.

> Eine preiswerte und komfortable Übernachtung?
> Folgen Sie dem „Bib Hotel".

NEUENKIRCHEN – Mecklenburg-Vorpommern – siehe Greifswald oder Rügen

NEUENKIRCHEN (KREIS STEINFURT) – Nordrhein-Westfalen – 543
– 13 870 Ew – Höhe 60 m   16 **D9**
▶ Berlin 482 – Düsseldorf 180 – Nordhorn 45 – Enschede 37

Wilminks Parkhotel
*Wettringer Str. 46 ⌧ 48485 – ℰ (05973) 9 49 60 – info@wilminks-parkhotel.de
– Fax (05973) 1817*
30 Zim ⌑ – †68/77 € ††95/115 € – **Rest** – *(geschl. Sonntagabend - Montagmittag)* Menü 32/39 € – Karte 25/38 €
♦ Die Zimmer dieses erweiterten Klinkerhauses sind recht unterschiedlich eingerichtet, einige modern, hell und freundlich gestaltet, andere etwas schlichter. Ein Kamin und viel Holz schaffen im Restaurant ein rustikales Ambiente.

NEUENSTEIN – Hessen – 543 – 3 180 Ew – Höhe 295 m   39 **H12**
▶ Berlin 418 – Wiesbaden 166 – Kassel 57 – Bad Hersfeld 11

In Neuenstein-Aua

Landgasthof Hess
*Geistalstr. 8 ⌧ 36286 – ℰ (06677) 9 20 80 – hotel-hess@t-online.de
– Fax (06677) 1322*
45 Zim ⌑ – †46/68 € ††66/98 € – **Rest** – Menü 20 € – Karte 17/33 €
♦ Der gewachsene Gasthof mit schöner Fachwerkfassade beherbergt teils rustikale, teils modernere Zimmer. Gut sind die familiäre Führung sowie Sauberkeit und Pflege. Verschiedene Gaststuben mit behaglicher Einrichtung.

NEUENWEG – Baden-Württemberg – 545 – 350 Ew – Höhe 741 m – Wintersport:
1 414 m ⚡2 🎿 – Erholungsort   61 **D21**
▶ Berlin 818 – Stuttgart 259 – Freiburg im Breisgau 49 – Basel 49

In Bürchau Süd: 3 km über Wiesentalstraße – Erholungsort:

Berggasthof Sonnhalde (mit Gästehaus)
Untere Sonnhalde 37 ⊠ *79683 –* ℰ *(07629) 2 60 – sonnhalde-buerchau@
t-online.de – Fax (07629) 1737 – geschl. 18. Feb. - 7. März, 1. - 22. Dez.*
20 Zim ⊇ – †38/44 € ††76/82 € – ½ P 10 € – **Rest** – *(geschl. Montag - Dienstag)*
Karte 16/36 €
◆ Abseits vom Verkehrslärm, oberhalb des Ortes liegt dieses kleine Hotel, das solide, in Einrichtung und Größe unterschiedliche Zimmer bietet. Ländlich gestalteter Restaurantbereich.

NEUFAHRN BEI FREISING – Bayern – 546 – 18 160 Ew – Höhe 464 m   58 **M20**
▶ Berlin 569 – München 23 – Regensburg 106 – Landshut 55

In Neufahrn-Hetzenhausen Nord-West: 6 km über Massenhausen:

Landgasthof Hofmeier
Hauptstr. 6a ⊠ *85376 –* ℰ *(08165) 80 06 90 – hotel-gasthof-hofmeier@t-online.de
– Fax (08165) 8006969*
58 Zim ⊇ – †50/68 € ††74/120 € – **Rest** – *(geschl. Donnerstagmittag)*
Karte 14/28 €
◆ Dieser familiengeführte Gasthof in der Ortsmitte ist eine nette, preiswerte Übernachtungsadresse mit geräumigen, neuzeitlich eingerichteten Zimmern. Ländlicher Restaurantbereich mit bürgerlich-regionaler Küche.

NEUFAHRN IN NIEDERBAYERN – Bayern – 546 – 3 930 Ew – Höhe 404 m
▶ Berlin 526 – München 94 – Regensburg 38 – Ingolstadt 74   58 **N18**

Schlosshotel Neufahrn (mit Gästehaus)
Schloßweg 2 ⊠ *84088 –* ℰ *(08773) 70 90*
– message@schlosshotel-neufahrn.de – Fax (08773) 1559
57 Zim ⊇ – †75/98 € ††95/130 € – **Rest** – *(geschl. Anfang Jan. 1 Woche und Sonntagabend)* Karte 24/36 €
◆ Zimmer stehen dem Gast sowohl im ehemaligen Herrensitz aus dem 14. Jh. als auch im Gästehaus zur Verfügung - teils hell und neuzeitlich möbliert, teils auch mit Himmelbetten. Schönes Restaurant mit Gewölbe und Innenhofterrasse.

NEUFFEN – Baden-Württemberg – 545 – 6 300 Ew – Höhe 408 m   55 **H19**
▶ Berlin 636 – Stuttgart 42 – Reutlingen 17 – Ulm (Donau) 70
◉ Hohenneuffen: Burgruine★ Ost: 12 km

Traube mit Zim
Hauptstr. 24 ⊠ *72639 –* ℰ *(07025) 9 20 90 – Fax (07025) 920929
– geschl. 22. Dez. - 6. Jan.*
12 Zim ⊇ – †55/65 € ††80/85 € – **Rest** – *(geschl. Freitagabend - Samstag,
Sonntagabend)* Karte 22/38 €
◆ Das Fachwerkhaus in der Ortsmitte beherbergt ein gemütliches, nett dekoriertes Restaurant unter engagierter Leitung. Serviert wird regionale Küche.

NEUHARDENBERG – Brandenburg – 542 – 3 040 Ew – Höhe 12 m   23 **R8**
▶ Berlin 71 – Potsdam 114 – Frankfurt (Oder) 43 – Eberswalde 45

Schloss Neuhardenberg
Schinkelplatz ⊠ *15320 –* ℰ *(033476) 60 00 – hotel@schlossneuhardenberg.de
– Fax (033476) 600800 – geschl. 21. Dez. - 13. Jan.*
56 Zim ⊇ – †160/170 € ††185/195 €
Rest *Kleine Orangerie* – *(geschl. Nov. - März und Sonntag - Dienstag, nur
Abendessen)* (Tischbestellung erforderlich) Menü 42 € – Karte 44/51 €
Rest *Brennerei* – *(geschl. Nov. - März Montag - Dienstag)* Karte 21/31 €
◆ In der weitläufigen Anlage a. d. 18. Jh. dienen verschiedene Nebengebäude des Schlosses als komfortables und dezent elegantes Hotel. Schöner Park. Hell und luftig ist das Restaurant Kleine Orangerie. Betont rustikal: die Brennerei.

NEUHARDENBERG

In Neuhardenberg-Wulkow Süd : 3 km :

Parkhotel Schloss Wulkow (mit Remise)
Hauptstr. 24 ⊠ 15320 – ℰ (033476)
5 80 – schloss-wulkow@t-online.de – Fax (033476) 58444
47 Zim – †50/72 € ††78/119 € – **Rest** – Karte 26/41 €

♦ In dem schön anzusehenden ehemaligen Gut und Herrensitz hat man ein stilvolles, neuzeitlich-komfortables Hotel eingerichtet - schlichter sind die Zimmer im Gästehaus. Elegantes Restaurant mit Wintergarten.

NEUHARLINGERSIEL – Niedersachsen – 541 – 1 080 Ew – Höhe 3 m – Nordseeheilbad
8 **E5**

▶ Berlin 517 – Hannover 257 – Emden 58 – Oldenburg 87

🛈 Edo-Edzards-Str. 1, ⊠ 26427, ℰ (04974) 18 80, info@neuharlingersiel.de

Janssen (mit Gästehaus)
Am Hafen - West 7 ⊠ 26427 – ℰ (04974) 9 19 50 – info@hotel-janssen.de
– Fax (04974) 702 – geschl. 16. Nov. - 25. Dez.
28 Zim – †59/69 € ††96/108 € – ½ P 17 €
Rest – (geschl. Donnerstagmittag) Karte 21/37 €

♦ In der 4. Generation wird das 1929 gebaute Haus mit den zeitgemäß eingerichteten Zimmern bereits von der Familie geleitet. Der kleine Fischereihafen liegt direkt vor der Tür. Das Restaurant ist im friesischen Stil gestaltet.

Mingers (mit Gästehaus)
Am Hafen - West 1 ⊠ 26427 – ℰ (04974) 91 30 – info@mingers-hotel.net
– Fax (04974) 91321
34 Zim – †52/77 € ††94/114 € – **Rest** – Karte 19/38 €

♦ Direkt am Hafen liegt dieses gut geführte Ferienhotel im Klinkerstil. Die Zimmer sind etwas unterschiedlich möbliert, im Gästehaus mit hellem Naturholz eingerichtet. Restaurant mit Hafenblick und großem Fischangebot.

Rodenbäck
Am Hafen - Ost 2 ⊠ 26427 – ℰ (04974) 2 25 – info@rodenbaeck.de
– Fax (04974) 833 – geschl. Ende Nov. - 26. Dez.
18 Zim – †42/47 € ††78/98 € – **Rest** – (geschl. Montag) Karte 18/34 €

♦ Im Ortskern, unmittelbar am Hafen liegt das familiär geführte und sehr gepflegte kleine Ferienhotel mit seinen praktisch ausgestatteten Gästezimmern. Restaurant mit ostfriesischer Atmosphäre.

Poggenstool mit Zim
Addenhausen 1 ⊠ 26427 – ℰ (04974) 9 19 10 – info@poggenstool.com
– Fax (04974) 919120 – geschl. 7. Jan. - 4. Feb.
7 Zim – †46/53 € ††92/106 € – ½ P 16 € – **Rest** – (geschl. Montagabend - Dienstag) Karte 26/52 €

♦ Sehr freundlich wird das gemütlich gestaltete Restaurant in Deichnähe von der Inhaberfamilie geleitet, serviert wird überwiegend regionale Küche. Gepflegte wohnliche Gästezimmer.

NEUHAUS AM RENNWEG – Thüringen – 544 – 6 190 Ew – Höhe 800 m – Wintersport : ✦2 ✦ – Erholungsort
40 **K13**

▶ Berlin 321 – Erfurt 109 – Coburg 44 – Fulda 168

🛈 Marktstr. 3, ⊠ 98724, ℰ (03679) 1 94 33, touristinformation@neuhaus-am-rennweg.de

Schieferhof
Eisfelder Str. 26 (B 281) ⊠ 98724 – ℰ (03679) 77 40 – info@schieferhof.de
– Fax (03679) 774100
38 Zim – †72/82 € ††90/120 € – ½ P 20 € – **Rest** – Karte 24/43 €

♦ Hinter der Schieferfassade des 1908 erbauten Hauses erwarten Sie sehr schöne, wohnliche Zimmer im Landhausstil. Einige der Zimmer sind bestimmten Themen gewidmet. Fachwerkbalken zieren das hübsch gestaltete Restaurant.

959

NEUHAUS AM RENNWEG

Rennsteighotel Herrnberger Hof
Eisfelder Str. 44 (B 281) ⌧ *98724 – ℰ (03679) 7 92 00 – rennsteighotel@t-online.de – Fax (03679) 792099*
20 Zim ⌑ – †53/70 € ††80/110 € – ½ P 18 € – **Rest** – Karte 22/34 €
 ♦ Die waldnahe Lage am Rennsteig-Wanderweg sowie funktionell ausgestattete Gästezimmer mit gutem Platzangebot sprechen für dieses Hotel. Restaurant in rustikalem Stil.

NEUHOF – Hessen – 543 – 11 480 Ew – Höhe 278 m   39 H14
▶ Berlin 464 – Wiesbaden 133 – Fulda 14 – Frankfurt am Main 89

Schmitt
Michaelstr. 2 ⌧ *36119 – ℰ (06655) 9 69 70 – info@gasthof-schmitt.de – Fax (06655) 969798*
26 Zim ⌑ – †29/36 € ††48/58 € – **Rest** – *(geschl. Dienstag)* Karte 12/22 €
 ♦ Ein sehr gepflegter, seit Generationen in Familienbesitz befindlicher Gasthof. Man verfügt über solide und technisch gut ausgestattete Zimmer - im Anbau etwas komfortabler. Restaurant in bürgerlichem Stil.

NEUHÜTTEN – Rheinland-Pfalz – siehe Hermeskeil

NEU-ISENBURG – Hessen – siehe Frankfurt am Main

NEUKIRCH (BODENSEEKREIS) – Baden-Württemberg – 545 – 2 640 Ew – Höhe 562 m   63 H21
▶ Berlin 720 – Stuttgart 200 – Konstanz 45 – Sankt Gallen 71

Gasthof zum Hirsch mit Zim
Argenstr. 29 ⌧ *88099 – ℰ (07528) 17 65 – hirschrenz@web.de – Fax (07528) 1706 – geschl. 2. - 15. März, 8. - 13. Sept.*
10 Zim ⌑ – †47/51 € ††66/72 € – **Rest** – *(geschl. Dienstag - Mittwochmittag)* Menü 19/46 € – Karte 24/45 €
 ♦ In dem Gasthof in einem ruhigen Tal bietet Herr Renz seinen Gästen ambitionierte Küche mit regionalem Einschlag. Recht idyllisch ist die Gartenterrasse unter einem Nussbaum. Wohnliche, z. T. moderne Gästezimmer.

NEUKIRCHEN (PLEISSE) – Sachsen – 544 – 4 530 Ew – Höhe 245 m   42 N13
▶ Berlin 267 – Dresden 123 – Chemnitz 57 – Gera 29

Schloss Schweinsburg
Hauptstr. 147 ⌧ *08459 – ℰ (03762) 9 48 00 – kontakt@schloss-schweinsburg.de – Fax (03762) 9480199*
75 Zim ⌑ – †79/108 € ††96/139 € – **Rest** – Karte 20/33 €
 ♦ In ruhiger Lage befindet sich dieses Anwesen mit Barockgarten, das neben zeitgemäßen Zimmern auch einen gut ausgestatteten Tagungsbereich und eine Sauna mit Glasdach bietet. Restaurant im gegenüberliegenden Gebäude mit Wintergartenanbau.

NEUKIRCHEN-VLUYN – Nordrhein-Westfalen – 543 – 28 810 Ew – Höhe 30 m   25 B11
▶ Berlin 566 – Düsseldorf 38 – Essen 37 – Duisburg 17

Im Stadtteil Rayen Nord-West : 6 km Richtung Kamp-Lintfort, dann links :

Achterath's Restaurant
Geldernsche Str. 352 ⌧ *47506 – ℰ (02845) 29 87 80 – roger.achterath@web.de – Fax (02845) 949473 – geschl. Samstagmittag*
Rest – Menü 33 € – Karte 31/48 €
 ♦ Das historische Gebäude kombiniert in seinem Inneren rustikale und moderne Elemente. Blickfang ist die offene Küche, die international-mediterrane Speisen bietet.

NEUKLOSTER – Mecklenburg-Vorpommern – 542 – 4 220 Ew – Höhe 30 m

▶ Berlin 223 – Schwerin 46 – Rostock 44 – Lübeck 77   12 **L4**

In Nakenstorf Süd : 2,5 km über Bahnhofstraße, am Ortsende links :

Seehotel am Neuklostersee
Seestr. 1 ⊠ 23992 – ℰ (038422) 45 70 – seehotel@nalbach-architekten.de – Fax (038422) 45717
23 Zim ⊇ – †90/110 € ††140/160 € – ½ P 29 € – **Rest** – 29 € (abends)
– Karte 27/41 €
♦ Besonderen Charme hat dieses hübsche, einst landwirtschaftlich genutzte Anwesen am See. Hier überzeugen u. a. das Badehaus mit Maisonetten und Spa sowie der eigene Strand. Das Restaurant bietet regionale Küche mit vielen Fischgerichten. Terrasse mit Seeblick.

NEULEININGEN – Rheinland-Pfalz – siehe Grünstadt

NEUMARKT IN DER OBERPFALZ – Bayern – 546 – 39 560 Ew – Höhe 424 m

▶ Berlin 454 – München 138 – Nürnberg 47 – Amberg 40   50 **L17**

🛈 Rathausplatz 1, ⊠ 92318, ℰ (09181) 25 51 25, tourismus@neumarkt.de
Neumarkt, Am Herrnhof 1 ℰ (09188) 39 79
Velburg-Unterwiesenacker, Unterwiesenacker 1 ℰ (09182) 93 19 10
Pilsach, Hilzhofen 23 ℰ (09182) 9 31 91 40

Mehl
Viehmarkt 20 ⊠ 92318 – ℰ (09181) 29 20 – info@hotel-mehl.de
– Fax (09181) 292110
23 Zim ⊇ – †62/75 € ††82/95 € – **Rest** – (geschl. Anfang Jan. 1 Woche, Mitte Aug. - Anfang Sept. 3 Wochen und Sonntag - Montag) Karte 32/44 €
♦ In einer ruhigen Nebenstraße der Innenstadt liegt das familiengeführte Hotel, das über mit soliden Möbeln praktisch eingerichtete Zimmer in hellen, warmen Farben verfügt. In freundlichen Farben gehaltenes Restaurant mit regionaler und leicht mediterraner Küche.

Lehmeier
Obere Marktstr. 12 ⊠ 92318 – ℰ (09181) 2 57 30 – info@hotel-lehmeier.de
– Fax (09181) 257337 – geschl. 23. - 25. Dez.
27 Zim ⊇ – †62/72 € ††80/91 € – **Rest** – (geschl. Anfang Jan. 1 Woche, Anfang Nov. 1 Woche und Dienstag) Karte 14/40 €
♦ Das freundlich geführte kleine Hotel in einer Häuserzeile in der Innenstadt bietet Ihnen Gästezimmer in zeitgemäßem Stil mit funktioneller Ausstattung. Gemütliches Restaurant, im hinteren Teil mit Gewölbedecke.

Dietmayr
Bahnhofstr. 4 ⊠ 92318 – ℰ (09181) 2 58 70 – kontakt@hotelgasthof-dietmayr.de
– Fax (09181) 258749
25 Zim ⊇ – †50/65 € ††70/85 € – **Rest** – (geschl. Dienstag, Sonntagabend) Karte 16/30 €
♦ Der 1982 am Innenstadtring errichtete Komplex aus Geschäften und Hotel bietet Ihnen solide und geräumige Zimmer in zeitloser Aufmachung. Restaurant mit rustikalem Ambiente.

Nürnberger Hof
Nürnberger Str. 28a ⊠ 92318 – ℰ (09181) 4 84 00 – info@nuernberger-hof.com
– Fax (09181) 44467 – geschl. 24. Dez. - 6. Jan.
54 Zim ⊇ – †56/66 € ††78/90 € – **Rest** – (geschl. Sonntag, nur Abendessen) Karte 16/32 €
♦ Die Zimmer dieses Hotels verteilen sich auf das Stammhaus und einen neuzeitlicheren Anbau; sie sind solide und zeitlos gestaltet und verfügen teilweise über einen Balkon.

Gasthof Wittmann (mit Gästehaus)
Bahnhofstr. 21 ⊠ 92318 – ℰ (09181) 90 74 26 – info@hotel-wittmann.de
– Fax (09181) 296187
28 Zim ⊇ – †49/69 € ††65/90 € – **Rest** – (geschl. Sonntagabend) Karte 16/33 €
♦ Ein solider Gasthof unter familiärer Leitung mit recht schlichten, gut gepflegten Zimmern. Komfortabler sind die neuzeitlichen Zimmer im Haus gegenüber. Helle, freundliche Gaststuben mit Wintergartenanbau. Bürgerliche Küche aus Produkten der eigenen Metzgerei.

NEUMÜNSTER – Schleswig-Holstein – 541 – 78 960 Ew – Höhe 22 m — 10 I4

▶ Berlin 330 – Kiel 39 – Flensburg 100 – Hamburg 66
ADAC Wasbeker Str. 306
🛈 Großflecken 34a (Pavillon), ✉ 24534, ✆ (04321) 4 32 80
🏌 Aukrug-Bargfeld, Zum Glasberg 9 ✆ (04873) 5 95 Z
🏁 Krogaspe, Aalbeksweg ✆ (04321) 85 29 93 Y

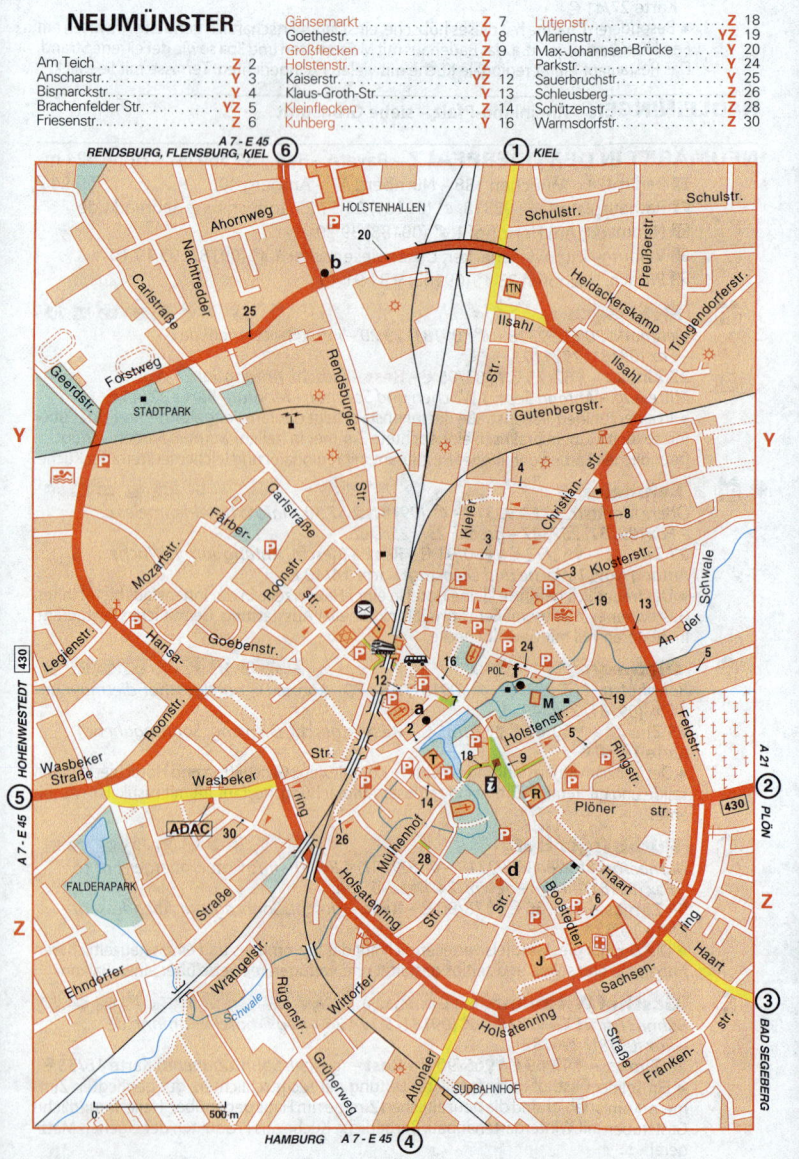

NEUMÜNSTER

Straße		Nr.
Am Teich	Z	2
Anscharstr.	Y	3
Bismarckstr.	Y	4
Brachenfelder Str.	YZ	5
Friesenstr.	Z	6
Gänsemarkt	Z	7
Goethestr.	Y	8
Großflecken	Z	9
Holstenstr.	Z	
Kaiserstr.	YZ	12
Klaus-Groth-Str.	Y	13
Kleinflecken	Z	14
Kuhberg	Y	16
Lütjenstr.	Z	18
Marienstr.	YZ	19
Max-Johannsen-Brücke	Y	20
Parkstr.	Y	24
Sauerbruchstr.	Y	25
Schleusberg	Z	26
Schützenstr.	Z	28
Warmsdorfstr.	Z	30

962

NEUMÜNSTER

Hotelchen am Teich garni
Am Teich 5 ⌂ 24321 – ℰ (04321) 4 90 40 – service@hotelchenamteich.de
– Fax (04321) 490444   Z a
16 Zim ⌑ – †79/89 € ††105/128 €
♦ Stilvoll-modern gestaltete, großzügige Zimmer mit rustikalem Touch machen dieses familiengeführte kleine Hotel im Innenstadtbereich aus.

Prisma
Max-Johannsen-Brücke 1 ⌂ 24537 – ℰ (04321) 90 40
– info@hotel-prisma.bestwestern.de – Fax (04321) 904444   Y b
93 Zim ⌑ – †89/120 € ††107/137 € – **Rest** – Karte 22/36 €
♦ Ein modernes Hotel, das in freundlichen Farben eingerichtet ist. Mit funktionellen Zimmern gut geeignet für Geschäftsreisende und Tagungsgäste. Restaurant in neuzeitlichem Stil.

Neues Parkhotel garni
Parkstr. 29 ⌂ 24534 – ℰ (04321) 94 06 – info@neues-parkhotel.de
– Fax (04321) 43020   Y f
59 Zim ⌑ – †69/86 € ††96/106 €
♦ Die Lage im Zentrum an einem kleinen Stadpark sowie funktionell und zeitgemäß ausgestattete Gästezimmer machen dieses Hotel aus.

Am Kamin
Probstenstr. 13 ⌂ 24534 – ℰ (04321) 4 28 53 – Fax (04321) 42919
– geschl. über Ostern, Pfingsten, Weihnachten und Sonntag   Z d
Rest – Menü 32 € – Karte 32/46 €
♦ Klein, gemütlich-rustikal und hübsch dekoriert - so präsentiert sich das Interieur dieses Restaurants mit internationalem Angebot.

> Rot = angenehm. Richten Sie sich nach den Symbolen ✗ und 🏠 in Rot.

NEUNBURG VORM WALD – Bayern – 546 – 8 250 Ew – Höhe 398 m – Erholungsort
51 **N17**
▸ Berlin 456 – München 175 – Regensburg 56 – Cham 35
▣ Rötz, Hillstett 40 ℰ (09976) 1 80

In Neunburg-Hofenstetten West : 9 km Richtung Schwarzenfeld, in Fuhrn links :

Landhotel Birkenhof ≤ Oberpfälzer Seenlandschaft,
Hofenstetten 55 ⌂ 92431
– ℰ (09439) 95 00 – info@landhotel-birkenhof.de – Fax (09439) 950150
76 Zim ⌑ – †63/89 € ††93/136 € – ½ P 24 € – **4 Suiten**
Rest *Eisvogel* – (geschl. 22. Dez. - 14. Jan., 5. - 25. Aug. und Sonntag - Montag sowie Feiertage , nur Abendessen) (Tischbestellung ratsam) Menü 49/69 €
– Karte 40/53 €
Rest *Turmfalke* – Menü 40 € – Karte 27/35 €
♦ Hinter einem architektonisch ansprechenden Äußeren verbergen sich z. T. im wohnlichen Landhausstil gehaltene Zimmer mit einem guten Platzangebot und herrlicher Aussicht. Das Restaurant Eisvogel bietet kreative Küche. Turmfalke mit regionalem Speisenangebot.

NEUNKIRCHEN – Baden-Württemberg – 545 – 1 790 Ew – Höhe 297 m
48 **G17**
▸ Berlin 605 – Stuttgart 92 – Mannheim 55 – Heidelberg 34

Stumpf
Zeilweg 16 ⌂ 74867 – ℰ (06262) 9 22 90 – info@hotel-stumpf.de
– Fax (06262) 9229100
47 Zim ⌑ – †78/84 € ††126/150 € – **Rest** – Karte 24/43 €
♦ Ein recht ruhig gelegenes Hotel mit schönem Garten, gut ausgestattetem Tagungsbereich und den "Garden Spa"-Angeboten mit natürlich-biologischem sowie therapeutischem Konzept. Neuzeitlich gestaltetes Restaurant mit regionaler und internationaler Küche.

963

NEUNKIRCHEN (SAAR) – Saarland – 543 – 50 190 Ew – Höhe 224 m 46 C17
▶ Berlin 690 – Saarbrücken 22 – Homburg/Saar 15 – Idar-Oberstein 60
ADAC Stummplatz 1 (Saarparkcenter)

In Neunkirchen-Kohlhof Süd-Ost : 5 km, jenseits der A 8 :

Hostellerie Bacher
Limbacher Str. 2 ⌂ 66539 – ℰ (06821) 3 13 14 – info@hostellerie-bacher.de
– Fax (06821) 33465
18 Zim ⌂ – †43/80 € ††94/150 € – **Rest** – (geschl. Sonntagabend - Montag)
(Tischbestellung ratsam) Menü 35/72 € – Karte 38/60 €
◆ Das kleine Hotel verfügt über zeitgemäße und technisch gut ausgestattete, teils großzügig angelegte Gästezimmer. Frühstück bietet man im Wintergarten. Im stilvoll-gediegen eingerichteten Restaurant serviert man eine klassisch ausgerichtete Küche.

NEUPOTZ – Rheinland-Pfalz – 543 – 1 700 Ew – Höhe 103 m 54 E17
▶ Berlin 665 – Mainz 123 – Karlsruhe 23 – Landau 23

Zum Lamm mit Zim
Hauptstr. 7 ⌂ 76777 – ℰ (07272) 28 09 – Fax (07272) 77230
– geschl. Weihnachten - Silvester, Juni - Juli 3 Wochen
6 Zim ⌂ – †30/33 € ††60/68 € – **Rest** – (geschl. Dienstag, Sonn- und Feiertage abends) (Tischbestellung ratsam) Menü 30/49 € – Karte 22/40 €
◆ In diesem sympathischen Restaurant unter Leitung der Inhaberfamilie bietet man aus frischen Produkten sorgfältig zubereitete regionale und internationale Speisen.

Hardtwald
Sandhohl 14 ⌂ 76777 – ℰ (07272) 24 40 – Fax (07272) 750241
– geschl. Ende Juli - Anfang Aug. 2 Wochen und Montag, Mittwochmittag, Donnerstagmittag
Rest – Karte 18/34 €
◆ Ein nettes familiengeführtes Restaurant im Untergeschoss eines Privathauses. Recht gemütlich wirkt der mit Wurzelholz getäfelte Raum. Großes bürgerliches Speisenangebot.

NEURIED – Baden-Württemberg – 545 – 9 150 Ew – Höhe 147 m 53 D19
▶ Berlin 755 – Stuttgart 156 – Karlsruhe 85 – Lahr 21

In Neuried-Altenheim Nord : 2 km über die B 36 Richtung Kehl :

Ratsstüble
Kirchstr. 38 ⌂ 77743 – ℰ (07807) 9 28 60 – info@ratsstueble.de
– Fax (07807) 928655
31 Zim – †36/40 € ††55/60 € – **Rest** – (geschl. 28. Jan. - 13. Feb., 31. Juli - 17. Aug. und Sonntag, nur Abendessen) Karte 19/40 €
◆ Die Zimmer dieses Gasthofs mit Fachwerkfassade befinden sich alle im Anbau und sind neuzeitlich wie auch funktionell eingerichtet. Restaurant und rustikale Weinstube.

NEURUPPIN – Brandenburg – 542 – 32 120 Ew – Höhe 44 m 22 O7
▶ Berlin 76 – Potsdam 75 – Brandenburg 90
🛈 Karl-Marx-Str. 1, Bürger-Bahnhof, ⌂ 16816, ℰ (03391) 4 54 60, tourismus-service@neuruppin.de

Seehotel Fontane ≤ Ruppiner See, 🌿 (direkter Zugang zum Badezentrum Gesundbrunnen)
An der Seepromenade 20 ⌂ 16816 – ℰ (03391) 4 03 50 – info@seehotel-fontane.de – Fax (03391) 40352459
139 Zim ⌂ – †70/85 € ††140/160 € – 4 Suiten
Rest *Parzival* – Karte 23/42 €
Rest *Seewirtschaft* – Karte 17/28 €
◆ Die schöne Lage am See und moderne Zimmer machen dieses Hotel aus. Für Hausgäste kostenlos: das benachbarte Solebad Gesundbrunnen mit schwimmender Seesauna. Parzival in klarem neuzeitlich-elegantem Stil, mit Seeblick. Gemütliche, nett dekorierte Seewirtschaft.

NEURUPPIN

Up-Hus-Idyll
*Siechenstr. 4 ⊠ 16816 – ℰ (03391) 65 08 00 – lettow@up-hus.de
– Fax (03391) 652050 – geschl. 2. - 6. Jan.*
18 Zim ⊃ – †48/60 € ††68/95 € – **Rest** – *(geschl. 7. - 20. Jan. und Montagmittag)* Karte 17/30 €

♦ Hier hat man die angrenzende Kirche samt Orgel und Altar in das Hotel integriert - ein schöner Rahmen für Feierlichkeiten. Besonders charmant: drei Zimmer mit altem Fachwerk. Holzbalken unterstreichen die gemütliche Atmosphäre im Restaurant.

In Neuruppin-Alt Ruppin Nord-Ost : 4,5 km über B 167 :

Am Alten Rhin
Friedrich-Engels-Str. 12 ⊠ 16827 – ℰ (03391) 76 50 – hotel.amaltenrhin@t-online.de – Fax (03391) 76515
33 Zim ⊃ – †53/75 € ††72/90 € – **Rest** – Karte 16/30 €

● Ein Anbau mit neuzeitlichen Zimmern ergänzt das familiengeführte ehemalige Ackerbürgerhaus - die Zimmer im Stammhaus sind etwas einfacher und individuell eingerichtet. Gemütlich-bürgerliches Restaurant.

> Gute Küche zu günstigem Preis? Folgen Sie dem „Bib Gourmand".

NEUSÄSS – Bayern – 546 – 21 920 Ew – Höhe 483 m   57 **K19**
▶ Berlin 561 – München 75 – Augsburg 7 – Ulm (Donau) 89

In Neusäss-Steppach Süd: 2 km :

Brauereigasthof Fuchs   Biergarten
Alte Reichsstr. 10 ⊠ 86356 – ℰ (0821) 48 09 20 – brauereigasthoffuchs@t-online.de – Fax (0821) 48699194
32 Zim ⊃ – †59/75 € ††75/95 € – **Rest** – Karte 13/30 €

♦ Seit Mitte des 17. Jh. existiert der Familienbetrieb im Herzen des Ortes. Durch ein altes Holztreppenhaus gelangen Sie in rustikal gestaltete Zimmer mit Parkettfußboden. Im Stil eines typischen bayerischen Brauereigasthauses gestaltetes Lokal.

NEUSS – Nordrhein-Westfalen – 543 – 152 050 Ew – Höhe 40 m   35 **B11**
▶ Berlin 563 – Düsseldorf 12 – Köln 38 – Krefeld 20
ADAC Glockenhammer 27
🛈 Büchel 6 (Rathausarkaden), ⊠ 41460, ℰ (02131) 4 03 77 95, tourist-info@nttg-neuss-de
▸ Korschenbroich, Rittergut Birkhof ℰ (02131) 51 06 60
▸ Hummelbachaue, ℰ (02137) 9 19 10
◉ St. Quirinus-Münster★ **CY**
◉ Schloss Dyck★ Süd-West : 9 km

Stadtpläne siehe nächste Seiten

Holiday Inn
*Anton-Kux-Str. 1 ⊠ 41460 – ℰ (02131) 18 40 – info@hi-neuss.de
– Fax (02131) 184184*   **BX s**
220 Zim ⊃ – †136/416 € ††153/433 € – 47 Suiten – **Rest** – Karte 24/39 €

♦ Funktionelle, teils sehr großzügig geschnittene Zimmer sowie gute Tagungsmöglichkeiten bietet man Ihnen in diesem praktischen Businesshotel.

Parkhotel Viktoria garni
Kaiser-Friedrich-Str. 2 ⊠ 41460 – ℰ (02131) 2 39 90 – hotel-viktoria-neuss@t-online.de – Fax (02131) 2399100   **CZ e**
75 Zim ⊃ – †100/128 € ††121/178 €

♦ Das gut geführte Hotel am Zentrumsrand gefällt mit einem gepflegtem Rahmen, wohnlich und funktionell eingerichteten Zimmern und einem mediterran wirkenden Frühstücksraum.

965

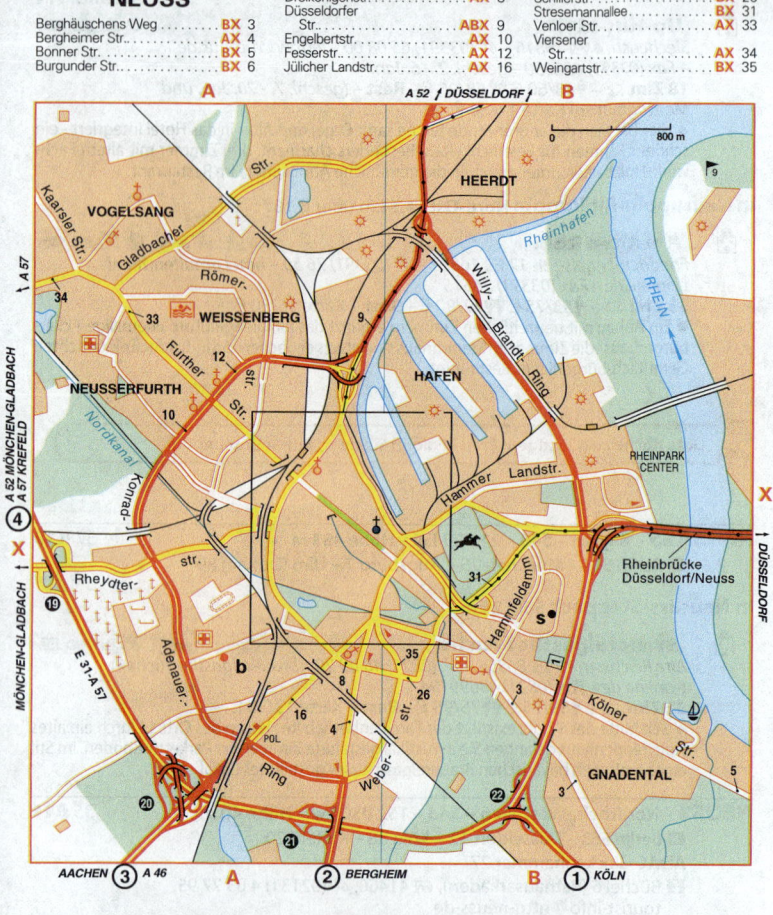

NEUSS

Berghäuschens Weg .... **BX** 3	Dreikönigenstr. .... **AX** 8
Bergheimer Str. .... **AX** 4	Düsseldorfer Str. .... **ABX** 9
Bonner Str. .... **BX** 5	Engelbertstr. .... **AX** 10
Burgunder Str. .... **BX** 6	Fesserstr. .... **AX** 12
	Jülicher Landstr. .... **AX** 16
Schillerstr. .... **BX** 26	Stresemannallee .... **BX** 31
Venloer Str. .... **AX** 33	Viersener Str. .... **AX** 34
Weingartstr. .... **BX** 35	

✕✕✕ Tiefenbachers Herzog von Burgund 🛋 VISA ◉ AE
Erftstr. 88 ⊠ 41460 – ℰ (02131) 2 35 52 – tiefenbacher@lieven.de
– Fax (02131) 271301 – geschl. Samstagmittag und Sonntag CZ **c**
Rest – Menü 69/74 € – Karte 47/59 €

◆ Ein interessanter Konstrast zu diesem klassisch gehaltenen Restaurant ist die modern designte, begrünte Terrasse. Man bietet internationale Küche - mittags einfachere Karte.

✕✕ Zum Stübchen 🛋 VISA ◉ AE
Preussenstr. 73 ⊠ 41464 – ℰ (02131) 8 22 16 – axelbuss@
restaurant-zum-stuebchen.de – Fax (02131) 82325 – geschl. Montag,
Samstagmittag AX **b**
Rest – Menü 40 € – Karte 31/45 €

◆ Internationale und saisonale Küche erwartet Sie in dem von Familie Buß freundlich geführten Restaurant. Helle, mediterrane Farben bestimmen die Einrichtung.

✕✕ Spitzweg 🛋 VISA ◉ AE
Glockhammer 43a ⊠ 41460 – ℰ (02131) 6 63 96 60 – info@
restaurant-spitzweg.de – Fax (02131) 6639661 – geschl. Sonntag CY **a**
Rest – Menü 35/46 € – Karte 30/47 €

◆ Rote Wände, Stühle im Leoparden-Look und große, bewusst schief hängende Gemälde schaffen hier ein interessantes modernes Ambiente. Internationale Küche.

NEUSS

Am Konvent ... **CY**	Friedrichstr. ... **CZ**	Neustr. ... **CZ** 21
An der Obererft ... **CZ** 2	Further Str. ... **CY**	Niederstr. ... **CY** 22
Bergheimerstr. ... **CZ** 4	Glockhammer ... **CY** 13	Platz am Niedertor ... **CY** 23
Buchel ... **CY**	Jülichstr. ... **CZ** 15	Rheinwallgraben ... **CV** 24
Danziger Str. ... **CY** 7	Krefelder Str. ... **CY**	Rheydterstr. ... **CY** 25
	Marienkirchpl. ... **CY** 18	Sebastianusstr. ... **CY** 28
	Münsterpl. ... **CY** 20	Weingartstr. ... **CZ** 35

In Neuss-Grimlinghausen Süd-Ost : 6 km über Kölner Straße BX :

Landhaus Hotel　　　　　　　　🛎 📶 ♿ ✂ Rest, 📞 🏋 🅿

Hüsenstr. 17 ✉ 41468 – ☏ (02131) 3 10 10 – info@landhaus-hotel-schulte.com
– Fax (02131) 310151
28 Zim – †95/118 € ††125/148 €, ⛴ 15 € – **Rest** – Karte 16/38 €
♦ Eine persönliche Führung und solide möblierte, individuell dekorierte Gästezimmer machen den in einem Vorort gelegenen Familienbetrieb aus. Bürgerliches, leicht elegant wirkendes Restaurant.

In Kaarst Nord-West : 6 km über Viersener Straße AX :

Classic Hotel garni　　　　　　📶 📞 🏋 🚗 VISA 🅿 AE ①

Friedensstr. 12 ✉ 41564 – ☏ (02131) 12 88 80 – info@classic-hotel-kaarst.de
– Fax (02131) 601833 – geschl. 21. Dez. - 6. Jan.
22 Zim ⛴ – †93/125 € ††125/158 €
♦ Neuzeitlich und funktionell ausgestattete Zimmer sowie eine gute Autobahnanbindung sprechen für diesses im Zentrum gelegene, gerne von Geschäftsleuten besuchte Hotel.

NEUSS

Landhaus Michels garni
*Kaiser-Karl-Str. 10 ⊠ 41564 – ℰ (02131) 7 67 80 – info@landhaus-michels.de
– Fax (02131) 767819 – geschl. Weihnachten - Neujahr*
20 Zim ⊑ – †65/75 € ††90/95 €
◆ Der ehemalige Landgasthof - seit dem 18. Jh. in Familienbesitz - wurde zu einem sympathischen Hotel mit gut ausgestatteten Zimmern umgebaut.

NEUSTADT AM RENNSTEIG – Thüringen – 544 – 1 150 Ew – Höhe 785 m

▶ Berlin 336 – Erfurt 63 – Coburg 48 – Suhl 27   40 **K13**

Sonnenhotel Kammweg
*Ehringshäuser Str. 4 ⊠ 98701 – ℰ (036781) 4 40 – info@
sonnenhotel-kammweg.de – Fax (036781) 44444*
89 Zim ⊑ †50/55 € ††90/106 € – Rest – Karte 16/34 €
◆ In dem familienfreundlichen Hotel erwarten Sie eine nette Atriumhalle und praktische Zimmer, teils mit Glaserker. Die einzelnen Etagen sind verschiedenen Naturthemen gewidmet. Das freundlich gestaltete Restaurant bietet eine schöne Aussicht.

NEUSTADT AM RÜBENBERGE – Niedersachsen – 541 – 45 680 Ew – Höhe 37 m

▶ Berlin 307 – Hannover 25 – Bremen 90 – Celle 58   18 **H8**
🚉 Neustadt-Mardorf, Vor der Mühle 10 ℰ (05036) 27 78

Neustädter Hof garni
*Königsberger Str. 43 ⊠ 31535 – ℰ (05032) 8 91 40 – hotel@neustaedter-hof.de
– Fax (05032) 63000 – geschl. 22. Dez. - 6. Jan.*
28 Zim ⊑ – †50 € ††80 €
◆ In ein Geschäftshaus integriertes Etagenhotel in einem Wohngebiet. Die Gästezimmer sind mit Naturholzmöbel zeitgemäß und solide eingerichtet.

NEUSTADT AN DER AISCH – Bayern – 546 – 12 440 Ew – Höhe 293 m   49 **J16**

▶ Berlin 458 – München 217 – Nürnberg 49 – Bamberg 53
🛈 Marktplatz 5, ⊠ 91413, ℰ (09161) 6 66 14, info@neustadt-aisch.de

Allee-Hotel garni
*Alleestr. 14 (B 8/470) ⊠ 91413 – ℰ (09161) 8 95 50 – info@allee-hotel.de
– Fax (09161) 895589 – geschl. 23. Dez. - 5. Jan.*
24 Zim ⊑ – †62/95 € ††88/133 €
◆ Das ehemalige Schulhaus a. d. 19. Jh. beherbergt äußerst gepflegte Zimmer in klassischem Stil. Sie frühstücken in der schönen Orangerie mit Blick ins Grüne.

In Dietersheim-Oberrossbach Süd : 6 km über B 470 :

Fiedler (mit Gästehaus)
*Oberroßbach 3 ⊠ 91463 – ℰ (09161) 24 25 – fiedler@wirtshausnet.de
– Fax (09161) 61259*
23 Zim ⊑ – †45/50 € ††69/75 € – **Rest** – (geschl. 24. Jan. - 6. Feb. und Mittwoch, Sonntagabend, Feiertage abends) Karte 17/32 €
◆ Solide möblierte Zimmer und die familiäre Führung sprechen für dieses recht ruhig in einem Ortsteil gelegene Haus. Gästehaus mit Appartements. Im Restaurant mit kleinem Wintergarten bietet man bürgerliche Küche.

NEUSTADT AN DER DONAU – Bayern – 546 – 12 760 Ew – Höhe 354 m

▶ Berlin 525 – München 90 – Regensburg 52 – Ingolstadt 33   58 **M18**
🛈 Heiligenstädter Str. 5 (Bad Gögging), ⊠ 93333, ℰ (09445) 9 57 50,
tourismus@bad-goegging.de
🚉 Bad Gögging, Heiligenstätter Str. 36 ℰ (09445) 95 80

In Neustadt-Bad Gögging Nord-Ost : 4 km – Heilbad :

Marc Aurel
*Heiligenstädter Str. 34-36 ⊠ 93333
– ℰ (09445) 95 80 – info@marcaurel.de – Fax (09445) 958444*
165 Zim ⊑ – †125/140 € ††205/250 € – ½ P 26 € – 12 Suiten – **Rest** – Karte 27/46 €
◆ Der römische Stil des Hauses zieht sich von der Lobby bis in den großzügig angelegten Wellnessbereich. Für Sportbegeisterte ist das hauseigene moderne Fitnessstudio geeignet. Im Restaurant bietet man internationale Küche.

NEUSTADT AN DER DONAU

Eisvogel
An der Abens 20 ✉ *93333* – ✆ *(09445) 96 90 – info@hotel-eisvogel.de – Fax (09445) 8475*
34 Zim – †55/100 € ††90/160 € – ½ P 23 € – **Rest** – *(geschl. Montagmittag)* Karte 15/47 €
◆ Dieses gut geführte Haus in ruhiger Lage ist ein gewachsener Gasthof mit Hotelanbau. Es stehen wohnlich-komfortable Zimmer zur Verfügung. Das Restaurant teilt sich in gemütliche holzvertäfelte Stuben.

NEUSTADT AN DER ORLA – Thüringen – 544 – 9 050 Ew – Höhe 300 m
▶ Berlin 262 – Erfurt 97 – Gera 47 – Triptis 8   41 **M13**
🛈 Markt 1 (Rathaus), ✉ 07806, ✆ (036481) 8 51 21, info@neustadtanderorla.de

Schlossberg
Ernst-Thälmann-Str. 62 ✉ *07806* – ✆ *(036481) 6 60 – info@ringhotel-schlossberg.de – Fax (036481) 66100*
31 Zim – †65/75 € ††95/105 € – **Rest** – Karte 17/33 €
◆ In dem sanierten historischen Altstadthaus im Zentrum stehen zeitgemäß und funktionell ausgestattete Gästezimmer zur Verfügung. Restaurant mit gediegenem Ambiente.

Stadt Neustadt   Biergarten
Ernst-Thälmann-Str. 1 ✉ *07806* – ✆ *(036481) 2 27 49 – info@hotel-stadt-neustadt.de – Fax (036481) 23929*
24 Zim – †37/48 € ††54/59 € – **Rest** – Karte 12/22 €
◆ Das familiengeführte Hotel liegt nahe der historischen Altstadt und verfügt über solide und zeitlos eingerichtete Zimmer. Zum Haus gehört auch ein netter Innenhof. Terrasse und Biergarten im Hof ergänzen das Restaurant.

NEUSTADT AN DER SAALE, BAD – Bayern – 546 – 16 040 Ew – Höhe 242 m – Heilbad
39 **I14**
▶ Berlin 406 – München 344 – Fulda 58 – Bamberg 86
🛈 Löhriether Str. 2 (Kurviertel), ✉ 97616, ✆ (09771) 13 84, info@tourismus-nes.de
🛈 Münnerstadt, Rindhof ✆ (09766) 16 01

Schlosshotel
Schlossplatz 5 (Kurviertel) ✉ *97616* – ✆ *(09771) 6 16 10 – info@schlosshotel-bad-neustadt.de – Fax (09771) 616161*
14 Zim – †75/125 € ††99/145 € – ½ P 27 € – 4 Suiten – **Rest** – Menü 29/62 € – Karte 28/54 €
◆ Das Barockschloss am Kurpark ist ein schönes kleines Hotel mit klassischem Ambiente. Die Zimmer sind meist sehr geräumig, zeitgemäß eingerichtet und verfügen über Marmorbäder. Eine hübsche Terrasse am Park ergänzt das gemütliche Restaurant.

Fränkischer Hof
Spörleinstr. 3 ✉ *97616* – ✆ *(09771) 6 10 70 – info@hotelfraenkischerhof.de – Fax (09771) 994452*
11 Zim – †49/54 € ††76/86 €
Rest *Zum Kolonat* – *(geschl. 4. - 18. Feb. und Mittwoch)* Karte 15/32 €
◆ Sie finden das familiengeführte traditionsreiche Fachwerkhaus aus dem 16. Jh. im Herzen der historischen Altstadt. Zeitgemäße, wohnliche Zimmer stehen bereit. Leicht rustikales Restaurant mit Innenhofterrasse.

NEUSTADT AN DER WALDNAAB – Bayern – 546 – 6 160 Ew – Höhe 419 m
51 **N16**
▶ Berlin 402 – München 210 – Weiden in der Oberpfalz 7 – Bayreuth 60

Am Hofgarten
Knorrstr. 18 ✉ *92660* – ✆ *(09602) 92 10 – hotel-am-hofgarten@t-online.de – Fax (09602) 8548*
27 Zim – †50/60 € ††65/85 € – **Rest** – *(geschl. Freitag - Sonntag, nur Abendessen)* Karte 15/24 €
◆ Einheitlich gestaltete, zweckmäßige Zimmer mit gutem Platzangebot und z. T. mit Balkonen bietet dieses im Zentrum gelegene Hotel.

NEUSTADT AN DER WALDNAAB

Grader
Freyung 39 ⌂ 92660 – ℰ (09602) 9 41 80 – rezeption@hotel-grader.de
– Fax (09602) 2842
44 Zim ⌂ – †38/72 € ††58/80 € – **Rest** *– (geschl. Aug., nur Abendessen)*
Karte 16/28 €

• Diese hübsche Jugendstilvilla ist eine charmante Übernachtungsmöglichkeit mit persönlicher Atmosphäre und freundlichen, praktisch gestalteten Zimmern. Einfache italienische Küche im Restaurant Messer.

NEUSTADT AN DER WEINSTRASSE – Rheinland-Pfalz – 543 – 53 940 Ew – Höhe 136 m
47 E17

▶ Berlin 650 – Mainz 94 – Mannheim 35 – Kaiserslautern 36
ADAC Europastr. 1
𝓲 Hetzelplatz 1, ⌂ 67433, ℰ (06321) 92 68 92, touristinfo@neustadt.pfalz.com
☏ Neustadt-Geinsheim, Im Lochbusch ℰ (06327) 9 74 20
◉ Altstadt★ – Marktplatz★ – Stiftskirche★

Ramada
Exterstr. 2 ⌂ 67433 – ℰ (06321) 89 80 – neustadt@ramada.de – Fax (06321) 898150
123 Zim – †69/92 € ††69/92 €, ⌂ 13 € – 7 Suiten – **Rest** – Karte 24/39 €

• Das im Zentrum gelegene Stadthotel verfügt über funktionell und zeitgemäß ausgestattete "Komfort"- und "Deluxe"-Zimmer sowie Suiten.

Brezel
Rathausstr. 32 ⌂ 67433 – ℰ (06321) 48 19 71 – brezel.braun@t-online.de
– Fax (06321) 481972 – geschl. Jan. 1 Woche, Juni 2 Wochen und Dienstag - Mittwoch
Rest – Menü 34 € – Karte 30/45 €

• Nach behutsamer Restaurierung nehmen nun Gäste hinter der Fachwerkfassade dieses Baudenkmals aus dem Jahre 1700 Platz. Im Sommer lockt eine schöne Innenhofterrasse.

Die Jahreszeiten
Le Quartier Hornbach 5 ⌂ 67347 – ℰ (06321) 4 99 16 20 – info@jahreszeiten-restaurant.de – Fax (06321) 4991629 – geschl. 4. - 17. Feb. und Montag, Samstagmittag
Rest – Menü 36/55 € – Karte 33/46 €

• Das Restaurant befindet sich auf dem Gelände einer ehemaligen französischen Kaserne. Unter der hohen Holzbalkendecke serviert man internationale Küche.

Zwockelsbrück
Bergstr. 1 ⌂ 67434 – ℰ (06321) 35 41 40 – tahar-maamer@gmx.de
– Fax (06321) 84193 – geschl. Mitte Juli - Mitte Aug. 2 Wochen und Sonntag - Montag
Rest – *(nur Abendessen)* Karte 25/47 €

• Eine nette Atmosphäre herrscht in dieser Weinstube mit Art-déco-Touch. Die Chefin bereitet eine kleine regionale Speisenauswahl – ergänzt durch ein Tagesangebot.

In Neustadt-Diedesfeld Süd-West : 4 km über Hambach :

Becker's Gut
Weinstr. 507 ⌂ 67434 – ℰ (06321) 21 95 – beckersgut@t-online.de
– Fax (06321) 2101 – geschl. über Fasching 2 Wochen, Anfang Sept. 2 Wochen und Montag - Dienstag
Rest – *(Tischbestellung ratsam)* Menü 52/66 € – Karte 35/55 €

• Das schöne Restaurant ist Teil eines ehemaligen Weinguts. Kreuzgewölbe, freundliches Ambiente und eine mediterran-elegante Note bilden den Rahmen.

In Neustadt-Gimmeldingen Nord : 3 km – Erholungsort :

Nett's Restaurant
Peter-Koch-Str. 43 ⌂ 67435 – ℰ (06321) 6 01 75 – nett@nettsrestaurant.de
– Fax (06321) 60175 – geschl. 9. - 17. Juli und Sonntag - Montag
Rest – *(nur Abendessen)* (Tischbestellung ratsam) Karte 33/48 €

• Der alte Fasskeller des Weingut Christmann, ein modern gestaltetes Naturstein-Tonnengewölbe, bietet internationale Küche mit mediterranem Einschlag. Nette Innenhofterrasse.

NEUSTADT AN DER WEINSTRASSE

Mugler's Kutscherhaus
*Peter-Koch-Str. 47 ⊠ 67435 – ℰ (06321) 6 63 62 – info@kutscherhaus-nw.de
– Fax (06321) 600588*
Rest *– (geschl. Montag, nur Abendessen) Karte 15/33 €*
♦ Von 1773 stammt das charmante Winzerhaus mit Natursteinfassade - ein uriges Restaurant mit regionaler Küche. Im Weingut gegenüber: zwei freundliche Gästezimmer. Liegewiese.

Kommerzienrat   Weinstube
*Loblocher Str. 34 ⊠ 67435 – ℰ (06321) 6 82 00 – kommerzienrat@gmx.de
– Fax (06321) 6790331 – geschl. Donnerstag*
Rest *– (nur Abendessen) Karte 19/33 €*
♦ Gewölbe, Weinregale und blanke, schwere Holztische geben der Weinstube ihren derb-rustikalen Charakter. Im Sommer nett: die kleine Hofterrasse vor dem Haus.

In Neustadt-Haardt Nord : 2 km – Erholungsort :

Tenner garni (mit Gästehaus)
*Mandelring 216 ⊠ 67433 – ℰ (06321) 96 60 – hoteltenner@t-online.de
– Fax (06321) 966100*
32 Zim ⊇ – †59/70 € ††89/92 €
♦ Ruhig liegt das gepflegte Haus auf einem großen, an die Weinberge angrenzenden Grundstück. Im Sommer: Frühstück auf der Terrasse mit Blick auf Weinberge und Hambacher Schloss.

In Neustadt-Mussbach Nord-Ost : 2 km :

Weinstube Eselsburg
*Kurpfalzstr. 62 ⊠ 67435 – ℰ (06321) 6 69 84 – wiedemann@eselsburg.de
– Fax (06321) 60919 – geschl. 4. - 26. Aug. und Sonntag - Dienstag*
Rest *– (nur Abendessen) (Tischbestellung ratsam) Karte 18/31 €*
♦ Das hübsche Natursteinhaus gefällt mit seiner urig-gemütlichen Einrichtung und der typischen netten Weinstuben-Atmosphäre. Der Chef stellt hier seine eigene Kunst aus.

NEUSTADT BEI COBURG – Bayern – 546 – 16 700 Ew – Höhe 344 m   40 K14
▶ Berlin 358 – München 296 – Coburg 17 – Bayreuth 68

Am Markt garni
*Markt 3 ⊠ 96465 – ℰ (09568) 92 02 20 – hotelgarni-am-markt@necnet.de
– Fax (09568) 920229*
20 Zim ⊇ – †45/52 € ††82/87 €
♦ In der Fußgängerzone finden Sie dieses vom Inhaber geführte Stadthaus mit seinen gepflegten und praktisch ausgestatteten Gästezimmern.

In Neustadt-Wellmersdorf Süd : 5 km über Austraße, in Bodendorf links :

Heidehof
*Wellmersdorfer Str. 50 ⊠ 96465 – ℰ (09568) 8 90 70 – info@
gaestehaus-heidehof.de – Fax (09568) 890740*
37 Zim ⊇ – †37/41 € ††57/67 € – **Rest** *– (geschl. Jan. 2 Wochen)*
Karte 13/22 €
♦ Die recht ruhige Lage am Ortsrand sowie die freundliche Leitung durch die Familie Hartleb machen dieses im bürgerlichen Stil gehaltene Hotel aus. Rustikales Restaurant.

NEUSTADT (DOSSE) – Brandenburg – 542 – 4 010 Ew – Höhe 35 m   21 N7
▶ Berlin 91 – Potsdam 78 – Schwerin 128 – Stendal 71

Parkhotel St. Georg
Prinz-von-Homburg-Str. 35 ⊠ 16845 – ℰ (033970) 9 70 – Fax (033970) 9740
20 Zim ⊇ – †56/60 € ††76/81 € – **Rest** *– Karte 13/26 €*
♦ Gästezimmer mit einer soliden und funktionellen Einrichtung stehen in diesem gepflegten Landhaus mit familiärer Atmosphäre zur Verfügung. Eine Terrasse im Grünen ergänzt das Restaurant.

NEUSTADT IN HOLSTEIN – Schleswig-Holstein – 541 – 16 190 Ew – Höhe 2 m
– Seebad   11 **K4**

- Berlin 296 – Kiel 60 – Lübeck 42 – Oldenburg in Holstein 21
- Dünenweg 7, in Pelzerhaken, ⊠ 23730, ℰ (04561) 70 11, info@pelzerhaken.de
- Gut Beusloe, Baumallee 14 ℰ (04561) 81 40

In Neustadt-Pelzerhaken Ost : 5 km :

Seehotel Eichenhain ≤ Ostsee,
Eichenhain 2 ⊠ 23730 – ℰ (04561) 5 37 30 – eichenhain@t-online.de
– Fax (04561) 537373
26 Zim ⊇ – †75/125 € ††101/185 € – ½ P 25 € – **Rest** – Karte 25/46 €

♦ Das Hotel überzeugt mit seiner Lage direkt am Strand sowie teils ganz modernen Zimmern - alle mit Blick aufs Meer. Schöne Gartenanlage. Neuzeitlicher Freizeitbereich. Klassisch-zeitlos eingerichtetes Restaurant mit überwiegend internationaler Küche.

NEUSTADT IN SACHSEN – Sachsen – 544 – 10 720 Ew – Höhe 333 m   44 **R12**

- Berlin 217 – Dresden 39 – Bautzen 28
- Johann-Sebastian-Bach-Str. 15 (Neustadthalle), ⊠ 01844, ℰ (03596) 50 15 16, touristinfo@neustadthalle.de

Parkhotel Neustadt
Johann-Sebastian-Bach-Str. 20 ⊠ 01844 – ℰ (03596) 56 20 – info@parkhotel-neustadt.de – Fax (03596) 562500
51 Zim – †64/78 € ††76/92 € – **Rest** – (nur Abendessen) Karte 17/27 €

♦ Ein freundlich geführtes Stadthotel mit zeitgemäß und funktionell eingerichteten Gästezimmern. Das Erlebnisbad Monte Mare befindet sich nur wenige Schritte vom Haus entfernt.

NEUSTADT-GLEWE – Mecklenburg-Vorpommern – 542 – 7 000 Ew – Höhe 32 m

- Berlin 170 – Schwerin 33 – Ludwigslust 10 – Uelzen 94   12 **L6**

Grand Hotel Mercure
Schloßfreiheit 1 ⊠ 19306 – ℰ (038757) 53 20 – info@schloss-mv.de
– Fax (038757) 53299
37 Zim – †59/99 € ††59/99 €, ⊇ 13 € – **Rest** – (nur Abendessen) Menü 19/23 €
– Karte 17/35 €

♦ Das Barockschloss aus dem 17. Jh. glänzt mit prächtigen Stukkaturen. Hinter der attraktiven Fassade beziehen Sie Zimmer mit elegantem Touch - teils mit Antiquitäten bestückt. Das Restaurant befindet sich im Gewölbekeller des Hauses.

NEUSTRELITZ – Mecklenburg-Vorpommern – 542 – 22 580 Ew – Höhe 75 m

- Berlin 114 – Schwerin 177 – Neubrandenburg 27   13 **O6**
- Strelitzer Str. 1, ⊠ 17235, ℰ (03981) 25 31 19, touristinformation@neustrelitz.de

Schlossgarten
Tiergartenstr. 15 ⊠ 17235 – ℰ (03981) 2 45 00 – info@hotel-schlossgarten.de
– Fax (03981) 245050
24 Zim ⊇ – †50/65 € ††69/95 € – **Rest** – (geschl. Jan. - Feb. und Sonntag, nur Abendessen) Karte 24/30 €

♦ Das engagiert geführte historische Haus im Zentrum der Stadt verfügt über neuzeitlich eingerichtete Zimmer, die teilweise zum Garten hin gelegen sind. Stilvoll gestaltetes Restaurant.

Pinus garni
Ernst-Moritz-Arndt-Str. 55 ⊠ 17235 – ℰ (03981) 44 53 50 – e-mail@hotel-pinus.de
– Fax (03981) 445352
23 Zim ⊇ – †42/52 € ††60/75 €

♦ Die Lage in einem Wohngebiet und praktische, zeitlos eingerichtete Zimmer zählen zu den Vorzügen dieses gepflegten, kleinen Hauses.

NEUSTRELITZ

Haegert
Biergarten

Zierker Str. 44 ⌂ 17235 – ℘ (03981) 20 03 05 – v.haegert@freenet.de
– Fax (03981) 203157
26 Zim – †45/60 € ††65/80 € – **Rest** – *(geschl. 20. Dez. - 20. Jan. und Sonntag, nur Abendessen)* Karte 15/23 €
♦ Ein freundlich geführtes und gut unterhaltenes Haus am Rande der Innenstadt mit in sachlichem, neuzeitlichem Stil eingerichteten, sehr sauberen Zimmern.

NEUTRAUBLING – Bayern – siehe Regensburg

NEU-ULM – Bayern – 546 – 51 200 Ew – Höhe 471 m 56 I19

▶ Berlin 616 – München 138 – Stuttgart 96 – Augsburg 80
🅘 Münsterplatz 50, ⌂ 89073, ℘ (0731) 1 61 28 30, info@tourismus.ulm.de
🅞 Neu-Ulm, Steinhäuslesweg 9 ℘ (0731) 72 49 37

Siehe Ulm (Umgebungsplan)

Mövenpick
Silcherstr. 40 (Edwin-Scharff-Haus) ⌂ 89231 – ℘ (0731) 8 01 10 – hotel.ulm@moevenpick.com – Fax (0731) 85967
135 Zim – †118/153 € ††148/182 €, ⌑ 15 € – **Rest** – Karte 18/38 €   X e
♦ Schön und ruhig liegt dieses Hotel direkt an der Donau. Sie wohnen in funktionell eingerichteten Zimmern; auch komfortablere Executive-Zimmer stehen zur Wahl. Vom Restaurant in der 1. Etage blickt man auf Ulm und das Münster.

Römer Villa
Rest,
Parkstr. 1 ⌂ 89231 – ℘ (0731) 80 00 40 – roemer-villa@t-online.de
– Fax (0731) 8000450   X b
23 Zim ⌑ – †72/92 € ††100/124 € – **Rest** – *(geschl. 4. - 24. Aug. und Sonntagabend)* Karte 22/30 €
♦ Eine gepflegte Halle empfängt Sie in dieser an einem Park gelegenen ehemaligen Stadtvilla. Zeitgemäß ausgestattete Zimmer, teilweise mit hohen Decken und Kreuzgewölbe. Sie speisen im gediegenen Restaurant oder im Wintergarten.

City-Hotel garni
Ludwigstr. 27 ⌂ 89231 – ℘ (0731) 97 45 20 – rezeption@cityhotel-garni.de
– Fax (0731) 9745299 – geschl. 23. Dez. - 6. Jan.   X r
20 Zim ⌑ – †70 € ††92 €
♦ Die zentrale Lage gegenüber dem Bahnhof sowie funktionelle, neuzeitlich möblierte Gästezimmer mit guter Technik machen dieses Hotel aus.

XX Stephans-Stuben
Bahnhofstr. 65 ⌂ 89231 – ℘ (0731) 72 38 72 – Fax (0731) 3786714
– geschl. über Fasching 1 Woche, Aug. 3 Wochen
und Montag, Samstagmittag   X t
Rest – Menü 49/86 € – Karte 29/49 €
♦ Helle, freundliche Räume und nettes Dekor lassen das Interieur dieses Stadthauses mediterran wirken. Man serviert eine regionale und internationale Küche.

XX Glacis
Schützenstr. 72 ⌂ 89231 – ℘ (0731) 8 68 43 – Fax (0731) 86844
– geschl. Sonntagabend - Dienstag   X u
Rest – Karte 21/35 €
♦ Vom Pavillon und der Terrasse der ehemaligen Villa aus eröffnet sich Ihnen ein malerischer Blick in den Stadtpark. Großes Angebot an Speisen: regional bis international.

In Neu-Ulm-Reutti Süd-Ost : 6,5 km über Reuttier Straße X :

Landhof Meinl
Rest,
Marbacher Str. 4 ⌂ 89233 – ℘ (0731) 7 05 20 – info@landhof-meinl.de
– Fax (0731) 7052222 – geschl. 26. Dez. - 10. Jan.
30 Zim ⌑ – †80/88 € ††108/118 € – **Rest** – *(geschl. 27. Dez. - 10. Jan., Sonn- und Feiertage, nur Abendessen)* Karte 24/42 €
♦ Die verkehrsgünstige Lage am Ortseingang sowie wohnliche, in freundlichen Farben gehaltene Zimmer mit guter Technik sprechen für dieses Hotel. Holzgetäfeltes Restaurant mit neuzeitlichem Wintergarten.

NEUWIED – Rheinland-Pfalz – 543 – 66 860 Ew – Höhe 65 m 36 **D14**
- Berlin 600 – Mainz 114 – Koblenz 18 – Bonn 54
- Engerser Landstr. 17, ⊠ 56564, ℰ (02631) 80 22 60, tourismusbuero@neuwied.de
- Neuwied, Gut Burghof ℰ (02622) 8 35 23

XX **Parkrestaurant Nodhausen**
Wiedpfad, (Nord : 3 km, über B 256 nach Niederbieber) ⊠ 56567
– ℰ *(02631) 81 34 23 – Fax (02631) 813440 – geschl. Juli - Aug. 2 Wochen, Ende Dez. - Anfang Jan. 2 Wochen, Samstagmittag und Sonntag - Montag, Feiertage*
Rest – Karte 40/64 €
♦ In einem Park liegt das ehemalige Gutshaus mit roter Ziegelsteinfassade, kleinem Spitztürmchen und Holzvorbau in Weiß. Hohe Decken und modernes Ambiente prägen das Restaurant.

> Gute und preiswerte Häuser kennzeichnet das Michelin-Männchen, der „Bib":
> der rote „Bib Gourmand" ⓑ für die Küche,
> der blaue „Bib Hotel" 🛏 bei den Zimmern.

NIDDERAU – Hessen – 543 – 20 070 Ew – Höhe 117 m 48 **G14**
- Berlin 526 – Wiesbaden 60 – Frankfurt am Main 30 – Gießen 52

In Nidderau-Heldenbergen

🏠 **Zum Adler** (mit Gästehaus)
Windecker Str. 2 ⊠ 61130 – ℰ *(06187) 92 70 – info@hoteladler-goy.de*
– Fax (06187) 927223 – geschl. 1. - 6. Jan.
39 Zim ☐ – †50/80 € ††76/98 € – **Rest** – *(geschl. Mitte Juli - Mitte Aug. und Freitag)* Karte 14/34 €
♦ Seit über 100 Jahren befindet sich der gestandene Gasthof im Familienbesitz. Eine tipptopp gepflegte Adresse mit hell und neuzeitlich eingerichteten Zimmern. Restaurant in ländlichem Stil.

NIDEGGEN – Nordrhein-Westfalen – 543 – 10 760 Ew – Höhe 300 m 35 **B13**
- Berlin 621 – Düsseldorf 91 – Aachen 51 – Düren 14

XX **Burg Nideggen**
Kirchgasse 10 ⊠ 52385 – ℰ *(02427) 12 52 – info@burgnideggen.com*
– Fax (02427) 6979 – geschl. Montag
Rest – Menü 19/36 € – Karte 32/57 €
♦ In den gediegenen Räumen dieses in der mittelalterlichen Burg, dem Wahrzeichen der Stadt, eingerichteten Restaurants genießen Sie einen schönen Blick. Terrasse im Burghof.

NIEBLUM – Schleswig-Holstein – siehe Föhr (Insel)

NIEDERAULA – Hessen – 543 – 5 550 Ew – Höhe 214 m 39 **H13**
- Berlin 419 – Wiesbaden 158 – Kassel 70 – Fulda 35

XX **Schlitzer Hof** mit Zim
Hauptstr. 1 (B 62) ⊠ 36272 – ℰ *(06625) 33 41 – info@schlitzer-hof.de*
– Fax (06625) 3355 – geschl. Jan.
9 Zim ☐ – †39/49 € ††70/120 € – **Rest** – *(geschl. Montag - Dienstagmittag)* Karte 24/35 €
♦ Verschiedene rustikale Stuben prägen den Charakter des Restaurants - freigelegtes Fachwerk, Kamin und ein offener Herd tragen zu einem gemütlichen Ambiente bei.

NIEDERDORFELDEN – Hessen – siehe Vilbel, Bad

NIEDERFINOW – Brandenburg – siehe Eberswalde

NIEDERKASSEL – Nordrhein-Westfalen – 543 – 36 000 Ew – Höhe 55 m   36 **C12**
▶ Berlin 585 – Düsseldorf 67 – Bonn 15 – Köln 23
🛈 Niederkassel-Uckendorf, Heerstraße ⌀ (02208) 50 67 90

In Niederkassel-Mondorf Süd-Ost : 6 km über Hauptstraße :

Zur Börsch   Zim, P VISA
*Oberdorfstr. 30 ⌧ 53859 – ⌀ (0228) 97 17 20 – reservierung@zur-boersch.de
– Fax (0228) 452010*
14 Zim – †54/62 € ††86/90 € – **Rest** – *(geschl. Aug. 3 Wochen und Donnerstag, Samstagmittag)* Karte 19/31 €
• In der Nähe des Sport-Yacht-Hafens liegt dieser gut geführte kleine Familienbetrieb, der über sehr gepflegte, neuzeitlich ausgestattete Zimmer verfügt. Rustikales, in Nischen unterteiltes Restaurant.

In Niederkassel-Uckendorf Nord-Ost : 2 km über Spicher Straße :

Clostermanns Hof   P VISA AE
*Heerstraße ⌧ 53859 – ⌀ (02208) 9 48 00 – info@clostermannshof.de
– Fax (02208) 9480100*
66 Zim – †121/146 € ††141/166 €
Rest – Karte 25/39 €
Rest *Alte Präsenz* – *(geschl. Montag - Dienstag, nur Abendessen)* Menü 32/44 €
– Karte 36/45 €
• Mit geräumigen und gepflegten, geschmackvoll mit Stilmobiliar eingerichteten und technisch gut ausgestatteten Zimmern gefällt dieser modernisierte Gutshof. Restaurant Alte Präsenz mit gediegenem Ambiente und Wintergarten.

NIEDERNBERG – Bayern – 546 – 4 810 Ew – Höhe 117 m   48 **G15**
▶ Berlin 563 – München 375 – Frankfurt am Main 50 – Aschaffenburg 12

Seehotel   ≼ Biergarten   Rest, P VISA AE
*Leerweg (Süd-West 1,5 km) ⌧ 63843 – ⌀ (06028)
99 90 – mail@seehotel-niedernberg.de – Fax (06028) 999222*
71 Zim – †99/154 € ††127/154 €, ⌧ 11 € – 3 Suiten – **Rest** – Menü 34 €
– Karte 34/46 €
• Das komfortable Business- und Tagungshotel überzeugt mit seiner schönen Lage am Ufer eines Sees sowie mit modern und hochwertig ausgestatteten Zimmern. Die beiden Restaurants Don Giovanni und Rivage bieten internationale Küche.

Die Blecherne Katz
*Rathausgasse 7 ⌧ 63843 – ⌀ (06028) 2 06 26 – geschl. 23. Dez. - 13. Jan.,
21. - 31. März, 12. - 25. Mai, 1. - 9. Sept. und Montag - Dienstag*
Rest – *(nur Abendessen)* (Tischbestellung ratsam) Karte 25/38 €
• Durch ein Holztor und einen netten Innenhof gelangen Sie in das gemütliche, in einer engen Gasse gelegene Lokal mit alter Holzdecke und teils freigelegten Sandsteinwänden.

NIEDERNHALL – Baden-Württemberg – 545 – 4 080 Ew – Höhe 202 m   48 **H17**
▶ Berlin 568 – Stuttgart 89 – Würzburg 77 – Heilbronn 58

Rössle   Zim, VISA
*Hauptstr. 12 ⌧ 74676 – ⌀ (07940) 98 36 60 – roland.preussler@t-online.de
– Fax (07940) 9836640 – geschl. 24. Dez. - 6. Jan.*
20 Zim – †54/60 € ††76/84 € – **Rest** – *(geschl. 4. - 17. Aug. und Sonntag)*
Menü 43 € – Karte 34/44 €
• Das schöne Fachwerkhaus aus dem 18. Jh. beherbergt ein solide wie auch funktionell gestaltetes Hotel. Die Zimmer sind recht geräumig und technisch gut ausgestattet. Gemütlich: Restaurant in einem sehenswerten Naturstein-Tonnengewölbe. Rustikales Weinscheuerle.

NIEDERNHAUSEN – Hessen – 543 – 14 630 Ew – Höhe 277 m 47 E14

▶ Berlin 556 – Wiesbaden 14 – Frankfurt am Main 47 – Limburg an der Lahn 41

Garni garni
Am Schäfersberg 2 ⊠ *65527 –* ℰ *(06127) 96 59 30 – info@hotel-garni-niedernhausen.de – Fax (06127) 9659344*
10 Zim ⊑ – ♦59 € ♦♦79 €
♦ Eine helle, neuzeitliche Möblierung und ein funktionelles Inventar kennzeichnen die Zimmer dieses gepflegten und freundlich geführten kleinen Hauses.

NIEDERSCHÖNA – Sachsen – 544 – 3 610 Ew – Höhe 346 m 43 P12

▶ Berlin 220 – Dresden 29 – Chemnitz 45 – Freiberg 11

In Niederschöna-Hetzdorf Nord-Ost : 3 km über B 173 :

Waldhotel Bergschlößchen
Am Bergschlößchen 14 ⊠ *09600 –* ℰ *(035209) 23 80 – info@bergschloesschen.de – Fax (035209) 23819*
18 Zim ⊑ – ♦39/49 € ♦♦54/74 € – **Rest** – *(geschl. Nov. - Ende März Sonntagabend)* Karte 10/29 €
♦ Aus dem Jahre 1911 stammt das weißblaue Schlösschen, das nett und ruhig auf einer Anhöhe am Waldrand liegt. Gepflegte Gästezimmer. Freundliches Restaurant mit Wintergarten.

NIEDERSTETTEN – Baden-Württemberg – 545 – 5 520 Ew – Höhe 306 m 49 I17

▶ Berlin 553 – Stuttgart 127 – Würzburg 50 – Crailsheim 37

Krone
Marktplatz 3 ⊠ *97996 –* ℰ *(07932) 89 90 – info@hotelgasthofkrone.de – Fax (07932) 89960*
32 Zim ⊑ – ♦55/64 € ♦♦88/98 € – **Rest** – Karte 18/41 €
♦ Im Zentrum des kleinen Ortes liegt dieser engagiert geführte Gasthof mit Anbau. Es stehen wohnliche, unterschiedlich eingerichtete Zimmer zur Verfügung. In der Kronenstube speisen Sie in gemütlichem Ambiente, etwas eleganter ist die Gute Stube.

NIEDERWINKLING – Bayern – siehe Bogen

NIEDERWÜRSCHNITZ – Sachsen – siehe Stollberg

NIEFERN-ÖSCHELBRONN – Baden-Württemberg – 545 – 12 240 Ew – Höhe 240 m 55 F18

▶ Berlin 659 – Stuttgart 47 – Karlsruhe 37 – Pforzheim 7

Im Ortsteil Niefern

Krone
Schloßstr. 1 ⊠ *75223 –* ℰ *(07233) 70 70 – info@krone-pforzheim.de – Fax (07233) 70799 – geschl. 27. Dez. - 6. Jan.*
60 Zim ⊑ – ♦68/80 € ♦♦88/102 € – **Rest** – *(geschl. Samstag - Sonntag)* Karte 19/39 €
♦ Gepflegte, praktische Gästezimmer mit zeitgemäßem Mobiliar und gutem Platzangebot bietet dieses von der Inhaber-Familie geführte Haus. Restaurant mit internationaler Küche.

NIENBURG – Sachsen-Anhalt – 542 – 4 580 Ew – Höhe 70 m 31 M10

▶ Berlin 160 – Magdeburg 40 – Leipzig 82 – Bernburg 6

Zum Löwen
Schloßstr. 27 ⊠ *06429 –* ℰ *(034721) 2 22 34 – loewe-ms@t-online.de – Fax (034721) 22851*
25 Zim ⊑ – ♦53 € ♦♦70 € – **Rest** – Menü 18 € – Karte 11/27 €
♦ Das traditionsreiche Haus aus dem 18. Jh. ist ein solide geführter Familienbetrieb, der über gepflegte und zeitgemäß ausgestattete Zimmer verfügt. Gut eingerichtetes Restaurant mit bürgerlicher Küche.

NIENSTÄDT – Niedersachsen – siehe Stadthagen

NIERSTEIN – Rheinland-Pfalz – 543 – 7 660 Ew – Höhe 85 m   47 F15

▶ Berlin 578 – Mainz 20 – Frankfurt am Main 53 – Darmstadt 23
🚉 Mommenheim, Am Golfplatz 1 ℰ (06138) 9 20 20

Wein- und Parkhotel
An der Kaiserlinde 1 ✉ 55283 – ℰ (06133) 50 80 – info@weinhotel.bestwestern.de
– Fax (06133) 508333
55 Zim ⌑ – †104/125 € ††140/164 € – **Rest** – Menü 22/30 € – Karte 23/40 €
♦ Funktionell und wohnlich im toskanischen Landhausstil ausgestattete Zimmer machen das vor allem auf Geschäftsleute und Tagungen ausgelegte Hotel am Heyl'schen Garten aus. Hell und freundlich wirkendes, mit Korbstühlen eingerichtetes Restaurant.

Villa Spiegelberg garni
Hinter Saal 21 ✉ 55283 – ℰ (06133) 51 45 – info@villa-spielberg.de
– Fax (06133) 57432 – geschl. über Weihnachten und Ostern
12 Zim ⌑ – †85 € ††100 €
♦ Diese schöne Villa ist von einem parkähnlichen Garten umgeben und liegt fast schon in den Weinbergen. Private Atmosphäre und gediegenes Ambiente überzeugen.

In Mommenheim Nord-West : 8 km über B 420 :

Zum Storchennest
Wiesgartenstr. 3 ✉ 55278 – ℰ (06138) 12 33 – info@storchennest-web.de
– Fax (06138) 1240 – geschl. 1. - 13. Jan., 28. Juli - 17. Aug.
22 Zim ⌑ – †40 € ††60 € – **Rest** – (geschl. Montag, Dienstag - Freitag nur Abendessen) Menü 16/36 € – Karte 14/35 €
♦ Ein traditionsreicher, familiärer Landgasthof mit sympathischem, rustikalem Ambiente. Die Zimmer sind einheitlich mit dunklen Eichenmöbeln eingerichtet. Ländlich-bürgerliches Restaurant mit großem Steinofen.

NIESTETAL – Hessen – siehe Kassel

NITTEL – Rheinland-Pfalz – 543 – 1 900 Ew – Höhe 180 m   45 A16

▶ Berlin 744 – Mainz 187 – Trier 26 – Luxembourg 32

Hampshire Nitteler Hof
Weinstr. 42 ✉ 54453 – ℰ (06584) 9 93 60 – info@hotelnittelerhof.com
– Fax (06584) 993610
26 Zim ⌑ – †60/80 € ††85/100 € – **Rest** – Menü 25 € – Karte 26/42 €
♦ Hinter seiner denkmalgeschützten Fassade beherbergt das ca. 100 Jahre alte Gebäude modern-geradlinig eingerichtete Zimmer und einen Beauty-Bereich mit schöner Gewölbedecke. Showküche mit Holzkohlegrill im neuzeitlichen Restaurant.

Zum Mühlengarten   Biergarten
Uferstr. 5 (B 419) ✉ 54453 – ℰ (06584) 9 14 20 – muehlengarten-nittel@t-online.de – Fax (06584) 914242 – geschl. 15. Jan. - 15. Feb.
30 Zim ⌑ – †36/40 € ††58/65 € – **Rest** – Karte 17/29 €
♦ Über zeitgemäß ausgestattete und solide in Eiche möblierte Zimmer, teils mit Balkon, verfügt dieses an der Mosel gelegene gut unterhaltene Haus. Großzügig und hell ist das Restaurant mit Wintergarten.

NÖRDLINGEN – Bayern – 546 – 19 550 Ew – Höhe 441 m   56 J18

▶ Berlin 514 – München 128 – Augsburg 72 – Nürnberg 92
🛈 Marktplatz 2, ✉ 86720, ℰ (09081) 8 41 15, verkehrsamt@noerdlingen.de
👁 St.-Georg-Kirche★ (Magdalenen-Statue★) – Stadtmauer★ – Stadtmuseum★ M¹ – Rieskrater-Museum★ M²

Stadtplan siehe nächste Seite

NH Klösterle
Beim Klösterle 1 ✉ 86720 – ℰ (09081) 8 70 80 – nhkloesterlenoerdlingen@nh-hotels.com – Fax (09081) 8708100
98 Zim – †79/110 € ††79/110 €, ⌑ 14 € – **Rest** – Karte 29/42 €
♦ In einem ehemaligen Franziskanerkloster a. d. 13. Jh. inmitten der Altstadt ist dieses Tagungshotel untergebracht. Es werden Ihnen funktionell eingerichtete Zimmer geboten.

NÖRDLINGEN

Baldinger Str.	2
Bauhofgasse	3
Beim Klösterle	6
Bei den Kornschrannen	4
Brettermarkt	8
Bürgermeister-Reiger-Str.	9
Deininger Str.	12
Drehergasse	13
Eisengasse	14
Frauengasse	15
Hafenmarkt	16
Hallgasse	17
Herrengasse	19
Kreuzgasse	21
Löpsinger Str.	23
Luckengasse	24
Marktpl.	25
Nürnberger Str.	28
Obstmarkt	29
Oskar-Mayer-Str.	30
Polizeigasse	32
Reimlinger Str.	34
Salvatorgasse	35
Schäfflesmarkt	36
Schrannenstr.	39
Ulmer Str.	40
Vordere Gerbergasse	41
Weinmarkt	43
Werndinger Str.	45
Würzburger Str.	46

Am Ring
Bürgermeister-Reiger-Str. 14 ⊠ 86720 – ℰ (09081) 29 00 30 – hotelamring@ t-online.de – Fax (09081) 23170 **e**
39 Zim ⊇ – †59/75 € ††75/95 € – **Rest** – *(geschl. Sonntagabend)* Karte 21/26 €
♦ Vor allem die zentrale Lage am Bahnhof, nahe der Innenstadt zählt zu den Vorzügen dieses von der Familie solide geführten Hotels. Gepflegtes Restaurant mit breit gestreutem Angebot.

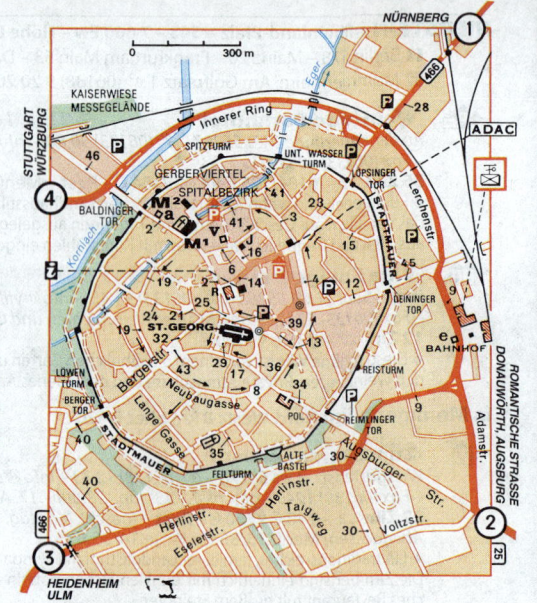

Goldene Rose garni
Baldinger Str. 42 ⊠ 86720 – ℰ (09081) 8 60 19 – info@ goldene-rose-noerdlingen.de – Fax (09081) 24591 **a**
17 Zim ⊇ – †35/45 € ††60/70 €
♦ Diese kleine Pension liegt nur wenige Schritte von der alten Stadtmauer entfernt - in der Nähe des Baldinger Tors. Die Zimmer sind gepflegt und zeitgemäß eingerichtet.

XX Meyer's Keller
Marienhöhe 8 (über Oskar-Mayer-Straße) ⊠ 86720 – ℰ (09081) 44 93 – restaurant@meyerskeller.de – Fax (09081) 24931 – geschl. Jan. 2 Wochen, 24. Mai - 2. Juni und Montag - Dienstagmittag
Rest – Menü 69/109 €
Rest Stüble – Menü 33/40 € – Karte 28/42 €
♦ In der ehemaligen Brauerei bietet man beim Gast ein Amuse-Gueule-Menü in klassischem Ambiente. Sehr nett sitzt man auch auf der Terrasse mit altem Baumbestand. Regional ist das Speiseangebot im gemütlichen Stüble.

NÖRTEN-HARDENBERG – Niedersachsen – 541 – 8 570 Ew – Höhe 140 m
▶ Berlin 328 – Hannover 109 – Kassel 57 – Göttingen 11   29 **I** 10

Hardenberg Burg Hotel
Hinterhaus 11a ⊠ 37176 – ℰ (05503) 98 10 – info@hardenberg-burghotel.de – Fax (05503) 981666
45 Zim ⊇ – †115/170 € ††160/210 €
Rest Novalis – *(geschl. Sonntag - Montag)* Menü 52/79 € – Karte 45/59 €
Rest Keilerschänke – Menü 23 € – Karte 21/34 €
♦ Am Fuße der Burgruine - um einen schönen Hof angelegt - bilden ein Fachwerkbau und die ehemalige Mühle dieses stilvoll-gediegene Domizil. Klassische Eleganz im Novalis mit internationaler Küche. Die Keilerschänke: rustikal mit bürgerlichen Speisen.

NOHFELDEN – Saarland – 543 – 10 710 Ew – Höhe 350 m   46 C16

▶ Berlin 702 – Saarbrücken 54 – Trier 58 – Kaiserslautern 59
🅾 An der Burg, ✉ 66625, ☏ (06852) 88 50, info@nohfelden.de
🅿 Nohfelden-Eisen, Heidehof ☏ (06852) 99 14 70

In Nohfelden-Neunkirchen (Nahe) Süd-West : 7,5 km :

Landhaus Mörsdorf
Nahestr. 41 ✉ *66625 –* ☏ *(06852) 9 01 20 – hotellandhausmoersdorf@t-online.de
– Fax (06852) 901290*
17 Zim ⌑ – †50 € ††70 € – **Rest** – Karte 15/30 €
♦ In dem familiär geleiteten kleinen Hotel stehen unterschiedlich eingerichtete, wohnliche Gästezimmer zur Verfügung. Am Haus befindet sich auch ein eigenes Biotop. Gemütliches, in warmen Tönen gehaltenes Restaurant.

NONNENHORN – Bayern – 546 – 1 550 Ew – Höhe 404 m – Luftkurort   63 H22

▶ Berlin 730 – München 187 – Kostanz 77 – Ravensburg 25
🅾 Seehalde 2, ✉ 88149, ☏ (08382) 82 50, tourist-info@nonnenhorn.de

Seewirt
Seestr. 15 ✉ *88149 –* ☏ *(08382) 98 85 00 – info@hotel-seewirt.de
– Fax (08382) 89333 – geschl. 7. Jan. - 2. Feb., 3. Nov. - 14. Dez.*
30 Zim ⌑ – †56/110 € ††90/170 € – ½ P 21 € – **Rest** – Menü 24/31 €
– Karte 21/49 €
♦ Dieser Familienbetrieb besteht aus dem traditionsreichen Stammhaus und den Gästehäusern Seehaus und Landhaus mit zeitlos und solide möblierten Zimmern. Restaurant, rustikale Alte Stube sowie Café mit Seeterrasse.

Haus am See (mit Gästehaus)
Uferstr. 23 ✉ *88149 –* ☏ *(08382) 98 85 10 – mail@haus-am-see-nonnenhorn.de
– Fax (08382) 9885175 – geschl. 30. Nov. - 1. März*
25 Zim ⌑ – †55/75 € ††90/152 € – ½ P 25 € – **Rest** – *(geschl. Mittwoch)*
Menü 39 € – Karte 31/42 €
♦ Das gut geführte Hotel in ruhiger Lage verfügt über recht unterschiedlich eingerichtete, zeitgemäße und wohnliche Zimmer. Ein Garten verbindet das Grundstück mit dem See. Klassisch gestaltetes Restaurant mit Gartenterrasse.

Zur Kapelle
Kapellenplatz 3 ✉ *88149 –* ☏ *(08382) 82 74 – info@witzigmann-kapelle.de
– Fax (08382) 89181 – geschl. 14. Jan. - 3. März*
17 Zim ⌑ – †46/60 € ††72/102 € – ½ P 19 € – **Rest** – *(geschl. Nov. - März Donnerstag)* Karte 16/30 €
♦ Seit Jahrzehnten befindet sich das gepflegte Haus im Familienbesitz. Es erwarten Sie wohnliche Gästezimmer und eine private Atmosphäre. In den gemütlichen Galerieräumen bietet man u. a. die Hausspezialität Wildente.

NONNWEILER – Saarland – 543 – 9 400 Ew – Höhe 400 m – Heilklimatischer Kurort   45 C16

▶ Berlin 712 – Saarbrücken 50 – Trier 45 – Kaiserslautern 75

In Nonnweiler-Sitzerath West : 4 km, jenseits der A 1 :

Landgasthof Paulus
Prälat-Faber-Str. 2 ✉ *66620 –* ☏ *(06873) 9 10 11 – info@landgasthof-paulus.de
– Fax (06873) 91191 – geschl. Montag - Dienstag*
Rest – (Tischbestellung ratsam) Menü 30/40 € – Karte 32/50 €
♦ Für die regionale Küche dieses Restaurants werden viele Bioprodukte sowie Blüten und Kräuter aus eigenem Anbau verwendet. Gemütlich ist das hübsche Landhausambiente. Vinothek.

NORDDORF – Schleswig-Holstein – siehe Amrum (Insel)

NORDEN – Niedersachsen – **541** – 24 950 Ew – Höhe 7 m **7 D5**
- Berlin 531 – Hannover 268 – Emden 44 – Oldenburg 97
- von Norden-Norddeich nach Norderney (Autofähre) und nach Juist, ℰ (04931) 98 70
- Dörper Weg 22, (Norddeich) ⌧ 26506, ℰ (01805) 0 08 37 52 00, info@norddeich.de

Reichshof (mit Gästehäusern)
Neuer Weg 53 ⌧ 26506 – ℰ (04931) 17 50 – reichshof@t-online.de
– Fax (04931) 17575
56 Zim ⌑ – †60/74 € – ††99/139 € – ½ P 16 € – **Rest** – Karte 20/43 €
◆ Freundlich kümmert man sich in dem sympathischen, tadellos gepflegten Hotel in der Fußgängerzone um seine Gäste. Besonders wohnlich: die Zimmer in der ehemaligen Kornkammer. Restaurant mit gediegen-rustikalem Ambiente.

Apart-Hotel garni
Norddeicher Str. 86, (B 72) ⌧ 26506 – ℰ (04931) 95 78 00 – service@apart-hotel-norden.de – Fax (04931) 957801
31 Zim ⌑ – †38/74 € ††74/109 €
◆ Das Hotel ist ein Klinkerbau der modernen Art. Hier finden Sie funktionelle Zimmer, einheitlich in neuzeitlichem Stil gestaltet und teils mit Balkon versehen.

In Norden-Norddeich Nord-West : 4,5 km über B 72 – Seebad :

Regina Maris
Badestr. 7c ⌧ 26506 – ℰ (04931) 1 89 30 – rezeption@hotelreginamaris.de
– Fax (04931) 189375 – geschl. 15. - 26. Dez.
61 Zim ⌑ – †56/102 € ††98/140 € – ½ P 19 € – 6 Suiten
Rest Qulinaris – separat erwähnt
Rest – Karte 20/42 €
◆ In einem Wohngebiet, direkt am Deich liegt das Ferienhotel mit den soliden, wohnlich ausgestatteten Gästezimmern. Auch ein Beautybereich ist vorhanden.

Qulinaris – Hotel Regina Maris
Badestr. 7c ⌧ 26506 – ℰ (04931) 1 89 30 – rezeption@hotelreginamaris.de
– Fax (04931) 189375
Rest – *(geschl. Aug. 3 Wochen, 15. - 26. Dez. und Montag - Mittwoch, nur Abendessen)* Menü 37/52 € – Karte 40/63 €
◆ Ein kleines Gourmet-Restaurant mit internationaler Küche. Schön ist der elegante Rahmen, engagiert und freundlich der Service.

NORDENHAM – Niedersachsen – **541** – 27 830 Ew – Höhe 3 m **8 F5**
- Berlin 464 – Hannover 200 – Cuxhaven 51 – Bremen 71
- Marktplatz 7, ⌧ 26954, ℰ (04731) 9 36 40, info@nordenham.net

Hotel Am Markt
Marktstr. 12 ⌧ 26954 – ℰ (04731) 9 37 20 – hotel-am-markt@t-online.de
– Fax (04731) 937255
44 Zim ⌑ – †65/130 € ††89/150 € – 3 Suiten – **Rest** – Karte 26/41 €
◆ Die Lage in der Innenstadt sowie geräumige, neuzeitlich und wohnlich eingerichtete Zimmer machen das auch für Tagungen geeignete Hotel aus. Restaurant in der 1. Etage mit internationaler Karte. Bistro.

Aits garni
Bahnhofstr. 120 ⌧ 26954 – ℰ (04731) 9 98 20 – info@hotel-aits.de
– Fax (04731) 9982400
20 Zim – †45 € ††70 €
◆ Unterschiedlich eingerichtete, funktionelle Gästezimmer stehen in diesem gepflegten kleinen Hotel nahe dem Zentrum zur Verfügung.

In Nordenham-Abbehausen Süd-West : 4,5 km :

Landhotel Butjadinger Tor (mit Gästehaus)
Butjadinger Str. 69 ⌧ 26954 – ℰ (04731) 9 38 80 – butjadinger-tor@t-online.de
– Fax (04731) 938888
28 Zim ⌑ – †48/65 € ††70/90 € – ½ P 14 € – **Rest** – Karte 16/39 €
◆ Das Hotel in der Ortsmitte bietet solide, zeitgemäße Zimmer. Vor dem Haus: ein Maibaum von 58 m. Mit dem Oldtimer-Kleinbus oder der Butjenter Bahn erkunden Sie die Gegend. Zeitlos gestaltetes und mit vielen Flaschenschiffen dekoriertes Restaurant.

NORDENHAM

In Nordenham-Tettens Nord : 10 km Richtung Butjadingen, in Schneewarden rechts :

✗✗ Neues Landhaus Tettens 🛒 P
*Am Dorfbrunnen 17 ⊠ 26954 – 𝒞 (04731) 3 94 24 – Fax (04731) 31740
– geschl. 1. - 14. Jan. und Montag*
Rest – Karte 16/32 €
♦ Gemütlich-elegant ist die Atmosphäre in dem reetdegeckten Bauernhaus am Deich, regional und international das Angebot. Im Haus befindet sich ein Standesamt. Schöner Garten.

NORDERNEY (INSEL) – Niedersachsen – **541** – 5 970 Ew – Höhe 5 m – Insel der Ostfriesischen Inselgruppe, eingeschränkter Kfz-Verkehr – Seeheilbad **7 D5**

▶ Berlin 537 – Hannover 272 – Emden 44 – Aurich 31
🛬 am Leuchtturm, 𝒞 (04932) 24 55
⛴ von Norddeich (ca. 1h), 𝒞 (04932) 91 30
🛈 Bülowallee 5, ⊠ 26548, 𝒞 (04932) 9 18 50,
  info@norderney-urlaub.de
⛳ Norderney, Am Golfplatz 2 𝒞 (04932) 92 71 56

🏨 Strandhotel an der Georgshöhe ⦵   ≤ 🚗 🛒 🛟 (geheizt)
Kaiserstr. 24 🗖 (Meerwasser) 🌀 🛁 £ǧ 😄 🐾 AC Rest, ⚜ Zim, 📞 P
⊠ 26548 – 𝒞 (04932) 89 80 – info@georgshoehe.de – Fax (04932) 898200
– geschl. 8. - 25. Dez.
132 Zim ⊋ – †41/129 € ††96/219 € – ½ P 25 € – 23 Suiten
Rest – Karte 26/42 €
♦ Ferienhotel in schöner, strandnaher Lage. Besonders aufwändig und ganz modern gestaltet: die "Prestige-Zimmer". Der großzügige Spabereich bietet u. a. Saunen mit Meerblick. Restaurant mit Wintergarten und Terrasse zum Meer.

🏨 Haus am Meer (mit Gästehaus) ⦵   ≤ 🛟 🌀 £ǧ ⚜ Rest, VISA ⦿⦿
Kaiserstr. 3 ⊠ 26548 – 𝒞 (04932) 89 30 – info@hotel-haus-am-meer.de
– Fax (04932) 3673
60 Zim – †50/102 € ††92/204 €, ⊋ 12 € – **Rest** – Karte 22/35 €
♦ Direkt an der Promenade liegt das aus den Häusern "Rodehuus" und "Wittehuus" bestehende Hotel mit modernen Landhauszimmern. Schön ist der kleine Spabereich in klarem Design.

🏨 Villa Ney ⦵   🌀 £ǧ 📞 VISA ⦿⦿ AE ⦿
Gartenstr. 59 ⊠ 26548 – 𝒞 (04932) 91 70 – info@villa-ney.de – Fax (04932) 91731
– geschl. 10. - 29. Jan., 16. Nov. - 22. Dez.
14 Zim ⊋ – †75/110 € ††115/180 € – 10 Suiten – **Rest** – (nur Abendessen für Hausgäste)
♦ In einer ruhigen Dorfstraße befindet sich dieser moderne Villenbau. Dem Gast stehen tipptopp gepflegte, wohnlich und elegant eingerichtete Zimmer zur Verfügung.

🏨 Strandhotel Pique ⦵   ≤ 🛒 🛟 (Meerwasser) 🌀 £ǧ P
Am Weststrand 4 ⊠ 26548 – 𝒞 (04932) 9 39 30 – hotel-pique@t-online.de
– Fax (04932) 939393
22 Zim ⊋ – †50/119 € ††119/169 € – **Rest** – (geschl. 15. Nov. - 26. Dez.,
7. - 31. Jan. und Dienstag) Karte 20/42 €
♦ Schön liegt das Hotel mit der freundlichen gelben Fassade am Weststrand. Die Zimmer sind modern gestaltet und bieten teilweise eine phantastische Aussicht. Restaurant und Terrasse mit Blick auf die Nordsee.

🏨 Inselhotel König (mit Gästehaus)   🛒 🌀 £ǧ 📞 VISA ⦿⦿ ⦿
Bülowallee 8 ⊠ 26548 – 𝒞 (04932) 80 10 – info@inselhotel-koenig.de
– Fax (04932) 801125
91 Zim – †50/105 € ††70/150 € – ½ P 20 € – **Rest** – Karte 21/41 €
♦ Zentral im Ortskern liegt das hübsche Haus von 1868. Hier verbindet sich der Charme des alten Seebades mit zeitgemäßer und funktioneller Austattung. Moderner Saunabereich. Eine beliebte Terrasse in der Fußgängerzone ergänzt das Restaurant.

NORDERNEY (INSEL)

Inselhotel Vier Jahreszeiten
Herrenpfad 25 ⊠ 26548 – ℰ (04932) 89 40 – info@
norderney-hotels.de – Fax (04932) 1460
91 Zim ⊇ – †66/102 € ††112/150 € – ½ P 23 € – 3 Suiten – **Rest** – Karte 22/35 €
♦ Hinter der gepflegten weißen Fassade des im Zentrum gelegenen Hotels stehen funktionell und wohnlich eingerichtete Gästezimmer bereit. Teils als Wintergarten angelegtes Restaurant.

Haus Norderney garni
Janusstr. 6 ⊠ 26548 – ℰ (04932) 22 88 – info@hotel-haus-norderney.de
– Fax (04932) 83617 – geschl. 24. Nov. - 24. Dez., 10. Jan. - 1. Feb.
10 Zim ⊇ – †42/63 € ††100/150 €
♦ Die hübsche denkmalgeschützte Jugendstilvilla von 1927 ist ein kleines Hotel mit Zimmern in geradlinig-modernem Stil und einem freundlichen Frühstücksraum.

Lenz
Benekestr. 3 ⊠ 26548 – ℰ (04932) 22 03 – volker.lenz@gmx.de
– Fax (04932) 990745 – geschl. 7. Jan. - Feb. und Montag
Rest – (nur Abendessen) (Tischbestellung ratsam) Karte 26/44 €
♦ Das unter Denkmalschutz stehende Eckhaus beherbergt hinter seiner weißen Fassade ein freundliches, familiär geführtes Restaurant, in dem man überwiegend Fischgerichte bietet.

NORDERSTEDT – Schleswig-Holstein – 541 – 71 700 Ew – Höhe 36 m   10 I5
▶ Berlin 309 – Kiel 79 – Hamburg 26 – Itzehoe 58
ADAC Berliner Allee 38 (Herold-Center)

Park-Hotel garni
Buckhörner Moor 100 ⊠ 22846 – ℰ (040) 52 65 60 – info@parkhotel-hamburg.de
– Fax (040) 52656400 – geschl. 23. Dez. - 1. Jan.
78 Zim ⊇ – †90/110 € ††110/130 €
♦ In dem komfortablen Hotel erwarten Sie eine großzügige Halle, wohnliche Zimmer in zeitlosem Stil und ein netter Frühstücksraum.

Friesenhof garni
Segeberger Chaussee 84 a/b ⊠ 22850 – ℰ (040) 52 99 20 – reservierung@
friesen-hof.de – Fax (040) 52992100
47 Zim ⊇ – †89/119 € ††109/134 €
♦ Die verkehrsgünstige Lage sowie zeitgemäß und funktionell eingerichtete Zimmer sprechen für dieses Hotel. Praktisch: der kostenlose Shuttle-Service.

Nordic garni
Ulzburger Str. 387 ⊠ 22846 – ℰ (040) 5 26 85 80 – info@hotel-nordic.de
– Fax (040) 5266708
30 Zim ⊇ – †67/85 € ††82/105 €
♦ Hell und neuzeitlich eingerichtete Zimmer und ein freundlicher Frühstücksraum mit Wintergartenanbau zum gepflegten Garten hin zählen zu den Vorzügen dieses Hauses.

In Norderstedt-Glashütte

Zur Glashütte
Segeberger Chaussee 309 (B 432) ⊠ 22851 – ℰ (040) 5 29 86 60 – webmaster@
zur-glashuette.de – Fax (040) 52986635
16 Zim ⊇ – †48/52 € ††75/80 € – **Rest** – (geschl. Juli - Aug. 4 Wochen
und Mittwoch, Montag - Samstag nur Abendessen) Karte 14/31 €
♦ Verkehrsgünstig vor den Toren Hamburgs und nahe dem Naturschutzgebiet des Wittmoors gelegen, überzeugt diese Adresse mit praktischen, soliden Zimmern. Ländliches Restaurant und nette Schänke.

In Norderstedt-Harksheide

Schmöker Hof   Biergarten
Oststr. 18 ⊠ 22844 – ℰ (040) 52 60 70 – info@schmoekerhof.de – Fax (040) 5262231
122 Zim – †87/102 € ††112 €, ⊇ 12 € – **Rest** – Karte 25/36 €
♦ Dieses gerne für Tagungen genutzte Hotel bietet funktionelle, individuell eingerichtete Gästezimmer - auch Allergikerzimmer - sowie eine Indoor-Golfanlage. Durch den Innenhof erreicht man das Restaurant mit internationalem Angebot.

NORDHAUSEN – Thüringen – 544 – 44 320 Ew – Höhe 185 m   30 K11
▶ Berlin 261 – Erfurt 74 – Göttingen 86 – Halle 91
🛈 Bahnhofsplatz 6, ✉ 99734, ☏ (03631) 90 21 54, info@tourismus-ndh.de

Handelshof garni
*Bahnhofstr. 13 ✉ 99734 – ☏ (03631) 62 50 – handelshof-ndh@t-online.de
– Fax (03631) 625100 – geschl. 20. - 27. Dez.*
40 Zim ☑ – †50/59 € ††66/72 €
♦ Zentral gelegenes Hotel - Bahnhof und Fußgängerzone befinden sich in unmittelbarer Nähe - mit zeitgemäß und praktisch eingerichteten Zimmern.

In Werther Süd-West : 3,5 km über B 80 :

Zur Hoffnung
*Neuer Weg 34 (B 80) ✉ 99735 – ☏ (03631) 60 12 16 – info@hotel-zur-hoffnung.de
– Fax (03631) 600826*
50 Zim ☑ – †35/53 € ††58/63 € – **Rest** – Karte 11/21 €
♦ Die Gästezimmer dieses soliden Familienbetriebes sind schlicht, unterschiedlich eingerichtet und gut gepflegt. Netter Saunabereich. Nehmen Sie Platz im rustikalen Ambiente des Restaurants.

NORDHEIM – Bayern – siehe Volkach

NORDHORN – Niedersachsen – 541 – 52 710 Ew – Höhe 23 m   16 C8
▶ Berlin 502 – Hannover 224 – Bremen 155 – Groningen 113
ADAC Firnhaber Str. 17
🛈 Firnhaberstr. 17, ✉ 48529, ☏ (05921) 8 03 90, info@vvv-nordhorn.de

Am Stadtring
*Stadtring 31 ✉ 48527 – ☏ (05921) 8 83 30 – info@hotel-am-stadtring.de
– Fax (05921) 75391*
41 Zim ☑ – †60 € ††87 € – **Rest** – Karte 22/36 €
♦ Das am Rande der Innenstadt gelegene, familiär geleitete Hotel verfügt über neuzeitliche Zimmer, jedes ist einem Schriftsteller gewidmet. Kosmetikangebote im Haus. Teil des Restaurants: die Orangerie und das Kaminstübchen.

NORDKIRCHEN – Nordrhein-Westfalen – 543 – 10 290 Ew – Höhe 65 m   26 D10
▶ Berlin 503 – Düsseldorf 96 – Dortmund 36 – Bochum 48

Schloss Restaurant Venus
Schloss 1, (im Schloss Nordkirchen) ✉ 59394 – ☏ (02596) 97 24 72 – info@lauter-nordkirchen.de – Fax (02596) 972471 – geschl. Montag - Dienstag
Rest – (nur Abendessen) Menü 30/61 € – Karte 37/56 €
♦ Das Restaurant im schönen Gewölbe des barocken Wasserschlosses bietet kreative Küche in klassisch-gediegenem Ambiente. Vom Chef gemalte Bilder dienen als Dekor.

NORDSTRAND – Schleswig-Holstein – 541 – 2 290 Ew – Höhe 2 m – Seeheilbad
▶ Berlin 447 – Kiel 103 – Sylt (Westerland) 53 – Flensburg 61   1 G2
🛈 Schulweg 4 (Herrendeich), ✉ 25845, ☏ (04842) 4 54
◉ Die Halligen ★ (per Schiff)

In Nordstrand-Süden

Arcobaleno
*Am Ehrenmal 10 ✉ 25845 – ☏ (04842) 82 12 – info@hotel-arcobaleno.de
– Fax (04842) 1349 – geschl. Jan. - Feb.*
13 Zim ☑ – †49/70 € ††78/84 € – ½ P 14 € – **Rest** – *(geschl. Montag)* (nur Abendessen für Hausgäste)
♦ Das am Ortsrand gelegene Hotel beherbergt neuzeitlich gestaltete Zimmer und Appartements - alle ebenerdig gelegen, teils mit kleiner Küchenzeile versehen.

983

NORDSTRAND
In Nordstrand-Süderhafen

Am Heverstrom 🛏 Zim, P
*Heverweg 14 ✉ 25845 – ℰ (04842) 80 00 – heverstrom@t-online.de
– Fax (04842) 7273*
11 Zim ⌑ – †47/60 € ††65/94 € – **Rest** – *(geschl. Nov. - März Montag - Dienstag, April - Juni sowie Sept. - Okt. Dienstag)* Karte 16/34 €
♦ Der nahe dem Wattenmeer gelegene modernisierte Gasthof gefällt mit wohnlich eingerichteten Doppelzimmern im rustikal-gemütlichen Landhausstil. Einige antike Stücke zieren das ländlich gehaltene Restaurant.

NORTHEIM – Niedersachsen – 541 – 31 040 Ew – Höhe 120 m 29 I10
▸ Berlin 317 – Hannover 99 – Braunschweig 85 – Göttingen 27
🛈 Am Münster 6, ✉ 37154, ℰ (05551) 91 30 66, info@northeim-touristik.de
 Northeim, Levershausen ℰ (05551) 90 83 80

Schere 🍴 📺 📞 🛁 🚗 VISA ⊚ AE
*Breite Str. 24 ✉ 37154 – ℰ (05551) 96 90 – mail@hotel-schere.de
– Fax (05551) 969196*
39 Zim ⌑ – †70/90 € ††95/115 € – **Rest** – *(geschl. Montagmittag)* Karte 16/40 €
♦ Das in der Fußgängerzone gelegene Ensemble historischer Fachwerkgebäude empfängt Sie in zweckmäßig und zeitgemäß gestalteten Zimmern mit gepflegtem Ambiente. Bürgerlich-rustikales Restaurant mit internationaler Küche.

In Northeim-Hollenstedt Nord-West : 4 km über B 3 :

Seeger's Gasthaus mit Zim 🌿 🍴 ⇌ P
*Einbecker Str. 48 ✉ 37154 – ℰ (05551) 57 48 – seegersgasthof@t-online.de
– Fax (05551) 954817*
5 Zim ⌑ – †35 € ††68 € – **Rest** – *(geschl. Montag - Dienstag)* (Tischbestellung ratsam) Menü 28/33 € – Karte 31/42 €
♦ Viele feine Details wie frische Blumen, stimmungsvolles Kerzenlicht oder kleine Hängelampen machen den Besuch in dem Restaurant mit frischer internationaler Küche lohnenswert. Gepflegte Gästezimmer stehen zur Verfügung.

NORTORF – Schleswig-Holstein – 541 – 6 430 Ew – Höhe 32 m 10 I3
▸ Berlin 348 – Kiel 29 – Flensburg 81 – Hamburg 78

Alter Landkrug (mit Gästehaus) 🍴 📞 🛁 P VISA ⊚ AE ⓘ
*Große Mühlenstr. 13 ✉ 24589 – ℰ (04392) 44 14 – alterlandkrug@versanet.de
– Fax (04392) 8302*
33 Zim ⌑ – †40/45 € ††80/84 € – **Rest** – Karte 15/27 €
♦ Die verkehrsgünstige Lage sowie auf Stammhaus und Gästehaus verteilte praktische, gut gepflegte Zimmer zählen zu den Vorzügen des Hauses. Ein Wintergarten ergänzt das Restaurant.

Kirchspiels Gasthaus 🍴 🛏 Rest, 📞 🛁 P 🚗 VISA ⊚ AE
*Große Mühlenstr. 9 ✉ 24589 – ℰ (04392) 2 02 80 – karsten.heeschen@t-online.de
– Fax (04392) 202810*
16 Zim ⌑ – †49/60 € ††77/100 € – **Rest** – Karte 21/47 €
♦ Das familiengeführte kleine Hotel befindet sich unmittelbar am Dorfplatz und verfügt über solide und funktionell ausgestattete Gästezimmer. Gediegen wirkendes Restaurant mit internationaler und regionaler Küche.

NOSSENTINER HÜTTE – Mecklenburg-Vorpommern – 542 – 720 Ew – Höhe 74 m
▸ Berlin 154 – Schwerin 78 – Güstrow 41 – Wittstock 51 12 N5

In Nossentiner Hütte-Sparow Süd-West : 5 km Richtung Malchow, nach 1,5 km rechts :

Gutshof Sparow (mit Gästehäusern) 🌿 🚴 🏇 🍴 ⛵ ⊚ 🎾 ❄ 🏋
Dorfstr. 1 ✉ 17214 – ℰ (039927) 76 20 – info@ 🛁 P VISA ⊚ AE
gutshof-sparow.de – Fax (039927) 76299
50 Zim ⌑ – †60/80 € ††85/115 € – **Rest** – Karte 21/46 €
♦ Ein komfortables Hotel mitten im Park. Das Zentrum dieser attraktiven Anlage bildet das alte Gutshaus - umgeben von mehreren hübschen Fachwerkhäusern mit Appartements. Das Restaurant: teils gemütlich mit viel Holz, teils Wintergarten mit Rattanstühlen.

NOTHWEILER – Rheinland-Pfalz – siehe Rumbach

NOTTULN – Nordrhein-Westfalen – **543** – 20 120 Ew – Höhe 97 m 26 **D9**
▶ Berlin 499 – Düsseldorf 106 – Nordhorn 85 – Enschede 65

In Nottuln-Schapdetten Ost : 5 km :

Zur alten Post Biergarten
Roxeler Str. 5 ⊠ 48301 – ℘ (02509) 9 91 90 – altepost.schapdetten@t-online.de
– Fax (02509) 991919
26 Zim ⊇ – †41 € ††67/72 € – **Rest** – (geschl. Dienstag) Karte 14/30 €
♦ Seit 1872 ist dieses recht ruhig in dörflicher Umgebung gelegene Haus im Familienbesitz. Eine solide geführte Adresse mit gepflegten Gästezimmern. Im Restaurant bietet man westfälische Küche. Im Sommer mit nettem Biergarten im Grünen.

In Nottuln-Stevern Nord-Ost : 2 km Richtung Schapdetten :

Gasthaus Stevertal mit Zim
Stevern 36 ⊠ 48301 – ℘ (02502) 9 40 10 – gasthaus.stevertal@proxmedia.de
– Fax (02502) 940149 – geschl. über Weihnachten
16 Zim ⊇ – †45 € ††80 € – **Rest** – Karte 12/35 €
♦ Herzlich leitet Familie Elfers bereits seit Generationen ihr gemütliches Gasthaus mit eigener Metzgerei. Zu den selbst hergestellten Produkten gehört geräucherter Schinken. Zum Übernachten stehen sehr gepflegte Gästezimmer bereit.

NOTZINGEN – Baden-Württemberg – **545** – 3 490 Ew – Höhe 316 m 55 **H18**
▶ Berlin 674 – Stuttgart 32 – Reutlingen 39 – Esslingen am Neckar 18

Die Kelter
Kelterstr. 15 ⊠ 73274 – ℘ (07021) 86 37 86 – info@kelter-notzingen.de
– geschl. Aug. 3 Wochen und Mittwoch
Rest – (Montag - Samstag nur Abendessen) Karte 27/46 €
♦ Das hübsch restaurierte Fachwerkhaus, eine ehemalige Kelter von 1700, gibt diesem Restaurant einen gemütlich-rustikalen Rahmen. Gekocht wird mediterran und regional.

NÜMBRECHT – Nordrhein-Westfalen – **543** – 17 290 Ew – Höhe 285 m – Heilklimatischer Kurort 36 **D12**
▶ Berlin 576 – Düsseldorf 91 – Bonn 49 – Waldbröl 8
🛈 Lindchenweg 1, ⊠ 51588, ℘ (02293) 90 94 80, info@nuembrecht-online.de
⛳ Golfanlage Nümbrecht, Höhenstr. 40 ℘ (02293) 30 37 00

Park-Hotel
Parkstr. 3 ⊠ 51588 – ℘ (02293) 30 30 – info@nuembrecht.com
– Fax (02293) 303365
100 Zim ⊇ – †88/123 € ††123/158 € – ½ P 20 € – **Rest** – Karte 24/35 €
♦ Nahe Kurpark und Sportzentrum gelegenes Tagungshotel mit modernen, funktionellen Zimmern. Einige Zimmer befinden sich in der Sportresidenz direkt am Golfplatz. Restaurant mit internationaler Küche.

NÜRBURG – Rheinland-Pfalz – **543** – 180 Ew – Höhe 593 m 36 **C14**
▶ Berlin 644 – Mainz 152 – Aachen 133 – Bonn 56
◉ Burg ✴ ★
◉ Nürburgring ★ (Sammlung Mythos Nürburgring ★)

Dorint ≤ Grand-Prix Strecke und Nürburg,
Grand-Prix-Strecke ⊠ 53520 – ℘ (02691) 30 90
– info@nuerburgring@dorint.com – Fax (02691) 309460
207 Zim – †64/192 € ††64/192 €, ⊇ 16 € – 3 Suiten – **Rest** – Karte 25/38 €
♦ Dieses Haus überzeugt mit seiner einzigartigen Lage direkt an der Rennstrecke sowie mit seinen funktionell eingerichteten Gästezimmern. Die Bar Cockpit mit Autosport-Dekor ergänzt das Restaurant.

NÜRBURG

Am Tiergarten (mit Gästehaus)
Kirchweg 4 ⌂ 53520 – ℘ (02691) 9 22 00 – info@am-tiergarten.de
– Fax (02691) 7911 – geschl. 24. - 28. Dez.
52 Zim ⌂ – †55/80 € ††75/110 €
Rest – Karte 15/40 €
Rest *Pistenklause* – (nur Abendessen) Karte 21/41 €
♦ Die Nähe zum Ring macht das mit soliden und neuzeitlichen Zimmern ausgestattete Haus auch für Rennsportbegeisterte zur einer geeigneten Unterkunft. Restaurant mit Wintergarten. Bilder und Autogramme von Rennfahrern zieren die Pistenklause. Italienische Küche.

NÜRNBERG – Bayern – 546 – 493 560 Ew – Höhe 309 m   50 K16

▸ Berlin 432 – München 165 – Frankfurt am Main 226 – Leipzig 276
✈ Nürnberg BS, ℘ (0911) 9 37 00
ADAC Äußere Sulzbacher Str. 98 – ADAC Frauentorgraben 43
🛈 Königstr. 93, ⌂ 90402, ℘ (0911) 2 33 61 32, tourismus@nuernberg.de
🛈 Hauptmarkt 18, ⌂ 90403, ℘ (0911) 2 33 61 35
🛈 Frauentorgraben 3, ℘ (0911) 2 33 60
⛳ Am Reichswald, Schiestlstr. 100 ℘ (0911) 30 57 30 BS
⛳ Fürth, Am Golfplatz 10 ℘ (0911) 75 75 22

Veranstaltungen
Zu Messezeiten verlangen viele Hotels erhöhte Messepreise
07.02. - 12.02. : Internationale Spielwarenmesse
01.03. - 09.03. : Freizeit, Garten und Touristik
25.10. - 02.11. : Consumenta-Messe
28.11. - 24.12. : Christkindlmarkt
Messegelände: Messezentrum 1 BT, ⌂ 90471, ℘ (0911) 8 60 60

Germanisches Nationalmuseum ★★★ – St.-Lorenz-Kirche ★★ – Verkehrsmuseum M⁴ ★ JZ – Sebalduskirche (Kunstwerke ★) – Stadtbefestigung ★ – Dürerhaus ★ – Schöner Brunnen ★ C – Kaiserburg (Sinwellturm ≤ ★) – Frauenkirche ★ E JY – Dokumentationszentrum Reichsparteitagsgelände ★ GX

Stadtpläne siehe nächste Seiten

Sheraton Carlton
Eilgutstr. 15 ⌂ 90443 – ℘ (0911) 2 00 30 – info@carlton-nuernberg.de
– Fax (0911) 2003111   JZ f
166 Zim – †120/210 € ††166/250 €, ⌂ 19 € – 3 Suiten – **Rest** – Karte 32/45 €
♦ Am Rande der Altstadt, unweit des Bahnhofs liegt das Hotel, in dem man als Gast in modern eingerichteten, geradlinigen Zimmern wohnt. Restaurant in neuzeitlichem Design.

Le Méridien Grand-Hotel
Bahnhofstr. 1 ⌂ 90402 – ℘ (0911) 2 32 20 – sales.nuernberg@lemeridien.com
– Fax (0911) 2322444   KZ d
186 Zim – †270/310 € ††290/380 €, ⌂ 20 € – 5 Suiten – **Rest** – Karte 36/53 €
♦ Das herrschaftliche Grand-Hotel besteht seit 1896 und dient seinen Gästen als elegante Unterkunft. Die geschmackvollen Zimmer wurden teils passend im Jugendstil gestaltet. Klassisches Restaurant in hellen Tönen mit Details wie Marmorböden und Säulen.

Holiday Inn City Centre
Engelhardgasse 12 ⌂ 90402 – ℘ (0911) 24 25 00
– info@holidayinn-nuernberg.de – Fax (0911) 24250777   HZ a
220 Zim – †95/130 € ††130/165 €, ⌂ 15 € – **Rest** – Karte 30/42 €
♦ Das moderne Hotel am Rande der Altstadt ist besonders auf Tagungen und Messebesucher eingestellt. Die Zimmer überzeugen mit einer hochwertigen und funktionellen Einrichtung. Schlichtes Restaurant in klaren Linien mit internationalem Speiseangebot.

Ramada Nürnberg Parkhotel
Münchener Str. 25 ⌂ 90478 – ℘ (0911) 4 74 80
– info@ramada-nuernberg.de – Fax (0911) 4748420   GX g
187 Zim – †100/139 € ††130/170 € – **Rest** – Karte 21/42 €
♦ In der weitläufigen Gartenanlage des Luitpoldhains gelegenes Hotel mit funktionell ausgestatteten Gästezimmern, die überwiegend Balkon und Parkblick bieten. Klassisch gehaltenes Hotelrestaurant und Terrasse mit Blick ins Grüne.

NÜRNBERG

NH Nürnberg-City
Bahnhofstr. 17 ⊠ *90402 – ℰ (0911) 9 99 90 – nhnuernbergcity@nh-hotels.com*
– Fax (0911) 9999100 KZ **b**
244 Zim – †77/359 € ††77/359 €, ⊇ 19 €
Rest *nhube* – Karte 32/44 €
♦ Die zentrale Lage in der Innenstadt unweit des Bahnhofs sowie modern gestaltete Zimmer mit guter technischer Ausstattung machen dieses Stadthotel aus. Leger: das Restaurant nhube mit Bistroküche.

Loew's Merkur
Pillenreuther Str. 1 ⊠ *90459 – ℰ (0911) 99 43 30 – hotelmerkur@t-online.de*
– Fax (0911) 99433666 FX **a**
220 Zim ⊇ – †90/240 € ††113/280 € – **Rest** – Karte 24/43 €
♦ Das gewachsene Hotel - seit 1930 in Privatbesitz - befindet sich in verkehrsgünstiger Lage am Bahnhof und verfügt über individuell eingerichtete Zimmer. Restaurant mit gediegenem Ambiente.

Agneshof garni
Agnesgasse 10 ⊠ *90403 – ℰ (0911) 21 44 40 – info@agneshof-nuernberg.de*
– Fax (0911) 21444144 JY **c**
74 Zim ⊇ – †110/200 € ††125/250 €
♦ Neuzeitliche Zimmer mitten in der historischen Altstadt: Die meisten gehen zu den Gartenhöfen, einige haben Balkon oder Terrasse, eines mit Blick zur Kaiserburg.

Am Heideloffplatz garni
Heideloffplatz 9 ⊠ *90478 – ℰ (0911) 94 45 30 – hotel@heideloffplatz.de*
– Fax (0911) 4469661 – geschl. 23. Dez. - 6. Jan. FX **t**
32 Zim ⊇ – †89/129 € ††125/199 €
♦ An einem kleinen Platz am Rande des Zentrums befindet sich das gut geführte Hotel mit wohnlichen Zimmern in Kirschholz und einem guten Frühstücksbuffet.

Drei Raben garni
Königstr. 63 ⊠ *90402 – ℰ (0911) 27 43 80 – hotel-drei-raben@t-online.de*
– Fax (0911) 232611 JKZ **v**
25 Zim ⊇ – †100/185 € ††100/185 €
♦ Die Themenzimmer in diesem sehr persönlich geführten Haus sind der Geschichte der Stadt gewidmet und individuell mit Liebe zum Detail eingerichtet.

Dürer-Hotel garni
Neutormauer 32 ⊠ *90403 – ℰ (0911) 2 14 66 50 – duerer-hotel@*
altstadthotels.com – Fax (0911) 214665555 JY **r**
106 Zim ⊇ – †110/145 € ††135/185 €
♦ Der Hotelname verweist auf die Lage am Albrecht-Dürer-Haus. Das gepflegte Hotel hält für seine Gäste neuzeitliche, mit hellem Naturholz eingerichtete Zimmer bereit.

Victoria garni
Königstr. 80 ⊠ *90402 – ℰ (0911) 2 40 50 – book@hotelvictoria.de*
– Fax (0911) 227432 KZ **x**
64 Zim ⊇ – †78/125 € ††99/160 €
♦ Das Stadthaus mit der schönen Natursteinfassade liegt gleich neben dem Museum für Kunst und Design. Die Zimmer sind gepflegt und mit hellen Naturholzmöbel eingerichtet.

Am Jakobsmarkt garni
Schottengasse 5 ⊠ *90402 – ℰ (0911) 2 00 70 – info@hotel-am-jakobsmarkt.de*
– Fax (0911) 2007200 HZ **h**
72 Zim ⊇ – †82/125 € ††106/179 €
♦ In der Innenstadt befindet sich das aus Hauptgebäude und Fachwerk-Nebenhaus bestehende Hotel mit seinen teils rustikalen, teils modern-funktionellen Gästezimmern.

Prinzregent garni
Prinzregentenufer 11 ⊠ *90489 – ℰ (0911) 58 81 88 – info@prinzregent.net*
– Fax (0911) 556236 KZ **a**
37 Zim ⊇ – †69/85 € ††89/105 €
♦ Ein um die Jahrhundertwende gebautes Stadthaus am Ufer der Pegnitz. Die Gästezimmer sind meist recht geräumig, einige liegen sehr ruhig nach hinten.

NÜRNBERG

Street	Grid	No.
Äußere Sulzbacher Str.	BS	4
Am Europakanal	AS	7
Ansbacher Str.	AT	14
Beuthener Str.	CT	20
Bierweg	BS	21
Bingstr.	CS	23
Breslauer Str.	CT	26
Cadolzburger Str.	AS	27
Deutenbacher Str.	AT	31
Dianastr.	BT	32
Eibacher Hauptstr.	AT	33
Eichendorffstr.	BS	34
Erlanger Str. (FÜRTH)	AS	36
Erlenstegenstr.	CS	37
Finkenbrunn	BT	40
Fischbacher Hauptstr.	CT	41
Fronmüllerstr. (FÜRTH)	AS	44
Fürther Str. (ZIRNDORF)	AS	45
Gebersdorfer Str.	AS	47
Gründlacher Str.	AS	52
Hauptstr. (FEUCHT)	CT	54
Hauptstr. (STEIN)	AT	55
Heilstättenstr.	AS	56
Hügelstr.	AS	61
Julius-Loßmann-Str.	BT	65
Karl-Martell-Str.	AS	70
Karl-Schönleben-Str.	AS	71
Katzwanger Str.	BT	74
Kraftshofer Hauptstr.	BS	79
Leyher Str.	AS	83
Löwenberger Str.	CT	85
Minervastr.	BT	94
Moritzbergstr.	CS	96
Mühlhofer Hauptstr.	AT	98
Nürnberger Str. (FEUCHT)	CT	100
Nürnberger Str. (FÜRTH)	AS	102
Nürnberger Str. (STEIN)	AT	103
Otto-Bärnreuther-Str.	BT	108
Poppenreuther Str. (FÜRTH)	AS	115
Rednitzstr.	AT	119
Reichelsdorfer Hauptstr.	AT	120
Saarbrückener Str.	BT	122
Schmausenbuckstr.	CS	126
Schwabacher Str. (FEUCHT)	CT	130
Schwabacher Str. (FÜRTH)	AS	128
Schwabacher Str. (ZIRNDORF)	AS	131
Seeackerstr.	CS	133
Siedlerstr.	CS	134
Sigmundstr.	CS	135
Stadenstr.	CS	136
Valznerweiherstr.	CS	145
Wallensteinstr.	AS	150
Weißenburger Str.	AT	153
Wetzendorfer Str.	AS	155
Würzburger Str.	AS	159

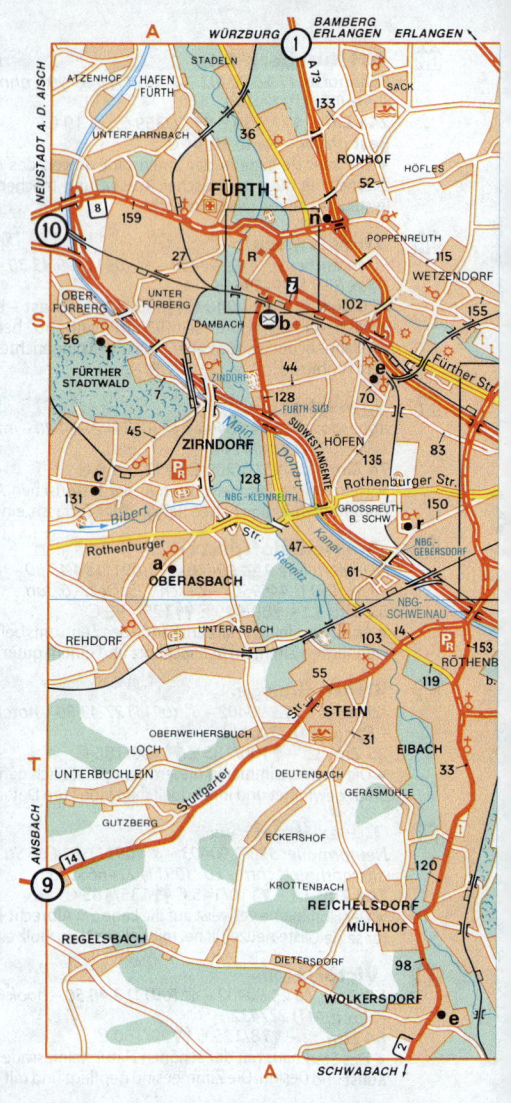

Nürnberg City West garni
*Regerstr. 6 ⊠ 90429 – ℰ (0911) 2 17 50 – info@bestwestern-nuernberg.de
– Fax (0911) 2175577*
234 Zim ⊇ – †79/159 € ††109/189 € – 6 Suiten   DV a
♦ Das Hotel mit U-Bahn-Anbindung zum Flughafen und zum Hauptbahnhof bietet moderne Zimmer mit guter Technik sowie ein Frühstücksbüffet mit großer Auswahl.

Am Josephsplatz garni
*Josephsplatz 30 ⊠ 90403 – ℰ (0911) 21 44 70 – josephsplatz@arcor.de
– Fax (0911) 21447200 – geschl. 23. Dez. - 6. Jan.*
36 Zim ⊇ – †87/98 € ††115 € – 4 Suiten   JZ k
♦ Renoviertes Haus a. d. J. 1675. Die Zimmer sind im Stil rustikal, elegant oder italienisch eingerichtet, darunter auch ein romantisches Hochzeitszimmer. Sonnendachterrasse.

Avenue garni

*Josephsplatz 10 ⊠ 90403 – ℰ (0911) 24 40 00 – info@avenue-hotel.de
– Fax (0911) 243600 – geschl. 22. Dez. - 8. Jan.*

JZ c

41 Zim ⊇ – ♦85/150 € ♦♦130/165 €

♦ Ein in der Reihe stehendes Haus im Herzen der Nürnberger Altstadt. Einheitlich ausgestattete, funktionelle Zimmer mit zeitgemäßem Komfort.

Steichele

*Knorrstr. 2 ⊠ 90402 – ℰ (0911) 20 22 80 – info@steichele.de – Fax (0911) 221914
– geschl. 23. Dez. - 9. Jan.*

HZ x

49 Zim ⊇ – ♦66/89 € ♦♦95/129 € – **Rest** – *(geschl. Sonntagabend)* Karte 17/34 €

♦ Das Altstadthaus offeriert verschiedene, unterschiedlich ausfallende Zimmertypen, die jeweils mit solidem Einbaumobiliar ausgestattet sind. Urig-gemütliches Restaurant mit regionaler und internationaler Kost.

989

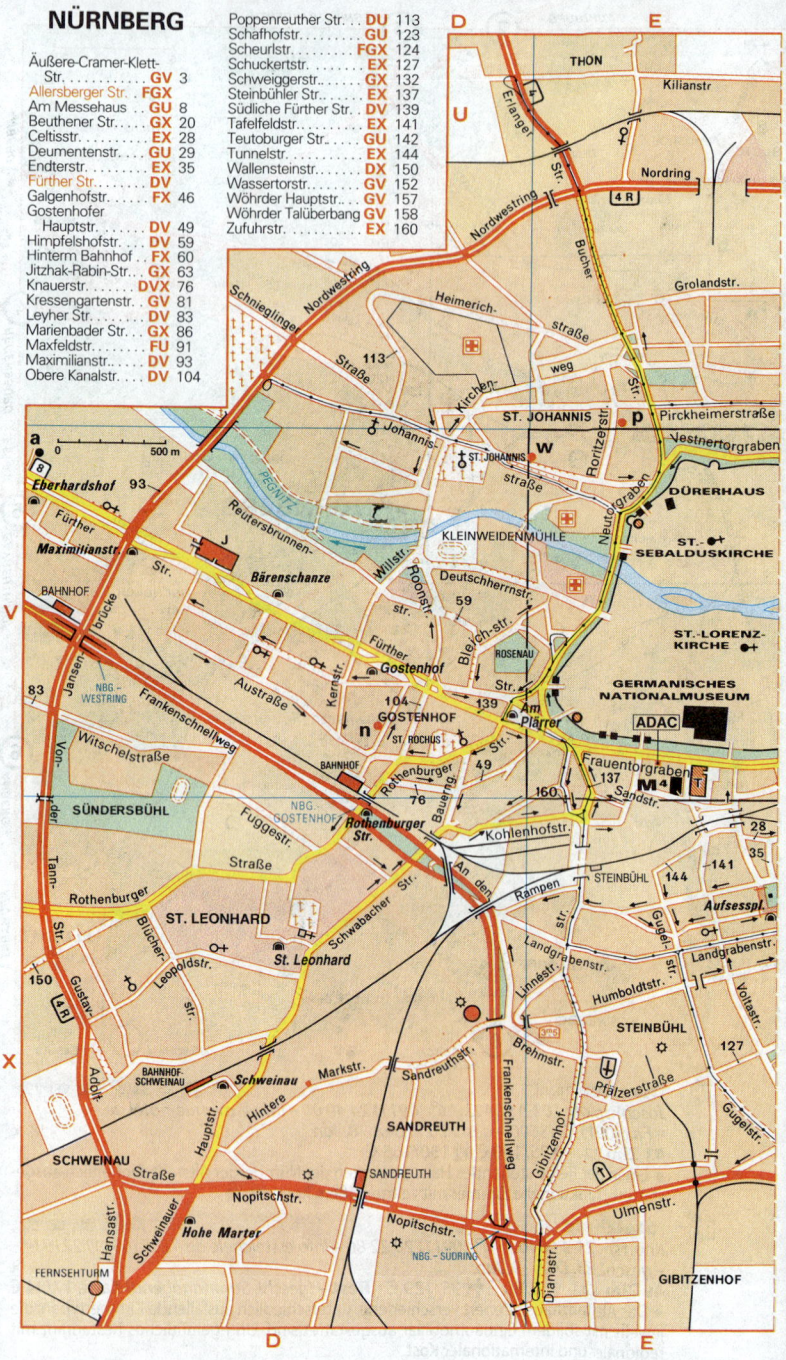

NÜRNBERG

Äußere-Cramer-Klett-Str.	GV	3
Allersberger Str.	FGX	
Am Messehaus	GU	8
Beuthener Str.	GX	20
Celtisstr.	EX	28
Deumentenstr.	GU	29
Endterstr.	EX	35
Fürther Str.	DV	
Galgenhofstr.	FX	46
Gostenhofer Hauptstr.	DV	49
Himpfelshofstr.	DV	59
Hinterm Bahnhof	FX	60
Jitzhak-Rabin-Str.	GX	63
Knauerstr.	DVX	76
Kressengartenstr.	GV	81
Leyher Str.	GV	83
Marienbader Str.	GX	86
Maxfeldstr.	FU	91
Maximilianstr.	DV	93
Obere Kanalstr.	DV	104
Poppenreuther Str.	DU	113
Schafhofstr.	GU	123
Scheurlstr.	FGX	124
Schuckertstr.	EX	127
Schweiggerstr.	GX	132
Steinbühler Str.	EX	137
Südliche Fürther Str.	DV	139
Tafelfeldstr.	EX	141
Teutoburger Str.	GU	142
Tunnelstr.	EX	144
Wallensteinstr.	DX	150
Wasserstorstr.	GV	152
Wöhrder Hauptstr.	GV	157
Wöhrder Talüberbang	GV	158
Zufuhrstr.	EX	160

990

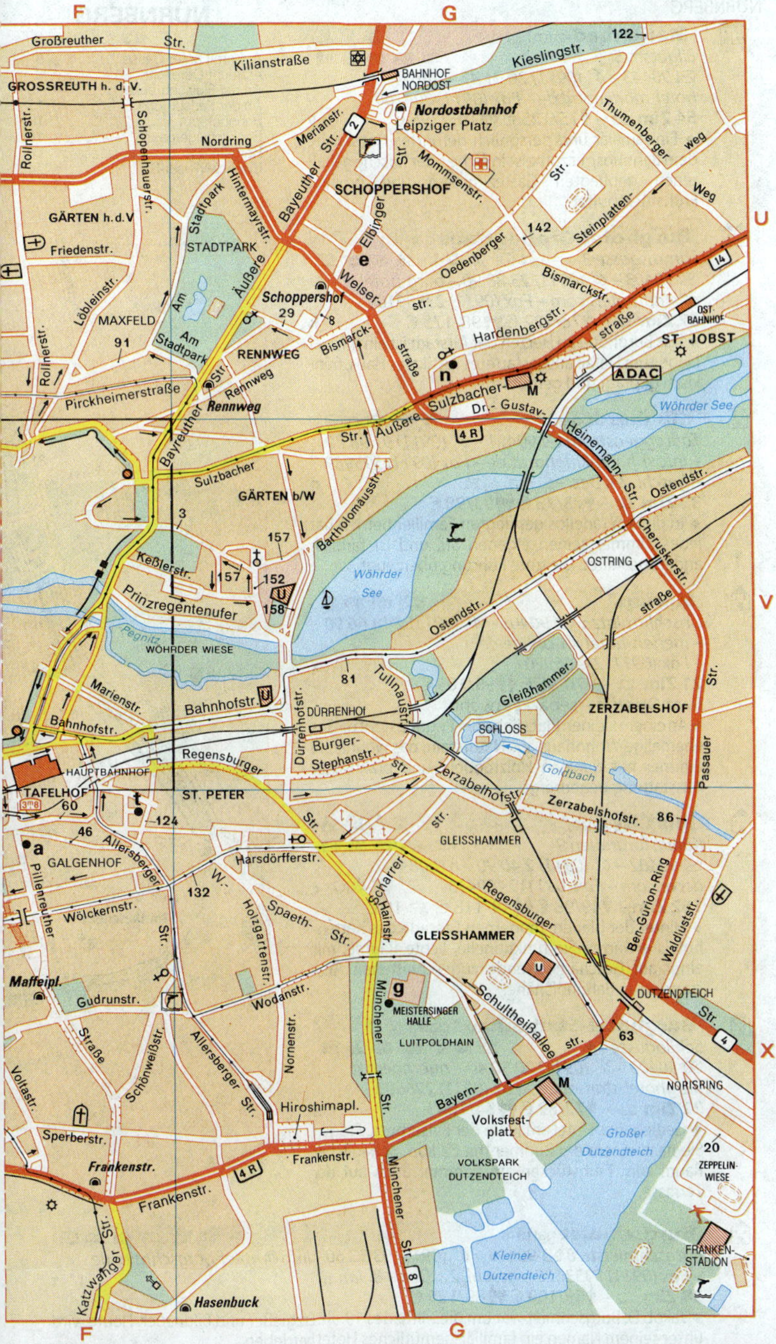
F
G
U
V
X
Großreuther
Str.
Kilianstraße
GROSSREUTH h. d. V.
BAHNHOF NORDOST
Kieslingstr.
122
Nordostbahnhof
Leipziger Platz
Merianstr.
Bayreuther Str.
Rollnerstr.
Schopenhauerstr.
Nordring
Thumenberger weg
Mommsenstr.
SCHOPPERSHOF
Weg
Hintermayrstr.
Stadtpark
GÄRTEN h.d.V
Friedenstr.
STADTPARK
Elbinger Str.
Oedenberger
142
Steinplatten-
Bismarckstr.
14
Äußere
Welser-
Schoppershof
Löbleinstr.
MAXFELD
Am Stadtpark
29
8
str.
Hardenbergstr.
straße
OST-BAHNHOF
ST. JOBST
91
RENNWEG
Bismarck-
straße
n
ADAC
Rollnerstr.
Rennweg
Pirckheimerstraße
Rennweg
Sulzbacher-
M
Wöhrder See
Dr.- Gustav-
Heinemann-
Str.
Äußere
4 R
Bayreuther
Sulzbacher
GÄRTEN b/W
Bartholomausstr.
Ostendstr.
3
157
Keßlerstr.
157
152
158
Wöhrder See
OSTRING
Cheruskerstr.
Prinzregentenufer
straße
Pegnitz
WÖHRDER WIESE
Ostendstr.
81
Tullnaustr.
Gleißhammer-
Str.
Marienstr.
Bahnhofstr.
Dürrenhofstr.
DÜRRENHOF
ZERZABELSHOF
Bahnhofstr.
SCHLOSS
Burger-
Stephanstr.
Regensburger
Goldbach
Passauer
HAUPTBAHNHOF
Zerzabelhofstr.
TAFELHOF
ST. PETER
Zerzabelshofstr.
86
60
3m8
t
124
Str.
str.
46
GLEISSHAMMER
a
GALGENHOF
Allersberger
Harsdörfferstr.
Pillenreuther
W.-
Scharrer-
Regensburger
Ben-Gurion-Ring
132
Wölckernstr.
Holzgartenstr.
Spaeth-
Str.
Hainstr.
GLEISSHAMMER
Waldluststr.
Str.
Maffeipl.
Wodanstr.
g
MEISTERSINGER HALLE
DUTZENDTEICH
Gudrunstr.
Münchener
Schultheißallee
Str.
LUITPOLDHAIN
63
4
Straße
Schönweißstr.
Nornenstr.
str.
Voltastr.
Allersberger
Str.
M
NORISRING
Bayern-
Hiroshimapl.
Volksfest-platz
Großer Dutzendteich
Sperberstr.
Str.
20
Frankenstr.
Frankenstr.
ZEPPELIN-WIESE
Frankenstr.
4 R
VOLKSPARK DUTZENDTEICH
Münchener
Str.
FRANKEN-STADION
Katzwanger Str.
Kleiner Dutzendteich
8
Hasenbuck
F
G

NÜRNBERG

Marienbad garni
Eilgutstr. 5
✉ 90443 – ☎ (0911) 20 31 47 – info@hotel-marienbad.com – Fax (0911) 204260
54 Zim – †75/125 € ††105/195 € — JZ y
♦ Ein familiär und persönlich geführtes Hotel nahe dem Bahnhof mit zumeist in Eiche oder Kirsche gehaltenen gepflegten Gästezimmern und großem Frühstücksbuffet.

Burghotel-Großes Haus garni
Lammsgasse 3
✉ 90403 – ☎ (0911) 23 88 90 – burg-hotel@altstadthotels.com – Fax (0911) 23889100
57 Zim – †78/122 € ††98/175 € — JY k
♦ Das Burghotel im Herzen der Altstadt ist ein mit viel Liebe zum Detail ausgestattetes rustikales Haus, fränkisch geprägt und gemütlich.

Klughardt garni
Tauroggenstr. 40 ✉ 90491 – ☎ (0911) 91 98 80 – info@hotel-klughardt.de – Fax (0911) 595989 – geschl. 24. Dez. - 6. Jan. — GU n
33 Zim – †73/78 € ††93/98 €
♦ In diesem tadellos gepflegten Familienbetrieb hat jedes Zimmer seinen eigenen Stil und ist farblich anders gestaltet. Die gute Führung überzeugt.

Merian
Unschlittplatz 7 ✉ 90403 – ☎ (0911) 2 14 66 90 – merian-hotel@t-online.de – Fax (0911) 21466920 — JY x
21 Zim – †70/95 € ††95/105 €
Rest *Opatija* – separat erwähnt
♦ An einem kleinen Platz nahe der Pegnitz steht dieses ehemalige Wohnhaus aus Naturstein, das wohnliche Zimmer mit dunklen Holzmöbeln und praktischer Ausstattung beherbergt.

Ibis City garni
Königstorgraben 9
✉ 90402 – ☎ (0911) 2 40 90 – h1608@accor.com – Fax (0911) 2409413 — KZ c
152 Zim – †49/98 € ††49/118 €, ⊇ 10 €
♦ Hinter der blauen, modernen Fassade des Kettenhotels erwarten Sie funktionelle, lichte Räume, mit einer auf Geschäftsreisende zugeschnittenen Ausstattung. In Bahnhofsnähe.

Burghotel-Stammhaus garni
Schildgasse 14
✉ 90403 – ☎ (0911) 20 30 40 – nuernberg@burghotel-stamm.de – Fax (0911) 226503
22 Zim – †72/82 € ††84/104 € — JY a
♦ Gediegenes Hotel am Fuße der Kaiserburg. Fragen Sie nach einem der Zimmer mit Balkon. Behaglicher Raum zum Frühstücken, im Sommer auch auf der Terrasse.

Burgschmiet garni
Burgschmietstr. 8 ✉ 90419 – ☎ (0911) 93 33 60 – info@hotel-burgschmiet.de – Fax (0911) 9333620 – geschl. 22. Dez. - 8. Jan.
38 Zim – †69/109 € ††89/129 € — JY t
♦ Jakob D. Burgschmiet war um die Mitte des 19. Jh. Erzgießer und Bildhauer. Heute wird unter seinem Namen ein familiär-gemütliches Hotel betrieben.

NÜRNBERG

Äußere Laufer Gasse	**KY** 5
Albrecht-Dürer-Str.	**JY** 6
An der Fleischbrücke	**JY** 10
An der Karlsbrücke	**JY** 13
Bahnhofspl.	**KZ** 16
Beckschlagergasse	**KY** 17
Bergstr.	**JY** 18
Bischof-Meiser-Str.	**JY** 24
Breite Gasse	**JZ**

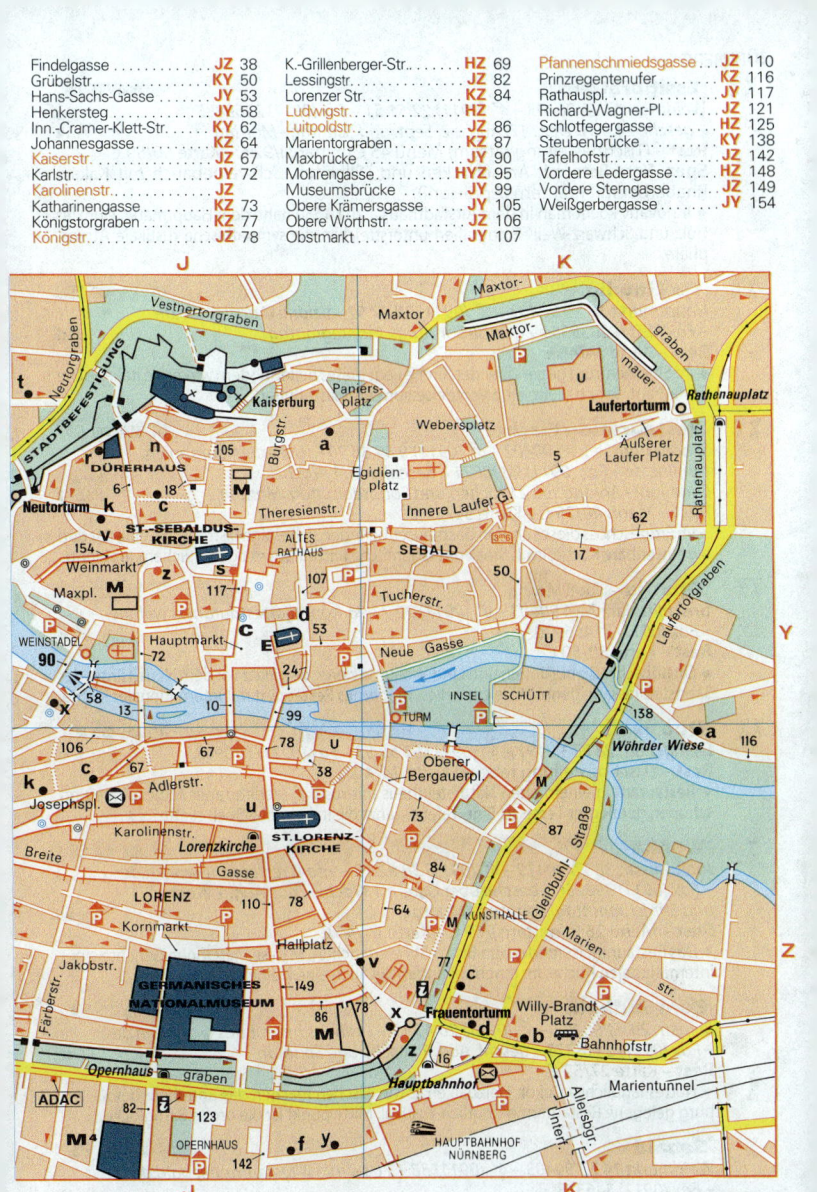

Findelgasse	JZ	38	K.-Grillenberger-Str.	HZ	69	Pfannenschmiedsgasse	JZ 110
Grübelstr.	KY	50	Lessingstr.	JZ	82	Prinzregentenufer	KZ 116
Hans-Sachs-Gasse	JY	53	Lorenzer Str.	KZ	84	Rathauspl.	JY 117
Henkersteg	JY	58	Ludwigstr.	HZ		Richard-Wagner-Pl.	JZ 121
Inn.-Cramer-Klett-Str.	KY	62	Luitpoldstr.	JZ	86	Schlotfegergasse	HZ 125
Johannesgasse	KZ	64	Marientorgraben	JY	87	Steubenbrücke	KY 138
Kaiserstr.	JZ	67	Maxbrücke	JY	90	Tafelhofstr.	JZ 142
Karlstr.	JY	72	Mohrengasse	HYZ	95	Vordere Ledergasse	HZ 148
Karolinenstr.			Museumsbrücke	JY	99	Vordere Sterngasse	JZ 149
Katharinengasse	KZ	73	Obere Krämersgasse	JY	105	Weißgerbergasse	JY 154
Königstorgraben	KZ	77	Obere Wörthstr.	JY	106		
Königstr.	JZ	78	Obstmarkt	JY	107		

Westend garni
Karl-Martell-Str. 42 ✉ *90431 –* ✆ *(0911) 93 98 60 – info@hotelwestend.de
– Fax (0911) 9398655 – geschl. 22. Dez.- 6. Jan.*
30 Zim ☐ – †65/85 € ††90/115 €

AS e

♦ Das verkehrsgünstig gelegene Haus verfügt über zeitgemäß-funktionelle Zimmer mit soliden Einbaumöbeln. Angenehm: das Frühstück im Wintergarten.

NÜRNBERG

XX Essigbrätlein
VISA MC AE ①
Weinmarkt 3 ✉ 90403 – ☎ (0911) 22 51 31 – Fax (0911) 2369885
– geschl. 24. - 31. Dez., 17. Aug. - 2. Sept. und Sonntag - Montag JY z
Rest – (Tischbestellung ratsam) Menü 45 € (mittags)/92 € – Karte 56/59 €
Spez. Rote Bete mit Artischocken und Dillblüten. Schweinebauch mit Kakao. Rhabarber mit Kräutern (April-Juni).
- Innovativ kocht man in dem Altstadthaus a. d. J. 1550 nahe dem Hauptmarkt. Dunkles Holz und Schwarz-Weiß-Fotografien unterstreichen die sympathische rustikale Atmosphäre.

XX Da Claudio
VISA MC AE
Hauptmarkt 16 ✉ 90403 – ☎ (0911) 20 47 52 – tiziano@daclaudio.de
– Fax (0911) 2059553 – geschl. Sonntag - Montagmittag JY d
Rest – Karte 34/46 €
- Im Stadtzentrum gegenüber der Kirche liegt dieses helle, modern wirkende italienische Restaurant. Sehr beliebt: eine Vorspeise vom Antipasti-Buffet.

XX Restauration Fischer
VISA MC AE
Schottengasse 1 ✉ 90402 – ☎ (0911) 9 89 88 70 – fischer.restauration@t-online.de – Fax (0911) 9898871 – geschl. Jan. 1 Woche,
Ende Juni - Anfang Juli 2 Wochen und Sonntagmittag, Montag HZ f
Rest – Menü 48/75 € – Karte 39/52 €
- Im Erdgeschoss dieses älteren Gasthauses befinden sich einige Bistrotische, eine Bar und die einsehbare Küche, im 1. Stock das eigentliche Restaurant mit gemütlichem Ambiente.

XX Opatija – Hotel Merian
VISA MC AE
Unschlittplatz 7 ✉ 90403 – ☎ (0911) 22 71 96 – opatija-restaurant@web.de
– Fax (0911) 21466920 JY x
Rest – Karte 30/50 €
- Ein hübscher Ziehbrunnen und Lindenbäume zieren den Platz vor dem Haus. Hinter der Sandsteinfassade begrüßt Sie ein helles, modernes Restaurant mit internationaler Küche.

XX Quo vadis
P VISA MC AE
Elbinger Str. 28 ✉ 90491 – ☎ (0911) 51 55 53 – Fax (0911) 5109033 GU e
Rest – (Tischbestellung ratsam) Karte 24/40 €
- Restaurant in einem alten Natursteinhaus mit rustikal-mediterraner Atmosphäre und schöner, gepflegter Terrasse. Eine Tafel ergänzt die italienische Speisekarte.

X Wonka
VISA MC AE
Johannisstr. 38 ✉ 90419 – ☎ (0911) 39 62 15 – info@restaurant-wonka.de
– Fax (0911) 396256 – geschl. über Ostern 1 Woche, Ende Aug. 2 Wochen
und Samstagmittag, Sonntag - Montag DEV w
Rest – Menü 28 € (mittags)/69 € – Karte 41/46 €
- Das Restaurant ist modern im Bistro-Stil eingerichtet. Man serviert Ihnen Gerichte einer internationalen Küche. Im Innenhof finden Sie auch eine kleine Terrasse.

X Zum Sudhaus
VISA MC AE ①
Bergstr. 20 ✉ 90403 – ☎ (0911) 20 43 14 – sudhaus.hexenhaus@t-online.de
– Fax (0911) 2418373 – geschl. Aug. 1 Woche und Sonntag JY n
Rest – Karte 27/52 €
- Nettes ländliches Dekor, Holzbalken sowie Nischen machen das unterhalb der Kaiserburg gelegene Restaurant gemütlich-rustikal. Mittelpunkt ist die große Brauglocke.

X Sebald
VISA MC ①
Weinmarkt 14 ✉ 90403 – ☎ (0911) 38 13 03 – info@restaurant-sebald.de
– Fax (0911) 346313 JY v
Rest – Karte 31/51 €
- Ein Altstadthaus beherbergt das freundliche, neuzeitliche Restaurant mit ungezwungener Atmosphäre. Livemusik am Wochenende von Oktober bis April. Mit Bistrobereich.

X IU & ON
VISA MC
Roritzerstr. 10 ✉ 90419 – ☎ (0911) 33 67 67 – mail@iu-on.de
– geschl. Dienstag EU p
Rest – Karte 30/35 €
- In einer kleinen Seitenstraße liegt das Stadthaus mit Sandsteinfassade, in dem man dieses angenehm helle und moderne Restaurant eingerichtet hat. Die Küche: thailändisch.

NÜRNBERG

Koch und Kellner
Obere Seitenstr. 4 ⌧ 90429 – ⌘ (0911) 26 61 66 – Fax (0911) 266766
– geschl. 23. Dez. - 9. Jan., Ende Juni - Mitte Juli und Sonntag - Montag, Freitagmittag
Rest – Karte 39/51 €   DV n
♦ In diesem Wein-Bistro bietet Koch Stefan Wagner zeitgemäß zubereitete Gerichte. Kellner Frank Mackert serviert dazu die passenden Weine.

Nassauer Keller
Karolinenstr. 2 ⌧ 90402 – ⌘ (0911) 22 59 67 – Fax (0911) 225962   JZ u
Rest – Karte 22/40 €
♦ Das in einem Turm gelegene Restaurant ist eine Nürnberger Institution! Hier gilt es, die niedrige Tür und die steile Kellertreppe zu bezwingen. Das Gewölbe ist aus dem 13. Jh.

Ishihara
Schottengasse 3 ⌧ 90402 – ⌘ (0911) 22 63 95 – Fax (0911) 2059957
– geschl. Sonntag, außer Messen   HZ f
Rest – Menü 35 € (mittags)/49 € – Karte 28/52 €
♦ Das familiengeführte Restaurant in der Innenstadt ist im typischen Teehausstil gehalten. An Teppanyaki-Tischen bereitet man vor Ihren Augen japanische Spezialitäten.

Nürnberger Bratwurst-Lokale

Historische Bratwurstküche Zum Gulden Stern
Zirkelschmiedsgasse 26 ⌧ 90402
– ⌘ (0911) 2 05 92 88 – info@bratwurstkueche.de
– Fax (0911) 2059298   HZ f
Rest – Karte 12/19 €
♦ In dem historischen Gasthaus aus dem Jahre 1419 umgibt Sie ein rustikal-gemütliches Ambiente. Die Nürnberger Bratwurst gibt's vom Buchenholzrost.

Bratwursthäusle
Rathausplatz 1 ⌧ 90403 – ⌘ (0911) 22 76 95 – info@bratwurst-haeusle.de
– Fax (0911) 227645 – geschl. Sonntag   JY s
Rest – Karte 12/22 €
♦ Hinter der Backsteinfassade machen Sie es sich in diesem gut besuchten ländlich-rustikalen Lokal bei Bratwurst und Sauerkraut gemütlich.

Das Bratwurstglöcklein
im Handwerkerhof ⌧ 90402 – ⌘ (0911) 22 76 25 – info@bratwurstgloecklein.de
– Fax (0911) 227645 – geschl. 1. Jan. - 12. März und Sonntag   KZ z
Rest – Karte 12/22 €
♦ Kleines Fachwerkhaus im sehenswerten Nürnberger Handwerkerhof. Zum Bier oder Frankenwein servieren die Damen im Dirndl deftige fränkische Gerichte und natürlich Bratwurst.

In Nürnberg-Altenfurt

Ramada
Oelser Str. 2 ⌧ 90475 – ⌘ (0911) 9 84 64 90 – nuernberg@ramada.de
– Fax (0911) 984649500   CT z
70 Zim ⌑ – †110/150 € ††125/190 € – **Rest** – Karte 21/33 €
♦ Am Rande des Nürnberger Reichswaldes liegt dieses Hotel in Messenähe, mit guter Autobahnanbindung. Die Gästezimmer sind gediegen und wohnlich eingerichtet.

Nürnberger Trichter garni
Löwenberger Str. 147 ⌧ 90475 – ⌘ (0911) 8 33 50 – hotel@nuernberger-trichter.de
– Fax (0911) 835880 – geschl. 20. Dez. - 6. Jan., 21. - 24. März   CT a
38 Zim ⌑ – †54/74 € ††74 €
♦ Ein gepflegtes Hotel mit unterschiedlich möblierten Zimmern, teils mit Bauernmöbeln. Gleich im Eingangsbereich wird hier die Bedeutung des Nürnberger Trichters illustriert.

NÜRNBERG

In Nürnberg-Boxdorf Nord : 9 km über Erlanger Straße **BS** :

Schindlerhof (mit Gästehäusern)
Steinacher Str. 6 ⊠ 90427 – ℰ (0911) 9 30 20 – hotel@schindlerhof.de
– Fax (0911) 9302620
95 Zim – †129/142 € ††159/172 € – **Rest** – Menü 27 € (mittags)/59 €
– Karte 42/55 €
♦ Ein ehemaliges bäuerliches Anwesen aus mehreren Häusern. Die Zimmer sind wohnlich, teils in hübschem rustikalem Stil, teils modern gestaltet. Tagungsgebäude. Im Restaurant hat man die neuzeitliche Einrichtung gelungen mit rustikalen Elementen kombiniert. Innenhof.

In Nürnberg-Buch

Gasthof Bammes
Bucher Hauptstr. 63 ⊠ 90427 – ℰ (0911) 9 38 95 20 – bammes@t-online.de
– Fax (0911) 9389530 – geschl. 2. - 28. Jan. und Montag,
außer Feiertage
Rest – Karte 23/44 €
BS **g**
♦ Dieser fränkische Gasthof unterteilt sich in verschiedene Stuben mit ländlichem Ambiente. Teils unterstreicht eine rustikale Holzbalkendecke den Charakter des Restaurants.

In Nürnberg-Fischbach

Fischbacher Stuben garni
Hutbergstr. 2b ⊠ 90475 – ℰ (0911) 83 10 11 – hotel-fischbacher-stuben@
t-online.de – Fax (0911) 832473
12 Zim – †61/89 € ††70/119 €, ☑ 10 €
CT **s**
♦ Das kleine Landhaus im neuzeitlichen Stil ist ein Familienbetrieb mit wohnlichen, in hellem Holz ausgestatteten Zimmern - in einigen befinden sich Betten in Übergröße.

In Nürnberg-Flughafen

Mövenpick Hotel garni
Flughafenstr. 100 ⊠ 90411 – ℰ (0911) 3 50 10 – hotel.nuernberg.airport@
moevenpick.com – Fax (0911) 3501350
150 Zim – †132/147 € ††155/170 €, ☑ 17 €
BS **c**
♦ Die U-Bahn bringt Sie bis vor die Hoteltür. Der moderne Hotelbau mit neuzeitlich-funktionell ausgestatteten Zimmern liegt direkt am Flughafen.

In Nürnberg-Großreuth bei Schweinau

Rottner
Winterstr. 17 ⊠ 90431 – ℰ (0911) 65 84 80 – info@rottner-hotel.de
– Fax (0911) 65848203 – geschl. 23. Dez. - 7. Jan.
37 Zim ☑ – †108/138 € ††148/160 €
AS **r**
Rest Gasthaus Rottner – separat erwähnt
♦ Ein engagiert geführtes Hotel mit neuzeitlicher und freundlicher Einrichtung, angeschlossen an das urtümliche Gasthaus Rottner. Etwas ungewöhnlich: rund angelegte Badezimmer.

Gasthaus Rottner – Hotel Rottner
Winterstr. 15 ⊠ 90431 – ℰ (0911) 61 20 32 – info@rottner-hotel.de
– Fax (0911) 613759 – geschl. 24. Dez. - 8. Jan. sowie Samstagmittag, Sonn- und Feiertage
AS **r**
Rest – (Tischbestellung ratsam) Menü 44 € (mittags)/56 € – Karte 43/53 €
♦ In dem hübschen Fachwerkhaus sorgen liebevolles Dekor und ein Kachelofen für gemütliche Atmosphäre. Geboten werden internationale und regionale Speisen.

In Nürnberg-Kornburg

Weißes Lamm (mit Gästehaus)
Flockenstr. 2 ⊠ 90455 – ℰ (09129) 2 81 60 – hotelweisseslamm@aol.com
– Fax (09129) 281635 – geschl. Mitte Aug. - Anfang Sept.
BT **a**
32 Zim – †36/42 € ††58/66 € – **Rest** – (geschl. Freitag) Karte 13/24 €
♦ Der fränkische Gasthof mit steilem Giebeldach ist seit 1732 in Familienbesitz und verfügt über neuzeitliche Zimmer - im Gästehaus etwas schlichter. Hauseigene Metzgerei. Die Wirtsstube ist rustikal-gediegen eingerichtet und mit viel Liebe zum Detail dekoriert.

NÜRNBERG

In Nürnberg-Kraftshof Nord : 7 km über Erlanger Straße und Kraftshofer Hauptstraße BS :

Schwarzer Adler
Kraftshofer Hauptstr. 166 ⌨ 90427 – ℰ (0911) 30 58 58 – gasthaus@schwarzeradler.de – Fax (0911) 305867
Rest – (Tischbestellung ratsam) Menü 57/84 €
– Karte 42/54 €
♦ Das Restaurant verbirgt sich in einem historischen fränkischen Gasthof aus dem 18. Jh. und ist elegant-rustikal eingerichtet. Auf den Tisch kommt leichte, klassische Küche.

Alte Post
Kraftshofer Hauptstr. 164 ⌨ 90427 – ℰ (0911) 30 58 63 – info@altepost.net – Fax (0911) 305654
Rest – Karte 21/39 €
♦ Urgemütlich ist dieser familiengeführte altfränkische Gasthof mit seinen behaglichen Stuben. Die Speisekarte bietet eine regionale Auswahl.

In Nürnberg-Langwasser

Arvena Park
Görlitzer Str. 51 ⌨ 90473 – ℰ (0911) 8 92 20 – info@arvenapark.de – Fax (0911) 8922115 – geschl. 23. Dez. - 6. Jan.
CT **r**
242 Zim ⌨ – †115 € ††145 €
Rest *Arve* – ℰ (0911) 8 92 28 88 (geschl. Aug. und Samstagmittag, Sonntag) Karte 26/43 €
Rest *Garden Restaurant* – Karte 25/39 €
♦ Unweit der Messe erwartet dieses Hotel Geschäftsreisende mit neuzeitlich-funktionellen Zimmern. Anlagen für Tennis, Golf, Kegeln und Jogging befinden sich ganz in der Nähe. Eine Zirbelholztäfelung ziert das Restaurant Arve. Im Wintergarten: Garden Restaurant.

Novotel Nürnberg am Messezentrum (geheizt)
Münchener Str. 340 ⌨ 90471 – ℰ (0911) 8 12 60 – h0498@accor.com – Fax (0911) 8126137
BT **s**
117 Zim ⌨ – †84/124 € ††109/149 €
Rest – Karte 25/45 €
♦ Die Nähe zur Messe macht dieses Hotel aus. Die Zimmer überzeugen mit ihrer funktionellen, sachlichen Ausstattung. Hoteleigener Spielplatz.

Arvena Messe garni
Bertolt-Brecht-Str. 2 ⌨ 90471 – ℰ (0911) 8 12 30 – info@arvenamesse.de – Fax (0911) 8123115 – geschl. 21. Dez. - 6. Jan.
BT **d**
101 Zim ⌨ – †114 € ††144 €
♦ In dem verkehrsgünstig unweit der Autobahnausfahrt gelegenen Hotel erwarten Sie ein moderner Empfangsbereich und funktionell eingerichtete Gästezimmer.

In Nürnberg-Laufamholz

Park-Hotel garni
Brandstr. 64 ⌨ 90482 – ℰ (0911) 95 07 00 – info@park-hotel-laufamholz.de – Fax (0911) 9507070 – geschl. Ende Dez. - Anfang Jan.
CS **p**
21 Zim ⌨ – †70/85 € ††90/120 €
♦ Der Familienbetrieb befindet sich in einem nett angelegten Garten und bietet freundliche Gästezimmer und ein gutes Frühstücksbuffet.

Landgasthof zur Krone
Moritzbergstr. 29 ⌨ 90482 – ℰ (0911) 50 25 28 – Fax (0911) 502528 – geschl. Freitagmittag
CS **d**
Rest – Karte 18/25 €
♦ Der fränkische Sandsteinbau ist ein typischer Gasthof mit gemütlicher Atmosphäre. Viele Sammlerstücke wie Puppen und Figuren zieren das Restaurant. Böhmische Gerichte.

NÜRNBERG

In Nürnberg-Reutles über Erlanger Straße BS : 11 km :

Höfler (mit Gästehaus)
*Reutleser Str. 61 ⊠ 90427 – ℰ (0911) 9 30 39 60 – info@hotel-hoefler.de
– Fax (0911) 93039699*
35 Zim ⊇ – †75/95 € ††95/115 € – **Rest** – *(geschl. 24. Dez. - 6. Jan. und Samstag
- Sonntag)* Karte 13/39 €
♦ Der gut unterhaltene, familiengeführte regionstypische Gasthof mit Gästehaus verfügt über mit Fichtenholz in rustikalem Stil eingerichtete Zimmer. Holzgetäfeltes Restaurant mit Kachelofen.

Käferstein garni
*Reutleser Str. 67 ⊠ 90427 – ℰ (0911) 93 69 30 – info@hotel-kaeferstein.de
– Fax (0911) 9369399 – geschl. 20. Dez. - 1. Jan.*
42 Zim ⊇ – †75/110 € ††100/130 €
♦ Am Rande der Stadt, unweit der Autobahn, liegt dieses Hotel. Man bietet Ihnen praktisch und solide ausgestattete, überwiegend mit Kirschholz möblierte Gästezimmer.

In Nürnberg-Thon

Kreuzeck
*Schnepfenreuther Weg 1 (Ecke Erlanger Straße, B 4) ⊠ 90425 – ℰ (0911) 3 49 61
– Fax (0911) 383304* BS **b**
30 Zim ⊇ – †50/120 € ††65/140 € – **Rest** – *(geschl. 22. Dez. - 6. Jan.
und Sonntag)* Karte 18/32 €
♦ Verkehrsgünstige Lage, nicht weit vom Flughafen. Der Gasthof verfügt über recht schlichte, aber tadellos gepflegte Zimmer im Haupthaus sowie komfortable Zimmer im Anbau. Gediegenes Ambiente im Restaurant.

In Nürnberg-Worzeldorf

Zirbelstube mit Zim
*Friedrich-Overbeck-Str. 1 ⊠ 90455 – ℰ (0911) 99 88 20 – genuss@zirbelstube.de
– Fax (0911) 9988220 – geschl. Anfang Jan. 1 Woche, Ende Juli - Anfang
Aug. 2 Wochen* BT **z**
8 Zim ⊇ – †73/93 € ††95/120 € – **Rest** – *(geschl. Sonntag - Montagmittag)*
Menü 24/57 € – Karte 31/42 €
♦ Ein historisches Sandsteingebäude beherbergt das in Zirbelholz gehaltene Restaurant. Die regionale und internationale Küche serviert man auch auf der sonnigen Terrasse. Zum Übernachten stehen einige Zimmer im Landhausstil bereit.

In Nürnberg-Zerzabelshof

Hilton Nuremberg
*Valznerweiherstr. 200 ⊠ 90480 – ℰ (0911) 4 02 90 – info-nuernberg@hilton.com
– Fax (0911) 4029666* CS **u**
152 Zim ⊇ – †102/257 € ††127/282 € – **Rest** – Karte 33/44 €
♦ Ein auf Tagungsgäste zugeschnittenes Hotel mit großzügigem Rahmen und komfortablen, funktionell ausgestatteten Gästezimmern.

NÜRTINGEN – Baden-Württemberg – **545** – 40 140 Ew – Höhe 291 m   55 **H19**
◘ Berlin 633 – Stuttgart 37 – Reutlingen 21 – Ulm (Donau) 66

Am Schlossberg
*Europastr. 13 ⊠ 72622 – ℰ (07022) 70 40 – info@hotel-am-schlossberg.de
– Fax (07022) 704343*
163 Zim – †121/141 € ††145/155 €, ⊇ 14 € – **Rest** – *(geschl. 2. Aug. - 14. Sept.
und Sonntag - Montag)* Karte 25/49 €
♦ Ein besonders auf Tagungen ausgelegtes Hotel mit funktionell ausgestatteten Gästezimmern und einem recht großzügigen Freizeitbereich.

Vetter garni
*Marienstr. 59 ⊠ 72622 – ℰ (07022) 9 21 60 – info@hotel-vetter.de – Fax (07022)
32617 – geschl. 21. Dez. - 5. Jan.*
38 Zim ⊇ – †55/68 € ††83/88 €
♦ Dieses neuzeitliche Hotel befindet sich in einem Wohngebiet außerhalb des Zentrums. Praktisch eingerichtet und gepflegt zeigen sich die Gästezimmer des Hauses.

NÜRTINGEN

Valentino
Heiligkreuzstr. 18 ⊠ 72622 – ℰ (07022) 3 11 14 – Fax (07022) 36715 – geschl.
Samstagmittag, Sonntag
Rest – Karte 24/42 €
♦ Das denkmalgeschützte Haus, ehemals ein Brauereigasthof, ist ein Restaurant in leicht toskanischem Stil mit italienischer Küche und freundlichem Service. Begrünte Terrasse.

In Wolfschlugen Nord-West : 4,5 km über B 313 und Hardt :

Reinhardtshof garni
Reinhardtstr. 13 ⊠ 72649 – ℰ (07022) 5 67 31 – reinhardtshof@t-online.de
– Fax (07022) 54153 – geschl. Aug. 3 Wochen, über Weihnachten 1 Woche
14 Zim ⊆ – †76/78 € ††95 €
♦ Ruhig liegt das tipptopp gepflegte Haus in einem Wohngebiet. Persönlicher Service und ein fast schon intim wirkender Rahmen kennzeichnen das Hotel.

OBERAHR – Rheinland-Pfalz – **543** – 590 Ew – Höhe 330 m   37 **E13**

▶ Berlin 578 – Mainz 89 – Koblenz 41

Villa Moritz garni
Hauptstr. 3, (B 255) ⊠ 56414 – ℰ (02602) 95 18 22 – info@landhotel@
villamoritz.de – Fax (02602) 951823
11 Zim ⊆ – †44/50 € ††70/80 €
♦ Dieses Landhaus birgt Zimmer im gemütlichen Landhausstil bzw. mit Möblierung in rustikaler Eiche. Liebevolle Details tragen zu ihrem Charme bei.

OBERAMMERGAU – Bayern – **546** – 5 370 Ew – Höhe 837 m – Wintersport : 1 700 m
⚡1 ⚡9 ⚡ – Luftkurort   65 **K21**

▶ Berlin 678 – München 92 – Garmisch-Partenkirchen 19 – Landsberg am Lech 59

ℹ Eugen-Papst-Str. 9a, ⊠ 82487, ℰ (08822) 9 23 10, info@oberammergau.de

◎ Schloss Linderhof★★ (Schlosspark★★) Süd-West : 10 km

Wittelsbach
Dorfstr. 21 ⊠ 82487 – ℰ (08822) 9 28 00 – info@hotelwittelsbach.de – Fax (08822) 9280100 – geschl. März, Nov.
46 Zim ⊆ – †55/85 € ††80/110 € – ½ P 12 € – **Rest** – (nur Abendessen) Karte 21/25 €
♦ Bereits seit Jahrzehnten beherbergt die Wirtsfamilie in dem hübschen, am Dorfplatz gelegenen Hotel Urlauber. Sie beziehen solide möblierte, wohnliche Zimmer. Im ersten Stock des im Alpenstil erbauten Hauses befindet sich das Restaurant.

Parkhotel Sonnenhof
König-Ludwig-Str. 12 ⊠ 82487 – ℰ (08822) 91 30 – info@
parkhotellerie-sonnenhof.de – Fax (08822) 3047
60 Zim ⊆ – †75/85 € ††135 € – ½ P 15 € – **Rest** – Karte 20/39 €
♦ Vor allem die Ortsrandlage an der Ammer spricht für dieses Hotel. Sie wohnen in praktischen, mit hellen Naturholzmöbeln eingerichteten Zimmern. Kosmetikabteilung. Bayerisch-gemütliches Restaurant.

Alte Post
Dorfstr. 19 ⊠ 82487 – ℰ (08822) 91 00 – info@altepost.com – Fax (08822) 910100
40 Zim ⊆ – †45/84 € ††65/105 € – ½ P 12 € – **Rest** – Karte 15/30 €
♦ Mit Lüftlmalerei und grünen Fensterläden passt das Traditionshaus schön in den Ortskern. Hübsche Zimmer mit Stuck- oder Holzdecken sowie komfortable neuere Zimmer mit Balkon. Behaglich ist das Ambiente in den Restaurantstuben mit Kachelofen.

Landhaus Feldmeier
Ettaler Str. 29 ⊠ 82487 – ℰ (08822) 30 11 – info@hotel-feldmeier.de – Fax (08822) 6631 – geschl. 5. Nov. - 10. Dez.
21 Zim ⊆ – †62/78 € ††95/110 € – ½ P 16 € – **Rest** – (geschl. Dienstag, nur Abendessen) Karte 21/31 €
♦ Oberbayerische Holzbalkengiebel und Geranienschmuck kennzeichnen den Neubau, dessen Zimmer entweder über Balkon oder Terrasse verfügen und wohnlich eingerichtet sind. Hell und rustikal zeigt sich die Gaststube.

OBERAMMERGAU

Turmwirt
Ettaler Str. 2 ⊠ 82487 – ℰ (08822) 9 26 00 – turmwirt@t-online.de – Fax (08822) 1437
23 Zim ⊇ – †70/75 € ††95/110 € – ½ P 18 € – **Rest** – *(geschl. 31. März - 18. April)* Karte 16/38 €
• Der Familienbetrieb im Zentrum ist ein traditionsreiches Haus mit Ursprung im 18. Jh. Ein Teil der Gästezimmer ist mit bemalten Bauernmöbeln eingerichtet. Eine schöne Täfelung aus einem alten Tiroler Bauernhaus ziert das Restaurant.

Antonia garni
Freikorpsstr. 5 ⊠ 82487 – ℰ (08822) 9 20 10 – hotelantonia@t-online.de – Fax (08822) 920144
14 Zim ⊇ – †44/68 € ††89/93 €
• Ein gut unterhaltenes kleines Haus in einer Seitenstraße in Zentrumsnähe, dessen hell möblierte Zimmer zeitgemäßen Komfort bieten.

OBERASBACH – Bayern – 546 – 17 190 Ew – Höhe 314 m   50 **K16**
▶ Berlin 451 – München 174 – Nürnberg 15 – Würzburg 108
Siehe Nürnberg (Umgebungsplan)

Jesch garni
Am Rathaus 5 ⊠ 90522 – ℰ (0911) 96 98 60 – hotel.jesch@web.de – Fax (0911) 9698699
AS **a**
35 Zim ⊇ – †60/88 € ††78/95 €
• Das Hotel in der Ortsmitte neben dem Rathaus verfügt über solide, mit hellen Kiefernholzmöbeln eingerichtete Gästezimmer. Frühstück bietet man im freundlichen Wintergarten.

OBERAUDORF – Bayern – 546 – 4 770 Ew – Höhe 480 m – Wintersport : 1 500 m ≰ 20
🎿 – Luftkurort   66 **N21**
▶ Berlin 672 – München 81 – Bad Reichenhall 95 – Rosenheim 28
🛈 Kufsteiner Str. 6, ⊠ 83080, ℰ (08033) 3 01 20, info@oberaudorf.de

Bayerischer Hof
Sudelfeldstr. 12 ⊠ 83080 – ℰ (08033) 9 23 50 – info@bayerischer-hof-oberaudorf.de – Fax (08033) 923538 – geschl. 28. Okt. - 28. Nov.
14 Zim ⊇ – †39/42 € ††56/84 € – ½ P 13 € – **Rest** – *(geschl. Dienstag)* Karte 19/30 €
• Ein alpiner Gasthof mit Balkonfassade in ruhiger Lage am Ortsrand. Der gut geführte kleine Familienbetrieb in ländlichem Stil bietet Zimmer mit Bauernmobiliar. Rustikale Gaststuben mit hellem, freundliches Restaurant.

Ochsenwirt
Biergarten
Carl-Hagen-Str. 14 ⊠ 83080 – ℰ (08033) 3 07 90 – info@ochsenwirt.com – Fax (08033) 3079140
24 Zim ⊇ – †36/44 € ††61/80 € – ½ P 12 € – **Rest** – *(geschl. 7. - 18. April und Dienstag, außer Saison)* Karte 14/31 €
• Der recht ruhig in der Ortsmitte gelegene Gasthof ist ein netter Familienbetrieb mit behaglichen Zimmern, die meist über einen Balkon verfügen. Das Restaurant teilt sich in zwei gemütliche Gaststuben.

Alpenhotel Bernhard's mit Zim
Marienplatz 2 ⊠ 83080 – ℰ (08033) 3 05 70 – alpenhotel-bernhards@t-online.de – Fax (08033) 305715
12 Zim ⊇ – †38/46 € ††66 € – ½ P 13 € – **Rest** – *(geschl. Donnerstag)* Menü 30/37 € – Karte 19/40 €
• Familie Bernhard leitet dieses sehr nett im Landhausstil eingerichtete Restaurant. Man bietet einen freundlichen Service und internationale Küche.

Im Ortsteil Niederaudorf Nord : 2 km Richtung Flintsbach :

Alpenhof
Rosenheimer Str. 97 ⊠ 83080 – ℰ (08033) 30 81 80 – alpenhof-oberaudorf@t-online.de – Fax (08033) 4424 – geschl. 17. - 29. März, 24. Nov. - 19. Dez.
15 Zim ⊇ – †43/57 € ††73/88 € – ½ P 14 € – **Rest** – *(geschl. Montag)* Karte 14/34 €
• Ein gut geführter Familienbetrieb mit tadellos gepflegten und wohnlichen, individuell dekorierten Zimmern und einem Obstgarten vorm Haus. Restaurant im regionstypischen Stil.

1000

OBERAUDORF

An der Straße nach Bayrischzell Nord-West : 10 km :

Alpengasthof Feuriger Tatzlwurm (mit Gästehäusern)
✉ 83080 Oberaudorf ← Kaisergebirge,
– ℘ (08034) 3 00 80 – info@tatzlwurm.de – Fax (08034) 300838
64 Zim ☐ – †48/62 € ††96/125 € – ½ P 15 € – **Rest** – Karte 17/38 €
♦ Ein schöner Gasthof in Panoramalage mit gemütlichem Hallenbereich und teilweise besonders komfortablen Landhauszimmern. Auch Massage- und Kosmetikanwendungen werden angeboten. Behagliche Stuben bilden den Restaurantbereich.

OBERAULA – Hessen – 543 – 3 490 Ew – Höhe 326 m – Luftkurort 38 **H13**

▶ Berlin 425 – Wiesbaden 165 – Kassel 73 – Bad Hersfeld 22
🏌 Oberaula-Hausen, Am Golfplatz ℘ (06628) 9 15 40

Zum Stern
Hersfelder Str. 1 (B 454) ✉ 36280 – ℘ (06628) 9 20 20 – info@hotelzumstern.de
– Fax (06628) 920235
68 Zim ☐ – †48/64 € ††76/104 € – ½ P 14 € – **Rest** – Karte 17/36 €
♦ Gepflegt wirkt das schmucke Fachwerkhaus mit hübschem Garten schon von außen. Im Inneren erwarten Sie behagliche Zimmer im Landhausstil. Ein Grill-Pavillon ergänzt das bürgerlich ausgestattete Restaurant.

OBERAURACH – Bayern – siehe Eltmann

OBERBOIHINGEN – Baden-Württemberg – 545 – 5 490 Ew – Höhe 276 m 55 **H19**

▶ Berlin 630 – Stuttgart 34 – Göppingen 26 – Reutlingen 25

Zur Linde
Nürtinger Str. 24 ✉ 72644 – ℘ (07022) 6 11 68 – info@linde-oberboihingen.de
– Fax (07022) 61768 – geschl. Montag - Dienstag
Rest – Menü 22 € – Karte 17/43 €
♦ Dieser Familienbetrieb hat seinen ursprünglichen bürgerlichen Charakter bewahrt. Freundlich serviert man sorgfältig zubereitete regionale und internationale Speisen.

OBERDERDINGEN – Baden-Württemberg – 545 – 10 460 Ew – Höhe 190 m 55 **F17**

▶ Berlin 633 – Stuttgart 56 – Karlsruhe 33 – Heilbronn 40

Lindner
Hemrich 7 ✉ 75038 – ℘ (07045) 9 63 30 – info@hotel-lindner.de – Fax (07045) 9633200
32 Zim ☐ – †53/55 € ††77/80 € – **Rest** – (Montag - Samstag nur Abendessen) Karte 23/31 €
♦ In dem leicht erhöht am Ortsausgang gelegenen Hotel stehen zeitgemäße, helle Gästezimmer mit funktioneller Ausstattung zur Verfügung. Restaurant mit gepflegtem ländlichem Ambiente. Vor dem Haus befindet sich eine hübsche Terrasse.

OBERDING – Bayern – siehe Freising

OBERELSBACH – Bayern – 546 – 2 990 Ew – Höhe 420 m – Wintersport : 39 **I14**

▶ Berlin 410 – München 325 – Fulda 52 – Bamberg 99
🛈 Unterelsbacher Straße 4, ✉ 97656, ℘ (09774) 91 02 60, touristinfo@oberelsbach.de

In Oberelsbach-Ginolfs Süd-West : 4 km Richtung Bischofsheim, nach 1 km rechts ab :

Fischerhütte Edwin
Herbertsweg 1 ✉ 97656 – ℘ (09774) 85 83 38 – Fax (09774) 858339 – geschl. Jan. - Feb. 2 Wochen und Montag - Dienstag
Rest – Karte 17/32 €
♦ In einem Biosphärenreservat, inmitten von Forellenteichen, steht dieses Holzhaus auf Pfählen. Innen: schlicht-moderner Stil - mit Parkett, blanken Tischen und großen Fenstern.

OBERELSBACH

In Oberelsbach-Unterelsbach Süd-Ost : 2,5 km über Unterelsbacher Straße und Schlagmühle :

Hubertus-Diana garni
Röderweg 9 ⊠ 97656 – ℰ (09774) 85 80 80 – sport-ferien-hotel@web.de
– Fax (09774) 1793 – geschl. 20. Dez. - 6. Jan.
16 Zim ⊇ – †49/59 € ††78/88 € – 5 Suiten
♦ Ein ruhig gelegenes kleines Ferienhotel mit recht privatem Charakter. Neben wohnlich-rustikalen Zimmern erwartet Sie hier auch ein weitläufiger Garten.

OBERGÜNZBURG – Bayern – 546 – 6 410 Ew – Höhe 737 m — 64 **J21**

▶ Berlin 652 – München 111 – Kempten (Allgäu) 19 – Memmingen 36

Goldener Hirsch mit Zim — Biergarten
Marktplatz 4 ⊠ 87634 – ℰ (08372) 74 80 – Fax (08372) 8480 – geschl. 20. - 27. Aug.
5 Zim ⊇ – †41 € ††66 € – **Rest** – (geschl. Sonntagabend - Montag) Karte 21/36 €
♦ Gemütlich sitzt man in der netten Gaststube mit Holztäfelung und grünem Kachelofen - im Museumsstüble bestaunen Sie Sammlerstücke aus dem Ort stammenden Kapitäns.

OBERHACHING – Bayern – siehe München

OBERHAUSEN – Nordrhein-Westfalen – 543 – 220 040 Ew – Höhe 42 m — 26 **C11**

▶ Berlin 536 – Düsseldorf 35 – Duisburg 10 – Essen 12
ADAC Lessingstr. 2 (Buschhausen)
🛈 Willy-Brandt-Platz 2, ⊠ 46045, ℰ (0208) 82 45 70, tourist-info@oberhausen.de
🏌 Golfcenter, Jacobistr. 35 ℰ (0208) 6 09 04 05 V
◉ Gasometer ★ X – Rheinisches Industriemuseum ★ Y

Stadtpläne siehe gegenüberliegende Seite

Residenz Oberhausen
Hermann-Albertz-Str. 69 ⊠ 46045 – ℰ (0208) 8 20 80 – info@residenz-oberhausen.de – Fax (0208) 8208150
Z a
96 Zim – †65/135 € ††75/155 €, ⊇ 10 € – **Rest** – (geschl. Sonntag, nur Abendessen) Karte 19/33 €
♦ Die Lage im Zentrum sowie geräumige und funktionelle Gästezimmer mit Kitchenette sprechen für dieses Hotel. "Businessoffice" mit Internetnutzung. Internationale Küche und Steaks im Restaurant.

Mercure Hotel Centro
Max-Planck-Ring 6 ⊠ 46049 – ℰ (0208) 4 44 10 – h4985@accor.com – Fax (0208) 4441110
X e
63 Zim – †98/120 € ††115/145 €, ⊇ 15 € – **Rest** – Karte 26/34 €
♦ Äußerlich wie auch im Inneren präsentiert sich das in einem Industriegebiet gelegene Hotel in modernem Stil. Funktionelle Zimmer, teils mit separatem Zugang zum Parkplatz.

Tryp
Centroallee 280 ⊠ 46047 – ℰ (0208) 8 20 20 – tryp.oberhausen@solmelia.com – Fax (0208) 8202444
X b
210 Zim – †70/130 € ††70/130 €, ⊇ 13 € – **Rest** – (geschl. Sonntag, Feiertage) Karte 18/39 €
♦ In direkter Nachbarschaft zum Einkaufszentrum und Freizeitpark Centro mit über 200 Geschäften liegt dieses modern und funktionell ausgestattete Hotel.

Hackbarth's Restaurant
Im Lipperfeld 44 ⊠ 46047 – ℰ (0208) 2 21 88 – info@hackbarths.de – Fax (0208) 8598419 – geschl. 23. Dez. - 3. Jan.
X d
Rest – (geschl. Samstagmittag, Sonntag) Menü 35 € – Karte 28/49 €
♦ Blanke Tische und Bilder unterstreichen das moderne Bistro-Ambiente dieses in einem Industriegebiet nahe dem Centro gelegenen Hauses. Freundlicher, geschulter Service.

OBERHAUSEN

Alleestr.	X	2
Bahnhofstr.	V	3
Biefangstr.	V	6
Bottroper Str.	V	7
Buschhausener Str.	X, Y	8
Christian-Steger-Str.	Z	9
Concordiastr.	X, Z	10
Dorstener Str.	Z	13
Duisburger Str.	X	14
Elsässer Str.	Z	15
Erzbergerstr.	V	16
Falkensteinstr.	X	17
Friedenspl.	Z	19
Frintroper Str.	V	20
Gerichtstr.	Z	21
Holtener Str.	V	24
Kapellenstr.	V	28
Kirchhellener Str.	V	29
Königstr.	V	32
Langemarktstr.	Z	33
Marktstr.		
Mellinghofer Str.	X	36
Mülheimer Str.	X	37
Neumühler Str.	V	40
Oberhauser Str.	X	41
Obermeidericher Str.	X	43
Osterfelder Str.	X	44
Poststr.	Z	46
Postweg	V	47
Prälat-Wirtz-Str.	Z	49
Ruhrorter Str.	X	50
Sterkrader Str.	V	51
Sterkrader Str. BOTTROP		52
Willy-Brandt-Pl.	Y	55
Wilmsstr.	X	57

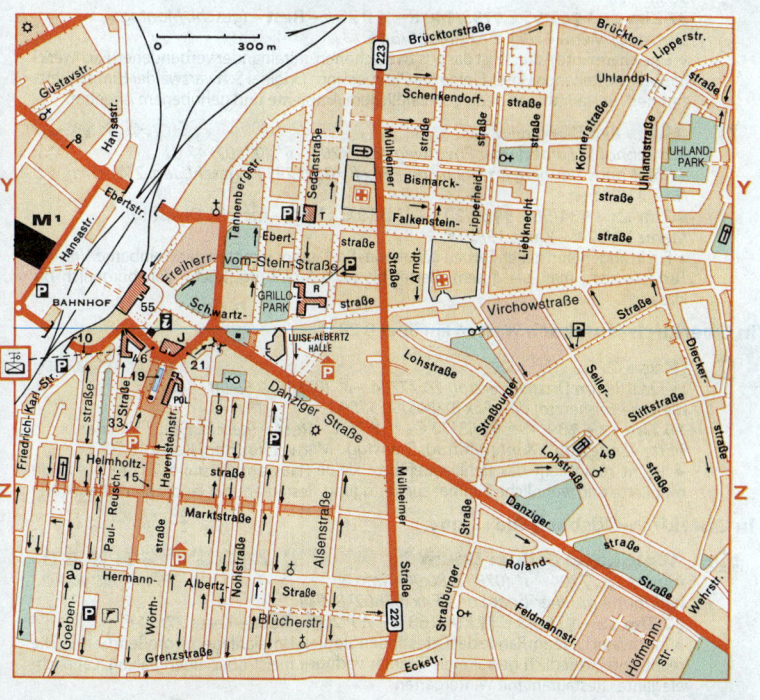

1003

OBERHAUSEN
In Oberhausen-Osterfeld

Parkhotel
Teutoburger Str. 156 ⊠ 46119 – ℰ (0208) 6 90 20 – info@
parkhotel-oberhausen.de – Fax (0208) 6902158
V s
91 Zim – †75/89 € ††75/109 €, ⊃ 12 € – 4 Suites – **Rest** – (geschl. Sonntagmittag) Karte 24/36 €
♦ Hotel in verkehrsgünstiger Lage, das über in freundlichen Gelbtönen gehaltene und technisch gut ausgestattete Gästezimmer verfügt. Elegante Einrichtung und internationale Küche im Restaurant.

OBERHOF – Thüringen – **544** – 1 650 Ew – Höhe 800 m – Wintersport : 880 m ⛷ 4 🎿
– Luftkurort
40 **K13**

▶ Berlin 337 – Erfurt 58 – Bamberg 106 – Eisenach 53
🛈 Crawinkler Str. 2, ⊠ 98559, ℰ (036842) 26 90, information@oberhof.de

Sporthotel
Am Harzwald 1 ⊠ 98559 – ℰ (036842) 28 60 – info@sporthotel-oberhof.de
– Fax (036842) 22595
63 Zim ⊃ – †54/62 € ††84/92 € – ½ P 15 € – **Rest** – Karte 15/31 €
♦ Unmittelbar am berühmten Rennsteig gelegen, verbindet das gut geführte Haus zeitgemäßen Komfort mit einem umfassenden Wander-, Sport- und Freizeitangebot.

OBERKIRCH – Baden-Württemberg – **545** – 20 230 Ew – Höhe 192 m – Erholungsort
54 **E19**

▶ Berlin 739 – Stuttgart 140 – Karlsruhe 76 – Offenburg 16
🛈 Am Marktplatz 2a, ⊠ 77704, ℰ (07802) 70 66 85, touristinfo@oberkirch.de

Zur Oberen Linde
Hauptstr. 25 ⊠ 77704 – ℰ (07802) 80 20 – mail@obere-linde.de – Fax (07802) 3030
37 Zim ⊃ – †65/95 € ††95/140 € – ½ P 25 € – **Rest** – (geschl. Montag - Dienstag) Menü 41/61 € – Karte 36/54 €
♦ Eine charmante Adresse ist das aus zwei schönen, miteinander verbundenen Fachwerkhäusern bestehende Hotel. Einige der Zimmer sind "Original Schwarzwälder Himmelbettzimmer". Restaurant mit gediegen-ländlichem Ambiente und gehobenem Angebot.

Haus am Berg mit Zim
Am Rebhof 5 (Zufahrt über Privatweg) ⊠ 77704 – ℰ (07802) 47 01
– hotel-haus-am-berg@t-online.de – Fax (07802) 2953 – geschl. Jan. 2 Wochen, Nov. 2 Wochen
9 Zim ⊃ – †34/56 € ††68/90 € – ½ P 19 € – **Rest** – (geschl. Dienstag)
Menü 17/52 € – Karte 19/50 €
♦ Ein in angenehm hellen Farben gehaltenes Restaurant inmitten der Weinberge. Von der Terrasse sieht man bei gutem Wetter bis nach Straßburg. Küche von bürgerlich bis klassisch.

In Oberkirch-Nussbach West : 6 km über B 28 :

Rose
Herztal 88 (im Ortsteil Herztal) ⊠ 77704 – ℰ (07805) 9 55 50 – info@
die-rose-im-herztal.de – Fax (07805) 955559
16 Zim ⊃ – †39/45 € ††68/78 € – ½ P 16 € – **Rest** – (geschl. Feb. 3 Wochen, Mitte - Ende Aug., Montagmittag, Dienstag - Mittwochmittag) Karte 16/32 €
♦ Recht ruhig liegt das familiengeführte kleine Haus am Ortsrand. Es stehen solide möblierte und wohnliche Zimmer zur Verfügung. Restaurant mit ländlichem Charakter.

In Oberkirch-Ödsbach Süd : 3 km :

Waldhotel Grüner Baum
Alm 33 ⊠ 77704 – ℰ (07802) 80 90 – info@
waldhotel-gruener-baum.de – Fax (07802) 80988
52 Zim ⊃ – †76/98 € ††114/168 € – ½ P 26 € – **Rest** – Karte 27/50 €
♦ In schöner Lage am Rande des Ortes finden Sie diese Hotelanlage mit großem Garten. Die recht unterschiedlich gestalteten Zimmer verfügen meist über einen Balkon. Ländlich-elegantes Restaurant mit Wintergarten.

OBERKIRCH

In Oberkirch-Ringelbach Nord : 4 km :

Landhotel Salmen
Weinstr. 10 ⌂ 77704 – ℰ (07802) 44 29 – landhotel-salmen@t-online.de
– Fax (07802) 5449 – geschl. 6. - 14. Feb., 10. - 15. Nov.
33 Zim ⌂ – †40/60 € ††70/85 € – ½ P 15 € – **Rest** – (geschl. Donnerstag, nur Abendessen) Menü 19 € – Karte 19/35 €
♦ Im Hotelanbau wohnt man in zeitgemäßen, überwiegend mit Kirschholzmöbeln eingerichteten Zimmern. Einfacher und recht unterschiedlich sind die Unterkünfte im Altbau. Kernstück des Restaurants ist die ländliche Gaststube. Bürgerliches Speisenangebot.

OBERKOCHEN – Baden-Württemberg – 545 – 8 370 Ew – Höhe 496 m   56 I18
▶ Berlin 566 – Stuttgart 85 – Augsburg 112 – Aalen 9

Am Rathaus
Eugen-Bolz-Platz 2 ⌂ 73447 – ℰ (07364) 9 63 30 – info@hotel-oberkochen.de
– Fax (07364) 963377
42 Zim ⌂ – †58/92 € ††98/118 € – **Rest** – (geschl. Samstagmittag) Menü 26 €
– Karte 21/35 €
♦ Die zentrale Lage im Ort ist einer der Vorzüge dieses Hotels. Der Großteil der Zimmer ist geschmackvoll mit hellem Holz oder Korbmöbeln eingerichtet. Nett dekoriertes, auf zwei Ebenen angelegtes Restaurant.

OBERNBURG – Bayern – 546 – 8 840 Ew – Höhe 127 m   48 G15
▶ Berlin 569 – München 356 – Frankfurt am Main 58 – Darmstadt 47

Zum Anker (mit Gästehaus)
Mainstr. 3 ⌂ 63785 – ℰ (06022) 6 16 70 – deckelmann-obernburg@t-online.de
– Fax (06022) 616760
25 Zim ⌂ – †60/65 € ††75/80 € – **Rest** – (geschl. Freitagabend, Sonntagabend)
Karte 21/35 €
♦ Ein familiengeführter Gasthof im Zentrum des Ortes. Das hübsche Fachwerkhaus und ein Gästehaus bieten zweckmäßige, teils mit Laminat ausgestattete Zimmer.

OBERNDORF – Baden-Württemberg – 545 – 14 790 Ew – Höhe 506 m   54 F20
▶ Berlin 709 – Stuttgart 80 – Konstanz 103 – Rottweil 18

Wasserfall (mit Gästehaus)
Lindenstr. 60 ⌂ 78727 – ℰ (07423) 92 80 – benedix@
gasthof-hotel-zum-wasserfall.de – Fax (07423) 928113 – geschl. 4. - 24. Aug.
37 Zim ⌂ – †47/70 € ††67/85 € – **Rest** – (geschl. Freitag - Samstag) Karte 14/39 €
♦ Der solide Gasthof mit Gästehaus ist ein gepflegter Familienbetrieb am Waldrand - Sie schlafen in hellen, freundlichen Zimmern mit Naturholzmobiliar. Bürgerliches Restaurant mit großer Fensterfront.

OBERNKIRCHEN – Niedersachsen – siehe Bückeburg

OBER-RAMSTADT – Hessen – 543 – 15 430 Ew – Höhe 217 m   47 F15
▶ Berlin 571 – Wiesbaden 58 – Frankfurt am Main 53 – Mannheim 56

Hessischer Hof
Schulstr. 14 ⌂ 64372 – ℰ (06154) 6 34 70 – info@hehof.de – Fax (06154) 634750
– geschl. 19. Juli - 9. Aug., 27. Dez. - 4. Jan.
22 Zim ⌂ – †50/60 € ††88/98 € – **Rest** – (geschl. Freitag - Samstagmittag) Karte 21/36 €
♦ Freundlich und familiär wird das aus einer modernisierten ehemaligen Zehntscheune entstandene Hotel geführt. Die Zimmer sind wohnlich eingerichtet, im neueren Bereich etwas größer. Im Restaurant serviert man internationale Küche mit saisonalem Einfluss.

1005

OBERRIED – Baden-Württemberg – **545** – 2 870 Ew – Höhe 455 m – Wintersport : 1 250 m ⛷ 10 🎿 – Erholungsort 61 **D20**

▶ Berlin 804 – Stuttgart 182 – Freiburg im Breisgau 13 – Donaueschingen 59

🛈 Klosterplatz 4, ⌧ 79254, ℰ (07661) 93 05 66, tourist-info@oberried.de

◉ Schauinsland ≤★

Zum Hirschen (mit Gästehaus)
Hauptstr. 5 ⌧ 79254 – ℰ (07661) 90 29 30 – hirschen-oberried@t-online.de – Fax (07661) 902950
14 Zim ⌷ – †44/48 € ††70/80 € – ½ P 16 € – **Rest** – *(geschl. Donnerstag - Freitagmittag)* Karte 16/34 €
♦ Der kleine Gasthof bietet in seinem Gästehaus solide und gepflegte Zimmer mit Balkon - etwas großzügiger sind die Eckzimmer. Wanderwege befinden sich ganz in der Nähe. Das in Stuben unterteilte Restaurant liegt im über 300 Jahre alten Stammhaus.

In Oberried-Hofsgrund Süd-West : 11 km Richtung Schauinsland :

Die Halde ⟨ Feldberg und Schauinsland,
Halde 2 (Süd-West : 1,5 km) ⌧ 79254 – ℰ (07602) 9 44 70 – info@halde.com – Fax (07602) 944741
38 Zim ⌷ – †113/136 € ††186/238 € – ½ P 25 €
Rest – (abends Tischbestellung ratsam) Menü 39/49 € – Karte 27/47 €
♦ Das im regionstypischen Stil erweiterte denkmalgeschützte Schwarzwaldhaus wird persönlich geführt und gefällt mit wohnlichen Zimmern. Freizeitbereich mit schöner Sicht. Im alten Teil des Hauses befinden sich 3 gemütlich-rustikale Gaststuben. Regionale Küche.

In Oberried-Weilersbach Nord-Ost : 1 km :

Zum Schützen
Weilersbach Str. 7 ⌧ 79254 – ℰ (07661) 9 84 30 – familie@hotel-schuetzen.info – Fax (07661) 984318 – geschl. 7. - 31. Jan.
16 Zim ⌷ – †48/55 € ††75/79 € – ½ P 17 € – **Rest** – *(geschl. Dienstag - Mittwochmittag)* Menü 16 € (veg.) – Karte 18/39 €
♦ Wo jahrhundertelang eine Getreidemühle stand, bietet heute ein kleines Gasthaus solide mit Kiefernmöbeln eingerichtete Zimmer - einige werden auch als Ferienwohnung vermietet. Ländlich-gemütliche Restaurantstuben mit bürgerlichem Angebot.

Am Notschrei Süd : 11,5 km Richtung Todtnau – Höhe 1 121 m

Waldhotel am Notschrei
Freiburger Str. 56 ⌧ 79254 Oberried – ℰ (07602) 9 42 00 – waldhotelamnotschrei@t-online.de – Fax (07602) 9420111
28 Zim ⌷ – †65/88 € ††110/140 € – ½ P 22 € – **Rest** – Karte 20/37 €
♦ Das Hotel verfügt über neuzeitliche, mit hellem Naturholz eingerichtete Zimmer. Im Winter beginnt die Notschrei-Loipe (60 km) direkt am Haus. Im Sommer: Wander- und Radtouren.

OBERRÖBLINGEN – Sachsen-Anhalt – siehe Sangerhausen

OBERSCHLEISSHEIM – Bayern – **546** – 11 350 Ew – Höhe 483 m 65 **L20**

▶ Berlin 575 – München 17 – Regensburg 112 – Augsburg 64

◉ Schloss Schleißheim ★

In Oberschleissheim-Lustheim Ost : 1 km über B 471 :

Zum Kurfürst (mit Gästehäusern)
Kapellenweg 5 ⌧ 85764 – ℰ (089) 31 57 90 – rezeption@kurfuerst-hotel.de – Fax (089) 31579400
88 Zim ⌷ – †67/130 € ††89/160 € – **Rest** – *(geschl. Weihnachten - Mitte Jan.)* Menü 16 € – Karte 18/36 €
♦ Das Hotel liegt ganz in der Nähe des Schlosses und verfügt über solide ausgestattete Zimmer mit gutem Platzangebot. Die Zimmer im Gästehaus sind etwas kleiner. Restaurant mit rustikalem Touch.

OBERSTAUFEN – Bayern – 546 – 7 160 Ew – Höhe 791 m – Wintersport: 1 700 m – 26 – Schrothheilbad und Heilklimatischer Kurort

- Berlin 735 – München 161 – Konstanz 107 – Kempten (Allgäu) 37
- Hugo-von-Königsegg-Str. 8, ⌧ 87534, ℰ (08386) 9 30 00, info@oberstaufen.de
- Oberstaufen-Steibis, In der Au 5 ℰ (08386) 85 29
- Oberstaufen, Buflings 1 ℰ (08386) 93 92 50

Allgäu Sonne (mit Gästehäusern) ← Weißachtal, Steibis und Hochgrat, (geheizt)
Stießberg 1 ⌧ 87534 – ℰ (08386) 70 20 – info@allgaeu-sonne.de – Fax (08386) 7826
162 Zim – †86/139 € ††156/250 € – ½ P 25 € – 3 Suiten
Rest – Menü 46/59 € – Karte 33/46 €
♦ Durch eine große elegante Halle betreten Sie das ruhig am Ortsrand gelegene Hotel, das mit teils sehr komfortablen Zimmern und einem ansprechenden Wellnessbereich überzeugt. Restaurant im regionalen Stil.

Lindner Parkhotel (geheizt)
Argenstr. 1 ⌧ 87534 – ℰ (08386) 70 30 – info.parkhotel@lindner.de – Fax (08386) 703704
86 Zim – †97/152 € ††180/226 € – ½ P 25 € – 5 Suiten – **Rest** – (nur für Hausgäste)
♦ Ein komfortables Hotel mit regionstypisch gestaltetem Empfangsbereich, wohnlichen Zimmern und einem großzügigen Spabereich mit direktem Zugang zum Kurpark.

Rosenalp (geheizt)
Am Lohacker 5 ⌧ 87534 – ℰ (08386) 70 60 – info@rosenalp.de – Fax (08386) 706435 – geschl. 21. Nov. - 25. Dez.
78 Zim – †84/135 € ††166/214 € – ½ P 20 € – 10 Suiten – **Rest** – Karte 25/36 €
♦ Ein schön gelegenes Haus mit großzügigem Rahmen und wohnlichen Zimmern in klassischem Stil; zwei der Suiten sind ganz modern. Große Liegewiese mit Aussicht.

Concordia
In Pfalzen 8 ⌧ 87534 – ℰ (08386) 48 40 – info@concordia-hotel.de – Fax (08386) 484130
64 Zim – †71/114 € ††142/175 € – ½ P 14 € – **Rest** – (nur für Hausgäste)
♦ Das aus drei miteinander verbundenen Häusern bestehende Hotel beherbergt elegante Landhauszimmer mit Balkon oder Terrasse und einen gepflegten Freizeitbereich.

Alpenkönig
Kalzhofer Str. 25 ⌧ 87534 – ℰ (08386) 9 34 50 – info@hotel-alpenkoenig.de – Fax (08386) 4344 – geschl. 1. - 24. Dez.
23 Zim – †79/96 € ††140/164 € – ½ P 15 € – **Rest** – (geschl. Dienstag - Mittwoch) Karte 21/36 €
♦ Das im alpenländischen Stil erbaute familiengeführte Hotel liegt etwas außerhalb des Zentrums und bietet neuzeitliche, wohnlich-komfortable Gästezimmer. Das Restaurant teilt sich in gemütliche rustikale Stuben.

evviva
Kalzhofer Str. 50 ⌧ 87534 – ℰ (08386) 9 32 90 – info@evviva.de – Fax (08386) 932929
31 Zim – †75/85 € ††124/144 € – ½ P 18 € – **Rest** – (nur Abendessen) Karte 23/36 €
♦ In dem von Familie Riedle geführten Hotel erwartet Sie ein wohnliches Ambiente in frischem, modernem Design. Eine Besonderheit: Jugend-Fußballcamps im Sommer. Restaurant in neuzeitlichem Stil mit mediterran beeinflusster Karte.

Adler (mit Gästehaus)
Kirchplatz 6 ⌧ 87534 – ℰ (08386) 9 32 10 – info@adler-oberstaufen.de – Fax (08386) 4763
28 Zim – †49/85 € ††98/140 € – ½ P 17 € – **Rest** – Menü 13/49 € – Karte 27/40 €
♦ Die zentrale Lage mitten im Ort sowie wohnlich und zeitgemäß eingerichtete Zimmer sprechen für das seit 1574 existierende Traditionshaus. Rustikale Stuben und ein Wintergarten bilden das Restaurant. Beliebt ist die Terrasse auf dem Kirchplatz.

OBERSTAUFEN

Hochbühl garni
Auf der Höh 12 ⊠ 87534 – ℰ (08386) 9 35 40 – info@hochbuehl.de – Fax (08386) 935499 – geschl. 25. Nov. - 16. Dez.
21 Zim – †57/64 € ††112/122 €
♦ Das Hotel verfügt über freundliche, in warmen Farben gehaltene Zimmer mit kleinem Wohnbereich und ein gepflegtes Hallenbad mit direktem Zugang zur Liegewiese.

Alpenhof garni
Gottfried-Resl-Weg 8 ⊠ 87534 – ℰ (08386) 48 50 – alpenhof@t-online.de – Fax (08386) 2251 – geschl. 8. - 25. Dez.
31 Zim – †45/64 € ††116/116 €
♦ Die unterschiedlich möblierten, wohnlichen Zimmer dieses gepflegten familiär geleiteten Hotels verteilen sich auf das Haupthaus und das unterirdisch verbundene Gästehaus.

Posttürmle
Bahnhofplatz 4 ⊠ 87534 – ℰ (08386) 74 12 – postturm@web.de – Fax (08386) 1882 – geschl. Juni 2 Wochen, Dez. 2 Wochen und Dienstag
Rest – (nur Abendessen) (Tischbestellung ratsam) Menü 39/85 € – Karte 35/56 €
♦ Sehr nett ist dieses fast schon intim wirkende Restaurant mit nur drei Tischen und kleiner Vinothek. In rustikalem Ambiente serviert man klassisch-internationale Küche.

Ambiente
Kalzhofer Str. 22 ⊠ 87534 – ℰ (08386) 74 78 – info@ambiente-oberstaufen.de – Fax (08386) 939239 – geschl. 2. - 24. Juni
Rest – (Montag - Samstag nur Abendessen) Menü 27/39 € – Karte 25/43 €
♦ Viele Stammgäste schätzen dieses hell und freundlich gestaltete Restaurant am Ortsrand. In der offenen Küche bereitet man internationale Gerichte.

In Oberstaufen-Buflings Nord : 1,5 km über Isnyer Straße und Pfalzen :

Engel
Buflings 3 ⊠ 87534 – ℰ (08386) 70 90 – kur-sporthotel-engel@t-online.de – Fax (08386) 709482 – geschl. 22. Nov. - 18. Dez.
55 Zim – †67/88 € ††137/161 € – ½ P 14 € – **Rest** – (geschl. Montag - Dienstag) Karte 16/36 €
♦ Dieser gewachsene Gasthof ist ein von der Inhaberfamilie geführtes Ferienhotel mit Golfplatz direkt hinter dem Haus. Besonders hübsch sind die neueren Zimmer mit Kachelofen. Behagliche rustikale Restauranträume.

In Oberstaufen-Bad Rain Ost : 1,5 km über Rainwaldstraße :

Bad Rain (mit Gästehaus) Biergarten
Hinterstaufen 9 ⊠ 87534 – ℰ (08386) 9 32 40 – bad-rain@t-online.de – Fax (08386) 932499 – geschl. 24. Nov. - 12. Dez.
25 Zim – †44/75 € ††98/130 € – ½ P 15 € – **Rest** – Karte 15/39 €
♦ Eine familiäre Adresse ist dieser regionstypische Gasthof mit Gästehaus. Die Zimmer sind mit Holzmobiliar in rustikalem Stil eingerichtet. Das Restaurant teilt sich in gemütliche Stuben. Nett ist auch der kleine Biergarten mit Grillstadl.

In Oberstaufen-Kalzhofen Nord-Ost : 1 km über Kalzhofer Straße :

Haubers Landhaus & Gutshof (geheizt)
Meerau 34 ⊠ 87534 – ℰ (08386) 9 33 05 – info@hauber-hotels.de – Fax (08386) 933010
73 Zim (inkl. ½ P.) – †94/113 € ††166/230 € – **Rest** – (nur für Hausgäste)
♦ Herrlich ist die erhöhte Lage dieses komfortablen Hotels, eingebettet in die traumhafte Alpenlandschaft. Das großzügige Anwesen grenzt an den Golfplatz, mit eigenem Einstieg.

In Oberstaufen-Steibis Süd : 5 km :

König Ludwig (geheizt)
Im Dorf 29 ⊠ 87534 – ℰ (08386) 89 10 – info@hotel-koenig-ludwig.com – Fax (08386) 891317 – geschl. 3. Nov. - 21. Dez.
66 Zim – †69/89 € ††158/178 € – ½ P 22 € – **Rest** – Karte 22/37 €
♦ Wohnliche Gästezimmer in klassisch-elegantem oder modern-rustikalem Stil, ein hübsch gestalteter Wellnessbereich und ein schöner großer Garten machen dieses Hotel aus.

23
23A
Nespresso. What else?
www.nespresso.com
NESPRESSO
Die Seele des Kaffees

Der MICHELIN-Führer
Eine Kollektion zum Genießen!

Belgique & Luxembourg
Deutschland
España & Portugal
France
Great Britain & Ireland
Italia
Nederland
Österreich
Portugal
Suisse-Schweiz-Svizzera
Main Cities of Europe

Und auch:

Las Vegas
London
Los Angeles
New York City
Paris
San Francisco
Tokyo

OBERSTAUFEN

In Oberstaufen-Thalkirchdorf Ost : 6 km über B 308 – Erholungsort :

Traube
Kirchdorfer Str. 12 ⊠ 87534 – ℰ (08325) 92 00 – hotel.traube@t-online.de
– Fax (08325) 92039 – geschl. Mitte Nov. - Mitte Dez.
30 Zim ⊆ – †60/80 € ††90/122 € – ½ P 20 € – **Rest** – (geschl. Dienstag) Karte 24/38 €
♦ Aus dem 18. Jh. stammt das zeitweise als Krämerladen genutzte Haus, das heute hinter seiner schönen Schindel-Fachwerkfassade unterschiedlich gestaltete Gästezimmer beherbergt. Stube und Speisesaal bilden den Restaurantbereich.

In Oberstaufen-Weißach Süd : 2 km :

Königshof
Mühlenstr. 16 ⊠ 87534 – ℰ (08386) 49 30 – info@koenigshof.de – Fax (08386) 493125
120 Zim ⊆ – †65/91 € ††130/182 € – ½ P 20 € – **Rest** – Karte 25/37 €
♦ Das Hotel verfügt über unterschiedlich möblierte, zeitgemäße Gästezimmer, überwiegend mit Balkon oder Terrasse. Einige neuere Zimmer sind besonders komfortabel und modern. Rustikales Restaurant.

In Oberstaufen-Willis West : 1,5 km über B 308 :

Bergkristall ← Weißachtal und Allgäuer Berge,
Willis 8 ⊠ 87534 – ℰ (08386) 91 10
– wellness@bergkristall.de – Fax (08386) 911150
55 Zim ⊆ – †79/149 € ††168/298 € – ½ P 16 € – 3 Suiten – **Rest** – (nur für Hausgäste)
♦ Wunderschön liegt das familiengeführte Hotel am Hang über dem Weißachtal. In einem neueren Anbau befinden sich elegante Studios und Suiten. Wellness und Kosmetik auf 800 qm.

OBERSTDORF – Bayern – 546 – 9 880 Ew – Höhe 815 m – Wintersport : 2 200 m 3 26 – Heilklimatischer Kurort und Kneippkurort 64 J22

▶ Berlin 737 – München 165 – Kempten (Allgäu) 39 – Immenstadt im Allgäu 20
🛈 Prinzregenten-Platz 1, ⊠ 87561, ℰ (08322) 70 00, info@oberstdorf.de
Oberstdorf-Gruben, Gebrgoibe 2 ℰ (08322) 28 95
Nebelhorn ✳ ★★ 30 min mit und Sessellift – Breitachklamm ★★
Süd-West : 7 km – Fellhorn ✳ ★★

Parkhotel Frank
Sachsenweg 11 ⊠ 87561 – ℰ (08322) 70 60
– info@parkhotel-frank.de – Fax (08322) 706286 – geschl. 30. März - 25. April
73 Zim (inkl. ½ P.) – †120/164 € ††238/419 € – 5 Suiten – **Rest** – Karte 34/43 €
♦ Das familiengeführte Hotel bietet im Haupthaus und in der Gartenvilla komfortable Gästezimmer. Zum Haus gehören auch ein großzügiger Wellnessbereich und ein schöner Garten. Elegant ist der in warmen Farben gehaltene Speisesaal.

Alpenhof
Fellhornstr. 36 ⊠ 87561 – ℰ (08322) 9 60 20 – info@alpenhof-oberstdorf.de
– Fax (08322) 960218 – geschl. Mitte Nov. - Mitte Dez.
63 Zim ⊆ – †93/135 € ††186/270 € – ½ P 15 € – 5 Suiten – **Rest** – (nur Abendessen) Karte 22/37 €
♦ Das Hotel am Ortsrand überzeugt mit neuzeitlich eingerichteten Gästezimmern - einige befinden sich in einem neuen Anbau. Der Wellnessbereich bietet u. a. Kosmetik und Massage. Helles und freundliches Restaurant.

Exquisit
Prinzenstr. 17 ⊠ 87561 – ℰ (08322) 9 63 30 – info@hotel-exquisit.de – Fax (08322) 963360 – geschl. Mitte Nov. - Mitte Dez.
36 Zim ⊆ – †72/120 € ††122/250 € – ½ P 20 € – **Rest** – (geschl. Dienstag) Karte 30/38 €
♦ Die Zimmer in diesem ruhig gelegenen Hotel sind wohnlich eingerichtet und mit freundlichen Farben recht individuell gestaltet. Schön ist auch der große Gartenbereich. Elegantes, hübsch dekoriertes Restaurant.

OBERSTDORF

Filser
Freibergstr. 15 ⊠ 87561 – ℰ (08322) 70 80 – info@filserhotel.de – Fax (08322) 708530
71 Zim ⊆ – †69/92 € ††136/184 € – ½ P 15 € – 3 Suiten – **Rest** – Karte 21/31 €
♦ Das familiengeführte Urlaubshotel am Zentrumsrand verfügt über wohnliche Gästezimmer mit gutem Platzangebot und einen gepflegten Wellnessbereich mit Kosmetikanwendungen. Restaurant mit gediegenem Ambiente.

Geldernhaus garni
Lorettostr. 16 ⊠ 87561 – ℰ (08322) 97 75 70 – info@geldernhaus.de – Fax (08322) 9775730 – geschl. Nov.
11 Zim ⊆ – †70/100 € ††106/180 €
♦ Das 1911 erbaute Haus ist ein hübsches kleines Hotel mit angenehm hell und wohnlich gestalteten Zimmern. Gratisnutzung des Wellnessbereichs im Partnerbetrieb Parkhotel Frank.

Haus Wiese garni
Stillachstr. 6 ⊠ 87561 – ℰ (08322) 30 30 – info@hauswiese.de – Fax (08322) 3135
12 Zim ⊆ – †50/60 € ††88/110 €
♦ Das sehr persönlich geführte Landhaus an einem Flüsschen am Ortsrand gefällt mit seiner gemütlich-rustikalen Einrichtung. In einem Anbau befinden sich schöne Appartements.

Sporthotel Menning garni
Oeschlesweg 18 ⊠ 87561 – ℰ (08322) 9 60 90 – hotel-menning@t-online.de – Fax (08322) 8532 – geschl. 4. Nov. - 19. Dez.
25 Zim ⊆ – †60/85 € ††80/110 €
♦ Eine nette familiäre Adresse mit behaglichen, zeitgemäßen Gästezimmern - besonders komfortabel ist das Blockhaus im Garten. Direkt am Haus beginnen Wanderwege und Loipen.

Kappeler-Haus garni
Am Seeler 2 ⊠ 87561 – ℰ (08322) 9 68 60 – info@kappeler-haus.de – Fax (08322) 968613
47 Zim ⊆ – †37/75 € ††70/124 €
♦ Das Hotel verfügt über zeitgemäße Zimmer unterschiedlicher Größe, fast alle mit Balkon und schöner Aussicht. Auch eine nette Liegewiese mit kleinem Pool gehört zum Haus.

Fuggerhof
Speichackerstr. 2 ⊠ 87561 – ℰ (08322) 9 64 30 – info@hotel-fuggerhof.de – Fax (08322) 964330 – geschl. 14. - 30. April, 10. Nov. - 10. Dez.
22 Zim ⊆ – †49/84 € ††88/138 € – ½ P 20 € – **Rest** – Karte 21/35 €
♦ Ruhig liegt das kleine Hotel am Ortsrand, am Anfang der Langlaufloipe. Die Gästezimmer sind solide möbliert - schön ist die Sicht von den Südbalkonen. Vom Restaurant und der Terrasse aus blicken Sie auf die Berge.

Maximilians Restaurant - Landhaus Freiberg mit Zim
Freibergstr. 21 ⊠ 87561 – ℰ (08322) 9 67 80
– info@maximilians-restaurant.de – Fax (08322) 967843 – geschl. Nov. 2 Wochen
8 Zim ⊆ – †80/135 € ††145/225 € – ½ P 35 € – **Rest** – (geschl. Sonntag, nur Abendessen) Menü 56/98 € – Karte 38/63 €
♦ Dieses ruhig gelegene Haus ist ein sehr engagiert geleiteter Familienbetrieb, in dem man klassische, teils kreative Küche bietet. Geschmackvoll ist das geradlinige Ambiente. Aufwändig und individuell gestaltete Gästezimmer in klarem, modernem Stil.

Königliches Jagdhaus - Le Royal
Ludwigstr. 13 ⊠ 87561 – ℰ (08322) 98 73 80 – info@koenigliches-jagdhaus.de
– Fax (08322) 8003168 – geschl. April 2 Wochen, Nov. 2 Wochen
Rest – (geschl. Montag - Dienstag, nur Abendessen) Menü 66/88 €
– Karte 54/63 €
Rest *Allgäuer Stuben* – (geschl. Montag) Menü 25/45 € – Karte 27/50 €
♦ Aus dem Jahre 1856 stammt dieses schön sanierte Holzhaus. In der gemütlichen kleinen Gourmetstube Le Royal serviert man moderne internationale Gerichte. Alpenländisches Flair und regionale Küche in den Allgäuer Stuben - Prinzregentenstube und Jagdstube.

OBERSTDORF

In Oberstdorf-Birgsau Süd : 9,5 km in Richtung Fellhornbahn – Höhe 960 m

Birgsauer Hof ⊰ Allgäuer Alpen, Zim, P.
Birgsau 9 ⊠ 87561 – ℰ (08322) 9 69 00 – info@birgsauer-hof.de – Fax (08322) 969060 – geschl. 14. - 20. April, 3. Nov. - 14. Dez.
31 Zim ⊇ – †53/58 € ††88/136 € – ½ P 18 € – **Rest** – Karte 21/36 €
• In diesem idyllisch im Stillachtal gelegenen Hotel bietet man seinen Gästen wohnlich-funktionelle, tadellos gepflegte Landhauszimmer. Liebevoll im alpenländischen Stil gestaltete Gaststuben.

In Oberstdorf-Kornau West : 4 km über B 19 – Höhe 940 m

Nebelhornblick ⊰ Allgäuer Alpen,
Kornau 49 ⊠ 87561 – ℰ (08322) 9 64 20   Rest, P. VISA
– hotel@nebelhornblick.de – Fax (08322) 964250 – geschl. 4. Nov. - 14. Dez.
36 Zim ⊇ – †85/120 € ††134/180 € – ½ P 18 € – **Rest** – (nur Abendessen für Hausgäste)
• Aus einem erweiterten Gasthof ist dieses Urlaubshotel in schöner Lage entstanden. Die neuzeitlichen Zimmer und Appartements sind sehr geräumig, alle mit Wohnecke.

In Oberstdorf-Tiefenbach Nord-West : 6 km – Höhe 900 m

Alpenhotel Tiefenbach ⊰ Rest,
Falkenstr. 15 ⊠ 87561 – ℰ (08322) 70 20 – info@   P. VISA
alpenhotel-tiefenbach.de – Fax (08322) 702222
85 Zim ⊇ – †65/86 € ††119/180 € – ½ P 18 € – 11 Suiten – **Rest** – *(nur Abendessen)* Karte 23/46 €
• Ruhig am Waldrand liegt das neuzeitliche Urlaubshotel mit ansprechend im Landhausstil eingerichteten Zimmern und Suiten sowie einer gepflegten Badelandschaft.

Bergruh ⊰ Rest, P.
Im Ebnat 2 ⊠ 87561 – ℰ (08322) 91 90 – info@hotel-bergruh.de – Fax (08322) 919200
38 Zim ⊇ – †42/84 € ††136/170 € – ½ P 10 € – 9 Suiten – **Rest** – Karte 23/40 €
• Das familiengeführte Urlaubshotel ist ein gewachsener alpenländischer Gasthof mit zeitgemäßen und wohnlichen Zimmer sowie einer hübschen Saunalandschaft und Kosmetikangebot. Restaurant mit gemütlich-rustikalem oder modernem Ambiente.

OBERSTENFELD – Baden-Württemberg – 545 – 8 030 Ew – Höhe 234 m   55 H18
◘ Berlin 600 – Stuttgart 44 – Heilbronn 18 – Schwäbisch Hall 49

Zum Ochsen
Großbottwarer Str. 31 ⊠ 71720 – ℰ (07062) 93 90 – info@hotel-gasthof-zum-ochsen.de – Fax (07062) 939444 – geschl. 1. - 10. Jan.
30 Zim ⊇ – †49/75 € ††75/102 € – **Rest** – *(geschl. Dienstag)* Menü 40 € – Karte 22/46 €
• In dem Traditionsgasthof mitten im schönen Ortskern erwarten Sie eine angenehm familiäre Atmosphäre sowie hell und zeitgemäß eingerichtete Zimmer, teilweise mit Balkon. In verschiedenen Stuben serviert man regionale Speisen.

OBERTEURINGEN – Baden-Württemberg – 545 – 4 230 Ew – Höhe 451 m – Erholungsort   63 H21
◘ Berlin 712 – Stuttgart 174 – Konstanz 35 – Friedrichshafen 11
🛈 St.-Martin-Platz 9 (Rathaus), ⊠ 88094, ℰ (07546) 2 99 25, tourist-info@oberteuringen.de

In Oberteuringen-Bitzenhofen Nord-West : 2 km :

Am Obstgarten
Gehrenbergstr. 16/1 ⊠ 88094 – ℰ (07546) 92 20 – info@am-obstgarten.de – Fax (07546) 92288
33 Zim ⊇ – †47/75 € ††75/98 € – ½ P 13 € – **Rest** – *(geschl. 20. Okt. - 15. Nov. und Donnerstag, Nov. - April auch Mittwoch, wochentags nur Abendessen)* Karte 19/34 €
• Inmitten der namengebenden Obstwiesen liegt relativ ruhig dieses privat geführte Haus, das über funktionelle Gästezimmer mit Parkettfußboden verfügt. Restaurant in neo-rustikaler Aufmachung.

OBERTHAL – Saarland – 543 – 6 560 Ew – Höhe 300 m 46 C16
▶ Berlin 710 – Saarbrücken 48 – Trier 68 – Idar-Oberstein 39

In Oberthal - Steinberg-Deckenhardt Nord-Ost : 5 km :

XX **Zum Blauen Fuchs**
Walhausener Str. 1 ⊠ 66649 – ℰ (06852) 67 40 – info@zumblauenfuchs.de
– Fax (06852) 81303 – geschl. Sonntagabend - Montag
Rest – (Dienstag - Samstag nur Abendessen) (Tischbestellung ratsam)
Menü 40/66 € – Karte ca. 49 €
♦ Helle Farben, Bilder und gediegenes Landhausmobiliar bestimmen das Ambiente in diesem kleinen Restaurant. Man offeriert eine schmackhafte internationale Küche.

OBERTHULBA – Bayern – 546 – 5 170 Ew – Höhe 270 m 49 I14
▶ Berlin 491 – München 327 – Fulda 52 – Bad Kissingen 9

Rhöner Land
Zum Weißen Kreuz 20 ⊠ 97723 – ℰ (09736) 70 70 – info@hotelrhoenerland.de
– Fax (09736) 707444
27 Zim ⊇ – ♦55/68 € ♦♦78/99 € – **Rest** – Karte 18/30 €
♦ Das am Ortsrand gelegene Hotel wird gerne von Tagungsgästen genutzt. Die Zimmer sind zeitgemäß und praktisch ausgestattet, einige auch für bis zu vier Personen geeignet.

OBERTRUBACH – Bayern – 546 – 2 210 Ew – Höhe 434 m – Erholungsort 50 L16
▶ Berlin 400 – München 206 – Nürnberg 41 – Forchheim 28
🅘 Teichstr. 5, ⊠ 91286, ℰ (09245) 9 88 13, obertrubach@trubachtal.com

Alte Post
Trubachtalstr. 1 ⊠ 91286 – ℰ (09245) 3 22 – familie@postritter.de – Fax (09245) 690 – geschl. 4. Jan. - 2. Feb.
33 Zim ⊇ – ♦26/32 € ♦♦48/58 € – ½ P 9 € – **Rest** – (geschl. Okt. - April Mittwoch) Karte 10/22 €
♦ Der gestandene Gasthof in der Ortsmitte ist alter Familienbesitz und wird auch heute noch von Familie Ritter geführt. Die sehr sauberen Zimmer verfügen zum Teil über Balkone. Ländlicher Restaurantbereich.

In Obertrubach-Bärnfels Nord : 2,5 km, über Teichstraße und Herzogwind :

Drei Linden (mit Gästehaus)
Dorfstr. 38 ⊠ 91286 – ℰ (09245) 91 88 – info@drei-linden.com – Fax (09245) 409 – geschl. 1. - 10. Feb., 1. - 9. Nov.
33 Zim ⊇ – ♦32 € ♦♦54 € – ½ P 10 € – **Rest** – (geschl. Nov. - März Donnerstag) Karte 14/21 €
♦ Ein solide geführter Gasthof, der im Haupthaus wie auch im gegenüberliegenden Gästehaus meist rustikal möblierte Zimmer bereithält. Das Restaurant ist in hellem Holz gehalten.

OBERTSHAUSEN – Hessen – 543 – 24 490 Ew – Höhe 122 m 48 G15
▶ Berlin 543 – Wiesbaden 59 – Frankfurt am Main 20 – Aschaffenburg 30

Parkhotel
Münchener Str. 12 ⊠ 63179 – ℰ (06104) 9 50 20 – parkhotel-obertshausen@t-online.de – Fax (06104) 950299
37 Zim ⊇ – ♦78/88 € ♦♦103/123 € – **Rest** – (geschl. Samstagmittag, Sonntagabend) Karte 21/33 €
♦ Das Haus bietet neuzeitliche, einheitlich mit hellblau eingefärbten Möbeln und guter Technik ausgestattete Zimmer, die tadellos gepflegt sind. Die Lederstubb ist ein liebevoll dekoriertes Restaurant.

Haus Dornheim garni
Bieberer Str. 141 ⊠ 63179 – ℰ (06104) 9 50 50 – Fax (06104) 45022
15 Zim ⊇ – ♦54/65 € ♦♦77/88 €
♦ Unweit der großen Messezentren des Rhein-Main-Gebietes steht dieses gut unterhaltene kleine Hotel mit solide möblierten, praktischen Zimmern.

OBERURSEL (TAUNUS) – Hessen – 543 – 42 490 Ew – Höhe 210 m   47 F14

▶ Berlin 533 – Wiesbaden 47 – Frankfurt am Main 14 – Bad Homburg vor der Höhe 4

In Oberursel-Oberstedten

Sonnenhof garni
Weinbergstr. 94 ✉ 61440 – ✆ (06172) 96 29 30 – info@hotel-sonnenhof-oberursel.de – Fax (06172) 301272
20 Zim – †72/80 € ††90/100 €
 ◆ Die Zimmer dieses kleinen Hotels sind unterschiedlich geschnitten und mit solidem Naturholzmobiliar ausgestattet. Sie frühstücken in einem lichtdurchfluteten Rundbau.

OBERWESEL – Rheinland-Pfalz – 543 – 3 170 Ew – Höhe 180 m   46 D15

▶ Berlin 621 – Mainz 56 – Bad Kreuznach 42 – Koblenz 49
🛈 Rathausstr. 3, ✉ 55430, ✆ (06744) 71 06 24, info@oberwesel.de
◉ Liebfrauenkirche★
◉ Burg Schönburg★ Süd : 2 km

Burghotel Auf Schönburg
Schönburg (Süd : 2 km, Richtung Dellhofen) ✉ 55430 – ✆ (06744) 9 39 30 – huettl@hotel-schoenburg.com – Fax (06744) 1613 – geschl. 12. Jan. - 13. März
22 Zim – †95/145 € ††160/230 € – **Rest** – (geschl. Montagmittag) Menü 35/85 € – Karte 35/66 €
 ◆ Mit stilvoll-eleganter Atmosphäre wird das in die Burg integrierte Hotel dem historischen Rahmen gerecht. Die individuellen Zimmer verfügen z. T. über hübsche kleine Balkone. Schöne Restauranträume im altdeutschen Stil. Innenhof- und Rheinterrasse.

Weinhaus Weiler
Marktplatz 4 ✉ 55430 – ✆ (06744) 70 03 – weinhausweiler@t-online.de – Fax (06744) 930520 – geschl. 2. Jan. - 7. Feb.
10 Zim – †40/65 € ††64/99 € – **Rest** – (geschl. Nov. - April Montag - Dienstag) Menü 29 € – Karte 22/41 €
 ◆ Ein schmuckes Fachwerkhaus beherbergt diesen kleinen Familienbetrieb, der mit liebevoll dekorierten und individuell ausgestatteten Landhauszimmern gefällt. Im früheren Weinhaus ist das altdeutsch eingerichtete Restaurant untergebracht.

Römerkrug mit Zim
Marktplatz 1 ✉ 55430 – ✆ (06744) 70 91 – roemerkrug@web.de – Fax (06744) 1677
7 Zim – †50/64 € ††80/96 € – **Rest** – (geschl. 11. - 23. Feb., 3. - 28. Nov. und Mittwoch, Nov. - April auch Donnerstag) Menü 65 € – Karte 22/43 €
 ◆ In einem der malerischen alten Häuser am Marktplatz befindet sich dieses im Stil einer Weinstube gestaltete Restaurant. Serviert wird klassische Küche mit regionalem Einfluss.

In Oberwesel-Dellhofen Süd-West : 2,5 km :

Gasthaus Stahl
Am Talblick 6 ✉ 55430 – ✆ (06744) 4 16 – info@gasthaus-stahl.de – Fax (06744) 8861 – geschl. 17. Dez. - 8. März
18 Zim – †48/55 € ††75/90 € – **Rest** – (geschl. Nov. - Dez. Montag - Donnerstag) Karte 15/28 €
 ◆ Ein familiengeführter ländlicher Gasthof in der Ortsmitte, der über zeitgemäße, wohnliche Zimmer verfügt. Nach hinten schließt sich ein hübscher baumbestandener Garten an. Gemütliche Gaststube, in der nur Eigenbauweine ausgeschenkt werden.

Zum Kronprinzen mit Zim   Biergarten
Rheinhöhenstr. 43 ✉ 55430 – ✆ (06744) 9 43 19 – info@zumkronprinzen.de – Fax (06744) 94317
17 Zim – †48/60 € ††78/86 € – **Rest** – (geschl. 7. - 27. Jan. und Montag) Karte 28/46 €
 ◆ In einem Pavillonanbau befindet sich dieses Restaurant mit freundlichem Service und einer saisonal beeinflussten internationalen Küche. Behaglich und sehr gepflegt sind die Gästezimmer.

OBERWIESENTHAL – Sachsen – 544 – 2 930 Ew – Höhe 914 m – Wintersport : 1 215 m ⬩1 ⬩7 – **Erholungsort**
42 **O14**

- Berlin 317 – Dresden 125 – Chemnitz 53 – Plauen 110
- Markt 8, ⊠ 09484, ✆ (037348) 15 50 50, info@oberwiesenthal-kurort.de
- Fichtelberg★ (1214 m) ❋★ (auch mit Schwebebahn erreichbar) Nord : 3 km

Sachsenbaude
Fichtelbergstr. 4 (auf dem Fichtelberg, West : 3 km) ⊠ *09484* – ✆ *(037348) 13 90*
– *info@sachsenbaude.de* – *Fax (037348) 139140* – *geschl. 13. - 18. April*
31 Zim ⊇ – †98/190 € ††114/206 € – ½ P 20/30 € – 16 Suiten
Rest *Loipenklause* – Karte 14/23 €
♦ Eine familienfreundliche Adresse ist das ehemalige Kurhotel, dessen Zimmer und Suiten mit Stil und Geschmack eingerichtet wurden. Zum Haus gehört ein beheizter Außenwhirlpool. Ungezwungene und gemütliche Atmosphäre in der Loipenklause.

Vier Jahreszeiten
Annaberger Str. 83 ⊠ *09484* – ✆ *(037348) 1 80* – *hotelvierjahreszeiten@t-online.de* – *Fax (037348) 7326*
100 Zim ⊇ – †71 € ††104/116 € – ½ P 14 € – **Rest** – Karte 19/43 €
♦ Ruhig liegt das gepflegte neuzeitliche Hotel mit Balkonfassade. Die Zimmer sind einheitlich mit kirschholzfarbenem Mobiliar eingerichtet und bieten teils sehr viel Platz. Zweigeteiltes Restaurant mit internationaler und regionaler Karte.

Birkenhof
Vierenstr. 18 ⊠ *09484* – ✆ *(037348) 1 40* – *info@birkenhof.bestwestern.de*
– *Fax (037348) 14444*
172 Zim ⊇ – †55/75 € ††89/119 € – ½ P 16 € – 31 Suiten – **Rest** – Karte 19/30 €
♦ Am nördlichen Ortsrand liegt das kinderfreundliche Hotel, dessen Gästezimmer wohnlich gestaltet wurden und in dem Sie freundliches Personal erwartet. Restaurant im erzgebirgischen Stil.

Rotgießerhaus
Böhmische Str. 8 ⊠ *09484* – ✆ *(037348) 13 10* – *rotgiesser@t-online.de*
– *Fax (037348) 13130* – *geschl. 31. März - 13. April, 5. - 18. Nov.*
22 Zim ⊇ – †50/65 € ††72/120 € – ½ P 13 € – **Rest** – *(geschl. Mittwoch)* Karte 14/33 €
♦ Denkmalgeschütztes Haus mit Kreuzgewölbe im Eingangsbereich, gepflegter Sauna und freundlichen Zimmern. Besonders hübsch ist das Himmelbettzimmer mit Bauernmöbeln. In den gemütlichen Stuben speist man regional. Uriger Weinkeller.

Fichtelberghaus
Fichtelbergstr. 8 (auf dem Fichtelberg, West : 3,5 km) ⊠ *09484* – ✆ *(037348) 12 30*
– *info@hotel-fichtelberghaus.de* – *Fax (037348) 12345*
28 Zim ⊇ – †53 € ††84 € – ½ P 14 €
Rest *Erzgebirgsstuben* – Karte 16/26 €
Rest *Das Guck* – *(geschl. Sonntagabend - Mittwoch, Donnerstag - Samstag nur Abendessen)* Karte 20/37 €
♦ Das Haus steht auf dem 1215 m hohen Gipfel des Fichtelbergs neben der Bergstation. Die Zimmer sind nach Kräutern benannt und verfügen über einen schönen Ausblick. Erzgebirgsstuben mit bürgerlichem Angebot. Internationale Küche im modernen Restaurant Das Guck.

OBERWOLFACH – Baden-Württemberg – 545 – 2 780 Ew – Höhe 284 m – **Luftkurort**
54 **E19**

- Berlin 753 – Stuttgart 139 – Freiburg im Breisgau 60 – Freudenstadt 40
- Rathausstr. 1, ⊠ 77709, ✆ (07834) 83 83 11, gemeinde@oberwolfach.de

In Oberwolfach-Kirche

3 Könige
Wolftalstr. 28 ⊠ *77709* – ✆ *(07834) 8 38 00* – *info@3koenige.de* – *Fax (07834) 8380285*
48 Zim ⊇ – †55/66 € ††74/86 € – ½ P 15 € – **Rest** – Karte 19/35 €
♦ Schwarzwaldstil prägt den Charakter dieses familiengeführten Hauses. Besonders wohnlich sind die neuzeitlichen, leicht eleganten Zimmer im Anbau. Bürgerliches Restaurant mit Wintergarten.

OBERWOLFACH

In Oberwolfach-Walke

Hirschen (mit Gästehäusern)
Schwarzwaldstr. 2 ⊠ 77709 – ℰ (07834) 83 70 – info@hotel-hirschen-oberwolfach.de – Fax (07834) 6775
29 Zim – †45/65 € ††72/104 € – ½ P 16 € – **Rest** – *(geschl. Montag)* Menü 19/33 € – Karte 18/36 €
♦ Auf verschiedene Häuser verteilen sich die soliden Gästezimmer dieses gewachsenen Familienbetriebs - einige der Zimmer sind besonders wohnlich und neuzeitlich eingerichtet. Nette Restaurantstuben in ländlichem Stil, teils mit Holztäfelung.

OBING – Bayern – **546** – 3 920 Ew – Höhe 562 m   66 **N20**

▶ Berlin 647 – München 72 – Bad Reichenhall 62 – Rosenheim 31
🛈 Obing, Kirchreitbergerstr. 2 ℰ (08624) 87 56 23

Oberwirt   Biergarten
Kienberger Str. 14 ⊠ 83119 – ℰ (08624) 8 91 10 – info@oberwirt.de – Fax (08624) 891144
49 Zim ⊇ – †52/58 € ††80/92 € – ½ P 18 € – **Rest** – *(geschl. 6. - 31. Okt. und Mittwoch)* Karte 20/33 €
♦ Das Haus befindet sich im Zentrum bei der Kirche und bietet hübsche Zimmer in wohnlich-ländlichem Stil, einige liegen schön zum See hin. Eigener Badesteg. Gemütlich sind die regionstypischen Restaurantstuben. Netter Biergarten im Innenhof.

OCHTENDUNG – Rheinland-Pfalz – **543** – 5 220 Ew – Höhe 200 m   36 **D14**

▶ Berlin 609 – Mainz 110 – Koblenz 20 – Mayen 13

Gutshof Arosa mit Zim
Koblenzer Str. 2 (B 258) ⊠ 56299 – ℰ (02625) 44 71 – hotelarosa@t-online.de – Fax (02625) 5261
11 Zim ⊇ – †41 € ††78 € – **Rest** – *(geschl. Aug. 2 Wochen und Montag)* Menü 30/47 € – Karte 21/38 €
♦ Herzstück des familiengeführten Restaurants, einem ehemaligen Gutshof, ist das Kaminzimmer. An gut eingedeckten Tischen serviert man eine internationale Küche.

OCKFEN – Rheinland-Pfalz – **543** – 660 Ew – Höhe 170 m   45 **B16**

▶ Berlin 742 – Mainz 173 – Trier 29 – Saarburg 5

Klostermühle
Hauptstr. 1 ⊠ 54441 – ℰ (06581) 9 29 30 – hotel@bockstein.de – Fax (06581) 929320 – geschl. 7. - 30. Jan.
22 Zim – †43/60 € ††64/80 € – **Rest** – *(geschl. Dienstag)* Karte 17/30 €
♦ Von der Inhaberin selbst geführtes, in einer ehemaligen Mühle untergebrachtes Hotel im Landhausstil. Die Zimmer sind recht schlicht, aber funktionell und gut gepflegt. Einfachrustikaler Restaurantbereich.

ODELZHAUSEN – Bayern – **546** – 4 230 Ew – Höhe 499 m   57 **L20**

▶ Berlin 590 – München 46 – Augsburg 30 – Donauwörth 65
🛈 Hofgut Todtenried, ℰ (08134) 9 98 80

Schlosshotel
Am Schlossberg 3 ⊠ 85235 – ℰ (08134) 5 55 50 – info@schlosshotel-odelzhausen.de – Fax (08134) 555520
7 Zim ⊇ – †75/88 € ††100/120 €
Rest *Bräustüberl* – Karte 17/30 €
♦ Das kleine Hotel ist aus einem im 12. Jh. erbauten Schlossgut entstanden und beherbergt modern eingerichtete Gästezimmer. Hübsch ist der Frühstücksraum im Schlossturm. Im ehemaligen Sudhaus befindet sich das Restaurant Bräustüberl.

Staffler garni
Hauptstr. 3 ⊠ 85235 – ℰ (08134) 60 06 – info@hotel-staffler.de – Fax (08134) 7737 – geschl. 22. Dez. - 10. Jan.
28 Zim ⊇ – †53/56 € ††72/75 €
♦ Die verkehrsgünstige Lage nahe der A8 sowie solide, zeitgemäß ausgestattete Gästezimmer sprechen für diesen Familienbetrieb. Zum Haus gehört eine nette Gartenanlage.

ODENTHAL – Nordrhein-Westfalen – 543 – 15 440 Ew – Höhe 85 m — 36 C12
▶ Berlin 553 – Düsseldorf 49 – Köln 18
◉ Odenthal-Altenberg : Altenberger Dom (Buntglasfenster★) Nord : 3 km

Zur Post (Alejandro und Christopher Wilbrand)
Altenberger-Dom-Str. 23 ✉ 51519 – ℰ (02202)
97 77 80 – info@hotel-restaurant-zur-post.de – Fax (02202) 9777849
– geschl. 1. - 8. Jan.
16 Zim ⊡ – †85/105 € ††125/145 €
Rest – (geschl. Montag) Menü 34 € (mittags)/89 € – Karte 49/72 €
Rest Postschänke – (nur Abendessen) Menü 29/32 € – Karte 24/39 €
Spez. Seeteufel und Langostino im Speckmantel mit Gurken-Dill-Brandade. Rehrücken mit gebratener Gänsestopfleber und Holunderjus. Mascarpone-Crème brûlée mit Basilikumsorbet und gepfefferten Erdbeeren.
♦ Ein erweitertes historisches Gasthaus mit regionstypischer Schieferschindel-Fassade. Neuzeitlich-wohnliche Zimmer stehen zur Verfügung. Zigarren-Lounge. Stubencharakter bestimmt das Restaurant Zur Post. Internationale und bergische Gerichte in der Postschänke.

OEDERAN – Sachsen – 544 – 7 270 Ew – Höhe 385 m — 42 P12
▶ Berlin 253 – Dresden 54 – Chemnitz 20 – Freiberg 16

Zum Altmarkt garni
Durchfahrt 1a ✉ 09569 – ℰ (037292) 2 89 00 – info@hotel-altmarkt-oederan.de
– Fax (037292) 289029
24 Zim ⊡ – †39/41 € ††51/57 €
♦ Etwas abseits des Zentrums findet man dieses Haus, das seinen Gästen funktionelle und gepflegte Zimmer zur Verfügung stellt.

ÖHNINGEN – Baden-Württemberg – 545 – 3 700 Ew – Höhe 446 m – Erholungsort — 62 F21
▶ Berlin 800 – Stuttgart 168 – Konstanz 34 – Singen (Hohentwiel) 16
ℹ Klosterplatz 1, ✉ 78337, ℰ (07735) 8 19 20, tourist@oehningen.de

In Öhningen-Schienen Nord : 2,5 km in Richtung Radolfzell :

Falconera (Johannes Wuhrer)
Zum Mühlental 1 ✉ 78337 – ℰ (07735) 23 40 – info@restaurant-falconera.de
– Fax (07735) 2350 – geschl. 28. Jan. - 6. Feb., 25. Aug. - 9. Sept. und Montag - Dienstag
Rest – Menü 44 € (veg.)/67 € – Karte 47/58 €
Spez. Variation von der Gänseleber. Zweierlei vom Weiderind mit Höri-Gemüse. Limonen Tarte mit Erdbeer-Latte-Macchiato und Erdbeerragout.
♦ Klassische Küche bieten die beiden Restaurantstuben in der ehemaligen Mühle, einem schmucken Fachwerkhaus mit sehr netter Atmosphäre. Hübsch ist auch die Terrasse.

In Öhningen-Wangen Ost : 3 km in Richtung Radolfzell :

Residenz am See ≤ Bodensee, Biergarten
Seeweg 2 ✉ 78337 – ℰ (07735) 9 30 00 – info@
residenz-am-see.de – Fax (07735) 930020 – geschl. Feb., Nov. 2 Wochen
12 Zim ⊡ – †60/95 € ††70/140 € – **Rest** – (geschl. Nov. - März Montag und Dienstag) Karte 24/34 €
♦ Die schöne, ruhige Lage direkt am Seeufer sowie wohnlich und neuzeitlich eingerichtete Gästezimmer sprechen für dieses kleine Hotel. Freundliches Restaurant mit hübscher Seeterrasse.

ÖHRINGEN – Baden-Württemberg – 545 – 22 700 Ew – Höhe 230 m — 55 H17
▶ Berlin 568 – Stuttgart 66 – Heilbronn 28 – Schwäbisch Hall 29
ℹ Marktplatz 15 (Rathaus), ✉ 74613, ℰ (07941) 6 81 18, info@oehringen.de
⛳ Friedrichsruhe, Hofgasse 12 ℰ (07941) 92 08 10
◉ Ehemalige Stiftskirche★ (Margarethen-Altar★)

ÖHRINGEN

Württemberger Hof
*Karlsvorstadt 4 ⊠ 74613 – ℰ (07941) 9 20 00 – info@wuerttemberger-hof.de
– Fax (07941) 920080*
52 Zim ⊇ – ♦85 € ♦♦101/128 € – ½ P 22 € – **Rest** – Menü 24/33 € – Karte 23/38 €
◆ Ruhig liegt das Hotel an der Fußgängerzone des mittelalterlichen Stadtkerns. Besonders hübsch sind die freundlich und modern gestalteten Zimmer im Haupthaus. Restaurant mit elegantem Gourmetstüberl und Kutscherstube.

In Friedrichsruhe Nord : 6 km, jenseits der A 6 :

Wald- und Schlosshotel Friedrichsruhe
⊠ *74639 Zweiflingen*
– ℰ (07941) 6 08 70
– hotel@friedrichsruhe.de – Fax (07941) 61468
39 Zim ⊇ – ♦155/300 € ♦♦190/420 € – 15 Suiten
Rest *Jägerstube* – separat erwähnt
Rest – *(geschl. Montag - Dienstag)* Menü 90/120 € – Karte 61/88 €
Spez. Gambas und glasierte Briesscheiben mit Gartenkräutern und weißem Tomatenschaum. Feuilles von Steinbutt und Spargel mit Mango-Kokos-Sauce. Confierte Milchkalbsstelze mit zweierlei Zwiebeln.
◆ Eine äußerst geschmackvolle Hotelanlage ist dieses Gebäude-Ensemble in einem wunderschönen Park. Teil des Anwesens: das mit Antiquitäten bestückte Jagdschloss von 1712. Im Restaurant: klassisch-elegantes Ambiente und französische Küche.

✗✗ Jägerstube – Wald und Schlosshotel Friedrichsruhe
⊠ *74639 Zweiflingen – ℰ (07941) 6 08 70 – hotel@
friedrichsruhe.de – Fax (07941) 61468*
Rest – Menü 47 € – Karte 26/41 €
◆ Eine gemütlich-rustikale Atmosphäre herrscht in dem mit Kachelofen, Jagdtrophäen und Zierrat dekorierten Restaurant. Geboten werden regionale Speisen.

OELDE – Nordrhein-Westfalen – 543 – 29 380 Ew – Höhe 90 m   27 **E10**
▶ Berlin 430 – Düsseldorf 137 – Bielefeld 51 – Beckum 13

Engbert garni
Lange Str. 24 ⊠ 59302 – ℰ (02522) 9 33 90 – info@hotelengbert.de – Fax (02522) 933939 – geschl. 21. Dez. - 7. Jan.
40 Zim ⊇ – ♦60/80 € ♦♦85/110 €
◆ Das moderne Stadthotel in der Fußgängerzone hält solide und wohnlich ausgestattete Zimmer für Sie bereit - ruhiger sind die nach hinten gelegenen.

In Oelde-Lette Nord : 6,5 km über K.-Adenauer-Allee und Warendorfer Straße :

Hartmann
*Hauptstr. 40 ⊠ 59302 – ℰ (05245) 86 10 – info@hotel-hartmann-lette.de
– Fax (05245) 861257 – geschl. Juli 3 Wochen*
38 Zim ⊇ – ♦54/65 € ♦♦76/95 € – **Rest** – *(nur Abendessen)* Karte 18/30 €
◆ Zeitgemäß und funktionell eingerichtete Gästezimmer sowie Räumlichkeiten für Tagungen und Veranstaltungen sprechen für dieses Hotel. Ländlich und leicht mediterran gestalteter Restaurantbereich.

Westermann
*Clarholzer Str. 26 ⊠ 59302 – ℰ (05245) 8 70 20 – info@hotel-westermann.de
– Fax (05245) 870215*
45 Zim ⊇ – ♦48/50 € ♦♦78/80 € – **Rest** – *(nur Abendessen)* Karte 15/33 €
◆ Eine sehr saubere und gut geführte Unterkunft, die über solide, zeitgemäß eingerichtete Gästezimmer, teils mit Korkfußboden, verfügt. Ländliches Restaurant mit bürgerlicher Küche.

OESTRICH-WINKEL – Hessen – 543 – 11 940 Ew – Höhe 93 m   47 **E15**
▶ Berlin 588 – Wiesbaden 21 – Bad Kreuznach 65 – Koblenz 74
🛈 An der Basilika 11a, in Mittelheim, ⊠65375, ℰ(06723) 1 94 33, touristinfo@oestrich-winkel.de

OESTRICH-WINKEL
Im Stadtteil Oestrich

Grüner Baum
*Rheingaustr. 45 ⊠ 65375 – ℰ (06723) 16 20 – gruenerbaumoestrich@gmx.de
– Fax (06723) 88343 – geschl. 1. - 24. Jan. und Donnerstag*
Rest – Karte 18/34 €
• In dem schönen Fachwerkhaus von 1632 steht der Chef selbst in der Küche, die Chefin leitet freundlich und versiert den Service. Nett: die Innenhofterrasse.

Im Stadtteil Winkel

F. B. Schönleber
*Hauptstr. 1b ⊠ 65375 – ℰ (06723) 9 17 60 – hotel@fb-schoenleber.de
– Fax (06723) 4759 – geschl. 17. Dez. - 17. Jan.*
17 Zim ☑ – †57 € ††77/87 € – **Rest** – *(geschl. Montag - Dienstag, nur Abendessen)* Karte 14/27 €
• Sie wohnen in einem traditionsreichen Wein- und Sektgut. Die mit hellem Holzmobiliar eingerichteten Zimmer verfügen teilweise über Balkon und Rheinblick. Gemütliche Weinstube mit kleinem Speiseangebot.

Gutsrestaurant Schloss Vollrads
*Vollradser Allee (Nord : 2 km) ⊠ 65375 – ℰ (06723) 52 70 – info@
gutsrestaurant-schlossvollrads.de – Fax (06723) 60216999
– geschl. 1. Jan. - 15. Feb. und Nov. - März Montag - Mittwoch*
Rest – Menü 32/46 € – Karte 31/42 €
• Das Restaurant im Kavaliershaus des schön in den Weinbergen gelegenen Schlosses ist teils als Wintergarten angelegt, teils klassisch-historisch. Hübsche Gartenterrasse.

Die Wirtschaft
Hauptstr. 70 ⊠ 65375 – ℰ (06723) 74 26 – diewirtschaft@aol.com – Fax (06723) 998328 – geschl. Jan. 2 Wochen, Juli 2 Wochen und Sonntagabend - Montag
Rest – Menü 26 € – Karte 23/36 €
• Eine nette rustikale Weinstube mit gemütlicher Atmosphäre in einem ehemaligen Weingut. Regionale Küche mit saisonalem Einschlag. Im Sommer sitzt man schön im Innenhof.

Im Stadtteil Hallgarten

Zum Rebhang
*Rebhangstr. 53 (Siedlung Rebhang) ⊠ 65375 – ℰ (06723) 21 66 – info@
hotel-zum-rebhang.de – Fax (06723) 1813*
14 Zim ☑ – †50/65 € ††85/100 € – **Rest** – *(geschl. Anfang Jan. - Mitte Feb. und Donnerstag)* Karte 21/39 €
• Das Haus liegt im Stadtteil Hallgarten auf den Höhen des Rheingaus und bietet einen schönen Ausblick. Sie wohnen in zeitgemäß eingerichteten Zimmern. Restaurant mit gediegenem Ambiente. Überdachte Aussichtsterrasse.

ÖSTRINGEN – Baden-Württemberg – **545** – 12 830 Ew – Höhe 163 m   54 **F17**
▸ Berlin 630 – Stuttgart 97 – Karlsruhe 45 – Heilbronn 45
Östringen-Tiefenbach, Birkenhof ℰ (07259) 86 83

In Östringen-Tiefenbach Süd-Ost : 8 km Richtung Odenheim, nach 4 km links :

Kreuzberghof
*Am Kreuzbergsee ⊠ 76684 – ℰ (07259) 9 11 00 – kontakt@kreuzberghof.de
– Fax (07259) 911013*
40 Zim ☑ – †60/105 € ††80/125 € – **Rest** – Karte 16/34 €
• Sehr schön liegt das familiengeführte Hotel außerhalb des Ortes. Es stehen besonders wohnliche, neuere Gästezimmer sowie etwas einfachere, ältere Zimmer zur Verfügung. In verschiedene rustikale Stuben unterteiltes Restaurant.

Villa Heitlinger
*Am Mühlberg 3 ⊠ 76684 – ℰ (07259) 9 11 20 – post@villaheitlinger.de
– Fax (07259) 911299 – geschl. Jan. - März Montag und Dienstag*
Rest – Karte 20/35 €
• Eine freundliche, moderne Atmosphäre herrscht in dem auf einem Weingut gelegenen Restaurant mit offener Küche und Vinothek. Viele Eigenbauweine. Verschiedene Veranstaltungen.

ÖTISHEIM – Baden-Württemberg – 545 – 4 820 Ew – Höhe 246 m 55 **F18**
▶ Berlin 637 – Stuttgart 43 – Karlsruhe 46 – Heilbronn 69

Krone
Maulbronner Str. 11 ⌂ 75443 – ℰ (07041) 28 07 – info@krone-oetisheim.de
– Fax (07041) 861521 – geschl. 4. - 17. Jan., 28. Juli - 18. Aug.
17 Zim ⌂ – †42 € ††66 € – **Rest** – (geschl. Sonntagabend - Montag) Karte 13/28 €

◆ Das kleine Hotel liegt zentral am Marktplatz und befindet sich seit 1869 in Familienbesitz. Solide und zeitgemäß eingerichtete Gästezimmer. Hausgemachte Würste und Maultaschen sind Teil des bürgerlichen Speiseangebots.

Sternenschanz
Gottlob-Linck-Str. 1 ⌂ 75443 – ℰ (07041) 66 67 – info@sternenschanz.de
– Fax (07041) 862155 – geschl. über Fasching 1 Woche, Juli - Aug. 3 Wochen und Dienstag
Rest – Karte 19/39 €

◆ In diesem Familienbetrieb erwarten Sie ländlich-gepflegte Gaststuben mit Kachelofen, eine frische regionale Küche und freundlicher Service. Hübsche Gartenterrasse.

OEVENUM – Schleswig-Holstein – siehe Föhr (Insel)

OEVERSEE – Schleswig-Holstein – siehe Flensburg

OEYNHAUSEN, BAD – Nordrhein-Westfalen – 543 – 49 630 Ew – Höhe 55 m
– Heilbad 28 **G9**
▶ Berlin 362 – Düsseldorf 211 – Bielefeld 37 – Bremen 116
🛈 Am Kurpark, ⌂ 32545, ℰ (05731) 13 17 00, staatsbad@badoeynhausen.de
⛳ Löhne, Auf dem Stickdorn 63 ℰ (05228) 70 50

Königshof
Am Kurpark 5 ⌂ 32545 – ℰ (05731) 24 60 – info@koenigshof-badoeynhausen.de
– Fax (05731) 246154
50 Zim – †46/62 € ††62/87 €, ⌂ 11 € – 3 Suiten – **Rest** – (geschl. Jan. und Sonntag - Montag, nur Abendessen) Karte 29/46 €

◆ Die Lage direkt am Kurpark sowie der repräsentative Rahmen machen dieses klassische Kurhotel aus. Zeitgemäße Gästezimmer. Im Restaurant Scarlett bietet man internationale Küche und eine gut sortierte Weinkarte.

In Bad Oeynhausen-Bergkirchen Nord : 9,5 km über Eidinghausener Straße :

Wittekindsquelle   Biergarten
Bergkirchener Str. 476 ⌂ 32549 – ℰ (05734) 9 10 00 – info@wittekindsquelle.de
– Fax (05734) 910091
24 Zim ⌂ – †72/85 € ††112/115 € – **Rest** – Karte 24/44 €

◆ In diesem Hotel stehen wohnlich gestaltete, teils recht geräumige Gästezimmer zur Verfügung, eines davon ist mit einer kleinen Sauna ausgestattet. Im Restaurant Wittekind und in der Quellenstube wird internationale Küche serviert. Schöner Biergarten.

In Bad Oeynhausen-Lohe Süd : 2 km über Steinstraße und Weserstraße :

Trollinger Hof
Detmolder Str. 89 ⌂ 32545 – ℰ (05731) 7 95 70 – hotel@trollingerhof.de
– Fax (05731) 795710
19 Zim ⌂ – †58/92 € ††75/108 € – ½ P 16 € – **Rest** – (geschl. Donnerstag, Sonntagabend) Karte 23/33 €

◆ In dem familiengeführten kleinen Hotel am Ortsrand erwarten Sie gepflegte, zeitgemäße Zimmer und ein gutes Frühstücksbuffet. Restaurant im bürgerlichen Stil mit überdachter Terrasse hinter dem Haus.

OFFENBACH – Hessen – 543 – 119 210 Ew – Höhe 98 m 47 **F15**
▶ Berlin 543 – Wiesbaden 44 – Frankfurt am Main 8 – Darmstadt 28
ADAC Stadthof 1 Z
🛈 Salzgässchen 1, ⌂ 63065, ℰ (069) 80 65 20 52, info@ofinfocenter.de
◉ Deutsches Ledermuseum★★ Z M[1]

OFFENBACH

Beethovenstr. . . . . **Y** 3	Carl-Ulrich-Brücke . . . . **X** 7
Bieberer Str. . . . . **Y** 5	Dieburger Str. . . . . **X** 9
Buchhügelallee . . . . **Y** 6	Friedhofstr. . . . . **X** 10
	Friedrichsring . . . . **Y** 12
	Gabelsbergerstr. . . . . **Y** 13
	Haydnstr. . . . . **Y** 20
Hessenring . . . . **Y** 21
Isenburgring . . . . **Y** 25
Kaiserleibrücke . . . . **X** 28
Offenbacher Landstr. . . . . **Y** 33
Senefelderstr. . . . . **Y** 35
Starkenburgring . . . . **Y** 38

Sheraton
Berliner Str. 111 ✉ *63065 –* ☎ *(069) 82 99 90 – buesingpalais@arabellastarwood.com – Fax (069) 82999800*
221 Zim – †159/209 € ††199/249 € – **Rest** – Karte 31/45 €   Z c

♦ Modernes Cityhotel, das in das Gebäude einer alten Schwimmhalle integriert wurde und dessen Zimmer freundlich gestaltet und mit modernster Technik versehen sind. In modernem Stil gehaltenes Restaurant.

Achat Plaza
Ernst-Griesheimer-Platz 7 ✉ *63071 –* ☎ *(069) 80 90 50 – offenbach_plaza@achat-hotel.de – Fax (069) 80905555*
153 Zim – †81/136 € ††81/136 €, ⊔ 15 € – **Rest** – Karte 22/31 €   Y p

♦ Gelungen wurde die Architektur des früheren Schlachthofs von 1904 mit einer Einrichtung in modernem Design verbunden. Klare Linien und warme Erdtöne dominieren. Das Hotelrestaurant ist im historischen Teil des Gebäudes untergebracht.

Graf
Ziegelstr. 6 ✉ *63065 –* ☎ *(069) 8 00 85 10 – info@hotel-graf.de – Fax (069) 80085151 – geschl. 22. Dez. - 1. Jan.*
32 Zim ⊔ – †72/81 € ††89/99 € – **Rest** – (nur Abendessen für Hausgäste)   Z g

♦ In zentraler Lage befindet sich dieses gepflegte Hotel, dessen Zimmer mit hellem Naturholzmobiliar und unterschiedlich gefärbten Stoffen wohnlich eingerichtet sind.

Hansa garni
Bernardstr. 101 ✉ *63067 –* ☎ *(069) 82 98 50 – info@hotelhansa.de – Fax (069) 823218*
22 Zim ⊔ – †54/65 € ††75/85 €   Z r

♦ Zentrumsnah liegt das Etagenhotel in einer Wohngegend. Man verfügt über praktische Zimmer, die mit hellen Eichen- oder Kiefernmöbeln eingerichtet sind.

1020

OFFENBACH

Arthur-Zitscher-Str.	Z 2	
Berliner Str.	Z 4	
Bieberer Str.	Z 5	
Christian-Pleß-Str.	Z 8	
Frankfurter Str.	Z	
Geleitsstr.	Z	
Großer Biergrund	Z 18	
Große Marktstr.	Z 17	
Herrnstr.	Z	
Hospitalstr.	Z 24	
Isenburgring	Z 25	
Kaiserstr.	Z	
Kleiner Biergrund	Z 29
Marktpl.	Z 31
Mathildenstr.	Z 32
Schloßstr.	Z 34
Speyerstr.	Z 37
Waldstr.	Z
Wilhelmspl.	Z 40

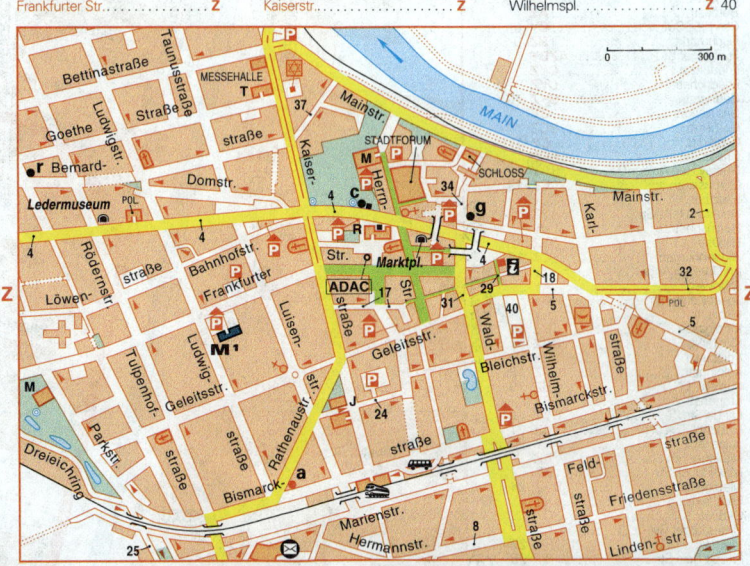

✕✕ schau Mahl   📶 VISA ⓜ ⓘ
Bismarckstr. 177 ✉ *63067* – ✆ *(069) 82 99 34 00* – *info@schaumahl.de*
– *Fax (069) 82993470* – *geschl. 1. - 6. Jan., 11. - 17. Aug. und Sonntag*   **Z a**
Rest – *(nur Abendessen)* (Tischbestellung ratsam) Karte 29/51 €
◆ Ein sehr nettes modernes Restaurant mit orientalischem Touch in einem historischen Stadthaus im Zentrum. Geboten wird internationale Küche. Interessante Bar.

In Offenbach-Bürgel Nord-Ost : 2 km über Mainstraße X :

✕✕ Die Post mit Zim   📶 ✆ 🅿 🚗 VISA ⓜ
Offenbacher Str. 33 ✉ *63075* – ✆ *(069) 86 13 37* – *info@die-post-in-buergel.de*
– *Fax (069) 864198* – *geschl. Jan. 1 Woche, Mai 1 Woche, Juli 3 Wochen und Samstagmittag, Sonntagabend - Montag*
8 Zim ☐ – ♦54 € ♦♦88/98 € – **Rest** – Karte 23/39 €
◆ In dem in Stuben und Nischen unterteilten, seit über 130 Jahren in Familienbesitz befindlichen Restaurant mit rustikalem Charakter reicht man eine bürgerlich-regionale Karte.

OFFENBURG – Baden-Württemberg – 545 – 58 890 Ew – Höhe 163 m   53 **D19**
▶ Berlin 744 – Stuttgart 148 – Karlsruhe 77 – Freiburg im Breisgau 64
ADAC Marlener Str. 6 AZ
🛈 Am Fischmarkt 2 BZ, ✉ 77652, ✆ (0781) 82 20 00, info@offenburg.de
⛳ Appenweier-Urloffen, Golfplatz 1 ✆ (07843) 99 32 40 CY
Veranstaltungen
    03.05. - 04.05. : Badische Weinmesse
    27.09. - 05.10. : Oberrhein-Messe
Messegelände Oberrheinhalle, Schütterwälder Str. 3 AZ, ✆ (0781) 9 22 60
◉ Hl.-Kreuz-Kirche★ BY

1021

OFFENBURG

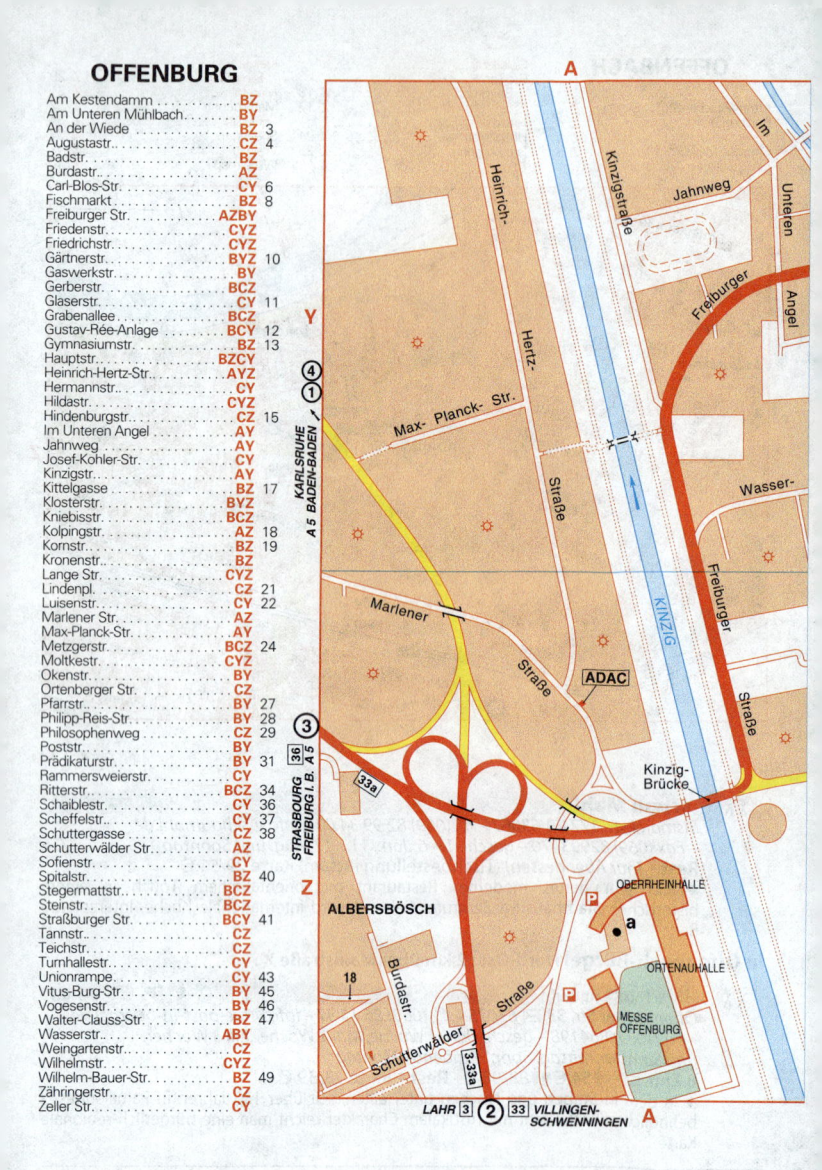

Street	Grid	№
Am Kestendamm	BZ	
Am Unteren Mühlbach	BY	
An der Wiede	BZ	3
Augustastr.	CZ	4
Badstr.	BZ	
Burdastr.	AZ	
Carl-Blos-Str.	CY	6
Fischmarkt	BZ	8
Freiburger Str.	AZBY	
Friedenstr.	CYZ	
Friedrichstr.	CYZ	
Gärtnerstr.	BYZ	10
Gaswerkstr.	BY	
Gerberstr.	BCZ	
Glaserstr.	CY	11
Grabenallee	BCZ	
Gustav-Rée-Anlage	BCY	12
Gymnasiumstr.	BZ	13
Hauptstr.	BZCY	
Heinrich-Hertz-Str.	AYZ	
Hermannstr.	CY	
Hildastr.	CYZ	
Hindenburgstr.	CZ	15
Im Unteren Angel	AY	
Jahnweg	AY	
Josef-Kohler-Str.	CY	
Kinzigstr.	BZ	
Kittelgasse	BZ	17
Klosterstr.	BYZ	
Kniebisstr.	BCZ	
Kolpingstr.	AZ	18
Kornstr.	BZ	19
Kronenstr.	BZ	
Lange Str.	CYZ	
Lindenpl.	CZ	21
Luisenstr.	CY	22
Marlener Str.	AZ	
Max-Planck-Str.	AY	
Metzgerstr.	BCZ	24
Moltkestr.	CYZ	
Okenstr.	BY	
Ortenberger Str.	CZ	
Pfarrstr.	BY	27
Philipp-Reis-Str.	BY	28
Philosophenweg	CZ	29
Poststr.	BY	
Prädikaturstr.	BY	31
Rammersweierstr.	CY	
Ritterstr.	BCZ	
Schaiblestr.	CY	36
Scheffelstr.	CY	37
Schuttergasse	CZ	38
Schutterwälder Str.	AZ	
Sofienstr.	CY	
Spitalstr.	BZ	40
Stegermattstr.	BCZ	
Steinstr.	BCZ	
Straßburger Str.	BCY	41
Tannstr.	CZ	
Teichstr.	CZ	
Turnhallestr.	CY	
Unionrampe.	CY	43
Vitus-Burg-Str.	BY	45
Vogesenstr.	BY	46
Walter-Clauss-Str.	BZ	47
Wasserstr.	ABY	
Weingartenstr.	CZ	
Wilhelmstr.	CYZ	
Wilhelm-Bauer-Str.	BZ	49
Zähringerstr.	CZ	
Zeller Str.	CY	

Mercure am Messeplatz AZ **a**
Schutterwälder Str. 1a (bei der Oberrheinhalle) ⌧ 77656
– ℘ (0781) 50 50 – h2906@accor.com
– Fax (0781) 505513
132 Zim – †69/125 € ††69/140 €, ⌑ 15 € – 5 Suiten
Rest – Karte 22/37 €

♦ Die Lage direkt bei der Oberrheinhalle macht dieses mit funktionellen Gästezimmern ausgestattete Hotel vor allem für Messebesucher interessant. In Stuben unterteiltes Restaurant mit gemütlichem holzvertäfeltem Barbereich.

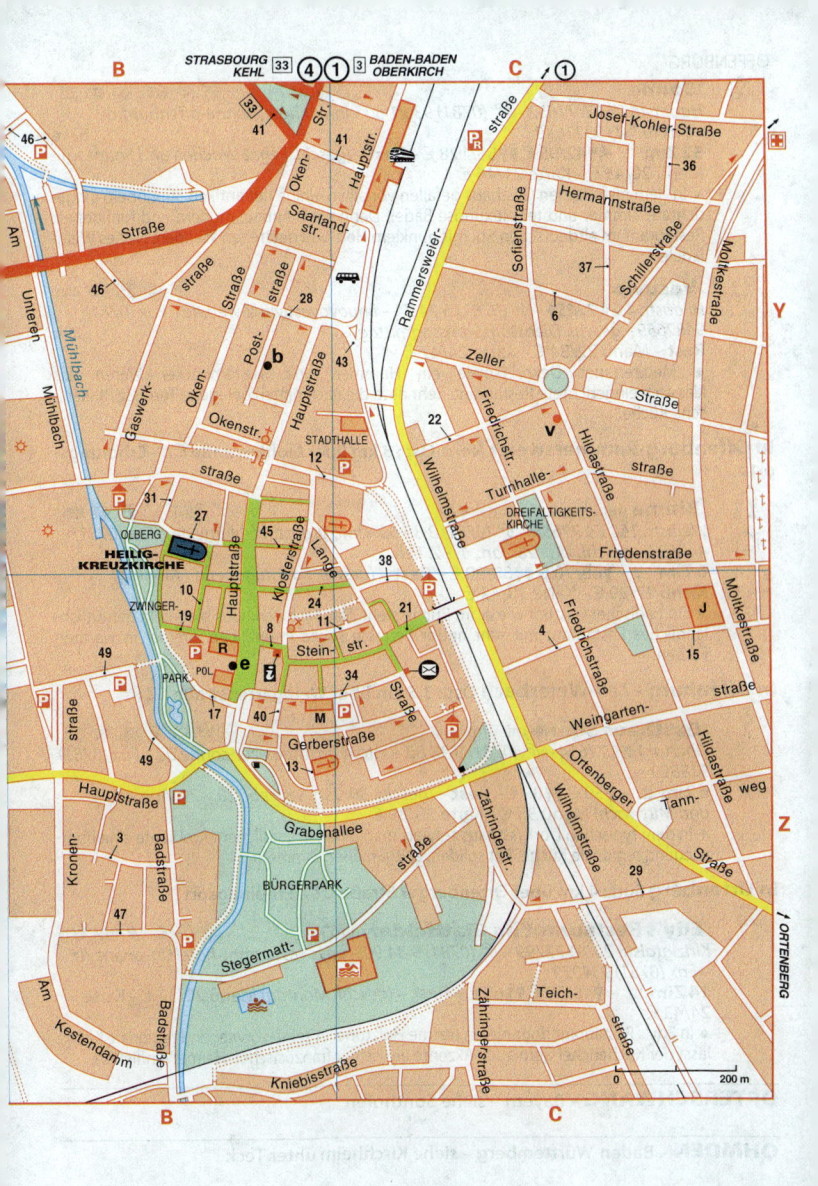

Central garni
Poststr. 5 ✉ 77652 – ✆ (0781) 7 20 04
– info@centralhotel-offenburg.de – Fax (0781) 25598
– geschl. 22. Dez. - 6. Jan.
21 Zim ⌑ – †65/75 € ††80/90 €

BY **b**

♦ Gute Parkmöglichkeiten und die cityahe Lage machen das Stadthaus mit der hübschen Fassade auch für Geschäftsreisende zu einer interessanten Übernachtungsadresse.

OFFENBURG

Sonne
Hauptstr. 94 ⊠ 77652 – ℰ (0781) 93 21 60 – info@hotel-sonne-offenburg.de
– Fax (0781) 9321640
BZ e
32 Zim ⊇ – †42/95 € ††58/128 € – **Rest** – (geschl. Feb. 2 Wochen und Sonntag) Menü 20/45 € – Karte 21/46 €

♦ In dem historischen Gasthaus gefallen vor allem einige mit antiken Stilmöbeln eingerichtete Zimmer und teils luxuriöse Bäder. Der neuere Anbau: modern und funktionell. Restaurant im altdeutschen Stil mit dunklem Holz und getäfelten Wänden. Nettes Weinlädele.

Vesuvio
Hildastr. 4 ⊠ 77654 – ℰ (0781) 3 74 74 – ilnuovovesuvio@web.de – Fax (0781) 9482659 – geschl. Dienstag, Samstagmittag
CY v
Rest – Menü 22/34 € – Karte 24/42 €

♦ Mediterranes Dekor sowie ein Hummer- und Austernbecken zieren das klassisch eingerichtete Restaurant. Sehr nett: die nach hinten gelegene Terrasse. Italienische Küche.

In Offenburg-Rammersweier Nord-Ost : 3 km über Moltkestraße CY – Erholungsort :

Blume mit Zim
Weinstr. 160 ⊠ 77654 – ℰ (0781) 3 36 66 – info@gasthof-blume.de – Fax (0781) 440603 – geschl. 21. - 28. Jan., 1. - 7. Feb.
6 Zim ⊇ – †68/70 € ††88/90 € – **Rest** – (geschl. Sonntagabend - Montag) Menü 27/29 € – Karte 30/47 €

♦ Ein badischer Gasthof wie er im Buche steht. Das Fachwerkhaus bietet ein gemütlich-ländliches Restaurant mit sehr netter Terrasse sowie freundliche Zimmer in warmen Farben.

In Offenburg - Zell-Weierbach Ost : 3,5 km über Weingartenstraße CZ :

Gasthaus Sonne mit Zim
Obertal 1 ⊠ 77654 – ℰ (0781) 9 38 80 – info@gasthaus-zur-sonne.de – Fax (0781) 938899
6 Zim ⊇ – †50 € ††82 € – **Rest** – (geschl. 30. Jan. - 8. Feb., 20. - 29. Aug. und Mittwoch) Menü 35 € – Karte 20/39 €

♦ In dem typischen Dorfgasthaus serviert man Ihnen in ländlichem Ambiente eine überwiegend regionale Küche. Mit soliden, zeitgemäßen Zimmern.

In Ortenberg Süd : 4 km über Ortenberger Straße CZ – Erholungsort :

Edy's Restaurant im Glattfelder mit Zim
Kinzigtalstr. 20 ⊠ 77799 – ℰ (0781) 9 34 90 – edys-restaurant-hotel@t-online.de
– Fax (0781) 934929
14 Zim ⊇ – †45/50 € ††65 € – **Rest** – (geschl. Montag) Menü 20/32 € – Karte 24/43 €

♦ In Edy's Restaurant dominieren warme Holztöne. In seine vorwiegend regionale Küche lässt der Küchenchef gern auch Akzente aus seiner französischen Heimat einfließen.

OFTERSCHWANG – Bayern – siehe Sonthofen

OHMDEN – Baden-Württemberg – siehe Kirchheim unter Teck

OLBERNHAU – Sachsen – 544 – 11 290 Ew – Höhe 450 m 43 **P13**
▶ Berlin 262 – Dresden 70 – Chemnitz 45

Saigerhütte
Biergarten
In der Hütte 4 (Grünthal) ⊠ 09526 – ℰ (037360) 78 70 – info@saigerhuette.de
– Fax (037360) 78750
31 Zim ⊇ – †44/59 € ††68/98 € – **Rest** – Karte 17/26 €

♦ Aus zwei Fachwerkhäusern bestehendes freundliches Hotel auf einem Museumsgelände: die Hüttenschänke mit gemütlichen Zimmern und großzügigere Räume im Haus des Anrichters. Rustikal gestaltetes Restaurant.

OLBERNHAU

Zum Poppschen Gut 🛏 🍴 Rest, 🅿 VISA ◎ AE
Zum Poppschen Gut 5 ✉ *09526 –* ✆ *(037360) 2 00 56 – hotel@poppschesgut.de*
– Fax (037360) 20058
18 Zim ⊇ – †39/45 € ††60/65 € – **Rest** – *(nur Abendessen)* Karte 12/15 €
◆ Recht ruhig, oberhalb des Ortes liegt das kleine Landhaus, dessen in wohnlichen Farben gehaltene Zimmer sich auf zwei Hotelflügel verteilen.

OLCHING – Bayern – **546** – 23 800 Ew – Höhe 503 m 65 **L20**

▶ Berlin 595 – München 36 – Augsburg 48 – Dachau 13
🏌 Olching, Feurstr. 89 ✆ (08142) 4 82 90

Schiller 🚗 🛏 🗔 🕸 🎱 🧖 🅿 🚙 VISA ◎ AE ①
Nöscherstr. 20 ✉ *82140 –* ✆ *(08142) 47 30 – anfrage@hotel-schiller.de*
– Fax (08142) 473399 – geschl. 22. Dez. - 2. Jan.
57 Zim ⊇ – †85/115 € ††95/125 € – **Rest** – *(geschl. Sonntagabend)* Menü 13 €
– Karte 16/31 €
◆ Das familiengeführte Hotel an der Amper beherbergt in seinen drei Häusern unterschiedlich eingerichtete Zimmer mit neuzeitlicher Technik sowie moderne Tagungsräume. Restaurant mit internationaler und bürgerlicher Küche.

Villa Romantica 🛏 ⇔ 🅿 VISA ◎
Ascherbachstr. 85 (Nord-Ost : 3,5 km, am Olchinger See) ✉ *82140 –* ✆ *(08142) 6 52 80 28 – info@villaromantica.de – Fax (08142) 6528003 – geschl. 7. - 23. Jan., 27. Okt. - 9. Nov. und Mitte Sept. - Ende März Montag*
Rest – *(Montag - Freitag nur Abendessen)* Menü 39/45 € – Karte 28/49 €
◆ Schön liegt das im südländischen Villenstil erbaute Haus am Olchinger See. In elegantem Ambiente serviert man mediterrane Küche sowie bürgerliche Gerichte.

In Olching-Grasslfing Nord-Ost : 2,5 km :

Gast- und Tafernwirtschaft zum Haderecker Biergarten 🍴 ⇔ 🅿
Allacher Str. 67 (Nord-Ost : 4 km, jenseits der A 8) ✉ *82140 –* ✆ *(08142) 76 29*
– geschl. Dienstag
Rest – *(Tischbestellung ratsam)* Karte 14/28 €
◆ Hier wird traditionelle bayerische Lebensart und Gastlichkeit groß geschrieben. Sympathische familiäre Adresse mit bodenständigem Ambiente. Montag ist Schlachttag!

OLDENBURG – Niedersachsen – **541** – 158 340 Ew – Höhe 4 m 17 **F6**

▶ Berlin 432 – Hannover 171 – Bremen 46 – Bremerhaven 58
ADAC Donnerschweer Str. 237
ℹ Kleine Kirchstr. 10, ✉ 26122, ✆ (01805) 93 83 33, info@ oldenburg-tourist.de
🏌 Tweelbäke-Ost, Hatter Landstr. 34 ✆ (04481) 88 55
◉ Schlossgarten★ Y – Stadtmuseum★ / Horst-Janssen-Museum X M¹

Stadtplan siehe nächste Seite

Altera Hotel 🛏 📺 ☏ 🧖 VISA ◎ AE
Herbartgang 23 ✉ *26122 –* ✆ *(0441) 21 90 80 – oldenburg@altera-hotels.de*
– Fax (0441) 2190888 Z b
40 Zim ⊇ – †80/110 € ††99/130 € – **Rest** – *(geschl. Jan. 1 Woche und Sonntag)*
Menü 34/41 € – Karte 32/46 €
◆ Ein sehr modernes Stadthotel am Waffenplatz, das angenehm hell und schlicht im Designerstil eingerichtet ist. Zahlreiche Kunstobjekte zieren das Haus. Neuzeitlich-elegantes Restaurant.

Le Journal VISA ◎ AE ①
Wallstr. 13 ✉ *26122 –* ✆ *(0441) 1 31 28 – info@wernerskochschule.de*
– Fax (0441) 25292 – geschl. Sonntag Z a
Rest – *(nur Abendessen)* *(Tischbestellung ratsam)* Menü 39/49 €
◆ Restaurant mit Bistro-Atmosphäre: Vorne Stehtische, hinten sitzt man gemütlich an gut eingedeckten Tischen. Die klassisch-französischen Speisen werden auf Tafeln angeboten.

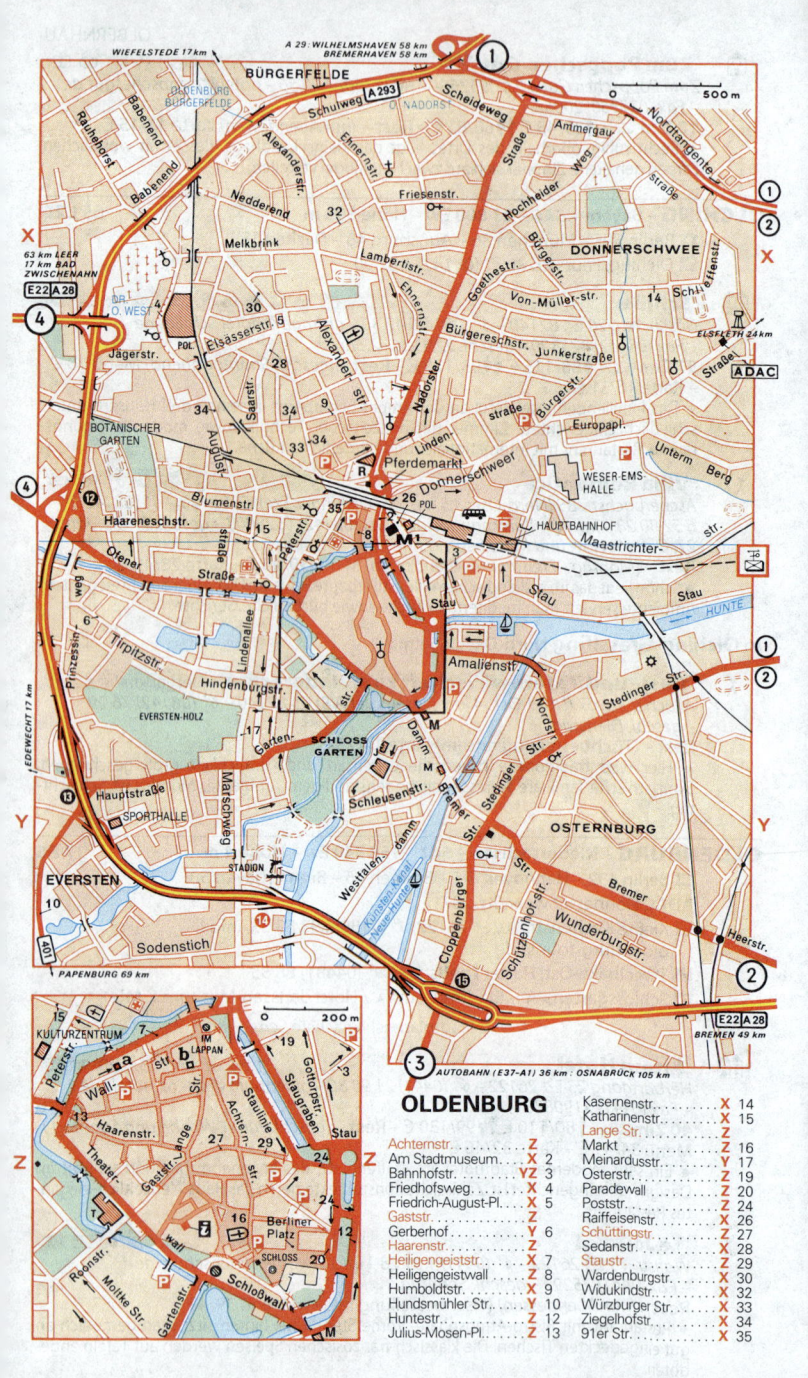

OLDENBURG

Street	Ref
Achternstr.	Z
Am Stadtmuseum	X 2
Bahnhofstr.	YZ 3
Friedhofsweg	X 4
Friedrich-August-Pl.	X 5
Gaststr.	Z
Gerberhof	Y 6
Haarenstr.	Z
Heiligengeiststr.	X 7
Heiligengeistwall	X 8
Humboldtstr.	X 9
Hundsmühler Str.	Y 10
Huntestr.	Z 12
Julius-Mosen-Pl.	Z 13
Kasernenstr.	X 14
Katharinenstr.	X 15
Lange Str.	Z
Markt	Z 16
Meinardusstr.	Y 17
Osterstr.	Z 19
Paradewall	Z 20
Poststr.	Z 24
Raiffeisenstr.	X 26
Schüttingstr.	Z 27
Sedanstr.	X 28
Staustr.	Z 29
Wardenburgstr.	X 30
Widukindstr.	X 32
Würzburger Str.	X 33
Ziegelhofstr.	X 34
91er Str.	X 35

OLFEN – Nordrhein-Westfalen – 543 – 12 030 Ew – Höhe 48 m — 26 **D10**
▶ Berlin 490 – Düsseldorf 80 – Münster (Westfalen) 37 – Recklinghausen 19

In Olfen-Kökelsum Nord-West : 2 km Richtung Haltern :

✕✕ Füchtelner Mühle
Kökelsumerstr. 66 ⊠ 59399 – ℰ (02595) 4 30 – fuechtelner-muehle@t-online.de
– Fax (02595) 387604 – geschl. Montag - Dienstag, im Feb. nur Samstag und Sonntag geöffnet
Rest – *(Mittwoch - Freitag nur Abendessen)* Menü 14/33 € – Karte 23/45 €
♦ Nett sitzt man in den liebevoll dekorierten westfälisch-rustikalen Restaurantstuben oder auf der Sommerterrasse. Das Otmar Alt-Zimmer zeigt Bilder des bekannten Malers.

OLPE (BIGGESEE) – Nordrhein-Westfalen – 543 – 25 630 Ew – Höhe 340 m
37 **E12**
▶ Berlin 559 – Düsseldorf 114 – Siegen 30 – Hagen 62
🛈 Westfälische Str. 11, ⊠ 57462, ℰ (02761) 9 42 90, touristikbuero@olpe.de

🏨 Koch's Hotel (mit Gästehaus)
Bruchstr. 16 ⊠ 57462 – ℰ (02761) 8 25 20 – info@kochs-hotel.de – Fax (02761) 825299
39 Zim ⊇ – †60/99 € ††89/157 € – **Rest** – *(geschl. Samstagmittag)* Karte 26/42 €
♦ Dieses Hotel besteht aus dem Stammhaus und einem a. d. J. 1904 stammenden Back-steinbau auf der anderen Seite der Bigge. Hier sind die Zimmer besonders komfortabel und hübsch. Geschmackvoll ist das Ambiente im Restaurant Altes Olpe.

OLSBERG – Nordrhein-Westfalen – 543 – 15 960 Ew – Höhe 360 m – Wintersport : 780 m ✦3 ⛷ – Kneippkurort
27 **F11**
▶ Berlin 479 – Düsseldorf 167 – Arnsberg 36 – Kassel 99
🛈 Ruhrstr. 32 (Haus des Gastes), ⊠ 59939, ℰ (02962) 9 73 70, touristik@ts-olsberg.de

🏨 Kurpark Villa (mit Gästehaus)
Mühlenufer 4a ⊠ 59939 – ℰ (02962) 9 79 70 – mail@kurparkvilla.info – Fax (02962) 979797
34 Zim ⊇ – †48/108 € ††90/186 € – ½ P 18 € – **Rest** – *(geschl. Mittwoch)* Karte 28/35 €
♦ Das Hotel am Kurpark überzeugt mit eleganter Atmosphäre und wohnlichen, teils sehr geräumigen Gästezimmern. Im Haus bietet man auch therapeutische Anwendungen und Kosmetik. Lichtdurchflutetes Wintergartenrestaurant.

In Olsberg-Bigge West : 2 km :

✕✕ Schettel mit Zim
Hauptstr. 52 ⊠ 59939 – ℰ (02962) 18 32 – info@hotel-schettel.de – Fax (02962) 6721 – geschl. 9. - 23. Juli
10 Zim ⊇ – †42/46 € ††70/79 € – **Rest** – *(geschl. Dienstag)* Menü 13 € (mittags)/29 € – Karte 20/30 €
♦ Das freundlich und familiär geleitete Haus ist ein ländlich-elegantes Restaurant mit regionalem Angebot, ergänzt durch die rustikalere Bauernstube. Die Gästezimmer sind wohnlich eingerichtet.

OLZHEIM – Rheinland-Pfalz – 543 – 540 Ew – Höhe 496 m — 35 **B14**
▶ Berlin 664 – Mainz 204 – Trier 65 – Bonn 89

🏠 Haus Feldmaus
Knaufspescher Str. 14 ⊠ 54597 – ℰ (06552) 9 92 20 – info@feldmaus.de – Fax (06552) 992222
9 Zim ⊇ – †50/101 € ††92/112 € – **Rest** – *(geschl. Sonntag - Montag, nur Abendessen)* Karte 22/27 €
♦ Kein Zimmer gleicht hier dem anderen! Die sehr individuelle Gestaltung macht das ehemalige Bauernhaus zu einer nicht alltäglichen Adresse. Mit Galerie. Neuzeitliches Restaurant mit Vollwertküche.

OPPENAU – Baden-Württemberg – 545 – 5 050 Ew – Höhe 277 m – Luftkurort
54 **E19**

▶ Berlin 750 – Stuttgart 150 – Karlsruhe 79 – Offenburg 26
🛈 Allmendplatz 3, ✉ 77728, ℰ (07804) 91 08 30, info@oppenau.de

Rebstock
Straßburger Str. 13 ✉ 77728 – ℰ (07804) 97 80
– rezeption@rebstock-oppenau.de – Fax (07804) 978200
– geschl. 24. Okt. - 18. Nov.
15 Zim ⌂ – †45/50 € ††70/95 € – ½ P 19 € – **Rest** – *(geschl. Dienstag)* Karte 21/40 €

♦ Das hübsche Fachwerkhaus in der Ortsmitte am Flüsschen Lierbach ist ein kleiner Familienbetrieb, in dem gepflegte Gästezimmer bereitstehen. Bürgerliches Restaurant.

In Oppenau-Kalikutt West : 5 km über Ramsbach – Höhe 600 m

Höhenhotel Kalikutt ⚜ ← Schwarzwald,
Kalikutt 10 ✉ 77728 – ℰ (07804) 4 50 – info@
kalikutt.de – Fax (07804) 45222
30 Zim ⌂ – †52/65 € ††80/115 € – ½ P 20 € – **Rest** – Karte 18/35 €

♦ Ruhig liegt das familiengeführte Landhotel auf einer Anhöhe. Die Zimmer sind überwiegend mit dunklen Holzmöbeln rustikal eingerichtet, teils recht geräumig, mit Balkon. Ländlich, teils gediegen gestaltetes Restaurant.

In Oppenau-Lierbach Nord-Ost : 3,5 km :

Blume (mit Gästehäusern) ⚜
Rotenbachstr. 1 ✉ 77728 – ℰ (07804) 30 04 – blume-lierbach@t-online.de
– Fax (07804) 3017 – geschl. 11. Feb. - 13. März
12 Zim ⌂ – †40 € ††64/90 € – ½ P 14 € – **Rest** – *(geschl. Donnerstag)* Karte 16/34 €

♦ Ein kleiner Gasthof im romantischen Lierbachtal mit zeitgemäß ausgestatteten Zimmern. Besonders komfortabel und für Allergiker geeignet: die Zimmer im neuesten Gästehaus. Restaurant im Stil einer rustikalen Gaststube.

OPPENHEIM – Rheinland-Pfalz – 543 – 6 710 Ew – Höhe 100 m
47 **F15**

▶ Berlin 597 – Mainz 24 – Neustadt an der Weinstraße 74 – Darmstadt 47

Merian garni
Wormser Str. 2 ✉ 55276 – ℰ (06133) 9 49 40 – info@merianhotel.de – Fax (06133) 949444
14 Zim ⌂ – †85 € ††115 €

♦ Das in der Altstadt gelegene Stadtschreiberhaus von 1699 beherbergt hochwertig in modernem Stil eingerichtete Zimmer. Das Frühstücksbuffet bietet eine sehr gute Auswahl.

ORANIENBURG – Brandenburg – 542 – 40 600 Ew – Höhe 34 m
22 **P7**

▶ Berlin 38 – Potsdam 57 – Frankfurt (Oder) 112
🛈 Bernauer Str. 52, ✉ 16515, ℰ (03301) 70 48 33, info@tourismus-or.de
🛈 Stolpe, Am Golfplatz 1 ℰ (03303) 54 92 14

Stadthotel
Andre-Pican-Str. 23 ✉ 16515 – ℰ (03301) 69 00 – info@
stadthotel-oranienburg.de – Fax (03301) 690999
50 Zim ⌂ – †75 € ††84 € – **Rest** – Karte 16/35 €

♦ Mit hellen Holzmöbeln in modernem Stil gehaltene und funktionell ausgestattete Gästezimmer sprechen für dieses gut gepflegte Hotel. Neuzeitliches Restaurant.

ORB, BAD – Hessen – 543 – 10 110 Ew – Höhe 189 m – Heilbad
48 **H14**

▶ Berlin 504 – Wiesbaden 99 – Fulda 54 – Frankfurt am Main 55
🛈 Kurparkstr. 1, ✉ 63619, ℰ (06052) 8 30, kurgesellschaft@bad-orb.de
🛈 Jossgrund, Hindenburgstr. 7 ℰ (06059) 9 05 50

ORB, BAD

Kurhaus Hotel (direkter Zugang zum Leopold-Koch-Bad)
Horststr. 1 ⊠ 63619 – ℰ (06052) 8 80 – ringhotel@kurhaushotel-bad-orb.de
– Fax (06052) 88135
112 Zim ⊇ – †85/105 € ††150/185 € – ½ P 25 € – **Rest** – Karte 23/42 €
♦ Ein großzügiger Empfangsbereich macht den komfortablen Rahmen dieses Hauses aus. Ein Teil der Zimmer ist besonders freundlich eingerichtet. Gediegenes Restaurant mit einem Hauch Eleganz.

Lorösch
Sauerbornstr. 14 ⊠ 63619 – ℰ (06052) 9 15 50 – info@hotel-loroesch.de
– Fax (06052) 6549
29 Zim ⊇ – †81/90 € ††99/149 € – ½ P 19 € – **Rest** – Karte 21/38 €
♦ Nur wenige Meter vom Kurpark entfernt beziehen Sie wohnlich, vorwiegend mit soliden Kirschbaummöbeln gestaltete Zimmer, zum größten Teil mit Balkon. Gepflegtes Restaurant im Café-Stil.

Rheinland
Lindenallee 36 ⊠ 63619 – ℰ (06052) 9 14 90 – hotel_rheinland@t-online.de
– Fax (06052) 914988 – geschl. 1. Nov. - 20. Dez., 5. Jan. - 15. März
35 Zim ⊇ – †54/65 € ††102/120 € – ½ P 12 € – **Rest** – (nur für Hausgäste)
♦ Zeitgemäß, wohnlich und funktionell ausgestattete Gästezimmer erwarten Sie in diesem familiengeführten Hotel nahe dem Kurpark.

ORSINGEN-NENZINGEN – Baden-Württemberg – 545 – 3 050 Ew – Höhe 449 m
62 **G21**

▶ Berlin 734 – Stuttgart 155 – Konstanz 34 – Freiburg im Breisgau 107

Landgasthof Ritter
Stockacher Str. 69 (Nenzingen) ⊠ 78359 – ℰ (07771) 21 14
– ritter.nenzingen@t-online.de – Fax (07771) 5769
– geschl. nach Fastnacht 2 Wochen, Anfang Nov. 2 Wochen
21 Zim ⊇ – †39/42 € ††78/84 € – **Rest** – (geschl. Dienstag - Mittwochmittag)
Karte 14/26 €
♦ Bereits in der fünften Generation wird der Landgasthof von Familie Kerber geführt. Man bietet praktische, teils hell möblierte Übernachtungszimmer, z. T. mit Balkon. Gepflegtes, ländliches Restaurant.

ORTENBERG – Baden-Württemberg – siehe Offenburg

OSNABRÜCK – Niedersachsen – 541 – 165 520 Ew – Höhe 63 m
17 **E9**

▶ Berlin 424 – Hannover 141 – Bielefeld 50 – Bremen 121
✈ bei Greven, West: 34 km über A 30 und A 1 X, ℰ (02571) 9 40
ADAC Kurt-Schumacher-Damm 16
🛈 Bierstr. 22, ⊠ 49074, ℰ (0541) 3 23 22 02, tourist-information@osnabrueck.de
🆁 Lotte, Wersener Str. 17 ℰ (05404) 99 86 10 X
🆁 Ostercappeln-Venne, Im Schlingenort 5 ℰ (05476) 2 00 X
🆁 Gut Arenshorst, Am Leckermühlbach 2 ℰ (05471) 95 25 20 X
◉ Rathaus (Friedenssaal★) Y **R** – Marienkirche (Passionsaltar★) Y **B**

Stadtplan siehe nächste Seite

Steigenberger Hotel Remarque
Natruper-Tor-Wall 1 ⊠ 49076 – ℰ (0541) 6 09 60
– osnabrueck@steigenberger.de – Fax (0541) 6096600
Y **b**
156 Zim – †111/145 € ††123/160 €, ⊇ 15 € – 3 Suiten
Rest *Vila Real* – (geschl. Jan. 2 Wochen, Juli - Aug. 4 Wochen und Sonntag - Montag, nur Abendessen) (Tischbestellung ratsam) Menü 52/68 € – Karte 55/60 €
Rest *Remarques Küche & Wein* – Karte 22/45 €
♦ Mit Kunst dekoriert wurde die Halle des neuzeitlichen Hotels. Kreativität beweist man auch in den technisch guten Zimmern - hier hängen Briefe des namengebenden Dichters. Ambitioniertes Angebot im Vila Real. Remarque's Küche & Wein mit Tapas und Snacks.

1029

OSNABRÜCK

Atterstr.	X	3
Belmer Str.	X	4
Bierstr.	Y	7
Domhof	Y	9
Ellerstr.	X	10
Große Str.	YZ	
Hansastr.	X	13
Hasetorwall	X	15
Haster Weg	X	16
Heinrich-Heine-Str.	Z	19
Herrenteichsstr.	Y	
Iburger Str.	X	21
Johannisfreiheit	Z	23
Johannisstr.	Z	
Knollstr.	X	25
Kolpingstr.	Z	26
Krahnstr.	Y	
Kurt-Schumacher-Damm	X	27
Lengericher Landstr.	X	28
Lieneschweg	X	29
Lotter Str.	Y	30
Meller Landstr.	X	31
Mindener Str.	X	32
Natruper Str.	X	33
Natruper-Tor-Wall	Y	34
Osnabrücker Str.	X	36
Petersburger Wall	Z	37
Rheiner Landstr.	X	38
Römereschstr.	X	39
Schellenbergstr.	X	40
Schillerstr.	X	43
Theodor-Heuss-Pl.	Z	44
Wersener Landstr.	X	46
Wersener Str.	X	47
Wittekindpl.	Y	49

OSNABRÜCK

Walhalla (mit Gästehaus)
Biergarten, Rest.
Bierstr. 24 ⊠ 49074 – ℰ (0541) 3 49 10
– walhalla@hotel-walhalla.de – Fax (0541) 3491144
66 Zim ⊇ – †87 € ††110 € – **Rest** – Menü 31/50 € – Karte 29/47 €   Y n
◆ In der Fußgängerzone befindet sich das historische Stadthaus mit teils recht individuell gestalteteten Zimmern, in denen schon zahlreiche bekannte Persönlichkeiten wohnten. Einladend und behaglich ist das Restaurant.

Landhaus Osterhaus garni
Bramstr. 109a (über B 68 X, rechts ab Richtung Haste) ⊠ 49090 – ℰ (0541) 9 62 12 31 – info@hotel-osterhaus.de – Fax (0541) 65820
14 Zim ⊇ – †75/78 € ††95/99 €
◆ Mit großzügig angelegten, geschmackvoll und elegant eingerichteten Zimmern/Appartements gefällt dieses kleine Haus unter Leitung der Inhaberfamilie.

Nikolai garni
Kamp 1 ⊠ 49074 – ℰ (0541) 33 13 00 – hotelnikolai@aol.com – Fax (0541) 3313088   Y a
29 Zim ⊇ – †69/76 € ††84/86 €
◆ Um einen mit einem Glasdach überbauten Innenhof sind die solide ausgestatteten Zimmer des in das Nikolai-Center integrierten Etagenhotels angelegt.

La Vie
Krahnstr. 1 ⊠ 49074 – ℰ (0541) 33 11 50 – info@restaurant-lavie.de – Fax (0541) 331525 – geschl. 1. - 12. Jan., 20. Juli - 11. Aug. und Sonntag - Montag   Y c
Rest – (nur Abendessen) (Tischbestellung ratsam) Menü 94/142 €
Spez. Langustine in der Kroepoek-Kruste mit Kokos, Curry und Ingwer. Steinbuttfilet mit einer Petersilieninfusion und Kartoffel-Tandooricrème. Bisonfilet auf vier Arten.
◆ Modern und elegant zugleich ist das klassizistische Altstadthaus. Die Gäste wählen zwischen zwei Menüs, die gemäß der Philosophie Thomas Bühners in ständigem Wandel sind.

In Osnabrück-Atter

Leonardo
Zum Flugplatz 83 ⊠ 49076 – ℰ (0541) 12 89 99 – leonardo@atterheide.de
– Fax (0541) 128999 – geschl. Montag   X n
Rest – Karte 19/46 €
◆ Freundliches, neuzeitliches Restaurant direkt am Flugplatz mit netter Terrasse zur Landebahn. Das Angebot ist bürgerlich, am Abend auch klassisch - einfache Mittagskarte.

In Belm-Vehrte Nord-Ost : 12 km über Bremer Straße X :

Landgasthaus Kortlüke
Venner Str. 5 ⊠ 49191 – ℰ (05406) 8 35 00 – info@hotel-kortlueke.de
– Fax (05406) 835029
20 Zim – †45/48 € ††70/75 € – **Rest** – (geschl. Dienstag) Karte 16/30 €
◆ Das familiär geführte Haus liegt am Ortsrand, an den Ausläufern des Wiehengebirges. Die Gästezimmer sind mit soliden Eichenmöbeln ausgestattet.

OSTBEVERN – Nordrhein-Westfalen – siehe Telgte

OSTERBURKEN – Baden-Württemberg – 545 – 6 420 Ew – Höhe 247 m   48 **H16**

▶ Berlin 561 – Stuttgart 91 – Würzburg 66 – Heilbronn 49
▣ Ravenstein-Merchingen, Kaiserhöhe ℰ (06297) 3 99

Märchenwald
Boschstr. 14 (Nord-Ost : 2 km, nahe der B 292) ⊠ 74706 – ℰ (06291) 6 42 00
– info@hotelmaerchenwald.de – Fax (06291) 642040
20 Zim – †47/57 € ††78/90 € – **Rest** – (geschl. Sonntagabend - Montagmittag) Karte 15/32 €
◆ Landhausstil begleitet Sie durch alle Räume dieses kleinen Hotels - von der Rezeption mit Sitzgruppen und Kachelofen bis in die wohnlichen Zimmer in hellem Naturholz. Freundliches Restaurant mit ländlichem Charakter.

OSTERHOLZ-SCHARMBECK – Niedersachsen – 541 – 31 340 Ew – Höhe 16 m

▶ Berlin 409 – Hannover 144 – Bremen 25 – Bremerhaven 45   18 **G6**
🏌 Garlstedt, Am Golfplatz 10 ℰ (04795) 95 33 16
🏌 Bremen, Wölpscher Str. 4 ℰ (0421) 6 09 53 31

Tivoli (mit Gästehaus)
Beckstr. 2 ⌂ *27711 –* ℰ *(04791) 80 50 – info@hotel-tivoli.de – Fax (04791) 80560*
45 Zim ⌂ – †49/65 € ††77/98 € – **Rest** – *(geschl. Sonntagabend, Montag - Samstag nur Abendessen)* Karte 16/36 €
◆ Der rote Klinkerbau liegt in einer Seitenstraße im Ortskern. Zum Übernachten bietet man zweckmäßig und sachlich eingerichtete Zimmer, z. T. mit Balkon. Bürgerlich-rustikales Restaurant.

OSTERODE AM HARZ – Niedersachsen – 541 – 25 060 Ew – Höhe 220 m

▶ Berlin 316 – Hannover 98 – Braunschweig 81 – Göttingen 48   29 **J10**
🛈 Dörgestr. 40 (bei der Stadthalle), ⌂ 37520, ℰ (05522) 31 83 60, touristinfo@osterode.de

Börgener garni
Hoelemannpromenade 10a ⌂ *37520 –* ℰ *(05522) 9 09 90 – hotel-boergener@t-online.de – Fax (05522) 3345*
20 Zim ⌂ – †47/51 € ††67/78 €
◆ Zeitgemäß mit solidem Mobiliar ausgestattet zeigen sich die Gästezimmer dieses familiengeführten Hauses - eine praktische Übernachtungsadresse unweit des Ortskerns.

In Osterode-Lerbach Nord-Ost : 5 km über B 241 – Erholungsort :

Sauerbrey
Friedrich-Ebert-Str. 129 ⌂ *37520 –* ℰ *(05522) 5 09 30 – info@hotel-sauerbrey.de – Fax (05522) 509350*
31 Zim ⌂ – †69/87 € ††109/124 € – **Rest** – Karte 19/34 €
◆ Das Hotel mit zum Teil holzverkleideten Anbauten liegt am Fuß eines Hügels. Die Gästezimmer sind überwiegend mit hellen Naturholzmöbeln eingerichtet. Wandbilder und ein offener Kamin zieren das gediegene kleine Restaurant.

In Osterode-Riefensbeek Nord-Ost : 12 km über B 498 – Erholungsort :

Landhaus Meyer
Sösetalstr. 23 (B 498) ⌂ *37520 –* ℰ *(05522) 38 37 – landhaus-meyer@t-online.de – Fax (05522) 76060*
9 Zim ⌂ – †43/45 € ††70 € – ½ P 13 € – **Rest** – Karte 20/34 €
◆ Die schöne Waldlage sowie nette kleine Gästezimmer sprechen für das hübsche, im regionstypischen Stil gebaute Holzhaus unter familiärer Leitung. Rustikales Restaurant mit bürgerlichem Angebot.

OSTERWIECK – Sachsen-Anhalt – 542 – 3 950 Ew – Höhe 117 m

▶ Berlin 235 – Magdeburg 83 – Goslar 32   30 **K9**

Brauner Hirsch
Stephanikirchgasse 1 ⌂ *38835 –* ℰ *(039421) 79 50 – hotel-braunerhirsch@t-online.de – Fax (039421) 79599*
24 Zim ⌂ – †47 € ††83/84 € – **Rest** – Karte 18/25 €
◆ Mit Sinn fürs Detail wurde hier ein a. d. J. 1728 stammendes verwinkeltes Fachwerkgasthaus in ein nettes familiengeführtes Hotel mit behaglichem Ambiente verwandelt. Gemütliches Restaurant im 1. Stock. Im Sommer speist man auf einer netten Innenhofterrasse.

OSTFILDERN – Baden-Württemberg – 545 – 33 100 Ew – Höhe 348 m

▶ Berlin 644 – Stuttgart 19 – Göppingen 39 – Reutlingen 35   55 **G18**

In Ostfildern-Kemnat

Am Brunnen garni
Heumadener Str. 19 ⌂ *73760 –* ℰ *(0711) 16 77 70 – info@hotelambrunnen.de – Fax (0711) 1677799*
22 Zim ⌂ – †82/85 € ††102/105 €
◆ Ein neuzeitliches Hotel, das ganz auf Businessgäste ausgelegt ist. Es erwarten Sie Zimmer mit zeitgemäßer Technik sowie ein freundlicher Frühstücksraum mit gutem Buffet.

OSTFILDERN

In Ostfildern-Ruit

Hirsch Hotel Gehrung — Rest, VISA AE
Stuttgarter Str. 7 ⊠ 73760 – ℘ (0711) 44 13 00 – info@hirsch-hotel-gehrung.de
– Fax (0711) 44130444
60 Zim – †86/98 € ††135 € – **Rest** – (geschl. Sonntag)
Karte 28/39 €

◆ Ein sehr gepflegtes und gut geführtes Hotel, in dem eine wohnliche Atmosphäre herrscht. Die solide eingerichteten Gästezimmer sind teils recht geräumig. Gediegenes Restaurant und Schwäbische Stube.

In Ostfildern-Scharnhausen

Lamm
Plieninger Str. 3a ⊠ 73760 – ℘ (07158) 1 70 60 – hotel.lamm@t-online.de
– Fax (07158) 170644
32 Zim – †97/140 € ††118/180 € – **Rest** – Karte 28/47 €

◆ Ein von der Hotelierfamilie in der achten Generation geleitetes Haus. Praktische Zimmer mit unterschiedlichem Platzangebot erwarten Sie. Teil des Restaurants ist ein heller Wintergartenanbau. Man bietet regionale und internationale Küche.

OSTHEIM VOR DER RHÖN – Bayern – 546 – 3 720 Ew – Höhe 300 m – Luftkurort
39 **J14**
▶ Berlin 399 – München 367 – Fulda 52
🛈 Im Schlösschen 5, ⊠ 97645, ℘ (09777) 18 50, tourismus@ostheim.de

Landhotel Thüringer Hof
Kleiner Burgweg 10 ⊠ 97645 – ℘ (09777) 9 12 10
– lhthhof@aol.com – Fax (09777) 1700
58 Zim – †49 € ††79 € – ½ P 13 € – **Rest** – Karte 14/32 €

◆ Ruhig liegt das Haus mit den neuzeitlichen Zimmern am Ortsrand. Besonders empfehlenswert sind die etwas größeren Eckzimmer. Hoteleigene Fahrräder. Zeitlos gestaltetes Restaurant mit bürgerlicher Karte.

OSTRACH – Baden-Württemberg – 545 – 6 850 Ew – Höhe 615 m
63 **H20**
▶ Berlin 700 – Stuttgart 128 – Konstanz 69 – Ravensburg 33

Landhotel zum Hirsch
Hauptstr. 27 ⊠ 88356 – ℘ (07585) 9 24 90 – ermler@landhotel-hirsch.de
– Fax (07585) 924949 – geschl. Ende Okt. 1 Woche
16 Zim – †40/48 € ††70/78 € – ½ P 18 € – **Rest** – (geschl. Montag)
Menü 25/29 € – Karte 20/35 €

◆ Ein Landgasthof wie er im Buche steht! In der 3. Generation wird das Haus nun von der Familie geführt. Der Gast wohnt in ländlichen Zimmern, teils mit freigelegten Holzbalken. Gemütliches Restaurant mit schmackhafter Regionalküche.

OTTENHÖFEN IM SCHWARZWALD – Baden-Württemberg – 545 – 3 330 Ew
– Höhe 309 m – Luftkurort
54 **E19**
▶ Berlin 736 – Stuttgart 137 – Karlsruhe 64 – Freudenstadt 35
🛈 Großmatt 15, ⊠ 77883, ℘ (07842) 8 04 44, tourist-info@ottenhoefen.de
◉ Allerheiligen : Lage★ - Wasserfälle★ Süd-Ost : 7 km

Pension Breig garni
Zieselmatt 10 ⊠ 77883 – ℘ (07842) 25 65 – info@pension-breig.de – Fax (07842) 3974
9 Zim – †35/43 € ††74/84 €

◆ Dieses Landhaus mit privatem Charakter ist ruhig gelegen und bietet zweckmäßig und wohnlich mit hellem Einbaumobiliar gestaltete Zimmer, die meist über einen Balkon verfügen.

OTTERNDORF – Niedersachsen – 541 – 6 970 Ew – Höhe 2 m – Erholungsort
9 **G4**
▶ Berlin 402 – Hannover 217 – Cuxhaven 18 – Bremerhaven 40
🛈 Rathausplatz 1, Rathaus, ⊠ 21762, ℘ (04751) 91 91 31, touristik@otterndorf.de

1033

OTTERNDORF

Am Medemufer
Goethestr. 15 ⌂ 21762 – ℰ (04751) 9 99 90 – info@hotel-am-medemufer.de
– Fax (04751) 999944
38 Zim ⌑ – †64 € ††99/119 € – ½ P 22 € – 7 Suiten – **Rest** – Karte 18/32 €
♦ Das Hotel überzeugt mit Zimmern in neuzeitlichem Landhausstil, in hellem Holz und warmen Farben gehalten, und einem guten Frühstücksbuffet. Familienzimmer. Helles, freundliches Restaurant mit Blick auf den Fluss.

Eibsen's Hotel garni
Marktstr. 33 (B 73) ⌂ 21762 – ℰ (04751) 27 73 – info@altstadthotel-eibsen.de
– Fax (04751) 4179
20 Zim ⌑ – †50/60 € ††75/80 €
♦ In dem im Fachwerkstil erbauten Haus mit Anbau erwarten Sie sehr gepflegte, wohnliche Zimmer mit hell gekalktem Mobiliar, teils als Maisonetten und Ferienwohnungen angelegt.

OTTOBEUREN – Bayern – 546 – 8 070 Ew – Höhe 660 m – Wintersport :
– Kneippkurort
64 **J21**

▶ Berlin 672 – München 110 – Kempten (Allgäu) 40 – Bregenz 85
🛈 Marktplatz 14, ⌂ 87724, ℰ (08332) 92 19 50, touristamt@ottobeuren.de
🛈 Hofgut Boschach, ℰ (08332) 9 25 10
◉ Klosterkirche ★★★ (Vierung ★★★, Chor ★★)

Parkhotel Maximilian
Bannwaldweg 11 ⌂ 87724 – ℰ (08332) 9 23 70
– info@parkhotel-ottobeuren.de – Fax (08332) 92371111
111 Zim ⌑ – †92/122 € ††138/178 € – **Rest** – Karte 29/36 €
♦ Die schöne und ruhige Lage am Waldrand außerhalb des Zentrums sowie hübsche, sehr wohnliche Zimmer machen dieses Hotel aus. Besonders komfortabel: Juniorsuiten und Suite. In den zwei Restaurants bietet man sowohl regionale als auch klassische Küche.

Am Mühlbach garni
Luitpoldstr. 57 ⌂ 87724 – ℰ (08332) 9 20 50 – info@hotel-am-muehlbach.de
– Fax (08332) 8595
20 Zim ⌑ – †57/72 € ††85/94 €
♦ Der neuzeitliche Hotelbau ist halbkreisförmig angelegt, die zeitgemäß eingerichteten Zimmer sind fast alle zur Innenseite, zu einem hübschen Garten mit Teich, gelegen.

St. Ulrich
Bannwaldweg 10 ⌂ 87724 – ℰ (08332) 92 35 20 – info@kneipp-und-kur.de
– Fax (08332) 9235270 – geschl. Jan.
28 Zim ⌑ – †48/54 € ††75/86 € – **Rest** – (geschl. Sonntag - Montag) (nur Abendessen für Hausgäste)
♦ Das Haus liegt ruhig am Waldrand etwas oberhalb des kleinen Ortes. Von den solide, teils rustikal möblierten Zimmern hat man eine schöne Aussicht auf die Basilika.

OTTOBRUNN – Bayern – siehe München

OVERATH – Nordrhein-Westfalen – 543 – 26 920 Ew – Höhe 100 m
36 **C12**
▶ Berlin 583 – Düsseldorf 60 – Bonn 31 – Köln 25
🛈 Overath-Steinenbrück, Golfplatz 1 ℰ (02204) 9 76 00

In Overath-Immekeppel Nord-West : 7 km über A 4 Richtung Köln, Abfahrt Untereschbach :

Sülztaler Hof mit Zim
Lindlarer Str. 83 ⌂ 51491 – ℰ (02204) 9 75 00 – suelztaler-hof@t-online.de
– Fax (02204) 975050
15 Zim ⌑ – †80/175 € ††130/195 € – **Rest** – (geschl. Dienstag - Mittwochmittag) Menü 56/78 € – Karte 36/55 €
♦ Ein gediegenes, gemütlich dekoriertes Restaurant, das bereits seit mehreren Generationen von der Inhaberfamilie geführt wird. Man serviert klassische Küche. In einem Hotelanbau befinden sich sehr schöne Gästezimmer im Landhausstil mit hochwertigen Bädern.

OVERATH

In Overath-Klef Nord-Ost : 2 km, jenseits der A 4 :

Lüdenbach
*Klef 99 (B 55) ⊠ 51491 – ℰ (02206) 9 53 80 – info@hotel-luedenbach.de
– Fax (02206) 81602 – geschl. 22. Dez. - 7. Jan., 31. Jan. - 6. Feb., 2. - 6. Mai*
28 Zim ⊇ – †56/68 € ††80/88 € – **Rest** – *(Montag - Samstag nur Abendessen)* Karte 19/34 €
♦ Die Nähe zur Autobahn sowie sehr gepflegte und zeitgemäße Zimmer machen das familiär geführte Hotel auch für Geschäftsreisende interessant. Praktisch ist der große Parkplatz.

In Overath-Marialinden Ost : 3 km, über Mucher Straße und Marialindener Straße :

Sonne mit Zim
*An der Sonne 10 ⊠ 51491 – ℰ (02206) 85 21 15 – info@sonne-restaurant.de
– Fax (02206) 852116 – geschl. Juli 3 Wochen*
2 Zim ⊇ – †72 € ††84 € – **Rest** – *(geschl. Dienstag)* Menü 42/59 € – Karte 37/66 €
♦ In dem hübschen Landhaus mit gemütlichem Ambiente wird kreative Küche geboten. Schön sitzt man auch auf der Sommerterrasse.

OY-MITTELBERG – Bayern – 546 – 4 490 Ew – Höhe 1 035 m – Wintersport : 1 200 m ⟘2 ⛷ – Luft- und Kneippkurort 64 **J21**

▸ Berlin 710 – München 124 – Kempten (Allgäu) 23 – Füssen 22
🛈 Wertacher Str. 11, ⊠ 87466, ℰ (08366) 2 07, tourist@oy-mittelberg.de

Im Ortsteil Mittelberg

Die Mittelburg ⚘
Mittelburgweg 1 ⊠ 87466 – ℰ (08366) 1 80 – info@mittelburg.info – Fax (08366) 1835 – geschl. Mitte Nov. - Mitte Dez.
27 Zim ⊇ – †82/119 € ††118/212 € – **Rest** – Karte 21/42 €
♦ Hier überzeugen vor allem die freundliche Gästebetreuung und die schöne, ruhige Lage. Man bietet einfachere, rustikale Zimmer sowie komfortable Südzimmer im Anbau. Rustikale Restaurantstuben mit Wintergarten und Panoramaterrasse mit Bergblick.

PADERBORN – Nordrhein-Westfalen – 543 – 141 800 Ew – Höhe 110 m 28 **G10**

▸ Berlin 429 – Düsseldorf 167 – Bielefeld 47 – Dortmund 101
🛈 bei Büren-Ahden, Süd-West : 20 km über Bahnhofstraße Z, ℰ (02955) 7 70
ADAC Kamp 9
🛈 Marienplatz 2a, ⊠ 33098, ℰ (05251) 88 29 80, tourist-info@paderborn.de
🛈 Bad Lippspringe, Senne 1 ℰ (05252) 97 07 90
🛈 Salzkotten-Thüle, Im Nordfeld 25 ℰ (05258) 93 73 10
◉ Dom★ Z – Diözesanmuseum (Imadmadonna★) Z M¹ – Rathaus★ Z

Stadtplan siehe nächste Seite

Arosa
*Westernmauer 38 ⊠ 33098 – ℰ (05251) 12 80 – info@arosa.bestwestern.de
– Fax (05251) 128806* Z **s**
121 Zim – †75/133 € ††133/160 €, ⊇ 14 € – 3 Suiten – **Rest** – *(geschl. Sonntag)* Karte 22/37 €
♦ Zeitgemäßen Komfort bietet das Hotel am Zentrumsrand mit seinen modern gestalteten Zimmern und einem technisch gut ausgestatteten Tagungsbereich.

StadtHaus
*Hathumarstr. 22 ⊠ 33098 – ℰ (05251) 1 88 99 10 – info@hotel-stadthaus.de
– Fax (05251) 188991555* Y **n**
34 Zim ⊇ – †88/98 € ††105/110 € – **Rest** – *(geschl. Samstagmittag, Sonntag)* Karte 17/29 €
♦ Das Haus am Altstadtrand beherbergt ein geschmackvolles kleines Businesshotel, in dem schöne Hölzer und warme Farbtöne das Ambiente bestimmen. Restaurant im Bistrostil.

1035

PADERBORN

Am Abdinghof	Z	2
Am Bogen	Z	3
Am Rothoborn	Y	4
Am Westerntor	Z	5
Borchener Str.	Z	6
Dompl.	Z	7
Driburger Str.	Z	9
Kamp	Z	
Königstr.	YZ	
Le-Mans-Wall	Z	12
Marienstr.	Z	13
Michaelstr.	Y	15
Mühlenstr.	Y	16
Nordstr.	Y	17
Rosenstr.	Z	19
Schildern.	Z	21
Westernstr.	Z	

Gerold

Dr.-Rörig-Damm 170 (über Nordstraße Y) ✉ *33100 – ℰ (05251) 1 44 50 – rezeption@hotelgerold.de – Fax (05251) 144544 – geschl. 24. Dez. - 2. Jan.*
40 Zim ☐ – †75 € ††95 € – **Rest** – *(nur Abendessen)* Karte 17/32 €

♦ Mit lebendigen Farben sind die wohnlich-funktionell mit Einbaumobiliar ausgestatteten Zimmer dieses Hauses gestaltet. Besonders geräumig sind die Turmzimmer. Restaurant mit rustikaler Aufmachung und bürgerlichem Angebot.

Balthasar (Elmar Simon) mit Zim

Warburger Str. 28 ✉ *33098 – ℰ (05251) 2 44 48 – schlotzig@ restaurant-balthasar.de – Fax (05251) 24458 – geschl. 1. - 9. Jan. und Montag, Samstagmittag*

Z a

2 Zim ☐ – †99 € ††128 € – **Rest** – Menü 39 € (mittags)/85 € – Karte 44/56 €
Spez. Marinierter und gebackener Kalbskopf mit Hummer. Steinbutt in schwarzem Olivenöl pochiert mit Bacalaopüree. Lammrücken und Sauerbraten mit Mandel-Rosinenjus.

♦ In dem modernen und angenehm hellen Restaurant bieten die Simons internationale Küche und aufmerksamen Service. Sehr schön ist die Terrasse mit kleinem Teich hinter dem Haus. Übernachten können Sie in zwei hübschen Gästezimmern mit Zugang zur Dachterrasse.

Kupferkessel

Marienstr. 14 ✉ *33098 – ℰ (05251) 2 36 85 – Fax (05251) 205572 – geschl. Sonntag*

Rest – Menü 26/31 € – Karte 25/39 €

Z n

♦ Nett ist die legere Atmosphäre in diesem schlicht-modern gehaltenen Restaurant. Man bietet internationale Küche und preiswerte Mittagsempfehlungen. Beliebt: der Thekenbereich.

1036

PADERBORN

In Paderborn-Elsen über Neuhäuser Straße Y : 4,5 km :

Kaiserpfalz
von-Ketteler-Str. 20 ⊠ *33106 –* ℰ *(05254) 9 79 00 – hotel.kaiserpfalz@t-online.de
– Fax (05254) 979070 – geschl. Juli 3 Wochen*
26 Zim ⊇ – †60 € ††75 € – **Rest** – *(geschl. Samstag, nur Abendessen)* Karte 22/33 €
◆ Dieses Hotel bietet Reisenden eine zeitgemäße Unterkunft: hell und freundlich eingerichtete Zimmer, in denen blaue Polster und Teppiche farbige Akzente setzen. Gemütliche altdeutsche Gaststube mit holzgetäfelter Decke und bleiverglasten Fenstern.

In Paderborn-Schloss Neuhaus Nord-West : 2,5 km über Neuhäuser Straße Y :

Altes Zollhaus
Schlossstr. 33 ⊠ *33104 –* ℰ *(05254) 8 52 88
– altes-zollhaus-paderborn@arcor.de – Fax (05254) 942315
– geschl. Anfang Jan. 1 Woche und Sonntag - Montagmittag, Samstagmittag*
Rest – Karte 35/44 €
◆ In dem kleinen Fachwerkhaus mit modern-rustikalem Ambiente und stimmigem Dekor können Sie den Köchen bei der Zubereitung der internationalen Gerichte über die Schulter sehen.

In Borchen-Nordborchen Süd-West : 6 km über Borchener Straße Z :

Pfeffermühle
Paderborner Str. 66 ⊠ *33178 –* ℰ *(05251) 54 00 60 – Fax (05251) 5400699 – geschl. 21. Dez. - 2. Jan.*
41 Zim ⊇ – †58/70 € ††68/85 € – **Rest** – *(geschl. Sonn- und Feiertage, nur Abendessen)* Karte 20/28 €
◆ Der erweiterte Gasthof mit der roten Klinkerfassade hält für seine Gäste unterschiedlich, aber immer solide eingerichtete Zimmer bereit. Bürgerliches Restaurant - ergänzt durch eine Bierstube im Untergeschoss des Hauses.

PALLING – Bayern – **546** – 3 380 Ew – Höhe 531 m   67 **O20**
▶ Berlin 666 – München 92 – Bad Reichenhall 49 – Rosenheim 64

Michlwirt
Steiner Str. 1 ⊠ *83349 –* ℰ *(08629) 9 88 10 – michlwirt@t-online.de
– Fax (08629) 988181
– geschl. 21. - 27. Jan., 22. Sept. - 12. Okt.*
44 Zim ⊇ – †37/45 € ††63/75 € – **Rest** – *(geschl. Sonntag)* Karte 16/27 €
◆ Hübsch eingerichtete Zimmer im ländlichen Stil erwarten Sie in diesem Gasthof mit bodenständigem Ambiente. Passend abgestimmte Stoffe tragen zur wohnlichen Note bei. Ländlich-rustikale Gaststuben mit bürgerlichem Angebot.

PANKER – Schleswig-Holstein – siehe Lütjenburg

PAPENBURG – Niedersachsen – **541** – 34 250 Ew – Höhe 1 m   16 **D6**
▶ Berlin 513 – Hannover 240 – Emden 47 – Groningen 67
🛈 Ölmühlenweg 21 (Papenburger Zeitspeicher), ⊠ 26871, ℰ (04961) 8 39 60, info@papenburg-tourismus.de
🛈 Papenburg-Aschendorf, Gutshofstr. 141 ℰ (04961) 9 98 00

Alte Werft
Ölmühlenweg 1 ⊠ *26871 –* ℰ *(04961) 92 00 – rezeption@hotel-alte-werft.de
– Fax (04961) 920100*
121 Zim ⊇ – †103/120 € ††151/167 € – 4 Suiten
Rest *Graf Goetzen* – *(nur Abendessen)* Karte 37/51 €
Rest *Schnürboden* – Karte 29/39 €
◆ Gelungen hat man hier Industriearchitektur a. d. 19. Jh. - samt einiger erhaltener Werftmaschinen - in einen Hotelbau integriert. Neuzeitliche Zimmer. In der alten Werfthalle: Graf Goetzen mit internationaler Küche. Schnürboden mit imposanter Krankonstruktion.

1037

PAPENBURG

Comfort Hotel Stadt Papenburg
Am Stadtpark 25 ⊠ *26871 –* ℰ *(04961) 9 18 20 – info@comfort-hotel.de – Fax (04961) 3471 – geschl. 24. Dez. - 7. Jan.*
50 Zim ⊡ – †78/98 € ††110/130 € – **Rest** *– (geschl. 17. Dez. - 31. Jan.) Karte 17/25 €*

• In diesem vom Grün des Stadtparks umgebenen Hotel stehen funktionelle, einheitlich eingerichtete Gästezimmer zur Verfügung.

In Halte Nord-West : 4 km Richtung Meyer Werft :

Gut Halte
Gut Halte 6 ⊠ *26826 –* ℰ *(04961) 23 17 – info@papenburg-hotel.de – Fax (04961) 4564*
8 Zim ⊡ – †50/60 € ††85/90 €
Rest *Reiherhorst – (geschl. 28. Juli - 11. August, Sonntagabend - Montag)* Menü 31 € – Karte 23/39 €

• In einem kleinen Dorf am Deich liegt das ehemalige Gutshaus von 1796 - elegant sind die Lobby und die Bibliothek, hell und freundlich die Zimmer. Hübscher Garten. Restaurant Reiherhorst im regionstypischen Stil. Der Wintergarten dient im Sommer als Terrasse.

PAPPENHEIM – Bayern – 546 – 4 480 Ew – Höhe 405 m – Luftkurort 57 K18
▶ Berlin 499 – München 134 – Augsburg 77 – Nürnberg 72
i Stadtvogteigasse 1, ⊠ 91788, ℰ (09143) 6 06 66, fremdenverkehr@pappenheim.de

Sonne
Deisinger Str. 20 ⊠ *91788 –* ℰ *(09143) 8 31 40 – faba@zur-sonne-pappenheim.de – Fax (09143) 831450*
12 Zim ⊡ – †34/39 € ††56/60 € – **Rest** *– (geschl. Nov. und Sonntagabend - Montag)* Karte 15/30 €

• Der traditionsreiche Gasthof mit recht unterschiedlich möblierten, ländlichen Zimmern ist aufgrund seiner Lage am Altmühlradweg ideal für Radfahrer. Eigene Fahrrad-Garage. Bayerische Gaststuben mit holzgetäfelten Wänden und gemütlichem Kachelofen.

PARCHIM – Mecklenburg-Vorpommern – 542 – 19 390 Ew – Höhe 50 m 12 M5
▶ Berlin 163 – Schwerin 43 – Güstrow 75
i Lindenstr. 38, ⊠ 19370, ℰ (03871) 21 28 43, stadt.parchim@parchim.de

Stadtkrug
Apothekenstr. 12 ⊠ *19370 –* ℰ *(03871) 6 23 00 – hotel-stadtkrug-parchim@t-online.de – Fax (03871) 264446*
21 Zim ⊡ – †43/49 € ††55/65 € – **Rest** – Karte 12/20 €

• Auf eine über 250-jährige Geschichte kann dieses rote Klinkergebäude zurückblicken. Die sehr gepflegten, wohnlichen Zimmer sind mit soliden, zeitlosen Holzmöbeln eingerichtet. Rustikales, mit dunklem Inventar ausgestattetes Restaurant.

PARSBERG – Bayern – 546 – 6 710 Ew – Höhe 553 m 58 M17
▶ Berlin 477 – München 137 – Regensburg 47 – Ingolstadt 63

Hirschen
Dr.-Boelcestr. 2 ⊠ *92331 –* ℰ *(09492) 60 60 – info@hirschenhotels.de – Fax (09492) 606222 – geschl. 23. - 26. Dez.*
35 Zim ⊡ – †70/99 € ††89/139 € – **Rest** – Karte 16/38 €

• In dem traditionellen Gasthof erwarten Sie wohnlich mit hellem Eichen- oder Kirschmobiliar eingerichtete Zimmer. Als Deko: Abstrakte Originalbilder mit Motiven der Region. Im Restaurant werden Produkte aus der Region und der eigenen Metzgerei aufgetischt.

Hirschenhof   Biergarten
Brauhausstr. 6 ⊠ *92331 –* ℰ *(09492) 60 64 00 – info@hirschenhotels.de – Fax (09492) 606444 – geschl. 23. - 27. Dez.*
35 Zim ⊡ – †66/89 € ††89/99 € – **Rest** *– (geschl. 21. Dez. - 6. Jan., 17. - 24. März und Sonn- und Feiertage, nur Abendessen)* Karte 12/21 €

• In dem komplett renovierten Altbau mit modernem Erweiterungsbau findet man praktische Zimmer, Ferienwohnungen, moderne Tagungsräume und einen Spiel- und Freizeitgarten.

PASEWALK – Mecklenburg-Vorpommern – 542 – 12 280 Ew – Höhe 15 m   14 Q5
- Berlin 134 – Schwerin 208 – Neubrandenburg 59 – Szczecin 40
- Am Markt 2, ⊠ 17309, ☏ (03973) 21 39 95, stadtinfo@pasewalk.de

Pasewalk
Dargitzer Str. 26 ⊠ 17309 – ☏ (03973) 22 20 – info.hotel@hotel-pasewalk.de – Fax (03973) 222200
70 Zim ⊡ – †72/77 € ††96 € – **Rest** – *(Montag - Freitag nur Abendessen)* Karte 18/35 €

◆ Das ruhig gelegene ehemalige landwirtschaftliche Anwesen bietet wohnlich und funktionell mit hellen Naturholzmöbeln ausgestattete Zimmer. Im Garten: Modelleisenbahn und Teich. Durch helle Holzbalken rustikales Restaurant mit bürgerlichem Angebot.

Villa Knobelsdorff   Biergarten
Ringstr. 121 ⊠ 17309 – ☏ (03973) 2 09 10 – villa.knobelsdorff@t-online.de – Fax (03973) 209110
18 Zim ⊡ – †57/68 € ††83/88 € – **Rest** – *(im Winter Montag - Freitag nur Abendessen)* Karte 18/23 €

◆ Eine Villa a. d. J. 1896: Zunächst als Wohnhaus genutzt, heute ein Hotel, das über zeitgemäß eingerichtete Gästezimmer verfügt. Restaurant im Untergeschoss mit rustikaler Atmosphäre - teils Gewölbedecke.

PASSAU – Bayern – 546 – 50 690 Ew – Höhe 262 m   60 P19
- Berlin 607 – München 192 – Landshut 119 – Linz 110
- **ADAC** Brunngasse 5
- Rathausplatz 3, ⊠ 94032, ☏ (0851) 95 59 80, tourist-info@passau.de
- Thyrnau-Raßbach, ☏ (08501) 9 13 13 B
- Lage★★ am Zusammenfluss von Inn, Donau und Ilz (Dreiflusseck★) – Dom St. Stephan★ – Glasmuseum★★ M² B
- Veste Oberhaus (≤★★ auf die Stadt) B – Bayerische Ostmarkstraße★

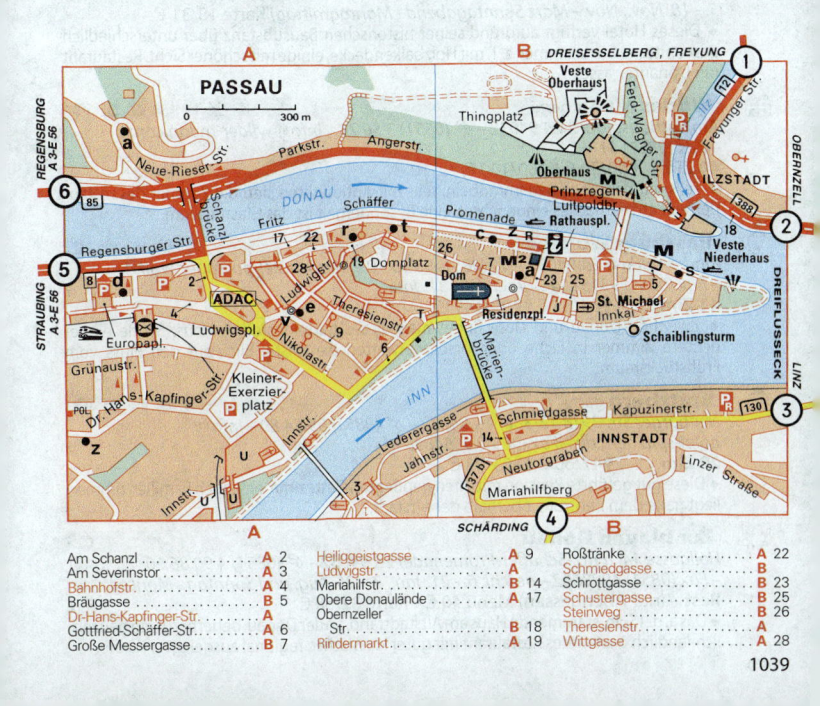

Am Schanzl . . . . A 2	Heiliggeistgasse . . . . A 9	Roßtränke . . . . A 22
Am Severinstor . . . . A 3	Ludwigstr. A	Schmiedgasse . . . . B
Bahnhofstr. A	Mariahilfstr. . . . . B 14	Schrottgasse . . . . A 23
Bräugasse . . . . B 5	Obere Donaulände . . . . A 17	Schustergasse . . . . A 25
Dr-Hans-Kapfinger-Str. . . . . A	Obernzeller	Steinweg . . . . B 26
Gottfried-Schäffer-Str. . . . . A 6	Str. . . . . B 18	Theresienstr. . . . . A
Große Messergasse . . . . B 7	Rindermarkt . . . . A 19	Wittgasse . . . . A 28

1039

PASSAU

Holiday Inn
Bahnhofstr. 24 ⊠ 94032 – ℰ (0851) 5 90 00 – psage@ihg.com – Fax (0851) 5900521
129 Zim – †71/137 € ††71/137 €, ⊇ 15 € – **Rest** – Karte 20/36 €   A d
◆ Nicht nur für Geschäftsreisende ist dieses Hotel gegenüber dem Bahnhof interessant. Die Sehenswürdigkeiten der Altstadt kann man von hier aus bequem zu Fuß erreichen. Restaurant mit großem Buffet und internationaler Karte.

König garni
*Untere Donaulände 1 ⊠ 94032 – ℰ (0851) 38 50 – info@hotel-koenig.de
– Fax (0851) 385460*   A t
41 Zim ⊇ – †59/90 € ††85/140 €
◆ An der Donaulände finden Sie dieses Hotel mit persönlicher Atmosphäre und gediegen eingerichteten Gästezimmern, einige mit Aussicht auf den Fluss.

Residenz garni
*Fritz-Schäffer-Promenade ⊠ 94032 – ℰ (0851) 98 90 20 – hotel@
residenz-passau.de – Fax (0851) 98902200 – geschl. Weihnachten*   B c
49 Zim ⊇ – †59/82 € ††90/140 €
◆ Hell und funktionell sind die Zimmer dieses gepflegten Hotels gestaltet. Bei schönem Wetter frühstückt man auf der Terrasse mit Donaublick.

Weisser Hase
*Heiliggeistgasse 1 ⊠ 94032 – ℰ (0851) 9 21 10 – info@weisser-hase.de
– Fax (0851) 9211100 – geschl. Jan.*   A e
108 Zim ⊇ – †72/89 € ††109/129 € – **Rest** – (nur Abendessen) Karte 20/37 €
◆ Das Haus am Beginn der Fußgängerzone beherbergt hinter seiner erhaltenen historischen Fassade wohnliche, neuzeitliche Zimmer. Bilder des Künstlers Otto Sammer zieren das Haus. Klassisch-gediegenes Restaurant mit internationalem Angebot.

Altstadt-Hotel (mit Gästehaus)
*Bräugasse 23, (am Dreiflüsseeck) ⊠ 94032
– ℰ (0851) 33 70 – info@altstadt-hotel.de – Fax (0851) 337100
– geschl. 20. - 24. Dez.*   B s
54 Zim – †45/86 € ††79/125 € – **Rest** – (geschl. 5. - 18. Feb.,
5. - 18. Nov., Nov. - März Sonntagabend - Montagmittag) Karte 18/31 €
◆ Dieses Hotel verfügt aufgrund seiner historischen Bausubstanz über unterschiedlich geschnittene Gästezimmer, z. T. mit Holzbalkendecke, einige mit schöner Sicht. Restaurant mit Donauterrasse.

Wilder Mann garni
*Am Rathausplatz 2 ⊠ 94032 – ℰ (0851) 3 50 71 – info@wilder-mann.com
– Fax (0851) 31712*   B a
48 Zim – †40/50 € ††60/100 €, ⊇ 10 €
◆ Teils mit bemalten Bauernmöbeln, teils mit Antiquitäten sind die Zimmer des restaurierten Patrizierhauses eingerichtet. Eine Besonderheit ist das Glasmuseum.

Passauer Wolf garni
*Rindermarkt 6 ⊠ 94032 – ℰ (0851) 93 15 10 – info@hotel-passauer-wolf.de
– Fax (0851) 9315150 – geschl. 7. - 31. Jan.*   A r
41 Zim ⊇ – †64/85 € ††99/149 €
◆ Zwischen Donau und Dom findet man dieses traditionsreiche Haus. Solide eingerichtete Zimmer in Eiche oder Kirsche erwarten die Gäste. Blick auf den Fluss vom Frühstücksraum.

Spitzberg garni
*Neuburger Str. 29 (B 12/388) ⊠ 94032 – ℰ (0851) 95 54 80 – info@
hotel-spitzberg.de – Fax (0851) 9554848*   A z
29 Zim ⊇ – †47/60 € ††63/93 €
◆ Diese gut geführte Pension mit ihren gepflegten Gästezimmern (auch Familienzimmer) liegt nahe dem Zentrum, oberhalb der Altstadt.

XX Zur blauen Donau
*Höllgasse 14, (Fritz-Schäffer-Promenade) ⊠ 94032 – ℰ (0851) 4 90 86 60
– Fax (0851) 4908662 – geschl. 6. - 21. Jan., 3. - 25. Aug. und Sonntag - Montag*
Rest – (nur Abendessen) Menü 40 € – Karte 32/50 €   B z
◆ Das a. d. 15. Jh. stammende Haus am Altstadtrand, an der Donau, beherbergt ein neuzeitlich-ländlich gestaltetes Restaurant mit guter klassischer, regional ausgelegter Küche.

PASSAU

Heilig-Geist-Stift-Schenke
*Heiliggeistgasse 4 ⊠ 94032 – ℰ (0851) 26 07 – info@stiftskeller-passau.de
– Fax (0851) 35387 – geschl. 6. - 31. Jan. und Mittwoch*
Rest – Karte 15/29 €
A v
♦ Urig-gemütliche Atmosphäre mitten in der Stadt: eine Schenke von 1358 mit Gewölbedecke und Holztäfelung, einem Keller mit offenem Kamin und einem weinberankten Garten.

In Passau-Hacklberg

Atrium
*Neue Rieser Str. 6 ⊠ 94034 – ℰ (0851) 9 88 66 88 – info@atrium-passau.de
– Fax (0851) 9886689*
49 Zim ⊆ – †75/95 € ††95/125 € – **Rest** – Karte 15/34 €
A a
♦ Zeitgemäße und funktionelle Zimmer erwarten Sie in diesem modernen Hotel. Ein echter Hingucker: das in den Boden eingelassene Aquarium im Empfangsbereich.

In Passau-Haidenhof über Dr. Hans-Kapfinger-Str. A :

Dreiflüssehof
*Danziger Str. 42 ⊠ 94036 – ℰ (0851) 7 20 40 – info@dreifluessehof.de
– Fax (0851) 72478*
67 Zim ⊆ – †52/65 € ††70/95 € – **Rest** – *(geschl. Sonntag - Montagmittag)*
Karte 16/33 €
♦ Der gut unterhaltene Familienbetrieb liegt außerhalb des Zentrums und überzeugt mit geräumigen, gepflegten Zimmern, die praktisch und gediegen eingerichtet sind. Gemütlich-rustikal wirkt das Restaurant mit Nischen, holzgetäfelten Wänden und Kachelofen.

In Passau-Kohlbruck über Dr. Hans-Kapfinger-Str. A :

Albrecht garni
*Kohlbruck (B 388/12) ⊠ 94036 – ℰ (0851) 95 99 60 – info@hotel-albrecht.de
– Fax (0851) 9599640 – geschl. 21. Dez. - 6. Jan.*
32 Zim ⊆ – †52 € ††81 €
♦ Gepflegtes und gut geführtes Hotel am Stadtrand mit teils neuzeitlich-modern, teils rustikal ausgestatteten Zimmern und gutem Frühstücksbuffet.

PATTENSEN – Niedersachsen – 541 – 13 660 Ew – Höhe 65 m
29 **I9**
▶ Berlin 290 – Hannover 12 – Hameln 36 – Hildesheim 23

In Pattensen-Schulenburg Süd-Ost : 9 km über die B 3 in Richtung Alfeld :

Das kleine Restaurant
*Hauptstr. 28 ⊠ 30982 – ℰ (05069) 63 22 – info@daskleinerestaurant.de
– Fax (05069) 347717 – geschl. 3. - 16. Sept. und Montag - Dienstag*
Rest – *(wochentags nur Abendessen)* Menü 42 € – Karte 29/52 €
♦ Das in ländlichem Stil gehaltene Restaurant bietet internationale Gerichte und bewährte Klassiker. Zum Haus gehört ein Garten mit sehr netter Terrasse unter Kastanien.

PEGNITZ – Bayern – 546 – 14 310 Ew – Höhe 422 m – Erholungsort
51 **L16**
▶ Berlin 381 – München 206 – Nürnberg 56 – Bayreuth 27
🛈 Hauptstr. 37, ⊠ 91257, ℰ (09241) 7 23 11, touristinfo@pegnitz.de

Pflaums Posthotel
*Nürnberger Str. 8 ⊠ 91257 – ℰ (09241) 72 50
– info@ppp.com – Fax (09241) 80404*
25 Suiten – †118/250 € ††150/350 €, ⊆ 20 €
Rest – Menü 78/98 €
Rest *Posthalter-Stube* – Menü 39 €
♦ Engagiert leitet Familie Pflaum ihr Hotel. Schön sind die teils aufwändig von futuristisch bis stilvoll gestalteten Suiten sowie der Spabereich. Das Restaurant bietet klassische "Gourmet-Opern" in drei oder vier Aufzügen. Regionales in der Posthalter-Stube.

PEINE – Niedersachsen – 541 – 49 770 Ew – Höhe 68 m
19 **J9**
▶ Berlin 249 – Hannover 45 – Braunschweig 28 – Hildesheim 32
⛳ Edemissen, Dahlkampsweg 2 ℰ (05176) 9 01 12

1041

PEINE

In Peine-Stederdorf Nord : 3 km, jenseits der A 2, über B 444 :

Schönau
Peiner Str. 17 (B 444) ⊠ *31228 –* ℰ *(05171) 99 80 – info@hotel-schoenau.de*
– Fax (05171) 998166
44 Zim ⊇ – †68/95 € ††93/130 € – **Rest** *– (geschl. Sonntagabend)* Karte 24/39 €
♦ Hier erwarten Sie geschmackvoll mit italienischen Möbeln oder im Landhausstil eingerichtete und technisch gut ausgestattete Zimmer. Mit großem Tagungsbereich. Helles, elegantes, mit Bildern dekoriertes Restaurant.

PEISSEN – Sachsen-Anhalt – siehe Halle (Saale)

PEITING – Bayern – 546 – 12 030 Ew – Höhe 718 m – Erholungsort   65 **K21**
▶ Berlin 626 – München 87 – Kempten (Allgäu) 58 – Füssen 33
🛈 Ammergauer Str. 2, ⊠ 86971, ℰ (08861) 65 35, touristinfo.peiting@t-online.de

Alpenhotel Pfaffenwinkel (mit Gästehaus)
Hauptplatz 10 ⊠ *86971 –* ℰ *(08861) 2 52 60*
– info@hotelpfaffenwinkel.de – Fax (08861) 252627
23 Zim ⊇ – †38/48 € ††70/78 € – ½ P 14 €
Rest *Zum Pinzger –* ℰ *(08861) 62 40 (wochentags nur Abendessen)* Karte 13/28 €
♦ In der Ortsmitte liegt dieser nette alpenländische Gasthof. Durch einen getäfelten Eingangsbereich gelangen Sie in wohnliche Zimmer mit massiven Naturholzmöbeln. Rustikal-bürgerliches Ambiente im Restaurant. Regionale Küche mit österreichischen Einflüssen.

PENZBERG – Bayern – 546 – 16 000 Ew – Höhe 596 m   65 **L21**
▶ Berlin 640 – München 53 – Garmisch-Partenkirchen 43 – Bad Tölz 19
🛇 Iffeldorf, Gut Rettenberg ℰ (08856) 92 55 55

Stadthotel Berggeist
Bahnhofstr. 47 ⊠ *82377 –* ℰ *(08856) 80 10 – info@hotel-berggeist.de*
– Fax (08856) 81913
45 Zim ⊇ – †74/90 € ††104/114 € – **Rest** – Karte 15/28 €
♦ Das persönlich geführte, neuzeitliche Stadthotel befindet sich am Zentrumsrand und verfügt über zeitgemäß eingerichtete Gästezimmer. Restaurant mit internationalem Speisenangebot.

Troadstadl   Biergarten
Kirnberger Str. 1 (nahe der BAB-Ausfahrt Penzberg) ⊠ *82377 –* ℰ *(08856) 94 82*
– Fax (08856) 83265 – geschl. Dienstag - Mittwoch
Rest – *(nur Abendessen)* (Tischbestellung ratsam) Menü 34/38 € – Karte 38/44 €
♦ Charmant kümmert sich Familie Brettner in dem gemütlichen denkmalgeschützten Haus von 1295 um ihre Gäste. Hübsch hat man rustikales Holz mit modernen Elementen kombiniert.

In Penzberg-Promberg Nord : 5 km Richtung Wolfratshausen :

Hoisl-Bräu
Promberg 1 ⊠ *82377 –* ℰ *(08856) 9 01 73 30 – info@hoisl-braeu.de – Fax (08856) 3179*
19 Zim ⊇ – †48/90 € ††68/110 € – **Rest** – *(geschl. 7. - 24. Jan. und Montag - Dienstag)* Karte 17/28 €
♦ Die Lage in einem kleinen Weiler sowie das nette ländlich-wohnliche Ambiente machen diesen Familienbetrieb aus. Einige der meist geräumigen Zimmer liegen schön nach Süden hin. Behaglich sind die rustikalen Restaurantstuben. Hübsche Südterrasse.

> Luxuriös oder eher schlicht?
> Die Symbole ※ und 🏠 kennzeichnen den Komfort.

PERL – Saarland – 543 – 6 500 Ew – Höhe 254 m   45 **A16**

▶ Berlin 767 – Saarbrücken 68 – Trier 45 – Luxembourg 32
◆ Nennig : Römische Villa (Mosaikfußboden ★★) Nord : 9 km

Hammes
Hubertus-von-Nell-Str. 15 ⊠ 66706 – ℰ (06867) 9 10 30 – info@hotelhammes.de
– Fax (06867) 910333 – geschl. 10. - 19. März, 10. - 22. Nov.
12 Zim ⊇ – †54 € ††78 € – **Rest** – *(geschl. Mittwoch)* Karte 21/43 €

◆ In diesem familiengeführten Hotel in der Ortsmitte stehen sehr gepflegte, solide und zeitgemäß eingerichtete Gästezimmer zur Verfügung. Restaurant mit bürgerlichem Angebot.

In Perl-Nennig Nord : 10 km über B 419 :

Victor's Residenz - Hotel Schloss Berg
Schlosshof 9 ⊠ 66706
– ℰ (06866) 7 90 – info.nennig @ victors.de – Fax (06866) 79100
96 Zim ⊇ – †110/180 € ††150/220 €
Rest – *(geschl. Sonntag - Montag, Mittwoch - Samstag nur Abendessen)* Karte 32/48 €
Rest *Die Scheune* – *(geschl. Dienstag)* Karte 21/44 €

◆ Die Hotelanlage liegt außerhalb am Rande der Weinberge und verfügt über elegant eingerichtete Zimmer und einen großzügigen Wellnessbereich. Mediterrane Küche im Restaurant. Die rustikale Scheune befindet sich in einem separaten Gebäude unterhalb des Schlosses.

Schloss Berg mit Zim
Schlosshof 7 ⊠ 66706 – ℰ (06866) 7 91 18 – info @ victors-gourmet.de
– Fax (06866) 79458 – geschl. Anfang - Mitte Jan., Juli 3 Wochen, Ende Okt. 1 Woche
17 Zim ⊇ – †110/170 € ††170/210 € – 3 Suiten – **Rest** – *(geschl. Montag - Dienstag)* Menü 89 € (mittags)/155 € – Karte 100/126 €

Spez. Roh marinierte Jakobsmuscheln mit Apfel, Nüssen und Trüffel. Steinbuttschnitte mit roher und gebackener Langoustine. Rücken und Fuß vom Wollschwein, Salat vom Schweinskopf und gepökelte Zunge.

◆ Der stilvolle Rahmen und Christian Baus klassische Küche machen das Restaurant im Schloss zu einer angenehmen und exklusiven Adresse. Elegant und hochwertig eingerichtete Gästezimmer mit schönem Blick.

In Perl-Sinz Nord-Ost : 9 km, über Tettingen-Butzdorf :

Birkenhof
Saarbrücker Str. 9 (B 406) ⊠ 66706 – ℰ (06866) 2 02 – info @ birkenhof-sinz.de
– Fax (06866) 150271 – geschl. 10. - 25. Feb.
8 Zim ⊇ – †42 € ††56 € – **Rest** – *(geschl. Dienstag)* Karte 17/34 €

◆ Dieses familiär geleitete Haus ist eine nette, gepflegte kleine Adresse mit wohnlichen, freundlich gestalteten Gästezimmern. Restaurant mit neuzeitlichem Ambiente.

PETERSAURACH – Bayern – siehe Neuendettelsau

PETERSHAGEN – Nordrhein-Westfalen – 543 – 27 100 Ew – Höhe 37 m   18 **G8**

▶ Berlin 355 – Düsseldorf 230 – Bielefeld 67 – Bremen 90

Schloss Petershagen
Schlossfreiheit ⊠ 32469 – ℰ (05707) 9 31 30 – info @ schloss-petershagen.com
– Fax (05707) 931345 – geschl. 7. Jan. - 7. Feb.
15 Zim ⊇ – †76/92 € ††119/152 € – **Rest** – *(geschl. Jan. - März Montagmittag, Dienstag, Mittwochmittag, Donnerstagmittag)* Karte 38/48 €

◆ Schön liegt das charmante kleine Schlösschen an der Weser. Stuckdecken, Antiquitäten und alte Gemälde unterstreichen das stilvoll-klassische Ambiente. Eine tolle Aussicht bietet das in frischen Tönen gehaltene Restaurant.

In Petershagen-Heisterholz Süd : 2 km über Mindener Straße :

Waldhotel Morhoff
Forststr. 1 ⊠ 32469 – ℰ (05707) 9 30 30 – info @ waldhotel-morhoff.de
– Fax (05707) 930361
21 Zim ⊇ – †45 € ††74 € – **Rest** – *(geschl. Montagmittag, Dienstagmittag)* Karte 20/26 €

◆ In dem von der Inhaberfamilie geleiteten Haus in dörflicher Umgebung erwarten Sie hell und freundlich eingerichtete Gästezimmer. Restaurant mit bürgerlichem Speiseangebot.

PETERSHAGEN-EGGERSDORF – Brandenburg – 542 – 12 570 Ew – Höhe 52 m

▶ Berlin 28 – Potsdam 59 – Eberswalde 44 – Frankfurt (Oder) 81   23 **Q8**

Im Ortsteil Eggersdorf Nord-Ost : 2 km :

Landhaus Villago
Altlandsberger Chaussee 88 ⊠ 15345 – ℰ (03341) 46 90 – info@villago.de
– Fax (03341) 469469
61 Zim ⊇ – †82/93 € ††102/118 € – **Rest** – Karte 24/41 €

♦ Ein Tagungshotel am Bötzsee mit unkonventioneller Innengestaltung: In den individuell und farbenfroh gestalteten Zimmern dominieren warme Töne und südländische Stilelemente. Viel Holz und Dekorationen im Ethnostil prägen das Restaurant.

Landgasthof zum Mühlenteich
Karl-Marx-Str. 32 ⊠ 15345 – ℰ (03341) 4 26 60 – landgasthof@landgasthof.de
– Fax (03341) 426666
20 Zim ⊇ – †63/90 € ††79/115 € – **Rest** – Karte 22/47 €

♦ Ein gut geführtes Haus mit freundlichem Service. Die Zimmer sind mit hellen Naturholzmöbeln wohnlich ausgestattet, das Hochzeitszimmer mit bemalten Bauernmöbeln. Ein gemütlicher, runder Kachelofen ziert das rustikale Restaurant.

PETERSTAL-GRIESBACH, BAD – Baden-Württemberg – 545 – 2 960 Ew – Höhe 393 m – Wintersport : 800 m ⓔ1 ⓔ – Heilbad und Kneippkurort   54 **E19**

▶ Berlin 737 – Stuttgart 115 – Karlsruhe 88 – Offenburg 34

🛈 Schwarzwaldstr. 11, ⊠ 77740, ℰ (07806) 79 33, kurverwaltung@
bad-peterstal-griesbach.de

Im Ortsteil Bad Peterstal

Hirsch
Insel 1 ⊠ 77740 – ℰ (07806) 9 84 05 00 – info@hot-hirsch.de – Fax (07806)
9840555 – geschl. 6. - 28. Jan.
37 Zim ⊇ – †37 € ††78/84 € – ½ P 15 € – **Rest** – (geschl. Montag) Karte 19/33 €

♦ Etwas von der Straße zurückversetzt liegt dieser Familienbetrieb. Die Zimmer sind alle Nichtrauchern vorbehalten, teilweise sind sie mit bemalten Bauernmöbeln eingerichtet. Rustikal-gemütliches Restaurant mit schattigem Biergarten an der Rench.

Hubertus garni
Insel 3 ⊠ 77740 – ℰ (07806) 5 95 – info@hotel-hubertus-peterstal.de
– Fax (07806) 409 – geschl. Nov. - Mitte Dez.
13 Zim ⊇ – †32/34 € ††55/70 €

♦ Ein freundlich geführtes kleines Haus, das über neuzeitlich und wohnlich eingerichtete Zimmer verfügt - z. T. für Allergiker geeignet.

Im Ortsteil Bad Griesbach

Dollenberg
Dollenberg 3 ⊠ 77740 – ℰ (07806) 7 80 – info@dollenberg.de – Fax (07806) 1272
89 Zim ⊇ – †103/143 € ††164/210 € – ½ P 27 € – 11 Suiten
Rest Kamin- und Bauernstube – separat erwähnt
Rest Le Pavillon – (geschl. 24. Juni - 10. Juli und Montagmittag, Dienstag-Donnerstagmittag, Freitagmittag) Menü 74/92 € – Karte 54/78 €
Spez. Sautierte Spargelspitzen mit Langustino, Chorizo und Oliven-Kalbskopfmarinade. Ganze Taube in der Meersalzkruste mit gebratenen Pfifferlingen und Markklößchen. "Cube" von Araguani-Schokolade mit Himbeer-Caipirinha.

♦ Eine komfortable Urlaubsadresse mit sehr freundlichem, geschultem Personal. Einladend ist der 7 ha große Park mit hübschen Themengärten, Amphitheater, Bergsee und Kapelle. Klassische Küche im Le Pavillon - die Rundumverglasung lässt sich im Sommer ganz öffnen.

Adlerbad (mit Gästehaus)
Kniebisstr. 55 ⊠ 77740 – ℰ (07806) 9 89 30 – hotel@adlerbad.de – Fax (07806)
8421 – geschl. 16. Nov. - 14. Dez.
27 Zim ⊇ – †41/67 € ††70/108 € – ½ P 19 € – **Rest** – (geschl. Mittwoch) Karte 19/44 €

♦ Ein hübsches Fachwerkhotel im Schwarzwaldstil mit freundlichem Service und gepflegten, unterschiedlich möblierten Zimmern, einige im Landhausstil. Gemütliches Restaurant, teils rustikal, teils leicht elegant.

PETERSTAL-GRIESBACH, BAD

Kimmig
Rest, P, VISA, AE
Kniebisstr. 57 ⊠ 77740 – ℰ (07806) 99 29 90 – info@hotel-kimmig.de
– Fax (07806) 1059 – geschl. 7. - 26. Jan., 30. Okt. - 9. Nov.
12 Zim – †37/44 € ††64/80 € – ½ P 15 € – **Rest** – (geschl. Donnerstag)
Menü 24 € – Karte 17/34 €
♦ Praktisch mit hellen Holzmöbeln ausgestattete Zimmer - meist mit Balkon - finden Sie in diesem gestandenen familiengeführten Gasthof. Das Restaurant dient auch als Café.

Kamin- und Bauernstube – Hotel Dollenberg
P VISA AE
Dollenberg 3 ⊠ 77740 – ℰ (07806) 7 80 – info@dollenberg.de – Fax (07806) 1272
Rest – Menü 19/40 € – Karte 27/49 €
♦ Gemütlich sitzt man in der mit viel Holz und offenem Kamin ländlich-elegant gestalteten Kaminstube und in der hell getäfelten Bauernstube. Regionale und internationale Küche.

Außerhalb Süd-Ost : 5 km über die Straße nach Wolfach :

Waldhotel Palmspring
P VISA AE
Palmspring 1 ⊠ 77740 Bad Peterstal-Griesbach – ℰ (07806) 3 01 – info@palmspring.de – Fax (07806) 910788 – geschl. 7. - 31. Jan.
19 Zim – †45/75 € ††68/90 € – ½ P 17 € – **Rest** – (geschl. Dienstag)
Menü 19/32 € – Karte 22/47 €
♦ Das hübsche Schwarzwaldhaus liegt direkt am Waldrand. Die Zimmer sind mit solidem Mobiliar ausgestattet und verfügen meist über Balkone. Ländliches Restaurant mit Terrasse.

PETTENDORF – Bayern – siehe Regensburg

PFAFFENWEILER – Baden-Württemberg – **545** – 2 540 Ew – Höhe 252 m
61 **D20**

▶ Berlin 811 – Stuttgart 213 – Freiburg im Breisgau 14 – Basel 66

Zehner's Stube
P
Weinstr. 39 ⊠ 79292 – ℰ (07664) 62 25 – info@zehnersstube.de – Fax (07664) 61624
Rest – (geschl. Montag) Menü 53/99 € – Karte 51/75 €
Rest Weinstube – (geschl. Montag, nur Abendessen) Karte 29/47 €
Spez. Mille Feuille von Sellerie mit Langostinos und Trüffel. Steinbutt mit Erbsenmousse und Beurre blanc. Saltimbocca von der Taube mit Gänseleberschaum.
♦ In dem früheren Rathaus a.d. J. 1575 findet man heute ein klassisch-elegantes Restaurant mit hübschem Kreuzgewölbe. Französische Speisekarte. Zur ländlich-rustikalen Weinstube im Untergeschoss gehört auch eine Terrasse.

PFALZGRAFENWEILER – Baden-Württemberg – **545** – 7 000 Ew – Höhe 636 m
– Luftkurort
54 **F19**

▶ Berlin 697 – Stuttgart 76 – Karlsruhe 87 – Tübingen 57
🛈 Am Marktplatz, ⊠ 72285, ℰ (07445) 85 90 01, info@pfalzgrafenweiler.de

Thome's Schwanen
P VISA AE
Marktplatz 1 ⊠ 72285 – ℰ (07445) 85 80 70 – mail@thomes-schwanen.de – Fax (07445) 85807400
36 Zim – †41/55 € ††77/82 € – ½ P 13 € – **Rest** – (geschl. Anfang Aug. 2 Wochen und Freitag, Dienstag - Samstag nur Abendessen) Karte 19/30 €
♦ Ein bodenständig modernisierter Gasthof im Ortskern, der hinter seiner weiß-gelben Fassade sehr gepflegte Gästezimmer (auch Businesszimmer) beherbergt. Restaurant mit bürgerlichem Speiseangebot.

In Pfalzgrafenweiler-Kälberbronn West : 7 km :

Waldsägmühle
Rest, P
Waldsägmühle 1 (Süd-Ost : 2 km an der Straße nach Durrweiler) ⊠ 72285
– ℰ (07445) 8 51 50 – info@waldsaegmuehle.de – Fax (07445) 6750
35 Zim – †69/92 € ††114/154 € – ½ P 25 € – **Rest** – (geschl. Montagmittag)
Menü 26 € – Karte 22/54 €
♦ In dem hübschen, von Wald umgebenen Gasthof stehen solide eingerichtete, wohnliche Zimmer mit gutem Platzangebot zur Verfügung. Restaurant in rustikalem Stil.

1045

PFATTER – Bayern – 546 – 3 010 Ew – Höhe 326 m 59 **N18**
▶ Berlin 518 – München 142 – Regensburg 23 – Cham 59

Landgasthof Fischer Biergarten, Rest, P
Haidauer Str. 22 ⊠ 93102 – ℰ (09481) 3 26 – landhotelfischer@aol.com
– Fax (09481) 1779 – geschl. 24. Dez. - 3. Jan.
32 Zim ⚘ – †29/33 € ††58/64 € – **Rest** – (geschl. Sonntagabend, Mittwoch, wochentags nur Abendessen) Karte 14/24 €

♦ Am Bayerischen Wald liegt der Gasthof, dessen solide Zimmer teils mit bemaltem Bauernmobiliar, teils mit hellen Möbeln wohnlich ausgestattet sind. Ländlich-gemütliche Gaststuben mit derb-rustikalem Thekenbereich.

PFINZTAL – Baden-Württemberg – 545 – 18 090 Ew – Höhe 151 m 54 **F18**
▶ Berlin 651 – Stuttgart 65 – Karlsruhe 15 – Pforzheim 21

In Pfinztal-Söllingen

Villa Hammerschmiede
Hauptstr. 162 (B 10) ⊠ 76327 – ℰ (07240) 60 10
– hammerschmiede@relaischateaux.com – Fax (07240) 60160
30 Zim – †122/188 € ††176/246 €, ⚘ 17 € – **Rest** – Menü 40 € (mittags)/100 €
– Karte 49/75 €

Spez. In Lorbeermilch gegarter Seeteufel mit Kartoffel-Chorizo-Zylinder. In altem Balsamico pochiertes Rinderfilet mit Pfifferling-Couscous und geräuchertem Mozzarella. Geeister Zylinder von Montélimar-Nougat mit Holunderblüten-Champagnerkaltschale und gebackenem Quarkkrapfen.

♦ Ein wunderschönes Anwesen mit angenehm stilvoll-gediegener Atmosphäre ist die in einen Park eingebettete Villa von 1893 mit modernem Hotelanbau. Sie speisen im eleganten Wintergarten oder auf der hübschen Terrasse zum Park. Geboten wird kreative Küche.

PFOFELD – Bayern – siehe Gunzenhausen

PFORZHEIM – Baden-Württemberg – 545 – 119 050 Ew – Höhe 273 m 54 **F18**
▶ Berlin 662 – Stuttgart 53 – Karlsruhe 31 – Heilbronn 82
ADAC Julius-Moser-Str. 1, (Gewerbegebiet, über Untere Wilferdinger Straße AX)
🛈 Marktplatz 1, ⊠ 75175, ℰ (07231) 1 45 45 60, pforzheim-info@pkm.de
🛈 Ölbronn-Dürrn, Karlshäuser Weg ℰ (07237) 91 00 BX
◉ Schmuckmuseum ★ M¹ AY

Stadtplan siehe gegenüberliegende Seite

Parkhotel
Deimlingstr. 36 ⊠ 75175 – ℰ (07231) 16 10 – info@parkhotel-pforzheim.de
– Fax (07231) 161690 BY **e**
208 Zim ⚘ – †92/131 € ††114/164 € – **Rest** – Menü 38 € – Karte 24/47 €

♦ Ein modernes Hotel mit hellen und wohnlichen Räumen. Durch die Nähe zum Kongresszentrum ist es geeignet für Veranstaltungen aller Art. Neuzeitliches Restaurant mit internationaler Küche und überdachter Terrasse.

Royal
Wilferdinger Str. 64 (über Untere Wilferdinger Straße AX) ⊠ 75179
– ℰ (07231) 1 42 50 – info@hotel-royal-pforzheim.de – Fax (07231) 142599
– geschl. 24. Dez. - 2. Jan.
43 Zim ⚘ – †78/85 € ††98/110 € – **Rest** – (geschl. Samstagmittag) Karte 18/34 €

♦ Vor allem Geschäftsreisende schätzen die zeitgemäß und funktionell ausgestatteten Zimmer dieses verkehrsgünstig nahe der Autobahnabfahrt gelegenen Hotels. Klassisch gehaltenes Restaurant mit italienischer Küche.

Hasenmayer
Heinrich-Wieland-Allee 105 (über B 294 BX) ⊠ 75177 – ℰ (07231) 31 10 – info@ hotel-hasenmayer.de – Fax (07231) 311345 – geschl. 23. Dez. - 7. Jan.
44 Zim ⚘ – †49/64 € ††78/90 € – **Rest** – (geschl. Samstagmittag, Sonntagabend) Karte 16/31 €

♦ Der Gasthof befindet sich auf halbem Weg zwischen Autobahnanschluss und Zentrum und bietet in seinem Anbau zeitgemäß und funktionell ausgestattete Zimmer. Restaurant in ländlichem Stil mit bürgerlich-regionalem Angebot.

PFORZHEIM

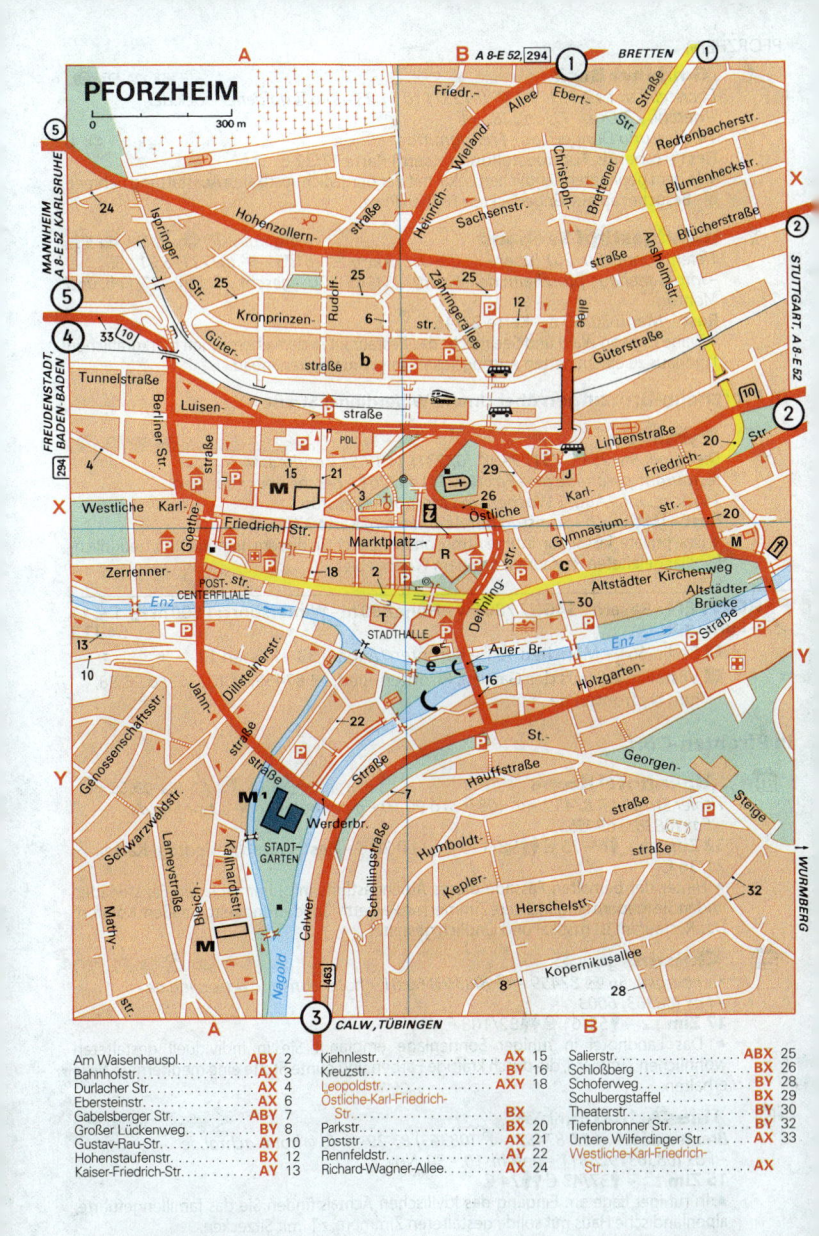

Am Waisenhauspl.	**ABY** 2	Kiehnlestr.	**AX** 15
Bahnhofstr.	**AX** 3	Kreuzstr.	**BY** 16
Durlacher Str.	**AX** 4	Leopoldstr.	**AXY** 18
Eberstreinstr.	**AX** 6	Östliche-Karl-Friedrich-	
Gabelsberger Str.	**ABY** 7	Str.	**BX**
Großer Lückenweg.	**BY** 8	Parkstr.	**BX** 20
Gustav-Rau-Str.	**AY** 10	Poststr.	**AX** 21
Hohenstaufenstr.	**BX** 12	Rennfeldstr.	**AY** 22
Kaiser-Friedrich-Str.	**AY** 13	Richard-Wagner-Allee.	**AY** 24

Salierstr.	**ABX** 25
Schloßberg	**BX** 26
Schoferweg	**BY** 28
Schulbergstaffel	**BX** 29
Theaterstr.	**BY** 30
Tiefenbronner Str.	**BY** 32
Untere Wilferdinger Str.	**AX** 33
Westliche-Karl-Friedrich-	
Str.	**AX**

Chez Gilbert

VISA ⓒ AE ①

Altstädter Kirchenweg 3 ✉ 75175 – ✆ (07231) 44 11 59
– restaurant-chez.gilbert@web.de – Fax (07231) 465404 – geschl. 11. - 31. Aug. und
Samstagmittag, Sonntagabend - Montagmittag, Mai - Sept. auch Montagabend
Rest – Menü 43 € – Karte 35/53 €

BY c

♦ Gemütlich ist das Ambiente in dem komplett mit Zirbelholz ausgekleideten Restaurant
- charmant serviert die Chefin internationale Speisen.

1047

PFORZHEIM

Goldener Bock
Ebersteinstr. 1 ✉ *75177 –* ✆ *(07231) 10 51 23 – info@goldener-bock.de*
– geschl. 27. Dez. - 7. Jan., 28. Juli
14. Aug. und Donnerstag - Freitagmittag AX **b**
Rest – (abends Tischbestellung ratsam) Karte 17/32 €
♦ In dem gepflegten, ländlichen Lokal mit der bürgerlich-rustikalen Ausstattung nehmen die Besucher an gut eingedeckten Tischen Platz.

Landgasthof Seehaus
Biergarten
Tiefenbronner Str. 201 (über BY Süd-Ost: 3 km) ✉ *75175 –* ✆ *(07231) 65 11 85*
– info@seehaus-pforzheim.de – Fax (07231) 467261 – geschl. 28. Jan. - 27. Feb. und Montag
Rest – Menü 30/40 € – Karte 23/46 €
♦ Seine Lage an Wald und See macht das Restaurant in dem ehemaligen markgräflichen Jagdhaus zu einem netten Ausflugslokal - mit Wintergartenanbau.

In Pforzheim-Brötzingen über Untere Wilferdinger Straße AX :

Pyramide
Dietlinger Str. 25 ✉ *75179 –* ✆ *(07231) 44 17 54 – andreas@restaurant-pyramide.de – Fax (07231) 467261 – geschl. über Pfingsten 1 Woche, Jul. - Aug. 3 Wochen und Montag - Dienstag*
Rest – (Mittwoch - Samstag nur Abendessen) Karte 37/56 €
♦ Eine private, fast schon intime Atmosphäre herrscht in diesem gemütlichen, freundlich-familiär geleiteten Restaurant in einem Wohngebiet.

PFRONTEN – Bayern – 546 – 7 780 Ew – Höhe 880 m – Wintersport: 1 600 m ≤ 1 ≤ 11
– Luftkurort 64 **J22**

▶ Berlin 664 – München 131 – Kempten (Allgäu) 33 – Füssen 12
🛈 Vilstalstr. 2 (Haus des Gastes), Pfronten-Ried, ✉ 87459, ✆ (08363) 6 98 88, info@pfronten.de

In Pfronten-Dorf

Alpenhotel Krone
Biergarten
Tiroler Str. 29 ✉ *87459 –* ✆ *(08363) 6 90 50 – alpenhotelkrone@t-online.de*
– Fax (08363) 6905555
32 Zim ☐ – †69/75 € ††98/110 € – ½ P 20 € – **Rest** – (geschl. Montag) Karte 21/36 €
♦ Hinter der bemalten Fassade dieses Alpengasthofs mit himmelblauen Fensterläden finden Sie modern eingerichtete Zimmer mit Parkettfußboden und zeitgemäßem Komfort. Das Restaurant ist rustikal und ländlich gestaltet.

Christina garni
Kienbergstr. 56 ✉ *87459 –* ✆ *(08363) 60 01 – hotel-christina@t-online.de*
– Fax (08363) 6003
17 Zim ☐ – †55/61 € ††82/108 €
♦ Das Landhotel in ruhiger Sonnenlage empfängt Sie in individuell gestalteten wohnlichen Zimmern, die durch kräftige Farben und bunte Stoffe eine mediterrane Note erhalten.

Haus Achtal garni
Brentenjochstr. 4 ✉ *87459 –* ✆ *(08363) 83 29 – info@hotel-achtal.de*
– Fax (08363) 928811 – geschl. 10. - 30. Nov.
15 Zim ☐ – †37/43 € ††74 €
♦ In ruhiger Lage am Eingang des idyllischen Achtals finden Sie das familiengeführte, alpenländische Haus mit solide gestalteten Zimmern, z.T. mit Sitzecken.

Schankwirtschaft Wohlfart
Kienbergstr. 61 ✉ *87459 –* ✆ *(08363) 92 87 95 – info@schankwirtschaft-wohlfart.de – Fax (08363) 928796*
Rest – (wochentags nur Abendessen) Karte 21/34 €
♦ Ein so genannter Einfirsthof, eine historische Bohlenkonstruktion, beherbergt dieses gemütliche derb-rustikale Lokal mit Kachelofen und einer Einrichtung ganz in Naturholz.

PFRONTEN

In Pfronten-Meilingen

Berghof ← Pfronten mit Kienberg, Breitenberg und Edelsberg,
Falkensteinweg 13 ⊠ 87459 – ℰ (08363)
9 11 30 – info@berghof-pfronten.de – Fax (08363) 911325
39 Zim ⊡ – †73/124 € ††164/192 € – ½ P 10 € – 3 Suiten – **Rest** – Karte 21/41 €

♦ In dem alpenländischen Hotel erwarten Sie eine helle, freundliche Halle mit Kamin sowie wohnliche Gästezimmer und ein neuzeitlicher Freizeitbereich. Ländlich-rustikal ist das Ambiente im Restaurant.

In Pfronten-Obermeilingen

Berghotel Schloßanger-Alp ← Tiroler Berge,
Am Schloßanger 1 ⊠ 87459 – ℰ (08363)
91 45 50 – info@schlossanger.de – Fax (08363) 91455555
30 Zim ⊡ – †88/120 € ††143/171 € – 6 Suiten – **Rest** – Menü 17 € (mittags)/28 € – Karte 27/47 €

♦ Die wunderschöne und sehr ruhige Lage, äußerst wohnliche Zimmer im Landhausstil sowie diverse Wellness-/Kosmetikangebote machen diesen alpenländischen Gasthof aus. In rustikalen Gaststuben serviert man mit Sorgfalt zubereitete regionale Speisen.

Burghotel auf dem Falkenstein ✳ Allgäu,
Falkenstein 1 ⊠ 87459 – ℰ (08363) 91 45 40
– info@burghotel-falkenstein.de – Fax (08363) 9145444
15 Zim ⊡ – †85/100 € ††170/200 € – ½ P 25 € – 6 Suiten – **Rest** – Karte 26/45 €

♦ Einem Adlerhorst gleich liegt dieses Hotel hoch über dem Tal unterhalb der gleichnamigen Burgruine - die Aussicht ist atemberaubend! Geschmackvolle Themenzimmer erwarten Sie. Rustikales Restaurant mit Pavillonanbau, Highlight ist die Panoramaterrasse.

In Pfronten-Steinach

Pfrontener Hof
Tiroler Str. 174 ⊠ 87459 – ℰ (08363) 9 14 00 – pfrontener.hof@t-online.de
– Fax (08363) 914039 – geschl. Nov. - Mitte Dez.
19 Zim ⊡ – †38/43 € ††58/68 € – ½ P 12 € – **Rest** – (geschl. Mittwoch) Karte 13/27 €

♦ Das alpenländische kleine Hotel mit den zeitgemäß ausgestatteten Gästezimmern liegt direkt an der Talstation der Breitenbergbahn. TV auf Wunsch. Gediegen-rustikale Restauranträume.

PFULLENDORF – Baden-Württemberg – 545 – 13 230 Ew – Höhe 654 m   63 G21

▶ Berlin 707 – Stuttgart 123 – Konstanz 60 – Freiburg im Breisgau 137
ℹ Am Marktplatz, ⊠ 88630, ℰ (07552) 25 11 31, tourist-information@stadt-pfullendorf.de

Adler (mit Gästehaus)
Heiligenberger Str. 20 ⊠ 88630 – ℰ (07552) 9 20 90 – info@adler-hotel.de
– Fax (07552) 9209800
48 Zim ⊡ – †67/76 € ††97/112 € – ½ P 18 € – **Rest** – Karte 18/37 €

♦ Ob im Haupthaus oder im Gästehaus: Die Zimmer des engagiert geführten Hotels sind einheitlich mit modernen, hellen Holzmöbeln gestaltet und auch technisch gut ausgestattet. Neuzeitlich-leger wirkt das Bistro Zauberlehring. Sehr schöner Sandstein-Gewölbekeller.

Krone
Hauptstr. 18 ⊠ 88630 – ℰ (07552) 9 21 70 – info@hotel-krone.de – Fax (07552) 921734
23 Zim ⊡ – †59/65 € ††75/85 € – ½ P 15 € – **Rest** – (nur Abendessen) Karte 17/30 €

♦ Hinter der schönen Fachwerkfassade dieses zentral gelegenen Gasthofs a. d. 16. Jh. erwarten Sie unterschiedlich eingerichtete, wohnliche und solide Zimmer mit Parkettfußboden. Ländliches Restaurant mit schöner Holztäfelung und Parkett.

1049

PFULLINGEN – Baden-Württemberg – 545 – 18 250 Ew – Höhe 426 m 55 **G19**
▶ Berlin 680 – Stuttgart 43 – Reutlingen 4 – Ulm (Donau) 78

Engelhardt garni
Hauffstr. 111 ⊠ 72793 – ℰ (07121) 9 92 00 – info@hotel-engelhardt.de
– Fax (07121) 9920222
55 Zim ⊇ – †67/87 € ††92/104 €
♦ Funktionelle und technisch zeitgemäß ausgestattete Zimmer sowie die Nähe zu Reutlingen sprechen für dieses gut geführte Hotel, das auch Businessgäste schätzen.

PFUNGSTADT – Hessen – 543 – 25 100 Ew – Höhe 103 m 47 **F15**
▶ Berlin 579 – Wiesbaden 52 – Frankfurt am Main 46 – Darmstadt 10

Restaurant Eva
Borngasse 16 (Zentrum am Rathaus) ⊠ 64319 – ℰ (06157) 8 54 40
– Fax (06157) 86268 – geschl. 30. Dez. - 14. Jan., Sept. 1 Woche und Sonntag - Montag
Rest – (Tischbestellung ratsam) Menü 34 € (veg.)/57 € – Karte 32/46 €
♦ In diesem modern im Bistrostil eingerichteten Restaurant erwartet Sie freundlicher Service und eine saisonal geprägte internationale Küche, die mit Sorgfalt zubereitet wird.

PIDING – Bayern – 546 – 5 260 Ew – Höhe 455 m – Luftkurort 67 **O21**
▶ Berlin 718 – München 128 – Bad Reichenhall 9 – Salzburg 13
🛈 Petersplatz 2, ⊠ 83451, ℰ (08651) 38 60, tourismus@piding.net

Lohmayr Stub'n
Salzburger Str. 13 ⊠ 83451 – ℰ (08651) 71 44 78 – Fax (08651) 768852
– geschl. 22. - 30. Jan., 19. Mai - 11. Juni und Dienstag - Mittwoch, Juli - Aug. nur Mittwoch
Rest – (Tischbestellung ratsam) Menü 29 € – Karte 25/43 €
♦ Das ehemalige Bauernhaus a. d. 16. Jh. ist heute ein netter Landgasthof mit gemütlichen rustikalen Stuben, in denen man regionale und internationale Speisen serviert.

PIESPORT – Rheinland-Pfalz – 543 – 2 020 Ew – Höhe 110 m 45 **C15**
▶ Berlin 693 – Mainz 135 – Trier 43 – Bernkastel-Kues 18

Winzerhof garni
Bahnhofstr. 8a ⊠ 54498 – ℰ (06507) 9 25 20 – hotel-winzerhof-piesport@t-online.de – Fax (06507) 925252 – geschl. 22. - 28. Dez., 10. Feb. - 16. März
12 Zim ⊇ – †55/58 € ††84/96 €
♦ In dem kleinen Weinort erwartet Sie dieses familiär geführte, gepflegte Hotel im Landhausstil, in dem Sie in Zimmern mit solidem honigfarbenem Mobiliar wohnen.

PILSACH – Bayern – 546 – 2 640 Ew – Höhe 445 m 51 **L17**
▶ Berlin 454 – München 144 – Nürnberg 40 – Amberg 36

Gasthof Am Schloss
Litzloher Str. 8 ⊠ 92367 – ℰ (09181) 51 06 00 – info@am-schloss.de – Fax (09181) 5106099 – geschl. 4. - 19. Aug.
16 Zim ⊇ – †44/59 € ††59/69 € – **Rest** – (geschl. Dienstag) Karte 18/29 €
♦ Mitten im Ort, in der Nähe des Schlosses, liegt der ländliche Gasthof mit funktionellen Zimmern, die mit hellen Eichenmöbeln ausgestattet sind. Ländliches Restaurant mit schöner Terrasse und bürgerlicher Küche.

PINNEBERG – Schleswig-Holstein – 541 – 40 250 Ew – Höhe 2 m 10 **I5**
▶ Berlin 305 – Kiel 89 – Hamburg 23 – Bremen 128
ADAC Elmshorner Str. 73
🖸 Pinneberg, Weidenhof ℰ (04101) 51 18 30
🖸 Tangstedt - Gut Wulfsmühle, Mühlenstr. 102 ℰ (04101) 58 67 77
🖸 Prisdorf, Peiner Hag ℰ (04101) 7 37 90

PINNEBERG

Cap Polonio
Fahltskamp 48 ⌂ 25421 – ℰ (04101) 53 30 – info@cap-polonio.de – Fax (04101) 533190
48 Zim ⌂ – †78/89 € ††99/115 €
Rest *Rolin* – (geschl. Donnerstag) Menü 38/59 € – Karte 33/44 €
♦ Das nach einem alten Schnelldampfer benannte Hotel bietet neuzeitlich-wohnliche Zimmer. Schön: der Saal mit der Original-Einrichtung des Speisesaals der Cap Polonio. Eine hübsche alte Täfelung ziert das Restaurant. Gute regionale und internationale Küche.

Thesdorfer Hof garni
Rellinger Str. 35 ⌂ 25421 – ℰ (04101) 5 45 40 – empfang@thesdorferhof.de
– Fax (04101) 545454
22 Zim ⌂ – †68/81 € ††80/102 €
♦ Hier übernachten Sie in zeitlos wirkenden Gästezimmern mit solidem Kirschholzmobiliar. Der Frühstücksraum dient gleichzeitig als Tagescafé.

PIRMASENS – Rheinland-Pfalz – 543 – 43 980 Ew – Höhe 387 m — 53 D17
▸ Berlin 683 – Mainz 122 – Saarbrücken 62 – Landau in der Pfalz 46
ADAC Hauptstr. 35a

Casa dell' Arte
Landauerstr. 105 ⌂ 66953 – ℰ (06331) 28 66 29 – Fax (06331) 721814 – geschl. Montag, Samstagmittag
Rest – Menü 35 € – Karte 29/61 €
♦ Ein kleines Landhaus in mediterranem Stil mit Wintergarten beherbergt dieses Restaurant. Schön: Wandgemälde von 1904 im Barbereich. Frische Mittelmeerküche. Schmucke Terrasse.

In Pirmasens-Winzeln West : 4 km :

Kunz
Bottenbacher Str. 74 ⌂ 66954 – ℰ (06331) 87 50 – info@hotel-kunz.de
– Fax (06331) 875125 – geschl. 22. Dez. - 4. Jan.
56 Zim ⌂ – †49/75 € ††79/99 €
Rest – (geschl. Freitagmittag, Samstagmittag) Menü 23/54 €
– Karte 24/47 €
♦ Individuell eingerichtete Zimmer mit guter technischer Ausstattung hält das komfortable Hotel unter familiärer Leitung für Sie bereit. Modern-elegante Zimmer im neueren Anbau. Behaglich ist das klassisch gestaltete Restaurant. Vinothek.

PIRNA – Sachsen – 544 – 40 600 Ew – Höhe 118 m — 43 Q12
▸ Berlin 213 – Dresden 20 – Chemnitz 91 – Görlitz 97
🛈 Am Markt 7, ⌂ 01796, ℰ (03501) 4 65 70, touristservice@pirna.de

Deutsches Haus
Niedere Burgstr. 1 ⌂ 01796 – ℰ (03501) 4 68 80 – deutsches-haus@romantikhotels.com – Fax (03501) 468820
40 Zim ⌂ – †58/86 € ††79/105 € – **Rest** – (Montag - Freitag nur Abendessen) Karte 21/30 €
♦ In einem schönen Renaissancebau stehen Zimmer mit einfachem Naturholzmobiliar, bemalten Bauernmöbeln und verspielter Biedermeiereinrichtung zur Auswahl. Gediegenrustikale Gaststuben.

Pirna'scher Hof
Am Markt 4 ⌂ 01796 – ℰ (03501) 4 43 80 – pirnascher-hof@t-online.de
– Fax (03501) 443815
21 Zim ⌂ – †42/58 € ††63/78 € – **Rest** – Karte 20/31 €
♦ Das Altstadthaus am Marktplatz hat ein modernes Innenleben: In den Zimmern stehen z.T. freiliegende Balken in reizvollem Kontrast zu Designermöbeln. Internationales wird im Restaurant mit rustikalem Rahmen und modernen Akzenten serviert.

PLANEGG – Bayern – siehe Gräfelfing

PLATTLING – Bayern – 546 – 12 410 Ew – Höhe 320 m
59 **O18**

▶ Berlin 566 – München 134 – Passau 54 – Deggendorf 12

Liebl
Bahnhofplatz 3 ⊠ 94447 – ℰ (09931) 89 01 60 – hotel-liebl@t-online.de
– Fax (09931) 89016164
26 Zim – †49/55 € ††65/75 € – ½ P 20 € – **Rest** – (geschl. Freitag) Karte 23/33 €

♦ Das Hotel befindet sich gegenüber dem Bahnhof und bietet seinen Gästen gepflegte, solide und funktionell eingerichtete Zimmer. Gaststuben mit ländlichem Ambiente.

PLAU AM SEE – Mecklenburg-Vorpommern – 542 – 5 960 Ew – Höhe 70 m
– Luftkurort
12 **N5**

▶ Berlin 151 – Schwerin 73 – Rostock 84 – Stendal 123

🛈 Marktstraße 20, ⊠ 19395, ℰ (038735) 2 05 40, info@info-plau.de

Parkhotel Klüschenberg (mit Gästehaus)
Klüschenberg 14 ⊠ 19395 – ℰ (038735) 4 43 79
– info@klueschenberg.de – Fax (038735) 44371
76 Zim – †52/96 € ††68/96 € – ½ P 18 € – **Rest** – Menü 24 € – Karte 19/31 €

♦ Am Ortsrand, eingebettet in einen hübschen kleinen Park wohnt man in zweckmäßigen, mit unterschiedlich eingefärbten Holzmöbeln eingerichteten Zimmern - meist auch mit Balkon. Klassisches Restaurant mit internationaler, teils regionaler Küche.

In Plau-Plötzenhöhe Süd-Ost : 1,5 km über B 103 :

Strandhotel
Seestr. 6 ⊠ 19395 – ℰ (038735) 81 10 – info@strandhotel-plau.de – Fax (038735) 81170 – geschl. Jan.
38 Zim – †50/75 € ††75/95 € – ½ P 16 € – **Rest** – Karte 15/27 €

♦ Das Haus liegt direkt am See, die weiß-gelbe Fassade erinnert an die klassische Bäderarchitektur. Die Zimmer sind wohnlich eingerichtet und bieten zeitgemäßen Komfort. Helles, saalartiges Hotelrestaurant mit geblümten Vorhängen und verspielter Dekoration.

In Plau-Seelust Süd : 4 km :

Seehotel (mit Gästehaus)
Hermann-Niemann-Str. 6 ⊠ 19395 – ℰ (038735) 8 40
– info@seehotel-plau.de – Fax (038735) 84166
80 Zim – †50/79 € ††77/118 € – ½ P 19 € – **Rest** – Karte 23/35 €

♦ Eine Ferienanlage mit Gästehaus und kleinen Appartementhäusern, die sich für Gruppen und Tagungen gleichermaßen eignet. Solide möblierte, funktionelle Zimmer stehen bereit. Ein Wintergarten mit Korbstühlen und Klinkerwänden ergänzt das neuzeitliche Restaurant.

Seeresidenz Gesundbrunn
Hermann-Niemann-Str. 11 ⊠ 19395 – ℰ (038735) 81 40
– seeresidenzgesundbrunn@t-online.de – Fax (038735) 81427
22 Zim ⊇ – †49/89 € ††72/114 € – ½ P 19 € – **Rest** – Karte 19/28 €

♦ In ruhiger Lage oberhalb des Sees bietet Ihnen die ehemalige Villa überwiegend mit Stilmöbeln eingerichtete und individuell dekorierte Zimmer - meist mit Balkon. Gediegenes Restaurant und Terrasse mit Seeblick.

PLAUEN – Sachsen – 544 – 70 070 Ew – Höhe 355 m
41 **M14**

▶ Berlin 291 – Dresden 151 – Gera 54 – Chemnitz 80

ADAC Oberer Steinweg 9

🛈 Unterer Graben 1, Rathaus, ⊠ 08523, ℰ (03741) 1 94 33, touristinfo@plauen.de

Dormero Hotel Am Theater
Theaterstr. 7 ⊠ 08523 – ℰ (03741) 12 10 – info@
dormero.com – Fax (03741) 121439
118 Zim – †59/99 € ††59/99 €, ⊇ 13 € – **Rest** – Karte 19/37 €

♦ In dem komfortablen Hotel im Zentrum erwarten Sie eine modern-elegante, mit Kunst dekorierte Lobby und wohnliche Zimmer in warmen Tönen. Saunabereich mit asiatischer Note. Gemütlich ist das im Landhausstil gehaltene Restaurant.

PLAUEN

Am Strassberger Tor
Straßberger Str. 37, ⊠ 08527 – ℰ (03741) 2 87 00 – info@
strassberger-tor.bestwestern.de – Fax (03741) 2870100
60 Zim ⊇ – †78/88 € ††98/108 € – **Rest** – Karte 20/27 €
◆ Neuzeitlich gestaltetes Hotel in Zentrumsnähe, dessen geschmackvolle Zimmer zum Innenhof teils mit einem Balkon versehen sind. Suite mit Dachterrasse und netter Saunabereich. Freundliches Ambiente im Restaurant.

Parkhotel
Biergarten
Rädelstr. 18, ⊠ 08523 – ℰ (03741) 2 00 60 – info@parkhotel-plauen.de
– Fax (03741) 200660
17 Zim ⊇ – †68 € ††89 € – **Rest** – Karte 28/34 €
◆ Das Stadtzentrum kann man von der Villa a. d. J. 1868 zu Fuß erreichen. Stilvolles Ambiente und wohnliche Zimmer erwarten den Gast. Restaurant mit internationaler Speisekarte und Friesische Stuben im UG.

In Plauen-Jössnitz Nord : 6 km – Erholungsort

Landhotel zur Warth
Biergarten
Steinsdorfer Str. 8, ⊠ 08547 – ℰ (03741) 5 71 10 – zurwarth@aol.com
– Fax (03741) 57115
26 Zim ⊇ – †61/80 € ††80/110 € – 3 Suiten – **Rest** – Karte 17/31 €
◆ In ländlicher Umgebung findet man das u-förmig angelegte Hotel, dessen zeitgemäße Zimmer wohnlich mit Landhausmobiliar eingerichtet wurden. Helles Restaurant mit Terrasse und gemütlicher Kutscherstube.

In Plauen-Zwoschwitz Nord-West : 5 km :

Gasthof Zwoschwitz
Biergarten, Rest,
Talstr. 1, ⊠ 08525 – ℰ (03741) 30 06 80 – valtin@landhotel-z.de – Fax (03741) 30068218
25 Zim ⊇ – †49/54 € ††70/76 € – **Rest** – (geschl. Sonntagabend - Montagmittag) Karte 14/29 €
◆ Bereits in der 4. Generation wird dieses Hotel von der Familie geführt. Gepflegte Zimmer und freundlicher Service erwarten Sie. Spielplatz für die Kinder. Mit Parkettboden und hellem Holz ausgestattetes Restaurant mit bürgerlicher Küche und sonniger Terasse.

PLECH – Bayern – 546 – 1 310 Ew – Höhe 461 m – Erholungsort   50 L16
▶ Berlin 394 – München 192 – Nürnberg 50 – Bayreuth 40
Velden, Gerhelm 1 ℰ (09152) 3 98

In Plech-Bernheck Nord-Ost : 2,5 km, vor der Autobahn rechts ab :

Veldensteiner Forst
Bernheck 38, ⊠ 91287 – ℰ (09244) 98 11 11 – info@veldensteiner-forst.de
– Fax (09244) 981189 – geschl. Mitte Feb. - Mitte März
32 Zim ⊇ – †46/47 € ††82/98 € – ½ P 16 € – **Rest** – (geschl. Montag) Karte 16/26 €
◆ Meist recht geräumige und neuzeitlich ausgestattete Zimmer bietet dieses Ferien- und Tagungshotel. Im Garten: ein Naturbadeteich mit Blockhaussauna. Restaurant mit bürgerlicher Küche.

PLEINFELD – Bayern – 546 – 7 480 Ew – Höhe 382 m – Erholungsort   57 K17
▶ Berlin 473 – München 140 – Nürnberg 49 – Ingolstadt 60
🛈 Marktplatz 11, ⊠ 91785, ℰ (09144) 92 00 70, tourismus@pleinfeld.de
Ellingen, Zollmühle 1 ℰ (09141) 39 76

Landgasthof Siebenkäs mit Zim
Zim,
Kirchenstr. 1, ⊠ 91785 – ℰ (09144) 82 82 – info@landgasthof-siebenkaes.de
– Fax (09144) 8307 – geschl. 2. - 7. Jan., 14. Sept. - 2. Okt.
6 Zim ⊇ – †57 € ††97 € – **Rest** – (geschl. Sonntagabend - Montag)
Menü 27/42 € – Karte 29/45 €
◆ Viel helles Holz schafft in dem von Familie Riedel persönlich geführten sympathischen Landgasthof ein gemütliches Ambiente. Nett sitzt man auf der Terrasse vor dem Haus.

1053

PLEISWEILER-OBERHOFEN – Rheinland-Pfalz – siehe Bergzabern, Bad

PLIEZHAUSEN – Baden-Württemberg – **545** – 9 510 Ew – Höhe 340 m — 55 **G19**
▶ Berlin 672 – Stuttgart 37 – Reutlingen 8 – Ulm (Donau) 80

Schönbuch ⟵ Schwäbische Alb,
Lichtensteinstr. 45 ⊠ 72124 – ℰ (07127) 97 50
– restaurant@hotel-schoenbuch.de – Fax (07127) 975100 – geschl. Jan. 1 Woche
31 Zim – †90/100 € ††130 €
Rest – (geschl. Aug.) Menü 28/49 € – Karte 30/50 €
Rest *Neckartalstube* – Karte 17/37 €

◆ Das Hotel liegt in einem Wohngebiet oberhalb des Ortes und verfügt über recht geräumige, freundlich und neuzeitlich eingerichtete Gästezimmer mit Balkon. Gediegen-rustikales Restaurant. Modernes Ambiente und regionale Küche in der Neckartalstube.

In Pliezhausen-Dörnach Nord : 3,5 km in Gniebel rechts ab :

Landgasthaus zur Linde (Andreas Goldbach)
*Schönbuchstr. 8 ⊠ 72124 – ℰ (07127) 89 00 66 – andreassternkoch@aol.com
– Fax (07127) 887954 – geschl. Feb. 2 Wochen, 22. Sept. - 15. Okt. und Mittwoch, Samstagmittag*
Rest – (Tischbestellung ratsam) Menü 40/59 € – Karte 41/47 €
Spez. Sautierter Felsenoctopus mit lauwarmem Kalbskopf und Kräutersalat. Lammcarré mit Senfkruste und Kräuterkartoffeln. Zweierlei gebrannte Crème mit Eis.

◆ In den gemütlichen Restaurantstuben bietet man regionale und mediterrane Küche. Sehr freundlich leitet die Chefin den Service. Angenehm ist auch die Terrasse im Hof.

PLOCHINGEN – Baden-Württemberg – **545** – 14 410 Ew – Höhe 276 m — 55 **H18**
▶ Berlin 623 – Stuttgart 25 – Göppingen 20 – Reutlingen 36

Princess garni
*Widdumstr. 3 ⊠ 73207 – ℰ (07153) 60 50 – reception@hotel-princess.de
– Fax (07153) 605499*
42 Zim – †79/95 € ††99/115 €

◆ Ein Hotel in Bahnhofsnähe mit zeitgemäßen und soliden Zimmern, hellem Frühstücksraum mit großem Buffet und einem funktionellen Tagungsbereich. Kunstausstellungen in der Halle.

Rathausstube - Da Enzo
Am Markt 11 ⊠ 73207 – ℰ (07153) 2 30 46 – enzoelda@web.de – Fax (07153) 23045 – geschl. Aug. 3 Wochen, Sonntag
Rest – Menü 35 € – Karte 31/36 €

◆ Viele Stammgäste schätzen diesen gemütlichen Italiener. Der Chef macht persönlich den Service - die Tagesgerichte empfiehlt er mit Vorliebe mündlich.

In Plochingen-Stumpenhof Nord-Ost : 3 km Richtung Schorndorf :

Stumpenhof
*Am Stumpenhof 1 ⊠ 73207 – ℰ (07153) 2 24 25 – restaurant@stumpenhof.de
– Fax (07153) 76375 – geschl. 4. - 12. Feb. und Montag - Dienstag*
Rest – (Tischbestellung ratsam) Karte 26/46 €

◆ In dem bürgerlich-rustikalen Restaurant werden schmackhafte, überwiegend schwäbische Gerichte geboten. Der Service ist freundlich und aufmerksam. Sehr nett sitzt man auf der Terrasse.

In Altbach Nord-West : 3 km über Esslinger Straße :

Altbacher Hof garni (mit Gästehaus)
Kirchstr. 11 ⊠ 73776 – ℰ (07153) 70 70 – mail@altbacherhof.de – Fax (07153) 707400 – geschl. 24. Dez. - 6. Jan., Aug. 2 Wochen
65 Zim – †48/69 € ††88 €

◆ Das gepflegte und gut geführte Hotel verfügt über mit soliden Holzmöbeln eingerichtete Zimmer. Die Räume im Gästehaus sind etwas einfacher ausgestattet.

PLÖN – Schleswig-Holstein – **541** – 13 040 Ew – Höhe 28 m – Luftkurort   10 **J3**
- Berlin 317 – Kiel 28 – Lübeck 56 – Neumünster 37
- Bahnhof, ⊠ 24306, ℰ (04522) 5 09 50, tourist-info@ploen.de
- Großer Plöner See: Schloßterrasse ≼ ★

Stolz mit Zim
*Markt 24 ⊠ 24306 – ℰ (04522) 5 03 20 – info@hotel-restaurant-stolz.de
– Fax (04522) 503210 – geschl. 18. Feb. - 2. März, 3. - 16. Nov.*
5 Zim ⊇ – †78/87 € ††120/125 €
Rest – *(geschl. Montag, Dienstag - Samstag nur Abendessen)* Menü 42/62 €
– Karte 50/54 €
♦ Das alte Backsteingebäude beherbergt ein elegantes Restaurant in warmen Tönen, in dem man Sie freundlich und geschult mit klassischer Küche umsorgt. Terrasse zum Garten. Sehr geschmackvoll und wohnlich sind die Landhauszimmer.

POBERSHAU – Sachsen – siehe Marienberg

PÖCKING – Bayern – **546** – 5 720 Ew – Höhe 672 m   65 **L20**
- Berlin 618 – München 32 – Augsburg 71 – Garmisch-Partenkirchen 65

In Pöcking-Possenhofen Süd-Ost : 1,5 km über Hindenburgstraße :

Forsthaus am See
*Am See 1 ⊠ 82343 – ℰ (08157) 9 30 10 – kontakt@forsthaus-am-see.de
– Fax (08157) 4292*
22 Zim ⊇ – †60/100 € ††80/120 € – **Rest** – Karte 34/59 €
♦ Schön liegt das Hotel direkt am Ufer des Starnberger Sees. Die meisten Zimmer liegen seeseitig und verfügen über einen Balkon. Zum Haus gehört auch ein kleiner Segelhafen. Eine hübsche Gartenterrasse ergänzt das gemütlich-ländliche Restaurant.

PÖSSNECK – Thüringen – **544** – 13 790 Ew – Höhe 215 m   41 **L13**
- Berlin 283 – Erfurt 75 – Gera 45 – Hof 73

Villa Altenburg
*Straße des Friedens 49 ⊠ 07381 – ℰ (03647) 42 20 01 – info@villa-altenburg.de
– Fax (03647) 422002 – geschl. 2. - 6. Jan.*
14 Zim ⊇ – †44/64 € ††69/89 € – **Rest** – *(Montag - Samstag nur Abendessen)*
Karte 22/36 €
♦ Die in einem Park gelegene Villa von 1928 ist größtenteils im Originalzustand erhalten - einige schöne Antiquitäten und Parkettböden unterstreichen den historischen Charme. Eine alte Holztäfelung ziert das klassische Restaurant. Terrasse mit Blick ins Grüne.

POHLHEIM – Hessen – siehe Gießen

POLLE – Niedersachsen – **541** – 1 240 Ew – Höhe 90 m – Erholungsort   28 **H10**
- Berlin 349 – Hannover 80 – Detmold 44 – Hameln 38
- Amtsstr. 4a (Haus des Gastes), ⊠ 37647, ℰ (05535) 4 11, info@polle-weser.de
- Polle, Weißenfelder Mühle 2 ℰ (05535) 88 42

Graf Everstein   ≼ Weserbergland,
Amtsstr. 6 ⊠ 37647 – ℰ (05535) 99 97 80 – graf-everstein@web.de – Fax (05535) 999781 – geschl. Montag
Rest – Menü 23 € (mittags)/34 € – Karte 25/37 €
♦ Das Restaurant unterhalb der Burg bietet eine saisonal geprägte bürgerliche und internationale Küche. Von dem zur Weser hin gelegenen Anbau hat man eine schöne Aussicht.

POMMELSBRUNN – Bayern – siehe Hersbruck

1055

POPPENHAUSEN (WASSERKUPPE) – Hessen – 543 – 2 670 Ew – Höhe 452 m
– Wintersport : 950 m ≤4 ≠ – Luftkurort 39 I14

▶ Berlin 462 – Wiesbaden 201 – Fulda 17 – Gersfeld 7
ℹ Von-Steinrück-Platz 1, ✉ 36163, ℰ (06658) 96 00 13, info@poppenhausen-wasserkuppe.de

Hof Wasserkuppe garni
Pferdskopfstr. 3 ✉ *36163* – ℰ *(06658) 98 10* – *hotel@hof-wasserkuppe.de*
– Fax (06658) 98155
17 Zim ⌑ – †42/50 € ††74/86 €
♦ Landhaushotel mit Tradition: Das liebevoll dekorierte Haus hält Zimmer unterschiedlichen Zuschnitts bereit, die mit Naturholzmöbeln wohnlich eingerichtet sind.

An der B 458 Nord-Ost : 8 km Richtung Tann :

Grabenhöfchen
an der B 458 ✉ *36163 Poppenhausen* – ℰ *(06658) 3 16* – *Fax (06658) 1698*
18 Zim ⌑ – †41/66 € ††66 € – ½ P 13 € – **Rest** – Karte 15/20 €
♦ Gepflegte und zweckmäßig ausgestattete Zimmer mit einfachem, aber zeitgemäßem Komfort finden Sie in dem etwas außerhalb des Ortes gelegenen Gasthof. Zeitlos wirkt die Einrichtung des Restaurants mit bürgerlichem Angebot.

POTSDAM L – Brandenburg – 542 – 144 980 Ew – Höhe 32 m 22 O8

▶ Berlin 31 – Brandenburg 38 – Frankfurt (Oder) 121 – Leipzig 141
ADAC Jägerallee 16
ℹ Brandenburger Str. 3, ✉ 14467, ℰ (0331) 27 55 80, tourismus-service@potsdam.de
🛫 Kemnitz, Schmiedeweg 1 ℰ (03327) 6 63 70
🛫 Tremmen, Tremmener Landstraße ℰ (033233) 8 02 44
🛫 Wildenbruch - Seddiner See, Zum Weiher 44 ℰ (033205) 73 20
◉ Schloss und Park Sanssouci★★★ - Jägervorstadt ★ AX – Brandenburger Tor★ AXY - Dampfmaschinenhaus (Moschee)★ AY – Schloss Cecilienhof★ – Holländisches Viertel★ - Russische Kolonie Alexandrowna★ BX – Nikolaikirche★ - Marstall (Filmmuseum★) BY – Charlottenstraße★ ABXY – Park und Schloss Babelsberg★★ CX

Stadtpläne siehe nächste Seiten

Bayrisches Haus
Im Wildpark 1 (Süd-West : 6 km, über Zeppelinstraße AY) ✉ *14471*
– ℰ *(0331) 5 50 50* – *restaurant@bayrisches-haus.de*
– Fax (0331) 5505560
33 Zim ⌑ – †125/165 € ††165/190 €
Rest *Friedrich-Wilhelm* – separat erwähnt
Rest *Alte Försterei* – (geschl. Mittwoch) Karte 31/46 €
♦ Das Bayrische Haus von 1847 ist Kernstück des angenehm ruhig im Wald gelegenen Gebäudeensembles. Mit hochwertigen Materialien hat man die Häuser äußerst wohnlich eingerichtet. Regionale Küche in der Alten Försterei.

Dorint Hotel Sanssouci
Jägerallee 20 ✉ *14469* – ℰ *(0331) 27 40*
– info.berlin-potsdam@dorint.com – Fax (0331) 2741000 AX r
292 Zim – †84/149 € ††94/159 €, ⌑ 16 € – **Rest** – Karte 27/40 €
♦ Zwischen Schloss Sanssouci und dem historischen Stadtkern liegt dieses großzügig konzipierte Komforthotel mit klaren Formen, betont modernem Ambiente und kühler Eleganz.

Am Jägertor
Hegelallee 11 ✉ *14467* – ℰ *(0331) 2 01 11 00* – *jaegertor@travelcharme.com*
– Fax (0331) 2011333 AX f
62 Zim ⌑ – †99/149 € ††139/199 €
Rest – Menü 57/72 € – Karte 31/40 €
♦ Das schmucke Stadthaus aus dem 18. Jh. beherbergt ein Hotel mit elegantem Rahmen. Die Zimmer sind mit Stilmöbeln geschmackvoll und wohnlich gestaltet. Sehr schön ist die Innenhofterrasse - Wandmalereien und Säulen erzeugen italienisches Flair.

POTSDAM

Seminaris Seehotel
An der Pirschheide 40 (Süd-West : 5 km,
über Zeppelinstraße AY) ⊠ 14471 – ℰ (0331) 9 09 00 – potsdam@seminaris.de
– Fax (0331) 9090900
225 Zim ⊃ – †100/120 € ††135/145 € – 10 Suiten – **Rest** – Karte 25/33 €
♦ Das Hotel liegt am Templiner See, im Naturschutzgebiet, und ist mit seinem modernen Seminarbereich und wohnlichen, funktionellen Zimmern besonders auf Tagungen ausgelegt. Eine nette Terrasse am See ergänzt das neuzeitliche Restaurant.

Am Luisenplatz
Luisenplatz 5 ⊠ 14471 – ℰ (0331) 97 19 00 – info@hotel-luisenplatz.de
– Fax (0331) 9719019   AY c
38 Zim – †72/123 € ††102/153 € – 4 Suiten – **Rest** – Karte 28/38 €
♦ Engagiert wird das hübsche Stadtpalais im Zentrum geleitet. Die Zimmer sind mit Stilmöbeln und angenehmen Farben klassisch und sehr wohnlich gestaltet.

relexa Schlosshotel Cecilienhof
Neuer Garten, (über BX) ⊠ 14469 – ℰ (0331) 3 70 50
– potsdam.cecilienhof@relexa-hotel.de – Fax (0331) 292498   BX a
41 Zim ⊃ – †115/140 € ††155/220 € – **Rest** – Karte 28/35 €
♦ Architektur und Einrichtung des ehemaligen Hohenzollernschlosses erinnern an einen englischen Landsitz. Schloss und Garten gehören zum Weltkulturerbe der UNESCO. Gediegenes Restaurant mit dunkler Holztäfelung.

Steigenberger Hotel Sanssouci
Allee nach Sanssouci 1 ⊠ 14471 – ℰ (0331) 9 09 10
– potsdam@steigenberger.de – Fax (0331) 9091909   AXY n
137 Zim ⊃ – †125/145 € ††150/170 € – **Rest** – Karte 20/38 €
♦ In diesem Hotel fühlt man sich in das Amerika der 30er bis 50er Jahre versetzt: Deckenventilatoren, dunkles Holz und warme Farben schaffen ein gemütliches Ambiente. Bistroähnliches Restaurant mit nostalgischem Flair.

Mark Brandenburg
Heinrich-Mann-Allee 71 (über BY) ⊠ 14478 – ℰ (0331) 88 82 30
– Fax (0331) 8882344
17 Zim ⊃ – †48/69 € ††79/95 € – **Rest** – (geschl. Sonntag, nur Abendessen)
Karte 15/22 €
♦ Einfache, aber gepflegte Zimmer mit solider Einrichtung erwarten die Gäste in diesem am Ortsausgang gelegenen Hotel mit zeitgemäßem Standard. Kellerlokal in schlichter, rustikaler Aufmachung.

Friedrich-Wilhelm – Hotel Bayrisches Haus
Im Wildpark 1 (Süd-West : 6 km, über Zeppelinstraße AY) ⊠ 14471
– ℰ (0331) 5 50 50 – restaurant@bayrisches-haus.de – Fax (0331) 5505560
– geschl. Jan., 13. Juli - 26. Aug. und Sonntag - Montag
Rest – Menü 62/110 € – Karte 66/86 €
Spez. Pulpo-Carpaccio mit Limone und Rucola. Reh mit Blumenkohl und Cumberlandjus. Variation vom Lamm.
♦ Elegantes Ambiente und internationale Küche bietet dieses Restaurant. Sehr dekorativ sind der schöne Marmorkamin und die Holztäfelung.

Juliette
Jägerstr. 39 ⊠ 14467 – ℰ (0331) 2 70 17 91 – Fax (0331) 2705389   BX e
Rest – Menü 49/79 € – Karte 44/55 €
♦ Eine sehr gemütliche Atmosphäre herrscht in dem kleinen Restaurant am Rande des Holländischen Viertels. Gekocht wird französisch. Nett sitzt man auch auf der Empore.

In Potsdam-Babelsberg über Nuthestraße CY und R.-Breitscheid-Straße : 3 km :

avendi Hotel am Griebnitzsee
Rudolf-Breitscheid-Str. 190 ⊠ 14482 – ℰ (0331) 7 09 10 – griebnitzsee@avendi.de
– Fax (0331) 709111
87 Zim – †100/120 € ††125/145 € – 3 Suiten – **Rest** – Menü 27/31 € – Karte 25/30 €
♦ Ein Tagungshotel in schöner Lage am See mit modernen und technisch gut ausgestatteten Zimmern, einige zum Wasser hin gelegenen. S-Bahn direkt vor dem Haus. Von dem neuzeitlichen Restaurant aus blicken Sie auf den See.

1057

POTSDAM

Alleestr.	BX
Alter Markt	BY
Am Alten Markt	BY 6
Am Kanal	BY
Am Neuen Garten	BX
Am Neuen Markt	BY
Am Schragen	BX 7
Auf dem Kiewitt	AY
Babelsberger Str.	BCY
Bassinpl.	BX
Behlerstr.	BCX
Benkertstr.	BX 15
Berliner Str.	BCX
Bornstedter Str.	AX 18
Brandenburger Str.	ABX
Brauhausberg	BY 19
Breite Str.	ABY
Charlottenstr.	ABXY
Dortustr.	AXY
Ebräerstr.	BY 21
Feuerbachstr.	AY
Französische Str.	BY 25
Friedrich-Ebert-Str.	BXY
Friedrich-Engels-Str.	BCY
Geschwister-Scholl-Str.	AX 26
Gregor-Mendel-Str.	AX
Gutenbergstr.	ABX
Hans-Thoma-Str.	BX
Hebbelstr.	BX
Hegelallee	ABX
Heinrich-Mann-Allee	BY
Helene-Lange-Str.	BX
Hermann-Elflein-Str.	AX 31
Humboldtbrücke	CX
Humboldtring	CY
Jägerallee	AX
Jägerstr.	BX
Kiezstr.	AY
Kurfürstenstr.	BX
Lange Brücke	BY
Leiblstr.	BX
Leipziger Str.	BY
Lennéstr.	AY
Lindenstr.	AXY
Luisenpl.	AY 42
Mangerstr.	CX
Mittelstr.	BX
Mühlenbergweg	AX 48
Nuthestr.	CY 51
Pappelallee	AX
Platz der Einheit	BY 54
Reiterweg	BX
Ruinenbergstr.	AX
Schillerpl.	AY
Schloßstr.	BY 60
Schopenhauerstr.	AXY
Siefertstr.	BY 64
Voltaireweg	AX
Weinbergstr.	AX
Wilhelm-Staab-Str.	BY 67
Yorckstr.	BY
Zeppelinstr.	AY

In Potsdam-Bornstedt über Pappelallee AX :

Kranich garni (mit Gästehaus)
Kirchallee 57 ⊠ 14469 – ℘ (0331) 5 05 36 92
– hotel-kranich@t-online.de
– Fax (0331) 5053694
24 Zim – †56 € ††76 €
♦ Hier erwarten Sie solide Zimmer, die überwiegend mit dunklen Stilmöbeln und farblich aufeinander abgestimmten Stoffen wohnlich eingerichtet sind.

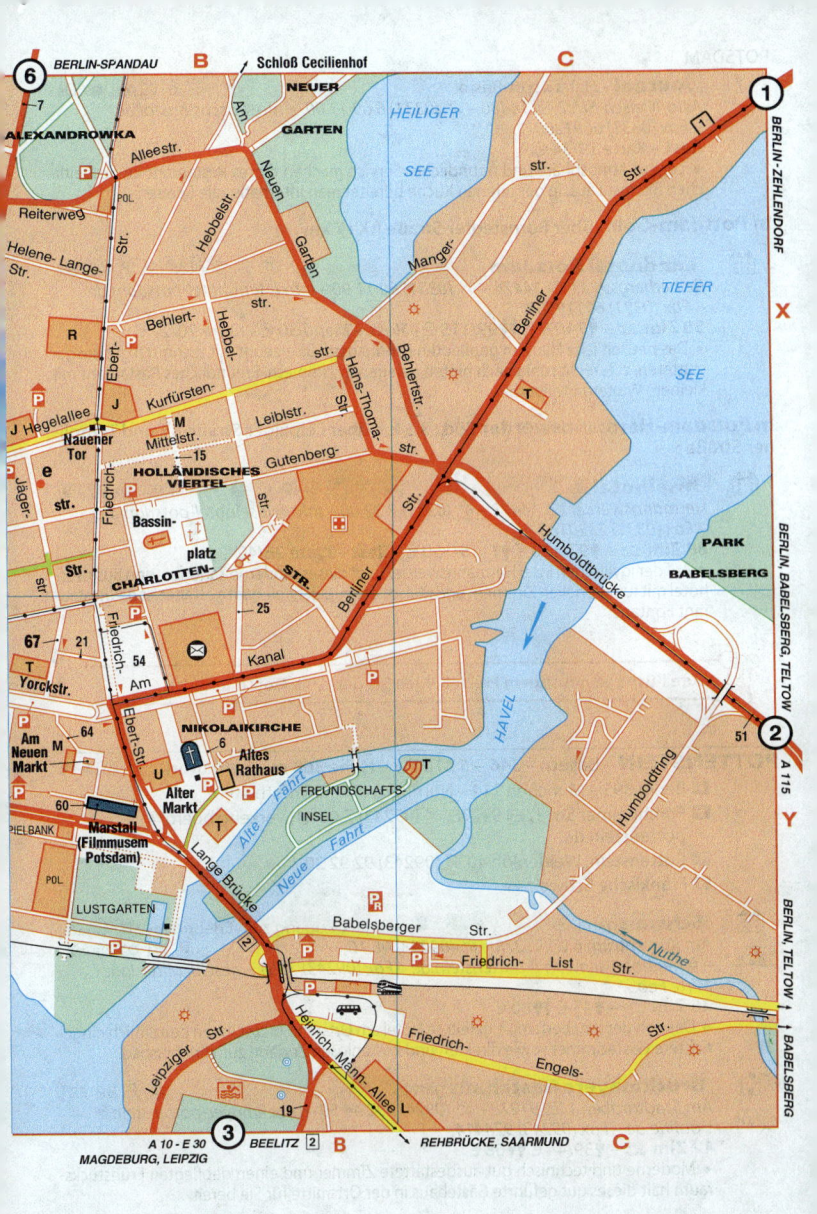

In Potsdam-Drewitz über Nuthestraße XY : 4 km :

Ascot-Bristol
Asta-Nielsen-Str. 2 ✉ *14480 –* ✆ *(0331) 6 69 10 – info@ascot-bristol.de*
– Fax (0331) 6691200
94 Zim ⌑ – †85/120 € ††105/142 € – 5 Suiten
Rest Journal *– separat erwähnt*
◆ Ein komfortables Hotel, dessen Zimmer mit warmen Farben und modernem Mobiliar wohnlich und funktionell eingerichtet sind. Besonders großzügig sind die Studios.

POTSDAM

× **Journal** – Hotel Ascot-Bristol
Asta-Nielsen-Str. 2, 14480 – ℰ (0331) 6 69 13 00 – info@ascot-bristol.de
– Fax (0331) 6691200
Rest – Karte 19/34 €
◆ Legere Atmosphäre und freundlicher Service machen dieses Restaurant im neuzeitlichen Bistrostil aus. In der offenen Küche bereitet man internationale Speisen.

In Potsdam-Golm über Bornstedter Straße AX : 7 km :

Landhotel Potsdam
Reiherbergstr. 33, 14476 – ℰ (0331) 60 11 90 – info@landhotel-potsdam.de
– Fax (0331) 60119500
58 Zim – †74/89 € ††99/115 € – **Rest** – Menü 30 € – Karte 20/27 €
◆ Das neuzeitliche Haus im gepflegten Landhausstil überzeugt mit technisch gut ausgestatteten, z. T. recht ruhig nach hinten gelegenen Zimmern. Freundliches Restaurant mit kleinem Wintergartenvorbau.

In Potsdam-Hermannswerder Süd : 3,5 km über Leipziger Straße BY und Templiner Straße :

Inselhotel
Hermannswerder, 14473 – ℰ (0331) 2 32 00 – info@inselhotel-potsdam.de
– Fax (0331) 2320100
88 Zim – †97/130 € ††115/150 € – **Rest** – Karte 26/40 €
◆ Auf der idyllischen Insel Hermannswerder liegt dieses moderne Tagungs- und Businesshotel mit funktionellen Zimmern und Maisonetten. Leicht elegant gestaltet ist das Restaurant Fontane.

> Gute Küche zu günstigem Preis? Folgen Sie dem „Bib Gourmand" ☺.

POTTENSTEIN – Bayern – 546 – 5 470 Ew – Höhe 368 m – Luftkurort   50 L16
▶ Berlin 395 – München 212 – Nürnberg 67 – Bayreuth 40
🛈 Forchheimer Str. 1, 91278, ℰ (09243) 7 08 41, verkehrsbuero@pottenstein.de
⛳ Pottenstein, Weidenloh 40 ℰ (09243) 92 92 20
◉ Fränkische Schweiz ★★

Schwan garni   (direkter Zugang zum Erlebnisbad)
Am Kurzentrum 6, 91278 – ℰ (09243) 98 10
– ferienhotel-schwan@pottenstein.de – Fax (09243) 7351 – geschl. Mitte Jan. - Mitte Feb.
26 Zim – †45 € ††80 €
◆ Das von der Inhaberfamilie geleitete Hotel am Ortsrand bietet Ihnen neuzeitlich eingerichtete Gästezimmer sowie direkten und kostenlosen Zugang zum Erlebnisbad.

Bruckmayers Gästehaus garni
Am Stadtgraben 1, 91278 – ℰ (09243) 92 44 50 – bruckmayer-pottenstein@t-online.de – Fax (09243) 924414
12 Zim – †39/44 € ††68 €
◆ Moderne und technisch gut ausgestattete Zimmer und einen gepflegten Frühstücksraum hält dieses gut geführte Gästehaus in der Ortsmitte für Sie bereit.

In Pottenstein-Kirchenbirkig Süd : 4 km :

Bauernschmitt
St.-Johannes-Str. 25, 91278 – ℰ (09243) 98 90 – bauernschmitt@t-online.de
– Fax (09243) 98945 – geschl. 17. Nov. - 14. Dez.
27 Zim – †31/36 € ††54/66 € – **Rest** – Karte 10/26 €
◆ In dem sehr gepflegten fränkischen Landgasthof stehen ein hübscher großer Garten sowie praktisch ausgestattete Zimmer mit gutem Platzangebot zur Verfügung. Bürgerliche Küche im rustikalen Restaurant.

1060

PREETZ – Schleswig-Holstein – 541 – 15 700 Ew – Höhe 24 m   10 J3
- Berlin 327 – Kiel 16 – Lübeck 68 – Puttgarden 82
- Wakendorfer Str. 3, ⊠ 24211, ℰ (04342) 22 07, info@preetz-tourismus.de

In Lehmkuhlen-Dammdorf Nord-Ost : 2 km :

Neeth (mit Gästehaus)   P VISA ⊚ AE ⊙
Preetzer Str. 1 ⊠ *24211 – ℰ (04342) 8 23 74 – info@neeth.de*
– Fax (04342) 84749
15 Zim ⊇ – †50/70 € ††80/96 € – **Rest** – Karte 16/32 €
♦ Das Landhaus mit roter Klinkerfassade und grünem Ziegeldach bietet wohnliche, mit sehr soliden Möbeln ausgestattete Gästezimmer. Rustikales, mit einer Kaffeekannensammlung dekoriertes Restaurant mit kleinem Wintergarten. Regionale und internationale Küche.

PRENZLAU – Brandenburg – 542 – 21 350 Ew – Höhe 30 m   14 Q6
- Berlin 110 – Potsdam 147 – Neubrandenburg 54 – Szczecin 83
- Friedrichstr. 2, ⊠ 17291, ℰ (03984) 83 39 52, stadtinfo@prenzlau.de

Overdiek   ⊞ ⁂ Rest, P VISA ⊚ AE
Baustr. 33 ⊠ *17291 – ℰ (03984) 8 56 60 – rezeption@hoteloverdiek.de*
– Fax (03984) 856666
27 Zim ⊇ – †53 € ††70 € – **Rest** – *(nur Abendessen)*
Karte 13/23 €
♦ Unterschiedlich große Zimmer, die mit hellen Stilmöbeln wohnlich eingerichtet sind, findet man in dem Stadthotel in der Ortsmitte. Einem englischen Pub nachempfundenes Restaurant.

In Röpersdorf Süd-West : 3 km über B 109 und Röpersdorfer Straße :

Schilfland   🚗 ⁂ 🛰 P VISA ⊚
Straße am Uckersee 27 ⊠ *17291 Nordwestuckermark – ℰ (03984) 67 48*
– info@schilfland.de – Fax (03984) 800837
20 Zim ⊇ – †48/78 € ††68/90 €
Rest – *(geschl. 4. - 28. Feb., Okt. - April Sonntagabend und wochentags nur Abendessen)* Karte 11/22 €
♦ Ein familiengeführtes Hotel nicht weit vom Ufer des Unteruckersees, das über freundlich eingerichtete Zimmer (auch Familienzimmer) verfügt - einige davon mit Wasserbett. Gegenüber dem Hotel befindet sich das Restaurant mit Terrasse.

In Seehausen Süd : 17 km über Röpersdorf und Strehlow, in Potzlow links ab :

Seehotel Huberhof ⅋   🚗 ⅍ ⁂ 🛰 ♨ P VISA ⊚ AE
Dorfstr. 49 ⊠ *17291 – ℰ (039863) 60 20 – info@seehotel-huberhof.de*
– Fax (039863) 60210 – geschl. 14. - 31. Jan.
25 Zim ⊇ – †42/78 € ††60/82 € – **Rest** – Karte 22/28 €
♦ Das alte, renovierte Bauernhaus mit neuem Hotelanbau liegt direkt am Oberuckersee und bietet seinen Gästen wohnlich gestaltete Zimmer. In den gemütlichen Gaststuben sorgen alte Bauernmöbel für ein rustikales Ambiente.

PREROW – Mecklenburg-Vorpommern – 542 – 1 750 Ew – Höhe 1 m – Seebad   5 N3
- Berlin 276 – Schwerin 150 – Rostock 63
- Gemeindeplatz 1, ⊠ 18375, ℰ (038233) 61 00, zimmerinfo-prerow@t-online.de

Bernstein ⅋   ⁂ ⌇ (geheizt) ♨ 𝟰𝟲 ⁘ ⊞ ⅍ ⁂ Rest, ♨ P
Buchenstr. 42 ⊠ *18375 – ℰ (038233) 6 40 – bernstein@travelcharme.com*
– Fax (038233) 64466 – geschl. 1. Nov. - 14. März
127 Zim ⊇ – †70/118 € ††98/160 € – ½ P 24 €
Rest – Karte 28/43 €
♦ Das Hotel liegt am Ortsrand in einer schönen Anlage mit italienischem Garten und bietet wohnliche Zimmer mit mediterranem Flair. Ein Gartenrestaurant in einem Pavillon am Pool ergänzt das Restaurant Turmstube.

PREROW

Waldschlösschen (mit Gästehäusern)
Bernsteinweg 4 ⊠ 18375 – ℰ (038233) 61 70 – info@waldschloesschen-prerow.de
– Fax (038233) 617403 – geschl. 6. - 31. Jan.
33 Zim ⊆ – †89/129 € ††142/196 € – **Rest** – (nur Abendessen) Menü 59 €
– Karte 30/36 € ✿
 ♦ Eine Fachwerkvilla sowie ein altes und ein neues Gartenhaus auf einem parkähnlichen Grundstück beherbergen individuell gestaltete, komfortable Gästezimmer. Helles, freundliches Restaurant mit regionaler Küche.

Störtebeker
Mühlenstr. 2 ⊠ 18375 – ℰ (038233) 70 20 – Fax (038233) 70215
– geschl. 3. - 31. Jan., 15. - 27. Dez.
10 Zim ⊆ – †33/66 € ††60/88 € – ½ P 10 € – **Rest** – Karte 16/28 €
 ♦ Eine kleine Pension mit wohnlich-solide eingerichteten Gästezimmern, die teilweise über Balkon, Loggia oder Terrasse verfügen. Bürgerliches Restaurant mit Wintergartenanbau.

In Wieck a. Darss Süd : 4 km – Erholungsort

Haferland
Bauernreihe 5a ⊠ 18375 – ℰ (038233) 6 80 – info@hotelhaferland.de
– Fax (038233) 68220
45 Zim ⊆ – †99/139 € ††119/159 € – 13 Suiten
Rest Jäger's Tafelfreuden – separat erwähnt
Rest Gute Stube – Menü 28 € – Karte 25/35 €
Rest Fass 36 – (geschl. Dienstag, nur Abendessen) Karte 27/35 €
 ♦ Schön liegt das aus drei Reetdachhäusern bestehende Hotel nahe dem Bodden auf einem großen Naturgrundstück mit Kräutergarten. Sehr wohnlich sind die Zimmer im Landhausstil. Regionale Karte in der Guten Stube. Fass 36 ist ein rustikales, nett dekoriertes Lokal.

Jäger's Tafelfreuden – Hotel Haferland
Bauernreihe 5a ⊠ 18375 – ℰ (038233) 6 80 – info@hotelhaferland.de
– Fax (038233) 68220 – geschl. 6. Jan. - 18. Feb. und Sonntag - Montag
Rest – (nur Abendessen) Menü 74/78 € – Karte ca. 65 €
Spez. Jakobsmuschel in Hibiskussalz gebraten mit Safranbutter und Blumenkohl. Heilbutt mit Ochsenbacke in Holundersaft, Wasabi-Nusskrokant. Schmorapfel mit Steineichenhonig und Zuckerrohr-Kondensmilcheis.
 ♦ Angenehm sitzt man in der Franzosen-, Schweden- und Pommernstube. In gediegenelegantem Ambiente serviert man dem Gast kreative Küche.

PRICHSENSTADT – Bayern – 546 – 3 220 Ew – Höhe 248 m   49 J15
▸ Berlin 466 – München 254 – Würzburg 42 – Schweinfurt 32
◉ Hauptstraße ★ mit Fachwerkhäusern

Zum Storch
Luitpoldstr. 7 ⊠ 97357 – ℰ (09383) 65 87 – info@gasthof-storch.de – Fax (09383) 6717 – geschl. Jan. 2 Wochen
13 Zim ⊆ – †40/55 € ††60/75 € – **Rest** – (geschl. Dienstag, Nov. - März Montag - Dienstag) Karte 18/28 €
 ♦ Der Gasthof mit Weingut wurde 1658 erstmals urkundlich erwähnt, seit über 130 Jahren ist das tipptopp gepflegte Haus im Familienbesitz. Die Zimmer sind nach Rebsorten benannt. Gemütliche Gaststuben mit regionalem Angebot. Malerisch: der Winzerhof.

In Prichsenstadt-Neuses am Sand Nord : 5 km über B 286 :

Landhotel Neuses mit Zim
Neuses am Sand 19 ⊠ 97357 – ℰ (09383) 71 55 – team@landhotel-neuses-sand.de – Fax (09383) 6556 – geschl. 7. - 25. Jan.
10 Zim ⊆ – †35/42 € ††54/62 € – **Rest** – (geschl. Dienstag, Nov. - März Dienstag - Mittwoch) Menü 19/31 € – Karte 19/31 €
 ♦ Das Haus mit der hübschen Bruchsteinfassade diente lange Zeit als Posthalterei. Heute serviert man in ländlichem Ambiente regional-bürgerliche Küche. Gepflegte zeitgemäße Zimmer und Appartements.

PRIEN AM CHIEMSEE – Bayern – 546 – 10 100 Ew – Höhe 533 m – Luftkurort und Kneippkurort
66 **N21**

- Berlin 656 – München 85 – Bad Reichenhall 58 – Salzburg 64
- Alte Rathausstr. 11, ⊠ 83209, ℰ (08051) 6 90 50, info@tourismus.prien.de
- Prien, Bauernberg 5 ℰ (08051) 6 22 15
- Chiemsee★ (Überfahrt zu Herren- und Fraueninsel) – Schloss Herrenchiemsee★★

Golf-Hotel garni
Erlenweg 16 ⊠ 83209 – ℰ (08051) 69 40 – info@reinhart-hotels.de – Fax (08051) 694100 – geschl. 2. Jan. - 31. März
39 Zim ⊠ – †80/100 € ††85/140 €
♦ In Seenähe finden Sie dieses mit wohnlichen Gästezimmern im Landhausstil ausgestattete Hotel. Zum Haus gehört auch ein hübscher Garten.

Neuer am See
Seestr. 104 ⊠ 83209 – ℰ (08051) 60 99 60 – info@neuer-am-see.de – Fax (08051) 6099644
31 Zim ⊠ – †51/67 € ††91/100 € – ½ P 16 € – **Rest** – *(geschl. Okt. - Mai Dienstag)* Karte 18/32 €
♦ Zu den Vorzügen dieses freundlich-familiär geleiteten Hotels zählen die Nähe zum See und solide, wohnliche Zimmer, meist mit Balkon. Alpenländisch gestaltetes Restaurant und Café mit Kuchen aus der eigenen Konditorei.

Bayerischer Hof
Bernauer Str. 3 ⊠ 83209 – ℰ (08051) 60 30 – info@bayerischerhof-prien.de – Fax (08051) 62917 – geschl. 19. - 30. Jan.
46 Zim ⊠ – †58/85 € ††98/115 € – ½ P 18 € – **Rest** – *(geschl. 27. Okt. - 27. Nov. und Montag)* Karte 20/33 €
♦ Der familiengeführte Gasthof in der Ortsmitte verfügt über gepflegte Zimmer, die solide und gediegen mit Eichenholzmobiliar ausgestattet sind. In rustikalem Stil gehaltenes Restaurant.

Mühlberger
Bernauer Str. 40 ⊠ 83209 – ℰ (08051) 96 68 88 – info@ muehlberger-restaurant.de – Fax (08051) 309274 – geschl. nach Pfingsten 2 Wochen und Dienstag - Mittwoch
Rest – Menü 30 € (mittags)/62 € – Karte 37/58 €
Spez. Gebratene Gänseleber mit Fenchel. St. Pierre mit Safrancrème und gebratenem Gemüse. Vanillebrotstritzl mit dreierlei Ganache.
♦ Freundlich kümmern sich die Mühlbergers in diesem mit viel Holz gemütlich gestalteten Restaurant um ihre Gäste. Geboten werden regionale und klassische Speisen.

In Prien-Harras Süd-Ost : 4 km in Richtung Yachthafen :

Yachthotel Chiemsee ≤ Chiemsee und Herrenchiemsee,
Harrasser Str. 49
⊠ 83209 – ℰ (08051) 69 60 – info@yachthotel.de – Fax (08051) 5171
102 Zim ⊠ – †120/160 € ††150/190 € – ½ P 27 € – 5 Suiten – **Rest** – Karte 28/50 €
♦ Idyllisch liegt das Hotel direkt am See und dem kleinen Yachthafen. Die Zimmer sind solide, gediegen und funktionell eingerichtet. Turm-Suite über 3 Etagen. Zum Speisen stehen das Seerestaurant, die Seeterrasse und das Zirbelstüberl zur Wahl.

PRITZWALK – Brandenburg – 542 – 13 690 Ew – Höhe 63 m
21 **M6**
- Berlin 123 – Potsdam 115 – Schwerin 84 – Rostock 120

Waldhotel Forsthaus Hainholz
Hainholz 2 (Nord-Ost : 1,5 km über B 103 Richtung Meyenburg) ⊠ 16928 – ℰ (03395) 30 07 90 – info@prignitz-hotels.com – Fax (03395) 3007938
24 Zim ⊠ – †49/55 € ††64/75 € – **Rest** – Karte 13/21 €
♦ Das hübsche Fachwerkhaus befindet sich in schöner Waldlage mitten im Naturpark Hainholz. Besonders wohnlich sind die neueren Gästezimmer im Anbau. Vor allem im Sommer ist das ländliche Restaurant ein beliebtes Ausflugslokal.

1063

PRITZWALK

In Falkenhagen Nord : 8,5 km über B 103 :

Falkenhagen
Rapshagener Str. 2 (Gewerbegebiet) ⊠ *16928 –* ℰ *(033986) 8 21 23*
– info@prignitz-hotels.com – Fax (033986) 82125
– geschl. 22. Dez. - 2. Jan.
45 Zim ⊇ – †49/52 € ††64/69 € – **Rest** – Karte 14/22 €
♦ Eine gepflegte Übernachtungsadresse mit zweckmäßig ausgestatteten, teilweise auch etwas neueren Gästezimmern in sachlichem Stil. Bürgerliches Restaurant.

PROBSTRIED – Bayern – siehe Dietmannsried

PRONSTORF – Schleswig-Holstein – siehe Segeberg, Bad

PRÜM – Rheinland-Pfalz – **543** – 5 510 Ew – Höhe 460 m – Luftkurort   35 **B14**

▶ Berlin 674 – Mainz 196 – Trier 57 – Köln 104
🛈 Hahnplatz 1, ⊠ 54595, ℰ (06551) 5 05, ti@pruem.de
🐦 Burbach, Lietzenhof ℰ (06553) 20 07

Landhotel am Wenzelbach
Kreuzerweg 30 ⊠ *54595 –* ℰ *(06551) 9 53 80 – landhotel@wenzelbach.de*
– Fax (06551) 953839 – geschl. 1. - 20. Nov.
15 Zim ⊇ – †49/60 € ††80/90 € – ½ P 17 € – **Rest** – *(geschl. Donnerstag)* Karte 18/32 €
♦ Am Ortsrand findet man diesen schiefergedeckten Eifeler Gasthof mit unterschiedlich eingerichteten Zimmern (teils rustikal, teils im Bauernstil, teils modern). Restaurant im Landhausstil - ergänzt durch eine nostalgische Gaststube.

In Prüm-Held Süd : 1,5 km :

Zur Held
Rommersheimer Held 3 ⊠ *54597 –* ℰ *(06551) 9 81 00*
– hotel-zur-held@t-online.de – Fax (06551) 7427
– geschl. März, Okt. 1 Woche
9 Zim ⊇ – †53 € ††85 € – **Rest** – *(geschl. Sonntag - Montag, nur Abendessen)* Karte 21/35 €
♦ Ein gepflegtes Haus etwas außerhalb des Ortes. Gäste wohnen in geräumigen Zimmern, die mit soliden, hellen Holzmöbeln und Sitzecken ausgestattet sind. Ländliche Gaststuben - Obstler aus hauseigener Brennerei.

PULHEIM – Nordrhein-Westfalen – **543** – 53 720 Ew – Höhe 47 m   35 **B12**

▶ Berlin 573 – Düsseldorf 37 – Aachen 72 – Köln 13
🐦 Pulheim, Gut Lärchenhof ℰ (02238) 92 39 00
🐦 Pulheim, Velderhof ℰ (02238) 92 39 40

Ascari
Jakobstraße ⊠ *50259 –* ℰ *(02238) 80 40 – info@hotel-ascari.de*
– Fax (02238) 804140
70 Zim ⊇ – †104/169 € ††124/199 € – **Rest** – Karte 22/37 €
♦ Das vor den Toren Kölns gelegene Hotel ist mit seinen modern, komfortabel und technisch gut ausgestatteten Zimmern vor allem auf den Business-Gast zugeschnitten. Zeitlos-elegantes Restaurant und Bierstube mit Theke und blanken Holztischen.

In Pulheim-Brauweiler Süd : 5 km über Geyen und Sinthern :

Abtei-Park-Hotel garni
Bernhardstr. 50 ⊠ *50259 –* ℰ *(02234) 96 46 20 – abtei-park-hotel@netcologne.de*
– Fax (02234) 89232
43 Zim ⊇ – †70/91 € ††90/115 €
♦ Das Hotel ist in ein Einkaufszentrum integriert und verfügt über solide und funktionell ausgestattete Gästezimmer unterschiedlicher Größe.

PULHEIM

In Pulheim-Dansweiler Süd-West : 6 km über Brauweiler :

Il Paradiso
Zehnthofstr. 26 ✉ *50259 –* ℰ *(02234) 8 46 13 – Fax (02234) 802848*
– geschl. Juli 3 Wochen und Montag - Dienstagmittag, Samstagmittag
Rest – Menü 30 € – Karte 29/44 €
♦ Ein sympathisches Restaurant, dessen mediterran-international geprägtes Angebot auf einer großen Tafel präsentiert wird. Eine kleine Bilderausstellung ziert die Räume.

In Pulheim-Sinnersdorf Nord-Ost : 3 km :

Auerhahn garni
Roggendorfer Str. 46 ✉ *50259 –* ℰ *(02238) 9 49 00 – info@hotel-auerhahn.net*
– Fax (02238) 949044
22 Zim ⊇ – †85 € ††99 €
♦ Hier erwarten Sie Gästezimmer in einem modernen, klaren Stil sowie ein heller, freundlicher Frühstücksraum, der mit Bildern lokaler Künstler dekoriert ist.

In Pulheim-Stommelerbusch Nord-West : 10 km :

Velderhof
Gut Velderhof 1, (im Golfclub Velderhof) ✉ *50259 –* ℰ *(02238) 14 02 85 – info@restaurant-velderhof.de – Fax (02238) 300796 – geschl. 1. - 12. Jan.*
Rest – *(geschl. Montag)* Menü 58/98 € – Karte 45/56 €
Rest *Bistro* – Menü 31 € – Karte 30/34 €
♦ In der Anlage des Golf & Country Clubs gelegenes Restaurant mit schönem Blick zum Golfplatz. Serviert wird eine überwiegend internationale Küche. Zum Speiseangebot des Bistros gehören Tapas wie auch Klassiker.

Am Golfplatz Nord : 7 km Richtung Stommeler Busch :

Gut Lärchenhof
Hahnenstraße, (im Golf-Club) ✉ *50259 Pulheim –* ℰ *(02238) 92 31 00*
– Fax (02238) 9231030 – geschl. 31. Jan. - 7. Feb.
Rest – (Tischbestellung ratsam) Menü 55/120 € – Karte 53/84 €
Spez. Variation von der Gänsestopfleber. Carpaccio vom Octopus mit Kartoffelschaum und Kaviar. Tranchen vom U.S. Beef mit Café-de-Paris-Butter.
♦ Das Clubhaus der Golfanlage beherbergt dieses komfortable Restaurant. Geschult serviert man klassische Küche mit eigenem Stil und kreativen Einflüssen. Einfacher: das Bistro.

PULLACH – Bayern – 546 – 8 760 Ew – Höhe 583 m   65 L20
▶ Berlin 598 – München 12 – Augsburg 72 – Garmisch-Partenkirchen 77

Seitner Hof garni
Habenschadenstr. 4 ✉ *82049 –* ℰ *(089) 74 43 20 – info@seitnerhof.de – Fax (089) 74432100 – geschl. 22. Dez. - 6. Jan.*
40 Zim ⊇ – †114/144 € ††154/184 €
♦ Der einstige Gutshof ist heute ein neuzeitliches Hotel mit wohnlichen, ländlich-eleganten Zimmern. Gemütlicher Frühstücksraum mit Terrasse. Nachmittags frische Waffeln.

Hofer's Restaurant
Habenschadenstr. 4a ✉ *82049 –* ℰ *(089) 79 36 06 44 – hubert.hofer@web.de*
– Fax (089) 79360645 – geschl. 1. - 14. Jan., Montag
Rest – *(nur Abendessen)* (Tischbestellung ratsam)
Karte 28/44 €
♦ Ein charmantes alpenländisches Restaurant mit sorgfältig zubereiteter klassischer Küche. Freundlich kümmert sich Herr Hofer um die Gäste, kompetent ist auch die Weinberatung.

PULSNITZ – Sachsen – 544 – 6 660 Ew – Höhe 273 m   43 Q12
▶ Berlin 186 – Dresden 35 – Bautzen 33 – Cottbus 82
ℹ Am Markt 3 (Haus des Gastes), ✉ 01896, ℰ (035955) 4 42 46, info@ernst-rietschel.com

PULSNITZ

In Pulsnitz-Friedersdorf Nord-West : 2 km Richtung Königsbrück :

Waldblick
Königsbrücker Str. 119 ⊠ 01896 – ℰ (035955) 74 50
– mail@waldblick-pulsnitz.de – Fax (035955) 44770
– geschl. 2. - 11. Jan.
27 Zim ⊇ – ♦38/45 € ♦♦62/67 € – **Rest** – (Montag - Freitag nur Abendessen)
Karte 14/23 €
◆ Praktische und gepflegte Zimmer, die mit dunklen Eichenholzmöbeln solide eingerichtet sind, bietet man den Gästen in dem familiengeführten Gasthof. Ein Wintergartenanbau ergänzt das mit bequemen Sitzbänken ausgestattete Restaurant.

PUTBUS – Mecklenburg-Vorpommern – siehe Rügen (Insel)

PYRMONT, BAD – Niedersachsen – **541** – 21 790 Ew – Höhe 111 m – Heilbad
28 H9

▶ Berlin 351 – Hannover 69 – Bielefeld 58 – Hildesheim 70
🛈 Europa-Platz 1, ⊠ 31812, ℰ (05281) 94 05 11, info@badpyrmont.de
🏌 Lügde, Am Golfplatz 2 ℰ (05281) 93 20 90
🏌 Aerzen, Schwöbber 8 ℰ (05154) 98 70

Steigenberger
Heiligenangerstr. 2 ⊠ 31812 – ℰ (05281) 15 02
– bad-pyrmont@steigenberger.de – Fax (05281) 152020
151 Zim ⊇ – ♦132/156 € ♦♦224/244 € – ½ P 21 € – 3 Suiten
Rest – Menü 48 € – Karte 26/46 €
◆ Im Zentrum, am Kurpark steht dieser klassische Hotelbau mit komfortablen Zimmern. Der Freizeitbereich bietet u. a. Kosmetik und Massage. Sehr schön ist der Fürstensaal. Restaurant mit lichtdurchflutetem Atrium und Wintergartenatmosphäre.

Bergkurpark
Ockelstr. 11 ⊠ 31812 – ℰ (05281) 40 01 – info@bergkurpark.de
– Fax (05281) 4004
49 Zim ⊇ – ♦70/105 € ♦♦108/188 € – ½ P 17 €
Rest – Karte 24/38 €
◆ Die ruhige Lage in einem Wohngebiet sowie solide eingerichtete Gästezimmer verschiedener Kategorien sprechen für dieses Hotel. Gediegenes Restaurant mit internationalem Angebot. Schön ist die Gartenterrasse zum Wald hin.

Apparthotel am Friedrichspark garni
Seipstr. 8 ⊠ 31812 – ℰ (05281) 9 40 90
– kulpa@apparthotelamfriedrichspark.de
– Fax (05281) 940930
24 Zim ⊇ – ♦57 € ♦♦90 €
◆ Das zentral und dennoch recht ruhig gelegene Hotel beherbergt geräumige und funktionell ausgestattete, als Appartements angelegte Zimmer mit Küchenzeile und Balkon.

Alte Villa Schlossblick
Kirchstr. 23 ⊠ 31812 – ℰ (05281) 9 56 60
– alte-villa-schlossblick@t-online.de – Fax (05281) 9566113
– geschl. Jan. 2 Wochen, Okt. 2 Wochen
17 Zim ⊇ – ♦41/59 € ♦♦82/88 € – ½ P 15 € – **Rest** – (geschl. Montag - Freitagmittag, Sonntagabend) Karte 23/42 €
◆ Die aus dem Jahre 1894 stammende Villa an der Hauptallee verfügt über gepflegte, meist mit Stilmobiliar eingerichtete Gästezimmer. In dem angenehm hell gestalteten Restaurant bietet man internationale Küche.

Il Teatro
Heiligenangerstr. 32 ⊠ 31812 – ℰ (05281) 98 75 42 – geschl. 1. - 6. Jan.
Rest – (geschl. Mittwochmittag) Karte 23/42 €
◆ Im Untergeschoss des Kasinos befindet sich das mit Säulen und Nischen nett gestaltete italienische Restaurant. Schön sitzt man auf der Terrasse zur Kurallee.

QUAKENBRÜCK – Niedersachsen – 541 – 12 790 Ew – Höhe 24 m

17 E7

- Berlin 430 – Hannover 144 – Nordhorn 84 – Bremen 90
- Lange Str. 44, ⊠ 49610, ℰ (05431) 18 25 05, tourismus.information@artland.de

Niedersachsen garni
St. Antoniort 2 ⊠ 49610 – ℰ (05431) 9 47 70 – info@hotelniedersachsen-quakenbrueck.de – Fax (05431) 947720
15 Zim ⊑ – †50/58 € ††77/86 €
♦ Das familiengeführte kleine Haus ist eine recht einfache, aber gepflegte Adresse mit individuell möblierten und geschnittenen Gästezimmern.

QUEDLINBURG – Sachsen-Anhalt – 542 – 23 220 Ew – Höhe 122 m

30 K10

- Berlin 208 – Magdeburg 56 – Erfurt 133 – Halle 76
- Markt 2, ⊠ 06484, ℰ (03946) 90 56 20, qtm@quedlinburg.de
- Markt★ – Altstadt★ (Fachwerkhäuser) – Schlossberg★ – Stiftskirche St. Servatius★★ (Kapitelle★, Krypta★★, Domschatz★★) – Schlossmuseum★
- Gernrode: Stiftskirche St. Cyriak★ (Süd : 7 km) – Bodetal★★ (Süd-West : 9 km)

Hotel Am Brühl
Billungstr. 11 ⊠ 06484 – ℰ (03946) 9 61 80 – hotelambruehl@t-online.de – Fax (03946) 9618246
46 Zim ⊑ – †80/100 € ††110/155 € – ½ P 28 € – **Rest** – (geschl. Jan. - März Sonntag - Montag) Karte 30/50 €
♦ Sorgsam restaurierte denkmalgeschützte Gebäude beherbergen wohnlich-elegante Zimmer, einen geschmackvollen Frühstücksraum und eine hübsche Kaminhalle. Gemütlich-rustikales Restaurant mit internationaler Küche.

Theophano
Markt 14 ⊠ 06484 – ℰ (03946) 9 63 00 – theophano@t-online.de – Fax (03946) 963036 – geschl. 7. Jan. - 29. Feb.
22 Zim ⊑ – †69/118 € ††99/140 €
Rest *Weinkeller* – (geschl. Sonntag - Montag, nur Abendessen) Karte 27/34 €
♦ Besonders hübsch ist in diesem Haus der Zimmerbereich: Alle sind liebevoll in Pastell und mit schönen Dekostoffen eingerichtet, viele mit Baldachin-Betten und netten Details. In den Gewölben des Fachwerkhauses ist das Weinkeller-Restaurant untergebracht.

Quedlinburger Stadtschloss
Bockstr. 6 ⊠ 06484 – ℰ (03946) 5 26 00 – quedlinburg@sinnhotels.de – Fax (03946) 526010
44 Zim ⊑ – †70/90 € ††105/140 €
Rest *Hagensches Freihaus* – Karte 26/50 €
♦ Sorgfältig wurde das Renaissance-Schloss von 1564 saniert. Die meisten der geschmackvollen Zimmer befinden sich in Anbauten. Hübsche Lobby. Erhaltene Holz- und Stuckarbeiten verleihen dem Restaurant eine historisch-elegante Note. Turmzimmer mit schöner Sicht.

Zum Bär
Markt 8 ⊠ 06484 – ℰ (03946) 77 70 – info@hotelzumbaer.de – Fax (03946) 700268
50 Zim ⊑ – †58/90 € ††85/120 € – **Rest** – Karte 20/32 €
♦ Aus einem historischen Gasthof ist dieses stilvolle Stadthotel entstanden, dessen Zimmer individuell und wohnlich gestaltet sind, teilweise mit alten Holzdielen. Gemütliches Restaurant mit bürgerlicher Speisekarte. Terrasse auf dem Markt.

QUERFURT – Sachsen-Anhalt – 542 – 13 150 Ew – Höhe 170 m

31 L11

- Berlin 205 – Magdeburg 103 – Leipzig 60 – Merseburg 33
- Markt 14, ⊠ 06268, ℰ (034771) 2 37 99

Querfurter Hof
Merseburger Str. 5 ⊠ 06268 – ℰ (034771) 52 40 – info@querfurterhof.de – Fax (034771) 524199
25 Zim ⊑ – †59 € ††79 € – ½ P 16 € – **Rest** – Karte 17/27 €
♦ Das Hotel liegt im Herzen der Altstadt. Angenehme Farbkompositionen und Materialien wie Ahorn, Rosenholz und Edelstahl finden sich im ganzen Haus. Blaue Polsterstühle und helle Wandfarben beherrschen den Stil im Hotelrestaurant.

QUICKBORN – Schleswig-Holstein – 541 – 20 280 Ew – Höhe 19 m — 10 I5

▶ Berlin 309 – Kiel 76 – Hamburg 33 – Itzehoe 45
🏌 Quickborn-Renzel, Pinneberger Str. 81a ℰ (04106) 8 18 00
🏌 Tangstedt - Gut Wulfsmühle, Mühlenstr. 102 ℰ (04101) 58 67 77

Jagdhaus Waldfrieden (mit Gästehaus)
Kieler Straße (B 4, Nord : 3 km) ⊠ 25451
– ℰ (04106) 6 10 20 – waldfrieden@romantikhotels.com – Fax (04106) 69196
25 Zim – †92/98 € ††145/160 € – **Rest** – *(geschl. Montagmittag)* Karte 35/48 €

♦ Die ehemalige Privatvilla eines angesehenen Reeders hat sich ihren ursprünglichen Charme bewahrt. Vom Empfang bis in die Zimmer erwartet Sie stilvolle Wohnkultur. Edel-rustikales Kaminrestaurant und verglaste Veranda mit herrlichem Blick in den Park.

Sporthotel Quickborn
Harksheider Weg 258 ⊠ 25451 – ℰ (04106) 6 36 70 – sporthotel-quickborn@t-online.de – Fax (04106) 67195
27 Zim – †74/79 € ††92/97 € – **Rest** – Karte 30/39 €

♦ Praktisch und mit zeitlosen Kirschholzmöbeln sind die Zimmer in diesem an einem kleinen See am Ortsrand gelegenen Hotel ausgestattet. Restaurant mit schöner Terrasse zum See.

RABEN STEINFELD – Mecklenburg-Vorpommern – siehe Schwerin

RABENAU – Sachsen – siehe Freital

RADEBEUL – Sachsen – 544 – 32 540 Ew – Höhe 117 m — 43 Q12

▶ Berlin 190 – Dresden 7 – Chemnitz 70 – Leipzig 110
🛈 Meisser Str. 152, ⊠ 01445, ℰ (0351) 8 95 41 20, tourismus@radebeul.de

Steigenberger Parkhotel
Nizzastr. 55 (Umgebungsplan Dresden)
⊠ 01445 – ℰ (0351) 8 32 10
– parkhotel-dresden@steigenberger.de – Fax (0351) 8321445
U v
574 Zim – †150/170 € ††170/190 €, ⊇ 16 € – 11 Suiten – **Rest** – Menü 50 €
– Karte 25/43 €

♦ Die Hotelanlage mit Villenpark nahe Dresden verfügt über wohnliche, neuzeitliche Zimmer und Suiten sowie Studios mit Küchenzeile für den Gast, der länger verweilen möchte. Restaurant mit regionalem Angebot.

Villa Sorgenfrei
Augustusweg 48 (Umgebungsplan Dresden) ⊠ 01445 – ℰ (0351) 7 95 66 60
– info@hotel-villa-sorgenfrei.de – Fax (0351) 79566677
U h
15 Zim – †129/149 € ††149/169 € – **Rest** – *(Montag - Freitag nur Abendessen)* Menü 41/79 € – Karte 42/55 €

♦ Äußerst wohnlich hat man das in einem hübschen kleinen Park gelegene Herrenhaus von 1783 eingerichtet. Wandmalereien, Steinböden und Holzdielen zieren die eleganten Zimmer. Sie speisen im geschmackvollen Saal mit Stuckdecke und Kristallüstern.

RADEBURG – Sachsen – 544 – 7 850 Ew – Höhe 147 m — 43 Q11

▶ Berlin 173 – Dresden 22 – Meißen 18

In Radeburg-Berbisdorf Süd : 3 km Richtung Moritzburg :

Landgasthof Berbisdorf
Hauptstr. 38 ⊠ 01471 – ℰ (035208) 20 27 – info@landgasthof-berbisdorf.de
– Fax (035208) 2866
12 Zim ⊇ – †47/54 € ††72/90 € – **Rest** – *(geschl. Montagmittag)*
Karte 12/28 €

♦ Von außen wirkt dieser Gasthof etwas unscheinbar, er überrascht jedoch mit geräumigen, mit hellem Naturholz eingerichteten und technisch komplett ausgestatteten Zimmern. Ländlich-schlichtes Restaurant und hübsche Weinstube.

RADEVORMWALD – Nordrhein-Westfalen – 543 – 24 310 Ew – Höhe 360 m
36 **D11**

▶ Berlin 540 – Düsseldorf 64 – Hagen 27 – Lüdenscheid 22

Park-Hotel garni
Telegrafenstr. 18 ⊠ 42477 – ℘ (02195) 4 00 52 – parkhotel@t-online.de – Fax (02195) 40054 – geschl. Mitte Juni - Juli 2 Wochen, 20. Dez. - 2. Jan.
14 Zim ⊇ – †65/66 € ††91/93 €
♦ Nahe dem Zentrum liegt das von der Inhaberfamilie herzlich geführte kleine Haus mit seinen sehr gepflegten, soliden Zimmern. Nicht weit entfernt ist ein Freizeitbad.

Außerhalb Nord-Ost : 3 km an der B 483 Richtung Schwelm :

Zur Hufschmiede (mit Gästehaus)
Neuenhof 1 ⊠ 42477 Radevormwald – ℘ (02195) 9 27 60 – zurhufschmiede@t-online.de – Fax (02195) 9276202 – geschl. 23. Dez. - 5. Jan.
20 Zim ⊇ – †70/80 € ††98/130 € – **Rest** – *(geschl. Aug. 3 Wochen und Donnerstag - Freitag, Montag - Samstag nur Abendessen)* Karte 22/39 €
♦ Das aus einem Landgasthof entstandene Hotel ist ein netter Familienbetrieb mit wohnlichen Gästezimmern und einem zum Garten hin gelegenen Frühstücksraum. Im Restaurant herrscht eine ländlich-gemütliche Atmosphäre.

RADOLFZELL – Baden-Württemberg – 545 – 29 910 Ew – Höhe 404 m – Kneippkurort und Erholungsort
62 **G21**

▶ Berlin 747 – Stuttgart 163 – Konstanz 23 – Singen (Hohentwiel) 11
🛈 Bahnhofplatz 2, ⊠ 78315, ℘ (07732) 8 15 00, touristinfo@radolfzell.de
Steißlingen-Wiechs, Brunnenstr. 4b ℘ (07738) 71 96

Am Stadtgarten garni
Höllturmpassage 2 ⊠ 78315 – ℘ (07732) 9 24 60 – info@hotel-am-stadtgarten.de – Fax (07732) 924646 – geschl. 23. Dez. - 10. Jan.
31 Zim ⊇ – †78/90 € ††120/150 €
♦ Nur fünf Minuten vom See entfernt, finden Sie hier einen idealen Ausgangsort für Ihre Aktivitäten. Sie schlafen in modernen, mit kräftigen Farben hübsch gestalteten Räumen.

Zur Schmiede garni
Friedrich-Werber-Str. 22 ⊠ 78315 – ℘ (07732) 9 91 40 – info@zur-schmiede.com – Fax (07732) 991450 – geschl. 22. Dez. - 2. Jan.
28 Zim ⊇ – †65/79 € ††84/99 €
♦ Gegenüber dem Bahnhof, mit kurzen Wegen zur Fußgängerzone wohnen Sie in zweckmäßig mit Eichenmobiliar ausgestatteten, rustikalen Zimmern.

Auf der Halbinsel Mettnau

Art Villa am See garni
Rebsteig 2/2 ⊠ 78315 – ℘ (07732) 9 44 40 – koegel@artvilla.de – Fax (07732) 944410
11 Zim ⊇ – †95/190 € ††120/215 € – 3 Suiten
♦ Absolut ruhig wohnt man in dem exklusivem Hotel nahe dem See in individuellen Zimmern wie "Aix en Provence", "Manhattan" oder "New Orleans". Sehr schön ist auch der Garten.

Iris am See garni
Rebsteig 2 ⊠ 78315 – ℘ (07732) 9 47 00 – info@iris-am-see.de – Fax (07732) 947030 – geschl. Mitte Dez. - Ende Jan.
16 Zim ⊇ – †54/85 € ††93/105 €
♦ Das hübsche Haus liegt unmittelbar am Mettnau-Park. Angenehm ist der direkte Zugang zum See. Fragen Sie nach einem Balkonzimmer mit Seeblick.

Mettnau-Stube
Strandbadstr. 23 ⊠ 78315 – ℘ (07732) 1 36 44 – info@mettnaustube.de – Fax (07732) 14205 – geschl. Montag - Dienstagmittag
Rest – Menü 28 € – Karte 25/37 €
♦ Ein neo-rustikal gestaltetes Restaurant mit Wintergarten, das eine internationale und bürgerliche Küche mit Fleisch und Gemüse aus biologischem Anbau bietet.

1069

RADOLFZELL

In Radolfzell-Möggingen Nord-Ost : 3 km :

Gasthaus zu Möggingen mit Zim
Liggeringer Str. 7 ⊠ 78315 – ℰ (07732) 1 38 37 – galerie.vayhinger@t-online.de
– Fax (07732) 12570 – geschl. Ende Jan. - Anfang Feb.
7 Zim ⊇ – †55/70 € ††70/90 € – **Rest** – (geschl. Dienstag, nur Abendessen)
Menü 26/39 € – Karte 31/38 €
♦ Eine originelle Adresse, denn wo sonst kann man sich in einem Gasthof a. d. 18. Jh. beim Essen dem Genuss von wechselnden Ausstellungen zeitgenössischer Kunst hingeben?

In Radolfzell-Güttingen Nord : 4,5 km :

Adler-Gästehaus Sonnhalde
Schloßbergstr. 1 ⊠ 78315 – ℰ (07732) 1 50 20 – info@landgasthaus-adler.de
– Fax (07732) 150250 – geschl. Jan.
32 Zim ⊇ – †38/42 € ††70/80 € – **Rest** – (geschl. Dienstag) Karte 18/36 €
♦ Rustikal ist das Ambiente in diesem Haus. Sie wählen zwischen einer Zimmereinrichtung in hellem Naturholz oder mit bemalten Bauernmöbeln. Dunkles Holz dominiert in der schlichten, ländlichen Gaststube.

In Moos Süd-West : 4 km :

Gottfried
Böhringer Str. 1 ⊠ 78345 – ℰ (07732) 9 24 20 – info@hotel-gottfried.de
– Fax (07732) 52502 – geschl. 3. - 28. Jan.
18 Zim ⊇ – †70/85 € ††110/140 € – ½ P 22 € – 3 Suiten – **Rest** – (geschl. Donnerstag - Freitagmittag) Menü 24/55 € – Karte 25/47 €
♦ In diesem Hotel stehen zweckmäßig und zeitgemäß eingerichtete Zimmer, darunter u. a. auch ein Garten- und ein Golfer-Zimmer, zur Verfügung. Restaurant mit regionaler Küche.

Gasthaus Schiff (mit Gästehaus)
Hafenstr. 1 ⊠ 78345 – ℰ (07732) 9 90 80 – gasthaus@schiff-moos.de
– Fax (07732) 990899
21 Zim – †36/63 € ††60/82 € – **Rest** – (geschl. 21. Okt. - 22. Nov., Montag - Dienstagmittag) Menü 15/30 € – Karte 17/26 €
♦ Relativ ruhig liegt der familiengeführte Gasthof in Seenähe. Die Zimmer hier sind recht einfach, aber sehr gepflegt - mehr Komfort bieten die Zimmer im Gästehaus. Bürgerliches Restaurant mit kleinem Café.

RAESFELD – Nordrhein-Westfalen – **543** – 11 220 Ew – Höhe 60 m — 26 **C10**
▶ Berlin 528 – Düsseldorf 75 – Borken 9 – Dorsten 16

Haus Epping
Weseler Str. 5 ⊠ 46348 – ℰ (02865) 70 21 – info@hotel-epping.de
– Fax (02865) 1723
11 Zim – †42 € ††68 € – **Rest** – (geschl. Dienstag) Karte 23/33 €
♦ Im Zentrum des Ortes liegt der kleine Familienbetrieb, in dem solide und funktionell ausgestattete Gästezimmer zur Verfügung stehen. In den rustikalen Restauranträumen serviert man bürgerliche Küche.

Freiheiter Hof mit Zim
Freiheit 6 ⊠ 46348 – ℰ (02865) 67 81 – info@freiheiter-hof.de
– Fax (02865) 958910
4 Zim ⊇ – †50 € ††75 € – **Rest** – (geschl. Dienstag) Karte 20/45 €
♦ Dieses ehemalige Bauernhaus liegt ruhig nahe der Akademie des Handwerks. Ein familiär geführtes Restaurant mit gediegenem Ambiente und schöner Terrasse.

Bestecke ✕ und Sterne ✧ sollten nicht verwechselt werden!
Die Bestecke stehen für eine Komfortkategorie, die Sterne zeichnen
Häuser mit besonders guter Küche aus - in jeder dieser Kategorien.

RAHDEN – Nordrhein-Westfalen – 543 – 16 060 Ew – Höhe 45 m   17 F8
- Berlin 370 – Düsseldorf 231 – Bielefeld 60 – Bremen 91
- Wagenfeld, Oppenweher Str. 83 ℘ (05444) 98 08 22

Westfalen Hof
Rudolf-Diesel-Str. 13 ⊠ 32369 – ℘ (05771) 9 70 00 – westfalen-hof@t-online.de
– Fax (05771) 5539
29 Zim ⊇ – †63/75 € ††94/105 € – **Rest** – Menü 22 €
– Karte 17/31 €
♦ Hotel mit funktionellen, teilweise neueren und besonders freundlich gestalteten Zimmern. Zum Freizeitangebot zählen u. a. drei Tennisplätze und ein Saunabereich auf 800 qm. Internationale Küche im Mühlenrestaurant.

RAIN AM LECH – Bayern – 546 – 8 390 Ew – Höhe 402 m   57 K18
- Berlin 532 – München 109 – Augsburg 52 – Ingolstadt 46

Dehner Blumen Hotel
Bahnhofstr. 19 ⊠ 86641 – ℘ (09090) 7 60
– info@dehner-hotel.com – Fax (09090) 76400
95 Zim ⊇ – †86 € ††115 € – **Rest** – Menü 21 € – Karte 25/38 €
♦ Nicht nur Gartencenter sind Dehners Metier - dieses komfortable Haus mit Zimmern im alpenländischen Landhausstil beweist, dass er auch etwas von Hotels versteht. Rustikalelegantes Restaurant mit Kachelofen.

RAMBERG – Rheinland-Pfalz – 543 – 1 020 Ew – Höhe 237 m   47 E17
- Berlin 691 – Mainz 122 – Neustadt an der Weinstraße 36 – Mannheim 64

Landhaus St. Laurentius mit Zim
Hermersbachstr. 4 ⊠ 76857 – ℘ (06345) 95 49 90
– info@landhaus-sanktlaurentius.de – Fax (06345) 9549977
– geschl. 6. - 20. Feb.
14 Zim ⊇ – †45/48 € ††82/90 € – ½ P 20 € – **Rest** – (geschl. Montag) Karte 27/38 €
♦ Das ruhig am Ortsrand gelegene Haus beherbergt ein Restaurant mit gemütlicher Atmosphäre, in dem man seinen Gästen mediterrane Küche bietet. Zum Übernachten stehen wohnliche Zimmer zur Verfügung.

RAMMINGEN – Baden-Württemberg – siehe LANGENAU

RAMSAU – Bayern – 546 – 1 820 Ew – Höhe 670 m – Wintersport : 1 400 m ⟪6 ⟫
– Heilklimatischer Kurort   67 O21
- Berlin 732 – München 138 – Bad Reichenhall 21 – Berchtesgaden 11
- Im Tal 2, ⊠ 83486, ℘ (08657) 98 89 20, info@ramsau.de
- Schwarzbachwachtstraße : ≤★★, Nord : 7 km – Hintersee★ West : 5 km

Berghotel Rehlegg
Holzengasse 16 ⊠ 83486 – ℘ (08657) 9 88 40
– info@rehlegg.de – Fax (08657) 9884444
61 Zim ⊇ – †72/89 € ††138/231 € – ½ P 17 € – **Rest** – Karte 28/40 €
♦ Seit 1919 leitet Familie Lichtmannegger dieses nette Ferienhotel in ruhiger Lage zwischen Watzmann, Hohem Göll und Reiteralpe. Das Gästehaus bietet einfachere Zimmer. Hübsches regionstypisches Restaurant mit Empore.

An der Alpenstraße Nord : 5 km :

Hindenburglinde   ≤ Hochkalter, Watzmann, Reiter-Alpe,
Alpenstr. 66 ⊠ 83486 Ramsau – ℘ (08657) 5 50
– info@hindenburglinde.de – Fax (08657) 1347 – geschl. April, Nov.
12 Zim ⊇ – †35/45 € ††62/80 € – ½ P 13 € – **Rest** – (geschl. Mittwoch
- Donnerstagmittag) Karte 17/34 €
♦ Ein sehr gepflegter alpenländischer Gasthof direkt an der Deutschen Alpenstraße, der über wohnlich eingerichtete Zimmer verfügt. Bürgerlich-rustikales Restaurant mit Wintergarten.

RAMSAU
An der Straße nach Loipl Nord : 6 km :

Nutzkaser ⫷ Watzmann und Hochkalter,
Am Gseng 10 ⌧ 83486 Ramsau – ℘ (08657) 3 88
– hotel-nutzkaser@t-online.de – Fax (08657) 659
– geschl. 15. Nov. - 10. Dez.
23 Zim ⌧ – ♦54/79 € ♦♦72/122 € – ½ P 15 € – **Rest** – Karte 15/32 €
♦ Ein sympathischer Familienbetrieb mit soliden, behaglichen Zimmern. Traumhaft ist die einsame und ruhige Lage in 1100 m Höhe, herrlich die Aussicht auf Watzmann und Hochkalt. Panoramarestaurant und gemütliches Kaminstüberl.

RAMSEN – Rheinland-Pfalz – 543 – 1 870 Ew – Höhe 232 m — 47 E16
▶ Berlin 630 – Mainz 57 – Mannheim 47 – Kaiserslautern 23

Seehaus Forelle mit Zim ⫷ Biergarten
Am Eiswoog (Süd-West : 4 km, Richtung Kaiserslautern) ⌧ 67305 – ℘ (06356) 6 08 80 – info@seehaus-forelle.de – Fax (06356) 5245
11 Zim ⌧ – ♦70/100 € ♦♦90/120 € – **Rest** – Menü 35 € – Karte 29/45 €
♦ Das Restaurant - idyllisch an einem kleinen See außerhalb des Ortes gelegen - bietet eine schöne Seeterrasse, das Kaminzimmer und den eleganten Grünen Salon. Regionale Küche. Gästezimmer in modernem Design.

RAMSTEIN-MIESENBACH – Rheinland-Pfalz – 543 – 8 240 Ew – Höhe 238 m — 46 D16
▶ Berlin 662 – Mainz 100 – Saarbrücken 56 – Kaiserslautern 19

Ramsteiner Hof
Miesenbacher Str. 26 (Ramstein) ⌧ 66877 – ℘ (06371) 97 20 – info@ramsteiner-hof.de – Fax (06371) 57600
22 Zim – ♦75/110 € ♦♦95/125 € – **Rest** – (geschl. Juni - Juli 3 Wochen und Samstag, Sonntagabend) Karte 18/33 €
♦ Seit 1879 befindet sich der im 18. Jh. erbaute Gasthof in Familienbesitz. Die Zimmer sind modern eingerichtet und verfügen über Granitbäder. Gemütlich-rustikales Restaurant mit Fachwerk.

Pirsch
Auf der Pirsch 12 ⌧ 66877 – ℘ (06371) 59 30 – info@hotel-pirsch.de
– Fax (06371) 593199
37 Zim – ♦58 € ♦♦83/88 € – **Rest** – (nur für Hausgäste)
♦ Das von der Inhaberin solide geführte Hotel befindet sich in einem Wohngebiet und bietet zeitgemäße, funktionelle Zimmer. Frühstücken können Sie auch auf der Terrasse.

RANDERSACKER – Bayern – 546 – 3 440 Ew – Höhe 175 m — 49 I16
▶ Berlin 498 – München 278 – Würzburg 8 – Ansbach 71
ℹ Maingasse 9, Rathaus, ⌧ 97236, ℘ (0931) 70 53 17, tourist-info@randersacker.de

Bären (mit Gästehaus)
Würzburgerstr. 6 ⌧ 97236 – ℘ (0931) 7 05 10 – gasthof-baeren@fraenkisches-weinland.de – Fax (0931) 706415 – geschl. 28. Jan. - 18. Feb., 18. Aug. - 1. Sept.
36 Zim – ♦53/77 € ♦♦83/107 € – **Rest** – (geschl. Sonntagabend) Karte 19/39 €
♦ Der traditionsreiche, mit Efeu und Wein bewachsene Gasthof ist eine nette Adresse mit familiärer Atmosphäre. Die zeitgemäßen Zimmer verteilen sich auf Haupt- und Gästehaus. Ein schöner Innenhof mit Garten ergänzt die rustikalen Restaurantstuben.

Löwen
Ochsenfurter Str. 4 ⌧ 97236 – ℘ (0931) 7 05 50 – info@loewen-randersacker.de
– Fax (0931) 7055222 – geschl. 20. Dez. - 3. Jan., 19. Aug. - 4. Sept.
31 Zim ⌧ – ♦41/52 € ♦♦69/81 € – **Rest** – (geschl. Dienstag, Montag - Freitag nur Abendessen) Karte 14/28 €
♦ Ein familiengeführter Gasthof vor den Toren Würzburgs mit soliden, meist im Landhausstil eingerichteten Zimmern. Zum Haus gehört das Weingut Günther Bardorf.

RANSBACH-BAUMBACH – Rheinland-Pfalz – 543 – 7 330 Ew – Höhe 300 m
36 **D14**

▶ Berlin 580 – Mainz 92 – Koblenz 31 – Bonn 72

Gala
Rheinstr. 103, (Stadthalle) ✉ 56235 – ✆ (02623) 45 41 – rgala@onlinehome.de
– Fax (02623) 4481 – geschl. Anfang Jan. 1 Woche, Mitte Juli - Mitte Aug. und Montag, Samstagmittag
Rest – Karte 25/47 €
• Im Gebäude der Stadthalle finden Sie dieses helle, in zeitlosem Stil gehaltene Restaurant, in dem man internationale Küche bietet.

RANTUM – Schleswig-Holstein – siehe Sylt (Insel)

RAPPENAU, BAD – Baden-Württemberg – 545 – 20 510 Ew – Höhe 235 m
– Heilbad
55 **G17**

▶ Berlin 605 – Stuttgart 74 – Mannheim 70 – Heilbronn 22
ℹ Salinenstr. 22, ✉ 74906, ✆ (07264) 8 61 26, gaesteinfo@badrappenau.de
⛳ Bad Rappenau-Zimmerhof, Ehrenbergstr. 25a ✆ (07264) 36 66

Häffner Bräu
Salinenstr. 24 ✉ 74906 – ✆ (07264) 80 50 – hotelhaeffner@t-online.de
– Fax (07264) 805119 – geschl. 20. Dez. - 20. Jan.
58 Zim ☐ – †60/80 € ††122 € – ½ P 18 € – **Rest** – (geschl. Freitag) Karte 18/35 €
• In hundert Jahren hat sich das Haus an der ruhigen Kurpromenade von einer einfachen Wirtschaft zu einem praktischen Hotel mit rustikal eingerichteten Zimmern gemausert. Restaurant und Bierstube.

Dominikaner
Babstadter Str. 23 ✉ 74906 – ✆ (07264) 21 00 – dominikanerteam@gmx.de
– Fax (07264) 2103
11 Zim ☐ – †55/60 € ††85/100 € – ½ P 17 € – **Rest** – Karte 23/36 €
• Hinter den hübschen Fachwerkmauern des zentral gelegenen Hotels verbergen sich zeitgemäße, mit hellem Mobiliar praktisch eingerichtete Gästezimmer. Restaurant mit bürgerlich-gemütlicher Einrichtung.

RASTATT – Baden-Württemberg – 545 – 47 460 Ew – Höhe 123 m
54 **E18**

▶ Berlin 696 – Stuttgart 97 – Karlsruhe 24 – Baden-Baden 13
ℹ Herrenstr. 18 (im Schloss), ✉ 76437, ✆ (07222) 97 24 62, touristinformation@rastatt.de
⛳ Rastatt-Plittersdorf, Im Teilergrund 1 ✆ (07222) 15 42 09
◉ Schloss★ (Erinnerungsstätte für die Freiheitsbewegungen in der deutschen Geschichte★) AYZ
◉ Schloss Favorite (über Lützower Straße BZ : 5 km)

Stadtplan siehe nächste Seite

Schwert
Herrenstr. 3a ✉ 76437 – ✆ (07222) 76 80 – mail@ringhotel-schwert.de
– Fax (07222) 768120
AZ **a**
50 Zim ☐ – †92/115 € ††118/140 €
Rest *Elbels Restaurant* – (geschl. Jan. 2 Wochen, Aug. 2 Wochen und Sonntag) Menü 27/60 € – Karte 34/59 €
• Das denkmalgeschützte Haus liegt in der Stadtmitte unweit des Schlosses und bietet seinen Gästen unterschiedliche, zeitgemäß ausgestattete Zimmer. Elbel's Restaurant mit klassischem Ambiente wird ergänzt durch die leicht mediterrane Bóveda im Gewölbekeller.

Zum Schiff garni
Poststr. 2 ✉ 76437 – ✆ (07222) 77 20 – zumschiff.rastatt@t-online.de
– Fax (07222) 772127 – geschl. 22. Dez. - 2. Jan.
AZ **e**
24 Zim ☐ – †60/62 € ††80/85 €
• Die zentrale Lage in der Fußgängerzone sowie funktionell eingerichtete Gästezimmer sprechen für dieses Hotel mit Pensionscharakter.

RASTATT

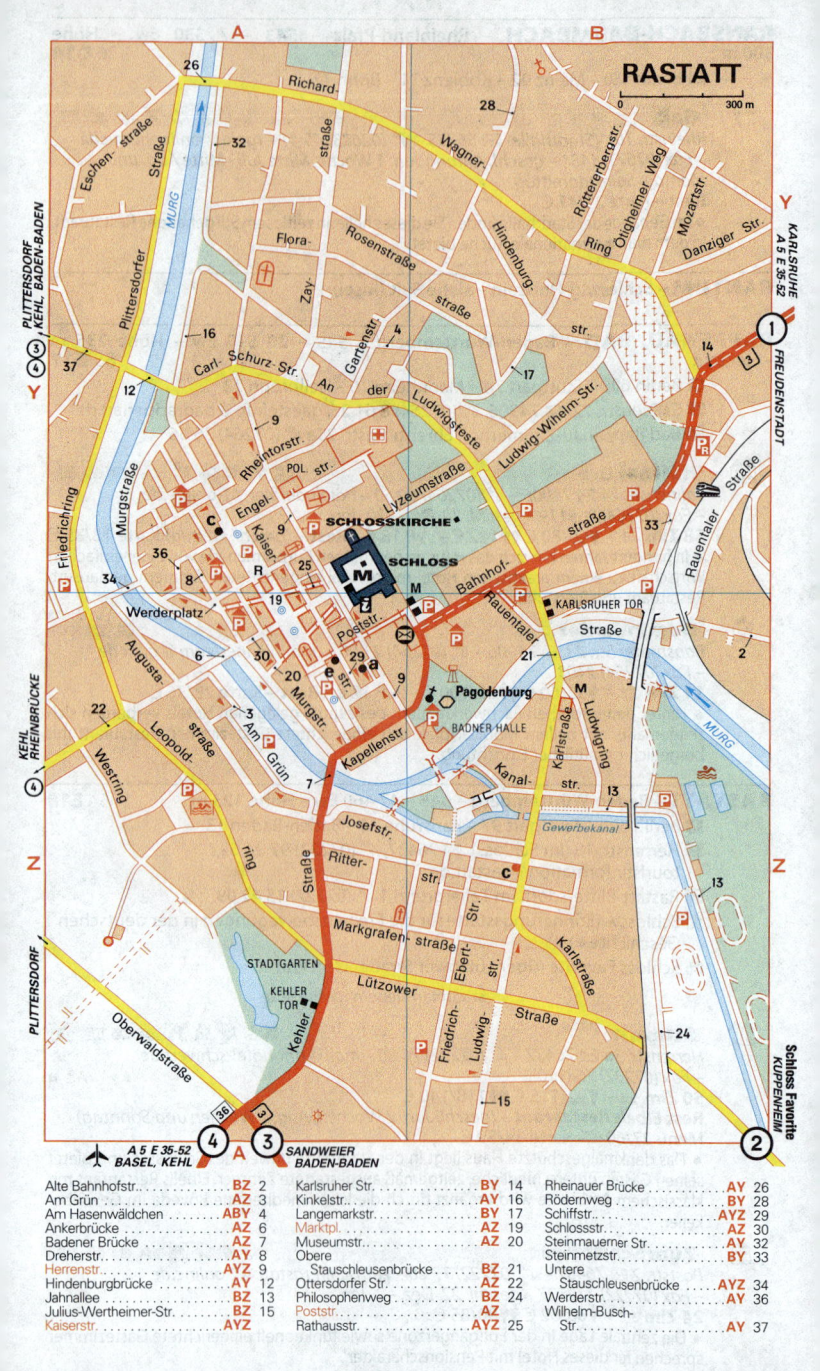

Street	Ref
Alte Bahnhofstr.	BZ 2
Am Grün	AZ 3
Am Hasenwäldchen	ABY 4
Ankerbrücke	AZ 6
Badener Brücke	AZ 7
Dreherstr.	AY 8
Herrenstr.	AYZ 9
Hindenburgbrücke	AY 12
Jahnallee	BZ 13
Julius-Wertheimer-Str.	BZ 15
Kaiserstr.	AYZ
Karlsruher Str.	BY 14
Kinkelstr.	AY 16
Langemarkstr.	BY 17
Marktpl.	AZ 19
Museumstr.	AZ 20
Obere Stauschleusenbrücke	BZ 21
Ottersdorfer Str.	AY 22
Philosophenweg	BZ 24
Poststr.	AZ
Rathausstr.	AYZ 25
Rheinauer Brücke	AY 26
Rödernweg	BY 28
Schiffstr.	AYZ 29
Schlossstr.	AZ 30
Steinmauerner Str.	AZ 32
Steinmetzstr.	BY 33
Untere Stauschleusenbrücke	AYZ 34
Werderstr.	AY 36
Wilhelm-Busch-Str.	AY 37

1074

RASTEDE – Niedersachsen – 541 – 20 040 Ew – Höhe 18 m – Luftkurort   17 **F6**
- Berlin 445 – Hannover 181 – Bremen 58 – Wilhelmshaven 44
- Kleibroker Str. 1, ✉ 26180, ℘ (04402) 93 98 23, info@residenzort-rastede.de
- Rastede-Wemkendorf, ℘ (04402) 72 40

Schlosspark-Hotel Hof von Oldenburg (mit Gästehäusern)
Oldenburger Str. 199 ✉ *26180 – ℘ (04402) 9 27 90*
– info@schlosspark-hotel.de – Fax (04402) 927912 – geschl. 23. Dez. - 6. Jan.
46 Zim – †40/44 € ††72/78 € – ½ P 12 € – **Rest** – Karte 18/42 €
♦ Direkt am Schlosspark des Luftkurortes und doch verkehrsgünstig gelegenes Hotel mit solide und funktionell ausgestatteten Gästezimmern. Unterteiltes bürgerliches Restaurant.

Am Ellernteich garni
Mühlenstr. 43 ✉ *26180 – ℘ (04402) 9 24 10 – info@hotel-am-ellernteich.de*
– Fax (04402) 924192 – geschl. 22. Dez. - 14. Jan.
10 Zim – †52/64 € ††88/94 €
♦ Aus einer ehemaligen Schule ist dieses schmucke kleine Hotel entstanden. Wohnliche Atmosphäre und das Bemühen um den Gast werden hier groß geschrieben.

Das weiße Haus mit Zim
Südender Str. 1 ✉ *26180 – ℘ (04402) 32 43 – kindermann_weisseshaus@yahoo.de – Fax (04402) 84726 – geschl. 1. - 7. Jan., Juli - Aug. 1 Woche, Mitte Okt. 1 Woche*
3 Zim – †54/76 € ††89/110 € – **Rest** – *(geschl. Donnerstag, Montag - Mittwoch nur Abendessen)* (Tischbestellung ratsam) Menü 31/49 € – Karte 29/50 €
♦ Das schöne, reetgedeckte Ammerländer Bauernhaus von 1892 empfiehlt sich mit gediegenem Interieur und schmackhafter Küche mit regionalen Akzenten. Zum Übernachten stehen hübsche Zimmer bereit.

In Rastede-Kleibrok Nord-West : 2 km :

Zum Zollhaus
Kleibroker Str. 139 ✉ *26180 – ℘ (04402) 9 38 10 – info@zumzollhaus.de*
– Fax (04402) 938119
38 Zim – †48/69 € ††85/100 € – ½ P 16 € – **Rest** – Menü 15/20 € – Karte 17/36 €
♦ Etwas außerhalb am Waldrand finden Sie dieses Landhotel. Die Gästezimmer sind sehr gepflegt, solide und wohnlich ausgestattet. Restaurant mit bürgerlichem Angebot.

RATEKAU – Schleswig-Holstein – 541 – 15 780 Ew – Höhe 20 m   11 **K4**
- Berlin 323 – Kiel 71 – Eutin 27 – Lübeck 15

In Ratekau-Warnsdorf Nord-Ost : 9 km :

Landhaus Töpferhof
Fuchsbergerstr. 3 ✉ *23626 – ℘ (04504) 21 24 – info@landhaus-toepferhof.de*
– Fax (04502) 302040
26 Zim – †92/137 € ††119/163 € – **Rest** – (nur Abendessen für Hausgäste) Karte 26/33 €
♦ Eine sehr angenehme, individuelle Adresse ist das sympathische kleine Hotel mit seinen geschmackvollen Landhauszimmern und großzügigem Garten mit Ententeich. Zum gemütlichen Restaurant gehören der schöne Wintergarten und ein sehenswerter Weinkeller.

RATHEN (KURORT) – Sachsen – 544 – 450 Ew – Höhe 120 m   43 **R12**
- Berlin 226 – Dresden 37 – Pirna 18
- Füllhölzelweg 1 (Haus des Gastes), ✉ 01824, ℘ (035024) 7 04 22, gaesteamt.rathen@t-online.de

Elbschlösschen
Kottesteig 5 ✉ *01824 – ℘ (035024) 7 50 – info@hotelelbschloesschen.de*
– Fax (035024) 75199
66 Zim – †75/100 € ††90/120 € – ½ P 20 € – **Rest** – Karte 21/41 €
♦ Schön liegt das moderne Hotel an der Elbe, am Fuße der Bastei. Die zeitgemäßen und funktionellen Zimmer verfügen teilweise über einen Balkon zum Elbufer hin. Vom Restaurant Lilienstein aus blicken Sie auf den Fluss.

1075

RATHEN (KURORT)

🏨 Amselgrundschlösschen
Amselgrund 3 ⊠ *01824* – 𝒞 *(035024) 7 43 33* – *info@amselgrund.de*
– *Fax (035024) 74444*
37 Zim ⊇ – †50/64 € ††75/99 € – ½ P 16 € – **Rest** – Karte 17/28 €

♦ In dem recht ruhig gelegenen Gasthof erwarten Sie wohnlich eingerichtete Zimmer, einige mit Elbblick. Bowlingbahn und Freizeitbereich befinden sich im UG. Teil des Restaurants ist die rustikale Talwächterstube mit netter Terrasse.

RATHENOW – Brandenburg – 542 – 27 560 Ew – Höhe 29 m — 21 N8

▶ Berlin 91 – Potsdam 78 – Magdeburg 85 – Brandenburg 32
🛈 Märkischer Platz 3, ⊠ 14712, 𝒞 (03385) 5 19 00, info@havelland-tourismus.de
⛳ Semlin, Ferchesarer Str. 8b 𝒞 (03385) 55 44 10

🏨 Fürstenhof
Bahnhofstr. 13 ⊠ *14712* – 𝒞 *(03385) 55 80 00* – *hanskochrn@web.de*
– *Fax (03385) 558080* – *geschl. 22. Dez. - 1. Jan.*
40 Zim ⊇ – †53/85 € ††85/110 € – **Rest** – *(geschl. Freitag - Sonntag, nur Abendessen)* Karte 14/30 €

♦ Ein geschmackvoll restauriertes Stadthaus mit schönem Eckturm. Die Zimmer wurden mit Kirschmöbeln bestückt, ergänzt durch antike Stücke verschiedener Stilrichtungen. Hohe Stuckdecken, Kronleuchter und Gemälde prägen das gediegene Ambiente des Restaurants.

In Rathenow-Semlin Nord-Ost : 6 km über B 188, in Stechow links ab :

🏨 Golf Resort Semlin am See
Ferchesarer Str. 8 b (Süd-Ost : 2,5 km)
⊠ *14712* – 𝒞 *(03385) 55 40* – *info@golfresort-semlin.de* – *Fax (03385) 554400* – *geschl. Anfang Jan. 1 Woche*
72 Zim ⊇ – †85/100 € ††115/145 € – **Rest** – Karte 20/33 €

♦ Das angenehm ruhig gelegene Hotel bietet wohnliche Zimmer im Landhausstil, alle verfügen über Balkon bzw. Terrasse mit Blick auf den Golfplatz oder den Wald. Naturbadeteich. Restaurant mit großer Fensterfront und Terrasse zum Golfplatz.

RATINGEN – Nordrhein-Westfalen – 543 – 91 780 Ew – Höhe 50 m — 26 C11

▶ Berlin 552 – Düsseldorf 13 – Duisburg 19 – Essen 22
🛈 Minoritenstr. 2, ⊠ 40878, 𝒞 (02102) 5 50 41 11, amt41@ratingen.de
⛳ Ratingen, Rommeljansweg 12 𝒞 (02102) 8 10 92
⛳ Heiligenhaus, Höseler Str. 147 𝒞 (02056) 9 33 70
⛳ Ratingen-Homberg, Grevenmühle 𝒞 (02102) 9 59 50

🏨 relexa hotel Ratingen City
Calor-Emag-Str. 7 ⊠ *40878* – 𝒞 *(02102) 1 67 50*
– *ratingen-city@relexa-hotel.de* – *Fax (02102) 1675520*
139 Zim ⊇ – †85/165 € ††115/195 € – **Rest** – Karte 25/36 €

♦ Das zentral gelegene Hotel ist besonders auf Businessgäste ausgelegt. Es erwarten Sie eine angenehm lichte Halle, moderne Zimmer und ein großer Tagungsbereich. Restaurant in geradlinigem Stil.

🏨 Astoria garni
Mülheimer Str. 72 ⊠ *40878* – 𝒞 *(02102) 8 56 70* – *info@astoria-online.de*
– *Fax (02102) 856777* – *geschl. 20. Dez. - 6. Jan, über Ostern*
25 Zim ⊇ – †89/99 € ††98/119 €

♦ Das schmucke Stadthaus in verkehrsgünstiger Lage wird freundlich geführt und bietet zeitgemäß und praktisch ausgestattete Gästezimmer.

🏨 Allgäuer Hof
Beethovenstr. 24 ⊠ *40878* – 𝒞 *(02102) 9 54 10* – *allgaeuerhof-ratingen@t-online.de* – *Fax (02102) 954123* – *geschl. 20. Dez. - 8. Jan.*
14 Zim ⊇ – †65/129 € ††87/149 € – **Rest** – *(geschl. Juli - Aug. 3 Wochen und Samstag)* Karte 24/35 €

♦ Am Zentrumsrand liegt das von der Inhaberfamilie gut geführte kleine Hotel, das über hell gestaltete, funktionelle Gästezimmer verfügt. Restaurant in bürgerlichem Stil mit regionaler und internationaler Küche.

RATINGEN

XX Haus zum Haus

Mühlenkämpchen ✉ *40878 –* 𝒞 *(02102) 2 25 86 – hauszhaus@aol.com*
– Fax (02102) 702508 – geschl. 1. - 8. Jan. und Samstagmittag
Rest – Menü 47 € – Karte 33/46 €

♦ Im 1. Stock der aus dem 13. Jh. stammenden Wasserburg befindet sich dieses mit Fachwerk, Bruchsteinwänden und blanken dunklen Holztischen rustikal gestaltete Restaurant.

In Ratingen-Lintorf Nord : 4 km, jenseits der A 52 :

X Gut Porz

Hülsenbergweg 10 ✉ *40885 –* 𝒞 *(02102) 93 40 80 – gutporz@ish.de – Fax (02102) 934084 – geschl. 30. Dez. - 14. Jan.*
Rest – *(Montag - Samstag nur Abendessen)* (Tischbestellung ratsam) Karte 25/43 €

♦ Urig-gemütlich ist das auf zwei Ebenen angelegte Restaurant in dem sympathischen kleinen Fachwerkhaus mit angebautem Wintergarten.

In Ratingen-Tiefenbroich Nord-West : 2 km über Kaiserswerther Straße :

Innside Premium

Am Schimmersfeld 9 ✉ *40880 –* 𝒞 *(02102) 42 70 – ratingen@innside.de*
– Fax (02102) 427427
137 Zim ⊇ – †166/172 € ††206/212 € – **Rest** – Karte 25/45 €

♦ Das imposante moderne Gebäude birgt solide möblierte und technisch gut ausgestattete Zimmer, die zum Teil über eine Küchenzeile verfügen. Bistroähnlich gestaltetes Restaurant mit offener Showküche.

Villa Ratingen

Sohlstättenstr. 66 ✉ *40880 –* 𝒞 *(02102) 5 40 80 – hotel@villa-ratingen.de*
– Fax (02102) 540810
31 Zim ⊇ – †85/145 € ††110/240 € – **Rest** – *(geschl. Samstag - Sonntagmittag)* Karte 28/41 €

♦ Die sehr solide und zeitlos möblierten Gästezimmer, teils mit französischen Betten, machen dieses äußerlich eher unscheinbar wirkende Hotel aus. Im Restaurant bietet man italienische Küche.

Beim Autobahnkreuz Breitscheid Nord : 5 km, Ausfahrt Mülheim :

Landhotel Krummenweg

Am Krummenweg 1 ✉ *40885 Ratingen-Breitscheid*
– 𝒞 *(02102) 70 06 70 – info@hotel-krummenweg.de*
– Fax (02102) 70067100
60 Zim – †85/99 € ††98/129 €, ⊇ 15 € – 3 Suiten – **Rest** – Karte 30/45 €

♦ Vom Empfangsbereich bis in die geschmackvollen Gästezimmer ist dieses verkehrsgünstig gelegene Haus in klarem, modernem Stil gehalten. In einem kleinen Fachwerkhaus hat man auf zwei Ebenen gemütliche, rustikale Restaurantstuben eingerichtet.

RATHAUSEN – Baden-Württemberg – 545 – 810 Ew – Höhe 676 m   62 F20

▶ Berlin 725 – Stuttgart 91 – Konstanz 101 – Villingen-Schwenningen 33

XX Adler

Hohnerstr. 3 ✉ *72365 –* 𝒞 *(07427) 22 60 – adler-ratshausen@t-online.de*
– Fax (07427) 914959 – geschl. Aug. 2 Wochen und Montag - Dienstag
Rest – Karte 26/60 €

♦ Seit 1863 ist das historische Gasthaus im Besitz der Familie. Die Küche bietet gehobene klassische Speisen und auch einige günstige schwäbische und deftige Gerichte.

Gute Küche zu günstigem Preis? Folgen Sie dem „Bib Gourmand" ☺.
– Das freundliche Michelin-Männchen heisst „Bib"
und steht für ein besonders gutes Preis-Leistungs-Verhältnis!

1077

RATTENBERG – Bayern – 546 – 1 860 Ew – Höhe 560 m – Erholungsort 59 O17

▶ Berlin 506 – München 153 – Regensburg 71 – Cham 25
🛈 Dorfplatz 15, ✉ 94371, ℰ (09963) 94 10 30, tourist-information@rattenberg.de

Posthotel
Dorfplatz 2 ✉ 94371 – ℰ (09963) 95 00 – info@posthotel-rattenberg.de
– Fax (09963) 950222
48 Zim ☐ – †45/51 € ††88/118 € – ½ P 15 € – **Rest** – Karte 18/33 €
♦ Dieses familiengeführte Haus ist einer der ältesten Gastronomiebetriebe in der Umgebung - heute bietet man neuzeitlich ausgestattete Zimmer, fast alle mit Balkon. Viel Holz schafft ein ländliches Ambiente im Restaurant.

RATZEBURG – Schleswig-Holstein – 541 – 13 560 Ew – Höhe 36 m – Luftkurort 11 K5

▶ Berlin 240 – Kiel 107 – Lübeck 23 – Schwerin 46
🛈 Unter den Linden 1, ✉ 23909, ℰ (04541) 85 85 65, info-ratzeburg@gmx.de
◉ Ratzeburger See★ (Aussichtsturm am Ostufer ≤★) – Dom★ (Hochaltarbild★)

Wittlers Hotel-Gästehaus Cäcilie
Große Kreuzstr. 11 ✉ 23909 – ℰ (04541) 32 04 – info@wittlers-hotel.de
– Fax (04541) 3815 – geschl. 21. Dez. - 14. Jan.
30 Zim ☐ – †50/67 € ††82/112 € – ½ P 13 € – **Rest** – *(geschl. Sonntagabend)* Karte 18/32 €
♦ Dieses Hotel liegt mitten auf der Insel im Ratzeburger See, im historischen Domviertel. Gediegene Zimmer mit Kirschbaummobiliar stehen zum Einzug bereit. Klassisches Restaurant mit internationaler Speisenauswahl.

RAUENBERG – Baden-Württemberg – 545 – 7 400 Ew – Höhe 132 m 47 F17

▶ Berlin 631 – Stuttgart 99 – Mannheim 37 – Heidelberg 22

Winzerhof
Bahnhofstr. 4 ✉ 69231 – ℰ (06222) 95 20 – winzerhof@ringhotels.de
– Fax (06222) 952350 – geschl. 1. - 5. Jan.
86 Zim ☐ – †81/108 € ††114/173 €
Rest – Karte 19/44 €
Rest *Martins Gute Stube* – *(geschl. 24. Dez. - Ende Jan., 17. - 28. März, 13. - 23. Mai, 24. Juli - 6. Sept., 27. - 30. Okt. und Sonntag - Montag, nur Abendessen)* (Tischbestellung ratsam) Menü 68 € – Karte 40/55 €
♦ Ein über Jahrzehnte gewachsener Gasthof, der immer wieder modernisiert und erweitert wird. Besonders großzügig sind die hell und elegant gestalteten Zimmer im Landhausflügel. Rustikales Restaurant mit regionaler Küche. Gehobenes Angebot in Martins Guter Stube.

Gutshof
Suttenweg 1 ✉ 69231 – ℰ (06222) 95 10 – info@gutshof-menges.de – Fax (06222) 951100 – geschl. 22. Dez. - 6. Jan., 11. - 31. Aug.
30 Zim ☐ – †75/90 € ††105/125 € – **Rest** – *(geschl. Samstag, Sonn- und Feiertage, nur Abendessen)* Karte 19/31 €
♦ Umgeben von romantischen Weinbergen finden Sie hier Hotel und Weingut unter einem Dach. Die Zimmer sind funktionell und solide eingerichtet, z. T. leicht elegant. Helle, rustikale Weinstube.

RAUHENEBRACH – Bayern – 546 – 3 210 Ew – Höhe 320 m 49 J15

▶ Berlin 431 – München 251 – Coburg 70 – Nürnberg 82

In Rauhenebrach-Schindelsee

Gasthaus Hofmann mit Zim
Schindelsee 1 ✉ 96181 – ℰ (09549) 9 87 60 – info@schindelsee.de – Fax (09549) 987627 – geschl. 14. Jan. - 12. Feb. und Dienstag, Nov. - Ostern Montag - Mittwoch
10 Zim ☐ – †38/45 € ††54/74 € – **Rest** – *(Montag - Freitag nur Abendessen)* Menü 38 € – Karte 19/40 €
♦ Ein ganz typischer Landgasthof unter familiärer Leitung. Für die sorgfältig zubereiteten regionalen Speisen werden zum Teil selbst erzeugte Produkte verwendet.

RAUNHEIM – Hessen – siehe Rüsselsheim

RAVENSBURG – Baden-Württemberg – 545 – 48 480 Ew – Höhe 450 m 63 **H21**
▶ Berlin 696 – Stuttgart 147 – Konstanz 43 – Ulm (Donau) 86
ADAC Jahnstr. 26
🛈 Kirchstr. 16, ✉ 88212, ✆ (0751) 8 28 00, info@ravensburg.de
🛈 Ravensburg, Hofgut Okatreute ✆ (0751) 99 88
◉ Liebfrauenkirche (Kopie der "Ravensburger Schutzmantelmadonna"★★)

🏨 Waldhorn
Marienplatz 15 ✉ 88212 – ✆ (0751) 3 61 20 – bouley@waldhorn.de – Fax (0751) 3612100 – geschl. über Weihnachten 1 Woche
30 Zim ⌸ – †95/98 € ††135/150 €
Rest *Weinstube Rebleutehaus* – separat erwähnt
Rest – *(geschl. Sonntag - Montag)* (Tischbestellung ratsam) Menü 38/96 €
– Karte 58/89 €

♦ In der Fußgängerzone steht das denkmalgeschützte Stadthaus. Neben zeitlos eingerichteten Zimmern bietet man einige elegante Romantikzimmer sowie moderne Appartements. Gediegen-gemütliches Restaurant mit asiatisch beeinflusster kreativer Küche.

🏠 Rebgarten garni
*Zwergerstr. 7 ✉ 88214 – ✆ (0751) 36 23 30 – hotel-rebgarten@t-online.de
– Fax (0751) 36233110 – geschl. 21. Dez. - 1. Jan.*
29 Zim ⌸ – †75/82 € ††95/108 €

♦ Das am Rand der Innenstadt gelegene Hotel verfügt über neuzeitlich und funktionell ausgestattete Gästezimmer und einen netten Frühstücksraum mit gutem Buffet.

🏠 Obertor
Marktstr. 67 ✉ 88212 – ✆ (0751) 3 66 70 – mail@hotelobertor.de – Fax (0751) 3667200
32 Zim ⌸ – †70/99 € ††102/140 € – **Rest** – *(geschl. Dienstag, Sonntag, nur Abendessen)* Menü 25/30 € – Karte 19/38 €

♦ Direkt am Obertor der Stadt liegt dieses historische Haus. Die Zimmer hat man sehr wohnlich, ganz individuell und geschmackvoll gestaltet. Gemütlich sitzt man in den hübsch dekorierten Gaststuben.

🍴 Lumperhof
*Lumper 1 (West : 2 km in Richtung Schlier) ✉ 88212 – ✆ (0751) 3 52 50 01
– Fax (0751) 3525002 – geschl. Feb. 2 Wochen und Dienstag*
Rest – *(Montag - Freitag nur Abendessen)* Karte 21/34 €

♦ In diesem angenehm ruhig mitten im Grünen gelegenen Familienbetrieb bietet man seinen Gästen in einer gepflegten ländlichen Stube regionale Speisen.

🍴 Weinstube Rebleutehaus – Hotel Waldhorn
*Schulgasse 15 ✉ 88214 – ✆ (0751) 3 61 20 – bouley@waldhorn.de
– Fax (0751) 3612100 – geschl. über Weihnachten 1 Woche und Sonntag*
Rest – Menü 30 € – Karte 28/50 €

♦ Unter einer beeindruckenden alten Holzdecke sitzt man in der ehemaligen Zunftstube der Rebleute von 1469. Hier werden vor allem regionale Produkte aufgetischt.

RECKE – Nordrhein-Westfalen – 543 – 11 740 Ew – Höhe 45 m 16 **E8**
▶ Berlin 458 – Düsseldorf 183 – Nordhorn 59 – Bielefeld 73

🏠 Altes Gasthaus Greve ⌘
*Markt 1 ✉ 49509 – ✆ (05453) 9 18 86 90 – altesgasthausgreve@t-online.de
– Fax (05453) 91886962*
17 Zim ⌸ – †40/44 € ††69/74 € – **Rest** – *(geschl. Montag)*
Karte 20/35 €

♦ Am Marktplatz gelegen, ist das kleine Hotel eine zentrale und doch ruhige Unterkunft. Die Zimmer sind überwiegend neuzeitlich und hell eingerichtet. Rustikal-bürgerliches Restaurant mit Kaminzimmer und Bauernstube.

1079

RECKLINGHAUSEN – Nordrhein-Westfalen – 543 – 123 150 Ew – Höhe 85 m

▶ Berlin 508 – Düsseldorf 63 – Bochum 17 – Dortmund 28   26 **C10**
ADAC Martinistr. 11 – 🖃 Recklinghausen, Bockholter Str. 475 ✆ (02361) 9 34 20 Y
🅘 Ikonenmuseum ★★ M¹ X

Parkhotel Engelsburg 🛜 🏠 ▯ 🛋 ♿ 🖫 🅿 🚗 VISA ⓜ AE
Augustinesstr. 10 ✉ 45657 – ✆ (02361) 20 10 – rez@engelsburg.bestwestern.de
– Fax (02361) 201120   X c
65 Zim ☐ – 🛏117/148 € 🛏🛏139/175 € – 5 Suiten – **Rest** – *(geschl.*
Sonntagabend) Menü 33/53 € – Karte 36/43 €
♦ Das schmucke historische Herrenhaus befindet sich nahe dem Zentrum und beherbergt
wohnliche Gästezimmer in klassischem Stil. Im Sommer ergänzt eine schöne Terrasse das
Restaurant.

RECKLINGHAUSEN

Am Lohtor	X 2	Kirchpl.	X 24
Augustinesstr.	X 4	Klosterstr.	X 26
Bockholter Str.	Z 7	Kunibertistr.	X 27
Börster Weg	Y 6	Kurfürstenwall	X 28
Breite Str.	X	Löhrhof	X
Buddestr.	Y 9	Markt	X
Grafenwall	X 12	Martinistr.	X 30
Große Geldstr.	X 13	Münsterstr.	X 33
Heilig-Geist-Str.	X 15	Ossenbergweg	Y 34
Hillen	Z 16	Reitzensteinstr.	Z 36
Hinsbergstr.	X 18	Schaumburgstr.	X 37
Holzmarkt	X 19	Springstr.	Y 39
Im Romberg	Y 20	Steinstr	X 40
Josef-Wulff-		Steintor	X 42
Str.	Y 22	Viehtor	X 43
Kemnastr.	Z 23	Wickingstr.	Y 44

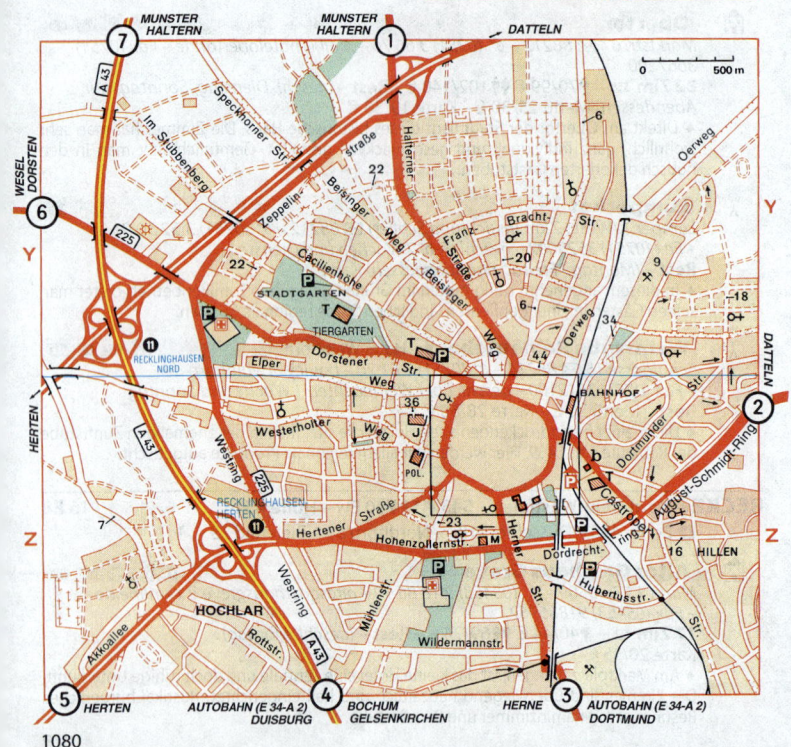

1080

RECKLINGHAUSEN

✕✕ **Altes Brauhaus** 🆅🅸🆂🅰 ⓒⓑ 🅰🅴
Dortmunder Str. 16 ✉ *45665 –* ✆ *(02361) 4 63 23 – Fax (02361) 46579*
– geschl. Juli, Samstagmittag, Montag - Dienstagmittag Z b
Rest – Karte 28/42 €
♦ Hübsch hat man das gemütliche, rustikal gehaltene Restaurant mit Antiquitäten und schönem altem Porzellan dekoriert. Geboten werden internationale Speisen.

REDWITZ AN DER RODACH – Bayern – 546 – 3 430 Ew – Höhe 291 m   50 L14
▶ Berlin 362 – München 258 – Coburg 29 – Bamberg 47

🏠 **Rösch**   🐕 🌿 ❊ Rest, 🅿 🆅🅸🆂🅰 ⓒⓑ 🅰🅴 ⓓ
Gries 19 ✉ *96257 –* ✆ *(09574) 6 33 20 – info@hotel-roesch.de*
– Fax (09574) 633233 – geschl. 21. Dez. - 6. Jan.
17 Zim ⊡ – †44/49 € ††66/74 € – **Rest** – *(geschl. Samstag - Sonntag) (nur Abendessen für Hausgäste)* Karte 11/16 €
♦ Sehr nett kümmert sich Familie Rösch in ihrer kleinen Pension um die Gäste. Es stehen recht einfache, aber tadellos gepflegte Zimmer zur Verfügung. Garten mit Teich.

REES – Nordrhein-Westfalen – 543 – 22 380 Ew – Höhe 17 m   25 B10
▶ Berlin 580 – Düsseldorf 87 – Arnhem 49 – Wesel 24
🛈 Markt 1 (Rathaus), ✉ 46459, ✆ (02851) 5 12 00, reesinfo@stadt-rees.de

🏠 **Rheinpark**   ≤ Rhein, 🌿 ☼ 🏋 ♿ 🅰🅲 Rest, 📞
Vor dem Rheintor 15 ✉ *46459*   🅢🅐 🅿 🛋 🆅🅸🆂🅰 ⓒⓑ 🅰🅴 ⓓ
– ✆ *(02851) 58 80 – info@rheinparkrees.de*
– Fax (02851) 5881588
60 Zim ⊡ – †75/100 € ††105/115 € – **Rest** – Menü 31/35 €
– Karte 24/39 €
♦ Modernes Hotel am Rheinufer, das aufgrund seiner komfortablen, technisch sehr gut ausgestatteten Gästezimmer auch von Geschäftsreisenden geschätzt wird. Restaurant im Bistrostil mit schöner Rheinterrasse.

✕✕ **Op de Poort**   ≤ Rhein, 🌿 🅿 🅰🅴
Vor dem Rheintor 5 ✉ *46459 –* ✆ *(02851) 74 22 – opdepoort@aol.com*
– Fax (02851) 917720 – geschl. Jan. - 26. Feb. und Montag - Dienstag, außer Feiertage
Rest – *(Tischbestellung ratsam)* Menü 24/50 € – Karte 34/42 €
♦ Das schön am Rhein gelegene gediegene Restaurant bietet durch seine große Fensterfront eine tolle Aussicht - ebenfalls sehr nett sitzt man auf der Terrasse am Fluss.

In Rees-Reeserward Nord-West : 4 km über Westring und Wardstraße :

✕✕ **Landhaus Drei Raben**   🌿 🅿
Reeserward 5 ✉ *46459 –* ✆ *(02851) 18 52 – geschl. Montag - Dienstag*
Rest – Karte 28/47 €
♦ Hier wurde ein ehemaliges Bauernhaus umgebaut und erweitert. Entstanden ist ein hübsches Restaurant im Landhausstil mit freundlich-familiärer Atmosphäre.

REGENSBURG – Bayern – 546 – 128 610 Ew – Höhe 343 m   58 N18
▶ Berlin 489 – München 122 – Nürnberg 100 – Passau 115
ADAC Paracelsusstr. 1
🛈 Altes Rathaus, ✉ 93047, ✆ (0941) 5 07 44 10, tourismus@regensburg.de
⛳ Sinzing, Minoritenhof 1 ✆ (0941) 3 78 61 00 **A**
⛳ Jagdschloß Thiergarten, ✆ (09403) 5 05 **B**
◩ Dom★ (Glasgemälde★★) – Alter Kornmarkt★ – Alte Kapelle★ – Städt. Museum★ **M¹** – Diözesanmuseum★ – Steinerne Brücke (≤★) **E** – St. Emmeram★ – Haidplatz★ – Altes Rathaus★ **D** – St. Jakobskirche (romanisches Portal★) **A**
◩ Walhalla★ Ost : 11 km über Walhalla-Allee **B**

Stadtpläne siehe nächste Seiten

1081

REGENSBURG

0   500 m

Adolf-Schmetzer-Str.	**B**	2
Albertstr.	**A**	3
Altdorferstr.	**A**	4
Arnulfspl.	**A**	5
Bismarckpl.	**A**	6
Dr-Johann-Maier-Str.	**A**	10
Gumpelzhaimerstr.	**A**	18
Hermann-Geib-Str.	**B**	19
Landshuter Str.	**B**	22
Liskircherstr.	**A**	23
Luitpoldstr.	**B**	26
Margaretenstr.	**A**	27
Platz der Einheit	**A**	31
Protzenweiherbrücke	**AB**	32
Schottenstr.	**A**	37
Stadtamhof	**A**	38
Stobäuspl.	**B**	39
Walhalla Allee	**B**	45
Weißgerbergraben	**A**	49

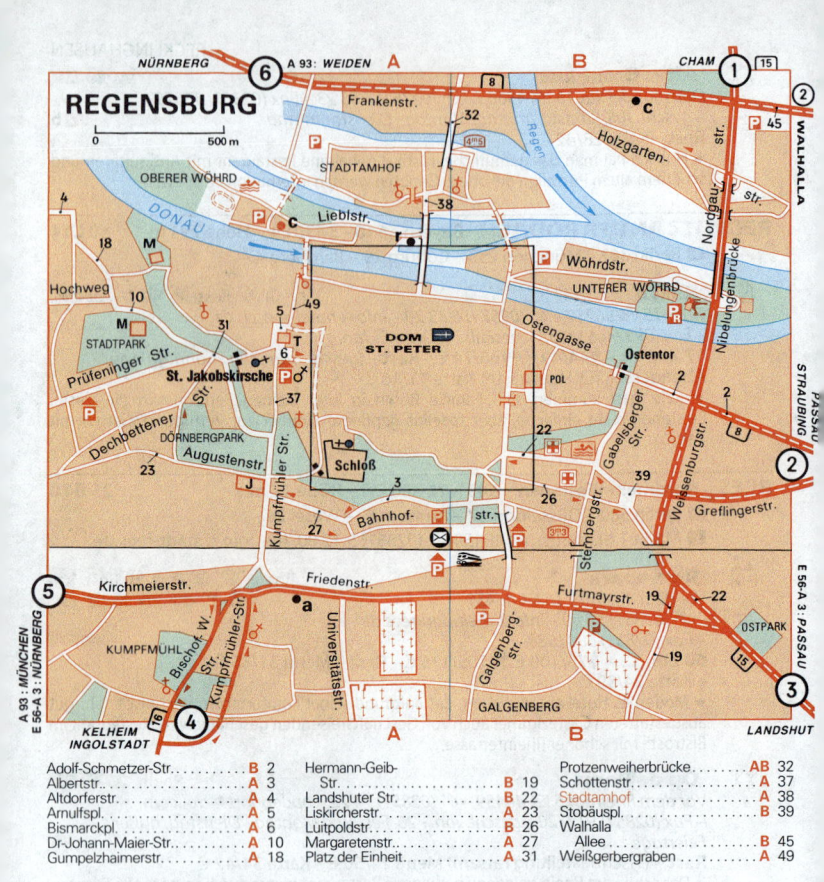

Sorat Insel-Hotel
Müllerstr. 7 ⊠ *93059 –* ℰ *(0941) 8 10 40 – regensburg@sorat-hotels.com*
– Fax (0941) 8104444   A r
75 Zim ⊇ – ♦95/197 € ♦♦183/238 €
Rest *Brandner – (geschl. Aug. und Sonntagabend)* Karte 26/45 €
♦ Genießen Sie den Blick auf Regensburg im denkmalgeschützten Hotel, einer alten Manufaktur, die über einem Donauarm liegt. Komfortable Zimmer in klassisch-moderner Gestaltung. Brandner mit elegant-gediegenem Ambiente und Panoramablick auf den Dom.

Courtyard by Marriott
Bamberger Str. 28 (über Frankenstraße A) ⊠ *93059 –* ℰ *(0941) 8 10 10*
– reservation.regensburg@courtyard.com – Fax (0941) 84047
125 Zim – ♦95/105 € ♦♦95/105 €, ⊇ 15 € – **Rest** – Karte 20/34 €
♦ Verkehrsgünstig am Stadtrand gelegen, bietet das moderne Hotel seinen Gästen funktionell-elegante Zimmer, zum Teil mit Blick auf den Dom. Terrasse am Donauufer!

Orphee Grosses Haus
Untere Bachgasse 8 ⊠ *93047 –* ℰ *(0941) 59 60 20 – info@hotel-orphee.de*
– Fax (0941) 59602199   D b
26 Zim ⊇ – ♦93/170 € ♦♦115/190 € – **Rest** – Karte 23/38 €
♦ Einst war in diesem Stadthaus eine Brauerei angesiedelt. Heute wohnt man in von alten Balken, Stuck und Malereien geprägten Räumen mit hochwertiger, stilvoller Ausstattung. Restaurant im klassischen Pariser Bistrostil.

1082

REGENSBURG

Brückstr.	E 7	Goliathstr.	DE	Neupfarrpl.	DE
Domgarten	E 12	Haidpl.	D	Pfauengasse	E 30
Fröhliche-Türken-Str.	E 15	Königsstr.	E 21	Rathauspl.	E 34
Gesandtenstr.	D	Landshuter Str.	E 22	Thundorfer Str.	E 42
Goldene-Bären-Str.	D 17	Ludwigstr.	E 24	Viereimergasse	E 43
		Luitpoldstr.	E 26	Weiße-Hahnen-Gasse	E 46
		Maximilianstr.	E	Weiße-Lilien-Str.	E 48
		Neue-Waag-Gasse	D 28		

🏨 **Avia-Hotel**
Frankenstr. 1 ⊠ 93059 – ℘ (0941) 4 09 80 – info@avia-hotel.de – Fax (0941) 4098100
60 Zim ⌑ – †78/98 € ††110 € – **Rest** – (geschl. 27. Dez. - 6. Jan.) Menü 18 €
– Karte 22/41 €
B c
♦ Solide und funktionell eingerichtete Gästezimmer und die verkehrsgünstige Lage an der Bundesstraße sprechen für dieses Stadthotel. Gediegenes Restaurant.

🏨 **Bischofshof am Dom** Biergarten
Krauterermarkt 3 ⊠ 93047 – ℘ (0941) 5 84 60 – info@hotel-bischofshof.de
– Fax (0941) 5846146 – geschl. 22. - 26. Dez.
E r
55 Zim ⌑ – †79/109 € ††135/149 € – **Rest** – Karte 18/41 €
♦ Die Lage zwischen Porta Praetoria und dem Dom betont den geschichtlichen Charakter der einstigen Bischofsresidenz. Den Gast erwarten romantische Zimmer im Landhausstil. Unterteilte Gaststuben mit regionaler Küche. Hübscher Innenhof-Biergarten.

1083

REGENSBURG

Altstadthotel Arch garni
Haidplatz 4 ⌧ 93047 – ℰ (0941) 5 86 60 – info@altstadthotel-arch.de
– Fax (0941) 5866168
65 Zim ☑ – †97/140 € ††120/160 €
D n
♦ Ein Haus mit Vergangenheit: Das schöne, modernisierte Patrizierhaus a. d. 12. Jh. liegt in der Fußgängerzone. Fragen Sie nach den komfortablen Dachbalkenzimmern.

Kaiserhof garni
Kramgasse 10 ⌧ 93047 – ℰ (0941) 58 53 50 – info@kaiserhof-am-dom.de
– Fax (0941) 5853595
30 Zim ☑ – †62/75 € ††92/130 €
E t
♦ Hier wohnen Sie mit Blick auf die Zwillingstürme des Doms in freundlichen Räumen. Der Frühstücksraum befindet sich in der Hauskapelle aus dem 14. Jh. mit hoher Gewölbedecke.

Münchner Hof
Tändlergasse 9 ⌧ 93047 – ℰ (0941) 5 84 40 – info@muenchner-hof.de
– Fax (0941) 561709
53 Zim ☑ – †70/80 € ††90/100 € – **Rest** – Karte 15/32 €
D d
♦ Die Kombination von gotischen Bögen und stilvollem Komfort hinter mittelalterlichen Mauern verleiht einigen Zimmern einen historischen Touch und persönlichen Stil. Rustikale Gaststätte mit gemütlicher Gründerzeit-Atmosphäre.

David
Watmarkt 5, (5. Etage) ⌧ 93047 – ℰ (0941) 56 18 58 – info@hotel-bischofshof.de
– Fax (0941) 51618 – geschl. über Fasching 1 Woche, Aug. 2 Wochen und Sonntag - Montag
E v
Rest – *(nur Abendessen)* Menü 58 € – Karte 40/48 €
♦ Im fünften Stock des historischen Goliathhauses serviert man in zeitgemäß-elegantem Ambiente eine mediterran beeinflusste Küche. Schöne Dachterrasse mit wunderbarem Ausblick.

Silberne Gans
Werftstr. 3 ⌧ 93059 – ℰ (0941) 2 80 55 98 – Fax (0941) 8305873
– geschl. 1. - 20. Jan. und Montag, Okt. - April Sonntagabend - Montag
E s
Rest – Menü 49 € – Karte 31/45 €
♦ In dem aufwändig restaurierten historischen Stadthaus direkt an der Donau hat man dieses modern-elegante Restaurant eingerichtet. Schön ist auch die Terrasse.

In Regensburg-Wutzlhofen über Nordgaustraße B und Chamer Straße : 5 km :

Götzfried
Wutzlhofen 1 ⌧ 93057 – ℰ (0941) 6 96 10 – service@hotel-goetzfried.de
– Fax (0941) 6961343
54 Zim ☑ – †66/94 € ††102/114 € – **Rest** – Menü 12 € (mittags) – Karte 16/33 €
♦ In dem familiär geführten gewachsenen Gasthof in einem Wohngebiet im Norden der Stadt erwarten Sie ein freundlicher Empfang und praktisch ausgestattete Zimmer.

In Pettendorf-Mariaort über Frankenstraße A : 7 km :

Krieger
Heerbergstr. 3 (an der B 8) ⌧ 93186 – ℰ (0941) 8 10 80 – hotel@gasthof-krieger.de – Fax (0941) 8108180 – geschl. 24. Dez. - 6. Jan.
27 Zim ☑ – †32/48 € ††56/74 € – **Rest** – *(geschl. 23. Dez. - 5. Jan., Aug. - Sept. 2 Wochen und Mittwoch)* Karte 11/27 €
♦ Lauschig an der Mündung der Naab in die Donau gelegener Gasthof. Man wohnt in Zimmern, die mit rustikalen Eichenmöbeln eingerichtet sind. Rustikal-gemütliche Gaststube mit historischem Säulengewölbe.

In Donaustauf Ost : 9 km, Richtung Walhalla B :

Forsters Gasthof Zur Post
Maxstr. 43 ⌧ 93093 – ℰ (09403) 91 00 – info@hotel-forsters.de – Fax (09403) 910910
49 Zim ☑ – †72/99 € ††90/125 € – **Rest** – *(geschl. 25. Aug. - 14. Sept.)*
Menü 28/48 € – Karte 21/38 €
♦ Freuen Sie sich auf einen gastlichen Empfang in idyllischer Umgebung. Die Räume des Gasthofs sind wohnlich mit Naturholz im Landhausstil eingerichtet. Unterteiltes Restaurant, teils leicht elegant, teils rustikal. Schöne Terrasse im Schatten einer Kastanie.

REGENSBURG

Walhalla garni
*Ludwigstr. 37 ⊠ 93093 – ℰ (09403) 9 50 60 – hotelpensionwalhalla@
hotmail.com – Fax (09403) 950613*
21 Zim ⊇ – †38/43 € ††60/65 €
♦ Die von 1830 bis 1842 erbaute Ruhmeshalle gab dem in einem Wohngebiet gelegenen Hotel seinen Namen. Praktische Gästezimmer stehen hier zum Einzug bereit.

In Neutraubling Süd-Ost : 10 km über Adolf-Schmetzer-Straße B Richtung Straubing :

Am See (mit Gästehaus)
*Teichstr. 6 ⊠ 93073 – ℰ (09401) 94 60
– hotel-am-see@t-online.de – Fax (09401) 946222*
38 Zim ⊇ – †75 € ††115 € – **Rest** – (geschl. Aug. 3 Wochen und Montag)
Menü 33/38 € – Karte 20/40 €
♦ Der freundliche Service von Familie Lacher und mit hellem Naturholz wohnlich eingerichtete, sehr gepflegte Zimmer machen dieses Hotel aus. Restaurant mit Kamin oder Seestüberl mit Kachelofen, alles ländlich-modern gestaltet.

REGENSTAUF – Bayern – 546 – 14 980 Ew – Höhe 345 m   58 **N17**
▶ Berlin 474 – München 136 – Regensburg 19 – Nürnberg 110
🛈 Bahnhofstr. 15, ⊠ 93128, ℰ(09402) 50 90, tourist@regenstauf.de

In Regenstauf-Heilinghausen Nord-Ost : 8 km im Regental :

Landgasthof Heilinghausen   Biergarten
*Alte Regenstr. 5 ⊠ 93128 – ℰ (09402) 42 38 – info@
landgasthof-heiligenhausen.de – Fax (09402) 780857
– geschl. Dienstag*
Rest – Menü 27/46 € – Karte 15/36 €
♦ Direkt an der Straße liegt dieser traditionelle bayerische Landgasthof. In der rustikal-gemütlichen Gaststube bewirtet man Sie mit einer bürgerlich-regionalen Küche.

REHBURG-LOCCUM – Niedersachsen – 541 – 10 980 Ew – Höhe 60 m   18 **H8**
▶ Berlin 328 – Hannover 47 – Bremen 89 – Minden 28
🛈 Mardorf, Vor der Mühle 10 ℰ (05036) 27 78
🛈 Rehburg-Loccum, Hormannshausen 2a ℰ (05766) 9 30 17

Rodes Hotel
*Marktstr. 22 (Loccum) ⊠ 31547 – ℰ (05766) 2 38 – rodes-hotel@t-online.de
– Fax (05766) 7132 – geschl. 20. Dez. - 10. Jan.*
23 Zim ⊇ – †47/53 € ††76/85 € – **Rest** – (geschl. Freitag) Karte 16/37 €
♦ Seit 400 Jahren wird das rote Klinkerhaus als Gasthof geführt, seit 1907 ist es im Besitz der Familie Rode. Die Zimmer sind meist hell möbliert und zeitgemäß ausgestattet. Restaurant im altdeutschen Stil.

REHLINGEN-SIERSBURG – Saarland – 543 – 15 930 Ew – Höhe 180 m   45 **B16**
▶ Berlin 736 – Saarbrücken 37 – Luxembourg 66 – Trier 63

Im Ortsteil Eimersdorf Nord-West : 2 km ab Siersburg, über Niedmühle :

Niedmühle
*Niedtalstr. 13 ⊠ 66780 – ℰ (06835) 6 74 50
– info@restaurant-niedmuehle.de – Fax (06835) 6070450
– geschl. 1. - 6. Jan., 2. - 16. Juli, 8. - 18. Okt. und Montag - Dienstag,
Samstagmittag*
Rest – Menü 54/89 € – Karte 46/65 €
♦ Freundlich und geschult serviert man in angenehmer Landhausatmosphäre internationale und regionale Speisen. Hübsch sind auch der lichte Wintergarten und die Terrasse zur Nied.

REICHELSHEIM – Hessen – 543 – 9 120 Ew – Höhe 216 m – Luftkurort 48 **G16**

▶ Berlin 585 – Wiesbaden 84 – Mannheim 53 – Darmstadt 36
ℹ Bismarkstr. 43, ✉ 64385, ☎ (06164) 5 08 26, touristinfo@reichelsheim.de

XX Treusch im Schwanen
Rathausplatz 2 ✉ 64385 – ☎ (06164) 22 26
– info@treuschs-schwanen.com – Fax (06164) 809
Rest *– (geschl. Mitte Jan. - Mitte Feb. und Montag - Dienstag,*
Mittwoch - Freitag nur Abendessen) Menü 48/79 € – Karte 31/48 €
Rest *Johanns-Stube* – Karte 15/32 €
♦ Bereits seit 1842 existiert dieses familiär geleitete Odenwälder Gasthaus. Geboten werden saisonal und regional geprägte Speisen sowie eigener Apfelwein. Gemütlich und etwas schlichter als das Restaurant ist die Johanns-Stube mit regionalem Angebot.

In Reichelsheim-Eberbach Nord-West : 1,5 km über Konrad-Adenauer-Allee :

Landhaus Lortz
Ortstr. 3a ✉ 64385 – ☎ (06164) 49 69 – info@landhaus-lortz.de – Fax (06164) 55528
21 Zim ⊆ – †48/64 € ††89/119 € – **Rest** *– (geschl. Montag)* (nur Abendessen für Hausgäste) Karte 22/27 €
♦ Die Lage in dem kleinen Ortsteil (mit Wanderwegen in unmittelbarer Nähe) sowie wohnliche, mit Weichholzmöbeln und teils Küchenzeile ausgestattete Zimmer sprechen für das Haus.

REICHENAU (INSEL) – Baden-Württemberg – 545 – 5 150 Ew – Höhe 403 m – Erholungsort 63 **G21**

▶ Berlin 763 – Stuttgart 181 – Konstanz 12 – Singen (Hohentwiel) 29
ℹ Pirminstr. 145, ✉ 78479, ☎ (07534) 9 20 70, info@reichenau-tourismus.de
◉ In Oberzell : Stiftskirche St. Georg (Wandgemälde★★) – In Mittelzell : Münster★ (Münsterschatz★)

Im Ortsteil Mittelzell

Seehotel Seeschau
An der Schiffslände 8 ✉ 78479 – ☎ (07534) 2 57 – seeschau@mdo.de
– Fax (07534) 7264
23 Zim ⊆ – †98/110 € ††128/180 € – ½ P 24 € – **Rest** – Menü 15 €
– Karte 26/39 €
♦ Die tolle Lage am See zeichnet dieses Hotel aus. Die elegant mit weißen Stilmöbeln eingerichteten Zimmer bieten z. T. Seeblick. Einige der Bäder mit Whirlwanne. Im Le Gourmet, in der Kaminstube oder auf der schönen Seeterrasse serviert man Internationales.

Ganter Hotel Mohren
Pirminstr. 141 ✉ 78479 – ☎ (07534) 9 94 40 – hotel@mohren-bodensee.de
– Fax (07534) 9944610
38 Zim ⊆ – †88/105 € ††125/145 € – ½ P 22 € – **Rest** *– (geschl. Okt. - Mitte April Sonntagabend)* Karte 26/38 €
♦ Teil dieses Hotels ist ein gemütlicher Gasthof aus dem 17. Jh., der in ganz modernem Stil eingerichtete Zimmer beherbergt. Gute Tagungsmöglichkeiten. Restaurant teils im Landhausstil, teils als holzgetäfelte Stube. Internationale Küche.

Strandhotel Löchnerhaus
An der Schiffslände 12 ✉ 78479 – ☎ (07534) 80 30
– info@loechnerhaus.de – Fax (07534) 582 – geschl. 12. Nov. - 6. März
41 Zim ⊆ – †80/115 € ††150/165 € – ½ P 24 € – **Rest** *– (geschl. März Montag und Okt. - Nov. Montag)* Karte 28/39 €
♦ An der Uferpromenade liegt der klassische Hotelbau a. d. J. 1920. Neben neuzeitlichen Zimmern mit Balkon/Terrasse bietet man einen hübschen Garten und direkten Seezugang. Zum See hin angelegtes Restaurant mit internationaler Küche. Sehr nette Terrasse.

REICHENBACH (VOGTLAND) – Sachsen – 544 – 22 730 Ew – Höhe 380 m

▶ Berlin 304 – Dresden 132 – Gera 46 – Zwickau 29   41 **N13**

Meister Bär Hotel
Goethestr. 28 ⊠ 08468 – ℰ (03765) 78 00 – rei@mb-hotel.de – Fax (03765) 780888
30 Zim ⊑ – †59/89 € ††89/129 € – **Rest** – Karte 21/30 €

♦ Zwischen Zwickau und Plauen finden Sie dieses in einem Wohngebiet gelegene Hotel mit einem soliden, meist mit Kirschbaummöbeln eingerichteten Gästezimmern. In Grüntönen gehaltenes Restaurant mit bürgerlichem und internationalem Angebot.

REICHENHALL, BAD – Bayern – 546 – 16 750 Ew – Höhe 473 m – Wintersport : 1 600 m ⤒2 ⤓4 ⚜ – Heilbad
                                                                      67 **O21**

▶ Berlin 723 – München 136 – Berchtesgaden 20 – Salzburg 19

ℹ Wittelsbacherstr. 15, ⊠ 83435, ℰ (08651) 60 60, info@bad-reichenhall.de

Stadtplan siehe nächste Seite

Steigenberger Axelmannstein
Salzburger Str. 2 ⊠ 83435
– ℰ (08651) 77 70 – bad-reichenhall@steigenberger.de – Fax (08651) 5932
152 Zim ⊑ – †135/175 € ††240/320 € – ½ P 33 € – 5 Suiten   AY **a**
Rest *Parkrestaurant* – (nur Abendessen) Karte 36/61 €
Rest *Axel-Stüberl* – Karte 17/34 €

♦ Gediegenes Ambiente erwartet Sie in diesem klassischen Grandhotel von 1909. Zu den Annehmlichkeiten des Hauses gehört ein schöner großer Park mit kleinem See. Parkrestaurant mit Blick ins Grüne. Gemütlich ist die Atmosphäre im rustikalen Axel-Stüberl.

Parkhotel Luisenbad
Ludwigstr. 33 ⊠ 83435 – ℰ (08651) 60 40 – luisenbad@parkhotel.de
– Fax (08651) 62928 – geschl. 10. Jan. - 28. Feb.   AY **e**
77 Zim ⊑ – †69/111 € ††105/189 € – ½ P 25 € – **Rest** – Menü 33 € – Karte 28/44 €

♦ Seit mehreren Jahrzehnten ist das Haus in den Händen der Familie Herkommer. Es überzeugt mit gediegenen Zimmern, nettem Service und einem schönen Garten. Klassisch gestaltetes Restaurant und hübsche rustikale Stube.

Sonnenbichl garni
Adolf-Schmid-Str. 2 ⊠ 83435 – ℰ (08651) 7 80 80 – hotel@sonnenbichlhotel.de
– Fax (08651) 780859   AY **h**
40 Zim ⊑ – †40/55 € ††80/100 €

♦ Besonders für Kur- und Erholungsaufenthalte empfiehlt sich dieses Hotel nur wenige Schritte vom Kurpark mit Gradierwerk und Konzerthalle. Rustikale Zimmer sowie Appartements.

Erika garni
Adolf-Schmid-Str. 3 ⊠ 83435 – ℰ (08651) 9 53 60 – hotel-pension-erika@gmx.de
– Fax (08651) 9536200 – geschl. Nov. - Feb.   AY **u**
33 Zim ⊑ – †38/60 € ††68/96 €

♦ Aus dem Jahre 1898 stammt die schön restaurierte Villa mit hübschem Garten. Viele der gepflegten Gästezimmer bieten Sicht auf die Berge.

Brauerei-Gasthof Bürgerbräu   Biergarten
Waaggasse 2 ⊠ 83435 – ℰ (08651) 60 89 – info@buergerbraeu.by – Fax (08651) 608504
                                                                           AZ **b**
32 Zim ⊑ – †52/62 € ††88/100 € – **Rest** – Menü 17 € – Karte 14/31 €

♦ Der stattliche Gasthof im Zentrum des Ortes existiert seit 1633 und beherbergt heute solide, zeitgemäße Zimmer. Besonders geräumig sind die Eckzimmer. Der Restaurantbereich teilt sich in mehrere regionstypisch-rustikale Gaststuben.

Hofwirt   Biergarten
Salzburger Str. 21 ⊠ 83435 – ℰ (08651) 9 83 80 – hofwirt@t-online.de
– Fax (08651) 983836   AY **k**
22 Zim ⊑ – †39/45 € ††72/84 € – ½ P 13 € – **Rest** – (geschl. Montagmittag) Karte 21/43 €

♦ Am Zentrumsrand nahe dem Bahnhof steht der historische Gasthof von 1542 mit gepflegten und soliden Zimmern in rustikalem Stil. Im Haus: ein eigenes kleines Volkstheater. Ländlich-bürgerliche Gaststuben.

1087

BAD REICHENHALL

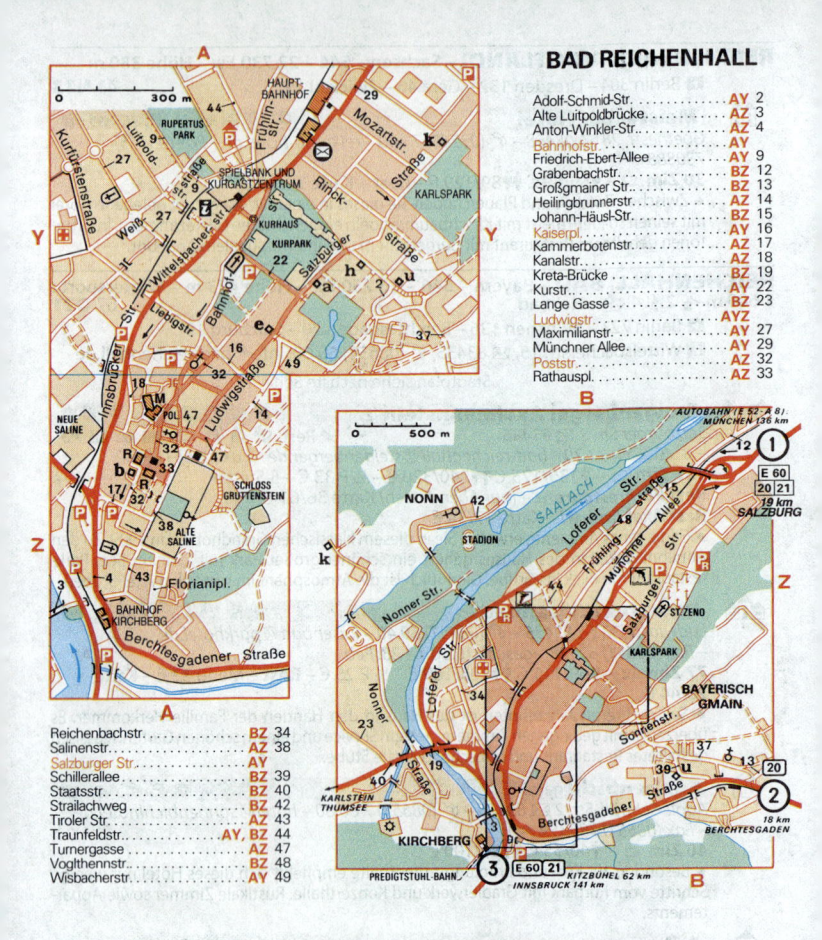

Adolf-Schmid-Str.	**AY** 2
Alte Luitpoldbrücke	**AZ** 3
Anton-Winkler-Str.	**AZ** 4
Bahnhofstr.	**AY**
Friedrich-Ebert-Allee	**AY** 9
Grabenbachstr.	**BZ** 12
Großmainer Str.	**BZ** 13
Heilingbrunnerstr.	**BZ** 14
Johann-Häusl-Str.	**BZ** 15
Kaiserpl.	**AY** 16
Kammerbotenstr.	**AZ** 17
Kanalstr.	**AZ** 18
Kreta-Brücke	**BZ** 19
Kurstr.	**AY** 22
Lange Gasse	**BZ** 23
Ludwigstr.	**AYZ**
Maximilianstr.	**AY** 27
Münchner Allee	**AY** 29
Poststr.	**AZ** 32
Rathauspl.	**AZ** 33
Reichenbachstr.	**BZ** 34
Salinenstr.	**AZ** 38
Salzburger Str.	**AY**
Schillerallee	**BZ** 39
Staatsstr.	**BZ** 40
Strailachweg	**BZ** 42
Tiroler Str.	**BZ** 43
Traunfeldstr.	**AY, BZ** 44
Turnergasse	**BZ**
Vogltthennstr.	**BZ** 48
Wisbacherstr.	**AY** 49

In Bad Reichenhall-Nonn

Neu-Meran ≤ Bad Reichenhall und Predigtstuhl,
Nonn 94 ⊠ 83435 – ℰ (08651) 40 78
– hotelneumeran@aol.com – Fax (08651) 78520 – geschl. 14. Jan. – 1. Feb.
18 Zim – †58/77 € ††128/130 € – ½ P 23 € – **Rest** – (geschl. Dienstag)
Menü 53 € – Karte 17/48 €   BZ **k**
◆ Ruhe und eine phantastische Aussicht bietet dieser idyllisch über dem Ort gelegene Berggasthof. Ein angenehmes Haus, in dem man sich freundlich um seine Gäste kümmert. Im Restaurant serviert man regionale und internationale Küche. Nette Terrasse.

Am Thumsee West : 5 km über Staatsstraße BZ :

Haus Seeblick ≤ Thumsee und Ristfeuchthorn,
Thumsee 10 ⊠ 83435 Bad Reichenhall
– ℰ (08651) 9 86 30 – holzner@hotel-seeblick.de
– Fax (08651) 986388 – geschl. 3. - 30. Nov.
50 Zim – †45/60 € ††90/120 € – ½ P 18 € – 4 Suiten – **Rest** – (nur für Hausgäste)
◆ Schön liegt das nette familiengeführte Ferienhotel oberhalb des Sees. Die meisten Zimmer bieten eine tolle Sicht. Zum großen Freizeitangebot zählt auch Reiten.

REICHENHALL, BAD

Hubertus
← Thumsee und Berge,

Thumsee 5 ⌨ 83435 Bad Reichenhall – ℘ (08651) 22 52 – pension.hubertus@
t-online.de – Fax (08651) 63845 – geschl. 6. Nov. - 10. Dez
14 Zim (inkl. ½ P.) – †35/44 € ††70/88 € – **Rest** – (nur Abendessen für
Hausgäste)
♦ Die Lage am Thumsee sowie sehr gepflegte, mit soliden Naturholzmöbeln ausgestattete Gästezimmer machen diese familiär geleitete Pension aus. Herrlich ist die große Liegewiese.

Landgasthof Madlbauer
Thumsee 2 ⌨ 83435 Bad Reichenhall – ℘ (08651) 22 96 – Fax (08651) 68920
– geschl. Jan.
Rest – Karte 20/35 €
♦ Eine nette Adresse ist dieser 300 Jahre alte Gasthof direkt am See. Das Ambiente ist gemütlich-rustikal, das Speisenangebot international.

In Bayerisch Gmain

Amberger
Rest, VISA
Schillerallee 5 ⌨ 83457 – ℘ (08651) 9 86 50 – amberger.hotel@t-online.de
– Fax (08651) 986512 – geschl. 1. Nov. - 5. Dez., 21. - 26. Dez., 19. - 28. Jan.
16 Zim ⌂ – †42/49 € ††70/90 € – ½ P 13 € – **Rest** – (geschl. Samstag - Sonntag)
(nur Abendessen für Hausgäste)   BZ u
♦ Ein sympathisches kleines Hotel mit nettem Garten und gepflegten Gästezimmern, die teilweise eine schöne Aussicht auf die Berge bieten.

REICHENSCHWAND – Bayern – siehe Hersbruck

REICHENWALDE – Brandenburg – 542 – 1 130 Ew – Höhe 68 m   23 Q9
▶ Berlin 68 – Potsdam 76 – Storkow 6 – Fürstenwalde 14

Alte Schule
Kolpiner Str. 2 ⌨ 15526 – ℘ (033631) 5 94 64 – info@restaurant-alteschule.de
– Fax (033631) 59465 – geschl. 1. Jan. - 13. Feb. und Montag sowie Okt. - März
Montag - Dienstag, Mittwochmittag, Donnerstagmittag
Rest – Menü 29 € – Karte 31/43 €
♦ Die ehemalige Dorfschule ist heute ein hübsches Restaurant in schlicht-modernem Stil. Freundlich serviert der Chef selbst die schmackhafte und kreative Regionalküche.

REICHSHOF – Nordrhein-Westfalen – 543 – 20 150 Ew – Höhe 370 m – Heilklimatischer Kurort   37 D12
▶ Berlin 574 – Düsseldorf 97 – Bonn 87 – Olpe 22
🛈 Barbarossa Str. 5 (Eckenhagen), ⌨ 51580, ℘ (02265) 90 70, kurverwaltung@
reichshof.de
Reichshof, Hasseler Str. 2a ℘ (02297) 71 31

In Reichshof-Eckenhagen – Wintersport : – Heilklimatischer Kurort

Le Gourmet - unter den Linden
Bergstr. 3 ⌨ 51580 – ℘ (02265) 2 30 – le-gourmet-reinke@t-online.de
– Fax (02265) 980700 – geschl. Montag - Dienstag
Rest – (Mittwoch - Samstag nur Abendessen) (Tischbestellung ratsam)
Menü 78/82 € – Karte 32/61 €
Rest *Gaststube* – (Mittwoch - Samstag nur Abendessen) Karte 20/43 €
♦ In einem denkmalgeschützten Fachwerkhaus befindet sich dieses hübsch dekorierte Restaurant. An schön eingedeckten Tischen serviert man eine sehr aufwändige klassische Küche. Ländliche Atmosphäre mit blanken Tischen in der Gaststube.

In Reichshof-Hespert

Ballebäuschen
VISA
Hasseler Str. 10 ⌨ 51580 – ℘ (02265) 93 94 – Fax (02265) 8773 – geschl. Dienstag
Rest – Menü 50 € – Karte 29/63 €
♦ Das nach einem Gebäck benannte Haus ist ein gemütliches Restaurant mit sehr freundlichem Service und ambitionierter regionaler und internationaler Küche. Nette Gartenterrasse.

1089

REIL – Rheinland-Pfalz – 543 – 1 160 Ew – Höhe 105 m 46 C15

▶ Berlin 673 – Mainz 110 – Trier 62 – Bernkastel-Kues 34

Reiler Hof (mit Gasthof zur Traube)
Moselstr. 27 ⊠ 56861 – ℰ (06542) 26 29 – info@reiler-hof.de – Fax (06542) 1490
– geschl. 20. Nov. - 1. Feb., 7. - 29. Feb.
23 Zim ⊇ – †37/45 € ††60/95 € – **Rest** – Karte 16/34 €

♦ Aus zwei Fachwerkhäusern besteht das direkt an der Moselpromenade gelegene Hotel. Wohnliche, im Landhausstil eingerichtete Zimmer stehen bereit. Rustikal und zum Teil leicht elegant gestalteter Restaurantbereich. Ländlich-gemütlich: die Kachelstube.

REILINGEN – Baden-Württemberg – siehe Hockenheim

REINBEK – Schleswig-Holstein – 541 – 25 120 Ew – Höhe 27 m 10 J5

▶ Berlin 272 – Kiel 113 – Hamburg 30 – Lübeck 56
▥ Wentorf, Golfstr. 2 ℰ (040) 72 97 80 68
▥ Dassendorf, Am Riesenbett ℰ (04104) 61 20
▥ Escheburg, Am Soll 3 ℰ (04152) 8 32 04

Waldhaus Reinbek
Loddenallee 2 ⊠ 21465 – ℰ (040) 72 75 20 – waldhaus@waldhaus.de
– Fax (040) 72752100
50 Zim – †119/126 € ††139 €, ⊇ 15 € – **Rest** – Menü 26 € (veg.)
– Karte 25/53 €

♦ Ruhig liegt das Hotel mit der interessanten Dachkonstruktion in einem kleinen Wald. Wohnlich und recht individuell hat man die Zimmer und Suiten gestaltet. Das Restaurant teilt sich in die mediterrane Orangerie sowie einige behagliche rustikale Stuben.

Sachsenwald-Hotel
Hamburger Str. 4 ⊠ 21465 – ℰ (040) 72 76 10 – sachsenwaldhotel@t-online.de
– Fax (040) 72761215
64 Zim ⊇ – †77 € ††108 € – **Rest** – *(geschl. Samstagmittag, Sonntag)*
Karte 23/29 €

♦ Ein vorwiegend als Geschäftshotel genutztes Haus mit funktionell ausgestatteten Zimmern mit kleinem Balkon. Gute Konferenzmöglichkeiten in der angrenzenden Stadthalle. Restaurant mit Pub.

REINFELD – Schleswig-Holstein – 541 – 8 340 Ew – Höhe 19 m 10 J4

▶ Berlin 291 – Kiel 66 – Lübeck 18 – Hamburg 57

Stadt Reinfeld garni
Bischofsteicher Weg 1 ⊠ 23858 – ℰ (04533) 20 32 03 – info@
hotel-stadt-reinfeld.de – Fax (04533) 203251 – geschl. 22. - 31. Dez.
15 Zim ⊇ – †54 € ††74 €

♦ Ein hübsches Eckhaus mit Türmchen verspricht schon von außen eine nette Unterbringung. In den Zimmern bietet man eine zeitgemäße Hotelmöblierung.

Gästehaus Freyer garni
Bolande 41a ⊠ 23858 – ℰ (04533) 7 00 10 – Fax (04533) 700122
11 Zim ⊇ – †40/42 € ††55/58 €

♦ Diese familiengeführte kleine Pension am Ortsrand bietet Ihnen sehr gut unterhaltene Zimmer mit modernen Bädern und Balkon/Terrasse ins Grüne. Gepflegte Außenanlage.

REINSTORF – Niedersachsen – siehe Lüneburg

REIT IM WINKL – Bayern – 546 – 2 610 Ew – Höhe 696 m – Wintersport: 1 869 m ⛷ 1
⛷ 11 ⛷ – Luftkurort 67 N21

▶ Berlin 696 – München 111 – Bad Reichenhall 50 – Rosenheim 52
🛈 Dorfstr. 38, ⊠ 83242, ℰ (08640) 8 00 27, info@reitimwinkl.de
▥ Reit im Winkl-Kössen, ℰ (08640) 79 82 50
◉ Oberbayrische Häuser ★

REIT IM WINKL

Unterwirt
Kirchplatz 2, 83242 – ℰ (08640) 80 10 – unterwirt@unterwirt.de
– Fax (08640) 801150
73 Zim – †57/119 € ††114/252 € – ½ P 19 € – **Rest** – Karte 16/48 €
♦ Der gewachsene Gasthof mit der bemalten Fassade verfügt über wohnliche Zimmer, meist mit hellem Weichholzmobiliar ausgestattet. Wellness-Park und schöner Garten. Großer rustikal gestalteter Restaurantbereich.

Steinbacher Hof
Steinbachweg 10 (Blindau), 83242 – ℰ (08640) 80 70 – info@steinbacherhof.de
– Fax (08640) 807100
57 Zim – †45/88 € ††72/176 € – **Rest** – Menü 32 € – Karte 20/41 €
♦ Bemerkenswert ist die einsame Lage dieses gepflegten Hauses. Fragen Sie nach einem der wohnlich im Landhausstil ausgestatteten Gästezimmer. Das Restaurant und die gemütlichen Stuben strahlen bodenständige Behaglichkeit aus.

Gästehaus am Hauchen garni
Am Hauchen 5, 83242 – ℰ (08640) 87 74 – Fax (08640) 410
– geschl. Nov. - 15. Dez.
26 Zim – †33/47 € ††61/89 €
♦ Ruhig am Dorfende gelegenes, aus zwei regionstypischen Häusern bestehendes Hotel mit praktischen, rustikalen Zimmern und herrlichem Alpenpanorama.

Klauser's Restaurant
Birnbacher Str. 8, 83242 – ℰ (08640) 84 24 – klauser.restaurant@t-online.de
– Fax (08640) 8464 – geschl. 1. Nov. - 18. Dez., 6. April - 9. Mai und Montag
Rest – (nur Abendessen) Menü 65/76 € – Karte 31/58 €
♦ Am Dorfrand gelegenes Restaurant mit gemütlicher, alpenländischer Atmosphäre und einer schönen Terrasse. Serviert wird regionale und internationale Küche.

Zirbelstube
Am Hauchen 10, 83242 – ℰ (08640) 79 79 60 – zirbelstube@t-online.de
– Fax (08640) 797969 – geschl. April, Nov. und Mai - Okt. Mittwoch
Rest – Karte 14/31 €
♦ Der Name sagt eigentlich schon alles: Mit viel Holz sind die Gaststuben gestaltet, die mit rustikal-gemütlichem Flair gefallen. Aufgetischt wird vorwiegend regionale Kost.

RELLINGEN – Schleswig-Holstein – **541** – 13 700 Ew – Höhe 9 m   10 **I5**
▶ Berlin 304 – Kiel 92 – Hamburg 22 – Bremen 124

In Rellingen-Krupunder Süd-Ost : 5 km über A 23 Richtung Hamburg, Abfahrt Halstenbek-Krupunder :

Fuchsbau
Altonaer Str. 357 (siehe Stadtplan Hamburg), 25462 – ℰ (04101) 3 82 50
– mail@hotel-fuchsbau.de – Fax (04101) 33952   R **b**
40 Zim – †70/80 € ††90/100 € – **Rest** – (geschl. Sonn- und Feiertage, nur Abendessen) Karte 25/36 €
♦ Die gute Verkehrsanbindung, solide und wohnlich eingerichtete Gästezimmer sowie sehr freundliche Mitarbeiter sprechen für dieses Haus. Klassisch gestaltetes Restaurant mit schöner Gartenterrasse.

REMAGEN – Rheinland-Pfalz – **543** – 16 250 Ew – Höhe 60 m   36 **C13**
▶ Berlin 610 – Mainz 142 – Bonn 19 – Koblenz 38
🛈 Bachstr. 5, 53424, ℰ (02642) 2 01 87, stadt.remagen@t-online.de

In Remagen-Rolandseck Nord : 6 km :

Düsseldorfer Hof - Hotel Benecke   Biergarten
Bonner Str. 59, (B 9), 53424 – ℰ (02228) 81 48 – benecke.dbh@t-online.de
– Fax (02228) 8156 – geschl. 26. Dez. - 15. Jan.
14 Zim – †47/55 € ††72/90 € – **Rest** – (geschl. Freitag - Samstagmittag) Karte 14/28 €
♦ Das von den Eigentümern selbst geführte kleine Hotel in verkehrsgünstiger Lage verfügt über funktionelle Gästezimmer in sachlichem Stil. Helles, freundliches Restaurant mit großer Glasfront.

REMAGEN

In Remagen-Rolandswerth Nord : 14 km, auf dem Rodderberg, Anfahrt über Bonn-Mehlem Richtung Wachtberg, Zufahrt für PKW Samstag, Sonntag sowie Feiertage bis 18 Uhr gesperrt :

XXX **Rolandsbogen** Drachenfels, Rheintal und Siebengebirge,
53424 Remagen – ℘ (02228) 3 72 – info@rolandsbogen.de – Fax (02228) 8423 – geschl. Montag - Dienstag
Rest – Menü 38/47 € – Karte 40/51 €
♦ Hübsches Dekor und antike Schränke zieren das nach den Resten einer Burgruine benannte Restaurant in exponierter Lage. Toll ist die Aussicht von hier oben. Standesamt im Haus.

REMCHINGEN – Baden-Württemberg – 545 – 11 600 Ew – Höhe 160 m   54 F18

▶ Berlin 673 – Stuttgart 54 – Karlsruhe 21 – Pforzheim 14

In Remchingen-Wilferdingen

Zum Hirsch
Hauptstr. 23 75196 – ℘ (07232) 7 96 36 – kontakt@hirsch-remchingen.de – Fax (07232) 79638 – geschl. 1. - 16. Jan.
17 Zim – †58/62 € ††88/95 € – **Rest** – (geschl. Sonntag) Menü 26 € – Karte 28/44 €
♦ Das kleine Hotel ist ein erweiterter gepflegter Gasthof mit solide möblierten Zimmern. Zum Haus gehört auch ein Garten mit Terrasse. Im Restaurant bietet man gute regionale Küche. Hübscher Gewölbekeller.

REMSCHEID – Nordrhein-Westfalen – 543 – 117 720 Ew – Höhe 365 m   36 C12

▶ Berlin 535 – Düsseldorf 40 – Köln 43 – Lüdenscheid 35
ADAC Bismarckstr. 12

Stadtplan siehe gegenüberliegende Seite

Mercure
Jägerwald 4 (Industriegebiet Jägerwald, Nähe BAB-Ausfahrt Remscheid, über B 229 : 3 km) 42897 – ℘ (02191) 6 07 10 – h5421@accor.com – Fax (02191) 6071100
116 Zim – †73/117 € ††88/132 €, 14 € – **Rest** – Karte 19/39 €
♦ Die neuzeitliche und funktionale Ausstattung sowie die Lage nahe der Autobahn machen dieses Hotel vor allem für Geschäftsleute attraktiv. Restaurant Olive Tree im Bistrostil.

XXX **Concordia - Heldmann's Restaurant**
Brüderstr. 56 42853 – ℘ (02191) 29 19 41 – restaurant-concordia@t-online.de – Fax (02191) 21915 – geschl. 2. - 5. Jan., Juli - Aug. 4 Wochen und Samstagmittag, Sonntag - Montag, Feiertage   a
Rest – Menü 42/85 € – Karte 54/68 €
Rest *Fifty Six* – (geschl. Samstagmittag, Sonntag - Montag, Feiertage) Karte 26/37 €
Spez. Kross gebratener Zander mit Salat von Artischocke, Kirschtomaten und Curry. Lammrücken mit Auberginenroulade und Ziegenkäse. Palatschinken mit Macadamia Nüssen und Tonkabohnen-Eis.
♦ Das mit Stilmöbeln, Stuck und Kristalllüstern klassisch gestaltete Restaurant befindet sich in einer hübschen denkmalgeschützten Villa a. d. J. 1889. Internationale Karte. Modern ist das Ambiente im Bistro Fifty Six.

In Remscheid-Lüttringhausen Nord-Ost 6 km über Haddenbacher Straße :

Fischer (mit Gästehaus)
Lüttringhauser Str. 131 (B 51) 42899 – ℘ (02191) 9 56 30 – info@hotel-fischer-remscheid.de – Fax (02191) 956399
48 Zim – †58/95 € ††80/125 € – **Rest** – Karte 19/34 €
♦ Auf einem begrünten Grundstück liegt das aus zwei Häusern bestehende Hotel. Großzügiger und komfortabler sind die Zimmer im Gästehaus. In bürgerlichem Stil gehaltenes Restaurant.

REMSCHEID

Alleestr. 2
Alte Bismarckstr. 3
Bismarckstr. 4
Friedrich-Ebert-Pl. 6
Haddenbacher Str. 7
Konrad-Adenauer-Str. . . 8
Ludwigstr. 10
Neuenkamper Str. 12
Papenberger Str. 13
Weststr. 16

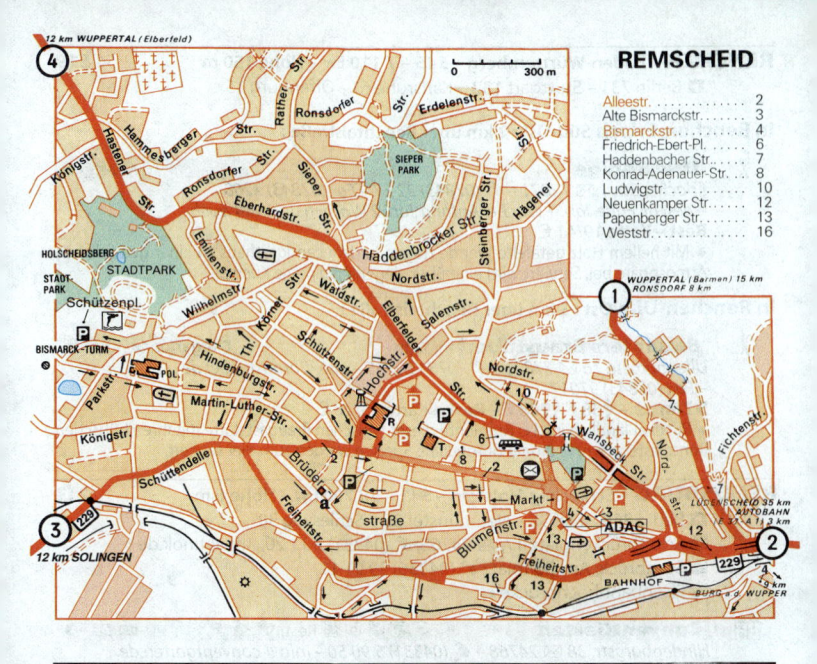

REMSECK AM NECKAR – Baden-Württemberg – **545** – 22 170 Ew – Höhe 212 m
▶ Berlin 625 – Stuttgart 17 – Heilbronn 44 – Nürnberg 198   **55 G18**

In Remseck-Aldingen

Schiff
Neckarstr. 1 ✉ *71686 –* ✆ *(07146) 9 05 40 – info@restaurant-schiff.de*
– Fax (07146) 91616 – geschl. Mittwochmittag, Donnerstag
Rest – Karte 19/44 €
♦ In dem netten ländlichen Gasthof unter Leitung der Familie erwartet Sie eine holzvertäfelte Stube mit kleinen Nischen. Vor der Neckarverlegung lag das Haus direkt am Fluss.

REMSHALDEN – Baden-Württemberg – **545** – 13 480 Ew – Höhe 255 m   **55 H18**
▶ Berlin 615 – Stuttgart 23 – Schwäbisch Gmünd 34 – Schwäbisch Hall 58

In Remshalden-Grunbach

Weinstube zur Traube
Schillerstr. 27 ✉ *73630 –* ✆ *(07151) 7 99 01 – info@traube-grunbach.de*
– Fax (07151) 79991 – geschl. 30. Jan. - 10. Feb., 6. - 31. Aug. und Montag - Dienstag
Rest – Menü 65 € – Karte 19/33 €
♦ In den ländlich-rustikalen Stuben dieses Familienbetriebs serviert man schmackhafte regionale Küche. Auf Vorbestellung bietet man auch ein Gourmetmenü.

In Remshalden-Hebsack

Lamm
Winterbacher Str. 1 ✉ *73630 –* ✆ *(07181) 4 50 61 – info@lamm-hebsack.de*
– Fax (07181) 45410
23 Zim – †72/82 € ††92 € – **Rest** – *(geschl. 1. - 7. Jan. und Sonntagabend)*
Menü 29/52 € – Karte 27/50 €
♦ Von 1792 stammt der bereits in der 4. Generation familiengeführte Gasthof mit Anbau. Es erwarten Sie eine nette Atmosphäre und gepflegte, unterschiedlich geschnittene Zimmer. In rustikale Stuben unterteiltes Restaurant.

1093

RENCHEN – Baden-Württemberg – *545* – 7 110 Ew – Höhe 150 m 54 **E19**
▶ Berlin 731 – Stuttgart 132 – Karlsruhe 61 – Offenburg 15

In Renchen-Erlach Süd-Ost : 2 km über Renchtalstraße :

✕ **Drei Könige**
Erlacher Str. 1 ⌧ 77871 – ℰ (07843) 22 87 – Fax (07843) 2268
– geschl. Ende Jan. 1 Woche, Anfang Juni 2 Wochen und Mittwoch
Rest – Karte 19/41 €
♦ Mit hellem Holz getäfelte Wände tragen in dem Landgasthaus zu einer gemütlichen Atmosphäre bei. Serviert wird überwiegend regionale Küche.

In Renchen-Ulm Ost : 3 km über Renchtalstraße :

✕ **Bauhöfers Braustüberl** mit Zim   Biergarten Zim,
Ullenburgstr. 16 ⌧ 77871 – ℰ (07843) 6 95 – info@braustuebel.de
– Fax (07843) 97017
5 Zim – †38 € ††68 € – **Rest** – Karte 15/28 €
♦ Rustikal-ländlich ist das Ambiente dieser typischen Braugaststätte mit ihren hübschen Buntglasfenstern. Regional-bürgerliche Speisen werden zum Bier serviert.

RENDSBURG – Schleswig-Holstein – *541* – 28 700 Ew – Höhe 6 m 2 **I3**
▶ Berlin 368 – Kiel 36 – Neumünster 38 – Schleswig 30
🛈 Schiffbrückenplatz 17, ⌧ 24768, ℰ (04331) 2 11 20, info@tinok.de
⛳ Sorgbrück, Am Golfplatz ℰ (04336) 99 91 11
◉ Eisenbahnhochbrücke ★

🏠 **ConventGarten**
Hindenburgstr. 38 ⌧ 24768 – ℰ (04331) 5 90 50 – info@conventgarten.de
– Fax (04331) 590565
48 Zim – †68/78 € ††106/126 € – **Rest** – Karte 24/44 €   A s
♦ Ein großzügiger Rahmen und wohnliche Zimmer mit neuzeitlich-funktioneller Technik erwarten Sie in diesem auch für Tagungen geeigneten Hotel am Nord-Ostsee-Kanal.

In Büdelsdorf Nord-Ost : 4 km über B 203 Richtung Eckernförde :

🏠 **Heidehof** garni
Hollerstr. 130 (B 203) ⌧ 24782 – ℰ (04331) 34 30 – heidehof-hotel@t-online.de
– Fax (04331) 343444
108 Zim – †81/91 € ††114 €
♦ Mit seiner verkehrsgünstigen Lage nahe der Autobahn und der neuzeitlichen, funktionellen Einrichtung ist dieses komfortable Hotel besonders auf Geschäftsreisende ausgelegt.

Am Bistensee Nord-Ost : 12 km über B 203 in Richtung Eckernförde, in Holzbunge Richtung Alt-Duvenstedt :

🏠 **Seehotel Töpferhaus** (mit Gästehaus)   Bistensee,
✿ Am See ⌧ 24791 Alt-Duvenstedt – ℰ (04338)
9 97 10 – info@toepferhaus.com – Fax (04338) 997171
46 Zim – †90/135 € ††140/195 € – ½ P 31 €
Rest – (geschl. Feb. und Sonntag - Montag, nur Abendessen) Menü 73/103 €
Rest *Pesel* – Menü 36 € – Karte 28/42 €
Spez. Hummer mit Artischocken und gehobelter Gänseleber. Mit Pinienkruste gratinierter Lammrücken und milder Essigjus. Variation vom Rhabarber und Schokolade (Saison).
♦ Die wunderschöne Lage am Bistensee und wohnliche Gästezimmer machen dieses Hotel aus. Einige der Zimmer liegen zur Seeseite und verfügen über Balkon oder Terrasse. Im Gourmetrestaurant: eleganter Landhausstil und klassische Küche. Regionale Speisen im Pesel.

RENGSDORF – Rheinland-Pfalz – *543* – 2 660 Ew – Höhe 240 m – Heilklimatischer Kurort 36 **D13**
▶ Berlin 607 – Mainz 118 – Koblenz 25 – Bonn 57
🛈 Westerwaldstr. 32a (Post), ⌧ 56579, ℰ (02634) 23 41,

RENGSDORF

🏠 **Obere Mühle** 🛌 🐕 🛀 📶 🦯 ॐ Zim, 🅿
(Nord : 1 km : an der Straße nach Hardert) ✉ 56579 – ✆ (02634) 22 29 – info@obere-muehle-rengsdorf.de – Fax (02634) 7577
15 Zim ⌒ – †42/52 € ††84/104 € – ½ P 15 € – **Rest** – *(geschl. Dienstag)* Karte 20/39 €
♦ Die 1648 erstmals erwähnte ehemalige Kornmühle ist ein ländlich-schlichtes kleines Hotel in einem hübschen Rhododendronpark. Die meisten Zimmer bieten eine schöne Aussicht. Behaglich-rustikales Restaurant.

In Hardert Nord-Ost : 3 km über Friedrich-Ebert-Straße – Luftkurort :

✗ **Zur Post** mit Zim 🛌 🛀 🅿
😊 *Mittelstr. 13* ✉ 56579 – ✆ (02634) 27 27 – Fax (02634) 2729
– *geschl. Ende Juli - Mitte Aug. 2 Wochen*
8 Zim ⌒ – †30 € ††60 € – **Rest** – *(geschl. Mittwoch)* Menü 30/60 €
– Karte 18/49 €
♦ Hier bietet Sergio Corona teils regional, teils mediterran beeinflusste Küche - freundliche Farben und viel Holz in altdeutschem Stil bestimmen das Ambiente. Schöner Garten.

RENNEROD – Rheinland-Pfalz – 543 – 3 910 Ew – Höhe 540 m   37 **E13**
▶ Berlin 551 – Mainz 87 – Siegen 87 – Limburg an der Lahn 28

✗ **Röttger** mit Zim ⇔ 🅿 VISA ⦿
😊 *Hauptstr. 50, (B 54)* ✉ 56477 – ✆ (02664) 9 93 60 – info@hotel-roettger.de
– *Fax (02664) 90453 – geschl. Jan. 2 Wochen*
12 Zim ⌒ – †40/51 € ††67/82 €
Rest – *(geschl. Sonntagabend - Montag)* Menü 24 € *(mittags)* – Karte 24/47 €
Rest *Gourmetstübchen* – *(geschl. Sonntagabend - Montag)* Menü 42/63 €
– Karte 26/56 €
Rest *Die Scheune* – *(geschl. Jan. - Ostern und Montag, Okt. - Dez. Sonntagabend)*
Karte 13/19 €
♦ In dem familiengeführten Restaurant erwarten Sie ländliches Ambiente und ein überwiegend international ausgerichtetes Speiseangebot. Zeitlos-elegant: das Gourmetstübchen. Die Scheune mit gemütlicher Atmosphäre.

RENNINGEN – Baden-Württemberg – siehe Leonberg

REURIETH – Thüringen – 544 – 990 Ew – Höhe 350 m   40 **J14**
▶ Berlin 381 – Erfurt 89 – Coburg 39

In Reurieth-Trostadt Nord-West : 1 km :

🏠 **Landhotel Klostermühle** ॐ 🛀 ♨ 🅿
Dorfstr. 2 ✉ 98646 – ✆ (036873) 2 46 90 – info@landhotel-klostermuehle.de
– *Fax (036873) 246999*
18 Zim ⌒ – †37/45 € ††44/61 € – **Rest** – *(geschl. Mitte Jan. - Ende Feb. und Montag, Donnerstag)* Karte 14/20 €
♦ Aus einer alten Getreidemühle ist dieses kleine Hotel entstanden. Ein schönes Anwesen in idyllischer Lage mit nettem Innenhof und gemütlich eingerichteten Gästezimmern. Hübsch dekorierte Restaurantstuben.

REUTLINGEN – Baden-Württemberg – 545 – 112 350 Ew – Höhe 382 m   55 **G19**
▶ Berlin 676 – Stuttgart 39 – Pforzheim 77 – Ulm (Donau) 75
ADAC Lederstr. 102
🛈 Listplatz 1, ✉ 72764, ✆ (07121) 26 22, tourist@t-online.de
Stadtplan siehe nächste Seite

🏨 **Württemberger Hof** garni 🛗 📞 🅿 VISA ⦿ AE ⓪
Bahnhofstr. 12 ✉ 72764 – ✆ (07121) 9 47 99 50 – info@
hotel-wuerttemberger-hof.de – Fax (07121) 94799559   AY **r**
50 Zim ⌒ – †65/85 € ††85/120 €
♦ Das Stadthaus nahe dem Bahnhof ist vor allem auf Geschäftsreisende ausgelegt und verfügt über zeitgemäße und funktionell eingerichtete Zimmer.

1095

REUTLINGEN

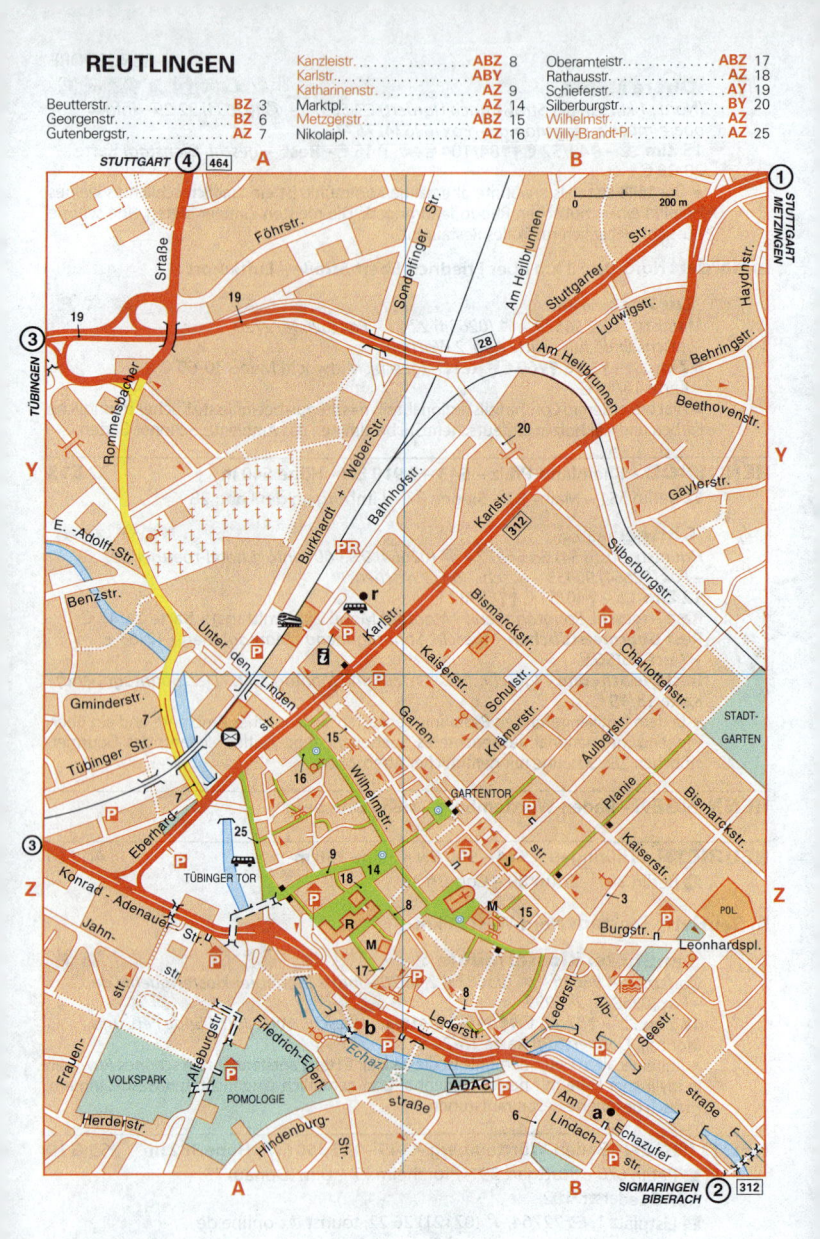

Beutterstr. .... **BZ** 3	Kanzleistr. .... **ABZ** 8	Oberamteistr. .... **ABZ** 17
Georgenstr. .... **BZ** 6	Karlstr. .... **ABY**	Rathausstr. .... **AZ** 18
Gutenbergstr. .... **AZ** 7	Katharinenstr. .... **AZ** 9	Schieferstr. .... **AY** 19
	Marktpl. .... **AZ** 14	Silberburgstr. .... **BY** 20
	Metzgerstr. .... **ABZ** 15	Wilhelmstr. .... **AZ**
	Nikolaipl. .... **AZ** 16	Willy-Brandt-Pl. .... **AZ** 25

Wir bemühen uns bei unseren Preisangaben um grösstmögliche Genauigkeit. Aber alles ändert sich! Lassen Sie sich daher bei Ihrer Reservierung den derzeit gültigen Preis mitteilen.

1096

REUTLINGEN

City Hotel Fortuna
Am Echazufer 22 ⊠ 72764 – ℰ (07121) 92 40 – reservation@
city-hotel-reutlingen.de – Fax (07121) 924444
BZ **a**
159 Zim ⊆ – †76/102 € ††92/118 € – 4 Suiten – **Rest** – (geschl. Sonntag)
Karte 23/32 €
♦ Funktionell ausgestattete Gästezimmer und gute Tagungsmöglichkeiten bietet das zentrumsnah gelegene Hotel. Besonders ruhig übernachtet man in den Zimmern zum Innenhof.

Alte Mühle
Frankonenweg 8 ⊠ 72764 – ℰ (07121) 30 02 74 – info@
alte-muehle-reutlingen.de – Fax (07121) 371813 – geschl. Sonntag
AZ **b**
Rest – Menü 41/48 € – Karte 26/42 €
♦ Die a. d. 15. Jh. stammende Mühle an einem kleinen Bach beherbergt ein hübsches gediegenes Restaurant auf 2 Ebenen. Vorwiegend internationale Küche - preiswerte Mittagskarte.

RHEDA-WIEDENBRÜCK – Nordrhein-Westfalen – **543** – 45 860 Ew – Höhe 72 m
27 **F10**

▶ Berlin 418 – Düsseldorf 151 – Bielefeld 37 – Münster (Westfalen) 54

Im Stadtteil Rheda

Reuter
Bleichstr. 3 ⊠ 33378 – ℰ (05242) 9 45 20 – info@hotelreuter.de
– Fax (05242) 945244
35 Zim ⊆ – †56/86 € ††78/129 € – **Rest** – (geschl. Freitag - Samstagmittag)
Menü 24/50 € – Karte 33/50 €
♦ In der Innenstadt liegt das Klinkerhaus mit dem modernen Anbau. Man verfügt über neuzeitlich eingerichtete Zimmer sowie einige Appartements mit Küchenzeile. Restaurant im Art-déco-Stil mit Wintergarten. Ambitionierte internationale und regionale Küche.

Hotel am Doktorplatz
Berliner Str. 19 ⊠ 33378 – ℰ (05242) 9 42 50 – info@hotel-am-doktorplatz.de
– Fax (05242) 942579
18 Zim ⊆ – †75/79 € ††95/99 € – **Rest** – (Montag - Samstag nur Abendessen)
Menü 22 € – Karte 19/35 €
♦ Bei der Fußgängerzone gelegenes restauriertes Klinker-Fachwerkhaus von 1732, das zeitgemäße, mit angenehmen Farben freundlich gestaltete Gästezimmer bietet. Elegantes Restaurant mit ländlichem Thekenbereich und Gewölbekeller.

Im Stadtteil Wiedenbrück

Ratskeller
Markt 11 (Eingang auch Lange Straße) ⊠ 33378 – ℰ (05242) 92 11 00 – info@
ratskeller-wiedenbrueck.de – Fax (05242) 921100 – geschl. 2. - 6. Jan.
33 Zim ⊆ – †79/110 € ††110/160 € – **Rest** – Menü 36 € (veg.)/64 €
– Karte 31/44 €
♦ Eines der schönsten Fachwerkhäuser im Ort verfügt über hübsche Gästezimmer, die, bedingt durch die mittelalterliche Architektur, recht unterschiedlich geschnitten sind. Historische rustikale Galerie mit uralten Eichenbalken.

RHEDE – Nordrhein-Westfalen – **543** – 18 960 Ew – Höhe 30 m
25 **B10**

▶ Berlin 553 – Düsseldorf 82 – Bocholt 8 – Enschede 54
ℹ Rathausplatz 9, ⊠ 46414, ℰ (02872) 93 01 00, tourist@rhede.de

In Rhede-Krechting Süd : 2,5 km :

Zur alten Post (mit Gästehaus)
Krommerter Str. 6 ⊠ 46414 – ℰ (02872) 9 27 30 – info@hotel-elbers.de
– Fax (02872) 7562
18 Zim – †53 € ††84 € – **Rest** – (nur Abendessen) Karte 16/34 €
♦ Seit 1921 befindet sich das sehr gepflegte kleine Hotel im Familienbesitz. Es erwarten Sie wohnliche, zeitgemäße Zimmer und ein heller Frühstücksraum.

1097

RHEINBACH – Nordrhein-Westfalen – **543** – 26 150 Ew – Höhe 175 m   36 **C13**

▶ Berlin 626 – Düsseldorf 87 – Köln 52 – Bonn 29

X **Raths am Bürgerhaus**
*Am Bürgerhaus 5 ⊠ 53359 – ℰ (02226) 90 06 88 – info@
raths-am-buergerhaus.de – Fax (02226) 900689 – geschl. Okt. 2 Wochen und
Montag*
Rest – Menü 19 € (mittags)/45 € – Karte 29/48 €

◆ Ein saniertes altes Fachwerkhäuschen beherbergt das bistroähnliche Restaurant - freigelegte Holzbalken unterstreichen die nette Atmosphäre. Man kocht bürgerlich bis klassisch.

RHEINE – Nordrhein-Westfalen – **543** – 76 290 Ew – Höhe 35 m   16 **D8**

▶ Berlin 470 – Düsseldorf 166 – Nordhorn 39 – Enschede 45
ADAC Tiefe Str. 32
🛈 Bahnhofstr. 14, ⊠ 48431, ℰ (05971) 5 40 55, verkehrsverein@
tourismus.rheine.de
Rheine - Gut Winterbrock, Wörstr. 201 ℰ (05975) 94 90

City Club Hotel garni
*Humboldtplatz 8 ⊠ 48429 – ℰ (05971) 8 08 00 – info@cch-rheine.de
– Fax (05971) 8080155*
58 Zim ⊂⊃ – †80/93 € ††110/121 €

◆ Dieses Hotel ist direkt mit der Stadthalle verbunden. Die Zimmer entsprechen mit solider, neuzeitlicher und funktioneller Machart den Anforderungen von heute.

Zum Alten Brunnen (mit Gästehäusern)
*Dreierwalder Str. 25 ⊠ 48429 – ℰ (05971) 96 17 15 – kontakt@
zumaltenbrunnen.de – Fax (05971) 9617166 – geschl. 23. Dez. - 2. Jan.*
17 Zim ⊂⊃ – †79/108 € ††95/138 € – 4 Suiten – **Rest** – *(nur Abendessen)*
Karte 24/44 €

◆ Private Atmosphäre und individuelle Zimmer machen dieses kleine Gasthaus in ruhiger Lage aus. Das charmante Anwesen besteht aus mehreren um einen Brunnen angelegten Häusern. Gemütlich ist das nett dekorierte Restaurant mit Kamin und schöner Gartenterrasse.

XX **Beesten**
*Eichenstr. 3 ⊠ 48431 – ℰ (05971) 32 53 – info@restaurant-beesten.de
– Fax (05971) 915389 – geschl. Juli 3 Wochen und Donnerstag*
Rest – Menü 29/49 € – Karte 27/45 €

◆ Freundlich führt Familie Beesten das in einem Wohngebiet gelegene Restaurant. In neuzeitlich-elegantem Ambiente serviert man eine sorgfältig zubereitete internationale Küche.

In Rheine-Elte Süd-Ost : 7,5 km über B 475 :

X **Zum Splenterkotten** mit Zim   Biergarten
*Ludgerusring 44 ⊠ 48432 – ℰ (05975) 2 85 – info@splenterkotten.de
– Fax (05975) 3947 – geschl. 13. - 17. Feb., 1. - 12. Okt.*
2 Zim ⊂⊃ – †48 € ††80 € – **Rest** – *(geschl. Montag - Dienstag)* Karte 20/31 €

◆ Unter dem schweren, alten Gebälk der Gasträume macht sich Gemütlichkeit breit. Das Münsterländer Bauernhaus von 1764 hat einen festen Platz in der Historie des Dorfes.

In Rheine-Mesum Süd-Ost : 7 km über B 481 :

XX **Altes Gasthaus Borcharding** mit Zim
*Alte Bahnhofstr. 13 ⊠ 48432 – ℰ (05975) 12 70 – altes-gasthaus-borcharding@
t-online.de – Fax (05975) 3507*
9 Zim ⊂⊃ – †45/67 € ††65/93 € – **Rest** – *(geschl. Sonntag, Donnerstag - Samstag
nur Abendessen)* Karte 20/43 €

◆ Um den verglasten Innenhof des westfälischen Gasthofs von 1712 herum gruppieren sich verschiedene teils rustikale, teils mit Stilmöbeln eingerichtete schöne Stuben.

RHEINE

In Spelle Nord-Ost : 12 km über B 70, jenseits der A 30 :

🏠 **Krone** 🈁 ♿ ⚙ Rest, 🅿 VISA ⓪ AE
Bernard-Krone-Str. 15 ✉ 48480 – ☎ (05977) 9 39 20 – info@krone-hotel-spelle.de
– Fax (05977) 939292
28 Zim ⌂ – †55 € ††75 € – **Rest** – (geschl. Mitte Juli - Mitte Aug. und Montag, Samstagmittag) Karte 16/29 €
♦ Auf drei Etagen verteilen sich die Gästezimmer dieses Hauses, bei deren Ausstattung viel Wert auf harmonische Farbgebung und zeitgemäße Funktionalität gelegt wurde. Das Ambiente im Restaurant ist rustikal, die Küche bürgerlich.

RHEINFELDEN – Baden-Württemberg – 545 – 32 400 Ew – Höhe 280 m 61 **D21**
▶ Berlin 838 – Stuttgart 284 – Freiburg im Breisgau 84 – Bad Säckingen 15

🏠 **Oberrhein** garni 🈁 📞 🛏 VISA ⓪
Werderstr. 13 ✉ 79618 – ☎ (07623) 7 21 10 – info@hotel-oberrhein.de
– Fax (07623) 721150
21 Zim ⌂ – †60/70 € ††85 €
♦ In einer ruhigen Seitenstraße liegt das familiengeführte Hotel mit seinen zeitgemäß eingerichteten "De Luxe"- und "Standard"-Zimmern.

🍴 **I Fratelli** 🈁 ⚙ 🅿 VISA ⓪
Rheinbrückstr. 8 ✉ 79618 – ☎ (07623) 3 02 54 – Fax (07623) 719523
– geschl. 4. - 11. Feb., 18. Aug. - 4. Sept. und Montag
Rest – Menü 65 € – Karte 34/60 €
♦ Die Brüder Lamano bieten hier eine frische italienische Küche aus guten Produkten. Ständig wechselnde Bilder zieren das Restaurant. Sehr schön: die Terrasse am Rhein.

In Rheinfelden-Eichsel Nord : 6 km über B 316, in Degerfelden rechts :

🏠 **Landgasthaus Maien** ♨ ≼Biergarten 🈁 📞 🛏 🅿
Maienplatz 2 ✉ 79618 – ☎ (07623) 7 21 50   🛏 VISA ⓪ AE ①
– info@gasthaus-maien.de – Fax (07623) 721530
21 Zim ⌂ – †53/68 € ††85/110 € – **Rest** – (geschl. 2. - 15. Feb. und Freitag)
Menü 11 € – Karte 16/31 €
♦ Der Hotelanbau schließt sich an das historische Stammhaus an. Hier befinden sich die Gästezimmer, die hübsch in Eiche oder Wurzelholz möbliert sind, teils mit Sitzgruppe. Restaurant in bürgerlichem Stil.

🍴 **Elke** ≼ 🈁 ⚙ 🅿 VISA ⓪
Saaleweg 8 ✉ 79618 – ☎ (07623) 44 37 – restaurant-elke@t-online.de
– Fax (07623) 40550 – geschl. Montag - Dienstag
Rest – Menü 25 € (veg.)/38 € – Karte 21/38 €
♦ Über die Höhen des Jura bis hin zu den Schweizer Alpen reicht der Blick von den Räumen und der Gartenterrasse dieses Lokals. Reservieren Sie einen Fenstertisch!

In Rheinfelden-Riedmatt Nord-Ost : 5 km über B 34 :

🏠 **Storchen** 🈁 📞 🅿 🛏 VISA ⓪
🍴 Brombachstr. 3 (B 34) ✉ 79618 – ☎ (07623) 7 51 10 – alexandras-storchenhotel@
t-online.de – Fax (07623) 5198 – geschl. 27. Dez. - 7. Jan.
22 Zim ⌂ – †57/70 € ††85/90 € – **Rest** – (geschl. Donnerstagmittag, Freitag - Samstagmittag) Karte 26/45 €
♦ Die individuell möblierten, gepflegten Gästezimmer dieses von der Familie geführten Hauses bieten ein wohnliches und freundliches Ambiente. Das Restaurant: teils gediegenrustikal, teils mit mediterranem Touch.

RHEINSBERG – Brandenburg – 542 – 9 200 Ew – Höhe 61 m – Erholungsort
▶ Berlin 88 – Potsdam 125 – Neubrandenburg 70 22 **O6**
ℹ Kavalierhaus des Schlosses, ✉ 16831, ☎ (033931) 20 59,
tourist-information@rheinsberg.de
◉ Schloss Rheinsberg ★

1099

RHEINSBERG

Schloss Hotel
Seestr. 13 ⊠ 16831 – ℰ (033931) 3 90 59 – info@schlosshotel-rheinsberg.de
– Fax (033931) 39063
29 Zim ⊇ – †75/85 € ††110/125 € – **Rest** – Karte 23/47 €

♦ Die ehemalige Umspannstation, zentral in Schloss- und Seenähe gelegen, beherbergt heute ein zeitgemäßes Hotel mit wohnlichen und funktionellen Zimmern. Gediegenes Bistro und klassisch-stilvolles Restaurant.

Der Seehof
Seestr. 18 ⊠ 16831 – ℰ (033931) 40 30 – info@seehof-rheinsberg.de
– Fax (033931) 40399
11 Zim ⊇ – †65/75 € ††100/110 € – ½ P 20 € – **Rest** – Menü 24/39 € – Karte 22/34 €

♦ Das Ackerbürgerhaus von 1750 wurde unter Erhaltung seines Charakters modernisiert. Das Interieur ist größtenteils im Landhausstil geschmackvoll gestylt worden. Verschiedene gastronomische Bereiche vom Bistro bis zum klassischen Restaurant.

> Rot = angenehm. Richten Sie sich nach den Symbolen ✗ und 🏠 in Rot.

RHODT UNTER RIETBURG – Rheinland-Pfalz – siehe Edenkoben

RIEDEN (KREIS AMBERG-SULZBACH) – Bayern – **546** – 2 990 Ew – Höhe 365 m   **51 M17**

▶ Berlin 448 – München 165 – Regensburg 47 – Nürnberg 74

In Rieden-Kreuth Süd-West : 2 km :

Gut Matheshof
Kreuth 2 ⊠ 92286 – ℰ (09624) 91 90 – info@gut-matheshof.de
– Fax (09624) 9192828
128 Zim ⊇ – †70 € ††98 €
Rest – (geschl. Sonntagabend) Karte 21/33 €
Rest *Gutsgasthof* – (geschl. Montag) Karte 14/26 €

♦ Die ruhig im Wald gelegene Hotelanlage mit zeitgemäßen Zimmern und Ferienwohnungen befindet sich in Nachbarschaft zu einem großzügigen Reitsportzentrum. Zur Waldseite hin liegt das ländliche Restaurant. Ca. 500 m vom Hotel: der Gutsgasthof.

RIEGEL – Baden-Württemberg – **545** – 3 520 Ew – Höhe 181 m   **61 D20**

▶ Berlin 796 – Stuttgart 187 – Freiburg im Breisgau 27 – Offenburg 45

Riegeler Hof (mit Gästehäusern)
Hauptstr. 69 ⊠ 79359 – ℰ (07642) 68 50 – hotelriegelerhof@aol.com
– Fax (07642) 68568
56 Zim ⊇ – †55/65 € ††80/110 € – ½ P 15 € – **Rest** – (geschl. Nov. - März Sonntagabend) Karte 25/38 €

♦ Vor allem die Zimmer im Hauptshaus dieses am Ortsrand gelegenen Hotels sind neuzeitlich und wohnlich gestaltet. Die Gästehäuser sind etwas einfacher und rustikal eingerichtet. Ganz mit hellem Holz im alpenländischen Stil verkleidete Restaurantstuben.

In Malterdingen Ost : 2 km, jenseits der A 5 :

Landhaus Keller
Gartenstr. 21 ⊠ 79364 – ℰ (07644) 9 27 70 – info@landhaus-keller.com
– Fax (07644) 9277242 – geschl. Aug. 2 Wochen
16 Zim ⊇ – †69/82 € ††98/130 € – **Rest** – (geschl. Samstagmittag, Sonntag) Menü 27/32 € – Karte 30/49 €

♦ Individuell und sehr geschmackvoll hat man die recht großzügigen Gästezimmer dieses ruhig in einem Wohngebiet gelegenen kleinen Hotels ausgestattet. Freundlich und elegant gestaltetes Restaurant.

RIELASINGEN-WORBLINGEN – Baden-Württemberg – siehe Singen

RIENECK – Bayern – 546 – 2 130 Ew – Höhe 182 m – Erholungsort   48 H15
▶ Berlin 512 – München 325 – Würzburg 47 – Fulda 72

Gut Dürnhof
Burgsinner Str. 3 (Nord : 1 km) ⌂ 97794 – ℘ (09354) 10 01 – info@gut-duernhof.de – Fax (09354) 1512
26 Zim ⌂ – †57/77 € ††93/127 € – ½ P 23 € – **Rest** – (Montag - Donnerstag nur Abendessen) Karte 19/36 €

◆ Die schöne Lage am See und die angegliederte Landwirtschaft machen den Reiz des Hauses aus. Die Zimmer sind teils einfach, teils komfortabel. Reitstall und Gastpferdeboxen. Nette Gartenterrasse mit Seeblick.

RIESA AN DER ELBE – Sachsen – 544 – 37 570 Ew – Höhe 106 m   33 P11
▶ Berlin 192 – Dresden 65 – Leipzig 62 – Meißen 27

Wettiner Hof
Hohe Str. 4 ⌂ 01587 – ℘ (03525) 71 80 – info@wettiner-hof.com – Fax (03525) 718222
44 Zim ⌂ – †69 € ††89 € – **Rest** – Karte 17/32 €

◆ Das Hotel bietet zeitgemäß eingerichtete Gästezimmer, teils mit Balkon - auf der Rückseite des Hauses recht ruhig gelegen. Schön: die geräumige Suite unterm Dach. Neuzeitlich gestaltetes Restaurant mit hübschen Bogenfenstern.

Sachsenhof
Hauptstr. 65 ⌂ 01587 – ℘ (03525) 73 36 29 – Fax (03525) 730167
14 Zim ⌂ – †39 € ††50 € – **Rest** – (geschl. Sonntagabend, Okt. - Mai Sonntagabend, Montagabend) Karte 12/22 €

◆ Die zentrale Lage in der Fußgängerzone sowie solide möblierte und sehr gepflegte Gästezimmer sprechen für dieses kleine Hotel. Alte niederländische Stilelemente wie Utrechter Fayencefliesen prägen die Gasträume.

In Zeithain-Moritz Nord-Ost : 3,5 km über B 169 :

Moritz an der Elbe
Dorfstr. 2 ⌂ 01619 – ℘ (03525) 5 12 30 – hotel-moritz@t-online.de – Fax (03525) 5123123
40 Zim ⌂ – †60/70 € ††86/90 € – **Rest** – (nur Abendessen) Karte 16/25 €

◆ Der ehemalige Bauernhof direkt an der Elbe hat sich zur gepflegten Hotelanlage mit Landhauscharakter gemausert. Zeitgemäß, mit solider Technik sind die Zimmer gestaltet. Zeitlos-elegantes Restaurant mit bürgerlicher Speisenauswahl. Innenhof- und Elbterrasse.

RIESSERSEE – Bayern – siehe Garmisch-Partenkirchen

RIETBERG – Nordrhein-Westfalen – 543 – 28 510 Ew – Höhe 78 m   27 F10
▶ Berlin 423 – Düsseldorf 160 – Bielefeld 44 – Münster (Westfalen) 63

In Rietberg-Mastholte Süd-West : 7 km über Mastholter Straße :

Domschenke
Lippstädter Str. 1 ⌂ 33397 – ℘ (02944) 3 18 – domschenke-sittinger@t-online.de – Fax (02944) 6931 – geschl. 1. - 8. Jan., Mitte - Ende März und Dienstag, Samstagmittag
Rest – (abends Tischbestellung ratsam) Menü 52 € – Karte 18/53 €

◆ Das familiengeführte Restaurant gegenüber der Kirche ist freundlich eingerichtet und verfügt über einen netten Wintergarten. Eine schlichte Alternative ist die Bierstube.

RIETHNORDHAUSEN – Thüringen – 544 – 1 130 Ew – Höhe 160 m   40 K12
▶ Berlin 275 – Erfurt 16 – Gotha 37 – Nordhausen 58

Landvogt   Biergarten
Erfurter Str. 29 ⌂ 99195 – ℘ (036204) 58 80 – hotel.landvogt@t-online.de – Fax (036204) 52513
16 Zim ⌂ – †54 € ††72 € – **Rest** – (nur Abendessen) Menü 22/25 € – Karte 18/29 €

◆ Idyllisch liegt das Fachwerkhaus mit modernen Anbauten an einer Kastanienallee. In zeitgemäßen und gut gepflegten Zimmern finden Sie ein nettes Zuhause für unterwegs. Der Chef persönlich führt in der Küche Regie.

1101

RIMBACH (KREIS CHAM) – Bayern – 546 – 2 050 Ew – Höhe 488 m – Wintersport: 1 050 m ⛷3 ⛸ – Erholungsort 59 **O17**

🛣 Berlin 505 – München 202 – Passau 102 – Cham 20
ℹ Hohenbogenstr. 10, ✉ 93485, ✆ (09941) 89 31, tourist@gemeinde-rimbach.de

Bayerischer Hof
Dorfstr. 32 ✉ 93485 – ✆ (09941) 23 14 – info@bayrischerhof-rimbach.de – Fax (09941) 2315
100 Zim (inkl. ½ P.) – †69/168 € ††118/200 € – 4 Suiten – **Rest** – Karte 21/52 €
◆ Das in einem modernen alpenländischen Stil erbaute Hotel mit eigener Bäckerei und Metzgerei bietet freundliche, wohnliche Zimmer. Ungewöhnlich: das Schwimmbad mit Wasserfall. Restaurant mit heller Holztäfelung.

RIMSTING – Bayern – 546 – 3 430 Ew – Höhe 564 m – Luftkurort 66 **N21**

🛣 Berlin 653 – München 87 – Bad Reichenhall 61 – Wasserburg am Inn 24
ℹ Schulstr. 4 (Rathaus), ✉ 83253, ✆ (08051) 68 76 21, verkehrsamt@rimsting.de
◉ Chiemsee ★

Landhotel beim Has'n
Biergarten
Endorfer Str. 1 ✉ 83253 – ✆ (08051) 60 95 90 – info@landhotelbeimhasn.de – Fax (08051) 609595
22 Zim ⌂ – †47/57 € ††74/88 € – ½ P 15 € – **Rest** – *(geschl. Mittwoch)* Karte 16/23 €
◆ Das von der Inhaberfamilie geführte Hotel gefällt mit seinen neuzeitlich eingerichteten, in freundlichen Farben gehaltenen Gästezimmern. Schlicht-rustikales Wirtshaus mit regionalem Angebot.

In Rimsting-Greimharting Süd-West: 4 km in Richtung Prien – Höhe 668 m

Der Weingarten (mit Gästehaus)
⇐ Chiemsee und Alpen, Ratzingerhöhe
✉ 83253 – ✆ (08051) 17 75 – o.a.weingarten@t-online.de – Fax (08051) 63517 – geschl. 5. Nov. - 10. Dez., 15. Jan. - 1. März
25 Zim ⌂ – †35/50 € ††60/90 € – ½ P 14 € – **Rest** – *(geschl. Freitag)* Karte 12/28 €
◆ Schon allein die reizvolle erhöhte Lage des Berggasthofs wirkt einladend. Die Zimmer sind solide und gut gepflegt, mit Balkon oder Terrasse. Das Restaurant ist ganz im einheimischen Stil eingerichtet.

RINGELAI – Bayern – 546 – 2 160 Ew – Höhe 425 m – Erholungsort 60 **P18**

🛣 Berlin 535 – München 209 – Passau 35 – Regensburg 138

Landhotel Koller
Perlesreuter Str. 5 ✉ 94160 – ✆ (08555) 9 70 00 – info@landhotel-koller.de – Fax (08555) 8242 – geschl. 3. - 28. Nov.
28 Zim ⌂ – †33/37 € ††54/72 € – ½ P 11 € – **Rest** – *(geschl. Dez. - Feb. Montag)* Karte 15/30 €
◆ In dem von Familie Koller geführten Haus im Dorfkern erwarten Sie gepflegte, wohnliche Räume - die meisten Zimmer verfügen über einen Balkon. In ländlichem Stil gehaltenes Restaurant.

RINTELN – Niedersachsen – 541 – 28 040 Ew – Höhe 56 m 28 **G9**

🛣 Berlin 342 – Hannover 60 – Bielefeld 61 – Hameln 27
ℹ Marktplatz 7, ✉ 31737, ✆ (05751) 40 39 80, tourist@rinteln.de

Der Waldkater
Waldkaterallee 27 ✉ 31737 – ✆ (05751) 1 79 80 – info@waldkater.com – Fax (05751) 179883
31 Zim – †90/105 € ††123/135 € – **Rest** – Karte 21/45 €
◆ Die ruhige Lage am Waldrand und zeitgemäß eingerichtete Gästezimmer sprechen für dieses im neuzeitlichen Fachwerkstil erbaute Hotel. Große Kupferkessel und dunkles Holz unterstreichen den gemütlich-rustikalen Charakter der Hausbrauerei.

RINTELN

In Rinteln-Todenmann Nord-West : 3 km über Mindener Straße – Erholungsort :

Altes Zollhaus
Hauptstr. 5 ⊠ 31737 – ℰ (05751) 9 71 80 – info@altes-zollhaus-rinteln.de
– Fax (05751) 7761
21 Zim – †60/89 € ††80/101 € – **Rest** – Karte 21/44 €
♦ Das einstige Zollhaus von 1804 liegt etwas oberhalb von Rinteln. Haupthaus und Anbau beherbergen solide und funktionelle Zimmer. Behagliches rustikales Restaurant mit internationaler Küche - das Bistro mit schöner Aussicht bietet eine zusätzliche kleine Karte.

RIPPOLDSAU-SCHAPBACH, BAD – Baden-Württemberg – 545 – 2 340 Ew
– Höhe 564 m – Heilbad und Luftkurort   54 **E19**

▶ Berlin 732 – Stuttgart 106 – Karlsruhe 97 – Offenburg 55
🛈 Kurhausstr. 2 (Bad Rippoldsau), ⊠ 77776, ℰ (07440) 91 39 40, info@bad-rippoldsau-schapbach.de

Im Ortsteil Bad Rippoldsau

Landhotel Rosengarten
Fürstenbergstr. 46 ⊠ 77776 – ℰ (07440) 2 36 – info@landhotel-rosengarten.de
– Fax (07440) 586 – geschl. Mitte Nov. - Mitte Dez.
12 Zim ⊇ – †39/46 € ††84 € – ½ P 16 € – **Rest** – Menü 25 € – Karte 24/40 €
♦ Engagiert führt die Wirtsfamilie das Landhotel mit der weißen Schindelfassade, das mit einer schönen, modern-gediegenen Einrichtung gefällt. Restaurant mit hohen Holzdecken, großen Fenstern und freundlichem Ambiente.

Klösterle Hof mit Zim
Klösterleweg 2 ⊠ 77776 – ℰ (07440) 2 15 – kloesterle-hof@t-online.de
– Fax (07440) 623 – geschl. 14. - 31. Jan., 17. Nov. - 5. Dez.
8 Zim ⊇ – †35/65 € ††60/90 € – ½ P 17 € – **Rest** – (geschl. Sonntagabend - Montag) Menü 27 € – Karte 20/44 €
♦ Im gemütlichen rustikalen Ambiente dieses Schwarzwaldhauses serviert man eine gute überwiegend regionale Küche. Besonders wohnlich: die Gästezimmer mit Parkett.

Im Ortsteil Schapbach Süd : 10 km :

Ochsenwirtshof
Wolfacher Str. 21 (Süd-West : 1,5 km) ⊠ 77776 – ℰ (07839) 91 97 98
– hotel-ochsenwirtshof@t-online.de – Fax (07839) 1268 – geschl. 10. Nov. - 10. Dez.
16 Zim ⊇ – †52/62 € ††84/102 € – ½ P 16 € – **Rest** – (geschl. Dienstag) Menü 19/36 € – Karte 19/37 €
♦ Das traditionsreiche kleine Haus liegt mitten im Grünen und bietet seinen Gästen u. a. schöne Komfortzimmer. Wanderwege direkt am Hotel. Nette Gaststuben mit ländlichem Charakter und hübscher Terrasse.

Sonne
Dorfstr. 31 ⊠ 77776 – ℰ (07839) 2 22 – info@sonne-freudenstadt.de – Fax (07839) 1265
14 Zim ⊇ – †30/35 € ††58/65 € – **Rest** – (geschl. Montag) Karte 16/32 €
♦ Herzlich leitet die Sonnenwirtin das gut unterhaltene Hotel. Eine schöne Landschaft und ein gepflegtes Ambiente sprechen für das Haus. Gastraum und Bauernstube mit heller, freundlicher Atmosphäre.

RITTERSDORF – Rheinland-Pfalz – siehe Bitburg

ROCKENHAUSEN – Rheinland-Pfalz – 543 – 5 790 Ew – Höhe 199 m   46 **D16**
▶ Berlin 632 – Mainz 61 – Bad Kreuznach 30 – Mannheim 75

Schlosshotel   Biergarten
Schlossstr. 8 ⊠ 67806 – ℰ (06361) 9 29 20 – info@schlosshotel-rockenhausen.de
– Fax (06361) 929211
26 Zim ⊇ – †65/73 € ††94/102 € – **Rest** – Menü 30/49 € – Karte 27/47 €
♦ Ein Hotelanbau mit sehr modernen, solide möblierten Zimmern ergänzt das komplett umgebaute hübsche Schlösschen im kleinen Stadtpark. Helles, neuzeitliches Restaurant mit internationaler Küche.

1103

RODACH, BAD – Bayern – 546 – 6 510 Ew – Höhe 320 m – Heilbad 40 **K14**
- Berlin 368 – München 300 – Coburg 18
- Schlossplatz 5, ⌂ 96476, ℰ (09564) 15 50, gaesteinfo@bad-rodach.de

In Bad Rodach-Rossfeld West : 3,5 km über Hildburghäuser Straße :

Altmühlaue
Untere Mühlgasse 10 ⌂ 96476 – ℰ (09564) 80 98 74 – info@altmuehlaue.de
– Fax (09564) 923838
23 Zim – †33/43 € ††54/144 € – ½ P 14 € – **Rest** – (nur Abendessen) Karte 16/22 €
• Der gut geführte, ehemalige Bauernhof bietet solide mit Naturholzmöbeln ausgestattete Zimmer - meist mit Balkon/Terrasse. Im Nebengebäude befinden sich die Ferienwohnungen. Mit viel Holz ländlich-rustikal gestaltetes Restaurant.

RODALBEN – Rheinland-Pfalz – 543 – 7 700 Ew – Höhe 256 m 46 **D17**
- Berlin 678 – Mainz 119 – Saarbrücken 71 – Pirmasens 6
- Am Rathaus 9, ⌂ 66976, ℰ (06331) 23 41 80, tourist@rodalben.de

Pfälzer Hof
Hauptstr. 108 ⌂ 66976 – ℰ (06331) 1 71 23 – bold-pfaelzerhof@t-online.de
– Fax (06331) 16389
8 Zim – †39/42 € ††62/66 € – **Rest** – (geschl. 15. - 29. Okt. und Sonntagabend - Montag) Karte 12/28 €
• Solide mit hellem Holz ausgestattete Zimmer kennzeichnen dieses Haus. Spazierrouten und der bekannte Felsenwanderweg beginnen in der Nähe des Hauses. Ein eigenes Café grenzt an das bürgerliche Restaurant an. Schöne Gartenterrasse.

RÖBEL (MÜRITZ) – Mecklenburg-Vorpommern – 542 – 5 580 Ew – Höhe 65 m – Erholungsort 13 **N6**
- Berlin 140 – Schwerin 105 – Neubrandenburg 64
- Straße der deutschen Einheit 7 (Haus des Gastes), ⌂ 17207, ℰ (039931) 5 06 51, stadtinfo.roebel@t-online.de

Landhaus Müritzgarten garni
Seebadstr. 45 ⌂ 17207 – ℰ (039931) 88 10 – landhaus-mueritzgarten@vr-web.de
– Fax (039931) 881113
39 Zim – †60/85 € ††90/125 €
• Zwei Häuser im Landhausstil und vier Blockhäuser bilden dieses sehr gepflegte und wohnlich gestaltete Hotel. Sehr angenehm ist die Lage des Hauses ca. 200 m von der Müritz.

Seestern
Müritzpromenade 12 ⌂ 17207 – ℰ (039931) 5 80 30 – rezeption@hotel-seestern-roebel.de – Fax (039931) 580339 – geschl. Jan. - Feb.
29 Zim – †50 € ††65/88 € – ½ P 17 € – **Rest** – (März - April nur Abendessen) Karte 17/25 €
• Auf einer kleinen Landzunge gelegen, ist das Hotel von drei Seiten von Wasser umgeben. Wählen Sie eines der Maisonette-Zimmer mit schöner Aussicht auf den See. Schlicht und freundlich ist die Aufmachung des Restaurants. Terrasse am See.

RÖDELSEE – Bayern – siehe Iphofen

RÖDENTAL – Bayern – siehe Coburg

RÖHRMOOS – Bayern – 546 – 6 150 Ew – Höhe 505 m 58 **L19**
- Berlin 573 – München 29 – Dachau 12

In Röhrmoos-Großinzemoos Nord-West : 2 km :

Landgasthof Brummer mit Zim
Indersdorfer Str. 51 ⌂ 85244 – ℰ (08139) 72 70
– info@landgasthof-brummer.de – Fax (08139) 8790
13 Zim – †50/65 € ††69/79 €, ⌂ 9 € – **Rest** – (geschl. Montag) Karte 16/40 €
• Ein traditionsreicher gewachsener Familienbetrieb mit behaglichem rustikalem Ambiente. Nett sitzt man auch im schönen Biergarten.

RÖHRNBACH – Bayern – 546 – 4 560 Ew – Höhe 438 m – Erholungsort 60 Q18
▶ Berlin 539 – München 199 – Passau 23 – Freyung 12
ℹ Rathausplatz 1, ✉ 94133, ℘ (08582) 96 09 40, tourismus@roehrnbach.de

Jagdhof (geheizt) Rest,
*Marktplatz 11 ✉ 94133 – ℘ (08582) 97 00 – info@jagdhof-bayern.de
– Fax (08582) 970222 – geschl. 30. Nov. - 14. Dez., Anfang Juli 2 Wochen*
67 Zim (inkl. ½ P.) – †75/125 € ††146/230 € – **Rest** – Karte 22/33 €
♦ Die großzügige Hotelanlage befindet sich mitten im Ort. Die gepflegten Gästezimmer sind alle nach hinten zum schönen Garten mit Pool gelegen. Gemütliche Gaststube mit behaglichem Kachelofen und bayerischer Atmosphäre.

RÖMERBERG – Rheinland-Pfalz – siehe Speyer

RÖMHILD – Thüringen – 544 – 1 910 Ew – Höhe 300 m 40 J14
▶ Berlin 384 – Erfurt 93 – Coburg 43

Zum Hirsch
*Heurichstr. 32 ✉ 98631 – ℘ (036948) 86 80 – hotel-hirsch-prediger@t-online.de
– Fax (036948) 868333*
25 Zim – †42 € ††72 € – ½ P 15 € – **Rest** – Karte 15/44 €
♦ Der an der Grenze zwischen Thüringen und Bayern gelegene Gasthof verfügt über sehr gepflegte, praktische Zimmer mit gutem Platzangebot. Freizeitbereich mit Rasulbad.

RÖPERSDORF – Brandenburg – siehe Prenzlau

RÖSRATH – Nordrhein-Westfalen – 543 – 26 860 Ew – Höhe 90 m 36 C12
▶ Berlin 584 – Düsseldorf 56 – Bonn 24 – Siegburg 12

Klostermühle
*Zum Eulenbroicher Auel 15 ✉ 51503 – ℘ (02205) 47 58 – Fax (02205) 87868
– geschl. Anfang Jan. 1 Woche, Ende Juli - Anfang Aug. 2 Wochen und Montag - Dienstag*
Rest – Karte 36/48 €
♦ Die alte Mühle - im Fachwerkstil erbaut - besticht mit einem rustikalen Interieur, das von freigelegtem Mauerwerk und dem offenen Kamin geprägt wird. Schön eingedeckte Tische!

ROETGEN – Nordrhein-Westfalen – 543 – 8 180 Ew – Höhe 410 m 35 A13
▶ Berlin 648 – Düsseldorf 96 – Aachen 34 – Liège 59

Gut Marienbildchen mit Zim
*Münsterbildchen 3 (B 258, Nord : 2 km) ✉ 52159 – ℘ (02471) 25 23
– gut-marienbildchen@t-online.de – Fax (02471) 921643
– geschl. April 1 Woche, Juli 3 Wochen*
7 Zim ⊐ – †50/65 € ††70/90 € – **Rest** – (geschl. Sonntag - Montagmittag)
Menü 27/46 € – Karte 21/48 €
♦ Hier wurde ein hübscher Wintergarten angebaut! Das Lokal lockt mit rustikal-eleganter Einrichtung und netter Dekoration. Die Küche arbeitet mit regionalen Produkten.

RÖTZ – Bayern – 546 – 3 570 Ew – Höhe 453 m 52 N17
▶ Berlin 459 – München 204 – Regensburg 67 – Amberg 56
Rötz, Hillstett 40 ℘ (09976) 1 80

In Rötz-Hillstett West : 4 km in Richtung Seebarn :

Wutzschleife Radisson SAS Resort Biergarten
Hillstett 40 ✉ 92444 Rest,
– ℘ (09976) 1 80 – info@wutzschleife.com – Fax (09976) 18180
59 Zim ⊐ – †99/124 € ††144/240 € – ½ P 29 €
Rest – Karte 20/34 €
Rest *Gregor's* – (geschl. Montag - Dienstag, nur Abendessen) Karte 44/71 €
♦ Ruhig am Ortsrand gelegenes Ferien- und Tagungshotel mit Wellness- und Ayurveda-Angebot sowie individuelle Golfplatz. Individuelle Gästezimmer von "Tradition" bis "Lifestyle". Sie speisen bei Live-Musik oder auf der Galerie. Im Gregor's wird kreative Küche geboten.

1105

RÖTZ
In Winklarn-Muschenried Nord : 10 km in Richtung Oberviechtach :

🏠 **Seeschmied** (mit Gästehaus)
Lettenstr. 6 ⊠ 92559 – ℰ (09676) 2 41 – info@seeschmied.de – Fax (09676) 1240
– geschl. 27. Jan. - 15. März
15 Zim ⊇ – †30/34 € ††60/67 € – ½ P 9 € – **Rest** – (geschl. Montag)
Karte 12/30 €
♦ Im ruhigen Gästehaus stellen Ihre Gastgeber, die Familie Reitinger, Ihnen liebevoll gestaltete Zimmer in freundlichen Farben zur Verfügung. Schönes Hallenbad und Tennisanlage. Nett dekoriertes Restaurant mit ländlichem Charakter.

ROHLSTORF-WARDER – Schleswig-Holstein – siehe Bad Segeberg

ROHRDORF – Bayern – **546** – 5 390 Ew – Höhe 476 m   66 **N21**
▶ Berlin 657 – München 69 – Bad Reichenhall 71 – Passau 178

🏠 **Zur Post** (mit Gästehäusern)   Biergarten
Dorfplatz 14 ⊠ 83101 – ℰ (08032) 18 30 – hotel@post-rohrdorf.de
– Fax (08032) 5844
104 Zim ⊇ – †47/69 € ††62/85 € – **Rest** – Karte 14/24 €
♦ Der gewachsene Metzgerei-Gasthof ist ein sympathischer Familienbetrieb. Man bietet solide und gepflegte Zimmer mit unterschiedlichen Möblierungen und meist mit Balkon. Freundlich gestaltete Gaststuben.

🏠 **Christl** garni
Anzengruberstr. 10 ⊠ 83101 – ℰ (08032) 9 56 50 – info@hotel-christl.de
– Fax (08032) 956566
30 Zim ⊇ – †51/53 € ††69/75 €
♦ Die verkehrsgünstige Lage sowie funktionell eingerichtete, ausschließlich ebenerdige Zimmer sprechen für dieses motelähnlich angelegte Hotel an der A 8.

XX **Gut Apfelkam** (Stephan Brandl)
🕸
Unterapfelkam 3 (Ost : 3 km, nahe der BAB-Ausfahrt Achenmühle) ⊠ 83101
– ℰ (08032) 53 21 – restaurant@gut-apfelkam.de – Fax (08032) 707638
– geschl. 11. Feb. - 16. März und Montag - Dienstag
Rest – (Mittwoch - Freitag nur Abendessen) (Tischbestellung ratsam)
Menü 66/90 € – Karte 51/68 €
Spez. Gâteau von der Gänseleber mit Feigenconfit und Nüssen. Mit Wasabi im Brotteig gebackene Taubenbrust. Gefüllter Schokoladenkegel mit Mousse und Carpaccio von der Mango.
♦ Im gemütlich-rustikalen Ambiente eines restaurierten Landgasthof a. d. J. 1838 bietet man saisonale Küche mit mediterranen Akzenten. Charmant leitet die Chefin den Service.

ROIGHEIM – Baden-Württemberg – siehe Möckmühl

RONNEBURG – Hessen – **543** – 3 240 Ew – Höhe 167 m   48 **G14**
▶ Berlin 535 – Wiesbaden 76 – Frankfurt 37 – Fulda 75

In Ronneburg-Hüttengesäß

🏠 **Zur Krone**
Langstr. 7 ⊠ 63549 – ℰ (06184) 30 30 – hotel@hessenkrone.de
– Fax (06184) 62675 – geschl. 14. Juli - 6. Aug.
14 Zim ⊇ – †54/56 € ††77/79 € – **Rest** – (geschl. Montag - Dienstagmittag)
Menü 25 € – Karte 19/37 €
♦ Der schon in 6. Generation geführte Gasthof bietet Ihnen mit einfachen dunklen Holzmöbeln eingerichtete Zimmer. Viele Produkte aus eigener Herstellung kommen dem Gast zugute. Rustikal-gemütliches Restaurant mit Holzvertäfelung und regionaler Küche.

RONNENBERG – Niedersachsen – siehe Hannover

RONSHAUSEN – Hessen – 543 – 2 500 Ew – Höhe 225 m – Luftkurort 39 I12
▶ Berlin 391 – Wiesbaden 189 – Kassel 65 – Bad Hersfeld 26
🛈 Eisenacher Str. 20 (Haus des Gastes), ✉36217, ☏ (06622) 92 31 19

Waldhotel Marbach
Berliner Str. 7 ✉ 36217 – ☏ (06622) 9 21 40 – info@waldhotel-marbach.de
– Fax (06622) 921410 –.
36 Zim ⌂ – †42/57 € ††74/89 € – ½ P 15 € – **Rest** – Karte 19/33 €
♦ Ein gepflegtes, von der Inhaber-Familie geführtes Haus mit ländlichem Charakter, das über mit soliden Holzmöbeln ausgestattete Zimmer, teils mit kleinem Wohnbereich, verfügt. Der Restaurantbereich ist bürgerlich gehalten.

ROSBACH – Hessen – siehe Friedberg/Hessen

ROSENBERG – Baden-Württemberg – 545 – 2 670 Ew – Höhe 503 m 56 I18
▶ Berlin 558 – Stuttgart 92 – Aalen 30 – Ansbach 64

Landgasthof Adler (Josef Bauer) mit Zim
Ellwanger Str. 15 ✉ 73494 – ☏ (07967) 5 13 – info@landgasthofadler.de
– Fax (07967) 710300 – geschl. Jan. 3 Wochen, Aug. 3 Wochen
15 Zim ⌂ – †70/85 € ††105/120 € – 3 Suiten – **Rest** – *(geschl. Montag - Dienstag, Mittwoch - Donnerstag nur Abendesssen)* (Tischbestellung ratsam)
Menü 27/85 € – Karte 25/59 €
Spez. Gurkengelee, Bachsaibling, Bauchspeck, kalte Kartoffelsuppe. Getrüffelter Schweinefuß mit Kartoffelpüree und gebackenem Räucheraal. Warmer Whisky-Schokoladenkuchen mit Haselnusskrokant und weißem Kaffee-Eis.
♦ Bereits in der 5. Generation leitet Familie Bauer diesen sympathischen, hübsch gestalteten Gasthof. Die Speisekarte verbindet Tradition und Moderne.

ROSENGARTEN – Niedersachsen – 541 – 13 270 Ew – Höhe 87 m 10 I6
▶ Berlin 298 – Hannover 140 – Hamburg 28 – Buchholz in der Nordheide 8

In Rosengarten-Nenndorf

Rosenhof
Rußweg 6 ✉ 21224 – ☏ (04108) 71 81 – rosenhof.vangunst@t-online.de
– Fax (04108) 7512
10 Zim ⌂ – †49/52 € ††83/86 € – **Rest** – *(nur Abendessen)* Karte 25/35 €
♦ Ein gut geführtes Haus mit sauberen, solide ausgestatteten Gästezimmern. Hübsch anzusehen ist der nette Garten mit Teichen und Bachlauf. Bilder und Pflanzen schmücken das helle und freundliche Restaurant.

ROSENHEIM – Bayern – 546 – 59 990 Ew – Höhe 446 m 66 N21
▶ Berlin 658 – München 70 – Bad Reichenhall 77 – Innsbruck 108
ADAC Salinstr. 12
🛈 Kufsteiner Straße 4, ✉ 83022, ☏ (08031) 3 65 90 61, touristinfo@rosenheim.de
⛳ Höslwang, Kronberg 3 ☏ (08075) 7 14

Parkhotel Crombach
Kufsteiner Str. 2 ✉ 83022 – ☏ (08031) 35 80 – info@parkhotel-crombach.de
– Fax (08031) 33727
62 Zim – †75/95 € ††106/126 € – **Rest** – *(geschl. 1. - 6. Juni und Samstag - Sonntag)* Karte 18/32 €
♦ In der Stadtmitte, an einem kleinen Park liegt dieses Hotel mit seinen zeitgemäß und funktionell ausgestatteten Gästezimmern. Restaurant mit hübscher Gartenterrasse.

Panorama Cityhotel garni
Brixstr. 3 ✉ 83022 – ☏ (08031) 30 60 – rosenheim@panoramacityhotel.de
– Fax (08031) 306415
91 Zim ⌂ – †100 € ††120 €
♦ Das Hotel in der Stadtmitte bietet eine ansprechende Halle, solide möblierte Gästezimmer und einen hellen Frühstücksraum mit Wintergarten.

ROSENHEIM

Weinhaus zur historischen Weinlände
Weinstr. 2 ⊠ 83022 – ℰ (08031) 1 27 75 – Fax (08031) 37468
– geschl. 27. Aug. - 9. Sept. und Samstagmittag, Sonn- und Feiertage
Rest – Karte 14/38 €
♦ In den drei gemütlichen Restaurantstuben erwarten Sie freundlicher Service und ein breit gefächertes Angebot. Räume für Veranstaltungen im Dachgeschoss und im Kellergewölbe.

In Stephanskirchen-Baierbach Ost : 7,5 km, jenseits des Inn :

Gocklwirt mit Zim
Am Weinberg 9 ⊠ 83071 – ℰ (08036) 12 15 – webmaster@gocklwirt.de
– Fax (08036) 1705
3 Zim – †45 € ††70 € – **Rest** – *(geschl. Jan. 3 Wochen und Montag - Dienstag)* Menü 42/52 € – Karte 14/53 €
♦ Ein Ausflugslokal mit Minigolf, einer Sammlung von landwirtschaftlichen Maschinen und Antiquitäten. Aus der Küche kommen Gerichte aus der Region, aber auch Internationales.

ROSSBACH – Rheinland-Pfalz – **543** – 1 490 Ew – Höhe 116 m – **Luftkurort**
▶ Berlin 619 – Mainz 132 – Bonn 65 – Koblenz 42   **36 D13**

Zur Post   Biergarten
Wiedtalstr. 55 ⊠ 53547 – ℰ (02638) 2 80 – info@zur-post-rossbach.de
– Fax (02638) 946160
14 Zim – †30/37 € ††55/63 € – ½ P 10 € – **Rest** – *(geschl. Ende Juni - Anfang Juli 2 Wochen, Dienstag)* Karte 20/36 €
♦ Das hübsche Fachwerkhaus ist ein familiär geleitetes kleines Hotel, das über freundlich im Landhausstil eingerichtete Gästezimmer verfügt. Gemütliches Ambiente erwartet Sie im Restaurant.

Strand-Café
Neustadter Str. 9 ⊠ 53547 – ℰ (02638) 9 33 90 – info@strand-cafe.de
– Fax (02638) 933939
22 Zim – †45 € ††79/91 € – ½ P 12 € – **Rest** – *(geschl. Nov. Montag - Dienstag)* Karte 16/37 €
♦ Das schön im Tal der Wied gelegene Haus bietet hell und neuzeitlich gestaltete Gästezimmer, teilweise mit Balkon oder Terrasse. Restaurant mit Wintergarten und Blick auf den Fluss.

ROSSFELD-RINGSTRASSE – Bayern – siehe Berchtesgaden

ROSSHAUPTEN – Bayern – **546** – 2 180 Ew – Höhe 816 m – Wintersport : 1 000 m ⚡2
⚞ – **Luftkurort**   **64 J21**
▶ Berlin 657 – München 118 – Kempten 55 – Füssen 11
▮ Hauptstr. 10, ⊠ 87672, ℰ (08367) 3 64, info@rosshaupten.de

Kaufmann
Füssener Str. 44 ⊠ 87672 – ℰ (08367) 9 12 30 – info@hotel-kaufmann.de
– Fax (08367) 1223
28 Zim – †55/88 € ††90/150 € – ½ P 22 € – **Rest** – *(geschl. Montagmittag)* Karte 18/43 €
♦ Eingebettet in die herrliche Allgäuer Landschaft überzeugt das Hotel einerseits durch seine Lage, andererseits durch hübsche und wohnlich eingerichtete Gästezimmer. Restaurant im alpenländischen Stil und elegant wirkender Wintergarten.

In Rosshaupten-Vordersulzberg West : 4 km, Richtung Seeg :

Haflinger Hof
Vordersulzberg 1 ⊠ 87672 – ℰ (08364) 9 84 80 – haflingerhof@t-online.de
– Fax (08364) 984828
9 Zim – †45/52 € ††64/74 € – **Rest** – *(geschl. 5. Nov. - 20. Dez sowie 7. Jan. - 19. März Dienstag - Mittwoch)* Menü 11/14 € – Karte 15/27 €
♦ Besonders Pferdeliebhaber kommen in dem ehemaligen Bauernhof mit Haflingerzucht auf ihre Kosten. Man wohnt in gemütlich-rustikalen, teils im Bauernstil gehaltenen Räumen. Heimeliges Restaurant mit weißem Kachelofen.

ROSTOCK – Mecklenburg-Vorpommern – 542 – 198 310 Ew – Höhe 13 m 12 M4

- Berlin 222 – Schwerin 89 – Lübeck 117 – Stralsund 69
- Rostock-Laage (über A 19 : 30 km) (038454) 3 13 39
- Rostock-Krummendorf, Straße zum Überseehafen AT, (01805) 24 12 24 (Gebühr)
- **ADAC** Trelleborger Str. 1 (Lütten-Klein)
- Neuer Markt 3, ✉ 18055, (0381) 3 81 22 22, touristinfo@rostock.de
- Marienkirche★★ (Astronomische Uhr★★, Bronzetaufkessel★, Turm ⬚★) CX
  – Kulturhistorisches Museum★ (Dreikönigsaltar★) BX M²
- Bad Doberan (Münster★★) über B103 : 17 km

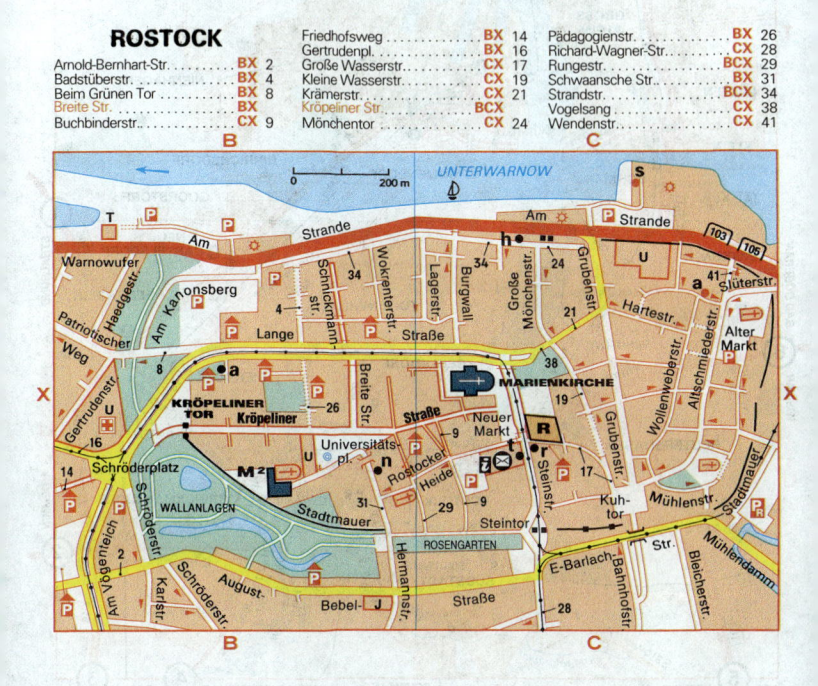

ROSTOCK

Arnold-Bernhart-Str. . . . . . BX 2	Friedhofsweg . . . . BX 14	Pädagogienstr. . . . . BX 26
Badstüberstr. . . . . BX 4	Gertrudenpl. . . . . BX 16	Richard-Wagner-Str. . . . CX 28
Beim Grünen Tor . . . . BX 8	Große Wasserstr. . . . . . CX 17	Rungestr. . . . . BCX 29
Breite Str. . . . . BX	Kleine Wasserstr. . . . . . CX 19	Schwaansche Str. . . . . . BX 31
Buchbinderstr. . . . . CX 9	Krämerstr. . . . . CX 21	Strandstr. . . . . BCX 34
	Kröpeliner Str . . . . BCX	Vogelsang . . . . CX 38
	Mönchentor . . . . CX 24	Wendenstr. . . . . CX 41

Steigenberger Hotel Sonne

Neuer Markt 2 ✉ 18055 – (0381) 4 97 30 – rostock@steigenberger.de
– Fax (0381) 4973161 CX r
111 Zim – †69/99 € ††69/99 €, ⊇ 14 € – 9 Suiten
Rest *Weinwirtschaft* – Karte 23/38 €

♦ Die zentrale Lage beim Rathaus sowie komfortable, wohnlich-moderne Gästezimmer machen das Stadthotel mit dem Treppengiebel aus. Ungezwungene Atmosphäre erwartet Sie in der Weinwirtschaft.

pentahotel

Kröpeliner/Schwaansche Str. 6 ✉ 18055 – (0381) 4 97 00
– *reservation.rostock@pentahotels.com* – Fax (0381) 4970700 BX n
150 Zim – †69/130 € ††69/130 €, ⊇ 13 € – **Rest** – (geschl. Sonntag - Montag, nur Abendessen) – Karte 24/36 €

♦ Eine historische Fassade ziert das in ein modernes Einkaufszentrum integrierte Hotel in der Nähe des Universitätsplatzes. Die Zimmer sind wohnlich-gediegen und funktionell. Im Restaurant Fischer's Fritze serviert man überwiegend Fischgerichte.

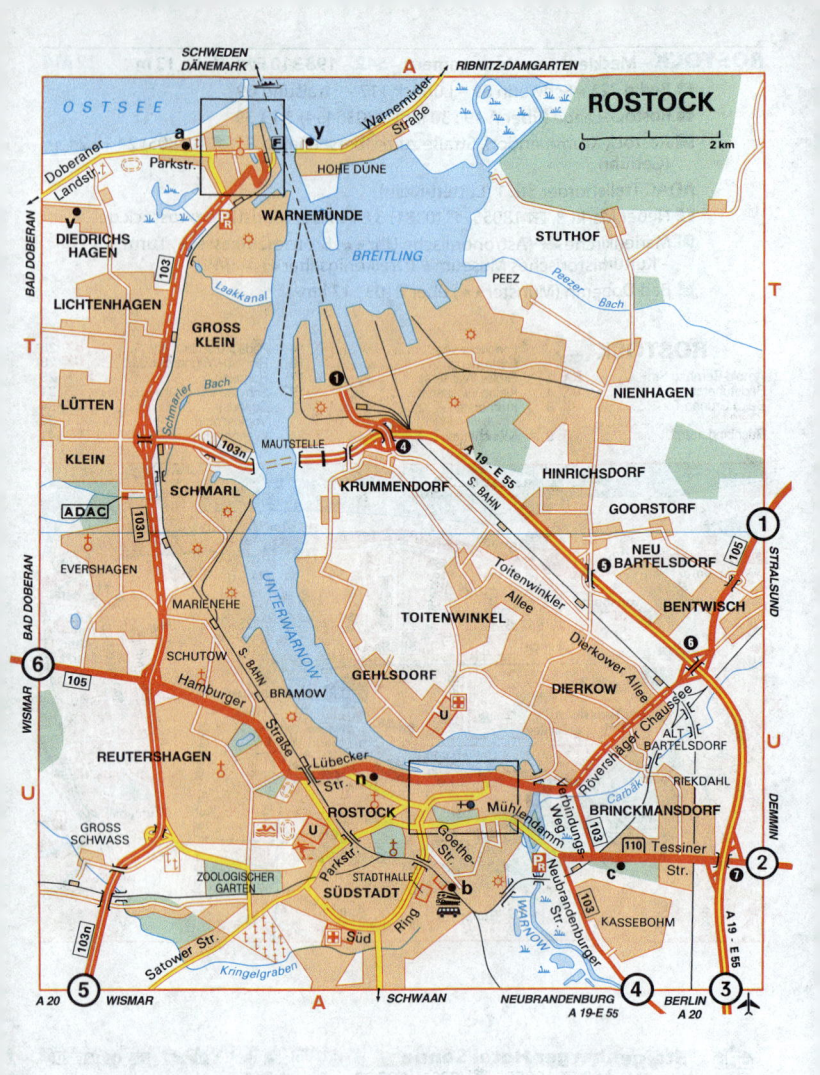

🏠 **Radisson SAS** 〰 ⭐ AC 📞 🅿 🚗 VISA ⦿ AE ①
Lange Str. 40 ✉ *18055* – ✆ *(0381) 3 75 00* – *info.rostock@radissonsas.com*
– Fax (0381) 375010   BX **a**
251 Zim – †75/95 €, ††75/95 €, ⛌ 14 € – **Rest** – Karte 22/36 €
♦ Das moderne Businesshotel am Innenstadtring bietet Zimmer in den Stilen Urban, Chili und Ocean - teils mit Blick über den Hafen - sowie Tagungsräume mit sehr guter Technik.

🏠 **InterCityHotel** 🛗 % Rest, 📞 🅿 VISA ⦿ AE
Herweghstr. 51 ✉ *18055* – ✆ *(0381) 4 95 00* – *rostock@intercityhotel.de*
– Fax (0381) 4950999   AU **b**
174 Zim – †88/93 €, ††108/113 €, ⛌ 12 € – **Rest** – Karte 16/26 €
♦ In dem Hotel am Hauptbahnhof stehen sachlich-funktionell eingerichtete Gästezimmer zur Verfügung. Der Hotelausweis gilt gleichzeitig für den öffentlichen Nahverkehr.

1110

WARNEMÜNDE

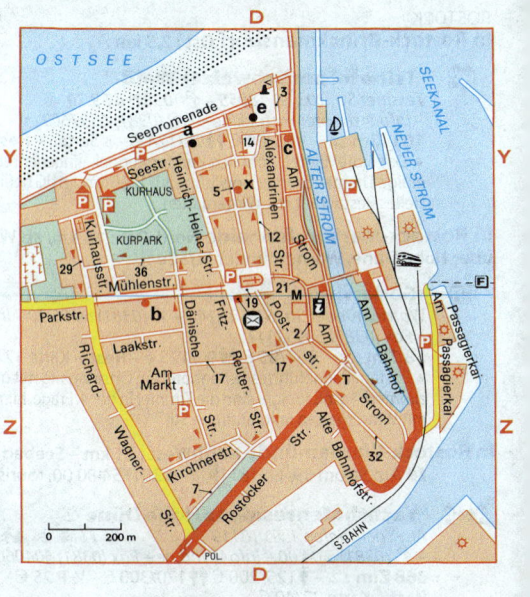

Alexandrinen-Str.	**DYZ** 2
Alte Bahnhofstr.	**DZ**
Am Bahnhof	**DYZ**
Am Leuchtturm	**DY** 3
Am Markt	**DZ**
Am Passagierkai	**DZ**
Am Strom	**DYZ**
Anastasiastr.	**DY** 5
Beethovenstr.	**DZ** 7
Dänische Str.	**DYZ**
Friedrich-Franz-Str.	**DY** 12
Fritz-Reuter-Str.	**DZ**
Georginenpl.	**DY** 14
Heinrich-Heine-Str.	**DY**
John-Brinkmann-Str.	**DZ** 17
Kirchenpl.	**DY** 19
Kirchenstr.	**DY** 21
Kirchnerstr.	**DZ**
Kurhausstr.	**DY**
Laakstr.	**DZ**
Mühlenstr.	**DYZ**
Parkstr.	**DZ**
Poststr.	**DZ**
Richard-Wagner-Str.	**DZ**
Rostocker Str.	**DZ**
Schillerstr.	**DY** 29
Schwarzer Weg	**DZ** 32
Seepromenade	**DY**
Seestr.	**DY**
Wachtlerstr.	**DY** 36

Die kleine Sonne garni
Steinstr. 7 ⊠ 18055 – ℰ (0381) 4 61 20 – info@die-kleine-sonne.de
– Fax (0381) 46121234   **CX t**
48 Zim ⊇ – †49/79 € ††58/88 €
♦ Freundlich ist das Ambiente in diesem Hotel mitten im Zentrum. Gemälde und Grafiken des Künstlers Nils Ausländer setzen im ganzen Haus farbige Akzente.

Ibis
Biergarten
Warnowufer 42 ⊠ 18057 – ℰ (0381) 24 22 10 – h2208@accor.com
– Fax (0381) 24221444   **AU n**
91 Zim – †52/65 € ††52/80 €, ⊇ 10 € – **Rest** – (nur Abendessen) Karte 18/27 €
♦ Verkehrsgünstig liegt der neuzeitliche Hotelbau mit seinen zweckmäßig-funktionell ausgestatteten Gästezimmern beim Stadthafen.

Altes Hafenhaus garni
Strandstr. 93 ⊠ 18055 – ℰ (0381) 4 93 01 10 – info@altes-hafenhaus.de
– Fax (0381) 4930119   **CX h**
10 Zim – †60/69 € ††74/84 €
♦ Mit Engagement leitet die Inhaberin das schmucke Stadthaus von 1796 gegenüber dem alten Hafen. Ein nettes kleines Hotel mit gepflegten, unterschiedlich gestalteten Zimmern.

Silo 4
← Rostocker Stadthafen
Am Strande 3d ⊠ 18055 – ℰ (0381) 4 58 58 00 – info@silo4.de
– Fax (0381) 4585822 – geschl. Sonntagabend - Montag   **CX s**
Rest – (Dienstag - Samstag nur Abendessen) Karte 20/28 €
♦ Modern-elegantes Restaurant mit toller Sicht über den Hafen. Das asiatisch geprägte internationale Angebot wird in der offenen Showküche zubereitet. Wahlweise Markt-Buffet.

Amberg 13
Amberg 13 ⊠ 18055 – ℰ (0381) 4 90 62 62 – altstadtrestaurant@t-online.de
– Fax (0381) 4906260 – geschl. 22. Jan. - 11. Feb. und Montag   **CX a**
Rest – (nur Abendessen) Karte 24/32 €
♦ Ein Restaurant in der Altstadt mit neuzeitlichem Ambiente und netter kleiner Terrasse. Sehr freundlich leitet der Koch, Chef des Hauses, den Service.

ROSTOCK

In Rostock-Brinckmansdorf Ost : 2,5 km :

Trihotel am Schweizer Wald
Tessiner Str. 103 ⊠ 18055 – ℰ (0381) 6 59 70
– info@trihotel-rostock.de – Fax (0381) 6597600
AU c
101 Zim ☐ – †65/88 € ††92/124 € – 3 Suiten – **Rest** – Karte 22/32 €
♦ Das Hotel bietet wohnlich und funktionell eingerichtete Gästezimmer (darunter auch einige Themenzimmer) sowie Spa auf 1800 qm. Im UG befindet sich eine Kleinkunstbühne. Helles Restaurant mit Wintergarten.

In Rostock-Markgrafenheide Nord-Ost : 16 km, ab Warnemünde mit Fähre und über Hohe Düne, Warnemünder Straße :

Godewind
Warnemünder Str. 5 ⊠ 18146 – ℰ (0381) 60 95 70 – info@hotel-godewind.de
– Fax (0381) 60957111
58 Zim ☐ – †67/85 € ††90/125 € – **Rest** – Karte 17/37 €
♦ Ein familiengeführtes Ferienhotel am Ortseingang mit gemütlich eingerichteten Gästezimmern - großzügiger sind die Zimmer in der 4. Etage, hier auch mit Terrassen. Restaurant mit Wintergarten im maritimen Stil.

In Rostock-Warnemünde Nord-West : 11 km – Seebad

🛈 Am Strom 59, ⊠ 18119, ℰ (0381) 54 80 00, touristinfo@rostock.de

Yachthafenresidenz Hohe Düne ⑤
Am Yachthafen 1 ⊠ 18119
– ℰ (0381) 5 04 00 – info@yhd.de – Fax (0381) 50406099
AT y
368 Zim ☐ – †125/200 € ††170/300 € – ½ P 25 € – 27 Suiten
Rest – Karte 22/40 €
♦ Beeindruckend ist diese weitläufige Hotelanlage: Yachthafen und Kongresszentrum, komfortable Gästezimmer, Shopping-Passage und Spa auf 4200 qm lassen keine Wünsche offen. Restaurantvielfalt von Fine Dining über Fisch bis zum Steakhouse.

Strand-Hotel Hübner
Seestr. 12 ⊠ 18119 – ℰ (0381) 5 43 40 – info@
hotel-huebner.de – Fax (0381) 5434444
DY a
95 Zim ☐ – †130/175 € ††170/215 € – ½ P 25 € – 6 Suiten
Rest – Karte 25/47 €
♦ Das im Baustil einem Dampfer nachempfundene Hotel liegt direkt an der Strandpromenade. Ein Großteil der Zimmer sowie das Schwimmbad bieten einen tollen Blick aufs Meer.

Warnemünder Hof ⑤
Stolteraer Weg 8 (in Diedrichshagen, West : 2 km)
⊠ 18119 – ℰ (0381) 5 43 00 – info@
warnemuender-hof.de – Fax (0381) 5430444
AT v
99 Zim ☐ – †79/115 € ††95/128 € – ½ P 20 € – 4 Suiten
Rest – Karte 23/32 €
♦ In einem Wohngebiet liegt das reetgedeckte alte Landhaus mit neuerem Anbau. Im Stammhaus bietet man helle, wohnliche Suiten/Junior Suiten in warmen Farben. Restaurant mit Wintergarten.

Hanse Hotel
Parkstr. 51 ⊠ 18119 – ℰ (0381) 54 50 – info@hanse.bestwestern.de
– Fax (0381) 5453006
AT a
72 Zim ☐ – †80/144 € ††100/188 € – ½ P 20 € – **Rest** – Karte 20/51 €
♦ Das Haus befindet sich direkt hinter dem Deich und verfügt über neuzeitlich eingerichtete Appartements, einige besonders geräumig und mit Meerblick. Kinderspielzimmer. Restaurant mit leicht maritimem Touch.

Am Leuchtturm
Am Leuchtturm 16 ⊠ 18119 – ℰ (0381) 5 43 70 – info@hotel-am-leuchtturm.de
– Fax (0381) 548510
DY e
33 Zim ☐ – †95/125 € ††110/215 € – ½ P 22 € – **Rest** – Karte 21/44 €
♦ In dem Hotel am Anfang der Strandpromenade, gegenüber dem Leuchtturm, erwarten Sie neuzeitlich-wohnliche Zimmer - die Appartements verfügen über kleine Küchenzeilen. Zum freundlich gestalteten Restaurant gehört eine schöne Terrasse.

ROSTOCK

Chezann
*Mühlenstr. 28 ⊠ 18119 – ℰ (0381) 5 10 71 77 – info@chezann.de
– Fax (0381) 5195430 – geschl. 3. - 18. März und Montag* DZ **b**
Rest – *(nur Abendessen)* Karte 46/79 €
Spez. Offener Dominostein von der Entenstopfleber mit Calvadosäpfeln. Gebratener Kabeljau mit weißem Spargelragout und Holunderblüten-Essignage. Tranche vom Kalbsrücken mit glasierten Gnocchi und Gremolatajus.
♦ Moderne internationale Küche bietet man in dem geradlinig gestalteten Restaurant. Schön ist die Terrasse in der belebten Einkaufsstraße. Einfachere Gerichte im Bistro.

Il Ristorante
← Ostsee und Hafen,
*Am Strom 107, (1. Etage) ⊠ 18119 – ℰ (0381) 5 26 74
– info@restaurant-atlantic.de – Fax (0381) 52605
– geschl. Jan. - März Sonntag* DY **c**
Rest – *(nur Abendessen)* Karte 26/39 €
♦ Restaurant mit tollem Blick auf den Hafen und netter Sommerterrasse zum Wasser hin. Aufmerksam serviert man italienische Speisen. Regionale Küche im Bistro.

Zur Gartenlaube 1888
*Anastasiastr. 24 ⊠ 18119 – ℰ (0381) 5 26 61 – Fax (0381) 52661
– geschl. Jan. und Sonntag* DY **x**
Rest – *(nur Abendessen)* Menü 35 € – Karte 36/43 €
♦ Nostalgie-Fans finden hinter der bemalten Fassade ihren Meister: In einer Kulisse aus urigen Deko-Stücken sitzen Sie auf alten Kirchenbänken und speisen Internationales.

In Sievershagen West : 8 km über Hamburger Straße U :

Atrium Hotel Krüger
*Ostsee-Park-Str. 2 (B 105) ⊠ 18069 – ℰ (0381) 1 28 82 00 – info@
atrium-hotel-krueger.de – Fax (0381) 1288300 – geschl. 24. - 28. Dez.*
59 Zim ⊇ – †55/69 € ††75/85 € – **Rest** – *(geschl. 17. - 28. Dez. und Sonntag)*
(nur Abendessen für Hausgäste)
♦ In dem modernen Hotel direkt an der Bundesstraße erwarten Sie funktionelle Zimmer, ein ansprechend gestalteter Freizeitbereich mit Anwendungen sowie freundliches Personal.

ROT AM SEE – Baden-Württemberg – **545** – 5 150 Ew – Höhe 438 m 56 **I17**
▶ Berlin 532 – Stuttgart 132 – Würzburg 78 – Crailsheim 18

Landhaus Hohenlohe
*Erlenweg 24 ⊠ 74585 – ℰ (07955) 9 31 00 – info@landhaus-hohenlohe.de
– Fax (07955) 931093 – geschl. Jan. 2 Wochen, Aug. 1 Woche*
21 Zim ⊇ – †45/100 € ††75/120 € – ½ P 25 € – **Rest** – *(geschl. Montag
- Dienstag)* Menü 44/57 € – Karte 29/57 €
♦ Die recht ruhige Lage in einem Wohngebiet und die neuzeitlich gestalteten Gästezimmer sprechen für das Hotel der Familie Mack. Das Ambiente im Restaurant ist teils ländlich, teils leicht elegant.

ROTENBURG (WÜMME) – Niedersachsen – **541** – 22 030 Ew – Höhe 21 m 18 **H6**
▶ Berlin 352 – Hannover 107 – Bremen 51 – Hamburg 79
🛈 Große Str. 1, Rathaus, ⊠ 27356, ℰ (04261) 7 11 00, tib@
rotenburg-wuemme.de
🛈 Scheessel-Westerholz, Hof Emmen ℰ (04263) 9 30 10

Landhaus Wachtelhof
*Gerberstr. 6 ⊠ 27356 – ℰ (04261) 85 30 – info@
wachtelhof.de – Fax (04261) 853200*
38 Zim ⊇ – †125/154 € ††208/224 € – **Rest** – Menü 46/79 €
– Karte 38/65 €
♦ Zuvorkommend kümmert man sich in dem hübschen Hotel um seine Gäste. Die eleganten Zimmer sind ebenso angenehm wie der Garten und der großzügige Wellnessbereich mit Kosmetik. Das Restaurant: L'auberge, Wintergarten mit Blick ins Grüne sowie rustikale Weinstube.

1113

ROTENBURG (WÜMME)

Das Stadtidyll
Freudenthalstr. 15 ⊠ 27356 – ℰ (04261) 63 09 60 – info@das-stadtidyll.de
– Fax (04261) 6309666
20 Zim ⌑ – †44/47 € ††68/72 € – **Rest** *– (geschl. Sonntagabend)*
Karte 15/27 €

♦ Das familiengeführte Hotel verfügt über unterschiedlich geschnittene, mit hellen Massivholzmöbeln eingerichtete Zimmer. Nachmittags gibt's selbst gebackenen Kuchen zum Kaffee.

In Bothel Süd-Ost : 8 km über B 71, in Hemsbünde rechts ab :

Botheler Landhaus
Hemsbünder Str. 13 ⊠ 27386 – ℰ (04266) 15 17 – info@botheler-landhaus.de
– Fax (04266) 954282 – geschl. Montag - Dienstag
Rest – (Tischbestellung ratsam) Menü 33/55 € – Karte 31/50 €

♦ Gemütlich sitzt man unter den dicken Holzbalken des 300 Jahre alten reetgedeckten Hauses. Im Winter prasselt ein Kamin, im Sommer isst man draußen unter Obstbäumen.

In Hellwege Süd-West : 15 km über B 75, in Sottrum links ab :

Prüser's Gasthof (mit Gästehäusern)
Dorfstr. 5 ⊠ 27367 – ℰ (04264) 99 90 – info@pruesers-gasthof.de
– Fax (04264) 99945
56 Zim ⌑ – †44/50 € ††71/82 € – **Rest** *– (nur für Hausgäste)*

♦ Das familiengeführte Hotel besteht aus 3 Häusern mit funktionellen Zimmern. Moderner und etwas komfortabler ist das Haus Barkmeier. Hier auch der Bade- und Saunabereich. Das Restaurant: teils rustikal, teils neuzeitlicher.

ROTHENBERG (ODENWALDKREIS) – Hessen – 543 – 2 490 Ew – Höhe 420 m
– Erhologungsort
48 **G16**

▶ Berlin 616 – Wiesbaden 118 – Mannheim 53 – Frankfurt am Main 87

Gasthof Hirsch
Schulstr. 3 ⊠ 64757 – ℰ (06275) 9 13 00 – hirsch@hirsch-hotel.de
– Fax (06275) 913016
33 Zim ⌑ – †47/55 € ††76/93 € – ½ P 15 €
Rest – *(geschl. Montag - Dienstag, Nov. - März Mittwoch - Donnerstag nur Abendessen)* Karte 16/32 €
Rest *Deliciae Cellari* – *(geschl. Montag - Dienstag, Nov. - März Mittwoch - Donnerstag nur Abendessen)* Karte 16/32 €

♦ Das Hotel in der Ortsmitte bietet recht individuelle Gästezimmer, darunter auch einige Allergikerzimmer mit Korkfußboden und Luftfilteranlage. Bürgerlich-rustikales Restaurant. Gewölbekeller Deliciae Cellari mit "begehbarer Weinkarte". U. a. eigener Apfelwein.

ROTHENBUCH – Bayern – 546 – 1 940 Ew – Höhe 365 m
48 **H15**

▶ Berlin 542 – München 345 – Würzburg 66 – Frankfurt am Main 68

Spechtshaardt
Rolandstr. 34 ⊠ 63860 – ℰ (06094) 9 72 00 – info@spechtshaardt.de
– Fax (06094) 9720100
44 Zim ⌑ – †50/75 € ††72/98 € – **Rest** – Karte 14/38 €

♦ Ruhig liegt das gut geführte Hotel am Ortsrand. Besonders modern sind einige neuere Gästezimmer. Unterhalb des Hauses befindet sich ein kleines Wildgehege. Eine Terrasse mit Blick auf den Ort ergänzt das bürgerliche Restaurant.

ROTHENBURG OB DER TAUBER – Bayern – 546 – 11 310 Ew – Höhe 430 m
▶ Berlin 500 – München 236 – Würzburg 69 – Ansbach 35
49 **I17**

🛈 Marktplatz 2, ⊠ 91541, ℰ (09861) 40 48 00, info@rothenburg.de
◉ Mittelalterliches Stadtbild★★★ – Rathaus★ **R** – Jakobskirche (Hl.-Blut-Altar)★★ **Y** - Kalkturm ≤★ – Spital★ **Z** – Stadtmauer★ **YZ**
◉ Detwang : Kirche (Kreuzaltar★) 2 km über Bezoldweg **Y**

1114

ROTHENBURG OB DER TAUBER

Georgengasse	Y 4	Milchmarkt	Y 17
Grüner Markt	Y 5	Obere Schmiedgasse	Z 18
Hafengasse	YZ 6	Pfarrgasse	Y 19
Herrngasse	Y 7	Pfeifergäßchen	Y 20
Heugasse	Y 8	Rödergasse	Y
Kapellenpl.	Y 9	Schweindorfer Straße	Z 13
Kirchgasse	Y 10	Spitalgasse	Y 21
Kirchpl.	Y 12	Untere Schmiedgasse	Z 23
Markt	Y 15	Vorm Würzburger	
Marktpl.	Y 16	Tor	Y 24

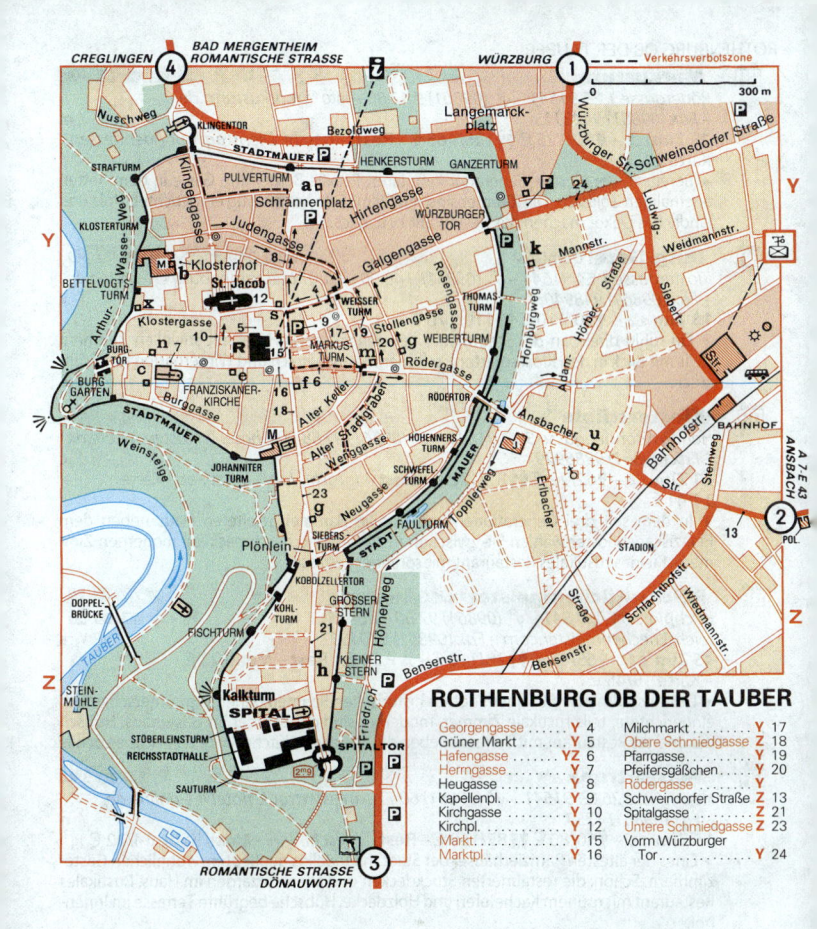

Eisenhut (mit Gästehaus)   🍽 🛏 ⚡ Rest, ♨ 🚗 VISA ⓪ AE ⓓ
Herrngasse 3 ✉ 91541 – ☏ (09861) 70 50 – hotel@eisenhut.com
– Fax (09861) 70545 – geschl. 6. - 31. Jan.
Y e
78 Zim – ✝103/163 € ✝✝134/225 €, ⊇ 17 € – **Rest** – Karte 34/41 €
♦ Mehrere traditionsreiche Patrizierhäuser bilden dieses Hotel mit eleganten und großzügigen Zimmern - einige bieten einen schönen Blick aufs Taubertal. Gediegenes Restaurant mit historischem Flair. Schön ist die sonnige Terrasse.

Mittermeier   🍽 🛏 ⚡ P 🚗 VISA ⓪ AE ⓓ
Vorm Würzburger Tor 7 ✉ 91541 – ☏ (09861) 9 45 40 – info@
mittermeier.rothenburg.de – Fax (09861) 945494
Y v
27 Zim ⊇ – ✝66/99 € ✝✝84/149 €
Rest – (geschl. Jan. 2 Wochen, Aug. 2 Wochen und Sonntag - Montag) Menü 30 €
(mittags)/97 € – Karte 57/73 €
Rest *Die blaue Sau* – (geschl. Sonntag , Dienstag - Samstag nur Abendessen)
Menü 25 € – Karte 30/43 €
♦ Die freundliche und engagierte Gästebetreuung sowie individuelle (Themen-)Zimmer machen die hübsche Sandsteinvilla zu einem angenehmen Hotel. Schönes Restaurant im Landhausstil mit gehobenem Angebot. In der Enoteca Die blaue Sau bietet man italienische Küche.

ROTHENBURG OB DER TAUBER

Markusturm
Rödergasse 1 ✉ 91541 – ℰ (09861) 9 42 80 – info@markusturm.de
– Fax (09861) 9428113
Y m
25 Zim ⌑ – †90/125 € ††125/165 € – **Rest** – (geschl. Dienstag, nur Abendessen) Karte 24/36 €

♦ Bereits in der vierten Generation empfängt Familie Berger ihre Gäste in dem netten ehemaligen Zollhaus. Die Zimmer sind mit Stilmöbeln hochwertig eingerichtet. Holz und ländliches Dekor machen das Restaurant behaglich.

Burg-Hotel garni
Klostergasse 1 ✉ 91541 – ℰ (09861) 9 48 90 – burghotel.rothenburg@t-online.de
– Fax (09861) 948940
Y x
15 Zim ⌑ – †90/110 € ††110/170 €

♦ Ein ruhig direkt an der Stadtmauer gelegenes kleines Hotel mit stilvollen Zimmern (teils mit Blick in den Klostergarten), schönem Saunabereich und Wintergarten fürs Frühstück.

Klosterstüble
Heringsbronnengasse 5 ✉ 91541 – ℰ (09861) 93 88 90 – hotel@klosterstueble.de
– Fax (09861) 9388929
YZ c
21 Zim ⌑ – †62/72 € ††82/122 € – **Rest** – (geschl. Jan. - Mitte Feb.) Karte 14/41 €

♦ In dem seit drei Generationen von Familie Hammel geleiteten Haus neben dem Franziskanerkloster wählen Sie zwischen rustikalen und geschmackvoll-modernen Zimmern. Kleines rustikales Restaurant mit sonniger Terrasse.

Reichs-Küchenmeister (mit Gästehaus)
Kirchplatz 8 ✉ 91541 – ℰ (09861) 97 00 – hotel@reichskuechenmeister.com – Fax (09861) 970409
Y s
45 Zim ⌑ – †65/85 € ††78/110 € – ½ P 18 € – **Rest** – Menü 22 €
– Karte 15/45 €

♦ Das Altstadthaus mit seinem netten historischen Rahmen beherbergt unterschiedlich eingerichtete, teils rustikale Zimmer, moderner sind die Zimmer im Gästehaus. Hübsch dekoriertes Restaurant mit Terrasse neben der St.-Jakobs-Kirche. Urig: Weinstube Löchle.

Meistertrunk
Herrngasse 26 ✉ 91541 – ℰ (09861) 60 77 – meistertrunk-hotel@t-online.de
– Fax (09861) 1253
Y n
15 Zim ⌑ – †50/80 € ††85/160 € – **Rest** – (geschl. Jan. - März) Karte 14/32 €

♦ Eines der ältesten Patrizierhäuser der Stadt mit tadellos gepflegten, wohnlichen Gästezimmern. Schön: die restaurierten Stuckdecken und alten Türzargen im Haus. Rustikales Restaurant mit grünem Kachelofen und Holzdecke. Hübsche begrünte Terrasse im Innenhof.

Hornburg garni
Hornburgweg 28 ✉ 91541 – ℰ (09861) 84 80 – info@hotel-hornburg.de
– Fax (09861) 5570 – geschl. Ende Jan. - Anfang Feb. 2 Wochen und über Weihnachten
Y k
10 Zim – †55/72 € ††71/103 €

♦ Eine charmante kleine Jugendstilvilla mit nettem Garten, individuellen, farblich angenehm gestalteten Zimmern und reizendem Frühstücksraum. Öffentliche Parkplätze gegenüber.

Gerberhaus garni
Spitalgasse 25 ✉ 91541 – ℰ (09861) 9 49 00 – gerberhaus@t-online.de
– Fax (09861) 86555
Z h
20 Zim ⌑ – †65/75 € ††74/109 €

♦ In der malerischen Altstadt liegt die ehemalige Gerberei mit freundlichen, liebevoll gestalteten Zimmern, in denen man z. T. noch altes Balkenwerk findet. Ruhige Terrasse.

Spitzweg garni
Paradeisgasse 2 ✉ 91541 – ℰ (09861) 9 42 90 – info@hotel-spitzweg.de
– Fax (09861) 1412
Y g
9 Zim ⌑ – †65 € ††85 €

♦ Charmant ist das historische Ambiente dieses familiär geleiteten, mit Naturstein und Fachwerk gebauten Hauses. Die rustikale Einrichtung fügt sich harmonisch in das Bild ein.

ROTHENBURG OB DER TAUBER

Glocke
Plönlein 1 ⊠ 91541 – ℰ (09861) 95 89 90 – glocke.rothenburg@t-online.de
– Fax (09861) 9589922 – geschl. 21. Dez. - 9. Jan. Z g
24 Zim ⊔ – †65/82 € ††95/124 € – **Rest** – (geschl. Sonntagabend)
Karte 15/36 €
♦ Ein gepflegtes Haus im Altstadtbereich, dessen Gästezimmer teils modern, teils in ländlicherem Stil eingerichtet sind. Separater "Raucherturm" mit kleinem Innenhof. Das Restaurant mit Wirtshausatmosphäre bietet regionale Küche und Weine aus eigenem Anbau.

Schranne
Schrannenplatz 6 ⊠ 91541 – ℰ (09861) 9 55 00 – hotelschranne@t-online.de
– Fax (09861) 9550150 Y a
48 Zim – †45/68 € ††75/113 € – ½ P 15 € – **Rest** – Karte 15/26 €
♦ Das seit über 30 Jahren familiär geleitete Haus mit der hübschen roten Fassade liegt an der Stadtmauer und verfügt über neuzeitliche oder etwas schlichtere Zimmer. Ländlich gehaltenes Restaurant mit sehr sonniger Terrasse.

Bayerischer Hof
Ansbacher Str. 21 ⊠ 91541 – ℰ (09861) 60 63 – info@bayerischerhof.com
– Fax (09861) 86561 – geschl. Jan. - Mitte Feb. Z u
9 Zim ⊔ – †35/60 € ††60/80 € – **Rest** – (geschl. Donnerstag) Karte 14/22 €
♦ Zwei spitze Giebel geben dem unweit des Bahnhofs gelegenen Haus mit der altrosa Fassade sein unverwechselbares Gesicht. Wohnliche, freundlich-floral gestaltete Zimmer. Restaurant in ländlich-rustikalem Stil.

Altfränkische Weinstube
Klosterhof 7 ⊠ 91541 – ℰ (09861) 64 04 – altfraenkische-weinstube@web.de
– Fax (09861) 6410
6 Zim – †48/55 € ††69/79 € – **Rest** – (geschl. Jan. - April Dienstag) Karte 18/34 €
♦ Das 650 Jahre alte Gebäude in der Altstadt beherbergt nette Gästezimmer mit rustikalem Charme. Heimelig ist der Frühstücksraum mit seinem hübschen Kachelofen. Im urigen Restaurant bietet man bürgerliche Küche.

In Steinsfeld-Reichelshofen Nord : 7 km über Würzburger Straße Y :

Landwehrbräu (mit Gästehaus)
Reichelshofen 31 ⊠ 91628 – ℰ (09865) 98 90 – hotel@landwehr-braeu.de
– Fax (09865) 989686 – geschl. 2. - 26. Jan.
37 Zim ⊔ – †52/71 € ††67/102 € – **Rest** – Karte 21/39 €
♦ Seit 1387 ist das schöne Fachwerkgebäude im Familienbesitz. In Haupt- und Gästehaus befinden sich individuelle Zimmer von ländlich bis neuzeitlich. Gutes Frühstücksbuffet. Das Restaurant teilt sich in verschiedene gemütliche Stuben. Eigene Brauerei.

In Windelsbach Nord-Ost : 9 km über Schweinsdorfer Straße Y :

Landhaus Lebert mit Zim
Schlossstr. 8 ⊠ 91635 – ℰ (09867) 95 70 – info@landhaus-lebert.de
– Fax (09867) 9567
8 Zim – †37/55 € ††60/85 € – ½ P 25 € – **Rest** – (geschl. Montag - Dienstagmittag) Menü 25/67 € – Karte 24/53 €
♦ Aus einem umgebauten ehemaligen Bauernhof ist dieses ländlich gestaltete Restaurant entstanden, das mit solider regionaler Küche überzeugt. Zum Übernachten stehen freundliche Gästezimmer, teilweise auch Themenzimmer, zur Verfügung.

ROTHENFELDE, BAD – Niedersachsen – **541** – 7 220 Ew – Höhe 100 m – Heilbad
▶ Berlin 414 – Hannover 135 – Bielefeld 31 – Münster (Westfalen) 45   27 **E9**
🛈 Am Kurpark 12, ⊠ 49215, ℰ (05424) 2 21 81 13, touristinfo@bad-rothenfelde.de

Drei Birken
Birkenstr. 3 ⊠ 49214 – ℰ (05424) 64 20 – info@hotel-drei-birken.de
– Fax (05424) 64289
35 Zim ⊔ – †60/75 € ††75/100 € – ½ P 15 € – **Rest** – Karte 20/35 €
♦ Am Rand des Zentrums finden Sie in geräumigen und wohnlichen Zimmern mit solider technischer Ausstattung Ihre Unterkunft. Kurarzt und komplette Badeabteilung im Haus. Gaststuben mit eleganter Note und internationaler Karte.

ROTHENFELDE, BAD

Dreyer garni
Salinenstr. 7 ⊠ 49214 – ℰ (05424) 2 19 00 – hotel-dreyer@surf2000.de
– Fax (05424) 219029
16 Zim ⊇ – †44/46 € ††60/65 €

♦ Gegenüber der Saline liegt dieses neuzeitliche kleine Hotel mit seinen unterschiedlich möblierten, wohnlichen Zimmern. Auch eine Gästeküche steht zur Verfügung.

ROTTACH-EGERN – Bayern – 546 – 5 140 Ew – Höhe 736 m – Wintersport : 1 700 m – Heilklimatischer Luftkurort 66 **M21**

▶ Berlin 645 – München 56 – Garmisch-Partenkirchen 81 – Bad Tölz 22

▸ Nördliche Hauptstr. 9 (Rathaus), ⊠ 83700, ℰ (08022) 67 13 53,
info@rottach-egern.de

Seehotel Überfahrt ≤ See und Berge, (geheizt)
Überfahrtstr. 10 ⊠ 83700 – ℰ (08022) 66 90 – info@seehotel-ueberfahrt.com
– Fax (08022) 6691000
188 Zim ⊇ – †228/348 € ††278/398 € – ½ P 45 € – 23 Suiten
Rest – Menü 120 € – Karte 46/75 €
Rest *Bayernstube* – (nur Abendessen) Karte 33/54 €

♦ Wunderschön liegt das luxuriöse Hotel unmittelbar am Tegernsee. Es erwarten Sie eine repräsentative Halle, großzügige, elegante Zimmer und Wellness auf 2000 qm. Vom Restaurant aus genießt man den Seeblick. Gemütlich-rustikal ist die Bayernstube.

Park-Hotel Egerner Hof
Aribostr. 19 ⊠ 83700 – ℰ (08022) 66 60
– info@egerner-hoefe.de – Fax (08022) 666200
117 Zim ⊇ – †130/275 € ††205/300 € – ½ P 43 € – 23 Suiten
Rest *Dichterstub'n* – separat erwähnt
Rest *Hubertusstüberl* – Menü 56/68 € – Karte 40/58 €

♦ Die ruhige Lage und wohnlich-komfortable Zimmer machen dieses Hotel aus. Einen Hauch Exklusivität bieten die charmant-rustikalen "Almhaus"-Zimmer. Moderner Kosmetikbereich. Ländlich-gemütlich ist das Ambiente im Hubertusstüberl.

Gästehaus Haltmair garni
Seestr. 33 ⊠ 83700 – ℰ (08022) 27 50 – info@haltmair.de – Fax (08022) 27564
– geschl. 25. Nov. - 9. Dez.
42 Zim ⊇ – †40/78 € ††100/138 €

♦ In dem sympathischen Familienbetrieb am Tegernsee stehen mit schönen Farben und Stoffen wohnlich gestaltete, in elegantem Landhausstil eingerichtete Zimmer bereit.

Seerose garni
Stielerstr. 13 ⊠ 83700 – ℰ (08022) 92 43 00 – hotel-seerose@t-online.de
– Fax (08022) 24846 – geschl. 58. - 30. März, 31. Okt. - 15. Dez.
19 Zim ⊇ – †52/55 € ††75/94 €

♦ Das im traditionellen Stil erbaute Haus mit Balkonfassade bietet teils im bayerischen Landhausstil eingerichtete Zimmer und einen behaglichen Frühstücksraum mit Kachelofen.

Reuther garni (mit Gästehaus)
Salitererweg 6 ⊠ 83700 – ℰ (08022) 2 40 24 – info@hotel-reuther.de
– Fax (08022) 24026 – geschl. 1. Nov. - 20. Dez.
28 Zim ⊇ – †45/60 € ††70/85 €

♦ Das familiengeführte Haus mit rustikalem Ambiente befindet sich in ruhiger Lage nicht weit vom Ortszentrum. Die Gästezimmer sind sehr gepflegt und solide eingerichtet.

Dichterstub'n – Park-Hotel Egerner Hof
Aribostr. 19 ⊠ 83700 – ℰ (08022) 66 60 – info@egerner-hoefe.de
– Fax (08022) 666200 – geschl. Dienstag - Mittwoch
Rest – (wochentags nur Abendessen) Menü 100/140 € – Karte 67/95 €
Spez. Kalbsbries mit Langostinos "Royale" im Gewürz-Limonenfond. Geschmortes vom Kalbsschwanz mit Jakobsmuschel und dicken Bohnen. Rhabarber mit Oliven-Vanilleöl und Mokka-Croustillant (Frühjahr).

♦ Mit einer schönen Holztäfelung, Kachelofen und Bildern diverser Dichter hat man das Restaurant alpenländisch-elegant gestaltet. Aufmerksam serviert man klassische Küche.

ROTTACH-EGERN

XX **Maiwerts Fährhütte** ◁ Tegernsee, 🏠 AE
Ringseebad 1 ✉ *83700 –* ℰ *(08022) 18 82 20 – Fax (08022) 188223*
– geschl. 14. - 31. Jan., 3. - 18. Nov. und Montag - Dienstag, Juni - Sept. nur Montag
Rest – Menü 56/69 € – Karte 44/63 €
♦ Das hübsche, elegante Restaurant direkt am See bietet eine regionale Mittagskarte und gehobene klassische Küche am Abend. Shuttle-Service vom ca. 300 m entfernten Parkplatz.

In Kreuth Süd : 5,5 km über B 307 – Wintersport : 1 270 m ⚡7 ⛷
– Heilklimatischer Kurort
🛈 Nördliche Hauptstr. 3, ✉ 83708, ℰ (08029) 18 19, info@kreuth.de

Sonnwend garni ⌂ ◁ 🚗 🛏 📶 🅿 VISA ⊚ AE
Setzbergweg 4 ✉ *83708 –* ℰ *(08029) 3 68 – info@sonnwend.de – Fax (08029) 1487*
13 Zim ⌂ – ♦85/105 € ♦♦116/148 € – 4 Suiten
♦ Eine angenehme persönliche Atmosphäre herrscht in dem kleinen Hotel in ruhiger Lage. Mit Geschmack hat man die Zimmer im mediterranen Stil eingerichtet. Open-End-Frühstück.

In Kreuth-Scharling Süd : 4 km über B 307 :

X **Gasthaus Zum Hirschberg** 🏠 🅿 VISA ⊚
Nördliche Hauptstr. 89 ✉ *83708 –* ℰ *(08029) 3 15 – anfrage@
gasthaus-hirschberg.de – Fax (08029) 997802 – geschl. Montag - Dienstag, April - Okt. nur Dienstag*
Rest – Karte 21/49 €
♦ In dem alpenländischen Gasthaus mit den rustikalen Stuben bewirtet man Sie mit einer vorwiegend regionalen Küche, die aber auch einige internationale Gerichte bietet.

In Kreuth-Weissach West : 1 km :

🏠 **Parkresidenz** Biergarten 🚗 🏠 📺 ⊚ 🛏 🛁 ✂ 📶 📞 🛀
Wiesseer Str. 1 ✉ *83700 Rottach-Weißach* 🅿 🚗 VISA ⊚ AE
– ℰ *(08022) 27 80 – info@parkresidenz.com – Fax (08022) 278550*
108 Zim ⌂ – ♦145/195 € ♦♦175/255 € – ½ P 28 €
Rest – Menü 13 € – Karte 17/37 €
Rest *Laurenzi – (Montag - Freitag nur Abendessen) Karte 28/43 €*
♦ Moderne großzügige Hotelanlage im alpenländischen Stil, die mit wohnlich-eleganten Zimmern und einem Wellness- und Beauty-Bereich auf 700 qm überzeugt. Schöner Garten. Nette rustikale Stuben bilden das Restaurant. Mediterranes Ambiente im Laurenzi.

ROTTENBUCH – Bayern – **546** – 1 780 Ew – Höhe 763 m – Wintersport : ⛷
– Erholungsort 65 **K21**
▶ Berlin 644 – München 70 – Garmisch-Partenkirchen 39 – Landsberg am Lech 40
🛈 Klosterhof 42, ✉ 82401 ℰ (08867) 91 10 18, tourist-info@rottenbuch.de
◉ Mariä-Geburts-Kirche★
◉ Wies (Kirche★★) Süd-West : 12 km – Echelsbacher Brücke★ Süd : 3 km

In Rottenbuch-Moos Nord-West : 2 km über B 23 :

🏠 **Moosbeck-Alm** ⌂ 🚗 🏠 ⚓ (geheizt) 🛏 ✂ 🛀 🅿 VISA ⊚
Moos 38 ✉ *82401 –* ℰ *(08867) 9 12 00 – hotel.moosbeck-alm@t-online.de
– Fax (08867) 912020 – geschl. 15. Nov. - 15. Dez.*
20 Zim ⌂ – ♦40/45 € ♦♦66/76 € – ½ P 15 € – **Rest** *– (geschl. Dienstag, nur Abendessen) Karte 12/27 €*
♦ Umgeben von Wiesen und Wäldern liegt das nette Hotel in sonniger Alleinlage. Mit Antiquitäten bestückte Zimmer und die schöne Gartenterrasse machen den Charme des Hauses aus. Essen serviert man in der rustikalen König-Ludwig-Stube oder im lichten Wintergarten.

ROTTENBURG AM NECKAR – Baden-Württemberg – **545** – 42 440 Ew – Höhe 349 m 55 **G19**
▶ Berlin 682 – Stuttgart 55 – Freudenstadt 47 – Reutlingen 26
🛈 Marktplatz 24, ✉ 72108, ℰ (07472) 91 62 36, info@wtg-rottenburg.de
🏠 Starzach-Sulzau, Schloß Weitenburg ℰ (07472) 1 50 50

1119

ROTTENBURG AM NECKAR

Martinshof
Eugen-Bolz-Platz 5 ⌧ 72108 – ℰ (07472) 91 99 40 – martinshof-ro@t-online.de
– Fax (07472) 24691
34 Zim ⌑ – †64/69 € ††108 € – **Rest** – (geschl. über Fasching 1 Woche,
Aug. 3 Wochen und Sonntagabend - Montag) Menü 26 € – Karte 22/44 €

♦ Vor allem Geschäftsreisende schätzen das im Zentrum gelegene Hotel, das zeitgemäß und funktionell eingerichtete Gästezimmer bietet. Restaurant in neuzeitlichem Stil.

Württemberger Hof (mit Gästehaus)
Tübinger Str.14 ⌧ 72108 – ℰ (07472) 9 63 60 – info@wuerttembergerhof.de
– Fax (07472) 43340
18 Zim ⌑ – †55/60 € ††84/89 € – **Rest** – (geschl. Donnerstag) Karte 16/30 €

♦ Der gepflegte, familiär geleitete Gasthof mit seinen soliden Zimmern befindet sich in der Nähe des Bahnhofs und der Innenstadt. Geräumiger sind die Zimmer im Gästehaus. Nett dekoriertes bürgerlich-rustikales Restaurant.

ROTTENDORF – Bayern – siehe Würzburg

ROTTWEIL – Baden-Württemberg – **545** – 25 590 Ew – Höhe 597 m   62 **F20**

▶ Berlin 724 – Stuttgart 98 – Konstanz 87 – Offenburg 83

🛈 Hauptstr. 21, ⌧ 78628, ℰ (0741) 49 42 80, tourist-information@rottweil.de

◉ Hauptstraße ≤★ – Heiligkreuzmünster (Retabel★) – Dominikanermuseum (Orpheus-Mosaik ★, Sammlung schwäbischer Plastiken★) – Kapellenturm (Turm★) – Altstadt★

◉ Dreifaltigkeitskirche★ (✻★) Süd-Ost: 20 km

Johanniterbad
Johannergasse 12 ⌧ 78628 – ℰ (0741) 53 07 00 – johanniterbad@ringhotels.de
– Fax (0741) 41273 – geschl. 1. - 6. Jan
32 Zim ⌑ – †60/88 € ††89/120 € – **Rest** – (geschl. Sonntagabend - Montagmittag) Karte 18/39 €

♦ Ursprünglich war das Haus die Badestube der Herren von St. Johann, später entwickelte es sich zum Gästehaus. Reservieren Sie eines der geräumigen Zimmer im Altbau! Internationale und regionale Küche im Restaurant oder im herrlichen Johannitergarten.

Sailer garni (mit Gästehaus)
Karlstr. 3 ⌧ 78628 – ℰ (0741) 9 42 33 66 – info@hotel-sailer.de – Fax (0741) 9423377
26 Zim ⌑ – †60/110 € ††90/140 €

♦ Eine neuzeitliche Adresse, die sehr farbenfroh gestaltet ist. Moderne Zimmer in drei verschiedenen Kategorien, von economy bis deluxe, stehen den Gästen zur Verfügung.

Haus zum Sternen (mit Gästehaus)
Hauptstr. 60 ⌧ 78628 – ℰ (0741) 5 33 00 – info@haus-zum-sternen.de
– Fax (0741) 533030
18 Zim ⌑ – †52/86 € ††85/123 € – **Rest** – (geschl. 1. - 6. Jan., 1. - 17. Aug. sowie Sonntag und Feiertage, nur Abendessen) Menü 24/39 € – Karte 24/40 €

♦ Bis ins 12. Jh. reichen die Wurzeln dieses Hauses zurück, wo man in individuell mit Stilmöbeln eingerichteten Zimmern wohnt. Knorrige Balken betonen das historische Flair. Rustikales Restaurant mit Weinstuben-Charakter.

In Zimmern-Horgen Süd-West : 7,5 km in Richtung Hausen – Erholungsort :

Linde Post mit Zim
Alte Hausener Str. 8 ⌧ 78658 – ℰ (0741) 3 33 33 – lindepost@lindepost.de
– Fax (0741) 32294
7 Zim ⌑ – †50 € ††80 € – **Rest** – (geschl. Donnerstag) Karte 21/44 €

♦ Helle Farben, hübsche Stoffe und moderne Bilder geben dem Restaurant eine leicht mediterrane Note. Sehr hübsche, neuzeitliche und wohnliche Zimmer mit Parkettboden.

RUBKOW – Mecklenburg-Vorpommern – siehe Anklam

RUDERSBERG – Baden-Württemberg – 545 – 11 660 Ew – Höhe 279 m   55 H18

▶ Berlin 600 – Stuttgart 43 – Heilbronn 47 – Göppingen 37

In Rudersberg-Schlechtbach Süd : 1 km :

Sonne (mit Gasthof)
Heilbronner Str. 70 ⊠ 73635 – ℰ (07183) 30 59 20 – info@sonne-rudersberg.de
– Fax (07183) 30592444 – geschl. über Fasching
50 Zim ⊋ – †48/68 € ††72/92 € – **Rest** – *(geschl. Montag)* Karte 17/41 €
♦ Der familiengeführte Gasthof mit Gästehaus verfügt über meist neuzeitlich und funktionell mit heller Eiche eingerichtete Zimmer - die im Stammhaus etwas schlichter. Zeitgemäße Gaststube mit bürgerlich-regionaler Küche.

Gasthaus Stern
Heilbronner Str. 16 ⊠ 73635 – ℰ (07183) 83 77 – Fax (07183) 931156
– geschl. Mittwoch - Donnerstag
Rest – Menü 28 € (veg.)/35 € – Karte 15/43 €
♦ Ein älteres Gasthaus, das mit Holztäfelung und Theke, Holzbänken und geschnitzten Balken rustikal ausgestattet ist. Serviert wird eine regionale und bürgerliche Küche.

RUDOLSTADT – Thüringen – 544 – 26 010 Ew – Höhe 200 m   40 L13

▶ Berlin 284 – Erfurt 48 – Coburg 79 – Suhl 65

🛈 Marktstr. 57, ⊠ 07407, ℰ (03672) 41 47 43, info@rudolstadt.de

◉ Schloss Heidecksburg★ (Säle im Rocaille-Stil★★)

Am Marienturm Süd-Ost : 3 km :

Panoramahotel Marienturm   ⇐ Rudolstadt und Saaletal,
Marienturm 1 ⊠ 07407 Rudolstadt – ℰ (03672)
4 32 70 – info@hotel-marienturm.de – Fax (03672) 432785
29 Zim ⊋ – †65/75 € ††96/119 € – **Rest** – Karte 20/39 €
♦ Seit Jahren ist der Marienturm mit der Aussichtsterrasse ein beliebtes Ausflugsziel. Die Lage auf einer Anhöhe oberhalb der Stadt macht das Hotel aus. Restaurant auf zwei Ebenen, am Herd steht der Chef persönlich.

RÜCKERSDORF – Bayern – 546 – 4 480 Ew – Höhe 321 m   50 L16

▶ Berlin 422 – München 174 – Nürnberg 17 – Bayreuth 67

Roter Ochse
Hauptstr. 57 (B 14) ⊠ 90607 – ℰ (0911) 5 75 57 50 – info@roter-ochse.de
– Fax (0911) 5755751 – geschl. Dienstag - Mittwoch
Rest – Menü 38/49 € – Karte 23/36 €
♦ Mit rustikalem Charme und schönem Holzboden präsentiert sich die Gaststube des denkmalgeschützten Gasthofs a. d. 17. Jh. Schmackhafte regionale und internationale Küche.

RÜCKHOLZ – Bayern – siehe Seeg

RÜDESHEIM AM RHEIN – Hessen – 543 – 9 930 Ew – Höhe 86 m   47 E15

▶ Berlin 592 – Wiesbaden 31 – Bad Kreuznach 70 – Koblenz 65

🛈 Geisenheimer Str. 22, ⊠ 65385, ℰ (06722) 1 94 33, touristinfo@t-online.de

◉ Kloster Eberbach★★ (Weinkeltern★★)

Breuer's Rüdesheimer Schloss
Steingasse 10 ⊠ 65385 – ℰ (06722) 9 05 00
– info@ruedesheim-schloss.com – Fax (06722) 905050
– geschl. 23. Dez. - 7. Jan. 1. - 5. Feb.
27 Zim ⊋ – †95/115 € ††125/155 € – **Rest** – *(geschl. Jan. - Feb.)*
Karte 23/37 €
♦ Die Architektur a. d. J. 1729 und eine moderne Designereinrichtung ergeben einen reizvollen Kontrast. Mit Themenzimmern - z. B. nach Künstlern benannt. Der gastronomische Bereich ist im Stil einer historischen Weinstube gestaltet. Nette Innenhofterrasse.

1121

RÜDESHEIM AM RHEIN

Central-Hotel
Kirchstr. 6 ⊠ 65385 – ℰ (06722) 91 20 – info@centralhotel.net – Fax (06722) 2807 – geschl. 21. Dez. - 6. März
40 Zim ⊋ – †68/93 € ††94/118 € – **Rest** – Karte 16/31 €
♦ Aus einer Weinkellerei entstanden, bietet das im Zentrum gelegene Haus heute eine nette Unterkunft in modernen, gepflegten Gästezimmern. Gemütlich-rustikale unterteilte Stuben mit offenem Kamin und bleiverglasten Fenstern.

Trapp
Kirchstr. 7 ⊠ 65385 – ℰ (06722) 9 11 40 – info@hotel-trapp.de – Fax (06722) 47745 – geschl. 24. Dez. - 16. März
35 Zim ⊋ – †68/99 € ††85/130 €
Rest *Entenstube* – (nur Abendessen) Menü 30 € – Karte 19/35 €
♦ Im Zentrum der kleinen Stadt finden Sie diesen gepflegten Familienbetrieb mit seinen wohnlichen Gästezimmern. Besonders schön sind die neueren Zimmer im mediterranen Stil. Nett dekorierte, gemütlich-rustikale Entenstube.

Zum Bären
Schmidtstr. 24 ⊠ 65385 – ℰ (06722) 9 02 50 – info@zumbaeren.de – Fax (06722) 902513
23 Zim ⊋ – †72/115 € ††92/160 € – **Rest** – *(geschl. Sonntagabend, Nov. - April Sonntagabend - Montag, Dienstag - Samstag nur Abendessen)* Karte 15/28 €
♦ Dieses familiengeführte Hotel in Zentrallage verfügt über gepflegte und wohnliche Zimmer mit zeitgemäßer Einrichtung. Etwas moderner sind die Nichtraucherzimmer gestaltet. Rustikaler Restaurantbereich.

Rheinhotel
Geisenheimer Str. 25 ⊠ 65385 – ℰ (06722) 90 30 – info@ rheinhotel-ruedesheim.de – Fax (06722) 903199 – geschl. 20. Dez. - 9. März
22 Zim ⊋ – †69/79 € ††97/118 € – **Rest** – (nur Abendessen für Hausgäste)
♦ Das familiär geleitete Hotel liegt am Ortseingang und bietet zeitgemäße Zimmer und einen freundlichen Frühstücksraum in leicht mediterranem Stil mit Bar.

Außerhalb Nord-West : 5 km über die Straße zum Niederwald-Denkmal :

Jagdschloss Niederwald (mit Gästehaus)
Jagdschloss Niederwald 1
⊠ 65385 Rüdesheim – ℰ (06722) 7 10 60
– jagdschloss@niederwald.de – Fax (06722) 7106666
52 Zim ⊋ – †84/110 € ††136/148 € – 4 Suiten – **Rest** – Karte 31/51 €
♦ Sehr schön liegt das historische Gutsgebäude nahe dem Niederwald-Denkmal - ein gut unterhaltenes Hotel mit hellen, solide und wohnlich möblierten Zimmern. Klassischer Rahmen im Restaurant mit einem sehr schönen Blick ins Grüne.

In Rüdesheim-Assmannshausen Nord-West : 5 km über B 42 :

Krone Assmannshausen
Rheinuferstr. 10 ⊠ 65385 – ℰ (06722) 40 30 – info@hotel-krone.com – Fax (06722) 3049
65 Zim – †105/180 € ††145/210 €, ⊋ 15 € – 4 Suiten – **Rest** – Karte 41/67 €
♦ Luxuriöse Unterkünfte mit aufwändigen Bädern im Stammhaus sowie etwas einfachere Zimmer im Nebenhaus warten in dem türmchenverzierten Hotel a. d. 16. Jh. auf Besucher. Speisen Sie im klassischen Restaurant oder auf der glyzinienberankten Terrasse.

Schön
Rheinuferstr. 3 ⊠ 65385 – ℰ (06722) 9 06 66 00 – schoen-wein@t-online.de – Fax (06722) 9066650 – geschl. Nov. - Feb.
25 Zim – †55/70 € ††85/110 € – **Rest** – Karte 24/46 €
♦ Das vormals als Wechselstation für Treidelpferde genutzte Haus bietet Reisenden heute solide, wohnliche Zimmer, meist mit Rheinblick und Sonnenbalkon oder Zugang zum Garten. Mit rustikalem Restaurant und schattiger Wein-Laubenterrasse.

> Frühstück inklusive? Die Tasse ⊋ steht gleich hinter der Zimmeranzahl.

RÜGEN (INSEL) – Mecklenburg-Vorpommern – 542 – Größte Insel Deutschlands, durch einen 2,5 km langen Damm mit dem Festland verbunden 6 **P3**

- Berlin 249 – Schwerin 186 – Greifswald 60 – Stralsund 28
- in Sassnitz, am Fährhafen, ℰ (01805) 24 12 24 (Gebühr)
- Fährlinie Sassnitz-Trelleborg, ℰ (038392) 6 41 80
- Karnitz, Dorfstr. 11 ℰ (038304) 8 24 70
- Gesamtbild★ der Insel mit Badeorten★ Binz, Sellin, Babe und Göhren – Putbus★ (Circus★, Theater★, Schlosspark★) – Jagdschloss Granitz★ (≤★★) – Kap Arkona★ (≤★★) – Stubbenkammer : Königsstuhl★★

BAABE – 870 Ew – Höhe 2 m – Seebad

🛈 Am Kurpark 9, ✉ 18586, ℰ (038303) 14 20, kvbaabe@t-online.de

Solthus am See
Bollwerkstr. 1 (Süd-West : 1 km) ✉ 18586 – ℰ (038303) 8 71 60 – info@solthus.de – Fax (038303) 871699
39 Zim ⌑ – †90/120 € ††120/160 € – ½ P 28 € – **Rest** – Menü 38 € (abends) – Karte 33/37 €
♦ Eine sehr wohnliche Landhausatmosphäre herrscht in dem reetgedeckten "Salzlagerhaus", das reizvoll am kleinen Hafen zwischen Selliner See und Greifswalder Bodden liegt. Im Restaurant schaffen Blockhauswände eine skandinavische Note. Terrasse zum Bodden.

Villa Granitz garni
Birkenallee 17 ✉ 18586 – ℰ (038303) 14 10 – villa-granitz@t-online.de – Fax (038303) 14144 – geschl. Nov. - April
60 Zim ⌑ – †44/71 € ††66/92 € – 4 Suiten
♦ Angenehm ist die familiäre Leitung dieses nach dem Vorbild der Rügener Seebäderarchitektur erbauten Hotels. Besonders gern frühstücken die Gäste im hübschen Wintergarten.

Strandallee
Strandstr. 18 ✉ 18586 – ℰ (038303) 14 40 – hotel-strandallee@t-online.de – Fax (038303) 14419 – geschl. Nov.
30 Zim ⌑ – †52/59 € ††76/84 € – ½ P 12 € – **Rest** – (außer Saison nur Abendessen) Karte 15/30 €
♦ Im Zentrum, etwa 500 m vom Strand entfernt liegt das tipptopp gepflegte, aus zwei Gebäuden bestehende Hotel. Auch einige Appartements sind vorhanden. Restaurant mit freundlichem Wintergarten.

Strandhotel
Biergarten
Strandstr. 24 ✉ 18586 – ℰ (038303) 1 50 – info@strandhotel-baabe.de – Fax (038303) 15150
43 Zim ⌑ – †30/60 € ††60/110 € – ½ P 12 € – **Rest** – Karte 15/27 €
♦ Das in Strandnähe, direkt am Kurmittelhaus gelegene Hotel bietet solide, mit Kirschbaummöbeln funktionell ausgestattete Zimmer und einen netten Saunabereich.

BERGEN – 14 940 Ew – Höhe 55 m

🛈 Markt 23, ✉ 18528, ℰ (03838) 81 12 76, touristeninformation@stadt-bergen-auf-ruegen.de

Kaufmannshof
Biergarten
Bahnhofstr. 6 ✉ 18528 – ℰ (03838) 8 04 50 – kaufmannshof@gmx.de – Fax (03838) 804545
20 Zim ⌑ – †60/90 € ††90/130 € – ½ P 24 € – **Rest** – Karte 16/36 €
♦ Aus einem 1906 als Kolonialwaren- und Delikatessengeschäft gegründeten Familienbetrieb ist dieses kleine Hotel mit wohnlichen Zimmern hervorgegangen. Das einem alten Kaufmannsladen nachempfundene Restaurant bietet regionale und internationale Küche.

Rugard
Rugardweg 10 ✉ 18528 – ℰ (03838) 2 01 90 – rezeption@rugard.de – Fax (03838) 201919
22 Zim ⌑ – †44/62 € ††59/89 € – **Rest** – Karte 17/28 €
♦ Am Ernst-Moritz-Arndt-Turm, einem Wahrzeichen Rügens, liegt das im traditionellen norddeutschen Stil gebaute Haus. Solide mit Kirschholz möblierte Zimmer. Terrakottafliesen und helles Naturholz verleihen dem Restaurant eine nette Atmosphäre.

RÜGEN (INSEL)
Binz – 5 570 Ew – Höhe 6 m – Seebad
🛈 Heinrich-Heine Str. 7, ✉ 18609, ✆ (038393) 14 81 48, info@ostseebad-binz.de

Kurhaus Binz (geheizt) Rest,
Strandpromenade 27 ✉ *18609 –* ✆ *(038393) 66 50*
– *kurhaus-binz@travelcharme.com – Fax (038393) 665555*
137 Zim – †99/259 € ††158/278 € – ½ P 31 € – 8 Suiten
Rest – *(Anfang Mai - Anfang Okt. nur Abendessen)* Karte 30/54 €
Rest *Surf'n Turf –* ✆ *(038393) 66 55 42 (geschl. Mitte Okt. - Ende April)*
Karte 26/43 €
• Seit 1908 existiert der beeindruckende Bau, der an der bekannten Seebrücke liegt. Der Gast wohnt komfortabel und kann im großzügigen Freizeitbereich entspannen. Restaurant mit klassisch-stilvollem Rahmen und Meerblick. Internationale, teils regionale Küche.

Grand Hotel Binz
Strandpromenade 7 ✉ *18609 –* ✆ *(038393) 1 50*
– *grandhotelbinz@aol.com – Fax (038393) 15555*
124 Zim – †120/212 € ††160/294 € – ½ P 32 € – 4 Suiten – **Rest** – Karte 32/55 €
• Eine schöne, luxuriöse Ferienadresse nahe dem Strand. Die Hotelanlage wurde der Bäderarchitektur nachempfunden und die Zimmer sind wohnlich-elegant. Restaurant mit Wintergarten und netter kleiner Terrasse zum Strand. Internationale Karte.

Cerês Zim,
Strandpromenade 24 ✉ *18609 –* ✆ *(038393) 6 66 70 – info@ceres-hotel.de*
– *Fax (038393) 666768*
50 Zim – †135/275 € ††160/300 € – ½ P 30 € – 6 Suiten – **Rest** – Menü 42 €
– Karte 36/46 €
• Klar und modern ist der Stil dieses Hauses – von der Architektur bis zum elegant-puristischen Interieur. Die Zimmer bieten hochwertige Technik und teilweise eine schöne Sicht. Zum Barbereich hin offen angelegtes Restaurant mit geradliniger Einrichtung.

DorintResorts
Strandpromenade 58 ✉ *18609 –* ✆ *(038393) 4 30 – info.binz@dorintresorts.com*
– *Fax (038393) 43100*
63 Zim – †82/202 € ††148/268 € – ½ P 28 € – 47 Suiten – **Rest** – Menü 36 €
– Karte 25/50 €
• Direkt am Strand liegt das Hotel, dessen Zimmer durch ihre Farbgestaltung und gekalkte Naturholzmöbel südländisch wirken. Hübscher Saunabereich. Mediterrane Atmosphäre im Restaurant Olivio mit Showküche.

Rugard Strandhotel Rest,
Strandpromenade 62 ✉ *18609 –* ✆ *(038393) 5 60 – hotelrugard@aol.com*
– *Fax (038393) 56666*
231 Zim – †85/163 € ††120/216 € – ½ P 22 € – 12 Suiten
Rest – Menü 36 € – Karte 27/48 €
• Schön ist die Lage des Hauses an der lang gezogenen Binzer Bucht. Eleganter Eingangsbereich, gediegen-wohnliche Landhauszimmer und ein großzügiger Wellnessbereich. Restaurant im 5. Stock mit Blick auf die Ostsee.

Seehotel Binz-Therme (Thermal)
Strandpromenade 76 Rest, Rest,
✉ *18609 –* ✆ *(038393) 60 – info@binz-therme.de – Fax (038393) 61500*
143 Zim – †94/189 € ††139/234 € – ½ P 20 € – **Rest** – Karte 21/30 €
• Nur der Küstenschutzwald trennt diese komfortable Hotel- und Ferienwohnungsanlage von der Ostsee. In der Badeabteilung sprudelt eine Solequelle aus 1222 Metern Tiefe!

Am Meer
Strandpromenade 34 ✉ *18609 –* ✆ *(038393) 4 40 – info@hotel-am-meer.de*
– *Fax (038393) 44444*
60 Zim – †80/165 € ††142/240 € – ½ P 30 € – **Rest** – Menü 37/52 €
– Karte 28/59 €
• Ein trendiges Konzept bestimmt das Hotel an der Promenade. Die Zimmer: frisch und freundlich im Design und technisch auf dem neuesten Stand. Ganz moderner Spabereich. Das Restaurant ist unterteilt in die beiden A-la-carte-Bereiche Die Düne und Fischküche.

RÜGEN (INSEL)

Imperial garni
Strandpromenade 20 ⊠ *18609 – ℘ (038393) 13 80 – hotel-imperial@karin-loew-hotellerie.de – Fax (038393) 13813 – geschl. 4. - 12. Jan.*
27 Zim ⊇ – †57/83 € ††83/140 €
♦ An der Strandpromenade und doch relativ ruhig steht diese hübsche Jugendstilvilla. Hier bietet man zeitgemäße, wohnliche Zimmer, meist mit Balkon und Blick auf die Ostsee.

Villa Salve
Strandpromenade 41 ⊠ *18609 – ℘ (038393) 22 23 – urlaub@ruegen-schewe.de – Fax (038393) 13629*
13 Zim ⊇ – †50/155 € ††60/165 € – ½ P 15 € – **Rest** – Karte 20/34 €
♦ Hinter der weißen Villenfassade des über 100 Jahre alten denkmalgeschützten Hauses verbergen sich individuelle, meist großzügige Zimmer. Restaurant im Brasseriestil mit schöner Terrasse zum Strand hin.

X Strandhalle
Strandpromenade 5 ⊠ *18609 – ℘ (038393) 3 15 64 – toni.muensterteicher@t-online.de – Fax (038393) 31564*
Rest – Menü 23 € – Karte 16/33 €
♦ Am Ende der Promenade finden Sie das von Schweden erbaute restaurierte Strandhaus aus dem vorigen Jahrhundert mit netter nostalgischer Einrichtung. Überwiegend Fischgerichte.

BREEGE – 800 Ew – Höhe 3 m

In Breege-Juliusruh Nord-Ost : 1 km :

Atrium am Meer
Am Waldwinkel 2 ⊠ *18556 – ℘ (038391) 40 30 – hotel@atrium-am-meer.de – Fax (038391) 40341*
55 Zim – †52/87 € ††64/122 € – ½ P 15 € – **Rest** – Karte 15/25 €
♦ Das hinter dem Dünenwald in Strandnähe gelegene Haus bietet wohnlich, modern und funktionell eingerichtete Zimmer - etwas geräumiger sind die Atelier-Zimmer. Hell und freundlich zeigt sich das Restaurant.

GÖHREN – 1 290 Ew – Höhe 35 m – Seebad
🛈 Poststr. 9, ⊠ 18586, ℘ (038308) 6 67 90, kv@goehren-ruegen.de

Nordperd (mit Gästehäusern)
Nordperdstr. 11 ⊠ *18586 – ℘ (038308) 70 – nordperd@travelcharme.com – Fax (038308) 7160 – geschl. 2. Jan. - 29. Feb.*
96 Zim ⊇ – †65/183 € ††98/238 € – 5 Suiten – **Rest** – (nur Abendessen für Hausgäste) Karte 22/46 €
♦ Leicht erhöht und relativ ruhig liegt diese schöne Urlaubsadresse. Eine aus mehreren Häusern bestehende Hotelanlage mit wohnlicher Einrichtung.

Hanseatic (mit Gästehaus)
Nordperdstr. 2 ⊠ *18586 – ℘ (038308) 5 15 – info@hotel-hanseatic.de – Fax (038308) 51600*
107 Zim – †65/129 € ††99/159 € – ½ P 21 € – 8 Suiten
Rest *Berliner Salon* – (nur Abendessen) Menü 48/65 € – Karte 20/49 €
♦ Das Hotel im Bäderstil bietet wohnliche Zimmer mit Pantry und einen ansprechenden Wellnessbereich. Markant: der Aussichtssturm mit Café und Standesamt. Villa mit Appartements. Das Restaurant teilt sich in den Berliner Salon und das Friedrich's mit Bar.

Meeres Blick
Friedrichstr. 2 ⊠ *18586 – ℘ (038308) 56 50 – hotel.meeresblick@avr.de – Fax (038308) 565200 – geschl. Nov. - Jan.*
34 Zim ⊇ – †68/93 € ††92/126 € – ½ P 25 € – 28 Suiten
Rest *MeeresBlick* – separat erwähnt
♦ Aus mehreren Gebäuden besteht diese gut geführte kleine Hotelanlage, die neuzeitliche, teils mit Balkon ausgestattete Zimmer, Suiten und Ferienappartements beherbergt.

Stranddistel garni
Katharinenstr. 9 ⊠ *18586 – ℘ (038308) 54 50 – stranddistel@t-online.de – Fax (038308) 54555 – geschl. 1. - 26. Dez., 6. - 31. Jan.*
32 Zim ⊇ – †46/75 € ††66/120 € – 8 Suiten
♦ Ein ruhiges und doch zentrumsnahes Hotel unter familiärer Leitung. Mit dem hauseigenen Segelschiff "Sehnsucht" unternimmt man gern Tagestörns.

RÜGEN (INSEL)

Inselhotel
Wilhelmstr. 6 ⊠ 18586 – ℰ (038308) 55 50 – inselhotel-ruegen@t-online.de
– Fax (038308) 55555
32 Zim ⊇ – ♦25/65 € ♦♦88/108 € – ½ P 10 € – 5 Suiten – **Rest** – (nur Abendessen für Hausgäste)
♦ Nur 150 m vom Strand, am Rand des Dünenwaldes befindet sich das neuzeitliche Hotel mit freundlichen, funktionellen Zimmern und einigen Appartements.

Restaurant MeeresBlick – Hotel Meeres Blick
Friedrichstr. 2 ⊠ 18586 – ℰ (038308) 56 55 14 – hotel.meeresblick@avr.de
– Fax (038308) 565200 – geschl. 5. Nov. - 28. Feb. und Mittwoch
Rest – (nur Abendessen) Menü 65/90 € – Karte 35/55 €
♦ Freundlich und kompetent serviert man hier gehobene Regionalküche - angerichtet auf speziell für dieses Restaurant entworfenen Unikaten der Keramikkünstlerin Kathrin Grünke.

LOHME – 630 Ew – Höhe 50 m

Panorama Hotel Lohme (mit Gästehäusern)
An der Steilküste 8 ⊠ 18551 – ℰ (038302) 91 10 – info@lohme.com
– Fax (038302) 911132
38 Zim – ♦48/72 € ♦♦68/148 € – ½ P 25 € – **Rest** – Karte 24/38 €
♦ Beeindruckend ist die Lage des Hotels auf einem 60 m hohen bewaldeten Kreidekliff. Besonders hübsch: die modernen, individuellen Themenzimmer im Haus Greys. Appartements. Sorgfältig zubereitete internationale Küche im Restaurant mit Wintergarten und Meerblick.

NEUENKIRCHEN – 420 Ew – Höhe 5 m

In Neuenkirchen-Tribbevitz Süd-Ost : 2 km :

Gut Tribbevitz
⊠ 18569 – ℰ (038309) 70 80 – info@gut-tribbevitz.de – Fax (038309) 708138
– geschl. Nov. - April
20 Zim ⊇ – ♦70/95 € ♦♦90/140 € – ½ P 24 € – 7 Suiten – **Rest** – Menü 26/45 €
– Karte 27/34 €
♦ Das hübsche Gutshaus von 1844 mit Grundmauern a. d. 14. Jh. beherbergt heute recht geräumige Gästezimmer. Zur Anlage gehört auch ein Trakehnergestüt mit Gastboxen.

PUTBUS – 4 850 Ew – Höhe 50 m – Erholungsort
🛈 Alleestr. 35, in der Orangerie, ⊠ 18581, ℰ (038301) 4 31, info.putbus@putbus.de

In Putbus-Lauterbach Süd-Ost : 2 km :

Badehaus Goor
Fürst-Malte-Allee 1 ⊠ 18581 – ℰ (038301) 8 82 60
– info@hotel-badehaus-goor.de – Fax (038301) 8826300
88 Zim (inkl. ½ P.) – ♦70/90 € ♦♦110/190 € – 5 Suiten
Rest – Karte 27/37 €
♦ Aufwändig hat man die ruhig direkt am Bodden gelegene ehemalige fürstliche Residenz von 1813 restauriert. Entstanden ist ein sehr schönes, wohnlich eingerichtetes Hotel. Elegantes Restaurant mit Terrasse im hübschen Innenhof.

In Putbus-Vilmnitz Ost : 2 km Richtung Binz :

Landhotel Ulmenhof
Chausseestr. 5 ⊠ 18581 – ℰ (038301) 8 82 80 – info@landhotel-ulmenhof.de
– Fax (038301) 8828888 – geschl. 2. Jan. - März
32 Zim ⊇ – ♦50/75 € ♦♦74/102 € – ½ P 16 € – **Rest** – (geschl. Nov. - Dez. Mittwoch) Karte 16/32 €
♦ In einem kleinen Dorf liegt dieser neuzeitliche Hotelbau. Tipptopp gepflegt sind die praktisch und zeitgemäß ausgestatteten, in sachlichem Stil eingerichteten Zimmer.

RÜGEN (INSEL)

In Putbus-Wreechen Süd-West : 2 km :

Wreecher Hof (mit Gästehäusern)
Kastanienallee ⊠ 18581 – ℰ (038301) 8 50 – info@wreecher-hof.de – Fax (038301) 85100
43 Zim ☐ – †66/86 € ††84/142 € – ½ P 25 € – 25 Suiten – **Rest** – *(wochentags nur Abendessen)* (Tischbestellung ratsam) Menü 27/50 € – Karte 29/49 €
♦ Ein hübsches Ensemble aus 7 reetgedeckten Häusern in idyllischer Lage am Ortsrand. Die Zimmer sind meist Suiten, Juniorsuiten oder Maisonetten. Kunstobjekte zieren den Garten. Internationale Karte im freundlichen Restaurant mit Wintergarten.

Ralswiek – 300 Ew – Höhe 2 m

Schloss Ralswiek
Parkstr. 35 ⊠ 18528 – ℰ (03838) 2 03 20 – info@schlosshotel-ralswiek.de – Fax (03838) 2032222
63 Zim ☐ – †65/85 € ††110/180 € – ½ P 25 € – 12 Suiten – **Rest** – Karte 25/39 €
♦ 1893 im Stil der Neurenaissance erbaut, beeindruckt das oberhalb des Jasmunder Boddens einsam in einem Park gelegene Schloss mit einem imposanten Äußeren und modernem Komfort. Zur Gartenseite: das Restaurant mit hohen, luftigen Räumen.

Sagard – 2 920 Ew – Höhe 25 m

Steigenberger Resort
Neddesitz (Nord-Ost : 3 km) ⊠ 18551 – ℰ (038302) 95 – ruegen@steigenberger.de – Fax (038302) 96620
145 Zim ☐ – †65/125 € ††100/160 € – ½ P 21 € – 16 Suiten – **Rest** – Karte 23/32 €
♦ Aus einem Gutshof entstandene familienfreundliche Ferienanlage. Herzstück ist das Herrenhaus mit individuellen, sehr wohnlichen Suiten. Angrenzende Therme mit Sport/Wellness.

Sassnitz – 11 010 Ew – Höhe 30 m – Erholungsort

🛈 Bahnhofstr. 19a, ⊠ 18546, ℰ (038392) 64 90, mail@insassnitz.de

Waterkant garni
Walterstr. 3 ⊠ 18546 – ℰ (038392) 5 09 41 – urlaub@hotel-waterkant.de – Fax (038392) 50844 – geschl. Jan.
16 Zim ☐ – †35/65 € ††50/90 €
♦ Zentrumsnah liegt diese familiär geführte Urlaubsadresse über dem Hafen. Besonders hübsch sind der gepflegte Garten und der Frühstücksraum mit Meerblick.

Gastmahl des Meeres mit Zim
Strandpromenade 2 ⊠ 18546 – ℰ (038392) 51 70 – gastmahlsassnitz@aol.com – Fax (038392) 51733
12 Zim ☐ – †55/70 € ††80/95 € – **Rest** – Karte 21/32 €
♦ Seit vielen Jahren befindet sich dieses Restaurant unweit des Hafens in Familienbesitz. Dunkles Holz und maritimes Dekor bestimmen das Ambiente. Überwiegend Fischgerichte. Solide, wohnliche Gästezimmer.

An der Straße nach Lohme Nord : 5 km, Einfahrt Stubbenkammer :

Baumhaus Hagen mit Zim
Stubbenkammer ⊠ 18546 Sassnitz – ℰ (038392) 2 23 10 – baumhaus.hagen@t-online.de – Fax (038392) 66869 – geschl. 1. - 24. Dez., 14. - 31. Jan.
10 Zim ☐ – †55 € ††75 € – **Rest** – Karte 18/30 €
♦ Einsam liegt das hübsche regionstypische Haus im Wald - im Nationalpark Jasmund. Unter seinem Reetdach erwartet Sie gemütlich-rustikales Ambiente. Die soliden Gästezimmer sind teilweise als Appartements angelegt.

Sehlen – 980 Ew – Höhe 35 m

In Sehlen-Klein Kubbelkow Nord : 2,5 km :

Gutshaus Kubbelkow mit Zim
Im Dorfe 8 ⊠ 18528 – ℰ (03838) 8 22 77 77 – info@kubbelkow.de – Fax (03838) 8227710 – geschl. Feb. und Dienstag
8 Zim ☐ – †100/170 € ††120/190 € – **Rest** – *(wochentags nur Abendessen)* Menü 36/57 € – Karte 35/53 €
♦ Ein wahres Schmuckkästchen ist das schön an einem Park gelegene Herrenhaus von 1908. Stuckdecken und alte Dielenböden verleihen den eleganten Räumen historischen Charme. Mit Geschmack hat man die Gästezimmer wohnlich und individuell eingerichtet.

RÜGEN (INSEL)

SELLIN – 2 550 Ew – Höhe 20 m – Seebad

Warmbadstr. 4, ⊠ 18586, ℰ (038303) 16 11, kv@ostseebad-sellin.de

Hotel-Park Ambiance
Wilhelmstr. 34 ⊠ 18586 – ℰ (038303) 12 20 – info@hotel-ambiance.de
– Fax (038303) 122122
52 Zim ⊇ – †100/135 € ††140/243 € – ½ P 27 € – 22 Suiten
Rest – Menü 33 € – Karte 29/63 €

◆ Vier schöne Villen im Bäderstil und ein Ferienblockhaus bilden diese äußerst ansprechende Hotelanlage. Mit edlen Materialien hat man die Zimmer sehr geschmackvoll gestaltet. Es stehen drei Restaurants zur Wahl: Ambiance, Le Jardin und Clou.

Cliff Hotel
Siedlung am Wald 22a ⊠ 18586 – ℰ (038303)
82 14 – info@cliff-hotel.de – Fax (038303) 8490
256 Zim ⊇ – †86/216 € ††144/228 € – ½ P 28 € – 12 Suiten
Rest – Karte 30/47 €

◆ Wohnliche Zimmer, teils mit Blick auf Ostsee oder Selliner See, sowie ein großzügiger Wellnessbereich machen dieses Hotel aus. Ein hauseigener Lift bringt Sie zum Strand. Integriert in das Restaurant: eine Lounge mit Sitzgruppen und großer Bar.

Seebrücke
< Ostsee,
Seebrücke 1 ⊠ 18586 – ℰ (038303) 92 96 00 – info@seebrueckesellin.de
– Fax (038303) 929699
Rest – Karte 26/34 €

◆ Direkt auf der Seebrücke, dem Selliner Wahrzeichen, ist hinter einer schmucken Fassade dieses helle, freundliche Restaurant untergebracht. Bemerkenswert: der Blick aufs Meer.

TRENT – 890 Ew – Höhe 1 m

Radisson SAS
(geheizt)
Vaschvitz 17 (Nord-West : 5 km) ⊠ 18569
– ℰ (038309) 2 20 – info.trent@radissonsas.com – Fax (038309) 22599
– geschl. 3. Jan. - Feb.
153 Zim ⊇ – †75/130 € ††100/174 € – ½ P 24 € – **Rest** – Karte 24/39 €

◆ Die Anlage besteht aus fünf Gebäuden, die architektonisch regionalen Gutshöfen nachempfunden sind. Die Innenausstattung orientiert sich am skandinavischen Stil. Vielfältige Gastronomie.

WIEK – 1 270 Ew – Höhe 2 m

Kyp Yachthafen Residenz
Hauptstr. 10 ⊠ 18556 – ℰ (038391) 7 64 60 – info@peter-flory.de
– Fax (038391) 764622 – geschl. 4. Nov. - 15. März
38 Zim ⊇ – †28/50 € ††45/78 € – ½ P 12 € – **Rest** – Karte 15/21 €

◆ Ein neu aufgebautes traditionelles Gasthaus und ein moderner Anbau bilden dieses Hotel. Die Nähe zum Hafen sowie zeitgemäße Zimmer und Appartements sprechen für das Haus. Deutsches Haus nennt sich das elegant im Brauhausstil gehaltene Restaurant.

RÜHSTÄDT – Brandenburg – 542 – 600 Ew – Höhe 23 m 21 M7

▶ Berlin 155 – Potsdam 133 – Perleberg 22 – Stendal 67

Schloss Rühstädt
Schloss ⊠ 19322 – ℰ (038791) 8 08 50 – info@schlosshotel-ruehstaedt.de
– Fax (038791) 808529 – geschl. 7. - 24. Jan.
14 Zim ⊇ – †65 € ††110/118 € – **Rest** – *(geschl. Sonntag, Montag - Donnerstag nur Mittagessen)* (nur für Hausgäste)

◆ Am städtischen Park liegt dieses schöne herrschaftliche Anwesen - ein familiengeführtes kleines Hotel, das mit großen, komfortablen Zimmern und stilvollem Rahmen überzeugt.

Eine preiswerte und komfortable Übernachtung?
Folgen Sie dem „Bib Hotel".

RÜSSELSHEIM – Hessen – 543 – 59 710 Ew – Höhe 88 m   47 **F15**
▶ Berlin 561 – Wiesbaden 19 – Frankfurt am Main 29 – Darmstadt 27
ADAC Marktplatz 8

Columbia
Stahlstr. 2 ✉ *65428* – ☎ *(06142) 87 60 – ruesselsheim@columbia-hotels.de*
– Fax (06142) 876805
150 Zim ⌒ – †155 € ††175 €
Rest *Navette* – separat erwähnt
Rest – Karte 21/32 €
♦ Mit seiner guten Autobahnanbindung und den zeitgemäßen, funktionell ausgestatteten Zimmern ist dieses Hotel auch für Businessgäste interessant. Restaurant im Brasseriestil.

Golden Tulip
Eisenstr. 6 ✉ *65428* – ☎ *(06142) 89 40 – goldentulip-ruesselsheim@t-online.de*
– Fax (06142) 894450
84 Zim ⌒ – †75/105 € ††89/125 € – **Rest** – *(geschl. Freitag - Sonntag)*
Karte 17/49 €
♦ Die geräumig zugeschnittenen Zimmer mit praktischer Ausstattung und guter Technik sprechen für dieses in einem Gewerbegebiet gelegene Hotel.

Navette – Hotel Columbia
Stahlstr. 2 ✉ *65428* – ☎ *(06142) 87 60 – ruesselsheim@columbia-hotels.de*
– Fax (06142) 876805
Rest – *(geschl. 22. Dez. - 7. Jan., Aug. und Samstag - Montag)* Menü 59/74 €
♦ Freundlich und geschult serviert man dem Gast in diesem eleganten Restaurant eine frische kreative Saisonküche in Menüform.

La Villa
Ludwig-Dörfler-Allee 9, (Opel-Villen) ✉ *65428* – ☎ *(06142) 2 10 09 55*
– service@lavilla-ruesselsheim.de – Fax (06142) 2100966
– geschl. Montag und Samstagabend
Rest – Karte 28/53 €
♦ In einer der beiden ehemaligen Opel-Villen von 1915 hat man ein elegantes italienisches Restaurant eingerichtet. In der 2. Villa: Kunst und Events.

In Rüsselsheim-Bauschheim Süd-West : 5 km über B 519, jenseits der A 60 :

Rüsselsheimer Residenz
Am Weinfaß 133 ✉ *65428* – ☎ *(06142) 9 74 10 – ruesselsheimer-residenz@t-online.de – Fax (06142) 72770*
24 Zim ⌒ – †87 € ††99 €
Rest *L'herbe de Provence* – ☎ *(06142) 97 80 80 (geschl. 2. - 9. Jan. und Samstagmittag, Sonntag)* Karte 44/55 €
♦ Der neuzeitliche Hotelbau mit den runden Dachgauben beherbergt unterschiedlich geschnittene, funktionell und recht wohnlich eingerichtete Gästezimmer.

In Raunheim Nord-Ost : 4 km über B 43 :

Mercure Hotel Wings
Anton-Flettner-Str. 8 ✉ *65479* – ☎ *(06142) 7 90 – h2204@accor.com*
– Fax (06142) 791791
167 Zim – †75/175 € ††85/195 €, ⌒ 15 €
Rest *Charles Lindbergh* – Karte 26/40 €
♦ Die verkehrsgünstige Lage nahe der Autobahnabfahrt sowie die funktionell ausgestatteten Zimmer sprechen für dieses moderne Hotel.

RÜTHEN – Nordrhein-Westfalen – siehe Warstein

RUHLA – Thüringen – 544 – 6 840 Ew – Höhe 420 m 39 **J12**
- Berlin 362 – Erfurt 66 – Bad Salzungen 25

In Ruhla-Thal Nord-Ost : 4,5 km :

Thalfried
Am Park 11 ⊠ *99842 – ℰ (036929) 7 90 00 – hotel.thalfried@rev.de*
– Fax (036929) 790079
36 Zim ⊇ – †70/80 € ††90/100 € – **Rest** – *(geschl. Montagmittag)* Menü 19 €
(veg.)/23 € – Karte 17/33 €
♦ Dieses Hotel bietet neuzeitliche, funktionell und wohnlich eingerichtete Gästezimmer und einen kleinen Freizeitbereich mit Kosmetik und Massage. Geschmackvoll dekoriertes Restaurant in ländlichem Stil mit gut eingedeckten Tischen und freundlichem Service.

RUHPOLDING – Bayern – 546 – 6 370 Ew – Höhe 656 m – Wintersport : 1 670 m ≰1
≰7 ≵ – Luftkurort 67 **O21**
- Berlin 703 – München 115 – Bad Reichenhall 30 – Salzburg 43
- Hauptstr. 60, ⊠ 83324, ℰ (08663) 8 80 60, tourismus@ruhpolding.de
- Ruhpolding-Zell, Rauschbergstr. 1a ℰ (08663) 24 61

Steinbach-Hotel
Maiergschwendter Str. 8 ⊠ *83324 – ℰ (08663) 54 40 – info@steinbach-hotel.de*
– Fax (08663) 370 – geschl. Nov.
80 Zim ⊇ – †50/64 € ††100/118 € – ½ P 15 € – 8 Suiten – **Rest** – Karte 21/31 €
♦ Passend zu der ländlichen Umgebung ist die Einrichtung der drei miteinander verbundenen Hotelgebäude gemütlich und rustikal gehalten. Gepflegte Zimmer, meist mit Balkon. Gemütlich-alpenländische Atmosphäre im Restaurant mit Kachelofen.

Rosenhof-Feriendomizil garni
Niederfeldstr. 17 ⊠ *83324 – ℰ (08663) 8 82 00 – Fax (08663) 5085*
11 Zim ⊇ – †42/45 € ††72/92 €
♦ Solider rustikaler Landhausstil bestimmt den Charakter der Gästezimmer in diesem traditionell gebauten Ferienhotel. Das Platzangebot ist meist überdurchschnittlich.

Ortnerhof
Ort 6 (Süd : 3 km) ⊠ *83324 – ℰ (08663) 8 82 30 – hotel@ortnerhof.de*
– Fax (08663) 8823333
42 Zim ⊇ – †51/100 € ††121/153 € – ½ P 10 € – **Rest** – Karte 23/32 €
♦ Ein gewachsener Familienbetrieb, zu dessen Angebot ein Panorama-Hallenbad sowie Sauna, Kosmetik und Massage gehören. Besonders wohnlich sind die neuen Gästezimmer.

Ruhpoldinger Hof
Hauptstr. 30 ⊠ *83324 – ℰ (08663) 12 12 – info@ruhpoldinger-hof.de*
– Fax (08663) 5777
44 Zim ⊇ – †48/56 € ††76/100 € – ½ P 14 € – 3 Suiten – **Rest**
– (geschl. Dienstag) Karte 16/30 €
♦ Mitten im Dorfzentrum liegt der von der Inhaberfamilie geführte Gasthof. Ein Großteil der Zimmer ist neuzeitlich eingerichtet. Auch etwas einfachere Zimmer sind vorhanden. Gediegene und gemütliche Gasträume.

AlpenSonne
Obergschwender Str. 17 ⊠ *83324 – ℰ (08663) 8 80 40 – info@alpen-sonne.de*
– Fax (08663) 880449 – geschl. April, Nov.
23 Zim ⊇ – †43/57 € ††68/99 € – ½ P 13 € – **Rest** – *(geschl. Donnerstag)*
Karte 17/28 €
♦ Die ruhige Lage sowie zeitgemäße Zimmer - teils mit Balkon/Terrasse - und einige Appartements sprechen für dieses familiengeführte Haus. Skilift ganz in der Nähe. Restaurant in ländlichem Stil mit separater kleiner Bierstube.

Landhotel Maiergschwendt
Maiergschwendt 1 (West : 1,5 km) ⊠ *83324 – ℰ (08663) 8 81 50 – info@*
landhotel-maiergschwendt.de – Fax (08663) 881560 – geschl. 10. Nov. - 10. Dez.
27 Zim ⊇ – †37/50 € ††78/92 € – ½ P 10 € – **Rest** – Karte 16/30 €
♦ Der unverbaute Blick auf die Berge und die ländliche Umgebung sind prägende Merkmale des Hauses. Wählen Sie eines der neueren Zimmer im Anbau! Helles, rustikales Restaurant.

RUHPOLDING

Fischerwirt
Rauschbergstr. 1 (Zell, Süd-Ost : 2,5 km, am Golfplatz) ⊠ *83324 – ℘ (08663) 17 05*
– info@fischerwirt-ruhpolding.de – Fax (08663) 5008 – geschl. 27. Okt. - 30. Nov.
10 Zim ⊇ – †35/40 € ††60/70 € – **Rest** – *(geschl. Montag)* Karte 17/28 €
♦ Der Fischerwirt ist ein solider Betrieb, der im netten, familiären Stil geleitet wird. Gemütliche, alpenländisch wirkende Zimmer stehen zum Einzug bereit. Gasthaus mit rustikalem Ambiente.

RUHSTORF A. D. ROTT – Bayern – 546 – 7 040 Ew – Höhe 319 m — 60 **P19**
▶ Berlin 622 – München 155 – Passau 23 – Salzburg 118

Antoniushof
Ernst-Hatz-Str. 2 ⊠ *94099 – ℘ (08531) 9 34 90*
– antoniushof@t-online.de – Fax (08531) 9349210
39 Zim ⊇ – †65/105 € ††92/166 € – **Rest** – *(geschl. Montagmittag)* Karte 20/38 €
♦ Seit mehr als hundert Jahren befindet sich das traditionsreiche Haus in Familienbesitz. Heute ist es ein komfortables Urlaubsdomizil mit schönem Garten und Wellnessbereich. Rustikale Eleganz prägt die Kaminstube mit internationaler Küche.

RUMBACH – Rheinland-Pfalz – 543 – 520 Ew – Höhe 233 m — 53 **D17**
▶ Berlin 704 – Mainz 150 – Karlsruhe 60 – Saarbrücken 91

In Nothweiler Süd : 3,5 km – Erholungsort :

Landgasthaus Zur Wegelnburg (mit Pension Kraft)
Hauptstr. 15 ⊠ *76891 – ℘ (06394) 2 84*
– info@zur-wegelnburg.de – Fax (06394) 5049 – geschl. 3. - 14. Dez., 14. - 26. Jan.
12 Zim ⊇ – †46/52 € ††72/78 € – ½ P 15 € – **Rest** – *(geschl. Dienstag)* Karte 17/41 €
♦ Gasthof mit zeitgemäßen, solide möblierten Zimmern. Ruhiger sind die Zimmer in einer etwas oberhalb des Dorfes gelegenen Pension mit schönem Blick auf den Ort und das Tal. Ländliche Gaststuben mit teils überdachter Sonnenterrasse.

RUST – Baden-Württemberg – 545 – 3 550 Ew – Höhe 164 m – Erholungsort
▶ Berlin 776 – Stuttgart 185 – Freiburg im Breisgau 37
 – Offenburg 37   53 **D20**
ℹ Fischerstr. 51 (Rathaus), ⊠ 77977, ℘ (07822) 86 45 20,
 tourist-info@gemeinde-rust.de
◉ Europa-Park★★

Andante
Peter-Thumb Str. 2 ⊠ *77977 – ℘ (07822) 44 69 30 – info@andante-hotel-rust.de*
– Fax (07822) 4469344
19 Zim ⊇ – †58/65 € ††79/89 € – **Rest** – *(nur Abendessen)* Karte 18/39 €
♦ In einem Wohngebiet nahe dem Europa-Park liegt das moderne kleine Hotel. Die Zimmer sind mit hellem Holz und mediterran wirkenden Fliesenböden freundlich eingerichtet.

Rebstock
Klarastr. 14 ⊠ *77977 – ℘ (07822) 76 80 – info@rebstock-rust.de*
– Fax (07822) 76106 – geschl. 7. Jan. - 8. März, 5. - 30. Nov.
40 Zim ⊇ – †70/75 € ††90/95 € – **Rest** – *(nur Abendessen)* Karte 18/31 €
♦ Hotel in unmittelbarer Nähe des Europa-Parks. Die Einrichtung ist zeitlos und funktionell. Für Familien hat man einige entsprechend ausgestattete Zimmer im Programm.

SAALFELD – Thüringen – 544 – 28 400 Ew – Höhe 240 m — 40 **L13**
▶ Berlin 294 – Erfurt 59 – Coburg 73 – Suhl 65
ℹ Markt 6, ⊠ 07318, ℘ (03671) 3 39 50, info@saalfeld-info.de
◉ Feengrotten★, Süd-Ost : 1 km

Anker garni
Markt 25 ⊠ *07318 – ℘ (03671) 59 90 – info@hotel-anker-saalfeld.de*
– Fax (03671) 512924
51 Zim ⊇ – †50/60 € ††80/95 €
♦ Das a. d. 15. Jh. stammende Haus in zentraler Lage am Marktplatz beherbergt zweckmäßig ausgestattete Gästezimmer mit gutem Platzangebot.

SAALFELD

Ratskeller Saalfeld
Biergarten VISA MC AE
Markt 1 ⊠ 07318 – ℰ (03671) 51 75 10 – info@ratskeller-saalfeld.de
– Fax (03671) 517510 – geschl. Anfang Jan. 1 Woche, Anfang Sept. 1 Woche und Freitagmittag, Samstagmittag, Sonntagabend - Montag
Rest – Menü 35/47 € – Karte 31/48 €
♦ Die dicken alten Mauern des historischen Rathauses und ein Kreuzgewölbe bestimmen die Atmosphäre in diesem Restaurant. Geboten wird internationale Küche.

In Eyba Süd : 8 km über B 281 Richtung Neuhaus am Rennweg, nach Arnsgereuth links ab :

Schlosshotel (mit Gästehaus)
Ortsstr. 23 ⊠ 07318 – ℰ (036736) 3 40 – info@schlosshotel-eyba.de
– Fax (036736) 3419
44 Zim – †60/70 € ††83/94 € – ½ P 18 € – **Rest** – (nur für Hausgäste)
♦ In einer schönen Parkanlage steht das im 16. Jh. erbaute Schloss mit Gästehaus. Man bietet funktionelle, neuzeitliche Zimmer sowie einen gut ausgestatteten Tagungsbereich.

SAARBRÜCKEN L – Saarland – 543 – 181 860 Ew – Höhe 190 m   45 C17

▶ Berlin 710 – Mannheim 128 – Luxembourg 93 – Metz 67

✈ Saarbrücken-Ensheim (Süd-Ost : 12 km, über Saarbrücker Straße X), ℰ (06893) 8 30

ADAC Am Staden 9

🛈 Reichsstr. 1 (Saargalerie) ⊠ 66111, ℰ (0681) 93 80 90, tourist.info@kontour.de

⛳ Gersheim-Rubenheim, Katharinenhof ℰ (06843) 87 97 X

⛳ Wallerfangen-Gisingen, Oberlimberger Weg ℰ (06837) 9 18 00

Veranstaltungen 12.04. - 20.04. : Internationale Saarmesse
Messegelände X, ⊠ 66117 ℰ (0681) 95 40 20

◉ Museum für Vor- und Frühgeschichte (keltisches Fürstinnengrab★★)M¹ – Ludwigsplatz und Ludwigskirche★★ AZ – St. Johannermarkt★ – Basilika St.Johann★ A BZ– Moderne Galerie (Gemälde des deutschen Expressionismus★) M² BZ – Stiftskirche St. Arnual★ (Grabdenkmäler★★, Taufstein★) B X

Stadtplan siehe gegenüberliegende Seite

Victor's Residenz-Hotel
Deutschmühlental ⊠ 66117 – ℰ (0681) 58 82 10 – info.saarbruecken@victors.de
– Fax (0681) 58821199   X d
145 Zim ⊡ – †130/255 € ††150/275 € – **Rest** – Menü 24/40 €
– Karte 28/47 €
♦ In dem modernen Hotelbau am Deutsch-Französischen Garten erwarten Sie eine großzügige Halle und klassisch gehaltene Gästezimmer - ein Teil der Zimmer liegt besonders ruhig. Restaurant im Brasseriestil mit elegantem Touch.

La Résidence
Faktoreistr. 2 ⊠ 66111 – ℰ (0681) 3 88 20 – info@la-residence.net
– Fax (0681) 3882185   AY x
142 Zim ⊡ – †90/135 € ††136/161 € – 15 Suiten
Rest – (geschl. 23. Dez. - 8. Jan., Samstagmittag, Sonntagmittag, Juli - Aug. Samstag - Sonntag) Karte 28/42 €
♦ Das gut geführte Hotel bietet funktionelle, technisch zeitgemäß ausgestattete Gästezimmer unterschiedlicher Kategorien. Sauna-/Freizeitbereich in der obersten Etage. Neuzeitliches, bistroähnlich gestaltetes Restaurant.

Am Triller
Trillerweg 57 ⊠ 66117 – ℰ (0681) 58 00 00 – info@hotel-am-triller.de
– Fax (0681) 58000303 – geschl. 22. Dez. - 1. Jan.   AZ a
110 Zim ⊡ – †115/128 € ††149/186 € – **Rest** – Karte 31/48 €
♦ Aus einem ehemaligen Modeatelier ist dieses Hotel entstanden. Kunst und modernes Design begleiten Sie von der Lobby bis in die Zimmer der verschiedenen Themen-Etagen. Panorama-Restaurant und Bistro.

SAARBRÜCKEN

Am Stadtgraben	AZ	2
Bahnhofstr.	AY	
Berliner Promenade	AY	3
Bleichstr.	BZ	4
Brebacher Landstr.	X	5
Breite Str.	X	7
Brückenstr.	AZ	8
Deutschherrnstr.	AZ	9
Deutschmühlental	X	10
Dudweiler Landstr.	X	12
Eschbergerweg	X	13
Feldmannstr.	X	13
Gersweilerstr.	X	14
Hoche Wacht	X	16
Hochstr.	X	15
Karl-Marx-Str.	AY	17
Lebacher Str.	AY	18
Lerchesflurweg	X	20
Ludwigstr.	AY	22
Neumarkt	AZ	28
Obertorstr.	BZ	29
Parallelstr.	X	30
Paul-Marien-Str.	BZ	32
Präsident-Balz-Str.	BZ	34
Reichsstr.	AY	35
Richard-Wagner-Str.	BY	36
Saarbrücker Str.	X	37
Saaruferstr.	X	38
St. Johanner Markt	BZ	39
Scheidter Str.	BY	40
Schillerpl.	BZ	41
Spichererbergstr.	X	42
Stephanstr.	BY	43
Türkenstr.	BZ	46
Viktoriastr.	AY	47
Wilhelm-Heinrich-Brücke	AY	48

SAARBRÜCKEN

Domicil Leidinger
Mainzer Str. 10 ⊠ *66111 – ℰ (0681) 9 32 70 – info@domicil-leidinger.de – Fax (0681) 9327180*
BZ n
91 Zim ⊇ – †94/114 € ††102/135 € – 4 Suiten
Rest *Gourmet-Bistro Seimetz – (geschl. Montagmittag, Sonn- und Feiertage)* Karte 21/33 €

♦ Ein modernes Hotel mit unterschiedlichen Zimmern von klassisch über Feng-Shui bis hin zum Themenzimmer. Schön ist der ruhige Zen-Innenhof. Im Hinterhaus: Theater mit Jazzclub. Neuzeitliches Ambiente im Gourmet-Bistro Seimetz.

Bayrischer Hof garni
St. Ingberter Str. 46 (Rotenbühl) ⊠ *66123 – ℰ (0681) 95 82 84 0 – hotel@bayrischerhof-sb.de – Fax (0681) 95828444*
X b
23 Zim ⊇ – †69/78 € ††87/97 €

♦ Ein sehr hübsches Hotel ist dieses freundlich und familiär geleitete Haus. Jedes der im englischen Landhausstil eingerichteten Zimmer hat seine individuelle Note.

GästeHaus (Klaus Erfort)
Mainzer Str. 95 ⊠ *66121 – ℰ (0681) 9 58 26 82 – kontakt@gaestehaus-erfort.de – Fax (0681) 9582684 – geschl. 7. - 28. Jan., 8. - 22. Sept. und Samstagmittag, Sonntag - Montag*
BZ g
Rest – (Tischbestellung ratsam) Menü 82/105 € – Karte 69/92 €
Spez. Pavé von der Gänsestopfleber mit gepfefferter Ananas. Gebackenes Ei mit Kaviar und Kartoffelschaum. Taube in der Salzkruste gebacken mit jungem Lauch und Trüffeljus.

♦ Eine angenehme elegante Atmosphäre herrscht in der Villa a. d. 19. Jh. Kompetent serviert man die moderne französische Küche von Klaus Erfort. Schöne Terrasse zum Park hin.

Kuntze's Handelshof
Wilhelm-Heinrich-Str. 17 ⊠ *66117 – ℰ (0681) 5 69 20 – info@kuntzes-handelshof.de – Fax (0681) 5847707 – geschl. Juni 2 Wochen und Samstagmittag, Sonntagabend - Montag*
AZ m
Rest – Menü 47/58 € – Karte 42/68 €

♦ Schon viele Jahre leitet Familie Kuntze dieses Restaurant in der Innenstadt. Es erwarten Sie freundlicher Service und französische Küche in klassisch-elegantem Ambiente.

Weismüller
Gersweiler Str. 43a ⊠ *66117 – ℰ (0681) 5 21 53 – info@weismueller-restaurant-quack.de – Fax (0681) 5849910*
X a
Rest – *(geschl. 27. Dez. - 6. Jan., Samstagmittag, Sonntagabend - Montag)* (Tischbestellung ratsam) Menü 29/54 € – Karte 25/60 €

♦ Die Villa a. d. 19. Jh. beherbergt im 1. Etage ein modernes Restaurant, im EG eine Brasserie – beide mit internationaler Karte. Terrasse mit altem Baumbestand. Bar im UG.

Casino am Staden
Bismarckstr. 47 ⊠ *66121 – ℰ (0681) 6 23 64 – info@casino-kaiserhof.de – Fax (0681) 63027 – geschl. Samstagmittag, Sonntagabend*
BZ e
Rest – Karte 22/56 €

♦ Die Jugendstilvilla befindet sich etwas außerhalb des Stadtzentrums an einer Grünanlage. Sie nehmen im gediegenen Restaurant oder auf der hübsch gelegenen Terrasse Platz.

Roma
Klausener Str. 25 ⊠ *66115 – ℰ (0681) 4 54 70 – ristorante.roma@t-online.de – Fax (0681) 4170105 – geschl. Ende Juli - Anfang Aug., Montag, Samstagmittag*
Rest – (Tischbestellung ratsam) Menü 29/49 € – Karte 31/59 €
AY t

♦ Engagiert leitet die Inhaberfamilie seit über 25 Jahren dieses in einem Wohngebiet am Zentrumsrand gelegene Restaurant mit italienischem Speiseangebot.

Schlossgarten
Spichererbergstr. 11 ⊠ *66119 – ℰ (0681) 5 19 85 – Fax (0681) 51985 – geschl. Ende Juli - Anfang Aug. 3 Wochen und Samstagmittag, Sonntag, Montagabend*
AZ s
Rest – Menü 47/60 € – Karte 44/72 €

♦ Das bereits seit 1977 von Familie Halbritter geführte Restaurant in zentraler Lage am Schlossgarten ist in zeitlosem Stil gehalten und bietet internationale Küche.

SAARBRÜCKEN

XX Le noir
*Mainzer Str. 26 ⊠ 66111 – ℰ (0681) 9 68 19 88 – service@lenoir-restaurant.de
– Fax (0681) 9102046 – geschl. 15. Juli - 15. Aug. und Sonntag - Montagmittag*
Rest – Karte 40/56 €

BZ r

♦ Ein Jugendstilhaus in der Innenstadt beherbergt dieses nette moderne Restaurant mit großen Fenstern zur Straße hin. Das Speiseangebot ist international ausgerichtet.

X Die Traube mit Zim
*Grülingsstr. 101 ⊠ 66113 – ℰ (0681) 94 85 00 – hoteldietraube@hotmail.de
– Fax (0681) 473311*

X g

9 Zim ⊇ – †49/95 € ††75/120 € – **Rest** – *(geschl. Ende Jan. - Mitte Feb. und Samstagmittag, Sonntagabend - Montag)* Menü 19/54 € – Karte 23/46 €

♦ Ein gepflegtes, im Landhausstil gehaltenes Restaurant, in dem man Ihnen internationale Küche serviert. Mit begehbarem, verglastem Weinschrank.

Auf dem Halberg Süd-Ost : 4 km :

XX Schloss Halberg
*Franz-Mai-Straße ⊠ 66121 Saarbrücken – ℰ (0681) 6 31 81
– restaurant.schloss.halberg@t-online.de – Fax (0681) 638655
– geschl. Samstagmittag, Sonntag*

X z

Rest – Menü 35/45 € – Karte 28/49 €

♦ Oberhalb der Stadt liegt das kleine Palais mit modernem Interieur. Sie finden hier ein Bistro mit langer Esstheke, ein großzügiges Restaurant und einen hellen Wintergarten.

SAARBURG – Rheinland-Pfalz – 543 – 6 210 Ew – Höhe 130 m – Erholungsort

▶ Berlin 743 – Mainz 176 – Trier 25 – Saarbrücken 71

45 **B16**

🛈 Graf-Siegfried-Str. 32, ⊠ 54439, ℰ (06581) 99 59 80, info@saar-obermosel.de

🏠 Villa Keller
◀ Saarburg, Biergarten
*Brückenstr. 1 ⊠ 54439 – ℰ (06581) 9 29 10 – info@villa-keller.de
– Fax (06581) 929122*
11 Zim ⊇ – †60/68 € ††90/120 € – **Rest** – *(geschl. 4. - 17. Feb. und Montag -Dienstagmittag)* Menü 39/48 € – Karte 32/45 €

♦ Hinter der hübschen Fassade des Herrenhauses direkt an der Saar beherbergt man seine Gäste in wohnlichen Zimmern. Die stilvolle Einrichtung und die gute Technik überzeugen. Sie essen im behaglichen Restaurant oder auf der Veranda.

🏠 Saar Galerie garni
*Heckingstr. 12 ⊠ 54439 – ℰ (06581) 9 29 60 – info@hotel-saar-galerie.de
– Fax (06581) 929650*
33 Zim ⊇ – †50/55 € ††78/85 €

♦ In der zweiten Etage des Geschäftshauses - am Rande der Innenstadt gelegen - finden Sie eine modern und wohnlich gestaltete Unterkunft.

🏠 Wirtshaus Zum Pferdemarkt
*Pferdemarkt 3 ⊠ 54439 – ℰ (06581) 99 39 13 – info@wirtshaus-zum-pferdemarkt.de – Fax (06581) 99191
– geschl. 2. - 16. Jan.*
19 Zim ⊇ – †51/55 € ††75/85 € – **Rest** – *(geschl. Nov. - April Donnerstag)* Menü 15/25 € – Karte 17/35 €

♦ Neuzeitliche Gästezimmer mit solider Möblierung und modernen Bädern stehen in diesem gepflegten und funktionellen Hotel zum Einzug bereit. Backsteinwände und Naturholztische im rustikalen Restaurant.

XX Saarburger Hof mit Zim
*Graf-Siegfried-Str. 37 ⊠ 54439 – ℰ (06581) 9 28 00 – infos@saarburger-hof.de
– Fax (06581) 928080 – geschl. 27. Dez. - 27. Jan.*
11 Zim ⊇ – †50/68 € ††69/105 €
Rest – *(geschl. Montag - Dienstagmittag)* Menü 33/72 € – Karte 35/51 €
Rest *Gaststube* – *(geschl. Montag - Dienstagmittag)* Karte 31/42 €

♦ Das mitten im Zentrum gelegene Stadthaus beherbergt hinter seiner weißen Fassade ein stilvolles, klassisches Restaurant. Die Gaststube ist die rustikale Alternative zum Saarburger Hof. Freundliche Gästezimmer.

1135

SAARBURG

In Trassem Süd-West : 4,5 km über B 407 :

🏠 **St. Erasmus** (mit Gästehaus)
Kirchstr. 6a ✉ 54441 – ✆ (06581) 92 20 – info@st-erasmus.de – Fax (06581) 922199
44 Zim ⊐ – †38/60 € ††72/120 € – ½ P 17 € – **Rest** – (geschl. Mittwoch - Donnerstagmittag) Menü 24/35 € – Karte 21/36 €

♦ Neuzeitliche und wohnliche Gästezimmer mit funktioneller Ausstattung erwarten Sie in dem direkt bei der Kirche gelegenen Urlaubshotel. Modernes, im Landhausstil gehaltenes Restaurant mit bürgerlichem und internationalem Angebot.

> Rot steht für unsere besonderen Empfehlungen!

SAARLOUIS – Saarland – 543 – 38 200 Ew – Höhe 185 m   45 **B17**

▶ Berlin 728 – Saarbrücken 27 – Luxemburg 75 – Metz 57
ADAC Kleiner Markt 3
🛈 Großer Markt 1, ✉ 66740, ✆ (06831) 44 32 63, kreisstadt@saarlouis.de
⛳ Wallerfangen-Gisingen, Oberlimberger Weg ✆ (06837) 9 18 00

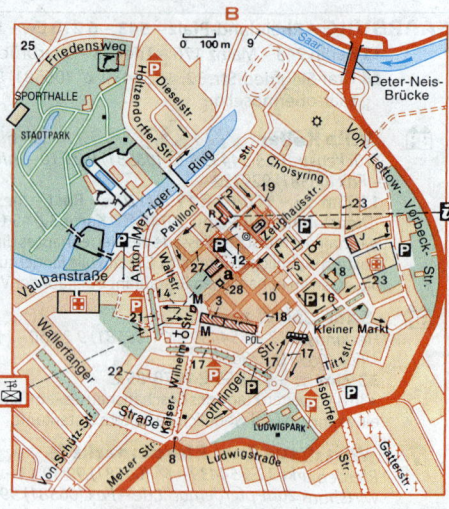

SAARLOUIS

Adlerstr.	B 2	Kavalleriestr.	B 19
Alte Brauereistr.	B 3	Kleiner Markt	B
Bibelstr.	B 5	Lebacher Str.	B 20
Brückenstr.	A 6	Lisdorfer Str.	B
Deutsche Str.	B 7	Luxemburger Ring	B 21
Dr.-Manfred-Heinrich-Platz	B 8	Neue Brauereistr.	B 22
Eisenhüttenstädter Allee	A, B 9	Prälat-Subtil-Ring	B 23
Französische Str.	B 10		
Großer Markt	B 12	Saarlouiser Str.	A 24
Handwerkerstr.	B 20	St. Nazairer Allee	A, B 25
Herrenstr.	A 15	Schanzenstr.	B 26
Hohenzollernring	B 16	Schlächterstr.	B 27
Kaiser-Friedrich-Ring	B 17	Silberherzstr.	B 28
Karcherstr.	B 18	Uberherrner Str.	B 29
		Zeughausstr.	B

🏠 **Posthof**
Postgäßchen 5, (Passage) ✉ 66740 – ✆ (06831) 9 49 60 – info@posthof-saarlouis.de – Fax (06831) 9496111
B a
47 Zim ⊐ – †80/98 € ††95/118 € – **Rest** – (geschl. Sonntagabend - Montag) Karte 25/37 €

♦ Eine gepflegte Übernachtungsadresse mitten in der Innenstadt, die über funktionelle, zeitgemäß ausgestattete Gästezimmer verfügt. In zeitlosem Stil gehaltenes Restaurant, ergänzt durch eine rustikale Pilsstube.

1136

SAARLOUIS

In Saarlouis-Beaumarais West : 3 km über Wallerfanger Straße A :

Altes Pfarrhaus Beaumarais
Hauptstr. 2 ⊠ 66740 – ℘ (06831) 63 83 – info@altespfarrhaus.de
– Fax (06831) 62898
35 Zim ⊇ – †78/95 € ††95/112 €
Rest *Trampert* – ℘ (06831) 96 56 70 (geschl. Samstagmittag, Sonntag, Montagmittag) Menü 20/49 € – Karte 37/51 €
♦ Das hübsche Haus wurde 1762 als Sommerresidenz erbaut und diente später als Pfarrhaus. Geschmackvoll hat man die Zimmer mit schönen Möbeln und Holzfußboden ausgestattet. Trampert im leicht nostalgischen Bistrostil, mit Wintergarten und Terrasse zum Innenhof.

In Wallerfangen West : 4 km über Wallerfanger Straße A :

Villa Fayence mit Zim
Hauptstr. 12 ⊠ 66798 – ℘ (06831) 9 64 10 – info@villafayence.de
– Fax (06831) 62068
4 Zim ⊇ – †84/120 € ††132/165 € – **Rest** – (geschl. Sonntag - Montag)
Menü 42/78 € – Karte 41/75 €
♦ Schön liegt die stilvoll eingerichtete Villa a. d. J. 1835 in einem Park. Das Wintergartenrestaurant bietet klassische Küche, legere Atmosphäre herrscht im Keller-Bistro. Komfortable Gästezimmer mit antiken französischen Möbeln und recht aufwändigen Bädern.

In Wallerfangen-Kerlingen West : 9 km über Wallerfanger Straße A :

Scheidberg
St. Vallier Str. 1 ⊠ 66798 – ℘ (06837) 7 50 – info@hotel-scheidberg.de
– Fax (06837) 7530
80 Zim ⊇ – †65/95 € ††85/120 € – **Rest** – Menü 17/35 € – Karte 20/35 €
♦ Besonders Tagungsgäste schätzen die funktionelle Zimmerausstattung in diesem Haus in Alleinlage oberhalb des Ortes. 7 Themenzimmer. Eine Terrasse mit Blick ins Tal und auf Saarlouis ergänzt das neuzeitliche Restaurant.

In Wallerfangen-Oberlimberg Nord-West : 12 km über Wallerfanger Straße A und Gisingen :

Hotellerie Waldesruh   Biergarten
Siersburger Str. 8 ⊠ 66798 – ℘ (06831) 9 66 00 – info@
waldesruh-wallerfangen.de – Fax (06831) 966060 – geschl. Sept. 1 Woche
7 Zim ⊇ – †50/62 € ††82 € – **Rest** – (geschl. Freitag, Mai - Aug. Freitagmittag)
Karte 16/43 €
♦ Ruhig kann man in diesem kleinen Familienbetrieb mit privater Atmosphäre und gepflegten, zeitgemäßen Gästezimmern übernachten. Jagddekor und blanke Holztische bestimmen den Charakter des Restaurants.

SAAROW, BAD – Brandenburg – **542** – 4 600 Ew – Höhe 45 m – Thermalsole- und Moorheilbad   23 **Q8**

▸ Berlin 72 – Potsdam 88 – Frankfurt (Oder) 38 – Brandenburg 118
▸ Ulmenstr.15, ⊠ 15526, ℘ (033631) 8 68 10 0, tourismusverein@bad-saarow.de

Esplanade Resort & Spa
Seestr. 49 ⊠ 15526 – ℘ (033631) 43 20 – info@
esplanade-resort.de – Fax (033631) 4328222
191 Zim ⊇ – †83/153 € ††126/192 € – **Rest** – Karte 29/42 €
♦ Der moderne, sternförmig angelegte Hotelkomplex gefällt mit komfortablen und geschmackvollen Zimmern - ein Teil des alten Kurhaus-Ensembles wurde in die Anlage integriert. Das Silberberg bietet internationale Küche, die rustikalere Dependance Regionales.

Palais am See garni
Karl-Marx-Damm 23 ⊠ 15526 – ℘ (033631) 86 10 – info@palais-am-see.de
– Fax (033631) 86186
13 Zim ⊇ – †100/140 € ††160/180 €
♦ Schön liegt das kleine Hotel am Scharmützelsee. Sie wohnen in eleganten Zimmern mit Seeblick und frühstücken im stilvollen Salon oder auf der Terrasse zum See.

1137

SAAROW, BAD

Landhaus Alte Eichen
Alte Eichen 21 ⊠ 15526 – ℰ (033631) 4 30 90 – info@landhaus-alte-eichen.de – Fax (033631) 430929
38 Zim ⊇ – †77/145 € ††99/165 € – ½ P 22 € – 11 Suiten
Rest – Karte 22/32 €
♦ Toll ist die Lage dieses Hotels auf einer Halbinsel im See. Die Zimmer sind geschmackvoll im Landhausstil eingerichtet, einige sind sehr geräumig. Im Restaurant: ländliches Ambiente und regionale Küche mit internationalem Touch. Terrasse mit Sicht auf den See.

Villa Contessa
Seestr. 18 ⊠ 15526 – ℰ (033631) 5 80 18 – info@villa-contessa.de – Fax (033631) 58019 – geschl. 23. - 26. Dez.
8 Zim ⊇ – †88/158 € ††118/248 € – ½ P 28 €
Rest – *(geschl. Montag - Dienstag)* Karte 59/69 €
♦ Aus dem Jahre 1910 stammt die schöne Villa am See, die mit Liebe zum Detail elegant eingerichtet wurde. Am Nachmittag lockt der selbst gebackene Kuchen. Restaurant mit klassischem Speiseangebot.

Am Werl
Silberberger Str. 51 ⊠ 15526 – ℰ (033631) 86 90 – office@hotelamwerl.de – Fax (033631) 86951
13 Zim ⊇ – †55/68 € ††84/92 € – ½ P 16 € – **Rest** – Karte 17/27 €
♦ Das familiengeführte kleine Hotel liegt in der Nähe des Sees und bietet funktionell und zeitgemäß ausgestattete Gästezimmer. Teil des Restaurants ist ein freundlicher Wintergarten.

SACHSA, BAD – Niedersachsen – 541 – 8 290 Ew – Höhe 310 m – Wintersport: 660 m ⚡3 ⚡ – Heilklimatischer Kurort
30 **J11**

▸ Berlin 273 – Hannover 129 – Erfurt 100 – Göttingen 62
▸ Am Kurpark 6, im Kurhaus, ⊠ 37441, ℰ (05523) 3 00 90, touristik@badsachsainfo.de

Romantischer Winkel
Bismarckstr. 23 ⊠ 37441 – ℰ (05523) 30 40 – info@romantischer-winkel.de – Fax (05523) 304122
68 Zim ⊇ – †120/150 € ††210/302 € – ½ P 16 € – 6 Suiten
Rest – Menü 35/60 € – Karte 36/47 €
♦ Die ruhige Lage an einem See, ein gutes Wellnessangebot und wohnliche Zimmer machen die neuzeitliche Hotelanlage mit historischer Villa zu einer sehr angenehmen Adresse. Im elegant-rustikalen Restaurant serviert man regionale und internationale Speisen.

Sonnenhof garni
Glasebergstr. 20a ⊠ 37441 – ℰ (05523) 9 43 70 – info@sonnenhof-bad-sachsa.de – Fax (05523) 943750 – geschl. 15. - 30. Nov.
17 Zim ⊇ – †60/75 € ††75/130 €
♦ Persönlich und mit viel Engagement kümmert man sich in dem ruhig gelegenen kleinen Hotel um seine Gäste. Komfortabel und wohnlich sind die Gästezimmer.

SÄCKINGEN, BAD – Baden-Württemberg – 545 – 16 520 Ew – Höhe 291 m – Heilbad
61 **D21**

▸ Berlin 822 – Stuttgart 205 – Freiburg im Breisgau 74 – Schaffhausen 67
▸ Waldshuter Str. 20, ⊠ 79713, ℰ (07761) 5 68 30, tourismus@bad-saeckingen.de
▸ Rickenbach, Hennematt 20 ℰ (07765) 7 77

Goldener Knopf
Rathausplatz 9 ⊠ 79713 – ℰ (07761) 56 50 – info@goldenerknopf.de – Fax (07761) 565444
71 Zim ⊇ – †75/119 € ††110/140 € – ½ P 19 € – **Rest** – Menü 30/51 € – Karte 31/55 €
♦ Zentral und dennoch ruhig liegt das Hotel direkt am Rhein. Die Zimmer sind zeitgemäß und wohnlich gestaltet, einige auch großzügiger als Deluxe-Zimmer angelegt. Scheffelstube, Le Jardin und Weinlaube bilden das Restaurant. Terrasse zum Rhein.

SÄCKINGEN, BAD

Zur Flüh
Weihermatten 38 – 79713 – ℰ (07761) 92 44 80 – adler@hotel-flueh.de
– Fax (07761) 9244824
35 Zim – †58/70 € ††95 € – ½ P 16 € – **Rest** – (geschl. Sonntagabend)
Karte 30/45 €
♦ In einem ruhigen Wohngebiet oberhalb des Zentrums liegt dieses solide geführte Haus, das über funktionell ausgestattete Gästezimmer verfügt. Das Restaurant ist rustikal gestaltet.

Fuchshöhle
Rheinbrückstr. 7 – 79713 – ℰ (07761) 9 33 37 67 – info@fuchshoehle.com
– Fax (07761) 9333769 – geschl. Sonntag - Montag
Rest – (Tischbestellung ratsam) Menü 34/62 € – Karte 28/48 €
♦ Hinter der netten Fassade des historischen Hauses aus dem 17. Jh. verbirgt sich ein gemütliches, rustikales Lokal. Hübsche Wandmalereien zieren das Restaurant.

SAGARD – Mecklenburg-Vorpommern – siehe Rügen (Insel)

SAILAUF – siehe Aschaffenburg

SALACH – Baden-Württemberg – 545 – 7 780 Ew – Höhe 363 m   56 **H18**
▶ Berlin 601 – Stuttgart 49 – Göppingen 8 – Ulm (Donau) 43

In der Ruine Staufeneck Ost : 3 km :

Burghotel Staufeneck
≤ Filstal,
✉ 73084 Salach – ℰ (07162) 93 34 40 – info@burg-staufeneck.de
– Fax (07162) 9334455
41 Zim – †110/120 € ††200/210 €
Rest Burgrestaurant Staufeneck – separat erwähnt
♦ Phantastisch ist die Sicht von dem einsam auf einer Bergkuppe gelegenen Hotel. Die Zimmer sind elegant und technisch auf dem neuesten Stand. Hübscher kleiner Freizeitbereich.

Burgrestaurant Staufeneck (Rolf Straubinger)
Burg Staufeneck 1 – 73084 Salach   ≤ Filstal,
– ℰ (07162) 93 34 40 – info@
burg-staufeneck.de – Fax (07162) 9334455 – geschl. Sonntagabend - Montag
Rest – Menü 40 € (mittags)/108 € – Karte 54/87 €
Spez. Bouillabaisse mit Safranaioli. Steinbutt mit Kalbskopf, Trüffel und Perlgraupen. Knusprig gebratene Blutwurst mit Erbsenpüree und Rhabarber (März - Mai).
♦ Das gleichnamige Hotel in der Burgruine beherbergt dieses zeitlos gestaltete Restaurant. Serviert wird eine internationale Küche mit regionalen Akzenten.

SALEM – Baden-Württemberg – 545 – 11 210 Ew – Höhe 443 m   63 **G21**
▶ Berlin 730 – Stuttgart 149 – Konstanz 27 – Sigmaringen 47
🛈 Bodenseestr. 121 (Mimmenhausen), ✉ 88682, ℰ (07553) 91 77 15, tourist-info@bodensee-linzgau.de
◉ Ehemaliges Kloster★ (Klosterkirche★) – Schloss★

Salmannsweiler Hof mit Zim
Salmannsweiler Weg 5 – 88682 – ℰ (07553) 9 21 20 – info@
salmannsweiler-hof.de – Fax (07553) 921225
10 Zim – †46/54 € ††74/84 € – ½ P 17 € – **Rest** – (geschl. Ende Feb. - Anfang März 2 Wochen, Ende Okt. - Mitte Nov. 3 Wochen und Donnerstag - Freitagmittag)
Menü 32/36 € – Karte 23/45 €
♦ Recht ruhig liegt das Haus in einer Sackgasse. In dem mit Holzdecke und Kachelofen behaglich gestalteten Restaurant serviert man Regionales. Nette Gartenterrasse.

1139

SALEM

In Salem-Neufrach Süd-Ost : 3 km über Schloßstraße und Neufracher Straße :

Reck
Bahnhofstr. 111 ⌧ 88682 – ℰ (07553) 2 01 – recks-hotel@t-online.de
– Fax (07553) 202 – geschl. 31. Jan. - 21. Feb., 30. Okt. - 13. Nov.
17 Zim ⌧ – †60/80 € ††85/100 € – **Rest** – (geschl. Mittwoch - Donnerstagmittag) Karte 29/42 €
♦ Der gewachsene Familienbetrieb mit Stammhaus von 1901 überzeugt durch freundliche Gästebetreuung und wohnliche, recht individuelle Zimmer mit Parkettboden. Aufmerksamer Service und schmackhafte regionale Küche erwarten Sie in den gemütlichen Restaurantstuben.

Landgasthof Apfelblüte
Markdorfer Str. 45 ⌧ 88682 – ℰ (07553) 9 21 30 – info@landgasthof-apfelbluete.de – Fax (07553) 921390 – geschl. 2. - 10. Jan.
29 Zim ⌧ – †44/48 € ††58/72 € – ½ P 14 € – **Rest** – (geschl. Dienstag, Freitagmittag, Samstagmittag) Karte 15/27 €
♦ Diese familiengeführte Adresse am Ortsausgang ist ein nettes Landhaus mit wohnlicher Atmosphäre, in dem zeitgemäß und funktionell eingerichtete Zimmer bereitstehen. Behagliche Gaststuben.

SALZGITTER – Niedersachsen – **541** – 109 860 Ew – Höhe 70 m   29 **J9**
▶ Berlin 261 – Hannover 68 – Braunschweig 28 – Göttingen 79
🛈 Bad Salzgitter, Mahner Berg ℰ (05341) 3 73 76

In Salzgitter-Bad – Heilbad :

Golfhotel garni
Gittertor 5 ⌧ 38259 – ℰ (05341) 30 10 – info@golfhotel-salzgitter.de
– Fax (05341) 301199
32 Zim ⌧ – †54/66 € ††76/90 €
♦ Das historische Fachwerkhaus und ein moderner Anbau bilden dieses tadellos gepflegte Hotel, ausgestattet mit funktionellen Gästezimmern.

Quellenhof garni
Hinter dem Salze 32 ⌧ 38259 – ℰ (05341) 80 70 – info@quellenhof-salzgitter.com
– Fax (05341) 807299
36 Zim ⌧ – †56/69 € ††77/90 €
♦ Hinter einer neuzeitlichen Fassade verbergen sich solide möblierte Gästezimmer, teils im Landhausstil eingerichtet. Schallisolierung verspricht angenehme Nachtruhe.

Kniestedter Hof garni
Breslauer Str. 20 ⌧ 38259 – ℰ (05341) 80 08 00 – k-hof@t-online.de
– Fax (05341) 800888
23 Zim ⌧ – †50/65 € ††75/80 €
♦ Neuzeitlich und funktionell sind die Zimmer dieses gut geführten Hotels eingerichtet. Nur wenige Schritte entfernt befindet sich die Altstadt.

In Salzgitter-Lichtenberg

Waldhotel Burgberg ⊗
Burgbergstr. 147 (Süd-West : 2 km) ⌧ 38228 – ℰ (05341) 8 59 40 – info@waldhotel-burgberg.de – Fax (05341) 859420
15 Zim ⌧ – †75/95 € ††95/115 € – **Rest** – Karte 19/29 €
♦ Schön ist die einsame Lage des kleinen Hotels in einem Waldstück, neben der Burgruine. Die Zimmer sind in rustikalem Stil gehalten, einige mit direktem Zugang von draußen. Teil des Restaurants ist ein leicht eleganter Raum mit Kamin.

SALZHAUSEN – Niedersachsen – **541** – 4 350 Ew – Höhe 40 m   19 **I6**
▶ Berlin 288 – Hannover 117 – Hamburg 55 – Lüneburg 18

Josthof (mit Gästehäusern)   Biergarten
Am Lindenberg 1 ⌧ 21376 – ℰ (04172) 9 09 80 – josthof@romantikhotels.com
– Fax (04172) 6225
16 Zim ⌧ – †65/80 € ††103/118 € – **Rest** – Menü 28/48 € – Karte 31/46 €
♦ Mehrere reetgedeckte Fachwerkhäuser setzen sich aus diesem historischen Bauerngehöft zusammen, das heute mit wohnlichen Zimmern Ihrer Beherbergung dient. Hübsch eingerichtete Stuben in regionaltypischer Aufmachung.

SALZHAUSEN

In Gödenstorf West : 3 km über Bahnhofstraße :

Gasthof Isernhagen
Hauptstr. 11 ⌧ 21376 – ℰ (04172) 87 85 – info@gasthof-isernhagen.de
– Fax (04172) 8715 – geschl. 25. Feb. - 19. März
10 Zim ⌑ – †45/53 € ††72/80 € – **Rest** – *(geschl. Montagmittag, Dienstag)*
Karte 15/26 €
♦ Der regionstypische dörfliche Gasthof von 1887 hat sich durch verschiedene Um- und Neubauten zu einem zeitgemäßen kleinen Hotel entwickelt. Gut ist die BAB-Anbindung. Bürgerlich eingerichtetes Restaurant.

SALZSCHLIRF, BAD – Hessen – 543 – 3 260 Ew – Höhe 253 m – Heilbad   38 H13
▶ Berlin 446 – Wiesbaden 161 – Fulda 20 – Gießen 81
🛈 Bahnhofstr. 22, ⌧36364, ℰ (06648) 22 66, info@bad-salzschlirf.de

Söderberg
Bonifatiusstr. 6 ⌧ 36364 – ℰ (06648) 94 20 – soederberg@t-online.de
– Fax (06648) 942211 – geschl. 3. - 23. Jan.
33 Zim ⌑ – †42 € ††62 € – ½ P 11 € – **Rest** – *(geschl. Sonntagabend - Montag)*
Karte 16/31 €
♦ Leicht erhöht und recht ruhig liegt dieses aus Alt- und Neubau bestehende Hotel. Sehr schön: die Zimmer mit Stilmobiliar und hohen Decken in dem ca. 100 Jahre alten Gebäude. Im Untergeschoss: gemütliches, rustikales Restaurant. Hübsche Gartenterrasse.

SALZUFLEN, BAD – Nordrhein-Westfalen – 543 – 55 020 Ew – Höhe 80 m – Heilbad
▶ Berlin 375 – Düsseldorf 191 – Bielefeld 26 – Hannover 89   28 G9
🛈 Parkstr. 20, ⌧ 32105, ℰ (05222) 18 31 83, info@bad-salzuflen.de
🏌 Bad Salzuflen, Schwaghof 4 ℰ (05222) 1 07 73

Arminius
Ritterstr. 2 ⌧ 32105 – ℰ (05222) 36 60 – info@hotelarminius.de
– Fax (05222) 366111
71 Zim ⌑ – †88/108 € ††120/130 € – ½ P 25 € – 9 Suiten
Rest – Menü 25/69 € – Karte 32/50 €
♦ Geschichte und Moderne harmonisch vereint: In historischen Fachwerkgebäuden der Weserrenaissance befindet sich ein Hotel mit charmantem Ambiente und Komfort von heute. Rustikal-gemütliches Restaurant.

Altstadt-Palais Lippischer Hof
Mauerstr. 1 ⌧ 32105 – ℰ (05222) 53 40
– lippischerhof@hof-hotels.de – Fax (05222) 50571
65 Zim ⌑ – †74/99 € ††99/132 € – ½ P 21 €
Rest – Menü 30/35 € – Karte 25/45 €
Rest *Walter's Pharmacy* – Karte 29/41 €
♦ Das familiengeführte Hotel liegt nett im historischen Kern der Stadt und bietet teilweise recht geräumige und wohnliche Gästezimmer. Restaurant im mediterranen Wintergarten. An eine ehemalige Apotheke erinnert Walter's Pharmacy, im Brasseriestil gehalten.

Vitalotel Roonhof
Roonstr. 9 ⌧ 32105 – ℰ (05222) 34 30 – info@roonhof.de – Fax (05222) 343100
– geschl. 3. Jan. - 3. Feb.
54 Zim ⌑ – †82/99 € ††120/138 € – ½ P 17 € – **Rest** – *(geschl. Sonntag)* (nur Abendessen für Hausgäste)
♦ Wohnlichkeit und Funktionalität bestimmen dieses neuzeitliche Hotel. Zum Konzept des Hauses gehört auch ein Freizeitbereich mit Zentrum für Gesundheit.

Kurpark-Hotel
Parkstr. 1 ⌧ 32105 – ℰ (05222) 39 90 – info@kurparkhotel.de
– Fax (05222) 399462 – geschl. 2. Jan. - 22. Feb.
75 Zim ⌑ – †64/114 € ††142/168 € – ½ P 16 € – **Rest** – Karte 22/35 €
♦ Das von der Inhaberfamilie geführte Haus im Kurgebiet verfügt über zeitgemäße Zimmer verschiedener Kategorien, fast alle mit Balkon zum Garten oder zur Saline. Im Restaurant und auf der großen Terrasse serviert man internationale Speisen.

SALZUFLEN, BAD

Otto
Friedenstr. 2, 32105 – ℰ (05222) 93 04 40 – info@hotel-otto.de
– Fax (05222) 58464 – geschl. 20. Nov. - 15. Jan.
22 Zim – †54/85 € ††93/123 € – ½ P 15 € – **Rest** – (geschl. Sonntagabend)
(nur für Hausgäste)
♦ Herzlich kümmert sich Familie Otto in dem denkmalgeschützen Haus um ihre Gäste. Eine sehr gut geführte Adresse mit tipptopp gepflegten Zimmern.

Alexandra
Untere Mühlenstr. 2, 32105 – ℰ (05222) 40 05 75 – gast@restaurant-alexandra.de – Fax (05222) 923745 – geschl. 24. Jan. - 13. Feb.
Rest – (geschl. Dienstagmittag, Mittwoch - Donnerstagmittag) Karte 22/41 €
♦ Das kleine historische Fachwerkhaus in der Innenstadt ist ein gemütliches Restaurant auf zwei Ebenen mit internationaler und regionaler Küche sowie freundlichem Service.

In Bad Salzuflen-Sylbach Süd : 8 km über B 239 Richtung Lage :

Zum Löwen
Sylbacher Str. 223, 32107 – ℰ (05232) 9 56 50 – zum_loewen@t-online.de
– Fax (05232) 956565 – geschl. Anfang Juli 1 Woche
32 Zim – †52 € ††78 € – ½ P 13 € – **Rest** – (geschl. Anfang - Mitte Juli, nur Abendessen) Karte 17/32 €
♦ In dem familiengeführten Haus stehen solide, wohnliche Zimmer und ein Garten mit Teich und Kinderspielplatz zur Verfügung. Sie frühstücken im freundlichen Wintergarten. Eine nette Terrasse hinter dem Haus ergänzt das Restaurant.

SALZUNGEN, BAD – Thüringen – **544** – 16 640 Ew – Höhe 250 m – Solebad
▶ Berlin 377 – Erfurt 86 – Bad Hersfeld 43   **39 J13**
🛈 Am Flößrasen 1, 36433, ℰ (03695) 69 34 20, kur.basa@t-online.de

Salzunger Hof
Bahnhofstr. 41, 36433 – ℰ (03695) 67 20 – info@salzunger-hof.de
– Fax (03695) 601700
72 Zim – †65/70 € ††80/90 € – ½ P 15 € – **Rest** – Karte 17/31 €
♦ Zeitgemäß und funktionell eingerichtete Zimmer werden den Gästen des Kurortes in diesem gepflegten Haus unweit des Bahnhofs angeboten. Ländlich-rustikales Restaurant.

SALZWEDEL – Sachsen-Anhalt – **542** – 21 360 Ew – Höhe 22 m   **20 K7**
▶ Berlin 187 – Magdeburg 103 – Schwerin 114 – Wolfsburg 59
🛈 Neuperverstr. 29, 29410, ℰ (03901) 42 24 38, info@salzwedel.de

Union
Goethestr. 11, 29410 – ℰ (03901) 42 20 97 – hotelunion@t-online.de
– Fax (03901) 422136
33 Zim – †41/59 € ††70/78 € – **Rest** – Karte 14/26 €
♦ Das traditionsreiche Haus befindet sich an der mittelalterlichen Stadtmauer. Es erwarten Sie ein schöner Eingangsbereich sowie solide eingerichtete Zimmer. Das alpenländische Flair und ein Kachelofen erzeugen eine gemütliche Atmosphäre in den Galsträumen.

SAMERBERG – Bayern – **546** – 2 590 Ew – Höhe 700 m – Wintersport : 1 569 m
– Erholungsort   **66 N21**
▶ Berlin 672 – München 82 – Bad Reichenhall 65 – Traunstein 44
🛈 Dorfplatz 3 (Samerberg-Törwang), 83122, ℰ (08032) 86 06, info@samerberg.de

In Samerberg-Duft Süd : 6 km ab Törwang, über Eßbaum und Gernmühl – Höhe 800 m

Berggasthof Duftbräu
Duft 1, 83122 – ℰ (08032) 82 26 – info@duftbraeu.de – Fax (08032) 8366
– geschl. 1. Nov. - 30. Nov.
28 Zim – †35/60 € ††55/80 € – ½ P 15 € – **Rest** – (geschl. Dez. - Feb. Montag - Freitag, außer 25. Dez. - 10. Jan.) Karte 15/30 €
♦ Ruhig liegt dieser Familienbetrieb am Waldrand. Ein ländlicher Gasthof mit recht schlichten, aber gepflegten Zimmer - einige befinden sich im neueren Gästehaus. Gaststuben in rustikalem Stil.

SANGERHAUSEN – Sachsen-Anhalt – 542 – 23 840 Ew – Höhe 153 m   30 **L11**
▶ Berlin 224 – Magdeburg 98 – Erfurt 75 – Nordhausen 37
🛈 Markt 18, ✉ 06526, ✆ (03464) 1 94 33, info@sangerhausen-tourist.de

In Oberröblingen Süd : 5 km über B 86 :

Zum Löwen   Biergarten
Sangerhäuser Str. 24 (B 86) ✉ 06528 – ✆ (03464) 5 45 00 – info@zum-loewen-hotel.de – Fax (03464) 674230
28 Zim 🖵 – †49 € ††75 € – **Rest** – Karte 16/34 €
◆ Solide und funktionell ausgestattete Gästezimmer bietet dieses familiär geführte Haus, das bereits im 19. Jh. als Gasthof existierte. Bürgerliches Restaurant.

ST. BLASIEN – Baden-Württemberg – 545 – 4 090 Ew – Höhe 770 m – Heilklimatischer Kneippkurort und Luftkurort   61 **E21**
▶ Berlin 810 – Stuttgart 187 – Freiburg im Breisgau 51 – Donaueschingen 64
🛈 Am Kurgarten 1 (Haus des Gastes), ✉ 79837, ✆ (07672) 4 14 30, tourist-information@st-blasien-menzenschwand.de
◉ Dom★

Café Aich garni
Hauptstr. 31 ✉ 79837 – ✆ (07672) 14 29 – cafe.aich@t-online.de – Fax (07672) 2062
7 Zim 🖵 – †55/65 € ††95/98 €
◆ Wenn Sie auch unterwegs eine private Atmosphäre schätzen, wird Ihnen diese kleine Übernachtungsadresse gefallen - Sie bewohnen elegant im englischen Stil eingerichtete Zimmer.

In Ibach-Mutterslehen West : 6 km, an der Straße nach Todtmoos – Höhe 945 m – Erholungsort :

Schwarzwaldgasthof Hirschen
Hauptstr. 5 ✉ 79837 – ✆ (07672) 9 30 40 – info@hotel-hirschen.de – Fax (07672) 9412 – geschl. 5. - 20. Nov.
15 Zim 🖵 – †43/55 € ††76/90 € – ½ P 16 € – **Rest** – (geschl. Dienstag) Karte 20/42 €
◆ Solide und wohnlich zeigen sich die Gästezimmer dieses traditionsreichen Hauses - seit 1810 in Familienbesitz. Auch die überschaubare Größe des Gasthofs werden Sie schätzen. Im regionstypischen Stil, rustikal und gemütlich die␣Gasträume.

ST. ENGLMAR – Bayern – 546 – 1 560 Ew – Höhe 808 m – Wintersport : 1 030 m ≰13 ⛷ – Luftkurort   59 **O18**
▶ Berlin 519 – München 151 – Regensburg 68 – Cham 37
🛈 Rathausstr. 6, ✉ 94379, ✆ (09965) 84 03 20, tourist-info@sankt-englmar.de

Angerhof
Am Anger 38 ✉ 94379 – ✆ (09965) 18 60 – hotel@angerhof.de – Fax (09965) 18619
70 Zim (inkl. ½ P.) – †95/171 € ††190/288 € – 7 Suiten
Rest – Karte 29/42 €
◆ Ein 3 ha großer Naturpark umgibt dieses familiär geführte Hotel, angenehm ist die ruhige, erhöhte Lage. Neben wohnlichen Zimmern bietet man Wellness auf 2000 qm. Panoramarestaurant mit Vinothek und Kaminstube.

In St. Englmar-Grün Nord-West : 3 km über Bogener Straße, am Ortsende links :

Reiner-Hof
Grün 9 ✉ 94379 – ✆ (09965) 85 10 – hotel-reinerhof@t-online.de – Fax (09965) 851125 – geschl. 10. Nov. - 12. Dez.
40 Zim 🖵 – †36/50 € ††66/92 € – ½ P 12 € – **Rest** – (nur Abendessen für Hausgäste) Karte 15/28 €
◆ In funktionell gestalteten Gästezimmern und behaglichen Aufenthaltsräumen lässt man Sie nach einem abwechslungsreichen Freizeitprogramm zur Ruhe kommen.

ST. ENGLMAR

In St. Englmar-Maibrunn Nord-West : 5 km über Grün :

Maibrunn (geheizt)
Maibrunn 1 – 94379 – ℰ (09965) 85 00 – info@
berghotel-maibrunn.de – Fax (09965) 850100
52 Zim – †55/95 € ††100/170 € – ½ P 22 € – **Rest** – Karte 22/41 €
◆ Schön liegt das engagiert geführte Haus in 850 m Höhe. Wohnlich sind sowohl die Landhauszimmer als auch die geschmackvollen Themenzimmer. Eigener Skilift. Restauranträume von elegant bis gemütlich-ländlich.

In St. Englmar-Rettenbach Süd-Ost : 5 km über Bogener Straße :

Gut Schmelmerhof (geheizt) Rest,
Rettenbach 24 – 94379 – ℰ (09965) 18 90
– hotel@gut-schmelmerhof.de – Fax (09965) 189140
52 Zim – †55/88 € ††105/165 € – ½ P 25 € – **Rest** – Karte 25/48 €
◆ Schon seit vielen Generationen wird das ruhig gelegene Anwesen von der Inhaberfamilie freundlich geleitet. Individuelle Zimmer und eine Schönheitsfarm zählen zu den Vorzügen. Restaurant mit urigem Ziegelsteingewölbe.

ST. GOAR – Rheinland-Pfalz – **543** – 3 110 Ew – Höhe 80 m   46 **D14**

▸ Berlin 627 – Mainz 63 – Koblenz 43 – Bingen 28
ℹ Heerstr. 86, ✉ 56329, ℰ (06741) 3 83, touristinfo@st-goar.de
◉ Burg Rheinfels ★★
◉ Loreley ★★★ ≼★★, Süd-Ost : 4 km

Schloss Rheinfels (mit Gästehaus) ≼ Rheintal,
Schloßberg 47 – 56329 – ℰ (06741) 80 20
– info@schloss-rheinfels.de – Fax (06741) 802802
60 Zim – †75/145 € ††125/195 € – ½ P 25 €
Rest – Menü 30/60 € – Karte 29/45 €
Rest *Burgschänke zum Landgraf* – Karte 15/29 €
◆ Eine imposante Burganlage oberhalb des Ortes. Schlosshotel und Villa bieten elegantes Ambiente und Wellness in einem nicht alltäglichen Rahmen. Klassisches Restaurant mit Aussicht. Rustikale Burgschänke mit Panoramaterrasse zum Rheintal.

In St. Goar-Fellen Nord-West : 3 km über B 9, Richtung Koblenz :

Landsknecht
Aussiedlung Landsknecht 6 (B 9) – 56329 – ℰ (06741) 20 11 – info@
hotel-landsknecht.de – Fax (06741) 7499 – geschl. 23. - 27. Dez., 2. - 31. Jan.
19 Zim – †70/140 € ††87/180 € – ½ P 22 € – **Rest** – (geschl. Nov. - Mitte März Dienstag - Mittwoch) Menü 15/40 € – Karte 22/39 €
◆ Der Familienbetrieb mit Weingut bietet teils vom Rhein hin gelegene Zimmer sowie eine hübsche Gartenanlage. Zum Frühstück gibt es selbst gemachte Marmelade. Rustikales Restaurant und Terrasse mit Rheinblick.

ST. INGBERT – Saarland – **543** – 38 960 Ew – Höhe 229 m   46 **C17**

▸ Berlin 697 – Saarbrücken 13 – Kaiserslautern 55 – Zweibrücken 25

La Trattoria del Postillione
Neue Bahnhofstr. 2 – 66386 – ℰ (06894) 38 10 61 – postillione@t-online.de
– Fax (06894) 384132 – geschl. 17. - 29. März, Juli - Anfang Aug. 1 Woche und Sonntag
Rest – Menü 37 € – Karte 27/37 €
◆ In einem hübschen ehemaligen Bahnhofsgebäude hat man dieses italienische Restaurant eingerichtet. Alter Zierrat, Holzfußboden und warme Farben bestimmen das Ambiente.

Die Alte Brauerei mit Zim
Kaiserstr. 101 – 66386 – ℰ (06894) 9 28 60 – info@diealtebrauerei.com
– Fax (06894) 928623
6 Zim – †56/70 € ††80/85 € – **Rest** – (geschl. Dienstag, Samstagmittag)
Menü 31 € – Karte 30/47 €
◆ Französische Küche mit regionalem Einfluss serviert man in dem gepflegten, mit Terrakottaboden und viel Holz gemütlich-rustikal gestalteten Restaurant. Geschmackvolle, mit Kunstobjekten dekorierte Zimmer.

ST. INGBERT

In St. Ingbert-Sengscheid Süd-West : 4 km über B 40, jenseits der A 6 :

Sengscheider Hof (mit Gästehaus)
Zum Ensheimer Gelösch 30 ⊠ 66386 – ℰ (06894) 98 20 – sengscheiderhof@aol.com – Fax (06894) 982200 – geschl. 27. Dez. - 2. Jan.
46 Zim ⊆ – †53/83 € ††109/115 €
Rest – *(geschl. 27. Dez. - 4. Jan. und Samstagmittag, Sonntagabend - Montag)*
Menü 29/65 € – Karte 36/54 €
Rest *Franziska Stube* – *(geschl. Samstag, nur Abendessen)* Karte 21/32 €
♦ Im Haupthaus wie auch im Gästehaus stehen dem Gast individuelle Zimmer zur Verfügung - teils neuzeitlich mit guter Technik, teils einfacher und preiswerter. Das Restaurant: ein großer, stilvoll gestalteter Raum. Hell und gemütlich: die Franziska Stube.

ST. JOHANN – Rheinland-Pfalz – siehe Sprendlingen

ST. LEON-ROT – Baden-Württemberg – **545** – 12 150 Ew – Höhe 107 m   47 **F17**
▶ Berlin 642 – Stuttgart 92 – Mannheim 32
🗓 St. Leon-Rot, Opelstr. 30 ℰ (06227) 8 60 80

Fairway garni
Opelstr. 10 (Gewerbegebiet) ⊠ 68789 – ℰ (06227) 54 40 – info@fairway-hotel.de – Fax (06227) 544500 – geschl. 22. Dez. - 6. Jan.
88 Zim – †82/94 € ††108/118 €, ⊆ 10 €
♦ Das neuzeitliche Hotel überzeugt durch hell möblierte und funktionell ausgestattete Zimmer. Für Geschäftsleute und Golfer gleichermaßen interessant.

ST. MÄRGEN – Baden-Württemberg – **545** – 1 880 Ew – Höhe 887 m – Wintersport : 1 200 m ⛷1 ⛷ – Luftkurort   61 **E20**
▶ Berlin 790 – Stuttgart 230 – Freiburg im Breisgau 24 – Donaueschingen 51
ℹ Rathausplatz 6, ⊠ 79274, ℰ (07669) 91 18 17, tourist-info@st-maergen.de

Hirschen (mit Gästehaus)
Feldbergstr. 9 ⊠ 79274 – ℰ (07669) 94 06 80 – info@hirschen-st-maergen.de – Fax (07669) 9406888 – geschl. 7. - 25. Jan.
45 Zim ⊆ – †43/47 € ††69/90 € – ½ P 16 € – **Rest** – *(geschl. Mittwoch)*
Menü 17/22 € – Karte 16/41 €
♦ In einem reizvollen Wandergebiet steht dieses gewachsene Gasthaus. Sowohl im Haupthaus als auch im neueren Anbau bietet man zeitgemäß eingerichtete Zimmer. Gemütliche holzgetäfelte Gaststuben.

An der B 500 Süd-Ost : 8 km, Richtung Furtwangen :

Zum Kreuz
Hohlengraben 1 ⊠ 79274 St. Märgen – ℰ (07669) 9 10 10 – info@gasthaus-zum-kreuz.de – Fax (07669) 910120 – geschl. 15. Nov. - 15. Dez.
15 Zim ⊆ – †29/38 € ††58/70 € – ½ P 14 € – **Rest** – *(geschl. Donnerstag)*
Menü 16 € – Karte 17/35 €
♦ Ein familiär geführter Schwarzwaldgasthof in ländlicher Lage mit gut gepflegten, wohnlich eingerichteten Zimmern und Appartements. Rustikale Gaststube im regionalen Stil.

ST. MARTIN – Rheinland-Pfalz – **543** – 1 880 Ew – Höhe 225 m – Luftkurort
▶ Berlin 658 – Mainz 102 – Mannheim 43 – Kaiserslautern 46   47 **E17**
ℹ Kellereistr. 1, ⊠ 67487, ℰ (06323) 53 00, vamt-stmartin@t-online.de
◉ St. Martin (Doppelgrabmal★) – Altes Schlößchen★ – Alte Kellerei★

Das Landhotel Weingut Gernert garni
Maikammerer Str. 39 ⊠ 67487 – ℰ (06323) 9 41 80 – info@das-landhotel.com – Fax (06323) 941840 – geschl. 7. - 31. Jan.
17 Zim ⊆ – †48/75 € ††82/100 €
♦ Mediterraner Landhausstil, Komfort und Gemütlichkeit bestimmen das Innenleben dieses Hotels. Eine Besichtigung des Weinguts ermöglicht interessante Einblicke.

ST. MARTIN

Consulat des Weins
Maikammerer Str. 44 ⊠ 67487 – ✆ (06323) 80 40 – info@avs-wein.de
– Fax (06323) 804426 – geschl. 13. - 31. Juli, 18. Dez. - 12. Jan.
34 Zim ⊇ – †60/75 € ††100/110 € – ½ P 18 € – **Rest** – *(geschl. Sonntagabend - Montag)* Karte 19/35 €

♦ Am Rande des Winzerdorfes freut sich ein neuzeitlicher Gasthof auf Ihren Besuch. Zeitgemäße, gepflegte Zimmer mit hellem Naturholzmobiliar. Rustikales Restaurant, Vinothek.

St. Martiner Castell
Maikammerer Str. 2 ⊠ 67487 – ✆ (06323) 95 10 – info@hotelcastell.de
– Fax (06323) 951200 – geschl. Feb.
26 Zim ⊇ – †57/64 € ††98 € – ½ P 26 € – **Rest** – *(geschl. Dienstag)* Karte 26/40 €

♦ Ursprünglich war das Haus mit dem rustikalen Charakter ein einfacher Winzerhof, heute finden Sie hier wohnliche Gästezimmer in massiver Eiche. Gemütliche Restaurantstuben mit Kachelofen.

Wiedemann's Weinhotel
≤ St. Martin und Rheinebene,
Einlaubstr. 66 ⊠ 67487 – ✆ (06323) (geheizt)
9 44 30 – info@wiedemanns-weinhotel.de – Fax (06323) 944330
20 Zim (inkl. ½ P.) – †72/84 € ††146/160 € – **Rest** – *(geschl. Montag - Dienstag, nur Abendessen)* Karte 30/41 €

♦ Ruhig liegt das kleine Hotel am Steilhang in einem Wohngebiet. Die Gästezimmer sind mit hellen Naturholzmöbeln neuzeitlich und freundlich eingerichtet.

Haus am Weinberg
Oberst-Barret-Str. 1 ⊠ 67487 – ✆ (06323) 94 50 – info@hausamweinberg.de
– Fax (06323) 81111
64 Zim ⊇ – †53/81 € ††86/114 € – ½ P 16 € – **Rest** – Karte 17/35 €

♦ Das Hotel überzeugt durch seine ruhige Alleinlage in den Weinbergen, zeitgemäß und freundlich gestaltete Gästezimmer sowie gute Tagungsmöglichkeiten.

Landhaus Christmann
Riedweg 1 ⊠ 67487 – ✆ (06323) 9 42 70 – info@landhaus-christmann.de
– Fax (06323) 942727
9 Zim ⊇ – †46 € ††82 € – **Rest** – *(geschl. Jan. - Feb. 2 Wochen, Juli - Aug. 2 Wochen, außer Feiertage, nur Abendessen)* Karte 18/33 €

♦ Ein Winzerhof ist das von der Familie geführte kleine Hotel. Die Zimmer sind hell und wohnlich im Landhausstil eingerichtet und mit Parkettboden ausgestattet. Gemütlichrustikale Weinstube.

Chalet Raabe garni
Emserstr. 4 ⊠ 67487 – ✆ (06323) 21 17 – chalet@weingut-raabe.de
– Fax (06323) 980152
7 Zim ⊇ – †60/68 € ††70/78 €

♦ Der kleine Familienbetrieb gefällt mit neuzeitlich-wohnlichen Zimmern. Im Ortskern ganz in der Nähe befindet sich das zum Haus gehörende Weingut mit Weinstube.

Weinstube Christmann
Edenkobener Str. 50 ⊠ 67487 – ✆ (06323) 37 13 – Fax (06323) 989175
– geschl. Jan. - Feb. 3 Wochen und Donnerstag
Rest – *(Montag - Freitag nur Abendessen)* Karte 14/21 €

♦ Mit hellem Holz ist die Weinstube bürgerlich-rustikal gestaltet. Neben den eigenen Weinen bietet man vor allem Pfälzer Küche.

ST. MICHAELISDONN – Schleswig-Holstein – siehe Brunsbüttel

ST. OSWALD-RIEDLHÜTTE – Bayern – **546** – 3 200 Ew – Höhe 791 m – Wintersport : 820 m ✦3 ✦ – Erholungsort   60 **P18**

▶ Berlin 503 – München 188 – Passau 43 – Regensburg 115

🛈 Schulplatz 2 (Riedlhütte), ⊠ 94566, ✆ (08553) 60 83, tourist-service@t-online.de

ST. OSWALD-RIEDLHÜTTE

Im Ortsteil St. Oswald

🏠 **Pausnhof** (mit Gästehaus)
Goldener Steig 7 ✉ *94568 –* ☎ *(08552) 40 88 60 – info@pausnhof.de*
– Fax (08552) 4088616 – geschl. 28. Okt. - 26. Dez.
25 Zim – †69/84 € ††118/148 € – ½ P 8 € – **Rest** – *(nur Abendessen)*
(Tischbestellung ratsam) Karte 23/37 €
♦ Mitten im Ort und doch ruhig liegt dieses renovierte Bauernhaus, das nach umweltschonenden Aspekten als Biohotel betrieben wird. Familiäre und engagierte Führung. Ländlich-modern zeigt sich das Restaurant. Regionale Küche mit Bio-Produkten.

Im Ortsteil Riedlhütte

🏠 **Zum Friedl**
Kirchstr. 28 ✉ *94566 –* ☎ *(08553) 9 66 80 – info@zumfriedl.de*
– Fax (08553) 966833 – geschl. Nov. - 24. Dez.
18 Zim – †36/46 € ††64/92 € – ½ P 8 € – **Rest** – Karte 15/29 €
♦ Ein ländlicher Gasthof, der über saubere, praktisch ausgestattete Zimmer verfügt. Zum Erkunden der Landschaft stehen Fahrräder bereit. Gemütliches, in kleine Stuben unterteiltes Restaurant.

🏠 **Berghotel Wieshof**
Anton-Hiltz-Str. 8 ✉ *94566 –* ☎ *(08553) 4 77 – wieshof@yahoo.de*
– Fax (08553) 6838 – geschl. Nov. - 22. Dez., 29. März - 26. April
15 Zim – †32/34 € ††64/68 € – **Rest** – Menü 11/16 € – Karte 17/23 €
♦ Mit seinen hellen, zeitgemäßen Zimmern, die meist über einen kleinen Balkon verfügen, ist dieser Gasthof eine ansprechende Urlaubsadresse. Netter Freizeitbereich im UG. Rustikal-bürgerliches Restaurant mit regionalem und internationalem Angebot.

ST. PETER – Baden-Württemberg – 545 – 2 470 Ew – Höhe 720 m – Wintersport: 🎿
– Luftkurort
61 **E20**

▶ Berlin 797 – Stuttgart 224 – Freiburg im Breisgau 32 – Waldkirch 20
ℹ Klosterhof 11, ✉ 79271, ☎ (07660) 91 02 24, tourist-info@
st-peter-schwarzwald.de
◎ Barockkirche (Bibliothek★)
◉ ≤★★ von der Straße nach St. Märgen

🏠 **Jägerhaus**
Mühlengraben 18 ✉ *79271 –* ☎ *(07660) 9 40 00 – jaegerhaus-st.peter@*
t-online.de – Fax (07660) 940014 – geschl. 29. Feb. - 19. März, 26. Okt. - 19. Nov.
18 Zim – †46/70 € ††76/93 € – ½ P 14 € – **Rest** – *(geschl. Mittwoch, Nov. - April Mittwoch - Donnerstagmittag)* Karte 18/34 €
♦ Der neuzeitliche, von einer Familie freundlich geführte Gasthof liegt am Rande des Ortes, umgeben von Wiesen und Weihern, und verfügt über wohnliche Zimmer in ländlichem Stil. Helles, mit viel Holz gestaltetes Restaurant.

✕✕ **Zur Sonne** (Hanspeter Rombach) mit Zim
❀ *Zähringerstr. 2* ✉ *79271 –* ☎ *(07660) 9 40 10 – sonne-st.peter@t-online.de*
– Fax (07660) 940166 – geschl. 6. - 21. Feb., 3. - 20. Nov.
13 Zim – †40/75 € ††66/136 € – ½ P 29 € – **Rest** – *(geschl. Montag)*
Menü 29/69 € – Karte 36/73 €
Spez. Chicoreespitzen mit Langustinen in Thai-Marinade. Täubchen im Trüffelsud geschmort. Schokoladen-Dessert.
♦ Nicht zu übersehen ist die leuchtend gelbe Fassade des Hauses in der Dorfmitte. Das Restaurant mit regionaler und internationaler Karte gefällt mit seinem ländlichen Charme. Wohnliche Gästezimmer in warmen Farben.

ST. PETER-ORDING – Schleswig-Holstein – 541 – 4 060 Ew – Höhe 3 m – Nordseeheilbad und Schwefelbad
1 **G3**

▶ Berlin 428 – Kiel 125 – Sylt (Westerland) 93 – Heide 40
ℹ Marleens Knoll 2 (in der Dünen-Therme), St.Peter-Bad, ✉ 25826, ☎ (04863) 99 90, info@tz-spo.de
◎ St. Peter-Ording, Eiderweg 1 ☎ (04863) 35 45
◉ Eidersperrwerk★ Süd-Ost: 16 km

1147

ST. PETER-ORDING
Im Ortsteil St. Peter-Bad

Vier Jahreszeiten 🛁 (geheizt) Rest,
Rest,
Friedrich-Hebbel-Str. 2 ✉ *25826*
– ℰ *(04863) 70 10 – info@hotelvierjahreszeiten.de – Fax (04863) 2689*
62 Zim ⚏ – †100/145 € ††145/195 € – ½ P 30 €
Rest – Karte 28/31 €
Rest *Vivaldi* – *(geschl. Montag - Dienstag und Ende Nov. - 20. Dez., 9. Jan. - Mitte März, nur Abendessen)* Karte 41/53 €
• Neuzeitlich-elegante Zimmer, ein großzügiger Freizeitbereich mit Kosmetikangebot sowie ein schöner Garten machen diese Hotelanlage aus. Restaurant Vivaldi mit mediterranem Ambiente und kreativer Küche.

Landhaus an de Dün garni
Im Bad 63 ✉ *25826 – ℰ (04863) 9 60 60 – kontakt@hotel-landhaus.de*
– *Fax (04863) 960660 – geschl. 6. Jan. - 3. Feb.*
19 Zim ⚏ – †75/190 € ††115/215 €
• Die Strandnähe sowie modern-komfortabel eingerichtete Zimmer sprechen für dieses Haus. Vier kleinere Zimmer im Gästehaus. Nett gestalteter Freizeitbereich mit Anwendungen.

Friesen Residence garni
Im Bad 58 ✉ *25826 – ℰ (04863) 9 68 60 – info@aparthotel-friesenhof.de*
– *Fax (04863) 968676*
24 Zim ⚏ – †70/135 € ††99/165 €
• Eine hübsch angelegte kleine Ferienwohnanlage, die wohnliche, geschmackvoll eingerichtete Gästezimmer und Appartements bereithält.

St. Peter
Rungholtstieg 7 ✉ *25826 – ℰ (04863) 90 40 – info@nordseeresorthotel.de*
– *Fax (04863) 904400*
52 Zim ⚏ – †45/85 € ††70/170 € – ½ P 15 € – 5 Suiten
Rest *Schimmelreiter* – ℰ *(04863) 98 90* – Karte 21/42 €
• In der Ortsmitte gelegenes Hotel mit unterschiedlichen, soliden Zimmer - im Gästehaus besonders komfortabel. Auch die Nähe zum Strand zählt zu den Vorzügen des Hauses. Das klassisch gestaltete Restaurant Schimmelreiter befindet sich ca. 200 m entfernt.

Dünenhotel Eulenhof garni
Im Bad 91 ✉ *25826 – ℰ (04863) 9 65 50 – duenenhotel-eulenhof@t-online.de*
– *Fax (04863) 9655155*
36 Zim ⚏ – †50/85 € ††110/130 €
• Auf einem 8000 qm großen Grundstück befinden sich das Stammhaus sowie vier Gästehäuser. Nett: gemütliche Sitzecken, eine Bibliothek und der schöne Garten.

Jensens Hotel Tannenhof garni
Im Bad 59 ✉ *25826 – ℰ (04863) 70 40 – jensen.hotel.tannenhof@t-online.de*
– *Fax (04863) 70413 – geschl. 1. - 27. Dez.*
34 Zim ⚏ – †45/64 € ††88/124 €
• In dem familiengeführten Hotel in Strandnähe erwarten Sie gut unterhaltene, freundliche Zimmer - einige mit Balkon - und ein heller Frühstücksraum.

Im Ortsteil Ording

Eickstädt garni
Waldstr. 19 ✉ *25826 – ℰ (04863) 20 58 – info@hotel-eickstaedt.de*
– *Fax (04863) 2735*
30 Zim ⚏ – †47/67 € ††90/135 €
• Eine zeitgemäße Adresse in einem Wohngebiet in ruhiger Lage. Die Gästezimmer sind mit unterschiedlichen Möbeln wohnlich eingerichtet.

Gambrinus
Strandweg 4 ✉ *25826 – ℰ (04863) 29 77 – info@restaurant-gambrinus.de*
– *Fax (04863) 1053 – geschl. 8. - 29. Jan. und Montag, Feb. - März Montag - Dienstag*
Rest – (Tischbestellung ratsam) Menü 16 € (mittags)/33 € – Karte 25/42 €
• In dem bürgerlich gestalteten Restaurant bietet man regionale und internationale Speisen - im Sommer durchgehend warme Küche. Schön sitzt man auf der Terrasse mit Cafégarten.

ST. WENDEL – Saarland – 543 – 27 070 Ew – Höhe 285 m   46 C16

▶ Berlin 699 – Saarbrücken 42 – Idar-Oberstein 43 – Neunkirchen/Saar 19
i Schlossstr. 3, ✉ 66606, ℰ (06851) 93 95 50, info@firstreisen.de

Angel's - das Hotel am Fruchtmarkt
Am Fruchtmarkt 5 ✉ *66606 – ℰ (06851) 99 90 00*
– reservierung@angels-dashotel.de – Fax (06851) 999001
55 Zim ⊇ – ♦58/99 € ♦♦98/132 € – **Rest** – Karte 24/35 €
♦ Beim Dom stehen die vier miteinander verbundenen restaurierten alten Stadthäuser mit ihren schmackvoll-modernen Zimmern. Hübscher kleiner Saunabereich und Kosmetikangebot. Restaurant im Bistrostil.

Dom-Hotel
Carl-Cetto-Str. 4 ✉ *66606 – ℰ (06851) 27 37 – Fax (06851) 2596*
8 Zim ⊇ – ♦38/47 € ♦♦56/67 € – **Rest** – Karte 15/29 €
♦ Das unter Denkmalschutz stehende Stadthaus aus dem 18. Jh. liegt nahe dem Dom und verfügt über funktionell ausgestattete Gästezimmer. Griechische Küche im Restaurant.

In St. Wendel-Bliesen Nord-West : 5,5 km, über Sankt Annen Straße und Alsfassener Straße :

Kunz
Kirchstr. 22 ✉ *66606 – ℰ (06854) 81 45 – restaurant-kunz@t-online.de*
– Fax (06854) 7254
Rest – *(geschl. Anfang Jan. 1 Woche, über Fasching 1 Woche, Ende Juli - Anfang Aug. und Montag - Dienstag, Mittwoch - Samstag nur Abendessen)* Menü 65/89 €
– Karte 42/71 €
Rest Kaminzimmer – *(geschl. Anfang Jan. 1 Woche und Montag - Dienstag, Samstagmittag)* Menü 25 € – Karte 22/51 €
Spez. Jakobsmuscheln mit mariniertem Spargelsalat und confierten Tomaten. Kotelett vom Ochsen mit mediterranem Schmorgemüse und gegrilltem Knoblauch. Baba au rhum mit angeschlagener Vanillesahne.
♦ Das von der Familie engagiert geleitete Haus ist ein freundlich und elegant gestaltetes Restaurant mit Wintergarten. Geboten wird eine feine klassische Küche. Im hellen, modernen Kaminzimmer serviert man schmackhafte regionale und bürgerliche Speisen.

SASBACHWALDEN – Baden-Württemberg – 545 – 2 530 Ew – Höhe 257 m – Luft- und Kneippkurort   54 E19

▶ Berlin 729 – Stuttgart 131 – Karlsruhe 58 – Freudenstadt 45
i Talstr. 51 (Kurhaus), ✉ 77887, ℰ (07841) 10 35, info@sasbachwalden.de

Talmühle (Gutbert Fallert)
Talstr. 36 ✉ *77887 – ℰ (07841) 62 82 90 – info@talmuehle.de – Fax (07841) 6282999*
27 Zim ⊇ – ♦68/98 € ♦♦99/144 € – ½ P 24 €
Rest Fallert – *(geschl. 4. - 22. Feb. und Nov. - März Montag - Dienstag)*
Menü 49/90 € – Karte 37/68 €
Rest Badische Stuben – *(geschl. 4. - 22. Feb.)* Menü 26 € – Karte 28/47 €
Spez. Kutteln in Riesling. Curry-Champagnersuppe mit Felsen-Austern (Sept. - März). Dreierlei von der Taube.
♦ Seit Generationen ist der gut geführte badische Gasthof im Besitz der Familie Fallert. Wohnliche Zimmer, freundliches Personal und ein hübscher Garten erwarten Sie. Im Restaurant Fallert bietet man klassische Küche. Badische Stuben mit regionalem Angebot.

Tannenhof
Murberg 6 ✉ *77887 – ℰ (07841) 66 30 65 – info@wagnerstannenhof.de*
– Fax (07841) 663067
16 Zim ⊇ – ♦56/89 € ♦♦112/178 € – ½ P 22 € – **Rest** – (nur Abendessen für Hausgäste)
♦ Schön liegt das recht individuell geleitete kleine Hotel oberhalb des Ortes. In den Zimmern hat man Bauernmobiliar mit mediterranen Farben kombiniert. Kosmetik und Ayurveda.

Landhaus Hiller garni
Auf der Golz 6 ✉ *77887 – ℰ (07841) 2 04 70 – landhaus-hiller@direktbox.com*
– Fax (07841) 204747 – geschl. 1. Nov. - 31. März
11 Zim ⊇ – ♦45/55 € ♦♦74/80 €
♦ In einem ruhigen Wohngebiet befindet sich dieses Landhaus mit seinen solide ausgestatteten Gästezimmern und privater Atmosphäre.

SASBACHWALDEN

Engel mit Zim
Talstr. 14 ⊠ 77887 – ℰ (07841) 30 00 – deckers-engel@t-online.de
– Fax (07841) 26394
10 Zim – †48/65 € ††80/110 € – ½ P 20 € – **Rest** – (geschl. Montag)
Menü 27/48 € – Karte 23/54 €
♦ Das kleine Fachwerkhaus ist ein netter badischer Gasthof, der seit über 200 Jahren im Familienbesitz ist. Freundlich serviert man regionale Speisen.

SASSENDORF, BAD – Nordrhein-Westfalen – 543 – 11 530 Ew – Höhe 92 m – Heilbad
27 **E10**

▶ Berlin 456 – Düsseldorf 123 – Arnsberg 29 – Beckum 27
🛈 Kaiserstr. 14, ⊠ 59505, ℰ (02921) 5 01 48 11, tourist-office@saline.de

Maritim Hotel Schnitterhof
Salzstr. 5 ⊠ 59505 – ℰ (02921) 95 20 – info.sas@maritim.de – Fax (02921) 952499
141 Zim – †89/121 € ††125/157 €, ⊇ 15 € – ½ P 25 € – **Rest** – Karte 20/38 €
♦ Dieses schöne Hotel - Teil eines alten westfälischen Gutsbesitzes - liegt direkt am Kurpark und bietet komfortabel ausgestattete Gästezimmer. Rustikal ist das Restaurant in der ehemaligen Tenne.

Gästehaus Hof Hueck garni
Wiesenstr. 12 ⊠ 59505 – ℰ (02921) 9 61 40 – reservierung@hofhueck.de
– Fax (02921) 961450 – geschl. Jan.
27 Zim ⊇ – †56/75 € ††82/108 €
♦ Am Rande des Kurparks befindet sich das neuzeitliche Hotel mit Therapiezentrum. Die Kureinrichtungen des Ortes sind bequem zu Fuß erreichbar.

Gästehaus Brink's garni
Bismarckstr. 25 ⊠ 59505 – ℰ (02921) 9 61 60 – reservierung@hofhueck.de
– Fax (02921) 961634
14 Zim ⊇ – †56/75 € ††82/108 €
♦ Das hübsche, sorgsam restaurierte Klinkerhaus ist ein nettes kleines Hotel am Kurpark, das über solide und wohnlich eingerichtete Gästezimmer verfügt.

Wulff (mit Gästehäusern)
Berliner Str. 31 ⊠ 59505 – ℰ (02921) 9 60 30 – mail@hotel-wulff.de
– Fax (02921) 960335
30 Zim ⊇ – †50/65 € ††100/125 € – ½ P 20 € – **Rest** – (nur für Hausgäste)
♦ Eine funktionelle Übernachtungsadresse unweit des Kurparks. Vom Einzelzimmer bis zum Appartement bietet man für jeden eine passende, zeitgemäße Unterkunft.

Hof Hueck mit Zim
Im Kurpark ⊠ 59505 – ℰ (02921) 9 61 30 – reservierung@hofhueck.de
– Fax (02921) 961350
12 Zim ⊇ – †59/75 € ††98/108 € – ½ P 18 € – **Rest** – Menü 32 €
– Karte 28/43 €
♦ Im rustikalen Ambiente dieses sehenswerten restaurierten westfälischen Bauernhauses a. d. 17. Jh. - schön im Kurpark gelegen - serviert man schmackhafte Regionalküche.

SASSNITZ – Mecklenburg-Vorpommern – siehe Rügen (Insel)

SAULGAU, BAD – Baden-Württemberg – 545 – 17 840 Ew – Höhe 587 m – Heilbad
▶ Berlin 686 – Stuttgart 114 – Konstanz 89 – Reutlingen 74
63 **H20**
🛈 Lindenstr. 7, ⊠ 88348, ℰ (07581) 20 09 22, willkommen@t-b-g.de
🛈 Bad Saulgau, Koppelweg 103 ℰ (07581) 52 74 59

Schwarzer Adler mit Zim
Hauptstr. 41 ⊠ 88348 – ℰ (07581) 73 30 – adler@komforthotels.de
– Fax (07581) 7030
15 Zim ⊇ – †45/60 € ††76/88 € – ½ P 18 € – **Rest** – Karte 18/29 €
♦ In einer verkehrsberuhigten Zone am Marktplatz gelegener Gasthof mit freundlichem ländlichem Ambiente. Man bietet überwiegend regionale Speisen. Einige der Gästezimmer sind neuer und recht modern.

SAULGAU, BAD

✕ Vinum
*Marktplatz 4 ⊠ 88348 – ℰ (07581) 5 23 52 – info@restaurant-vinum.de
– Fax (07581) 4093 – geschl. 30. Dez. - 7. Jan., 12. - 25. Mai und Sonntag - Montag*
Rest – Menü 38/44 € – Karte 30/47 €
♦ Ein in Weiß gehaltenes Gewölbe beherbergt dieses moderne Restaurant mit Vinothek - klare Linien bestimmen das Ambiente. Serviert wird Cross-over-Küche.

In Bad Saulgau-Bondorf Nord-Ost : 2 km :

Oberamer Hof
*Stankt-Bruno Str. 34 ⊠ 88348 – ℰ (07581) 4 89 20 – info@oberamerhof.de
– Fax (07581) 489232*
18 Zim ⊇ – †35/38 € ††55/58 € – **Rest** – (wochentags nur Abendessen)
Karte 16/25 €
♦ Persönliche Atmosphäre herrscht in dem hübschen einstigen Bauernhof. Die Ortsrandlage mit Blick ins Grüne sowie geschmackvolle Zimmer und Appartements machen das Hotel aus. Freundliche, in hellem Holz gehaltene Gaststube mit sehr netter Gartenterrasse.

SCHALKENMEHREN – Rheinland-Pfalz – siehe Daun

SCHALKHAM – Bayern – **546** – 910 Ew – Höhe 430 m   59 **N19**
▶ Berlin 581 – München 86 – Regensburg 86 – Landshut 26

In Schalkham-Johannesbrunn

✕ Sebastianihof
*Brunnenstr. 9 ⊠ 84175 – ℰ (08744) 91 94 45 – info@sebastianihof.de
– Fax (08744) 919446 – geschl. 27. Dez. - 9. Jan., 20. Aug. - 2. Sept. und
Sonntagabend - Dienstag*
Rest – (Mittwoch - Samstag nur Abendessen) Menü 36/52 € – Karte 25/37 €
♦ In der ehemaligen Scheune bewirtet Sie heute ein freundliches, geschultes Serviceteam mit sorgfältig zubereiteten Speisen, für die meist regionale Produkte verwendet werden.

SCHALLBACH – Baden-Württemberg – siehe Binzen

SCHANDAU, BAD – Sachsen – **544** – 3 140 Ew – Höhe 128 m – Kneippkurort
▶ Berlin 233 – Dresden 39 – Chemnitz 110 – Görlitz 78   43 **R12**
ℹ Markt 12 (im Haus des Gastes), ⊠ 01814 ℰ (035022) 9 00 30, info@bad-schandau.de

Parkhotel
Rudolf-Sendig-Str. 12 ⊠ 01814 – ℰ (035022) 5 20 – info@parkhotel-bad.schandau.de – Fax (035022) 52215
73 Zim ⊇ – †54/98 € ††82/122 € – ½ P 19 € – **Rest** – Karte 22/47 €
♦ In einer Parkanlage stehen die Villa Sendig von 1880, die neuere, besonders komfortable Residenz mit Elbblick sowie die Königsvilla mit ihrem imposanten historischen Saal. Wintergartenrestaurant und Gartenterrasse mit Sicht auf die Elbe.

Elbhotel
*An der Elbe 2 ⊠ 01814 – ℰ (035022) 92 10 – info@elbhotel-bad-schandau.de
– Fax (035022) 921300 – geschl. 7. Jan. - 3. Feb.*
43 Zim – †53/58 € ††80/100 € – ½ P 15 € – **Rest** – Karte 15/28 €
♦ Die Lage in der Ortsmitte, direkt an der Elbe, sowie solide und zeitgemäß ausgestattete Gästezimmer sprechen für dieses Hotel. Eine nette Terrasse zur Elbe ergänzt das Restaurant.

In Bad Schandau-Ostrau Ost : 5 km über B 172 Richtung Schmilka :

Ostrauer Scheibe
*Alter Schulweg 12 ⊠ 01814 – ℰ (035022) 48 80 – info@ostrauer-scheibe.de
– Fax (035022) 48888*
30 Zim ⊇ – †50/60 € ††80/130 € – ½ P 12/14 € – **Rest** – Karte 17/31 €
♦ Reizvoll auf einer Anhöhe liegt dieser Berggasthof mit roter Fassade, in dem der Gast in gepflegten und farbenfrohen Zimmer im Landhausstil wohnt. Restaurant mit Parkett und Originaldecke aus dem 19. Jh.

SCHARBEUTZ – Schleswig-Holstein – 541 – 11 930 Ew – Höhe 12 m – Seeheilbad

▶ Berlin 288 – Kiel 59 – Lübeck 30 – Schwerin 82   11 **K4**
🛈 Bahnhofstr. 2, ✉ 23683, ℰ (04503) 77 09 64, info@scharbeutz.de

Göttsche garni
Am Hang 8 ✉ 23683 – ℰ (04503) 88 20 – info@goettsche.de – Fax (04503) 882200
– geschl. 3. Nov. - 25. Dez.
13 Zim – †55/125 € ††105/147 €
♦ Auf einer kleinen Anhöhe oberhalb des Strandes gelegenes Hotel mit wohnlichen Gästezimmern - die zur Seeseite bieten eine schöne Sicht.

Villa Scharbeutz garni
Seestr. 26 ✉ 23683 – ℰ (04503) 8 70 90 – villa-scharbeutz@t-online.de
– Fax (04503) 351240
22 Zim – †36/59 € ††78/84 €
♦ Stammhaus dieses Hotels ist eine hübsche alte Villa mit soliden Zimmern - etwas komfortabler ist der neuzeitliche Anbau eingerichtet. Kleine Vesperkarte für Hausgäste.

Petersen's Landhaus garni
Seestr. 56a ✉ 23683 – ℰ (04503) 3 55 10 – info@petersens-landhaus.de
– Fax (04503) 355115
17 Zim – †55/65 € ††78/98 €
♦ Ein netter Eingangsbereich mit Kamin empfängt Sie in diesem kleinen Hotel. Neben wohnlich gestalteten Gästezimmern werden Sie auch die private Atmosphäre schätzen.

Herzberg's Restaurant
Strandallee 129 ✉ 23683 – ℰ (04503) 7 41 59 – info@herzbergs-restaurant.de
– Fax (04503) 75794 – geschl. Jan. - Mitte März Montag - Donnerstag, Nov. - Dez. Dienstag - Mittwoch
Rest – Karte 22/36 €
♦ Holzbalken und nettes Dekor unterstreichen das ländlich-gemütliche Ambiente dieses Restaurants. Um das Haus herum hat man eine Terrasse angelegt. Freundlicher Service.

In Scharbeutz-Haffkrug

Maris
Strandallee 10 ✉ 23683 – ℰ (04563) 4 27 20 – info@hotelmaris.de
– Fax (04563) 427272
12 Zim – †50/95 € ††90/120 € – ½ P 18 €
Rest *Muschel* – ℰ (04563) 42 28 03 *(geschl. Mitte Jan. - Mitte Feb., April - Okt. Dienstag und Nov. - März Dienstag - Mittwoch)* Karte 27/43 €
♦ Die Lage direkt an der Strandpromenade und die praktisch ausgestatteten Zimmer zählen zu den Vorzügen des Hauses. Kostenloser Fahrradverleih. In der Muschel offeriert man sorgfältig zubereitete regionale und internationale Speisen.

SCHEER – Baden-Württemberg – siehe Sigmaringen

SCHEESSEL – Niedersachsen – 541 – 12 820 Ew – Höhe 30 m   18 **H6**
▶ Berlin 341 – Hannover 121 – Hamburg 68 – Bremen 54

In Scheessel-Oldenhöfen Nord-West: 7 km über Zevener Straße in Hetzwege rechts ab

Rauchfang
Oldenhöfen 3a ✉ 27383 – ℰ (04263) 6 02 – rauchfang-oldenhoefen@t-online.de
– Fax (04263) 3418 – geschl. Anfang Jan. 1 Woche, Aug. 3 Wochen und Dienstag
Rest – *(nur Abendessen)* Menü 40 € – Karte 23/47 €
♦ In der ländlich-gemütlichen Atmosphäre einer ehemaligen Bauernkate serviert man Ihnen eine mit Sorgfalt zubereitete regionale und internationale Küche.

SCHEIBENBERG (ERZGEBIRGE) – Sachsen – 544 – 2 400 Ew – Höhe 680 m

▶ Berlin 308 – Dresden 121 – Chemnitz 45 – Zwickau 49   42 **O13**

Sächsischer Hof
Markt 6 ✉ 09481 – ℰ (037349) 1 34 80 – info@hotel-saechsischerhof.de
– Fax (037349) 1348150
24 Zim – †52/78 € ††78/172 € – **Rest** – Karte 17/31 €
♦ Das Stadthaus aus dem 16. Jh. befindet sich an einem kleinen begrünten Platz. Sie wohnen in stilvollen, leicht eleganten Gästezimmern. Restaurant im mediterranen Stil.

TIERCE MAJEURE

RESERVE DE LA COMTESSE
Second vin du Chateau
Pichon Longueville Comtesse de Lalande

Chateau Pichon Longueville
Comtesse de Lalande
Grand Cru Classe en 1855 · Pauillac

Chateau Bernadotte
Haut-Medoc

33250 Pauillac - France - Tel. 33 (0)5 56 59 19 40 - Fax. 33 (0)5 56 59 29 78

WWW.PICHON-LALANDE.COM

MICHELIN-KARTEN
bringen Sie auf den richtigen Kurs

- Präzise und regelmäßig aktualisierte Straßeninformationen
- Umfangreiche touristische Zusatzinformationen z.B. zu Sehenswürdigkeiten und malerischen Strecken
- Zuverlässige Routenplanung: Gestaltung der Fahrtroute nach Ihren eigenen Wünschen

www.michelin.de

MICHELIN
Wir bringen Sie weiter

SCHEIBENHARDT – Rheinland-Pfalz – 543 – 730 Ew – Höhe 120 m   54 E18
▶ Berlin 687 – Mainz 168 – Karlsruhe 24 – Landau in der Pfalz 32

In Scheibenhardt-Bienwaldmühle Nord-West : 5,5 km :

Bienwaldmühle
✉ 76779 – ✆ (06340) 2 76 – info@bienwaldmuehle.de – Fax (06340) 264
– geschl. Montag - Dienstag
Rest – Karte 22/40 €
♦ Das Haus am Bienwald ist ein freundlich-familiär geleitetes Restaurant in ländlichem Stil mit netter Terrasse. Saisonal-internationale Küche und einige bürgerliche Gerichte.

SCHEIDEGG – Bayern – 546 – 4 190 Ew – Höhe 804 m – Wintersport : 1000 m ≰2 ⛷
– Kneipp- und Heilklimatischer Kurort   63 I21

▶ Berlin 720 – München 177 – Konstanz 84 – Ravensburg 40
🛈 Rathausplatz 4, ✉ 88175, ✆ (08381) 8 95 55, kurverwaltung@scheidegg.de

Birkenmoor
Am Brunnenbühl 10 ✉ 88175 – ✆ (08381) 9 20 00 – info@hotel-birkenmoor.de
– Fax (08381) 920030 – geschl. 18. Nov. - 25. Dez.
16 Zim ⌑ – †49 € ††98 € – ½ P 14 € – **Rest** – (nur Abendessen für Hausgäste)
♦ In hellen Tönen gehaltene, teils nach Süden hin ausgerichtete Zimmer, ein großer Garten und die Lage in einem Wohngebiet fast ganz im Grünen sprechen für den Familienbetrieb.

SCHENEFELD – Schleswig-Holstein – 541 – 17 890 Ew – Höhe 21 m   10 I5
▶ Berlin 298 – Kiel 86 – Hamburg 12

In Schenefeld-Dorf

Klövensteen
Hauptstr. 83 ✉ 22869 – ✆ (040) 8 39 36 30 – info@hotel-kloevensteen.de
– Fax (040) 83936343
58 Zim ⌑ – †78/88 € ††98/108 €
Rest *Peter's Bistro* – (Montag - Freitag nur Abendessen) Menü 30/34 € – Karte 22/38 €
♦ Wohnliche, freundliche Zimmer mit funktioneller Ausstattung und gutem Platzangebot erwarten Sie in dem familiengeführten Hotel vor den Toren Hamburgs. Nett dekoriertes Bistro mit internationaler und regionaler Küche.

SCHENKENZELL – Baden-Württemberg – 545 – 1 870 Ew – Höhe 361 m – Luftkurort
▶ Berlin 732 – Stuttgart 104 – Freiburg im Breisgau 72   54 E19
– Villingen-Schwenningen 46
🛈 Landstr. 2 (B 294), Haus des Gastes, ✉ 77773, ✆ (07836) 93 97 51,
tourist-info@schenkenzell.de

Waldblick
Schulstr. 12 ✉ 77773 – ✆ (07836) 9 39 60 – info@hotel-waldblick.de – Fax (07836) 939699 – geschl. 10. - 16. Nov.
20 Zim ⌑ – †46/60 € ††76/104 € – ½ P 15 € – **Rest** – Menü 16 € – Karte 19/37 €
♦ Sehr freundlich führt die Familie diesen kleinen regionstypischen Gasthof. Besonders komfortabel sind einige neuere Zimmer, großzügig und z. T. für Allergiker geeignet. Restaurant in bürgerlich-ländlichem Stil.

SCHERMBECK – Nordrhein-Westfalen – 543 – 13 660 Ew – Höhe 40 m   26 C10
▶ Berlin 523 – Düsseldorf 69 – Dorsten 10 – Wesel 19
🚉 Schermbeck, Steenbecksweg 12 ✆ (02856) 9 13 70

In Schermbeck-Gahlen Süd : 4 km über Mittelstraße und Maassenstraße :

Op den Hövel   Biergarten
Kirchstr. 71 ✉ 46514 – ✆ (02853) 9 14 00 – Fax (02853) 914050 – geschl. 20. Dez. - 8. Jan.
42 Zim ⌑ – †40/50 € ††60/70 € – **Rest** – (geschl. Freitag) Karte 15/29 €
♦ Das schmucke Haus mit Klinkerfassade blickt auf eine 350-jährige Geschichte zurück. Besonders komfortabel und modern sind die Zimmer im Gästehaus. Gaststuben in bürgerlichem Stil.

1153

SCHERMBECK

Landhaus Nikolay
Kirchhellener Str. 1 (Süd : 2 km, in Besten) ⊠ *46514 – ℰ (02362) 4 11 32 – info@landhaus-nikolay.de – Fax (02362) 41457 – geschl. Montag*
Rest *– (Dienstag - Samstag nur Abendessen)* (Tischbestellung ratsam)
Menü 35/68 € – Karte 41/64 €
♦ Das etwas außerhalb des kleinen Ortes gelegene Klinkerhaus beherbergt ein mit recht viel Holz rustikal gestaltetes Restaurant und ein nettes kleines Weinzimmer.

In Schermbeck-Weselerwald Nord-West : 13 km über B 58, bei Drevenack rechts ab Richtung Bocholt :

Landhotel Voshövel
Am Voshövel 1 ⊠ *46514 – ℰ (02856) 9 14 00 – post@landhotel.de*
– Fax (02856) 744 – geschl. 2. - 5. Jan.
50 Zim ⊇ – †60/129 € ††99/197 € – **Rest** – Menü 26/54 € – Karte 22/37 €
♦ Eine schöne familiengeführte Hotelanlage aus mehreren Gebäuden mit individuellen Zimmern, wie z. B. Golf-, Künstler- oder Damenzimmer. Auch Wellnessanwendungen sind buchbar. Gemütliches Restaurant mit Fachwerk und Empore.

> Sie suchen ein besonderes Hotel für einen sehr angenehmen Aufenthalt?
> Reservieren Sie in einem roten Haus: 🏠 ... 🏠🏠🏠.

SCHESSLITZ – Bayern – 546 – 7 190 Ew – Höhe 310 m   50 K15
▶ Berlin 391 – München 252 – Coburg 57 – Bayreuth 47

In Schesslitz-Würgau Ost : 5 km über Hauptstraße, Oberend und B 22 :

Brauerei-Gasthof Hartmann mit Zim
Fränkische-Schweiz-Str. 26 (B 22) ⊠ *96110 – ℰ (09542) 92 03 00 – info@brauerei-hartmann.de – Fax (09542) 920309 – geschl. 24. - 30. Dez.*
9 Zim ⊇ – †30/35 € ††60/65 € – **Rest** – (geschl. Dienstag) Karte 12/28 €
♦ Bereits seit 1550 existiert dieser gestandene Brauereigasthof. In gemütlich-rustikalem Ambiente serviert man eine solide regionale Küche.

SCHIEDER-SCHWALENBERG – Nordrhein-Westfalen – 543 – 9 460 Ew – Höhe 200 m – Kneippkurort   28 G10
▶ Berlin 362 – Düsseldorf 209 – Hannover 80 – Detmold 22
🛈 Im Kurpark 1 (Schieder), ⊠ 32816, ℰ (05282) 6 01 71, tourismus@schieder-schwalenberg.de

Im Ortsteil Schieder – Kneippkurort :

Landhaus Schieder (mit Gästehaus)
Domäne 1 ⊠ *32816 – ℰ (05282) 9 80 90 – info@landhausschieder.de*
– Fax (05282) 980949
24 Zim ⊇ – †67/82 € ††94/154 € – ½ P 15 € – **Rest** – Menü 22/25 €
– Karte 20/36 €
♦ Das um 1900 von Graf Ernst Regent zur Lippe errichtete Herrenhaus und ein Gästehaus beherbergen ansprechende Zimmer, z. T. mit separatem Wohnbereich. Restaurant mit Wintergartenvorbau und internationaler Karte.

SCHIERKE – Sachsen-Anhalt – 542 – 780 Ew – Höhe 610 m – Luftkurort   30 J10
▶ Berlin 246 – Magdeburg 92 – Braunlage 10 – Halberstadt 45
🛈 Brockenstr. 10, ⊠ 38879, ℰ (039455) 86 80, info@schierke-am-brocken.de

Gasthof zum Stadel
Brockenstr. 26 ⊠ *38879 – ℰ (039455) 36 70 – stadel@gasthof-stadel.de*
– Fax (039455) 36777 – geschl. 20. Nov. - 20. Dez.
10 Zim ⊇ – †42 € ††58/68 € – **Rest** – (geschl. Donnerstag) Karte 13/20 €
♦ Der kleine Gasthof unter familiärer Leitung verfügt über zehn gepflegte und farbenfroh gestaltete Gästezimmer, die mit Weichholzmobiliar solide eingerichtet sind. Restaurant mit ländlich-gemütlichem Ambiente.

1154

SCHIERKE

In Elend-Mandelholz Süd-Ost : 5,5 km Richtung Braunlage und Königshütte :

Grüne Tanne
*Mandelholz 1 (B 27) ⊠ 38875 – ℘ (039454) 4 60 – hotel@mandelholz.com
– Fax (039454) 46155 – geschl. 17. - 27. Nov.*
29 Zim ⊡ – †45/50 € ††75/85 € – ½ P 13 € – **Rest** – *(geschl. Nov. - April Montag)*
Karte 17/32 €

♦ Das hübsche holzverkleidete kleine Hotel beherbergt gepflegte Zimmer, die mit zeitgemäßem Kirschmobiliar funktionell ausgestattet sind. Das mit Kamin und Holz gemütlich gestaltete Restaurant wird durch einen Wintergarten ergänzt.

SCHIFFERSTADT – Rheinland-Pfalz – **543** – 19 060 Ew – Höhe 104 m   47 **F16**

▶ Berlin 631 – Mainz 83 – Mannheim 25 – Speyer 9

Salischer Hof (mit Gästehäusern)
*Burgstr. 12 ⊠ 67105 – ℘ (06235) 93 10 – info@salischer-hof.de
– Fax (06235) 931200 – geschl. 1. - 6. Jan.*
24 Zim ⊡ – †83 € ††104 € – **Rest** – *(geschl. 1. - 14. Jan. und Samstagmittag, Sonntag)* Karte 33/50 €

♦ Das modernisierte Hofgut a. d. J. 1732 - bestehend aus zwei Fachwerkhäusern, einer Scheune und dem neueren Anbau - bietet Ihnen helle, zeitgemäße Zimmer. Im Restaurant finden Sie auf zwei Ebenen stilvolle Räume mit mediterranem Flair. Nette Gartenterrasse.

Zur Kanne (mit Gästehaus)
*Kirchenstr. 7 ⊠ 67105 – ℘ (06235) 4 90 00 – hotelzurkanne@aol.com
– Fax (06235) 490066*
38 Zim ⊡ – †55/65 € ††75/90 € – **Rest** – *(geschl. Dienstag - Mittwochmittag)*
Karte 18/34 €

♦ Der familiengeführte Fachwerkgasthof und seine beiden Nebengebäude laden mit soliden und sehr gepflegten Zimmern zum Übernachten ein. Gemütliches, freundliches Restaurant.

SCHILDOW – Brandenburg – **542** – 11 880 Ew – Höhe 39 m   23 **P8**

▶ Berlin 17 – Potsdam 45 – Eberswalde 53

Schildow garni
*Mühlenbecker Str. 2 ⊠ 16552 – ℘ (033056) 8 57 00 – kohlitz@aol.com
– Fax (033056) 85750*
33 Zim ⊡ – †52 € ††78 €

♦ Die moderne Architektur dieses Hotels verspricht ein ebenso neuzeitliches Innenleben. Von der Hotelhalle bis in die Flure begleiten Sie ausgestellte Bilder und Antiquitäten.

SCHILLINGSFÜRST – Bayern – **546** – 2 840 Ew – Höhe 516 m – Wintersport : ⚞
– Erholungsort   49 **J17**

▶ Berlin 517 – München 188 – Würzburg 85 – Ansbach 28

Die Post
*Rothenburger Str. 1 ⊠ 91583 – ℘ (09868) 95 00 – diepost@arcor.de
– Fax (09868) 950250*
14 Zim ⊡ – †42/60 € ††59/100 € – **Rest** – Karte 15/33 €

♦ Einen schönen Blick auf die Region bietet das bereits in der 5. Generation von der Inhaberfamilie geführte Haus gegenüber der Kirche. Behagliche und gepflegte Gästezimmer. Zum Restaurant gehört eine sonnige Terrasse mit Aussicht. Eigene Schnapsbrennerei.

SCHILTACH – Baden-Württemberg – **545** – 4 060 Ew – Höhe 330 m – Luftkurort

▶ Berlin 740 – Stuttgart 126 – Freiburg im Breisgau 68
 – Offenburg 51   54 **E20**

🛈 Hauptstr. 5, ⊠ 77761, ℘ (07836) 58 50, touristinfo@schiltach.de

◉ Marktplatz ★

SCHILTACH

Zum weyßen Rössle
Schenkenzeller Str. 42 ⊠ *77761* – ℰ *(07836) 3 87 – info@weysses-roessle.de – Fax (07836) 7952*
9 Zim ⊇ – †47/52 € ††70/82 € – ½ P 15 €
Rest – *(geschl. Sonntagabend - Montag)* (Tischbestellung ratsam) Karte 17/38 €
♦ Hinter den denkmalgeschützten Mauern dieses familiengeführten kleinen Hotels stehen neuzeitlich, funktionell und komfortabel gestaltete Zimmer bereit. Schon 1590 nutzte man den historischen Gasthof zur Einkehr - heute ein rustikales Restaurant.

SCHKEUDITZ – Sachsen – 544 – 18 710 Ew – Höhe 111 m   31 N11
▶ Berlin 172 – Dresden 124 – Leipzig 13 – Halle (Saale) 21

Globana Airport Hotel
Frankfurter Str. 4 (West : 1,5 km) ⊠ *04435* – ℰ *(034204) 3 33 33 – hotel@globana.com – Fax (034204) 33334*
158 Zim ⊇ – †62/130 € ††79/151 € – 5 Suiten – **Rest** – Karte 17/30 €
♦ Das moderne Tagungs- und Konferenzhotel mit sehr guter Verkehrsanbindung bietet in einem sachlich-zweckmäßigen Stil eingerichtete Zimmer insbesondere für Businessgäste. Freundliches Restaurant im Bistro-Stil mit großer Fensterfront.

Schillerstuben
Herderstr. 26 ⊠ *04435* – ℰ *(034204) 1 47 16 – schillerstuben@t-online.de – Fax (034204) 14716 – geschl. Sonntag*
Rest – *(nur Abendessen)* (Tischbestellung ratsam) Menü 43/65 € – Karte 43/50 €
♦ In den Räumen einer liebevoll restaurierten Villa a. d. J. 1929 hat man ein gemütliches Restaurant eingerichtet. Genießen Sie in stilvollem Rahmen die internationale Küche.

In Schkeuditz-Radefeld Nord-Ost : 6 km :

Airport-Messe
Haynaer Weg 15 ⊠ *04435* – ℰ *(034207) 4 20 – info@hotel-leipzig.bestwestern.de – Fax (034207) 42400*
112 Zim – †70/100 € ††85/115 € – **Rest** – Karte 17/29 €
♦ Schon die Lobby stimmt Sie auf das moderne Ambiente im Haus ein - die recht sachlich gestalteten Zimmer überzeugen mit Funktionalität. Messe und Flughafen liegen in der Nähe.

SCHKOPAU – Sachsen-Anhalt – 542 – 10 030 Ew – Höhe 98 m   31 M11
▶ Berlin 182 – Magdeburg 96 – Leipzig 35 – Halle (Saale) 11

Schlosshotel Schkopau
Am Schloss ⊠ *06258* – ℰ *(03461) 74 90 – info@schlosshotel-schkopau.de – Fax (03461) 749100*
54 Zim ⊇ – †149/189 € ††179/219 € – 5 Suiten – **Rest** – Menü 50 € – Karte 35/51 €
♦ Umgeben von alten Mauern genießt man die Kombination aus Tradition und Moderne. Gediegenheit und Eleganz beherrschen das Interieur. Schön: Schlosskapelle und Park. Stilvolles Restaurant mit historischem Kreuzgewölbe.

SCHLANGENBAD – Hessen – 543 – 6 230 Ew – Höhe 294 m – Heilbad   47 E15
▶ Berlin 581 – Wiesbaden 13 – Koblenz 63 – Bad Kreuznach 59
🛈 Rheingauer Str. 18, ⊠ 65388, ℰ (06129) 48 50, staatsbad@schlangenbad.de

Parkhotel Schlangenbad
Rheingauer Str. 47 (direkter Zugang zum Thermalbad) Rest,
⊠ *65388* – ℰ *(06129) 4 20 – info@parkhotel.net – Fax (06129) 424242*
88 Zim ⊇ – †89/135 € ††125/190 € – ½ P 24 €
Rest – Menü 30/41 € – Karte 36/45 €
Rest *Quellenstübchen* – *(geschl. Montag - Dienstag, nur Abendessen)* Karte 18/30 €
♦ Das klassische Grandhotel mit direktem Zugang zum benachbarten Thermalbad beherbergt Sie in geräumigen, gediegenen Zimmern in zeitlosem Stil. Hohe Räume, helle Einrichtung und eleganter Rahmen im Restaurant.

SCHLAT – Baden-Württemberg – 545 – 1 750 Ew – Höhe 424 m   56 **H19**
▶ Berlin 608 – Stuttgart 51 – Göppingen 9 – Schwäbisch Gmünd 27

Lamm mit Zim
Eschenbacher Str. 1 ⊠ 73114 – ℰ (07161) 99 90 20 – gasthof.lamm@t-online.de
– Fax (07161) 9990225 – geschl. 23. - 26. Dez., 12. - 27. Aug.
5 Zim ⊆ – †60 € ††98 € – **Rest** – (geschl. Dienstag - Mittwoch) Menü 32/40 €
– Karte 19/42 €
♦ Ein nettes ursprüngliches Dorfgasthaus, in dem viel Holz den rustikalen Charakter unterstreicht. Eigener Birnenschaumwein. Sehr schöner Veranstaltungsraum in der Scheune.

SCHLEIDEN – Nordrhein-Westfalen – 543 – 14 060 Ew – Höhe 370 m   35 **B13**
▶ Berlin 639 – Düsseldorf 103 – Aachen 50 – Düren 38
🖪 Kurhausstr. 6, in Schleiden-Gemünd, ⊠ 53937, ℰ (02444) 20 11, info@gemuend.de

In Schleiden-Gemünd Nord : 6 km über B 265 – Kneippkurort :

Kurpark Hotel
Parkallee 1 ⊠ 53937 – ℰ (02444) 9 51 10 – info@kurparkhotel-schleiden.de
– Fax (02444) 951133
20 Zim ⊆ – †50/56 € ††85 € – ½ P 18 € – **Rest** – (nur für Hausgäste)
♦ In ruhiger Lage am Kurpark hält man zweckmäßige Zimmer in verschiedenen Möblierungsvarianten für Sie bereit - manche auch mit Balkon.

SCHLEMA, BAD – Sachsen – 544 – 5 600 Ew – Höhe 450 m – Heilbad   42 **O13**
▶ Berlin 300 – Dresden 113 – Chemnitz 37 – Oberwiesenthal 41
🖪 Richard-Friedrich-Str. 18, ⊠ 08301, ℰ (03772) 38 04 50, fremdenverkehr@kurort-schlema.de

Am Kurhaus
Richard-Friedrich-Boulevard 16 ⊠ 08301 – ℰ (03772) 3 71 70 – info@am-kurhaus.com – Fax (03772) 3717170
42 Zim ⊆ – †66/76 € ††98/145 € – ½ P 16 € – **Rest** – Karte 18/41 €
♦ Am Kurpark liegt dieser Hotelbau, dessen wohnliche Zimmer großzügig geschnitten sind und Platz zum Arbeiten bieten. Teils mit Blick ins Grüne, teils mit Balkon. Freundliches, helles Restaurant mit sonniger Terrasse.

SCHLEPZIG – Brandenburg – 542 – 660 Ew – Höhe 47 m   33 **Q9**
▶ Berlin 78 – Potsdam 95 – Cottbus 66 – Frankfurt (Oder) 67

Landgasthof zum grünen Strand der Spree   Biergarten
Dorfstr. 53 ⊠ 15910 – ℰ (035472) 66 20
– spreewaldbrauerei@t-online.de – Fax (035472) 473
26 Zim ⊆ – †50/80 € ††80/110 € – **Rest** – Karte 23/28 €
♦ Das nette Anwesen liegt an einem Spreekanal und verfügt über wohnliche Gästezimmer im Landhausstil. Hinter dem Hotel befindet sich eine große Wiese. Ländliches Restaurant, Privatbrauerei und Braustube. Schön: die Terrasse mit Kastanienbäumen.

SCHLESWIG – Schleswig-Holstein – 541 – 24 290 Ew – Höhe 1 m   2 **H2**
▶ Berlin 395 – Kiel 53 – Flensburg 33 – Neumünster 65
🖪 Plessenstr. 7, ⊠ 24837, ℰ (04621) 98 16 16, touristinformation@schleswig.de
🖪 Güby, Borgwedeler Weg 16 ℰ (04354) 9 81 84
◉ Schloss Gottorf : Schleswig Holsteinisches Landesmuseum★, Renaissancekapelle★★, Archäologisches Landesmuseum★, Nydamm-Boot★★★ – Dom★ (Bordesholmer Altar★★) – Fischerviertel "Holm" (Friedhofsplatz★)

Zollhaus
Lollfuß 110 ⊠ 24837 – ℰ (04621) 29 03 40 – info@zollhaus-schleswig.de
– Fax (04621) 290373 – geschl. Mitte Jan. - Mitte Feb.
10 Zim ⊆ – †70/75 € ††90/99 € – **Rest** – (geschl. Montag, Nov. – März Sonntagabend - Montag) Menü 30 € – Karte 28/45 €
♦ Das schöne Stadthaus wurde 1779 vom damaligen Zollinspektor erbaut und bietet heute zeitgemäße, in hellen Farben eingerichtete Gästezimmer. Wechselnde Bilderausstellungen zieren das gediegene Restaurant. Internationale Karte. Hübsch: die Gartenterrasse.

SCHLESWIG

Olschewski's mit Zim
Hafenstr. 40 ⊠ 24837 – ℰ (04621) 2 55 77 – olschewski@foni.net
– Fax (04621) 22141 – geschl. Mitte Jan. - Ende Feb.
7 Zim ⊇ – †52/60 € ††77/95 € – **Rest** – (geschl. Montag -Dienstag) Menü 30 €
– Karte 22/44 €
♦ Ganz in Hafennähe finden Sie das nette, hell gestaltete Restaurant mit überwiegend internationaler Küche - viele Fischgerichte. Kleine Terrasse mit Blick zur Schlei.

In Schleswig-Pulverholz Süd-West : 1,5 km :

Waldschlösschen
Kolonnenweg 152 ⊠ 24837 – ℰ (04621) 38 30 – reception@
hotel-waldschloesschen.de – Fax (04621) 383105
117 Zim ⊇ – †92/112 € ††118/145 € – **Rest** – Menü 29/39 € – Karte 26/44 €
♦ Das komfortable Hotel in waldnaher Lage bietet seinen Gästen zeitgemäße und funktionelle Zimmer - darunter auch einige Themenzimmer, z. B. Lotsen- oder Afrikazimmer. Restaurant mit gepflegtem, freundlichem Ambiente.

SCHLIENGEN – Baden-Württemberg – 545 – 5 150 Ew – Höhe 250 m   61 D21
▶ Berlin 836 – Stuttgart 243 – Freiburg im Breisgau 38 – Müllheim 9
🛈 Wasserschloss Entenstein, ⊠ 79418, ℰ (07635) 31 09 11, stowasser.agnes@schliengen.de

Sonne
Marktplatz 1 ⊠ 79418 – ℰ (07635) 2 00 09 – sonne-schliengen@t-online.de
– Fax (07635) 824766
10 Zim ⊇ – †43/48 € ††63/73 € – **Rest** – (geschl. Sonntagabend, Montag -Samstag nur Abendessen) Karte 15/32 €
♦ Die Zimmer des Fachwerkhauses sind solide mit Naturholz eingerichtet. Im neuzeitlichen Nebengebäude fallen sie etwas geräumiger aus und sind im Landhausstil gehalten. Ländliches Ambiente in den rustikalen Gaststuben.

In Schliengen-Obereggenen Ost : 7 km über Altinger Straße und Niedereggenen
– **Erholungsort**

Landgasthof Graf
Kreuzweg 6 ⊠ 79418 – ℰ (07635) 12 64 – landgasthof-graf@t-online.de
– Fax (07635) 9555 – geschl. 10. Jan. - 7. Feb.
15 Zim ⊇ – †44/48 € ††84 € – **Rest** – (geschl. Mittwoch - Donnerstagmittag)
Karte 20/38 €
♦ Hinter der gepflegten Fassade dieses kleinen Hotels beziehen Sie funktionell ausgestattete Zimmer. Auch die ruhige Ortsrandlage spricht für das Haus. Das Restaurant setzt sich aus drei ländlichen Gaststuben zusammen.

Rebstock
Kanderner Str. 4 ⊠ 79418 – ℰ (07635) 12 89 – rebstock-obereggenen@t-online.de
– Fax (07635) 8844 – geschl. Anfang Dez. - Ende Jan., 22. Juni - 12. Juli
12 Zim ⊇ – †36/44 € ††69/80 € – **Rest** – (geschl. Dienstag, nur Abendessen)
Menü 40 € – Karte 30/37 €
♦ Die dörfliche, von Obst- und Weinbau bestimmte Umgebung prägt den Charakter des Landhotels. Die Zimmer sind mit Naturholzmöbeln wohnlich eingerichtet. Parkett und Holzvertäfelung lassen die Gaststube gemütlich wirken.

SCHLIERSEE – Bayern – 546 – 6 450 Ew – Höhe 784 m – Wintersport : 1 700 m ⸗2
⸕16 ⸘ – **Luftkurort**   66 N21
▶ Berlin 652 – München 62 – Garmisch-Partenkirchen 79 – Rosenheim 36
🛈 Bahnhofstr. 11a, ⊠ 83727, ℰ (08026) 6 06 50, tourismus@schliersee.de
◉ Pfarrkirche ★
◉ Spitzingsattel : Aussichtspunkt ≤ ★, Süd : 9 km

Gästehaus am Kurpark garni
Gartenstr. 7 ⊠ 83727 – ℰ (08026) 9 40 30 – gaestehausamkurpark-schliersee@
t-online.de – Fax (08026) 2743
26 Zim ⊇ – †45/65 € ††65/75 €
♦ Diese ländliche Pension ermöglicht Ihnen Ferien in familiärer Atmosphäre. Saubere, wohnliche Zimmer und die seenahe Lage sprechen für diese Adresse.

SCHLIERSEE

In Schliersee-Neuhaus Süd : 3 km über B 307 :

Hubertus garni
Bayrischzeller Str. 8 ⊠ 83727 – ℰ (08026) 7 10 35 – hubertus@ruschitzka-schliersee.de – Fax (08026) 71036
20 Zim ⊆ – †48 € ††54/86 €
♦ Haus mit Pensionscharakter - von der Fassade bis in die Zimmer dem typisch alpenländischen Stil angepasst. Netter rustikaler Frühstücksraum.

In Schliersee-Spitzingsee Süd : 10 km über B 307, nach Neuhausen rechts ab – Höhe 1 085 m

ArabellaSheraton Alpenhotel am Spitzingsee
Seeweg 7 ⊠ 83727 – ℰ (08026) 79 80 – alpenhotel@arabellasheraton.com
– Fax (08026) 798879
120 Zim ⊆ – †135/245 € ††165/300 € – ½ P 35 € – 12 Suiten – **Rest**
– Karte 31/46 €
♦ Hotel vor einer reizvollen Bergkulisse in 1100 m Höhe. Die alpenländisch gestalteten Zimmer überzeugen mit Wohnlichkeit und Funktionalität. Wellnessbereich in modernem Design. Mediterran gibt sich das Restaurant L'Olivia.

SCHLUCHSEE – Baden-Württemberg – **545** – 2 630 Ew – Höhe 950 m – Wintersport : 1 300 m ⭐3 ⛷ – **Heilklimatischer Kurort**   62 **E21**

▶ Berlin 795 – Stuttgart 172 – Freiburg im Breisgau 48 – Donaueschingen 49

ℹ Fischbacher Str. 7, ⊠ 79859, ℰ (07656) 77 32, info@schluchsee.de

◉ See★

Vier Jahreszeiten
Am Riesenbühl ⊠ 79859
– ℰ (07656) 7 00 – info@vjz.de – Fax (07656) 70323
208 Zim (inkl. ½ P.) – †120/140 € ††200/270 € – 11 Suiten – **Rest** – (nur für Hausgäste)
♦ Die beeindruckende Ferienanlage in ruhiger Ortsrandlage steht für komfortables Wohnen. Über mehrere Ebenen hat man den großzügigen Freizeit- und Anwendungsbereich angelegt.

Hegers Parkhotel Flora
Sonnhalde 22 ⊠ 79859 – ℰ (07656) 9 74 20
– parkhotel-flora@t-online.de – Fax (07656) 1433
38 Zim ⊆ – †74/130 € ††110/150 € – ½ P 21 € – 6 Suiten
Rest – Menü 25/59 € – Karte 27/58 €
♦ Auf einem schönen Gartengrundstück steht das familiär geführte Ferienhotel mit ansprechendem Wellnessbereich. Einige der Gästezimmer bieten Seeblick. Komfortables Restaurant mit schöner Terrasse und Bar.

Mutzel
Im Wiesengrund 3 ⊠ 79859 – ℰ (07656) 5 56 – hotelmutzel@aol.com
– Fax (07656) 9175 – geschl. Mitte Nov. - Mitte Dez.
24 Zim ⊆ – †41/46 € ††72/103 € – ½ P 17 € – **Rest** – (geschl. Montag)
Menü 29/38 € – Karte 18/49 €
♦ Der Familienbetrieb liegt in einem Wohngebiet am Rande des Ortes. Hinter der regionaltypischen Balkonfassade erwarten Sie solide, zeitgemäße Gästezimmer.

In Schluchsee-Aha Nord-West : 4 km über B 500 :

Auerhahn
Vorderaha 4 (an der B 500) ⊠ 79859 – ℰ (07656) 9 74 50 – info@auerhahn.net
– Fax (07656) 9270
62 Zim (inkl. ½ P.) – †135/160 € ††240/290 € – **Rest** – (nur für Hausgäste)
♦ Das nur durch die Straße vom See getrennte Hotel beherbergt hinter seiner Balkonfassade neuzeitlich-funktionelle Zimmer in hellem Holz und eine schöne Saunalandschaft. Im Restaurant mit Kachelofen bietet man internationale und regionale Küche.

1159

SCHLÜCHTERN – Hessen – 543 – 17 240 Ew – Höhe 207 m   38 H14
▶ Berlin 478 – Wiesbaden 117 – Fulda 30 – Frankfurt am Main 76

Stadt Schlüchtern garni
Breitenbacher Str. 5 ⊠ 36381 – ℰ (06661) 74 78 80 – info@hotel-stadt-schluechtern.de – Fax (06661) 7478899
30 Zim ⌁ – †52/56 € ††82/85 €
♦ Mitten im Zentrum erwarten Sie in dem modernen Hotelbau funktionelle Zimmer in hellem Naturholz. Der Frühstücksraum ist mit der hauseigenen Bäckerei verbunden.

Elisa garni
Zur Lieserhöhe 14 ⊠ 36381 – ℰ (06661) 80 94 – info@hotel-elisa.de – Fax (06661) 8096 – geschl. 22. Dez. - 4. Jan.
14 Zim ⌁ – †38/50 € ††56/68 €
♦ Die kleine, sehr gut unterhaltene Pension liegt am Stadtrand in einer ruhigen, waldreichen Umgebung. Man verfügt über gepflegte, solide möblierte Gästezimmer.

In Schlüchtern-Ramholz Ost : 8 km über Herolz und Vollmerz :

Schloss Ramholz Orangerie
Parkstr. 4 ⊠ 36381 – ℰ (06664) 91 94 00 – aaweinberg@t-online.de – Fax (06664) 919402 – geschl. 18. Aug. - 5. Sept. und Montag - Dienstag sowie Jan. - Anfang März Montag - Freitag
Rest – Menü 35 € – Karte 27/40 €
♦ An einem privat geführten Schloss aus dem 14. Jh. liegt dieses Restaurant. In einem großen Raum mit hoher Decke und Empore serviert man eine regionale Küche.

SCHLÜSSELFELD – Bayern – 546 – 5 830 Ew – Höhe 300 m   50 J16
▶ Berlin 446 – München 227 – Nürnberg 59 – Bamberg 44
🛈 Schlüsselfeld, Schloss Reichmannsdorf ℰ (09546) 92 15 10

Zum Storch (mit Gästehaus)
Marktplatz 20 ⊠ 96132 – ℰ (09552) 92 40 – info@hotel-storch.de – Fax (09552) 924100
54 Zim ⌁ – †45/65 € ††65/95 € – **Rest** – Karte 16/33 €
♦ Im Zentrum liegt diese familiengeführte Adresse. Die Zimmer im Haupthaus sind recht schlicht, die im ca. 100 m entfernten Gästehaus etwas komfortabler und neuzeitlicher. Restaurant mit ländlichem Charakter.

SCHMALKALDEN – Thüringen – 544 – 17 980 Ew – Höhe 300 m   39 J13
▶ Berlin 360 – Erfurt 69 – Coburg 80 – Bad Hersfeld 65
🛈 Mohrengasse 1a, ⊠ 98574, ℰ (03683) 40 31 82, info@schmalkalden.de

Stadthotel Patrizier
Weidebrunner Gasse 9 ⊠ 98574 – ℰ (03683) 60 45 14 – info@stadthotel-patrizier.de – Fax (03683) 604518
16 Zim ⌁ – †50/59 € ††79 € – **Rest** – (Montag - Freitag nur Abendessen) Karte 22/35 €
♦ Im Altstadtbereich befindet sich das sanierte Stadthaus mit Fachwerkfassade, in dem wohnliche Gästezimmer für Sie bereitstehen. Leicht elegant gibt sich das Restaurant.

SCHMALLENBERG – Nordrhein-Westfalen – 543 – 26 270 Ew – Höhe 400 m
– Wintersport : 810 m ⛷ 16 ⛸ – Luftkurort   37 F12
▶ Berlin 513 – Düsseldorf 168 – Arnsberg 48 – Meschede 35
🛈 Poststr. 7, ⊠ 57392, ℰ (02972) 9 74 00, info@schmallenberger-sauerland.de
🛈 Schmallenberg, Winkhausen 75 ℰ (02975) 87 45
🛈 Schmallenberg, Sellinghausen 10 ℰ (02971) 9 60 91 06

Störmann
Weststr. 58 ⊠ 57392 – ℰ (02972) 99 91 23 – info@hotel-stoermann.de – Fax (02972) 999124 – geschl. 2. - 19. März, 14. - 27. Dez.
36 Zim ⌁ – †60/80 € ††100/130 € – **Rest** – (geschl. Sonntagabend) Menü 37 € – Karte 23/35 €
♦ Das Haus der Familie Störmann ist ein gewachsener Gasthof von 1769. Die Zimmer sind wohnlich-solide, in der Alten Ökonomie besonders geräumig. Netter Saunabereich. Das Restaurant ist teils rustikal, teils leicht elegant gestaltet. Kleinere Karte am Mittag.

SCHMALLENBERG

In Schmallenberg-Fleckenberg Süd-West : 2 km über B 236 Richtung Olpe :

Hubertus ⌖   Zim, P
Latroper Str. 24 ⌖ 57392 – ℘ (02972) 50 77 – gasthofhubertusfleckenberg@t-online.de – Fax (02972) 1731 – geschl. 5. - 26. Dez.
25 Zim ⌖ – †59/61 € ††98/116 € – ½ P 16 € – **Rest** – Karte 26/33 €
♦ In diesem Familienbetrieb erwarten Sie wohnliche Zimmer mit gutem Platzangebot, einige mit Balkon/Terrasse, sowie ein ansprechendes Frühstücksbuffet. Hauseigenes Quellwasser. Bürgerlich-rustikales Restaurant.

In Schmallenberg-Bad Fredeburg Nord-Ost : 7 km über B 236 und B 511 – Kneippheilbad :

Kleins Wiese ⌖   Rest, P
Kleins Wiese 1 (Nord-Ost : 2,5 km Richtung Westernbödefeld) ⌖ 57392
– ℘ (02974) 9 69 60 – kleins-wiese@t-online.de – Fax (02974) 5115
16 Zim ⌖ – †45/50 € ††78/100 € – **Rest** – Karte 17/45 €
♦ Außerhalb des Ortes auf einer Anhöhe liegt das gepflegte familiengeführte Hotel mit funktionell eingerichteten Zimmern. Die ruhige Umgebung spricht für sich. Kleine bürgerliche Gaststube und rustikales Restaurant.

In Schmallenberg-Jagdhaus Süd : 7 km über B 236 Richtung Olpe, in Fleckenberg links ab :

Schäferhof mit Zim ⌖   P
Jagdhaus 21 ⌖ 57392 – ℘ (02972) 4 73 34 – info@schaeferhof.com
– Fax (02972) 47336 – geschl. 3. - 13. März, 12. - 22. Nov.
10 Zim ⌖ – †45 € ††68/90 € – **Rest** – (geschl. Dienstag) Karte 18/26 €
♦ Das von Familie Grobbel engagiert geführte, rustikal gehaltene Haus ist ein ehemaliger Bauernhof. Einige der Zimmer sind sehr großzügig, zwei davon sind Maisonetten. Restaurant mit Vesperkarte und kleinem Tagesangebot. Schön ist die Sicht von der Terrasse.

In Schmallenberg-Latrop Süd-Ost : 8,5 km über B 236 Richtung Olpe, in Fleckenberg links ab :

Hanses Bräutigam ⌖   Biergarten P VISA ⦿ AE ⓪
Latrop 27 ⌖ 57392 – ℘ (02972) 99 00 – info@hotel-hanses.de
– Fax (02972) 990222 – geschl. 3. - 30. Nov.
24 Zim ⌖ – †57/92 € ††112/164 € – ½ P 16 € – **Rest** – Karte 23/40 €
♦ Das Fachwerkhaus im Sauerländer Stil verfügt über teils geschmackvoll gestaltete Komfortzimmer und Juniorsuiten sowie einige einfachere Zimmer. Gutes Angebot zum Frühstück. Bürgerliches Restaurant.

In Schmallenberg-Nordenau Nord-Ost : 13 km über B 236, in Oberkirchen links ab
– Luftkurort

Gnacke   (Sole) P
Astenstr. 6 ⌖ 57392 – ℘ (02975) 9 63 30 – info@gnacke.de – Fax (02975) 9633170
– geschl. 7. - 25. Dez.
49 Zim ⌖ – †54/93 € ††100/166 € – **Rest** – Menü 34/44 € – Karte 18/38 €
♦ Die Gästezimmer dieses von der Inhaberfamilie geführten Hotels bieten meist einen Balkon und eine schöne Aussicht. Gepflegtes Panoramahallenbad und Massage. Rustikales Restaurant und hübsche Caféterrasse zum Tal.

In Schmallenberg-Oberkirchen Ost : 8 km über B 236 :

Gasthof Schütte   (geheizt) Zim, P
Eggeweg 2 (nahe der B 236) ⌖ 57392   VISA ⦿ AE ⓪
– ℘ (02975) 8 20 – landhotel@gasthof-schuette.de – Fax (02975) 82522
– geschl. 23. Nov. - 26. Dez.
64 Zim ⌖ – †74/97 € ††120/210 € – ½ P 21 € – 8 Suiten – **Rest** – Menü 18 € (mittags)/38 € – Karte 27/47 €
♦ Das schöne Fachwerkhaus ist ein erweitertes ehemaliges Bauernhaus a. d. 18. Jh., das mit sehr wohnlichen Zimmern und freundlichem Service überzeugt. Hübscher Garten. Behaglich-rustikales Restaurant im alten Stammhaus.

1161

SCHMALLENBERG

Schauerte-Jostes
Alte Poststr. 13 (B 236) ⊠ 57392 – ℰ (02975) 3 75 – info@gasthof-schauerte.de
– Fax (02975) 337 – geschl. Anfang Juni 1 Woche, Ende Nov. - 26. Dez.
13 Zim ⊇ – †39/53 € ††88/93 € – ½ P 16 € – **Rest** – (geschl. Montag)
Karte 19/34 €
◆ In dem traditionsreichen Haus mit Schieferfassade stehen meist geschmackvoll und individuell eingerichtete Gästezimmer zur Verfügung. Auch wenige einfachere Zimmer. Restaurant mit gemütlicher Atmosphäre.

In Schmallenberg-Ohlenbach Ost : 15 km über B 236, in Oberkirchen links, Richtung Winterberg :

Waldhaus
Ohlenbach 10 ⊠ 57392 – ℰ (02975) 8 40
– waldhaus-ohlenbach@t-online.de – Fax (02975) 8448
50 Zim ⊇ – †60/90 € ††120/180 € – ½ P 23 €
Rest – Karte 21/29 €
Rest *Schneiderstube* – (geschl. Montag - Dienstag) Menü 45/72 €
– Karte 33/46 €
◆ Das Ferienhotel überzeugt mit seiner angenehmen Lage in 700 m Höhe, einem modernen Spabereich und komfortablen Zimmern, viele mit Balkon und Talblick. Restaurant in ländlichem Stil. Klassisch-elegant ist das Ambiente in der Schneiderstube.

In Schmallenberg-Westfeld Ost : 12 km über B 236, in Oberkirchen links :

Schneider
Winterbergerstr. 3 ⊠ 57392 – ℰ (02975) 3 32 – info@schneider-westfeld.de
– Fax (02975) 1397 – geschl. 11. Nov. - 1. Dez.
14 Zim ⊇ – †40/43 € ††74/86 € – ½ P 12 € – **Rest** – (geschl. Montag)
Karte 19/36 €
◆ Ein familiär geführtes kleines Hotel mit ländlichem Charakter, in dem wohnlich und solide möblierte, teils recht geräumige Zimmer zur Verfügung stehen. Rustikales Restaurant.

In Schmallenberg-Winkhausen Ost : 6 km über B 236 :

Deimann
Winkhausen 5 (B 236) ⊠ 57392 – ℰ (02975) 8 10
– info@deimann.de – Fax (02975) 81289
87 Zim (inkl. ½ P.) – †103/129 € ††154/302 € – **Rest** – Menü 30/49 €
– Karte 13/58 €
◆ Das Gut mit Herrenhaus von 1880 ist ein schönes Ferienhotel mit hübschem Spabereich und gepflegter Außenanlage mit kleinem See. Die Zimmer liegen meist ruhig zum Garten hin. Sie speisen in rustikalem oder leicht mediterranem Ambiente.

SCHMIEDEBERG – Sachsen – 544 – 5 030 Ew – Höhe 435 m   43 Q13
▶ Berlin 221 – Dresden 29 – Altenberg 13 – Marienberg 62

In Schmiedeberg-Schönfeld Süd-West : 7,5 km über B 170, Bärenfels und Oberpöbel :

Am Rennberg
Schönfeld 1 ⊠ 01762 – ℰ (035052) 23 60 – info@rennberg.de
– Fax (035052) 23610
17 Zim ⊇ – †40/45 € ††60/75 € – ½ P 12 € – **Rest** – (Montag - Freitag nur Abendessen) Karte 16/25 €
◆ Das Haus befindet sich Hanglage etwas außerhalb des Ortes. Einige der wohnlich, zeitgemäßen Zimmer bieten einen Panoramablick auf das Osterzgebirge. Kleine Maisonetten. Restaurant mit Wintergartenanbau und schöner Aussicht.

SCHMIEDEFELD AM RENNSTEIG – Thüringen – 544 – 2 010 Ew – Höhe 700 m
– Wintersport : 944 m   40 K13
▶ Berlin 341 – Erfurt 59 – Suhl 13
🛈 Suhler Str. 4, ⊠ 98711, ℰ (036782) 6 83 41, schmiedefeld.fva@t-online.de

SCHMIEDEFELD AM RENNSTEIG

Gastinger (mit Gästehaus) Biergarten
Ilmenauer Str. 21, (B 4) ⊠ 98711 – ℘ (036782) 70 70 – info@hotel-gastinger.de
– Fax (036782) 70711
20 Zim ⊇ – ♦45/50 € ♦♦62/75 € – ½ P 13 € – **Rest** – Karte 14/25 €
• Dieses familiengeführte Hotel ist am Rande des Ortes gelegen und verfügt über wohnliche Gästezimmer im Landhausstil. Im Haus befindet sich auch ein Keramik-Atelier. Über zwei Ebenen angelegtes Restaurant mit rustikalem Charakter.

SCHMITTEN IM TAUNUS – Hessen – 543 – 8 900 Ew – Höhe 440 m – Wintersport: 880 m ⊀4 ⊀ – Luftkurort   37 F14

▶ Berlin 536 – Wiesbaden 37 – Frankfurt am Main 36 – Gießen 55
🛈 Parkstr. 2 (Rathaus), ⊠ 61389, ℘ (06084) 46 23, tourismus@schmitten.de
🅶 Großer Feldberg : ☼ ★★ Süd : 8 km

Kurhaus Ochs
Kanonenstr. 6 ⊠ 61389 – ℘ (06084) 4 80 – reception@kurhaus-ochs.de
– Fax (06084) 4880
40 Zim ⊇ – ♦65/88 € ♦♦85/120 € – ½ P 20 €
Rest – (geschl. Sonntagabend) Karte 24/37 €
Rest K zwo – (nur Abendessen) Karte 18/25 €
• Modernes Design begleitet Sie von der Rezeption bis in die funktionell ausgestatteten Zimmer. Für Tagungen: das freundlich gestaltete "Kurhaus-Konferenz-Zentrum". Die Kurhaus-Stuben: in hellem Holz eingerichtet. K zwo: rustikales Kellerlokal.

SCHMÖLLN – Thüringen – 544 – 12 790 Ew – Höhe 210 m   41 N12

▶ Berlin 236 – Erfurt 114 – Gera 27

Reussischer Hof
Gößnitzer Str. 14 ⊠ 04626 – ℘ (034491) 2 31 08 – hotel_reussischer_hof@t-online.de – Fax (034491) 27758
34 Zim ⊇ – ♦50 € ♦♦75 € – **Rest** – Menü 17 € – Karte 15/36 €
• Das traditionsreiche Haus befindet sich in der Innenstadt und ist mit seinen zeitgemäßen und funktionellen Gästezimmern besonders auf Geschäftsreisende ausgelegt. Teil des Restaurants ist die gemütliche Reussen-Stube mit grauem Gebälk. Innenhofterrasse.

Bellevue
Am Pfefferberg 7 ⊠ 04626 – ℘ (034491) 70 00 – hotel.bellevue.schmoelln@t-online.de – Fax (034491) 70077
15 Zim ⊇ – ♦50/70 € ♦♦70/100 € – **Rest** – Karte 24/37 €
• Aus einem im 19. Jh. erbauten Gasthaus etwas oberhalb der Stadt ist dieses kleine Hotel entstanden. Es stehen solide möblierte, wohnliche Gästezimmer zur Verfügung. In klassischem Stil gehaltenes Restaurant.

Café Baum
Brückenplatz 18 ⊠ 04626 – ℘ (034491) 36 20 – fam.baum@hotel-cafe-baum.de
– Fax (034491) 36210
9 Zim ⊇ – ♦44 € ♦♦68 € – **Rest** – (geschl. Sonntagabend - Montag)
Karte 16/30 €
• Dieser gepflegte Familienbetrieb mit Pensionscharakter befindet sich im Zentrum und bietet wohnlich und zeitgemäß eingerichtete Zimmer. Eine nette Terrasse ergänzt das Café-Restaurant.

SCHNAITTACH – Bayern – 546 – 8 230 Ew – Höhe 355 m   50 L16

▶ Berlin 409 – München 178 – Nürnberg 35 – Bayreuth 55

In Schnaittach-Osternohe Nord : 5 km – Höhe 596 m – Erholungsort

Berggasthof Igelwirt
Igelweg 6 (am Schlossberg, Ost : 1 km) ⊠ 91220 – ℘ (09153) 40 60 – info@igelwirt.de – Fax (09153) 406166
26 Zim ⊇ – ♦45/55 € ♦♦70/90 € – **Rest** – (geschl. Montag) Karte 13/28 €
• Das seit 1892 existierende Gasthaus auf dem Schlossberg ist heute ein familiengeführtes Hotel mit wohnlichen, freundlich gestalteten Zimmern. Im Restaurant bietet man deftige regionale Küche.

SCHNAITTENBACH – Bayern – 546 – 4 380 Ew – Höhe 403 m   51 **M16**
▶ Berlin 430 – München 196 – Weiden in der Oberpfalz 28 – Amberg 19

Brauerei-Gasthof-Haas (mit Gästehaus)
Hauptstr. 20 ⊠ 92253 – ℰ (09622) 24 66 – michl.haas@t-online.de
– Fax (09622) 5045
35 Zim ⊡ – †48/65 € ††65/89 € – **Rest** – *(geschl. Nov. und Dienstag)*
Karte 14/24 €
♦ Hinter der gelben Fassade dieses gewachsenen Gasthofs finden Sie rustikal eingerichtete Zimmer. Im Gästehaus sind die Zimmer komfortabler in neuzeitlichem Stil ausgestattet. Ländliches Restaurant.

SCHNEEBERG KREIS AUE – Sachsen – 544 – 17 090 Ew – Höhe 470 m   42 **O13**
▶ Berlin 301 – Dresden 115 – Chemnitz 40 – Plauen 50
🛈 Markt 1, ⊠ 08289, ℰ (03772) 2 03 14, schneeberg.touristinfo@t-online.de

Büttner mit Zim
Markt 3 ⊠ 08289 – ℰ (03772) 35 30 – hotel-restaurant_buettner@t-online.de
– Fax (03772) 353200
13 Zim ⊡ – †49 € ††69/84 € – **Rest** – *(geschl. Montag - Dienstag)* Menü 28/50 €
– Karte 29/47 €
♦ Das schmucke Stadthaus - ehemals eine Konditorei - beherbergt ein elegantes Restaurant mit historischem Kreuzgewölbe. Schmackhafte internationale Küche. Modern eingerichtete Gästezimmer und nette Suite mit Fachwerk.

SCHNEVERDINGEN – Niedersachsen – 541 – 19 070 Ew – Höhe 86 m – Luftkurort
▶ Berlin 339 – Hannover 97 – Hamburg 66 – Bremen 74   19 **I6**
🛈 Rathauspassage 18, ⊠ 29640, ℰ (05193) 9 38 00, touristik@
schneverdingen.de

Landhaus Höpen (mit Gästehaus)
Höpener Weg 13 ⊠ 29640 – ℰ (05193) 8 20 – info@
landhaus-hoepen.de – Fax (05193) 82113
49 Zim ⊡ – †90/145 € ††115/175 € – ½ P 29 € – **Rest** – Menü 32 €
– Karte 28/34 €
♦ Verschiedene, z. T. mit Reetdach und Fachwerk in regionstypischem Stil erbaute Häuser beherbergen die wohnlichen Gästezimmer. Schön ist die Lage inmitten der Heidelandschaft. Die gemütliche Klönhalle ergänzt das Panorama-Restaurant.

Ramster mit Zim
Heberer Str. 16 ⊠ 29640 – ℰ (05193) 68 88 – info@hotel-ramster.de
– Fax (05193) 50390 – geschl. 28. Jan. - 10. Feb.
6 Zim ⊡ – †36/50 € ††70/80 € – ½ P 16 € – **Rest** – Menü 30 €
– Karte 18/43 €
♦ Freundlicher Service und schmackhafte regionale und internationale Speisen machen dieses Restaurant aus. Hübsch ist die Terrasse zum Garten hin. Schöne Gästezimmer mit gut ausgestatteten Bädern.

Heide-Café im Bargfredenhus
Verdener Str. 6 ⊠ 29640 – ℰ (05193) 98 27 71 – info@bargfredenhus.de
– Fax (05193) 982772 – geschl. Nov. - Feb. Mittwoch
Rest – Karte 16/30 €
♦ In dem reetgedeckten Fachwerkhaus a. d. J. 1729 serviert man in nettem rustikalem Ambiente eine saisonale bürgerliche Küche. Terrasse hinter dem Haus mit Blick auf die Kirche.

In Schneverdingen-Reinsehlen Nord : 4,5 km über Harburger Straße :

Camp Reinsehlen Hotel
⊠ 29640 – ℰ (05198) 98 30 – hotel@campreinsehlen.de – Fax (05198) 98399
51 Zim ⊡ – †80/95 € ††115/135 € – **Rest** – Karte 25/39 €
♦ Inmitten der Heidelandschaft liegt diese weitläufige Anlage. Luftige, lichtdurchflutete Holzbauten beherbergen eine große Lobby mit Kamin sowie geschmackvolle moderne Zimmer. Helles Restaurant in klarem neuzeitlichem Stil.

SCHOBÜLL – Schleswig-Holstein – siehe Husum

1164

SCHÖMBERG (KREIS CALW) – Baden-Württemberg – 545 – 8 690 Ew – Höhe 625 m – Wintersport: 700 m – Heilklimatischer Kurort und Kneippkurort   54 F18

▶ Berlin 674 – Stuttgart 74 – Karlsruhe 47 – Pforzheim 24
i Lindenstr. 7, ⌧ 75328, ☏ (07084) 1 44 44, touristik@schoemberg.de

Krone
Liebenzeller Str. 15 ⌧ 75328 – ☏ (07084) 70 77 – krone-schoemberg@t-online.de – Fax (07084) 6641
32 Zim ⌑ – †35/55 € ††58/88 € – ½ P 15 € – **Rest** – Menü 22 € – Karte 16/34 €
♦ Gute Pflege sowie funktionell und zeitgemäß ausgestattete Gästezimmer, meist mit Balkon machen dieses Hotel aus. "Kennenlern"- und "Wochen-Pauschale". Teils bürgerlich, teils rustikal: die Galsträume.

In Schömberg-Langenbrand Nord-West : 2 km – Luftkurort :

Schwarzwald-Sonnenhof
Salmbacher Str. 35 ⌧ 75328 – ☏ (07084) 9 24 00 – schwarzwald-sonnenhof@t-online.de – Fax (07084) 924099
28 Zim ⌑ – †41/61 € ††101/120 € – ½ P 16 € – **Rest** – Karte 21/38 €
♦ Ein sehr gepflegtes und sauberes familiengeführtes Hotel am Ortsrand, das über solide, funktionell ausgestattete Gästezimmer verfügt. Gemütliche Galsträume mit viel hellem Naturholz.

In Schömberg-Oberlengenhardt Süd-Ost : 3 km – Erholungsort :

Ochsen
Burgweg 3 ⌧ 75328 – ☏ (07084) 92 79 50 – info@landgasthof-ochsen.de – Fax (07084) 9279513
11 Zim ⌑ – †44 € ††76 € – ½ P 15 € – **Rest** – (geschl. Dienstag) Karte 17/35 €
♦ In dörflicher Umgebung liegt dieser gestandene Landgasthof unter familiärer Leitung. Die Zimmer sind mit rustikalem Mobiliar eingerichtet und gut gepflegt. Ein ländliches Ambiente mit viel Holz erwartet den Gast im Restaurant.

SCHÖNAICH – Baden-Württemberg – siehe Böblingen

SCHÖNAU AM KÖNIGSSEE – Bayern – 546 – 5 450 Ew – Höhe 630 m – Wintersport : 1 800 m – Heilklimatischer Kurort   67 O21

▶ Berlin 747 – München 159 – Bad Reichenhall 23 – Berchtesgarden 5
i Rathausplatz 1 (Unterschönau) ⌧ 83471, ☏ (08652) 17 60, tourismus@koenigssee.com
◉ Königssee★★ Süd : 2 km – St. Bartholomä : Lage★ (nur mit Schiff ab Königssee erreichbar)

Zechmeisterlehen
⇐ Grünstein, Kehlstein und Hoher Göll,
Wahlstr. 35 (Oberschönau) ⌧ 83471 – ☏ (08652) 94 50 – info@zechmeisterlehen.de – Fax (08652) 945299 – geschl. 10. Nov. - 24. Dez.
52 Zim ⌑ – †82/125 € ††120/250 € – 8 Suiten – **Rest** – (nur für Hausgäste)
♦ Der gut geführte Familienbetrieb ist ein komfortables Ferienhotel mit umfassendem Freizeitangebot. Schön ist die Lage mit Blick auf Grün- und Kehlstein.

Alpenhof
⇐ Watzmann, Hoher Göll und Grünstein, (geheizt)
Richard-Voss-Str. 30
⌧ 83471 – ☏ (08652) 60 20 – info@alpenhof.de – Fax (08652) 64399
– geschl. 9. Nov. - 19. Dez., 30. März - 18. April
53 Zim – †63/130 € ††138/180 € – **Rest** – Karte 23/43 €
♦ Angenehm ruhig liegt das gewachsene Urlaubshotel an einem Waldstück in 700 m Höhe. Das Haus bietet wohnlich-gediegene Zimmer und eine tolle Aussicht. Restaurant mit behaglichem rustikalem Ambiente.

Georgenhof
⇐ Hoher Göll, Watzmann und Hochkalter,
Modereggweg 21 (Oberschönau) ⌧ 83471
*(08652) 95 00 – weindl.georgenhof@t-online.de – Fax (08652) 950200
– geschl. 10. Nov. - 15. Dez.*
23 Zim ⌑ – †44/59 € ††82/114 € – ½ P 12 € – **Rest** – (nur Abendessen für Hausgäste)
♦ Freundlich leitet die Inhaberfamilie dieses ruhig gelegene Hotel mit herrlicher Sicht und wohnlich eingerichteten Gästezimmern, die alle über einen Balkon verfügen.

SCHÖNAU AM KÖNIGSSEE

Zur Seeklause 🛜 ⟫ Zim, 📞 P VISA ⦾ ⦿
*Seestr. 6 (Königssee) ✉ 83471 – ℰ (08652) 94 78 60 – info@seeklause.de
– Fax (08652) 9478660*
15 Zim ⊑ – †52/79 € – ††70/106 € – ½ P 15 € – **Rest** – *(geschl. 5. Nov. - 24. Dez., 3. - 14. März und Montag)* Karte 15/31 €
♦ Die Nähe zum See wie auch solide ausgestattete Gästezimmer sprechen für das kleine Hotel, einen erweiterten ländlichen Gasthof. 10 Minuten zu Fuß zur Bobbahn. Verschiedene mit viel Holz eingerichtete Restaurantstuben.

Bärenstüberl (mit Gästehaus) 🛜 ⟫ 📞 P
Grünsteinstr. 65 (Hinterschönau) ✉ 83471 – ℰ (08652) 9 53 20 – info@baerenstueberl.de – Fax (08652) 953227 – geschl. 10. Nov. - 20. Dez.
17 Zim ⊑ – †48/55 € ††80/96 € – ½ P 14 € – **Rest** – *(geschl. Mittwoch, nur Abendessen)* Karte 17/31 €
♦ Vor einer schönen Bergkulisse liegt dieser in ländlichem Stil gehaltene Gasthof mit Gästehaus. Die Zimmer sind mit solidem Naturholzmobiliar wohnlich gestaltet. Rustikales Restaurant.

SCHÖNAU IM SCHWARZWALD – Baden-Württemberg – 545 – 2 540 Ew – Höhe 540 m – Wintersport : 1 414 m ⟨4 ⚡ – Luftkurort
61 **D21**

▶ Berlin 808 – Stuttgart 186 – Freiburg im Breisgau 39 – Donaueschingen 63
🛈 Gentnerstr. 2, ✉ 79677, ℰ (07673) 91 81 30, info@belchenland.com
🎿 Schönau, Schönenberger Str. 17 ℰ (07673) 88 86 60
🌄 Belchen ✻ ★★★, Nord-West : 14 km

Vier Löwen ⟫ P VISA
*Talstr. 18 ✉ 79677 – ℰ (07673) 91 81 20 – info@vier-loewen.de
– Fax (07673) 9181240*
20 Zim ⊑ – †50/65 € ††96/120 € – ½ P 10 € – **Rest** – *(geschl. Dienstagmittag, Mittwoch)* Karte 18/30 €
♦ Ein einfacher, sehr gepflegter familiengeführter Gasthof, den man um einen Anbau erweitert hat. Hier sind die Zimmer besonders freundlich und neuzeitlich gestaltet. Rustikale Garäume.

In Tunau Ost : 3 km über Talstraße und Bischmatt :

Zur Tanne 🍃 ⟨ 🚗 🛜 ⟫ ✕ Rest, P VISA ⦾
*Alter Weg 4 ✉ 79677 – ℰ (07673) 3 10 – info@tanne-tunau.de – Fax (07673) 1000
– geschl. 10. - 26. Nov., 10. - 20. März*
12 Zim ⊑ – †40/55 € ††70/90 € – ½ P 14 € – **Rest** – *(geschl. Montagabend - Dienstag)* Menü 36 € – Karte 21/34 €
♦ In einem kleinen Bergdorf liegt der Schwarzwaldgasthof a. d. 17. Jh. mit typischem Walmdach - ein von Familie Ruch herzlich geführtes Haus mit gut gepflegten Zimmern. Das mit viel Holz eingerichtete Restaurant bietet regionale Küche.

In Aitern-Multen Nord-West : 10 km über B 317, Aitern und Holzinshaus :

Belchenhotel Jägerstüble 🍃 🚗 🛜 ⟫ 🏋 P 🚙 VISA ⦾
Obermulten 3 (an der Straße zum Belchen) ✉ 79677 – ℰ (07673) 88 81 80 – info@belchenhotel.de – Fax (07673) 8881864 – geschl. 24. Nov. - 12. Dez., 12. - 20. April
17 Zim ⊑ – †40/55 € ††74/96 € – ½ P 15 € – **Rest** – Menü 22 € (mittags)
– Karte 14/32 €
♦ Der ruhig gelegene Schwarzwälder Gasthof unter familiärer Leitung beherbergt hinter seiner gepflegten Fassade solide ausgestattete Zimmer. Mit moderner Badelandschaft. Rustikal gestaltetes Restaurant.

SCHÖNAU (PFALZ) – Rheinland-Pfalz – 543 – 470 Ew – Höhe 220 m – Erholungsort
53 **D17**

▶ Berlin 711 – Mainz 155 – Karlsruhe 66 – Saarbrücken 98

Zur Wegelnburg (mit Gästehaus) 🛜 P
*Hauptstr. 8 ✉ 66996 – ℰ (06393) 9 21 20 – hotel-wegelnburg@t-online.de
– Fax (06393) 921211 – geschl. 3. Jan. - 20. Feb.*
15 Zim ⊑ – †40/50 € ††72/85 € – ½ P 13 € – **Rest** – *(geschl. Mittwoch)* Karte 15/21 €
♦ Der familiengeführte Gasthof wird ergänzt durch ein kleines, 250 Jahre altes Fachwerk-Gästehaus, das so genannte Kräuterhäuschen mit Pflanzen-Themenzimmern. Bürgerlichschlicht gestaltetes Restaurant.

SCHÖNBERG – Bayern – **546** – 4030 Ew – Höhe 563 m – Wintersport : 700 m ⛷1 ⛸
– Luftkurort   60 **P18**
> ▶ Berlin 552 – München 181 – Passau 34 – Cham 74
> 🛈 Marktplatz 16, ⌧ 94513, ℰ (08554) 96 04 41, touristik@
>   markt-schoenberg.de

In Schönberg-Maukenreuth Süd : 3 km über Mitternach :

🏠 **Landhaus zur Ohe** ⚭   ⇐ 🍴 🍽 ⛱ 📺 🐾 ♨ 📶 ♿ Rest, 📞 🛁 **P**
Maukenreuth 1 ⌧ *94513* – ℰ *(08554) 9 60 70* – *info@landhaus-zur-ohe.de*
– *Fax (08554) 556* – *geschl. 7. - 24. März*
50 Zim ⌦ – †39/48 € ††70/92 € – ½ P 18 € – **Rest** – Karte 16/27 €
♦ Das familienfreundliche Haus liegt alleine auf einer kleinen Anhöhe. Hier finden Sie neuzeitliche Gästezimmer sowie etwas schlichtere mit älteren Bauernmöbeln. Reitstall. Restaurant mit ländlichem Rahmen.

SCHÖNBERG – Schleswig-Holstein – **541** – 6 490 Ew – Höhe 11 m – **Erholungsort**
> ▶ Berlin 348 – Kiel 26 – Lübeck 88 – Lütjenburg 22   3 **J3**
> 🛈 Käptn's Gang 1, (OT Schönberger Strand) ⌧ 24217, ℰ (04344) 4 14 10,
>   info@schoenberg.de

🏠 **Stadt Kiel**   Biergarten 🍴 🐾 📞 **P** 💳 🆗 📇
Markt 8 ⌧ *24217* – ℰ *(04344) 13 54* – *info@hotel-stadt-kiel.de* – *Fax (04344) 305151*
15 Zim ⌦ – †49/59 € ††75/85 € – **Rest** – *(geschl. Sept. - Mai Dienstag)* Karte 24/43 €
♦ In der Mitte des Dorfes liegt der modernisierte kleine Gasthof. Vor allem die Zimmer in der oberen Etage überzeugen mit Wohnlichkeit und einem guten Platzangebot. Restaurant mit ländlichem Charakter.

🏠 **Ruser's Hotel** (mit Gästehaus)   🍴 🍽 🐾 📶 **P** 🚗
Albert-Koch-Str. 4 ⌧ *24217* – ℰ *(04344) 20 13* – *mailto.rusershotel@t-online.de*
– *Fax (04344) 2015*
40 Zim – †36/45 € ††58/74 € – **Rest** – Karte 13/28 €
♦ Das Hotel in der Ortsmitte verfügt über saubere und gepflegte, praktisch eingerichtete Zimmer - in einem ca. 100 m entfernten Wohngebiet bietet ein Gästehaus weitere Zimmer.

SCHÖNEBECK – Sachsen-Anhalt – **542** – 34 850 Ew – Höhe 50 m   31 **M9**
> ▶ Berlin 162 – Magdeburg 16 – Dessau 50 – Halberstadt 56
> 🛈 Badepark 1, Bad Salzelmen, ⌧ 39218, ℰ (03928) 84 27 42, info@solepark.de

🏨 **Domicil**   Biergarten 🐾 📶 ♿ 📞 🛁 **P** 💳 🆗 📇 📌
Friedrichstr. 98a ⌧ *39218* – ℰ *(03928) 71 23* – *info@*
hotel-domicil-schoenebeck.de – *Fax (03928) 712400*
49 Zim – †58/66 € ††66/90 €, ⌦ 8 € – **Rest** – Karte 18/31 €
♦ Das neuzeitliche Hotelgebäude im Zentrum der Stadt zeigt sich auch innen in moderner Aufmachung - von der Rezeption bis in die funktionell ausgestatteten Zimmer. Helle, freundliche Farben bestimmen das Restaurant.

In Schönebeck-Bad Salzelmen Süd-Ost : 1,5 km – Soleheilbad :

🏨 **Am Kurpark** ⚭   🍴 🐾 📶 ♿ ♨ Rest, 📞 🛁 **P** 💳 🆗 📇
Magdeburger Str. 1 ⌧ *39218* – ℰ *(03928) 7 08 00* – *info@hotelamkurpark.de*
– *Fax (03928) 708099*
45 Zim ⌦ – †75/82 € ††92/98 € – ½ P 15 €
Rest – *(geschl. Sonntag, nur Abendessen)* Karte 17/27 €
♦ Die kleine Villa d. J. 1907 und der Anbau verbinden sich zu einem ansprechenden Hotel mit hell und freundlich eingerichteten Zimmern - im ältesten Soleheilbad Deutschlands. Im freundlich gestalteten Restaurant offeriert man internationale Speisen.

SCHÖNECK – Hessen – **543** – 20 730 Ew – Höhe 141 m   48 **G14**
> ▶ Berlin 533 – Wiesbaden 64 – Frankfurt 24 – Gießen 55

In Schöneck-Kilianstädten

🏠 **Lauer** garni   📞 **P** 💳 🆗 📇
Frankfurter Str. 17 ⌧ *61137* – ℰ *(06187) 9 50 10* – *hotellauer@aol.com*
– *Fax (06187) 950120*
17 Zim ⌦ – †50/60 € ††70/80 €
♦ In der Dorfmitte werden Ihnen mit soliden, hellen Buchenmöbeln ausgestattete Zimmer angeboten. Frei liegendes Fachwerk im Frühstücksraum.

1167

SCHÖNHEIDE – Sachsen – 544 – 5 390 Ew – Höhe 630 m 42 **N13**
- Berlin 316 – Dresden 151 – Chemnitz 78 – Zwickau 30
- Hauptstr. 43, Rathaus, ⌧ 08304, ℰ (037755) 5 16 23, rathaus@gemeinde-schoenheide.de

Forstmeister
Auerbacher Str. 15 ⌧ 08304 – ℰ (037755) 6 30 – rezeption@forstmeister.de
– Fax (037755) 6399 – geschl. 20. - 25. Dez.
46 Zim ⌾ – †42/64 € ††65/78 € – **Rest** – Menü 15 € – Karte 12/29 €
♦ Ruhig am Waldrand liegt das gepflegte Hotel mit praktischen Zimmern und angenehmer Saunalandschaft mit Panoramaruheraum und Kamin. Winterzuber zum Saunieren.

SCHÖNSEE – Bayern – 546 – 2 730 Ew – Höhe 655 m – Wintersport : 900 m ⚑5 ⚐
Sommerrodelbahn – Erholungsort 52 **N16**
- Berlin 454 – München 235 – Weiden in der Oberpfalz 50 – Cham 56
- Hauptstr. 25, ⌧ 92539, ℰ (09674) 3 17, touristinfo@schoenseer-land.de

St. Hubertus
St. Hubertus 1 ⌧ 92539 – ℰ (09674) 9 22 90 – info@hotel-st-hubertus.de
– Fax (09674) 922929
75 Zim ⌾ – †55/70 € ††78/98 € – ½ P 14 € – 3 Suiten
Rest – Menü 12 € (veg.)/20 € – Karte 14/26 €
♦ Der ursprüngliche Gasthof hat sich durch ständige Erweiterungen zu einem ansprechenden Ferienhotel entwickelt - in ruhiger Waldrandlage in 700 m Höhe gelegen. Mit Jagdmuseum. Im regionstypischen Stil gehaltenes Restaurant im Haupthaus.

In Schönsee-Gaisthal Süd-West : 6 km in Richtung Oberviechtach :

Gaisthaler Hof
Schönseer Str. 16 ⌧ 92539 – ℰ (09674) 2 38 – info@gaisthaler-hof.de
– Fax (09674) 8611 – geschl. 5. Nov. - 1. Dez.
35 Zim ⌾ – †32/37 € ††46/56 € – ½ P 7 € – **Rest** – (geschl. Montag, nur Abendessen) Karte 10/22 €
♦ Eine ländliche Adresse, die mit familiärer Atmosphäre und praktischer Gestaltung überzeugt - in dörflicher Umgebung gelegen. Hinter dem Haus ist der Reitstall. Schlicht und rustikal: das Restaurant.

In Schönsee-Lindau Nord : 4 km in Richtung Stadlern, am Ortsausgang links ab :

Weiherblasch mit Zim
Lindau 2 ⌧ 92539 – ℰ (09674) 81 69 – info@weiherblasch.de
– Fax (09674) 9240020 – geschl. 6. - 12. Feb.
2 Zim – †30 € ††52 €, ⌾ 8 € – **Rest** – (geschl. Montag - Dienstag) Karte 22/40 €
♦ Auf den Grundmauern einer alten Mühle errichtete man dieses gemütlich-rustikal eingerichtete Restaurant. Ökologische Produkte prägen die international ausgelegte Speisekarte.

SCHÖNTAL – Baden-Württemberg – 545 – 5 920 Ew – Höhe 210 m 48 **H17**
- Berlin 573 – Stuttgart 86 – Würzburg 76 – Heilbronn 44
- Ehemalige Klosterkirche ★ (Alabasteraltäre ★★) – Klosterbauten (Ordenssaal ★)

In Kloster Schöntal

Zur Post Biergarten
Honigsteige 1 ⌧ 74214 – ℰ (07943) 22 26 – walter.blattau@t-online.de
– Fax (07943) 2563
32 Zim ⌾ – †47/52 € ††70/80 € – **Rest** – (geschl. 29. Jan. - 25. Feb. und Montag) Karte 16/30 €
♦ 1701 erbaut, diente das Hotel ursprünglich Mönchen als Klosterwaschhaus. Die Zimmer im Anbau sind modern und farblich schön gestaltet, die im Haupthaus eher schlicht. Ländliches Restaurant mit holzgetäfelten Wänden.

SCHÖNWALD – Baden-Württemberg – 545 – 2 540 Ew – Höhe 988 m – Wintersport :
1 080 m ⚑2 ⚐ – Heilklimatischer Kurort 62 **E20**
- Berlin 772 – Stuttgart 146 – Freiburg im Breisgau 49 – Donaueschingen 37
- Franz-Schubert-Str. 3, Rathaus, ⌧ 78141, ℰ (07722) 86 08 32, mail@schoenwald.net

SCHÖNWALD

Zum Ochsen
Ludwig-Uhland-Str. 18 ⊠ 78141 – ℰ (07722) 86 64 80 – post@ochsen.com
– Fax (07722) 8664888
37 Zim – †63/110 € ††111/138 € – ½ P 22 € – **Rest** – Menü 34 €
– Karte 30/38 €
♦ Ein gutes Freizeitangebot mit schönem Wellnessbereich erwartet den Gast in diesem am Ortsrand gelegenen Ferienhotel, das aus einer ehemaligen Brauerei entstanden ist. Zierrat und viel Holz schaffen in den Gaststuben eine gemütliche Atmosphäre.

Dorer
Franz-Schubert-Str. 20 ⊠ 78141 – ℰ (07722) 9 50 50 – info@hotel-dorer.de
– Fax (07722) 950530
18 Zim – †65/75 € ††105/110 € – ½ P 24 € – 4 Suiten – **Rest** – Karte 35/50 €
♦ Die aufmerksame, freundliche Gästebetreuung und das regionstypisch-wohnliche Ambiente machen das von der Inhaberfamilie engagiert geleitete kleine Hotel in ruhiger Lage aus. Mit Holztäfelung und Kachelofen hat man das Restaurant behaglich gestaltet.

SCHÖPPINGEN – Nordrhein-Westfalen – 543 – 8 150 Ew – Höhe 90 m   26 **D9**
▸ Berlin 502 – Düsseldorf 133 – Nordhorn 55 – Enschede 31

In Schöppingen-Eggerode Süd : 6,5 km Richtung Coesfeld :

Haus Tegeler mit Zim
Vechtestr. 24 ⊠ 48624 – ℰ (02545) 9 30 30 – info@hotel-tegeler.de
– Fax (02545) 930323
8 Zim – †40/46 € ††78/84 € – **Rest** – (geschl. Donnerstag) Menü 32 €
– Karte 18/38 €
♦ In der netten rustikalen Stube bietet man sorgfältig zubereitete regionale Speisen. Ein offener, mit Delfter Kacheln dekorierter Kamin unterstreicht das gemütliche Ambiente.

SCHOLLBRUNN – Bayern – 546 – 930 Ew – Höhe 397 m – Erholungsort   48 **H15**
▸ Berlin 547 – München 325 – Würzburg 51 – Aschaffenburg 34

Zur Sonne   Biergarten
Brunnenstr. 1 ⊠ 97852 – ℰ (09394) 9 70 70 – gasthof-sonne@t-online.de
– Fax (09394) 970767 – geschl. 9. Jan. - 1. Feb.
33 Zim – †35 € ††58 € – ½ P 10 € – **Rest** – (geschl. Dienstag) Karte 11/25 €
♦ Ein solide geführter Familienbetrieb mit ländlichem Rahmen. Die Gästezimmer sind recht einfach eingerichtet, aber sehr gepflegt. Holzgetäfeltes, bürgerlich-rustikales Restaurant.

SCHONACH – Baden-Württemberg – 545 – 4 320 Ew – Höhe 885 m – Wintersport :
1 163 m ≰2 ≰ – Luftkurort   62 **E20**
▸ Berlin 769 – Stuttgart 143 – Freiburg im Breisgau 54 – Triberg 4
🛈 Hauptstr. 6 (im Haus des Gastes), ⊠ 78136, ℰ (07722) 96 48 10, info@schonach.de

Bergfriede garni
Schillerstr. 2 ⊠ 78136 – ℰ (07722) 92 04 40 – hotel@bergfriede.de
– Fax (07722) 920442
8 Zim – †48/56 € ††76/92 €
♦ Hell, wohnlich und modern - so präsentiert sich das Innenleben dieser kleinen Hotel-Pension. Frühstücksraum mit Panoramafenster. Hübscher Garten mit altem Baumbestand.

Landhotel Rebstock
Sommerbergstr. 10 ⊠ 78136 – ℰ (07722) 9 61 60 – info@landhotel-rebstock.com
– Fax (07722) 961656 – geschl. Mitte - Ende Nov., Mitte - Ende März
25 Zim – †41/51 € ††80/90 € – ½ P 17 € – **Rest** – (geschl. Dienstag)
Karte 13/33 €
♦ Eine solide Urlaubsadresse in ländlicher Umgebung ist dieses in der Ortsmitte gelegene, familiengeführte Haus mit meist in Eiche eingerichteten Zimmern. Bürgerliches Restaurant mit entsprechendem Speiseangebot.

1169

SCHONGAU – Bayern – 546 – 12 460 Ew – Höhe 726 m – Wintersport : ⛷ – Erholungsort 65 **K21**

■ Berlin 623 – München 83 – Garmisch-Partenkirchen 53 – Kempten (Allgäu) 54

🛈 Münzstr. 1, ⊠ 86956, ✆ (08861) 21 41 81, touristinfo@schongau.de

🛈 Bernbeuren, Stenz 1 ✆ (08860) 5 82

Holl
Altenstädter Str. 39 ⊠ 86956 – ✆ (08861) 2 33 10 – info@hotel-holl-schongau.de
– Fax (08861) 233112
23 Zim ⊡ – †48/60 € ††80/90 € – ½ P 15 € – **Rest** – *(geschl. Anfang - Mitte Jan., Mitte - Ende Aug. und Freitag - Sonntag, nur Abendessen)* Karte 19/25 €

♦ In diesem leicht erhöht gelegenen Hotel stehen zwei unterschiedliche Zimmertypen zur Wahl - besonders schön sind die neueren, hell und wohnlich eingerichteten Zimmer.

SCHOPFHEIM – Baden-Württemberg – 545 – 19 430 Ew – Höhe 373 m 61 **D21**

■ Berlin 826 – Stuttgart 275 – Freiburg im Breisgau 83 – Basel 23

🛈 Hauptstr. 23, ⊠ 79650, ✆ (07622) 39 61 45, tourismus@schopfheim.de

🛈 Schopfheim, Ehner-Fahrnau 12 ✆ (07622) 67 47 60

City Hotel
Friedrichstr. 3 ⊠ 79650 – ✆ (07622) 6 66 95 90 – info@city-hotel-schopfheim.de
– Fax (07622) 66695929
11 Zim ⊡ – †65/70 € ††85/100 €
Rest *Metropole* – ✆ (07622) 66 69 59 40 *(geschl. Samstagmittag, Sonntag)* Menü 28/38 € – Karte 25/39 €

♦ Wegen seiner guten technischen Ausstattung und der zeitgemäßen Zimmereinrichtung wird dieses Hotel in zentraler Lage vor allem von Geschäftsleuten geschätzt. Metropole: modernes Restaurant mit internationalem Angebot.

Glöggler
Austr. 5 ⊠ 79650 – ✆ (07622) 21 67 – info@restaurant-gloeggler.de
– Fax (07622) 668344 – geschl. 19. Aug. - 4. Sept. und Sonntag - Montagmittag
Rest – Menü 20 € (veg.)/42 € – Karte 21/44 €

♦ Das Restaurant liegt in der Altstadt von Schopfheim, am Rande der Fußgängerzone. Man stellt dem Besucher ein bewusst bodenständig-bürgerliches Angebot vor.

In Schopfheim-Gersbach Nord-Ost : 16 km über B 317 und Kürnberg – Höhe 855 m – Wintersport : 970 m ⛷2 – Erholungsort

Mühle zu Gersbach
Zum Bühl 4 ⊠ 79650 – ✆ (07620) 9 04 00 – hotel@muehle.de
– Fax (07620) 904055 – geschl. 7. Jan. - 1. Feb.
15 Zim ⊡ – †51/77 € ††78/132 € – ½ P 22 € – **Rest** – *(geschl. Dienstag - Mittwochmittag)* Menü 16/57 € – Karte 30/54 €

♦ Das kleine, familiär geführte Landhotel überzeugt seine Gäste mit einer wohnlichen Unterkunft und ungezwungener Atmosphäre. Die ruhige ländliche Umgebung spricht für sich. Im Restaurant offeriert man eine schmackhafte Küche aus Produkten der Saison.

In Schopfheim-Wiechs Süd-West : 3 km :

Krone (mit Gästehaus)
Am Rain 6 ⊠ 79650 – ✆ (07622) 3 99 40 – hotel@krone-wiechs.de
– Fax (07622) 399420 – geschl. Jan. 2 Wochen
47 Zim ⊡ – †60/63 € ††105 € – **Rest** – *(geschl. Montagmittag, Freitag)* Karte 18/50 €

♦ Ein Um- und Erweiterungsbau macht den ursprünglichen Gasthof zu einer zeitgemäßen Hotelanlage in ländlichem Stil. Bestaunen Sie auch die private Kutschensammlung. Hell gestaltetes Restaurant und Terrasse mit Blick auf die Schwarzwaldberge.

SCHORNDORF – Baden-Württemberg – 545 – 39 560 Ew – Höhe 256 m 55 **H18**

■ Berlin 605 – Stuttgart 35 – Göppingen 20 – Schwäbisch Gmünd 23

🛈 Marktplatz 1 (Rathaus), ⊠73614, ✆(07181) 60 21 40, stadtinfo@schorndorf.de

◙ Oberer Marktplatz★

SCHORNDORF

Gruber garni
Remsstr. 2 ⊠ *73614* – ℰ *(07181) 2 18 55* – *info@hotel-gruber.de* – *Fax (07181) 68340*
14 Zim ⌓ – †50/65 € ††75/85 €
♦ In Bahnhofsnähe befindet sich diese sehr saubere, familiengeführte kleine Übernachtungsadresse, die über zeitgemäße, praktisch ausgestattete Gästezimmer verfügt.

In Schorndorf-Weiler West : 2 km :

Baur garni
Winterbacher Str. 52 ⊠ *73614* – ℰ *(07181) 7 09 30* – *info@hotel-baur.de*
– *Fax (07181) 709399* – *geschl. 23. Dez. - 7. Jan.*
18 Zim ⌓ – †68 € ††89 €
♦ Ein nettes, familiär geführtes Haus mit gepflegten, funktionellen Zimmern, gutem Frühstücksbuffet und einem Aufenthaltsraum mit Wohnzimmercharakter.

In Urbach Ost : 4 km über B 29 :

Zur Mühle garni
Neumühleweg 32 ⊠ *73660* – ℰ *(07181) 8 60 40* – *info@*
hotel-zur-muehle-urbach.de – *Fax (07181) 860480* – *geschl. 22. Dez. - 7. Jan.*
39 Zim ⌓ – †63/66 € ††75/88 €
♦ Ein freundlich und familiär geführtes Haus, das über neuzeitliche, in warmen Farben gehaltene Zimmer mit gutem Platzangebot verfügt. Netter Frühstücksraum mit großem Buffet.

In Winterbach West : 4 km über Grabenstraße und Weilerstraße :

Holiday Inn Garden Court
Fabrikstr. 6 (nahe der B 29) ⊠ *73650* – ℰ *(07181) 7 09 00* – *reservierung@*
holidayinn-winterbach.de – *Fax (07181) 7090190*
63 Zim – †118/138 € ††138/158 €, ⌓ 14 € – **Rest** – *(geschl. Samstag - Sonntag)* Karte 18/34 €
♦ Die verkehrsgünstige Lage, neuzeitlich und funktionell ausgestattete Gästezimmer sowie gute Tagungsmöglichkeiten machen dieses Hotel aus.

In Winterbach-Manolzweiler West : 9 km über Weiler und Engelberg :

Landgasthaus Hirsch
Kaiserstr. 8 ⊠ *73650* – ℰ *(07181) 4 15 15* – *willkommen@landgasthaus-hirsch.de*
– *Fax (07181) 44937* – *geschl. Jan. - Feb. 2 Wochen, Okt. - Nov. 2 Wochen und Montag - Dienstag*
Rest – Karte 18/47 €
♦ Ein gepflegter ländlicher Gasthof unter familiärer Leitung, der von zahlreichen Stammgästen geschätzt wird. Das Restaurant in der 1. Etage bietet überwiegend regionale Küche.

SCHOTTEN – Hessen – 543 – 11 550 Ew – Höhe 274 m – Wintersport : 773 m ⛷4 ⛸
– Luftkurort
38 **G13**

▶ Berlin 487 – Wiesbaden 100 – Frankfurt am Main 67 – Fulda 52
🛈 Vogelsbergstr. 180, ⊠ 63679, ℰ (06044) 66 51, tourist-info@schotten.de
⛳ Schotten-Eschenrod, Lindenstr. 46 ℰ (06044) 84 01

Haus Sonnenberg
Laubacher Str. 25 ⊠ *63679* – ℰ *(06044) 9 62 10* – *info@hotel-haus-sonnenberg.de*
– *Fax (06044) 962188*
46 Zim ⌓ – †39/54 € ††72/87 € – ½ P 15 € – **Rest** – Karte 18/31 €
♦ An einem sonnigen Berghang liegt dieses mehrfach erweiterte, solide ausgestattete Hotel. Fragen Sie nach den neueren Gästezimmern. Restaurant mit freundlichem, rustikalem Ambiente.

SCHRAMBERG – Baden-Württemberg – 545 – 18 680 Ew – Höhe 424 m – Erholungsort
62 **E20**

▶ Berlin 730 – Stuttgart 118 – Freiburg im Breisgau 65 – Freudenstadt 37
🛈 Hauptstr. 25 (Rathaus), ⊠ 78713, ℰ (07422) 2 92 15, info@schramberg.de

1171

SCHRAMBERG

Hirsch mit Zim
Hauptstr. 11 ⊠ 78713 – ℘ (07422) 28 01 20 – info@hotel-gasthof-hirsch.com
– Fax (07422) 2801218 – geschl. über Fastnacht 2 Wochen, Juli 2 Wochen
6 Zim – †55/65 € ††100/110 € – ½ P 25 € – **Rest** – *(geschl. Dienstag - Mittwochmittag)* (Tischbestellung ratsam) Menü 34/55 € – Karte 27/50 €
♦ Eine angenehme Atmosphäre herrscht in dem hübschen, gediegen-eleganten Restaurant. Mit badischem Charme kümmert man sich um den Gast, serviert wird internationale Küche. Individuell gestaltete, sehr wohnliche Gästezimmer mit aufwändigen Marmorbädern.

In Schramberg-Sulgen Ost : 5 km in Richtung Rottweil :

Drei Könige
Birkenhofweg 10 (Richtung Hardt : 1,5 km :) ⊠ 78713 – ℘ (07422) 9 94 10
– Fax (07422) 994141 – geschl. 27. Dez. - 6. Jan., 11. - 24. Aug.
25 Zim – †60 € ††94 € – **Rest** – *(geschl. Freitag, Sonntagabend)* Menü 18 €
– Karte 21/38 €
♦ Ein neuzeitlicher Gasthof in ruhiger dörflicher Umgebung, der über solide Zimmer mit zeitgemäßer Ausstattung und gutem Platzangebot verfügt. Mit hellem Holz eingerichtetes Restaurant.

SCHRIESHEIM – Baden-Württemberg – 545 – 14 340 Ew – Höhe 121 m — 47 F16
▶ Berlin 618 – Stuttgart 130 – Mannheim 26 – Darmstadt 53

Strahlenberger Hof (Jürgen Schneider)
Kirchstr. 2 ⊠ 69198 – ℘ (06203) 6 30 76 – Fax (06203) 68590
– geschl. März 2 Wochen, Aug. 3 Wochen und Sonntag - Montag
Rest – *(nur Abendessen)* (Tischbestellung ratsam) Menü 50/76 € – Karte ca. 49 €
Spez. Wildkräutersalat mit gebackener Ziegenkäsepraline. Kalte Gurkensuppe mit Jakobsmuscheln und Dillblüteneis (Sommer). Allerlei vom Kalb mit Estragon.
♦ Das elegant-rustikale Restaurant befindet sich in einem Gutshof von 1240. Die saisonal ausgerichteten Speisen serviert man auch im hübschen Innenhof.

Zum goldenen Hirsch
Heidelberger Str. 3 ⊠ 69198 – ℘ (06203) 69 24 37 – Fax (06203) 692439 – geschl. 25. Feb. - 10. März und Montagmittag, Dienstag, Mittwochmittag, Donnerstagmittag
Rest – Menü 29 € – Karte 25/32 €
♦ Im Altstadtbereich liegt der historische Gasthof a. d. 17. Jh. mit schöner Fachwerkfassade und weinrankter Terrasse im Innenhof. Kleine Karte mit regionalen Gerichten.

Weinhaus Bartsch
Schillerstr. 9 ⊠ 69198 – ℘ (06203) 69 44 14 – info@weinhausbartsch.de
– Fax (06203) 694419 – geschl. Aug. 2 Wochen und Sonntag - Montag
Rest – *(nur Abendessen)* Karte 29/38 €
♦ Der engagiert geleitete Familienbetrieb ist ein geschmackvoll gestaltetes Restaurant mit freundlichem Service. Ein wechselndes Tagesangebot ergänzt die kleine saisonale Karte.

SCHROBENHAUSEN – Bayern – 546 – 16 110 Ew – Höhe 158 m — 57 L19
▶ Berlin 549 – München 74 – Augsburg 45 – Ingolstadt 37

Griesers Hotel Zur Post garni
Alte Schulgasse 3a ⊠ 86529 – ℘ (08252) 8 94 90 – grieshers.hotel.post@t-online.de
– Fax (08252) 894942
46 Zim – †42/60 € ††68/78 €
♦ Sauber und gepflegt zeigen sich die Zimmer des familiengeführten Hauses - im Altbau in dunklem Holz, im Neubau nüchtern-modern. Dieser ist unterirdisch bequem zu erreichen.

In Schrobenhausen-Hörzhausen Süd-West : 5 km über Hörzhausener Straße :

Gästehaus Eder
Bernbacher Str. 3 ⊠ 86529 – ℘ (08252) 24 15 – info@gasthaus-eder.de
– Fax (08252) 5005
14 Zim – †40 € ††65 € – **Rest** – *(geschl. Samstag - Sonntag, nur Abendessen)*
Karte 21/34 €
♦ Ländlich und gepflegt, einheitlich mit Kiefernmobiliar eingerichtet, stellen die Zimmer dieses Familienbetriebs eine solide Unterkunft für unterwegs dar. Die Gaststuben sind schlicht und gemütlich gestaltet.

SCHÜTTORF – Niedersachsen – 541 – 11 500 Ew – Höhe 33 m   16 **D8**
▶ Berlin 486 – Hannover 201 – Nordhorn 19 – Enschede 35

Nickisch
Nordhorner Str. 71 ⊠ 48465 – ℰ (05923) 9 66 00 – welcome@hotel-nickisch.de
– Fax (05923) 966066
35 Zim ⊑ – †74/79 € ††94/108 € – **Rest** – Karte 18/38 €
♦ Ein moderner Hotelanbau ergänzt den ursprünglichen Gasthof. Zeitgemäßes Inventar und eine gute technische Ausstattung machen die Zimmer aus. Das Restaurant im alten Gasthaus teilt sich in eine einfachere Stube und einen neuzeitlicheren Bereich.

SCHUSSENRIED, BAD – Baden-Württemberg – 545 – 8 370 Ew – Höhe 570 m
– Moorheilbad   63 **H20**
▶ Berlin 675 – Stuttgart 120 – Konstanz 104 – Ulm (Donau) 61
🛈 Wilh.-Schussen-Str. 36, ⊠ 88427, ℰ (07583) 94 01 71, info@bad-schussenried.de
◉ Ehemaliges Kloster (Bibliothek ★)
◉ Bad Schussenried-Steinhausen : Wallfahrtskirche ★ Nord-Ost : 4,5 km

Amerika garni
Zeppelinstr. 14 ⊠ 88427 – ℰ (07583) 9 42 50 – info@hotel-amerika.de
– Fax (07583) 942511 – geschl. 23. - 26. Dez.
54 Zim ⊑ – †57 € ††86 €
♦ Der moderne Flachbau liegt in einem kleinen Industriegebiet am Stadtrand. Man überzeugt mit praktischen Gästezimmern in neuzeitlicher Machart.

SCHWABACH – Bayern – 546 – 38 590 Ew – Höhe 326 m   50 **K17**
▶ Berlin 447 – München 167 – Nürnberg 23 – Ansbach 36
🏌 Abenberg, Am Golfplatz 19 ℰ (09178) 9 89 60

Raab - Inspektorsgarten
Äußere Rittersbacher Str. 14 (Forsthof) ⊠ 91126 – ℰ (09122) 9 38 80 – info@hotel-raab.de – Fax (09122) 938860
29 Zim ⊑ – †65/79 € ††75/95 € – **Rest** – (geschl. 1. - 24. Aug.) Karte 15/32 €
♦ Verteilt auf den ursprünglichen Gasthof und einen neueren Anbau, bietet Ihnen der sympathische Familienbetrieb gut möblierte und saubere Übernachtungszimmer. Nettes Restaurant mit rustikalem Charakter.

Löwenhof garni
Rosenberger Str. 11 ⊠ 91126 – ℰ (09122) 83 21 00 – info@hotel-loewenhof-schwabach.de – Fax (09122) 8321029 – geschl. 15. - 29. Aug.
12 Zim ⊑ – †65/75 € ††85/95 €
♦ Ein rustikaler Stil zieht sich durch das ganze Haus. Gäste beziehen ordentlich ausgestattete, mit Eichenmobiliar bestückte Zimmer. In der Ortsmitte gelegen.

In Schwabach-Wolkersdorf Nord : 4 km :
Siehe Nürnberg (Umgebungsplan)

Drexler   Biergarten
Wolkersdorfer Hauptstr. 42 ⊠ 91126 – ℰ (0911) 63 00 99 – info@hotel-drexler.de
– Fax (0911) 635030 – geschl. Aug.   AT **e**
37 Zim ⊑ – †21/42 € ††65 € – **Rest** – (geschl. Freitagabend - Sonntag) Karte 13/29 €
♦ Die Zimmer dieses familiär geführten, gut unterhaltenen Hauses - ein Gasthof mit Metzgerei - verfügen über eine solide und praktische Ausstattung. Typische ländliche Gaststube.

SCHWABENHEIM – Rheinland-Pfalz – siehe Ingelheim

SCHWABMÜNCHEN – Bayern – 546 – 13 120 Ew – Höhe 558 m   65 **K20**
▶ Berlin 588 – München 75 – Augsburg 32 – Kempten (Allgäu) 77

Deutschenbaur
Fuggerstr. 11 ⊠ 86830 – ℰ (08232) 95 96 00 – hotel-deutschenbaur@t-online.de
– Fax (08232) 9596097 – geschl. 26. Dez.- 6. Jan.
28 Zim ⊑ – †48/67 € ††67/85 € – **Rest** – (geschl. Freitag - Samstag) Karte 14/26 €
♦ Seit 1853 befindet sich das Haus in Familienbesitz. Die Zimmer sind solide und gepflegt, meist in Eiche eingerichtet - einige auch mit modernen Formen und Farben aufgefrischt. Zeitlos gestaltetes Restaurant.

SCHWABMÜNCHEN

In Langerringen-Schwabmühlhausen Süd : 9 km Richtung Buchloe :

Untere Mühle (mit Gästehaus)
Untere Mühle 1 – ✉ *86853* – ✆ *(08248) 12 10* – *info@unteremuehle.de*
– *Fax (08248) 7279*
36 Zim – †54/65 € ††81/105 € – **Rest** – Karte 20/41 €

♦ Das ruhig am Ortsrand gelegene sympathische Hotel - ursprünglich als Kornmühle genutzt - beherbergt in verschiedenen Gebäuden wohnlich eingerichtete Zimmer. Unterschiedlich gestaltete, rustikale Restaurantstuben mit regionalem Angebot.

SCHWÄBISCH GMÜND – Baden-Württemberg – 545 – 61 500 Ew – Höhe 321 m
– Wintersport : 600 m ≰ 6 ⚹
56 **I18**

▶ Berlin 582 – Stuttgart 56 – Nürnberg 151 – Ulm (Donau) 68

🛈 Marktplatz 37/1, ✉ 73525, ✆ (07171) 6 03 42 50, tourist-info@schwaebisch-gmuend.de

SCHWÄBISCH GMÜND

Aalener Str.	**CY**
Augustinerstr.	**BZ** 3
Badmauer	**BYZ** 4
Bahnhofpl.	**AY**
Bahnhofstr.	**AY** 6
Baldungstr.	**CY**
Bergstr.	**BZ**
Bocksgasse	**BZ** 7
Buchstr.	**CY**
Eichenweg	**AY**
Franz-Konrad-Str.	**BY**
Freudental	**BY** 8
Goethestr.	**ABZ**
Graf-von-Soden-Str.	**CY**
Gutenbergstr.	**CZ**
Haußmannstr.	**BZ**
Herlikofer Str.	**CY** 9
Heugenstr.	**BZ**
Hintere Schmiedgasse	**CY** 10
Hofstatt	**BYZ** 12
Johannispl.	**BY** 13
Kaffeebergweg	**BY**
Kalter Markt	**BCY**
Kappelgasse	**BY** 16
Katharinenstr.	**AZ**
Klarenbergstr.	**BCZ**
Klösterlestr.	**CY**
Königsturmstr.	**CY**
Kornhausstr.	**BZ** 17
Ledergasse	**AYZ**
Lorcher Str.	**AYZ**
Marktpl.	**BY**
Mörikestr.	**AZ**
Münsterpl.	**BZ** 22
Mutlanger Str.	**BCY** 23
Nepperbergstr.	**AY**
Oberbettringer Str.	**CZ**
Obere Zeiselbergstr.	**CZ**
Parlerstr.	**BZ**
Pfitzerstr.	**BZ**
Rechbergstr.	**BZ**
Rektor-Klaus-Str.	**ABZ**
Remsstr.	**BY**
Rinderbacher Gasse	**BCY** 24
Robert-von-Ostertag-Str.	**BZ**
Rosenstr.	**CYZ** 25
Schwerzerallee	**AZ**
Sebaldpl.	**BZ**
Sebaldstr.	**BZ**
Stuttgarter Str.	**BZ**
Taubentalstr.	**AY**
Türlenstieg	**BY** 26
Turniergraben	**BZ** 27
Uferstr.	**BZ**
Untere Zeiselbergstr.	**CZ**
Vordere Schmiedgasse	**CY** 28
Waisenhausgasse	**CY** 29
Weißensteiner Str.	**CZ**
Wilhelmstr.	**CY**

1174

SCHWÄBISCH GMÜND

Das Pelikan
*Türlensteg 9 ⊠ 73525 – ℰ (07171) 35 90 – info@hotel-pelikan.de
– Fax (07171) 359359 – geschl. 19. Dez. - 1. Jan.*
62 Zim ⊇ – †65/120 € ††105/145 € – **Rest** – *(geschl. Samstag - Sonntag)*
Karte 17/34 €

BY n

♦ Solide, funktionell und zeitgemäß - so zeigt sich das Innenleben dieses Stadthotels. Die Lage mitten in der Altstadt zählt ebenfalls zu den Vorzügen des Hauses.

Fortuna
*Hauberweg 4 ⊠ 73525 – ℰ (07171) 10 90 – fortuna-gmuend@fortuna-hotels.de
– Fax (07171) 109113*
112 Zim ⊇ – †71/78 € ††95/102 € – **Rest** – *(geschl. Aug. und Freitag, nur Abendessen)* Karte 17/34 €

AZ s

♦ In der Nähe des Stadtgartens liegt dieses funktionelle Hotel mit solide und sachlich ausgestatteten Zimmern und einem großzügigen Freizeitbereich.

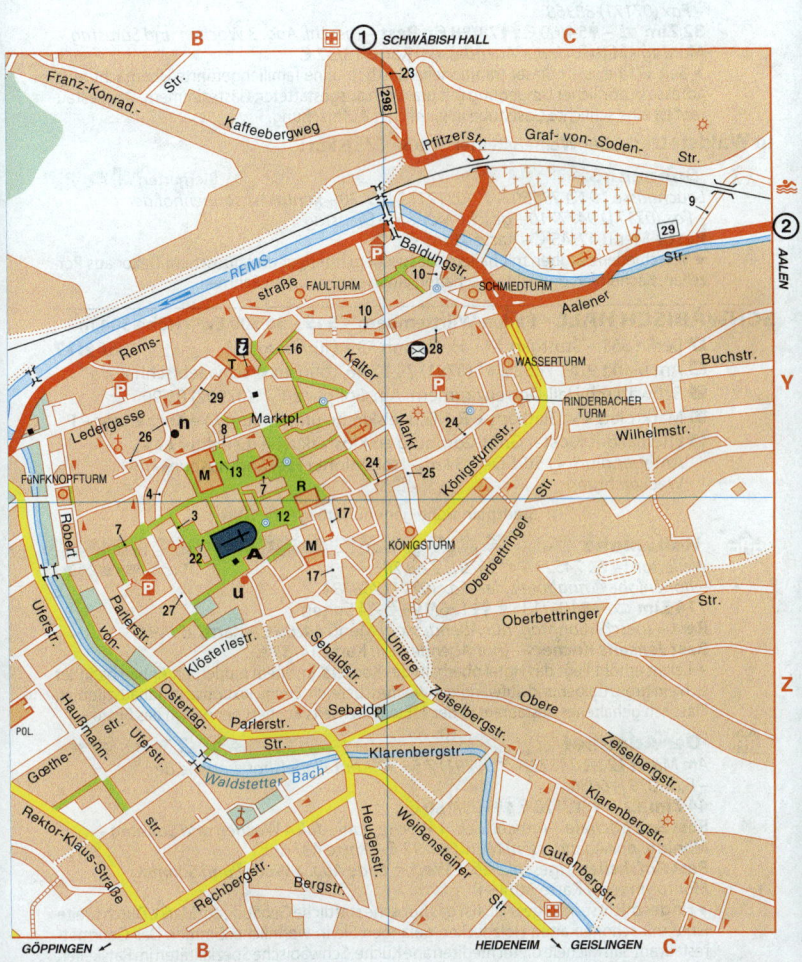

1175

SCHWÄBISCH GMÜND

XX **Stadtgarten-Restaurant** Biergarten 🈯 ⇔ VISA ⓒ AE ①
Rektor-Klaus-Str. 9, (Stadthalle) ✉ *73525 –* ℰ *(07171) 6 90 24 – info@
stadtgarten-gastronomie.de – Fax (07171) 68261 – geschl. Aug. 2 Wochen und
Sonntagabend - Montag*
AZ **a**
Rest – Karte 19/40 €
♦ Direkt an der Stadthalle befindet sich das auf zwei Ebenen angelegte Restaurant. Das Ambiente ist klassisch mit hohen Decken und Holztäfelung.

XX **Fuggerei** 🈯 & ⇔ P VISA ⓒ
Münstergasse 2 ✉ *73525 –* ℰ *(07171) 3 00 03 – mail@restaurant-fuggerei.de
– Fax (07171) 189419 – geschl. Ende Aug. - Anfang Sept. und Sonntagabend*
Rest – Menü 26/75 € – Karte 26/53 €
BZ **u**
♦ Gewölbedecken zieren das Innere dieses historischen Fachwerkhauses a. d. 14. Jh. Klassische und regionale Gerichte werden Ihnen von freundlichem Personal serviert.

In Schwäbisch Gmünd-Hussenhofen über Aalener Straße AY : 4,5 km :

🏠 **Gelbes Haus** 🈯 ⓘ P VISA ⓒ AE ①
Hauptstr. 83 ✉ *73527 –* ℰ *(07171) 98 70 50 – info@hotel-gelbes-haus.de
– Fax (07171) 88368*
32 Zim ⌧ – †54/60 € ††78/88 € – **Rest** – *(geschl. Aug. 3 Wochen und Samstag, Montag - Mittwoch nur Abendessen)* Karte 13/32 €
♦ Seit 1714 existiert dieser traditionelle Gasthof - eine familiengeführte Übernachtungs-adresse in dörflicher Umgebung mit praktisch ausgestatteten Gästezimmern. Das Restaurant ist eine schlichte Gaststube in ländlicher Aufmachung.

In Waldstetten über Weißensteiner Straße CZ : 6 km :

XX **Sonnenhof** Biergarten 🈯 ⇔ P
Lauchgasse 19 ✉ *73550 –* ℰ *(07171) 94 77 70 – kontakt@sonnenhof.de
– Fax (07171) 9477710 – geschl. Montag - Dienstag*
Rest – Menü 42/45 € – Karte 18/45 €
♦ Verschiedene Stuben mit hellem, klassischem Interieur und hübschem Dekor aus Porzellan, Kachelofen und Bildern schaffen einen angenehmen Rahmen.

SCHWÄBISCH HALL – Baden-Württemberg – 545 – 36 300 Ew – Höhe 304 m

▶ Berlin 551 – Stuttgart 74 – Heilbronn 53 – Nürnberg 138 56 **H17**
🅘 Am Markt 9, ✉ 74523, ℰ (0791) 75 12 46, touristic@schwaebischhall.de
🅣 Schwäbisch Hall-Dörrenzimmern, Am Golfplatz 1 ℰ (07907) 81 90
◉ Marktplatz★★ : Rathaus★ R, Michaelskirche (Innenraum★) – Kocherufer★ F
◉ Ehemaliges Kloster Groß-Comburg★ : Klosterkirche (Leuchter★★★, Antependium★) Süd-Ost : 3 km – Hohenloher Freilandmuseum★ in Wackershofen

Stadtplan siehe gegenüberliegende Seite

🏨 **Hohenlohe** ≤ 🈯 🏊 *(geheizt)* 🅽 ⓒ ⓢ 🅘 & 🅰🅚 Rest, 🍴 Rest, 🕽 🆂
Weilertor 14 ✉ *74523 –* ℰ *(0791) 7 58 70* P 🅐 VISA ⓒ ①
– hohenlohe@ringhotels.de – Fax (0791) 758784
c
114 Zim ⌧ – †101/135 € ††126/198 € – 4 Suiten
Rest – *(geschl. Sonntag, nur Abendessen)* Menü 44/69 € – Karte 25/49 €
Rest *Jenseits Kochers* – *(nur Abendessen)* Karte 14/37 €
♦ Leicht erhöht liegt das Hotel oberhalb des Kochers. In einem modernen Anbau befindet sich ein großzügiger und aufwändiger Wellnessbereich. Einige luxuriöse Landhauszimmer. Klassisch gehaltenes Restaurant in der 1. Etage. Jenseits Kochers nennt sich das Bistro.

🏨 **Der Adelshof** 🅘 🕽 🆂 P 🅐 VISA ⓒ
Am Markt 12 ✉ *74523 –* ℰ *(0791) 7 58 90 – hotel.adelshof@online.de
– Fax (0791) 6036*
e
44 Zim ⌧ – †80/120 € ††105/180 €
Rest *San Michele* – *(geschl. Feb. 1 Woche, Juni - Juli 4 Wochen und Sonntag - Montag, nur Abendessen)* Menü 69/92 € – Karte 43/72 €
Rest *Ratskeller* – *(geschl. Feb. 1 Woche, Ende Aug. 1 Woche und Sonntag - Montagmittag)* Karte 30/46 €
♦ Ein geschichtsträchtiges Haus ist das hübsche stattliche Gebäude am Markt. Durch breite Flure mit schönen alten Holzdecken gelangen Sie in wohnliche Zimmer. Das Gourmetrestaurant San Michele bietet mediterrane Küche. Schwäbische Spezialitäten im Ratskeller.

1176

SCHWÄBISCH HALL

Am Schuppach	2
Am Spitalbach	
Badtorweg	4
Bahnhofstr.	5
Gelbinger Gasse	
Gymnasiumstr.	7
Hafenmarkt	8
Henkersbrücke	13
Im Weiler	14
Marktstr.	17
Neue Str.	
Obere Herrngasse	19
Schwatzbühlgasse	21
Untere Herrngasse	23
Weilertor	25
Zollhüttengasse	26
Zwinger	28

Kronprinz
*Bahnhofstr. 17 ✉ 74523 – ✆ (0791) 9 77 00 – hotel.kronprinz@gmx.de
– Fax (0791) 9770100*
43 Zim ⊇ – ♦68/88 € ♦♦95/130 € – **Rest** – (geschl. 22. Dez. - 7. Jan. und Sonntag)
Karte 20/28 €
◆ Helles, neuzeitliches Mobiliar und eine gute technische Ausstattung machen die Zimmer für private wie auch geschäftliche Aufenthalte interessant. Modernes Restaurant in freundlichen Farben.

SCHWÄBISCH HALL

Restaurant im Sudhaus
Lange Str. 35 (an der Kunsthalle Würth, 1. Etage) ✉ 74523 – ✆ (0791) 9 46 72 70
– restaurant@sudhaus-sha.de – Fax (0791) 9467275   **b**
Rest – *(geschl. Dienstag - Mittwoch)* Menü 65 € – Karte 39/49 €
Rest *Brasserie* – Menü 13/26 € – Karte 26/40 €

• Das denkmalgeschützte Sudhaus in der Altstadt beherbergt in der 1. Etage ein angenehm helles Restaurant in fast puristischem Design. Grillgerichte auf der Dachterrasse. Brasserie im Erdgeschoss mit schlicht-modernem Ambiente.

Blauer Bock mit Zim
Lange Str. 53 ✉ 74523 – ✆ (0791) 8 94 62 – blauer_bock@t-online.de
– Fax (0791) 856115 – geschl. 24. Aug. - 8. Sept.   **a**
6 Zim ⊒ – †49/55 € ††77/85 € – **Rest** – *(geschl. Montag, Samstagmittag, letzter Sonntag im Monat)* Karte 17/33 €

• Hinter der freundlichen blauen Fassade des denkmalgeschützten Stadthauses finden sich zwei nette einfache Gaststuben - mit kleinem Wintergarten.

In Schwäbisch Hall-Gottwollshausen West : 4 km über Johanniter Straße :

Sonneck
Fischweg 2 ✉ 74523 – ✆ (0791) 97 06 70 – hotel-sonneck@t-online.de
– Fax (0791) 9706789
26 Zim ⊒ – †45/58 € ††65/79 € – **Rest** – Karte 16/29 €

• Der erweiterte Gasthof bietet seinen Besuchern mit praktischen, hellen Hotelmöbeln ausgestattete Zimmer, die teilweise über Balkone verfügen. Das gemütliche Restaurant wird durch eine behagliche Stube ergänzt.

In Schwäbisch Hall-Hessental Süd-Ost : 3 km über Crailsheimer Straße :

Die Krone
Wirtsgasse 1 ✉ 74523 – ✆ (0791) 9 40 30 – info@hotel-diekrone.de
– Fax (0791) 940384
90 Zim ⊒ – †89/105 € ††113/139 € – **Rest** – Menü 34 € – Karte 19/43 €

• Aus einem historischen Landgasthof ist dieses zeitgemäße Hotel entstanden. Es erwarten Sie ein heller, großzügiger Empfangsbereich und wohnliche, neuzeitliche Zimmer. Restaurant mit rustikalem Charakter. Schön ist der Barocksaal für festliche Anlässe.

Wolf
Karl-Kurz-Str. 2 ✉ 74523 – ✆ (0791) 93 06 60 – hotel.wolf@t-online.de
– Fax (0791) 93066110 – geschl. Juli - Aug. 2 Wochen
24 Zim ⊒ – †65/85 € ††95/130 €
Rest *Eisenbahn* – *(geschl. Montag, Dienstag - Samstag nur Abendessen)*
Menü 60/110 € – Karte 45/67 €
Spez. Feuilleté von Gänseleber, Trüffel und Artischocke. Im Wurzelsud gegartes Filet vom Boeuf de Hohenlohe mit Kerbelbutter und Pfifferlingen. Brust und Keule von der Ente in zwei Gängen serviert.

• Das um einem Anbau erweiterte Fachwerkhaus ist ein vom Inhaber geführtes Hotel, in dem nette, zeitgemäße Gästezimmer zur Verfügung stehen. Klassisch orientierte Küche bietet das Restaurant Eisenbahn.

In Schwäbisch Hall-Weckrieden Süd-Ost : 3 km über Crailsheimer Straße :

Landgasthof Pflug mit Zim
Weckriedener Str. 2 ✉ 74523 – ✆ (0791) 93 12 30 – info@landgasthof-pflug.de
– Fax (0791) 9312345 – geschl. 28. Jan. - 18. Feb.
18 Zim ⊒ – †65/75 € ††90/115 € – **Rest** – *(geschl. Montag - Dienstagmittag)*
Menü 37 € (veg.)/68 € – Karte 30/60 €

• Ein erweiterter denkmalgeschützter Landgasthof a. d. J. 1805. Mittags speisen Sie in der behaglichen Gaststube, am Abend im leicht eleganten Restaurant. Schöner Biergarten. Hübsche moderne Gästezimmer.

Luxuriös oder eher schlicht?
Die Symbole ✗ und 🏠 kennzeichnen den Komfort.

SCHWAIG – Bayern – 546 – 8 410 Ew – Höhe 320 m   50 L16
▶ Berlin 429 – München 171 – Nürnberg 14 – Lauf 6

Siehe Nürnberg (Umgebungsplan)

In Schwaig-Behringersdorf

Weißes Ross (mit Gästehaus)
*Schwaiger Str. 2 ⌂ 90571 – ℰ (0911) 5 06 98 80 – weissesross@t-online.de
– Fax (0911) 50698870 – geschl. 1. - 7. Jan.*
30 Zim ⌂ – †54/62 € ††85/98 € – **Rest** – (geschl. Sonntagabend - Montag)
Karte 15/25 €   CS s
♦ Verkehrsgünstig liegt der ländliche Gasthof unweit der Autobahn, ganz in der Nähe von Nürnberg. Die Zimmer sind mit viel Holz in rustikalem Stil eingerichtet. Holzgetäfelte Gaststuben mit gemütlichen Nischen.

> Dieser Führer lebt von Ihren Anregungen, die uns stets willkommen sind. Egal ob Sie uns eine besonders angenehme Überraschung oder eine Enttäuschung mitteilen wollen – schreiben Sie uns!

SCHWAIGERN – Baden-Württemberg – 545 – 10 970 Ew – Höhe 107 m   55 G17
▶ Berlin 613 – Stuttgart 51 – Heilbronn 15 – Karlsruhe 61

Zum Alten Rentamt mit Zim
*Schlossstr. 6 ⌂ 74193 – ℰ (07138) 52 58 – info@altesrentamt.de
– Fax (07138) 1325 – geschl. Feb. 1 Woche, Aug. 2 Wochen*
12 Zim ⌂ – †65/75 € ††95/105 € – **Rest** – (geschl. Sonntag - Montag)
Karte 30/45 €
♦ Kachelöfen und schöne blanke Holztische unterstreichen in dem historischen Fachwerkhaus im Ortskern das gemütlich-rustikale Ambiente. Hübsche Gästezimmer.

SCHWAIKHEIM – Baden-Württemberg – 545 – 9 300 Ew – Höhe 276 m   55 H18
▶ Berlin 610 – Stuttgart 23 – Ludwigsburg 42 – Karlsruhe 96

Zum Riesling
*Winnender Str. 1 ⌂ 71409 – ℰ (07195) 96 59 00 – info@zumriesling.de
– Fax (07195) 965902 – geschl. Ende Juli - Anfang Sept. 3 Wochen und Samstag - Sonntag*
Rest – Menü 43 € – Karte 24/42 €
♦ Ein auf 2 Etagen angelegtes Restaurant im Bistrostil - der untere Bereich ist ein schöner Gewölbekeller. Wechselnde Bilderausstellungen zieren die Räume. Internationale Küche.

SCHWALBACH – Saarland – 543 – 18 770 Ew – Höhe 215 m   45 B17
▶ Berlin 726 – Saarbrücken 25 – Kaiserslautern 84 – Saarlouis 6

In Schwalbach-Elm Süd-Ost : 2 km :

Mühlenthal garni
*Bachtalstr. 214 ⌂ 66773 – ℰ (06834) 9 55 90 – info@hotel-muehlenthal.de
– Fax (06834) 568511*
27 Zim – †48/60 € ††70/80 €
♦ Ein familiengeführtes Haus mit wohnlichen, meist geräumigen Zimmern und schönem Garten. Für Gäste mit Pferd bietet man Reitexkursionen - Gastboxen und Koppeln sind vorhanden.

1179

SCHWALBACH AM TAUNUS – Hessen – 543 – 14 180 Ew – Höhe 135 m
▶ Berlin 570 – Wiesbaden 34 – Frankfurt 12   47 **F14**

Mutter Krauss
Hauptstr. 13 ⊠ 65824 – ℰ (06196) 12 89 – service@mutter-kraus.de
– Fax (06196) 568539
24 Zim ⊆ – †85 € ††120 € – **Rest** – *(geschl. Samstagmittag)*
Karte 17/39 €
♦ Ein traditionsreicher Gasthof im alten Ortskern: In den neuzeitlichen Zimmern hat man dunkles mediterranes Mobiliar mit kräftig gelben Sesseln oder Sofas kombiniert. Rustikal gestaltetes Restaurant mit hübscher großer Gartenterrasse.

SCHWALBACH, BAD – Hessen – 543 – 11 160 Ew – Höhe 319 m – Heilbad
▶ Berlin 588 – Wiesbaden 18 – Koblenz 58 – Limburg an der Lahn 36   47 **E14**
🛈 Am Kurpark 1, ⊠ 65307, ℰ (06124) 50 20, kontakt@kur-bad-schwalbach.de

Eden-Parc
Goetheplatz 1 ⊠ 65307 – ℰ (06124) 70 40 – info@eden-parc.de
– Fax (06124) 704663
96 Zim ⊆ – †106/145 € ††137/209 € – ½ P 27 € – 3 Suiten
Rest – Karte 31/46 €
Rest *Blauer Salon* – Karte 33/43 €
♦ Das Hotel beim Kurpark bietet komfortable Gästezimmer von zeitlos bis elegant sowie Wellness mit Massage- und Kosmetikanwendungen. Eine mediterrane Note prägt das Restaurant. Gediegenes Ambiente erwartet Sie im Blauen Salon.

SCHWALMSTADT – Hessen – 543 – 19 470 Ew – Höhe 240 m
▶ Berlin 436 – Wiesbaden 154 – Kassel 64 – Bad Hersfeld 41   38 **G12**
🛈 Paradeplatz 7, in Ziegenhain, ⊠ 34613, ℰ (06691) 7 12 12, schwalm-touristik@t-online.de

In Schwalmstadt-Treysa

Stadt Treysa garni
Bahnhofstr. 21 ⊠ 34613 – ℰ (06691) 9 63 30 – info@hotel-stadt-treysa.de
– Fax (06691) 963344 – geschl. über Weihnachten
14 Zim ⊆ – †42/47 € ††67/74 €
♦ In diesem kleinen Etagenhotel stehen dem Gast gepflegte und funktionell eingerichtete Zimmer mit zeitgemäßer Technik zur Verfügung.

In Schwalmstadt-Ziegenhain

Rosengarten
Muhlystr. 3 ⊠ 34613 – ℰ (06691) 9 47 00 – info@hotel-rosengarten.org
– Fax (06691) 947030
15 Zim ⊆ – †45 € ††70/80 € – **Rest** – Karte 24/41 €
♦ Ein neuzeitlicher Hotelanbau ergänzt das alte Fachwerkhaus: Sie wählen zwischen wohnlichen Appartements - teils mit Kochnische - und praktischen Zimmern. Nette rustikale Stuben und gut eingedeckte Tische findet man im Restaurant.

SCHWANDORF – Bayern – 546 – 28 140 Ew – Höhe 366 m
▶ Berlin 452 – München 167 – Regensburg 44 – Nürnberg 83   51 **M17**
🛈 Schmidmühlen, Am Theilberg 1 ℰ (09474) 7 01

Waldhotel Schwefelquelle
An der Schwefelquelle 12 ⊠ 92421 – ℰ (09431) 7 14 70 – info@schwefelquelle.de
– Fax (09431) 714740
23 Zim ⊆ – †42/48 € ††69/74 € – **Rest** – *(geschl. 29. Mai - 9. Juni, 10. - 16. Aug. und Dienstagmittag, Sonntagabend)* Karte 14/30 €
♦ Diese familiengeführte Adresse am Stadtrand verbindet rustikalen Charme mit den Annehmlichkeiten eines soliden, funktionellen Hotels. Mit hellem Naturholz ländlich gestaltetes Restaurant.

SCHWANGAU – Bayern – 546 – 3 440 Ew – Höhe 796 m – Wintersport : 1 720 m ✔ 1 ✔ 4 ✔ – Heilklimatischer Kurort
65 **K22**

▶ Berlin 656 – München 116 – Kempten (Allgäu) 47 – Füssen 3
🛈 Münchener Str. 2, ✉ 87645, ☎ (08362) 8 19 80, info@schwangau.de
◉ Schloss Neuschwanstein★★★, Süd : 3 km – Schloss Hohenschwangau★ Süd : 4 km – Alpsee★ (Pindarplatz ≤★) Süd : 4 km

Weinbauer
Füssener Str. 3 ✉ 87645 – ☎ (08362) 98 60 – info@hotel-weinbauer.de
– Fax (08362) 986113 – geschl. 10. - 19. Dez., 7. - 25. Jan.
40 Zim ⊃ – †38/48 € ††76/95 € – ½ P 13 € – **Rest** – (geschl. 7. - 31. Jan. und Mittwoch, Nov. - Ostern Mittwoch - Donnerstag) Menü 12 € – Karte 15/26 €
♦ Ein ursprünglicher Gasthof mit bemalter Fassade und hübschen blau-weißen Fensterläden. Im Haupthaus wie auch im Gästehaus stehen solide Zimmer zum Einzug bereit. Verschiedene Stuben mit Kachelofen oder Gewölbedecke.

Hanselewirt
Mitteldorf 13 ✉ 87645 – ☎ (08362) 82 37 – info@hanselewirt.de
– Fax (08362) 81738 – geschl. 11. - 25. Nov.
12 Zim ⊃ – †35/40 € ††70/80 € – ½ P 15 € – **Rest** – (geschl. Montagmittag, Mittwoch - Donnerstagmittag) Karte 14/24 €
♦ Das nette kleine Haus mit Holzfensterläden fügt sich harmonisch in die ländliche Gegend ein. Sie beziehen wohnliche Zimmer in hellem Naturholz. Behagliches rustikales Restaurant.

Landgasthof zur Post
Münchener Str. 5 ✉ 87645 – ☎ (08362) 9 82 10 – info@landgasthofpost.de
– Fax (08362) 982155 – geschl. Mitte Nov. - Mitte Dez.
32 Zim ⊃ – †35/45 € ††60/90 € – **Rest** – (geschl. Montag, Okt.- April Montag - Dienstag) Karte 14/27 €
♦ Bereits seit 1891 befindet sich dieses Haus in Familienbesitz. Hier bietet man Ihnen gemütliche Gästezimmer und eine dörfliche Umgebung. In einfachen, holzgetäfelten Gaststuben bewirtet man Sie mit regionaler Kost.

In Schwangau-Hohenschwangau

Müller
Alpseestr. 16 ✉ 87645 – ☎ (08362) 8 19 90 – info@hotel-mueller.de
– Fax (08362) 819913 – geschl. 15. Feb. - 19. März
42 Zim ⊃ – †100/140 € ††130/170 € – ½ P 30 € – **Rest** – Menü 36/98 € – Karte 29/49 €
♦ Mit gediegenen Zimmern von einfach-gemütlich bis hin zur großzügigen Suite überzeugt das engagiert geführte Hotel nahe der beiden Königsschlösser. Der Restaurantbereich: teils klassisch, teils gemütlich-rustikal. Terrasse mit Blick auf die Schlösser.

Schlosshotel Lisl (mit Jägerhaus)
Neuschwansteinstr. 1 ✉ 87645 – ☎ (08362) 88 70
– info@lisl.de – Fax (08362) 81107 – geschl. 8. Jan. - 14. Feb.
47 Zim †55/103 € ††85/170 €, ⊃ 12 € – **Rest** – Karte 30/45 €
♦ Sehr aufwändig, elegant und individuell sind die Zimmer im Gästehaus des gediegenen Schlosshotels gestaltet, das einst königlichen Jägern als Unterkunft diente. Eines der beiden Restaurants bietet Aussicht auf die Schlösser.

In Schwangau-Horn

Rübezahl
Am Ehberg 31 ✉ 87645 – ☎ (08362) 88 88 – hotel-ruebezahl@t-online.de
– Fax (08362) 81701
40 Zim ⊃ – †60/80 € ††110/145 € – ½ P 22 € – **Rest** – (geschl. Mittwoch) Menü 20/40 € – Karte 23/41 €
♦ Vor einer reizvollen Bergkulisse erleben Sie alpenländischen Charme kombiniert mit gemütlich-rustikaler Einrichtung. Ebenfalls im Blick: das königliche Schloss. Kachelofen und gemütliche Nischen im Restaurant, mediterrane Note im Wintergarten.

SCHWANGAU

Helmerhof
Frauenbergstr. 9 ⊠ 87645 – ℰ (08362) 80 69 – info@helmerhof.de
– Fax (08362) 8437 – geschl. 3. - 24. April
35 Zim – †33/70 € ††76/104 € – ½ P 16 €
Rest – *(geschl. Nov. - Weihnachten Montag - Dienstag, Jan. - Mitte März Donnerstag)* Karte 15/27 €

◆ Diese familiär geführte Ferienadresse beherbergt Gästezimmer und Appartements in ländlichem Stil. Im Winter wie auch im Sommer genießen Sie eine attraktive Landschaft. Hell und gepflegt präsentiert sich das Restaurant.

In Schwangau-Waltenhofen

Gasthof am See
Forggenseestr. 81 ⊠ 87645 – ℰ (08362) 9 30 30 – info@hotelgasthofamsee.de
– Fax (08362) 930339 – geschl. 17. Nov. - 11. Dez., 11. - 28. Feb.
22 Zim ⊇ – †40 € ††56/79 € – ½ P 13 € – **Rest** – *(geschl. Dienstag)*
Karte 15/30 €

◆ Das Haus gefällt mit alpenländischem Charakter, der Lage direkt am See und einer familiären Atmosphäre. Wählen Sie eines der zum See hin gelegenen Zimmer. Gemütlich: die Bauernstube und das Restaurant.

Café Gerlinde garni
Forggenseestr. 85 ⊠ 87645 – ℰ (08362) 82 33 – info@pension-gerlinde.de
– Fax (08362) 8486 – geschl. 5. Nov. - 21. Dez., 30. März - 11. April
19 Zim ⊇ – †38/55 € ††58/84 €

◆ Ländlicher Charme und freundliche Atmosphäre sowie hübsch möblierte, wohnliche Gästezimmer und die Nähe zum See machen dieses kleine Ferienhotel aus.

SCHWANHEIM – Rheinland-Pfalz – siehe Hauenstein

SCHWARMSTEDT – Niedersachsen – **541** – 5 150 Ew – Höhe 29 m – Erholungsort
▶ Berlin 310 – Hannover 51 – Bremen 88 – Celle 33   **18 H8**
🛈 Am Markt 1, ⊠ 29690, ℰ (05071) 86 88, touristinfo@schwarmstedt.de

In Schwarmstedt-Bothmer Nord-West : 3 km über B 214 :

Gästehaus Schloss Bothmer
Alte Dorfstr. 15 ⊠ 29690 – ℰ (05071) 30 37 – info@schlossbothmer.de
– Fax (05071) 3039
9 Zim ⊇ – †85/95 € ††115/125 € – **Rest** – *(nur Abendessen für Hausgäste)*
Menü 30/50 €

◆ Das Gästehaus des privat bewohnten Schlosses beherbergt geschmackvolle Zimmer, meist mit kleinem Wintergarten, sowie eine Kaminsuite mit Sauna. Schöner Park und Reitanlage.

An der Straße nach Ostenholz Nord-Ost : 8 km über Essel, jenseits der A 7 :

Heide-Kröpke
Esseler Damm 1 ⊠ 29690 Essel – ℰ (05167) 97 90
– heide-kroepke@t-online.de – Fax (05167) 979291
60 Zim ⊇ – †80/98 € ††110/135 € – ½ P 22 € – 7 Suiten – **Rest** – Menü 21/48 €
– Karte 21/51 €

◆ Das Hotel besteht aus mehreren miteinander verbundenen Gebäuden in einem Park. Besonders gemütlich sind die Zimmer der Schnucken-Etage. Für Familien geeignet: die Maisonetten. Hotelrestaurant mit gediegenem Ambiente.

SCHWARTAU, BAD – Schleswig-Holstein – **541** – 19 910 Ew – Höhe 8 m – Heilbad
▶ Berlin 274 – Kiel 72 – Lübeck 16 – Schwerin 73   **11 K4**
🛈 Markt 15 (im Rathaus), ⊠ 23611, ℰ (0451) 2 00 02 42, stadtverwaltung@
bad-schwartau.de

Waldhotel Riesebusch
Sonnenweg 1 ⊠ 23611 – ℰ (0451) 29 30 50 – info@waldhotel-riesebusch.de
– Fax (0451) 283646 – geschl. 22. - 26. Dez. (Hotel)
25 Zim ⊇ – †60/64 € ††80/92 € – ½ P 20 € – **Rest** – Karte 22/37 €

◆ Urlauber und Geschäftsreisende schätzen die Lage und das funktionelle Innenleben des typischen Familienbetriebs. Spazier- und Wanderwege finden sich direkt vor der Tür.

SCHWARZACH AM MAIN – Bayern – 546 – 3 540 Ew – Höhe 190 m　　49 **I15**
▶ Berlin 471 – München 255 – Würzburg 28 – Bamberg 47

Im Ortsteil Stadtschwarzach

Schwab's Landgasthof
*Bamberger Str. 4 ⊠ 97359 – ℰ (09324) 12 51 – info@landgasthof-schwab.de
– Fax (09324) 5291 – geschl. Feb. 2 Wochen, Aug. 2 Wochen*
11 Zim – †45/50 € ††65 € – **Rest** – (geschl. Montag - Dienstag) Karte 19/36 €
♦ Der 1895 gegründete Gasthof wird bereits seit mehreren Generationen von der Familie geführt und verfügt über wohnliche Zimmer mit Parkettfußboden und soliden Naturholzmöbeln. In gemütlichen Stuben serviert man fränkische Küche.

> Gute Küche zu günstigem Preis? Folgen Sie dem „Bib Gourmand".

SCHWARZENBERG – Sachsen – 544 – 18 920 Ew – Höhe 450 m　　42 **O13**
▶ Berlin 300 – Dresden 125 – Chemnitz 41 – Chomutov 76
ℹ Oberes Tor 5, ⊠ 08340, ℰ (03774) 2 25 40, touristinformation@schwarzenberg.de
◉ Pfarrkirche St. Georg ★

Neustädter Hof　　Biergarten 🍴 Ƙ ⌂ Ƙ ℅ Rest, Ƙ 🅿 ⊙ VISA ◎
*Grünhainer Str. 24 ⊠ 08340 – ℰ (03774) 12 50 – neustaedterhof@t-online.de
– Fax (03774) 125500*
77 Zim – †62/69 € ††95 € – **Rest** – Karte 15/31 €
♦ Das a. d. J. 1910 stammende Haus an der Straßenecke beherbergt hinter seiner hübschen auffallenden Fassade zeitgemäße, wohnlich und funktionell gestaltete Zimmer. Leicht elegant ist das Restaurant mit Kronleuchtern und Holzfußboden.

In Schwarzenberg-Bermsgrün Süd : 4 km über Karlsbader Straße :

Am Hohen Hahn　　🍴 ⌂ 🍴 ℅ Ƙ 🅿 VISA ◎ AE ①
*Gemeindestr. 92 ⊠ 08340 – ℰ (03774) 13 10 – info@hotel-am-hohen-hahn.de
– Fax (03774) 131150*
41 Zim – †64 € ††92 € – **Rest** – Karte 16/32 €
♦ Dieses ruhig gelegene Anwesen setzt sich zusammen aus einem alten Landhaus und einem Anbau. Man bietet Entspannungsmöglichkeiten in der Sauna oder dem Hallenbad. Gediegenes Ambiente herrscht in den verschieden Restaurantstuben.

SCHWARZENFELD – Bayern – 546 – 6 400 Ew – Höhe 364 m　　51 **N17**
▶ Berlin 443 – München 175 – Weiden in der Oberpfalz 38 – Nürnberg 82
🏌 Kemnath bei Fuhrn, ℰ (09439) 4 66

Schloss Schwarzenfeld　　🍴 🍴 Ƙ ⌂ Ƙ AC Rest, ℅ Rest, ⊙ Ƙ
*Schlossstr. 13 ⊠ 92521 – ℰ (09435) 55 50 – hotel@　　🅿 VISA ◎ AE ①
schloss-schwarzenfeld.de – Fax (09435) 555199*
88 Zim – †85/105 € ††125/135 € – 4 Suiten – **Rest** – Menü 41 €
– Karte 30/39 €
♦ Integriert in das restaurierte Schloss, kombiniert das Hotel modernen Komfort mit historischem Flair. Vor allem für Tagungen bietet man ein geeignetes Umfeld. Sie speisen im ehemaligen gräflichen Salon unter originalgetreu restaurierten Kreuzgewölben.

In Fensterbach-Wolfringmühle West : 7,5 km in Richtung Amberg :

Wolfringmühle　　Biergarten 🍴 🍴 ⌂ 🍴 Ƙ ℅ ⌂ ⊙ Ƙ 🅿 VISA ◎
⊠ 92269 – ℰ (09438) 9 40 20 – kontakt@hotel-wolfringmuehle.de – Fax (09438) 940280 – geschl. 5. - 22. Jan.
53 Zim – †45 € ††69/75 € – **Rest** – Karte 13/33 €
♦ Das familiär geführte Hotel hat neben zeitgemäßen, soliden Zimmern auch für Aktive einiges zu bieten. Für kleine Gäste gibt's Ponys. Helles Holz und ländliches Ambiente bestimmen den Charakter des Restaurants. Biergarten unter einer altehrwürdigen Kastanie.

SCHWARZWALDHOCHSTRASSE – Baden-Württemberg – 545 – Hotels siehe unter : Baden-Baden, Baiersbronn, Bühl und Freudenstadt

👁 50 km lange Höhenstraße ★★★ von Baden-Baden nach Freudenstadt

SCHWEDT – Brandenburg – 542 – 38 700 Ew – Höhe 5 m 23 R6
▶ Berlin 100 – Potsdam 136 – Neubrandenburg 98 – Szczecin 87
🛈 Berliner Str. 47, ✉ 16303, ✆ (03332) 2 55 90, touristinfo@unteres-odental.de

Andersen garni
Gartenstr. 11 ✉ 16303 – ✆ (03332) 2 91 10 – schwedt@andersen.de
– Fax (03332) 524750
32 Zim 🍴 – †68/94 € ††80/96 €

♦ Im Herzen der Altstadt liegt dieses sehr gepflegte zeitgemäße Hotel, dessen funktionelle Ausstattung auch Geschäftsreisende schätzen.

SCHWEICH – Rheinland-Pfalz – 543 – 6 470 Ew – Höhe 130 m 45 B15
▶ Berlin 706 – Mainz 149 – Trier 18 – Bernkastel-Kues 36
🛈 Brückenstr. 46, ✉ 54338, ✆ (06502) 9 33 80, mosel@touristinfo-schweich.de

Zur Moselbrücke
Brückenstr. 1 ✉ 54338 – ✆ (06502) 9 19 00 – hotel-moselbruecke@t-online.de
– Fax (06502) 919091 – geschl. 15. Dez. - 15. Jan.
25 Zim 🍴 – †46/52 € ††68/77 € – **Rest** – *(geschl. Nov. - Ostern Donnerstag)* Karte 20/35 €

♦ Der Name des Hauses weist bereits auf die Lage an der Mosel hin. Funktionelle, gepflegte Zimmer stehen hier zum Einzug bereit. Draußen erwartet Sie ein schöner Garten. Eine Bier- und Weinstube ergänzt das Restaurant.

1184

SCHWEIGEN-RECHTENBACH – Rheinland-Pfalz – 543 – 1 460 Ew – Höhe 217 m
54 E17

▶ Berlin 690 – Mainz 162 – Karlsruhe 45 – Landau in der Pfalz 21

Am deutschen Weintor garni
Bacchusstr. 1 (B 38, Rechtenbach) ✉ 76889
– ℘ (06342) 73 35 – info@hotelgarni-amdeutschenweintor.de
– Fax (06342) 6287
17 Zim ⚏ – ♦40/48 € ♦♦60/75 €
♦ Das kleine Hotel beherbergt Sie in praktischen Zimmern mit Balkon. Umgeben von Wald- und Rebland, zeigt sich der Wein- und Erholungsort als beliebtes Ausflugsziel.

SCHWEINFURT – Bayern – 546 – 54 610 Ew – Höhe 226 m
49 J15

▶ Berlin 456 – München 287 – Würzburg 51 – Bamberg 57
ADAC Rückertstr. 17
🛈 Brückenstr. 20, ✉ 97421, ℘ (09721) 5 14 98, tourismus@schweinfurt.de
🏁 Löffelsterz, Ebertshäuser Str. 17 ℘ (09727) 58 89

SCHWEINFURT

Albrecht-Dürer-Pl.	Z 2
Am Oberen Marienbach	Y 3
Am Zeughaus	Y 4
Bauerngasse	Y 5
Brückenstr.	Z 6
Fischerrain	Z 7
Hohe Brückengasse	Z 10
Jägersbrunnen	Z 12
Kesslergasse	Z 13
Ludwigsbrücke	Z 15
Mainberger Str.	Y 17
Manggasse	Z 18
Markt	YZ 19
Maxbrücke	Z 20
Paul-Rummert-Ring	Z 21
Roßmarkt	Z 22
Rückertstr.	Z 23
Rusterberg	Z 24
Schultesstr.	Z 25
Spitalstr.	Z 26

1185

SCHWEINFURT

Mercure
Maininsel 10 ⊠ 97421 – ℰ (09721) 7 30 60 – h3281@accor.com
– Fax (09721) 7306444
Z a
133 Zim – †86/102 € ††97/113 €, ⊇ 15 € – Rest – Menü 32/44 € – Karte 26/39 €
♦ Ein hufeisenförmig um einen Innenhof angelegtes Hotel auf einer Insel im Main. Durch eine großzügige Lobby gelangen Sie in zeitgemäße und funktionelle Zimmer. Neuzeitliches Restaurant mit Blick auf die Stadt und den Fluss.

Roß
Hohe Brückengasse 4 ⊠ 97421 – ℰ (09721) 2 00 10 – info@hotel-ross.de
– Fax (09721) 200113 – geschl. 23. Dez. - 6. Jan.
Z r
48 Zim ⊇ – †85/105 € ††93/120 € – Rest – (geschl. Montagmittag, Sonn- und Feiertage) Karte 18/38 €
♦ Das engagiert geführte Hotel liegt in der Altstadt von Schweinfurt. Man verfügt über unterschiedlich eingerichtete, wohnliche und funktionelle Zimmer.

Park Hotel garni
Hirtengasse 6a ⊠ 97421 – ℰ (09721) 12 77 – info@park-hotel-mpm.de
– Fax (09721) 27332 – geschl. 21. Dez. - 7. Jan.
Z s
39 Zim ⊇ – †76/86 € ††100/115 €
♦ Das in der Innenstadt gelegene Hotel ist besonders auf Geschäftsreisende ausgelegt und verfügt über technisch gut ausgestattete Zimmer.

Kugelmühle
Georg-Schäfer-Str. 30 ⊠ 97421 – ℰ (09721) 91 47 02 – Fax (09721) 914714
– geschl. 22. Dez. - 6. Jan., Anfang Aug. 3 Wochen sowie Samstag, Sonn- und Feiertage
Z f
Rest – (Tischbestellung erforderlich) Menü 38/52 € – Karte 30/47 €
♦ In einem Fabrikgebäude befindet sich dieses modern-elegante Restaurant. Chef Max Matreux bereitet mit einer gehobenen Küche aus guten Produkten.

Kings and Queens
Bauerngasse 101 ⊠ 97421 – ℰ (09721) 53 32 42 – info@kings-u-queens.de
– Fax (09721) 533241 – geschl. 27. Juli - 25. Aug. und Montag
Y b
Rest – (nur Abendessen) Menü 33/49 € – Karte 30/40 €
♦ Eine sympathische Atmosphäre und freundlicher Service erwarten Sie in dem kleinen Restaurant. Geboten wird gute internationale Küche.

Ebracher Hof mit Zim
Rittergasse 2 ⊠ 97421 – ℰ (09721) 7 30 23 10 – info@ebracher-hof-sw.de
– Fax (09721) 7302320
Z e
7 Zim ⊇ – †85/100 € ††95/120 € – Rest – Karte 15/30 €
♦ Ein gemütliches modernes Restaurant mit Bar, in dem man Bistrogerichte serviert. Schön sitzt man auch auf der Innenhofterrasse. Bilderausstellung im Haus. Zeitgemäße, wohnliche Gästezimmer.

SCHWEITENKIRCHEN – Bayern – 546 – 4 900 Ew – Höhe 533 m   58 **L19**
▸ Berlin 542 – München 46 – Regensburg 81 – Augsburg 70

In Schweitenkirchen-Geisenhausen Nord : 5 km über A 9 – Höhe 459 m

Rasthaus in der Holledau
(An der A 9) ⊠ 85301 – ℰ (08441) 80 10 – info@holledau.bestwestern.de
– Fax (08441) 801498
92 Zim ⊇ – †79 € ††109 € – Rest – Karte 18/32 €
♦ Geräumig, hell und funktionell - so präsentieren sich die Zimmer dieses neuzeitlichen Autobahnhotels. Schallisolierte Fenster lassen Sie auch auf der Reise zur Ruhe kommen.

Das Symbol in Rot 🕊 weist auf besonders ruhige Häuser hin – hier ist nur der Gesang der Vögel am frühen Morgen zu hören...

SCHWELM – Nordrhein-Westfalen – 543 – 30 310 Ew – Höhe 220 m   26 **D11**
▶ Berlin 522 – Düsseldorf 50 – Hagen 16 – Wuppertal 9

Am Mühlenteich
Obermauerstr. 11 ✉ *58332 –* ℰ *(02336) 9 19 00 – am-muehlenteich@hotel-wuppertal.de – Fax (02336) 919099*
39 Zim ⚏ – †81/93 € ††104/147 €
Rest *Verdi* – ℰ *(02336) 91 90 90 (geschl. Samstagmittag, Sonn- und Feiertage)* Karte 29/42 €
♦ Eine elegante Halle empfängt Sie in diesem modernisierten Altbau. Eine wohnliche und neuzeitliche Einrichtung zeichnet die Gästezimmer aus. Restaurant Verdi mit Jugendstil-Ambiente.

Haus Friedrichsbad
Brunnenstr. 24 ✉ *58332 –* ℰ *(02336) 4 00 80 – info@tagungshotel-info.de – Fax (02336) 4008150*
64 Zim – †80/85 € ††95 €, ⚏ 10 € – **Rest** – Karte 29/47 €
♦ Teil dieses Tagungshotels ist das schöne ehemalige Kurhaus a. d. 18. Jh. Stilmobiliar und auch spanische Antiquitäten schmücken die Gästezimmer. Prunkstück im Restaurant ist der Kaisersaal mit dem historischen Stuhl der Kaiserin Sissi.

Haus Wünsche garni
Göckinghofstr. 47 ✉ *58332 –* ℰ *(02336) 8 20 30 – mail@hotel-wuensche.de – Fax (02336) 82126 – geschl. 24. Dez. - 6. Jan., 21. - 24. März, Ende Juni - Juli 2 Wochen*
18 Zim ⚏ – †51/54 € ††66/80 €
♦ Aus einem ehemaligen Wohnhaus ist dieses kleine Hotel entstanden, das über sehr gepflegte und funktionell eingerichtete Gästezimmer verfügt.

SCHWENDI – Baden-Württemberg – 545 – 6 220 Ew – Höhe 538 m   64 **I20**
▶ Berlin 645 – Stuttgart 127 – Konstanz 138 – Ravensburg 67
☒ Wain, Reischenhof ℰ (07353) 17 32

Oberschwäbischer Hof
Hauptstr. 9 ✉ *88477 –* ℰ *(07353) 9 84 90 – info@oberschwaebischer-hof.de – Fax (07353) 9849200*
32 Zim ⚏ – †79 € ††115 € – **Rest** – *(geschl. 27. - 30. Dez. und Sonntagmittag)* Menü 25/49 € – Karte 27/42 €
♦ In dem architektonisch modern gestalteten Hotel begleitet Sie geradliniges Design vom Empfang bis in die technisch sehr gut ausgestatteten Zimmer. Neuzeitlich-elegantes Restaurant mit freundlichem Service und schmackhafter internationaler und regionaler Küche.

SCHWERIN L – Mecklenburg-Vorpommern – 542 – 97 700 Ew – Höhe 38 m
▶ Berlin 203 – Lübeck 67 – Rostock 89   11 **L5**
ADAC Lübecker Str. 18
🛈 Am Markt 14, Rathaus, ✉ 19055, ℰ (0385) 5 92 52 12, info@schwerin.com
⛳ Gneven-Vorbeck, Kranichweg 1 ℰ (03860) 50 20 V
◉ Schloss-Insel★★ (Schloss★ mit Thronsaal★, Schlosskapelle★, Schlossgarten★) CZ – Dom★ BY – Staatliches Museum★ CY
◉ Ludwigslust: Schloss und Park★ Süd : 36 km

Stadtpläne siehe nächste Seiten

Crowne Plaza
Bleicher Ufer 23 ✉ *19053 –* ℰ *(0385) 5 75 50 – crowne-plaza-schwerin@t-online.de – Fax (0385) 5755777*   AZ **n**
100 Zim – †77/110 € ††92/130 €, ⚏ 13 € – **Rest** – Karte 22/38 €
♦ Schon die großzügige Lobby stimmt Sie auf den modernen, noblen Rahmen dieser Residenz ein, die elegantes Wohnen, Business und Freizeit gelungen kombiniert. Im Restaurant hat man mit warmen Farben und modernem Stil ein schönes Ambiente geschaffen.

1187

SCHWERIN

Niederländischer Hof
*Alexandrinenstr. 12 ⊠ 19055 – ℰ (0385) 59 11 00 – hotel@
niederlaendischer-hof.de – Fax (0385) 59110999* BX **r**
32 Zim ⊇ – †87/113 € ††106/154 € – 3 Suiten – **Rest** – Karte 21/40 €
♦ Das historische Gebäude mit der denkmalgeschützten Fassade fügt sich harmonisch in das Stadtbild ein. Individualität und schlichte Eleganz bilden ein stilvolles Interieur. Parkettboden und Champagnertöne verleihen dem kleinen Restaurant ein vornehmes Ambiente.

Speicher am Ziegelsee
*Speicherstr. 11 ⊠ 19055 – ℰ (0385) 5 00 30 – info@speicher-hotel.com
– Fax (0385) 5003111* T **n**
78 Zim ⊇ – †72/97 € ††92/137 € – **Rest** – Karte 21/34 €
♦ Der ehemalige Getreidespeicher a.d. J.1939 - ein 8-stöckiger Backsteinbau mit Spitzdach - beherbergt heute moderne, geschmackvoll in warmen Farben eingerichtete Zimmer. Elegant wirkendes Restaurant mit Parkettboden und raumhohen Fenstern.

Am Schloß garni
*Heinrich-Mann-Str. 3 ⊠ 19053 – ℰ (0385) 59 32 30 – hotel-am-schloss.m-vp@
t-online.de – Fax (0385) 5932310* BZ **b**
25 Zim ⊇ – †59/71 € ††78/94 €
♦ Nur noch eine Aufschrift an der alten Fassade des Hauses erinnert daran, dass dieses Adresse einst eine Brotfabrik war. Heute bietet man hier helle, zeitgemäße Gästezimmer.

In Schwerin-Großer Dreesch Süd-Ost : 4 km :

Ramada
*Am Grünen Tal 39 ⊠ 19063 – ℰ (0385) 3 99 20 – schwerin@ramada.de
– Fax (0385) 3992188* V **z**
78 Zim – †55/70 € ††55/70 €, ⊇ 14 € – **Rest** – Karte 22/34 €
♦ Eine moderne Halle empfängt Sie in diesem komfortablen Haus. Auch Businessgäste schätzen die funktionelle Ausstattung der Zimmer - elegant logieren Sie in der "Bel Etage".

In Schwerin-Krebsförden Süd : 4 km :

Arte
*Dorfstr. 6 ⊠ 19061 – ℰ (0385) 6 34 50 – info@hotel-arte.de
– Fax (0385) 6345100* V **a**
40 Zim ⊇ – †65/99 € ††85/120 €
Rest *Fontane* – Karte 17/30 €
♦ Das architektonisch einem alten Bauernhaus nachempfundene Klinkerhaus beherbergt neuzeitliche Gästezimmer, die mit schönen Stoffen wohnlich gestaltet sind. Restaurant Fontane mit elegantem Touch.

De Schün garni
*Dorfstr. 16 ⊠ 19061 – ℰ (0385) 64 61 20 – deschuen@arcor.de
– Fax (0385) 6461240 – geschl. 22. - 28. Dez.* V **n**
17 Zim ⊇ – †49/59 € ††70/90 €
♦ Das familiär geleitete kleine Haus bietet solide, wohnlich eingerichtete Gästezimmer und einen hübschen Frühstücksraum mit Blick in den Garten.

In Schwerin-Neumühle West : 2,5 km :

Neumühler Hof garni
Neumühler Str. 45 ⊠ 19057 – ℰ (0385) 73 41 63 – Fax (0385) 719361 U **c**
14 Zim ⊇ – †54 € ††78 €
♦ Familiäre Atmosphäre, tipptopp gepflegte Zimmer und eine Bushaltestelle direkt vor der Tür (10 Minuten in die Innenstadt) sprechen für das kleine Hotel.

In Schwerin-Wickendorf Nord : 9 km über B 106 :

Seehotel Frankenhorst (mit Gästehäusern)
*Frankenhorst 5 ⊠ 19055 – ℰ (0385) 59 22 20
– info@seehotel.bestwestern.de – Fax (0385) 59222145* T **b**
43 Zim ⊇ – †60/95 € ††80/150 € – 4 Suiten – **Rest** – Karte 21/32 €
♦ Gemütliche Zimmer im Landhausstil, die reizvolle Lage am See und eine schöne Parkanlage sind Annehmlichkeiten dieses aus vier Gebäuden bestehenden Hotels. In freundlichem Bistrostil gehaltenes Restaurant.

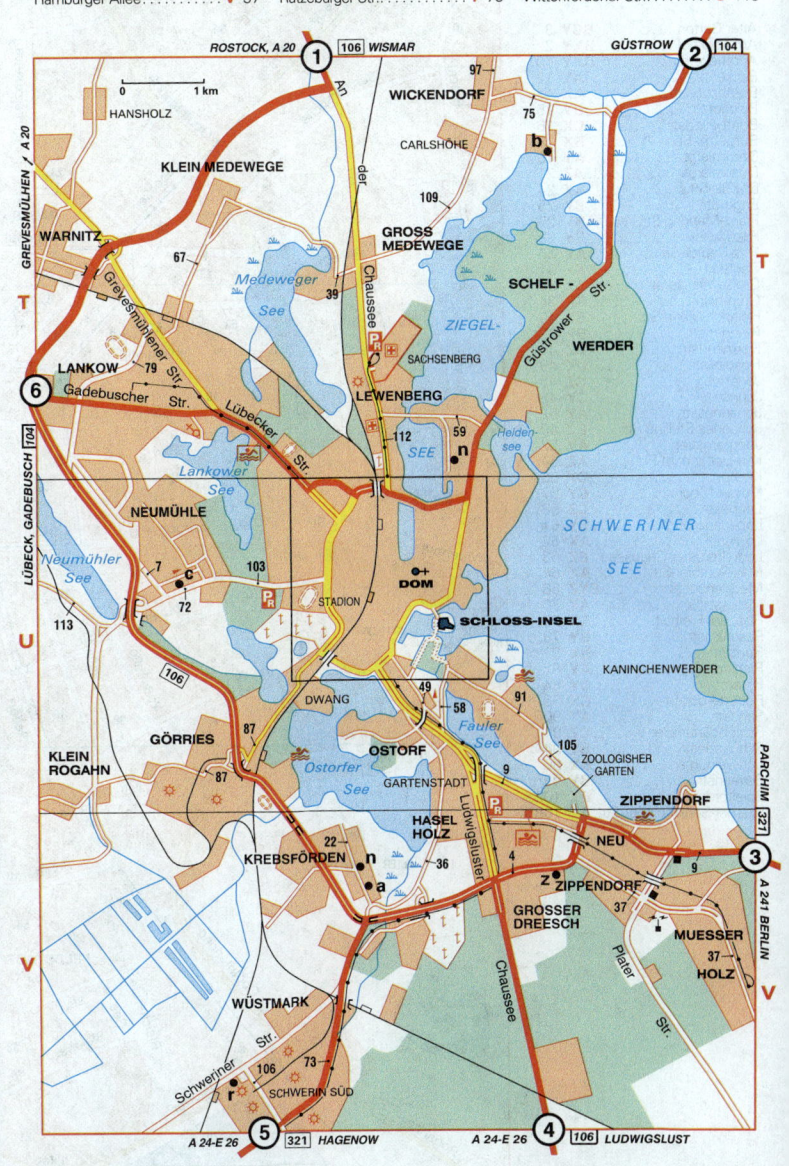

SCHWERIN

Street	Ref	No
Am Grünen Tal	V	4
An den Wadehängen	U	7
An der Crivitzer Chaussee	UV	9
Dorfstr.		22
Hagenower Chaussee	V	36
Hamburger Allee	V	37
Hauptstr.	T	39
Johannes-Stelling-Str.	TU	49
Lennestr.	T	58
Medeweger Str.	T	67
Möwenburgstr.	U	59
Neumühler Str.	V	72
Pampower Str.	T	73
Paulsdammer Weg	T	75
Ratzeburger Str.	T	79
Rogahner Str.	U	87
Schloßgartenallee	U	91
Seehofer Str.	T	97
Vor dem Wittenburger Tor	U	103
Waldschulweg	U	105
Werkstr.	V	106
Wickendorfer Str.	U	109
Wismarsche Str.	TU	112
Wittenfördener Str.	U	113

SCHWERIN

Alter Garten	BCY	3
Am Packhof	BXY	2
Apothekerstr.	BXY	10
Bäckerstr.	AY	12
Beethovenstr.	AX	13
Bischofstr.	BY	15
Bornhövedstr.	CX	16
Bürgerm.-Bade-Pl.	BX	18
Demmlerpl.	AY	19
Demmlerstr.	AZ	21
Dr-Külz-Str.	AX	24
Enge Str.	BY	25
Franz-Mehring-Str.	ABY	27
Friedrichstr.	BY	28
Fritz-Reuter-Str.	AY	30
Gaußstr.	BXY	31
Große Wasserstr.	AZ	33
Grunthalpl.	BX	34
Heinrich-Mann-Str.	BZ	40
Helenenstr.	BY	42
Hermannstr.	BZ	43
Hospitalstr.	CX	45
Jägerweg	BZ	46
Jahnstr.	CY	48
Johannesstr.	AY	52
Johannes-Stelling-Str.	AY	49
Jungfernstieg	AY	53
Karl-Liebknecht-Pl.	AZ	54
Kirchenstr.	CY	55
Kleiner Moor	CY	57
Lennéstr.	CZ	58
Lobedanzgang	BY	61
Löwenpl.	AX	62
Ludwigsluster Chaussee	BZ	63
Max-Suhrbier-Str.	AX	64
Mecklenburgstr.	BYZ	66
Müllerstr.	AY	70
Platz der Freiheit	AX	76
Puschkinstr.	BY	78
Reutzstr.	BX	81
Richard-Wagner-Str.	AY	82
Ritterstr.	BY	84
Robert-Koch-Str.	CX	85
Sandstr.	AY	90
Schloßgartenallee	CZ	91
Schmiedestr.	BY	94
Schweinemarkt	BX	96
Severinstr.	ABY	99
Spieltordamm	BX	102
Werner-Seelenbinder-Str.	AY	108

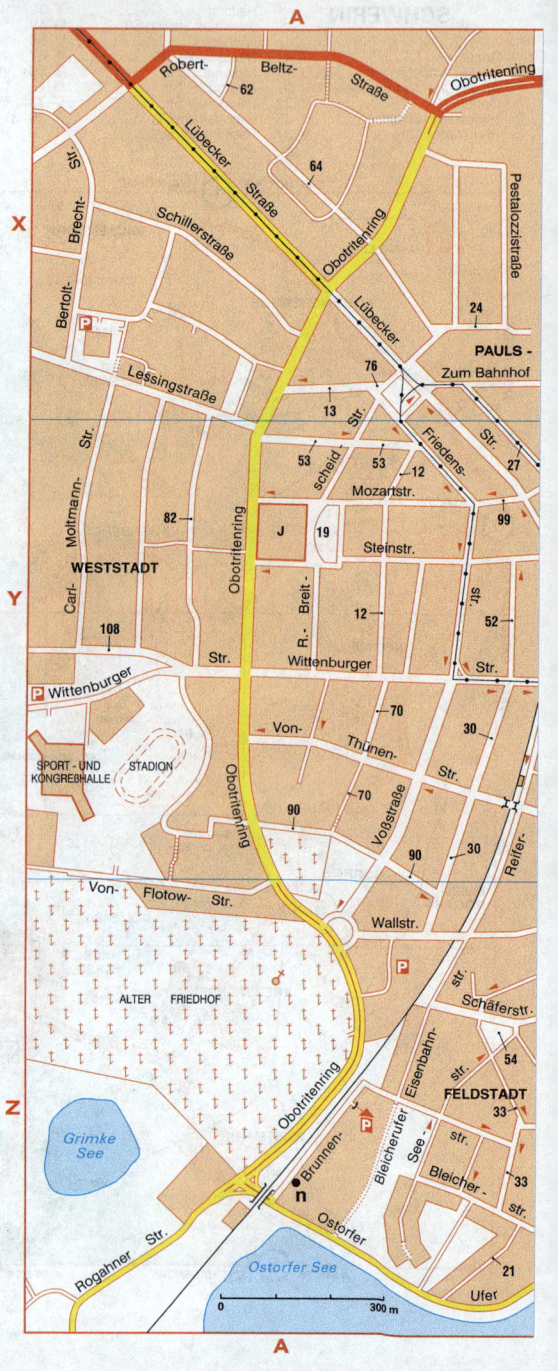

B
C
ZIEGELSEE
Wismarsche
Walther-Rathenau-Str.
Knaudtstr.
Knaudtstr.
Landreiterstr.
SCHELFSTADT
Pfaffenteich
Alexandrinen-
Str.
straße
STADT
Bebel-
Str.
August-
Schelf-
Berg-
Amt-
str.
Werder-
str.
straße
WERDERVOR - STADT
POL.
Münzstr.
Wismarsche
str.
Lübecker
Arsenal-
Str.
Str.
ADAC
DOM
Am Markt
Burgstr.
Großer
Moor
Werder-
Beutel
Marienplatz
Schloß-
straße
ALTSTADT
STAATLICHES MUSEUM
bahn
Goethestr.
Allee
Wallstr.
Burgsee
SCHLOSS-INSEL
SCHWERINER SEE
Schack-
Goethestr.
Graf-
SCHLOSS-
str.
GARTEN
Fransozenweg
Burgsee-
OSTORFER HALS
Platz der Jugend
Lischstr.
X
Y
Z

SCHWERTE – Nordrhein-Westfalen – 543 – 50 500 Ew – Höhe 110 m 26 **D11**
▶ Berlin 491 – Düsseldorf 73 – Dortmund 13 – Hagen 19

In Schwerte-Geisecke Ost : 5,5 km über Schützenstraße :

Landgasthof Wellenbad mit Zim
Zum Wellenbad 7 ⌧ 58239 – ℘ (02304) 48 79 – info@landgasthof-wellenbad.de
– Fax (02304) 45979
12 Zim ⌑ – ♦65/70 € ♦♦75/84 € – **Rest** – (geschl. 1. - 14. Jan. und Montag)
Karte 28/43 €
◆ Ein sehr gepflegtes ländliches Ambiente bestimmt den Stil des früheren Gutshofes. Serviert wird eine überwiegend internationale Küche. Gästezimmer mit bemaltem Bauernmobiliar.

SCHWETZINGEN – Baden-Württemberg – 545 – 22 650 Ew – Höhe 101 m
▶ Berlin 623 – Stuttgart 118 – Mannheim 18 – Heidelberg 10 47 **F17**
🄰 Dreikönigstr. 3, ⌧ 68723, ℘ (06202) 94 58 75, stadtinfo@schwetzingen.de
◉ Schlossgarten ★★

Adler-Post
Schlossstr. 3 ⌧ 68723 – ℘ (06202) 2 77 70 – info@adler-post.de
– Fax (06202) 277777 – geschl. 1. - 11. Jan.
28 Zim ⌑ – ♦72/101 € ♦♦108/145 € – **Rest** – (geschl. 29. Juli - 21. Aug. und Sonntagabend - Montag) Menü 23/52 € – Karte 32/50 €
◆ Aus der einstigen Posthalterei ist nach vielen baulichen Veränderungen ein gepflegtes Hotel entstanden, das über gediegen-rustikale Zimmer verfügt. Das Restaurant teilt sich in verschiedene gemütliche Stuben.

Zum Erbprinzen
Karlsruher Str. 1 ⌧ 68723 – ℘ (06202) 9 32 70 – info@hotelzumerbprinzen.de
– Fax (06202) 932793
25 Zim – ♦67/95 € ♦♦115/170 €
Rest *Café Journal* – Karte 20/33 €
◆ Neben der zentralen Lage am Schloss zählen wohnliche, in angenehmen Tönen gehaltene Zimmer zu den Vorzügen dieses denkmalgeschützten Hauses. Eine legere Atmosphäre unterstreicht den Bistro-Charakter des Café Journal.

Villa Benz garni
Zähringer Str. 51 ⌧ 68723 – ℘ (06202) 93 60 90 – info@villa-benz.de
– Fax (06202) 9360920 – geschl. 19. Dez. - 13. Jan.
10 Zim ⌑ – ♦82/95 € ♦♦102/107 €
◆ Ganz in der Nähe des Schlossparks steht die kleine Villa von 1902. Es erwarten Sie wohnliche Zimmer mit hohen Decken und ein netter mediterraner Frühstücksraum mit Terrasse.

SCHWIELOWSEE – Brandenburg – 542 – 9 308 Ew – Höhe 35 m 22 **O8**
▶ Berlin 56 – Potsdam 16 – Belzig 54

In Schwielowsee-Caputh

Landhaus Haveltreff
Weinbergstr. 4 ⌧ 14548 – ℘ (033209) 7 80 – info@haveltreff.de
– Fax (033209) 78100
27 Zim ⌑ – ♦70/85 € ♦♦94/102 € – **Rest** – Karte 22/39 €
◆ Direkt an der Havel ist dieses schöne kleine Hotel gelegen. Hinter der frischen gelben Fassade erwarten Sie hübsche Gästezimmer in warmen Farben. Freundlich gestaltetes Restaurant mit Terrasse zum Fluss.

In Schwielowsee-Ferch

Haus am See
Neue Scheune 19 ⌧ 14548 – ℘ (033209) 7 09 55 – hotelhausamsee@gmx.de
– Fax (033209) 70496 – geschl. 1. Jan. - 15. Feb.
21 Zim ⌑ – ♦52/72 € ♦♦72/92 € – **Rest** – (geschl. Montag, nur Abendessen) Karte 15/26 €
◆ Vor allem die idyllische Lage spricht für diesen Familienbetrieb mit seinen gepflegten Gästezimmern - einige liegen zum See hin und verfügen über einen Balkon. Gediegenes Restaurant mit schöner Terrasse unter alten Bäumen.

SCHWÖRSTADT – Baden-Württemberg – 545 – 2 470 Ew – Höhe 424 m — 61 **D21**
▶ Berlin 829 – Stuttgart 214 – Freiburg im Breisgau 71 – Lörrach 13

Schloßmatt
Lettenbündte 5 ⊠ 79739 – ℰ (07762) 5 20 70 – hotel-schlossmatt@t-online.de – Fax (07762) 70035
25 Zim ⊆ – †65/85 € ††85/115 € – **Rest** – *(geschl. Sonntag - Montag)* Menü 25 € – Karte 23/42 €

♦ Gute Pflege und eine solide Technik kennzeichnen die Gästezimmer dieses neuzeitlichen Hotels. Eine persönliche Note macht das Haus zu einer sympathischen Adresse. Hotelrestaurant mit gediegenem Ambiente.

SEBNITZ – Sachsen – 544 – 9 310 Ew – Höhe 300 m – Erholungsort — 44 **R12**
▶ Berlin 227 – Dresden 47 – Görlitz 66
🛈 Schillerstr. 3, ⊠ 01855, ℰ (035971) 7 09 60, fvb_sebnitz@t-online.de

Sebnitzer Hof
Markt 13 ⊠ 01855 – ℰ (035971) 90 10 – info@sebnitzer-hof.de – Fax (035971) 901222
34 Zim ⊆ – †55/65 € ††79/95 € – **Rest** – Karte 17/22 €

♦ Das Hotel liegt am historischen Marktplatz der Stadt. Mit hochwertigen Materialien hat man die Zimmer geschmackvoll eingerichtet. Café-Restaurant mit internationaler Karte.

Brückenschänke
Schandauer Str. 62 ⊠ 01855 – ℰ (035971) 5 75 92 – brueckenschaenke@t-online.de – Fax (035971) 57593
13 Zim ⊆ – †55/65 € ††75/95 € – **Rest** – *(geschl. Sonntag - Montagmittag)* Karte 14/27 €

♦ In diesem Gasthaus mit neuerem Anbau stehen solide, zeitgemäße Zimmer zur Verfügung. Die überschaubare Größe des Hauses trägt zur sympathischen Atmosphäre bei. Ein Wintergarten mit afrikanischem Dekor ergänzt das rustikal gestaltete Restaurant.

In Sebnitz-Hinterhermsdorf Süd-Ost : 9 km :

Zur Hoffnung — Biergarten
Schandauer Str. 74 ⊠ 01855 – ℰ (035974) 5 00 66 – gasthof-zur-hoffnung@gmx.de – Fax (035974) 50066 – geschl. Jan. - 20. März
10 Zim ⊆ – †41/51 € ††62/72 € – ½ P 10 € – **Rest** – *(geschl. Montag - Dienstagmittag)* Karte 15/24 €

♦ Das restaurierte Fachwerkhaus, ein Umgebindehaus a. d. 19. Jh., ist ein gut geführtes kleines Hotel mit recht einfachen, aber gepflegten Gästezimmern. Restaurant mit regional geprägtem Angebot.

SEEG – Bayern – 546 – 2 830 Ew – Höhe 853 m – Luftkurort — 64 **J21**
▶ Berlin 658 – München 142 – Kempten (Allgäu) 31 – Pfronten 11
🛈 Hauptstr. 33, ⊠ 87637, ℰ (08364) 98 30 33, info@seeg.de

Pension Heim garni — ⇐ Voralpenlandschaft
Aufmberg 8 ⊠ 87637 – ℰ (08364) 2 58 – pensionheim@t-online.de – Fax (08364) 1051 – geschl. Nov. - 25. Dez.
16 Zim ⊆ – †50/54 € ††80/90 €

♦ Dorfidylle und familiäre Atmosphäre prägen dieses kleine Hotel. Passend zur Gegend zeigt sich die Einrichtung des Hauses in ländlichem Stil.

In Rückholz-Seeleuten Süd-West : 2 km über Aufmberg :

Café Panorama — ⇐ Voralpenlandschaft
Seeleuten 62 ⊠ 87494 – ℰ (08364) 2 48 – Fax (08364) 8469 – geschl. 24. Okt. - 24. Dez.
11 Zim ⊆ – †38/46 € ††60/76 € – ½ P 13 € – **Rest** – *(nur für Hausgäste)*

♦ Der von der Inhaberfamilie geführte, ländliche kleine Gasthof in reizvoller Umgebung bietet Ihnen mit hellen Naturholzmöbeln solide eingerichtete Zimmer.

SEEHAUSEN – Brandenburg – siehe Prenzlau

1193

SEEHEIM-JUGENHEIM – Hessen – 543 – 16 480 Ew – Höhe 133 m – Luftkurort
47 **F15**

▶ Berlin 582 – Wiesbaden 56 – Mannheim 48 – Darmstadt 13

Im Ortsteil Malchen

Malchen garni
Im Grund 21 ⌧ *64342* – ☏ *(06151) 9 46 70* – *info@hotel-malchen.de*
– *Fax (06151) 946720*
20 Zim – †65/105 € ††95/130 €
♦ Relativ ruhig liegt das Haus in einer Nebenstraße. Hier bietet man dem Besucher eine sehr gepflegte, zeitgemäß und solide ausgestattete Unterkunft.

SEELBACH – Baden-Württemberg – 545 – 5 270 Ew – Höhe 215 m – Luftkurort
53 **D19**

▶ Berlin 774 – Stuttgart 175 – Freiburg im Breisgau 61 – Offenburg 33
🛈 Hauptstr. 7, ⌧ 77960, ☏ (07823) 94 94 52, gemeinde@seelbach-online.de

Schmieders Ochsen (mit Gästehäusern)
Hauptstr. 100 ⌧ *77960* – ☏ *(07823) 9 49 50*
– *info@ochsen-seelbach.de* – *Fax (07823) 2036*
– *geschl. über Fastnacht 3 Wochen*
34 Zim – †54/65 € ††80/90 € – ½ P 15 € – **Rest** – *(geschl. Mittwoch)*
Karte 16/40 €
♦ Der solide geführte Familienbetrieb - Haupthaus und zwei 100 m entfernte Gästehäuser - beherbergt praktisch ausgestattete Zimmer, die z. T. auch für Familien geeignet sind. Ein halbrunder, neuzeitlicher Anbau ergänzt das rustikale Restaurant.

In Seelbach-Wittelbach Süd : 2,5 km über Tretenhofstraße :

Landgasthof Ochsen mit Zim
Schuttertalstr. 5 ⌧ *77960* – ☏ *(07823) 22 57* – *ulrich.eble@gmx.de*
– *Fax (07823) 5631* – *geschl. Montag - Dienstagmittag*
10 Zim – †45 € ††80 € – ½ P 17 € – **Rest** – Menü 19/29 € – Karte 28/55 €
♦ Holztäfelung und Kachelofen unterstreichen den ländlichen Charakter des familiär geführten Gasthofs. Sehr schön: der Innenhof. Zeitgemäße Gästezimmer.

SEEON-SEEBRUCK – Bayern – 546 – 4 490 Ew – Höhe 537 m – Luftkurort
67 **N20**

▶ Berlin 654 – München 80 – Bad Reichenhall 55 – Wasserburg am Inn 26
🛈 Am Anger 1, Seebruck, ⌧ 83358, ☏ (08667) 71 39, tourismus@seeon-seebruck.de
◉ Chiemsee★

Im Ortsteil Lambach Süd-West : 3 km ab Seebruck in Richtung Rosenheim :

Malerwinkel ≤ See und Alpenlandschaft,
Lambach 23 ⌧ *83358* – ☏ *(08667) 8 88 00* – *malerwinkel@info-seebruck.de*
– *Fax (08667) 888044*
20 Zim – †46/79 € ††88/136 € – **Rest** – (Tischbestellung ratsam)
Menü 35/72 € – Karte 27/48 €
♦ Wohnliche Zimmer im Landhausstil - teils mit Dachschräge, teils mit Blick auf den See - sowie Liegewiese und Fahrradverleih zählen zu den Annehmlichkeiten dieser Adresse. Vom Restaurant und der Terrasse aus blicken Sie auf den Chiemsee.

Landgasthof Lambach (mit Gästehaus)
Lambach 8 ⌧ *83358* – ☏ *(08667) 8 79 90*
– *info@hotel-lambach.de* – *Fax (08667) 8799199*
34 Zim – †58/84 € ††88/134 € – ½ P 16 € – **Rest** – *(geschl. Nov. - Feb. und Dienstag)* Karte 18/33 €
♦ Hinter der regionstypischen Fassade mit denkmalgeschützten Lüftlmalereien verbergen sich wohnliche Zimmer in rustikaler Machart. Schön ist der Badebereich im römischen Stil! Helles Holz, Kachelofen und nettes Dekor verbreiten ländlichen Charme im Restaurant.

SEESEN – Niedersachsen – 541 – 22 080 Ew – Höhe 205 m   29 **I10**
▶ Berlin 294 – Hannover 78 – Braunschweig 62 – Göttingen 53
ℹ Marktstr. 1, ✉ 38723, ℘ (05381) 7 52 43, info@seesen.de

Goldener Löwe
Jacobsonstr. 20 ✉ *38723 –* ℘ *(05381) 93 30 – info@loewe-seesen.de*
– Fax (05381) 933444
40 Zim ⊇ – †77/98 € ††92/122 €
Rest *Anna* – *(geschl. Jan. - Feb. 3 Wochen und Samstagmittag, Sonntagabend - Montag)* Menü 26/43 € – Karte 37/43 €
Rest *Brasserie* – *(Sonntag - Freitag nur Abendessen)* Karte 21/39 €
♦ Im Stammhaus mit Fachwerkfassade und dem durch einen verglasten Übergang erreichbaren Anbau wohnen Sie in gepflegten und zweckmäßigen Zimmern. Im Restaurant Anna prägen dunkles Holz und tiefrote Wände das rustikale Ambiente. Brauhauscharakter in der Brasserie.

Wilhelmsbad
Frankfurter Str. 10 ✉ *38723 –* ℘ *(05381) 10 35 – burdet@t-online.de*
– Fax (05381) 47590
19 Zim ⊇ – †45/75 € ††60/85 € – **Rest** – *(geschl. Sonntag)* Karte 17/35 €
♦ Sie finden das familiengeführte kleine Hotel nahe dem Ortskern von Seesen - ausgestattet mit gepflegten Gästezimmern in unterschiedlichen Gestaltungsvarianten. Bürgerliches Restaurant mit entsprechendem Angebot.

SEESHAUPT – Bayern – 546 – 2 860 Ew – Höhe 597 m   65 **L21**
▶ Berlin 635 – München 49 – Garmisch-Partenkirchen 46 – Weilheim 14

Sterff garni
Penzberger Str. 6 ✉ *82402 –* ℘ *(08801) 9 06 30 – info@hotel-sterff.de*
– Fax (08801) 906340 – geschl. 20. Dez. - 7. Jan.
21 Zim ⊇ – †50/58 € ††79 €
♦ Nicht weit entfernt vom Starnberger See befindet sich dieses freundlich-familiär geleitete Haus mit soliden Zimmern, die meist über einen Balkon verfügen.

SEEVETAL – Niedersachsen – 541 – 41 160 Ew – Höhe 14 m   10 **I6**
▶ Berlin 298 – Hannover 130 – Hamburg 26 – Bremen 101
⛳ Seevetal-Helmstorf, Am Hockenberg 100 ℘ (04105) 5 22 45
⛳ Seevetal-Hittfeld, Am Golfplatz 24 ℘ (04105) 23 31

In Seevetal-Hittfeld

Krohwinkel
Kirchstr. 15 ✉ *21218 –* ℘ *(04105) 24 09 – hotel@krohwinkel.de*
– Fax (04105) 53799
21 Zim ⊇ – †52/56 € ††76/82 € – **Rest** – Karte 17/30 €
♦ Mit Fachwerk, Backsteinmauern und Walmdach präsentiert sich Ihr Domizil vor den Toren Hamburgs in regionstypischer Bauweise. Spielbank im Haus. Rustikale Dekorationen verleihen dem Restaurant ein gemütliches Ambiente.

SEEWALD – Baden-Württemberg – 545 – 2 430 Ew – Höhe 749 m – Wintersport : 900 m ⛷ – Luftkurort   54 **F19**
▶ Berlin 709 – Stuttgart 76 – Karlsruhe 80 – Freudenstadt 23
ℹ Wildbader Str. 1, ✉ 72297, ℘ (07447) 94 60 11, gemeinde@seewald-schwarzwald.de

In Seewald-Besenfeld

Oberwiesenhof
Freudenstädter Str. 60 (B294) ✉ *72297 –* ℘ *(07447) 28 00 – info@hotel-oberwiesenhof.de – Fax (07447) 280333*
45 Zim ⊇ – †63/79 € ††110/134 € – ½ P 19 € – 5 Suiten – **Rest** – Menü 17/46 €
– Karte 24/47 €
♦ Ein solide geführter Familienbetrieb mit unterschiedlichen, teils sehr komfortablen Zimmern. Eine Besonderheit: Wanderungen zum Jagdhaus im eigenen Privatwald. Mediterran gestaltetes Restaurant mit Wintergarten und Gartenterrasse.

SEEWALD

Café Konradhof garni
Freudenstädter Str. 65 (B 294) ⊠ 72297 – ℰ (07447) 9 46 40 – hotel-konradhof@t-online.de – Fax (07447) 946413 – geschl. 3. Nov. - 3. Dez.
14 Zim ⊆ – †30/58 € ††50/68 €
♦ Mit nur 14 Gästezimmern stellt diese Adresse eine sympathische, familiär geführte Unterkunft dar. Sie beziehen ein rustikales, gepflegtes Zimmer mit Balkon.

SEGEBERG, BAD – Schleswig-Holstein – 541 – 16 080 Ew – Höhe 44 m – Heilbad und Luftkurort
10 J4

▶ Berlin 302 – Kiel 47 – Lübeck 33 – Hamburg 69
🛈 Oldesloer Str. 20, ⊠ 23795, ℰ (04551) 9 64 90, tourist-info@badsegeberg.de
⛳ Wensin, Feldscheide 2 ℰ (04559) 13 60

Vitalia Seehotel
Am Kurpark 3 ⊠ 23795 – ℰ (04551) 80 28 – info@vitaliaseehotel.de – Fax (04551) 8029888
111 Zim ⊆ – †80/115 € ††140/178 € – ½ P 20 € – 4 Suiten – **Rest** – Karte 34/48 €
♦ Das Hotel überzeugt mit modernem Design und wohnlich-komfortablen Zimmern auch anspruchsvolle Gäste. Sehenswert: der großzügige Wellnessbereich. Im neuzeitlichen Ambiente des Restaurants genießen Sie die schöne Aussicht auf den See.

In Högersdorf Süd-West : 3,5 km über B 432 :

Landhaus Holsteiner Stuben mit Zim
Dorfstr. 19 ⊠ 23795 – ℰ (04551) 40 41
– holsteiner_stuben@yahoo.de – Fax (04551) 1576 – geschl. 22 Jan. - 8. Feb. und Mittwoch
4 Zim ⊆ – †40/45 € ††60/70 € – **Rest** – Karte 21/31 €
♦ Das schöne Landgasthaus mit Klinkerfassade und Reetdach beherbergt ein ländlich-gemütliches Restaurant unter familiärer Leitung. Regionales und internationales Angebot.

In Rohlstorf-Warder Nord-Ost : 8 km über B 432 :

Gasthof am See (mit Gästehaus)
Seestr. 25 ⊠ 23821 – ℰ (04559) 18 90 – info@hotel-am-see.de – Fax (04559) 720
44 Zim ⊆ – †59/69 € ††80/85 € – ½ P 15 € – **Rest** – Karte 20/42 €
♦ In reizvoller Lage am Wardersee hat sich ein netter Dorfgasthof zu einem soliden Urlaubshotel entwickelt - ergänzt durch ein Gästehaus mit weiteren zeitgemäßen Zimmern. Gepflegtes, helles Restaurant.

In Blunk Nord : 8 km über B 432, in Klein Rönnau links ab :

Landhaus Schulze - Hamann
Segeberger Str. 32 ⊠ 23813 – ℰ (04557) 9 97 00 – info@landhaus-schulze-hamann.de – Fax (04557) 997020
9 Zim ⊆ – †56/65 € ††95/105 € – **Rest** – (geschl. Dienstag) Karte 20/42 €
♦ Mit einem Hotel hat man den ursprünglichen Gasthof ergänzt - geschmackvoll im Landhausstil eingerichtet. Hinter dem Haus schließt sich ein schöner kleiner Garten mit Teich an. Das Restaurant zeigt sich in hübscher ländlicher Aufmachung.

In Pronstorf Ost : 15 km über B 206, nach Geschendorf links ab :

Pronstorfer Krug (mit Gästehäusern)
Lindenstr. 2 ⊠ 23820 – ℰ (04553) 2 50 – info@pronstorfer-krug.de – Fax (04553) 997925
24 Zim ⊆ – †44/58 € ††80/100 € – ½ P 20 € – **Rest** – Karte 21/50 €
♦ Das ruhig am Ortsrand gelegene Hotel verfügt über rustikal möblierte Gästezimmer mit Balkon oder Terrasse. Nett: der Garten mit Pool. Teil des Restaurants ist eine schöne Terrasse.

In Pronstorf-Strenglin Ost : 17 km über B 206, in Geschendorf links ab :

Strengliner Mühle (mit Gästehäusern)
Mühlenstr. 2 ⊠ 23820 – ℰ (04556) 99 70 99 – info@strenglinermuehle.de – Fax (04556) 997016
35 Zim ⊆ – †58/90 € ††84/110 € – ½ P 18 € – **Rest** – Karte 17/31 €
♦ Die ehemalige Wind- und Wassermühle bildet zusammen mit zwei weiteren Gebäuden ein solides Hotel - Sie beziehen wohnliche Zimmer mit einem guten Platzangebot. In neuzeitlich-ländlichem Stil präsentiert sich das Restaurant mit Wintergarten.

SEHLEN – Mecklenburg-Vorpommern - siehe RÜGEN (Insel)

SEHNDE – Niedersachsen – **541** – 21 910 Ew – Höhe 68 m   19 **I9**
- Berlin 269 – Hannover 23 – Braunschweig 48 – Hildesheim 38
- Sehnde-Rethmar, Seufzerallee 10 ℰ (05138) 70 05 30

In Sehnde-Bolzum Süd West : 2,5 km über Nordstraße :

Landhaus Bolzum garni
Schmiedestr. 10 ⊠ 31319 – ℰ (05138) 60 82 90 – hotel@landhaus-bolzum.de – Fax (05138) 6082920 – geschl. 23. Dez. - 3. Jan.
20 Zim ⊇ – †40/50 € ††50/70 €
♦ Aus einer einfachen Pension wurde dieses sympathische kleine Landhotel mit freundlichen Zimmern und einem Frühstücksraum mit mediterranem Touch.

SEIFFEN – Sachsen – **544** – 2 730 Ew – Höhe 640 m – Erholungsort   43 **P13**
- Berlin 256 – Dresden 65 – Chemnitz 56 – Freiberg 36
- Hauptstr. 95, ⊠ 09548, ℰ (037362) 84 38, fv-amt.seiffen@t-online.de

Wettiner Höhe
Jahnstr. 23 ⊠ 09548 – ℰ (037362) 14 00 – info@wettiner-hoehe.de – Fax (037362) 14140
63 Zim ⊇ – †70/90 € ††84/140 € – ½ P 15 € – **Rest** – Menü 15/34 € – Karte 18/30 €
♦ Regionstypisches Hotel mit freundlicher Halle und wohnlich-gepflegten Zimmern, teils auch mit Balkon oder Blick auf den Schwartenberg. Heuschober zum Saunieren. Eine schöne Aussicht hat man auch von dem bügerlich-gediegenen Restaurant aus.

Erbgericht-Buntes Haus
Hauptstr. 94 ⊠ 09548 – ℰ (037362) 77 60 – buntes-haus@erzgebirgshotels.de – Fax (037362) 77660
44 Zim ⊇ – †48/58 € ††75/115 € – ½ P 14 € – **Rest** – Karte 18/34 €
♦ Im Zentrum des Spielzeugdorfes Seiffen befindet sich das fast 500 Jahre alte Hotel. Die wohnlichen Zimmer sowie der Rest des Hauses sind mit Holzfiguren dekoriert. Rustikale Stuben mit angegliederter Terrasse.

Seiffener Hof
Hauptstr. 31 ⊠ 09548 – ℰ (037362) 1 30 – Fax (037362) 1313 – geschl. 6. - 31. Jan.
25 Zim ⊇ – †39/52 € ††64/90 € – ½ P 13 € – **Rest** – Karte 14/24 €
♦ Wohnliche Gästezimmer, ein gutes Frühstücksbuffet und freundliches Personal erwarten den Gast in diesem tadellos gepflegten Hotel. Hauseigene Holzwerkstatt. Ländliches Flair in den Gaststuben.

SELB – Bayern – **546** – 17 380 Ew – Höhe 541 m   51 **M14**
- Berlin 344 – München 291 – Hof 29 – Bayreuth 62
- Ludwigstr. 6 (Rathaus), ⊠ 95100, ℰ (09287) 88 31 18, info@selb.de

Rosenthal-Casino
Kasinostr. 3 ⊠ 95100 – ℰ (09287) 80 50 – info@rosenthal-casino.de – Fax (09287) 80548 – geschl. 1. - 6. Jan. (Hotel)
20 Zim ⊇ – †65 € ††85/95 € – **Rest** – *(geschl. Samstagmittag, Sonntag)* Menü 30/54 € – Karte 34/42 €
♦ Hinter einer Fassade aus Porzellankacheln haben Künstler und Designer - jeder mit seiner unverwechselbaren Handschrift - moderne und individuelle Wohnräume kreiert. Elegantes Restaurant mit Mooreichenparkett.

SELIGENSTADT – Hessen – **543** – 19 470 Ew – Höhe 110 m   48 **G15**
- Berlin 540 – Wiesbaden 58 – Frankfurt am Main 27 – Aschaffenburg 17
- Aschaffenburger Str. 1, ⊠ 63500, ℰ (06182) 8 71 77, touristinfo@seligenstadt.de
- Seligenstadt am Kortenbach e.V., An der Lache 1 ℰ (06182) 82 89 9 0

1197

SELIGENSTADT

Elysée garni
Ellenseestr. 45 ⊠ 63500 – ℰ (06182) 8 90 70 – mail@hotel-elysee.de
– Fax (06182) 20280 – geschl. 22. Dez. - 6. Jan.
18 Zim ⌑ – †50/59 € ††78/84 €

• Sauber und gepflegt präsentieren sich die Zimmer des Familienbetriebs - teils unterm Dach gelegen. Nett ist der private Charakter des Hauses.

Landgasthof Neubauer
Westring 3a ⊠ 63500 – ℰ (06182) 30 97 – landgasthof-neubauer@arcor.de
– Fax (06182) 3099 – geschl. Anfang Jan. 1 Woche, Juli 3 Wochen
17 Zim ⌑ – †57/67 € ††82/92 € – **Rest** – (geschl. Montag, Dienstag - Samstag nur Abendessen) Karte 20/38 €

• Der familiengeführte kleine Landgasthof am Rande des Städtchens gefällt mit privater Atmosphäre und gut unterhaltenen Gästezimmern. Viel Holz sorgt für ein rustikales Ambiente im Restaurant.

Römischer Kaiser
Biergarten
Frankfurter Str. 9 ⊠ 63500 – ℰ (06182) 2 22 96 – info@roemischer-kaiser-seligenstadt.de – Fax (06182) 29227 – geschl. Montagmittag
Rest – Menü 17/39 € – Karte 17/34 €

• Kleine ineinander übergehende Stuben mit rustikaler Holztäfelung machen das Haus zu einer urgemütlichen Adresse. Brauspezialitäten haben ihren festen Platz auf der Karte.

In Seligenstadt-Froschhausen Nord-West : 3 km über Frankfurter Straße :

Columbus
Am Reitpfad 4 ⊠ 63500 – ℰ (06182) 84 00 – info@hotel-columbus.de
– Fax (06182) 840555
116 Zim ⌑ – †81 € ††118 € – **Rest** – Karte 13/47 €

• Besonders Tagungsgäste und Geschäftsreisende schätzen die modernen und technisch gut ausgestatteten Zimmer dieses in einem kleinen Gewerbegebiet gelegenen Hotels.

Zum Lamm (mit Gästehaus)
Seligenstädter Str. 36 ⊠ 63500 – ℰ (06182) 70 64 – Fax (06182) 67482
– geschl. 20. Dez. - 7. Jan.
27 Zim ⌑ – †40 € ††74 € – **Rest** – (geschl. Ende Juli - Anfang Aug. 3 Wochen und Freitag - Samstag) Karte 14/25 €

• Ein gepflegter und solide geführter Familienbetrieb. Die zeitgemäß und funktionell ausgestatteten Zimmer verteilen sich auf Gasthof und Gästehaus. Schlichte, ländliche Gaststätte.

SELLIN – Mecklenburg-Vorpommern – siehe Rügen (Insel)

SENDEN – Bayern – **546** – 22 150 Ew – Höhe 549 m   56 I19
▶ Berlin 624 – München 143 – Augsburg 81 – Memmingen 48

Feyrer
Bahnhofstr. 18 ⊠ 89250 – ℰ (07307) 94 10 – info@hotel-feyrer.de
– Fax (07307) 941150
50 Zim ⌑ – †64/78 € ††85/95 € – **Rest** – (geschl. Samstagmittag, Sonntagabend) Menü 21/39 € – Karte 22/39 €

• Vor allem für Tagungen und Geschäftsleute ist dieses mit funktionellen, teils ganz modernen Zimmern ausgestattete Hotel geeignet. Zentrale Lage in Bahnhofsnähe. Zeitlos gehaltenes Restaurant mit Innenhofterrasse. Internationale und regionale Küche.

In Senden-Wullenstetten Süd-Ost : 2,5 km :

Krone
Römerstr. 27 ⊠ 89250 – ℰ (07307) 80 09 80 – info@kronen-wullenstetten.de
– Fax (07307) 8009888
18 Zim ⌑ – †55/59 € ††75/79 € – **Rest** – Karte 16/28 €

• Aus einer einstigen Brauerei wurde ein Gasthof mit soliden Zimmern. Als Frühstücksraum dient die alte Brennerei mit Gewölbedecke. Gemütliche Bar im Backstein-Gewölbekeller. In der rustikalen Gaststube wird bürgerliche Küche angeboten.

SENDENHORST – Nordrhein-Westfalen – 543 – 13 270 Ew – Höhe 62 m 27 **E10**
▶ Berlin 451 – Düsseldorf 136 – Bielefeld 73 – Beckum 19
▣ Everswinkel-Alverskirchen, Holling 4 ℘ (02582) 56 45

In Sendenhorst-Hardt Süd-Ost : 2 km über Osttor :

Waldmutter
Hardt 6 (an der Straße nach Beckum) ✉ *48324* – ℘ *(02526) 9 32 70*
– *waldmutter@t-online.de – Fax (02526) 932727*
21 Zim ⌑ – †59 € ††91 € – **Rest** – *(geschl. Montagmittag)* Karte 23/42 €
♦ Das ursprüngliche Gasthaus im regionstypischen Klinkerstil wurde durch einen neuzeitlichen Hotelanbau erweitert - die Zimmer sind modern gestaltet, meist mit Blick ins Grüne. Das Restaurant ist nett im ländlichen Stil eingerichtet, schöne Gartenterrasse.

SENFTENBERG – Brandenburg – 542 – 29 480 Ew – Höhe 102 m 33 **Q11**
▶ Berlin 143 – Potsdam 152 – Cottbus 35 – Dresden 75
ADAC Am Neumarkt 6
🅱 Markt 1, ✉ 01968, ℘ (03573) 1 49 90 10, fvv-nl-seen@t-online.de

Seeschlößchen
Buchwalder Str. 77 ✉ *01968* – ℘ *(03573) 3 78 90 – info@*
seeschloesschen-lausitztherme.de – Fax (03573) 378932
24 Zim ⌑ – †83 € ††125 € – **Rest** – Menü 31/41 € – Karte 21/40 €
♦ Wohnliche Zimmer und Ferienbungalows sowie eine großzügig angelegte Saunalandschaft sprechen für diese neuzeitliche Hotelanlage am Senftenberger See. Restaurant im 1. Stock mit großer Außenterrasse.

Strandhotel
Am See 3 ✉ *01968* – ℘ *(03573) 80 04 00 – strandhotel@senftenberger-see.de*
– *Fax (03573) 800401*
25 Zim ⌑ – †52/57 € ††70/96 € – **Rest** – *(geschl. Nov. - März Montag)*
Karte 16/26 €
♦ Vor allem die schöne Lage direkt am See und die moderne, geradlinige Einrichtung machen dieses Hotel aus. Fragen Sie nach den Zimmern zur Seeseite. Restaurant und Terrasse mit Seeblick.

SERRIG – Rheinland-Pfalz – 543 – 1 510 Ew – Höhe 160 m 45 **B16**
▶ Berlin 739 – Mainz 173 – Trier 25 – Saarbrücken 71

Gasthaus Wagner Biergarten
Losheimer Str. 3 ✉ *54455* – ℘ *(06581) 22 77 – Fax (06581) 6786*
– *geschl. 27. Dez. - 8. Jan., 6. - 20. Okt. und Mittwoch - Donnerstagmittag*
Rest – *(Nov. - März Montag - Freitag nur Abendessen)* Karte 16/41 €
♦ Rustikal-gemütlich geht es in diesem gut gepflegten, familiengeführten Gasthaus in der Ortsmitte zu: An blanken Tischen serviert man Ihnen eine bürgerliche Küche.

SESSLACH – Bayern – 546 – 4 100 Ew – Höhe 271 m 50 **K14**
▶ Berlin 395 – München 275 – Coburg 19 – Bamberg 40

Fränkische Landherberge garni
Hans-Reiser-Str. 33 ✉ *96145* – ℘ *(09569) 9 22 70 – Fax (09569) 922750*
– *geschl. 15. Dez. - 12. Jan.*
33 Zim ⌑ – †38/43 € ††59/70 €
♦ Im Stil früherer bäuerlicher Anwesen wurde das nach ökologischen Aspekten gebaute Hotel u-förmig um einen Innenhof angelegt. Die Zimmer: neuzeitlich und praktisch.

SIEBELDINGEN – Rheinland-Pfalz – 543 – 1 070 Ew – Höhe 163 m 54 **E17**
▶ Berlin 666 – Mainz 115 – Mannheim 54 – Karlsruhe 41

Sonnenhof
Mühlweg 2 ✉ *76833* – ℘ *(06345) 33 11 – info@soho-siebeldingen.de*
– *Fax (06345) 5316 – geschl. Jan.*
14 Zim ⌑ – †56/70 € ††80/85 € – ½ P 21 € – **Rest** – *(geschl. Donnerstag, Nov. - März Sonntagabend - Montagmittag, Donnerstag)* Menü 31/45 € – Karte 30/41 €
♦ In den alten Mauern des ehemaligen Weinguts beherbergt man heute Reisende in mit hellem Naturholz und hübschen Stoffen wohnlich gestalteten Zimmern. Nettes ländliches Restaurant mit schöner Terrasse unter Bäumen.

SIEGBURG – Nordrhein-Westfalen – 543 – 38 670 Ew – Höhe 55 m   36 **C13**
▶ Berlin 590 – Düsseldorf 67 – Bonn 13 – Koblenz 87
ADAC Industriestr. 47
🛈 Europaplatz 3, ✉ 53721, ✆ (02241) 9 69 85 33, tourismus@siegburg.de

Kranz-Parkhotel
*Mühlenstr. 32 ✉ 53721 – ✆ (02241) 54 70 – info@kranzparkhotel.de
– Fax (02241) 547444*
109 Zim ☐ – †119/147 € ††162/169 € – **Rest** – Karte 29/41 €
♦ In diesem Hotel im Zentrum erwarten Sie ein ansprechender Rahmen, komfortable Zimmer mit guter Technik und ein großzügiger Tagungsbereich. Hell und freundlich gestaltetes Parkrestaurant.

Balensiefen garni
*Europaplatz 16 ✉ 53721 – ✆ (02241) 99 99 90 – hotel@balensiefen.de
– Fax (02241) 999999*
35 Zim ☐ – †80/88 € ††99/140 €
♦ Gegenüber dem Bahnhof liegt der neuzeitliche, großzügig verglaste Hotelbau, in dem man neben modernen Zimmern auch ein eigenes Café mit kleinen Gerichten bietet.

Kaiserhof
*Kaiserstr. 80 ✉ 53721 – ✆ (02241) 1 72 30 – info@kaiserhof-siegburg.de
– Fax (02241) 172350 – geschl. 22. - 28. Dez.*
28 Zim ☐ – †75/95 € ††98/125 € – **Rest** – Menü 35/54 € – Karte 37/50 €
♦ Sie finden dieses Hotel in der Fußgängerzone der Stadt. Die Gästezimmer unterscheiden sich in Zuschnitt und Art des Mobiliars - alle bieten eine zeitgemäße Ausstattung. In Schwarz und Weiß gehaltenes Restaurant mit Brasserie.

In Siegburg-Seligenthal Süd-Ost : 5 km in Richtung Wahnbachtalsperre – Höhe 360 m

Klosterhof Seligenthal-Villa Waldesruh
*Zum Klosterhof 1 ✉ 53721 – ✆ (02242) 87 47 87
– info@klosterhof-seligenthal.de – Fax (02242) 874789*
22 Zim ☐ – †90/110 € ††125/145 €
Rest – Karte 37/46 €
Rest *Santé* – (geschl. Sonntagabend - Dienstag, Mittwoch - Samstag nur Abendessen) Menü 30/40 € – Karte 31/44 €
♦ Aus einer einsam gelegenen Klosteranlage ist dieses kleine Hotel mit modernen, wohnlichen Zimmern entstanden. Ebenso schön sind die Zimmer in der 200 m entfernten Villa. Im Santé bietet man klassische Küche. Rustikal-elegantes Restaurant.

SIEGEN – Nordrhein-Westfalen – 543 – 107 770 Ew – Höhe 280 m   37 **E12**
▶ Berlin 564 – Düsseldorf 130 – Bonn 99 – Gießen 73
ADAC Leimbachstr. 189
🛈 Markt 2 (Rathaus), ✉57072, ✆ (0271) 4 04 13 16, touristik@gss-siegen.de

Stadtplan siehe gegenüberliegende Seite

Pfeffermühle
*Frankfurter Str. 261 (über Z) ✉ 57074 – ✆ (0271) 23 05 20 – info@
pfeffermuehle-siegen.de – Fax (0271) 51019*
27 Zim ☐ – †65/75 € ††87/97 € – **Rest** – (geschl. 13. - 27. Juli und Sonntag, Feiertage, nur Abendessen) Menü 28/40 € – Karte 19/39 €
♦ Oberhalb des Ortes liegt der erweiterte familiengeführte Gasthof, der mit seinen zeitgemäß und funktionell eingerichteten Zimmern überzeugt. Das rustikale Brat-&Backhaus mit einfachem Mittagsangebot ergänzt das freundlich gestaltete Restaurant.

Schwarzbrenner
*Untere Metzgerstr. 29 ✉ 57072 – ✆ (0271) 5 12 21 – Fax (0271) 51220
– geschl. 14. - 31. Juli und Montag*
Rest – (nur Abendessen) (Tischbestellung ratsam) Karte 26/40 €   Z **u**
♦ Ein Stadthaus a. d. 18. Jh. beherbergt das gemütliche, auf zwei Ebenen angelegte Restaurant, in dem sich Familie Schneider schon seit Jahren freundlich um ihre Gäste kümmert.

SIEGEN

Alte Poststr.	**YZ** 2
Badstr.	**Z** 3
Bahnhofstr.	**Y** 4
Berliner Str.	**YZ** 5
Brüder-Busch-Str.	**Y** 6
Burgstr.	**Y** 7
Eiserfelder Str.	**Z** 8
Fischbacherbergstr.	**Y** 9
Freudenberger Str.	**Y** 10
Hagener Str.	**Y** 17
Hindenburg Str.	**Y** 18
Juliusstr.	**Y** 19
Koblenzer Str.	**Z** 20
Kölner Str.	**Y** 21
Kölner Tor	**Y** 21
Kohlbettstr.	**Z** 22
Leimbachstr.	**Z** 24
Löhrstr.	**Z** 25
Löhrtor	**Z** 27
Marburger Str.	**Y** 28
Marburger Tor	**Y** 29
Markt	**Y** 31
Neumarkt	**Y** 32
Obere Metzgerstr.	**Z** 35
Obergraben	**Z** 34
Pfarrstr.	**Y** 36
St.-Johann-Str.	**Z** 40
Sieghütter Hauptweg	**Y** 39
Untere Metzgerstr.	**Z** 41

münzwerk
Morleystr. 4, (im Sieg Carré) ✉ *57072 –* ✆ *(0271) 2 38 99 50 – info@muenzwerk-siegen.de – Fax (0271) 23959529 – geschl. Sonntagabend* **Z b**
Rest – Menü 41 € – Karte 25/42 €
♦ Im Gebäude der Sparkasse befindet sich das moderne, in warmen Tönen gehaltene Restaurant mit offener Küche. Man bietet eine internationale Karte und frische Nudelgerichte.

In Wilnsdorf Süd-Ost : 11 km über Frankfurter Straße Z :

Qualitel garni
Elkersberg 4 (BAB 45, Ausfahrt 23 / Autohof) ✉ *57234 –* ✆ *(02739) 3 01 50 – wilnsdorf@qualitel-hotel.de – Fax (02739) 301511*
44 Zim – †59 € ††79 €, ⊇ 7 €
♦ Die verkehrsgünstige Lage sowie geradliniges Design, moderne Technik und guter Schallschutz machen dieses Hotel aus. Schön ist die Sicht von den oberen Etagen.

In Wilnsdorf-Wilgersdorf Süd-Ost : 4 km über Frankfurter Straße Z :

Gästehaus Wilgersdorf
Kalkhain 23 ✉ *57234 –* ✆ *(02739) 8 96 90 – info@gaestehaus-wilgersdorf.de – Fax (02739) 896960*
40 Zim ⊇ – †48/58 € ††82/100 € – **Rest** – *(geschl. Juli 3 Wochen und Sonntagabend)* Karte 21/41 €
♦ Das freundlich-familiär geleitete Hotel liegt leicht erhöht am Waldrand mit Blick auf Dorf und Umgebung. Man verfügt über funktionelle, teilweise allergikergerechte Zimmer. Helles, freundliches Restaurant, zum Tal hin gelegen.

SIEGENBURG – Bayern – siehe Abensberg

SIEGSDORF – Bayern – **546** – 8 220 Ew – Höhe 615 m – Luftkurort   67 **O21**
- Berlin 695 – München 105 – Bad Reichenhall 32 – Rosenheim 48
- Rathausplatz 2, ⌧ 83313, ℘ (08662) 49 87 45, info@siegsdorf.de

In Siegsdorf-Hammer Süd-Ost : 6 km über B 306 :

Der Hammerwirt-Gasthof Hörterer   Biergarten
Schmiedstr. 1 (B 306) ⌧ *83313 –* ℘ *(08662) 66 70*
– hammerwirt@hoerterer.de – Fax (08662) 7146
25 Zim – †40/50 € ††79/89 € – ½ P 15 € – **Rest** – (geschl. Mittwoch)
Karte 15/37 €
♦ Ein solider alpenländischer Familienbetrieb mit unterschiedlichen Gästezimmern. Zudem bietet man einige Ferienwohnungen in einem hübschen Holzhaus. Restaurant in regionstypisch-rustikalem Stil.

SIERKSDORF – Schleswig-Holstein – **541** – 1 490 Ew – Höhe 21 m – Seebad
- Berlin 291 – Kiel 57 – Lübeck 38 – Neustadt in Holstein 8   11 **K4**
- Vogelsang 1, ⌧ 23730, ℘ (04563) 47 89 90, info@sierksdorf.de

Seehof (mit Gästehäusern)   ≤ Ostsee,
Gartenweg 30 ⌧ *23730 –* ℘ *(04563) 4 77 70 – seehof@ringhotels.de*
– Fax (04563) 7485 – geschl. Jan.
19 Zim – †68/110 € ††107/145 € – ½ P 20 € – **Rest** – (geschl. Nov. - Ostern Mittwoch) Karte 21/38 €
♦ Mehrere Gebäude fügen sich harmonisch in eine schöne Parkanlage ein - leicht erhöht gelegen. Eine Treppe führt Sie hinunter zum Badestrand. Wohnliche, individuelle Zimmer. Rustikal: das Restaurant Lütt Hus.

SIEVERSHAGEN – Mecklenburg-Vorpommern – siehe Rostock

SIGMARINGEN – Baden-Württemberg – **545** – 16 710 Ew – Höhe 580 m   63 **G20**
- Berlin 696 – Stuttgart 101 – Konstanz 73 – Freiburg im Breisgau 136
- Fürst-Wilhelm-Str. 15, ⌧ 72488, ℘ (07571) 10 62 22, tourismus@sigmaringen.de
- Inzigkofen, Buwiesen 10 ℘ (07571) 7 44 20

Fürstenhof
Zeppelinstr. 14 (Süd-Ost : 2 km Richtung Ravensburg, nahe der B 32) ⌧ *72488*
– ℘ *(07571) 7 20 60 – info@fuerstenhof-sig.de – Fax (07571) 720644*
34 Zim ⌑ – †56/70 € ††75/90 € – ½ P 15 € – **Rest** – (geschl. Sonntag, nur Abendessen) Karte 17/29 €
♦ Sauber, gepflegt und zeitgemäß eingerichtet präsentieren sich die Gästezimmer dieses in einem kleinen Industriegebiet gelegenen Hotels. Ein gediegenes Ambiente erwartet den Gast im Restaurant.

In Scheer Süd-Ost : 10 km über B 32 :

Donaublick
Bahnhofstr. 21 (an der B 32) ⌧ *72516 –* ℘ *(07572) 7 63 80 – info@donaublick.de*
– Fax (07572) 763866
19 Zim ⌑ – †47/52 € ††69/76 €
Rest – (geschl. Donnerstagabend - Samstagmittag) Karte 14/35 €
Rest *Bacchusstube* – (geschl. Sonntag - Montag, nur Abendessen) Karte 15/30 €
♦ Der frühere Bahnhof ist heute ein kleines Hotel mit wohnlich und funktionell eingerichteten Gästezimmern und einem sehr netten Frühstücksraum mit hübscher Terrasse. Restaurant in ländlichem Stil. Urig-rustikal ist die Bacchusstube.

Brunnenstube
Mengener Str. 4 ⌧ *72516 –* ℘ *(07572) 36 92 – Fax (07572) 714557*
– geschl. Montag, Samstagmittag
Rest – Karte 30/40 €
♦ In dem gemütlich dekorierten, ländlich-rustikal gestalteten Restaurant serviert man eine schmackhafte internationale Küche mit regionalen Akzenten.

SIMBACH AM INN – Bayern – 546 – 10 000 Ew – Höhe 440 m — 67 **P20**
▶ Berlin 634 – München 122 – Passau 54 – Landshut 89

Göttler (mit Gästehaus) — Biergarten
Pfarrkirchner Str. 24 ⌧ 84359 – ℰ (08571) 9 11 80 – gasthof-goettler@t-online.de
– Fax (08571) 911818
15 Zim ⌧ – †32 € ††47 € – ½ P 9 € – **Rest** – (geschl. 25. Aug. - 7. Sept. und Montag) Karte 11/19 €
◆ Die ehemalige Weißbierbrauerei wurde durch ein separates Gästehaus ergänzt, das über neuzeitlich und funktionell eingerichtete Zimmer verfügt. Typisches bayerisches Restaurant - im Sommer mit Biergarten.

In Stubenberg-Prienbach Nord-Ost : 4,5 km über B 12 :

Zur Post
Poststr. 1 (B 12) ⌧ 94166 – ℰ (08571) 60 00 – info@hotel-post-prienbach.de
– Fax (08571) 600230
32 Zim ⌧ – †33/40 € ††53/59 €
Rest *Poststube* – (geschl. Sonntag- Montag, nur Abendessen) Menü 30/44 €
– Karte 30/42 €
Rest *Gaststube* – (geschl. Montagmittag) Menü 11 € (mittags)
– Karte 15/29 €
◆ Der am Ortsrand gelegene Familienbetrieb ist ein hübscher erweiterter Gasthof, der gepflegte und funktionell ausgestattete Zimmer bietet - meist mit Balkon. Gemütlich-gediegen ist das Ambiente in der Poststube. Ländlich-rustikale Gaststube.

> **Rot steht für unsere besonderen Empfehlungen!**

SIMMERATH – Nordrhein-Westfalen – 543 – 15 620 Ew – Höhe 540 m – Erholungsort — 35 **A13**
▶ Berlin 640 – Düsseldorf 107 – Aachen 30 – Düren 34
i Franz-Becker-Str. 2, ⌧ 52152, ℰ (02485) 3 17, info@rursee.de
◉ Rurtalsperre★ Ost : 10 km

In Simmerath-Lammersdorf Nord-West : 3 km über B 399 :

Lammersdorfer Hof
Kirchstr. 50 ⌧ 52152 – ℰ (02473) 80 41 – info@lammersdorfer-hof.de
– Fax (02473) 1499
9 Zim ⌧ – †42 € ††64 € – **Rest** – (geschl. März 2 Wochen, Aug 2 Wochen und Dienstag - Mittwochmittag) Karte 18/22 €
◆ Ein schlichter Gasthof mit neuerem Anbau beherbergt gepflegte Zimmer in ländlichem Stil. Nutzen Sie diese Adresse als Ausgangspunkt für schöne Wanderungen. Rustikal gestalteter Restaurantbereich.

SIMMERN – Rheinland-Pfalz – 543 – 7 860 Ew – Höhe 340 m — 46 **D15**
▶ Berlin 634 – Mainz 67 – Bad Kreuznach 52 – Trier 87
i Brühlstr. 2 (Rathaus), ⌧ 55469, ℰ (06761) 83 71 06, touristinfo@vgvsim.de
◉ Pfarrkirche St. Stephan (Grabdenkmäler★)

Bergschlößchen
Nannhauser Straße ⌧ 55469 – ℰ (06761) 90 00 – info@
hotel-bergschloesschen.de – Fax (06761) 900100
22 Zim ⌧ – †49/59 € ††78/98 € – **Rest** – Karte 18/32 €
◆ Ein rustikaler Landgasthof in leicht erhöhter Lage etwas außerhalb des Ortes. Einige der z. T. recht geräumigen Zimmer liegen nach Süden und verfügen über einen Balkon. Unter einer schön bemalten Holzdecke serviert man bürgerliche Küche.

Schwarzer Adler
Koblenzer Str. 3 ⌧ 55469 – ℰ (06761) 90 18 17
– info@restaurant-schwarzeradler.de – Fax (06761) 901817
– geschl. Montag - Dienstag
Rest – (nur Abendessen) Karte 19/35 €
◆ Im Keller eines Geschäftshauses im Zentrum befindet sich dieses kleine Restaurant. Geboten werden internationale Speisen mit italienischen Einflüssen. Pizzeria im OG.

1203

SIMMERN

An der Straße nach Laubach Nord : 6 km :

Birkenhof Biergarten
Birkenweg 1, ⌂ 55469 Klosterkumbd – ℰ (06761) 9 54 00
– hotel@birkenhof-info.de – Fax (06761) 954050
22 Zim ⌂ – †51/62 € ††77/94 € – **Rest** – Karte 19/42 €
♦ Einzeln liegt der gewachsene Gasthof im Grünen - ein gut unterhaltener Familienbetrieb mit funktionell ausgestatteten Gästezimmern. Der Chef selbst kocht saisonal ausgerichtete regionale und internationale Speisen. Rinder aus eigener Zucht. Schöne Terrasse.

SIMONSBERGER KOOG – Schleswig-Holstein – siehe Husum

SIMONSWALD – Baden-Württemberg – 545 – 3 130 Ew – Höhe 372 m – Erholungsort
61 **E20**

▶ Berlin 786 – Stuttgart 215 – Freiburg im Breisgau 36
  – Donaueschingen 49

🛈 Talstr. 14a, ⌂ 79263, ℰ (07683) 1 94 33, info@zweitaelerland.de

Hugenhof mit Zim
Am Neuenberg 14, ⌂ 79263 – ℰ (07683) 93 00 66 – info@hugenhof.de
– Fax (07683) 909258 – geschl. Nov. - Weihnachten (Hotel)
18 Zim ⌂ – †32 € ††64 € – **Rest** – (geschl. über Fastnacht 2 Wochen, Mitte Aug. 3 Wochen und Montag - Dienstag, Mittwoch - Samstag nur Abendessen) (Tischbestellung ratsam) Menü 42 € – Karte 30/39 €
♦ Eine hohe Decke, alte freigelegte Holzbalken, Terrakottafliesen und ein offener Kamin bestimmen hier das Ambiente. Gut ist die regionale und internationale Küche.

Gasthaus Zur Erle mit Zim
Obertalstr. 36, ⌂ 79263 – ℰ (07683) 4 94 – gasthaus-erle-simonswald@t-online.de – Fax (07683) 1718 – geschl. Donnerstag
9 Zim ⌂ – †25/37 € ††50/60 € – **Rest** – Karte 21/48 €
♦ Rustikal-gemütlich ist die Gaststube des familiengeführten Gasthofs. Hier serviert Ihnen die freundliche Hausherrin regionale Spezialitäten, die vom Chef zubereitet werden. Großzügige Gästezimmer mit soliden Bädern.

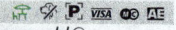

In Simonswald-Obersimonswald Süd-Ost : 4 km in Richtung Furtwangen :

Engel (mit Gästehaus)
Obertalstr. 44, ⌂ 79263 – ℰ (07683) 2 71 – info@hotel-engel.de
– Fax (07683) 1336 – geschl. 3. - 21. Nov.
32 Zim ⌂ – †35/40 € ††64/70 € – **Rest** – (geschl. Montag - Dienstag) Menü 33 € – Karte 18/43 €
♦ Das Haus ist ein gestandener Schwarzwaldgasthof, der sich seit 1636, bereits in der 11. Generation, in Familienbesitz befindet. Eigenes Damwildgehege. Recht gemütlich ist das ländliche Restaurant mit Kachelofen.

SINDELFINGEN – Baden-Württemberg – 545 – 61 230 Ew – Höhe 449 m   55 **G18**

▶ Berlin 647 – Stuttgart 20 – Karlsruhe 80 – Reutlingen 34
ADAC Tilsiter Str. 15 (Breuningerland)
🛈 Marktplatz 1, ⌂ 71063, ℰ (07031) 9 43 25, i-punkt@sindelfingen.de
📍 Holzgerlingen, Schaichhof ℰ (07157) 6 79 66

Siehe auch Böblingen (Umgebungsplan)
Stadtplan siehe gegenüberliegende Seite

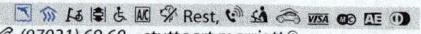

Marriott
Mahdentalstr. 68, ⌂ 71065 – ℰ (07031) 69 60 – stuttgart.marriott@marriotthotels.com – Fax (07031) 696880
BS **a**
260 Zim – †185/245 € ††185/245 €, ⌂ 19 € – **Rest** – Karte 21/73 €
♦ Neben einer Executive-Etage mit besonderem Service finden Sie in diesem Hotel gediegene, technisch gut ausgestattete Zimmer und eine großzügige, elegante Atriumhalle. Restaurant mit internationaler Küche.

1204

Bleichmühlestr............. **DX** 15	Lützelwiesenstr............. **CV** 42	Stäbenheckstr.............. **CV** 67
Brunnenwiesenstr........... **CX** 18	Marktpl..................... **DX** 45	Untere
Corbeil-Essonnes-	Mercedesstr................. **CX**	Torgasse................. **CX** 70
Pl........................ **CV** 19	Planiestr................... **DX** 52	Untere Vorstadt............. **CX** 71
Grabenstr.................. **CVX** 27	Riedmühlestr................ **CV** 54	Wettbachstr................. **CX** 73
Lange Str.................. **CX** 36	Rösslesmühlestr............. **CX** 55	Wurmbergstr................ **CV** 76
Liebenzeller Str............. **CV** 40	Schillerstr.................. **DVX** 59	Ziegelstr................... **DVX**

🏠 **Berlin** 🛏 🍴 ♿ 🅰🅲 Rest, 🍴 Rest, 📞 🅐 🅿 🚗 VISA ⦿ AE ①
Berliner Platz 1 ✉ 71065 – 𝒞 (07031) 86 55 – info@hotelberlin-sindelfingen.de
– Fax (07031) 865600
BT **c**
110 Zim 🍽 – †95/125 € ††115/145 € – **Rest** *– (geschl. Samstag - Sonntag, nur Abendessen) Karte 15/30 €*
♦ Ein funktionelles Hotel in einem Wohngebiet in verkehrsgünstiger Lage zu Stuttgart. Besonders komfortabel sind die modern designten Zimmer im Neubau.

SINGEN (HOHENTWIEL) – Baden-Württemberg – 545 – 45 630 Ew – Höhe 429 m
62 **F21**

▶ Berlin 780 – Stuttgart 154 – Konstanz 34 – Freiburg im Breisgau 106
ADAC Georg-Fischer Str. 33 (Industriegebiet)
🛈 Hohgarten 4, ✉ 78224, 𝒞 (07731) 8 52 62, tourist-info.stadt@singen.de
⛳ Steißlingen-Wiechs, Brunnenstr. 4b 𝒞 (07738) 71 96

Stadtplan siehe nächste Seite

🏠 **Lamm** 🛏 📞 🅐 🅿 VISA ⦿ AE
Alemannenstr. 42 ✉ 78224 – 𝒞 (07731) 40 20 – info@lamm-singen.bestwestern.de – Fax (07731) 402200
– geschl. 20. Dez. - 10. Jan. (Hotel)
B **v**
79 Zim 🍽 – †78/104 € ††103/119 € – **Rest** *– (geschl. 27. Dez. - 13. Jan. und Sonn- und Feiertage, nur Abendessen) Karte 16/21 €*
♦ Das familiengeführte Hotel liegt am Rande der Singener Innenstadt in einer verkehrsberuhigten Zone. Vom Frühstücksraum in der obersten Etage hat man eine schöne Sicht. Bürgerliches Hotelrestaurant.

1205

SINGEN (HOHENTWIEL)

Alpenstr.	B 2
Aluminiumstr.	B 3
Am Posthalterswäldle	B 5
Am Schloßgarten	A 6
Anton-Bruckner-Str.	A 7
August-Ruf-Str.	B
Ekkehardstr.	B
Erzbergerstr.	AB 8
Fichtestr.	B 9
Freiheitstr.	B
Goethestr.	A 10
Herderstr.	A 12
Hilzinger Str.	B 13
Hohenhewenstr.	B 14
Hohenstoffelnstr.	A 15
Hohgarten	A 16
Holzacker	B 17
Kreuzensteinstr.	B 18
Mühlenstr.	A 20
Radolfzeller Str.	B 22
Reckholderbühl	A 23
Remishofstr.	A 25
Rielasinger Str.	B 27
Ringstr.	B 29
Scheffelstr.	AB 30
Schlachthausstr.	A 31
Waldeckstr.	B 34

✂✂ Hegauhaus
≤ Singen und Umgebung, 🏠 ⟷ **P**
Duchtlinger Str. 55 (über Hohenkrähenstraße A) ✉ 78224 – ✆ (07731) 4 46 72
– mail@hotel-hegauhaus.de – Fax (07731) 949452 – geschl. Jan. 3 Wochen und Dienstag
Rest – Menü 27 € – Karte 23/41 €
♦ Oberhalb der Stadt finden Sie ein nettes rustikales Restaurant, in dem man Sie aufmerksam mit internationaler Küche bewirtet. Terrasse mit herrlichem Ausblick.

In Singen-Bohlingen Süd-Ost : 6 km über Rielasinger Straße B Richtung Überlingen :

🏠 Zapa
🍴 AK Rest, 🚭 **P** 🅿 VISA ⓜ AE
Bohlinger Dorfstr. 48 ✉ 78224 – ✆ (07731) 79 61 61 – info@restaurant-zapa.de
– Fax (07731) 796162 – geschl. 11. - 29. Feb.
6 Zim ☕ – †68/75 € ††107/115 € – **Rest** – (geschl. Donnerstag)
Karte 20/35 €
♦ In relativ ruhiger Lage am Ortsrand wohnen Sie in modern und geschmackvoll gestalteten Zimmern, deren Einrichtung mit ausgesuchten Möbelstücken ergänzt wird. Viele Kunstwerke. Restaurant im Bistrostil mit überwiegend italienischer Küche.

SINGEN (HOHENTWIEL)

In Singen-Überlingen am Ried Süd-Ost : 5 km über Rielasinger Straße B und Georg-Fischer-Straße :

Flohr's mit Zim
Brunnenstr. 11 ⌧ 78224 – ℰ (07731) 9 32 30 – flohr@flohrs-restaurant.de – Fax (07731) 932323
9 Zim ⌂ – †76/85 € ††116/125 € – ½ P 39 €
Rest – (geschl. Sonntag - Montag, nur Abendessen) (Tischbestellung ratsam) Menü 73/108 € – Karte 44/65 €
Rest *Benedikt* – (geschl. Sonntag) Karte 23/33 €
Spez. Salat von Frühlingszwiebeln und grünem Apfel mit Trüffel und gebeiztem Bodenseeaal. Gefüllter Kaninchenrücken mit geschmorter Keule, Zimt und Datteln. Vanillereissoufflé mit Rhabarber und Cantuccini-Eis.
♦ Ein hübsches, angenehm dezent dekoriertes Restaurant in ländlich-elegantem Stil mit freundlichem, aufmerksamem Service und kreativer Küche mit klassischen Wurzeln. Die Gästezimmer liegen recht ruhig zur Gartenseite. Mittelmeerküche im Bistro Benedikt.

In Rielasingen-Worblingen Süd : 4 km über Rielasinger Straße B :

Salzburger Stub'n (Michael Sobota)
Hardstr. 29, (Worblingen) ⌧ 78239 – ℰ (07731) 2 73 49 – salzburgerstube@web.de – Fax (07731) 911165 – geschl. Mittwochabend – Donnerstag
Rest – (Tischbestellung ratsam) Menü 29 € (mittags)/55 € – Karte 43/56 €
Spez. Gefüllte Poularde mit Weisskraut und Holunderblütenpüree. Taubenbrust mit Jus von kandierten Orangen. Lammrücken unter Piemontesischer Kruste mit Rosmarinkartoffeln.
♦ Ein sympathischer Familienbetrieb ist dieses rustikal-elegante Restaurant. Vater und Sohn bereiten eine zeitgemäße und kreative Küche, die Chefin leitet charmant den Service.

Alte Mühle mit Zim
Singener Str. 3 (Rielasingen) ⌧ 78239 – ℰ (07731) 91 13 71 – info@alte-muehle.biz – Fax (07731) 911472
7 Zim ⌂ – †51/56 € ††82/92 € – ½ P 22 € – **Rest** – (Montag - Freitag nur Abendessen) Karte 28/40 €
♦ Dunkle denkmalgeschützte Holzbalken durchziehen die ehemalige Mühle aus dem 18. Jh. - ein rustikales, über zwei Etagen angelegtes Restaurant. Funktionelle Gästezimmer.

SINSHEIM – Baden-Württemberg – 545 – 35 100 Ew – Höhe 154 m   48 G17
▶ Berlin 618 – Stuttgart 87 – Mannheim 50 – Heilbronn 35
Sinsheim-Weiler, Buchenauerhof 4 ℰ (07265) 72 58
Auto- und Technikmuseum ★★

Bär garni
Hauptstr. 131 ⌧ 74889 – ℰ (07261) 15 80 – willkommen@hotel-baer.de – Fax (07261) 158100
50 Zim ⌂ – †62/98 € ††89/128 €
♦ Das zentral gelegene Fachwerkhaus mit neuerem Anbau beherbergt Geschäftsleute und privat Reisende in gepflegten, funktionell ausgestatteten Zimmern.

In Sinsheim-Dühren Süd-West : 3 km über B 39, jenseits der A 6 :

Ratsstube
Karlsruher Str. 55 ⌧ 74889 – ℰ (07261) 93 70 – ratsstube@t-online.de – Fax (07261) 937250
33 Zim ⌂ – †70/75 € ††90/99 € – **Rest** – Karte 16/39 €
♦ Ein ruhig nach hinten gelegener Hotelanbau ergänzt den ursprünglichen, in Naturstein erbauten Gasthof mit weiteren hell und neuzeitlich ausgestatteten Zimmern. Restaurant mit bürgerlichem Charakter. Hell und freundlich: die Kraichgaustube.

In Sinsheim-Hilsbach Süd : 7,5 km, jenseits der A 6 :

Hirsch
Kraichgaustr. 32 ⌧ 74889 – ℰ (07260) 84 93 22 – hirschsnh@aol.com – Fax (07260) 849323 – geschl. 23. Dez. - 7. Jan.
19 Zim ⌂ – †55/65 € ††85/95 € – **Rest** – (geschl. Montag) Karte 16/27 €
♦ Der neuzeitliche Hoteltrakt dieses älteren Gasthofs verbirgt hinter seiner interessanten rot-weißen Fassade wohnliche Zimmer mit hellen Landhausmöbeln. Helle, schlicht dekorierte Gaststube mit großem Tresen.

SINZIG – Rheinland-Pfalz – 543 – 17 770 Ew – Höhe 90 m 36 **C13**
- Berlin 613 – Mainz 135 – Bonn 22 – Koblenz 37
- Bad Bodendorf, Pavillon am Kurgarten, ⊠ 53489, ℰ (02642) 98 05 00, tourist-info-sinzig@t-online.de

Vieux Sinzig
Kölner Str. 6 ⊠ 53489 – ℰ (02642) 4 27 57 – info@vieux-sinzig.com
– Fax (02642) 43051 – geschl. Montag - Dienstag
Rest – Menü 18 € (mittags)/75 € – Karte 37/60 €
♦ Hell und neuzeitlich zeigt sich das Restaurant - die Fensterfront zum Garten lässt sich bei schönem Wetter öffnen. Frische Kräuter bereichern die französische Saisonküche.

> Bei schönem Wetter isst man gern im Freien!
> Wählen Sie ein Restaurant mit Terrasse: 🍽.

SIPPLINGEN – Baden-Württemberg – 545 – 2 140 Ew – Höhe 406 m – Erholungsort
- Berlin 748 – Stuttgart 168 – Konstanz 36 – Freiburg im Breisgau 123 63 **G21**
- Seestraße 3, ⊠ 78354, ℰ (07551) 94 99 37 0, touristinfo@sipplingen.de

Seeblick garni
Prielstr. 4 ⊠ 78354 – ℰ (07551) 6 12 27 – hotel.bodensee@t-online.de
– Fax (07551) 67157 – geschl. 15. Dez. - 15. März
12 Zim ⊇ – †74/82 € ††110/122 €
♦ Die Südhanglage oberhalb des Sees sowie wohnliche und gepflegte Gästezimmer sprechen für dieses kleine Hotel. Schön sitzt man auf der Frühstücksterrasse.

SITTENSEN – Niedersachsen – 541 – 5 500 Ew – Höhe 31 m 9 **H6**
- Berlin 334 – Hannover 130 – Hamburg 58 – Bremen 63
- Sittensen, Alpershausener Weg 60 ℰ (04282) 32 66

In Groß Meckelsen West : 5 km, jenseits der A 1, über Lindenstraße :

Schröder (mit Gästehaus)
Am Kuhbach 1 ⊠ 27419 – ℰ (04282) 5 08 80 – info@hotel-schroeder.de
– Fax (04282) 3535
40 Zim ⊇ – †40/60 € ††60/80 € – **Rest** – Karte 15/35 €
♦ Haupthaus und Gästehaus bilden mit gepflegten, einheitlich gestalteten Zimmern eine zeitgemäße Übernachtungsadresse unter familiärer Leitung. Restaurant mit gediegenem Ambiente.

In Groß Meckelsen-Kuhmühlen Nord-West : 5 km, jenseits der A 1, über Lindenstraße, nach Groß Meckelsen rechts ab :

Zur Kloster-Mühle
Kuhmühler Weg 7 ⊠ 27419 – ℰ (04282) 7 84 – info@kloster-muehle.de
– Fax (04282) 4725 – geschl. 22. - 26. Dez.
14 Zim ⊇ – †80/120 € ††110/150 € – **Rest** – (geschl. Montag, Dienstag - Samstag nur Abendessen) (Tischbestellung ratsam) Karte 32/46 €
♦ Gelungen hat man in den alten Mauern der einstigen Mühle Historisches mit Modernem kombiniert. Ein engagiert geleitetes kleines Hotel mit geschmackvollen Zimmern. Hübsches Restaurant in mediterranem Stil mit sorgfälig zubereiteter internationaler Küche.

In Stemmen Süd-Ost : 12 km, Richtung Scheeßel, in Helvesiek links ab :

Landgut Stemmen
Große Str. 12 ⊠ 27389 – ℰ (04267) 9 30 40 – info@landgut-stemmen.de
– Fax (04267) 930466
32 Zim ⊇ – †48/68 € ††68/98 € – **Rest** – (nur Abendessen) Karte 16/32 €
♦ Äußerlich hat das Hotel ganz dem ländlichen Charakter des Dorfes angepasst. Vom großzügigen, neuzeitlichen Empfangsbereich aus gelangen Sie in wohnliche Zimmer. Eine rustikale Gaststube ergänzt das gepflegte Restaurant.

SOBERNHEIM, BAD – Rheinland-Pfalz – 543 – 6 440 Ew – Höhe 150 m – Heilbad

Berlin 631 – Mainz 64 – Bad Kreuznach 19 – Idar-Oberstein 31   46 **D15**
Bahnhofstr. 4, ⌧ 55566, ℰ (06751) 8 12 41, touristinfo@bad-sobernheim.de

BollAnt's im Park (mit Gästehäusern)
Felkestr. 134 ⌧ 55566 – ℰ (06751) 9 33 90
– info@bollants.de – Fax (06751) 2696
63 Zim ⌸ – †82/92 € ††164/196 € – ½ P 39 €
Rest *Passione Rossa* – (geschl. Jan. - Mitte Feb. und Dienstag - Mittwoch, nur Abendessen) (Tischbestellung ratsam) Menü 89/99 € – Karte 51/69 €
Rest *Hermannshof* – Menü 38 € – Karte 35/50 €
Spez. Chartreuse von der Jakobsmuschel mit Kaviar und Hummerschaum. Steinbutt unter der Macadamianuss-Kruste mit Topinamburmousse. Lammcarré mit Balsamicojus und Mittelmeergemüse.

◆ Die Hotelanlage mit ihren geschmackvoll eingerichteten Gebäuden befindet sich in einem herrlichen Park an der Nahe. Asiatisch inspiriert: Wellnessbereich und "Spa-Lodges". Elegant ist das Ambiente im Passione Rossa. Leger: der gemütliche Hermannshof.

Maasberg Therme
Am Maasberg (Nord : 2 km) ⌧ 55566
– ℰ (06751) 87 60 – info@maasberg-therme.de – Fax (06751) 876201
– geschl. 3. - 20. Dez., 7. - 24. Jan.
78 Zim ⌸ – †82/104 € ††136/176 € – 7 Suiten – **Rest** – Karte 26/50 €

◆ Auf einem großen Gartengrundstück liegt dieses gewachsene Hotel mit seinen wohnlich-gediegenen Gästezimmern - einige verfügen über eine Whirlwanne. Freundlich-mediterran hat man das Restaurant Villa Soveranum gestaltet.

In Meddersheim Süd-West : 3 km :

Landgasthof zur Traube
Sobernheimer Str. 2 ⌧ 55566 – ℰ (06751) 95 03 82 – Fax (06751) 950220
– geschl. 27. Dez. - 11. Jan., 16. Juli - 1. Aug. und Dienstagabend - Mittwoch
Rest – Karte 21/43 €

◆ Engagiert und freundlich leitet Familie Langendorf das gemütliche Restaurant in dem Fachwerkhaus von 1747. Mit Geschmack und Sorgfalt bereitet man regionale Speisen.

Lohmühle
(Süd-West : 3 km, an der Straße nach Meisenheim) ⌧ 55606 Kirn – ℰ (06751) 45 74
– info@restaurant-lohmuehle.de – Fax (06751) 6567 – geschl. Jan. und Montag - Dienstag
Rest – (Mittwoch - Freitag nur Abendessen) Menü 20/35 € – Karte 21/40 €

◆ Einsam liegt die ehemalige Mühle a. d. 15. Jh. in einem Tal am Waldrand. Ein rustikales Restaurant mit gut eingedeckten Tischen und einer hübschen Terrasse.

SODEN AM TAUNUS, BAD – Hessen – 543 – 21 170 Ew – Höhe 141 m – Heilbad

Berlin 545 – Wiesbaden 31 – Frankfurt am Main 17 – Limburg an der Lahn 45
Königsteiner Str. 73 (Rathaus) ⌧ 65812, ℰ (06196) 20 85 55,
info@bad-soden.de   47 **F14**

Rheinischer Hof garni
Am Bahnhof 3 ⌧ 65812 – ℰ (06196) 56 20 – info@rheinischer-hof.com
– Fax (06196) 562222 – geschl. 21. Dez. - 5. Jan.
57 Zim ⌸ – †75/136 € ††113/185 €

◆ Das historische, unter Denkmalschutz stehende Haus mit Jugendstil-Fassade in verkehrsgünstiger Lage stellt eine zeitgemäße Unterkunft dar. Schöne Deluxe-Zimmer!

Salina Hotel
Bismarckstr. 20 ⌧ 65812 – ℰ (06196) 56 40 – info@salina.de
– Fax (06196) 564555
57 Zim ⌸ – †98 € ††125 € – ½ P 16 € – **Rest** – (nur Abendessen für Hausgäste) Karte 21/39 €

◆ Das gut unterhaltene Haus mit seinen gepflegten und zeitgemäß eingerichteten Gästezimmern liegt angenehm ruhig in einem Wohngebiet.

1209

SODEN-SALMÜNSTER, BAD – Hessen – 543 – 13 890 Ew – Höhe 150 m – Heilbad

▶ Berlin 511 – Wiesbaden 101 – Darmstadt 87 – Hanau 47   38 **H14**

🛈 Frowin-von-Hutten-Str. 5, ✉ 63628, ℰ (06056) 74 41 44, info@badsodensalmuenster.de

Im Ortsteil Bad Soden

Kress
Sprudelallee 26 ✉ 63628 – ℰ (06056) 7 30 60 – infowunsch@hotel-kress.de
– Fax (06056) 730666
40 Zim ⌂ – †78 € ††118 € – ½ P 19 € – **Rest** – (geschl. Sonntag) Karte 24/32 €

♦ Zeitgemäß ausgestattete Gästezimmer bieten Ihnen die Annehmlichkeiten, die Sie sich von einem funktionellen Hotel wünschen. Das Sole-Bad liegt ganz in Ihrer Nähe. Modern gestaltetes Restaurant und mediterranes Bistro.

Berghotel Berlin
Parkstr. 8 ✉ 63628 – ℰ (06056) 9 12 20 – info@berghotel-berlin.de
– Fax (06056) 912255 – geschl. Jan.
22 Zim ⌂ – †60/90 € ††85/120 € – ½ P 15 € – **Rest** – (geschl. Sonntag, nur Abendessen) Menü 20/27 € – Karte 18/39 €

♦ Warme Farben vermitteln in den Gästezimmern dieses sympathischen Hotels eine wohnliche Atmosphäre. Auch die Lage am Kurpark und der freundliche Service gefallen. Gespeist wird im gepflegten Bistro-Ambiente.

SÖMMERDA – Thüringen – 544 – 21 110 Ew – Höhe 138 m   40 **K12**

▶ Berlin 264 – Erfurt 36 – Nordhausen 58 – Weimar 37

🛈 Marktstr. 1, ✉ 99610 ℰ (03634) 35 02 41

Erfurter Tor
Kölledaer Str. 33 ✉ 99610 – ℰ (03634) 33 20 – info@hotel-erfurter-tor.de
– Fax (03634) 332299
41 Zim ⌂ – †66 € ††83 € – **Rest** – (geschl. Sonntag, nur Abendessen) Menü 23 €
– Karte 20/32 €

♦ Durch einen modern gestalteten Eingangsbereich betreten Sie dieses gut unterhaltene Hotel, das über zeitgemäß ausgestattete Zimmer verfügt. Zur Halle hin offenes Restaurant.

SÖRGENLOCH – Rheinland-Pfalz – 543 – 1 130 Ew – Höhe 171 m   47 **E15**

▶ Berlin 581 – Mainz 14 – Frankfurt am Main 53 – Bad Kreuznach 36

Schloss Sörgenloch
Schlossgasse 7 ✉ 55270 – ℰ (06136) 9 52 70 – info@schlosssoergenloch.de
– Fax (06136) 9527130
24 Zim ⌂ – †68/78 € ††95/105 € – **Rest** – Karte 28/43 €

♦ Mit einem neuzeitlichen Hotel hat man den hübschen historischen Gutshof aus dem 17. Jh. ergänzt. Solide, funktionelle Zimmer und die ruhige Lage sprechen für das Haus. Gemütliches Fachwerk-Restaurant. Schlossbiergarten mit schöner Aussicht bis zum Hunsrück.

SOEST – Nordrhein-Westfalen – 543 – 48 230 Ew – Höhe 95 m   27 **E11**

▶ Berlin 457 – Düsseldorf 118 – Arnsberg 21 – Dortmund 52

ADAC Arnsberger Str. 7

🛈 Teichsmühlengasse 3, ✉ 59494, ℰ (02921) 66 35 00 50, touristinfo@soest.de

👁 St. Patroklidom★ (Westwerk★★ und Westturm★★) **Z** – Wiesenkirche★ (Aldegrevers-Altar★) **Y** – Nikolaikapelle (Nikolai-Altar★) **Z D**

Stadtplan siehe gegenüberliegende Seite

Pilgrim-Haus mit Zim
Jakobistr. 75 ✉ 59494 – ℰ (02921) 18 28 – info@pilgrimhaus.de
– Fax (02921) 12131 – geschl. 24. Dez. - 1. Jan.   **Z e**
10 Zim ⌂ – †74 € ††98/105 € – **Rest** – (geschl. Dienstag, Montag - Freitag nur Abendessen) Karte 23/38 €

♦ Seit 1304 existiert dieses gastliche Haus - der älteste Gasthof Westfalens. Hinter hübschen Sprossenfenstern laden gemütlich-rustikale Stuben zur Einkehr ein.

SOEST

Am Großen Teich	Y	2
Am Kützelbach	Z	3
Am Loerbach	Y	4
Am Soestbach	Y	5
Am Vreithof	YZ	6
Bischofstr.	Z	7
Brüderstr.	Y	
Brüdertor	Y	8
Damm	YZ	10
Dominikanerstr.	Y	12
Düsterpoth	Y	13
Grandweg	Z	
Grandwegertor	Z	14
Hospitalgasse	Z	15
Katzengasse	Z	18
Kolkstr.	Z	20
Kungelmarkt	Z	21
Lentzestr.	Y	22
Magazingasse	Y	23
Markt	Y	
Marktstr.	Y	24
Nöttentor	Y	25
Oestinghauser Str.	Y	26
Ostenhellweg	Z	27
Petrikirchhof	Y	28
Petristr.	Y	29
Propst-Nübel-Str.	Y	30
Puppenstr.	Y	31
Rathausstr.	YZ	32
Ritterstr.	Y	33
Sandwelle	Y	34
Teichmühlengasse	Y	35
Thomätor	Y	37
Waisenhausstr.	Y	38
Walburgerstr.	Y	39
Walburgertor	Y	40
Westenhellweg	Z	41
Widumgasse	Y	42
Wiesenstr.	Y	43
Wildemannsgasse	YZ	45

SOLINGEN – Nordrhein-Westfalen – 543 – 164 550 Ew – Höhe 221 m   36 **C12**

▶ Berlin 543 – Düsseldorf 34 – Essen 35 – Köln 36

ADAC Goerdelerstr. 45

🛈 Solingen-Gräfrath : Deutsches Klingenmuseum ★ 4 km über die B 224

Stadtplan siehe nächste Seite

In Solingen-Aufderhöhe über Mangenberger Straße Z : 7,5 km :

Alter Speicher
Uferstr. 49 ✉ 42699 – ✆ (0212) 2 64 12 88 – info@alterspeicher.com
– Fax (0212) 3830586
Rest – (geschl. 1. - 9. Jan., 14. - 31. Juli und Dienstag , Montag - Samstag nur Abendessen) Menü 25 € – Karte 27/48 €

 ◆ Ein nett dekoriertes, rustikales Restaurant über zwei Etagen in einem typisch bergischen Fachwerkhaus. Das Angebot verbindet traditionelle und Fusion-Küche.

1211

SOLINGEN

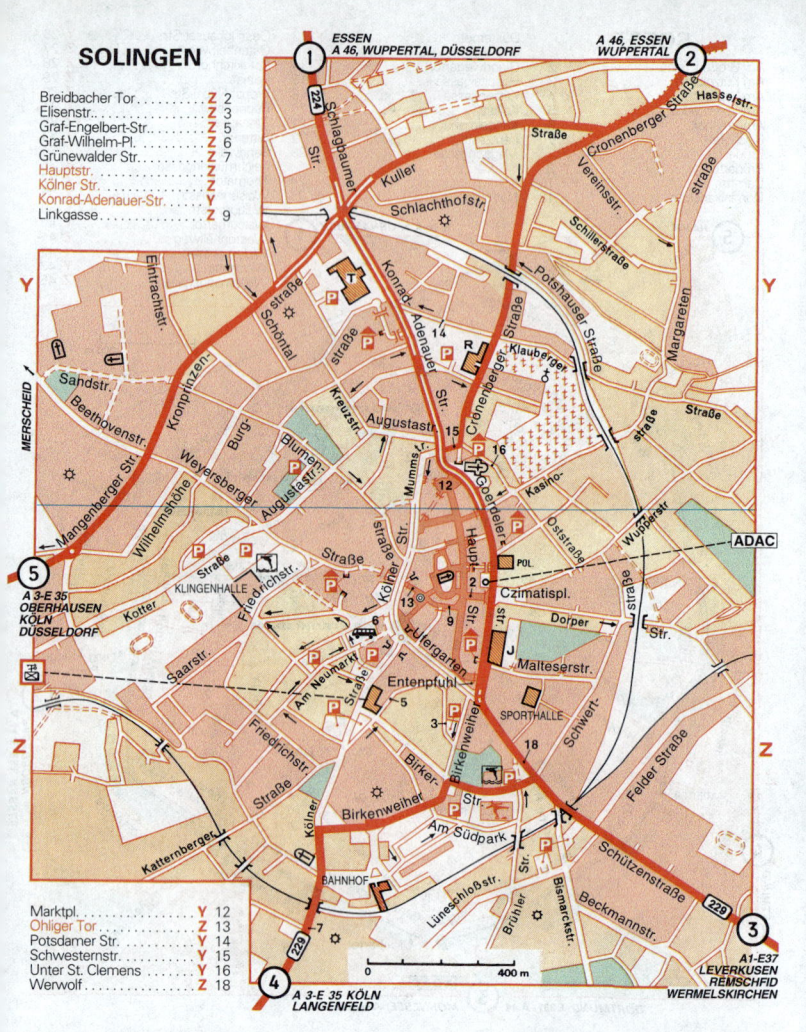

Breidbacher Tor	Z 2
Elisenstr.	Z 3
Graf-Engelbert-Str.	Z 5
Graf-Wilhelm-Pl.	Z 6
Grünewalder Str.	Z 7
Hauptstr.	**Z**
Kölner Str.	**Z**
Konrad-Adenauer-Str.	**Y**
Linkgasse	Z 9
Marktpl.	Y 12
Ohliger Tor	Z 13
Potsdamer Str.	Y 14
Schwesternstr.	Y 15
Unter St. Clemens	Y 16
Werwolf	Z 18

In Solingen-Burg über Schützenstraße (B 229) Z : 8 km :

⌂ Haus Niggemann   🛏 📺 📞 ⚒ 🅿 VISA ⦾ AE
*Wermelskirchener Str. 22 ✉ 42659 – ℘ (0212) 4 10 21 – info@
hotel-niggemann.de – Fax (0212) 49175 – geschl. Juli 2 Wochen*
27 Zim ⊡ – ✝45/77 € ✝✝77/135 € – **Rest** – *(geschl. Freitag)* Karte 20/47 €
♦ Das familiengeführte Hotel liegt in einem kleinen Teilort von Solingen. Die Nähe zu verschiedenen Ruhrgebietsmetropolen macht es zum idealen Ausgangspunkt für Stadttouren. Bürgerlich gestaltetes Restaurant.

SOLTAU – Niedersachsen – 541 – 21 960 Ew – Höhe 60 m – Erholungsort   19 I7

▶ Berlin 320 – Hannover 79 – Hamburg 80 – Bremen 92
🛈 Am Alten Stadtgraben 3, ✉ 29614, ℘ (05191) 82 82 82, info@
soltau-touristik.de
🏌 Soltau-Tetendorf, Hof Loh ℘ (05191) 9 67 63 33
◉ Heide-Park Soltau ★

SOLTAU

Heidehotel Soltauer Hof
Winsener Str. 109 ⊠ 29614 – ℰ (05191) 96 60 – soltauer-hof@t-online.de
– Fax (05191) 966466
48 Zim ⊆ – †55/120 € ††90/145 € – **Rest** – Karte 23/45 €

♦ Mehrere z. T. reetgedeckte Häuser bilden dieses großzügige Anwesen. Zu den verschiedenen Zimmertypen zählen auch geräumige, wohnliche Juniorsuiten. Leicht elegant ist das Restaurant Amadeus mit schöner Terrasse.

SOMMERACH – Bayern – **546** – 1 410 Ew – Höhe 202 m   49 **I15**
▶ Berlin 471 – München 263 – Würzburg 31 – Schweinfurt 30

Villa Sommerach garni
Nordheimer Str. 13 ⊠ 97334 – ℰ (09381) 80 24 85 – denecke-villa@t-online.de
– Fax (09381) 802484 – geschl. 23. Dez. - 2. Jan., 11. - 25. Aug.
5 Zim ⊆ – †67/87 € ††87/108 €

♦ Persönlich kümmert sich Familie Denecke in ihrem kleinen Hotel um die Gäste. Das restaurierte Weingut mit hübschem Innenhof beherbergt sehr geschmackvolle Zimmer.

Zum weißen Lamm
Hauptstr. 2 ⊠ 97334 – ℰ (09381) 93 77 – info@strobel-lamm.de
– Fax (09381) 4933 – geschl. 15. - 31. Jan., 1. - 10. Juli
14 Zim ⊆ – †40 € ††77 € – **Rest** – *(geschl. Dienstag)* Karte 16/30 €

♦ Der traditionsreiche Landgasthof steht mitten im Dorf, am Marktplatz. Ein Teil der Zimmer ist besonders freundlich in neuzeitlichem Stil eingerichtet. Gaststube mit ländlich-rustikaler Atmosphäre.

Bocksbeutelherberge garni
Weinstr. 22 ⊠ 97334 – ℰ (09381) 8 48 50 – bocksbeutelherberge@t-online.de
– Fax (09381) 848522
8 Zim ⊆ – †39 € ††57 €

♦ Ein gut geführter kleiner Familienbetrieb mit soliden, wohnlichen Gästezimmern. Der ländliche Frühstücksraum dient abends als Weinstube.

SOMMERHAUSEN – Bayern – **546** – 1 660 Ew – Höhe 181 m   49 **I16**
▶ Berlin 505 – München 281 – Würzburg 14 – Schweinfurt 59

Zum Weinkrug garni
Steingraben 5 ⊠ 97286 – ℰ (09333) 9 04 70 – info@zum-weinkrug.de
– Fax (09333) 904710 – geschl. 23. Dez. - 6. Jan., 14. - 30. März
15 Zim ⊆ – †47/52 € ††64/82 €

♦ Vor dem Tor der alten Stadtmauer liegt das familiär geführte kleine Hotel mit seinen solide eingerichteten Gästezimmern, einige verfügen über einen Balkon.

Ritter Jörg
Maingasse 14 ⊠ 97286 – ℰ (09333) 9 73 00 – info@ritter-joerg.de
– Fax (09333) 9730230 – geschl. 23. Dez. - 1. Feb.
22 Zim ⊆ – †50/58 € ††75/90 € – **Rest** – *(geschl. 27. Dez. - 1. Feb. und Montag - Dienstag)* Karte 18/32 €

♦ Das von der Inhaberfamilie geleitete Hotel befindet sich zwischen den Toren der Stadt, am Brunnen des namengebenden Ritter Jörg. Die Zimmer sind funktionell eingerichtet. Rustikal gestaltetes Restaurant.

Philipp mit Zim
Hauptstr. 12 ⊠ 97286 – ℰ (09333) 14 06 – info@restaurant-philipp.de
– Fax (09333) 902250
3 Zim ⊆ – †80 € ††115 € – **Rest** – *(geschl. Montag - Dienstag, Mittwoch - Freitag nur Abendessen)* (Tischbestellung erforderlich) Menü 69/89 €

Spez. Loup de mer mit Seppioline und Krustentierschaum. Lauwarm marinierter Lachs mit Avocadocrème und Kräutersalat. Lammrücken mit Poivrade-Artischocken-Risotto.

♦ Das stilvolle Restaurant in einem 400 Jahre alten Fachwerkhaus im Zentrum wird engagiert vom Ehepaar Philipp geführt. Es wird abendlich ein Menü angeboten. Sehr hübsch sind die Barock- und die Renaissance-Suite sowie das Doppelzimmer.

SONNENBÜHL – Baden-Württemberg – 545 – 7 070 Ew – Höhe 775 m – Wintersport : 880 m ≤ 3 ≰ 55 **G19**

- Berlin 700 – Stuttgart 63 – Konstanz 120 – Reutlingen 26
- Hauptstr. 2 (Undingen), ⊠ 72820, ✆ (07128) 9 25 18, info@sonnenbuehl.de
- Sonnenbühl-Undingen, Im Zerg ✆ (07128) 9 26 00

In Sonnenbühl-Erpfingen – Luftkurort :

Hirsch (Gerd Windhösel) mit Zim
Im Dorf 12 ⊠ 72820 – ✆ (07128) 9 29 10 – info@restaurant-hotel-hirsch.de
– Fax (07128) 3121 – geschl. 3. – 15. Nov.
15 Zim ⊇ – †62/80 € ††78/112 € – ½ P 25 €
Rest – (geschl. 4. – 10. Feb., Aug. 1 Woche und Montagmittag, Dienstag)
Menü 32/78 € – Karte 32/69 €
Rest *Dorfstube* – Karte 26/37 €
Spez. Zander mit körnigem Frischkäse und Apfel-Balsam-Essig. Gefüllter Kaninchenrücken im Heu gegart. Rücken vom Älbler Weidelamm.
♦ Angenehm ist die Atmosphäre in dem familiär geführten Gasthof. Im ländlich-eleganten Restaurant - oder auch im schönen Garten - bietet man regionale und internationale Küche. Die kleine Dorfstube ist komplett in Holz gehalten und sehr gemütlich.

SONTHOFEN – Bayern – 546 – 21 350 Ew – Höhe 741 m – Wintersport : 850 m ≤ 1 ≰ – Luftkurort 64 **J22**

- Berlin 725 – München 152 – Kempten (Allgäu) 27 – Oberstdorf 13
- Rathausplatz 1, ⊠ 87527, ✆ (08321) 61 52 91, gaesteinfo@sonthofen.de
- Sonnenalp Ofterschwang, Muderbolz 10 ✆ (08326) 3 85 94 10

Allgäu Stern (mit Residenz Ludwig) ⇐ Allgäuer Berge,
Buchfinkenweg 2
⊠ 87527 – ✆ (08321) 27 90 – info@allgaeustern.de – Fax (08321) 279444
425 Zim ⊇ – †84/156 € ††122/266 € – ½ P 18 € – 28 Suiten
Rest – Menü 48 € – Karte 38/47 €
♦ Eine großzügige Hotelanlage mit verschiedenen Zimmertypen (besonders komfortabel: die Residenz Ludwig), vielen Wellness- und Beautyangeboten und dem modernen Kongresszentrum. Abwechslungsreicher Restaurantbereich von elegant bis typisch bayerisch.

Marend
Richard-Wagner-Str. 18 ⊠ 87527 – ✆ (08321) 78 89 99 – info@restaurant-marend.de – Fax (08321) 780460 – geschl. Juni und Samstagmittag, Sonntag - Montag
Rest – Menü 47/65 € – Karte 38/44 €
♦ In dem netten kleinen Restaurant mit Wintergartenanbau bietet man internationale Küche. Der Name des Hauses ist ein alemannisches Wort für Brotzeit.

In Ofterschwang-Schweineberg Süd-West : 4 km über Südliche Alpenstraße :

Sonnenalp ⇐ (geheizt)
⊠ 87527 – ✆ (08321) 27 20 – info@sonnenalp.de – Fax (08321) 272242
232 Zim (inkl. ½ P.) – †170/240 € ††360/400 € – 23 Suiten
Rest – (nur für Hausgäste)
♦ Ein exklusives Ferienhotel, in dem Service ganz groß geschrieben wird. In seiner Vielfalt kaum zu überbieten ist das Wellness-, Sport- und Unterhaltungsangebot.

SOODEN-ALLENDORF, BAD – Hessen – 543 – 9 010 Ew – Höhe 162 m – Heilbad

- Berlin 375 – Wiesbaden 231 – Kassel 52 – Bad Hersfeld 68 39 **I11**
- Landgraf-Philipp-Platz 1-2, ⊠ 37242, ✆ (05652) 9 58 70, touristinfo@bad-sooden-allendorf.de
- Allendorf : Fachwerkhäuser★ (Bürgersches Haus★, Eschstruthsches Haus★★)

SOODEN-ALLENDORF, BAD

Im Ortsteil Ahrenberg Nord-West : 6 km über Ellershausen :

🏨 **Berggasthof Ahrenberg** ⌂ ≼ Werratal, 🌿 🏡 🐾 📶 📞
Auf dem Ahrenberg 5 ⌂ *37242* – ℰ *(05652) 9 57 30* 🛁 🅿 VISA ⦿ AE
– info@hotel-ahrenberg.de – Fax (05652) 1854
32 Zim ⌂ – 🛏49/59 € – 🛏🛏75/89 € – ½ P 17 € – **Rest** – Karte 18/36 €
♦ Eine hübsche Veranda, Holzbalkone und ein Türmchen mit Glasfront prägen das Äußere des Hauses, im Inneren stehen liebevoll eingerichtete Zimmer zum Einzug bereit. Restaurant mit internationalem Angebot.

SPAICHINGEN – Baden-Württemberg – **545** – 12 350 Ew – Höhe 660 m 62 **F20**
▶ Berlin 737 – Stuttgart 112 – Konstanz 70 – Tuttlingen 14
🅖 Dreifaltigkeitsberg ★ : Wallfahrtskirche ✽ ★ Nord-Ost : 6 km

In Hausen ob Verena Süd-West : 6 km über Angerstraße, Karlstraße und Hausener Straße :

🏨 **Hofgut Hohenkarpfen** ⌂ ≼ Eltatal, 🌿 🏡 🛁 🅿 VISA ⦿ AE ⓘ
Am Hohenkarpfen ⌂ *78595* – ℰ *(07424) 94 50 – hofgut.hohenkarpfen@*
t-online.de – Fax (07424) 945245
21 Zim ⌂ – 🛏79/84 € 🛏🛏118/132 € – **Rest** – Menü 32/51 € – Karte 34/49 €
♦ Hier ist Kunst lebendig: Auf dem Gelände und in den behaglichen Zimmern des historischen Fachwerkensembles in herrlicher Lage über dem Eltatal trifft man allenthalben auf sie. Rustikales Restaurant mit internationaler Küche. Terrasse mit wunderbarer Aussicht.

SPALT – Bayern – **546** – 5 190 Ew – Höhe 309 m – Erholungsort 57 **K17**
▶ Berlin 474 – München 149 – Nürnberg 50 – Ingolstadt 70
🅑 Herrengasse 10, ⌂ 91174, ℰ (09175) 79 65 25, touristik@spalt.de

🏠 **Krone** 🏡 ✿ Zim, 🅿 🚗 VISA ⦿ AE
Hauptstr. 23 ⌂ *91174* – ℰ *(09175) 3 70 – info@gasthof-krone-stengel.de*
– Fax (09175) 223 – geschl. Dez. 2 Wochen, über Pfingsten 1 Woche
15 Zim ⌂ – 🛏36/41 € 🛏🛏52/57 € – **Rest** – *(geschl. Dienstag)* Karte 13/23 €
♦ Hinter einer freundlichen gelben Fassade stehen in dem kleinen Hotel gepflegte und solide ausgestattete Gästezimmer zur Verfügung. Ländliches Restaurant.

In Spalt-Großweingarten Süd-Ost : 3 km, nach Wasserzell rechts ab :

🏠 **Zum Schnapsbrenner** 🏡 📞 🅿 VISA ⦿
🍽 *Dorfstr. 67* ⌂ *91174* – ℰ *(09175) 7 97 80 – info@pension-schnapsbrenner.de*
– Fax (09175) 797833
9 Zim ⌂ – 🛏36/38 € 🛏🛏60/64 € – **Rest** – *(geschl. 27. Okt. - 27. Nov. und Sonntagabend, Montag - Samstag nur Abendessen)* Karte 11/22 €
♦ Die kleine Pension verfügt über neuzeitliche Zimmer im Landhausstil. Der Name des Hauses lässt es bereits vermuten: In einem kleinen Laden verkauft man Selbstgebranntes. Ländliches Restaurant mit Gewölbedecke, Kachelofen und Hopfen als Dekor.

In Spalt-Stiegelmühle Nord-West : 5 km, Richtung Wernfels :

✕ **Gasthof Blumenthal** 🏡 ✿ 🅿
Stiegelmühle 42 ⌂ *91174* – ℰ *(09873) 3 32 – info@gasthof-blumenthal.de*
– Fax (09873) 1375 – geschl. Jan. 2 Wochen, Sept. 1 Woche und Montag - Dienstag
Rest – Karte 25/33 €
♦ In einer kleinen Siedlung am Waldrand liegt der familiär geführte Landgasthof mit netten Stuben und Innenhof. Sorgfältig zubereitete regionale Küche, Fisch aus eigener Zucht.

Bestecke ✕ und Sterne ✿ sollten nicht verwechselt werden!
Die Bestecke stehen für eine Komfortkategorie, die Sterne zeichnen
Häuser mit besonders guter Küche aus - in jeder dieser Kategorien.

1215

SPANGENBERG – Hessen – **543** – 6 620 Ew – Höhe 259 m – Luftkurort   39 **H12**
- Berlin 398 – Wiesbaden 209 – Kassel 41 – Bad Hersfeld 50
- Burgstr. 1, ✉ 34286, ℰ (05663) 72 97, service-center@spangenberg.de

Schloss Spangenberg
Spangenberg, Rest,
zum Schloss ✉ 34286 – ℰ (05663) 9 39 80
– hotel.schloss.spangenberg@t-online.de – Fax (05663) 7567
24 Zim – †76/100 € ††99/160 € – ½ P 24 € – **Rest** – *(geschl. Anfang Jan. 2 Wochen und Dienstag, Sonntagabend)* Menü 24/50 € – Karte 29/47 €
- Wo schon im 13. Jh. Ritter residierten, beziehen heute Gäste Quartier. Das in die alte Burg integrierte Hotel bietet Ihnen individuell gestaltete Zimmer. Über zwei Etagen erstreckt sich das rustikal-elegante Restaurant.

SPAY – Rheinland-Pfalz – **543** – 2 060 Ew – Höhe 68 m   36 **D14**
- Berlin 608 – Mainz 98 – Koblenz 14

Alter Posthof
Mainzer Str. 47 ✉ 56322 – ℰ (02628) 87 08 – info@alterposthof.de
– Fax (02628) 3001 – geschl. 22. Dez. - 16. Jan.,
15 Zim – †54/57 € ††85/90 € – **Rest** – *(geschl. Mittwochmittag)* Karte 17/32 €
- Seit 1802 befindet sich dieser Gasthof, eine ehemalige Posthalterei, im Familienbesitz. Ein gepflegtes kleines Hotel mit soliden Zimmern. Das Restaurant teilt sich in verschiedene Stuben, eine davon mit offenem Kamin.

SPELLE – Niedersachsen – siehe Rheine

SPEYER – Rheinland-Pfalz – **543** – 50 250 Ew – Höhe 103 m   47 **F17**
- Berlin 638 – Mainz 93 – Mannheim 33 – Heidelberg 21
- Maximilianstr. 13, ✉ 67346, ℰ (06232) 14 23 92, touristinformation@stadt-speyer.de
- Kaiserdom★★ (Krypta★★★, Querschiff★★) – ≤★★ vom Fuß des Heidentürmchens auf den Dom **E** – Judenbad★ **A** – Dreifaltigkeitskirche (Barock-Interieur★) **B** – Historisches Museum der Pfalz★ **M¹** – Technik-Museum★ (IMAX-Filmtheater★) **B** – Altstadt (Altpörtel★) **A**

Stadtplan siehe gegenüberliegende Seite

Domhof garni
Bauhof 3 ✉ 67346 – ℰ (06232) 1 32 90 – rezeption@domhof.de
– Fax (06232) 132990   B **v**
50 Zim – †95 € ††115/125 €
- Direkt in der Altstadt, nahe dem Dom, liegt dieses hübsche Ensemble historischer Häuser. Im Sommer frühstücken Sie im schönen Innenhof.

Goldener Engel
Mühlturmstr. 5 ✉ 67346 – ℰ (06232) 1 32 60 – Fax (06232) 132695   A **e**
46 Zim – †60/86 € ††81/116 €
Rest *Wirtschaft zum Alten Engel* – separat erwähnt
- Diese Unterkunft befindet sich im historischen Zentrum der Stadt. Eine Kombination von rustikalen und modernen Möbeln bestimmt den individuellen Stil der Zimmer.

×× Backmulde
Karmeliterstr. 11 ✉ 67346 – ℰ (06232) 7 15 77 – restaurant@backmulde.de
– Fax (06232) 629474   A **z**
Rest – *(geschl. Montag)* Menü 42/68 € – Karte 32/58 €
- Ein klassisch gehaltenes Restaurant mit freundlichem Service und mediterran angehauchter Küche. Man bietet eine gute Auswahl an regionalen und französischen Weinen.

×× Kutscherhaus mit Zim
Biergarten
Am Fischmarkt 5a ✉ 67346 – ℰ (06232) 7 05 92 – info@kutscherhaus-speyer.de
– Fax (06232) 620922   AB **s**
3 Zim – †65 € ††65 € – **Rest** – *(geschl. Mittwoch - Donnerstag)* (Tischbestellung ratsam) Karte 26/38 €
- Hinter der begrünten Fachwerkfassade des alten Hauses bittet man Sie in gemütlich gestalteten Räumen zu Tisch. Ein lauschiges Plätzchen finden Sie auch im Biergarten.

SPEYER

Am Heringsee	B 2
Armbrustgasse	A 3
Bartholomäus-Weltz-Pl.	A 4
Fischmarkt	A 6
Französischen Garnison Pl.	A 30
Fr.-Kirrmeier-Str.	B 7
Gilgenstr.	A
Große Greifeng	A 8
Große Himmelsg	B 10
Große Pfaffeng	B 12
Grüner Winkel	AB 13
Gutenbergstr.	A 15
Heydenreichstr.	A 16
Hirschgraben	A 17
Industriestr.	B 18
Johannesstr.	A 19
Karl-Leiling-Allee	B 20
Kleine Pfaffeng	B 21
Königspl.	B 22
Korngasse	A 23
Lauergasse	A 24
Maximilianstr.	AB 25
Mühlturmstr.	A 27
Pfaugasse	A 28
Pistoreigasse	B 29
Prinz-Luitpold-Str.	B 32
Rheintorstr.	B 33
Roßmarktstr.	B 34
Salzgasse	A 37
St. Georgengasse	B 38
Schustergasse	B 39
Stuhlbrudergasse	B 42
Tränkgasse	A 43
Wormser Str.	A 45

Zweierlei
Johannesstr. 1 ✉ *67346* – 🕾 *(06232) 6 11 10* – *info@zweierlei.info*
– *Fax (06232) 61129* – *geschl. Sonntag - Montag*
Rest – Karte 34/46 €

VISA ⬤ AE

A c

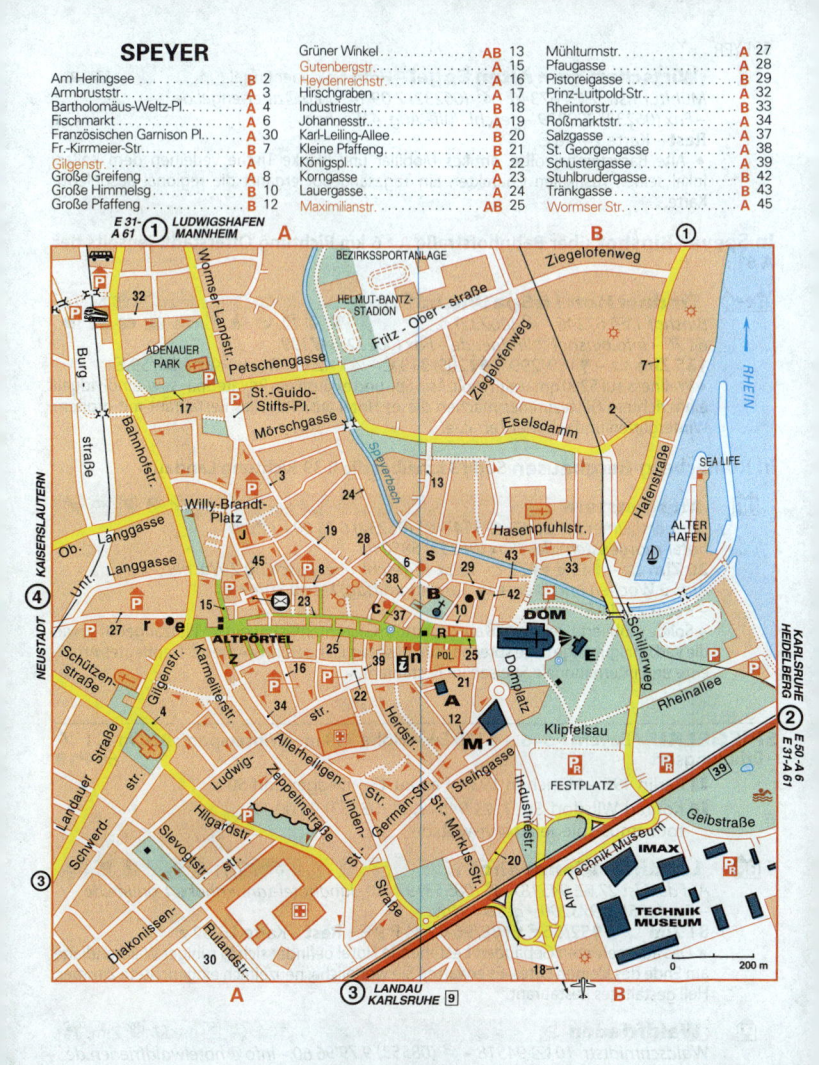

♦ Eine schlichte, gepflegte Einrichtung im Bistrostil prägt das Innenleben dieses gastlichen Hauses. Die zum Restaurant hin offene Küche ermöglicht interessante Einblicke.

Ratskeller
Maximilianstr. 12 ✉ *67346* – 🕾 *(06232) 7 86 12* – *Fax (06232) 71908*
– *geschl. über Fasching 2 Wochen und Sonntagabend - Montag*
Rest – Menü 19/30 € – Karte 23/35 €

VISA ⬤ AE

A n

♦ Der historische Keller des schmucken Rathauses beherbergt dieses Restaurant - ein gemütliches Backsteingewölbe aus dem Jahre 1578. Terrasse im Innenhof.

SPEYER

✕ Wirtschaft zum Alten Engel – Hotel Goldener Engel VISA ⦾
Mühlturmstr. 7 ✉ 67346 – ℰ (06232) 7 09 14 – info@alter-engel.de
– Fax (06232) 292279 – geschl. Juli - Aug. 4 Wochen A r
Rest – Karte 24/40 €
♦ Alte Backsteingewölbe, antikes Mobiliar und blanke Tische verleihen dem Kellerlokal seinen rustikalen Charakter. Ein Tagesangebot ergänzt die regional ausgelegte Karte.

In Speyer-Binhof über Bahnhofstraße A : 6 km Richtung Otterstadt, jenseits der A 61 :

Lindner Hotel & Spa Binshof ⌘   (geheizt)
Binshof 1 ✉ 67346 – ℰ (06232) 64 70 – info.binshof@lindner.de – Fax (06232) 647199
135 Zim ⌒ – †189/299 € ††209/319 € – ½ P 42 € – **Rest** – Karte 36/59 €
♦ Wellness auf 5200 qm - mit Tropic Asia Spa und exklusivem Private Spa - sowie individuell eingerichtete Gästezimmer machen dieses Hotel aus. Stilvolles Restaurant mit großem Wintergarten und schöner Terrasse.

In Römerberg-Berghausen Süd : 3 km über die B 39 Richtung Landau :

Morgenstern
Germersheimer Str. 2b ✉ 67354 – ℰ (06232) 6 85 00 – info@hotel-morgenstern.de – Fax (06232) 685040
20 Zim ⌒ – †45 € ††75 € – **Rest** – (geschl. über Fasching 2 Wochen, Aug. 2 Wochen und Dienstag, Samstagmittag) Menü 30/47 € – Karte 25/41 €
♦ Solide möblierte, zeitgemäß ausgestattete Gästezimmer mit gutem Platzangebot sowie die verkehrsgünstige Lage sprechen für diese familiengeführte Adresse. Gepflegtes Ambiente und internationale Speisen im Restaurant.

SPIEGELAU – Bayern – 546 – 4 170 Ew – Höhe 759 m – Wintersport : 820 m ⛷1 ⛷
– Erholungsort 60 **P18**

▶ Berlin 496 – München 193 – Passau 43 – Deggendorf 50

🛈 Konrad-Wilsdorf-Str. 1, ✉ 94518, ℰ (08553) 96 00 17, tourismus-spiegelau@vr-web.de

Landhotel Tannenhof ⌘
Auf der List 27 ✉ 94518 – ℰ (08553) 97 30 – landhotel-tannenhof@t-online.de – Fax (08553) 973200 – geschl. Nov.
81 Zim ⌒ – †52/56 € ††88/96 € – ½ P 9 € – **Rest** – Karte 16/32 €
♦ Das aus mehreren Gebäuden bestehende Hotel befindet sich in ruhiger Waldrandlage am Ende des kleinen Ortes. Es erwarten Sie wohnliche, neuzeitlich eingerichtete Zimmer. Hell gestaltetes Restaurant.

Waldfrieden ⌘
Waldschmidtstr. 10 ✉ 94518 – ℰ (08553) 9 79 96 60 – info@hotelwaldfrieden.de – Fax (08553) 979966300 – geschl. April und Nov.
28 Zim ⌒ – †40 € ††80 € – ½ P 10 € – **Rest** – (geschl. April - Okt. Dienstag, nur Abendessen) Karte 13/20 €
♦ Recht ruhig in einem Wohngebiet gelegener Gasthof. Auch Stammgäste schätzen die familiäre Atmosphäre, solide Zimmer und die schöne Gegend. Gepflegter, ländlich eingerichteter Gastraum.

In Spiegelau-Klingenbrunn Nord-West : 4 km – Höhe 820 m

Hochriegel (mit Gästehaus)
Frauenauer Str. 31 ✉ 94518 – ℰ (08553) 97 00 – hotel.hochriegel@t-online.de – Fax (08553) 970193 – geschl. 20. Nov. - 24. Dez.
60 Zim (inkl. ½ P.) – †58/69 € ††106/150 € – **Rest** – (nur für Hausgäste)
♦ Das Haus mit der netten Balkonfassade beherbergt wohnlich-rustikal eingerichtete Zimmer. Ein ehemaliges Schulhaus ergänzt den Gasthof mit großzügigen Appartements.

SPIEGELAU

In Spiegelau-Oberkreuzberg Süd : 4 km, in Steinbüchl links ab :

Panoramahotel Grobauer (mit Gästehaus)
Kreuzbergstr. 8 ⊠ 94518 – ℰ (08553) 9 11 09 — Zim, **P**
*– info@hotel-grobauer.de – Fax (08553) 91110 – geschl. 7. - 20. April,
10. Nov. - 16. Dez.*
45 Zim ⊆ – †29/39 € ††58/80 € – ½ P 8 € – 15 Suiten – **Rest** – *(geschl.
Dienstagmittag, Mittwochmittag)* Karte 14/25 €
♦ Ruhig ist die Lage dieses erweiterten Gasthofs, schön der Ausblick. Besonders wohnlich sind die als Suiten angelegten Zimmer im Gästehaus. Gaststube im ländlichen Stil.

SPIEKEROOG (INSEL) – Niedersachsen – **541** – 780 Ew – Höhe 3 m – Insel der Ostfriesischen Inselgruppe – Nordseeheilbad 8 **E4**

▶ Berlin 518 – Hannover 258 – Emden 61 – Aurich 33
Autos nicht zugelassen
⛴ von Neuharlingersiel (40 min.), ℰ (04974) 2 14
🛈 Noorderpad 25, ⊠ 26474, ℰ (04976) 9 19 31 01, info@spieekeroog.de

Inselfriede (mit Gästehäusern)
*Süderloog 12 ⊠ 26474 – ℰ (04976) 9 19 20 – info@inselfriede.de
– Fax (04976) 919266 – geschl. 8. Jan. - 4. Feb.*
43 Zim ⊆ – †80/95 € ††130/150 € – ½ P 22 € – **Rest** – *(nur Abendessen)* Karte 22/38 €
♦ Das aus mehreren Häusern bestehende Hotel mit wohnlichen, neuzeitlichen Zimmern liegt zentral, nur wenige Minuten vom Strand entfernt. Netter Badebereich mit Sauna. Hübsches, behagliches Restaurant in Blau-Weiß.

Zur Linde
*Noorderloog 5 ⊠ 26474 – ℰ (04976) 9 19 40 – hotelzurlinde@t-online.de
– Fax (04976) 919430 – geschl. 7. Jan. - 21. Feb., 30. Nov. - 26. Dez.*
22 Zim ⊆ – †60/80 € ††100/146 € – ½ P 20 € – **Rest** – *(nur Abendessen)*
Karte 25/43 €
♦ Im Zentrum des autofreien Inselortes beherbergt ein altes friesisches Landhaus Urlauber in zeitgemäßen, freundlichen Zimmern. Angenehm ruhige Lage. Zweigeteiltes Restaurant mit bürgerlichem Angebot.

SPREMBERG – Brandenburg – **542** – 26 460 Ew – Höhe 97 m 34 **R10**

▶ Berlin 143 – Potsdam 148 – Cottbus 22 – Dresden 72
🛈 Am Markt 2, ⊠ 03130, ℰ (03563) 45 30, info@spremberg.de

Stadt Spremberg
*Am Markt 5, (im City Center) ⊠ 03130 – ℰ (03563) 3 96 30 – info@
hotel.stadt.spremberg.de – Fax (03563) 396399*
31 Zim ⊆ – †52/59 € ††62/69 € – **Rest** – Karte 21/32 €
♦ Direkt im Zentrum der Stadt, gegenüber dem Rathaus, liegt dieses neuzeitliche Hotel, das in das City Center Spremberg integriert ist.

Am Berg   Biergarten
*Bergstr. 30 ⊠ 03130 – ℰ (03563) 6 08 20 – hotelamberg@t-online.de
– Fax (03563) 6082231*
14 Zim ⊆ – †41 € ††67 € – **Rest** – *(nur Abendessen)* Karte 15/26 €
♦ Die zentrumsnahe Lage sowie solide und funktionell ausgestattete Gästezimmer sprechen für dieses freundlich geführte kleine Hotel. Restaurant mit Wintergartenvorbau.

SPRENDLINGEN – Rheinland-Pfalz – **543** – 3 940 Ew – Höhe 110 m 47 **E15**

▶ Berlin 610 – Mainz 39 – Bad Kreuznach 7

Apart Hotel Garni garni
*Bahnhofstr. 39 ⊠ 55576 – ℰ (06701) 9 30 10 – info@apart-hotel-blessing.de
– Fax (06701) 930150*
18 Zim ⊆ – †52/62 € ††82/88 €
♦ Freundlich führt Familie Blessing ihr gepflegtes kleines Hotel. Die Gästezimmer hat man neuzeitlich und funktionell ausgestattet.

SPRENDLINGEN

In St. Johann Nord-Ost : 2 km :

Golf Hotel Rheinhessen ≤ Weinberge und Golfplatz,
Hofgut Wissberg (beim Golfplatz) ⊠ 55578 — Rest,
– ℰ (06701) 91 64 50 – info@golfhotel-rheinhessen.de – Fax (06701) 916455
– geschl. 21. Dez. - 8. Jan.
21 Zim – †95/115 € ††120/140 € – **Rest** – (geschl. Jan. - Feb.,
Sept. - Mai Montag) Karte 19/28 €
 ♦ Das leicht erhöht und ruhig auf einem Plateau gelegene Weingut wurde durch ein äußerlich wie auch im Inneren in modernem Design gehaltenes Hotel ergänzt. Gewölbe-Restaurant mit regionaler Karte. Netter Innenhof.

SPROCKHÖVEL – Nordrhein-Westfalen – 543 – 26 350 Ew – Höhe 200 m
▶ Berlin 526 – Düsseldorf 53 – Bochum 18 – Wuppertal 16   26 **C11**
Sprockhövel, Gut Frielinghausen ℰ (0202) 64 82 22 22

Im Stadtteil Niedersprockhövel

XX **Tante Anna**
Hauptstr. 58 ⊠ 45549 – ℰ (02324) 7 96 12 – Fax (02324) 685081 – geschl. Montag
Rest – (nur Abendessen) (Tischbestellung ratsam) Karte 28/50 €
 ♦ Ein älteres Stadthaus beherbergt das in neuzeitlichem Stil gehaltene Restaurant, in dem helle Farben und Korbstühle eine mediterrane Note erzeugen. Internationale Küche.

XX **Eggers** mit Zim
Hauptstr. 78 ⊠ 45549 – ℰ (02324) 7 17 80 – info@hotel-restaurant-eggers.de
– Fax (02324) 77290
16 Zim – †50/80 € ††80/120 € – **Rest** – (geschl. Juli - Aug. 3 Wochen und Mittwoch) Menü 27/50 € – Karte 22/45 €
 ♦ Das Restaurant besteht aus der rustikalen Gaststube, einem Wintergarten, dem eleganten Salon und der kleinen Jägerstube. Man bietet regionale Küche sowie gehobenere Gerichte.

STADE – Niedersachsen – 541 – 45 430 Ew – Höhe 1 m   9 **H5**
▶ Berlin 350 – Hannover 178 – Hamburg 59 – Bremerhaven 76
ADAC Hinterm Teich 1
🛈 Hansestr. 16, ⊠ 21682, ℰ (04141) 40 91 70, touristinfo@stade-tourismus.de
Deinste, Im Mühlenfeld 30 ℰ (04149) 92 51 12
⊙ Schwedenspeicher-Museum Stade ★ (Bronze-Räder ★) – Altstadt ★★
◉ Das Alte Land ★

Ramada Hotel Herzog Widukind garni
Grosse Schmiedestr. 14 ⊠ 21682 – ℰ (04141) 9 99 80 – widukind@ramada.de
– Fax (04141) 9998444
45 Zim – †66/82 € ††66/82 €, ⊇ 13 € – ½ P 16 €
 ♦ Eine elegante Halle mit Säulen und Empore empfängt Sie in diesem neuzeitlichen Stadthotel. Die Ausstattung mit dem Komfort von heute schätzen nicht nur Geschäftsleute.

Parkhotel Stader Hof
Schiffertorsstr. 8, (Stadeum) ⊠ 21682 – ℰ (04141) 49 90 – info@staderhof.de
– Fax (04141) 499100
100 Zim ⊇ – †75/105 € ††105/125 € – ½ P 15 € – **Rest** – (geschl. Sonntag)
Karte 30/47 €
 ♦ Das architektonisch ansprechend gestaltete Hotel in Altstadtnähe ist mit seinem funktionellen Interieur vor allem auf die Bedürfnisse von Tagungsgästen ausgelegt. Gepflegtes Restaurant mit internationalem Angebot.

Ramada Hotel Stade
Kommandantendeich 1 ⊠ 21680 – ℰ (04141) 9 99 70 – stade@ramada.de
– Fax (04141) 999711
65 Zim – †84/110 € ††84/110 €, ⊇ 13 € – ½ P 16 € – **Rest** – (nur Abendessen)
Karte 14/33 €
 ♦ Der moderne Klinkerbau liegt altstadtnah am historischen Hafen. Durch den großzügigen Eingangsbereich gelangen Sie in neuzeitlich-komfortabel eingerichtete Gästezimmer. Restaurant im US-amerikanischen Stil.

STADE

Vier Linden
Schölischer Str. 63 ⌂ 21682 – ℰ (04141) 9 27 02 – info@hotel-vierlinden.de
– Fax (04141) 2865
46 Zim ⌂ – †60/80 € ††89/107 € – ½ P 20 € – **Rest** – (geschl. Sonntag, nur Abendessen) Karte 21/38 €
♦ Seit 1927 befindet sich das in einer Nebenstraße gelegene Haus mit seinen praktisch ausgestatteten Gästezimmern in Familienbesitz. Bürgerlich gestaltetes Restaurant.

STADECKEN-ELSHEIM – Rheinland-Pfalz – 543 – 4 450 Ew – Höhe 106 m
47 **E15**

▶ Berlin 599 – Mainz 16 – Neustadt an der Weinstraße 88 – Darmstadt 50

Christian Gartenhotel garni (mit Gästehaus)
Christian-Reichert-Str. 3 (Stadecken) ⌂ 55271
– ℰ (06136) 9 16 50 – info@
christian-gartenhotel.de – Fax (06136) 916555
20 Zim ⌂ – †95/145 € ††110/155 €
♦ Das Interieur dieses Hauses ist geprägt durch exquisiten Stil: Schöne Stoffe und italienische Möbel gefallen ebenso wie moderne Bäder. Mit hübschem Garten.

STADT WEHLEN – Sachsen – 544 – 1 730 Ew – Höhe 130 m – Erholungsort
▶ Berlin 216 – Dresden 25 – Pirna 10
43 **Q12**
🛈 Markt 7, ⌂ 01829, ℰ (035024) 7 04 14, gaesteamt@stadt-wehlen.de

Strandhotel (mit Gästehaus)
Markt 9 ⌂ 01829 – ℰ (035024) 7 84 90 – info@strandhotel-wehlen.de
– Fax (035024) 7849401 – geschl. 2. Jan. - 14. März, 3. Nov. - 23. Dez.
30 Zim ⌂ – †50/70 € ††75/110 € – ½ P 15 € – **Rest** – Karte 18/28 €
♦ Der Wehlener Hof ergänzt das am Marktplatz gelegene Stadthaus mit Treppengiebel und Türmchen um weitere gut gepflegte, zeitgemäße Zimmer. Zwei kleine Turmzimmer mit Aussicht. Restaurant mit Blick auf die Elbe.

STADTHAGEN – Niedersachsen – 541 – 23 360 Ew – Höhe 72 m
18 **G8**
▶ Berlin 327 – Hannover 45 – Bielefeld 76 – Osnabrück 106
🛈 Am Markt 1, ⌂ 31655, ℰ (05721) 92 60 70, touristinfo@stadthagen.de
 Obernkirchen, Röserheide 2 ℰ (05724) 46 70

Altera Hotel La Tannerie (mit Gästehaus)
Echternstr. 14 ⌂ 31655 – ℰ (05721) 98 60 – stadthagen@altera-hotels.de
– Fax (05721) 98666
28 Zim ⌂ – †54/72 € ††77/97 € – **Rest** – (geschl. 23. Dez. - 6. Jan. und Sonntag, nur Abendessen) Karte 23/44 €
♦ Das um ein Gästehaus erweiterte Stadthaus am Rand der Fußgängerzone bietet moderne, technisch gut ausgestattete Zimmer und einen neuzeitlich gestalteten Frühstücksraum.

Torschreiberhaus
Krumme Str. 42 ⌂ 31655 – ℰ (05721) 64 50 – info@torschreiberhaus.de
– Fax (05721) 923184 – geschl. Jan. 2 Wochen, Okt. 1 Woche und Sonntag - Montag
Rest – (nur Abendessen) Karte 32/46 €
♦ In einem historischen Stadthaus befindet sich das freundlich-familiär geleitete Restaurant mit internationaler Küche. Helle Töne und geradliniger Stil bestimmen das Ambiente.

Fisch-Restaurant Blanke
Rathauspassage 5 ⌂ 31655 – ℰ (05721) 8 17 86 – fischhaus-blanke@t-online.de
– Fax (05721) 9800384 – geschl. Sonntag - Montag
Rest – Karte 19/45 €
♦ In diesem Bistro mit Fischdelikatessengeschäft bietet man fast ausschließlich Fischgerichte und Krustentiere - mittags speist man an blanken Tischen, abends wird eingedeckt.

STADTHAGEN
In Nienstädt-Sülbeck Süd-West : 6 km über B 65 :

XX **Sülbecker Krug** mit Zim   VISA
Mindener Str. 6 (B 65) ⊠ 31688 – ℰ (05724) 9 55 00 – suelbeckerkrug@gmx.de
– Fax (05724) 955050
11 Zim ⊆ – †46 € ††73 € – **Rest** – (geschl. Montag - Dienstagmittag,
Samstagmittag) Karte 29/49 €
♦ Das Klinkerhaus beherbergt ein modernes, mit Bildern dekoriertes Bistro und ein
klassisch gehaltenes Restaurant mit Kamin und Holztäfelung. Internationale und regionale
Küche.

STADTOLDENDORF – Niedersachsen – 541 – 6 160 Ew – Höhe 215 m   29 **H10**
▶ Berlin 337 – Hannover 62 – Göttingen 71 – Hildesheim 51

Villa Mosler   VISA AE ①
Hoopstr. 2 ⊠ 37627 – ℰ (05532) 50 60 – villa.mosler@t-online.de
– Fax (05532) 506400
61 Zim ⊆ – †87 € ††108 € – ½ P 19 € – 5 Suiten
Rest *Topas* – (geschl. Sonntag, nur Abendessen) Karte 26/45 €
♦ Die denkmalgeschützte Villa - erbaut während des Kaiserreiches - dient heute als Hotel.
Hier wie auch im modernen Anbau überzeugt das schöne Haus mit wohnlichem Komfort.
Marmorboden und Säulen geben dem Topas einen eleganten Touch.

STADTRODA – Thüringen – 544 – 6 620 Ew – Höhe 200 m   41 **M13**
▶ Berlin 245 – Erfurt 58 – Gera 29 – Jena 17

Hammermühle   VISA
Hammermühlenweg 2 ⊠ 07646 – ℰ (036428) 57 90 – info@hammermuehle.com
– Fax (036428) 57990
28 Zim ⊆ – †67/82 € ††75/129 € – ½ P 25 € – **Rest** – Karte 16/28 €
♦ Solide und wohnlich eingerichtete Gästezimmer und ein neuzeitlicher Spabereich
sprechen für das ehemalige Mühlengehöft aus dem 15. Jh. Auch ein Badeteich ist vorhan-
den. Die Mühlenstube und die rustikale ehemalige Scheune bilden das Restaurant.

STAFFELSTEIN, BAD – Bayern – 546 – 10 700 Ew – Höhe 274 m – Kurort
▶ Berlin 379 – München 261 – Coburg 24 – Bamberg 26   50 **K15**
🄱 Bahnhofstr. 1, ⊠ 96231, ℰ (09573) 3 31 20, tourismus@bad-staffelstein.de
🄶 Kloster Banz (ehem. Klosterkirche★, Terrasse ≤★) Nord : 5 km –
Wallfahrtskirche Vierzehnheiligen★★(Nothelfer-Altar★★) Nord-Ost : 5 km

Kurhotel   Rest, VISA AE ①
Am Kurpark 7 ⊠ 96231 – ℰ (09573) 33 30 – info@kurhotel-staffelstein.de
– Fax (09573) 333299
113 Zim ⊆ – †52/69 € ††79/95 € – ½ P 25 € – **Rest** – Karte 20/32 €
♦ Das ursprünglich auf Kurgäste ausgerichtete Hotel wird aufgrund seiner geräumigen,
neuzeitlich und funktionell ausgestatteten Gästezimmer auch von Tagungsgästen
geschätzt. Restaurant mit nettem Wintergarten und internationaler Küche.

Erich Rödiger   VISA AE ①
Zur Herrgottsmühle 2 ⊠ 96231 – ℰ (09573) 92 60 – info@hotel-roediger.de
– Fax (09573) 926262
51 Zim ⊆ – †52 € ††80 € – ½ P 15 € – **Rest** – (geschl. 28. Juli - 17. Aug. und
Freitag) Karte 16/39 €
♦ Ein tipptopp gepflegter Familienbetrieb mit zeitgemäßen und wohnlichen Gäste-
zimmern. Besonders schön sind die etwas größeren Zimmer im Haupthaus. Eine Terrasse
ergänzt das hübsche Restaurant.

Vierjahreszeiten garni
Annaberger Str. 1 ⊠ 96231 – ℰ (09573) 68 38 – info@
vierjahreszeiten-staffelstein.de – Fax (09573) 34200
15 Zim ⊆ – †42/52 € ††66/70 €
♦ Das persönlich geführte Haus liegt am Rande eines Wohngebiets. Die Zimmer
verfügen über eine solide Ausstattung, zu der auch Betten mit Bandscheiben-Matratzen
gehören.

STAFFELSTEIN, BAD

In Bad Staffelstein-Grundfeld Nord-Ost : 3 km über Lichtenfelser Straße :

Gasthof Maintal
Alte Bundesstr. 5 ⊠ *96231* – ℰ *(09571) 31 66* – *info@gasthof-maintal.de*
– *Fax (09571) 5768* – *geschl. 8. - 19. Aug., 22. Dez. - 21. Jan.*
19 Zim ⊇ – †30/44 € ††50/60 € – **Rest** – *(geschl. Sonntagabend - Montag)*
Karte 14/29 €
♦ In einem nach hinten gelegenen Anbau dieses ländlichen Gasthauses beziehen Sie sehr gepflegte Zimmer. Viele Ausflugsziele sind von hier aus leicht zu erreichen. Gemütliches ländlich-rustikales Restaurant mit Kachelofen.

In Bad Staffelstein-Romansthal Ost : 2 km :

Zur schönen Schnitterin
Romansthal 1 ⊠ *96231* – ℰ *(09573) 43 73* – *gasthof@schnitterin.de*
– *Fax (09573) 5489* – *geschl. 10. - 26. Dez., 7. - 18. Jan.*
15 Zim ⊇ – †34/45 € ††58/66 € – ½ P 13 € – **Rest** – *(geschl. Montag)* Karte 13/35 €
♦ Recht ruhig liegt das Haus oberhalb von Bad Staffelstein. Ein familiengeführtes kleines Hotel mit solide ausgestatteten Gästezimmern, teilweise mit schöner Aussicht. Vom Restaurant aus blicken Sie auf den Ort und die Umgebung.

In Bad Staffelstein-Schwabthal Süd-Ost : 8 km Richtung Stublang und Frauendorf :

Landferienhotel Augustin
Schwabthal 3 ⊠ *96231* – ℰ *(09573) 9 69 70* – *hotel-augustin@t-online.de*
– *Fax (09573) 969739*
25 Zim ⊇ – †42/66 € ††64/113 € – ½ P 14 € – **Rest** – Karte 17/32 €
♦ Das Fachwerkhaus ist ein sympathischer Gasthof mit freundlich und wohnlich gestalteten Zimmern. Besonders schön und geräumig sind die neueren Landhauszimmer. Holztäfelung und Kachelofen tragen zum gemütlich-rustikalen Charakter der Gaststube bei.

STAHNSDORF – Brandenburg – **542** – **12 590 Ew** – **Höhe 38 m**   22 **P8**
▶ Berlin 32 – Potsdam 13

Sonneneck garni
Potsdamer Allee 123 ⊠ *14532* – ℰ *(03329) 69 69 00* – *chhotelsonneneck@aol.com* – *Fax (03329) 69690222*
15 Zim ⊇ – †49 € ††69 €
♦ Tipptopp gepflegte Gästezimmer sowie die gute Autobahnanbindung sprechen für dieses kleine, aus einem ehemaligen Tanzlokal von 1927 entstandene Hotel.

STARNBERG – Bayern – **546** – **22 560 Ew** – **Höhe 588 m**   65 **L20**
▶ Berlin 613 – München 26 – Augsburg 82 – Garmisch-Partenkirchen 70
ℹ Wittelsbacher Str. 2c, ⊠ 82319, ℰ (08151) 9 06 00, info@sta5.de
🚉 Starnberg-Hadorf, Uneringer Str. 1 ℰ (08151) 1 21 57
🚉 Starnberg, Gut Rieden ℰ (08151) 9 07 70

Vier Jahreszeiten
Münchnerstr. 17 ⊠ *82319* – ℰ *(08151) 4 47 00* – *info@vier-jahreszeiten-starnberg.de* – *Fax (08151) 4470161*
127 Zim ⊇ – †135/185 € ††150/205 € – 8 Suiten – **Rest** – Karte 33/48 €
♦ Ein modern-elegantes Businesshotel mit technisch gut ausgestatteten Zimmern. Eine schöne Sicht bietet der Saunabereich im obersten Stock mit kleiner Dachterrasse. Französisch-mediterran ist das Speiseangebot im Restaurant Oliv's.

Seehof
Bahnhofplatz 6 ⊠ *82319* – ℰ *(08151) 90 85 00* – *info@hotel-seehof-starnberg.de*
– *Fax (08151) 28136*
38 Zim ⊇ – †70/110 € ††110/140 € – ½ P 25 €
Rest *Al Gallo Nero* – ℰ *(08151) 22 21* (abends Tischbestellung ratsam)
Karte 18/35 €
♦ Die zentrale und seenahe Lage sowie wohnliche Gästezimmer sprechen für dieses Hotel. Besonders schön sind die zum See hin gelegenen Zimmer mit Balkon. Das Al Gallo Nero bietet italienische Küche.

STARNBERG

Fischerhaus garni
*Achheimstr. 1 ⌨ 82319 – ℰ (08151) 9 05 50 – info@
hotel-fischerhaus-starnberg.de – Fax (08151) 905520*
11 Zim ⌂ – †86 € ††122 €
◆ Freundlich leitet Familie Benz das im Zentrum gelegene kleine Hotel. Es stehen behaglich eingerichtete Gästezimmer zur Verfügung.

Al Torchio
*Kaiser-Wilhelm-Str. 2 ⌨ 82319 – ℰ (08151) 74 44 66 – altorchio@aol.com
– Fax (08151) 29831 – geschl. Montagmittag*
Rest – Karte 28/44 €
◆ Rustikal-elegantes Ambiente und italienische Küche erwarten Sie in diesem von zwei Brüdern geführten Restaurant in der Innenstadt.

Starnberger Alm - Illguth's Gasthaus
Schloßbergstr. 24 ⌨ 82319 – ℰ (08151) 1 55 77 – geschl. Weihnachten - Anfang Jan., 4. - 17. Aug. und Montag
Rest – *(Dienstag - Samstag nur Abendessen)* (Tischbestellung ratsam)
Karte 13/31 €
◆ Holzbalken, schwere, blanke Tische und eine Sammlung alter Handwerksgeräte geben den gemütlichen Stuben ihren urigen Charakter. Gutes Angebot an württembergischen Weinen.

STAUFEN – Baden-Württemberg – 545 – 7 730 Ew – Höhe 288 m – Erholungsort
▶ Berlin 820 – Stuttgart 222 – Freiburg im Breisgau 22 – Basel 58
🛈 Hauptstr. 53, ⌨ 79219, ℰ (07633) 8 05 36 61 **D21**
◉ Staufenburg : Lage ★

Zum Löwen
*Rathausgasse 8 ⌨ 79219 – ℰ (07633) 9 08 93 90 – willkommen@
fauststube-im-loewen.de – Fax (07633) 908939500*
16 Zim ⌂ – †74/82 € ††94/99 € – ½ P 23 € – **Rest** – Menü 23 €
– Karte 24/48 €
◆ In Zimmer Nr. 5 dieses historischen Hauses am Marktplatz soll Faust 1539 sein Leben ausgehaucht haben. Das Gästehaus ist mit Schwarzwälder Fichte wohnlich eingerichtet. Holz und Kachelofen machen das Restaurant gemütlich. Leicht elegant: die Fauststube.

Die Krone
*Hauptstr. 30 ⌨ 79219 – ℰ (07633) 58 40 – info@die-krone.de
– Fax (07633) 82903*
9 Zim ⌂ – †65 € ††85 € – **Rest** – *(geschl. Freitagmittag, Samstag)* Menü 20 € (veg.)/48 € – Karte 24/54 €
◆ Das historische Gasthaus in der Fußgängerzone des Städtchens ist ein freundlich geführter Familienbetrieb mit persönlicher Atmosphäre und sehr gepflegten, wohnlichen Zimmern. Ländlich-rustikales Restaurant mit guter regionaler Küche.

Zum Hirschen
*Hauptstr. 19 ⌨ 79219 – ℰ (07633) 52 97 – info@hirschen-staufen.de
– Fax (07633) 5295 – geschl. Nov.*
15 Zim ⌂ – †58/65 € ††70/80 € – **Rest** – *(geschl. Montag - Dienstag)* Karte 18/36 €
◆ Das Gasthaus mit der rosa Fassade liegt in der Innenstadt und verfügt über in ländlichem Stil eingerichtete Zimmer. Sehr hübsch: die Suite im OG. Regionstypisches Restaurant mit Terrasse in der Fußgängerzone. Eigener Weinbau.

Kreuz-Post mit Zim
*Hauptstr. 65 ⌨ 79219 – ℰ (07633) 9 53 20 – kreuz-post-staufen@t-online.de
– Fax (07633) 953232 – geschl. Jan. 2 Wochen*
5 Zim ⌂ – †88/95 € ††98/105 € – ½ P 30 € – **Rest** – *(geschl. Mittwoch)*
Menü 33/40 € – Karte 30/54 €
◆ Gemütlich ist die Atmosphäre in dieser traditionsreichen Markgräfler Gaststube. Geboten wird eine gute klassische und internationale Küche. Die hübschen Zimmer im Landhausstil sind nach regionalen Obstsorten benannt.

Sie haben die richtige Adresse !

MICHELIN

Österreich

Frankreich

HOTELS & RESTAURANTS

Vom Palace-Hotel bis zum einfachen Gästehaus, vom Luxus-Restaurant bis zu kleinen Bistro: Die Sammlung der MICHELIN-Führer umfasst 45.000 Hotels und Restaurants, die sorgfältig von unseren Inspektoren europa- und weltweit ausgewählt wurden. Egal wo Sie sind und wie viel Sie ausgeben möchten – mit uns werden Sie immer die richtige Adresse finden.

www.michelin.de

MICHELIN
Wir bringen Sie weiter

STAUFEN

In Staufen-Grunern Süd-West : 1 km :

XX **Ambiente**
Ballrechterstr. 8 ⌧ 79219 – ℘ (07633) 80 24 42 – Fax (07633) 802442
– geschl. 29. Feb. - 4. März, Juli und Mittwoch - Donnerstag
Rest – Karte 32/44 €
♦ Hell und leicht mediterran hat man dieses von der Inhaberfamilie geführte Restaurant gestaltet. Serviert wird internationale Küche.

X **Gasthaus Rebstock zum Belchenblick** mit Zim
Im Steiner 4 ⌧ 79219 – ℘ (07633) 53 94 – gasthaus@zum-rebstock.de
– Fax (07633) 924354
4 Zim ⌧ – †47/70 € ††60 € – **Rest** – (geschl. Montag - Dienstagmittag)
Menü 34 € – Karte 23/33 €
♦ In schlichtem, ländlich-rustikalem Stil präsentiert sich dieser familiengeführte Gasthof. Das Angebot ist bürgerlich und regional ausgelegt. Für Langzeitgäste: Zimmer können auch als Ferienwohnungen gemietet werden.

X **Landgasthof Bären-Bad** mit Zim
Dorfstr. 52 ⌧ 79219 – ℘ (07633) 53 74 – info@baeren-bad.de – Fax (07633) 6342
– geschl. Feb. 3 Wochen
12 Zim ⌧ – †41/65 € ††72/90 € – **Rest** – (geschl. Dienstag, Nov. - Ostern Dienstag - Mittwochmittag) Karte 25/43 €
♦ Gemütlich-rustikal ist das Ambiente in diesem historischen Landgasthof a. d. J. 1645. Freundlich serviert man Ihnen hier regionale Speisen.

STAVENHAGEN (REUTERSTADT) – Mecklenburg-Vorpommern – **542**
– 6 790 Ew – Höhe 46 m   **13 O5**
▶ Berlin 166 – Schwerin 119 – Neubrandenburg 31 – Stralsund 83

In Kittendorf Süd : 9 km über B 194 Richtung Waren :

Schloß - Hotel Kittendorf
Dorfstr. 47 (B 194) ⌧ 17153 – ℘ (039955) 5 00 – post@schloss-kittendorf.de
– Fax (039955) 50140
28 Zim ⌧ – †60/70 € ††99/139 € – **Rest** – (geschl. Okt. - April Montag)
Menü 27 € – Karte 27/32 €
♦ Mit seinem stilvollem Rahmen besticht das weiße Schloss von 1848. Die Zimmer sind unterschiedlich eingerichtet, teils mit Antiquitäten. Schön: der von Lenné entworfene Park. Klassisches Restaurant mit internationaler Karte. Orangerie und Weinkeller.

STEBEN, BAD – Bayern – **546** – 3 650 Ew – Höhe 578 m – Wintersport : 650 m ⛷1 ⛷
– Moorheilbad   **41 L14**
▶ Berlin 320 – München 295 – Coburg 75 – Hof 25
🛈 Badstr. 31, ⌧ 95138, ℘ (09288) 96 00, tourist-information@bad-steben.de

relexa Hotel
Badstr. 26 ⌧ 95138 – ℘ (09288) 7 20
– badsteben@relexa-hotel.de – Fax (09288) 72113
122 Zim ⌧ – †79/89 € ††134/144 € – ½ P 20 € – 7 Suiten
Rest – Karte 20/30 €
♦ Das Hotel am Kurpark verfügt über wohnlich-komfortable Zimmer sowie einen ansprechenden Freizeitbereich mit Kosmetik. Auch ein hübsches Schlösschen gehört zum Anwesen. Zum Park hin gelegenes Restaurant.

Am Rosengarten garni
Wenzstr. 8 ⌧ 95138 – ℘ (09288) 9 72 00 – info@amrosengarten.de
– Fax (09288) 972099
14 Zim ⌧ – †32/47 € ††64/80 €
♦ Das kleine Hotel am Kurgarten ist ein persönlich und engagiert geführtes, tipptopp gepflegtes Haus mit unterschiedlichen Zimmern und nettem Frühstücksraum mit Blick ins Grüne.

1225

STEBEN, BAD
In Bad Steben-Bobengrün Süd : 3 km über Thierbach :

× **Spitzberg** mit Zim   Biergarten Zim, VISA
Dorfstr. 43 ⊠ *95138 –* ℘ *(09288) 3 13 – kontakt@gasthof-spitzberg.de*
– Fax (09288) 55325 – geschl. 1. - 15. Nov.
4 Zim – †33/35 € ††46/49 € – **Rest** – *(geschl. Dienstag)* Karte 12/36 €
♦ In diesem von der Inhaberfamilie geführten Restaurant serviert man in zwei gepflegten Räumen bürgerlich-regionale Speisen.

In Lichtenberg Nord-Ost : 3 km :

× **Burgrestaurant Harmonie**   VISA AE
Schloßberg 2 ⊠ *95192 –* ℘ *(09288) 2 46 – burgrestaurant-harmonie@t-online.de*
– Fax (09288) 924541 – geschl. 8. - 18. Jan. und Dienstag
Rest – Menü 22 € – Karte 26/38 €
♦ Parkett sowie Mobiliar und Täfelung aus dunklem Holz schaffen in diesem Restaurant ein behagliches Ambiente. Schön sitzt man auch am Kachelofen oder auf der alten Burgmauer.

STEGAURACH – Bayern – siehe Bamberg

STEGEN – Baden-Württemberg – siehe Kirchzarten

STEIN – Schleswig-Holstein – siehe Laboe

STEINACH (KRS. SONNEBERG) – Thüringen – **544** – 4 820 Ew – Höhe 500 m   47 **F17**

▶ Berlin 337 – Erfurt 93 – Sonneberg 13 – Suhl 59

× **Landhaus Walderholung** mit Zim   VISA
Straße zum Silbersattel 5 ⊠ *96523 –* ℘ *(036762) 3 28 31 – walderholung@t-online.de – Fax (036762) 28756*
12 Zim – †35/45 € ††60/70 € – ½ P 15 € – **Rest** – *(geschl. Montag - Dienstag, Mittwoch - Freitag nur Abendessen)* Menü 35/40 € – Karte 27/44 €
♦ Angenehm ruhig liegt das Haus am Wald oberhalb des Ortes - vom Restaurant und von der Terrasse hat man eine schöne Sicht. Geboten wird internationale Küche. Zum Übernachten stehen Gästezimmer in rustikalem Stil zur Verfügung.

STEINEN – Baden-Württemberg – **545** – 10 070 Ew – Höhe 333 m   61 **D21**

▶ Berlin 833 – Stuttgart 269 – Freiburg im Breisgau 76 – Basel 17

In Steinen-Höllstein Süd : 1 km :

🏠 **Höllsteiner Hof**   VISA AE
Friedrichstr. 65 ⊠ *79585 –* ℘ *(07627) 9 10 80 – info@hotelhh.de*
– Fax (07627) 910866
19 Zim – †52/63 € ††73/93 € – **Rest** – *(geschl. Sonntag, nur Abendessen)* Karte 15/47 €
♦ Zeitgemäß und funktionell eingerichtet sind die Zimmer in diesem familiengeführten kleinen Gasthof in einem Wohngebiet am Ortsrand. Ländliches Hotelrestaurant mit offenem Grill.

STEINENBRONN – Baden-Württemberg – **545** – 6 070 Ew – Höhe 431 m   55 **G19**

▶ Berlin 658 – Stuttgart 21 – Reutlingen 33 – Ulm (Donau) 92

🏠 **Krone**   VISA AE
Stuttgarter Str. 45 ⊠ *71144 –* ℘ *(07157) 73 30 – info@krone-steinenbronn.de*
– Fax (07157) 733177 – geschl. 24. Dez. - 7. Jan.
43 Zim – †76/85 € ††105/120 € – **Rest** – *(geschl. Sonntag - Montagmittag)* Menü 27/40 € – Karte 24/47 €
♦ Hinter seiner schlichten Fassade beherbergt das familiengeführte Hotel rustikale Zimmer mit wohnlicher und zugleich funktioneller Atmosphäre sowie modernen Bädern. Ländliches Restaurant mit regionaler und internationaler Küche.

STEINFURT – Nordrhein-Westfalen – 543 – 34 400 Ew – Höhe 65 m 26 D9
- Berlin 494 – Düsseldorf 162 – Nordhorn 55 – Enschede 39
- Markt 2 (in Burgsteinfurt), ⊠ 48565, ℰ (02551) 13 83, info@steinfurt.de
- Steinfurt, Bagno ℰ (02551) 83 35 50

In Steinfurt-Borghorst

Schünemann Rest, P VISA ⦿ AE ⓓ
Altenberger Str. 109 ⊠ 48565 – ℰ (02552) 70 24 80 – info@hotel-schuenemann.de – Fax (02552) 70248240
44 Zim ⊇ – †66/79 € ††93/113 € – ½ P 16 € – **Rest** – (geschl. Sonntagabend) Karte 21/47 €
♦ Mit einem neuzeitlichen Ambiente empfängt Sie das aus mehreren Gebäuden bestehende Hotel. Hier stehen funktionell ausgestattete Zimmer bereit. Fahrradverleih. In rustikalem Stil zeigt sich das Restaurant.

Posthotel Riehemann   P VISA ⦿ AE ⓓ
Münsterstr. 8 (Zufahrt über Alte Lindenstraße) ⊠ 48565 – ℰ (02552) 9 95 10 – info@riehemann.de – Fax (02552) 62484 – geschl. Juli 2 Wochen
20 Zim ⊇ – †60/65 € ††85/90 € – **Rest** – (geschl. Sonntag) (nur Abendessen für Hausgäste)
♦ Unterschiedlich eingerichtete Gästezimmer - teils neuzeitlich, teils älter - machen diesen gut geführten Familienbetrieb zu einer soliden Übernachtungsadresse.

STEINHAGEN – Nordrhein-Westfalen – 543 – 19 870 Ew – Höhe 102 m 27 F9
- Berlin 404 – Düsseldorf 166 – Bielefeld 11 – Münster (Westfalen) 67

Alte Schmiede   P VISA ⦿ AE
Kirchplatz 22 ⊠ 33803 – ℰ (05204) 70 01 – schmiede@aol.com – Fax (05204) 89129 – geschl. Anfang Jan. 1 Woche und Dienstag
Rest – (nur Abendessen) (Tischbestellung ratsam) Menü 33/50 € – Karte 37/55 €
Rest Schmiede Stübchen – (Montag - Samstag nur Abendessen) Menü 15 € – Karte 21/28 €
♦ Gemütlich ist das historische Fachwerkhaus im Zentrum, in dem man eine ambitionierte klassische Küche mit modernen Akzenten bietet. Eine preiswerte Alternative zum Restaurant ist das Schmiede Stübchen mit Westfälischer Karte und internationalen Gerichten.

In Steinhagen-Brockhagen West: 5 km:

Ententurm mit Zim   P VISA ⦿
Sandforther Str. 50 ⊠ 33803 – ℰ (05204) 9 17 60 – info@ententurm.de – Fax (05204) 917618 – geschl. Feb. 2 Wochen
7 Zim ⊇ – †62 € ††82 € – **Rest** – (geschl. Dienstag) Menü 29 € – Karte 26/42 €
♦ Mit Parkettfußboden und angenehmen hellen Farben hat man diesen Landgasthof hübsch gestaltet. Schön sitzt man auch auf der Terrasse. Zum Übernachten stehen einige individuelle, sehr geschmackvoll eingerichtete Zimmer bereit.

STEINHEIM – Nordrhein-Westfalen – 543 – 13 850 Ew – Höhe 140 m 28 G10
- Berlin 368 – Düsseldorf 208 – Hannover 87 – Detmold 21

In Steinheim-Sandebeck Süd-West: 12 km über B 252 und Bergheim:

Germanenhof   P VISA ⦿ AE ⓓ
Teutoburger-Wald-Str. 29 ⊠ 32839 – ℰ (05238) 9 89 00 – hotelgermanenhof@t-online.de – Fax (05238) 989090
30 Zim ⊇ – †60/75 € ††82/98 € – ½ P 18 € – **Rest** – (geschl. 21. Jan. - 8. Feb. und Dienstag) (Tischbestellung ratsam) Karte 25/38 €
♦ Ein engagiert geführter Familienbetrieb, der über solide und wohnlich eingerichtete Gästezimmer verfügt, teilweise mit Balkon. Restaurant mit gediegen-ländlichem Ambiente.

STEINHEIM AM ALBUCH – Baden-Württemberg – siehe Heidenheim an der Brenz

1227

STEINHOEFEL – Brandenburg – siehe Fürstenwalde

STEINKIRCHEN – Niedersachsen – **541** – 1 690 Ew – Höhe 1 m 10 **H5**
- Berlin 321 – Hannover 161 – Hamburg 41 – Bremerhaven 88

Windmüller
Kirchweg 3, (hinter der Kirche) ✉ 21720 – ℘ (04142) 8 19 80 – info@hotel-windmueller.de – Fax (04142) 819820
25 Zim ☲ – †62 € ††82/92 € – ½ P 11 € – **Rest** – (Okt. - Ostern nur Abendessen) Karte 19/40 €
♦ In dem Hotelanbau dieses hübschen reetgedeckten Fachwerkhauses von 1746 erwarten den Gast freundliche Zimmer, die teilweise auch für Allergiker geeignet sind. Ein offener Kamin und freigelegte Holzbalken zieren das Restaurant im historischen Gebäude.

STEINSFELD – Bayern – siehe Rothenburg ob der Tauber

STEMMEN – Niedersachsen – siehe Sittensen

STEMWEDE – Nordrhein-Westfalen – **543** – 14 560 Ew – Höhe 42 m 17 **F8**
- Berlin 385 – Düsseldorf 227 – Bielefeld 50 – Minden 36

In Stemwede-Haldem

Berggasthof Wilhelmshöhe
Zur Wilhelmshöhe 14 ✉ 32351 – ℘ (05474) 9 20 30 – berggasthof-wilhelmshoehe@t-online.de – Fax (05474) 920358 – geschl. 20. - 25. Dez.
21 Zim ☲ – †42/70 € ††77/95 € – 6 Suiten – **Rest** – (geschl. Dienstag) Menü 13/35 € – Karte 20/36 €
♦ In ruhiger Lage am Waldrand steht dieses von der Inhaberfamilie geführte Landhotel. Zu den Annehmlichkeiten gehören gemütliche Zimmer und ein schöner Garten. Geschmackvoll eingerichtete Restauranträume mit freundlichem Personal.

STENDAL – Sachsen-Anhalt – **542** – 38 070 Ew – Höhe 32 m 21 **M8**
- Berlin 130 – Magdeburg 60 – Dessau 133 – Schwerin 135
- Kornmarkt 8, ✉ 39576, ℘ (03931) 65 11 90, touristinfo@stendal.de
- Dom St. Nikolai★ (Glasfenster★) – Uenglinger Tor★
- Tangermünde★ (Rathaus★, Neustädter Tor★) Süd-Ost : 10 km – Havelberg (Dom St. Marien★) Nord : 46 km

Am Uenglinger Tor garni
Moltkestr. 17 ✉ 39576 – ℘ (03931) 6 84 80 – hsellent@t-online.de – Fax (03931) 684856
17 Zim ☲ – †50 € ††65 €
♦ Das nach dem schmucken, mit Türmchen verzierten Klinkerbauwerk benannte Hotel liegt in unmittelbarer Nähe zur Innenstadt. Hier beziehen Sie sehr gepflegte, solide Zimmer.

Altstadt-Hotel
Breite Str. 60 ✉ 39576 – ℘ (03931) 6 98 90 – altstadthotel@surfeu.de – Fax (03931) 698939
28 Zim ☲ – †55/65 € ††75/85 € – **Rest** – Karte 18/29 €
♦ Im Herzen der Stadt, in direkter Nähe zu den historischen Sehenswürdigkeiten steht dieses nette Hotel - von der Rezeption bis in die Zimmer in neuzeitlichem Stil eingerichtet. Freundlich empfängt Sie das modern gestaltete Restaurant.

STEPHANSKIRCHEN – Bayern – siehe Rosenheim

STIMPFACH – Baden-Württemberg – 545 – 3 120 Ew – Höhe 418 m 56 **I17**
▶ Berlin 541 – Stuttgart 109 – Nürnberg 110 – Würzburg 111

In Stimpfach-Rechenberg Süd-Ost : 4 km :

Landhotel Rössle
Ortsstr. 22 ⊠ 74597 – ℰ (07967) 9 00 40 – info@roessle-rechenberg.de
– Fax (07967) 9004254 – geschl. 27. - 30. Dez., 2. - 6. Jan., 16. - 30. März,
10. - 24. Aug.
88 Zim ⊇ – †62/65 € ††92/95 € – **Rest** – (geschl. Sonntagabend,
jeden 2. und 4. Sonntag ganztägig) Karte 20/30 €
♦ Sie wohnen in individuell eingerichteten Zimmern - mal rustikal, mal modern. Beeindruckend: der ganz mit aufwändigen Holzarbeiten ausgestattete Veranstaltungssaal. Im Restaurant empfängt Sie ein dem alpenländischen Stil nachempfundenes Ambiente.

STOCKACH – Baden-Württemberg – 545 – 16 730 Ew – Höhe 491 m 63 **G21**
▶ Berlin 730 – Stuttgart 157 – Konstanz 34 – Freiburg im Breisgau 112
🛈 Salmannsweilerstr. 1, ⊠ 78333, ℰ (07771) 80 23 00, tourist-info@stockach.de
Orsingen-Nenzingen, Schloss Langenstein ℰ (07774) 5 06 51
Haldenhof ≤★★, Süd-Ost : 13 km

Zum Goldenen Ochsen
Zoznegger Str. 2 ⊠ 78333 – ℰ (07771) 9 18 40
– info@ochsen.de – Fax (07771) 9184184
38 Zim (inkl. ½ P.) – †61/92 € ††89/135 € – **Rest** – Karte 23/45 €
♦ Aus einem Gasthof entstandenes Hotel unter familiärer Leitung. Es erwarten Sie gediegen bzw. neuzeitlich eingerichtete Gästezimmer. Originalbilder zieren das Haus. Im klassisch eingerichteten Restaurant reicht man regional geprägte Speisen.

In Stockach-Wahlwies Süd-West : 3 km über B 313, jenseits der A 98 :

Gasthof Adler (mit Gästehaus)
Leonhardtstr. 29 ⊠ 78333 – ℰ (07771) 35 27 – adler-wahlwies@t-online.de
– Fax (07771) 920012 – geschl. 12. - 18. Mai, 27. Okt. - 9. Nov.
12 Zim ⊇ – †32/40 € ††54/72 € – **Rest** – (geschl. Montag - Dienstagmittag)
Karte 26/42 €
♦ Ein über 300 Jahre alter Gasthof mit ländlichem Rahmen und familiärer Atmosphäre. Besonders hübsch sind einige neuere Zimmer im eleganten mediterranen Stil. Bürgerlich-rustikale Gaststube mit regionaler Küche.

STOCKHEIM – Bayern – siehe Kronach

STOCKSTADT AM MAIN – Bayern – 546 – 7 560 Ew – Höhe 117 m 48 **G15**
▶ Berlin 550 – München 361 – Frankfurt am Main 38 – Darmstadt 36

Brößler
Obernburger Str. 2 ⊠ 63811 – ℰ (06027) 42 20 – info@hotel-broessler.de
– Fax (06027) 422100 – geschl. 1. - 6. Jan.
36 Zim ⊇ – †58 € ††90 € – **Rest** – (geschl. Samstagabend) Menü 15 €
– Karte 17/36 €
♦ Eine Glasüberführung verbindet den hübschen alten Gasthof mit dem Gästehaus. Funktionell ausgestattete Zimmer stehen bereit. Zum Haus gehört eine eigene Bäckerei/Konditorei. Bürgerliches Restaurant.

STOLBERG – Nordrhein-Westfalen – 543 – 58 830 Ew – Höhe 200 m 35 **A12**
▶ Berlin 629 – Düsseldorf 80 – Aachen 11 – Düren 23

Parkhotel am Hammerberg garni
Hammerberg 11 ⊠ 52222 – ℰ (02402) 1 23 40
– info@parkhotel-stolberg.de – Fax (02402) 123480
28 Zim ⊇ – †75/95 € ††99/150 €
♦ Oberhalb des Ortes, neben einer alten Kirche mit historischem Friedhof, liegt dieses Hotel. Mit wohnlichen Zimmern, einer netten Sitzecke mit Kamin und einer Terrasse.

STOLBERG

Stadthalle garni
Rathausstr. 77 ⊠ 52222 – ℰ (02402) 2 30 56 – hotel-stadthalle-stolberg@t-online.de – Fax (02402) 84211
19 Zim ⊇ – †46/49 € ††62/72 €
♦ Das Haus befindet sich in zentraler Lage, integriert in die Stadthalle von Stolberg. Gepflegte, praktisch ausgestattete Zimmer erwarten Sie.

STOLBERG (HARZ) – Sachsen-Anhalt – **542** – 1 430 Ew – Höhe 300 m – Luftkurort
▶ Berlin 246 – Magdeburg 110 – Erfurt 91 – Göttingen 88   30 **K11**
🛈 Markt 2, ⊠ 06547, ℰ (034654) 4 54, info@stadt-stolberg-harz.de

Zum Bürgergarten
Thyratal 1 ⊠ 06547 – ℰ (034654) 81 10 – info@hotel-zum-buergergarten.de
– Fax (034654) 811100
28 Zim ⊇ – †44/56 € ††64/84 € – ½ P 15 € – **Rest** – Karte 15/25 €
♦ Das nette historische Fachwerkhaus ist ein familiengeführtes Hotel, in dem solide, wohnlich eingerichtete Gästezimmer zur Verfügung stehen. Das Restaurant befindet sich im Altbau und ist gediegen-rustikal gestaltet.

STOLLBERG – Sachsen – **544** – 13 160 Ew – Höhe 420 m   42 **O13**
▶ Berlin 280 – Dresden 94 – Chemnitz 20 – Plauen 66

In Stollberg-Neukirchen Nord : 9 km über B 169 :

Almenrausch
Bahnhofstr. 5 ⊠ 09221 – ℰ (0371) 26 66 60 – info@hotel-almenrausch.de
– Fax (0371) 2666640
16 Zim ⊇ – †48 € ††69 € – **Rest** – Karte 14/24 €
♦ Das an der Straße gelegene Hotel mit alpenländischer Fassade verfügt über Gästezimmer die im Landhausstil eingerichtet wurden. Restaurantstuben mit rustikalem Ambiente.

In Niederwürschnitz Nord-West : 3,5 km über B 180, jenseits der A 72 :

Vinum
Chemnitzer Str. 29 ⊠ 09399 – ℰ (037296) 93 17 50 – info@hotel-vinum.de
– Fax (037296) 15129 – geschl. 17. - 27. Dez.
13 Zim (inkl. ½ P.) – †64 € ††84 € – **Rest** – (nur Abendessen) Karte 19/32 €
♦ Die Zimmer des kleinen, gepflegten und familiären Weinhotels sind nach verschiedenen Anbaugebieten benannt. Weinliebhabern bietet man alles, was das Herz begehrt. Mit Park! Gemütliche Stimmung herrscht in dem nett dekorierten Restaurant.

STOLPE – Mecklenburg-Vorpommern – **542** – 390 Ew – Höhe 9 m   14 **P4**
▶ Berlin 179 – Schwerin 171 – Neubrandenburg 48 – Rügen (Bergen) 103

Gutshaus Stolpe
Peenstr. 33 ⊠ 17391 – ℰ (039721) 55 00 – info@gutshaus-stolpe.de
– Fax (039721) 55099
33 Zim ⊇ – †100/145 € ††140/200 € – ½ P 45 € – 4 Suiten
Rest – (geschl. Montag, Nov. - April Sonntag - Montag, nur Abendessen)
Menü 59/87 € – Karte 46/62 €
Spez. Brust und Keule von der Wachtel mit Apfel-Sellerie-Püree. Zweierlei vom Weiderind auf weißer Bohnencrème. Mille Feuille von Bitterschokolade und gelbem Pfirsich mit Crema Catalana.
♦ Herrlich liegt der ehemalige Gutshof in einem schönen Park. Das sorgsam restaurierte Gutshaus und die Remise beherbergen äußerst geschmackvolle, wohnlich-elegante Zimmer. Stilvolles Restaurant für den Abendservice, mittags kleine Karte. Terrasse zum Park.

Fährkrug
Peenstr. 38 ⊠ 17391 – ℰ (039721) 5 22 25 – info@gutshaus-stolpe.de
– Fax (039721) 55099 – geschl. Jan. - Feb.
Rest – (geschl. Okt. - April Dienstag - Donnerstag) Karte 18/28 €
♦ Bewusst hat man in dem denkmalgeschützten 300 Jahre alten Reetdachhaus den ursprünglichen rustikalen Charakter bewahrt. Regionale Küche. Sehr schön ist die Terrasse zur Peene.

STORKAU – Sachsen-Anhalt – 542 – 180 Ew – Höhe 35 m   21 M8
▶ Berlin 123 – Magdeburg 71 – Brandenburg 60 – Stendal 18

Schloss Storkau (mit Kavaliershaus)
Im Park ✉ *39590 –* ✆ *(039321) 52 10 – info@hotel-schloss-storkau.de – Fax (039321) 5220*
107 Zim – †55/165 € ††105/185 € – **Rest** – Karte 29/49 €
♦ Das stilvoll restaurierte Schloss an der Elbe, eingebettet in eine großzügige Parkanlage, wird größtenteils für Tagungen genutzt. Zu dem Anwesen gehört auch das Kavaliershaus. Das Restaurant zeigt sich klassisch-elegant.

STORKOW (MARK) – Brandenburg – 542 – 9 510 Ew – Höhe 37 m   23 Q9
▶ Berlin 63 – Potsdam 80 – Cottbus 81 – Frankfurt (Oder) 53
🛈 Schlossstr. 6 (Burg), ✉ 15859, ✆ (033678) 7 31 08, tourismus@storkow.de

In Storkow-Hubertushöhe Süd-Ost : 3,5 km, Richtung Beeskow :

Schloss Hubertushöhe (mit Seeresidenz und Kutscherhaus)
Robert-Koch-Str. 1 ✉ *15859*
– ✆ *(033678) 4 30 – schloss@hubertushoehe.de – Fax (033678) 43100*
– geschl. Jan. - Feb.
23 Zim – †135/360 € ††255/380 €
Rest *Windspiel* – *(geschl. Freitag - Samstag)* Menü 63/105 € – Karte 57/77 €
♦ Ein kleines Schmuckstück ist das schön restaurierte Jugendstilschloss oberhalb des Sees. Geschmackvoll und elegant hat man das Hotel gestaltet. Im Restaurant erwarten Sie stilvolles Ambiente und klassische Küche.

In Groß Schauen Süd-West : 2 km über B 246 :

Köllnitzer Hof
Groß Schauener Hauptstr. 19 (B 246, West : 1 km) ✉ *15859 –* ✆ *(033678) 69 60 – Fax (033678) 69632*
11 Zim – †47/55 € ††55/70 € – **Rest** – Karte 14/28 €
♦ Das Hotel liegt in einer Hofanlage mit Fischereibetrieb. Die meisten der zeitgemäßen Zimmer befinden sich im ruhigen Gästehaus. Räucherei, Fischereimuseum, Sielmann-Stiftung. In den Fischerstuben serviert man Fischspezialitäten.

STRALSUND – Mecklenburg-Vorpommern – 542 – 59 140 Ew – Höhe 13 m   6 O3
▶ Berlin 247 – Schwerin 160 – Rügen (Bergen) 29 – Rostock 71
ADAC Frankenstr. 1
🛈 Alter Markt 9, ✉ 18439, ✆ (03831) 2 46 90, info@stralsundtourismus.de
◎ Rathaus★ (Nordfassade★★) – Deutsches Meeresmuseum★ M – Nikolaikirche★ BY – Marienkirche★ BZ

Stadtplan siehe nächste Seite

Steigenberger Hotel Baltic
Frankendamm 22 ✉ *18439 –* ✆ *(03831) 20 40 – stralsund@steigenberger.de – Fax (03831) 204999*   CZ **k**
134 Zim – †86/167 € ††111/192 € – **Rest** – *(Nov. und Jan. - März nur Abendessen)* Karte 26/42 €
♦ Das aus einer früheren Kaserne entstandene Hotel in Hafen- und Altstadtnähe ist mit seinen neuzeitlichen und funktionellen Zimmern besonders für Geschäftsreisende interessant. Freundlich und modern: das bistroartige Restaurant Weinwirtschaft.

Am Jungfernstieg garni
Jungfernstieg 1b ✉ *18437 –* ✆ *(03831) 4 43 80 – info@hotel-am-jungfernstieg.de – Fax (03831) 443819*   AZ **j**
36 Zim – †55/95 € ††75/115 €
♦ Das nur wenige Schritte vom Hauptbahnhof entfernte Hotel bietet wohnlich-moderne, in angenehmen Farben gehaltene Zimmer und einen eigenen Fahrradverleih.

InterCityHotel
Tribseer Damm 76 ✉ *18437 –* ✆ *(03831) 20 20 – stralsund@intercityhotel.de – Fax (03831) 202599*   AZ **a**
114 Zim – †44/114 € ††49/119 €, ⊇ 12 € – **Rest** – Karte 20/27 €
♦ In das Hansecenter hat man dieses Hotel integriert. Funktionelle Zimmer sowie die Lage zwischen Bahnhof und historischer Altstadt zählen zu den Annehmlichkeiten.

STRALSUND

Alter Markt	BY	3
Alte Rostocker Str.	AZ	2
Am Langenkanal	CY	4
Apollonienmarkt	BY	6
August-Bebel-Ufer	BZ	7
Badenstr.	BY	9
Badstüberstr.	BCV	10
Baumschulenstr.	AY	12
Bleistr.	BZ	13
Elisabethweg	AZ	15
Fährstr.	BY	16
Friedrich-List-Str.	AZ	18
Greifswalder Chaussee	BZ	19
Hafenstr.	CYZ	21
Heilgeiststr.	BY	
Heuweg	AZ	22
Hinter der Brunnenaue	AY	23
Jacobichorstr.	BY	24
Jacobiturmstr.	BY	25
Ketelhotstr.	AY	27
Mauerstr.	BY	28
Mühlenstr.	BY	30
Neuer Markt	BZ	31
Olof-Palme-Pl.	BY	33
Ossenreyerstr.	BY	
Otto-Voge-Str.	BCZ	34
Papenstr.	BY	36
Peter-Blome-Str.	CZ	37
Philipp-Julius-Weg	AZ	39
Platz der Friedens.	AZ	40
Richtenberger Chaussee	AZ	41
Schillstr.	AZ	43
Semlowerstr.	BY	42
Tetzlawstr.	AZ	45
Tribseerstr.	BZ	46
Wasserstr.	CY	48
Witzlawstr.	AZ	49

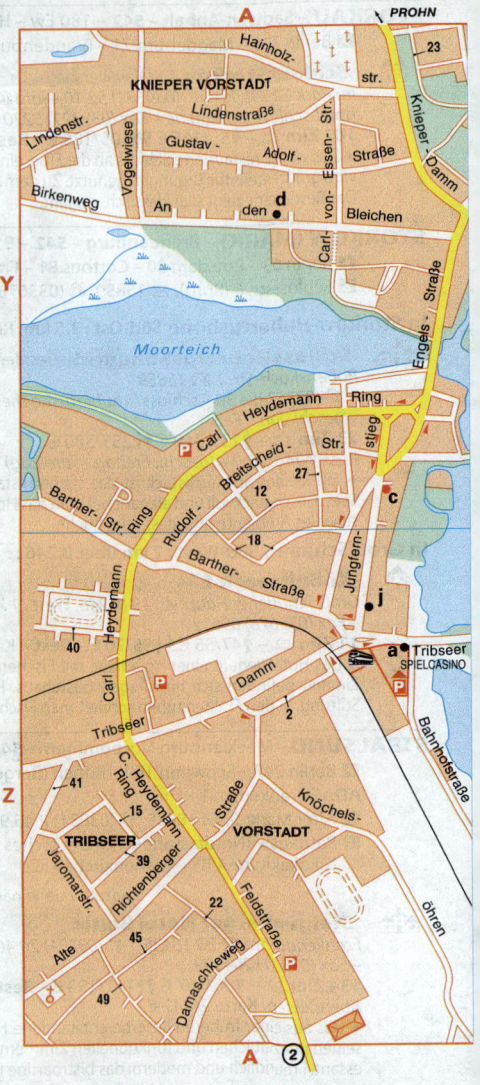

An den Bleichen garni

An den Bleichen 45 ⊠ 18435 – ℘ (03831) 39 06 75 – hotelandenbleichen@gmx.de
– Fax (03831) 392153 – geschl. 21. Dez. - 6. Jan.   AY **d**
23 Zim ⊇ – †50/55 € ††60/72 €
♦ Das familiengeführte Haus ist in einem Wohngebiet am Zentrumsrand gelegen. Es erwarten Sie praktisch ausgestattete Zimmer und ein kleiner Garten.

Villa am Meer garni

Gerhart-Hauptmann-Str. 14 ⊠ 18435 – ℘ (03831) 30 84 66 – info@
hotel-mit-meerblick.de – Fax (03831) 308640   BY **s**
12 Zim ⊇ – †40/60 € ††65/85 €
♦ Die a. d. J. 1912 stammende Villa wurde sorgsam restauriert und um-/ausgebaut. Die Zimmer sind zeitlos eingerichtet, der hübsche Frühstücksraum gefällt mit einer Stuckdecke.

1232

🏠 **Altstadt Pension Peiß** garni 　　　　　　　　　　　 ✂ ✆ VISA ⊚ AE
Tribseer Str. 15 ✉ *18439 –* ✆ *(03831) 30 35 80 – info@altstadt-pension-peiss.de
– Fax (03831) 3035899 –* **13 Zim** ⌑ *–* ♂50/60 € ♂♂55/85 € 　　　　　　　BZ **b**
　◆ Die kleine Pension am Neuen Markt in der Altstadt beherbergt mit hellem Naturholz und
Laminatfußboden freundlich gestaltete Zimmer - teils mit Sicht auf die Marienkirche.

✂ **Tafelfreuden im Sommerhaus** mit Zim 　　　　　 ☕ ✆ P VISA ⊚ AE
Jungfernstieg 5a ✉ *18437 –* ✆ *(03831) 29 92 60 – tafelfreudenhst@aol.com
– Fax (03831) 289759* 　　　　　　　　　　　　　　　　　　　　　　　　　　　　AY **c**
3 Zim ⌑ *–* ♂45/55 € ♂♂60/75 € – **Rest** *– (geschl. Montagabend)* Karte 30/44 €
　◆ Eine gemütliche Adresse ist das nette kleine schwedische Landhaus von 1870. Das
wintergartenähnliche Restaurant gefällt mit seinem frischen, leicht mediterranen Ambiente. Hübsch sind die drei individuell gestalteten Gästezimmer.

1233

STRANDE – Schleswig-Holstein – 541 – 1 540 Ew – Höhe 4 m – Seebad 3 **J3**
- Berlin 366 – Kiel 18 – Eckernförde 26
- Strandstr. 12, ⊠ 24229, ℰ (04349) 2 90, info@strande.de

Strandhotel
Strandstr. 21 ⊠ 24229 – ℰ (04349) 9 17 90 – info@strandhotel.de
– Fax (04349) 9179210
29 Zim ⊆ – †93/98 € ††124/190 € – **Rest** – (geschl. Okt. - März Sonntagabend)
Menü 25 € – Karte 23/41 €
♦ Die schöne Lage an der Seepromenade unweit des Yachthafens macht dieses Hotel zu einer attraktiven Urlaubsadresse. Wohnliche Zimmer sind ein weiterer Pluspunkt. Terrakottafliesen und ein großer offener Kamin im Restaurant.

STRASSLACH-DINGHARTING – Bayern – 546 – 2 850 Ew – Höhe 635 m
- Berlin 619 – München 24 – Augsburg 84 – Garmisch-Partenkirchen 71
- Straßlach, Tölzer Str. 95 ℰ (08170) 9 29 18 11 65 **L20**

Gasthof zum Wildpark
Biergarten
Tölzer Str. 2 ⊠ 82064 – ℰ (08170) 9 96 20 – gasthof-zum-wildpark@roiderer.de
– Fax (08170) 996220
Rest – Karte 17/31 €
♦ Mehrere teils holzgetäfelte Stuben - einige mit Kachelofen oder Kamin. Vor dem Haus: ein riesiger, sehr netter Biergarten mit großer Markise und Fußbodenheizung!

L'Estragon
Riedweg 15 ⊠ 82064 – ℰ (08170) 2 14 – Fax (08170) 996067 – geschl. Mittwoch
Rest – Karte 26/40 €
♦ Klassisch-französische Speisen serviert man in dem netten, dunkel getäfelten Restaurant oder auf der Gartenterrasse. Werktags stehen am Mittag zwei Menüs zur Wahl.

STRAUBENHARDT – Baden-Württemberg – 545 – 10 620 Ew – Höhe 406 m
- Berlin 674 – Stuttgart 67 – Karlsruhe 30 – Baden-Baden 38 54 **F18**

In Straubenhardt-Schwann

Landhotel Adlerhof
Mönchstr. 14 (Schwanner Warte) ⊠ 75334 – ℰ (07082) 9 23 40
– info@adlerhof.de – Fax (07082) 9234130 – geschl. 3. -7. Jan.
22 Zim ⊆ – †68 € ††89/103 € – **Rest** – (geschl. 2. - 22. Jan. und Montag)
Karte 22/37 €
♦ Die Gästezimmer dieses netten Hotels sind mit hellem Naturholz zeitgemäß und funktionell gestaltet worden. Schön: die ruhige Lage auf einer kleinen Anhöhe. Zum Essen nehmen Sie Platz in bürgerlich gestalteten Räumlichkeiten.

STRAUBING – Bayern – 546 – 44 480 Ew – Höhe 331 m 59 **O18**
- Berlin 541 – München 120 – Regensburg 50 – Landshut 51
- ADAC Stadtgraben 44a
- Theresienplatz 20, ⊠ 94315, ℰ (09421) 94 43 07, tourismus@straubing.de
- Kirchroth, Bachhof 9 ℰ (09428) 71 69
- Stadtplatz★ – Gäubodenmuseum (Straubinger Römerschatz★)

Asam
Wittelsbacher Höhe 1 ⊠ 94315 – ℰ (09421) 78 86 80 – info@hotelasam.de
– Fax (09421) 788688
37 Zim ⊆ – †95/105 € ††125/135 €
Rest Ouirin & Asam's – Karte 21/38 €
♦ Sorgsam hat man das alte Offizierskasino restauriert und gelungen mit einem modernen Hotelbau erweitert. Die zentrale Lage und schöne, geräumige Zimmer sprechen für das Haus.

Theresientor garni
Theresienplatz 41 ⊠ 94315 – ℰ (09421) 84 90 – straubing@hotel-theresientor.de
– Fax (09421) 849100
43 Zim ⊆ – †65/115 € ††95/145 €
♦ Ein äußerlich wie auch im Inneren modern gestaltetes Hotel im historischen Zentrum. Besonders schön ist die Maisonette-Turmsuite mit Blick über die Stadt.

STRAUBING

Seethaler
Theresienplatz 25 ⊠ 94315 – ℰ (09421) 9 39 50 – info@hotel-seethaler.de
– Fax (09421) 939550
19 Zim ⊡ – †63/69 € ††93/99 € – **Rest** – (geschl. Sonntag) Karte 16/26 €
♦ Der traditionsreiche, 1462 erstmals urkundlich erwähnte Gasthof liegt ganz zentral am Stadtturm von Straubing. Zu den Vorzügen zählen wohnliche Zimmer und die ruhige Lage. Das Restaurant teilt sich in gemütliche rustikale Stuben.

Römerhof
Ittlinger Str. 136 ⊠ 94315 – ℰ (09421) 9 98 20 – hotel@roemerhof-straubing.de
– Fax (09421) 998229
26 Zim ⊡ – †54/85 € ††82/105 € – **Rest** – (geschl. 22. Dez. - 6. Jan., 8. - 31. Aug. und Samstag - Sonntag, Feiertage) Karte 18/22 €
♦ In diesem am Ortsrand gelegenen, vom Inhaber geführten Hotel erwarten Sie gepflegte Gästezimmer mit solider Einrichtung.

In Straubing-Ittling Ost : 4 km über Ittlinger Straße :

Nothaft
Ittlinger Hauptstr. 3 ⊠ 94315 – ℰ (09421) 18 33 90 – hotel@nothaft-straubing.de
– Fax (09421) 1833999 – geschl. 23. - 31. Aug.
18 Zim ⊡ – †52/62 € ††84/104 € – **Rest** – (geschl. 8. - 31. Aug und Samstag)
Karte 14/27 €
♦ Ein familiär geführtes kleines Hotel in der Ortsmitte, das über zeitgemäß und funktionell eingerichtete Gästezimmer verfügt. Ländlich-rustikale Gaststube mit angeschlossener eigener Metzgerei.

STRAUSBERG – Brandenburg – 542 – 26 650 Ew – Höhe 75 m   23 Q8
▶ Berlin 44 – Potsdam 75 – Eberswalde 35 – Frankfurt (Oder) 62
🛈 August-Bebel-Str. 1, ⊠ 15344, ℰ (03341) 31 10 66,
touristinformation.strausberg@ewetel.net
🖳 Gielsdorf, Schloss Wilkendorf ℰ (03341) 33 09 60

The Lakeside
Gielsdorfer Chaussee 6 ⊠ 15344 – ℰ (03341) 3 46 90 – hotel@thelakeside.de
– Fax (03341) 346915
52 Zim ⊡ – †70/84 € ††94/109 € – **Rest** – Karte 27/37 €
♦ Mit Türmchen, Zinnen und einem als Amphitheater dienenden Innenhof erinnert die Architektur dieses Hotels an eine Burg. Im Inneren: Komfort und englischer Landhausstil. Eine Bistro-Bar im Pub-Stil ergänzt das Restaurant.

STROMBERG (KREIS KREUZNACH) – Rheinland-Pfalz – 543 – 3 170 Ew – Höhe
250 m   46 D15
▶ Berlin 611 – Mainz 45 – Bad Kreuznach 28 – Koblenz 59
🖳 Stromberg-Schindeldorf, Eckenrother Fels 1 ℰ (06724) 9 30 80

Johann Lafer's Stromburg
Schlossberg 1 ⊠ 55442 – ℰ (06724) 9 31 00 – stromburghotel@johannlafer.de
– Fax (06724) 931090 – geschl. Jan. 2 Wochen
14 Zim – †120/170 € ††170/260 €, ⊡ 17 €
Rest *Le Val d'Or* – separat erwähnt
Rest *Turmstube* – Karte 35/50 €
♦ Gelungen hat man in die Burganlage a. d. 16. Jh. ein hübsches kleines Hotel integiert. Geschmackvoll sind die nach Kochbuchautoren benannten Zimmer. Maisonette-Turmsuite! In der gemütlich dekorierten Turmstube serviert man regionale Küche. Idyllische Terrasse.

Land & Golf Hotel Stromberg
Am Buchenring 6 (beim Golfplatz)
⊠ *55442 – ℰ (06724) 60 00 – info@golfhotel-stromberg.de – Fax (06724) 600433*
– geschl. über Weihnachten
184 Zim ⊡ – †115/140 € ††150/200 € – 7 Suiten
Rest *À la carte* – (geschl. Jan. 2 Wochen, Juli 2 Wochen und Sonntag - Montag, nur Abendessen) (Tischbestellung ratsam) Karte 44/59 €
♦ Die Lage inmitten einer herrlichen Golfanlage, gediegen-wohnliches Ambiente und das ansprechende Wellnessangebot machen dieses Hotel aus. Besonders schön ist die Loggia Suite. Vinothek, Rosengarten und Golflounge ergänzen das elegante A-la-carte-Restaurant.

1235

STROMBERG (KREIS KREUZNACH)

Le Val d'Or – Hotel Johann Lafer's Stromburg
Schlossberg 1 (über Michael-Obentraut-Straße) ⊠ *55442 –* ℰ *(06724) 9 31 00*
– stromburghotel@johannlafer.de – Fax (06724) 931090 – geschl. Jan. 2 Wochen und Montag
Rest *– (Dienstag - Freitag nur Abendessen)* (Tischbestellung ratsam) Menü 98 € (mittags)/118 € – Karte 71/91 €
Spez. Kross gebratener Loup de mer mit Bohnencassoulet und Pfifferling-Kalbshaxenjus. In Kürbiskernöl pochierte Taubenbrust mit Knoblauchroyale und Erbsen-Minztortellini. Rehrücken unter einer Kruste aus dreierlei Pfeffer mit Sauerkirsch-Ingwertaschen.
♦ Mit seiner angenehmen eleganten Atmosphäre besticht das Restaurant von Johann und Silvia Lafer. Der Service ist aufmerksam und freundlich, die Küche international.

STUBENBERG – Bayern – siehe Simbach am Inn

STÜHLINGEN – Baden-Württemberg – 545 – 5 290 Ew – Höhe 501 m – Luftkurort

▸ Berlin 773 – Stuttgart 156 – Freiburg im Breisgau 73
– Donaueschingen 30   62 **E21**

🛈 Stühlingen, Am Golfplatz 1 ℰ (07703) 9 20 30

Rebstock (mit Gästehaus)
Schlossstr. 10 ⊠ *79780 –* ℰ *(07744) 9 21 20 – hotel@rebstock.eu*
– Fax (07744) 921299 – geschl. 2. - 24. Jan.
29 Zim – †40 € ††68 € – **Rest** – Karte 16/37 €
♦ In einem kleinen Ort mit ländlicher Umgebung liegt dieses familiengeführte Haus mit soliden Zimmern. Bauern- und Bulldogmuseum in einer ehemaligen Scheune. Teil des Restaurants ist die gemütliche Schwarzwaldstube.

In Stühlingen-Schwaningen Nord-West : 7 km über B 314 und B 315 :

Gasthaus Schwanen mit Zim
Talstr. 9 ⊠ *79780 –* ℰ *(07744) 51 77 – restaurant@gasthaus-schwanen.de*
– Fax (7744) 1318 – geschl. 30. Jan. - 21. Feb.
9 Zim – †35/49 € ††53/55 € – ½ P 15 € – **Rest** – *(geschl. Mittwoch - Donnerstag, Montag - Dienstag sowie Samstag nur Abendessen)* Karte 19/34 €
♦ Dieser sympathisches Landgasthof ist bereits seit mehreren Generationen im Familienbesitz. In den hübsch dekorierten Stuben serviert man schmackhafte regionale Küche. Zum Übernachten stehen gepflegte, freundliche Gästezimmer bereit.

In Stühlingen-Weizen Nord-Ost : 4 km über B 314 und B 315 :

Zum Kreuz
Ehrenbachstr. 70 ⊠ *79780 –* ℰ *(07744) 3 35 – gasthaus-kreuz@t-online.de*
– Fax (07744) 1347 – geschl. 25. Okt. - 20. Nov.
16 Zim – †33/35 € ††58/62 € – ½ P 12 € – **Rest** – *(geschl. Montag)*
Karte 15/30 €
♦ Dieser Familienbetrieb ist eine ländliche kleine Adresse, die Ihnen gepflegte, mit solidem Holzmobiliar eingerichtete Zimmer bietet. Gaststube in schlicht-rustikalem Stil.

STUHR – Niedersachsen – 541 – 32 220 Ew – Höhe 4 m   18 **G7**

▸ Berlin 390 – Hannover 125 – Bremen 10 – Wildeshausen 29

🛈 Blockener Str. 6 (Rathaus), ⊠28816, ℰ (0421) 5 69 50, gemeinde@stuhr.de

In Stuhr-Brinkum Süd-Ost : 4 km, jenseits der A 1 :

Bremer Tor
Syker Str. 4 ⊠ *28816 –* ℰ *(0421) 80 67 80 – hotelbremertor@t-online.de*
– Fax (0421) 8067830
38 Zim – †75/91 € ††96/99 € – **Rest** – Karte 22/35 €
♦ Die verkehrsgünstige Lage nahe der BAB sowie funktionelle und technisch gut ausgestattete Zimmer machen dieses Hotel auch für Geschäftsreisende interessant. Restaurant in zeitlosem Stil.

1236

In Stuhr-Moordeich West : 2 km :

XX **Nobel** mit Zim
Neuer Weg 13 ⊠ 28816 – ℰ (0421) 5 68 00 – info@nobel-moordeich.de
– Fax (0421) 563648
2 Zim – ♦40/50 € ♦♦55/60 €, ⊇ 7 € – **Rest** – (geschl. Dienstag) Karte 20/45 €
♦ In dem klassisch gehaltenen Restaurant wie auch in der Bierstube Pumpernickel bietet man eine saisonal ausgerichtete Küche von bürgerlich bis international.

STUTENSEE – Baden-Württemberg – 545 – 22 540 Ew – Höhe 114 m 54 **F17**
▶ Berlin 662 – Stuttgart 79 – Karlsruhe 15 – Heidelberg 45

In Stutensee-Blankenloch

X **Herrmannshäusle**
Hauptstr. 97 ⊠ 76297 – ℰ (07244) 9 44 39 – herrmannshaeusle@online.de
– Fax (07244) 94439 – geschl. August 2 Wochen und Sonntag,
Rest – (Montag - Freitag nur Abendessen) Menü 35/55 € – Karte 33/48 €
♦ Gemütlich, fast urig ist die Atmosphäre in dem hübschen alten Fachwerkhäuschen mit schöner kleiner Terrasse. Montags und dienstags günstige Menüs. S-Bahnstation vor dem Haus.

Staatstheater Opera

STUTTGART

Ⓛ Bundesland:
Baden-Württemberg
Michelin-Karte: 545
Einwohnerzahl: 589 170 Ew
Höhe: 245 m

▶ Berlin 637 – Frankfurt am Main 207
– Karlsruhe 75 – München 223
Atlas: 55 **G18**

STADTPLAN STUTTGART:

ZENTRUM	S. 3
STUTTGART UND UMGEBUNG	S. 4 und 5
STUTTGART	S. 6 und 7
STRASSENVERZEICHNIS	S. 8
ALPHABETISCHE LISTE DER HOTELS UND RESTAURANTS	S. 9 und 10
HOTELS UND RESTAURANTS	S. 11 bis 20

PRAKTISCHE HINWEISE

🛈 Tourist-Information
Königstr. 1a **LY**, ✉ 70173, ✆ (0711) 2 22 80, info@stuttgart.tourist.de

Automobilclub
ADAC Am Neckartor 2 **KY**

Autoreisezug
🚆 in Kornwestheim, Bahnhofsplatz, ✆ (01805) 24 12 24 (Gebühr)

Flughafen
✈ Stuttgart-Echterdingen **DS**, ✆ (0711) 94 80

Messegelände
Messegelände am Flughalen, Messepiazza **DS**, ✉ 70629 ✆ (0711) 2 58 90,
Fax (0711) 25 89440

Messen und Veranstaltungen
12.01. - 20.01.: CTM Die Urlaubs Messe
09.02. - 13.02.: INTERGASTRA
14.03. - 16.03.: Retro Classics
26.09. - 12.10.: Cannstatter Volksfest

STUTTGART S. 2

Golfplätze

🆑 Kornwestheim, Aldinger Str. 975 ✆ (07141) 87 13 19
🆑 Schwieberdingen, Nippenburg 21 ✆ (07150) 3 95 30
🆑 Mönsheim, Schlossfeld ✆ (07044) 9 11 04 10

👁 SEHENSWÜRDIGKEITEN

Linden-Museum★★ M¹ - Stiftskirche (Grabdenkmäler★) **KY** - Kunstmuseum Stuttgart (Otto-Dix-Sammlung★) M⁴ **KY** - Staatsgalerie★★ (altdeutsche Abteilung★★) M² - Altes Schloss (Renaissancehof★, Württembergisches Landesmuseum★) M³ **LY** - Wilhelma★ - Staatliches Museum für Naturkunde (Museum am Löwentor★) M⁵ **HT** - Fernsehturm (❋★) **HX** - Höhenpark Killesberg★ **GT** - Mercedes-Benz Museum★ M⁶ **JV** - Porsche-Museum★ **CP** - Schloss Solitude★ **BR**

… STUTTGART S. 3

STUTTGART

Street	Ref
Arnulf-Klett-Pl.	LY 6
Augustenstr.	KZ 7
Blumenstr.	LZ 10
Bolzstr.	LY 15
Calwer Str.	KYZ 18
Charlottenpl.	LZ 20
Dorotheenstr.	LZ 24
Eberhardstr.	KLZ 25
Friedrichspl.	KY 27
Hauptstätter Str.	KZ 30
Hegelpl.	KY 32
Heilbronner Str.	LY 34
Holzstr.	LZ 40
Karlspl.	LY 43
Karlstr.	LZ 44
Katharinenpl.	LZ 45
Kirchstr.	LZ 46
Königstr.	KLYZ
Konrad-Adenauer-Str.	LY 47
Kronenstr.	KLY 48
Kronprinzstr.	KYZ 49
Leonhardspl.	LZ 50
Marktpl.	KLZ 52
Marktstr.	LZ 53
Österreichischer Pl.	KZ 57
Pfarrstr.	LZ 61
Rotebühlpl.	KZ 66
Rotebühlstr.	KZ 70
Schloßpl.	LY 72
Schulstr.	KZ 75
Silberburgstr.	KZ 76
Sophienstr.	KZ 78
Theodor-Heuss-Str.	KYZ 80
Torstr.	KZ 82
Wilhelmspl.	LZ 86
Wilhelmstr.	LZ 88
Willi-Bleicher-Str.	KY 91

1241

STUTTGART S. 4

Street	Grid	No.
Asangstr.	ER	2
Augsburger Str.	ER	3
Bahnhofstr.	EP	4
Bergheimer Steige	BR	5
Böblinger Str.	CS	146
Ditzinger Str. (GERLINGEN)	BR	147
Fellbacher Str. (FELLBACH)	EP	8
Fellbacher Str. (UNTERTÜRKHEIM)	ER	9
Föhrichstr.	CR	150
Gerlinger Str.	BP	13
Glemseckstr.	AR	14
Hauptstätter Str.	DR	30
Hauptstr. (ECHTERDINGEN)	CS	16
Hauptstr. (GERLINGEN)	BR	17
Hechinger Str.	CS	158
Heilbronner Str.	DP	34
Höhenstr.	EP	160
Kappelbergstr.	ER	21
Korntaler Str.	CP	22
Kornwestheimer Str.	CP	23
Leonberger Str.	CR	164
Löffelstr.	CS	165
Ludwigsburger Str. (ZUFFENHAUSEN)	DP	26
Neue Ramtelstr.	AR	167
Neuhäuser Str.	DS	29
Panoramastr.	BR	170
Pforzheimer Str.	CP	31
Plieninger Str.	CS	33
Rembrandtstr.	CS	174
Robert-Koch-Str.	BS	35
Rohrer Str.	CS	36
Rotenwaldstr.	CR	37
Scharnhauser Str.	ES	38
Schönbuchstr.	BS	39
Steiermärker Str.	CP	180
Stuttgarter Str. (KORNWESTHEIM)	DP	41
Stuttgarter Str. (LEINFELDEN)	CS	183
Stuttgarter Str. (RUIT)	ES	184
Südrandstr.	AR	187
Talstr.	DR	188
Untertürkheimer Str.	ER	189
Vaihinger Landstr.	CR	192
Vaihinger Str. (LEINFELDEN)	CS	193
Weilimdorfer Str.	CP	56
Württembergstr.	ER	197

1242

E 41-A 81
1
HEILBRONN
C
D
27
2
LUDWIGSBURG
E
LUDWIGSBURG
KORNWESTHEIM
STAMMHEIM
MÜHLHAUSEN
Aldinger Str.
NECKAR
Ludwigsburger Str.
PORSCHE-MUSEUM
ZUFFENHAUSEN
Mönchfeld-
MÖNCHFELD
OEFFINGEN
KORNTAL
HOFEN
SCHMIDEN
ROT
P
Seeblickweg
FELLBACH
STEINHALDENFELD
WEILIMDORF
Neckartalstr.
MÜNSTER
FEUERBACH
Stuttgarter Str.
WAIBLINGEN
HÖHENPARK KILLESBERG
KURPARK
WOLFBUSCH
PARK WILHELMA
BAD CANNSTATT
MESSEGELÄNDE
3
GOTTLIEB-DAIMLER STADION
ROTENBERG
NÜRNBERG
Am Kräherwald
BOTNANG
LINDEN-MUSEUM
UNTER-TÜRKHEIM
R
Uferstr.
UHLBACH
OBER TÜRKHEIM
BIRKENKOPF
WANGEN
Schatten Ring
HEDELFINGEN
Fernsehturm
ROHRACKER
SILLENBUCH
NECKAR
Uferstr.
METTINGEN
KALTENTAL
DEGERLOCH
Kirchheimer Str.
HEUMADEN
4
Kemnater Str.
RIEDENBERG
Mittlere
SCHÖNBERG
ESSLINGEN, ULM
Vaihinger Str.
RUIT
Kirchheimer Str.
MÖHRINGEN
KEMNAT
Filderstr.
BIRKACH
OSTFILDERN
S
DÜRRLEWANG
Filderhauptstr.
FASANENHOF
A 8
Körsch
SCHARNHAUSEN
Körsch
OBERAICHEN
PLIENINGEN
A 8
LEINFELDEN
E 52-A 8
5
MUSBERG
ECHTERDINGEN
NEUHAUSEN
ULM
7
TÜBINGEN
C
27
6
REUTLINGEN TÜBINGEN
D
312
REUTLINGEN
E

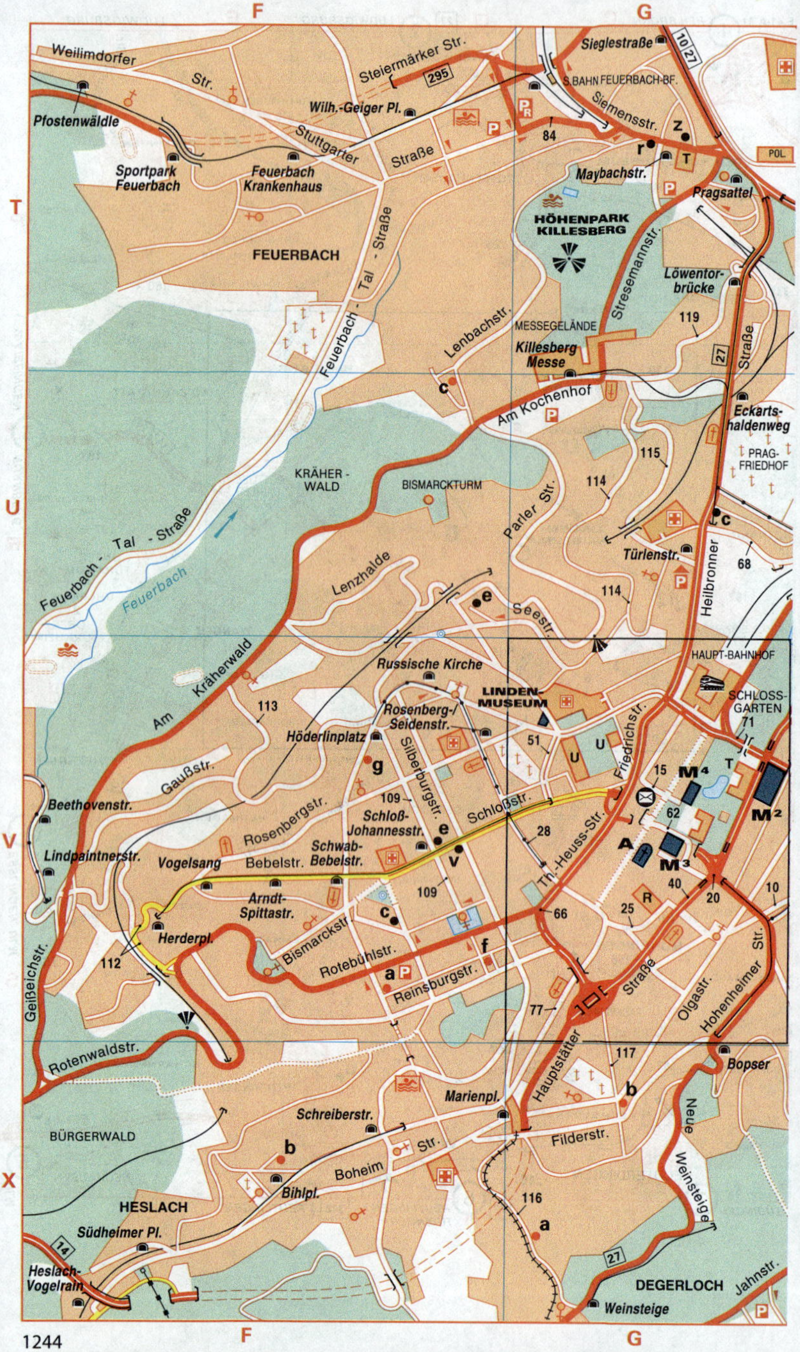
F
G
T
U
V
X
Weilimdorfer Str.
Steiermärker Str.
295
Sieglestraße
10/27
S.BAHN FEUERBACH-BF.
Siemensstr.
Pfostenwäldle
Wilh.-Geiger Pl.
Stuttgarter Straße
84
Sportpark Feuerbach
Feuerbach Krankenhaus
Maybachstr.
POL.
Pragsattel
HÖHENPARK KILLESBERG
FEUERBACH
Feuerbach-Tal-Straße
Stresemannstr.
Löwentor-brücke
Lenbachstr.
MESSEGELÄNDE
Killesberg Messe
119
27
Straße
Am Kochenhof
Eckarts-haldenweg
PRAG-FRIEDHOF
115
KRÄHER-WALD
BISMARCKTURM
114
Parler Str.
Feuerbach-Tal-Straße
Feuerbach
Türlenstr.
68
Heilbronner
Lenzhalde
Seestr.
Am Kräherwald
HAUPT-BAHNHOF
Russische Kirche
LINDEN-MUSEUM
SCHLOSS-GARTEN
71
113
Rosenberg-/Seidenstr.
Höderlinplatz
51
Friedrichstr.
Gaußstr.
Silberburgstr.
Beethovenstr.
Rosenbergstr.
109
Schloßstr.
15
M4
M2
Schloß-Johannesstr.
62
Lindpaintnerstr.
Vogelsang
Bebelstr.
Schwab-Bebelstr.
28
Th.-Heuss-Str.
M3
Arndt-Spittastr.
109
40
20
10
25
Herderpl.
Bismarckstr.
66
112
Rotebühlstr.
Reinsburgstr.
Straße
Olgastr.
Hohenheimer Str.
Geißeichstr.
77
Rotenwaldstr.
117
Bopser
Hauptstätter
Marienpl.
Schreiberstr.
Filderstr.
Neue Weinsteige
BÜRGERWALD
Boheim Str.
Bihlpl.
116
HESLACH
Südheimer Pl.
14
27
Heslach-Vogelrain
DEGERLOCH
Jahnstr.
Weinsteige

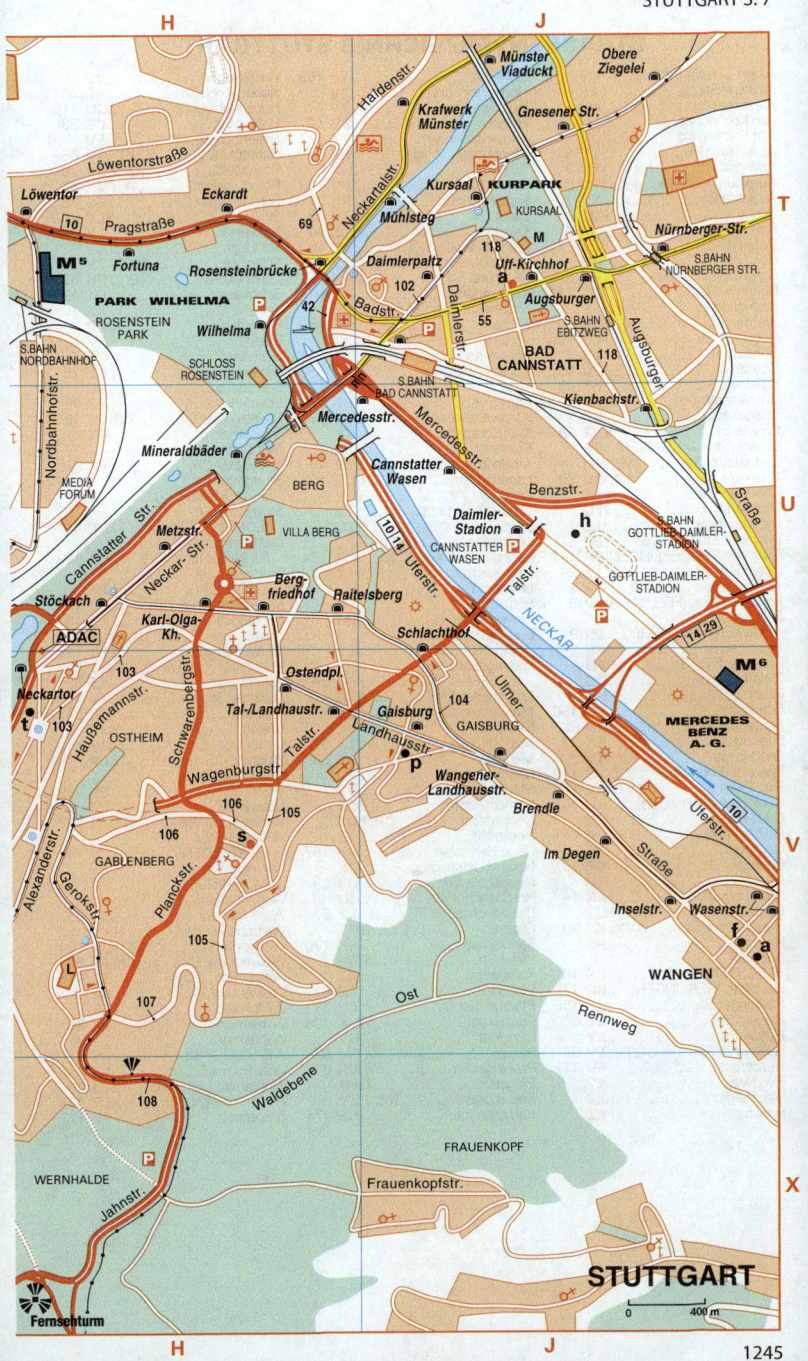

STUTTGART S. 7

STUTTGART

1245

STUTTGART S. 8

STRASSENVERZEICHNIS STUTTGART

Straße	Feld	Nr.
Albert-Schalfe-Str.	HV	107
Aldinger Str.	EP	
Alexanderstr.	LZ, HV	
Am Kochenhof	FGU	
Am Kräherwald	CR, FUV	
Arnulf-Klett-Pl.	LY	6
Asangstr.	ER	2
Augsburger Str.	ER, JTU	3
Augustenstr.	KZ	7
Badstr.	HJT	
Bahnhofstr.	EP	4
Bebelstr.	FV	
Benzstr.	JU	
Bergheimer Steige	BR	5
Birkenwaldstr.	GU	114
Bismarckstr.	FV	
Blumenstr.	LZ, GV	10
Böblinger Str.	CS	146
Boheim Str.	FX	
Bolzstr.	LY, GV	15
Brückenstr.	HT	69
Büchsenstr.	KY	
Büsnauer Str.	BS	
Calwer Str.	KYZ	18
Calwer Str. (GERLINGEN)	AP	
Cannstatter Str.	LY, HU	
Charlottenpl.	LZ, GV	20
Charlottenstr.	LZ	
Daimlerstr.	JTU	
Danneckerstr.	LZ	
Ditzinger Straße	BP	
Ditzinger Str. (GERLINGEN)	BR	147
Dorotheenstr.	LZ	24
Eberhardstr.	KLZ, GV	25
Fellbacher Str. (FELLBACH)	EP	8
Fellbacher Str. (UNTERTÜRKHEIM)	ER	9
Feuerbacher Str.	APR	
Feuerbach-Tal-Str.	FTU	
Filderhauptstr.	DS	
Filderstr.	FGX	
Föhrichstr.	CR	150
Frauenkopfstr.	HXJV	
Friedrichspl.	KY	27
Friedrichstr.	KY, GV	
Friedrich-Ebert-Str.	GTU	119
Fritz-Elsas-Str.	KYZ, GV	
Gablenberger Hauptstr.	HV	105
Gaußstr.	FV	
Geißeichstr.	FVX	
Gerberstr.	KZ	
Gerlinger Str.	BP	13
Gerokstr.	HV	
Glemseckstr.	AR	14
Haldenstr.	HJT	
Hauptstätter Str.	GVX, KZ	30
Hauptstr.	BS	
Hauptstr. (ECHTERDINGEN)	CS	16
Hauptstr. (GERLINGEN)	BR	17
Hechinger Str.	CS	158
Hegelpl.	KY	32
Hegelstr.		
Heilbronner Str.	GTV, LY	34
Herderstr.	FV	112
Herdweg	KY	
Heusteigstr.	KLZ	
Hirschstr.	KZ	
Höhenstr.	EP	160
Hohenheimer Str.	LZ, GV	
Holzgartenstr.	KY	
Holzstr.	LZ, GV	40
Immenhofer Str.	GVX	117
Jägerstraße	KY	
Jahnstr.	GHX	
Johannesstr.	FV	109
Kappelbergstr.	ER	21
Karlspl.	LY	43
Karlstr.	LZ	44
Katharinenpl.	LZ	45
Katharinenstr.	LZ	
Kennater Str.	DES	
Keplerstraße	KY	
Kirchheimer Str.	DES	
Kirchstr.	LZ	46
Königstr.	KLYZ	
Köning-Karl-Str.	JT	102
Konrad-Adenauer-Str.	LY	47
Korntaler Str.	CP	22
Kornwestheimer Str.	CP	23
Kriegsbergstr.	KY	
Kronenstr.	KLY	48
Kronprinzstr.	KYZ	49
Landhausstr.	HUV, HJV	103
Lange Str.	KYZ	
Lautenschlagerstr.	LY	
Lenbachstr.	GTU	
Lenzhalde	FU	
Leonberger Str.	CR	164
Leonhardspl.	LZ	50
Libanonstr.	HV	106
Löffelstr.	CS	165
Löwentorstr.	HT	
Ludwigsburger Str. (FELLBACH)	EP	
Ludwigsburger Str. (ZUFFENHAUSEN)	DP	26
Magstadter Str.	ABRS	
Mahdentalstr.	ABR	
Marienstr.	KZ	
Marktpl.	KLZ	52
Marktstr.	LZ	53
Mercedesstr.	JU	
Mittlere Filderstr.	DS	
Mönchfeldstr.	DEP	
Neckartalstr.	DP, HJT	
Neckar-Str.	HU	
Neue Ramtelstr.	AR	167
Neue Weinsteige	GX	
Neuhäuser Str.	DS	29
Nordbahnhofstr.	HU	
Österreichischer Pl.	KZ	57
Olgastr.	LYZ, GVX	
Panoramastr.	BR	170
Parler Str.	FGU	
Paulinenstr.	KZ	
Pfarrstr.	LZ	61
Pforzheimer Str.	CP	31
Pischekstr.	HVX	108
Planckstr.	HV	
Planie	GV	62
Plieninger Str.	CS	33
Pragstr.	GHT	
Reinsburgstr.	KZ, FGV	
Rembrandtstr.	CS	174
Rennweg	JV	
Robert-Koch-Str.	BS	35
Robert-Mayer-Str.	GU	115
Rohrer Str.	CS	36
Rosenbergstr.	FV	
Rotebühlpl.	KZ, GV	66
Rotebühlstr.	KZ, FGV	70
Rotenwaldstr.	CR, FVX	37
Scharnhauser Str.	ES	38
Schillerpl.	KLY	
Schillerstr.	LY	
Schloßpl.	LY	72
Schloßstr.	KY, FGV	
Schönbuchstr.	BS	39
Schönestr.	HT	42
Schulstr.	KZ	75
Seeblickweg	DEP	
Seestr.	KY, FGV	
Siemensstr.	GT	
Silberburgstr.	KZ	76
Solitudestr.	BR	
Sophienstr.	KZ	78
Steiermärker Str.	CP, FT	180
Stresemannstr.	GT	
Stuttgarter Str. (FELLBACH)	EPR	
Stuttgarter Str. (FEUERBACH)	FT	
Stuttgarter Str. (KORNWESTHEIM)	DP	41
Stuttgarter Str. (LEINFELDEN)	CS	183
Stuttgarter Str. (LEONBERG)	APR	
Stuttgarter Str. (RUIT)	ES	184
Südrandstr.	AR	187
Talstr.	DR, HJV	188
Taubenheim-Str.	JTU	118
Theodor-Heuss-Str.	KYZ, GV	80
Torstr.	KZ	82
Tübinger Str.	KZ, GVX	77
Tunnelstr.	GT	84
Uferstr.	ER, HJV	
Ulmer Str.	JUV	
Ulrichstr.	KLY	
Untertürkheimer Str.	ER	189
Urbanstr.	LY	
Vaihinger Landstr.	CR	192
Vaihinger Str. (LEINFELDEN)	CS	193
Vaihinger Str. (MÖHRINGEN)	CS	
Wagenburgstr.	HV	
Waiblinger Str.	JT	55
Waldebene Ost	HXV	
Wangener Str.	JV	104
Weilimdorfer Str.	CP, FT	56
Weinsteige	GX	116
Weißenburgstr.	KZ	
Wildparkstr.	BR	
Wilhelmspl.	LZ	86
Wilhelmstr.	LZ	88
Willi-Bleicher-Str.	KY	91
Willy-Brandt-Str.	LY	
Wolframstr.	GU	68
Württembergstr.	ER	197
Zeppelinstr.	FV	113

1246

Alphabetische Liste der Hotels und Restaurants
Liste alphabétique des hôtels et restaurants

A
		Seite
Abalon		S. 12
Aldinger's Germania		S. 19
Alter Fritz am Killesberg - Der kleine Fritz		S. 14
Am Park		S. 20
Am Schlossgarten		S. 11
Augusten Stüble		S. 14
Azenberg		S. 12

B
Bellevue		S. 12
Bistro Ecco		S. 17
Breitenbach		S. 17

C
Central Classic		S. 12
City-Hotel		S. 12
Classic Congress Hotel		S. 19
Cube		S. 14

D
Délice		S. 13
Di Gennaro		S. 13

E
Eduard M.		S. 19
Er Cuppolone		S. 14

F
Fässle		S. 16
Fenice (La)		S. 13

G
GiraSole		S. 14
Gloria		S. 17
Gui		S. 14

H
Hasen		S. 19
Hetzel Hotel Löwen		S. 18
Hilton Garden Inn NeckarPark		S. 16
Holiday Inn		S. 19

K
Kern's Pastetchen		S. 13
Körschtal		S. 17
Kongresshotel Europe		S. 16
Krone		S. 19
Kronen-Hotel		S. 11

L
Landgasthof Riedsee		S. 18
Landschloss Korntal		S. 20

M
Maritim		S. 11
Martins Klause		S. 20
Mercure City-Center		S. 12
Mercure Fontana		S. 18
Méridien (Le)		S. 11
Messehotel Europe		S. 16
Millennium Hotel und Resort		S. 17
Mövenpick-Hotel Messe		S. 17
mo.hotel		S. 18

N
Nuova Trattoria da Franco (La)		S. 14

O
Ochsen		S. 18
Olivo		S. 13

STUTTGART S. 9

1247

STUTTGART S. 10

P

Pfund	XX	S. 16
Primafila	X	S. 16

R

relexa Waldhotel Schatten	🏠🏠	S. 15
Rieker	🏠	S. 12
Royal	🏠🏠	S. 12

S

Sautter	🏠	S. 13
Scala (La)	X	S. 14
Steigenberger Graf Zeppelin	🏠🏠🏠	S. 11
Stuttgarter Stäffele	X	S. 15

T

top air	XXX ✿	S. 17
Traube	🏠🏠	S. 18

U

Unger	🏠🏠	S. 12

V

Vetter	X	S. 14

W

Weinhaus Stetter	X	S. 15
Weinstube Klink	X	S. 15
Weinstube Kochenbas	X	S. 15
Weinstube Schellenturm	X	S. 15
Weinstube Träuble	X	S. 15
Wielandshöhe	XXX ✿	S. 16
Wörtz zur Weinsteige	🏠🏠 ✿	S. 11

Z

Zauberlehrling (Der)	🏠🏠	S. 11
Zirbelstube	XXXX ✿	S. 13
Zum Hirschen	XXX ✿	S. 19
Zur Linde	X ✿	S. 18

STUTTGART S. 11

Le Méridien
Willy-Brandt-Str. 30 ⌧ 70173 – ℰ (0711) 2 22 10 – info.stuttgart@lemeridien.com
– Fax (0711) 22212599
HV t
281 Zim – †135/295 € ††135/295 €, ⌑ 22 € – 5 Suiten
Rest *Le Cassoulet* – *(nur Abendessen)* Karte 40/67 €

♦ Elegantes Ambiente begleitet Sie von der geräumigen Halle bis in die modernen, technisch sehr gut ausgestatteten Zimmer dieses nahe dem Schlossgarten gelegenen Hotels. Das Restaurant Le Cassoulet bietet internationale Küche.

Steigenberger Graf Zeppelin
Arnulf-Klett-Platz 7 ⌧ 70173 – ℰ (0711) 2 04 80
– stuttgart@steigenberger.de – Fax (0711) 2048542
LY v
189 Zim – †155/235 € ††180/260 €, ⌑ 21 €
Rest *Olivo* – separat erwähnt
Rest *Zeppelin Stüble* – *(geschl. Sonntagabend)* Karte 31/42 €
Rest *Zeppelino's* – Menü 39/56 € – Karte 36/56 €

♦ Ein Businesshotel mit großzügigem Rahmen in zentraler Lage gegenüber dem Bahnhof. Classic, Elegance und Avantgarde nennen sich die Zimmerkategorien. Zeppelin Stüble mit rustikalem Ambiente. Italienisch ist die Küche im Zeppelino's. Mit Cigar Lounge und Bistro.

Maritim
Seidenstr. 34 ⌧ 70174 – ℰ (0711) 94 20 – info.stu@maritim.de
– Fax (0711) 9421000
FV r
555 Zim – †156/176 € ††181/201 €, ⌑ 17 € – 12 Suiten – **Rest** – Karte 27/41 €

♦ Ein weitäufig angelegtes Kongresshotel mit Atriumhalle und zeitlos eingerichteten Gästezimmern. Die Alte Stuttgarter Reithalle von 1885 bietet Raum für Veranstaltungen. Das Restaurant Reuchlin wird ergänzt durch die Rôtisserie mit Buffetangebot.

Am Schlossgarten
Schillerstr. 23 ⌧ 70173 – ℰ (0711) 2 02 60 – info@hotelschlossgarten.com
– Fax (0711) 2026888
LY u
116 Zim – †221/248 € ††270/297 €, ⌑ 20 € – 4 Suiten
Rest *Zirbelstube* – separat erwähnt
Rest *Schlossgarten-Restaurant* – *(geschl. Freitagmittag, Samstagmittag)* Karte 40/53 €
Rest *Vinothek* – *(geschl. Sonntag - Montag)* Menü 25 € – Karte 30/35 €

♦ Das engagiert geführte Haus überzeugt durch freundliche Gästebetreuung und eine angenehme wohnliche Atmosphäre. Einige der Zimmer mit Aussicht auf den Schlossgarten. Gediegenes Ambiente im Schlossgarten-Restaurant. Vinothek im mediterranen Stil.

Kronen-Hotel garni
Kronenstr. 48 ⌧ 70174 – ℰ (0711) 2 25 10 – info@kronenhotel-stuttgart.de
– Fax (0711) 2251404 – geschl. 22. Dez. - 2. Jan.
KY m
80 Zim ⌑ – †105/120 € ††135/175 €

♦ Das Hotel bietet wohnlich und funktionell eingerichtete Zimmer, die auf den Businessgast zugeschnitten sind. Vom Frühstücksraum hat man einen herrlichen Blick ins Grüne.

Wörtz zur Weinsteige
Hohenheimer Str. 30 ⌧ 70184 – ℰ (0711) 2 36 70 00 – info@zur-weinsteige.de
– Fax (0711) 2367007
LZ p
33 Zim ⌑ – †95/135 € ††99/155 € – **Rest** – *(geschl. 1. - 14. Jan., 1. - 18. Aug. und Sonntag - Montag, Feiertage)* Menü 10 € (mittags)/29 € – Karte 30/49 €

♦ Freundlich kümmert sich Familie Scherle in ihrem Hotel um die Gäste. Besonders komfortabel und elegant sind die Zimmer im Schlösschen. Stilvoll: die Louis-XVI-Juniorsuite. Rustikales Dekor bestimmt den Charakter des Restaurants.

Der Zauberlehrling
Rosenstr. 38 ⌧ 70182 – ℰ (0711) 2 37 77 70 – kontakt@zauberlehrling.de
– Fax (0711) 2377775
LZ c
17 Zim ⌑ – †135/250 € ††195/280 € – 3 Suiten – **Rest**
– (geschl. Samstagmittag, Sonntagmittag) Menü 35/78 € – Karte 43/65 €

♦ Ganz individuell sind die Zimmer dieses Hauses im modernen Designerstil eingerichtet. Ein Motto wird jeweils bei der Gestaltung gelungen umgesetzt. Auch Suiten/Juniorsuiten. Geschmackvoll-modern ist das gemütlich-rustikale Restaurant gestaltet. Internationale Karte.

STUTTGART S. 12

Mercure City-Center
Heilbronner Str. 88 ⊠ 70191 – ℰ (0711) 25 55 80 – h5424-re@accor.com
– Fax (0711) 25558100
GU **c**
174 Zim – †99/139 € ††109/149 €, ⌑ 15 € – **Rest** – Karte 19/32 €
♦ Besonders für Businessgäste interessant: neuzeitliche, freundliche Zimmer mit großem Schreibtisch, PC- und Fax-Anschluss sowie die Lage nahe Hauptbahnhof und Autobahn.

Royal
Sophienstr. 35 ⊠ 70178 – ℰ (0711) 6 25 05 00 – royalhotel@t-online.de
– Fax (0711) 628809
KZ **b**
100 Zim – †102/155 € ††129/190 €, ⌑ 12 € – 5 Suiten
Rest – (geschl. 4. - 26. Aug. und Sonntag, Feiertage) Menü 50 € – Karte 22/47 €
♦ Ein gut geführtes Haus in zentraler Lage, nur wenige Schritte von der Fußgängerzone. Die Zimmer sind gediegen-wohnlich eingerichtet. Restaurant mit internationalem Angebot.

Unger garni
Kronenstr. 17 ⊠ 70173 – ℰ (0711) 2 09 90 – info@hotel-unger.de
– Fax (0711) 2099100
LY **a**
114 Zim ⌑ – †119/147 € ††165/204 €
♦ Das Hotel liegt direkt hinter der Fußgängerzone und bietet funktionell ausgestattete Gästezimmer - einige der Zimmer sind neuer und moderner.

Azenberg garni
Seestr. 114 ⊠ 70174 – ℰ (0711) 2 25 50 40 – info@hotelazenberg.de
– Fax (0711) 22550499
FU **e**
58 Zim ⌑ – †80/135 € ††100/169 €
♦ Am Hang, ruhig und dennoch nicht weit vom Zentrum befindet sich dieses Hotel mit seinen wohnlichen und zeitgemäßen Zimmern sowie einem gepflegten Freizeitbereich.

Abalon garni
Zimmermannstr. 7 (Zufahrt über Olgastr. 79) ⊠ 70182 – ℰ (0711) 2 17 10
– info@abalon.de – Fax (0711) 2171217
LZ **x**
42 Zim ⌑ – †79/86 € ††99/112 €
♦ Der moderne Bau mit hübsch begrünter Dachterrasse bietet - trotz Innenstadtlage - relativ ruhige und zweckmäßig gestaltete Zimmer. Saft und Wasser gehören zum Service.

City-Hotel garni
Uhlandstr. 18 ⊠ 70182 – ℰ (0711) 21 08 10 – ch@bbv-hotels.de
– Fax (0711) 2369772
LZ **a**
31 Zim ⌑ – †79/89 € ††99/115 €
♦ Im Stadtzentrum liegt dieses zeitgemäße Hotel. Nett ist der freundliche Frühstücksraum mit Wintergarten - im Sommer kann man auf der Terrasse frühstücken.

Central Classic garni
Hasenbergstr. 49a ⊠ 70176 – ℰ (0711) 6 15 50 50 – cc@bbv-hotels.de
– Fax (0711) 61550530 – geschl. 23. Dez. - 6. Jan.
FV **c**
34 Zim ⌑ – †73/78 € ††89/95 €
♦ Geschäftsleute schätzen das kleine Hotel beim Feuersee. Denn: Sämtliche Zimmer haben praktische Einzelschreibtische mit Fax- und PC-Anschluss sowie ISDN-Telefon.

Rieker garni
Friedrichstr. 3 ⊠ 70174 – ℰ (0711) 22 13 11 – info@hotel-rieker.de
– Fax (0711) 293894
LY **d**
61 Zim ⌑ – †92/112 € ††118/138 €
♦ Das gegenüber dem Hauptbahnhof ideal gelegene Geschäfts- und Reisehotel verfügt über funktionell eingerichtete, etwas unterschiedlich möblierte Zimmer.

Bellevue
Schurwaldstr. 45 ⊠ 70186 – ℰ (0711) 48 07 60 – info@bellevue-stuttgart.de
– Fax (0711) 4807631
JV **p**
12 Zim ⌑ – †46/61 € ††79 € – **Rest** – (geschl. Aug. und Dienstag - Mittwoch) Menü 9/19 € – Karte 19/31 €
♦ Das seit 1913 von der Inhaberfamilie geleitete Haus ist ein solides und gut gepflegtes kleines Hotel. Jeder Gast bekommt morgens eine aktuelle Tageszeitung. Gemütliches bürgerliches Restaurant mit regionaler Karte.

STUTTGART S. 13

Sautter
Johannesstr. 28 ⌂ 70176 – ℰ (0711) 6 14 30 – info@hotel-sautter.de
– Fax (0711) 611639 – geschl. 22. Dez. - 4. Jan. FV **e**
56 Zim ⌑ – †78/90 € ††100/110 € – **Rest** – *(geschl. Sonn- und Feiertage abends)*
Karte 20/31 €

♦ Das Hotel liegt in einer Seitenstraße im Zentrum der Stadt. Die Gästezimmer sind recht unterschiedlich in Einrichtung und Zuschnitt. Warme Farben machen das bürgerliche Restaurant behaglich.

Zirbelstube – Hotel Am Schlossgarten
Schillerstr. 23 ⌂ 70173 – ℰ (0711) 2 02 68 28 – info@hotelschlossgarten.com
– Fax (0711) 2026888 – geschl. Jan. 2 Wochen, Aug. 3 Wochen und Sonntag - Montag LY **u**
Rest – *(Tischbestellung ratsam)* Menü 56 € (mittags)/116 € – Karte 70/106 €
Spez. Marinierter Thunfisch mit Gelee von getrockneten Aprikosen und Pulpo im Tempurateig gebacken. Wachtel und Gänseleber im Steinchampignon mit Pfifferlingscrème. Prime Beef mit Artischocken-Lauch-Fondue und Pestojus.

♦ Kompetent umsorgt man den Gast in dem eleganten holzgetäfelten Restaurant mit Bernhard Diers' modern interpretierter klassischer Küche. Terrasse mit Blick zum Schlosspark.

Olivo – Hotel Steigenberger Graf Zeppelin
Arnulf-Klett-Platz 7 ⌂ 70173 – ℰ (0711) 2 04 82 77 – stuttgart@steigenberger.de
– Fax (0711) 2048542 – geschl. Jan. 3 Wochen, Juli - Aug. 3 Wochen und Sonntag - Montag LY **v**
Rest – Menü 42 € (mittags)/119 € – Karte 47/59 €
Spez. Schwarze Bandnudeln mit Tintenfisch, Krake und Pfifferlingen. Weißweinrisotto mit grünem Spargel und Scampi. Wildschweinbraten mit Rotweinsauce und gefüllter Zwiebel.

♦ Modern-eleganter Stil und eine mediterrane Note bestimmen hier das Bild. Verschiedene italienische Provinzen prägen die Küche Thomas Heilemanns.

Kern's Pastetchen
Hohenheimer Str. 64 ⌂ 70184 – ℰ (0711) 48 48 55 – info@kerns-pastetchen.de
– Fax (0711) 487565 – geschl. 14. - 29. Juli und Sonntag LZ **v**
Rest – *(nur Abendessen)* (Tischbestellung ratsam) Menü 50/60 €
– Karte 37/58 €

♦ Gelungen hat man in dem sympathischen Restaurant der Familie Kern elegante und rustikale Elemente kombiniert. Geboten wird österreichisch und französisch beeinflusste Küche.

Délice (Friedrich Gutscher)
Hauptstätter Str. 61 ⌂ 70178 – ℰ (0711) 6 40 32 22
– geschl. 23. Dez. - 6. Jan., 15. - 24. März und Samstag - Sonntag, Feiertage
Rest – *(nur Abendessen)* (Tischbestellung erforderlich) Menü 90 € – Karte 52/74 € KZ **a**
Spez. Räucheraal mit getrüffeltem Kartoffelsalat und Passionsfruchtsaft. Seeteufel aus dem Ofen mit Steinpilzen und Aromaten auf Kartoffelpüree. Topfentarte mit Marillensauce und Eiscrème mit Trockenfrüchten.

♦ In diesem Restaurant in einem Kellergewölbe bietet man klassische Speisen - zubereitet in der einsehbaren Küche - sowie eine gute Weinauswahl mit einigen Riesling-Raritäten.

La Fenice
Rotebühlplatz 29 ⌂ 70178 – ℰ (0711) 6 15 11 44 – g.vincenzo@t-online.de
– Fax (0711) 6151146 – geschl. Samstagmittag, Sonn- und Feiertage KZ **e**
Rest – Menü 51 € – Karte 33/58 €

♦ Ein helles und freundliches Restaurant mit elegantem Touch, in dem Ihnen die Geschwister Gorgoglione italienische Küche bieten.

Di Gennaro
Kronprinzstr. 11 ⌂ 70173 – ℰ (0711) 22 29 60 51 – kp@digennaro.de
– Fax (0711) 22296040 – geschl. Sonn- und Feiertage KZ **n**
Rest – Karte 41/57 €

♦ Ein modernes Stadthaus mit Glasfassade in der Innenstadt beherbergt dieses italienische, leicht elegante Restaurant mit Feinkostgeschäft und Vinothek.

STUTTGART S. 14

XX Er Cuppolone

*Heusteigstr. 45 ⊠ 70180 – ℰ (0711) 6 07 18 80 – sante@schwaben.de
– Fax (0711) 6208366 – geschl. 1. - 21. Aug. und Sonntag*
Rest – *(nur Abendessen)* Menü 69/75 € – Karte 43/48 €

KLZ **z**

• Kochschule, Weinbar und ein elegantes Restaurant verbergen sich hinter den Natursteinmauern des ehemaligen Landtags. Geboten wird eine authentische italienische Küche.

XX La nuova Trattoria da Franco

*Calwer Str. 32 ⊠ 70173 – ℰ (0711) 29 47 44 – info@dafrancostuttgart.de
– Fax (0711) 294549*

KYZ **c**

Rest – Karte 26/41 €

• In dem modernen Stadthaus serviert man auf zwei Etagen neben Pizza und Pasta auch anspruchsvolle italienische Gerichte. Im EG mit Barbereich.

XX Gui

*Sophienstr. 3 ⊠ 70180 – ℰ (0711) 6 45 67 77 – ruebel@gui-stuttgart.de
– Fax (0711) 6456007 – geschl. 24. Dez. - 7. Jan., 20. Juli - 11. Aug. und Sonntag - Montag*

KZ **f**

Rest – *(nur Abendessen)* Menü 47/69 €

• Das Restaurant in dem kleinen Naturstein-Tonnengewölbe bietet freundlichen Service und ambitionierte internationale Küche. Das Speisenangebot wird in Menüform gereicht.

XX Alter Fritz am Killesberg - Der kleine Fritz mit Zim

*Feuerbacher Weg 101 ⊠ 70192 – ℰ (0711) 13 56 50 – Fax (0711) 1356565
– geschl. 15. - 30. Aug. und Montag, Feiertage*

FU **c**

10 Zim ⊡ – †66/82 € ††92/110 € – **Rest** – *(geschl. 23. Dez. - 5. Jan., nur Abendessen)* Karte 30/47 €

• Der kleine Fritz ist ein hübsch dekoriertes kleines Abendrestaurant mit gediegenem Ambiente und liegt am Killesberg nahe der Messe. Gepflegte Zimmer.

X La Scala

*Friedrichstr. 41 (1.Etage) ⊠ 70174 – ℰ (0711) 29 06 07 – Fax (0711) 2991640
– geschl. Aug. 3 Wochen und Sonntag*

KY **e**

Rest – *(an Feiertagen nur Abendessen)* (Tischbestellung ratsam) Menü 31/36 €
– Karte 26/42 €

• Gegenüber dem Friedrichsbau liegt dieses italienische Restaurant mit typischer Küche. Nett sind die lebhafte Atmosphäre und der freundliche Service.

X Cube

*Kleiner Schlossplatz 1, (im Kunstmuseum, 4. Etage) ⊠ 70173 – ℰ (0711) 2 80 44 41
– info@cube-restaurant.de – Fax (0711) 2804442*

KY **b**

Rest – Menü 30 € (mittags) – Karte 42/57 €

• Modernes Restaurant im Glas-Kubus des Kunstmuseums: puristisch das Design, einmalig die Sicht, mediterran-asiatisch die Küche. Einfachere, preisgünstigere Mittagskarte.

X Vetter

*Bopserstr. 18 ⊠ 70180 – ℰ (0711) 24 19 16 – Fax (0711) 60189640
– geschl. Mitte - Ende Aug., Weihnachten - Neujahr und Sonntag, Feiertage*

LZ **s**

Rest – *(nur Abendessen)* (Tischbestellung ratsam) Karte 23/42 €

• In einer Seitenstraße in der Innenstadt liegt dieses gut geführte, gemütliche Lokal mit moderner Einrichtung und einer Auswahl regionaler und internationaler Speisen.

X GiraSole

*Schwabstr. 114 (nahe Hölderlinplatz) ⊠ 70193 – ℰ (0711) 2 22 06 51
– mblancone@web.de*

FV **g**

Rest – (Tischbestellung ratsam) Karte 22/32 €

• Moderne Atmosphäre und freundlicher Service erwarten Sie in diesem Restaurant. Eine wechselnde Wochenkarte ergänzt das typische italienische Angebot.

X Augusten Stüble

*Augustenstr. 104 ⊠ 70197 – ℰ (0711) 62 12 48
– geschl. Sonn- und Feiertage*

FV **a**

Rest – *(nur Abendessen)* (Tischbestellung ratsam) Karte 18/34 €

• Das mit recht viel dunklem Holz im Bistrostil gehaltene Restaurant am Zentrumsrand bietet eine gute Weinauswahl und eine regionale Küche bis 24 Uhr.

1252

STUTTGART S. 15

Schwäbische Weinstuben

✗ **Weinstube Schellenturm**
Weberstr. 72 ✉ *70182 –* ✆ *(0711) 2 36 48 88 – weinstube-schellenturm@ t-online.de – Fax (0711) 2262699 – geschl. Sonn- und Feiertage*
Rest *– (nur Abendessen) Karte 20/31 €*
LZ u
♦ In dem alten Wehrturm aus dem 16. Jh. geht's urig-rustikal und schwäbisch-gemütlich zu. Zu den regionalen Gerichten gehören auch Maultäschle oder Käsespätzle.

✗ **Weinstube Klink**
Epplestr. 1b (Degerloch) ✉ *70597 –* ✆ *(0711) 7 65 32 05 – Fax (0711) 7874221 – geschl. Sonn- und Feiertage*
Rest *– (nur Abendessen) (Tischbestellung ratsam) Karte 22/39 €*
DS a
♦ Etwas versteckt liegt das Lokal in einem Innenhof. Das kleine schwäbische Angebot wird durch Empfehlungen auf einer Schiefertafel ergänzt. Sehr gute Weinauswahl.

✗ **Stuttgarter Stäffele**
Buschlestr. 2a ✉ *70178 –* ✆ *(0711) 61 72 76 – info@staeffele.de – Fax (0711) 613535 – geschl. Samstagmittag, Sonntagmittag, Feiertage mittags*
Rest *– (Tischbestellung ratsam) Karte 18/37 €*
FV f
♦ Mit Holzverkleidung und rot-weiß karierten Vorhängen verströmt dieses Lokal typischen Weinstubencharakter. Auf der Karte stehen schwäbische Speisen und Württemberger Weine.

✗ **Weinstube Träuble**
Gablenberger Hauptstr. 66, (Eingang Bussenstraße) ✉ *70186 –* ✆ *(0711) 46 54 28 – Fax (0711) 4207961 – geschl. 24. Aug. - 7. Sep. und Sonntag, Feiertage*
Rest *– (ab 17 Uhr geöffnet) Karte 17/29 €*
HV s
♦ Äußerst gemütlich sitzt man in der vertäfelten Gaststube dieses 200 Jahre alten kleinen Häuschens. Man bietet eine Vesperkarte und Tagesgerichte.

✗ **Weinstube Kochenbas**
Immenhofer Str. 33 ✉ *70180 –* ✆ *(0711) 60 27 04 – kochenbas@t-online.de – Fax (0711) 3417514 – geschl. 24. Aug. - 14. Sept. und Montag*
Rest *– Karte 17/24 €*
GX b
♦ Eine typische schwäbische Weinstube ist dieses bürgerlich-rustikale Gasthaus, in dem ein alter Ofen für Gemütlichkeit sorgt. Aus der Küche kommt Regionales.

✗ **Weinhaus Stetter**
Rosenstr. 32 ✉ *70182 –* ✆ *(0711) 24 01 63 – post@weinhaus-stetter.de – Fax (0711) 240193 – geschl. 24. Dez. - 8. Jan., Ende Aug. - Mitte Sept. und Sonn- und Feiertage*
Rest *– (geöffnet Montag - Freitag ab 15 Uhr, Samstag von 11 Uhr - 15 Uhr) Karte 14/20 €*
LZ e
♦ Eine beachtliche Auswahl an Weinen finden Sie in diesem recht einfachen ländlichen Lokal. Weinverkauf und Vesper-Wirtschaft hat man hier gelungen kombiniert.

In Stuttgart-Büsnau

🏠 **relexa Waldhotel Schatten**
Magstadter Straße 2, (am Solitudering) ✉ *70569 –* ✆ *(0711) 6 86 70 – reservierung.stuttgart@relexa-hotel.de – Fax (0711) 6867999*
138 Zim ☐ *–* †107/122 € ††137/227 €
BR t
Rest *La Fenêtre – (geschl. Sonntag - Montag, Feiertage, nur Abendessen) Karte 35/49 €*
Rest *Kaminrestaurant – Karte 26/39 €*
♦ Vor den Toren der Stadt liegt das 200 Jahre alte Hotel. Gelungen ist die Kombination von Alt- und Neubau. Die Zimmer sind überwiegend zeitgemäß und funktionell gestaltet. La Fenêtre besticht durch einen eleganten Touch. Rustikal: das Kaminrestaurant.

STUTTGART S. 16
In Stuttgart-Bad Cannstatt

Hilton Garden Inn NeckarPark
Mercedesstr. 75 ⊠ 70372 – ℘ (0711) 90 05 50
– sales.stuttgartneckarpark@hilton.com – Fax (0711) 90055100
JU h
150 Zim – †135/255 € ††135/255 €, ☐ 17 € – **Rest** – *(nur Abendessen für Hausgäste)* Karte 28/39 €
♦ Die Lage direkt neben dem Gottlieb-Daimler-Stadion und der Porsche-Arena sowie moderne Zimmer mit sehr guter Technik machen das Hotel besonders für Businessgäste interessant.

Pfund
Waiblinger Str. 61a ⊠ 70372 – ℘ (0711) 56 63 63 – info@pfund-restaurant.de
– Fax (0711) 5006768 – geschl. 23. Dez. - 6. Jan., 11. - 24. März und Freitagmittag, Samstag - Sonntag sowie Feiertage
JT a
Rest – Menü 25/55 € – Karte 24/47 €
♦ In diesem netten Restaurant mit rustikalem Flair bietet man seinen Gästen regionale Küche. Urig ist der Gewölbekeller für Veranstaltungen.

In Stuttgart-Degerloch

Wielandshöhe (Vincent Klink)
< Stuttgart,
Alte Weinsteige 71 ⊠ 70597 – ℘ (0711) 6 40 88 48 – Fax (0711) 6409408
– geschl. Sonntag - Montag
GX a
Rest – *(Tischbestellung ratsam)* Menü 68/98 € – Karte 58/76 €
Spez. Pot au feu von Jakobsmuscheln und Langustinos. Rehpfeffer mit Trüffel und Spätzle. Quarksoufflé mit Erdbeerkompott und Joghurteis.
♦ Geschulter Service und klassische Küche mit starkem regionalem Bezug erwarten den Gast in diesem Restaurant. Hier genießen Sie beim Speisen den schönen Blick über die Stadt.

Fässle
Löwenstr. 51 ⊠ 70597 – ℘ (0711) 76 01 00 – info@faessle.de – Fax (0711) 764432
– geschl. Sonntag - Montagmittag
DS a
Rest – *(Tischbestellung ratsam)* Menü 33/55 € – Karte 24/46 €
♦ Die traditionell-gemütliche Gaststube und der Blaue Salon bilden dieses Restaurant. Aufmerksam umsorgt man Sie mit internationaler und regionaler Küche.

Primafila
Biergarten
Jahnstr. 120 (am Fuß des Fernsehturms) ⊠ 70597 – ℘ (0711) 2 36 31 55
– ristoranteprimafila@gmx.de – Fax (0711) 2363156
HX
Rest – Karte 25/46 €
♦ Italienisches Restaurant in einem modernen, von Bäumen umgebenen Wintergarten. Separate Zigarren-Lounge mit mächtigen roten Ledersesseln.

In Stuttgart-Feuerbach

Messehotel Europe
Siemensstr. 33 ⊠ 70469 – ℘ (0711) 81 00 40 – info.str@europe-hotels-int.de
– Fax (0711) 810042555
GT r
114 Zim ☐ – †95/110 € ††180/220 €
Rest *Landhausstuben* – *(nur Abendessen)* Karte 21/37 €
♦ Duch eine ansprechende Atriumhalle mit zwei Glasaufzügen gelangen Sie in die gediegen und funktionell ausgestatteten Gästezimmer dieses Businesshotels. Gemütlich-rustikales Restaurant.

Kongresshotel Europe
Siemensstr. 26 ⊠ 70469 – ℘ (0711) 81 00 40
– info.str@europe-hotels-int.de – Fax (0711) 810041444
GT z
144 Zim ☐ – †95/110 € ††180/220 € – 3 Suiten – **Rest** – Karte 23/43 €
♦ Ein neuzeitliches Tagungshotel mit recht großzügigem Rahmen, moderner Bar und funktionellen Zimmer, die meist in mediterranen Tönen gehalten sind. Restaurant im maurischen Stil mit internationalem Angebot.

1254

In Stuttgart-Flughafen

Mövenpick-Hotel Messe
Flughafenstr. 50 ⌂ 70629 – ☏ (0711) 7 90 70
– hotel.stuttgart.messe@moevenpick.com – Fax (0711) 793585
229 Zim – †131/245 € ††131/270 €, ⊑ 18 € – **Rest** – Karte 22/33 €
DS w
♦ Dieses Hotel befindet sich nur 200 Meter von den Flughafen-Terminals entfernt. Sie beziehen bestens schallisolierte, wohnliche Zimmer. S-Bahn-Anschluss. Restaurant mit internationalem Angebot. Beliebter Sonntagsbrunch.

top air
im Flughafen, (Terminal 1, Ebene 4) ⌂ 70629 – ☏ (0711) 9 48 21 37
– info@restaurant-top-air.de – Fax (0711) 7979210 – geschl. Ende Dez. - Anfang Jan., Aug. und Samstag - Sonntag
DS p
Rest – Menü 69/106 € – Karte 75/113 €
Spez. Gänsestopfleber mit Dreierlei vom grünem Apfel und Rosinenjus. Royal von Parmesan und Gambas mit Pestovinaigrette. Variation von Passionsfrucht und Schokolade.
♦ Kreative französische Küche in nicht ganz alltäglichem Umfeld. In dem modernen Restaurant im Stuttgarter Flughafen haben Sie stets Start- und Landebahn im Blick.

In Stuttgart-Heslach

Breitenbach
Gebelsbergstr. 97 ⌂ 70199 – ☏ (0711) 6 40 64 67 – restaurantbreitenbach@t-online.de – Fax (0711) 6744234 – geschl. 1. - 12. Jan., 13. - 17. Mai, 4. - 30. Aug. und Sonntag - Montag
FX b
Rest – (nur Abendessen) (Tischbestellung ratsam) Menü 56/68 € – Karte 56/76 €
Spez. Sushi-Thunfisch in der Sesam-Szechuanpfeffer-Kruste mit Birnen-Rettich-Vinaigrette und Wasabi-Mango-Dip. Hummer-Maultaschen mit Krustentiersauce. Zander und Tafelspitz mit Flusskrebsen und Meerrettichschaum.
♦ Sehr freundlich und versiert kümmert man sich in dem zurückhaltend elegant gestalteten Restaurant um die Gäste. Man bietet kreativ beeinflusste Speisen auf klassischer Basis.

In Stuttgart-Möhringen

Millennium Hotel & Resort
Biergarten
🌡 (direkter Zugang zur Schwaben Quelle)
Plieninger Str. 100 ⌂ 70567 – ☏ (0711) 72 10 – sales.stuttgart@mill-cop.com
– Fax (0711) 7212950
CS t
454 Zim – †119/195 € ††119/195 €, ⊑ 18 € – 22 Suiten – **Rest** – Karte 27/41 €
♦ Das moderne Hotel in einem Hochhaus bei den Musical-Theatern des SI-Erlebnis-Centrums bietet seinen Gästen elegante Zimmer unterschiedlichster Kategorien. Sie haben die Wahl zwischen 19 verschiedenen Restaurants, Bars und Cafés.

Gloria
Sigmaringer Str. 59 ⌂ 70567 – ☏ (0711) 7 18 50 – info@hotelgloria.de
– Fax (0711) 7185121
CS u
90 Zim ⊑ – †85/105 € ††95/125 €
Rest *Möhringer Hexle* – (geschl. Sonntagabend, Feiertage abends) Karte 25/37 €
♦ In diesem familiengeführten Hotel erwarten Sie ein schöner, heller Hallenbereich und funktionelle wie auch wohnliche Gästezimmer in neuzeitlichem Stil. Das bürgerliche Möhringer Hexle wird ergänzt durch einen freundlichen Wintergarten.

Körschtal garni
Richterstr. 23 ⌂ 70567 – ☏ (0711) 71 60 90 – info@hotel-koerschtal.de
– Fax (0711) 7160929
CS y
30 Zim – †68/78 € ††88/98 €
♦ Die stadtnahe Lage, der benachbarte Naturpark sowie zeitgemäß und gediegen eingerichtete Gästezimmer sprechen für dieses Haus.

Bistro Ecco
Plieninger Str. 100 (im Spielcasino) ⌂ 70567 – ☏ (0711) 9 00 72 72 – bistroecco@aol.com – Fax (0711) 9007273
CS t
Rest – (nur Abendessen) Menü 39/65 € – Karte 30/50 €
♦ Ein modern im Bistrostil gehaltenes Restaurant im SI-Erlebnis-Centrum mit direktem Zugang zur Spielbank. Die Küche bietet verschiedene interessante Menüs.

STUTTGART S. 18

Landgasthof Riedsee mit Zim

Elfenstr. 120 ⊠ 70567 – ℰ (0711) 71 87 63 50 – info@riedsee.de
– Fax (0711) 71876359
CS **f**
6 Zim ⊇ – †62/76 € ††76/88 € – **Rest** – *(geschl. Montag)* Karte 21/40 €
◆ In diesem netten Landgasthof mit der schönen Seeterrasse werden Ihnen gutbürgerliche Gerichte serviert. Auch Ausflügler kehren hier gerne ein.

Zur Linde

Sigmaringer Str. 49 ⊠ 70567 – ℰ (0711) 7 19 95 90 – info@gasthauszurlin.de
– Fax (0711) 7199592 – geschl. Samstagmittag
CS **u**
Rest – (Tischbestellung ratsam) Karte 22/44 €
◆ Für schmackhafte und frische regionale Küche steht dieses denkmalgeschützte gemütlich-rustikale Haus mit seinen hübsch dekorierten Stuben. Uriger Gewölbekeller für Extras.

In Stuttgart-Plieningen

Traube

Brabandtgasse 2 ⊠ 70599 – ℰ (0711) 45 89 20 – info@
romantik-hotel-traube.com – Fax (0711) 4589220
– geschl. 23. Dez. - 3. Jan.
DS **u**
19 Zim – †109/169 € ††129/199 € – **Rest** – *(geschl. Aug. 2 Wochen und Samstagmittag, Sonntag - Montagmittag)* (Tischbestellung ratsam) Menü 52 €
– Karte 33/61 €
◆ Hinter der geschichtsträchtigen Fachwerkfassade sind alle Zimmer liebevoll gestaltet worden. Sie sind teils mit Stilmöbeln, teils rustikal mit viel Holz eingerichtet. Ländlichstilvolle Gaststube.

In Stuttgart-Vaihingen

Mercure Fontana

Vollmoellerstr. 5 ⊠ 70563 – ℰ (0711) 73 00
– h5425@accor.com – Fax (0711) 7302525
CS **c**
252 Zim – †119/169 € ††139/189 €, ⊇ 18 € – **Rest** – Karte 23/42 €
◆ Die stilvollen Zimmer verteilen sich auf 18 Etagen. Sie sind geschmackvoll eingerichtet mit Schreibtischen, kleinen Wohnbereichen und teils mit exquisiten Polsterbetten. Sie wählen zwischen dem eleganten und dem rustikalen Restaurantbereich.

mo.hotel

Hauptstr. 26 ⊠ 70563 – ℰ (0711) 28 05 60 – mo-hotel@debeos.com
– Fax (0711) 28056100
BS **b**
134 Zim – †135/221 € ††145/231 €, ⊇ 18 € – **Rest** – Karte 34/39 €
◆ Modernes, geradliniges Design in der Farbkombination Grau-Weiß-Rot begleitet Sie durch das gesamte Hotel. Die Zimmer stehen in vier verschiedenen Kategorien zur Verfügung. In klaren Linien gehaltenes Restaurant mit bürgerlich-internationalem Angebot.

In Stuttgart-Wangen

Hetzel Hotel Löwen

Ulmer Str. 331 ⊠ 70327 – ℰ (0711) 4 01 60 – info@hetzel-hotel.de
– Fax (0711) 4016333
JV **a**
65 Zim – †60/95 € ††75/120 €, ⊇ 10 € – **Rest** – Karte 18/31 €
◆ Bei der Ausstattung der Zimmer wurde großer Wert auf eine funktionelle und zeitgemäße Gestaltung gelegt. Morgens erwartet Sie ein reichhaltiges Frühstücksbuffet. Hotelrestaurant mit Spezialitäten aus Griechenland.

Ochsen

Ulmer Str. 323 ⊠ 70327 – ℰ (0711) 4 07 05 00 – info@ochsen-online.de
– Fax (0711) 40705099
JV **f**
32 Zim ⊇ – †80/106 € ††107/140 € – **Rest** – Karte 17/36 €
◆ Wohnlich und solide möblierte Zimmer stehen in diesem seit dem 19. Jh. existierenden Gasthaus bereit. Einige der Bäder verfügen über Whirlwannen. Rustikales Ambiente im Restaurant. Regionales und Internationales findet man auf der Speisekarte.

STUTTGART S. 19

In Stuttgart-Weilimdorf

Holiday Inn   Biergarten
Mittlerer Pfad 25 ⌂ 70499 – ℰ (0711) 98 88 80 – hotel@holidayinn-stuttgart.de
– Fax (0711) 988889   BP **s**
321 Zim ⌂ – †110/268 € ††110/268 € – **Rest** – Karte 25/37 €
♦ Die Einrichtung der Zimmer ist funktionell und zeitgemäß, der Komfort wohnlich standardisiert. Alle Zimmer haben einen Kaffee-/Teezubereiter. Reservieren Sie im Hauptgebäude!

Hasen
Solitudestr. 261 ⌂ 70499 – ℰ (0711) 9 89 89 80 – restaurant-hasen@t-online.de
– Fax (0711) 98989816 – geschl. Aug. und Sonntag - Montag   CP **m**
Rest – (Sept. - April Montagabend geöffnet) Menü 35 € (mittags) – Karte 34/74 €
♦ In dem farblich aufgefrischten, gemütlichen Restaurant zeugen Holzbalken und ein nettes Dekor von dem früheren Weinstuben-Charakter des Hauses. Ambitionierte klassische Küche.

In Fellbach

Classic Congress Hotel
Tainer Str. 7 ⌂ 70734 – ℰ (0711) 5 85 90 – info@cch-bw.de – Fax (0711) 5859304
– geschl. 23. - 31. Dez.   ER **u**
149 Zim ⌂ – †129/169 € ††153/193 €
Rest *Eduard M.* – separat erwähnt
♦ Direkt an der Schwabenlandhalle liegt das Haus mit seinen funktionellen, mit hellen Möbeln eingerichteten Zimmern. Großzügige Halle, aufwändige Tagungsräume.

Zum Hirschen (Armin Karrer) mit Zim
Hirschstr. 1 ⌂ 70734 – ℰ (0711) 9 57 93 70 – info@zumhirschen-fellbach.de
– Fax (0711) 95793710 – geschl. 1. - 7. Jan., Aug. 2 Wochen   ER **v**
9 Zim ⌂ – †75/95 € ††95/135 €
Rest – (geschl. Sonntag - Montag) (Tischbestellung ratsam)
Menü 43 € (mittags)/115 € – Karte ca. 79 €
Rest *Finca* – (geschl. Sonntag - Montag) Menü 29/43 € – Karte 33/45 €
Spez. Confiertes Kaninchen mit Saubohnen und Espressosatz. Gegrillter Ingwerspargel mit Champignontapenade und Mandelschaum (April - Juni). Lammcarré mit Zitronensenfkruste und Olivenöljus.
♦ In dem angenehm hell und modern gestalteten Restaurant wird abends Gourmetküche zelebriert, mittags bietet man ein Lunchmenü und einfachere Gerichte an. Mediterrane Speisen im Gewölberestaurant Finca.

Eduard M. – Classic Congress Hotel
Tainer Str. 7, (Schwabenlandhalle) ⌂ 70734 – ℰ (0711) 5 85 94 11 – restaurant@eduardm.de – Fax (0711) 5859427 – geschl. 23. - 31. Dez.   ER **u**
Rest – Menü 52 € – Karte 27/52 €
♦ Das gepflegte Restaurant des Classic Congress Hotels ist freundlich eingerichtet und auf versetzten Ebenen angelegt. Internationale Küche.

Aldinger's Germania
Schmerstr. 6 ⌂ 70734 – ℰ (0711) 58 20 37 – aldingers@t-online.de
– Fax (0711) 582077 – geschl. 4. - 19. Feb., 3. - 27. Aug. und Sonntag - Montag
Rest – (Tischbestellung ratsam) Menü 35 € – Karte 25/44 €   ER **v**
♦ Ländlich und doch leicht modern ist das Ambiente in diesem Restaurant. Der Chef steht persönlich am Herd und bereitet eine regionale und internationale Küche.

In Gerlingen

Krone garni (mit Gästehaus)
Hauptstr. 28 ⌂ 70839 – ℰ (07156) 4 31 10 – info@krone-gerlingen.de
– Fax (07156) 4311100   BR **e**
55 Zim ⌂ – †89/99 € ††116/128 €
♦ Langjährige Tradition, funktionelle Ausstattung, geschmackvolle Gästezimmer, manche sogar mit offenem Kamin, sowie freundlicher Service zeichnen dieses Hotel aus.

1257

STUTTGART S. 20
In Korntal-Münchingen

Landschloss Korntal garni
Saalplatz 5, (Korntal) ✉ *70825 –* ☎ *(0711) 8 38 88 00 – info@
landschloss-korntal.de – Fax (0711) 83888088 – geschl. 22. Dez. - 6. Jan.*
19 Zim ⌑ – †95 € ††126 € CP **b**
♦ Das ehemalige Hofgut a. d. 13. Jh. ist heute in kleines Hotel mit modern gestalteten, technisch gut ausgestatteten Zimmern. Schön ist der Festsaal mit historischem Flair.

In Leinfelden-Echterdingen

Am Park Biergarten
Lessingstr. 4 (Leinfelden) ✉ *70771 –* ☎ *(0711) 90 31 00 – info@
hotelampark-leinfelden.de – Fax (0711) 9031099 – geschl. 22. Dez. - 9. Jan.*
42 Zim ⌑ – †80/87 € ††120 € – **Rest** – *(geschl. Samstag - Sonntag)*
Menü 31/48 € – Karte 24/45 € CS **k**
♦ Umgeben von herrlichen Bäumen in einer ruhigen Sackgasse liegt dieses freundliche Haus, das Ihnen helle und zeitgemäß gestaltete Zimmer bietet. In den netten, recht gemütlichen Gaststuben serviert man sorgfältig zubereitete regionale Gerichte.

Martins Klause garni
Martin-Luther-Str. 1 (Echterdingen) ✉ *70771 –* ☎ *(0711) 94 95 90 – kontakt@
hotelmartinsklause.de – Fax (0711) 9495959* CS **d**
18 Zim ⌑ – †59/64 € ††80/88 €
♦ Vorzüge des Hotels sind gute Pflege, die behagliche Atmosphäre sowie die nette Innenausstattung. Sie haben die Wahl zwischen Zimmern mit Kirschbaum- oder rustikalen Möbeln.

SÜDERBRARUP – Schleswig-Holstein – 541 – 3 860 Ew – Höhe 28 m – Luftkurort
▶ Berlin 399 – Kiel 53 – Schleswig 25 – Flensburg 32 2 **I2**

Hamester's Hotel
Bahnhofstr. 24 ✉ *24392 –* ☎ *(04641) 9 29 10 – hamester@t-online.de
– Fax (04641) 929134*
10 Zim ⌑ – †41/45 € ††62/68 € – **Rest** – *(geschl. Dienstag)* Karte 20/29 €
♦ Vor einigen Jahren hat man das ehemalige Bankgebäude zu einem kleinen Hotel umgestaltet. Reisende beziehen funktionelle, saubere und gut gepflegte Zimmer. Restaurant mit bunten Fliesen und hellem Naturholz.

SÜDERENDE – Schleswig-Holstein – siehe Föhr (Insel)

SÜDERLÜGUM – Schleswig-Holstein – 541 – 2 200 Ew – Höhe 8 m 1 **G1**
▶ Berlin 467 – Kiel 129 – Sylt (Westerland) 37 – Flensburg 48

Tetens Gasthof
Hauptstr. 24 (B 5) ✉ *25923 –* ☎ *(04663) 1 85 80 – info@landhotel-tetens.de
– Fax (04663) 185888*
13 Zim ⌑ – †44/48 € ††72/78 € – **Rest** – *(nur Abendessen)* Karte 17/25 €
♦ Ein historischer friesischer Gasthof aus dem Jahre 1816, der über Zimmer mit unterschiedlicher Einrichtung in ländlichem Stil verfügt. Die gemütliche, mehrfach unterteilte Gaststube ist typisch für die Region.

SÜDLOHN – Nordrhein-Westfalen – 543 – 8 910 Ew – Höhe 50 m 26 **C9**
▶ Berlin 538 – Düsseldorf 98 – Nordhorn 69 – Bocholt 24

Gasthaus Nagel (mit Gästehaus) Biergarten
Kirchplatz 8 ✉ *46354 –* ☎ *(02862) 9 80 40 – gasthausnagel@aol.com
– Fax (02862) 980444*
27 Zim ⌑ – †50/55 € ††75/90 € – **Rest** – *(geschl. Dienstagmittag,
Mittwochmittag)* Karte 15/30 €
♦ Seit 1849 ist das gewachsene Hotel in zentraler Lage neben der Kirche im Familienbesitz. Es erwarten Sie freundliche, neuzeitliche Zimmer mit Holzfußboden. Restaurant in bürgerlich-rustikalem Stil - im Sommer mit netter Terrasse.

1258

SÜLZETAL – Sachsen-Anhalt – 542 – 9 990 Ew – Höhe 80 m — 31 L9
▶ Berlin 173 – Magdeburg 15

In Sülzetal-Osterweddingen

Landhotel Schwarzer Adler (mit Gästehaus)
Alte Dorfstr. 2 ⊠ 39171 – ℰ (039205) 65 20 – info@
hotel-osterweddingen.de – Fax (039205) 6528 – geschl. 23. Dez. - 11. Jan.
15 Zim ⊇ – †56/67 € ††79/90 € – **Rest** – (geschl. Samstag - Sonntag, nur
Abendessen) Karte 16/24 €

♦ Auf einem ehemaligen Gutshof ist das Gästehaus mit zeitgemäßen freundlich hellen Zimmern untergebracht, in das der Besucher durch einen Garten gelangt. Das Restaurant wird im Sommer durch die Terrasse im Innenhof ergänzt. Bürgerliches Speiseangebot.

SUHL – Thüringen – 544 – 44 530 Ew – Höhe 440 m – Wintersport : 700 m
▶ Berlin 352 – Erfurt 61 – Bamberg 94 — 40 J13
🛈 Friedrich-König-Str. 7, ⊠ 98527, ℰ (03681) 78 84 05, touristinformation@suhl-ccs.de

Mercure Kongress
Friedrich-König-Str. 1 ⊠ 98527 – ℰ (03681) 71 00 – h2830@accor.com
– Fax (03681) 710333
133 Zim – †90/95 € ††90/95 €, ⊇ 14 € – 6 Suiten – **Rest** – (Montag - Freitag nur
Abendessen) Karte 20/42 €

♦ Das Hotel verfügt über zeitgemäß und funktionell ausgestattete Gästezimmer mit gutem Platzangebot und bietet freien Zugang zum angrenzenden Ottilienbad im Kongresszentrum. Restaurant im 16. Stock mit herrlicher Aussicht auf die Stadt.

Auf dem Ringberg Ost : 5 km :

Ringberg ≤ Suhl und Thüringer Wald,
Ringberg 10 ⊠ 98527 Suhl
– ℰ (03681) 38 90
– reservierung@ringberghotel.de – Fax (03681) 389890
290 Zim ⊇ – †53/79 € ††86/136 € – ½ P 15 € – **Rest** – Menü 15 € (mittags)
– Karte 17/32 €

♦ Angenehm ruhig liegt das funktionelle Ferien- und Tagungshotel in 750 m Höhe, direkt am Rennsteig. Es erwarten Sie neuzeitlich eingerichtete Gästezimmer mit schöner Aussicht. Am Abend dient das Restaurant Rasselbock als A-la-carte-Bereich. Regionale Küche.

SUHLENDORF – Niedersachsen – 541 – 2 690 Ew – Höhe 64 m — 20 K7
▶ Berlin 214 – Hannover 111 – Schwerin 123 – Uelzen 15

In Suhlendorf-Kölau Süd : 2 km :

Brunnenhof (mit Gästehäusern)
Kölau 7 ⊠ 29562 – ℰ (05820) 8 80 – info@hotel-brunnenhof.de
– Fax (05820) 1777
40 Zim ⊇ – †46/86 € ††72/132 € – 8 Suiten – **Rest** – Karte 16/32 €

♦ Besonders Natur- und Pferdeliebhaber kommen auf diesem Gut aus dem 18. Jh. mit seinen reetgedeckten, rustikal eingerichteten Gästehäusern auf ihre Kosten. Das Restaurant ist in der hübschen, großen Bauerndiele untergebracht.

SULZ AM NECKAR – Baden-Württemberg – 545 – 12 740 Ew – Höhe 443 m – Erholungsort — 54 F19
▶ Berlin 701 – Stuttgart 76 – Karlsruhe 130 – Rottweil 30

In Sulz-Hopfau West : 7 km :

An der Glatt
Neunthausen 19 ⊠ 72172 – ℰ (07454) 9 64 10 – info@hotelanderglatt.de
– Fax (07454) 964141
26 Zim ⊇ – †59/69 € ††99/109 € – ½ P 13 € – **Rest** – Karte 22/35 €

♦ Der modernisierte Gasthof ist in einer Nebenstraße des kleinen Ortes gelegen. Funktionell ausgestattete Zimmer mit solidem Holzmobiliar stehen zum Einzug bereit. Sie speisen in einer Gaststube mit ungezwungener Atmosphäre und Schweizer Spezialitäten.

SULZBACH-ROSENBERG – Bayern – 546 – 20 850 Ew – Höhe 450 m   51 **M16**
- ▶ Berlin 422 – München 205 – Weiden in der Oberpfalz 50 – Bayreuth 67
- 🛈 Luitpoldplatz 25, ✉ 92237, ✆ (09661) 51 01 10, tourist-info@sulzbach-rosenberg.de

Brauereigasthof Sperber-Bräu
Rosenberger Str. 14 ✉ *92237 –* ✆ *(09661) 8 70 90 – info@sperber-braeu.de*
– Fax (09661) 870977
23 Zim ⊇ – †42/59 € ††62/78 € – **Rest** – Karte 14/27 €
♦ Handwerkliches Geschick haben die Baumeister des Brauereigasthofs Ende des 18. Jh.s bewiesen. Davon zeugen z. B. Stuckelemente in den zeitgemäß gestalteten Zimmern. Zünftige, typisch bayerische Gaststube.

> **Rot steht für unsere besonderen Empfehlungen!**

SULZBERG – Bayern – siehe Kempten (Allgäu)

SULZBURG – Baden-Württemberg – 545 – 2 720 Ew – Höhe 337 m – Luftkurort
- ▶ Berlin 826 – Stuttgart 229 – Freiburg im Breisgau 29 – Basel 51   61 **D21**
- 🛈 Hauptstr. 60, Rathaus, ✉ 79295, ✆ (07634) 56 00 40, stadt@sulzburg.de

Waldhotel Bad Sulzburg
Badstr. 67 (Süd-Ost : 4 km) ✉ *79295 –* ✆ *(07634) 50 54 90 – info@waldhotel4you.de – Fax (07634) 5054915 – geschl. 6. - 31. Jan.*
39 Zim ⊇ – †72/110 € ††90/143 € – ½ P 26 € – **Rest** – Menü 19/50 €
– Karte 35/50 €
♦ Idyllische Lage, geschmackvolle Einrichtung und herzliche Gastlichkeit sind die Annehmlichkeiten dieses gut geführten, komfortablen Hotels. Rustikales Ambiente im gemütlichen Restaurant.

Hirschen mit Zim
Hauptstr. 69 ✉ *79295 –* ✆ *(07634) 82 08 – hirschen-sulzburg@t-online.de*
– Fax (07634) 6717 – geschl. 1. - 17. Jan., 28. Juli - 14. Aug.
9 Zim ⊇ – †78/115 € ††98/135 € – **Rest** – (geschl. Montag - Dienstag) (Tischbestellung ratsam) Menü 40 € (mittags)/110 € – Karte 63/91 €
Spez. Gänseleberavariation. Großer Ravioli vom Hummer mit Karotten-Ingwercoulis. Getrüffelte Bresse Poularde auf zwei Arten (2 Pers.).
♦ 25 Jahre wird der Gasthof schon von der Inhaberfamilie geführt - inzwischen hat mit Douce Steiner und Udo Weiler die junge Generation die Leitung übernommen. Klassische Küche. Komfortable, elegante Gästezimmer.

In Sulzburg-Laufen West : 2 km :

La Vigna
Weinstr. 7 ✉ *79295 –* ✆ *(07634) 80 14 – la_vigna@web.de – Fax (07634) 69252*
– geschl. 17. - 23 Juni und Sonntag - Montag
Rest – (Tischbestellung ratsam) Menü 27/68 € – Karte 31/45 €
♦ In dem kleinen Restaurant erwarten Sie eine schmackhafte Küche sowie Wein aus der italienischen Heimat des Chefs. Im Vincaffè bietet man im Sommer einfachere Gerichte im Hof.

Winzerstube Drei Lilien
Weinstr. 38 ✉ *79295 –* ✆ *(07634) 59 25 82 – winzerstube-steck@t-online.de*
– Fax (07634) 592583 – geschl. Aug. 1 Woche und Mittwoch, Nov. - April Mittwoch - Donnerstag
Rest – Menü 16/29 € – Karte 24/33 €
♦ Ein familiengeführtes Haus, dessen zeitgemäße Küche in der hellen, gemütlichen Stube oder auf der schönen Terrasse serviert wird. Zum Übernachten stehen 2 Gästezimmer bereit.

SULZFELD – Bayern – siehe Kitzingen

SULZHEIM – Bayern – 546 – 2 030 Ew – Höhe 227 m — 49 J15
▶ Berlin 451 – München 214 – Würzburg 51 – Bamberg 55

Landgasthof Goldener Adler
Biergarten
Otto-Drescher-Str. 12 ⊠ 97529 – ℰ (09382) 70 38 – info@goldener-adler-sulzheim.de – Fax (09382) 7039 – geschl. 27. Dez. - 5. Jan.
42 Zim ⊃ – †25/45 € ††50/79 € – **Rest** – *(geschl. Freitag)* Menü 7/25 € – Karte 15/29 €
♦ Dieser sehr gepflegte Gasthof ist ein solider Familienbetrieb mit unterschiedlich eingerichteten Zimmern - neuzeitlicher sind die Zimmer im Gästehaus. Nettes Restaurant mit ländlichem Charakter.

In Sulzheim-Alitzheim

Grob (mit Gästehaus)
Biergarten
Dorfplatz 1 ⊠ 97529 – ℰ (09382) 2 85 – info@gasthof-metzgerei-grob.de – Fax (09382) 287 – geschl. 26. Dez. - 6. Jan.
31 Zim ⊃ – †34/50 € ††56/72 € – **Rest** – *(geschl. Sonn- und Feiertage)* Karte 10/26 €
♦ Der familiär geführte ländliche Gasthof mit eigener Metzgerei liegt am kleinen Dorfplatz. Die Zimmer sind praktisch eingerichtet und gut unterhalten. Bürgerliche Gaststube, im Sommer mit Biergarten im Hof.

SUNDERN – Nordrhein-Westfalen – 543 – 29 680 Ew – Höhe 265 m – Wintersport: 648 m 5 — 27 E11
▶ Berlin 504 – Düsseldorf 111 – Arnsberg 13 – Lüdenscheid 48
🛈 Rathausplatz 7, ⊠ 59846, ℰ (02933) 97 95 90, info@nah-klar-sundern.de
◉ Sundern-Amecke, Golfplatz 1 ℰ (02393) 17 06 66

Sunderland
Rathausplatz 2 ⊠ 59846 – ℰ (02933) 98 70 – sunderland@severintouristik.net – Fax (02933) 987111
55 Zim ⊃ – †95/125 € ††125/155 € – 4 Suiten
Rest *Le Coq* – Karte 34/42 €
Rest *toujours* – Karte 25/40 €
♦ Freundlicher Service und neuzeitliche Zimmer mit guter Technik sowie Themensuiten erwarten Sie in dem auch für Tagungen geeigneten Hotel. Le Coq in leicht elegantem Stil. Afrikanische Gerichte ergänzen das Angebot. Modernes Bistro toujours mit offener Küche.

In Sundern-Dörnholthausen Süd-West : 6 km über Seidfeld und Stockum :

Klöckener
Rest,
Stockumer Str. 44 ⊠ 59846 – ℰ (02933) 9 71 50 – info@landhaus-kloeckener.de – Fax (02933) 971551 – geschl. 30. Juni - 10. Juli
17 Zim ⊃ – †40 € ††70 € – **Rest** – *(geschl. Mittwoch)* Karte 16/31 €
♦ Schon seit über 100 Jahren befindet sich der sympathische Landgasthof im Besitz der Familie Klöckener. Für die Gäste stehen wohnliche Zimmer bereit. Behagliches Restaurant und nette Terrasse vor dem Haus.

In Sundern-Langscheid Nord-West : 4 km über Stemel – Luftkurort

Seegarten
Zum Sorpedamm 21 ⊠ 59846 – ℰ (02935) 9 64 60 – info@hotel-seegarten.com – Fax (02935) 7192
35 Zim ⊃ – †59/69 € ††89/93 € – ½ P 14 € – **Rest** – Karte 27/42 €
♦ Die Zimmer dieses von der Inhaberfamilie engagiert geführten Hotels sind wohnlich und individuell gestaltet und verfügen meist über einen Balkon mit schönem Kurpark-/Seeblick. Restaurant im rustikalen Stil.

Seehof
Zum Sorpedamm 1 ⊠ 59846 – ℰ (02935) 9 65 10 – info@Hotel-Seehof-Sorpesee.de – Fax (02935) 965130
16 Zim ⊃ – †39/55 € ††85/95 € – **Rest** – *(geschl. Okt. - März Montag)* Karte 23/46 €
♦ Am Sorpedamm oberhalb des Sees liegt der kleine Familienbetrieb mit seinen wohnlich eingerichteten, meist geräumigen Gästezimmern. Das Restaurant bietet internationale Küche, mittags ergänzt durch bürgerliche Gerichte. Teilweise überdachte Terrasse zum See.

SYLT (INSEL) – Schleswig-Holstein – **541** – Höhe 3 m – Größte Insel der Nordfriesischen Inselgruppe mit 40 km Strand, durch den 12 km langen Hindenburgdamm (nur Eisenbahn, ca. 40 min) mit dem Festland verbunden 1 **F1**

- Berlin 464 – Kiel 136 – Flensburg 55 – Husum 53
- Westerland, ℰ (04651) 9 20 60
- in Westerland, Bahnhofsplatz, ℰ (01805) 24 12 24 (Gebühr)
- Kampen-Wenningstedt, ℰ (04651) 9 95 98 12
- Klein-Morsum, Uasterhörn 37 ℰ (04651) 89 03 87
- Sylt-Ost, Flugplatz ℰ (04651) 92 75 75
- Westerland★ – Keitum★ – Keitumer Kliff★ – Rotes Kliff★

Kampen – 650 Ew – Seebad

Hauptstr. 12, ⌧ 25999, ℰ (04651) 4 69 80, info@kampen.de

Rungholt
Kurhausstr. 35 ⌧ 25999 – ℰ (04651) 44 80 – info@hotel-rungholt.de
– Fax (04651) 44848 – geschl. 7. - 31. Jan.
66 Zim ⌧ – †95/160 € ††195/280 € – ½ P 25 € – 21 Suiten
Rest – *(nur für Hausgäste)*

♦ Ganz am Ende der Kurhausstraße, nur wenige Minuten Fußweg vom Strand entfernt, erwartet Sie ein komfortables Hotel mit großzügigem Rahmen und wohnlichen Zimmern.

Walter's Hof
Kurhausstr. 23 ⌧ 25999 – ℰ (04651) 9 89 60 – walters-hof@t-online.de
– Fax (04651) 45590
32 Zim – †120/290 € ††180/390 €, ⌧ 18 € – 10 Suiten
Rest – *(nur Abendessen)* Karte 38/84 €

♦ Das regionstypische Haus liegt nahe dem Roten Kliff und bietet seinen Gästen individuell eingerichtete Zimmer mit wohnlichem Ambiente. Restaurant mit internationalem Speiseangebot.

Golf- und Landhaus Kampen garni
Braderuper Weg 12 ⌧ 25999 – ℰ (04651) 4 69 10 – info@landhaus-kampen.de
– Fax (04651) 469111
12 Zim ⌧ – †165/260 € ††190/295 € – 5 Suiten

♦ Harmonisch verbindet sich hier modern-elegantes Interieur mit dem inseltypischen Charme des Reetdachhauses. Angenehm: kleine Aufmerksamkeiten, gutes Frühstück, Nachmittagstee.

Village
Alte Dorfstr. 7 (Zufahrt über Brönshooger Weg) ⌧ 25999 – ℰ (04651) 4 69 70
– hotel@village-kampen.de – Fax (0651) 469777
14 Zim – †212/272 € ††230/290 € – 4 Suiten – **Rest** – *(geschl. Montag)* (nur Abendessen für Hausgäste) Karte 27/43 €

♦ Schon von außen ist das regionstypische kleine Hotel hübsch anzusehen. Geschmackvoll sind die in kräftigem Rot-, Blau- oder Latte-Macchiato-Ton gehaltenen Landhauszimmer.

Reethüüs garni (mit Gästehaus)
Hauptstr. 18 ⌧ 25999 – ℰ (04651) 9 85 50 – reethues@t-online.de – Fax (04651) 45278
20 Zim ⌧ – †110/160 € ††140/230 €

♦ Naturgewachsene Heideflächen umgeben die Gästehäuser des Hotels. Die Zimmer sind alle im friesischen Stil eingerichtet, die im Erdgeschoss verfügen über Terrassen.

Ahnenhof garni
Kurhausstr. 8 ⌧ 25999 – ℰ (04651) 4 26 45 – info@ahnenhof.de – Fax (04651) 44016
13 Zim – †72/107 € ††137/235 €

♦ Wohnlich eingerichtete Zimmer stehen Ihnen hier zur Verfügung. Von den meisten aus können Sie das Meer sehen. Das Haus wurde mit einem großen Freizeitbereich ausgestattet.

XX Gogärtchen
Strönwai 12 ⌧ 25999 – ℰ (04651) 4 12 42 – info@gogaertchen-sylt.de
– Fax (04651) 41172 – geschl. 5. Nov. - 15. Dez., 7. Jan. - 10. März
Rest – Menü 92/106 € (abends) – Karte 47/81 €

♦ Seit vielen Jahren beliebter Szene- und Promitreff in der berühmt-berüchtigten "Whiskeystraße". Mittags kleine Auswahl an rustikalen Gerichten.

SYLT (INSEL)

✗ Manne Pahl
*Zur Uwe Düne 2 ⊠ 25999 – ☏ (04651) 4 25 10 – info@manne-pahl.de
– Fax (04651) 44410 – geschl. Mitte Jan. - Mitte Feb.*
Rest – Karte 24/51 €
♦ Vor über 20 Jahren verließ Gastwirt Pius Regli seine Schweizer Heimat und führt seither dieses rustikale Lokal mit freundlichem Wintergarten - bekannt für gute Kuchen.

SYLT OST – 5 720 Ew – Seebad

Im Ortsteil Keitum
ℹ Am Tipkenhoog 5, ⊠25980, ☏(04651) 33 70, tourismus@sylt-ost.de

Aarnhoog
*Gaat 13 ⊠ 25980 – ☏ (04651) 39 90 – info@aarnhoog.de
– Fax (04651) 39910*
13 Zim ⊇ – †150/205 € ††176/290 € – ½ P 32 € – 10 Suiten
Rest – Karte 36/50 €
♦ In dem kleinen Backsteinhaus legt man Wert auf freundlichen Service und gemütliche Atmosphäre. Das hochwertige Frühstück können Sie im Sommer auch auf der Terrasse einnehmen.

Benen-Diken-Hof
*Süderstr. 3 ⊠ 25980 – ☏ (04651) 9 38 30 – info@
benen-diken-hof.de – Fax (04651) 9383183*
45 Zim ⊇ – †144/215 € ††192/290 € – 13 Suiten – **Rest** – *(geschl. Nov. - März Mittwoch, nur Abendessen)* Menü 33/58 € – Karte 37/50 €
♦ Eine hübsche Hotelanlage hinter den Deichen, die mit einer äußerst wohnlichen, zurückhaltend eleganten Einrichtung besticht. Sehr gut ist auch das Frühstücksbuffet. Restaurant mit schönem Landhausambiente und netter Terrasse.

Seiler Hof garni
*Gurtstig 7 ⊠ 25980 – ☏ (04651) 9 33 40 – kontakt@seilerhofsylt.de
– Fax (04651) 933444 – geschl. 24. Nov. - 5. Dez.*
11 Zim ⊇ – †105/115 € ††155/180 €
♦ Das historische Kapitänshaus von 1761 verfügt über zeitlos eingerichtete Zimmer. Besonders hübsch ist der zum Haus gehörende Garten.

Kamps garni
*Gurtstich 41 ⊠ 25980 – ☏ (04651) 9 83 90 – urlaub@kamps-sylt.de
– Fax (04651) 983923 – geschl. 24. Nov. - 14. Dez.*
7 Zim ⊇ – †79/139 € ††89/149 €
♦ Das reetgedeckte kleine Haus ist Hotel, Galerie und Café in einem. Meist als Appartements angelegte, hübsche, helle Zimmer. Nachmittags hausgemachter Kuchen.

✗✗ Karsten Wulff
*Museumsweg 4 ⊠ 25980 – ☏ (04651) 3 03 00 – restaurant@karsten-wulff.de
– Fax (04651) 35738 – geschl. 23. Nov. - 25 Dez. und Sonntag, im Winter Sonntag - Montag*
Rest – Menü 45 € – Karte 31/64 €
♦ Das Restaurant mit friesisch-rustikalem oder leicht elegantem Ambiente liegt etwas versteckt im Dorf. Geboten wird gute regional-klassische Küche mit vielen Fischgerichten.

✗ ess.zimmer
*Gurtstig 2 ⊠ 25980 – ☏ (04651) 3 18 84 – Fax (04651) 957200
– geschl. 24. Nov. - 23. Dez. und Sept. - Juni Sonntag*
Rest – *(nur Abendessen)* Karte 30/58 €
♦ Das kleine Häuschen beherbergt ein schlicht-modern gehaltenes Restaurant, in dem man kreative Regionalküche und Internationales serviert.

✗ Fisch-Fiete
*Weidemannweg 3 ⊠ 25980 – ☏ (04651) 3 21 50 – info@fisch-fiete.de
– Fax (04651) 32591 – geschl. 2. - 20. Dez., 7. Jan. - 14. Feb.*
Rest – *(Tischbestellung erforderlich)* Karte 27/65 €
♦ In dem 1954 eröffneten Fisch-Restaurant bestimmen alte Delfter Fliesen und eine traditionelle Einrichtung das Bild. Schöne Gartenterrasse. Bistro.

SYLT (INSEL)
Im Ortsteil Morsum

Morsum Kliff
Nösistig 13 ⊠ 25980 – ℰ (04651) 83 63 20 – info@hotel-morsum-kliff.de
– Fax (04651) 8363236 – geschl. 6. Jan. - 14. Feb.
10 Zim ⊇ – †84/215 € ††124/245 € – ½ P 30 €
Rest – *(geschl. im Winter Montag)* (Tischbestellung ratsam) Menü 33/52 €
– Karte 27/55 €
♦ Einsam liegt das friesische Landhaus am Morsum-Kliff an der Ostspitze der Insel. Die großzügig angelegten Zimmer gefallen mit elegantem, wohnlichem Ambiente. Vielfältiges Speiseangebot von Kuchen bis zur frischen Regionalküche. Mittags kleine Karte.

Im Ortsteil Munkmarsch

Fährhaus
Heefwai 1 ⊠ 25980 – ℰ (04651) 9 39 70 – info@faerhaus-sylt.de
– Fax (04651) 939710
39 Zim ⊇ – †160/319 € ††200/326 € – ½ P 20 € – 13 Suiten
Rest *Restaurant Fährhaus* – separat erwähnt
Rest *Käpt'n Selmer Stube* – Menü 36 € – Karte 40/55 €
♦ Ein sehr schönes, modernes Hotel am Hafen mit Wellness auf 600 qm und einem hübschen Garten. Luxuriös ist die Fährhaussuite mit Dampfsauna und Dachterrasse. Eine friesische Note macht die Käpt'n Selmer Stube gemütlich.

Restaurant Fährhaus
Heefwai 1 ⊠ 25980 – ℰ (04651) 9 39 70 – info@faerhaus-sylt.de
– Fax (04651) 939710 – geschl. 19. Nov. - 21. Dez., 7. Jan. - 1. Feb. und Sonntag - Montag
Rest – *(nur Abendessen)* (Tischbestellung ratsam) Menü 78/104 €
– Karte 58/84 €
Spez. Cocktail von Flusskrebsen und Kaninchen auf Ayranmousse mit Nektarinenkompott. Rotbarbe mit warm mariniertem Fenchel und Akazienhonig-Schalottenvinaigrette. Zartschmelzende Valrhona-Canache mit Safran-Himbeergelee und Champagnergranité.
♦ Schön ist die friesisch-elegante Einrichtung in dem Fährhaus a. d. 19. Jh., angenehm der geschulte Service. Mit Blick auf Hafen und Wattenmeer genießen Sie kreative Küche.

Im Ortsteil Tinnum

Landhaus Stricker
Boy-Nielsen-Str. 10 ⊠ 25980 – ℰ (04651) 8 89 90 – info@landhaus-stricker.de
– Fax (04651) 8899499
38 Zim ⊇ – †130/205 € ††210/270 € – ½ P 28 € – 16 Suiten
Rest *Bodendorf's* – separat erwähnt
Rest *Tenne und Kaminzimmer* – *(geschl. Nov. - Feb. Dienstag, Montag - Freitag nur Abendessen)* Karte 42/61 €
♦ Ein angenehm wohnliches Haus mit geschmackvoller Einrichtung in warmen Tönen. Schön sind auch der Wellnessbereich und die Gartenanlage mit Teich. In Tenne und Kaminzimmer sitzt man gemütlich und komfortabel. Hübsche Gartenterrasse.

Bodendorf's – Landhaus Stricker
Boy-Nielsen-Str. 10 ⊠ 25980 – ℰ (04651) 8 89 90 – info@landhaus-stricker.de
– Fax (04651) 8899499 – geschl. Mitte Feb. - Mitte März, Mitte Nov. - Mitte Dez. und Dienstag - Mittwoch
Rest – *(nur Abendessen)* (Tischbestellung ratsam) Menü 92/112 €
– Karte 63/80 €
Spez. Artischockentarte mit gebratenem Seeteufel und krosser Poulardenhaut, Trüffelvinaigrette. Brandade vom Hummer mit Vanille und weißen Bohnen. Gebratene Cannelloni vom Iberico-Schwein mit Langoustino.
♦ Aufmerksamer, geschulter Service und aufwändiges Gedeck unterstreichen die angenehme Atmosphäre in diesem kleinen Restaurant. Man bereitet mediterran-kreative Küche.

SYLT (INSEL)

Rantum – 520 Ew

☐ Strandstr. 7, ⌂ 25980, ℘ (04651) 80 70, info@rantum.de

Dorint Söl'ring Hof (Johannes King)
Am Sandwall 1 ⌂ 25980 – ℘ (04651) 83 62 00
– johannes.king@dorint.com – Fax (04651) 8362020
15 Zim ⌂ – ❚300/550 € ❚❚345/590 € – **Rest** – (geschl. 24. Feb. - 13. März und Sonntag, Nov. - März auch Mittwoch, nur Abendessen) (Tischbestellung ratsam)
Menü 95/125 € – Karte 67/99 €
Spez. Vorspeisenvariation. Gegrillter Hummer mit Rübenkompott und Navettenöl-Krustentierjus. Taubenbrust mit Selleriecrème, Zwiebelkompott, Gänseleber und Trüffel.
♦ Inmitten der Dünen steht das hübsche Reetdachhaus, in dem man sich in geschmackvollem, modernem Ambiente wohlfühlen kann. Der geschulte Service trägt sein Übriges dazu bei. Das Restaurant bietet kreative Küche auf klassischer Basis. Gemütliche kleine Bar.

Watthof
Alte Dorfstr. 40 ⌂ 25980 – ℘ (04651) 80 20 – info@watthof.de – Fax (04651) 80222
34 Zim ⌂ – ❚125/295 € ❚❚155/325 € – ½ P 30 € – 11 Suiten
Rest *Schapers* – ℘ (04651) 8 02 20 (geschl. Dienstag, nur Abendessen)
Karte 32/49 €
♦ An der schlanksten Stelle der Insel und nicht weit vom Strand erwartet Sie dieses hübsche Friesenhaus mit modern-behaglichen Zimmern. Schapers mit ansprechendem Landhausambiente.

Alte Strandvogtei garni
Merret-Lassen-Wai 5 ⌂ 25980 – ℘ (04651) 9 22 50 – info@alte-strandvogtei.de
– Fax (04651) 29157
23 Zim – ❚62/180 € ❚❚99/205 €
♦ In dem kleinen wohnlich eingerichteten Hotel kümmert man sich sehr freundlich um seine Gäste. Angenehm sind auch die ruhige Lage nahe dem Meer und das gute Frühstück.

Landhaus Rantum - Restaurant Coast mit Zim
Stiindeelke 1 ⌂ 25980 – ℘ (04651) 15 51 – info@restaurant-coast.de
– Fax (04651) 21096 – geschl. 7. Jan. - 1. Feb.
6 Zim (inkl. ½ P.) – ❚90/180 € ❚❚90/180 € – **Rest** – (geschl. Nov. - Feb. Mittwoch)
Menü 38/48 € – Karte 37/51 €
♦ Das hübsche reetgedeckte Haus beherbergt ein friesisch-gemütliches, mit modernen Bildern dekoriertes Restaurant mit sehr schöner Gartenterrasse. Wohnliche Maisonetten.

Sansibar
Hörnumer Str. 80 (Süd : 3 km) ⌂ 25980 – ℘ (04651) 96 46 46 – info@sansibar.de
– Fax (04651) 964647
Rest – (Tischbestellung erforderlich) Karte 41/80 €
♦ Nur schwer kann man sich der Magie dieser Trendadresse entziehen: Seit Jahren ist die nach außen einfach wirkende ehemalige Strandhütte beliebter Treffpunkt.

Wenningstedt – 1 610 Ew – Seeheilbad

☐ Westerlandstr. 1, ⌂ 25996, ℘ (04651) 9 89 00, tourist-information@wenningstedt.de

Strandhörn
Dünenstr. 20 ⌂ 25996 – ℘ (04651) 9 45 00 – rezeption@strandhoern.de
– Fax (04651) 45777
29 Zim ⌂ – ❚90/225 € ❚❚160/250 € – 15 Suiten
Rest *Olive* – (geschl. Mittwoch) Menü 24/49 € – Karte 26/51 €
♦ Angenehm hell und wohnlich gestaltete Zimmer und Suiten sowie eine sehenswerte Badelandschaft sprechen für diesen gut geführten Familienbetrieb. Restaurant Olive mit mediterranem Flair.

Lindner Hotel Windrose
Strandstr. 19 ⌂ 25996 – ℘ (04651) 94 00 – info.windrose@lindner.de
– Fax (04651) 940877
91 Zim – ❚119/289 € ❚❚169/319 € – ½ P 29 € – 9 Suiten – **Rest** – Karte 31/45 €
♦ Nur wenige Schritte vom Strand entfernt liegt diese große Hotelanlage. Für Familien mit Kindern eignen sich die geräumigen Maisonetten im Gästehaus. Rustikales, mit alter Holztäfelung dekoriertes Restaurant.

1265

SYLT (INSEL)

Sylter Domizil garni
Berthin-Bleeg-Str. 2 ⊠ 25996 – ℰ (04651) 8 29 00 – sylter-domizil@t-online.de
– Fax (04651) 829029
35 Zim ⊇ – †75/125 € ††110/210 €

♦ Ein neues Gästehaus ergänzt das ursprüngliche Sylter Domizil. In beiden Häusern bezieht man hübsche Zimmer mit Holzmöbeln in friesischem Blau. Gepflegter Freizeitbereich.

Gartenhotel Wenningstedt
Lerchenweg 10 ⊠ 25996 – ℰ (04651) 9 46 20 – info@gartenhotel.de
– Fax (04651) 946210 – geschl. Mitte Nov. - Mitte Dez.
13 Zim ⊇ – †80/145 € ††100/180 € – **Rest** – *(geschl. Mittwoch)* (nur Abendessen für Hausgäste)

♦ Hier erwarten Sie modern und wohnlich gestaltete Zimmer, eine kleine Bibliothek, ein lichter Frühstücksraum mit Terrasse sowie ein schöner Bade-/Saunabereich mit Kaminzimmer.

Friesenhof garni
Hauptstr. 26 ⊠ 25996 – ℰ (04651) 94 10 – hotel.friesenhof@t-online.de
– Fax (04651) 941222 – geschl. Nov. - Ostern
14 Zim ⊇ – †59/81 € ††118/162 €

♦ Seit mehreren Generationen befindet sich der im 19. Jh. eröffnete und wohnlich eingerichtete Friesenhof im Besitz der Familie Rohde. Schön ist der großzügig angelegte Garten.

Fitschen am Dorfteich mit Zim
Am Dorfteich 2 ⊠ 25996 – ℰ (04651) 3 21 20 – info@fitschen-am-dorfteich.de
– Fax (04651) 30310 – geschl. 1. - 15. Feb. und Dienstag (außer Juli - Aug.)
4 Zim ⊇ – †100/140 € ††160/210 € – **Rest** – Menü 48 € – Karte 31/60 €

♦ Angenehm hell und freundlich hat Familie Fitschen ihr reetgedecktes Haus gestaltet. Serviert wird eine regionale und internationale Küche. Terrasse z. T. mit Strandkörben.

WESTERLAND – 8 980 Ew – Seeheilbad
🛈 Stephanstr. 6, ⊠ 25980, ℰ (04651) 8 20 20

Stadt Hamburg
Strandstr. 2 ⊠ 25980 – ℰ (04651) 85 80 – mail@hotelstadthamburg.com
– Fax (04651) 858220
72 Zim – †110/190 € ††165/310 €, ⊇ 19 € – ½ P 52 € – 24 Suiten
Rest – *(nur Abendessen)* Menü 40/78 € – Karte 45/76 €
Rest *Bistro* – Menü 23 € – Karte 29/40 €

♦ In diesem stilvollen Haus wohnt der Gast in eleganten Zimmern, die mit hochwertigen Möbeln im englischen Landhausstil eingerichtet wurden. Restaurant mit klassischem Speisenangebot.

Jörg Müller
Süderstr. 8 ⊠ 25980 – ℰ (04651) 2 77 88 – hotel-joerg-mueller@t-online.de
– Fax (04651) 201471 – geschl. 26. Nov. - 20. Dez., 7. - 30. Jan.
22 Zim ⊇ – †128/190 € ††148/260 € – 3 Suiten
Rest *Pesel* – separat erwähnt
Rest – *(geschl. Montag, nur Abendessen)* (Tischbestellung ratsam)
Menü 94/118 € – Karte 66/90 €
Spez. Variation von der Königskrabbe. Steinbutt und Jakobsmuscheln mit gelbem Tomatenfond. Geschmortes und rosa gebratenes Zicklein mit grünem Spargel.

♦ Persönlich und engagiert leitet Familie Müller ihr schönes Hotel. Hübsch sind die im Landhausstil gehaltenen Zimmer sowie der Freizeitbereich. Im eleganten Restaurant bietet man klassische Küche und eine Weinkarte mit einigen Raritäten.

Strandhotel Sylt garni
Margarethenstr. 9 ⊠ 25980 – ℰ (04651) 83 80 – strandhotel-sylt@t-online.de
– Fax (04651) 838454
53 Zim – †156/198 € – 37 Suiten ⊇ ††239/308 €

♦ Die zentrale, strandnahe Lage, freundliche Mitarbeiter sowie überwiegend als Suiten angelegte Zimmer mit wohnlicher Einrichtung in warmen Farben machen das moderne Hotel aus.

SYLT (INSEL)

Miramar
Friedrichstr. 43 ⌧ 25980 – ℘ (04651) 85 50 – info@hotel-miramar.de
– Fax (04651) 855222 – geschl. 23. Nov. - 21. Dez.
67 Zim ⌂ – †135/255 € ††190/395 € – ½ P 37 € – 11 Suiten – **Rest** – Karte 24/61 €
♦ Bereits seit 1903 empfängt das Miramar seine Gäste. Mit klassisch-gediegenem Ambiente hat das direkt am Strand gelegene Hotel bis heute den Charme von einst bewahrt. Zur Seeseite hin gelegenes Restaurant.

Wiking
Steinmannstr. 11 ⌧ 25980 – ℘ (04651) 8 30 02 – hotel@wiking-sylt.de
– Fax (04561) 830299 – geschl. 23. Nov. - 19. Dez.
28 Zim ⌂ – †57/135 € ††108/225 € – **Rest** – (geschl. Montag - Dienstag, nur Abendessen) Karte 24/38 €
♦ Hinter einer unscheinbaren Fassade verbergen sich hübsch im Landhausstil eingerichtete Zimmer in angenehmen Farben, teils allergikergerecht mit Parkettfußboden.

Vier Jahreszeiten garni
Johann-Möller-Str. 40 ⌧ 25980 – ℘ (04651) 9 86 70 – vierjahreszeiten.sylt@t-online.de – Fax (04651) 986777
19 Zim ⌂ – †79/129 € ††146/203 € – 7 Suiten
♦ Das Hotel liegt direkt an der Düne und verfügt über wohnliche Zimmer, die alle mit Parkettböden und zeitlosem Mobiliar ausgestattet sind.

Windhuk
Brandenburger Str. 6 ⌧ 25980 – ℘ (04651) 99 20 – info@hotel-windhuk.de
– Fax (04651) 29379
30 Zim – †68/83 € ††108/133 €, ⌂ 15 € – ½ P 45 €
Rest *Möller's kleines Restaurant* – (geschl. Anfang. Jan. - Mitte Feb. und Mittwoch, nur Abendessen) Menü 29/54 € – Karte 40/57 €
♦ Unweit des Zentrums, rund 150 Meter vom Westerländer Hauptstrand entfernt liegt das familiengeführte Haus mit wohnlichen Gästezimmern. Klassisches, leicht elegant wirkendes Restaurant. Die Küche bietet Internationales, Mediterranes sowie Regionales.

Uthland garni
Elisabethstr. 12 ⌧ 25980 – ℘ (04651) 9 86 00 – info-hoteluthland@t-online.de
– Fax (04651) 986060
16 Zim ⌂ – †80/150 € ††140/200 €
♦ Nahe der Strandpromenade finden Sie das kleine Klinkerhaus mit hübschen, wohnlichen Zimmern. Bei schönem Wetter frühstücken Sie auf der netten Terrasse mit Strandkörben.

Clausen garni
Friedrichstr. 20 ⌧ 25980 – ℘ (04651) 9 22 90 – hotel-clausen-sylt@t-online.de
– Fax (04651) 28007 – geschl. Jan.
19 Zim ⌂ – †59/90 € ††90/165 €
♦ Im Herzen der Fußgängerzone fällt das gepflegte Haus schon durch seine schöne Fassade ins Auge. Im Inneren erwarten Sie wohnlich in Pastelltönen eingerichtete Zimmer.

Pesel – Hotel Jörg Müller
Süderstr. 8 ⌧ 25980 – ℘ (04651) 2 77 88 – hotel-joerg-mueller@t-online.de
– Fax (04651) 201471 – geschl. 26. Nov. - 20. Dez., 7. - 30. Jan. und Montag - Dienstagmittag
Rest – Menü 39/56 € – Karte 36/59 €
♦ Sympathisch ist dieses hübsch mit friesischen Kacheln dekorierte Restaurant. Auf den Tisch kommen überwiegend regionale Speisen.

Franz Ganser
Bötticherstr. 2 ⌧ 25980 – ℘ (04651) 2 29 70 – fganser1@t-online.de
– Fax (04651) 834980 – geschl. 1. - 22. April und Montag - Dienstagmittag
Rest – Menü 78 € – Karte 42/67 €
♦ In dem Restaurant nicht weit von der Fußgängerzone serviert man Ihnen in freundlicher Atmosphäre regionale und internationale Gerichte.

Web-Christel
Süderstr. 11 ⌧ 25980 – ℘ (04651) 2 29 00 – webchristel-sylt@t-online.de
– Fax (04651) 22803 – geschl. Mittwoch
Rest – (nur Abendessen) (Tischbestellung ratsam) Menü 27/40 € – Karte 25/54 €
♦ Ein gemütlich-rustikales, friesisches Ambiente erwartet Sie hinter der Backsteinfassade dieses Reetdachhauses - Aquarelle zieren das Restaurant. Regionale Küche.

TABARZ – Thüringen – **544** – 4 280 Ew – Höhe 400 m – Wintersport : 916 m – Kneippkurort   39 **J12**

- ▶ Berlin 344 – Erfurt 53 – Bad Hersfeld 92 – Coburg 102
- 🛈 Theodor-Neubauer-Park 3, ✉ 99891, ☏ (036259) 6 10 87, info@tabarz.de

Zur Post
Lauchagrundstr. 16 ✉ 99891 – ☏ (036259) 66 60 – info@hotel-tabarz.de – Fax (036259) 66666
42 Zim ⌑ – ✝49/59 € ✝✝80/92 € – ½ P 16 € – **Rest** – Karte 15/20 €
- ♦ Ein neuzeitliches Hotel im Zentrum des Kurorts. Neben zeitgemäß und solide ausgestatteten Zimmern bietet man Aktivitäten wie Nordic Walking oder Wandern an. Gepflegtes Restaurant und rustikale Kellerbar.

Frauenberger
Max-Alvary-Str. 9 ✉ 99891 – ☏ (036259) 52 20 – info@hotel-frauenberger.de – Fax (036259) 522100
43 Zim ⌑ – ✝49/65 € ✝✝77/93 € – ½ P 16 € – **Rest** – Menü 24/47 € – Karte 25/49 €
- ♦ Etwas oberhalb des Ortes in ruhiger Lage findet man das familiengeführte Hotel mit schöner Aussicht, dessen Gästezimmer mit Landhausmöbeln versehen sind. Freundlich gestaltetes Resaturant mit Blick auf den Kurpark.

TAMM – Baden-Württemberg – siehe Asperg

TANGERMÜNDE – Sachsen-Anhalt – **542** – 9 920 Ew – Höhe 45 m   21 **M8**

- ▶ Berlin 119 – Magdeburg 63 – Brandenburg 64
- 🛈 Kirchstr. 59, ✉ 39590, ☏ (039322) 2 23 93, buero@tourismus-tangermuende.de
- ◉ Rathausfassade ★ – Neustädter Tor ★

Schloss Tangermünde (mit Gästehäusern)
≤ Elbe mit Schiffsanleger und Elbauen,
Amt 1 ✉ 39590 – ☏ (039322) 73 73 – schlosstangermuende@ringhotels.de – Fax (039322) 73773
27 Zim ⌑ – ✝54/90 € ✝✝82/134 €
Rest – (Montag - Freitag nur Abendessen) Menü 28/34 € – Karte 21/36 €
- ♦ Sie nächtigen in einer Burganlage aus dem 11. Jh. Die schöne Lage an der Elbe und die individuellen, klassisch-stilvollen Gästezimmer machen das Hotel aus.

Schwarzer Adler (mit Gästehäusern)
Lange Str. 52 ✉ 39590 – ☏ (039322) 9 60 – schwarzeradler@ringhotels.de – Fax (039322) 3642
56 Zim ⌑ – ✝52/64 € ✝✝80/88 € – **Rest** – Karte 16/29 €
- ♦ Der traditionsreiche Gasthof mitten im historischen Stadtkern bietet teils rustikale, teils klassisch-komfortable Zimmer. Auch großzügige Juniorsuiten stehen bereit. Schöner Wintergarten zum Innenhof hin und eine gemütliche Kutscherstube laden ein.

TANN (RHÖN) – Hessen – **543** – 4 720 Ew – Höhe 390 m – Luftkurort   39 **I13**

- ▶ Berlin 418 – Wiesbaden 226 – Fulda 30 – Bad Hersfeld 52
- 🛈 Am Kalkofen 6 (Rhönhalle), ✉ 36142, ☏ (06682) 16 55, info@tann-online.de

In Tann-Lahrbach Süd : 3 km :

Gasthof Kehl (mit Gästehaus)
Eisenacher Str. 15 ✉ 36142 – ☏ (06682) 3 87 – landhaus-kehl@t-online.de – Fax (06682) 1435 – geschl. 22. Okt. - 8. Nov.
37 Zim ⌑ – ✝33/38 € ✝✝52/62 € – ½ P 11 € – **Rest** – (geschl. Dienstag) Karte 15/30 €
- ♦ Sowohl im Haupthaus, dem traditionellen Gasthof mit Fachwerkfassade, als auch im Gästehaus findet man solide und wohnliche Zimmer. Das mit hellem Holz eingerichtete ländlich-rustikale Restaurant wirkt gemütlich.

TANNENBERG – Sachsen – 544 – 1 280 Ew – Höhe 498 m
42 O13
▶ Berlin 297 – Dresden 116 – Chemnitz 32 – Zwickau 46

Zum Hammer
Untere Dorfstr. 21 ⌧ 09468 – ℰ (03733) 5 29 51 – info@zumhammer.de
– Fax (03733) 500906
18 Zim ⌧ – ♦40/45 € ♦♦60/68 € – **Rest** – (Montag - Freitag nur Abendessen)
Karte 15/25 €
• Mitten im Erzgebirge liegt dieses familiengeführte Landhotel. Das gepflegte Haus verfügt über gut eingerichtete Zimmer, zum Teil mit freigelegtem Fachwerk. Rustikale Gaststuben mit bürgerlicher Küche.

TAUBERBISCHOFSHEIM – Baden-Württemberg – 545 – 13 260 Ew – Höhe 183 m
▶ Berlin 529 – Stuttgart 117 – Würzburg 34 – Heilbronn 75
48 H16
🛈 Marktplatz 8 (Rathaus), ⌧ 97941, ℰ (09341) 8 03 13, tourismus@tauberbischofsheim.de

Am Brenner
Goethestr. 10 ⌧ 97941 – ℰ (09341) 9 21 30 – hotelambrenner@t-online.de
– Fax (09341) 921334
30 Zim ⌧ – ♦50/57 € ♦♦68/78 € – **Rest** – (geschl. Freitag) Karte 23/27 €
• An einem Südhang etwas oberhalb der Stadt und dem Taubertal liegt das familiengeführte Hotel. Sie wohnen in behaglichen, gut ausgestatteten Zimmern, z. T. im Gästehaus. Restaurantterrasse mit schöner Aussicht.

Badischer Hof
Am Sonnenplatz ⌧ 97941 – ℰ (09341) 98 80 – reception@hotelbadischerhof.de
– Fax (09341) 988200 – geschl. 21. Dez. - 7. Jan., 1. - 25. Aug.
26 Zim ⌧ – ♦45/55 € ♦♦65/75 € – **Rest** – (geschl. Freitag) Karte 15/28 €
• Das 1733 erbaute Haus befindet sich nun seit 8 Generationen im Familienbesitz. Hinter einer originalgetreu renovierten Fassade stehen zeitgemäße Zimmer bereit. Freundlich gestaltetes Restaurant.

In Tauberbischofsheim-Hochhausen Nord-West : 6 km Richtung Wertheim, in Werbach links :

Landhotel am Mühlenwörth
Am Mühlenwörth ⌧ 97941 – ℰ (09341) 9 55 55 – landhotel.muehlenwoerth@t-online.de – Fax (09341) 95557 – geschl. 14. Jan. - 1. Feb.
13 Zim ⌧ – ♦23/38 € ♦♦45/65 € – **Rest** – (geschl. Nov. - März Dienstag und Freitag, nur Abendessen) Karte 14/28 €
• Ein gut unterhaltenes, familiengeführtes kleines Hotel am Ortsrand mit sehr gepflegten, hell möblierten Zimmern in neuzeitlichem Stil. Hübsch dekoriertes Restaurant im Landhausstil.

TAUBERRETTERSHEIM – Bayern – siehe Weikersheim

TAUFKIRCHEN (VILS) – Bayern – 546 – 8 760 Ew – Höhe 466 m
58 N19
▶ Berlin 581 – München 58 – Regensburg 87 – Landshut 26

Am Hof garni
Hierlhof 2 ⌧ 84416 – ℰ (08084) 9 30 00 – info@hotelamhof.de
– Fax (08084) 930028
17 Zim ⌧ – ♦49/61 € ♦♦80/92 €
• Ein in ein Wohn-/Geschäftshaus integriertes Etagenhotel, das für seine Gäste gepflegte und neuzeitlich eingerichtete Zimmer mit funktioneller Ausstattung bereithält.

In Taufkirchen-Hörgersdorf Süd-West : 8,5 km über B 15 :

Landgasthof Forster
Hörgersdorf 23 ⌧ 84416 – ℰ (08084) 23 57 – Fax (08084) 258481
– geschl. Montag - Dienstag
Rest – (Mittwoch - Samstag nur Abendessen) Menü 40/58 € – Karte 27/47 €
• Das gepflegte Dorfgasthaus mit dem ländlich-rustikalen Restaurant bietet seinen Gästen internationale und regionale Küche.

1269

TECKLENBURG – Nordrhein-Westfalen – **543** – 9 510 Ew – Höhe 200 m – Luft- und Kneippkurort 27 **E9**

- Berlin 442 – Düsseldorf 160 – Bielefeld 77 – Münster (Westfalen) 28
- Markt 7, ⊠ 49545, ℘ (05482) 9 38 90, info@tecklenburg-touristik.de
- Westerkappeln-Velpe, Industriestr. 16 ℘ (05456) 9 60 13
- Tecklenburg, Wallenweg 24 ℘ (05455) 10 35

In Tecklenburg-Brochterbeck West : 6,5 km :

Teutoburger Wald
Im Bocketal 2 ⊠ 49545 – ℘ (05455) 9 30 00 – hotelteutoburgerwald@t-online.de – Fax (05455) 930070 – geschl. 20. - 25. Dez.
43 Zim ⊡ – †70/80 € ††95/125 € – ½ P 22 €
Rest – (Tischbestellung erforderlich) Karte 21/39 €
• Ein gut geführter, gewachsener Familienbetrieb mit zeitgemäßen, wohnlichen Zimmern. Zum Haus gehören eine schöne Gartenanlage mit Teich sowie ein recht großer Kosmetikbereich.

In Tecklenburg-Leeden Ost : 8 km, jenseits der A 1 :

Altes Backhaus
Am Ritterkamp 27 ⊠ 49545 – ℘ (05481) 65 33 – altes-backhaus@t-online.de – Fax (05481) 83102 – geschl. Dienstag
Rest – Karte 22/40 €
• Gepflegt und nett dekoriert ist das in einem hell gestrichenen Backsteinhaus untergebrachte rustikale Restaurant, in dem eine internationale Küche serviert wird.

TEGERNAU – Baden-Württemberg – **545** – 390 Ew – Höhe 443 m 61 **D21**

- Berlin 828 – Stuttgart 200 – Freiburg im Breisgau 83 – Basel 37

In Tegernau-Schwand Nord-West : 3,5 km, Richtung Badenweiler :

Sennhütte
Schwand 14 ⊠ 79692 – ℘ (07629) 9 10 20 – info@sennhuette.com – Fax (07629) 910213 – geschl. Feb.
13 Zim ⊡ – †40/46 € ††71/89 € – **Rest** – (geschl. Dienstag) Karte 17/38 €
• Nicht nur die gute Pflege, sondern auch die reizvolle Lage am Rand des kleinen Bergdorfs sprechen für das nette Gasthaus mit solide eingerichteten Zimmern (oft mit Balkon). Die Wirtschaft ist ein beliebtes Einkehrziel.

TEGERNSEE – Bayern – **546** – 3 870 Ew – Höhe 747 m – Heilklimatischer Kurort

- Berlin 642 – München 53 – Garmisch-Partenkirchen 75 – Bad Tölz 19
- Hauptstr. 2 (im Haus des Gastes), ⊠ 83684, ℘ (08022) 18 01 40, info@tegernsee.de 66 **M21**

Leeberghof
Ellingerstr. 10 ⊠ 83684 – ℘ (08022) 18 80 90
– info@leeberghof.de – Fax (08022) 1880999 – geschl. 7. Jan. - 4. Feb.
15 Zim ⊡ – †78/128 € ††198/216 € – ½ P 35 € – 3 Suiten
Rest – (geschl. Montag) Menü 36/48 € – Karte 32/46 €
• Angenehm ist die Atmosphäre in dem schönen Haus oberhalb des Sees. Mit viel Geschmack hat man die Zimmer individuell gestaltet. Auch Kosmetik und Massage werden angeboten. Rustikal-elegantes Restaurant und Terrasse mit grandiosem Seeblick.

Fackler (mit Appartementhaus)
Karl-Stieler-Str. 14 ⊠ 83684 – ℘ (08022) 9 17 60
– hotel.fackler@t-online.de – Fax (08022) 917615 – geschl. 15. Nov. - 10. Dez.
25 Zim – †60/65 € ††104/136 € – ½ P 16 € – **Rest** – (nur Abendessen) Karte 22/30 €
• Das familiengeführte Hotel in erhöhter Lage bietet wohnliche Zimmer, teilweise mit Blick auf den See. In einem Gästehaus befinden sich Appartements mit kleiner Küchenzeile.

TEGERNSEE

Ledererhof garni (mit Gästehaus)
Schwaighofstr. 89 ⊠ *83684 –* ℰ *(08022) 9 22 40 – info@lederechof.de*
– Fax (8022) 922456
22 Zim ⚏ – †60/75 € ††80/100 €
◆ Eine familiär geleitete kleine Ferienadresse in ländlich-regionstypischem Stil. Wohnliche Appartements unterschiedlicher Größe stehen zur Verfügung.

Fischerstüberl am See
Seestr. 51 ⊠ *83684 –* ℰ *(08022) 91 98 90 – hotlfisch@t-online.de*
– Fax (08022) 9198950
17 Zim ⚏ – †45/55 € ††80/98 € – ½ P 17 € – **Rest** – *(geschl. Anfang Nov. - 24. Dez. und Montag, Mitte Jan. - April Montag - Dienstag)* Karte 15/29 €
◆ Der am See gelegene Gasthof mit Balkonfassade ist ein netter Familienbetrieb, in dem Sie sehr gepflegte, solide eingerichtete Zimmer erwarten. Ländliche Gaststube mit Blick auf den See.

Trastevere
Rosenstr. 5 ⊠ *83684 –* ℰ *(08022) 43 82 – geschl. 29. Mai - 25. Juni und Mittwoch - Donnerstagmittag*
Rest – Karte 23/37 €
◆ In dem rustikalen Restaurant mit gemütlichen Nischen reicht man eine italienische Karte, die auch einige Pizza- und Pastagerichte bietet. Mit im Haus: das Volkstheater.

> Sie suchen ein besonderes Hotel für einen sehr angenehmen Aufenthalt?
> Reservieren Sie in einem roten Haus: 🏠 ... 🏠🏠🏠🏠.

TEINACH-ZAVELSTEIN, BAD – Baden-Württemberg – 545 – 3 020 Ew – Höhe 391 m – Heilbad und Luftkurort 54 **F18**

▶ Berlin 669 – Stuttgart 56 – Karlsruhe 64 – Pforzheim 37
🛈 Rathausstr. 5 (Bad Teinach), ⊠ 75385, ℰ (07053) 9 20 50 40, teinachtal@t-online.de

Im Stadtteil Bad Teinach

Bad-Hotel 🌿   (freier Zugang zum Kurhaus) Rest,
Otto-Neidhart-Allee 5 ⊠ *75385 –* ℰ *(07053)*
2 90 – info-bad-teinach@bad-hotel.de – Fax (07053) 29177
58 Zim ⚏ – †80/112 € ††150/173 € – ½ P 25 € – 4 Suiten
Rest – Menü 21/34 € – Karte 21/49 €
Rest Brunnen-Schenke – *(geschl. Samstag, Sonntagabend)* Karte 15/30 €
◆ Das traditionsreiche, klassizistische Hotel im Stil eines Palais überzeugt mit einem gepflegten Äußeren und einer stilvollen Inneneinrichtung. Klassisch ist das Quellen-Restaurant mit seiner holzgetäfelten Decke.

Mühle garni
Otto-Neidhart-Allee 2 ⊠ *75385 –* ℰ *(07053) 9 29 50 – hotelmuehle@freenet.de*
– Fax (07053) 929599
17 Zim ⚏ – †30/35 € ††60/70 €
◆ Der Name dieses neuzeitlichen Hotels erinnert noch an die alte Mühle, die hier einst stand. Man bietet gepflegte Zimmer mit rustikalen Eichenmöbeln und gutem Platzangebot.

Im Stadtteil Zavelstein

Berlin's KroneLamm (mit Gästehaus)
Marktplatz 3 ⊠ *75385 –* ℰ *(07053) 9 29 40*
– kronelamm@berlins-hotel.de – Fax (07053) 929430
42 Zim ⚏ – †63/79 € ††100/144 € – ½ P 24 € – **Rest** – *(geschl. Donnerstag)*
Karte 23/39 €
◆ Aus zwei Häusern bestehendes Hotel im Zentrum. Besonders komfortabel sind die Zimmer im Lamm. Hier auch ein sehr schöner, heller kleiner Wellnessbereich. In mehrere Räume unterteiltes Restaurant mit rustikalem Ambiente.

1271

TEISNACH – Bayern – **546** – 2 970 Ew – Höhe 467 m   59 **O17**
▶ Berlin 520 – München 168 – Passau 73 – Cham 40

In Teisnach-Kaikenried Süd-Ost : 4 km über Oed und Aschersdorf :

Oswald   *Rest,* P VISA ◯ AE ①
Am Platzl 2 ⌂ *94244 –* ℰ *(09923) 8 41 00 – info@hotel-oswald.de*
– Fax (09923) 841010 – geschl. Nov. 2 Wochen, März 2 Wochen
35 Zim ⌂ – †59/78 € ††98/136 € – ½ P 22 € – **Rest** – *(geschl. Dienstag)* Karte 17/35 €
♦ Ein Familienbetrieb in der Dorfmitte mit freundlicher und wohnlicher Atmosphäre. Besonders schön sind die Deluxe-Zimmer sowie der Bade- und Saunabereich. Kosmetik und Massage. Gemütliches Restaurant mit rustikaler Note.

TEISTUNGEN – Thüringen – **544** – 2 570 Ew – Höhe 200 m   29 **J11**
▶ Berlin 306 – Erfurt 98 – Göttingen 32 – Nordhausen 45

Victor's Residenz-Hotel Teistungenburg   Biergarten
(direkter Zugang zur Bäderwelt) *Rest,* P VISA ◯ AE ①
Klosterweg 6 ⌂ *37339 –* ℰ *(036071) 8 40 – info.teistungen@victors.de*
– Fax (036071) 84444
97 Zim ⌂ – †93/133 € ††123/163 € – ½ P 22 € – **Rest** – Karte 21/31 €
♦ Eine großzügige Hotelanlage mit repräsentativer Lobby, wohnlichen und gut ausgestatteten Zimmern, modernen Tagungsräumen und einem sehr gepflegten, großen Fitnessbereich. Bequeme gepolsterte Stühle und schön gedeckte Tische im Restaurant.

TELGTE – Nordrhein-Westfalen – **543** – 19 440 Ew – Höhe 50 m   27 **E9**
▶ Berlin 446 – Düsseldorf 149 – Bielefeld 64 – Münster (Westfalen) 12
🛈 Kapellenstr. 2, ⌂ 48291, ℰ (02504) 69 01 00, stadttouristik@telgte.de
Telgte, Harkampsheide 5 ℰ (02504) 7 23 26

Heidehotel Waldhütte   P VISA ◯ AE ①
Im Klatenberg 19 (Nord-Ost : 3 km, über die B 51) ⌂ *48291 –* ℰ *(02504) 92 00*
– info@heidehotel-waldhuette.de – Fax (02504) 920140
33 Zim ⌂ – †72/78 € ††113/118 € – **Rest** – Menü 34/41 € – Karte 25/44 €
♦ Ein idyllisch in einem Landschaftsschutzgebiet am Waldpark gelegenes Fachwerkhotel im altdeutschen Stil mit Zimmern, die mit rustikalen Naturholzmöbeln eingerichtet sind. Liebevoll dekorierte Gaststube mit Kamin und schöner Gartenterrasse.

In Ostbevern Nord-Ost : 7 km über B 51 :

Beverhof   P
Hauptstr. 35 ⌂ *48346 –* ℰ *(02532) 51 62 – hotel.beverhof@t-online.de*
– Fax (02532) 1688
13 Zim ⌂ – †36 € ††60 € – **Rest** – *(geschl. Montag, nur Abendessen)*
Karte 17/30 €
♦ Hier stimmt das Preis-Leistungs-Verhältnis: Ein tadellos geführtes Landhotel, das mit soliden hellen Eichenmöbeln ausgestattete Zimmer bietet. Ländliche Gaststube mit Theke und bürgerlichem Angebot.

TEMPLIN – Brandenburg – **542** – 17 780 Ew – Höhe 60 m – Heilbad   23 **P6**
▶ Berlin 75 – Potsdam 127 – Neubrandenburg 81 – Neuruppin 75
🛈 Obere Mühlenstr.11, (Akzisehaus) ⌂ 17268, ℰ (03987) 26 31, templin-info@t-online.de

Am Großdöllner See Süd-Ost : 22 km über Ahrensdorf und B 109 :

Döllnsee-Schorfheide   Rest, *Rest,* P AE ①
Döllnkrug 2 ⌂ *17268 Groß Dölln*
– ℰ *(039882) 6 30 – info@doellnsee.de – Fax (039882) 63402*
127 Zim ⌂ – †69/109 € ††92/152 € – ½ P 22 € – **Rest** – Karte 29/42 €
♦ Ein ruhig und idyllisch am Waldrand und am See gelegenes ehemaliges Jagdhaus mit Anbau, in dem wohnliche, teils im Landhausstil gehaltene Zimmer auf Sie warten. Im Restaurant werden hauptsächlich regionale Produkte aus dem Biosphärenreservat verarbeitet.

TENGEN – Baden-Württemberg – 545 – 4 680 Ew – Höhe 614 m 62 F21
◘ Berlin 760 – Stuttgart 131 – Konstanz 58 – Villingen-Schwenningen 25

In Tengen-Blumenfeld Ost : 2 km über B 314 :

Bibermühle
Untere Mühle 1 ⊠ 78250 – ℰ (07736) 9 29 30 – info@bibermuehle.de
– Fax (07736) 9293140 – geschl. Feb.
31 Zim ⊑ – †58 € ††98/116 € – **Rest** – Karte 26/39 €
♦ Eine Wassermühle und ein Hotelanbau bilden diese nette Anlage. Die Zimmer sind im Anbau mit Kirschholzmöbeln zeitgemäß eingerichtet, rustikal in der Mühle. Restaurant auf zwei Ebenen mit viel Holz und großem Kamin. Terrasse am Wasserfall.

In Tengen-Wiechs Süd : 7 km über Schwarzwaldstraße :

Gasthof zur Sonne
Hauptstr. 57 ⊠ 78250 – ℰ (07736) 75 43 – gasthof@sonne-wiechs.de – geschl. Feb. 2 Wochen, Aug. 2 Wochen und Montag - Mittwochmittag, Donnerstagmittag
Rest – Menü 34/48 € – Karte 30/38 €
♦ Aus einer Dorfwirtschaft ist dieses nette, freundlich gestaltete Restaurant entstanden. Die Küche bietet Schmackhaftes aus der Region mit mediterranem Touch.

TENNENBRONN – Baden-Württemberg – 545 – 18 680 Ew – Höhe 660 m – Luftkurort 62 E20
◘ Berlin 739 – Stuttgart 116 – Freiburg im Breisgau 74 – Freudenstadt 44
🛈 Rathaus, Hauptstr. 23, ⊠ 78144, ℰ (07729) 92 60 28, info@tennenbronn.de

Adler
Hauptstr. 60 ⊠ 78144 – ℰ (07729) 9 22 80 – service@adler-tennenbronn.de
– Fax (07729) 922813
11 Zim ⊑ – †42/49 € ††59/69 € – ½ P 15 € – **Rest** – (geschl. Montag, Samstagmittag) Menü 18 € (veg.)/25 € – Karte 18/33 €
♦ Der hübsche, engagiert geführte Schwarzwaldgasthof in regionstypischem Stil erwartet Sie mit wohnlichen Zimmern, die hell und freundlich wirken. Gaststube und gemütliches Restaurant mit Kachelofen.

TENNSTEDT, BAD – Thüringen – 544 – 2 740 Ew – Höhe 170 m – Heilbad 40 K12
◘ Berlin 286 – Erfurt 31 – Halle 113 – Mühlhausen 36

Am Kurpark garni
Am Osthöfer Tor 1 ⊠ 99955 – ℰ (036041) 37 00 – bernd_scheller@web.de
– Fax (036041) 37073
14 Zim ⊑ – †37/46 € ††56 €
♦ Ein solide und freundlich geführtes kleines Hotel am Kurpark in der Ortsmitte. Man beherbergt Sie in sehr gepflegten Gästezimmern.

TETEROW – Mecklenburg-Vorpommern – 542 – 9 710 Ew – Höhe 10 m 13 N4
◘ Berlin 182 – Schwerin 92 – Neubrandenburg 55 – Rostock 58
🛈 Teschow, Gutshofallee 1 ℰ (03996) 14 40

Blücher garni
Warener Str. 50 ⊠ 17166 – ℰ (03996) 1 57 80 – hotel.bluecher@freenet.de
– Fax (03996) 157829
17 Zim ⊑ – †40 € ††60 €
♦ In dem von der Inhaberfamilie freundlich geführten kleinen Hotel stehen einfache, aber sehr gepflegte Gästezimmer zur Verfügung.

In Teterow-Teschow Nord-Ost : 5 km :

Schloss Teschow
Gutshofallee 1 ⊠ 17166 – ℰ (03996) 14 00
– info@schloss-teschow.de – Fax (03996) 140100
120 Zim ⊑ – †90/110 € ††120/180 € – ½ P 32 € – 5 Suiten
Rest *Chez Lisa* – (nur Abendessen) Karte 52/66 €
Rest *Sukhothai* – (nur Abendessen) Karte 30/40 €
Rest *Levantino* – Karte 34/43 €
♦ Am Golfplatz liegt die historische Hotelanlage, die einst ein Herrenhaus war. Geboten werden Kosmetik und medizinische Anwendungen. Klassisch-elegant: Chez Lisa. Thailändische Küche im Sukhothai. Levantino mit italienischer Karte.

1273

TETTNANG – Baden-Württemberg – 545 – 18 100 Ew – Höhe 466 m — 63 H21

- Berlin 714 – Stuttgart 160 – Konstanz 35 – Kempten (Allgäu) 65
- Montfortstr. 10, ⊠ 88069, ✆ (07542) 95 25 55, tourist-info@tettnang.de

Rad
Lindauer Str. 2 ⊠ 88069 – ✆ (07542) 54 00 – hotelrad.tettnang@t-online.de
– Fax (07542) 53636 – geschl. 2. - 23. Jan.
69 Zim ⊇ – †64/100 € ††93/130 € – **Rest** – Karte 23/41 €

♦ Das in der Stadtmitte gelegene Hotel ist ein historischer Fachwerkgasthof mit Anbau. Die Zimmer sind teils modern-funktionell, teils etwas älter und kleiner. Bürgerlich-rustikale Restaurantstuben mit Kachelofen und Holztäfelung.

In Tettnang-Kau West : 3 km Richtung Friedrichshafen, in Pfingstweide links :

Lamm im Kau
Sängerstr. 50 ⊠ 88069 – ✆ (07542) 47 34 – gasthaus@lamm-im-kau.de
– Fax (07542) 405672 – geschl. Montag
Rest – (Tischbestellung erforderlich) Menü 12 € (mittags)
– Karte 25/43 €

♦ Sehr nett und angenehm lebendig ist die Atmosphäre in der behaglichen Gaststube mit Holztäfelung und Kachelofen. Serviert wird gute regionale Küche. Hübsche Gartenterrasse.

THALFANG – Rheinland-Pfalz – 543 – 1 790 Ew – Höhe 460 m – Wintersport : 818 m ≰4 ⚓ (am Erbeskopf) – Luftkurort — 45 C15

- Berlin 684 – Mainz 121 – Trier 35 – Bernkastel-Kues 31
- Saarstr. 3, ⊠ 55424, ✆ (06504) 91 40 50, info@ute24.com
- Hunsrück-Höhenstraße ★

Apart-Hotel Blumenhof (mit Gästehäusern)
Birkenweg 73, (Ferienpark) ⊠ 54424
– ✆ (06504) 91 20 – info@hotel-blumenhof.de
– Fax (06504) 912420
34 Zim ⊇ – †55/61 € ††79/88 € – ½ P 11 € – **Rest** – Karte 17/28 €

♦ Die verschiedenen Häuser dieses Ferienparks beherbergen neuzeitliche, wohnliche und funktionelle Zimmer sowie einige Freizeitangebote. Auch für Geschäftsreisende geeignet. Über drei Etagen angelegtes rustikales Restaurant.

THANNHAUSEN – Bayern – 546 – 6 340 Ew – Höhe 499 m — 64 J20

- Berlin 591 – München 113 – Augsburg 36 – Ulm (Donau) 59
- Schloß Klingenburg, ✆ (08225) 30 30

Schreiegg's Post Biergarten
Postgasse 1 (Ecke Bahnhofstraße) ⊠ 86470 – ✆ (08281) 9 95 10 – hotel@
schreieggs-post.de – Fax (08281) 995151 – geschl. 1. - 30. Jan.
13 Zim ⊇ – †93/98 € ††132 € – 3 Suiten – **Rest** – *(geschl. Aug. 2 Wochen und Montag - Dienstagmittag)* (Tischbestellung ratsam) Menü 49/83 € – Karte 55/67 €

♦ Der traditionsreiche Familienbetrieb besticht durch zuvorkommenden Service und elegantes Landhausambiente - da nimmt man die etwas unruhige Lage gerne in Kauf. Post- und Jagdzimmer mit internationaler Küche. Zudem einfachere Mittagskarte in der Bräustube.

THIERHAUPTEN – Bayern – 546 – 3 810 Ew – Höhe 430 m — 57 K19

- Berlin 550 – München 86 – Augsburg 29 – Donauwörth 27

Klostergasthof
Augsburger Str. 3 ⊠ 86672 – ✆ (08271) 8 18 10 – info@hotel-klostergasthof.de
– Fax (08271) 818150
47 Zim ⊇ – †64/77 € ††87/95 € – **Rest** – *(geschl. Sonn- und Feiertage abends)*
Karte 24/39 €

♦ In dem schönen einstigen Sudhaus des Klosters verbinden sich gelungen Historie und zeitgemäßer Komfort. Die Zimmer gefallen mit puristischem Design. Gut geeignet für Tagungen.

THOLEY – Saarland – **543** – 13 230 Ew – Höhe 400 m – Luftkurort 45 **C16**
- Berlin 718 – Saarbrücken 37 – Trier 62 – Birkenfeld 25
- Im Kloster 1 (im Rathaus), ⌧ 66636, ✆ (06853) 50 80, verkehrsamt@tholey.de

Hotellerie Hubertus
Metzer Str. 1 ⌧ 66636 – ✆ (06853) 9 10 30 – hotellerie-hubertus@web.de – Fax (06853) 30601
20 Zim ⌑ – †52/65 € ††95/110 €
Rest – (geschl. Sonntagabend - Montag, Donnerstagmittag, Samstagmittag) (Tischbestellung ratsam) Karte 59/102 €
Rest *Palazzo* – (geschl. Sonntagabend - Montag) Karte 23/35 €
Rest *Markt-Stube Juneperus* – (geschl. Dienstag - Mittwoch, nur Abendessen) Karte 19/30 €
♦ Das gut geführte kleine Hotel im Zentrum bietet Ihnen mit neuzeitlichen und klassischen Elementen individuell gestaltete Zimmer. Elegantes Gourmetrestaurant mit Gewölbedecke und Kamin. Klassische Karte. Italienische Küche im Café Palazzo mit Wintergartenanbau.

THUMBY – Schleswig-Holstein – **541** – 510 Ew – Höhe 25 m 2 **I2**
- Berlin 397 – Kiel 50 – Flensburg 61 – Schleswig 34

In Thumby-Sieseby West : 3 km :

Schlie-Krog
Dorfstr. 19 ⌧ 24351 – ✆ (04352) 25 31 – info@schliekrog.de – Fax (04352) 1580 – geschl. Montag
Rest – (Tischbestellung ratsam) Karte 27/50 €
♦ Früher beherbergte das idyllisch an der Schlei gelegene Haus ein Standesamt, heute finden Sie hier ein charmantes Restaurant mit regionaler Küche.

THUMSEE – Bayern – siehe Reichenhall, Bad

THYRNAU – Bayern – **546** – 4 080 Ew – Höhe 455 m 60 **Q19**
- Berlin 617 – München 202 – Passau 10 – Regensburg 128

In Thyrnau-Hundsdorf Nord-Ost : 2 km :

Parkschlössl
Hundsdorf 20a ⌧ 94136 – ✆ (08501) 92 20 – info@hotel-parkschloessl.de – Fax (08501) 922123 – geschl. 1. - 11. Nov.
51 Zim ⌑ – †62/85 € ††108/124 € – 6 Suiten – **Rest** – Karte 19/31 €
♦ Ein neuzeitliches Hotel mit gelber Fassade und zwei Türmen. Bei der Inneneinrichtung hat man Wert auf wohnlichen Komfort gelegt: italienische Möbel und schöne Bäder. Elegant gestaltetes Restaurant mit großer Fensterfront.

TIEFENBRONN – Baden-Württemberg – **545** – 5 540 Ew – Höhe 432 m 55 **F18**
- Berlin 646 – Stuttgart 39 – Karlsruhe 45 – Pforzheim 15
- Pfarrkirche (Lukas-Moser-Altar★★, Monstranz★)

Ochsen-Post
Franz-Josef-Gall-Str. 13 ⌧ 75233 – ✆ (07234) 9 54 50 – info@ochsen-post.de – Fax (07234) 9545145
19 Zim ⌑ – †51/90 € ††71/92 €
Rest *Bauernstube* – (geschl. Jan. 2 Wochen und Dienstag) Menü 18 € (mittags)/39 € – Karte 26/53 €
♦ Ein modernisierter, von der Besitzerfamilie geführter Fachwerkgasthof aus dem 17. Jh. mit gepflegten Zimmern, deren Einrichtung z. T. mit Antiquitäten ergänzt wurde. Die traditionelle Bauernstube ist ganz mit Holz verkleidet.

TIEFENBRONN

In Tiefenbronn-Mühlhausen Süd-Ost : 4 km :

Arneggers Adler (mit Gästehaus)
Tiefenbronner Str. 20 ⌨ *75233 –* ✆ *(07234) 95 35 30*
– arneggers-adler@t-online.de – Fax (07234) 9535350 – geschl. 2. - 31. Jan.
21 Zim – †54/57 € ††80/84 € – **Rest** – Karte 24/43 €

◆ Gastlichkeit mit 125-jähriger Tradition: Das familiengeführte Landhotel in der Ortsmitte bietet etwas unterschiedlich gestaltete, aber stets wohnliche und gepflegte Zimmer. Rustikale Restaurantstube mit internationaler Karte.

Im Würmtal West : 4 km, Richtung Würm :

Häckermühle mit Zim
Im Würmtal 5 ⌨ *75233 Tiefenbronn –* ✆ *(07234) 42 46 – info@haecker-muehle.de*
– Fax (07234) 5769
13 Zim – †52/62 € ††80/95 € – **Rest** – *(geschl. Jan. - Feb. 2 Wochen und Montag, Mittwochmittag)* (Tischbestellung ratsam) Menü 19 € (mittags)/63 € – Karte 24/65 €

◆ Schön liegt die einstige Getreidemühle in einem kleinen Tal. In dem rustikalen, leicht eleganten Restaurant serviert man klassische und regionale Küche. Geräumige Gästezimmer.

TIMMENDORFER STRAND – Schleswig-Holstein – **541** – 9 080 Ew – Höhe 2 m – Seeheilbad
11 K4

▶ Berlin 281 – Kiel 64 – Schwerin 80 – Lübeck 27

🛈 Timmendorfer Platz 10 ⌨ 23669, ✆ (04503) 3 58 50

🖻 Timmendorfer Strand, Am Golfplatz 3 ✆ (04503) 70 44 00

Seeschlößchen
Strandallee 141 ⌨ *23669 –* ✆ *(04503) 60 11*
– info@seeschloesschen.de – Fax (04503) 601333 – geschl. 7. - 31. Jan.
130 Zim ⌨ – †112/174 € ††157/262 € – ½ P 30 € – 9 Suiten
Rest – Karte 29/63 €

◆ Ein blütenweißes Hochhaus direkt am Strand mit großzügiger und geschmackvoller Lobby sowie eleganten Gästezimmern und einem sehr schönen und vielfältigen Spabereich. Klassisches Restaurant - im Sommer mit Strandterrasse.

Landhaus Carstens (mit Gästehaus)
Strandallee 73 ⌨ *23669 –* ✆ *(04503) 60 80*
– info@landhauscarstens.de – Fax (04503) 60860
33 Zim ⌨ – †85/110 € ††105/205 € – ½ P 15 €
Rest – Menü 21 € (mittags)/34 € (abends) – Karte 32/55 €
Rest *Doblers im Landhaus – (geschl. Montag - Donnerstag, nur Abendessen)*
Menü 48/76 € – Karte 62/84 €

◆ Ein sehr wohnliches Ambiente bieten sowohl das hübsche Landhaus als auch die Dependance dieses an der Promenade gelegenen Hotels. Gemütlich ist das rustikalelegante Restaurant mit schöner Gartenterrasse. Doblers: kleines Gourmetrestaurant in der ersten Etage.

Villa Gropius
Strandallee 50 ⌨ *23669 –* ✆ *(04503) 70 20 03 – info@villa-gropius.de*
– Fax (04503) 702004
50 Zim ⌨ – †75/125 € ††95/155 € – ½ P 20 € – **Rest** – *(nur Abendessen)*
Karte 21/37 €

◆ Das Hotel in Strandnähe ist aus einer schmucken weißen Villa von 1888 entstanden. Den Gast erwarten hier geschmackvolle Zimmer mit modernem Komfort.

Sonnenhotel Princess
Strandallee 198 ⌨ *23669 –* ✆ *(04503) 6 00 10 – info@sonnenhotels.de*
– Fax (04503) 6001777
88 Zim ⌨ – †70/160 € ††80/170 € – ½ P 20 €
Rest – *(Nov. - März nur Abendessen)* Karte 17/36 €

◆ Das Ferienhotel liegt nur 100 m von Strand entfernt. Gepflegte neuzeitliche Zimmer, Appartements mit Küchenzeile und eine Lobby mit Glaskuppel erwarten Sie. Restaurant mit Wintergarten.

TIMMENDORFER STRAND

Gorch Fock
Strandallee 152 ⊠ 23669 – ℰ (04503) 89 90 – info@hotel-gorch-fock.de
– Fax (04503) 899111
43 Zim ⊑ – †40/60 € ††65/120 € – ½ P 18 €
Rest – *(geschl. Nov. - Feb. Dienstag - Mittwoch)* Karte 18/35 €
♦ Strandnah liegt das traditionsreiche Haus mit neuerem Anbau. Die gepflegten, mit hellem Holzmobiliar eingerichteten Zimmer verfügen teilweise über Sitzecken. Gediegen präsentiert sich das Restaurant mit gut eingedeckten Tischen.

Park-Hotel garni
Am Kurpark 4 ⊠ 23669 – ℰ (04503) 6 00 60 – park-hotel@intus-hotels.de
– Fax (04503) 600650
25 Zim ⊑ – †56/86 € ††86/137 €
♦ Direkt am Kurpark liegt die hübsche alte Villa mit gediegener Atmosphäre. Die Zimmer sind zeitgemäß und wohnlich eingerichtet. Einladende Terrasse vor dem Haus.

Brigitte garni
Poststr. 91 ⊠ 23669 – ℰ (04503) 3 59 10 – info@brigitte-hotel-garni.de
– Fax (04503) 359199 – geschl. Nov. - Mitte März
13 Zim ⊑ – †40/61 € ††75/90 €
♦ Hinter einer roten Klinkerfassade erwartet eine sehr gepflegte, solide eingerichtete und liebevoll dekorierte Pension die Gäste. Viele Zimmer mit Balkon.

Orangerie
Strandallee 73 ⊠ 23669 – ℰ (04503) 6 05 24 24 – info.tim@maritim.de
– Fax (04503) 6052450 – geschl. 4. Feb. - 4. März, 17. Nov. - 2. Dez. und Montag - Dienstag
Rest – *(Mittwoch - Samstag nur Abendessen)* Menü 69/99 € – Karte 55/87 €
Spez. Bisque von Krustentieren mit Rotbarbe, Seezunge, Hummer und Bouillabaisse-Gelee. Lamm mit Artischocken-Cassoulet und geräuchertem Kartoffelstock. Steinbutt mit Kartoffelschuppen und Meeresfrüchte-Croustillon.
♦ In dem hellen und zeitlos-eleganten Restaurant können Sie dem Küchenpersonal durch ein großes Fenster beim Zubereiten der klassischen Speisen zusehen.

In Timmendorfer Strand-Niendorf Ost : 1,5 km über B 76 :

Strandhotel Miramar
Strandstr. 59 ⊠ 23669 – ℰ (04503) 80 10 – info@miramar-niendorf.de
– Fax (04503) 801111 – geschl. 2. Jan. - 1. Feb.
36 Zim ⊑ – †72/103 € ††95/171 € – ½ P 23 €
Rest *Caspari* – *(geschl. Nov. - März Montag - Dienstag, nur Abendessen)* Karte 24/34 €
♦ Hinter der weißen Klinkerfassade dieses Hotels direkt am Strand erwarten die Gäste gut gepflegte, mit Kirschbaummobiliar eingerichtete Zimmer. Das Caspari bietet einen schönen Blick auf Dünen und Meer.

TIRSCHENREUTH – Bayern – 546 – 9 460 Ew – Höhe 504 m   51 **N15**
▶ Berlin 388 – München 283 – Weiden in der Oberpfalz 30 – Nürnberg 131

Haus Elfi garni
Theresienstr. 23 ⊠ 95643 – ℰ (09631) 28 02 – pension.hauselfi@t-online.de
– Fax (09631) 6420
12 Zim ⊑ – †35 € ††50 €
♦ Sauberkeit und Pflege überzeugen in dieser Hotelpension, die über solide eingerichtete Zimmer mit ausreichendem Platzangebot verfügt.

TITISEE-NEUSTADT – Baden-Württemberg – 545 – 12 040 Ew – Höhe 849 m
– Wintersport : 1 200 m ⛷3 ⛷ – Heilklimatischer Kurort   62 **E21**
▶ Berlin 780 – Stuttgart 160 – Freiburg im Breisgau 33 – Donaueschingen 32
🛈 Strandbadstr. 4 (Titisee), ⊠ 79822, ℰ (07651) 9 80 40, touristinfo@titisee.de
🛈 Sebastian-Kneipp-Anlage 2 (Neustadt), ⊠ 79822, ℰ (07651) 93 55 60, touristinfo-neustadt@titisee.de

◉ See★★

1277

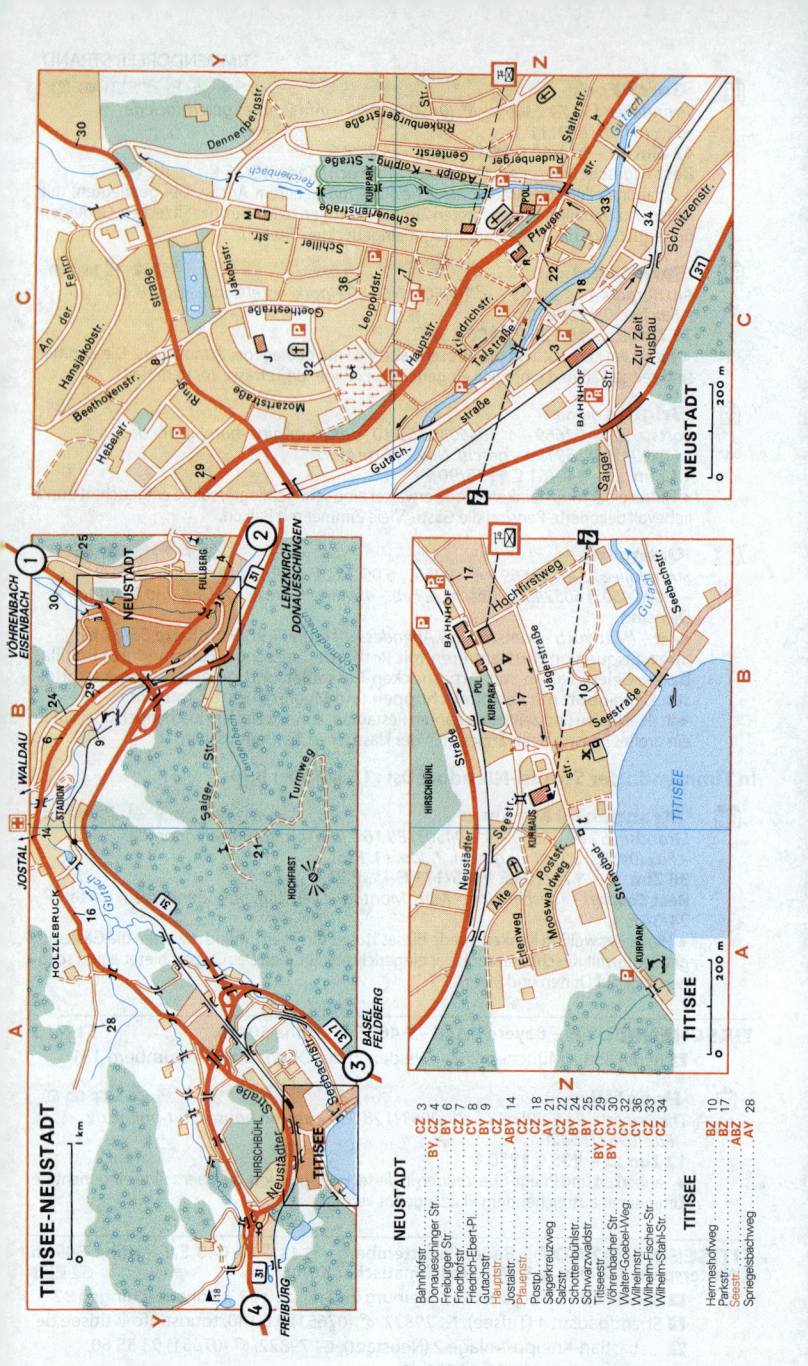

TITISEE-NEUSTADT

NEUSTADT

Bahnhofstr.	CZ 3
Donaueschinger Str.	BY, CZ 4
Freiburger Str.	BY 6
Friedhofstr.	CY 7
Friedrich-Ebert-Pl.	CY 8
Gutachstr.	BY 9
Hauptstr.	**ABY 14**
Jostalstr.	CZ
Pfauenstr.	**CZ 18**
Postpl.	AY 21
Sägekreuzweg	CY 22
Salzstr.	CY 24
Schottenbühlstr.	BY 25
Schwarzwaldstr.	CY 29
Titiseestr.	BY, CY 30
Vöhrenbacher Str.	BY 32
Walter-Goebel-Weg	CY 33
Wilhelmstr.	CY 36
Wilhelm-Fischer-Str.	CZ 33
Wilhelm-Stahl-Str.	CZ 34

TITISEE

Hermeshofweg	BZ 10
Parkstr.	BZ 17
Seestr.	**ABZ 2**
Spriegelsbachweg	AY 28

1278

TITISEE-NEUSTADT

Im Ortsteil Titisee

Treschers Schwarzwaldhotel
Seestr. 10 ⌧ 79822 – ℰ (07651) 80 50
– info@schwarzwaldhotel-trescher.de – Fax (07651) 8116
BZ x
84 Zim – †125/185 € ††155/230 € – ½ P 33/38 € – **Rest** – Menü 38 €
– Karte 30/59 €

♦ Die herrliche Lage am Titisee, aufmerksamer Service und großzügige Gästezimmer - darunter elegante Landhauszimmer im Haupthaus - zeichnen das gewachsene Ferienhotel aus. Im Restaurant und auf der Terrasse zum See bietet man regionale und internationale Küche.

Seehotel Wiesler
Strandbadstr. 5 ⌧ 79822 – ℰ (07651) 9 80 90 – info@seehotel-wiesler.de
– Fax (07651) 980980 – geschl. 17. Nov. - 20. Dez.
BZ t
36 Zim – †55/88 € ††110/136 € – ½ P 19 € – **Rest** – Karte 20/36 €

♦ In dem von der Familie gut geführten Hotel erwarten Sie mit hellem Holzmobiliar zeitgemäß ausgestattete, meist zum See hin gelegene Zimmer. Hübscher Badebereich und Kosmetik. Rustikales Restaurant und Terrasse mit Seeblick.

Parkhotel Waldeck (mit Gästehaus)
Parkstr. 6 ⌧ 79822 – ℰ (07651) 80 90
– parkhotel.waldeck@t-online.de – Fax (07651) 80999
BZ v
66 Zim – †55/86 € ††80/142 € – ½ P 20 € – **Rest** – Karte 25/39 €

♦ Am Kurpark liegt das regionstypische Hotel mit seinen soliden, unterschiedlich eingerichteten Gästezimmern und einer ansprechenden Saunalandschaft. Beautyabteilung. Gemütlich-rustikale Restaurantstuben mit internationalem Angebot.

Im Jostal Nord-West : 6 km ab Neustadt AB :

Josen
Jostalstr. 90 ⌧ 79822 Titisee-Neustadt – ℰ (07651) 91 81 00 – hotel-josen@t-online.de – Fax (07651) 9181044
29 Zim – †65/98 € ††110/155 € – ½ P 25 € – **Rest** – (geschl. Donnerstag - Freitagmittag) Menü 40/53 € – Karte 19/53 €

♦ Individuell im Landhausstil eingerichtete Zimmer - teils mit Balkon oder Terrasse - erwarten Sie in dem hübschen Schwarzwaldgasthof etwas außerhalb des Ortes. Gepolsterte Sitzbänke und die Holztäfelung schaffen im Lokal eine gemütliche Atmosphäre.

Jostalstüble
Jostalstr. 60 ⌧ 79822 Titisee-Neustadt – ℰ (07651) 91 81 60 – jostalstueble@t-online.de – Fax (07651) 9181640 – geschl. März 3 Wochen
15 Zim – †47/55 € ††84 € – ½ P 13 € – **Rest** – (geschl. Montag - Dienstagmittag) Karte 15/39 €

♦ Der typische Schwarzwaldgasthof ist ein netter Familienbetrieb, in dem behagliche Zimmer mit gutem Platzangebot und ein kleiner Massagebereich mit schönem Heubad bereitstehen. Restaurant mit ländlichem Charakter und bürgerlicher Speisekarte.

Im Ortsteil Langenordnach Nord : 5 km über Titiseestraße BY :

Zum Löwen - Unteres Wirtshaus (mit Gästehaus)
Langenordnach 4 ⌧ 79822 – ℰ (07651) 10 64
– zum-loewen@t-online.de – Fax (07651) 3853 – geschl. 17. Nov. - 15. Dez.
16 Zim – †37/49 € ††60/98 € – ½ P 13 € – **Rest** – (geschl. Montag)
Karte 15/26 €

♦ Der schöne traditionsreiche Gasthof ist schon seit 1739 in Familienbesitz. Die Einrichtung der großzügigen Zimmer ist ländlich und solide. Restaurant und gemütliche Bauerngaststube mit einfachem bürgerlichem Angebot.

Im Ortsteil Waldau Nord : 10 km über Titiseestraße BY :

Sonne-Post
Landstr. 13 ⌧ 79822 – ℰ (07669) 9 10 20 – sonne-post@t-online.de
– Fax (07669) 910299 – geschl. 13. Nov. - 16. Dez., 1. - 18. April
19 Zim – †43/52 € ††86/96 € – ½ P 12 € – **Rest** – (geschl. Montag)
Menü 20 € – Karte 16/34 €

♦ Mit viel hellem Naturholz hat man die sehr gepflegten und geräumigen Zimmer dieses familiär geführten Gasthofs wohnlich eingerichtet. Ein Kachelofen und holzvertäfelte Decken und Wände schaffen in der Gaststube ein ländliches Ambiente.

TITTING – Bayern – 546 – 2 750 Ew – Höhe 447 m – Erholungsort 57 **L18**
- Berlin 485 – München 119 – Augsburg 87 – Ingolstadt 42
- Rathausplatz 1 (Markt Titting), ⊠ 85135, ℰ (08423) 9 92 10, info@titting.de

In Titting-Emsing Ost : 4,5 km über Emsinger Straße :

Dirsch (mit Gästehaus)
Hauptstr. 13 ⊠ 85135 – ℰ (08423) 18 90 – info@hotel-dirsch.de
– Fax (08423) 1370 – geschl. 16. Dez. - 6. Jan.
100 Zim – †60/70 € ††85/100 € – ½ P 17 € – **Rest** – Karte 15/31 €
♦ Hinter der hellgelben Fassade des gut geführten Hotels mit Gästehaus erwarten Sie zeitgemäß eingerichtete, komfortable Zimmer. Mit schönem Freizeitbereich.

TODTMOOS – Baden-Württemberg – 545 – 2 140 Ew – Höhe 820 m – Wintersport : 1 263 m ≤4 ≤ – Heilklimatischer Kurort 61 **E21**
- Berlin 817 – Stuttgart 201 – Freiburg im Breisgau 49 – Donaueschingen 78
- Wehratalstr. 19, ⊠ 79682, ℰ (07674) 9 06 00, info@todtmoos.net

Löwen
Hauptstr. 23 ⊠ 79682 – ℰ (07674) 9 05 50 – info@hotel-loewen.de
– Fax (07674) 9055150 – geschl. 25. Feb. - 19. März, 3. Nov. - 19. Dez.
50 Zim – †40/47 € ††72/86 € – ½ P 13 € – **Rest** – Karte 14/38 €
♦ Der Gasthof im Schwarzwälder Stil liegt in der Ortsmitte und beherbergt Sie in solide möblierten Zimmern, überwiegend mit Balkon. Einige der Zimmer befinden sich im Anbau. In heimelige, rustikale Gaststuben unterteiltes Restaurant.

In Todtmoos-Strick Nord-West : 2 km :

Rößle (mit Gästehäusern)
Kapellenweg 2 ⊠ 79682 – ℰ (07674) 9 06 60 – info@hotel-roessle.de
– Fax (07674) 8838 – geschl. 2. Nov. - 20. Dez.
26 Zim – †56/62 € ††94/112 € – ½ P 19 € – **Rest** – (geschl. Dienstag) Menü 18/22 € – Karte 20/36 €
♦ Die ehemalige Pferdewechselstation ist nach traditioneller Schwarzwälder Bauart mit Holzschindeln verkleidet. Gepflegte Zimmer, meist in hellem Naturholz eingerichtet. Mit hellem Holz vertäfelte Gaststuben und Gartenterrasse.

In Todtmoos-Weg Nord-West : 3 km :

Schwarzwald-Hotel (mit Gästehaus)
Alte Dorfstr. 29 ⊠ 79682 – ℰ (07674) 9 05 30 – info@
romantisches-schwarzwaldhotel.de – Fax (07674) 905390
– geschl. 31. März - 12. April, 9. Nov. - 10. Dez.
15 Zim – †38/47 € ††70/95 € – ½ P 18 € – **Rest** – (geschl. Montag, Dienstag - Freitag nur Abendessen) Menü 38/54 € – Karte 32/46 €
♦ Solide, mit Naturholzmöbeln eingerichtete Zimmer hält man in dem alten, schindelverkleideten Schwarzwald-Bauernhaus für Besucher bereit. Mit wohnlichen Appartements. Ländliche Gaststuben.

TODTNAU – Baden-Württemberg – 545 – 5 130 Ew – Höhe 659 m – Wintersport : 1 390 m ≤21 ≤ – Luftkurort 61 **D21**
- Berlin 800 – Stuttgart 179 – Freiburg im Breisgau 32 – Donaueschingen 56
- Meinrad-Thoma-Str. 21 (Haus des Gastes), ⊠ 79674, ℰ (07671) 96 96 95, todtnau@todtnauer-ferienland.de
- Kurhausstr. 18 (Todtnauberg), ⊠ 79674, ℰ (07671) 96 96 90, todtnauberg@todtnauer-ferienland.de
- Wasserfall ★

Waldeck
Poche 6 (nahe der B 317, Ost : 1,5 km) ⊠ 79674 – ℰ (07671) 99 99 30
– waldeck-todtnau@t-online.de – Fax (07671) 9999339 – geschl. 3. Nov. - 21. Dez.
16 Zim – †35/45 € ††70/80 € – ½ P 10 € – **Rest** – (geschl. Mittwoch - Donnerstagmittag) Karte 20/27 €
♦ Ein im Grünen gelegener solider Schwarzwaldgasthof. Die gepflegten, zeitgemäßen Zimmer sind mit Kiefernholzmöbeln eingerichtet und verfügen z. T. über Balkone. Regionstypische Gaststube mit Kachelofen.

TODTNAU

In Todtnau-Brandenberg Nord-Ost : 3,5 km über B 317 – Höhe 800 m

Zum Hirschen
*Kapellenstr. 1 (B317) ⊠ 79674 – ℰ (07671) 18 44 – info@hirschen-brandenberg.de
– Fax (07671) 8773 – geschl. Mitte - Ende April, Mitte Nov. - Mitte Dez.*
10 Zim ⌂ – †37 € ††68/74 € – ½ P 17 € – **Rest** – *(geschl. Dienstag)* Menü 25 €
– Karte 17/36 €
◆ Dieser hübsche Schwarzwaldgasthof begrüßt seine Besucher mit einer familiären Atmosphäre und recht großzügigen, mit hellen Ahornmöbeln eingerichteten Zimmern. Die rustikalen Gasträume im Schwarzwälder Stil wirken hell und freundlich.

In Todtnau-Fahl Nord-Ost : 4,5 km über B 317 – Höhe 900 m

Lawine
*Fahl 7 (B317) ⊠ 79674 – ℰ (07676) 9 33 30 – hotel@lawine.de
– Fax (07676) 933319 – geschl. 24. - 25. April, 11. Nov. - 15. Dez.*
15 Zim ⌂ – †45/48 € ††70/73 € – ½ P 16 € – **Rest** – *(geschl. Donnerstag)*
Karte 18/36 €
◆ Der Schwarzwaldgasthof mit Hotelanbau liegt am Fuße des Feldbergs. Die Zimmer sind mit hellem, zeitlosem Einbaumobiliar ausgestattet, ausreichend groß und haben z. T. Balkone. Mehrfach unterteilte, rustikale Gaststuben im regionalen Stil mit Kachelofen.

In Todtnau-Herrenschwand Süd : 14 km über B 317 und Präg – Höhe 1 018 m

Waldfrieden ⌖
*Dorfstr. 8 ⊠ 79674 – ℰ (07674) 92 09 30 – info@hotel-waldfrieden.eu
– Fax (07674) 9209390 – geschl. 7. - 17. April, 10. Nov. - 12. Dez.*
15 Zim ⌂ – †36/40 € ††60/76 € – ½ P 15 € – **Rest** – *(geschl. Dienstag)*
Karte 18/38 €
◆ Ein gut geführter Familienbetrieb: Schwarzwaldgasthof mit gepflegten Zimmern in unterschiedlicher Ausstattung, einer großen Liegewiese und reizvoller Umgebung. Ländliche Gaststube.

In Todtnau-Muggenbrunn

Grüner Baum
*Schauinslandstr. 3 ⊠ 79674 – ℰ (07671) 91 84 40 – info@
gruener-baum-todtnau.de – Fax (07671) 9184499*
22 Zim ⌂ – †59/79 € ††86/136 € – ½ P 19 € – **Rest** – *(geschl. Mittwoch)*
Menü 23 € – Karte 19/37 €
◆ In diesem Haus erwarten Sie in warmen Farben gehaltene und neuzeitlich eingerichtete Gästezimmer sowie ein hübscher kleiner Saunabereich im UG. Bürgerliches Restaurant.

In Todtnau-Präg Süd-Ost : 7 km über B 317 :

Landhaus Sonnenhof ⌖
*Hochkopfstr. 1 ⊠ 79674 – ℰ (07671) 5 38 – Fax (07671) 1765
– geschl. Ende Nov. 2 Wochen, Anfang März 2 Wochen*
19 Zim ⌂ – †53 € ††105/112 € – ½ P 17 € – **Rest** – *(geschl. Montag)* Karte 19/33 €
◆ Solide, mit bemalten Bauernmöbeln ausgestattete Zimmer und eine nette Badelandschaft mit Quellwasser zählen zu den Vorzügen dieses Hauses. Rustikale Gaststuben mit regionstypischem Dekor.

In Todtnau-Todtnauberg Nord : 6 km, Richtung Schauinsland – Höhe 1 021 m

Mangler ⌖
*Ennerbachstr. 28 ⊠ 79674 – ℰ (07671) 9 69 30 – wellnesshotel@mangler.de
– Fax (07671) 8693*
30 Zim (inkl. ½ P.) – †109/132 € ††206/216 € – **Rest** – Karte 26/37 €
◆ Gepflegte Schwarzwälder Gastlichkeit: Das komfortable Hotel erwartet Sie mit wohnlichen Zimmern im Landhausstil, einem gepflegten Wellnessbereich und freundlichem Service. In dem Restaurant mit ländlichem Ambiente sitzt man in gemütlichen Nischen.

1281

TODTNAU

Engel
Kurhausstr. 3 ⊠ 79674 – ℰ (07671) 9 11 90 – hotel-engel-todtnauberg@t-online.de – Fax (07671) 9119200
31 Zim ⊃ – †56/65 € ††76/118 € – ½ P 18 € – 3 Suiten – **Rest** – Karte 19/36 €
♦ Im Jahr 1861 erhielt der Engel das Schankrecht: Aus der ehemaligen Bauernschänke wurde ein zeitgemäßes Hotel mit solide eingerichteten Zimmern und bequemen Ferienwohnungen. Gemütliche Schwarzwaldstube und stilvoll renoviertes Restaurant.

Sonnenalm
≤ Schwarzwald und Berner Oberland,
Hornweg 21 ⊠ 79674 – ℰ (07671) 18 00 – info@hotel-sonnenalm.de
– Fax (07671) 9212 – geschl. 10. Nov. - 20. Dez.
15 Zim ⊃ – †46/56 € ††72/108 € – ½ P 15 € – **Rest** – (geschl. Sonntag) (nur Abendessen für Hausgäste)
♦ Der kleine Familienbetrieb liegt oberhalb des Dorfes und bietet solide eingerichtete Zimmer und einen schönen Blick auf die Umgebung.

Arnica
≤ Schwarzwald und Berner Oberland,
Hornweg 26 ⊠ 79674 – ℰ (07671) 96 25 70 – schwarzwaldhotel-arnica@t-online.de – Fax (07671) 962580 – geschl. 3. Nov. - Mitte Dez.
13 Zim ⊃ – †60/70 € ††110/124 € – ½ P 15/21 € – **Rest** – (nur Abendessen für Hausgäste)
♦ Eine nette Pension mit privater Atmosphäre und Zimmern mit hellem, ländlichem Mobiliar. Schön sind die ruhige Lage oberhalb des Ortes und die Aussicht.

TÖLZ, BAD – Bayern – 546 – 17 280 Ew – Höhe 658 m – Wintersport : 1 236 m 1
2 – Heilbad und Heilklimatischer Kurort 65 **L21**
▶ Berlin 642 – München 53 – Garmisch-Partenkirchen 54 – Innsbruck 97
ℹ Max-Höfler-Platz 1, ⊠ 83646, ℰ (08041) 7 86 70, info@bad-toelz.de
Wackersberg, Straß 124 ℰ (08041) 99 94

Rechts der Isar

ViCulinaris
Fröhlichgasse 5 ⊠ 83646 – ℰ (08041) 7 92 88 91 – restaurant@viculinaris.de
– Fax (08041) 7928892 – geschl. Sonntag - Montag
Rest – (nur Abendessen) Menü 34/55 € – Karte 33/49 €
♦ Das gemütliche Restaurant befindet sich in der Altstadt, im Hotel Kolbergarten. Sehr nett ist auch die Terrasse zum Garten hin. Gehobene internationale Küche.

Altes Fährhaus mit Zim
An der Isarlust 1 ⊠ 83646 – ℰ (08041) 60 30 – info@altes-faehrhaus-toelz.de
– Fax (08041) 72270 – geschl. 10. - 21. Nov.
5 Zim ⊃ – †69/87 € ††100/120 € – **Rest** – (geschl. Montag - Dienstag)
Menü 46 € – Karte 33/50 €
♦ Schön ist die Lage des Restaurants im ehemaligen Fährhaus am idyllischen Isarufer. Im Sommer sitzt man angenehm auf der Terrasse am Fluss unter Kastanienbäumen. Wohnliche Gästezimmer mit Balkon.

Links der Isar

Jodquellenhof Alpamare (mit Gästehaus)
(freier Zugang zum Kurmittelhaus und Alpamare-Badezentrum)
Ludwigstr. 13 ⊠ 83646 – ℰ (08041) 50 90
– reservation@jodquellenhof.com – Fax (08041) 509555
93 Zim ⊃ – †118/228 € ††211/281 € – ½ P 25 € – **Rest** – Karte 24/45 €
♦ Eine geräumige stilvolle Halle verleiht dem Hotel seinen klassischen Rahmen. Die Zimmer sind komfortabel ausgestattet und mit angenehmen hellen Farben wohnlich gestaltet. Großzügig angelegtes Restaurant mit Terrasse zum Garten.

Tölzer Hof
Rieschstr. 21 ⊠ 83646 – ℰ (08041) 80 60 – info@toelzer-hof.de
– Fax (08041) 806333
83 Zim ⊃ – †80 € ††120 € – ½ P 20 € – **Rest** – (Restaurant nur für Hausgäste)
♦ In diesem Haus in ruhiger Lage erwarten Sie freundlicher Service und solide eingerichtete Gästezimmer mit gutem Platzangebot, alle mit Balkon und Sitzecke.

TÖLZ, BAD

Villa Bellaria garni
*Ludwigstr. 22 ⊠ 83646 – ℰ (08041) 8 00 80 – post@villa-bellaria.de
– Fax (08041) 800844*
18 Zim ⊇ – †67/90 € ††114/124 €
♦ Die recht ruhig im Kurgebiet gelegene Villa mit der gelb-weißen Fassade beherbergt zeitgemäße, klassisch-stilvolle Zimmer und einen freundlichen Frühstücksraum zum Garten hin.

Alexandra
*Kyreinstr. 13 ⊠ 83646 – ℰ (08041) 7 84 30 – info@alexandrahotel.de
– Fax (08041) 784399*
20 Zim ⊇ – †49/65 € ††78/90 € – **Rest** – (nur Abendessen für Hausgäste)
♦ Ländlich-rustikal ist das Ambiente in der Hotelpension mit familiärem Charakter. Das Landhaus mit Balkonfassade bietet wohnlich ausgestattete Zimmer.

Lindenhof
*Königsdorfer Str. 24 ⊠ 83646 – ℰ (08041) 79 43 40 – info@lindenhof-toelz.de
– Fax (08043) 7943429*
11 Zim ⊇ – †39/62 € ††72/90 € – **Rest** – Karte 15/28 €
♦ Aus dem bereits im 19. Jh. urkundlich erwähnten Haus ist ein kleines Hotel geworden, das mit seinen recht geräumigen, neuzeitlichen Zimmern überzeugt. Restaurant mit griechischer Küche.

Forsthaus Bad Tölz
*Wackersberger Str. 15 (West : 1 km Richtung Wackersberg) ⊠ 83646
– ℰ (08041) 7 92 78 78 – mail@forsthaus-toelz.de – Fax (08041) 7927684
– (geschl. Montag)* Menü 23/35 € – Karte 27/34 €
♦ In diesem freundlich und familiär geleiteten Haus erwarten Sie gemütlich-ländliche Atmosphäre und regional-mediterrane Küche. Mittags bietet man eine kleinere Speisenauswahl.

In Bad Tölz-Kirchbichl Nord : 6,5 km über Dietramszeller Straße :

Jägerwirt
*Nikolaus-Rank-Str. 1 ⊠ 83646 – ℰ (08041) 95 48
– mail@jaegerwirt-kirchbichl.de – Fax (08041) 73542
– geschl. Ende Okt. - Mitte Nov. und Montag, Donnerstag*
Rest – Karte 18/34 €
♦ Nettes Gasthaus im Stil eines Bauernhofs mit derb-rustikalem Ambiente und schmackhaften regionalen Schmankerln. Spezialität sind Haxen vom Grill (auf Vorbestellung).

TÖNNING – Schleswig-Holstein – **541** – 5 030 Ew – Höhe 2 m 1 **G3**
▶ Berlin 414 – Kiel 97 – Sylt (Westerland) 81 – Husum 24

Miramar
*Westerstr. 21 ⊠ 25832 – ℰ (04861) 90 90 – info@miramar-hotel.de
– Fax (04861) 909404*
34 Zim ⊇ – †65/80 € ††90/120 € – ½ P 16 € – **Rest** – Karte 18/32 €
♦ Ehemals als Schule genutzt, beherbergt das Haus heute ein modern und wohnlich ausgestattetes Hotel. Optische Abwechslung bietet eine Bilderausstellung. Hell und leicht elegant präsentiert sich das Restaurant.

TORGAU – Sachsen – **544** – 18 910 Ew – Höhe 91 m 32 **O11**
▶ Berlin 129 – Dresden 83 – Leipzig 53 – Wittenberg 49
🛈 Markt 1, ⊠ 04860, ℰ (03421) 7 01 40, info@tic-torgau.de

Torgauer Brauhof
*Warschauer Str. 7 ⊠ 04860 – ℰ (03421) 7 30 00 – hotel-torgauer-brauhof@
t-online.de – Fax (03421) 730017*
36 Zim ⊇ – †49/52 € ††69/72 € – **Rest** – (nur Abendessen) Karte 17/27 €
♦ Gut unterhaltene, großzügig geschnittene und zeitgemäß eingerichtete Zimmer erwarten die Gäste in dem neuzeitlichen Hotelbau. Moderne Bowlingbahn.

1283

TORNESCH – Schleswig-Holstein – 541 – 12 970 Ew – Höhe 13 m
10 I5
▶ Berlin 315 – Kiel 104 – Hamburg 33 – Itzehoe 35

Esinger Hof garni
Denkmalstr. 7 (Esingen) ⊠ 25436 – ℰ (04122) 9 52 70 – esingerhof@t-online.de
– Fax (04122) 952769
23 Zim ⊇ – †48 € ††70 €
♦ Gepflegte Zimmer mit rustikalen Eichenholzmöbeln erwarten die Gäste des Klinkerbaus im Landhausstil mit schöner Gartenanlage. Mit Appartements für Langzeitgäste.

TRABEN-TRARBACH – Rheinland-Pfalz – 543 – 5 990 Ew – Höhe 110 m – Heilbad
▶ Berlin 673 – Mainz 104 – Trier 63 – Bernkastel-Kues 24
46 **C15**
🛈 Am Bahnhof 5, ⊠ 56841, ℰ (06541) 8 39 80, info@traben-trarbach.de
✈ Hahn, Am Flughafen ℰ (06543) 50 95 60

Im Ortsteil Traben

Bellevue (mit Gästehäusern)
An der Mosel 11 ⊠ 56841 – ℰ (06541) 70 30 – info@bellevue-hotel.de
– Fax (06541) 703400
68 Zim ⊇ – †80/120 € ††130/185 € – ½ P 30/40 €
Rest *Clauss Feist* – Karte 30/45 €
♦ In schöner Lage an der Mosel findet man dieses um 1900 erbaute Jugendstilgebäude. Die Gästezimmer gefallen durch ein klassisches, wohnliches Ambiente. Jugendstilelemente wie Motivfenster und Täfelungen geben dem Restaurant Clauss Feist eine besondere Note.

Trabener Hof garni
Bahnstr. 25 ⊠ 56841 – ℰ (06541) 7 00 80 – info@trabener-hof.de
– Fax (06541) 700888 – geschl. 23. Dez. - 28. Feb.
25 Zim ⊇ – †50/70 € ††80/120 €
♦ In dem im Zentrum gelegenen Stadthaus erwarten Sie freundliche und moderne, mit Karostoffen wohnlich gestaltete Zimmer. Im UG: ein Lokal mit kleinem Angebot.

Bisenius garni
An der Mosel 56 ⊠ 56841 – ℰ (06541) 81 37 10 – info@hotel-bisenius.de
– Fax (06541) 813720 – geschl. 15. Nov. - 1. April
12 Zim ⊇ – †48 € ††69/89 €
♦ Das Haus ist nur durch die Promenade von der Mosel getrennt und verfügt über solide mit hellen Möbeln eingerichtete Zimmer und eine schöne Terrasse mit Flussblick.

Im Ortsteil Trarbach

Moseltor
Moselstr. 1 ⊠ 56841 – ℰ (06541) 65 51 – info@moseltor.de – Fax (06541) 4922
– geschl. 9. - 24. Juni
11 Zim ⊇ – †50/85 € ††90/130 € – ½ P 26 € – **Rest** – (geschl. Feb. und Dienstag, nur Abendessen) (Tischbestellung ratsam) Menü 27 €
– Karte 24/35 €
♦ Das von der Inhaberfamilie geführte kleine Haus an der Mosel beherbergt hinter seiner Bruchsteinfassade wohnliche, individuelle Gästezimmer. Im neuzeitlichen Restaurant bietet man internationale Küche.

TRASSEM – Rheinland-Pfalz – siehe Saarburg

TRASSENHEIDE – Mecklenburg-Vorpommern – siehe Usedom (Insel)

TRAUNSTEIN – Bayern – 546 – 18 310 Ew – Höhe 591 m
67 **O21**
▶ Berlin 674 – München 112 – Bad Reichenhall 35 – Rosenheim 53
ADAC Ludwigstr. 12c
🛈 Im Stadtpark, ⊠ 83278, ℰ (0861) 9 86 95 23, tourismus@traunstein.btl.de

1284

TRAUNSTEIN

Park-Hotel Traunsteiner Hof
Biergarten 🛎 📶 🛁 **P**
Bahnhofstr. 11 ⊠ *83278* – ℰ *(0861) 98 88 20* 🚗 VISA ⦿ AE ⦿
– *parkhotel-ts@t-online.de* – *Fax (0861) 8512*
55 Zim – †57/62 € ††88/95 € – **Rest** – *(geschl. 29. Dez. - 5. Jan.,*
18. Okt. - 9. Nov. und Samstag) Karte 18/32 €
♦ Das stilvolle, gut geführte Hotel von 1888 überzeugt mit komfortablen Zimmern, in denen farblich aufeinander abgestimmtes Mobiliar eine wohnliche Atmosphäre erzeugt. Internationales Angebot im holzgetäfelten Restaurant.

In Traunstein-Hochberg Süd-Ost : 5 km über Daxerau und Höfen – Höhe 775 m

Alpengasthof Hochberg ⌂
≤ Chiemsee und Berchtesgardener Alpen, Biergarten **P**, 🚗 VISA
Hochberg 6 ⊠ *83278* – ℰ *(0861) 42 02* – *gruberalois@t-online.de*
– *Fax (0861) 1669777* – *geschl. Ende Okt. - Anfang Dez.*
15 Zim ⌂ – †27/36 € ††52/72 € – ½ P 11 €
Rest – *(geschl. Dienstag - Mittwochmittag, Jan. - April Dienstag - Mittwoch)*
Karte 14/26 €
♦ Einen schönen Blick auf die Chiemgauer Alpen genießt man von dem netten, einsam gelegenen Gasthof mit seinen hell eingerichteten Zimmern. Guter Ausgangspunkt für Wanderungen. Schlichte, rustikale Gaststube.

> Gute und preiswerte Häuser kennzeichnet das Michelin-Männchen, der „Bib":
> der rote „Bib Gourmand" 🅑 für die Küche,
> der blaue „Bib Hotel" 🅱 bei den Zimmern.

TREBBIN – Brandenburg – 542 – 9 190 Ew – Höhe 39 m 32 **P9**
▶ Berlin 56 – Potsdam 29 – Brandenburg 62 – Frankfurt (Oder) 101

Parkhotel
🛎 📶 🛁 🕻 🛁 **P** 🚗 VISA ⦿ AE ⦿
Parkstr. 5 ⊠ *14959* – ℰ *(033731) 7 10* – *parkhotel-trebbin@t-online.de*
– *Fax (033731) 71111*
38 Zim ⌂ – †64/74 € ††80/90 € – **Rest** – *(nur Abendessen)* Karte 15/26 €
♦ Freundlich ist die Atmosphäre in den hell und modern eingerichteten Zimmern dieses recht ruhig an einem Park gelegenen Hotels.

TREBSEN (MULDE) – Sachsen – 544 – 4 340 Ew – Höhe 145 m 32 **O11**
▶ Berlin 181 – Dresden 85 – Leipzig 36 – Chemnitz 79

Schloßblick
🛁 **P** VISA ⦿ ⦿
Markt 8 ⊠ *04687* – ℰ *(034383) 60 80* – *kontakt@hotel-schlossblick-trebsen.de*
– *Fax (034383) 42237*
34 Zim ⌂ – †49 € ††69 € – **Rest** – Karte 16/28 €
♦ Hinter der hellrosa Fassade des Hotels in der Ortsmitte erwarten den Gast solide, mit Kiefernholzmöbeln eingerichtete Zimmer mit zeitgemäßem Standard. Rustikales, holzgetäfeltes Restaurant mit bürgerlicher Karte.

TREBUR – Hessen – 543 – 12 890 Ew – Höhe 88 m 47 **F15**
▶ Berlin 571 – Wiesbaden 25 – Frankfurt am Main 38 – Darmstadt 21

Zum Erker
🛎 🕻 🛁 **P** VISA ⦿ AE
Hauptstr. 1 ⊠ *65468* – ℰ *(06147) 9 14 80* – *info@zum-erker.de*
– *Fax (06147) 914840*
26 Zim ⌂ – †62/67 € ††72/87 € – **Rest** – *(geschl. 1. - 17. Juli und Sonntagabend*
- Montagmittag) Karte 15/38 €
♦ Der historische Gasthof ist seit 1743 in Familienbesitz. Die gepflegten Zimmer sind mit Mahagonimobiliar und Fliesenböden ausgestattet und nett dekoriert. Ländliches Restaurant mit Nischen, holzgetäfelter Decke und gepolsterten Bänken.

1285

TREIS-KARDEN – Rheinland-Pfalz – 543 – 2 350 Ew – Höhe 90 m   46 **C14**
- Berlin 633 – Mainz 100 – Koblenz 37 – Trier 104
- Hauptstr. 27 (Treis), ✉ 56253, ☏ (02672) 61 37, info@ferienland-treis-karden.de

Im Ortsteil Karden

Schloss-Hotel Petry
St.-Castor-Str. 80 ✉ 56253 – ☏ (02672) 93 40 – info@schloss-hotel-petry.de
– Fax (02672) 934440
74 Zim ⊡ – †49/74 € ††78/118 € – ½ P 16 €
Rest – Menü 29/38 € – Karte 21/43 €
Rest Schloss-Stube – (geschl. 2. - 17. Jan., 17. Juli - 7. Aug. und Dienstag - Mittwoch) Menü 50/70 €

♦ Zimmer in verschiedenen Kategorien, von schlicht bis elegant, bietet die aus mehreren Häusern bestehende Anlage, die um das Schloss herum entstanden ist. Weinstube im altdeutschen Stil. Stilvoll-elegante Schloss-Stube.

In Müden Ost : 4 km Richtung Löf :

Sewenig
Moselstr. 5 (B 416) ✉ 56254 – ☏ (02672) 13 34 – info@hotel-sewenig.de
– Fax (02672) 1730 – geschl. 4. - 25. Jan., 2. - 28. Feb.
30 Zim ⊡ – †40/44 € ††72/84 € – **Rest** – (geschl. Nov. - Dez. Montag - Dienstag, März - April Montag - Dienstag, außer Ostern) Karte 15/29 €

♦ Nur die Uferstraße trennt dieses Ferienhotel von der Mosel. Man verfügt über funktionelle Zimmer, die mit rustikalen Eichenmöbeln eingerichtet sind. Vom Restaurant aus hat man einen schönen Blick auf die Mosel.

TRENT – Mecklenburg-Vorpommern – siehe Rügen (Insel)

TREUCHTLINGEN – Bayern – 546 – 13 200 Ew – Höhe 412 m – Erholungsort   57 **K18**
- Berlin 496 – München 133 – Augsburg 76 – Nürnberg 68
- Im Schloss, ✉ 91757, ☏ (09142) 20 21 80, info@touristinfo-treuchtlingen.de

Gästehaus Stadthof
Luitpoldstr. 27 ✉ 91757 – ☏ (09142) 9 69 60 – stadthof@online.de
– Fax (09142) 969696
34 Zim ⊡ – †55 € ††90 € – ½ P 18 € – **Rest** – (nur Abendessen für Hausgäste)

♦ Aus dem ehemaligen Gutshof am Ortsrand ist ein freundliches Gästehaus mit solide eingerichteten Zimmern, großer Kaminhalle und hübscher Gartenanlage entstanden.

TREUEN – Sachsen – 544 – 9 270 Ew – Höhe 450 m   41 **N13**
- Berlin 298 – Dresden 143 – Gera 51 – Plauen 10

Wettin   Biergarten
Bahnhofstr. 18 ✉ 08233 – ☏ (037468) 65 80 – wettin@hotel-wettin.de
– Fax (037468) 658350
16 Zim ⊡ – †52/68 € ††73/89 € – **Rest** – Karte 18/32 €

♦ In der Mitte des unweit von Plauen gelegenen Ortes befindet sich dieses Eckhaus, das über solide Zimmer mit mahagonifarbenen Möbeln verfügt.

TRIBERG – Baden-Württemberg – 545 – 5 400 Ew – Höhe 864 m – Wintersport : 1 000 m – Heilklimatischer Kurort   62 **E20**
- Berlin 765 – Stuttgart 139 – Freiburg im Breisgau 61 – Offenburg 56
- Wallfahrtstr. 4 (im Schwarzwald Museum), ✉ 78098, ☏ (07722) 86 64 90, tourist-info@triberg.net

◉ Wasserfall★ – Wallfahrtskirche "Maria in der Tanne" (Ausstattung★) – Schwarzwaldbahn

Parkhotel Wehrle (mit Gästehaus)
Gartenstr. 24 ✉ 78098 – ☏ (07722) 8 60 20
– info@parkhotel-wehrle.de – Fax (07722) 860290
50 Zim ⊡ – †92/105 € ††129/149 € – ½ P 21 € – **Rest** – Menü 55 € ~ Karte 28/43 €

♦ Ein Hotel mit stilvoll-behaglichem Ambiente: Individuelle, geschmackvolle Zimmer und der hübsch angelegte hoteleigene Park überzeugen. Die gemütlich-elegante Ochsenstube, die rustikale Alte Schmiede und der Rote Salon bilden das Restaurant.

TRIBERG

Schwarzwald Residenz
Bgm.-De-Pellegrini-Str. 20 ⊠ 78098
– ℰ (07722) 9 62 30 – info@residenz-triberg.bestwestern.de
– Fax (07722) 962365
36 Zim ⊇ – †64/75 € ††97/119 € – ½ P 16 € – **Rest** – (nur Abendessen)
Karte 20/31 €
♦ Freundliche Zimmer finden sich in diesem recht ruhig gelegenen Hotel mit schöner Aussicht. Praktische Appartements, insbesondere für Familien geeignet. Restaurant in heller, zeitloser Aufmachung mit internationalem Angebot.

In Triberg-Gremmelsbach Nord-Ost : 9 km (Zufahrt über die B 33 Richtung St. Georgen, auf der Wasserscheide Sommerau links ab) :

Staude
Obertal 20 ⊠ 78098 – ℰ (07722) 48 02 – info@gasthausstaude.de
– Fax (07722) 21018 – geschl. Nov. 3 Wochen, Anfang März 1 Woche
13 Zim ⊇ – †33/39 € ††64/82 € – ½ P 19 € – **Rest** – (geschl. Dienstag)
Karte 17/42 €
♦ Genießen Sie die ruhige, sonnige Lage: In 900 m Höhe wartet dieser einfache, hübsche Schwarzwaldhof auf seine Gäste. Man wohnt in gepflegten, zeitgemäß ausgestatteten Zimmern. Ländliche Gaststuben mit rustikaler Einrichtung.

TRIEFENSTEIN – Bayern – 546 – 4 410 Ew – Höhe 180 m   48 H15
▶ Berlin 523 – München 313 – Würzburg 31

In Triefenstein-Homburg am Main Süd-Ost : 2 km :

Weinhaus Zum Ritter mit Zim
Rittergasse 2 ⊠ 97855 – ℰ (09395) 15 06 – Fax (09395) 877894
– geschl. Feb. 3 Wochen und Montag
4 Zim ⊇ – †33 € ††55 € – **Rest** – (Nov. - April Dienstag - Samstag nur Abendessen) Menü 22/26 € – Karte 21/30 €
♦ Das a. d. 16. Jh. stammende Weinhaus beherbergt hinter seiner Fachwerkfassade eine gemütliche Gaststube, in der man internationale Speisen serviert.

TRIER – Rheinland-Pfalz – 543 – 100 180 Ew – Höhe 130 m   45 B15
▶ Berlin 719 – Mainz 162 – Bonn 143 – Koblenz 124
ADAC Fleischstr. 14 CY
🛈 An der Porta Nigra DX, ⊠ 54290, ℰ (0651) 97 80 80, info@tit.de
🖥 Ensch-Birkenheck, ℰ (06507) 99 32 55
👁 Porta Nigra★★ – Liebfrauenkirche★ – Dom★ – Bischöfliches Museum ★ M1 – St. Paulin★ – Hauptmarkt★ – Dreikönigenhaus★ K DX – Kaiserthermen★★ - Rheinisches Landesmuseum★★ - Palastgarten★ - Schatzkammer der Stadtbibliothek★★ B DY
🅶 Moseltal★★★ (von Trier bis Koblenz)

Stadtplan siehe nächste Seite

Park Plaza
Nikolaus-Koch-Platz 1 ⊠ 54290 – ℰ (0651) 9 99 30 – info@parkplaza-trier.de
– Fax (0651) 9993555   CX f
150 Zim – †130/139 € ††145/155 €, ⊇ 15 € – **Rest** – Karte 27/40 €
♦ Nur wenige Schritte von der Fußgängerzone entfernt liegt dieses Hotel. Geradliniges Design begleitet Sie von der Lobby bis in die modern ausgestatteten Zimmer. Zur Halle hin offenes Restaurant im Bistrostil.

Deutscher Hof
Südallee 25 ⊠ 54290 – ℰ (0651) 9 77 80 – info@hotel-deutscher-hof.de
– Fax (0651) 9778400 – geschl. 22. Dez. - 4. Jan.   CY g
102 Zim ⊇ – †65/90 € ††90/120 € – **Rest** – Karte 23/37 €
♦ Ein professionell geführtes, gepflegtes Stadthotel mit großzügig und modern gestaltetem Lobbybereich. Fragen Sie nach den gut ausgestatteten Komfort-Zimmern.

1287

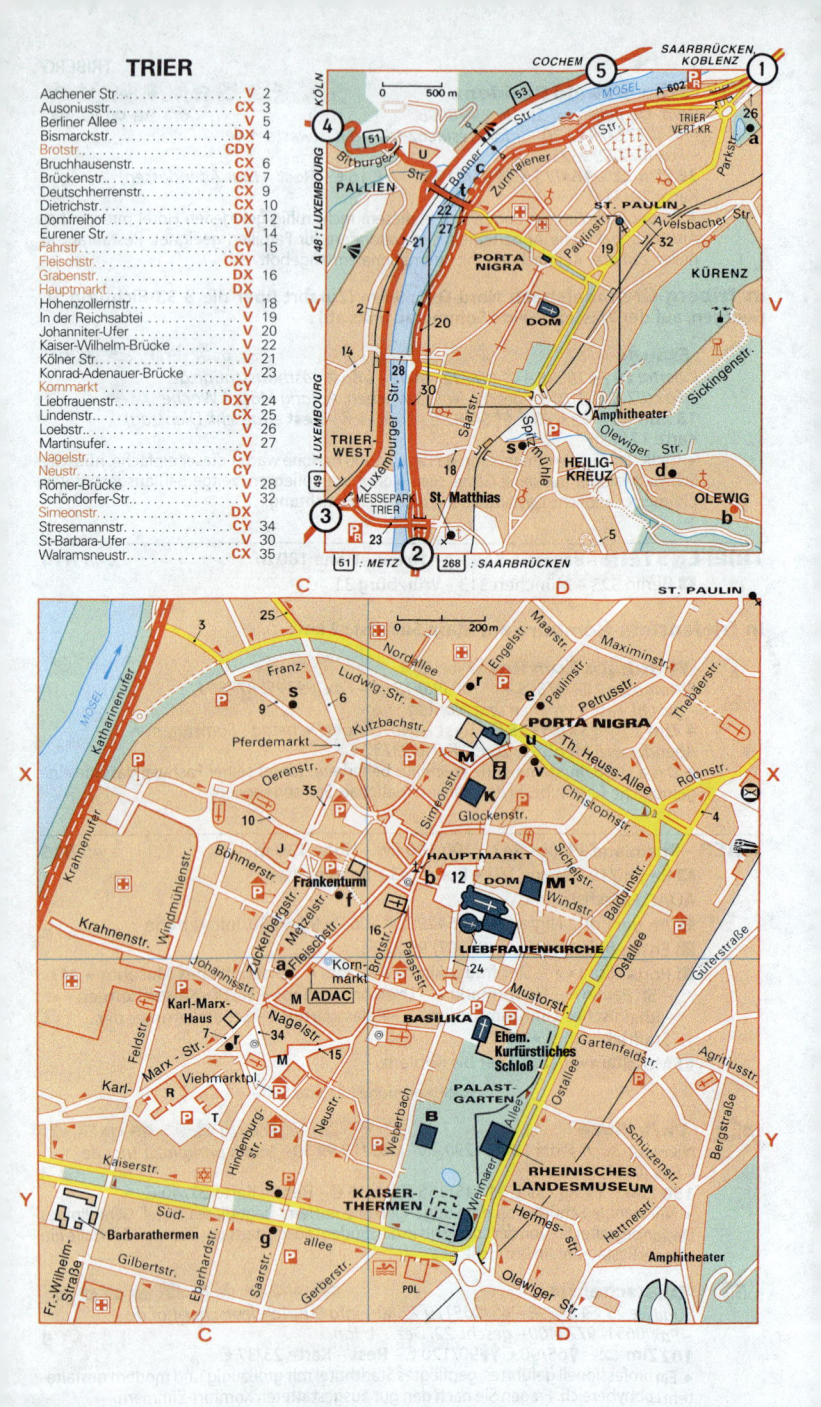

TRIER

Street	Grid	№
Aachener Str.	V	
Ausoniusstr.	CX	3
Berliner Allee	V	
Bismarckstr.	DX	
Brotstr.	CDY	
Bruchhausenstr.	CX	6
Brückenstr.	CY	7
Deutschherrenstr.	CX	9
Dietrichstr.	CX	10
Domfreihof	DX	12
Eurener Str.	V	14
Fahrstr.	CY	15
Fleischstr.	CXY	
Grabenstr.	DX	16
Hauptmarkt	DX	
Hohenzollernstr.	V	18
In der Reichsabtei	V	
Johanniter-Ufer	V	20
Kaiser-Wilhelm-Brücke	CX	22
Kölner Str.	CX	21
Konrad-Adenauer-Brücke	V	23
Kornmarkt	CY	
Liebfrauenstr.	DXY	24
Lindenstr.	CX	25
Loebstr.	V	26
Martinsufer	V	27
Nagelstr.	CY	
Neustr.	CY	
Römer-Brücke	V	28
Schöndorfer-Str.	V	32
Simeonstr.	DX	
Stresemannstr.	CY	34
St-Barbara-Ufer	V	30
Walramsneustr.	CX	35

1288

TRIER

Villa Hügel (mit Gästehaus)
Bernhardstr. 14 ⊠ 54295 – ℰ (0651) 93 71 00
– info@hotel-villa-huegel.de – Fax (0651) 37958
V s
31 Zim ⊇ – †85/110 € ††119/156 € – **Rest** – (nur Abendessen für Hausgäste)
♦ Feundlich und engagiert kümmert man sich in der hübschen Jugendstilvilla mit schönem Garten um den Gast. Angenehm sitzen Sie beim Frühstück auf der Panoramaterrasse.

Ramada
Kaiserstr. 29 ⊠ 54290 – ℰ (0651) 9 49 50 – info@ramada-trier.de
– Fax (0651) 9495666
CY s
127 Zim – †72/142 € ††84/154 €, ⊇ 15 € – **Rest** – Karte 22/39 €
♦ Die direkt angrenzende Europahalle sowie technisch gut ausgestattete Superior- und Komfort-Zimmer machen dieses Hotel besonders für Tagungen und Konferenzen interessant.

Römischer Kaiser
Porta-Nigra-Platz 6 ⊠ 54290 – ℰ (0651) 9 77 01 00 – rezeption@hotels-trier.de
– Fax (0651) 97701999
DX u
43 Zim ⊇ – †70/80 € ††100/120 € – **Rest** – Karte 25/41 €
♦ Neben der Porta Nigra liegt dieses alte, renovierte Stadthaus. Die Zimmer sind zeitlos im Stil der Jahrhundertwende eingerichtet und verfügen über ein gutes Platzangebot. Mit hübsch gedeckten Tischen und einer Empore präsentiert sich das Restaurant.

Aulmann garni
Fleischstr. 47 ⊠ 54290 – ℰ (0651) 9 76 70 – info@hotel-aulmann.de
– Fax (0651) 9767102
CY a
36 Zim ⊇ – †50/95 € ††70/130 €
♦ Ein komplett sanierter Altbau mit moderner, teils verglaster Fassade und ein neuerer Anbau bilden dieses Hotel. Hier beziehen Sie wohnlich-funktionelle Zimmer.

Petrisberg garni
Sickingenstr. 11 ⊠ 54296 – ℰ (0651) 46 40 – info@hotel-petrisberg.de
– Fax (0651) 46450
V y
35 Zim ⊇ – †65 € ††90/95 €
♦ Herrlich liegt der Familienbetrieb in einem Naturschutzgebiet oberhalb der Stadt, 15 Gehminuten vom Zentrum. Mit Massivholzmöbeln solide eingerichtete Zimmer, alle mit Balkon.

Paulin garni
Paulinstr. 13 ⊠ 54292 – ℰ (0651) 14 74 00 – hotelpaulin@aol.com
– Fax (0651) 1474010 – geschl. über Weihnachten
DX e
24 Zim ⊇ – †65/75 € ††87/110 €
♦ Nicht weit von Hauptmarkt und Dom liegt dieses Haus mit seinen funktionell ausgestatteten Zimmern. Sie frühstücken im Wintergarten.

Nell's Park Hotel
Dasbachstr. 12 ⊠ 54292 – ℰ (0651) 1 44 40 – info@nellsparkhotel.de
– Fax (0651) 1444222
V a
59 Zim ⊇ – †78/115 € ††98/155 € – **Rest** – Karte 23/37 €
♦ Idyllisch an einem Park mit kleinem See gelegene Hotelanlage mit soliden, meist mit hübschen Stoffen im Landhausstil eingerichteten Zimmern. Restaurant mit vorgelagertem Bistro.

Kessler garni
Brückenstr. 23 ⊠ 54290 – ℰ (0651) 97 81 70 – info@hotel-kessler-trier.de
– Fax (0651) 9781797
CY r
18 Zim ⊇ – †52/87 € ††72/128 €
♦ Im Zentrum, nahe beim Rathaus, finden Sie dieses Hotel. Die Zimmer sind mit neuzeitlichen, praktischen Möbeln ordentlich eingerichtet und bieten zeitgemäßen Komfort.

Casa Chiara garni
Engelstr. 8 ⊠ 54292 – ℰ (0651) 27 07 30 – info@casa-chiara.de
– Fax (0651) 27881
DX r
20 Zim ⊇ – †55/78 € ††85/108 €
♦ Ein modern gestaltetes Hotel in zentraler Lage nahe der Porta Nigra, das über helle, freundlich eingerichtete Gästezimmer verfügt.

TRIER

Deutschherrenhof garni
Deutschherrenstr. 32 ⊠ 54290 – ℰ (0651) 97 54 20 – hdhhotel@t-online.de – Fax (0651) 42395 CX s
15 Zim ⊇ – †50/65 € ††70/95 €
♦ Eine praktische Übernachtungsadresse: sehr gepflegtes und gut geführtes Hotel mit wohnlich und funktionell ausgestatteten Zimmern. Auch Familienzimmer sind vorhanden.

Pfeffermühle
Zurlaubener Ufer 76 ⊠ 54292 – ℰ (0651) 2 61 33 – Fax (0651) 9910904 – geschl. Sonntag - Montagmittag V t
Rest – (Tischbestellung ratsam) Menü 59/72 € – Karte 40/56 €
♦ Das Restaurant liegt in einem Stadthaus direkt an der Mosel und empfängt seine Gäste mit einem gediegenen Ambiente, schön gedeckten Tischen und einer klassischen Küche.

Schlemmereule
Domfreihof 1b, (im Palais Walderdorff) ⊠ 54290 – ℰ (0651) 7 36 16 – ps@schlemmereule.de – Fax (0651) 9945001 – geschl. 28. Jan. - 6. März und Dienstag DX b
Rest – Menü 45 € – Karte 38/52 €
♦ Modern-elegant ist das Ambiente, historisch der Rahmen - eine der Sixtinischen Kapelle nachempfundene Grafik ziert den Raum. Internationale Küche. Schöne Terrasse im Hof.

Bagatelle
Zurlaubener Ufer 78 ⊠ 54292 – ℰ (0651) 2 97 22 – restaurant-bagatelle@web.de – Fax (0651) 27754 V c
Rest – Menü 37/50 € – Karte 40/61 €
♦ In dem Restaurant, das in einem kleinen Fischerhaus an der Mosel eingerichtet ist, erwartet Sie eine legere Bistro-Atmosphäre und eine leichte Küche auf klassischer Basis.

Auf dem Kockelsberg Nord-West: 5 km über Bitburger Straße V :

Berghotel Kockelsberg (mit Gästehaus)
< Trier,
Kockelsberg 1 ⊠ 54293 Trier – ℰ (0651) 8 24 80 00 – kockelsberg@web.de – Fax (0651) 8248290
32 Zim ⊇ – †42/72 € ††60/95 € – **Rest** – (geschl. Nov. - März Sonntagabend) Karte 16/36 €
♦ Einen schönen Blick auf Trier genießt man von diesem Hotel aus der Wende vom 19. zum 20. Jh. mit weißer Fassade und Türmchen. Die Zimmer sind gepflegt und wohnlich. Ausflugslokal mit ländlichem Ambiente und reizvoller Aussicht.

In Trier-Ehrang Nord: 8 km über Bonner Straße V :

Kupfer-Pfanne
Ehranger Str. 200 (B 53) ⊠ 54293 – ℰ (0651) 6 65 89 – geschl. Montag
Rest – (Tischbestellung ratsam) Menü 36/46 € – Karte 26/46 €
♦ Ein hübscher Garten liefert einen Teil der Produkte für die internationalen Speisen, die man auf der bewachsenen Terrasse oder in der liebevoll dekorierten Gaststube serviert.

In Trier-Euren Süd-West: 3 km über Eurener Straße V :

Eurener Hof
Eurener Str. 171 ⊠ 54294 – ℰ (0651) 8 24 00 – info@eurener-hof.de – Fax (0651) 800900 – geschl. Weihnachten
86 Zim ⊇ – †72/80 € ††90/135 € – 3 Suiten – **Rest** – Karte 23/40 €
♦ Hinter der gepflegten Fassade des Stadthauses vom Anfang des 20. Jh. erwarten Sie Zimmer, die mit wahrlich meisterlicher Handwerkskunst ausgestattet sind. Das Restaurant ist in mehrere gemütlich-rustikale Stuben unterteilt.

In Trier-Olewig

Blesius Garten
Biergarten
Olewiger Str. 135 ⊠ 54295 – ℰ (0651) 3 60 60 – info@blesius-garten.de – Fax (0651) 360633 V d
63 Zim ⊇ – †68/98 € ††94/145 €
Rest – Karte 25/39 €
Rest *Kraft-Bräu* – Karte 19/30 €
♦ Sie wohnen in einem ehemaligen Hofgut a. d. J. 1789. Die Zimmer sind behaglich im Landhausstil eingerichtet und bieten zeitgemäßen Komfort. Ein hübscher Wintergartenanbau ist Teil des Restaurants. Internationale Küche. Kraft-Bräu: rustikale Hausbrauerei.

TRIER

Weinhaus Becker
Olewiger Str. 206 ⊠ 54295 – ℰ (0651) 93 80 80 – info@beckers-trier.de
– Fax (0651) 9380888
V b
30 Zim ⊇ – †65/130 € ††90/170 € – 3 Suiten
Rest *Becker's* – separat erwähnt
Rest – Menü 32/42 € – Karte 28/45 €
♦ In dem kleinen Hotel der Familie Becker erwarten Sie überwiegend modern-komfortable Zimmer, die sich auf das Weinhaus und einen Anbau verteilen. Trendige Weinbar. Gemütlich-rustikal gestaltete Weinstube mit guter internationaler Küche.

Becker's – Hotel Weinhaus Becker
Olewiger Str. 206 ⊠ 54295 – ℰ (0651) 93 80 80 – info@beckers-trier.de
– Fax (0651) 9380888
V b
Rest – (geschl. über Karneval 3 Wochen, Juli - Aug. 2 Wochen und Sonntag - Montag, nur Abendessen) Menü 75/95 €
Spez. Kalbskopf in Geschmacksvarianten. Lammrücken im Strudelblatt mit Thymianbutter und Morcheln (Saison). Sainte Maure mit Pancetta und Lavendel.
♦ Dieses in geschmackvoll-modernem Stil gehaltene Restaurant bietet kreative Küche in Menüform (wahlweise 5 oder 8 Gänge) - dazu reicht man Weine aus eigenem Anbau.

In Trier-Zewen Süd-West : 7 km über Luxemburger Straße V :

Ambiente
In der Acht 1 ⊠ 54294 – ℰ (0651) 82 72 80 – info@ambiente-trier.de
– Fax (0651) 8272844 – geschl. 1. - 6. Jan.
11 Zim ⊇ – †58/68 € ††89/99 €
Rest – (geschl. Donnerstag) Menü 25/45 € – Karte 36/47 €
Rest *Stempers Brasserie* – (geschl. Donnerstag) Karte 23/40 €
♦ Neben neuzeitlichen, wohnlich gestalteten Gästezimmern zählt auch ein hübscher Garten mit Teich zu den Annehmlichkeiten dieses Hotels. Helles, leicht elegantes Restaurant mit internationaler Küche. Schöne Gartenterrasse. Leger: Stempers Brasserie.

Schloss Monaise
Schloss Monaise 7 ⊠ 54294 – ℰ (0651) 82 86 70 – monaise@t-online.de
– Fax (0651) 828671 – geschl. 27. Jan. - 12. Feb. und Montag - Dienstagmittag
Rest – Menü 36/78 € – Karte 51/69 €
♦ Die hellen Räume des kleinen Schlosses a. d. J. 1780 sind im modernen Stil gehalten. Bunte Bilder an den Wänden bilden einen Kontrast zum alten Gemäuer. Internationale Karte.

In Igel Süd-West : 8 km über Luxemburger Straße V :

Igeler Säule
Trierer Str. 41 (B 49) ⊠ 54298 – ℰ (06501) 9 26 10 – info@igeler-saeule.de
– Fax (06501) 926140 – geschl. 23. - 28. Dez.
26 Zim ⊇ – †57/67 € ††88/98 € – **Rest** – (geschl. Sonntag - Montagmittag) Karte 21/35 €
♦ Der gestandene Gasthof mit dem Schieferdach ist eine solide Übernachtungsadresse in der Ortsmitte mit zeitgemäß ausgestatteten Zimmern. Rustikal gestaltetes Restaurant.

In Mertesdorf Ost : 9 km über Loebstraße V :

Weis
Eitelsbacher Str. 4 ⊠ 54318 – ℰ (0651) 9 56 10 – info@hotel-weis.de
– Fax (0651) 9561150
50 Zim ⊇ – †60/99 € ††87/104 € – **Rest** – (geschl. 3. - 15. Jan.) Menü 16 € – Karte 19/33 €
♦ Inmitten der Weinberge des Ruwertals liegt dieses Hotel mit Weingut. Die Zimmer sind geschmackvoll mit Naturholzmöbeln eingerichtet und auch technisch gut ausgestattet. Sehr gepflegte, rustikale Gaststuben mit Holztäfelung.

Grünhäuser Mühle
Hauptstr. 4 ⊠ 54318 – ℰ (0651) 5 24 34 – anja.coignard@t-online.de
– Fax (0651) 53946 – geschl. Montag - Dienstag
Rest – (Mittwoch - Samstag nur Abendessen) Menü 29 € – Karte 24/37 €
♦ Die ehemalige Mühle beherbergt ein gemütliches, rustikales Restaurant, das sich der französischen Küche verschrieben hat. Zweimal in der Woche gibt es ein bretonisches Buffet.

TRITTENHEIM – Rheinland-Pfalz – **543** – 1 140 Ew – Höhe 130 m – **Erholungsort**
▶ Berlin 700 – Mainz 138 – Trier 35 – Bernkastel-Kues 25   45 **B15**
🛈 Moselweinstr. 55, ✉ 54349, ✆ (06507) 22 27, info@trittenheim.de

※※ **Wein- und Tafelhaus** (Alexander Oos)
Moselpromenade 4 ✉ *54349 –* ✆ *(06507) 70 28 03 – wein-tafelhaus@t-online.de – Fax (06507) 702804 – geschl. Jan. 1 Woche, Juli 1 Woche, Nov. 1 Woche und Montag - Dienstag, Nov. - Feb. auch Sonntagabend*
Rest – Menü 63/92 € – Karte 57/74 €
Spez. Gebratene Jakobsmuscheln mit asiatischem Gemüse und Curry-Zitronengrassauce. Dreierlei vom Lamm. Variation von Kaffee und Schokolade.
♦ Das hübsche kleine Restaurant im Landhausstil gehört zum Weingut Grans-Fassian. Neben klassischer Küche bietet man eine gute Weinauswahl. Schön sitzt man auf der Terrasse.

※ **Weinstube Stefan-Andres** mit Zim
Laurentiusstr. 17 ✉ *54349 –* ✆ *(06507) 59 72 – bernhard.eifel@t-online.de – Fax (06507) 6460 – geschl. über Weihnachten (Hotel)*
5 Zim ☐ – †38/45 € ††52/58 € – ½ P 28 € – **Rest** – *(geschl. Jan. - Feb. und Dienstag, nur Abendessen)* (Tischbestellung ratsam) Menü 30/42 € – Karte 26/41 €
♦ Dicke Holzbalken, blanke Tische und eine alte, der Dekoration dienende Weinpresse verleihen dieser Weinstube ihren gemütlichen Charakter.

In Bescheid Süd : 10 km über Büdlicherbrück :

※※ **Zur Malerklause**
Im Hofecken 2 ✉ *54413 –* ✆ *(06509) 5 58 – malerklause@t-online.de – Fax (06509) 1082 – geschl. 28. Jan. - 14. Feb., 1. - 12. Sept. und Montag - Dienstag*
Rest – *(Mittwoch - Samstag nur Abendessen)* (Tischbestellung ratsam)
Menü 44/62 € – Karte 35/64 €
♦ Familie Lorscheider bietet in ihrem Restaurant eine französische Küche aus guten Produkten. Klassisch-rustikaler Stil und reichlich Dekor bestimmen das Ambiente.

In Naurath Süd : 8 km oder über A1 Abfahrt Mehring – Höhe 395 m

※※※ **Rüssel's Landhaus St. Urban** mit Zim
Büdlicherbrück 1 ✉ *54426 –* ✆ *(06509) 9 14 00 – info@landhaus-st-urban.de – Fax (06509) 914040 – geschl. 1. - 10 Jan.*
14 Zim ☐ – †75/110 € ††110/180 € – ½ P 45 €
Rest – *(geschl. Dienstag - Mittwoch)* Menü 92/112 € – Karte 69/101 €
Spez. Gefüllte Kalbstafelspitzröllchen mit Tatar und Pimentschaum. Steinbutt auf Frühlingsgemüseeintopf mit Kümmel, Orange, Markklößchen und weißem Speckschaum. Aprikosensülze mit Lavendelcrème auf Nussböden und Holundereis.
♦ Dieses angenehme Restaurant befindet sich in einer ehemaligen Mühle im idyllischen Dhrontal. Man bietet klassische Küche mit modernen Elementen - auch auf der Gartenterrasse. Schön sind die teils im französischen Landhausstil gehaltenen Gästezimmer.

TROCHTELFINGEN – Baden-Württemberg – **545** – 6 640 Ew – Höhe 700 m
– **Wintersport** : 800 m ⛷2 – **Erholungsort**   55 **G19**
▶ Berlin 702 – Stuttgart 68 – Konstanz 105 – Reutlingen 27
🛈 Rathausplatz 9 (im Rathaus), ✉ 72818, ✆ (07124) 48 21, info@trochtelfingen.de

🏠 **Zum Rössle**
Marktstr. 48 ✉ *72818 –* ✆ *(07124) 92 50 – roessle@trochtelfingen.de – Fax (07124) 925200*
26 Zim ☐ – †37/48 € ††60/75 € – ½ P 16 €
Rest – *(geschl. 28. Juli - 10. Aug. und Montag)* Menü 23 € – Karte 18/32 €
♦ Gepflegte und solide Zimmer stehen in dem gut geführten Gasthof der Familie Fischer zur Verfügung. Ca. 200 m entfernt befindet sich das kleine Tagungszentrum. Im Restaurant bietet man bürgerlich-regionale Küche.

※※ **Zum Ochsen**
Marktstr. 21 ✉ *72818 –* ✆ *(07124) 22 00 – info@uwefoerster.de – Fax (07124) 931168 – geschl. Montag - Dienstag*
Rest – *(nur Abendessen)* Karte 34/49 €
♦ Ein schönes Fachwerkhaus in der Innenstadt beherbergt dieses mit dunklem Holz rustikal gestaltete und nett dekorierte Restaurant.

TRÖSTAU – Bayern – 546 – 2 640 Ew – Höhe 550 m 51 **M15**

▶ Berlin 370 – München 268 – Weiden in der Oberpfalz 58 – Bayreuth 37
🗺 Tröstau, Fahrenbach 7 ✆ (09232) 88 22 51

Bauer mit Zim
Kemnather Str. 20 ✉ 95709 – ✆ (09232) 28 42 – info@bauershotel.de
– Fax (09232) 1697
11 Zim ⌑ – †40 € ††75 € – **Rest** – (geschl. Mittwoch) Karte 17/34 €
♦ Ein familiengeführtes bürgerliches Restaurant in der Ortsmitte mit sorgfältig zubereiteter regionaler Küche. Unterschiedlich eingerichtete Zimmer mit rustikalem Touch.

In Tröstau-Fahrenbach Süd-Ost : 2 km :

Golfhotel Fahrenbach
Fahrenbach 1 ✉ 95709 – ✆ (09232) 88 20
– golfhotel@t-online.de – Fax (09232) 882345
80 Zim ⌑ – †69/75 € ††99/115 € – ½ P 19 € – 4 Suiten – **Rest** – Karte 17/39 €
♦ Die reizvolle Lage direkt am Golfplatz und die hellen, modern gestalteten Zimmer mit guter Ausstattung machen dieses Hotel zu einer komfortablen Unterkunft. Helles Restaurant mit Buffetbereich.

TROISDORF – Nordrhein-Westfalen – 543 – 74 390 Ew – Höhe 60 m 36 **C12**

▶ Berlin 584 – Düsseldorf 65 – Bonn 12 – Siegburg 5
🗺 Sieglarer Straße / Ladestraße, ✆ (01805) 24 12 24 (Gebühr)

Wald-Hotel garni
Altenrather Str. 49 ✉ 53840 – ✆ (02241) 9 82 40 – waldhotel-tro@t-online.de
– Fax (02241) 74184
24 Zim ⌑ – †55/85 € ††75/105 €
♦ Das Hotel mit der gelben Fassade liegt am Ortsrand in Waldnähe und bietet gepflegte, individuell gestaltete Zimmer sowie einen gemütlichen Frühstücksraum. Restaurant nebenan.

Kronprinz garni
Poststr. 87 ✉ 53840 – ✆ (02241) 9 84 90 – info@kronprinzhotel.de
– Fax (02241) 984999
46 Zim ⌑ – †60/105 € ††72/140 €
♦ In dem seit 1901 bestehenden Hotel wohnt man in hell möblierten, zeitgemäßen Gästezimmern und stärkt sich am Morgen an einem guten Frühstücksbuffet.

Außerhalb Nord : 2 km : über Altenrather Straße :

Forsthaus Telegraph
Mauspfad 3 ✉ 53842 Troisdorf-Spich – ✆ (02241) 7 66 49 – welcome@
forsthaus-telegraph.de – Fax (02241) 70494
Rest – (geschl. Anfang Jan. 1 Woche und Montag, Dienstag - Samstag nur Abendessen) (Tischbestellung ratsam) Menü 38/68 € – Karte 35/49 €
♦ Das ehemalige Forsthaus liegt idyllisch mitten im Wald. Ein gediegen-rustikales Restaurant, das internationale Küche mit mediterranen und regionalen Einflüssen bietet.

TROSTBERG – Bayern – 546 – 11 650 Ew – Höhe 493 m 67 **O20**

▶ Berlin 676 – München 98 – Salzburg 65 – Rosenheim 60

Auf Wolke 8 garni
Schwarzerberg 8 (B 299) ✉ 83308 – ✆ (08621) 6 48 49 00 – mail.info@
hotelaufwolke-8.de – Fax (08621) 6484999
15 Zim – †49/59 € ††74/82 €
♦ Ein freundlich-familiär geleitetes kleines Hotel mit neuzeitlichen Zimmern und hübscher Frühstücksterrasse. Shuttle-Service zum ca. 800 m entfernten Restaurant Hex'n Küch.

TÜBINGEN – Baden-Württemberg – 545 – 83 140 Ew – Höhe 341 m 55 **G19**

▶ Berlin 682 – Stuttgart 46 – Karlsruhe 105 – Ulm (Donau) 100
🛈 An der Neckarbrücke, ✉ 72072, ✆ (07071) 9 13 60, mail@tuebingen-info.de
◉ Eberhardsbrücke ≤★ Z – Museum im Schloss Hohentübingen★ YZ – Am Markt★ – Rathaus★ R – Stiftskirche (Grabtumben★★, Kanzel★ Turm ≤★) Y – Neuer Botanischer Garten★ X
◉ Bebenhausen : ehemaliges Kloster★, 6 km über Bebenhäuser Straße X

1293

TÜBINGEN

Street	Grid	No.
Alberstr.	X	2
Ammergasse	Y	5
Am Markt	Y	
Derendinger Str.	X, Z	8
Friedrichstr.	Z	12
Froschgasse	Y	15
Goethestr.	Y	18
Hirschgasse	Y	21
Hölderlinstr.	Y	24
Holzmarkt	Y	27
Karlstr.	Z	
Kirchgasse	Y	30
Kronenstr.	Y	33
Lange Gasse	Y	
Mohlstr.	X	36
Mühlstr.	Y	
Münzgasse	Y	39
Neckargasse	Y	42
Nürtinger Str.	X	45
Pfleghofstr.	Y	48
Pfrondorfer Str.	X	51
Poststr.	Z	54
Reutlinger Str.	X	57
Rheinlandstr.	X	58
Schmiedtorstr.	X	60
Sigwartstr.	X	63
Wilhelmstr.	X, Y	

1294

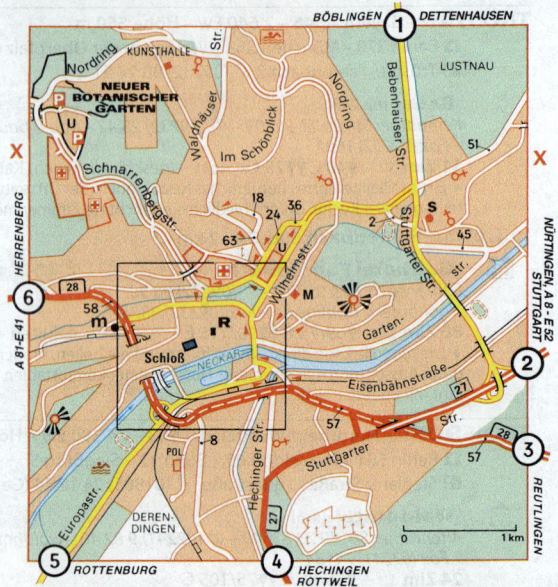

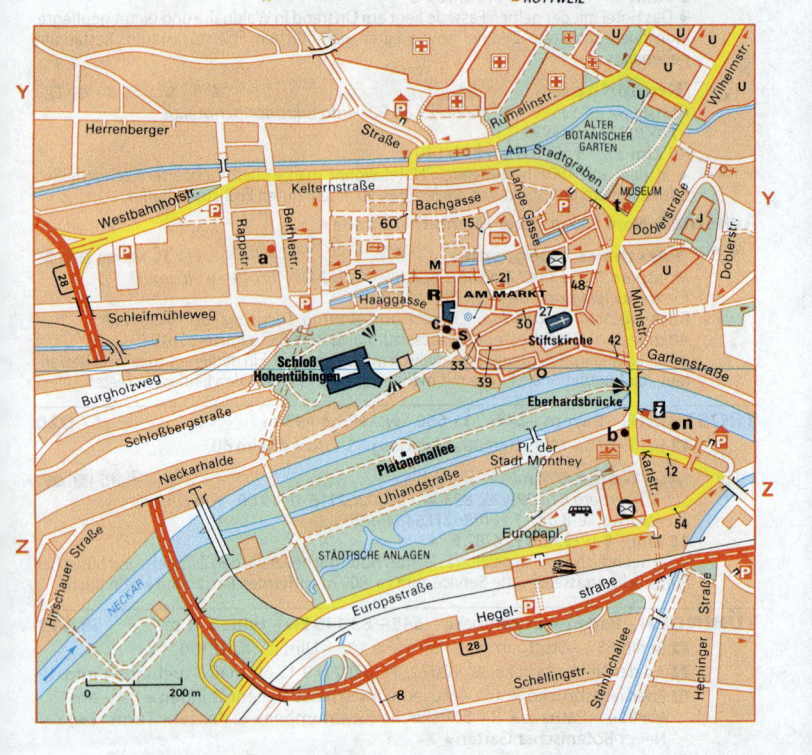

TÜBINGEN

Krone
Uhlandstr. 1 ⊠ 72072 – ℰ (07071) 1 33 10 – info@krone-tuebingen.de
– Fax (07071) 133132
Z b
47 Zim ⊇ – †99/119 € ††129/159 €
Rest – Menü 44/59 € – Karte 32/46 €
Rest Ludwig's – Karte 21/30 €
♦ Seit 1885 befindet sich dieses direkt am Neckar gelegene Hotel im Familienbesitz. Es erwarten Sie ein klassischer Rahmen und recht individuell gestaltete Zimmer. Das Ambiente in der Uhlandstube: rustikal bis leicht elegant. Ludwig's im Brasseriestil, mit Bar.

Domizil (mit Gästehaus)
Wöhrdstr. 5 ⊠ 72072 – ℰ (07071) 13 90 – info@hotel-domizil.de
– Fax (07071) 139250
Z n
79 Zim ⊇ – †98/112 € ††125/136 € – **Rest** – (geschl. 22. Dez. - 6. Jan., Sonn- und Feiertage) Menü 24/27 € – Karte 17/36 €
♦ Die Lage am Neckar sowie moderne, technisch gut ausgestattete Gästezimmer - einige zum Fluss hin gelegen - sprechen für dieses Stadthotel. Restaurant in neuzeitlichem Stil.

Am Schloss (mit Gästehaus)
Burgsteige 18 ⊠ 72070 – ℰ (07071) 9 29 40 – info@hotelamschloss.de
– Fax (07071) 929410
Y c
37 Zim ⊇ – †58/95 € ††102/125 € – **Rest** – Karte 23/32 €
♦ Das Hotel befindet sich in zentraler Lage unterhalb des Schlosses. Es stehen recht individuelle, farblich harmonisch gestaltete Zimmer bereit. Restaurant mit bürgerlichem, teils regionalem Angebot.

Hospiz garni
Neckarhalde 2 ⊠ 72070 – ℰ (07071) 92 40 – hotel.hospiz.tuebingen@t-online.de
– Fax (07071) 924200
Y s
50 Zim ⊇ – †65/79 € ††98/110 €
♦ Das Hotel liegt in der Altstadt, am Rande der Fußgängerzone und bietet seinen Gästen solide und funktionell ausgestattete Zimmer.

Kupferhammer garni (mit Gästehaus)
Westbahnhofstr. 57 ⊠ 72070 – ℰ (07071) 41 80 – info@hotel-kupferhammer.de
– Fax (07071) 418299 – geschl. 22. Dez. - 6. Jan.
X m
20 Zim ⊇ – †55/65 € ††75/85 €
♦ Ein familiär geleitetes kleines Hotel am Stadtrand, das über gepflegte und praktisch eingerichtete Gästezimmer verfügt.

Rosenau
Rosenau 15 (beim Botanischen Garten über Schnarrenbergstraße X) ⊠ 72076
– ℰ (07071) 6 88 66 – ernst.fischer@restaurant-rosenau.de – Fax (07071) 688680
– geschl. Montag
Rest – Menü 19 € (mittags)/45 € – Karte 26/44 €
♦ Schön liegt das lichte, im Stil einer Orangerie gehaltene Restaurant am Botanischen Garten. Geboten werden klassische und regionale Speisen.

Brinkmann
Belthlestr. 13 ⊠ 72070 – ℰ (07071) 44 09 39 – info@brinkmann-restaurant.com
– Fax (07071) 409793 – geschl. Dienstag
Y a
Rest – (nur Abendessen) Menü 40/50 € – Karte 38/47 €
♦ In dem kleinen Restaurant in einer Seitenstraße erwarten Sie internationale Speisen und eine zeitgemäße Einrichtung in warmen Tönen.

Museum
Wilhelmstr. 3 ⊠ 72074 – ℰ (07071) 2 28 28 – lothar.schmid@restaurant-museum.de – Fax (07071) 21429
Y t
Rest – Menü 18/42 € – Karte 20/43 €
♦ In den beiden Restauranträumen im Museumsgebäude serviert eine überwiegend international ausgelegte Küche. Mittags bietet man eine kleinere Karte mit regionalen Gerichten.

TÜBINGEN
In Tübingen-Bebenhausen Nord : 6 km über Bebenhäuser Straße X :

Landhotel Hirsch
Schönbuchstr. 28 ⊠ 72074 – ℰ (07071) 6 09 30 – dialog@
landhotel-hirsch-bebenhausen.de – Fax (07071) 609360
12 Zim ⊇ – †88/102 € ††138/155 € – **Rest** – (geschl. Dienstag) Menü 35/47 €
– Karte 27/46 €
♦ Eine charmante Adresse ist dieses familiär geführte kleine Hotel mit seinen schönen, wohnlichen Gästezimmern im Landhausstil. Das Restaurant: ländlich-rustikal oder mit eleganter Note.

Waldhorn (Helmut Schulz)
Schönbuchstr. 49 (B 464) ⊠ 72074 – ℰ (07071) 6 12 70 – info@
waldhorn-bebenhausen.de – Fax (07071) 610581 – geschl. 4. - 10. Feb.,
25. Aug. - 7. Sept. und Montag - Dienstag
Rest – (Tischbestellung ratsam) Menü 78/105 € – Karte 43/80 €
Spez. Lauwarmer Hummer mit Papaya und Kokos-Mandel-Schaum. Thunfisch mit Tomatenrisotto und weißer Tomatensoße. Lammrücken mit Olivenkruste und Tomaten-Zucchini-Lasagne.
♦ Das ländlich-elegante Restaurant überzeugt mit geschultem Service und klassischen Feinschmeckermenüs. Zudem bietet die Karte auch einige regionale Gerichte. Hübscher Garten.

In Tübingen-Lustnau

Basilikum
Kreuzstr. 24 ⊠ 72074 – ℰ (07071) 8 75 49 – Fax (07071) 87549
– geschl. Aug. 2 Wochen und Sonntag   X s
Rest – Menü 32/34 € – Karte 29/42 €
♦ Freundlich leitet der Chef dieses angenehm lichte, neuzeitliche Restaurant. In der klassisch italienischen Küche des Hauses hat u. a. hausgemachte Pasta ihren festen Platz.

TÜSSLING – Bayern – siehe Altötting

TUNAU – Baden-Württemberg – siehe Schönau im Schwarzwald

TUNTENHAUSEN – Bayern – **546** – 6 550 Ew – Höhe 508 m   66 **M21**
▶ Berlin 570 – München 42 – Rosenheim 19

In Tuntenhausen-Maxlrain Süd-West : 5,5 km Richtung Beyharting, dann links Richtung Bad Aibling :

Schlosswirtschaft Maxlrain   Biergarten
Freiung 1 ⊠ 83104 – ℰ (08061) 83 42 – Fax (08061) 6857
– geschl. Anfang Jan. 2 Wochen, Ende Aug. - Mitte Sept. 3 Wochen und Montagabend - Dienstag
Rest – (Tischbestellung ratsam) Karte 20/33 €
♦ In einem historischen Gebäude befinden sich die beiden regionstypischen Stuben mit gemütlich-rustikalem Ambiente. Schön: der Biergarten mit altem Baumbestand.

In Tuntenhausen-Ostermünchen Nord-Ost : 3 km Richtung Rott am Inn :

Landhaus Kalteis mit Zim
Rotter Str. 2 ⊠ 83104 – ℰ (08067) 9 08 00 – peppi@peppi-kalteis.de
– Fax (08067) 908020
2 Zim ⊇ – †38 € ††55 €
Rest – (geschl. Montag - Dienstag) Karte 18/37 €
Rest Salettel – (geschl. Montag - Dienstag, nur Abendessen) Menü 44 €
♦ Der ehemalige Postgasthof ist eine ländlich-rustikale Gaststube mit dörflicher Atmosphäre, in der man dem Gast bayerische Wirtshausschmankerln bietet. Im nach hinten gelegenen Wintergarten befindet sich das Salettel - die Gourmet-Variante des Landhaus Kalteis.

1296

TUTTLINGEN – Baden-Württemberg – **545** – 34 940 Ew – Höhe 645 m – Wintersport: 902 m ✳3 ✳ 62 **F20**

▶ Berlin 753 – Stuttgart 128 – Konstanz 70 – Freiburg im Breisgau 88

🛈 Rathausstr. 1 (Rathaus), ✉ 78532, ℰ (07461) 9 93 40, touristik@tuttlingen.de

In Tuttlingen-Möhringen Süd-West : 5 km – Luftkurort :

Löwen (mit Gästehaus)

Mittlere Gasse 4 ✉ 78532 – ℰ (07462) 62 77 – loewen-moehringen@t-online.de – Fax (07462) 7050 – geschl. 27. Juli - 10. Aug.

12 Zim ⊇ – ♦39/44 € ♦♦64/74 € – ½ P 13 € – **Rest** – (geschl. 13. - 18. Mai und Mittwochabend - Donnerstag) Karte 17/25 €

♦ Einfache Räume, die praktisch und gut gepflegt sind, bietet der ländliche Gasthof seinen Besuchern. Ein netter dörflicher Familienbetrieb! Rustikale Gaststuben mit holzgetäfelten Wänden und bleiverglasten Fenstern.

Außerhalb Süd-Ost : 6 km über B 14 Richtung Stockach :

Landhotel Hühnerhof

Äussere Talhöfe 2 ✉ 78532 Tuttlingen – ℰ (07461) 9 65 50 – info@tut-hotel.de – Fax (07461) 161180

45 Zim ⊇ – ♦59/95 € ♦♦78/120 € – ½ P 10 € – **Rest** – Karte 18/34 €

♦ Dieses verkehrsgünstig gelegene Gasthaus mit gepflegten und funktionell eingerichteten Zimmern verfügt zusätzlich über Appartements für Langzeitgäste. Rustikales Restaurant mit bürgerlicher Karte. Große Terrasse.

> Rot = angenehm. Richten Sie sich nach den Symbolen ✗ und 🏠 in Rot.

TUTZING – Bayern – **546** – 9 460 Ew – Höhe 611 m – Luftkurort 65 **L21**

▶ Berlin 627 – München 40 – Starnberg 15 – Weilheim 14

🛈 Tutzing, Deixlfurt 7 ℰ (08158) 36 00

Am See - Lidl (mit Gästehaus)

Marienstr. 16 ✉ 82327 – ℰ (08158) 9 95 00 – lidl@hotelamsee-tutzing.de – Fax (08158) 7526

29 Zim ⊇ – ♦49/78 € ♦♦91/95 € – ½ P 22 €

Rest – (geschl. Okt. - März Dienstag) Karte 20/31 €

♦ Schön liegt das alpenländische Haus der Familie Lidl direkt am See. Neben freundlichen, gepflegten Zimmern bietet man einen eigenen Badesteg. Gemütlich-rustikale Gaststube und Wintergartenanbau zum See hin.

Zum Reschen garni

Marienstr. 7 ✉ 82327 – ℰ (08158) 93 90 – info@zumreschen.de – Fax (08158) 939100 – geschl. 1. - 10. Nov.

18 Zim ⊇ – ♦55/64 € ♦♦85/89 €

♦ Wenige Schritte vom See entfernt wohnt man hier in schlichten, gepflegten Zimmern, die alle mit hellen Naturholzmöbeln eingerichtet sind und zeitgemäßen Komfort bieten.

TWIST – Niedersachsen – **541** – 9 570 Ew – Höhe 18 m 16 **C7**

▶ Berlin 523 – Hannover 255 – Nordhorn 25 – Bremen 147

In Twist-Bült

✗ **Gasthof Backers - Zum alten Dorfkrug** mit Zim

Kirchstr. 25 ✉ 49767 – ℰ (05936) 90 47 70

– info@gasthof-backers.de – Fax (05936) 904779 – geschl. 1. - 8. Jan.

4 Zim ⊇ – ♦41 € ♦♦70 € – **Rest** – (geschl. Dienstag, Samstagmittag) Menü 32 € – Karte 25/44 €

♦ Warme Farben, nette Dekorationen und ein Kamin geben dem familiär geführten, ländlichen Lokal eine gemütliche Atmosphäre.

ÜBACH-PALENBERG – Nordrhein-Westfalen – 543 – 25 460 Ew – Höhe 125 m
▶ Berlin 629 – Düsseldorf 82 – Aachen 26 – Geilenkirchen 6 35 **A12**

Weydenhof
Kirchstr. 17 (Palenberg) ✉ 52531 – ℰ (02451) 4 14 10 – hotel-weydenhof@foni.net – Fax (02451) 48958
29 Zim ⊇ – †26/50 € ††46/80 € – **Rest** – (geschl. 27. Dez. - 1. Jan. und Freitag, Sonntagabend, wochentags nur Abendessen) Karte 16/25 €

◆ Hinter einer neuzeitlichen Fassade finden Sie eine solide Unterkunft auf Zeit. Praktische und ruhig gelegene Gästezimmer tragen zu einem gelungenen Aufenthalt bei. Restaurant mit Wirtshauscharakter.

ÜBERHERRN – Saarland – 543 – 12 100 Ew – Höhe 377 m
▶ Berlin 743 – Saarbrücken 36 – Saarlouis 13 – Metz 52 45 **B17**

Linslerhof (mit Gästehäusern)   Biergarten
Linslerhof 1 (Ost : 2 km) ✉ 66802 – ℰ (06836) 80 70
– info@linslerhof.de – Fax (06836) 80717
60 Zim – †75/105 € ††115/130 €, ⊇ 10 € – 4 Suiten – **Rest** – (geschl. Anfang Jan. 1 Woche, Sonntagabend - Montag) Karte 28/42 €

◆ Der historische Gutshof ist ein wunderschönes weitläufiges Anwesen in ruhiger Lage mit hübschen Gästezimmern im englischen Landhausstil und guten Tagungsmöglichkeiten. In einem Nebengebäude befindet sich das in zwei Räume unterteilte Restaurant.

ÜBERKINGEN, BAD – Baden-Württemberg – 545 – 4 000 Ew – Höhe 440 m – Heilbad
56 **I19**
▶ Berlin 598 – Stuttgart 62 – Göppingen 21 – Ulm (Donau) 37
🛈 Gartenstr. 1, ✉ 73337, ℰ (07331) 96 19 19, info@bad-ueberkingen.de
🛈 Bad-Überkingen-Oberböhringen, Beim Bildstöckle ℰ (07331) 6 40 66

Bad-Hotel (mit Gästehäusern)
Otto-Neidhart-Platz 1 ✉ 73337 – ℰ (07331) 30 20 – bad-hotel-ueberkingen@minag.de – Fax (07331) 30220 – geschl. 1. - 5. Jan.
52 Zim ⊇ – †77/98 € ††125/144 € – ½ P 23 € – 3 Suiten – **Rest** – Menü 26/30 € – Karte 26/38 €

◆ Schön liegt das gewachsene Hotel mit seinen neuzeitlichen Zimmern am Kurpark. Besonders wohnlich sind die Gästezimmer im schmucken Alten Pfarrhaus. Gediegen wirkendes Restaurant.

ÜBERLINGEN – Baden-Württemberg – 545 – 21 340 Ew – Höhe 403 m – Kneippheilbad und Erholungsort
63 **G21**
▶ Berlin 743 – Stuttgart 172 – Konstanz 40 – Ravensburg 46
🛈 Landungsplatz 14, ✉ 88662, ℰ (07551) 99 11 22, touristik@ueberlingen.de
🛈 Owingen, Hofgut Lugenhof ℰ (07551) 8 30 40
◉ Stadtbefestigungsanlagen★ A – Münster★ – Rathaus (Ratssaal★) **R B**

Stadtplan siehe gegenüberliegende Seite

Bad-Hotel (mit Villa Seeburg)
Christophstr. 2 ✉ 88662 – ℰ (07551) 83 70 – info@bad-hotel-ueberlingen.de
– Fax (07551) 837100   **A s**
63 Zim ⊇ – †63/117 € ††97/158 € – ½ P 20 € – **Rest** – (geschl. 1. Jan. - 15. März, Nov., Dez. Montag - Dienstag) Karte 27/36 €

◆ Direkt am Kurgarten befindet sich dieses Haus mit Dependance in einer alten Villa. Es erwarten Sie ein gepflegter Hallenbereich mit Bar und geräumige, wohnliche Zimmer. Eine sehr nette Terrasse zum See ergänzt das freundliche Restaurant.

Parkhotel St. Leonhard   ≤ Bodensee und Alpen,
     Rest,
Obere St.-Leonhard-Str. 71 (über Obertorstr. **B**) ✉ 88662 – ℰ (07551) 80 81 00
– info@parkhotel-sankt-leonhard.de – Fax (07551) 808531
167 Zim ⊇ – †85/123 € ††135/180 € – ½ P 21 € – 16 Suiten
– **Rest** – Menü 34 € – Karte 22/31 €

◆ Die Lage auf einer Anhöhe in einem schönen Park mit Wildgehege spricht für dieses Hotel. Man bietet ganz moderne oder auch ältere Zimmer und einen neuzeitlichen Spabereich. Klassisch-gediegenes Restaurant mit Weinstube, Wintergarten und hübscher Terrasse.

ÜBERLINGEN

Bahnhofstr.	**A**	2
Christophstr.	**A**	3
Franziskanerstr.	**B**	5
Gradebergstr.	**B**	6
Hafenstr.	**B**	8
Hizlerstr.	**B**	9
Hochbildstr.	**B**	10
Hofstatt	**B**	
Jakob-Kessenring-Str.	**A**	12
Klosterstr.	**A**	14
Krummebergstr.	**B**	15
Landungspl.	**B**	17
Lindenstr.	**B**	19
Luziengasse	**B**	20
Marktstr.	**AB**	22
Münsterstr.	**B**	
Obertorstr.	**B**	23
Owinger Str.	**B**	25
Pfarrhofstr.	**B**	26
Schlachtausstr.	**B**	30
Seestr.	**B**	31
St-Ulrich-Str.	**B**	28

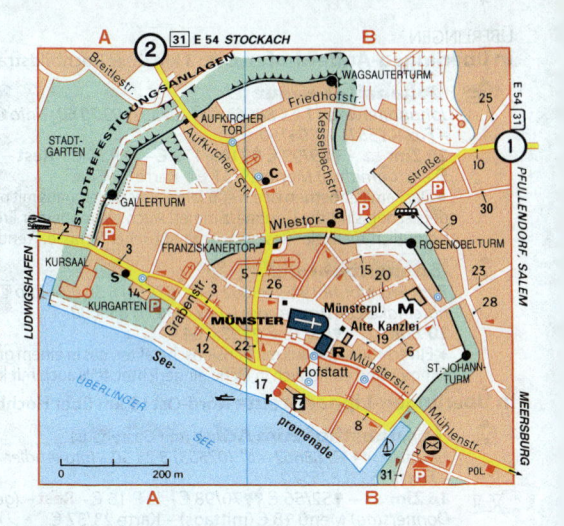

Wiestor garni
Wiestorstr. 17 ⊠ 88662 – ✆ (07551) 8 30 60 – info@wiestor.com
– Fax (07551) 830612   B **a**
16 Zim ☐ – †63/68 € ††88/96 €
♦ Geschmackvoll und sehr wohnlich eingerichtete Gästezimmer sowie ein eleganter Frühstücksraum mit gutem Buffet machen dieses nette Hotel aus.

Stadtgarten
Bahnhofstr. 22 (über A) ⊠ 88662 – ✆ (07551) 45 22
– info@hotel-stadtgarten.de – Fax (07551) 5939
– geschl. Nov. - Anfang März
32 Zim ☐ – †39/65 € ††78/130 € – ½ P 14 € – **Rest** – (geschl. Mittwochabend) (nur für Hausgäste)
♦ Das Hotel liegt zentral, aber mitten im Grünen, unweit der Schiffsanlegestelle. Neben freundlichen Zimmern bietet man einen kleinen mediterranen Garten und ein Kosmetikstudio.

Alpenblick garni
Nussdorferstr. 35 (über Mühlenstr. B) ⊠ 88662 – ✆ (07551) 9 20 40
– hotel-alpenblick-ueberlingen@t-online.de – Fax (07551) 920416
24 Zim ☐ – †52/65 € ††82/96 €
♦ Die solide familiengeführte Pension 400 m von der Promenade bietet ihren Gästen wohnlich gestaltete Zimmer, teilweise mit Aussicht auf Alpen und Bodensee.

Bürgerbräu mit Zim
Aufkircher Str. 20 ⊠ 88662 – ✆ (07551) 9 27 40 – info@
buergerbraeu-ueberlingen.com – Fax (07551) 66017   B **c**
12 Zim ☐ – †53/62 € ††84/92 € – ½ P 23 € – **Rest** – (geschl. Mittwoch - Donnerstagmittag, außer Feiertage) Menü 42/46 € – Karte 26/45 €
♦ Das in der Altstadt gelegene Haus ist ein sympathisches Restaurant im Landhausstil mit internationaler Küche. Alternativ kann man in der etwas rustikaleren Stube Platz nehmen. Nette, mit gekalkten Pinienmöbeln eingerichtete Gästezimmer.

Arena
Landungsplatz 14, (1. Etage) ⊠ 88662 – ✆ (07551) 91 63 26
– ristorante-arena@t-online.de – Fax (07551) 916327
– geschl. Montag, außer Feiertage   B **r**
Rest – Karte 27/33 €
♦ Italienische Küche bietet dieses elegante Restaurant an der Uferpromenade. Ein Wandfresko ziert den Raum, eine schwere Holzdecke sorgt für eine rustikale Note.

1299

ÜBERLINGEN

In Überlingen-Andelshofen Ost : 3 km über Hochbildstraße B :

Johanniter-Kreuz
Johanniterweg 11 ⌧ *88662 –* ✆ *(07551) 93 70 60 – info@johanniter-kreuz.de – Fax (07551) 93706190*
29 Zim ⌑ – †69/99 € – ††109/179 € – ½ P 30 € – **Rest** – *(geschl. Montag - Dienstagmittag)* Menü 29/51 € – Karte 27/50 €
♦ Der Familienbetrieb ist ein 400 Jahre altes Bauernhaus mit neuzeitlichem Anbau. Besonders schön sind die Designerzimmer. Auch ein moderner Freizeitbereich ist vorhanden. Gemütlich-rustikales Restaurant mit hübscher Terrasse. Trendig: der verglaste Speisesaal.

Sonnenbühl garni
Zum Brandbühl 19 ⌧ *88662 –* ✆ *(07551) 8 30 00 – info@hotel-lake-constance.com – Fax (07551) 830080*
20 Zim ⌑ – †63/78 € ††98/104 €
♦ Ein schmuckes Haus mit Pensionscharakter, das in einem grünen Wohngebiet liegt. Die Zimmer sind einheitlich in Eiche eingerichtet, teils auch mit kleinem Wohnbereich.

In Überlingen-Lippertsreute Nord-Ost : 9 km über Hochbildstraße B :

Landgasthof zum Adler (mit Gästehaus)
Hauptstr. 44 ⌧ *88662 –* ✆ *(07553) 8 25 50 – info@adler-lippertsreute.de – Fax (07553) 825570*
16 Zim ⌑ – †52/56 € ††70/98 € – ½ P 16 € – **Rest** – *(geschl. Mittwochabend - Donnerstag)* Menü 18 € *(mittags)* – Karte 23/37 €
♦ Das wunderschöne Fachwerkhaus mit grauem Gebälk ist seit 1635 im Familienbesitz. Die Zimmer im Gästehaus sind mit solidem Landhausmobiliar eingerichtet. Gemütliche Gaststube mit Holztäfelung und Kachelofen. Schmackhaft ist die regional verwurzelte Küche.

Landgasthof Brauerei Keller
Riedweg 2 ⌧ *88662 –* ✆ *(07553) 82 72 90 – info@landgasthofbrauereikeller.de – Fax (07553) 82729101 – geschl. Juli*
14 Zim ⌑ – †38/80 € ††61/80 € – ½ P 14 € – **Rest** – *(geschl. Montag - Dienstag)* Karte 17/30 €
♦ Ein typischer Landgasthof, mit Wein bewachsen und von Kastanien beschattet. Die Gäste wohnen in netten Zimmern im Haupthaus oder im Anbau. Ländliche Gaststube mit Holzfußboden.

ÜBERSEE – Bayern – 546 – 4 840 Ew – Höhe 525 m – Luftkurort   67 N21
▶ Berlin 684 – München 95 – Bad Reichenhall 45 – Traunstein 20
ℹ Feldwieser Str. 27, ⌧ 83236, ✆ (08642) 2 95, info@uebersee.com

In Übersee-Westerbuchberg Süd-West : 2 km :

Alpenhof mit Zim
◁ Chiemgau,
Westerbuchberg 99 ⌧ *83236 –* ✆ *(08642) 8 94 00 – info@alpenhof-chiemgau.de – Fax (08642) 894033 – geschl. 15. - 30. Jan. und 15. -28. Nov. und Dienstag - Mittwoch*
8 Zim ⌑ – †42/55 € ††75/115 € – **Rest** – Menü 30 € – Karte 22/43 €
♦ Das Haus auf einer kleinen Bergkuppe beherbergt zwei rustikale Stuben, in denen man regionale und internationale Küche serviert. Terrasse mit Blick auf Chiemgau und Berge. Sehr gepflegte und solide Gästezimmer und Appartements.

UECKERMÜNDE – Mecklenburg-Vorpommern – 542 – 11 060 Ew – Höhe 5 m – Erholungsort   14 Q5
▶ Berlin 167 – Schwerin 199 – Neubrandenburg 69 – Greifswald 71
ℹ Ueckerstr. 96, ⌧ 17373, ✆ (039771) 2 84 84, info@ueckermuende.de

Pommern Mühle
Liepgartener Str. 88a ⌧ *17373 –* ✆ *(039771) 20 00 – info@pommern-muehle.de – Fax (039771) 20099*
41 Zim ⌑ – †54/72 € ††81/93 € – **Rest** – *(geschl. Jan. - Feb. Montagmittag)* Karte 18/33 €
♦ Das Herzstück der schmucken Hotelanlage ist die schön restaurierte 130 Jahre alte Windmühle. Im Inneren finden Sie eine moderne und wohnliche Ausstattung. Neuzeitliches Restaurant, ergänzt durch eine neo-rustikale Schenke in der Mühle und einen Wintergarten.

ÜHLINGEN-BIRKENDORF – Baden-Württemberg – 545 – 5 210 Ew – Höhe 644 m – Wintersport : 950 m

62 **E21**

▶ Berlin 791 – Stuttgart 172 – Freiburg im Breisgau 59 – Donaueschingen 46

🛈 Schwarzwaldstr. 44, ✉ 79777, ☏ (07743) 3 80, info@uehlinden-birkendorf.de

Im Ortsteil Birkendorf – Luftkurort :

Sonnhalde garni

Hohlgasse 3 ✉ 79777 – ☏ (07743) 9 20 20 – hotel_sonnhalde@t-online.de – Fax (07743) 5996

33 Zim – †42/60 € ††74/84 €

♦ Ein Landhaus mit Anbauten, das in einem ruhigen Wohngebiet situiert ist. Neben praktischen Standard-Zimmern bietet man auch Komfort-Zimmer mit Balkon.

Sonnenhof mit Zim

Schwarzwaldstr. 9 ✉ 79777 – ☏ (07743) 9 20 10 – hotel-sonnenhof@t-online.de – Fax (07743) 1789

13 Zim – †34/39 € ††56/60 € – ½ P 15 € – **Rest**
– *(geschl. Nov. - März Donnerstag)* Menü 14 € (mittags)/22 € – Karte 21/35 €

♦ Auf verschiedenen Ebenen können Sie hier zum Essen Platz nehmen. Jede der Gaststuben hat ihren eigenen heimeligen Charakter. Breit gefächerte bürgerliche Karte.

UELSEN – Niedersachsen – 541 – 5 100 Ew – Höhe 45 m – Erholungsort

15 **C8**

▶ Berlin 518 – Hannover 240 – Nordhorn 17 – Almelo 23

Am Waldbad

Zum Waldbad 1 ✉ 49843 – ☏ (05942) 9 39 30 – info@hotel-am-waldbad.de – Fax (05942) 939340

24 Zim – †50/85 € ††70/93 € – **Rest** – *(geschl. Montagmittag)* Karte 20/50 €

♦ Ein recht ruhig in Waldnähe gelegenes Haus mit nettem Garten. Die Gästezimmer verteilen sich auf Stammhaus und Anbau - dieser bietet etwas großzügigere Zimmer. Helles, freundliches Restaurant mit Blick ins Grüne.

UELZEN – Niedersachsen – 541 – 35 090 Ew – Höhe 35 m

19 **J7**

▶ Berlin 233 – Hannover 99 – Braunschweig 83 – Celle 53

🛈 Herzogenplatz 2, ✉ 29525, ☏ (0581) 80 04 42, tourismusinfo@stadt.uelzen.de

In Uelzen-Holdenstedt Süd-West : 4 km Richtung Celle :

Holdenstedter Hof mit Zim

Holdenstedter Str. 64 ✉ 29525 – ☏ (0581) 97 63 70 – holdenstedterhof@t-online.de – Fax (0581) 9763720

4 Zim – †45/55 € ††70 € – **Rest** – *(geschl. Montag - Dienstag)* Karte 23/33 €

♦ Das familiengeführte Restaurant ist in die holzgetäfelte Bauernstube und einen eleganteren Bereich unterteilt. Nett ist auch die Gartenterrasse hinterm Haus.

ÜRZIG – Rheinland-Pfalz – 543 – 940 Ew – Höhe 106 m

46 **C15**

▶ Berlin 691 – Mainz 124 – Trier 51 – Bernkastel-Kues 10

Zur Traube

Am Moselufer 16 (B 53) ✉ 54539 – ☏ (06532) 93 08 30 – info@zurtraubeuerzig.de – Fax (06532) 9308311 – geschl. Jan. - Feb.

13 Zim – †43/105 € ††60/145 € – ½ P 20 € – **Rest** – *(geschl. Mittwoch, außer Saison)* Karte 21/37 €

♦ Sehr gepflegt ist dieses persönlich geführte kleine Hotel. Etwas mehr Komfort bieten die neuzeitlichen Zimmer im Haupthaus - moselseitig mit Balkon. Die überdachte Moselterrasse ergänzt das bürgerlich gestaltete Restaurant.

Moselschild mit Zim

Am Moselufer 14 (B 53) ✉ 54539 – ☏ (06532) 9 39 30 – moselschild@t-online.de – Fax (06532) 939393 – geschl. Jan. - Feb. 4 Wochen

13 Zim – †75/90 € ††90/150 € – ½ P 24 € – **Rest** – *(geschl. Donnerstag, außer Feiertage)* Menü 33/66 € – Karte 27/56 €

♦ Am Moselufer liegt das gediegene Restaurant mit gehobener internationaler Küche und Weinen aus eigenem Anbau. Terrasse mit Blick auf den Fluss. Die Gästezimmer verfügen z. T. über einen Balkon zur Mosel.

UETERSEN – Schleswig-Holstein – 541 – 18 020 Ew – Höhe 6 m 10 H5

▶ Berlin 319 – Kiel 101 – Hamburg 37 – Itzehoe 35
🖥 Haseldorf, Heister Feld 7 ✆ (04122) 85 35 00

Mühlenpark
Mühlenstr. 49 ✉ 25436 – ✆ (04122) 9 25 50 – hotel@muehlenpark.de
– Fax (04122) 925510
25 Zim – †75/85 € ††115/125 € – **Rest** – Karte 26/37 €

♦ Ein hübsches kleines Anwesen ist diese Jugendstil-Villa, vor dem Haus alter Baumbestand. Die Gästezimmer: recht geräumig, solide und klassisch im Stil. Elegantes Restaurant mit internationalem Angebot.

Parkhotel Rosarium
Berliner Str. 10 ✉ 25436 – ✆ (04122) 9 21 80
– info@parkhotel-rosarium.de – Fax (04122) 921877
37 Zim – †57/78 € ††105 € – **Rest** – Karte 22/41 €

♦ Am Stadtpark mit See und Rosarium liegt der gewachsene Familienbetrieb mit seinen recht unterschiedlichen, wohnlichen Zimmern - meist mit Parkblick. Mediterranes Ambiente und internationale Küche im Restaurant. Die Gartenterrasse bietet eine schöne Aussicht.

UHLDINGEN-MÜHLHOFEN – Baden-Württemberg – 545 – 7 960 Ew – Höhe 398 m – Erholungsort 63 G21

▶ Berlin 736 – Stuttgart 181 – Konstanz 19 – Ravensburg 38
🛈 Schulstr. 12 (Unteruhldingen), ✉ 88690, ✆ (07556) 9 21 60, tourist-info@uhldingen-bodensee.de
◉ Birnau-Maurach : Wallfahrtskirche ★, Nord-West : 3 km

Im Ortsteil Maurach

Seehalde
Maurach 1 ✉ 88690 – ✆ (07556) 9 22 10
– info@seehalde.de – Fax (07556) 6522 – geschl. Anfang Jan. - Anfang März
21 Zim – †58/96 € ††112/140 € – ½ P 24 €
Rest – (geschl. Dienstag - Mittwochmittag) Menü 30/53 € – Karte 31/53 €

♦ Idyllisch und ruhig liegt das familiengeführte Hotel direkt am See. Alle Zimmer sind solide eingerichtet und bieten eine schöne Aussicht. Im Restaurant mit Seeblick serviert man eine schmackhafte und ambitionierte Regionalküche zeitgemäßer Art.

Pilgerhof und Rebmannshof
Maurach 2 ✉ 88690 – ✆ (07556) 93 90
– pilgerhof@t-online.de – Fax (07556) 6555
56 Zim – †55/75 € ††100/130 € – ½ P 22 € – **Rest** – Karte 21/38 €

♦ Der Pilgerhof und der historische Rebmannshof mit Fachwerkarchitektur a. d. 17. Jh. bilden diese zeitgemäße Hotelanlage nahe dem See. Ein Teil der Zimmer liegt nach Süden hin. Restaurant mit neuzeitlichem Ambiente.

Im Ortsteil Oberuhldingen

Storchen (mit Gästehaus)
Aachstr. 17 ✉ 88690 – ✆ (07556) 65 91 – info@storchen-uhldingen.de
– Fax (07556) 5348 – geschl. 7. - 31. Jan.
39 Zim – †42/59 € ††56/76 € – ½ P 14 € – **Rest** – (geschl. Okt. - März Montag, außer Feiertage) Karte 17/29 €

♦ Ein gewachsener Gasthof mit Gästehaus und einem schönen Garten. Im Haupthaus schlafen Sie in bemalten Bauernbetten, im Gästehaus dominieren Wurzelholzmöbel. Beim Essen sitzt man gemütlich in der rustikalen Gaststube oder im hellen, begrünten Wintergarten.

Im Ortsteil Seefelden

Landhotel Fischerhaus (mit 2 Gästehäusern)
✉ 88690 – ✆ (07556) 85 63 – birkenmayer@
fischerhaus-seefelden.de – Fax (07556) 6063 – geschl. Anfang Nov. - Ende März
23 Zim (inkl. ½ P.) – †120/150 € ††180/240 € – 6 Suiten
Rest – (nur Abendessen für Hausgäste)

♦ Auf einem 15 000 qm großen Gartengrundstück stehen der historische Fachwerkbau und die Gästehäuser. Neben der wohnlichen Atmosphäre überzeugt auch das sehr gute Frühstück. Hausgästen bietet man aufwändige HP-Menüs. Schöne Terrasse.

UHLDINGEN-MÜHLHOFEN
Im Ortsteil Unteruhldingen

Seevilla
Seefelder Str. 36 ⊠ *88690 – ℰ (07556) 9 33 70 – service@seevilla.de*
– Fax (07556) 933770
24 Zim (inkl. ½ P) – †120/140 € ††155/180 € – **Rest** *(nur Abendessen)* Karte 22/49 €
♦ Die schöne Villa mit rosa Fassade bietet geschmackvolle Landhauszimmer, einen kleinen Saunabereich und eine nette Liegewiese. Unter dem Dach: ein sehr geräumiges Appartement. In hellen Tönen gehaltenes Restaurant mit Wintergarten und hübscher Terrasse.

Mainaublick (mit Gästehaus)
Seefelder Str. 22 ⊠ *88690 – ℰ (07556) 9 21 30 – info@hotel-mainaublick.de*
– Fax (07556) 5844 – geschl. Jan. - Feb.
32 Zim ⊇ – †48/75 € ††96/106 € – ½ P 14 € – **Rest** – Karte 16/38 €
♦ Unweit des Yachthafens liegt dieses ansprechende Haus mit Terrasse zur Uferpromenade. Die Gästezimmer sind wohnlich und funktionell eingerichtet. Sie speisen im ländlich gestalteten Restaurant oder auf der schönen Terrasse.

UHLSTÄDT-KIRCHHASEL – Thüringen – **544** – 5 760 Ew – Höhe 190 m
▶ Berlin 283 – Erfurt 79 – Saalfeld 21 – Gera 61 41 **L13**

Im Ortsteil Weissen

Kains Hof
Weißen 19 ⊠ *07407 – ℰ (036742) 6 11 30 – info@kains-hof.de*
– Fax (036742) 61011
15 Zim ⊇ – †41/54 € ††63/78 € – **Rest** – Karte 14/31 €
♦ In einem ruhigen Dorf liegt der ehemalige Bauernhof, der hinter seiner schmucken Fachwerkfassade wohnliche Zimmer in ländlichem Stil beherbergt. Gemütliche rustikale Gaststuben. Sehr hübsch: der Innenhof mit Terrasse.

ULM (DONAU) – Baden-Württemberg – **545** – 119 810 Ew – Höhe 478 m 56 **I19**
▶ Berlin 613 – Stuttgart 93 – Augsburg 80 – München 138
ADAC Neue Str. 40
🛈 Münsterplatz 50, ⊠ 89073, ℰ (0731) 1 61 28 30, info@tourismus.ulm.de
🛈 Illerrieden, Wochenauer Hof 2 ℰ (07306) 92 95 00
Veranstaltungen
  29.03. - 06.04. : Leben-Wohnen-Freizeit
  29.09. - 03.10. : Herbstmesse
  Messegelände: Ausstellungsgelände an der Donauhalle, Böflingerstr. 50 (über Wielandstraße X), ⊠ 89073, ℰ (0731) 92 29 90
◉ Münster★★★ (Chorgestühl★★★, Turm ❋★★, Sakramentshaus★) - Brotmuseum★ **M²** Y – Jahnufer (Neu-Ulm) ≤★★ – Mühlen-, Fischer- und Gerberviertel★ – Ulmer Museum★ **M¹** Z
◉ Ulm-Wiblingen : Klosterkirche (Bibliothek★) Süd : 5 km

Stadtplan siehe nächste Seite

Maritim
Basteistr. 40, (Congress-Centrum) ⊠ *89073 – ℰ (0731) 92 30 – info.ulm@maritim.de – Fax (0731) 9231000* X **a**
287 Zim – †138/181 € ††156/199 €, ⊇ 15 € – 7 Suiten
Rest – Karte 29/40 €
Rest *Panorama* – Menü 37 € – Karte 30/48 €
♦ Die moderne Architektur und gediegenes Ambiente machen das verspiegelte Hochhaus an der Donau aus. Die Zimmer liegen teilweise zum Fluss, einige zum Münster hin. Einen beeindruckenden Blick auf Ulm und Neu-Ulm bietet das Panorama-Restaurant in der 16. Etage.

Comfor garni
Frauenstr. 51 ⊠ *89073 – ℰ (0731) 9 64 90 – hotel-fr@comfor.de*
– Fax (0731) 9649499 Y **n**
102 Zim ⊇ – †88/95 € ††112/115 € – 16 Suiten
♦ Dieses Stadthotel ist mit seinen neuzeitlichen Gästezimmern für Geschäftsreisende und Urlauber gleichermaßen geeignet. Einige Zimmer verfügen über eine Terrasse zum Innenhof.

ULM

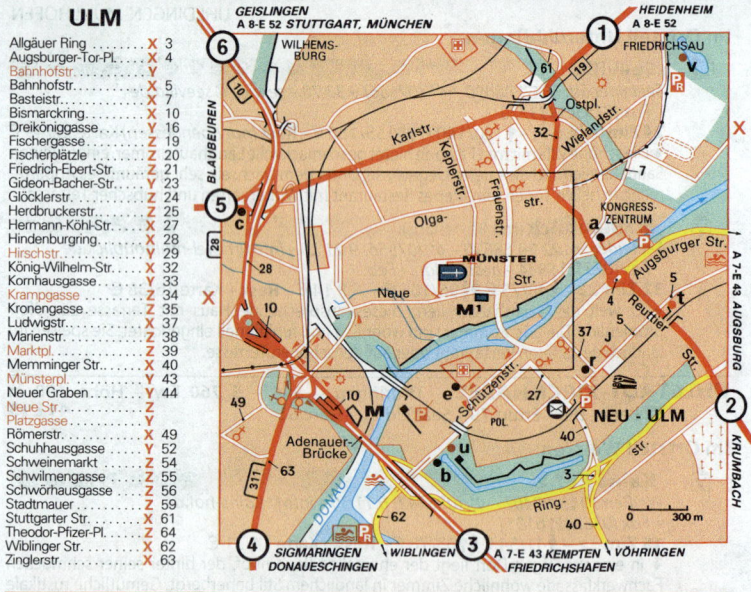

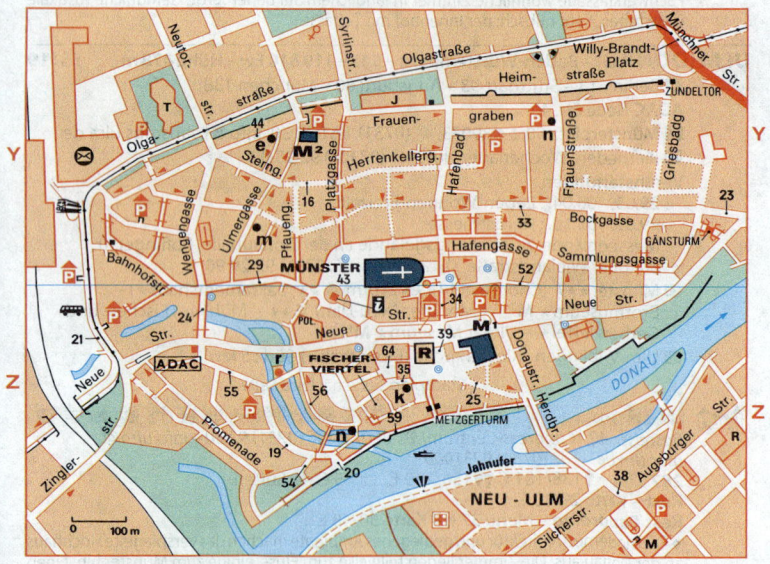

Allgäuer Ring	X	3
Augsburger-Tor-Pl.	X	4
Bahnhofstr.	Y	
Bahnhofstr.	X	5
Basteistr.	X	7
Bismarckring	X	10
Dreikönigsgasse	Y	16
Fischergasse	Z	19
Fischerplätzle	Z	20
Friedrich-Ebert-Str.	Z	21
Gideon-Bacher-Str.	Y	23
Glöcklerstr.	Z	24
Herdbruckerstr.	Z	25
Hermann-Köhl-Str.	X	27
Hindenburgring.	X	28
Hirschstr.	Y	29
König-Wilhelm-Str.	X	32
Kornhausgasse	Z	33
Krampgasse	Z	34
Kronengasse	Z	35
Ludwigstr.		
Marienstr.	Z	38
Marktpl.	Z	39
Memminger Str.	X	40
Münsterpl.	Z	43
Neuer Graben	Y	44
Neue Str.	Y	
Platzgasse	Z	
Römerstr.	X	49
Schuhhausgasse	Y	52
Schweinemarkt	Z	54
Schwilmengasse	Z	55
Schwörhausgasse	Z	56
Stadtmauer	Z	59
Stuttgarter Str.	Z	61
Theodor-Pfizer-Pl.	Z	64
Wiblinger Str.	Y	62
Zinglerstr.	X	63

Schiefes Haus garni

Schwörhausgasse 6 ✉ *89073 –* ✆ *(0731) 96 79 30 – hotelschiefeshausulm@*
t-online.de – Fax (0731) 9679333 – geschl. 24. Dez. - 6. Jan.
11 Zim ⌂ – †115 € ††148 €   Z n

◆ Ein sehr hübsches kleines Hotel ist dieses sorgsam restaurierte, über 500 Jahre alte Haus. In den individuellen Zimmern vereinen sich historische Elemente und moderner Stil.

1304

ULM (DONAU)

Neuthor garni
Neuer Graben 17 ⌂ 89073 – ℘ (0731) 9 75 27 90 – hotel-neuthor@comfor.de
– Fax (0731) 975279399 – geschl. 8. - 18. Aug., 23. Dez. - 6. Jan.   Y e
24 Zim – †88/95 € ††112/115 €
♦ Die zentrale Lage und wohnliche Zimmer mit moderner und funktioneller Einrichtung sprechen für dieses Nichtraucher-Hotel. Lichtdurchfluteter Frühstücksraum.

Blaubeurer Tor garni
Blaubeurer Str. 19 ⌂ 89077 – ℘ (0731) 9 34 60 – info@hotel-blaubeurertor.de
– Fax (0731) 9346200   X c
40 Zim – †80 € ††110 €
♦ In eine Mercedes-Niederlassung integriertes neuzeitliches Hotel mit guter Verkehrsanbindung und funktionell ausgestatteten Gästezimmern.

Am Rathaus-Reblaus garni
Kronengasse 10 ⌂ 89073 – ℘ (0731) 96 84 90 – info@rathausulm.de
– Fax (0731) 9684949 – geschl. 1. - 6. Jan., 23. - 31. Dez.   Z k
34 Zim – †65/80 € ††95/105 €
♦ Das Hotel am Rathaus, gegenüber der Stadtbibliothek, besteht aus dem klassisch-stilvoll eingerichteten Haupthaus und dem Nachbargebäude Reblaus mit Zimmern im Landhausstil.

Roter Löwe
Ulmer Gasse 8 ⌂ 89073 – ℘ (0731) 14 08 90 – hotel.roter.loewe@t-online.de
– Fax (0731) 14089200 – geschl. 24. - 27. Dez.   Y m
34 Zim – †84/110 € ††98/145 € – **Rest** – (geschl. Sonn- und Feiertage) Karte 18/40 €
♦ Die Zimmer dieses im Zentrum gelegenen familiengeführten Hotels sind solide und gepflegt, im Anbau neuzeitlicher gestaltet. Besonders freundlich: zwei moderne Familienzimmer. In der Gaststube bietet man einfache bayerische Küche.

Gerberhaus
Weinhofberg 9 ⌂ 89073 – ℘ (0731) 6 94 98 – Fax (0731) 9691078   Z r
Rest – Karte 22/33 €
♦ Viel Holz und nettes Dekor schaffen in dem rustikalen Restaurant im historischen Fischerviertel eine gemütliche Atmosphäre. Das Speisenangebot ist bürgerlich.

In Ulm-Gögglingen Süd-West : 8 km über Zinglerstraße X :

Hoher Berg
Bertholdstr. 44 ⌂ 89079 – ℘ (07305) 37 31 – Fax (07305) 9338591
– geschl. Donnerstag
Rest – (Montag - Dienstag und Freitag nur Abendessen) Karte 17/39 €
♦ Ein nettes, ländliches Lokal in rustikaler Aufmachung. Neben einer breit gefächerten Auswahl internationaler Gerichte bietet man auch einige schwäbische Spezialitäten.

In Ulm-Grimmelfingen Süd-West : 5 km über Zinglerstraße X :

Hirsch
Schultheißenstr. 9 ⌂ 89081 – ℘ (0731) 93 79 30 – info@hirsch-ulm.de
– Fax (0731) 9379360 – geschl. 24. Dez. - 13. Jan.
24 Zim – †58/66 € ††75/91 € – **Rest** – (geschl. 24. Dez. - 18. Jan, Dienstag und Freitagmittag) Karte 16/36 €
♦ Ein familiär geführter, typisch schwäbischer Landgasthof mit Fachwerkfassade und soliden Zimmern. Einige antike rustikale Möbelstücke zieren das Haus. Restauranträume mit ländlichem Charakter. Im Sommer serviert man auch auf der schönen Gartenterrasse.

ULMET – Rheinland-Pfalz – 543 – 800 Ew – Höhe 200 m   46 **D16**
▶ Berlin 663 – Mainz 98 – Saarbrücken 81 – Trier 92

Felschbachhof
nahe der B 420 (West : 1 km) ⌂ 66887 – ℘ (06387) 91 10 – info@felschbachhof.de
– Fax (06387) 911234
23 Zim – †50/65 € ††80/95 € – **Rest** – Menü 21 € – Karte 21/40 €
♦ In diesem etwas erhöht am Hang gelegenen, gut geführten Hotel stehen in neuzeitlichem Stil eingerichtete Gästezimmer zur Verfügung. Restaurant mit internationaler Karte.

UMKIRCH – Baden-Württemberg – 545 – 5 230 Ew – Höhe 207 m 61 **D20**
▶ Berlin 808 – Stuttgart 203 – Freiburg im Breisgau 10 – Strasbourg 87

Pfauen
Hugstetter Str. 2 ⌂ 79224 – ℰ (07665) 9 37 60 – info@hotel-pfauen-umkirch.de
– Fax (07665) 937639 – geschl. 2. - 10. Jan.
20 Zim ⌑ – †50/58 € ††75/85 € – **Rest** – Karte 24/39 €

♦ Das kleine Hotel bietet sehr gepflegte und solide möblierte Gästezimmer, die technisch zeitgemäß ausgestattet sind und teilweise über einen Balkon verfügen. Hübsch dekoriertes Restaurant mit thailändischer Küche.

> Gute Küche zu günstigem Preis? Folgen Sie dem „Bib Gourmand".

UNDELOH – Niedersachsen – 541 – 890 Ew – Höhe 80 m 19 **I6**
▶ Berlin 327 – Hannover 113 – Hamburg 64 – Lüneburg 35
🛈 Zur Dorfeiche 27, ⌂ 21274, ℰ (04189) 3 33, info@undeloh.de
◉ Typisches Heidedorf★
◉ Wilseder Berg★ (Süd-West: 5 km, nur zu Fuß oder mit Kutsche erreichbar)

Heiderose - Gästehaus Heideschmiede
Wilseder Str. 13 ⌂ 21274 – ℰ (04189) 3 11
– hotel-heiderose@t-online.de – Fax (04189) 314
59 Zim ⌑ – †53/56 € ††70/104 € – **Rest** – Karte 18/35 €

♦ Reizvoll ist die Lage des durch ein Gästehaus erweiterten Klinkerhauses am Rande des Naturschutzgebietes. Das familiengeführte Hotel bietet Ihnen gepflegte Zimmer. Rustikale Gasträume, teils mit offenem Kamin.

Witte's Hotel (mit Gästehaus)
Zum Loh 2 ⌂ 21274 – ℰ (04189) 81 33 60 – info@witteshotel.de – Fax (04189) 629
– geschl. Mitte Dez. - Mitte Feb.
21 Zim ⌑ – †46/70 € ††74/84 € – **Rest** – (geschl. Mitte Sept. - Mitte Aug. Montag) Karte 17/33 €

♦ Von Bäumen umgeben, fügt sich das Hotel schön in die Landschaft ein. Die in unterschiedlichem Stil ausgestatteten Zimmer befinden sich alle im ruhigen Gästehaus. Ein groß angelegter Restauranttrakt bietet die Möglichkeit, auch Gruppen zu bewirten.

UNKEL – Rheinland-Pfalz – 543 – 4 930 Ew – Höhe 56 m 36 **C13**
▶ Berlin 608 – Mainz 137 – Bonn 20 – Neuwied 28
🛈 Linzer Str. 2, ⌂ 53572, ℰ (02224) 90 28 22, info@unkel.de

Rheinhotel Schulz
◁ Rhein,
Vogtgasse 4 ⌂ 53572 – ℰ (02224) 90 10 50 – info@rheinhotel-schulz.de
– Fax (02224) 9010599
29 Zim ⌑ – †115/190 € ††130/250 € – ½ P 35 € – 5 Suiten – **Rest** – Menü 36 €
– Karte 41/57 €

♦ Das direkt am Rhein gelegene Hotel bietet zwei Zimmerkategorien: im Haupthaus gediegen-elegant, in sogenannten Sonnenflügel ländlich in Blau. Restaurant mit Blick zum Rhein.

UNNA – Nordrhein-Westfalen – 543 – 68 140 Ew – Höhe 100 m 27 **D11**
▶ Berlin 476 – Düsseldorf 83 – Dortmund 21 – Soest 35
🛈 Fröndenberg, Schwarzer Weg 1 ℰ (02373) 7 00 68
🛈 Fröndenberg Gut Neuenhof, Eulenstr. 58 ℰ (02373) 7 64 89

Katharinen Hof
Bahnhofstr. 49 ⌂ 59423 – ℰ (02303) 92 00 – katharinenhof@riepe.com
– Fax (02303) 920444
70 Zim ⌑ – †99/113 € ††127/131 € – **Rest** – Karte 23/36 €

♦ Durch einen großzügigen Hallenbereich betreten Sie dieses von glasbetonter Architektur geprägte Stadthotel. Die Zimmer gefallen mit Wohnlichkeit und dezenter Farbgebung. In der ersten Etage befindet sich das moderne Restaurant mit großer Showküche.

UNNA

Kraka
Gesellschaftsstr. 10 ⌧ 59423 – ℰ (02303) 2 20 22 – hotel-kraka@freenet.de
– Fax (02303) 2410
35 Zim ⌑ – †55/78 € ††82/99 € – **Rest** – (nur Abendessen) Karte 17/31 €
♦ Ein im Zentrum gelegenes Stadthaus mit Anbau. Fragen Sie nach einem der neueren Zimmer, die mit Naturholz, guter Technik und gutem Platzangebot glänzen. Das Restaurant ist im Stil einer einfachen Gaststätte eingerichtet - Bistro für den kleinen Hunger.

UNTERFÖHRING – Bayern – siehe München

UNTERHACHING – Bayern – siehe München

UNTERREICHENBACH – Baden-Württemberg – 545 – 2 310 Ew – Höhe 314 m
– Erholungsort 54 **F18**

▶ Berlin 672 – Stuttgart 62 – Karlsruhe 40 – Pforzheim 12

In Unterreichenbach-Kapfenhardt

Mönchs Waldhotel
Kapfenhardter Mühle ⌧ 75399 – ℰ (07235) 79 00 – moenchswaldhotel@ringhotels.de – Fax (07235) 790190
65 Zim ⌑ – †63/99 € ††107/159 € – ½ P 22 € – **Rest** – Karte 28/39 €
♦ Hell und freundlich gestaltete Gästezimmer und eine nette Bade- und Saunalandschaft sprechen für dieses gewachsene Hotel in waldnaher Lage. Der Restaurantbereich verteilt sich auf mehrere Räume in rustikalem Stil.

Untere Kapfenhardter Mühle
⌧ 75399 – ℰ (07235) 9 32 00 – info@
untere-kapfenhardter-muehle.de – Fax (07235) 7180 – geschl. 20. - 30. Jan.
33 Zim ⌑ – †50/70 € ††90/110 € – ½ P 16 € – **Rest** – Menü 18 €
– Karte 14/27 €
♦ Eine original Schwarzwaldmühle, deren Ursprünge in das Jahr 1692 zurückreichen. Die Zimmer sind sehr gepflegt und rustikal eingerichtet, mit Balkon. Schön: die Lage im Tal. Gemütliche, mit hellem Holz verkleidete Gaststuben.

Jägerhof
Kapfenhardter Tal ⌧ 75399 – ℰ (07235) 9 70 40 – info@
jaegerhof-kapfenhardt.de – Fax (07235) 970444
– geschl. Anfang Nov. 1 Woche
13 Zim ⌑ – †37/46 € ††70/86 € – ½ P 14 € – **Rest** – (geschl. Montag)
Menü 17 € – Karte 19/30 €
♦ In einem kleinen Tal am Ortsausgang liegt das Haus idyllisch am Waldrand - mit angeschlossenem Wildgehege. Man bringt seine Gäste in soliden Zimmern mit Balkon unter. Zahlreiche Jagdtrophäen zieren die Wände der rustikalen Stuben.

UNTERSCHLEISSHEIM – Bayern – 546 – 25 730 Ew – Höhe 473 m 65 **L20**

▶ Berlin 570 – München 17 – Regensburg 107 – Augsburg 69

Victor's Residenz-Hotel
Keplerstr. 14 ⌧ 85716 – ℰ (089) 3 21 03 09 – info.muenchen@victors.de
– Fax (089) 32103899
207 Zim ⌑ – †127 € ††165 € – **Rest** – Karte 23/34 €
♦ Ein modernes Businesshotel mit funktionellen, wohnlichen Zimmern und Appartements mit Küchenzeile sowie einem technisch gut ausgestatteten Tagungsbereich. Zur Halle hin offenes Restaurant mit internationalem Angebot.

Mercure Nord garni
Rathausplatz 8 ⌧ 85716 – ℰ (089) 3 17 85 70 – h0936@accor.com
– Fax (089) 3173596
58 Zim – †81/105 € ††98/122 €, ⌑ 14 €
♦ Besonders auf Geschäftsreisende und Tagungen ist dieses neuzeitlich und funktionell ausgestattete Hotel ausgelegt. S-Bahnstation in der Nähe.

UNTERWÖSSEN – Bayern – **546** – 3 480 Ew – Höhe 555 m – Wintersport: 900 m ≤5
– Luftkurort   67 **N21**

▶ Berlin 688 – München 99 – Bad Reichenhall 52 – Traunstein 29
🛈 Rathausplatz 1, ✉ 83246, ☏ (08641) 82 05

Astrid garni
*Wendelweg 15 ✉ 83246 – ☏ (08641) 9 78 00 – info@astrid-hotel.de
– Fax (08641) 978044 – geschl. 1. Nov. - 15. Dez.*
20 Zim – †47/55 € ††76/88 € – 12 Suiten
♦ Vor einer herrlichen Bergkulisse liegt das aus zwei miteinander verbundenen, traditionell gebauten Häusern bestehende Hotel. Es erwarten Sie helle, solide Zimmer.

UPLENGEN – Niedersachsen – **541** – 11 290 Ew – Höhe 9 m   8 **E6**

▶ Berlin 473 – Hannover 206 – Emden 53 – Oldenburg 38

In Uplengen-Südgeorgsfehn Süd : 10 km ab Remels, jenseits der A 31 :

XX   **Ostfriesischer Fehnhof**   Biergarten
*Südgeorgsfehner Str. 85 ✉ 26670 – ☏ (04489) 27 79 – Fax (04489) 3541
– geschl. Juni 2 Wochen und Montag - Dienstag*
Rest – *(Mittwoch - Freitag nur Abendessen)* Menü 33 € – Karte 22/39 €
♦ Hier serviert man regionale Gerichte aus frischen Produkten. Den Rahmen bilden verschiedene hübsch dekorierte Restaurantstuben im friesischen Stil.

URACH, BAD – Baden-Württemberg – **545** – 12 850 Ew – Höhe 463 m – Heilbad und Luftkurort   55 **H19**

▶ Berlin 660 – Stuttgart 45 – Reutlingen 19 – Ulm (Donau) 56
🛈 Bei den Thermen 4, ✉ 72574, ☏ (07125) 9 43 20, info@badurach.de

Graf Eberhard
*Bei den Thermen 2 ✉ 72574 – ☏ (07125) 14 80 – info@hotel-graf-eberhard.de
– Fax (07125) 8214*
84 Zim – †73/89 € ††114/166 € – ½ P 23 € – **Rest** – Karte 21/36 €
♦ Das Hotel direkt am Thermalbad verfügt über zeitgemäße Gästezimmer mit gutem Platzangebot und Balkon. Auch für Tagungen ist das Haus gut geeignet. In der gemütlichen Weinstube und im Wintergarten bietet man regionale Küche.

Breitenstein garni
*Eichhaldestr. 111 ✉ 72574 – ☏ (07125) 9 49 50 – schuhmacher@
hotel-breitenstein.de – Fax (07125) 949510 – geschl. Dez.*
16 Zim – †38/55 € ††74/84 €
♦ Das kleine Hotel mit Pensionscharakter liegt am Hang oberhalb des Kurgebietes, schön ist der Blick übers Tal. Die Zimmer sind sehr gepflegt und alle mit Balkon ausgestattet.

Bächi garni   (geheizt)
*Olgastr. 10 ✉ 72574 – ☏ (07125) 9 46 90 – hotelbaechi@t-online.de
– Fax (07125) 946969*
16 Zim – †44/47 € ††73/78 €
♦ Die familiäre Atmosphäre sowie tipptopp gepflegte Zimmer sprechen für das in einem Wohngebiet gelegene kleine Hotel. Zum Haus gehört auch ein Garten mit Frühstücksterrasse.

URBACH – Baden-Württemberg – siehe Schorndorf

URBAR – Rheinland-Pfalz – **543** – 3 110 Ew – Höhe 100 m   36 **D14**

▶ Berlin 595 – Mainz 105 – Koblenz 7 – Lahnstein 11

XX   **Chiaro**
*Klostergut Besselich ✉ 56182 – ☏ (0261) 9 63 72 63 – info@restaurant-chiaro.de
– Fax (0261) 9637264 – geschl. 30. Jan. - 12. Feb. und Montag - Dienstag*
Rest – Menü 25 € (mittags)/60 € – Karte 44/54 €
♦ Eine ehemalige Klosteranlage beherbergt dieses moderne, in hellen, warmen Tönen gehaltene Restaurant. Sehr schön sitzt man auch auf der Terrasse mit Blick ins Tal.

URSENSOLLEN – Bayern – siehe Amberg

USEDOM (INSEL) – Mecklenburg-Vorpommern – 542 – Höhe 5 m – Östlichste und zweitgrößte Insel Deutschlands, durch Brücken mit dem Festland verbunden – Seebad 14 **Q4**

- Berlin 220 – Schwerin 201 – Neubrandenburg 81 – Rügen (Bergen) 100
- Neppermin-Balm, Drewinscher Weg 1 ℰ (038379) 2 81 99
- Gesamtbild der Insel mit Badeorten ★ - Seebrücke Ahlbeck ★ – Mellenthin (Innenausstattung der Dorfkirche ★)

AHLBECK – 3 550 Ew – Seeheilbad

🛈 Dünenstr. 45, ⌂ 17419, ℰ (038378) 49 93 50, ahlbeck@drei-kaiserbaeder.de

Seehotel Ahlbecker Hof
Dünenstr. 47 ⌂ 17419 – ℰ (038378) 6 20
– ahlbecker-hof@seetel.de – Fax (038378) 62100
70 Zim ⌂ – †89/197 € ††120/228 € – ½ P 26/40 € – 29 Suiten
Rest – Karte 48/67 €
Rest *Brasserie* – Karte 25/34 €

♦ Ein Prunkstück der Bäderarchitektur ist dieser modernisierte klassizistische Bau mit seinen eleganten und noblen Zimmern - teils mit Balkon - sowie freundlichem Service. Kristall-Lüster zieren das klassisch gehaltene Restaurant. Internationale Küche.

Ostseehotel (mit Gästehaus)
Dünenstr. 41 ⌂ 17419 – ℰ (038378) 6 00 – ostseehotel@seetel.de
– Fax (038378) 60100
92 Zim ⌂ – †58/106 € ††74/162 € – ½ P 20 € – **Rest** – Karte 24/35 €

♦ Gleich bei der Seebrücke liegt der imponierende Hotelbau mit gelb-weißer Fassade. Im Inneren erwarten Sie mit Kirschholz wohnlich und zeitlos eingerichtete Zimmer. Schöne Bar. Das zur Promenade hin gelegene Restaurant bietet Ausblick aufs Meer.

Ostende
Dünenstr. 24 ⌂ 17419 – ℰ (038378) 5 10 – info@hotel-ostende.de
– Fax (038378) 51403 – geschl. 3. Jan. - 1. Feb.
29 Zim ⌂ – †45/150 € ††65/170 € – ½ P 22 € – **Rest** – Karte 20/37 €

♦ Sorgsam hat man das Ende des 19. Jh. erbaute Haus restauriert. Es stehen gediegen-wohnlich möblierte Gästezimmer zur Verfügung. Modernes Restaurant mit großer Fensterfront zur See. Das Angebot ist regional und international ausgelegt.

Kastell
Dünenstr. 3 ⌂ 17419 – ℰ (038378) 4 70 10 – hotel@kastell-usedom.de
– Fax (038378) 470119
12 Zim ⌂ – †73/95 € ††85/130 € – 6 Suiten ⌂ – ††95/175 € – **Rest** – Karte 17/34 €

♦ Hinter der schmucken weißen Fassade dieses architektonisch einer Burg nachempfundenen Hauses verbergen sich wohnlich eingerichtete Suiten im englischen Stil. Gediegenes Restaurant mit elegantem Touch.

BANSIN – 3 550 Ew – Seeheilbad

🛈 An der Seebrücke, ⌂ 17429, ℰ (038378) 47 05 11, bansin@drei-kaiserbaeder.de

Zur Post
Seestr. 5 ⌂ 17429 – ℰ (038378) 5 60 – info@hzp-usedom.de – Fax (038378) 56220
159 Zim ⌂ – †79/121 € ††106/186 € – ½ P 24 € – 54 Suiten
Rest – Karte 22/34 €
Rest *Zur Alten Post* – (nur Abendessen) Menü 29/69 € – Karte 34/44 €

♦ 1901 wurde die hübsche Villa im Stil der Seebäderarchitektur erbaut und um moderne Gästehäuser sowie einen eleganten Wellnessbereich erweitert. Restaurant mit bürgerlicher Küche. Gehobenes internationales Angebot im Restaurant Zur Alten Post.

Strandhotel
Bergstr. 30 ⌂ 17419 – ℰ (038378) 80 00
– strandhotel-bansin@travelcharme.com – Fax (038378) 800111
100 Zim ⌂ – †82/170 € ††120/212 € – ½ P 28 € – 20 Suiten
Rest – Karte 27/37 €

♦ Besonders auf Familien ist die moderne Hotelanlage am Ende der Strandpromenade eingestellt. Man bietet eine schöne großzügige Halle und wohnliche Zimmer, auch Familienzimmer. Vom Restaurant in der 1. Etage blicken Sie auf die Ostsee.

USEDOM (INSEL)

Strandhotel Atlantic (mit Gästehaus)
Strandpromenade 18 ⊠ 17429 – ℰ (038378) 6 05 – atlantic@seetel.de
– Fax (038378) 60600
46 Zim ⊇ – †69/106 € ††96/179 € – ½ P 25 € – 15 Suiten
Rest – Karte 42/50 €

♦ Sehr schön hat man die Ende des 19. Jh. erbaute Villa restauriert. Die Zimmer sind gediegen-elegant ausgestattet - geräumigere Suiten bietet die Villa Meeresstrand. Restaurant mit klassischem Ambiente und Terrasse mit Meerblick.

Plonsky
Strandpromenade 36 ⊠ 17429 – ℰ (038378) 66 15 66 – restaurant@plonsky.de
– Fax (038378) 661566 – geschl. Nov.- 25. Dez., Jan. - Ostern und Sonntag - Montag
Rest – (nur Abendessen) Karte 30/48 €

♦ In dem neuzeitlichen Restaurant im Gebäude des Hotels Admiral serviert man regionale Küche mit internationalem Einfluss. Schön ist der Blick aufs Meer - auch von der Terrasse.

HERINGSDORF – 3 550 Ew – Seeheilbad

Kulmstr. 33, ⊠ 17424, ℰ (038378) 2 22 34, heringsdorf@
drei-kaiserbaeder.de

Strandidyll
Delbrückstr. 9 ⊠ 17424 – ℰ (038378) 47 60 – strandidyll@travelcharme.com
– Fax (038378) 476555
143 Zim ⊇ – †78/279 € ††132/310 € – ½ P 25 € – 7 Suiten
Rest – (nur für Hausgäste) Karte 25/31 €
Rest Belvedere – (geschl. Montag, außer Saison Montag - Dienstag, nur Abendessen) (Tischbestellung erforderlich) Menü 40/70 € – Karte 37/47 €

♦ Durch eine schöne Halle mit Glaskuppel betritt man das zeitlos-elegante Hotel, das auch hohen Ansprüchen gerecht wird. Ruhige Lage in hübschem Park. Großer Wellnessbereich. Belvedere im 4. Stock mit Meerblick. Freundlicher Service und internationale Karte.

Upstalsboom Hotel Ostseestrand
Eichenweg 4 ⊠ 17424
– ℰ (038378) 6 30 – ostseestrand@upstalsboom.de – Fax (038378) 63444
99 Zim ⊇ – †69/139 € ††98/218 € – ½ P 24 € – **Rest** – Karte 24/58 €

♦ Direkt an der autofreien Strandpromenade liegt dieses ansprechende Hotel, das Ihnen gediegen-wohnliche Zimmer und aufmerksamen Service bietet. Restaurant mit internationalem Angebot.

Maritim Hotel Kaiserhof
Strandpromenade ⊠ 17424 – ℰ (038378) 6 50
– info.her@maritim.de – Fax (038378) 65800
143 Zim ⊇ – †92/173 € ††109/237 € – ½ P 25 € – 5 Suiten
Rest – (nur Abendessen) Karte 28/36 €

♦ Ein modernes Hotel neben dem Rathaus mit zeitgemäß und freundlich eingerichteten Zimmern - die seeseitigen sind etwas geräumiger. Schön: der Kursaal. Zugang zum Kasino. Eine Lichtkuppel und viele Palmen zieren das Restaurant.

Strandhotel Ostseeblick
Kulmstr. 28 ⊠ 17424 – ℰ (038378) 5 40 – info@strandhotel-ostseeblick.de
– Fax (038378) 54299
61 Zim ⊇ – †90/110 € ††124/190 € – ½ P 28 € – 5 Suiten
Rest Bernstein – Karte 40/42 €
Rest Alt Heringsdorf – (Montag - Freitag nur Abendessen) Karte 20/29 €

♦ In diesem mit Engagement geleiteten Urlaubshotel überzeugen freundliche Gästezimmer in modernem Stil sowie ein eleganter Wellnessbereich mit Meerblick. Das Restaurant Bernstein bietet kreative internationale Gerichte mit originellen Namen.

Oasis (mit Gästehaus)
Puschkinstr. 10 ⊠ 17424 – ℰ (038378) 26 50 – info@villa-oasis.de
– Fax (038378) 26599
20 Zim ⊇ – †72/198 € ††98/198 € – ½ P 29 €
Rest Rossini – (nur Abendessen) Menü 29/58 € – Karte 32/65 €

♦ Eine elegante Atmosphäre begleitet Sie von der geschmackvoll in dunklem Holz gehaltenen Halle bis in die Gästezimmer dieser schmucken Gründerzeitvilla a. d. J. 1896. Rossini: klassisches Restaurant mit Parkett und Stuck. Internationale Küche.

USEDOM (INSEL)

Esplanade
Seestr. 5 ⊠ 17424 – ℰ (038378) 7 00 – esplanade@seetel.de – Fax (038378) 70400
48 Zim ⊇ – †58/95 € ††88/160 € – ½ P 23 € – **Rest** – *(nur Abendessen)* Karte 26/37 €
- Das hübsche schlossartige Hotel beherbergt geschmackvoll und gediegen eingerichtete hohe Räume. Mitbenutzung des großen Wellnessbereichs des Pommerschen Hofs. Stilvolles Mobiliar, Stuckdecke und Kronleuchter lassen das Restaurant klassisch-elegant wirken.

Strandhotel (mit Gästehaus)
Liehrstr. 10 ⊠ 17424 – ℰ (038378) 23 20 – info@strandhotel-heringsdorf.de – Fax (038378) 30025
72 Zim ⊇ – †72/127 € ††99/208 € – ½ P 27 € – **Rest** – Karte 31/42 €
- In dem neuzeitlichen Hotel direkt an der Promenade erwarten Sie eine stilvolle Lobby und wohnlich gestaltete Zimmer, teils mit Meerblick - großzügigere Zimmer im Gästehaus. Geschmackvolles holzgetäfeltes Restaurant mit internationalen und regionalen Speisen.

Pommerscher Hof   Biergarten
Seestr. 41 ⊠ 17424 – ℰ (038378) 6 10 – pommerscher-hof@seetel.de – Fax (038378) 61100
95 Zim ⊇ – †53/98 € ††84/140 € – ½ P 20 € – **Rest** – Karte 14/24 €
- Vor allem der schöne, im orientalischen Stil gehaltene Wellnessbereich Shehrazade auf 1200 qm macht das im Ortszentrum gelegene Hotel aus. Zweckmäßige, solide Zimmer. Als Wintergarten angelegtes Restaurant mit bürgerlich-internationalem Angebot.

Villa Augusta (mit Gästehaus)
Delbrückstr. 17 ⊠ 17424 – ℰ (038378) 4 71 60 – info@classicflairhotel.de – Fax (038378) 471649 – geschl. 14. Jan. - 8. Feb.
23 Zim ⊇ – †50/90 € ††80/170 € – ½ P 20 € – **Rest** – *(Okt. - April nur Abendessen)* Karte 14/43 €
- Die hübsche Villa an der Strandpromenade beherbergt wohnlich eingerichtete Gästezimmer, die teilweise über einen großen Balkon verfügen. Das Restaurant befindet sich in einem Pavillon im Garten.

Fortuna garni
Kulmstr. 8 ⊠ 17424 – ℰ (038378) 4 70 70 – hotel.fortuna@freenet.de – Fax (038378) 470743 – geschl. 1. - 30. Nov.
21 Zim ⊇ – †35/50 € ††52/100 €
- Die schöne Villa im Stil der Seebäderarchitektur stammt a. d. J. 1890 und wurde aufwändig restauriert. Ein familiär geleitetes Haus mit modernen, freundlichen Zimmern.

Käpt'n "N"
Seebrücke 1 ⊠ 17424 – ℰ (038378) 2 88 17 – info@seebruecke-heringsdorf.de – Fax (038378) 28819
Rest – *(nur Abendessen)* (Tischbestellung ratsam) Menü 70/84 € – Karte 32/58 €
Rest *Nauticus* – Karte 17/34 €
- Gediegenes Restaurant in einem verglasten Rundbau an der Spitze der Seebrücke. Schön ist die Aussicht auf das Meer und Heringsdorf. Geboten wird internationale Küche. Einfache bürgerliche Gerichte im Nauticus.

Kulm-Eck
Kulmstr. 17 ⊠ 17424 – ℰ (038378) 2 25 60 – info@kulm-eck.de
Rest – *(geschl. Jan., und April - Okt. Montag, nur Abendessen)* Menü 30/42 €
- Ein kleines, mit zahlreichen Fotos von Heringsdorf dekoriertes Restaurant in einem hübschen Haus aus dem 19. Jh. Kreative Küche, verfeinert mit Kräutern und Blüten.

KARLSHAGEN – 3 130 Ew – Erholungsort
- 🖪 Hauptstr. 36, ⊠ 17449, ℰ (038371) 2 07 58, touristinformation@karlshagen.de

Strandhotel
Strandpromenade 1 ⊠ 17449 – ℰ (038371) 26 90 – info@strandhotel-usedom.de – Fax (038371) 269199 – geschl. Nov. - Feb.
20 Zim ⊇ – †45/90 € ††60/120 € – ½ P 21 € – **Rest** – *(nur Abendessen)* Menü 31/37 € – Karte 24/42 €
- Die Lage am Strand sowie hübsche moderne Zimmer und Maisonetten mit schönen Bädern machen das familiengeführte kleine Hotel aus. Die nette Sauna im UG kann man privat buchen. Restaurant mit geschmackvollem neuzeitlichem Ambiente.

USEDOM (INSEL)
KORSWANDT – 540 Ew

Idyll am Wolgastsee
*Hauptstr. 9 ⊠ 17419 – ℰ (038378) 2 21 16 – info@idyll-am-wolgastsee.de
– Fax (038378) 22546*
19 Zim ⊇ – †45/70 € ††65/120 € – ½ P 18 € – **Rest** – Karte 15/24 €

♦ Das modernisierte, aus dem Jahre 1924 stammende Haus nahe dem Seeufer bietet sehr gepflegte, freundliche Gästezimmer, die teilweise zum See hin liegen. In der ländlich-rustikalen Stube und im Restaurant serviert man bürgerliche Küche.

KOSEROW – 1 730 Ew – Seebad

🛈 Hauptstr. 34, ⊠ 17459, ℰ (038375) 2 04 15

Nautic
*Triftweg 4 ⊠ 17459 – ℰ (038375) 25 50 – info@nautic-usedom.de
– Fax (038375) 25555*
41 Zim ⊇ – †45/69 € ††60/108 € – ½ P 16 € – 3 Suiten – **Rest** – Karte 16/22 €

♦ Das zentral gelegene Hotel verfügt über zeitgemäß eingerichtete Gästezimmer - auch Familienzimmer - und einen Konferenzbereich mit moderner Technik. Restaurant mit bürgerlichem Angebot.

LODDIN – 1 030 Ew – Seebad

In Loddin-Kölpinsee Nord-Ost : 2 km :

🛈 Strandstr. 23, ⊠ 17459, ℰ (038375) 2 06 12

Strandhotel Seerose (mit Gästehaus)
*Strandstr. 1 ⊠ 17459 – ℰ (038375) 5 40 – info@
strandhotel-seerose.de – Fax (038375) 54199*
112 Zim ⊇ – †43/82 € ††67/164 € – ½ P 19 € – 3 Suiten – **Rest** – Menü 19/26 €
– Karte 17/34 €

♦ Das Hotel befindet sich in unmittelbarer Strandnähe und ist vom Küstenwald umgeben. Den Gast erwarten neuzeitlich eingerichtete Zimmer, die teilweise Meerblick bieten. Helles, freundliches Restaurant zur Seeseite.

NEPPERMIN – 1 020 Ew

In Neppermin-Balm Nord-West : 2,5 km :

Balmer See
⇐ Balmer See,
*Drewinscher Weg 1 ⊠ 17429 – ℰ (038379) 2 80
– info@golfhotel-usedom.de – Fax (038379) 28222*
89 Zim ⊇ – †77/112 € ††94/164 € – ½ P 24 € – 8 Suiten – **Rest** – Menü 28/39 €
– Karte 30/43 €

♦ Fünf reetgedeckte Häuser bilden dieses schöne Anwesen am Golfplatz. Wohnlich-gediegene Zimmer und ein großer Sport- und Wellnessbereich mit Tai-Chi-Schule im Asia-Pavillon. Klassisch-modern gehaltenes Restaurant mit internationaler Küche.

TRASSENHEIDE – 950 Ew – Seebad

🛈 Strandstr. 36, ⊠ 17449, ℰ (038371) 2 09 28

Kaliebe
Zeltplatzstr. 5 ⊠ 17449 – ℰ (038371) 5 20 – info@kaliebe.de – Fax (038371) 52299
35 Zim ⊇ – †45/70 € ††60/90 € – ½ P 15 € – **Rest** – Karte 14/30 €

♦ Ein von der Familie gut geführtes Hotel mit modernen Zimmern in klaren Linien und warmen Farben. Zum Strand hin liegen mehrere Blockhäuser - eines davon als Sauna genutzt. Bürgerliches Restaurant mit Wintergarten. Selbst geräucherter Fisch.

ZINNOWITZ – 3 730 Ew – Seebad

🛈 Neue Strandstr. 30, ⊠ 17454, ℰ (038377) 49 20

Zinnowitz Palace-Hotel
Rest, Rest,
*Dünenstr. 8 ⊠ 17454 – ℰ (038377) 39 60
– empfang@usedom-palace.de – Fax (038377) 39699*
43 Zim ⊇ – †80/130 € ††110/240 € – ½ P 35 € – **Rest** – Karte 32/54 €

♦ Das schmucke Hotel im Stil der Bäderarchitektur besticht durch elegante Zimmer und einen hübschen Badebereich. Schön ist auch die Lage an der Uferpromade. Admiral-Suite. Im Restaurant bietet man internationale Küche.

USEDOM (INSEL)

Strandhotel
Dünenstr. 11 ⊠ 17454 – ℰ (038377) 3 80 00 – strandhotel-zinnowitz@travelcharme.com – Fax (038377) 38555 – geschl. 1. Jan. - 14. März, 16. Nov. - 31. Dez.
75 Zim 立 – †71/169 € ††98/195 € – ½ P 21 € – **Rest** – Karte 21/41 €
♦ Schon von weitem fallen die beiden Türme des zentral gelegenen Hotels ins Auge. Die Zimmer gefallen mit freundlicher, neuzeitlich-wohnlicher Einrichtung. Leicht mediterran gestaltetes Restaurant mit internationaler Karte.

Parkhotel Am Glienberg
Waldstr. 13 ⊠ 17454 – ℰ (038377) 7 20 – info@parkhotel-am-glienberg.de – Fax (038377) 72434
38 Zim 立 – †81/155 € ††118/208 € – ½ P 22 € – **Rest** – (nur Abendessen) Karte 23/37 €
♦ Das ruhig am Waldrand gelegene Hotel bietet wohnliche Gästezimmer - einige sind großzügiger geschnitten und mit neuzeitlichem Stilmobiliar ausgestattet.

USINGEN – Hessen – 543 – 13 500 Ew – Höhe 292 m   37 **F14**
▶ Berlin 521 – Wiesbaden 62 – Frankfurt am Main 32 – Gießen 38

In Usingen-Kransberg Nord-Ost : 5 km über B 275 :

Herrnmühle
Herrnmühle 1 ⊠ 61250 – ℰ (06081) 6 64 79 – post@herrnmuehle.de – Fax (06081) 66442 – geschl. Montag - Donnerstag
Rest – (nur Abendessen) Menü 36/43 € – Karte 31/44 €
♦ In der ehemaligen Mühle hat man ein nettes Restaurant eingerichtet. Warme Farben, gepflegtes Dekor und blanke runde Tische sind prägende Elemente.

USLAR – Niedersachsen – 541 – 16 040 Ew – Höhe 178 m – Erholungsort   29 **H10**
▶ Berlin 352 – Hannover 133 – Kassel 60 – Göttingen 39
🛈 Mühlentor 1, ⊠ 37170, ℰ (05571) 9 22 40, touristikuslar@aol.com

Menzhausen
Mauerstr. 2 ⊠ 37170 – ℰ (05571) 9 22 30 – info@hotel-menzhausen.de – Fax (05571) 922330
39 Zim 立 – †60/100 € ††85/120 € – ½ P 20 € – **Rest** – Karte 25/46 €
♦ Blickfang ist eine mit Schnitzarbeiten reich verzierte Fachwerkfassade a. d. 16. Jh. Im historischen Teil bietet man Märchenzimmer, großzügiger sind die Zimmer im Anbau. Restaurant mit internationaler und bürgerlicher Küche. Netter Innenhof.

In Uslar-Volpriehausen Ost : 8 km über B 247 :

Landhotel am Rothenberg (mit Gästehäusern)
Rothenbergstr. 4 ⊠ 37170 – ℰ (05573) 95 90 – info@am-rothenberg.de – Fax (05573) 959100 – geschl. 20. Dez. - 20. Jan.
78 Zim 立 – †60/90 € ††80/120 € – 5 Suiten – **Rest** – (geschl. Sonntagabend) Karte 19/28 €
♦ Familiengeführtes Hotel mit Zimmern von praktisch-schlicht im Haupthaus bis neuzeitlich-komfortabel in den Gästehäusern. Südländische Pflanzen zieren im Sommer die Anlage. Im Stammhaus befindet sich das Restaurant mit internationalem Angebot.

UTTING AM AMMERSEE – Bayern – 546 – 3 950 Ew – Höhe 554 m   65 **K20**
▶ Berlin 625 – München 47 – Augsburg 61 – Landsberg am Lech 24

Wittelsbacher Hof
Bahnhofsplatz 6 ⊠ 86919 – ℰ (08806) 9 20 40 – info@hotel-wittelsbacher-hof.de – Fax (08806) 2799 – geschl. Jan.
20 Zim 立 – †60/90 € ††76/130 € – ½ P 13 € – **Rest** – (geschl. Mittwoch, nur Abendessen) Karte 13/24 €
♦ Ein sehr gepflegtes familiengeführtes Haus am Ortsrand mit solide ausgestatteten Gästezimmern, die teilweise über einen Balkon verfügen. Rustikale Gaststube.

1313

UTTING AM AMMERSEE
In Utting-Holzhausen

Landhaus Sonnenhof (mit Gästehaus)
Ammerseestr. 1 ⊠ 86919 – ℰ (08806) 9 23 30
– info@sonnenhof-hotel.de – Fax (08806) 2789
56 Zim ⊑ – †80/100 € ††100/170 € – ½ P 25 € – 12 Suiten
Rest – Karte 22/35 €
♦ Das Hotel liegt nur wenige Gehminuten vom Ammersee entfernt und bietet wohnliche Zimmer und besonders komfortable Suiten/Appartements im Gästehaus. Zwei Zimmer mit Wasserbett. Verschiedene Restaurantstuben im alpenländischen Stil.

VACHDORF – Thüringen – **544** – 850 Ew – Höhe 320 m   40 **J13**
▶ Berlin 389 – Erfurt 96 – Coburg 49 – Fulda 75

Öko Markt Werratal
Riethweg 239 (an der B 89) ⊠ 98617 – ℰ (036949) 29 70 – oekomarkt.vachdorf@gmx.de – Fax (036949) 29721
34 Zim – †36 € ††61/86 €, ⊑ 7 € – **Rest** – (Montag - Mittwoch nur Abendessen)
Menü 18 € – Karte 15/25 €
♦ Eine gelungene Kombination von Hotel, Restaurant und Öko-Einkaufsmarkt. Ihr wohnlich eingerichtetes Domizil ist umgeben von landwirtschaftlich genutzten Flächen. Helles Holz und ein Kachelofen machen das Restaurant behaglich, Sudpfannen zieren die Bierstube.

VAIHINGEN AN DER ENZ – Baden-Württemberg – **545** – 28 690 Ew – Höhe 217 m   55 **G18**
▶ Berlin 633 – Stuttgart 28 – Heilbronn 54 – Karlsruhe 56

In Vaihingen-Horrheim Nord-Ost : 7 km Richtung Heilbronn :

Lamm
Klosterbergstr. 45 ⊠ 71665 – ℰ (07042) 8 32 20 – info@hotel-lamm-horrheim.de – Fax (07042) 832250 – geschl. 2. - 6. Jan.
23 Zim ⊑ – †57/65 € ††79/88 € – **Rest** – Menü 25/50 € – Karte 25/40 €
♦ Hier finden Sie ein sympathisches Haus, in dem Tradition und Moderne harmonisch vereint sind: Auf den historischen Grundmauern wurde 1994 ein neuer Gasthof errichtet. Regionale Küche mit feinen Akzenten.

In Vaihingen-Rosswag West : 4 km über B 10 Richtung Pforzheim :

Gasthof zum Lamm
Rathausstr. 4 ⊠ 71665 – ℰ (07042) 2 14 13 – info@lamm-rosswag.de – Fax (07042) 26189 – geschl. Jan. 2 Wochen, Aug. 3 Wochen
13 Zim ⊑ – †45/50 € ††65/85 € – **Rest** – (geschl. Montag - Dienstag) Menü 28 €
– Karte 22/44 €
♦ Eine nette ländliche Adresse ist der von der Inhaberfamilie geführte kleine Gasthof mit seinen in rustikalem Stil eingerichteten Zimmern. In dem Restaurant mit bürgerlichem Charakter bietet man eine sehr schmackhafte, regional ausgelegte Küche.

VALLENDAR – Rheinland-Pfalz – **543** – 9 060 Ew – Höhe 99 m – Kneipp- und Luftkurort   36 **D14**
▶ Berlin 593 – Mainz 113 – Koblenz 9 – Bonn 61
🛈 Rathausplatz 5 (im historischen Bürgerhaus), ⊠ 56179, ℰ (0261) 6 67 57 80, info@vallendar-rhein.de

Die Traube
Rathausplatz 12 ⊠ 56179 – ℰ (0261) 6 11 62 – dietraube@t-online.de – Fax (0261) 6799408 – geschl. 23. Dez. - 9. Jan., über Karneval, 27. Juli - 13. Aug. und Sonntag - Montag
Rest – (Tischbestellung ratsam) Menü 41 € – Karte 27/49 €
♦ Sehr gemütlich ist das charmant-rustikale Fachwerkhaus von 1674. Von der Terrasse blicken Sie aufs Glockenspiel an der ehemaligen Scheune. Regionale und internationale Küche.

1314

VAREL – Niedersachsen – **541** – 25 130 Ew – Höhe 9 m 8 **E5**
▶ Berlin 461 – Hannover 204 – Bremen 75 – Wilhelmshaven 25

Schienfatt
Neumarktplatz 3 ⊠ 26316 – ℰ (04451) 47 61 – Fax (04451) 956849
– geschl. Anfang Jan. 2 Wochen, Aug. 2 Wochen
Rest – (nur Abendessen) (Tischbestellung ratsam) Karte 27/46 €
♦ Gemütlich ist dieses 400 Jahre alte Haus. Man bietet überwiegend Fisch - vom Chef zubereitet, von der Chefin serviert. Eine Besonderheit ist die historische Bildersammlung.

In Varel-Dangast Nord-West : 7 km – Nordseebad:

Graf Bentinck
Dauenser Str. 7 ⊠ 26316 – ℰ (04451) 13 90 – info@bentinck.de
– Fax (04451) 139222
42 Zim ⊇ – †77/90 € ††110/130 € – ½ P 20 € – **Rest** – (nur Abendessen) Karte 19/29 €
♦ Das reetgedeckte Haus mit backsteinroter Fassade und Sprossenfenstern ist mit seinen geräumigen, wohnlichen Zimmern für Tagungen und Urlauber gleichermaßen geeignet. Restaurant im friesischen Stil.

VATERSTETTEN – Bayern – **546** – 21 060 Ew – Höhe 528 m 66 **M20**
▶ Berlin 596 – München 21 – Landshut 76 – Passau 160

In Vaterstetten-Neufarn Nord-Ost : 10 km über B 304 Richtung Ebersberg und Markt Schwaben, in Purfing links ab:

Gutsgasthof Stangl (mit Gasthof)
Münchener Str. 1 ⊠ 85646 – ℰ (089) 90 50 10 – info@hotel-stangl.de
– Fax (089) 90501363
56 Zim ⊇ – †60/150 € ††99/220 € – **Rest** – Menü 25 € – Karte 18/40 €
♦ Eine hübsche Hotelhalle mit Empore sowie unterschiedliche Zimmer - Jugendstil, modern oder rustikal - erwarten Sie in dem ehemaligen Gutshof mit angeschlossenem Gasthof. Gemütliche Restaurantstuben und netter Biergarten unter Kastanien. Café im Wintergarten.

Landhotel Anderschitz garni
Münchener Str. 13 ⊠ 85646 – ℰ (089) 9 27 94 90 – info@hotel-anderschitz.de
– Fax (089) 92794917 – geschl. 22. Dez. - 2. Jan.
27 Zim ⊇ – †52/100 € ††78/140 €
♦ Das familiär geleitete Landhotel bietet Ihnen solide Gästezimmer und ein gutes Frühstück in gemütlichen holzvertäfelten Stuben.

VECHTA – Niedersachsen – **541** – 29 340 Ew – Höhe 32 m 17 **F7**
▶ Berlin 412 – Hannover 124 – Bremen 69 – Oldenburg 49
Welpe 2, ℰ (04441) 8 21 68

Schäfers
Große Str. 115 ⊠ 49377 – ℰ (04441) 9 28 30 – info@schaefers-hotel.de
– Fax (04441) 928330
17 Zim ⊇ – †54/56 € ††72/74 € – **Rest** – (geschl. Montag, Dienstag - Samstag nur Abendessen) Menü 19 € – Karte 17/34 €
♦ Dieses von der Besitzerfamilie geführte kleine Haus in der Innenstadt bietet Ihnen einfache und sehr gepflegte Zimmer zu einem guten Preis-Leistungs-Verhältnis. Unterteiltes Restaurant mit bürgerlicher Küche.

VEITSHÖCHHEIM – Bayern – **546** – 10 190 Ew – Höhe 170 m 49 **I15**
▶ Berlin 506 – München 287 – Würzburg 11 – Karlstadt 17
Erwin-Vornberger-Platz (Rathaus), ⊠ 97209, ℰ (0931) 9 80 27 40, info@wuerzburgerland.de
◉ Rokoko-Hofgarten★

1315

VEITSHÖCHHEIM

Weisses Lamm (mit Gästehaus)
Kirchstr. 24 ⊠ *97209 – ℘ (0931) 9 80 23 00 – info@hotel-weisses-lamm.de*
– Fax (0931) 4045025
54 Zim ⊑ – †59/65 € ††87/95 €
Rest – Menü 39 € – Karte 20/34 €
Rest *escaVinum* – Karte 16/37 €

♦ Das Hotel mit den funktionellen Zimmern ist ein modernisiertes denkmalgeschütztes Gasthaus von 1787, das um ein weiteres Gebäude ergänzt wurde. Fränkisch-elegante Restauranträume mit regionalem Angebot. Im escaVinum: modernes Design und internationale Küche.

Müller garni
Thüngersheimerstr. 8 ⊠ *97209 – ℘ (0931) 98 06 00 – hotel-cafe-mueller@t-online.de – Fax (0931) 9806042 – geschl. 22. Dez. - 5. Jan.*
21 Zim ⊑ – †65/70 € ††90/99 €

♦ In dem verkehrsberuhigt gelegenen Familienbetrieb erwarten Sie zeitgemäß möblierte Gästezimmer mit gut ausgestatteten Bädern. Café.

Am Main garni
Untere Maingasse 35 ⊠ *97209 – ℘ (0931) 9 80 40 – info@hotel-am-main.de*
– Fax (0931) 9804121 – geschl. 24. Dez. - 6. Jan.
34 Zim ⊑ – †62/65 € ††90/95 €

♦ Annehmlichkeiten dieses hübschen Hauses am Main sind u. a. ein moderner Aufenthaltsbereich mit zwei PCs und kleiner Bibliothek, helle Frühstücksräume sowie ein netter Garten.

Spundloch
Kirchstr. 19 ⊠ *97209 – ℘ (0931) 90 08 40 – info@spundloch.com*
– Fax (0931) 9008420
9 Zim ⊑ – †59/65 € ††85/89 € – **Rest** – Karte 15/36 €

♦ In dem kleinen Fachwerkhaus bietet man seinen Gästen gemütlich-wohnliche Zimmer (darunter ein Hochzeitszimmer mit Himmelbett) sowie Massagen und Entspannungsbehandlungen. Urig-rustikales Resaurant mit überwiegend regionaler Küche.

VELBERT – Nordrhein-Westfalen – 543 – 88 540 Ew – Höhe 245 m   26 C11
▶ Berlin 544 – Düsseldorf 41 – Essen 16 – Wuppertal 19
🛈 Velbert, Kuhlendahler Str. 283 ℘ (02053) 92 32 90

In Velbert-Neviges Süd-Ost : 4 km über B 224, Abfahrt Velbert-Tönisheide :

Haus Stemberg
Kuhlendahler Str. 295 ⊠ *42553 – ℘ 56 49 – Fax (02053) 40785*
– geschl. 5. - 20. März, Juli - Aug. 3 Wochen und Donnerstag - Freitag, Dez. Donnerstag - Freitagmittag
Rest – (Tischbestellung ratsam) Menü 23/55 € – Karte 27/49 €

♦ Das im Jahre 1864 erbaute Haus beherbergt heute ein Restaurant mit gediegenem Ambiente und sorgfältig zubereiteter regionaler und internationaler Küche.

VELBURG – Bayern – 546 – 5 290 Ew – Höhe 492 m   58 M17
▶ Berlin 474 – München 144 – Regensburg 58 – Nürnberg 60

In Velburg-Lengenfeld West : 3 km, jenseits der Autobahn :

Winkler Bräustüberl   Biergarten
St.-Martin-Str. 6 ⊠ *92355 – ℘ (09182) 1 70 – info@winkler-braeu.de*
– Fax (09182) 17110
57 Zim ⊑ – †65/82 € ††87/105 € – **Rest** – Karte 14/33 €

♦ Ländlicher Charme und Wohnlichkeit prägen den Charakter dieses Landgasthofs mit zeitgemäßem Hotelanbau. Besonders hübsch sind die Komfortzimmer. Das Restaurant ist eine bürgerliche Brauerei-Gaststätte mit dunkler Täfelung und Holzdecke.

VELEN – Nordrhein-Westfalen – 543 – 12 990 Ew – Höhe 55 m   26 C10
▶ Berlin 525 – Düsseldorf 90 – Bocholt 30 – Enschede 54
🛈 Ramsdorfer Str. 19, ⊠ 46342, ℘ (02863) 92 62 19,
verkehrsverein@velen.de

1316

VELEN

Sportschloss Velen   Biergarten
Schlossplatz 1 ⊠ 46342 – ℰ (02863)
20 30 – info@sportsschlossvelen.de – Fax (02863) 203788
101 Zim ⊡ – †69/149 € ††139/209 € – 7 Suiten
Rest – (geschl. Sonntag) Karte 31/45 €
Rest *Orangerie-Keller* – (geschl. Montag, nur Abendessen) Menü 25 €
(nur Buffet)
♦ Ein wunderschönes Anwesen ist das herrschaftliche Wasserschloss mit diversen Nebengebäuden und dem hübsch angelegten Tierpark. Besonders geschmackvoll: die Schlosszimmer. Klassisch-elegant ist das Ambiente im Restaurant. Orangerie-Keller mit Backsteingewölbe.

VERDEN (ALLER) – Niedersachsen – 541 – 26 800 Ew – Höhe 20 m   18 H7
▶ Berlin 354 – Hannover 95 – Bremen 43 – Rotenburg (Wümme) 25
🛈 Große Str. 40, ⊠ 27283, ℰ (04231) 1 23 45, touristik@verden.de
🏌 Verden-Walle, Holtumer Str. 24 ℰ (04230) 14 70

Höltje
Obere Str. 13 ⊠ 27283 – ℰ (04231) 89 20 – hotel.hoeltje@t-online.de
– Fax (04231) 892111
60 Zim ⊡ – †81/114 € ††119/141 € – **Rest** – Karte 22/32 €
♦ Die Gastfreundschaft der Besitzerfamilie und das zeitlos elegante Ambiente werden Sie erfreuen. Die komfortablen Zimmer sind mit viel Fingerspitzengefühl ausgestattet worden. Dunkles Holz und antike Möbelstücke geben dem Restaurant seinen rustikalen Charakter.

Parkhotel Grüner Jäger
Bremer Str. 48 (B 215) ⊠ 27283 – ℰ (04231) 76 50 – info@parkhotel-verden.de
– Fax (04231) 76545
41 Zim ⊡ – †58/70 € ††89/105 € – **Rest** – Karte 16/37 €
♦ An der Durchgangsstraße liegt dieses gepflegte Hotel, das über zeitgemäß und solide mit hellen Kirschholzmöbeln eingerichtete Zimmer verfügt. Sie speisen in der rustikalen Jägerstube oder im eleganteren Restaurant.

Haag's Hotel Niedersachsenhof
Lindhooper Str. 97 ⊠ 27283 – ℰ (04231) 66 60
– reception@niedersachsenhof-verden.de – Fax (04231) 64875
82 Zim ⊡ – †59/75 € ††87/103 € – **Rest** – Menü 24 € – Karte 18/34 €
♦ Besonders Tagungsgäste schätzen das großzügig angelegte Hotel im Fachwerkstil. Es liegt inmitten einer traumhaften Landschaft und wird vom Inhaber persönlich geführt. Mit dunklem Holz ausgestattetes Restaurant - im Sommer ergänzt durch eine nette Terrasse.

Pades Restaurant
Grüne Str. 15 ⊠ 27283 – ℰ (04231) 30 60 – kontakt@pades.de
– Fax (04231) 81043
Rest – (geschl. 1. - 14. Jan., Juli - Aug. 3 Wochen und Sonntag - Montag, nur Abendessen) (Tischbestellung ratsam) Menü 36/59 € – Karte 41/54 €
Rest *Bistro* – (auch Mittagessen) Menü 20/30 € – Karte 23/34 €
Spez. Confiertes Angeldorschfilet mit Ragout von Cocobohnen und Grill-Paprika. Cordon bleu vom Milchkalbsrücken mit sizilianischem Spinat und Kapernäpfeln. Schulter vom Iberico-Schwein mit Kichererbsengemüse.
♦ Das geschmackvoll im Art-déco-Stil gehaltene Restaurant bietet ein täglich wechselndes Menü - marktorientiert und aus frischen Produkten zubereitet. Reizvolle Gartenterrasse. Kleinigkeiten und gute internationale Küche in der legeren Atmosphäre des Bistros.

In Verden-Walle Nord : 5 km über B 215, jenseits der A 27 :

Quellengrund garni
Waller Heerstr. 73 (B 215) ⊠ 27283 – ℰ (04230) 9 30 20 – info@hotel-verden.de
– Fax (04230) 930233
17 Zim ⊡ – †45/55 € ††65/85 €
♦ Umgeben von einem hübschen Garten mit üppigen Rhododendronbüschen, verbergen sich hinter der Klinkerfassade gut und solide eingerichtete Gästezimmer.

1317

VERL – Nordrhein-Westfalen – **543** – 24 000 Ew – Höhe 92 m 27 **F10**
▶ Berlin 413 – Düsseldorf 152 – Bielefeld 19 – Gütersloh 11

Landhotel Altdeutsche Biergarten
Sender Str. 23 ⌂ 33415 – ℰ (05246) 96 60 – info@altdeutsche.de
– Fax (05246) 966299
45 Zim ⌂ – †76/97 € ††118/128 € – **Rest** – Menü 24/52 € – Karte 20/45 €
♦ Das Hotel liegt in einer verkehrsberuhigten Zone und verfügt über neuzeitliche und wohnliche, teils leicht elegant eingerichtete Gästezimmer. Eine altdeutsche Stube ergänzt das gediegene Restaurant.

Papenbreer garni
Gütersloher Str. 82 ⌂ 33415 – ℰ (05246) 9 20 40 – kontakt@hotel-papenbreer.de
– Fax (05246) 920420
18 Zim – †48/53 € ††74/79 €
♦ Ein von der Inhaberfamilie geführtes kleines Hotel mit freundlich und funktionell gestalteten Zimmern. Das Gästehaus bietet etwas ruhigere Zimmer.

Bürmann's Hof
Kirchplatz 5 ⌂ 33415 – ℰ (05246) 93 34 16 – restaurant@buermannshof-nr1.de
– Fax (05246) 933418 – geschl. Ende Juni - Anfang Juli 2 Wochen und Montag
Rest – (Dienstag - Samstag nur Abendessen) Menü 38/52 € – Karte 36/51 €
♦ Das in der Ortsmitte bei der Kirche gelegene Klinker-Fachwerkhaus beherbergt ein rustikales Restaurant auf zwei Ebenen mit internationalem Angebot.

VERSMOLD – Nordrhein-Westfalen – **543** – 20 910 Ew – Höhe 70 m 27 **E9**
▶ Berlin 415 – Düsseldorf 165 – Bielefeld 33 – Münster (Westfalen) 44
Versmold-Peckeloh, Schultenallee 1 ℰ (05423) 4 28 72

Altstadthotel
Wiesenstr. 4 ⌂ 33775 – ℰ (05423) 95 20 – info@altstadthotel-versmold.de
– Fax (05423) 43149
40 Zim ⌂ – †70/75 € ††91/98 €
Rest – Karte 16/32 €
Rest *Tenne* – (nur Abendessen) Karte 15/26 €
♦ Mit modernen Pinienmöbeln hat man die Gästezimmer in diesem in einer verkehrsberuhigten Zone in der Ortsmitte gelegenen Hotel wohnlich eingerichtet. Ein Wintergarten und eine lauschige Terrasse ergänzen das Restaurant.

VETTELSCHOSS – Rheinland-Pfalz – **543** – 3 440 Ew – Höhe 280 m 36 **D13**
▶ Berlin 620 – Mainz 130 – Bonn 33 – Bad Honnef 17

In Vettelschoss-Kalenborn West : 1 km :

Nattermann's mit Zim
Bahnhofstr. 12 ⌂ 53560 – ℰ (02645) 9 73 10 – jonattermann@t-online.de
– Fax (02645) 973124
12 Zim ⌂ – †45/55 € ††68/85 €
Rest – (geschl. Montag) Karte 18/41 €
Rest *Tafelstube* – (geschl. Montag) (abends Tischbestellung ratsam)
Menü 38/45 € – Karte 37/51 €
♦ Der von Familie Nattermann geführte gewachsene Gasthof beherbergt ein Restaurant mit regionalem und internationalem Angebot. Lauschige Terrasse. Elegant und angenehm hell ist die Tafelstube. Neuzeitliche Zimmer im Gästehaus.

VIECHTACH – Bayern – **546** – 8 640 Ew – Höhe 435 m – Wintersport : 8
– Luftkurort 59 **O17**
▶ Berlin 507 – München 174 – Passau 81 – Cham 27
Stadtplatz 1, ⌂ 94234, ℰ (09942) 16 61, tourist-info@viechtach.de

Schmaus Rest,
Stadtplatz 5 ⌂ 94234 – ℰ (09942) 9 41 60 – info@hotel-schmaus.de
– Fax (09942) 941630 – geschl. 21. - 24. Dez., 7. - 27. Jan.
41 Zim ⌂ – †58/66 € ††80/102 € – ½ P 18 € – **Rest** – Menü 38 € - Karte 17/48 €
♦ Das im Ortskern gelegene traditionsreiche Gasthaus der Familie Schmaus ist heute ein mit zeitgemäßen Zimmern ausgestattetes Hotel. Gepflegte Restaurantstuben in bürgerlichem Stil.

VIECHTACH

In Viechtach-Neunussberg Nord-Ost : 10 km in Richtung Lam, in Wiesing rechts :

Burghotel Sterr
Neunußberg 35 ⌫ 94234 – ℰ (09942) 80 50 – info@burghotel-sterr.de
– Fax (09942) 805200 – geschl. 14. - 20. Dez.
31 Zim (inkl. ½ P.) – †77 € ††154/162 € – 5 Suiten – **Rest** – (nur Abendessen für Hausgäste)
♦ Die ruhige Lage sowie hübsch und wohnlich mit solidem Naturholzmobiliar eingerichteten Gästezimmer sprechen für dieses von der Inhaberfamilie geleitete Haus. Restaurant in ländlichem Stil.

VIERNHEIM – Hessen – 543 – 32 620 Ew – Höhe 101 m   47 **F16**

▶ Berlin 608 – Wiesbaden 82 – Mannheim 11 – Darmstadt 47
🛈 Viernheim, Alte Mannheimer Str. 3 ℰ (06204) 6 07 00
🛈 Heddesheim, Gut Neuzenhof ℰ (06204) 9 76 90

Siehe Mannheim-Ludwigshafen (Umgebungsplan)

Central-Hotel am Königshof garni
Hölderlinstr. 2 ⌫ 68519 – ℰ (06204) 9 64 20
– info@central-hotel-viernheim.de – Fax (06204) 964299   DU **n**
36 Zim ⌑ – †85 € ††95 € – 9 Suiten
♦ Das verkehrsgünstig und dennoch relativ ruhig in einem Wohngebiet gelegene Hotel verfügt über recht unterschiedlich eingerichtete, wohnliche, teils elegante Zimmer.

Am Kapellenberg garni
Mannheimer Str. 59 ⌫ 68519 – ℰ (06204) 77 07 70 – info@
hotelamkapellenberg.de – Fax (06204) 7707710 – geschl. 21. Dez. - 6. Jan.   DU **e**
18 Zim ⌑ – †49 € ††70 €
♦ Das familiengeführte kleine Hotel ist eine einfache, aber gepflegte Übernachtungsadresse. Das Frühstück können Sie im Sommer auf der Terrasse einnehmen.

In Viernheim-Neuzenlache über die A 659, Ausfahrt Viernheim-Ost :

Pfeffer & Salz
Neuzenlache 10 ⌫ 68519 – ℰ (06204) 7 70 33 – restaurant@pfeffersalz.de
– Fax (06204) 77035 – geschl. 1. - 15. Jan. und Sonntag - Montag, im Dez.
Samstagmittag, Sonntag
Rest – (Jan. - Nov. nur Abendessen) (Tischbestellung ratsam) Menü 30/68 €
– Karte 30/68 €
♦ Ein rustikales Restaurant mit gut eingedeckten Tischen und elegantem Touch - schön in einem Garten mit Springbrunnen gelegen.

VIERSEN – Nordrhein-Westfalen – 543 – 76 610 Ew – Höhe 40 m   25 **B11**

▶ Berlin 592 – Düsseldorf 34 – Krefeld 20 – Mönchengladbach 10

In Viersen-Süchteln Nord-West : 4,5 km über A 61, Abfahrt Süchteln :

Alte Villa Ling - Josefine mit Zim
Hindenburgstr. 34 ⌫ 41749 – ℰ (02162) 97 01 50 – info@alte-villa-ling.de
– Fax (02162) 9701510
7 Zim ⌑ – †85 € ††110/130 €
Rest – (geschl. Juli 2 Wochen und Montag - Dienstag, nur Abendessen)
Menü 50/85 € – Karte 48/63 €
Rest Gaststube – (geschl. Montagmittag, Samstagmittag) Karte 30/50 €
♦ Internationale Küche serviert man in der Jugendstilvilla von 1899. Parkettfußboden, hohe Wände und gutes Gedeck unterstreichen das klassisch-elegante Ambiente. Rustikale Gaststube mit Wintergarten.

Gute Küche zu günstigem Preis? Folgen Sie dem „Bib Gourmand".
– Das freundliche Michelin-Männchen heisst „Bib"
und steht für ein besonders gutes Preis-Leistungs-Verhältnis!

VILBEL, BAD – Hessen – **543** – 30 510 Ew – Höhe 109 m – Heilbad 47 **F14**
- Berlin 540 – Wiesbaden 48 – Frankfurt am Main 10 – Gießen 55
- Bad Vilbel-Dortelweil, Lindenhof ℰ (06101) 5 24 52 00

City Hotel
Alte Frankfurter Str. 13 (Siedlung Heilsberg) ⊠ 61118 – ℰ (06101) 58 80 – info@cityhotel-badvilbel.de – Fax (06101) 588488
92 Zim ⊃ – †107 € ††127 € – ½ P 16 € – **Rest** – Karte 19/38 €
♦ Mit seiner guten Verkehrsanbindung und der zeitgemäßen, funktionellen Ausstattung ist das Hotel vor den Toren Frankfurts auch für Business- und Tagungsgäste geeignet. Kleines, mediterran gestaltetes Restaurant Toscana mit bürgerlich-internationaler Karte.

Am Kurpark garni
Parkstr. 20 ⊠ 61118 – ℰ (06101) 60 07 00 – info@kurpark.de
– Fax (06101) 600707 – geschl. 21. Dez. - 6. Jan.
33 Zim ⊃ – †63/91 € ††85/115 €
♦ Die recht ruhige Lage inmitten des Kurgebiets sowie freundliche, zeitgemäß eingerichtete Zimmer zählen zu den Vorzügen dieses kleinen Hotels.

In Niederdorfelden Nord-Ost : 4,5 km über Gronau :

Schott garni
Hainstr. 19 ⊠ 61138 – ℰ (06101) 53 66 60 – kontakt@hotel-schott.de
– Fax (06101) 5366677 – geschl. 24. Dez. - 6. Jan., 20. - 30. März
10 Zim ⊃ – †50 € ††75 €
♦ Ein persönlicher Pensionscharakter erwartet Sie in dem kleinen Hotel der Familie Schott. Solide möblierte, sehr gepflegte Gästezimmer stehen zum Einzug bereit.

> Wie entscheidet man sich zwischen zwei gleichwertigen Adressen?
> In jeder Kategorie sind die Häuser nochmals geordnet,
> die besten Adressen stehen an erster Stelle.

VILLINGENDORF – Baden-Württemberg – **545** – 3 200 Ew – Höhe 621 m
- Berlin 725 – Stuttgart 89 – Konstanz 92 – Rottweil 6 62 **F20**

Kreuz
Hauptstr. 8 ⊠ 78667 – ℰ (0741) 3 40 57 – info@kreuz-villingendorf.de
– Fax (0741) 347217 – geschl. Jan. 1 Woche, Aug. 3 Wochen
8 Zim ⊃ – †39/44 € ††68/75 € – **Rest** – (geschl. Mittwoch - Donnerstagmittag)
Karte 17/38 €
♦ Seit 1824 leitet die Wirtsfamilie Schanz diesen gepflegten Betrieb. Wohnliche, mit ländlichem Weichholzmobiliar eingerichtete Zimmer stehen bereit. Gutbürgerliches Restaurant.

Linde
Rottweiler Str. 3 ⊠ 78667 – ℰ (0741) 3 18 43 – linde-villingendorf@t-online.de
– Fax (0741) 34181 – geschl. 13. - 19. Mai, 13. - 19. Aug. und Montag - Dienstag
Rest – Menü 30 € – Karte 27/50 €
♦ Das Restaurant ist eine gut geführte, bürgerlich-ländliche Adresse. An gut eingedeckten Tischen serviert man eine regional und klassisch ausgelegte Küche.

VILLINGEN-SCHWENNINGEN – Baden-Württemberg – **545** – 81 780 Ew – Höhe 704 m 62 **F20**
- Berlin 734 – Stuttgart 115 – Freiburg im Breisgau 77 – Konstanz 90
- **ADAC** Kaiserring 1 (Villingen)
- ℹ Rietgasse 2 (Villingen), ⊠ 78050, ℰ (07721) 82 23 40,
  tourist-info@villingen-schwenningen.de
- ℹ Erzbergerstr. 20, im Bahnhof (Schwenningen), ⊠ 78054,
  ℰ (07720) 82 12 08
- **Veranstaltungen** 17.05. - 25.05. : Südwest-Messe

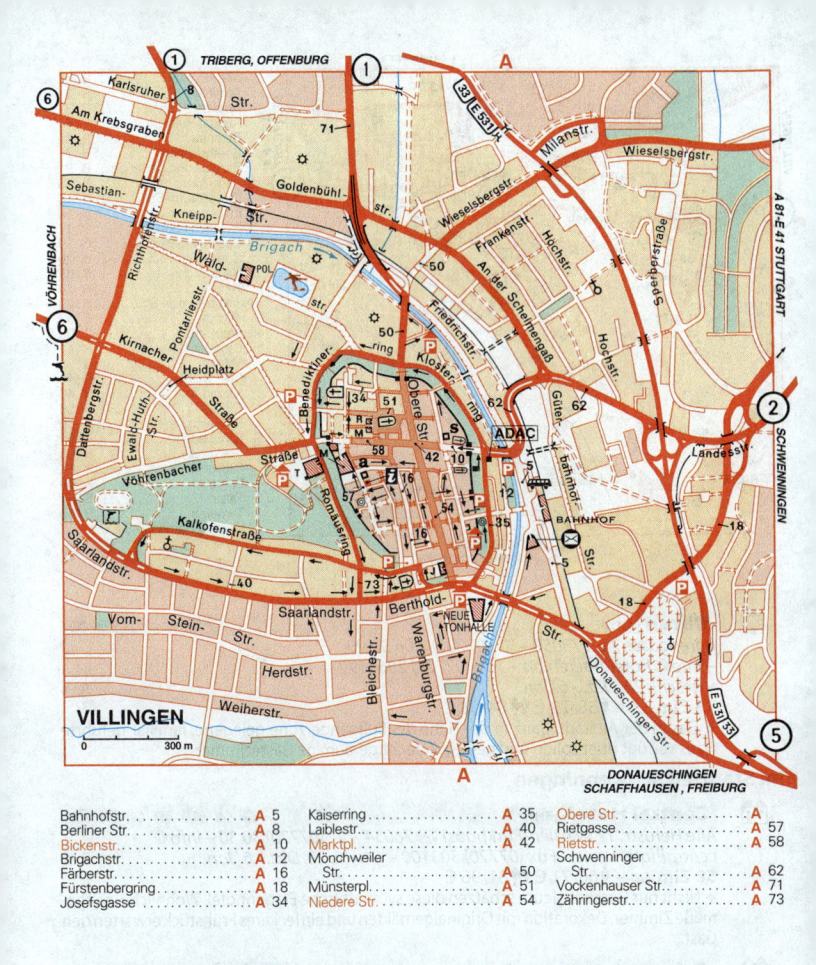

Bahnhofstr. . . . . **A** 5	Kaiserring . . . . **A** 35	Obere Str. **A**
Berliner Str. . . . . **A** 8	Laiblestr. **A** 40	Rietgasse . . . . **A** 57
Bickenstr. . . . . **A** 10	Marktpl. . . . . **A** 42	Rietstr. . . . . **A** 58
Brigachstr. . . . . **A** 12	Mönchweiler	Schwenninger
Färberstr. . . . . **A** 16	Str. . . . . **A** 50	Str. . . . . **A** 62
Fürstenbergring . . . . **A** 18	Münsterpl. . . . . **A** 51	Vockenhauser Str. . . . . **A** 71
Josefsgasse . . . . **A** 34	Niedere Str. . . . . **A** 54	Zähringerstr. . . . . **A** 73

Im Stadtteil Villingen – Kneippkurort

Mercure am Franziskaner
Rietstr. 27 ⊠ 78050 – ℰ (07721) 29 70 – h3453@accor.com – Fax (07721) 297520
86 Zim ⊇ – †60/125 € ††85/150 € – 10 Suiten – **Rest** – *(geschl. Samstag, Sonn- und Feiertage, nur Abendessen) Karte 24/35 €*

♦ Das funktionelle und zeitgemäße Tagungshotel liegt am Rand der Altstadt, am Anfang der Fußgängerzone. Die Fassade hat man denen der benachbarten Altstadthäuser angepasst. Restaurant im Untergeschoss mit internationalem Angebot.

Rindenmühle
Am Kneipp-Bad 9, (am Kurpark) (über Kirnacher Straße A) ⊠ 78052 – ℰ (07721) 8 86 80 – mail@rindenmuehle.de – Fax (07721) 886813
23 Zim ⊇ – †67/76 € ††89/102 € – ½ P 25 €
Rest – *(geschl. Sonntagabend - Montag)*
Menü 32/59 € – Karte 27/51 €

♦ Das engagiert geführte Hotel bietet solide und wohnlich eingerichtete Zimmer mit hübscher Dekoration im Landhausstil. Zum Haus gehört auch ein angenehmer Garten. Im Restaurant: schmackhafte und ambitionierte internationale Küche mit regionalen Akzenten.

Street	Ref
Alte Herdstr.	B
Arminstr.	B 2
Arndtstr.	B 3
August-Reitz-Str.	B 4
Bärenstr.	B 6
Beethovenstr.	B 7
Bertha-von-Suttner-Str.	B 9
Dauchinger Str.	B 13
David-Würth-Str.	B 14
Erzbergerstr.	B 15
Friedrich-Ebert-Str.	B 17
Geschw.-Scholl-Pl.	B 19
Gustav-Schwab-Str.	B 20
Hans-Sachs-Str.	B 25
In der Muslen	B 26
Jakob-Kienzle-Str.	B 29
Kirchstr.	B 37
Kreuzstr.	B 38
Lammstr.	B 41
Marktpl.	B
Marktstr.	B 44
Mozartstr.	B 46
Olgastr.	B 56
Römerstr.	B 60
Schubertstr.	B 61
Seestr.	B 63
Silcherstr.	B 64
Spittelstr.	B 66
Talstr.	B 67
Turnerstr.	B 68
Walther-Rathenau-Str.	B 72

Bären garni
Bärengasse 2 ⊠ 78050 – ℰ (07721) 2 06 96 90
– info@hotel-baeren.biz – Fax (07721) 2069699
– geschl. 22. Dez. - 6. Jan.
16 Zim ⊇ – †58/72 € ††84/98 €   A s
♦ Das in der Altstadt, ganz in der Nähe der Fußgängerzone gelegene, familiär geführte Haus verfügt über solide und helle, z. T. recht geräumige Gästezimmer.

Im Stadtteil Schwenningen

Central Hotel garni
Alte Herdstr. 12 (Muslen-Parkhaus) ⊠ 78054 – ℰ (07720) 30 30 – info@centralhotel-vs.de – Fax (07720) 303100 – geschl. 22. Dez. - 6. Jan.   B c
58 Zim ⊇ – †66/71 € ††81/96 €
♦ Nicht nur Geschäftsleute schätzen diese sympathische Etagenhotel. Wohnliche, zeitgemäße Zimmer, Dekoration mit Originalgemälden und ein leckeres Frühstück erwarten den Gast.

Ochsen
Bürkstr. 59 ⊠ 78054 – ℰ (07720) 83 90 – info@hotelochsen.com
– Fax (07720) 839639 – geschl. 1. - 6. Jan.   B a
38 Zim ⊇ – †72/90 € ††99/109 €
Rest *Ochsenstube* – *(geschl. Sonntag, Montag - Freitag nur Abendessen)* Menü 24 € – Karte 27/38 €
Rest *Kupferkanne* – *(geschl. Ende Mai - Anfang Sept. und Freitag, Sonntag, nur Abendessen)* Karte 14/33 €
♦ Das gut geführte Hotel beherbergt farbenfrohe und individuelle Gästezimmer, die teilweise bestimmten Themen wie Technik oder Afrika gewidmet sind. Geschmackvolle, ländlich-elegante Ochsenstube mit schöner Gartenterrasse. Im Keller: die gemütliche Kupferkanne.

Im Stadtteil Obereschach Nord : 6 km über Vockenhauser Straße A :

Schweizerhof mit Zim
Stumpenstr. 2 ⊠ 78052 – ℰ (07721) 8 78 65 66 – gasthof-schweizerhof@t-online.de – Fax (07721) 74098 – geschl. Anfang Jan. 3 Wochen, 1. - 15. Sept.
12 Zim ⊇ – †36 € ††58 € – **Rest** – *(geschl. Montag)* Karte 17/34 €
♦ Das Haus in der Ortsmitte befindet sich seit 1860, in der 5. Generation, im Besitz der Familie Laufer. Im Restaurant herrscht eine freundliche ländliche Atmosphäre. Nette Gästezimmer und reichhaltiges Frühstücksbuffet.

1322

VILSBIBURG – Bayern – 546 – 11 410 Ew – Höhe 449 m 59 **N19**
- Berlin 581 – München 79 – Regensburg 81 – Landshut 21
- Vilsbiburg, Trauterfing 31 ℘ (08741) 96 86 80

In Vilsbiburg-Achldorf Süd : 2 km :

Kongressissimo Biergarten
Hauptstr. 2 ⊠ 84137 – ℘ (08741) 96 60 – info@kongressissimo.de – Fax (08741) 966299
43 Zim ☐ – †71/107 € ††107/189 € – **Rest** – *(geschl. Samstag - Sonntagmittag)* Karte 21/39 €
♦ Besonders Tagungsgäste schätzen dieses moderne Hotel, das mit funktionellen Zimmern in zeitgemäßer Aufmachung und zahlreichen Freizeitangeboten überzeugt. Das Restaurant in der 1. Etage bietet eine internationale Karte. Biergarten mit Brotzeit.

> Der Stern ✿ zeichnet Restaurants mit exzellenter Küche aus.
> Er wird an Häuser vergeben, für die man gerne einen Umweg in Kauf nimmt!

VISBEK – Niedersachsen – 541 – 9 170 Ew – Höhe 46 m 17 **F7**
- Berlin 429 – Hannover 139 – Bremen 48 – Oldenburg 45

Stüve's Hotel
Hauptstr. 20 ⊠ 49429 – ℘ (04445) 96 70 10 – hotelstueve@aol.com – Fax (04445) 967030
27 Zim ☐ – †46/57 € ††65/78 € – **Rest** – Karte 21/38 €
♦ Der moderne Anbau dieses schmucken Jugendstilhauses beherbergt neuzeitlich möblierte Zimmer mit sehr guter Technik. Etwas einfacher sind die Zimmer im Stammhaus. Elegant eingerichtetes Restaurant mit Holz- und Terrakottaboden.

Wübbolt garni
Astruper Str. 19 ⊠ 49429 – ℘ (04445) 9 67 70 – info@hotel-wuebbolt.de – Fax (04445) 967710
14 Zim ☐ – †46 € ††68 €
♦ In dem Hotel mit Klinkerfassade stehen Ihnen Zimmer mit dunklem oder hellem Mobiliar zur Verfügung. Die gute Pflege zieht sich durch alle Bereiche des Hauses.

In Visbek-Neumühle Nord-West : 8 km über Ahlhorner Str., in Engelmannsbäke links Richtung Meyerhöfen :

Neumühle
Neumühle 36a ⊠ 49429 – ℘ (04445) 28 89 – info@neumuehle-visbek.de – Fax (04445) 950744 – geschl. Montag - Dienstag
Rest – *(Mittwoch - Freitag nur Abendessen)* Menü 36/62 € – Karte 30/50 €
♦ Idyllisch liegt die reetgedeckte Wassermühle an einem kleinen Weiher - ein leicht elegant gestaltetes Restaurant mit Blick ins Grüne. Hübsche Terrasse unter alten Bäumen.

VISSELHÖVEDE – Niedersachsen – 541 – 10 760 Ew – Höhe 55 m 18 **H7**
- Berlin 344 – Hannover 81 – Hamburg 87 – Bremen 60
- Goethestraße, ⊠ 27374, ℘ (04262) 95 98 00, info@urlaubs.net

In Visselhövede-Hiddingen Nord-Ost : 3 km :

Röhrs (mit Gästehaus)
Neuenkirchener Str. 1 ⊠ 27374 – ℘ (04262) 9 31 80 – info@hotel-roehrs.de – Fax (04262) 4435
35 Zim ☐ – †48/62 € ††68/88 € – ½ P 12 € – **Rest** – *(nur Abendessen)* Karte 20/34 €
♦ Das seit 1855 als Familienbetrieb geführte Hotel am Ortsrand bietet seinen Besuchern gepflegte Gastlichkeit in bürgerlicher Atmosphäre - und einen schönen Garten. Das Restaurant ist teils rustikal-elegant gehalten, teils als gemütliche Bierstube angelegt.

1323

VLOTHO – Nordrhein-Westfalen – **543** – 20 320 Ew – Höhe 64 m   28 **G9**
- Berlin 359 – Düsseldorf 206 – Bielefeld 43 – Bremen 116
- Vlotho-Exter, Heideholz 8 ℰ (05228) 74 34

In Vlotho-Bonneberg Süd-West : 2,5 km :

Bonneberg
Wilhelmstr. 8 ⊠ *32602* – ℰ *(05733) 79 30* – *info@bonneberg.bestwestern.de*
– *Fax (05733) 793111*
97 Zim ⊇ – †79/110 € ††109/133 € – **Rest** – Karte 20/32 €
♦ Aus einer ehemaligen Möbelfabrik entstand ein modernes Tagungshotel. Alle Zimmer sind großzügig geschnitten und hell gestaltet - Korb- und Rattanmöbel setzen Akzente. Neuzeitlich eingerichtetes Restaurant.

VÖHRENBACH – Baden-Württemberg – **545** – 4 180 Ew – Höhe 797 m – Wintersport : 1 100 m ≰4 ≰ – **Erholungsort**   62 **E20**
- Berlin 759 – Stuttgart 131 – Freiburg im Breisgau 48
  – Donaueschingen 21
- Friedrichstr. 8 (im Rathaus), ⊠ 78147, ℰ (07727) 50 11 15, info@voehrenbach.de

Zum Engel
Schützenstr. 2 ⊠ *78147* – ℰ *(07727) 70 52* – *gasthof-engel@gmx.de*
– *Fax (07727) 7873* – *geschl. Montag - Dienstag*
Rest – (Tischbestellung ratsam) Menü 30/62 € – Karte 29/55 €
♦ Freundlich führt Familie Ketterer seit vielen Jahren dieses sympathische badische Gasthaus von 1544. Serviert wird eine schmackhafte Regionalküche mit klassischen Akzenten.

VÖHRINGEN – Bayern – **546** – 13 150 Ew – Höhe 499 m   64 **I20**
- Berlin 628 – München 146 – Augsburg 86 – Kempten (Allgäu) 75

In Vöhringen-Illerberg Nord-Ost : 3 km nahe der A 7 :

Speisemeisterei Burgthalschenke
Untere Hauptstr. 4 (Thal) ⊠ *89269* – ℰ *(07306) 52 65* – *burgthalschenke@t-online.de* – *Fax (07306) 34394* – *geschl. 7. - 14. Feb., 25. Aug. - 1. Sept. und Montag*
Rest – Menü 22/44 € – Karte 24/46 €
♦ In einem Rundbau befindet sich auf 3 Ebenen dieses mit viel Holz rustikal gestaltete Restaurant. Freundlicher Service unter Leitung der Familie. Überwiegend klassische Küche.

VOERDE – Nordrhein-Westfalen – **543** – 38 850 Ew – Höhe 26 m   25 **B10**
- Berlin 552 – Düsseldorf 61 – Duisburg 23 – Wesel 10

Niederrhein   Biergarten
Friedrichsfelder Str. 15 ⊠ *46562* – ℰ *(02855) 96 20* – *hotelniederrhein@aol.com*
– *Fax (02855) 962111* – *geschl. 24. - 27. Dez.*
56 Zim ⊇ – †77/105 € ††98/115 € – **Rest** – *(geschl. Sonntag, nur Abendessen)*
Karte 24/34 €
♦ Bei der Ausstattung des Hotels hat man viel Wert auf Funktionalität und freundliches Ambiente gelegt. Die Zimmer sind wohnlich in Weiß eingerichtet.

Wasserschloss Haus Voerde
Allee 64 ⊠ *46562* – ℰ *(02855) 36 11* – *info@haus-voerde.de* – *Fax (02855) 3616*
– *geschl. Montag, Samstagmittag*
Rest – Karte 25/42 €
♦ Neben einem netten Restaurant mit niedriger Gewölbedecke beherbergt das Wasserschloss a. d. 16. Jh. ein Standesamt und einen für Hochzeiten geeigneten Festsaal.

VÖRSTETTEN – Baden-Württemberg – siehe Denzlingen

VOGTSBURG IM KAISERSTUHL – Baden-Württemberg – 545 – 5 710 Ew – Höhe 218 m
61 **D20**

▶ Berlin 797 – Stuttgart 200 – Freiburg im Breisgau 31 – Breisach 10

In Vogtsburg-Achkarren

Zur Krone
Schlossbergstr. 15 ⊠ 79235 – ℰ (07662) 9 31 30 – info@krone-achkarren.de
– Fax (07662) 931350
23 Zim ⊇ – †49 € ††69/99 € – ½ P 19 € – **Rest** – (geschl. Dez. - Ostern Mittwoch
- Donnerstag) Menü 25/50 € – Karte 20/54 €

♦ Seit 1919 wird das gewachsene Gasthaus in dem Winzerdorf von der Familie geführt und bietet Ihnen wohnliche und zeitgemäße Zimmer. Das Restaurant ist eine rustikale badische Gaststube.

In Vogtsburg-Bischoffingen

Steinbuck ≤ Kaiserstühler Rebland,
Steinbuckstr. 20 (in den Weinbergen) ⊠ 79235 – ℰ (07662) 91 12 10 – wernet@hotel-steinbuck.de – Fax (07662) 6079 – geschl. 6. - 30. Jan., 27. Juli - 6. Aug.
18 Zim ⊇ – †58/62 € ††95/108 € – ½ P 23 € – **Rest** – (geschl. Dienstag - Mittwoch) Menü 32/52 € – Karte 28/49 €

♦ Sehr ruhig liegt das kleine Ferienhotel oberhalb des Ortes. Es erwarten Sie eine herrliche Aussicht und wohnlich eingerichtete Gästezimmer. Im Restaurant bietet man sorgfältig zubereitete regionale und internationale Speisen.

In Vogtsburg-Burkheim

Kreuz-Post (mit Gästehaus)
Landstr. 1 ⊠ 79235 – ℰ (07662) 9 09 10 – info@kreuz-post.de – Fax (07662) 1298
35 Zim ⊇ – †39/66 € ††58/104 € – ½ P 18 € – **Rest** – (geschl. Dienstag)
Karte 20/39 €

♦ Freundlich und engagiert führt die Inhaberfamilie diesen gewachsenen Gasthof. Es erwarten Sie wohnlich und zeitgemäß möblierte Zimmer - einige schön nach hinten gelegen. Gemütlich-rustikales Restaurant.

In Vogtsburg-Oberbergen

XXX **Schwarzer Adler** mit Zim
Badbergstr. 23 ⊠ 79235 – ℰ (07662) 93 30 10 – reservation@schwarzeradler.eu
– Fax (07662) 933046 – geschl. 28. Jan. - 28. Feb.
14 Zim ⊇ – †95/110 € ††140/150 € – **Rest** – (geschl. Mittwoch - Donnerstag)
(Tischbestellung ratsam) Menü 52/84 € – Karte 48/80 €
Spez. Gebratene Gänseleber und Kalbsbries im Gemüsesud. Dorschfilet in Milch pochiert mit Sellerie-Limetten-Püree. Taubenbrust mit Spätburgundersauce.

♦ Ein sehr netter badischer Landgasthof mit elegantem Ambiente und klassischer Küche. Im Sommer sitzt man angenehm auf der Terrasse vor dem Haus. Im Haupthaus befinden sich besonders wohnliche Gästezimmer im Landhausstil.

X **Winzerhaus Rebstock**
Badbergstr. 22 ⊠ 79235 – ℰ (07662) 93 30 11 – rebstock@franz-keller.de
– Fax (07662) 933046 – geschl. 5. - 28. Feb.
Rest – (Nov. - Feb. Montag - Samstag nur Abendessen) Menü 28 € – Karte 15/37 €

♦ Ein netter einfacher Gasthof, in dem blanke Holztische die ländliche Atmosphäre unterstreichen. Sehr schön ist die Terrasse im Innenhof. Regionale Küche.

In Vogtsburg-Schelingen

X **Zur Sonne** mit Zim
Mitteldorf 5 ⊠ 79235 – ℰ (07662) 2 76 – sonne-schelingen@gmx.de
– Fax (07662) 6043 – geschl. 16. - 30. Jan., 23. Juni - 8. Juli
9 Zim ⊇ – †42 € ††60/80 € – ½ P 20 € – **Rest** – (geschl. Dienstag, Mitte Nov.
- Feb. Dienstag - Mittwoch) (Tischbestellung ratsam) Menü 18/52 €
– Karte 18/44 €

♦ Gegenüber der Kirche liegt dieser von der Inhaberfamilie geführte Gasthof mit ländlich-rustikal gestaltetem Restaurantbereich. Die unterschiedlich eingerichteten Zimmer verteilen sich auf Stammhaus und Gästehaus.

1325

VOLKACH – Bayern – *546* – 9 510 Ew – Höhe 203 m – Erholungsort 49 **I15**
- Berlin 466 – München 269 – Würzburg 28 – Bamberg 64
- Marktplatz (Rathaus), ⌧ 97332, ℰ (09381) 4 01 12, tourismus@volkach.de
- Wallfahrtskirche "Maria im Weingarten" : Rosenkranzmadonna ★

Zur Schwane
Hauptstr. 12 ⌧ *97332* – ℰ *(09381) 8 06 60* – *schwane@romantikhotels.com*
– *Fax (09381) 806666* – *geschl. 22. - 28. Dez.*
34 Zim ⌑ – †56/123 € ††99/150 € – ½ P 29 € – **Rest** – *(geschl. Montagmittag)*
Menü 40/76 € – Karte 27/55 €
♦ Bereits seit dem 15. Jh. existiert das Gasthaus mitten in der Altstadt. Es erwarten Sie gemütliche, wohnliche Zimmer und freundlicher Service. Behagliche Galsträume mit ländlichem Charme. Im Sommer sitzt man sehr schön auf der Innenhofterrasse. Eigenbauweine.

Vier Jahreszeiten
Hauptstr. 31 ⌧ *97332* – ℰ *(09381) 8 48 40* – *info@restaurant-sachs.de*
– *Fax (09381) 848444*
21 Zim ⌑ – †78/98 € ††115/135 €
Rest *Sachs* – *(geschl. Dienstag - Mittwoch)* Menü 43/64 € – Karte 37/46 €
♦ Sorgsam hat man das Altstadthaus a. d. J. 1605 restauriert. Entstanden ist ein elegantes Hotel mit stilvollen, individuellen Zimmern - Antiquitäten finden sich überall. Im Restaurant Sachs wird frische internationale Küche geboten.

Am Torturm garni (mit Gästehaus)
Hauptstr. 41 ⌧ *97332* – ℰ *(09381) 8 06 70* – *hotel-am-torturm@t-online.de*
– *Fax (09381) 806744* – *geschl. 24. Dez. - 6. Jan.*
20 Zim ⌑ – †55/85 € ††85/105 €
♦ Das familiär geführte, auch von Geschäftsleuten gerne besuchte kleine Hotel direkt am Torturm verfügt über neuzeitliche Zimmer und einen netten Frühstücksraum mit Innenhof.

Rose
Oberer Markt 7 ⌧ *97332* – ℰ *(09381) 84 00* – *info@rose-volkach.de*
– *Fax (09381) 840333* – *geschl. 20. - 25. Dez. (Hotel)*
30 Zim ⌑ – †53/70 € ††85/98 € – ½ P 14 € – **Rest** – *(geschl. Mitte Jan. - Mitte Feb. und Mittwoch)* Karte 14/33 €
♦ In der dritten Generation wird dieser Gasthof von der Inhaberfamilie geleitet. Einige Zimmer im Nebengebäude liegen ruhig zum Garten hin und haben einen Balkon. Fränkisch-gemütliche Galsträume.

Breitenbach garni
Hauptstr. 2 ⌧ *97332* – ℰ *(09381) 80 35 33* – *info@hotel-breitenbach.de*
– *Fax (09381) 847128*
17 Zim ⌑ – †40/95 € ††70/105 €
♦ Direkt neben dem Stadttor steht dieses sanierte Renaissance-Gebäude mit seinen individuellen, teils mit Stilmöbeln eingerichteten Zimmern und nettem Café.

Behringer (mit Gästehaus) Biergarten
Marktplatz 5 ⌧ *97332* – ℰ *(09381) 81 40* – *info@hotel-behringer.de*
– *Fax (09381) 814299* – *geschl. Jan.*
17 Zim ⌑ – †42/70 € ††70/75 € – **Rest** – *(geschl. Nov. - Ostern Donnerstag)*
Karte 19/32 €
♦ Hübsch anzusehen ist das 400 Jahre alte Fachwerkhaus in der Altstadt. Die Zimmer sind neuzeitlich ausgestattet, im Gästehaus nach Weinsorten benannt. Eine rustikale Stube und das nette "Hinterhöfle" ergänzen das Restaurant.

In Nordheim Süd-West : 4 km
- Hauptstr. 26, ⌧ 74226, ℰ (07133) 18 20, info@nordheim.de

Gasthof Markert
Am Rain 22 ⌧ *97334* – ℰ *(09381) 8 49 00* – *info@gasthof-markert.de*
– *Fax (09381) 8490400*
24 Zim ⌑ – †40/42 € ††62/65 € – ½ P 13 € – **Rest** – *(geschl. Mitte Nov. - Mitte März Mittwoch)* Karte 13/27 €
♦ In dem familiengeführten Gasthof in einer Dorfnebenstraße stehen zeitgemäß und funktionell eingerichtete Gästezimmer zur Verfügung. Restaurant mit ländlichem Charakter und eine teilweise überdachte Innenhofterrasse.

VOLKACH

🏠 Zur Weininsel (mit Gästehaus) 　　　　　　　　Zim,
*Mainstr. 17 ⊠ 97334 – ℰ (09381) 80 36 90 – info@gasthof-weininsel.de
– Fax (09381) 803691 – geschl. 27. Dez. - Mitte Jan.*
12 Zim ⊊ – †38/40 € ††52/67 € – ½ P 13 € – **Rest** – *(geschl. Mittwoch)*
Karte 15/23 €
♦ Das kleine Hotel wird freundlich und familiär von den Inhabern geführt und bietet sehr gepflegte, solide Zimmer in Haupt- und Gästehaus. Bürgerliche Gaststuben.

✗ Zehnthof Weinstuben 　　　　　　　　　　　　　VISA
*Hauptstr. 2 ⊠ 97334 – ℰ (09381) 17 02 – Fax (09381) 4379
– geschl. Montag*
Rest – Menü 11 € – Karte 12/31 €
♦ Eine beliebte Adresse ist das Lokal in dem historischen Klostergebäude. Man sitzt in rustikalen Kreuzgewölberäumen oder im schönen Innenhof. Bürgerliche Küche und viel Fisch.

VREDEN – Nordrhein-Westfalen – 543 – 22 220 Ew – Höhe 32 m　　26 **C9**
▶ Berlin 537 – Düsseldorf 116 – Nordhorn 66 – Bocholt 33
🛈 Markt 6, ⊠ 48691, ℰ (02564) 46 00, vvv@vreden.de

✗ Cavallino 　　　　　　　　　　　　　　　　　VISA
*Dömern 69 (Ost : 2 km, Richtung Ottenstein) ⊠ 48691 – ℰ (02564) 3 26 99
– Fax (02564) 395738 – geschl. Montag, Samstagmittag*
Rest – Karte 24/43 €
♦ Ein modern gestaltetes Restaurant mit italienischem Angebot, das am Mittag durch zusätzliche Empfehlungen ergänzt wird. Freundlich leitet der Chef den Service.

WAAKIRCHEN – Bayern – siehe Gmund am Tegernsee

WACHENHEIM – Rheinland-Pfalz – 543 – 4 730 Ew – Höhe 141 m – Erholungsort
▶ Berlin 641 – Mainz 86 – Mannheim 27 – Kaiserslautern 35　　47 **E16**
🛈 Weinstr. 15, ⊠ 67157, ℰ (06322) 95 80 32,
touristinfo@vg-wachenheim.de

🏠 Goldbächel 　　　　　　　　　　　　　　　VISA
*Waldstr. 99 ⊠ 67157 – ℰ (06322) 9 40 50 – info@goldbaechel.de
– Fax (06322) 5068*
16 Zim ⊊ – †45/60 € ††88/95 € – **Rest** – *(geschl. 6. - 20. Jan. und Montag)*
Karte 17/30 €
♦ Zu diesem familiengeführten Haus am Waldrand gehören wohnliche Zimmer mit Sitzecke und Schreibgelegenheit. Morgens begrüßt man Sie mit einem Pfälzer Landfrühstück. Das Restaurant zeigt sich teils bürgerlich-rustikal, teils heller und neuzeitlicher.

✗✗ Schloss Restaurant Cuvée
*Kommerzienrat-Wagner-Str. 1 ⊠ 67157 – ℰ (06233) 95 51 95
– Fax (06233) 955195 – geschl. 3. - 14. Feb., 1. - 11. Sept. und Dienstag - Mittwoch*
Rest – Menü 32 € – Karte 28/38 €
♦ Zentral, an der bekannten Sektkellerei liegt dieses helle Restaurant mit offenem Kamin und kleinem Wintergarten. Im Sommer: z. T. mit Weinreben überdachte schmucke Terrasse.

In Gönnheim Ost : 4,5 km über Friedelsheim :

✗ Zum Lamm mit Zim 　　　　　　　　　　　　VISA
*Bismarckstr. 21 ⊠ 67161 – ℰ (06322) 9 52 90 – gast@restaurant-zum-lamm.de
– Fax (06322) 952916 – geschl. Dienstag*
9 Zim – †45/59 € ††59/74 € – **Rest** – *(Montag - Freitag nur Abendessen)* Karte 31/41 €
♦ Das von den Inhabern geführte Gasthaus im Ortskern ist in ländlich-rustikalem Stil gehaltenes Restaurant mit Stube. Freundlicher Service durch die Chefin. Die Gästezimmer sind gepflegt und funktionell.

1327

WACHTBERG – Nordrhein-Westfalen – 543 – 19 750 Ew – Höhe 200 m   36 **C13**
▶ Berlin 609 – Düsseldorf 99 – Bonn 17 – Koblenz 67
🏌 Wachtberg-Niederbachem, Landgrabenweg ☏ (0228) 34 40 03

In Wachtberg-Adendorf West : 6 km Richtung Meckenheim :

XXX **Kräutergarten**
Töpferstr. 30 ✉ *53343* – ☏ *(02225) 75 78 – Fax (02225) 702801*
– geschl. Sonntagabend - Montag
Rest *– (Dienstag - Samstag nur Abendessen)* (Tischbestellung ratsam)
Menü 32/59 € – Karte 42/55 €
♦ Ein familiengeführtes Restaurant mit ambitionierter internationaler Küche. Mediterrane Farben und moderne Accessoires schaffen ein angenehm helles, freundliches Ambiente.

WACKERSBERG – Bayern – 546 – 3 480 Ew – Höhe 735 m   65 **L21**
▶ Berlin 648 – München 56 – Garmisch-Partenkirchen 56

In Wackersberg-Arzbach Süd : 3 km :

Benediktenhof garni
Alpenbadstr. 16 ✉ *83646* – ☏ *(08042) 9 14 70 – info@benediktenhof.de*
– Fax (08042) 914729
11 Zim ♁ – †56/80 € ††82/112 €
♦ Eine persönliche Atmosphäre herrscht in dem ruhig gelegenen Ferienhotel der Familie Bichler. Die Zimmer wurden mit Liebe zum Detail eingerichtet. Schön ist auch der Garten.

WADERSLOH – Nordrhein-Westfalen – 543 – 13 160 Ew – Höhe 95 m   27 **F10**
▶ Berlin 432 – Düsseldorf 153 – Bielefeld 52 – Beckum 16

Bomke (mit Gästehaus)
Kirchplatz 7 ✉ *59329* – ☏ *(02523) 9 21 60 – info@hotel-bomke.de*
– Fax (02523) 1366 – geschl. 22. - 26. Dez.
20 Zim ♁ – †73/120 € ††102/125 €
Rest *– (geschl. 22. - 26. Dez., 16. - 21. April, Juli 2 Wochen, 6. - 11. Okt. und Sonntagabend - Montag)* Menü 26 € (mittags)/89 €
– Karte 45/67 €
Rest *Alte Schmiede* – Menü 26/31 € – Karte 28/45 €
Spez. Gegrillte Rotbarbe mit Artischocken-Fenchelsalat und Jakobsmuscheln. Rehrücken unter der Pfefferkruste mit Rhabarber-Portweinjus und gebratenem Spitzkohl. Haselnuss-Krokantschnitte mit Whisky-Teecreme gefüllt und Blutorangenragout.
♦ Geschmackvoll sanierter Gasthof, der bereits in der 4. Generation von der Familie geleitet wird. Die Zimmer sind wohnlich gestaltet, im Gästehaus schlichter. Klassische Küche im stilvoll-ländlichen Restaurant. Urige alte Schmiede. Vinothek mit "Gabelmenü".

WÄSCHENBEUREN – Baden-Württemberg – 545 – 3 900 Ew – Höhe 408 m   55 **H18**
▶ Berlin 598 – Stuttgart 53 – Göppingen 10 – Schwäbisch Gmünd 16

In Wäschenbeuren-Wäscherhof Nord-Ost : 1,5 km :

Zum Wäscherschloss
Wäscherhof 2 ✉ *73116* – ☏ *(07172) 73 70 – info@gasthofwaescherschloss.de*
– Fax (07172) 22340
11 Zim ♁ – †45/55 € ††80/90 € – **Rest** *– (geschl. Montag - Dienstag)*
Karte 21/37 €
♦ 100 m vom Wäscherschloss entfernt liegt der im Jahre 1836 erbaute Gasthof - ein nettes Ensemble von Fachwerkhäusern. Mit soliden Möbeln wohnlich eingerichtete Zimmer. Ländlich gestaltetes, gemütliches Restaurant.

WAGING AM SEE – Bayern – 546 – 6 290 Ew – Höhe 465 m – Luftkurort 67 **O21**
▶ Berlin 679 – München 124 – Bad Reichenhall 47 – Traunstein 12
🛈 Salzburger Str. 32, ✉ 83329, ✆ (08681) 3 13, info@waging-am-see.de

Wölkhammer
Haslacher Weg 3 ✉ *83329* – ✆ *(08681) 40 80* – *info@hotel-woelkhammer.de*
– *Fax (08681) 4333* – *geschl. Jan. - Feb. 3 Wochen, Nov. 3 Wochen*
47 Zim ⌑ – †35/48 € ††82/126 € – ½ P 13 € – **Rest** – *(geschl. Freitag)* Karte 14/29 €
♦ Ein regiontypischer Gasthof mit gepflegten Zimmern, der um einen komfortablen Anbau mit 14 besonders schönen Gästezimmern erweitert wurde. Bayerische Schmankerln und Bürgerliches werden im rustikalen Restaurant serviert.

Landhaus Tanner mit Zim
Aglassing 1 ✉ *83329* – ✆ *(08681) 6 97 50* – *office@landhaustanner.de*
– *Fax (08681) 697549* – *geschl. 12. -28. Feb., Okt. - Nov. 2 Wochen und Dienstag - Mittwochmittag*
11 Zim – †65/75 € ††85/108 € – ½ P 22 € – **Rest** – Menü 28/44 € – Karte 23/43 €
♦ Eine helle Täfelung, Kachelofen und Holzfußboden verleihen diesem familiengeführten Restaurant ein gemütliches Landhausambiente. Regionale Küche. Mit Naturholzmöbeln und schönen Stoffen freundlich gestaltete Appartements.

WAHLSBURG – Hessen – 543 – 2 430 Ew – Höhe 119 m 28 **H10**
▶ Berlin 362 – Wiesbaden 265 – Kassel 50 – Hann. Münden 30
🛈 Am Mühlbach 15, ✉ 37194, ✆ (05572) 93 78 11, gemeinde@wahlsburg.de
◉ in Lippoldsberg : Klosterkirche ★

In Wahlsburg-Lippoldsberg – Luftkurort :

Lippoldsberger Hof
Schäferhof 16 ✉ *37194* – ✆ *(05572) 3 36* – *info@lippoldsberger-hof.de*
– *Fax (05572) 1327* – *geschl. 1. - 14. März*
20 Zim ⌑ – †32/40 € ††55/60 € – ½ P 12 € – **Rest** – *(geschl. Mittwoch)*
Karte 12/19 €
♦ Das ruhig in dörflicher Umgebung gelegene Haus ist ein familiär geführtes kleines Hotel mit gepflegten, solide eingerichteten Gästezimmern. Restaurant mit ländlichem Ambiente.

WAIBLINGEN – Baden-Württemberg – 545 – 52 890 Ew – Höhe 230 m 55 **H18**
▶ Berlin 609 – Stuttgart 19 – Schwäbisch Gmünd 42 – Schwäbisch Hall 57
ADAC Bahnhofstr. 75
🛈 Lange Str. 45, ✉ 71332, ✆ (07151) 5 00 11 55, touristinfo@waiblingen.de

Koch
Bahnhofstr. 81 ✉ *71332* – ✆ *(07151) 95 83 20* – *info@hotel-koch.de*
– *Fax (07151) 9583242* – *geschl. 22. Dez. - 7. Jan.*
52 Zim ⌑ – †76/78 € ††99/115 € – **Rest** – *(geschl. Samstagmittag, Sonntagabend)* Karte 19/43 €
♦ Besonders von Geschäftsreisenden wird dieses Haus gern angesteuert, da es über eine gute Verkehrsanbindung, genug Parkplätze und solide eingerichtete Zimmer verfügt. In gemütlich gestalteten Räumen bittet man Sie zu Tisch.

Mille Miglia
Alte Bundesstr. 45, (1. Etage) ✉ *71332* – ✆ *(07151) 1 36 24 44*
– *vincenzo.paradiso@lorinser.com* – *Fax (07151) 1362380*
– *geschl. Juli - Aug. 3 Wochen und Sonntag - Montag, Feiertage*
Rest – Menü 18 € (mittags)/90 € – Karte 33/49 €
♦ In der 1. Etage des Autohauses Lorinser wird in puristisch-elegantem Ambiente internationale Küche mit mediterranem Einfluss serviert. Mittags einfachere Karte.

Bachofer
Marktplatz 6 ✉ *71332* – ✆ *(07151) 97 64 30* – *mail@bachofer.info*
– *Fax (07151) 976431* – *geschl. Jan. 2 Wochen, Okt. 3 Wochen und Sonntag - Montag*
Rest – Menü 50/98 € – Karte 45/59 €
♦ Modernes Design und ungezwungene Atmosphäre verleihen dem Restaurant in der Innenstadt sein Bistro-Ambiente. Serviert wird eine ambitionierte Fusion-Küche.

WAIBLINGEN

In Korb Nord-Ost : 3 km :

Rommel
Boschstr. 7, (Gewerbegebiet) ✉ *71404 –* ✆ *(07151) 93 10 – info@hotel-rommel-korb.de – Fax (07151) 931240 – geschl. 22. Dez. - 6. Jan.*
46 Zim ⊇ – †69/82 € ††99 € – **Rest** – *(geschl. Sonntag, nur Abendessen)* Karte 23/39 €

♦ Verkehrsgünstig liegt dieses Hotel am Ortsrand. Ein solide geführtes Haus mit Zimmern der Kategorien Business, Komfort und Studio. Gutes Frühstücksbuffet. Restaurant in rustikalem Stil.

In Korb-Steinreinach Nord-Ost : 3,5 km :

Zum Lamm
Buocher Str. 34 ✉ *71404 –* ✆ *(07151) 3 25 77*
– geschl. 24. Dez. - 21. Jan., Aug. und Montag - Dienstag
Rest – Karte 18/33 €

♦ Ein ganz typischer ländlicher Gasthof wie er im Buche steht. Serviert wird echte schwäbische Küche, schnörkellos und sehr schmackhaft zubereitet.

WAISCHENFELD – Bayern – 546 – 3 200 Ew – Höhe 372 m – Luftkurort   50 **L15**
▸ Berlin 391 – München 228 – Coburg 73 – Bayreuth 26
ℹ Marktplatz 58, ✉ 91344, ✆ (09202) 96 01 17, tourist-info@waischenfeld.bayern.de
▣ Fränkische Schweiz★★

Im Wiesenttal an der Straße nach Behringersmühle :

Café-Pension Krems
Heroldsberg Tal 17 (Süd-West : 3 km) ✉ *91344 Waischenfeld –* ✆ *(09202) 2 45 – info@pension-krems.de – Fax (09202) 972491*
15 Zim ⊇ – †25/34 € ††52/54 € – ½ P 10 € – **Rest** – *(geschl. Dienstag)* (nur Abendessen für Hausgäste)

♦ In einem malerischen Tal liegt die Pension ruhig an Wald, Wiesen und Wasser. Sie können einfache, nette und blitzsauber gepflegte Zimmer erwarten.

WALDACHTAL – Baden-Württemberg – 545 – 6 010 Ew – Höhe 555 m – Wintersport :   54 **F19**
▸ Berlin 697 – Stuttgart 83 – Karlsruhe 126 – Tübingen 64
ℹ Hauptstr. 18 (Lützenhardt), ✉ 72178, ✆ (07443) 96 34 40, info@waldachtal.de

In Waldachtal-Salzstetten

Albblick
Tumlinger Weg 30 ✉ *72178 –* ✆ *(07486) 98 00 – info@albblick.de – Fax (07486) 980103*
49 Zim ⊇ – †75/100 € ††140/170 € – ½ P 16 € – **Rest** – (nur für Hausgäste)

♦ Der neuzeitliche Wellnessbereich dieses Hauses bietet mehrere Saunen, verschiedene Beautyanwendungen sowie Gymnastik. Besonders großzügig sind die neueren Zimmer im Anbau. In rustikale Stuben unterteiltes Restaurant.

WALDBREITBACH – Rheinland-Pfalz – 543 – 2 000 Ew – Höhe 140 m – Luftkurort
▸ Berlin 614 – Mainz 135 – Bonn 42 – Koblenz 37   36 **D13**
ℹ Neuwieder Str. 61, ✉ 56588, ✆ (02638) 40 17, tv-wiedtal@t-online.de

Zur Post
Neuwieder Str. 44 ✉ *56588 –* ✆ *(02638) 92 60 – info@hotelzurpost.de – Fax (02638) 926180*
44 Zim ⊇ – †62/88 € ††107/142 € – **Rest** – Karte 14/30 €

♦ Das aus einem Gasthof von 1777 entstandene Hotel beherbergt neuzeitlich und wohnlich eingerichtete Zimmer der Kategorien Standard, Komfort und Deluxe. Poststube, Weinstube und die ganz moderne Wiedtalstube bilden das Restaurant.

WALDBRONN – Baden-Württemberg – 545 – 16 260 Ew – Höhe 261 m 54 **F18**
- Berlin 683 – Stuttgart 71 – Karlsruhe 15 – Pforzheim 22
- Bergstr. 32 (beim Thermalbad), ⌧ 76337, ℘ (07243) 5 65 70, kurverwaltung@waldbronn.de

In Waldbronn-Busenbach

La Cigogne - Zum Storch
*Ettlinger Str. 97 ⌧ 76337 – ℘ (07243) 5 65 20 – info@la-cigogne.de
– Fax (07243) 565256 – geschl. Aug. 3 Wochen*
11 Zim ⌑ – †60 € ††90 € – **Rest** – *(geschl. Mittwoch, nur Abendessen)* Karte 19/39 €
♦ Das Haus mit der hellblauen Fassade ist eine nette familiär geleitete Adresse mit solide und zeitgemäß eingerichteten Gästezimmern. Restaurant mit bürgerlichem Speisenangebot.

In Waldbronn-Reichenbach – Luftkurort :

Weinhaus Steppe
*Neubrunnenschlag 18 ⌧ 76337 – ℘ (07243) 5 65 60 – hotel@weinhaus-steppe.de
– Fax (07243) 565656*
28 Zim ⌑ – †50/78 € ††82/98 € – **Rest** – *(geschl. Aug. und Mittwoch, Sonntagabend)* Karte 20/26 €
♦ Das am Ortsrand gelegene Hotel bietet recht unterschiedlich möblierte Zimmer, die sich auf mehrere Häuser verteilen. Einige der Zimmer sind besonders modern gestaltet. Gemütlich-rustikal ist das Restaurant Weinstube.

WALDBURG – Baden-Württemberg – 545 – 2 930 Ew – Höhe 723 m – Erholungsort 63 **H21**
- Berlin 717 – Stuttgart 178 – Konstanz 96 – Kempten (Allgäu) 63

Krone (mit Gästehaus)
*Hauptstr. 21 ⌧ 88289 – ℘ (07529) 99 80 – info@waldburg.com
– Fax (07529) 998300*
35 Zim ⌑ – †53/65 € ††75/95 € – **Rest** – *(geschl. Sonntagabend - Montag)* Menü 17 € – Karte 21/32 €
♦ Ein Familienbetrieb mit ländlicher Atmosphäre, der funktionell ausgestattete Gästezimmer bereithält. Zum Haus gehören eine Bäckerei und eine kleine Brennerei.

WALDECK – Hessen – 543 – 7 840 Ew – Höhe 404 m – Luftkurort 38 **G12**
- Berlin 436 – Wiesbaden 201 – Kassel 54 – Korbach 23
- Sachsenhäuser Str. 10, ⌧ 34513, ℘ (05623) 9 99 80, edersee-info@t-online.de
- Waldeck, Domänenweg 12 ℘ (05623) 9 98 90
- Schlossterrasse ≤★

Roggenland
*Schlossstr. 11 ⌧ 34513 – ℘ (05623) 99 88 – info@roggenland.de
– Fax (05623) 6008*
61 Zim ⌑ – †75/95 € ††110/165 € – ½ P 19 € – **Rest** – Karte 23/41 €
♦ Das familiär geleitete Hotel liegt nicht weit vom Edersee und verfügt über solide und zeitgemäß ausgestattete Gästezimmer. Auch Kosmetik und Massage werden angeboten. Restaurant Brasserie mit bürgerlicher Karte.

Seeschlößchen
*Kirschbaumweg 4 ⌧ 34513 – ℘ (05623) 51 13
– hotel-seeschloesschen@t-online.de – Fax (05623) 5564
– geschl. 12. Jan. - 15. März, 6. Nov. - 21. Dez.*
22 Zim ⌑ – †42/74 € ††76/96 € – ½ P 14 € – **Rest** – (nur Abendessen für Hausgäste)
♦ In dem recht ruhig gelegenen Haus erwarten Sie eine freundlich-familiäre Atmosphäre und sehr gepflegte, praktisch eingerichtete Gästezimmer.

WALDECK

Am Edersee Süd-West : 2 km, Richtung Nieder-Werbe :

Waldhotel Wiesemann ⟨ Edersee,
Oberer Seeweg 2 ⊠ 34513 Waldeck
– ℰ (05623) 53 48 – info@waldhotel-wiesemann.de
– Fax (05623) 5410 – geschl. 5. - 13. Jan., 9. Nov. - 10. Dez.
14 Zim ⊡ – †43/83 € ††70/115 € – ½ P 19 € – **Rest** – (geschl. Okt. - April Donnerstag) Menü 20 € – Karte 26/36 €

♦ Umgeben von Wald und sanften Hügeln liegt dieses Haus oberhalb der Uferstraße. Sie wohnen in soliden, teils mit Kirschholz möblierten Gästezimmern. Von dem hellen, freundlichen Restaurant aus hat man einen schönen Blick auf den See.

In Waldeck - Nieder-Werbe West : 8 km :

Werbetal
Uferstr. 28 ⊠ 34513 – ℰ (05634) 9 79 60 – werbetal@aol.com
– Fax (05634) 979695 – geschl. 1. Jan. - 29. Feb.
29 Zim ⊡ – †43/69 € ††86/114 € – ½ P 14 €
Rest – (Nov. - Dez. nur Abendessen) Karte 18/34 €

♦ Nahe am Seeufer steht dieses familiengeführte Hotel, das bereits seit 1866 als Gasthaus existiert. Die Zimmer sind z. T. recht geräumig, einige mit Balkon. Rustikales Restaurant mit großen Fenstern zum See.

WALDENBUCH – Baden-Württemberg – 545 – 8 820 Ew – Höhe 362 m 55 G19

▶ Berlin 662 – Stuttgart 25 – Tübingen 20 – Ulm (Donau) 94

Landgasthof Rössle
Auf dem Graben 5 ⊠ 71111 – ℰ (07157) 73 80 – info@landgasthofroessle.de
– Fax (07157) 20326 – geschl. Juli - Aug. 2 Wochen
30 Zim ⊡ – †60/70 € ††85/90 € – **Rest** – (geschl. Montag) Karte 25/33 €

♦ Seit über 30 Jahren leitet die Familie diesen ursprünglich a. d. 18. Jh. stammenden Landgasthof mit seinen zeitgemäßen Zimmern. Hell und freundlich ist das Ambiente im Restaurant.

XX **Gasthof Krone**
Nürtinger Str. 14 ⊠ 71111 – ℰ (07157) 40 88 49 – info@krone-waldenbuch.de
– Fax (07157) 408854 – geschl. Jan. 2 Wochen, Aug. 2 Wochen und Dienstagabend
- Mittwoch
Rest – Menü 40/52 € – Karte 32/48 €

♦ Ein engagiert geführtes Restaurant mit ambitionierter internationaler Küche, die man im Sommer auch auf der schönen Terrasse am Flüsschen serviert.

WALDENBURG – Baden-Württemberg – 545 – 3 110 Ew – Höhe 506 m – Luftkurort 55 H17

▶ Berlin 558 – Stuttgart 88 – Heilbronn 42 – Schwäbisch Hall 19
ℹ Hauptstr. 13, ⊠ 74638, ℰ (07942) 10 80, stadt@waldenburg-hohenlohe.de

Panoramahotel Waldenburg
Hauptstr. 84 ⊠ 74638 – ℰ (07942) 9 10 00 – info@
panoramahotel-waldenburg.de – Fax (07942) 9100888
69 Zim ⊡ – †98/109 € ††135/145 € – ½ P 24 € – **Rest** – Menü 22 € (mittags)
– Karte 34/45 €

♦ Mit ihrer funktionellen, neuzeitlichen Ausstattung sind die Zimmer in diesem Hotel auch auf den Businessgast zugeschnitten. Allergikerzimmer sind ebenfalls vorhanden. Freundliches Restaurant mit großer Fensterfront und Blick auf die Hohenloher Ebene. Bistro.

Mainzer Tor garni
Marktplatz 8 ⊠ 74638 – ℰ (07942) 9 13 00 – info@mainzer-tor.de
– Fax (07942) 913030
12 Zim ⊡ – †32/48 € ††65/80 €

♦ Blau ist die dominierende Farbe in Zimmern und Fluren dieses neuzeitlich und solide möblierten Hotels. Die Zutaten fürs Frühstück kommen frisch aus der eigenen Bäckerei.

WALDENBURG

🏠 **Villa Blum** garni
Haller Str. 12 ⊠ 74638 – ✆ (07942) 9 43 70 – info@villa-blum.de
– Fax (07942) 943727
9 Zim – †75/95 € ††130 €
♦ Die Jugendstilvilla ist ein charmantes kleines Hotel mit individuellen, freundlichen Zimmern in modernem Stil. Hübsch sind auch der Frühstücksraum und der Wintergarten.

🏠 **Bergfried**
Hauptstr. 30 ⊠ 74638 – ✆ (07942) 9 14 00 – info@hotel-bergfried.com
– Fax (07942) 914045
15 Zim – †52/60 € ††76/94 € – ½ P 15 € – **Rest**
– (geschl. 11. - 23. Aug. und Mittwoch) Karte 18/32 €
♦ Das Hotel ist direkt an den Staufferturm gebaut, den höchsten Aussichtsturm des Hohenloher Landes. Die soliden Zimmer verfügen über moderne, individuell gestaltete Bäder. Restaurant und Weinlauben-Terrasse mit schöner Aussicht.

WALDENBURG – Sachsen – siehe Glauchau

WALDESCH – Rheinland-Pfalz – 543 – 2 150 Ew – Höhe 297 m   36 **D14**
▶ Berlin 603 – Mainz 88 – Koblenz 12 – Bingen 56

🏠 **Rosenhof**
Hübingerweg 10 ⊠ 56323 – ✆ (02628) 9 60 90 – hotel-rosenhof-waldesch@
t-online.de – Fax (02628) 960960 – geschl. 19. Dez. - 12. Jan.
8 Zim – †42/49 € ††68/82 € – **Rest** – Karte 20/33 €
♦ Dieses Haus ist ein tipptopp gepflegter kleiner Familienbetrieb mit zeitlos möblierten Gästezimmern, die alle über einen Balkon verfügen. Mit viel Holz rustikal gehaltenes Restaurant.

WALDKIRCH – Baden-Württemberg – 545 – 20 080 Ew – Höhe 274 m – Luftkurort
▶ Berlin 778 – Stuttgart 204 – Freiburg im Breisgau 26 – Offenburg 62
ℹ️ Kirchplatz 2, ⊠ 79183, ✆ (07681) 1 94 33, info@zweitaelerland.de
◉ Elztalmuseum ★ – Pfarrkirche St. Margaretha (Innenausstattung ★)
◎ Kandel ≤★ Süd-Ost : 12 km   61 **D20**

✂ **Zum Storchen** mit Zim
Lange Str. 24 ⊠ 79183 – ✆ (07681) 4 74 95 90 – info@storchen-waldkirch.de
– Fax (07681) 4749599 – geschl. 4. - 8. Jan., 29. Jan. - 12. Feb., Aug. 2 Wochen und Dienstag
6 Zim – †49/55 € ††79/85 € – **Rest** – Menü 30 € – Karte 23/40 €
♦ Warme Farben und in die Decke integrierte alte Holzbalken schaffen ein gemütliches Ambiente in diesem Familienbetrieb im Zentrum. Internationale Küche mit regionalen Akzenten. Die Zimmer: modern, wohnlich und funktionell.

In Waldkirch-Buchholz Süd-West : 4 km über B 294 :

🏠 **Hirschen-Stube - Gästehaus Gehri**
Schwarzwaldstr. 45 ⊠ 79183 – ✆ (07681) 47 77 70
– info@hirschenstube.de – Fax (07681) 4777740
25 Zim – †52/60 € ††72/95 € – ½ P 20 € – **Rest** – (geschl. Aug. 3 Wochen und Sonntagabend - Montag) Menü 31 € – Karte 17/44 €
♦ Schon seit über 200 Jahren steht dieses Haus im Dienst der Gastlichkeit. In Haupt- und Gästehaus – recht ruhig gelegen – befinden sich solide möblierte Übernachtungszimmer. Sie speisen in gemütlich-rustikalen Gasträumen oder auf der Gartenterrasse.

In Waldkirch-Kollnau Nord-Ost : 2 km :

🏠 **Kohlenbacher Hof**
Kohlenbach 8 (West : 2 km) ⊠ 79183 – ✆ (07681) 88 28 – hotel-restaurant@
kohlenbacherhof.de – Fax (07681) 5237 – geschl. 14. - 25. Jan.
18 Zim – †52 € ††78/84 € – ½ P 15 € – **Rest** – (geschl. Dienstag)
Karte 18/35 €
♦ Fast versteckt liegt das im traditionellen Stil gebaute Haus in einem ruhigen Seitental - durch Renovierungen aufgefrischt und mit wohnlichen Zimmern ausgestattet. Restaurant mit ländlichem Charakter.

WALDKIRCHEN – Bayern – 546 – 10 720 Ew – Höhe 573 m – Wintersport : 984 m ✠ 4
✠ – Luftkurort   60 **Q18**
- Berlin 542 – München 206 – Passau 26 – Freyung 19
- Ringmauerstr. 14, (Bürgerhaus), ✉ 94065, ✆ (08581) 1 94 33, tourismus@waldkirchen.de
- Waldkirchen, Frauenwaldstr. 2 ✆ (08581) 10 40

In Waldkirchen-Schiefweg Nord-West : 3 km Richtung Freyung :

Landgasthaus Emerenz Meier
Dorfplatz 9 ✉ 94065 – ✆ (08581) 98 91 90 – zur.emerent@gmx.de
– Fax (08581) 989192 – geschl. Montag - Dienstagmittag
Rest – Menü 37 € – Karte 21/36 €
• Im Geburtshaus der namengebenden Heimatdichterin serviert man in gepflegtem ländlich-rustikalem Ambiente eine schmackhafte regionale Küche. Museum im Haus.

WALD-MICHELBACH – Hessen – 543 – 11 620 Ew – Höhe 346 m – Wintersport :
593 m ✠ – Erholungsort   48 **G16**
- Berlin 599 – Wiesbaden 101 – Mannheim 56 – Darmstadt 61
- In der Gass 17, (Rathaus) ✉ 69483, ✆ (06207) 94 71 11, info@gemeinde-wald-michelbach.de

In Wald-Michelbach - Aschbach Nord-Ost : 2 km Richtung Beerfelden :

Vettershof   ⪻Biergarten ⇔ P VISA ⓪ AE ①
Waldstr. 12 ✉ 69483 – ✆ (06207) 23 13 – vettershof@t-online.de
– Fax (06207) 3971 – geschl. Montag und Dienstag
Rest – Menü 31/65 € – Karte 21/46 €
Rest *Kleiner Vetter* – Karte 16/30 €
• Das leicht erhöht in einem kleinen Dorf gelegene Restaurant der Familie Vetter bietet sorgfältig zubereitete saisonale Gerichte. Schön ist die Aussicht von hier. Gemütlich ist die Gaststube Kleiner Vetter. Biergarten im Grünen.

Auf der Kreidacher Höhe West : 3 km Richtung Weinheim :

Kreidacher Höhe ⪻ ⪻ 🐎 🛏 (geheizt) ⁂ ⁂ ⁂ ⁂
Kreidacher Höhe 1 ✉ 69483 Wald-Michelbach
– ✆ (06207) 9 22 20 – info@kreidacher-hoehe.de – Fax (06207) 1650
34 Zim 🝕 – †70/85 € ††105/130 € – ½ P 25 € – **Rest** – Karte 24/45 €
• Ruhig liegt das Hotel auf einer Anhöhe in waldreicher Umgebung. Man bietet funktionelle, solide möblierte Zimmer - die nach Süden hin verfügen über einen Balkon. Neorustikal gestaltetes Restaurant, z. T. mit schöner Sicht auf die Region.

WALDMOHR – Rheinland-Pfalz – 543 – 5 510 Ew – Höhe 269 m   46 **C16**
- Berlin 677 – Mainz 127 – Saarbrücken 38 – Kaiserslautern 36

Le Marmiton   🏠 P VISA ⓪ AE ①
Am Mühlweiher 1 ✉ 66914 – ✆ (06373) 91 56 – Fax (06373) 505250
– geschl. Feb. 2 Wochen, Sept. 2 Wochen und Montag - Dienstag
Rest – Menü 30/45 € – Karte 25/43 €
• Das schön an einem Weiher gelegene kleine Landhaus beherbergt ein Restaurant in klassischem Stil mit internationalem Speiseangebot. Eine Tafel präsentiert Tagesempfehlungen.

WALDSASSEN – Bayern – 546 – 7 590 Ew – Höhe 477 m   51 **N15**
- Berlin 370 – München 311 – Weiden in der Oberpfalz 43 – Bayreuth 77
- Johannisplatz 11, ✉ 95652, ✆ (09632) 8 81 60, tourist-info@waldsassen.de
- Neualbenreuth, Ottengrün 50 ✆ (09638) 12 71
- Stiftsbasilika★ (Chorgestühl★, Bibliothek★★)
- Kappel : Lage★★ – Wallfahrtskirche★ Nord-West : 3 km

1334

WALDSASSEN

Bayerischer Hof
🚗 🛏 ※ Zim, 📞 P VISA 👓 🅾

Bahnhofstr. 15 ✉ *95652 –* ℰ *(09632) 92 31 30 – info@
bayerischerhof-waldsassen.de – Fax (09632) 9231334*
15 Zim ⌂ – ♂33/39 € ♂♂50/58 € – **Rest** – *(geschl. April 1 Woche,
Nov. 1 Woche und Mittwoch)* Menü 15/18 € – Karte 13/27 €
♦ Ein kleiner Landgasthof unter familiärer Leitung, in dem nette, mit soliden Holzmöbeln eingerichtete Zimmer zur Verfügung stehen. Das Restaurant zeigt sich traditionell im bayerischen Stil.

In Waldsassen-Kondrau Süd-West : 2 km über B 299 :

Kondrauer Hof
🚗 🛏 📞 P 🏠

Alte Str. 1 (an der B 299) ✉ *95652 –* ℰ *(09632) 9 21 40 – service@kondrauerhof.de
– Fax (09632) 921444*
12 Zim ⌂ – ♂28/30 € ♂♂47/49 € – **Rest** – *(geschl. 24. Okt. - 8. Nov.,
1. - 13. Feb und Donnerstag, Montag - Samstag nur Abendessen)* Karte 11/19 €
♦ Ein freundlich geführter kleiner Gasthof in ländlicher Umgebung. Sie beziehen Quartier in zeitlos eingerichteten und gut gepflegten Zimmern. Im mit hellem Holz gestalteten Restaurant serviert man Ihnen preisgünstige bürgerliche Gerichte.

WALDSEE, BAD – Baden-Württemberg – **545** – 19 630 Ew – Höhe 588 m – Moor-
heilbad und Kneippkurort   63 **H21**

▶ Berlin 676 – Stuttgart 154 – Konstanz 61 – Ulm (Donau) 66
🅘 Ravensburger Str. 3, ✉ 88339, ℰ (07524) 94 13 42, info@bad-waldsee.de
🏌 Bad Waldsee, Hopfenweiler ℰ (07524) 4 01 72 00
🏌 Oberschwaben, Hofgut Hopfenweiler 2d ℰ (07524) 59 00
◉ Stadtsee ★

Golf & Vitalpark Bad Waldsee
🛏 🏊 ♨ 🏋 🛗 ※ Rest, 🚗 P VISA 👓 AE

Hopfenweiler (Nord-Ost : 3 km) ✉ *88339*
– ℰ *(07524) 4 01 70 – info@waldsee-golf.de*
– Fax (07524) 4017100
40 Zim – ♂89/99 € ♂♂139/150 € – ½ P 24 € – **Rest** – Karte 24/45 €
♦ Das in eine weitläufige Golfanlage eingebettete Hotel vereint gelungen alte und neue Architektur. Es stehen neuzeitliche und funktionelle Gästezimmer zur Verfügung. Im gediegenen Restaurant setzt man vor allem auf Produkte von regionalen Erzeugern.

Altes Tor garni
♨ 🛗 VISA 👓 AE

Hauptstr. 49 ✉ *88339 –* ℰ *(07524) 9 71 90 – info@altestor.de
– Fax (07524) 971997 – geschl. 22. Dez. - 5. Jan.*
27 Zim ⌂ – ♂58/64 € ♂♂89/98 €
♦ Sehr zentral liegt das sorgsam restaurierte stattliche Bürgerhaus mit den blauen Fensterläden. Es erwarten Sie wohnliche Zimmer, ein gutes Frühstück und freundlicher Service.

Grüner Baum
🚗 📞 P VISA 👓 AE

Hauptstr. 34 ✉ *88339 –* ℰ *(07524) 9 79 00 – info@baum-leben.de
– Fax (07524) 979050*
28 Zim ⌂ – ♂55/80 € ♂♂85/115 € – ½ P 17 € – **Rest** – Karte 17/33 €
♦ Beim verkehrsberuhigten Rathausvorplatz steht dieses schmucke weiße Stadthaus mit netter Atmosphäre und individuell dekorierten, unterschiedlich geschnittenen Zimmern. Sie speisen in dem zum Hof gelegenen Restaurant mit Terrasse oder in der urigen Stube.

Gästehaus Rössle garni
VISA 👓 AE

Wurzacher Str. 30 ✉ *88339 –* ℰ *(07524) 4 01 00 – info@gasthaus-roessle.com
– Fax (07524) 401040*
12 Zim ⌂ – ♂41/44 € ♂♂66/70 €
♦ Diese familiär geführte kleine Adresse direkt beim malerischen Wurzacher Tor bietet seinen Gästen gepflegte, neuzeitliche Zimmer.

Scala
≤ 🚗 ⇄ VISA 👓 AE

Wurzacher Str. 55 ✉ *88339 –* ℰ *(07524) 91 32 00 – info@scala-restaurant.de
– Fax (07524) 913445 – geschl. Januar 1 Woche und Dienstag*
Rest – Menü 27/52 € – Karte 28/42 €
♦ Das direkt am Stadtsee gelegene Haus beherbergt ein modernes Restaurant mit freundlichem Service und ambitionierter internationaler Küche mit regionalen Akzenten. Seeterrasse.

WALDSEE, BAD
In Bad Waldsee-Gaisbeuren Süd-West : 4 km über B 30 :

Adler Biergarten
Bundesstr. 15 (B 30) ⊠ *88339 – ℰ (07524) 99 80 – mail@hotel-gasthaus-adler.de – Fax (07524) 998152 – geschl. 1. - 15. Feb.*
31 Zim ⊇ – †52/66 € ††76/89 € – ½ P 17 € – **Rest** – *(geschl. Donnerstag)* Karte 21/37 €

♦ Das 500 Jahre alte Gasthaus wurde um einen modernen Hotelanbau erweitert, in dem funktionell ausgestattete, komfortable Gästezimmer zur Verfügung stehen. Im Restaurant hat man den ursprünglichen Charakter des alten Gasthauses erhalten.

WALDSHUT-TIENGEN – Baden-Württemberg – 545 – 22 450 Ew – Höhe 341 m
62 **E21**

▶ Berlin 793 – Stuttgart 180 – Freiburg im Breisgau 75 – Donaueschingen 57
🛈 Wallstr. 26, ⊠ 79761, ℰ (07751) 83 32 00, tourist-info@waldshut-tiengen.de

Im Stadtteil Waldshut

Waldshuter Hof
Kaiserstr. 56 ⊠ *79761 – ℰ (07751) 8 75 10 – hotel@waldshuter-hof.de – Fax (07751) 875170*
18 Zim ⊇ – †58 € ††85 € – **Rest** – *(geschl. Sonntagabend - Montag)* Karte 23/38 €

♦ In der Altstadt, mitten in der Fußgängerzone liegt dieses Stadthotel mit seinen funktionell und zeitgemäß ausgestatteten Gästezimmern. Gediegenes Restaurant im ersten Stock.

Im Stadtteil Tiengen

Bercher
Bahnhofstr. 1 ⊠ *79761 – ℰ (07741) 4 74 70 – hotel@bercher.de – Fax (07741) 4747100*
38 Zim ⊇ – †53/85 € ††87/127 € – **Rest** – *(geschl. Samstagmittag, Sonntag)* Karte 18/40 €

♦ Die älteren Zimmer dieses hübschen, rosa gestrichenen Stadthauses sind mit Stilmöbeln eingerichtet, die neueren mit Landhausmobiliar, einige sogar mit Kachelofen. Die unterschiedlichen Restauranträume präsentieren sich mit rustikalem Touch.

Im Stadtteil Breitenfeld Nord-Ost : 3 km ab Tiengen :

Landgasthof Hirschen ⅋
Breitenfeld 13 ⊠ *79761 – ℰ (07741) 6 82 50 – hirschen-breitenfeld@t-online.de – Fax (07741) 682568*
27 Zim ⊇ – †39/44 € ††72/82 € – **Rest** – Karte 15/43 €

♦ Ein Landgasthof der gemütlichen Art. Besonders die Zimmer im aus Cäcilia sind auffällig geräumig und überzeugen mit wohnlicher und solider Einrichtung. Ländlich-rustikal gestaltete Restauranträume.

In Lauchringen-Oberlauchringen Süd-Ost : 4 km ab Tiengen, über B 34 :

Gartenhotel Feldeck
Klettgaustr. 1 (B 34) ⊠ *79787 – ℰ (07741) 8 30 70 – mail@hotel-feldeck.de – Fax (07741) 830750*
36 Zim ⊇ – †45/58 € ††80/90 € – **Rest** – *(geschl. Samstag)* Karte 22/31 €

♦ Ein von der Inhaberfamilie gut geführtes Haus, in dem gepflegte, unterschiedlich möblierte Gästezimmer zur Verfügung stehen.

WALDSTETTEN – Baden-Württemberg – siehe Schwäbisch Gmünd

WALLDÜRN – Baden-Württemberg – 545 – 12 050 Ew – Höhe 398 m – Erholungsort
48 **H16**

▶ Berlin 554 – Stuttgart 125 – Würzburg 59 – Aschaffenburg 64
🛈 Hauptstr. 27 (Rathaus), ⊠ 74731, ℰ (06282) 6 71 07, tourismus@wallduern.de
 Walldürn-Neusaß, Mühlweg 7 ℰ (06282) 73 83
 Mudau, Donebacher Str. 41 ℰ (06284) 84 08

WALLDÜRN

Zum Riesen
*Hauptstr. 14 ⌂ 74731 – ℰ (06282) 9 24 20 – info@hotel-riesen.de
– Fax (06282) 924250*
26 Zim ⌂ – †55/57 € ††85/89 € – **Rest** – *(geschl. Freitag)* Karte 21/28 €
♦ Engagiert führt die Familie das a. d. J. 1724 stammende ehemalige Palais mit der schön restaurierten Fassade. Besonders hübsch sind die Barockzimmer mit Stuckdecke. Restaurant mit internationaler Küche.

In Walldürn-Reinhardsachsen Nord-West : 9 km :

Frankenbrunnen
*Am Kaltenbach 3 ⌂ 74731 – ℰ (06286) 9 20 20 – hotel-frankenbrunnen@
t-online.de – Fax (06286) 1330 – geschl. 2. - 13. Jan.*
28 Zim ⌂ – †70/90 € ††100/130 € – ½ P 18 € – **Rest** – Karte 19/42 €
♦ In einem ruhigen kleinen Dorf liegt der familiengeführte Gasthof mit funktionell ausgestatteten Zimmern, teils mit Balkon - einige im ehemaligen Bauernhaus nebenan. In den Gasträumen wird ein breit gefächertes Speiseangebot serviert.

WALLENHORST – Niedersachsen – 541 – 23 960 Ew – Höhe 91 m   17 E8
▶ Berlin 433 – Hannover 150 – Bielefeld 61 – Nordhorn 83

Alte Küsterei
*Kirchplatz 6 ⌂ 49134 – ℰ (05407) 85 78 70 – mail@alte-kuesterei.de
– Fax (05407) 857871 – geschl. Jan. 2 Wochen, Aug. 2 Wochen und Montag - Dienstag*
Rest – *(nur Abendessen)* Menü 30 € – Karte 34/55 €
♦ In der Ortsmitte, gleich beim Rathaus liegt dieses schöne restaurierte Steinhaus a. d. J. 1883. Sie tafeln hier unter einer Holzbalkendecke und umgeben von verspieltem Dekor.

WALLERFANGEN – Saarland – siehe Saarlouis

WALLERSTEIN – Bayern – 546 – 3 420 Ew – Höhe 441 m   56 J18
▶ Berlin 521 – München 139 – Augsburg 78 – Ansbach 62

Zum goldenen Löwen
*Obere Bergstr. 1 ⌂ 86757 – ℰ (09081) 2 76 60 – goldener.loewe@t-online.de
– Fax (09081) 27666 – geschl. 1. - 14. Sept. und Dienstag*
Rest – Karte 17/33 €
♦ Der a. d. 18. Jh. stammende Gasthof gegenüber dem Schloss ist heute ein familiengeführtes Restaurant mit ländlichem Ambiente. Beliebt sind die Maultaschenspezialitäten.

WALLGAU – Bayern – 546 – 1 430 Ew – Höhe 866 m – Wintersport : 1 000 m
– Erholungsort   65 L22
▶ Berlin 680 – München 93 – Garmisch-Partenkirchen 20 – Bad Tölz 47
🛈 Mittenwalder Str. 8, ⌂ 82499, ℰ (08825) 92 50 50, touristinfo@wallgau.de
🛈 Karwendel, Risser Str. 14 ℰ (08825) 21 83

Parkhotel
*Barmseestr. 1 ⌂ 82499 – ℰ (08825) 2 90 – parkhotel@wallgau.de
– Fax (08825) 366 – geschl. Nov.*
44 Zim ⌂ – †80/85 € ††140/160 € – ½ P 25 € – 12 Suiten
Rest – *(Tischbestellung ratsam)* Karte 26/44 €
♦ Vor herrlicher Kulisse liegt dieses alpenländische Haus mit großzügigem Hallenbereich. Besonders komfortabel sind die Suiten mit aufwändigen Bädern. Rustikal-elegant gestaltetes Restaurant.

Alpenhof
*Mittenwalder Str. 28 ⌂ 82499 – ℰ (08825) 20 90 – hotel@alpenhof-wallgau.de
– Fax (08825) 2017 – geschl. 31. März - 25. April, 31. Okt. - 20. Dez.*
19 Zim ⌂ – †30/39 € ††60/72 € – ½ P 11 € – **Rest** – *(geschl. Mittwoch, nur Abendessen)* Karte 19/29 €
♦ Die Zimmer dieses schönen Alpenhotels wurden mit individuell angefertigten Möbeln ausgestattet und verfügen über Balkone mit einem traumhaften Blick auf die Berge.

WALLUF – Hessen – 543 – 5 790 Ew – Höhe 84 m   47 **E15**
▶ Berlin 573 – Wiesbaden 10 – Bad Kreuznach 49 – Koblenz 71

Zum neuen Schwan
Rheinstr. 3 ⊠ 65396 – ℰ (06123) 9 95 90 – hotel-zum-neuen-schwan@t-online.de
– Fax (06123) 995950 – geschl. 21. Dez. - 16. Jan.
26 Zim – †51/72 € ††69/92 €, ⊆ 8 €
Rest *Rheinpavillon* – ℰ (06123) 99 59 18 (geschl. 12. Nov. - 15. Feb. und Donnerstag) Karte 16/38 €

♦ Ganz in der Nähe des Rheins liegt das in seinem Baustil dem ländlichen Charakter des Ortes angepasste Hotel mit funktionell ausgestatteten Zimmern. Gegenüber dem Hotel: das Restaurant Rheinpavillon mit schöner Terrasse am Fluss.

Zur Schlupp
Hauptstr. 25 ⊠ 65396 – ℰ (06123) 7 26 38 – info@gasthauszurschlupp.de
– Fax (06123) 75256 – geschl. Mitte Juli - Ende Aug., 27. Dez. - 5. Jan. und Dienstag - Mittwoch
Rest – (Montag - Samstag nur Abendessen) (Tischbestellung ratsam) Karte 24/34 €

♦ Diese sympathische Weinstube befindet sich in einem kleinen Altstadthaus. Gäste nehmen in nettem schlicht-rustikalem Ambiente oder auf der Innenhofterrasse Platz.

WALPERTSKIRCHEN – Bayern – 546 – 1 930 Ew – Höhe 464 m   66 **M20**
▶ Berlin 603 – München 43 – Erding 8

In Walpertskirchen-Hallnberg Süd : 1,5 km :

Hallnberg
Hallnberg 2 ⊠ 85469 – ℰ (08122) 9 94 30 – info@hallnberg.de
– Fax (08122) 994399
30 Zim ⊆ – †79/99 € ††99/109 € – **Rest** – (nur Abendessen) Menü 29/55 €
– Karte 29/47 €

♦ Mit seinen zeitgemäß ausgestatteten Zimmern - meist ruhig nach hinten gelegen - stellt dieser Gasthof eine ansprechende und gut geführte Übernachtungsadresse dar. Eine Kräuterterrasse ergänzt das klassisch gehaltene Restaurant mit internationaler Karte.

WALSRODE – Niedersachsen – 541 – 24 370 Ew – Höhe 32 m – Erholungsort
▶ Berlin 329 – Hannover 70 – Bremen 61 – Hamburg 102   18 **H7**
🛈 Lange Str. 22, ⊠ 29664, ℰ (05161) 97 71 75, tourismus@stadt-walsrode.de
🏌 Fallingbostel, Tietlingen 6c ℰ (05162) 38 89
🟢 Vogelpark★ Nord : 3 km

Landhaus Walsrode garni
Oskar-Wolff-Str. 1 ⊠ 29664 – ℰ (05161) 9 86 90
– landhauswa@aol.com – Fax (05161) 2352 – geschl. 20. Dez. - 2. Jan.
20 Zim ⊆ – †70/118 € ††85/160 €

♦ Aus einem ehemaligen Bauernhaus entstand dieses stilvolle Landhotel in einem großzügigen Garten. Gediegenes Ambiente erwartet Sie in den individuell gestalteten Zimmern.

Mercure garni
Gottlieb-Daimler-Str. 11 ⊠ 29664 – ℰ (05161) 60 70 – info@mercurewalsrode.de
– Fax (05161) 607444
78 Zim – †59/109 € ††69/129 €, ⊆ 13 €

♦ Mit seinen sachlichen, praktischen Zimmern und der verkehrsgünstigen Lage ist dieses Hotel ganz auf Geschäftsreisende ausgelegt.

Beim Vogelpark Nord : 3 km :

Parkhotel Luisenhöhe
Ahrsenerstr. 2 ⊠ 29699 Bomlitz – ℰ (05161) 9 86 20 – info@luisenhoehe.de
– Fax (05161) 2387
47 Zim ⊆ – †70/90 € ††100/120 € – ½ P 16 € – **Rest** – Karte 19/36 €

♦ Direkt gegenüber dem bekannten Vogelpark, in einem Waldgebiet gelegenes Hotel, das über funktionelle, solide möblierte Gästezimmer verfügt. Ein Teil des Restaurants liegt zum kleinen Innenhof mit Mühlrad. Eleganter ist das Abendrestaurant mit Kamin.

WALSRODE

In Walsrode-Hünzingen Nord : 5 km über Dreikronen :

Forellenhof (mit Gästehaus)
Hünzingen 3 ⊠ 29664 – ℰ (05161) 97 00 – info@forellenhof-walsrode.de
– Fax (05161) 970123
64 Zim ⊡ – †54/70 € ††80/110 € – ½ P 16 € – **Rest** – Menü 20 € (veg.)/30 €
– Karte 19/34 €
♦ Die ländlich-idyllische Lage sowie solide und wohnliche Zimmer sprechen für dieses Hotel. Mit hauseigener Brauerei und Reitmöglichkeiten. Viel helles Holz gibt dem Restaurant seinen rustikalen Charakter.

WALTENHOFEN – Bayern – **546** – 8 990 Ew – Höhe 722 m   64 **J21**
▸ Berlin 704 – München 131 – Kempten (Allgäu) 6 – Bregenz 73
🛈 Rathausstr. 4, ⊠ 87448, ℰ (08303) 79 29, gaesteinformation@waltenhofen.de

In Waltenhofen-Martinszell Süd : 5,5 km über B 19 – Erholungsort :

Landhotel Adler (mit Gästehaus)   Biergarten
Illerstr. 10 ⊠ 87448 – ℰ (08379) 92 07 00 – info@mein-adler.de
– Fax (08379) 920727
31 Zim ⊡ – †45/49 € ††78/90 € – **Rest** – Karte 15/32 €
♦ Ein solider Familienbetrieb ist dieser regionstypische Gasthof mit Gästehaus. Die recht einfachen, gepflegten Zimmer sind mit hellem Naturholzmobiliar eingerichtet. Behagliche, rustikal gestaltete Gaststuben.

WALTERSHAUSEN – Thüringen – **544** – 11 480 Ew – Höhe 320 m   40 **J12**
▸ Berlin 338 – Erfurt 47 – Eisenach 23
🛈 Borngasse 9, ⊠ 99880, ℰ (03622) 63 01 48, stadtinfo@stadt-waltershausen.de

Waldhaus
Zeughausgasse 5 ⊠ 99880 – ℰ (03622) 6 90 03 – waldhaushotel@t-online.de
– Fax (03622) 902249 – geschl 4. - 24. Feb.
10 Zim ⊡ – †43 € ††64 € – **Rest** – (Montag - Freitag nur Abendessen)
Karte 16/22 €
♦ Ruhige Lage, schöne Aussicht und recht einfache, aber sehr gepflegte Gästezimmer sprechen für diesen kleinen Familienbetrieb. Rustikale Gaststube mit zwei hübschen Nebenräumen für besondere Anlässe.

Zum Eisenacher
Bremerstr. 14 ⊠ 99880 – ℰ (03622) 90 24 12 – geschl. 15. - 20. Juni,
1. - 8. Aug. und Dienstagabend - Mittwoch
Rest – Karte 23/41 €
♦ Ein rustikales, nett dekoriertes Restaurant unter Leitung der Familie. Die regionalen Gerichte sowie einige seltene Weine empfiehlt der Chef auch gerne mündlich. Innenhof.

WALTROP – Nordrhein-Westfalen – **543** – 30 270 Ew – Höhe 70 m   26 **D10**
▸ Berlin 494 – Düsseldorf 74 – Münster (Westfalen) 50 – Recklinghausen 15

Haus der Handweberei garni
Bahnhofstr. 95 ⊠ 45731 – ℰ (02309) 9 60 90 – hotel-kaufhold@t-online.de
– Fax (02309) 75899
22 Zim ⊡ – †42/44 € ††72/77 €
♦ Ein freundlich geleiteter Familienbetrieb mit sehr gepflegten Zimmern und frischem, reichhaltigem Frühstück. Mit im Haus befindet sich die namengebende Weberei.

Gasthaus Stromberg
Dortmunder Str. 5 ⊠ 45731 – ℰ (02309) 42 28 – info@gasthaus-stromberg.de
– Fax (02309) 920317 – geschl. Montag
Rest – Menü 36/41 € – Karte 24/43 €
♦ Gelungen hat man in dem familiär geführten Gasthaus in der Fußgängerzone Traditionelles mit Modernem kombiniert. Geboten wird schmackhafte regionale und internationale Küche.

1339

WANDLITZ – Brandenburg – 542 – 19 530 Ew – Höhe 55 m 23 P7

▶ Berlin 33 – Potsdam 61 – Brandenburg 103 – Frankfurt (Oder) 118
🛈 Prenzlauer Chaussee 157, ✉ 16348, ℰ (033397) 6 61 31, tv-naturparkbarnim@ibs-brandenburg.de

SeePark
Kirchstr. 10 ✉ 16348 – ℰ (033397) 7 50 – info@seepark-wandlitz.com – Fax (03397) 75199
52 Zim ⌑ – ♦70 € ♦♦105 € – **Rest** – *(geschl. Okt. - April Montag - Dienstag)* Karte 25/41 €
♦ Auf einem wunderschönen Seegrundstück mit Park befindet sich dieses von außen unscheinbare Haus, das im Inneren mit modernem Ambiente gefällt. Im Untergeschoss des Hotels liegt das neuzeitlich gestaltete Restaurant.

Zur Waldschänke
Zühlsdorfer Chaussee 14 (Süd-West : 3 km) ✉ 16348 – ℰ (033397) 35 50 – kontakt@waldschänkerahmersee.de – Fax (033397) 355355
21 Zim ⌑ – ♦45 € ♦♦74 € – **Rest** – Karte 12/29 €
♦ Das frühere Ausflugslokal wurde nach der Wende um Fremdenzimmer ergänzt, die ein gutes Platzangebot und gediegenes Wurzelholzmobiliar bieten. Mit Jagdtrophäen geschmückte Galerieräume.

In Wandlitz-Basdorf Süd : 3,5 km über B 109

Barnimer Hof
Am Markt 9 ✉ 16348 – ℰ (033397) 78 70 – info@barnimer-hof.de – Fax (033397) 78777
22 Zim ⌑ – ♦58/72 € ♦♦79/87 € – **Rest** – *(Montag - Freitag nur Abendessen)* Karte 15/30 €
♦ Mit hellen Naturholzmöbeln, hübschen karierten Stoffen und warmen Farben hat man die Zimmer dieses tadellos gepflegten Hauses wohnlich im Landhausstil eingerichtet. Helles, freundliches Restaurant.

WANGEN IM ALLGÄU – Baden-Württemberg – 545 – 26 820 Ew – Höhe 556 m – Luftkurort 63 I21

▶ Berlin 701 – Stuttgart 194 – Konstanz 37 – Ravensburg 23
🛈 Marktplatz 1 (Rathaus), ✉ 88239, ℰ (07522) 7 42 11, tourist@wangen.de
◉ Marktplatz★

Allgovia garni
Scherrichmühlweg 15 ✉ 88239 – ℰ (07522) 9 16 88 90 – hirlemann@hotel-allgovia.de – Fax (07522) 91688989 – geschl. 24. Dez. - 7. Jan.
21 Zim ⌑ – ♦53/90 € ♦♦85/95 €
♦ Mit Geschmack hat man das Hotel am Rand der Altstadt hochwertig und modern ausgestattet. Im Haus befinden sich auch ein netter Saunabereich und ein Kosmetikstudio.

Oberwirt
Bahnhofsplatz 1 ✉ 88239 – ℰ (07522) 9 31 10 – vierks@oberwirt-wangen.de – Fax (07522) 931188
29 Zim ⌑ – ♦53/70 € ♦♦82/95 € – **Rest** – *(geschl. Feb. 1 Woche, Nov. 1 Woche und Montag)* Karte 18/38 €
♦ In dem von der Inhaberfamilie geleiteten Haus in Bahnhofsnähe stehen zeitgemäß und wohnlich eingerichtete Gästezimmer zur Verfügung. Restaurant mit regionalem Speisenangebot.

Engelberg garni
Leutkircher Str. 47 ✉ 88239 – ℰ (07522) 70 79 70 – hotel@birk-wangen.de – Fax (07522) 7079710 – geschl. 23. Dez. - 20. Jan.
11 Zim ⌑ – ♦53/60 € ♦♦84/90 €
♦ In diesem familiär geleiteten Haus erwarten den Gast zeitgemäße, funktionell wie auch wohnlich eingerichtete Zimmer und ein sehr netter Frühstücksraum mit gutem Buffet.

WANGEN IM ALLGÄU

In Wangen-Deuchelried Ost : 1,5 km :

Adler
Obere Dorfstr. 4 ⊠ 88239 – ℰ (07522) 70 74 77 – Fax (07522) 707478
– geschl. Fasching 2 Wochen, Juli - Aug. 3 Wochen und Montag - Dienstag
Rest – Menü 41 € – Karte 27/40 €
♦ Sehr freundlich kümmert man sich in dem netten Familienbetrieb um den Gast. Die regionalen Speisen serviert man in zwei charmanten Stuben oder auf der hübschen Gartenterrasse.

WANGEN (KREIS GÖPPINGEN) – Baden-Württemberg – 545 – 3 240 Ew – Höhe 388 m
55 **H18**

▶ Berlin 607 – Stuttgart 38 – Göppingen 5

Landhotel Linde
Hauptstr. 30 ⊠ 73117 – ℰ (07161) 91 11 10 – info@landhotel-linde-wangen.de
– Fax (07161) 9111122
28 Zim – †65/75 € ††110/130 € – **Rest** – (geschl. 1. - 10. Feb., 19. - 25. Mai und Freitag - Samstagmittag) Karte 21/35 €
♦ Ein verglaster Eingangsbereich in neuzeitlichem Design empfängt Sie in diesem Hotel im Zentrum. Besonders schön sind die neueren, modern eingerichteten Zimmer. Restaurant in rustikalem Stil.

Landgasthof Adler
Hauptstr. 103 ⊠ 73117 – ℰ (07161) 2 11 95 – Fax (07161) 21195
– geschl. Anfang Jan. 2 Wochen, Pfingsten 1 Woche, Anfang Juli 1 Woche und Sonntagabend - Dienstag
Rest – (Tischbestellung ratsam) Menü 45/49 € – Karte 31/49 €
♦ Viel Zierrat, ein Kachelofen und Fotografien machen das zweigeteilte Restaurant - teils im Landhausstil eingerichtet, teils eher bürgerlich-rustikal - gemütlich.

WANGERLAND – Niedersachsen – 541 – 10 170 Ew – Höhe 2 m – Nordseeheilbad
8 **E5**

▶ Berlin 496 – Hannover 242 – Emden 76 – Cuxhaven 123

ℹ Zum Hafen 3 (Horumersiel), ⊠ 26434, ℰ (04426) 98 70, info@wangerland.de

In Wangerland-Hooksiel

Zum Schwarzen Bären
Lange Str. 15 ⊠ 26434 – ℰ (04425) 9 58 10 – info@zum-schwarzen-baeren.de
– Fax (04425) 958129 – geschl. Mittwoch
Rest – (Jan. - Feb. wochentags nur Abendessen) Karte 18/38 €
♦ Dieses im friesischen Stil eingerichtete Restaurant liegt genau gegenüber dem alten Hafen. Inmitten maritimer Accessoires isst man hier hauptsächlich Fischgerichte.

In Wangerland-Horumersiel

Altes Zollhaus
Zum Hafen 1 ⊠ 26434 – ℰ (04426) 9 90 90 – info@zollhaus.de
– Fax (04426) 990966
35 Zim ⊇ – †55/85 € ††60/120 € – ½ P 19 € – **Rest** – Karte 22/31 €
♦ In dem familiär geführten Hotel mit Klinkerfassade stehen freundliche, wohnlich-moderne Gästezimmer und ein kleiner Massagebereich zur Verfügung. Restaurant mit Galerie und Wintergarten.

Bendiks garni
Deichstr. 18 ⊠ 26434 – ℰ (04426) 18 57 – jbendiks@aol.com
– Fax (04426) 991208
15 Zim ⊇ – †46/63 € ††72/90 €
♦ Das nahe dem Deich in einem Wohngebiet gelegene neuzeitliche Klinkerhaus gefällt mit seinen eleganten Zimmern und einem in warmen Farben gehaltenen Frühstücksraum.

WANGERLAND

Nakuk
Rest, 🅿

Wiardergroden 22 ⊠ 26434 – ℰ (04426) 90 44 00 – info@nakuk.de
– Fax (04426) 904429 – geschl. Jan.
15 Zim ⊇ – †65/90 € ††120/130 € – **Rest** – *(nur Abendessen)* (Tischbestellung ratsam) Karte 21/31 €

♦ Aus einem aufwändig sanierten alten Bauernhof ist dieses geschmackvoll ausgestattete Hotel mit großem Garten entstanden. Der Name des Hauses steht für Natur, Kunst und Kultur. Helles, neuzeitlich gestaltetes Restaurant.

Leuchtfeuer
Rest, 🅿 VISA ⦿ AE ⓘ

Pommernweg 1 ⊠ 26434 – ℰ (04426) 9 90 30 – leuchtfeuer@horumersiel.de
– Fax (04426) 9903110
34 Zim ⊇ – †56/67 € ††88/110 € – ½ P 15 € – **Rest** – Karte 20/33 €

♦ Ein direkt im Ortszentrum, über einem Geschäft gelegenes Hotel mit neuzeitlichen, wohnlich ausgestatteten Gästezimmern und Massagebereich. Restaurant mit freundlichem Ambiente. Am Abend nur Buffet.

Schmidt's Hoern garni
🅿

Heinrich-Tiarks-Str. 5 ⊠ 26434 – ℰ (04426) 9 90 10 – info@schmidts-hoern.de
– Fax (04426) 990132 – geschl. 10. - 31. Jan.
17 Zim ⊇ – †46/78 € ††70/94 €

♦ Ruhig liegt das kleine Ferienhotel mit Pensionscharakter in einem Wohngebiet. Jedes Zimmer verfügt über eine kleine Küche sowie Balkon oder Terrasse.

WANGEROOGE (INSEL) – Niedersachsen – 541 – 1 090 Ew – Höhe 3 m – Insel der Ostfriesischen Inselgruppe – Nordseeheilbad
8 **E4**

▶ Berlin 512 – Hannover 256 – Cuxhaven 144 – Emden 72

Autos nicht zugelassen

🚢 von Wittmund-Harlesiel (ca. 1 h 15 min), ℰ (04464) 94 94 11

🛈 Im Bahnhof, ⊠ 26476, ℰ (04469) 9 48 80, info@westturm.de

Upstalsboom Strandhotel
VISA ⦿ AE ⓘ

Strandpromenade 21 ⊠ 26486 – ℰ (04469) 87 60 – strandhotel@upstalsboom.de
– Fax (04469) 876511
81 Zim ⊇ – †88/120 € ††134/222 € – ½ P 25 € – 12 Suiten
Rest – Karte 23/43 €

♦ Schön liegt das Hotel an der Strandpromenade. Die hell und funktionell eingerichteten Zimmer bieten teilweise einen phantastischen Seeblick. Vom Restaurant Gerken und von der Seeterrasse schauen Sie auf Strand und Meer. Fischerstube.

Atlantic garni

Peterstr. 13 ⊠ 26486 – ℰ (04469) 18 01 – hotel-garni@atlantic-wangerooge.de
– Fax (04469) 1464 – geschl. 10. Jan. - 1. April
16 Zim ⊇ – †62/100 € ††112/120 €

♦ In dem gut unterhaltenen kleinen Hotel nahe der Strandpromenade kümmert man sich nett um seine Gäste. Sie wohnen in solide möblierten Zimmern mit Meer- oder Gartenblick.

WANZLEBEN – Sachsen-Anhalt – 542 – 5 450 Ew – Höhe 100 m
31 **L9**

▶ Berlin 176 – Magdeburg 20

Burg Wanzleben
Rest, VISA ⦿ ⓘ

Am Amt 1 ⊠ 39164 – ℰ (039209) 6 01 40 – info@burgwanzleben.com
– Fax (039209) 601414 – geschl. Mitte Jan. - Mitte Feb.
29 Zim ⊇ – †90/175 € ††125/180 € – 4 Suiten
Rest – *(geschl. Sonntagabend)* Karte 36/52 €

♦ Hier nächtigen Sie hinter den alten Mauern der historischen Burganlage in wohnlichen und geschmackvoll eingerichteten Gästezimmern. Im Restaurant Philipp August wird Ihnen unter dem schönen Kreuzgewölbe aus Ziegelstein klassische Küche geboten.

Rot steht für unsere besonderen Empfehlungen!

1342

WARBURG – Nordrhein-Westfalen – 543 – 24 300 Ew – Höhe 210 m 28 **G11**
- Berlin 403 – Düsseldorf 195 – Kassel 34 – Marburg 107
- Neustädter Marktplatz, ⊠ 34414, ℰ (05641) 9 08 50, info@warburg-touristik.de

Alt Warburg (mit Gästehaus)
Kalandstr. 11 ⊠ 34414 – ℰ (05641) 7 89 80 – alt-warburg@romantikhotels.com
– Fax (05641) 789815
20 Zim ⊇ – †78/85 € ††125 € – **Rest** – *(geschl. 1. - 7. Jan. und Sonntag, Montag - Freitag nur Abendessen)* Menü 48/55 € – Karte 44/49 €
♦ Das restaurierte Fachwerkhaus a. d. 16. Jh. liegt in der schönen historischen Innenstadt direkt an der Kirche. Funktionelle Zimmer, teils mit freigelegten alten Holzbalken. Im gemütlichen Restaurant erwarten Sie freundlicher Service und eine klassische Karte.

In Warburg-Germete West : 2 km über B 7 und B 252, Richtung A 44 :

Landgasthof Deele
Zum Kurgarten 24 ⊠ 34414 – ℰ (05641) 7 88 90 – info@hotel-deele.de
– Fax (05641) 4164
13 Zim ⊇ – †65/70 € ††95/105 € – **Rest** – *(geschl. Montagmittag)* Karte 24/39 €
♦ Hier wohnen Sie in einem denkmalgeschützten Bauernhaus aus dem Jahre 1745, in dem man Ihnen heute zeitgemäß ausgestattete Gästezimmer bietet. Mit viel Holz und nettem Dekor ländlich-rustikal gestaltetes Restaurant.

WARDENBURG – Niedersachsen – 541 – 15 930 Ew – Höhe 9 m 17 **F6**
- Berlin 444 – Hannover 156 – Bremen 56 – Oldenburg 13

Wardenburger Hof   Biergarten
Oldenburger Str. 255 ⊠ 26203 – ℰ (04407) 9 21 00 – wardenburger.hof@t-online.de – Fax (04407) 20710
26 Zim ⊇ – †50/60 € ††80/90 € – **Rest** – Menü 20 € – Karte 20/34 €
♦ Bei der Gestaltung der Hotelzimmer hat man viel Wert auf solide Eichenmöbel, hübsche Stoffe und eine wohnliche Ausstattung im Landhausstil gelegt. Das Restaurant ist - entsprechend der Herkunft der Patronin - im friesischen Stil gestaltet.

WAREN (MÜRITZ) – Mecklenburg-Vorpommern – 542 – 21 660 Ew – Höhe 70 m
– Luftkurort   13 **N5**
- Berlin 162 – Schwerin 102 – Neubrandenburg 42 – Hamburg 212
- Neuer Markt 21, ⊠ 17192, ℰ (03991) 66 61 83, waren-tourist@t-online.de
- Müritz-Nationalpark ★

Kleines Meer
Alter Markt 7 ⊠ 17192 – ℰ (03991) 64 80 – info@kleinesmeer.com
– Fax (03991) 648222
30 Zim ⊇ – †70/105 € ††82/145 € – ½ P 23 €
Rest – *(geschl. 15. Okt. - 15. März Sonntag - Montag, nur Abendessen)*
Menü 38/70 € – Karte 34/52 €
♦ Die Lage im Zentrum, nicht weit vom Hafen sowie freundliche und moderne Gästezimmer mit guter technischer Ausstattung sprechen für dieses Hotel. Im neuzeitlichen Restaurant bietet man ambitionierte internationale Küche. Wein-Bistro.

Villa Margarete
Fontanestr. 11 ⊠ 17192 – ℰ (03991) 62 50 – villamargarete@ringhotels.de
– Fax (03991) 625100
30 Zim ⊇ – †72/89 € ††94/145 € – ½ P 23 € – **Rest** – Karte 23/37 €
♦ Die Gästezimmer dieser Villa mit Anbau sind allesamt zeitgemäß und wohnlich eingerichtet. Das Prunkstück ist die Suite mit einem aufwändig gestalteten Bad. Neuzeitlich-schlicht gehaltenes Restaurant.

Ingeborg garni
Rosenthalstr. 5 ⊠ 17192 – ℰ (03991) 6 13 00 – hotel-ingeborg@t-online.de
– Fax (03991) 613030 – geschl. Jan. - Feb. 2 Wochen
28 Zim ⊇ – †60 € ††75/90 €
♦ Ein sehr gepflegtes und nett geführtes Hotel in Hafennähe. Wenn Sie seefest sind, können Sie an einem Törn auf dem hoteleigenen Jollenkreuzer Ingeborg teilnehmen.

WAREN (MÜRITZ)

Am Yachthafen garni
Strandstr. 2 ⊠ 17192 – ℰ (03991) 6 72 50 – info@am-yachthafen.de
– Fax (03991) 672525 – geschl. 7. Nov. - 15. März
20 Zim – †60/118 € ††87/125 € – 4 Suiten
♦ Bemerkenswert ist in diesem schön restaurierten Haus von 1831 die Einrichtung: In den Zimmern und Suiten sind massive Stilmöbel von kundiger Hand arrangiert worden.

Stadt Waren garni
Große Burgstr. 25 ⊠ 17192 – ℰ (03991) 6 20 80 – info@hotel-stadt-waren.de
– Fax (03991) 620830
22 Zim ⊇ – †50/60 € ††76/88 €
♦ Die neuzeitliche und wohnlich-funktionelle Einrichtung zieht sich durch das ganze Haus, das von der liebenswürdigen Gastgeberfamilie gut geführt wird.

Gasthof Kegel garni
Große Wasserstr. 4 ⊠ 17192 – ℰ (03991) 6 20 70 – info@hotel-stadt-waren.de
– Fax (03991) 620714
16 Zim – †44/52 € ††65/80 €
♦ Mitten im Zentrum des Ortes liegt das Haus mit den Holzgauben. Helle, solide eingerichtete Zimmer und familiärer Service sprechen für das kleine Hotel.

In Kargow-Schwarzenhof Süd-Ost : 12 km über Federow :

Kranichrast
Dorfstr. 15 (im Müritz-Nationalpark) ⊠ 17192 – ℰ (03991) 6 72 60
– nationalparkhotel@t-online.de – Fax (03991) 672659
31 Zim ⊇ – †53/59 € ††75/85 € – ½ P 16 € – **Rest** – Karte 17/29 €
♦ Inmitten reizvoller Natur liegt dieses mit zeitgemäßen Gästezimmern ausgestattete Hotel - idealer Ausgangspunkt für Radtouren und Wanderungen. Speisesaal mit Panoramafenstern und bürgerlichem Angebot.

In Klink Süd-West : 7 km über B 192 :

Schlosshotel Klink
Schlossstr. 6 ⊠ 17192 – ℰ (03991) 74 70
– reservierung@schlosshotel-klink.de – Fax (03991) 747299
105 Zim – †65/100 € ††90/140 € – ½ P 25 € – 4 Suiten
Rest *Garten Eden* – Karte 26/38 €
Rest *Ritter-Artus-Keller* – Karte 20/30 €
♦ Sehr schön liegt das Schloss a. d. J. 1898 an der Müritz. Die Zimmer hier sind mit Stilmöbeln ausgestattet, in der Orangerie mit Rattanmobiliar. Klassisch ist das Restaurant Garten Eden gehalten.

In Groß Plasten Nord-Ost : 12 km über B 192 und B 194 :

Schloss Groß Plasten
Parkallee 36 ⊠ 17192 – ℰ (039934) 80 20
– information@schlosshotel-grossplasten.de – Fax (039934) 80299
54 Zim ⊇ – †75/125 € ††90/150 € – ½ P 25 € – **Rest** – Karte 31/48 €
♦ Das Anwesen mit dem geschmackvollen Rahmen ist ein Herrensitz a. d. J. 1751. Wer das Besondere liebt, wählt eines der individuell gestalteten "Nostalgie-Zimmer". Eine Terrasse am See ergänzt das teils holzvertäfelte Restaurant mit den schweren Polsterstühlen.

WARENDORF – Nordrhein-Westfalen – 543 – 38 880 Ew – Höhe 63 m 27 **E9**
▶ Berlin 443 – Düsseldorf 150 – Bielefeld 50 – Münster (Westfalen) 27
🛈 Emsstr. 4, ⊠ 48231, ℰ (02581) 78 77 00, verkehrsverein@warendorf.de
🏌 Warendorf, Vohren 41 ℰ (02586) 17 92
◉ Freckenhorst : Stiftskirche ★ (Taufbecken★) Süd-West : 5 km

Im Engel
Brünebrede 35 ⊠ 48231 – ℰ (02581) 9 30 20 – info@hotel-im-engel.de
– Fax (02581) 62726
39 Zim ⊇ – †65/99 € ††89/135 € – **Rest** – *(geschl. 1. - 6. Jan. und Sonntag)*
Menü 25/48 € – Karte 28/54 €
♦ Seit 1692 ist das traditionsreiche Altstadthaus in Familienhand. Besonders komfortabel: der hochwertig ausgestattete Anbau. Das Thema Wein zieht sich durchs ganze Haus. Stilvoll-rustikales Restaurant.

WARENDORF

Mersch
Dreibrückenstr. 66 – 48231 – ℰ (02581) 6 37 30 – info@hotel-mersch.de
– Fax (02581) 637340
24 Zim – †75/85 € ††105/115 € – **Rest** – (geschl. Sonntag, nur Abendessen)
Karte 27/48 €

◆ Fast am Ortsausgang liegt diese gut geführte und zeitgemäße Übernachtungsadresse. In der nahen Umgebung befinden sich vielfältige Sport- und Freizeiteinrichtungen. Gediegene Atmosphäre im Restaurant und im Bistro M's Lounge.

Engelchen
Heumarkt 2 – 48231 – ℰ (02581) 7 89 88 88 – info@hotel-im-engel.de
– Fax (02581) 62726 – geschl. Montag - Dienstag
Rest – Menü 39 € – Karte 24/38 €

◆ Café, Feinkost- und Weinhandel sowie Restaurant unter einem Dach. In neuzeitlichem Bistro-Ambiente serviert man Ihnen internationale Gerichte.

WARMENSTEINACH – Bayern – 546 – 2 440 Ew – Höhe 628 m – Wintersport : 1 024 m ⛷ 7 ⛰ – Luftkurort
51 **M15**

▶ Berlin 372 – München 253 – Weiden in der Oberpfalz 73 – Bayreuth 24
🛈 Freizeithaus 420, – 95485, ℰ (09277) 14 01, verkehrsamt@warmensteinach.de

Krug
Siebensternweg 15 – 95485 – ℰ (09277) 99 10 – info@hotel-krug.de
– Fax (09277) 99199 – geschl. 23. Nov. - 21. Dez.
31 Zim (inkl. ½ P.) – †58/85 € ††105/170 € – **Rest** – (nur für Hausgäste)

◆ Besonders auf Kinder ist dieses oberhalb des Ortes gelegene Familotel ausgerichtet. Ein Nichtraucherhotel, das u. a. großzügige und wohnliche Familienappartements bietet.

Landhaus Preißinger
Bergstr. 134 – 95485 – ℰ (09277) 15 54 – info@landhaus-preissinger.de
– Fax (09277) 6289 – geschl. Nov.
28 Zim – †36/41 € ††72/82 € – ½ P 9 € – **Rest** – (nur Abendessen für Hausgäste)

◆ Ein gemütlicher Familienbetrieb. Die Zimmer sind teils schlichter, teils auch etwas aufwändiger mit soliden Landhausmöbeln bestückt und allesamt sehr gut gepflegt.

In Warmensteinach-Fleckl Nord-Ost : 5 km :

Sport-Hotel Fleckl
Fleckl 5 – 95485 – ℰ (09277) 99 90 – voit@sporthotel-fleckl.de
– Fax (09277) 99999 – geschl. März - April 2 Wochen, Anfang Nov. - Mitte Dez.
19 Zim – †48/60 € ††80/95 € – **Rest** – (nur Abendessen für Hausgäste)

◆ Ein ländlicher Gasthof mit Anbauten, der schön am Südhang des Ochsenkopfes liegt. Im Inneren finden Sie einfache, aber tadellos gepflegte Zimmer vor.

WARPE – Niedersachsen – siehe Bücken

WARSTEIN – Nordrhein-Westfalen – 543 – 28 770 Ew – Höhe 310 m
27 **F11**

▶ Berlin 466 – Düsseldorf 149 – Arnsberg 32 – Lippstadt 28

In Warstein-Allagen Nord-West : 11 km über B 55 bis Belecke und B 516 :

Püster (mit Gästehäusern)
Marmorweg 27 – 59581 – ℰ (02925) 9 79 70
– info@hotel-puester.de – Fax (02925) 979767
39 Zim – †57/69 € ††87/99 € – **Rest** – (geschl. Sonntagabend, Montag - Samstag nur Abendessen) Karte 19/33 €

◆ Neuzeitlich eingerichtete Zimmer mit Sitzgruppe und meist mit Balkon oder Terrasse sprechen für dieses familiengeführte Landhotel. Ein gepflegtes bürgerliches Ambiente zeichnet das freundlich wirkende Restaurant aus.

WARSTEIN
In Rüthen-Kallenhardt Ost : 6 km über Suttrop :

Knippschild
Theodor-Ernst-Str. 3 ⊠ *59602 – ℰ (02902) 8 03 30 – info@hotel-knippschild.de*
– Fax (02902) 803310 – geschl. 23. - 27. Dez.
21 Zim ⊑ – †79/95 € ††115/136 € – **Rest** *– (geschl. Donnerstag) Menü 23/40 €*
– Karte 21/38 €
♦ Das hübsche Fachwerkhaus ist ein familiär geleitetes kleines Hotel mit wohnlichen, zeitgemäßen Gästezimmern und einem gemütlichen Frühstücksraum. Behagliche Restaurantstuben mit ländlichem Charme.

WARTENBERG (KREIS ERDING) – Bayern – **546** – 4 550 Ew – Höhe 430 m
▶ Berlin 577 – München 58 – Regensburg 92 – Landshut 27   **58 M19**

Antoniushof garni
Fichtenstr. 24 ⊠ *85456 – ℰ (08762) 7 31 90 – info@antoniushof.info*
– Fax (08762) 731955
17 Zim ⊑ – †60/80 € ††89/115 €
♦ In einem ruhigen Wohngebiet liegt dieses Haus, das insbesondere durch seine gepflegten Zimmer und die Nähe zum Münchener Flughafen überzeugt. Park- und Shuttleservice.

Bründlhof
Badstr. 44 ⊠ *85456 – ℰ (08762) 35 53 – info@bruendlhof.de – Fax (08762) 3247*
– geschl. 27. Dez. - 4. Jan., 3. - 27. Aug. und Dienstag - Mittwoch
Rest *– (Tischbestellung ratsam) Menü 39/88 € – Karte 38/73 €*
♦ Hinter einer regionstypischen Fassade verbirgt sich dieses hübsche, mit modernen Bildern dekorierte Restaurant, das französische Küche bietet. Nette Terrasse hinter dem Haus.

WARTENBERG-ROHRBACH – Rheinland-Pfalz – **543** – 550 Ew – Höhe 266 m
▶ Berlin 637 – Mainz 70 – Mannheim 60 – Kaiserslautern 10   **46 D16**

Wartenberger Mühle (Martin Scharff) mit Zim
Schloßberg 16 ⊠ *67681 – ℰ (06302) 9 23 40*
– martin.scharff@t-online.de – Fax (06302) 923434
14 Zim ⊑ – †60/100 € ††82/124 €
Rest *– (geschl. Jan. 2 Wochen und Montag - Dienstag, Mittwoch - Samstag nur Abendessen) (Tischbestellung ratsam) Menü 79/98 € – Karte 52/69 €*
Rest *Bistro – (geschl. Jan. - März Montagmittag) Menü 22 € (veg.)/40 €*
– Karte 26/40 €
Spez. Gebratene Gänsestopfleber mit Rhabarberkompott und Vanille-Karamel. Loup de mer mit jungem Fenchel, Safran und Dateltomaten. Délice von Schokolade.
♦ Modernes Ambiente in historischem Rahmen: In dem Dreiseithof a. d. 16. Jh. serviert man dem Gast eine stark von Kräutern inspirierte Küche auf klassischer Basis. Im Bistro nimmt man unter der freigelegten Ziegeldecke Platz. Individuelle Gästezimmer.

WARTMANNSROTH – Bayern – siehe Hammelburg

WASSENBERG – Nordrhein-Westfalen – **543** – 16 430 Ew – Höhe 50 m   35 **A12**
▶ Berlin 613 – Düsseldorf 57 – Aachen 42 – Mönchengladbach 27
🛈 Wassenberg, Rothenbach 10 ℰ (02432) 90 22 09

Burg Wassenberg
Auf dem Burgberg 1 ⊠ *41849 – ℰ (02432) 94 90 – burgwassenberg@t-online.de*
– Fax (02432) 949100 – geschl. 7. - 25. Jan.
31 Zim ⊑ – †90/135 € ††140/195 € – **Rest** *– (geschl. Sonntagabend - Montag)*
Menü 35/64 € – Karte 33/59 €
♦ Ein Hotel in rotem Backstein in einer alten Burganlage a. d. 16. Jh. Die Zimmer sind meist mit hellen Buchenmöbeln wohnlich und komfortabel gestaltet. Offener Kamin und freigelegte Ziegelwände verbreiten im Restaurant Behaglichkeit.

WASSENBERG

Tante Lucie
Biergarten P VISA AE
An der Windmühle 31 ⊠ *41849 –* ℰ *(02432) 23 32 – info@tante-lucie.de*
– Fax (02432) 49763 – geschl. Montag
Rest – Karte 21/38 €
♦ Aus einem alten Waldgasthof wurde ein zeitgemäßes Restaurant, das mit schönen Dielenböden und kräftigen Farben im Landhausstil ansprechend gestaltet wurde.

In Wassenberg-Effeld Nord-West : 6 km :

Haus Wilms
Zim, P VISA AE
Steinkirchener Str. 3 ⊠ *41849 –* ℰ *(02432) 89 02 80 – info@haus-wilms.de*
– Fax (02432) 5982
16 Zim ⊋ – †54/59 € ††79/90 € – **Rest** – Karte 23/40 €
♦ Nur 500 m von der Grenze zu Holland entfernt liegt dieses gut geführte, sympathische Hotel. Für seine Gäste hält man gepflegte, individuell eingerichtete Zimmer bereit.

WASSERBURG AM BODENSEE – Bayern – 546 – 3 200 Ew – Höhe 406 m
– Luftkurort
63 **H22**

▶ Berlin 728 – München 185 – Konstanz 74 – Ravensburg 27
🛈 Lindenplatz 1 (Rathaus), ⊠ 88142, ℰ (08382) 88 74 74, tourist-info@wasserburg-bodensee.de

Zum lieben Augustin am See (mit Gästehäusern)
Biergarten
P VISA AE
Halbinselstr. 70 ⊠ *88142*
– ℰ (08382) 98 00 – info@hotel-lieber-augustin.de – Fax (08382) 887082
35 Zim ⊋ – †87/104 € ††96/138 € – ½ P 23 € – 14 Suiten
Rest – Karte 29/39 €
♦ Vier hübsch zum See gelegene Häuser bilden dieses Hotel, mit hellen, in unterschiedlichen Stilen eingerichteten Zimmern und einer schönen Außenanlage gefällt. Unterteilter Restaurantbereich mit rustikalem Ambiente.

Walserhof
P
Nonnenhorner Str. 15 ⊠ *88142 –* ℰ *(08382) 9 85 60 – info@walserhof.de*
– Fax (08382) 985610 – geschl. 6. Jan. - 2. März
28 Zim ⊋ – †45/95 € ††78/102 € – ½ P 15 € – **Rest** – *(geschl. Nov. - Mitte März Montag - Dienstag)* Karte 16/34 €
♦ Die meisten Zimmer dieses familiengeführten Hotels wurden behaglich mit soliden Schreinermöbeln ausgestattet. Etliche verfügen über Balkon oder Dachgarten. Das Restaurant ist teils bürgerlich, teils im alpenländischen Stil eingerichtet.

Lipprandt
Rest, P VISA
Halbinselstr. 63 ⊠ *88142 –* ℰ *(08382) 9 87 60 – hotel.lipprandt@t-online.de*
– Fax (08382) 887245 – geschl. 10. Nov. - 28. Feb.
36 Zim ⊋ – †52/67 € ††96/120 € – **Rest** – (nur Abendessen für Hausgäste)
♦ Bei der Wasserburger Halbinsel liegt diese Urlaubsadresse mit zeitgemäß eingerichteten Zimmern - meist mit Balkon und Seeblick. Eigener Badebereich am Seeufer.

Pfälzer Hof
P VISA
Lindenplatz 3 ⊠ *88142 –* ℰ *(08382) 98 85 30 – info@pfaelzer-hof-wasserburg.de*
– Fax (08382) 9885313
10 Zim ⊋ – †45 € ††72/82 € – ½ P 13 € – **Rest** – *(geschl. 1. Jan. - 20. März, 1. Nov. - 31. Dez. und Mittwoch)* Karte 15/31 €
♦ Schon seit vielen Jahren befindet sich dieses Haus in Familienbesitz. Alles hier ist bestens gepflegt und die Atmosphäre ist familiär und freundlich. Schlicht und rustikal zeigt sich die Einrichtung im Restaurant.

In Wasserburg-Hege West : 1,5 km, nahe der B 31 :

Gierer
P VISA
Hege 9 ⊠ *88142 –* ℰ *(08382) 9 87 20 – info@hotel-gierer.de*
– Fax (08382) 987213
71 Zim ⊋ – †55/82 € ††77/112 € – ½ P 19 € – 4 Suiten – **Rest** – Karte 21/41 €
♦ Das Hotel ist ein traditionsreicher Familienbetrieb mit soliden Gästezimmern in zeitlosem Stil, einem ansprechenden Frühstücksbuffet und einer netten Badelandschaft. Weinstube mit liebevoll gestalteten Nischen und breitem Angebot.

WASSERBURG AM INN – Bayern – 546 – 12 310 Ew – Höhe 427 m 66 **N20**

- Berlin 629 – München 53 – Bad Reichenhall 77 – Rosenheim 31
- Marienplatz 2 (Rathaus), Eingang Salzsenderzeile, ⊠ 83512, ℰ (08071) 1 05 22, touristik@stadt.wasserburg.de
- Pfaffing, Köckmühle 132 ℰ (08076) 9 16 50

Weisses Rössl
Herrengasse 1 ⊠ 83512 – ℰ (08071) 5 02 91 – geschl. 11. - 25. Mai, 1. -14. Sept. und Sonntag - Dienstag
Rest – Menü 15 € (mittags)/36 € – Karte 24/37 €

♦ In dem historischen Stadthaus mit bemalter Fassade erwarten Sie freundlicher Service sowie eine kleine Karte mit mediterranen Gerichten. Preiswertes Menü am Mittag.

WEDEL – Schleswig-Holstein – 541 – 32 170 Ew – Höhe 8 m 10 **I5**

- Berlin 304 – Kiel 106 – Hamburg 19 – Bremen 126
- Holm, Haverkamp 1 ℰ (04103) 9 13 30
- Schiffsbegrüßungsanlage beim Schulauer Fährhaus ≼ ★

Wedel garni (mit Gäsehäusern)
Pinneberger Str. 69 ⊠ 22880 – ℰ (04103) 9 13 60 – roehrig@unser-wedel.de – Fax (04103) 913613 – geschl. 23. Dez. - 2. Jan.
22 Zim ⊇ – †65/72 € ††89/98 € – 7 Suiten

♦ Das aus 4 Häusern bestehende Hotel unter Leitung der Familie bietet recht geräumige, rustikal eingerichtete Zimmer, einige sind als Appartements mit Kitchenette angelegt.

Senator Marina garni
Hafenstr. 28 ⊠ 22880 – ℰ (04103) 8 07 70 – info@hotel-senator-marina.de – Fax (04103) 8077250 – geschl. 23. Dez. - 4. Jan.
46 Zim ⊇ – †78 € ††103 €

♦ Das Hotel liegt nahe der Elbe und verfügt über zeitgemäß eingerichtete Gästezimmer - Blautöne und Dekorationen erzeugen ein leicht maritimes Flair.

WEGBERG – Nordrhein-Westfalen – 543 – 29 410 Ew – Höhe 60 m 35 **A12**

- Berlin 605 – Düsseldorf 46 – Erkelenz 9 – Mönchengladbach 16
- Schmitzhof, Arsbecker Str. 160 ℰ (02436) 3 90 90
- Wildenrath, Friedrich-List-Allee ℰ (02432) 8 15 00

In Wegberg-Rickelrath Nord : 3 km :

Molzmühle mit Zim
Im Bollenberg 41 ⊠ 41844 – ℰ (02434) 9 97 70 – molzmuehle@t-online.de – Fax (02434) 25723 – geschl. Jan. 2 Wochen
9 Zim ⊇ – †50/75 € ††85/140 € – **Rest** – (geschl. Montag - Dienstag) Karte 19/46 €

♦ Ruhig liegt diese schöne alte Ölmühle a. d. J. 1627 in einem malerischen Waldstück. Ein Mahlwerk ziert das Interieur und erhält den ursprünglichen Charakter des Gebäudes.

In Wegberg-Tüschenbroich Süd-West : 2 km :

Tüschenbroicher Mühle
Gerderhahner Str. 1 ⊠ 41844 – ℰ (02434) 42 80 – service@ tueschenbroicher-muehle.de – Fax (02434) 25917 – geschl. Montag
Rest – Menü 25 € – Karte 24/42 €

♦ Ein schön am Weiher gelegenes Restaurant mit Blick aufs Wasserschloss. In dem klassisch gestalteten Raum sorgt eine ständig wechselnde Bilderausstellung für optische Reize.

WEHINGEN – Baden-Württemberg – 545 – 3 680 Ew – Höhe 777 m 62 **F20**

- Berlin 731 – Stuttgart 100 – Konstanz 83 – Villingen-Schwenningen 40

Café Keller (mit Gästehaus)
Bahnhofstr. 5 ⊠ 78564 – ℰ (07426) 9 47 80 – info@hotelkeller.de – Fax (07426) 947830 – geschl. 1. - 3. Jan.
28 Zim ⊇ – †58/66 € ††82/89 € – **Rest** – (geschl. Freitag, Samstagabend, Sonntagabend) Karte 16/28 €

♦ Dort, wo die Schwäbische Alb am höchsten ist, liegt diese familiäre Unterkunft. Fragen Sie nach den neuen Zimmern im Gästehaus, die mit Kirschholz zeitgemäß gestaltet wurden. Typisches Café-Restaurant mit großer Kuchenauswahl und bürgerlicher Karte.

WEHR – Baden-Württemberg – 545 – 13 080 Ew – Höhe 366 m   61 D21
▶ Berlin 832 – Stuttgart 216 – Freiburg im Breisgau 64 – Lörrach 22
🛈 Hauptstr. 14, ⊠ 79664, ℰ (07762) 8 06 01, kulturamt-vhs@wehr.de

Landgasthof Sonne (mit Gästehaus)
Enkendorfstr. 38 ⊠ 79664 – ℰ (07762) 5 31 11 – info@hotel-sonne-wehr.de
– Fax (07762) 7321
21 Zim ⊑ – †40 € ††60 € – **Rest** – (geschl. 4. - 11. Feb., 15. - 29. Sept. und Montag) Karte 16/29 €
♦ Ein gewachsener Gasthof mit neuerem Gästehaus. Dort finden Sie auch die geräumigeren Zimmer, die mit ihrer neuzeitlichen Ausstattung wohnlich wirken. Ganz mit Holz vertäfelt: die gemütlich-rustikalen Gaststuben.

> Gute und preiswerte Häuser kennzeichnet das Michelin-Männchen, der „Bib":
> der rote „Bib Gourmand" ⊛ für die Küche,
> der blaue „Bib Hotel" 🏠 bei den Zimmern.

WEIBERSBRUNN – Bayern – 546 – 2 130 Ew – Höhe 354 m   48 H15
▶ Berlin 558 – München 337 – Würzburg 59 – Aschaffenburg 19

Brunnenhof
Hauptstr. 231 ⊠ 63879 – ℰ (06094) 3 64 – hotel@brunnenhof-spessart.de
– Fax (06094) 1064
48 Zim ⊑ – †55/75 € ††75/85 € – **Rest** – Karte 15/37 €
♦ Die verkehrsgünstige Lage nahe der Autobahn macht dieses Hotel auch für Reisegruppen interessant. Im Garten befindet sich eine Kapelle. Großer bürgerlich-rustikaler Restaurantbereich.

WEICHERING – Bayern – 546 – 2 210 Ew – Höhe 374 m   57 L18
▶ Berlin 532 – München 91 – Augsburg 64 – Ingolstadt 14

Landgasthof Vogelsang   Biergarten
Bahnhofstr. 24 ⊠ 86706 – ℰ (08454) 9 12 60 – info@landgasthof-vogelsang.de
– Fax (08454) 8171
16 Zim ⊑ – †38/43 € ††60/68 € – **Rest** – Karte 14/27 €
♦ Tradition wird in diesem Landgasthof seit 1895 gepflegt. Die überschaubare Zimmerzahl und der persönliche Service gehören zu den Vorzügen des Hauses. Das Restaurant hat den Charakter einer ländlichen Gaststube - mit Stammtisch.

WEIDEN IN DER OBERPFALZ – Bayern – 546 – 42 690 Ew – Höhe 397 m
▶ Berlin 406 – München 204 – Bayreuth 64 – Nürnberg 100   51 N16
ADAC Bürgermeister-Prechtl-Str. 21
🛈 Dr.-Pfleger-Str. 17, ⊠ 92637, ℰ (0961) 4 80 82 50, tourist-information@weiden-oberpfalz.de
🖸 Luhe-Wildenau, Klaus-Conrad-Allee 1 ℰ (09607) 9 20 20

Stadtplan siehe nächste Seite

Admira
Brenner-Schäffer-Str. 27 ⊠ 92637 – ℰ (0961) 4 80 90 – mail@hotel-admira.com
– Fax (0961) 4809666   BZ a
104 Zim ⊑ – †80 € ††100 € – **Rest** – (geschl. Samstagmittag) Menü 38/65 €
– Karte 32/47 €
♦ Ein großzügiges Hotel, das über wohnliche Zimmer und elegante Suiten verfügt. Durch seine Anbindung an das Kongresszentrum bietet das Haus auch sehr gute Tagungsbedingungen. Im behaglichen Restaurant bietet man internationale Küche.

Klassik Hotel am Tor garni
Schlörplatz 1a ⊠ 92637 – ℰ (0961) 4 74 70 – mail@klassikhotel.de
– Fax (0961) 4747200 – geschl. 22. - 26. Dez.   BZ m
40 Zim ⊑ – †69/89 € ††79/109 €
♦ Direkt am Stadttor in Marktplatznähe bietet man seinen Gästen hier die Möglichkeit, zeitgemäßen Wohnkomfort mit historischem Ambiente zu verbinden.

1349

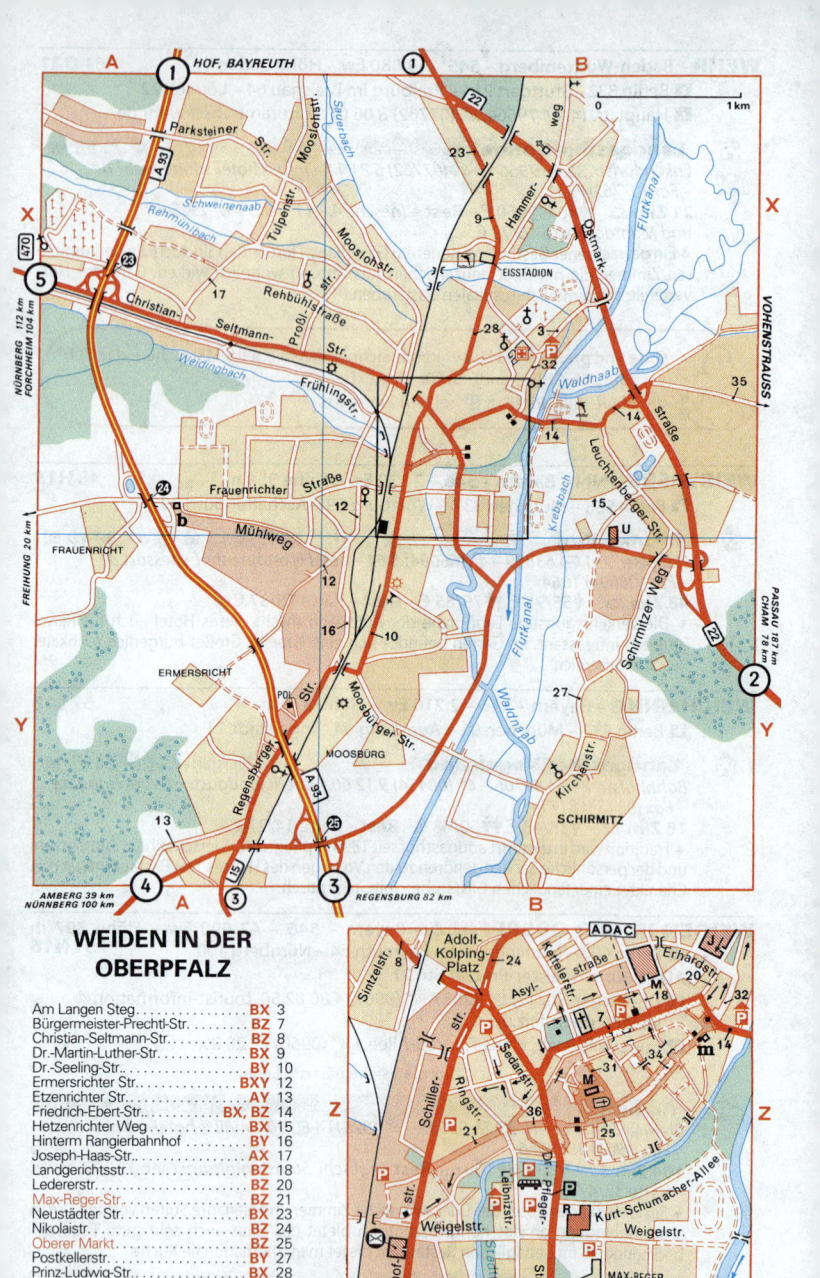

WEIDEN IN DER OBERPFALZ

Am Langen Steg	BX 3
Bürgermeister-Prechtl-Str.	BZ 7
Christian-Seltmann-Str.	BZ 8
Dr.-Martin-Luther-Str.	BX 9
Dr.-Seeling-Str.	BY 10
Ermersrichter Str.	BXY 12
Etzenrichter Str.	AY 13
Friedrich-Ebert-Str.	BX, BZ 14
Hetzenrichter Weg	BX 15
Hinterm Rangierbahnhof	BY 16
Joseph-Haas-Str.	AX 17
Landgerichtsstr.	BZ 18
Ledererstr.	BZ 20
Max-Reger-Str.	BZ 21
Neustädter Str.	BX 23
Nikolaistr.	BZ 24
Oberer Markt	BZ 25
Postkellerstr.	BY 27
Prinz-Ludwig-Str.	BX 28
Schulgasse	BZ 31
Sebastianstr.	BY, BZ 32
Unterer Markt	BZ 34
Vohenstraußer Str.	BX 35
Wörthstr.	BZ 36

1350

WEIDEN IN DER OBERPFALZ

Europa
Frauenrichter Str. 173 ⊠ 92637 – ℰ (0961) 67 07 10 – info@hotel-europa-weiden.de – Fax (0961) 6707114 AX **b**
22 Zim ⊇ – †57/67 € ††80/92 € – **Rest** – *(geschl. Sonn- und Feiertage, nur Abendessen)* Karte 24/41 €

♦ Zeitgemäß und funktionell ausgestattete Zimmer in wohnlichen Farben sowie die gute Verkehrsanbindung in Autobahnnähe sprechen für das am Ortseingang gelegene Hotel. Klassisches Restaurant mit internationaler Speiseauswahl.

In Weiden-Oberhöll Süd-Ost : 7 km über die B 22, nach 3 km links ab :

Hölltaler Hof
Oberhöll 2 ⊠ 92637 – ℰ (0961) 4 70 39 40 – info@hoelltaler-hof.de – Fax (0961) 45339 – geschl. 20. Dez. - 4. Jan.
23 Zim ⊇ – †39/55 € ††60/95 € – **Rest** – *(geschl. 20. - 31. Aug. und Sonntagmittag, Montagmittag)* Karte 17/37 €

♦ Einsam am Waldrand liegt das familiengeführte Hotel. Besonders empfehlenswert sind die neuen, im Landhausstil eingerichteten Zimmer. Ländliches Restaurant mit Wintergarten. Eigene Forellenweiher. Bürgerliche Küche.

WEIDENBERG – Bayern – 546 – 6 670 Ew – Höhe 436 m   51 **M15**

▶ Berlin 368 – München 244 – Weiden in der Oberpfalz 53 – Bayreuth 15

Landgasthof Kilchert
Lindenstr. 14 ⊠ 95466 – ℰ (09278) 99 20 – info@landgasthof-kilchert.de – Fax (09278) 992222 – geschl. Ende Okt. - Ende Nov.
16 Zim ⊇ – †29/35 € ††64/70 € – **Rest** – *(geschl. Montag)* Karte 13/29 €

♦ 1745 wurde der Gasthof erbaut und befindet sich seit vier Generationen im Familienbesitz. Tadellos gepflegte Zimmer, mit verschiedenen Naturhölzern möbliert. Die gemütlich-fränkisch eingerichtete Gaststube hat sich ihren Wirtshauscharakter bewahrt.

WEIKERSHEIM – Baden-Württemberg – 545 – 7 550 Ew – Höhe 230 m – Erholungsort
49 **I16**

▶ Berlin 522 – Stuttgart 128 – Würzburg 40 – Ansbach 67
🛈 Marktplatz 7 (Rathaus), ⊠ 97990, ℰ (07934) 1 02 55, info@weikersheim.de
◉ Schloss (Ausstattung★★, Rittersaal★★)

Laurentius
Marktplatz 5 ⊠ 97990 – ℰ (07934) 9 10 80 – info@hotel-laurentius.de – Fax (07934) 910818
13 Zim ⊇ – †68/81 € ††102/118 € – ½ P 20 €
Rest *Restaurant Laurentius* – separat erwähnt
Rest *Bistro* – Menü 26/37 € – Karte 23/43 €

♦ Der engagiert geführte Familienbetrieb beim Schloss bietet u. a. einige besonders hübsche Juniorsuiten. Kleiner Laden mit "Obst, Gemüse, Schwein & Wein". Im legeren Bistro serviert man saisonal geprägte regionale Küche. Terrasse zum Marktplatz und zum Hof.

Restaurant Laurentius (Jürgen Koch)
Marktplatz 5 ⊠ 97990 – ℰ (07934) 9 10 80 – info@hotel-laurentius.de – Fax (07934) 910818
Rest – *(geschl. Feb., Montag - Dienstag, nur Abendessen)* (Tischbestellung ratsam) Menü 36/89 € – Karte 37/79 €
Spez. Variation von Krustentieren. Steinbutt mit Morcheln und Spargel (Saison). Joghurtmousse mit Gartenbeeren, weißer Schokolade und Kokossorbet.

♦ In einem schönen Gewölbe a. d. 17. Jh. befindet sich dieses Restaurant mit modernelegenter Atmosphäre und zeitgemäßer Saisonküche.

In Tauberrettersheim - Nord-Ost : 4 km Richtung Rothenburg :

Zum Hirschen
Mühlenstr. 1 ⊠ 97285 – ℰ (09338) 3 22 – landgasthof-hirschen@t-online.de – Fax (09338) 8217
12 Zim ⊇ – †32/36 € ††58/64 € – ½ P 13 €
Rest – *(geschl. 7. Jan. - 1. Feb. und Mittwoch)* Karte 15/21 €

♦ Direkt an der Tauber und der historischen Bruchsteinbrücke liegt dieser typische familiengeführte Dorfgasthof, in dem gut gepflegte Zimmer bereitstehen. Viel Holz gibt dem Gastraum seinen ländlichen Charakter.

WEIL AM RHEIN – Baden-Württemberg – 545 – 29 450 Ew – Höhe 281 m
▶ Berlin 860 – Stuttgart 261 – Freiburg im Breisgau 67 – Basel 7   61 **D21**

Atlas Hotel
Alte Str. 58 (nahe der BAB-Abfahrt Weil am Rhein) ⊠ 79576 – ℰ (07621) 70 70 – info@atlas-hotel.de – Fax (07621) 707650
160 Zim – †110/164 € ††131/164 € – **Rest** – Menü 26 € – Karte 32/47 €
◆ Funktionelle Gästezimmer und ein gut ausgestatteter Tagungsbereich sind die Pluspunkte dieses neuzeitlichen Hotels, das verkehrsgünstig im Dreiländereck liegt.

Schwanen
Hauptstr. 121 ⊠ 79576 – ℰ (07621) 9 78 60 – info@schwanen-weil.de – Fax (07621) 978675
19 Zim – †73/120 € ††105/160 € – **Rest** – (geschl. Mittwoch - Donnerstagmittag) Karte 30/56 €
◆ Seit 1906 pflegt Familie Ritter hier die alte Markgräfler Gastlichkeit. Stammhaus und neueres Gästehaus überzeugen mit zeitgemäß gestalteten Zimmern. Unterteilte Gaststuben in ländlich-gemütlicher Aufmachung.

Ott's Hotel Leopoldshöhe
Müllheimer Str. 4 ⊠ 79576 – ℰ (07621) 9 80 60 – leo@ottshotel.de – Fax (07621) 9806299
40 Zim – †65/120 € ††96/200 € – **Rest** – (geschl. über Pfingsten 2 Wochen und Montag) Karte 21/49 €
◆ Nur drei Kilometer vom Messezentrum Basel entfernt liegt das gut geführte Gasthaus mit Anbau, das Ihnen solide und wohnlich eingerichtete Zimmer bietet. Bürgerlich-gediegen zeigt sich der Restaurantbereich.

Adler mit Zim
Hauptstr. 139 ⊠ 79576 – ℰ (07621) 9 82 30 – adler-weil@t-online.de – Fax (07621) 75676
23 Zim – †60/85 € ††100/150 €
Rest – (geschl. Feb. 2 Wochen, Aug. 2 Wochen und Sonntag - Montag) Menü 70/99 € – Karte 42/75 €
Rest *Spatz* – (geschl. Feb. 2 Wochen, Aug. 2 Wochen und Sonntag - Montag) Karte 28/44 €
◆ Das Gasthaus der Familie Wöhrle ist hier in der Region fast schon eine Institution. In dem rustikal-eleganten Restaurant werden klassische Speisen serviert. Regionales Angebot im Spatz. Zum Übernachten stehen gepflegte Zimmer zur Verfügung.

Zur Krone mit Zim
Hauptstr. 58 ⊠ 79576 – ℰ (07621) 7 11 64 – hechler@kroneweil.de – Fax (07621) 78963
11 Zim – †45/90 € ††75/120 € – **Rest** – (geschl. Dienstag) (Tischbestellung ratsam) Menü 42/56 € – Karte 27/61 €
◆ In der gemütlichen südbadischen Gaststube spiegelt sich der traditionsreiche Charakter des a. d. J. 1571 stammenden Landgasthofs wider. Internationale, teils regionale Küche.

In Weil-Haltingen Nord : 3 km über B 3 :

Rebstock
Große Gass 30 ⊠ 79576 – ℰ (07621) 96 49 60 – rebstock-haltingen@t-online.de – Fax (07621) 9649696
16 Zim – †71/75 € ††103/115 € – **Rest** – (geschl. Ende Aug. 2 Wochen) Menü 14 € (mittags)/46 € – Karte 31/55 €
◆ Der familiengeführte Landgasthof befindet sich in ruhiger Ortsrandlage. Es erwarten Sie wohnliche Zimmer in heller Fichte, teils auch mit Balkon. Gepflegtes Restaurant mit ländlichem Touch.

Krone (mit Gästehaus)
Burgunderstr. 21 ⊠ 79576 – ℰ (07621) 6 22 03 – krone-haltingen@t-online.de – Fax (07621) 63354
25 Zim – †60/75 € ††78/110 € – **Rest** – (geschl. Dienstag - Mittwochmittag) Menü 39 € – Karte 24/47 €
◆ Ein blumengeschmückter Gasthof mit modernem Gästehaus. Die Zimmer im Neubau überzeugen durch ihre neuzeitlich-funktionelle Ausstattung und guten Zuschnitt. Viel Holz und ein Kachelofen geben dem Restaurant den Charme einer badischen Stube.

WEIL AM RHEIN

In Weil-Märkt Nord-West : 5 km über B 3, in Eimeldingen links ab :

Zur Krone mit Zim
Rheinstr. 17 ⌧ *79576* – ℰ *(07621) 6 23 04 – info@krone-maerkt.de*
– Fax (07621) 65350 – geschl. Feb. 2 Wochen, Sept. 2 Wochen
9 Zim ⌑ – †50/65 € ††80 € – **Rest** – *(geschl. Montag - Dienstag)* Menü 28/49 €
– Karte 23/56 €
♦ Im gediegen-rustikalen Ambiente der unterteilten Gaststube serviert Ihnen ein freundliches Team eine unter anderem auf heimischen Fisch spezialisierte Küche.

WEILBACH – Bayern – 546 – 2 340 Ew – Höhe 152 m   48 G16

▶ Berlin 573 – München 353 – Würzburg 76 – Frankfurt am Main 79

In Weilbach-Ohrnbach Nord-West : 8 km über Weckbach :

Zum Ohrnbachtal
Ohrnbach 5 ⌧ *63937* – ℰ *(09373) 14 13 – info@gasthof-ohrnbachtal.de*
– Fax (09373) 4550 – geschl. 22. - 31. Jan.
24 Zim ⌑ – †45/54 € ††80/90 € – **Rest** – *(geschl. Mittwoch)* Karte 18/41 €
♦ Besonders schön ist die ruhige Lage dieses Hauses zwischen Wiesen und Wäldern. Es stehen solide eingerichtete Zimmer bereit, die teils über einen Balkon verfügen. Restaurant in bürgerlichem Stil mit netter Terrasse.

WEILBURG – Hessen – 543 – 13 790 Ew – Höhe 172 m – Luftkurort   37 E13

▶ Berlin 530 – Wiesbaden 72 – Frankfurt am Main 61 – Limburg an der Lahn 22
ℹ Mauerstr. 6, ⌧ 35781, ℰ (06471) 3 14 67, tourist-info@weilburg.de
◉ Lage ★

Lahnschleife
Hainallee 2 ⌧ *35781* – ℰ *(06471) 4 92 10 – info@hotel-lahnschleife.de*
– Fax (06471) 4921777
72 Zim – †68/95 € ††88/145 € – ½ P 22 € – **Rest** – Menü 29 € – Karte 25/38 €
♦ Das ansprechend im Stil einer Villa gebaute Hotel in zentrumsnaher Lage bietet moderne und funktionelle Zimmer sowie einen nett gestalteten Badebereich. Zu dem freundlich gestalteten Restaurant gehören zwei Terrassen mit schöner Sicht.

Joseph's La Lucia
Marktplatz 10 ⌧ *35781* – ℰ *(06471) 21 30 – Fax (06471) 2909*
– geschl. Mitte Jan. 2 Wochen und Montag
Rest – Karte 25/42 €
♦ In einem Altstadthaus im Zentrum finden Sie dieses mediterran gehaltene, fast elegante Restaurant mit Innenhof und schöner Terrasse am Marktplatz. Italienisches Angebot.

In Löhnberg Nord : 3,5 km :

Zur Krone   Biergarten
Obertor 1 ⌧ *35792* – ℰ *(06471) 60 70 – info@hotel-zurkrone.de – Fax (06471) 62107*
44 Zim ⌑ – †43/63 € ††79/89 € – ½ P 17 € – **Rest** – Karte 25/38 €
♦ Ein gut geführtes gewachsenes Hotel in der Ortsmitte, das über zeitgemäß eingerichtete Gästezimmer und einen Garten mit Cocktailbar verfügt. Gemütliche, mit hellem Holz verkleidete Gaststube im alten Fachwerkteil des Hauses.

WEILER-SIMMERBERG IM ALLGÄU – Bayern – 546 – 6 520 Ew – Höhe 632 m
– Wintersport : 900 m ⩘4 ⩘ – Luftkurort   64 I21

▶ Berlin 715 – München 179 – Konstanz 83 – Ravensburg 42
ℹ Hauptstr. 14 (Weiler), ⌧ 88171, ℰ (08387) 3 91 50, info@weiler-tourismus.de

Im Ortsteil Weiler

Tannenhof (mit Gästehaus)
Lindenberger Str. 33 ⌧ *88171* – ℰ *(08387)*
12 35 – hotel@tannenhof.com – Fax (08387) 1626
102 Zim (inkl. ½ P.) – †80/133 € ††136/232 € – 7 Suiten – **Rest** – Karte 19/36 €
♦ Ein beachtliches Sport- und Wellnessangebot sowie wohnliche Gästezimmer erwarten Sie in dieser Hotelanlage. Besonders komfortabel sind die neueren modernen Zimmer. Restaurant mit rustikalem, regionstypischem Ambiente.

1353

WEILHEIM – Bayern – 546 – 21 330 Ew – Höhe 563 m — 65 **K21**

▶ Berlin 637 – München 51 – Garmisch-Partenkirchen 45 – Landsberg am Lech 37

🖃 Pähl, Hohenpähl ℰ (08808) 9 20 20

Vollmann garni
Marienplatz 12 ⌧ 82362 – ℰ (0881) 92 77 18 60 – hotel.vollmann@t-online.de – Fax (0881) 9277186300
35 Zim ⌤ – †60/70 € ††90/100 €
♦ Harmonisch fügt sich das gepflegte Stadthaus in die Häuserreihe am Marktplatz ein. Es stehen neuzeitlich eingerichtete Zimmer zur Verfügung, die teilweise sehr geräumig sind.

WEILROD – Hessen – 543 – 6 560 Ew – Höhe 270 m – Erholungsort — 37 **F14**

▶ Berlin 532 – Wiesbaden 42 – Frankfurt am Main 47 – Gießen 51

🖃 Weilrod-Altweilnau, Merzhäuser Str. ℰ (06083) 9 50 50

In Weilrod-Altweilnau Süd-Ost : 1,5 km :

Landsteiner Mühle
Landstein 1 ⌧ 61276 – ℰ (06083) 3 46 – mehlbox@landsteiner-muehle.de – Fax (06083) 28415 – geschl. 27. Dez. - 10. Jan.,
Rest – Menü 22 € (mittags)/45 € – Karte 27/39 €
♦ In einer ehemaligen Mühle ist dieses nette, seit vielen Jahren in Familienbesitz befindliche Restaurant untergebracht. Freigelegtes Fachwerk unterstreicht den rustikalen Stil.

In Weilrod-Neuweilnau Nord-Ost : 2,5 km über B 275, in Erbismühle links ab :

Erbismühle
⌧ 61276 – ℰ (06083) 28 80 – info@erbismuehle.de – Fax (06083) 288700 – geschl. nach Weihnachten 10 Tage
74 Zim ⌤ – †87/142 € ††115/165 € – ½ P 20 € – **Rest** – Karte 22/41 €
♦ Ein schön im Weiltal gelegenes familiengeführtes Hotel mit neuzeitlich gestaltetem Wellnessbereich und wohnlich-rustikalen, recht unterschiedlich geschnittenen Zimmern. Gepflegtes Restaurant in ländlichem Stil mit bürgerlich-internationaler Küche.

WEIMAR – Thüringen – 544 – 64 410 Ew – Höhe 220 m — 40 **L12**

▶ Berlin 285 – Erfurt 22 – Chemnitz 132

🛈 Markt 10, ℰ (03643) 74 50, tourist-info@weimar.de

🖃 Jena-Münchenroda, Münchenroda 29 ℰ (03641) 42 46 51 BZ

◉ Stadtschloss (Cranachsammlung★★) – Goethehaus★★ – Goethes Gartenhaus★★ – Schillerhaus★ BZ – Deutsches Nationaltheater (Doppelstandbild★★ von Goethe und Schiller) T – Nietzsche-Archiv (Bibliothek★) AZ – Stadtkirche (Cranachaltar★★, Renaissance-Grabmäler★) BY

Stadtplan siehe gegenüberliegende Seite

Dorint Am Goethepark
Beethovenplatz 1 ⌧ 99423 – ℰ (03643) 87 20 – info.weimar@dorint.com – Fax (03643) 872100
BZ **a**
143 Zim – †83/145 € ††93/155 €, ⌤ 18 € – 6 Suiten – **Rest** – Karte 34/52 €
♦ Gelungen hat man hier die historische Bausubstanz zweier Villen mit modernem Baustil kombiniert. Die Zimmer sind stilvoll und dennoch funktionell. Eine fast schon intime Atmosphäre herrscht in dem kleinen Restaurant mit schönem altem Dielenboden.

Elephant
Markt 19 ⌧ 99423 – ℰ (03643) 80 20 – elephant.weimar@arabellastarwood.com – Fax (03643) 802610
BZ **b**
96 Zim – †96/209 € ††96/209 €, ⌤ 19 € – 6 Suiten
Rest *Anna Amalia* – separat erwähnt
Rest *Elephantenkeller* – ℰ (03643) 80 26 66 (geschl. 2. - 13. Jan. und Mittwoch, Juni - Aug. Mittwoch und Sonntagabend) Karte 20/37 €
♦ Bis ins 16. Jh. reicht die Geschichte dieses im Bauhausstil eingerichteten Stadthauses zurück – überall finden Persönlichkeiten Erwähnung, die hier zu Gast waren. Eine schönes Kreuzgewölbe ziert den Elephantenkeller. Serviert werden Thüringer Spezialitäten.

WEIMAR

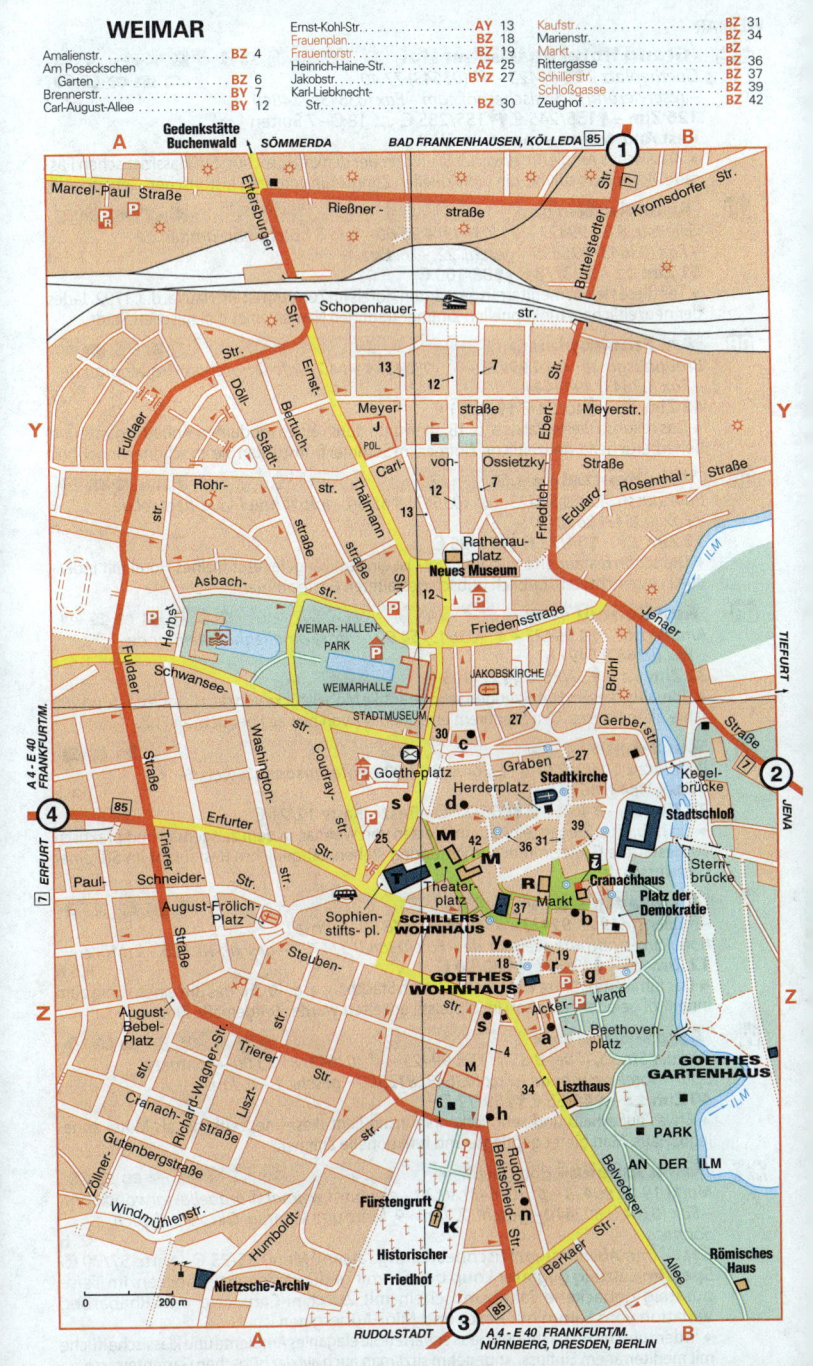

Amalienstr.	BZ 4
Am Poseckschen Garten	BZ 6
Brennerstr.	BY 7
Carl-August-Allee	BY 12
Ernst-Kohl-Str.	AY 13
Frauenplan	BZ 18
Frauentorstr.	BZ 19
Heinrich-Heine-Str.	AZ 25
Jakobstr.	BYZ 27
Karl-Liebknecht-Str.	BZ 30
Kaufstr.	BZ 31
Marienstr.	BZ 34
Markt	BZ
Rittergasse	BZ 36
Schillerstr.	BZ 37
Schloßgasse	BZ 39
Zeughof	BZ 42

1355

WEIMAR

Grand Hotel Russischer Hof
Goetheplatz 2 ⌂ 99423 – ℰ (03643) 77 40
– reservierung@russischerhof.com – Fax (03643) 774840
126 Zim – ¶135/245 € ¶¶155/285 €, ⊇ 18 € – 7 Suiten
Rest *Anastasia* – separat erwähnt
AZ s

♦ Klassisches Ambiente erwartet Sie hinter der denkmalgeschützten klassizistischen Fassade. Besonders stilvoll: die individuellen Zimmer im vorderen historischen Gebäudeteil.

Anna Amalia garni
Geleitstr. 8 ⌂ 99423 – ℰ (03643) 4 95 60 – info@hotel-anna-amalia.de
– Fax (03643) 495699 – geschl. 22. - 26. Dez.
51 Zim ⊇ – ¶63/78 € ¶¶88/100 €
BZ d

♦ Teil dieses leicht mediterran geprägten Hotels im Zentrum ist ein Haus a. d. J. 1792. Jedes der neuzeitlichen, funktionellen Zimmer trägt den Namen einer italienischen Stadt.

Am Frauenplan garni
Brauhausgasse 10 ⌂ 99423 – ℰ (03643) 4 94 40 – info@hotel-am-frauenplan.de
– Fax (03643) 4944444
48 Zim ⊇ – ¶46/54 € ¶¶66/81 €
BZ y

♦ Das rekonstruierte Palais a. d. 18. Jh. wurde durch einen modernen Anbau ergänzt und beherbergt helle, neuzeitliche Zimmer. Im Sommer frühstücken Sie im schönen Innenhof.

Villa Hentzel garni
Bauhausstr. 12 ⌂ 99423 – ℰ (03643) 8 65 80 – info@hotel-villa-hentzel.de
– Fax (03643) 865819
13 Zim ⊇ – ¶54/75 € ¶¶75/95 €
BZ n

♦ Die schön restaurierte Villa von 1887 ist ein familiär geleitetes kleines Hotel mit individuell eingerichteten, farblich hübsch gestalteten Gästezimmern.

Amalienhof garni
Amalienstr. 2 ⌂ 99423 – ℰ (03643) 54 90 – info@amalienhof-weimar.de
– Fax (03643) 549110
32 Zim ⊇ – ¶57/85 € ¶¶77/105 €
BZ s

♦ Überall in diesem Hotel zeugen schöne antike Möbelstücke von der Historie des rund 200 Jahre alten Hauses. Den Stadtkern erreichen Sie von hier aus bequem zu Fuß.

Zur Sonne
Rollplatz 2 ⌂ 99423 – ℰ (03643) 8 62 90 – hotelzursonne@web.de
– Fax (03643) 862939
21 Zim ⊇ – ¶46/66 € ¶¶66/77 € – **Rest** – Karte 12/21 €
BZ c

♦ Ein hübsches Ziegelsteinhaus im Herzen von Weimar, in dem zeitgemäß und praktisch ausgestattete Gästezimmer zur Verfügung stehen. Bürgerliches Restaurant im Stil einer Gastwirtschaft.

Am Stadtpark garni
Amalienstr.19 ⌂ 99423 – ℰ (03643) 2 48 30 – info@
hotel-am-stadtpark-weimar.de – Fax (03643) 511720 – geschl. 18. Feb. - 2. März
12 Zim ⊇ – ¶49/59 € ¶¶80/90 €
BZ h

♦ Das familiengeführte kleine Hotel ist ein Stadthaus a. d. 19. Jh., das um einen ruhig zum Innenhof gelegenen Anbau im Motelstil erweitert wurde. Zeitgemäße Zimmer.

Apart-Hotel garni
Berkaer Str. 75, (über B 85 BZ) ⌂ 99425 – ℰ (03643) 81 23 00 – kontakt@
apart-hotel-weimar.de – Fax (03643) 812500 – geschl. 1. - 6. Jan.
40 Zim ⊇ – ¶44/55 € ¶¶59/77 €

♦ Etwas außerhalb und sehr verkehrsgünstig liegt dieses neuzeitliche, als Motel angelegte Haus. Man bietet gepflegte und funktionelle Zimmer.

Anna Amalia – Hotel Elephant
Markt 19 ⌂ 99423 – ℰ (03643) 80 20 – elephant.weimar@arabellastarwood.com
– Fax (03643) 802610 – geschl. 7. Jan. - 9. März und Montag, Okt. - April auch Sonntag
BZ b

Rest – (nur Abendessen) (Tischbestellung ratsam) Menü 55/75 € ~ Karte 57/70 €
Spez. Im Salzteig gegarter Loup de mer mit gedünsteten Artischocken. Im Tempurateig gebackene Jakobsmuscheln mit Zucchini-Carpaccio und Rhabarber. Variation vom Lamm mit Pesto und Mini-Auberginen.

♦ In dem geschichtsträchtigen Haus erwarten Sie elegantes Ambiente und klassische Küche mit mediterranem Einfluss. Angenehm sitzt man auch auf der hübschen Gartenterrasse.

WEIMAR

XX Anastasia – Grand Hotel Russischer Hof
Goetheplatz 2 ⊠ 99423 – ℰ (03643) 77 40 – reservierung@russischerhof.com
– Fax (03643) 774840 – geschl. Jan. AZ **s**
Rest – *(nur Abendessen)* Menü 48/69 € – Karte 43/56 €
• Im klassisch-eleganten Restaurant des Russischen Hofes serviert man internationale Küche. Das Wiener Kaffeehaus bietet Spezialitäten aus der eigenen Konditorei.

X Gasthaus Zum weißen Schwan
Frauentorstr. 23 ⊠ 99423 – ℰ (03643) 90 87 51 – info@weisserschwan.de
– Fax (03643) 908752 – geschl. Jan. - Feb. und Montag - Dienstag BZ **r**
Rest – Karte 24/39 €
• Das historische Gasthaus war nachweislich Johann Wolfgang von Goethes Stammlokal. In dem liebevoll restaurierten Restaurant erwartet Sie ein gemütlich-rustikales Ambiente.

X Osteria Bertagnolli
Seifengasse 16 ⊠ 99423 – ℰ (03643) 80 83 43 – Fax (03643) 808344
– geschl. über Weihnachten BZ **g**
Rest – Menü 26/41 € – Karte 21/38 €
• Ein nettes Lokal in einem historischen Stadthaus, in dem einst Goethe vorübergehend wohnte. Mit Sorgfalt bereitet man Speisen aus der norditalienischen Heimat des Chefs.

In Weimar-Gelmeroda Süd-West : 4 km über B 85, jenseits der A 4 :

Schwartze
Holzdorferweg 7 ⊠ 99428 – ℰ (03643) 5 99 50 – hotel.schwartze@t-online.de
– Fax (03643) 512614 – geschl. 22. Dez. - 5. Jan.
30 Zim – †56 € ††77 € – **Rest** – *(nur Abendessen)* Karte 13/19 €
• Das familiengeführte Hotel liegt unweit der Autobahn und verfügt über zeitgemäße, hell eingerichtete Zimmer sowie eine 24 Stunden besetzte Rezeption. Eigenes Damwildgehege.

In Weimar-Legefeld Süd-West : 6 km über B 85, jenseits der A 4 :

Quality Hotel
Kastanienallee 1 ⊠ 99438 – ℰ (03643) 80 30 – info@quality-weimar.de
– Fax (03643) 803501
194 Zim – †72/112 € ††97/127 € – 4 Suiten – **Rest** – Karte 22/31 €
• Ein quadratisch angelegtes Tagungshotel mit wohnlich und funktionell eingerichteten Zimmern und einem als Empfangshalle dienenden Innenhof mit Glaskuppel.

In Weimar-Schöndorf Nord : 4 km über B 7 :

Dorotheenhof
Dorotheenhof 1 ⊠ 99427 – ℰ (03643) 45 90 – info@dorotheenhof.com
– Fax (03643) 459200
60 Zim – †75/95 € ††105/145 €
Rest *Le Goullon* – Karte 25/39 €
• Das hübsche, idyllisch in einem Park gelegene Hotel ist das ehemalige Anwesen des Rittmeisters Carl von Kalckreuth. Wohnlich-gemütliche Landhauszimmer. Nach dem einstigen Hof-Küchenchef benanntes Restaurant mit Gewölbedecke. Etwas einfacher: die Küchenstube.

WEIMAR – Hessen – siehe Marburg

WEINBÖHLA – Sachsen – siehe Meißen

WEINGARTEN – Baden-Württemberg – **545** – 23 790 Ew – Höhe 485 m 63 **H21**
▶ Berlin 692 – Stuttgart 143 – Konstanz 48 – Ravensburg 4
🛈 Münsterplatz 1, ⊠ 88250, ℰ (0751) 40 52 32, akt@weingarten-online.de
◉ Basilika ★★

Altdorfer Hof (mit Gästehaus)
Burachstr. 12 ⊠ 88250 – ℰ (0751) 5 00 90 – hotel@altdorfer-hof.de
– Fax (0751) 500970 – geschl. 23. Dez. - 10. Jan.
56 Zim – †79/92 € ††108/128 € – **Rest** – *(geschl. Sonntagabend - Montag)* Karte 20/33 €
• Die wohnliche Einrichtung sowie die freundliche Leitung durch die Inhaber machen das in einer verkehrsberuhigten Zone gelegene Hotel aus. Das gediegene Ambiente im Restaurant erinnert etwas an Barock.

1357

WEINGARTEN

In Wolpertswende-Mochenwangen Nord : 7,5 km über B 30, in Eggers links :

Rist (mit Gästehaus)
Bahnhofstr. 8 ⊠ 88284 – ℰ (07502) 9 22 20 – hotelrist@web.de – Fax (07502) 2884
16 Zim ⊋ – ♦30/42 € ♦♦56/68 € – **Rest** – *(geschl. Feb. 2 Wochen, Aug. 2 Wochen und Sonntagabend - Dienstagmittag)* Karte 16/29 €
♦ Ein typischer schwäbischer Gasthof mit neuzeitlichem Gästehaus. In beiden Bereichen sind die Zimmer solide und technisch gut ausgestattet. Helle, rustikale Gaststube mit sehr familiärem und lebendigem Service.

WEINGARTEN (KREIS KARLSRUHE) – Baden-Württemberg – 545 – 9 460 Ew – Höhe 119 m
54 **F17**

▶ Berlin 664 – Stuttgart 88 – Karlsruhe 17 – Heidelberg 46

Walk'sches Haus (mit Gästehaus)
Marktplatz 7 (B 3) ⊠ 76356 – ℰ (07244) 7 03 70 – info@walksches-haus.de – Fax (07244) 703740
26 Zim – ♦75/80 € ♦♦130 € – **Rest** – *(geschl. Jan. 2 Wochen, Aug. 2 Wochen und Dienstagmittag, Samstagmittag)* Menü 57/81 € – Karte 47/68 €
♦ Das sorgsam restaurierte Fachwerkhaus von 1701 steht in der Altstadt und beherbergt individuelle Gästezimmer - die Zimmer im Gästehaus sind etwas neuzeitlicher und größer. Sehr gemütlich sitzt man in den schönen Gaststuben. Nett ist auch die Terrasse im Hof.

WEINHEIM AN DER BERGSTRASSE – Baden-Württemberg – 545 – 43 090 Ew – Höhe 135 m
47 **F16**

▶ Berlin 609 – Stuttgart 137 – Mannheim 28 – Darmstadt 45
🛈 Hauptstr. 47, ⊠ 69469, ℰ (06201) 87 44 50, info@cma-weinheim.de
◉ Exotenwald ★

NH Ottheinrich garni
Hauptstr. 126 ⊠ 69469 – ℰ (06201) 1 80 70 – nhottheinrich@nh-hotels.com – Fax (06201) 180788 – geschl. 24. Dez. - 6. Jan.
25 Zim – ♦84/127 € ♦♦84/127 €, ⊋ 15 €
♦ Mitten in der Altstadt befindet sich das Hotel, dessen z. T. recht geräumige Zimmer klar und schnörkellos mit Möbeln in modernem Design ausgestattet sind.

Fuchs'sche Mühle   Biergarten
Birkenauer Talstr. 10 ⊠ 69469 – ℰ (06201) 1 00 20 – info@fuchssche-muehle.de – Fax (06201) 100222 – geschl. 20. Jan. - 4. Feb.
18 Zim ⊋ – ♦65/82 € ♦♦90/105 €
Rest – *(geschl. Montagmittag)* Menü 34/49 € – Karte 36/48 €
Rest *Fuchs'sche Mühle* – *(geschl. Montagmittag)* Karte 18/32 €
♦ Die Mühle von 1563 ist ein kleines Hotel unter Leitung der Familie mit schönem Garten und wohnlichen Zimmern. Seit über 100 Jahren wird hier Strom aus Wasserkraft erzeugt. Das Restaurant: zwei nette, gemütliche Stuben. Rustikal-modern eingerichtete Weinstube.

Ebert Park Hotel garni
Freiburger Str. 42 (Weststadt) ⊠ 69469 – ℰ (06201) 10 50 – ebert-park-hotel-weinheim@t-online.de – Fax (06201) 105401
60 Zim ⊋ – ♦65/75 € ♦♦80/90 €
♦ Im Gewerbegebiet West am Stadtrand liegt dieses funktionelle Hotel. Besonders Geschäftsreisende schätzen die Lage sowie die praktisch ausgestatteten Gästezimmer.

Goldener Pflug garni
Obertorstr. 5 ⊠ 69469 – ℰ (06201) 9 02 80 – info@hotel-goldener-pflug.de – Fax (06201) 902829 – geschl. 24. Dez. - 6. Jan.
15 Zim – ♦55/62 € ♦♦74/79 €
♦ In der Altstadt befindet sich das nette Fachwerkhaus aus dem 17. Jh. - ein familiär geleitetes kleines Hotel mit wohnlichen Zimmern und einer gemütlichen Weinstube.

XX **Hutter im Schloss**
Obertorstr. 9 ⊠ 69469 – ℰ (06201) 9 95 50 – info@hutter-im-schloss.de – Fax (06201) 995524
Rest – Menü 25/50 € – Karte 27/51 €
♦ Das direkt am Schlosspark gelegene Palais gefällt im Inneren mit hohen stuckverzierten Decken und einer Einrichtung im klassischen Stil. Terrasse zum Park.

WEINSBERG – Baden-Württemberg – 545 – 11 820 Ew – Höhe 219 m   55 G17
▶ Berlin 588 – Stuttgart 53 – Heilbronn 6 – Schwäbisch Hall 42

Außerhalb Süd-Ost : 2 km, nahe A 81 Ausfahrt Weinsberg-Ellhofen :

Rappenhof
Rappenhofweg 1 ⊠ 74189 Weinsberg – ℰ (07134) 51 90 – rezeption@ rappenhof.de – Fax (07134) 51955 – geschl. 22. Dez. - 6. Jan.
39 Zim ⊆ – †89/99 € ††109/119 € – **Rest** – Menü 34 € – Karte 27/42 €
♦ Aus einem ehemaligen Bauernhof entstand ein schmuckes Landhotel. Das Haus liegt schön in den Weinbergen und bietet Zimmer im Landhausstil, teils mit Balkon. Restaurant mit imposantem Wintergartenanbau und schönem Ausblick.

WEINSTADT – Baden-Württemberg – 545 – 26 130 Ew – Höhe 241 m   55 H18
▶ Berlin 616 – Stuttgart 24 – Esslingen am Neckar 13
– Schwäbisch Gmünd 38

In Weinstadt-Baach

Adler mit Zim
*Forststr. 12 ⊠ 71384 – ℰ (07151) 6 58 26 – info@adler-baach.de
– Fax (07151) 66520 – geschl. 28. Jan. - 11. Feb., 28. Aug. - 11. Sept.*
5 Zim ⊆ – †35 € ††65 € – **Rest** – (geschl. Montag - Dienstag) Karte 20/43 €
♦ In dem gemütlichen ländlich-rustikalen Lokal mit teils blanken Holztischen wird regionale Küche geboten. Sehr nett ist im Sommer die wetterfeste Terrasse.

Gasthaus Rössle
*Forststr. 6 ⊠ 71384 – ℰ (07151) 6 68 24 – gasthausroesslewelte@gmx.de
– Fax (07151) 65146 – geschl. Juli 2 Wochen, Mitte Sept. 2 Wochen und Mittwoch - Donnerstag*
Rest – Karte 21/43 €
♦ Eine familiäre Atmosphäre herrscht in diesem ländlich-schlichten Gasthaus. Das regionale Angebot ist solide, schnörkellos und schmackhaft.

In Weinstadt-Beutelsbach

Weinstadt-Hotel
*Marktstr. 41 ⊠ 71384 – ℰ (07151) 99 70 10 – info@weinstadt-hotel.de
– Fax (07151) 9970111*
32 Zim – †62 € ††92 €
Rest *Krone* – Menü 26 € – Karte 21/40 €
♦ Im Zentrum des Weinortes liegt das familiär geführte Gasthaus mit neuerem Hotelbau. Es erwarten Sie zeitgemäße und funktionelle Zimmer sowie ein gutes Frühstück. Ländlich-rustikales Restaurant mit Terrasse im Innenhof. Die Küche ist regional, Schwerpunkt sind Fischgerichte.

In Weinstadt-Endersbach

Weinstube Muz
*Traubenstr. 3 ⊠ 71384 – ℰ (07151) 6 13 21 – kontakt@weinstube-muz.de
– Fax (07151) 61131 – geschl. Aug. 2 Wochen, Sonn- und Feiertage, Samstagmittag*
Rest – Menü 30/45 € – Karte 28/44 €
♦ Bereits seit 1877 existiert diese gemütliche Weinstube. Die Regionalküche ist mit Geschmack zubereitet, der Service sehr freundlich und familiär. Gewölbekeller für Veranstaltungen.

In Weinstadt-Strümpfelbach

Zum Hirsch
*Hauptstr. 3 ⊠ 71384 – ℰ (07151) 6 11 03
– gasthaus-hirsch-struempfelbach@t-online.de – Fax (07151) 961998
– geschl. 25. Juli - 12. Aug. und Montag - Dienstag*
Rest – Karte 22/32 €
♦ Das aus dem 17. Jh. stammende Fachwerkhaus beherbergt eine gemütliche bürgerlich-ländliche Stube mit niedrigen Decken, Holzboden und Kachelofen. Das Angebot ist regional.

WEISENDORF – Bayern – 546 – 6 130 Ew – Höhe 308 m
50 **K16**

▶ Berlin 445 – München 204 – Nürnberg 35 – Bamberg 53

Jägerhof (mit Gästehaus)
Auracher Bergstr. 2 ⊠ 91085 – ℰ (09135) 71 70 – hotel@jaegerhof.biz
– Fax (09135) 717444 – geschl. 24. Dez. - 6. Jan.
34 Zim ⊆ – ♦55/69 € ♦♦69/89 € – **Rest** – (geschl. 24. Dez. - 6. Jan.,
über Ostern, Aug. 3 Wochen und Freitag - Samstag) Karte 19/30 €

♦ Dieses familiengeführte Hotel in der Ortsmitte bietet in freundlichen Tönen gehaltene Zimmer, im Gästehaus mit Blick auf den Dorfteich. Rustikale Restaurantstuben mit bürgerlichem Angebot.

In Weisendorf-Oberlindach Nord : 1 km :

ACANTUS garni
Ringstr. 13 ⊠ 91085 – ℰ (09135) 21 16 60 – info@acantus-hotel.de
– Fax (09135) 21166200
19 Zim – ♦80/105 € ♦♦90/130 €, ⊆ 10 €

♦ Das Hotel überzeugt mit hochwertig ausgestatteten Zimmern in geschmackvoll-modernem Design, meist mit Balkon zur Südseite. Bei schönem Wetter frühstücken Sie auf der Terrasse.

WEISENHEIM AM BERG – Rheinland-Pfalz – 543 – 1 730 Ew – Höhe 221 m
47 **E16**

▶ Berlin 639 – Mainz 78 – Mannheim 29 – Kaiserslautern 41

Admiral
Leistadter Str. 6 ⊠ 67273 – ℰ (06353) 41 75 – gast@restaurant-admiral.de
– Fax (06353) 989325 – geschl. Jan., Juli 1 Woche und Montag - Dienstag
Rest – (Mittwoch - Samstag nur Abendessen) Menü 41 € – Karte 29/40 €

♦ Einladend wirkt das Haus mit den grünen Fensterläden und dem schönen Garten. Im Inneren gefallen hübsche Einrichtung und ambitionierte Küche. Gästezimmer im kleinen Pavillon.

WEISKIRCHEN – Saarland – 543 – 6 380 Ew – Höhe 400 m – Heilklimatischer Kurort und Kneippkurort
45 **B16**

▶ Berlin 725 – Saarbrücken 59 – Trier 37 – Birkenfeld 39

🛈 Triererstr. 21, Haus des Gastes, ⊠ 66709, ℰ (06876) 7 09 37,
hochwald-touristik@weiskirchen.de

Parkhotel
Kurparkstr. 4 ⊠ 66709 – ℰ (06876) 91 90 – reservierung@
parkhotel-weiskirchen.de – Fax (06876) 919519
125 Zim ⊆ – ♦79/94 € ♦♦106/120 € – ½ P 24 € – **Rest** – Menü 32/45 €
– Karte 29/47 €

♦ Mit seinen hellen, freundlichen Zimmern, die mit soliden Korbmöbeln eingerichtet sind, und der "Vitalis"-Badelandschaft ist das Haus für Kurgäste wie auch Urlauber attraktiv. Große Glasflächen geben dem modernen Restaurant ein lichtes Ambiente.

In Weiskirchen-Rappweiler Süd-West : 2 km :

La Provence
Merziger Str. 25 ⊠ 66709 – ℰ (06872) 43 26 – Fax (06872) 887818
– geschl. Juli - Anfang Aug. 3 Wochen und Montag
Rest – (Dienstag - Samstag nur Abendessen) Karte 30/48 €

♦ Auch Gäste aus den Nachbarländern Luxemburg und Frankreich schätzen die internationale Küche dieses ländlich-eleganten Restaurants und der Brasserie Le Mistral.

WEISSENBURG IN BAYERN – Bayern – 546 – 17 800 Ew – Höhe 422 m
57 **K18**

▶ Berlin 483 – München 131 – Nürnberg 59 – Augsburg 82

🛈 Martin-Luther-Platz 3-5 (Römermuseum), ⊠ 91781, ℰ (09141) 90 71 24,
akut@weissenburg.de

◉ Römermuseum (Bronze-Statuetten ★) und Römische Thermen ★

◉ Ellingen (Schloss : Ehrentreppe ★) Nord : 4 km

WEISSENBURG IN BAYERN

Am Ellinger Tor
Ellinger Str. 7 ⊠ 91781 – ℰ (09141) 8 64 60 – ellingertor@t-online.de
– Fax (09141) 864650
27 Zim ⊇ – †50/69 € ††68/88 € – **Rest** – Karte 18/29 €

♦ Ein über 500 Jahre altes Fachwerkhaus, das geschickt mit einem Nebenhaus verbunden wurde. Ihr Zimmer ist wohnlich eingerichtet und verfügt über zeitgemäßen Komfort. Das nett dekorierte Restaurant ist im ältesten Teil des Hotels untergebracht.

Goldener Adler
Marktplatz 5 ⊠ 91781 – ℰ (09141) 8 55 60 – goldener-adler@t-online.de
– Fax (09141) 855633
12 Zim ⊇ – †38/45 € ††58/65 € – **Rest** – (geschl. Feb.) Karte 15/26 €

♦ Im Herzen der Altstadt, gleich neben dem historischen Rathaus, liegt dieses altehrwürdige Stadthaus. Originell: das Dachzimmer mit freigelegter Balkenkonstruktion. Wandbilder zieren das Restaurant, das mit Holzdecken und -pfeilern rustikal gestaltet ist.

WEISSENFELS – Sachsen-Anhalt – 542 – 30 330 Ew – Höhe 100 m   41 M12
▶ Berlin 201 – Magdeburg 122 – Leipzig 42 – Halle 34
🛈 Große Burgstr. 1, ⊠ 06667, ℰ (03443) 30 30 70, info@weissenfelstourist.de

Parkhotel Güldene Berge (mit Gästehaus)   Biergarten
Langendorfer Strasse 94 ⊠ 06667 – ℰ (03443)
3 92 00 – gueldene-berge@t-online.de – Fax (03442) 392020
26 Zim ⊇ – †70 € ††85/90 € – **Rest** – Karte 15/29 €

♦ Gegen Ende des 19. Jh. wurde diese Villa mit kleiner Parkanlage erbaut. Ein gut geführtes Hotel mit wohnlichen und zeitgemäßen Zimmern. Hohe Decke und Parkettboden unterstreichen im Restaurant den historischen Charakter der Villa.

WEISSENHORN – Bayern – 546 – 13 260 Ew – Höhe 501 m   56 I20
▶ Berlin 591 – München 146 – Augsburg 67 – Memmingen 41

Zum Löwen (mit Gästehaus)
Martin-Kuen-Str. 5 ⊠ 89264 – ℰ (07309) 9 65 00 – info@der-loewen.de
– Fax (07309) 965037
23 Zim ⊇ – †46/65 € ††75/85 € – **Rest** – (geschl. Sonntag) (Tischbestellung ratsam) Karte 16/44 €

♦ Bereits während des Bauernkrieges 1524/25 wird der Löwen als Wirtshaus erwähnt. Im modernen Gästehaus sind die Zimmer besonders geräumig und wohnlich. Hinter der hübsch geschwungenen Giebelfassade wird die regionale Küche gepflegt.

WEISSENSBERG – Bayern – siehe Lindau im Bodensee

WEISSENSTADT – Bayern – 546 – 3 580 Ew – Höhe 630 m – Erholungsort
▶ Berlin 349 – München 265 – Hof 28 – Bayreuth 36   51 M15
🛈 Kirchplatz 5, ⊠ 95163, ℰ (09253) 9 50 30, tourist@weissenstadt.de

Gasthaus Egertal
Wunsiedler Str. 49 ⊠ 95163 – ℰ (09253) 2 37 – info@gasthaus-egertal.de
– Fax (09253) 500 – geschl. 5. - 29. Jan. und Dienstag
Rest – (wochentags nur Abendessen) (Tischbestellung ratsam) Menü 47/69 €
– Karte 42/56 €
Rest Prinz-Rupprecht Stube – (nur Abendessen) Karte 22/34 €

♦ Ländlich-elegant ist das Ambiente in diesem schmucken Landhaus. An aufwändig eingedeckten Tischen serviert man eine regional beeinflusste klassische Küche. Rustikal, mit schönem Gewölbe und kleinem Wintergarten: die Prinz-Rupprecht Stube.

WEISWEIL – Baden-Württemberg – 545 – 2 110 Ew – Höhe 172 m   61 D20
▶ Berlin 783 – Stuttgart 181 – Freiburg im Breisgau 36 – Offenburg 39

Landgasthof Baumgärtner
Sternenstr. 2 ⊠ 79367 – ℰ (07646) 3 47 – baumgaertner2@freenet.de
– Fax (07646) 1347 – geschl. Montag
Rest – (Dienstag - Samstag nur Abendessen) Menü 23/37 € – Karte 23/50 €

♦ Ein solider familiengeführter Gasthof in netter dörflicher Umgebung. Die Innenräume sind mit dunklem Holz rustikal eingerichtet. Gute internationale Küche.

WEMDING – Bayern – 546 – 5 690 Ew – Höhe 463 m – Erholungsort 57 **K18**
▶ Berlin 511 – München 128 – Augsburg 70 – Nördlingen 18
🛈 Mangoldstr. 5, ✉ 86650, ℰ (09092) 82 22, tourismus@wemding.de

Weißer Hahn Biergarten
Wallfahrtstr. 21 ✉ 86650 – ℰ (09092) 9 68 00 – info@weisser-hahn.de
– Fax (09092) 968044
27 Zim ⊃ – †49/52 € ††74/76 € – ½ P 15 €
Rest – *(geschl. 30. Okt. - 3. Nov., Donnerstag, Okt. - April Samstag)* Karte 16/37 €
♦ Von 1464 stammt das Haus mit dem aufwändig gestalteten Treppengiebel. Man bietet zeitgemäße Zimmer und einen funktionellen Tagungsraum. Gastboxen auf dem eigenen Reiterhof.

WENDELSTEIN – Bayern – 546 – 16 170 Ew – Höhe 330 m 50 **K17**
▶ Berlin 439 – München 157 – Nürnberg 15 – Ingolstadt 84

Siehe Nürnberg (Umgebungsplan)

Zum Wenden
Hauptstr. 32 ✉ 90530 – ℰ (09129) 9 01 30 – info@hotel-zum-wenden.de
– Fax (09129) 901316 CT **c**
17 Zim ⊃ – †49/59 € ††90/98 € – **Rest** – *(geschl. Montagmittag)*
Karte 20/38 €
♦ Die gastliche Tradition begann hier schon 1745. Heute schläft man in rustikalen Räumen, teils mit Fachwerk oder in modernen, ganz in Weiß gehaltenen Zimmern. Eine Holzdecke und uralte, grob behauene Balken geben dem Restaurant eine gemütliche Atmosphäre.

Ofenplatt'n
Nürnberger Str. 19 ✉ 90530 – ℰ (09129) 34 30 – Fax (09129) 3430
– geschl. Sonntagabend - Montag CT **v**
Rest – *(Tischbestellung ratsam)* Karte 20/34 €
♦ Ein altes fränkisches Gasthaus mit Natursteinfassade, dessen Innenleben mit viel Liebe zum Detail in ein ansprechendes Restaurant verwandelt wurde. Netter Service!

WENDEN – Nordrhein-Westfalen – 543 – 19 840 Ew – Höhe 360 m 37 **E12**
▶ Berlin 565 – Düsseldorf 109 – Siegen 21 – Köln 72
🛈 Wenden-Ottfingen, Am Golfplatz ℰ (02762) 9 76 20

An der Straße nach Hünsborn Süd : 2 km :

Landhaus Berghof
Berghof 1 ✉ 57482 Wenden – ℰ (02762) 50 88 – hotel@landhaus-berghof.de
– Fax (02762) 3708
15 Zim ⊃ – †53/63 € ††83/88 € – **Rest** – *(geschl. Montag)* Karte 17/29 €
♦ Am Waldrand befindet sich das kleine Hotel mit Nebenhaus. Einige der wohnlichen Gästezimmer liegen nach hinten und bieten eine besonders schöne Sicht ins Grüne. Restaurant mit ländlichem Ambiente und hübscher Terrasse.

WENNINGSTEDT – Schleswig-Holstein – siehe Sylt (Insel)

WERBEN – Brandenburg – siehe Burg/Spreewald

WERDAU – Sachsen – 544 – 24 800 Ew – Höhe 276 m 42 **N13**
▶ Berlin 263 – Dresden 123 – Gera 41 – Zwickau 9
🛈 Markt 18 (Rathaus) ✉08412, ℰ (03761) 59 43 10

Katharinen Hof garni
Katharinenstr. 18 ✉ 08412 – ℰ (03761) 8 88 20 – rkh@residenz-katharinenhof.de
– Fax (03761) 3601
18 Zim ⊃ – †69/72 € ††82/95 €
♦ In der Jugendstilvilla von 1906 erwarten Sie gepflegte Zimmer und allerlei liebevolle Details wie Kerzenlichter oder Potpourris. Sehr nett ist das Engelszimmer. Bibliothek.

WERDAU

Friesen
Zwickauer Str. 58 (B 175) ⊠ 08412 – ℰ (03761) 8 80 00 – hotel.friesen@t-online.de
– Fax (03761) 880050
20 Zim ⊊ – †44/47 € ††69/73 € – **Rest** – Karte 14/22 €
♦ Funktionalität und gute Pflege zeichnen dieses oberhalb der Stadt gelegene, familiäre Haus aus, dessen Fensterläden nette Akzente setzen. Behaglichkeit kommt in dem holzverzierten Restaurant auf.

In Werdau-Steinpleis Süd-Ost : 2,5 km :

In der Mühle
Mühlweg 1 ⊠ 08412 – ℰ (03761) 18 88 80 – hotel.indermuehle@werdau.net
– Fax (03761) 1888833
21 Zim ⊊ – †40/49 € ††57/65 € – **Rest** – (geschl. Freitag, Montag - Samstag nur Abendessen) Karte 16/28 €
♦ Ruhig neben einer Wassermühle gelegen und umschattet von 100-jährigen Eichen befindet sich diese familiär geführte Adresse, die über gepflegte Zimmer verfügt. Unter historischen Deckenbalken speist man in dem rustikalen Restaurant.

WERDER – Brandenburg – 542 – 22 350 Ew – Höhe 31 m   22 O8
▶ Berlin 53 – Potsdam 11 – Brandenburg an der Havel 29 – Oranienburg 64

In Werder-Petzow Süd-Ost : 4 km :

Resort Schwielowsee - Hotel Seaside Garden
(geheizt) Rest,
Am Schwielowsee 117 (Nord-Ost : 1,5 km) ⊠ 14542 – ℰ (03327) 5 69 60
– office@resort-schwielowsee.de – Fax (03327) 5696999
156 Zim ⊊ – †94/174 € ††114/194 € – 5 Suiten
Rest – Menü 36/58 € – Karte 30/50 €
Rest *Ernest* – (geschl. Nov. - März Montag) Karte 25/33 €
♦ Im Stil einer amerikanischen Ferienanlage erbautes Hotel direkt am See. Wohnlich: die Zimmertypen Karibik, Maritim und Hampton. Einige Appartements. Internationale Karte im klassischen Restaurant. Ernest: nach Hemingway benanntes Restaurant mit Fischküche.

WERDOHL – Nordrhein-Westfalen – 543 – 20 670 Ew – Höhe 210 m   27 D11
▶ Berlin 534 – Düsseldorf 91 – Arnsberg 43 – Hagen 36

In Werdohl-Kleinhammer

Thuns Dorfkrug mit Zim
Brauck 7 ⊠ 58791 – ℰ (02392) 9 79 80 – service@thuns.info
– Fax (02392) 979829
17 Zim ⊊ – †43/61 € ††85 € – **Rest** – (geschl. Samstagmittag, Sonn- und Feiertage) Karte 27/47 €
♦ Angenehm hell und modern-elegant ist das Restaurant der Familie Thun. Man bietet kreative Küche sowie regionale und bodenständige Gerichte. Die Gästezimmer sind in geradlinigem neuzeitlichem Stil eingerichtet.

WERL – Nordrhein-Westfalen – 543 – 32 060 Ew – Höhe 90 m   27 E11
▶ Berlin 470 – Düsseldorf 103 – Arnsberg 30 – Dortmund 37
🅘 Werl, Am Golfplatz 1 ℰ (02377) 63 07

Maifeld Sport- und Tagungshotel   Biergarten
Hammer Landstr. 4 (im   Rest,
Industriegebiet Maifeld) ⊠ 59457 – ℰ (02922) 9 76 80
– info@hotel-maifeld.de – Fax (02922) 97688 – geschl. 21. Dez. - 2. Jan.
57 Zim ⊊ – †86/105 € ††106/125 € – **Rest** – (geschl. Samstagmittag)
Karte 18/35 €
♦ Großzügigkeit, Komfort und ein behaglicher, moderner Stil sind die Annehmlichkeiten dieses neuzeitlichen Hotels. Geschäftsreisende schätzen die günstige Lage zur Autobahn. Eine Bierstube ergänzt das an die Tennishalle angegliederte Restaurant.

WERL

Parkhotel Wiener Hof mit Zim
Hammer Str. 1 ⊠ *59457 –* ℰ *(02922) 26 33 – wolfgang.farendla@online.de*
– Fax (02922) 6448 – geschl. Montag - Dienstagmittag
8 Zim ⊇ – †45 € ††90 € – **Rest** – Menü 27/35 € – Karte 27/42 €
♦ Hübsch liegt dieses Haus in einen kleinen Park eingebettet. Die Innenräume sind mit Pastelltönen angenehm gestaltet, die Karte gibt sich österreichisch. Schöne Gartenterrasse.

WERMELSKIRCHEN – Nordrhein-Westfalen – 543 – 36 860 Ew – Höhe 310 m
36 **C12**
▶ Berlin 541 – Düsseldorf 50 – Köln 34 – Lüdenscheid 38
🖪 Hückeswagen, Stoote 1 ℰ (02192) 85 47 20

Zum Schwanen
Schwanen 1 (B 51) ⊠ *42929 –* ℰ *(02196) 71 10 – hotel@zumschwanen.com*
– Fax (02196) 711299 – geschl. Juli 2 Wochen
40 Zim ⊇ – †56/93 € ††122/134 € – **Rest** – Menü 25 € – Karte 27/56 €
♦ Ein gut geführter Familienbetrieb an der Durchgangsstraße. Die Zimmer im Haupthaus sind rustikal und etwas einfacher, der Anbau ist modern mit eleganter Note. Das Restaurant wirkt behaglich durch dunkle Holzbalken und weiß getünchte Wände.

In Wermelskirchen-Stumpf Süd : 4 km :

Große Ledder (mit 7 Gästehäusern)
⊠ 42929 – ℰ (02193) 2 20 – tagungszentrum.grosseledder@
bayer-gastronomie.de – Fax (02193) 22222
91 Zim ⊇ – †71/82 € ††96/116 € – **Rest** – (geschl. 27. Dez. - 7. Jan. und Sonntagabend) Karte 27/42 €
♦ Auf eine schöne, 50 ha große Anlage mit Park verteilen sich die Häuser dieses Hotels. Neben individuellen, komfortablen Zimmern bietet man gute Tagungsmöglichkeiten.

WERMSDORF – Sachsen – 544 – 6 110 Ew – Höhe 170 m
32 **O11**
▶ Berlin 226 – Dresden 80 – Leipzig 49 – Oschatz 13

Seehof Döllnitzsee
Grimmaer Str. 29 ⊠ *04779 –* ℰ *(034364) 5 17 00 – Fax (034364) 51703*
20 Zim ⊇ – †55/64 € ††79/94 € – **Rest** – (geschl. Mai - Sept. Montagmittag) Karte 17/32 €
♦ Die hübsche Seelage und wohnliche, funktionelle Zimmer mit guter Technik und schönen Bädern machen das aus mehreren Häusern bestehende Hotel aus. Rustikal-gemütliches Restaurant mit Galerie und Blick auf den See.

WERNBERG-KÖBLITZ – Bayern – 546 – 5 830 Ew – Höhe 377 m
51 **N16**
▶ Berlin 425 – München 193 – Weiden in der Oberpfalz 20 – Nürnberg 95
🖪 Luhe-Wildenau, Klaus-Conrad-Allee 1 ℰ (09607) 9 20 20

Burg Wernberg
Schloßberg 10 ⊠ *92533 –* ℰ *(09604) 93 90 – hotel@burg-wernberg.de*
– Fax (09604) 939139 – geschl. 1. - 17. Jan.
30 Zim ⊇ – †120/155 € ††170/210 € – 3 Suiten
Rest *Kastell* – separat erwähnt
Rest *Konrads* – Menü 33 € – Karte 31/44 €
♦ Aus dem 13. Jh. stammt die Burganlage auf einer Anhöhe über dem Ort. Das alte Gemäuer beherbergt heute geschmackvolle Zimmer. Separat: das moderne Seminarhaus. Das Konrads ist ein lichtes Wintergartenrestaurant.

Landgasthof Burkhard
Marktplatz 10 ⊠ *92533 –* ℰ *(09604) 9 21 80 – hotel.burkhard@t-online.de*
– Fax (09604) 921850
34 Zim ⊇ – †62/84 € ††99/118 €
Rest – (geschl. Jan., Aug. 1 Woche und Donnerstagabend, Samstagmittag, Sonntagabend) Menü 26 € (mittags) – Karte 19/31 €
Rest *Kaminstube* – (geschl. Jan., Aug. 1 Woche und Donnerstagabend, Samstagmittag, Sonntagabend) Menü 55 € – Karte 31/49 €
♦ Eine solide und mit zeitgemäßer Technik ausgestattete Unterkunft finden Sie in diesem Landgasthof. Großzügiger geschnitten sind die Zimmer im Anbau. Mit hellem Holz gestaltet: die Wirtsstube. Gemütlich und dennoch elegant: die Kaminstube mit gemauertem Ofen.

WERNBERG-KÖBLITZ

XXXX **Kastell** – Hotel Burg Wernberg
✿✿ *Schloßberg 10 ⊠ 92533 – ℰ (09604) 93 90 – hotel@burg-wernberg.de
– Fax (09604) 939139 – geschl. 1. - 17. Jan., Aug. 2 Wochen und Montag - Dienstag*
Rest – *(Mittwoch - Samstag nur Abendessen)* (Tischbestellung erforderlich)
Menü 96/124 €
Spez. Thunfisch mit grünem Spargel und Pulpo-Vinaigrette. Das Beste vom Landei im Gewürzspeckmantel auf jungem Spinat. Schweinefilet mit Kapern, Tomaten und Oliven im Ruccolafond.
♦ In der historischen Burganlage befindet sich das Restaurant, in welchem Sie unter einer Gewölbedecke Christian Jürgens' aufwändige französische Küche genießen können.

WERNE – Nordrhein-Westfalen – **543** – 30 840 Ew – Höhe 60 m 26 **D10**
▶ Berlin 483 – Düsseldorf 104 – Dortmund 25 – Hamm in Westfalen 15
🛈 Markt 19 (Stadtsparkasse), ⊠ 59368, ℰ (02389) 53 40 80, verkehrsverein-werne@t-online.de
🏌 Werne-Schmintrup, Kerstingweg 10 ℰ (02389) 53 90 60

Villa Suplie
*Stockumer Str. 8 ⊠ 59368 – ℰ (02389) 95 39 30 – info@villa-suplie.de
– Fax (02389) 924174*
16 Zim – †75/90 € ††95/113 €, ⊇ 10 €
Rest – Menü 25 € – Karte 31/45 €
Rest Gourmet – *(geschl. Jan., Juli - Aug. 4 Wochen und Montag - Dienstag, nur Abendessen)* (Tischbestellung ratsam) Menü 85/105 € 🌿
♦ Mit Engagement kümmert man sich in dem hübschen kleinen Hotel um seine Gäste. Sie wohnen in sehr schönen, individuell gestalteten Zimmern. Eine fast intime Atmosphäre herrscht in dem eleganten Gourmet im 1. Stock. Ausgesuchte Weine.

Hotel am Kloster
Kurt-Schumacher-Str. 9 ⊠ 59368 – ℰ (02389) 52 61 40 – info@hotel-am-kloster.de – Fax (02389) 52614444
54 Zim – †85/95 € ††103 € – **Rest** – *(nur Abendessen)* Karte 18/39 €
♦ Neuzeitliche Gästezimmer mit guter technischer Ausstattung sowie ein funktioneller Tagungsbereich machen das Hotel gegenüber dem Kapuzinerkloster aus. Restaurant im Bistrostil mit zeitgemäßem, internationalem Angebot.

Ickhorn (mit Gästehaus)
*Markt 1 ⊠ 59368 – ℰ (02389) 9 87 70 – info@hotel-ickhorn.de
– Fax (02389) 987713*
23 Zim ⊇ – †48/55 € ††75/85 € – **Rest** – Karte 16/42 €
♦ Inmitten der Fußgängerzone der Stadt liegt das Haus mit der historischen Fassade. Besonders die praktischen Zimmer im Gästehaus überzeugen. Mit dunklem Holz und gepflegtem Dekor bürgerlich eingerichtetes Lokal.

WERNECK – Bayern – **546** – 10 680 Ew – Höhe 222 m 49 **I15**
▶ Berlin 468 – München 295 – Würzburg 27 – Schweinfurt 13

Krone-Post
*Balthasar-Neumann-Str. 1 ⊠ 97440 – ℰ (09722) 50 90 – info@kronepost.de
– Fax (09722) 509199*
45 Zim ⊇ – †54/90 € ††74/110 € – **Rest** – *(geschl. Sonn- und Feiertage abends, Montagmittag)* Karte 18/30 €
♦ Seit Generationen befindet sich das traditionsreiche Gasthaus mit seinen unterschiedlich eingerichteten Zimmern im Familienbesitz. Neben der bürgerlichen Gaststube bietet man das ländlich-elegante Restaurant Pfeifenmännle mit regional-internationalem Menü.

WERNIGERODE – Sachsen-Anhalt – **542** – 34 650 Ew – Höhe 240 m 30 **K10**
▶ Berlin 229 – Magdeburg 78 – Braunschweig 88 – Erfurt 145
🛈 Nicolaiplatz 1, ⊠ 38855, ℰ (03943) 63 30 35, info@wernigerode-tourismus.de
◙ Rathaus★★ – Fachwerkhäuser★★
◙ Rübeland (Hermannshöhle★) Süd-Ost : 14 km

1365

WERNIGERODE

Gothisches Haus
Marktplatz 2 ⊠ *38855 –* ☎ *(03943) 67 50*
– gothisches-haus@travelcharme.com – Fax (03943) 675555
116 Zim ⊇ – †98/187 € ††144/218 €
Rest – Menü 43 € – Karte 33/47 €
Rest *Winkeller 1360* – (geschl. Montag, nur Abendessen) Karte 23/31 €
Rest *Bohlenstube* – (geschl. Mitte Juli - Aug. und Sonntag - Dienstag, nur Abendessen) Menü 69/98 € – Karte 57/68 €
♦ Am hübschen Marktplatz steht das Haus mit der denkmalgeschützten Fassade. Das Hotel bietet seinen Gästen schöne, wohnliche Zimmer und Suiten. In Stuben unterteiltes Restaurant. Winkeller 1360 mit rustikalem Charakter. Gemütlich ist die historische Bohlenstube.

Weißer Hirsch
Marktplatz 5 ⊠ *38855 –* ☎ *(03943) 60 20 20 – info@hotel-weisser-hirsch.de*
– Fax (03943) 633139
51 Zim ⊇ – †79/95 € ††115/149 € – 6 Suiten – **Rest** – Menü 23 €
– Karte 20/37 €
♦ Die Lage am historischen Marktplatz der Stadt macht dieses Hotel interessant. Hinter einer schmucken Fachwerkfassade überzeugen zeitgemäß eingerichtete Zimmer und Suiten. Im hellen und freundlichen Restaurant erwartet Sie ein internationales Speisenangebot.

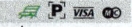

Am Anger garni
Breite Str. 92 ⊠ *38855 –* ☎ *(03943) 9 23 20 – info@hotel-am-anger.de*
– Fax (03943) 923250
40 Zim ⊇ – †50/60 € ††90/112 €
♦ Das einstige kleine Gehöft ist heute ein schönes Hotel in der Altstadt. Ein Teil der ruhigen Zimmer bietet Schlossblick. Elegant: das Louisen-Café.

Johannishof garni
Pfarrstr. 25 ⊠ *38855 –* ☎ *(03943) 9 49 40 – info@hotel-johannishof.de*
– Fax (03943) 949449
25 Zim ⊇ – †53/60 € ††80/90 €
♦ Aus einem ehemaligen Gutshaus ist dieses familiengeführte Hotel mit geräumigen, wohnlichen Zimmern und hübschem Frühstücksraum entstanden. Zentral und doch ruhig ist die Lage.

WERSHOFEN – Rheinland-Pfalz – **543** – 900 Ew – Höhe 460 m   35 **B13**
▶ Berlin 648 – Mainz 176 – Aachen 97 – Adenau 19

Kastenholz
Hauptstr. 1 ⊠ *53520 –* ☎ *(02694) 3 81 – info@kastenholz-eifel.de*
– Fax (02694) 536
50 Zim ⊇ – †77/128 € ††118/210 € – ½ P 22 € – **Rest** – Karte 27/44 €
♦ Ein komfortables Hotel am Ortsrand mit schönem Blick über die Landschaft sowie wohnlich-eleganten Zimmern und einem hübschen Freizeitbereich. Rondellartiges rustikales Restaurant mit mittig angelegtem rundem Kamin.

WERTHEIM – Baden-Württemberg – **545** – 24 770 Ew – Höhe 145 m   48 **H16**
▶ Berlin 537 – Stuttgart 143 – Würzburg 38 – Aschaffenburg 47
🛈 Am Spitzen Turm, ⊠ 97877, ☎ (09342) 93 50 90, info@tourist-wertheim.de
◉ Stiftskirche (Grabdenkmäler★★)

In Wertheim-Bestenheid Nord-West : 3 km :

Bestenheider Stuben
Breslauer Str. 1 ⊠ *97877 –* ☎ *(09342) 9 65 40 – info@bestenheider-stuben.de*
– Fax (09342) 965444
20 Zim ⊇ – †56/70 € ††80/95 € – **Rest** – Menü 32/45 € – Karte 26/50 €
♦ Die Zimmer dieses am Ortseingang gelegenen, gut geführten Landhauses mit Holzfassade sind alle farblich schön designt und funktionell mit modernen Möbeln eingerichtet. Sorgfältig zubereitete internationale Küche im Restaurant.

WERTHEIM

In Wertheim-Reicholzheim Süd-Ost : 7 km – Erholungsort :

Martha
*Am Felder 11 – ⌧ 97877 – ℰ (09342) 78 96 – info@hotel-restaurant-martha.de
– Fax (09342) 6655 – geschl. 30. Jan. - 12. Feb.*
9 Zim – †38/48 € ††66/88 € – **Rest** – Karte 18/28 €
♦ Die ruhige, sonnige Hanglage und die solide und praktisch ausgestatteten Gästezimmer - teils mit Balkon - machen das familiengeführte kleine Hotel aus. Ländliches Restaurant mit wechselnder Bilderausstellung.

In Kreuzwertheim - auf der rechten Mainseite :

Herrnwiesen garni
*In den Herrnwiesen 4 – ⌧ 97892 – ℰ (09342) 9 31 30 – hotel@herrnwiesen.de
– Fax (09342) 931311 – geschl. 24. Dez. - 1. Jan.*
22 Zim – †50/80 € ††75/90 €
♦ Ein engagiert geführtes Haus, das mit guter Pflege überzeugt. Die Zimmer sind mit hellem Naturholz eingerichtet - einige verfügen über einen hübsch bewachsenen Balkon.

Lindenhof
*Lindenstr. 41 (Nord - Ost : 2 km Richtung Marktheidenfeld) – ⌧ 97892
– ℰ (09342) 91 59 40 – lindenhof.kreuzwertheim@t-online.de
– Fax (09342) 9159444*
14 Zim – †69/99 € ††95/118 € – **Rest** – Karte 30/46 €
♦ Die Betreiberfamilie kann auf eine lange Tradition als Winzer und Gastwirte zurückblicken. Die Zimmer sind individuell und wohnlich gestaltet. Das Restaurant ist reich dekoriert und strahlt Gemütlichkeit aus.

WERTHER – Thüringen – siehe Nordhausen

WERTINGEN – Bayern – 546 – 8 830 Ew – Höhe 421 m   57 **J19**
▶ Berlin 538 – München 90 – Augsburg 34 – Donauwörth 24

Hirsch
*Schulstr. 7 – ⌧ 86637 – ℰ (08272) 80 50 – mail@hotel-zum-hirsch.de
– Fax (08272) 805100 – geschl. 22. Dez. - 4. Jan.*
28 Zim – †45/47 € ††74/78 € – **Rest** – *(geschl. Freitagabend - Samstag)* Karte 13/23 €
♦ Der um einen Hotelanbau erweiterte Gasthof in der Ortsmitte ist ein gut geführter Familienbetrieb mit solide eingerichteten Zimmern. Rustikales Restaurant, in dem die Chefin selbst die Küche leitet.

Schmankerlstube
*Zusmarshauser Str. 1 – ⌧ 86637 – ℰ (08272) 33 44 – frweber@schmankerlstube.de
– Fax (08272) 9308 – geschl. Mitte Sept. 1 Woche, Sonntagabend - Montag*
Rest – *(Dienstag - Samstag nur Abendessen)* Karte 30/39 €
♦ Ein kleines Eckhaus mit Holzfensterläden beherbergt das behagliche Restaurant mit Kachelofen, das schon seit über 20 Jahren von der freundlichen Inhaberfamilie betrieben wird.

WESEL – Nordrhein-Westfalen – 543 – 61 830 Ew – Höhe 27 m   25 **B10**
▶ Berlin 557 – Düsseldorf 64 – Bocholt 24 – Duisburg 31
ADAC Schermbecker Landstr. 41
ℹ Große Markt 11, ⌧ 46483, ℰ (0281) 2 44 98, verkehrsvereinwesel@t-online.de

Welcome Hotel Rheinresidenz
*Rheinpromenade 10 – ⌧ 46487 – ℰ (0281) 3 00 00
– info@welcome-hotel-wesel.com – Fax (0281) 3000333*
102 Suiten – †126/136 € ††146/156 € – **Rest** – Karte 27/36 €
♦ Nicht weit von Rhein und Schiffsanleger liegt der moderne vierflügelige Hotelbau. Die großzügigen Zimmer verfügen über einen separaten Schlafraum und eine Küche. Neuzeitliches Restaurant mit vorgelagerter Terrasse und großer Fensterfront zum Rhein hin.

1367

WESEL

XX **Lippeschlößchen**
Hindenburgstr. 2 (Süd-Ost : 2 km) ⊠ 46485 – ⌂ (0281) 44 88
– *lippeschloesschen@t-online.de – Fax (0281) 4733 – geschl. Dienstag*
Rest – Karte 28/39 €
♦ Internationale Küche mit regionalem Touch bietet man in diesem schönen, angenehm hell gestalteten Restaurant. Von der Terrasse blickt man über die Lippeniederung.

In Wesel-Flüren Nord-West : 3 km über B 8 :

XX **Art**
Reeser Landstr. 188 ⊠ 46487 – ⌂ (0281) 9 75 75 – *restaurantart@t-online.de*
– *Fax (0281) 97577 – geschl. Dienstag, Samstagmittag*
Rest – Menü 33 € – Karte 29/46 €
♦ Modern und freundlich hat man dieses Restaurant gestaltet. Besonders schön sitzt man hinter der großen Glasfront mit Blick auf die Terrasse und den kleinen See.

In Hamminkeln-Marienthal Nord-Ost : 14 km über B 70 :

Haus Elmer (mit Gästehäusern)
An der Klosterkirche 12 ⊠ 46499 – ⌂ (02856) 91 10 – *info@haus-elmer.de*
– *Fax (02856) 91170*
30 Zim – †78/115 € ††115/169 € – **Rest** – Menü 30/52 € – Karte 27/41 €
♦ Der historische Klosterhof ist heute ein komfortables Hotel, das mit individuellen Gästezimmern von elegant-rustikal bis modern besticht. Schön sitzt man im gediegenen Restaurant mit Kamin oder auf der Gartenterrasse.

WESENBERG – Mecklenburg-Vorpommern – **542** – 3 330 Ew – Höhe 65 m   13 **O6**
▶ Berlin 114 – Schwerin 128 – Neubrandenburg 44

Borchard's Rookhus am See
Am Großen Labussee (Nord : 4,5 km) ⊠ 17255
– ⌂ (039832) 5 00 – *info@rookhus.de*
– *Fax (039832) 50100*
45 Zim – †85/110 € ††110/160 € – ½ P 30 € – 3 Suiten
Rest *Fürst Nikolaus I.* – Menü 30/36 € – Karte 28/45 €
♦ Schön und herrlich ruhig liegt das engagiert geleitete Hotel am Wald. Ebenso angenehm sind die freundliche Gästebetreuung und geschmackvolle, individuelle Zimmer. Im Fürst Nikolaus I. erwartet Sie gediegen-stilvolles Ambiente.

WESSELING – Nordrhein-Westfalen – **543** – 35 620 Ew – Höhe 47 m   36 **C12**
▶ Berlin 583 – Düsseldorf 55 – Bonn 20 – Köln 12

Am Rhein garni
Auf dem Rheinberg 2 ⊠ 50389 – ⌂ (02236) 32 50 – *info@hotelamrhein.de*
– *Fax (02236) 325199*
68 Zim – †95/105 € ††115/125 €
♦ Direkt am Rhein gelegenes Hotel mit modern und funktionell gestalteten Zimmern. Vom Frühstücksraum wie auch von den meisten Zimmern hat man einen schönen Blick auf den Fluss.

Haus Burum garni
Bonner Str. 83 ⊠ 50389 – ⌂ (02236) 94 39 10 – *Fax (02236) 9439127*
– *geschl. 21. Dez. - 7. Jan.*
24 Zim – †43/52 € ††69/72 €
♦ Ein sympathisches Haus, das über zeitgemäße Gästezimmer mit Kirschholzmöbeln sowie einen Frühstücksraum mit antiken Stühlen verfügt.

WESTERBURG – Rheinland-Pfalz – **543** – 5 840 Ew – Höhe 343 m   37 **E13**
▶ Berlin 561 – Mainz 88 – Koblenz 54 – Siegen 43
🛈 Neumarkt 1, ⊠ 56457, ⌂ (02663) 29 14 90, *tourist-information@vg-westerburg.de*
⛳ Westerburg, Am Wiesensee ⌂ (02663) 99 11 92

WESTERBURG

In Westerburg-Stahlhofen Nord-Ost : 4,5 km Richtung Wiesensee :

Lindner Hotel und Sporting Club Wiesensee
Am Wiesensee ⊠ 56457 Westerburg – ℰ (02663) 9 91 00 – info.wiesensee@lindner.de – Fax (02663) 991199
103 Zim ⊋ – †129/149 € ††169/189 € – 26 Suiten – **Rest** – Karte 30/44 €
♦ Das schön an einem kleinen See gelegene Tagungs- und Ferienhotel überzeugt mit neuzeitlichen Zimmern in mediterranen Tönen und einem großen Freizeit- und Wellnessangebot. Hell und freundlich gestaltetes Restaurant.

WESTERHEIM (KR. UNTERALLGÄU) – Bayern – 546 – 2 070 Ew – Höhe 602 m
▶ Berlin 678 – München 107 – Augsburg 82 – Kempten 55   64 **J20**

In Westerheim-Günz Nord : 2 km :

Brauereigasthof Laupheimer   Biergarten
Dorfstr. 19 ⊠ 87784 – ℰ (08336) 76 63 – info@laupheimer.de – Fax (08336) 7693 – geschl. 1. - 15. Jan.
9 Zim ⊋ – †48/52 € ††78/85 € – **Rest** – Menü 22/39 € – Karte 17/38 €
♦ Bereits seit 1888 wird dieser traditionsreiche Brauereigasthof von Familie Laupheimer geleitet. Schön sind die neuzeitlich und wohnlich eingerichteten Zimmer. Ländlich-gemütlich ist die Atmosphäre in den Restauranträumen.

WESTERLAND – Schleswig-Holstein – siehe Sylt (Insel)

WESTERSTEDE – Niedersachsen – 541 – 21 830 Ew – Höhe 8 m – Erholungsort
▶ Berlin 460 – Hannover 195 – Emden 58 – Groningen 110   8 **E6**
🖪 Am Markt 2, ⊠ 26655, ℰ (04488) 1 94 33, touristik@westerstede.de

Voss
Am Markt 4 ⊠ 26655 – ℰ (04488) 51 90 – info@voss-hotels.de – Fax (04488) 6062
73 Zim ⊋ – †69/88 € ††104/134 € – ½ P 19 €
Rest Vossini – Menü 23 € – Karte 22/45 €
♦ Der neuzeitliche Klinkerbau mit flachem Anbau liegt in der Mitte der Rhododendronstadt. Das Haus überzeugt mit wohnlicher Einrichtung und funktioneller Tagungstechnik. Zum Markt hin liegt das Vossini, das hell und leicht mediterran wirkt.

Altes Stadthaus (mit Gästehaus)
Albert-Post-Platz 21 ⊠ 26655 – ℰ (04488) 8 47 10 – altesstadthaus@aol.com – Fax (04488) 847130
17 Zim ⊋ – †48/56 € ††78/86 € – ½ P 15 € – **Rest** – (geschl. Nov. - März Montag) Karte 20/36 €
♦ Das sanierte alte Stadthaus mit Neubau ist ein engagiert geführtes Hotel. Die Zimmer sind individuell, teils sehr schön im Landhausstil ausgestattet. Ein Bistro in warmen Rottönen ergänzt das Restaurant. Die Karte bietet auch Steakgerichte.

Zur Linde
Wilhelm-Geiler-Str. 1 ⊠ 26655 – ℰ (04488) 8 42 80 – info@hotel-linde-westerstede.de – Fax (04488) 842828
11 Zim ⊋ – †60/65 € ††80/88 € – ½ P 15 € – **Rest** – (nur für Hausgäste)
♦ Ein von der Inhaberfamilie selbst geführtes kleines Hotel, in dem zeitgemäße, nett möblierte Gästezimmer bereitstehen.

In Westerstede-Burgforde Nord-Ost : 1,5 km in Richtung Neuenburg :

Waldhotel am Wittenheimer Forst
Burgstr. 15 ⊠ 26655 – ℰ (04488) 8 38 20 – info@waldhotel-wittenheim.de – Fax (04488) 72829 – geschl. Jan.
19 Zim ⊋ – †41/65 € ††81/95 € – ½ P 15 € – **Rest** – (geschl. Montag, nur Abendessen) Karte 17/31 €
♦ Das schön restaurierte Landhaus liegt am Waldrand. Man verfügt über recht unterschiedlich eingerichtete Zimmer von rustikal bis modern. Reichhaltiges Landfrühstück. Zum gastronomischen Bereich zählen die rustikale Schänke und das fast klassische Restaurant.

1369

WETTENBERG – Hessen – siehe Gießen

WETZLAR – Hessen – 543 – 52 690 Ew – Höhe 168 m 37 **F13**
- Berlin 510 – Wiesbaden 96 – Frankfurt am Main 68 – Limburg an der Lahn 42
- Domplatz 8, ⌕ 35573, ☏ (06441) 99 77 50, tourist-info@wetzlar.de
- Braunfels, Homburger Hof ☏ (06442) 45 30 Z

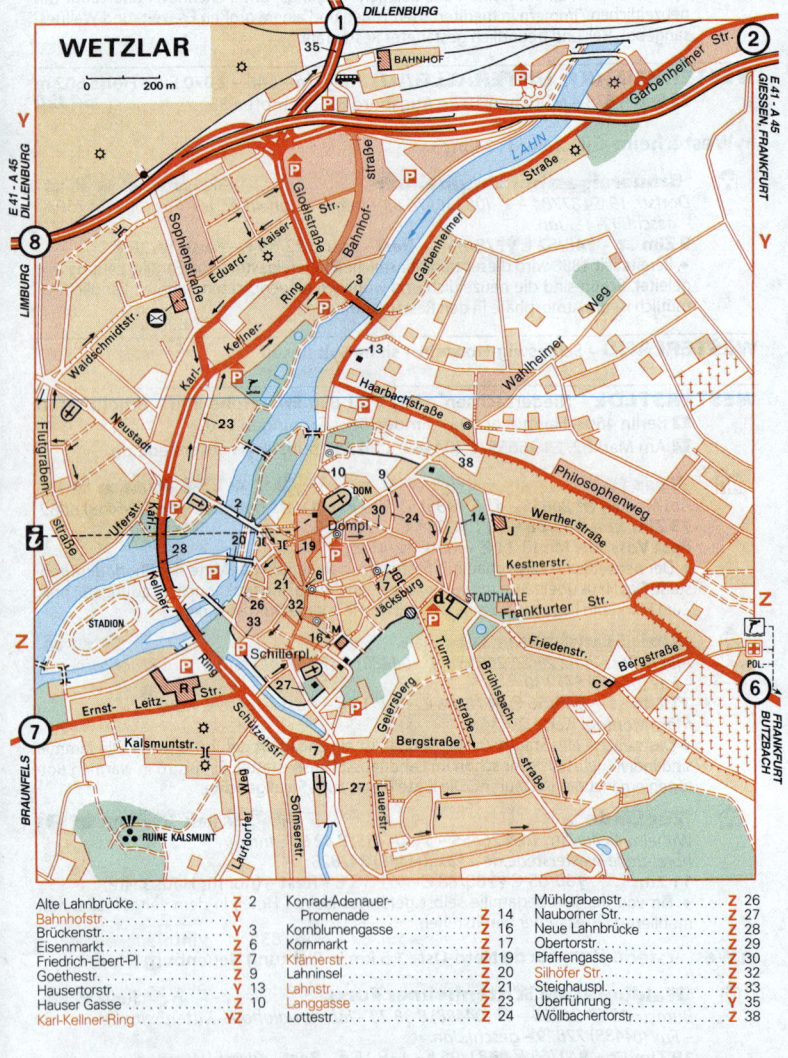

Alte Lahnbrücke . . . . Z 2	Konrad-Adenauer-	Mühlgrabenstr. . . . . Z 26
Bahnhofstr. . . . . Y	Promenade . . . . Z 14	Nauborner Str. . . . . Z 27
Brückenstr. . . . . Y 3	Kornblumengasse . . . . Z 16	Neue Lahnbrücke . . . . Z 28
Eisenmarkt . . . . Z 6	Kornmarkt . . . . Z 17	Obertorstr. . . . . Z 29
Friedrich-Ebert-Pl. . . . . Z 7	Krämerstr. . . . . Z 19	Pfaffengasse . . . . Z 30
Goethestr. . . . . Z 9	Lahninsel . . . . Z 20	Silhöfer Str. . . . . Z 32
Hausertorstr. . . . . Y 13	Lahnstr. . . . . Z 21	Steighauspl. . . . . Z 33
Hauser Gasse . . . . Z 10	Langgasse . . . . Z 23	Überführung . . . . Y 35
Karl-Kellner-Ring . . . . YZ	Lottestr. . . . . Z 24	Wöllbachertorstr. . . . . Y 38

Mercure Biergarten
Bergstr. 41 ⌕ 35578 – ☏ (06441) 41 70 – h0782@accor.com – Fax (06441) 42504
144 Zim – †64/104 € ††64/104 €, ⌕ 15 € – **Rest** – Karte 23/49 €   Z c
♦ Unweit der Stadthalle liegt dieses Tagungs- und Gruppenhotel. Die meisten Zimmer sind mit cremefarbenen Möbeln bestückt, bunte Stoffe setzen Akzente.

1370

WETZLAR

Wetzlarer Hof
Obertorstr. 3 ⊠ 35578 – ℰ (06441) 90 80 – hotel@wetzlarerhof.de
– Fax (06441) 908100
Z d
55 Zim ⊇ – †79 € ††96 € – **Rest** – Menü 29/38 € – Karte 23/37 €
♦ Modern eingerichtete Zimmer, teilweise mit Balkon und Aussicht auf die Avignon-Anlage, erwarten Sie in dem an die Stadthalle angrenzenden Hotel. Gepflegtes neuzeitliches Restaurant.

In Wetzlar-Naunheim 3 km über Überführung Y, auf der Brücke rechts :

Landhotel Naunheimer Mühle
Mühle 2 ⊠ 35584 – ℰ (06441) 9 35 30 – naunheimer-muehle@t-online.de
– Fax (06441) 935393
33 Zim ⊇ – †71/80 € ††103/127 € – **Rest** – Menü 30 € – Karte 22/42 €
♦ Idyllisch liegt die ehemalige Mühle direkt an der Lahn, von einigen der gepflegten, im Landhausstil eingerichteten Zimmer kann man auch auf diese blicken. Rustikale Stuben und eine nette Terrasse laden zum Verweilen ein.

WEYARN – Bayern – 546 – 3 190 Ew – Höhe 650 m
66 M21
▶ Berlin 627 – München 38 – Garmisch-Partenkirchen 83 – Salzburg 104

Alter Wirt
Biergarten
Miesbacher Str. 2 ⊠ 83629 – ℰ (08020) 90 70 – info@alter-wirt.com
– Fax (08020) 1515
39 Zim ⊇ – †59 € ††90 € – **Rest** – Karte 15/33 €
♦ Wohnliche Zimmer und Suiten mit klassischen Akzenten machen den traditionellen Gasthof von 1646 zu einer soliden Unterkunft vor den Toren Münchens. Mehrere gemütliche Räume bilden den ländlich-rustikalen Restaurantbereich.

Im Mangfalltal Nord-West : 2,5 km, jenseits der A 8 :

Waldrestaurant Maxlmühle
Biergarten
⊠ 83626 Valley – ℰ (08020) 17 72 – geschl. Feb. und Mittwoch - Donnerstag
Rest – Karte 18/32 €
♦ Ein netter Familienbetrieb ist das einsam am Ende der Straße gelegene bayerische Gasthaus. In ländlich-gemütlichem Ambiente serviert man regionale Küche.

WEYHAUSEN – Niedersachsen – siehe Wolfsburg

WEYHER – Rheinland-Pfalz – siehe Edenkoben

WICKEDE (RUHR) – Nordrhein-Westfalen – 543 – 12 580 Ew – Höhe 165 m
▶ Berlin 478 – Düsseldorf 103 – Arnsberg 27 – Dortmund 38
27 E11

Haus Gerbens mit Zim
Biergarten
Hauptstr. 211 (B 63, Nord-Ost : 2 km) ⊠ 58739 – ℰ (02377) 10 13 – kontakt@haus-gerbens.de – Fax (02377) 1871
13 Zim ⊇ – †50/78 € ††85/115 € – **Rest** – (geschl. 1. - 20. Jan. und Samstagmittag, Sonntagmittag, außer Feiertage) Menü 26 € – Karte 30/51 €
♦ Seit 150 Jahren beherbergt das kleine Haus gastronomische Betriebe - heute finden Sie hier eine ländliche Gaststube, ein freundliches Restaurant und nette Zimmer.

WIECK AUF DEM DARSS – Mecklenburg-Vorpommern – siehe Prerow

WIEDEN – Baden-Württemberg – 545 – 590 Ew – Höhe 835 m – Wintersport : 1 200 m
∢3 ⚞ – Erholungsort
61 D21
▶ Berlin 813 – Stuttgart 246 – Freiburg im Breisgau 44 – Basel 50
🛈 Kirchstr. 2 (Rathaus), ⊠ 79695, ℰ (07673) 3 03, touristinfo@wieden.de

Hirschen
Ortsstr. 8 ⊠ 79695 – ℰ (07673) 8 88 60 – hotel-hirschen@t-online.de
– Fax (07673) 888637 – geschl. 14. Nov. - 18. Dez.
Rest – (geschl. Montag) Menü 24/28 € – Karte 17/46 €
♦ Auf mehrere rustikale Stuben verteilt sich das Restaurant des 200 Jahre alten Gasthofs. Ein Kachelofen sowie ländliches Dekor schmücken den Innenraum. Einfache Gästezimmer.

1371

WIEDEN
An der Straße zum Belchen West : 4 km :

Berghotel Wiedener Eck
*Oberwieden 15 ⌂ 79695 Wieden – ℰ (07673) 90 90 – info@wiedener-eck.de
– Fax (07673) 1009*
28 Zim ⌂ – †65/73 € ††118/176 € – ½ P 10 € – **Rest** – Karte 20/38 €
♦ Der engagiert geführte Familienbetrieb ist auf einer kleinen Anhöhe platziert. Die Gästezimmer sind in wohnlichem Landhausstil eingerichtet. Unterteilte Gaststuben von ländlich-bürgerlich bis urig.

WIEFELSTEDE – Niedersachsen – **541** – 14 560 Ew – Höhe 16 m – **Erholungsort**
▶ Berlin 452 – Hannover 188 – Bremen 66 – Bad Zwischenahn 14   8 **E6**
🛈 Kirchstr. 1, ⌂ 26215, ℰ (04402) 96 51 50, info@touristik-wiefelstede.de

In Wiefelstede-Metjendorf Süd-Ost : 10 km Richtung Oldenburg :

Trend Hotel
*Jürnweg 5 ⌂ 26215 – ℰ (0441) 9 61 10 – info@trendhotel-ol.de
– Fax (0441) 9611200*
34 Zim – †42 € ††64 €, ⌂ 8 € – **Rest** – *(geschl. Freitag - Sonntag, nur Abendessen)* Karte 14/21 €
♦ Das im Motelstil angelegte flache Gebäude beherbergt saubere, praktisch ausgestattete Zimmer - alle ebenerdig gelegen, mit direktem Zugang zum Parkplatz. Restaurant im Bistrostil.

WIEHL – Nordrhein-Westfalen – **543** – 26 590 Ew – Höhe 190 m   36 **D12**
▶ Berlin 570 – Düsseldorf 82 – Bonn 71 – Siegen 53
🛈 Bahnhofstr. 1 (Rathaus), ⌂ 51674, ℰ (02262) 9 91 95, touristinfo@wiehl.de

Zur Post   Biergarten
*Hauptstr. 8 ⌂ 51674 – ℰ (02262) 79 00 – info@hzpw.de
– Fax (02262) 92595*
57 Zim ⌂ – †89 € ††129 € – **Rest** – Karte 26/33 €
♦ Zeitgemäße, wohnliche Zimmer mit funktioneller Ausstattung stehen in diesem Haus zur Verfügung. Eine Vielzahl von Sportmöglichkeiten findet man in der Nähe. Die rustikalen Bergischen Stuben und das moderne Restaurant bieten regionale und internationale Küche.

WIEK – Mecklenburg-Vorpommern – siehe Rügen (Insel)

WIESBACH – Rheinland-Pfalz – **543** – 590 Ew – Höhe 267 m   46 **D17**
▶ Berlin 698 – Mainz 115 – Neustadt an der Weinstraße 77 – Saarbrücken 50

Wiesbacher Hof
*Lamachstr. 5 ⌂ 66894 – ℰ (06337) 16 16 – info@wiesbadener-hof.de
– Fax (06337) 1611 – geschl. Donnerstag*
Rest – Karte 21/34 €
♦ In der Ortsmitte liegt dieses familiengeführte Gasthaus mit ländlichem Charakter. Geboten wird überwiegend bürgerlich-regionale Küche. Freitag ist Schlachttag.

WIESBADEN Ⓛ – Hessen – **543** – 272 000 Ew – Höhe 115 m – **Heilbad**   47 **E15**
▶ Berlin 567 – Bonn 153 – Frankfurt am Main 40 – Bad Kreuznach 49
ADAC Grabenstr. 5
🛈 Marktstr. 6, ⌂ 65183, ℰ (0611) 1 72 97 80, tourist-service@wiesbaden.de
⛳ Wiesbaden-Delkenheim, Lange Seegewann 2 ℰ (06122) 58 86 80
⛳ Wiesbaden, Weißer Weg ℰ (0611) 1 84 24 16 **AZ**
⛳ Wiesbaden, Chausseehaus 17 ℰ (0611) 53 28 00 **AYZ**
◉ Kurhaus★ – Kurpark und Kuranlagen★ **BY** – Museum Wiesbaden (Jawlensky-Kollektion★) M[1] **BZ** – Nerobergbahn★ **AY**
◉ Schloss Biebrich★ – Kloster Eberbach★★ West : 18 km

Stadtplan siehe nächste Seiten

1372

WIESBADEN

Nassauer Hof (Thermal)
Kaiser-Friedrich-Platz 3 ⊠ *65183 –* ℰ *(0611) 13 30 – info@nassauer-hof.de*
– Fax (0611) 133632 BY **v**
168 Zim – †268/298 € ††318/348 €, ⊇ 24 € – 12 Suiten
Rest *Ente* – separat erwähnt
Rest *Orangerie* – ℰ *(0611) 13 36 33* – Karte 28/58 €
♦ Das prächtige Gebäude mit wilhelminischer Fassade ist ein durch und durch klassisch-elegant gehaltenes Grandhotel. Vom Spabereich im obersten Stock blicken Sie über die Stadt. In einem runden Vorbau befindet sich das Restaurant Orangerie mit hübscher Terrasse.

Dorint Pallas
Auguste-Viktoria-Str. 15 ⊠ *65185 –* ℰ *(0611) 3 30 60 – info.wiesbaden@dorint.com – Fax (0611) 33061000* BZ **e**
298 Zim – †135/305 € ††165/335 €, ⊇ 20 € – 4 Suiten
Rest – Karte 40/56 €
♦ Von modernem Stil und klaren Linien geprägt ist das Hotel in Bahnhofsnähe mit hübschem kleinem Freizeitbereich. In der Präsidentensuite übernachtete 1963 John F. Kennedy. Restaurant mit neuzeitlichem Ambiente und internationalem Angebot.

Radisson SAS Schwarzer Bock (Thermal)
Kranzplatz 12 ⊠ *65183 –* ℰ *(0611) 15 50*
– info.wiesbaden@radissonsas.com – Fax (0611) 155111 BY **e**
142 Zim – †129/229 € ††149/249 €, ⊇ 20 € – ½ P 28 € – 3 Suiten
Rest *Capricorne* – ℰ *(0611) 1 55 34 00* – Karte 34/53 €
♦ Auf 500 Jahre Geschichte blickt dieses Hotel zurück. Neben historischem Flair werden Ihnen wohnliche und freundlich eingerichtete Zimmer geboten. Im eleganten Capricorne hat man einen Blick in den Hofgarten.

NH Aukamm
Aukamm Allee 31 (über Bierstadter Straße CY) ⊠ *65191*
– ℰ *(0611) 57 60 – nhaukammwiesbaden@nh-hotels.com*
– Fax (0611) 576246
164 Zim – †82/189 € ††82/189 €, ⊇ 17 € – **Rest** – Karte 23/42 €
♦ Das Hochhaus ist ein besonders auf Tagungen ausgelegtes Hotel, das über gediegen und funktionell ausgestattete Zimmer mit Balkon verfügt. Man bietet auch Kosmetikanwendungen. Klassisch-elegantes Restaurant mit netter Terrasse.

Crowne Plaza
Bahnhofstr. 10 ⊠ *65185 –* ℰ *(0611) 16 20 – sales@crowneplaza-wiesbaden.de*
– Fax (0611) 162581 BZ **s**
233 Zim – †130/215 € ††130/215 €, ⊇ 20 € – **Rest** – Karte 24/41 €
♦ In diesem Hotel im Zentrum von Wiesbaden erwarten den Gast ein großzügiger Hallenbereich sowie funktionell eingerichtete Zimmer. Restaurant in hellen, mediterranen Tönen.

Oranien
Platter Str. 2 ⊠ *65193 –* ℰ *(0611) 1 88 20 – info@hotel-oranien.de*
– Fax (0611) 1882200 BY **u**
79 Zim ⊇ – †110/180 € ††140/180 € – ½ P 28 € – **Rest** – *(geschl. Sonntag)* Karte 27/45 €
♦ Nach stilgerechter Modernisierung beherbergt das zentrumsnahe historische Haus mit der schmucken rosa Fassade ein gut geführtes Hotel mit komfortablen, zeitgemäßen Zimmern. In frischen, freundlichen Farben präsentiert sich das Restaurant.

Trüffel
Webergasse 6 ⊠ *65183 –* ℰ *(0611) 99 05 50 – hotel@trueffel.net*
– Fax (0611) 9905555 BY **t**
27 Zim ⊇ – †110/145 € ††145/189 € – **Rest** – *(geschl. Sonntag)* Karte 23/42 €
♦ Der Mailänder Architekt Stefano Orsi hat diesem Hotel sein modernes, klares Design verliehen. Die ansprechend gestalteten Zimmer sind technisch gut ausgestattet. Trendig: Restaurant Morello mit Bar und Vinothek. Zum Haus gehört auch ein Delikatessengeschäft.

1373

WIESBADEN

An den Quellen	**BY**	3
Bahnhofstr.	**BZ**	
Burgstr.	**BY**	4
Friedrichstr.	**BY**	9
Goldgasse	**BY**	5
Grabenstr.	**BY**	6
Kaiser-Friedrich-Pl.	**BY**	7
Kirchgasse	**BYZ**	
Langgasse	**BY**	8
Luisenstr.	**BYZ**	
Marktstr.	**BY**	10
Mauergasse	**BY**	12
Michelsberg	**BY**	13
Moritzstr.	**BZ**	
Mühlgasse	**BY**	15
Neugasse	**BY**	16
Prinzessin-Elisabeth-Str.	**BY**	17
Wagemannstr.	**BY**	20
Webergasse	**BY**	21
Wilhelmstr.	**BY**	

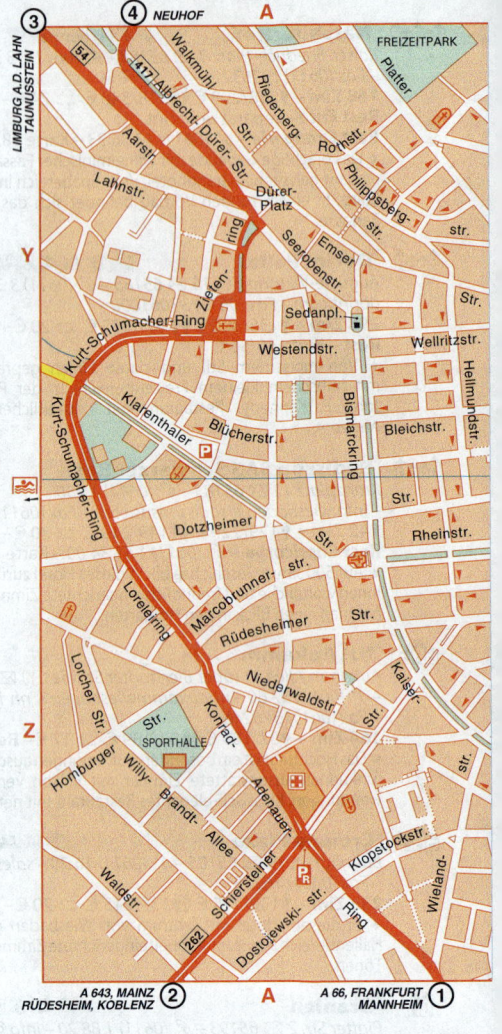

🏠 **De France** 🚗 🛋 AC Rest. 📞 🐕 📶 VISA ⦿ AE
Taunusstr. 49 ✉ 65183 – 📞 (0611) 95 97 30 – welcome@hoteldefrance.de
– Fax (0611) 9597374   BY **n**
37 Zim ☕ – 👤108/148 € 👥128/268 € – ½ P 35 €
Rest M – separat erwähnt
◆ Das über 100 Jahre alte Stadthaus ist ein komfortables Hotel mit modern-wohnlichen, technisch gut ausgestatteten Zimmern. Schön ist auch der terrassenförmig angelegte Garten.

🏠 **Klemm** garni (mit Gästehaus) 🛋 📞 🐕 📶 VISA ⦿ AE ⓪
Kapellenstr. 9 ✉ 65193 – 📞 (0611) 58 20 – info@hotel-klemm.de
– Fax (0611) 582222   BY **d**
63 Zim ☕ – 👤65/85 € 👥90/119 €
◆ Das Jugendstilhaus a. d. J. 1888 am Rande der Altstadt beherbergt helle, moderne Räume in freundlichen Farben. Nettes Betreiberehepaar. Gutes Frühstücksbuffet.

🏠 **Drei Lilien** garni
Spiegelgasse 3 ✉ *65183 –* ✆ *(0611) 99 17 80 – info@dreililien.com*
– Fax (0611) 9917888
15 Zim – ♙85/105 € ♙♙109/139 €
♦ Das Hotel mit individuell eingerichteten Zimmern ist in einem schönen Jugendstilbau von 1905 untergebracht. Mit dem persönlichen Frühstücksservice starten Sie gut in den Tag.

BY **a**

🏠 **town** garni
Spiegelgasse 5 ✉ *65183 –* ✆ *(0611) 36 01 60 – info@townhotel.de*
– Fax (0611) 360166
24 Zim – ♙75 € ♙♙85 €, ⌑ 8 €
♦ Eine moderne und funktionelle Adresse unter freundlicher Führung. Besonderer Service für Hotelgäste: gebührenfrei telefonieren ins deutsche Festnetz! Gutes Frühstücksangebot.

BY **a**

1375

WIESBADEN

Ente – Hotel Nassauer Hof
Kaiser-Friedrich-Platz 3 ⊠ 65183 – ℰ (0611) 13 36 66
– ente@nassauer-hof.de – Fax (0611) 133632 – geschl. Jan. 2 Wochen,
Aug. 2 Wochen und Sonntag   BY v
Rest – (Tischbestellung ratsam) Menü 89/110 € – Karte 60/79 €
Rest *Entenbistro* – (geschl. Sonntag) Menü 35 € – Karte 31/46 €
Spez. Gebratene Gänseleber mit Balsamicokirschen und Lebermousse. Adlerfisch und Black Tiger Prawn mit Spargelragout, Morcheln und Vanilleschaum. Knusprige Ente mit Pfifferlingen und glasierter Mispel.
♦ Hier finden Sie ein neuzeitliches, elegantes Restaurant, in dem man zeitgemäße Küche offeriert. Die große Treppe führt zu einer Empore mit schmiedeeisernem Geländer. Sympathisches kleines Bistro mit internationalem Angebot.

Tasca
Taunusstr. 23 ⊠ 65183 – ℰ (0611) 88 09 33 50 – info@tasca-amador.de
– geschl. Montag - Dienstag   BY k
Rest – (nur Abendessen) Menü 58/96 € – Karte ca. 58 €
Spez. Kaisergranat mit Entenleber, Minze und Holunderblüten-Vinaigrette. Taubenbrust mit Rotkohlsaft, Senf und Essigäpfel. Pfirsich Melba in Texturen.
♦ In der Innenstadt liegt das moderne, in warmen Tönen gehaltene Restaurant auf zwei Ebenen. Freundlich serviert man kreative Küche in Form zweier Menüs.

Käfer's Bistro   Biergarten
Kurhausplatz 1, (im Kurhaus) ⊠ 65189 – ℰ (0611) 53 62 00 – info@
kurhaus-gastronomie.de – Fax (0611) 536222   BY a
Rest – Karte 32/64 €
♦ Das Restaurant befindet sich in dem 1907 in wilhelminischem Stil erbauten Kurhaus mit Spielbank. Zahlreiche Bilder und viel Holz prägen die Atmosphäre. Terrasse zum Vorplatz.

['tsvai]
Burgstr. 1 ⊠ 65183 – ℰ (0611) 9 01 19 66 – welcome@tsvai.at
– Fax (0611) 9011967 – geschl. Sonntag   BY m
Rest – Karte 30/63 €
♦ In ein Geschäftshaus im Zentrum ist dieses Restaurant im Bistrostil integriert, angenehm hell und in klaren Linien gehalten. Moderne internationale Küche.

Prinz von Oranien
Oranienstr. 2 ⊠ 65185 – ℰ (0611) 7 24 32 00 – info@prinz-von-oranien.com
– Fax (0611) 9103433 – geschl. 1. - 11. Jan. und Mittwochmittag,
Samstagmittag, Sonntag   BZ p
Rest – Karte 26/41 €
♦ Ein neuzeitliches Bistro-Ambiente kennzeichnet dieses in warmen Tönen gehaltene, mit modernen Bildern dekorierte Restaurant. Geboten wird internationale Küche.

M – Hotel De France
Taunusstr. 49 ⊠ 65183 – ℰ (0611) 2 04 87 65 – info@mrestaurant.de
– Fax (0611) 5316892 – geschl. Sonntag   BY n
Rest – Karte 33/48 €
♦ Viele Bilder und Fotos zieren das geradlinig-modern gestaltete Restaurant in dem historischen Haus und unterstreichen die nette Atmosphäre. Saisonale, zeitgemäße Küche.

In Wiesbaden-Alt Klarenthal Nord-West : 5 km über Klarenthaler Straße AY :

Landhaus Diedert mit Zim
Am Kloster Klarenthal 9 ⊠ 65195 – ℰ (0611) 1 84 66 00 – info@
landhaus-diedert.de – Fax (0611) 18466030
13 Zim ⊇ – †90 € ††115 € – **Rest** – (geschl. Montag, Samstagmittag)
Karte 28/48 €
♦ Die Einrichtung im französischen Landhausstil versprüht provenzalisches Flair und bewahrt so den ursprünglichen Charme des Hauses. Schön: die Gartenterrasse.

WIESBADEN

In Wiesbaden-Erbenheim Süd-West : 4 km über Schiersteiner Straße AZ :

Domäne Mechtildshausen
(Süd-Ost : 5km, über B 455, nahe Army Airfield) 65205 – ℰ (0611) 7 37 46 60
– restaurant@mechtildshausen.de – Fax (0611) 7374679
15 Zim ⊇ – †80 € ††130 €
Rest – *(geschl. Ende Dez. - Mitte Jan. und Sonntagabend - Montag)* Menü 39/52 €
– Karte 29/47 €
Rest *Café und Weinstube* – Karte 15/20 €
♦ Das kleine Gästehaus ist Teil eines ansprechend angelegten, von Feldern und Weiden umgebenen Gutshofs, der eine eigene biologische Landwirtschaft betreibt. In der Küche verwendet man fast ausschließlich Produkte aus eigenem Bioanbau und eigener Metzgerei.

In Wiesbaden-Frauenstein West : 6 km über Dotzheimer Straße AZ :

Maloiseau's Restaurant
Kirschblütenstr. 35 ⊠ *65201 Frauenstein* – ℰ (0611) 7 16 88 44
– info@maloiseau.de – Fax (0611) 7168856 – *geschl. über Fasching 2 Wochen und Montag*
Rest – *(Dienstag - Samstag nur Abendessen)* Menü 42/56 € – Karte 28/45 €
♦ Eine solide und sorgfältig zubereitete klassische Küche mit mediterranem Touch erwartet Sie in diesem Backsteinhaus in einem kleinen Dorf.

In Wiesbaden - Mainz-Kastel Süd-Ost : 4 km über Mainzer Straße BZ :

Der halbe Mond
In der Witz 12 (Stadtplan Mainz) ⊠ *55252* – ℰ (06134) 2 39 13 – halbermond@t-online.de – *geschl. Sonntag - Montag*
BV a
Rest – *(nur Abendessen) (Tischbestellung ratsam)* Menü 49 € – Karte 41/51 €
♦ Die freundliche, persönliche Führung durch das Inhaberehepaar und ein recht intimes, elegantes Ambiente sprechen für das kleine Restaurant, in dem klassisch gekocht wird.

In Wiesbaden-Sonnenberg Nord-Ost : 4 km über Sonnenberger Straße CY :

Gollner's Burg Sonnenberg
Am Schlossberg 20 ⊠ *65191* – ℰ (0611) 54 14 09 – info@gollners.de
– Fax (0611) 543900 – *geschl. Dienstag*
Rest – Karte 31/49 €
♦ Das modern-elegante Restaurant unterhalb der Burgruine bietet freundlichen Service und internationale Küche mit regionalem Einfluss. Gartenterrasse mit schöner Sicht.

WIESENTTAL – Bayern – 546 – 2 550 Ew – Höhe 400 m – Luftkurort 50 **L15**

▸ Berlin 409 – München 226 – Nürnberg 58 – Bayreuth 53
🛈 Forchheimer Str. 8, (Rathaus in Muggendorf), ⊠ 91346, ℰ(09196) 1 94 33, info@wiesenttal.de

Im Ortsteil Muggendorf

Feiler (mit Gästehaus)
Oberer Markt 4 ⊠ *91346* – ℰ (09196) 9 29 50 – info@hotel-feiler.de
– Fax (09196) 362 – *geschl. Jan. - März Montag - Donnerstag*
16 Zim ⊇ – †55/65 € ††84 € – ½ P 25 € – **Rest** – *(geschl. Montagmittag)*
Menü 25 € (mittags)/55 € – Karte 32/42 €
♦ Ein nettes Gasthaus in ländlichem Stil mit gepflegten Zimmern. An warmen Tagen nehmen Sie Ihr Frühstück auf der hübschen Innenhofterrasse ein. Das Restaurant besteht aus verschiedenen gemütlichen Galerieräumen.

Goldner Stern (mit Gästehaus)
Marktplatz 6 ⊠ *91346* – ℰ (09196) 9 29 80 – hotel@goldner-stern.de
– Fax (09196) 1402
34 Zim ⊇ – †50/70 € ††70/89 € – ½ P 18 € – **Rest** – Karte 15/38 €
♦ Eine solide regionstypische Adresse im Zentrum. Im Gästehaus gegenüber befinden sich besonders neuzeitliche Zimmer sowie freundliche Tagungsräume. Schöner Wellnessbereich. Restaurant mit ländlich-rustikalem Charakter.

1377

WIESLOCH – Baden-Württemberg – **545** – 25 790 Ew – Höhe 123 m   47 **F17**
- Berlin 633 – Stuttgart 102 – Mannheim 40 – Heidelberg 14
- Wiesloch-Baiertal, Hohenhardter Hof ℰ (06222) 78 81 10
- St.Leon-Rot, Opelstr. 30 ℰ (06227) 8 60 80

Mondial
Schwetzinger Str. 123 ⌂ 69168 – ℰ (06222) 57 60 – info@mondial-wiesloch.de
– Fax (06222) 576333
43 Zim ⌂ – †108/120 € ††123/135 € – **Rest** – (geschl. Freitag, Samstag, nur Abendessen) Karte 24/52 €

♦ Die gepflegten Zimmer überzeugen den Gast mit ihrer funktionellen Ausstattung. Von hier aus erreichen Sie problemlos sehenswerte Städte wie Heidelberg und Speyer. Hell gestaltete Brasserie mit Holzfußboden und schönem Blick in den Garten. Nette Terrasse.

Ifen garni
Schwetzinger Str. 131 ⌂ 69168 – ℰ (06222) 5 80 90 – info@hotel-ifen.de
– Fax (06222) 580910
32 Zim – †79/95 € ††85/115 €

♦ Ein modernes Geschäftsgebäude beherbergt dieses Hotel. Die solide und funktionell ausgestatteten Zimmer verfügen zum Teil über eine Küchenzeile. Auch für Langzeitgäste.

Freihof mit Zim
Freihofstr. 2 ⌂ 69168 – ℰ (06222) 25 17 – info@freihof-wiesloch.de
– Fax (06222) 51634
10 Zim – †79/85 € ††98 € – **Rest** – Karte 34/50 €

♦ Ein markanter Treppengiebel ziert das um 1300 erbaute Haus, das bereits seit über 300 Jahren als Gasthaus existiert. In gemütlichem Ambiente bietet man internationale Küche.

WIESMOOR – Niedersachsen – **541** – 13 040 Ew – Höhe 13 m – Luftkurort   8 **E5**
- Berlin 493 – Hannover 222 – Emden 52 – Oldenburg 51
- Hauptstr. 199a, ⌂ 26639, ℰ (04944) 9 19 80, tourist-info@wiesmoor.de
- Wiesmoor-Hinrichsfehn, Fliederstr. 5 ℰ (04944) 64 40

Zur Post (mit Gästehaus)
Am Rathaus 6 ⌂ 26639 – ℰ (04944) 9 10 60 – info@zur-post-wagner.de
– Fax (04944) 910666
14 Zim ⌂ – †44 € ††75 € – **Rest** – (geschl. Montag) Karte 21/31 €

♦ Zentral und dennoch ruhig in der Blumengemeinde Wiesmoor gelegen, stellt das kleine familiengeführte Klinkerhaus eine praktische Unterkunft dar. Ländlich-gemütliches Restaurant im friesischen Stil.

In Wiesmoor-Hinrichsfehn Süd : 4,5 km Richtung Remels, nach 3,5 km rechts :

Blauer Fasan (mit Gästehaus)
Fliederstr. 1 ⌂ 26639 – ℰ (04944) 9 27 00 – info@blauer-fasan.de
– Fax (04944) 927070 – geschl. 3. Jan. - 28. Feb.
26 Zim ⌂ – †60/90 € ††90/130 € – ½ P 22 € – **Rest** – (geschl. Nov. - Dez. Montag) Karte 22/41 €

♦ Ein Gästehaus erweitert das nette reetgedeckte Haus um wohnliche, recht moderne, teils leicht elegante Zimmer. Schön: der Blumengarten sowie die ruhige Lage in Golfplatznähe. Ostfriesischer Charme prägt die Gaststuben.

WIESSEE, BAD – Bayern – **546** – 4 260 Ew – Höhe 750 m – Wintersport : 880 m
– Heilbad   66 **M21**
- Berlin 643 – München 54 – Garmisch-Partenkirchen 76 – Bad Tölz 18
- Adrian-Stoop-Str. 20 (Kuramt), ⌂ 83707, ℰ (08022) 8 60 30, info@bad-wiessee.de
- Bad Wiessee, Robognerhof ℰ (08022) 87 69

Landhaus Wilhelmy
Freihausstr. 15 ⌂ 83707 – ℰ (08022) 9 86 80 – info@romantik-hotel.de
– Fax (08022) 9868233
26 Zim – †90/119 € ††149/169 € – ½ P 27 € – 4 Suiten
Rest – (geschl. Sonntag - Montag) (nur Abendessen für Hausgäste)

♦ Mit Liebe zum Detail hat man die gepflegten Gästezimmer dieses alpenländischen Hotels geschmackvoll eingerichtet. Hübsch: der Frühstücksraum im Landhausstil. Schöner Garten.

WIESSEE, BAD

Lederer am See
Bodenschneidstr. 9 ⊠ *83707 –* ✆ *(08022) 82 90 – hotel@lederer.com*
– Fax (08022) 829200 – .
89 Zim ⊇ – ♦62/99 € ♦♦105/160 € – ½ P 26 € – **Rest** – Karte 15/32 €
♦ Vier im regionstypischen Stil erbaute Häuser bilden diese ansprechende Ferienadresse. Schön ist die Lage am See, eingebettet in einen herrlichen Park. Hell und freundlich ist das zum See hin gelegene, rustikale Restaurant.

Rex
Münchner Str. 25 ⊠ *83704 –* ✆ *(08022) 8 62 00 – hotel_rex@hotmail.com*
– Fax (08022) 8620100 – geschl. Nov. - Mitte April
56 Zim – ♦51/74 € ♦♦101/122 € – ½ P 12 € – **Rest** – Karte 17/29 €
♦ Das von der Inhaberfamilie geführte Hotel bietet unterschiedlich eingerichtete Gästezimmer sowie einen hübsch angelegten Park. Eine Terrasse vor dem Haus ergänzt das gepflegte, rustikal gehaltene Restaurant.

Am Sonnenbichl
< Bergpanorama,
Sonnenbichl 1 ⊠ *83707 –* ✆ *(08022) 9 87 30 – hotel@amsonnenbichl.de*
– Fax (08022) 8940
22 Zim ⊇ – ♦94/151 € ♦♦115/170 € – ½ P 28/39 €
Rest – *(geschl. Sonntag - Montag, nur Abendessen außer Feiertage)* Menü 29/82 € – Karte 38/53 €
Rest *Bauernstube* – Karte 19/31 €
♦ Schön liegt das im alpenländischen Stil gebaute Haus am Skihang in 830 m Höhe. Die Zimmer sind wohnlich eingerichtet und teilweise zum Tal hin gelegen. Im Restaurant bietet man eine klassisch-mediterrane Küche. Urig-ländliche Bauernstube.

Villa Toscana
Freihausstr. 27 ⊠ *83707 –* ✆ *(08022) 9 83 60 – info@hotel-villatoscana.de*
– Fax (08022) 983650
20 Zim ⊇ – ♦68/78 € ♦♦110/138 € – ½ P 28 € – **Rest** – *(geschl. Samstag - Sonntag)* (nur Abendessen für Hausgäste)
♦ In dem familiengeführten kleinen Haus mit privatem Charakter stehen individuelle und wohnliche Zimmer zur Verfügung. Hinter dem Haus liegt der nette Garten.

Landhaus Midas garni
Setzbergstr. 12 ⊠ *83707 –* ✆ *(08022) 8 11 50 – hotel@landhaus-midas.de*
– Fax (08022) 99577 – geschl. Dez. - März
12 Zim ⊇ – ♦49/60 € ♦♦100/130 €
♦ In einem ruhigen Wohngebiet finden Sie dieses gut geführte, zeitgemäße Hotel mit regionstypischem Äußeren und soliden, wohnlichen Zimmern.

Landhaus am Stein garni
Im Sapplfeld 8 ⊠ *83707 –* ✆ *(08022) 9 84 70 – info@landhausamstein.de*
– Fax (08022) 83560 – geschl. 17. - 25. Dez.
17 Zim ⊇ – ♦90/130 € ♦♦130/160 €
♦ Relativ ruhig liegt das regionstypische Gasthaus in einer Wohngegend. Die Zimmer sind gemütlich im Landhausstil eingerichtet, der Badebereich ist modern gestaltet.

Bellevue
Hirschbergstr. 22 ⊠ *83707 –* ✆ *(08022) 6 64 90 – info@*
hotel-bellevue-badwiessee.de – Fax (08022) 664949 – geschl. 12. - 24. Jan.
25 Zim – ♦40/63 € ♦♦74/101 € – ½ P 15 € – **Rest** – *(geschl. Jan. - März Dienstag, nur Abendessen)* Karte 17/23 €
♦ Ein gepflegter Familienbetrieb, der Urlaubern praktisch ausgestattete Zimmer bietet. Der See liegt ganz in der Nähe, eine Liegewiese findet sich direkt am Haus. Weinstube mit behaglich-rustikalem Charakter.

Freihaus Brenner
< Tegernsee und Berge,
Freihaus 4 ⊠ *83707 –* ✆ *(08022) 8 20 04 – info@freihaus-brenner.de*
– Fax (08022) 83807 – geschl. 7. - 24. Jan. und Dienstag, Nov. - April Dienstag - Mittwoch
Rest – *(Tischbestellung ratsam)* Karte 26/55 €
♦ Einzigartig ist die Lage dieses rustikalen Berggasthauses. Eine niedrige Holzbalkendecke, hübsche Stoffe und ein nettes Dekor schaffen eine gemütliche Atmosphäre.

WIETZE – Niedersachsen – **541** – 8 240 Ew – Höhe 33 m 19 I8
▶ Berlin 294 – Hannover 51 – Bremen 98 – Celle 18

In Wietze-Hornbostel Nord : 1 km :

Wildland
Am Moorberg 6 ⊠ 29323 – ℰ (05146) 9 89 30 – info@wildland.de – Fax (05146) 92237
22 Zim ⊃ – †110/120 € ††130/170 € – **Rest** – *(geschl. Montag)* Menü 25 € (veg.)/38 € – Karte 31/39 €

◆ Mehrere rekonstruierte Bauernhäuser bilden dieses schön gelegene Anwesen - alte Bausubstanz verbindet sich hier gelungen mit modernen Elementen. Wechselnde Kunstausstellungen. Eine rustikale Diele - ehemals als Stall genutzt - dient heute als Restaurant.

WIGGENSBACH – Bayern – **546** – 4 650 Ew – Höhe 857 m – Wintersport : 1 077 m ⚡1 ⚡ – Erholungsort 64 I21
▶ Berlin 698 – München 133 – Kempten (Allgäu) 11 – Augsburg 112
🛈 Kempter Str. 3, ⊠ 87487, ℰ (08370) 84 35, info@wiggensbach.de
⛳ Wiggensbach, Hof Waldegg ℰ (08370) 9 30 73

Goldenes Kreuz
Marktplatz 1 ⊠ 87487 – ℰ (08370) 80 90 – rezeption@hotel-goldenes-kreuz.de – Fax (08370) 80949
24 Zim ⊃ – †75/105 € ††110/160 € – ½ P 21 € – **Rest** – *(geschl. Montagmittag, Dienstagmittag)* Karte 21/46 €

◆ Dieser sympathische Landgasthof mit der gemütlichen Einrichtung stammt von 1593. Wohnliche Zimmer im rustikalen Stil stehen hier zur Verfügung. Hübsches, mit viel Holz behaglich gestaltetes Restaurant.

WILDBAD IM SCHWARZWALD, BAD – Baden-Württemberg – **545** – 11 290 Ew – Höhe 426 m – Wintersport : 950 m ⚡4 ⚡ – Heilbad und Luftkurort 54 F18
▶ Berlin 681 – Stuttgart 76 – Karlsruhe 52 – Pforzheim 26
🛈 König-Karl-Str. 7, ⊠ 75323, ℰ (07081) 1 02 80, touristik@bad-wildbad.de

Bären
Kurplatz 4 ⊠ 75323 – ℰ (07081) 30 10 – hotelbaeren-badwildbad@t-online.de – Fax (07081) 301166
41 Zim ⊃ – †65/75 € ††125/190 € – ½ P 29 € – **Rest** – Menü 30/39 € – Karte 30/54 €

◆ Dieses Haus im Zentrum von Bad Wildbad bietet ganz individuell gestaltete Zimmer mit wohnlicher Einrichtung - einige sind besonders komfortabel ausgestattet. Gediegenes, leicht elegantes Restaurant.

Valsana am Kurpark
Kernerstr. 182 ⊠ 75323 – ℰ (07081) 15 10 – info@valsana.de – Fax (07081) 15199 – geschl. 16. Nov. - 20. Dez.
35 Zim – †52/78 € ††94/110 € – ½ P 19 € – **Rest** – *(geschl. Montag - Dienstag)* Karte 20/30 €

◆ Eine durch und durch saubere und gepflegte Adresse in ruhiger Lage. Die Zimmer dieses familiär geführten Hauses sind mit Kirschholz oder in Eiche möbliert. Im Restaurant erwartet den Gast ein gepflegtes, gediegenes Ambiente.

Sonne (mit Gästehaus)
Wilhelmstr. 29 ⊠ 75323 – ℰ (07081) 9 25 70 – sonnehotel@aol.com – Fax (07081) 925749
20 Zim ⊃ – †43/48 € ††86/96 € – ½ P 14 € – **Rest** – *(geschl. Mittwoch)* Karte 15/40 €

◆ Das Gästehaus Brigitte ergänzt den modernisierten Gasthof um weitere gepflegte, solide ausgestattete Zimmer. Auch die zentrale Lage des Hauses werden Sie schätzen. Rustikal präsentiert sich das Restaurant.

Rothfuß
Olgastr. 47 ⊠ 75323 – ℰ (07081) 9 24 80 – hotel-rothfuss@t-online.de – Fax (07081) 924810
25 Zim ⊃ – †60/65 € ††100/115 € – ½ P 20 € – **Rest** – *(geschl. Montag - Dienstagmittag)* Karte 16/24 €

◆ Hier finden Reisende eine zeitgemäße, praktisch gestaltete Unterkunft. Ein Sauna- und Relaxbereich sowie die recht ruhige Lage zählen ebenfalls zu den Annehmlichkeiten.

WILDBERG – Baden-Württemberg – 545 – 10 190 Ew – Höhe 395 m – Luftkurort
54 **F19**

▶ Berlin 674 – Stuttgart 52 – Karlsruhe 69 – Nagold 12

Talblick mit Zim
Bahnhofsträßle 6 ⊠ 72218 – ℰ (07054) 52 47 – willkommen@talblick-wildberg.de – Fax (07054) 5299 – geschl. über Fastnacht 2 Wochen, Okt. 2 Wochen und Dienstag
16 Zim – †35/40 € ††70/80 € – **Rest** – Menü 21 € – Karte 16/35 €
◆ In dem ruhig gelegenen Haus der Familie Weitbrecht wird schmackhafte bürgerliche Küche serviert. Alternativ bietet man im zweiten Restaurant auf Vorbestellung ein Gourmetmenü.

In Wildberg-Schönbronn West : 5 km über Effringen – Erholungsort :

Löwen Biergarten
Eschbachstr. 1 ⊠ 72218 – ℰ (07054) 9 26 10 – info@hotel-loewen-schoenbronn.de – Fax (07054) 5021 – geschl. Aug.
35 Zim – †49/55 € ††86/95 € – ½ P 15 € – **Rest** – Karte 15/29 €
◆ Der Altbau wie auch der neuere Anbau dieses Gasthofs beherbergen neuzeitliche, im Stil einheitlich eingerichtete Gästezimmer. Hinter dem Haus haben Sie eine schöne Aussicht. Restaurant in heller, freundlicher Aufmachung.

WILDESHAUSEN – Niedersachsen – 541 – 17 920 Ew – Höhe 25 m – Luftkurort
17 **F7**

▶ Berlin 417 – Hannover 149 – Bremen 37 – Oldenburg 37
🅘 Am Markt 1 (Historisches Rathaus), ⊠ 27793, ℰ (04431) 65 64, info@verkehrsverein-wildeshausen.de
Wildeshausen, Spasche 5 ℰ (04431) 12 32
◉ Alexanderkirche (Lage★)
◉ Visbeker Steindenkmäler★ (Visbeker Braut★, Visbeker Bräutigam★) Süd-West : 11 km

Altes Amtshaus
Herrlichkeit 13 ⊠ 27793 – ℰ (04431) 9 46 38 00 – service@amtshaus-wildeshausen.de – Fax (04431) 9463801 – geschl. 13. - 25. Okt. und Montag
Rest – *(Dienstag - Samstag nur Abendessen, außer Feiertage)* Karte 26/45 €
◆ Das ehemalige Amtshaus - ein historisches Fachwerkhaus von 1730 - steht schön auf einem parkähnlichen Grundstück mit altem Baumbestand. Freundliches Restaurant und Bistro.

An der Straße nach Oldenburg Nord : 1,5 km :

Gut Altona (mit Gästehäusern)
Wildeshauser Str. 34 ⊠ 27801 Dötlingen – ℰ (04431) 95 00 – info@gut-altona.de – Fax (04431) 1652
63 Zim – †49/65 € ††72/100 € – **Rest** – Karte 20/48 €
◆ Mehrere regionstypische Klinkerhäuser bilden dieses etwas außerhalb gelegene Anwesen. Zu den Annehmlichkeiten zählen zeitgemäße Zimmer und diverse Freizeitangebote. Teil des gastronomischen Bereichs ist ein helles Wintergartenrestaurant.

WILDUNGEN, BAD – Hessen – 543 – 18 100 Ew – Höhe 273 m – Heilbad
38 **G12**

▶ Berlin 422 – Wiesbaden 185 – Kassel 40 – Marburg 56
🅘 Brunnenallee 32, ⊠ 34537, ℰ (05621) 9 65 59 20, info@badwildungen.net
Bad Wildungen, Talquellenweg 33 ℰ (05621) 37 67
◉ Evangelische Stadtkirche (Wildunger Altar★★)

Maritim Badehotel
Dr.-Marc-Str. 4 ⊠ 34537 – ℰ (05621) 79 99 – info.wil@maritim.de – Fax (05621) 799799
240 Zim – †98/118 € ††153/173 € – ½ P 25 € – 11 Suiten – **Rest** – Karte 28/44 €
◆ Ein elegantes, teils luxuriöses Kurhotel, das sich auf Tagungsgäste spezialisiert hat und technisch gut ausgestattete Räumlichkeiten bietet. Klassischer Stil im Hotelrestaurant.

WILDUNGEN, BAD

Allee-Schlößchen
Brunnenallee 11 ⊠ *34537* – ⌀ *(05621) 7 98 00* – *info@hotel-alleeschlösschen.de*
– *Fax (05621) 798080*
15 Zim ⊇ – †32/48 € – ††59/89 € – ½ P 9 € – **Rest** – Karte 13/33 €
♦ Das kleine Hotel überzeugt mit neuzeitlich eingerichteten Gästezimmern und seiner zentralen Lage ganz in der Nähe des Stadtzentrums und der Kuranlagen. Das Restaurant ist in Holz gehalten - in Stil und Dekor bistroähnlich gestaltet.

Birkenstern
Goeckestr. 5 ⊠ *34537* – ⌀ *(05621) 7 08 00* – *birkenstern@t-online.de*
– *Fax (05621) 708030*
20 Zim ⊇ – †27/44 € – ††50/76 € – ½ P 9 € – **Rest** – (nur für Hausgäste)
♦ Hier finden Reisende eine saubere und gepflegte Übernachtungsmöglichkeit. Auch die zentrale Lage, nur wenige Schritte von der Kurpromenade entfernt, werden Sie schätzen.

Cording
Brunnenallee 12 ⊠ *34537* – ⌀ *(05621) 23 23* – *restaurant-cording@freenet.de*
– *Fax (05621) 752695* – *geschl. Montag*
Rest – Karte 17/32 €
♦ Das familiengeführte Restaurant in der Innenstadt von Bad Wildungen freut sich nicht nur auf seine Stammgäste. Helle Steinwände und Holz machen das Lokal gemütlich.

In Bad Wildungen-Reinhardshausen Süd-West : 4 km über B 253 :

Schwanenteich
⊠ *34537* – ⌀ *(05621) 78 60* – *hotel-schwanenteich@t-online.de* – *Fax (05621) 786160*
45 Zim ⊇ – †77/96 € – ††105/136 € – ½ P 19 € – **Rest** – Menü 25/29 € – Karte 20/38 €
♦ Ein nettes Fachwerkhaus und ein moderner Anbau bilden das mit freundlichen Zimmern ausgestattete Hotel. Quellentherme mit 400 qm Wasserfläche im angrenzenden Kurzentrum. Café-Restaurant mit großer Terrasse.

WILGARTSWIESEN – Rheinland-Pfalz – **543** – 1 200 Ew – Höhe 222 m – Erholungsort
53 **D17**
▶ Berlin 682 – Mainz 122 – Mannheim 70 – Kaiserslautern 60

Landhaus Am Hirschhorn
Am Hirschhorn 12 ⊠ *76848* – ⌀ *(06392) 5 81* – *hotel@landhausamhirschhorn.de*
– *Fax (06392) 3578*
17 Zim ⊇ – †80 € – ††110/170 € – ½ P 26 € – **Rest** – *(geschl. Montagmittag, Dienstagmittag)* Menü 25 € – Karte 20/38 €
♦ Ein kleines Landhotel, das um einen modernen Anbau ergänzt wurde. Besonders interessant: die "Young Life"-Zimmer mit speziellen Lichteffekten und offenem Bad. Helles, freundliches Restaurant mit großer Fensterfront.

WILHELMSFELD – Baden-Württemberg – **545** – 3 380 Ew – Höhe 386 m – Wintersport : ⛷ – Luftkurort
47 **F16**
▶ Berlin 626 – Stuttgart 117 – Mannheim 34 – Heidelberg 17
🛈 Johann-Wilhelm-Str. 61 (Rathaus), ⊠ 69259, ⌀ (06220) 5 09 26, verkehrsamt@wilhelmsfeld.de

Talblick
Bergstr. 38 ⊠ *69259* – ⌀ *(06220) 16 26* – *restaurant@talblick-wilhelmsfeld.de*
– *Fax (06220) 5564* – *geschl. 25. Aug. - 7. Sept. und Montag*
Rest – Menü 12 € (mittags) – Karte 23/34 €
♦ Diese familiäre Adresse liegt ruhig in einem Wohngebiet des kleinen Ortes. Von einem der Fensterplätze aus genießen Sie den schönen Talblick, der dem Haus seinen Namen gab.

WILHELMSHAVEN – Niedersachsen – **541** – 84 590 Ew – Höhe 2 m
8 **E5**
▶ Berlin 485 – Hannover 228 – Cuxhaven 110 – Bremerhaven 70
ADAC Ebertstr. 110
🛈 Nordsee Passage, ⊠ 26382, ⌀ (04421) 91 30 00, tourist-info@whv-freizeit.de
🖂 Schortens-Accum, Mennhausen 5 ⌀ (04423) 98 59 18

1382

WILHELMSHAVEN

Adalbertstr.	B	2
Berliner Str.	B	3
Deichstr.	B	4
Edo-Wiemken-Str.	A	7
Freiligrathstr.	C	8
Genossenschaftsstr.	A	9
Gökerstr.	**B**	
Hamburger Str.	A	12
Jachmannbrücke	C	13
Jadestr.	B	14
Marktstr.	**AB**	
Mitscherlichstr.	A	17
Moselstr.	C	18
Neckarstr.	B	19
Nordemeystr.	C	21
Oldeoogestr.	A	23
Papingastr.	B	24
Paul-Hug-Str.	AB	27
Saarbrücker Str.	C	28
Schulstr.	B	29
Siebethsburger Str.	A	32
Störtebekerstr.	AB	34
Ulmenstr.	BC	35

WILHELMSHAVEN

Residenz garni
Kopperhörnerstr. 7 ⊠ 26384 – ℰ (04421) 9 32 20 – info@4sterne-residenz.de
– Fax (04421) 932266
B c
21 Zim ⊇ – ♦74/89 € ♦♦94/113 €
♦ Die Lage im Zentrum sowie die neuzeitlich und funktionell ausgestatteten Gästezimmer sprechen für das freundlich geführte Geschäfts- und Urlaubshotel.

City Hotel Valois
Ebertstr. 104, (Ecke Valoisplatz) ⊠ 26382 – ℰ (04421) 48 50 – info@
city-hotel-valois.de – Fax (04421) 485485
B a
62 Zim ⊇ – ♦75/135 € ♦♦95/155 € – **Rest** – Karte 16/39 €
♦ Direkt im Stadtzentrum liegt dieses Hotel - nur Gehminuten von Bahnhof, Hafen und Strand entfernt. Die Zimmer sind unterschiedlich in der Größe, gepflegt und funktionell. Restaurant mit italienischem Angebot.

Keil garni
Marktstr.23 ⊠ 26382 – ℰ (04421) 9 47 80 – reservierung@hotel-keil.de
– Fax (04421) 941355
B b
17 Zim ⊇ – ♦54/65 € ♦♦82/95 €
♦ Das Stadthaus am Rande der Fußgängerzone ist ein sehr gepflegtes kleines Hotel, das über helle, zeitgemäß gestaltete Zimmer verfügt.

In Wilhelmshaven-Rüstersiel Nord : 5 km über Freiligrathstraße C :

Schröder
Rüstersieler Str. 85 ⊠ 26386 – ℰ (04421) 80 64 80 – info@hotel-schroeder.de
– Fax (04421) 8064811
17 Zim ⊇ – ♦59/69 € ♦♦79/108 € – **Rest** – Karte 17/54 €
♦ Gegenüber einem kleinen Yachthafen gelegenes Hotel mit zeitgemäß und praktisch eingerichteten Gästezimmern. Frühstücksbuffet mit Blick auf den Stadtkern von Schortens. Bürgerlich gehaltenes Restaurant mit großer Fensterfront.

> Eine preiswerte und komfortable Übernachtung?
> Folgen Sie dem „Bib Hotel".

WILKAU-HASSLAU – Sachsen – siehe Zwickau

WILLANZHEIM – Bayern – siehe Iphofen

WILLICH – Nordrhein-Westfalen – **543** – 51 540 Ew – Höhe 40 m   25 **B11**

▶ Berlin 583 – Düsseldorf 24 – Krefeld 8 – Mönchengladbach 16

▶ Duvenhof, Hardt 21 ℰ (02159) 91 10 93

Hubertus Hamacher garni (mit Gästehäusern)
Anrather Str. 4 ⊠ 47877 – ℰ (02154) 91 80 – hotel.hubertus.hamacher@
t-online.de – Fax (02154) 918100
47 Zim ⊇ – ♦59/78 € ♦♦85/115 €
♦ Ein familiengeführtes Hotel mit soliden Zimmern - ruhiger und neuzeitlicher im Haupthaus. In zwei Gästehäusern befinden sich kleine Appartements mit Kochgelegenheit.

In Willich-Neersen Süd-West : 5 km über A 44 Richtung Mönchengladbach und Viersen, nahe der B 7 :

Landgut Ramshof
Ramshof 1 ⊠ 47877 – ℰ (02156) 9 58 90 – landgut.ramshof@t-online.de
– Fax (02156) 60829
29 Zim ⊇ – ♦72/90 € ♦♦95/110 € – **Rest** – (geschl. 24. Dez. - 1. Jan. und Sonntag, nur Abendessen) Menü 37/42 € – Karte 26/38 €
♦ 1640 wurde dieses rheinische Hallenhaus mit Schindeldach und Fachwerkmauern erbaut. Einen Teil der Gästezimmer hat man mit rustikalen Antiquitäten ausgestattet.

WILLINGEN (UPLAND) – Hessen – 543 – 6 640 Ew – Höhe 550 m – Wintersport: 843 m ✶11 – Kneippheilbad - Heilklimatischer Kurort
27 F11

▶ Berlin 467 – Wiesbaden 208 – Arnsberg 61 – Kassel 81

🛈 Waldecker Str. 12 (Rathaus), ⌧ 34508, ✆ (05632) 40 11 80

Göbel's Landhotel (mit Gästehäusern)
Briloner Str. 48 (B 251) ⌧ 34508 – ✆ (05632) 98 70
– info@goebels-landhotel.de – Fax (05632) 987198
58 Zim ⌧ – †58/79 € ††114/168 € – ½ P 17 € – **Rest** – Menü 21 € (mittags)
– Karte 16/33 €

♦ Am Kurpark, nahe dem Zentrum liegt dieses gewachsene Hotel. Es erwarten Sie wohnliche Gästezimmer und ein großer Kosmetikbereich. Gediegenes Restaurant mit Holztäfelung.

Sporthotel Zum hohen Eimberg
Zum hohen Eimberg 3a ⌧ 34508 – ✆ (05632) 40 90
– info@eimberg.de – Fax (05632) 409333
74 Zim ⌧ – †61/91 € ††122/182 € – ½ P 15 € – **Rest** – Karte 21/33 €

♦ In ruhiger Lage am Rande des Ortes finden Sie ein Domizil, das mit Wohnlichkeit und Funktionalität überzeugt. Direkt vor der Haustür beginnen schöne Wanderwege. Gepflegtes Hotelrestaurant in bürgerlichem Stil.

Fürst von Waldeck
Briloner Str. 1 (B 251) ⌧ 34508 – ✆ (05632) 9 88 99 – info@fuerst-von-waldeck.de
– Fax (05632) 988988 – geschl. 12. Nov. - 14. Dez.
29 Zim ⌧ – †49/64 € ††80/108 € – ½ P 10 € – **Rest** – (geschl. Donnerstag, außer Feiertage) Karte 16/33 €

♦ Verschiedene ansprechende Arrangements laden zum Kennenlernen dieses soliden, gut unterhaltenen Familienbetriebs ein. Nett: die kleine Liegewiese hinter dem Haus. Eine dunkle Holztäfelung gibt dem Restaurant einen leicht rustikalen Touch.

Willinger Brauhaus
Briloner Str. 54 (B 251) ⌧ 34508 – ✆ (05632) 9 69 00 – info@ hotel-willinger-brauhaus.de – Fax (05632) 969096
67 Zim ⌧ – †54/59 € ††96/108 € – ½ P 15 € – **Rest** – Karte 18/31 €

♦ Auf den Grundmauern einer alten Pension ist dieses moderne Haus entstanden. Die Zimmer, Maisonetten und Appartements sind neuzeitlich gestaltet und technisch gut ausgestattet. Das Restaurant teilt sich in mehrere im mediterranen Stil eingerichtete Stuben.

Kur- und Sporthotel Göbel
Waldecker Str. 5 (B 251) ⌧ 34508 – ✆ (05632) 4 00 90 – info@hotel-goebel.de
– Fax (05632) 6884 – geschl. 24. Nov. - 19. Dez.
35 Zim ⌧ – †47/70 € ††94/130 € – ½ P 12 € – **Rest** – (geschl. Donnerstag) Karte 19/33 €

♦ Ein von der Inhaberfamilie geführtes Hotel, in dem mit solidem Mobiliar wohnlich eingerichtete Gästezimmer zur Verfügung stehen. Restaurant in rustikalem Stil.

Rüters Parkhotel
Bergstr. 3a ⌧ 34508 – ✆ (05632) 98 40 – ruetersparkhotel@t-online.de
– Fax (05632) 984200
45 Zim ⌧ – †55/110 € ††90/164 € – ½ P 15 € – **Rest** – Karte 19/37 €

♦ Eine Parkanlage im Zentrum des Ortes umgibt dieses solide, familiengeführte Domizil. Die Zimmer sind meist neuzeitlich, teils in warmen Farben geschmackvoll eingerichtet. Bürgerlich gestaltetes Restaurant zum Garten hin – kleiner Wintergartenanbau.

In Willingen-Schwalefeld Nord-Ost : 3,5 km :

Upländer Hof
Uplandstr. 2 ⌧ 34508 – ✆ (05632) 9 81 23 – uplaender-hof@t-online.de
– Fax (05632) 69052 – geschl. 17. Nov. - 5. Dez.
30 Zim ⌧ – †48/55 € ††86/132 € – ½ P 14 € – **Rest** – (geschl. Nov. - April Montag) Karte 16/38 €

♦ Der familiengeführte Dorfgasthof beherbergt sehr gepflegte und solide eingerichtete Fremdenzimmer. Die ländliche Umgebung ist ideal für ausgedehnte Wanderungen. Ländlich-schlicht gestaltete Räumlichkeiten bilden den gastronomischen Bereich.

WILLINGEN (UPLAND)
In Willingen-Stryck Süd-Ost : 3,5 km :

Stryckhaus (geheizt) Rest,
Mühlenkopfstr. 12 – 34508 – ℰ (05632) 98 60
– stryckhaus@t-online.de – Fax (05632) 69961
60 Zim – †100/125 € ††160/200 € – ½ P 17 € – **Rest** – Menü 45/65 € – Karte 27/45 €

♦ Am Südhang des Ettelsberges erbaute der Worpsweder Maler Heinrich Vogeler 1912 ein Landhaus. Hieraus entstand ein komfortables Hotel mit schönem Garten. Restaurant mit klassischem Ambiente. Nett: Wintergarten und Stube. Wirtshaus mit einfachen Gerichten.

Gutshof Itterbach
Mühlenkopfstr. 7 – 34508 – ℰ (05632) 9 69 40 – info@gutshof-itterbach.de
– Fax (05632) 969420
Rest – (geschl. Sonntagabend - Montag, Dienstag - Freitag nur Abendessen)
Menü 33/68 € – Karte 38/56 €

♦ Klassische Küche, eine Terrasse mit Blick ins Grüne, freundlicher Service - das alles wird in dem sorgsam sanierten Gutshof mit gemütlicher Atmosphäre geboten.

In Willingen-Usseln Süd-Ost : 4,5 km über B 251 :

Post-Hotel Usseln
Korbacher Str. 14 (B 251) – 34508 – ℰ (05632) 9 49 50 – info@posthotel.de
– Fax (05632) 949596
40 Zim – †70/89 € ††110/130 € – ½ P 16 € – 4 Suiten
Rest – Karte 22/40 €

♦ Das Hotel - einst Gasthof mit Postkutschenstation - bietet neben soliden Zimmern auch einen netten Bade- und Saunabereich und das Hexenhaus mit Kosmetik und Massage. Durch viel helles Holz elegant wirkendes Restaurant mit Wintergarten.

> Luxuriös oder eher schlicht?
> Die Symbole X und 🏠 kennzeichnen den Komfort.

WILLSTÄTT – Baden-Württemberg – 545 – 9 080 Ew – Höhe 143 m — 53 D19
▶ Berlin 739 – Stuttgart 136 – Karlsruhe 70 – Offenburg 11

Kinzigbrücke mit Zim
Sandgasse 1 – 77731 – ℰ (07852) 22 80 – info@kinzigbruecke.de – Fax (07852) 5276
6 Zim – †30/40 € ††60/75 € – **Rest** – (geschl. Samstagmittag, Montag - Dienstag) Menü 45 € – Karte 18/50 €

♦ Das schmucke kleine Fachwerkhaus mit grünen Fensterläden stammt aus dem Jahre 1765. Parkett, Holzmobiliar und ein nettes Dekor vermitteln ländlichen Charme.

WILNSDORF – Nordrhein-Westfalen – siehe Siegen

WILSNACK, BAD – Brandenburg – 542 – 2 970 Ew – Höhe 27 m — 21 M7
▶ Berlin 132 – Potsdam 117 – Schwerin 95 – Perleberg 23
🛈 Am Markt 5, 19336, ℰ (038791) 26 20, stadtinfo@bad-wilsnack.de

Ambiente
Am Kurpark – 19336 – ℰ (038791) 7 60 – badwilsnack@hotelambiente.com
– Fax (038791) 76400
59 Zim – †79/89 € ††99/109 € – ½ P 18 €
Rest – Karte 23/34 €

♦ Modern und wohnlich eingerichtete Zimmer, zeitgemäße Bäder, gute Tagungsmöglichkeiten und ein netter, gepflegter Freizeitbereich erwarten die Gäste dieses Hotels. Neuzeitliches Restaurant mit großer Fensterfront.

WILTHEN – Sachsen – **544** – 6 530 Ew – Höhe 288 m – Erholungsort 44 **R12**
- Berlin 216 – Dresden 81 – Görlitz 49 – Bautzen 13
- Bahnhofstr. 8, ✉ 02681, ℰ (03592) 38 54 16, fremdenverkehrsamt@wilthen.de

In Wilthen-Tautewalde West : 2 km Richtung Neukirch :

Erbgericht Tautewalde Biergarten
Tautenwalde 61 ✉ 02681 – ℰ (03592) 3 83 00
– erbgericht@tautewalde.de – Fax (03592) 383299
32 Zim ⊇ – ✝60/65 € ✝✝89/120 € – **Rest** – Menü 30/59 €
– Karte 27/36 €
◆ Das a. d. 19. Jh. stammende Gasthaus wurde restauriert und um einem nach hinten liegenden Hotelbau erweitert. Man bietet solide, zeitgemäße Zimmer und freundlichen Service. Restaurant mit internationaler Küche, teilweise mit Blick zum Innenhof.

WIMPFEN, BAD – Baden-Württemberg – **545** – 6 930 Ew – Höhe 195 m – Heilbad 55 **G17**
- Berlin 598 – Stuttgart 69 – Heilbronn 16 – Mannheim 73
- Carl-Ulrich-Str. 1, (Alter Bahnhof), ✉ 74206, ℰ (07063) 9 72 00, info@badwimpfen.org
- Wimpfen am Berg★★ – Wimpfen im Tal : Stiftskirche St. Peter (Kreuzgang★★)
- Burg Guttenberg★ : Greifvogelschutzstation Nord : 8 km

Am Rosengarten (geheizt)
Osterbergstr. 16 ✉ 74206 – ℰ (07063) 99 10
– rosengarten@t-online.de – Fax (07063) 9918008
121 Zim ⊇ – ✝77/108 € ✝✝99/148 € – ½ P 18 € – **Rest** – Karte 23/33 €
◆ Die zeitgemäße, funktionelle Ausstattung und die gute Autobahnanbindung machen dieses Hotel vor allem für Geschäftsreisende und Tagungsgäste interessant. Freundliches Restaurant mit Fensterfront zum Rosengarten. An die Halle angeschlossener Bistrobereich.

Friedrich
Hauptstr. 74 ✉ 74206 – ℰ (07063) 2 45 – info@sonne-wimpfen.de – Fax (07063) 6591 – geschl. 22. Dez. - 15. Jan. und Montag - Dienstag
Rest – Karte 28/55 €
◆ Am Anfang der Fußgängerzone liegt dieses helle, freundliche Restaurant mit internationaler Küche - mittags einfachere Karte. Weinstube Feyerabend für Veranstaltungen.

WINDECK – Nordrhein-Westfalen – **543** – 21 160 Ew – Höhe 200 m 36 **D13**
- Berlin 592 – Düsseldorf 114 – Bonn 62 – Limburg an der Lahn 71
- Rathausstr. 12 (Rosbach), ✉ 51570, ℰ (02292) 1 94 33, tourismus@gemeinde-windeck.de

In Windeck-Rosbach

Zur Post
Hauptstr. 13 ✉ 51570 – ℰ (02292) 51 51 – Fax (02292) 67203 – geschl. 16. Juni - 6. Juli und Montag - Dienstag
Rest – Karte 15/44 €
◆ Ein gemütliches, in rustikalem Stil gehaltenes Restaurant mit Kamin und nettem Dekor sowie mit einem angenehm hellen Wintergartenanbau. Serviert wird bürgerliche Küche.

In Windeck-Schladern

Bergischer Hof
Elmorestr. 8 ✉ 51570 – ℰ (02292) 22 83 – info@bergischer-hof.de – Fax (02292) 930535
19 Zim ⊇ – ✝44/52 € ✝✝69/82 € – ½ P 13 € – **Rest** – (geschl. Sonntagabend - Montag) Karte 13/26 €
◆ In dem denkmalgeschützten Haus mit typisch bergischer Schieferfassade erwarten Sie zeitgemäß ausgestattete Gästezimmer. Mit hübschem Garten. Gepflegtes ländliches Restaurant mit bürgerlichem Angebot.

1387

WINDELSBACH – Bayern – siehe Rothenburg ob der Tauber

WINDEN – Baden-Württemberg – 545 – 2 790 Ew – Höhe 327 m – Erholungsort
61 **E20**

▶ Berlin 771 – Stuttgart 192 – Freiburg im Breisgau 35 – Offenburg 46

In Winden-Oberwinden Nord-Ost : 2 km über B 294 :

Elztal Hotel ≤ 🚲 🖥 ⓘ 🌀 ☎ 🏊 ⚽ 🚶 🏊 Rest, 🚗 P 🚙
Am Rüttlersberg 5 (Süd : 2 km, über Bahnhofstraße) ✉ 79297 – 𝒞 (07682) 9 11 40
– urlaub@elztalhotel.de – Fax (07682) 1767
80 Zim ⊐ – †105/125 € ††210/250 € – ½ P 10 € – 5 Suiten – **Rest** – (nur für Hausgäste)
♦ Ein engagiert geführtes, komfortables Ferienhotel in reizvoller Lage mit sehr wohnlichen Zimmern und schönem Freizeit- und Außenbereich.

WINDHAGEN – Rheinland-Pfalz – 543 – 4 380 Ew – Höhe 290 m
36 **D13**

▶ Berlin 616 – Mainz 132 – Koblenz 26 – Bonn 57

🅱 Windhagen-Rederscheid, Brunnenstr. 11 𝒞 (02645) 80 41

In Windhagen-Rederscheid Süd-West : 3 km jenseits der A 3 :

DorintResorts 🏡 🏞 🏊 (geheizt) 🖥 ⓘ 🌀 ☎ 🏊 🔲 🎾 Rest, 📞 🚗
Brunnenstr. 7 ✉ 53578 – 𝒞 (02645) 1 50   P 🚙 VISA ⓜ AE ⓓ
– www.windhagen@dorintresorts.com – Fax (02645) 15548
125 Zim ⊐ – †92/112 € ††98/138 € – ½ P 28 € – **Rest** – Menü 28 € (veg.)/45 €
– Karte 30/43 €
♦ Das auf Tagungs- wie auch auf Wellnessgäste ausgelegte Hotel liegt ruhig am Ortsrand und bietet funktionelle Zimmer sowie viele Sport- und Freizeitmöglichkeiten.

WINDSHEIM, BAD – Bayern – 546 – 12 040 Ew – Höhe 321 m – Heilbad
49 **J16**

▶ Berlin 475 – München 236 – Nürnberg 68 – Bamberg 72

🅘 Erkenbrechtallee 2, ✉ 91438, 𝒞 (09841) 40 20, tourismus@bad-windsheim.de

🅱 Bad Windsheim, Otmar-Schaller-Allee 1 𝒞 (09841) 50 27

Arvena Reichsstadt Hotel (mit Gästehaus)   🏞 🌀 ⓘ 🚶 📞 🚗 P
Pastoriusstr. 5 ✉ 91438 – 𝒞 (09841) 90 70   🚙 VISA ⓜ AE ⓓ
– info@arvenareichsstadt.de – Fax (09841) 907200
112 Zim ⊐ – †67/90 € ††90/122 € – ½ P 18 € – **Rest** – (geschl. Montag) Karte 24/30 €
♦ Das Hotel besteht aus dem historischen Haupthaus mit ländlich-verspielten Gästezimmern sowie dem gegenüberliegenden Tagungscenter mit modernen Zimmern. In einem hübschen Fachwerkhaus von 1569 befindet sich das nette Restaurant Alte Schule.

Zum Storchen   🏞 🚗 P VISA ⓜ AE ⓓ
Weinmarkt 6 ✉ 91438 – 𝒞 (09841) 66 98 90 – info@zumstorchen.de
– Fax (09841) 6698930
18 Zim ⊐ – †60/85 € ††80/120 € – ½ P 17 € – **Rest** – (geschl. Montag) Karte 20/32 €
♦ Schon seit 250 Jahren ist das historische Fachwerkhaus im Familienbesitz. Sehr hübsch sind die nach Themen eingerichteten Zimmer, z. B. Tulpen-, Rosen- oder Storchenzimmer. Im fränkischen Stil gehaltenes Restaurant mit bürgerlicher Küche.

Gute Küche zu günstigem Preis? Folgen Sie dem „Bib Gourmand" 😊.
– Das freundliche Michelin-Männchen heisst „Bib"
und steht für ein besonders gutes Preis-Leistungs-Verhältnis!

WINGERODE – Thüringen – 544 – 1 260 Ew – Höhe 290 m — 29 **J11**
▶ Berlin 305 – Erfurt 90 – Göttingen 47 – Nordhausen 43

Keppler's Ecke — Biergarten
Hauptstr. 52 ⊠ 37327 – ℰ (03605) 50 16 66 – info@kepplers-ecke.de – Fax (03605) 501668
12 Zim – †37/46 € ††54/62 € – **Rest** – (geschl. Montag) Karte 13/17 €
♦ Ein sympathisches, familiengeführtes Fachwerk-Hotel, dessen Zimmer alle unterschiedlich eingerichtet sind. Im Haus befindet sich auch ein Kosmetikstudio. Gemütliche, rustikal gestaltete Gaststube.

WINGST – Niedersachsen – 541 – 3 600 Ew – Höhe 9 m – Luftkurort — 9 **G5**
▶ Berlin 383 – Hannover 218 – Cuxhaven 39 – Bremerhaven 54
i Hasenbeckallee 1, ⊠ 21789, ℰ (04778) 8 12 00, wingst@t-online.de

Peter — Rest,
Bahnhofstr. 1, (B 73) ⊠ 21789 – ℰ (04778) 2 79 – flair-hotel-peter@t-online.de – Fax (04778) 7474
30 Zim – †38/56 € ††70/90 €
Rest *Oehlschläger-Stube* – (geschl. Mitte Jan. - Mitte Feb., 13. - 25.Okt. und Mittwoch - Donnerstag, Montag - Samstag nur Abendessen) Menü 24/49 € – Karte 16/40 €
♦ Hinter einer gepflegten, gelb gestrichenen Fassade mit Ecktürmchen stehen recht wohnliche und individuell gestaltete Gästezimmer bereit. Die Oehlschläger-Stube ist nach dem Wingster Heimatmaler benannt, dessen Bilder hier ausgestellt sind.

WINKLARN – Bayern – siehe Rötz

Frühstück inklusive? Die Tasse ⊇ steht gleich hinter der Zimmeranzahl.

WINNENDEN – Baden-Württemberg – 545 – 27 760 Ew – Höhe 292 m — 55 **H18**
▶ Berlin 599 – Stuttgart 26 – Schwäbisch Gmünd 44 – Schwäbisch Hall 48

In Winnenden-Bürg Nord-Ost : 4,5 km :

Burghotel Schöne Aussicht — ≼ Winnenden und Umgebung,
Neuffenstr. 18 ⊠ 71364 – ℰ (07195) 9 75 60 – info@schoene-aussicht-buerg.de – Fax (07195) 975619
16 Zim – †65 € ††89 € – **Rest** – Karte 16/49 €
♦ Ein Hotel in erhöhter Lage mit wohnlich-rustikal eingerichteten Zimmern, die alle über einen Balkon oder Terrassenplatz verfügen und eine tolle Sicht ins Tal bieten. Eine Panoramaterrasse ergänzt die Restauranträume.

In Winnenden-Hanweiler Süd : 3 km :

Traube mit Zim
Weinstr. 59 ⊠ 71364 – ℰ (07195) 13 99 00 – Fax (07195) 1399022 – geschl. über Fastnacht 2 Wochen, Aug. 3 Wochen und Dienstag - Mittwoch
6 Zim – †35 € ††60 € – **Rest** – Karte 19/34 €
♦ Ein ländlicher Gasthof mit Weinstubencharakter ist dieser Familienbetrieb. Auf den Tisch kommt bodenständige regional bezogene Küche.

In Berglen-Lehnenberg Süd-Ost : 6 km :

Blessings Landhotel
Lessingstr. 13 ⊠ 73663 – ℰ (07195) 9 76 00 – info@blessings-landhotel.de – Fax (07195) 976040
24 Zim – †66/80 € ††88/99 € – **Rest** – (geschl. Donnerstag) Karte 22/41 €
♦ Das familiär geführte Haus in Hanglage ist ein sehr gepflegtes, zeitgemäßes Hotel mit freundlich und wohnlich gestalteten Gästezimmern. Bürgerliches Restaurant und Terrasse mit Grill.

WINSEN (LUHE) – Niedersachsen – **541** – 32 460 Ew – Höhe 6 m **10 J6**
- Berlin 285 – Hannover 132 – Hamburg 36 – Bremen 118
- Winsen, Radbrucher Str. 200 ℰ (04171) 78 22 41

Storchennest
Tönnhäuser Weg 3 ✉ *21423* – ℰ *(04171) 88 80* – *hotel-storchennest@t-online.de*
– *Fax (04171) 888222*
25 Zim – †71/75 € ††88/95 € – **Rest** – *(geschl. Juli 2 Wochen, 23. Dez. - 6. Jan. und Sonntag, nur Abendessen)* Karte 12/19 €

♦ Vor den Toren Hamburgs liegt dieses Hotel in kleinstädtischer Umgebung. Sie wohnen in neuzeitlich-funktionellen Zimmern mit guter Technik.

WINTERBACH – Baden-Württemberg – siehe Schorndorf

WINTERBERG – Nordrhein-Westfalen – **543** – 14 650 Ew – Höhe 668 m – Wintersport : 841 m ⛷51 ⛷ – Heilklimatischer Kurort **37 F12**
- Berlin 482 – Düsseldorf 186 – Arnsberg 56 – Marburg 60
- Am Kurpark 6, ✉ 59955, ℰ (02981) 9 25 00, info@winterberg.de
- Winterberg, In der Büre ℰ (02981) 17 70

Engemann-Kurve
Haarfelder Str. 10 (B 236) ✉ *59955* – ℰ *(02981) 9 29 40*
– *info@engemann-kurve.de* – *Fax (02981) 929449*
– *geschl. 7. - 14. Dez., 23. Juni - 6. Juli*
16 Zim – †53/65 € ††94/138 € – ½ P 25 €
Rest – Karte 22/43 €

♦ Im Hotel der Familie Gebhardt überzeugen persönliche Gästebetreuung, solide, wohnliche Zimmer und ein gutes Frühstücksbuffet. Auf Anfrage bietet man auch Kosmetik und Massage.

Astenblick
Nuhnestr. 5 ✉ *59955* – ℰ *(02981) 9 22 30* – *info@astenblick.de* – *Fax (02981) 92235*
23 Zim – †69 € ††124 € – ½ P 19 €
Rest *Pascha's* – *(geschl. Anfang - Mitte Juni und Dienstag, Montag - Freitag nur Abendessen)* Menü 24/55 € – Karte 18/52 €

♦ Das Hotel im Zentrum verfügt über recht unterschiedliche Zimmer - besonders hübsch sind die in den Ecktürmen. Zum Freizeitangebot zählen Kosmetik sowie Walken, Wandern, etc. Hell und zeitlos gestaltetes Restaurant.

In Winterberg-Altastenberg West : 5 km über B 236 :

Berghotel Astenkrone
Astenstr. 24 ✉ *59955* – ℰ *(02981) 80 90* – *berghotel@astenkrone.de* – *Fax (02981) 809198*
40 Zim – †85/135 € ††120/175 € – 3 Suiten – **Rest** – Menü 34/60 € – Karte 28/46 €

♦ Mit Geschmack hat man die Zimmer dieses Hauses individuell und wohnlich-elegant eingerichtet. Zu einem angenehmen Aufenthalt trägt auch der freundliche Service bei. Sie speisen im gehoben-rustikalen Restaurant oder in der gemütlichen Gaststube.

In Winterberg-Silbach Nord-West : 7 km, Richtung Meschede :

Büker
Bergfreiheit 56 ✉ *59955* – ℰ *(02983) 9 70 50* – *info@landhotel-bueker.de*
– *Fax (02983) 970510* – *geschl. 2. - 19. März, 2. Nov. - 26. Dez.*
18 Zim – †44/46 € ††88/92 € – ½ P 15 € – **Rest** – *(geschl. Mittwoch)* Karte 16/33 €

♦ Das hübsche Fachwerkhaus ist ein familiär geleitetes kleines Hotel mit gepflegten Gästezimmern in ländlichem Stil sowie einem netten Freizeitbereich. Das Restaurant: bürgerlich-rustikal oder freundlich und leicht elegant.

1390

WINTERBERG

In Winterberg-Züschen Süd-Ost : 7 km Richtung Hallenberg – **Luftkurort**

Mühlengrund Biergarten
Nuhnetalstr. 114 (B 236) ⊠ 59955 – ℰ (02981) 5 84 – hotel-muehlengrund@t-online.de – Fax (02981) 908339
11 Zim ⊆ – †37/46 € ††60/76 € – ½ P 13 € – **Rest** – (geschl. Dienstag) Karte 15/31 €
♦ In diesem gewachsenen familiengeführten Haus stehen zeitgemäß-funktionelle oder ländlich-rustikale Gästezimmer zur Verfügung. Garten mit Spielplatz und Minigolf. Bürgerliches Restaurant und netter kleiner Biergarten.

WINTERHAUSEN – Bayern – **546** – 1 560 Ew – Höhe 188 m 49 **I16**
▶ Berlin 502 – München 262 – Würzburg 14 – Kitzingen 13

Gasthof Schiff mit Zim
Fährweg 14 ⊠ 97286 – ℰ (09333) 17 85 – info@hotel-schiff.de – Fax (09333) 1832
10 Zim ⊆ – †45 € ††70 € – **Rest** – (geschl. Sonntagabend) Menü 20/50 € – Karte 26/37 €
♦ Sehr gemütlich ist die Atmosphäre in dem originalgetreu restaurierten Gasthof a. d. 16. Jh. Serviert wird klassisch-regionale Küche. Schön ist auch die Terrasse zum Main. Nette wohnlich-ländliche Gästezimmer, teilweise mit Mainblick.

WIPPERFÜRTH – Nordrhein-Westfalen – **543** – 23 520 Ew – Höhe 280 m 36 **D12**
▶ Berlin 550 – Düsseldorf 72 – Köln 50 – Lüdenscheid 27

In Wipperfürth-Neye Nord-West : 1 km :

Landhaus Alte Mühle mit Zim
Neyetal 2 ⊠ 51688 – ℰ (02267) 6 55 50 – info@landhaus-altemuehle.de – Fax (02267) 655415 – geschl. über Karneval 1 Woche, Ende Juni - Juli 3 Wochen
6 Zim ⊆ – †50/60 € ††65/75 € – **Rest** – (geschl. Montagmittag, Dienstag) Menü 54/65 € – Karte 30/52 €
♦ In dem idyllisch gelegenen Landhaus am Rande des Neye Nationalparks wird gute mediterrane und internationale Küche serviert. Schöne Terrasse zum Wald hin. Wohnliche Gästezimmer.

Rot steht für unsere besonderen Empfehlungen!

WIRSBERG – Bayern – **546** – 2 040 Ew – Höhe 370 m – **Luftkurort** 51 **L15**
▶ Berlin 341 – München 250 – Coburg 60 – Hof 41
🛈 Sessenreuther Str. 2 (im Rathaus), ⊠95339, ℰ (09227) 9 32 20, gaeste-information@markt-wirsberg.de

Herrmann's Posthotel
Marktplatz 11 ⊠ 95339 – ℰ (09227) 20 80 – posthotel@romantikhotels.com – Fax (09227) 5860
42 Zim – †80/170 € ††115/250 € – 8 Suiten
Rest *Herrmann's Restaurant* – separat erwähnt
Rest *Jägerstube* – Menü 40 € – Karte 35/43 €
♦ Schöne, komfortable Zimmer und Suiten im Landhausstil machen das familiengeführte Haus im Ortszentrum zu einem attraktiven Domizil. Rustikal zeigt sich die Jägerstube.

Reiterhof Wirsberg
Sessenreuther Str. 50 (Süd-Ost : 1 km) ⊠ 95339 – ℰ (09227) 20 40 – info@reiterhof-wirsberg.de – Fax (09227) 7058
46 Zim – †97/139 € ††148/222 € – ½ P 35 € – **Rest** – Menü 28/35 € – Karte 24/44 €
♦ Etwas außerhalb des Ortes liegt das gewachsene Hotel. Die Zimmer verfügen über ein gutes Platzangebot. Nett ist der Wellnessbereich mit Kosmetik. Elegant-rustikales Restaurant und Terrasse mit toller Aussicht.

1391

WIRSBERG

Hereth
Biergarten
Hauptstr. 15 ⌂ 95339 – ℰ (09227) 9 41 90 – kontakt@hotel-gasthof-hereth.de
– Fax (09227) 941919
15 Zim – †35/38 € ††50/65 € – ½ P 10 € – **Rest** – *(geschl. Mittwoch)* Karte 12/20 €

◆ Dieser familiengeführte Gasthof liegt im Ortszentrum, direkt neben dem Rathaus. Helle, freundliche Zimmer und der nette Service machen das kleine Hotel aus. Ländliche Gaststuben mit bürgerlichem Angebot.

Herrmann's Restaurant – Herrmann's Posthotel
Marktplatz 11 ⌂ 95339 – ℰ (09227) 20 80
– posthotel@romantikhotels.com – Fax (09227) 5860 – geschl. 27. Dez. - 22. Jan. und Sonntag
Rest – *(nur Abendessen)* Menü 67/109 € – Karte 60/70 €
Spez. Kaninchen mit Speck eingelegt und Salat vom geschmortem Chicorée. In Haselnuss gebackener Langostino mit Kalbszunge und weißem Burgunder. Kaltschale von geschmorten Zwetschgen mit Hefe-Weißbiereis und gebrannten Mandeln.

◆ Hier wird der Gast aufmerksam und kompetent mit kreativer Küche umsorgt. Eine elegante, geradlinig-moderne Einrichtung bestimmt das Bild.

WISMAR – Mecklenburg-Vorpommern – 542 – 45 720 Ew – Höhe 15 m   11 L4

▶ Berlin 234 – Schwerin 32 – Rostock 52 – Lübeck 59

🛈 Am Markt 11, ⌂ 23966, ℰ (03841) 2 51 30 25, touristinfo@wismar.de

🏌 Hohen Wieschendorf, Am Golfplatz 1 ℰ (038428) 6 60

◉ Marktplatz★ – Nikolaikirche★ (Altar der Krämergilde★) – Wasserkunst★ – Schabbelhaus★

🌳 Neukloster★ Süd-Ost : 18 km

Steigenberger Hotel Stadt Hamburg
Am Markt 24 ⌂ 23966 – ℰ (03841) 23 90
– wismar@steigenberger.de – Fax (03841) 239239
103 Zim – †85/115 € ††110/135 € – **Rest** – Menü 20 € – Karte 22/34 €

◆ Harmonisch fügt sich das Hotel in die Reihe der historischen Altstadthäuser direkt am Marktplatz. Es erwarten Sie modern und wohnlich gestaltete Zimmer. Restaurant in neuzeitlichem Stil.

Wismar
Breite Str. 10, (Zufahrt Parkplatz über Böttcherstr.) ⌂ 23966
– ℰ (03841) 22 73 40 – info@hotel-restaurant-wismar.de
– Fax (03841) 22734222
15 Zim – †65/75 € ††80/95 € – **Rest** – Karte 18/31 €

◆ Das a. d. J. 1562 stammende ehemalige Haus der Böttcher befindet sich in der Altstadt und beherbergt heute ein hübsches kleines Hotel mit hanseatischer Note.

Reuterhaus
Am Markt 19 ⌂ 23966 – ℰ (03841) 2 22 30 – hotelseeblickhwi@aol.com
– Fax (03841) 222324
10 Zim – †60/70 € ††80/90 € – **Rest** – Karte 17/31 €

◆ Das kleine Hotel in einem sanierten historischen Gebäude am Marktplatz verfügt über wohnliche, mit italienischen Möbeln ausgestattete Zimmer. Schön gearbeitetes dunkles altes Holz bestimmt den Charakter der Gaststube.

Altes Brauhaus
Lübsche Str. 37 ⌂ 23966 – ℰ (03841) 21 14 16 – info@brauhaus-wismar.com
– Fax (03841) 211418 – geschl. 3. - 27. Jan.
13 Zim – †50/55 € ††80/90 € – **Rest** – *(geschl. Sonntag - Montagmittag, Dienstagmittag)* Karte 18/26 €

◆ Freundlich leiten die Inhaber das restaurierte Altstadthaus von 1550 mit hübscher Fassade und soliden Zimmern. Sehenswert ist die freigelegte Barockdecke im Frühstücksraum. Im Restaurant Zum kleinen Mönch serviert man eine regionale und bürgerliche Küche.

WISMAR

In Wismar-Bad Wendorf Nord-Ost : 2 km :

Seeblick
Ernst-Scheel-Str. 27 ⊠ 23968 – ℰ (03841) 6 27 40 – hotelseeblickhwi@aol.com
– Fax (03841) 6274666
40 Zim – †50/85 € ††70/119 € – **Rest** – Karte 19/32 €
♦ Direkt am Strand und der Seebrücke: Das Hotel aus dem Jahr 1866 mit dem markanten Türmchen verfügt über wohnlich im Landhausstil eingerichtete Zimmer. Das Restaurant bietet einen schönen Blick auf die Wismarbucht.

WISSEN – Rheinland-Pfalz – **543** – 8 650 Ew – Höhe 200 m – Luftkurort 37 **D13**

- Berlin 588 – Mainz 127 – Bonn 69 – Limburg an der Lahn 67
- Rathausstr. 75 (Rathaus), ⊠ 57537, ℰ (02742) 93 91 34, info@rathaus-wissen.de

Ambiente garni
Hockelbachstr. 2 ⊠ 57537 – ℰ (02742) 9 32 40 – info@hotel-ambiente-wissen.de
– Fax (02742) 932417
8 Zim – †59/66 € ††76/82 €
♦ Kleine Annehmlichkeiten wie Bademantel, Wasserkocher und Tageszeitung machen die neuzeitlich gestalteten Zimmer dieses gut geführten kleinen Hotels zu einer netten Unterkunft.

WITTDÜN – Schleswig-Holstein – siehe Amrum (Insel)

> Unsere „Hoffnungsträger" sind die Restaurants, deren Küche wir für die nächste Ausgabe besonders sorgfältig auf eine höhere Auszeichnung hin überprüfen. Der Name dieser Restaurants ist in „rot" gedruckt und zusätzlich auf der Sterne-Liste am Anfang des Buches zu finden.

WITTENBERG (LUTHERSTADT) – Sachsen-Anhalt – **542** – 46 300 Ew – Höhe 65 m 32 **N10**

- Berlin 108 – Magdeburg 87 – Leipzig 66 – Dresden 151
- Schlossplatz 2, ⊠06886, ℰ (03491) 49 86 10, wb_info@wittenberg.de
- Markt★ - Stadtkirche (Reformations-Altar★) B – Lutherhalle★ C – Schlosskirche★ A
- Wörlitz (Park★★, Schloss★, Gotisches Haus★) West : 20 km

Stadtplan siehe nächste Seiten

Stadtpalais Wittenberg
Collegienstr. 56 (Zufahrt über Waldstraße) ⊠ 06886
– ℰ (03491) 42 50 – info@stadtpalais.bestwestern.de
– Fax (03491) 425100   B **a**
78 Zim – †78/99 € ††94/119 €, ⊇ 12 €
Rest – Menü 35 € – Karte 20/30 €
♦ Eine gediegene Halle und wohnliche, neuzeitlich-elegante Gästezimmer erwarten Sie in diesem Stadthaus in verkehrsberuhigter Lage im Zentrum. Restaurant mit internationalem Angebot.

Schwarzer Baer garni
Schlossstr. 2 ⊠ 06886 – ℰ (03491) 4 20 43 44 – koppe@stadthotel-wittenberg.de
– Fax (03491) 4204345   B **d**
20 Zim – †56/65 € ††69/85 €
♦ Hinter der Klinkerfassade des historischen Altstadthotels erwarten Sie hübsche, modern eingerichtete Zimmer, teilweise mit freigelegtem altem Mauerwerk.

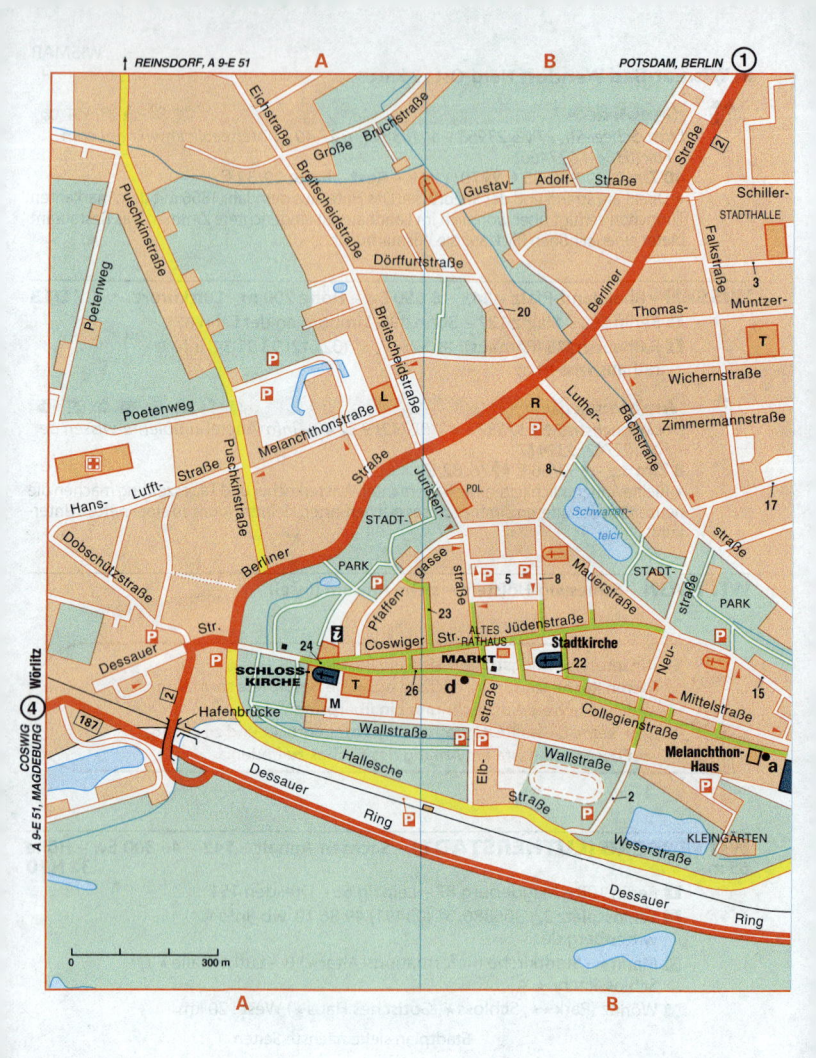

In Wittenberg-Reinsdorf Nord-West : 4 km über Puschkinstraße A Richtung Straach :

Grüne Tanne
Am Teich 1 (im OT Braunsdorf West : 2 km)
✉ 06896 – ✆ (03491) 62 90
– info@gruenetanne.de
– Fax (03491) 629250
40 Zim – †45 € ††65 €
Rest – *(Montag - Freitag nur Abendessen)* Karte 14/22 €
♦ Der kleine renovierte Gutshof am Dorfrand wird engagiert geführt und bietet ordentliche Zimmer, die hell und freundlich mit zeitgemäßem Mobiliar ausgestattet sind. Restaurant mit Fensterfront zum Garten und zur Terrasse.

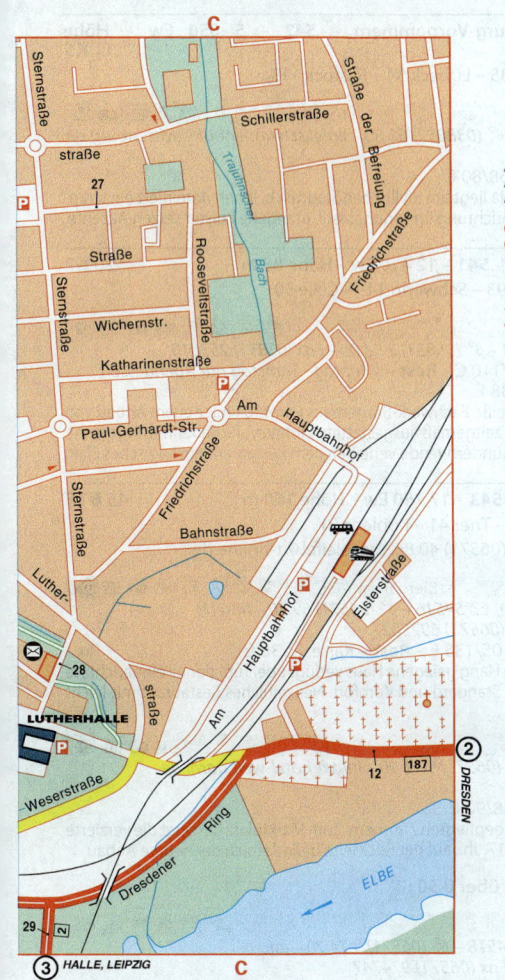

WITTENBERG

Am Stadtgraben	B	2
An der Stadthalle	B	3
Arsenalpl.	B	5
Bürgermeisterstr.	B	8
Collegienstr.	B	
Coswiger Str.	AB	
Dresdener Str.	C	12
Fleischerstr.	B	15
Geschwister-Scholl-Str.	B	17
Johann-Friedrich-Böttger-Str.	B	20
Jüdenstr.	B	
Kirchpl.	B	22
Leipziger Str.	C	29
Markt	B	
Marstallstr.	AB	23
Schlosspl.	A	24
Schlossstr.	A	26
Theodor-Fontane-Str.	C	27
Wilhelm-Weber-Str.	C	28

Rot = angenehm. Richten Sie sich nach den Symbolen ⚹ und 🏠 in Rot.

WITTENBERGE – Brandenburg – 542 – 20 640 Ew – Höhe 25 m   21 M7
- Berlin 162 – Potsdam 142 – Schwerin 87 – Stendal 50
- Paul-Lincke-Platz, ✉ 19322, ☎ (03877) 40 27 21, wittenberge.touristinfo@t-online.de

Das Kranhaus
Elbstr. 4a ✉ *19322 –* ☎ *(03877) 40 20 50 – kranhaus@knut-diete-oberlecker.de – Fax (03877) 564554 – geschl. Jan. und Montag*
Rest – Karte 24/38 €
♦ Sorgsam hat man das direkt am Elbhafen gelegene Backsteinhaus a. d. 19. Jh. restauriert. Entstanden ist ein rustikales Restaurant auf zwei Etagen mit schöner Terrasse.

1395

WITTENBURG – Mecklenburg-Vorpommern – **542** – 5 050 Ew – Höhe 40 m   11 **K5**

Berlin 209 – Schwerin 35 – Lübeck 54 – Rostock 113

Schwanenhof garni
Bahnhofstr. 12 ⊠ 19243 – ℰ (038852) 61 80 – hotel.schwanenhof@wittenburg.de – Fax (038852) 61830
23 Zim ⊇ – †49/55 € ††68/80 €
♦ Die hübsche renovierte Villa liegt an idyllischen Stadtteich. Innen dominiert ein strahlendes Blau die gepflegte Einrichtung im Landhausstil, orangene Polster setzen Akzente.

WITTINGEN – Niedersachsen – **541** – 12 410 Ew – Höhe 85 m   20 **K7**

Berlin 265 – Hannover 93 – Schwerin 149 – Celle 50

Wittinger Tor
Salzwedeler Str. 4 ⊠ 29378 – ℰ (05831) 2 53 00 – Fax (05831) 253010
16 Zim ⊇ – †75 € ††100/110 € – **Rest** – (Montag - Samstag nur Abendessen) Menü 25/30 € – Karte 20/38 €
♦ Das schöne, restaurierte weiße Fachwerk-Bürgerhaus von 1904 mit neuem Anbau von 1998 bietet Ihnen solide und zeitgemäß ausgestattete Zimmer; alle Bäder mit Tageslicht. Antiquitäten im Stil der Jahrhundertwende verleihen dem Restaurant nostalgisches Flair.

WITTLICH – Rheinland-Pfalz – **543** – 17 750 Ew – Höhe 160 m   45 **B15**

Berlin 681 – Mainz 129 – Trier 41 – Koblenz 91

🛈 Neustr. 7, ⊠ 54516, ℰ (06571) 40 86, moseleifel@t-online.de

Lindenhof
Am Mundwald 5 (Süd : 2 km) ⊠ 54516 – ℰ (06571) 69 20 – hotel@lindenhof-wittlich.de – Fax (06571) 692502
38 Zim ⊇ – †68/80 € ††105/135 € – **Rest** – Karte 23/38 €
♦ Dieses etwas außerhalb am Hang gelegene Haus verfügt über funktionell eingerichtete Gästezimmer der Kategorien Standard und Komfort. Neuzeitliches Restaurant mit leicht mediterranem Touch.

Well garni
Marktplatz 5 ⊠ 54516 – ℰ (06571) 9 11 90 – info@hotel-well-garni.de – Fax (06571) 911950
21 Zim ⊇ – †55/60 € ††88/90 €
♦ Ein gut geführtes Hotel mit gepflegten Zimmern. Zum Marktplatz hin zeigt die verzierte historische Fassade aus dem 17. Jh., auf der Rückseite befindet sich der neuere Anbau.

In Hupperath Nord-West : 5 km über B 50 :

Eifeler Hof
Wittlicher Str. 16 (B50) ⊠ 54518 – ℰ (06571) 9 74 70 – info@eifeler-hof-hupperath.de – Fax (06571) 974747
19 Zim ⊇ – †43 € ††70 € – **Rest** – (geschl. Dienstag, Montag - Samstag nur Abendessen) Menü 18 € – Karte 13/25 €
♦ Ein guter Ausgangspunkt für Ausflüge in die reizvolle Umgebung ist dieser hübsche Landgasthof. Fast alle Zimmer sind zeitgemäß mit hellen Eichenholzmöbeln ausgestattet. Das gepflegte Restaurant unterteilt sich in mehrere Stuben mit ländlicher Aufmachung.

In Dreis Süd-West : 8 km :

XXXX Waldhotel Sonnora (Helmut Thieltges) mit Zim
Auf dem Eichelfeld ⊠ 54518 – ℰ (06578) 9 82 20 – info@hotel-sonnora.de – Fax (06578) 1402 – geschl. 31. Dez. - 30. Jan., 2.-16. Juli
20 Zim ⊇ – †80/140 € ††110/260 € – **Rest** – (geschl. Montag - Dienstag) (Tischbestellung ratsam) Menü 115/140 € – Karte 79/131 €
Spez. Kleine Torte vom Rinderfilet-Tatar mit Imperial-Kaviar. Jakobsmuscheln mit confierten Chicoréespitzen und Passionsfrucht-Beurre blanc. Brust von der Challans-Blutente mit orientalischen Gewürzen und Ingwersauce.
♦ In dem charmanten Familienbetrieb in einsamer Waldlage können Sie sich den aus besten Produkten perfekt zubereiteten klassischen Speisen Helmut Thieltges' hingeben. Für die Übernachtung: komfortable Zimmer und luxuriöse Juniorsuiten mit Terrasse.

WITZENHAUSEN – Hessen – 543 – 16 120 Ew – Höhe 145 m 29 **I11**
▶ Berlin 365 – Wiesbaden 248 – Kassel 36 – Göttingen 26
🛈 Ermschwerder Str. 2, ✉ 37213, ✆ (05542) 6 00 10, info@kirschenland.de

In Witzenhausen-Dohrenbach Süd : 4 km über B 451 – Luftkurort :

Zur Warte
Warteweg 1 ✉ 37216 – ✆ (05542) 30 90 – hotel.zurwarte@t-online.de
– Fax (05542) 6681
20 Zim ☑ – †43/48 € ††64/70 € – ½ P 12 € – **Rest** – *(geschl. Montagmittag, Jan. und Nov. Montag - Samstag nur Abendessen)* Karte 14/25 €
♦ Eine gut geführte Hotelpension mit soliden, praktisch ausgestatteten Zimmern in hellem Naturholz - teils mit Balkon. Auch eine Gartenanlage gehört zum Haus. Ländlicher Restaurantbereich.

WITZHAVE – Schleswig-Holstein – 541 – 1 410 Ew – Höhe 24 m 10 **J5**
▶ Berlin 260 – Kiel 98 – Hamburg 29 – Lübeck 51

Pünjer
Möllner Landstr. 9 ✉ 22969 – ✆ (04104) 9 77 70 – info@hotel-puenjer.de
– Fax (04104) 977755 – geschl. 24. Dez. - 1. Jan. (Hotel)
42 Zim ☑ – †50/56 € ††70/78 € – **Rest** – *(geschl. 20. Juli - 4. Aug. und Samstag, nur Abendessen)* Karte 19/27 €
♦ Ein gutes Preis-Leistungs-Verhältnis bietet der engagiert geführte Landgasthof mit roter Klinkerfassade seinen Gästen: Zimmer mit zeitgemäßem Komfort und freundlicher Service. Leicht rustikal gestaltetes Restaurant mit Wintergartenanbau.

WÖLLSTEIN – Rheinland-Pfalz – 543 – 4 440 Ew – Höhe 130 m 47 **E15**
▶ Berlin 605 – Mainz 36 – Bad Kreuznach 10 – Kaiserslautern 60

Wöllsteiner Weinstube
Eleonorenstr. 32 ✉ 55597 – ✆ (06703) 96 19 33 – ute@woellsteinerweinstube.de
– Fax (06703) 3325 – geschl. 28. Jan. - 28. Feb. und Montag
Rest – *(nur Abendessen)* (Tischbestellung ratsam) Karte 23/38 €
♦ Ein kleines Schmuckstück ist das 400 Jahre alte, liebevoll renovierte Fachwerkhaus, in dem sich diese Weinstube befindet. Hübsche, mit Oleander bepflanzte Innenhofterrasse.

WÖRISHOFEN, BAD – Bayern – 546 – 13 920 Ew – Höhe 630 m – Heilbad
64 **J20**
▶ Berlin 612 – München 80 – Augsburg 62 – Kempten (Allgäu) 53
🛈 Hauptstr. 16 (Kurhaus), ✉ 86825, ✆ (08247) 99 33 55, info@bad-woerishofen.de
⛳ Rieden, Schlingener Str. 27 ✆ (08346) 7 77
✈ Türkheim-Ludwigsburg, Augsburger Str. 51 ✆ (08245) 33 22

Steigenberger Hotel Der Sonnenhof
Hermann-Aust-Str. 11 ✉ 86825
– ✆ (08247) 95 90
– reservierung@spahotel-sonnenhof.de – Fax (08247) 959599
156 Zim ☑ – †145/245 € ††210/310 € – ½ P 32 € – 13 Suiten
Rest – *(geschl. Montag)* Menü 32/47 € – Karte 23/59 €
♦ Mit eleganten Möbeln stilvoll-wohnlich eingerichtete Gästezimmer bietet das schön in einem Park gelegene Hotel mit Wellnesslandschaft. Restaurant Calla mit großer Showküche und euro-asiatischem Angebot.

Fontenay
Eichwaldstr. 10 ✉ 86825 – ✆ (08247) 30 60 – fontenay@t-online.de – Fax (08247) 306185
58 Zim ☑ – †115/170 € ††220/270 € – 5 Suiten – **Rest** – *(Tischbestellung erforderlich)* Karte 40/66 €
♦ Die ruhige Lage am Ortsrand und engagierte Gästebetreuung zeichnen das klassische Kurhotel aus. Zu den Annehmlichkeiten zählen auch Wellness- und Kosmetikangebote. Gediegenes Restaurant mit internationaler Speisekarte.

WÖRISHOFEN, BAD

Parkhotel Residence (geheizt) Rest,
Bahnhofstr. 8 ⊠ 86825 – ℰ (08247) 35 20 – info@parkhotel-residence.de – Fax (08247) 352214
100 Zim (inkl. ½ P.) – †95/153 € ††190/306 € – 13 Suiten – **Rest** – Karte 26/40 €
♦ Das Hotel liegt in einem hübschen Park und bietet gediegene Zimmer, einen gepflegten Freizeitbereich und freundlichen Service. Klassisch gehaltenes Restaurant mit internationaler Karte.

Edelweiß
Bürgermeister-Singer-Str. 11 ⊠ 86825 – ℰ (08247) 3 50 10 – info@hotel-edelweiss.de – Fax (08247) 350175 – geschl. 22. Nov. - 22. Dez.
47 Zim ⊇ – †55/74 € ††106/132 € – **Rest** – *(geschl. Sonntag)* (nur für Hausgäste)
♦ Ein gut geführtes Haus im alpenländischen Stil mit schöner kleiner Gartenanlage. Man wohnt in sehr gepflegten Zimmern und hat ein vielseitiges Freizeitangebot zur Verfügung.

Angerhof (Thermal)
Lerchenstr. 13 ⊠ 86825 – ℰ (08247) 99 10 – info@angerhof.com – Fax (08247) 991450
49 Zim (inkl. ½ P.) – †54/120 € ††103/188 € – 4 Suiten – **Rest** – Karte 19/32 €
♦ Ein gediegen-wohnliches Ambiente, ein großzügiger Wellnessbereich sowie die ruhige Lage in einer Seitenstraße machen dieses gewachsene Kurhotel unter familiärer Leitung aus. Hell gestaltete Restauranträume mit Blick in den Garten.

Hofmann
Eichwaldstr. 6 ⊠ 86825 – ℰ (08247) 96 09 70 – kurhotel-hofmann@t-online.de – Fax (08247) 9609765
25 Zim ⊇ – †42/54 € ††84/108 € – ½ P 8 € – **Rest** – *(geschl. 21. Nov. - 20. Dez. und Sonntagabend)* (nur für Hausgäste)
♦ Zeitgemäß und wohnlich gestaltete Zimmer - meist mit Balkon - sprechen für dieses vom Inhaber selbst geführte Hotel in einer ruhigen kleinen Nebenstraße.

✗ Muschitz
Fidel-Kreuzer-Str. 4, (im Münchner Haus) ⊠ 86825 – ℰ (08247) 99 73 97 – Fax (08247) 997451 – geschl. Ende Nov. 2 Wochen und Dienstag - Mittwoch
Rest – Menü 26 € (mittags)/50 € – Karte 27/46 €
♦ In diesem Restaurant bietet man regionale und bürgerliche Speisen. Ein schöner Mosaikfußboden trägt zum stilvollen Ambiente bei.

✗ Sonnenbüchl mit Zim
Sonnenbüchl 1 (am Freibad) ⊠ 86825 – ℰ (08247) 95 99 00 – sonnenbuechl@t-online.de – Fax (08247) 959909 – geschl. 12. Jan. - 5. Feb. und Sonntagabend - Montag
4 Zim ⊇ – †48/53 € ††95/105 € – ½ P 20 € – **Rest** – *(Dienstag - Samstag nur Abendessen)* Menü 33/65 € – Karte 24/40 €
♦ Eine nette, freundliche Atmosphäre und ländliches Ambiente erwarten den Gast in diesem Restaurant. Geboten wird eine sorgfältig zubereitete regionale und internationale Küche. Zum Übernachten stehen wohnliche Gästezimmer zur Verfügung.

In Bad Wörishofen-Schlingen-Nord Süd : 4 km :

✗✗ Jagdhof
Allgäuer Str. 1 ⊠ 86825 – ℰ (08247) 48 79 – jagdhof@web.de – Fax (08247) 2534 – geschl. Jan. und Montag - Dienstag, außer Feiertage
Rest – Karte 23/46 €
♦ Die Jagdtrophäen an den Wänden machen dem Namen des familiengeführten Restaurants alle Ehre. Man sitzt in verschiedenen ländlichen Stuben mit freundlichem Service.

> Wir bemühen uns bei unseren Preisangaben um grösstmögliche Genauigkeit. Aber alles ändert sich! Lassen Sie sich daher bei Ihrer Reservierung den derzeit gültigen Preis mitteilen.

WÖRTH AM RHEIN – Rheinland-Pfalz – 543 – 17 460 Ew – Höhe 106 m 54 **E17**
▶ Berlin 681 – Mainz 129 – Karlsruhe 14 – Landau in der Pfalz 23

In Wörth-Maximiliansau Süd-Ost: 1,5 km, jenseits der A 65 :

XX Zur Einigkeit
Karlstr. 16 ⊠ 76744 – ℰ (07271) 44 44 – Fax (07271) 49339 – geschl. Ende Mai -
Anfang Juni und Sonntag - Montag
Rest – Karte 42/62 €
♦ Gemütlich und leicht elegant ist die Atmosphäre in diesem geschmackvoll dekorierten Restaurant. Die französische Küche serviert man auch auf der schönen Innenhofterrasse.

WOLFACH – Baden-Württemberg – 545 – 5 980 Ew – Höhe 262 m – Luftkurort
54 **E19**
▶ Berlin 750 – Stuttgart 137 – Freiburg im Breisgau 57 – Freudenstadt 38
🛈 Hauptstr. 41, ⊠ 77709, ℰ (07834) 83 53 53, wolfach@wolfach.de
◉ Dorotheen-Glashütte★

In Wolfach-Kirnbach Süd : 5 km :

Sonne
Talstr. 103 ⊠ 77709 – ℰ (07834) 69 55 – hotel@sonne-kirnbach.de – Fax (07834) 4696
23 Zim ☐ – †35/45 € ††60/76 € – ½ P 10 € – **Rest** – (geschl. Montag, nur Abendessen) Karte 16/34 €
♦ Ein traditioneller Gasthof mit neuerem Anbau: Gut ausgestattete Zimmer mit solidem Holzmobiliar und ein freundlicher Service erwarten Sie. Mit Wildgehege. In der ländlichen Gaststube sorgt ein Kachelofen für behagliche Atmosphäre.

In Wolfach-St. Roman Nord-Ost : 12 km Richtung Schiltach, nach 7 km links – Höhe 673 m

Adler
St. Roman 14 ⊠ 77709 – ℰ (07836) 9 37 80 – info@silencehotel-adler.de
– Fax (07836) 7434
40 Zim ☐ – †61/90 € ††106/152 € – ½ P 21 € – **Rest** – Karte 16/35 €
♦ Umgeben von Wiesen und Wäldern liegt dieses zeitgemäße Hotel mit Stammhaus und Gästehaus. Nett: der Wellnessbereich. Auch ein Wildgehege gehört zu dieser Adresse. Das Restaurant ist mit hellem Holz und Kachelofen gemütlich gestaltet - mit Wintergarten.

WOLFENBÜTTEL – Niedersachsen – 541 – 54 690 Ew – Höhe 75 m 30 **J9**
▶ Berlin 240 – Hannover 74 – Braunschweig 12 – Goslar 31
🛈 Stadtmarkt 7, ⊠ 38300, ℰ (05331) 8 62 80, touristinfo@wolfenbuettel.com
🔧 Kissenbrück, Rittergut Hedwigsburg ℰ (05337) 9 07 03 AZ
◉ Stadtbild★★ – Fachwerkhäuser★★ ABYZ – Stadtmarkt★ – Schloss (Turm★) AZ

Stadtplan siehe nächste Seite

Parkhotel Altes Kaffeehaus
Harztorwall 18 ⊠ 38300 – ℰ (05331) 88 80 – info@parkhotel-wolfenbuettel.de
– Fax (05331) 888100
BZ **a**
75 Zim ☐ – †76/89 € ††104/134 € – **Rest** – (Montag - Samstag nur Abendessen) Karte 16/32 €
♦ Wo früher ein türkisches Kaffeehaus stand, befindet sich heute ein Hotel mit zeitgemäß und wohnlich eingerichteten Gästezimmern. Sie speisen im hellen Restaurant oder in der historischen Weingrotte mit Gewölbe.

Tulip Inn garni
Bahnhofstr. 9 (über AY) ⊠ 38300 – ℰ (05331) 9 88 60 – info@
tulipinnwolfenbuettel.de – Fax (05331) 988611
48 Zim ☐ – †75/114 € ††95/134 €
♦ Das Hotel am Altstadtrand verfügt über funktionelle und neuzeitliche Gästezimmer mit guter technischer Ausstattung. Angeschlossen ist ein Freizeitcenter.

1399

WOLFENBÜTTEL

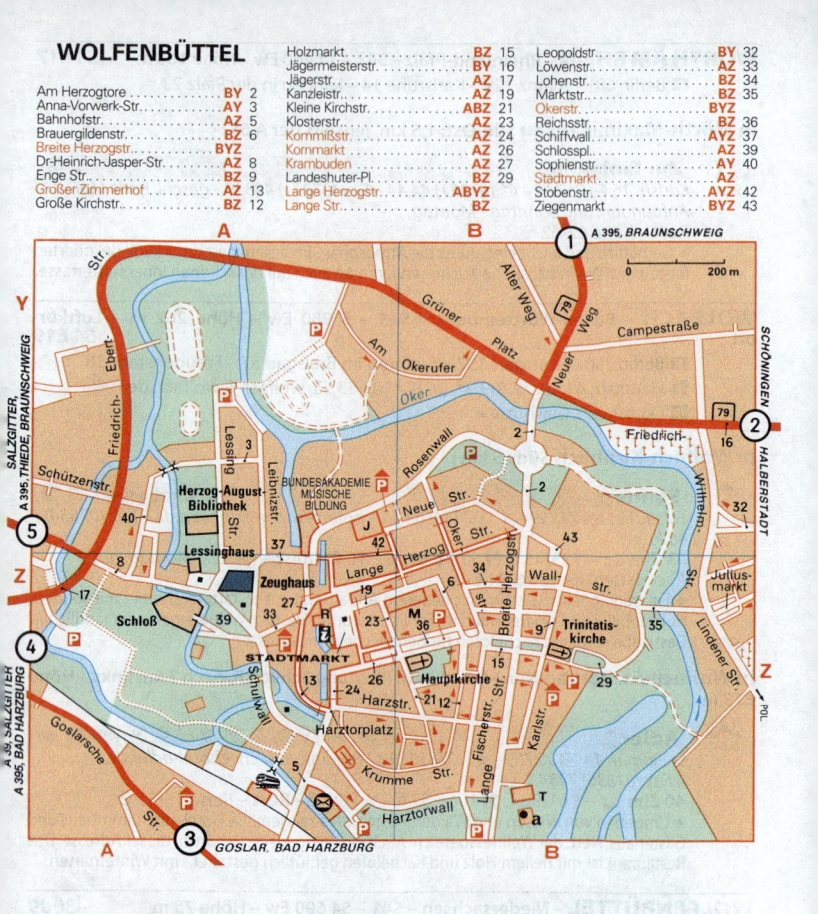

Am Herzogtore	**BY**	2
Anna-Vorwerk-Str.	**AY**	3
Bahnhofstr.	**AZ**	5
Brauergildenstr.	**BZ**	6
Breite Herzogstr.	**BYZ**	
Dr-Heinrich-Jasper-Str.	**AZ**	8
Enge Str.	**BZ**	9
Großer Zimmerhof	**AZ**	13
Große Kirchstr.	**BZ**	12
Holzmarkt	**BZ**	15
Jägermeisterstr.	**BY**	16
Jägerstr.	**AZ**	17
Kanzleistr.	**AZ**	19
Kleine Kirchstr.	**ABZ**	21
Klosterstr.	**AZ**	23
Kornmißstr.	**AZ**	24
Kornmarkt	**AZ**	26
Krambuden	**AZ**	27
Landeshuter-Pl.	**BZ**	29
Lange Herzogstr.	**ABYZ**	
Lange Str.	**BZ**	
Leopoldstr.	**BY**	32
Löwenstr.	**AZ**	33
Lohenstr.	**BZ**	34
Marktstr.	**BZ**	35
Okerstr.	**BYZ**	
Reichstr.	**BZ**	36
Schiffwall	**AYZ**	37
Schloßpl.	**AZ**	39
Sophienstr.	**AY**	40
Stadtmarkt	**AZ**	
Stobenstr.	**AYZ**	42
Ziegenmarkt	**BYZ**	43

🏠 **Landhaus Dürkop** garni 🌿   🛜 📶 **P** *VISA* 💳 AE

Alter Weg 47 (über Neuer Weg BY) ✉ 38302 – ✆ (05331) 70 53
– landhaus-duerkop@t-online.de – Fax (05331) 72638
30 Zim ⊑ – †51/62 € ††85/89 €
♦ Die Zimmer der familiengeführten Pension in relativ ruhiger Lage sind überwiegend mit rustikalen Eichenmöbeln eingerichtet, einige auch mit wohnlichem Kirschbaummobiliar.

WOLFRAMS-ESCHENBACH – Bayern – 546 – 2 910 Ew – Höhe 442 m   57 **K17**
▶ Berlin 473 – München 177 – Nürnberg 49 – Nördlingen 54

🏠 **Sonne** (mit Gästehaus)   🛜 📞 **P** *VISA* 💳

Richard-Wagner-Str. 2 ✉ 91639 – ✆ (09875) 9 79 70
– info@gasthof-hotel-sonne.de – Fax (09875) 979777
– geschl. 6. - 14. Nov.
27 Zim ⊑ – †33/35 € ††54/56 € – **Rest** – (geschl. Mittwochabend)
Karte 11/17 €
♦ Am Oberen Torturm der historischen Stadtmauer liegt der fränkische Landgasthof mit eigener Metzgerei und gepflegten, solide ausgestatteten Zimmern. Rustikales Restaurant mit hübschem Kachelofen.

WOLFSBURG – Niedersachsen – **541** – 122 730 Ew – Höhe 63 m 20 **K8**
▶ Berlin 222 – Hannover 91 – Magdeburg 83 – Celle 80
ADAC Am Mühlengraben 22
🛈 Willy-Brandt-Platz 3 (im Bahnhof), ✉ 38440, ℰ (05361) 89 99 30, tourist@wolfsburg.de
🛈 Bokensdorf, Osloßer Weg 1 ℰ (05366) 12 23
◉ Autostadt★★

Stadtplan siehe nächste Seite

The Ritz-Carlton
Stadtbrücke (Autostadt) ✉ 38440 – ℰ (05361) 60 70 00 – wolfsburg.reservation@ritzcarlton.com – Fax (05361) 608000 X a
174 Zim – †195/390 € ††205/390 €, ⚏ 27 € – 21 Suiten
Rest *Aqua* – separat erwähnt
Rest *The Grill* – ℰ (05361) 6 07 08 – Menü 25 € (mittags) – Karte 40/62 €
♦ Integriert in die Autostadt von Volkswagen bietet dieses Haus ein besonderes Umfeld. Hochwertiges Interieur in klarem Design zeichnet den modernen halbrunden Hotelbau aus. The Grill mit Blick auf das Kraftwerk von VW. Sonntagmittags nur Brunch.

Holiday Inn
Rathausstr. 1 ✉ 38440 – ℰ (05361) 20 70 – reservation.hi-wolfsburg-citycentre@queensgruppe.de – Fax (05361) 207981 Y a
207 Zim – †93/123 € ††108/138 €, ⚏ 16 € – **Rest** – Karte 30/43 €
♦ Das Hotel liegt im Stadtzentrum, nahe dem Museum, und verfügt über funktionell gestaltete Zimmer sowie elegantere Executive-Zimmer in der 7. Etage. Rustikal-gediegen: das Restaurant Zilles Stube.

Tryp
Willy-Brandt-Platz 2 ✉ 38440 – ℰ (05361) 89 90 00 – wolfsburg@tryp-deutschland.de – Fax (05361) 899444 Y t
121 Zim ⚏ – †126/162 € ††156/192 € – **Rest** – (geschl. Sonntag) Karte 25/51 €
♦ Neuzeitlicher Hotelbau in Bahnhofs- und Autostadtnähe mit geschmackvoller moderner Einrichtung. Zwei Allergikerzimmer mit Holzfußboden. Auf Wunsch: verschiedene Kopfkissen.

Aqua – Hotel The Ritz-Carlton
Stadtbrücke (Autostadt) ✉ 38440 – ℰ (05361) 60 70 91 – ccr.wolfsburg@ritzcarlton.com – Fax (05361) 606158 – geschl. 1. - 21. Jan., Juli - Aug. 3 Wochen und Sonntag - Montag X a
Rest – (nur Abendessen) (Tischbestellung ratsam) Menü 86/138 € – Karte 61/97 €
Spez. Gelierte Kalbsschwanzessenz mit Kaviar und Crème fraîche. Jakobsmuschel mit Gurkengelee, Nussbutter und Erdnusskrokant. Taubenbrust mit luftiger Trüffelsahne und Spinatmousseline.
♦ Eine geradlinige, modern-elegante Einrichtung bestimmt hier das Bild. Der Service arbeitet professionell, die Küche von Sven Elverfeld ist kreativ mit französischen Wurzeln.

In Wolfsburg-Fallersleben

Ludwig im Park
Gifhorner Str. 25 ✉ 38442 – ℰ (05362) 94 00 – info@ludwig-im-park.de – Fax (05362) 940400 X n
43 Zim ⚏ – †105/130 € ††130/175 € – 4 Suiten
Rest *La Fontaine* – separat erwähnt
♦ Wohnlich ist das Ambiente in diesem Hotel im Schwefelpark. Geräumige Gästezimmer mit Stilmobiliar und ein gediegener Frühstücksraum erwarten Sie.

Fallersleber Spieker garni
Am Spieker 6 ✉ 38442 – ℰ (05362) 93 10 – info@hotel-spieker.de – Fax (05362) 931400 X v
48 Zim ⚏ – †70 € ††92 €
♦ Eine praktische Übernachtungsadresse ist das neuzeitliche Hotel am Rand der Altstadt mit seinen hell möblierten, funktionell und zeitgemäß eingerichteten Zimmern.

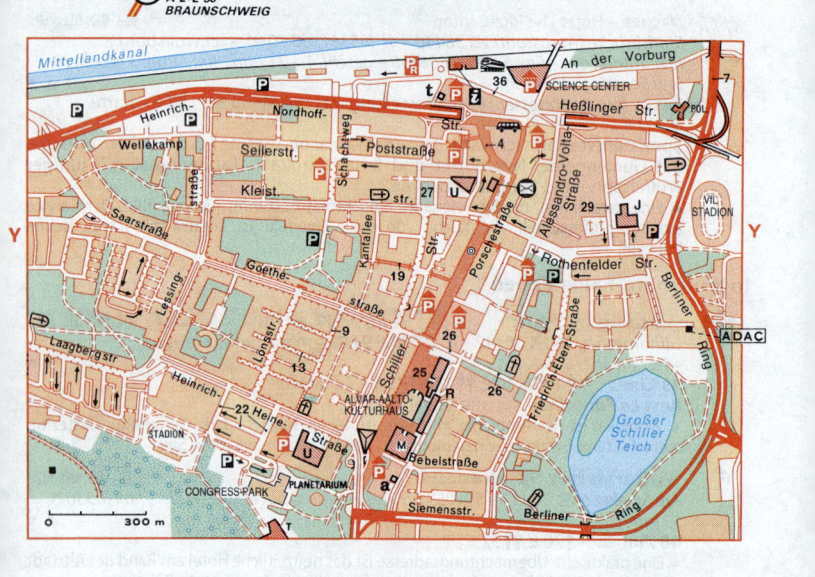

WOLFSBURG

Bahnhofspassage .... Y 4	Heßlinger Str. .... Y	Robert-Koch-Pl. .... Y 27
Berliner Brücke .... X 7	Hochring .... X 17	Röntgenstr. .... X 28
Dresdener Ring .... Y 8	Kaufhof .... Y 19	Rothenfelder Markt. ..... Y 29
Eichendorffstr. .... Y 9	Klieverhagen .... Y 22	Rothenfelder
Fallersleber Str. .... X 12	Königsberger Str. ...... X 23	Str. .... Y
Ganghoferstr. .... Y 13	Lerchenweg .... X 24	Schlesierweg .... Y 31
	Marktpl. .... Y 25	Schulenburgallee .... X 33
	Pestalozziallee .... Y 26	Stadtwaldstr. .... X 34
	Porschestr. .... Y	Willy-Brandt-Pl. .... Y 36

1402

WOLFSBURG

Neue Stuben
*Bahnhofstr. 13 ⊠ 38442 – ℰ (05362) 9 69 00 – info@hotel-neue-stuben.de
– Fax (05362) 969030* X **v**
20 Zim ⊇ – †55/70 € ††75/90 € – **Rest** – *(geschl. 27. Dez. - 6. Jan. und Samstagmittag)* Menü 20 € – Karte 16/30 €

♦ Ein modernisiertes altes Bürgerhaus von 1751, in dem solide, mit dunklen Kirschholzmöbeln ausgestattete Gästezimmer zur Verfügung stehen. Eine historische Balkendecke, Holzfußboden und Korbstühle bestimmen das Ambiente im Restaurant.

La Fontaine – Hotel Ludwig im Park
*Gifhorner Str. 25 ⊠ 38442 – ℰ (05362) 94 00 – info@ludwig-im-park.de
– Fax (05362) 940400* X **n**
Rest – *(geschl. 1. - 7. Jan. und Sonntag, nur Abendessen)* Menü 58/88 € – Karte 49/70 €
Spez. Torte von Perlhuhn und Gänseleber mit Nüssen. Lammrücken mit Olivenkruste und Thymianjus. Feines von der Schokolade mit Mango-Passionsfruchtkompott und Mandeleis.

♦ Hier genießt der Gast in eleganter Atmosphäre klassische Küche. Angenehm sitzt man auch auf der Terrasse zum angrenzenden kleinen Park.

In Wolfsburg-Hattorf Süd-West : 10 km über A 39 :

Landhaus Dieterichs (mit Gästehäusern)
Krugstr. 31 ⊠ 38444 – ℰ (05308) 40 80 – Fax (05308) 408104
geschl. Weihnachten - Neujahr
70 Zim ⊇ – †36/48 € ††65/70 €
Rest – *(geschl. Juli - Aug. 3 Wochen und Freitag - Sonntag sowie Feiertage, nur Abendessen)* Karte 12/24 €

♦ Geräumige Zimmer mit solider Einrichtung und auch Appartements mit Kochnische erwarten Sie in dem Landgasthof mit der roten Klinkerfassade.

In Wolfsburg-Neuhaus Ost : 5 km über Dieselstraße X :

An der Wasserburg
*An der Wasserburg 2 ⊠ 38446 – ℰ (05363) 94 00 – info@an-der-wasserburg.de
– Fax (05363) 71574*
56 Zim ⊇ – †75/155 € ††95/185 € – **Rest** – Karte 22/42 €

♦ Bei der ältesten Wasserburg Niedersachsens: Historisches Ambiente und zeitgemäßen Komfort bieten die Zimmer in dem modernisierten 250 Jahre alten Gebäude mit neuerem Anbau. Unverputzte Sandsteinwände und -gewölbe machen das Kellerrestaurant gemütlich-rustikal.

In Wolfsburg-Sandkamp

Jäger
Eulenweg 3 ⊠ 38442 – ℰ (05361) 3 90 90 – hotel.jaeger@gmx.de – Fax (05361) 390944 X **e**
48 Zim ⊇ – †65/90 € ††98/115 €
Rest Lo Smeraldo – ℰ (05361) 39 09 95 *(geschl. Samstagmittag, Sonntag)* Karte 27/41 €

♦ Das freundlich geleitete Hotel mit Rondellanbauten bietet unterschiedlich eingerichtete Gästezimmer - besonders zu empfehlen sind die moderneren Zimmer. Lo Smeraldo mit kleinem Bistrobereich und italienisch beeinflusster Küche.

In Wolfsburg-Westhagen

Strijewski
*Rostocker Str. 2 ⊠ 38444 – ℰ (05361) 8 76 40 – info@hotel-strijewski.de
– Fax (05361) 8764410* X **d**
50 Zim ⊇ – †76/110 € ††90/135 € – **Rest** – Karte 20/36 €

♦ Dieses gepflegte und gut geführte Hotel befindet sich in einem Wohngebiet und verfügt über solide und funktionell ausgestattete Gästezimmer. Restaurant in bürgerlichem Stil.

WOLFSBURG

In Weyhausen Nord-West : 9 km über Oebisfelder Straße X :

Alte Mühle Zim,
Wolfsburger Str. 72 (B188) ⊠ 38554 – ℰ (05362) 9 80 00 – info@altemuehle.bestwestern.de – Fax (05362) 980060
52 Zim ⊃ – †111/154 € ††122/172 € – **Rest** – Karte 22/43 €
♦ Ein recht großzügiger Hallenbereich mit gediegener Hotelbar sowie komfortabel ausgestattete Gästezimmer erwarten Sie in diesem Hotel. Im eleganten Restaurant bietet man u. a. eine Auswahl an Steaks.

WOLFSCHLUGEN – Baden-Württemberg – siehe Nürtingen

> Gute Küche zu günstigem Preis? Folgen Sie dem „Bib Gourmand".

WOLGAST – Mecklenburg-Vorpommern – 542 – 12 880 Ew – Höhe 20 m 14 P4
▶ Berlin 210 – Schwerin 193 – Rügen (Bergen) 90 – Greifswald 34
🛈 Rathausplatz 10, ⊠ 17438, ℰ (03836) 60 01 18, stadtinfo@wolgast.de

Peenebrücke garni
Burgstr. 2 ⊠ 17438 – ℰ (03836) 2 72 60 – info@hotel-peenebruecke.de – Fax (03836) 272699 – geschl. 22. Dez. - 13. Jan.
20 Zim ⊃ – †48/79 € ††69/87 €
♦ Nahe der Peenebrücke liegt das hübsche sanierte Gebäude a. d. 17. Jh. Sie wohnen in sehr gepflegten Zimmern mit solidem Kirschholzmobiliar. Auch Appartements sind vorhanden.

WOLMIRSTEDT – Sachsen-Anhalt – 542 – 10 830 Ew – Höhe 51 m 31 L9
▶ Berlin 152 – Magdeburg 14 – Gardelegen 50 – Stendal 47

Wolmirstedter Hof
August-Bebel-Str. 1 ⊠ 39326 – ℰ (039201) 2 27 27 – wolmirstedter-hof@t-online.de – Fax (039201) 22728
21 Zim ⊃ – †45/56 € ††70/78 € – **Rest** – Karte 13/20 €
♦ Das tadellos unterhaltene Hotel in der Ortsmitte überzeugt mit gepflegten Gästezimmern, die über eine zeitgemäße Ausstattung verfügen. Ländliches, kleines Restaurant mit gemütlicher Atmosphäre.

WOLPERTSHAUSEN – Baden-Württemberg – 545 – 1 970 Ew – Höhe 435 m 56 I17
▶ Berlin 540 – Stuttgart 97 – Crailsheim 21 – Schwäbisch Hall 12

In Wolpertshausen-Cröffelbach Süd-West : 2,5 km über B 14 :

Goldener Ochsen Rest,
Hauptstr. 4 ⊠ 74549 – ℰ (07906) 93 00 – hotel-goldener-ochsen@t-online.de – Fax (07906) 930200
32 Zim ⊃ – †65/85 € ††85/99 € – **Rest** – (geschl. Montag) Karte 14/32 €
♦ Der Fachwerkgasthof mit neuerem Anbau ist ein familiengeführtes Hotel mit gut organisiertem Tagungsbereich und funktionell eingerichteten Zimmern. Die Gaststuben sind mit viel Holz und ländlichem Dekor rustikal gestaltet.

WOLPERTSWENDE – Baden-Württemberg – siehe Weingarten

WORMS – Rheinland-Pfalz – 543 – 81 100 Ew – Höhe 100 m 47 F16
▶ Berlin 607 – Mainz 45 – Mannheim 25 – Darmstadt 43
ADAC Friedrich-Ebert-Str. 84
🛈 Neumarkt 14, ⊠ 67547, ℰ (06241) 2 50 45, touristinfo@worms.de
◉ Dom★★ (Westchor★★, Reliefs aus dem Leben Christi★) – Judenfriedhof★★ – Kunsthaus Heylshof★ Gemäldesammlung★M[1] A

WORMS

Adenauerring . . . . A 2	Friedrichstr. . . . . A 13	Marktpl. . . . . A 26
Allmendgasse . . . . B 3	Friedrich-Ebert-Str. . . . . A 14	Martinsgasse . . . . A 27
Am Römischen Kaiser . . . . A 5	Hardtgasse . . . . A 15	Neumarkt . . . . A 30
Bärengasse . . . . B 6	Heinrichstr. . . . . B 16	Petersstr. . . . . A 32
Bauhofgasse . . . . B 8	Herzogenstr. . . . . B 18	Pfauenpforte . . . . A 34
Fischmarkt . . . . A 9	Kämmererstr. . . . . A 20	Pfauentorstr. . . . . A 35
Folzstr. . . . . A 12	Karolingerstr. . . . . A 22	Remeyerhofstr. . . . . B 36
	Ludwigspl. . . . . A 23	Stephansgasse . . . . A 38
	Mähgasse . . . . B 24	Valckenbergstr. . . . . A 39
	Mainzer Str. . . . . A 25	Wilhelm-Leuschner-Str. . . . . . . A 40

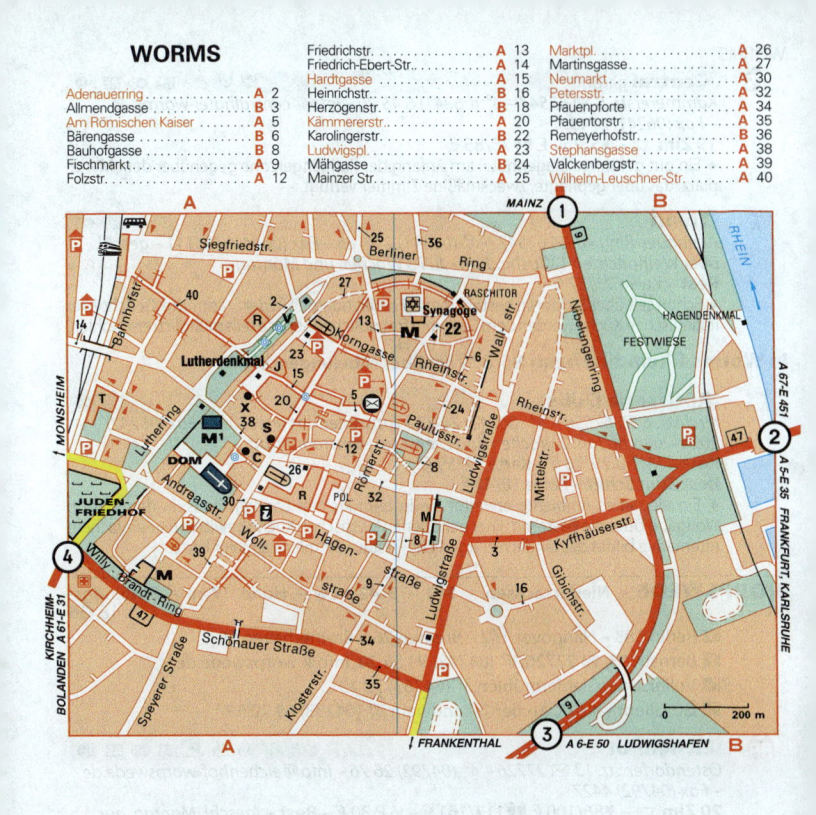

Parkhotel Prinz Carl
Prinz-Carl-Anlage 10 (über Mainzer Straße A) ✉ *67547*
– ✆ *(06241) 30 80 – info@parkhotel-prinzcarl.de – Fax (06241) 308309 – geschl. 27. Dez. - 5. Jan.*
90 Zim ⊡ – †79/119 € ††119/149 € – **Rest** *– (geschl. Samstagmittag, Sonntag)* Menü 21/39 € – Karte 28/41 €
♦ Auf dem Gelände einer ehemaligen Kaserne finden Sie heute hinter der schönen Fassade zweier historischer Gebäude ein modernes und komfortables Geschäftshotel. Hell und freundlich präsentiert sich das Restaurant Kleiner Prinz.

Dom-Hotel garni
Obermarkt 10 ✉ *67547 –* ✆ *(06241) 90 70 – info@dom-hotel.de – Fax (06241) 23515*
A x
55 Zim ⊡ – †69/85 € ††99/120 €
♦ In der Fußgängerzone gelegenes Hotel mit funktionell ausgestatteten Zimmern - einige mit Blick auf den Obermarkt - sowie einem freundlichen Frühstücksraum in der 1. Etage.

Kriemhilde
Hofgasse 2 ✉ *67547 –* ✆ *(06241) 9 11 50 – hotelkriem@aol.com – Fax (06241) 9115310*
A c
19 Zim ⊡ – †50/65 € ††72/78 € – **Rest** *– (geschl. Samstag, Jan. - April Samstag, Sonntagabend)* Karte 16/34 €
♦ Das familiengeführte kleine Hotel liegt in der Innenstadt direkt neben dem Dom. Die Zimmer unterscheiden sich in der Größe und sind zeitgemäß eingerichtet. Restaurant mit bürgerlichem Angebot.

1405

WORMS

Central garni
Kämmererstr. 5 ⊠ 67547 – ℰ (06241) 6 45 70 – info@centralhotel-worms.de – Fax (06241) 27439
19 Zim – †55/60 € ††78/85 €
A s
♦ Ein gut geführtes Etagenhotel am Anfang der Fußgängerzone gegenüber dem Marktplatz, das über gepflegte, zweckmäßige Zimmer verfügt.

Tivoli
Adenauer-Ring 4b ⊠ 67547 – ℰ (06241) 2 84 85 – Fax (06241) 426111 – geschl. über Weihnachten 1 Woche, Juni - Juli 3 Wochen und Montag
A v
Rest – Karte 21/37 €
♦ Schon seit über 30 Jahren besteht dieser Familienbetrieb in der Stadtmitte. Gerichte der italienischen Küche werden dem Gast vom freundlichen Service teils mündlich empfohlen.

In Worms-Rheindürkheim Nord : 9 km über Nibelungenring B :

Rôtisserie Dubs
Kirchstr. 6 ⊠ 67550 – ℰ (06242) 20 23 – rotisseriedubs@web.de – Fax (06242) 2024 – geschl. Jan. 2 Wochen und Dienstag, Samstagmittag
Rest – Menü 29/78 € – Karte 32/59 €
Rest *Zum Schiff* – Karte 18/41 €
♦ Ein elegantes Ambiente erwartet Sie in dem kleinen Landgasthaus, in dem Patron Wolfgang Dubs die Gäste mit einer gehobenen klassischen Küche bewirtet. Eine einfache Alternative bildet das ländlich-bürgerliche Restaurant mit regionaler Karte.

WORPSWEDE – Niedersachsen – 541 – 9 470 Ew – Höhe 17 m – Erholungsort
18 **G6**

▶ Berlin 383 – Hannover 142 – Bremen 26 – Bremerhaven 59
🛈 Bergstr. 13, ⊠ 27726, ℰ (04792) 93 58 20, info@worpswede.de
⛳ Vollersode, Giehlmühlen ℰ (04763) 73 13
⛳ GC Lilienthal e.V., An der 1. Landwehr ℰ (04298) 69 70 69

Eichenhof
Ostendorfer Str. 13 ⊠ 27726 – ℰ (04792) 26 76 – info@eichenhof-worpswede.de – Fax (04792) 4427
20 Zim – †86/100 € ††112/161 € – ½ P 30 € – **Rest** – *(geschl. Montag, nur Abendessen)* Menü 30 € – Karte 28/48 €
♦ Über eine Eichenallee gelangen Sie zu dem schmucken Gebäudeensemble des einstigen Landguts. Die wohnliche Einrichtung verbindet modernes Design mit Landhauselementen. Freundlich gestaltetes Restaurant in geradlinigem Stil.

Buchenhof garni
Ostendorfer Str. 16 ⊠ 27726 – ℰ (04792) 9 33 90 – info@hotel-buchenhof.de – Fax (04792) 933929
28 Zim – †55/85 € ††85/120 €
♦ Die restaurierte Jugendstil-Villa des Künstlers Hans am Ende ist geschmackvoll mit Antiquitäten ausgestattet. Das Gästehaus: hell und freundlich im Landhausstil.

Worpsweder Tor
Findorffstr. 3 ⊠ 27726 – ℰ (04792) 9 89 30 – info@hotel-worpsweder-tor.de – Fax (04792) 989079
41 Zim – †79/109 € ††98/155 € – ½ P 20 €
Rest – Karte 23/39 €
Rest *La Bohème* – *(geschl. Jan. - Feb. und Sonntag - Montag, nur Abendessen)* Menü 39/66 € – Karte 38/44 €
♦ Am Ortseingang steht das im Klinkerstil gebaute Hotel. Die Zimmer sind gediegen-modern mit dunklem Holz aus Indonesien ausgestattet. Das Restaurant: neuzeitlich-schlicht in dezenten Farben. Elegant wirkt das La Bohème.

Village Hotel am Weyerberg garni
Bergstr. 22 ⊠ 27726 – ℰ (04792) 9 35 00 – info@village-worpswede.de – Fax (04792) 935029
9 Zim – †76/86 € ††125 €
♦ Das kleine Hotel liegt in einem schicken Einkaufszentrum im Klinkerstil. Die individuell gestalteten Zimmer sind als Maisonetten angelegt - modern und gemütlich.

WORPSWEDE

Am Kunstcentrum (mit Gästehaus)
Hans-am-Ende-Weg 4 ⊠ 27726 – ℰ (04792) 94 00
– info@hotel-am-kunstzentrum.de – Fax (04792) 3878 – geschl. 2. Jan. - 12. Feb.
29 Zim ⌂ – †77/79 € ††86/102 € – ½ P 15 € – **Rest** – (geschl. 2. Jan. - 15. Feb. und Dienstag, nur Abendessen) Karte 17/25 €
♦ Die Fachwerkklinkerbauten im norddeutschen Stil beherbergen Sie in praktischen Zimmern, die teils mit Kirschbaum-, teils mit Mahagonimöbeln solide ausgestattet sind. Im Restaurant Bali serviert man indonesische und deutsche Küche.

Kaffee Worpswede
Lindenallee 1 ⊠ 27726 – ℰ (04792) 10 28 – kaffee.worpswede@t-online.de
– Fax (04792) 310235 – geschl. Ende Jan. 1 Woche, Juli - Aug. 3 Wochen, Okt. 1 Woche und Montag - Dienstag
Rest – (Tischbestellung ratsam) Menü 38 € (abends) – Karte 28/47 €
♦ Lassen Sie sich von dem ungewöhnlichen Ambiente des von Bernhard Hoetger gestalteten Backsteinensembles von 1925 beeindrucken. Schmackhafte international geprägte Küche.

WREMEN – Niedersachsen – **541** – 1 980 Ew – Höhe 2 m – Seebad 8 **F5**
▶ Berlin 419 – Hannover 199 – Bremerhaven 16 – Cuxhaven 30

Gasthaus Wolters - Zur Börse
Lange Str. 22 ⊠ 27638 – ℰ (04705) 12 77 – restaurant-zur-boerse@t-online.de
– Fax (04705) 810077 – geschl. Okt. 2 Wochen und Dienstag - Mittwochmittag
Rest – Menü 25/43 € – Karte 21/41 €
♦ Rustikal ist der Gasthof in dem ehemaligen Fachwerk-Bauernhaus aus dem 18. Jh. eingerichtet. Regionales und internationales Speiseangebot. Hübsche Terrasse in Schiffsform.

WÜNNENBERG, BAD – Nordrhein-Westfalen – **543** – 12 370 Ew – Höhe 280 m
– Kneippheilbad 28 **F11**
▶ Berlin 449 – Düsseldorf 169 – Arnsberg 61 – Brilon 20
🛈 Im Aatal 3, ⊠ 33181, ℰ (02953) 9 98 80, info@bad-wuennenberg.de

In Bad Wünnenberg-Bleiwäsche Süd : 8 km über B 480, nach 3 km links :

Landhotel Waldwinkel (mit Gästehaus)
Roter Landweg 3 ⊠ 33181 – ℰ (02953) 70 70
– info@waldwinkel.de – Fax (02953) 707222
66 Zim ⌂ – †70/82 € ††130/150 € – ½ P 20 € – **Rest** – Karte 22/40 €
♦ Abseits auf einem hübschen Grundstück liegt das gediegene Ferienhotel mit seinen wohnlichen Zimmern, meist mit Balkon. Etwas einfacher ist das 150 m entfernte Landhaus. Mit geschmackvollen Möbeln und viel Holz ausgestattetes Restaurant. Schöne Gartenterrasse.

WÜRSELEN – Nordrhein-Westfalen – **543** – 37 050 Ew – Höhe 195 m 35 **A12**
▶ Berlin 635 – Düsseldorf 80 – Aachen 9 – Mönchengladbach 47

Alte Feuerwache - Podobnik's Gourmet Restaurant
Oppener Str. 115 ⊠ 52146 – ℰ (02405) 4 29 01 12 – willkommen@alte-feuerwache-wuerselen.de – Fax (02405) 421120 – geschl. 28. Juli - 10. Aug., 1. - 7. Okt.
Rest – (geschl. Sonntag - Montag, nur Abendessen) Menü 59/69 € – Karte 40/58 €
Rest Bistro – (geschl. Sonntag - Montag) Karte 21/41 €
♦ Die namengebende alte Feuerwache beherbergt dieses modern eingerichtete Restaurant, in dessen offener Küche internationale Speisen zubereitet werden. Im Bistro serviert man regionale Gerichte.

Eine preiswerte und komfortable Übernachtung?
Folgen Sie dem „Bib Hotel".

WÜRZBURG – Bayern – 546 – 132 690 Ew – Höhe 177 m

49 I15

▶ Berlin 500 – München 281 – Frankfurt am Main 119 – Nürnberg 110
ADAC Sternplatz 1
🛈 Am Congress Centrum, ✉ 97070, ☏ (0931) 37 26 51, tourismus@wuerzburg.de
🛈 Marktplatz 10 (Falkenhaus), ✉ 97070, ☏ (0931) 37 23 98
⛳ Würzburg, Am Golfplatz 2 ☏ (0931) 6 78 90
◉ Residenz★★ – Mainbrücke★ – St.-Kilian-Dom (Aposteltaltar mit Riemenschneider-Skulpturen★, Grabmale★ der Fürst-Bischöfe) Z – Festung Marienberg★ (Mainfränkisches Museum★★ M¹, Fürstengarten ≤★) – Käppele (Terrasse ≤★★) X – Haus zum Falken★ D Y
◉ Romantische Straße★★ (von Würzburg bis Füssen) – Bocksbeutelstraße★ (Maintal)

WÜRZBURG

Am Studentenhaus	X 2
Auverastr.	X 3
Deutsche Einheit (Brücke)	X 8
Friedensbrücke	X 9
Georg-Eydel-Str.	X 10
Haugerring	X 12
Kantstr.	X 18
Leistenstr.	X 24
Ludwigsbrücke	X 25
Martin-Luther-Str.	X 30
Mergentheimer Str.	X 32
Nürnberger Str.	X 34
Raiffeisenstr.	X 37
Rimparer Str.	X 38
Sanderglacisstr.	X 40
Schweinfurter Str.	X 43
Seinsheimstr.	X 45
Sieboldstr.	X 48
Urlaubstr.	X 54
Valentin-Becker-Str.	X 55
Veitshöchheimer Str.	X 58
Virchowstr.	X 60

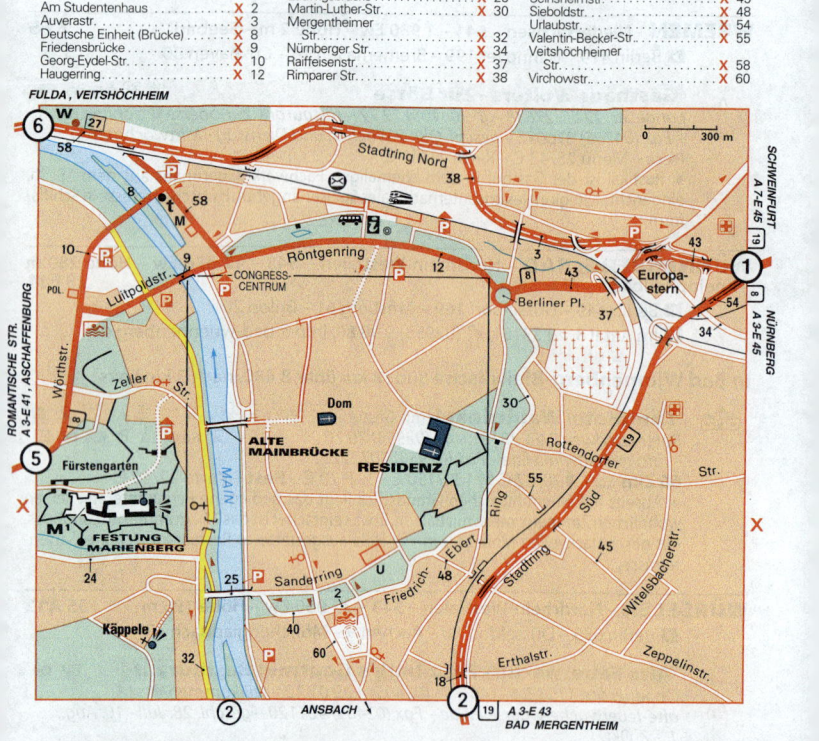

🏨 **Maritim** 🍴 ▦ 🏊 ♨ ♿ 🆎 Rest, ☏ 🛎 VISA ⦿ AE ①
Pleichertorstr. 5 ✉ 97070 – ☏ (0931) 3 05 30 – info.wur@maritim.de – Fax (0931) 3053900
Y k
287 Zim – ♂93/163 € ♂♂107/209 €, ⊇ 15 € – 6 Suiten
Rest – Menü 28 € (Lunchbuffet)
Rest *Viaggio* – (geschl. Sonntag, nur Abendessen) Karte 29/53 €
Rest *Weinstube* – (geschl. Montag - Donnerstag, nur Abendessen) Karte 20/39 €
♦ Das Haus befindet sich direkt am Mainufer und ganz in der Nähe der Altstadt. Ein komfortables Tagungshotel mit großzügigem Rahmen. Terrassenrestaurant mit Buffet. Im eleganten Viaggio wird mediterrane Küche geboten. Rustikale Weinstube mit regionalem Angebot.

1408

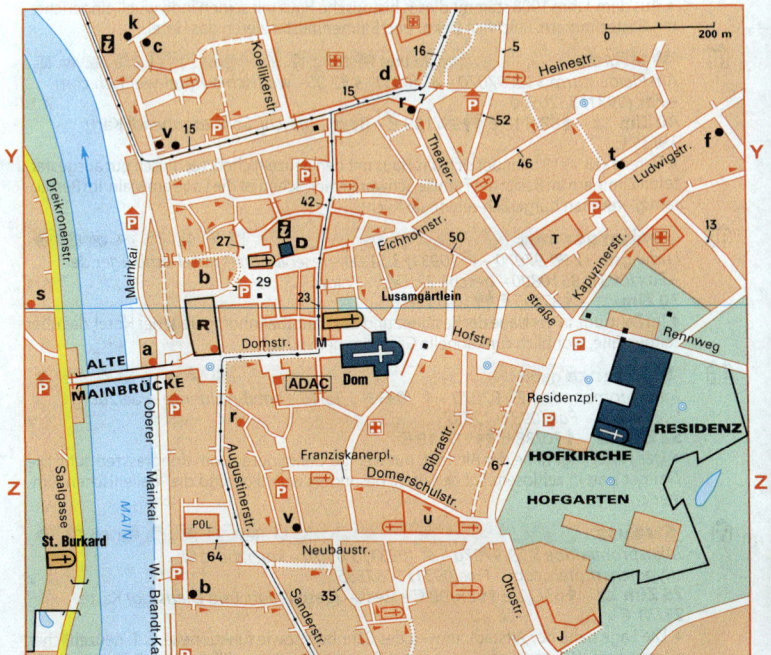

WÜRZBURG

Augustiner Str. .... Z	Eichhornstr. .... Y	Peterstr. .... Z 35
Bahnhofstr. .... Y 5	Hofstallstr. .... Y 13	Schönbornstr. .... Y 42
Balthasar-Neumann-Promenade Z 6	Juliuspromenade .... Y 15	Semmelstr. .... Y 46
Barbarossapl. .... Y 7	Kaiserstr. .... Y 16	Spiegelstr. .... Y 50
Domstr. .... Z	Kürschnerhof .... YZ 23	Textorstr. .... Y 52
	Marienpl. .... Y 27	Theaterstr. .... YZ
	Marktpl. .... Y 29	Wirsbergstr. .... Z 64

🏨 **Rebstock** 🛗 AC Rest, 🚗 VISA ⓜ AE ①
Neubaustr. 7 ✉ 97070 – ☏ (0931) 3 09 30 – rebstock@rebstock.com – Fax (0931) 3093100 Z **v**
70 Zim – ✝99/113 € ✝✝166/179 €, ☕ 12 €
Rest – *(geschl. Aug. und Sonntag)* Menü 51/57 € – Karte 35/47 €
 ◆ Eine hübsche Rokokofassade von 1737 ziert dieses historische Haus. Im Inneren erwarten Sie unterschiedlich gestaltete Gästezimmer von modern bis ländlich. Im Restaurant reicht man eine internationale Karte.

🏨 **Novotel** 🌳 🈂 🛗 🛗 ♿ AC ✂ Rest, 📞 🚗 VISA ⓜ AE ①
Eichstr. 2 (Ecke Ludwigstraße) ✉ 97070 – ☏ (0931) 3 05 40 – h5362@accor.com – Fax (0931) 3054423 Y **f**
167 Zim – ✝81/139 € ✝✝96/139 €, ☕ 15 €
Rest – Karte 27/43 €
 ◆ Die zentrale Lage nahe der Residenz sowie technisch zeitgemäß ausgestattete Gästezimmer in funktionellem Stil machen dieses Tagungshotel aus.

🏨 **Am Congress Centrum** garni 🛗 📞 VISA ⓜ AE
Pleichertorstr. 26 ✉ 97070 – ☏ (0931) 5 02 44 – info@hotel-am-congress-centrum.de – Fax (0931) 50246 Y **k**
26 Zim ☕ – ✝79/110 € ✝✝100/149 €
 ◆ Ein schönes, freundlich geführtes Haus in der Innenstadt mit modernen, eleganten Zimmern. Die Suite in der oberen Etage bietet ein tolle Sicht auf die Stadt.

1409

WÜRZBURG

Würzburger Hof garni
Barbarossaplatz 2 ⊠ 97070 – ℰ (0931) 5 38 14 – rezeption@hotel-wuerzburgerhof.de – Fax (0931) 58324 – geschl. 22. Dez. - 7. Jan.
34 Zim ⊇ – †73/110 € ††120/150 € – 5 Suiten   Y r

♦ Aus dem Jahre 1908 stammt dieses historische Haus mit seinen individuell eingerichteten Gästezimmern. Reichlich Dekor und Blumenmuster zieren das Hotel.

Walfisch   ≤ Main und Festung, 🏠 AC ℅ Rest,
Am Pleidenturm 5 ⊠ 97070 – ℰ (0931) 3 52 00 – walfisch@hotel-walfisch.com – Fax (0931) 3520500
40 Zim ⊇ – †88/118 € ††99/159 € – **Rest** – *(geschl. Sonntagabend)* Karte 19/35 €   Z b

♦ Bereits seit 1919 befindet sich das Haus mit den neuzeitlichen, technisch gut ausgestatteten Zimmern im Besitz der Familie Schwarzmeier. Schön ist die Lage am Main. Im Restaurant bietet man bürgerlich-regionale Küche.

Amberger garni
Ludwigstr. 17 ⊠ 97070 – ℰ (0931) 3 51 00 – reservation@hotel-amberger.de – Fax (0931) 3510800 – geschl. 22. Dez. - 7. Jan.
70 Zim ⊇ – †87/95 € ††102/128 €   Y t

♦ Im Zentrum, in der Nähe der Residenz und des Hauptbahnhofs gelegenes Hotel, das über zeitgemäße, wohnlich-funktionelle Gästezimmer verfügt.

Residence garni
Juliuspromenade 1 ⊠ 97070 – ℰ (0931) 5 35 46 – hotel-residence-wuerzburg@t-online.de – Fax (0931) 12597
52 Zim ⊇ – †70/88 € ††91/118 €   Y v

♦ Das Hotel liegt nahe der Altstadt, nur wenige Gehminuten vom Kongresszentrum. Die Zimmer sind in zeitlosem Stil gehalten, besonders wohnlich sind die "Italienischen Zimmer".

Strauss
Juliuspromenade 5 ⊠ 97070 – ℰ (0931) 3 05 70 – wuerzburg@citypartnerhotels.com – Fax (0931) 3057555
75 Zim ⊇ – †63/72 € ††88/98 € – **Rest** – *(geschl. Jan. und Dienstag)* Karte 21/31 €   Y v

♦ Die Lage nahe der Altstadt, unweit des Bahnhofs sowie funktionelle, z. T. neuzeitlicher eingerichtete Gästezimmer sprechen für dieses familiengeführte Hotel. Restaurant in rustikalem Stil.

Ibis garni
Veitshöchheimer Str. 5 b ⊠ 97080 – ℰ (0931) 4 52 20 – h3283@accor.com – Fax (0931) 4522222
111 Zim – †62/75 € ††62/75 €, ⊇ 10 €   X t

♦ An das CinemaxX-Kino wurde dieses funktionelle Hotel angebaut, in dem Gästezimmer in sachlichem Stil zur Verfügung stehen.

Weinstein
Mittlerer Steinbergweg 5 ⊠ 97080 Würzburg – ℰ (0931) 28 69 01 – weinstein@der-reiser.de – Fax (0931) 2008699 – geschl. Sonntag
Rest – *(nur Abendessen)* (Tischbestellung ratsam) Menü 34 € – Karte 33/47 €   X w

♦ Gut isst man in dem einstigen Weingut mit Blick über die Stadt - ein nettes, mit moderner Kunst dekoriertes Restaurant mit legerer Weinbar und Terrasse in den Weinbergen.

Ratskeller
Langgasse 1 ⊠ 97070 – ℰ (0931) 1 30 21 – ratskeller-wuerzburg@t-online.de – Fax (0931) 13022
Rest – Menü 27 € – Karte 19/36 €   Z R

♦ Das Restaurant im historischen Rathaus teilt sich in mehrere rustikale Räume, in denen man bürgerlich-regionale Speisen serviert.

Schiffbäuerin
Katzengasse 7 ⊠ 97082 – ℰ (0931) 4 24 87 – fischhaus@schiffbaeuerin.de – Fax (0931) 42485 – geschl. 1. - 7. Jan., 20. Juli - 19. Aug.
Rest – *(geschl. Sonntagabend - Montag)* Karte 22/38 €   Y s

♦ Spezialität in diesem bürgerlich-rustikalen Restaurant ist frischer Fisch. Gerne empfiehlt man Ihnen mündlich auch Alternativen.

WÜRZBURG

✗ **Backöfele** VISA ⦿
Ursulinergasse 2 ⊠ 97070 – ℰ (0931) 5 90 59 – mail@backoefele.de – Fax (0931) 50274   Z r
Rest – (Tischbestellung ratsam) Karte 21/37 €
♦ Bekannt für seine urig-gemütliche Atmosphäre ist das historische Stadthaus mit den rustikalen Stuben fast schon eine Würzburger Institution. Einfaches regionales Angebot.

✗ **Alte Mainmühle** 🌿 VISA ⦿ AE ⓞ
Mainkai 1 ⊠ 97070 – ℰ (0931) 1 67 77 – gasthaus@alte-mainmuehle.de – Fax (0931) 3043019   Z a
Rest – (Tischbestellung ratsam) Menü 40 € – Karte 24/44 €
♦ Direkt an der alten Mainbrücke liegt dieses sehr gemütliche rustikale Restaurant auf zwei Ebenen. Schön sitzt man auch auf den Balkonen. Regionale und internationale Gerichte.

> Unsere „Hoffnungsträger" sind die Restaurants, deren Küche wir für die nächste Ausgabe besonders sorgfältig auf eine höhere Auszeichnung hin überprüfen.
> Der Name dieser Restaurants ist in „rot" gedruckt und zusätzlich auf der Sterne-Liste am Anfang des Buches zu finden.

Fränkische Weinstuben

✗ **Weinhaus zum Stachel** 🌿 ✧ VISA ⦿
Gressengasse 1 ⊠ 97070 – ℰ (0931) 5 27 70 – info@weinhaus-stachel.de – Fax (0931) 52777   Y b
Rest – (geschl. Sonntag) (Tischbestellung ratsam) Menü 30 € – Karte 27/46 €
♦ Eine nette, gut geführte Adresse mit historisch-rustikalem Rahmen und lauschigem Innenhof. Serviert wird regionale Küche - am Abend bietet man eine kleine gehobene Karte.

✗ **Weinstuben Juliusspital** 🌿 VISA ⦿
Juliuspromenade 19 ⊠ 97070 – ℰ (0931) 5 40 80 – Fax (0931) 571723   Y d
Rest – Karte 19/39 €
♦ Die behaglich-rustikalen Stuben haben trotz moderner Note ihr historisches Flair bewahrt. Regionale Speisen und Weine vom eigenen Weingut. Schön: die Terrasse im Innenhof.

✗ **Bürgerspital-Weinstuben** 🌿
Theaterstr. 19 ⊠ 97070 – ℰ (0931) 35 28 80 – wiesenegg@t-online.de – Fax (0931) 3528888   Y y
Rest – Karte 17/37 €
♦ Nette traditionsreiche Weinstuben mit historischem Kreuzgewölbe. Bürgerliche Küche und Süßwasserfische aus dem eigenen Bassin werden von Weinen aus dem Bürgerspital begleitet.

Am Stein über Veitshöchheimer Straße X :

🏠 **Schloss Steinburg** ⚜ ≺ Würzburg und Marienberg, 🍴 🌿 🎿
Auf dem Steinberg (schmale Zufahrt ab   📞 🔧 P 🚗 VISA ⦿ AE ⓞ
Unterdürrbach) ⊠ 97080 Würzburg – ℰ (0931) 9 70 20
– hotel@steinburg.com – Fax (0931) 97121
– geschl. 19. - 25. Dez.
52 Zim ⊇ – †105/120 € ††142/162 € – **Rest** – (geschl. 19. - 25. Dez.) Menü 38/68 € – Karte 32/49 €
♦ Diese schöne Anlage entstand auf den Überresten einer alten Burg. Die mit Stilmöbeln eingerichteten Zimmer bieten teils Blick auf die Stadt - einige sind besonders wohnlich. Eine hübsche Gartenterrasse ergänzt die elegant-rustikalen Restauranträume.

WÜRZBURG

In Rottendorf über Schweinfurter Straße X : 6 km :

Waldhaus
Waldhaus 1 (nahe der B 8) ⊠ *97228 –* ℰ *(09302) 9 22 90 – info@ waldhaus-leonhardt.de – Fax (09302) 922930 – geschl. 18. Aug. - 7. Sept. und Donnerstag*
Rest – Karte 16/32 €

♦ Das im Wald gelegene, familiär geführte Gasthaus beherbergt gemütliche, nett dekorierte Stuben, in denen man Ihnen regionale und internationale Küche serviert.

In Biebelried über Schweinfurter Straße X : 12 km, jenseits A 3 :

Leicht
Würzburger Str. 3 (B8) ⊠ *97318 –* ℰ *(09302) 91 40 – info@hotel-leicht.de – Fax (09302) 3163 – geschl. 23. Dez. - 5. Jan.*
71 Zim □ – †60/85 € ††95/131 € – **Rest** – *(geschl. Sonntagmittag)* Karte 23/40 €

♦ Das ehemals als Herberge der Johanniterkommende genutzte Anwesen ist heute ein solide und hochwertig eingerichtetes Hotel mit persönlichem Service. Gemütlich sind die rustikalen Gaststuben.

In Erlabrunn über Veitshöchheimer Straße X : 12 km :

Weinhaus Flach (mit Gästehaus)
Würzburger Str. 14 ⊠ *97250 –* ℰ *(09364) 81 25 50 – if@hotel-weinhaus-flach.de – Fax (09364) 5310 – geschl. 14. Jan. - 1. Feb., 18. - 28. Aug.*
38 Zim □ – †49/55 € ††64/88 € – **Rest** – *(geschl. Montagmittag, Dienstag)* Karte 17/24 €

♦ In dörflicher Umgebung steht dieser nette, von der Inhaberfamilie geleitete Gasthof. Im Gästehaus befinden sich die zeitgemäßen und wohnlichen Zimmer. Behagliches Restaurant mit rustikalem Charakter.

WUNSIEDEL – Bayern – 546 – 10 340 Ew – Höhe 537 m 51 M15
▶ Berlin 353 – München 280 – Weiden in der Oberpfalz 55 – Bayreuth 48
🛈 Jean-Paul-Str. 5 (Fichtelgebirgshalle), ⊠ 95632, ℰ (09232) 60 21 62, kultur@wunsiedel.de
🄶 Luisenburg : Felsenlabyrinth ★★ Süd : 3 km

Wunsiedler Hof
Jean-Paul-Str. 1 ⊠ *95632 –* ℰ *(09232) 9 98 80 – info@wuho.de – Fax (09232) 2462*
40 Zim □ – †49/52 € ††80/86 € – ½ P 12 € – **Rest** – *(geschl. Nov. - April Sonntagabend)* Karte 14/29 €

♦ Die Lage in der Innenstadt und funktionelle Zimmer sprechen für dieses Hotel. Auch für Tagungen ist das an die Fichtelgebirgshalle angeschlossene Haus interessant. Eine Bierstube mit Kegelbahn ergänzt das Restaurant.

In Wunsiedel-Göpfersgrün Ost : 5 km, Richtung Thiersheim :

Wirtshaus im Gut
Göpfersgrün 2 ⊠ *95632 –* ℰ *(09232) 91 77 67 – Fax (09232) 917769 – geschl. 30. Jan. - 12. Feb., 25. Aug. - 16. Sept.*
Rest – *(geschl. Montagabend - Dienstag)* Karte 16/32 €

♦ Das Wirtshaus befindet sich in einem Teil eines Gutshofes und ist in zwei gemütlich-ländliche und nett dekorierte Stuben unterteilt. Freundlicher Service im Dirndl.

In Wunsiedel-Juliushammer Ost : 3,5 km Richtung Arzberg :

Landhotel Juliushammer
Juliushammer 1 ⊠ *95632 –* ℰ *(09232) 97 50 – hoteljuliushammer@t-online.de – Fax (09232) 8147*
30 Zim □ – †52/55 € ††84/87 € – ½ P 12 € – **Rest** – Karte 14/33 €

♦ In absolut ruhiger Lage in einem einsamen Tal liegt das ehemals als Hammerwerk und Mühle genutzte Fachwerkhaus. Sehr gepflegte und saubere Zimmer. Rustikaler Restaurantbereich.

WUNSTORF – Niedersachsen – 541 – 41 910 Ew – Höhe 43 m   18 **H8**
- Berlin 306 – Hannover 24 – Bielefeld 94 – Bremen 99
- Meerstr. 2, ⊠ 31515, ℘ (05033) 9 50 10, touristinfo.steinhude@t-online.de

Cantera Naturstein Hotel garni
Adolph-Brosang-Str. 32 ⊠ 31515 – ℘ (05031) 9 52 90 – hotel@cantera.de
– Fax (05031) 952929
11 Zim ⊇ – †93 € ††118 €
♦ Von den individuellen Zimmern bis zur Sauna bestimmt Naturstein dieses moderne Hotel (der Inhaber besitzt eine Natursteinhandlung). Bistro mit offenen Weinen und Snacks.

In Wunstorf-Steinhude Nord-West : 8 km über B 441, in Hagenburg-Altenhagen rechts – Erholungsort :

Haus am Meer
Uferstr. 3 ⊠ 31515 – ℘ (05033) 9 50 60 – haus_am_meer@t-online.de
– Fax (05033) 950666
25 Zim ⊇ – †59/99 € ††89/125 € – **Rest** – Karte 23/35 €
♦ Näher geht es nicht: Direkt an der Brücke zur Badeinsel liegt dieses Hotel. Fragen Sie nach den modernen und geräumigen Zimmern im Anbau. Mit Bootssteg. Eine hübsche Gartenterrasse ergänzt das bürgerlich-gediegene Restaurant.

Schweers-Harms-Fischerhus
Graf-Wilhelm-Str. 9 ⊠ 31515 – ℘ (05033) 52 28 – info@fischerhus.de
– Fax (05033) 3408 – geschl. 7. Jan. - 1. Feb. und Nov. - März Montag
Rest – Karte 16/39 €
♦ Urig-gemütlich geht's in dem alten niedersächsischen Bauernhaus zu. Blanke Holztische, alte Fotos und Fischereiutensilien sorgen für Atmosphäre. Vorwiegend Fischgerichte.

> Rot steht für unsere besonderen Empfehlungen!

WUPPERTAL – Nordrhein-Westfalen – 543 – 362 140 Ew – Höhe 160 m   26 **C11**
- Berlin 522 – Düsseldorf 40 – Essen 35 – Dortmund 48
- **ADAC** Bundesallee 237 (Elberfeld)
- Pavillon Döppersberg, ⊠ 42103, ℘ (0202) 1 94 33, info@wuppertal-marketing.de
- , Siebeneickerstr. 386 ℘ (02053) 70 77   AX
- Sprockhövel, Frielinghausen 1 ℘ (0202) 64 96 30
- Von-der-Heydt-Museum ★ CZ **M**[1]

Stadtpläne siehe nächste Seiten

In Wuppertal-Barmen

Lindner Golfhotel Juliana
Mollenkotten 195 ⊠ 42279 – ℘ (0202) 6 47 50
– info.juliana@lindner.de – Fax (0202) 6475666 – geschl. 26. Dez. - 1. Jan.
132 Zim – †116/196 € ††126/206 €, ⊇ 16 € – 3 Suiten – **Rest** – Menü 35/47 €
– Karte 39/46 €   BX **u**
♦ In verkehrsgünstiger Lage oberhalb der Stadt steht dieses komfortable Hotel, in dem Sie ein großzügiger Hallenbereich und funktionelle Zimmer erwarten. Eine Sommerterrasse mit Blick auf den Golfplatz ergänzt das klassische Pavillon-Restaurant.

Jagdhaus Mollenkotten
Mollenkotten 144 ⊠ 42279 – ℘ (0202) 52 26 43 – jagdhaus-mollenkotten@
t-online.de – Fax (0202) 524431 – geschl. 7. - 13. Jan., 1. - 16. Juli und Montag -
Dienstag   BX **e**
Rest – Karte 21/40 €
♦ Bereits 1625 lud Jaspar Mollenkotten Gäste in sein Wirtshaus ein. Direkt mit ihm verwandt ist Katja Brenne, heute Gastgeberin in dem im bergischen Stil gehaltenen Restaurant.

1413

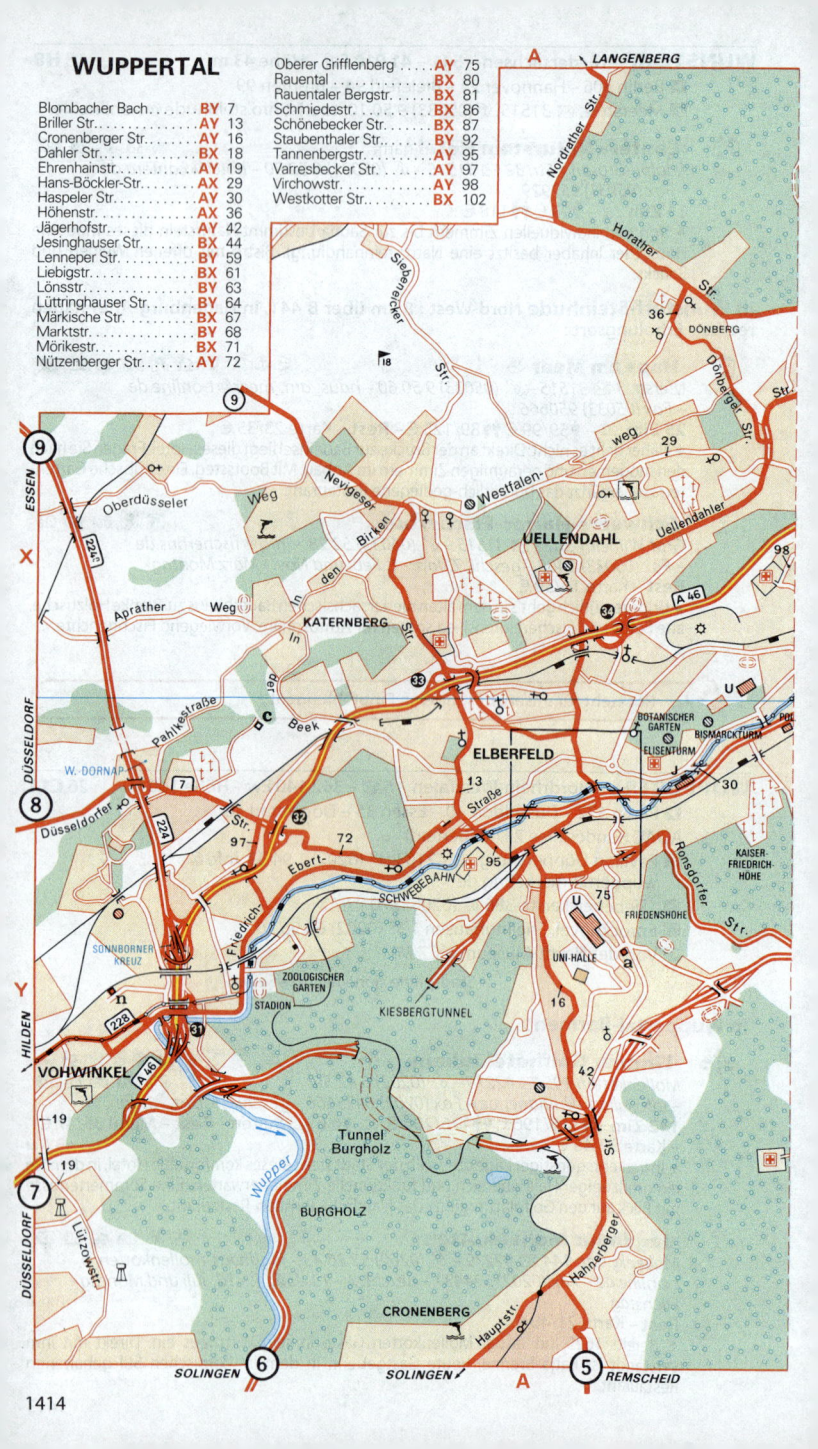

WUPPERTAL

Blombacher Bach	**BY**	7
Briller Str.	**AY**	13
Cronenberger Str.	**AY**	16
Dahler Str.	**BX**	18
Ehrenhainstr.	**AY**	19
Hans-Böckler-Str.	**AX**	29
Haspeler Str.	**AY**	30
Höhenstr.	**AX**	36
Jägerhofstr.	**AY**	42
Jesinghauser Str.	**BX**	44
Lenneper Str.	**BY**	59
Liebigstr.	**BX**	61
Lönsstr.	**BY**	63
Lüttringhauser Str.	**BY**	64
Märkische Str.	**BX**	67
Marktstr.	**BY**	68
Mörikestr.	**BX**	71
Nützenberger Str.	**AY**	72
Oberer Grifflenberg	**AY**	75
Rauental	**BX**	80
Rauentaler Bergstr.	**BX**	81
Schmiedestr.	**BX**	86
Schönebecker Str.	**BX**	87
Staubenthaler Str.	**BY**	92
Tannenbergstr.	**AY**	95
Varresbecker Str.	**AY**	97
Virchowstr.	**AY**	98
Westkotter Str.	**BX**	102

1414

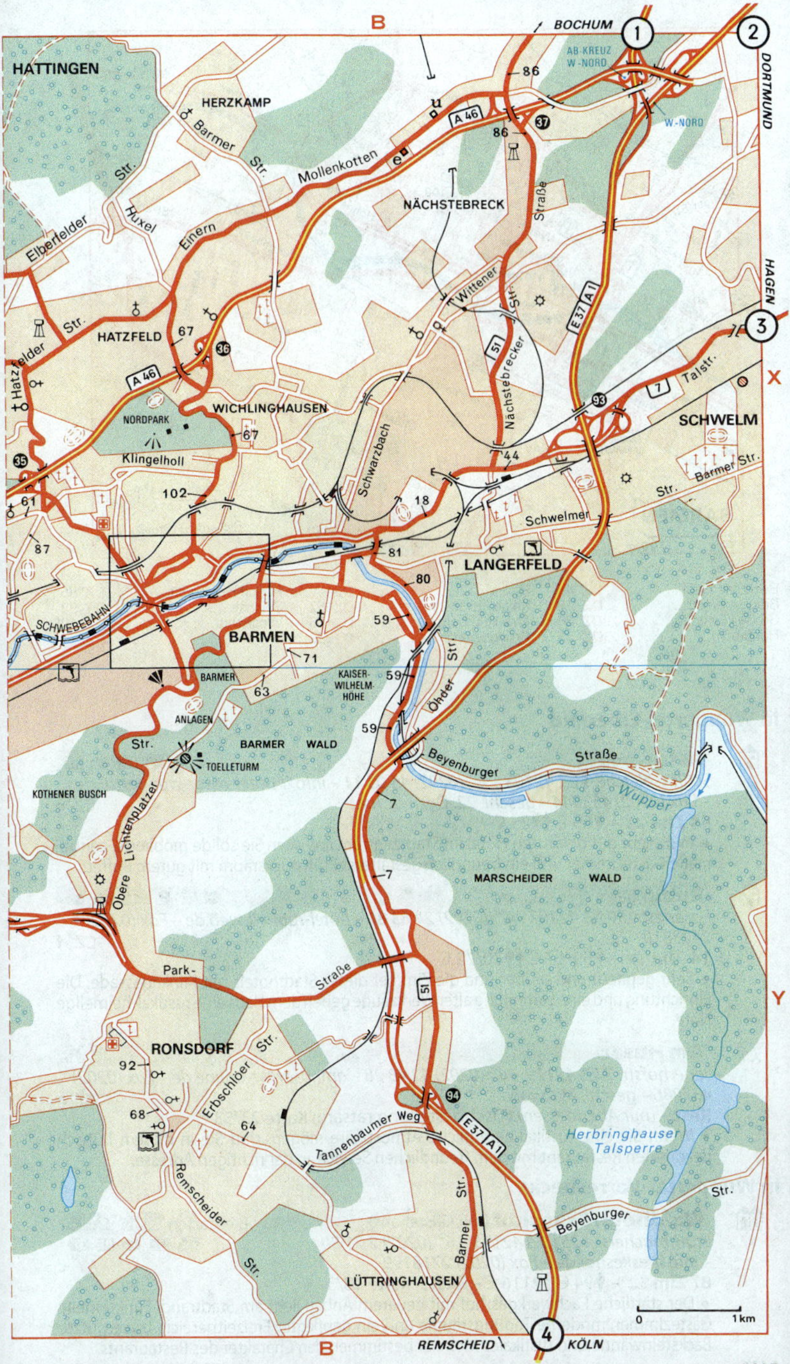
B
BOCHUM
1
2
DORTMUND
AB-KREUZ W-NORD
W-NORD
HATTINGEN
HERZKAMP
Barmer Str.
A 46
86
37
Mollenkotten
NÄCHSTEBRECK
Nächstebrecker Straße
Elberfelder Str.
Huxel
Einern
Str.
Wittener
HAGEN
3
E 37 A1
51
HATZFELD
67
36
Hatzfelder
A 46
WICHLINGHAUSEN
NORDPARK
67
Schwarzbach
Nächstebrecker
93
7
Talstr.
X
SCHWELM
35
Klingelholl
44
Barmer Str.
61
102
18
Str.
Schwelmer
87
81
LANGERFELD
80
SCHWEBEBAHN
59
BARMEN
71
BARMER
63
KAISER-WILHELM-HÖHE
59
Öhder Str.
ANLAGEN
59
Str.
BARMER WALD
TOELLETURM
Beyenburger Straße
Wupper
KOTHENER BUSCH
Obere Lichtenplatzer
7
7
MARSCHEIDER WALD
Park-Straße
51
Y
RONSDORF
Str.
92
Erbschlöer
94
68
64
Tannenbaumer Weg
E 37 A1
Herbringhauser Talsperre
Remscheider Str.
Barmer Str.
Beyenburger Str.
LÜTTRINGHAUSEN
0
1 km
REMSCHEID
4
KÖLN
B

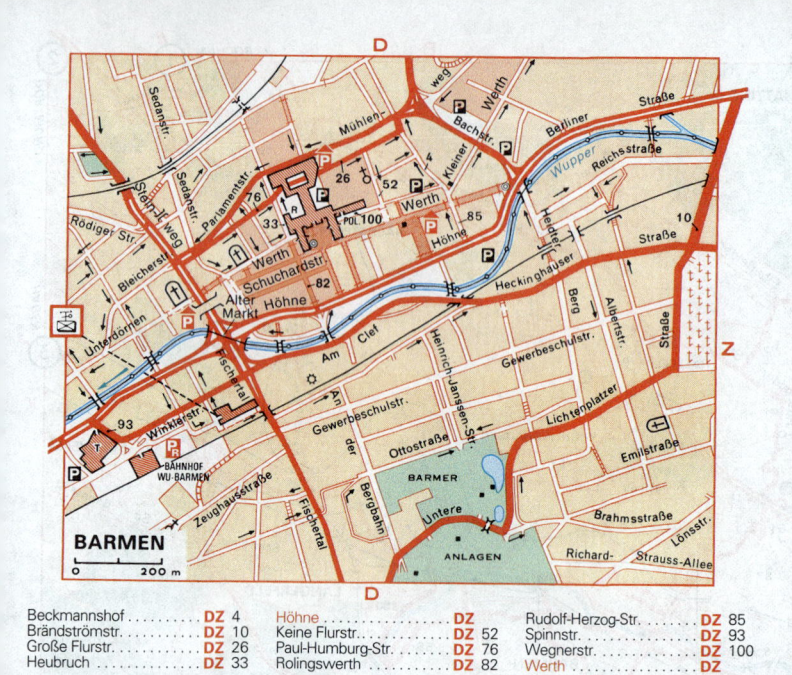

Beckmannshof . . . . **DZ** 4	Höhne . . . . **DZ**	Rudolf-Herzog-Str. . . . . . . **DZ** 85
Brändströmstr. . . . . **DZ** 10	Keine Flurstr. . . . . **DZ** 52	Spinnstr. . . . . **DZ** 93
Große Flurstr. . . . . **DZ** 26	Paul-Humburg-Str. . . . . . . **DZ** 76	Wegnerstr. . . . . **DZ** 100
Heubruch . . . . **DZ** 33	Rolingswerth . . . . **DZ** 82	Werth . . . . **DZ**

In Wuppertal-Elberfeld

Astor garni
Schlossbleiche 4 ⊠ 42103 – ℰ (0202) 45 05 11 – info@hotel-astor-wuppertal.de – Fax (0202) 453844 – geschl. 22. Dez. - 1. Jan.
44 Zim ⊇ – †65 € ††85 €
CZ **e**
♦ In diesem gut geführten Hotel im Stadtzentrum erwarten Sie solide möbliert, zeitgemäße Gästezimmer und ein freundlich gestalteter Frühstücksraum mit gutem Buffet.

Rubin garni
Paradestr. 59 ⊠ 42107 – ℰ (0202) 24 83 80 – hotel-rubin@web.de – Fax (0202) 2483810
14 Zim ⊇ – †59/67 € ††70/79 €
CZ **f**
♦ Sehr gepflegt und sauber sind die Zimmer dieses Stadthotels mit Klinkerfassade. Die Einrichtung und eine Sammlung alter Werkzeuge geben dem Haus eine rustikal-heimelige Note.

Am Husar
Jägerhofstr. 2 ⊠ 42119 – ℰ (0202) 42 48 28 – amhusar@t-online.de – Fax (0202) 437986 – geschl. Mittwoch
Rest – *(nur Abendessen)* (Tischbestellung ratsam) Karte 23/53 €
AY **a**
♦ Wenn Sie eine rustikal-gemütliche Atmosphäre mögen, sind Sie in diesem hübsch dekorierten Restaurant mit dem freundlichen Service an der richtigen Adresse.

In Wuppertal-Varresbeck

Waldhotel Eskeshof (mit Gästehaus)   Biergarten
Krummacherstr. 251 ⊠ 42115 – ℰ (0202) 2 71 80 – info@eskeshof.de – Fax (0202) 2718199
87 Zim ⊇ – †94 € ††116 € – **Rest** – Karte 18/37 €
AY **c**
♦ Der stattliche Fachwerkgasthof mit neuerem Anbau liegt am Stadtrand: Funktionelle Gästezimmer, moderne Tagungsräume und ein gepflegter Freizeitbereich. Unverputzte Backsteinwände und rustikales Mobiliar bestimmen den Charakter des Restaurants.

ELBERFELD

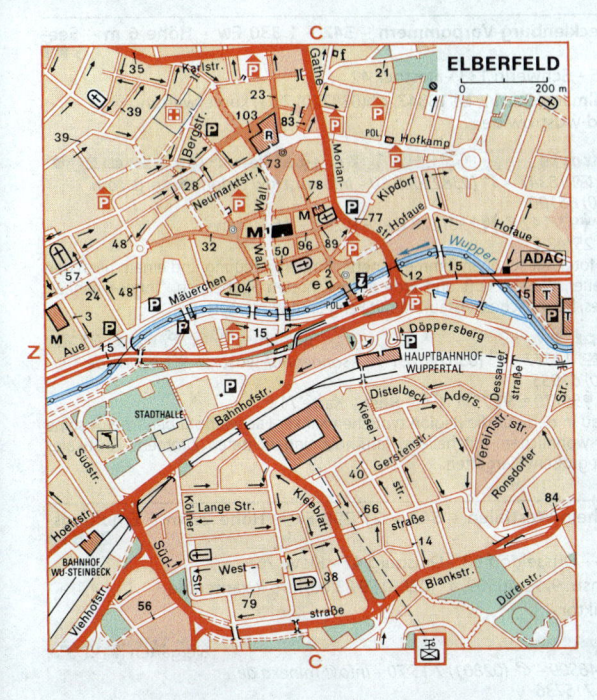

Alte Freiheit	CZ 2
Auer Schulstr.	CZ 3
Brausenwerther Gasse	CZ 12
Brüningstr.	CZ 14
Bundesallee	CZ 15
Else-Lasker-Schüler-Str.	CZ 21
Friedrichstr.	CZ 23
Friedrich-Ebert-Str.	CZ 24
Grünstr.	CZ 28
Herzogstr.	CZ 32
Hochstr.	CZ 35
Holzer Str.	CZ 38
Hombüchel	CZ 39
Hopfenstr.	CZ 40
Kasinostr.	CZ 48
Kirchstr.	CZ 50
Lahnstr.	CZ 55
Laurentiuspl.	CZ 57
Malzstr.	CZ 66
Neumarkt.	CZ 73
Platz am Kolk	CZ 77
Poststr.	CZ 78
Prinzenstr.	CZ 79
Rommelspütt	CZ 83
Ronsdorfer Str.	CZ 84
Schöne Gasse	CZ 89
Turmhof	CZ 96
Willy-Brandt-Pl.	CZ 103
Wirmhof	CZ 104

In Wuppertal-Vohwinkel

XXX Scarpati mit Zim
Scheffelstr. 41 ✉ 42327 – ℰ (0202) 78 40 74 – info@scarpati.de – Fax (0202) 789828
AY n
7 Zim – †85/115 € ††115 € – **Rest** – *(geschl. Montag)* Menü 60 € – Karte 36/63 €

♦ Das Restaurant mit zeitlos-elegantem Ambiente ist im Anbau einer Jugendstilvilla untergebracht. Hier kocht man klassisch mit italienischem Einfluss. Individuelle Gästezimmer.

> Frühstück inklusive? Die Tasse ☕ steht gleich hinter der Zimmeranzahl.

WURZACH, BAD – Baden-Württemberg – 545 – 14 290 Ew – Höhe 654 m – Moorheilbad
64 I21

▸ Berlin 681 – Stuttgart 159 – Konstanz 121 – Kempten (Allgäu) 47
▸ Mühltorstr. 1, ✉ 88410, ℰ (07564) 30 21 50, info@bad-wurzach.de

Adler
Schlossstr. 8 ✉ 88410 – ℰ (07564) 9 30 30 – b.gut@t-online.de – Fax (07564) 930340
18 Zim – †49 € ††80 €
Rest – *(geschl. 27. Dez. - 2. Jan., 24. Aug. - 3. Sept. und Montag)* Menü 22 € – Karte 21/35 €

♦ Der regionstypische Gasthof im Zentrum ist ein solider Familienbetrieb, in dem helle, freundliche Zimmer mit zeitgemäßem Komfort zur Verfügung stehen. Im Restaurant erwarten Sie freundlicher Service und eine schmackhafte regionale Küche.

1417

WUSTROW – Mecklenburg-Vorpommern – **542** – 1 330 Ew – Höhe 6 m – Seebad
5 N3

▶ Berlin 255 – Schwerin 133 – Rostock 42
🛈 Ernst-Thälmann-Str. 11, ✉ 18347, ✆ (038220) 2 51, kurverwaltung@ostseebad-wustrow.de

DorintResorts
Strandstr. 46 ✉ 18347 – ✆ (038220) 6 50 – info.wustrow@dorintresorts.com – Fax (038220) 65100
97 Zim ☐ – †97/142 € ††138/228 € – ½ P 28 € – 16 Suiten
Rest – Karte 25/48 €
♦ Modernes Hotel mit schönen Zimmern, netter Kinderbetreuung und einem nach den Elementen Feuer, Wasser, Luft und Erde ausgerichteten Spabereich. "Inner-Balance"-Teehaus. Helles, freundliches Restaurant mit Feng-Shui-Wintergarten.

Sonnenhof
Biergarten
Strandstr. 33 ✉ 18347 – ✆ (038220) 61 90 – sonnenhof-wustrow@t-online.de – Fax (038220) 61955
14 Zim ☐ – †50/70 € ††75/110 € – **Rest** – Karte 71 €
♦ Der Hotelbau in dem für die Region typischen Klinker-Fachwerkstil beherbergt seine Gäste in sehr wohnlichen, mit hellem Naturholz eingerichteten Zimmern. Rustikales Restaurant mit großem Biergarten.

XANTEN – Nordrhein-Westfalen – **543** – 21 290 Ew – Höhe 22 m – Erholungsort
25 B10

▶ Berlin 574 – Düsseldorf 68 – Duisburg 42 – Kleve 26
🛈 Kurfürstenstr. 9, ✉ 46509, ✆ (02801) 9 83 00, info@xanten.de
◉ Dom St. Viktor ★

Neumaier
Biergarten
Orkstr. 19 ✉ 46509 – ✆ (02801) 7 15 70 – info@minexa.de – Fax (02801) 715736
16 Zim ☐ – †59/79 € ††85/105 € – **Rest** – Karte 20/35 €
♦ Nur wenige Gehminuten vom Stadtkern entfernt steht dieses kleine Hotel. Die Gästezimmer sind wohnlich und recht gemütlich gestaltet. Rustikales Restaurant mit blanken Tischen.

In Xanten-Obermörmter Nord-West : 15 km über B 57 :

Landhaus Köpp
Husenweg 147 ✉ 46509 – ✆ (02804) 16 26 – Fax (02804) 910187 – geschl. 2. - 26. Jan. und Samstagmittag, Sonntagabend - Montag
Rest – (Tischbestellung erforderlich) Menü 49/85 € – Karte 51/64 €
Spez. Törtchen von Langoustinos mit Champagner. Edles vom Kalbsfilet mit konfierten Schalotten. Lauwarmer Schokoladenkuchen mit Pfirsichsabayon.
♦ Etwas abseits, in einer Siedlung nahe dem Rhein findet man das elegante und angenehm hell gestaltete Restaurant, in dem Sie die klassische Küche Jürgen Köpps genießen können.

ZEHNA – Mecklenburg-Vorpommern – **542** – 760 Ew – Höhe 74 m
12 M5
▶ Berlin 184 – Schwerin 64 – Güstrow 10 – Rostock 47

In Zehna-Groß Breesen Süd-Ost : 6 km Richtung Goldberg :

Gutshotel Groß Breesen
Dorfstr. 10 ✉ 18276 – ✆ (038458) 5 00 – info@gutshotel.de – Fax (038458) 50234
30 Zim ☐ – †55/65 € ††80/98 € – **Rest** – Karte 20/31 €
♦ Aus einem ehemaligen Gutshof von 1833 ist das erste Bücherhotel Deutschlands entstanden. Freundliche Zimmer mit gutem Platzangebot und über 100 000 Bücher warten auf die Gäste. In dem urigen Gewölbekeller serviert man an blanken Holztischen bürgerliche Küche.

ZEIL AM MAIN – Bayern – 546 – 6 020 Ew – Höhe 230 m 49 **J15**
▶ Berlin 428 – München 270 – Coburg 70 – Schweinfurt 27

Kolb
Krumer Str. 1 ⌧ 97475 – ℰ (09524) 90 11 – info@hotel-kolb-zeil.de – Fax (09524) 6676 – geschl. Jan. 3 Wochen, Anfang Aug. 2 Wochen
18 Zim ⌑ – †39/54 € ††64/79 € – ½ P 13/29 € – **Rest** – *(geschl. Donnerstagmittag)* Menü 27/35 € – Karte 15/36 €
♦ In diesem familiär geführten kleinen Hotel am Zentrumsrand erwarten Sie gepflegte Gästezimmer, die zeitgemäß und solide möbliert sind. Restaurantträume mit leicht eleganter Note.

ZEISKAM – Rheinland-Pfalz – siehe Bellheim

ZEITHAIN – Sachsen – siehe Riesa an der Elbe

ZEITZ – Sachsen-Anhalt – 542 – 30 090 Ew – Höhe 180 m 41 **M12**
▶ Berlin 214 – Magdeburg 149 – Gera 23
🛈 Altmarkt 16 (Gewandhaus), ⌧ 06712, ℰ (03441) 8 32 91, fremdenverkehr@stadt-zeitz.de

Weisse Elster garni
Albrechtstr. 37 ⌧ 06712 – ℰ (03441) 22 68 68 – kontakt@hotel-weisse-elster.de – Fax (03441) 226869 – geschl. 21. Dez. - 2. Jan.
23 Zim ⌑ – †49/51 € ††70/72 €
♦ Durch den Eigentümer geführtes Hotel mit gut unterhaltenen, mit dunklem Mobiliar eingerichteten und zum Großteil als Einzelzimmer angelegten Gästezimmern.

ZELL AM HARMERSBACH – Baden-Württemberg – 545 – 8 050 Ew – Höhe 223 m – Erholungsort 54 **E19**
▶ Berlin 769 – Stuttgart 168 – Karlsruhe 99 – Freudenstadt 43
🛈 Alte Kanzlei, ⌧ 77736, ℰ (07835) 6 36 90, tourist-info@zell.de
🛈 Zell am Harmersbach, Gröbernhof ℰ (07835) 63 49 09

Sonne
Hauptstr. 5 ⌧ 77736 – ℰ (07835) 6 37 30 – sonne-zell@t-online.de – Fax (07835) 637313
19 Zim ⌑ – †47/52 € ††78/86 € – ½ P 15 € – **Rest** – *(geschl. Donnerstag - Freitagmittag)* Karte 25/33 €
♦ Am Ortseingang erwartet Sie ein mit Blumen geschmückter Schwarzwaldgasthof mit solide in rustikaler Eiche gehaltenen Zimmern mit Balkon. Restaurant in rustikalem Stil.

ZELL AN DER MOSEL – Rheinland-Pfalz – 543 – 4 420 Ew – Höhe 100 m 46 **C15**
▶ Berlin 665 – Mainz 105 – Trier 72 – Cochem 39
🛈 Marktstr. 2, ⌧ 56856, ℰ (06542) 9 62 20, info@zellerland.de

Haus Notenau garni
Notenau 8 ⌧ 56856 – ℰ (06542) 50 10 – haus-notenau@t-online.de – Fax (06542) 5280
20 Zim ⌑ – †36 € ††60/65 €
♦ Eine sehr gut geführte Pension in einem Haus mit hellgelber Fassade und Schieferdach. Die Zimmer sind solide eingerichtet und bieten zeitgemäßen Komfort. Mit Appartements.

ZELL – Rheinland-Pfalz – siehe ZELLERTAL

ZELLA-MEHLIS – Thüringen – 544 – 12 550 Ew – Höhe 500 m – Erholungsort 40 **J13**
▶ Berlin 346 – Erfurt 55 – Coburg 58 – Suhl 6
🛈 Louis-Anschütz-Str. 28, ⌧ 98544, ℰ (03682) 48 28 40, touristinfo@zella-mehlis.de

1419

ZELLA-MEHLIS

Waldmühle
Lubenbachstr. 2, 98544 – ℰ (03682) 8 98 90 – info@hotel-waldmuehle.de
– Fax (03682) 898111
32 Zim – †49/57 € ††69/77 € – ½ P 14 € – **Rest** – Karte 14/28 €
♦ Das 1892 erbaute Gasthaus wurde um einen neuzeitlichen Hotelanbau im Landhausstil erweitert, in dem modern-funktionelle und wohnliche Zimmer auf die Gäste warten. Bilder, Pflanzen und Zierrat schmücken das leicht rustikal gestaltete Restaurant.

Stadt Suhl — Biergarten
Bahnhofstr. 7, 98544 – ℰ (03682) 48 23 79 – info@hotel-stadt-suhl.de
– Fax (03682) 41931
10 Zim – †42/48 € ††64/70 € – ½ P 12 € – **Rest** – (geschl. Sonntagabend)
Karte 12/19 €
♦ Die Zimmer in dem renovierten Stadthaus mit der rotbraunen Fassade und dem Schieferdach sind gepflegt und mit hellen Naturholzmöbeln solide und freundlich eingerichtet. Hell und rustikal gibt sich die gemütliche Gaststube.

ZELLERTAL – Rheinland-Pfalz – 543 – 1 250 Ew – Höhe 169 m
47 **E16**

▶ Berlin 636 – Mainz 53 – Neustadt an der Weinstraße 53 – Mannheim 44

In Zellertal-Zell

Kollektur
Hauptstr. 19, 67308 – ℰ (06355) 95 45 45 – info@hotel-kollektur.de
– Fax (06355) 954544 – geschl. 2. - 6. Feb.
15 Zim – †59/69 € ††89/110 € – **Rest** – (geschl. 1. - 17. Jan. und Montag, nur Abendessen) Karte 19/30 €
♦ Die ehemalige Kollektur von 1748 ist ein familiär geleitetes Hotel in schöner leicht erhöhter Lage mit einem hübschen Hof und wohnlich-individuellen Zimmern in warmen Tönen. Leicht mediterran ist das Ambiente im Restaurant.

ZELTINGEN-RACHTIG – Rheinland-Pfalz – 543 – 2 310 Ew – Höhe 120 m – Erholungsort
46 **C15**

▶ Berlin 688 – Mainz 121 – Trier 49 – Bernkastel-Kues 8
🛈 Uferallee 134, ✉ 54492, ℰ (06532) 24 04, info@zeltingen-rachtig.de

Im Ortsteil Zeltingen

St. Stephanus
Uferallee 9, 54492 – ℰ (06532) 6 80 – info@hotel-stephanus.de – Fax (06532) 68420
47 Zim – †55/85 € ††90/140 € – ½ P 19 €
Rest *Saxlers Restaurant* – (geschl. Dienstag - Mittwoch) Menü 45/55 € – Karte 33/52 €
Rest *Bistro Weinstein* – (geschl. Nov. - Jan., nur Abendessen) Karte 18/29 €
♦ Das historische Haus mit schmucker ursprünglicher Natursteinfassade wird ergänzt durch einen Hotelanbau mit solide eingerichteten, wohnlichen Zimmern - am Moselufer gelegen. Mit elegantem Touch empfängt Sie Saxlers Restaurant.

Nicolay zur Post
Uferallee 7, 54492 – ℰ (06532) 9 39 10 – info@hotel-nicolay.de – Fax (06532) 2306 – geschl. Jan. 3 Wochen
36 Zim – †42/65 € ††78/106 € – ½ P 22 € – **Rest** – (geschl. Montag)
Menü 30 € – Karte 25/57 €
♦ Das Hotel liegt am Moselufer. Die Zimmer sind teils mit kirschbaumfarbenem, teils mit dunklem Holzmobiliar solide und praktisch ausgestattet. Freundliches Restaurant und rustikale Weinstube.

ZEMMER – Rheinland-Pfalz – siehe Kordel

ZERBST – Sachsen-Anhalt – 542 – 15 810 Ew – Höhe 55 m
31 **M9**

▶ Berlin 133 – Magdeburg 43 – Dessau 30
🛈 Schlossfreiheit 12, ✉ 39261, ℰ (03923) 76 01 78, touristinfo@stadt-zerbst.de

ZERBST

Park-Restaurant Vogelherd
*Lindauer Str. 78 (Nord : 2,5 km) ⊠ 39261 – ℰ (03923) 78 04 44
– vogelherd-zerbst@web.de – Fax (03923) 780447 – geschl. Anfang Feb. 1 Woche,
Aug. 2 Wochen und Montag - Dienstag*
Rest – Menü 36 € – Karte 22/35 €
♦ Das ehemalige Gutshaus liegt auf einem Grundstück mit kleinem Teich und hohen Eichen. In dem altdeutsch eingerichteten Restaurant mit Stuckdecke serviert man saisonale Küche.

ZETEL – Niedersachsen – **541** – 11 760 Ew – Höhe 6 m   8 **E5**
▶ Berlin 477 – Hannover 189 – Bremen 89 – Wilhelmshafen 21

In Zetel-Neuenburg Süd : 4 km :

Neuenburger Hof
*Am Markt 12 ⊠ 26340 – ℰ (04452) 2 66 – kontakt@hotel-neuenburger-hof.de
– Fax (04452) 7806*
16 Zim ⊇ – †36 € ††62 € – **Rest** – *(geschl. Mittwoch, Freitagmittag)* Karte 14/23 €
♦ Dieser gestandene Landgasthof ist ein sehr gepflegter kleiner Familienbetrieb mit unterschiedlich eingerichteten, zeitgemäßen Zimmern. Im Restaurant bietet man bürgerliche Küche.

ZEULENRODA-TRIEBES – Thüringen – **544** – 13 970 Ew – Höhe 420 m   41 **M13**
▶ Berlin 267 – Erfurt 109 – Gera 31 – Greiz 20
🛈 Schuhgasse 7, ⊠ 07937, ℰ (036628) 8 24 41, info.thvogt@t-online.de

Seehotel ⇐ Biergarten
*Flur Leize 4 (Nord : 2 km, an der Talsperre) ⊠ 07937 – ℰ (036628) 9 80 – info@
seehotel-zeulenroda.de – Fax (036628) 98100*
158 Zim ⊇ – †83 € ††114 € – **Rest** – Karte 27/46 €
♦ Dieses moderne Bio-Hotel in ruhiger Lage am Stausee ist besonders auf Tagungen ausgelegt und überzeugt mit seiner funktionellen Ausstattung. Das neuzeitliche Restaurant in der obersten Etage bietet eine schöne Aussicht.

ZEUTHEN – Brandenburg – **542** – 9 960 Ew – Höhe 35 m   23 **P8**
▶ Berlin 32 – Potsdam 57 – Frankfurt (Oder) 74

Seehotel
*Fontaneallee 27 ⊠ 15738 – ℰ (030) 92 90 08 18 – info@seehotel-zeuthen.de
– Fax (033762) 89408*
142 Zim ⊇ – †87/115 € ††118/153 € – 4 Suiten – **Rest** – Karte 27/38 €
♦ Ein modernes Hotel mit großzügigem Rahmen und stilvoller Einrichtung, das sowohl Tagungsgäste als auch Urlauber schätzen. Am Haus befindet sich ein Sandbadestrand mit Steg. Klassisch eingerichtetes Restaurant mit schöner Terrasse.

ZEVEN – Niedersachsen – **541** – 12 500 Ew – Höhe 18 m   9 **H6**
▶ Berlin 350 – Hannover 147 – Bremen 58 – Bremerhaven 60

Paulsen
Meyerstr. 22 ⊠ 27404 – ℰ (04281) 94 10 – info@hotel-paulsen.de – Fax (04281) 94142
38 Zim ⊇ – †65/103 € ††87/123 € – **Rest** – Karte 17/36 €
♦ Seit 1786 befindet sich das Anwesen in Familienbesitz und stellt heute ein solides Hotel mit zeitgemäßen Zimmern dar. Frühstück im schönen überdachten Innenhof. Das Restaurant ist in gediegenem Stil eingerichtet. Regionale und internationale Küche.

Central
Alte Poststr. 2 ⊠ 27404 – ℰ (04281) 9 39 10 – info@hotelcentral.de – Fax (04281) 939191
25 Zim ⊇ – †49/54 € ††70/80 € – **Rest** – *(nur Abendessen)* Karte 19/30 €
♦ Ein netter Gasthof mit Klinkerfassade, der solide eingerichtete Zimmer bereithält. Ein reichhaltiges Frühstücksbuffet erleichtert den Start in den Tag. Das Restaurant wirkt durch viel helles Holz gemütlich.

1421

ZEVEN

Landhaus Radler garni
Kastanienweg 17, ⌂ 27404 – ℰ (04281) 9 88 20 – info@landhaus-radler.de
– Fax (04281) 988210
16 Zim ⌁ – †54 € ††74 €
♦ Ein hübsches Fachwerkhaus mit roter Klinkerfassade: Das familiär geführte Hotel hat wohnliche Zimmer, einen lichten Frühstücksraum und einen Garten mit kleinem Spielplatz.

In Gyhum-Sick Süd : 10 km über B 71 :

Niedersachsen-Hof
Sick 13, ⌂ 27404 – ℰ (04286) 94 00 – info@niedersachsenhof.de – Fax (04286) 1400
36 Zim ⌁ – †49/53 € ††72/80 € – **Rest** – (geschl. 1. - 10. Jan. und Freitag) Karte 19/28 €
♦ Ein kleines rundes Türmchen ziert den rot verklinkerten Gasthof. Solide und wohnlich gestaltete Zimmer sowie ein gepflegter "Saunakeller" erwarten Sie. Restaurant mit bürgerlich-rustikalem Ambiente.

ZIMMERN – Baden-Württemberg – siehe Rottweil

ZINGST – Mecklenburg-Vorpommern – 542 – 3 220 Ew – Höhe 2 m – Seeheilbad
5 **N3**

▶ Berlin 284 – Schwerin 143 – Rostock 71 – Stralsund 42
🛈 Seestr. 57, ⌂ 18374, ℰ (038232) 8 15 80, info@zingst.de

Steigenberger Strandhotel
Seestr. 60, ⌂ 18374 – ℰ (038232) 84 21 00
– strandhotel@steigenberger-zingst.de – Fax (038232) 842111
123 Zim ⌁ – †125/180 € ††140/250 € – ½ P 30 € – 6 Suiten
Rest *Nautilus* – Karte 26/55 €
♦ Hotel im Stil der klassischen Bäderarchitektur. Geschmackvoll: Naturfarben und schlicht-modernes Design sowie ein dezentes Dekor aus Muscheln und Korallen im ganzen Haus.

Meerlust
Seestr. 72, ⌂ 18374 – ℰ (038232) 88 50 – info@hotelmeerlust.de – Fax (038232) 88599
49 Zim (inkl. ½ P.) – †105/150 € ††165/260 € – 7 Suiten – **Rest** – Karte 33/67 €
♦ Ein stilvolles, modernes Hotel am Seedeich hinter dem Strand. Die Zimmer sind sehr wohnlich gestaltet - besonders hochwertig in der Lodge. Große Wellnesslandschaft. Hübsches Restaurant mit elegantem Touch.

Vier Jahreszeiten
Boddenweg 2, ⌂ 18374 – ℰ (038232) 17 40
– zingst@vier-jahreszeiten.de – Fax (038232) 17474
95 Zim ⌁ – †89/120 € ††120/175 € – ½ P 20 €
Rest *Fischmarkt* – Karte 15/33 €
Rest *Vier Tageszeiten* – Menü 15 € (Buffet, mittags)/20 € (Buffet, abends)
♦ Eine luftig wirkende Halle empfängt Sie in dem familienfreundlichen Hotel in ruhiger Lage. Moderne Zimmer und großzügiger Freizeitbereich mit Minigolfplatz. Internationales bietet das in Blau gehaltene Restaurant Fischmarkt. Buffet-Angebot im Vier Tageszeiten.

Steigenberger Aparthotel
Seestr. 54, ⌂ 18374 – ℰ (038232) 8 50 – aparthotel-zingst@steigenberger.de
– Fax (038232) 85999
103 Zim ⌁ – †60/145 € ††80/210 € – ½ P 19 € – **Rest** – Karte 23/42 €
♦ Nicht nur die Lage an der Strandpromenade, auch die geräumigen, modern und freundlich eingerichteten Appartements mit Küchenzeile sprechen für dieses neuzeitliche Hotel. Helles Holz, blanke Tische und maritimes Dekor prägen das Restaurant.

Marks
Weidenstr. 17, ⌂ 18374 – ℰ (038232) 1 61 40 – info@hotel-marks.de
– Fax (038232) 16144
24 Zim ⌁ – †58/85 € ††99/135 € – ½ P 13 € – **Rest** – Karte 18/33 €
♦ Das Hotel liegt auf der Boddenseite gleich hinterm Deich in einem kleinen Wäldchen. Die wohnlichen Zimmer sind mit Rattanmöbeln ausgestattet, die Wände teils farbig gestaltet. Restaurant im Pub-Stil.

ZINGST

Am Strand 🛏 Zim, P

Birkenstr. 21 ✉ *18374 –* ✆ *(038232) 1 56 00 – hotel@amstrand.de – Fax (038232) 15603 – geschl. 7. Jan. - 3. Feb.*
19 Zim ⊐ – †47/70 € ††60/99 € – ½ P 14 € – **Rest** *– (Nov. - April Montag - Freitag nur Abendessen)* Karte 14/27 €

♦ In einem Wohngebiet direkt hinter dem Deich liegt das weiß verklinkerte Haus. Man bietet Ihnen unterschiedlich möblierte, gut unterhaltene Zimmer. Farbenfrohe Wände geben dem bürgerlichen Restaurant eine frische Note.

Boddenhus 🛏 P VISA ⓘ

Hafenstr. 4 ✉ *18374 –* ✆ *(038232) 1 57 13 – boddenhus@aol.com – Fax (038232) 15629*
19 Zim ⊐ – †48/68 € ††58/105 € – ½ P 18 € – **Rest** – Karte 16/32 €

♦ In der Nähe des Hafens auf der Boddenseite befindet sich die familiengeführte Pension. Die Zimmer sind mit mahagonifarbenen Möbeln ausgestattet und bieten zeitgemäßen Komfort. Bürgerliches Restaurant mit Wintergarten und Terrasse.

Meeresrauschen 🛏 P

Seestr. 51 ✉ *18374 –* ✆ *(038232) 13 01 – hotelmeeresrauschen@freenet.de – Fax (038232) 80184 – geschl. 7. Jan. - 28. Feb., 10. Nov. - 27. Dez. (Hotel)*
13 Zim ⊐ – †40/55 € ††50/85 € – ½ P 14 € – **Rest** *– (geschl. Anfang Nov. - Feb., Juli - Aug. Mittwoch)* Karte 13/22 €

♦ Ein familiär geführtes Haus in Achteck-Form. Die Gästezimmer sind zeitlos und funktionell eingerichtet - einige mit separatem Wohnraum. Kunstausstellung.

In Zingst-Sundische Wiese Ost : 10 km :

Schlößchen 🛏 Biergarten P VISA ⓘ AE

Landstr. 19 ✉ *18374 –* ✆ *(038232) 81 80 – info@hotelschloesschen.de – Fax (038232) 81838 – geschl. 17. Nov. - 27. Dez.*
15 Zim ⊐ – †49/89 € ††79/144 € – ½ P 25 € – **Rest** – Karte 29/34 €

♦ Das ehemalige Jagdschloss steht einsam auf einem großen Waldgrundstück im Nationalpark Vorpommersche Boddenlandschaft. Hübsche Appartements und Maisonetten im Landhausstil. Behagliche Atmosphäre im Restaurant mit Wintergarten und im Kaminzimmer.

ZINNOWITZ – Mecklenburg-Vorpommern – siehe Usedom (Insel)

ZIRNDORF – Bayern – **546** – 25 430 Ew – Höhe 306 m 50 **K16**

▶ Berlin 452 – München 175 – Nürnberg 16 – Ansbach 35

Siehe Nürnberg (Umgebungsplan)

Reubel 🛏 Zim, P VISA ⓘ

Banderbacher Str. 27 ✉ *90513 –* ✆ *(0911) 9 60 10 – info@hotel-reubel.de – Fax (0911) 9601100 – geschl. 1. - 7. Jan.*

AS c

24 Zim ⊐ – †89/119 € ††113/145 € – **Rest** *– (geschl. Sonntagabend)* Karte 15/37 €

♦ Ein gut geführtes Hotel mit geräumigen und funktionellen Zimmern. Einige Appartements und die Lage nahe dem Playmobil-Funpark machen das Haus auch für Familien interessant.

ZITTAU – Sachsen – **544** – 26 100 Ew – Höhe 245 m 44 **S12**

▶ Berlin 246 – Dresden 99 – Görlitz 34

🛈 Markt 1 (im Rathaus), ✉ 02763, ✆ (03583) 75 21 37, tourist-info@zittau.de

◉ Grüner Born★ – Oybin : Bergkirche★, Burg- und Klosteranlage★ ≤★
Süd-West : 8 km – Großschönau : Deutsches Damast- und Frottiermuseum★
West : 12 km

Dreiländereck 🛏 VISA ⓘ AE ⓘ

Bautzner Str. 9 ✉ *02763 –* ✆ *(03583) 55 50 – info@hotel-dle.de – Fax (03583) 555222*
45 Zim ⊐ – †68 € ††90 € – **Rest** – Karte 19/25 €

♦ Aus dem lange Zeit als Kaffeehaus genutzten historischen Stadthaus mitten im Zentrum ist ein Hotel mit wohnlichen Zimmern und freundlichem Service entstanden. Eine schöne Gewölbedecke ziert die Brasserie Triangle.

1423

ZITTAU

In Bertsdorf-Hörnitz West : 4 km Richtung Oppach :

Schlosshotel Althörnitz
Zittauer Str. 9, (Hörnitz) ✉ *02763 –* ℘ *(03583) 55 00 – hotel@schlosshotel-althoernitz.de – Fax (03583) 550200*
74 Zim ⊇ – †67/110 € ††95/125 € – 3 Suiten – **Rest** – Karte 18/29 €
♦ In einer Parkanlage mit Teich steht das schmucke Schloss a. d. 17. Jh. Die Zimmer hier sind indviduell und wohnlich gestaltet, die Zimmer im Anbau sachlich und funktionell. Gediegenes Ambiente in den Restauranträumen.

ZÖLLNITZ – Thüringen – siehe Jena

ZORGE – Niedersachsen – **541** – 1 250 Ew – Höhe 340 m – Luftkurort   30 **J10**
▶ Berlin 262 – Hannover 137 – Erfurt 98 – Göttingen 70

Wolfsbach
Hohegeißer Str. 25 ✉ *37449 –* ℘ *(05586) 8 04 70 – info@hotel-wolfsbach.de – Fax (05586) 971246 – geschl. 15. Nov. - 15. Dez.*
17 Zim ⊇ – †31/34 € ††54/60 € – ½ P 8 € – **Rest** – (nur für Hausgäste)
♦ Der hübsche Fachwerkgasthof bietet rustikale zweckmäßige Zimmer mit einem günstigen Preis-Leistungs-Verhältnis. Zur Entspannung gibt es eine schöne Liegewiese.

ZORNEDING – Bayern – **546** – 8 580 Ew – Höhe 560 m   66 **M20**
▶ Berlin 599 – München 24 – Wasserburg am Inn 34

Glasl's Landhotel garni
Münchner Str. 11a ✉ *85604 –* ℘ *(08106) 24 12 80 – info@glasls-landhotel.de – Fax (08106) 2412866 – geschl. 23. Dez. - 1. Jan.*
54 Zim ⊇ – †70/85 € ††90/110 €
♦ Das neuzeitliche Landhaus beherbergt freundlich gestaltete Gästezimmer und einen schönen Saunabereich. Die Zimmer im Haupthaus sind etwas größer und komfortabler.

Neuwirt
Münchner Str. 4 ✉ *85604 –* ℘ *(08106) 2 42 60 – info@hotelneuwirt.de – Fax (08106) 2426166*
36 Zim ⊇ – †65/85 € ††85/105 € – **Rest** – Karte 17/36 €
♦ Ein gepflegter, gut geführter Familienbetrieb mit soliden, wohnlichen Zimmern. Unterm Dach: elegante Deluxe-Zimmer und ein kleiner Saunabereich mit schöner Aussicht. Restaurant im rustikalen Landhausstil mit regional-bürgerlicher Küche.

Zur Post mit Zim
Anton-Grandauer-Str. 9 ✉ *85604 –* ℘ *(08106) 2 00 07 – Fax (08106) 23832 – geschl. Anfang Jan. 1 Woche, Anfang Nov. 1 Woche*
5 Zim ⊇ – †70/85 € ††85/95 € – **Rest** – (geschl. Montag - Dienstag) Karte 18/50 €
♦ Mit Kachelofen, viel Holz und hübschem Dekor hat man die Stuben in diesem gestandenen bayerischen Gasthof sehr gemütlich gestaltet. Internationale und regionale Speisen.

ZSCHORLAU – Sachsen – **544** – 6 000 Ew – Höhe 490 m   42 **O13**
▶ Berlin 303 – Dresden 117 – Chemnitz 42 – Karlovy Vary 63

In Zschorlau-Burkhardtsgrün Süd : 4 km :

Landhotel Am Alten Zollhaus
Hauptstr. 19 ✉ *08321 –* ℘ *(037752) 62 00 – info@amaltenzollhaus.de – Fax (037752) 6206*
18 Zim ⊇ – †39/49 € ††55/72 € – **Rest** – (geschl. Montagmittag, Dienstagmittag) Karte 14/27 €
♦ Teils mit Balkonen versehen sind die gut gepflegten und geräumigen Gästezimmer des schiefergedeckten Hauses. Sechs Suiten sind zum Teil über zwei Etagen angelegt. Von der begrünten Terrasse des Restaurants blickt man aufs Erzgebirge.

ZWEIBRÜCKEN – Rheinland-Pfalz – 543 – 35 530 Ew – Höhe 226 m 46 C17

▶ Berlin 691 – Mainz 139 – Saarbrücken 40 – Pirmasens 25
🛈 Herzogstr. 1, ✉ 66482, ✆ (06332) 87 14 51, tourist@zweibruecken.de
🖛 Rieschweiler-Mühlbach, Hitscherhof ✆ (06336) 64 42

Rosengarten am Park
Biergarten
Rosengartenstr. 60 ✉ *66482* – ✆ *(06332) 97 70* – *info@rosengarten-am-park.de*
– *Fax (06332) 977222*
48 Zim ⚏ – †57/77 € ††97 € – **Rest** – Menü 15 € (veg.)/18 € – Karte 19/34 €
♦ Benannt wurde das ansprechende Hotel nach dem angrenzenden großen Rosengarten. Sie wohnen in freundlichen, funktionell eingerichteten Zimmern. Mit vielen Bildern dekoriertes Restaurant mit Wintergarten. Im Sommer: Terrasse sowie Biergarten mit Selbstbedienung.

Zum Storchennest
Landauer Str. 106a ✉ *66482* – ✆ *(06332) 4 94 10* – *info@zumstorchennest.de*
– *Fax (06332) 46750* – *geschl. 2. - 9. Jan., 14. - 29. Juli und Dienstag, Samstagmittag*
Rest – Menü 32 € – Karte 17/33 €
♦ Ein älteres Stadthaus beherbergt diesen netten Betrieb. Holzboden und Bilder an den Wänden tragen zum gemütlichen Ambiente bei. Regional geprägte, gut bestückte Weinkarte.

Außerhalb Ost : 3 km :

Landschloss Fasanerie
Fasanerie 1 ✉ *66482 Zweibrücken* – ✆ *(06332) 97 30* – *info@*
landschloss-fasanerie.de – *Fax (06332) 973111*
50 Zim ⚏ – †115/125 € ††165/180 € – ½ P 30 €
Rest *Tschifflik* – separat erwähnt
Rest *Orangerie* – Menü 28/49 € – Karte 35/48 €
Rest *Landhaus* – *(Montag - Samstag nur Abendessen)* Karte 24/40 €
♦ Das komfortable Hotel in einer schönen Parkanlage überzeugt mit aufmerksamem Service, sehr wohnlichen Zimmern und einem Freizeitbereich mit Massage- und Kosmetikangebot. Im lichten Wintergarten: Orangerie. Gemütlich-rustikales Landhaus mit netter Terrasse.

Tschifflik – Hotel Landschloss Fasanerie
Fasanerie 1 ✉ *66482 Zweibrücken* – ✆ *(06332) 97 32 05* – *info@*
landschloss-fasanerie.de – *Fax (06332) 973111* – *geschl. 1. - 9. Jan., 3. - 6. Feb.,*
22. Juli - 9. Aug. und Sonntag - Montag
Rest – Menü 59/110 €
Spez. Limonen-Grießflammeri mit Kaviar und Langustinen. Seezunge, Jakobsmuscheln und Morcheln mit Gänseleberschaum. Lammrücken mit Lammhaxenconfit und Olivenjus.
♦ Ein gediegenes Restaurant, in dem man dem Gast an aufwändig eingedeckten Tischen saisonale Gerichte serviert. Warmes Rot unterstreicht das stilvolle Ambiente.

ZWENKAU – Sachsen – 542 – 8 950 Ew – Höhe 129 m 41 N12

▶ Berlin 198 – Dresden 125 – Leipzig 23 – Altenburg 35

Seehof
Biergarten
Zur Harth 1 ✉ *04442* – ✆ *(034203) 57 10* – *info@seehof-leipzig.de* – *Fax (034203)*
57199 – *geschl. 27. Dez. - 1. Jan.*
42 Zim ⚏ – †73/95 € ††92/120 € – 4 Suiten – **Rest** – *(geschl. 27. Dez. - 10. Jan. und Samstagmittag, Sonntagmittag)* Karte 23/34 €
♦ Im Industriegebiet liegt das im modernen Stil gebaute, gepflegte Hotel mit familiärer Führung. Sehr nett ist der Saunabereich mit Hallenbad. Behagliches Ambiente herrscht in dem Restaurant mit Kachelofen.

ZWICKAU – Sachsen – 544 – 99 850 Ew – Höhe 267 m 42 N13

▶ Berlin 263 – Dresden 105 – Chemnitz 42 – Leipzig 80
ADAC Hauptmarkt 3 DZ
🛈 Hauptstr. 6, ✉ 08056, ✆ (0375) 2 71 32 40, tourist@kultour-z.de
🖛 Zwickau, Reinsdorfer Str. 29 ✆ (0375) 2 04 04 00 BV

ZWICKAU

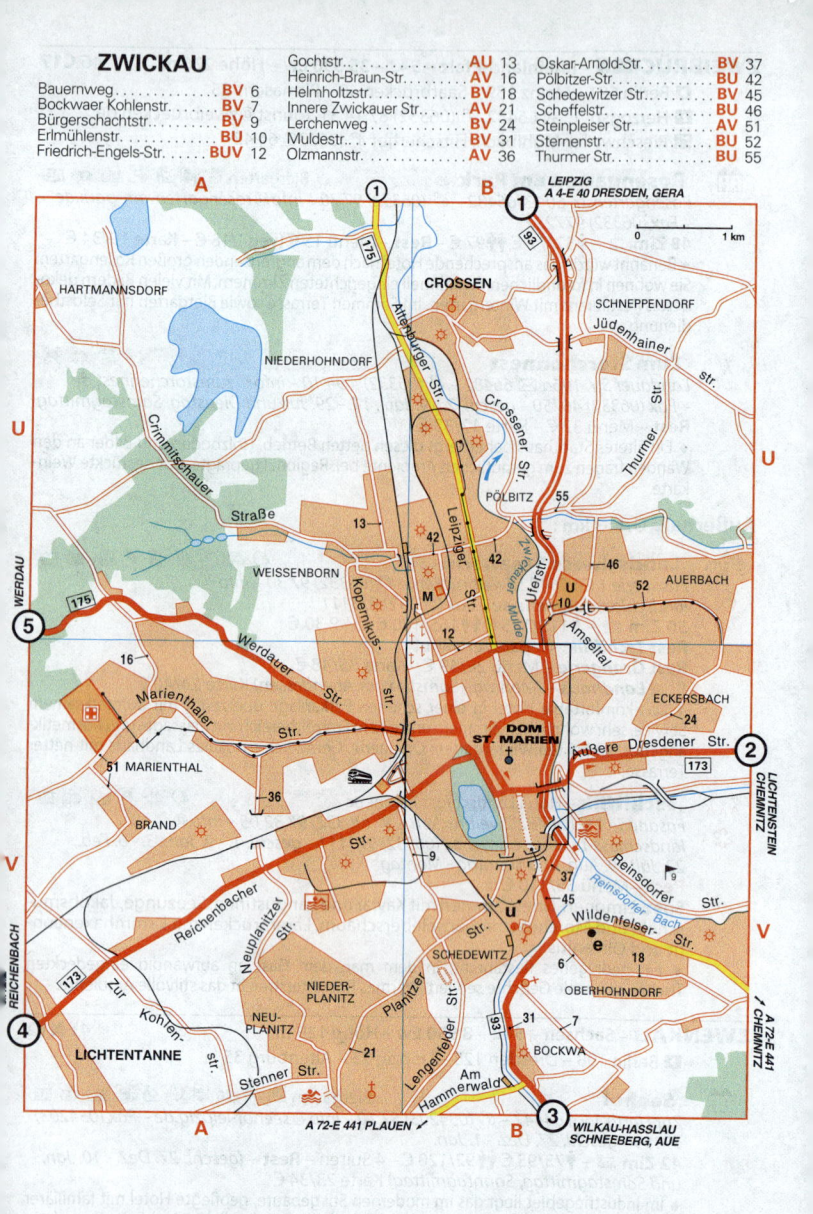

Bauernweg............ **BV** 6	Gochtstr............ **AU** 13	Oskar-Arnold-Str......... **BV** 37
Bockwaer Kohlenstr....... **BV** 7	Heinrich-Braun-Str....... **AV** 16	Pölbitzer-Str............ **BU** 42
Bürgerschachtstr......... **BV** 9	Helmholtzstr........... **BV** 18	Schedewitzer Str......... **BV** 45
Erlmühlenstr........... **BU** 10	Innere Zwickauer Str..... **AV** 21	Scheffelstr............ **BU** 46
Friedrich-Engels-Str...... **BUV** 12	Lerchenweg........... **BV** 24	Steinpleiser Str......... **AV** 51
	Muldestr.............. **BV** 31	Sternenstr............ **BU** 52
	Olzmannstr............ **AV** 36	Thurmer Str............ **BU** 55

Holiday Inn

Kornmarkt 9 ⊠ 08056 – ⌀ (0375) 2 79 20
– hotel@holiday-inn-zwickau.de
– Fax (0375) 2792666

127 Zim ⊇ – †94/112 € ††118/132 € – 3 Suiten
Rest – Karte 21/38 €

♦ Der moderne Hotelbau liegt in der Innenstadt und stellt seinen Gästen technisch gut ausgestattete Zimmer in klarem Stil zur Verfügung.

DZ s

1426

ZWICKAU

Äußere Dresdener Str.	DZ	3
Äußere Plauensche Str.	CY	4
Emilienstr.	CZ	10
Friedrich-Engels-Str.	CY	12
Große Biergasse	DY	14
Hauptmarkt	DZ	15
Heinrich-Heine-Str.	CDY	17
Innere Plauensche Str.	DZ	19
Kornmarkt	DZ	22
Magazinstr.	DY	25
Marienstr.	DYZ	27
Münzstr.	DZ	30
Neuberinpl.	DZ	33
Nicolaistr.	DZ	34
Peter-Breuer-Str.	DZ	39
Platz der Völkerfreundschaft	CY	40
Römerpl.	CDY	43
Schillerstr.	DZ	48
Schumannpl.	DY	49
Teichstr.	DZ	54

Aparthotel 1A garni
P. VISA ⓪

Robert-Müller-Str. 1 A ✉ 08056 – ℰ (0375) 27 57 50 – aparthotel.zwickau@t-online.de – Fax (0375) 2757530

CZ c

10 Zim ⚏ – ♦57/68 € ♦♦77/80 €

♦ Nahe dem Stadtzentrum, zu Fuß in etwa 10 Minuten zu erreichen, findet man das kleine Hotel, in dem man in praktischen Gästezimmern wohnt.

Da Giuseppe
VISA ⓪ AE

Leipziger Str. 30 ✉ 08056 – ℰ (0375) 78 60 03 – giuseppe@telesystems.de – Fax (0375) 3531013 – geschl. Aug. und Dienstag

DY a

Rest – (Tischbestellung ratsam) Karte 22/35 €

♦ Mediterran gestaltet ist das Interior dieses Restaurants, auch die Küche ist klassisch italienisch. Auf Schiefertafeln präsentieren man die saisonalen Gerichte.

1427

ZWICKAU

In Zwickau-Oberhohndorf Süd-Ost : 4 km :

Gerisch garni
Wildenfelser Str. 20a ⊠ 08056 – ℰ (0375) 21 29 40 – info@gerisch.de – Fax (0375) 296550
20 Zim – †45/50 € ††50/60 €
BV e
♦ Eine von der Inhaberfamilie geführte Pension nahe dem Zentrum. Funktionelle Zimmer, mit hellem Naturholz eingerichtet, erwarten den Gast ebenso wie eine kleine Terrasse.

In Zwickau-Schedewitz Süd : 3,5 km :

Drei Schwäne
Tonstr. 1, (Zufahrt über Körnerstr.) ⊠ 08056 – ℰ (0375) 2 04 76 50 – info@drei-schwaene.de – Fax (0375) 3032517 – geschl. 1. - 7. Jan., 1. - 7. Juli und Sonntag - Montag
Rest – (nur Abendessen) Karte 36/54 €
BV u
♦ Eine gute Küche auf französischer Basis und ein geschulter Service erwarten den Gast in dem in mediterranen Farben gehaltenen Restaurant.

In Wilkau-Hasslau Süd-Ost : 7 km über Muldestraße BV :

Laurentius
Kirchberger Str. 6 ⊠ 08112 – ℰ (0375) 67 10 37 – Fax (0375) 671521 – geschl. Dienstag
Rest – Karte 16/26 €
♦ An einer Straßenecke liegt das freundlich gestaltete Restaurant mit dazugehöriger Metzgerei. Bewirtet wird der Gast mit regionalen und internationalen Speisen.

> Bei schönem Wetter isst man gern im Freien!
> Wählen Sie ein Restaurant mit Terrasse: 🍴.

ZWIESEL – Bayern – 546 – 10 420 Ew – Höhe 585 m – Wintersport : 1456 m ❄ 1 ✶ 2 – Luftkurort
59 **P18**

▶ Berlin 476 – München 179 – Passau 62 – Cham 59
🛈 Stadtplatz 27 (Rathaus), ⊠ 94227, ℰ (09922) 13 08, zwiesel.tourist@t-online.de
🛶 Lindberg, Oberzwieselau ℰ (09922) 23 67

Zur Waldbahn
Bahnhofplatz 2 ⊠ 94227 – ℰ (09922) 85 70 – zurwaldbahn@gmx.de – Fax (09922) 857222 – geschl. 25. März - 20. April
26 Zim – †50/62 € ††74/96 € – ½ P 18 € – **Rest** – Karte 15/34 €
♦ A. d. J. 1871 stammt der hübsche traditionelle Gasthof gegenüber dem Bahnhof. Die wohnlich-ländlichen Zimmer verfügen meist über einen Balkon. Gepflegter Garten. Gemütlich-rustikales Restaurant.

GlasHotel
Hochstr. 45 ⊠ 94227 – ℰ (09922) 85 40 – info@glashotel.de – Fax (09922) 854100 – geschl. 30. März - 20. April, 20. Nov. - 20. Dez.
25 Zim – †42/65 € ††84/92 € – ½ P 15 € – **Rest** – (nur Abendessen für Hausgäste)
♦ Heimische Glasgegenstände zieren dieses familiär geführte Urlaubshotel. Gepflegte, wohnliche Nichtraucherzimmer und ein Freizeitbereich mit Kosmetik und Massage.

Marktstube
Angerstr. 31 ⊠ 94227 – ℰ (09922) 62 85 – info@restaurant-marktstube.de – Fax (09922) 4638 – geschl. 13. - 24. Mai und Dienstag
Rest – Karte 17/30 €
♦ Freundliches Ambiente und netter Service erwarten Sie in dem Restaurant der Familie Horn - ein Baum in der Mitte des Raumes dient als Dekor.

1428

ZWINGENBERG – Hessen – 543 – 7 040 Ew – Höhe 99 m 47 F16
▶ Berlin 586 – Wiesbaden 61 – Mannheim 43 – Darmstadt 23

Zur Bergstraße garni
Bahnhofstr. 10 ⊠ *64673 –* ℰ *(06251) 1 78 50 – info@hotel-zb.de – Fax (06251) 178555 – geschl. 22. Dez. - 4. Jan.*
21 Zim ⊇ – †79 € ††93 €
♦ Ein in Altstadt- und Bahnhofsnähe gelegenes Hotel, dessen funktionelle Zimmer mit zeitgemäßem Mobiliar und Parkettfußboden ausgestattet sind.

ZWISCHENAHN, BAD – Niedersachsen – 541 – 26 820 Ew – Höhe 7 m – Moorheilbad 17 E6
▶ Berlin 453 – Hannover 185 – Bremen 67 – Oldenburg 17
🛈 Auf dem Hohen Ufer 24, ⊠ 26160, ℰ (04403) 6 11 59, tourist-info@tg.bad-zwischenahn.de
🖳 Bad Zwischenahn, Ebereschenstr. 10 ℰ (04403) 6 38 66

Haus am Meer
Auf dem Hohen Ufer 25 ⊠ *26160 –* ℰ *(04403) 94 00 – hotel@hausammeer.de – Fax (04403) 940300*
71 Zim ⊇ – †81/107 € ††110/129 € – ½ P 17 €
Rest *Deters* – Menü 26/44 € – Karte 24/42 €
♦ Die Zimmer dieses komfortablen, tadellos gepflegten Hotels unmittelbar am Zwischenahner Meer sind mit modernen Möbeln und warmen Farben sehr wohnlich eingerichtet. Hell und freundlich ist die Atmosphäre im Restaurant Deters.

Am Badepark
Am Badepark 5 ⊠ *26160 –* ℰ *(04403) 69 60 – info@hotelambadepark.de – Fax (04403) 696373*
50 Zim ⊇ – †59/75 € ††84/95 € – ½ P 17 € – 5 Suiten
Rest – Karte 14/31 €
♦ Der rote Klinkerbau direkt neben einem großen Freizeitbad beherbergt gepflegte, wohnlich eingerichtete Zimmer. Wechselnde Bilderausstellung. Neuzeitlich-gediegenes Restaurant mit netter Terrasse.

Seehotel Fährhaus
Auf dem Hohen Ufer 8 ⊠ *26160 –* ℰ *(04403) 60 00 – info@seehotel-faehrhaus.de – Fax (04403) 600500*
61 Zim ⊇ – †63/85 € ††108/158 € – ½ P 20 €
Rest – Karte 22/57 €
♦ Die Lage direkt am See macht dieses Hotel interessant. Die Zimmer sind solide und komfortabel möbliert, z. T. mit Balkon oder Loggia. Rund gebautes Restaurant mit großer Fensterfront und Seeterrasse.

NordWest Hotel garni
Zum Rosenteich 14 ⊠ *26160 –* ℰ *(04403) 92 30 – info@hotel-bad-zwischenahn.de – Fax (04403) 923100*
47 Zim – †65/80 € ††93/125 €
♦ Freundliche, zeitgemäße Zimmer und ein heller Frühstücksraum mit netter Terrasse sprechen für dieses neuzeitliche Hotel. Kleine Bar mit offenem Kamin.

Der Ahrenshof
Oldenburger Straße 2 ⊠ *26160 –* ℰ *(04403) 47 11 – restaurant@der-ahrenshof.de – Fax (04403) 64027 – geschl. 7. Jan. - 15. März Montag - Donnerstag*
Rest – Karte 19/43 €
♦ Bäuerliches Dekor und viel Holz machen das Ammerländer Bauernhaus von 1688 gemütlich. Mittig: ein großer offener Kamin. Serviert wird bürgerliche Küche.

Antonio Lava
In der Horst 1 ⊠ *26160 –* ℰ *(04403) 6 49 70 – a.lava@t-online.de – Fax (04403) 65289*
Rest – Karte 19/46 €
♦ In diesem neuzeitlich-gediegenen Restaurant bietet man italienische Küche mit ansprechendem Antipastibuffet. Freundliches Ambiente und netter Service.

ZWISCHENAHN, BAD
In Bad Zwischenahn-Aschhauserfeld Nord-Ost : 4 km Richtung Wiefelstede :

Jagdhaus Eiden
Eiden 9 ⌂ *26160 –* ℰ *(04403) 69 80 00 – info@jagdhaus-eiden.de – Fax (04403) 698398*
71 Zim ⌂ – †69/99 € ††102/145 € – ½ P 20 €
Rest *Apicius* – separat erwähnt
Rest *Jäger- und Fischerstube* – Menü 25 € (mittags)/31 € – Karte 23/54 €
♦ Hinter seiner regionstypischen Fachwerk-Klinkerfassade beherbergt das nahe dem See gelegene Landhotel individuelle, wohnliche Gästezimmer. Spielkasino im Haus. Das Restaurant ist gediegen-rustikal gestaltet, mit schöner Gartenterrasse.

Amsterdam
Wiefelsteder Str. 18 ⌂ *26160 –* ℰ *(04403) 93 40 – info@hotel-amsterdam.de – Fax (04403) 934234*
40 Zim ⌂ – †59/75 € ††79/95 € – ½ P 17 € – **Rest** – Karte 14/31 €
♦ In dem quadratischen Hotelbau erwarten Sie wohnlich und funktionell gestaltete Gästezimmer, die teilweise zum Garten hin liegen. Restaurant mit kleinem internationalem Angebot.

andrea garni
Wiefelsteder Str. 43 ⌂ *26160 –* ℰ *(04403) 47 41 – info@garni-hotel-andrea.de – Fax (04403) 4745*
14 Zim ⌂ – †46/60 € ††90/96 €
♦ Ein sehr gepflegtes kleines Hotel mit individuell eingerichteten Gästezimmern, zum Teil mit Balkon/Terrasse, sowie einer hübschen Gartenanlage.

Apicius – Hotel Jagdhaus Eiden
Eiden 9 ⌂ *26160 –* ℰ *(04403) 69 84 16 – info@jagdhaus-eiden.de – Fax (04403) 698398 – geschl. 6. - 28. Jan., 13. - 28. Juli und Sonntag - Dienstagmittag, Donnerstagmittag, Freitagmittag*
Rest – (Tischbestellung ratsam) Menü 42/71 € – Karte 39/64 €
Spez. Aalroulade mit Rotweingraupen. Knurrhahnfilet im Bouillabaissesud. Deichlammrücken und Bohnenragout.
♦ Gekonnt und mit viel Geschmack bereitet man hier aus hochwertigen Produkten internationale Speisen. Serviert wird in gediegen-elegantem Ambiente.

In Bad Zwischenahn-Aue Nord-Ost : 6 km Richtung Wiefelstede :

Klosterhof mit Zim
Dreiberger Str. 65 ⌂ *26160 –* ℰ *(04403) 91 59 90 – restaurant@klosterhof-aue.de – Fax (04403) 9159925*
6 Zim ⌂ – †37 € ††63 € – ½ P 14 €
Rest – *(geschl. Montag)* Karte 17/38 €
♦ Originell und typisch für die Region ist das rustikale Restaurant in einem Ammerländer Bauernhaus. In der mittig angelegten offenen Küche bereitet man Grillgerichte.

In Bad Zwischenahn-Dreibergen Nord : 7 km Richtung Wiefelstede :

Seeschlößchen Dreibergen
Dreiberger Str. 21 ⌂ *26160 –* ℰ *(04403) 98 70 – info@seeschloesschen-dreibergen.de – Fax (04403) 987155*
60 Zim ⌂ – †80/125 € ††125/150 € – ½ P 23 €
Rest – Karte 29/38 €
♦ Schön liegt das Hotel auf einem großen Grundstück in Seenähe. Es erwarten Sie ein geschmackvoller Hallenbereich und wohnliche Zimmer. Kunstausstellung im Haus. Unterteiltes Restaurant mit internationalem Angebot.

Eshramo
Dreiberger Str. 15 ⌂ *26160 –* ℰ *(04403) 98 41 74 – info@eshramo.de – Fax (04403) 984175 – geschl. Montag*
Rest – *(Nov. - März Dienstag - Freitag nur Abendessen)* (Tischbestellung ratsam) Menü 31/41 € – Karte 30/36 €
♦ In einem hübschen Klinkerhaus befindet sich dieses moderne Restaurant in mediterranen Farben. Mittig: die Theke mit Blick in die offene Küche. Frische internationale Speisen.

ZWÖNITZ – Sachsen – **544** – 11 730 Ew – Höhe 518 m

▶ Berlin 289 – Dresden 110 – Chemnitz 30 – Chomutov 79
🛈 Markt 3a, ✉ 08297, ℰ (037754) 3 51 59, info@zwoenitz.de

Roß
Biergarten
Markt 1 ✉ 08297 – ℰ (037754) 22 52 – hotelross@t-online.de – Fax (037754) 77533
22 Zim ⌑ – †50/55 € ††80/86 € – **Rest** – *(geschl. 2. - 31. Jan., nur Abendessen)* Karte 17/32 €

♦ In dem ältesten Gasthaus Sachsens nächtigte schon Goethe. Gegenüber der Postsäule von 1727 befindet sich das kunstgeschmückte Haus mit modernen Zimmern. In der gemütlichen Zunftstube kann man Schnitzkunst bewundern. Sehr gute Weinauswahl.

Stadt Zwönitz
Am Mühlgraben 10 ✉ 08297 – ℰ (037754) 7 20 – info@hotel-stadt-zwoenitz.de – Fax (037754) 72404
39 Zim ⌑ – †50/53 € ††68/82 € – **Rest** – Karte 16/32 €

♦ Ein Ausgangspunkt für Ausflüge ins Erzgebirge ist dieses familiengeführte Hotel im Zentrum. Zeitgemäß und funktionell ausgestattet sind die Zimmer. Helles, bodenständig gestaltetes Restaurant mit Terrasse unter Rotbuchen.

→ Die besten Restaurants entdecken ?
→ Das nächst gelegene Hotel finden ?
→ Ein Haus auf den Karten suchen ?
→ Unsere Symbole verstehen…

Folgen Sie dem roten Bib !

Der Rat des **Koch-Bib** zu unseren Restaurantempfehlungen.

Die Informationen und kleinen Tips des augenzwinkernden **cleveren Bib** um sich unterwegs zurechtzufinden.

Der Rat des **Pagen-Bib** zu unseren Hotelempfehlungen.

Der MICHELIN-Führer
Eine Kollektion zum Genießen!

Belgique & Luxembourg
Deutschland
España & Portugal
France
Great Britain & Ireland
Italia
Nederland
Österreich
Portugal
Suisse-Schweiz-Svizzera
Main Cities of Europe

Und auch:
Las Vegas
London
Los Angeles
New York City
Paris
San Francisco
Tokyo

Entfernungen

EINIGE ERKLÄRUNGEN

In jedem Ortstext finden Sie Entfernungen zu grösseren Städten in der Umgebung und nach Berlin.

Die Entfernungen gelten ab Stadtmitte unter Berücksichtigung der günstigsten (nicht kürzesten) Strecke.

Distances

QUELQUES PRÉCISIONS

Au texte de chaque localité vous trouverez la distance des villes environnantes et celle de Berlin.

Les distances sont comptées à partir du centre-ville et par la route la plus pratique, c'est-à-dire celle qui offre les meilleures conditions de roulage, mais qui n'est pas nécessairement la plus courte.

Distances

COMMENTARY

The text of each town includes its distance from its immediate neighbours and from Berlin.

Distances are calculated from centres and along the best roads from a motoring point of view - not necessarily the shortest

Distanze

QUALCHE CHIARIMENTO

Nel testo di ciascuna località troverete la distanza dalle città vicinori e da Berlin.

Le distanze sono calcolate a partire dal centro delle città e seguendo la strada più pratica, ossia quella che offre le migliori condizioni di viaggio ma che non è necessariamente la più breve.

Entfernungen zwischen den größeren Städten
Distances entre principales villes
Distances between major towns
Distanze tra le principali città

80 km

Karlsruhe - Stuttgart

Aachen	Augsburg	Bamberg	Berlin	Bonn	Braunschweig	Bremen	Darmstadt	Dresden	Düsseldorf	Essen	Frankfurt am Main	Freiburg	Hamburg	Hannover	Karlsruhe	Kassel	Kiel	Koblenz	Köln	Konstanz	Leipzig	Lübeck	Mannheim	München	Nürnberg	Osnabrück	Regensburg	Rostock	Saarbrücken	Stuttgart	Trier	Ulm	Wiesbaden	Würzburg
569																																		
464	214																																	
643	574	412																																
93	500	379	601																															
418	587	391	233	381																														
378	717	522	394	342	171																													
268	330	217	576	365	472	489																												
645	444	282	185	570	473	242	586																											
85	568	437	194	75	316	293	252	616																										
126	582	445	566	100	342	261	39	604	39																									
261	361	213	531	389	443	443	37	628	230	252																								
704	636	548	178	461	443	443	642	190	604	616	876																							
471	330	105	668	668	304	304	461	190	495	495	876	758																						
489	416	416	811	400	602	708	242	684	495	273	383	758	481																					
356	744	548	290	452	198	124	523	405	362	353	354	614	158	166																				
346	600	405	405	289	65	131	499	366	361	353	672	140	625	325																				
310	226	181	676	275	467	574	107	549	340	139	742	309	518	208	721																			
574	443	248	887	607	283	107	549	340	139	150	437	165	457	309	165	408																		
154	840	644	357	537	152	222	353	234	210	196	453	427	166	231	304	226	603																	
71	432	332	607	294	209	619	223	224	210	196	453	427	166	231	304	226	603																	
573	523	398	83	578	395	408	173	148	447	593	854	96	255	520	249	249	437	106																
561	236	578	578	30	585	317	203	571	164	127	672	333	387	520	249	249	450	437																
547	406	410	806	503	283	571	39	571	127	255	871	518	296	683	231	526	527	527	650															
547	802	410	806	503	681	679	331	679	148	127	518	96	387	683	231	526	527	527	650															
288	286	290	606	298	214	372	122	485	461	364	258	826	70	67	520	229	494	437	502	527														
643	83	270	298	510	256	182	495	463	394	555	816	838	417	82	370	82	575	485	898	456														
479	234	590	564	218	408	515	53	420	302	80	685	70	398	67	265	662	485	898	456															
267	143	439	598	605	753	401	463	616	396	685	779	422	264	370	662	153	244	259	650															
576	613	66	396	454	585	312	401	448	636	655	779	214	611	300	370	479	514	580	427	625														
671	149	417	454	124	361	497	184	140	228	504	611	468	217	300	479	876	346	244	839	625														
671	759	420	493	124	361	497	184	140	335	504	611	468	217	300	479	876	346	244	839	625														
265	370	231	504	230	504	330	344	545	565	485	596	234	137	463	311	708	412	412	380	275	671	360												
416	161	388	636	635	722	511	572	705	419	588	941	656	554	338	183	319	296	688	293	360														
171	436	241	345	380	174	509	419	538	588	195	554	338	356	790	443	509	509	326	744	240	404	167												
501	82	393	719	160	478	185	410	200	188	785	184	656	513	495	280	790	443	509	509	326	744	240	404	167											
231	368	226	617	430	508	632	290	236	188	785	668	668	145	808	356	368	219	326	744	328	479	125	646	646											
367	247	226	617	148	662	259	478	185	236	188	299	184	523	808	368	765	199	258	744	625														
367	247	574	148	363	531	148	490	259	495	263	299	689	588	524	145	765	199	258	744	134	134	328	176	995	305	199	749	995	381	728	381	135	627	749
		487	284	431	490	490	259	513	281	682	689	545	158	209	209	177	132	716	716	332	226	226	676	305	231	457	461	369	435	289				
			356		487	47	41	290	520	281	588	689	298	80	356	338	280	177	370	370	168	473	556	181	648	500	415	367	842					
					121	486	639	495	376	263	545	457	210	338	673	503	441	556	453	748	728	441	560	146	219	560	190	804	762	289				
						372	201	513	149	288	689	210	338	673	785	556	181	181	149	716	305	149	149	148	219	560	190	804	762	96	93			
							223	41	290	520	281	457	210	338	673	503	441	556	453	748	716	305	149	453	146	160	259	320	694	301	367			
								116	223	639	281	376	149	213	338	326	441	556	453	748	716	716	441	560	146	426	259	320	694	301	152	221		
									336	555	513	149	188	213	609	300	318	453	748	716	281	281	98	165	98	90	357	160	291	93	299			
										356	369	188	234	213	326	300	318	300	318	572	178	281	211	211	114	384	211	677	291	147	295	148		

✧ Die Sterne
Les étoiles
The stars
Le stelle

☺ *Bib Gourmand*
Sorgfältig zubereitete preiswerte Mahlzeiten
Repas soignés à prix modérés
Good food at moderate prices
Pasti accurati a prezzi contenuti

🏨 *Bib Hôtel*
Hier übernachten Sie gut und preiswert
Bonnes nuits à petits prix
Good accomodation at moderate prices
Buona sistemazione a prezzo contenuto

🏠 Angenehme und ruhige Häuser
✂ L'agrément
Peaceful atmosphere and setting
Amenità e tranquillità

7

15 16

25 26 27
Dortmund
Düsseldorf Essen

Köln
Bonn
35 36 37

45 46

53

Freiburg im Breisgau
61

Kiel

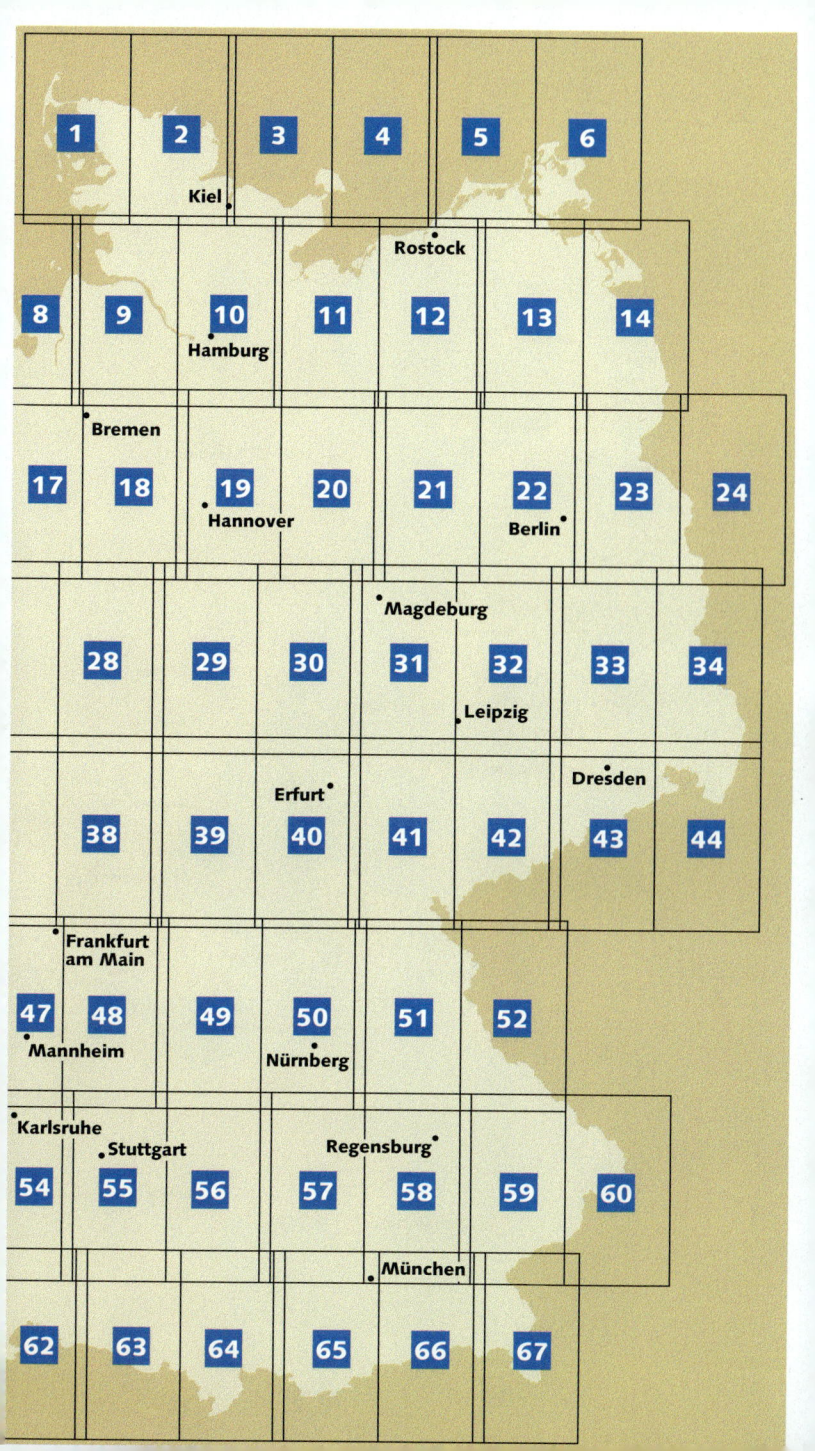

Rostock

Hamburg

Bremen

Hannover

Berlin

Magdeburg

Leipzig

Erfurt

Dresden

Frankfurt am Main

Mannheim

Karlsruhe

Stuttgart

Nürnberg

Regensburg

München

1

F | **G**

D A N M

Sylt
- Kampen
- Wenningstedt
- Westerland
- Sylt Ost
- **Rantum**

Süderlügum

Leck

Bargum

Föhr
- Süderende
- Oevenum
- Nieblum
- Norddorf
- Wyk auf Föhr
- Nebel
- Wittdün

Amrum

Bredstedt

Hattstedtermarsch

N O R D S E E

Nordstrand

Husum

Simonsberger Koog

Friedrichstadt

Tönning

N O O R D Z E E

Sankt Peter-Ording

Heide

F | **8** | **9** | **G**

Büsum

H
I
2
A R K
1
Glücksburg
Harrislee
199
Flensburg
3
Oeversee
A 85 E 45
Treene
Kappeln
Süderbrarup
Schlei
2
Thumby
Schleswig
76
Eckernförde
77
Kiel
A 210
Eider
Rendsburg
Molfsee
3
A 7 E 45
A 215
404
205
77
A 23
Nortorf
H
Hanerau-Hademarschen
9
10
I

I
J
K
3
1
2
2
D A N M A
Strande
Laboe
Schönberg
Fiefbergen
Panker
Selenter See
Hohwacht
Lütjenburg
Heiligenhafen
E 47
207
Kiel
Molfsee
202
3
Lehmkuhlen
Preetz
404
76
Bad Malente-
Gremsmühlen
Kellenhusen
Plön
10
11
A 1-E 47
I
J
K
Ascheberg
Bösdorf
Eutin
Grömitz

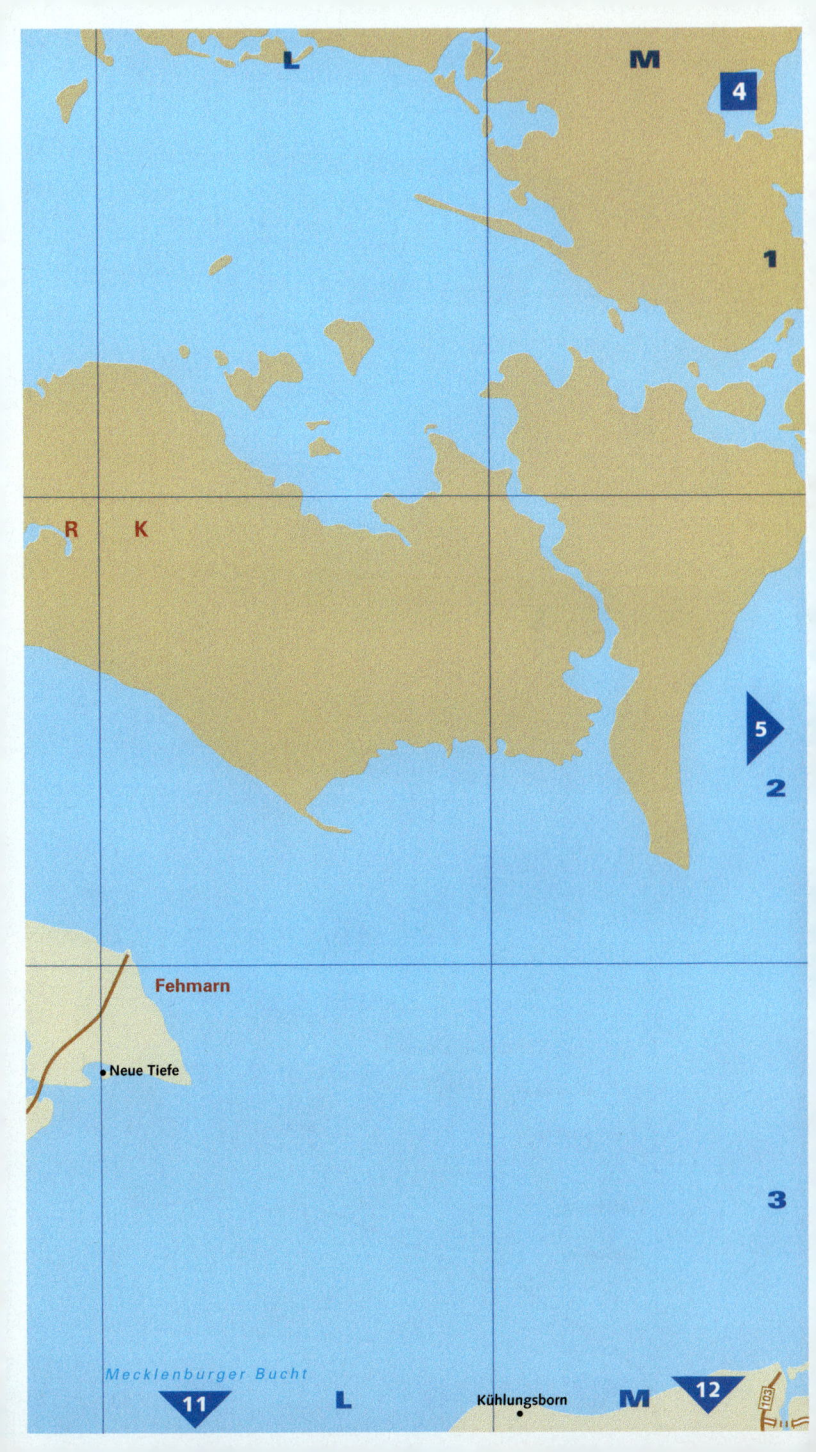

L

M

4

1

R K

5

2

Fehmarn

• Neue Tiefe

3

Mecklenburger Bucht

11

L

• Kühlungsborn

M

12

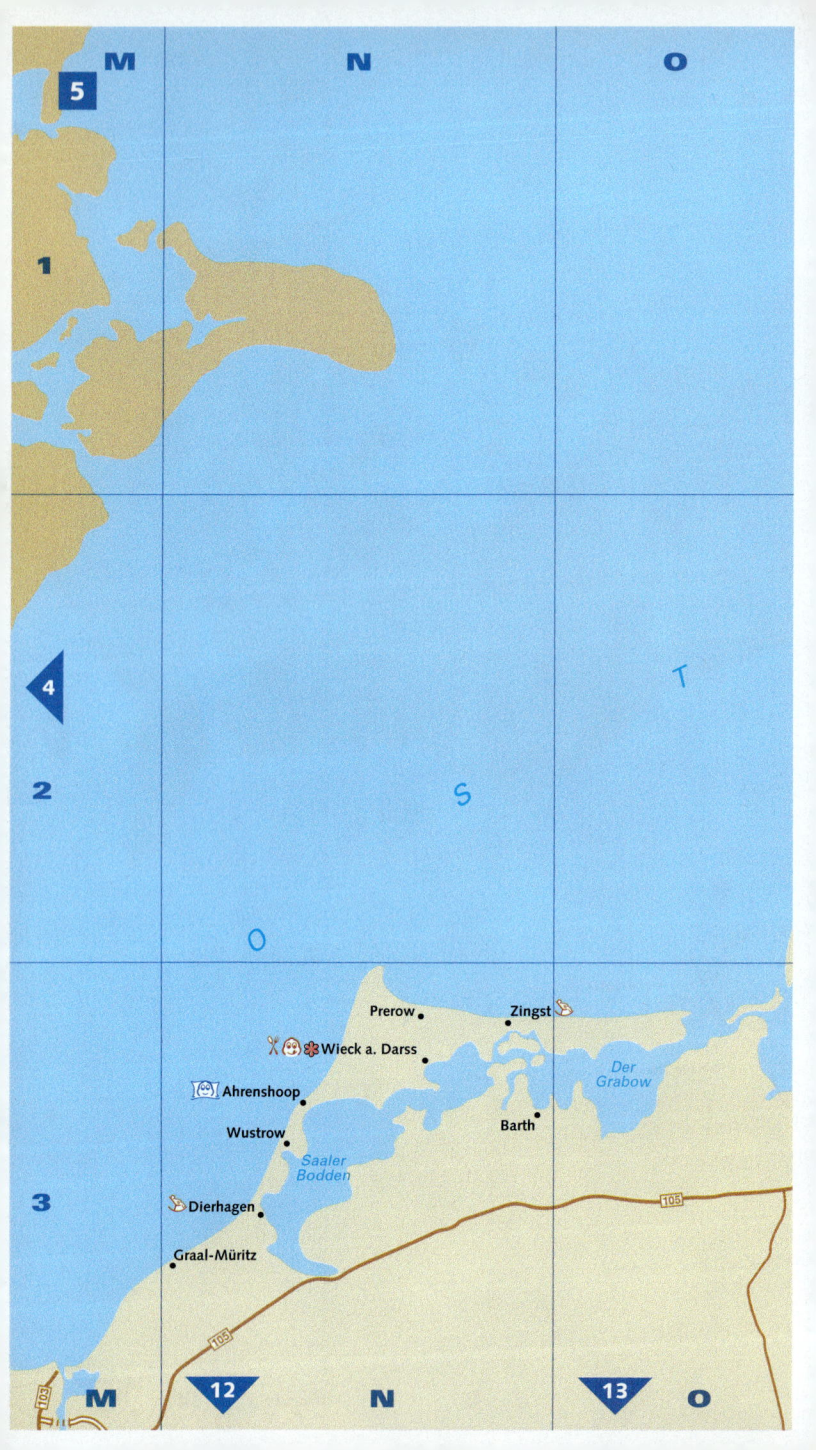

Prerow
Zingst
Wieck a. Darss
Ahrenshoop
Wustrow
Barth
Der Grabow
Saaler Bodden
Dierhagen
Graal-Müritz
105

6

P   Q

1

S   E   E

2

Hiddensee

- Wiek
- Breege
- Vitte
- Neuenkirchen
- Lohme
- Trent
- Sagard
- Saßnitz
- Ralswiek

Rügen

- Bergen
- Binz
- Sellin
- Sehlen
- Baabe
- Putbus
- Göhren
- Stralsund
- Middelhagen

Greitswalder Bodden

3

- Karlshagen

13   14

P   Q

7

NORDSEE

Borkum
- Borkum

Juist
- Juist

Norderney
- Norderney

Baltrum

Langeoog

- Dornum
- Esens
- Norden
- Krummhörn
- Aurich
- Emden
- Leer

NEDERLAND

15 — 16

NOORDZEE

Helgoland

Spiekeroog Wangerooge

Neuharlingersiel

Wangerland

Jever

Wilhelmshaven

Butjadingen

Wremen

Nordenham

Bremen

Zetel

Wiesmoor

Varel

Uplengen

Westerstede Wiefelstede

Rastede

Bad Zwischenahn

Berne

F
G
H
1
2
9
3
4
5
6
8
18
Heide
Büsum
A 23
5
Hanerau-
Hademarschen
Nord-Ostsee-Kanal
Itzehoe
Brunsbüttel
Cuxhaven
Otterndorf
Freiburg
Glückstadt
Oste
Wingst
73
Bad Bederkesa
Stade
Bremerhaven
74
Bremervörde
71
Harsefeld
A 27-E 234
Zeven
Groß Meckelsen
Sittensen
Stemmen
Osterholz-
Scharmbeck
Worpswede
Gyhum

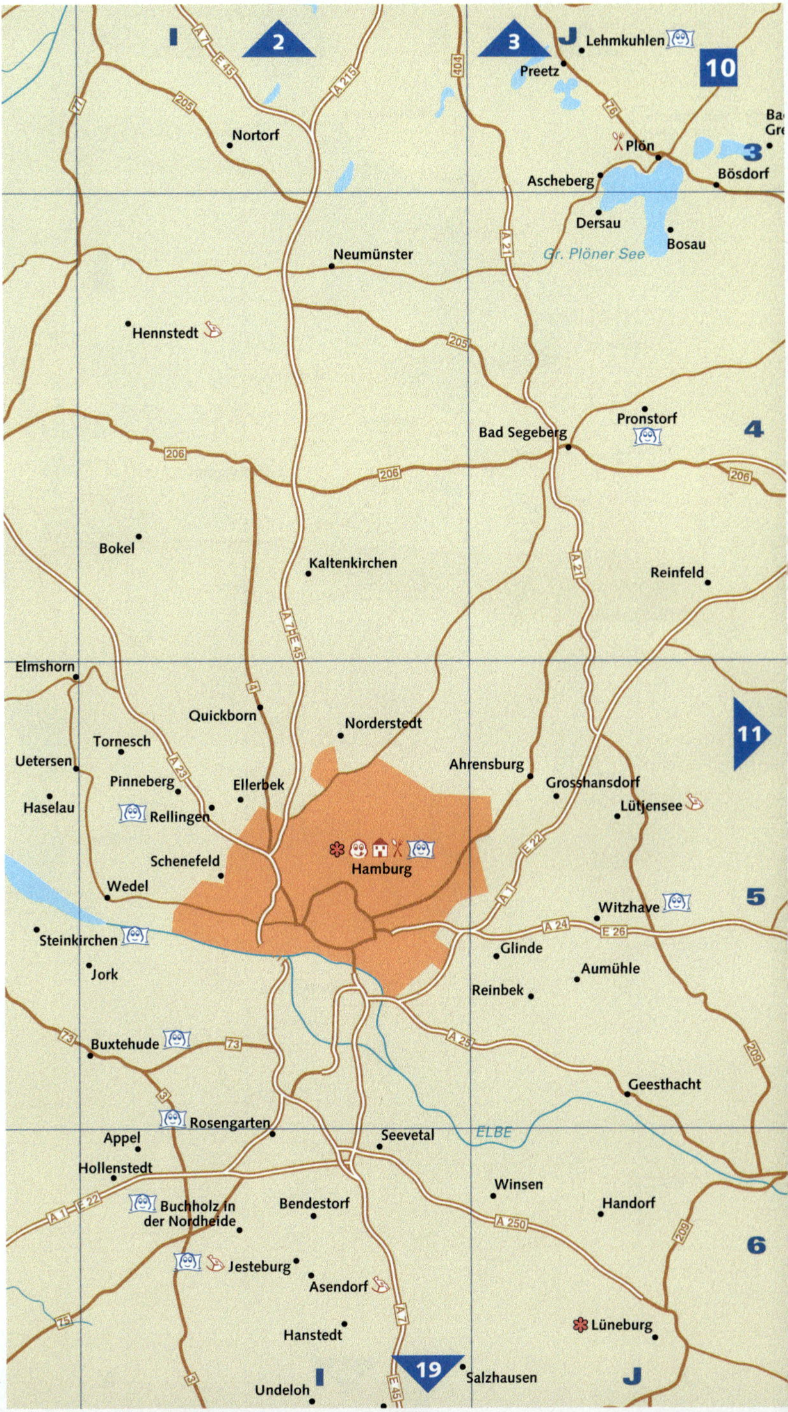

I
2
3
J
Lehmkuhlen
10
Preetz
Nortorf
Plön
Ascheberg
Bösdorf
Dersau
Bosau
Gr. Plöner See
Neumünster
Hennstedt
Pronstorf
Bad Segeberg
4
Bokel
Kaltenkirchen
Reinfeld
Elmshorn
Quickborn
Norderstedt
11
Tornesch
Uetersen
Ahrensburg
Pinneberg
Ellerbek
Grosshansdorf
Haselau
Rellingen
Lütjensee
Schenefeld
Hamburg
Wedel
Witzhave
5
Steinkirchen
Glinde
Jork
Aumühle
Reinbek
Buxtehude
Geesthacht
Rosengarten
Appel
Seevetal
ELBE
Hollenstedt
Winsen
Buchholz in der Nordheide
Bendestorf
Handorf
6
Jesteburg
Asendorf
Hanstedt
Lüneburg
19
Salzhausen
Undeloh
A 7
E 45
A 215
404
76
77
205
A 21
206
4
A 23
E 22
A 1
A 24
E 26
A 25
209
73
3
A 250
75

J
3
K
4
L
11
3
Bad Malente-
Gremsmühlen
Bösdorf
Eutin
Kellenhusen
Mecklenburger Bucht
Grömitz
A 1 - E 47
Neustadt in Holstein
76
Sierksdorf
Poel
Scharbeutz
Timmendorfer Strand
Boltenhagen
Ratekau
Kalkhorst
4
Bad Schwartau
75
Damshagen
Gramkow
206
Wismar
105
Lübeck
Groß Grönau
A 20 - E 22
10
106
Schweriner
See
Ratzeburg
104
Schwerin
Mölln
Schaalsee
5
321
A 241
Wittenburg
A 24 - E 26
209
Hagenow
321
5
5
Ludwigslust
6
J
K
20
L

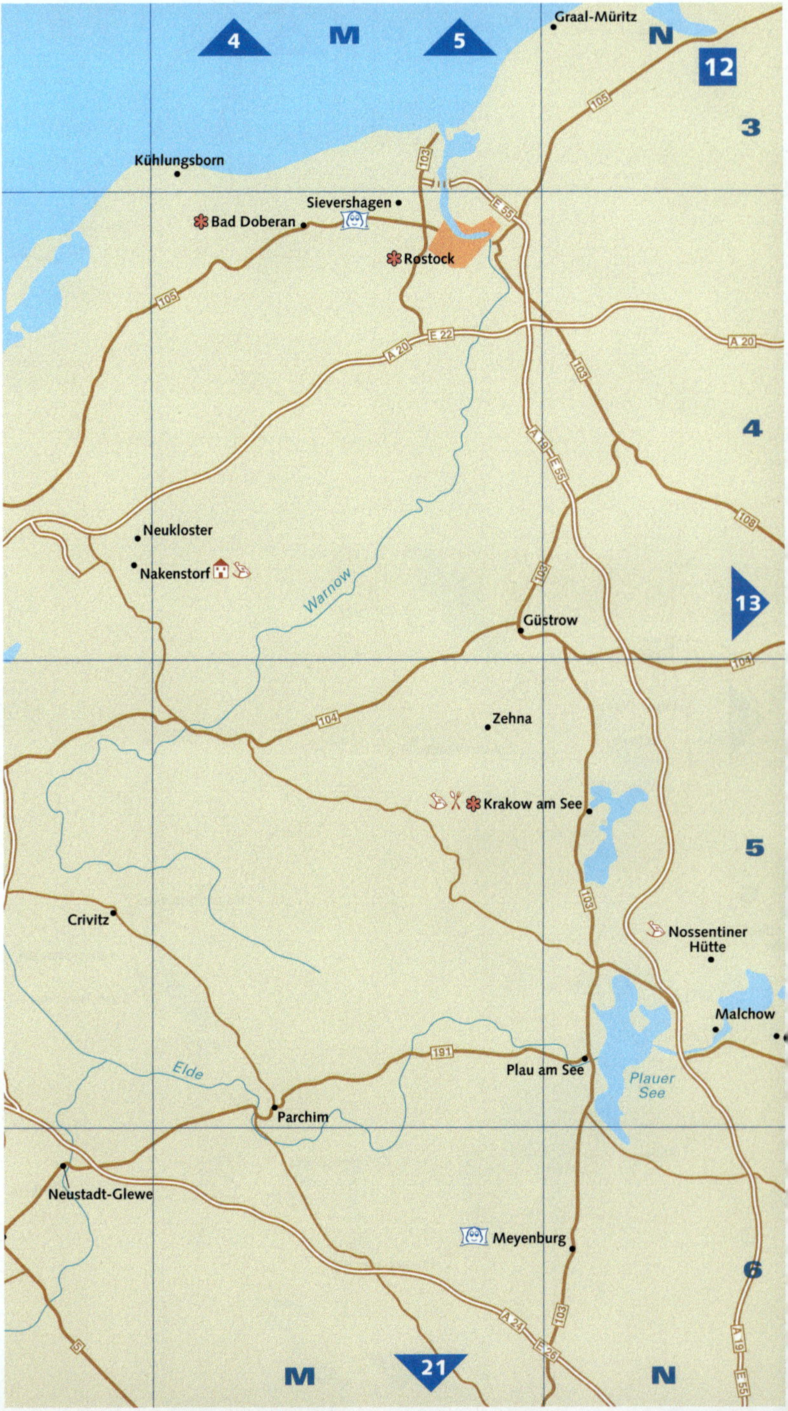

4
M
5
Graal-Müritz
N
12
3
105
Kühlungsborn
103
Sievershagen
E 55
Bad Doberan
Rostock
105
A 20
E 22
A 20
103
4
A 19
E 55
108
Neukloster
Nakenstorf
Warnow
103
13
Güstrow
104
104
Zehna
Krakow am See
5
103
Crivitz
Nossentiner Hütte
Malchow
191
Elde
Plau am See
Plauer See
Parchim
Neustadt-Glewe
Meyenburg
6
A 24
103
E 26
5
A 19
E 55
M
21
N

N
5
O
6
13
3
96N
96 E 251
Greifswald
A 20
4
108
Kummerower See
Teterow
104
12
Hohen Demzin
Bülow
Malchiner See
Stavenhagen
Altentreptow
Lupendorf
104
5
Neubrandenburg
ntiner
tte
Burg Stargard
Waren
192
Gross Nemerow
Malchow
Göhren-Lebbin
Müritz
Röbel
Ludorf
Neustrelitz
Feldberg
6
Wesenberg
A 19
E 55
96 E 251
N
22
O

Greifswalder Bodden
P
6
Q
R
14
3
Karlshagen
Trassenheide
Zinnowitz
Pommersche Bucht
Wolgast
Koserow
Loddin
Usedom
109
Bansin
Heringsdorf
Ahlbeck
Neppermin
Korswandt
4
Rubkow
Peene
Stolpe
Anklam
Ueckermünde
109
Eggesin
5
Pasewalk
A 20
198
109
Prenzlau
A 11
E 28
198
6
P
23
Q
R
Gerswalde
166
2

NEDERLAND

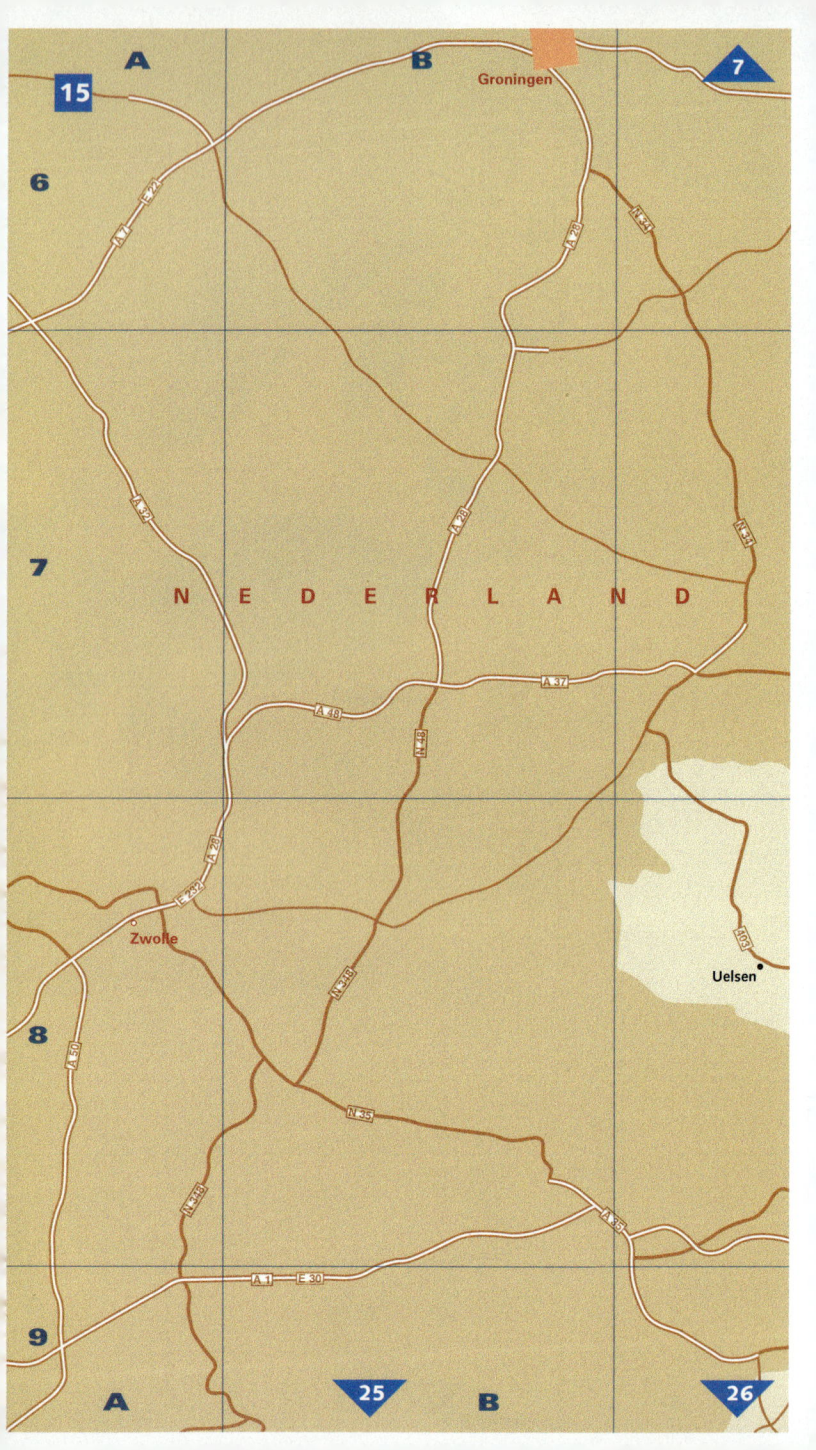

Groningen

Zwolle

Uelsen

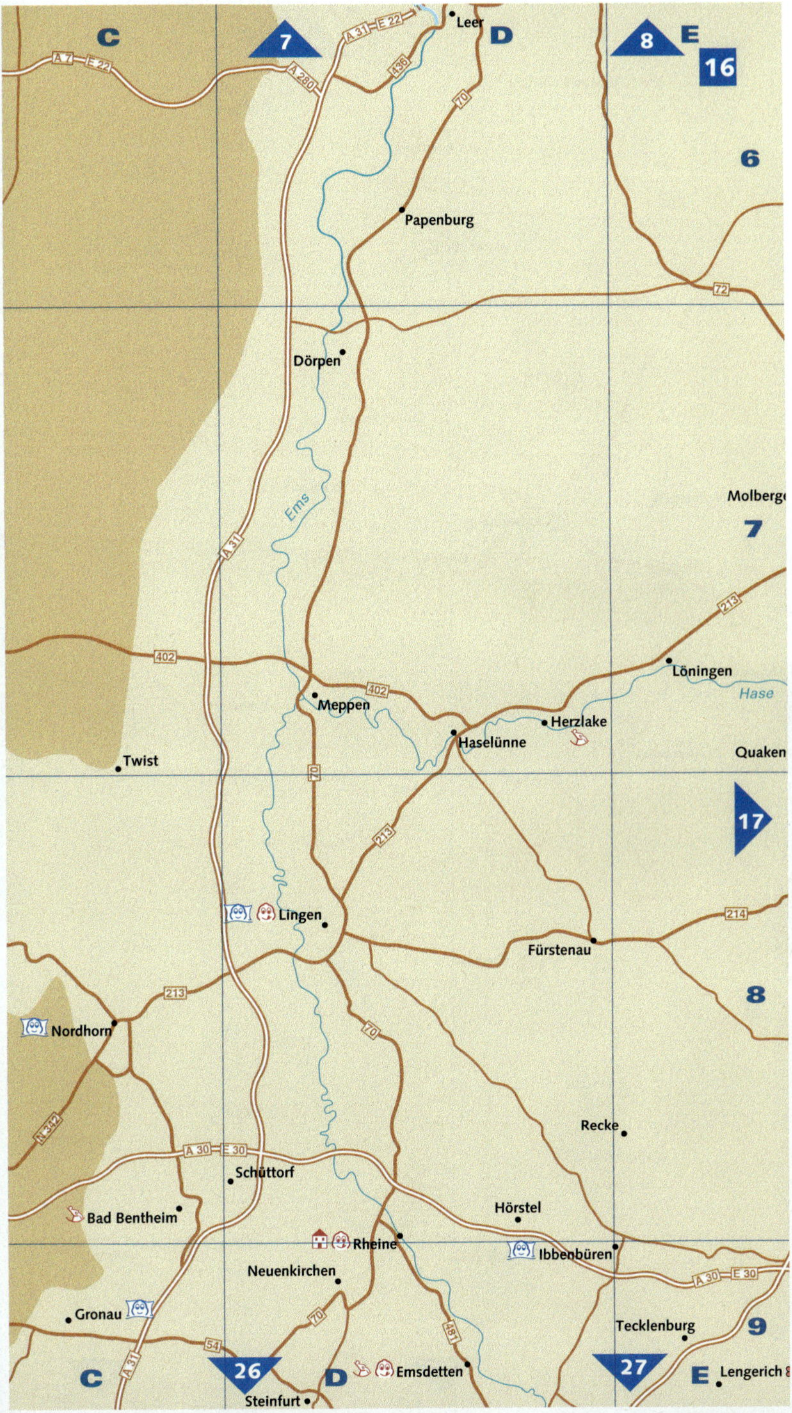

C
7
Leer
A 31 E 22
D
8
E
16
A 7 E 22
A 280
436
70
6
Papenburg
72
Dörpen
Ems
Molberg
7
A 31
213
402
402
Löningen
Hase
Meppen
Herzlake
Haselünne
Twist
Quaken
70
17
213
Lingen
214
Fürstenau
213
Nordhorn
8
70
N 342
Recke
A 30 E 30
Schüttorf
Hörstel
Bad Bentheim
Rheine
Ibbenbüren
Neuenkirchen
A 30 E 30
Gronau
70
481
Tecklenburg
9
54
C
A 31
26
D
Emsdetten
27
E
Lengerich
Steinfurt

17
E
F
8
6
7
8
9
16
27
28
Rastede
Bad Zwischenahn
Oldenburg
Berne
Wardenburg
Delmenhorst
Ganderkesee
Hunte
Garrel
Großenkneten
Harpstedt
Wildeshausen
Molbergen
Cloppenburg
Emstek
Visbek
Löningen
Hase
Vechta
Barnstorf
Quakenbrück
Dinklage
Lohne
Lembruch
Damme
Lemförde
Rahden
Bramsche
Stemwede
Espelkamp
Wallenhorst
Bad Essen
Osnabrück
Lübbecke
Melle
Lengerich
Löhne
A 29
A 28
E 22
A 1
E 37
A 30
E 30
A 33
72
213
214
51
65

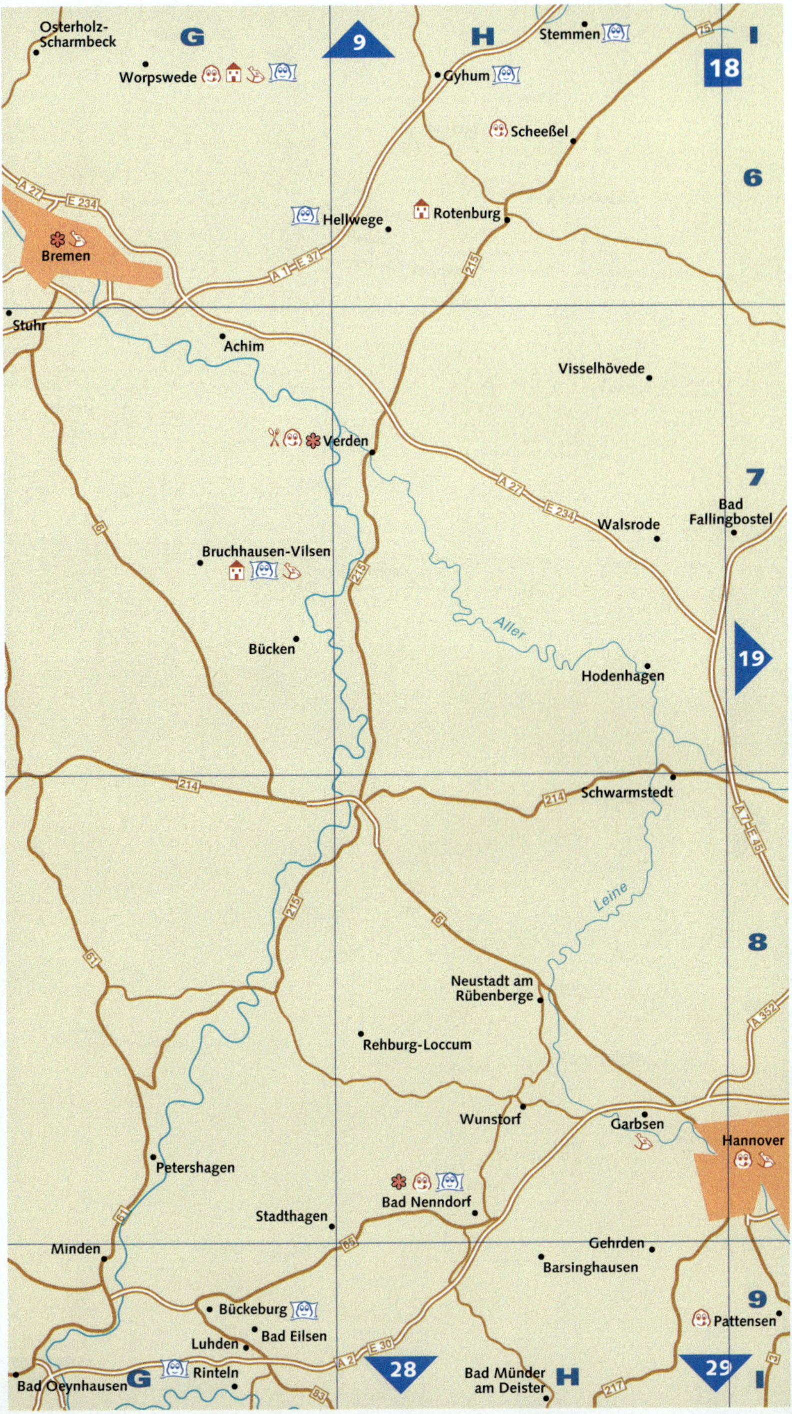

G
H
I
9
18
6
7
8
9
19
28
29
Osterholz-Scharmbeck
Worpswede
Stemmen
Gyhum
Scheeßel
Hellwege
Rotenburg
Bremen
Stuhr
Achim
Visselhövede
Verden
Walsrode
Bad Fallingbostel
Bruchhausen-Vilsen
Aller
Bücken
Hodenhagen
Schwarmstedt
Leine
Neustadt am Rübenberge
Rehburg-Loccum
Wunstorf
Garbsen
Hannover
Petershagen
Bad Nenndorf
Stadthagen
Minden
Gehrden
Barsinghausen
Bückeburg
Bad Eilsen
Luhden
Pattensen
Bad Oeynhausen
Rinteln
Bad Münder am Deister
A 27
E 234
A 1
E 37
A 7
E 45
A 352
A 2
E 30
75
215
214
6
61
65
83
217
3

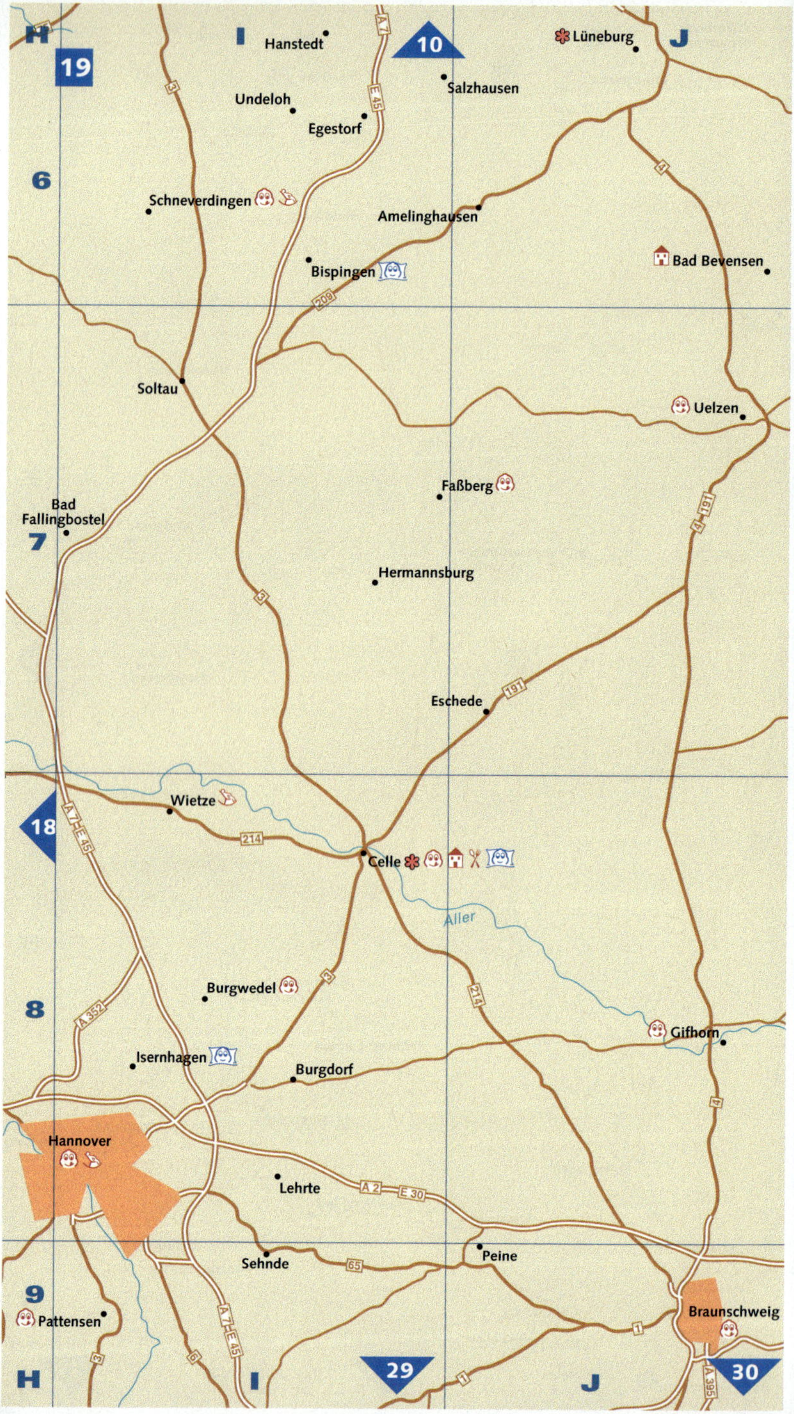

H
I
J
19
10
6
7
8
9
18
29
30
Hanstedt
Lüneburg
Salzhausen
Undeloh
Egestorf
Schneverdingen
Amelinghausen
Bispingen
Bad Bevensen
Soltau
Uelzen
Faßberg
Bad Fallingbostel
Hermannsburg
Eschede
Wietze
Celle
Aller
Burgwedel
Gifhorn
Isernhagen
Burgdorf
Hannover
Lehrte
Sehnde
Peine
Pattensen
Braunschweig
A 7
E 45
A 352
A 2
E 30
A 395
3
4
6
1
65
191
209
214

Dannenberg

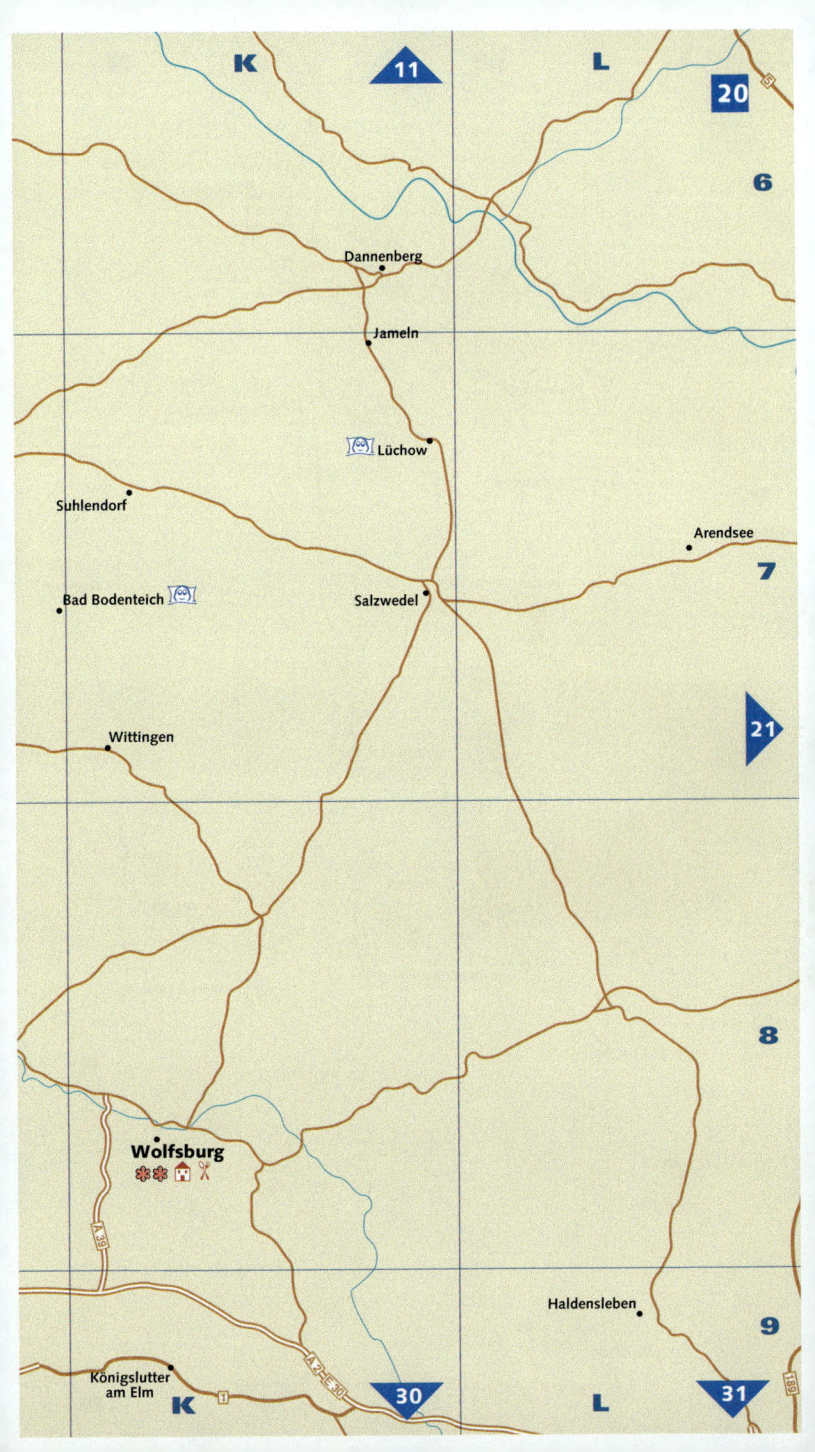

Jameln

Lüchow

Suhlendorf

Arendsee

Bad Bodenteich

Salzwedel

Wittingen

Wolfsburg

Haldensleben

Königslutter
am Elm

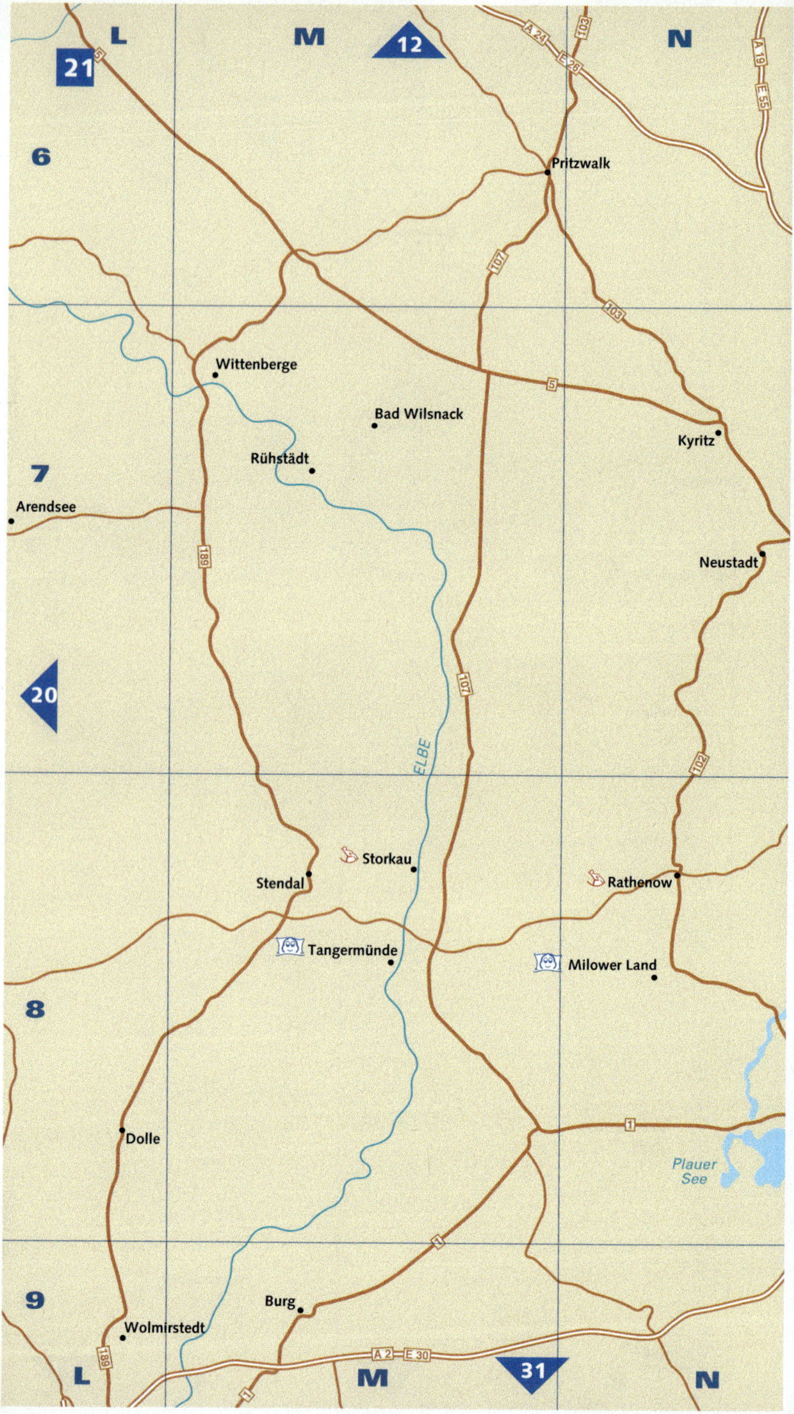
L
M
N
21
12
20
31
6
7
8
9
Pritzwalk
Wittenberge
Bad Wilsnack
Rühstädt
Kyritz
Arendsee
Neustadt
ELBE
Storkau
Stendal
Rathenow
Tangermünde
Milower Land
Dolle
Plauer
See
Burg
Wolmirstedt
A 24
E 26
A 19
E 55
A 2
E 30
103
107
5
189
102
1

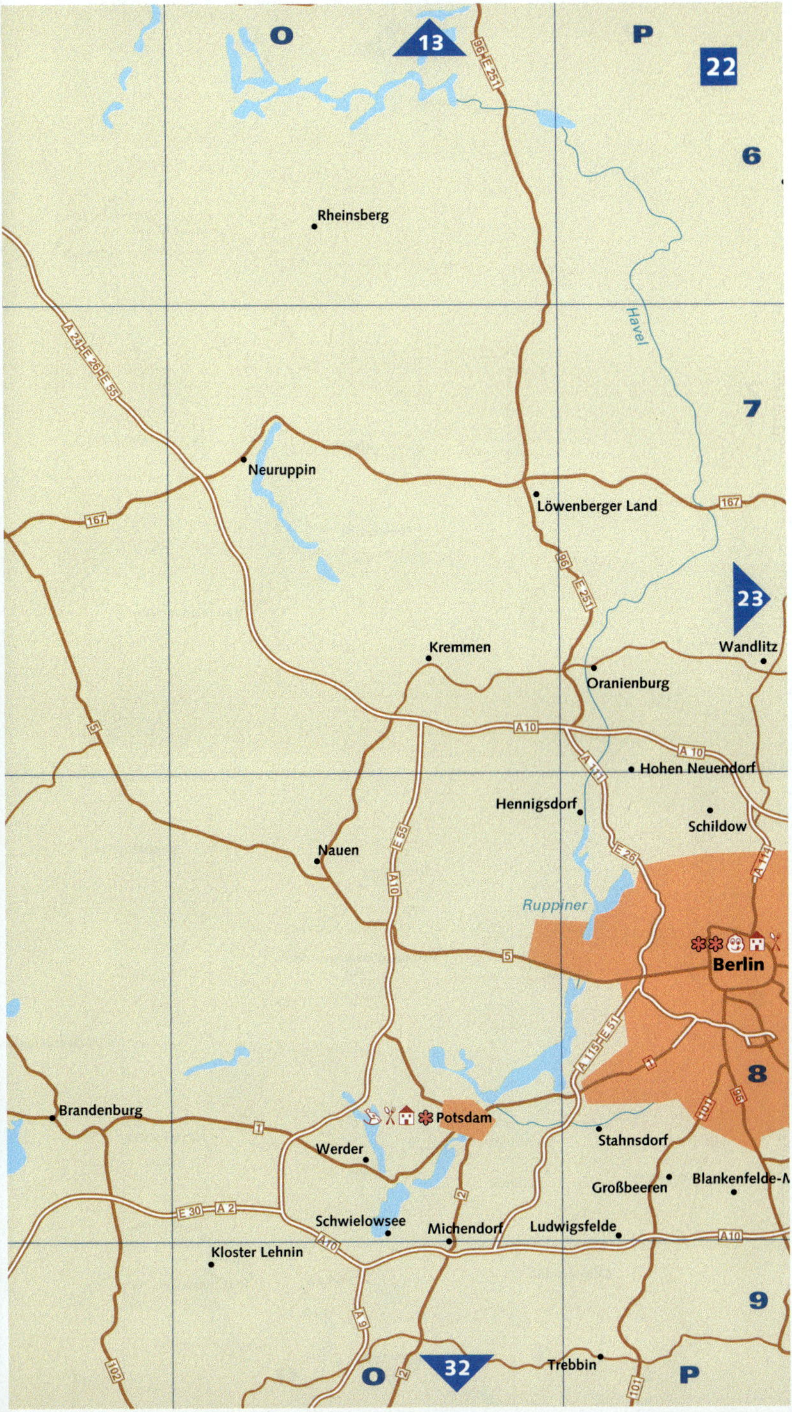
O
13
96
E 251
P
22
6
Rheinsberg
A 24
E 26
E 55
Havel
7
Neuruppin
Löwenberger Land
167
167
96
E 251
23
Kremmen
Wandlitz
Oranienburg
A 10
A 10
A 111
Hohen Neuendorf
5
Hennigsdorf
Schildow
Nauen
E 55
A 10
E 26
A 114
Ruppiner
5
Berlin
E 51
A 115
1
8
101
96
Brandenburg
1
Potsdam
Werder
Stahnsdorf
Großbeeren
Blankenfelde-M
2
E 30
A 2
Schwielowsee
Michendorf
Ludwigsfelde
A 10
A 10
Kloster Lehnin
A 9
9
102
O
2
32
Trebbin
101
P

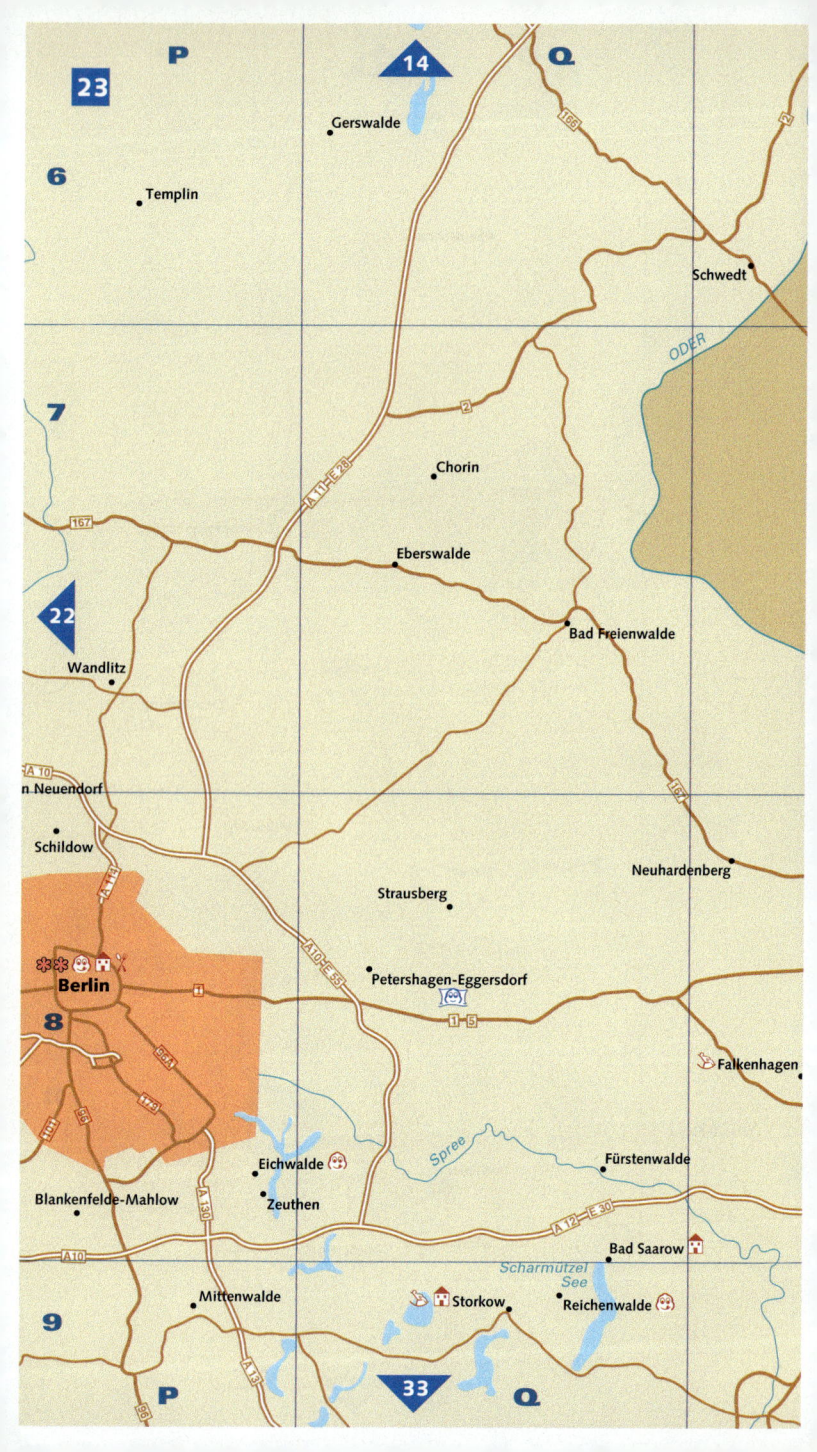

8

R S T 24

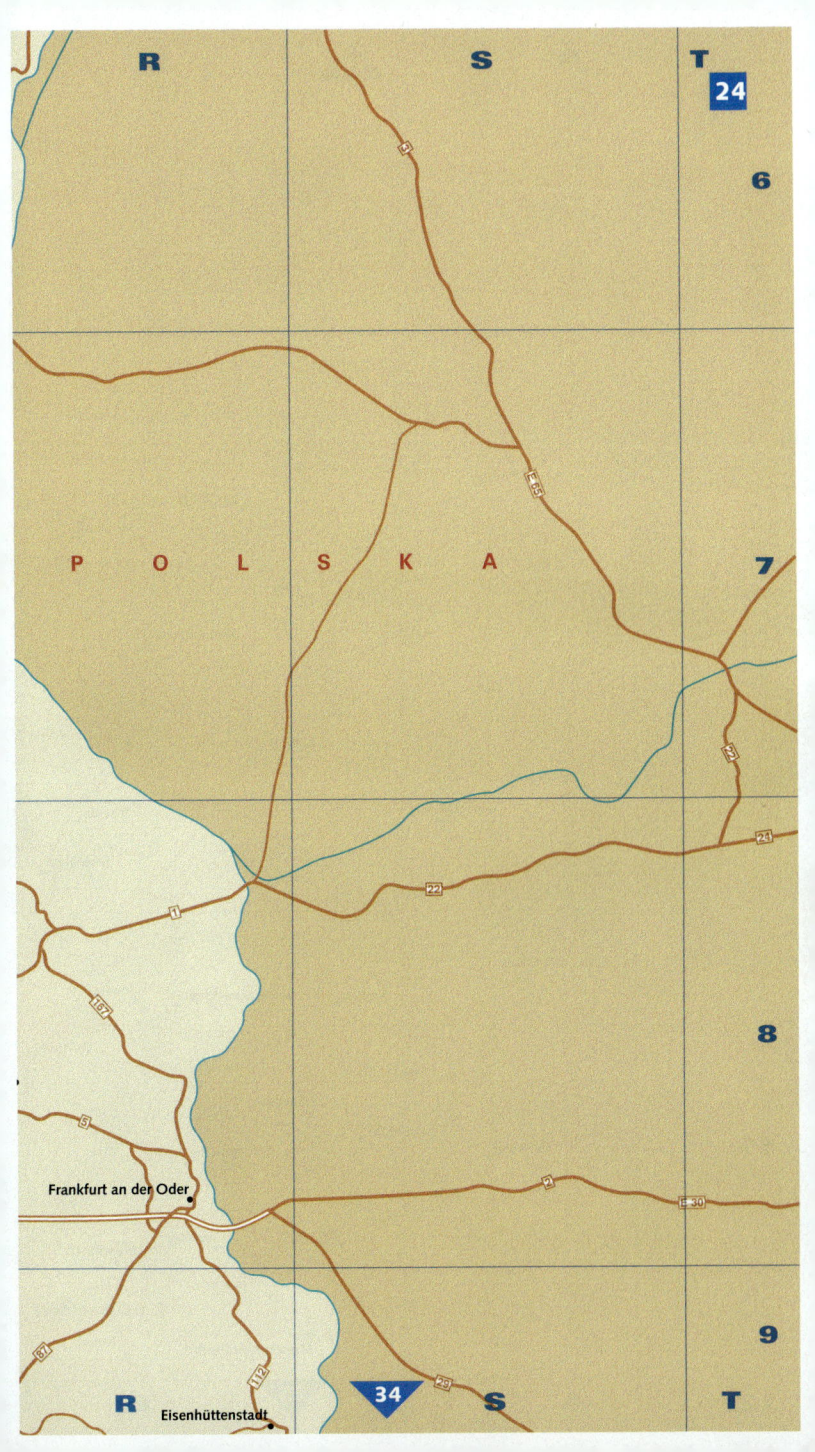

6

POLSKA

7

Frankfurt an der Oder

8

Eisenhüttenstadt

34

9

R S T

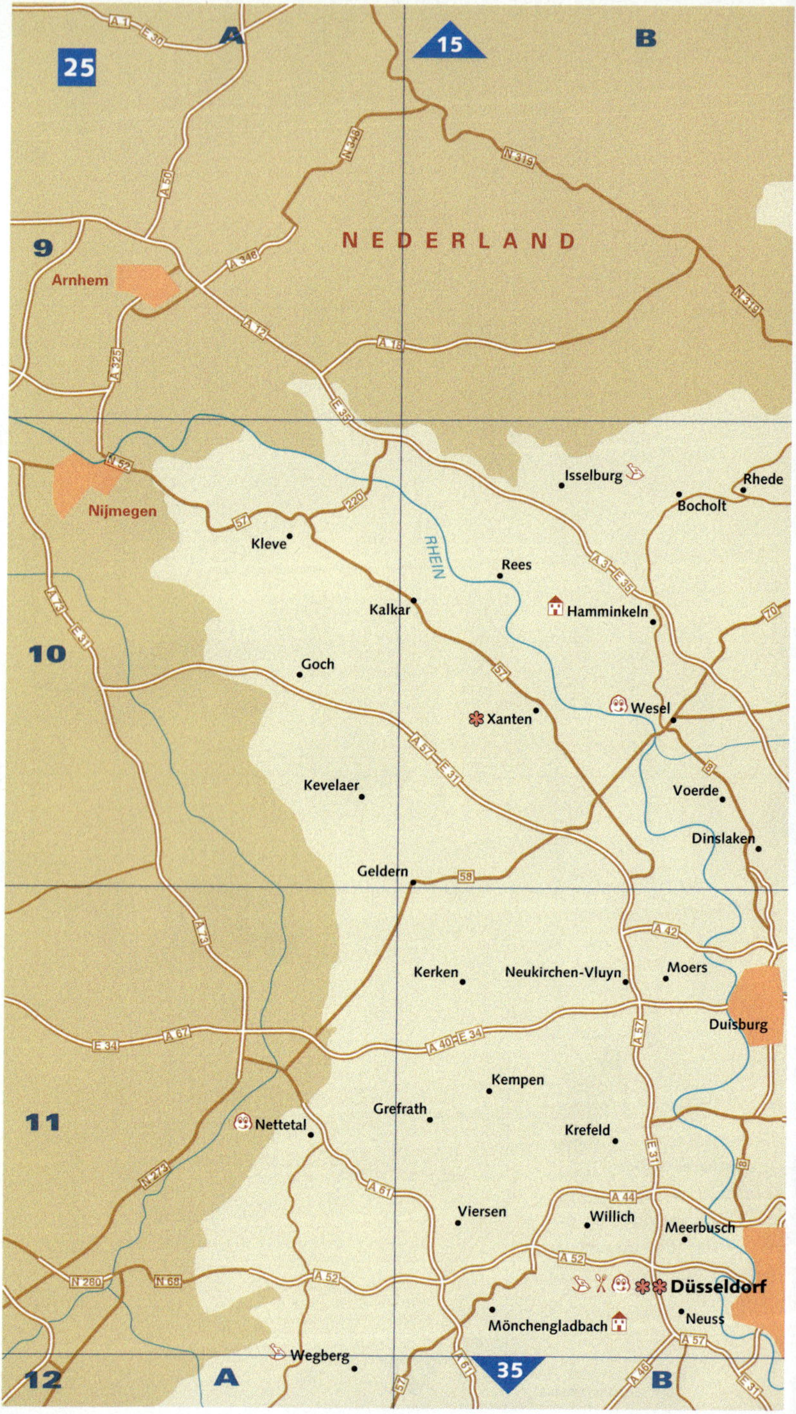
25
15
A
B
9
10
11
12
35
NEDERLAND
Arnhem
Nijmegen
A 1
E 30
A 50
N 348
N 319
A 348
A 12
A 18
A 325
E 35
N 52
220
57
Kleve
RHEIN
Isselburg
Rhede
Bocholt
Rees
Kalkar
A 3
E 35
Hamminkeln
70
A 73
E 31
Goch
Xanten
Wesel
A 57
E 31
8
Kevelaer
Voerde
Dinslaken
Geldern
58
A 42
Kerken
Neukirchen-Vluyn
Moers
Duisburg
E 34
A 67
A 40
E 34
A 57
Kempen
Grefrath
Nettetal
Krefeld
E 31
N 273
A 61
A 44
Viersen
Willich
Meerbusch
A 52
N 280
N 68
A 52
Düsseldorf
Mönchengladbach
Neuss
A 57
Wegberg
A 61
57
A 46
E 31

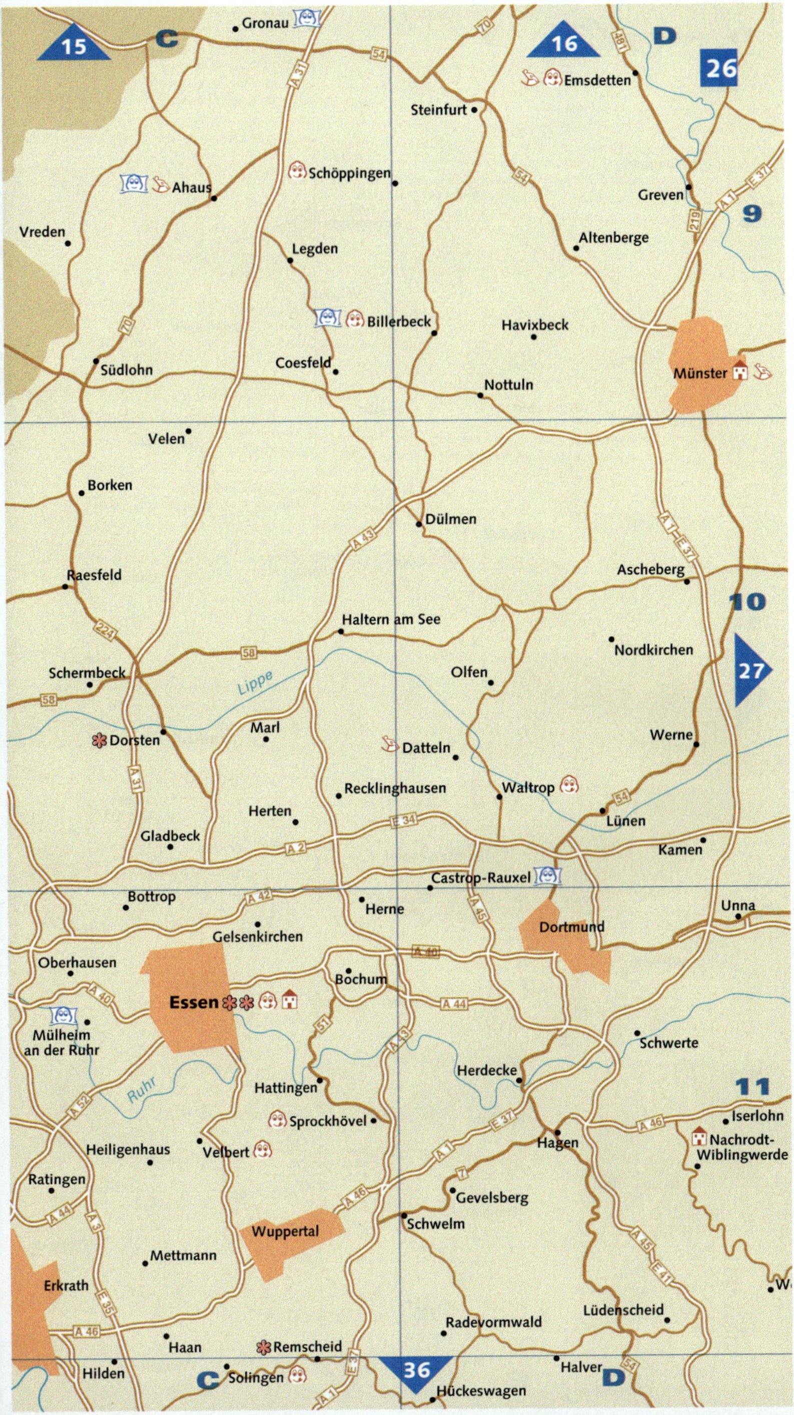

15
16
26
9
10
27
11
36
C
D
Gronau
Emsdetten
Steinfurt
Schöppingen
Ahaus
Vreden
Greven
Altenberge
Legden
Billerbeck
Havixbeck
Südlohn
Coesfeld
Nottuln
Münster
Velen
Borken
Dülmen
Raesfeld
Ascheberg
Haltern am See
Nordkirchen
Schermbeck
Olfen
Lippe
Marl
Dorsten
Datteln
Werne
Recklinghausen
Waltrop
Herten
Lünen
Gladbeck
Kamen
Castrop-Rauxel
Bottrop
Herne
Unna
Dortmund
Gelsenkirchen
Oberhausen
Bochum
Essen
Mülheim an der Ruhr
Schwerte
Herdecke
Ruhr
Hattingen
Sprockhövel
Iserlohn
Hagen
Nachrodt-Wiblingwerde
Heiligenhaus
Velbert
Ratingen
Gevelsberg
Schwelm
Wuppertal
Mettmann
Erkrath
Lüdenscheid
Radevormwald
Haan
Remscheid
Hilden
Solingen
Halver
Hückeswagen
A 31
A 1
E 37
A 43
A 2
E 34
A 42
A 45
A 40
A 44
A 52
A 46
A 3
E 35
E 41
54
70
481
219
224
58
51
7

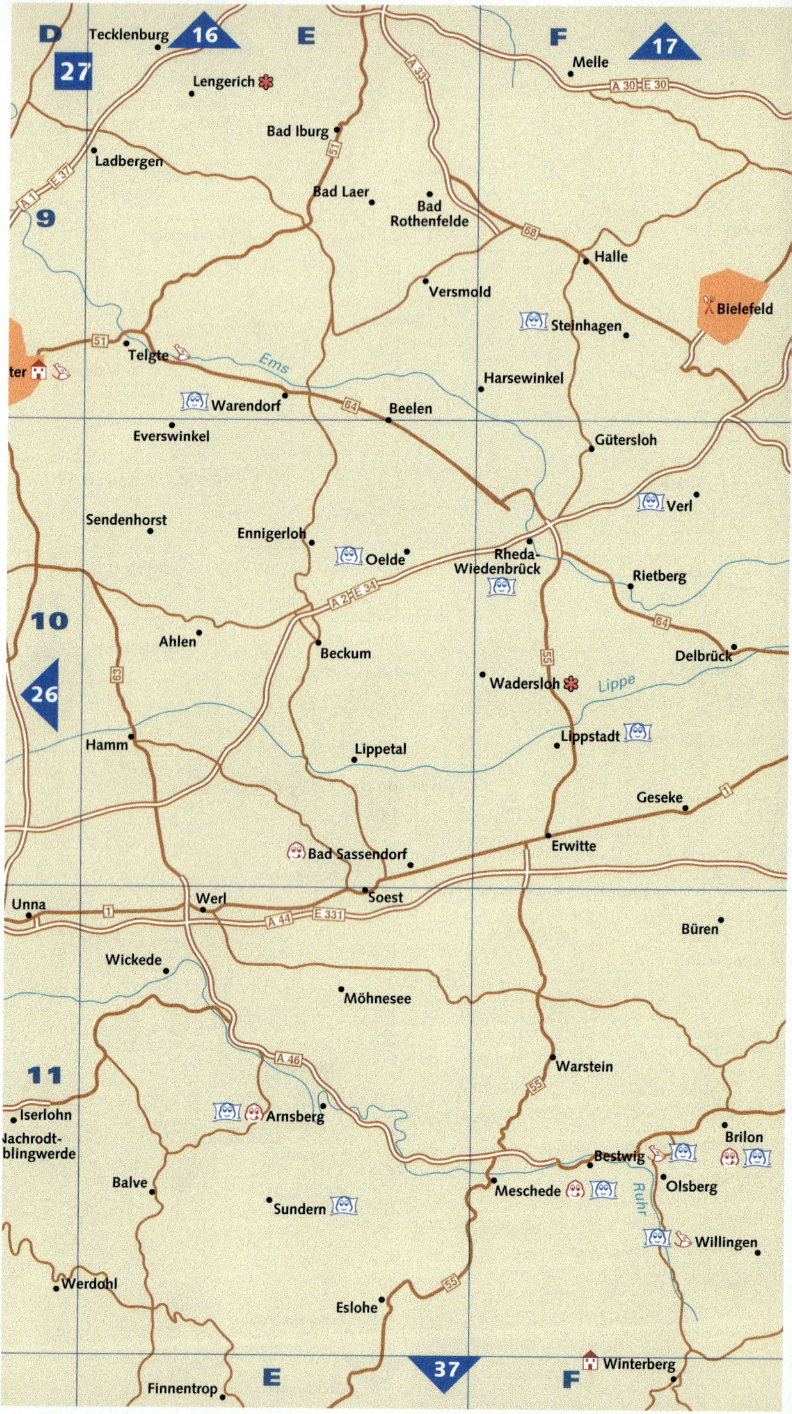

D
E
F
16
17
27
26
37
9
10
11
Tecklenburg
Lengerich
Melle
A 30
E 30
A 33
Bad Iburg
51
Ladbergen
A 1
E 37
Bad Laer
Bad Rothenfelde
68
Halle
Versmold
Bielefeld
Steinhagen
Telgte
ter
Ems
Harsewinkel
Warendorf
64
Beelen
Everswinkel
Gütersloh
Verl
Sendenhorst
Ennigerloh
Oelde
Rheda-Wiedenbrück
Rietberg
A 2
E 34
Ahlen
Beckum
Delbrück
63
55
Wadersloh
Lippe
Hamm
Lippetal
Lippstadt
Geseke
1
Erwitte
Bad Sassendorf
Unna
Werl
Soest
A 44
E 331
Büren
Wickede
Möhnesee
A 46
Warstein
Iserlohn
Nachrodt-Wiblingwerde
Arnsberg
Brilon
Bestwig
Balve
Meschede
Olsberg
Ruhr
Sundern
Willingen
Werdohl
Eslohe
Winterberg
Finnentrop

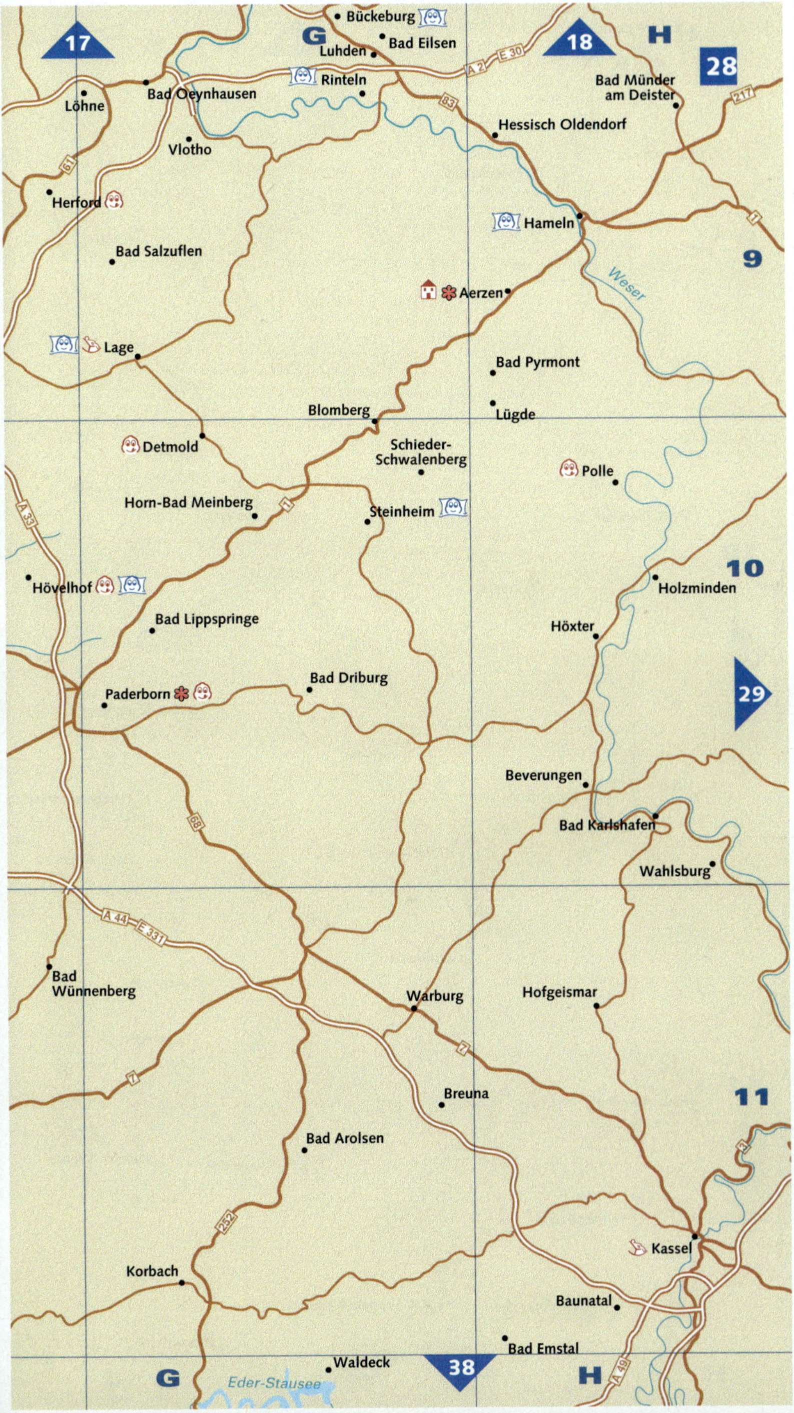
17
G
Bückeburg
Bad Eilsen
Luhden
18
H
28
Bad Oeynhausen
Rinteln
A 2
E 30
Bad Münder
am Deister
217
Löhne
83
Hessisch Oldendorf
Vlotho
61
Herford
Hameln
1
Bad Salzuflen
9
Weser
Aerzen
Lage
Bad Pyrmont
Blomberg
Lügde
Detmold
Schieder-
Schwalenberg
Polle
A 33
Horn-Bad Meinberg
1
Steinheim
Hövelhof
10
Holzminden
Bad Lippspringe
Höxter
Bad Driburg
29
Paderborn
Beverungen
Bad Karlshafen
68
Wahlsburg
A 44
E 331
Bad
Wünnenberg
Warburg
Hofgeismar
7
7
Breuna
11
Bad Arolsen
7
252
Kassel
Korbach
Baunatal
Bad Emstal
Waldeck
38
G
Eder-Stausee
H
A 49

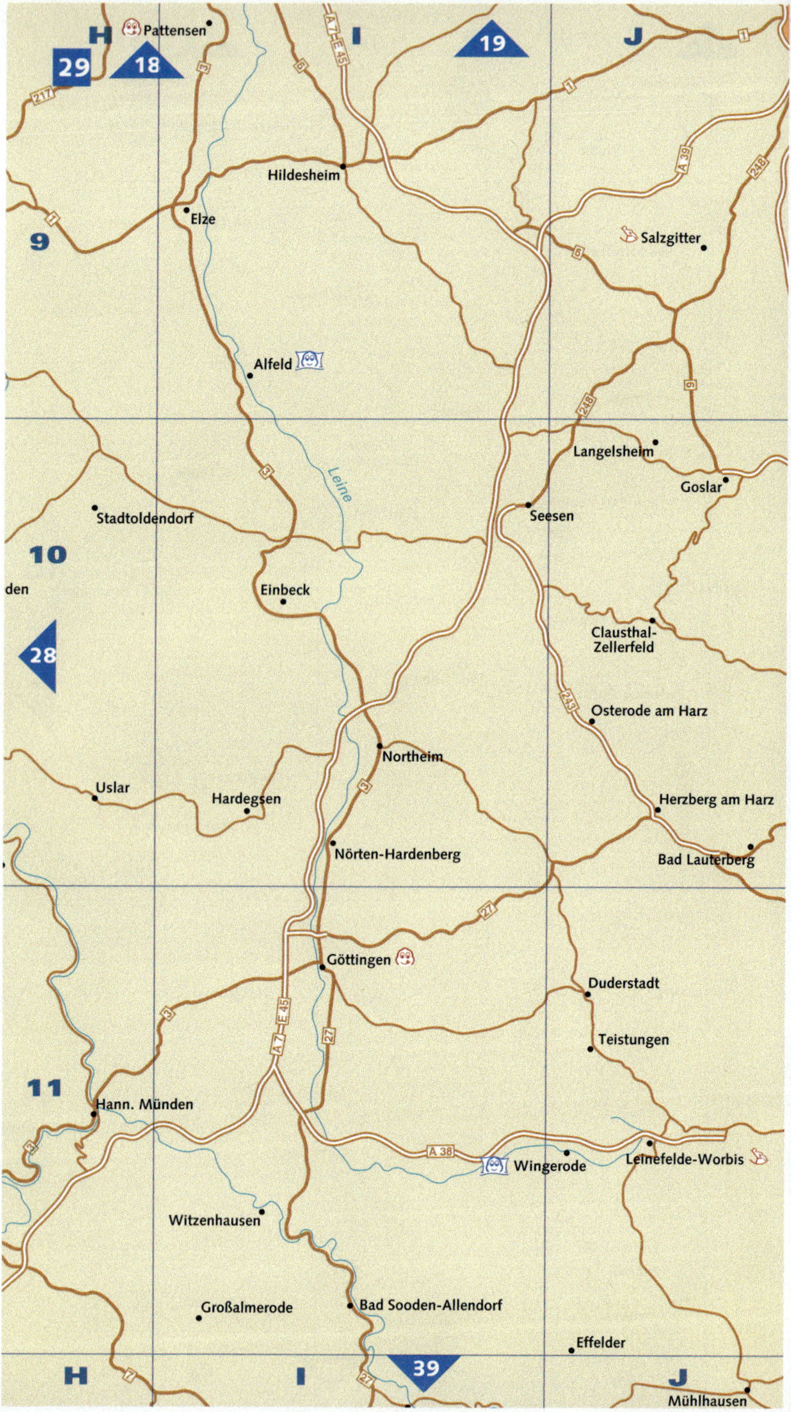
H
I
J
29
18
19
28
39
9
10
11
Pattensen
Hildesheim
Elze
Salzgitter
Alfeld
Leine
Langelsheim
Goslar
Seesen
Stadtoldendorf
den
Einbeck
Clausthal-
Zellerfeld
Osterode am Harz
Northeim
Uslar
Hardegsen
Herzberg am Harz
Nörten-Hardenberg
Bad Lauterberg
Göttingen
Duderstadt
Teistungen
Hann. Münden
Wingerode
Leinefelde-Worbis
Witzenhausen
Großalmerode
Bad Sooden-Allendorf
Effelder
Mühlhausen
A 7-E 45
A 38
A 39
1
3
6
7
9
27
217
243
248

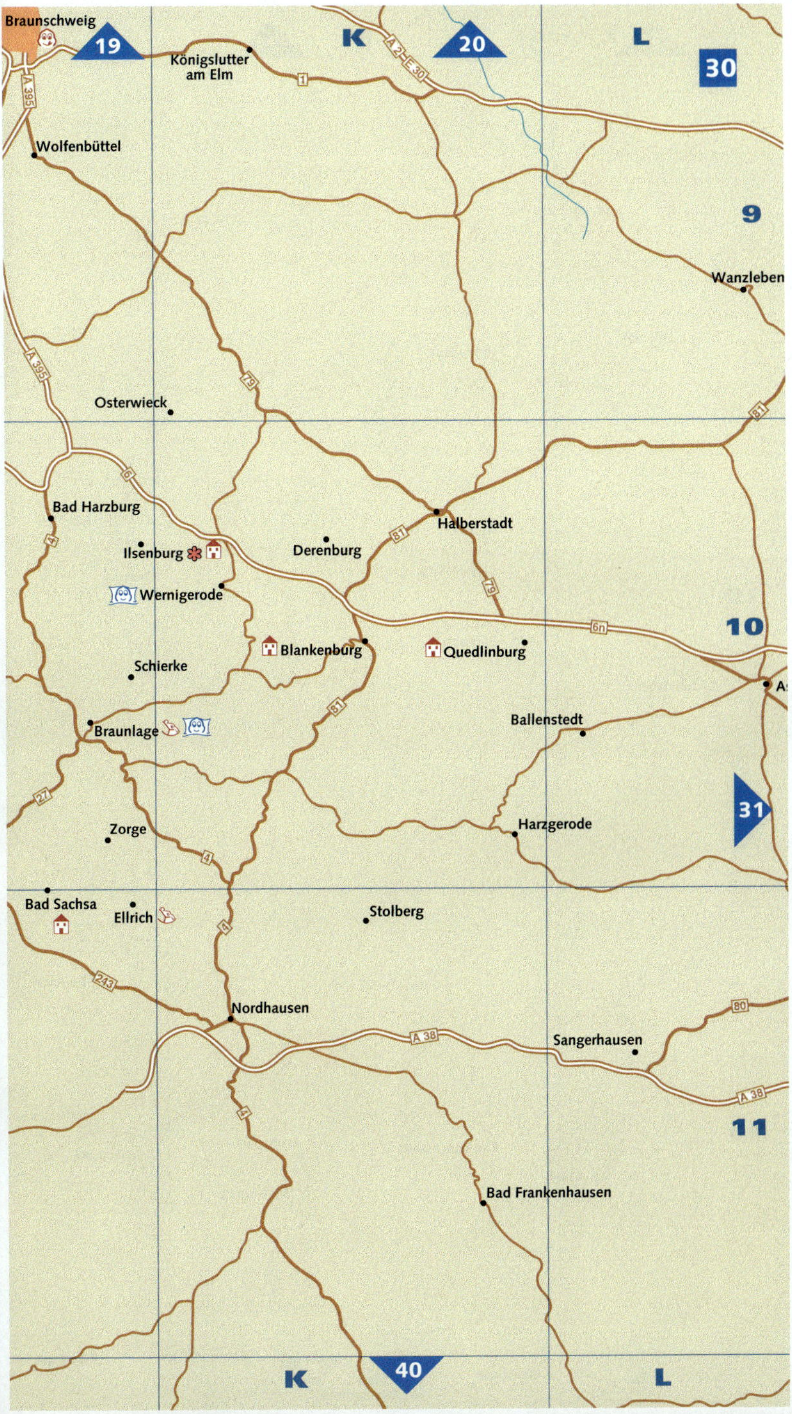

Braunschweig
19
K
20
L
30
Königslutter am Elm
A 2-E 30
1
A 395
Wolfenbüttel
9
Wanzleben
79
Osterwieck
81
6
Bad Harzburg
Halberstadt
4
Ilsenburg
Derenburg
81
Wernigerode
79
6n
10
Blankenburg
Quedlinburg
Schierke
A
81
Ballenstedt
Braunlage
31
27
Zorge
Harzgerode
4
Bad Sachsa
Ellrich
Stolberg
4
243
Nordhausen
80
A 38
Sangerhausen
A 38
4
11
Bad Frankenhausen
K
40
L

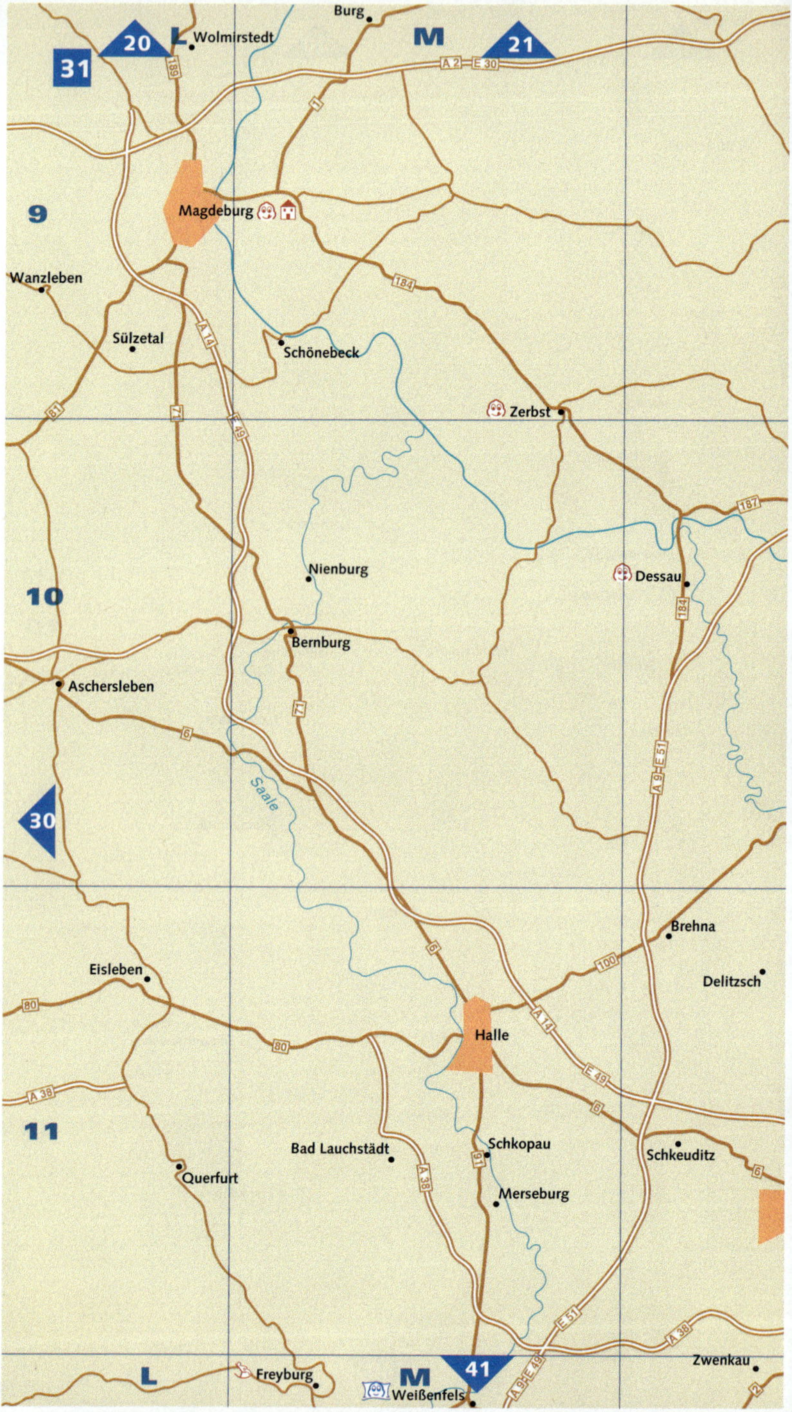
31
20
L
Wolmirstedt
Burg
M
21
A 2
E 30
189
1
9
Magdeburg
Wanzleben
Sülzetal
A 14
Schönebeck
184
Zerbst
81
71
E 49
187
Nienburg
10
Dessau
184
Bernburg
Aschersleben
71
6
Saale
A 9
E 51
30
Brehna
Eisleben
100
Delitzsch
80
6
A 14
80
Halle
E 49
A 38
6
11
Bad Lauchstädt
Schkopau
Schkeuditz
91
A 38
6
Querfurt
Merseburg
E 51
A 38
Zwenkau
L
Freyburg
M
41
Weißenfels
A 9
E 49
2

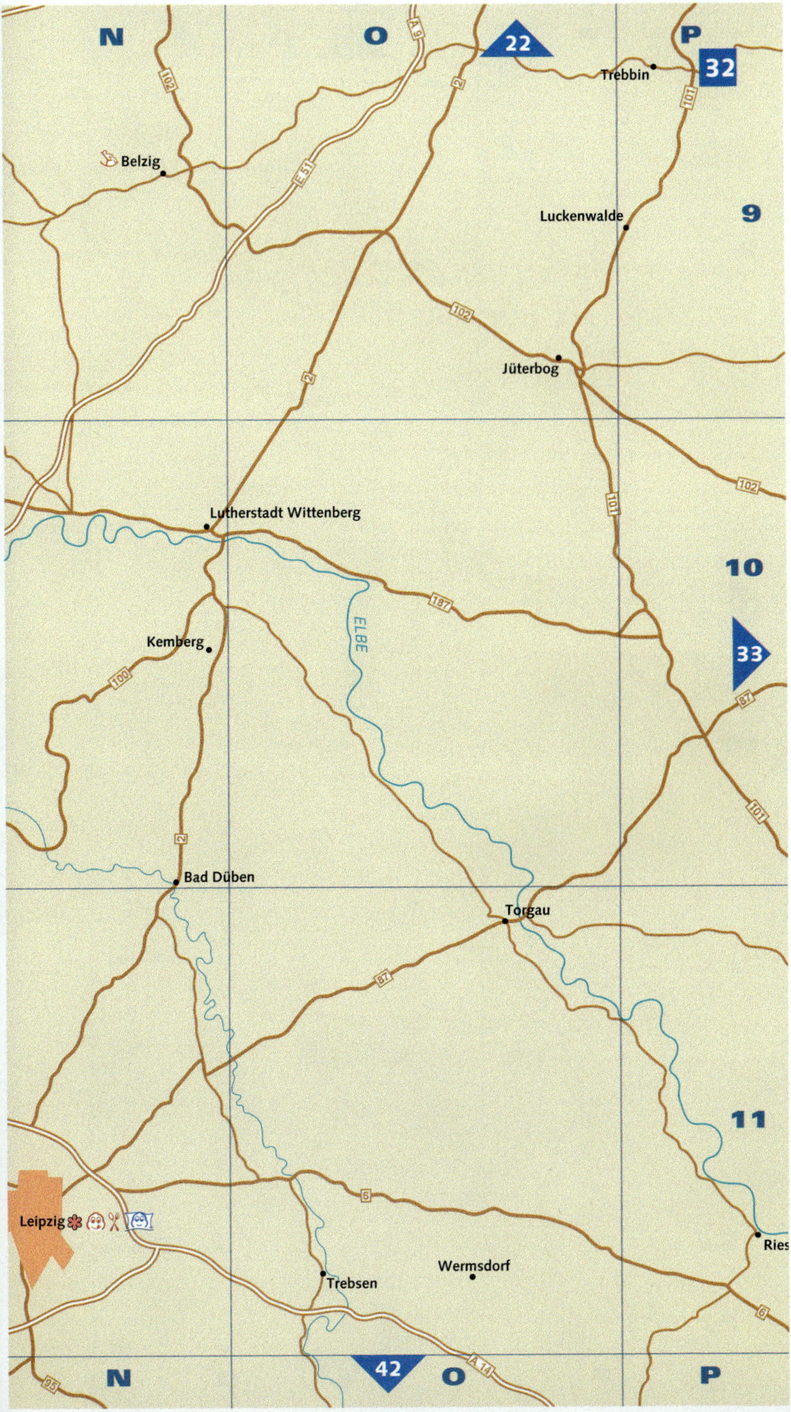
N
O
P
22
32
Trebbin
Belzig
Luckenwalde
9
Jüterbog
Lutherstadt Wittenberg
10
ELBE
Kemberg
33
Bad Düben
Torgau
11
Leipzig
Ries
Trebsen
Wermsdorf
42
N
O
P

33
P
23 Q
9

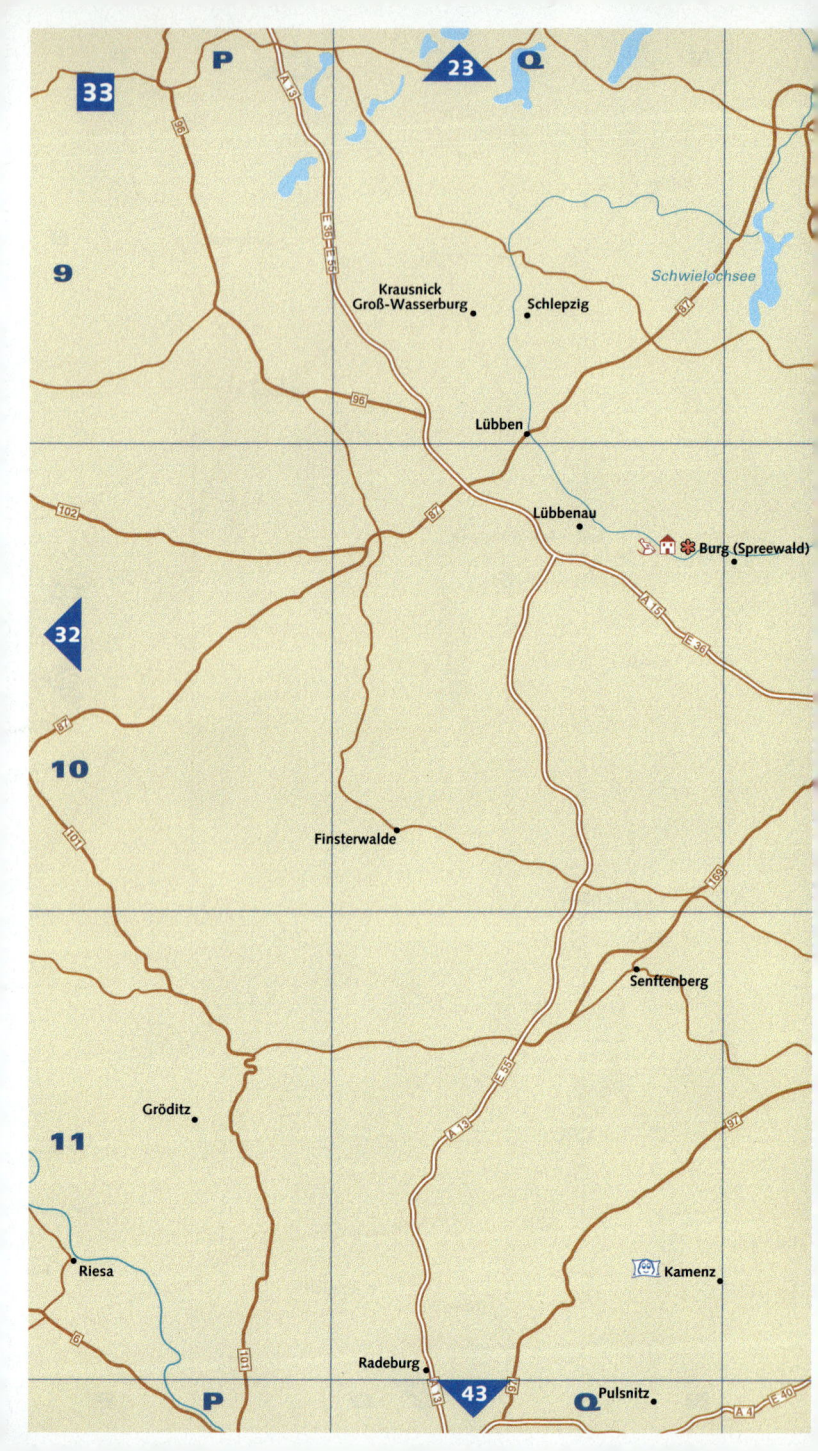

Krausnick
Groß-Wasserburg
Schlepzig
Schwielochsee

Lübben

Lübbenau
Burg (Spreewald)

102

32

10

Finsterwalde

Senftenberg

Gröditz
11

Riesa
Kamenz

Radeburg
43
P Q Pulsnitz

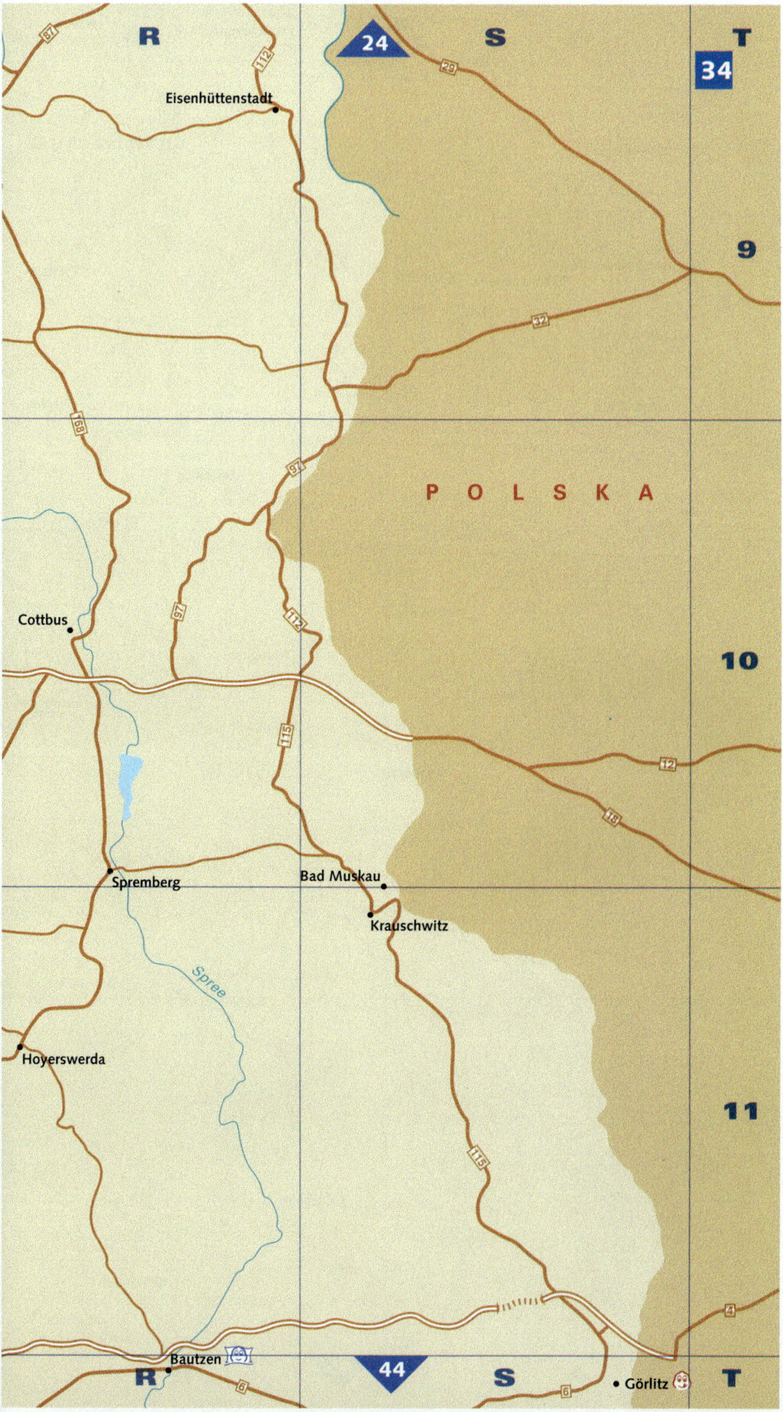
R
24
S
T
34
97
112
29
Eisenhüttenstadt
9
32
168
97
POLSKA
97
112
Cottbus
10
115
12
18
Spremberg
Bad Muskau
Krauschwitz
Spree
Hoyerswerda
11
115
4
Bautzen
R
44
S
6
6
Görlitz
T

Map

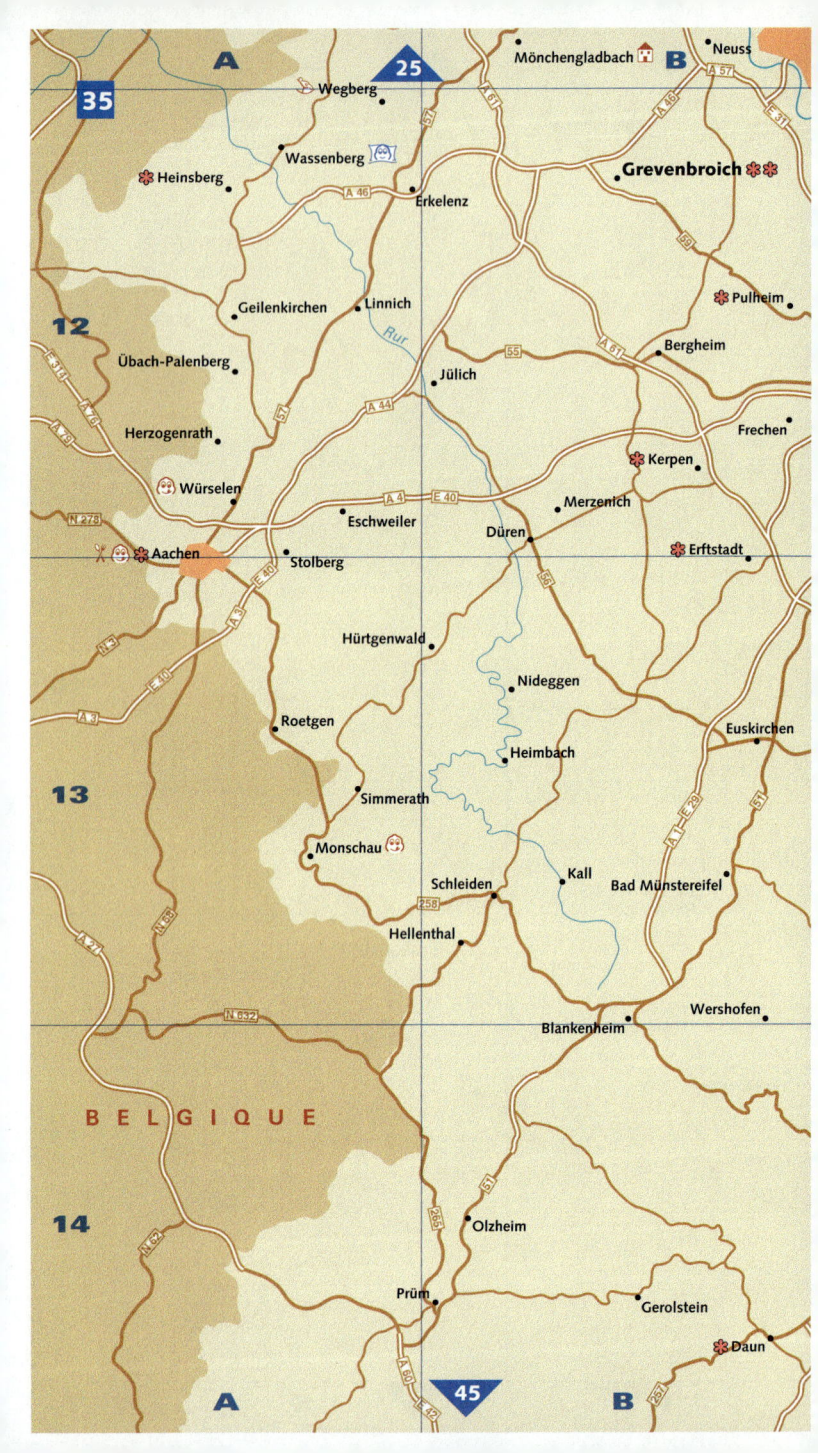

A | **25** | **B**
35

- Mönchengladbach
- Neuss
- Wegberg
- Wassenberg
- Heinsberg
- Erkelenz
- **Grevenbroich**
- Geilenkirchen
- Linnich
- Pulheim
- **12**
- Übach-Palenberg
- Rur
- Bergheim
- Herzogenrath
- Jülich
- Würselen
- Kerpen
- Frechen
- Eschweiler
- Merzenich
- Aachen
- Düren
- Erftstadt
- Stolberg
- Hürtgenwald
- Nideggen
- Roetgen
- Heimbach
- Euskirchen
- **13**
- Simmerath
- Monschau
- Kall
- Schleiden
- Bad Münstereifel
- Hellenthal
- Wershofen
- Blankenheim

BELGIQUE

- **14**
- Olzheim
- Prüm
- Gerolstein
- Daun

A | **45** | **B**

26
36
C
D
Radevormwald
Lüdenscheid
Haan
Remscheid
Hilden
Solingen
Halver
Hückeswagen
Langenfeld
Wermelskirchen
Wipperfürth
Dormagen
Marienheide
Odenthal
Leverkusen
Lindlar
Gummersbach
Bergneustadt
12
Drolsha
BERGISCH GLADBACH
Engelskirchen
Köln
Wiehl
Reichsh
Overath
Rösrath
Much
Nümbrecht
Hürth
Brühl
Wesseling
Lohmar
Morsbach
Troisdorf
Niederkassel
Siegburg
Windeck
Sieg
Bornheim
Hennef
Hamm
Wissen
Bonn
Königswinter
37
Limbac
13
Rheinbach
Wachtberg
Bad Honnef
Windhagen
Unkel
Vettelschoss
Bad Neuenahr-Ahrweiler
Remagen
Roßbach
Dernau
Sinzig
Waldbreitbach
Altenahr
Mayschoss
Bad Hönningen
Hardert
Bad Breisig
Rengsdorf
RHEIN
Isenburg
Ransbach-Baumbach
Neuwied
Andernach
Bendorf
Höhr-Grenzhausen
Adenau
Maria Laach
Kaltenengers
Langenfeld
Vallendar
Mendig
Mülheim-Kärlich
Urbar
Koblenz
Nürburg
Ochtendung
Bad Ems
Mayen
Kobern-Gondorf
Dieblich
Lahnstein
Nassau
Braubach
Waldesch
14
Darscheid
Alken
Spay
Kamp-Bornhofen
Boppard
45
46
Cochem
Mosel
Treis-Karden
Emmelshausen

D
E
F
27
37
12
13
14
36
46
47
Eslohe
Winterberg
Finnentrop
Schmallenberg
Lennestadt
Attendorn
Hallenberg
Kirchhundem
A 45
E 41
55
Bad Berleburg
Olpe
Drolshagen
Hilchenbach
A 4
E 40
Wenden
Kreuztal
Reichshof
478
62
253
Bad Laasphe
Biedenkopf
Morsbach
Siegen
Lahn
54
Kirchen
Wilnsdorf
Wissen
Betzdorf
Burbach
Limbach
Herborn
Hachenburg
Bad Marienberg
Rennerod
277
Gießen
Westerburg
Leun
Wetzlar
Oberahr
49
Braunfels
Weilburg
Hadamar
Montabaur
A 3
E 35
Limburg an der Lahn
ad Ems
Balduinstein
Nassau
Usingen
Weilrod
Neu-Anspach
Schmitten
Bad Homburg
vor der Höhe
Hünstetten
Idstein
8
Glashütten
19
Oberursel
Nastätten
Hohenstein
Königstein
Kronberg
Niedernhausen

G
28
H
38
Baunatal
Bad Emstal
Waldeck
Eder-Stausee
A 49
Fritzlar
Bad Wildungen
Melsunge
252
Eder
253
83
A 7 E 45
Fulda
Frankenberg
12
252
Burgwald
Knüllwald
3
Schwalmstadt
Neuen
62
Oberaula
Kirchhe
Marburg
Amöneburg
Nie
A 5
62
A 7
E 40
Ebsdorfergrund
Alsfeld
E 45
3
39
Fulda
13
A 480
Mücke
49
Lauterbach
Bad Salzschlirf
E 40
A 485
Grünberg
Großenlüder
Laubach
E 451
Fu
Lich
A 5
Schotten
Hosenfeld
Neuhof
40
14
Schlüchtern
Bad Nauheim
Friedberg
Bad Soden-Salmünster
Karben
Nidderau
3
45
A 45
Ronneburg
Bad Orb
Schöneck
Gelnhausen
47
48
Bad Vilbel
G
A 66
E 41
H
Erlensee

H
I
J
39
29
Großalmerode
Bad Sooden-Allendorf
Effelder
Mühlhausen
Eschwege
Melsungen
Spangenberg
Fulda
12
Cornberg
Herleshausen
Eisenach
Knüllwald
Bebra
Ronshausen
Neuenstein
Ruhla
Tabarz
Bad Hersfeld
Friedewald
Werra
Kirchheim
Hohenroda
Brotterode
Niederaula
Bad Salzungen
Floh-Seligenthal
38
Schmalkalden
Tann
Kaltennordheim
alzschlirf
13
Hofbieber
Meiningen
Fulda
Ehrenberg
Fladungen
Poppenhausen
Neuhof
Ebersburg
Gersfeld
Ostheim vor der Rhön
Oberelsbach
Mellrichstadt
14
Motten
lüchtern
Bad Neustadt an der Saale
Bad Brückenau
48
49
Oberthulba
Bad Kissingen
A 4
E 40
A 7
E 45
A 71
7
27
83
19
279
40

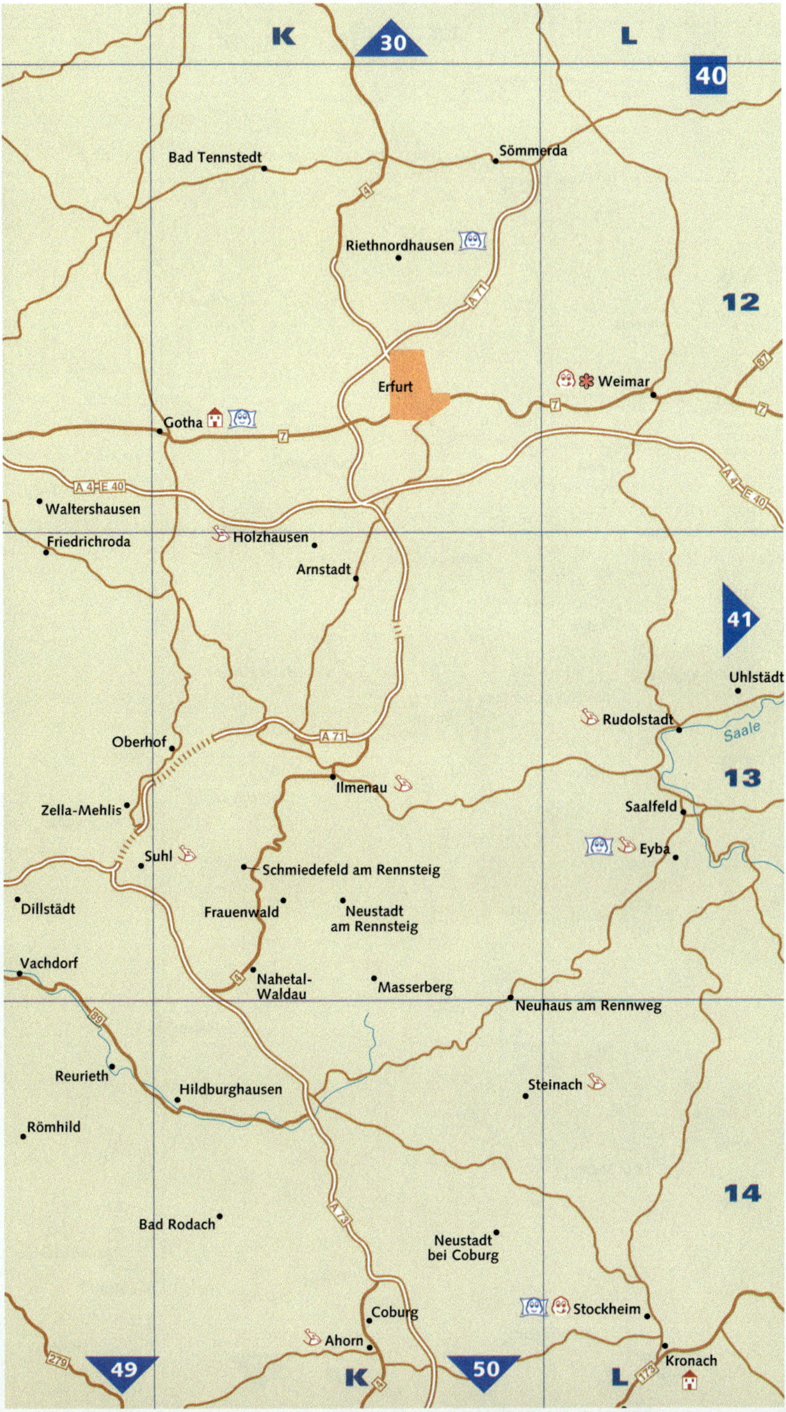

K
30
L
40
Bad Tennstedt
Sömmerda
4
Riethnordhausen
A 71
12
87
Erfurt
Weimar
7
Gotha
7
A 4 E 40
A 4 E 40
Waltershausen
Friedrichroda
Holzhausen
Arnstadt
41
Uhlstädt
Rudolstadt
Saale
Oberhof
A 71
Ilmenau
13
Zella-Mehlis
Saalfeld
Suhl
Eyba
Schmiedefeld am Rennsteig
Dillstädt
Frauenwald
Neustadt
am Rennsteig
Vachdorf
4
Nahetal-
Waldau
Masserberg
Neuhaus am Rennweg
89
Reurieth
Hildburghausen
Steinach
Römhild
14
Bad Rodach
A 73
Neustadt
bei Coburg
Coburg
Stockheim
Ahorn
Kronach
279
49
K
4
50
L
173

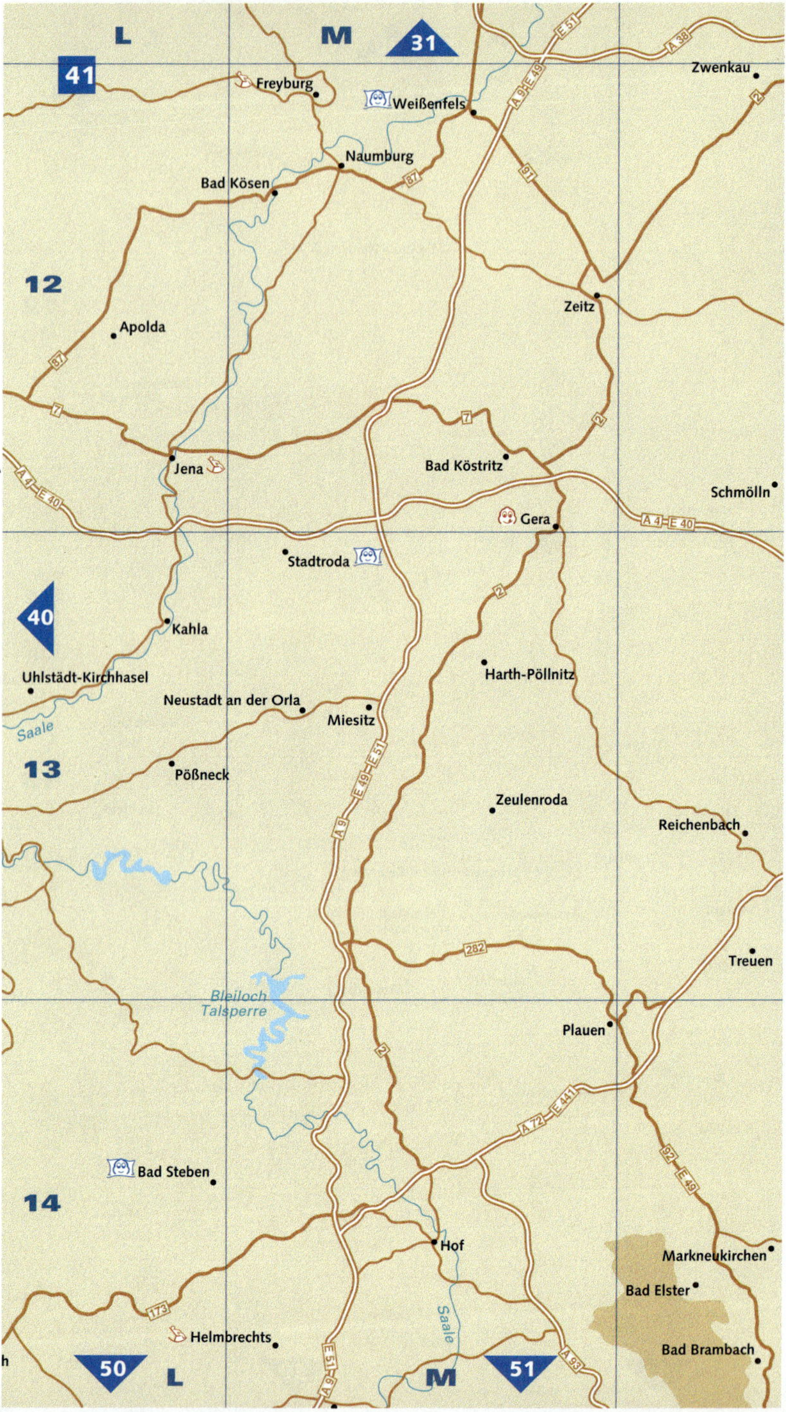
L
M
31
41
Freyburg
Weißenfels
Zwenkau
Naumburg
Bad Kösen
12
Apolda
Zeitz
Jena
Bad Köstritz
Schmölln
Gera
Stadtroda
40
Kahla
Uhlstädt-Kirchhasel
Neustadt an der Orla
Miesitz
Harth-Pöllnitz
Saale
13
Pößneck
Zeulenroda
Reichenbach
Treuen
Bleiloch Talsperre
Plauen
Bad Steben
14
Hof
Markneukirchen
Bad Elster
Helmbrechts
Saale
Bad Brambach
50
L
M
51
A 4-E 40
A 9-E 49
E 51
A 38
A 72-E 441
92-E 49
A 93
87
7
2
91
282
173

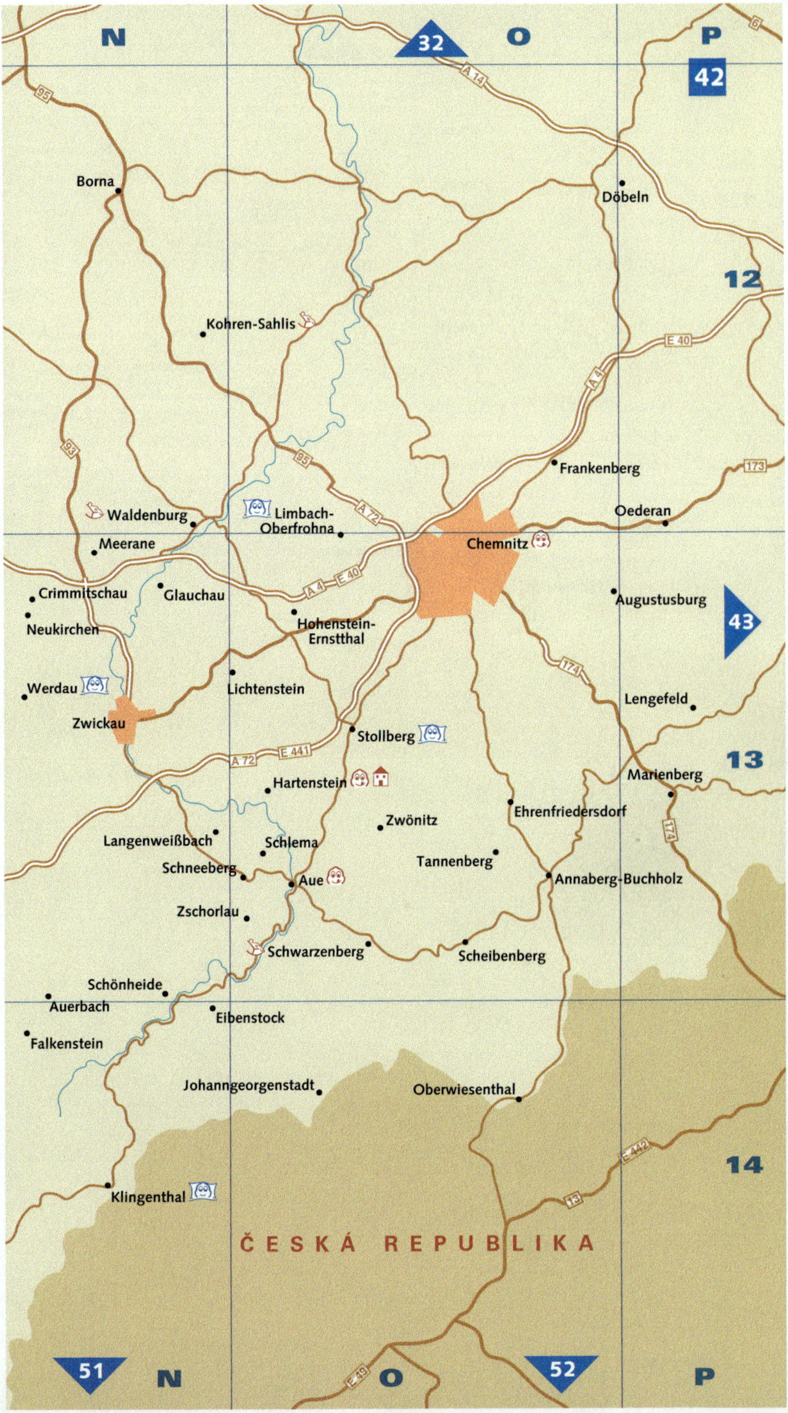
N
32
O
P
42
6
95
A 14
Borna
Döbeln
12
Kohren-Sahlis
E 40
A 4
93
95
Frankenberg
173
Waldenburg
Limbach-
Oberfrohna
A 72
Oederan
Meerane
Chemnitz
Crimmitschau
Glauchau
A 4
E 40
Augustusburg
43
Neukirchen
Hohenstein-
Ernstthal
174
Werdau
Lichtenstein
Lengefeld
Zwickau
Stollberg
A 72
E 441
13
Hartenstein
Marienberg
Ehrenfriedersdorf
Zwönitz
Langenweißbach
Schlema
174
Tannenberg
Schneeberg
Aue
Annaberg-Buchholz
Zschorlau
Schwarzenberg
Scheibenberg
Schönheide
Auerbach
Eibenstock
Falkenstein
Johanngeorgenstadt
Oberwiesenthal
E 442
14
13
Klingenthal
ČESKÁ REPUBLIKA
51
N
E 49
O
52
P

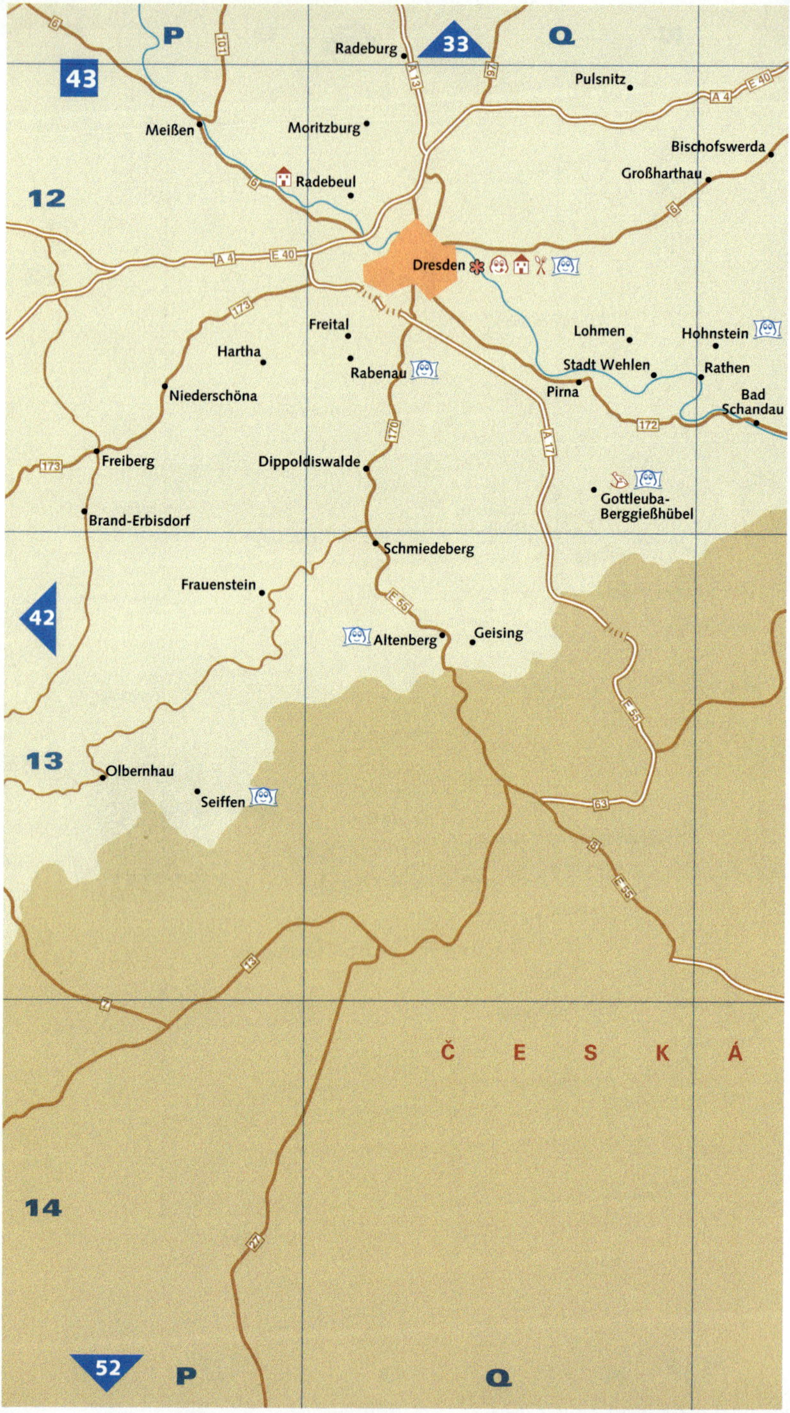

P
Q
43
33
12
13
14
42
52
Radeburg
Pulsnitz
Meißen
Moritzburg
Bischofswerda
Großharthau
Radebeul
Dresden
Freital
Hartha
Rabenau
Niederschöna
Lohmen
Hohnstein
Stadt Wehlen
Rathen
Pirna
Bad Schandau
Freiberg
Dippoldiswalde
Gottleuba-Berggießhübel
Brand-Erbisdorf
Schmiedeberg
Frauenstein
Altenberg
Geising
Olbernhau
Seiffen
Č E S K Á
A 4
E 40
A 13
A 17
E 55
6
101
97
173
170
172
63
8
13
7
27

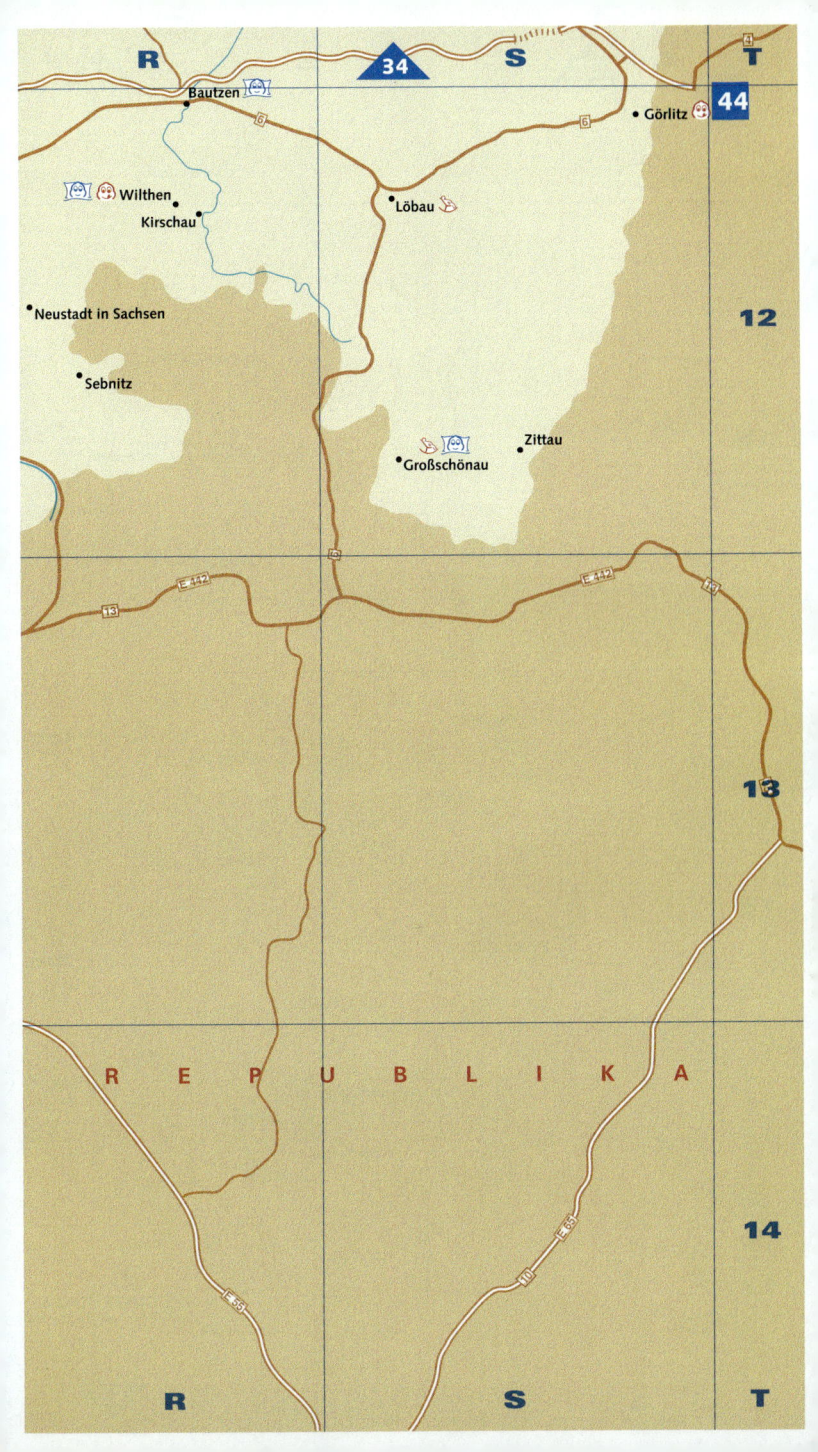

- Bautzen
- Wilthen
- Kirschau
- Löbau
- Görlitz
- Neustadt in Sachsen
- Sebnitz
- Großschönau
- Zittau

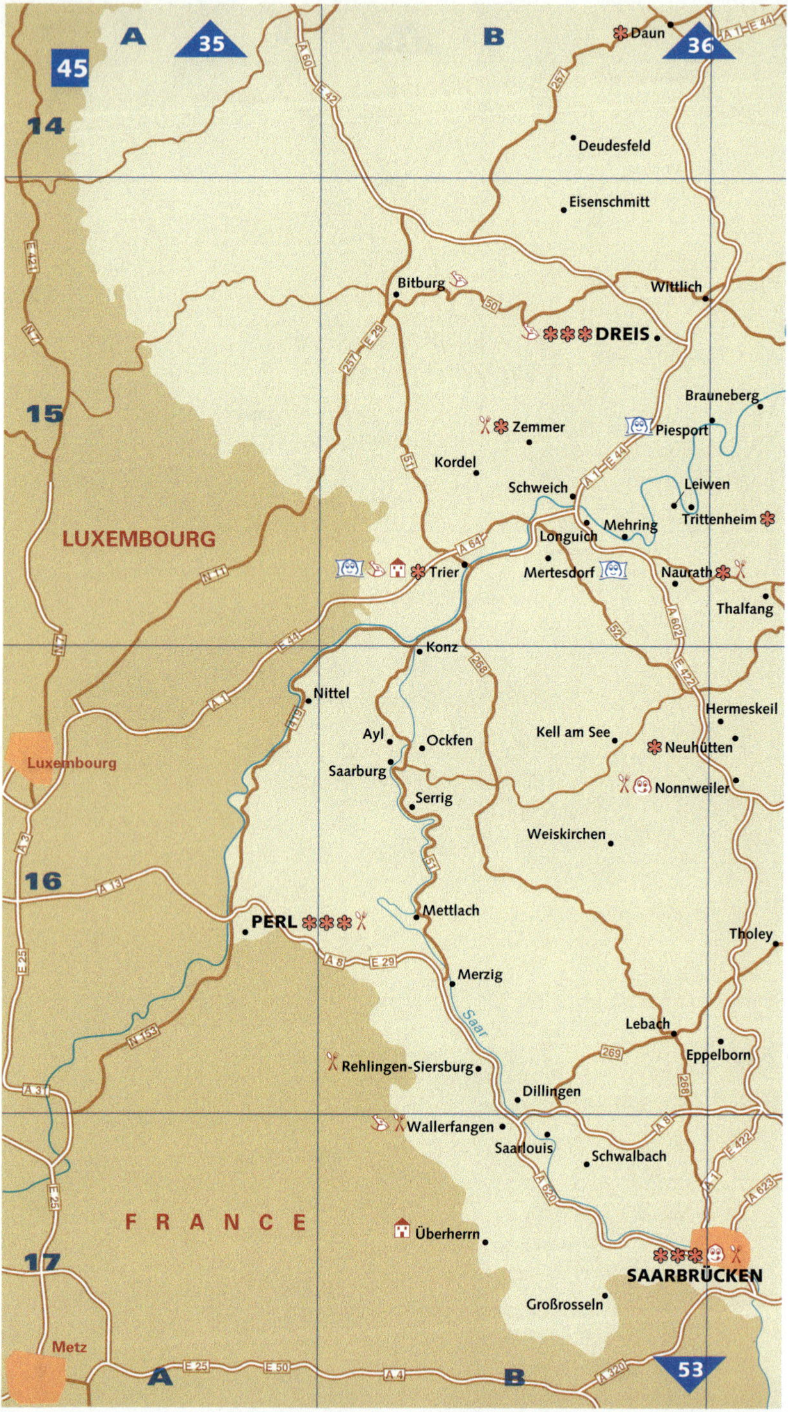
A
B
35
36
45
14
15
16
17
53
Daun
Deudesfeld
Eisenschmitt
Bitburg
Wittlich
DREIS
Brauneberg
Zemmer
Piesport
Kordel
Schweich
Leiwen
Mehring
Trittenheim
Longuich
LUXEMBOURG
Trier
Mertesdorf
Naurath
Thalfang
Konz
Nittel
Hermeskeil
Ayl
Ockfen
Kell am See
Neuhütten
Saarburg
Nonnweiler
Luxembourg
Serrig
Weiskirchen
PERL
Mettlach
Tholey
Merzig
Saar
Lebach
Eppelborn
Rehlingen-Siersburg
Dillingen
Wallerfangen
Saarlouis
Schwalbach
FRANCE
Überherrn
SAARBRÜCKEN
Großrosseln
Metz

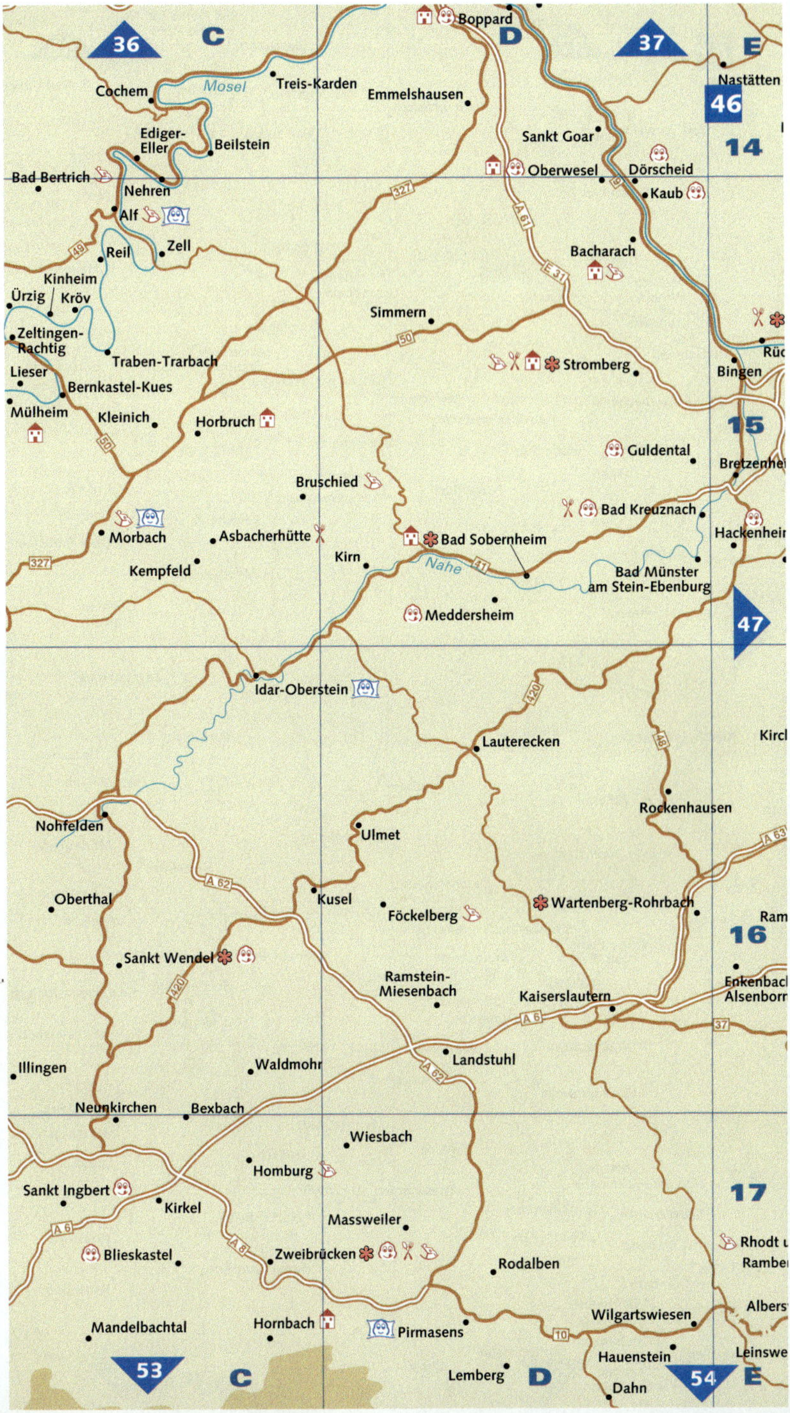
36
C
Boppard
D
37
E
Nastätten
46
14
Cochem
Mosel
Treis-Karden
Emmelshausen
Sankt Goar
Ediger-Eller
Beilstein
Dörscheid
Bad Bertrich
Oberwesel
Kaub
Nehren
327
Alf
A 61
Reil
Zell
49
Bacharach
Kinheim
Ürzig
Kröv
E 31
Simmern
Zeltingen-Rachtig
50
Traben-Trarbach
Stromberg
Rüd
Lieser
Bingen
Bernkastel-Kues
Mülheim
Kleinich
Horbruch
15
Guldental
50
Bretzenhei
Bruschied
Bad Kreuznach
Morbach
Asbacherhütte
Hackenheim
Bad Sobernheim
Kirn
327
Kempfeld
Nahe
41
Bad Münster am Stein-Ebenburg
Meddersheim
47
Idar-Oberstein
420
Lauterecken
48
Kircl
Rockenhausen
Nohfelden
Ulmet
A 63
A 62
Oberthal
Kusel
Föckelberg
Wartenberg-Rohrbach
Ram
16
Sankt Wendel
420
Ramstein-Miesenbach
Enkenbach-Alsenborn
Kaiserslautern
A 6
37
Landstuhl
Illingen
Waldmohr
A 62
Neunkirchen
Bexbach
Wiesbach
Homburg
17
Sankt Ingbert
Kirkel
A 6
Massweiler
Rhodt u
Ramber
Blieskastel
A 8
Zweibrücken
Rodalben
Albers
Wilgartswiesen
Mandelbachtal
Hornbach
Pirmasens
10
Hauenstein
Leinswe
53
C
Lemberg
D
54
E
Dahn

Map Section

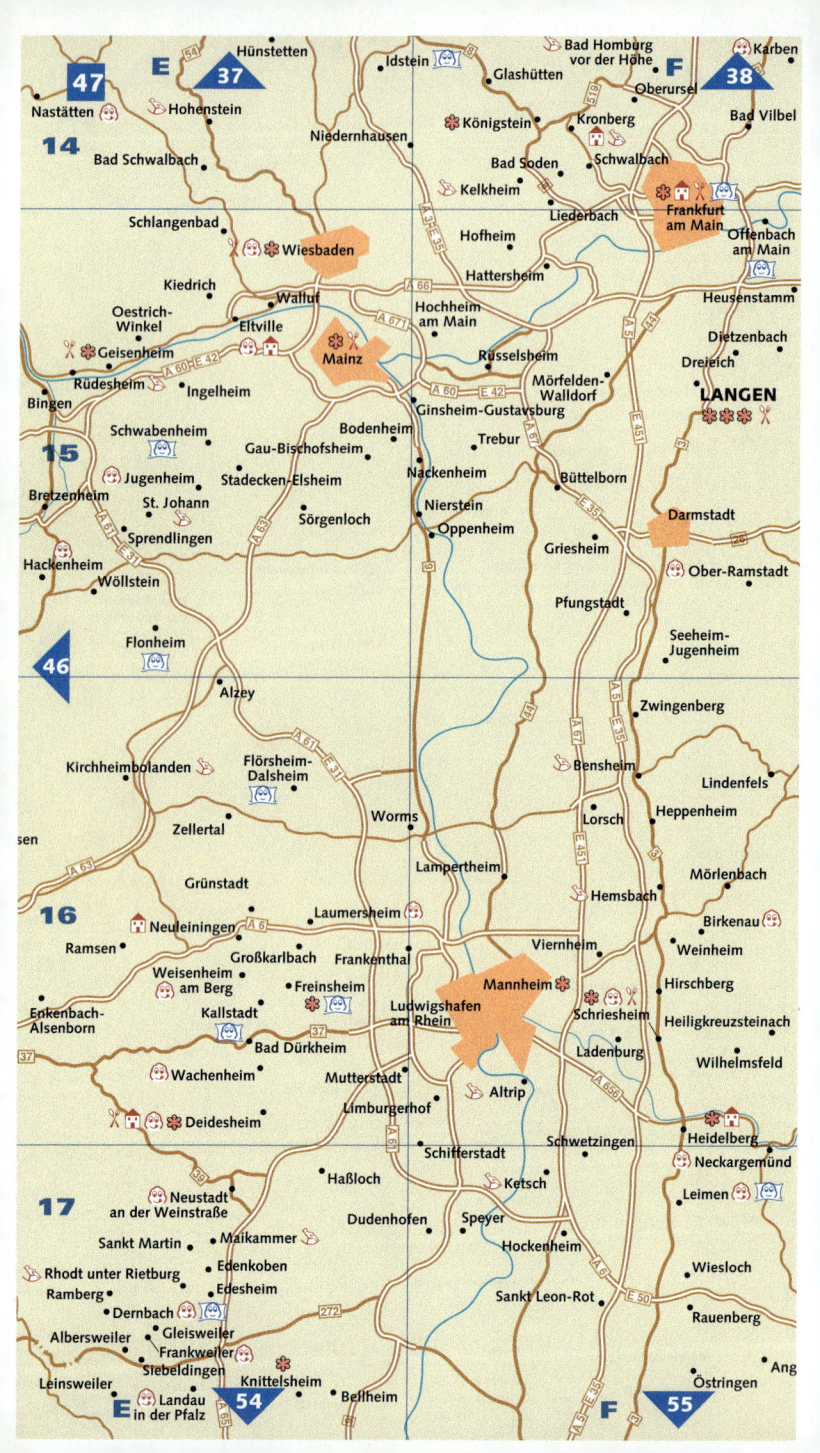

Grid references: 47, 37, 38, 14, 15, 46, 16, 17, 54, 55
Quadrants: E, F

Places

- Nastätten
- Hünstetten
- Hohenstein
- Idstein
- Glashütten
- Bad Homburg vor der Höhe
- Karben
- Königstein
- Kronberg
- Oberursel
- Bad Vilbel
- Niedernhausen
- Bad Schwalbach
- Bad Soden
- Schwalbach
- Kelkheim
- Schlangenbad
- Wiesbaden
- Hofheim
- Liederbach
- Frankfurt am Main
- Offenbach am Main
- Kiedrich
- Wallul
- Hochheim am Main
- Hattersheim
- Heusenstamm
- Oestrich-Winkel
- Eltville
- Mainz
- Dietzenbach
- Geisenheim
- Dreieich
- Rüdesheim
- Ingelheim
- Rüsselsheim
- Mörfelden-Walldorf
- LANGEN
- Bingen
- Schwabenheim
- Bodenheim
- Ginsheim-Gustavsburg
- Bretzenheim
- Gau-Bischofsheim
- Trebur
- Jugenheim
- Stadecken-Elsheim
- Nackenheim
- Büttelborn
- Darmstadt
- St. Johann
- Sörgenloch
- Nierstein
- Hackenheim
- Sprendlingen
- Oppenheim
- Griesheim
- Ober-Ramstadt
- Wöllstein
- Pfungstadt
- Seeheim-Jugenheim
- Flonheim
- Alzey
- Zwingenberg
- Kirchheimbolanden
- Flörsheim-Dalsheim
- Bensheim
- Lindenfels
- Heppenheim
- Zellertal
- Worms
- Lorsch
- Mörlenbach
- Grünstadt
- Lampertheim
- Hemsbach
- Birkenau
- Ramsen
- Neuleiningen
- Laumersheim
- Viernheim
- Weinheim
- Großkarlbach
- Frankenthal
- Mannheim
- Hirschberg
- Weisenheim am Berg
- Freinsheim
- Schriesheim
- Heiligkreuzsteinach
- Enkenbach-Alsenborn
- Kallstadt
- Ludwigshafen am Rhein
- Ladenburg
- Wilhelmsfeld
- Wachenheim
- Bad Dürkheim
- Mutterstadt
- Deidesheim
- Limburgerhof
- Altrip
- Heidelberg
- Schifferstadt
- Schwetzingen
- Neckargemünd
- Neustadt an der Weinstraße
- Haßloch
- Ketsch
- Leimen
- Sankt Martin
- Maikammer
- Dudenhofen
- Speyer
- Rhodt unter Rietburg
- Edenkoben
- Hockenheim
- Wiesloch
- Ramberg
- Edesheim
- Dernbach
- Sankt Leon-Rot
- Rauenberg
- Albersweiler
- Gleisweiler
- Frankweiler
- Siebeldingen
- Knittelsheim
- Leinsweiler
- Landau in der Pfalz
- Bellheim
- Östringen
- Ang

Nidderau
38
Schöneck
Ronneburg
G
Gelnhausen
Bad Orb
H
39
48
14
Wa
Erlensee
Maintal
Hanau
Mühlheim am Main
Alzenau
Rieneck
Obertshausen
Kahl am Main
Blankenbach
Frammersbach
Gemünd am Main
Seligenstadt
Karlstein am Main
Heigenbrücken
MAIN
Johannesberg
Lohr am Main
Stockstadt am Main
Aschaffenburg
Babenhausen
Rothenbuch
Karlstadt
Großostheim
Niedernberg
Weibersbrunn
15
Mespelbrunn
Heimbuchenthal
Groß-Zimmern
Groß-Umstadt
Obernburg
Dammbach
Birkenfe
Schollbrunn
Marktheidenfeld
Erlenbach am Main
Triefenstein
Höchst im Odenwald
Mönchberg
Kreuzwertheim
Klingenberg am Main
Fischbachtal
Laudenbach
Bad König
Wertheim
Helmstad
Großheubach
Bürgstadt
49
Reichelsheim
Miltenberg
Michelstadt
Mossautal
Weilbach
Grasellenbach
Amorbach
Tauberbischofsheim
Wald-Michelbach
Walldürn
16
Lauda-K
Buchen
Rothenberg
Bad Mer
Eberbach
Hirschhorn
Neckar
Osterburken
Neckarsteinach
Neunkirchen
Jagst
Mosbach
Möckmühl
Schöntal
Neckarzimmern
Neckarbischofsheim
Niedernhall
Ingelfingen
Gundelsheim
Forchtenberg
Künzelsau
17
Sinsheim
Bad Rappenau
Friedrichsruhe
Bad Friedrichshall
elbachtal
Kupferzell
Bad Wimpfen
Ittlingen
55
G
Neckarsulm
Öhringen
H
Waldenburg
56

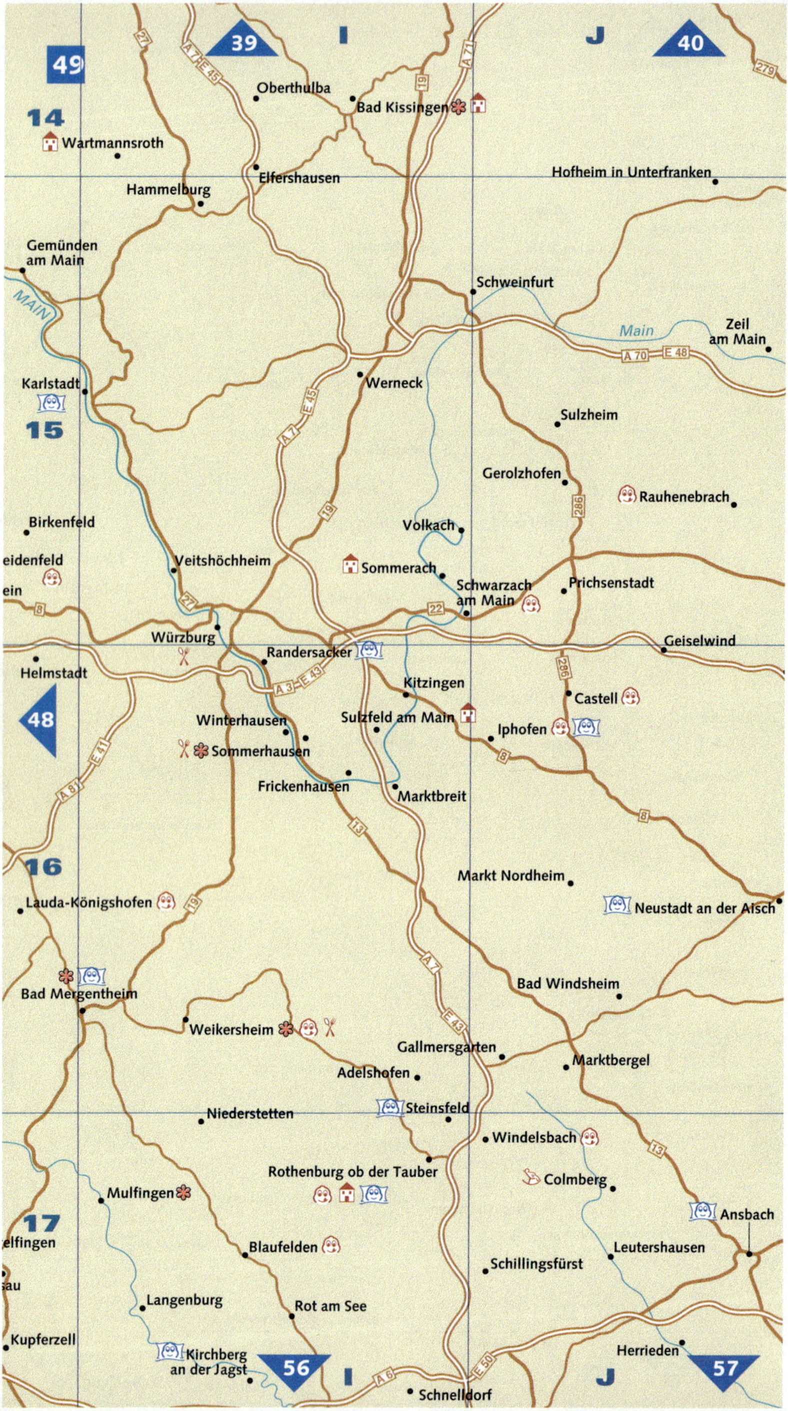

39
I
J
40
49
14
Oberthulba
Bad Kissingen
Wartmannsroth
Elfershausen
Hofheim in Unterfranken
Hammelburg
Gemünden am Main
MAIN
Schweinfurt
Main
Zeil am Main
Karlstadt
Werneck
15
Sulzheim
Gerolzhofen
Rauhenebrach
Birkenfeld
Volkach
eidenfeld
Veitshöchheim
Sommerach
Schwarzach am Main
Prichsenstadt
ein
Würzburg
Randersacker
Geiselwind
Helmstadt
Kitzingen
Castell
48
Winterhausen
Sulzfeld am Main
Iphofen
Sommerhausen
Frickenhausen
Marktbreit
16
Markt Nordheim
Lauda-Königshofen
Neustadt an der Aisch
Bad Mergentheim
Bad Windsheim
Weikersheim
Gallmersgarten
Adelshofen
Marktbergel
Steinsfeld
Niederstetten
Windelsbach
Rothenburg ob der Tauber
Colmberg
Mulfingen
Ansbach
17
elfingen
Blaufelden
Leutershausen
Schillingsfürst
sau
Langenburg
Rot am See
Kupferzell
Kirchberg an der Jagst
56
I
J
Herrieden
57
Schnelldorf
A 7
E 45
A 71
A 70
E 48
A 3
E 43
A 81
E 41
A 6
E 50

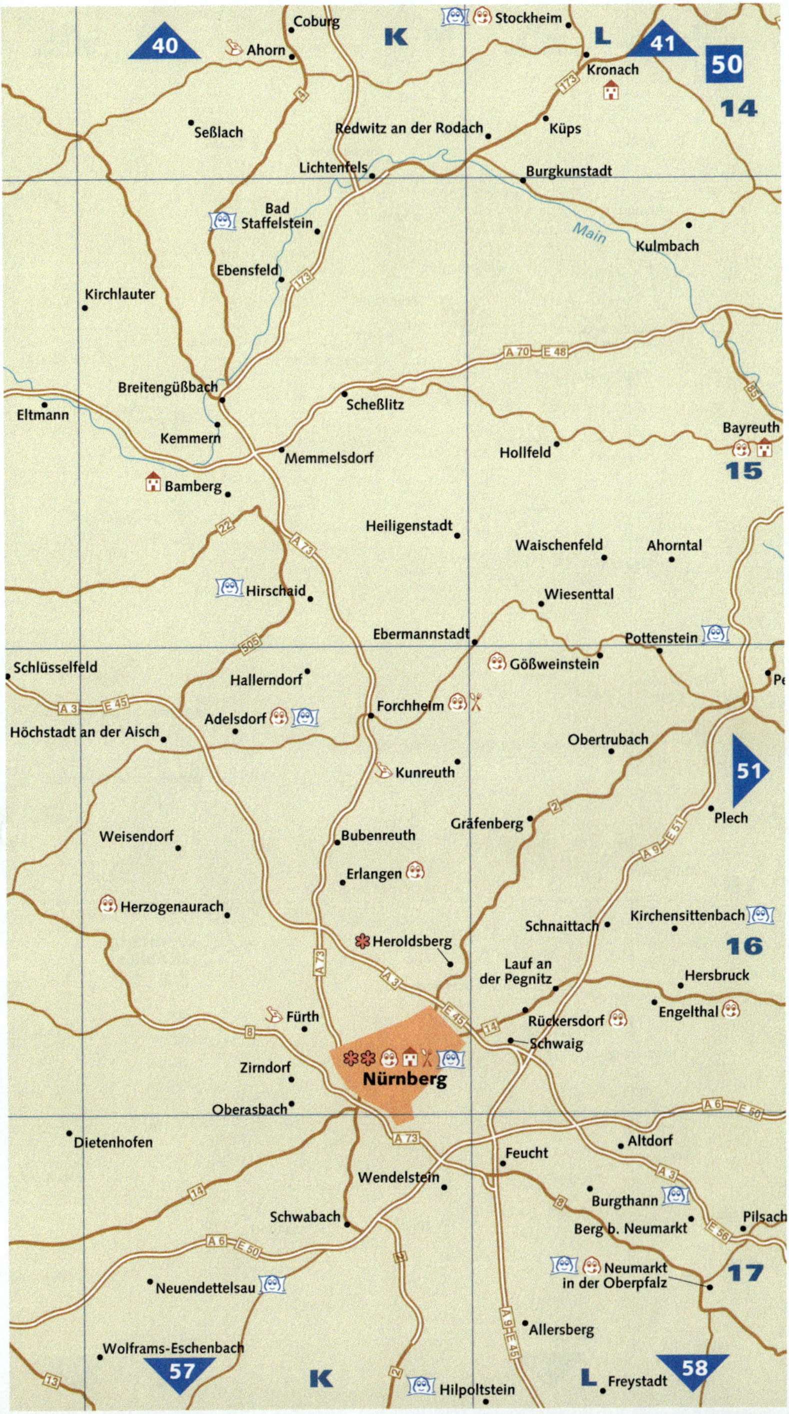

40
Coburg
K
Stockheim
L
41
50
Ahorn
Kronach
14
Seßlach
Redwitz an der Rodach
Küps
Lichtenfels
Burgkunstadt
Bad Staffelstein
Main
Kulmbach
Ebensfeld
Kirchlauter
A 70
E 48
Breitengüßbach
Scheßlitz
Eltmann
Kemmern
Bayreuth
Memmelsdorf
Hollfeld
Bamberg
15
Heiligenstadt
Waischenfeld
Ahorntal
Hirschaid
Wiesenttal
Ebermannstadt
Pottenstein
Schlüsselfeld
Gößweinstein
Hallerndorf
A 3
E 45
Forchheim
Adelsdorf
Höchstadt an der Aisch
Obertrubach
Kunreuth
51
Gräfenberg
Plech
Weisendorf
Bubenreuth
Erlangen
Herzogenaurach
Kirchensittenbach
Schnaittach
Heroldsberg
16
Lauf an der Pegnitz
Hersbruck
Fürth
Rückersdorf
Engelthal
Schwaig
Zirndorf
Nürnberg
Oberasbach
A 6
E 50
Dietenhofen
Altdorf
Feucht
Wendelstein
Burgthann
Schwabach
Berg b. Neumarkt
Pilsach
Neumarkt in der Oberpfalz
17
Neuendettelsau
Allersberg
Wolframs-Eschenbach
57
K
Hilpoltstein
L
Freystadt
58

Map

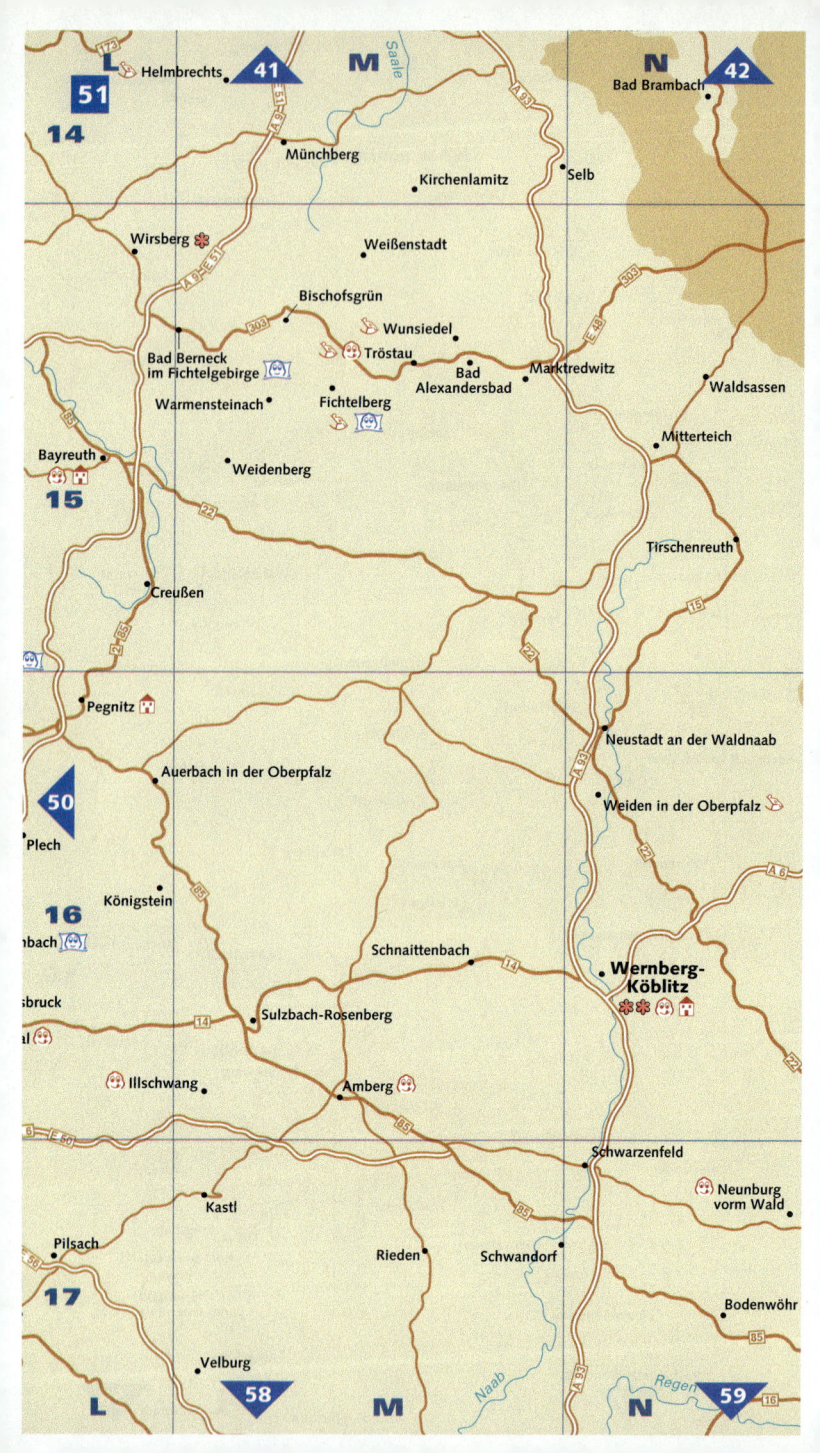

L Helmbrechts **41** **M** Saale **N** Bad Brambach **42**

51
14

Münchberg
Kirchenlamitz
Selb

Wirsberg
Weißenstadt
Bischofsgrün
Wunsiedel
Tröstau
Bad Berneck im Fichtelgebirge
Warmensteinach
Fichtelberg
Bad Alexandersbad
Marktredwitz
Waldsassen
Mitterteich

Bayreuth
15
Weidenberg

Tirschenreuth

Creußen

Pegnitz

Neustadt an der Waldnaab

50
Plech
Weiden in der Oberpfalz
Auerbach in der Oberpfalz

16
Königstein
Schnaittenbach
Wernberg-Köblitz

Sulzbach-Rosenberg

Illschwang
Amberg

Schwarzenfeld
Neunburg vorm Wald

Kastl
Pilsach
Rieden
Schwandorf
Bodenwöhr

17
Velburg

L **58** **M** Naab **A 93** **Regen** **N** **59**

ČESKÁ REPUBLIKA

Schönsee

Rötz

Furth im Wald

Rimbach
Cham Grafenwiesen Lam
Bad Kötzting

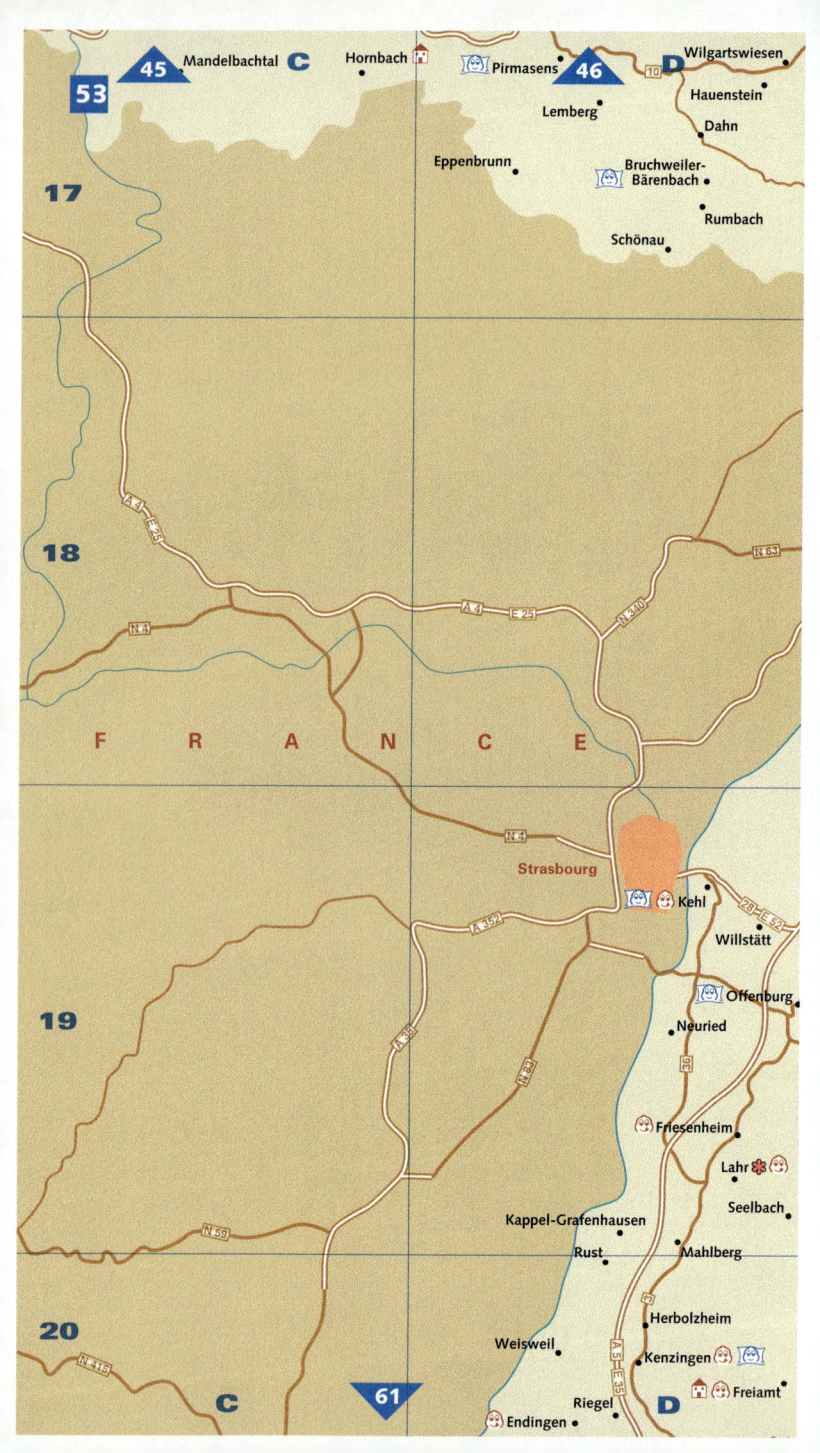

45 Mandelbachtal **C** Hornbach Pirmasens **46** **D** Wilgartswiesen
53
Lemberg Hauenstein
Dahn
Eppenbrunn Bruchweiler-Bärenbach
17
Rumbach
Schönau

18

F R A N C E

Strasbourg Kehl
Willstätt
Offenburg
Neuried
19
Friesenheim
Lahr
Seelbach
Kappel-Grafenhausen
Rust Mahlberg
Herbolzheim
20 Weisweil Kenzingen
C **61** **D** Freiamt
Riegel
Endingen

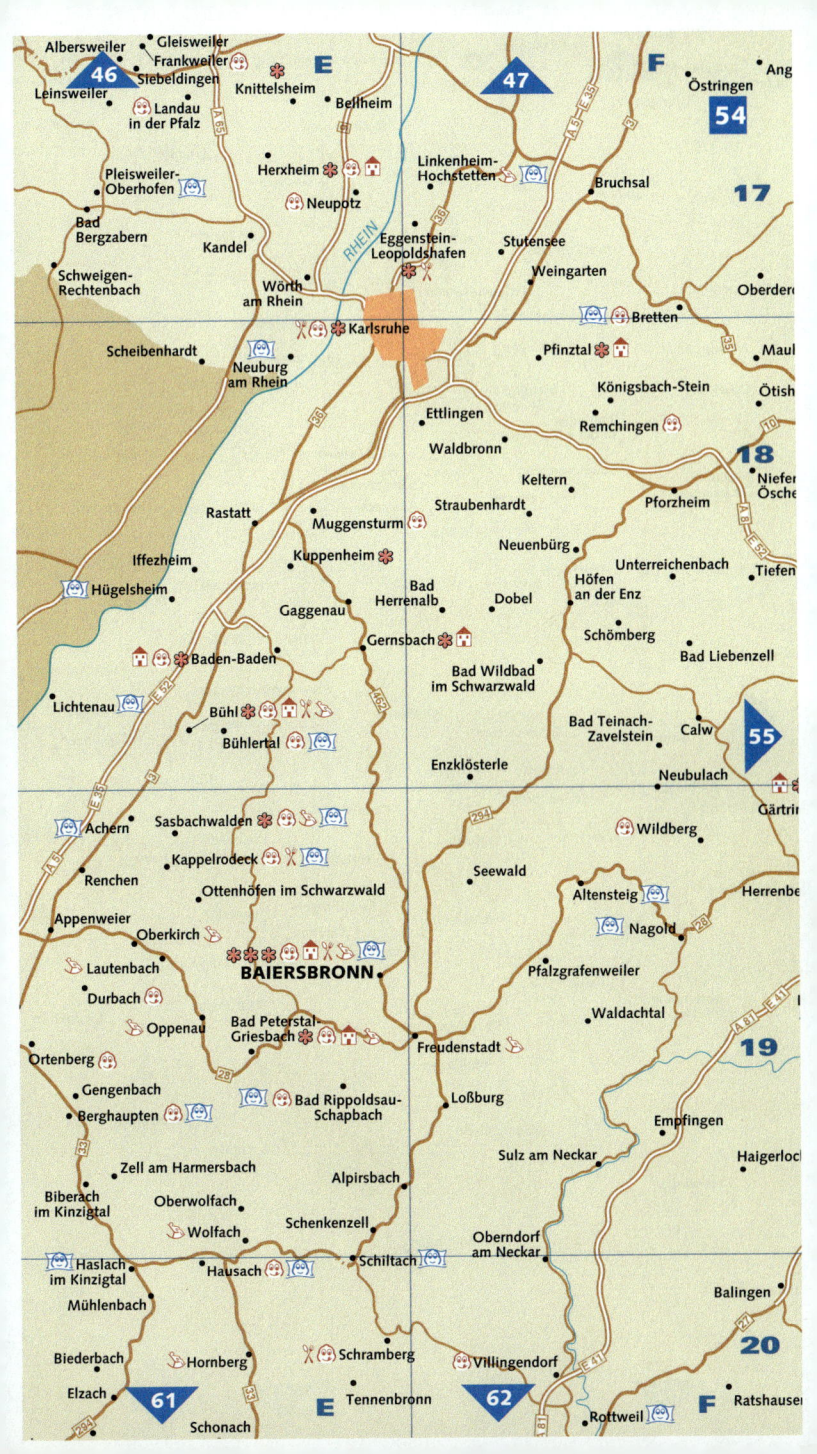

E

46

Albersweiler
Gleisweiler
Frankweiler
Siebeldingen
Leinsweiler
Landau in der Pfalz
Knittelsheim
Bellheim
Pleisweiler-Oberhofen
Herxheim
Neupotz
Bad Bergzabern
Kandel
Schweigen-Rechtenbach
Wörth am Rhein
RHEIN
Eggenstein-Leopoldshafen
Scheibenhardt
Neuburg am Rhein
Karlsruhe
Ettlingen
Waldbronn
Rastatt
Muggensturm
Keltern
Iffezheim
Kuppenheim
Straubenhardt
Hügelsheim
Bad Herrenalb
Gaggenau
Gernsbach
Dobel
Baden-Baden
Bad Wildbad im Schwarzwald
Lichtenau
Bühl
Bühlertal
Enzklösterle
Achern
Sasbachwalden
Seewald
Kappelrodeck
Ottenhöfen im Schwarzwald
Renchen
Appenweier
Oberkirch
BAIERSBRANN
Lautenbach
Durbach
Oppenau
Bad Peterstal-Griesbach
Ortenberg
Gengenbach
Berghaupten
Bad Rippoldsau-Schapbach
Zell am Harmersbach
Biberach im Kinzigtal
Oberwolfach
Wolfach
Alpirsbach
Haslach im Kinzigtal
Schenkenzell
Hausach
Schiltach
Mühlenbach
Biederbach
Hornberg
Schramberg
Elzach
61
Schonach
Tennenbronn

F

47
54
Östringen
Ang
Bruchsal
17
Linkenheim-Hochstetten
Stutensee
Weingarten
Oberder
Bretten
Maul
Pfinztal
Königsbach-Stein
Ötish
Remchingen
18
Pforzheim
Niefer
Öschen
Neuenbürg
Unterreichenbach
Tiefen
Höfen an der Enz
Schömberg
Bad Liebenzell
Bad Teinach-Zavelstein
Calw
55
Neubulach
Gärtri
Wildberg
Altensteig
Herrenbe
Nagold
Pfalzgrafenweiler
Waldachtal
Freudenstadt
Loßburg
19
Empfingen
Sulz am Neckar
Haigerloch
Oberndorf am Neckar
Balingen
20
Villingendorf
62
Ratshauser
Rottweil

Sinsheim
Bad Rappenau
Angelbachtal
47
G
Bad Friedrichshall
H
Friedrichsruhe
48
55
Ittlingen
Bad Wimpfen
A 6
E 50
Neckarsulm
Öhringen
Waldenburg
17
Heilbronn
Bretzfeld
Eppingen
Schwaigern
Weinsberg
Löwenstein
Lauffen am Neckar
Brackenheim
Ilsfeld
Oberderdingen
Güglingen
Neckarwestheim
Abstatt
Bönnigheim
Oberstenfeld
Maulbronn
Löchgau
Besigheim
Großbottwar
A 81
E 41
Ötisheim
Bietigheim-Bissingen
Aspach
Vaihingen an der Enz
Backnang
Auenwald
Marbach am Neckar
Kaisersbach
Niefern-Öschelbronn
Markgröningen
Asperg
Ludwigsburg
Möglingen
Remseck am Neckar
Winnenden
Rudersberg
Kornwestheim
Schwaikheim
A 8
E 52
Tiefenbronn
Ditzingen
Waiblingen
Korb
18
Remshalden
Fellbach
Leonberg
Schorndorf
Stuttgart
Kernen im Remstal
Weinstadt
Lorch
Wäschenbeuren
Esslingen am Neckar
54
Ostfildern
Wangen
Leinfelden-Echterdingen
Plochingen
Sindelfingen
Göppingen
Köngen
Böblingen
Notzingen
Ehningen
Filderstadt
Gärtringen
Steinenbronn
Oberboihingen
Ohmden
Bad Boll
Holzgerlingen
Waldenbuch
Kirchheim unter Teck
Aichelberg
Nürtingen
Herrenberg
Bempflingen
Beuren
Pliezhausen
Ammerbuch
Neuffen
Metzingen
Dettingen an der Erms
Tübingen
Rottenburg am Neckar
Bad Urach
Neckar
Reutlingen
Laichingen
19
Pfullingen
Lichtenstein
Münsingen
Sonnenbühl
Gomadingen
Haigerloch
Hechingen
Bisingen
Trochtelfingen
20
Albstadt
Ratshausen
62
Meßstetten
G
63
H

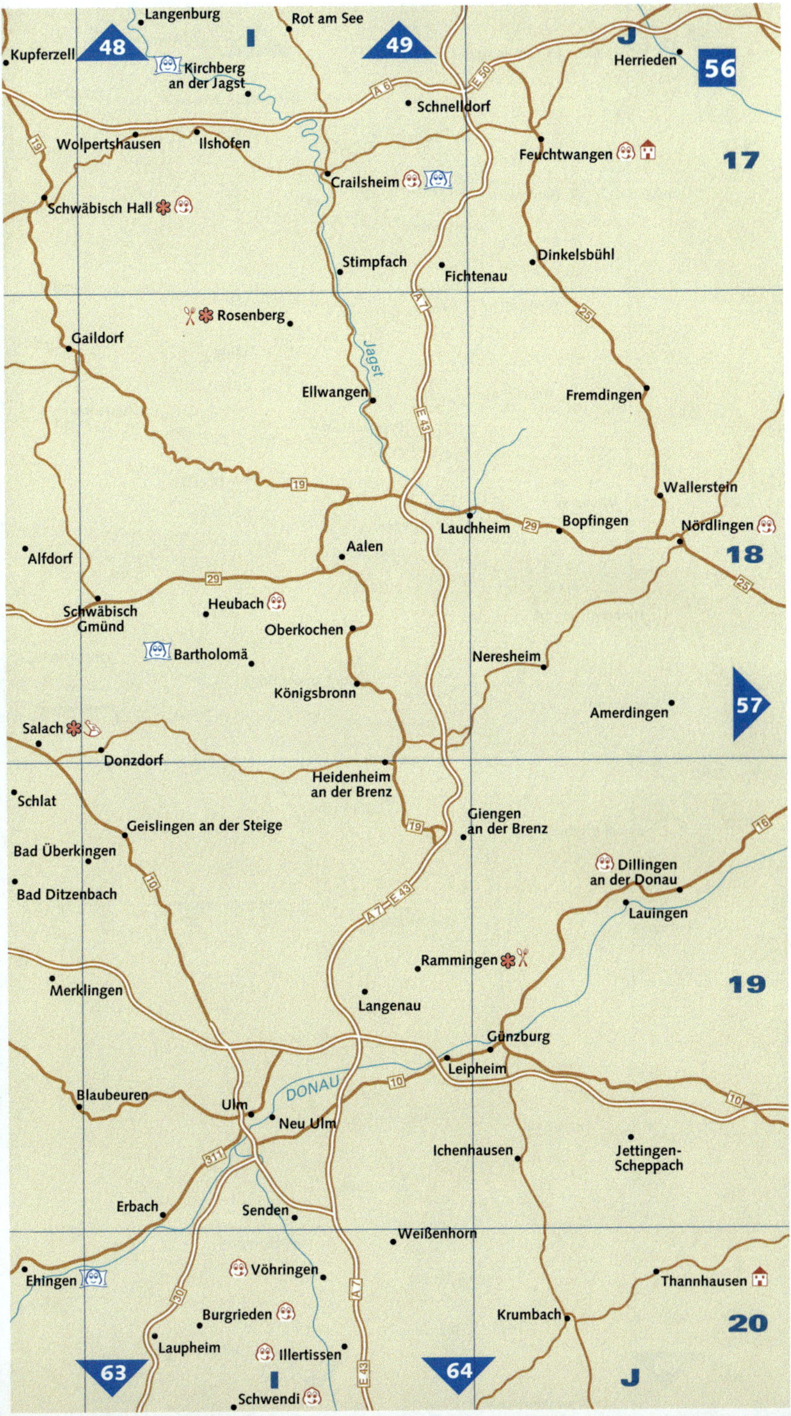

Langenburg
Rot am See
48
49
I
J
Kupferzell
Kirchberg an der Jagst
Herrieden
56
A 6
E 50
Schnelldorf
19
Wolpertshausen
Ilshofen
Feuchtwangen
17
Crailsheim
Schwäbisch Hall
Stimpfach
Fichtenau
Dinkelsbühl
A 7
Rosenberg
25
Gaildorf
Jagst
Ellwangen
Fremdingen
E 43
19
Wallerstein
Lauchheim
29
Bopfingen
Nördlingen
Aalen
18
Alfdorf
29
25
Schwäbisch Gmünd
Heubach
Oberkochen
Bartholomä
Neresheim
Königsbronn
57
Amerdingen
Salach
Donzdorf
Heidenheim an der Brenz
Schlat
Giengen an der Brenz
Geislingen an der Steige
19
16
Bad Überkingen
Dillingen an der Donau
10
Bad Ditzenbach
A 7
E 43
Lauingen
Rammingen
Merklingen
Langenau
19
Günzburg
Leipheim
DONAU
10
Blaubeuren
Ulm
10
Neu Ulm
311
Ichenhausen
Jettingen-Scheppach
Erbach
Senden
Weißenhorn
Vöhringen
Ehingen
A 7
Thannhausen
30
Burgrieden
Krumbach
20
Laupheim
Illertissen
63
64
E 43
I
J
Schwendi

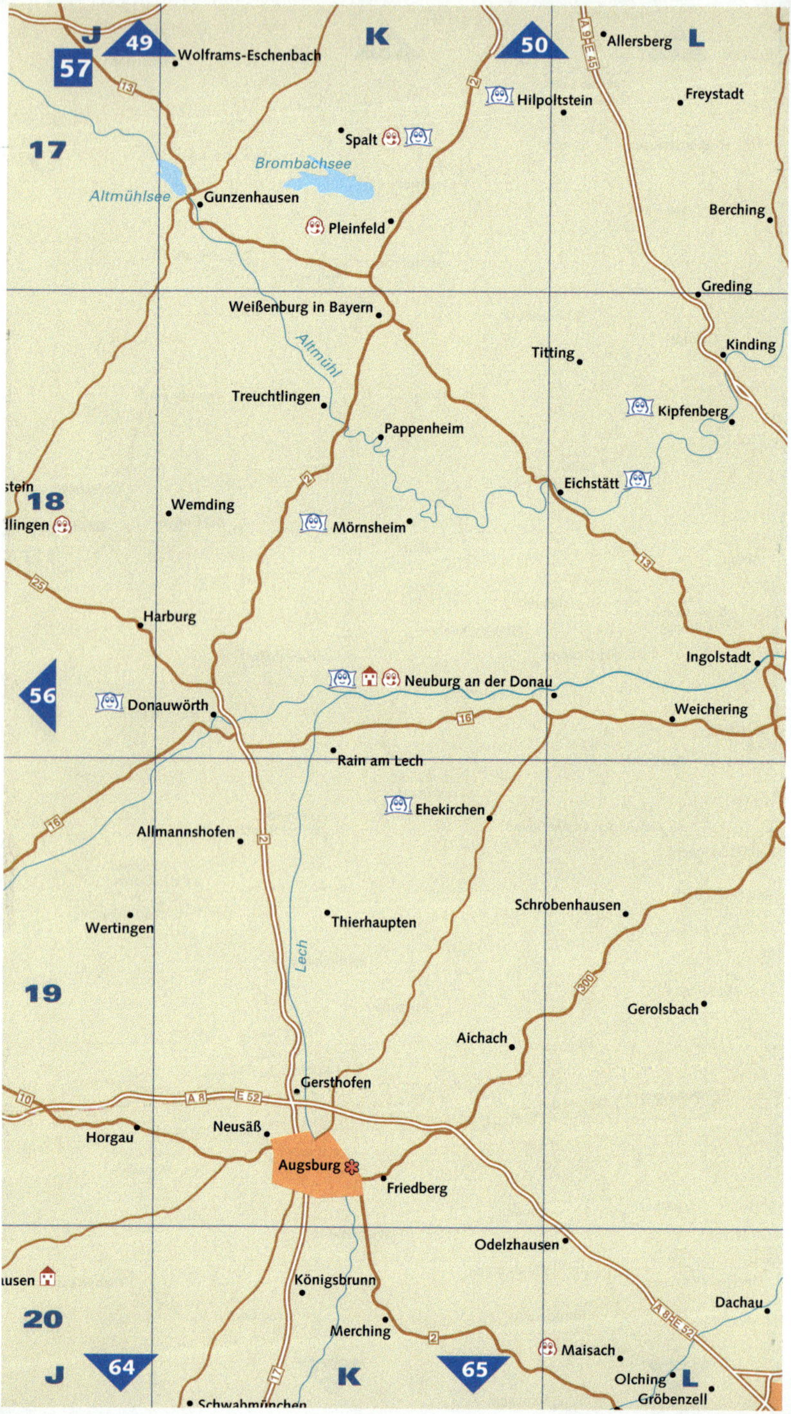
J
K
L
49
50
57
17
18
19
20
56
64
65
Wolframs-Eschenbach
Allersberg
Hilpoltstein
Freystadt
Spalt
Brombachsee
Altmühlsee
Gunzenhausen
Pleinfeld
Berching
Greding
Weißenburg in Bayern
Altmühl
Titting
Kinding
Treuchtlingen
Kipfenberg
Pappenheim
Eichstätt
Wemding
Mörnsheim
Harburg
Ingolstadt
Neuburg an der Donau
Donauwörth
Weichering
Rain am Lech
Ehekirchen
Allmannshofen
Schrobenhausen
Wertingen
Thierhaupten
Lech
Gerolsbach
Aichach
Gersthofen
Neusäß
Horgau
Augsburg
Friedberg
Odelzhausen
Königsbrunn
Dachau
Merching
Maisach
Olching
Gröbenzell
Schwabmünchen
A 8
E 52
A 9
E 45

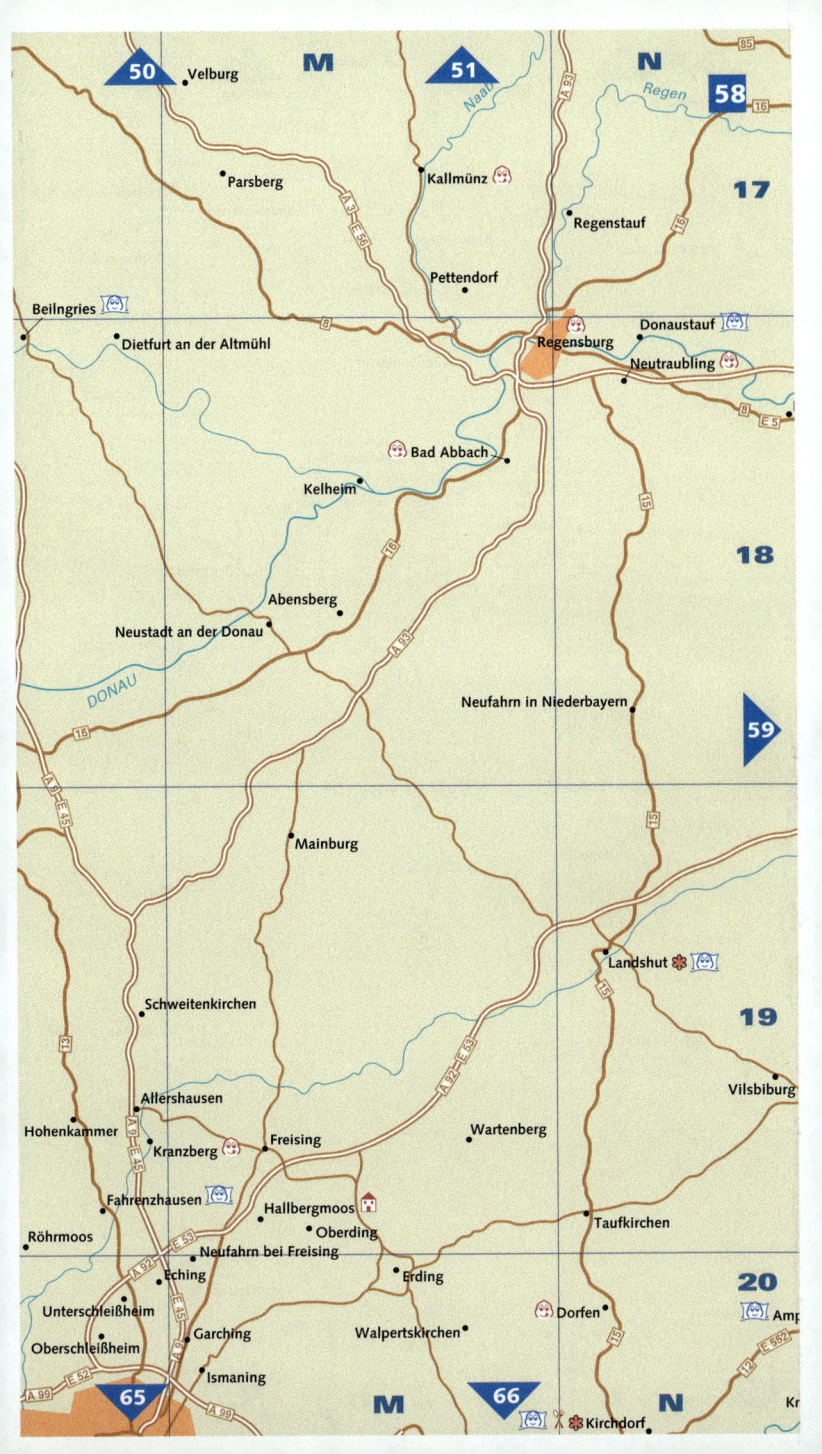

- 50 Velburg
- M
- 51
- N Regen
- 58
- Parsberg
- Kallmünz
- 17
- Regenstauf
- Pettendorf
- Beilngries
- Dietfurt an der Altmühl
- Regensburg
- Donaustauf
- Neutraubling
- Bad Abbach
- Kelheim
- Abensberg
- Neustadt an der Donau
- 18
- DONAU
- Neufahrn in Niederbayern
- 59
- Mainburg
- Landshut
- Schweitenkirchen
- 19
- Allershausen
- Vilsbiburg
- Hohenkammer
- Kranzberg
- Freising
- Fahrenzhausen
- Hallbergmoos
- Wartenberg
- Oberding
- Röhrmoos
- Neufahrn bei Freising
- Taufkirchen
- Eching
- Erding
- Unterschleißheim
- Dorfen
- 20
- Oberschleißheim
- Garching
- Walpertskirchen
- Amp
- Ismaning
- 65
- M
- 66
- N
- Kirchdorf

Map Section

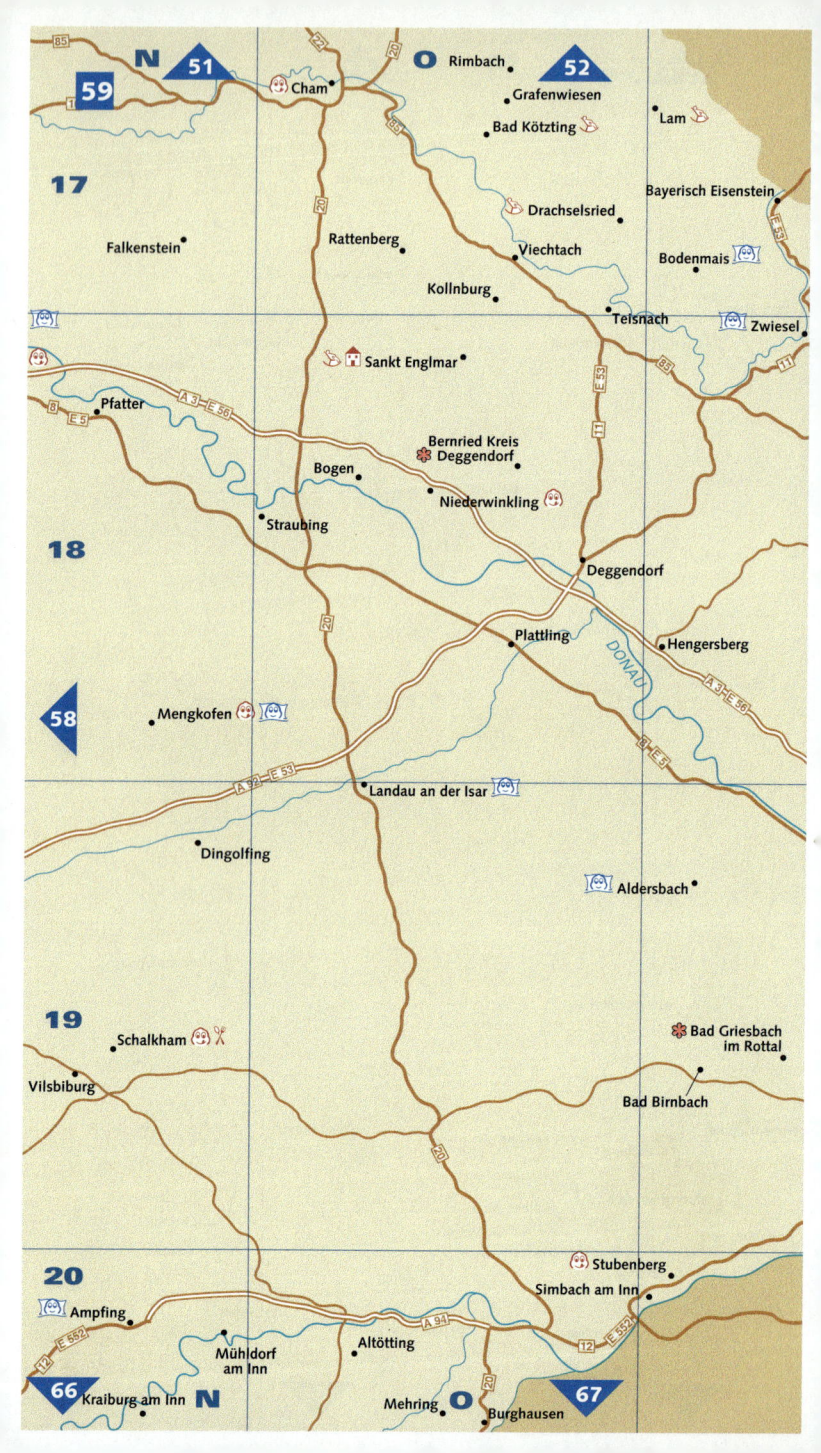

N 51 · **O** · **52**
59 · **17**

- Cham
- Rimbach
- Grafenwiesen
- Bad Kötzting
- Lam
- Falkenstein
- Rattenberg
- Drachselsried
- Bayerisch Eisenstein
- Viechtach
- Bodenmais
- Kollnburg
- Teisnach
- Zwiesel
- Pfatter
- Sankt Englmar
- Bernried Kreis Deggendorf
- Bogen
- Niederwinkling
- Straubing
- Deggendorf

18

- Plattling
- Hengersberg
- Mengkofen
- Landau an der Isar

58

- Dingolfing
- Aldersbach

19

- Schalkham
- Bad Griesbach im Rottal
- Vilsbiburg
- Bad Birnbach

20

- Ampfing
- Stubenberg
- Simbach am Inn
- Mühldorf am Inn
- Altötting
- Kraiburg am Inn
- Mehring
- Burghausen

66 · **N** · **O** · **67**

Map: Bavarian Forest / Passau region

P · **52** · **Q** · **R** · **60**

17

ČESKÁ REPUBLIKA

- Frauenau
- Spiegelau
- Sankt Oswald-Riedlhütte
- Mauth
- Grafenau
- Haidmühle
- Schönberg
- Ringelai
- Freyung
- Röhrnbach
- Waldkirchen
- Büchlberg
- Hauzenberg
- Thyrnau
- Passau
- Fürstenzell
- Neuburg am Inn
- Ruhstorf an der Rott
- Bad Füssing

18

ÖSTERREICH

19

20

P · **67** · **Q** · **R**

Roads: 85, 12, E 552, 141, E 552, 137
River: INN

61

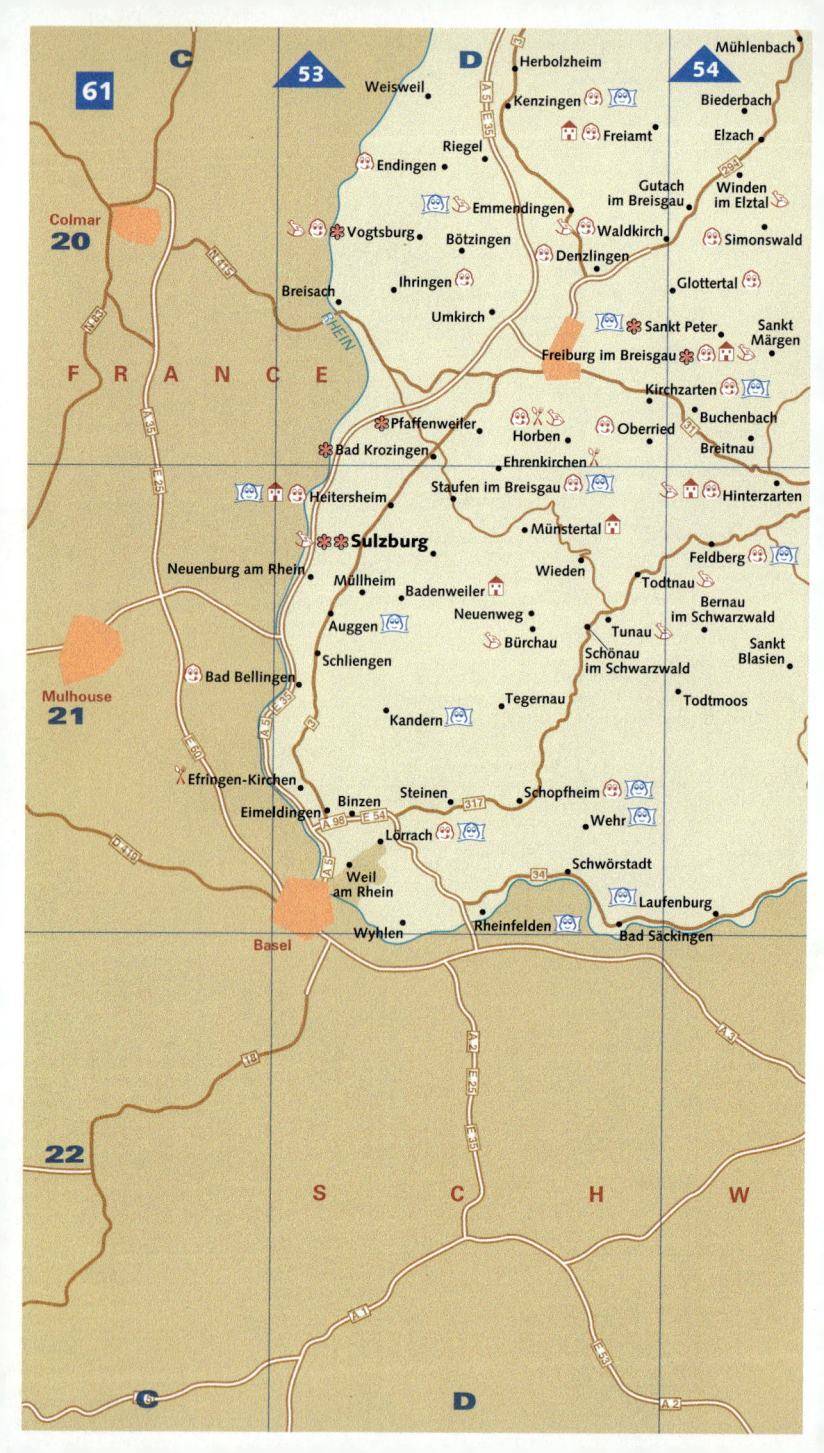

53

54

C · **D** · **E**

Mühlenbach
Weiswil
Herbolzheim
Kenzingen
Biederbach
Freiamt
Elzach
Riegel
Endingen
Gutach im Breisgau
Winden im Elztal
Emmendingen
Vogtsburg
Waldkirch
Simonswald
Bötzingen
Denzlingen
Breisach
Ihringen
Glottertal
Umkirch
Sankt Peter
Sankt Märgen
Freiburg im Breisgau
Kirchzarten
Buchenbach
Pfaffenweiler
Horben
Oberried
Breitnau
Bad Krozingen
Ehrenkirchen
Heitersheim
Staufen im Breisgau
Hinterzarten
Sulzburg
Münstertal
Feldberg
Neuenburg am Rhein
Müllheim
Wieden
Badenweiler
Todtnau
Bernau im Schwarzwald
Auggen
Neuenweg
Bürchau
Tunau
Sankt Blasien
Bad Bellingen
Schliengen
Schönau im Schwarzwald
Tegernau
Todtmoos
Kandern

FRANCE

Colmar
20

Mulhouse
21

Efringen-Kirchen
Steinen
Schopfheim
Binzen
Wehr
Eimeldingen
Lörrach
Schwörstadt
Weil am Rhein
Laufenburg
Wyhlen
Rheinfelden
Bad Säckingen
Basel

22

S · **C** · **H** · **W**

D

E
F
G
54
55
62
Balingen
Hornberg
Schramberg
Villingendorf
Tennenbronn
Rottweil
Ratshausen
Meßstetten
Schonach
Triberg
Schönwald
Wehingen
20
Furtwangen
Villingen-Schwenningen
Spaichingen
Hausen Ob Verena
DONAU
Vöhrenbach
Bad Dürrheim
Fridingen an der Donau
A 864
Tuttlingen
311
Donaueschingen
Titisee-Neustadt
Bräunlingen
Hüfingen
Geisingen
31
Lenzkirch
27
Eigeltingen
Orsingen-Nenzingen
Schluchsee
Bonndorf
A 81
E 41
Tengen
315
E 54
Bodman
Grafenhausen
Singen
21
Häusern
Stühlingen
Höchenschwand
Ühlingen-Birkendorf
Radolfzell
Gottmadingen
33
314
Schaffhausen
Büsingen am Hochrhein
Gaienhofen
Öhningen
Jestetten
Waldshut-Tiengen
Klettgau
Lottstetten
63
34
Dettighofen
RHEIN
Hohentengen am Hochrhein
A 7
A 1
Zürich
22
E
I
Z
A 3
A 4
E
F
G

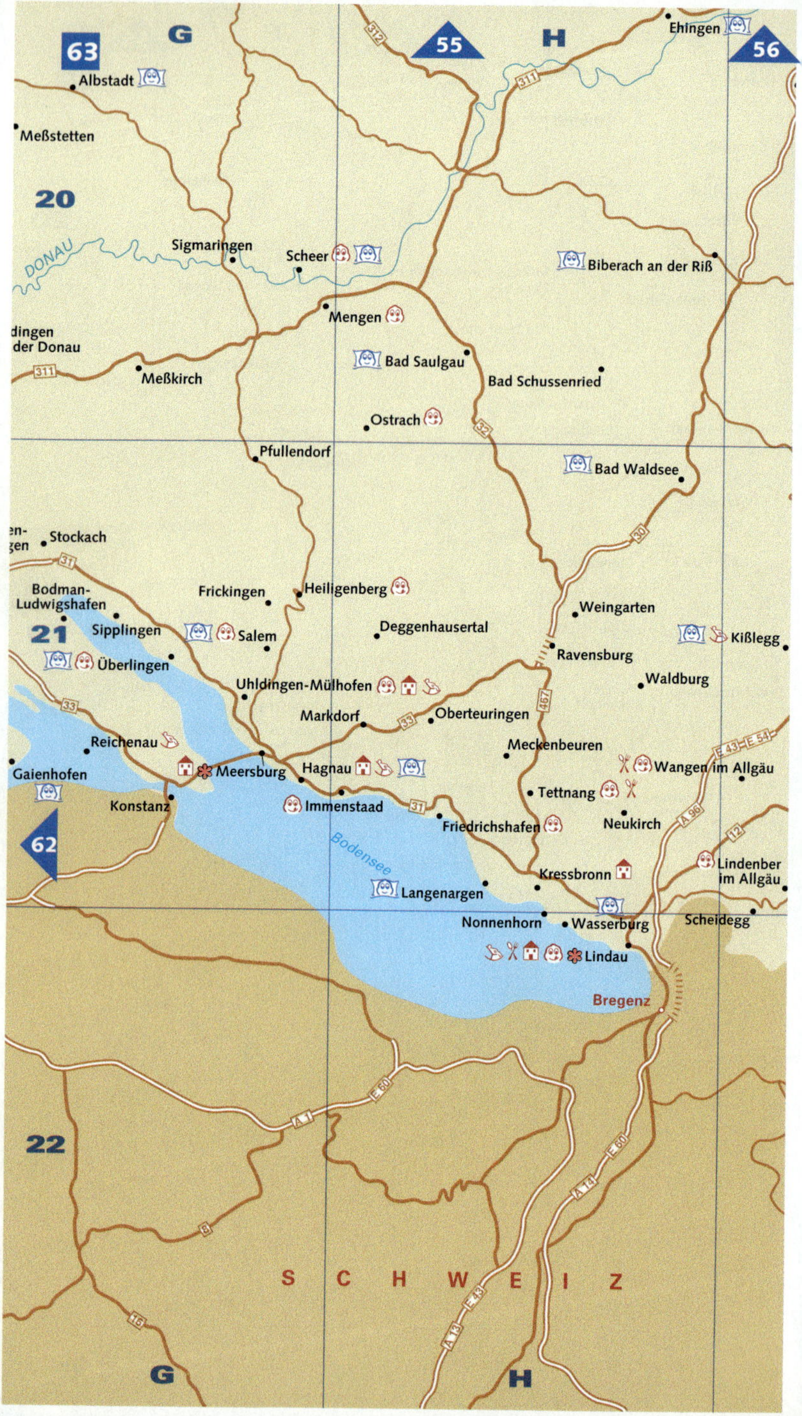
63
G
55
H
56
Ehingen
Albstadt
Meßstetten
20
DONAU
Sigmaringen
Scheer
Biberach an der Riß
Mengen
dingen
der Donau
Meßkirch
Bad Saulgau
Bad Schussenried
Ostrach
Pfullendorf
Bad Waldsee
Stockach
Bodman-
Ludwigshafen
Frickingen
Heiligenberg
Weingarten
21
Sipplingen
Salem
Deggenhausertal
Kißlegg
Ravensburg
Überlingen
Uhldingen-Mülhofen
Waldburg
Markdorf
Oberteuringen
Reichenau
Meckenbeuren
Gaienhofen
Meersburg
Hagnau
Wangen im Allgäu
Tettnang
Konstanz
Immenstaad
Friedrichshafen
Neukirch
62
Bodensee
Kressbronn
Lindenber
im Allgäu
Langenargen
Scheidegg
Nonnenhorn
Wasserburg
Lindau
Bregenz
22
S C H W E I Z
G
H

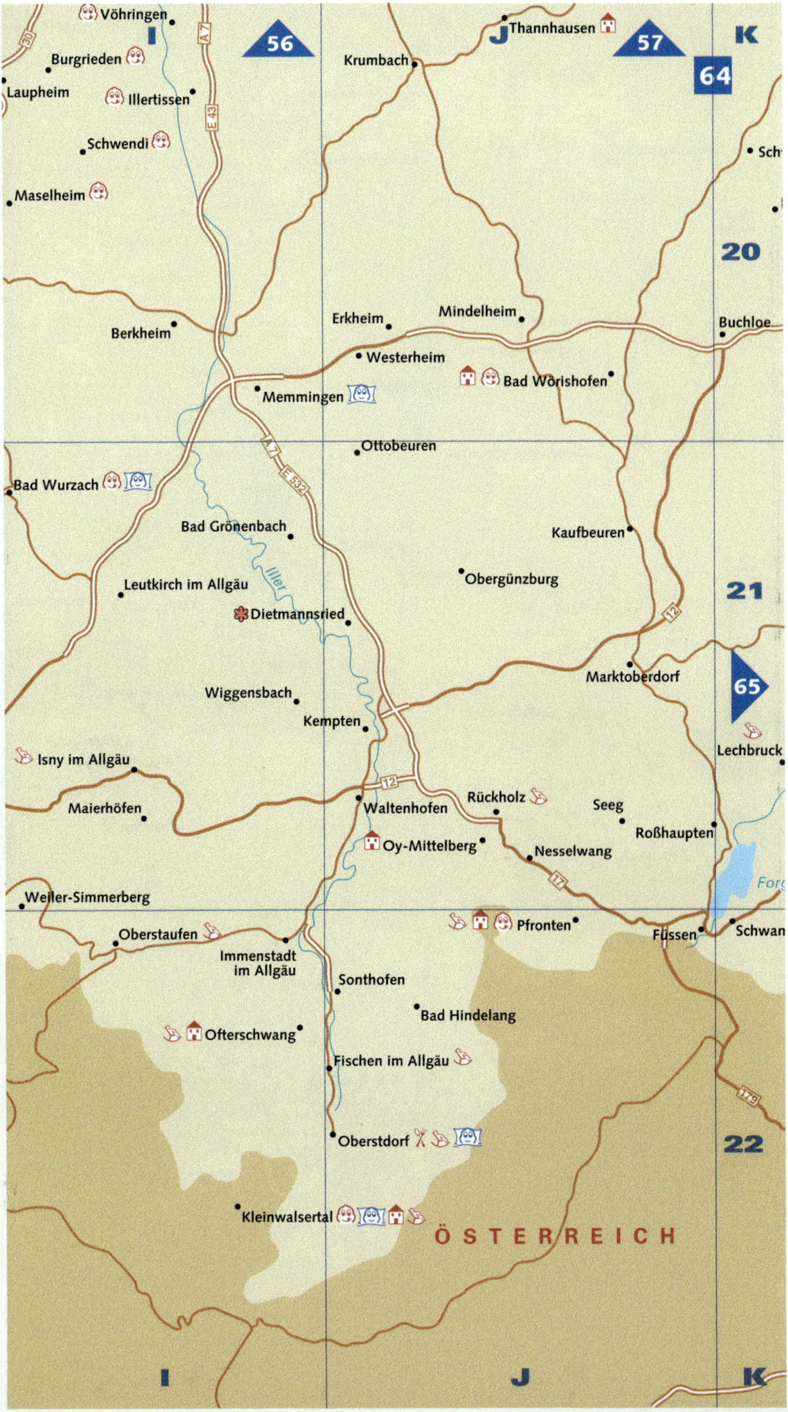

I
J
K
56
57
64
65
20
21
22
Vöhringen
Burgrieden
Laupheim
Illertissen
Schwendi
Maselheim
Krumbach
Thannhausen
Berkheim
Erkheim
Mindelheim
Buchloe
Westerheim
Memmingen
Bad Wörishofen
Ottobeuren
Bad Wurzach
Bad Grönenbach
Kaufbeuren
Iller
Leutkirch im Allgäu
Obergünzburg
Dietmannsried
Marktoberdorf
Wiggensbach
Kempten
Isny im Allgäu
Lechbruck
Maierhöfen
Waltenhofen
Rückholz
Seeg
Oy-Mittelberg
Roßhaupten
Nesselwang
Weiler-Simmerberg
Pfronten
Füssen
Schwan
Oberstaufen
Immenstadt im Allgäu
Sonthofen
Bad Hindelang
Ofterschwang
Fischen im Allgäu
Oberstdorf
Kleinwalsertal
ÖSTERREICH
A 7
E 43
E 532
12
17
179
30

65
57
K
L
20
21
22
64
Königsbrunn
Merching
Dachau
Unterschleißheim
Oberschleißheim
Maisach
Olching
Gröbenzell
Fürstenfeldbruck
München
Schwabmünchen
Langerringen
Germering
Gilching
Gräfelfing
Planegg
Unterhaching
Pullach
Buchloe
Landsberg am Lech
Utting am Ammersee
Ammersee
Herrsching am Ammersee
Starnberg
Pöcking
Berg
Straßlach-
Dingharting
Lech
Dießen am Ammersee
Feldafing
Egling
Tutzing
Starnberger See
Münsing
Bernried am
Starnberger See
Geretsried
Weilheim
Schongau
Seeshaupt
Königsdorf
Dietramszell
Peiting
Bad Tölz
Iffeldorf
Penzberg
Bad Heilbrunn
Rottenbuch
Lechbruck
Wackersberg
Staffelsee
Benediktbeuern
Bad Bayersoien
Murnau
Lenggries
Bad Kohlgrub
Kochel am See
Halblech
Forggensee
Oberammergau
Eschenlohe
Schwangau
Farchant
Wallgau
Garmisch-Partenkirchen
Krün
Grainau
Mittenwald
Ö S T E R
Innsbruck
A 8-E 52
A 99
E 52
A 96
E 54
A 95
E 533
A 995
A 12
E 60
2
11
17
23
177
179
187

M
58
N
59
66
Garching
Ismaning
Walpertskirchen
Dorfen
Ampfing
Kraiburg am Inn
Kirchdorf
Forstinning
Vaterstetten
Zorneding
Ebersberg
Grafing
Edling
Wasserburg am Inn
20
INN
Amerang
Obing
Glonn
Aying
Tuntenhausen
Feldkirchen-Westerham
Seeon-
Gstadt am Chiemsee
Rimsting
Chiemsee
Prien am Chiemsee
Bernau am Chiemsee
Bruckmühl
Holzkirchen
Weyarn
Bad Aibling
Rosenheim
Rohrdorf
Übersee
Frasdorf
Samerberg
Miesbach
Waakirchen
Bad Feilnbach
Neubeuern
ASCHAU IM CHIEMGAU
Gmund am Tegernsee
Marquar
Tegernsee
Brannenburg
Unterwöss
Bad Wiessee
Tegernsee
Fischbachau
Flintsbach am Inn
21
Rottach-Egern
Schliersee
Reit im
Bayrischzell
Kreuth
Oberaudorf
67
22
R E I C H
M
N

N | | | | | 59 Simbach am Inn | | P | | 60

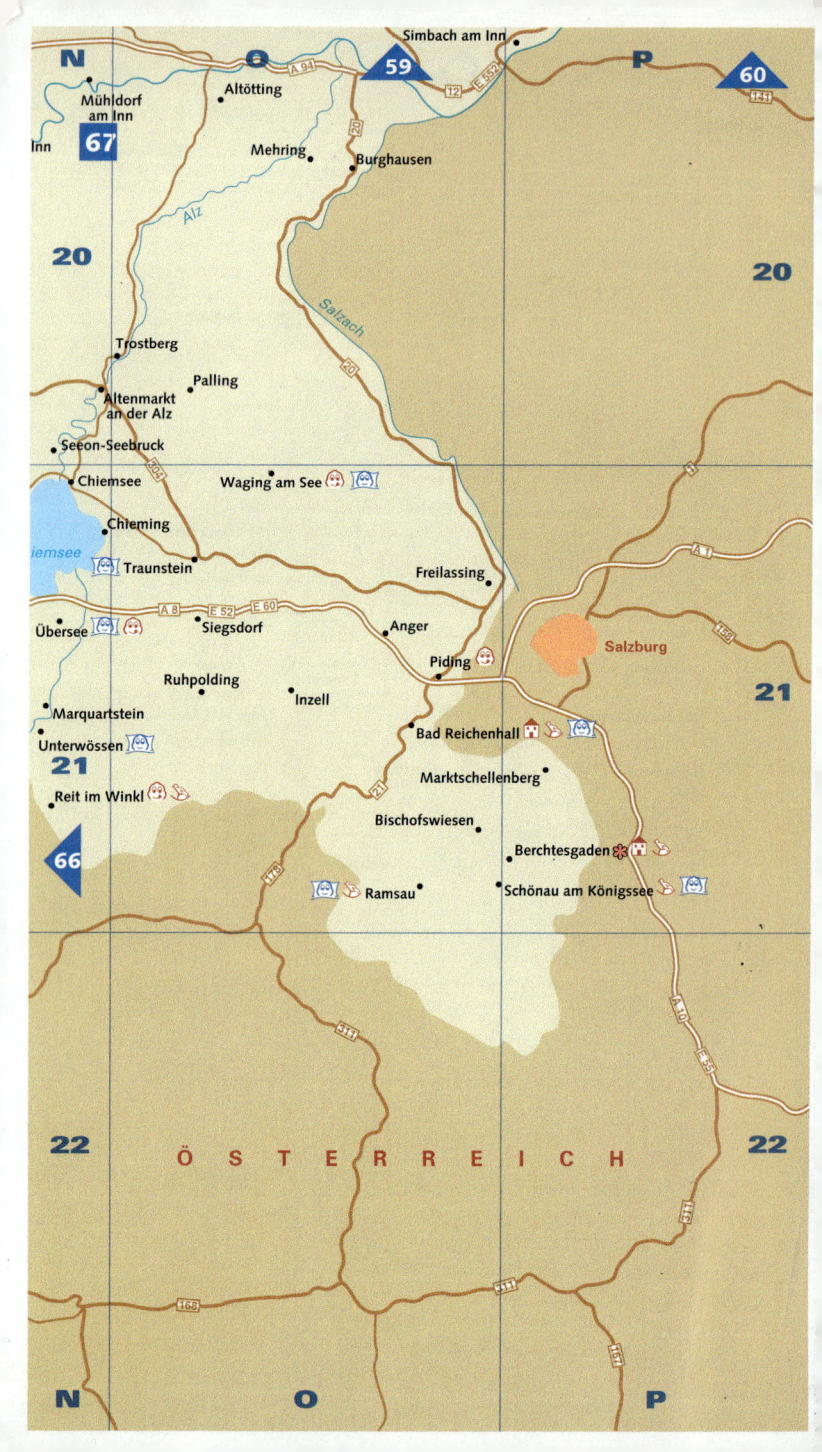

Altötting
Mühldorf am Inn
67
Inn
Mehring
Burghausen

20 | | | | | | | 20

Alz
Salzach

Trostberg
Palling
Altenmarkt an der Alz
Seeon-Seebruck
Chiemsee
Chieming
Waging am See
Chiemsee
Traunstein
Freilassing
Übersee
Siegsdorf
Anger
Salzburg
Piding
21
Ruhpolding
Inzell
Marquartstein
Bad Reichenhall
Unterwössen
21
Marktschellenberg
Reit im Winkl
Bischofswiesen
66
Berchtesgaden
Ramsau
Schönau am Königssee

22 | Ö S T E R R E I C H | 22

N | | O | | P